东风风神

皓瀚

东风集团DSMA2.0平台首款车型

2023年《节能与新能源汽车年鉴》

顾问单位

（排名不分先后）

东风汽车集团股份有限公司

上海汽车集团股份有限公司

长城汽车股份有限公司

比亚迪汽车工业有限公司

郑州宇通集团有限公司

华为技术有限公司

中国汽车工程研究院股份有限公司

中国电科汽车芯片技术发展研究中心

理事单位

（排名不分先后）

东风商用车有限公司

东风汽车集团股份有限公司猛士汽车科技公司

飞凡汽车科技有限公司

贵州长江汽车有限公司

博泰车联网科技（上海）股份有限公司

中科芯时代科技有限公司

上海市新能源汽车公共数据采集与监测研究中心

协办单位

（排名不分先后）

安徽江淮汽车集团股份有限公司

广汽丰田汽车有限公司

赛力斯汽车有限公司

零跑汽车有限公司

浙江新吉奥控股集团有限公司

中汽研汽车检验中心（武汉）有限公司

招商局检测车辆技术研究院有限公司

中汽院（重庆）汽车检测有限公司

中认车联网技术服务（深圳）有限公司

苏州电器科学研究院股份有限公司

合源锂创（苏州）新能源科技有限公司

北京英创汇智汽车技术有限公司

恩斯克投资有限公司

支持单位

（排名不分先后）

广汽传祺汽车销售有限公司
广汽埃安新能源汽车股份有限公司
上汽通用五菱汽车股份有限公司
上海蔚来汽车有限公司
重庆睿蓝汽车科技有限公司
东风柳州汽车有限公司
江西五十铃汽车有限公司
宜宾凯翼汽车有限公司
众泰汽车股份有限公司
三一汽车制造有限公司
北奔重型汽车集团有限公司
宇通商用车有限公司
北京京深深向科技有限公司
江铃汽车股份有限公司
福田汽车欧航欧马可事业部
潍柴新能源商用车有限公司
北京汽车制造厂（青岛）有限公司
柳州五菱新能源汽车有限公司
中车时代电动汽车股份有限公司
奇瑞万达贵州客车股份有限公司
成都客车股份有限公司
四川新筑通工汽车有限公司
格力钛新能源股份有限公司
重庆恒通客车有限公司
东软集团股份有限公司
上海华虹（集团）有限公司
南京芯驰半导体科技有限公司
苏州国芯科技股份有限公司
深圳市江波龙电子股份有限公司
北京云驰未来科技有限公司
苏州清研精准汽车科技有限公司
北京东方中科集成科技股份有限公司
电装（中国）投资有限公司
深圳市晶源健三电子有限公司
欣旺达动力科技股份有限公司
弗迪电池有限公司
广州巨湾技研有限公司
辉能科技股份有限公司
上海奥威科技开发有限公司
赣州市豪鹏科技有限公司
北京机械工业自动化研究所有限公司
上海重塑能源集团股份有限公司
武汉海亿新能源科技有限公司
德燃（浙江）动力科技有限公司
上海电气集团股份有限公司
上海加冷松芝汽车空调股份有限公司
奥特佳新能源科技股份有限公司
江苏嘉和热系统股份有限公司
上海海立新能源技术有限公司
无锡柯诺威新能源科技有限公司
珠海英搏尔电气股份有限公司
武汉菱电汽车电控系统股份有限公司
苏州绿控传动科技股份有限公司
北京理工华创电动车技术有限公司
福建艺达电驱动股份有限公司
柳州五菱柳机动力有限公司
加特可（广州）自动变速箱有限公司
精诚工科汽车系统有限公司
大庆劳特润滑油有限公司
泰科电子（上海）有限公司
博众精工科技股份有限公司
张家港友诚新能源科技股份有限公司
南京康尼新能源汽车零部件有限公司
长春汽车检测中心有限责任公司
襄阳达安汽车检测中心有限公司
广东汽车检测中心有限公司
河南凯瑞车辆检测认证中心有限公司
信息产业化学物理电源产品质量监督检验中心
国家汽车质量检验检测中心（北京顺义）
国家汽车电气化产品及系统质量监督检验中心
国家新能源汽车动力电池及电驱动系统质量监督检验中心（广东）
中机试验装备股份有限公司
中检西部检测有限公司
鞍钢钢材加工配送（长春）有限公司
江西新钢南方新材料有限公司
宁波祢若电子科技有限公司
北京理工大学机械与车辆学院
江苏大学汽车与交通工程学院
上海交通大学智能所

猛士科技
猛士917
越野新物种 豪华新体验
官方网站：m-hero.com 官方电话：400-9677-666
扫码关注小程序

猛士
无畏 · 征服
猛士智能越野架构M TECH
千沟万壑 尽变坦途
超级平台
[猛士越野平台MORA]
支持线控、域控、集成热管理等前沿技术，尺寸灵活拓展，可衍生出多种车型
超级动力
[猛士动力 MEGA POWER]
1088匹巅峰马力，轮边最大扭矩16200Nm，零百加速仅为4.2s，100%爬坡度
超级越野
[猛士全地形系统M ATS]
猛士917可根据不同道路环境，智能选择最佳的越野模式，让你的驾驶如履平地
917
官方指导价：
增程版 63.77万元起
纯电版 69.77万元起
扫码下载APP
扫码关注小程序

岚图
岚图梦想家
电动豪华旗舰MPV
品质驾乘
魔毯空气悬架
高效电驱
双电机智能四驱
舒享空间
大七座宽享空间
安全标杆
超五星开发标准
心有成竹 行有岚图
高端智慧电动汽车品牌
官方热线：400-888-8488

飞凡汽车
飞凡 | R7
极智高阶纯电SUV
飞凡 | F7
中大型豪华纯电轿车
下载“飞凡汽车”APP
关注“飞凡汽车RISING AUTO”

飞凡汽车
飞凡 | F7
中大型豪华纯电轿车
飞凡 | R7
中大型豪华纯电SUV
下载"飞凡汽车"APP
关注"飞凡汽车RISING AUTO"

长城智能新能源
更省 更远 更安全
藍山 DHT PHEV

钇为3
重新定义纯电A级车
505km超长续航|0热扩散蜂窝电池|五星安全标准|全车中央空调
405~505km超长续航 市场价8.99万-12.79万元
抖音扫一扫
解锁更多惊喜
微信扫一扫
探索更多精彩
*续航里程由国家轿车质量监督检验中心按照CLTC工况检验所得。

零跑汽车
全域自研 超越期待
零跑8月交付14190台
其中C系列交付12000+台，占比超85%
零跑【四叶草】中央集成式电子电气架构发布
C11
C11增程
T03
C01
即刻预约试驾
股票代码:9863.HK

TOYOTA
广汽丰田
bZ4X
X MODE
随心所行，山川原野皆是通
一秒惊艳 长久安心
广汽丰田首款e-TNGA纯电中型SU
bZ4X
e-TNGA
*广告车型为X-MODE四驱Ultra，具体车型配置以实际销售为准。

广汽传祺
HELLO
北极归来的新朋友
| 电池耐低温 | 360°安全气囊 | 2.0TM智电系统 | 1032km千里续航 | 豪华头等舱座椅 |
市场指导价:32.98万元起

豪华猎装轿跑 极氪001

基于SEA浩瀚架构的领先优势和对用户需求的深刻洞察，将猎装的颜值、轿跑的操控、SUV的空间和通过性融为一体，受到市场和用户认可，成为30万元以上纯电车型标杆及销冠。

原生纯电豪华MPV 极氪009

在50万元以上六座大型豪华车市场，不仅树立了豪华MPV的全新基准，更是站在用户的角度重新定义了豪华MPV，带领六座大型豪华车领域进入了智能电动时代。

新奢全能SUV 极氪X

从全球用户的豪华体验需求出发，打破套娃桎梏和固有空间格局，用极氪式设计、极氪式操控、极氪式安全，以及同级从未有过的豪华体验，开创紧凑级豪华市场新标准。

睿蓝汽车
LIVAN
睿蓝9
中大型6/7座
纯电SUV
都市印象主义美学|深夜奇航蓝黑双拼内饰
越级享|超大空间 大有享法
超值享|轻松高效 纯电出行
智趣享|智慧座舱 全维体验
官方指导价:15.99万元起
睿蓝小程序
关注[睿蓝汽车]
官方微信

腾势
启新境 势不凡
智慧安全新豪华汽车品牌
腾势 N7
智能豪华猎跑SUV
腾势 D9
划时代智臻豪华全能MPV
腾势官网
扫码预约试驾
腾势官方小程序
扫码即刻体验

东风风行
FORTHING

风行雷霆
科技先锋纯电SUV

纯电出行 雷霆出击

风行雷霆 13万元级纯电SUV普及者

东风商用车
DONGFENG TRUCKS
一切源于可靠
It's All About Reliability
东风天龙 东风天锦
可靠的新能源
低碳环保
高效率零排
双碳绿色
@东风卡车之友官微

换电牵引车

▪ 充换电一体 核心技术自主

- 260：整车性能强劲，品质可靠
续驶里程，最高可达260公里
- 采用充换电一体设计，更换电池只需5分钟
完成快充也仅需1小时
- EBS：搭配先进的整车能量管理策略
以及基于EBS的制动能量回收系统
能最大限度回收制动能量
提升电池寿命，更具运营价值

▪ 安全可靠 实现全方位保障

- 整车采用高强度框架式车身结构设计
- 配置了EBS车辆紧急制动系统
- LDWS车道偏移预警系统
- FCWS前向碰撞预警系统

为驾乘人员
增添了多重安全保障

▪ 贴心设计 驾乘更舒适

车内三辐多功能方向盘、气囊减震座椅、驻车空调/暖风、AMT换挡、多媒体大屏、高低压双源控制电动液压助力转向系统等配置的应用，让驾乘人员在工作中找到轻松感和愉悦感

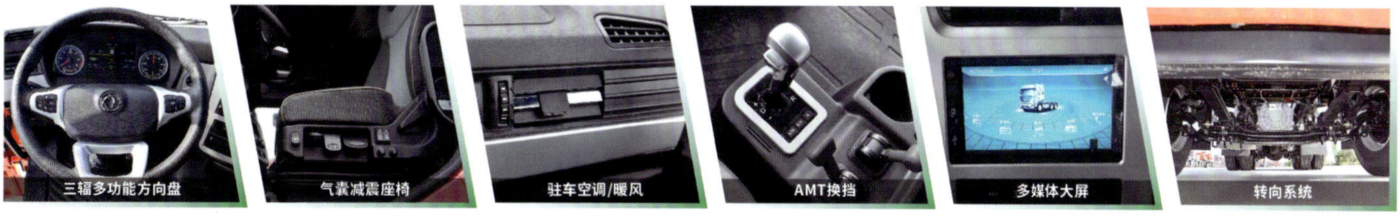

纯电环卫车

▪ 充换电一体 核心技术自主

东风商用车纯电环卫车基于东风天锦二类汽车底盘改造，满足国六标准

具有 环保 节能 安全 可靠 舒适 等特点

适用于城市道路、高速公路、广场、机场、码头、遂道、桥梁、路缘和路缘石立面的机械化清洗、清扫、喷雾降尘等清洁作业

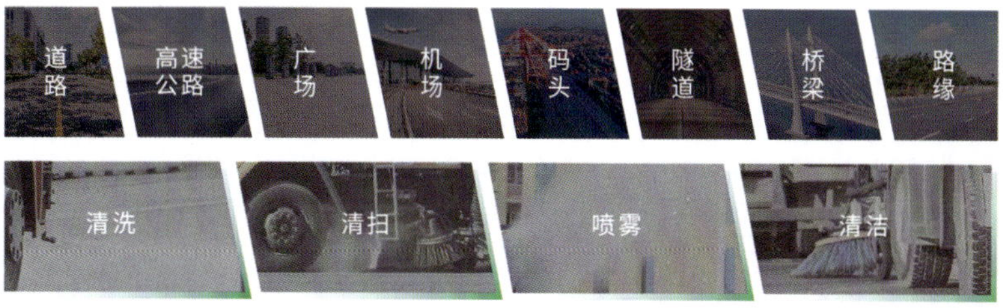

▪ 人性化设计 显著降低疲劳感

- 依托东风天锦整车轻量化设计
整车能耗比同类车型更低
动力强劲，承载更强
- 应用人体工程学原理
研制的驾驶室
布局合理，环境舒适
- 半浮式驾驶室悬置系统
配以减震座椅，使整车平顺性更优
极大降低连续环卫作业带来的疲劳感

绿色城配
智慧物流
智能先锋 驾驭未来

绿色城配 智慧未来

·数字座舱 Digital cockpits

V2X车载通信技术、多模融合交互技术、域控制器硬件平台技术

·自动驾驶 Autopilot

多传感融合环境感知技术、基于深度学习图像识别技术、路径规划与行为决策

·新能源 New energy

分布式电驱动系统技术、无线充电技术、氢燃料电池技术

·节能减排 Conserve energy,reduce emissions

高燃效发动机技术、混合动力发动机技术

·轻量化 Lightweight

高强轻质材料应用技术、先进材料成型与制造技术、碳纤维复合材料应用技术

AUMARK 欧马可
全新一代欧马可智蓝轻卡
新能源智慧物流专家
福田汽车
全新一代，更领先的一代
T:4006-988-900 http://aumark.foton.com.cn
FOTON
福田汽车

中国汽研政研咨询中心

政研咨询中心是中国汽研的四大平台中心之一，致力于打造以汽车技术进步为驱动的政府服务和行业服务的综合性智库，相关工作由北京院统筹管理。

在政府支撑方面，围绕新能源、智能网联、双碳、后市场、国际化等开展深入研究，为国家部委、地方政府等提供支撑服务。先后协助政府主管部门开展了节能惠民汽车核查、新能源汽车产业技术创新工程等多个重大项目管理工作，长期受政府主管部门和地方政府委托制定和评估产业政策，核心参与了《汽车产业中长期发展规划》、《节能与新能源汽车技术路线图》、汽车企业及产品准入系列政策、《新能源汽车产业发展规划(2021—2035年)》、智能网联汽车准入、汽车软件在线升级、沙盒监管等重要的产业及技术政策的研究工作。

在企业咨询方面，近年来先后为大众、宝马、奥迪、奔驰、保时捷、丰田、日产、雷克萨斯、现代、标致、特斯拉、上汽集团、长安、比亚迪、长城、广汽、北汽、庆铃、宇通、蔚来、理想、华为、小米、百度、电装等众多企业提供产业政策研究、企业发展战略/产品规划等专业咨询服务。

在行业平台方面，构建"1+6+X"平台架构，围绕双碳、后市场、氢能等重点领域，打造具有特色和核心竞争力的创新平台，主要包括：新能源与智能汽车后市场联合创新平台、车用氢能安全监管及应急处置联合研究工作组、新能源汽车能效评价联合研究工作组等。

在成果发布和影响力打造等方面，2016年以来持续出版了汽车零部件蓝皮书、汽车知识产权蓝皮书、智能网联汽车网络与数据安全蓝皮书等品牌出版物，持续举办了中国汽车安全大会暨智能网联汽车安全测评技能大赛50余项具有较高行业影响力的品牌活动。

4大核心能力

打造以汽车技术进步为驱动的政府服务和行业服务的综合性智库

01 做精 — 政府服务
产业政策研究
技术政策研究
市场格局研究

02 做强 — 高端咨询
地方政府服务
企业咨询服务
创新发展业务

03 做深 — 研究体系
模型工具
业务流程
……

04 创新 — 行业平台
智库平台
专项平台
……

政研咨询中心成果出版（部分列举）

政研咨询中心研究体系

双碳 | 智能网联 新能源 | 政府支撑 | 企业咨询 | 在用车 | 皮书 | 论坛

技术底座

全链条研究底座

方法论	模型工具	案例库	专家智慧	专题报告	周期报告（月/季/年）

成果示例

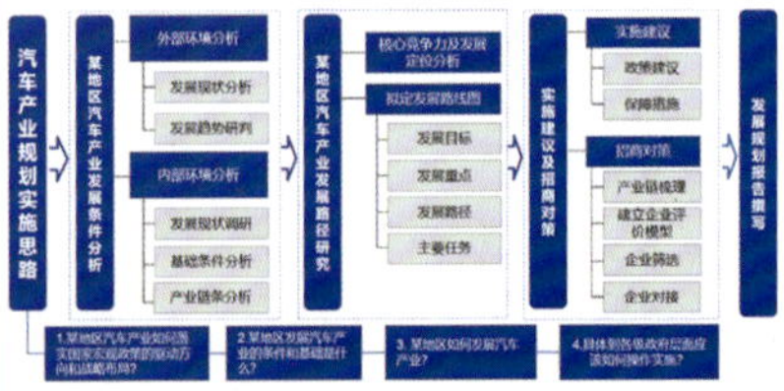

汽车产业规划实施思路

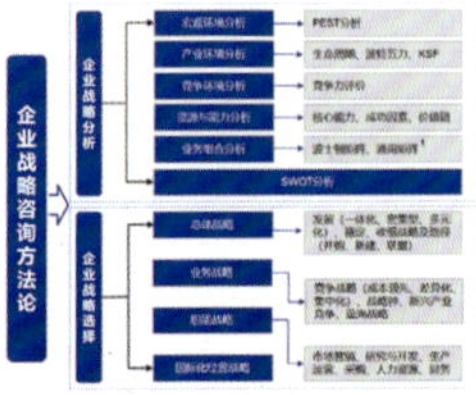

企业战略咨询方法论

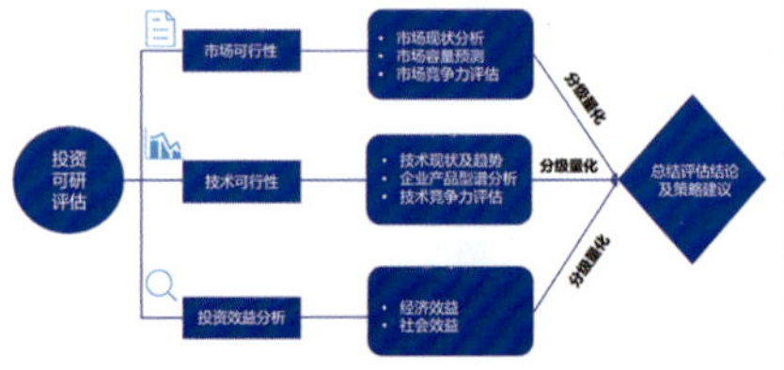

投资可研评估

中国汽车工程研究院股份有限公司

中国汽车工程研究院股份有限公司(以下简称中国汽研)始建于1965年，原名重庆重型汽车研究所，系国家一类科研院所。2001年至今，先后经历3次更名、2次上级管理关系变更。2010年11月，整体变更设立为中国汽车工程研究院股份有限公司。2012年6月11日，中国汽研在上海证券交易所正式挂牌上市。2023年1月，通过央企专业化整合正式重组并入中国检验认证(集团)有限公司。

中国汽研积极服务国家战略和行业发展，深刻践行央企责任使命，构建起以重庆本部为核心，辐射全国主要汽车产业集群的技术服务布局；拥有国家燃气汽车工程技术研究中心、汽车噪声振动和安全技术国家重点实验室、替代燃料国家地方联合实验室、国家智能清洁能源汽车质量检验检测中心、国家机器人检测与评定中心(重庆)、国家机动车质量检验检测中心(重庆)、国家氢能动力质量检验检测中心、国家机动车质量检验检测中心(广东)等国家级平台，是我国汽车产品开发、试验研究、质量检测的公共科技创新平台，推动汽车产业技术进步。

中国汽研坚持基础研究投入，现已构建起北京院、苏州院、深圳院三大区域基地，检测工程事业部、能源动力事业部、信息智能事业部、装备事业部、后市场事业部(筹)为一体的集群体系，并设有标准认证中心、政研咨询中心、品牌宣传中心、数据信息中心专业化平台。公司聚焦“安全”“绿色”“体验”三大技术领域，提供解决方案、软件数据、装备产业三类产品，为汽车行业高质量持续发展提供科技支撑、为汽车企业品牌与品质提升提供技术服务、为消费者公正合理消费提供顾问支持，致力成为以标准为核心，集成技术服务、数据应用、装备推广的科技平台公司。

面向未来，中国汽研始终牢记为汽车工业发展注入强劲科技动力的使命，秉承创新、拼搏、担当、快乐的企业精神，践行数字化、平台化、国际化发展理念，努力建成核心竞争优势和特色优势突出，引领行业发展的百亿元级国际化上市公司。

中国汽研公司架构图

中国检验认证集团

中国汽研

三大区域总部
- 北京院
- 苏州院
- 深圳院

四大平台中心
- 政研咨询中心
- 品牌宣传中心
- 标准认证中心
- 数据信息中心

五大事业部
- 检测工程事业部
- 能源动力事业部
- 信息智能事业部
- 装备事业部
- 后市场事业部(筹)

直属业务
- 凯瑞特种车公司
- 北京技术公司

合资公司

职能部门

中国汽研全国布局及能力体系

重庆本部	高端、完善、综合、全面的测试研发能力
华东	新能源汽车、通讯软件及零部件与材料测试研发等特色能力
华南	动力电池、电子电气测试研发等特色能力
华北	汽车智库平台（政研咨询）、汽车网络与数据安全、汽车口岸业务及国际化等
华中	“产学研”基地，智能测试、研发及咨询培训等特色能力
华中	高热、高寒、高原测试等特色能力

中国汽研创新科技体系

构建科技创新体系，打造中国汽研“3+3+3+10”核心技术体系

聚焦
“测评、算法、控制”
三大根技术

布局
“安全、绿色、体验”
10大重点业务领域

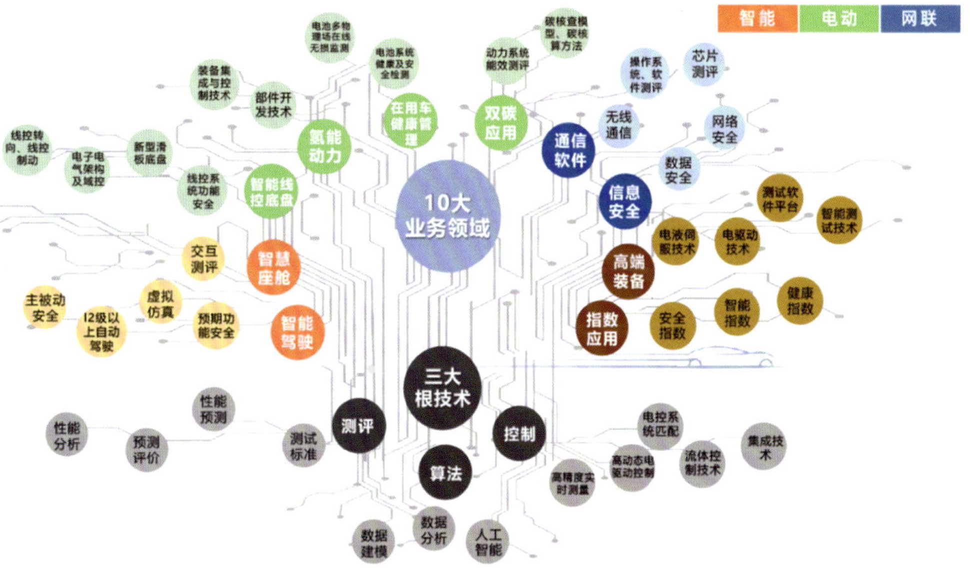

中汽中心 | 检测

中汽研汽车检验中心（武汉）有限公司

企业简介

中汽研汽车检验中心（武汉）有限公司（以下简称武汉检验中心）成立于1985年，现为中国汽车技术研究中心有限公司全资子公司。作为汽车产业综合性服务机构，其业务范围涵盖标准法规、产品检测、行业咨询、媒体传播和技术研发等。公司总资产超11亿元，在职员工240余名，主院区位于武汉，同时在湖北省内外投资运营多个综合性试验基地和服务网点。

公司建成国家新能源汽车质量检验检测中心，拥有汽车及零部件产品检验检测全项资质，具备中国船级社产品检测和试验机构认可，同时是CQC、CEC、CCAP等机构的签约实验室。现已建成先进水平的整车及零部件综合试验室、新能源综合试验室、汽车安全碰撞试验室、电磁兼容试验室、发动机综合试验室、重型排放试验室、轻型排放试验室等七大汽车检验测试综合试验室，部分检测能力具备国际先进水平。

公司成立以来始终为专用汽车产业提供第三方技术支持，现可为商、专用车企业提供一站式综合性技术服务。公司也是全国汽车标准化委员会专用汽车分技术委员会和车身附件分技术委员会、中国汽车工业协会专用车分会、中国汽车工程学会专用车分会的秘书处单位。公司下设武汉专用汽车杂志社有限责任公司，是集期刊、网站、社交新媒体于一体的融媒体信息传播平台，具备媒体宣传、会议会展、咨询服务等多种服务能力。

武汉检验中心是国家高新技术企业，拥有多个省级创新研究平台，取得多项省部级科学技术奖。现与多个高校、科研院所建立了长效合作机制，开展新能源汽车、智能网联汽车、燃料电池等测试技术开发与评价研究，未来将逐步构建国内一流的技术创新服务平台。

中汽院（重庆）汽车检测有限公司于2020年2月成立，隶属于中国汽车工程研究院股份有限公司，于2023年1月，经央企整合正式成为中国检验认证（集团）有限公司的一部分，是国家授权指定的第三方汽车检测机构，负责运营中国汽研智能网联汽车试验基地，具备国内先进的智能网联汽车试验道路，获得了交通运输部汽运中心的道路运输车辆达标车型检测机构资质授权，通过了工业和信息化部装备工业发展中心的汽车公告产品检验场地能力核定，具备工信部公告检测、环保部目录检测、交通部达标车型检测、国家认监委车辆及零部件产品(CCC)认证检测、进出口车辆认证等检测资质，可提供从研发到认证的一站式服务，包括汽车全生命周期链的咨询调研、研发测评、标准法规解读、检测认证、品牌推广、关键质控等。

·试验场

·主动安全测试

·年度车型评选

·全景环视测试

·主动安全测试

·特装检测

广东汽车检测中心

GATC

广东汽车检测中心有限公司

广东汽车检测中心有限公司，创立于2008年，是以汽车整车及零部件检验检测服务为主的第三方检测机构。

广东汽车检测中心2011年开展整车企业的委托试验业务，2013年“国家汽车质量监督检验中心（广东）”获得授权，2015年确立传统汽车和新能源汽车检测并行发展的思路，2016年率先在华南开展电动汽车动力电池检测业务，2018年获得环保部“检测机构视频监控及数据传输联网”资质，2019年成为国家认证认可监督管理委员会强制性产品指定实验室，2020年成为广东省高新企业，2023年获得道路运输车辆达标车型检测资质授权。

广东汽车检测中心可开展汽车（乘用车、货车、客车、专用车、挂车、新能源汽车整车及驱动电机、动力电池、BMS等零部件）和三轮汽车等产品的《公告》检验，相关汽车及零部件产品的CCC认证检验，轻型车排放、发动机排放及整车加速行驶噪声检验等公告、CCC和环保检验检测业务，同时可进行船用柴油机氮氧化物排放检测、船舶发动机排气污染物排放检测，以及船用动力蓄电池(单体、模块/电池包、电池管理系统）检测，广东汽车检测中心具备在华南乃至全国范围提供一站式检测服务的能力！

广东汽车检测中心着力打造氢能动力、动力电池、电子安全等特色能力，为大湾区汽车产业蓬勃发展做出贡献。

和国际接轨
与巨人同行

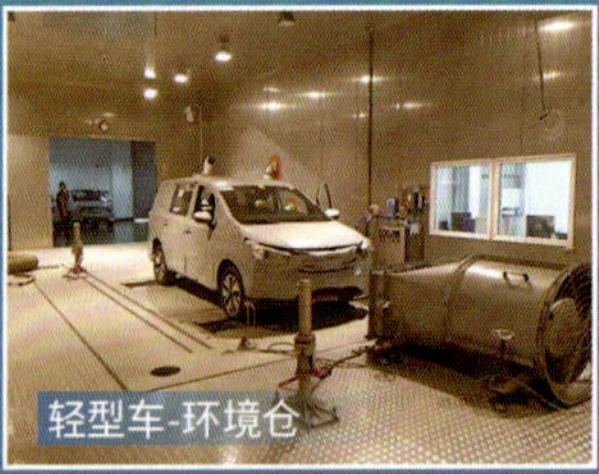
轻型车-环境仓

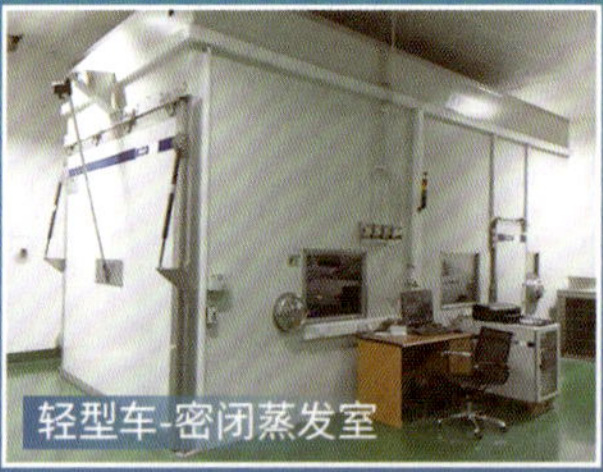
轻型车-密闭蒸发室

排放环模仓

碰撞试验室

碰撞试验室

侧倾试验台

研发结硕果
创新争一流

地址：广东省佛山市禅城区季华西路罗格工业园科汇路2号　邮编：528061　电话：0757-88036989
传真：0757-88036966　邮箱：gatc@gdatc.net　网址：www.gdatc.net

招商车研
CMVR

检致精·行致远

2003-2023
奋进二十载　创新向未来

2003年，招商局检测车辆技术研究院有限公司（以下简称招商车研）由招商局集团和重庆市政府整合相关资源组建而成，现隶属于招商局检测技术控股有限公司（以下简称招商检测），招商检测是招商局集团“十四五”期间重点培育的战略新兴产业单元，是一家集“标准—计量—检测—认证”产业链一体化的综合性检验检测技术服务企业。招商车研是国家火炬计划重点高新技术企业、重庆市创新型企业，获工业和信息化部、交通运输部、生态环境部、市场监管总局等行业主管部门授权和认可，主要从事汽摩产品公告、CCC、道路运输车辆达标车型、环保型式认证等法规检测，研发验证、供应商检测、进口商检、出口认证、标准制修订、技术咨询等工作；同时，获中国船级社认可，具备了船用产品的检测认证资质。招商车研建有汽车、摩托车、智能网联汽车3个“国家质检中心”，在新能源、智能网联汽车等领域拥有8个科技平台和2个科普基地。同时，立足重庆、辐射西南、放眼全国，设有华东、华南、华北分支机构，黑河寒区试验基地，重庆渝欧、大连渝海、深圳渝鹏控股子公司，服务全国1000余家企业客户。

电动摩托车进行电磁兼容试验

客车EMC

新能源整车火烧试验

乘用车正面碰撞试验

国家化学与物理电源产品质量监督检验中心
信息产业化学物理电源产品质量监督检验中心
工业（化学与物理电源）产品质量控制与技术评价实验室

信息产业化学物理电源产品质量监督检验中心成立于1985年，前身是电子工业化学物理电源产品质量监督检验中心。作为第三方的检验机构，在工信部的领导下多年从事化学物理电源产品的质量监督检验工作。2013年2月，经国家认监委正式发文授权，成为一家综合性的新能源产品测试国家中心。

多年来，受国家有关部委、部门委托，中心先后对各类化学物理电源产品进行了全国统检、监督抽查、打假、性能评估等；产品行业等级评定、质量摸底、对比试验等；产品司法鉴定、技术鉴定和仲裁检测；产品选型、进出口检测、产品应用及可行性评估等各类检测和试验；参与了信息产业部关于实施收集电池生产许可证管理文件的编制全过程；作为我国电动汽车用动力电池测试基地，参与编制了行业标准，建成了有效推动我国动力蓄电池技术进步与实用化进程的集中测试和评价体系。为我国化学物理电源事业的快速发展做出了积极的贡献，多次受到上级部门的奖励和表扬。

中心坐落在天津市滨海高新技术产业开发区华科七路6号，拥有实验室16000余平方米，固定资产2亿余元，拥有享受政府津贴专家10人、科技部863专项专家1人，技术力量雄厚，检测手段先进，国内外专业技术标准齐全。能够按照IEC、JIS、MIL 等国际标准及国家标准、行业标准和企业标准等国内标准对包括各系列的化学物理电源产品进行材料、电性能、环境、力学、安全性及寿命等进行检测和评估工作。

资质能力

- 中国实验室认可委员会（CNAS）认可的实验室 (L0591)；
- 国防科技工业实验室认可委员会（DILAC）认可的实验室 (DL014)；
- 资质认定计量认证合格的实验室 （230021014724）（授权名称：信息产业化学物理电源产品质量监督检验中心）；
- 资质认定计量认证合格的实验室 (220021349620)，（授权名称：国家化学与物理电源产品质量检验检测中心）；
- 工信部电动汽车用动力蓄电池产品强制性检测单位；
- 德国TUV-SUD 南德公司太阳电池、锂电池签约实验室；
- 美国 CEC(美国加州能源委员会） 太阳电池指定实验室；
- 中国质量认证中心(CQC） 太阳电池签约实验室；
- 北京鉴衡认证中心有限公司太阳电池签约实验室；
- 铁道部机车和客车用蓄电池的专检和发证单位；
- 世界上四个具有光伏计量基准标定资格的实验室之一（中国TIPS,美国NREL，德国PTB，日本 JQA)。

地址:天津市滨海高新技术产业开发区华科七路6号
联系电话:022-23959006 022-23959007 022-23959259
传真:022-23383783 Email:sys9006@163.com

Aotecar®
奥特佳

奥特佳新能源科技股份有限公司作为国内汽车热管理行业内自主品牌的龙头企业之一，有别于该行业供应链条上主营非终端产品的非关键零部件厂商，建立20多年来，公司始终专精于汽车热管理系统的各类终端核心产品及高附加值关键零部件业务。近年来，奥特佳依赖在新能源汽车热管理技术领域的连续突破，以乘用车为主要市场，兼顾商用车及储能热管理新兴业务，总体业绩快速攀升，体现出汽车热管理终端产品全产业链综合整体优势，深化巩固了奥特佳作为汽车热管理终端产品核心系统及重要部件的大型专业化制造商的地位。

奥特佳的主要产品和技术

E26式压缩机

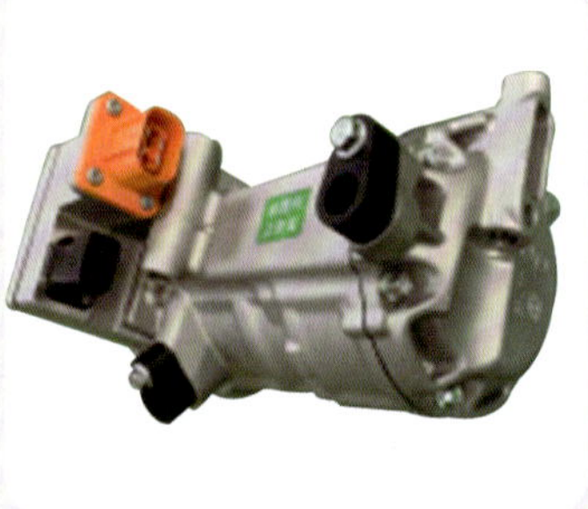
E34式压缩机

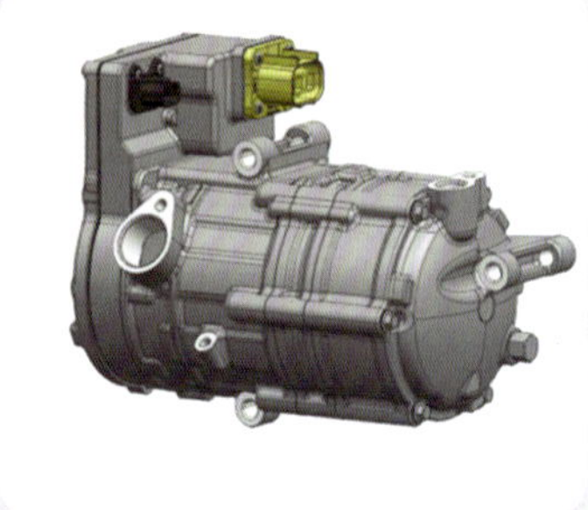
E45TM(单级压缩)

E70式压缩机

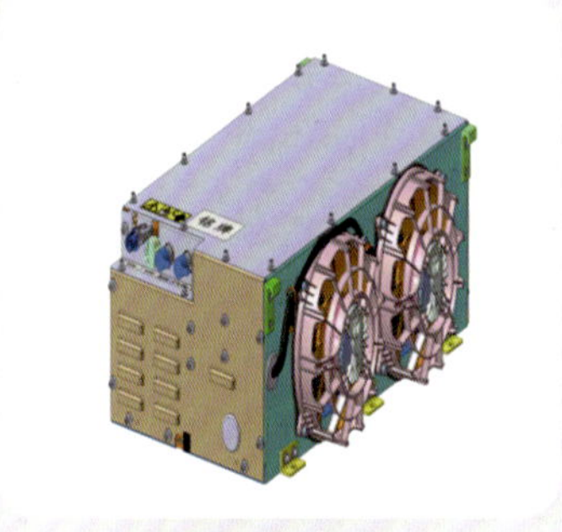
车用液冷8kW机组

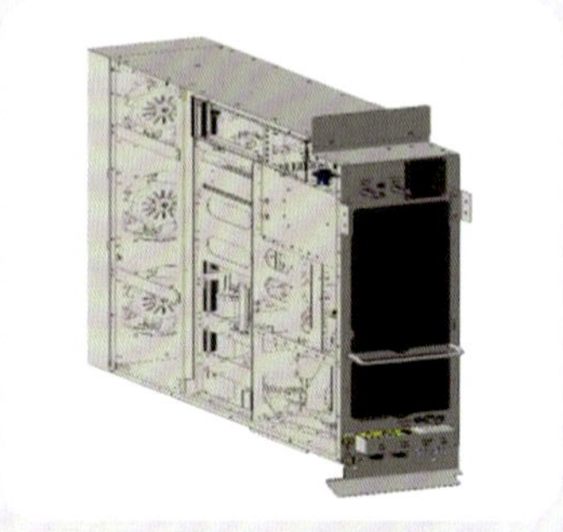
储能液冷8kW机组

储能液冷40kW机组

储能液冷150kW机组

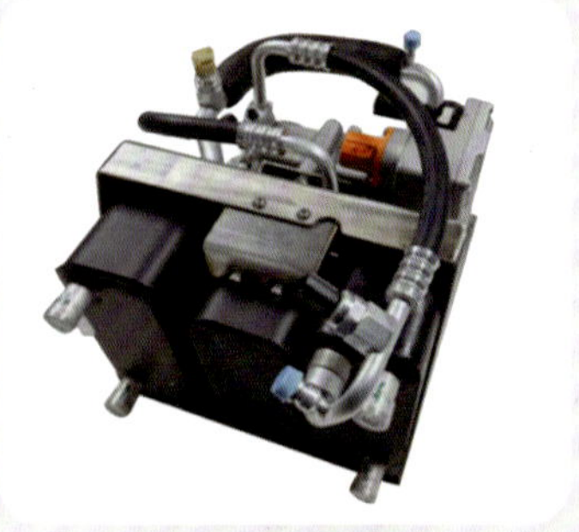
模块化热泵系统

车载香氛系统

偏置式HVAC

前端冷却模块

业界先进的生产和实验设备设施

空调国际气候风洞

能够模拟车辆空调和动力总成冷却所要求的完整、准确的测试道路和环境条件

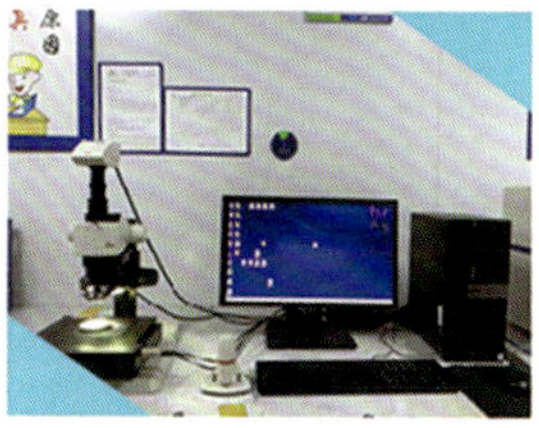

清洁度显微镜分析

莱卡显微分析系统
可分辨金属和非金属颗粒

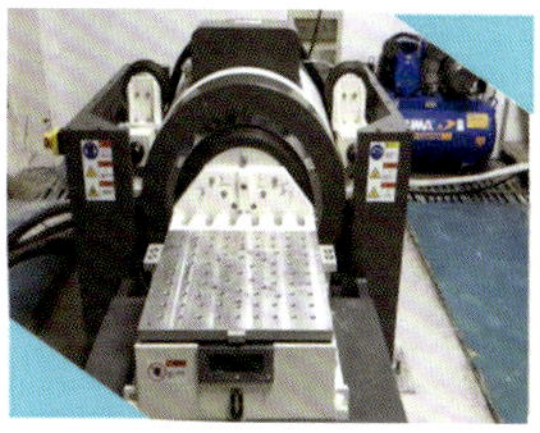

振动试验台

可进行正弦振动和随机振动
频率:5~2500Hz、最大加速度:$980m/s^2$

电机测功机

额定功率：15kW，额定扭矩
100Nm，最高转速18000r/min

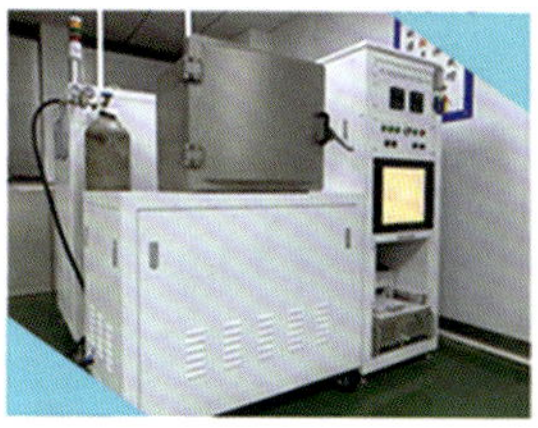

氦检试验台

测量范围：1~1.01×105Pa
最大测试压力：50bar

性能试验台

可进行制冷、制热工况测试
测量范围：500~14000W

耐久试验台

可进行温度和转速交变试验
可进行高温高湿试验

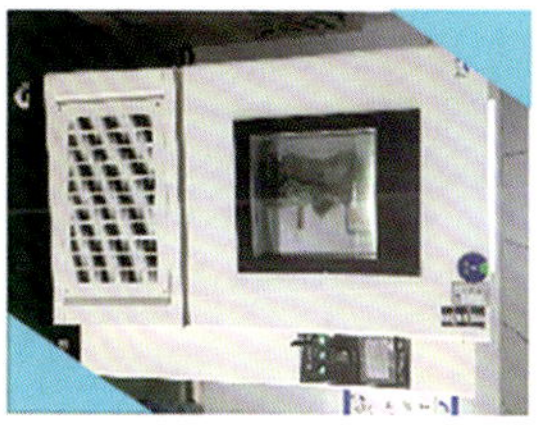

高低温交变箱

高低温存储及交变湿热试验
压缩机可带负载进行温度试验

自动打钉

机器人自动拧紧，轨迹定位，自动供钉设备，
多重控制手段，有效的降低不良

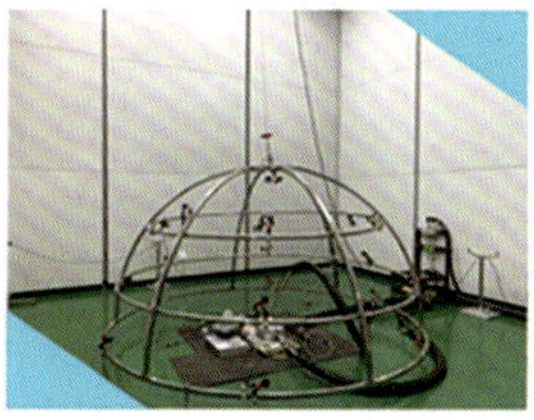

半消音室

背景噪声小于25dB（A）
可满足大众MQB平台要求

性能试验台

供应商：上海佐竹
适用R134a /1234yf/R410a/R407c等制冷剂
制冷量范围：0.6~22kW

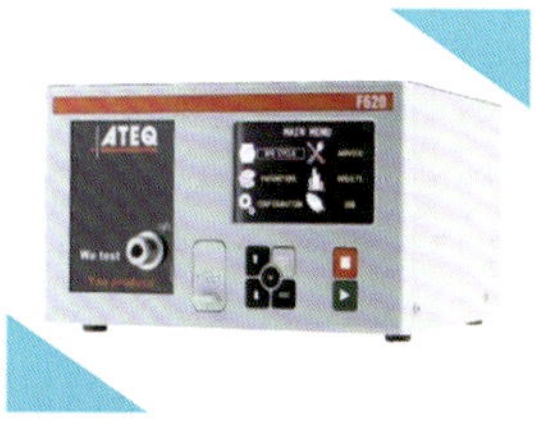

ATEQ气密检漏仪

可有效检测产品管路是否
存在泄漏，并计算出泄漏率

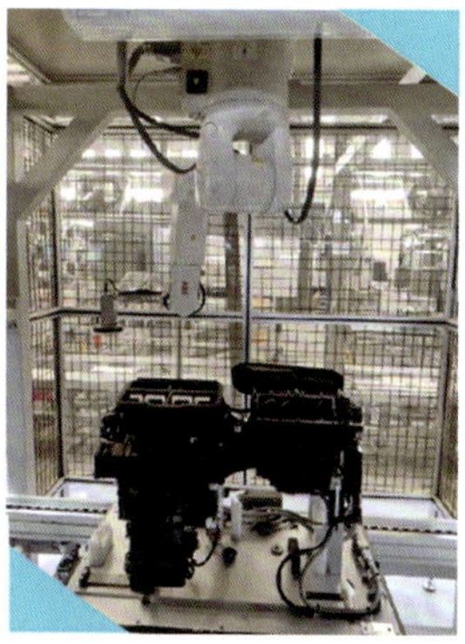

新产线机器人

在线自动拍照检测，PLC程序控制，100%
检测，不良品从NG通道流出，拍照检测无
接触，产品在检测过程不会产生不良

爆破压力试验台

最大输出压力：160bar

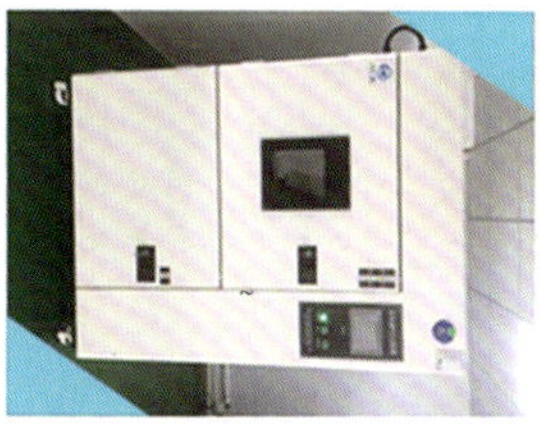

高低温冲击箱

温度冲击范围：-40°C~150°C
压缩机可带负载进行冲击试验

NVH数据采集

图中所示分别为：数采、麦克风、
压力脉动、力锤和振动加速度传感器

高性能耐久试验台

供应商：千野测控设备公司，适用制冷剂R134a/1234yf
三厢式耐久试验台，可搭载原车蒸发器和冷凝器进
行试验，蒸发器、冷凝器、压缩机环境温度进行独
立控制；可实现OCR的实时测量

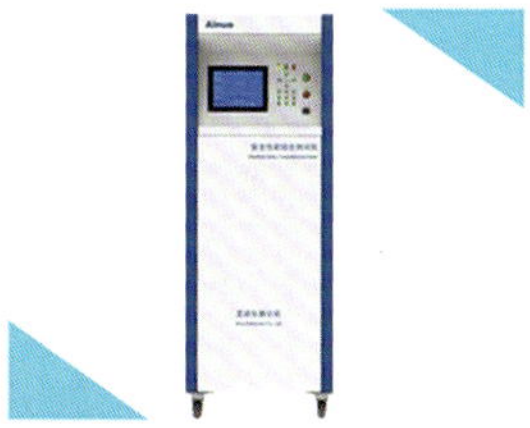

安规测试仪

集成了多种安全性能和电气性能的综合测试仪，
能快速完成全功能检测

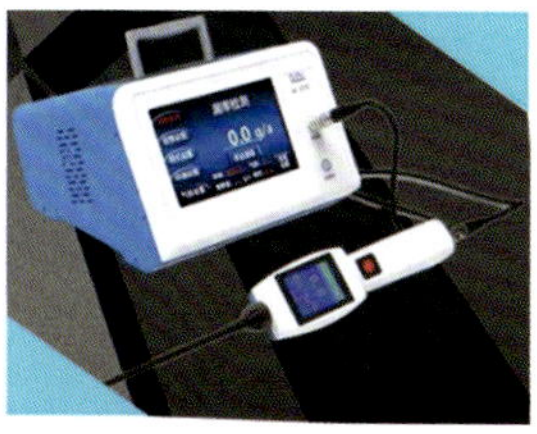

卤素检漏仪

可有效检测出产品充媒后
制冷管路是否存在泄漏

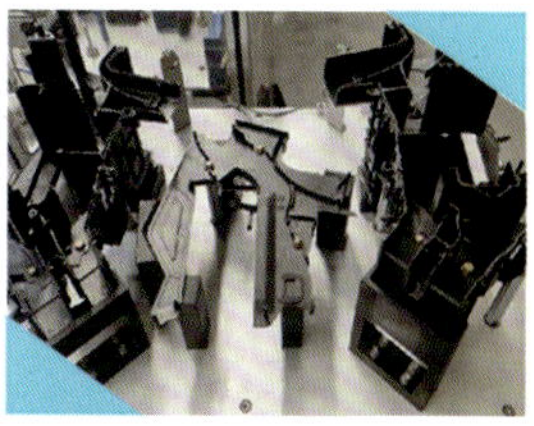

自动涂油设备

代替传统的人工涂油，
实现更精确的涂油方式

核心技术 CORE TECHNOLOGIES

超快充
SUPER-FAST CHARGING

充电10分钟达80% SOC

采用超低欧姆电阻、CPE电极技术、全生命周期自适应超充策略，使电动车快充多跑

欣安全
HIGH SAFETY

七级安全，不惧撞击热失控

从原材料选用，到在线监测系统、电芯间高效阻隔、模组级安全设计、PACK人身防护等，确保安全可靠

抗低温
LOW TEMPERATURE RESISTANT

不惧低温，北方冬天轻松用车

智能热管理系统最大程度保证各电芯一致性，提升电池系统放电能力

特耐用
EXTRA DURABILITY

使用寿命百万公里

对电池阴极、阳极、电解液、极片等关键部件进行改造，减缓电池容量衰减，延长电池寿命

核心实力 CORE STRENGTH

先进技术
行业领先完善的科研创新体系，持续高水平研发投入

智能智造
融合深厚的行业积累和领航智能技术，打造了国际前沿的智能生产制造体系

超高品质
国际知名客户验证的先进成熟的品质管理体系，锻造出超高品质产品

可靠交付
全产业链布局、全球化部署、500GWh产能布局、极致智造能力，保证交付稳定可靠

开放合作
不断创新合作模式，打造“共生-共赢”产业生态链

大客户服务经验
近30年锂离子电池领域大客户服务经验、屡获国内外知名车企供应商奖项

合源锂创
HYLIC

固守本芯 踔厉前行

公司简介

合源锂创（苏州）新能源科技有限公司（以下简称合源锂创）是一家聚焦固态锂离子电池产品研发、生产及销售的科技创新型企业。公司成立于2023年1月，总部位于苏州工业园区。公司拥有“一个中心，两个基地”，除总部外，于武汉、深圳分别拥有新型电池关键材料研发中心和电池系统研发基地。合源锂创自主研发高比能、高安全、长寿命的固态电芯和固态电池产品在储能和动力领域有广泛的应用场景。

一个研发中心 两个生产基地

武汉·中国地质大学（武汉）新型电池材料联合研发中心

聚集国内知名高校硕博士组成的精英团队。

苏州·电芯研发生产基地

集研发、生产、销售于一体的总部基地。

深圳·电池系统研发生产基地

以模组、BMS及电池包系统产品为主要方向，提供3C、储能和动力电池项目的全面解决方案。

产品序列

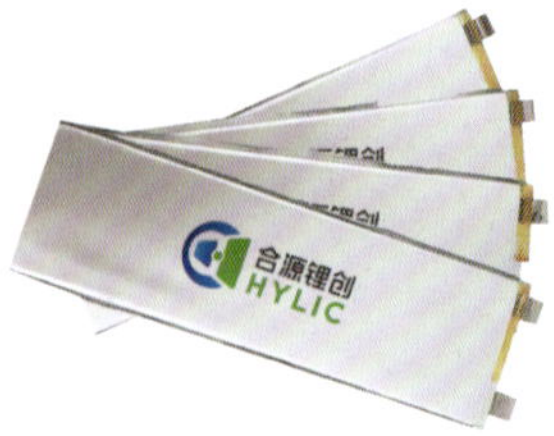

户储电芯

固态电芯

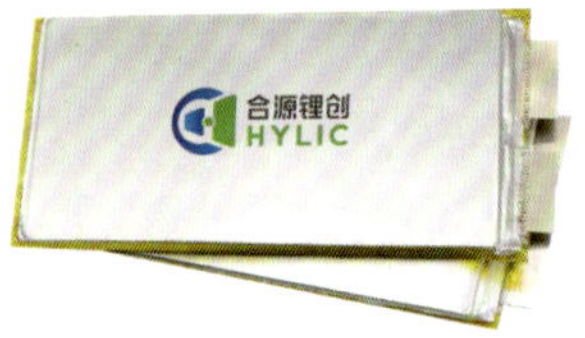

全固态电芯

产品优势

安全

便捷

高比能

高性价比

合源锂创（苏州）新能源科技有限公司
联系电话：+86 15057911413　邮箱：sales@hylicreate.com　公司地址：江苏省苏州市工业园区亭新街11号P1-5

2023
节能与新能源汽车年鉴

工业和信息化部装备工业发展中心
北京国能赢创能源信息技术有限公司　编
《节能与新能源汽车年鉴》编制办公室

中国铁道出版社有限公司
CHINA RAILWAY PUBLISHING HOUSE CO., LTD.

图书在版编目(CIP)数据

节能与新能源汽车年鉴. 2023 / 工业和信息化部装备工业发展中心，北京国能赢创能源信息技术有限公司，《节能与新能源汽车年鉴》编制办公室编. —北京：中国铁道出版社有限公司，2023.10

ISBN 978-7-113-30603-8

Ⅰ.①节… Ⅱ.①工… ②北… ③节… Ⅲ.①节能-新能源-汽车-中国-2023-年鉴 Ⅳ.①U469.7-54

中国国家版本馆 CIP 数据核字(2023)第 190176 号

书　　名：节能与新能源汽车年鉴 2023
JIENENG YU XINNENGYUAN QICHE NIANJIAN 2023
作　　者：工业和信息化部装备工业发展中心　北京国能赢创能源信息技术有限公司　《节能与新能源汽车年鉴》编制办公室

策划编辑：罗桂英
责任编辑：周雨晨　田银香　　**编辑部电话：**(010)51873407　　**电子邮箱：**550800654@qq.com
封面设计：崔丽芳
责任校对：安海燕
责任印制：赵星辰

出版发行：中国铁道出版社有限公司(100054，北京市西城区右安门西街 8 号)
网　　址：http://www.tdpress.com
印　　刷：北京盛通印刷股份有限公司
版　　次：2023 年 10 月第 1 版　2023 年 10 月第 1 次印刷
开　　本：889 mm×1 194 mm 1/16　**印张：**40.5　**插页：**79　**字数：**2155 千
书　　号：ISBN 978-7-113-30603-8
定　　价：980.00 元

2023年《节能与新能源汽车年鉴》编制委员会

一、顾　　问

姓　名	单　　位	职务/职称
欧阳明高	中国科学院	院士
孙逢春	中国工程院	院士
李　骏	中国工程院	院士
李克强	中国工程院	院士
衣宝廉	中国工程院	院士
付炳锋	中国汽车工业协会	常务副会长兼秘书长
付于武	中国汽车工程学会	名誉理事长
张进华	中国汽车工程学会	常务副理事长兼秘书长
万鑫铭	中国汽车工程研究院股份有限公司	董事长兼总经理
吴志新	中国汽车技术研究中心有限公司	副总经理
安庆衡	中国汽车工业咨询委员会	主任
董　扬	中国汽车动力电池产业创新联盟	理事长
李万里	工业和信息化部	原产业政策司副巡视员
甄子健	国家科学技术部高技术研究发展中心能源与交通项目处	副处长

二、主　　任

姓　名	单　　位	职务/职称
姚振智	工业和信息化部装备工业发展中心	副主任

三、副 主 任

姓　名	单　　位	职务/职称
刘法旺	工业和信息化部装备工业发展中心	副主任
左世全	工业和信息化部装备工业发展中心	总工程师
邱　彬	工业和信息化部装备工业发展中心综合处	处长
张国振	工业和信息化部装备工业发展中心科技创新处	处长
李方生	工业和信息化部装备工业发展中心监督管理处	处长
李国俊	工业和信息化部装备工业发展中心数据管理处	副处长
李方正	工业和信息化部装备工业发展中心艾迪智联	总经理

四、特邀副主任(以姓氏笔画为序)

姓　名	单　　位	职务/职称
丁　涛	奥特佳新能源科技股份有限公司	总经理
万　蕾	华为技术有限公司智能汽车解决方案BU	政策与标准专利部部长
王　云	广东省大湾区集成电路与系统应用研究院	常务副院长
王　芳	中国汽车技术研究中心有限公司	首席科学家
王　钊	质子汽车科技有限公司	总经理
王子冬	中国汽车动力电池产业创新联盟	副秘书长&研究员
王伟达	北京理工大学机械与车辆学院	副院长
王远力	长城汽车股份有限公司	副总裁兼CTO
王贺武	清华大学车辆与运载学院	副研究员
尤　峥	东风汽车集团股份有限公司	副总经理
邓承浩	深蓝汽车科技有限公司	总经理
卢　放	岚图汽车科技有限公司	CEO

代志华	欣旺达动力科技股份有限公司	高级副总裁
代康伟	北京新能源汽车股份有限公司	党委副书记、总经理
任广辉	中科意创(广州)科技有限公司	总经理
华　黎	上海奥威科技开发有限公司	总经理
刘　媛	国家汽车电气化产品及系统质量检验检测中心	常务总经理
刘永东	中国电力企业联合会标准化管理中心	主任
刘伦才	中电科汽车芯片技术发展研究中心	主任
刘厚林	中车时代电动汽车股份有限公司	副总经理、总工程师兼技术中心主任
安聪慧	浙江极氪智能科技有限公司	CEO
许　林	赛力斯汽车有限公司	轮值总裁
孙大兴	广汽丰田汽车有限公司	副总经理
孙晓光	泰科电子(上海)有限公司	中国区副总裁兼 TE 汽车事业部总经理
贡　俊	国家电动汽车电驱动系统全产业链技术创新战略联盟	理事长
严　刚	国汽(北京)智能网联汽车研究院有限公司	总经理
苏　亮	厦门金龙联合汽车工业有限公司	客车工程研究院院长
李　泓	中国科学院物理研究所	研究员
李　想	北京理想汽车有限公司	董事长兼 CEO
李立国	四川智锂智慧能源科技有限公司	董事长
李红艳	浙江吉利新能源商用车集团有限公司	副院长兼增程销售公司总经理
李宝民	扬州嘉和新能源科技有限公司	董事长
李建秋	清华大学车辆与运载学院	院长
李高鹏	郑州宇通集团有限公司	新能源研究院院长
李普明	国家汽车质量监督检验中心(襄阳) 国家智能网联汽车质量监督检验中心(湖北) 国家燃料电池汽车质量监督检验中心(筹) 襄阳达安汽车检测中心有限公司	党委书记兼总经理
杨　烨	奥动新能源汽车科技有限公司	副总裁
杨红新	蜂巢能源科技股份有限公司	董事长
肖　峰	北奔重型汽车集团有限公司	创新研究院院长兼新能源事业部总经理
肖成伟	中国电子科技集团公司第十八研究所	研究员
肖时茂	中科芯时代科技有限公司	总经理
肖佐楠	苏州国芯科技股份有限公司	总经理
吴　冰	飞凡汽车科技有限公司	CEO
吴怀主	东风商用车有限公司	研发副总经理
吴晓军	江铃汽车股份有限公司	副总裁兼新能源事业部总经理
应宜伦	博泰车联网科技(上海)股份有限公司	创始人兼董事长
闵照源	招商局检测车辆技术研究院有限公司	总经理
沈　峰	上海蔚来汽车有限公司	执行副总裁
沈剑平	上海机动车检测认证技术研究中心有限公司	党委书记兼总经理
沈浩明	上海汽车集团股份有限公司	质量和技术管理部副总经理
宋　健	清华大学车辆与运载学院	教授
张义国	宇通商用车有限公司	总经理
张立军	同济大学汽车学院	院长
张立强	阿尔特汽车技术股份有限公司	总经理
张晓宇	重庆长安汽车股份有限公司	副总裁
陈维雄	潍柴新能源商用车有限公司	CEO
林　琦	上海重塑能源集团股份有限公司	董事长兼 CEO
林长波	东风柳州汽车有限公司	副总经理
林伟义	合众新能源汽车股份有限公司	副总裁
郁国平	恩斯克投资有限公司	总经理
易生海	天津智芯半导体科技有限公司	CEO
周　红	贵州长江汽车有限公司	董事长
周　辉	北京理工华创电动车技术有限公司	总经理

孟宪明	中国汽车技术研究中心有限公司	首席专家
赵文武	中国科学院物理研究所	研究员
赵福全	清华大学车辆与运载学院	教授
胡金玲	中信科智联科技有限公司	首席专家
钟玉伟	玉柴芯蓝新能源动力科技有限公司	董事长
侯　明	中国科学院大连化学物理研究所	研究员
娄源发	重庆睿蓝汽车科技有限公司	CEO
袁小林	沃尔沃汽车亚太投资控股有限公司	全球高级副总裁、亚太区总裁
夏　添	白犀牛智达(北京)科技有限公司	CTO
夏顺礼	钇威汽车科技有限公司	董事长
顾志宏	北京汽车制造厂(青岛)有限公司	常务副总裁、青岛基地总经理
徐晓明	北京格睿能源科技有限公司	总经理
凌和平	比亚迪汽车工业有限公司	工程研究院副院长
黄国强	上海加冷松芝汽车空调股份有限公司	副总裁
黄学杰	中国科学院物理研究所	研究员
曹东杰	东风汽车集团股份有限公司猛士汽车科技公司	CEO
鹿政华	北汽福田汽车股份有限公司	副总裁
章　桐	同济大学新能源汽车工程中心	主任
彭　龙	成都客车股份有限公司 四川新筑通工汽车有限公司	董事长
廉玉波	比亚迪集团	首席科学家、汽车总工程师兼汽车工程研究院院长
裴　锋	广州巨湾技研有限公司	总裁
廖建光	北京保险服务中心股份有限公司	总经理
潘晓红	上海国际汽车城(集团)有限公司 上海市新能源汽车公共数据采集与监测研究中心	汽车城集团党委副书记、总经理 数据中心理事长

五、特邀委员

1. 各地方政府部门(以姓氏笔画为序)

王　琳	淄博市工业和信息化局
王　媛	海南省工业和信息化厅
王　磊	北京市经济和信息化局
王学峰	黑龙江省工业和信息化厅
王春水	重庆市经济和信息化委员会
毛翼虎	新疆维吾尔自治区工业和信息化厅
文　彬	成都市经济和信息化局
白布刚	河南省工业和信息化厅
朱小建	佛山市发展和改革局
刘　珂	四川省经济和信息化厅
刘　勇	山西省工业和信息化厅
刘延龄	郑州市工业和信息化局
刘志洲	河北省工业和信息化厅
刘建国	湖北省机械行业联合会 湖北省汽车产业技术创新联盟
杜军国	陕西省工业和信息化厅
李　军	浙江省发展和改革委员会
李亦军	甘肃省工业和信息化厅
李林清	武汉市经济和信息化局
李明松	杭州市经济和信息化局
杨云贵	南通市交通运输局
杨鹏飞	福建省工业和信息化厅
肖祖平	深圳市工业和信息化局
佘　伟	广州市发展和改革委员会
余锡权	深圳市工业和信息化局
张成珂	新乡市工业和信息化局
张晓辉	襄阳市经济和信息化局
陈　安	金华市发展和改革委员会
陈可乐	上海市经济和信息化委员会
陈成海	宁波市经济和信息化局
罗　敏	苏州市工业和信息化局
郑　岩	辽宁省工业和信息化厅
郑荣东	盐城市工业和信息化局
项长权	贵州省工业和信息化厅
赵　嘉	天津市工业和信息化局
胡瑞芬	内蒙古自治区工业和信息化厅
段洪涛	大连市工业和信息化局
耿江波	扬州市工业和信息化局
聂里宁	云南省工业和信息化厅
高　曌	成都市经济和信息化局
高千峻	南京市工业和信息化局
黄学工	湖南省工业和信息化厅
程英春	安徽省经济和信息化厅
靖士宽	山东省工业和信息化厅
熊斌谦	江苏省工业和信息化厅

2. 企事业单位(以姓氏笔画为序)

TONG WU	宝克(中国)测试设备有限公司
丁光法	安徽江淮汽车集团股份有限公司
于树怀	江苏奥易克斯汽车电子科技股份有限公司
万　如	蘑菇车联信息科技有限公司
马天翼	中国汽车技术研究中心有限公司
马东辉	北京理想汽车有限公司
马江丰	精诚工科汽车系统有限公司
王　旭	中汽研科技有限公司
王　忠	博泰车联网科技(上海)股份有限公司
王　凯	华为技术有限公司
王　凯	广东省大湾区集成电路与系统应用研究院
王　胜	中电科芯片技术(集团)有限公司
王　烔	东风汽车集团股份有限公司猛士汽车科技公司
王　翀	北京百度智行科技有限公司
王　超	北京主线科技有限公司
王永强	飞凡汽车科技有限公司
王华武	东风商用车有限公司
王江东	中认车联网技术服务(深圳)有限公司
王红霞	格力钛新能源股份有限公司
王志坤	蜂巢能源科技股份有限公司
王坤俊	中车时代电动汽车股份有限公司
王国进	东风汽车集团股份有限公司猛士汽车科技公司
王和平	武汉菱电汽车电控系统股份有限公司
井上英治	电装(中国)投资有限公司
公维洁	国汽(北京)智能网联汽车研究院有限公司
方艳平	珠海华粤传动科技有限公司
尹必峰	江苏大学汽车与交通工程学院
邓正维	浙江吉利新能源商用车集团有限公司
卢　苗	中科意创(广州)科技有限公司
卢　毅	奥动新能源汽车科技有限公司
田云锋	天津智芯半导体科技有限公司
付铁强	中汽研汽车检验中心(广州)有限公司
曲卫东	长春汽车检测中心有限责任公司
朱　磊	蘑菇车联信息科技有限公司
朱　毅	江西五十铃汽车有限公司
朱红国	河南凯瑞车辆检测认证中心有限公司
朱旻杰	泰科电子(上海)有限公司
朱浩立	上海海立新能源技术有限公司
乔　丽	上海国际汽车城(集团)有限公司 上海市新能源汽车公共数据采集与监测研究中心
任文磊	江铃汽车股份有限公司
华春雷	北京理想汽车有限公司
全　琎	武汉海亿新能源科技有限公司
刘　明	中国汽研政研咨询中心
刘　威	赛力斯汽车有限公司
刘　颖	沃尔沃汽车亚太投资控股有限公司
刘玉国	苏州英特模汽车科技有限公司
刘君华	重庆恒通客车有限公司
刘振国	北京机械工业自动化研究所有限公司
安仲勋	上海奥威科技开发有限公司
孙国春	北京环宇京辉京城气体科技有限公司
孙学友	大庆劳特润滑油有限公司
严　明	白犀牛智达(北京)科技有限公司
苏　忠	深蓝汽车科技有限公司
杜长虹	深蓝汽车科技有限公司
李文龙	上海谈思科技有限公司
李汉斌	新源动力股份有限公司
李宏图	扬州嘉和新能源科技有限公司
李宝民	扬州嘉和新能源科技有限公司
李宗华	深蓝汽车科技有限公司
李振华	中微半导体(深圳)股份有限公司
李晓刚	深圳市江波龙电子股份有限公司
李菁菁	奥动新能源汽车科技有限公司
李朝斌	中汽院智能网联汽车检测中心(湖南)有限公司
杨　敏	上海电气集团股份有限公司中央研究院
杨秀光	中机试验装备股份有限公司
杨思枏	辉能科技股份有限公司
杨剑波	成都客车股份有限公司
杨彦鼎	东风汽车集团有限公司
肖文建	国家汽车质量检验检测中心(广东)
肖真军	赣州市豪鹏科技有限公司
时军辉	北京理工华创电动车技术有限公司
吴　楚	无锡威孚电驱科技有限公司
吴　鹏	襄阳达安汽车检测中心有限公司
吴小平	博众精工科技股份有限公司
吴小林	中信泰富特钢集团股份有限公司
吴旭东	同济大学汽车学院
别　雪	上海蔚来汽车有限公司
何　明	紫光国芯微电子股份有限公司
何云堂	中国汽车技术研究中心有限公司
汪晓健	上海汽车集团股份有限公司
沈　珺	浙江吉利控股集团有限公司
张　宁	天津中电新能源研究院有限公司
张　希	上海交通大学机械与动力工程学院
张　杰	博泰车联网科技(上海)股份有限公司
张　昊	深圳市晶源健三电子有限公司
张　锋	北京东方中科集成科技股份有限公司
张广斌	北奔重型汽车集团有限公司
张华中	国家汽车电气化产品及系统质量检验检测中心
张舟云	上海电驱动股份有限公司
张欢欢	钇威汽车科技有限公司
张寿波	弗迪电池有限公司
张珊珊	奇瑞万达贵州客车股份有限公司
张剑锋	中信泰富特钢集团股份有限公司
张朝翔	潍柴新能源商用车有限公司
张静一	清华大学车辆与运载学院
陈　昊	合众新能源汽车股份有限公司
陈　峰	恩斯克投资有限公司
陈　瑛	上海华虹宏力半导体制造有限公司
陈　雄	中汽院(重庆)汽车检测有限公司
陈　路	四川新筑通工汽车有限公司
陈东方	北京格睿能源科技有限公司

陈孙艺　福建艺达电驱动股份有限公司
陈凌峰　新余钢铁集团有限公司
陈顺东　安徽安凯汽车股份有限公司
陈晓平　宁波工程学院
陈高旭　重庆睿蓝汽车科技有限公司
陈蜀杰　南京芯驰半导体科技有限公司
苗小丽　上海奥威科技开发有限公司
范超群　玉柴芯蓝新能源动力科技有限公司
林长波　东风柳州汽车有限公司
国　微　上海重塑能源集团股份有限公司
罗　丽　广东省大湾区集成电路与系统应用研究院
罗利国　柳州五菱柳机动力有限公司
金水祥　北京六分科技有限公司
周　锋　东风汽车集团股份有限公司
周　颖　零跑汽车有限公司
周卫平　上海华虹宏力半导体制造有限公司
周安健　深蓝汽车科技有限公司
周国荣　深圳市力辉电机有限公司
郑隽一　万帮数字能源股份有限公司
单丰武　江西江铃集团新能源汽车有限公司
孟令军　东软集团股份有限公司
孟祥峰　宁德时代新能源科技股份有限公司
赵　迁　中国汽车工程学会
赵永刚　广汽丰田汽车有限公司
赵经纬　九江天赐高新材料有限公司
胡红星　中汽创智科技有限公司
胡志远　首钢智新迁安电磁材料有限公司
胡克银　宁波祢若电子科技有限公司
胡国民　南京康尼新能源汽车零部件有限公司
胡满江　湖南大学机械与运载工程学院
胡德霖　苏州电器科学研究院股份有限公司
柳东威　中汽研汽车检验中心(武汉)有限公司
俞　伟　北京英创汇智汽车技术有限公司
施爱平　江苏大学汽车与交通工程学院
姚安仁　天津大学内燃机燃烧学国家重点实验室
贺文涛　珠海英搏尔电气股份有限公司
秦志东　北汽福田汽车股份有限公司
秦根才　宇通商用车有限公司
夏　超　苏州国芯科技股份有限公司
原义栋　北京智芯微电子科技有限公司
晁鹏翔　质子汽车科技有限公司
倪海宁　航天思卓氢能科技有限公司
徐　晋　开迈斯新能源科技有限公司
徐上上　北京京深深向科技有限公司
徐洪飞　众泰汽车股份有限公司
徐航宇　北京卫蓝新能源科技有限公司
徐海军　柳州五菱新能源汽车有限公司
高　雷　宜宾凯翼汽车有限公司
高　毅　鞍钢钢材加工配送(长春)有限公司
高海宇　德燃(浙江)动力科技有限公司
郭元涛　阿尔特汽车技术股份有限公司
郭杏荣　蘑菇车联信息科技有限公司
席忠民　广汽埃安新能源汽车股份有限公司
唐　梅　比亚迪汽车工业有限公司
唐宏超　北汽福田汽车股份有限公司欧航欧马可事业部
涂永辉　柳州五菱柳机动力有限公司
黄　甦　广东省珠海市质量计量监督检测所
黄光继　加特可(广州)自动变速箱有限公司
黄建军　国家汽车质量检验检测中心(广西)
黄晓华　中国电力科学研究院有限公司
曹　飞　招商局检测车辆技术研究院有限公司
曹　琛　北京新能源汽车股份有限公司
曹莉莉　北京保险服务中心股份有限公司
曹敬煜　苏州绿控传动科技股份有限公司
崔　立　浙江极氪智能科技有限公司
康　勇　广州巨湾技研有限公司
淮晓利　无锡柯诺威新能源科技有限公司
梁　锐　上海 ABB 工程有限公司
彭永伦　北京市产品质量监督检验研究院
董　汉　苏州清研精准汽车科技有限公司
董庆银　清华大学环境学院
蒋立琴　广东省珠海市质量计量监督检测所
蒋和全　中科芯集成电路有限公司
蒋雪生　贵州长江汽车有限公司
惠志峰　上海利氪科技有限公司
程　辉　宇通商用车有限公司
焦娜永　精诚工科汽车系统有限公司
曾云川　四川智锂智慧能源科技有限公司
曾剑隽　北京云驰未来科技有限公司
游正强　北京汽车制造厂(青岛)有限公司
谢　辉　天津大学内燃机燃烧学国家重点实验室
雷　新　岚图汽车科技有限公司
鲍欢欢　中汽院新能源科技有限公司
蔡建军　重庆睿蓝汽车科技有限公司
翟克宁　东风柳州汽车有限公司
缪雪中　浙江新吉奥控股集团有限公司
樊汝湖　长城汽车股份有限公司
潘文光　中科芯时代科技有限公司
潘文军　东风柳州汽车有限公司
戴一凡　清华大学苏州汽车研究院
戴建侠　张家港友诚新能源科技股份有限公司
戴梦莹　上海淞泓智能汽车科技有限公司
魏长河　三一汽车制造有限公司
魏志红　中车时代电动汽车股份有限公司
魏跃远　北京新能源汽车股份有限公司
魏敏华　奥动新能源汽车科技有限公司

2023年《节能与新能源汽车年鉴》特约编辑

1. 各地方政府部门(以姓氏笔画为序)

王　晶	武汉市经济和信息化局
王小龙	重庆市经济和信息化委员会
王少翔	大连市工业和信息化局
王芷茗	广州市发展和改革委员会
王晓宁	淄博市工业和信息化局
王雪东	盐城市工业和信息化局
韦　扬	扬州市工业和信息化局
邓翊彤	佛山市发展和改革局
艾宇达	上海市经济和信息化委员会
石　沙	安徽省经济和信息化厅
曲　波	江西省工业和信息化厅
朱佳佳	新乡市工业和信息化局
乔　洋	内蒙古自治区工业和信息化厅
刘书栋	郑州市工业和信息化局
安　强	新疆维吾尔自治区工业和信息化厅
安子祎	甘肃省工业和信息化厅
孙师迪	南京市工业和信息化局
严慈磊	襄阳市经济和信息化局
杜雷军	湖北省机械行业联合会 湖北省汽车产业技术创新联盟
李　妍	四川省经济和信息化厅
李　辉	苏州市工业和信息化局
李新涛	吉林省工业和信息化厅
杨　斌	福建省工业和信息化厅
杨世兵	宁波市经济和信息化局
杨洪旭	天津市工业和信息化局
杨晓春	河北省工业和信息化厅
吴志全	北京市经济和信息化局
余鑫星	浙江省发展和改革委员会
邹海鹏	江苏省工业和信息化厅
张玉栋	河南省工业和信息化厅
张松苍	黑龙江省工业和信息化厅
张培书	贵州省工业和信息化厅
陈　宏	长春市工业和信息化局
陈丹虹	海南省工业和信息化厅
陈昕儒	杭州市经济和信息化局
武瑞松	山东省工业和信息化厅
易三平	深圳市工业和信息化局
周伟蒙	广西壮族自治区工业和信息化厅
贺晋伟	山西省工业和信息化厅
夏立斌	湖南省工业和信息化厅
倪　坤	金华市发展和改革委员会
高　宇	陕西省工业和信息化厅
高晓军	河北省工业和信息化厅
郭云刚	云南省工业和信息化厅
唐上兴	深圳市工业和信息化局
彭　超	江西省工业和信息化厅
韩韶英	南通市交通运输局
靳鲁泉	宁波市经济和信息化局

2. 企事业单位(以姓氏笔画为序)

于　飞	清华大学苏州汽车研究院
于秦滇	潍柴新能源商用车有限公司
马　琳	东风汽车集团股份有限公司猛士汽车科技公司
马仁泽	上海蔚来汽车有限公司
马国月	博众精工科技股份有限公司
马晓宇	国家汽车质量检验检测中心(广东)
马喜伟	电装(中国)投资有限公司
王　平	北京六分科技有限公司
王　银	重庆长安汽车股份有限公司
王　鹏	宇通商用车有限公司
王才振	南京康尼新能源汽车零部件有限公司
王凤石	江苏奥易克斯汽车电子科技股份有限公司
王宇鹏	扬州嘉和新能源科技有限公司
王安贵	四川新筑通工汽车有限公司
王作鹏	深圳市江波龙电子股份有限公司
王晓雯	苏州英特模汽车科技有限公司
韦　倩	奇瑞万达贵州客车股份有限公司
尤　超	苏州清研精准汽车科技有限公司
纪　倩	上海汽车集团股份有限公司
邓星灵	广东省珠海市质量计量监督检测所
占　锐	东风汽车集团有限公司
申林根	北京英创汇智汽车技术有限公司
冯绵枝	广东省大湾区集成电路与系统应用研究院
宁志敏	赣州市豪鹏科技有限公司
边有钢	湖南大学机械与运载工程学院
朴晓英	鞍钢钢材加工配送(长春)有限公司
师萍璐	南京芯驰半导体科技有限公司
吕　斌	质子汽车科技有限公司
吕　鹏	阿尔特汽车技术股份有限公司
回　春	中汽研汽车检验中心(武汉)有限公司
朱　翀	上海交通大学机械与动力工程学院
任卫群	东风商用车有限公司
任天爽	广东省珠海市质量计量监督检测所
全书海	武汉理工大学
刘　宇	零跑汽车有限公司
刘宏倩	普华基础软件股份有限公司

刘艳秋　北京亿华通科技股份有限公司
刘晓萌　北京新能源汽车股份有限公司
闫　海　上海电气集团股份有限公司中央研究院
闫延斌　武汉菱电汽车电控系统股份有限公司
许秀美　柳州五菱新能源汽车有限公司
孙　丰　上海ABB工程有限公司
苏千斤　上海利氪科技有限公司
苏晓霞　华为技术有限公司
杜魁善　比亚迪汽车工业有限公司
李　杰　苏州电器科学研究院股份有限公司
李　萌　中科芯时代科技有限公司
李　静　奥特佳新能源科技股份有限公司
李公哲　郑州宇通重工有限公司
李文豪　中电科芯片技术(集团)有限公司
李世权　郑州宇通重工有限公司
李红梅　大庆劳特润滑油有限公司
李佩佩　合众新能源汽车有限公司
李荣康　中车时代电动汽车股份有限公司
李晓芳　上海机动车检测认证技术研究中心有限公司
李瑞凤　首钢智新迁安电磁材料有限公司
李照章　上海市新能源汽车公共数据采集与监测研究中心
李群峰　郑州宇通重工有限公司
杨　敏　成都客车股份有限公司
杨　琳　普华基础软件股份有限公司
杨东升　泰科电子(上海)有限公司
杨宇婷　上海华虹宏力半导体制造有限公司
杨伟杰　江西新钢南方新材料有限公司
吴　茜　北京市产品质量监督检验研究院
吴　俊　安徽安凯汽车股份有限公司
吴　艳　同济大学汽车学院
吴小岭　宇通客车股份有限公司
吴桂新　泰科电子(上海)有限公司
何芳菲　北京京深深向科技有限公司
何勇平　宜宾凯翼汽车有限公司
余洪良　宁波祢若电子科技有限公司
沈彤辉　北京保险服务中心股份有限公司
张　冬　郑州宇通重工有限公司
张　弘　中科芯集成电路有限公司
张　菁　精诚工科汽车系统有限公司
张　鹏　北京亿华通科技股份有限公司
张　蕊　天津中电新能源研究院有限公司
张小信　上海淞泓智能汽车科技有限公司
张永瑞　宇通客车股份有限公司
张再林　中机试验装备股份有限公司
张华树　襄阳达安汽车检测中心有限公司
张芳杰　北京东方中科集成科技股份有限公司
张冠军　湖南大学机械与运载工程学院
张倩男　新源动力股份有限公司
陈　旦　无锡威孚电驱科技有限公司
陈　健　江苏省智能网联汽车创新中心
陈　涛　东风汽车集团有限公司
陈　慧　北奔重型汽车集团有限公司
陈小飞　东风汽车集团股份有限公司猛士汽车科技公司
陈光考　重庆恒通客车有限公司
陈华东　珠海华粤传动科技有限公司
陈俞行　三一汽车制造有限公司
陈雪峰　博泰车联网科技(上海)股份有限公司
范克俭　蜂巢能源科技股份有限公司
欧艳琼　国家汽车电气化产品及系统质量检验检测中心
欧鹏飞　北京理想汽车有限公司
罗　顿　中汽院智能网联汽车检测中心(湖南)有限公司
罗运俊　中汽研汽车检验中心(广州)有限公司
罗宝权　深蓝汽车科技有限公司
季　节　浙江极氪智能科技有限公司
金　亮　贵州长江汽车有限公司
周传芸　辉能科技股份有限公司
周传武　玉柴芯蓝新能源动力科技有限公司
周维根　开迈斯新能源科技有限公司
郑　洁　深圳市晶源健三电子有限公司
郑丽璇　珠海英搏尔电气股份有限公司
孟　涵　江西江铃集团新能源汽车有限公司
孟　曦　北京云驰未来科技有限公司
赵　云　浙江新吉奥控股集团有限公司
赵　丽　中信科智联科技有限公司
赵　晨　深蓝汽车科技有限公司
赵永刚　招商局检测车辆技术研究院有限公司
赵国芳　东软集团股份有限公司
胡芳芳　北京市产品质量监督检验研究院
施海庆　上海华力集成电路制造有限公司
姜　虎　泰科电子(上海)有限公司
姜　维　中汽院智能网联汽车检测中心(湖南)有限公司
姚涵曦　江铃汽车股份有限公司
袁　泉　宁波工程学院
袁东方　中认车联网技术服务(深圳)有限公司
袁罗青　北京理工华创电动车技术有限公司
贾爱萍　上海电驱动股份有限公司
夏飞武　苏州绿控传动科技股份有限公司
顾天宾　北京汽车制造厂(青岛)有限公司
顾裕洁　格力钛新能源股份有限公司
柴晓磊　长春汽车检测中心有限责任公司
钱佑佳　中国汽研政研咨询中心
钱珍珍　浙江吉利控股集团有限公司
倪　俊　北京理工大学机械与车辆学院
徐　瑶　赛力斯汽车有限公司
徐　瑾　苏州绿控传动科技股份有限公司
栾晓慧　北京主线科技有限公司
高　妍　中国汽车技术研究中心有限公司
郭　瑞　北京机械工业自动化研究所有限公司
郭千轶　河南凯瑞车辆检测认证中心有限公司
郭跃宁　沃尔沃汽车亚太投资控股有限公司
唐佳莉　飞凡汽车科技有限公司
黄宏琬　广州巨湾技研有限公司

黄晓伟　九江天赐高新材料有限公司
黄超智　中汽院(重庆)汽车检测有限公司
常　幸　泰科电子(上海)有限公司
盘香霖　加特可(广州)自动变速箱有限公司
章　琦　岚图汽车科技有限公司
梁翠玲　东风柳州汽车有限公司
彭　伟　北京百度智行科技有限公司
彭　钊　安徽江淮汽车集团股份有限公司
董　非　江苏大学汽车与交通工程学院
董　洁　张家港友诚新能源科技股份有限公司
董成坤　郑州宇通重工有限公司
韩　杨　东风汽车集团股份有限公司
韩　琳　宝克(中国)测试设备有限公司
韩　颖　中微半导体(深圳)股份有限公司
韩建华　上海海立新能源技术有限公司
覃北阶　襄阳达安汽车检测中心有限公司
覃桂林　国家汽车质量检验检测中心(广西)
程正平　东风汽车集团股份有限公司猛士汽车科技公司
曾祥裕　深圳市力辉电机有限公司
靳珂琪　广东省大湾区集成电路与系统应用研究院
楼正为　众泰汽车股份有限公司
赖国强　钇威汽车科技有限公司
廖　江　中科意创(广州)科技有限公司
黎玉珠　广东省大湾区集成电路与系统应用研究院
颜赛利　弗迪电池有限公司
潘　昱　广汽埃安新能源汽车股份有限公司
潘文军　东风柳州汽车有限公司
潘文倩　苏州国芯科技股份有限公司
薛嘉媛　天津智芯半导体科技有限公司
戴　希　清华大学苏州汽车研究院
魏　青　宇通客车股份有限公司
魏海标　福建艺达电驱动股份有限公司

《节能与新能源汽车年鉴》编制办公室

主　　编：李方生

副 主 编：邱　彬　张国振　李国俊　赵世佳　王云龙

编　　辑：孟　顺　刘辰璞　王建斌　王　雅　刘双虎　王　芳　李京泰　刘万祥　吕钊凤
孙　乐　李光凯　潘春雷　万　亮　王　虎　任秋森　任丽丽　杨月静　佟　彤

美工设计：陈　晨

编制说明

2023 年《节能与新能源汽车年鉴》(以下简称《年鉴》)由行业篇、政策篇、城市篇、单位篇、事记篇、标准篇、成果篇七个部分组成,是专注于节能与新能源汽车领域的实用性工具书,从管理、政策、研发、技术、产业、市场、应用等多维度展示新能源汽车产业发展历程,通过权威准确的数据归纳和案例分析引导行业发展,感知产业动向。《年鉴》是集权威性、指导性、学术性、综合性、实用性于一体的官方权威信息资料,发行十四年来以宏观行业综合概述,中观区域侧面印证,微观典型案例分析的编制架构为行业机构前瞻研究和企业制定战略规划提供了重要参考和有效借鉴,已成为节能与新能源汽车行业不可或缺的信息支撑与交流合作重要平台。

《年鉴》行业篇邀请了 100 多位行业权威专家、资深人士、代表性企业负责人等,围绕节能与新能源汽车、燃料电池汽车、智能网联汽车各领域,涉及纯电动乘用车、纯电动客车、纯电动重卡、纯电动环卫车、车用动力电池、车用固态锂电池、车用超级电容器、锂离子电池材料、动力电池测试、动力电池回收循环与梯次利用、车用驱动电机及系统、新能源汽车电控、新能源汽车自动变速器、汽车芯片关键技术、车规级存储芯片产业、新能源整车热管理、新能源汽车轻量化、电动汽车充电基础设施、电动汽车无线充电、新能源汽车保险、插电式混合动力乘用车、插电式混合动力客车、增程式电动乘用车、增程式电动商用车、换电式电动重卡、甲醇汽车、燃料电池乘用车、燃料电池客车、燃料电池物流车、车用燃料电池、燃料电池电锥、氢燃料电池发动机、氢基础设施、智能网联汽车、自动驾驶乘用车、自动驾驶客车、无人驾驶物流配送车、智能网联汽车通信系统(V2X)技术、智能网联汽车信息安全等领域的焦点问题,进行了全面、深入、系统的汇总与梳理,勾勒出行业未来的走向与趋势,并提出了下一步发展建议,助力行业持续、健康、高质量发展。

政策篇梳理和汇总了 2022 年我国节能与新能源汽车、燃料电池汽车、智能网联汽车领域的国家及地方政府出台的相关政策,从政策与行业发展趋势结合的视角为汽车产业提供权威政策依据。

城市篇共梳理了 47 个重点地区的节能与新能源汽车、燃料电池汽车、智能网联汽车产业发展、推广应用、基础设施及政策等领域发展情况,透过分析了解区域发展的翔实数据,掌握产业纵向与横向发展的起伏错落和变化规律。

单位篇共收集了 136 家节能与新能源汽车、燃料电池汽车、智能网联汽车领域的重点企事业单位的生产经营、产能建设及技术研发能力进展、合资合作等发展情况,便捷、直观地反映了企业现阶段发展现状,弥补了大数据分析具象化的不足。

事记篇共收集了 900 余条节能与新能源汽车、燃料电池汽车、智能网联汽车产业在 2022 年的新增项目、合资合作、重要事件等信息,勾勒出行业发展的轮廓和事物的线索,为行业发展发挥史料积累和文化传播作用。

标准篇共梳理汇总了 2022 年我国新发布和施行的节能与新能源汽车、燃料电池汽车、智能网联汽车领域国家及行业、地方与团体等相关标准,方便行业单位检索和研究,发挥《年鉴》信息依据和科研顾问的实用价值。

成果篇共收集了 29 篇节能与新能源汽车、燃料电池汽车、智能网联汽车领域的创新技术和产品在行业中实际应用的典型案例,通过案例分析和剖析引导行业创新科学发展。

2023 年《年鉴》在征集资料及编制过程中,得到了国家有关部门、各省、市自治区汽车行业主管部门的关怀、指导,以及各汽车工业集团(公司)、关键零部件厂商、科研院所等相关企事业单位的大力支持和协助,在此表示诚挚的谢意!《年鉴》将一如既往以翔实、权威、科学、严谨的数据,全面、系统、客观、真实的内容,回报编委单位和广大读者的厚爱。

由于时间仓促和水平有限,书中不足之处敬请各位领导、专家、读者批评指正,希望今后各相关单位继续积极参与《年鉴》的编制工作,进一步为行业发展献计献策,拓展技术交流与市场合作,并欢迎对《年鉴》的充实和完善提出宝贵意见和建议,组织编制单位将不胜荣幸与感激。

《节能与新能源汽车年鉴》编制办公室

2023 年 9 月

企业形象专版目录

前 插 页

上海汽车集团股份有限公司/Q01
上汽通用五菱汽车股份有限公司/Q02
上海蔚来汽车有限公司/Q03
宜宾凯翼汽车有限公司/Q04
众泰汽车股份有限公司/Q05
北京汽车制造厂(青岛)有限公司/Q06
山东雷驰新能源汽车有限公司/Q07
江西五十铃汽车有限公司/Q08、Q09
郑州宇通集团有限公司/Q10
中车时代电动汽车股份有限公司/Q11
江铃汽车股份有限公司/Q12、Q13
潍柴新能源商用车有限公司/Q14
宇通商用车有限公司/Q15
三一汽车制造有限公司/Q16
北奔重型汽车集团有限公司/Q17
奇瑞万达贵州客车股份有限公司/Q18
重庆恒通客车有限公司/Q19
成都客车股份有限公司/Q20
四川新筑通工汽车有限公司/Q21
格力钛新能源股份有限公司/Q22
柳州五菱新能源汽车有限公司/Q23
国家汽车电气化产品及系统质量监督检验中心/Q24、Q25
智能绿色车辆与交通全国重点实验室/Q26、Q27
北京理工大学机械与车辆学院/Q28
上海交通大学/Q29
鞍钢钢材加工配送(长春)有限公司/Q30
江西新钢南方新材料有限公司/Q31
上海 ABB 工程有限公司/Q32

后 插 页

上海重塑能源集团股份有限公司/H01
德燃(浙江)动力科技有限公司/H02
武汉海亿新能源科技有限公司/H03
上海电气集团股份有限公司/H04/H05
北京机械工业自动化研究所有限公司/H06
九江天赐高新材料有限公司/H07
广州巨湾技研有限公司/H08
弗迪电池有限公司/H09
辉能科技股份有限公司/H10
上海奥威科技开发有限公司/H11
上海加冷松芝汽车空调股份有限公司/H12
上海海立新能源技术有限公司/H13
江苏嘉和热系统股份有限公司/H14
无锡柯诺威新能源科技有限公司/H15
珠海英搏尔电气股份有限公司/H16
武汉菱电汽车电控系统股份有限公司/H17
苏州绿控传动科技股份有限公司/H18
北京理工华创电动车技术有限公司/H19
福建艺达电驱动股份有限公司/H20
柳州五菱柳机动力有限公司/H21
首钢智新迁安电磁材料有限公司/H22
博众精工科技股份有限公司/H23
南京康尼新能源汽车零部件有限公司/H24
张家港友诚新能源科技股份有限公司/H25
开迈斯新能源科技有限公司/H26
宝克(中国)测试设备有限公司/H27
上海机动车检测认证技术研究中心有限公司/H28
襄阳达安汽车检测中心有限公司/H29
长春汽车检测中心有限责任公司/H30
河南凯瑞车辆检测认证中心有限公司/H31
国家汽车质量检验检测中心(北京顺义)/H32
国家新能源汽车动力电池及电驱动系统质量检验
检测中心(广东)/H33
中检西部检测有限公司/H34
中机试验装备股份有限公司/H35
江苏大学先进燃烧与排放控制研究所/H36
江苏大学节能与新能源动力总成研究所/H37
自贡市江阳磁材有限责任公司/H38
重庆奥兴嘉科技有限公司/H39
中信泰富特钢集团股份有限公司/H40、H41
大庆劳特润滑油有限公司/H42
宁波祢若电子科技有限公司/H43
深圳市力辉电机有限公司/H44
常州市三生机械有限公司/H45
深圳市柳溪机械设备有限公司/H46
襄阳精鑫电子设备制造有限公司/H47
浙江黎明智造股份有限公司/H48
太航常青汽车安全系统(苏州)股份有限公司/H49
北油电控燃油喷射系统(天津)有限公司/H50
精诚工科汽车系统有限公司/H51
恩斯克投资有限公司/H52
加特可(广州)自动变速箱有限公司/H53

目 录 | CONTENTS |

第一篇 行业篇

第二篇 政策篇

第三篇 城市篇

第四篇 单位篇

第五篇 事记篇

第六篇 标准篇

第七篇 成果篇

中电科汽车芯片技术发展研究中心

CETC AUTOMOTIVE SEMICONDUCTOR TECHNOLOGY INNOVATION CENTER

中电科汽车芯片技术发展研究中心（简称汽车芯片中心）于2022年9月28日在北京正式揭牌成立，是中国电子科技集团有限公司（简称“中国电科”或“集团公司”）统筹布局汽车芯片战略新兴业务，组建成立的平台型创新组织，立足战略统筹、市场统筹、技术统筹重要职能职责，统筹推进集团公司汽车芯片产业链业务发展和市场开拓，协调推动相关成员单位汽车芯片产业集群式发展，致力于通信、驱动、模拟、控制、计算、功率、电源、存储、传感及定制等十大类汽车芯片，和车身、整车控制、动力、底盘、智能驾驶、座舱网联等六大类汽车电子系统控制器的国产化研发与应用，重点突破车规级芯片、工艺、软件、控制器及其车用软件等“卡脖子”关键技术，为贯通国产汽车芯片自主可控全产业链、实现汽车芯片行业集中度和产业竞争能力快速跃升提供电科智慧和电科方案。

汽车芯片中心聚焦国家所需、行业所趋、电科所能、自身定位，以推动集团公司短期内在汽车芯片与汽车电子领域快速形成领先优势为发展目标，打造汽车电子产业高质量发展新动能，提升关键核心技术创新能力，是集团公司战略新兴领域快速发展、抢占未来发展先机的“先锋军”。聚焦国家所需，围绕国家及民族汽车工业发展过程中遇到的全局性、综合性、战略性重大问题，统筹开展战略研究、政策研究和应用研究，为国家机关和行业主管部门提供决策支撑；聚焦行业所趋，加强用研合作，以市场为牵引，深入研究整车厂商需求，汇聚集团公司汽车芯片和汽车电子领域优势力量，围绕集团公司整体汽车芯片产业链关键环节和价值链高附加值环节优化布局，提升产业基础能力，构建产业生态；聚焦电科所能，统筹推进集团公司汽车芯片及汽车电子产业集群式发展，协同开展车规级芯片、工艺、软件、控制器及其车用软件等关键技术突破和核心产品研发，提供系统化、谱系化解决方案；聚焦自身定位，开展高可靠、高安全汽车芯片共性技术研究，提供芯片验证、可靠性检验等技术服务，统筹集团公司相关成员单位汽车芯片及汽车电子产业高质量发展。2022年至2025年有序推动国产化应用，分级分类推进部分“卡脖子”和量大面广的核心芯片研发，重点布局高端汽车芯片产品研发，形成一批具有竞争力的关键核心技术和产品；2026年至2030年基本实现规模化发展，定义汽车电子技术体系和产品体系，典型高安全芯片具备国产化方案，基于国产芯片自主研发车用控制器并批量上车应用，具有自主特色和国内较高水平的产业生态体系初见成效。

使命 构建中国电科汽车芯片产业链自主创新能力与完整技术产品体系

愿景 打造推动国产汽车芯片技术进步和产业化发展、保障国家汽车工业战略安全和芯片技术高水平自立自强的科技创新领军力量

价值观 忠于使命 勇于创新 善于协同 成于务实

中国电科汽车芯片产业链布局

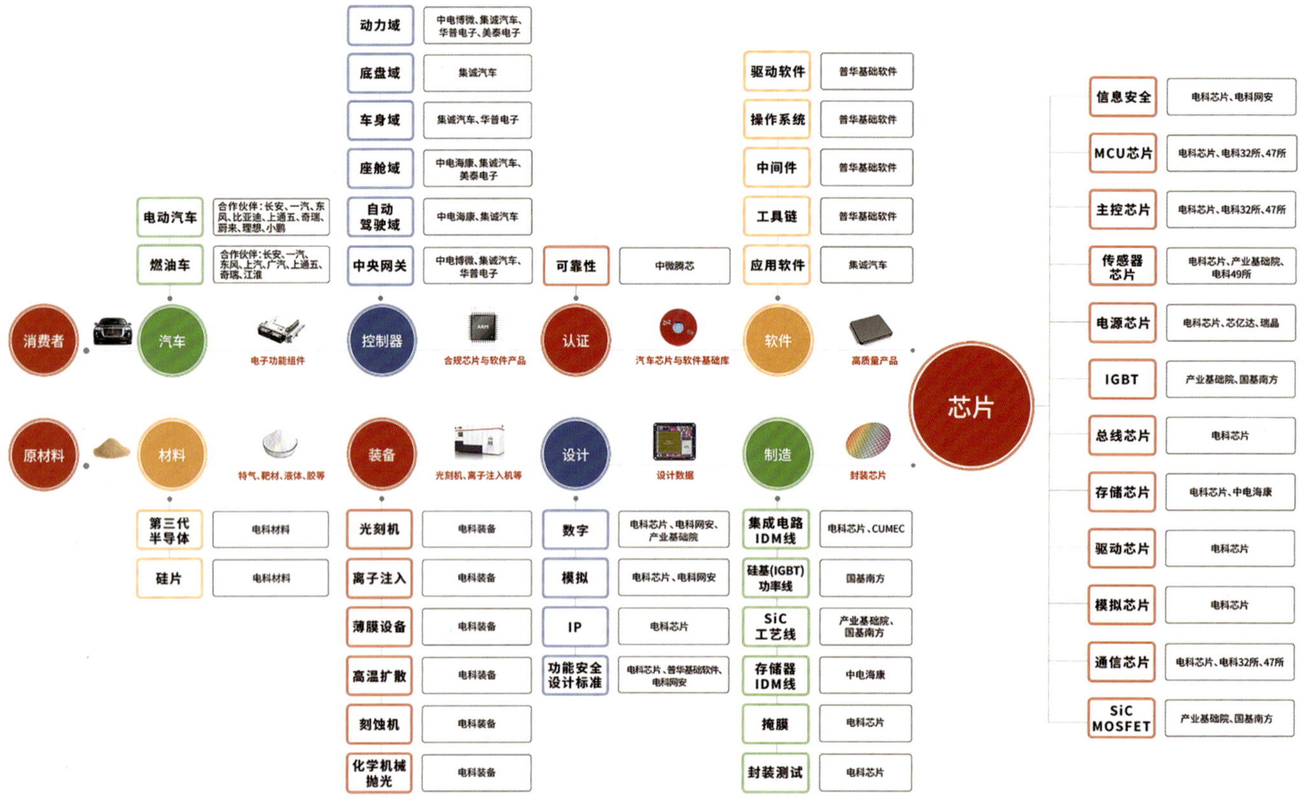

中电科汽车芯片技术发展研究中心业务组织模式与区域布局

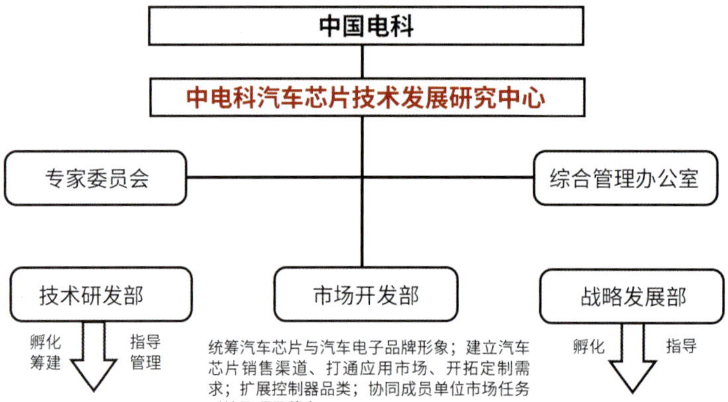

负责提供战略咨询和指导、审议中心国标任务、重大事项建议、参与重大论证等。

负责中心内部资源调度、组织人事、统计分析、绩效考核和服务保障等综合职能。

负责技术布局、产品研发和跨域协同创新，协同项目管理；开展高端芯片技术攻关和车用控制器创新研究；统筹标准研究、质量认证等。

统筹汽车芯片与汽车电子品牌形象；建立汽车芯片销售渠道、打通应用市场、开拓定制需求；扩展控制器品类；协同成员单位市场任务对接及项目落实。

负责发展规划及战略研究，对接国家部委争取项目、资金、政策支持；协同集团内外、产业链上下游单位资源，构建产业生态圈；配合筹建汽车芯片产业基地。

重庆研究中心 电源、运放、驱动、传感等模拟与数模混合芯片，及车用控制器研发	无锡研究中心 计算、MCU控制、通信、总线、存储等数字类芯片	北京研究中心 自动驾驶芯片、座舱SoC芯片、安全芯片等高端芯片及车用软件研发	南京研究中心 SiC芯片功率器件研发	合肥研究中心 车载电源、多功能T-BOX、中央网关/网联域控制器研发	上海研究中心 基于AUTOSAR标准的国产电子解决方案	★ 重庆基地 6吋工艺线 8吋工艺线 12吋工艺线	★ 无锡基地 车规封装线 车规封装测试
成都研究中心 密码SOC芯片、安全芯片、随机数芯片的研发	石家庄研究中心 车规传感器、SiC功率器件芯片研发	杭州研究中心 高级辅助驾驶系统(ADAS)控制器等研发	哈尔滨研究中心 温度传感器等的研发	车规芯片检测认证中心 车规芯片的认证及量产测试	青岛研究中心 电子测量仪、自动测试系统的研发和生产	★ 石家庄/北京基地 车规传感器工艺线 SiC功率器件工艺线	★ 南京基地 SiC功率器件工艺线 FRED器件工艺线

从汽车芯片IP、设计、制造、封测、软件、认证、材料、装备、仪器开展全产业链布局

控制类芯片：MCU、SoC

模拟/驱动/电源类芯片：高低边驱动、桥驱动、继电器驱动、显示驱动、运算放大器、比较器

计算类芯片：CPU、GPU、ASIC、FPGA、DSP

通信类芯片：射频芯片、蓝牙芯片、基带芯片、导航芯片、Wi-Fi芯片、CAN PHY、LIN PHY、ETH PHY、CANFD PHY

传感器类芯片：压力传感器、温度传感器、惯性传感器、光电传感器、陀螺仪、激光雷达、毫米波雷达芯片、图像传感器

存储类芯片：DRAM、SRAM、SDRAM、RAM、NOR FLASH

功率类芯片：IGBT、BJT、MOSFET、二极管

信息安全芯片：T-Box安全芯片、V2X安全芯片、ESAM安全芯片

软件：驱动软件、操作系统、中间件、工具链、应用软件

认证：预期功能安全、通用标准、功能安全、信息安全、可靠性、电磁兼容

工艺平台：数字电路工艺线、模拟电路工艺线、三代半导体工艺线、光电探测器工艺线、微系统工艺线、智能传感器工艺线

支撑平台：
- 材料：硅、碳化硅、光刻胶、胶粘剂等
- 装备：光刻机、离子注入机、刻蚀机、CMP等
- 仪器：频谱分析仪、逻辑分析仪、网络分析仪、功率计等
- 封测：晶圆级封装、陶瓷封装、塑料封装、测试

传感器类、控制类、通用模拟类、计算类、通信类等多品种芯片
融入“电动化、智能化、网联化、共享化”发展趋势

全面布局十大类芯片、重点攻关“卡脖子”芯片

计算类	控制类	存储类	电源类	驱动类	模拟类	传感类	功率类	通信类	定制类
•多核SoC •FPGA •智能驾驶AI IC	•ASIL-A MCU •ASIL-B MCU •ASIL-D MCU •DSP	•DRAM •SRAM •EEPROM •MRAM •FLASH	•LDO •PMIC •DC/DC •安全电源	•低边驱动 •高边驱动 •半桥驱动 •全桥驱动 •底盘驱动 •气囊驱动 •电机驱动	•放大 •比较 •转换 •定制ASSP •毫米波收发 •射频通信 •无线收发 •UHF •UWB •蓝牙	•加速度计 •陀螺仪 •卫星导航 •压力 •接触 •流量 •温度 •气体 •转速 •位置	•SiC二极管 •SiC功率MOSFET •硅基VDMOS开关 •电子开关 •电子保险丝	•CAN •LIN •EtherNet •PSI3/5 •FlaxRay •K-line •Serdes	•驻车EPB •ESP电磁阀驱动 •安全气囊点火驱动 •发动机控制 •TDI •变速箱控制

分层分类、梯度推进，重点布局高可靠、高安全、量大面广类芯片，打造“全场景”芯片产品与技术方案提供者

立足车身、整车控制系统，主攻底盘、动力系统，跟跑智能驾驶、座舱网联系统，形成完整闭环/软硬结合的产业链

车身系统	底盘系统	动力系统	整车控制	智能驾驶	座舱网联
•车身域控制器BDC •智能保险域控FSJB •数字钥匙DK •汽车空调压缩机电机驱动器MCU •汽车中央计算单元CCU •汽车空气消杀系统AOE	•车身电子稳定系统ESC/EPB •安全气囊控制器ACU/SDM •智能悬架控制器IESS •电动助力转向系统EPS	•新能源汽车充配电多合一控制器SMDC •新能源汽车电池管理系统BMS	•新能源汽车整车控制器VCU •整车域控制器VDC	•超声波雷达UPA •毫米波雷达MWR •激光雷达LiDAR •自动泊车辅助系统APA •智能摄像头SMC •智能驾驶控制器ADAS	•数字化座舱CDC •汽车中央网关CGW •抬头显示控制器HUD •智能车载终端T-BOX

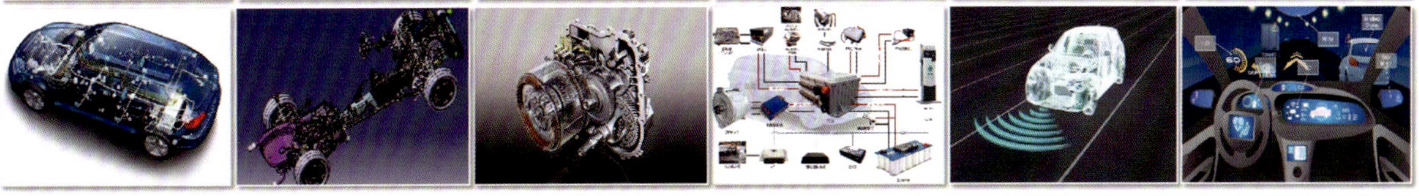

应用场景 → 功能定义 → 系统定义 → 产品定义 → 芯片定义 → 控制器开发 → 应用场景

以市场为导向，依照E/EA发展趋势及“新四化”要求，推动实现控制器国产芯片→电科芯片“两步走”！

PATEO

博泰车联网公司介绍

博泰车联网科技（上海）股份有限公司定位于汽车智能化生态平台型公司，是业内领先的综合型智能座舱全栈解决方案提供商，具备提供硬件、软件、云端服务及运营一体化的能力。

公司业务覆盖智能座舱产品研发、生产制造及运营服务的各个方面，凭借在全产业链的布局，成为智能座舱垂直一体化业务发展的领军企业。

博泰以高性能计算单元为目标发力智能汽车中央计算集群，旨在聚焦汽车智能化征程中的关键发展问题和迫切需求，加强各方资源力量协同，推动构建世界一流的智能汽车产业生态。

博泰目前服务包括豪华、合资、自主等30多个汽车品牌客户及其近百款车型，已迭代200余个车款并落地量产近千个项目，助力品牌在智能化转型升级。

为顺应产业趋势发展，博泰车联网已组建国际业务团队，推进全球业务拓展。目前已经在东南亚、欧洲完成业务布局，并落地岚图海外版座舱平台、五菱海外版手机车联网平台等项目。

总部：上海	6 研发中心	3 生产基地	1 分公司
1600+ 全球员工	1300+ 研发人员	30+ 汽车品牌	100+ 车型

博泰厦门智能制造基地

博泰厦门智能智造工厂是博泰车联网的自主研发基地，是继南京、武汉、深圳、沈阳、大连、长春6大研发中心之后的重要布局。拥有行业领先的智能制造能力，全流程实验室管理体系，先进的供应链管理模式，完善的资质认证以及流程管理体系，是集研发、工艺流程设计、供应链、生产制造、质量保证为一体的智能制造工厂。

以厦门智造基地为模板，博泰在柳州以及瑞安布局的智能网联产业智造基地也在同步建设中，根据公司发展战略和产品规划，未来将导入更多的智能汽车零配件生产线。

全国互联网地图资质

全网ICP资质

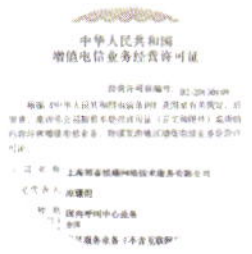

全网呼叫中心运营服务资质

ISO/IEC 20000 信息技术服务管理体系认证

ISO/IEC 27001 信息安全管理体系认证

ISO 9001 国际质量管理体系认证

IATF 16949 汽车行业质量管理体系认证

ISO 26262 功能安全管理体系认证

CMMI DEV/3级认证 SRRC认证

CQC认证等行业资质认证

ANSI/ESD S20.20 防静电国际标准认证

ISO 14001 环境管理体系认证

ISO 45001 职业健康安全管理体系认证

IECQ QC 080000 有害物质过程管理体系认证

ISO 50001 能源管理体系认证

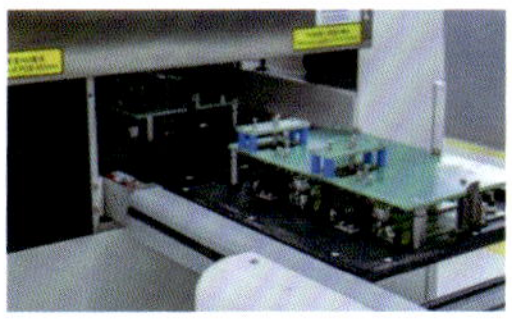

行业领先的智能制造能力

- 车间制造执行系统(MES)和企业资源计划(ERP)系统的高效协同与集成
- 先进的全自动生产设备高效赋能生产制造
- 全工业4.0的柔性流水线

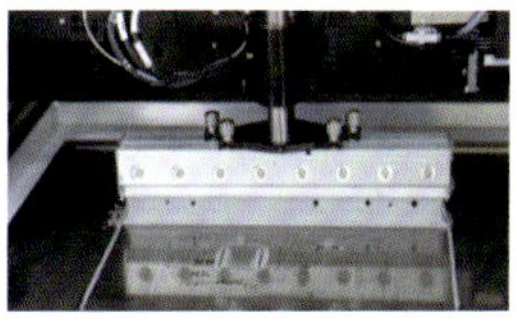

全流程实验室管理体系

- 拥有众多行业领先的标准化检测设备
- 具备完整的，包括环境、材料、电性能、EMC等车载硬件设备的测试验证能力
- 可以为双方联合开发的项目提供硬件测试验证认可的解决方案，保证产品交付质量，提升客户体验

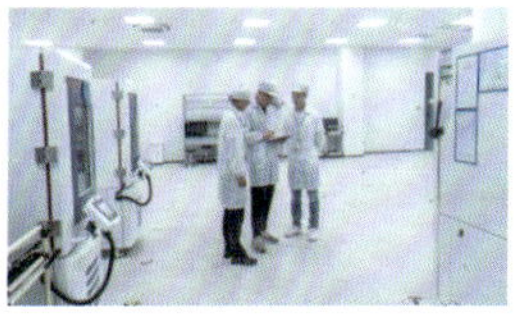

先进的供应链管理模式

- 基于质量管理、交付管理、成本管理的全流程运作体系保证了产品的高品质、快速供应和低成本的竞争优势
- 建立了以计划、采购、制造、质量、工艺、物流为核心业务的扁平化生产组织，高效柔性的保障市场供货需求

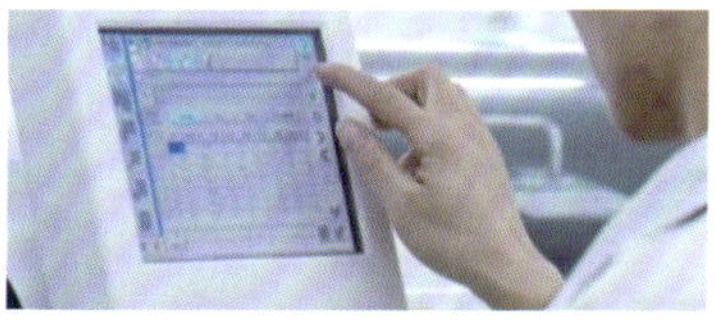

完善的资质认证以及流程管理体系

拥有全套的全国互联网地图资质、全网 ICP 资质、全网呼叫中心运营服务资质，同时还获得了ISO/IEC20000 信息技术服务管理体系认证、ISO/IEC 27001 信息安全管理体系认证、ISO 9001 国际质量管理体系认证、IATF 16949 汽车行业质量管理体系认证、ISO 26262 功能安全管理体系认证、CMMI DEV/3 级认证、SRRC 认证、CQC 认证等行业资质认证；厦门智能制造工厂更通过ANSI/ESD S20.20 防静电国际标准认证、ISO 14001 环境管理体系认证、ISO 45001 职业健康安全管理体系认证、IECQ QC 080000 有害物质过程管理体系认证以及 ISO 50001 能源管理体系认证等

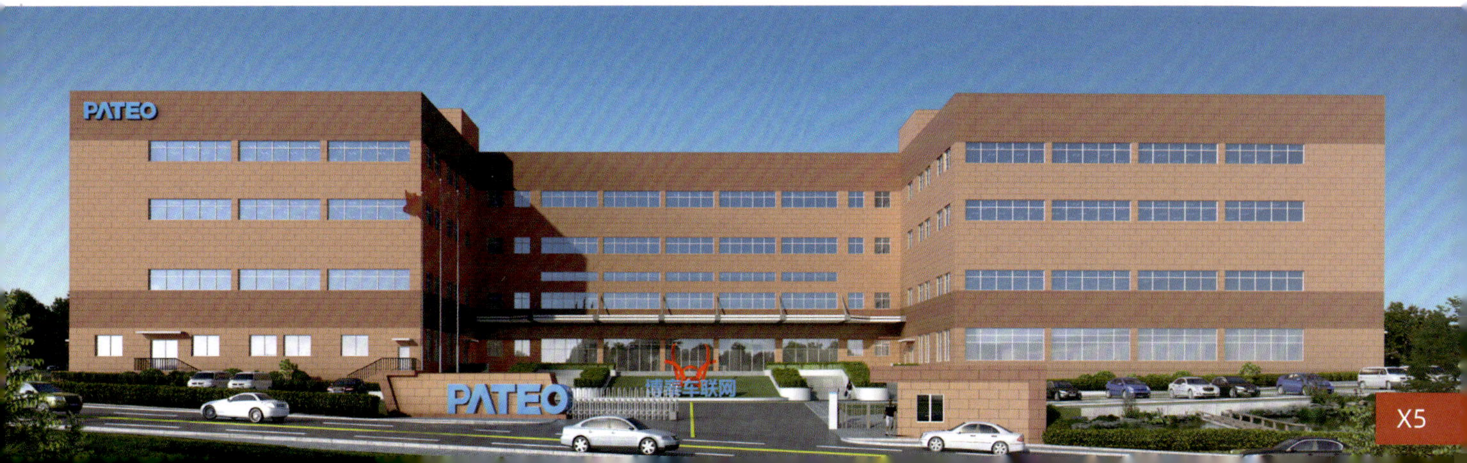

汽车电子芯片领域的攀登者

C*Core®
C*Core Technology Co.,Ltd.

国芯科技(688262.SH)是一家聚焦于国产自主可控嵌入式CPU技术研发和产业化应用的芯片设计科创板上市企业，公司经过20多年的发展，始终坚持“国际主流兼容和自主创新发展”相结合的原则，以摩托罗拉授权的“M*Core指令集”、IBM授权的“PowerPC指令集”和开源的“RISC-V指令集”为基础,形成了8大系列40余款自主可控的嵌入式CPU内核。

公司通过嵌入式CPU IP授权、芯片定制服务和自主芯片产品销售的主要业务形态，服务于信息安全领域、汽车电子与工控领域、边缘计算与网络通信领域。

国芯科技重点布局汽车芯片，实现了技术与产品的先发优势，且与众多汽车整机厂商、TierI模组厂商形成了紧密的合作关系，在共同构建安全可靠的车规级芯片供应链的同时,通过共建汽车电子实验室、共同定义新的汽车电子芯片产品、联合开发等多种合作方式，持续推出系列化高性能汽车电子芯片产品，力争为中国汽车行业的全面崛起作出贡献。

C*Core CPU路线图

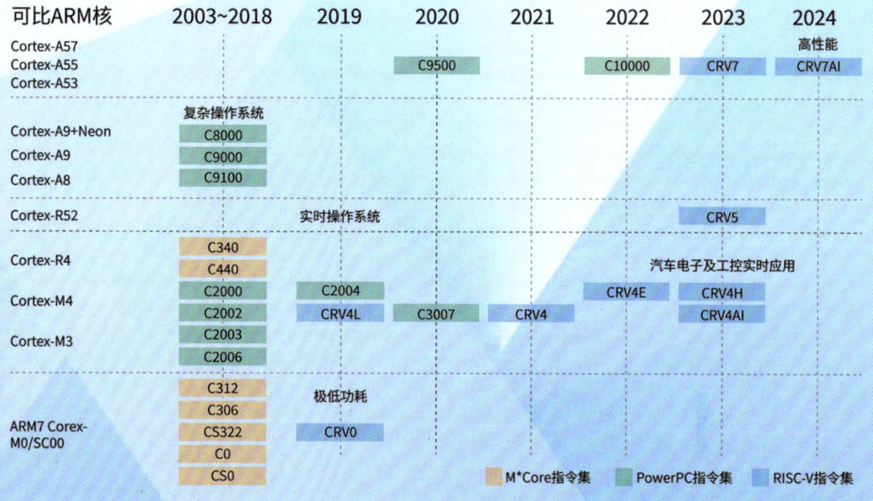

C*Core汽车电子芯片路线图

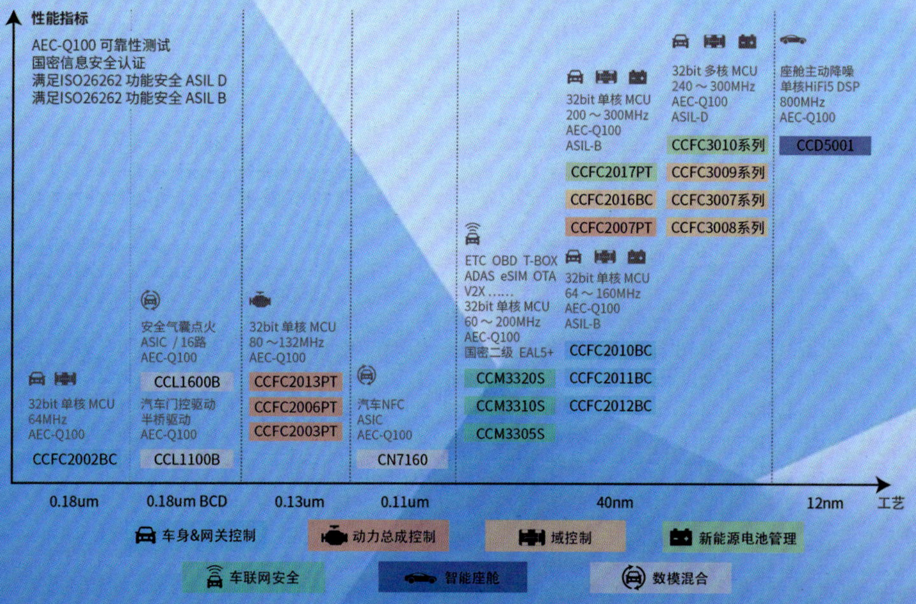

苏州国芯科技股份有限公司
C*Core Technology Co.,Ltd.

地 址：苏州新区竹园路209号
A D D：No.209 Zhuyuan Road,Suzhou New District
邮编(P.R.C)：215011 电话(Tel)：0512-6809137 传真(Fax)：0512-68096251

Email：support@china-core.com
WEB：http://www.china-core.com

芯驰科技全场景智能车芯引领者

芯驰科技是全场景智能车芯引领者，专注于为未来智慧出行提供高性能、高可靠的车规芯片，是“全场景、平台化”的芯片产品与技术解决方案提供者。

“四芯合一，赋车以魂”：产品和解决方案覆盖智能座舱、智能驾驶、中央网关和高性能MCU，涵盖了未来汽车电子电气架构核心的芯片类别。

目前，芯驰的车规芯片已实现大规模量产，拥有近200个定点项目，服务超过260家客户，覆盖国内90%以上主机厂及部分国际主流车企，包括上汽、奇瑞、长安、东风、一汽、日产、本田、大众等。

四芯合一 赋车以魂

X9-舱之芯

- **功能丰富** 覆盖主流座舱所有交互功能（仪表+中控+娱乐等）实现低端到高端车型全覆盖
- **性能领先** 单颗芯片最多可支持10个独立高清显示支持舱行泊一体等应用
- **安全可靠** ASIL B功能安全产品认证、AEC-Q100 可靠性认证
- **快速量产** 几十个重磅定点车型，长安、奇瑞、上汽等旗下车型已量产上市

V9-驾之芯

- **多元场景** 高效支持各级别智驾
- **开放灵活** UniDrive全开放自动驾驶平台，支持车企差异化需求
- **安全可靠** ASIL B功能安全产品认证、AEC-Q100可靠性认证
- **快速量产** 已获得多个量产定点

E3-控之芯

- **高性能** 全球首个800MHz*6核
- **全覆盖** 所有核心域控单元，包括BMS、ADAS、底盘、动力、电子后视镜等
- **安全可靠** 功能安全等级达到ASIL D、AEC-Q100 Grade 1可靠性认证、国密认证
- **快速量产** 超过100多家客户进行产品设计，包含广汽、吉利等

G9-网之芯

- **性能领先** 多核异构，独有加速引擎，支持跨域融合，支持5G+C-V2X通信
- **外设丰富** 支持CAN-FD、LIN、以太网、PCIe接口
- **安全可靠** ASIL B功能安全产品认证、AEC-Q100可靠性认证、国密认证
- **车路协同** 已规模化量产，客户包含一汽红旗、东风汽车等

智芯科技

智芯半导体成立于2019年8月，在天津、合肥、苏州、上海、西安、重庆、深圳、南京等地均已设立分支机构，是中国规模较大的汽车MCU和数模混合芯片设计公司之一，核心团队成员均来自世界知名汽车半导体公司。

作为中国有丰富经验的成建制的汽车芯片团队，在过去近20年间，我们亲身经历并主导汽车芯片产品定义、芯片研发、测试和生产、软件及方案开发、市场营销的每一个环节；致力于为实现车规芯片国产化做出最大的贡献。

我们提供高可靠性的汽车电子芯片，芯片硬件设计和软件通过ASIL D流程认证，产品通过AEC—Q100认证和功能安全ASL IB/D产品认证，与全球的汽车生态圈紧密合作，包括自主开发的汽车软件AUTOSAR MCAL适配于国际AUTOSAR软件供应商Vector，ETAS等。智芯的产品广泛用于汽车车身电子控制、新能源汽车控制、动力和底盘控制系统、汽车自动驾驶监控，域控制器等，以及其他高可靠性工业应用（电梯控制，机器人，工业电机控制等）。

Z20K118

Z20K148

Z20A8300

Z20A8201

Z20A8200

Z20A3130

公司环境

联系方式
客户服务热线: 400-800-6289
客户服务邮箱: CS@Zhixin-semi.com
业务合作邮箱: info@zhixin-semi.com

中科芯时代

中科芯时代科技有限公司成立于2017年，专注于高可靠、高性能半导体功率器件、模拟及混合信号芯片的设计和生产。产品广泛应用于汽车电子、工业应用和物联网等领域。

中科芯时代科技有限公司总部位于三门峡，注册资金6964万元，拥有员工300余人，创始团队均有多年研发、运营、管理经验，拥有国家高新技术企业，河南省专精特新企业称号，在北京、南京、天津、深圳、三门峡等地设有研发中心和分支机构。

中科芯时代依托多年的高可靠性芯片技术积累，凭借较高的设计水平、应用服务、稳定的产品性能，与一级供应商、主机厂建立了良好的合作伙伴关系。目前公司汽车电子领域主要围绕着电驱与电控、电池系统、车身便利与设施进行布局，其中电驱与电控领域产品主要包括智能功率开关、SiC产品，电池系统领域产品主要为BMS AFE及隔离器芯片，车身便利与设施主要包括多维解锁方案及总线驱动芯片。公司第一代产品BMS AFE及隔离器芯片已经获得国内新能源汽车主机厂的认可，持续稳定供货中。第二代产品预计2023年底定型，并将进行推广测试。智能功率开关已完成第一次流片，预计将于2024年中进行送样测试。

此外，公司还布局了第三代半导体SiC产品，目前已具备量产代工能力，并且良率持续爬坡，产品已通过主机厂头部SiC模块供应商验证，为该头部厂商国内主要供应商之一。

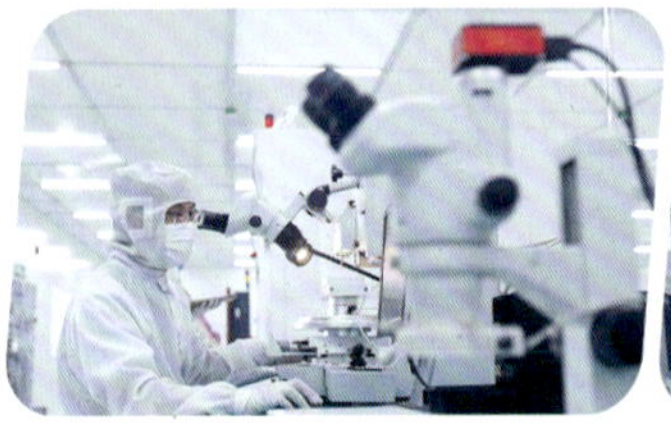
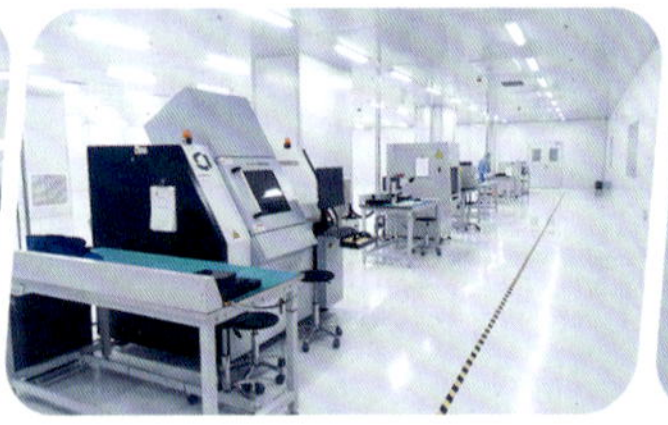
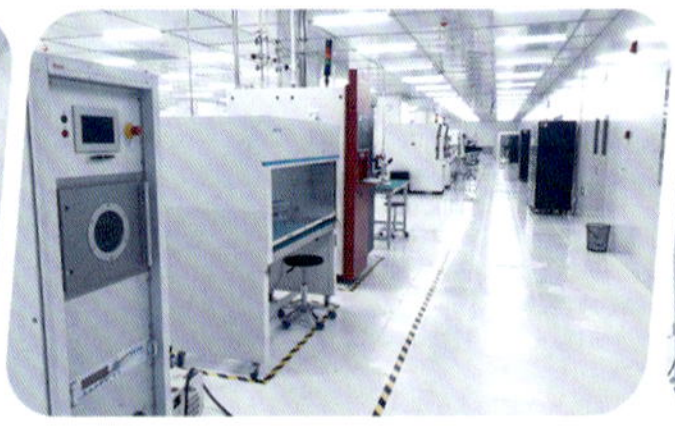
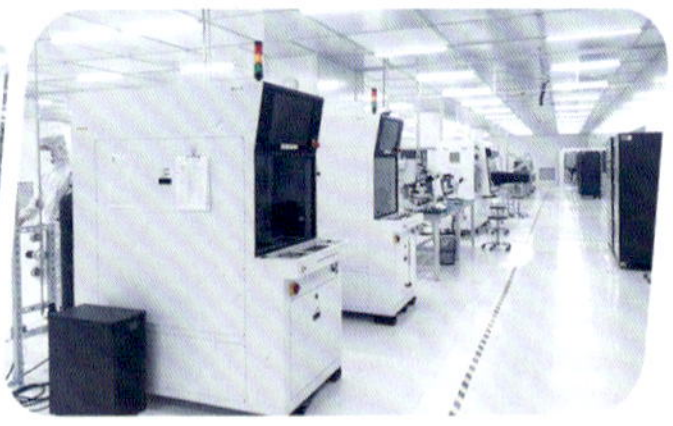

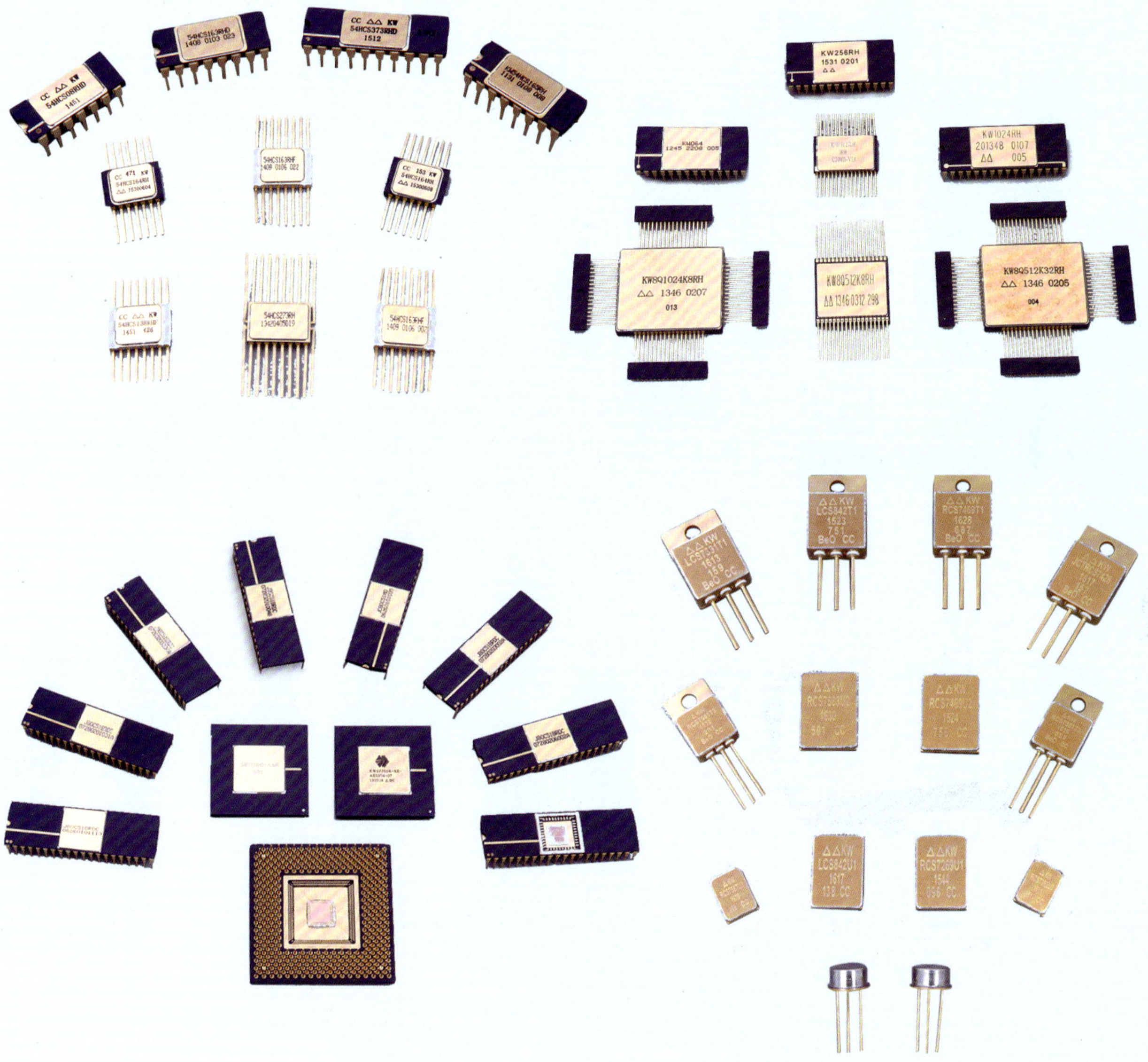

坚持一流管理　生产一流产品

提供一流服务　创建一流企业

Neusoft
Beyond Technology

智能座舱

东软智能座舱平台拥有高复用度、高灵活度、高成熟度的强竞争力，支持多尺寸屏幕互动、双系统共存并深度整合多种主流应用。

- 东软智能座舱域控制器
- 东软下一代智能座舱平台
- 东软C^5整车人机交互平台

智能通讯

按照车企标准进行产品设计，参与GB/T32960标准的编写，已实现5代产品的迭代。

东软5G/V2X BOX：基于5G特性，融合自主研发的V2X协议栈（VeTalk），提供V2X DAY1和DAY2场景的定制化开发以及5G新场景应用开发，实现规模化量产，产品市占率近30%。

软件产品

提供全球导航、AR HUD、ISA、EHP、DR、NAGIVI等软件产品。

- **东软全球导航OneCoreGo®4.0**：达成3D导航、人机共驾等多重创新功能实现。
- **东软AR HUD**：可灵活适配各种硬件产品，SDK产品赋能客户软件自研。
- **NAGIVI**：东软面向全球的Linux IVI平台产品，覆盖全球IVI功能需求，具备全球量产经验。

软件服务

凭借30余年来服务于全球客户的经验积累，依照E/E架构集中化趋势、域融合理念，为客户提供包括智能座舱、智能车身、智能网关、智能控制器(MCU)、三电相关、车云平台、OTA、APP开发等整车全栈软件开发和测试服务。

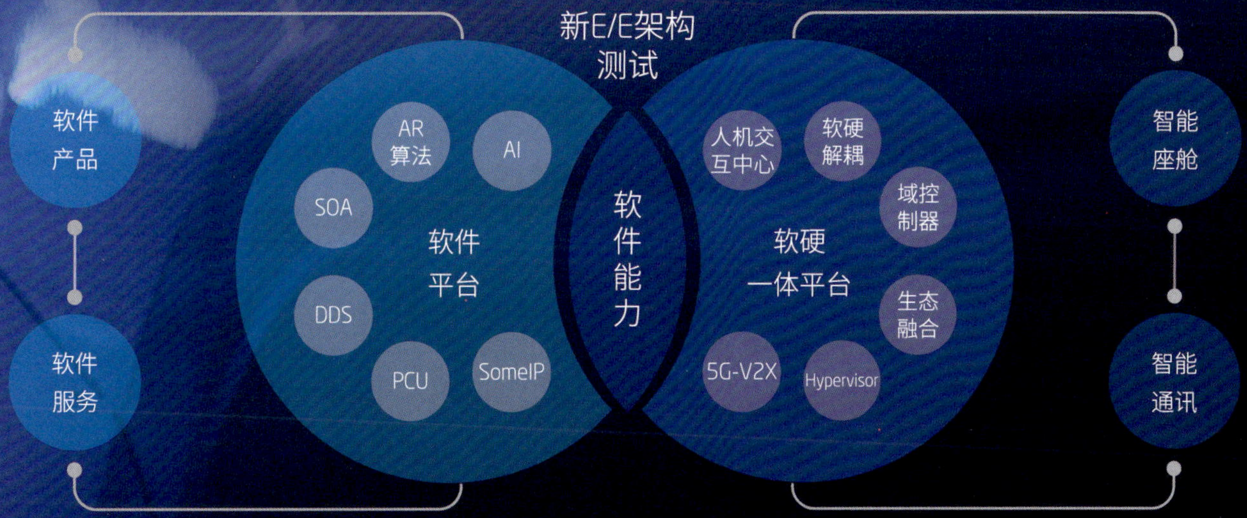

The Magic of Software
软件如此奇妙

华虹集团
HUAHONG GROUP

开放 创新 合作

业务布局

集成电路制造

- 专用集成电路产品
- 智能系统集成与应用服务
- 电子元器件分销与解决方案
- 产业投资与产业园区开发管理

华虹宏力
HHGRACE

www.huahonggrace.com

华虹集团是中国拥有“8 英寸 +12 英寸”先进集成电路制造主流工艺技术的产业集团。集团旗下华虹半导体有限公司（A 股代码：688347；港股代码：01347）之全资子公司上海华虹宏力半导体制造有限公司（简称华虹宏力）是行业内的特色工艺纯晶圆代工企业，秉持“8 英寸 + 12 英寸”、先进“特色 IC + Power Discrete”的发展战略，为客户提供多元化的晶圆代工及配套服务。公司专注于嵌入式 / 独立式非易失性存储器、功率器件、模拟与电源管理和逻辑与射频等“8 英寸 + 12 英寸”特色工艺技术的持续创新，有力支持新能源汽车、绿色能源、物联网等新兴领域应用，并拥有多年成功量产汽车电子芯片的经验。

公司自建设中国大陆第一条8英寸集成电路生产线起步，目前在上海金桥和张江建有三座8英寸晶圆厂（华虹一厂、二厂及三厂），工艺技术覆盖1微米至90纳米各节点，月产能约18万片。另在无锡高新技术产业开发区内建有一座覆盖90~65/55纳米工艺节点、现月产能7.5万片的12英寸晶圆厂（华虹七厂），这不仅是行业内的12英寸特色工艺生产线，也是行业内第一条12英寸功率器件代工生产线。目前，公司正在推进华虹无锡二期12英寸生产线（华虹九厂）的建设。

华虹七厂

华虹二厂

官方微信服务号
WeChat Official Account

官方微信订阅号
WeChat Subscription Account

上海华虹宏力半导体制造有限公司
Shanghai Huahong Grace Semiconductor Manufacturing Corporation
地 址：中国上海浦东张江高科技园区哈雷路288号
电 话：86-21-3882 9909

华虹半导体（无锡）有限公司
Hua Hong Semiconductor (Wuxi) Limited
地 址：中国江苏省无锡市新吴区新洲路30号
电 话：86-510-8955 0888

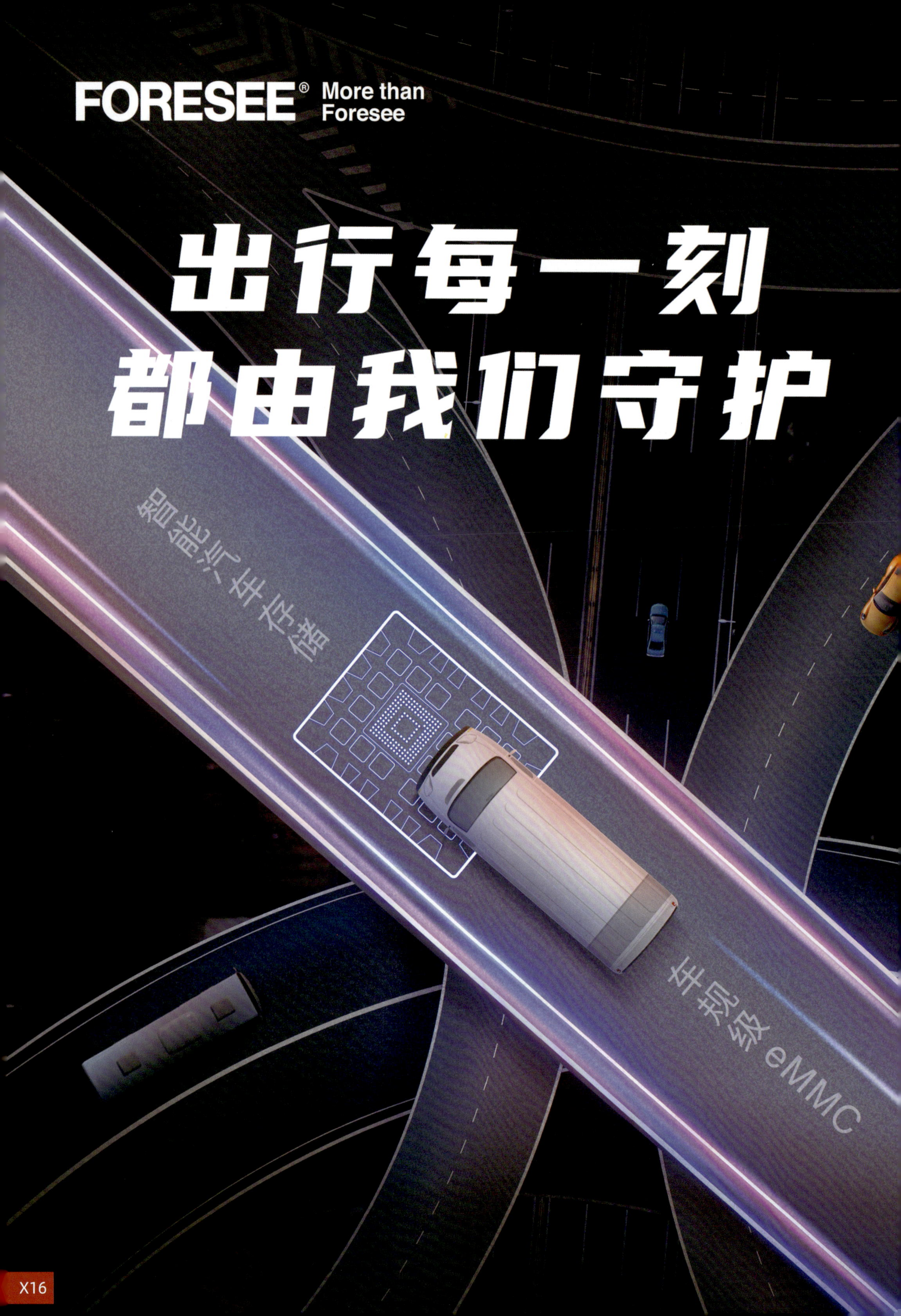
FORESEE®
More than Foresee
出行每一刻
都由我们守护
智能汽车存储
车规级 eMMC

晶源健三

深圳市晶源健三电子有限公司

晶源健三是一家求真务实，锐意创新的公司。坚持以技术服务客户，让社会因晶源健三而变得更加美好。

深圳市晶源健三电子有限公司地址位于中国经济特区，公司于2009年04月24日在深圳工商局注册成立，办公地址位于深圳市宝安区鸿威工业园E栋3楼。我们有好的产品和专业的销售和技术团队，在公司发展壮大的14年里，我们始终为客户提供好的产品和技术支持、健全的售后服务，我公司主要经营电子产品的销售与其它国内贸易（不含专营、专控专卖商品及限制项目）；经营进出口业务（法律、行政法规、决定禁止的项目除外，限制的项目须取得许可后方可经营）；兴办实业(具体项目另行申报)。

是国内知名的电子器件集成供应链服务商。已获得村田、松下、日立能源、沃孚、安费诺等著名元器件授权代理。产品业务广泛覆盖消费电子、汽车电子、手机应用、工业电子、通信设备等领域。定制化方案和产品广泛应用于高能物理、铁路基建、公共安全、电力通信、医疗电子、商用金融、安防通讯、交通物流、勘探测绘、光伏储能和3C消费电子等领域。

公司拥有业内先进的定制化研发、专业化制造和强有力供应链于一体的运营系统公司技术中心包括工业设计、电子、电源、软件、结构、工艺、测控、电化学、光机电、信号处理和仪器仪表等专业技术门类，技术团队现有60余人，其中有教授专家7人，副教授专家1人，中高级职称工程师12人。

产品介绍PRODUCT

碳化硅晶圆

800V 半桥测试平台

半桥SIC控制器

NXP GD3160 SIC驱动芯片

日立-三合一半桥驱动板

日立-SIC半桥模块

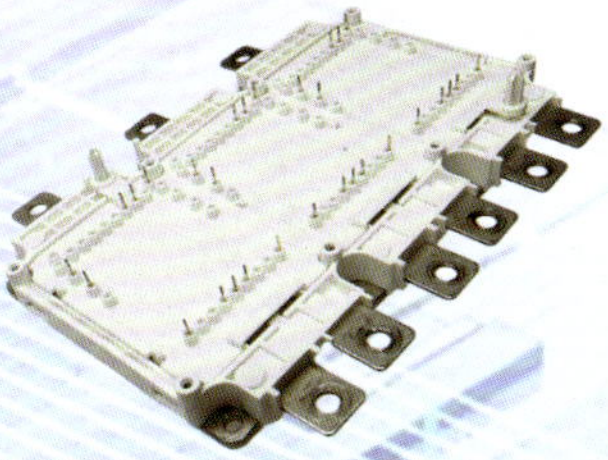
斯达HPD SIC模块

公司环境COMPANY

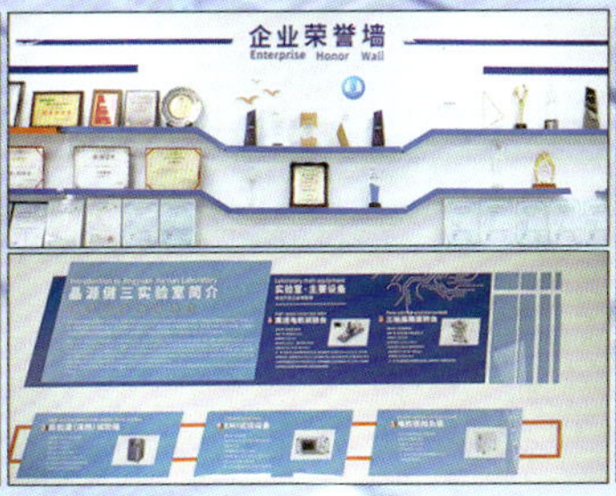

联系方式：0755-2360 8921

云驰未来介绍

云驰未来秉承着“让人与机器安全和谐相处”的理念，专注于为未来的智能汽车提供全生命周期的信息安全解决方案和产品。具备ECU/DCU信息安全开发、整车信息安全正向开发能力，并结合自动驾驶和软件定义汽车等关键技术，基于软硬结合、车云一体思路，构建智能汽车纵深防御的信息安全体系。

作为智能汽车信息安全技术的引领者，云驰未来为众多OEM、自动驾驶公司以及智能网联示范区提供信息安全整体解决方案。已累计为20余家自动驾驶公司、10余家OEM及Tier1提供产品与服务。

围绕智能汽车信息安全产业，公司积极参与国家智能网联汽车标准体系和产业生态建设，先后成为汽标委、信安标委会员单位，入选工信部车联网安全工作专班，承担国家级车联网安全试点项目；与芯驰科技、地平线、TUV莱茵、曹操出行、易咖智车、北京交通大学等行业伙伴达成深度战略合作；与国汽创新中心、东风商用车成立车路云一体化联合创新实验室。

技术能力

通过“整车信息安全威胁及风险管理 + 智能汽车Cyber Security Framework + 中央网络控制器 + 云驰智云”的解决方案，助力OEM和Tier1快速建立信息安全管理能力和技术能力，覆盖安全管理、安全开发、安全运营全过程，形成全生命周期的信息安全保障能力。

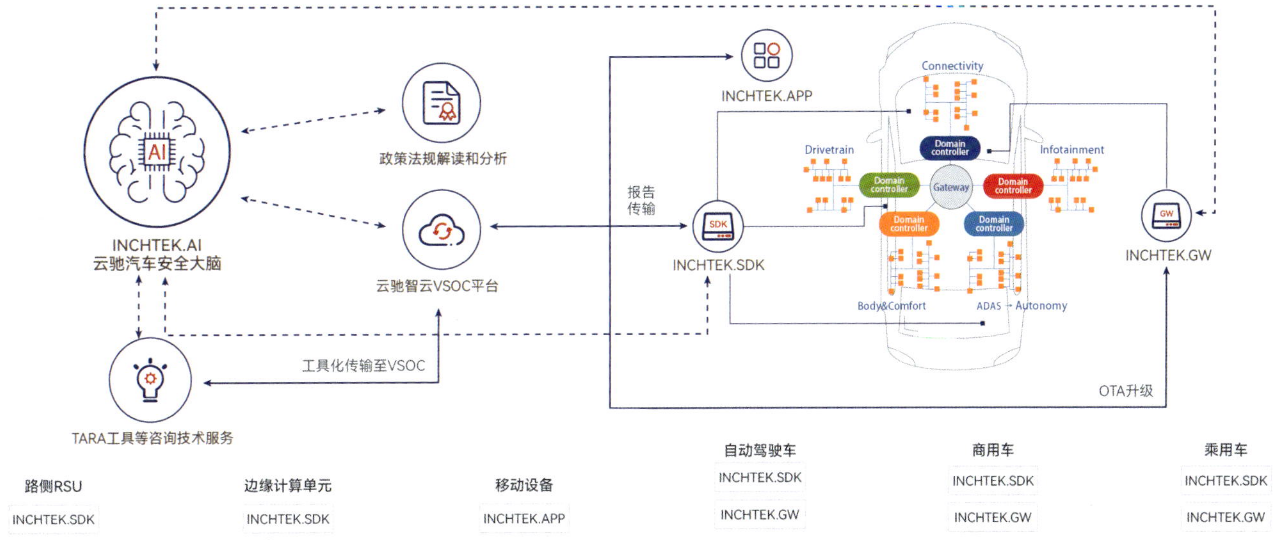

产品体系

01 合规服务与工具链

为OEM、Tier1提供定制化的信息安全咨询服务。可帮助客户建立符合法规和行业标准规范（例如UNECE/WP.29和ISO/SAE21434等）的全生命周期CSMS信息安全管理体系。可提供TARA工具产品，协助客户建立整车级及零部件级TARA分析技术规范，形成可复用的TARA知识库、可追溯的安全需求、可跟踪的安全漏洞，以及面向合规的差距分析。

02 智能汽车信息安全Framework

提供信息安全技术框架（Cyber Security Framework），包括整车级信息安全技术方案、零部件级信息安全技术方案、关键技术实施规范、软件SDK及工具。为OEM及Tier1提供统一网络安全服务，提升网络安全防护能力的同时，保障安全合规要求、保障产品可靠性、减少重复投入，为车型开发提供标准可靠的网络安全技术支撑。

03 云驰智云安全运营中心VSOC/IDPS

为智能网联汽车提供采集、分析、预警、处置的运营框架，帮助客户持续应对网络攻击、威胁事件及漏洞。产品以合规为基础能力，提供开箱即用的监测规则及报表报告，帮助客户快速满足法规要求，支撑国内外审核认证工作开展。在此基础上，通过与InchTek安全工具链无缝衔接，赋能企业的威胁分析、需求管理、漏洞管理、应急处置，帮助车企守住安全底线，持续挖掘运营价值。

04 中央网络控制器CNCU

国内自研4G/5G车规级中央网络控制器产品，较早通过EAL4认证并在百度Apollo、京东物流等头部自动驾驶公司量产应用，满足自动驾驶高安全、高性能、高可靠要求。

扫码关注微信公众号
获取云驰未来最新动态

400-001-5003
电话 Tel

www.inchtek.ai
网址 Web

info@inchtek.ai
邮箱 Email

上海市/SHANGHAI 智能网联汽车创新中心

Intelligent Connected Vehicle Innovation Center

上海淞泓智能汽车科技有限公司成立于2017年6月。股东方包括上海国际汽车城（集团）有限公司、中国汽车技术研究中心有限公司、上海电科智能系统股份有限公司以及上海机动车检测认证技术研究中心有限公司4家单位。公司是国家智能网联汽车（上海）试点示范区具体规划设计和运营管理单位，是上海市的一家制造业创新中心（智能网联汽车）；是上海市智能网联汽车道路测试推进工作小组（市经济和信息化委、市交通委和市公安局联合组建）指定的一家第三方机构，承担上海市智能网联汽车道路测试牌照申请、测试和管理工作。

政策支撑

协助政府政策制定，支持上海市各级部门开展智能网联汽车产业发展、测试管理等政策研究

标准研究制定

智能网联汽车领域高新技术研发与成果的标准转化与创新平台，行业技术标准策划、行业技术标准研究与制定、行业技术标准试验验证、行业技术标准会议策划与组织

技术测试认证

封闭区测试

- 三个测试场
- 25大类测试项目
- 91类测试场景
- 完整的测试设备

实验室与仿真测试

- 高性能整车及零部件测试台架
- 厘米级高精度定位
- 可控的环境模拟

开放道路测试

- 636条、1117公里道路
- 464平方公里全域覆盖
- 41公里高快速路
- LTE-V、5G全覆盖

智能网联汽车路测许可管理

- 28家申请企业
- 623张道路测试牌照
- 498张示范应用牌照

辅助驾驶测试

- 辅助驾驶功能对标
- 辅助驾驶标准研究
- 辅助驾驶实车测试

自动驾驶测试

- L3+牌照测试
- 自动驾驶功能场景测试
- V2X场景测试

实验室与仿真测试

- 整车测试
- 定位与感知测试
- 关键零部件测试
- Hil测试

无人之境示范体验区

2022 年 9 月，“ 无人之境 ”项目正式启动，是国内较早聚焦去安全员的无人化高级别自动驾驶示范运营样本

生态交流合作

长三角一体化推进

牵头沪苏浙皖智能网联汽车协同发展

大会活动

承办国家重大会议的交流合作活动及自动驾驶展示体验活动

方案输出

积极向其他地区输出成熟方案，协助完成测试场景及能力构建

关键共性技术研发

依托行业资源集聚优势，面向智能网联汽车道路及虚拟仿真测试、数据分析与人工智能算法训练等行业需求，牵头、参与多项国家以及市级科研项目，开展关键共性技术研发。

- 智能网联汽车道路测试监管
- 城市典型驾驶场景库
- 数字孪生技术
- 感知、 决策与控制算法训练与评估
- 5G 远程驾驶技术

产品开发与集成应用

集中行业资源优势，聚焦关键共性技术产品开发与集成，智能网联汽车行业痛点问题解决及工具开发

路侧智能设备（Sibox）

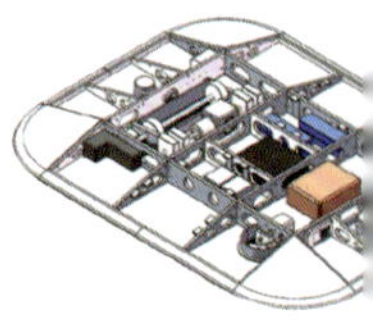

测试设备（Laun

人才培养基地

参与教育部 1+X 证书试点工作；与同济大学达成战略合作协议；与中汽产培开展产业培训课程

X-Zone 地址：上海市嘉定区墨玉南路451号 F-Zone封闭区 地址：上海市嘉定区伊宁路2155号 C-Zone地址：上海市嘉定区双丁路与漳翔路交

联系人：张雷 电话：17702100475 传真：021-60192057 邮箱：zhanglei@icv-sh.com

DENSO
Crafting
the Core

第一篇 行业篇

一、产业发展综述

（一）节能与新能源汽车发展综述

工业和信息化部装备工业发展中心　赵世佳　刘辰璞

2022 年，党的二十大胜利召开，我国开启全面建设社会主义现代化国家新征程。面对疫情散发频发、芯片结构性短缺、动力电池原材料价格高位运行、局部地缘政治冲突等挑战，有关各方共同努力，克服多重不利因素。汽车行业全年产销稳中有增，主要经济指标持续向好，展现出强大的发展韧性，为稳定经济增长起到重要作用。

1. 我国汽车产销实现小幅增长

从全球看，受芯片短缺等影响，全球汽车销量为 8163 万辆，同比下降 1.4%。其中，乘用车销量为 5749 万辆，同比增长 1.9%；商用车销量为 2414 万辆，同比下降 8.3%。2022 年，全球汽车产业电动化转型共识日益深入。发展新能源汽车成为世界各国争相投入的新赛道，全球主要汽车国家和地区持续加大新能源汽车发展支持力度，新能源汽车市场持续高速增长。全年新能源汽车销量达到 1084 万辆，同比增长 69.4%，渗透率快速提高至 13.8%，较 2021 年提升 6.1 个百分点。

从我国看，2022 年汽车产销分别完成 2702.1 万辆和 2686.4 万辆，同比增长 3.4% 和 2.1%，延续了增长态势。乘用车方面，得益于购置税优惠和新能源汽车产业快速增长，乘用车涨幅明显，产销分别完成 2383.6 万辆和 2356.3 万辆，同比分别增长 11.2% 和 9.5%，增幅均超过行业总增长率 7 个百分点，为全年小幅增长贡献了重要力量。商用车方面，受需求透支，叠加疫情影响下生产生活受限，商用车市场整体需求降低。商用车产销分别完成 318.5 万辆和 330 万辆，虽同比分别下降 31.9% 和 31.2%，但海外市场表现亮眼，累计出口 58.2 万辆，同比增长 44.9%。自主品牌方面，自主品牌乘用车销量 1176.6 万辆，同比增长 22.8%，占乘用车销量的 49.9%，占有率比上年提升 5.5 个百分点。自主品牌已经形成新技术应用多、技术配置高等品牌特征，满足消费者不断升级的需求。自主品牌新能源乘用车销量 550.3 万辆，同比增长 170%，自主品牌新能源乘用车国内市场占有率高达 79.9%，有效带动了自主品牌整体份额的大幅提升。出口方面，我国汽车出口首次突破 300 万辆，达到 311.1 万辆，同比增长 54.4%，汽车产品国际影响力持续提升。从产品类别看，乘用车和商用车出口均高速增长，分别为 252.9 万辆、58.2 万辆，同比增长 56.7% 和 44.7%。我国新能源汽车出口 67.9 万辆，同比增长 118.3%，占出口总量 21.8%，继续保持全球第一大新能源汽车出口国地位。

2. 新能源汽车进入全面市场化拓展期

2022 年，我国汽车产业实现稳定发展，电动化、网联化、智能化持续深化。在“双碳”目标引导下，新能源汽车进入市场化发展的快车道，自主品牌的竞争力大幅提升。

一是市场规模全球领先。全年新能源汽车产销分别完成了 705.8 万辆和 688.7 万辆，同比增长 96.9% 和 93.4%，新能源汽车新车的销量达到汽车新车总销量的 25.6%，连续 8 年保持全球第一。

二是关键技术实现突破。量产动力电池单体能量密度达到 300 Wh/kg，处于国际领先水平。驱动电机的峰值功率密度超过 4.8 kW/kg，最高转速达到 1.6 万 r/min，我国关键组件部件水平得到大幅提升。此外，在激光雷达、人工智能芯片、智能座舱等方面，我国自主技术也得到较大突破，达到了国际先进水平。

三是品牌竞争力大幅提升。2022 年自主品牌新能源乘用车国内市场销售占比达到了 79.9%；新能源汽车出口 67.9 万辆，同比增长 1.2 倍。全球动力电池装机量前十的企业中我国占 6 席。

四是配套设施日益完备。截至 2022 年底，全国累计建成充电桩 521 万台、换电站 1973 座，其中 2022 年新增充电桩 259.3 万个、换电站 675 座，充换电基础设施建设速度明显加快。同时我国累计建立动力电池回收服务网点超过 1 万个，基本实现就近回收。

3. 产业转型进程稳中有进

在经济工作“稳字当头、稳中求进”的总基调下，我国汽车产业继续稳定发展，电动化、网联化、智能化进程持续深化。乘用车空间尺寸大型化趋势明显，轻量化技术发展持续深入，小排量增压占据主要地位，节能技术重要性愈发凸显，整体技术发展水平不断提升。新能源汽车运行服务持续完善，智能网联汽车道路测试与示范应用规模持续扩大，充换电基础设施及加氢站建设进一步完善。

传统动力技术方面，发动机热效率逐步提高带动节油水平提升，主要路径为不断提高压缩比、优化燃烧过程、电气化以及低摩擦技术。缸内直喷搭载率突破 70%，同时搭载涡轮增压和缸内直喷技术的车型占比突破 60%。随着匹配技术的不断优化，自动变速器匹配高效发动机可以获得更加优异的动力系统经济性能，自动变速器的搭载率持续提升。自动变速器搭载率达 92.8%，比 2021 年提升 2.7 个百分点。其中，CVT、DCT 搭载率分别为 31.4%、32.1%，均首次突破了 30%。近年来，在政策与市场双重推动下，混合动力乘用车市场规模稳步增长，2022 年产量达 88 万辆，同比增幅 44.3%，产量增速连续三年超过 40%。节能技术广泛使用，新能源汽车产量快速提升，带动行业平均燃料消耗量显著改善。乘用车行业平均燃料消耗量为 4.11 L/100 km，同比下降 19.9%，超额完成 2022 年度 5.5 L/100 km 燃料消耗量目标。其中，国产乘用车平均燃料消耗量约 3.99 L/100 km，同比下降 20.0%；进口乘用车平均燃料消耗量继续维持高位，约为 7.66 L/100 km。

智能网联汽车市场规模不断扩大。2022 年，搭载 L2 级驾驶辅助功能乘用车销量 694.1 万辆，较上年度增长 45.6%，渗透率达 34.9%。其中，新能源汽车 L2 级功能渗透率达到 45.7%，远超燃油汽车，电动化与智能化、网联化深度协同发展。环境感知技术方面，半固态激光雷达开始前装应用，FLASH 技术纯固态激光雷达即将量产，部分企业积极布局 4D 毫米波雷达，800 万像素车载摄像头前装规模明显上升。决策技术方面，车载基础计算平台实现装车应用，人工智能芯片算力突破百 TOPS 级达到国际先进水平，行业正在积极构建开源开放的智能驾驶操作系统。控制执行技术方面，底盘线控制动、线控转向技术逐渐成熟，系统一体化控制水平逐步提升。整车集成方面，域控制器产品正在由单域控制向跨域融合过渡，具有高速/快速路、城市道路、低速封闭环境的停车场（库）三大场景的智能驾驶功能的产品实现量产。信息交互技术方面，我国 C-V2X 在频谱管理、标准体系、技术研发、测试验证、终端应用等方面快速发展。围绕 C-V2X 芯片、终端和系统等产品的全产业链初步形成，网联技术路径和产业生态体系正在形成。截至 2022 年底，一汽、上汽、广汽、吉利、比亚迪等企业均已经量产或发布前装 C-V2X 车型，能够实现支持绿波车速、红绿灯信号、闯红灯预警、绿灯起步提醒、道路信息广播等 V2X 场景。路侧基础设施方面，全国各地示范区、先导区积极探索，全国各地路侧基础设施建设超过 6000 套，5G 基站开通超过 231.2 万个。云控平台方面，我国率先提出了车路云一体化智能汽车发展路径，云控基础平台建设已在部分示范区启动，开启探索性运营示范，初步建立了网联云控对外服务能力，实现了车路数据融合和云控协同感知、协同决策、协同控制等网联自动驾驶应用落地。高精度地图方面，我国已经完成全国 30 余万 km 高速公路与城市快速路的高精度地图采集，相关高精度地图产品已经在相关量产车型上得到应用，能够实现厘米级定位，结合路径导航完成辅助驾驶。

4. 行业管理体系日趋完善

2022 年，面对风高浪急的国际环境和艰巨繁重的国内改革发展稳定任务，在以习近平同志为核心的党中央坚强领导下，各方认真贯彻落实党中央、国务院决策部署，坚持稳中求进工作总基调，高效统筹疫情防控和产业发展，进一步完善汽车产业政策管理体系，围绕立法管理、技术标准、财税政策、保障供应、推广应用等领域出台了一系列政策，为产业发展创造了良好环境。

在立法管理方面，为健全车辆生产管理法治体系，全面落实车辆生产许可管理责任，持续一体化推进"放管服"改革，推动汽车产业高质量发展，2022 年 10 月，工业和信息化部向社会公开征求对《道路机动车辆生产准入许可管理条例（征求意见稿）》（以下简称《条例》）的意见。《条例》的制定，是坚持统筹产业发展和安全的需要，以维护社会公共利益和保障公平竞争为基本出发点，注重部门间的协同和管理衔接，放管结合、严格监管体制，促进汽车产业的创新和高质量发展。通过立法，进一步建立健全道路机动车辆生产企业和产品许可管理体系，有利于行业管理部门依法依规清退"僵尸"企业，淘汰落后产能，全面提升产业竞争力。

在技术标准方面，工业和信息化部积极贯彻落实《国家标准化发展纲要》部署要求和党的二十大精神，组织相关机构结合我国汽车行业实际需求开展标准制修订，完善标准体系建设，优化国内标准的有效供给，加强国际标准法规协调，加快构建形成以国内标准研究为主体，国内国际标准协调配合的新发展格局。全年制定完成并经国家标准化管理委员会批准发布的国家标准 60 项（含 1 项修改单），工业和信息化部批准发布汽车行业标准 46 项（含 1 项修改单），涵盖汽车安全、汽车节能、电动汽车、智能网联、关键部件等方面，组织编制完成第二版《国家车联网产业标准体系建设指南（智能网联汽车）（征求意见稿）》《国家汽车芯片标准体系建设指南》等重点领域标准化顶层设计文件，持续优化完善汽车安全标准体系，重点推进智能网联汽车各细分领域标准体系研究及建设，特别是深入开展《汽车软件升级通用技术要求》等三项智能网联汽车领域强制性标准制修订，同时统筹开展电动汽车整车、动力电池、电驱动系统、充换电、燃料电池汽车等电动汽车领域标准体系建设工作。

在财税政策方面，为支持新能源汽车产业发展，促进汽车消费，2022 年 9 月，财政部、税务总局与工业和信息化部联合发布《关于延续新能源汽车免征车辆购置税政策的公告》（财政部　税务总局　工业和信息化部公告 2022 年第 27 号），对购置日期在 2023 年 1 月 1 日至 2023 年 12 月 31 日期间内的新能源汽车，免征车辆购置税。2022 年 5 月，国务院常务会议部署经济一揽子政策，提出"将阶段性减征部分乘用车购置税 600 亿元"。当月，财政部和税务总局联合发布《关于减征部分乘用车车辆购置税的公告》（财政部　税务总局公告 2022 年第 20 号），对购置日期在 2022 年 6 月 1 日至 2022 年 12 月 31 日期间内且单车价格（不含增值税）不超过 30 万元的 2.0 L 及以下排量乘用车，减半征收车辆购置税。

在推广应用方面，2022 年，工业和信息化部继续组织中国汽车工业协会开展"中国汽车品牌向上发展专项行动"，先后于 2022 年 5 月和 8 月举办红旗站、常州理想汽车站"看见中国汽车"品牌巡礼，助力品牌明确电动化、网联化、智能化发展方向，讲好中国品牌故事，着力完善发展环境，为产业转型升级发展和自主品牌国际化发展提供更好支撑。2022 年 3 月，工业和信息化部、农业农村部、商务部和国家能源局组织开展新一轮新能源汽车下乡活动。2022 年 6 月和 12 月，活动先后在江苏昆山和四川南充举办。本年度活动在前期工作基础上，结合新能源汽车促销费政策，通过丰富活动形式、创新宣传模式、提高供给质量等举措，共吸引 50 余个品牌的 100 余款车型积极参与，推动新能源汽车产销稳步提升，市场占有率进一步扩大。2022 年 1 月，国家发展和改革委员会、国家能源局等相关部门发布了《关于进一步提升电动汽车充换电基础设施服务保障能力的实施意见》，明确提出加强充换电技术创新与标准支撑，推动主要应用领域形成统一的换电标准，提升换电模式的安全性、可靠性与经济性。此外，工业和信息化部联合国家能源局根据《关于启动新能源汽车换电模式应用试点工作的通知》，持续推进三亚、南京、重庆、唐山等 11 个城市的新能源换电模式应用试点工作，推动各地出台政策，支持换电发展。2022 年，五大示范城市群在全国推广应用氢燃料电池汽车占比达到 73%，其中"京津冀示范城市群"累计推广燃料电池汽车 1197 辆，为五大示范城市群之首。北京冬奥会期间,延庆赛区和张家口赛区共投入700余辆氢燃料大巴车,为赛事提供交通运输服务保障。

在行业监管方面,2022年,工业和信息化部发布第352批至366批共15批公告,并一同发布了11批《免征车辆购置税的新能源汽车车型目录》和《享受车船税减免优惠的节约能源使用新能源汽车车型目录》,发布了12批《新能源汽车推广应用推荐车型目录》。为贯彻落实《关于加强智能网联汽车生产企业及产品准入管理的意见》,进一步规范汽车软件在线升级(简称OTA升级),受工业和信息化部委托,工业和信息化部装备工业发展中心于2022年4月15日发布了《关于开展汽车软件在线升级备案的通知》,搭建了汽车软件在线升级备案系统,正式启动备案。基于试点实证积累管理经验,支撑相关法律法规、技术标准制修订,推进健全完善智能网联汽车生产准入管理体系和道路交通安全管理体系。工业和信息化部会同公安部组织起草了《关于开展智能网联汽车准入和上路通行试点工作的通知(征求意见稿)》,于2022年11月发布并公开征求社会各界意见,准入试点工作将提升智能网联汽车产品性能和安全运行水平,推动智能网联汽车产业健康有序发展。

5. 未来展望

2023年,是全面贯彻落实党的二十大精神的开局之年。习近平总书记在党的二十大报告中指出:"高质量发展是全面建设社会主义现代化国家的首要任务。"作为国民经济重要的支柱产业,汽车产业实现高质量发展,完成调整转型,提供更多高品质产品,不断满足消费升级的新要求,将是获得未来持续发展动力的必经之路。

宏观层面,新场景、新业态和新技术所驱动的消费新供给,正不断创造着汽车消费新需求,为扩大内需和提振消费的重要引擎。在新能源乘用车渗透率快速提高的形势下,传统燃油汽车市场份额快速下降超出部分企业预期,库存车积压短期内打乱企业发展节奏,长期来看将促使企业结构性调整,传统豪华品牌、合资企业进一步丰富电动化车型矩阵。市场方面,未来一两年内将迎来更密集的产品投放,良性竞争会使产品价值快速改善,并刺激需求进一步提升。我国消费者购买新能源汽车的动机由获取牌照或补贴等政策因素,转向驾驶体验、用车成本、智能化舒适化配置等产品因素。出口方面,2023年我国汽车出口仍将保持强劲,受新能源汽车出口拉动,随着品牌培育、渠道搭建、模式创新及产品技术打磨,自主品牌有望进一步提升海外认可度,抢占全球市场份额。安全方面,一方面是新能源汽车安全体系,行业要高度重视安全体系建设,形成全覆盖、成体系、可操作的安全保障架构;另一方面是网络安全和数据安全,汽车行业企业深度转型过程中在网络安全和数据合规方面面临越来越严峻的运营风险,以及越来越严格的标准法规。

成就催人奋进,奋斗未有穷期。展望未来,全行业需共同努力,借助新能源汽车快速发展创造的良好势头,锻长板、补短板、强基础,全力推动我国汽车产业高质量发展,以产业发展新气象迎接更为恢弘的新时代。

(二)新能源汽车标准化

中国汽车技术研究中心有限公司　郝维健　何云堂

发展新能源汽车是我国从汽车大国迈向汽车强国的必由之路,是应对气候变化、推动绿色发展的战略举措。近年来,我国新能源汽车发展取得明显成效,在产业规模、产业链完整度以及技术水平等方面均取得长足进步。其中,标准化作为行业发展的技术性基础工作,在支撑产业发展、促进科技进步、规范社会治理等方面发挥了重要作用。当前,我国正处于汽车强国建设的关键机遇期,需要持续加强新能源汽车标准化工作,推动新能源汽车产业高质量发展。

1. 2022年新能源汽车国内标准化工作情况

2022年度,新能源汽车标准化工作积极贯彻落实《新能源汽车产业发展规划(2021—2035年)》相关要求,统筹推进新能源汽车各领域标准制修订工作。在整车领域,加快推进电动汽车动力性、远程服务与管理标准研究;在动力电池领域,启动动力电池安全强标修订,推进电性能要求、热管理系统等标准征求意见;在电驱动系统领域,完成驱动电机系统可靠性标准审查和报批,推进电动汽车用驱动电机系统标准公开征求意见;在充换电领域,完成《电动汽车传导充电用连接装置》第1部分、第3部分标准审查及报批,全面推进《纯电动乘用车车载换电系统互换性》等14项行业标准制定;在燃料电池汽车领域,完成燃料电池电动汽车能量消耗量及续驶里程测量方法等3项标准审查并报批,推进燃料电池电动汽车动力性、碰撞后安全、车载氢系统等标准研究。

(1)电动汽车整车标准进展情况

推进纯电动汽车、混合动力汽车两项动力性标准研究。在现行GB/T 18385—2005《电动汽车动力性能试验方法》、GB/T 19752—2005《混合动力电动汽车动力性能试验方法》两项标准基础上,结合目前电动汽车动力性不断提升的产业现状,修订试验道路条件,环境条件,加速试验速度区间设置方法。经过多次行业研讨,两项修订标准项目已于2022年12月进入公开征求意见阶段,预计2023年内完成审查、报批。

推进电动汽车远程服务与管理系统技术规范系列标准修订。根据主管部门电动汽车安全监管思路,统筹考虑管理需求及行业成本投入,针对续传与定期唤醒、热事件上报、一致性测试、信息安全等行业关心的核心问题开展进一步讨论和验证,充分听取行业意见,加快推进相关条款的完善和标准制修订工作。

启动插电商用车技术条件标准预研工作。随着车辆节能减排的要求进一步提高,商用车电动化已经成为商用车发展的重要趋势。随着行业技术水平的不断提升,针对该类车型的技术要求有必要进一步提升。插电式混合动力商用车技术条件标准修订预研工作已启动,本次修订中将充分调研现有产品技术现状，结合未来的技术发展趋势，从续驶里程、油耗、安全性等方面提出对该类车型的技术要求。

启动 GTR 21、GTR 22 等电动汽车整车国际法规转化预研工作。GTR 21《混合动力及多电机驱动的纯电动汽车功率确定方法》、GTR 22《车载电池耐久性》等国际法规先后发布。我国也相应启动了相关标准预研工作。其中，《混合动力电动汽车及多电机纯电动汽车动力系统功率测试方法》将建立适用于混合动力电动汽车以及多电机纯电动汽车的功率测试方法，解决行业内尚无多动力驱动模式电动汽车最大功率测试方法的痛点问题；《电动汽车车载动力电池耐久性要求及试验方法　第 1 部分：轻型汽车》将提出动力电池耐久性整车车载数据获取方式、精度要求和最低性能要求，引导行业提升动力电池耐久性。

（2）动力蓄电池标准进展情况

启动动力蓄电池强标修订研究。为进一步提升动力蓄电池安全要求，保障消费者生命财产安全，在工业和信息化部指导下，电动车辆分标委组织电动汽车整车、动力电池企业、检测机构、科研院所等单位于 2022 年初启动 GB 38031 标准修订，并已完成修订草案编写和立项材料提交。

推动动力电池电性能、热管理系统标准研制。在电性能标准方面，完成 GB/T 31467 锂离子动力电池包和系统电性能试验方法标准审查并报批，该标准修订非等效采用 ISO 12405-4：2018，并结合我国动力电池产品开发与测试经验，进一步完善部分测试方法，推进 GB/T 31486 电动汽车用动力蓄电池电性能要求及测试方法标准修订，结合电池单体实际使用场景完善测试方法，并进一步提升性能要求，有力规范产品质量；在热管理系统标准方面，组织起草《电动汽车动力蓄电池热管理系统》系列标准第 1 部分通用要求和第 2 部分液冷系统，并于 2022 年 12 月进入公开征求意见阶段。

开展动力电池回收利用、绿色低碳相关标准研究。完成《车用动力电池回收利用　管理规范　第 2 部分　回收服务网点》标准的审查和报批，明确回收服务网点建设技术规范；推动《车用动力电池回收利用通用要求》标准研制，基于政府管理的政策要求与回收利用行业发展需要，规范了车用动力电池回收利用领域的相关术语，为行业交流与继续发展提供统一语言，同时围绕车用动力电池回收利用的主要环节，分别针对电池、综合利用、梯次利用以及再生利用制定通用性的要求；启动动力电池及其梯次利用、再生利用企业、产品碳排放、碳足迹标准研究，提交标准立项。

（3）燃料电池电动汽车标准进展情况

燃料电池发动机性能试验方法标准正式发布。2022 年 12 月，GB/T 24554—2022《燃料电池发动机性能试验方法》正式发布。相较 2009 年的版本，新版本标准明确了功率加载误差要求和额定功率测试方法，增加了低温冷起动、动态平均效率方法，进一步完善了燃料电池发动机性能评价体系；增加了功率密度测试方法，明确了燃料电池发动机边界，进一步统一了燃料电池发动机功率密度测试方法。

燃料电池汽车低温冷起动、能耗、动力性等多项标准报批。2022 年度《燃料电池电动汽车低温起动性能试验方法》《燃料电池电动汽车　动力性能试验方法》《燃料电池电动汽车能量消耗量及续驶里程测量方法》三项燃料电池电动汽车整车标准以及《燃料电池电动汽车　车载氢系统技术条件》《燃料电池电动汽车　加氢枪》两项关键系统及零部件标准顺利通过审查并报批。以上 5 项国家标准的报批将进一步完善燃料电池电动汽车标准体系，有力支撑燃料电池电动汽车示范运营工作。

推进空气压缩机、氢气循环泵等燃料电池关键附件标准研制。燃料电池发动机用空气压缩机、氢气循环泵等部件对于燃料电池发动机的动力性、耐久性有着至关重要的影响，这些零部件的承担功能、性能指标与传统汽车截然不同，无法使用现有标准。《燃料电池发动机用空气压缩机》等 5 项燃料电池发动机附件标准正在起草过程中，这些标准的制定将进一步统一燃料电池发动机附件评价方法，便利企业产品研发和选型，降低研发测试成本，引导企业技术升级。

（4）电驱动系统标准进展情况

驱动电机系统可靠性试验方法、高压熔断器、高压接触器标准正式发布。2022 年度，电驱动系统标准领域有 3 项国家、行业标准发布。GB/T 29307—2022《电动汽车用驱动电机系统可靠性试验方法》提出了统一的驱动电机系统台架可靠性试验方法，包括转速升降循环和转矩负荷循环。QC/T 1174—2022《电动汽车用高压熔断器》、QC/T 1175—2022《电动汽车用高压接触器》分别规定了高压接触器、高压熔断器两类电动汽车关键零部件的技术要求及对应测试方法。

推进驱动电机系统标准修订工作。GB/T 18488《电动汽车用驱动电机系统》修订工作深入研究了车用驱动电机系统使用环境下性能指标和安全要求，对国内外驱动电机系统标准等进行了充分调研，结合主要 OEM 和驱动电机生产企业驱动电机系统要求和试验方法，进一步完善一般性试验、输入输出特性试验、安全性试验、环境适应性试验、电磁兼容性试验要求和方法，有效解决原标准要求不统一、方法不明确、不适用集成式驱动电机系统和 48V 驱动电机系统等问题。该标准修订已于 2022 年底完成征求意见，预计将于 2023 年度审查和报批。

开展电动汽车芯片标准体系研究。新能源汽车芯片主要针对新能源汽车专用芯片，适用于高电压、大电流、大功率应用场景的电动汽车使用条件，具有耐受大功率、快速响应、适应复杂多变的车载使用环境的特点。2022 年度，我国按照产业化程度和市场需求紧迫度率先推进功率芯片、控制芯片和功率驱动芯片这 3 个方面的 5 项标准制定工作。

（5）充换电标准进展情况

基于现行充电接口开展大功率充电标准方案（2015 + 方案）研究验证和标准编制工作。完成《电动汽车传导充电用连接装置》第 1 部分、第 3 部分标准起草、征求意见、审查及报批。完成 2015 + 方案控制导引电路、通信协议两部分内容研究，并在行业内广泛征求意见。组织行业广泛开展 2015 + 方案验证，开展充电接口产品性能、2015 + 实车实桩可行性、充电兼容性等测试活动，结果显示 2015 + 方案能够在满足兼容性的前提下安全、稳定地实现大功率充电、预约充电等功能，支撑未来充电技术发展需求。

全面推进电动汽车换电标准化工作，多项标准顺利报批。《纯电动乘用车车载换电系统互换性》等 14 项行业标准计划正式下达。乘用车方面，形成涵盖典型技术路线的换电平台标准方案，推动电气接口、冷却接口和电池包尺寸标准方案的确定，推动形成统一的车辆与电池、换电站与电池、车辆与换电站的通信协议标准方案；商用车方面，确定电池系统尺寸、电气接口、冷却接口、换电机构、车辆与电池通信协议的统一标准方案，完成标准公开征求意见，于2022年底完成标准审查、报批。

2. 2022年新能源汽车国际标准化工作总体情况

（1）国际法规协调

2022年度，中国作为联合牵头国继续参与电动汽车安全（EVS）、电动汽车与环境（EVE）、燃料电池汽车（HFCV）领域联合国全球法规协调工作。电动汽车安全方面，作为热扩散、振动等研究小组牵头国组织多次研究小组会议，针对热扩散测试项目保护对象、烟雾判定等核心议题设计调研问卷，积极引导各参与方厘清研究路径，达成初步共识，推动热扩散测试项目进入草案编制阶段，取得二阶段研究的阶段性成果。电动汽车与环境方面，针对电池耐久性法规（GTR22），组织国内企业开展法规适应性分析，介绍换电电池适用性研究及建议，开展第一阶段国际法规转化工作并积极参与第二阶段法规制定；针对混合动力汽车最大功率法规（GTR21），开展试验验证并介绍分析结果，积极争取牵头传动系数确定方法。燃料电池汽车方面，作为TF1小组牵头国继续推动第二阶段法规研究工作，围绕车载气瓶使用寿命、循环次数等开展讨论和验证，在TPRD方向、台车试验、储氢瓶初始爆破压力和最大设计使用年限方面达成共识。GTR 13二阶段草案于2022年6月提交至GRSP。

（2）国际法规协调

2022年度，中国全面参与ISO/TC22/SC37及IEC/TC69相关研究及会议。燃料电池领域，中方担任联合项目负责人的ISO 23828燃料电池车辆能量消耗测试方法标准于2022年6月正式发布；中方担任项目负责人的燃料电池电动汽车低温冷起动、动力性两项标准于2022年2月通过立项提案投票，并在工作组会议上进行了讨论，预计年内形成CDV草案。动力电池领域，根据前期国内相关标准研究经验，向ISO/TC22/SC37/WG3秘书处提交动力蓄电池热管理系统相关标准立项申请，获得积极反馈。

3. 新能源汽车标准化工作展望

下一步，新能源汽车领域将贯彻落实产业发展规划要求，以产业规模化发展需求和新技术创新发展为导向，围绕电动汽车整车、关键系统及部件、充换电等领域继续加大工作力度，不断完善电动汽车标准体系，助力产业高质量发展。

（1）电动汽车整车标准

在整车动力性标准方面，推动电动汽车两项动力性标准修订，完成标准征求意见、审查和报批；在整车远程监控标准方面，全面推进电动汽车远程服务与管理系统技术规范系列标准制修订，其中第2部分、第3部分标准完成征求意见和审查，第1部分、第4部分标准完成立项并形成征求意见稿；在预研标准方面，推进插电式混合动力商用车技术条件标准立项及起草工作；启动并推进混合动力汽车最大功率测试方法、电池耐久性整车测试方法两项国际法规转化工作。

（2）动力蓄电池标准

安全及性能方面，加快推进动力电池安全强标修订立项和研究，形成标准修订草案并开展深入调研和验证；完成动力蓄电池电性能要求及测试方法，动力蓄电池热管理系统通用要求、液冷系统三项标准审查及报批；推动动力蓄电池循环寿命、热特性、热管理系统系列标准其余部分标准立项。回收及低碳方面，完成回收利用通用要求标准审查，完成回收服务网点标准报批；推进可梯次利用设计指南、回收利用绿色工厂评价、回收利用单位产品能耗以及动力电池及其梯次利用、再生利用企业、产品碳足迹量化核算等标准立项和制修订工作。

（3）燃料电池电动汽车标准

加快推进燃料电池发动机耐久性、燃料电池电动汽车碰撞后安全要求、加氢通信协议等标准研究和征求意见；完成燃料电池电动汽车空气压缩机、氢气循环泵两项燃料电池系统附件标准审查报批；推进两项氢燃料电池电动汽车示范运行标准修订立项。

（4）电驱动系统标准

完成《电动汽车用驱动电机系统》标准审查、报批；推进《纯电动汽车用减速器总成技术条件》《电动汽车用电机控制器》《电动汽车用高压连接系统》等标准研究，完成标准征求意见稿；推进《电动汽车用驱动电机系统工况效率测试方法》标准预研及立项；不断完善新能源汽车芯片标准子体系，完成功率芯片和控制芯片等多项标准征求意见稿。

（5）充换电标准

充电标准方面，推动《电动汽车传导充电用连接装置》第1部分、第3部分标准发布；完成2015+方案控制导引和通信协议两部分方案研究和技术文件编制，支撑2015+方案落地实施；基于2015+方案开展电动汽车传导充电互操作性、通信协议一致性测试研究；开展电动汽车传导充电性能测试方法、纯电动商用车兆瓦充电标准预研。换电标准方面，完成《纯电动乘用车车载换电系统互换性》等9项乘用车换电标准审查、报批；推进《电动商用车换电安全要求》《纯电动商用车换电通用平台　第3部分：车辆与设施的通信》《纯电动商用车换电通用平台　第4部分：电池包与设施的通信》《纯电动商用车换电兼容性测试规范》等标准研究，完成标准立项流程并形成成熟草案。

（三）智能网联汽车标准化

中国汽车技术研究中心有限公司　孙　航　陈振宇

汽车一经从机械文明中出现，便成为“改变世界的机器”。从1.0的机械化、2.0的电气化、3.0的信息化，到现在以信息物理系统为标志的工业4.0时代，汽车工业在持续发生着重大变革。而智能网联汽车作为汽车与信息、通信技术融合发展的典型应用，是4.0时代汽车领域的典型与鲜明代表，正在推动全球汽车产业发生深刻变革，使汽车逐步演进为具备智能感知、移动互联、协同计算等功能的移动服务载体,成为世界各国汽车技术与产业发展的战略方向。各汽车工业发达国家和地区都从战略高度,采取包括研发鼓励、示范运行、标准规范、政策扶持在内的综合措施引导与促进其发展。中国政府同样高度重视智能网联汽车产业,各部委协同制定顶层设计与规划,明确智能网联汽车发展目标与体系任务,积极制定产业政策,开展法规制定、修订等工作,全方位促进智能网联汽车技术及相关产业集群的协同发展。

为支撑与引领智能网联汽车产业的健康快速发展,工业和信息化部、市场监管总局等主管部门在 2022 年陆续出台《2022 年全国标准化工作要点》《2022 年汽车标准化工作要点》《关于试行汽车安全沙盒监管制度的通告》《关于开展智能网联汽车准入和上路通行试点工作的通知(征求意见稿)》等一系列发展规划及政策文件;深圳、上海等城市也陆续针对智能网联汽车发布《深圳经济特区智能网联汽车管理条例》《上海市智能网联汽车示范运营实施细则(试行)(征求意见稿)》等城市政策,在产品准入、安全监管、网联建设、示范应用等方面构建良好的产业生态环境。

标准作为经济活动和社会发展的技术支撑,是国家基础性制度的重要方面。标准化工作在推进国家治理体系和治理能力现代化中发挥着基础性、引领性作用,是新时代推动高质量发展、全面建设社会主义现代化国家的重要支撑之一。在相关政策文件指导下,我国智能网联汽车标准化工作立足智能网联汽车产业发展新阶段,紧贴技术发展趋势,适应行业实际需求,聚焦重点技术领域,强化基础支撑,注重协同创新,聚焦自动驾驶、先进驾驶辅助系统(ADAS)、信息安全、网联功能与应用、资源管理与信息服务等 5 个重点标准研究领域,开展国内、国际标准制修订与协调,健全完善智能网联汽车标准体系,开创智能网联汽车标准化工作新局面。

1. 2022 年智能网联汽车标准化工作总体情况

为充分适配智能网联汽车行业发展的新形势,积极响应产业发展的新需求,推动智能网联汽车产业高质量发展,加快建设汽车强国,2022 年我国智能网联汽车标准化工作在稳步推进标准体系建设的基础上积极求变,在体系优化、标准制修订、标准研究等方面均取得阶段性成果。

在标准体系优化与标准制修订方面,基本完成新版《国家车联网产业标准体系建设指南(智能网联汽车)》编制工作,发布标准 7 项,报批标准 6 项,审查标准 5 项,征求意见 8 项,申报立项 22 项,持续稳步推进标准体系建设;在标准研究方面,启动量子通信技术及安全应用等 5 项领航研究项目,发布智能网联汽车数据合规等 8 项标准化需求研究报告,推进遥控车辆等标准体系研究,通过标准引领智能网联汽车领域新产品新业态新模式快速健康发展,奠定标准制定工作的坚实基础;在标准试验验证、试行及示范应用方面,开展电动汽车远程服务与管理系统信息安全技术要求及试验方法等 4 项标准示范应用,开展汽车整车信息安全技术要求等 2 项标准试行,累计开展 10 余次标准验证工作,保障标准可落地实施;在标准宣传与解读方面,开展电动汽车充电系统信息安全技术要求及试验方法等 5 项标准的宣传及解读工作,推动企业加速构建执行标准的能力;在国际标准法规协调方面,深度参与联合国 WP. 29 以及 ISO 不同层级的国际标准法规协调工作,在国际上发出中国声音,贡献中国力量。

2. 2022 年国际智能网联汽车标准化

2022 年,世界各国加速智能网联汽车产业布局,陆续发布多项产业政策和标准法规,积极抢占未来汽车产业制高点。世界车辆法规协调论坛(WP. 29)审议通过《适用于〈1958 年协定书〉和〈1998 年协定书〉缔约方的关于网络安全和软件更新的统一规定》建议案,旨在推动相关缔约国同步实施 UNR 155《汽车信息安全与信息安全管理体系》和 UN R156《汽车软件升级与软件升级管理体系》;审议通过 UN R157《自动车道保持系统(ALKS)修正案》,将原本对于自动驾驶系统的速度限制进行拓展,并允许车辆在适当条件下执行自动变道动作。欧盟推动(EU)2018/858《关于机动车及其拖车以及用于此类车辆的系统、部件和单独的技术单元规定了型式批准要求的欧盟法规》和(EU)2019/2144《关于一般安全性和对车辆乘员以及弱势道路使用者的保护方面对机动车、挂车、系统、零部件和独立的技术单元规定了型式批准要求的欧盟法规》2 项法规的修订工作,进一步完善智能网联汽车的法规环境。日本修订《道路运输车辆法》,允许在远程监控条件下在人口稀少的区域进行 L4 级自动驾驶运输服务,为自动驾驶应用提供保障。

在世界范围内针对智能网联汽车领域陆续加速布局与规划的形势下,为支撑我国智能网联汽车企业走出去,我国愈发重视并积极参与国际标准法规协调工作。在联合国 WP. 29 层面,依托我国智能网联汽车产业整体优势及标准体系建设成果,承担联合国自动驾驶与网联车辆工作组(GRVA)副主席,自动驾驶功能要求非正式工作组(FRAV)联合主席以及自动驾驶系统法规适用性审查任务组(TF-FADS)联合主席职责;全面参与《自动驾驶功能要求文件》、第三版《新型自动驾驶新评估/测试方法》等重要文件编制工作;深入参与自动驾驶通用要求、新型测试评价方法、自动驾驶系统法规适用性审查、自动驾驶数据记录系统、动态控制辅助系统法规、R155 信息安全、R156 软件升级、R157 自动车道保持系统等法规和文件制修订工作。

在 ISO/IEC 方面,全面参与 ISO/TC 22/SC 31、SC 32、SC 33、SC 39 下属各相关领域工作。持续履行 ISO/TC 22 自动驾驶测试场景工作组召集人职责,推动我国牵头的 ISO 34501 自动驾驶测试场景术语标准正式发布,ISO 34505 顺利获批立项;作为 TG 5 联合组长深度参与并推动 ISO 5112《道路车辆信息安全工程审核指南》正式发布;担任 ISO/TC 22/SC 31 下设的车用操作系统国际标准研究小组组长,推动我国牵头的车载操作系统国际标准项目进入 PWI 阶段(ISO/PWI 17976);积极参与功能安全、信息安全、传感器数据接口、软件升级等项目,推动 ISO 24089《道路车辆软件升级工程》标准通过 FDIS 投票。积极开展 IEC 战略研究工作,支撑研究组发布未来可持续交通系统评估报告。

3. 2022 年我国智能网联汽车标准化

基于技术、产业发展需求,我国统筹推进智能网联汽车各重点领域标准体系研究及建设工作,在多个重点技术领域取得阶段性成果。

在ADAS领域，推进10项推荐性国家标准和1项需求研究项目。其中GB/T 41630—2022《智能泊车辅助系统性能要求及试验方法》等3项标准正式发布，《汽车智能限速系统性能要求及试验方法》等3项标准完成报批，《智能网联汽车组合驾驶辅助系统技术要求及试验方法》2项标准完成审查，部分驾驶辅助纵向行驶控制标准完成立项申报；针对智能网联汽车L2功能持续进行标准体系研究。

在自动驾驶领域，推进1项强制性国家标准、13项推荐性国家标准和1项需求研究项目。其中GB/T 41798—2022《智能网联汽车自动驾驶功能场地试验方法及要求》正式发布，《智能网联汽车术语和定义》《智能网联汽车自动驾驶功能道路试验方法及要求》已报批，《智能网联汽车自动驾驶系统通用技术要求》标准完成公开征求意见，强制性国家标准《智能网联汽车自动驾驶数据记录系统》已形成公开征求意见稿并计划启动公开征求意见，推荐性国家标准《智能网联汽车自动驾驶系统设计运行条件》等9项标准已申请立项。

在信息安全领域，推进2项强制性和8项推荐性国家标准制定，其中推荐性国家标准《汽车信息安全应急响应管理规范》已报批，强制性国家标准《汽车软件升级通用技术要求》完成公开征求意见处理工作并形成送审稿，《汽车诊断接口信息安全技术要求》等2项标准完成公开征求意见，强制性国家标准《汽车整车信息安全技术要求》形成公开征求意见稿并计划启动公开征求意见，数字证书等4项国家标准标准已申请立项。

在网联功能与应用领域，推进5项国家标准、2项行业标准和3项需求研究项目，其中GB/T 41901—2022《道路车辆网联车辆方法论》系列标准正式发布，《基于LTE V2X直连通信的车载信息交互系统技术要求及试验方法》等3项标准处于立项与起草阶段，安全预警应用场景及数字钥匙标准已申请立项。根据行业需求按计划推进汽车网联化等级划分、遥控车辆标准体系研究和先进通信技术应用等研究项目。

在资源管理与信息服务领域，推进6项国家标准、1项行业标准和3项需求研究项目，其中《智能网联汽车数据通用要求》已启动面向全行业公开征求意见，车控和车载操作系统标准完成工信部组织的立项公示与答辩，芯片信息安全规范和智能驾驶计算芯片两项标准已申请立项，新组建数据安全管理体系和车载人脸识别两项推荐性国家标准起草组，完成数据合规、智能座舱标准体系研究，接口标准体系、数据脱敏技术研究项目均按计划有序推进。

4. 我国智能网联汽车标准化工作目前亟须解决的难点

（1）智能网联汽车产业的快速发展仍在不断引起社会各界对其的广泛关注，各层级标准使用方陆续从不同角度提出了大量标准需求。为对于快速发展的智能网联汽车产业进行更为系统的企业及产品管理工作，政府主管部门需要更加全面的标准体系作为支撑；为提升产品竞争力，汽车生产企业期待能够在满足相关标准要求的前提下，尽可能多样地于车端应用各类新兴技术；为适配功能愈发先进的各类驾驶自动化产品，测试机构需要应用更为先进且被广泛接受的试验装备，实施更为多元且为标准明确的测试方法。依据标准化经验分析，2020年至2025年间，各相关方标准需求旺盛，标准化业务呈快速增长趋势；2025年至2030年间体系构建基本完成，需求呈现高位平稳趋势。当下智能网联汽车标准化工作正处于由需求快速增长到高位平稳的关键转换期，如何协调来自不同层面、不同阶段的标准需求，是确保标准体系建设工作稳步推进的关键问题。

（2）与传统汽车相比，智能网联汽车显著的特征在于能够基于外界行驶环境，辅助或者代替驾驶员执行相应的动态驾驶任务，具备了传统车辆不具备的“自动化”能力，如此也导致原有的以“项目”和“工况”作为关键测试条件的传统测试难以充分满足智能网联汽车测试需求，测试评价体系需要多维度的全面升级以适配行业发展趋势。试验人员需要由高度依赖工具的客观指标记录工作向具备研究、分析、操作、评价等综合能力方向转变；测试设备及工具需要由传统的机械工装和大型整装设备向高精度、信息化和定制化发展；测试企业在测试评价中的定位和角色由简单的“黑盒”提供者向“灰盒”参与者和“白盒”证明者身份演进；测试方式及方法需要由面向产品为主的通过性判定测评体系升级为面向企业流程以及产品合规并重的测试评价方案；测试环境及条件也需要转变为仿真、场地以及实际道路相互配合的综合测试与评价方案。但如何推动测试方案改进，加速各相关方角色转换，促成测试评价能力的全面提升，形成可信度高、可行性强、维度多样、方法多元的标准化评价体系及方案，在世界范围内仍是引发广泛关注与探讨的重要标准化课题之一，也是推进我国标准化进程亟须解决的重要难点。

5. 未来几年智能网联汽车标准化工作发展展望

智能网联汽车正在带动交通、电子、通信及互联网等相关行业创新发展，并成为促进世界经济持续增长的重要引擎。随着技术水平的不断提升和相关产业的全面融合，我国智能网联汽车产业将进入全新的发展阶段，发展基础更为坚实，发展条件深刻变化，进一步的发展将面临新的机遇和挑战。

从技术进步来看，智能网联汽车先进感知水平持续提升，核心决策算法自主程度显著提高，自动控制由横、纵向驾驶辅助向组合驾驶辅助快速演进，自动驾驶技术在多场景的适用性逐步增强，网联技术稳定性和可靠性快速提升，信息安全、数据安全防护技术与汽车的结合更加紧密。

从产业发展来看，驾驶辅助功能商业化应用比例快速提高，自动驾驶功能加快迭代成熟，网联通信应用场景不断拓展，软件与芯片在汽车上的价值贡献愈发凸显，数据资源在开发应用中的作用持续提升，计算平台、云控平台的产业集聚效应显著，功能安全与网络安全基础保障任务更为艰巨。

在智能网联汽车与我国汽车产业高质量发展形成历史性交汇的背景下，牢牢把握全球汽车产业变革发展大势和机遇，充分发挥标准对产业的基础性、引领性作用，动态更新并持续落实智能网联汽车标准体系，优化标准供给结构，持续跨行业沟通协调，提升标准国际化水平，对于加快构建我国智能网联汽车产业发展新格局和实现汽车产业高质量发展具有重要战略意义。

二、纯电动汽车领域

(一)纯电动乘用车

北京新能源汽车股份有限公司　魏跃远

1. 2022年纯电动乘用车产业总体发展与技术突破

2022年中国新能源汽车市场呈现出了快速增长的态势,产销量分别为705.8万辆和688.7万辆,同比分别增长96.9%和93.4%,占全球比重超过60%,连续8年位居全球第一,市场渗透率由2012年的0.1%跃升至2022年的25.6%;累计保有规模达1310万辆,占汽车保有量的4.1%;特别是在纯电动汽车产销方面,分别完成60万辆和62.4万辆,同比增长36.5%和37.7%,表现出了非常强劲的增长势头。充换电基础设施建设速度明显加快,累计建成充电桩521万台,车桩比达2.7∶1,形成了全球辐射面积最大、服务车辆最全的充电服务保障体系。

纯电动乘用车主要技术指标持续优化。工信部发布的《积分年度报告》显示,其具体表现在3个方面:一是平均续驶里程稳步提升,高续驶里程车型规模进一步扩大。2022年,我国国产纯电动乘用车平均续驶里程达到424 km,同比增长9.0%;续驶里程超过500 km的车型产量占比达到41.9%,同比提升14.1%。二是纯电动乘用车产品大型化趋势明显,能耗水平持续优化。2022年,纯电动乘用车新车平均整车整备质量提高至1519 kg,同比增长4.4%;新车平均电耗为12.35 kWh/100 km,相比2016年下降21.5%。三是动力电池方面,高能量密度磷酸铁锂、三元材料动力电池搭载率进一步提高。2022年,搭载三元材料动力电池的纯电动乘用车中,电池系统能量密度超过160 Wh/kg的车型产量占比为77.5%,同比提升近10个百分点;搭载磷酸铁锂的纯电动乘用车中,电池系统能量密度超140 Wh/kg的车型产量占比为50.3%,同比提升近12个百分点。

电动汽车关键零部件技术水平总体进入世界先进行列。量产锂离子动力电池单体能量密度达到300 Wh/kg,价格降至1.0元/Wh,处于国际领先水平;电机峰值功率密度接近5 kW/kg,最高转速达到16000 r/min,电控功率密度达到35 kW/L,与国际先进水平同步;具备组合驾驶辅助(L2级)功能的乘用车渗透率升至35%。

2. 产业标准体系建设

自2010年开始,在工信部、国家标准委的支持和指导下,全国汽车标准化技术委员会开展了包括纯电动汽车在内的我国电动汽车标准体系研究与建设工作,形成了一系列成果。截至2022年底,国家标准化管理委员会已批准发布的汽车(含摩托车)强制性国家标准共128项,其中适用于乘用车的强制性国家标准共70项、新能源汽车领域相关国家标准共81项、智能网联汽车领域相关国家标准共31项。2022年度发布的与纯电动乘用车相关的标准(修订或新发布)主要涉及主动安全、电动汽车整车、关键系统及零部件、功能安全、信息安全、产品及技术类标准等领域(详见表1-2-1)。

表1-2-1　纯电动乘用车相关标准

标准号	标准名称
GB 16897—2022	制动软管的结构、性能要求及试验方法
GB/T 18386.2—2022	电动汽车能量消耗量和续驶里程重型商用车辆
GB/T 29307—2022	驱动电机系统可靠性试验方法
GB/T 34590.1—2022	道路车辆　功能安全　第1部分:术语
GB/T 34590.2—2022	道路车辆　功能安全　第2部分:功能安全管理
GB/T 34590.3—2022	道路车辆　功能安全　第3部分:概念阶段
GB/T 34590.4—2022	道路车辆　功能安全　第4部分:产品开发:系统层面
GB/T 34590.5—2022	道路车辆　功能安全　第5部分:产品开发:硬件层面
GB/T 34590.6—2022	道路车辆　功能安全　第6部分:产品开发:软件层面
GB/T 34590.7—2022	道路车辆　功能安全　第7部分:生产、运行、服务和报废
GB/T 34590.8—2022	道路车辆　功能安全　第8部分:支持过程
GB/T 34590.9—2022	道路车辆　功能安全　第9部分:以汽车安全完整性等级为导向和以安全为导向的分析
GB/T 34590.10—2022	道路车辆　功能安全　第10部分:指南
GB/T 34590.11—2022	道路车辆　功能安全　第11部分:半导体应用指南
GB/Z 42285—2022	道路车辆电子电气系统ASIL等级确定方法指南
GB/T 41578—2022	电动汽车充电系统信息安全技术要求及试验方法
GB/T 41484—2022	汽车用超声波传感器总成
GB/T 41797—2022	驾驶员注意力监测系统性能要求及试验方法
GB/T 41630—2022	智能泊车辅助系统性能要求及试验方法
GB/T 41798—2022	智能网联汽车自动驾驶功能场地试验方法及要求
GB/T 41901.1—2022	道路车辆网联车辆方法论:通用信息
GB/T 41901.2—2022	道路车辆网联车辆方法论:设计导则

3. 国内外纯电动乘用车产业发展趋势

在过去的十年中,中国成为世界上最大的纯电动乘用车生产国、消费国以及动力电池生产国。下面主要从中国市场视角分析纯电动乘用车产业发展趋势。

(1)电动汽车渗透率快速增长,电动化从低端向高端市场持续拓展

2022年新能源汽车市场渗透率达到25.6%,高于上年12.1个百分点,提前3年完成中国设定的到2025年新能源汽车销量占比达到20%的目标。其中,纯电动汽车产销分别完成60万辆和62.4万辆,同比分别增长36.5%和37.7%。

在中国,微型乘用车(A00级)早在2020年就实现了100%电动化,是第一个实现这样目标的细分车型。微型轿车依然是纯电动汽车最大的级别市场,从2022年开始,市场份额向紧凑型轿车和紧凑型SUV转移,纯电动乘用车市场价格上移,10万元以下不再是绝对主力,而是向10万~20万元转移。整体乘用车市场来看,A级车(紧凑型)和SUV的合计占比高达整个乘用车市场年度注册量的近67%,但这两个细分车型的电动化渗透率均不超过20%,其电动化发展空间仍然很大。10万~20万元纯电动乘用车市场,比亚迪占据绝对优势地位,比亚迪秦、海豚表现相对较强,而埃安S、埃安Y等车型表现也是持续走强的状态。20万~30万元市场纯电动车型,主力车型仍然是Model Y、Model3,还有比亚迪汉、极氪001等车型。30万~40万元市场里,有蔚来ET5、蔚来ES6、宝马X3等表现相对较强,蔚来品牌高端车型较强,市场竞争表现体现自主新势力与豪华全面竞争的特征。40万元以上的纯电动市场,销量不断走强。领军车型主要由蔚来ES7、蔚来ET7、蔚来ES8、红旗HS9以及奔驰和凯迪拉克锐歌等车型组成,40万元以上高端市场呈现蔚来等自主较强的新特征。

(2)消费者对自主品牌的认可度不断提升

本土品牌在中国电动汽车市场中占据主导地位,但燃油汽车市场的情形则截然相反。2021年,中国本土品牌占据了70%以上的电动汽车市场,按年销售额计算,前十大生产企业中有8家是中国本土企业。而2021年在中国销售的燃油乘用车中,只有不到40%来自中国本土品牌,按年销售额计算,只有四家中国本土企业入围前十大生产企业。

(3)电动汽车出口市场近年增势强劲

中国汽车出口市场近两年表现超强增长。2021年出口市场销量219万台,超越韩国,仅次于日本和德国。2022年,中国汽车出口再进一步,出口市场销量340万台,超越德国,成为仅次于日本的全球第二大汽车出口国。尤其是随着汽车独资企业的出口,中国汽车出口欧洲发达国家市场取得巨大突破。电动汽车是中国汽车出口的核心增长点,改变了依赖亚洲和非洲等部分地区汽车出口的局面。2022年累计出口电动汽车112万台,其中纯电动乘用车94.5万辆,增长89%,体现出中国纯电动乘用车在国内外认可度较高。

(4)电动化与智能化深度融合发展

过去十年,汽车产业变革的主题是电动化。下一阶段,变革的主题将是基于电动化的智能化。电动化的普及靠智能化来拉动,单纯的电动汽车难以成为市场卖点,只有更加智能的汽车才是市场竞争的焦点。反过来看,只有电动汽车才能更完整地嵌入智能化技术,智能化技术的最佳载体是电动化的平台。纯电乘用车将是电动化与智能化深度融合的先行者和主力军。

(5)新技术新应用加速上车

未来分布式驱动、新一代中央集中式电子电气架构、集成化电驱动总成系统、高性能纯电动乘用800 V高压平台、大功率智能充电、一体化压铸以及轻量化技术等加速在纯电动汽车上应用。

4. 目前亟须解决的技术难点及解决方案

我国电动汽车产业实现了从跟随到领跑全球的巨大飞跃,成为引领全球汽车电动化转型发展的重要一极,但也面临核心技术创新不强的问题,部分关键部件、重要设备、基础元器件或材料存在“卡脖子”,产品的性能和质量还难以满足消费者的全气候、全场景的使用目标。关键零部件方面,车用芯片、高速轴承、热泵空调、毫米波雷达等,我国目前与国际先进水平仍有一定差距;尤其是电子电气架构与软件算法、电动机控制器主控芯片、中央计算芯片、功率半导体器件、耐电晕绝缘材料以及辅助工具软件、检测和研发装备等仍为当前我国技术的薄弱环节,存在较严重“卡脖子”风险。

下一步要继续持续加强新能源汽车的关键、核心和基础技术的研发。一是支持开展高安全全气候动力电池、热泵空调、整车热管理等技术攻关,提升动力电池热失控技术标准,以进一步增强新能源汽车低温适用性和安全性,满足高寒地区消费者需求。二是支持重点大企业牵头,大中小企业参与,开展跨行业跨领域协同创新。创新是第一生产力,要加快关键芯片、高精度传感器等新技术新产品的研发和推广应用,进一步提升产业发展内生动力。三是支持发展自主可控的汽车研发软件工具,基于汽车产业发展需求和具体应用场景,打造具有中国特色的软件工具。通过开放合作,共建软件产业新生态,实现国产软件在汽车产业的应用和规模化推广,促进汽车和软件两大产业共同发展。四是加快特种钢材、碳化硅、碳纤维等基础材料研发,在新能源汽车核心元器件、检测和研发装备、生产制造等领域开展示范应用,促进关键技术和产品应用突破。

5. 2022年行业重点企事业单位发展情况

中国纯电动乘用车市场存在低中高三个明星品牌,分别为五菱、比亚迪和特斯拉,三个明星品牌头部优势明显,占据全年销量TOP7全部车系,其他品牌围绕明星品牌形成3档细分市场。

上汽通用五菱的2022年汽车总销量达到160万辆,其中新能源汽车达到60万台,同比增长高达33%。根据全国乘用车市场信息联席会发布数据,五菱宏光MINIEV以全年累计突破55.4万辆的销量,夺得2022年全球小型纯电汽车销量冠军。从五菱宏光MINIEV上市开始计算,其累计销量已经达到111万辆。2022年也是五菱新能源走向全球的一年,这一年五菱的首款新能源全球车五菱Air EV晴空正式出口海外,迈出了五菱新能源征战海外的第一。

2022年,比亚迪营收为4240.61亿元,同比增长96.2%;净利润为177.1亿元,同比增长346.5%;新能源汽车销售量为180万辆,排名第一,在新能源汽车市场的占有率为31.7%。在较强的综合成本优势下,比亚迪对传统燃油车企大众、丰田的用户进行分流,全年销量超过丰田,仅次于大众

在华销量。比亚迪拥有电池、电机、电控及整车等核心技术，而且近年来已先后推出若干“颠覆性技术”，如刀片电池、DM-i 超级混动、e 平台 3.0、CTB 电池车身一体化、DM-p 王者混动等。2022 年 5 月 20 日，比亚迪发布 CTB 电池车身一体化技术。该技术是在已广泛使用的 CTP(Cell To Pack)技术基础上研发的，通过将车身底板与电池上盖板合二为一，电池系统体积利用率提升至 66%，且电池作为车身结构件参与整车安全，使整车扭转刚度提升 1 倍。该技术为比亚迪首创。2022 年，比亚迪的研发费用首次突破百亿元，相比 2021 年增长了 133%；研发人员数量由 2021 年的 40382 人增加到 69697 人，增加了 72.6%。

特斯拉 2022 年总收入达 815 亿美元，同比增长 51%；营业利润为 137 亿美元，营业利润率为 16.8%；净利润同比翻了 1 倍多，达到 126 亿美元；全球总交付量为 131 万辆，相比 2021 年增长 40%，稳坐纯电动乘用车行业第一。乘联会数据显示，上海超级工厂全年交付量达到 71 万辆，超过特斯拉全球交付量的一半。其中，仅 Model Y 一款车型交付量就已经超过 45 万辆，相当于“蔚小理”等造车新势力之和，也几乎追平 2021 年特斯拉的全车型交付成绩。特斯拉不只是汽车制造商，也是服务提供者、充电基础设施建设者。截至 2022 年底，特斯拉在中国大陆地区开放使用的超级充电站数量已突破 1500 座，超级充电桩超 10000 个，配合 700 多座目的地充电站、超 1900 个目的地充电桩，特斯拉充电服务已经覆盖中国大陆 380 个以上城市及地区，并在上海、深圳、北京、郑州建立起 15 分钟充电生活圈。

6. 2022 年重点车型技术特点分析

2022 年在纯电动乘用车市场表现较好或受关注度高的车型主要有比亚迪元 PLUS(2 月上市)，特斯拉 Model Y 高性能全轮驱动版(8 月上市)，问界 M5 EV(9 月上市)，吉利极氪 009(11 月上市)。

元 PLUS 基于比亚迪 e 平台 3.0 打造，自带该平台的四大亮点——安全、高效、智能、美学。0.29Cd 的风阻系数在同级别车型中表现出色。安全性上，元 PLUS 车身采用为新能源车型专属设计的车身结构、加强型副车架、全球独创的刀片电池技术等，也使用了不少高强度钢和很多吸能缓冲的设计。底盘采用前麦弗逊 + 后多连杆的悬架组合，全框式结构前副车架。元 PLUS 匹配同级少见的宽温域高效热泵系统，可以在 -30 ℃ ~ 60 ℃环境中可靠使用。刀片电池是磷酸铁锂电池，采用电池直冷直热模式，也就是热泵空调压缩机及高压系统发热对电池包进行冷媒直接制冷或加热，它不需二次换热，速度快，效率高。元 PLUS 搭载了智能域控架构以及自主研发的车用操控系统 BYD OS，智能车控域集成 BCM(车身控制模块)、安全网关、密钥中心、空调控制、胎压监测、仪表控制、驻车辅助、智能钥匙等多个模块，扩展版本最多支持达 32 个分布式 ECU(电子控制单元)功能。元 PLUS 主销价位处于 15 万元左右，全年销量 149932 辆，2022 年 12 月上险量 22599 辆，月销量一举突破 2 万辆。对 10 万 ~ 20 万元纯电动汽车，尤其是电动 SUV 这个市场，元 PLUS 的意义不同寻常，因为 10 万 ~ 20 万元这个价位，一直是纯电动汽车的销量洼地。元 PLUS 的成功，证明了人们对 10 万 ~ 20 万元价位纯电动车也是有庞大需求的，这是纯电动车最难啃下但也是体量最大的一个市场，以元 PLUS 为起点，如果 10 万 ~ 20 万元区间纯电动车的份额越来越多，那么新能源对传统车型的挑战，就到了一个新的转折点。

Model Y 高性能版作为运动型 SUV，外观设计延续了家族式的设计语言，采用封闭式的进气格栅。相比 Model 3，Model Y 的车头会显得更高。座舱设计简约，采用了无仪表盘设计，全车只使用一块 15 in(1 in = 2.54 cm)的中控屏，内置有特斯拉家族最新的智联系统，拥有 1920 × 1080 的分辨率，除了提供了实用的 GPS 和多媒体功能外，还加入车联网和 4G 网络。标配前后排座椅加热、方向盘加热等。在空调方面，Model Y 配备了高效微粒过滤器(HEPA)和生物武器防御模式。驾乘人员在车内时，HEPA 空气过滤系统能有效阻止空气中的花粉、细菌及其他污染源进入车内。动力规格方面，Model Y 前后共有两个电机总功率为 357 kW，总扭矩为 659 Nm，前面搭载 137 kW 感应异步电机，后面搭载 220 kW 永磁同步电机，每小时百公里加速时间 3.7 s，搭载 78.4 kWh 三元锂电池组，可实现 615 km 的 CLTC 纯电续航。Model Y 全系均加入了 L2 级辅助驾驶系统，继续采用纯视觉技术路线。

问界 M5 EV 搭载 HarmonyOS 3.0 智能座舱系统，同时也是该车的最大卖点之一。这套系统除了增程版已经有的“所见功能皆可语音控制”“手机车机可以无缝流转”等传统技能，还有以下几方面的提升：一是实现了手机应用全部上车，下车以后手机留在车上的信息将全部消失无痕，保证了用户隐私；二是手机和车机的网络信号可以共享，手机日程可同步到车机，手机也可查询定位车辆位置等；还支持手机车机硬件相互调用；拥有多种方式解锁车辆，例如可以使用卡片钥匙、华为手机刷取，或通过遥控钥匙、机械钥匙常规解锁；无线充电相比增程版有了改变，能同时对两个手机进行充电，下方开孔设计也能进行主动散热。22 款问界 M5 EV 一共有两款配置，一款是后驱版，一款是四驱版。后驱版续航 620 km，四驱版续航 552 km。底盘采用了“前双叉臂 + 后 H 臂多连杆独立悬架”的结构，大量采用铝合金材质。M5 EV 还首次搭载了一套名为 DATS 的电控系统，根据不同路面对前后轴的扭矩，在 4 ms 内完成识别和扭矩自适应调整，在颠簸和坑洼路面时提高平顺性，高速过弯道时提高稳定性。

极氪 009 基于可进化的 SEA 浩瀚架构打造也是首款原生纯电豪华 MPV，带来的优势便是它在设计、空间、行驶质感等方面都有更大的调整和发挥空间。外观部分，车头配备了在 MPV 车型上极其少见的前备箱，既可保证安全，又增加了行李放置的空间。在安全性上，极氪 009 用了一体式压铸后端铝车身，一体化设计可以极大提高车身刚性，车侧有 70L 前后排贯穿式气帘，在发生侧面碰撞时，可以保护好车内一到三排的乘客。中控屏尺寸为 15.4 in，内置 8155 芯片。底盘方面，极氪 009 前悬架采用双叉臂虚拟双球头独立悬架，后悬架采用集成多连杆全铝独立悬架，并且与极氪 001 一样配备了全自动空气悬架系统 + CCD 电磁减振系统。搭载前后双电机，峰值功率 400 kW，峰值扭矩 686 Nm，0 ~ 100 km/h 加速时间 4.5 s，100 ~ 0 km/h 制动距离为 36.9 m。续航方面，极氪 009 有两个版本：低配车型使用容量为 116 kWh 的宁德时代电池，CLTC 工况下续航里程为 702 km；高配车型使用容量为

140 kWh 的麒麟电池,CLTC 工况下续航里程达到 822 km。

7. 未来几年纯电动乘用车产业发展建议

未来几年,纯电动乘用车产业将和人工智能、信息通信、智慧能源、智能交通、智慧城市等进一步融合发展,推动产业转型升级,凸显新能源汽车产业主力军作用。面向新能源汽车高质量发展新要求,建议如下:

一是纯电动乘用车成本仍然偏高,新能源汽车税收优惠政策需要延续。如果没有税收优惠,纯电动乘用车用还是难以与燃油车在市场上充分竞争;延续优惠政策,可以引导企业保持发展信心,支撑产业持续向上发展态势。鼓励先行省份城市全面推动电动化,鼓励先行企业率先实现零碳,鼓励先行工厂实现净排放或零碳供应链。

二是针对锂、钴、镍等纯电动汽车产业关键资源,引导企业多种方式战略布局与开发海外和中西部原材料产能,支持优质原材料企业发展,加大力度完善动力电池回收及材料提取利用体系。加强宏观调控大宗原材料价格力度,保持电池级碳酸锂、车规级芯片等原材料、基础元器件价格稳定,保障产业平稳发展。

三是重点围绕汽车相关的基础材料、基础零部件(元器件)、关键技术等开展集中技术攻关,支持工业基础领域基础研发和突破,不断提升技术水平和制造能力,推动形成系统完备、支撑有力的产业基础体系。支持构建关键部件国产替代能力。建立自主可控的新能源汽车操作系统,包括软件系统架构、核心软件、中间件、驱动层、功能拓展等,支撑汽车互联、车云协同、车路融合等新业态发展。

四是坚持开放发展,坚持走出去,进一步为世界新能源汽车发展贡献中国力量,同时,争取在世界汽车产业发展中的话语权。中国企业与国际大公司同场竞技、正面竞争,在重视产品竞争力的同时,还要高度注重专利布局和管理工作。

(二)纯电动客车

宇通客车股份有限公司 吴小岭 魏 青 张永瑞

2022 年,我国新能源汽车销售 680 万辆,市场占有率提升至 25.6%,连续 8 年位居全球第一,纯电动客车作为我国新能源汽车发展战略的切入点及首个实现批量推广的重点领域,得益于国家政策支持和国内市场容量,产销规模稳居全球首位。当前,世界汽车产业正在经历一场以电动化为特征的技术革命和行业变革,将对汽车行业带来颠覆性变化,电动化已成为全球汽车技术变革和科技创新的竞争制高点,未来客车全球竞争的重点领域。

1. 2022 年纯电动客车产业总体发展与技术突破

(1)2022 年纯电动客车产业总体发展情况

近年来,受疫情、地铁、私家车等多重因素影响,纯电动客车销量增长乏力,但 2022 年底,受新能源购置补贴退出影响,拉动需求提前释放,销量有部分提升,2020—2022 年纯电动客车市场销量见表 1-2-2。随着疫情影响减弱、旅游行业复苏、国家“双碳”目标逐步落地等因素影响,未来电动客车仍有较大的市场空间,市场规模将呈现增长态势。

表 1-2-2 2020—2022 年纯电动客车市场销量(5.5 m 以上)(单位:辆)

年份	2020 年	2021 年	2022 年
销量	54804	45756	49906

数据来源:客车行业上险数据

2022 年,纯电动客车销量同比增长 9.07%,宇通、苏金、中车位列前三,紧随其后的为中通、南京金龙、厦门金龙、比亚迪、厦门金旅、福田欧辉、上海申沃。宇通客车是唯一一家年销量破万的企业,2022 年销售 5.5 m 以上纯电动客车 10179 辆,销量比第二名高出 1 倍有余。苏州金龙占据年销量第二的位置,2022 年共销售纯电动客车 4144 辆,同比增长 45.81%,是销量 TOP3 中唯一同比正增长的企业。2022 年,新能源客车销量实现同比增长的企业还有南京金龙、厦门金龙、厦门金旅、福田欧辉、上海申沃等,具体数据见表 1-2-3。

表 1-2-3 2022 年纯电动客车市场占有率超过 1% 的企业销量情况(5.5 m 以上)

排名	企业	2021 年(辆)	2022 年(辆)	同比增长	市场占有率
1	宇通客车	10424	10179	-2.35%	20.40%
2	苏州金龙	2842	4144	45.81%	8.30%
3	中车时代	4313	3546	-17.78%	7.11%
4	中通客车	4820	3267	-32.22%	6.55%
5	南京金龙	1413	2960	109.48%	5.93%
6	厦门金龙	2467	2632	6.69%	5.27%
7	比亚迪	4446	2510	-43.54%	5.03%
8	厦门金旅	1643	2339	42.36%	4.69%
9	福田欧辉	725	1802	148.55%	3.61%
10	上海申沃	720	1794	149.17%	3.59%
11	安凯客车	2005	1679	-16.26%	3.36%
12	亚星客车	987	1330	34.75%	2.67%
13	广通客车	2027	1227	-39.47%	2.46%
14	象牌客车	332	1151	246.69%	2.31%
15	万达客车	400	1146	186.5%	2.30%
16	东风客车	914	1047	14.55%	2.10%
17	远程客车	733	1029	40.38%	2.06%
18	蜀都客车	196	917	367.86%	1.84%
19	中植汽车	23	902	3821.74%	1.81%
行业整体		45756	49906	9.07%	—

数据来源:客车行业上险数据

(2)2022 年纯电动客车产业技术突破

以动力电池、电机、电控系统为标志的“三电”系统是电动客车区别于传统燃油车的核心部件，约占整车成本的50%，是决定汽车性能的关键。我国的“三电”技术整体实力较强；2022 年全球锂离子电池市场规模约 957.7 GWh，中国占据了超过一半的市场份额，形成了领先优势；中国电机打破垄断，全球前十中企独占 5 席；电控系统随着 IGBT 等核心零部件国产化替代进程加速，市场规模逐年扩大。“三电”技术的进步促进了我国电动客车产业全球领先。

以宇通、金龙、比亚迪等为代表的头部企业，充分发挥引领作用，带动了我国电动客车关键零部件供应链体系的逐步完善，动力电池优势明显，电机、电控、整车控制、充电及热管理系统等主要零部件门类齐全，创新驱动效应显著，已形成具备综合竞争力的电动客车整车及关键零部件产业体系。

①电池系统方面，我国纯电动客车电池系统优于海外竞品。电芯能量密度持续提升，2022 年电池系统能量密度突破 175 Wh/kg，体积密度 300 Wh/L，整车安装空间节约 40%，实现了客车低地板化电池布置；PACK 方面，通过电芯与整车高集成设计理念，简化生产工艺，降低物料成本，实现了整车配电量的增加；PACK 设计上持续开展防水防尘能力提升及“机械—电气—热安全”全方位安全防护能力提升，开展保温设计及一体化热管理设计等；在电池管理方面，围绕电池安全状态管理、电池智能维护管理、开发无线通信等新型技术持续提升，由人工定期维护发展至云端 24h 远程监控、远程预约加热、定期远程维护等。

②电机及电控系统方面，高效率、高集成、轻量化、平台化、高 NVH 品质及高可靠性是电驱动系统的主要发展趋势。目前纯电动客车以中央式大扭矩电机直驱为主，2022 年以集成电驱桥为载体的高速电机凭借体积小、成本低、集成高等特点逐渐成为行业发展的焦点之一。围绕电机和电控两大关键总成，2022 年的主要进展有：驱动电机方面，行业内通过多场耦合多目标多参数寻优设计，研究高性价比永磁材料、导磁材料与铁芯工艺优化，进一步提升了电机能效；基于城市工况大数据，提升了电机高效区与工况的匹配程度；通过密封防护结构优化，提升电机系统防水能力，实现更好地应对暴雨和城市内涝等极端工况；基于成型发卡绕组开展了扁线电机的研究，可大幅增加定子绕组槽满率，实现电机能效和轻量化水平进一步提升，预计 2023 年将实现扁线电机在客车领域的批量应用。电控方面，集成驱动电机控制器、转向电机控制器、空压机控制器、DC/DC、电附件配电单元、电池高压配电、直流充电等功能的多合一集成控制器开始量产应用，通过高压电控与配电系统的一体化集成，可减少零部件数量，精简高压线束连接；客车用 SiC 电机控制器已完成样机开发，可进一步提升控制器效率、功率密度，降低整车电耗，延长车辆续驶里程，预计 2023 年将实现 SiC 电机控制器在客车领域的批量应用。

③整车控制技术方面，当前国内客车企业，以宇通为代表在电控技术硬件平台化、软件功能开发和应用方面处于行业先进水平，基于域控制器的电子电气架构成为行业发展热点，个别企业在集成式电子电气架构方面取得了突破，可大幅减少线束连接、低压电器件的数量，有效提升系统可靠性，支撑整车 OTA 的实现，并开始了小批量应用。未来电控技术朝着高度集成化、平台标准化、软件定义的方向发展，以支撑与信息化和网联化融合、整车域控制及软件功能快速迭代的实现，助推整车驾乘舒适性、经济性和安全性显著提高。

④充电及热管理系统方面，高电压、大电流、高效率和智能化是充电技术的主要发展趋势，2022 年，自然冷却多枪快充、液冷快充及高电压充电等大功率充电技术迎来快速发展，大幅提升了充电速率，充电设备免维护技术也取得较大进步，大幅提升了充电系统可靠性。热管理方面，一体化热管理及其高效协同控制技术是发展热点，以宇通为代表，2022 年宇通客车研发了宽温域适用的热管理系统，极限高温适应性达到 60 ℃，批量服务卡塔尔世界杯；推广应用了双源低温热泵技术，在寒冷工况下提高空气源热泵效率的同时实现了电池系统余热的回收利用。

2. 产业标准体系的建设

自 2010 年开始，在工业和信息化部、国家标准化管理委员会的支持和指导下，全国汽车标准化技术委员会开展了我国电动汽车标准体系研究、电动汽车综合标准化工作研究、电动汽车“十二五”“十三五”“十四五”标准化工作规划等研究活动，形成了一系列电动汽车标准体系研究成果。

电动汽车标准体系主要涉及车辆、零部件、基础设施等，2022 年发布的电动汽车相关的主要标准见表 1-2-4。

表 1-2-4　2022 年发布的电动汽车相关的主要标准

标准编号	标准名称
GB/T 18386.2—2022	电动汽车能量消耗量和续驶里程试验方法　第 2 部分：重型商用车
GB/T 24554—2022	燃料电池发动机性能试验方法
GB/T 29307—2022	电动汽车用驱动电机系统可靠性试验方法
GB/T 41589—2022	电动汽车模式 2 充电的缆上控制与保护装置（IC-CPD）
GB/T 42284.1—2022	道路车辆　电动汽车驱动系统用电气和电子设备的环境条件和试验　第 1 部分：总则
GB/T 42284.3—2022	道路车辆　电动汽车驱动系统用电气和电子设备的环境条件和试验　第 3 部分：机械负荷
GB/T 42284.4—2022	道路车辆　电动汽车驱动系统用电气和电子设备的环境条件和试验　第 4 部分：气候负荷
GB/T 42284.5—2022	道路车辆　电动汽车驱动系统用电气和电子设备的环境条件和试验　第 5 部分：化学负荷

在汽标委的标准体系研究成果基础上，结合能源行业电动汽车充电设施标准体系规划，借鉴德国、美国电动汽车标准化路线图的工作经验，形成了《中国电动汽车标准化工作路线图》（以下简称路线图）。路线图介绍了电动车辆、界面与通信、基础设施、相关产业 4 个方面国内外现有标准、缺失标准及其制定规划等，根据工作规划对标准缺项划分成紧急、短期、中期和长期 4 个阶段，并描绘了电动汽车标准化未来工作重点和方向。

3. 国内外纯电动客车产业发展趋势

在全球减碳行动之下，大力推动电动客车发展是实现碳达峰碳中和目标的重要举措，符合绿色低碳循环发展需求。

国内方面，2023 年 1 月 30 日，工业和信息化部等 8 部门发布《关于组织开展公共领域车辆全面电动化先行区试点工作的通知》，持续推动提升公共领域车辆电动化水平，加快建设绿色低碳交通运输体系。随着经济的快速发展，出行效率的提升以及客户不同需求场景的多元化，推动纯电动客车行业进入多样化需求的赛道，未来小型化、定制化、高端化产品是纯电动客车发展的趋势。

国际市场方面，美洲、亚洲、欧洲是主要需求区域，但欧洲、中东、亚洲增速较快。从新能源市场结构看，欧盟已经明确到 2030 年碳减排目标，公共交通在欧盟专项绿色补贴基金的支持下，欧洲纯电动公交需求已经进入快速增长期；除了欧洲，美洲和亚洲等部分经济较发达国家和地区的新能源需求也开始快速启动；中东、独联体部分国家则开始中心城市的纯电动试运营。

4. 目前亟须解决的技术难点及解决方案

我国新能源技术起步早，在电动客车方面具备较好的产业基础和应用经验，并在整车动力电池、能耗表现等方面形成了技术优势，但国际竞争力有待提升。当前国内客车行业亟待突破整车平台关键技术及“卡脖子”难题，构建技术创新和成果转化生态体系，实现电动化技术向全球一流水平迈进，为我国成为客车发展的引领者提供有力支撑。

（1）部分关键总成设计水平不足，电动客车国际竞争力有待提升

动力电池仍存在成本高、环境适应性差尤其是低温性能差、安全性不足、充电速度慢等难点，未来需持续围绕高性能、低成本、智能化开展技术研发，重点提高电池系统的安全性能、环境适应性、充电速度和智能化管理水平。

我国大功率集成电驱动系统效率距离国际先进水平仍有差距，且高端低地板公交客车车桥依赖进口，当前主要难点是实现电驱动系统更深层次的集成，以支撑小型化和轻量化的进一步提升。

（2）功率模块等核心器件国产化进程有待加快

电动客车驱动电机控制器、充电机等核心功率器件 IGBT 目前仍主要依赖于进口，国产 IGBT 有部分应用，但还未大规模使用，尤其是大电流 IGBT 模块尚无可应用的国产化产品；新一代半导体功率器件碳化硅（SiC）方面，国产化程度更低，SiC 芯片主要依赖于进口，国产 SiC 芯片整体尚处于研究阶段。高端车规级高算力芯片依赖国外厂商，车规级国产芯片仍处于测试验证阶段，尚未实现客车应用场景的适应化开发。

（3）大功率充电技术及设施、相关配套发展有待提速

随着新能源客车的快速发展，车辆大电量配置的趋势日趋明显，当前充电速率和充电操作便利性已无法满足使用需求，亟待发展大功率充电技术。液冷充电枪由于其载流能力强、枪线重量轻等优势，同时具备大功率和易操作的特性，成为大功率插枪充电的优选方案，但其仍存在成本居高不下、可靠性验证不充分等问题，需行业协会、整车厂、桩企、连接器和高压零部件供应商等多方通过标准推进、充分验证、新材料应用等措施努力解决。此外，发展大功率充电带来局部电网负载不均衡和易引起充电安全性担忧等难点，也需通过智能调度、电网互动、主动安全等技术来解决。

5. 2022 年行业重点企事业单位发展情况

（1）宇通客车股份有限公司

2022 年受国内经济下行压力增大，叠加新能源产品提前消费等影响，宇通客车全年累计实现客车销售 30198 辆，同比下降 27.80%。其中，大型客车销售 11755 辆，同比下降 27.98%；中型客车销售 11978 辆，同比下降 30.14%；小型客车销售 6465 辆，同比下降 22.68%。2022 年，宇通公司加强了价格管控和订单风险管理，国内订单产品毛利率提升；同时，海外销量增加给公司业绩带来积极贡献。

（2）厦门金龙集团股份有限公司（包含：金龙联合公司、金龙旅行车公司、苏州金龙公司）

厦门金龙集团 2022 年客车销量 4.62 万辆，同比下降 8.9%。其中，大型客车销售 12761 辆，同比上升 9.07%；中型客车销售 6697 辆，同比下降 13.30%；小型客车销售 26714 辆，同比下降 14.58%。2022 年集团客车销量降幅低于行业降幅，其中新能源汽车同比增长，出口同比增长。

（3）中通客车股份有限公司

中通 2022 全年完成客车销量 8957 辆，同比下降 15.13%。其中，大型客车销售 4945 辆，同比上升 14.92%；中型客车销售 2630 辆，同比下降 0.94%；小型客车销售 1099 辆，同比下降 66.31%。2022 年中通从全价值链角度出发，基于业务风险防范与控制，推动盈利能力提升，重点加强成本控制，实现了国内产品毛利率提升；同时出口收入的增长也给公司业绩带来积极贡献。

（4）安徽安凯汽车股份有限公司

安凯客车 2022 全年完成客车销量 3262 辆，同比下降 13.75%。其中，大型客车销售 400 辆，同比下降 38.65%；中型客车销售 1799 辆，同比上升 6.07%；小型客车销售 1063 辆，同比下降 25.87%。安凯客车销量下降主要系行业客车总量呈下滑趋势，公司市场份额较为稳定，与行业情况不存在较大差异。

（5）扬州亚星客车股份有限公司

亚星客车 2022 全年完成客车销量 2286 辆，同比上升 13.00%。其中，大型客车销售 1150 辆，同比上升 65.52%；中型客车销售 918 辆，同比下降 7.92%；小型客车销售 218 辆，同比下降 33.33%。2022 年，在行业整体下滑的背景下，亚星客车围绕国内外双循环做工作，力争稳住基本盘，积极开拓海外市场。同时做好降本增效工作，全力实现公司的稳健经营。

6. 2022 年重点车型技术特点分析

（1）宇通宇光 E8 MAX

该车型是国内首款“0”后悬城市公交车，搭载宇通新一代“三电”系统，采用高集成高比能电池、高效轻量化集成式电驱动桥系统、高集成电控技术等，从能效、体积、重量、安全等多方面综合提升产品性能。

(2)比亚迪 B10

该车型基于比亚迪"26111"全新电动商用车平台打造，使用轮边电机驱动桥，最大输出功率 200(100×2)kW，输出动力平顺且强劲，满足多种路况需求；采用高度集成的"六合一"控制器，同时引入集成度更高的充电系统和逆变系统，让整车更加安全高效可靠。

(3)福田欧辉辉嘉 E6

该车型采用欧辉第八代全承载+纯电动客车专用底盘技术，最大爬坡度超过 28%，可实现 90.24～198.37 kWh 不同电量组合，能够满足城市各种运输场景的续航需求。

7. 未来几年纯电动客车产业发展建议

(1)加强电池能量密度、安全性和智能化技术研究

继续加大动力电池能量密度、安全性和智能化水平的提升相关技术研究和推广，通过 PACK 高集成设计、电池与整车高集成化发展，实现体积密度、能量密度的进一步提升；为把握窗口期，抢占科研技术制高点，同时加大力度研发先进技术，在固态电池、钠离子电池等先进电池体系方面实现领先优势，并快速构建上下游产业链，做好资源整合，支撑纯电动客车的高质量快速发展。

(2)加快快充技术研究及充电基础设施建设

充电技术发展重点提升充电设备单枪输出功率、可靠性、安全性和操作便利性，围绕快充、智能化等需求，需推动新型充电技术(如液冷超充系统)、充电安全监管平台研发，扩大充电基础设施建设，以支撑智能网联客车智能化、大功率充电的需求。

(3)推动关键零部件产业链自主能力建设

推动整车和关键零部件企业及高校、科研院所、检测机构加强合作，在整车和关键零部件生产等领域设立新型研发机构，共同开展关键共性技术研发，掌握核心价值链，实现产业链安全，关键技术指标达到国际领先水平；进一步加大车规级芯片技术研发，逐步推进国产车规级芯片功能升级和应用，提升核心芯片的国产化率。

(4)加强组织领导，全面推进产业发展

加强企业、政府及各级部门的合作，发挥区域资源优势，培育和壮大一批领军企业，构建各具特色产业集聚区、示范区，全面推进产业的健康发展；加强产业链上下协同，深化国际合作和人才队伍建设。

(三)纯电动重卡

东风商用车有限公司技术中心　胡　腾

1. 2022 年纯电动重卡产业总体发展与技术突破

(1)纯电动重卡总体发展

2022 年，中国新能源重卡市场首次突破 2 万辆大关，达到 2.52 万辆，同比增长 142%，2022 年累计渗透率约 5.3%，远超去年同期水平(2021 年累计渗透率约 0.75%)。从燃料种类看，2022 年新能源重卡技术路线仍以纯电动为主，占比高达 89%。在纯电动重卡中，换电车型占比达到 54.84%。换电车型占据"半壁江山"，其原因在于重卡的电池带电量更大，在同样充电速率下需要更长的补能时间，而换电速度较快，符合重卡对于效率的要求。

电动重卡中牵引车占六成，使用场景中运输与工程比例约为 2∶1。从车辆类型来看，2022 年销售的纯电动重卡中牵引车(含牵引车和半挂牵引车)占 57%，主要用于物流运输；自卸车占 25%，混凝土搅拌车占 9%，主要用于工程建筑；清扫车等专用车合计占比 7%。重卡中用于物流运输、工程建筑、专项用途的比例为 6∶3∶1。2022 年纯电动重卡车辆销量分布见图 1-2-1。

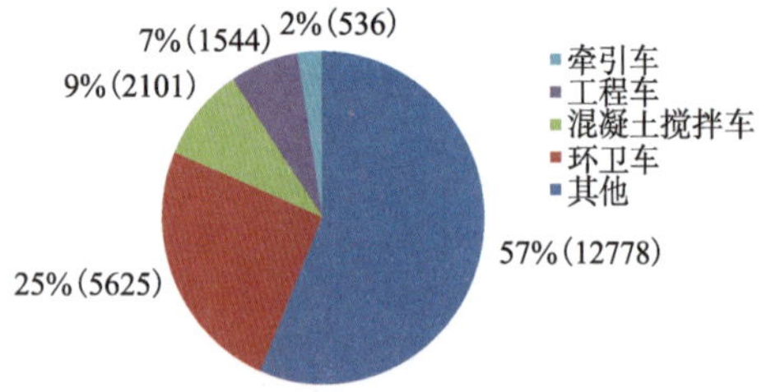

图 1-2-1　2022 年纯电动重卡车辆销量分布(单位：辆)

(2)纯电动重卡技术突破

在技术方面，2022 年，中国纯电动重卡实现了多个方面的技术突破。

① 电池技术。随着三元锂电池、固态锂电池等新型材料和工艺的不断研发和应用，纯电动重卡的续航里程、安全性、充放电效率等都将有所提高。

采用隔膜、电解液、正负极材料等多种方式的低温动力电池技术研发已经取得一定进展。宁德时代的 MTB(Module to Bracket)技术将模组直接集成到车辆支架/底盘，系统体积利用率提升 40%，重量减轻 10%，增大车辆载货空间，增加载货重量；系统密度可达 170 Wh/kg，电量可在 140～600 kWh 的区间自由配置。MTB 电池包能保证 -35 ℃～65 ℃的宽温度工作区间，采用智能化热管理，可应对多种恶劣环境。

电池能量密度得到提高。2022 年，纯电动重卡广泛使用的锂离子电池，其能量密度已经达到 200 Wh/kg 以上，比 2020 年提高了约 20%。这意味着，在不增加电池重量和体积的情况下，可以增加更多的电量，从而提高续航里程。

补能效率提升。电动重卡的充电时间约为 1～2 h，但电池快充技术在不断突破，已经取得了一些成效。例如，特斯拉 V4 超充桩将拥有 1 MW 支流快充能力，有望实现 1C 级别补能速度，充电 30 min 即可恢复 70% 的续航；1000 V 架构搭配 1 MW 超充，极致的补能速度将打消电动卡车补能担忧。国内的巨湾技研公司也已经研发出具备 3C 补能速度的重卡电池，充满 80% 电仅需 15 min。

"换电"技术也被认为是打开重卡电动化突破口的关键。由于换电重卡具有换电时间短、运营效率高、换电站建设难度小、电池寿命长的显著特点，在碳达峰碳中和愿景下，换电

模式作为重卡电动化的重要突破口，日渐受到推崇。

② 驱动系统技术。随着永磁同步电机、无刷直流电机等新型电机和控制器的不断优化和集成，纯电动重卡的动力性能、能量回收效率、故障诊断能力等都将有所提高。2022年，中国开发出更高效率、更低噪声、更智能化的驱动系统产品，提高纯电动重卡的动力性和操控性，降低纯电动重卡的能耗和维护成本。电机效率提高，目前中国纯电动重卡使用的主要是永磁同步电机，其效率已经达到95%以上，比2020年提高了约5%。这意味着，在相同的输入功率下，可以输出更多的驱动力，从而减少电池的损耗。

③ 车辆集成技术。2022年，中国纯电动重卡通过使用铝合金、碳纤维等轻质材料，以及采用集成化、模块化等设计理念，实现了车辆轻量化。据统计，2022年中国纯电动重卡的平均整车质量已降低约10%，相当于减少了约3 t。

④ 智能网联技术。2022年，中国纯电动重卡实现了更高级别的自动驾驶功能，如L3级别的部分自动驾驶，能够在高速公路等特定场景下，完成车道保持、变道、超车等操作。此外，纯电动重卡还将实现更智能的远程监控和诊断功能，能够通过互联网将车辆数据上传到云端，实时反馈车辆运行状况和故障信息，为运营商和维修商提供便利。

2. 产业标准体系的建设

产业标准体系方面，换电重卡行业标准亟待完善。由于换电标准不统一，各个重卡换电站只能给特定的重卡车型进行换电，无法在不同车企的车型之间进行换电，甚至同一车企之间的不同车型也无法进行换电。加上各个厂商之间的技术壁垒也在一定程度上制约了产业发展，进而影响换电重卡市场规模的进一步扩大，严重削弱了换电重卡跨区域调度、协调运输的可能性。2022年4月，江苏通过全国首个《纯电动重型卡车换电电池包系统技术规范》团体标准在2022年12月，此标准被中华人民共和国汽车行业标准——《纯电动商用车车载换电系统互换性》系列标准完全采用并通过审查。2022年7月，包头市市场监督管理局组织通过《电动中重卡共享换电站建设及换电车辆技术规范》地方标准的审定。

3. 国内外纯电动重卡产业发展趋势

在政策方面，中国将继续实施新能源汽车推广政策，鼓励纯电动重卡的市场化运营。同时，国家也将出台更加严格的排放标准和节能标准，提高传统燃油重卡的使用成本，促进纯电动重卡的替代效应。此外，国家还将加大对纯电动重卡相关基础设施建设的投入和支持，完善充电站、换电站等网络布局，降低纯电动重卡的运营难度和风险。

在市场方面，中国纯电动重卡的需求将继续保持增长态势，主要来自城市物流配送、港口集装箱运输、工程建设等领域，市场渗透率更高。同时，中国纯电动重卡的品牌竞争也将更加激烈，除了传统的汽车企业如东风、解放、陕汽等外，还有一些新兴的造车企业如蔚来、小鹏、理想等也将进入纯电动重卡领域，带来更多的创新和差异化。

4. 目前亟须解决的技术难点及解决方案

纯电动重卡的成本较高，一台纯电动重卡的价格比依靠发动机的传统重卡贵了2～3倍。当前电池容量至少在250～400 kWh，但这仍然不足以满足长途运输需求，导致车辆自重增加。同时，电池的成本也较高，占据了车辆总成本的40%～60%，增加了用户的购买和使用成本。因此，提高电池性能和降低电池成本是纯电动重卡发展的关键。

纯电动重卡的运营效率也较低。由于车辆装完电池后自重更重，这使得纯电动重卡的有效运力下降，收入减少。而且，充电慢（一次最快一个小时），找不到充电桩可能耽误两三个小时，极大地占用了运营时间。因此，电池的能量密度、快充技术是解决运输效率的关键。

配套建设的难度大。充电设施是纯电动重卡运行的保障，其数量、分布、标准和效率都直接影响着车辆的运营效率和用户体验。目前，我国的充电设施建设还不够完善，尤其是在高速公路沿线和偏远地区，充电站的数量和密度都较低，给纯电动重卡的长途运输带来了困难。同时，不同地区和不同企业的充电标准和接口也不统一，造成了兼容性问题。充电设施的建设和运营成本也较高，需要政府和社会各方的支持和合作。因此，完善充电设施和网络是纯电动重卡普及的基础。

车辆设计和制造是纯电动重卡的技术核心，其涉及车辆的结构、性能、安全性、可靠性等多个方面。目前，纯电动重卡在车辆设计和制造方面还存在一些问题，如车辆整体重量过大，影响了载货能力和续航里程；车辆散热系统不足，影响了电池和电机的工作效率；车辆控制系统不完善，影响了车辆的稳定性和安全性等。因此，优化车辆设计和制造是纯电动重卡提升品质的要求。

5. 2022年行业重点企事业单位发展情况及重点车型

华菱作为国内最早进入纯电重卡领域的企业之一，已形成了以纯电牵引车、纯电自卸车、纯电混凝土搅拌车等为主的产品线，覆盖了物流运输、工程建设、市政环卫等多个应用场景。华菱纯电重卡采用高能量密度的动力电池，部分车型续航里程可达400 km以上。华菱纯电重卡还配备了智能驾驶辅助系统，实现了自动驻车、自动巡航、自动刹车等功能，提高了驾驶安全性和舒适性。

三一集团是国内新能源重卡的积极参与者，2022年在纯电重卡方面取得了显著的成绩和进步。2022年，三一新能源重卡累计销售4196辆，其中纯电动车型占比高达98.81%，充电和换电车型占比分别为76.98%和21.83%。2022年，三一集团推出了多款纯电重卡车型，涵盖了钢铁运输、煤炭运输、港口转运、砂石建材运输等多个场景。此外，三一集团还推出了氢燃料电池牵引车。三一纯电重卡针对不同场景需求，提供了快充、双充、换电多种长续航方案。

一汽解放在2022年通过持续推进“15333”新能源战略的落地，取得了多项突破性成果。在电动重卡产品方面，解放一直在积极布局，包括J6P/JH6纯电动牵引车和载货车（含换电式）、J6P/JH6纯电动自卸车、J6L纯电动环卫车等。

2022年4月，一汽解放与远景动力合作完成了解放J6P配套全新一代重卡电池系统的换电示范运营；8月，一汽解放和宁德时代成立合资公司，重点布局新能源后市场运营业务，为客户提供“车电分离”“整车租赁及运力承接”“二手车及电池回收服务”。2022年，一汽解放在全国范围内建立了多个纯电重卡示范运营项目，涉及城际物流、工程建筑行业。

中国重汽在2022年全面布局纯电动、混合动力、氢燃料电池三大技术路线，面向牵引、载货、工程、专用四大类车型，开发全系新能源商用车产品。重汽公司无人驾驶充电或换电纯电动牵引车早在2018年就已服务于包括天津港、宁波港和日照港。

值得关注的是，重汽重点打造出以下电驱桥电动重卡产品：牵引、自卸、搅拌等多个市场布局电驱桥产品，匹配重汽全新一代MCE16ZG电驱桥及355～422 kW/h电量电池，抢占矿山、基建、砂石骨料等短倒市场。

东风商用车早在2012年即完成了混合动力客车、卡车的整车控制技术开发项目，为纯电动商用车的整车控制技术开发打下了坚实基础。2020年初，第二代新能源整车控制技术正式立项。东风商用车明确提出要发力电动重卡，从2017年开始，已陆续向客户交付了近3000辆，累计交付量在行业名列前茅。2022年，完成新能源典型场景商品布局，完成94款新能源车型开发，从2021年仅有环卫系列及标载牵引车型，快速扩展到港口、钢厂、矿山、城建渣土、水泥搅拌、环卫、物流等细分市场，纯电、燃电、混动3条技术路线并进，牵引、工程、专用、载货全品系覆盖。如今，东风商用车已实现纯电方面的整车工程匹配技术、整车电控、电机控制、自主电驱桥等关键技术的布局把控。

2022年6月7日，东风柳汽在第六届67品牌客户日上，发布“光合未来”新能源战略，提出从2030年起，东风柳汽100%研发投入新能源产品，逐渐实现全线产品电气化，所有工厂均实现碳中和。最迟2040年，实现运营碳中和；最迟2050年，实现全价值链碳中和。从产品端看，2022年初东风柳汽推出的乘龙H7和H5换电重卡均表现不错，目前均已经实现了较大批量的销售，主要销售到淮安、柳州、百色、宜宾、内蒙古等市场。

在电动重卡行业排位看，2021年和2022年1—10月东风汽车（含东风商用车和东风柳汽）均排在第4名，以东风汽车的实力，随时有可能晋升到电动重卡行业前三。

上汽红岩已打造出杰狮、杰虎、杰豹三大平台，涵盖纯电动、混合动力、燃料电池三大技术路线。红岩在2022年推出红岩杰狮E和红岩王牌E两款纯电重卡车型。红岩杰狮E是一款纯电动牵引车，定位于城际物流运输市场；搭载电机最大功率为400 kW，最大扭矩为3000 Nm；配备了600 kWh的电池组，充满电后可行驶800 km。红岩王牌E是一款纯电动自卸车，定位于城市工程施工市场；搭载电机最大功率为300 kW，最大扭矩为2000 Nm；配备了400 kWh的电池组，充满电后可行驶500 km。

2022年10月初，福田欧曼智蓝纯电重卡正式上市。福田汽车已推出轻卡、中重卡到客车的全系列新能源商用车，全面覆盖城市配送、矿山、港口、城建等重型运输以及机场、环卫等专用新能源商用车领域。

6. 2022年重点车型技术特点分析

牵引车、工程车方面，针对资源短倒场景，东风商用车推出充电、换电车型，针对标载、复合、重载等多种场景。牵引车匹配“250/360 kW电机＋6AMT变速箱＋大速比桥＋自主整车控制”系统，搭配423 kWh、350 kWh、282 kWh、141 kWh系列化电量。低压双源电动液压转向设计，转向双保险；自主控制策略开发，保障突发断高压情况下的车辆安全；EBS电子制动系统＋ESC电子稳定系统，制动响应时间降低0.45 s，制动距离减少15%；自主全解耦制动能量回收控制策略，优先电机制动，气动制动补偿，制动能量回收率60%；电机辅助制动、滑行能量回馈，有效降低制动温升，延长刹车片寿命；采用PTC水暖设计，体感更佳，同时消除室内高压隐患，更安全。

渣土车、工程车针对工况需求，采用423 kWh、350 kWh、282 kWh系列化电量。特别开发超低速电机辅助制动，有效降低制动温升，减少淋水，提升制动器寿命；基于制动回收系统的ASR驱动防滑功能开发，有效提升脱困能力。

市政环卫方面，通过平台化、模块化、系列化设计，提升大小“三电”的通用化程度，提高改装便利性，满足全系市政环卫改装需求；通过集成化电驱技术、一体化热管理技术、控制器集成技术、能量回收控制技术等，达成电耗国内领先。行业首家环卫车超低速（0.5 km/h）巡航功能开发，实现环卫车深度清洁功能；通过开发双电机能耗最优控制策略，降低能耗10%。

7. 未来几年纯电动重卡产业发展建议

（1）电池重量不计入车辆总重

电动重卡相对于传统燃油重卡整备质量普遍重2.5～3 t电池重量的问题，也就意味着每趟次少运输2.5～3 t的货物，年运费损失达6万元以上。为进一步推进节能减排、加快换电重卡的推广，提高电动重卡的质量利用系数，以保证电动重卡可以和传统燃油重卡装载同样质量的货物，实现公平竞争。特别是换电重卡，计算车辆最大总质量采用车电分离模式，动力电池质量不计入车辆总重，以满足换电重卡能够快速推广应用。

（2）将换电重卡整车和电池公告认证分开处理

目前换电重卡产品公告模式存在不足，不适合当前市场发展的需求。2021年工信部发布的12批换电重卡新品公告，累计发布了160多款换电重卡新品车型，均是以整车（含电池）为整体上公告。然而，在车电分离模式下，一款换电重卡车型会匹配多种电池，一块电池也会匹配多个车型。比如，如果3款车可以对应3款电池（接口统一、可以互换），那么这3款车则需要上9次公告，有新电池开发出来，还需要重新上公告。随着电池技术的快速发展，电池电量会不断提升，已经上过公告的车型都需要根据新电池重新上公告。如果车企准备开发一款新车型，则需要将所有可以匹配的电池全部上一遍公告。显然，目前这种换电重卡的整车公告模式跟不上技术发展和市场需求的速度，可能会造成换电重卡整车企业的资源浪费，甚至还会大大降低车企开发换电重卡新品的效率。如果将换电重卡整车和电池公告认证分开，分别进行公告就可以大大改善上述状况。

(四)纯电动环卫车

郑州宇通重工有限公司 张 冬 李世权 李公哲 董成坤 李群峰

1. 2022 年纯电动环卫车产业总体发展与技术突破

随着城镇化进程不断推进、城市道路延长、生活垃圾不断增多,以往道路清扫、保洁等完全靠扫帚的传统模式正在转向机械化清扫为主、人工保洁为辅的作业新格局;同时,城市生活垃圾的处理也面临巨大的转运收集车辆需求;城市环卫机械的市场空间越来越广阔。传统燃油类环卫车辆发动机运行时间长、负荷大,容易对环境造成二次污染,且作业噪声较大,容易引发扰民等社会问题;新能源环卫车辆具有零排放、噪声小等优势,发展新能源环卫车成为节能减排的有效途径。随着“蓝天保卫战”“碳中和”等顶层设计的实施,环卫新能源化也是未来发展的趋势。

(1)2022 年纯电动环卫产业总体发展情况

在国家及地方政策的推动下,我国新能源环卫车的市场占比不断提升。我国新能源环卫车销量逐年增加,2020—2022 年中国新能源环卫车销量数据见表 1-2-5。

表 1-2-5 2020—2022 年纯电动环卫车市场销量(单位:辆)

年份	2020 年	2021 年	2022 年
销量	3715	4052	4877

数据来源:环卫行业上险数据

2022 全年纯电动环卫车同比增长 20.36%,宇通、盈峰、福龙马位列前三,紧随其后为福田、徐工、奇瑞、晨光。具体数据见表 1-2-6。

表 1-2-6 2022 年纯电动环卫市场占有率超过 1%的企业销量情况(单位:辆)

排名	企业	2021 年	2022 年	同比增长	市场占有率
1	宇通重工	1156	1427	23.44%	29.26%
2	盈峰环境	743	1425	91.79%	29.22%
3	福龙马	270	351	30.00%	7.20%
4	北汽福田	51	290	468.63%	5.95%
5	徐州徐工	47	162	244.68%	3.32%
6	奇瑞汽车	256	135	-47.27%	2.77%
7	航天晨光	64	101	57.81%	2.07%
8	南京金龙	89	87	-2.25%	1.78%
9	中车时代	138	65	-52.90	1.33%
10	成都新全义	27	62	129.63%	1.27%
	行业整体	4052	4877	20.36%	—

数据来源:环卫行业上险数据

(2)2022 年纯电动环卫车产业技术新突破

环卫新能源化是未来发展的趋势,然而目前行业的新能源渗透率较低。究其原因,主要是由于新能源环卫车行业技术水平较低、车辆能耗高、作业时长短、智能化程度低等问题较为突出。因此,开展高效纯电动环卫车整车研发,实现规模化应用,是提高整车性价比、解决补贴取消后产品竞争力的重要途径。

①动力系统方面:动力系统方面的突破主要集中在小吨位电驱桥的推广应用及大吨位 4 挡 AMT 变速箱和双电机电驱桥的试用。

当前,纯电动环卫电驱动系统领域存在多种系统方案。N1 类车辆以电驱桥系统为主,行业内底盘驱动方案大部分采用 30/60 kW 电机,配套多合一控制器,集成车载充电机和驱动电机控制器供电输出;N2、N3 类车辆中,4 ~ 8t 以电机直驱方案为主,8t 以上车型主要采用“电机 + 变速箱”构型。纯电动环卫车电驱动系统逐步向电驱桥方向发展。通过部件整合使得结构紧凑,减少系统体积的同时减少高压线束,降低系统质量并增加整车布置空间。电驱桥方案相比传统直驱方案,能大幅提高纯电动车辆的电制动扭矩限值,提高能量回收、降低整车能耗的同时,电制动效果也能明显提高。

市场大吨位纯电动环卫车辆动力系统以“电机 + AMT 变速箱”构型为主,变速箱存在换挡顿挫、动力中断或换挡失败等问题。18 t 环卫产品开始推广 4 挡 AMT 来取代现存的 6 挡 AMT 系统,减少换挡带来的问题。另外行业开始尝试平行轴双电机单桥集成方案,通过错时调速换挡,理论上可以大大减少传动变速箱构型的以上问题,优化车辆动力平顺性。

②电池系统方面:2022 年,动力电池系统的提升聚焦于通过一体化的热管理设计及智能化管理,提升了动力电池系统的安全可靠性、环境适应性等性能。

在安全可靠性方面,大吨位环卫车依托经新能源商用车市场充分验证的高安全磷酸铁锂标准电池箱体开展应用,持续提升能量密度的同时兼顾安全稳定性。针对小吨位(≤3 t)底盘车型,开发非标箱体电池包,满足小吨位产品的布置空间需求,PACK 能量密度不低于 140 Wh/kg,有效解决小吨位环卫车型的电池匹配问题。

在环境适应性方面,围绕环卫车特殊工作场景下的高尘、高湿以及高寒问题,开展一体化热管理设计、电池保温设计以及防水防尘设计,提高低温环境下电池加热速率,缩短电池加热时间,避免长时间等待或温度较低动力性减弱的问题;同时电池系统满足防水防尘等级 IP68 及 IP6K9K,提升电池环境适应性。

在智能管理方面,围绕电池智能维护管理、电池安全状态管理以及电池高精度 SOC 管理等方面开展研发攻关。在电池智能维护管理方面,由人工定期维护发展至云端 24 h 远程监控、定期远程维护。

③ 电驱动系统方面:2022 年的技术提升主要聚焦于云平台故障预测和上装集成控制方面。

电机控制器方面,基于云平台大数据,通过建立故障预测模型实现对电机系统的故障预测功能,实时提升驱动系统适应性、可靠性。基于新材料和新元器件的高效电驱动技术，推进底盘高压零部件深度融合、上装电驱动系统集成。底盘上装集成控制方面，减少了高压节点，大幅提升了车辆可靠性。

④上装新能源系统方面：负载直驱技术。上装采用直驱方案，风机、雾炮、水泵、油泵由独立高效永磁同步电机直驱，转速解耦，大幅降低上装动力系统能耗。实现纯电动环卫全车型同等作业效果下整车作业能耗显著降低。各电机可实现全转速范围内无极调速、整车作业模式的多样化，有利于作业智能化、标准化。

上装电机永磁化。基于新能源上装实际运行工况，实现电机高效区与不同工况的最优匹配，提升整车作业能耗水平。应用先进设计方法和高性能材料，研究不同工艺对铁损的影响，确定电机材料、工艺的最优组合。上装电机最高效率提升至97.5%。

上装集成化技术。新能源环卫包含底盘、多个上装作业驱动，集成化技术趋势日益明显，上装与底盘一体化控制、多上装电机集成化控制减少了高压节点，减少安全隐患，提高车辆安全等级。上装驱动系统集成化技术可解决电机系统安装布置占用空间大、整车高、低压线束及冷却管路复杂的问题。

⑤充电技术方面：传导充电（插枪式、自动充电）是充电基础设施的发展方向，高电压、大电流、高效率和智能化是充电技术的主要发展趋势。国内正在起草和修订的GB/T与ChaoJi两种大功率充电标准均有液冷充电连接器配置，在修订后的标准框架内，可实现600 kW大功率充电，并预留1000 A充电电流的优选值，用于实现1000 kW充电，可满足1 h内充满。大功率充电枪具有标准化、通用性、成本低、推广性等方面优势，该方式未来短期内将成为环卫充电的主要方式。

2. 产业标准体系的建设

在“新四化”变革下，传统燃料的环卫汽车逐渐被电动化、智能化、网联化的新能源环卫车所取代，新能源环卫车的销量也由政策驱动转变为市场驱动，标准依旧是推动产品技术提升、国家政策落地、市场良性发展的基本条件。新能源环卫车所涉及的标准主要为三类：第一类是涉及安全、环保、节能、性能等汽车基础类标准，是汽车产品必须遵循的产业约束性文件。第二类是针对新能源产品特性的标准，包括《纯电动货车技术条件》《燃料电池电动汽车安全要求》等整车类标准，动力电池、电驱动系统、高压电气件等关键部件标准。第三类是聚焦新能源环卫车的标准，QC/T 1087—2017《纯电动城市环卫车技术条件》是第一项针对纯电环卫车的行业标准，该标准对纯电环卫车的整车安全、爬坡性能、续驶里程、充电接口及通信、远程监控系统、专用装置等重要技术要求进行了规定。

3. 国内外纯电动环卫车产业发展趋势

当前，我国纯电动环卫车产业化发展势头良好，从全球看，抓住新能源、新材料、信息化等带来的新一轮技术变革机遇，抓住我国汽车产业转型升级、由大变强的历史机遇，升级和创新纯电动环卫车动力平台，引领下一代关键技术，提升纯电动环卫车性能，对于保持我国纯电动环卫车产业竞争优势，促进我国纯电动环卫车产业的快速健康发展，全面提高技术水平具有重要意义。

从我国第一轮新能源环卫车出现到现在，尚未达到国家要求使用的新能源环卫车数量，离国家设定的目标还很远。在能源供应和环境保护的双重压力下，发展新能源汽车已被纳入国家战略。环卫车具有行驶速度慢、行驶路线固定、行驶距离短、工作时间固定的工作特点，应用场景非常契合纯电动环卫车。新能源汽车示范推广城市政府也将购买和使用新能源环卫汽车作为新能源汽车推广应用工作计划的一部分。

4. 目前亟须解决的技术难点及解决方案

目前行业的新能源渗透率较低，且国内纯电动环卫车行业集成度低，科技含量低、产品种类少，纯电动环卫车的推广仍处于起步阶段，尚未有企业在技术和市场规模上占据显著优势。

（1）电驱动系统方面

电驱桥匹配高效电机控制器驱动系统方案已成为纯电动环卫车主流方案之一。电驱动桥集成电机、减速器、驱动桥三大零部件，提升传动效率、能量回收，降低成本。当前需要解决大吨位电驱桥动力性、平顺性和成本的平衡，才能助力大吨位环卫车的持续降本。随着动力电池能量密度的提升，同电量下电池电压平台越来越低，然而大扭矩驱动电机往往工作电压在500 V以上，势必造成电机系统效率降低及高速扭矩下降问题，统筹动力电池与电驱动的系统总成开发是一个需要考虑的因素。另外开发更适配上装电驱动系统的上装作业负载，为纯电动环卫车打造更有竞争力的上装作业系统，也是一个当前急需要解决的问题。

（2）电池方面

动力电池作为新能源系统核心零部件，高安全、高循环寿命、高功率性能以及优异的高低温性能仍是电池主要技术难点。此外，电池成本偏高也是制约纯电动环卫车快速发展的因素。未来需持续围绕提升电池安全可靠性、环境适应性、智能管理以及低成本开展技术研发，重点提升电池本体安全性、高低温功率性能、高循环寿命和智能化高精度管理。

（3）充电方面

随着新能源环卫的快速发展，客户对于运营成本、充电时间的要求逐渐提高，当前充电速率和充电操作便利性已无法满足使用需求，亟待发展大功率充电技术。液冷充电枪由于其载流能力强、枪线重量轻等优势，同时具备大功率和易操作的特性，成为大功率插枪充电的优选方案，但其仍存在成本居高不下、可靠性验证不充分、标准不明确等难点，需行业协会、整车厂、桩企、连接器和高压零部件供应商等多方通过标准推进、充分验证、新材料应用等措施努力解决。此外，大电流充电对电池容量、温升分布、隔膜导热等性能提出更高的需求需技术解决。

5. 2022年行业重点企事业单位发展情况

（1）宇通重工

2022年宇通新能源环卫车辆上险1427台，同比增幅23.44%，市场占有率达到29.26%。2022年上半年，与文远知行共同打造，推出纯电动自动驾驶洗扫车，也是我国首款前装量产无人驾驶环卫车；同期，公司研发并推出18t氢燃料厢式垃圾车，并于2022年实现批量销售。

（2）盈峰环境

2022年盈峰环境新能源环卫车辆上险1425台，同比增幅91.79%，市场占有率达到29.22%。作为环卫装备领域的开拓者，将人工智能技术赋能环卫，创新推出了一系列新能源环卫装备、5G无人驾驶环卫机器人等行业领先产品。

（3）福龙马

2022年福龙马新能源环卫车辆上险351台，同比增幅30%，市场占有率达到7.2%。公司持续深耕布局城市服务领域，围绕人居环境治理的前中后端，以科技引领企业发展，构建了智能装备制造、环境产业生态运营、资源循环再生利用等全产业链体系，致力于为客户提供整体解决方案。

6. 2022年重点车型技术特点分析

宇通YTZ5071XTYD0BEV纯电动密闭式桶装垃圾车，采用宁德时代电芯，电池电量90.24 kWh，同吨位行业首次搭载65/120 kW电驱桥系统，制动及能量回收能量提升20%，续航能力达到240 km。

宇通YTZ5182TXSD1BEV纯电洗扫车，推出500 kW双电机耦合直驱，匹配六合一集成控制器，动力强无中断。同时上装作业机构配备多个电机，实现电机与作业机构的一对一驱动，应用先进上装动力匹配技术，实现了整车能耗降低15%以上。

盈峰环境ZBH5180TXSDFBEV纯电洗扫车，行业内首款应用"双风机+双流道"高效低噪气力输送系统的环保设备。作业过程中，车辆产生的起动噪声、振动噪声、电磁噪声在车辆"双流道并联进风""出风消声系统""全封闭动力仓"等降噪技术的处理下得到综合解决。

7. 未来几年纯电动环卫车产业发展建议

（1）技术发展建议

一是电池能量密度、循环寿命提升和成本优化。在未来几年，电池的发展还是围绕更高能量密度，更长循环寿命及更低的造价。加强对电芯材料研究及对电芯工艺的优化，以提高电芯的能量密度，在整车端考虑集成化设计，提高电池的体积密度及能量密度。电池循环寿命决定了车辆的使用寿命，并且也影响着客户的满意度。降低电池的成本，生产技术和工艺性尤为重要。在电池制造方面，应对原材料、工序、设备和人才等方面展开突破，在研发上加大投入，提高自主创新能力和技术突破能力。二是电驱动系统新器件应用、集成化。SiC器件应用，碳化硅（SiC）技术是提升电驱动系统效率、功率密度的有效途径。SiC的开关损耗比Si-IGBT少50%，可支撑低速小扭矩区电机系统效率提升约5%。同时，高集成化是纯电动环卫车电驱动系统的主要发展方向，如底盘动力域集成控制器、上装电驱动系统集成控制。

（2）产品发展建议

新能源环卫专用汽车底盘的研发与推广，是提升未来新能源环卫产品市场渗透率的有效助力。环卫专用车行业是依附在底盘制造业的基础上发展起来的，同时又有批量小、品种多、科技含量高的特点，与底盘厂家有着密切的联系。因此，底盘厂家及有底盘生产资质的环卫专用车企业应充分重视专用车厂及用户的需求，开发适合环卫车需求的底盘。为此，应从以下几方面考虑：第一，底盘企业与专用车厂良性互动。进行改装方面的技术交流，或召集行业内有影响力的专用车企业及用户进行技术交流，广泛听取各方面意见及要求，了解上装的专用性能和技术要求，开发满足专业要求的底盘或不断改进专用车底盘。第二，底盘企业或拥有底盘资质的企业，应充分了解专用车的使用环境及工况，对某些部件进行相应改进，以适应特定的环境及工况。

8. 其他重要的方面

环卫制造企业长期以来以价格优势占领市场，这一策略在一定时期内产生了积极作用，但不利于行业可持续发展。低价格竞争必然导致制造能力低下、不可持续、不可扩大规模的发展，无法形成业态优势。行业的集中度越低，行业的品牌价值越差，就无法吸引更多的资本、人才、设备进行制造能力革新。随着配套企业的快速发展、原材料资源价格暴涨、劳动力成本急剧上升，环卫企业仰仗的价格优势将快速丧失，最终将被淘汰。环卫制造不能停留于以往模式，应加大制造能力的投入，寻求其他出路。

（五）车用动力电池

中国汽车技术研究中心有限公司　王　芳　高　妍　马天翼

动力电池作为新能源汽车的核心部件，是汽车产业电动化转型的主要环节。2022年，我国动力电池产业在锂镍价格上涨、外部竞争复杂、产能结构性过剩等内外环境下，仍然克服重重压力，与新能源汽车产业实现了协同快速发展，取得积极成效。

在动力电池产量和装机量方面，2022年我国动力电池累计产量545.9 GWh，同比增长148.5%。其中：三元电池产量212.5 GWh，占总产量的38.9%，同比增长126.4%；磷酸铁锂电池产量332.4 GWh，占总产量的60.9%，同比增长165.1%。新能源乘用车领域装机量为270.2 GWh，占总装机量的89.4%，同比增长93.6%；新能源客车装机10.9 GWh，占比3.6%，同比增长18.1%；新能源专用车装机21.1 GWh，占比7%，同比增长101.5%。宁德时代的动力电池装机量最大，达到130.59 GWh，主要得益于特斯拉Model 3/Y、广汽埃安的Aion Y、吉利汽车的ZEEKR 001等车型销售量的增加；比亚迪装机量为63.19 GWh，主要源于比亚迪元、汉、秦Plus系列在中国市场的高销售量；中创新航、国轩高科、亿纬锂能、LGES、蜂巢能源、欣旺达、孚能科技、瑞浦能源动力电池装机量分别排名第3～10名。与2021年同期相比，除LGES动力电池装机量同比增速出现下滑外，其余9家企业均保持不同程度的增长。

在动力电池材料体系方面,磷酸铁锂电池在装机量上持续领跑,并且与三元电池装机量的差距进一步拉大。2022年磷酸铁锂电池装机量为184.5 GWh,同比增长126.5%,占比61%;三元电池的装机量为117.3 GWh,同比增长51.1%,占比38.8%。磷酸铁锂电池装机量的快速攀升,主要源于在新能源乘用车领域,比亚迪全系车型、宏光MINI EV、小鹏P7/P5、广汽Aion S/Y等热销新能源车型大规模采用了磷酸铁锂电池。从国际市场来看,包括奔驰、大众、福特、雷诺、现代、通用等国际主机厂也纷纷在电动汽车产品中开始配套磷酸铁锂电池。在动力电池结构方面,方形电池的比例持续提升,全年装机量约为273.9 GWh,同比增长95.8%,占比90.8%;软包电池装机量约为17.7 GWh,同比增长76.8%,占比为5.9%;圆柱电池装机量约为10.1 GWh,同比增长8.4%,占比3.4%。

在全球范围内,2022年动力电池装车量达到517.9 GWh,同比增长71.8%。在新能源汽车的带动下,动力电池终端市场需求强劲,中国动力电池产业已形成全球竞争优势。在装车量前十名的企业中,中国动力电池企业占据6个席位,合计市场份额达60.4%。截至2022年底,30多家主要中国品牌车企在海外建立工厂,产能近180万辆,动力电池企业已建成、在建以及规划建设的海外工厂累计产能已超过300 GWh。我国2022年动力电池企业电池累计出口达68.1 GWh,其中三元电池46.9 GWh,占总出口68.9%;磷酸铁锂电池20.9 GWh,占总出口30.7%。另外,动力电池企业集中度也进一步提高。动力电池企业数量在2016年达到峰值后便逐年减少,2022年企业数量已不足一半。在新能源汽车市场差异化以及电池企业产品路线差异的情况下,企业数量减少的趋势有所变缓。与此同时,市场资源配置进一步集中,具有较强产业整合能力、能实现产业链整体布局的头部企业优势更为明显。我国2022年共计57家动力电池企业实现装车配套,与2021年基本持平;排名前三、前五、前十的企业动力电池装车量分别为230.4 GWh、251.4 GWh和279.8 GWh,分别占总装车量的78.2%、85.3%和95.0%。目前,我国动力电池产业已形成典型的产业集群,包括以宁德时代、弗迪、亿纬锂能、欣旺达等为代表的珠三角产业集群,该集群的企业数量占全国总量的近50%,而以国轩、瑞浦兰钧、LG等企业为代表的长三角产业集群的企业数量占全国总量的近20%。

1. 2022年动力电池产业先进技术

2022年,动力电池产业不仅产能快速提升,同时多方面的技术也在不断推陈出新。新能源汽车应用场景的多元化发展对动力电池技术产生多元化诉求,并对高品质动力电池产生强劲需求。动力电池市场竞争加剧,产能大规模扩充,为了满足客户的多元化需求,电池企业需要丰富公司的产品矩阵,探索新材料和新工艺的应用,保持动力电池技术创新的竞争优势。总的来说,电池企业的技术创新更多从改进材料系统和优化系统结构两个方面进行,在电芯和系统层面进行技术创新,并在差异化解决方案中呈现出诸多共性。例如,宁德时代、比亚迪、中创新航、蜂巢能源、欣旺达、瑞浦兰钧等电池企业发布的基于方形电芯的"麒麟电池""CTB刀片电池""OS高锰铁锂电池""龙鳞甲电池""SFC480电池""问顶电池"等;亿纬锂能发布的基于大圆柱电芯的"π"电池系统等;孚能科技、捷威动力发布了基于软包电芯的"SPS方案"和"海绵系统"等。站在全球电池技术竞争的大视野下,上述电池企业掀起了新一轮动力电池技术创新竞赛,这也让中国动力电池为全球交通电动化和能源体系变革提供技术赋能。上述新产品、新结构、新技术对动力电池的发展可以总结为以下5个方面:

(1)安全性能进一步提升

围绕动力电池技术创新,电池企业都会把电池安全放在首位。在提升安全性方面,电池企业从电池系统热失控的本源出发,电池企业采取不同的"热—电分离"设计,使热失控泄压区与电源传送区各自独立,通过优化电芯防爆阀设计和电芯布置方式,在某个电芯发生热失控时快速实现定向泄压,使喷发物不蔓延至周边电芯。同时,从而降低热失控时电池内部高压拉弧、打火的失效概率,提升电池包的安全性。

(2)体积利用率进一步提升

系统结构创新是当前电池企业实现动力电池性能提升的主要路径之一。在此过程中,电池企业通过电池系统结构设计创新,减少系统零部件以减轻电池包重量,实现电池包体积利用率提升,从而提升系统能量密度。根据公开报道,宁德时代麒麟电池体积利用率突破72%;中创新航One-Stop Bettery体积利用率达75%;蜂巢能源龙鳞甲电池体积利用率达76%;孚能科技SPS大软包电池体积利用率达75%。通过多重技术优化,上述电池企业的创新技术可实现使搭载磷酸铁锂电池的整车续航超过700 km,使搭载三元电池的整车续航超过1000 km。

(3)快充和低温性能提升

除提高能量密度外,另外两个重要的技术点就是电池的快充和低温性能。通过改进电芯材料体系,致力于实现充电10 min增加续航300~400 km,解决消费者的充电焦虑。同时,电池企业也在通过改进冷却技术,提高电池包的低温性能,提高换热效率等手段,使电池包在-20 ℃低温下的能量保持率仍然高于85%。

(4)电池系统兼容性增强

进行具有更强兼容性的电池产品研发,从而扩大新电池系统的应用场景和空间,提升电池企业的产品竞争力。同时,创新电池系统的通用性也大幅提升,适用于多个平台及多种车型,助力整车企业缩短新车型的研发周期,降低成本。

(5)新体系电池初步应用

宁德时代、德方纳米、当升科技等企业已开始投资布局磷酸锰铁锂电池的产业化。磷酸锰铁锂相比磷酸铁锂具备高电压、高能量密度以及更好的低温性能,且锰矿资源丰富,相比三元材料具备更低的成本、更高的循环次数以及更稳定的结构。此外,还有钠电池等技术,也有望削弱对落后电池产能的需求。

2. 动力电池产业热点问题分析

对我国动力电池产业来说,产能过剩是目前发展过程遇到的问题之一。近年来整车厂对于动力电池保持着旺盛需求，带动了上游电池及原材料大规模扩产的浪潮，丰厚的利润前景也刺激越来越多企业加入。2022 年全年，我国动力电池产量与装车量之间的差额为 251.3 GWh，扣除 68.1 GWh 的出口量后，依然有 183.2 GWh 的差额。作为对比，2018—2021 年，国内动力电池产量与装车量差额分别为 13.58 GWh、23.17 GWh、19.75 GWh、65.19 GWh。从数据上分析，2022 年库存电池产品数量翻了近 3 倍，会逐渐出现产能过剩的衍生风险，对整个产业链造成影响。尤其是原材料方面，产能过剩会直接导致原材料价格下降。得益于动力电池出货量的快速增长，锂电池原材料供不应求、价格上涨，企业扩产积极性提升，跨界亦不鲜见，但这一趋势会导致原材料价格波动、下降。公开数据显示，2022 年锂电材料中 VC 价格已经下跌 75%，而 PVDF、硫酸钴的跌幅均在 40% 或以上，6 μm 铜箔价格也下跌了 20%。

另外，近年来规模效应叠加、设备零部件国产化导致锂电设备成本大幅下降，也降低了整个行业的准入门槛。目前国内锂电池产线单 GWh 产能投资价格已从原来的10 亿元左右降至 2.4 亿元以下，降幅非常明显。放眼中长期，随着下游新能源汽车迭代速度提升，投资者对电池的需求能否保持高速增长也是令人担忧的。还有，产能过度堆砌的后果之一便是产品质量参差不齐，落后产品的利用率低，无法实现盈利。新产品质量跟不上下游需求，导致产品降价也无人问津，淘汰亦是必然。而一线电池企业的产品经过下游的长期验证，与下游客户关系更加稳定，其产能也能够维持平衡态势。

3. 车用动力电池产业发展趋势及发展建议

发展新能源汽车是实现汽车强国的必由之路，是保障能源安全和实现“双碳”目标的重要举措。当前我国新能源汽车已取得技术上的先发优势，保有量已经超过 1300 万辆，新能源汽车及动力系统的技术发展走上了快车道。当前我国随着 CTP、CTC、集成式电驱动系统、大功率充电、无线充电、智能底盘、智能座舱、智能驾驶、端云协同等新结构、新材料、新技术和新理论的快速发展，在技术进步的同时，安全性问题也越发引人关注。同时，《关于进一步加强新能源汽车安全体系建设的指导意见》《关于试行汽车安全沙盒监管制度的通告》《关于开展汽车软件在线升级备案的通知》等政策的发布，也需要更为完善的测试评价体系来支撑其更好地执行和实施。因此，应继续加强产业链协同攻关，突破关键核心技术，完善标准体系建设，推动新一代技术与装备的融合创新。

（六）车用固态锂电池

北京卫蓝新能源科技有限公司　徐航宇；中国科学院物理研究所　李　泓

全固态锂电池因其高安全性和高能量密度的优势，正逐步成为下一代电池技术的主流发展方向，现已成为世界各国科研机构和企业的重点研发和布局方向。据不完全统计，全球共有超过 50 家企业在布局研发全固态锂电池，国际企业巨头如日本丰田、韩国三星等都在积极布局固态电解质和全固态锂电池的研发。作为汽车与能源大国，在当前“双碳”目标及由汽车大国迈向汽车强国信念的双重驱动下，中国正大力推进全固态锂电池技术开发。中华人民共和国工业和信息化部制定的《新能源汽车产业发展规划（2021—2035 年）》明确要求“加快固态动力电池技术研发及产业化”，并将全固态锂电池列为“新能源汽车核心技术攻关工程”，力争使中国在全固态锂电池技术领域处于国际先进水平，提出到 2030 年，中国液态电解质将演变为固态电解质的目标，首次将发展固态电池上升到了国家层面。

1. 2022 年车用固态锂电池产业总体发展与技术突破

2022 年作为“十四五”规划的开局之年，在政策和市场的双重驱动下，我国新能源汽车产销量实现持续爆发式增长。根据中国汽车工业协会统计，2022 年新能源汽车产销分别完成 705.8 万辆和 688.7 万辆，同比分别增长 96.9% 和 93.4%。固态锂电池作为下一代动力电池的重要技术路线也取得了飞速的发展。

2022 年 1 月，首批 50 辆搭载赣锋锂电混合固液锂电池的东风 E70 在浙江、河北、江苏、广东、湖南、江西等 6 省 10 地开展示范运营，安全运营里程已超百万公里，其中电芯质量能量密度为 235 Wh/kg。2022 年 11 月，Quantum Scape 公司公布了 2022 年第三季度报告，首次披露了其在零外压条件下的单层全固态电池循环数据，循环 600 周能量保持率约 90%。2022 年 11 月 22 日，北京卫蓝新能源的 360 Wh/kg 混合固液动力电芯成功量产下线（见图 1-2-2），计划 2023 年上半年交付，配套蔚来 ET7 等车型，实现单次充电续航突破 1000 km 的目标，该电芯的顺利下线具有十分重要的意义，标志着新一代高比能固态动力电池距离装车应用更进一步。

图 1-2-2　北京卫蓝湖州基地第一颗固态电芯下线仪式

总体来说，2022 年是车用固态锂电池的破局之年，超长里程的安全运营以及高比能、车规级固态电芯的量产下线等，强力回应了观望者们的质疑，坚定了追随者的信心。

2. 固态锂电池产业标准体系的建设

虽然全球范围内已经形成了固态锂电池技术的研发浪潮，众多制造企业、初创公司和高校科研院所投入其中，但目前产业化进程仍处于前期，固态锂电池量产的产品种类和量产规模仍然有限；此外，围绕固态锂电池的关键材料、电芯设计、生产工艺、性能指标、质量检测、服务管理等方面的标准制定，在国内外也进展缓慢，固态电池产业的标准体系建设亟待加强。

行业要发展，标准需先行。目前在固态锂电池领域，仅有广东省测量控制技术与装备应用促进会、深圳市电源技术学会、中国电力企业联合会 3 个单位发布过固态锂电池的团体标准共 7 项，尚无相关的国行标发布。

2020 年 8 月和 2021 年 7 月，广东省测量控制技术与装备应用促进会先后发布了《聚合物准固态电解质动力电池性能指标及测试方法》和《聚合物准固态电解质动力电池安全性要求与测试方法》两项团体标准。2021 年底，由深圳市电源技术学会牵头组织制定的《固态锂电池用固态电解质性能要求及测试方法　无机氧化物固态电解质》和《固态锂电池用固态电解质性能要求及测试方法　聚合物及复合固态电解质》两项团体标准正式对外发布，使固态锂电池用固态电解质性能要求及测试方法有标准可依，为相关研发、生产机构在固态电解质性能及测试方法上的对标提供了参照依据；2022 年 11 月，该学会又发布了《固态锂电池电性能要求及测试方法　全固态电池》和《固态锂电池电性能要求及测试方法　固液混合锂电池》两项团体标准。图 1-2-3 为深圳市电源技术学会发布的固态锂电池标准框架体系。2022 年 10 月 26 日，针对电力储能领域，中国电力企业联合会发布了《电力储能用固态锂离子电池安全要求及试验方法》团体标准，首次定义了电力储能场景下所使用的固态锂电池安全标准，为后续电力储能用固态锂电池的发展指明了方向。

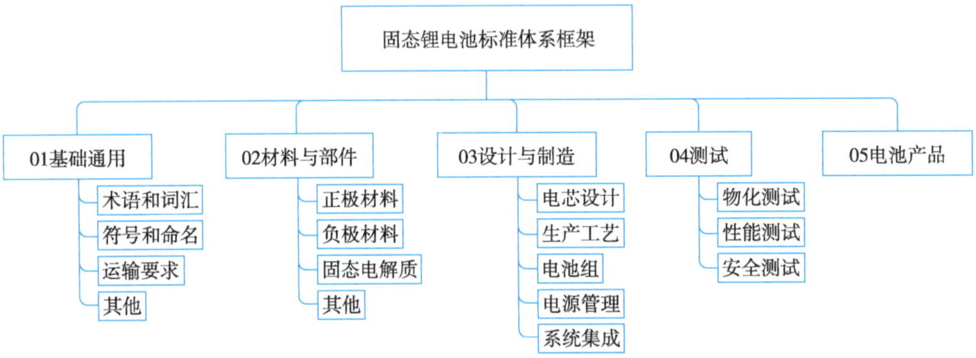

图 1-2-3　固态锂电池标准体系框架（来自深圳市电源技术学会）

借鉴液态锂电池标准化体系的规划建设思路，随着固态锂电池产业的逐渐发展和成熟，应提前做好标准构建的顶层设计，对固态锂电池的尺寸、型号、测试评价方法（性能、安全等）、设计制造标准，以及正负极材料、固态电解质材料与相关部件的性能要求标准等进行统一规范，有助于减少投资和研发的无效投入，推动、引领固态锂电池产业的规范、健康、快速发展。

3. 国内外车用固态锂电池产业发展趋势

国内外车用固态锂电池技术路线存在明显差异。国内短期聚焦经济型的混合固液电池技术，众多电池企业（清陶能源、赣锋锂电、北京卫蓝、国轩高科、孚能科技、中航锂电等）相继推出混合固液电池产品，硫化物全固态电池技术路线则作为长期的技术储备。固态电解质材料作为固态锂电池产业的重要一环，是决定高安全性、高能量密度、长循环寿命性能的关键，受到资本市场的热捧，众多企业跨领域布局，如上海洗霸、金龙羽、贝特瑞、天目先导、浙江锋锂、蓝固新能源等。此外，为满足高比能、高安全的应用需求，所需的纳米硅碳负极、离子导电膜、快离子导体包覆正极等材料也得到广泛关注。兵马未动，粮草先行。固态锂电池的材料供应链正在逐渐完善，为固态锂电池的大规模产业化应用奠定基础。混合固液电池技术在国内得到优先发展与固态电池在国内发展的驱动力有关。区别于液态锂离子电池产业依靠国家补贴政策的发展思路，我国固态锂离子电池以市场驱动为主。2020 年 11 月，在国家发改委发布的《新能源汽车产业发展规划（2021—2035 年）》中，我国才首次将固态电池列入行业重点发展对象并提出加快其研发和产业化进程。2023 年 1 月，在《关于推动能源电子产业发展的指导意见》中进一步提出加强固态电池研发及标准体系研究。目前针对固态锂电池行业，我国尚未出台补贴政策。

海外主要倾向于发展全固态电池技术路线，全固态电池技术获得了政府和企业大力支持。日本押注硫化物路线，其研发布局最早，电解质材料及电池应用的技术和专利均优势明显，同时由 NEDO 牵头打造车企和电池厂共同研发体系，政府资金扶持力度超 2000 亿日元（约 100 亿元人民币），2022 年 9 月日本经济产业省发布《蓄电池产业战略》，目标在 2030 年实现全固态电池的正式商业化应用。韩国选择氧化物和硫化物两种技术路线并行，2021 年 7 月，韩国公布《K-Battery Development Strategy》，政府提供税收优惠协助支持固态电池研发，叠加动力电池巨头 LG 新能源、三星 SDI 和 SK 创新联合推进，目标于 2025—2028 年开发出能量密度 400 Wh/kg 的可商用量产技术，并于 2030 年完成装车。欧洲则以聚合物路线为主，同时布局硫化物路线，其中 2022 年 5 月德国系统与创新研究所发布《固态电池技术路线图 2035 +》，预计 2025—2030 年"硅基负极 + 高镍三元 + 硫化物电解质"固态电池能量密度达到 275 Wh/kg、650 Wh/L。美国是全路线布局，由美国能源部出资，以 Solid Power、Quantum Scape 为代表的初创公司主导研发，并与众多车企达成合作，2021 年美国联邦先进电池联盟（FCAB）发布《锂电池 2021—2030 年国家蓝图》，目标在 2030 年达到能量密度 500 Wh/kg。

受日系车企与电池厂共同研发的合作模式影响，欧美、中国等地的车企同样积极推动与固态电池厂的深度合作，蔚来、小米入股北京卫蓝新能源，北汽、上汽、广汽投资清陶能源，戴姆勒奔驰、Vinfast 入股台湾辉能科技。此外，上汽通用五菱汽车股份有限公司还提出："我们可以提供更贴近用户的使用场景，把大家的样品放到系统、整车中去验证。通用五菱已在广西启动针对固态电池的研发项目，将向全社会开放研发资源，推动更快实现应用。"作为应用终端，车企可为固态电池企业提供资金、技术、客户多重保障，有助于固态锂电池商业化应用的推广。

4. 目前亟须解决的技术难点及解决方案

尽管我国固态电池企业依靠混合固液电池的过渡技术路线，实现了高比能固态锂电池在车端的应用，但是该路线在综合性能（高安全、快充、长寿命等）和成本方面，相比于传统液态锂离子电池的竞争优势尚不明显。其存在的几个关键技术难点如下：

①高比能正极材料热稳定性、结构稳定性、正极-电解液/电解质界面相容性较差以及正极材料自身析氧问题。可通过正极材料表面包覆层设计、体相掺杂及晶面调控、表面活性位点定向掩蔽、CEI 成膜添加剂设计等方式改善界面失效问题，缓解失效风险。

②高比能电池体系循环稳定性差、安全性不足等问题。可通过引入离子导体膜、构建高稳定 SEI/CEI 膜、优化混合固液电解质体系、进一步降低电芯液体含量、导入其他电池安全保护设计，改善循环寿命，综合提升安全性能。

③高安全电池的内阻和产热相比于传统液态锂离子电池仍然较高。需要发掘新一代高离子电导率的固态电解质材料体系、改善混合固液电解质体系的离子迁移数、构筑高速界面离子传输通道，降低内阻，减少产热。

④高比能正负极材料的体积膨胀收缩问题。可通过正负极材料结构设计、极片设计、电解液设计等，利用富余空间和弹性的 SEI/CEI 膜层等缓解体积膨胀，保障极片的稳定性。

全固态锂电池所面临的问题，则更为严峻。固-固界面接触有待改善，综合性能理想的固态电解质材料和匹配新工艺的关键设备还需进一步开发，产业上下游供应链、生产工艺尚不成熟等。全固态电池的出现与发展具有历史必然性，但全固态电池任重而道远，规模量产难度极大。

5. 2022 年行业重点企事业单位发展情况

2022 年是固态锂电池从试验线走向量产线重要的一年，国内外企业纷纷公布其在固态电池领域的研发成果及产品，获得资本市场、终端客户等极大关注。

（1）赣锋锂业

依托自身锂资源、锂金属产品及资金等优势，赣锋锂业在推动固态电池产业化方面不遗余力。2022 年 1 月，首批搭载赣锋固态锂电池的 50 辆东风 E70 电动车正式完成交付，实测续航超 400 km。除东风汽车外，2022 年 8 月，赣锋分别与广汽埃安、辽宁曙光汽车集团签署战略合作协议；与车企联系不断加深，也有助于拓宽赣锋固态电池产品市场。在量产进度方面，赣锋在江西新余生产基地已具备 2 GWh 固态电池产能。2022 年 7 月 30 日，赣锋新型锂电池科技产业园项目在两江新区龙兴新城正式开工建设。该项目包括固态电池技术研究院、固态电池生产基地及电池 PACK 系统 3 个子项目，拟建成国内最大的固态电池生产基地。按照规划，电芯产能将达到 20 GWh，而 PACK 产能也将达到 24 GWh。

（2）清陶能源

国内固态电池企业多从高校和科研机构的成果孵化而来，其中清陶能源和卫蓝新能源是最具代表性的两家企业。清陶能源是清华大学南策文院士团队领衔创办的高新技术企业，是国内固态电池产业化的领导者之一。2021 年 9 月，清陶能源 QT-360 高能量密度氧化物半固态电池完成国家强检认证测试，电池单体能量密度为 368 Wh/kg。在量产进度方面，昆山、宜春基地已有 1.7 GWh 产能，2022 年 2 月，清陶新能源固态锂电池 10 GWh 产业化项目在苏州昆山正式开工。同年 7 月，清陶与上汽集团签署合约，共同成立了上汽清陶"固态电池联合实验室"。

（3）卫蓝新能源

北京卫蓝新能源科技有限公司是中国科学院物理研究所孵化的固态电池技术的唯一产业化平台，由中国工程院院士陈立泉、中国科学院物理所研究员李泓、原北汽新能源总工俞会根共同发起创办，目前拥有北京、溧阳、湖州、淄博 4 个生产基地。2022 年 4 月，卫蓝新能源与容百集团签署战略合作协议，根据协议，2022—2025 年，卫蓝新能源将向容百集团采购固态锂电正极材料产品不低于 30000 t。同年 11 月，卫蓝基于原位固态化技术的第一块 360 Wh/kg 混合固液动力电芯成功量产下线，湖州卫蓝基地已具备 2 GWh 固态电池产能；卫蓝在淄博的储能和动力电池基地也于 2022 年初步建成投产，2023 年上半年产能达到 3.6 GWh。2022 年，卫蓝新能源也受到了资本市场的广泛关注，经过 D 轮融资后，估值已超 150 亿元。目前卫蓝的高能量密度混合固液电解质电池已经开始交付给蔚来汽车全系列车型，显著提升了续航里程，是国际上量产电芯中能量密度最高的电芯。

（4）辉能科技

辉能科技于 2006 年在台湾成立，是较早从事固态电池研发、量产的企业之一，2013 年以来，辉能推出了多种消费类和工业/特殊应用的固态锂电池产品，后逐渐转向动力电池开发。2022 年 1 月，辉能科技与梅赛德斯-奔驰达成合作开发协议，奔驰投资金额达数百万欧元，并获得一董事席位。年中，国新科创基金、越南 Vinfast 分别向辉能科技投资数千万美元。在量产方面，根据公开信息查询，其现有产能仅有 40 MWh，2022 年底约有 2 GWh 的产能释放。2022 年 9 月，辉能科技计划投资 80 亿美元（约 555 亿元人民币），在欧洲建设固态锂电池生产基地。工厂总产能将达到 120 GWh，预计在未来十年内全部建成。同年 10 月，在法国巴黎国际车展上，辉能科技发布了新一代的 100% 硅氧负极的固态电池，能量密度可达到 295 ~ 330 Wh/kg，并将于 2023 年第一季度作为原型样品提供到市场。

在固态电池领域，国内不仅有诸如卫蓝、清陶、辉能等一批专注于固态电池的先锋企业蓬勃发展，宁德时代、国轩高科、蜂巢能源等传统锂离子电池领先企业也进行了密集布局。①2016 年，宁德时代正式宣布选择硫化物固态电池的技术路线。目前,宁德时代在固态电池材料、界面、电池工艺上均取得了一定的技术进展,电池的室温循环性能经过实测达到900cls@90%。2022年6月,宁德时代董事长曾毓群在重庆车展上透露凝聚态电池的研发,行业内推测该电池类属于使用凝胶电解质的半固态电池。②2022年5月28日,国轩高科在第十一届科技大会上首次公开展示了其半固态电池产品——长度580 mm,宽120 mm,厚9 mm,容量136 Ah,重量1341 g,能量密度360 Wh/kg。目前这款电池能够通过180 ℃下30 min热箱测试,高于国标要求。③2022年7月,蜂巢能源全固态电池实验室研发出国内首批20 Ah级硫系全固态原型电芯。该系列电芯能量密度达350~400 Wh/kg,现已顺利通过针刺、200 ℃热箱等实验。

(5)Quantum Scape

Quantum Scape公司,获比尔盖茨、大众、马牌、上汽等机构投资,于2020年12月在纽约证券交易所挂牌上市。2022年7月,Quantum Scape公司公布了其24层无负极全固态电芯的研发进展,实现从单层—10层—16层—24层的迭代,电芯容量接近4 Ah,在-3.4 atm下,1C/1C—100% DOD循环100周,容量无明显衰减,已送客户进行评测。在2022年第三季度报告中,首次披露了其在零外压条件下的单层全固态电池循环数据,1C/0.5C—100% DOD循环600周容量保持率约90%,尽管该测试是为了响应消费电子类客户的要求,但这数据非常具有意义。2023年,Quantum Scape的主要工作任务目标是,提升正极面容量、提高电芯中活性物质占比、提升制造质量和一致性、开发更高效的电解质膜制造工艺。

6. 2022年重点车型技术分析

2022年1月,搭载固态锂电池的东风E70,在工信部获批《免征车辆购置税的新能源汽车车型》(第五十一批),这是国内首款获得免税许可的固态电池乘用车。根据赣锋锂业官网信息推测,其CLTC续航里程426 km,整包能量52.56 kWh,系统能量密度154 Wh/kg,电芯单体容量50 Ah,尺寸318.5 mm×100.1 mm×11.6 mm,循环寿命超过1500次,具体参数如图1-2-4。东风E70所搭载的固态电池采用固态电解质涂层隔膜技术,单体通过了穿刺、50%挤压大变形等严苛测试,放电温度高达60 ℃、热箱180 ℃无异常,电芯安全优势突出。固态电池模组采用铝合金框架和高精度拼缝激光焊接技术,减少冗余结构,成组效率高达86%。针对固态电池特有的化学性质,结合大量实验数据,在BMS算法上实现了"量身定制",历经不断优化,形成了稳定、可靠的电池管理系统。

项目 Item	电芯 Cell	模组 Module	电池系统 Pack
串并联方式 Wiring	—	3P4S	3P96S
额定容量 Rated Capacity	50Ah@1/3C	150Ah@1/3C	150Ah@1/3C
额定电压 Rated Voltage (V)	3.65	14.6	350.4
额定电量 Rated Energy (kWh)	0.183	2.19	52.56
重量 Weight (kg)	0.78	10.8	340
能量密度 Energy Density (Wh/kg)	235	203	155

图1-2-4 推测装车东风E70的第一代混合固液电池系统的参数信息(来自赣锋锂业官网)

蔚来早在2021年1月便官宣ET7的高配版本将搭载150 kWh半固态锂电池包。在2022年3月举办的中国电动汽车百人会上,中国科学院物理所研究员报道了蔚来ET7将搭载卫蓝新能源混合固液电池。根据公开信息,卫蓝新能源电芯采用原位固态化、无机预锂化硅基负极、纳米级固态电解质包覆超高镍正极等领先技术,实现了单体电芯360 Wh/kg的超高能量密度,单次充电整车续航超过1000 km,有望解决消费者的里程焦虑问题。同时该款超高镍三元电芯通过了针刺、过充、挤压、热箱等安全性测试,大大提高了电池的安全性能。

除了东风E70和蔚来ET7搭载了固态电池包之外,在2022年底亮相的东风岚图"追光"也搭载了82 kWh半固态电池包。2023年2月,赣锋锂电宣布,搭载其三元半固态电池的纯电动SUV赛力斯-SERES-5规划于2023年上市。据此前赛力斯董事长透露,SERES-5纯电版车型搭载的半固态电池包为90 kWh,最大续航里程530 km(WLTP工况),主攻欧洲市场。可以看出,高端电动车市场将成为半固态电池产业应用的重要突破口。

7. 未来几年车用固态电池发展意见

截至2022年,我国的新能源汽车的产销量已经连续7年蝉联世界第一,我国的锂离子动力电池市场占有率也已经超越日韩,成为全球第一,实现了锂离子电池从跟跑到并跑的蜕变。现如今,固态电池已经成为锂离子电池发展的重要方向,纵观全球固态电池的发展格局,我国的科研机构和相关企业获得了赶超世界一流技术水平的绝佳机会。但是相比于日本,我们还需要大力加强和改进固态电池方面的投入。从2018年开始，日本NEDO斥资100亿日元联合包括丰田、本田、日产三大主要汽车制造商在内的38家知名日企和院校研发固态锂离子电池，旨在提升电动车车载电池的能量密度及安全性；此外，日本政府还启动了多个项目，与优势企业携手致力于固态电池实用化。我国固态电池发展面临的问题不仅仅是企业投入不够、社会资本把握时机和精准度不够，更重要的是原始创新的总体能力不足、产学研的合作薄弱。基础研究的机构更倾向于出新成果，往往不太关心市场的需求，与企业的合作不够密切；企业往往对新的全固态电池技术不愿意冒险开发和应用；产、学、研链条不能打通，就难以肩负起时代赋予的科技创新重任。因此，我国应从以下6个方面着手抢占全固态电池高地：

①政策引导方面：国家应分类下达重点研发计划、地方政府重点科技项目、产学研合作项目、国际战略科技合作项目等。针对固态电池的关键材料、电芯开发、系统集成和智能管理，全方位地布局相关的基础研究、工程化攻关，以及产业化项目培育。建立由基金委、科技部、工信部、发改委等多部委及行业权威专家组成的国家层面“固态电池计划协调小组”，统筹指导发展规划、发展路线图、创新链和产业链的布局。

②研发体系建设：积极推动固态电池的基础科学研究和关键技术突破。基金委目前已设立研究固态电池界面科学问题的重大项目；科技部等计划设立先进固态电池创新技术研究到产业应用的专项行动计划，聚焦发展全固态锂电池和钠电池，加深对固态电池中界面问题、热失控、复杂体系离子输运、电荷转移、固固反应等重大基础科学问题的理解，开发原创的固态电解质、电极、隔膜等新材料和电池。需要积极支持国家级的固态电池重点实验室、工程技术中心和创新中心的建设。

③支撑体系建设：推动基础科学研究向工程技术和产业化发展，积极推动创新联合体的建设，形成高效率的产学研用资协同发展的局面，加强人才队伍的培养和建设。积极组织和建立固态电池的产业创新联盟和行业协会，加强国内固态电池创新资源、产业资源共享，建立我国固态电池的知识产权体系、基础数据库，形成固态电池创新链和产业链的服务体系；建立健全固态电池技术发展路线图，推动制定和完善全固态电池行业标准。尽快建设高水平的国家级研发和诊断测试平台，利用好国家重大基础设施，提升我国固态锂电池的技术保障能力，通过对领先企业和优势科研团队的集中支持，解决其所面临的技术难题，提升核心团队在世界学术界、专业领域的影响力。

④产业体系建设：为了加快开发固态动力电池的产业化进程，应在关键原材料、电芯制造、装备制造、电源管理、电池模块、系统应用、诊断测试等产业链各个环节进行布局，对其中的关键工程技术问题组织力量集中攻关。

⑤商业化策略：全固态电池虽具备广阔的应用前景，未来必将成为动力电池的主流，但从当下情况来看，全固态电池的技术水平和成本问题都制约了其大规模商用化，从加快商用的角度来看，积极发展混合固液动力电池是目前最可行的方案。目前看来，传统液态锂离子电池在综合性能和成本方面仍然具有较强的竞争力，在混合固液动力电池成本仍然较高的当下，固态电池企业应找准市场定位，打造产品的核心竞争力，赢取生存和发展的空间。全固态电池可以从特种电源、消费电子开始，逐步扩展到交通、能源领域。

⑥自强发展规划：针对全固态电池依然需要用到的锂、镍、钴、锰、铜等资源，积极布局海外矿产资源；大力发展基于先进全固态电池的梯次利用、再生、绿色回收等技术，形成资源闭环；大力发展固态钠离子电池技术，在储能、低速车、混合动力等领域替代锂离子电池，减少资源压力。

8. 结束语

全固态锂电池发展前景广阔，但是仍有许多瓶颈问题尚未完全解决。考虑到成本和技术成熟度等现实情况，目前企业公布的技术路线主要是固液混合电池。为提升全固态锂电池的能量密度、倍率性能和循环寿命，科研院所和关键企业不仅关注全固态锂电池的基础科学问题，如新型电解质材料开发、界面改性和电池失效机制等，同时也越来越重视实用化全固态锂电池的关键技术问题，如空气稳定电解质材料的批量化制备技术、大面积超薄固态电解质连续化制备技术、全固态锂电池的一体化制备技术等。在“双碳”目标和“卡脖子”技术攻坚战的大背景下，中国电池企业与车企、能源企业、信息终端等企业的合作模式正在向更深层次演化，新的合作范式将逐渐出现在各领域。

综合锂电池技术的发展路径、中国各类规划以及各企业固态电池布局来看，固态电池行业的发展将成为大势所趋。未来，中国全固态电池行业的相关技术将不断进步，全固态电池也将呈现更高的能量密度，更优秀的安全性以及更低的成本，其实现规模化生产和商业化发展的时日并不遥远。总而言之，中国全固态电池已经行走在风口之上，无论对车企、动力电池企业还是初创企业而言，它都是一个充满潜力但又极具挑战的新赛道。相信在政府的重视和社会资本的助推下，快速发展中的固态电池将提前到来。

（七）车用超级电容器

上海奥威科技开发有限公司　华　黎　安仲勋　夏恒恒　杨重阳　张　灿

1. 2022年车用超级电容器产业总体发展与技术突破

超级电容器是一种介于传统电容器和锂离子电池之间的储能装置，具有功率密度大（可达$10^2\sim10^4$ W/kg）、循环寿命长（循环50万次至100万次）、工作温限宽（温度范围可达-40 ℃ ~ $+85$ ℃）、免维护和绿色环保等优势，已经广泛应用在新能源城市客车、轨道交通、工程车辆、智能电网、UPS、港口重型机械、国防军工等领域。近年来，我国已将超级电容器产业的发展提升至国家战略层面，使得超级电容器的市场规模逐年提升，产业迎来了快速发展时期。2020 年中国超级电容器市场规模达到 154.9 亿元，2021 年中国超级电容市场规模达 198 亿元，同比增长 28%。2022 年全球超级电容器技术市场销售额达到 9.8 亿美元。2022 年中国超级电容器市场规模有望突破 200 亿元。

（1）总体发展

2022 年，我国新能源汽车持续爆发式增长，产销分别完成 705.8 万辆和 688.7 万辆，同比分别增长 96.9% 和 93.4%，市场占有率为 25.6%。在新能源和“双碳”目标的驱动下，2022 年车用超级电容器也快速增长。我国超级电容器在新能源、交通运输和工业 3 个领域的市场规模占比分别为 41.2%、29.8% 和 16.5%。车用超级电容器的应用领域从轨道交通、客车、电动汽车、公交车领域逐步扩大至乘用车、电动自行车、电机车、鱼雷车、钢卷车等领域，为其提供主电源、制动能量回收、启停系统、动力辅助、短时后备电源和峰值功率辅助等。

在城市客车方面，金龙、海格、宇通和申沃等汽车企业与国内超级电容企业联合开发，不断提高超级电容城市客车的续航里程，对车用超级电容器的发展起到了推动作用。超级电容城市客车已在国内多个城市上线运行，并进入以色列、塞尔维亚、保加利亚等国际市场。2022 年 1 月，海格客车和上海奥威共同打造的最新款新型快充铰接式 18 m 超级电容电动城市客车交付欧洲市场。其搭载奥威按照欧盟标准全新开发的 108 kWh 超级电容系统，载客人数可达 130 人，不仅更舒适、更安全，且充电时间 10 min、续驶里程 60 km 的快充特性可满足全天候运营。2022 年 10 月和 12 月，胶轮氢能源中运量分别在上海临港正式运营和苏州下线。车辆均采用了超级电容及氢燃料电池双源供电技术，具有续航长、加氢快、供电设备投入少等突出优势。即便氢能源供电出现故障，超级电容系统也可以让车辆再行驶 15 km，能够进一步保障运行安全。

在轨道交通领域，超级电容器储能系统作为动力系统和能量回馈系统已进入规模推广应用。2022 年 8 月，“光谷光子号”空轨首列车在青岛中车四方股份公司下线，最高时速 70 km。高能量超级电容系统安装在车顶，满足供电设施受限区域的列车行驶用电需求。系统采用的 UCK42V20000 型超级电容具有超长循环寿命，20 万次 100% DOD 充放电循环后的容量保有率可达 85% 以上。超级电容系统为列车的可靠运行提供了充分保障，即使外部发生断电，列车的断电自牵引功能也能依靠超级电容系统的供电自行牵引至邻近车站，方便乘客快速疏散。2022 年 12 月，搭载超级电容能量回馈系统的青岛地铁 4 号线正式开通运营。该能馈系统产品基于双电层电容器，集快速“充、储、放”于一身，能够有效减少城轨电网反送电，实现再生制动能量的合理利用，减少列车在隧道内的热量排放，降低列车能耗，吸取效率达到 99% 以上。通过超级电容对进站列车制动能量重新进行回收利用，保障列车电制动功能的发挥，同时降低并稳定直流牵引网电压，保障供电系统的安全可靠运行。2022 年 12 月，全球首列时速 160 km 的氢能源市域列车在成都新津成都中车长客生产基地亮相。其动力系统由氢燃料电池和高能量超级电容系统组成，摆脱了接触网供电方案的限制，为车辆运行提供强劲持久的动力源，最高时速 160 km，可实现 600 km 超长续航。

在工程车辆方面，叉车、港口起重机和矿业设备等重型机械的功率大，启动、停止比较频繁，特别是矿业设备对安全性要求更高，利用超级电容的高功率性能可以改善工程机械的能源消耗。2022 年 10 月，山东日照港智能化电动火车联合装车楼装车作业完成重载试车。基于“5G + 超级电容”，采用超级电容作为牵车机储能设备，通过“自动装车系统 + 电牵智慧”智能化火车联合装车楼作业模式，将装车效率提高了 2.75 倍，同时电动牵车系统还有噪声小、无废气排放、控制方便等优势。2022 年，中车大连电牵公司对 GK1B 型液力传动内燃调车机车进行新能源改造。改造后机车运行全程靠超级电容提供动力，无须架设供电接触网，机车通过设置在固定站点的地面充电装置经车顶受电弓进行充电，最大充电电流可达 1000 A。机车采用直—交电传动方式，单机最高时速 30 km，牵引作业最高时速 10 km，同时采用优异的再生制动控制技术，制动能量可以全部被超级电容回收，实现节能降耗。

在乘用车方面，多个车企将超级电容器应用在混合动力解决方案和启停技术中。根据 Frost&Sullivan 调研数据，超级电容在汽车启停上的应用可实现节省燃料 1% ~ 5%、减少污染排放 30% ~ 40%。一汽红旗、凯迪拉克、奥迪、大众、沃尔沃、标致等车企均推出了搭载超级电容器的车型。烯晶碳能车规级超级电容已在红旗 H5/H9、Volvo-XC40 等品牌车型实现批量化应用，截至 2021 年底已批量供货累计 300 万只单体，配套近 10 万辆车；截至 2022 年 6 月已经收到汽车用超级电容定点项目超 20 亿元。

在电动自行车方面，雅迪在 2022 年的北京车展上展示了 E9 型号的电动自行车，这也是中国首款量产超级电容电动自行车。其搭载石墨烯三代 plus 电池，最大续航轻松超过 200 km，并采用全新 HEV 混合动力技术以提高燃油经济性。使用超级电容储能系统，可以实现能量的回收利用，将滑行、下坡、制动状态下的动能转化为电能储存在电池中，实现边骑行边充电，提升续驶里程。

（2）技术突破

2022 年，超级电容产业领域主要的技术发展突破点在电容炭材料、隔膜、锂/钠离子电容器负极、检测技术和应用等方面，为提高超级电容器的稳定性、能量密度和续航里程奠定了技术基础。

①推进电容炭开发和产业化

电容炭材料是超级电容器的关键材料和我国炭材料的“卡脖子”难题之一。中国科学院山西煤化所技术团队通过电容炭的国产化技术攻关，打通了淀粉基“电容炭”批量化制备路线，解决了一系列技术难题，获得高品质“电容炭”，实现产品定型和工艺固化。2022 年，500 t 工业示范线和年产 1000 t 淀粉基电容炭产业化项目陆续开工建设。材启新材料团队开发出了耐高电压具备高能量密度超级电容石墨烯，电容石墨烯在电压窗口为 3 V 时展现出 34 Wh/kg、3.5 V 展现出 45 Wh/kg、4 V 展现出 60 Wh/kg 的电极能量密度，实现高压高能量密度电容石墨烯的规模量产中试，2022 年进行扩大产线建设，预计产量可达 150 t。

②开发完全自主知识产权的隔膜——木材精炼的纤维隔膜

在隔膜方面，此前超级电容隔膜多依赖进口。柔创以天然纤维与化学纤维为基体，采用精细处理、连续沉淀、干燥成型等特殊工艺，从材料、设备、工艺3个维度全面实现自主研发，突破了纳米纤维材料多维度高通量的制备、微纳米纤维复合成型、高孔隙率隔膜微结构的可控调控等技术难题，形成了完全的自有知识产权体系。从2022年9月起，已开始建设年产3000 m^2的产线。2022年1月，中国制浆造纸研究院对长期存在的关键技术瓶颈组建专门研发团队进行科学攻关，经过数载攻关、成千上万次试验，成功破解生产工艺技术难题，突破工程化制备技术瓶颈，并建设完成一条年产百吨级的超级电容器纸示范生产线。

③国产硬碳发展加速，助力钠离子电容器发展

硬碳具有较高的克容量和优异的充放电倍率，是锂离子电容器和钠离子电容器重要的负极材料。目前硬碳材料主要来源为日本企业可乐丽且成本较高，我国杉杉科技通过精准调控材料的微孔结构提高材料有效容量指标，依靠交联工艺调控技术提高硬碳材料性价比，开发出高容量、高首效的硬碳材料，解决了市场上硬碳材料量产难、容量低的固有难题，实现批量销售。圣泉集团采用自主研发的“圣泉生物溶剂法”生物质精炼技术生产，将秸秆中碳含量高且易于成炭的木质素、部分半纤维素和纤维素所形成的多糠类组分有选择性地溶解到生物溶剂中，在生物溶剂中发生分子间重排以及分子内重排。在重排中，迁移分子或基团完全游离并脱离原来的体系，然后与新体系进行重新排列连接，通过重排等分子设计手段按照工艺要求重新进行树脂化，形成生物基树脂，进一步加工形成高压实硬碳。2022年12月，拟投资建设年产10万t生物基硬碳负极材料项目。中科海钠通过对碳源前驱体进行调研，发现无烟煤成本较低，用无烟煤制备无定形碳负极材料将有利于大幅降低成本，最终通过实验研制出了无烟煤基负极材料。

④新检测技术阐明电化学储能机理

美国德雷塞尔大学的研究人员开发了价格低廉、易于获得、高速且无破坏性的原位紫外-可见光谱法技术来监测电化学系统中的氧化还原过程和确定电荷储存机制。利用紫外可见光的吸光度导数，显示了光谱变化和电化学过程之间的相关性。使用多电位步长计时法（MUSCA）和CV方法与原位紫外-可见光谱法相结合来确定能量储存机制。这种技术能区分超级电容器中的双电层电容、赝电容和氧化还原过程，可以快速识别在不同成分电池和超级电容器中发生的确切电化学机制。这一突破有助于加快设计高性能储能器件，以提高性能并减缓退化。

⑤超级电容移动充电机器人颠覆“车找桩”充电模式

奥威科技开发的超级电容共享移动充电机器人只要通过微信小程序输入车位号下单，移动充电机器人就能迅速搜寻到待充电车辆，颠覆了以往“车找桩”的充电模式。移动充电机器人通过“桩找车”的运行模式，大大降低车主主动寻找固定充电桩的焦虑，同时可以灵活配置停车场场地资源。超级电容可以根据客户需求做到快充，以超级电容容量为40 kWh城市公交为例，从0充到满电只需10 min，完美破解了新能源车的充电难题。

2. 2022年产业标准体系建设

我国车用超级电容器标准体系走在世界前列，由国际标准、国家标准、行业标准、地方标准和团体标准等5个标准体系组成。另有一些企业标准，也被产业广泛认可。超级电容器领域有四个国家标准见表1-2-7。

表1-2-7 超级电容器领域国标

序号	标准名称	标准号
1	超级电容器 第1部分：总则	GB/T 34870. 1—2017
2	超级电容器用活性炭	GB/T 37386—2019
3	轨道交通 机车车辆设备 电力电子电容器 第3部分：双电层电容器	GB/T 25121. 3—2018（采标：IEC 61881—3：2013）
4	轨道交通 储能式电车 第1部分：电容式储能电源	GB/T 42005. 1—2022

车用领域的行业标准中，《QC/T 741—2014 车用超级电容器》为工业与信息部准入标准，此标准针对单体和模组的电性能和安全性能检测。目前车用领域包和系统层级无相应的国家标准或者行业标准，通过借鉴锂离子电池的国家标准进行检测，急需形成包括超级电容器单体、包括系统的国家或者行业标准。此外，QC/T 741—2014标准修订至今已近10年，性能测试和安全性测试的部分条款亟待修正，以适应产业的发展。

3. 国内外车用超级电容器产业发展趋势

随着新能源汽车的热度越来越高，超级电容器从早期的客车领域应用为主到乘用车、轨道交通、工程车等多领域共同发展。对于用作主动力源的能量混合型超级电容器，在保持长寿命安全性的前提下追求更高能量密度和更长的车辆续航里程仍然是当前技术发展的主要方向。对于用作辅助电源的高功率双电层电容器，主要是以提高单体的工作电压和容量、降低成本、拓宽工作温域为主。2022年，双电层电容器、锂离子电容器和能量型混合电容器，在市场导向下均取得较大发展。

（1）双电层电容器

双电层电容器的发展主要旨在提高单体的工作电压和容量，降低成本及拓宽工作温域。开发出高比表面、高电压、低内阻碳材料，显著降低生产成本，实现碳材料国产化率大幅度提升是双电层电容器发展的主要趋势。国内超级电容厂家将EDLC的工作电压提高至3 V，甚至3.2 V，并提高电容器的容量。宁波中车开发出1.2万F的大容量双电层电容器，工作电压达到3 V。中科超容系统地开发出具有独有系列专利技术的电极材料、高压电解液和全新单体架构，自主研发了3.2 V双电层超级电容器产品，同步带来能量密度近2倍的提高，为行业最高能量密度双电层超级电容器单体，团队开发的高耐压电解质的电化学窗口可达到3.5 V。工艺方面，力容新能源宣布了在固态电池活化干法电极取得突破。

国外 Skeleton 提出的"弯曲石墨烯"制备的超级电容器内阻极低，有效提升了功率密度。Allotrope Energy 公司的一款软包型双电层电容器将工作电压提高至 3.4 V，大幅提高其能量密度至 22 Wh/kg，工作温限也提高至 110 ℃。

(2)锂离子电容器

虽然通过采用高比容量的活性炭(AC)材料以及有机体系电解液等可以大幅度提高传统 EDLC 的比能量，但仍无法满足公交车、铁路轨道交通及重型设备等工况需求，亟须进一步提高超级电容器能量密度。Allotrope Energy 推出的新型锂碳电池，一极采用高倍率电池型材料，一极采用高容量双电层材料，能量密度达到 60 Wh/kg，比能量和比功率分别为 60 Wh/kg 和 20 kW/kg，循环寿命能达到 10 万次。中国科学院电工研究所的研究人员对负极材料及结构进行设计，获得高电荷转移速率和丰富的反应位点的 rGO/MnO 复合纳米材料，制备的锂离子电容器能量密度高达 194 Wh/kg，1 万次充放电循环容量保持率可达 77.8%。随着钠离子电池的热度越来越高以及硬碳材料的快速发展，钠离子电容器也得到越来越多关注。但钠离子电容器主要处于研发阶段，尚未有相关的产品面世。

(3)混合型电容器

混合型电容器在锂离子电容器的基础上，将电池型材料引入到双电层电极中，因此能量密度相较于锂离子电容器有进一步提升。2022 年 4 月，风华高科推出能量型锂离子超级电容器产品，工作电压达到 3.8 V 以上，在相同规格尺寸下，容量比碳基超级电容器大 10 倍。2022 年，今朝时代开发的方形混合电容能量密度可达 50 ~ 100 Wh/kg，循环寿命在 100% DOD 条件下达到 5 万次，大倍率充放电能力可达到 100C 以上。奥威科技的 UCK42V14000D 产品具有 88 Wh/kg 和 25.9 kW/kg 的比能量和比功率，循环次数长达 50 万次。UCK42V20000 产品具有 94 Wh/kg 和 16 kW/kg 的比能量和比功率。最新开发的耐高温型超级电容器能量密度超过 120 Wh/kg，最高耐受温度达到 75 ℃，充电倍率达到 10C。Allotrope Energy 的能量型电容器达到 75 ~ 95 Wh/kg，但其功率略显不足，只有 8 kW/kg。在保持超级电容高比功率、长寿命和快速充电特性的同时大幅度提高比能量，是车用超级电容器行业追求的目标。

4. 目前亟须解决的技术难点及解决方案

目前车用超级电容行业亟须解决的问题主要有提高能量密度和功率密度、扩宽工作温度范围、关键原材料国产化和低成本化、工艺生产设备智能化。可以从关键电极材料、电解液、隔膜、结构设计等方面加大研究和开发力度，关键制造设备如干法电极产线、卷对卷预锂机、外壳封装线等也需要强化自主研发和制造。

电极材料是超级电容器的关键组成部分，对电容器的性能影响较大。生产工艺和配套设备条件严苛，尚未完全国产化。一直以来，高品质超级电容活性炭、集流体等关键材料长期被日本、韩国等外国公司垄断，成为制约我国超级电容发展瓶颈，制约了我国新型储能器件的发展。因此需要对国产碳材料进行多次实验测试，通过结构设计、包覆、掺杂等方面研究，提高国产材料的性能和性价比，降低对国外材料的依赖，实现高性能超级电容关键材料国产化和低成本化，促进我国碳材料产业的发展。

电解液的研究和发展对电容器的能量和稳定性十分重要，特别是在汽车、客车、公交等领域，需要探索电解液的高安全性和耐高压特性，以提高电容器的能量密度和安全性。通过采用有机溶剂、离子液体或固态/准固态电解液作为溶剂，同时在不同添加剂的作用下提高电容器的高低温性能和耐高压性能，提高电容器的性能，拓宽工作温度范围，推动我国电容器电解液的发展。

隔膜应当具有较高孔隙率、较低的电阻、较高的抗撕裂强度、较好的抗酸碱能力、良好的弹性及非质子溶剂的保持性能，从而保证离子交换速率、提高电容器的功率性能。目前主要面临的问题和难点有：隔膜产品孔隙率低，孔隙大小分布不均；部分隔膜吸液性能较差，无法保证电解液离子的快速交换；隔膜产品普遍较厚，有碍超级电容器体积的缩小，同时还会增大阻抗，降低自放电性能。可以通过优化工艺、采用纳米化或表面化学改性等方式处理隔膜，以进一步调控隔膜的空隙大小和孔隙率，从而提高隔膜的吸液保液性能。

超级电容器往更高能量密度方向发展对电极片要求越来越厚，对湿法涂布提出更高要求。因此，更多企业也加快开发干法电极技术，形成高性能的厚电极工艺。相比于目前的湿法涂布技术，干法电极技术能够进一步提高电极的厚度，有利于超级电容往更高能量密度方向发展。2023 年 CIBF 展会上，深圳清研、普兰纳米、苏州宝晟、国辉顺乾、嘉拓智能、纳科诺尔、善营自动化、朝阳机械均推出干法极片及其制备设备的相关内容。纳科诺尔联合清研电子推出干法电极成型复合一体机，实现电极膜成型以及电极膜与集流体复合的一体化，辊压宽度可达 450 mm，辊压速度最快 50 m/min，精度控制在 ±1.5 μm，能够批量供 AC 干法电极片，LFP 干法电极片实现中试；普兰纳米主要面向超级电容厂家批量供应活性炭干法电极片，面密度范围主要在 120 ~ 150g/m^2；苏州宝晟推出新型低温干法——纳米导电纤维网络-膜电极连续制备技术及相关设备，不使用任何溶剂将电极活性物质与导电剂和黏结剂固化独立成膜，全过程物料 100% 可以循环再利用，使电极制作成本大幅下降并显著提高极片的导电性和抗拉强度，碳纳米管的分散程度要远大于湿法涂布工艺分散均匀性；嘉拓智能在干电极全工序生产设备(混料、处理 & 成膜、减薄、精轧 & 裁边以及复合收卷)均推出方案，在干法成膜厚度及均匀控制难点上，嘉拓智能的解决方案是双钢带系统成型和多级辊压，可实现不断带连续制备。

5. 2022 年行业重点企事业单位发展情况

国内外对超级电容的研究主要集中在如何提高超级电容的储能密度、功率密度并降低成本以满足车用领域的需求，其研究内容涉及高容量、低成本新材料的研发，实现材料结构可控化、产业化制备，制作工艺方法的改进。"十四五"以来，主要超级电容生产商逐渐脱离单一生产功率型(双电层)或能量型(混合型)超级电容器的模式，开始同时研发和进行市场布局，2022 年重点企事业单位产品和市场情况如下：

奥威科技：2023 年 2 月 1 日，上海市浦东新区举行“2023 年重大科技产业及配套项目首轮集中签约暨开工仪式”，“奥威超级电容器研制改扩建”项目作为本次入选的 146 个重大科技产业及配套项目之一参加了集中签约及开工仪式，标志着“奥威超级电容器研制改扩建”项目拉开建设序幕。奥威将依托现有地块，加快建设高比能量超级电容器全自动生产线，有效产能提升 10 倍，年产值将达到 10 亿元。最新开发的兼具高能量密度、10C 快充、耐高温和长寿命超级电容器成功应用于智能工具和特种储能，在氢-电容混合动力、港口电力质量改善、电动船舶等方面也取得很大进展。

烯晶碳能：烯晶碳能 2021 年成功牵头承担“储能与智能电网”国家重点研发计划项目“低成本混合型超级电容器关键材料与技术及兆瓦级示范”，参与国家电网多个储能调频类示范项目，成功中标配套国际知名电力设备公司的 50 兆瓦调频项目。开发的 HUC 混合型电容兼备高功率和高能量，面向车载冷启动电源、ADAS 冗余电源以及 48 V 微混、高压 HEV、燃料电池车辆以及短时高频储能系统。12V-ADAS HUC 模组已经被某豪华车定点 2022 年批量供货，车规级超级电容产品在多家主机厂进行试验，思源电气已对烯晶碳能实现绝对控股。

中车新能源：主打产品仍然是 9500F 方型 EDLC，3 V 高压 12000F 产品正在开发之中。致力于为交通运输（有轨电车、地铁、新能源客车、乘用车、应急启动）、电力能源（风力发电、智能电网/微电网、光热发电）、工程机械等行业提供先进的功率型储能器件及储能系统解决方案服务，在地铁能量回收和军工应用方面取得较大进展。

今朝时代：拥有超级电容和锂离子电容关键材料、单体、模组、管理系统和系统集成技术，有 EDLC 和 XiSC 两个系列产品，今年刚刚投产方型能量型电容，主要面向车辆、储能和工业电源三个市场。今朝在风电、储能、高功率启停方面有较大市场，已形成以深圳为研发运营中心、青岛为制造产业基地的格局。

中科超容：中科超容近年来集中开发高电压双层电容器，积极推进水系混合电容器的研制，大力推进在储能领域的应用，并提出“三步走”的五年发展规划，期望在 2023—2025 年产品实现销售爆发式增长，启动科创板上市计划。中科超容基于所开发的电极材料和电解质公司已组装形成拳头产品如下：3.2V EDLC 圆柱形产品能量密度约 12 Wh/kg，功率密度大于 15 kW/kg，循环寿命大于 50 万次，工作温度 $-40\sim65$ ℃，3.5 V 产品正在研制中；正在开发的混合型超级电容器能量密度 30 Wh/kg，功率密度 3 kW/kg，循环寿命大于 10 万次。

风华高科：2022 年风华高科在新能源产品领域取得突破，推出能量型锂离子超级电容器产品，在相同规格尺寸下，容量比碳基超级电容器大 10 倍，开发的耐高温型超级电容器技术处于国内领先水平。

Skeleton：德国的德累斯顿超级工厂通过了 ISO 9001 和 ISO 14001 认证，是欧洲最大的超级电容器工厂。在西门子支持下，建于德国 Leipzig 超级工厂是基于石墨烯的超级电容器的生产基地，新工厂计划于 2024 年开始生产，每年预计生产多达 1200 万个电池。西门子与 Skeleton 希望共同推进下一代超级电容器生产，他们将使用 Skeleton 的“弯曲石墨烯”材料，以实现更高的功率和能量密度，目标应用于汽车行业、运输业（如有轨电车）、电网和工业。

6. 2022 年重点车型技术特点分析

随着“双碳”目标、“氢能”快速发展和自动驾驶技术提高，2022 年超级电容在车用领域应用有新的特点，主要体现在超级电容与氢能不断融合发展，如中车长客公司市域铁路、中车铺镇公司数字轨道胶轮电车；超级电容在钢铁行业自动化和智能化应用不断加深，如宝钢采用的 SmartTPC 和首钢云翔的钢卷运输车；超级电容在新型轨道交通无人驾驶技术中取得突破，如武汉空轨“光谷光子号”；超级电容在自动驾驶矿卡中应用取得突破，如中工际华 300 t 无人驾驶智能矿山自卸车。这几种车型技术特征的详细分析如下：

（1）氢能源市域列车

全球首列氢能源市域列车内置“氢能动力”系统，采用氢燃料电池和超级电容相结合的能源供应方式，可实现 600 km 超长续航。因替代了原有接触网供电方案，能量是由氢气和氧气在氢燃料电池中进行电化学反应产生的，其反应过程平稳，噪声小，反应产物仅为水，因而具备环保、零碳等特征。中车长客市域列车 4 辆编组，采用全自动驾驶，最高时速可达 160 km。该车搭载奥威高能量超级电容系统，最高电压为 1950 V，峰值功率 26C，大功率输出和高电压等级对系统热管理系统、耐压和绝缘系统等均提出了新的挑战。

（2）氢能源中运量数字轨道胶轮电车

2022 年，国内首条使用氢能源的中运量公交线路在临港投入运营，线路全长 8.7 km，可与 16 号线与临港 T1 线实现换乘，满载可搭乘 300 名乘客，提升了上海临港公共交通运能。数字轨道胶轮电车，以传统低地板有轨电车为基础重新改进设计。列车采用电磁标记为主，视觉导航和卫星导航为辅的数字化轨道导向方式。车辆采用大容量超级电容和氢能源双源供电技术，即便氢能源供电出现故障，超级电容系统也可以让车辆再行驶 15 km。车辆续航能力极高且充电速度快，线路沿线无须设置供电系统，供电成本大幅降低。上海临港 T2 线为中车铺镇设计开发的国内首条使用氢能源的中运量公交线路，满载可搭乘 300 名乘客，采用氢能源供能，$10\sim15$ min 即加满氢气，续航里程可达 150 km，清洁无污染，如图 1-2-5 所示。

图 1-2-5　上海临港 T2 线

(3)鱼雷罐车和钢卷运输车

鱼雷罐车为钢厂内运输专用车辆，车辆具备自动导航行驶功能，能根据调度系统指令自动实现往返运输，如图 1-2-6 所示。车辆设备年工作时间≥7000 h，每天持续运转作业≥20 h；车辆自重 320 t，重载后质量为 620 t；预估每天平均行驶 27 km，每次循环约 6.6 km（重载约 3.3 km、空载约 3.3 km），每天工作约 4 个循环；露天全天候使用，环境温度 -10 ~ 45 ℃，最大湿度≤95%；作业区域内有扬尘、粉尘；设计按 -9.4 ℃连续3 h 寒冷情况以及夏季极端高温气候条件下，保证正常生产。

热连轧工程钢卷运输系统项目采用超级电容系统作为主动力，可摆脱电缆的束缚，实现长距离、马路交叉等运输方式。超级电容寿命长，充放电次数达到 30 万次以上，且充放电过程可逆，能够在 5 min 左右充满电，满足各类生产线的生产节奏。制动能量回收率在 40% ~ 60%，有效节能，降低能耗。

图 1-2-6　超级电容系统鱼雷罐车

(4)空轨列车

空轨是一种新型低运量轨道交通工具。与传统交通方式不同，其轨道由立柱支撑在空中，列车悬挂于轨道下方“凌空飞行”。空轨行驶不占用地面路权，具有绿色环保、占地少、造价低、爬坡能力强、转弯半径小、环境适应性强等优点，同时兼具观光功能。武汉“光谷光子号”空轨列车车辆应急牵引采用超级电容系统，系统能量 12.9 kWh，最大输出功率 180 kW，列车具备全自动无人驾驶功能，车辆启动、停车、出库、入库、开关门及正线运行等均实现了全过程自动控制。

(5)300 t 无人驾驶智能矿山自卸车

300 t 无人驾驶智能矿山自卸车，搭载超级电容，相比传统燃油车可节能 80% 以上，更加节能环保。同时，颠覆了传统车辆刹车能量浪费，实现了刹车动能回收再利用，在由高向低运载的工况下甚至能实现“永动”运行，如图 1-2-7 所示。

图 1-2-7　中工际华“150 t 无人驾驶智能矿山自卸车”

(6)超级电容车客渡轮“新生态”号

2022 年 12 月 15 日，世界首艘超级电容动力车客渡“新生态”号正式投入长横对江渡营运。该轮正式投运将大力助推崇明绿色交通体系发展，并为我国内河沿海的新能源船舶提供新的应用示范。“新生态”号是世界上首艘运用超级电容、双全回转推进器的车客渡船，由中国船舶重工集团第 711 研究所承建，于 2022 年 9 月底完成建造并交付崇明生态交通集团下属上海市客运轮船有限公司运营。“新生态”号由钢材质构成，总长 65 m，型宽 14.5 m，型深 4.3 m，载重量 210 t，核定载客 165 人，可装载 30 辆中小型车或 14 辆大车。该船采用 625 kWh 高能量密度超级电容作为主动力，具有纯电、零排放、充电快、安全性高、寿命长、营运成本低的特点，充电 15 min 航行 1 h。同时采用两台可以 360°全回转的螺旋桨作为船舶的推进装置，大大改善了船舶的操纵性能，减少船舶靠离码头的时间，对于加快船舶周转、提升运能利用、减少旅客候渡时间有积极的助推作用。与传统以柴油机为主推进动力的常规车客渡船相比较，“新生态”号运行一年预计可节省燃料成本 87 万元左右，每年可减少 730 t 的二氧化碳排放。

7. 超级电容在储能领域的创新应用

(1)能量回收

势能回收：力容新能源“基于超级电容的重力再生电能就地存储再利用节能系统”被《国家工业和信息化领域节能技术装备推荐目录(2022 年版)》列为“可再生能源高效利用节能提效技术”部分中将在全国大范围推行的节能技术。活化干法超级电容电梯节能系统是力容新能源于 2022 年推出的新一代电梯势能回收系统，以综合节电率近 50% 的超级电容电梯势能回收系统为代表的重力再生电能就地存储再利用节能技术申报成功，可广泛适用于存在再生电能的工业变频驱动设备节能技术改造，预计到 2025 年行业普及率可达到 10%，预计每年节约标准煤 12 万 t。经过验证，电能存储再利用转化效率达到 96%，电梯综合节能率达到近 50%，节约了电费并减少二氧化碳排放量，还可应用于再生电能的工业变频驱动设备节能改造。此外，在港口机械势能回收方面，宁波港口采用超级电容作为能量回收装置的节能研究应用项目也于 2022 年开始示范运行，主要设备由浙江大学和杭州思拓瑞吉科技有限公司联合设计制造，思拓瑞吉负责项目总集成以及超级电容能量回收装置的设计及制造，该装置由超级电容储能单元、双向 DC-DC 变换器及控制单元构成，其中 DC-DC（直流储能变流器）由思拓瑞吉自主研发。

机械能回收：城市轨道交通系统中，地铁能量回收是超级电容的重要应用领域。地铁车辆在制动时产生的能量约占牵引能耗的 40% ~ 50%，这部分能量反馈回电网后约 30% ~ 50%（与发车间隔等多种因素有关）被相邻列车利用。由于牵引变电所中整流器采用二极管不控整流，能量只能单向流动，未被临车利用的能量将造成牵引网压升高，危及用电设备安全。2021年，奥威科技同新誉合作已实现搭载高能量超级电容的地铁能量回收应用示范。2022年12月26日，采用宁波中车新能源功率型超级电容储能系统的青岛地铁4号线整线开通运营，将为超级电容储能技术在轨道交通运营过程中的高效节能以及提高牵引供电的稳定、降低地面设备的故障率方面起到较好的示范及推动作用。该能馈系统产品基于双电层超级电容进行研制，能够有效减少城轨电网反送电，实现再生制动能量的合理利用；还可减少列车在隧道内的热量排放，降低列车能耗，吸取效率达到99%以上，具有极高的节能效益。

（2）港口电能质量改善

洋山港自动化码头是全球规模最大的自动化码头，其供电系统中用电回路多处于供电网络末端，距离电源中心较远，随着码头自动化程度提高，桥吊、轨道吊、AVG充电设备的不断接入，网侧电抗逐渐增大，弱电网特性体现日趋明显。因网侧滤波器参数的次同步振荡，严重影响码头作业安全。采用奥威的高比能量超级电容器作为次同步振荡抑制系统中核心器件，发挥其高功率密度、较高能量密度、循环寿命长、安全性高、使用温度范围宽的特点，满足次同步振荡抑制系统所需毫秒级甚至更快的次同步震荡电流响应的需求。基于高功率超级电容的港口用次同步振荡治理装置于2021年12月15日在洋山四期码头正式投切并完成大功率验证，经过一年多的示范应用有效抑制了港口次同步振荡初期发生，确保了码头的可靠运行。随着国内外码头自动化程度提高，码头的电力振荡问题日益增多，高比能量超级电容技术为消除全自动化码头因电网次同步振荡而引发设备大面积脱网的隐患、确保港口正常运作及用电安全提供了切实可行的解决方案，成为未来国际自动化码头的前沿关键技术之一。

（3）电力调频

截至2021年，我国风电、光伏装机规模328 GW、307 GW，合计占全国电力总装机规模比例为27%。2021年风电、光伏发电量6556亿kWh、3270亿kWh，合计占全国总发电量比例12%。根据国家能源局网站，风电、光伏发电量占全社会用电量比重将持续提升，2025年将达到16.5%左右。根据国家能源局统计，2019年上半年，全国调频服务补偿费用达27亿元，占全国电力辅助服务补偿费用比例为21%，仅次于调峰38%和备用36%。超级电容器具有充放电速度快、循环寿命长、安全性高等优势，在电网中应用可快速释放能量，解决大扰动情形下电网频率失稳、电压暂降等问题。

为“双碳”目标添砖加瓦，合众汇能与国内领先的储能技术提供商联合推出“超级电容+”混合储能系统，在火储联调及快速调频技术等领域深度合作。

2月7日，国网江苏省电力有限公司自主研制的国内首套变电站超级电容微储能装置在南京江北新区110 kV虎桥变电站投运。该装置已安全运行三个月以上，虎桥变电站供电电压合格率始终保持在100%，谐波含量量降低15.6%，电压闪变现象也得到根本抑制。超级电容微储能装置多能合一，具有结构紧凑、占地小的优点，可充分发挥变电站内零星闲散空间资源效能。此外，它还可以替代变电站电容器、电抗器，占地仅为传统设备的60%，而且电压曲线控制更平滑，大大提升了变电站的智能化水平。该装置由超级电容储能柜、PCS、EMS以及升压变压器等单元组成。

2022年底，许继集团承接的华能集团福建罗源电厂超级电容混合储能辅助火电机组AGC调频示范项目全功率投运成功，标志着“超级电容混合储能辅助火电机组AGC调频技术研究及示范应用”项目成功实施，该项目也是国内首个大容量超级电容混合储能调频项目。该项目为中国华能集团西安热工研究院有限公司设计和组织实施，装机规模为15 MW/7.5 MWh高功率磷酸铁锂储能系统和5 MW超级电容储能系统，该项目还对缓解当前电力供需矛盾、推动“火储联合调频”模式创新发展和“双碳”目标实现有重要促进作用。许继开发研制了低延时控制系统，实现储能单元对调节功率指令的毫秒级响应，促进火电机组AGC性能大幅提升。

8. 未来车用超级电容器产业发展建议

车用超级电容具有高功率密度、高能量密度、长循环收、高安全性和宽温域等优点，已经在城市公交、有轨电车、矿卡、工程机械自动化等领域得到广泛的应用。按照储能机制，超级电容器主要分为3类：高功率双电层电容器（EDLC）、赝电容和高能量锂离子混合型超级电容器（HESC），提升能量密度、实现关键材料国产化和降低成本是高功率双电层电容器和高能量锂离子混合型超级电容器的共性目标。

（1）材料迭代和体系研究同步进行

基于现有的超级电容器产品水平及材料发展趋势，我们针对性地提出2025发展目标：①突破功率型超级电容关键活性炭原材料的国产化制备技术，活性炭比容量超过160 F/g，高功率超级电容额定工作电压提高到3.2 V以上，高功率超级电容隔膜材料的国产化率超过60%，器件能量密度达到12 Wh/kg，功率密度大于等于50 kW/kg，高功率超级电容实现智能化制造，产品可靠性大幅度提高，在新能源汽车，轨道交通和工业自动化领域得到普及应用。②能量型超级电容单体能量密度大于60 Wh/kg（轨道交通工况），功率密度大于30 kW/kg，寿命50万次，能量型器件理论设计及生产工艺更为成熟，关键材料国产化率大幅度提升。

（2）强化产业链建设

生产成本是制约超级电容产业发展的重要因素。从原材料到生产设备，由于小众行业，未形成规模效应。通过强化产业链建设，降低生产成本，进而实现产业的繁荣与发展。到2025年，单位持续功率销售价格不高于锂电池的1/3。

（3）开发低成本超级电容

近年来随着我国“双碳”目标推进，交通运输领域低碳化推动新能源汽车发展成为必然趋势。在电动汽车的低压电气系统领域，随着汽车功能安全要求，以及国际汽车环保关于电池无铅化进程的推进，超级电容在新能源汽车低压辅助电源上的应用，成为一个全新的产业赛道。超级电容器功率密度高、高低温性能优越、寿命长等特点，完美契合新能源车功能安全的低压超级电容辅助电源要求，各方面优于现有的铅酸电池和锂离子电池方案。

(4)强化政策扶持

国家和各省市层面发布了多项利好超级电容器行业的政策,也是拉动超级电容持续高增长的重要因素。2022 年 3 月,国家发改委、能源局印发了《"十四五"新型储能发展实施方案》,明确了"十四五"新型储能核心技术装备攻关的重点方向,包括兆瓦级超级电容器技术也在重点攻关之列。2022 年 4 月,国家能源局、科学技术部印发《"十四五"能源领域科技创新规划》,提出的重点任务中包括研发电化学超级电容器、高倍率锂离子电池等各类功率型储能器件,推动 10 MW 级超级电容器、高功率锂离子电池、兆瓦级飞轮储能系统设计与应用示范。2022 年 8 月,工信部、财政部、商务部、国资委、市场监管总局五部门联合印发了《加快电力装备绿色低碳创新发展行动计划》(以下简称《计划》)。在《计划》中列示的重点任务中,储能装备方面,推动 10 MW 级超级电容器、高功率锂离子电池、兆瓦级飞轮储能系统应用。2022 年 12 月,工业和信息化部印发了《国家工业和信息化领域节能技术装备推荐目录(2022 年版)》,基于超级电容的重力再生电能就地存储再利用节能系统技术入选。

(八)锂离子电池材料

中国科学院物理研究所 赵文武

1. 2022 年锂离子电池材料产业总体发展与技术突破

2022 年中国锂电池出货量为 655 GWh,动力电池出货量 465.5 GWh,支撑新能源汽车销量 688.7 万辆,我国连续 8 年稳居全球最大新能源汽车市场,新能源汽车市场电动化渗透率达到 25.6%。作为电动化革新的核心技术,动力电池已然成为新能源汽车产业风口,技术不断迭代的动力电池正在成为产业变革的助推器。我国锂离子电池行业不断提升先进产品供给能力,保持快速增长态势,产量持续快速增长,产业规模不断扩大,行业应用加速拓展,助推"双碳"进程加快,为我国经济社会绿色低碳转型作出积极贡献。受新能源汽车以及储能等产业需求的拉动,动力电池行业正迎来新一轮高速发展期,预计 2025 年动力电池进入太瓦时时代,高需求带到电池材料出货量飙升,未来有望保持高速增长,锂离子电池四大主要关键材料技术革新与升级助力动力电池性能整体提升。

(1)正极材料

2022 年中国正极材料出货量为 194.7 万 t。随着 5G 商用化加速以及新型消费电子产品发展迅速,为钴酸锂正极材料提供了新的需求增长空间。目前,通过提高钴酸锂电池的充电电压可进一步提升锂电池的体积能量密度,钴酸锂电池充电截止电压已经从 1991 年最早商业化时的 4.20 V 逐渐提升至 4.48 V(vs Li/Li +),体积能量密度已经超过 800 Wh/L。磷酸铁锂和镍钴锰(铝)酸锂三元材料占据主流地位,市场份额不断扩大,激烈竞争下技术加速迭代,磷酸铁锂正极材料具有成本低、安全性好的优势,已占动力电池 60% 以上份额,高需求下提升质量要求,磷酸铁锂材料的比容量、压实密度等性能指标持续突破,工艺技术进一步提升,2022 年磷酸铁锂/硅负极电池比能量达到 210 Wh/kg,技术进步主要在材料性能改善与优化和预锂化技术。三元材料继续向高镍、低钴或无钴化方向发展,从 NCM523、NCM622 到 NCM811 以及正在研发中的超高镍(Ni90 及以上)三元材料,在提升锂电池能量密度的同时,有效降低三元材料对钴金属的依赖,满足降低锂电池成本和新能源汽车长续航里程的需求,技术层面随着镍含量增加需要更高效稳定的工程技术能力及更精细的生产管理水平;除此以外,已着手开发镍钴锰铝四元材料等新产品,在降低正极材料制造成本与原料成本的同时,改善产品的综合性能。高镍层状正极材料和 5V 尖晶石镍锰酸锂正极材料因其成本及安全性能优势,以及富锂层状氧化物材料因其具有较高的比容量,亦成为研发热点,应用潜力巨大。锰酸锂因成本低、安全性高、低温性能好,主要应用于轻型车市场。在政策和经济的双重驱动下,电化学储能已呈现爆发态势。其中储能电池作为电化学储能系统的关键器件,低衰减长循环寿命是储能专用电池发展关键,以磷酸铁锂储能电池居多,受动力和储能市场增长带动,磷酸铁锂材料的需求快速增长。

(2)负极材料

2022 年中国负极材料出货量达到 137 万 t,负极材料技术方面,天然石墨/人造石墨仍然是当前动力电池的主流负极材料,两种材料占据了负极材料 97% 的市场,其中人造石墨的市场占有率不断提升,石墨类材料比容量已经基本达到 360 mAh/g 接近其理论比容量,首次库伦效率也可达到 93% 以上,压实密度可以达到 1.75 g/cm^3 以上;快充型负极材料充电倍率可以达到 1.5C ~ 3C,极速快充可达到 5C;低硅含量的 Si/C 和 SiO/C 材料已经应用于动力电池产品及相关新能源汽车;高容量 Si/C 和 SiO/C 材料的应用性开发是高比能锂离子电池负极的方向。在负极材料方面,我国负极材料生产企业经过长期发展,各企业形成了自己的产品特色和成本优势,国产化程度接近 100%。钠离子电池关键技术研发、材料制备、电池生产和应用等方面取得明显成效,国内企业已经掌握生产钠离子软包电芯,钠离子正负极材料的制备和供货达到百吨级,已将钠离子电池应用在两轮电动车、AOO 级电动车等领域,产业布局明显加快。为提升负极比容量,含硅负极材料的产品扩产提速,主要有两条技术路线,即纳米硅碳和氧化亚硅,降低单位容量成本是降低硅基材料成本的途径之一。应用于动力电池领域是硅氧材料,硅氧材料通过预锂化技术或者加入第三相复合物提高首次库伦效率,进一步提高比容量。少量氧化亚硅添加的石墨负极的体积膨胀相对较小,循环寿命较好,补锂后首周库伦效率得以提升,420 ~ 450 mAh/g 产品得到大量应用,特别是在圆柱电池。纳米硅碳负极的首周库仑效率较高,但体积膨胀大,循环寿命相对短一些,硅碳材料还需要提高对纳米硅粒度及氧含量的控制性,构建稳固的硅碳二次颗粒复合结构提升材料循环性能。钛酸锂电池具有高安全、长寿命、耐低温充电和快充的性能,但因比同类型石墨负极电池电压低 1.3 V,且成本高约 1 倍,市场逐渐萎缩。

(3)隔膜

2022 年中国锂电隔膜出货量 124 亿 m^2,以湿法隔膜为主,从供需关系看,湿法隔膜供不应求,满产满销。随着对动力电池安全性要求的提高,通常在基膜材料表面涂覆无机陶瓷涂层和/或有机涂层,进行表面改性处理以提高隔膜的耐温性能和/或阻燃性能,并改善与电解液的浸润性。热稳定性高、机械强度高、薄型化的隔膜材料,材质为芳纶、聚对苯二甲酸乙二酯(PET)、聚偏二氟乙烯(PVDF)和聚酰亚胺(PI)是重点发展方向。湿法工艺的 PE 基隔膜已在国内外多家企业实现了规模化生产,涂层隔膜产品得到了广泛应用。

(4)电解液

2022 年中国锂电电解液出货量达到 84 万 t。国内电解液企业以碳酸酯类混合溶剂、六氟磷酸锂电解质盐为主,开发了多款功能型添加剂,优化组合出与动力电池相适应的不同电解液体系,匹配不同材料体系的动力电池。目前开发的电解液电化学窗口可达到 5 V,电导率为 $9\times10^{-3}\sim12\times10^{-3}$S/cm。功能电解液,如高电压电解液、磷酸铁锂快充电解液、阻燃电解液、低温电解液、高镍 NCA 和 NCM811 用电解液等,是目前电解液企业的重要研究方向,基本满足了国内动力电池企业对电解液的需求。

2. 产业标准体系的建设

(1)正极材料

我国从 2006 年起陆续颁布正极产品、前驱体及材料分析方法标准,这些标准明确了专业术语,涵盖了大多数关键性能指标,包括化学成分、晶体结构、粒度分布、振实密度、比表面积、pH 值、首次放电比容量、首次充放电效率、循环寿命等。2022 年还根据技术进步对部分材料标准进行了修订,磷酸铁锂首圈测试标准(GB/T 42161—2022)和循环标准(GB/T 42260—2022),详细规定了磷酸铁锂作为电池正极中极片的制备、电池组装、化成和制备等,同时给出首充效率、循环寿命以及允许的误差范围;YS/T 1125—2023《镍钴铝酸锂》详细规定了该材料的化学成分、颗粒及密度、电化学性能和检测方法及包装运输。

(2)负极材料

我国从 2009 年起陆续颁布多种负极产品、针状焦前驱体及材料分析方法标准,相关标准主要规范了锂离子电池负极材料的各项指标技术指标,包括晶体结构、粒度分布、振实密度、比表面积、pH、水含量、主元素含量、杂质元素含量、首次放电比容量和首次充放电效率等。中关村储能产业技术联盟发布的《钠离子蓄电池通用规范》(T/CNESA 1006—2021),规定了钠电池电性能、环境适应性和安全性能相关测试方法;由工业和信息化部提出,中国电子技术标准化研究院(赛西,CESI)归口并组织起草首批钠离子电池行业标准《钠离子电池术语和词汇》(2022-1103T-SJ)和《钠离子电池符号和命名》(2022-1102T-SJ)。

(3)隔膜

随着锂离子电池产业对隔膜的需求也在不断进步,十几年来形成了一系列隔膜材料的测试和分析方法标准,规定了锂离子电池聚烯烃隔膜的术语与定义、分类、要求、试验方法、检验规则、包装、标志、运输及储存,聚烯烃隔膜、陶瓷复合隔膜或使用其他材质的锂离子电池用隔膜可参照上述标准执行。由于隔膜存在多种材料体系,制造环节制定统一的标准存在很大难度,膜企注重隔膜物理特性,电池制造企业关注应用效果,新标准的制定不仅需要综合考虑标准化设定各种检测方法、装置和条件,还要考虑指标的合理性和先进性。

(4)电解液

我国从 2008 年起陆续颁布锂盐、电解液和溶剂标准,规范了锂离子电池用电解液的要求、试验方法、检验规则等。技术指标涵盖色度、密度(25 ℃)、游离酸、电导率(25 ℃)、水分、金属杂质含量、硫酸根离子和氯离子含量等。从目前技术发展来看,电解液主体仍由碳酸脂基混合的溶剂、六氟磷酸锂、添加剂 VC 和 FEC 等组成,为适应高镍三元、硅碳新体系,必须在氟代溶剂、离子液体混合溶剂、新型复合锂盐以及功能添加剂上突破,电解液标准和检测方法需要做出相应的更新,才能更好适应电解液技术的发展并指导电解液生产。

3. 国内外锂离子电池材料产业发展趋势

(1)正极材料

我国锂离子电池正极材料拥有完善的产业链,有色金属冶炼工艺成熟,正极及其前驱体产业品种齐全,电池及其市场应用规模大、范围广。中国正极材料企业占据份额已经成为全球第一,超过日本和韩国。随着中国正极材料的规模化增大,在正极材料领域的研发和产业化方面达到国际先进水平,可满足动力电池企业对正极材料的需求,并实现了批量出口。国际主要材料企业已经将中国作为主要正极材料生产基地,并对中国企业进行股权投资。

锂离子动力电池正极材料以磷酸铁锂、镍钴锰酸锂、镍钴铝酸锂三元材料和锰酸锂为主,国外动力电池企业的产品主要以镍钴锰、镍钴铝类三元材料为主。我国动力电池企业的产品中磷酸铁锂材料占比较大,2022 年我国磷酸铁锂材料出货量超过 110 万 t,磷酸铁锂材料方面,比容量已经接近 160 mAh/g,技术方面需继续解决材料中锂含量偏低和碳包覆分布不均匀的问题。三元材料满足汽车企业对动力电池比能量和能量密度要求的高要求,2022 年三元正极材料出货量 65.8 万 t,三元材料向高镍化发展,基于能量密度、安全和寿命的考虑,单晶高电压三元材料体现出较为突出的优势,NCM622 的比容量达到 180 mAh/g,高镍三元材料(NCM811)通过定制化前驱体技术、纳米梯度掺杂和纳米均匀包覆路线,比容量达到 205 mAh/g;高电压(5 V)尖晶石镍锰酸锂材料比容量达到 135 mAh/g,更高镍低钴的三元正极材料处于研发和产业化前期阶段,以上材料如何进行产业化仍是需要突破的重点工作。2022 年锰酸锂正极材料出货量 8.7 万 t,因锂电池价格高企,对比铅酸等电池性价比降低,锂电渗透率下滑,带动锰酸锂出货下滑,这个市场对成本最为敏感,降低电池的成本是关键。

(2)负极材料

受益于国内外新能源汽车等终端市场拉动,我国锂电池相关行业发展快速,负极材料市场需求增大,2022 年全年,我国负极材料出货量超过 130 万 t。负极材料以碳材料为主，石墨材料通过二次造粒及表面改性提高材料的倍率性能，优化工艺，控制石墨化规模及成本；无定型碳材料将进一步向提升比容量及首次库伦效率，降低成本方向发展，通过包覆、掺杂及与第三相复合的方式，形成更高比容量及首次库伦效率；高比容量硅基、锡基及其复合负极材料快速发展，进一步提升循环寿命和首次库伦效率，增加其在碳材料中的添加量；硅基负极材料将向高比容量、高首效和长循环方向发展，主要通过提高对纳米硅粒度及氧含量的控制性，构建稳固的硅碳二次颗粒复合结构提升材料循环性能。硅氧材料通过预锂化技术或者加入第三相复合物提高首次库伦效率，进一步提高比容量，降低单位容量成本是降低硅基材料成本的途径之一。355 mAh/g 以上石墨在高端市场得到应用，350 mAh/g 石墨可以实现 3～5C 充电要求。批量生产的硅碳负极材料比容量分别为达到了 420～1500 mAh/g，首次库仑效率可达到 92%。

(3)隔膜材料

锂离子电池隔膜已经实现了高品质聚乙烯和聚丙烯隔膜的规模化生产。在传统聚烯烃隔膜，包括 PP、PE 单层或者多层隔膜的基础上，表面涂覆隔膜(包括聚合物涂覆，陶瓷涂覆，纳米复合材料涂覆、离子导体涂覆等)、聚烯烃隔膜为基膜的陶瓷掺杂隔膜、耐高温材质(包含聚酰亚胺，聚偏氟乙烯，聚对苯二甲酸乙二醇酯等)的聚合物基膜、玻璃纤维等与耐高温聚合物纤维、纳米陶瓷材料复合的无纺布复合隔膜技术和产业化进程开始加速。国产隔膜设备制造厂家与隔膜制造厂家进行了规模化的验证，涂布工艺和装备技术水平，实现了安全且轻薄型锂离子电池隔膜在成本和性能上领先，聚烯烃隔膜基膜 5 μm 隔膜实现量产应用，隔膜安全使用温度 200 ℃以上。

(4)电解液

中国电解液企业通过溶剂、锂盐的纯化以及新型溶剂、锂盐和添加剂的引入，发展高纯度、高稳定性电解液、高安全性电解液、宽温度范围电解液以及高电压，优化等，提升锂离子电池的安全、耐久以及温度适应性，研制并量产多种匹配 LFP 及不同 NCM 比例三元材料体系的电解液，电解液的电化学窗口达到 5 V，电导率达到 $9\times10^{-3}\sim12\times10^{-3}$ S/cm。在提高耐久性前提下，向高电压、高功率、高低温和安全型方向发展。针对正极采用具有较高脱/嵌锂电位的高镍三元材料(NCM、NCA)或者高压尖晶石镍锰酸锂材料及层状富锂锰基材料，负极采用高比容量硅基材料的锂离子电池，发展相应的高比能型电解液；针对大电流、高倍率持续充放电类型的锂离子电池开发高功率型电解液；针对环境适用性高的锂离子电池，开发宽温型电解液，同时安全型离子液体电解液和局域高浓度电解液均在研发中。此外，为了防止锂离子电池电解液发生漏液、燃烧、爆炸等安全性问题，电解质材料正在向不燃化、固态化发展。

4. 目前亟须解决的技术难点及解决方案

① 电解液产业中，部分功能添加剂的设计和生产一定程度上依赖进口；高性能隔膜材料领域，基层无纺布、界面聚合单体等原材料普遍依赖进口。

② 部分高端材料还依赖进口，技术创新能力不足，自主推出的新产品少、产品升级替代慢。

③ 原始创新不足，产学研合作平台欠缺，新能源材料基础研究薄弱，存在重应用轻基础、重模仿轻原始创新、重迭代轻颠覆性等问题。缺少用于原始创新和基础研究的产学研用合作平台，大量创新成果仅停留在实验室研究阶段，没有高效的研发平台将基础研究成果进行工艺小试验证和中试放大研究，阻碍了科研成果的快速转化和产业应用。

5. 2022 年行业重点企事业单位发展情况

三元正极材料生产企业容百科技高镍低钴 8 系、超高镍 9 系及 NCA 系列产品合计销量超过 9 万 t，公司高镍正极出货占总出货比例达到 90%，在半固态电池适用的改性高镍/超高镍三元正极材料、氧化物固态电解质和钠离子电池正极材料、富锂锰基正极材料等领域不断取得突破。2022 年实现收入 301.23 亿元，同比增长 193.62%。

德方纳米是全球技术领先的液相法磷酸铁锂材料生产企业，主要产品为纳米磷酸铁锂材料和碳纳米管，自热蒸发液相合成法技术有效改善磷酸锰铁锂材料的锰离子的溶出问题，提升电池循环寿命，同时研发的非连续石墨烯包覆、纳米化技术、离子掺杂技术等材料改性技术，有效提升电化学性能。2022 年实现营业收入 225.57 亿元，同比增长 355.3%。

贝特瑞是全球最大天然石墨负极材料生产商，拥有天然石墨的表面固相包覆、表面气相沉积、二次造粒等技术，硅碳负极材料产量国内第一。2022 年实现营业收入 256.79 亿元，同比上涨 144.76%。

杉杉股份是最大的人造石墨负极材料生产企业，2022 年营业收入主要来源于锂电池材料和偏光片，合计实现营业收入为 217.02 亿元，同比增长 25.53%。

天赐材料 2022 年共交付电解液超 32 万 t，主要产品包括高温电解液、高温安全型电解液、高功率电解液等系列产品。全年实现营业收入 224.11 亿元，同比增长 102.07%。

恩捷股份主要产品是锂电池湿法隔膜，大量应用于新能源汽车动力电池。实现营收 126 亿元，同比增长 57.7%。

6. 未来几年锂离子电池材料产业发展建议

①世界主要汽车强国在新一代高比能量动力电池研发和产业化方面积极布局，加大投入，未来市场竞争将会更加激烈，需通过强化创新驱动，提升核心竞争力，聚焦关键技术，发挥新能源锂电池创新中心的协同作用。

②新材料和全固态电池等新体系电池的研究和工程化开发，研发投入仍然不足，核心技术专利较为缺乏，需加强基础研究、技术创新和系统集成，加快生产装备和大规模智能制造技术研发。

③上游材料短缺形成了比较严重的制约，锂、钴、镍等资源对外依存度高，价格大幅度波动，需加强国内资源勘探和合理开发利用，参与全球资源投资布局。

④破解新能源动力电池产能结构问题，警惕低端产能过剩、高端产能不足，企业结合实际和产业趋势制定合理发展目标，鼓励集群式协同发展。

⑤完善电池回收利用管理体系。

（九）动力电池测试

中国汽车技术研究中心有限公司 王 芳 高 妍 马天翼

近年来，材料厂、电池厂和整车厂的最新研发应用成果对动力电池产业的发展具有重大推动作用，动力电池新材料（磷酸锰铁锂、硅碳、无钴材料等）、新体系（钠电、半固态电池等）、新工艺（刀片电池等）、新集成（CTP、CTC、CTB 等）技术层出不穷。而新技术的应用离不开动力电池测试评价技术的协同和支撑，也使得动力电池测试技术面临着新的发展和挑战。本文将从动力电池测试产业的总体发展趋势、标准体系建设、测试技术发展趋势和挑战等方面，概述 2022 年动力电池测试产业和技术的发展情况。

1. 2022 年动力电池测试产业和技术总体情况

新能源汽车行业的快速崛起是动力电池测试产业稳步前进的基石，而动力电池测试在新能源汽车产业链和行业发展中扮演着至关重要的角色，涉及整个产业生态中的各个环节，从关键原材料、核心零部件，到模组、系统、整车应用，以及电池退役、梯次利用、材料回收、二手车评估等后市场，形成了产业链的闭环。而碳足迹、可持续性等概念的提出，使得动力电池测试对于整车产业的覆盖面进一步提高。

产业规模方面，动力电池测试产业与新能源汽车行业的发展息息相关。根据公开数据，我国新能源汽车市场在 2022 年依旧保持高速增长的态势，替代传统燃油车的步伐不断加快。从新能源汽车近几年的月度销量走势来看，2022 年新能源汽车销量同比 2021 年增长了 79.3%。截至 2022 年末，我国动力电池累计产量 545.9 GWh，同比增长了 148.5%，其中：三元电池产量 212.5 GWh，占总产量的 38.9%，同比增长 126.4%；磷酸铁锂电池产量 332.4 GWh，占总产量的 60.9%，同比增长 165.1%。同时，我国动力电池在 2022 年的累计装车量 294.6 GWh，同比增长了 90.7%，其中：三元电池装车量 110.4 GWh，占总装车量的 37.5%，同比增长 48.6%；磷酸铁锂电池装车量 183.8 GWh，占总装车量的 62.4%，同比增长 130.2%。出口方面，2022 年，我国动力电池企业电池累计出口达 68.1 GWh，其中三元电池累计出口 46.9 GWh，占总出口 68.9%；磷酸铁锂电池累计出口 20.9 GWh，占总出口 30.7%。其中宁德时代的动力电池装机量最大，达到 130.59 GWh；比亚迪、中创新航分别排名第二和第三，装机量分别为 63.19 GWh 和 14.7 GWh；国轩高科、亿纬锂能、LGES、蜂巢能源、欣旺达、孚能科技、瑞浦能源进入前十，动力电池装机量分别排名第 4～10 名。总体来说，国内电池企业装车增速明显快于海外。

同时，动力电池测试产业的发展也是我国国家政策落实和执行的要求。《新能源汽车产业发展规划（2021—2035 年）》明确了纯电动化发展路线，电动化成为必然的趋势。免征新能源车辆购置税延长、排放限值和双积分等政策持续拉动新能源乘用车市场发展。2022 年 4 月 8 日，由工业和信息化部办公厅、公安部办公厅、交通运输部办公厅、应急管理部办公厅和国家市场监督管理总局办公厅联合发布了《关于进一步加强新能源汽车企业安全体系建设的指导意见》，主要通过增强企业在安全管理机制、产品质量、运行监测、售后服务、事故响应处置、网络安全等方面的安全保障能力，以提升新能源汽车安全水平，推动新能源汽车产业高质量发展。同时，各地方政府也陆续发布了限行限购、充电补贴等政策。而随着国家补贴标准门槛的提高，新能源汽车行业的竞争将继续加剧，测试验证需求会进一步提升。在经济和政策的双重驱动下，动力电池测试产业和相关技术将持续稳健发展。

基于动力电池产业的全球化发展趋势和发展规模，动力电池测试行业也在积极扩展布局。2022 年，中汽中心新能源汽车科技创新基地正式建成并投入使用。基地总投资 19.9 亿元，总建筑面积约 14 万 m^2，拥有 11.6 万 m^2 的基础设施，配套超过 1000 台测试设备以及能源中心、科研中心等基础设施，全面打造了国内新能源整车领域规模最大、测试能力覆盖最全的综合性新能源汽车科技创新基地。

2. 动力电池测试标准体系建设

我国已经构建了较为完善的动力电池标准体系，其中现行有效标准 25 项（国家标准 19 项、行业标准 6 项），包括安全性、电性能及循环性能、互换性、产品标准、关键零部件、回收利用等方面。完善的动力电池标准体系在规范安全性、促进新技术应用以及协调产业发展方面发挥了重要作用。

我国首个动力电池安全性强制性标准 GB 38031—2020《电动汽车用动力蓄电池安全要求》于 2021 年 1 月 1 日正式实施。作为我国电动汽车领域首批强制性国家标准之一，自 2020 年 5 月发布以来，在规范产品生产、引导技术进步、支撑政府管理等方面起到了重要作用。在优化电池单体、系统安全要求的同时，重点电池系统热安全、机械安全、电气安全以及功能安全要求。虽然近年来动力电池安全性技术不断提升，但由于新能源汽车保有量快速增加，动力电池火灾事故仍时有发生，对消费者的购买信心造成影响，需要基于安全事故场景建立标准化测试方法。以固态电池、钠离子电池为代表的新体系，以 CTP（Cell to Pack）电池、CTC（Cell to Chassis）电池为代表的新结构、以大功率充电、换电为代表的新模式动力电池不断涌现。因此，2022 年 3 月，工信部装备工业一司发布的《2022 年汽车标准化工作要点》指出：“启动电动汽车动力蓄电池安全相关标准修订工作，进一步提升动力蓄电池热失控报警和安全防护水平。”

为充分掌握标准实施总体情况，了解标准实施过程中存在的问题，并为修订完善标准提供科学依据，支撑国际标准法规的协调，全国汽车标准化技术委员会电动车辆分技术委员会开展了 GB 38031—2020《电动汽车用动力蓄电池安全要求》标准实施效果评估工作。热扩散方面，在 2020 版本基础上，提出初步研究路径，分析典型案例，并与相关国际标准法规相协调；GB 38031—2020 中允许整车级别热扩散测试，但缺乏相关实施细则；底部防护方面，行业普遍认同动力电池底部机械防护失效风险，现阶段的工作重点是典型失效场景分析；快充后安全方面，随着大功率充电技术的广泛应用，大功率快充带来的额外安全风险受到广泛关注，需要从快充安全风险来源、电池本体风险点、提出具体测试方案几个方向深入研究。另外，回收利用是动力电池实现产业链闭环、降低生产成本的重要环节，也是2022年动力电池标准化工作的重点方向。中汽中心提出了完善回收体系、提高回收从业门槛、明确惩处措施等建议，形成了《新能源汽车动力蓄电池回收利用管理办法》征求意见稿。同时，2022年共有3项回收利用相关国家标准正式发布。

基于国内动力电池测试工作积累，我国积极参与国际标准和国际法规的起草工作。目前电动汽车安全全球法规（EVS-GTR）正在开展第二阶段法规制定，我国专家在电动汽车用动力电池热扩散、浸水安全、振动安全、有毒气体防护等领域持续发挥积极作用，作为“牵头国”或“联合牵头国”主导这四个领域的研究和法规制定。另外，在SAE标准中，中汽中心王芳博士作为SAE Bus Battery Committee的主席，牵头电动客车电池组相关技术报告J3125“Technical Information Report for Integration of Battery Pack Systems in Bus Electrification”的起草等工作，J3125为一份全面的信息报告，为设计、制造一款同时考虑预期寿命和成本价值的性能更安全的设备提供指导，该项标准已于2022年底发布。

3. 动力电池测试技术发展趋势和挑战

随着“双碳”目标的落实与推动，新能源汽车产业飞速发展，直接推动了新能源汽车产业从“政策驱动”到“市场拉动”，步入快车道。动力电池领域，从一开始对整车和电池的测试能力和测试体系的建立，到对电池安全体系的综合认识，再到多尺度、多维度、多工况的电池评价体系的建立，最后到对电动汽车全生命周期的安全评估体系解析，我国已经建立相对完备的测试评价体系并引领全球测评技术发展。但相关测试内容和测试能力仍然不足以覆盖多工况、多场景的动力电池使用需求，实际工况中多因素耦合作用下的全生命周期、全层级评价技术需要进一步深入研究。

具体来说，动力电池测试技术需要重点在电池运行全生命周期的热安全问题、充电安全问题、机械外力损伤带来的机械安全问题，以及全生命周期内电池的损伤累积检测技术4个方面实现突破，通过在测试评价的基础理论和关键技术等方面进行创新，支撑我国在动力电池综合性能的研究中不断突破。

①全层级全过程热安全检测技术。在对热安全事故的调查中发现，很多新能源汽车事故与全链条均有关系，如与原材料热稳定性、电芯设计方案、系统集成方案、制作过程中的异物影响及质控质量、使用过程中的正常衰减及滥用时的过度损耗等。为全面考量电池的热安全性，需要建立从材料到整车的全层级全过程的热安全分析手段，通过多种分析手段了解材料的热稳定性、电芯的热安全水平、系统的热管理和热控制能力，从而支持电池系统热安全水平的提升。

②全维度动力电池充电安全检测技术。新能源汽车的充电安全是涉及充电设施、连接系统、整车、电池的跨产业链综合性问题。就电池而言，需要同时考虑电网的质量兼容性带来的，以及其在过温、过充等条件下的充电安全问题。在不同的电能质量、不同的环境条件、不同的充电倍率、不同的充电热安全性，以及电池在全生命周期内不同的性能下，均需要对充电安全进行系统性的多维度评价，以助力市场选择真正适合电动汽车的最优充电策略。

③全场景机械损伤检测技术。电动汽车在实际运行过程中，除了承受正常工况外，还要承受扫频或随机振动等各类复杂工况，需要面临起伏的路面以及各种严酷环境下的挑战，因此，应考察动力电池在充、放电过程中的多自由度耐振动表现。除此之外，在某些极限工况下，如电动汽车遭遇撞击、托底时，需要开展相关测试来考核动力电池的承受能力。因此，需要建立针对动力电池的全场景全工况的机械安全测评体系。

④电池的全生命周期损伤累积检测技术。动力电池的损伤是一个经过缓慢累积而最终产生的过程，当损伤累积到会导致电池失效和失控的程度，就会出现安全事故。因此，对于前端微量损伤不断产生和累积过程中的各项参数的测试、监控，以及进行及时的多参数融合分析至关重要。为此，应建立一套闭环联动的测评体系，以材料层级与电池失效表现一一对应的原位无损测试手段来揭示失效对应关系，从而更好地支撑材料选型和电池设计。

4. 未来发展建议

在国家政策和科技计划的支持下，动力电池测试行业在2022年得到了持续发展。在新能源汽车大规模应用的前景下，动力电池测试会基于新能源汽车全产业链的关键技术需求，集中力量突破行业所面对的关键问题，构建更为完善的测试评价体系。

中汽中心牵头承担的“十四五”国家重点研发计划项目“车载储能系统安全评估技术与装备”在2022年取得了多项重要成果，致力于建立面向车载储能系统的安全性全寿命维度测评体系，研制无损和智能化检测装备，完善风险在线管控平台，推动新能源汽车安全品质提升，巩固我国动力电池安全测评技术全球领先优势，支撑千亿级电动汽车产业加速发展。总的来说，未来应聚焦全生命周期损伤累积、危害评估等关键问题，从材料、电芯、BMS和系统各层级严格把关，重点突破损伤评估、危害量化、数据协同等关键技术，建立全生命周期内面向产品开发的各层级安全技术和对应的测评体系。全面构建仿真与验证、虚拟与实证深度融合的高端测评生态，全面支撑动力电池安全品质提升。

（十）动力电池回收循环与梯次利用

清华大学环境学院 郝硕硕 董庆银 李金惠

1. 2022 年动力电池回收利用产业情况

（1）新能源汽车和动力电池市场概况

2022 年，新能源汽车产销量继续快速增长（见图 1-2-8）。2022 年，我国汽车产销分别为 2702.1 万辆和 2686.4 万辆。其中，新能源汽车产销分别完成 705.8 万辆和 688.7 万辆，同比分别增长 97% 和 93%，市场占有率提升至 25.6%。纯电动汽车生产 546.7 万辆、销售 536.5 万辆，同比增长 83.4% 和 81.6%；插电式混合动力汽车生产 158.8 万辆、销售 151.8 万辆，同比增长 164.1% 和 151.6%；燃料电池汽车生产 4000 辆、销售 3000 辆，同比增长 105.4% 和 112.8%。2022 年纯电动汽车销售量占新能源汽车销售总量的比例降低至 78%。2023 年 6 月 21 日，财政部等 3 部门联合发布《关于延续和优化新能源汽车车辆购置税减免政策的公告》（2023 年第 10 号），此为第三次发布文件，延续和优化新能源汽车车辆购置税减免政策，其中免征车辆购置税至 2025 年底，减半车辆购置税至 2027 年底。

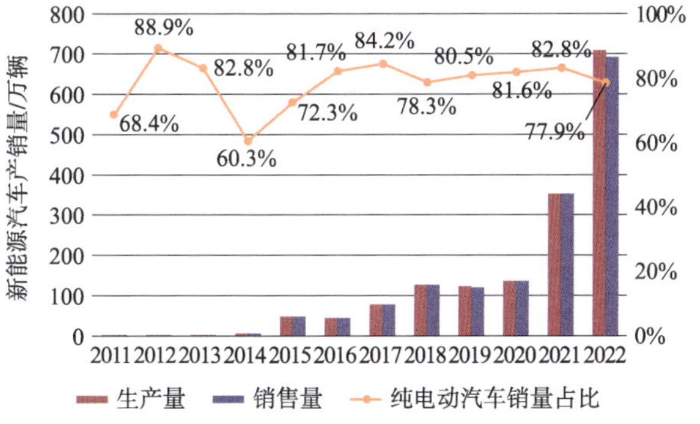

图 1-2-8 我国新能源汽车产销情况（2011—2022 年）

受益于中国新能源汽车市场的强劲需求，中国动力电池装机量再创新高（见图 1-2-9）。2022 年中国市场动力电池装机量约 294.6 GWh，同比增长 90.7%。磷酸铁锂电池装机 183.8 GWh，同比增长 62.4%；三元电池装机 110.4 GWh，同比增长 37.5%。磷酸铁锂装机量完全逆转三元电池，装机市场占比进一步扩大至 62.4%。2022 年 1—12 月，我国动力电池装车量 TOP10 分别是宁德时代、比亚迪、中创新航、国轩高科、欣旺达、亿纬锂能、蜂巢能源、孚能科技、LG 新能源、瑞浦兰均。

（2）回收利用政策形势分析

2022 年，我国政府继续推动废旧动力电池回收利用工作，发布了关于支持动力电池回收利用体系建设、技术研发、污染控制、产业链协同、梯次利用产品认证等方面的一系列政策。

①2022 年 1 月，工信部等 8 部门发布《关于加快推动工业资源综合利用的实施方案》（工信部联节〔2022〕9 号），提出完善废旧动力电池回收利用体系，完善管理制度，强化新

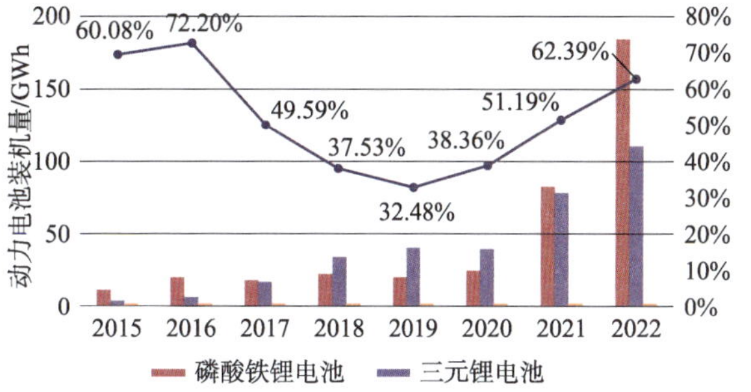

图 1-2-9 我国动力电池装机情况（2015—2022 年）

能源汽车动力电池全生命周期溯源管理，培育一批梯次和再生利用骨干企业，加大动力电池无损检测、自动化拆解、有价金属高效提取等技术的研发推广力度。

②2022 年 7 月，生态环境部发布《报废机动车拆解企业污染控制技术规范》（HJ 348—2022），报废电动汽车拆卸下来的废旧动力蓄电池（不包含铅蓄电池），具有高电压、燃爆、含氟电解液泄漏等安全或环境风险，应符合国家及地方处理处置要求，交售给新能源汽车生产企业建立的动力蓄电池回收服务网点，或符合国家对动力蓄电池梯次利用管理有关要求的梯次利用企业，或者从事废旧动力蓄电池综合利用的企业。

③2022 年 8 月，工信部等 7 部门发布《信息通信行业绿色低碳发展行动计划（2022—2025 年）》（工信部联通信〔2022〕103 号），重点针对电池等基础设施产品，有序开展退网，逐步形成科学完备的老旧设备回收、处理及循环利用体系。

④2022 年 11 月，工信部和国家市场监督管理总局发布《关于做好锂离子电池产业链供应链协同稳定发展工作的通知》（工信厅联电子函〔2022〕298 号），提出从推进锂电产业有序布局、保障产业链供应链稳定、提高公共服务供给能力、保障高质量锂电产品供给、营造产业发展良好环境等方面，做好锂电产业链协同稳定保障。

⑤2023 年 1 月，国家市场监管总局和工信部发布《关于开展新能源汽车动力电池梯次利用产品认证工作的公告》（2023 年第 7 号公告），组建梯次利用产品认证技术委员会，为梯次利用产品认证工作提供政策咨询及技术支持；鼓励在政府投资工程、重点工程、市政公用工程中使用获证梯次利用产品。

对于动力电池回收利用企业，我国实行“白名单”制度，已先后发布四批符合行业规范条件的企业。2018 年 7 月，工信部发布第一批符合《新能源汽车废旧动力蓄电池综合利用行业规范条件》的企业名单，仅华友、赣州豪鹏、格林美、邦普循环、光华科技等 5 家企业上榜，但未标明企业类型是梯次利用还是再生利用，后文以再生利用计算。2019 年底，工信部修订发布了《新能源汽车废旧动力蓄电池综合利用行业规范条件》及管理暂行办法（2019 年本），之后发布了第二批、第三批和第四批符合条件的企业名单。共有 84 家企业（以

企业数量计，同一企业申报的不同批次类型记为1家）、88个项目列入“白名单”，梯次利用48个项目，再生利用36个项目，同时梯次利用与再生利用4个项目。

（3）回收利用市场现状

在国家政策推动下，动力电池溯源管理和回收服务网络建设取得重要进展，回收步伐加快。根据中汽数据报告，截至2022年12月底，累计有159家汽车生产企业和48家梯次利用企业共同设立回收服务网点10056个，已经覆盖全国31个省市327个地级行政区。其中，2家以上企业共同建设的网点2348个，占比23.3%。网点主要分布在京津冀、长三角、珠三角、中部地区和其他地区，分别占9.1%、21.8%、10.4%、19.2%和39.5%。网点主要由汽车生产企业建设，其中98%为依托汽车售后服务机构建设、0.6%为与动力电池综合利用企业合作共建、1%为与报废机动车回收拆解企业合作共建、0.4%为与其他企业合作共建。2022年，全国共有103家综合利用企业开展动力电池回收业务，共回收废旧动力电池10.2万t，同比增长55.2%，回收的三元电池占49.5%、磷酸铁锂占42.2%。2023年1—5月，回收利用11.5万t，回收步伐明显加快。

随着动力电池回收利用市场热度的不断发酵，我国动力电池回收相关企业注册量持续快速增长。从动力电池回收相关企业发展状况来看，2013—2022年期间，动力电池回收企业注册量由214家增加至4.2万家，参与者几乎覆盖了新能源汽车整个产业链条，涉及整车厂、电池生产厂、汽车后市场、三方回收利用企业等不同产业。但是，国内注册的4.2万家回收企业中，列入行业规范条件“白名单”企业的仅80余家，绝大部分为技术实力、回收流程、商业模式有待进一步完善和发展的小企业。

（4）回收利用技术突破

工业和信息化部发布的《国家工业资源综合利用先进适用工艺技术设备目录（2023版）》（征求意见稿）中公布了多项废旧动力电池利用技术装备，包括磷酸铁锂电池拆解利用、高兼容性退役电池快速无损检测与分选系统、动力锂电池再生利用前处理技术、废旧动力电池全流程高质利用技术与装备、新能源汽车动力电池单体自动化拆解及正负极材料修复技术、退役锂电池全组分循环利用关键技术及装备应用等技术，具体内容见表1-2-8。

表1-2-8　动力电池回收利用先进技术

工艺技术设备名称	技术装备简介	主要技术指标	适用范围
磷酸铁锂电池拆解利用	通过对磷酸铁锂电池/极片黑粉湿法回收处理，达到将磷酸铁锂电池中的各个组分精确分离，包含定向除杂氧浸、碳酸锂合成、磷酸铁合成等工序	磷酸铁、碳酸锂回收率95%以上，纯度均达到电池级	退役磷酸铁锂电池回收
高兼容性退役电池快速无损检测与分选系统	建立了一套退役动力电池状态评估方法，通过参数提取，状态预测以及快速分选等工序对电池高效配组。提高分选效率5倍以上，降低成本50%以上	单套设备年电池分选能力约157万块	退役动力电池评估和分类
动力锂电池再生利用前处理技术	可处理带有电量的退役动力电池包，对电池包进行拆解得到电池模组，将电池模组不放电直接破碎后，低温蒸发去除电解液，再将物料按照电池组分进行分类收集，除电解液外的其余物料均可以回收，剩余材料的回收率高于90%	处理能力2t/h；回收率高于90%；混合粉料中锂含量范围2.0%～3.5%；杂质含量范围：铜0.7%～1.0%，铝1.2%～1.5%；铜产品的纯度>93%；外壳纯度>95%	废旧动力锂电池拆解
废旧动力电池全流程高质利用技术与装备	通过撕碎、破碎、干燥、热解、分选、被烧、尾气全流程处理，实现废旧单体电池到黑粉、铜、铝、黑粉焙烧湿法优先提锂高质利用，各工序产生的尾气经尾气处理系统后达标排放	反应区间氧气含量≤0.1%，有机物去除率≥99%，黑粉、铜、铝回收率≥99%，黑粉中铜铝等杂质含量≤1%，铜中杂质含量≤1%，铝中杂质含量≤1%。颅内截面温度均匀性±5℃	废旧动力电池综合利用
新能源汽车动力电池单体自动化拆解及正负极材料修复技术	采用复配洗脱、复合智能识选一体化分离、可控折曲精准分选一体化玻璃和固相修复等技术集成，分离回收动力电池中的七大关键组分，并修复正负极材料，修复产品可直接应用于电池制造，进而再应用于低速车、储能等新能源行业	锂离子电池精细化拆解材料综合回收率95%以上；铜箔与负极材料100%分离，修复硫酸铁锂/碳放电比容量为145.5～148 mAh/g，可满足电池级制造要求	废旧动力电池综合利用
退役锂电池全组分循环利用关键技术及装备应用	采用“物理分离+湿法浸出+短程萃取+低碳烧结”方法，实现了退役锂电池的定向循环；技术包括预处理、浸出、除杂、萃取、陈化合成、材料烧结等工序，通过拆—破—热—份一体化装备、选择性优先提锂、三废协同处置、超长烧结系统等先进装备与工艺，生产镍钴锰酸锂、镍钴锰氢氧化物、电池级锂盐、元明粉、再生轻质建材等产品，实现了退役锂电池资源化	实现芯壳分离率≥99.9%，单体切割效率≥360 PCS/h，铜残留率<1%；镍钴锰提取率达到99.3%，锂回收率可达90%，氨水回收率99.9%；循环再造镍钴锰酸锂产品首次充放电率>92%，克容量>207 mAh/g，对比原矿产品降碳可达49.25%，固体综合利用率提升超过30%	废旧动力电池综合利用

2. 产业标准体系建设情况

（1）国家标准体系

动力电池回收利用方面，按照管理规范、梯次利用和再生利用分为3个系列，每个系列包括4～7个标准。管理规范系列出台了包装运输标准，梯次利用系列出台了余能检测、拆卸要求、梯次利用要求和梯次利用产品标识4个部分，再生利用系列出台了拆解规范、材料回收要求和放电规范3个部分。具体发布和拟立项标准名称详见表1-2-9。此外，《车用动力电池回收利用 通用要求》正在征求意见，《电力储能用锂离子电池退役技术要求》正在审查。

表1-2-9 动力电池生产与回收利用国家标准

分类	发布日期	标准名称及编号
通用要求	征求意见（计划号20213562—T—339）	车用动力电池回收利用 通用要求
技术要求	正在审查（计划号20214481—T—524）	电力储能用锂离子电池退役技术要求
回收管理规范	2020年3月31日	车用动力电池回收利用 管理规范 第1部分 包装运输（GB/T 38698.1—2020）
	正在批准（计划号20205114—T—339）	车用动力电池回收利用 管理规范 第2部分 回收服务网点建设规范
	拟立项	车用动力电池回收利用 管理规范 第3部分 综合利用信息手册
	拟立项	车用动力电池回收利用 管理规范 第4部分 装卸搬运规范
	拟立项	车用动力电池回收利用 管理规范 第5部分 存储规范
梯次利用	2017年7月12日	车用动力电池回收利用 梯次利用 第1部分 余能检测（GB/T 34015—2017）
	2020年3月31日	车用动力电池回收利用 梯次利用 第2部分 拆卸要求（GB/T 34015.2—2020）
	2021年8月20日	车用动力电池回收利用 梯次利用 第3部分 梯次利用要求（GB/T 34015.3—2020）
	2021年8月20日	车用动力电池回收利用 梯次利用 第4部分 梯次利用产品标识（GB/T 34015.4—2020）
	正在起草（计划号20221253—T—339）	车用动力电池回收利用 梯次利用 第5部分 可梯次利用设计指南
	拟立项	车用动力电池回收利用 梯次利用 第6部分 剩余寿命评估规范
	拟立项	车用动力电池回收利用 梯次利用 第7部分 退役判断及分类要求
再生利用	2017年5月12日	车用动力电池回收利用 再生利用 拆解规范（GB/T 33598—2017）
	2020年3月31日	车用动力电池回收利用 再生利用 第2部分 材料回收要求（GB/T 33598.2—2020）
	2021年10月11日	车用动力电池回收利用 再生利用 第3部分 放电规范（GB/T 33598.3—2021）
	拟立项	车用动力电池回收利用 再生利用 第4部分 回收处理报告

（2）地方标准和行业标准

近年来，动力电池回收利用、梯次利用、拆解、材料回收、储存相关地方标准6项，动力电池物流箱技术、污染控制技术、单体拆解技术、容量评定方法及回收服务规范相关行业标准5项，具体内容见表1-2-10。

（3）团体标准体系

动力电池回收利用团体标准繁多，仅2022年1月至2023年6月，动力电池/锂电池回收、拆解与梯次利用相关团体标准就有62项。其中，中国汽车工程协会发布7项，主要包括梯次利用储能、退役技术条件、剩余寿命评估、回收服务网点规范等内容。中国工业节能与清洁生产协会发布5项，主要包括梯次利用、回收拆解、清洁生产技术规范以及梯次电池使用标准。佛山市高新技术应用研究会发布18项，主要包括再生利用产品、预处理产物、梯次利用以及碳排放核算、回收率计算、回收站点建设、放电安全要求、回收技术规范等内容。中国电子节能技术协会发布12项，主要包括回收、破碎、分选、拆解设备技术要求，再生、拆解、回收、放电技术规范、梯次利用以及金属回收率计算等内容。

此外，上海市交通运输行业协会、中国电工技术协会、中国循环经济协会、中国有色金属工业协会等16家单位发布动力电池或锂离子电池梯次利用、回收利用、拆解破碎、碳排放核算等方向团体标准20项，具体见表1-2-11。

表 1-2-10　动力电池回收利用相关地方标准和行业标准

分类	发布日期	标准名称及编号	归口单位/主管部门
地方标准	2017 年 6 月 23 日	电动汽车动力蓄电池回收利用规范（DB31/T 1053—2017）	上海市新能源汽车及应用标准化技术委员会/上海市市场监督管理局
	2018 年 4 月 16 日	车用锂离子动力电池回收利用　放电技术规范（DB34/T 3077—2018）	安徽省汽车标准化技术委员会/安徽省市场监督管理局
	2019 年 11 月 4 日	车用动力电池回收利用低速动力车梯次利用要求（DB34/T 3437—2019）	安徽省市场监督管理局
	2020 年 6 月 22 日	废旧锂离子动力蓄电池单体拆解技术规范（DB34/T 3590—2020）	安徽省新能源汽车标准化技术委员会/安徽省市场监督管理局
	2021 年 2 月 20 日	车用锂离子动力电池材料回收能源消耗限额及计算方法（DB43/T 1988—2021）	湖南省市场监督管理局
	2022 年 3 月 29 日	废旧锂离子动力蓄电池贮存安全技术条件（DB34/T 4102—2022）	安徽省经济和信息化厅/安徽省市场监督管理局
行业标准	2020 年 5 月 11 日	废旧动力蓄电池金属物流箱技术要求（WB/T 1105—2020）	全国物流标准化技术委员会/ 国家发展和改革委员会
	2021 年 8 月 7 日	废锂离子动力蓄电池处理污染控制技术规范（试行）（HJ 1186—2021）	生态环境部
	2021 年 8 月 21 日	车用动力电池回收利用　单体拆解技术规范（QC/T 1156—2021）	全国汽车标准化技术委员会/工业和信息化部
	2021 年 11 月 16 日	车用动力电池回收利用　电芯绝缘性能及容量评定方法（NB/T 10826—2021）	全国绝缘材料标委会/国家能源局
	2022 年 6 月 16 日	废旧动力蓄电池回收服务规范（WB/T 1120—2022）	国家发展和改革委员会

表 1-2-11　部分团体标准列表

公布日期	标准名称	社会团体名称
2023 年 5 月 30 日	动力电池梯次利用企业碳排放量核算方法	北京资源强制回收环保产业技术创新战略联盟
2022 年 12 月 22 日	利用废旧锂电池含钴正极材料制备四氧化三钴绿色工艺要求	全国城市工业品贸易中心联合会
2022 年 2 月 17 日	退役动力电池梯次利用技术规范	山东质量检验协会
2022 年 7 月 29 日	退役动力电池梯级利用性能与安全要求	上海市交通运输行业协会
2022 年 7 月 29 日	退役动力电池分类筛选技术规范	上海市交通运输行业协会
2022 年 1 月 23 日	废旧锂离子动力蓄电池回收管理规范	上海市　自行车行业协会
2023 年 6 月 19 日	锂离子电池行业废隔膜回收技术规范	深圳市电源技术学会
2022 年 9 月 1 日	锂离子电池回收利用　回收及修复磷酸铁锂	新余市新材料产业联盟
2022 年 9 月 1 日	锂离子电池回收利用　回收及修复石墨负极	新余市新材料产业联盟
2022 年 9 月 1 日	锂离子电池回收利用　回收及修复镍钴锰酸锂	新余市新材料产业联盟
2022 年 8 月 3 日	储能用车用动力电池梯次利用技术要求	浙江省标准化协会
2022 年 7 月 5 日	新能源汽车电池回收技术规范	浙江省品牌建设促进会
2022 年 7 月 29 日	电动汽车用动力电池回收利用技术及安全规范	浙江省汽车工业技术创新协会
2022 年 12 月 12 日	锂离子电池负极材料回收　技术规范　石墨类	中关村材料试验技术联盟
2022 年 7 月 19 日	废旧磷酸铁锂电池有价组分提取技术要求	中国产学研合作促进会
2023 年 1 月 6 日	退役动力电池成组及评价分级技术规范	中国电工技术学会
2023 年 1 月 29 日	储能电站用退役动力电池管理系统技术条件	中国电工技术学会
2023 年 6 月 8 日	梯次利用动力锂离子电池技术要求	中国生态文明研究与促进会
2023 年 2 月 21 日	废旧动力电池拆解管理规范	中国循环经济协会
2023 年 6 月 14 日	废锂离子电池破碎分选集成设备	中国有色金属工业协会

3. 国内外产业发展趋势

（1）国外发展趋势

由于环境污染和能源紧张局势日趋紧张，新能源汽车特别是电动汽车产业以其环保节能的优势在全球范围内迅速发展。未来，全球电动汽车及动力电池产业将持续快速发展。据预测，2025 年全球电动汽车对动力电池的需求量将达到 1163 GWh，2030 年将达 2963 GWh，分别为 2020 年的 8.5 倍和 21.6 倍。随着电动汽车和动力电池行业的发展，动力电池回收的衍生问题日益突出。

国外关于动力电池的回收利用趋严管理。欧盟发布《电池与废电池法规》上升为法律层级。美国和日本在废旧电池回收方面有完善的法律法规，但缺乏动力电池专项法规，2022 年出台新政策鼓励动力电池生产和回收利用。

①2020 年 10 月，欧盟委员会公布了《电池与废电池法规》立法提案，将现行电池管控方式由“指令”上升为“法规”，并将电动汽车电池从工业电池中分离出来。2022 年 3 月 17 日，《欧盟电池与废电池法规》获得欧洲理事会一致通过；2023 年 6 月 14 日，欧洲全体议会投票通过。《欧盟电池与废电池法规》新增碳足迹、再生原材料、电化学性能和耐久性、可拆卸和可替换性、二维码标签和 CE 标签、电池管理系统、电池护照、安全性等要求。废电池中关键金属材料的最低回收率要求如下：锂到 2027 年达到 50%，到 2031 年达到 80%；钴、铜、铅和镍到 2027 年达到 90%，到 2031 年达到 95%。用于新电池的制造的最低回收料占比：法规生效 8 年后钴为 16%，铅为 85%，锂为 6%，镍为 6%；生效 13 年后钴为 26%，铅为 85%，锂为 12%，镍为 15%。2022 年 3 月，欧盟委员会发布《欧洲关键原材料法案》提案，旨在确保欧盟获得安全和可持续的关键原材料供应，增加欧洲在精炼、加工和回收关键原材料方面的能力。

②美国分别制定《清洁空气法》《资源回收法》《国家能源法》等基本法，并以颁发许可证的形式，加强对生产企业和回收利用企业的监管。国际电池理事会（BCI）制定了主要针对美国铅蓄电池的回收法规模型（BCI Model Legislation），采用押金制度促使消费者主动上交废旧电池产品，并设立惩罚机制。2022 年 5 月，能源效率和可再生能源办公室发布了两党基础设施法（BIL）电动汽车电池回收和梯次利用资助公告（DE-FOA-0002680），FOA 提供约 6000 万美元，用于资助电动汽车电池回收和梯次利用的研究、开发和示范。2022 年 8 月，美国总统拜登签署了《通胀削减法案》，为在北美地区进行组装的电动汽车提供高达 7500 美元/辆的联邦税收抵免，但要求电动车电池组件必须有 50% 在北美制造或组装才能获得税收补贴，2029 年达到 100%。2023 年 3 月，美国财政部发布了《关于电动汽车税收抵免的电池采购要求指导意见》，车用电池中至少有价值 40% 的锂、镍、锰、石墨和钴等关键矿物，必须是来自美本土或有自由贸易协定的国家，并且从 2024 年开始逐年递增 10%，到 2027 年需达到 80% 以上。

③日本《资源有效利用促进法》主要针对镍镉电池、镍氢电池、锂离子电池、小型铅酸电池等二次电池，规定电池生产者或使用二次电池产品的生产者以及进口商必须建立收集和再循环系统；要求消费者将废弃的二次电池和纽扣电池送到专用的回收设施。2022 年 8 月 31 日，日本蓄电池产业战略研究公司理事会发布《蓄电池产业战略》，提出到 2030 年建立 150 GWh/a 的国内制造基地，全球生产能力达 600 GWh/a。

④韩国《清洁空气保护法》要求获得购买补贴的 2020 年 12 月 31 日前注册的电动汽车产生的退役电池必须退还给当地政府。《电气电子设备和车辆资源流通法》，通过生态保证系统（Eco-AS）对车辆进行管理，限制使用危险物质并规定回收义务，要求基于每辆车的重量物质回收和能量回收的总和超过 95%。《废物控制法》有报废车辆相关废物的分类和回收方法规定。《关于归还电动汽车退役电池的通知》，详细规定了已获得购买补贴的电动汽车退役电池的退货、分离、运输、储存、回收等内容。为了安全收集和储存归还给地方政府的电动汽车电池，韩国在 4 个地区建立了区域收集中心用于收集—性能评估—存储—销售。

由于对原材料短缺导致价格飙升，汽车制造商在布局建设材料回收和梯次利用工厂。国外积极探索退役动力电池在储能方面的梯次应用。根据容量和用途，梯次利用电池在储能系统可大致分为小容量用电和大容量发电、电网应用。近年来，日产、大众、现代、雷诺等车企纷纷加紧布局动力电池梯次利用项目。此外，电力公司正在与汽车企业合作，包括通用汽车、福特、丰田和日产，探索将电池用于固定存储风力涡轮机和太阳能发电站在非高峰时期产生的电力。欧盟境内目前有十余个与动力电池梯次利用相关的项目在运行，大部分是汽车厂（如雷诺、戴姆勒、宝马、日产）与公共机构（如电厂）和研究机构的合作。国外动力电池再生利用技术路线以火法为主。特斯拉材料回收能力大幅提升，2021 年回收 1500 t 镍、300 t 铜和 200 t 钴，仅回收镍的价值就超过了 4500 万美元。优美科利用高温冶金法将动力电池直接高温还原，最终金属以合金的方式回收，高温还原的金属合金经过酸浸后经萃取得到金属盐，并通过高温还原回收金属单质。

（2）国内发展趋势

我国动力电池产业上游矿产资源相对匮乏，对外依存度较高，锂、镍、钴的进口依存度分别高达 80%、80% 和 97%。在新能源汽车产销量持续上升、资源供给相对紧张的背景下，金属锂的价格继续大幅上涨。根据中咨公司报告，2022 年 12 月底，电池级碳酸锂市场均价为每吨 52 万元，同比增长 187%，电池级氢氧化锂市场均价为每吨 55 万元，同比上涨 256%。电解钴较 2022 年 3 月最高点有一定降幅，但仍持续在价格高位，电解镍价格为每吨 22 万元，对下游电池成本持续形成压力。

近年来，在市场全球化和欧美国家逐步出台产业保护政策的背景下，国内锂电材料产业链企业加速海外布局的步伐。其中，宁德时代在德国、匈牙利、印尼建厂；亿纬锂能在匈牙利、马来西亚购地建厂；国轩高科落地泰国、越南；中创新航欧洲基地落户葡萄牙；远景动力布局美国、西班牙；蜂巢能源将在德国建设第二家海外工厂等。中国电池企业加快“走出去”的步伐，经营国际化趋势越来越明显。

2020 年，我国动力电池累计退役量约 20 万 t，预测到 2025 年将接近 80 万 t。根据中汽数据预测，2022 年底，我国新能源汽车累计停用报废 51 万辆，退役动力电池 24.1 万 t，其中磷酸铁锂占 56.6%，预测到 2030 年超过 100 万 t，其中退役磷酸铁锂退役量超过 60 万 t。2021 年后，我国动力电池回收市场已经进入爆发期。目前，我国动力电池回收体系建设以汽车生产企业为主，随着越来越多的私人新能源乘用车更换电池或者报废，特别是前期未进行编码的动力电池的退役，将给受利益驱动的非法回收带来机会，回收渠道问题仍将是未来动力电池回收利用产业的重点和痛点。而针对回收服务网点建设成本投入大、利用率低、规范性难保障等问题，通过共建共享模式完成低成本、高成效的回收服务网点建设可以最大程度盘活存量资源，也将更受欢迎。另外，目前梯次利用仍处于试点应用阶段，拆解、分选、重组等关键技术还在研究，退役电池的一致性问题始终得不到好的解决，限制了梯次利用产品的应用。退役动力电池仍具有 80% 左右的余能，在运输、储存、拆解过程中存在较大的安全风险。此外，目前的梯次利用项目整体经济性不高，商业模式还在探索中。随着磷酸铁锂装机量的不断攀升，未来梯次利用市场将进一步扩大。

4. 目前亟须解决的技术难点及解决方案

我国在退役电池一致性管理、自动化拆解等还存在技术难点，数字化管理及人工智能在监测检查、数据分析、无损检测等领域的应用或可提供解决方案。

目前，我国对退役动力电池的检测与筛选方法较为单一，多数实验仅针对电池单体进行研究，而电池的梯次利用主要是以模组为单位，因此需要在单体电池研究技术的基础上根据电池模组的特点设计更有效的检测与筛选手段。退役电池老化机理的研究积累还较少，应该开展梯次利用电池在不同工作场景下的老化机理研究，建立梯次电池寿命预测体系，对梯次利用储能系统中存在的问题及时进行干预。确保退役电池的安全性是梯次利用的关键，需要深入了解退役电池在梯次使用过程中 SOH 与电池安全性能之间的关系，开展不同工况下退役电池热滥用的“预警—防控—消防”安全监控技术研究，最大限度保障梯次电池储能的安全性。

退役电池一致性管理技术的研究以最小化成组电池单体或电池组间的性能差异为最终目的。近年来虽然在理论方面取得了一些突破，但并未出现可同时满足经济性、安全性和一致性等复杂需求的综合管理技术。目前我国大部分动力电池拆解机械的智能化程度较低，柔性化切割能力较差，安全性能有待提高，仍属于危险性较强且劳动密集型的工作。行业内多数破碎设备为矿山用破碎设备改造而成，存在破碎精度差、碎后粒径一致性差等问题，缺乏专业破碎设备和选择性除杂技术。在拆解过程中，不同类型电池制造和设计工艺的复杂性、串并联成组形式、服役和使用时间、应用车型和使用工况的多样性都会影响拆解复杂程度和安全性等。应加强研究动力电池视觉分选系统与计算机决策系统，增强动力电池单体拆解机械的切割质量与壳芯分离的效率，加强专业化破碎设备和选择性除杂技术的研发，加强对动力电池单体放电、拆解与壳芯分离一体机以及多功能拆解机的设计与研发，并重视和提升拆解过程的安全管控系统设计。

近两年，数字化管理及人工智能在动力电池回收利用各环节的应用成为行业关注的焦点。部分学者指出，回收环节构建数字化的供应链平台，可以提供远程的监测和质检，协助回收企业快速判断电池质量，同时加速交易、融资、仓储、物流等服务；拆解过程建立数据的采集系统，使用多机器人协同拆解，可以实现人机协同和多机协同，开发智能化、柔性化、精细化的系统；梯次利用环节开发数字储能系统支撑电池模组无损利用，从根本上解决退役电池梯次利用中的电池短板痛点。通过数字化管理和人工智能应用，可以建立动力电池生产、应用、售后、维修、梯次、再生等多维溯源数据分析体系，从而实现全生命周期的管理。

5. 重点企业发展情况

国内主流电池再生利用企业中，除中伟集团使用火法技术和赛德美以物理修复为主外，华友、格林美、邦普循环、赣州豪鹏、芳源环保、光华科技等均使用湿法工艺进行电池回收。三元动力电池可以提取镍钴锂等贵重金属材料，是行业研究的热点，主要企业包括格林美、邦普循环、华友循环等。梯次利用重点企业包括铁塔公司、电网系统和中天鸿锂，分别梯次利用于通信基站、电网储能和低速电动车领域。磷酸铁锂电池再生利用价值较低，行业重视程度普遍不足；但是随着磷酸铁锂电池装机量的逆转和碳酸锂价格涨至高位，磷酸铁锂湿法回收价值越来越大，资本市场开始布局磷酸铁锂电池材料再生。

①邦普循环于 2008 年开始建设废旧电池回收体系，是宁德时代控股子公司。邦普循环拥有定向循环技术、正极材料合成技术，率先破解“废料还原”行业难题，镍、钴、锰金属材料总回收率达到 99.3% 以上。2022 年，宁德时代电池材料及回收业务营收 260.32 亿元，同比增长 94.7%。

②格林美成立于 2001 年，是国内外主要的三元动力电池原材料供应商，创立了“动力电池回收—原料再制造—材料再制造—动力电池再制造—再使用—梯级利用”的全生命周期价值链。2022 年，格林美动力电池回收与梯次利用业务实现营收 6.22 亿元，回收拆解动力电池 1.74 万 t（2.10 GWh）。

③华友循环 2017 年成立，致力于退役动力蓄电池的综合利用，是华友钴业全资子公司。2022 年 5 月，宝马集团与华友循环签约，双方将合作对动力电池进行拆解，通过华友循环高比例提炼电池中镍、钴、锂等核心原材料，100% 返回宝马供应链体系，再次用于宝马新能源车动力电池的生产制造。

④赣锋循环成立于 2016 年，是赣锋锂业的子公司，也是国内较早规模化处理废旧磷酸铁锂电池的企业。早在 2016 年，赣锋循环就启动了废旧锂电池综合回收项目，可年处理废旧磷酸铁锂 2 万 t，锂回收率可达 90%。2021 年 11 月，赣锋循环启动三期 10 万 t 退役锂电池综合回收项目，预计 2023 年投产。

⑤西恩循环成立于 2017 年，是西恩科技的全资子公司，2023 年 6 月，环评公示了“年处理 52 万 t 废旧磷酸铁锂电池材料综合回收利用项目”，投资 43 亿元，全部建成后，可梯次利用电池包 28 万 t，年产磷酸铁锂 10 万 t，负极石墨 4 万 t，副产品 21 万 t。

⑥裕能循环成立于 2023 年，是裕能新能源的全资子公司，6 月公示了“年产 2 万 t 电池级碳酸锂生产线项目”环评，

主要以硫酸锂溶液、粗碳酸锂、工业级磷酸铁锂粉等为原料生产电池级碳酸锂。其中，磷酸铁锂粉来自废旧电池及电池生产废料，原料占比33%，年处理量达3.3万t。

⑦中国铁塔是我国动力电池梯次利用的典型企业。除了应用于通信基站备电外，还开展了换电业务。2022年，中国铁塔换电业务实现收入18亿元，同比增长44.8%，中国铁塔开通换电业务的城市超过280个，在网用户90.2万个，驱动电动车行驶超过700亿km，减少碳排放235余万t。

⑧电网系统推进梯次利用电网侧储能电站建设，如“广东梯次利用动力电池2 MW/8 MW储能工程”“深圳动力电池2 MW/4 MW梯次利用储能工程”“甘肃兰石重装6 MW/2 MW梯次利用储能微电网项目”等，相关数据显示，梯次利用储能成本可下降至0.6～1元/Wh，相较于新电池1.3～2元/Wh，经济优势明显。

⑨中天鸿锂成立于2017年3月，专注于废旧动力电池的回收拆解、梯次利用，为天赐材料控股子公司。中天鸿锂通过“以租代售”模式在全国60余个城市推广了55 MWh的梯次产品，为2.2万余辆环卫、观光车等低速车提供服务，并确保了报废梯次产品的回收。

6. 产业发展建议

①加强行业规范管理，增强政策约束力。加快制定《新能源汽车动力蓄电池回收利用管理办法》，推动其上升为部门规章或行政法规。完善利益相关方应当承担的责任，明确相应惩罚措施；建立动力电池回收目标核算制度，进行收集效果评价和企业回收目标考核。加快动力电池回收利用国家标准、行业标准研制，进一步完善动力电池的标准体系。

②完善回收利用体系，强化溯源监管能力。强化信息平台作用，未列入工信部公示的回收服务网点信息，禁止开展动力电池回收工作；建议禁止未在国家溯源平台注册登记的企业开展动力电池回收利用相关工作；未列入规范条件的梯次利用或再生利用企业，限制开展动力电池梯次利用或再生利用相关工作。

③探索资金支持机制，推动梯次产品应用。落实新能源汽车动力电池梯次利用产品自愿性认证政策，鼓励在政府投资工程、重点工程、市政公用工程中使用获证梯次利用产品。支持保险机构发展适合梯次利用产品的财产保险和产品责任保险，为其应用推广提供风险保障。鼓励开发银行统筹用好抵押补充贷款资金、绿色信贷、绿色融资服务等，给予低成本资金支持。

④加强技术研发推广，引导产业健康发展。加强产学研用合作，着力突破退役电池一致性检测、自动化拆解等关键技术，推广先进技术装备和先进工艺，持续提升资源综合利用水平，培育梯次利用和再生利用骨干企业。提高行业准入门槛，避免产能过剩和分布不均。鼓励有能力的企业开展磷酸铁锂、负极材料的回收利用，提升资源利用率，减少碳排放。

（十一）车用驱动电机及系统

上海电驱动股份有限公司　张舟云；中国汽车工程学会战略研究院　赵迁；
上海燃料电池汽车商业化促进中心　贡　俊

1. 2022年车用驱动电机及系统产业总体发展情况

2022年，我国新能源汽车产销量及渗透率持续提升，带动我国新能源汽车驱动电机系统行业快速增长，我国新能源乘用车产销量达到688.7万辆，年产量及保有量持续保持国际领先，驱动电机系统产销量与我国新能源汽车同步增长。由于我国新能源汽车电驱动系统集成形式的不同，2022年驱动电机系统的产销量按照电驱动系统、驱动电机和电机控制器两种类别进行统计。NE时代参照新能源乘用车保险统计数据（见图1-2-10），2022年全年新能源乘用车驱动电机和电机控制器累计装机量分别达到578.2万套和576.3万套，同比分别增长77.6%和77.0%；电驱动系统累计装机量达到355.5万套，同比增长98%，占新能源汽车驱动电机系统的配套总量的51.6%。

从驱动电机系统核心供应链看，以比亚迪、特斯拉为代表的整车自主驱动电机系统企业产销量增速同步快速增长；弗迪动力、特斯拉、蔚来汽车、方正电机、日本电产、联合电子、上海电驱动、中车时代电动等前10家驱动电机企业销售占比达到73.2%，弗迪动力、特斯拉、汇川技术、日本电产、阳光电源、联合电子、英博尔、蔚来驱动科技等前10家电机控制器企业市场占比达到76.6%，弗迪动力、特斯拉、日本电产、蔚来驱动科技、联合电子、中车时代电动、上海电驱动、汇川动力等前10家电驱动系统企业销售市场占比达到78.2%。我国新能源汽车电驱动系统及核心部件的产业集中度依然呈现高度集中状态，除特斯拉、日本电产外，我国自主驱动电机系统的供应商仍占据主流。

在电驱动系统及关键零部件的产品类别方面，我国新能源汽车驱动电机系统峰值功率200 kW以上高功率产品达到53万套，占比近10%；多合一电驱动系统装机量达到41.4万套，占比达7%；扁线电机达到276.2万套，占比达48%；在特斯拉、蔚来、比亚迪、小鹏汽车等新能源汽车高端车型推动下，搭载碳化硅功率模块的电机控制器突破50万套，占比达到9.4%；大功率电驱动总成系统、多合一电驱动系统、扁线电机、碳化硅电机控制器等呈现快速增长趋势。

2. 国内外车用驱动电机及系统产业技术发展现状与趋势

（1）驱动电机及关键零部件技术

在新能源汽车驱动电机方面，高功率密度、高速化、扁导线、低重稀土材料应用是重要方向。基于扁导线定子技术的驱动电机具有槽满率高、效率高、导热性与刚度好的特点，可降低电机体积和重量，提升工况运行效率并改善 NVH 水平。国外如特斯拉、大众、宝马、通用、福特、克莱斯勒、现代、丰田、本田等汽车企业采用 Hairpin 绕组、X-pin、I-pin 绕组等技术实现规模化应用。通过提高驱动电机最高转速，可降低电机转矩要求，减少电机体积和重量，提高功率密度水平，峰值功率密度达 5.5～6.5 kW/kg。特斯拉纯电动汽车驱动电机最高转速从 Model S 最高转速 16000 r/min、Model 3/Model Y 电机 17900 r/min 发展到 Model S Plaid 电机 20000 r/min，大众 ID.4 和 ID.6、博世三合一总成的电机最高转速达到 16000 r/min 以上。在降低重稀土用量和电励磁电机方面，通用汽车采用铁氧体永磁材料实现驱动电机样机研发与验证，宝马、雷诺、日产实现电励磁同步电机批量应用，其中宝马 ix3 的电励磁同步电机峰值功率 210 kW、峰值转矩 400 Nm、最高转速 17000 r/min，峰值比功率达到 5.2 kW/kg。

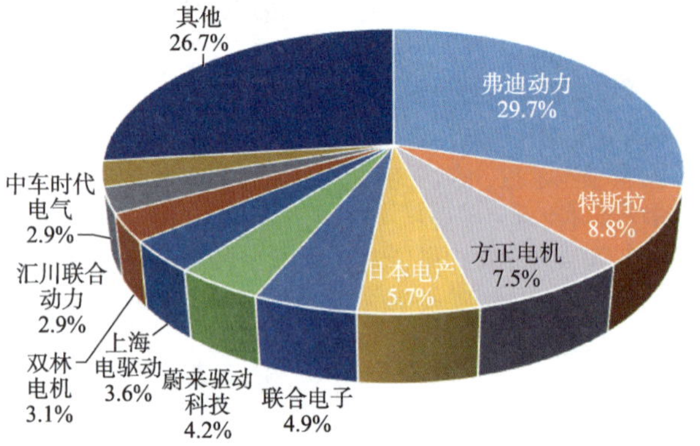

（a）驱动电机销售数据

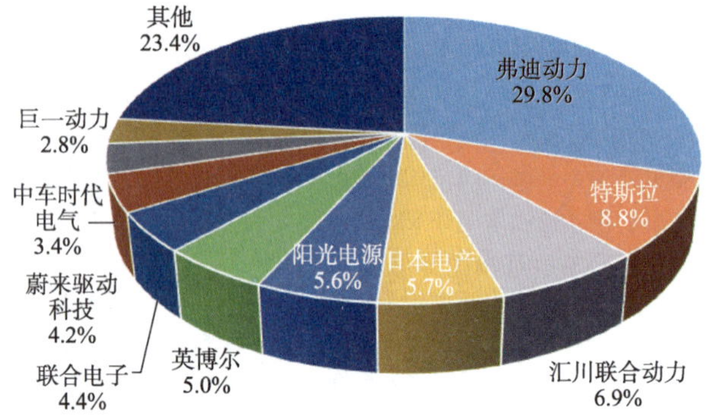

（b）电机控制器销售数据

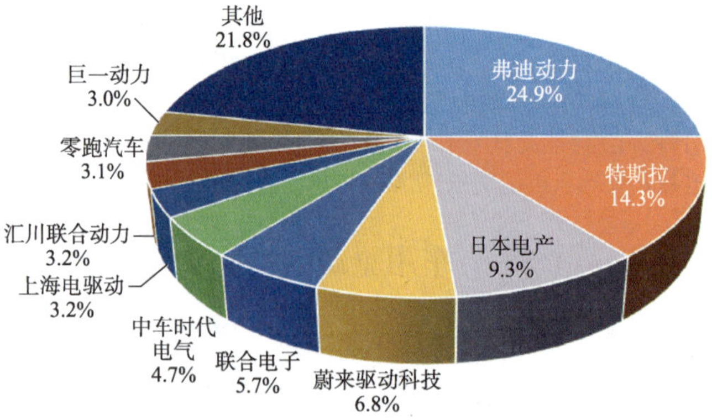

（c）三合一/多合一电驱动系统销售数据

图 1-2-10　2022 年我国新能源汽车驱动电机系统销售数据

我国新能源汽车驱动电机技术发展迅速，功率密度、峰值效率、峰值转速等关键性能指标与国外同行基本保持同步。我国新能源汽车驱动电机产品峰值功率达到 150～300 kW，峰值转速提升至 16000～18000 r/min，兼容 400 V 和 800 V 两种电压平台，扁线电机功率密度达到 5.5～7.0 kW/kg，峰值效率达到 97.5%，驱动电机全工况噪声降低至 75 dB(A) 以下。随着驱动电机高速化和制造水平的不断提升，扁线绕组槽内导体数由 4 层、6 层发展到 8 层及以上，同时降低扁线导体带来的集肤效应和邻近效应影响，提升电机效率及扁线绕组设计的“柔性化”。持续研发多层扁线绕组与工艺，提高电机转速以提升电机功率密度与效率，采用新型油冷或油水复合冷却技术提升电机换热效率，是高密度驱动电机的重要技术方向之一。

我国建立了较为完整的驱动电机关键材料和核心零部件产业链。0.2～0.3 mm 系列化硅钢片的导磁、铁耗、机械强度等关键性能指标较同类产品提升；钕铁硼永磁体在国内市场占据主流，采用重稀土晶间扩散（GBD）及晶粒边界调节（GBM）技术，大幅度减少了重稀土使用量，同时提高磁体性能；耐电晕漆包线漆、耐电晕漆包线、聚酯亚胺浸渍树脂等绝缘材料和电磁线的性能达到国际先进水平，并开始量产应用。持续研发电工材料、软磁合金、耐电晕漆包线、高速轴承等基础材料和零部件，开发适用于新能源汽车动力系统构型的高效冷却、新型工艺及创新结构的电机及高端制造工艺与装备、高精度检测设备等是行业热点。

（2）电机控制器及核心元器件技术

我国新能源汽车电机控制器在高压化、高集成度、高效率等方面取得进展，Si 基电机控制器功率密度指标保持国际先进，自主 IGBT 芯片与低热阻高换热效率封装模块是硅基器件电机控制器的集成形式。国外如电装、博世、大陆、德尔福等集成控制器功率密度已达到 16～30 kW/L，我国基于自主 IGBT 芯片与封装技术的 HP1/HPD 封装模块、双面焊接封装模块等市场占比提升，基于硅基器件的电机控制功率密度达到 16～30 kW/L，与国外同类产品相当。

利用碳化硅（SiC）器件高温、高效和高频特性是提升电机控制器功率密度和效率的关键。由于 SiC 器件的高压优势，更加适合于 800 V 电压平台，800 V 高压系统将带动主驱逆变器、车载 OBC、DC/DC、PDU、超充/快充电桩等大规模应用碳化硅器件。国外特斯拉、保时捷、丰田、日立、日电产等率先量产应用基于 SiC 器件的电机控制器,中国科学院电工所、中车微电子、比亚迪微电子、精进电动、上海电驱动等推出 SiC 电机控制器,其中比亚迪率先实现了碳化硅逆变器在“汉”电动汽车量产。利用功率半导体器件高效冷却与功率部件集成技术,提升控制器集成度、功率密度、效率、电磁兼容、功能安全与网络安全等级是电机控制器重要技术方向。

在电机控制器核心零部件方面,我国自主 IGBT 芯片及模块实现了自主芯片的批量制造及应用,市场占有率逐年提升,我国在 Si 基功率器件芯片结温和电流密度提升方面加大研发和产业化力度。在 SiC 功率器件方面,国外科瑞、罗姆、意法半导体、英飞凌、安森美等在碳化硅芯片方面占据优势,国产 SiC 芯片整车规模小且产业链不成熟;国内嘉兴斯达、中车微电子、比亚迪微电子、三安半导体、基本半导体、芯聚能等采用国外 SiC 芯片和自主封装技术的 SiC 模块的量产推广速度加快。大电流 IGBT 和低比导通电阻 SiC 芯片、低感高密度功率模块、车规级元器件与微处理器等是行业热点。面向更高工作温度(140~150 ℃)的功率组件高温集成需求,薄膜介质在工作温度超过 115 ℃时,存在漏电流急剧上升、耐电压特性下降和材料不可逆收缩等问题,如何通过材料改性来提高其耐温、研制高温电容器是重点挑战。

(3)集成电驱动总成技术

在新能源汽车电驱动总成方面,三合一电驱动总成集成化、高效率、低噪声是乘用车电驱动系统主流技术趋势。扁线电机、油冷技术、碳化硅器件、兼容 800 V 高电压平台、功能安全、硬件加密等核心零部件与关键技术开始应用于三合一总成产品,集成深度由早期的结构物理集成转向电子电气功能深度融合集成;同时,SiC 功率模块及功率部件集成应用方式灵活,高等级电磁兼容、高品质振动噪声、高安全等级等成为关键技术方向。国外整车企业与动力总成供应商如特斯拉、大众、通用、宝马、博世、纬湃、麦格纳、吉凯恩、博格华纳、采埃孚、日电产等推出多种规格的三合一电驱动总成和多电机总成产品,最大功率范围覆盖 250~350 kW,最大输出转矩 3000~5000 Nm。

我国乘用车三合一电驱动总成的驱动电机、电机控制器、高速减速器等核心零部件实现自主,关键性能指标达到国际先进水平。我国整车企业与电驱动供应商如比亚迪、一汽、上汽、长安、吉利、长城、北汽、广汽、蔚来汽车、小鹏汽车、联合电子、上海电驱动、精进电动、汇川技术、巨一动力、中车时代电动、华为技术等推出了功率范围涵盖 50~300 kW、峰值输出转矩 1500~4800 Nm、驱动电机转速 16000~20000 r/min、电压平台兼容 400 V 和 800 V、集成油冷和水冷系统的多种规格电驱动总成产品并实现量产。

面向整车对电驱动总成集成化需求,多合一电驱动总成融合技术成为持续推进电驱动总成与电源系统集成的重要技术路径。多合一电驱动总成融合设计将电机控制器(MCU)、高压配电单元(PDU)、低压 DCDC 变换器与车载充电机(OBC)等电力电子及控制部件进行设计融合,并与驱动电机、高速减速器集成,形成集成度更高的电驱动总成系统。与三合一动力总成和集成电源系统相比较,多合一电驱动总成体积减少 15%~20%、重量减小 12%~15%,同时可缩短各部件之间高压连接长度,降低动力系统电能传递损耗,并减少整车开发周期与成本,我国如比亚迪、长安、吉利等应用多合一总成系统实现了多种新能源汽车量产。

对比乘用车电驱动总成技术发展方向和国外同类产品,我国在电力电子深度集成、跨领域功能集成、轻量化材料应用等需要重点加强研发力度,以持续降低电驱系统总成的重量、体积和成本。在关键零部件方面,我国高速减速器国产化能力不足,缺少高端减速器产品,需要持续加大高速减速器的研发与制造投入,以适应连续提升的高转速低噪声运行需求。

3. 驱动电机系统技术难点及解决方案

①在驱动电机方面,持续提升电机功率密度和效率、噪声品质,降低产品成本是关键核心技术。我国需要在超高效冷却(含油冷)技术、高压化扁线定子 PDIV 绝缘技术、全工况电机低噪声技术,创新电机拓扑与结构(轻稀土/无稀土电机设计、超高转速、超高转矩密度、超高效率)方面加大研究力度,加强基础电工材料、软磁合金、耐电晕漆包线、高速轴承等基础材料和零部件的自主化开发,加强多层扁线绕组线型设计与制造工艺、高速电机转子总成动平衡控制技术、自主化自动化/智能制造/智能检测等高端制造装备等研发力度。

②在电机控制器方面,持续提升功率密度、效率、电磁兼容与安全等级是电机控制器核心技术。我国需要加大高密度功率组件机电热集成技术、国产化功率器件集成应用与验证技术、动力电池脉冲电加热集成控制技术、高电磁兼容等级(Class 4 级及以上)正向设计技术、高功能安全等级和高网络安全等级的电机控制器产品设计与评估等;加强大电流 IGBT 和低导通电阻 SiC 芯片、低感高密度功率半导体器件研发,开展基于国产主控芯片和模块封装的新型电机控制器产品开发与整车应用;同时加大集成电机控制器研发力度,持续提升 DCDC 和充电机集成系统在机、电、热、控制等领域的集成能力,并利用驱动电机定子电感优势,实现大功率电压变换器设计,以适应多种充电设备的匹配。

③在电驱动总成方面,持续提升电驱动总成集成度、工况效率与核心零部件的国产化水平是关键。我国需要在电力电子深度集成、跨领域功能集成、轻量化材料应用等重点方向持续投入和研究,以持续降低电驱系统总成的重量、体积和成本;同时针对我国高速减速器国产化能力不足,持续加大高速减速器的研发与制造投入,支持高价值和稀缺的核心零部件和关键材料研发与产业化。

4. 2022 年驱动电机系统行业重点企业发展情况

在高密度、高效率、低噪声驱动电机方面,我国比亚迪汽车、一汽、长安、吉利、长城、中车时代电动、联合电子、上海电驱动、精进电动、巨一动力等纷纷推出多种规格的扁导线电机产品,扁线电机功率密度、峰值效率、峰值转速等均达到国外同行先进水平。比亚迪、一汽、东风、长安、奇瑞、吉利、上汽、长城、蔚来、理想、小鹏等汽车企业新推出的新能源汽车驱动电机多采用扁线电机技术。据行业统计数据,2022 年中国销量排名靠前的新能源车型中，扁线电机渗透率达 40%，2025 年有望达到 60% ~ 70%。

在驱动电机关键材料和核心零部件方面，宝武集团、首钢集团、鞍钢集团等研制了 0.2 ~ 0.3 mm 系列化硅钢片，导磁和铁耗、温度特性等性能较同类产品提升，获得了全球汽车客户的认可和量产应用。韵升股份、中科三环、烟台首钢等推出钕铁硼永磁体在国内市场占据主流，同时推出了采用重稀土晶间扩散（GBD）及晶粒边界调节（GBM）技术，大幅度减少了重稀土使用量，同时提高磁体性能。在高耐压绝缘材料方面，苏州巨峰、制备出耐电晕漆包线漆、耐电晕漆包线和纳米粒子改性耐电晕漆包扁线；制备出纳米粒子改性聚酯亚胺浸渍树脂，性能达到国际先进水平，并逐步开始量产应用。在高速轴承方面，人本集团、八环轴承、哈尔滨轴承等推出多款最高转速 12000 r/min 以下高速减速器产品，在驱动电机、减速器方面获得应用，最高转速 16000 r/min 及以上转速的高速轴承整体制造偏低，需持续增加投入，推进高精度批量生产技术进步。

在高集成度高效率电机控制器方面，比亚迪汽车、联合电子、中车时代电动、苏州汇川、精进电动、上海电驱动、阳光电源等加快在 SiC 控制器产品研发和应用，推出了功率密度达到 30 ~ 45 kW/L 的多种封装 SiC 电机控制器。国内新能源汽车紧随比亚迪，小鹏汽车、吉利、广汽埃安等先后推出采用全碳化硅模块推出集成高性能电驱系统的新能源汽车。

在国产化功率半导体器件和膜电容器方面，碳化硅模块方面，嘉兴斯达、中车微电子、比亚迪微电子、三安半导体、基本半导体、芯聚能等在碳化硅模块封装方面开始形成规模，量产推广速度加快，但国产 SiC 芯片整车规模小且衬底、外延和器件的完整产业链不成熟。我国在以膜电容器为代表的无源器件方面，厦门法拉、鹰峰电子、比亚迪、中车时代电动等基于国外膜材料研发的 105 ~ 125 ℃膜电容器产品纹波电流能力、容积比、产品寿命等关键性能达到国际先进水平，产品市场占用率达到 50% 以上。

在乘用车电驱动总成方面，我国三合一总成技术与国外同步。比亚迪汽车、长安汽车、一汽集团、东风集团、上汽集团、汇川动力、联合电子、华为技术、上海电驱动、中车时代电动、精进电动等推出了自主三合一总成系统并实现量产。多合一电驱动总成以比亚迪海豚八合一电驱动总成、华为 DriveONE 七合一电驱动总成，长安七合一超集电驱动总成以及零跑科技八合一电驱动总成为代表，比亚迪海豚汽车累计销量超过 20 万辆，多合一总成呈现市场快速增长趋势。

5. 未来几年车用驱动电机系统产业发展建议

针对我国新能源汽车电驱动系统技术和产业发展瓶颈，充分发挥我国新能源汽车市场应用和全产业链优势，聚焦瓶颈零部件与材料，集中支持攻关。面向未来几年我国新能源汽车驱动电机系统产业发展重点与方向建议如下：

①在驱动电机方面，支持基础电工材料、软磁合金、耐电晕漆包线、高速轴承等关键材料和零部件研发，开展适用于整车构型创新电驱动总成研发，研发高效冷却、新型工艺及结构等电机高端制造工艺，支持高速电机高端装备制造与验证；组织上下游行业资源，进行自主软件开发，研发数字化开发方法，实现我国核心零部件研发与产业化完全实现自主，建立完整的电驱动总成产业链与创新链，驱动电机在新能源汽车市场占有率达持续保持领先优势，并提升我国驱动电机出口份额。

②在电机控制器方面，针对核心元器件的技术瓶颈，加强大电流硅基功率器件和低导通电阻碳化硅功率器件、高温电容器研发，开展基于国产主控芯片和模块封装的新型电机控制器产品开发与整车应用、车规级关键元器件与微处理器研发/测试/应用，研发适用于高电压平台的充电设施和高压化电动附件、功能安全开发以及基础软件与操作系统研发与应用，实现 Si 基器件实现完全自主可控，宽禁带半导体器件实现产业化，无源器件材料与高密度封装实现完全自主，主控芯片（MCU）实现国产化，高密度高效率电机控制器实现自主可控。

③在电驱动总成方面，加大对总成技术进步的支持力度，如高密度集成、高效率、高效冷却、低噪声等纯电驱动总成技术，加大驱动电机、电机控制器和 OBC 控制及驱动电路复用、全气候情况下的电机与电池冷却和加热技术等电驱系统深度集成技术研究；鼓励研发高速、高性能减速器产品，支持高价值和稀缺的核心零部件和关键材料，实现我国乘用车电驱动总成及核心零部件自主可控。

④强化新能源汽车驱动电机系统上下游供应链协调机制，统筹保障我国自主供应链安全可控，进一步加强产业链生态建设，培育发展我国驱动电机系统领域完整产业链，构建自主可控、完备的产业链图谱与研发和产业化体系。

（十二）新能源汽车电控

中汽研科技有限公司　王　旭

1. 2022 年新能源汽车电控产业总体发展与技术突破

（1）新能源汽车电控产业总体发展

随着自动控制理论、电力电子技术、计算机控制技术的深入发展，电控系统装置不断快速发展，同时新能源汽车市场的扩张也带动汽车电控系统行业兴起。电控系统中的电机控制器体积功率密度持续增长，电控系统的高功率化有助于提升整车经济性并减轻整车重量，增加新能源汽车续航里程，促进新能源汽车应用推广，其中 2022 年中国新能源汽车电控系统行业市场规模同比增长 91.7%。新能源汽车电控系统行业产业链各环节连接紧密，但受上下游挤压较大，行业内竞争较为激烈。中国新能源汽车电控系统行业产业链由上游电子元器件供应商，中游新能源汽车电控系统集成商及下游新能源汽车主机厂组成。

电控行业竞争格局激烈，比亚迪旗下的弗迪动力市场份额遥遥领先，部分企业常驻前十，甚至仅次于主机厂旗下供应商，如汇川联合动力、阳光电动力等。从市场集中度来看，2022 年电控销量前十的企业占据 76.39% 的市场份额，销量前三的企业占 45.36% 的市场份额，行业集中度较高。从供应商类型来看，销量前十的企业中有三家为主机厂，其中比亚迪旗下弗迪动力市场份额占 29.7%，排名第一；特斯拉市场份额 8.77%，排名第二；蔚来旗下蔚来驱动科技市场份额约 4.16%，三者市场份额合计 42.63%。其余 7 家均为第三方供应商，合计占 33.77% 的市场份额，份额较为平均。从内外资来看，销量前十的企业中只有 3 家外资企业，分别是特斯拉、日本电产和联合电子，三者合计份额约 18.87%；其余 7 家均为内资企业，合计份额占 57.53%。

主流主机厂和电驱动系统供应商均已实现三合一驱动总成的量产。随着汽车电子电气架构的升级，电驱动系统下一步的集成化方向是将电源总成集成到三合一驱动总成中，域控制器方案是在多合一方案基础上进一步集成 BMS 和 VCU。英搏尔的六合一总成是将三合一电源总成和三合一动力总成进行集成；华为的七合一总成是将六合一总成和 BMS 进行集成；比亚迪海豚更是实现了八合一的深度集成，将六合一总成和 BMS、VCU 进行集成。

在电机控制器领域，国内近年来大力推进电机控制器国产化进程，电机控制器的核心——IGBT 模块已逐步实现进口替代，比亚迪、中车时代、斯达半导体生产的 IGBT 模块均已装车量产。其中斯达半导体车规级 IGBT 模块产品性能已接近英飞凌产品性能水平，2020、2021 年全年分别配套 20 万、60 万辆新能源汽车。此外电流传感器、电容器技术也有了飞跃的提升。电机控制器基本实现了整体国产化。2022 年一季度国内电机控制器销量前十企业除了特斯拉、日本电产、联合电子之外其他均为本土厂商。

总体来说，新能源汽车电控行业发展呈良好态势，新能源汽车电控市场前景越来越广阔。未来，新能源汽车电控技术将不断提高，越来越多的电控系统将被应用到新能源汽车中。

(2)新能源汽车电控产业技术突破

①车规级芯片技术突破 + 新 E/E 架构。车规级智能芯片产业应用于智能汽车的边缘端，是智能汽车的"中控大脑"。华山二号 A1000 芯片是国内唯一可量产的单芯片支持行泊一体域控制器的车规级大算力芯片。华山二号 A1000 芯片、华山二号 A1000Pro 的系列芯片，拥有自主核心 IP，实现了高算力、高能效比，已通过严格的车规安全体系认证，突破性地支持多传感器融合，具备丰富的应用可扩展性。新的 E/E 架构算力向中央集中、向云端集中，实现车-云架构一体化。

②100TOPS 以上车规级计算芯片即将实现量产装车。2022 年，车规级计算芯片单芯片算力可超过 100TOPS，并将在多款车型量产前装应用。当前，自主车规级芯片已形成面向 ADAS/智能座舱等功能域的批量应用，大算力车规级计算芯片(单芯片算力 > 100TOPS)正在开展测试试验。国内已有华为、地平线等公司研发出该类芯片，到 2023 年，将形成多款单芯片超过 100TOPS 产品进入量产前装应用，进一步为高级别自动驾驶汽车量产落地提供算力基础。

③第三代半导体电机控制器实现多车企量产应用。第三代半导体的电机控制器是保障电驱系统实现高效化、高速化、高密度化的关键器件，一种采用碳化硅或氮化镓等第三代半导体材料制造的电机控制器。SiC 材料与常用的 Si 相比，具有宽禁带、高击穿场强、高热导率、强抗辐射等明显优势。从 Si 基器件切换到 SiC 基，可实现控制器体积和重量大幅减少，体积功率密度可达到 40 kW/L 以上，峰值效率可达到 99% 以上。2022 年，多家整车企业已量产第三代半导体电机控制器，规模达到 40 万台。

④电驱动系统集成化趋势明显，单管并联方案优势显著。相较于独立的电机电控系统，三合一动力总成可以优化动力总成的体积和减少物料的使用，并简化"三电"系统，可实现成本的降低以及功率密度的提升。根据 NETimes 统计口径，新能源乘用车 50% 以上的电驱动系统都是三合一及以上总成。随着汽车电子电气架构的升级，电驱动系统下一步的集成化方向是将电源总成集成到三合一驱动总成中，域控制器方案是在多合一方案基础上进一步集成 BMS 和 VCU。

⑤域控制器将实现由单域控制向跨域融合形态技术突破。当前正处于从分布式电子电气架构向电子电气架构过渡的阶段，"中央域控制器 + 车云协同计算"将成为整车电子电气架构的长期发展方向。2022 年，域控制器产品将由单域控制向跨域融合形态过渡，进一步降低硬件—软件—功能之间的耦合度，精细化产业分工，加速构建智能网联汽车产业链生态，实现跨域协同和数据共享的技术。

2. 国内外新能源汽车电控产业发展趋势

国外方面，世界主要汽车大国纷纷加强战略谋划、强化政策支持，跨国汽车企业加大研发投入、完善产业布局，新能源汽车已成为全球汽车产业转型发展的主要方向。在此背景下，国外新能源汽车电控产业也呈现出快速发展的态势，国外新能源汽车电控产业在动力电池、驱动电机、电控器等关键技术方面具有较强的创新能力和竞争优势，尤其在高端芯片、高压平台、第三代半导体等领域处于领先地位。国内新能源汽车电控产业在动力电池、驱动电机、电控器等关键技术方面取得了一定进步，但仍存在核心材料、高端芯片等方面的短板和依赖。这需要多种技术路线并行发展，各类主体合力攻克关键核心技术。

(1)电驱动系统集成化

电驱动系统集成化优势显著，未来趋势明确。电机、电控和减速器构成的三合一驱动总成，以及 PDU、OBC、DC-DC 构成的三合一电源总成，是主要的集成技术路径，相比于独立零部件，三合一总成节省了接插件以及壳体等物料的使用，实现了重量和体积上的降低，从而在功率密度以及成本上更具优势。此外，在三合一总成的基础上可以实现进更深层次的集成，将三合一驱动总成和电源总成进一步集成为六合一电驱动总成产品。以英搏尔的六合一总成为例，三合一电源总成较单体零部件可以实现降本 500 元，六合一总成在三合一总成的基础上可以实现降本 1000 元，合计降本 1500 元，电驱动系统集成化产品功率密度和成本优势显著，未来趋势明确。

（2）电控技术迭代，碳化硅器件有望逐步应用

新能源汽车电控主要由功率组件、控制软件和传感器组成，其中传感器包括温度传感器、电流/电压传感器、转子位臵传感器等，控制软件包括 AUTOSAR 等软件架构，功率组件包括 IGBT 模块、SiC 模块等功率器件。

目前主机厂主要选择的方案是 IGBT 模块，随着高电压平台的渗透，碳化硅模块的渗透率有望逐步提升。同时整车电压平台从 400 V 往 800 V 发展，电驱动系统的耐压器件电压随之上升，随着电机高速化，电控的开关频率同样需要增加，在两者共同要求下，耐压等级高、开关频率范围宽的第三代功率半导体碳化硅有望成为主流技术路径。碳化硅可以有效减少导通损耗和开关损耗，整个电控系统效率会得到大幅提升，新能源汽车续航里程得到增加。

（3）优化电控系统效率已成为研发重点

电控系统作为新能源电动汽车电驱动总成的核心，对整车的动力性、经济性具有重要影响。近几年来，中国新能源汽车电控系统行业在关键技术领域快速发展，产品系列化基本可满足 200 kW 以下动力需求。但中国在电控系统关键零部件 IGBT 模块领域仍不具备完全自主开发的制造能力，导致中国新能源汽车电控系统产品的功率密度为 12 ~ 18 kW/L，与国际领先产品的 20 ~ 35 kW/L 仍有较大差距。现阶段，中国新能源汽车市场中主流电动乘用车平均续航里程约为 300 km，与传统内燃机汽车相比续航里程较短，因此，新能源汽车电控系统的效率提升成为研发重点。

（4）硬件智能化、软件定义汽车成主流趋势

集成式 EEA 是应对汽车功能和复杂性增加的关键环节，硬件智能化和软件定义汽车将成为两大主流趋势。为适应汽车功能和复杂性的增加，汽车电子电气架构正在发生前所未有的变革，对于车内的计算、网络、电源以及车载软件等系统都会产生深刻影响，并从方方面面影响着电气架构系统辅助驾驶、信息娱乐、电池管理、车身控制等各种功能的实现。集成式 EEA 趋势下，ECU 功能将会更加集中，数量减少；芯片集成化程度也会提高，性能不断提升；车载传感器种类更加丰富、数量增加，以构建冗余传感系统全面收集路况数据；同时，布线方式的优化、铝导线的应用也为自动驾驶铺平了道路。软硬件的分离便于促进软件开发效率的提高、实现汽车的 OTA 升级，软件定义汽车将成为行业新潮流。

3. 目前亟须解决的技术难点及解决方案

（1）提高电控系统的集成化程度，以节省空间、降低重量、提高效率和可靠性

解决方案：①将电机、电机控制器、减速器等部件进行一体化设计，实现二合一、三合一或多合一的集成方式，以减少线路连接、降低能量损耗、节省空间和重量。②将电控系统与其他子系统进行协同控制和优化管理，实现智能化和自适应性，以提高整车性能和用户体验。③采用模块化的设计理念，将电控系统拆分为不同的模块类型，通过组合各个模块形成新的产品，以满足不同客户的定制化需求，加快研发速度，丰富产品线。

（2）提高电控系统的智能化水平，实现对电池、电机、车辆等多个子系统的协同控制和优化管理

解决方案：①新能源汽车电控系统需要利用人工智能、数字孪生、物联网、区块链等数字技术，构建能源数据采集、分析、决策和执行的闭环，实现能源系统的智能感知、智能调控和智能优化。②新能源汽车电控系统需要利用智能算法和优化方法，实现电池、电机、车辆等子系统之间的协同控制和优化管理，提高能源效率、安全性和可靠性。③新能源汽车电控系统需要利用网络与信息安全技术，保障电控系统的数据安全和隐私保护，防止恶意攻击和数据泄露。④新能源汽车电控系统需要利用模块化和标准化的设计理念，实现电控系统的灵活配置和快速更新，满足不同客户的个性化需求。

（3）提高电控系统的自适应性和兼容性，实现对不同类型、规格、品牌的电池和电机的适配和调节，以满足市场需求和降低成本

解决方案：①采用电力电子集成优化设计技术，将车规级功率模块、超薄膜电容器与复合母排、高效散热器以及功率部件连接件的优化设计，进一步提升电机控制器本体功率密度，降低体积和重量同时提高可靠性和效率。②采用双核 MCU（微处理器）芯片，实现对不同类型和规格电机的控制算法快速切换和调整，提高控制精度和响应速度并降低能耗和噪声。③采用自主 IGBT 芯片、双面焊接与双面冷却技术、自主驱动芯片和电力电子集成封装技术，提高电机控制器的抗干扰能力和稳定性，并实现对不同品牌和参数电池的兼容和保护。④采用一体化电驱动总成。同时，通过将驱动电机与减速器直接集成为通用模块化产品，实现对不同车型和工况的适配和匹配，提高电驱动总成的 NVH 水平。

（4）提高电控系统的安全性和稳定性，实现对故障诊断、故障预警、故障保护等功能的完善和优化，以保障整车运行安全和延长使用寿命

解决方案：①选择合适的电机类型和控制方式，根据不同的应用场景和性能要求，选择合适的电机类型以及相应的控制方式，以提高电机的效率、响应速度、精度和可靠性。②优化电控系统的设计和集成，根据不同的工作环境和目标要求，设计和选择适应不同温度、湿度、气压、大气污染等条件的电控设备，增加设备的抗干扰能力和稳定性，减少电磁影响对系统性能的影响。同时，利用先进的集成技术，将电机控制器、辅助控制器、DCDC 等部件集成在一起，节省空间、提高效率。③采用高性能的功率半导体模块，功率半导体模块是电控系统中实现能源变换和传输的关键部件，其性能直接影响了电控系统的效率和可靠性。④利用智能化的故障诊断和保护技术，利用先进的传感器、信号处理、数据分析等技术，对电控系统中的各种参数进行实时监测和分析，及时发现并诊断故障原因，采取相应的保护措施，如降低功率输出、切断高压回路等，以保障整车运行安全。同时，利用云计算、物联网等技术，实现远程监测和管理，提供故障预警和维修服务。

4. 未来几年新能源汽车电控产业发展建议

（1）电池管理系统的创新

BMS 分布式无疑是未来发展的趋势。它的模组和电池

包分级管理，更好地实现模块化管理。此外无线 BMS 成为技术研发和应用的重要方向，逐渐取代电池组和电池管理系统之间的传统有线连接。无线连接方案使得电池组位置摆放更加灵活，同时具备更好的可扩展性，可根据应用需求容易地增加温度、电流等更多的传感器，能够具备时间同步上的优势。加快推进 BMS 技术创新，对新能源汽车的使用安全、性能和寿命等方面有着重要的意义。

(2)电机控制系统小型化、集成化与智能化

随着电子技术的进步，电机控制系统将趋向于小型化和集成化。传统的电机控制系统通常由多个独立的设备组成，占用空间大且安装维护复杂。未来的电机控制系统将采用集成化设计，将多个功能模块集成在一起，实现电机控制和监测的一体化，从而节省空间和减少系统复杂度。电机技术也应该向智能化方向发展。未来的电机将会拥有更加智能化的控制系统，能够更好地适应不同的工作环境和工作场景。同时，电机智能化也将会极大地提高电机的运行效率和稳定性，从而更好地满足人们不断增长的需求。

(3)控制器应从分布式向集成式过渡

主机厂应该从 ECU 向 DCU(域控制器)迁移，以功能域的维度把原来的计算单元进行整合，使得 DCU 成为软硬件结合、定义汽车的产物。在未来发展中，分布式将会往集中式发展，目前的车身域控制器、座舱域控制器、智能驾驶域控制器、底盘域控制器等功能域控制器将往中央计算平台迁移。

(4)提升新能源车电控行业产品质量

未来，提升新能源车电控行业产品质量是发展新能源车电控行业的核心任务，具体措施可分为以下两大部分：

①政府方面：政府应当制定行业生产标准，规范新能源车电行业生产流程，并成立相关部门，对科研用新能源车电控行业的研发、生产、销售等各个环节进行监督，形成统一的监督管理体系，保证新能源车电控行业产品的质量，促进行业长期稳定发展。

②生产企业方面：新能源车电控行业生产企业应严格遵守行业生产规范，保证产品质量的稳定性。目前市场上已有多个本土新能源车电控行业企业加强生产质量的把控，对标优质、高端的进口产品，并凭借价格优势逐步替代进口。

(5)全面增值服务

单一的资金提供方角色仅能为新能源车电控行业企业提供“净利差”的盈利模式，新能源车电控行业同质化竞争日趋严重，利润空间不断被压缩，企业业务收入因此受影响，商业模式亟待转型，除传统的新能源车电控行业需求外，设备管理、服务解决方案、贷款解决方案、结构化融资方案、专业咨询服务等方面多方位综合性的增值服务需求也逐步增强。中国本土新能源车电控行业龙头企业应该在定制型服务领域发力，巩固行业地位。

(十三)新能源汽车自动变速器

清华大学　宋　健

1. 2022 年新能源汽车自动变速器产业总体发展

2022 年新能源乘用车和商用车都得到了快速发展，销量上以纯电动为主，插电混动销量也在快速上升。乘用车方面，插电式混动车型销量相比 2021 年取得了长足发展，其中比亚迪、长城、吉利、奇瑞等厂家所开发的混动车型均配备了混动专用变速箱，比如比亚迪的 DM-i 系统、长城的柠檬 DHT、吉利的雷神 GHS2.0 系统、奇瑞的鲲鹏 DHT 等。纯电动乘用车方面主要以减速箱为主，主要是速比增大和输入转速的提高，少数厂家提供了两挡的产品，但不是市场的主流。

在商用车方面，2022 年纯电动重卡市场异军突起，市场销量增长 2 倍以上，以 4 挡纯电专用自动变速器为主，在自卸车、牵引车领域取得了很好的应用效果，在纯电动矿卡车型上，双输入动力不中断的变速器也开始应用。电驱桥也是很有发展前景的一个方向，轻卡或者更小车型的电驱桥以单减为主，牵引和自卸所采用的电驱桥，有 2～4 个挡位。在混合动力轻卡方面，江淮、福田、一汽等厂家都推出了混合动力的车型，动力系统方面有以 6 挡自动变速箱为基础的 P2 并联混动，也有以行星排为基础的功率分流方案，也有增程方案，还有一些车型采用串并联方案。在混合动力重型车方面，以 P2 并联为代表的方案多个厂家都在开发，以双电机混联为代表的方案在路况较差的车型上开始应用。从国外来看，商用车的混动基本上以基于多挡混动专用变速器的 P2 并联为主，也有斯堪尼亚的行星排加多挡箱混联方案。

2. 产业标准体系的建设

新能源自动变速器发展迭代较快，尤其是乘用车与电机、电控集成度较高，结构形式各异，导致新能源自动变速器标准并不多，只有纯电动乘用车方面因主要以减速箱为主，有全国汽车标准化技术委员会(SAC/TC114)编制《QC/T 1022—2015 纯电动乘用车用减速器总成技术条件》，其他类型均没有产品标准可以借鉴，更多是参考传统变速器行业标准和企业自行制定企业标准，随着新能源产品市场占用率不断提升，产品架构趋于稳定，急需推进产品标准体系建设，让行业更好发展。

3. 国内外新能源汽车自动变速器产业发展趋势

(1)纯电动变速器发展趋势

纯电动变速器随着乘用车电驱动三合一的进化，已经和电机、减速器、电机控制器的集成为一体。“三合一”驱动集成在车辆各系统的布局可以更加灵活，产品的集成化后在性能、集成度、尺寸、重量、成本方面的优势更明显。对于用户来说，可获得最大化的乘坐空间及宽敞的储物空间。再加上汽车更加轻量化，使得电动汽车的续驶里程更长。

随着集成度优势体现，对集成度要求会越来越高，更高集成化的代表有：比亚迪海豚的八合一、华为的 DriveOne 七合一、上汽变速器和威迈斯七合一。比亚迪海豚的八合一包含：VCU、BCU、PDU、DCDC、OBC、MCU、电机、减速器八大部

件。华为七合一包含:BCU、PDU、DCDC、OBC、MCU、电机、减速器七大部件。上汽变速器 & 威迈斯七合一包含:电机、电控、减速器、OBC、DCDC、PDU、DCU(Domain Controller Unit)。

对于纯电动乘用车变速器(减速器)电驱总成高速化的趋势确立,减速箱的减速比将逐步提高,对齿轮和轴承厂家将提出更大的挑战。

对于纯电动商用车变速器(减速器)来说,少挡化趋势也非常明显,在2022年异军突起纯电动重卡市场上,以4挡纯电专用自动变速器为主代替传统的12挡变速器。在重型矿卡车辆上,以苏州绿控为代表的双电机动力不中断变速器逐步成为主流。

(2)混动专用变速器技术发展现状

混动专用变速器DHT可以分为多模式混动专用变速器(MMT-DHT)和功率分流混动专用变速器(PS-DHT)两类。多模式混动专用变速器则主要以比亚迪、本田、吉利、长城、奇瑞、广汽、东风等为主要代表。功率分流主要以丰田、通用、科力远等为主要代表。随着双电机多模式混合动力系统在国内市场取得较大成功,双电机多模式混合动力系统解决方案也成为国内车企最受欢迎的方案之一。这几年国内车企混动系统不断迭代升级,双电机多模式混合动力系统路线的推广及应用逐渐扩大,各大主机厂及企业均开发了类似多种双电机多模式混合动力系统技术路线的产品,在构型上虽然存在差异,但工作原理上大体相同,如比亚迪超级混动DM-i(P1+P3)、长城柠檬DHT(P1+P3)、奇瑞鲲鹏DHT(P2+P2.5)、吉利雷神动力DHT-Pro(P1+P2)、广汽第二代G-MC(P2+P3),其中不乏有多挡方案,如长城两挡、吉利三挡、奇瑞三挡、广汽两挡等,在2022年以比亚迪为代表国内汽车厂商在混动专用变速器市场上取得了巨大突破,国产混动专用变速器技术已达世界领先水平。

现阶段DHT典型技术特征主要表现在以下4个方面:第一,DHT匹配搭载混动专用发动机(DHE),通过发电机、驱动电机的调节,实现发动机在高效率区间相对恒定的运行。“DHE+DHT”的组合已经成为各大主机厂的共识。第二,高集成、高功率密度的电机是当前DHT开发的核心。油冷、扁线、多层绕组、高转速、主动冷却系统等成为DHT电机的典型技术特征。第三,平台化的P1X技术构型,可实现纯电、串联、并联的工作模式,使整个混动系统达到高度的平台化应用。第四,动力控制模块高度集成。

典型混动专用变速器技术如下:

①丰田THS。作为功率分流混动专用变速器的典型代表,丰田推出的THS经过近20年推广,至今已经发展到第四代。THS最典型的标志就是功率分流的行星排,可以将发动机的功率分配给整车和发电机。第四代THS采用双电机平行布置的新型轴系方案改用平行轴齿轮代替原来的行星齿轮减速机构,能有效缩短变速器的轴向长度。其中动力分流行星排和前几代相同,将发动机的功率分配给整车和发电机的驱动功率。采用发电机与太阳轮连接,发动机与行星架连接,齿圈作为输出,输出轴同时与齿圈外齿和驱动电机输入轴齿啮合并将动力传递至差速器(见图1-2-11)。

②本田i-MMD。本田i-MMD作为混联构型的专用混动变速器代表,经历了4代发展。第四代新专利与当前IMMD方案模式对比,保留了纯电动EV模式、串联模式、混动HEV模式;同时增加了W马达模式,即双电机纯电动驱动模式,混动模式增加了发动机两挡(2AT)结构。结构上,发动机和发电机连接关系采用丰田THS方案布局,通过第一行星排连接,单向离合器1防止发动机反转,同时为双电机驱动模式下给发电机驱动提供力矩支撑,实现发电机的动力正常输出;同时发动机传动链增加2AT结构,即“第二行星排+两个湿式离合器”,双离合器配合使用实现两挡传递。为减少纯电动模式离合器拖曳,驱动电机MG2传动链增加单向离合器2结构,动力只经过中间轴,不传递至第二行星排等零部件(见图1-2-12)。

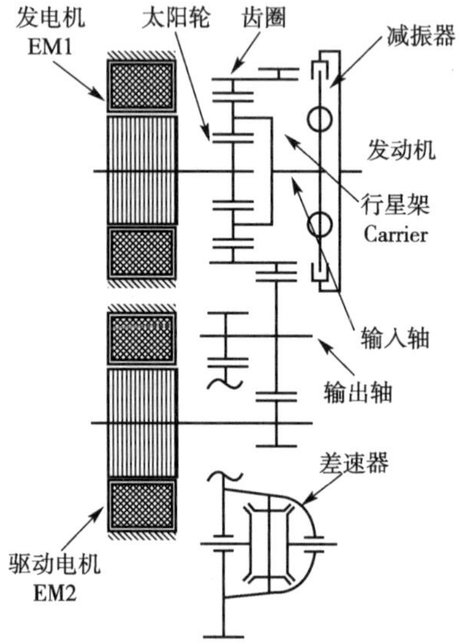

图1-2-11 丰田THS技术

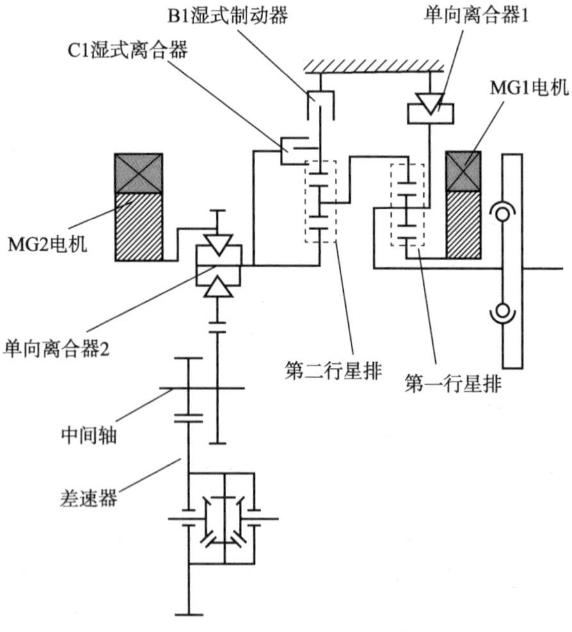

图1-2-12 本田i-MMD技术

③比亚迪DM-i。比亚迪混动系统经历了4代技术更新,第四代DM-i在2021年强势爆发,并在2022年迅速引领市场。其采用P13的串并联构型,由双电机、双电控、直驱离合

器、电机油冷系统、单挡减速器组成。传动部分采用平行轴式架构，发电机与发动机通过齿轮副连接，通过湿式离合器控制动力是否介入。驱动电机采用成型绕组技术的超高转速扁线油冷电机，转速高达16000 r/min（见图1-2-13）。与之匹配的是骁云系列混动专用发动机，代表车型为秦PLUS DM-i、宋PLUS DM-i、唐DM-i。

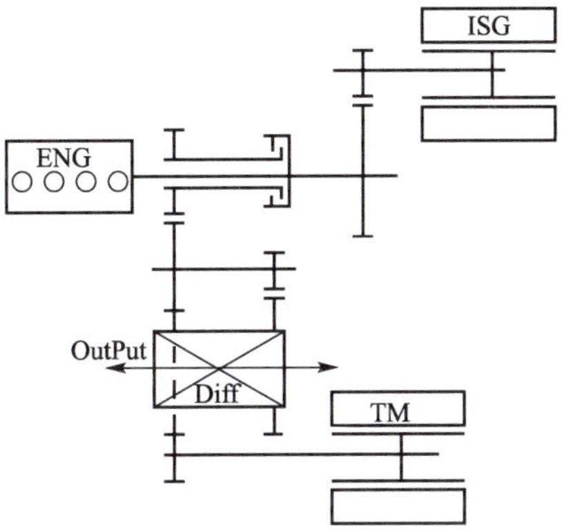

图1-2-13　比亚迪DM-i技术

④吉利DHT Pro。2021年，吉利发布面向2030年的混动架构——GHS2.0，其核心包含专用混动发动机DHE、专用混动变速箱DHT、高功率动力电池。其中，DHTPro采用P12混动构型，通过“双行星齿轮组+多片离合器”实现3挡传动。DHTPro具有驱动电机和发电机，两个电机采用油冷，同轴布置。P1电机内置双离合，双行星排则布置在P2电机的转子内腔中，能充分利用变速器的轴向空间（见图1-2-14）。DHTPro可灵活地在纯电、串联、并联等模式间切换，能实现20余种驾驶模式，既能满足高动力性，又兼顾高经济性。

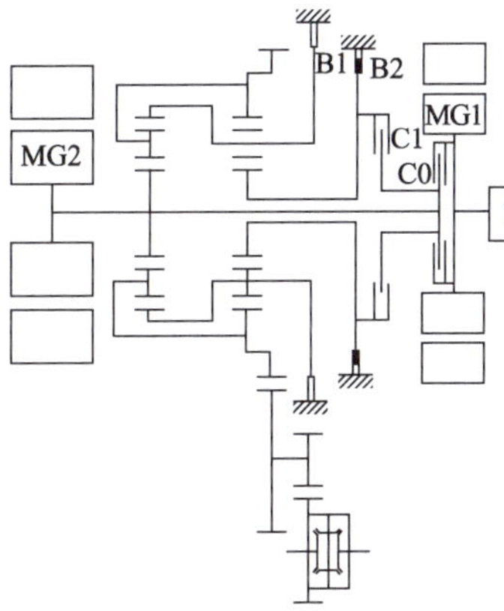

图1-2-14　吉利DHT Pro技术

⑤其他主机厂产品：长城柠檬DHT同样采用P13架构，代表车型为WEY玛奇朵。奇瑞鲲鹏DHT采用“P2+P2.5”的技术路线，代表车型为瑞虎8PLUS。广汽作为国内较早布局混动变速器的企业，其第一代混动GMC1.0已于2017年上市，采用P13架构串并联架构，目前已经开发完成第二代混动GMC2.0。东风对外宣布了马赫动力MHD混动系统，1.5T米勒发动机+HD120混动变速箱。还有上汽搭载在插电强混的量产车型荣威E550之上的电驱变速器EDU，以及上海精进提出的利用双电动机实现串并联混合驱动的DHT方案、万里扬研制的混合动力无级变速器C38P2P3等。

⑥商用车混合动力系统。商用车混合动力变速器早期以“单电机+AMT”的并联混合动力为主P2混合动力系统，经过近十年的技术不断迭代，随着乘用车双电机多模式混合动力系统在国内市场取得了较大成功，双电机多模式混合动力系统解决方案在商用车也逐步形成趋势。在构型上比较有代表的是苏州绿控自主研发的双电机动力不中断系统，以及构型上类似丰田功率分流的宇通双电机行星排系统和无锡明恒动力分流系统。

苏州绿控双电机动力不中断系统CHD系统构型上借鉴DCT构型（见图1-2-15），将双电机代替双摩擦片，可以实现电机1和电机2独立驱动，在输出轴上，其发动机、电机1、电机2输出扭矩可以耦合，可以说原理类似DCT，扭矩叠加能力实现输出超越DCT；同时电机1可以通过离合器与发动机耦合发电，发动机通过耦合挡可以实现全挡位覆盖。结构原理非常适用于重型卡车和矿卡车辆使用。

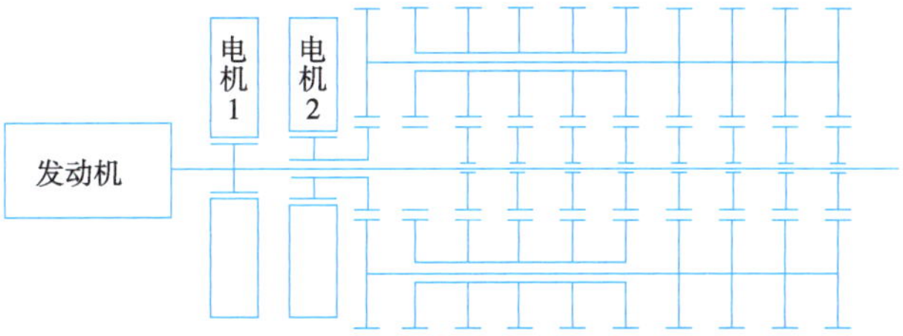

图1-2-15　苏州绿控双电机动力不中断系统CHD

(3)混动专用变速器技术发展趋势

随着混动汽车销量的增加，专用混动变速器优势更加突出，长期来看，普及率或将上升。从各大主机厂的混动专用变速器技术路线来看，多层油冷扁线双电机匹配搭载高效率混动专用发动已成为行业共识。双电机多模式的混动构型方案被大多数主机厂所青睐。混动专用变速器的技术升级主要集中在以下4个方面。一是相匹配的混动专用发动机将被要求进一步提升热效率。超高压缩比、阿特金森、深度米勒循环、智能热管理也将进一步助力混动专用发动机的热效率提升。二是高功率密度电控系统将会成为研发热点。高压、碳化硅技术能进一步降低电机控制系统的损耗，提高集成度与功率密度。三是采用高压方案实现驱动电机小型化、高功率、油冷、扁线、多层绕组、高转速、主动冷却系统等将成为混动专用变速器电机技术的主要发展方向。四是双电机控制器、DCDC、TCU等将进一步深度集成到整个动力模块中，共用一套冷却系统。

4. 目前亟须解决的技术难点及解决方案

传统变速器的开发主要是针对燃油发动机的特性，其挡位数量、速比参数、离合器特性都是为了解决发动机的短板、实现发动机高效运行，例如倒挡的设置是因为发动机无法反转，离合器是为解决发动机无法在极低转速下工作，多个挡位设置是因为发动机的高效区较窄。相比之下，电机的特性与发动机差异很大，电机可以正反转，可以在零转速下输出较大扭矩，高效区远大于发动机使得挡位数大幅减少。因此，纯电动和混合动力车型对变速器的要求不同于传统燃油车。

对传统燃油车的变速器进行简单改造，很难开发出高性能的新能源车专用变速器。在新能源商用车发展初期，行业普遍采用把传统手动变速器改造成为 AMT 自动变速器的方式快速推出产品。当前新能源商用车行业已进入快速发展期，用户对产品提出越来越高的要求，对于不同车型和应用场景，需要针对用户和整车需求重新进行产品架构设计，开发出高性能水平的专用变速器，例如使用路况较好的卡车可采用电机加 AMT 变速器路线，但由于 AMT 变速器存在换挡动力中断问题，经常爬坡的车型需要采用专用动力不中断变速器。

行业内专用变速器的开发已经逐渐实现。例如，针对混动发动机和电机特性，丰田开发的 E-CVT 混动变速器，打破了传统 AT、AMT 和 DCT 等形式的自动变速器架构，实现了高节油率；比亚迪开发的 DM-i 混动驱动系统，打破了多挡变速器的设计理念，实现了更好的动力性、更高的节油率，深受行业认可；绿控传动开发出双电机双输入 DET 动力不中断变速器产品和 DHT 双电机串并联专用混动变速器，突破了传统 DCT 设计理念，实现了换挡动力不中断和更高的节油率，已应用于矿卡和轻卡等领域。

5. 2022 年行业重点企事业单位发展情况

2022 年，传统燃油汽车销量呈现逐年下降的趋势，累计销量同比下降 21%；而新能源汽车则明显逐年大幅增长，累计销量 554.98 万辆，同比增长 80.3%，在汽车市场的占比达 24.5%，相比去年同期提升 12 个百分点。新能源乘用车累计销售 523.3 万辆，同比增长 80.9%，市场渗透率超过 26%。新能源商用车的累计销量 31.7 万辆，同比增长 71.3%，市场渗透率达 11.21%。针对新能源汽车自动变速器应用场景，盘点新能源乘用车插电式混合动力汽车和新能源重型商用车应用自动变速器的情况。

比亚迪新能源汽车在 2022 年独占鳌头，其 DM-i 混动技术经历了 4 代技术更新，第四代 DM-i 占领了市场，代表车型有秦 PLUS、宋 PLUS 和唐。DM-i 技术路线为“P1 + P3”的串并联构型，采用了混动专用变速器 E-CVT，虽说只有单级减速，但却可以实现变速，变速的原理主要低速时是依靠电控来调节 P3 电机的输出功率，中高速时依靠调整发动的转速，而加速时依靠对两个动力输出源的功率进行共同调整。

吉利新能源 2021 年底发布了 GHS 2.0 的混动架构，采用的是“P1 + P2”的串联并联混动构型，其核心的 DHTPro 通过“双行星齿轮 + 多片离合器”实现了 3 挡传动，集成了 1 个发电电机和 1 个驱动电机、2 个电机控制器和 3 挡速比的变速增扭机构。可实现纯电机驱动、油电混合驱动、智能发电、智能能量分配和 3 挡变速增扭的强大功能。

广汽埃安在 2022 年新能源汽车排行仅次于吉利新能源，2021 年发布引入丰田 THS 混动技术，全面在国内推广丰田的 THS 混动，此次引入也是一整套完整的技术，需要匹配中国发动机，匹配中国的电子电气架构下的控制也是一项挑战。同时广汽也是布局混动变速器较早的企业，其自主的第一代 GMC 采用“P1 + P3”串并联架构，并已开发完成第二代混动 GMC 2.0 二代机电耦合系统，这也将作为后续发展的技术路线之一。

法士特成立于 1968 年，主导产品为传统商用汽车变速器，广泛应用于重型车、大客车、中轻型卡车、工程用车、矿用车和低速货车等各种车型。随着新能源汽车的发展，近年来在新能源商用车领域也开发了 AT、AMT、S 变速器、液力缓速器、轮边减速机、混合动力和纯电汽车传动系统等新能源产品；在中重型商用车电驱动系统上应用了 4 挡、6 挡、7 挡 AMT 自动变速器；近期也推出了 9 挡、16 挡 AMT 自动变速器、AT 自动变速器及混合动力系统等新品。

绿控传动成立于 2011 年，公司在驱动电机、变速器和控制系统方面掌握一系列关键技术，开发的电驱动系统、自动变速器等核心产品和部件广泛应用于混合动力、纯电动商用车、非道路移动机械领域。自主研发的基于 AMT 变速器的同轴并联混合动力机电耦合系统、基于双输入变速器的动力不中断电驱动系统、电驱桥系统具备显著技术优势。在商用车 AMT 自动变速器上国内批量应用最早，覆盖 2 ~ 12 挡 AMT；开发的 DHT、DET 双输入变速器 + 双电机的电驱动系统可实现换挡动力不中断，可应用于百吨级矿卡。

6. 未来几年新能源汽车自动变速器产业发展建议

由于新能源商用车目前市场容量比较小，厂家和车型多，技术方案也多，是典型的多品种小批量。现在不同的厂家，接口不统一，造成同类车型新能源自动变速器有多种型号，对整车开发成本带来了较大的压力，也影响开发进度和产品的可靠性，即使以后市场容量变大了，接口的统一也对行业的发展有利。传统重卡这方面做得比较好，比如通信方面有 SAE J1939 协议，离合器壳也比较统一。对于新能源汽车一些接口相关的信息，比如 CAN 通信接口、悬置接口、离合器壳、输出法兰等，尤其是新能源商用车，如果能在行业里面达成共识，形成统一标准，大家在共同的基础上进行开发，将会减少大量的重复性、低价值工作，降低开发成本并提升开发速度和可靠性。

（十四）汽车芯片关键技术

紫光国芯微电子股份有限公司　何　明

1. 汽车芯片关键技术总体发展分析

中国汽车产业正在加快向电动化、数字化转型，截止到 2022 年末，电动汽车保有量已经突破 1300 万辆，年产销在向千万辆级迈进，电动汽车、智能网联汽车市场渗透率超过 30%，车辆智能网联化水平不断提高，L3 级以上智能汽车逐步向市场渗透。伴随这一趋势，汽车芯片占据越来越重要的位置，汽车芯片 + 汽车底层操作系统成为汽车电动化、数字化转型的底座。汽车芯片占据越来越重要的位置,汽车芯片单车需求数量已经突破千级。新能源汽车高增长助推汽车芯片高价值产品。全球新能源汽车市场渗透率已经从2018年的2%上升至30%,销量从199万辆上升至644万辆,汽车芯片已经成为增长最快的上游市场。

2. 车规级芯片标准体系建设

我国目前尚无完整的车规级芯片标准体系,致使国产汽车芯片存在大量标准空白,汽车企业不敢轻易尝试使用国产芯片,阻碍了国产芯片的上车步伐。制定汽车芯片标准化工作可以指导相关行业制定符合产业需求、协调一致的汽车芯片标准,避免标准间交叉、重复或冲突,形成产业链各方共同依据和遵守的、统一的技术规范。

(1)汽车芯片及相关领域标准化组织

①国内标准化组织:2021年,为了促进汽车芯片技术发展和产业应用,工业和信息化部主导中国汽车芯片标准体系建设工作,成立联合工作组,负责汽车芯片标准体系建设的顶层设计工作,以“汽车芯片应用场景”为横向基础,开展具体工作,目前我国汽车芯片领域标准化组织有全国汽车标准化技术委员会(SAC/TC114),尚无国家标准发布。国内唯一的汽车芯片分技术委员会为中关村标准化协会(ZSA)汽车芯片分技术标委会,已经发布汽车芯片标准7项。此外,中国汽车工程学会(CSAE)发布汽车芯片标准10项,北京第三代半导体产业技术创新战略联盟(CASAS)发布4项(其中联合发布3项),中国电子工业标准化技术协会(CESA)发布汽车芯片标准1项,中关村天合宽禁带半导体技术创新联盟(IAWBS)发布汽车芯片标准1项。

全国汽车标准化技术委员会(SAC/TC114):全国汽车标准化技术委员会成立于1988年,简称汽标委,代号SAC/TC114。汽标委目前下设30个分技术委员会,是中国道路车辆标准化归口组织,秘书处设在中国汽车技术研究中心有限公司。目前已发布汽车芯片标准1项。

中关村标准化协会(ZSA)汽车芯片分标委:中关村标准化协会(ZSA,简称标协)成立于2016年底。标协目前有会员单位106家,其主要会员为各科技领域领先的产业联盟和科技企业。汽车芯片标准化分技术委员会成立于2021年,是我国唯一一个汽车芯片分标委,包括成员60家、委员28人,秘书处设在国家新能源汽车技术创新中心。

中国汽车工程学会(CSAE):中国汽车工程学会(SAE-China)成立于1963年,是由中国汽车科技工作者自愿组成的学术性法人团体,也是中国科学技术协会的组成部分,非营利性社会组织。是亚太汽车工程年会(APAC)发起国之一。CSAE于2021年发布了汽车芯片系列标准共10项,由国家新能源汽车技术创新中心等企业牵头。

北京第三代半导体产业技术创新战略联盟:北京第三代半导体产业技术创新战略联盟是在科技部、工信部、北京市政府等的支持下,由第三代半导体相关科研机构、院校、优势企业等自愿发起,于2015年9月9日在北京正式成立。目前联盟有120家会员,涵盖第三代半导体的上中下游及应用领域的核心单位。

中国电子工业标准化技术协会(CESA):中国电子工业标准化技术协会成立于1993年,是民政部批准的一级协会,业务主管部门是工业和信息化部,是电子信息标准化领域非营利的专业社会团体。中电标协于2022年发布了1项汽车芯片标准。

中关村天合宽禁带半导体技术创新联盟(IAWBS):中关村天合宽禁带半导体技术创新联盟(简称天合联盟)成立于2016年4月27日,由从事宽禁带半导体研发、生产及应用等领域的企(事)业单位、大专院校、科研院所等自愿联合组成。IAWBS于2017年发布了1项汽车芯片标准,并在2021年更新。

②国际标准化组织:国际上汽车芯片相关的标准化组织主要有5个。国际标准化组织(ISO)主要负责汽车芯片领域的功能安全要求标准和汽车芯片应用部件标准,国际电工委员会(IEC)主要负责半导体器件标准和电工电子环境标准,美国的汽车电子委员会(AEC)专注于汽车芯片领域标准,固态技术协会(JEDEC)主要聚焦半导体器件领域标准,美国汽车工程师学会(SAE)侧重于芯片应用部件领域标准。

国际标准化组织(ISO):ISO在汽车芯片和应用芯片的汽车零部件领域标准由道路车辆标准化技术委员会(Road Vehicle)下的车辆电子电气部件及通用系统分技术委员会(Electrical and Electronic Components and General System Aspects)制定,代号ISO/TC22/SC32。SC32分技术委员会下属13个标准工作组,其中应用芯片的汽车零部件相关标准由WG2(环境及可靠性)、WG3(电磁兼容)、WG8(功能安全)、WG11(网络安全)、WG12(软件更新)5个工作组所制定。

国际电工委员会(IEC):国际电工委员会(IEC)在半导体器件领域标准由半导体器件标准化委员会主要承担编制分立半导体设备、集成电路、显示设备、传感器、电子元件组件、接口要求和微机电设备的设计、制造、使用和再利用制定国际标准。

美国汽车电子委员会(AEC):美国汽车电子委员会(AEC)主要针对车载应用、汽车零部件、汽车车载电子编制和实施标准规范,通过建立质量管理控制标准,提高车载电子的稳定性和标准化程度。AEC由两个标准化技术委员会组成分别是质量体系委员会(Quality Systems Committee)和组件技术委员会(Component Technical Committee)。

固态技术协会(JEDEC):固态技术协会(JEDEC)主要制定包括术语、定义、产品特征描述与操作、测试方法、生产支持功能、产品质量与可靠性、机械外形、固态存储器、DRAM、闪存卡及模块,以及射频识别(RFID)标签等标准。

美国汽车工程师学会(SAE):美国汽车工程师学会(SAE)最早成立于1902年,约有会员6.9万人,分别来自全球90多个国家和地区。在汽车芯片标准领域,由汽车电子可靠性标准化技术委员会(Automotive Electronic Systems Reliability Standards)负责。

(2)汽车芯片标准现状

①国内汽车芯片标准:为充分发挥团体标准对国家标准和行业标准有益补充作用,工业和信息化部组织制定《国家汽车芯片团体标准体系建设指南》。国内共发布汽车芯片标准18项。其中行业标准1项,由全国汽车标准化技术委员会(SAC/TC114)发布,团体标准17项,分别由中关村标准化

协会(ZSA)汽车芯片分技术委员会、中国汽车工程学会(CSAE)等发布。

《电动汽车用绝缘栅双极晶体管(IGBT)模块环境试验要求及试验方法》标准由全国汽车标准化技术委员会发布，该项标准规定了电动汽车用绝缘栅双极晶体管(IGBT)模块环境适应性要求和试验方法。在环境适应性方面，标准规定了外观要求、特征参数要求、环境适应性试验项目；在试验方法方面，标准规定了试验条件和误差、扫描振动试验、随机振动试验、机械冲击试验、高温阻断试验、高温栅极偏置试验、高温高湿阻断试验、功率循环试验、温度冲击试验、温度循环试验、高温储存试验、低温储存试验、锡焊可焊性试验。此外，我国汽车芯片领域共有 18 项团体标准已经发布，具体内容见表 1-2-12。

表 1-2-12 国内汽车芯片领域团体标准清单

序号	标准编号	标准名称	标准化组织	牵头单位
1	T/CSAE 222—2021	纯电动乘用车车规级芯片一般要求	CSAE	国创中心
2	T/CSAE 223—2021	纯电动乘用车控制芯片功能安全要求及测试方法	CSAE	国创中心
3	T/CSAE 224—2021	纯电动乘用车通讯芯片功能安全要求及测试方法	CSAE	国创中心
4	T/CSAE 225—2021	纯电动乘用车控制芯片功能环境试验方法	CSAE	国创中心
5	T/CSAE 226—2021	纯电动乘用车通讯芯片功能环境试验方法	CSAE	国创中心
6	T/CSAE 227—2021	纯电动乘用车控制芯片整车环境舱试验方法	CSAE	国创中心
7	T/CSAE 228—2021	纯电动乘用车通讯芯片整车环境舱试验方法	CSAE	国创中心
8	T/CSAE 229—2021	纯电动乘用车控制芯片整车道路试验方法	CSAE	国创中心
9	T/CSAE 230—2021	纯电动乘用车通讯芯片整车道路试验方法	CSAE	国创中心
10	T/CSAE 251—2022	V2X 车载终端安全芯片处理性能测试方法	CSAE	国汽智联
11	T/ZSA 105—2021	纯电动乘用车控制与通讯芯片模拟整车试验方法	ZSA	国创中心
12	T/ZSA 106—2021	纯电动乘用车芯片搭载控制器环境试验方法	ZSA	国创中心
13	T/CASAS 007—2020	电动汽车用碳化硅(SiC)场效应晶体管(MOSFET)模块评测规范	CASAS	中国电子科技集团公司第五十五研究所
14	T/CASAS 011. 1—2021	车规级半导体功率器件测试认证规范	CASAS	国创中心
15	T/CASAS 011. 2—2021	车规级半导体功率模块测试认证规范	CASAS	国创中心
16	T/CASAS 011. 3—2021	车规级智能功率模块(IPM)测试认证规范	CASAS	国创中心
17	T/CESA 260—2022	智能网联汽车视觉感知计算芯片技术要求和测试方法	CESA	地平线，南京芯驰半导体
18	T/IAWBS 004—2021	电动汽车用功率半导体模块可靠性试验通用要求及试验方法	IAWBS	中国科学院电工研究所

②国际汽车芯片标准

国际汽车芯片领域标准主要由国际标准组织(ISO)制定，且聚焦于功能安全，具体为 ISO 26262—11:2018《道路车辆 功能安全 第 11 部分 半导体应用指南 Road Vehicles—Functional Safety—Part 11: Guidelines on Application of ISO 26262 to Semiconductors》，标准针对半导体技术应用，提供了相应的指导，主要包括以下内容：半导体组件及其分区；详尽的半导体技术和使用案例；以数字故障模式为例评价诊断；针对相关失效分析给出相应案例；对于不同的半导体产品类型，给出相应的定量分析案例。

美国汽车电子委员会(AEC)制定了 AECQ 系列标准，共计 12 份。AECQ 系列标准涵盖了试验方法、生产工艺管控、“设计、生产、应用等”的零缺陷目标。AEC-Q100 是 AEC 的第一个标准，对于车用芯片来说 AEC-Q100 是最通用的应力测试(Stress Test)认证规范，主要用于预防产品可能发生各种状况或潜在的故障状态，引导零部件供货商在开发的过程中就能采用符合该规范的芯片。

AEC-Q100 分为不同的产品等级，最严格的第 0 级标准工作温度范围可达到 -40 ℃至 150 ℃。

0 等级：环境工作温度范围 -40 ℃ ~150 ℃。1 等级：环境工作温度范围 -40 ℃ ~125 ℃。2 等级：环境工作温度范围 -40 ℃ ~105 ℃。3 等级：环境工作温度范围 -40 ℃ ~85 ℃。

依据相关方法及规程进行测试，验证汽车芯片产品本身的技术可靠性及安全性；对于芯片设计、生产环节的管理流程体系进行审查认证，对供应商资质、质量体系、成本 & 服务、技术能力等方面进行审核。

此外，AECQ 系列车规级芯片标准引用了芯片应用系统层面由 ISO/TC22/SC32 制定的汽车电子电气部件标准，从芯片应用系统层(汽车电子电气部件)的功能、寿命、环境应力、电磁兼容(EMC)、ESD 等方面分析芯片应力失效，从而完成 AECQ 系列可靠性标准的制定，如图 1-2-16 所示。

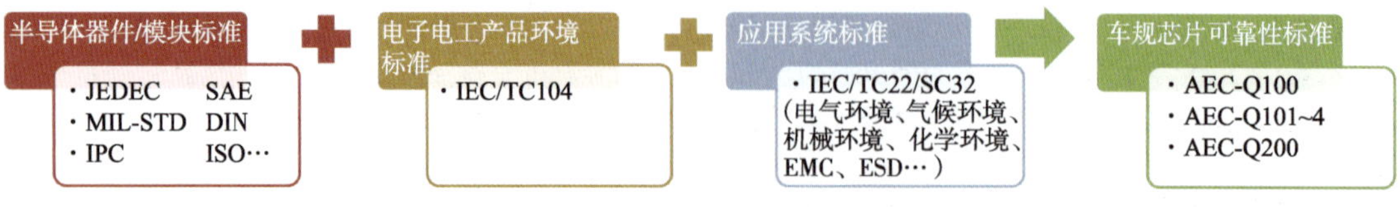

图 1-2-16 AECQ 系列标准制定过程

欧洲电力电子中心(ECPE)制定标准AQG 324《机动车辆电力电子转换器单元(PCU)功率模块认证》,标准测试项目主要用于验证车规级功率模块的特性和寿命,目前标准所列的测试条件、测试要求及测试项目适用于Si基、SiC半导体模块,后续发行版本将涉及GaN以及新型封装和互联技术。

AQG 324标准的测试内容主要分为QM-模块测试、QC-模块特性测试、QE-环境测试、QL-寿命测试四大类,各分类下的试验项目及依据标准见表1-2-13。

表1-2-13 AQG 324标准的试验项目及依据

测试类别	试验项目	依据标准
QM-模块测试	栅极参数 额定电流和漏电流 饱和电压 X射线、SAM/SAT IPI/VI、OMA	IEC 60747-2、IEC 60747-8 IEC 60747-9、IEC 60747-15 IEC 60749-5、IEC 60749-6 IEC 60749-23、IEC 60749-25 IEC 60749-34
QC-模块特性测试	寄生杂散电感 热阻值 短路容量 绝缘测试 机械数据	IEC 60664-1 DIN EN 60664-1(addendum1) IEC 60664-4
QE-环境测试	热冲击 收缩性 机械振动 机械冲击	IEC 60068-2-6 IEC 60068-2-27 IEC 60068-2-64
QL-寿命测试	功率循环(PCsec) 功率循环(PCmin) 高温存储 低温存储 高温反向偏压 高温栅偏置 高温高湿反向偏压	JESD 22-A119

3. 国内外汽车芯片关键技术发展趋势

汽车应用的芯片涵盖了几乎所有的半导体品类,包括计算、控制、存储、通信、电源、功率、传感、模拟、信息安全、驱动等10大类、70余个子类,单车芯片数量约1000颗,未来会发展到1500到2000颗左右。前四类目前较为短缺和常用的芯片如下:

(1)汽车计算类芯片发展趋势

①自动驾驶计算芯片:自动驾驶芯片是指可实现高级别自动驾驶的SoC芯片。CPU作为通用处理器,适用于处理数量适中的复杂运算。除了满足计算要求,还能处理复杂的条件和分支以及任务之间的同步协调。GPU采用了数量众多的计算单元和超长的流水线,只有非常简单的控制逻辑并省去了缓存。FPGA是现场可编程门阵列的简称,它作为专用集成电路领域中的一种半定制电路而出现,即解决了定制电路的不足,又克服了原有可编程器件门电路数有限的缺点。ASCI芯片是面向特定用户的需求,在批量生产时与通用集成电路相比具有体积更小、功耗更低、可靠性高、保密性强等特点。

未来自动驾驶计算芯片是"CPU + XPU",这是当前自动驾驶SoC芯片设计的主流趋势。"CPU + GPU + ASIC"主要用于英伟达、特斯拉FSD以及高通Ride。英伟达Xavier和特斯拉FSD均采用该种设计路线,主要有4个模块:CPU、GPU,以及两个ASIC芯片DLA(Deep Learning Accelerator)和PVA(Programmable Vision Acceerator)。"CPU + ASIC"主要代表为Mobileye EyeQ5系列和地平线征程系列。Mobileye EyeQ5主要有4个模块:CPU、CVP(Computer Vsion Processors)、DLA(Deep Learning Accelerator)和MA(Multithreaded Accelerator),其中CVP是针对传统计算机视觉算法设计的ASIC。"CPU + FPGA"主要代表Waymo。与其余厂商不同,Waymo采用"CPU + FPGA"的架构,其计算平台采用英特尔Xeon12核以上CPU,搭配Altera和Arria系列FPGA。

②智能座舱计算芯片:座舱域控制器以集中化的形式,满足汽车轻量化、智能化的诉求,支撑汽车座舱的丰富功能与强交互性。从硬件层面看,座舱域控制器由一颗主控座舱计算芯片SoC以外的外围电路构成,外围电路包括存储芯片(如LPDDR、NOR Flash)、通信芯片(如以太网交换芯片)、音视频数据接口以及相关处理芯片(如ISP、DSP、解串行芯片)构成。经操作系统与应用生态赋能后,座舱域控制器融合了座舱内仪表显示、信息娱乐、导航、HUD、DOMS等各项功能,连接了显示屏、摄像头、麦克风、收音机等多个外设,是座舱空间体现科技感的直接载体。

(2)汽车控制类芯片发展趋势

①底盘域控制芯片:底盘域是域汽车行驶相关,由传动系统、行驶系统、转向系统和制动系统共同组成,由五大子系统构成,转向、制动、换挡、油门、悬挂系统,随着汽车智能化发展,智能汽车的感知识别、决策规划、控制执行为底盘核心系统。工作要求:底盘MCU需要满足高功能安全需求,可以达到Asil-D等级,可靠性不低于AEC-Q100 Grade1,支持12

位精度 ADC,支持 32 位高精度,高同步性定时器,支持多通道 CAN-FD。内核部分:要求高主频和高算力。

②动力域控制芯片:动力域控制器是一种智能化的动力总成管理单元。借助 CAN、FlEXRAY 实现变速器管理、电池管理,监控交流发电机调节,主要用于动力总成的优化与控制,同时兼容具有电气智能故障诊断智能节电、总线通信等功能。工作要求:要求高主频,RAM 为 4MB,高功能安全等级要求,可以达到 ASIL-D 等级,支持多通道 CAN-FD,支持固件验证过算法。性能要求:要求能够支持汽车对算力和内存日益增长的需求,主频大于 800 MHz。

③车身域控制芯片:车身域主要负责车身各种功能的控制。车身域控制器也越来越多,为了降低控制器成本,降低整车重量,集成化需要把所有的功能器件,从车头的部分、车中间部分和车尾的部分如后刹车灯、后位置灯、尾门锁,甚至双撑杆统一集成到一个总的控制器里面。车身域控制器以便集成 BCM、PEPS、Gateway 等功能,有可拓展增加座椅调节、后视镜控制、空调控制等功能。工作要求:车身域控制芯片从分散化的功能部署,逐渐过渡到集成所有车身电子的基础驱动、钥匙功能、车灯、车门、车窗等大控制器,主要体现在运算处理性能、功能集成和通信接口,以及可靠性等方面。具体要求方面由于车身域不同功能应用场景的功能差异性较大,需要 MCU 集成 FoC 电控算法等功能。车身域不同的应用场景对芯片的接口需求也不尽相同。因此,需要根据具体应用场景的功能和性能要求,进行车身芯片 MCU 选型。性能要求:要求大容量加密存储器,支持加密存储、集成丰富接口,支持多路 GPIO、UART、SPI、I2C、SDIO、USB 等接口。内置可校准的 RTC 实时时钟、高精度计算器、8 KB 指令、Cache 缓存,支持 Flash 加速单元。

④驾舱域控制芯片:驾舱域以人机交互界面呈现,除了有一颗运算速度强大的 SoC,还需要有一颗实时性高的 MCU 来处理与整车的数据交互。汽车 SOA、OTA、Autosar 在智能座舱的逐级普及,使得对座舱域 MCU 资源要求也越来越高。工作要求:MCU 在座舱中主要实现系统电源管理、上电时序管理、网络管理、诊断、整车数据交互、按键、背光管理等功能。对主频和算力有一定要求,主频不低于 100 MHz 且算力不低于 200DMIPS。Flash 存储空间不低于 1 MB,Ram 不低于 128 KB,高功能安全,可达到 ASIL-B,支持多路 ADC,支持多路 CAN-FD,支持在线升级 OTA,Pin Count 不低于 100PIN。性能要求:IO 支持宽电压供电(5.5 ~ 2.7 V),IO 支持过压使用能提升系统稳定、可靠性。MCU 要求程序存储、数据存储需要更长的寿命。数据存储需要频繁擦写,需要有更大的擦写次数。通信总线接口满足高速 Can-FD 总线需求。

(3)汽车存储类芯片发展趋势

存储芯片是用来存储程序和各种数据信息的记忆部件。根据断电后数据是否被保存,可以分成 ROM(非易失性存储芯片)和 RAM(易失性存储芯片),即闪存和内存。其中闪存包括 Nand Flash 和 Nor Flash,内存主要为 DRAM,如图 1-2-17 所示。

①闪存类芯片:闪存类芯片作为一种存储介质,广泛应用于汽车各大域中,UFS、eMMC、SD 卡、U 盘等存储产品。闪存是一种非易失性存储器,即断电数据也不会丢失。闪存芯片内部分为 LUN(逻辑单元)、PLANE(平面)、BlOCK(区块)、PAGE(页);一个封装好的闪存芯片可能包含若干个 LUN(逻辑单元);一个 PLANE(平面)就是一个存储矩阵,包含若干 BLOCK(区块);BlOCK(区块)是最小擦除单位,一个 BLOCK(区块)包含了若干个 PAGE(页);一个 PAGE(页)包含若干 BYTE(字节)。闪存可靠性主要体现在以下几个方面:一是寿命。闪存有寿命限制,当一个闪存块接近或超出其最大擦写次数时,可能导致存储单元永久性损伤,不能再次使用。二是读干扰。当读取闪存块中的一个 PAGE 时,闪存块当中未被选中的 PAGE 都会被相应较弱地进行写入,随着读取数据的增加,从而最终导致这些 PAGE 中的数据变化,造成读干扰。读干扰不是永久性的损伤,重新擦除后闪存还可以正常使用。三是电荷泄露。闪存中保存的数据,如果长期不适用,会发生电荷泄露,导致数据流失。这样同样会导致非永久性伤害,擦出后,闪存还能正常使用。从车载存储技术来看,以往车载 NAND Flash 存储器多为 eMMC,数据存储用量提升后,性能更好的 UFS 存储有望逐渐渗透。

②Dram 芯片:动态随机存储器作为存储单元,由一个 MOSFET 和一个电容组成,DRAM 存储芯片上布满了存储电路,存储电路主要由一个个存储单元组成存储阵列,阵列密度决定存储密度,DDR 是由固态技术协会 JEDEC 制定的 Dram 内存标准,目前市场上主要产品为 DDR4。由于每一代 DDR 都需要平台支持,短期难以替换之前的 DDR 产品。Dram 芯片市场格局具体内容见表 1-2-14。

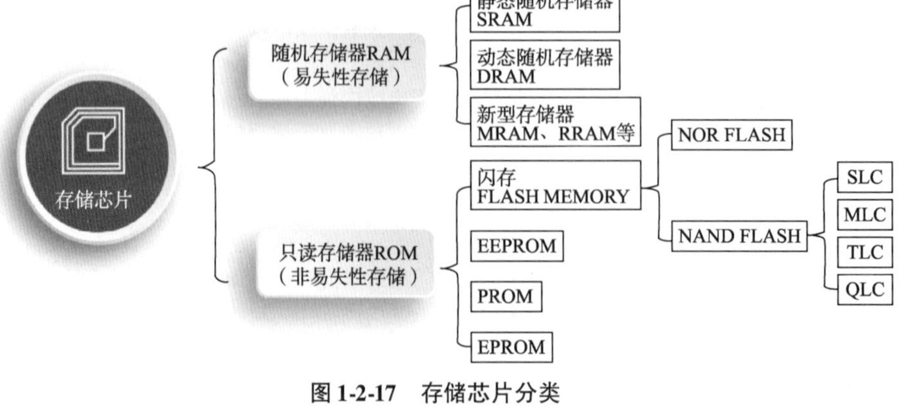

图 1-2-17　存储芯片分类

表 1-2-14 Dram 芯片市场格局

公司	2021Q1 营收	2021Q1YoY(%)	2021Q1 市占率
三星	80.7	8.5%	42.0%
SK 海力士	55.6	6.9%	29.0%
镁光	44.4	9.6%	23.2%
南亚科技	6.3	21.7%	3.3%
华邦电子	1.7	9.0%	0.9%
力晶科技	0.6	7.2%	0.3%
其他	2.6	15.9%	1.3%
合计	192.0	8.7%	100.0%

Dram 市场竞争格局较为集中,三星、镁光、海力士、铠侠长期处于行业主导地位,而在车载领域,存储产品不具备生产标准化特点,而且对成本敏感性较低,因此,竞争格局有所不同,但由于车载市场快速发展,车载存储器这一领域一直受到各大巨头们的高度重视。

(4)汽车通信类芯片发展趋势

①移动蜂窝芯片和 V2X 直连通信芯片:国内蜂窝通信技术以及芯片能力技术储备较充分,汽车领域的蜂窝通信集成 SoC 市场呈开放竞争状态,典型的汽车蜂窝网联芯片平台包括高通推出的骁龙 4G 汽车平台和 5G 汽车平台,海思巴龙和麒麟设计能力追平国际水平,在 V2X 直连通信芯片方面,目前国内均采用与移动蜂窝芯片集成的方式,国内华为、大唐已经推出了 LET-V2X 直连通信芯片,处于国际前沿水平。

②蓝牙芯片:中国蓝牙芯片行业参与者多集中在低端蓝牙芯片市场,利润空间较小,中国国内低端蓝牙芯片供应商通过购买 CEVA 协议栈,或采用成熟的 IP,针对国际大厂产品做兼容,协议栈的兼容以及应用层的经验不多。为打破高端蓝牙芯片市场垄断局面,部分中国国内蓝牙芯片厂商积极布局高端蓝牙芯片市场,以恒玄科技、珠海炬芯为代表的中国国内企业有望打破中国高端蓝牙芯片市场被欧美厂商垄断局面(见表 1-2-15)。

表 1-2-15 蓝牙芯片市场

公司简介	中文名称	代表性产品(仅限于 Wi-Fi6)
乐鑫科技	乐鑫信息科技(上海)	ESP8089 系列、ESP8266 系列(能同时支持 Wi-Fi6 和蓝牙5)
博通集成	博通集成电路(上海)股份有限公司	BK7231U(SoC,Wi-Fi5,支持蓝牙5)
联盛德	北来联盛德微电子	W600
康希通信	康希通信科技(上海)有限公司	Wi-Fi6 芯片-KCT8575HE
华为海思	深圳市海思半导体有限公司	凌霄系列

③Wi-Fi 芯片:车用 Wi-Fi 芯片更多应用在车内热点 AP、手机连接投屏、软件升级等座舱的功能应用,工作环境相对宽松,车企及零部件企业可以考虑评估工业类的芯片,在零部件组件上增加防护措施,进而考虑选择工业类的 Wi-Fi 芯片。

部分国内 Wi-Fi 物联网芯片企业及产品:国际主流芯片厂发展较早,利用相对优势打开双模芯片市场。GNSS 导航芯片方面,当前北斗导航芯片全部实现国产,模块累计销量已突破 8000 万片,高精度板卡和天线销售已占据国内 30% 和 90% 市场份额,并输出 100 余个国家和地区,在"一带一路"沿线国家开拓市场。国内华大北斗主要从事导航定位芯片、卫星定位、定位算法的研发工作,主要面向汽车互联和智能终端等领域。华大北斗的 GNSS 芯片实现了厘米级定位精度,且支持车规级标准。此外,北斗星通、武汉梦芯科技等均推出了基于国内北斗定位系统的 GNSS 导航芯片,我国是 GNSS 导航芯片全球竞争加速提升。

4. 目前亟须解决的技术难题

(1)国内汽车芯片基础总体比较薄弱

从半导体全产业链看,国内汽车芯片基础总体比较薄弱,产业体系不健全,关键技术和能力缺乏,芯片设计 DEA、IP 架构基本依靠外援,关键材料、装备国产能力和水平相对落后,硅片、光刻胶等关键材料和光刻机、刻蚀工艺等关键设备国产应用比例相对不高。绝大多数芯片企业以设计、封测为主,汽车专用晶圆生产能力基本缺失。

(2)车规级芯片总体要求较高

从汽车芯片角度看,车规级芯片总体要求高于一般工业级和消费级,高可靠、高安全车规级芯片积累少,设计经验不足,对汽车应用场景理解不深,工具链不完善,编译、调试、仿真、诊断、中间件、基础软件、OS 等应用生态没有形成,产品认证体系、产线一致性保证体系不健全,导致车规级芯片适配、易用性差。

(3)半导体行业资源密集、回报周期长

半导体行业是技术密集、资金密集、人才密集型,回报周期长的产业。我国对芯片设计开发、生产制造长期投入不足,人才短缺。

5. 2022 年汽车芯片重点企事业单位发展情况

(1)车规级计算芯片——地平线

地平线征程 5 作为国内首款可量产的百 TOPS 级大算力 AI 芯片,对本土自动驾驶产业链意义重大。在车载智能芯片领域,地平线主要发布了 3 款产品,征程 2(2019 年发布)、征程 3(2020 年发布)、征程 5(2021 年发布),其中前两款芯片主要针对 ADAS 应用场景,目前已经量产上车,征程 5 针对高等级智能驾驶应用场景。征程 5 是地平线第三代车规级产品,兼具大算力和高性能,单颗芯片算力可达 128TOPS。多家主流产业链企业已与地平线达成深度合作,共同打造差异化的车载计算平台产品。

此外,地平线 ADAS 芯片征程 2 已在部分核心技术指标方面领先竞品 Mobileye 的 EyeQ4。作为地平线最成熟产品之一的征程 2,截止到 2020 年底,征程 2 芯片出货量已经超过 16 万片,已经量产和定点的项目超过 20 个。从产品各个维度对比来看,地平线征程 2 在算力、功耗、开放度上较 Mobileye 的 EyeQ4 具有优势,但同时其支持摄像头数量和软件成熟度方面有待进一步提升。

对自身的定位方面,地平线定位 Tier2,即不做量产硬件,不做软件捆绑,不做封闭方案,与合作伙伴共建开放的软硬件生态,这无疑是利好第三方软、硬件供应商的。

(2)车规级存储器芯片——北京君正

北京君正为集成电路设计企业,自成立以来在嵌入式CPU、视频编解码、影像信号处理、神经网络处理器、AI算法等领域持续投入,形成自主创新的核心技术;基于这些核心技术,公司推出了微处理器芯片和智能视频芯片两条产品线,并且围绕着这两条产品线,研发了相应的软硬件平台和解决方案,帮助客户快速把产品推向市场。公司的微处理器产品线主要应用于生物识别、商业设备、智能家居穿戴、教育电子及其他物联网相关领域。

北京君正存储芯片分为SRAM、DRAM和Flash三大类别,主要面向汽车、工业、医疗等行业市场及高端消费类市场。根据Omdia统计,2022年度,北京君正SRAM、DRAM、Nor Flash产品收入在全球市场中分别位居第二位、第七位、第六位。需要指出的是,在存储产品所面向的各类市场中,汽车市场是最大的应用市场,全球大部分知名Tier1厂商及穿透后包括新能源车、燃油车、造车新势力等在内的大部分终端品牌车厂均采用了北京君正的车规存储芯片产品。

2022年,北京君正车规SRAM和车规DRAM在全球车规细分市场均名列前茅,车规Flash芯片的市场销售较2021年相比实现了大幅增长。随着汽车智能化的不断发展,存储芯片的单车数量预计将不断提升,有望推动存储芯片在车规市场的长期增长。

(3)车规级控制芯片——芯驰科技

芯驰科技主要研发车规处理器芯片产品,提供智能汽车核心芯片和高性能工业微处理器等半导体产品和系统级交钥匙方案。其芯片主要应用领域包括:智能驾舱和车载娱乐系统、ADAS和L2.5及其以下的自动驾驶、域控制器。芯驰科技的X9、V9、G9和E3都已经在客户端实现量产。2022年已经有100多万片的量产出货。芯驰科技在2023年发布的两款产品座舱芯片X9SP和智驾芯片V9P也在年内即将实现量产。其中,X9SP和上一代X9HP保持了硬件Pin-To-Pin兼容和软件兼容。芯驰的产品规划有非常清晰的路线图,往上整个的产品线还会不断延伸,且会给到客户非常好的兼容性,让客户在很低的开发成本就可以不断向上迭代,为智能汽车产业升级提供坚实的基础。

作为汽车架构中关键的芯片供应商,芯驰科技很早就洞察这一趋势,并在智能座舱、智能驾驶、智能网关和智能车控四大核心域控不断升级的基础上,和汽车行业一起展开跨域融合的探索,全面拥抱中央计算。继2022年4月率先发布中央计算架构SCCA1.0,芯驰科技本次车展正式发布第二代中央计算架构SCCA2.0,架构中采用了全新的座舱和智驾处理器,充分实现架构和性能的全面升级。

汽车未来的架构变成什么样,很大程度上取决于芯片的能力。如果没有芯片的能力,设计出来的架构也难以实现。

6. 未来汽车芯片关键技术发展建议

(1)加强顶层设计

国家对做强包括汽车芯片在内的半导体产业有总体部署,力争提高芯片全产业链的发展水平,在EDA软件、IP核,国产芯片关键材料及装备等方面需要有多项具体措施。

(2)构建产业生态

行业内部需要搭建汽车与芯片交流合作平台,组织汽车芯片创新活动,为促进汽车芯片开发应用,开展汽车芯片测试评价工作,组织建立汽车芯片团体标准体系,开展相关标准的研究制定工作。

(3)系统性推进国产芯片发展

传统汽车芯片以跟为主,基础较好的功率芯片、存储芯片加大应用力度。增量芯片以创新为主,加快计算类、控制类、感知类、通信类芯片、电源类芯片开发和产出部署。

(十五)车规级存储芯片产业

深圳市江波龙电子股份有限公司　李晓刚　王作鹏

车规级存储芯片(Automotive Grade Storage Chips),指专门用于汽车领域的存储芯片,它在汽车电子系统中起着重要的作用,类似于车辆的大脑皮层,用来储存信息和数据,具有高可靠性、高稳定性和广泛的工作温度范围等特性。随着汽车技术的不断发展和智能化水平的提高,对于车规级存储芯片的需求也日益增长,迎来了广阔的市场机遇。

车规级芯片对产品的可靠性、一致性、外部环境兼容性等方面的要求均比消费电子更为严格。为应对不同的极端气候,车用存储器在温度适应性上有更高的要求,以避免行驶过程突发故障。具体而言,工作温度方面,消费级一般为0~70℃、车规级一般为-40~105℃;产品使用寿命方面,消费级一般为1~3年,车规级则可能达到7~15年或15年以上;另外,车规级芯片对振动、冲击、EMC电磁兼容性能等也有着更高要求(见表1-2-16)。

表 1-2-16　车规级存储芯片的高可靠性要求

参数要求	消费级	工业级	车规级
温度	0~70℃	-40~85℃	-40~105℃
湿度	低	根据使用环境而定	0%~100%
验证	JESD47(Chips) ISO16750(Modules)	JESD47(Chips) ISO16750(Modules)	AEC-Q100(Chips) ISO16750(Modules)
出错率	<3%	<1%	0%
使用时间	1~3年	5~10年	15年
供货时间	高至2年	高至5年	高至30年

1. 车载存储芯片的应用

汽车电动化、智能化、网联化趋势将催生车载存储芯片容量及带宽的持续升级,车载存储有望迎来量价齐升的高速增长。车规芯片开始与人工智能、物联网、5G等新兴技术相结合,为智能出行提供更强大的支持。远程监测、自动驾驶、车辆云连接等新兴应用也因此对存储芯片提出了更高要求。车规芯片需要具备更大的存储容量、更高的速度和更低的功耗,以满足复杂数据处理和实时响应的需求。此外,为应对不断增加的网络攻击和数据泄露风险,车规芯片的安全性也成为重要的考虑因素。以智能驾驶为例,根据美光科技及中国闪存市场预计,L2、L3 级的自动驾驶汽车对内存带宽要求大致为 100 GB/s,对 NAND Flash 的平均容量需求约为 32 GB,而未来 L4、L5 级的全自动驾驶汽车则需要 300 GB/s ~ 1 TB/s 的内存带宽,对 NAND Flash 的平均容量需求约为256 GB。存储芯片在汽车上的应用如图 1-2-18 所示,自动驾驶对 DRAM 带宽的需求如图 1-2-19 所示。

而除了汽车智能化以外,电动化的发展趋势也会对车载存储芯片性能有着更高的要求,电动汽车的核心部件 BMS(电池管理系统)需要实时记录和存储数据,包括汽车电池电流、电压温度、电机转速等,并且这些数据需要以极高的频率进行实时且连续的擦写,因而当电动车的续航能力、充电速度等不断提升时,对存储芯片的循环寿命、擦写速度以及功耗等亦存在较大的升级需求。可以看到,汽车电动化、智能化、网联化的发展不仅将驱动存储芯片的需求量持续提升,同时也在不断提升对存储芯片性能的要求。根据 IHS 数据统计,截至 2019 年底,车载存储芯片全球市场规模已达到 336 亿美元,占汽车半导体行业规模比例约为 8% 左右。预计 2025 年该占比将提升至 12%,2021—2015 年 CAGR 将超过 17%,成为未来汽车半导体行业中增速最快的品类之一。存储芯片在汽车半导体中占比及车载存储的 CAGT 如图 1-2-20 所示。

为了应对车载应用对存储产品的需求增长,江波龙在 2019 年成立针对汽车电子的研发和运营团队,随即推出满足 AEC-Q100 的车规级产品。在车载存储产品领域,江波龙旗下行业类品牌 FORESEE 可以提供 8 GB ~ 128 GB 容量、满足 AEC-Q100 Grade3 和 Grade2 两个级别的车规级 eMMC 产品,该系列产品已广泛应用在车载多媒体、行车记录仪、流媒体后视镜、T-BOX、360 环视等细分领域。FORESEE 车规级 eMMC 具备高可靠性的优势,符合 eMMC 5.1 协议,具备全局磨损平衡管理、全周期坏块管理、智能低功耗算法、FBA 数据加速技术、紧急断电保护等功能,在前装客户上获得良好口碑。

车内用途	DRAM	NAND
信息娱乐系统和数字集群	4~64 GB	64~512 GB
ADAS/自动驾驶	4~64 GB	8~32 GB
互联互通	0.5~2 GB	4~32 GB
后座娱乐系统	4~16 GB	64~256 GB
高精地图	0.5~1 GB	8~512 GB
事故记录	1~4 GB	8~512 GB
车内用途	DRAM	NAND
信息娱乐系统和数字集群	4~64 GB	64~512 GB

图 1-2-18　存储芯片在汽车上的应用(来源:SK hynix,中银证券)

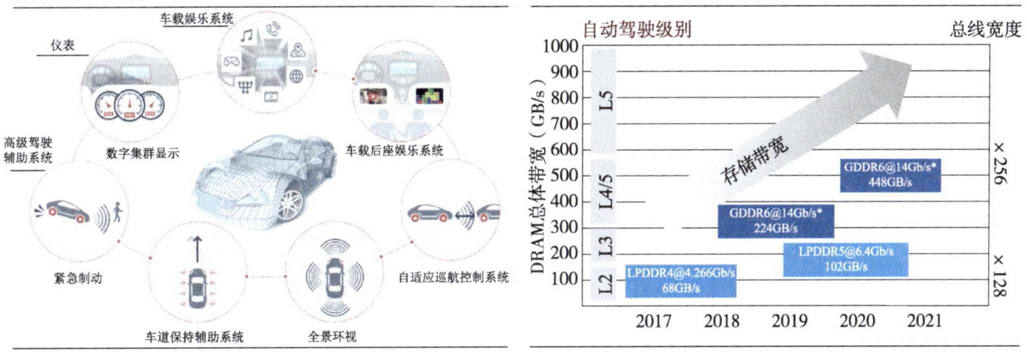

存储芯片广泛应用于智能座舱、BMS等多个领域　　随着自动驾驶级别的提升,DRAM带宽要求更高

图 1-2-19　存储芯片在汽车的应用及自动驾驶对 DRAM 带宽的要求(来源:China Flash Market、开源证券研究所、美光科技)

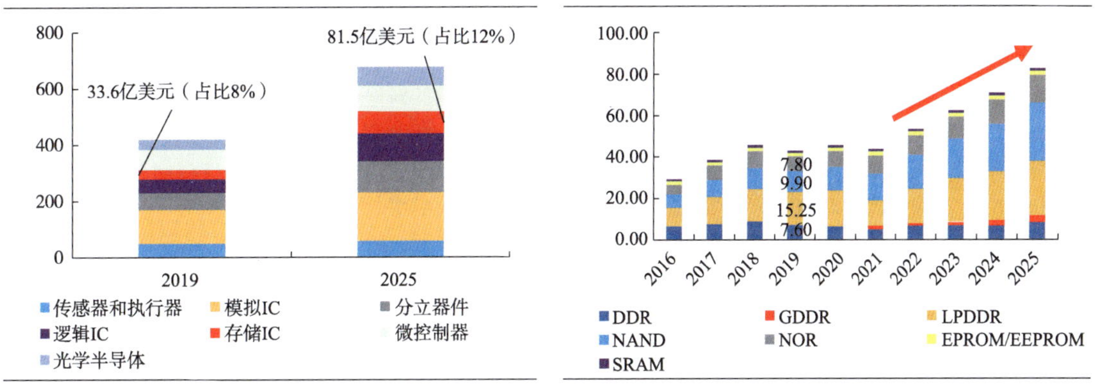

存储芯片将成为汽车半导体中增长最快品类之一　　预计车载存储2021—2025年CAGR将超过17%

图 1-2-20　存储芯片在汽车半导体中占比及车载存储的 CAGT(来源:HIS、开源证券研究所)

2. NAND Flash 的发展情况

NAND Flash 存储器方面，随着车载系统的信息处理能力增加，车载娱乐、ADAS、电子仪表盘和车载信息四大系统均在升级。以车载娱乐系统为例，以往通常以音视频播放等需求为主，而随自动驾驶等功能强化，未来可能会诞生游戏等娱乐需求，如特斯拉创始人 Elon Musk 展示了 Model S 搭载 3A 游戏的照片，未来随各类运算需求的拓展，随之而来的是数据存储用量的提升。从车载存储的技术来看，以往车载 NAND Flash 存储器多为 eMMC，数据存储用量提升后，性能更好的 UFS 存储有望逐渐渗透（见图 1-2-21）。

为了应对产品形态的升级和高阶客户的需求，江波龙在 UFS 产品上也有相应布局。在 2021 年就开始投入研发相关产品，在 2022 年下半年推出满足 AEC-Q100 Grade2 级别的 FORESEE UFS 2.2 产品，首次推出的产品容量为 64 GB-128 GB（OperationTemp：－40 ~ 105 ℃，Reliability：10ppm 以下，Longevity：3 年），支持 LDPC 算法、Write Booster、HPB、紧急断电保护、FFU 升级、FBA 数据加速等功能。未来，FORESEE 车规级 UFS 将重点在车载驾驶域和驾舱域进行产品推广，以满足客户对大容量和高数据传输速度的要求。

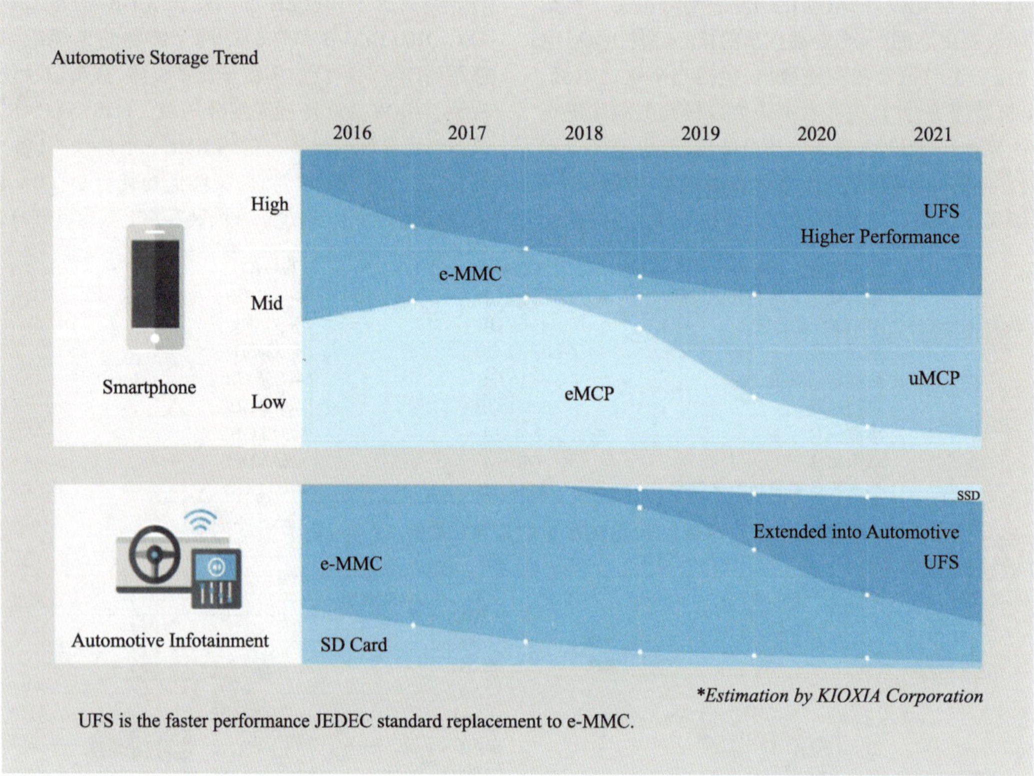

图 1-2-21　汽车 NAND 存储技术发展趋势（来源：Kioxia、信达证券研发中心）

3. 汽车芯片产品格局

中国半导体需求增速领跑全球，其中车用半导体需求增速领先（见图 1-2-22）。受益于消费电子、汽车电子、物联网等行业技术的快速发展，全球半导体行业需求亦随之稳定增长。根据世界半导体贸易统计组织（WSTS）数据统计，2013—2019 年全球半导体行业市场规模复合增长率为 5.11%，其中国内半导体市场规模增速领跑全球，达到 8.57%。就汽车产业而言，半导体的应用类型大致可以分为控制芯片、功率半导体、传感器及其他芯片（如模拟芯片、存储芯片等）4 类，并广泛应用于汽车的辅助驾驶系统、车载娱乐系统、安全系统等方面。近年来随着汽车电动化和智能化的不断升级，伴之而来的是对微处理器、传感器、存储器等汽车半导体产品需求的快速增长，根据 Gartner 数据预计，2017—2022 年国内半导体行业应用领域中，辅助驾驶系统、电力/混合动力汽车、车身、仪表组件等方面的销售规模 CAGR 已分别达到 23.6%、21.0%、13.3%、11.2%。

存储器市场竞争格局较为集中，三星、美光、海力士、铠侠长期处于行业主导地位，而在车载领域，存储产品不具生产标准化特点，而且对成本敏感性较低，因此竞争格局有所不同，几大行业龙头中仅美光有所投入，根据开源证券的研报数据，美光近年来在车载易失性存储领域第一名，市场份额超过 40%，北京矽成位居行业第二名，市场份额约为 15%，南亚科技、三星电子、SK 海力士、赛普拉斯等位居其后。但由于车载市场的快速发展，车载存储器这一领域正在成为各大巨头们的新增长关注点，近两年来三星电子发力明显，有逐步成为行业领头羊的趋势。

江波龙作为国内知名半导体存储企业，受益于前装车载客户的需求增长和国产化趋势，在 2020 年迅速导入多家车载前装客户，并获得了良好的产品使用口碑，客户涉及一线 Tier1 客户、国产一线品牌车企和合资品牌车企等。其车规级产品的出货量在国产企业中具有一定的优势，并依托于固件自主开发能力，推出 pSLC 分区功能和数据安全加密功能，可以满足客户多样化的定制需求。pSLC 分区功能和数据安全加密功能如下：

(1)pSLC 分区功能

可配置 pSLC 分区功能,地址可以连续访问;通过通用命令配置分区大小,简单灵活;在产线量产期间就可以进行在线配置;pSLC 分区放置系统及重要数据,原生分区放置其他数据信息。

(2)数据安全加密设计

可定制化的数据读写加密功能;基于时间、密钥对应后才可安全解除锁定并进入正常读写,保障了数据的安全可靠;为数据保护、事故取证锁定和安全加密等应用领域提供安全可靠保护。

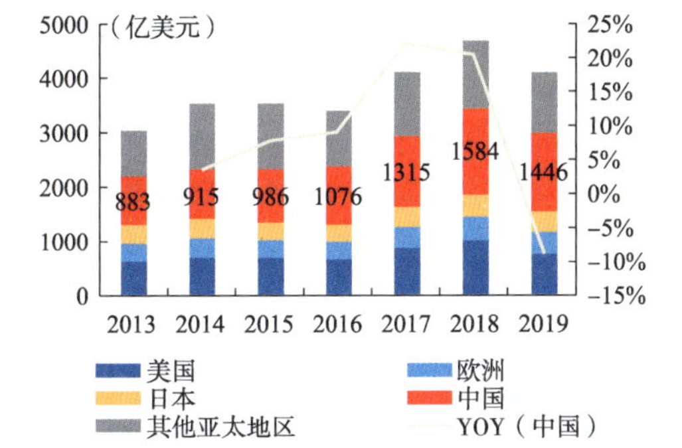

2012—2019中国半导体行业复合增长率领跑全球

数据来源:WSTS、开源证券研究所

国内半导体需求中汽车电子增速领先

数据来源:Gartner、开源证券研究所

图 1-2-22 中国半导体行业复合增长率及需求占比

4. 国产汽车芯片替代

车规级芯片具备较高的行业壁垒,且当前全球市场由外资厂商垄断,由于消费场景的不同,相较于消费电子而言,汽车电子在工艺技术设计规格等方面要求较低,但对半导体可承受的温度区间、故障率、寿命、计算频率等方面却有着更高的要求。例如,由于汽车行驶的外部温差较大,部分区域经太阳长时间照射后的温度可以达到 90 ℃以上,因而对芯片的宽温控制性能有很高的要求,一般要求温度可承受区间达到 -40 ℃ ~85 ℃/125 ℃。同时从对不良率的要求来看,消费电子领域中单一元器件不良率要求在 600 ~700 个 PPM 之间(也即每百万个单一元器件允许有 600 ~700 个不良品),而车规级产品对不良率的要求是消费半导体的 70 倍以上。而正因如此汽车电子行业内认证程序较为复杂,行业壁垒较高。一家从未涉足过汽车电子的供应商若想进入整车厂商的供应链体系至少需要花费两年到三年时间,不仅企业生产要通过 ISO/TS16949 标准,工厂(Fab)和相关机构还需要通过 VDA6.3 过程审核和产品审核,同时集成电路本身也需通过 AEC-Q100 认证,半导体分立器件本身还要求通过 AEC-Q101 认证,无源被动元件要求通过 AEC-Q200 认证等。较高的壁垒也使得汽车半导体行业整体具备较高的市场集中度。

为满足 AEC-Q100 的高规格质量标准,江波龙在 2019 年便投入建设高标准的可靠性实验室,可满足 AEC-Q100 各测试项基于失效分析的验证测试。由于 AEC-Q100 验证周期长,资源投入大,江波龙为此配备专业的可靠性分析团队,针对性分析可能存在的缺陷以提供高效的改善方案。江波龙存储产品目前的销售规模居全国前列,产品案例数量多、覆盖广、复杂度高,高标准需求众多,充分积累了高可靠、高稳定软硬件设计分析经验,并应用于车规产品的设计与改善。

最近几年在海内外多重因素的作用下,芯片进口替代成为大势所趋,国内车载芯片厂商迎来了巨大的发展机遇,近年来,在海外地缘政治刺激及国内政策支持的双重因素作用下,芯片进口替代浪潮已为大势所趋,本土芯片厂迎来了较大的发展机遇。

目前我国芯片严重依赖进口,但国家及地方政府相继出台政策,对国内集成电路行业进行大力扶持,比如 2014 年国务院印发《国家集成电路产业发展推进纲要》提出国内集成电路产业链主要环节要在 2030 年达到国际先进水平,一批企业进入国际第一梯队,实现跨越发展。同年国家集成电路产业投资基金("大基金")成立,一期总规模达到 1387 亿元,并已于 2018 年底募资完毕,同时大基金二期工作也于 2019 年完成,共募集超过 2000 亿元。可以看到,在海内外双重因素的作用之下,智能汽车、物联网、5G 通信等新兴领域对于芯片的需求日益提升,芯片国产替代势在必行。身为国内半导体存储企业的深圳市江波龙电子股份有限公司也会抓住宝贵的历史发展机遇,抓紧时间实现自身技术能力的积累,更好地满足客户的国产化需求。

(十六)新能源整车热管理

上海新能源汽车空调工程技术研究中心,上海加冷松芝汽车空调股份有限公司 黄国强

1. 2022 年新能源汽车热管理产业总体发展与技术突破

2022 年中国汽车工业呈现了"传统燃油车高端化、新能源车全面化"的发展特征。根据中国汽车工业协会 2023 年 1 月发布的数据,2022 年新车销量为 2686.4 万辆,同比增长 2.1%,产量为 2702.1 万辆,同比增长 3.4%;乘用车销量 2356.3 万辆,同比增长 9.5%,产量为 2383.6 万辆,同比增长

11.2%;商用车销量为 330 万辆,同比下降 31.2%,产量为 318.5 万辆,同比下降 31.9%;新车出口 311.1 万辆,增长 54.4%,其中新能源汽车达到 67.9 万辆,同比增长 120%。

2022 年中国新能源汽车(NEV)市场再次实现爆发式增长,新能源汽车(NEV)销量达到 688.7 万辆,同比增长 93.4%,新能源汽车(NEV)产量达到 705.8 万辆,同比增长 96.9%,在全球新能源市场占比超过 71%,连续五年成为全球单一最大新能源汽车市场。新能源汽车市场从 2012 年到 2021 年的发展呈现了 3 个台阶,2012—2014 年平均渗透率 0.15%、2015—2017 年平均渗透率 1.96%、2018—2021 年平均渗透率 6.8%,2022 年达到 25.6%,从 2021 年的电动车元年开始,已经进入市场驱动的快速增长通道。

2022 年中国汽车热管理产业已经发展到 2750.3 万套热系统,与 2021 年相比增加了 5.05%,产业规模在 664.5 亿元。按照 668.7 万辆新能源汽车的销量和年降 3% 的幅度测算,新能源汽车热系统产业新增产值在 254.21 亿元的量级规模上。

新能源汽车热管理技术的最大突破来自热泵技术的进一步普及和集成化模块的应用。热泵系统架构按传热方式也可以分为空气—空气、空气—冷却液、冷却液—空气、冷却液—冷却液 4 种类型热泵,不同类型的热泵系统都有热管理系统供应商在进行全面开发,部分厂家已经通过台架测试并且装车,2022 年开始量产的车型就很多,如长城闪电猫、机甲龙、好猫、比亚迪海豚、海豹、元 Plus、汉 EV、唐 EV、蔚来 ET7/ES7/ET5、上汽飞凡 R7/F7、MG 木兰、上汽智己 LS7、极氪 009、吉利几何 G6、吉利睿蓝 9、smart 精灵、路特斯 ELETRE、一汽新能源 X40/X80EV、广汽 Aion LX 和 Aion V、长安新能源阿维塔 11、东风岚图梦想家、东风猛士 917、东风柳汽风行雷霆、特斯拉 Model X/ Y/ S、北汽新能源考拉、小鹏 G9、JAC 思皓爱跑、大众 ID.6 系列、问界 M5、威马 W6、一汽红旗 E-QM5PLUS、高合 HiPhi X 等车型,目前已有 65% 的电动车已经采用热泵技术。

国内东风汽车联合西安交大、浙江三花汽零公司、威灵汽车等单位成立《电动车 CO_2 热泵空调系统开发》技术联盟,开发了 CO_2 热泵空调系统,装配到东风汽车原型车上。加冷松芝研发的首台采用 CO_2 热泵系统的客车空调出口到土耳其。长安汽车在研究 R290 热泵系统空调。比亚迪和加冷松芝在研究 R454A 新型制冷剂热泵空调。

超级水壶和阀岛的导入、集成化模块的应用也在不断提升零部件的集成度,空调 ECU 被整合到整车 VCU 架构中。据了解,比亚迪新开发的集成热管理系统管路数量减少 30%,重量降低 15%,成本降低 10%。电池热管理系统的技术路线有被动式风冷、主动式风冷、主动式液冷、直冷几种主要形式,主动冷却和主动加热技术已经成为电池热管理的主流技术选择,并且在 81% 的新能源汽车上采用液冷技术,中高级轿车已经全面采用液冷技术。比亚迪海豚的电池热管理系统使用了直冷直热的技术,这也是少有的电池直冷直热的量产车型,第一个量产车型还是宝马 i3。预冷和预热、局部加热(如方向盘和座椅)、热负荷预测和前馈控制等技术已经开始得到重视,在中高级轿车和电动汽车上应用在增加。

2. 产业标准体系的建设

新能源汽车热管理系统及零部件的产业标准主要由两个渠道制修订,一类是汽车车身领域空调子领域,另一类是工业制冷空调领域。QC/T 基础标准 5 个,整车空调性能相关标准 1 个,空调系统及零部件相关标准 20 个;GB/T 相关标准 5 个。现有标准的修订和扩充还有以下几个方面需要考虑:①现有标准都是针对适用 R134a 制冷剂的,没有扩展到替代制冷剂 HFO1234yf 和 CO_2、R290 等;②现有标准主要针对汽车空调及零部件,没有扩展到汽车热管理系统,尤其是新能源汽车热管理系统及电动化零部件范畴,包括电机、电池、电控的热管理子系统及电子膨胀阀、电子加热器等零部件;③现有标准没有包括舒适性、能效、碳排放、热系统安全性相关评价指标及测试评价方法。中国制冷空调工业协会在 2022 年发布了《汽车乘员舱空调舒适性测试方法》和《汽车乘员舱空调舒适性评价规范》。

3. 国内外新能源汽车热管理产业发展趋势

汽车热管理产业规模和增长也是由汽车产量和汽车车型组合来驱动的。传统动力汽车重点关注轻量化、低油耗和智能化,传统汽车空调主要覆盖乘员舱热舒适和发动机舱热管理,传统汽车空调产业包含空调箱(HVAC)、发动机冷却系统(PTC)、压缩机、流体传输及控制等 4 个细分领域,并由 4 个细分产品组成完整包含空调在内的整车热管理系统。从节能和高效制冷制热角度出发,双层流空调箱的开发和应用得到了很高关注。随着整车中央计算机域控制的新型电子电气架构的导入,碳化硅功率器件也会在热管理系统中进入应用。新能源汽车则主要关注电动化、续驶里程、安全化和网联化,而新能源汽车热管理的范围也在原来传统动力汽车空调的基础上延伸到了电池、电机电控、ADAS 智能系统及充电线充电站桩等周边设备,增加了电池热管理模块、电机电控热管理和智能控制及智能运维保障 4 个领域的产品,包括电子水泵、电池冷却器、电子膨胀阀、膨胀水壶、温度传感器、PTC 水加热器、电池冷板、余热回收器等零部件及水回路集成及控制。空调电动化则要求压缩机从皮带轮驱动向内在电机直流变频驱动演化。随着电池能量密度和装机电池容量的提升,压缩机排量也在不断加大、最高转速也在不断提升,行业内已有 55cc/12000r/mim 的压缩机成功开发和投放市场。由于传统内燃机被驱动电机替代,热源不足成了新能源汽车制热的一个瓶颈,多种形式的制热方式应运而生,包括空气 PTC 加热、水 PTC 加热、热泵空调、电动压缩机低效率发热运行、电机电控电池余热回收等,集成了低温水箱的电机电控和电池冷却水回路设计也开始出现应用。电池热管理控制精度的要求提高,也催生了分布式电池热管理系统和独立式电池热管理模块,新增了电池冷却模块、加热模块、冷热组合模块、电池冷板及和冷带等零部件。集成模块的开发和应用已经呈现出显著的趋势。随着《基加利修正案》正式在我国生效及"双碳"目标的战略推进,新能源汽车热管理行业将向"绿色高效化、功能一体化、结构模块化、控制智能化"的"新四化"方向发展。

4. 目前亟须解决的技术难点及解决方案

汽车热管理系统仍亟须解决以下几个方面的技术难点：①热泵系统需要针对不同应用场景进一步优化与简化。目前提出的热泵系统回路控制元件仍显过多，系统控制仍较复杂，系统可靠性不高。②电动零部件集成化和模块化需进一步提高。如电子膨胀阀和电池冷却器的集成化、阀岛技术的导入等。③热泵工况下系统性能进一步提升。尤其是在 -30 ℃北方使用场景下，R134a/R1234yf 系统性能急剧降低，制热量不够、功耗增加，同时车室外换热器在低温工况下严重结霜、系统性能恶化等问题。④热泵系统成本需进一步降低。新能源汽车热泵系统由于其复杂性和更多零部件，使得其成本相对于常规热管理系统不具备优势。据上海大众测算，新开发的 CO_2 系统要增加成本 2000 元左右。一方面需要进一步加大热泵系统推广力度，以摊薄设计和开发成本，另一方面通过技术改进(如前述系统优化、低成本替代材料等)和集成化设计与制造降低成本。⑤CO_2热泵系统已有厂商在做研发但产业链深度不够。CO_2热泵系统具有天然的制热性能优势，在业界受到越来越多的重视，但其中仍有很多技术问题亟须解决，如制冷和制热性能的平衡考虑、系统高压安全问题、系统关键零部件设计与匹配、制造系统升级转换和改造、售后维修服务系统改造升级等。

针对以上技术难点，科技部在“十四五”规划攻关计划中提出了“纯电动客车/乘用车高效高环境适应动力平台技术”的研究项目，研究多阀门多通道、多冷却回路一体化、压缩机低温可靠性、可变制冷剂充注量等空调技术，研发低温高效热泵空调系统。

5. 2022 年行业重点企事业单位发展情况

①松芝股份创立于 1998 年，专业研发、制造各类车辆空调系统及热管理产品，践行“高效、节能、环保”的产品战略，为客户提供空调与热管理的整体解决方案。2010 年在深交所上市(股票代码：002454)，控股二十多家分子公司，员工 3000 余人。公司业务覆盖大中型客车热管理、乘用车热管理、轨道车空调、冷冻冷藏机组、车用空调零部件、新能源压缩机等领域。近年来，公司关注储能领域的创新发展，自主研发的多款产品应用于储能集装箱、储能电柜、客车、卡车、换电等领域。

②奥特佳公司是深交所主板上市公司，主营汽车热管理和储能热管理业务，总市值约 100 亿元，年收入超 60 亿元，并以年复合增长率 25% 以上快速增长。基于 20 多年来积累的经验与技术能力，奥特佳目前研发和产能布局已实现全球化，与全球各主流车厂均建有稳定业务关系，是汽车热管理领域的自主创新龙头。公司近年来研发量产的第五代电动压缩机、补气增焓压缩机、新环保冷媒压缩机以及汽车热泵空调、集成式热管理模块、热管理控制器等，具有独立知识产权并在全球范围内引领下一代产品技术方向。

③上海海立新能源技术有限公司于 2016 年底成立，是上海立股份的控股子公司。公司坚持自主创新，不断突破，已成为国内车用电动压缩机领先品牌。海立新能源具有强大的技术要素研发团队和优秀的市场推广团队，在拥有完全自主的知识产权和技术沉淀下，专业化的车用电动压缩机产品已得到了客户的广泛认可。海立新能源始终以国际先进为目标，产品小巧轻质，结构紧凑，性能噪声卓越，制冷制热效率业内最高，在商用和乘用车领域都拥有同等级世界最轻量化的产品，也是业界最早量产 800 V 高电压、大排量产品的企业。海立新能源的产品在客车市场占有率全球领先，乘用车市场位于第一梯队。

④浙江三花汽车零部件有限公司于 2004 年正式成立(以下简称三花汽零)，为三花智控全资子公司。主要经营汽车热管理系统用各类核心零部件，产品包括膨胀阀、贮液器、电子膨胀阀、电子水泵、电子油泵、水阀、电磁阀、冷媒球阀、集成组件、各类车用换热器等。三花汽零将持续专注于汽车领域冷热转换，温度控制的相关产品和技术研发，以热泵系统、控制阀件、换热技术、变频技术为核心，为新能源汽车提供所需的热管理技术解决方案。三花汽零的销售额在逐年稳步增长，2021 年销售额为 42.6 亿元，2022 年销售额为 70.9 亿元。

⑤银轮股份是深交所主板上市公司，以热交换器、汽车空调等热管理产品为主导产品。在新能源热管理业务板块，公司目前形成了“1 +4 + N”的产品体系，主要产品有前端模块、冷媒冷却液集成模块、空调箱模块、电控冷却系统等，广泛应用于汽车、工业和民用换热领域，主要客户有北美新能源标杆车企、比亚迪、宁德时代、沃尔沃、零跑、广汽、长城、蔚来等。2022 年新能源板块销售收入 17.23 亿元，同比增长 1.06 倍。

⑥法雷奥是一家全球知名的车用零部件公司，其中热管理系统业务部门在中国汽车零部件业务中名列前茅，产品包括车用空调系统、发动机冷却系统、空调压缩机、前端模块。法雷奥秉承扎根中国、奉献中国的宗旨，不断强化本地化运营。随着新能源技术在中国的蓬勃发展，法雷奥始终引领行业技术发展的潮流，在空调系统高度集成、电池冷却系统、电动压缩机、热泵系统、PM2.5 传感器、无刷电机、高压水加热器的技术开发方面已是行业领先。在业务发展方面，在保持传统客户如宝马、奔驰等的基础上，不断开拓本地 OEM 客户，包括比亚迪等国内自主品牌，帮助他们的汽车产品往中高端提升。特别是针对造车新势力，包括理想、蔚来、小米等客户，法雷奥提供全套的热管理系统解决方案，为造车新势力快速崛起贡献强大的动能。

⑦上海光裕成立于 2002 年，2018 年加入北特科技集团，是国内自主研发压缩机最早的企业之一，占商用车压缩机接近 1/3 的市场份额。早在 2015 年就开始了电动压缩机的研发，经过不断的迭代开发，排量 27 ~ 80 cc，电压从 12 ~ 800 V 全系列产品已经在市场上投放；同时也在碳化硅控制器、CO_2 压缩机、新能源热管理等领域与高校合作进行国家级科研项目的开发。

⑧苏州中成新能源科技股份有限公司创立于 2004 年，是集研发、生产、销售及服务于一体的汽车空调压缩机系统解决方案提供商，品牌知名度享誉全球。新能源电动压缩机平台覆盖 16 cc、27 cc、34 cc、40 cc、45 cc、52 cc 以及 CO_2，依托雄厚的研发能力，拥有电动压缩机总成、控制器及电机的正向研发能力，为乘用车、商用车、工程机械、电池冷却等提供优质的产品和服务。目前已配套广汽埃安、比亚迪、奇瑞汽

车、吉利汽车、零跑汽车、理想汽车、福特汽车、一汽红旗、一汽解放、北汽福田等国内外客户。2022 年电动压缩机实现了 300% 的增长,市占率达 12%,销售额突破了 15 亿元。

⑨博耐尔汽车电气系统有限公司成立于 2003 年,是一家集汽车空调系统、新能源汽车热管理系统及其零部件的开发、设计、生产和销售为一体的高新技术企业。公司为上市公司苏奥传感的下属子公司,秉持消化吸收行业先进技术、积极推行国际合作、产学研合作和自主创新相结合,致力成为燃油车空调系统和新能源汽车整车热管理系统解决方案提供商。公司具备年产量 200 万套空调系统及相关热交换器系列产品的生产能力,产品服务于奇瑞、吉利等国内客户和 TK、IR、TRANE、SMP 等国外客户,业务遍布美国等十几个国家。2022 年销售收入 6.65 亿元,同比增长 53.9%。

⑩翰昂成立于 1986 年,作为创新热管理系统解决方案的领导者,在全球 21 个国家设立了 53 处制造基地及 3 所创新中心。2022 年全球销售额约 68 亿美金。产品包括空调系统、压缩机、动力系统冷却、空调管路、电子与流体液压等系列,既助力传统内燃机的高效节能,也支持电动化转型的下一代汽车产品。在电动车热管理领域,翰昂有二十多年的开发和制造经验,高电压电动压缩机、热泵系统、二氧化碳环保冷媒技术世界领先,并在业界率先实现了规模化应用。中国的独资及合资公司分布在北京等 12 个城市,服务的客户包括大众、通用等国际主机厂,以及吉利、长城等国内主机厂。

6. 未来几年新能源汽车热管理产业发展建议

新能源汽车热管理技术发展趋势仍是前述的“六化”,但热管理范围延伸到了乘员舱、电池、电机电控、ADAS 智能系统及充电线充电桩等周边设备。未来几年,整车热管理企业的技术研发重点仍集中在热泵空调系统、全能量效率优化、客户感知质量提升和电池热失控预警预防的技术开发上。热泵空调系统重点在制冷制热回路架构开发和高效制冷剂的选择,包括从两换热器回路到三换热器回路、带中间换热器的补气增焓回路、双级压缩回路的迭代升级,制冷剂的选择包括 CO_2、R1234yf、R290、R454A 等。全能量效率优化以电池能量利用率作为全能量效率计算和优化的基准目标,技术开发主要在电机电控余热回收和再利用的水回路架构、制冷剂回路的数字化精确控制回路、冷却液回路和制冷剂回路的组合热交换器应用、方向盘和座椅的局部加热、场景化的分区能量分配和分区温度控制、热量储存和热量释放(蓄冷蓄热技术)、远程标定等。客户感知方面主要是热舒适性、声舒适性和空气质量的提升,现在,个人用户和公众对杀菌消毒、空气异味、污染颗粒物浓度控制等要求明显增强,车辆厂和热管理企业都已经在探讨各种现有空气处理技术的复合应用和产品推广。声舒适性会在新能源汽车领域得到更多关注,因为热管理系统的气动噪声和振动已经变得更加突出,做得不好就会成为用户的最大抱怨点。电池热失控已经成为电池热管理的安全考虑重点,热失控的监测、预警和防止的系统性架构模型和执行系统会成为电池包及电动车企业关注的焦点和开发的重点。

新能源汽车热管理产业面临上述很多困难和挑战,需要行业在政府政策的引导下积极行动和应对才能有效突破,我们提出以下几个方面的建议:一是借助政府提出的“双碳”目标引导,在整车企业的引领下进行整车热管理系统的集成式核心技术开发。二是积极推动核心零部件企业通过产学研用的模式进行技术创新和技术突破,形成自主知识产权和商业化量产能力。三是重视对智能化及大数据方面的软件开发投入和热管理的人才培养。四是政府在未来一段时间内继续推动研发补贴、能效补贴和专利联盟补贴的方式,疫情受控情况下要适度延缓退坡幅度和速度,稳固新能源汽车热管理的技术进步和产业规模化提升。五是从产业资本投入和税收方面支持产业链核心企业的发展,优化产业链、提高产业集中度。六是发挥行业协会作用,促进跨行业的技术交叉和复合创新,加强对核心企业的热管理系统及零部件的技术开发能力和产品质量监督,促进高质量产品应用和高质量维护。七是发挥行业协会作用,加快产业标准体系建设。

7. 产业政策和市场需求展望

2020 年国务院办公厅发布了《新能源汽车产业发展规划(2021—2035)》规划纲要,汽车行业也在积极制定应对策略,努力向绿色制造、高质量发展的产业转型和升级。

未来五年中国汽车市场将继续保持稳步增长势头,2023 年轻型汽车产量预计将进一步增长至 2760 万辆,同比增长 3%。新能源汽车产量 2023 年有望达到 900 万辆,其中纯电动汽车的产量预计将超过 700 万辆。

中国汽车行业将进一步加速向电气化转型,从而成为向零排放交通转型的全球领导者。中国虽然政府补贴在退坡,但投放市场的具有吸引力车型越来越多,促进汽车市场加速向电动化转变。

(十七)新能源汽车轻量化

中国汽车技术研究中心有限公司　孟宪明

1. 2022 年新能源汽车轻量化产业总体发展与技术突破

2022 年 1—10 月,我国新能源汽车产销分别完成 548.5 万辆和 528 万辆,同比均增长 1.1 倍,市场占有率达到 24%。目前,中国已成为全球最大的新能源汽车市场。这一年,也是新能源汽车轻量化技术不断突破的一年,CTC 技术为新能源整车结构与模块化设计带来新理念,大型铝合金构件一体式压铸技术首次应用国内自主品牌车身。

新兴的一体化压铸是将传统的“冲压 + 焊接”简化为一步的过程。一体化压铸把先将原材料冲压成小块结构组件再焊接成大的车身结构件的过程简化为直接将原材料一步压铸成大的车身结构件的过程。汽车一体化压铸技术最早由特斯拉于 2019 年提出,并在 2020 年 Model Y 后地板生产中应用了该技术，其零件数量由70个减少至2个，随后蔚来、小鹏、沃尔沃、大众等众多车企也开始了对汽车一体压铸的布局。2022年6月与9月蔚来发布2.0平台的ES7和ET5均采用一体式压铸全铝后副车架，其超高强度钢铝混合车身抗扭刚度可达34000 Nm/deg。11月上市的极氪009采用了一体式压铸后端铝车身，该铸件通过7200 t巨型压铸机实现，2023年7月上市的小鹏G6采用一体化压铸前机舱与后地板，焊接点减少近800个，整车弯曲刚度提升11%。

CTC技术方面，新能源汽车动力电池系统最开始是由"电芯-模组-PACK"组成，随后宁德时代CTP和比亚迪刀片电池的诞生使得动力电池系统的集成省去了模组这一步，直接到了"电芯-PACK"模式。CTB/CTC技术是直接将车身底盘作为PACK，有效减轻车身重量、提升空间利用率。通过系统性的组合创新，特斯拉每千瓦时电池成本降低56%，续航里程提升54%，投资生产成本下降69%。5月，比亚迪海豹首次搭载了CTB电池车身一体化技术，将电池上盖与车身地板合二为一，从原来的"电池三明治结构"进化为"整车三明治结构"，使得动力电池既是能量体也是结构件，简化了车身结构和生产工艺的同时降低车身总重。

2. 产业标准体系的建设

随着新能源汽车轻量化产业的快速发展，建立健全的产业标准体系显得尤为重要。标准的制定将推动新能源汽车轻量化技术的规范化和标准化发展，有助于提高产品质量、促进产业协同，进一步推动整个产业进步。

在安全性能方面，主要的国标有GB 11551—2014《汽车正面碰撞的乘员保护》、GB 20071—2006《汽车侧面碰撞的乘员保护》、GB/T 20913—2007《用车正面偏置碰撞的乘员保护》等。在轻量化性能方面相关的标准有T/CSAE 26—2022《乘用车白车身轻量化设计与评价方法》、T/CSAE 115—2019《乘用车整车轻量化系数计算方法》；在防腐性能方面，标准有T/CSAE 69—2018《乘用车整车强化腐蚀试验评价方法》、T/CSAE 71—2018《汽车零部件及材料循环腐蚀试验方法》等。

针对高强钢制定的《汽车用薄钢板》系列团体标准规定了对厚度不大于3 mm的汽车用薄钢板进行抗致延迟断裂性能评价的试验方法、轴向力/应变控制疲劳试验方法以及十字形拉伸试样形状和尺寸；在铝合金领域，制定的《汽车用中低强度钢与铝自冲铆接一般技术要求》《汽车用铝及铝合金搅拌摩擦焊技术条件》等团体标准规定了铝合金连接件的连接工艺、质量评价标准及方法。除此之外，在工程塑料及复合材料领域也都有《塑料　高应变速率下的拉伸性能测定　第2部分　直接测试法》《汽车用纤维增强复合材料层合板高应变速率层间剪切强度试验方法》等相关标准来规定材料的性能评价方法。

新能源汽车轻量化标准体系的建设涉及多学科、多行业、多技术门类。针对新能源汽车轻量化产业总体发展情况来看，在一体化压铸及轻量化材料连接领域应逐渐完善在材料与结构设计、轻量化成型及连接工艺、轻量化材料成型及连接设备、零部件性能评价方法等方面的标准布局。从而推动新能源汽车碰撞安全测试、汽车能耗测试等整车领域的标准体系建设。保障我国汽车产业高质量发展，推动我国新能源汽车轻量化产业走向国际市场。

3. 国内外新能源汽车轻量化产业发展趋势

随着新能源汽车带来的整车结构重塑，以及轻量化结构设计、材料与制造工艺等上下游产业在近些年来不断发展，新能源汽车多材料混合车身将是目前及未来国内外轻量化产业发展的重要目标。汽车轻量化结构设计方面，国内外汽车企业在面对轻量化多种影响因素条件下，大力推进应用多目标优化算法，寻找平衡不同目标之间的最优解集合，实现轻量化结构的优化和最佳设计。轻量化材料方面，引入汽车用先进高强钢、新型免热处理铝合金以及高性能纤维复合材料等轻量化材料加入未来整车开发与应用将会进一步提新能源汽车优良综合性能。工艺方面，为汽车生产制造带来变革性意义的一体化压铸工艺将是未来几年内行业的热门发展，同时，异质材料连接技术、低成本高性能纤维复合材料成型与可回收技术的突破也将是复合材料大面积应用于汽车行业的最后一道关卡，同时也是多材料混合车身实质性应用发展的关键一环。

4. 国内外新能源汽车轻量化产业发展趋势

基于我国新能源汽车轻量化技术发展可以看出，随着汽车产业链的快速发展，新能源汽车轻量化技术研究已经取得了显著进展，但是在材料及工艺应用方面依然存在一些技术难点。

（1）材料应用技术难点

①轻量化材料应用较少。钢材目前仍是我国新能源汽车的主要应用材料。其中在高强钢的使用比例上，我国约为40%，国外使用高强度钢的比例可达80%，明显低于国外车企；2022年我国单车镁合金用量为3～5 kg，北美为15 kg；根据《节能与新能源汽车技术路线图》，我国单车镁合金用量应于2020年、2025年、2030年分别达15 kg、25 kg、40 kg，而2022年镁合金实际平均用量仅约为2020年规划用量的1/3，我国单车镁合金用量远未达行业规划目标；以碳纤维为主的复合材料，受制于材料成本和制造工艺的限制，目前尚未得到大规模广泛应用。

②轻量化材料维护体系不完善。与传统材料的汽车维护保养相比，运用轻量化材料的汽车维护难度更大。如传统钢材制作的汽车受撞击变形后，可通过钣金技术进行修复，我国在这方面技术已相当成熟。而对于新材料制作的汽车一旦受损，修复难度较大，我国在这方面技术尚不成熟，例如一体化压铸零件损坏后维修成本高的问题、碳纤维复合材料维修及回收问题、镁合金零部件复杂工况防腐问题等，都是限制新型轻量化材料应用维护体系中的主要问题。

③新材料的应用成本高。新材料的研发费用较高，耗费大量成本，研发周期长，短时间内很难见效益，从事新材料研究的仅限于几个实力较强的汽车相关企业。新材料成本较高，目前车用轻量化新材料的成本普遍偏高，国内每吨铝合金的材料成本达4.5万元左右，碳纤维的材料成本则每吨高达80万元左右，让很多中低端车型在轻量化材料的使用上望而却步。

所以对于轻量化材料而言，加快建立起涉及"先进材料研发—原材料生产—零部件制造—整车集成应用—回收再利用"等全产业链的需求迫在眉睫。

（2）工艺应用难点

①新工艺布局较晚。近年来，我国汽车制造研发方面进

步很大，汽车轻量化研发也在逐步跟进，但是与西方国家相比还有差距。主要问题是我们的技术布局较晚。特斯拉首先采用一体化压铸技术，在特斯拉取得成应用后；以蔚来、小鹏为首的造车新势力开始布局一体化压铸领域；然后国内传统车企才逐渐进入一体化压铸领域。总体来看，我们对于新技术的布局较晚，就导致我们的汽车相对来说缺乏竞争力。

②新工艺亟待开发。随着汽车轻量化的发展，大量新型材料出现在白车身制造当中，其中铝合金将是很长时间内实现汽车轻量化的主要材料，所以钢铝混合车身是实现汽车轻量化的主要方式。以连接工艺为例，钢铝车身主要通过自冲铆接、热熔自攻丝等机械连接方式进行连接。但是这些机械连接方式需要额外引入铆钉，除了会增加成本之外，还会增加整车重量，不能从根本上解决汽车量化的问题，需要开发新型连接方式来解决钢铝混合车身的连接问题。通过钢铝电阻点焊连接的方式可降低生产成本、提高生产节拍，目前已经有很多研究单位对钢铝电阻点焊技术的取得阶段性研究进展，但是受限于工艺稳定性以及界面腐蚀问题，钢铝点焊电阻点焊技术仍未在焊装产线取得应用。除此之外，如何解决铝合金一体化压铸技术中废品率高、低成本纤维增复合材料成型技术中设备能力不足等问题，也限制了我国新能源汽车轻量化技术的发展进程。

因此，在加快材料体系研发的同时，做好新技术的布局，提前进行技术储备，加快新工艺的研发速度为应对新形势下汽车产业变革做充足准备，助力轻量化技术向前推进。

5. 2022 年行业重点企事业单位发展情况

在新能源汽车轻量化领域，一些企事业单位在 2022 年取得了显著的进展和成就。以下列举了几家行业代表性单位，以展示其在技术研发、产品创新和市场推广等方面所做的努力和取得的成果。

在高强钢研究领域，宝钢湛江下线了热镀锌合金化吉帕钢®（X-GPa®）——一款高成形性、低合金含量且具备优异焊接性能的材料 DP1470-GA。紧随其后，6 月，宝钢股份再次取得辉煌成就，成功研发出低合金、良焊接性能和高成形性能的 DP1500-CR 钢材。该材料被用于某新车型的横梁零件。值得骄傲的是，DP1500-CR 钢材在拥有超高强度和较高延伸率的基础上，依旧保持了出色的弯曲性能和低延迟开裂风险。

2022 年 4 月 14 日，工业和信息化部、国家发展和改革委员会、生态环境部发布了《关于推动铸造和锻压行业高质量发展的指导意见》。该指导意见明确了发展目标：到 2025 年，先进铸造锻压工艺技术如一体化压铸成形、无模铸造、轻质高强合金轻量化等将实现产业化应用；到 2035 年，行业总体水平将达到国际先进行列，并培育形成有国际竞争力的先进制造业集群。在这样的背景下，盐城多利汽车零部件有限公司的 6100 t 一体化压铸生产线于 2022 年第四季度进行试运行。与此同时，该公司的全资子公司——安徽达亚汽车零部件有限公司也已初步规划两条 6100 t 一体化压铸生产线，并计划在 2022 年的第二、第三季度陆续进行安装。广州鸿图公司于 2022 年 1 月成功投产新增的 6800 t 压铸单元。该公司还在同年成功试制了新能源汽车超大型一体化铝合金后地板压铸结构件产品。未来，广州鸿图还计划根据市场需求布局新产能。

此外，2022 年我国其他企业也在积极布局一体化压铸项目。旭升股份购入 2 台大型压铸机，用于一体化项目研发和布局；文灿股份购入了 6000 t、9000 t 和 7000 t 压铸机各2 台，并计划在 2023 年逐步实现一体化压铸产品的量产目标；爱柯迪、广东鸿图、泉峰汽车等企业也在积极推进一体化压铸技术的应用。

免热处理合金材料在一体化压铸领域发挥着重要作用，能够提高压铸的良品率并降低生产成本。传统铝合金通常需要经历多个热处理步骤来提高综合性能，但对于一体化压铸大型铝合金部件来说，精度要求较高，热处理过程可能导致尺寸变形和表面缺陷，进而降低压铸的良品率，增加生产成本。免热处理铝合金材料成为解决这一问题的关键。国外厂商如美国铝业、德国莱茵菲尔德和特斯拉等已成功开发了免热处理铝合金材料。国内厂商也在积极研发，立中集团、上海交大、广东鸿图、湖北新金洋等已取得研制成功的成果。

6. 2022 年重点车型技术特点分析

比亚迪海豹车身的核心技术特点是采用了 CTB 技术的创新应用。通过 CTB 技术，刀片电池包与车身完美融合，而宽包电池作为坚固的刚性结构件，巧妙地加强了整车环形结构。同时，在电池包边框结构的精心优化下，电池上盖、电芯和边框共同参与整车传力，进一步加固底盘结构，以平衡整车重心，这一系列措施使得整车的强度大幅提升。比亚迪海豹长续航后驱版在 C-NCAP 安全评测中荣获五星成绩，综合得分率高达 88.6%。这个优异的成绩充分验证了海豹在安全性能方面的卓越表现。通过车身强度的进一步增强和底盘结构的精心优化，海豹展现出出色的稳定性和耐撞性，为车内乘员提供了更高层次的全方位保护。

极氪汽车发布了首款 MPV 车型 EF1E 和全球首款原生纯电豪华 MPV ZEEKR009，采用了一体式压铸后端铝车身结构件。这项创新工艺减少了近 800 个焊接点，提高了车身后部的安全性能，碰撞后维修成本降低。这一技术突破源于极氪智慧工厂，为极氪产品的优质品质奠定了坚实基础。

2022 款奇瑞大蚂蚁基于@ LIFE 绿色智慧模块化技术平台研发，在上一代车型的基础上进行轻量化研发，重量减少 30%，刚度提升 20%。另外全新大蚂蚁采用独创仿生隼骨多腔封闭车身骨骼和环状笼式全铝车身结构，配合分段溃缩式前纵梁，让车辆碰撞防护效果提升 30% ~ 50%。

7. 未来几年新能源汽车轻量化产业发展建议

从可持续发展的角度而言，汽车轻量化是新能源汽车行业节能降碳的现实途径之一，低碳化已经不能仅仅依靠汽车服役过程的节能减排，需要从设计、制造、使用到回收利用的全生命周期各个过程均低碳化。这便意味着汽车轻量化的推动，不仅仅是靠结构、材料以及工艺等某个领域的单独突破与发展，而是靠着上下游协同发展共同促进。近些年来，零部件集成设计与一体式压铸工艺虽得到快速发展，但压铸工艺-产品性能复杂影响机制尚不清楚，适用于汽车生产制造的铝合金材料技术也不成熟，这导致一体式压铸为车身制造带来的实际效果大打折扣。碳纤维国内原丝产量逐年上升，其超高强度及刚度等优良特性在车身结构强化方面有着巨大应用潜力,但由于其成型工艺、成本及可回收性等方面尚未突破,在汽车行业仍是以运动选配、装饰覆盖等形式出现在大众视野。因此,促进材料—结构—工艺—回收等技术协同发展是目前及未来新能源汽车轻量化产业发展的重要理念。

(十八)电动汽车充电基础设施

中国电力企业联合会标准化管理中心 刘永东

2022 年充电基础设施产业继续快速发展,服务近 1310 万辆新能源汽车,为我国新能源汽车产业发展提供了有力支撑。截止到 2022 年 12 月,我国公共类充电桩达到 179.74 万台,比 2020 年增约 65.05 万台,私人充电桩数量达到 351.21 万台。公共类充电桩和私人充电桩总量超过 530.95 万台,车桩比为 2.46:1,发展规模持续保持全球首位。

1. 行业动态

(1)政策发布

2022 年 1 月,国家发展改革委等部门印发了《关于进一步提升电动汽车充电基础设施服务保障能力的实施意见》(以下简称《意见》),《意见》指出要全面贯彻落实新能源汽车产业发展规划(2021—2035 年),到“十四五”末,我国电动汽车充电保障能力进一步提升,形成适度超前、布局均衡、智能高效的充电基础设施体系,能够满足超过 2000 万辆电动汽车充电需求,支撑新能源汽车产业发展,突破充电基础设施发展瓶颈,推动构建新型电力系统,助力“双碳”目标实现。

同年 1 月,国家发展改革委、国家能源局印发了《“十四五”现代能源体系规划》。(以下简称规划)《规划》指出要推动构建新型电力系统,积极支持用户侧储能多元化发展,提高用户供电可靠性,鼓励电动汽车、不间断电源等用户侧储能参与系统调峰调频。《规划》提出要更大力度强化节能降碳,积极推动新能源汽车在城市公交等领域应用,到 2025 年,新能源汽车新车销量占比达到 20% 左右,要优化充电基础设施布局,全面推动车桩协同发展,推进电动汽车与智能电网间的能量和信息双向互动,开展光、储、充、换相结合的新型充换电场站试点示范。

(2)地方政府承担推动充电设施发展的主体责任

各地方政府是政策的执行者,2022 年部分地方政府在中央政策的指导下,加速推动落实中央政策文件要求。一是各省市逐步完善细化政策,聚焦解决居民区、城市公共、高速公路等充电基础设施建设问题,完善政策体系,其中行业监管和财政补贴是政策主要方向,针对上一阶段的规划进一步地提出具体政策实施细则。在国家能源局等 10 部委发布的“实施意见”的指导下,各地方开始陆续出台地方充换电基础设施规划,并在各领域发布的政策文件中将充换电设施建设列为工作任务之一;二是奖补政策更具有倾向性,向保障类充电设施倾斜,同时开始朝着扶优扶强方向演变。为践行产业高质量发展目标要求,以北京、上海等地区为代表的充换电设施奖补政策对奖补对象进行分级,对优质资源给予更高的补贴金额,部分区域开始布局未来车网互动应用场景,鼓励安装智能有序或 V2G 充电桩。

(3)联盟标识管理(认证)体系

截至 2022 年 12 月,总计有 38 家企业的 59 款型号产品申请联盟标识(检测、认证)评定,其中已完成标识(检测、认证)评定工作的有 38 款型号产品,未通过的有 6 款型号产品,已通过的有 32 款型号产品,在评的有 19 款型号产品。

目前有中电联认证中心、天津华诚认证中心(中汽研)、上海添唯认证技术有限公司(上电科)、许昌开普检测研究院股份有限公司、中国质量认证中心、威凯认证检测有限公司、苏州电器科学研究院股份有限公司等 7 家授权认证机构发出标识,已发放标识 59561 张。

2. 充电设施标准体系建设

(1)深化充电设施标准体系

为适应充电技术的发展和产业需求,针对电池更换和车网互动等方面,开展了标准路线图和标准体系预研工作。新修订的标准体系共规划标准 167 项,其中规划国家标准 57 项、行业标准 69 项、团体标准 41 项、企标 0 项。

2022 年 9 月 22、23 日在北京组织召开了下一代直流充电技术(ChaoJi)3 项国家标准《电动汽车传导充电系统 第 1 部分:通用要求》《电动汽车非车载传导式充电机与电池管理系统之间的数字通信协议》《电动汽车传导充电用连接装置 第 4 部分:大功率直流充电接口》的送审稿审查会,来自充电设施企业、电网公司、汽车企业、检测机构及运营商等的共 50 多名专家及代表参加了会议。经过两天的逐条细致审查,3 项国家标准顺利通过专家组技术审查,这标志着 ChaoJi 充电技术路线已完成标准编制工作。中国电力企业联合会将组织标准编制组根据审查意见修改完善,形成报批稿,加快完成发布,为我国充电设施技术升级提供标准遵循。

(2)加快标准制修订步伐

2022 年度继续加大了充电设施标准的制修订力度,加强了充电设施计划项目的管理,制修订计划项目推进整体有序。2022 年度共发布标准 2 项,其中中电联标准 2 项。目前,标委会在编计划项目共 57 项,其中国家标准 20 项、行业标准 25 项、中电联标准 12 项。处于启动编制阶段的共 29 项,达到征求意见稿阶段的共 10 项,达到送审稿阶段的 11 项,达到报批稿阶段的共 7 项。

3. 充电基础设施建设情况

(1)公共充电设施总体情况

截至 2022 年 12 月,联盟内成员单位总计上报公共类充电桩 1797488 台,其中直流充电桩 760507 台、交流充电桩 1036496 台、交直流一体充电桩 485 台。2022 年 12 月较 2022 年 11 月公共类充电桩增加 66183 台。从 2022 年 1 月到 2022 年 12 月,月均新增公共类充电桩约 54211 台,2022 年 12 月同比增长 56.72%。

省级行政区域内所拥有的公共类充电桩数量前十的分别为:广东 382960 台、江苏 129677 台、浙江 125918 台、上海

122235 台、北京 110145 台、湖北 101163 台、山东 89965 台、安徽 84129 台、河南 68016 台、福建 67299 台。

截至 2022 年 12 月，联盟内成员单位总计上报充电站 111433 座。省级行政区域内所拥有的充电站数量前十的分别为：广东省 21705 座、江苏省 9172 座、浙江省 8796 座、北京市 7296 座、上海市 7036 座、山东省 6507 座、四川省 4340 座、河北省 4201 座、天津市 4005 座、河南省 3688 座。

(2)公共充电设施类型情况

2021 年 12 月相关数据显示，国内交流桩数量为 1036496 台，占比为 57.66%；直流桩 760507 台，占比为 42.34%；交直流一体桩(同时具备直流充电和交流充电两种功能)仅为 485 台。

(3)私人充电设施发展情况

截至 2022 年 12 月，联盟内成员整车企业总计上报私人类充电桩 3412143 台，其中交流充电桩 3405609 台、直流充电桩 6534 台。

4. 充电设施建设存在的问题

2022 年我国充电基础设施建设实现跨越式发展，在充电技术、设施规模、标准体系、产业生态等方面均取得显著成效。但还是存在一些问题，主要体现在以下方面：

①建设充电桩的实际数量和利用率存在结构性的矛盾。充电桩的规划建设和新能源汽车的使用存在空间上、结构上的不匹配，导致一方面车主抱怨充电桩少，另一方面运营商担心充电桩利用率低。

②随着 2023 年新能源汽车购车补贴将完全退出，购车成本上涨，作为电能补给的充换电行业面临上游市场扩大受限带来的连带影响。

③发电成本的多年持续上涨带来的电价上涨压力、技术升级带来的成本不确定影响，以及非技术因素如租金上涨等影响充换电服务的盈利压力。

④伴随整车企业、石油石化行业纷纷下场进入充换电设施建设运营，仅通过收取充电服务费(按度电收费)来获利，很难能体现充电服务的理念，充换电行业竞争将进一步加剧，部分企业和产品逐渐淘汰退出。

5. 促进充电基础设施建设的建议

(1)进一步深化充电设施规划布局与新型电力系统规划建设相协同

要加强与地方配电网规划、交通系统规划等相关配套支撑行业相衔接，统筹有序发展；对于公共停车区域结合实际需求，开展配套供电设施改造，为适应大功率充电需求，应合理配置足够配电容量；居住区应根据实际情况，统一将供电线路敷设至专用固定停车位(或预留敷设条件)，预留电表箱、充电设施安装位置和配电容量；充放电设施建设要与配电网的智能化改造结合；充电设施电源规划与电网规划结合。

(2)高度重视充电技术创新和产业协调

要关注大功率充电需要突破液冷组件、大功率器件等关键技术发展趋势。高能效、高可靠性、低噪声充电需要优化模块拓扑结构，采用第三代半导体技术。开发低成本、高可靠、兼容性强的无线充电引导对位、异物检测、活物保护技术是无线充电产业化实施落地的关键。减少维护成本需要开发标准化、模块化、可在线监测的单元设备，为状态维修奠定技术基础。保障充电安全需要充分利用充电大数据，实现主动安全预警和电池健康状态在线评估。随着充电设备领域有序充电、V2G 技术的发展和成熟，以及光伏、储能技术与充电设施的应用结合，充电设施未来将是链接能源侧和用户侧，构建车网互动场景的必要环节。

(3)构建高质量充电基础设施体系

受限于现有的电池技术和充电技术，充电时间长、充电体验差是当前影响私人购车的重要原因。充电设施行业内要积极推进居民区充电设施建设，推动政府、物业、运营商、车企、电网形成合力，采用“统建统营”、社区直流共享充电、多车一桩、储充一体化、智能桩改造、小区周边公共快充以及“整体加装”提升存量小区充电配套能力等综合举措，系统提升住宅小区充电服务能力。在城乡公共充电、高速公路、偏远地区以及专用领域提前布局建设大功率充电建设，建设 ChaoJi 充电网。加快建设出租、共享等乘用车以及重卡、工程等商用车的换电基础设施。拓展充电数据与停车数据、车辆数据互联互通，实时显示充电桩状态信息及周边环境信息，进一步提升充电服务能力，改善用户体验。

(4)建立标准支撑和政策保障机制

在标准方面，未来将围绕低碳相关标准化工作的顶层设计和布局开展充电设施低碳标准体系建设。围绕低碳、高效、智能、双向技术发展制修订充电设施关键设备及关键元器件标准，增加设备智能化、放电功能、能效指标等要求。完成 ChaoJi 标准体系建设。修订换电国家标准，细化换电互换性指标。制定无线充电产品标准及测试规范。制定充电设备全生命周期碳足迹计算标准。完善材料的回收制度和标准。制定充电服务身份认证标准、互动电量认证标准。完善车网互动系列标准，制定充电服务与电网通信协议标准。制定国家充换电项目建设规范，强化安全约束。在政策方面，在中央政策的指引下，进一步推动各地方在充换电规划、运营管理、资金奖补等方面夯实政策体系，为充换电产业繁荣提供发展基础。

(十九)电动汽车无线充电

中国电力科学研究院有限公司　黄晓华

1. 2022 年电动汽车无线充电产业总体发展与技术突破

无线充电具有易操作性、高安全性、强环境适应性以及可实现无人操作的自动化充电等特点。无线充电可与智能驾驶技术无缝结合，随着新能源汽车向智能化、网联化发展，无线充电也将成为未来智能汽车的标配。电动汽车整车无线充电产业化的进展和趋势具有以下几个特点：

①技术不断创新。电动汽车整车无线充电技术仍处于不断创新和完善的阶段，包括充电效率、安全性、成本等方面

的技术瓶颈需要不断攻克。

②产业链生态系统不断完善。随着电动汽车整车无线充电技术的不断推广，整车制造商、充电设备制造商、电子元器件制造商等企业都在布局、开展并加强合作，形成了初具雏形的产业链合作模式。

③政策支持不断加强。国内外多个国家和地区已出台相关政策和规定，鼓励和支持企业在该领域的投入和研发。政府对于环保和可持续发展的倡导也促进了电动汽车无线充电技术的应用。

④应用场景不断扩大。除了家庭、公共场所、企业停车场等场景外，还有越来越多新的应用场景涌现，如无人驾驶、智能交通等领域，这将为电动汽车整车无线充电产业带来更多商业机会和挑战。

⑤国际合作不断加强。电动汽车整车无线充电产业已成为各国之间开展合作的重要领域。目前，各国企业和机构在技术研发、标准制定等方面开展了广泛的合作。

随着电动汽车市场的快速增长，消费者对电动汽车的使用体验也提出了更高的要求，无线充电技术的应用可以大大提升用户的使用便捷性和体验。现代汽车在2022年时在其量产车型捷尼赛思(Genesis)GV60纯电SUV试点配备了11 kW无线充电，并将该功能作为新款GV60 EV的一个选装配置提供。2022年，上汽集团在知己L7车型上配置了11 kW的无线充电选配装置，并面向市场销售。2022年，一汽集团实现了11 kW无线充电投产，国内自主品牌首款高端纯电SUV E-HS9的红旗配置了无线充电。同时，一汽红旗还有两款车型目前正在开发无线充电装置，最高功率等级达22 kW，充电平台覆盖400 V、800 V，预计在2024年初完成量产产品开发。

2. 产业标准体系的建设

国内外的标准化组织均开展了电动汽车无线充电标准化研制工作。所有标准化组织自2013年开始相关的标准化编制工作，至今，在全球各区域范围均形成了较完善的标准体系。ISO、IEC共同承担了电动汽车无线充电系统的标准化工作进展见表1-2-17。国家标准的相关进展见表1-2-18。

表1-2-17　ISO/IEC标准进展

标准号	标准名称	标准状态	发布时间	备注
IEC 61980-1	Electric vehicle wireless power transfer (WPT) systems -Part 1: General requirements	IS 2nd Ed.	2020年11月	规定了无线充电系统通用类的分类、安全、功能、测量准则等要求及测试方法
IEC 61980-2	Electric vehicle wireless power transfer (WPT) systems -Part 2: Specific requirements for communication between electric road vehicle (EV) and infrastructure with respect to wireless power transfer (WPT) systems	FDIS 1st Ed.	2023 (IS 1st Ed.)	规定了地面设备与车载设备之间的通信协议的物理层及应用层，重点规范了充电流程
IEC 61980-3	Electric vehicle wireless power transfer (WPT) systems - Part 3: Specific requirements for the magnetic field wireless power transfer systems	FDIS 1st Ed.	2023 (IS 1st Ed.)	规定了磁耦合无线充电系统地面设备的性能、功能、安全、互操作性等要求以及测试方法
ISO 19363	Electrically propelled road vehicles -Magnetic field wireless power transfer	IS 1st Ed.	2020年4月	规定了磁耦合无线充电系统车载设备的性能、功能、安全、互操作性等要求以及测试方法
ISO 15118-8	Road vehicles — Vehicle to grid communication interface -Part 8: Physical layer and data link layer requirements for wireless communication	IS 2nd Ed.	2020年9月	规定了无线充电系统物理层及通信链路层协议，针对地面设备和车载设备之间的通信报文及一致性等进行了规范
IEC	CISPR 11 — Industrial, scientific and medical equipment ① Radiofrequency disturbance characteristics, ② Limits and methods of measurement, ③ Requirements for air-gap wireless power transfer (WPT)	CDV	待定	针对ISM类型的无线充电系统的EMC相关限值、测试方法进行了规范

表1-2-18　国家标准进展

标准号	标准名称	标准状态	发布时间	备注
GB/T 38775.1—2020	电动汽车无线充电系统 第1部分：通用要求	发布	2020年4月	规定了电动汽车无线充电系统的总体要求
GB/T 38775.2—2020	电动汽车无线充电系统 第2部分：车载充电机和无线充电设备之间的通信协议	发布	2020年4月	规定了电动汽车无线充电系统地面通信控制单元(CSU)与车载通信控制单元(IVU)之间实现无线充电控制的通信协议，也规定了无线充电控制管理系统(WCCMS)参与无线充电控制的通信协议
GB/T 38775.3—2020	电动汽车无线充电系统 第3部分：特殊要求	发布	2020年4月	规定了电动汽车无线充电系统所特有的安全要求及测试方法

续上表

标准号	标准名称	标准状态	发布时间	备注
GB/T 38775.4—2020	电动汽车无线充电系统 第4部分：电磁环境限值与测试方法	发布	2020年4月	规定了电动汽车无线充电系统在充电时，电动汽车内、外的电磁环境限值和测试方法
GB/T 38775.5—2021	电动汽车无线充电系统 第5部分：电磁兼容性要求和试验方法	发布	2021年10月	规定了电动汽车无线充电系统电磁兼容性要求，统一测试方法及判定依据
GB/T 38775.6—2021	电动汽车无线充电系统第6部分：互操作性要求及测试(地面端)	发布	2021年10月	规定了电动汽车无线充电系统地面参考设备，以及待测试地面设备为满足互操作性应满足的要求和测试方法
GB/T 38775.7—2021	电动汽车无线充电系统第7部分：互操作性要求及测试(车辆端)	发布	2021年10月	规定了电动汽车无线充电系统车载参考设备，以及待测试车载设备为满足互操作性应满足的要求和测试方法
—	电动汽车无线充电系统第8部分：商用车应用特殊要求	报批	—	规定了电动汽车无线充电系统商用车应用所特有的要求及测试方法
—	立体停车库无线供电系统技术要求及测试规范	报批	—	规定了立体停车库无线供电系统的技术要求及测试规
—	电动汽车无线充电系统第9部分：车载充电机和无线充电设备之间的通信协议(应用层及数据链路层)	在编	—	规定电动汽车无线充电系统实现无线充电控制的通信协议数据锛路层及应用层的定义
—	电动汽车无线充电系统第10部分：通信协议一致性测试	在编	—	规定电动汽车无线充电系统实现无线充电控制的通信协议的一致性测试要求、结构和内容

3. 国内外电动汽车无线充电产业发展趋势

近年来，国家、部委及地方政府部门均对电动汽车无线充电的技术研究、设施建设提出了指导性的鼓励政策，明确了无线充电是充电基础设施的重要环节。目前无线充电行业发展面临诸多发展困境，主要体现在：

①企业发展困难：无线充电作为一项前瞻性技术，尚未形成规模发货，设备企业长期处于亏损状态。各类政策虽明确无线充电发展方向，但未形成实质性的支撑，企业大多依靠自身资金艰难推进产业发展。

②技术研究放缓：无线充电的辅助功能、功能安全等细分技术需产学研强结合推进，产业化进程缓慢也导致部分研究机构研究重点分散，无法形成合力解决市场所需的急迫技术瓶颈，研究成果无法与市场需求形成配套与闭环。

③车企技术储备观望：大多数车企均认为无线充电能够解决当期用户需求，也是未来发展趋势。但在产业初期，设备成本偏高及技术完善性尚待确认等原因，大多车企将无线充电作为技术储备及量产观望状态，进一步延缓行业发展。

④应用场景黏性低：无线充电真正成为刚需使需要智能驾驶技术的市场渗透率增加，智能驾驶相关企业、研究机构较多，大多关注车辆本身技术研究，且行业发展受阻，无人化车辆应用场景的无人充电应用困难。

⑤细分领域竞争激烈：当前时期，充电设施的顶层推进政策明确，但细分到慢充领域的政策相对宽松，大多业主及施工方为满足政策要求选择价格偏移的充电设备，进一步限制了能真正解决用户需求的新充电技术的发展。

⑥用户知晓度低：消费类电子设备的小功率无线充电技术已被大多数用户知晓并应用，还解决了多场景的便捷充电需求。大多数民众仍不知晓大功率无线充电技术，并对技术成熟度、辐射水平等存在疑虑。

4. 目前亟须解决的技术难点及解决方案

无线充电产品的发展方向需要满足车企性能要求，尤其是加强要与车辆结合的相关技术研究，以提供功能强大的产品，不断增加产品吸引力，打造成目标车辆吸引用户的亮点配置，是无线充电可持续发展的基础。以下是在与车结合方面几个最有希望取得突破的技术方向：

(1)与智能驾驶技术结合

国内外车企在自动泊车、自动驾驶等智能驾驶技术方面均有长期布局，这也意味着未来智能驾驶汽车需要具备自动充电技术。作为目前最佳的自动充电商业解决方案，无线充电还有可能成为自动驾驶的推动者。

(2)与用户的充电行为结合

采用无线充电后汽车可以随时停车随时补充能量，因此可以结合“行驶距离＋充电频次”实现对动力电池或充电功率的优化配置。根据用户普遍的充电行为习惯，如每日行驶距离、充电频次、充电时间和充电点位置等参数进行配置，优化动力电池的容量或无线充电传输功率，从而在整体上降低包括电动汽车在内的系统成本。

(3)无线双向电能传输

电动汽车通过V2G技术实现双向电能传输，采用无线充电实现V2G有助于解决电网稳定性的问题。无线充电原副边线圈天然能够在两个方向上传输电力，并且功率转换部件只要相应地具有适应双向功率传输的拓扑结构即可实现。

5. 2022年行业重点企事业单位发展情况

(1)一汽集团

2022年，一汽实现了11 kW无线充电投产，国内自主品牌首款高端纯电 SUV E-HS9 的红旗配置了无线充电。同时，一汽红旗还有两款车型正在开发无线充电装置，最高功率等级达 22 kW，充电平台覆盖 400 V、800 V，预计在 2024 年初完成量产产品开发，如图 1-2-23 所示。

图 1-2-23　一汽红旗 HS9

(2)上汽集团

智己 L7 是智己汽车这个品牌的首款车型，能够支持最大 11 kW 的交流充电功率，其充电的效率接近有线充电，并具备协同位置检测功能，而且支持金属及活体异物检测，如图 1-2-24 所示。

图 1-2-24　智己汽车 L7

(3)北汽新能源

2021 年，北汽发布的极狐阿尔法 S 华为 HI 版还设计搭载 7.5 kW 无线充电系统，支持 800 V 高压充电。

(4)中兴新能源科技有限公司

中兴通讯全资子公司是国内最早从事电动汽车无线充电自主技术研究、设备研制及生产的公司、国家标准核心参与企业，产品覆盖乘用车、商用车应用，与国内外多家车企开展合作。

(5)华为技术有限公司

该公司自主技术研究，是国家标准核心参与企业，拥有多项自主知识产权技术，主要面向乘用车无线充电系统相关技术开展研究工作。

(6)上海万暨电子科技有限公司

该公司由万安科技投资，是国家标准主要参与企业，建设有通过 IATF 无线充电设备生产线，产品主要面向乘用车应用，与国内外多家车企开展合作。

(7)合肥有感科技有限责任公司

该公司是国家标准主要参与企业，专门提供无线充电解决方案与产品的汽车电子供应商，建设了无线充电检测测试设备的无线充电实验室，与国内多家车企开展合作。

6. 2022 年重点车型技术特点分析

(1)北汽极狐阿尔法 S

2022 年，北汽发布的极狐阿尔法 S 华为 HI 版还设计搭载 7.5 kW 无线充电系统，支持 800 V 高压充电。在使用无线充电功能时，在车辆对准无线充电发射线圈后，用户只需点击中控屏或手机 App 上的“开启充电”按钮即可启动无线充电，充满后自动停止，如图 1-2-25 所示。

图 1-2-25　北汽极狐阿尔法 S 华为 HI 版

(2)东风猛士 M18

东风集团近年来也开展了无线充电的适配及样机研发工作，其中东风岚图 2021 年发布了 11 kW、800 V 充电平台的无线充电样机；东风猛士 M18 对 11 kW 无线充电设备进行了适配，并正向开发 22 kW、800 V 充电平台的无线充电产品，如图 1-2-26 所示。

图 1-2-26　东风无线充电

（3）杰尼塞斯 GV60

现代汽车在 2022 年时在其量产车型捷尼赛思（Genesis）GV60 纯电 SUV 试点配备了 11 kW 无线充电，并将该功能作为新款 GV60 EV 的一个选装配置提供，如图 1-2-27 所示。

图 1-2-27　捷尼赛思（Genesis）GV60 纯电 SUV

7. 未来几年电动汽车无线充电产业发展建议

然而当下电动汽车无线充电的市场，发展仍然较慢，亟待破局。发展挑战主要存在两个方面：系统成本高和解决市场痛点不明显。以下为发展建议：

（1）产业协同降低系统成本

电动汽车无线充电的落地推广，基础材料和器件的优化，其中碳化硅器件、芯片、铁氧体、励磁线、谐振电容等是无线充电整套系统里成本高且承担关键功能的器件或材料。增加供应链相关领域的研究投入，以取得基础材料的突破，推动材料国产化等，可以大幅降低相关零件成本。

（2）聚焦市场痛点，提供极致充电体验

随着碳达峰时间点的来临，绿电使用比重将越来越高，此时车网 V2G 互动的更深层次应用将进入实质运营阶段，而无线充电生而就是 V2G 的最佳载体。开拓适用场景是解决当下的应用困局的方案之一。

（3）强化知识产权建设

无线充电技术国外研究较早，也早已开始专利布局，涉及无线能量传输方式、线圈类型、辅助功能实现等方面，国内厂家在研发和生产中不可避免地遇到相关专利壁垒，建议行业共同努力，集体应对，降低专利风险，推动行业快速发展。

（4）扩大媒体宣传与用户教育力度

当前大部分用户不了解大功率无线充电技术，造成两种典型误解：担心不安全、认为功率小效率低。当前广大用户仍存在谈辐射色变问题。因此全行业需要在多种场合积极发声，加强正面宣传，引导全社会对无线充电技术形成正确认识，同时推广示范运行，增加用户接受度。

8. 小结

2022 年无线充电的车型量产，相比于若干年前，整个行业已经是大幅进步。用过无线充电产品的用户都说体验好，不会再用回有线充电，这个是支撑产业继续往前推进的第一件需求。无线充电技术是一个新兴的产业，需要政府、企业和用户的共同努力，加强产业合作、扩大媒体宣传和用户教育，以实现无线充电产业快速健康发展。

（二十）新能源汽车保险

北京保险服务中心　廖建光　曹莉莉　沈彤辉

2022 年，我国新能源汽车进入规模化快速发展的新阶段，随着新能源汽车产业的迅猛发展和新车销量的持续增长，新能源汽车保险市场也在快速发展。

1. 2022 年新能源汽车保险行业总体情况

2022 年是新能源车险发展的历史元年。2021 年 12 月，中国保险行业协会发布《新能源汽车商业保险专属条款（试行）》开启了新能源车险全新的发展时代。2022 年，新能源车险保费规模（含交强险）约 650 亿元，商业险签单件数 1172 万件，商业险投保率 91%，商业险件均保费 4128 元，比传统燃油车险的件均保费高 81%。2022 年新能源车险报案件数 208 万件，已结案件数 178 万件，结案率 85%，案均赔款 5037 元。

（1）新能源车险业务快速增长，赔付风险明显高于燃油车

根据中汽协数据，2022 年我国汽车产量和销量分别完成 2702.1 万辆和 2686.4 万辆，同比增长 3.4% 和 2.1%。其中，新能源汽车的产销量持续爆发式增长，产销分别完成 705.8 万辆和 688.7 万辆，同比分别增长 96.9% 和 93.4%，新能源汽车市场渗透率达到 25.6%。根据汽车行业产销数据综合预估，2023 年度新能源汽车渗透率有望达到 33%。随着新能源汽车市场的扩大，新能源车险市场也在快速增长，行业预测，到 2025 年，新能源车险的年保费规模将达到 2000 亿元左右。

作为新兴产业，一方面新能源车险业务发展前景十分广阔，但另一方面新能源车险经营成本持续走高。从目前数据看，新能源车险的赔付率高于传统燃油车 15 个百分点以上。自 2022 年起，随着专属条款的全面启用，保险业务数据开始独立统计，在保单责任释放初期，赔付风险发展明显滞后，现有出险报案数量和已决案均赔款数据尚不能真实反映新能源车险的赔付情况，若考虑未决赔款及已发生未报告责任准备金，新能源车险的终极赔付率将会更高（见图 1-2-28）。预计 2023 年新能源商业险签单保费同比增速在 70% 左右，而有效报案件数、已决赔款、未决赔款等理赔指标同比增速 500% 以上。

(2)新能源车险市场分化比较明显,马太效应进一步突显

新能源汽车与传统燃油车风险特征存在较大差异,赔付风险明显高于传统燃油车,部分中小保险公司在不能有效识别和控制风险情况下,对新能源车险业务选择保守策略,而大公司普遍希望在新能源车险赛道上保持战略领先。从行业数据看,新能源车险市场相比传统车险市场呈现更高的市场集中度,市场分化比较明显,马太效应进一步突显。排名前十的保险公司市场份额占有率达93.02%,人保、平安、太保市场份额仍保持前三,三家公司市场份额占比超72%,如图1-2-29所示。

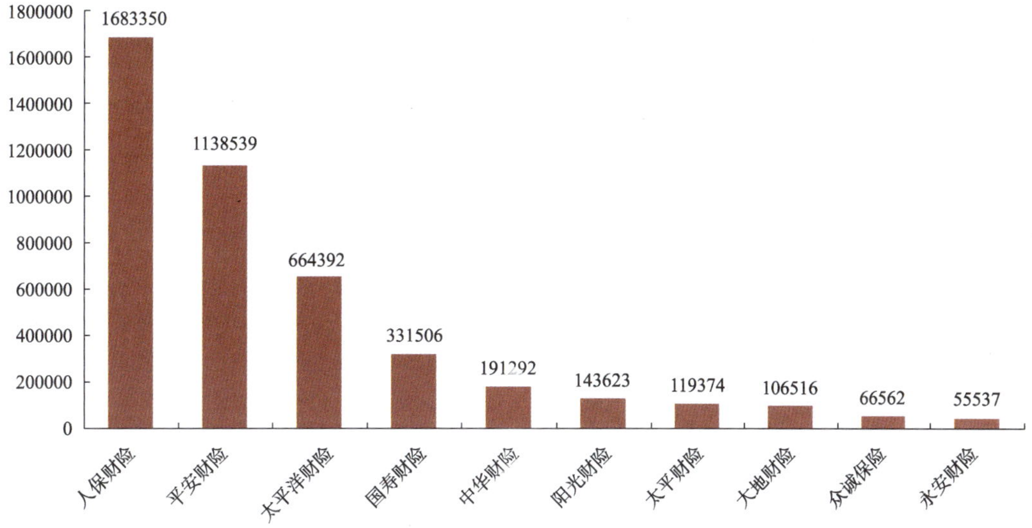

图1-2-28　2022年全年新能源车商业险机构签单保费Top 10(单位:万元)

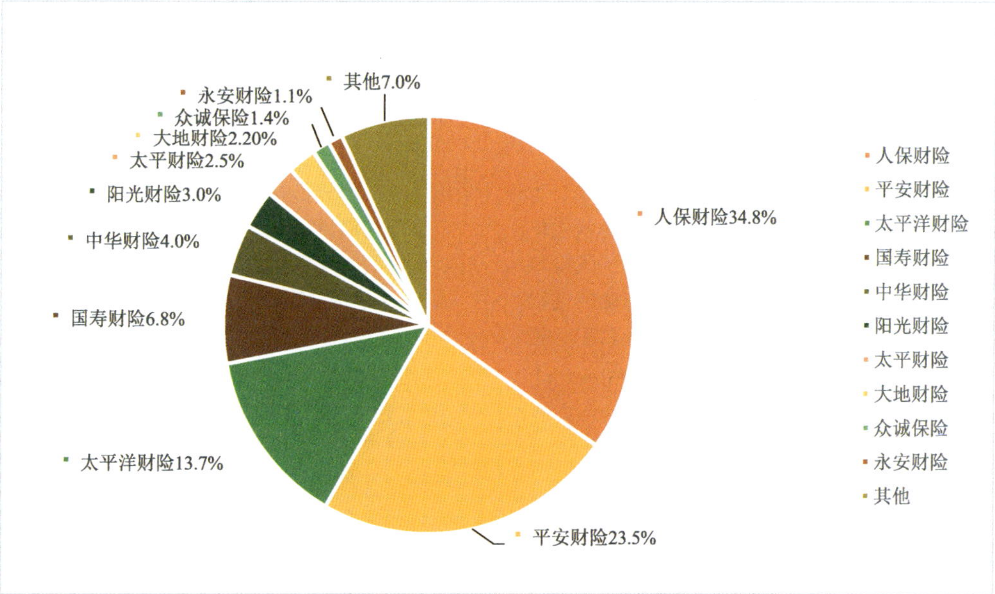

图1-2-29　2022年全年新能源车商业险机构签单保费占比

另外,部分具有车企、电网或网约车运营平台企业股东资源背景的保险公司,新能源车险业务占到其车险总业务规模10%以上,且市场规模排名也远优于其整体车险规模市场排名(见表1-2-19)。

表1-2-19　2022年股东资源型车险保司市场数据

续上表

机构	险种占比	市场占比	新能源车险市场排名	整体车险市场排名
众诚保险	43.0%	1.4%	9	25
英大财险	11.8%	0.7%	12	16
鼎和财险	14.2%	0.5%	14	23
鑫安保险	24.0%	0.2%	22	48
现代财险	66.5%	0.1%	25	59
合众财险	9.4%	0.025%	47	58

(3)新能源车险区域发展不均衡,发达地区保持较快增长势头

新能源汽车的普及受到地区政策、经济发展水平及气候环境等影响较大。我国新能源汽车主要分布在华东、华南等地区，以珠三角、长三角、京津等有汽车限购政策或经济发展水平较好的地区为主，从新能源车险签单量来看，华东、华南地区分别占比 40.07% 和 21.14%。重点城市中上海、深圳 2022 年的新能源汽车渗透率分别达到 50% 和 57%，如图 1-2-30 所示。随着新能源汽车技术发展及配套设施建设的逐渐完备，新能源汽车私人家用市场的逐步启动将进一步推动行业发展，大型城市及特大型城市的新能源车险市场将保持较快增长势头。

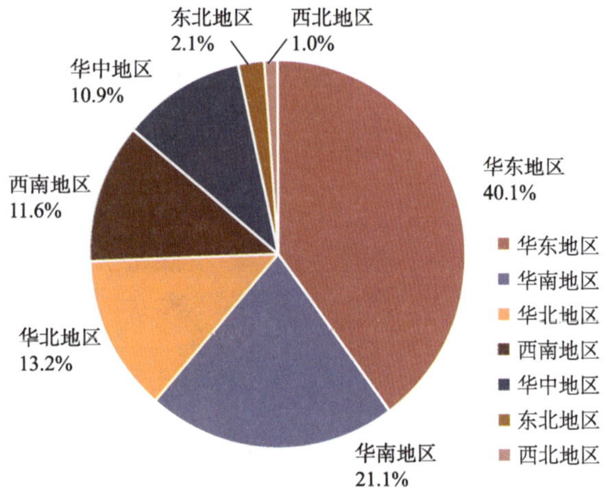

图 1-2-30　2022 年各地区新能源车险承保单量分布

2. 新能源汽车保险市场体系建设发展情况

新能源汽车的高速发展和专属保险条款的全面推广，为财产保险行业提供了新的业务增长点，但同时行业经营主体也面临新的挑战。新能源汽车车身结构、成本构成、风险特征与传统燃油车存在显著差异，新能源汽车保险市场的建设发展与新能源汽车发展的产业阶段、科技运用和消费趋势密切相关，现阶段保险市场体系建设发展主要呈现出以下特点。

（1）监管政策层面：全面推进新能源汽车专属产品，关注行业理赔服务质量与风险管理建设

从监管层面看，2022 年在监管及行业政策的引导下，行业主体全面推行保险行业协会发布《新能源汽车商业保险专属条款（试行）》，并根据中国精算师协会发布的《新能源汽车商业保险基准纯风险保费表》申报新能源车险产品。在传统商业车险条款的基础上，扩大了保障范围，针对性地保障了新能源汽车“三电”系统及其相关风险；明确了免除责任范围及新能源车险折旧率；针对新能源汽车特性，定制了包括电网、充电桩在内的 4 项专属附加险。基准保费表明确了保费调整规则，在费率调整系数方面，自主定价系数仍是行业主体定价关键。作为车险综合改革产品端的创新产物，新能源专属车险的出现无疑为整个车险行业打开了新的业态模式，监管在全面推进产品运用后，提出要关注行业理赔服务质量与风险管理建设。2022 年行业协会印发《机动车商业保险附加增值服务特约条款指引（试行）》的通知（中保协发〔2022〕49 号），鼓励保险公司对投保车辆安全检测附加险的新能源车辆提供动力电池检测服务，以提升动力电池安全保障水平。监管关注到目前新能源车险等新的保险领域风险较高，积极酝酿通过专门文件向行业及主体公司传递风险减量的监管思路。

（2）产业风险层面：新能源汽车处于技术快速创新迭代期，保险风险管理面临较大挑战

从产业技术看，新能源汽车行业发展迅猛，技术特征不断演化，新能源汽车尚处于发展初级阶段，技术处于快速创新迭代期，车辆质量和安全性能尚不稳定，无法对车辆整体风险进行准确可靠评估。此外，新能源车险在服务社会风险管理的过程中，与社会经济环境融合发展后，新能源车险经营又面临一些新型风险，进一步增加了保险风险管理难度。

①因新能源车受重点城市不限行、购置税减免等促进政策和使用成本较低等多种因素叠加，截至 2022 年底，新能源乘用车中 11.4% 使用性质为出租租赁，随着网约车平台以及分时租赁的发展，部分登记性质为私家车的车辆实际从事营业行为，保险公司在承保时难以识别，导致保费充足度严重不足。因使用风险的显著差异，这部分车辆的赔付率也明显高于正常私人乘用车辆。

②新能源汽车动力系统与燃油车完全不同，是依靠动力电池作为动力来源，电池主要平铺在汽车底盘，容易产生托底碰撞事故，造成电池出现损坏，由于电池成本占到整车的 40% 以上，目前电池损坏维修费用比较高昂。同时，受电池特性影响，碰撞后的故障表现时间可能延后，导致保险公司难以准确判断电池实际损坏时间，给保险公司准确认定保险责任事故和核定损失增加了较大难度。

③新能源汽车制造企业为控制生产制造成本，对车身多采用压铸一体成型技术，且车身集成较多摄像和感知设备，一旦出现碰撞事故，车辆的维修费用明显高于燃油车。底盘轻量化发展带来电池的高维修费用，导致新能源汽车的单方事故、全损事故中欺诈风险明显增加，且隐蔽性较强，对保险公司有效管控新能源车险欺诈风险产生较大挑战。

（3）保险经营层面：新能源车险能够保持较长时期的快速增长，将成为最大的保险业务细分市场

在政策支持和市场需求的双重驱动下，新能源汽车销量持续攀升，为新能源车险提供了巨大的发展空间。从商业险的承保数据来看，2022 年新能源汽车的总承保笔数占车险总承保量的 4.49%，签单保费占比 7.87%。尽管新能源汽车商业险单均保费比传统燃油车高 81%，但 2022 年新能源汽车商业险投保率 89.47%，高于传统燃油车商业险投保率约 10 个百分点。从经营主体层面看，无论是保费规模还是产品创新，新能源车险是目前增长最为迅猛的保险细分市场领域，并能够保持较长时间的快速增长。新能源车险成为各中大型保险公司的必争之地。

2022 年，新能源汽车商业险保费（不含交强险）占全年车险保费的近 8%，达到 484 亿元。其中，新能源非营业车承保保费占了全部非营业车保费近 7%，为 334 亿元。新能源新车保费也呈现出强劲的增长势头，全年共计 253 亿元，占全部新车保费的 24%。其中，新能源营业车辆新车保费占全部营业性新车的 41%，为 60 亿元。新能源非营业车新车保费占全部非营业新车的 21%，为 193 亿元。详细情况见表 1-2-20。

表 1-2-20 2022 年行业新能源车险发展情况(单位:万台/亿元)

使用性质		新能源(全部)				新能源(新车)			
		承保台数	占比	签单保费	占比	承保台数	占比	签单保费	占比
营业车	城市公交	35	74.96%	11	78.27%	3	97.57%	1	97.55%
	出租租赁	161	51.49%	112	64.76%	59	83.60%	46	87.32%
	公路客运	2	5.40%	1	6.40%	1	23.87%	0	26.79%
	货车	36	4.16%	26	3.37%	15	21.47%	12	16.20%
	小计	234	15.98%	150	13.49%	78	46.15%	60	40.76%
非营业车	个人	814	3.74%	284	6.65%	401	22.00%	167	21.92%
	货运	15	1.21%	6	2.15%	7	4.36%	3	6.85%
	机关	5	3.29%	1	4.25%	2	22.53%	0	21.51%
	企业	104	8.27%	43	10.88%	49	26.70%	23	23.62%
	小计	939	3.81%	334	6.63%	459	20.90%	193	21.09%
合计		1172	4.49%	484	7.87%	537	22.70%	253	23.80%

注:占比数据为新能源车数据占全部车辆数据的占比。

截至 2022 年底,全国新能源汽车保有量达 1310 万辆(见图 1-2-31),占汽车总保有量的 4.20%,与上年相比增长 67.1%。预计到 2025 年,我国新能源汽车保有量将达到 3500 万辆,占汽车总保有量的 10%。与此同时,随着平均车龄的增加,二手车市场也呈现出高速增长态势。2020 年二手车交易量达到 1800 万辆,是 2015 年二手车交易量的 2 倍。这些数据表明,新能源汽车和二手车市场都有着巨大的潜力和需求,而这些市场的特点和风险也给保险公司带来了新的挑战和机遇。如何针对不同类型、不同品牌、不同使用场景的新能源汽车和二手车提供更加个性化、差异化、智能化的保险产品和服务,将是未来汽车保险行业的业务发展重点。

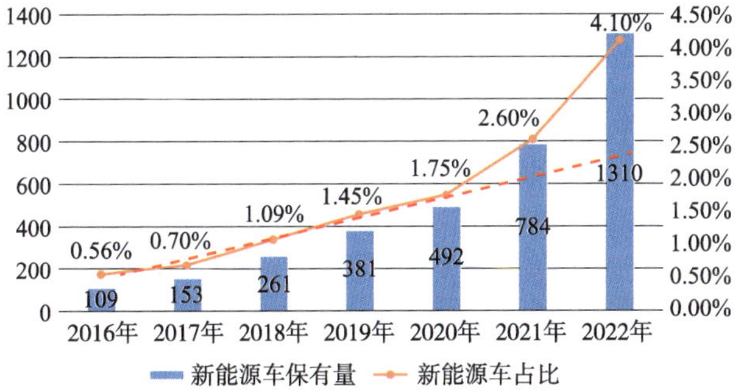

图 1-2-31 新能源车保有量(单位:辆)

为能够抢占市场,增强竞争优势,中大型保险公司纷纷推出针对新能源汽车的专属保险服务,力求满足客户多元化和个性化的需求。从当前新能源车险市场格局来看,传统大型保险公司已取得显著成绩。各维度统计结果都显示,传统大型保险公司市场占比已经占据主导优势。20% 的公司占据 90% 的市场份额,市场集中度非常高,小型保险公司发展新能源汽车保险面临比传统保险市场更大的竞争压力。因此,中小型保险公司也在逐步加快对新能源车险市场的试水,积极寻找自身的特色和优势,力求与汽车厂商、充电运营商、维修服务商等合作伙伴建立紧密的合作关系,为客户提供更加贴合客户需求的新能源车险产品和服务,提升自身的市场竞争能力。

(4)消费者层面:消费者面临保费贵、投保难、理赔难,保险消费体验有待改善

中国保险行业协会对新能源汽车商业保险基准纯风险保费有统一设置,监管机关也多次发文强调保险公司不得拒保新能源汽车交强险,但是,保费贵、投保难、理赔难仍然是大多数新能源车主的感受。从车辆使用特征和风险特性来看:一方面,受消费群体特征影响。新能源汽车购买者多为年轻人,平均驾龄较短,驾驶经验不足,且日常驾驶行为偏向激进,造成平均出险事故率明显高于传统燃油车,直接提高了车辆基础定价保费。另一方面,新能源营业车辆占比高,由于网络预约出租车赔付率显著高于私家车,保险公司承保普遍在承保定价方面更加谨慎。投保难或者保费太高成为多数网络预约出租车车主保险消费最大的痛点。

3. 新能源汽车保险发展存在的问题

新能源汽车的迅猛发展对保险公司传统车险经营模式产生极大挑战,同时,新能源车险行业正处于利益重塑阶段,行业发展面临 3 个急需解决的问题:

(1)保险公司对新能源汽车专业知识掌握不足,急需提升风险识别和处置能力

面对迅猛发展的新能源汽车产业,保险行业对新能源汽车基础知识和专业技术掌握明显滞后,对新能源汽车风险识别能力明显不足。目前新能源汽车配件和维修市场尚处于车企垄断经营状态,相关行业标准尚不完善,保险公司急需提升案件损失评估和残值处置能力。

(2)新能源汽车出险概率高,急需有效控制综合经营成本

2022 年,新能源商业车险出险率为 22.8%,高于燃油车 8 个百分点,出险率明显高于燃油车。另外,电池灌胶工艺和车电一体化工艺的推广运用使得电池组件几乎无法维修,轻微的碰撞事故也需要整体更换电池包,导致案均赔付成本上升。这些因素都影响行业综合赔付率和综合成本率居高不下,使得行业经营亏损,急需有效控制综合经营成本。

(3)新能源车险欺诈风险突出,急需全面加强风险防范措施

新能源汽车从事营运的占比较大，受车辆成本构造、经济环境、个人债务等多重因素影响，新能源汽车保险理赔欺诈比率直线上升，行业急需全面加强欺诈风险防范措施。

4. 新能源汽车保险行业发展建议

新能源汽车保险作为新兴的细分市场，面临巨大的发展机遇和挑战。为了应对新能源车险风险的不确定性，保险行业需要从关注产品到关注整体解决方案的转变，以数字化和智能化为手段，提升风险管理水平，优化服务体验，增强业务竞争能力。新能源汽车保险如何更好地服务产业发展，助力新能源汽车产业实现创新发展、跨越发展和高质量发展，提出以下 3 点发展建议：

（1）加强产品创新及行业标准化研究，形成行业整体风险管理解决方案，更好地保障消费者权益

随着新能源汽车市场迅猛发展，保险行业适时推出了专属的新能源车险产品条款。但是，在新能源汽车产业技术的持续创新和快速迭代背景下，新能源汽车保险风险面临较大的不确定性。因此，充分研究新能源汽车风险新特征、创新新能源车险产品，更好地服务于产业发展是十分必要且迫切的。此外，还需要加强承保理赔运营的标准化研究和制订工作，作为生产经营的核心要素，结合新能源汽车数智化优势，形成涵盖保前、保中、保后的风险管理解决方案，提高新能源车险的风控能力和服务效率，进而提升客户的满意度，保护消费者权益。

（2）加强数据场景研究，充分激活数据价值，以数智化全面提升新能源车险经营风险管理水平

数据是新能源车险风控的核心要素，也是新能源汽车的独有优势和核心资源。通过数据采集、分析、挖掘、应用以及人工智能等技术手段，结合保险专业技术，将动态数据和静态数据全面运用于保险风险管理全流程之中，可以实现对新能源车辆特征、行为、出险情况等多维度的认知和评估，从而实现精准定价、精准理赔、精准服务等目标。保险公司应该充分利用新能源汽车大数据资源，构建新能源车险风险“大模型”，实现数据驱动的智能决策，以数智化全面提升新能源车险经营风险管理水平，让消费者有全新的保险消费体验。

（3）积极开展跨界融合，形成共赢生态圈，促进新能源车险更好地链接产业和消费者

新能源汽车本身是一个数据智能化产品的集成，车企掌握着车辆技术、客户及大量数据，因此，跨界融合，将保险风险管理主动融入新能源汽车全产业链之中，运用科技链接产业和消费者将是未来的方向。科技创新是保险行业发展的重要驱动力，运用人工智能、大数据、云计算等新技术，在新能源汽车保险的各个环节实现数字化经营和智能化决策，实现对新能源车辆的实时风险监测、远程故障诊断、智慧救援服务等功能，从而提升客户体验和满意度。同时，应用科技链接促进保险公司与汽车厂商、维修厂商、充电桩运营商等产业链上下游合作伙伴的深度融合，形成共赢生态圈。保险公司要加大科技投入和创新研发力度，塑造新能源车险的科技属性，以新技术的运用促进新能源车险更好地链接产业和消费者。

三、燃料电池汽车领域

（一）燃料电池乘用车

同济大学　章　桐

1. 2022 年燃料电池乘用车产业总体发展与技术突破

根据中国汽车工业协会的统计，2022 年我国燃料电池汽车产销量分别为 3628 辆和 3367 辆，同比增加 105.4% 和 112.8%。2022 年我国燃料电池汽车市场中乘用车占比 1%（数据来源：工信部）。工信部 2022 年 1—12 月发布的 15 个批次的燃料电池汽车新品公告显示，燃料电池乘用车累计上榜 3 款，分别为北汽 BJ7000CFFCEV、北汽 BJ7000C5FFCEV 和长安汽车 SC7006AAAFCEV。2022 年国内销量最多的燃料电池乘用车为东风氢舟 e · H2（3 辆）和丰田 Mirai（28 辆）。

2022 年，我国燃料电池乘用车在批量生产方面实现突破，推出了第一款能够批量生产的燃料电池乘用车——长安 SL03。此外，在续驶里程方面，我国燃料电池乘用车也取得进步，长安 SL03 的续航里程达到 730 km（综合工况）。另外，我国在全功率燃料电池乘用车领域进一步发展，东风汽车、广汽都推出了全功率燃料电池商务车（MPV）。

2022 年全球燃料电池汽车销量约 18892 辆，燃料电池乘用车占比约 77%。其中，德国燃料电池汽车销量达到 835 辆，同比增长 80%；韩国销售燃料电池汽车 10219 辆，同比增长 20.3%，销量最多的车型是现代 Nexo（9718 辆）；美国燃料电池乘用车销量 2707 辆，同比下降 19%，销量前两名的车型是丰田 Mirai（同比下降 20%）和现代 Nexo（同比下降 5%）；日本燃料电池汽车销量 848 辆，同比下降 65.6%，销量最多的车型是丰田 Mirai（848 辆）。

在技术突破方面，BMW iX5 使燃料电池乘用车在动力性上实现了突破——百公里加速时间小于 6 s。

2. 产业标准体系的建设

2022 年 3 月，我国工业和信息化部发布的《2022 年汽车标准化工作要点》指出，修订燃料电池电动汽车碰撞后安全要求标准；全面推进燃料电池电动汽车能耗及续驶里程、低温起动性能、动力性能试验方法等整车标准以及燃料电池发动机性能试验方法、车载氢系统技术条件等关键系统部件标准研究，支撑燃料电池电动汽车关键技术研发应用及示范运行。在全球技术法规制定协调方面，牵头氢燃料电池车辆安全法规项目规划与研制工作；加快推进燃料电池汽车低温冷启动及最高车速国际标准立项，提升中国标准国际化影响力。

2022 年 6 月，国际标准 ISO 23828：2022《Fuel Cell Road Vehicles—Energy Consumption Measurement—Vehicles Fuelled with Compressed Hydrogen》发布，该标准规定了使用压缩氢气的燃料电池乘用车的能耗和行驶里程的测量步骤。

2022 年 7 月，我国工业和信息化部发布了《关于修改〈乘用车企业平均燃料消耗量与新能源汽车积分并行管理办法〉的决定（征求意见稿）》，其中，考虑到燃料电池乘用车仍处在示范运营发展阶段，为体现鼓励导向，在车型分值方面给予了一定放宽，标准车型单车分值下调 20%。2024—2025 年度燃料电池乘用车标准车型积分计算方法为 $0.06 \times P$，P 为燃料电池系统额定功率，单位为 kW，燃料电池乘用车标准车型积分上限为 5 分。燃料电池乘用车纯氢续驶里程不低于 300 km，当 P 不低于驱动电机额定功率的 30% 且不小于 10 kW 时，车型积分按照标准车型积分的 1 倍计算；其余车型积分按照标准车型积分的 0.5 倍计算，并且积分仅限本企业使用。

2022 年 10 月，北京市印发了《北京市燃料电池汽车标准体系》，其中，整车相关标准主要包括燃料电池汽车特有的相关技术指标体系和测试评价标准，包括动力性能、碰撞安全、环保性能、涉水安全等技术要求及测试规范。

3. 国内外燃料电池乘用车产业发展趋势

在国内，燃料电池乘用车在技术上已初步满足使用要求，所配备的燃料电池系统的额定功率和整车性能都得到了提高。例如，2021 年发布的长安 CS75 FCV 搭载的燃料电池系统最大功率为 36 kW，续驶里程为 600 km，而 2022 年发布的长安深蓝 SL03 的燃料电池系统功率增加到 70 kW，续驶里程增加到 730 km。在成本方面，我国燃料电池乘用车产业链已趋于完备，随着关键材料和部件的逐步国产化、稀有贵重材料的使用量降低、应用规模的扩大，成本将进一步下降。国内专家判断，2022 年燃料电池系统的成本约为 3000 元/kW，生产规模万台，催化剂和质子交换膜依赖进口，其他关键材料和部件实现国产；预计到 2025 年，燃料电池系统的成本降为约 1000 元/kW，生产规模达到 5 ~ 10 万台，仅质子交换膜依赖进口；到 2030 年，燃料电池系统的成本降为约 500 元/kW，生产规模达到 50 ~ 100 万台，整个系统的关键材料和部件完全实现国产。在氢气供应方面，能源企业正积极推进氢气加注、储运网络建设，氢气供应能力持续提升。截至 2022 年底，我国已建成加氢站 310 座，根据中国石化的规划，到 2025 年，将建成加氢能力每年约 12 万 t 左右，油氢混合站（加氢站）基本满足消费终端加氢需求。在标准建设方面，燃料电池乘用车的技术及验证标准体系正加快完善中。

在国际，预计到 2030—2035 年，全球燃料电池乘用车年产销量将达到 100 万辆级/年，加氢站超过 5000 座，燃料电池乘用车的成本将低于燃油混合动力汽车，实现产业化。丰田汽车正努力布局推进燃料电池乘用车实现全面商业化，宣称下一代燃料电池系统将通过技术进步、体积效率和本地化实现 37% 的成本降低，并表明如果能在 2030 年生产 20 万套，那么就能将成本降低 50%。此外，许多汽车制造商对燃料电池乘用车的发展趋势持乐观态度，正努力开发新的燃料电池乘用车。宝马集团正在考虑在下半年大规模生产燃料电池乘用车，到 2030 年，燃料电池乘用车的价格将和搭载大容量锂电池的纯电动汽车价格相当。劳斯莱斯汽车将在时机成熟时寻求氢燃料电池技术，甚至可能停止销售纯电动汽车。本田将在美国俄亥俄州的性能制造中心（PMC），生产基于第六代本田 CR-V 的燃料电池乘用车。总之，燃料电池乘用车将逐步得到规模化的推广，并率先蓬勃发展于具有长距离行驶需求、低气温、氢能基础设施较完善的优势场景。

4. 目前亟须解决的技术难点及解决方案

对于燃料电池乘用车，价格高是制约其广泛应用的重要原因之一，所以，在技术上仍然需要探索降低成本的解决方案。在整车性能方面，为了使燃料电池乘用车得到消费者的青睐，须要在保证整车动力性、安全性、长续驶里程、低温适应性的前提下，进一步满足消费者的座舱大空间、座舱后排地板平整等需求。实现上述诉求，亟须高集成度燃料电池动力系统、高安全性车载储氢系统等技术。针对上述技术难点，提供以下解决方案。

①高经济性燃料电池动力系统。一方面，研究降低燃料电池系统、车载储氢系统等子系统成本的技术。例如，开展批量化生产、开发高经济性的关键材料和关键部件。另一方面，从整车层面，探索高经济性的动力系统集成与控制技术。

②高集成度燃料电池动力系统。实现高集成度，须要整车厂与燃料电池系统供应商协同开发，研发高功率密度燃料电池系统、无加热器低温自启动技术，以在保证整车动力性、低温适应性前提下，使燃料电池系统和驱动电机能够布置于汽车前舱，为座舱留出充足的空间。

③高安全性车载储氢系统。优化氢瓶的安装位置，以在保证碰撞氢安全、长续驶里程的前提下，实现座舱大空间、座舱后排地板平整等要求。

5. 2022 年行业重点企事业单位发展情况

（1）一汽红旗

第二代红旗 H5 燃料电池汽车试制完成，该车搭载了红旗自主研发的第二代燃料电池发动机，该台发动机额定功率 65 kW，体积比功率密度 694 W/L，较上一代提升 40%，可实现 −30 ℃的快速冷启动。

此外，一汽红旗与国氢科技、德燃动力、中国汽研等单位一起承担了 2022 年国家重点研发计划“新能源汽车”重点专项的“乘用车用高功率密度燃料电池电堆及发动机技术”任务。

（2）长安

2022 年 7 月，推出了中国首款量产的燃料电池轿车深蓝 SL03。

2022 年 12 月，长安汽车正式成立“长安科技公司”，并发布长安氢燃料电池系统。

（3）东风

以东风公司等为主要完成单位的项目《全功率燃料电池整车及系统关键技术开发与应用》，获得 2022 年“中国汽车工程学会科学技术奖”科技进步奖一等奖。东风悦享科技有限公司推出了氢能版“无人驾驶 Sharing-VAN”，实现了自动驾驶与氢能动力的结合，这款可搭载 6 人的“胶囊”车，没有方向盘、油门、刹车和驾驶座，通过 5G 信号进行控制。

(4)广汽

2022年5月,广汽集团宣布,全资子公司广汽资本有限公司拟与广州越秀产业投资基金管理股份有限公司,共同发起设立广祺越秀新能源产业投资基金,主要投向为新能源及智能网联汽车产业链上下游相关领域,包括氢能源、储能、新材料等。

2022年6月,广汽集团发布了钜浪-氢混动系统,其氢能源包括氢燃料电池和氢内燃机。

(5)丰田

2022年3月,丰田汽车发布了一款车载储氢模块,它由多个合成树脂70 MPa高压氢瓶(已在燃料电池汽车 Mirai 上得到验证)以及氢气检测器、自动关闭开关等安全装置组成。

2022年6月,丰田汽车公司及其子公司 Woven Planet 开发了一种便携式氢气盒的样机,这种便携式氢气盒可以在不使用管道的情况下将氢气带到人们生活、工作和娱乐的地方。

2022年1—10月,丰田 Mirai 全球销量为2897辆。

2022年12月,丰田汽车英国分公司将 Hilux 皮卡改装为氢燃料电池动力系统,它使用的是 Mirai 的182马力动力总成。燃料电池安装在引擎盖下,三个氢气瓶位于乘客座舱下方,单个电动机驱动后轮。

(6)现代

韩国现代开发了 N Vision 74 高性能燃料电池汽车,将燃料电池技术应用于运动型轿车。

2022年1—10月,现代 Nexo 全球销量为9591辆。

(7)宝马

德国宝马开始自主生产燃料电池系统,2022年12月2日宣布,已正式开始 iX5 Hydrogen 的小批量生产。

(8)通用汽车

通用汽车宣布使用其 Hydrotec 品牌的氢燃料电池,生产可移动式氢燃料电池发电站。

6. 2022年重点车型技术特点分析

2022年,国内新发布的燃料电池乘用车的技术特点体现在搭载了更大功率的燃料电池系统和整车续驶里程的增加,而国外燃料电池乘用车的显著技术特点为搭载的锂电池容量不超过2 kWh。

(1)长安深蓝 SL03

长安深蓝 SL03 的动力系统最大功率为160 kW,燃料电池系统的输出功率为70 kW,动力电池容量28.39 kWh。该车的售价是69.99万元,百公里加速时间为9.5 s。在 CLTC 工况下,该车的续驶里程为730 km,电耗为13 kWh/100 km(氢气消耗:0.65 kg/100 km)。

(2)东风岚图梦想家

东风岚图梦想家(MPV),搭载130 kW燃料电池系统,其动力电池电量为1.8 kWh,储氢压力为70 MPa,储氢容量为6.4 kg。该车的最高车速为150 km/h,最大爬坡度为30%,NEDC 工况续驶里程为700 km。

(3)广汽全功率燃料电池乘用车

广汽全功率燃料电池乘用车(MPV),其燃料电池系统额定功率为90 kW,无外接充电动力锂电池容量为3 kWh,驱动电机额定功率为170 kW(峰值功率200 kW),储氢系统采用70 MPa四型瓶。在整车控制方面,采用了基于全功率燃料电池系统的能量管理。

(4)BMW iX5

BMW iX5 的氢燃料电池系统最大输出功率为125 kW,其储氢系统的氢瓶为70 MPa,装载6 kg液态氢,加氢时间3~4 min。该车动力系统峰值功率为295 kW,其中170 kW由400 V高压锂电池提供,锂电池容量为2 kWh。该车最高车速180 km,百公里加速时间小于6 s,WLTP 工况百公里氢气消耗量为1.19 kg,WLTP 工况续驶里程为504 km。

(5)丰田 Mirai 2022款

丰田 Mirai 2022款的燃料电池系统的输出功率为128 kW,采用310.8 V锂电池的容量为1.24 kWh,驱动电机输出功率为134 kW,其储氢系统使用了3个70 MPa氢瓶,氢气总容量5.6 kg。该车的价格为49500美元,每小时0~60 mi加速时间为9.2 s,NEDC 工况续驶里程为781 km,NEDC 工况百公里氢气消耗约0.72 kg。与2021款相比,在整车动力性和经济性方面,2022款没有大的变化。

(6)现代 Nexo Blue 2022款

现代 Nexo Blue 2022款,采用95 kW燃料电池系统、1.56 kWh锂电池、120 kW(161马力)驱动电机、装载6.35 kg(14 lbs)氢气。该车的价格为59435美元,百公里加速时间为9.2 s。在 WLTP 工况下,该车的续驶里程为666 km,氢气消耗约0.95 kg/100 km。动力系统保修期为10年或10万 mi。

7. 未来几年燃料电池乘用车产业发展建议

①持续提升产业链体系。加强产业链互动,上下游协同开发,提高产品匹配性和集成度;持续开展技术攻关和产品验证,加快提升国产关键材料、核心部件成熟度,大幅降低成本。

②找准应用场景。根据消费者对燃料电池乘用车的需求点,确定优势应用场景,扩大燃料电池乘用车应用规模。

③加快优势应用场景地区的加氢站建设。原加油、加气站增加加氢功能;按一定比例配备70 MPa加氢能力。

④探索出可实现盈利的商业模式。通过商业模式创新,使行业相关企业能够在不依赖政府行政补贴的条件下实现盈利。

⑤加强燃料电池乘用车安全性宣传。开展燃料电池乘用车的科普活动,帮助消费者形成科学的氢安全观念,提高燃料电池乘用车的接受度。

⑥继续降低燃料电池乘用车的购置成本和使用成本。在降低购置成本方面,发展低成本技术、提升产能;在降低氢气价格方面,利用好现有工业副产氢资源;发展分布式制氢——制氢加氢一体化;发展低成本运输技术。

⑦加快完善相关标准法规,引导行业规范、健康发展。例如,涉及燃料电池乘用车的安全性、碳排放计算(环保性)等的标准及法规。

(二)燃料电池客车

北京氢燃料电池发动机工程技术研究中心 张 鹏 刘艳秋

1. 2022年燃料电池客车产业总体发展与技术突破

2022年,得益于燃料电池汽车示范城市群项目的实施和地方大力发展氢能及燃料电池产业,燃料电池客车商业化示范运营取得了进一步发展,带动了燃料电池客车技术进步,推动了加氢基础设施建设,为后期燃料电池客车商业化运营奠定基础。

2022年,中国燃料电池汽车交强险上牌销量为4715辆,其中燃料电池客车销量共1193辆,同比上升13.6%,占比25.3%。截至2023年1月,根据工信部第367批《道路机动车辆生产企业及产品公告》显示,氢燃料电池客车共有334款车型取得公告,较2021年增加73款。其中,燃料电池客车以公交车为主,共计277款,占比82.9%。从车辆长度来看,燃料电池客车集中在10~12 m区间段。从燃料电池发动机功率看,燃料电池客车系统功率集中在50~85 kW,占比为55.1%。

2022年,北京冬(残)奥会共投入1200余辆燃料电池客车提供接驳运输保障,是全球迄今为止最大规模的燃料电池汽车示范。由于北京冬(残)奥会及燃料电池汽车示范城市群项目的带动作用,全国共有25个省61个市参与燃料电池汽车运营,其中北京、河南、上海、山东四省市占比达56.2%。并且受燃料电池汽车示范城市群项目影响,燃料电池客车销售主要集中在示范城市群项目年度截至目前两个月,分别为6月、7月、11月、12月4个月份,占比为61.8%。

2022年,我国燃料电池客车产业技术已经达到商业化运营的要求,车辆可靠性、耐久性、经济性等方面持续提升,轻量化技术、能效控制技术得到了进一步发展。燃料电池客车系统额定功率主要集中在80~85 kW、100~120 kW、120~150 kW,占比为74.5%,平均额定功率为100.3 kW。燃料电池客车车型实现了产品系列全覆盖。

2. 燃料电池产业标准体系建设情况

总体来看,2022年来我国氢能相关标准的制修订明显加速,团体标准异军突起。产业标准的范围已经从核心部件向外围辅助部件拓展,基本形成以国家标准为基本要求、行业标准为提升、地方标准和团体标准为补充的立体标准化体系。

截至2022年,我国已制定发布氢能领域国家标准共102项,主要涉及氢能基础通用、氢安全、氢制备、氢储存、氢运输、氢加注、氢能应用等板块的技术要求和检验检测规范等。

国家能源局、国家发改委制定下发的《氢能产业发展中长期规划(2021—2035年)》指出,建立完善氢能产业标准体系,重点围绕建立健全氢能质量、氢安全等基础标准,制氢、储运氢装置、加氢站等基础设施标准,交通、储能等氢能应用标准,增加标准有效供给。

国家标准化管理委员会正在推进27项氢能国家标准的制修订工作。其中,制定标准18项,修订标准项目9项,涉及加氢站、氢安全、车载储氢气瓶、燃料电池、燃料电池汽车等方面。

3. 国内外燃料电池客车产业发展趋势

(1)燃料电池大型客车占比持续增加

2022年,燃料电池大型客车占比增速明显,10 m以上燃料电池客车销量占比为87.2%,较2021年增加26.7%,燃料电池客车大型化趋势明显。

(2)燃料电池客车经济性快速提升

随着燃料电池关键技术突破,燃料电池关键材料实现国产化替代,加之车载氢系统成本下降,以及燃料电池规模化程度进一步扩大,燃料电池系统价格实现快速下降,燃料电池汽车经济性提升。现阶段,国内燃料电池客车招标价格大约在180万元左右,较2021年下降10%。

(3)燃料电池客车产业区域聚集性减弱

2022年,全国共有17个省份实现燃料电池客车运行,较2021年增加2个省份。受国家燃料电池汽车示范应用项目、北京冬(残)奥会燃料电池运输保障任务以及科技部“氢进万家”示范应用工程的影响,燃料电池客车销售主要集中在北京、山东、上海、河南等区域,4省燃料电池客车销售占比为66%。

2022年,非示范城市群内的省份燃料电池客车销售增加较快,湖北、四川、安徽、辽宁等省份销售占比超过15.3%,较2021年增幅明显。

4. 目前亟须解决的技术难点及解决方案

(1)关键材料的国产化

近年来,我国燃料电池产业发展迅速,技术取得实质突破,系统、电堆、双极板等核心零部件基本实现国产化替代,质子交换膜已有小批量示范,催化剂、碳纸等材料级尚未实现国产化替代,制约我国燃料电池产业发展。需要加强政、产、学、研、用的有机结合,加强关键材料的基础研究和产业化。

(2)可靠性、耐久性的提升

2022年,国内燃料电池系统企业发布的最新系统产品数据显示,系统耐久性基本达到2~3万h,但与传统燃油车相比仍有较大差距,提升空间较大。针对可靠性、耐久性问题,可通过提高燃料电池核心零部件的匹配性,优化整车与燃料电池系统之间的控制策略,扩大示范运营规模,通过实际运营进一步提高燃料电池客车的可靠性和耐久性。

5. 2022年燃料电池客车行业重点单位发展情况

(1)郑州宇通客车股份有限公司

郑州宇通客车股份有限公司(以下简称宇通客车)是一家集客车产品研发、制造与销售于一体的大型现代化制造企业。主厂区位于河南省郑州市宇通工业园,占地面积1700亩,拥有底盘车架电泳、车身电泳、机器人喷涂等国家先进的客车电泳涂装生产线。

宇通客车自2009年开始研发燃料电池客车，是行业内最早研发燃料电池客车的企业之一。2009年，宇通推出第一代燃料电池客车；2012年，宇通组建了专职的研发团队，自主研发燃料电池、电-电混合系统；2013年，宇通第二代燃料电池客车问世；2014年宇通获得国内商用车领域首个燃料电池客车资质认证；2015年，宇通成为国内商用车行业首家获得燃料电池客车生产资质的客车企业；2016年，宇通第三代燃料电池客车亮相；2018年，宇通氢燃料电池客车正式投入商业化运营。2022年，宇通客车共销售222辆燃料电池客车，位列全国第一。

(2)上海万象汽车制造有限公司

上海万象汽车制造有限公司(以下简称上海万象)成立于1985年，前身为上海市司法局下属国营上海万象汽车厂，至今已有30多年的汽车生产历史，具备客、货双资质。

2020年，上海万象公交车在上海销售400余台，本地市场占有率30%以上。2021年，燃料电池保温车销售200余台，18 t燃料电池保温车已经在山东等地批量运营，具有耗氢低、长续航等优势。未来，上海万象将会在整车减重、燃料电池与动力电池匹配等方面加大研究以提高整车性能。2022年，上海万象共销售104辆燃料电池客车，位列全国第二。

(3)厦门金龙联合汽车工业有限公司

厦门金龙联合汽车工业有限公司(以下简称厦门金龙)创立于1988年，隶属于厦门金龙汽车集团股份有限公司。

厦门金龙拥有四大生产基地，提供业界最齐全的智慧交通产品线，涵盖大、中、轻型客车、自动驾驶客车及各类出行产品和解决方案。厦门金龙连续13年海外出口量位居行业首位，出口客车近14万辆，市场遍布全球近150个国家和地区。厦门金龙多次服务于国内外重大盛会，在海外享有很高的品牌知名度和美誉度。

厦门金龙相继推出全球首款L4级量产自送驾驶巴士、燃料电池系统域控制器、燃料电池整车电池一体化技术等。2022年，厦门金龙共销售104辆燃料电池客车，位列全国第二位。

(4)厦门金龙旅行车有限公司

厦门金龙旅行车有限公司(以下简称厦门金旅)成立于1992年，是集整车研发、制造和销售为一体的国内著名客车制造企业及国家汽车整车出口基地企业，分设3个生产基地。

厦门金旅具备年生产大、中型客车1.5万辆，轻型客车5万辆的能力，产品系列齐全，涵盖4.5～19 m各类型客车，包括客运、团体、旅游、公交、校车等特种车，覆盖传统动力、CNG、LNG、混合动力及纯电动、氢燃料动力等多种动力平台，满足各个细分市场和场景的用车需求。2019年氢燃料电池客车在国内实现批量销售，2022年，厦门金旅共销售102辆燃料电池客车，位列全国第四位。

(5)中通客车股份有限公司

中通客车股份有限公司(以下简称中通客车)成立于1958年，自1971年开始专业生产客车，是国内最早的客车生产企业和客车上市企业之一，是行业内首个获得最新版要求的燃料电池商用车生产资质的企业。中通客车产品种类覆盖6～18 m公路客车、公交、旅游、团体等各个细分市场共16个系列260余个品种，具有极强的市场竞争力。其中新能源客车产品和氢燃料电池客车产品市场占有率较高，并取得了良好的社会和经济效益。

目前，中通客车涵盖了9～12 m城市/城间氢燃料电池客车，2022年共销售90辆燃料电池客车，位列全国第五位。

6. 2022年重点车型技术特点分析

(1)整车轻量化技术

基于模块化设计，在车身及关键部件运用碳纤维、铝镁合金、高强度钢等轻量化材料，并研究出真空辅助、树脂传递压铸、热压罐成型工艺以及粘接等新工艺，开展了材料-结构-性能一体化设计。

(2)长寿命整车控制技术

针对燃料电池系统启停、怠速、变载和高载以及动力电池充放电电流的衰减特性和约束条件，开发了强实时、多变量、可动态调节电源功率分配的整车控制策略，能够实时精准协同控制燃料电池和动力电池输出功率，提升燃料电池的使用寿命。

(3)整车低温环境适应性技术

针对整车低温适应性，开展了基于燃料电池整车多热域、多热流的仿真分析研究，构建了面向低温环境适应性、高效率的整车热管理控制策略，研究全气候变工况条件下的整车一体化热管理管理技术，拓展车辆环境适应区间，并开发基于多热域耦合协调控制的燃料电池系统余热利用技术，提升整车低温环境适应性。

7. 未来几年燃料电池客车产业发展建议

(1)持续降本

燃料电池客车成本偏高依然是车辆推广应用的主要制约因素。为加强燃料电池客车市场竞争力，应提高燃料电池关键材料与核心组件的国产化率，进一步优化整车集成设计、匹配与综合控制技术，推动燃料电池客车制造及使用成本持续下降，提高燃料电池客车经济性。

(2)规模化示范推广应用

规模化示范推广应用是验证燃料电池客车技术水平、降低成本的有效途径，也是加快燃料电池客车商业化的重要抓手。未来，应借助冬奥会燃料电池客车成功示范以及燃料电池汽车示范城市群建设等契机，加快燃料电池客车规模化示范推广。

8. 其他重要方面

(1)加强车站协同性

目前，加氢基础设施数量不足以及空间布局不合理严重制约了燃料电池客车示范应用的规模。燃料电池客车运营路线相对固定，建议结合当地加氢基础设施规划和土地资源等情况，统筹规划，合理布局和加快加氢基础设施建设，保障燃料电池汽车的加氢需求。

(2)车用氢能供给存在缺口

目前氢能供给能力不足，特别是绿氢使用规模较小，车用氢能供给存在缺口。建议探索多元化氢源供给模式，保障氢能产业发展初期需求，满足多元化应用场景需求，推动可再生能源绿氢发展。做好工业副产氢、化石能源制氢产能整合工作，前期支撑燃料电池汽车示范运营。推动风、光、水可再生能源发电及电解水制氢项目，打造可再生能源绿氢基地。

（三）燃料电池物流车

北京亿华通科技股份有限公司　刘艳秋　张　鹏

1. 2022年燃料电池物流车产业总体发展与技术突破

近年来，在国家和地方产业政策引导、行业投资热情高涨、产业链逐步完善、车辆各项性能持续提高等有利因素下，我国燃料电池汽车正在从技术研发向商业化、产业化示范应用转变，产业发展进入关键推进期。燃料电池物流车是燃料电池重要的细分车型，产量规模快速增长，示范运行区域逐渐扩大。

2022年，中国燃料电池汽车交强险上牌销量为4715辆，其中燃料电池物流车1437辆，占比30.48%，是2021年的13.5倍，燃料电池物流车在经济性、续航能力等方面取得了长足进步。截至2023年1月，工信部第367批《道路机动车辆生产企业及产品公告》显示，2022年氢燃料电池物流车共有63款车型取得公告。其中，燃料电池普通载货车33款，燃料电池冷链运输车30款。

从销售区域和具体应用场景来看，2022年燃料电池物流车销售区域主要集中在北京（438辆，占比30.48%）、上海（255辆，占比17.75%）、嘉兴（168辆，占比11.69%）、郑州（100辆，占比6.96%）、聊城（70辆，占比4.87%），5个城市销量占比为71.75%，应用场景主要为城市冷链运输、货物配送。

从销售特点来看，受5个燃料电池汽车示范城市群项目结束时间影响，燃料电池物流车销售主要集中在示范结束前，分别是7月、11月、12月三个月份，占比为54.91%。2022年，4.5 t燃料电池物流车成为主流车型，18 t燃料电池物流车开始上量。

2022年，燃料电池物流车系统功率主要集中在80～85 kW、100～120 kW，占比为66.53%。其中4.5 t燃料电池物流车系统功率主要为80～85 kW，18 t及以上燃料电池物流车系统功率配套100～120 kW。多数燃料电池物流车续驶里程达到450 km以上。

2. 产业标准体系建设情况

2022年，工信部发布的2022年汽车标准化工作要点中指出，完善包含标准顶层设计、新兴领域标准研制、“双碳”目标实现、整车基础相关标准、深化国际合作等5方面内容。其中针对新能源汽车领域，修订燃料电池汽车碰撞后安全要求标准，进一步强化电动汽车安全保障，持续完善电动汽车整车及关键零部件标准体系。

我国氢能领域专业标准化技术委员会主要有全国氢能标准化技术委员会、全国燃料电池及液流电池标准化技术委员会、全国汽车标准化技术委员会、全国气瓶标准化技术委员会、全国锅炉压力容器标准化技术委员会、全国安全生产标准化技术委员会等其他标委会。

截至2022年，我国已经制定发布氢能领域国家标准102项，其中燃料电池领域39项，氢能领域32项，燃料电池汽车领域14项，燃料电池气瓶和压力容器各1项，其他领域15项。另外，《氢燃料电池物流车运营管理规范》等团体标准对燃料电池运营过程中的车辆管理、作业要求和安全管理等进行了相关规定，对燃料电池汽车的安全运营起到了一定的支撑作用。

3. 国内外燃料电池物流车产业发展趋势

（1）燃料电池物流车示范规模快速增加

燃料电池物流车拥有良好的经济性和续航能力，尤其是4.5 t燃料电池冷藏车，结合了纯电动和传统冷藏车的优点，市场需求量较大。

此外，燃料电池物流车是示范城市群主要示范车型，随着各城市陆续下发年度燃料电池汽车示范应用项目，燃料电池物流车市场需求将密集释放，市场端销量将呈现快速增长态势。

（2）燃料电池物流车技术水平提高

燃料电池物流车动力系统技术发展趋势为高集成度燃料电池系统集成技术。随着燃料电池零部件匹配性提高，燃料电池系统集成化程度将大幅提升。例如，燃料电池物流车动力系统率先使用高集成五合一电力单元控制方案，提高了体积功率密度和质量功率密度，燃料电池专用车集成度大幅增加，主流燃料电池系统企业系统功率密度超过700 W/kg，完全满足燃料电池物流车装配使用要求。

（3）购置和使用成本降低

现阶段，我国燃料电池核心材料和关键零部件尚未国产化和规模化生产，市场规模相对较小，氢能供给成本稍高，造成燃料电池汽车的购置和使用成本高。未来，随着国产化率提升及规模化应用的带动，燃料电池产业链将快速降本。例如，主流厂家电堆价格已经降到2000元/kW以下，同比下降近50%，后续示范应用规模扩大将加速降本。

4. 目前亟须解决的技术难点及解决方案

（1）大容量车载氢系统开发

现阶段，国内尚无70 MPa四型瓶车载储氢系统，大容量储氢技术有待开发。针对现有主流35 MPa车载三型储氢气瓶储氢量不足的问题，急需开展70 MPa大容量四型瓶的研制，并针对70 MPa储氢气瓶瓶口高压密封问题，开展氢气瓶瓶口密封结构研究，增强瓶体与阀门连接处的密封性。

（2）国产关键核心材料及零部件验证

目前，国内核心零部件除催化剂、碳纸外，均可以批量化生产，但缺少示范验证，产品不能持续迭代升级。以质子交换膜为例，东岳质子交换膜可批量化生产，且价格与进口相当，但企业不愿承担试错风险，仍大规模使用进口质子交换膜。政府应出台相关文件，加快国产零部件的应用示范，降低由于“卡脖子”带来的高额成本和试错周期。

5. 2022年燃料电池物流车行业重点单位发展情况

（1）北汽福田汽车股份有限公司

北汽福田汽车股份有限公司（以下简称福田汽车）成立于1996年，现已形成集整车制造、核心零部件、汽车金融、车联网、电商、售后服务于一体的汽车生态体系。福田汽车产品覆盖卡车、客车、商务汽车、微车、多功能汽车、工程机械及环境装备、新能源汽车等七大业务单元。

福田汽车已成立氢燃料电池生产基地，形成涵盖燃料电池物流车研发、制造、氢系统组装、燃料加注等完整产业链，产品覆盖4.5 t、18 t 等主流燃料电池物流车产品。福田汽车是率先获得燃料电池批量化订单的企业，2022 年福田氢燃料电池汽车圆满完成北京冬（残）奥会交通接驳服务。2022 年，福田共销售330 辆燃料电池物流车，占比22.96%，位居全国第一位。

（2）金龙联合汽车工业（苏州）有限公司

金龙联合汽车工业（苏州）有限公司（以下简称苏州金龙）成立于1998 年，是一家集客车产品研发、制造与销售为一体的国有全资大型现代化制造企业，并于2003 年创立自主品牌“海格汽车”。苏州金龙已经成立专门项目长期从事新能源汽车包括纯电动汽车、混合动力、氢燃料电池汽车整车研发，具备完善的新能源汽车设计开发流程。

苏州金龙在氢燃料电池汽车领域已实现了正向的技术研发和产业化转化。成立了氢燃料电池汽车项目的研发团队，具备电池设计、仿真分析、样车试制、试验认证能力等相关核心技术，具有燃料电池多车型的生产制造能力。2022 年，海格共销售170 辆燃料电池物流车，位列全国第二位。

（3）上汽大通汽车有限公司

上汽大通汽车有限公司（以下简称上汽大通）是上海汽车集团股份有限公司的全资子公司。通过业务模式和商业模式创新变革，上汽大通致力于成为“用户驱动、提供具有全球竞争力的汽车产品和生活服务，为用户创造价值”的跨界车企，为消费者打造定制化的产品和服务。

经过十余年的蓄势积累和滚动式发展，上汽大通形成七大“整车平台 + 新能源平台 + 房车平台”，为消费者提供整体体验方案。目前上汽大通旗下产品包括“上汽大通 MAXUS”品牌的 MPV、SUV、房车、新能源产品组合和“上汽跃进”品牌的各类轻、中型货车及各类特种改装车。2022 年，跃进牌燃料电池物流车共销售150 辆，位列全国第三位。

（4）启航汽车有限公司

启航汽车有限公司（以下简称启航汽车）是一家具有自主研发能力的商（专）用车制造企业，成立于2018 年，隶属于中车城市交通有限公司旗下绿脉汽车平台。启航汽车肩负着中车交通商（专）用车高端品牌输出的使命，以“智能制造、生态创新”为主线，以“规模 + 品牌”实施双轨驱动，打造高质量发展的“启航模式”，实现智能制造、超级工厂。

启航汽车具有先进装备200 多台套，规划产能50000台。启航汽车现已开发出中型客车、城市环卫车、工程自卸车、厢式运输车等其他车型。2022 年，启航燃料电池物流车共销售111 辆，位列全国第四位。

（5）郑州宇通客车股份有限公司

郑州宇通客车股份有限公司（以下简称宇通客车）是一家集客车、专用车产品研发、制造与销售于一体的大型现代化制造企业。宇通专用车秉承“专业创造价值”的理念，全面应用数字开发技术，实现产品从设计、三维造型、研发到生产的一体化订制，覆盖30 多个产品种类，服务于房车、医疗车等五大细分市场。

宇通专用车具有四大预警系统，3AQS 环保管控体系，“智能控制冷却系统”“CAN 总线智能控制节能空调”两项节能技术，车辆性能优越。2022 年，宇通燃料电池物流车共销售100 辆，位列全国第五位。

6. 2022 年重点车型技术特点分析

（1）整车安全运营监控技术

研发出智能网联整车监控设备及中控系统，对整车运行状态、实时信息及故障信息进行监控和采集，开发出云服务的远程监控平台，建立基于属性工程的故障诊断数据库及整车应急处理方法和体系，实现对燃料电池整车及关键零部件的实时智能远程监控、预警和精准维护，提升整车示范运行的安全性和可靠性。

（2）低成本示范运行技术

建立基于多地域多平台的整车示范运营方案和一体化氢气供给方案，基于燃料电池物流车队在线运行车辆大数据，研究物流车负载率预测技术，开展自适应整车控制模式调整研究，降低整车氢耗。基于多种制氢和运氢方式，因地制宜建立制氢、运氢、加氢的综合解决方案，降低氢气成本，进而降低整车运营成本。

7. 未来几年燃料电池物流车产业发展建议

（1）跨部门协调，重点解决路权问题，共同推动产业发展

燃料电池物流车还存在进城难、路权限制问题，应加快跨部门协调，明确燃料电池物流车运营管理部门，同时加强政府、产业协会、企业和研究机构的共同合作，保障燃料电池物流车加氢便利性。进一步选准燃料电池物流车的应用场景，创新商业模式，逐步扩大燃料电池物流车产业规模。

（2）强化制氢、储氢、运氢、加氢等配套设施建设

氢气的制储运和加氢站的建设是保障燃料电池物流车商业化运营的基础条件，在保障安全的条件下，鼓励各示范城市群在非化工园区就近制氢。基于经济、技术和环境的现状条件，重点使用好工业副产氢、鼓励可再生能源制氢，发展高压气态与液态储运的关键氢气储运技术。各地需根据燃料电池物流车示范运营线路，结合当地发展需求，适当超前探索和布局新型储氢、运氢方式，合理、有效规划加氢基础设施建设，为燃料电池物流车示范应用提供便捷、经济、稳定的氢气供给。

（四）车用燃料电池

中国科学院大连化学物理研究所　侯　明　衣宝廉

1. 总体发展情况

2022 年，氢燃料电池全年市场表现低迷，但燃料电池产业发展的热度不减，氢电企业展现出了顽强的生命力，在逆境中取得了不凡的业绩。2022 年开年，超1000 辆氢燃料电池汽车在冬奥会投入运行，拉开了全年氢燃料电池汽车发展

的序幕。2022 年 3 月，国家发改委和国家能源局联合印发的《氢能产业发展中长期规划(2021—2035 年)》，让我国氢电产业发展有了指路明灯。据统计，2022 年国内燃料电池汽车销量约为 5000 辆，较 2021 年增加 2.6 倍，创历史新高。截至 2022 年底国内燃料电池汽车保有量约为 1.3 万辆。2022 年是五大示范城市群首个示范落地的一年，全年累计完成 3662 辆燃料电池汽车的推广，其中仅有京津冀地区完成了首年示范目标。从组成上来看，燃料电池重卡约占据了全年销量的 49%，市场规模不断扩大，增速也创下了历史新高。在市场需求和技术升级的推动下，国内燃料电池不断向着大功率快速迭代升级，部分企业已推出 200 kW 以上大功率燃料电池产品，进一步拓宽了燃料电池在重卡、船舶等领域的应用。在当前政策不断加码下，氢电产业投资也是进行得如火如荼，氢科技、未势能源和明天氢能等 14 家燃料电池企业开展融资，总金额超 60 亿元。随着中国燃料电池汽车市场的快速扩大，外资氢电势力进军国内市场的步伐明显加快，以壳牌、康明斯、丰田和博世为代表的外资纷纷与国内氢电企业签署合作协议，这不仅可以提升国内品牌的竞争力，还对国内燃料电池行业创新发展具有“鲶鱼效应”。因此，无论从政策端，还是从应用端、企业端、资本端来看，2022 年燃料电池产业在经历疫情的考验下，依然呈现出良好的发展态势，整体在向规模化和商业化方向发展。

2. 车用燃料电池技术与产业进展

(1)催化剂

氧还原反应(ORR)的催化剂本质上决定了燃料电池的技术水平和使用寿命。目前，铂基催化剂对于改善缓慢的阴极 ORR 动力学是必不可少的，并且仍然是不可替代的，传统的 Pt/C 及 PtM/C 催化剂仍是主流产品。近期研究发现，对 C 载体的改进，有望提高催化剂的活性和稳定性，如将 Pt 合金集成到具有连续网络和分层结构的石墨化纳米碳中，可满足气-液-固反应微环境的要求，并有助于 Pt 催化剂在 MEA 中表现活性和保持稳定性。此外，以 M-N-C 为催化剂的载体，提供了额外的活性位点和强相互作用，从而使 Pt 基催化剂具有更高活性和稳定性。华中科技大学夏宝玉团队设计合成了钴-氮-纳米碳为载体铂合金 PtCo@ CoNC/NCNT/rGO 催化剂，该催化剂的质量活性可达 1.52 A/mg Pt，比商用 Pt 催化剂高 11.7 倍，在 3 万次循环后仍保持 98.7% 的稳定性，其优良的性能归结于该催化剂多种活性中心和分级纳米碳基质的协同贡献，这不仅提高了活性中心的利用率，而且加强了电子转移和传质，共同促进了 ORR 过程。

超细纳米催化剂对于在减少 PGM 负载的情况下提供足够的催化位点是必不可少的，但其不太稳定，并且在长期运行中容易大幅增加尺寸。美国加州大学洛杉矶分校黄昱教授课题组设计了一种石墨烯-纳米袋包裹的铂钴纳米催化剂(PtCo@ Gnp，见图 1-3-1)。由于超细催化剂包裹在非接触式石墨烯纳米袋中，不仅实现了电化学活性，而且限制了催化剂聚结并延缓氧化溶解、扩散和奥斯特瓦尔德熟化过程。在超低 PGM 负载($0.07\ mg_{PGM}/cm^2$)条件下，PtCo@ Gnp 的质量活性为 $1.21\ A/mg_{PGM}$，额定功率为 $13.2\ W/mg_{PGM}$。经过加速耐久性测试后，质量活度保持率为 73%，预计 90 kW PEMFC 车辆的 Pt 用量仅为 $6.8\ g_{PGM}$，接近传统燃油车催化转化器的贵金属用量。

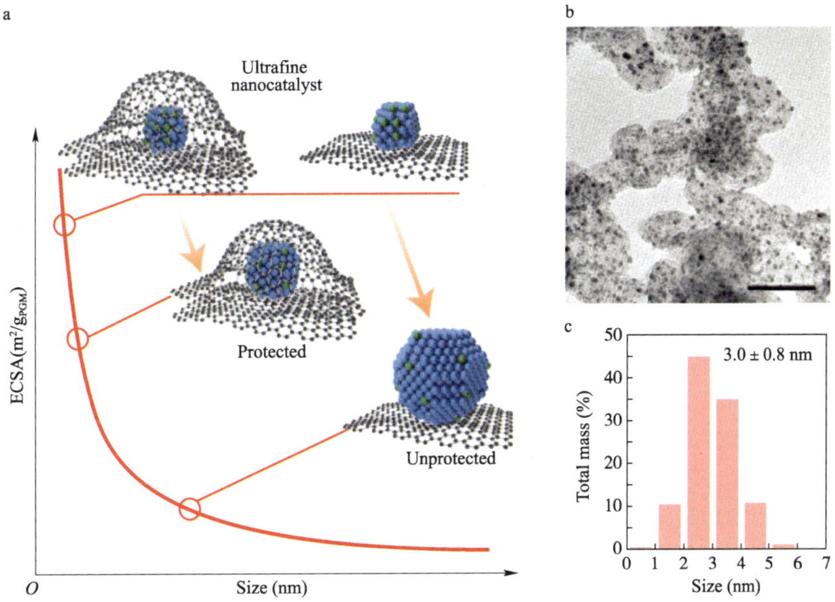

图 1-3-1　PtCo@Gnp 保护纳米袋设计和表征示意图

金属-氮-碳($M\text{-}N_x/C$)催化剂具有良好的初始活性和较低的成本，具有取代贵金属催化剂用于 ORR 的巨大潜力。但是，非贵铁基催化剂(Fe-NCs)作为质子交换膜燃料电池的阴极催化剂，需要较高的活性位点密度才能达到性能指标。由于高的铁含量会导致部分或全部铁在热解过程中以金属纳米颗粒、碳化铁、氮化铁等形式聚集在一起，大多数报道的 Fe-NCs 催化剂中单原子分散铁的含量仅能达到 1-3 wt. %。Mehmood 团队利用沸石咪唑盐框架(ZIF)材料热解后形成 $Fe\text{-}N_4$ 基团和高密度的原子配位 Zn 位点的优势，通过在初始合成步骤中使用牺牲性金属(Zn)预形成碳氮基体，然后将铁交换到该预形成的基体中，提高了 $Fe\text{-}N_4$ 位点的密度，所制备的 Fe-NC 催化剂单原子分散 Fe 的担载量可达7 wt. %。该催化剂具有优异的质子交换膜燃料电池性能。在 H_2-O_2、0.9 $V_{iR\text{-}free}$ 条件下，电流密度为 41.3 mA/cm²；在 H_2 - air、0.8 V 条件下，电流密度可达 145 mA/cm²（0.8 $V_{iR\text{-}free}$ 为 199 mA/cm²），如图 1-3-2 所示。

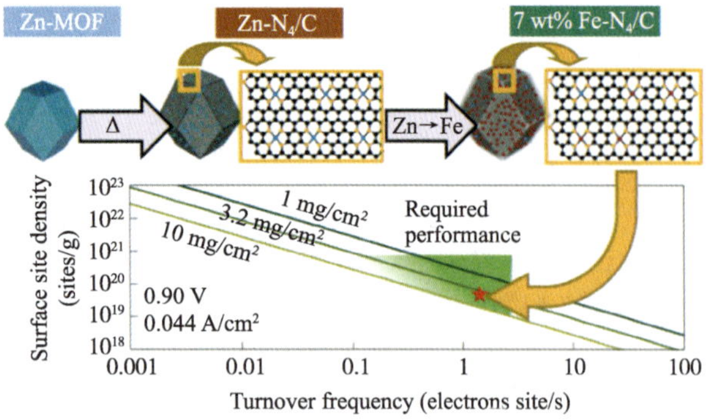

图 1-3-2　单原子分散 Fe 的 Fe-NC 催化剂

催化剂作为燃料电池的核心材料，市场前景广阔，国内很多企业正在加码布局，在催化剂量产方面已经取得重要突破。济平新能源是国内第一家实现催化剂公斤级量产的企业，据其官网报道，其拥有完全自主知识产权的全国首条“全自动化燃料电池催化剂生产线”，单条产线年产量可达 2 t。截至 2022 年 6 月，已有 14 款电堆搭载济平催化剂，适配 31 款车型，实际交付车辆 681 台。中自催化基于催化材料方面的长期技术积累，公司积极探索其催化技术在氢燃料电池关键材料领域的应用，氢燃料电池用铂碳催化剂已实现公斤级批量生产能力。此外贵研铂业、龙蟠科技、凯大催化等也在催化剂量产方面积极准备。国内催化剂产品还要多进行实际装车验证，在实际运行中不断完善，不断提高市场占有率。

（2）质子交换膜

质子交换膜方面，目前仍是以全氟磺酸复合增强膜为应用主体，为了提高性能，膜的厚度已经降低到 10 μm 以下，如戈尔公司的 8 μm 膜已经在批量供应，据报道已经准备有 5 μm膜的产品发布。为了增加耐久性，对其加入一些添加剂如 CeO_2 等，利用自由基淬灭作用，可以一定程度上提高其化学耐久性。近些年高温质子交换膜也成为质子交换膜发展的重要方向。高温膜可使燃料电池工作在 150 ~ 200 ℃下工作，与目前的体系相比，高温下工作可以提高电化学反应速率，性能及效率得到显著提升；可以提高对燃料杂质的耐受性，使燃料电池利用粗氢成为可能，从而降低净化成本；高温质子交换膜燃料电池还可以提高热品质，有利于废热的回收利用，还能实现大部分储氢材料的放氢，如果储氢材料可以应用，届时燃料电池也可以去掉高压氢气瓶，保证其工作压力在 10 ~ 20 个大气压，这样可以提高车辆安全性。在高温下水管理也从气液两相变成单相，简化了燃料电池内部水管理难度。目前高温质子交换膜的研究依然集中在磷酸掺杂的聚苯并咪唑膜，但其保酸能力低，吸酸后机械强度差，使其无法满足高温燃料电池的使用要求，新型的耐高温聚合物膜仍在探索研究中。

由于磷酸系高温质子交换膜存在磷酸流失的问题，采用共价键接枝的膦酸化聚合物是防止磷酸流失的有效措施。氟苯基膦酸具有更高的热稳定性和酸性，而更具研究前景。2021 年美国 Los Alamos 实验室 Yu Seung Kim 等人报道了一种聚（2,3,5,6-四氟苯乙烯-4-膦酸）聚合物，如图 1-3-3 所示，通过将膦酸接枝到氟苯上提高了膦酸酸性和热稳定性，其中磷酸酸酐的形成温度提高到 200 ℃以上。2022 年又发现全氟磺酸对氟苯基膦酸的质子化现象，质子化膦酸包括聚四氟苯乙烯-膦酸和全氟磺酸，其中一个全氟磺酸质子转移到膦酸上，以增强膦酸的无水质子电导率。构建的质子化膦酸电极，显著提高了高温燃料电池的性能，在 160 ℃下的额定功率密度为 780 mW/cm²，其在 2500 h 的运行和 700 个 40 ~ 160 ℃的启动循环中降解速率最小。此外，Lund 大学 Patric Jannasch 等人也报道了聚（芳基全氟苯基膦酸）膜，该膜具有更高的机械强度和热稳定性，同时兼具氟苯基膦酸的强酸性和高热稳定性。除了聚合物膜外，也有科学家在研究可传导质子的陶瓷膜，东京理工大学的科学家报告称 Ba_2LuAlO_5 是一种有前途的质子导体，对 Ba_2LuAlO_5 样品进行的实验表明，这种材料在低温下具有高质子传导率，其传导率在 487 ℃时为 10^{-2} S/cm，在 232 ℃时能达到 1.5×10^{-3} S/cm，这为陶瓷膜作为燃料电池隔膜带来了希望。

质子交换膜产品方面，国内东岳集团、汉丞科技、国家电投集团等致力于批量生产能力的建设。东岳集团 50 万 m²/a 燃料电池交换膜已经投产，DMR100 是代表性产品，在 DMR100 的基础上，东岳氢能开发了厚度为 15 μm 的 DM2256B 耐低湿质子膜，在低湿条件下，展现了优良的性能和阻抗。进一步，还将开发厚度 10 μm 的 DM2276B 超薄复合质子膜，在低湿条件下，具有更低的阻抗，并且具有更优的渗氢电流密度。2021 年 12 月，国家电投集团 30 万 m² 氢燃料电池质子交换膜生产线在武汉经开区投产，为实现氢燃料电池关键零部件的国产化迈出了坚实一步。2022 年 1 月，中国科学院上海有机所与氢通新能源的全新战略合作暨氢能源膜材料研究中心的揭牌仪式在中国科学院上海有机所举行，未来双方共同成立的这家氢能源膜材料研究中心将主要进行 PBI 材料与高温质子交换膜等研发工作。

未来从产业角度还是要继续推进质子交换膜的国产化进程，产品也需要实际运行检验，逐步提高市场占有率；从研究层次，要继续鼓励进行高温膜、碱性膜等新材料体系的探索，材料体系的改变是实现燃料电池性能大幅提升的关键。

（3）气体扩散层/碳纸

气体扩散层（GDL）是质子交换膜燃料电池（PEMFC）的关键部件，对燃料电池的成本和寿命均有重要影响。GDL 通常是采用炭纸或炭布作为支撑层（GDB），在其上涂覆一层微孔层（MPL）得到的。GDL 在电池中需要起到支撑催化层、导气、排水、传导双极板与催化层之间电子和散热的作用。由于传统 GDL 的水突破压力太大，导致 PEMFC 在高电流密度下水淹严重，为了解决这种问题，Wen 等人设计了一种 Janus GDL，结构如图 1-3-4 所示，新型 GDL 具有从疏水性到亲水性的梯度结构，能自发定向输水，增强 PEMFC 的水管理能力，水的突破压力仅为 29 Pa，远低于传统 GDL 的 9510 Pa，因此可以快速将阴极产生的水移除，从而防止电极发生严重水淹现象。全电池测试发现，Janus 作为阴极 GDL 组装的单池最大功率密度可达 1.89 mW/cm²，远高于传统 GDL 的 1.17 mW/cm²，EIS 表明 Janus GDL 具有更低的传质阻力。

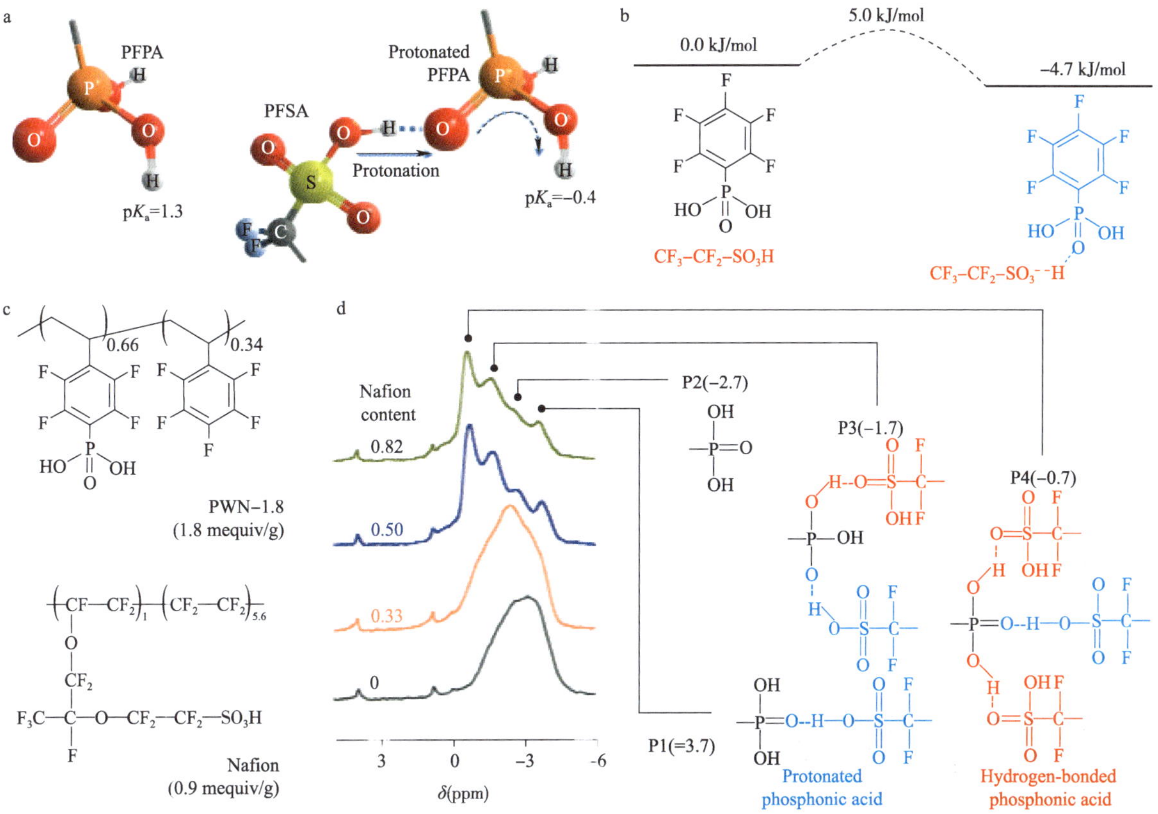

图 1-3-3　全氟磺酸与氟苯基膦酸的作用机制

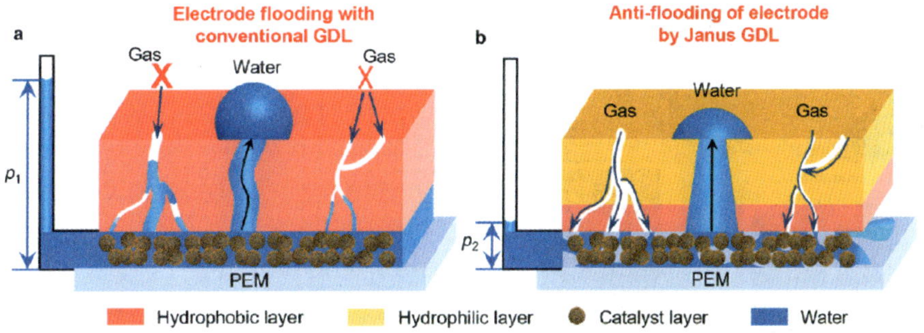

图 1-3-4　新型梯度润湿性 GDL 设计和防水淹机理示意图

近年来，有一些通过优化 MPL 结构以提高燃料电池性能的报道。其中，一个重要的研究方向是制备无 GDB 单层 MPLs，以碳复合片材和复合纸为代表，如大连化物所通过干法模压成功制备了低成本的无炭纸微孔层，研究发现这种无支撑的微孔层具有一定的保水能力，特别适合低湿度场合，在 40% RH 增湿度下性能远高于传统气体扩散层的燃料电池。另一研究方向是制备含有独立 MPLs 的双层 GDLs，MPL 不直接涂覆在 GDB 上，而是由炭黑片和碳纳米管（CNT）片独立制备。中国科学院苏州纳米技术与纳米仿生研究所周小春团队制备了由碳纳米管互穿网络构成的独立式微孔层。与传统的微孔层相比，这种独立式微孔层直接成型而不需要涂敷在气体扩散层的大孔基底（一般为碳纸）上。互穿网络结构为这种独立式微孔层提供了高强度、高透气性、高导电性和高平整度等优异的物理性质，该微孔层降低了催化层和气体扩散层以及微孔层和基底层的结合，使得燃料电池的气体扩散层能够在膜电极寿命到期后重复利用。

国内气体扩散层产业加速，以通用氢能和上海碳际实业集团有限公司为代表的国内气体扩散层企业正在加快推出批量化产品。其中，通用氢能已建成年产 10 万 m^2GDL 产线，并获得 IATF 16949 质量管理体系认证，年产 100 万 m^2 GDL 产线正在建设中。上海碳际实业集团有限公司是一家技术力量比较雄厚的公司，开发 GDL 两个系列的多款产品，炭纸产品有 3 个款型，针对空冷型燃料电池也开发出厚款的 HP28 和 HP34 等产品。2022 年底，上海碳际已经率先实现全国产炭纸的成卷批量制造和小批量出货交付，产品经过多家头部企业验证。GDL 系列产品 HP 系列和 LF 系列，分别面向高性能和高耐久使用场景，其中 HP 为主力产品，包括 HP21、HP18、HP16，可满足各种工况条件使用；炭纸产品规划包括 CPM19、CPM16、CPM14，针对特定市场用户已实现 CPM19 产品的批量化供应。在产能方面，上海碳际整体设计产能为 40 万 m^2，其中炭纸将达到 30 万 m^2，GDL 达 10 万 m^2，未来可实现炭纸产能 40 万 m^2，GDL 产能 30 万 m^2。GDL

及碳纸国产化未来可期。

(4)膜电极

膜电极技术提升体现在功率密度、批量供货一致性、成本等。膜电极作为电学反应发生的场所,其制备方法、组装工艺、物化特性、使用材料和运行条件等都会对PEMFC的性能产生重要影响。

北京理工大学王保国团队提出"一体化"膜电极设计思路,在高分子膜的微孔限域空间内,使催化层由膜内向外取向生长,形成"一体化"膜电极结构,其具有以下技术优势:①三维有序的催化层结构强化了气/液传质过程;②由于不使用任何聚合物黏结剂,催化层的有效活性位点增多,导通电子能力提高;③催化层/膜界面结构有效降低界面电阻,加速界面上的离子传递。这种膜电极在碱性电解槽展示出较高的性能和稳定性。美国洛斯阿拉莫斯国家实验室 Jacob S. Spendelow 等人开发了一种新型凹槽电极,如图1-3-5所示,该电极的结构具有两个主要特征:高离聚物含量的电极脊提供快速的 H^+ 传输,由凹槽分隔促进 O_2 扩散,将氧还原反应(ORR)反应物快速输送到反应位点。与优化的平面型电极相比,凹槽型电极在100%相对湿度时将 H^+ 传输阻力降低了60%,而 O_2 传输阻力没有显著变化。

图1-3-5 新型凹槽电极示意图及电池性能

膜电极产业化方面,国内加速布局,如唐锋、鸿基、擎动、捷氢、新源、明天氢能、未势、东方氢能、武汉理工、亿氢科技等企业都有了新的相关进展,我国企业膜电极主要参数已经与国际先进水平接近,部分参数可以超过国外先进水平,国产膜电极已经占据了出货量的主流。同时车企、燃料电池企业向膜电极延伸的趋势明显(部分已经实现膜电极自产自用),潜在竞争愈发激烈。国产膜电极龙头鸿基创能在2022年6月达成了佛山基地的投产,其广州基地加佛山基地总产能达1000万片,MEA膜电极产品兼顾到燃料电池车在各种工况条件下的运行要求,具有功率密度高、寿命长、成本低以及有良好的抗反极能力,初始抗反极能力超过185 min,在满足寿命的同时,电流密度1.5 A/cm² 时功率密度大于1.05 W/cm²,最高可达到1.5 W/cm²。武汉理工氢电由深圳市雄韬股份与武汉理工大学共同发起成立,接力一脉相承的武汉理工新能源公司,专注于膜电极的产业化与研发,已完成6000 m² 洁净厂房装修,并建成自动化程度更高的膜电极生产线,膜电极产能达到2万 m²/a,最终设计产能将达到10万 m²/a。2022年10月,长城旗下未势能源也宣称实现了完全自研全新高性能膜电极规模化量产。依托大连化物所的国家重点研发项目"车用质子交换膜燃料电池膜电极与批量制备技术",攻克了膜电极量产的关键技术问题,明天氢能与新源动力均实现MEA量产,年产能均超过20万 m²,汉丞的质子交换膜年产能达到百万平方米,促进了MEA国产化进程。

膜电极国产化形势喜人,企业在追求性能提升的同时,也要关注耐久性方面,尤其8 μm薄膜应用后,耐久性面临严重挑战,要关注机械和化学耐久性的提升。此外,量产卷对卷的涂布产线技术还需进一步完善。

(5)双极板及电堆

目前双极板材料基本上是以金属板、石墨板及复合板为主。金属双极板凭借优异的导电性、较薄的厚度、适于低温启动等特点,被认为是最具前景的一类双极板。金属双极板的关键技术包括成型技术、表面处理技术、激光焊接技术、耐腐蚀处理技术等。基材以不锈钢及Ti材为主,不锈钢可加工性优于Ti板,但是耐腐蚀性不如Ti板,这两种基材在质子交换膜燃料电池的酸性、潮湿及高温环境下都需要涂层处理,由于钛板基材具有一定的耐腐蚀,表面处理技术以降低接触电阻为主要目的,如碳涂层等。Liu等人报告了通过等离子体增强化学气相沉积(PECVD)途径在钛合金(TC4)上直接生长垂直石墨烯(VG)薄膜。使用多功能VG涂层,可以获得3个好处(见图1-3-6):①生长的VG通过Ti碳化物的致密过渡层与Ti合金基体表现出强烈的相互作用;②VG的垂直定向结构使双极板和气体扩散层之间具有出色的导电和导热性;③高度疏水的VG涂层有效地抑制了腐蚀性液体渗透到基材上,并有助于PEMFC中的水管理。因此,与裸钛合金BP相比,VG-Ti合金双极板显示出明显增强的界面导电性和导热性、耐腐蚀性和疏水性,这将有利于PEMFC的性能和稳定性提升。

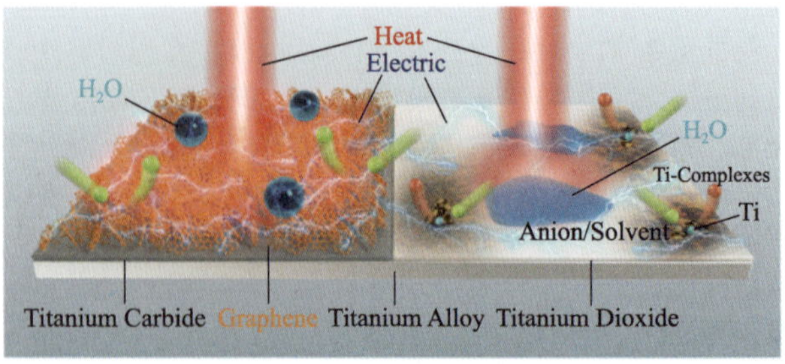

图1-3-6 具有增强的导电性和导热性、耐腐蚀性和疏水性的VG-Ti合金示意图

除了不锈钢和Ti两种基材外,不需额外表面处理的特种钢也是重要的发展方向,建议注重金属板原材料方面的研制可以与钢厂联合共同开发。

金属双极板供应商包括治臻能源、三佳机械、骥翀氢能、明天氢能、国创氢能、新研氢能、爱德曼氢能、航天氢能以及氢璞创能等。国创氢能承担的国家发改委"高性能氢燃料电池双极板研发及量产关键技术攻关”项目，旨在通过技术攻关，建立双极板冲压线、双极板焊接线、双极板镀层试制线、双极板点胶线和电堆及发动机装配线，实现双极板≥500万片/年，基于技术攻关与规模化生产，使金属双极板的成本下降至≤100元/kW，由此进一步促进燃料电池产业化发展和市场化推广。

2022年燃料电池电堆也取得了可喜的进步，比功率已经达到5 kW/L。电堆中的双极板基本是以自主开发为主，采用金属双极板与石墨双极板两条路线，满足了目前市场需求。瞄准重卡等商用车的200 kW大功率电堆的开发是目前行业的重点。除了金属板电堆外，复合石墨板也有突破，北京氢璞创能公司发布了300 kW碳复合板电堆，峰值功率达到340 kW，功率密度达到4.6 kW/L。复合石墨板耐腐蚀性好，可以模压加工，但比功率要低于金属板电堆，比较适用于空间尺寸比较充裕的场合，如发电等。

电堆技术方面要进一步提高比功率与耐久性，进一步降低成本。丰田近期发布的下一代氢能燃料电池开发细节，电堆对应活性面积的比功率将达到16.8 kW，将比mirai-Ⅱ(12.5 kW/L)提升1.3倍，届时，由于性能提升带来电堆单体节数减少，加上不同应用场景电池制造设备的通用化，电堆成本将降低50%。在耐久性方面，燃料电池寿命(保养周期)将达到燃油车的2.5倍，实现近乎无须保养的程度，同时效率与续驶里程都有所提升。

性能与耐久性的提升需要建立新的材料体系，不断进行技术研发，提高技术水平，如改进电堆制备工艺、研制新型催化剂、质子膜等，并研发高温膜和抗毒氢氧化电催化剂等。此外，丰田先装单池再装电堆的组装方式也值得借鉴。

(6)燃料电池系统

我国燃料电池系统技术优势比较明显，如低温启动技术、水热管理技术、电电混合技术等，系统部件如空压机、氢循环等也有了自主技术，已有国外的电堆搭配国产系统的案例。电电混合燃料电池汽车是我国率先发展起来的，与纯燃料电池驱动车相比，可以弥补电化学反应对车辆动态载荷响应的滞后，快速的动态响应可以使燃料电池汽车达到与燃油车同样的使用体验。此外，通过二次电池的补偿作用，可以使燃料电池稳定在平均功率输出，即当需要高功率输出时，燃料电池协同二次电池一起驱动电机；当只需要低功率输出时，燃料电池除了驱动电机外，多余的电力可以给二次电池充电。从而，实现燃料电池相对恒定功率输出，避免了由于功率输出频繁变化导致的燃料电池衰减。

燃料电池系统部件经过近几年的政府与产业界的推动也取得长足进步。以车载空压机为例，十多年前，空压机还是依赖进口，价格也较贵，近几年产业进步速度很快，国产化空压机已经占据主要市场，如势加透博、金士顿等企业，产品价格已经降到原来的十分之一左右，极大地推动了燃料电池产业化进程，此外氢循环泵、氢气喷射器、氢瓶等主要系统部件基本实现了国产替代。

2022年燃料电池整车装车量全年超5000辆突破历史新高，行业整体在向规模化和商业化的方向全力突围。燃料电池系统位列前四的是亿华通、鸿力氢动(国鸿控股子公司)、重塑科技、捷氢科技，累计装机量占比分别为21%、15%、19%、8%。2022年4月国鸿氢能发布了大功率鸿途H系列新品燃料电池系统，鸿途H系列产品采用行业首创模块化设计理念，利用多电堆模块集成设计，可实现从100～400 kW的输出功率，额定工作效率达到44%，最高工作效率61%，可以满足重卡等重载车辆功率需求。2022年8月，华丰燃料电池正式对外发布并销售其第二款面向商用车开发、生产的氢燃料电池系统“TL Power 80”，该系统采用丰田MIRAI二代新一代电堆，其系统无外置增湿，通过自主控制可保证其电堆内部膜内水含量，无加热器可实现低温启动功能，系统最高效率可达60.01%，连续工作功率可达90 kW，在额定功率点的发电效率高于45%，相关性能指标均达国内领先水平。2022年9月，国氢科技发布了3款水冷型燃料电池动力系统FCPS-C80、FCPS-C120与FCPS-S120，其额定功率分别为85 kW和120 kW，最高运行效率可达60%，可实现－40 ℃低温存储、－30 ℃低温自启动，产品可全面兼容商用车、乘用车、轨道交通及航运等应用需求。2022年10月，新源动力推出HYSYS® -160 M7燃料电池系统，其额定功率为160 kW，质量功率密度700 W/kg，系统最高效率大于60%，动态响应超过50 kW/s，可实现在－30 ℃环境下小于30 s的快速冷启动，设计寿命超过1.6万h(WLTP)。此外，国内燃料电池系统不断在向大功率快速迭代升级，多家燃料电池企业推出了大功率的燃料电池产品，部分企业的产品向200 kW以上跃升。国创氢能是由大连化物所与航天科技集团共同创立的科技型公司，致力于解决燃料电池行业的瓶颈问题，推动氢能和燃料电池产业快速发展，其200 kW燃料电池系统已经通过强检。氢蓝时代发布了“麒麟”系列产品，其系统额定功率大于260 kW，系统峰值功率可达265 kW，东方电气的OLAS 270A燃料电池系统额定功率达到270 kW，峰值功率达272 kW，重塑集团发布的PRISMA XXII大功率燃料电池系统，其系统额定输出功率为220 kW并可扩展至260 kW。部分代表性燃料电池系统如图1-3-7所示。

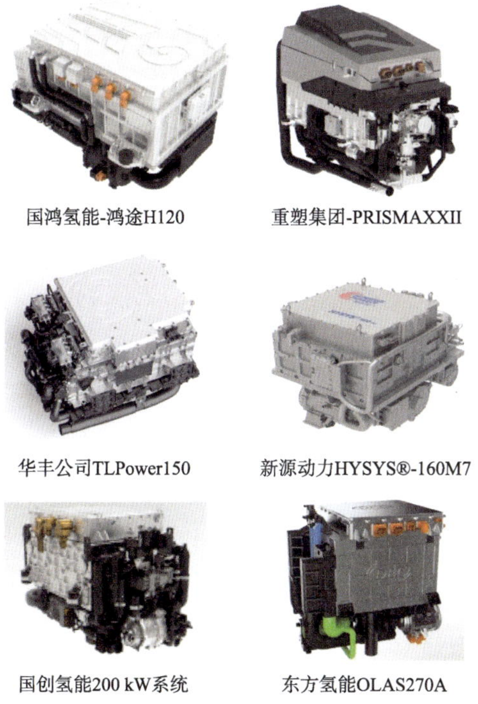

图1-3-7　国内代表性的燃料电池系统产品

3. 总结与建议

2022 年车用燃料电池催化剂、质子交换膜、GDL/碳纸、MEA、双极板及电堆、系统及部件,在技术与产业方面都取得了显著进展。大功率燃料电池电堆与系统产品不断涌现,系统部件国产化替代趋势明显;MEA 量产技术取得突破,性能与耐久性有所提升;电堆关键材料国产化重视程度增加,产品已初步形成,但是市场占有率还不高,还需要加大推广力度,加强对车辆实际运行考核。

从技术水平上,系统技术比较成熟,但电堆技术距离国际先进水平还有差距,还要在提高电堆比功率、提高耐久性及降低成本上继续深化研究,提高产业化水平,同时布局前沿基础研究,如高温膜、碱性膜、抗毒催化剂等研究工作,为实现未来材料体系的变革打下基础。在产业链方面,我国还存在许多"卡脖子"环节,要协同分工,从最底层的原材料到最终的产品都要进行开发布局,包括质子交换膜、树脂、膨体聚四氟乙烯基膜、双极板材料及 70 MPa 氢气瓶所用的超强纤维、瓶口阀、塑料内胆等。有关方面要组织跨行业合作,在推进示范的同时,也要注意开展相应的燃料电池相关底层材料和关键材料、关键技术的基础研究;同时也希望燃料电池企业要以先进的技术和优质的产品去经营,不要过度依赖政府补贴,以免被市场淘汰。

(五)氢燃料电池电锥

同济大学　章　桐

1. 2022 年氢燃料电池电堆产业总体发展与技术突破

氢燃料电池在全球范围内的发展速度并不均匀,这在很大程度上取决于各地区的政策、技术突破和基础设施建设。随着环保压力的加大,全球对清洁能源的需求日益增长,这为氢燃料电池电堆产业的发展提供了巨大的市场需求。汽车、航空、船舶和静态能源储存等领域都在寻找可以实现零排放的可靠技术。

上海氢晨新能源科技有限公司(以下简称氢晨科技)发布了自主研发的单堆 230 kW 大功率燃料电池电堆。该电堆实现了性能、寿命和可靠性的大幅度提升,标志着我国燃料电池技术看齐世界先进水平。燃料电池汽车是未来新能源汽车的重要发展方向,而电堆是燃料电池汽车的"发动机"。据了解,在 H2 代电堆技术的基础上,氢晨科技投入超 1 亿元的研发经费,开发了新一代 H3 技术和 230 kW 电堆。

300 kW 碳板电堆是北京氢璞创能科技有限公司磨剑 13 年带来的创新成果。整堆单电池片数/活性面积为 550 片/425 cm^2,最高工作温度为 95 ℃,寿命 30000 h/8000 次启停。该款电堆在功率方面的表现优异,经中国汽车技术研究中心检验显示,额定功率为 309 kW,峰值功率为 340 kW,峰值功率下功率密度为 4.6 kW/L。

2. 产业标准体系的建设

标准体系的制定和完善是一个持续不断的过程,需要不断实践和检验。各国都在积极参与这一过程,以推动氢燃料电池产业的健康发展。各国都在努力制定氢燃料电池产业的标准体系。这种标准体系通常包括设计、制造、安全、性能以及氢燃料电池产品的回收和处置等方面的规定。国际上已形成 ISO、IEC 两大燃料电池标准化组织。其中,ISO 主要关注电动车辆,包括性能指标、试验方法;IEC 则主要集中电相关零部件。

2022 年 3 月,国家发展改革委和国家能源局印发《氢能产业发展中长期规划(2021—2035 年)》,统筹布局,推动我国氢能产业高质量发展。《国家标准化发展纲要》指出在新能源、新材料等应用前景广阔的技术领域,同步部署技术研发、标准研制与产业推广,加快新技术产业化步伐。《"十四五"推动高质量发展的国家标准体系建设规划》指出要加强氢能等新兴领域标准研制。

2022 年氢燃料电池电堆领域的相关标准有 GB/T 20042.3—2022《质子交换膜燃料电池 第 3 部分:质子交换膜测试方法》、GB/T 27748.2—2022《固定式燃料电池发电系统 第 2 部分:性能试验方法》、GB/T 28817—2022《聚合物电解质燃料电池单电池测试方法》、GB/T 24554—2022《燃料电池发动机性能试验方法》和 GB/T 20042.2—2023《质子交换膜燃料电池 第 2 部分:电池堆通用技术条件》。

3. 国内外氢燃料电池电堆产业发展趋势

由于国内氢燃料电池汽车销量的增加,我国氢燃料电池电堆出货量迅速增长。氢燃料电池电堆行业发展现状相关数据显示,2017 年至 2021 年,国内氢燃料电池电堆出货量从 49.6 MW 快速增长到 522.3 MW,复合年增长率为 80.1%,预计 2023 年中国氢燃料电池电堆出货量将达到 2931.8 MW。

随着政府对氢燃料电池产业发展的支持,技术突破和应用需求的进一步提高,氢燃料电池电堆将进一步实现规模化生产,从而降低成本。预计到 2023 年,我国氢燃料电池电堆平均价格将降至大概 177 元/kW。

就出货情况来看,根据 GGⅡ 最新数据,2022H1 中国氢燃料电池电堆市场规模约为 5.4 亿元,同比上年同期增长 15%,排名前十的企业中石墨(复合)板电堆企业与金属板电堆企业数量相同,均为 5 家,相比 2021 年六/四开的比例,金属板电堆企业的出货量正在快速增长。

作为电堆中的关键零部件,膜电极、双极板等技术壁垒较高,近年来国内的电堆企业或通过推进电堆关键零部件研发生产自主化,或通过资本整合进行氢能全产业链布局来降低电堆成本,提升市场竞争力。

4. 目前亟须解决的技术难点及解决方案

①催化剂:低铂用量是主要发展趋势。催化剂是燃料电池的关键材料之一,其作用促进氢、氧在电极上的氧化还原过程。目前最好的催化剂仍是 Pt 和 Pt 基催化剂。然而当下与催化剂并存的另一个关键词非“成本高”莫属,对此,魔方新能源蒋中林博士曾表示:“燃料电池中比较昂贵的材料当属铂类催化剂与质子交换树脂,其他材料均为普通工业材料,价格会随工业化规模进程急速下降。铂类催化剂单位面积用量已大大降低,在发动机总成本中占比约 1 ~ 3%。”此外也有业内人士声称,未来技术将着重于进一步降低 Pt 用量、增强耐久性以及开发非 Pt 催化剂,通过降低对贵金属的依赖,大幅度降低成本。

②质子交换膜:电堆最为核心的组件。作为电堆中的另一关键性材料,质子交换膜的好坏直接决定着燃料电池的性能和使用寿命。当下商业应用主要以全氟磺酸膜为主,但大多数种类膜在燃料电池高温工况下化学性能不稳定,成本较高。采用多种材质掺杂的复合膜可以大大改善机械性能,降低内阻从而提升输出功率,国内外商业化均转向复合膜领域。而国内市场上采用的全氟磺酸质子交换膜大多采用国际知名企业杜邦、戈尔等,国内相关技术主要掌握在东岳集团、新源动力及武汉理工,其中东岳集团占据市场份额较大,并已实现量产。

③气体扩散层:核心技术仍发展需提速。气体扩散层主要由导电的多孔材料组成,可以支撑催化层、收集电流,同时实现气体和水在流场区域及催化剂之间的再分配。现阶段该产品市场份额主要垄断在德国 SGL、日本东丽、加拿大巴拉德等几家国际产商手中,国内技术较为落后,仅有小批量的生产。

④双极板:石墨双极板已实现国产化。值得一提的是,当下国内双极板技术相对较为成熟,尤其是石墨双极板已实现大规模应用。得益于我国氢燃料电池的特殊发展路线,石墨双极板在国内相较于金属双极板占据较多市场份额。在金属双极板方面国内亦有不少企业拥有成熟的技术,并已实现大规模生产。而作为后起之秀的金属双极板现正逐渐被国内市场导入,但受制于燃料电池乘用车市场发展缓慢,金属双极板市场化程度仍旧不高。有不少业内人士声称,金属双极板将开始在部分领域替代石墨双极板。

⑤成本问题:氢燃料电池电堆的生产和运营成本相对较高,这主要来自使用的材料(例如铂)和制造过程。解决方案可能包括研发更经济的催化剂,优化生产过程以降低制造成本,以及大规模生产以实现经济规模效应。

⑥效率问题:虽然氢燃料电池电堆的理论效率很高,但在实际操作中,因为多种因素,实际效率可能会降低。可能的解决方案包括改进电堆设计、优化运营条件,以及研发新的电池材料和电解质。

⑦寿命问题:氢燃料电池电堆的寿命比一些传统的能源设备短。解决方案可能包括改进电堆设计以降低磨损,以及研发更耐用的电池材料。

以上只是一些基本的挑战和可能的解决方案。具体的技术问题和解决策略可能会因为地区、设备类型和具体的应用场景等因素而有所不同。

5. 2022 年行业重点企事业单位发展情况

(1)神力科技

上海神力科技有限公司(以下简称神力科技)成立于 1998 年 6 月,是主要从事燃料电池技术的研发与产业化应用。神力科技先后开发了 5 代燃料电池系统和电堆,累计申请专利 699 项。

从产品来看,神力科技开发的 B9P 系列石墨板电堆的单堆功率可达 210 kW,体积功率密度已达 4 kW/L,自主设计开发的膨胀石墨板厚度可达 0.75 mm。

从产品应用来看,神力科技的燃料电池电堆已经过冬奥会等重大赛事场景上实车验证,可靠性和耐久性得到保障。产品可应用于轻卡、中重型货车、乘用车、公交、城市大巴、轨道交通、固定式电站、船舶等多领域。高工氢电产业研究所(GGII)调研数据显示,2022 年神力科技石墨板电堆出货功率增速超 260%,国内石墨板电堆出货排名第一。

(2)氢璞创能

北京氢璞创能科技有限公司(以下简称氢璞创能)成立于 2010 年 11 月,主要从事石墨板及金属板电堆的研发和产业化。氢璞创能总部位于北京,在扬州有开发和试生产基地,在天津、新乡和德州有批量生产基地。氢璞创能具有超 10 年电堆材料、工艺及设计技术经验沉淀,获相关授权专利近百项。

从产品来看,2020 年氢璞创能在国内发布 150 kW 长寿命石墨板电堆,2022 年氢璞创能发布单堆功率高达 300 kW 石墨板电堆(功率密度达 4.5 kW/L)和超过 200 kW 金属板电堆(功率密度达 6.4 kW/L)。

从产品应用看,氢璞创能电堆配套车型超过 20 款,包括 3 ~ 25 t 叉车、4.5 ~ 9 t 物流车、18 t 环卫车、31 t 渣土车及 49 t 牵引车等。截至 2022 年底,氢璞创能已实现钢厂氢能重卡及氢能叉车批量化电堆应用。

(3)韵量新能源

上海韵量新能源科技有限公司(以下简称韵量新能源)成立于 2017 年,主要从事燃料电池电堆及膜电极的研发及制造,目前在温哥华、上海设有研发中心,在佛山设有制造中心,韵量新能源已具备年产 7200 台电堆产能。

针对不同应用场景,韵量新能源已开发完成 POLARIS(可扩展至 83 kW)、ELECTRA(可扩展至 130 kW)和 SIRIUS-E(模组可扩展至 300 kW)三代燃料电池电堆产品,满足轻、中、重型交通领域动力需求及航运船舶、储能发电、工程机械等多元场景的应用需求。

在 ELECTRA 电堆平台上,电堆能实现 -30 ~ 90 ℃工作温度范围,体积功率密度 4.4 kW/L,设计寿命可达约 3 万 h。在第三代 SIRIUS-E 电堆平台上,电堆产品拥有 150 ~ 300 kW 功率等级、95 ℃耐高温运行以及 3 万 h 电堆寿命等特点。SIRIUS-E 电堆石墨双极板总厚度薄至 1.37 mm,膜电极为集成单池密封的 6 合 1 膜电极,并批量化使用国产质子交换膜。

(4)雄韬氢瑞

深圳市氢瑞燃料电池科技有限公司(以下简称雄韬氢

瑞)是雄韬股份全资子公司,成立于2020年9月,在多地设立研发中心和生产基地。

雄韬氢瑞燃料电池产品主要是石墨板电堆和金属板电堆,产品额定功率覆盖5~200 kW,应用于乘用车、商用车、通信等多个领域。其中石墨板电堆功率密度为3.5 kW/L,寿命1.5万h;金属板电堆功率密度达5.4 kW/L,寿命达1万h。在研石墨板电堆功率密度为4.5 kW/L,设计寿命为2万h。高工氢电产业研究所(GGII)调研数据显示,2022年雄韬氢瑞电堆出货功率同比上年增长超500%,出货功率增速行业第一。

(5)清能股份

江苏清能新能源技术股份有限公司(以下简称清能股份)成立于2003年,是一家大功率燃料电池电堆及系统技术提供商。清能股份主要研发及生产基地位于上海、佛山、张家港、如皋和郑州,并在新加坡、美国、澳大利亚、荷兰等国家和地区设有多家子公司。员工总数约400人,其中研发人员占比达35%。

清能股份致力于推动氢燃料电池在交通及电力方面的规模化应用。在大功率水冷燃料电池产品上,清能股份36~250 kW燃料电池电堆及30 kW到200 kW车用燃料电池系统均已通过国家强制性检验,电堆单堆功率密度达4.7 kW/L。

(6)潍柴巴拉德

潍柴巴拉德氢能科技有限公司(以下简称潍柴巴拉德)成立于2018年,由潍柴动力(000338.SZ)和巴拉德分别持股51%和49%。合资公司获得了巴拉德FCgen®-LCS燃料电池及相关模组的独家生产权,应用于中国公交车、商用卡车和叉车市场。潍柴巴拉德年生产能力已达到约4万个电堆和2万台燃料电池系统。

(7)天能氢电

浙江天能氢能源科技有限公司(以下简称天能氢电)成立于2018年,是由天能电池集团股份有限公司投资设立的全资子公司,专注于氢燃料电池发动机系统、电堆及其核心零部件的研发、生产、销售及应用解决方案服务。

天能氢电氢燃料电池系统功率覆盖80~160 kW,应用在氢燃料公交车、环卫车、重卡、工程机械等多个领域。2022年,天能氢电在江苏宿迁沭阳投建氢燃料电池系统生产基地,并在该地区批量交付40台氢燃料电池公交车。

(8)东方氢能

东方电气(成都)氢燃料电池科技有限公司(以下简称东方氢能)成立于2015年8月,是中国东方电气集团有限公司氢能与燃料电池产业发展的核心平台。产品包括:膜电极、电堆、燃料电池发动机、供氢系统、燃料电池车辆动力总成解决方案(燃料电池发动机、驱动电机、电机控制器、整车控制器等)、燃料电池测试平台,并提供相关技术开发、技术咨询、运维等服务。

截至2022年底,东方氢能拥有150余人的研发团队,80%以上为硕士以上学历。累计申报专利141项,国际专利14项。东方氢能氢燃料电池系统涵盖10~120 kW系列,主要应用于交通(车辆、船舶、无人机)、航天、分布式发电和备用电源等。2022年12月,东方氢能自主研发的OLAS 270A燃料电池系统通过了国家强检认证,其中系统额定功率达270 kW,峰值功率达272 kW,系统额定工况能量效率达43%,质量功率密度达到902 W/kg。

(9)高成绿能

浙江高成绿能科技有限公司(以下简称高成绿能)成立于2006年,主要从事氢燃料电池研发及生产。拥有从催化剂、膜电极、电堆到燃料电池系统全产业链核心技术和自主知识产权。

高成绿能开发的风冷燃料电池堆功率覆盖25~24 kW,已用于无人机、备用电源、观光车等领域,并且实现了产品出口;液冷燃料电池堆功率覆盖10~400 kW,主要应用于大中型车载动力、固定电站、移动发电站等领域;氢燃料电池系统额定功率覆盖40~120 kW,其中多款产品通过了国家强检认证。同时,高成绿能拥有全面的燃料电池电站产品线,在建燃料电池电站最大功率2 MW。

6. 未来几年氢燃料电池电堆产业发展建议

氢燃料电池技术具有巨大的潜力,特别是在推动可持续和清洁能源解决方案方面。然而,为了推动氢燃料电池电堆产业的发展,建议如下:

大力加强对燃料电池电堆中的关键材料的研究;质子交换膜、催化剂、气体扩散层、双极板基材及镀膜领域需加强关键基础理论和产业化技术的研究。

加强电堆总体设计,包括双极板流道设计、气—水流场分析和封装密封工艺。

深入燃料电池电堆批量化生产工艺的设计与质量保障体系的建立。

(六)氢燃料电池发动机

同济大学　章　桐

1. 2022年氢燃料电池发动机产业总体发展与技术突破

2022年是氢燃料电池发动机产业取得进步的一年。随着碳中和碳达峰目标的具体实施落地,进一步激发了资本对于氢能的追逐与加码。2022年1—12月,中国氢燃料电池汽车产销量分别完成3628辆和3367辆,按上保险量统计5009辆,完成了2021年全年的2.67倍。12月单月,我国燃料电池汽车上牌共计1249辆,同比上升230.4%,环比增长70.9%,创下历史最高单月值,累计创历年新高。2022年燃料电池系统累计装机量506.9 MW,同比增长191.7%,较21年翻番。在国家政策的引导和扶持下,关键零部件的国产化率及技术指标提升,大功率系统开发成熟度提升,成本下降超预期,应用场景明显丰富。

在国内燃料电池汽车市场还处在产业化初期的背景下,国内燃料电池系统领域出现了许多新厂家,其技术能力尤其是产品的开发能力参差不齐。系统功率大范围涵盖，从匹配风冷到水冷电堆、匹配金属板、石墨板和复合板电堆，各种燃料电池系统纷纷涌现。

国内积累较深的燃料电池系统厂商有上海捷氢、亿华通、未势能源、德燃动力和大连新源等，也有在规模上后来居上的公司如国电投氢能、重塑能源、国鸿科技和爱德曼等等。

上海捷氢，前身为 2006 年成立的上汽集团燃料电池事业部，曾联合大连新源、神力科技、同济大学和上燃动力，长期致力于燃料电池汽车的开发，从整车、动力系统、燃料电池发动机系统乃至电堆和膜电极积累了丰富的产品研发经验，是国内最早以整车厂为背景和平台，在乘用车领域内开展示范运行的燃料电池系统集成商。

德燃（浙江）动力科技，公司具有近 20 年的燃料电池系统集成技术的积累，其技术早已在 2008 年北京奥运会，2010 年上海世博会和 2011 年世界大学生运动会得到了较全面的验证。现公司产品包括燃料电池汽车动力系统、燃料电池发动机系统和关键系统零部件，系统产品系列覆盖至 160 kW 燃料电池发动机系统，匹配三大系列 20 多款车型，国内最全车型覆盖。在乘用车领域，德燃动力助力一汽红旗品牌，小批量制造红旗燃料电池轿车并成功示范应用于 2022 年北京冬奥会。

作为新兴的燃料电池系统企业，国家电投集团氢能科技发展有限公司异军突起，2017 年创立，凭借其基础技术实力和国电投的强大背景，目前已成为从材料，到电堆乃至系统的全产业链集团公司，发展优势明显。

2. 产业标准体系的建设

2022 年 8 月 18 日，交通运输部办公厅发布了《绿色交通标准体系（2022 年）》（以下简称《标准体系》）。《标准体系》涉及新能源与清洁能源应用、能耗能效、碳排放控制、节能技术与管理等多项节能降碳标准，在氢能和燃料电池方面，节能降碳标准 200 中包括燃料电池客车技术规范、氢燃料电池公共汽车配置要求，国家节能降碳相关标准中包括加氢站技术规范（2021 年版）。

针对现有的国家标准体系，近三年内，GB/T 24549—2020《燃料电池电动汽车 安全要求》、GB/T 26779—2021《燃料电池电动汽车加氢口》以及 GB/T 39132—2020《燃料电池电动汽车定型试验规程》进行了更新。燃料电池汽车关键零部件 GB/T 24347—2021《电动汽车 DC/DC 变换器》、GB/T 38661—2020《电动汽车用电池管理系统技术条件》以及 GB/T 39086—2020《电动汽车用电池管理系统功能安全要求及试验方法》也进行了修订。

在地方性标准体系中，在 2022 年 11 月，北京市作为代表城市，由北京市经济和信息化局、市场监督管理局共同发布了《北京市燃料电池汽车标准体系》，划分为安全与管理、氢基础、氢加注、关键零部件和整车 5 部分。《北京市燃料电池汽车标准体系》的发布将进一步形成国家—地方性法规体系相互补充、相互促进的良性发展局面，进一步助力中国燃料电池产业法规体系的建设与发展。

3. 国内外氢燃料电池发动机产业发展趋势

燃料电池发动机系统是包含空气子系统、热管理子系统、氢气子系统以及电控子系统等诸多环节的集成系统。国内燃料电池发动机系统集成厂家众多，竞争激烈。为了建立技术壁垒，谋求更广阔的发展空间与机会，系统集成厂商向上游电堆拓展，或自主研发，或通过合作，参股及合资等形式与海内外电堆供应商合作。从发展趋势上来看，燃料电池发动机厂商将持续与电堆开发商实现深度绑定，共同开拓市场。

随着燃料电池系统核心技术的进步，产品在额定功率、质量功率密度、冷启动温度、耐久性等关键指标上，逐步接近了国际领先企业的技术水平。不少燃料电池发动机的质量功率密度远超燃料电池技术发展路线规划的功率密度 350 W/kg 水平，技术发展速度快于预期。预计到 2030 年，燃料电池系统功率密度将由当前约 500 W/kg 全面提升到约 1000 W/L，乘用车、商用车电堆寿命将由当前的 5000 h、1.5 万 h 分别增加到 8000 h、30000 h。

在燃料电池发动机额定功率上，随着燃料电池补贴明细的出台，以及中、重型商用车的运用需求，燃料电池发动机倾向于高功率运用（> 90 kW）。从 2022 年全年的系统功率变化趋势来看，1—2 月，装机功率普遍处于 50 ~ 70 kW 的范围，从 3 月开始，高功率系统实现批量交付状态，6 月和 7 月几乎全为高功率系统装车，从 2022 年下半年开始，满补系统（> 110 kW）成为市场主流，几乎 70% 以上的装机功率超过了 110 kW，甚至出现了 200 kW 以上的燃料电池发动机系统，以满足长途干线物流的高功率需求。

与前几年的技术状态相比，国内在燃料电池发动机系统的核心零部件领域内也取得了瞩目的成绩。

空气循环系统的关键部件为空气压缩机，通过堆进堆空气进行增压，为电堆提供适量且适压的空气，对燃料电池发动机效率、功率密度以及外特性有着重要的影响。空压机的主流技术路线分为离心式、罗茨式和螺杆式 3 类，随着燃料电池系统功率的快速上升，离心式空压机在效率、噪声、体积、功率密度以及无油具有得天独厚的优势，成为市场上的主流选择。我国燃料电池空压机市场集中度较高，国产化率也较高，接近 100%。主要供应商为势加透博、金士顿科技等。燃料电池汽车产量的快速增长带动了我国空压机市场需求，2018 年全年全国空压机出货仅 1800 台，2020 年快速增长至 4068 台，2021 年空压机出货量超过 7000 套，2022 年全年出货量超过万套，且运用领域从车载燃料电池发动机单一运用场景向车载燃料电池发动机、固定式燃料电池电源以及船用燃料电池发动机扩展。

在技术发展趋势上，随着燃料电池系统功率增大，两级压缩离心式空压机的功耗就会越高。系统厂家及空压机供应商已将目光放在了可变截面涡轮以及透平能量回收技术路线上。现阶段这类产品还需进一步打磨技术细节，由燃料电池发动机样品进行验证，但尚无明确的装机系统发布。

氢循环部件领域主要有氢循环泵、引射器两类，在实际使用中各有优缺点。氢循环泵具有转速及流量调节可控、实用性高等优点，但存在噪声高、体积大、成本高、功耗大等缺点；引射器具备成本低、体积小、无寄生功率等优点，但难以实现全工况覆盖、普适性差等缺点。2020 年前，德国普旭循环泵占据了国内约 90% 的市场份额，2020 年，随着东德实业、苏州瑞驱的市场放量增加，氢循环部件的国产市场占有率大幅增加,与此同时,也推动了价格的大幅度下滑。2022年,东德实业氢循环泵占据了超过50%的氢气循环泵市场份额,为行业内第一。

2022年引射器方案替代氢气循环泵逐步进入氢循环系统市场,并占据了超过40%的市场份额,但引射器出货企业较多,导致基于引射技术路线的氢循环系统的整体市场集中度偏低。德燃动力在2021年发布适配大功率系统的"202P双引射氢循环系统",克服了传统引射器无法满足燃料电池小功率段运行时对氢气循环的需求,实现了全功率覆盖,并在多款燃料电池发动机中得以运用。在技术发展趋势上,单极、多级、可变喉管等技术不断涌现。引射器加氢循环泵的复合方案也在行业中得到了应用,但系统结构复杂,控制难度较高。

增湿器国产化程度相对较低,国产取代进口的一个最基本的逻辑在于快速降本。现阶段,国产增湿器性价比优势明显。增湿器市场已经有2~3家企业推出了适配250~300kW系统的增湿器产品,且正处于验证阶段。伊腾迪、魔方新能源、鸾鸟电气、华熵新能源、沃瑞氢能、富铭工业等多家公司也都在发力增湿器产品,部分企业开始由测试验证向小批量出货过渡。短时间内,国产增湿器具有一定的价格优势,但大规模国产替代需要依靠材料技术的长期协同进步。

随着中国燃料电池系统市场研发水平的提升,部分国内企业已经能够完全自主研发燃料电池系统,系统关键部件和电堆的成本快速下降带动了燃料电池发动机系统成本快速降低。2022年燃料电池系统成本已经基本达到了每千瓦3000元的水平。

4. 目前亟须解决的难点

燃料电池电堆的高成本是燃料电池汽车大规模推广的最大瓶颈之一。电堆关键材料对外依赖度较强,成本高昂。质子交换膜、催化剂、气体扩散层、双极板和其他较为关键的零部件降本需要材料和工艺的进步加以推进。

对于空气子系统而言,空压机的关键部件已基本接近100%国产化,但在控制核心部件层面,功率模块依然以英飞凌、Cree为主,国产化替代的降本之路有待进一步提速。

对于氢气子系统而言,进口阀件,如压力调节阀、排氢/排水阀依然长期依赖国外进口阀件,国产化替代的需求与日俱增。国内多产业协同,例如车载天然气成熟供应商的介入与发力,给降本带来了新的路径。

通过燃料电池发动机降本路径的多措并举,才能使得在全生命周期内,燃料电池电动汽车TCO与传统车相当,从而激发市场需求潜力,进一步提升燃料电池电动汽车的需求,带来产业大规模运用以及提效降本的多重利好。

5. 未来几年氢燃料电池发动机产业发展建议

为积极应对氢能领域的新发展形势,燃料电池发动机产业还需聚焦于以下几个方面:

①持续推进核心技术的研发和关键材料的攻关。技术进步和材料攻关是推动燃料电池产业发展的基础。我国燃料电池技术研发取得了长足进展,但在核心材料自主研发方面仍存在较大差距,催化剂、质子膜、碳纸等对国外依赖度较大。下一步,我国燃料电池产业应着重突破关键材料核心工艺,有效降低燃料电池成本。一方面,可以从整合集成、变更材料等维度出发,在提升性能的同时推进技术降低成本。另一方面,提升量产技术和加速规模化也是实现降低成本的有效途径。在追求核心技术突破的前提下,必须严格遵循科学的产品验证体系,稳扎稳打推进技术进步。

②健全支持政策及配套措施。国家层面应基于燃料电池产业的发展状况,做好顶层设计及规划,保证氢能供应体系能跟上燃料电池汽车推广的节奏,引导燃料电池行业由政策导向步入市场导。对于产业布局、市场监管、应用示范、标准检测、科研项目等重大问题做出统筹协调,避免各部门、各地方的政策之间缺乏沟通或者重复矛盾,从而造成资源浪费;行业主管部门和地方政府应管放结合。加大科技项目支持力度,加大知识产权保护力度。加大财税支持,有序推进减税降费,落实新技术新产业税收优惠政策。完善承保理赔机制,降低企业财务成本,支持国企、央企采购国产燃料电池系统和部件,加大政府支持和示范项目采购力度。

③加强多方交流,协同打造燃料电池系统全产业链。我国燃料电池技术的产品性能、可靠性和耐久性基本能够满足燃料电池汽车示范运行的要求,但燃料电池系统相关产业链相对薄弱,氢能整体产业链还不够成熟。加强产学研结合,促进科研单位研究成果的转化,并在实际场景中验证和应用,共同突破关键技术点;燃料电池企业与企业间在核心技术攻关、产品开发等方面深度合作,并与能源、化工、材料、汽车等上下游合作伙伴构建氢能产业生态圈,加快技术研发合作模式、产业组织模式创新和探索规模化示范推广模式,实现产业核心主体与产业生态体系共同发展。

(七)氢基础设施

北京环宇京辉京城气体科技有限公司　孙国春

1. 2022年氢基础设施产业总体发展与技术突破

氢基础设施指的是支持氢能源产业发展所必需的基础设施,主要包括生产、储存、运输和加注设施等。在生产方面,氢能源可以通过水电解、天然气重整、煤炭气化等方式进行制备,为了保证氢能源的稳定供应,需要建设高效的生产设施。在储存方面,由于氢气具有极低的密度和体积,因此需要在适当的条件下进行储存,常用的储存技术包括压缩氢气、液态储存和固态储存等。在运输方面,氢气具有很强的渗透性和易燃性,因此需要在运输过程中采取严格的防护措施,常用的运输方式包括管道输送、罐车运输和管道船等。在加注方面,需要建立氢气加注站,并采用安全可靠的加注技术,以满足用户的需求。建设完善的氢基础设施是实现氢能源产业可持续发展的关键。

2022 年,更多国家加入氢能产业行列,全球范围内的氢基础设施得到了进一步发展。在我国,随着燃料电池汽车示范城市群的发展,产业集聚化发展步伐加快,初步形成京津冀、长三角、珠三角、川渝、东北、西北以及中部地区等产业集群。氢基础设施的产业集聚效应进一步显现,氢能源产业链上下游企业与氢能源技术供应商、氢加氢站运营商等形成良好的合作关系,推动整个氢能源产业可持续发展。

2022 年,更多技术创新出现,进一步提升氢基础设施的安全性,为氢能源产业的可持续发展奠定坚实的基础。小型、高效的氢能源生产设备进一步普及,氢能源的分布式生产模式得到更多应用,氢能源在交通领域的应用得到进一步扩展,带动了加氢站的建设。氢能产业应用场景也逐步从交通运输逐步扩大到氢冶金、储能、发电、工业、建筑等领域,推广规模和示范应用领域持续扩大。

氢基础设施建设的高成本一直是制约氢能源商业化应用的主要因素之一。氢能源产品的性能得到进一步提升,例如氢燃料电池汽车的续航里程和加速性能等,这些改进将推动更多用户对氢能源的认可和接受。随着技术的不断进步,氢生产、储存、运输和加注等方面的费用都得到进一步降低,更有利于氢能源的普及和商业化应用。总之,2022 年,氢基础设施产业迎来了更大的发展机遇和挑战,随着政策支持和技术进步的不断提升,氢能源产业也向着更加成熟和可持续的方向发展。

2. 产业标准体系的建设

标准化是引领氢能产业高质量发展的必然选择,能够保障研发和生产过程的规范有序进行。氢能产业标准体系建设是推动氢能源产业健康发展的重要一环。

近年来,我国在氢能顶层规划、科技创新和示范应用等方面取得了长足进步。一是在顶层规划方面,截至 2022 年底,国家层面发布《氢能产业发展中长期规划(2021—2035)》《“十四五”可再生能源发展规划》等 3 项氢能专项规划,地方层面发布 70 余项涉氢政策,构建了涵盖科技创新、应用示范、基础设施、产业布局等各环节的政策体系。二是在科技创新方面,通过科技计划持续支持氢能“制—储—输—用”各环节技术创新,掌握了 MW 级质子交换膜电解制氢、70 MPa 高压储氢瓶、百千瓦级燃料电池电堆及动力系统等关键核心技术和成套装备。三是在示范应用方面,我国先后通过北京奥运会、上海世博会、北京冬奥会等重大活动,山东“氢进万家”重大科技示范,京津冀等 5 个燃料电池汽车示范应用城市群,开展氢能典型场景示范应用,初步贯通了氢能“制—储—输—用”全产业链。

3. 国内外氢基础设施产业发展趋势

国外趋势:美国、日本、韩国、欧盟等主要发达国家和地区纷纷将氢能上升到国家能源战略的高度,将氢能作为未来能源系统的重要组成部分,全球已有 30 多个主要经济体发布氢能路线图,且经过多年关键技术攻关、考核验证和商业化示范,氢能与燃料电池在全球范围内初步实现产业化,产业链体系已基本建立。

美国为加快清洁氢能价值链形成的速度,发布了《美国国家清洁氢能战略和路线图》,提出了加速清洁氢生产、运输、储存、应用的综合发展框架,明确了清洁氢能在能源安全方面的战略定位和巨大利益前景,目标是到 2030 年实现 1000 万 t 清洁氢生产。欧洲高度重视氢能与可再生能源融合发展、以保障欧洲能源安全。2022 年新版《欧洲氢骨干网规划》提出到 2030 年敷设纯氢管网 1.16 万 km,到 2040 年敷设纯氢管网 3.97 万 km,2050 年氢能占终端能源需求的 24%。日本着眼于低碳能源安全,制定《碳中和战略》,提出 2050 年氢能占能源需求的 12%~15%;同时聚焦氢能消费侧应用,已在汽车和建筑供能领域取得领跑地位,并在材料、器件到装备集成等各个方面取得显著优势。

国内趋势:2022 年 3 月,国家发改委、国家能源局联合印发《氢能产业发展中长期规划(2021—2035 年)》,提出到 2025 年氢燃料电池车辆保有量约 5 万辆。在氢能源技术领域,国内企业也在积极探索和研发。例如,北汽集团、长安汽车、吉利等国内知名汽车厂商已经推出了自己的氢燃料电池汽车产品系列。在基础设施建设方面,中国石化等石油公司也开始涉足氢能源的开发和运营。

随着环保意识的提高,中国市场对于氢能源的需求不断增加,尤其是在重型交通、物流、特种车辆等领域。同时,随着氢能源产业的不断发展和技术进步,其成本也在逐渐降低,有望更好地满足用户的需求。

总之,无论是国内还是国际,氢基础设施产业都呈现出快速发展的态势。政策支持、技术突破和市场需求等因素将共同推动氢能源产业的可持续发展和商业化应用。

4. 目前亟须解决的技术难点及解决方案

氢基础设施建设是推进氢能源产业发展的重要一环,但也面临着许多技术难点。

(1)生产技术难点

能源消耗:传统氢气制备方法需要大量能源,如电解水法需要大量电力,而天然气重整法又需要消耗大量的天然气。目前可行的解决方案是通过新型的生产技术来减少能源消耗,例如采用高效电解水技术、利用生物质或城市垃圾等废弃物进行氢气生产等。

(2)储存技术难点

安全性:氢气具有易燃、易爆等特性,需要在储存和运输过程中采取一系列措施以确保安全。解决方案包括采用高效的储存技术,如钢瓶压缩储存、液态储存、固态储存等,并配备必要的安全防护系统。

寿命问题:由于氢气分子极小,容易穿透材料,导致储存容器的材料会出现老化和损伤,从而影响储存寿命。解决方案包括采用高强度、高韧性的材料,并进行适当的维护和更新。

(3)运输技术难点

安全性问题:氢气在运输过程中需要避免泄漏或者燃烧等安全问题。解决方案包括采用专业的运输设备和技术,如采用高压容器和高效防护装置等。

渗透性问题:氢气具有很强的渗透性,容易穿透管道和容器,导致氢气损失和流失。解决方案包括采用高质量的管道和容器材料,并加强防护措施。

(4)加注技术难点

稳定性问题:氢气加注需要保证稳定的气压和流量,避免对车辆和设备造成影响。解决方案包括采用高精度加注设备和系统,并配备必要的自动化控制技术。

速度问题:氢气加注时间需要尽可能缩短,以提高使用效率和便利性。解决方案包括优化加注设备和系统,提高加注速度和效率。

总之,在氢基础设施建设中,各个环节都存在技术难点。解决这些难点需要采用先进的技术和系统,并进行多方面合作和协调。通过不断攻克技术难题,可以更好地推动氢能源产业的发展和商业化应用。

5. 2022 年行业重点企事业单位发展情况

在推动氢能产业发展的过程中,央企扮演着领头羊的角色,老牌民企和上市公司对发展氢能产业也展现出了极大热情。2022 年,以中国石化、中国石油、中国海油、国家电投、国家电网、国家能源集团等为代表的大型央企在氢气制、储、运、加等环节不断加大投入;以中国船舶、一汽集团、东风汽车为代表的央企则在努力推动燃料电池技术的提升及下游应用的拓展;以环宇京辉、美锦能源为代表的老牌民营企业不但营收屡创新高,更是通过不断的能源变革走出了多元化商业发展道路。

(1)中国石化:拥有加氢站数量全球首位

2022 年,中国石化油品销售业务优化网络布局,加快向"油气氢电服"综合能源服务商转型,积极稳妥布局氢能、光伏、充换电业务。中国石化年报显示,2022 年,中国石化持续增加高纯氢产能,累计建成 9 个氢燃料电池供氢中心。拥有加氢站数量全球首位,积极向"油气氢电服"综合能源服务商转型。2022 年,中国石化营销及分销板块资本支出 191 亿元,主要用于"油气氢电服"综合加能站网络发展、现有终端销售网络改造、非油品业务等项目。2023 年,中国石化将推动"油气氢电服"综合能源服务商建设取得更大突破,并积极开展"油转化""油转特"和氢能关键技术攻关与应用开发。

(2)中国石油:完善"制、储、运、加"体系

在"双碳"背景下,中国石油将"绿色低碳"纳入公司五大战略之一,新能源新业务被放到了与油气业务同等重要的位置,在保障油气资源供应的同时,拓展新能源、新业务以及"油气热电氢"融合发展,实施用能清洁替代,推动公司低碳转型。在氢能产业方面,中国石油 2022 年新增高纯氢产能 1500 t/a,高纯氢总产能达到 3000 t/a,当年新投运加氢站(综合服务站)23 座,公司目前共有加氢站(综合服务站)35 座,在全国 31 个省市自治区,中国石油建设投用充换电站 416 座。

(3)国家能源集团:积极进行能源转型,推进氢能产业链一体化发展

近年来,国家能源集团积极打造面向全国的绿色氢能供应链,在能源金三角、环渤海等区域规划部署 8 个氢能基地,初步形成"两横一纵"大规模绿色氢能供应网络。在氢能技术研发方面,国家能源集团以绿色氢能关键领域应用为引领,持续加大氢能整体技术集成应用,相继实现加氢机、压缩机、液氢泵等重要技术装备突破,推动创新链和产业链紧密协同。在氢能发展模式方面,国家能源集团国华投资(氢能公司)在业界率先构建"风光氢储融一体化"模式,实现一体耦合、风光带氢、氢促风光、产融结合的深度协同。2022 年,国家能源集团在氢能开发利用方面实现新突破。张家口风光制氢储氢用氢示范项目成功助力北京绿色冬奥,"风光氢一体化"赤城制氢项目产出高纯氢,同时积极推进国家级氢能产业智库建设。

(4)一汽集团:批量交付氢能汽车

一汽解放作为"国车长子",经过 60 多年的发展,已成为国内最大的汽车企业集团之一,曾连续 8 年蝉联世界 500 强榜单。在塑造新红旗品牌时提出要直接切入新能源赛道,其以氢气为主要动力能源的"氢赢计划",计划到 2030 年,实现氢燃料电池产品商业化、分布式驱动技术产业化,新能源车销量占比达到 60%。一汽集团已成为国内领先的掌握燃料电池全技术链能力的车企,如今在乘用车和商用车领域都有所建树,特别是 2022 年 6 月和 8 月批量向企业交付上百台燃料汽车,在商用车新能源领域具有里程碑意义。

(5)环宇京辉:老牌民企专注技术创新成果斐然

环宇京辉是我国较早从事氢能源生产与研发的企业,34 年来一直致力于氢能的应用及气体提纯的技术与创新研发。在氢能领域,环宇京辉已完成了全产业链布局,尤其是 2022 年在氢能产业链核心技术创新、区域协同发展等方面成果斐然,堪称民企改革创新典范。2022 年,作为北京市科技冬奥氢燃料电池汽车氢气供应保障单位,环宇京辉与京能集团合作,利用由光伏、风能等所产生的"绿电"进行"绿氢"的制取工作。在 2022 北京冬奥会期间,环宇京辉共计供氢 98 t,运输氢气 456 车次。为了有效降低制氢成本,环宇京辉积极探索垃圾填埋气制绿氢技术,并于 2022 年正式推进"垃圾填埋气高效转化分布式制绿氢技术应用示范项目"。该项目占地面积小,装备落地时间短、成本低,制备绿氢成本低于市场价格,有很强的市场竞争力,被市经信局列为首批次氢能技术应用试点示范项目,未来可以做到在没有氢能城市群政策补贴的情况下,实现商业化运营。

由于氢能源产业处于快速发展阶段,不断涌现新的企业,未来还会有更多企业加入氢能源领域,一起推动氢能源的商业化应用。需要注意的是,氢能源产业尚处于起步阶段,市场竞争较为激烈,因此企业需要不断提升技术实力、降低成本、提高产品性能和服务质量,才能在行业中获得更多机会和发展空间。

6. 全国车用加氢站统计

截至 2022 年底,国内燃料电池汽车保有量超 1.2 万辆,累计建成加氢站 358 座,2022 年全年燃料电池汽车销量达到 3367 辆,同比增长 112.3%。

截至 2022 年底,北京市累计推广燃料电池车辆 1688 辆,超额完成城市群建设目标,全市已建成加氢站 14 座,其中 10 座已正式投入运营,加注能力达到 13.6 t/a。

7. 未来几年氢基础设施产业发展建议

①制定完善的政策法规。政策法规是推进氢能源产业发展的重要保障,需要结合实际情况制定出相应的政策措施

来,以鼓励和引导更多企业进入氢能源领域。政策方面可以考虑提供财政支持、税收减免、补贴等激励措施,同时加强标准化和监管,确保氢能源产业可持续发展。

②加强技术研发。当前氢能源产业仍处于起步阶段,需要不断加强技术研发,探索新型氢能源技术,并提高产业技术水平。在研发方面,可以加大资金投入,加强与高校、科研机构的合作,搭建开放创新平台,鼓励企业自主创新和成果转化。

③建立氢能源产业生态系统。氢能源产业的发展需要一个完整的生态系统,包括氢气生产、储存、运输、加注和利用环节,需要各个环节协同配合、互相依赖。因此,需要建立起一个完整的氢能源产业生态系统,加强各个环节之间的协作与合作,提高整体效率和经济性。

④推广氢能源应用。推广氢能源的应用是实现氢能源商业化应用的重要途径。除了在交通运输领域推广氢燃料电池汽车外,还可以在工业生产、家庭供暖等领域探索氢能源的应用,以扩大市场规模,降低成本,推动产业发展。

⑤建设多样化的氢基础设施网络。建设多样化的氢基础设施网络是保障氢能源商业化应用的重要保障。需建立起一套完善的氢气储运系统,从氢气制备到加注站点,建立一个全链条、覆盖面广泛的氢能源基础设施网络,以便于氢能源的分散生产、配送与使用。

氢基础设施产业是氢能源产业不可或缺的关键组成部分,而其发展受政策法规、技术水平、市场需求、基础设施等多方面因素影响,需要各方共同协作,加强合作,不断推动氢能源商业化应用。

8. 其他重要的方面

氢能源之所以被各个国家视为替代能源的优选方案,不仅可以用于燃料电池车,更可以在氢能低碳社会发挥重要作用,氢能的发展前景不可估量。氢能是未来国家能源体系的重要组成部分,是用能终端实现绿色低碳转型的重要载体,是工业交通等难以脱碳行业实现降碳的重要抓手。加强氢能技术基础研究系统化布局,可促进氢能技术装备突破、构建绿色低碳产业,为经济高质量发展注入新动能发挥重要作用。

四、智能网联汽车领域

(一)智能网联汽车

清华大学 李克强

1. 2022 年产业总体发展与技术突破

全球智能联网汽车产业正处于快速发展的关键阶段。经过多年的探索和实践,我国智能联网汽车产业关键核心技术研发取得了突破性进展,产业化商业化应用稳步推进,取得了一系列阶段性成果。同时相关政策与法规不断完善,战略目标越发清晰、跨行业合作机制逐渐建立,为产业的持续高质量发展奠定基础。

(1)政策法规环境不断完善,创新监管方式深入推进

为了落实发展智能网联汽车的国家战略方向,实现“十四五”宏伟蓝图,国家各部委强化顶层规划和政策法规对科技创新的引导保障作用。在准入与上路通行、市场监管、高精地图试点、安全体系建设、道路测试示范应用管理等方面推进并细化相关政策。北京、上海、深圳、广州等地方政府加强产业发展政策供给,创新智能网联汽车监管模式,积极营造良好发展环境。2022 年 7 月,《深圳经济特区智能网联汽车管理条例》正式发布,作为国内首部关于智能网联汽车管理的法规,该条例首次对 L3、L4、L5 级智能网联车辆的准入、管理、使用要求等进行明确,对道路测试、数据安全等规定了详细的管理制度。

(2)中国方案智能网联汽车凝聚行业发展共识

车路云一体化融合发展是我国智能网联汽车系统的典型特性,随着其理念、内涵、架构、特征、发展路径等研究稳步开展,中国方案的架构日益清晰,产业生态逐渐形成,行业共识逐渐统一。国家智能网联汽车创新中心联合重点高校、研究机构、企业,共同编制并发布《车路云一体化智能网联汽车发展白皮书》《车路云一体化系统白皮书》等成果,明确车路云一体化系统建设发展理念、系统内涵、发展目标、推进路径,具体工作方案与发展路线等内容,凝聚行业共识、形成发展合力。

(3)智能驾驶相关功能配置的市场渗透率快速提升

2022 年我国乘用车市场 L2 级辅助驾驶功能渗透率已达 34.9%,较去年同期增加 11.4 个百分点,中国乘用车市场智能化进程保持高速发展,消费者接受程度提升,产业发展受市场驱动明显,智能网联汽车正逐步成为汽车消费新态势。产业发展驶入快车道,自适应巡航控制、车道偏离警告等功能逐渐成为国内外众多车企新车型的标配功能之一。整车企业和汽车电子零部件供应商面向高级别自动驾驶正在加速转型,多家车企积极储备 L3 级及以上自动驾驶研发能力。

(4)智能网联汽车核心零部件取得显著进展

在智能网联汽车核心零部件方面,固态激光雷达、车载计算芯片、通信模组等技术不断突破,国产化水平持续提高,高性能、低成本的车载激光雷达量产进程进一步推进。理想 L9,蔚来 ET7 和小鹏 P5 等车型已经实现半固态激光雷达的量产前装,纯固态激光雷达研发进程也实现突破,亮道智能自研的纯固态 Flash 侧向激光雷达发布,具有大于 75°的超大垂直视场角的特征,能够最大范围覆盖近场盲区。面向高级别自动驾驶功能与车辆中央计算等需求,华为、地平线、黑芝麻、芯驰科技等厂商在车规级 AI 计算芯片方面持续迭代,在芯片算力、能效比等方面不断突破。

(5)C-V2X 前装量产进程加快,信息通信产业优势显著

我国 C-V2X 产业链供应能力优势明显,已经具备网联通

信芯片—模组—终端全链条供应能力。华为、中信科智联等厂商已形成覆盖车载模组—终端—网关—RSU—云端的全链条产品线及整套解决方案。同时,C-V2X市场化迎来应用突破,一汽红旗E-HS9、北汽极狐αS、上汽Marvel R、广汽AION V、长城WEY摩卡、吉利星越L、比亚迪汉、蔚来ET7等车型均已经量产或发布前装C-V2X车型,多个车型前装C-V2X终端,基于LTE-V2X的一阶段V2V、V2I等提醒预警应用基本实现。奥迪、福特、大众、宝马、戴姆勒等外资车企也陆续发布C-V2X功能的量产车型,智能网联功能前装应用进展加速。

(6)智能网联汽车测试道路与示范应用规模不断扩大

全国已经授牌了17家国家级封闭测试场,7家车联网先导区、16个"双智"试点城市,全国开放道路超1.5万km、累计道路测试总里程超6000万km、测试示范牌照超2800张,部署RSU超过7000个。超过50个地区发布了道路测试有关的实施细则或示范应用管理办法,北京经开区、广州南沙区等地纷纷实现测试道路全域开放,上海东海大桥设置国内首条自动驾驶测试专用道。测试场测试能力逐渐增强、测试结果互认持续推进,开放道路测试范围不断扩大,为智能网联汽车自动驾驶能力的不断提升、自动驾驶出行服务商业化实现、城市智能网联汽车示范应用落地奠定基础。

(7)应用场景不断丰富,商业化探索进程加快

Robotaxi、无人配送、港口水平运输、干线物流等智能网联汽车典型应用的落地示范深入推进。萝卜快跑、小马智行、文远知行、元戎启行等公司持续推进Robotaxi城市道路的试运营工作。众多自动驾驶科技公司、传统工程机械公司及传统汽车电子公司纷纷布局于港口码头自动驾驶解决方案,并陆续开展自动驾驶测试和运营服务。此外,无人厂区物流、无人零售、环卫清扫、巡逻侦察等功能型无人车应用场景日益丰富,加速车联网、自动驾驶产业融合应用,积极探索自动驾驶的规模化、泛在化、商业化的落地应用。

2. 智能网联汽车产业标准体系建设情况

为加强顶层设计,全面推动车联网产业技术研发和标准制定,推动产业的健康可持续发展,工业和信息化部、交通运输部、公安部、国标委先后发布了《国家车联网产业标准体系建设指南(总体要求)》以及面向智能网联汽车、车辆智能管理、信息通信、电子产品与服务、智能交通相关等细分领域的系列标准体系建设指南,持续推进我国智能网联汽车产业标准体系的建设。

2022年工业和信息化部发布《国家车联网产业标准体系建设指南(智能网联汽车)(2022年版)》(征求意见稿)对智能网联汽车产业新需求和新趋势进行了深入分析。新版建设指南充分考虑企业产品研发和政府行业管理的需求,以智能感知与信息通信层、决策控制与执行层和资源管理与应用层三个层次为基础,以功能安全和预期功能安全、网络安全和数据安全等通用规范技术为支撑,构建"三横两纵"核心技术架构。分阶段提出今后一段时期智能网联汽车标准体系建设新的原则、目标和体系框架,进一步明确2025年、2030年两个阶段的标准体系建设具体规划。

中国智能网联汽车产业创新联盟在工业和信息化部装备工业发展中心、全国汽车标准化技术委员会、中国汽车工程学会的支持下,发布了《智能网联汽车团体标准体系建设指南》2020版、2021版,受到行业广泛关注。2022年发布《智能网联汽车团体标准体系建设指南年度发展评估报告》(2022),评估报告围绕"车辆关键技术""信息交互关键技术""基础支撑关键技术"搭建团体标准,梳理212项行业亟须的团体标准项目,进一步建立健全国标、行标、团标协同配套新型标准体系,引导和支撑我国智能网联汽车技术研发、产品认证、示范应用,推动智能网联汽车产业化和商业化发展。

3. 国内外智能网联汽车产业发展趋势

(1)智能化网联化共识逐渐清晰,以顶层设计推动产业发展

全球各国均从加强顶层设计、法律法规创新、重大战略协同等方面持续推进智能化网联化融合发展。我国坚持走车路云一体化的智能网联汽车"中国方案",《智能汽车创新发展战略》全面部署6体系20项重点任务,明确不同阶段目标,推进智能汽车强国建设。欧盟道路运输研究咨询委员会发布新版Connected, Cooperative and Automated Mobility Roadmap(CCAM)路线图,描绘提出数字化基础设施支撑的自动驾驶ISAD分级。美国联邦通信委员会允许在5.9 GHz频段初步部署C-V2X技术,推动C-V2X技术在道路上大规模部署。

(2)智能化水平不断提升,L3级自动驾驶逐步进入量产阶段

在量产车辆应用方面,L2级辅助驾驶技术渗透率持续提升,欧洲、日本等地等L3级自动驾驶车辆开始进入市场,整车企业和汽车电子零部件供应商面向高级别自动驾驶正在加速转型。梅赛德斯奔驰开始在S级和EQS车型上提供Drive Pilot作为选配功能,成为首个获准在欧洲公共道路上使用的L3级自动驾驶系统。本田Legend Hybrid EX车型搭载L3级自动驾驶系统,在日本可实现L3级交通拥堵驾驶、L2级脱手驾驶等功能。

(3)数据共享成为趋势,基础数据平台构建引起重视

随着智能网联汽车技术不断升级,网联化场景功能从信息交互向协同感知、协同决策、协同控制不断升级。打通不同系统间的数据流,实现车辆、道路、云平台、交管平台数据开放共用,保证数据安全的情况下进行数据共享引起了各国的充分重视。欧盟发布《数据治理法案》,旨在促进整个欧盟内部和跨部门之间的数据共享。美国联邦公路管理局开发CARMA平台,通过开放软件源代码,支持协同驾驶自动化的研究和开发。我国提出行业基础平台概念,以云控、计算、高精动态地图、智能终端、信息安全等基础平台为底座,以"分层解耦、跨域共用"技术特点支持数据互联互通,加速车路云一体化智能网联汽车落地。

4. 目前亟须解决的技术难点及解决方案

智能网联汽车涉及汽车、通信、测绘、交通等多个领域的融合应用,我国高度重视智能网联汽车产业的发展,明确走"车路云一体化的智能网联汽车"发展战略,具备重大的战略意义和良好的产业基础,是抢占全球智能网联汽车技术产业发展制高点的重要途径。经过十年的发展,在多方的共同努

力下我国智能网联汽车无论是技术水平还是产业发展都有了长足进步，与汽车强国基本保持“并跑”阶段。但是与此同时，我国智能网联汽车仍面临诸多亟须解决的技术难点，技术发展过程中的“卡脖子”问题依旧突出。

①车规级高性能芯片国产化面临挑战。我国芯片产业存在产业链条不完整、核心技术缺失等问题，难以满足汽车芯片市场的大量高端通用芯片需求，对外依存度高。此外由于国产汽车芯片处于起步阶段，研发成本高，缺乏性价比，导入质量难以保障，导致缺乏与国内主机厂深度整合量产装车机会，进一步限制了规模化应用发展速度。

②人工智能技术与方法研究方面创新性较少。国内在深度学习理论、强化学习理论、端到端自动驾驶等方面起步较晚，近年来取得了诸多自主性成果，但主要侧重算法应用与集成，在关键理论理解与创新方面仍存在差距，难以支撑具有高精度、高可靠性要求的产品研发应用。

③先进底盘控制系统仍受制于人。我国自主品牌在底盘关键执行机构、系统集成设计和控制技术积累仍较为薄弱。其中，线控制动等关键执行部件长期被国际零部件巨头垄断，适应性标准建设落后于技术发展。此外，近年来国际底盘零部件巨头扩张和垂直整合进一步加强，我国底盘产业链安全风险提升。

④研发测试工具链、自动驾驶操作系统内核、功能软件等产业链关键技术主要由国外主导。由于长期受国外软件的主导，我国汽车工业形成利用自主软件的生态还需要时间，预计未来 5 ~ 10 年左右才能够形成一定程度的产业规模。我国华为、国汽智控、中汽创智、东软睿驰等企业已经开始相关布局，但与国外相比差距明显；与此同时，行业未能在统一的架构下推进开发，各部分协同不足，存在重复造轮子现象。

以上技术难点的解决需要在国家战略指引下，形成跨部门、跨领域的协同合作，打造顶层协同机制，以科技创新为驱动力，形成发展合力。在基础较差的科技领域发挥政府的引导作用，采用设立重大科技专项等措施，形成正向循环，提高用户接受度。同时从行业角度发挥上下游协同作用，建立通畅有效的行业协同机制，共同突破关键环节。

车路云一体化智能网联汽车技术路线，发展分级解耦、跨域共用的车路云一体化系统架构，融合多行业交叉跨界领域，重点突破共性技术和基础模块。继续推进网联化智能化基础设施建设，加快测试示范区标准规范完善，进一步扩大示范应用范围和测试验证场景，为智能网联汽车的关键技术研发提供完善、安全、标准的测试验证平台。

5. 2022 年重点车型技术特点分析

2022 年，L2 级乘用车上险量累计 694.08 万辆，同比增长 45.6%。比亚迪、吉利、上汽通用、广汽丰田、一汽丰田、长城等品牌在乘用车市场销量和 L2 渗透率方面占比较高。诸多自主车企着力 L3 自动驾驶车型研发和量产，一汽红旗、上汽智己、北汽极狐、理想、蔚来、小鹏等车企完成具备 L3 级功能的量产车型开发，在相关管理办法许可后投入市场，部分重点车型情况如下：

（1）理想 L9

2022 年 6 月，理想发布 L9 车型。该车型配备 128 线激光雷达，车身周围的 6 颗 800 万像素镜头，5 颗 200 万像素镜头，1 颗前向毫米波雷达，12 个超声波传感器，并搭载英伟达 Orin-X x2 智能驾驶处理器，具备车道保持辅助、辅助并线、车道偏离预警等功能。

（2）小鹏 G9

2022 年 9 月，小鹏发布 G9 车型。该车型搭载 2 颗激光雷达、5 个毫米波雷达、12 个超声波传感器、12 个摄像头，全车辅助驾驶硬件达到 31 个，并配备了 2 颗英伟达 Orin-X 智能驾驶芯片，算力达到 508TOPS。具备高速 NGP 智能导航辅助驾驶、城市 NGP 智能导航辅助、LCC-L 车道居中辅助增强等功能。

（3）智己 L7

2022 年 4 月，智己 L7 正式上市。该车型具备全速域自适应巡航、全速辅助驾驶系统、指令式换道、视觉融合泊车等基础辅助驾驶功能，搭载了 IM AD 智己智能驾驶系统，具备数据筛选与处理、闭环迭代能力，推动算法持续进化。

（4）蔚来 ES8

2022 年 12 月，蔚来发布 ES8 车型。该车型搭载高精度激光雷达 1 个、800 万像素摄像头 7 颗、300 万像素环视摄像头 4 颗、Orin-X 芯片 4 段、毫米波雷达 5 个、超声波传感器 12 个，共 33 个高性能感知硬件，并具备 V2X 单元车路协同感知能力。

6. 未来几年智能网联汽车产业发展建议

①借鉴国内外制度创新经验，完善跨部委协同机制建设。政府组织搭建智能网联汽车部级联席会等跨部门沟通协调机制，协调解决产业发展重大问题，统筹推进产业发展。对标欧盟 Horizon Europe、日本 SIP 等模式，推动建设科技部、工业和信息化部、交通运输部等部门协同的技术创新支持体系，推动形成技术研发与管理法规衔接的机制，打通“基础前沿技术—共性关键技术—示范应用”创新链条。

②加速政策法规创新，营造良好的商业化发展环境。依托各地高级别自动驾驶测试示范活动，加强事故责任研究，推动《中华人民共和国道路交通安全法》及实施条例修订，合理规划各方主体责任，清晰判定主体责任类型。此外，加快《测绘法》修订，开展智能网联汽车高精地图应用试点，支撑高精地图合规应用。探索《机动车交通事故责任强制保险条例》修订，为智能网联汽车商业化应用提供基础保障。

③汇聚行业力量，共促核心技术攻坚。围绕我国智能网联汽车发展关键“卡脖子”问题，集合行业力量，充分发挥行业平台与上下游协同作用，共同突破关键环节国产化替代。依托车路云一体化智能网联汽车技术路线，充分发挥重大科技项目引导作用，推动车规级计算芯片、操作系统、开发测试工具链、一体化底盘等突破，融合发展模式，形成完整解决方案，充分提升系统效率。

④多措并举，统筹推动基础设施建设。提升 5G、C-V2X 网络覆盖水平，鼓励构建跨行业、跨部门的综合大数据中心及云控基础平台等基础设施建设。完善智能网联汽车技术标准体系，大力推动汽车、交通与城市的协同发展，构建“车能路云”融合发展的产业生态。坚持市场化投资为主，政府参与为辅的发展思路，探索智能基础设施可持续商业模式，

打造有序的市场竞争环境。

⑤全面推动智能网联汽车安全体系研究工作。针对智能网联汽车功能安全、预期功能安全、网络安全和数据安全等问题，开展智能网联汽车整体安全技术创新体系研究工作。鼓励车路云一体化安全先行先试研究工作，推进车路云一体化安全研究工作，研究满足不同安全等级的产品安全属性要求的一体化安全架构，保障基于车路云架构的智能网联汽车安全落地。

（二）自动驾驶乘用车

清华大学苏州汽车研究院　戴一凡；江苏省智能网联汽车创新中心　陈　健；
清华大学苏州汽车研究院　戴　希；清华大学苏州汽车研究院　于　飞

1. 产业总体发展与突破

（1）2022 年自动驾驶乘用车产业总体发展情况

2022 年中国乘用车市场智能化进程保持高速发展，消费者接受程度提升，产业发展受市场驱动明显。产业规模方面，2022 年是我国自动驾驶乘用车产业突飞猛进的一年，具备组合驾驶辅助（L2）功能的乘用车新车销量高达 700 万辆，同比增长 45.6%，市场渗透率提升至 34.9%。产品准入方面，为全面贯彻落实《关于加强智能网联汽车生产企业及产品准入管理的意见》，2022 年 11 月，工信部联合公安部发布《关于开展智能网联汽车准入和上路通行试点工作的通知（征求意见稿）》，引导智能网联汽车生产企业和车辆使用主体提升智能网联汽车产品性能和安全运行水平，推动智能网联汽车产业健康有序发展。道路测试与示范应用方面，已逐步开放公路（高速公路）测试、无人化（远程）测试、载人载物示范运营，全国各地加快测试示范部署与基础设施建设。截至 2022 年底，我国已有近 50 个省（市）发布道路测试与示范应用相关管理法规，累计开放测试道路超过 1 万 km，测试总里程达 4000 多万 km，发放道路测试和示范应用牌照超过 2000 张。

（2）2022 年自动驾驶乘用车产业突破

①产业迎来政策密集落地，地方立法实现新突破。2022 年，我国智能网联汽车产业迎来了政策密集落地，工信部、交通运输部、公安部等多部门均发布了一系列政策支持和规范智能网联汽车产业发展，且频次、力度持续加大。国务院印发的“十四五”发展规划提出多项智能网联汽车相关发展要求，进一步明确智能网联汽车产业中长期发展趋势。深圳、上海、无锡等地利用地方立法权先行先试，加速实现智能网联汽车领域立法突破。2022 年 7 月，深圳发布《深圳经济特区智能网联汽车管理条例》，该条例是我国首部对智能网联汽车进行立法的地方性法规。随后上海和无锡分别出台《上海市浦东新区促进无驾驶人智能网联汽车创新应用规定》和《无锡市车联网发展促进条例》，通过立法大力推动智能网联汽车商业化示范运营的合规性。

②关键技术取得突破性进展，产业链关键环节取得瞩目成果。2022 年，智能网联汽车产业迎来一系列关键技术突破和瞩目成果。国产大算力车规芯片迈入量产年，以华为、地平线、黑芝麻为代表的国内厂商不断推出车规级 AI 计算芯片产品，逐步打破国外同类产品垄断。纯固态激光雷达技术已形成突破，亮道智能、禾赛、速腾聚创、一径科技先后发布 Flash 侧向补盲激光雷达，为车辆提供更全面的感知覆盖。C-V2X 迎来市场化应用突破，2022 年中国市场乘用车前装标配 C-V2X 交付 17.01 万辆，同比增长 268.18%。特定场景下高级别自动驾驶技术各项应用不断创新升级，中低速自动驾驶巴士进入公开道路常态化示范阶段，矿用车场景开始进入“安全员下车”常态化阶段。这些突破性成果将大力推动技术创新，加速智能网联汽车商业化落地进程。

2. 产业标准体系建设

自 2017 年底至今，工信部全面贯彻落实《国家车联网产业标准体系建设指南（智能网联汽车）》，依托全国汽标委及智能网联汽车分标委统筹体系建设，与相关标委会、技术机构及行业组织协调配合，以基础通用、安全保障、驾驶辅助、自动驾驶、网联功能与应用、资源管理与信息服务等为重点，组织行业骨干单位开展智能网联汽车标准研制。工信部于 2022 年 9 月公开发布了新版《国家车联网产业标准体系建设指南（智能网联汽车）（2022 年版）》的征求意见稿，“三横两纵”的核心技术逻辑架构将更加符合我国智能网联汽车产业发展的切实需要。

我国已圆满完成标准体系建设第一阶段目标任务，正逐步构建能够支撑驾驶辅助和自动驾驶通用功能的智能网联汽车标准体系，深度参与国际标准法规制定及协调工作，在体系规划完善程度和标准数量等方面具备领先优势；标准体系建设指南译文被联合国、国际标准化组织（ISO）等相关机构列为参考文件，成为全球汽车企业战略布局和产品规划的重要指导。

3. 国内外产业发展趋势

（1）“渐进式”路线逐步成为自动驾驶产业最佳路径

自动驾驶一直存在“渐进式”和“跨越式”路线之争。前者以特斯拉为代表，从基础辅助驾驶迭代到高级别自动驾驶；后者以 Waymo 为代表，紧紧锚定高级别自动驾驶。高级别自动驾驶受限于法律法规滞后、长尾问题难解等难题，无法实现规模应用，多家企业难以持续。多因素推动企业重视规模商用和量产，因此更能实现量产的渐进式路线成为自动驾驶产业最佳选择。

（2）城市 NOA 开启前装量产时代

近年来，以 NOA（自动辅助导航驾驶）为代表的 L2/L2 + 级辅助驾驶，逐渐成为企业争夺的主战场。2021 年，车企推出城市 NOA 上线计划，到 2022 年下半年，多家车企实现从概念到现实的转变，其中小鹏 P5 率先发布量产城市 NOA、吉利推出 NOA 车道级自动驾驶领航系统。2023 年多城市探索 L3 + 级自动驾驶上路试点，为其发展提供政策支撑。随着“政策扶持 + 企业布局”持续发力，将推动城市 NOA 快速发展。

(3)激光雷达市场前景广阔

激光雷达是自动驾驶汽车中重要的构成部分之一。数据显示,2026 年自动驾驶领域激光雷达产业规模有望达 12.9 亿美元,其中中国、美国、其他国家和地区分别为 6.7 亿美元、3.5 亿美元和 2.7 亿美元;2030 年自动驾驶领域激光雷达产业规模有望达 64.9 亿美元,其中中国为 32.5 亿美元,将成为激光雷达重要市场之一。同时禾赛科技、图达通等国内企业快速崛起,逐步缩小与国外差距。

(4)AI 大模型加速自动驾驶发展

2019 年,Transformer 大模型由特斯拉引入自动驾驶领域,推动 AI 大模型与自动驾驶融合发展。其基于 Attention(注意力)机制,能够实现优秀的长序列处理能力和更高的并行计算效率,被广泛应用在感知模块中,实现从 2D 特征图向 BEV(Bird's Eye View,鸟瞰图)视角转换。同时企业借助 AI 大模型实现"脱高精度地图",BEV 感知算法通过将不同视角采集的图片统一转换到上帝视角,为自动驾驶决策提供道路拓扑信息,助力拓展"重感知、轻地图"路径。

(5)车路协同"中国方案"推动产业换道超车

L2 级自动驾驶进入量产期、L3 级自动驾驶探索商业化量产、L4 级加速示范应用,但长尾工况、安全性等问题仍未完全解决,导致自动驾驶商业化进程不及预期。清华大学李克强院士认为,车路云一体化"中国方案"是解决产业化问题的关键,通过建立智能网联汽车信息物理系统架构,以五大基础平台为载体,实现车路云一体化系统,才能有效推动自动驾驶大规模产业化。

4. 技术难点及解决方案

(1)发展理念、技术路线等尚未形成共识

不同行业对智能网联汽车跨境融合特征认识不足,在系统定义、功能架构等方面存在局限,导致产品技术方案落后、基础设施建设重复等问题。同时发展路径尚未形成共识,基础设施建设缺乏统筹规划等问题仍未解决。从产业长期发展来看,车路云一体化是解决问题的有效途径,国家应统筹推进基础设施建设,规范数据交互标准,为产业发展提供支撑。

(2)部分关键技术还待突破

面对智能网联汽车跨界融合特征,新的开发方法、流程、工具尚未形成,难以支撑完整高效开发、测试和应用。同时,人工智能决策可靠性不足、安全体系不健全等仍存在技术瓶颈。因此,国家应引导产业各方加强协作,全力突破关键核心技术。企业应加大科技创新,赋能高质量发展。

5. 重点企业发展情况

(1)国外行业重点企业

①Waymo——Waymo 是谷歌旗下的自动驾驶科技公司,其前身是成立于 2009 年的谷歌 Google X 自动驾驶项目。在自动驾驶路线选择上,Waymo 是直接冲击 L4 级别自动驾驶(跨越式)路线的坚定贯彻者,也是这一路线的领先企业。在技术方案选择上,Waymo 重视以摄像头、激光雷达、毫米波雷达为主的多传感器融合感知方案,力图以先进的传感器进行更精度更全面的外部信息获取与支持。2022 年 11 月,Waymo 宣布在美国凤凰城(Phoenix)市中心向公众开放完全无人驾驶的网约车服务。

②特斯拉——特斯拉是世界上较早推出自动驾驶系统的汽车厂商,也是少数几家实现了自动驾驶核心领域全栈自研自产的科技公司,其产品 FSD(Full Self-Drive)在数据、算法、算力等各个层面打造了一套包含感知、规控、执行在内的全链路自动驾驶软硬件架构,其中特斯拉首先提出并实现的功能"影子模式",可以让特斯拉在不影响实际上路车辆的情况下对自动驾驶系统进行测试。截至 2022 年底,特斯拉宣布其 FSD Beta 版测试用户已累计行驶超 1 亿 in。

(2)国内行业重点企业

①上汽——在自动驾驶乘用车方向,上汽集团旗下的创新平台上汽人工智能实验室(上汽 AI LAB)对外发布了 2.0 版本的高级别自动驾驶技术架构。2022 年搭载在旗下 Robotaxi 2.0 上,并于年底在上海市临港片区开启测试与运营。同年 12 月,搭载上汽 AI LAB 自研高级别自动驾驶 2.0 技术的上汽享道 Robotaxi(自动驾驶出租车)在深圳前海区域启动试运营。

②长安——长安汽车作为自主品牌的典型代表之一,在智能化领域于 2018 年发布"北斗天枢"计划,2022 年发布全新品牌"诸葛智能""诸葛智能"可以依托于中央计算平台和端云一体系统实现决策,通过可扩展软硬件设计及可自定义的生态服务,提供安全性更高的智能驾驶能力。

③百度——百度作为知名的搜索引擎企业,2013 年开始逐步探索自动驾驶方向,随后于 2017 年推出自动驾驶开放平台 Apollo。百度 Apollo 已经在自动驾驶、智能汽车、智能交通三大领域拥有体系化解决方案。截至 2022 年底,百度获得测试与示范应用牌照数量超 1000 张,道路测试里程数量超 5000 万 km,旗下自动驾驶出行服务平台萝卜快跑运营城市超过 10 个,累计订单量超 200 万个。

④Momenta——魔门塔(苏州)科技有限公司(以下简称 Momenta)成立于 2018 年,基于数据驱动的"飞轮"技术洞察,以及量产自动驾驶(Mpilot)与完全无人驾驶(MSD)相结合的产品战略,针对不同客户提供不同级别的自动驾驶方案,更高效快速地实现自动驾驶规模化落地。公司已获得上汽集团、梅赛德斯-奔驰、丰田和博世的战略投资,正与多家 Tier1 和 OEM 进行合作。2022 年,应用 Momenta"飞轮"技术的享道 Robotaxi 正式落地上海市嘉定区开启测试与运营。

6. 重点车型技术特点分析

(1)特斯拉 Model 3

特斯拉 Model 3 是 2016 年发布的一款由特斯拉公司开发的四门全电动紧凑型轿车(见图 1-4-1),截至 2023 年 4 月,特斯拉全球累计销量已超 400 万辆,其中特斯拉 Model 3 作为其产品线中最畅销车型,累计销量约 190 万辆,占总销量的 47.5%。

自动驾驶层面,Model 3 选择了一套以视觉感知为基础,以 FSD 芯片为计算核心的自动驾驶解决方案,该部分功能通过其自动驾驶域控制器(AP)来执行,在 Model 3 所用的 HW3.0 版本的 AP 中,一共配备了两颗 FSD 芯片,芯片算力约为 144TOPS。为了实现自动驾驶功能并降低成本,其感知传感器主要以视觉为主,共包括 8 个摄像头、1 个毫米波雷达与 12 个超声波雷达。

图 1-4-1　特斯拉 Models

(2)上汽智己 L7

上汽智己 L7 是上汽智己品牌首款纯电旗舰车型,定位中大型豪车(见图 1-4-2),其长宽高分别为 5098 mm/1960 mm/1482 mm,轴距为 3100 mm。

图 1-4-2　上汽智己 L7

自动驾驶层面,智己 L7 搭载 IM AD 智己智能驾驶系统,源自 L4 级同算法平台赋能的人工智能超级算法。该系统是智己汽车与自动驾驶公司 Momenta 联合研发,通过数据全流程驱动、海量数据筛选与处理、形成稳定循环的“数据飞轮”模式,推动智能驾驶系统持续更新迭代,促使智能驾驶像人一样成长。硬件方面,智能驾驶系统采用多传感器融合感知方案,初步车辆会搭载 11 个摄像头、5 个毫米波雷达、12 个超声波雷达和 2 个高精度定位单元,未来可通过用户数据权益计划升级搭载远距离高精度激光雷达,以及更换智驾域控制器高算力芯片等。车上搭载辅助驾驶功能包括全速辅助驾驶系统高速高架 NOA、全速域自适应巡航、指令式换道、视觉融合泊车与高精度自动泊车等功能。

(3)百度 Apollo RT6

Apollo RT6 是 2022 年百度发布的第六代量产自动驾驶乘用车,相较上一代具备更强的 L4 级别自动驾驶能力(见图 1-4-3)。Apollo RT6 搭载了百度最新一代的自动驾驶系统,可应对城市环境中各类复杂道路和场景,车辆配备了车规级主冗双计算单元,算力约为 1200TOPS。感知层面使用多传感器融合计算,全车共搭载 38 个传感器,包括 12 个摄像头、6 个毫米波雷达、8 个激光雷达、12 个超声波雷达,可实现近中远三级感知能力,全车支持无方向盘和有方向盘两种模式。全车搭载了百度自研的“阿波罗星河”架构平台,可实现 100% 车规级自动驾驶系统,可实现传感器冗余、架构冗余、通信冗余等 7 种功能全冗余整车系统。

图 1-4-3　百度 Apollo RT6

Apollo RT6 未来计划于 2023 年初步在百度自动驾驶出行服务平台萝卜快跑上投入使用,2024 年上半年将大规模量产并面向 C 端市场。

7. 产业发展建议

(1)强化顶层谋划,营造良好创新生态

借鉴中国新能源汽车发展经验,强化顶层设计,坚持车路云一体化路径,发挥准入与上路通行、高精度地图等试点示范作用,建立健全法律法规,营造良好发展环境。

(2)增强发展共识,推动车路云一体化高质量发展

坚定监管、服务协同一体化发展思路,加快信息安全基础平台建设,发挥高精动态地图基础平台服务优势,加快建设城市级云控基础平台,助力产业高质量发展。

(3)加强技术创新,抢抓智能化网联化窗口期

重点围绕系统架构技术、通用人工智能、安全技术等领域,攻克一批“卡脖子”技术。聚焦整车集成、操作系统、场景库等关键核心产品,打响中国品牌,引领国际市场。

(4)推广示范应用,以规模示范加速产业全方位创新

借助车联网先导区、双智试点发展机遇,推进技术创新、标准引领、产业生态构建协同发展。推动示范区协同发展,形成全国统一的车路云一体化智能网联汽车发展体系。

(三)自动驾驶客车

厦门金龙联合汽车工业有限公司　苏　亮

1. 2022 年自动驾驶客车产业总体发展与突破

2022 年,伴随大批跨越式的自动驾驶公司倒闭裁员,以及众多跨越式玩家布局渐进式路线,路径之争逐渐明晰,渐进式路线成为行业共识,在自动驾驶客车领域,自动驾驶各方面都取得了不错的进展,各方面技术创新以及商业化探索快速推进,国家自动驾驶产业新政的陆续出台,自动驾驶汽车的商业应用进一步提速,为自动驾驶客车发展奠定良好基础。

自动驾驶商业化发展方面:2022 年我国自动驾驶产业进入商业化起步阶段,商业化运营再现新突破,2022 年 4 月,北京在国内率先开放乘用车无人化运营示范,允许“主驾真无

人、副驾驶配备安全员”的无人化载人模式，首批投入14台无人化车辆在京开展示范应用；2022年6月，浙江德清在国内率先颁发L4级“主驾无人”自动驾驶卡车公开道路测试牌照；2022年8月，在武汉市经开区和重庆市永川区的特定区域内，全无人的自动驾驶出租车开始试运营。

自动驾驶政策和法规方面：中国在2022年发布了相当多自动驾驶相关的利好政策，主要集中在了2022年的下半年，深圳放开了L3级自动驾驶，北京扩大了自动驾驶示范区，广州和深圳代表的大城市逐渐放开了城区高精地图的限制，开放了一大批真实L4级测试区域，同时L4级自动驾驶开始逐步商用落地，激励着自动驾驶企业，还有车企们去测试，政策法规紧跟着技术的发展。

2022年1月，交通运输部、科学技术部联合印发了《交通领域科技创新中长期发展规划纲要（2021—2035年）》，其中提出包括突破融合感知、车路信息交互等自动驾驶关键技术研究，推动自动驾驶、辅助驾驶在城市公交的推广应用。此外，自动驾驶在地区立法实现新突破，2022年，深圳、上海等地在开展地方自动驾驶立法探索，2022年6月30日，深圳发布了国内首部关于智能网联汽车管理的专项法规——《深圳经济特区智能网联汽车管理条例》；2022年11月23日，上海发布了《上海市浦东新区促进无驾驶人智能网联汽车创新应用规定》。

自动驾驶客车产品研发方面：2022年，金龙客车厦门金龙发布了龙翼Smart GO智慧交通系统方案，并于5月28日，在厦门集美新城软件园三期推出了“智慧交通，数字孪生”金龙龙翼Smart GO智慧交通金砖示范项目，多款L4级别无人驾驶Robobus在开放城市道路实现常态化运营，同时基于5G/C-V2X技术开展多车车辆编队行驶、典型车路协同场景智能驾驶应用等，建立了区域级智慧交通数字孪生云控平台；2022年9月，中智行与苏州金龙官宣战略合作发布纯网联式L4级别Robobus，通过自动驾驶车轻量化配置，搭配高级别全息智能道路，纯依赖路端感知条件下，实现长L4级别自动驾驶能力；文远知行与宇通联手打造“文远小巴”正式在广州国际生物岛对外开放运营全无人驾驶小巴，为市民提供无人驾驶微循环公交服务，采用纯电动车型，无方向盘、油门、刹车，最高时速达40 km，满足全天时、全天候、全场景的运行需求；2022年2月25日，PIX Moving基于滑板底盘的Robobus实现首台下线交付。

2. 产业标准体系的建设

自动驾驶客车的发展离不开智能网联汽车的相关标准体系的构建。目前我国仍需不断构建智能网联汽车标准体系，并完善法律制度。这要求标准相关构建组织及人员根据汽车行业实际情况，结合发展形势，对标准信息渠道进行扩展，提升全产业标准构建能力。

为适应我国智能网联汽车发展新阶段的新需求，充分发挥标准的引领和规范作用，工业和信息化部、国家标准化管理委员会组织全国汽车标准化技术委员会及相关各方修订形成了《国家车联网产业标准体系建设指南（智能网联汽车）（2022年版）》。

2022年车路协同自动驾驶系统标准体系建加快推进，重点在行业急需标准的制定，其中新增完成报批立项的标准39项，立项起草的标准42项，标准化需求研究31项，标准试验验证40余次。

2022年深度参与国际标准法规制定协调，率先提出并联合欧盟、日本和美国编制联合国《自动驾驶汽车框架文件》；深度参与近10项国际法规文件的研究和编写并提出近百项国际提案；牵头起草自动驾驶测试场景、雷达、电磁兼容等9项重点国际标准；推动我国入选国际标准化组织（ISO）自动驾驶协调工作组（ADCG）；牵头国际电工委员会（IEC）“未来可持续交通系统评估工作组”研究；担任联合国WP29自动驾驶与网联车辆工作组（GRVA）副主席；担任联合国WP29自动驾驶功能要求（FRAV）非正式工作组联合主席；担任自动驾驶测试场景国际标准工作组（ISO/TC22/SC33/WG9）召集人。

标准体系建设新需求如下：

（1）技术进步

先进感知水平及核心控制算法自主程度显著提升。自动控制由部分驾驶辅助向组合驾驶辅助快速演进。自动驾驶技术在多应用场景下的适用性逐步增强。网联技术面向汽车应用的稳定性和可靠性快速提升。网络安全和数据安全技术与汽车结合度更加紧密。

（2）产业发展

驾驶辅助及自动驾驶功能加快成熟。网联通信技术应用场景不断拓展。软件与芯片对汽车的价值愈发凸显。数据与平台技术的作用持续提升。新型安全技术保障任务更为艰巨。

（3）行业监管

道路测试和示范应用推动产业步入量产应用阶段。驾驶辅助的功能范畴、自动驾驶的责任边界需要明确。传统安全与新型安全融合的汽车综合安全体系需要建立。保障基础安全要求与企业开发成本需要统筹兼顾。汽车行业管理政策与国际法规需要兼容协调。

3. 国内外自动驾驶客车产业发展趋势

近几年，无人驾驶技术快速发展。当世界各国的汽车巨头、科技公司为无人驾驶的商业化而努力时，无人驾驶已悄悄蔓延至公共交通领域。自动驾驶巴士已经在多个国家进行测试并上路，未来或将成为智能交通领域一个重要组成部分。国内主要客车生产企业在自动驾驶领域都有所建树。金龙客车开发中国首款L4级量产自动驾驶巴士阿波龙，截至2022年已在全国38个地区和45个场景实现商业化运营。宇通客车与文远知行联合开发的文远小巴Robobus正式在广州国际生物岛对外开放运营全无人驾驶接驳服务；苏州金龙、厦门金旅、中车时代等客车生产企业也都在通过自主或对外合作的方式加速研发自动驾驶巴士。

自动驾驶巴士运营场景逐渐从景区、园区等封闭场景向城市公共道路示范路线运营发展。目前自动驾驶车辆推广仍然以示范应用为主，但其商用化进程正在加速。此前，自动驾驶车辆的示范应用主要由政府牵头，客车生产企业、公交客运企业等多方参与。随着“双智城市”建设、自动驾驶政策法规、技术的日益成熟，自动驾驶领域的前景被广泛看好，北京、上海、重庆、郑州、厦门等城市的公交客运企业对自动驾驶也表现出浓厚的兴趣，尤其是在特定路段或特定时间等场景下，公交客运企业期望通过自动驾驶车辆更好地解决群众出行的"最后一公里"难题。自动驾驶巴士正在从测试验证转向多场景示范应用的新阶段，中国坚持"单车智能 + 网联赋能"并行发展路径，以城市/区域为载体，加快规模化示范应用。"单车智能 + 网联赋能"路径以"聪明的车"为载体，以"智慧的路"为辅助，结合"网联云控"，推动高等级自动驾驶商业飞轮的转动。智慧车辆中包括单车软硬件设备与 C-V2X 车载终端设备的搭载。

得益于国内新能源汽车的发展水平，国内自动驾驶客车应用及推广要领先于国外客车产业。但基于欧美等发达国家自动驾驶技术的领先优势，国外客车企业也在加快自动驾驶巴士的开发及测试。当前中、美、欧是全球自动驾驶最重视的三个区域。

美国在自动驾驶方面一直走得也比较快，政策法规方面的支持力度比较大，但是 2022 年整体资本退潮，也未出台更多实质性的关于自动驾驶的法规，特斯拉在法规的允许下，开放了全美国 FSD Beta 的使用，这也使得特斯拉的 FSD 驶出了加州，向全美境内铺开。

2022 年，欧洲也并没有太多关于自动驾驶的新法规，主要发布了一些确保自动驾驶汽车测试和部署的安全性法规，奔驰和 Mobileye 的自动驾驶测试比较受益，此外，德国允许了奔驰 L3 级自动驾驶车型上路，为之后的自动驾驶落地指明了方向。

总之，海外自动驾驶法规，看上去比国内更超前，但细究会发现，特定环境 + 有条件，整体的可行性空间并不比国内的大，而且海外自动驾驶的下行趋势，也影响了一些国家的自动驾驶落地速度，甚至欧洲一些国家的碳排放和环保方面开倒车，也会影响电动化和智能化的发展。

4. 目前亟须解决的技术难点及解决方案

目前自动驾驶客车亟须解决的技术难点及解决方案如下：

感知难：当前自动驾驶技术普遍采用的感知传感器，感知能力（距离、范围、环境影响）有限，正常情况下可以完成较高精度的环境信息采集，比如摄像头、毫米波雷达、激光雷达等，但是遇到大雨、大雾、大雪等恶劣天气情况，其感知性能就会迅速下降，无法满足自动驾驶全工况、全天时、全天候的运行要求。针对感知难的问题，目前行业普遍采用解决方案包括不断提高单个传感器的硬件性能及感知算法、采用车路协同方案提高车辆的感知距离及感知范围、单车多传感器融合等办法解决。

通信难：自动驾驶客车重要的车路协同技术，其网络架构与通信模式没有统一的标准，"短、中、远""强实时""大带宽"等各类信息的传输机制以及异构网络融合没有统一标准，且无标准可以参考，尽管行业有 4G/5G/LTE-V/DSRC/Wi-Fi/Lora/蓝牙/千兆网等各种通信标准，针对车路协同的标准化通信架构没有标准，因此，加快车路协同标准制定与统一是当前解决通信难的问题关键。

控制难：如何实现在高速、拥堵、复杂交通环境条件下实现精细化的车道级自动驾驶控制，避免碰撞风险，保障交通通行效率、驾乘体验舒适等控制难度较大。特别在恶劣天气环境和不确定突发性交通参与者干扰下，保证自动驾驶、车路协同控制的稳定性等行业亟须攻破的技术难题。针对控制难问题，探索基于强化学习决策执行控制等新型控制算法的研究与应用，进一步提升道路驾驶环境情景分析、行为决策、动作规划的科学性与合理性。

集成难：自动驾驶客车如何针对客车行业各种应用场景，利用统一的自动驾驶技术平台，将多种自动驾驶相关感知、通信、决策、控制模块等先进技术进行快速集成，满足多元化用户的场景需求，这是一个相当复杂的系统工程问题。针对该问题，我们要加强行业协同、技术标准制定，同时在建立自动驾驶系统时，要有平台化思维，提高产品的扩展与适应能力。

5. 2022 年行业重点企事业单位发展情况

公交是城市出行的主要方式之一，在我国公共交通领域拥有较高的路权和优先级，伴随着智能驾驶赛道的火热，相关企业开始瞄准了无人公交、微循环巴士等刚需场景，公交车开始了网联化和智能化的升级，AI 企业争相入局。

（1）金龙客车与百度

2018 年 7 月，百度宣布和金龙客车合作的"阿波龙"正式量产下线，随后阿波龙在全国各地进行推广销售，截至 2022 年，阿波龙微循环巴士已在全国 38 个城市，45 个场景成功落地，2022 年，金龙客车的无人驾驶产品销售收入近亿元。在阿波龙无人车取得成功以后，金龙客车与百度的合作不断深入，技术及产品不断迭代，2020 年，金龙客车提出了"1 + N"的无人驾驶产品族策略，即 1 个通用无人驾驶线控底盘，N 个面向各个场景的无人驾驶产品，如开放道路无人驾驶公交车、无人驾驶物流配送车、港口 IGV 等，2021 年 11 月，百度和金龙联合打造的自动驾驶巴士 Robobus，在重庆永川启动全面商业化运营；2021 年金龙客车研发的智能网联公交车在厦门 BRT 上成功运营，结合 BRT 运行场景需求，基于 LTE/5G-V2X、人工智能、大数据技术，开展包括公交优先、最优车速、精准停靠、柔性编队等智能驾驶技术的应用，2021 年，该项目助力厦门入围"双智城市"名单；2022 年，金龙客车加强车路协同技术的应用，推出了龙翼 SmartGO 智慧交通系统方案，并在厦门市软件园三期建设了智慧交通示范项目。

（2）宇通客车与文远知行

2013 年，宇通客车开始自动驾驶客车的研发；2015 年在郑开大道首次进行自动驾驶客车公开路试；2016 年完成新一代自动驾驶客车可靠性测试；2017 年自动驾驶客车在研发园区产业化示范；2018 年开展厂区通勤自动驾驶常态化运营；2019 年，宇通 L4 级自动驾驶巴士首次亮相博鳌论坛。2020 年 12 月，宇通出资 2 万亿美元战略投资自动驾驶独角兽文远知行，用于推动自动驾驶在微循环巴士、公交车等场景的应用。

2021 年，双方面向城市道路复杂交通流，正向开发了三款自动驾驶产品，12 m 自动驾驶公交，L4 级自动驾驶巴士"小宇"，文远知行开发的 Robotaxi；建设了商业化运营自动驾驶公交线和无人场站，截至 2022 年 5 月，宇通已在广州、博鳌、重庆、长沙、南京、绍兴、郑州等多个城市开展自动驾驶项目，实现了景区、园区、机场、城市公交等多个场景下的探索落地，累计商业化运营超过 160 万 km。2022 年宇通与文远知行再次联手打造"文远小巴"正式在广州国际生物岛对外开放运营全无人驾驶小巴，为市民提供无人驾驶微循环公交服务。

(3)轻舟智航

诞生于美国硅谷的轻舟智航在2020年初进入中国，同时顺势切入小巴市场，轻舟智航致力于以Robobus助力打造“城市的移动科技名片”，2021年10月，轻舟智航还在无锡发布了全国首个公开道路5G自动驾驶网约巴士，进一步打破Robobus与Robotaxi的边界，截至2022年，已在苏州、深圳、武汉、北京、无锡、嘉兴等10座城市开展测试及运营，涵盖小巴、大巴、乘用车等多种不同产品形态；面向主机厂和产业上下游，轻舟智航致力于携手生态伙伴，共同打造使用范围最广的智能驾驶方案，为终端消费者带来能用、好用、爱用的高级辅助驾驶体验。

6. 2022年重点车型技术特点分析

(1)宇通客车——文远小巴Robobus

采用了L4级自动驾驶技术，纯电动车型，无方向盘、油门、刹车，最高时速达40 km，满足全天时、全天候、全场景的运行需求，在城市开放道路、快速路、隧道、早晚高峰拥堵时段、雨雪天等情况下均能实现安全、稳定、绿色环保的无人驾驶(见图1-4-4)。

图1-4-4　宇通文远小巴

(2)金龙客车——阿波龙、Robobus

金龙客车联手百度共同打造的L4级阿波龙Ⅱ自动驾驶微循环小巴，无方向盘，具备L4级别自动驾驶能力和车路协同能力(见图1-4-5)；车内搭载百度数字孪生、车载语音和数字人技术；车内搭载了两颗40线激光雷达，配合毫米波雷达和环视摄像头，探测距离达到250 m；阿波龙Ⅱ能够应对无保护左转、车流择机变道、路口通行等城市开放道路场景，ODD(自动驾驶运行设计区域)也从封闭、半封闭园区进阶扩大到开放道路；阿波龙Ⅱ搭载百度Apollo车路协同和5G云代驾，使得单车智能问题减少54%、路口急刹情况降低90%。

图1-4-5　金龙阿波龙Ⅱ无人驾驶微循环巴士

金龙客车与百度联合开发面向开放道路运营的自动驾驶公交Robobus，巡航里程为每小时40～60 km，配备激光雷达、毫米波雷达、单目相机等，可实现精准靠站，轻松应对公交站场景及更为复杂的城市道路路况，结合V2X车路协同，可实现车载OBU与智能网联路侧设备进行L4级车路协同感知驾驶，实现聪明的车与智能的路紧密结合(见图1-4-6)。2022年在厦门集美新城软件园三期推出了“智慧交通，数字孪生”金龙龙翼Smart GO智慧交通金砖示范项目。

图1-4-6　金龙Robobus

(3)轻舟智航——龙舟ONE无人巴士

龙舟ONE是轻舟智航部署的无人驾驶小巴，又称轻舟无人小巴，定位为城市微循环无人公交(见图1-4-7)。区别于在封闭道路或园区运营的低速小巴，龙舟ONE能够以20～50 km/h的速度，在城市开放道路上运营。基于轻舟智航自主研发的“Driven-by-QCraft”无人驾驶方案，龙舟ONE可轻松应对各类城市复杂交通场景。

图1-4-7　龙舟ONE无人巴士

(4)金龙客车——蘑菇车联MOGO BUS

蘑菇车联MOGO BUS L4级自动驾驶巴士是由蘑菇车联与金旅客联手打造的新一代自动驾驶前装量产车，双方基于L4级自动驾驶实际需求进行正向开发，新一代车型分为MOGO BUS M1(自动驾驶接驳车)、MOGO BUS M2(自动驾驶巴士，见图1-4-8)两个版本，其中MOGO BUS M1去掉方向盘、油门和刹车，真正实现全无人驾驶，两款车型均搭载蘑菇车联自主研发的全栈软硬件解决方案，能够安全高效地处理各种复杂城市交通路况，满足封闭或半封闭园区、城市开放道路等多场景L4级自动驾驶运营服务，新一代MOGO BUS搭载行业领先的感知方案，标配8颗固态激光雷达，最远感知距离200 m，实现360°无盲区、超远距离、多重冗余感知；融合GNSS、SLAM和特征定位技术，适用于城市开放道路、交通枢纽、园区等各种复杂场景，实现厘米级高精定位；传感器嵌入车身，在保证车身美观的同时减小车辆尺寸，提高行驶安全。车辆底盘也采用双重冗余设计，控制达到毫秒级，横向控制精度0.1°。

图 1-4-8 蘑菇车联 MOGO BUS M2

7. 未来几年自动驾驶客车产业发展建议

目前，自动驾驶客车行业整体还处于起步阶段，传感器、决策控制、信息安全等技术仍待进一步完善和发展。

①传感器方面，进一步提升传感器性能，特别是环境适应性与系统可靠性方面的性能提升，如开发具备各种光照条件成像的相机、具备全天时、全天候、高精度成像的雷达等。

②决策控制方面，构建基于单车智能与车路协同融合决策系统，提高车辆行驶安全。

③信息安全方面，建立智能网联汽车产品信息安全开发流程体系，构建系统全生命周期纵深安全防御系统。

④自动驾驶系统集成方面：加强行业协同、技术标准制定，同时在建立自动驾驶系统时，要有平台化思维，提高产品的扩展与适应能力。

(四) 无人物流配送车

白犀牛智达(北京)科技有限公司　严　明　夏　添

1. 概念说明

无人物流配送车，通常也被称作低速功能型无人车，主要在城市公开道路或封闭园区，完成 A 点到 B 点的货物运输服务，是 L4 级自动驾驶技术在物流配送业务中落地的产品形态。区别于传统载人所用的乘用车，无人物流配送车的典型特征是不设置驾驶位和方向盘，并具备 L4 级自动驾驶技术能力，可在机动车道和非机动车道上，实现平稳行驶和货物配送功能，为商家提升配送效率，降本增效。

2. 2022 年无人物流配送车商业化进展与技术突破

2020 年 2 月—2022 年 12 月无人物流配送车因其具备无接触配送功能，更多被应用在抗疫保供和生活物资的配送层面，也逐渐被更多公众所接受。但自从 2022 年下半年开始，无人物流配送行业更多聚焦在商业化落地层面上。各家无人物流配送企业更重视订单数量与价格、车辆制造与运营成本，并不约而同地推出第二代，甚至第三代新车型，以便应用于更远距离的配送运输服务，实现“多拉快跑”。

当前，京东、美团，以及阿里巴巴旗下的菜鸟网络科技，主要使用无人配送来完成其自身的配送业务需求。具体而言，京东主要为其物流仓内的包裹做无人配送，美团主要为美团买菜和社区团购做无人配送，菜鸟主要为网购货品做无人配送，更多面向社区、校园等封闭园区场景。而众多无人物流配送初创企业，在城市公开道路开展的商业化落地，主要分为商超、生鲜配送和快递配送两大领域，前者以白犀牛、毫末智行等企业作为主要应用方，后者以新石器、九识科技等企业作为主要应用方，无论是商超、生鲜还是快递业务，均要求初创企业与大客户方形成紧密的合作关系，才能进行长期稳定的运营合作。

在技术层面，各企业在 2022 年，都对自身的车速和安全性做出大幅提升，能够让车辆满足各地方政府规定的最大行驶速度，并最大限度地避免发生主责事故，同时也最大限度地避免车辆急刹和行驶卡顿，让无人物流配送车更加适应当地交通体系，更好地融入当前以有人驾驶车辆为主的城市交通流中。

3. 国内无人物流配送车政策法规制订进展

当前，尽管无人物流配送车仍缺少明确的上位法作为管理依据，但各地方政府均已加大对该产品的准入和扶持力度，各地先后制订面向无人物流配送车的法律条例、管理办法和实施细则，对企业主体和运营区域实行双审核制度，以向企业发放上路标识、测试牌照、测试通知书和运营资质等方式，准许企业在指定区域内的公开道路，分阶段开展无人物流配送车的测试与常态化运营。

(1) 深圳市坪山区

深圳市率先在 2022 年 1 月正式施行《深圳经济特区智能网联汽车管理条例》，该条例是我国首部关于智能网联汽车管理的法规，共分为 9 章 64 条，包括总则、道路测试和示范应用、准入和登记、使用管理、车路协同基础设施、网络安全和数据保护、交通违法和事故处理、法律责任以及附则。作为深圳市开展智能网联汽车测试示范的先行区，坪山区在条例基础上，编制《深圳市坪山区智能网联汽车全域开放道路测试及示范应用管理办法》《深圳市坪山区关于智能网联汽车全域开放商业化试点管理的若干规定(试行)》《深圳市坪山区关于无人小车全域开放管理的若干规定》，上述管理办法和规定的出台，能够保障企业在坪山区开展合法合规的无人物流配送车上路测试和运营服务。此外，坪山区还在 2023 年 6 月为美团、新石器、白犀牛三家企业发放深圳市首批无人小车测试牌照。

(2) 上海市浦东新区与临港新片区

为了避免“车辆”的叫法产生争议，也为了能便于企业在城市公开道路实现上路和运营，上海市特意将无人物流配送车定义成"无人驾驶装备"，自2021年起就着手制订相关法律条例，并出台《上海市浦东新区促进无驾驶人智能网联汽车创新应用规定》。在此基础上，于2023年出台《浦东新区促进无人驾驶装备创新应用若干规定》，并将于同年9月1日起正式施行，这是国内首次通过法律性文件规范无人驾驶装备创新应用活动的制度，旨在回应广大无人驾驶产业主体的迫切需求，加速无人驾驶技术的商业化落地，助力浦东新区打造国际科技创新中心核心区。浦东区人大法制委委员介绍道："这部管理措施是我国首部关于无人驾驶装备创新应用的法律性文件，充分体现了浦东立法'小切口''小快灵'的特点，填补了立法空白。"

(3)其他城市

像北京市、江苏省、杭州市、无锡市、武汉市等大力发展智能网联汽车产业的城市，都在通过市级立法为自动驾驶汽车和无人物流配送车保驾护航。无锡市已于2023年3月1日正式施行《无锡市车联网发展促进条例》(以下简称《条例》)，这是无锡在车联网领域的重要立法，也是全国首部地方性车联网发展的"基本法"，共分为7章55条，主要从基础设施建设、推广应用、技术创新与产业发展、安全保障、促进措施等方面作出全面规定，为无锡高水平建设国家级车联网先导区，推动车联网产业高质量发展提供有力法治支撑。

2023年7月25日，江苏省十四届人大常委会第四次会议审议了《关于促进车联网和智能网联汽车发展的决定(草案)》。这一法规性决定及时对新兴领域面临新问题作出回应，在发展方向上，草案将规定车联网和智能网联汽车发展应当遵循创新引领、包容审慎、应用牵引、安全有序的原则，坚持网联赋能与单车智能协同发展，鼓励商业模式探索，构建现代产业体系。除江苏省和无锡市之外，苏州市已经编写《苏州市智能车联网发展促进条例(草案)》，其他城市也均在2022年至2023年期间完成立法调研，并计划在2024年出台相应法规或条例。

4. 国外无人驾驶物流配送车政策制订情况

(1)美国采用两种管理模式

美国根据无人配送产品的体积和行驶速度，将其划分为两大类，分别按照个人配送设备PDD(Personal Delivery Device)和低速机动车来管理，特别是针对低速机动车的豁免政策，为技术研发和商业化起到了非常积极的助推作用。

①按照个人配送设备PDD予以审批。美国对于体积足够小的配送机器人，按个人配送设备PDD进行管理，自2016年10月起，弗吉尼亚州、佛罗里达州、俄亥俄州、威斯康星州、华盛顿特区、旧金山市等近10个地区，先后颁布了PDD法案和监管框架，规定在该州或地方政府所属辖区内，且没有特殊禁令的情况下，可授权PDD开展测试和商业运营。PDD通常只有1个货箱，主要用于短距离配送餐饮外卖和小微型货品。PDD必须是纯电动设备，且需要满足以下3项要求：一是只在人行道或人行横道上行驶；二是自身净重量低于80 lb(约36 kg)；三是最高设计时速为10 mph(约16 kg/h)。美国各州对PDD的安全员、行驶区域、路权的规定基本一致：一是不要求设置现场安全员，但需要设置远程安全员；二是PDD在无远程安全员监管时，只可在封闭区域内运行，不得在人行道上行驶；三是PDD在任何情况下，不得在机动车道上行驶；四是PDD可借鉴行人的权利和义务，要把不干扰行人作为首要工作原则，且必须礼让行人。

②按照低速机动车予以豁免。美国目前已有超过40个州或地区，颁布了针对公开道路的自动驾驶立法或行政命令。根据美国法规，除卡车以外的任何四轮车辆，若其最大速度大于20 mph(约32 km/h)且不超过25 mph(约40 km/h)，则属于低速机动车。

根据美国联邦机动车辆安全标准(FMVSS)要求，在美国销售或运营的车辆，必须安装基础控制装置，如方向盘、制动踏板和后视镜等。因此，属于低速机动车范畴，但不安装基础控制装置的无人配送车，不符合FMVSS的标准要求，其上路行驶，需要依照当地法规递交豁免申请。美国的豁免审批流程，具备以下3个鲜明特征：一是在法律层面，其上位法明确支持豁免，美国《国家交通和机动车辆安全法》授权交通部部长在特定情况下，可暂时豁免不符合FMVSS标准的机动车辆，并将审批权力下放给国家公路交通安全管理局(NHTSA)；二是在企业层面，各企业需要自行证明产品创新性与安全性；三是在审批层面上，先进行调查，随后作出公示，最后做出决议，NHTSA根据交通部和该局的调查结果，行使全部或部分授予企业豁免的权力，并保障豁免符合公众利益和车辆安全法规，NHTSA在完成审批后，需要对被豁免企业和车型进行公示，公众可在公示期内提出反对意见，NHTSA在充分考虑公众意见后，再做出最终决议。2020年2月6日，Nuro公司正式获得NHTSA的豁免，获准在未来两年内，总共投放不超过5000辆无人配送车Nuro R2，成为美国第一个获得官方认证的无人配送企业。

(2)英国按照微型移动车辆进行管理

与美国相似，英国政府将无人配送车定义为"微型移动车辆"，在默认情况下将其归为机动车类别。此外，英国政府单独对无人配送车的产品规格做出了以下要求：

①准入层面。企业提供自证材料或通过型式认证，证明无人配送车的最高速度介于20～25 km/h，企业必须投保500万～1000万英镑额度的赔偿保险。

②监管层面。企业每两周提供一次关于事故或问题的书面报告。

③事故责任层面。企业作为事故第一责任人，管理部门不承担任何责任。

(3)德国对车辆自身和运营范围实行双审批

德国专业检测机构莱茵(TÜV)负责对无人配送车辆的安全性、可靠性进行测试验证，具体包括涉及20余项欧盟ECE/EU法规，包括底盘、电池、电机等零部件，自动驾驶循迹、避障及制动测试等内容。

因此，德国政府会对固定的车辆和固定的线路或区域，颁发同一个许可证明，做到车辆和运营线路或区域的高度绑定。当企业需要变更车辆传感器配置，或申请扩大运营范围时，需要重新向德国政府提出申请。

(4)日本建立管理体系和机器人配送协会

2020年，日本国土交通省发布《关于自动配送机器人标准放宽认证制度》，为无人配送车测试提供安全措施。2021年6月，日本警察局发布《特定自动配送机器人等开展道路测试相关道路使用管理规范》。通过这些政策，降低了日本企业申请在公开道路上测试无人配送车的申请难度，日本的无人配送产业也随之进入快速发展期。

2022年2月，日本无人配送赛道的8家龙头企业，即川崎重工、本田、ZMP（机器人专业公司）、TIS株式会社（IT解决方案供应商）、Tier IV（自动驾驶初创公司）、日本邮政、松下集团和乐天集团，联合成立了一般社团法人性质的机器人配送协会，旨在通过普及无人（机器人）配送来提高日本公众生活的便利性。该协会将2022年定位为“无人（机器人）配送元年”，制定和修订了机器人配送服务的安全基准，建立了基于机器人配送服务安全基准的认证等机制，推动与相关行政机关和团体的合作，以及收集和推广机器人配送服务的相关信息。

5. 亟须解决的行业问题

政策法规层面，虽然各省市都先后出台针对无人物流配送车的政策、法规，但相互之间仍缺乏协调性和一致性，特别是在命名上也各不统一，目前已存在“低速功能型无人车”“无人小车”“无人驾驶装备”“低速物流车”等称呼，这也导致各地的第三方测试检验机构，缺少对无人物流配送车测试验证结果的互认机制，间接增加企业部署车辆的测试与研发成本，不利于企业实现大规模商业化。

在产品和技术层面，如何进一步降低无人物流配送车的制造成本和运营成本，是行业进入大规模商业化应用前迫切需要攻关的问题。物流行业是一个非常看重成本的行业，如果无人物流配送车不能把成本优势发挥到极致的话，作为一个物流新物种，无人物流车是很难在国内的物流行业存活下去的。

（五）智能网联汽车通信系统（V2X）技术

中信科智联科技有限公司　胡金玲　赵　丽

1. 2022年智能网联汽车通信系统（V2X）技术总体发展与突破

近年来，随着智能网联汽车产业发展深化，智能化与网联化技术迎来加速融合创新阶段。我国依托C-V2X车联网技术发展车路云一体化协同发展模式，已形成中国特色智能网联汽车发展路径。C-V2X作为赋能智能驾驶和智慧交通的关键技术，实现车与车、车与路、车与弱势交通参与者实时互联，近期正助力智能网联辅助驾驶安全及中低速限定场景下无人驾驶实现，还将进一步支撑全天候全场景无人驾驶实现。综合而言，无论针对自动驾驶技术落地，还是推动交通领域道路智能化、网联化、信息化发展及智慧城市建设，都迫切需要C-V2X为其提供基础性通信和连接支撑能力，以实现信息实时共享交互、协同感知、协同决策和协同控制。当前，我国C-V2X车联网技术发展已经取得重要突破式创新和阶段性成果。

C-V2X车联网关键技术取得突破，融合创新发展持续演进。为加强对弱势交通参与者的保护，提升出行安全水平，面向V2P应用，C-V2X直通通信技术攻克了通信终端能耗、系统可靠性和安全威胁等问题。中国信科等中国企业深度参与3GPP等国际组织标准制定，我国在C-V2X领域的国际标准话语权和影响力大幅提升。由于单车智能存在局限性，C-V2X技术与单车智能融合发展成为业界共识，产业界开展C-V2X智能化、网联化融合关键技术研究及路线图制定。中国信科在业内率先推出C-V2X融合智能驾驶域控制器解决方案，推动智能驾驶向网联化方向演进。在部署方面，基于5G＋C-V2X的融合方案，充分发挥技术互补优势，以扩展感知范围、降低感知成本、提升交通安全和效率、丰富智能网联汽车应用，是智能交通和自动驾驶的必然发展，也是网联化和智能化融合发展的关键。

产业协同发展，统一发展路径。为了贯彻交通强国、汽车强国、网络强国、数字中国等国家战略和发展目标，进一步推动中国车路协同自动驾驶技术及行业发展，中国公路学会、中国汽车工程学会和中国通信学会于2022年9月联合发布了中国车路协同自动驾驶一致行动宣言和方案，共同推动车路云一体化融合发展。2023年1月，三学会联合发布《车路协同自动驾驶系统（车路云一体化系统）协同发展框架》，明确依托C-V2X技术，形成以“聪明的车＋智慧的路＋协同的云”为基础架构，以高精地图、导航定位等产业为支撑，融合信息安全、大数据、人工智能、卫星定位等关键技术，面向交通参与者提供安全、高效、便捷的出行服务，形成车路云协同自动驾驶系统的统一发展目标与方向，支撑我国汽车产业、交通行业和智慧城市的变革。

产业落地进程不断加快，以C-V2X技术解决部分主动安全场景被纳入C-NCAP。中国新车评价规程（C-NCAP）对车辆进行全方位安全性能测试，是中国汽车行业最权威的评价标准之一。2022年4月，中国汽车技术研究中心（中汽中心）发布《C-NCAP路线图（2022—2028年）》，为《C-NCAP管理规则（2024版）》的制定提供方向性支撑。在全球NCAP体系中，C-NCAP是首个允许使用C-V2X技术解决部分主动安全场景的NCAP评价标准，表明C-V2X技术已经获得汽车产业界广泛认可。C-NCAP已选定3个C-V2X可支持的典型场景进行研究：后方车辆高速直行，目标车静止；有遮挡情况下，直行车辆与目标车辆穿行；交通标识识别。《C-NCAP管理规则（2024版）》计划于2024年1月发布，2024年7月正式实施，将进一步加快C-V2X产业落地进程。

2. 产业标准体系的建设

车联网横跨汽车、交通、信息通信等领域，是面向国家重大战略的技术创新，我国在车联网标准体系构建方面已进行了全方位布局和推进，并取得了阶段性成果。

加强顶层设计，协同标准体系初步形成。工业和信息化部、交通运输部、公安部、国家标准化管理委员会等联合出台了《国家车联网产业标准体系建设指南》系列文件，涵盖总体要求与智能网联汽车、信息通信、电子产品和服务、车辆智能管理、智能交通相关部分。标准体系建设指南系列文件，指导车联网产业领域相关标准制修订，充分发挥了标准在车联网产业关键技术、核心产品和功能应用的引领作用。

加快协同推进，构建覆盖全环节全协议栈V2X标准体系。在汽车、智能交通、通信、交通管理、住建等多方标委会积极合作下，我国C-V2X标准化工作取得积极进展，核心技术和设备标准制修订基本完成，初步构建起了完善的C-V2X标准体系，支撑车联网应用落地和引领产业协同发展。通过合理规划，坚持需求引导，加快重点和急需标准的制定，为打造创新驱动、开放协同的车联网产业提供支撑，各标委协同推进LTE-V2X全协议栈标准制修订，通过多次产业示范测试验证，总体要求、接入层、网络层等关键环节的技术标准规范已完成制定并形成稳定版本。面向第一阶段应用的消息层和应用层标准体系基本完备；面向第二阶段应用的消息层和应用层标准体系已完成场景定义，将继续进行交互流程与消息设计的更新完善。

以无线通信为抓手，重点布局深度参与，推进中国方案车联网的国际化标准布局。我国深度参与3GPP国际标准制定，在ITU-T、ISO等国际标准组织也活跃产出，积极贡献中国方案，引领国际车联网标准。在ITU-T SG20立项路侧融合感知系统相关标准；和韩国联合在ISO TC22牵头立项V2X EMC技术报告（ISO/TR 17716），开展V2X领域的电磁兼容技术等研究；在ISO TC204牵头完成并发布《ISO 17515-3：2017 Intelligent Transport Systems — Evolved-universal Terrestrial Radio Access Network — Part 3：LTE-V2X》，将C-V2X纳入智能运输系统的陆地移动通信接入（Intelligent Transport Systems—Communications Access for Land Mobiles，ITS-CALM）技术体系；我国在联合国车辆法规协调论坛WP.29发起车车数据交互研究工作提案，并在智能交通系统车载通信任务组中担任副主席。通过以上国际标准工作，提升了我国在车联网国际标准领域的话语权和影响力。

标准规范引领，支撑全国基础设施建设。中国信息通信研究院联合业内30余家企业单位共同编制了《车联网基础设施参考技术指南1.0》，该指南从多方面给出了参考性技术要求，综合跨行业相关标准，为标准化规范化车联网基础设施建设，保障互联互通提供有益参考。在城市智能网联领域，为了加强智慧城市基础设施与智能网联汽车（以下简称双智）协同，中国电动汽车百人会组织开展"双智"协同相关标准化顶层设计和"双智"试点城市建设工作，具体包括：促进试点城市建设标准统一及标准化成果互认；组织开展标准研究工作，构建标准体系框架，梳理标准清单；推动形成发展建设指南及年度研究报告等纲领指导性文件，为各地开展相关工作提供参考和依据。

3. 国内外智能网联汽车通信系统（V2X）技术发展趋势

为支持智能网联汽车加速技术迭代，推动产品创新应用，作为智能网联汽车通信系统核心的C-V2X技术，具有清晰的技术演进路径。面向智能化、网联化深度融合的技术趋势，提炼识别关键需求，产业界加快关键核心技术创新。工信部等部委坚持安全与发展并重，推动覆盖全生命周期的车联网安全体系和制度逐步完善。学术界和产业界紧密跟踪国际前沿技术，保持C-V2X在国际竞争的先发领先优势。

C-V2X通信技术持续演进。3GPP在Release 18中持续开展V2X技术研究和标准制定，针对直通通信性能和功能进行增强，以实现支持新的频谱资源、支持低时延高可靠高精度定位等方面提升。研究毫米波频段上的直通通信，利用更广频段更大带宽以实现更高通信性能。研究基于直通通信的定位技术，利用直通通信不受蜂窝网络和全球导航卫星系统覆盖限制的特点，以满足车联网低时延、高可靠和高精度的多场景定位需求。

智能化和网联化深度融合。行业内探索开展C-V2X与单车智能融合的应用研究，CAICV立项《基于C-V2X的智能化与网联化融合路线图》，从顶层设计角度，对智能化与网联化融合的等级和发展阶段进行研究，并提出不同阶段的发展目标和实现路径等。IMT-2020（5G）推进组C-V2X工作组立项《C-V2X与单车智能融合应用研究》研究课题，选取具体融合功能进行研究，分析典型融合功能的价值以及融合方案。在国家战略牵引下，随着5G、大数据、人工智能等信息通信技术与汽车、交通领域深度融合，依托C-V2X技术发展车路云协同的智能网联汽车中国方案形成共识，推动智能化与网联化融合，促进车路云协同发展，支撑中国智能网联汽车产业和智慧交通产业变革。

车联网安全体系和制度初步形成。由于多样化的智能网联汽车感知手段，智能化和网联化融合通信需要持续开展证书全生命周期监控和管理，及时发现和处理存在异常风险的证书设备，实现整体信任体系安全运行。针对C-V2X通信设备异常情况下的安全威胁如遭受恶意攻击等，异常行为管理机制可及时发现异常行为进行有效可靠的处理。工信部发布《车辆C-V2X异常行为管理技术要求（征求意见稿）》，详细制定异常行为管理机制，实现C-V2X闭环管理，加强C-V2X安全防护。工信部开展车联网网络安全防护定级备案工作，《数据出境安全评估办法》开始实施，中国信息通信研究院支撑建立工业和信息化部车联网安全信任根管理平台，推动形成覆盖全生命周期的车联网安全管理保障方案。工信部会同公安部发布《关于开展智能网联汽车准入和上路通行试点工作的通知（征求意见稿）》，推动智能网联汽车产品开展准入试点。工业和信息化部发布《车联网网络安全和数据安全标准体系建设指南》，初步建立网联安全和数据安全标准体系。安全测评常态化开展，提升企业产品安全防护水平。

面向未来的车联网预研技术逐步启动。适合于智能网联汽车应用的通感一体（ISAC）、卫星通信（NTN）、人工智能（AI）等关键技术得到学术界和产业界关注。感知与通信融合设计，利用无线信号提供实时的环境感知，突破传统通信维度，提供泛在通感算融合服务，将成为支撑智能网联汽车应用的基本技术。通过卫星通信与车联网结合，可以实现无缝连接以及无所不在的智能网联汽车用户体验。人工智能是助力实现未来C-V2X通信智能化的重要使能技术之一，挖掘利用无线环境等多维特性，研究探索内生智能的车联网潜在的适用场景和通信机制。

4. 目前亟须解决的技术难点及解决方案

我国 C-V2X 车联网技术标准和产业发展已具备全球引领优势,迎来了支撑我国汽车和交通产业变革与跨越式发展的重大战略机遇期,推动我国高质量发展。要抓住当前关键时间窗口,统筹推进车联网产业规模商用和核心关键技术自主研发。面向 GNSS 不可用场景、蜂窝网络覆盖外场景下的稳定可靠的同步机制需要完善;车联网应用从行驶安全类、交通效率类、信息服务类等基本应用向智慧交通、自动驾驶等增强应用演进,面向多样化场景应用,为支持包括时延、可靠性、丢包率、能耗、高带宽、高精度定位等多元化性能指标,直通通信持续进行增强设计,包括多维约束下的节电机制,以及基于直通通信的低时延、高可靠和高精度的定位机制。目前 C-V2X 主要工作在 sub-6 GHz 的专用频谱,探索利用毫米波频段丰富的频谱资源的技术方案;面向产业落地,需要构建跨行业跨平台的高效互认的测试认证体系。

稳定可靠的同步机制是低时延高可靠 C-V2X 通信的前提。收发节点间首先需要进行同步,相邻节点如果定时和频率有较大偏差,可能产生干扰,对车联网安全消息的可靠性传输产生影响。直通通信在无线传输层面,系统内各个 UE 均需保持相同的时间、频率基准,才能正确实现无线通信;在资源池配置层面,统一的时间、频率基准也是系统内资源池配置的基础。在 GNSS 不可用场景、蜂窝网络覆盖外场景下,研究支持低时延高可靠直通通信的同步技术。

为提升弱势交通参与者出行安全,在满足按需通信的系统性能前提下,还需要重点考虑手持终端等多种形式设备的严格节电要求,对相关多维要素约束下的资源分配调度机制提出挑战。在节电机制中,设计部分感知与冲突避免、非连续接收机制,解决移动场景下用户通信终端的充电续航问题。随着通信系统和车辆终端能力的快速发展,涌现出大量基于位置的服务应用,为了获取实时、准确的车辆位置信息,实现车辆的高精度定位成为智慧交通和自动驾驶等应用的必要条件。C-V2X 直通通信不受蜂窝网络和全球导航卫星系统覆盖限制,与定位技术的结合可以支持车联网的多场景定位,以及满足车联网低时延、高可靠和高精度的定位需求。为解决基于 C-V2X 直通通信定位面临信道带宽受限、复杂快时变信道环境、高速移动的定位偏差、干扰影响等技术挑战,研究直通通信定位物理层结构、资源分配机制以及定位信令交互流程等关键技术。

自动驾驶车辆不断感知、测量邻近车辆、路况、位置等数据信息,海量数据传输需要大带宽支持。毫米波频段具有丰富的频谱资源,但在复杂车载环境下,面临高路径损耗、波束管理、遮挡效应等问题。针对高速移动环境下的波束管理复杂度和时效性需求、时—频—波束多维资源管理、毫米波通信遮挡效应等技术挑战,研究毫米波频段 V2X 通信的支持大规模天线阵列的波束管理技术,可获得信道传输增益补偿毫米波信道的高路径损耗。在基于波束的高效分布式信道接入机制中,无线信道感知机制、干扰测量、无线资源管理调度考虑波束维度增加的影响;为支持业务的可靠连续传输,研究基于多维资源的移动性管理。

为快速推进 C-V2X 技术和标准的成熟化和商用化进程,验证 C-V2X 相关技术实际性能赋能智能网联汽车,需要综合考虑跨行业需求,避免重复测试,构建跨行业跨平台的高效互认的测试认证体系,考虑评测方法的科学性、可实施性、可复现性等重要指标。考虑我国交通环境和产业需求,适应中国国情的车联网应用层标准等重要因素,综合考虑设计测试认证体系,构建车联网无线通信设备网络性能的测试体系,有效支撑对车联网 C-V2X 网络设备和网络的行业监管;推动 MEC 与 C-V2X 融合测试床,构建 MEC 边缘云生态体系;支持 C-V2X 安全测试,包括安全机制测试、安全通信性能测试、安全管理测试;面向规模商用部署和实际交通场景,推动 C-V2X 车规级测试、C-V2X 整车无线通信和数据质量测试、外场实车测试等。

5. 2022 年行业重点企事业单位发展情况

我国车联网技术领域融合布局与协同发展,形成多元化产业生态。随着汽车产业朝智能化、网联化、电动化方向演进,车联网作为未来交通和汽车领域跨界融合最具潜力的应用,已经成为我国战略性新兴产业的重要发展方向,也是当前跨学科、跨领域、跨行业管理部门的技术研究与产业发展热点。得益于系列国家政策引领,我国 C-V2X 车联网迎来商用落地重要阶段,覆盖产学研用,形成了包含集成商、供应商、服务商、运营主体,覆盖芯片模组、终端、整车、安全、测试验证、高精度定位及地图服务等环节的多元化产业生态:中信科智联、宸芯科技、高通、华为、移远通信、中兴微电子、芯讯通、高新兴等企业提供商用级 LTE-V2X 直通通信芯片模组;中信科智联、华为、中兴通讯、东软、星云互联、万集科技等数十家企业陆续发布车载终端和路侧设备;电信运营商积极推动相关关键技术与解决方案研究,探索网络侧和应用侧之间的协同机制来加快和优化应用跨域切换处理,布局 C-V2X 车联网应用。中国移动在重庆、武汉等地,中国联通在京津冀、常州等地验证独立专网、切片、QoS、跨域互通等面向车联网应用的无线通信网络关键技术;中国电信天翼交通联合中智行在苏州推出了“轻车熟路”解决方案,通过专网支持将高级别全息智能道路信息传输至车端,支持 L4 级别自动驾驶。

各相关单位和产业上下游协同一致,积极布局和发力,牵引行业优势资源,破解产业发展瓶颈,加速车路云一体化中国方案落地。中国信息通信研究院、中汽中心、中国汽研等第三方机构建立了通信协议一致性、通信性能、应用功能等专业化测试验证能力,推出检测认证服务;中汽中心制定多项面向阶段一应用的技术要求及测试方法的国家标准,将网联化应用场景纳入 C-NCAP 测评体系,并进一步加速制定相关测试规程;陆续搭建了面向汽车绿色化(C-GCAP)和智能化(C-ICAP)的测评体系,开展仿真测试评价方法的研究;国汽智联制定多项面向 L3 及以上自动驾驶车辆测评的团体标准,助力自动驾驶功能的量产和落地;发布仿真测试评价相关的团体标准,推动测试评价标准及规范体系加速完善;一汽、上汽、广汽、北汽、长城、蔚来、华人运通、通用、福特、奥迪等 10 余家车企已在 20 余款量产车型中搭载了 C-V2X 直通通信功能,部分车型实现全系标配,C-V2X 具体应用面向广大用户逐渐落地。

6. 未来几年智能网联汽车通信系统(V2X)技术发展建议

在智能网联汽车、智慧交通、智慧城市协同发展目标下,将在基础设施、城市平台、应用场景等方面实现最大化协同。依托C-V2X支持智能网联汽车的价值将依靠规模效应充分体现,进一步助力智能辅助驾驶,推动自动驾驶应用落地。

加强国家战略层面的引导和协调,构建统筹高效的跨部委、跨行业组织协同机制。车联网产业发展涉及通信、交通、汽车等多个行业,车联网产业化推进需要强化国家顶层设计的指导,进一步形成产业发展共识,加强跨部委、跨行业合作,并凝聚政产学研用各方力量,推进车联网落地,推进产业协同发展。

加快C-V2X车联网技术路线实施,推进产业商用落地进程。坚定不移推进C-V2X技术发展路线,依托我国蜂窝移动网络建设优势,加强C-V2X通信基础设施部署建设,支持多样化车联网应用需求。在C-V2X产业发展推进上:应着重建立覆盖核心技术和零部件等在内的产业体系,实现核心技术产品国产替代,解决"卡脖子"难题;积极探索分场景、分阶段应用发展,围绕典型应用进行C-V2X车联网功能探索,逐步提升辅助驾驶安全,助力L2/L2+辅助驾驶功能实现;并探索限定场景内自动驾驶(L4)实现;最终助力全天候全场景无人驾驶实现。

加强融合创新,突破关键技术,推动车联网支撑技术深层次应用。车联网发展涉及C-V2X芯片、模组、车载终端、路侧设备、通信系统、边缘计算、云平台等多个子系统的开发和商业化部署,推动构建统一系统架构,在整体上实现车联网的协同感知、计算、通信、服务、应用各个层级之间,以及同一层级不同模块之间的信息互联互通。

尽快明确地理位置信息传输要求,形成跨部门协同机制,持续开展相关保密处理技术研究和测试验证工作。为巩固我国C-V2X全球引领地位,抢占产业发展窗口期,建议明确政策要求,促进C-V2X产业规模应用。面向未来车路云一体化合规管理,形成跨部门协同机制,协调解决产业发展重大问题,健全政策法规体系,统筹推进产业发展和安全合规。搭建跨行业协同创新平台,持续开展地理信息保密处理技术研究和测试验证工作。

出台相关政策,加速提升C-V2X前装渗透率。借鉴我国新能源汽车产业发展良好的示范经验,前期依靠政策补贴拉动,快速培育市场。建议政府相关部门加快研究出台政策鼓励车企前装量产C-V2X汽车,率先推动智能网联辅助驾驶产业化应用,着眼于提升驾驶安全和交通效率,真正解决用户出行痛点,提供安全便捷的出行方式。

鼓励运营模式创新,实行单城单区打透,探索规模商用。建议尽快落实商业运营主体,鼓励传统运营主体与地方资源打通,形成多方主体合作模式,进一步发挥组织机制作用,实现单城单区打透,一方面提升C-V2X路侧基础设施渗透率,另一方面通过鼓励后装OBU形式,提升单城或区域内C-V2X车端渗透率,强制社会营运车辆安装,鼓励私家车安装。探索车联网商业模式创新。当C-V2X车载终端达成一定规模渗透率(如20%)后,C-V2X市场化进程就能自然启动并加速。

(六)智能网联汽车信息安全

中汽创智科技有限公司　胡红星;上海谈思科技有限公司　李文龙

1. 2022年智能网联汽车信息安全总体发展与突破

新一代科技与产业变革推动汽车智能化、网联化加速转型与发展。数据显示,在中国市场,网联化已经实现广泛的前装配置,2022年市场渗透率超过70%,而且持续年增长率在10%以上,软件OTA在线升级达到近50%,中国品牌更是超过70%。不同等级的自动驾驶技术逐步成熟并进入市场化应用,L2级别辅助驾驶配置快速发展,2022年乘用车已达34.9%,新能源汽车达48%,预计2025年L2及以上将达到42.9%,L3级自动驾驶将在2025年后逐步实现量产应用,而高阶自动驾驶示范应用规模化开展,车路云一体化中国方案形成共识。随着汽车网联化的快速演进,智能网联汽车面临的网联安全、数据安全的风险急剧上升,而以智能座舱、智能驾驶为典型代表的智能化发展又使得车辆受到网络攻击的危害日益严重。

根据Upstream Report的统计,在过去10年中发生的车辆安全事件快速持续性地增长,2020年公开报告的安全事件是2016年的8倍以上。基于2022年最新数据的研究发现,新的网络攻击向量继续引入,使得信息安全的风险不断扩展,超出了道路上分布的车辆本身,还影响了车队、智能出行应用和服务、电动车辆的充电设施以及许多其他移动出行业务参与方。随着整车电子电气架构的集中化演进、5G技术的广泛应用,基于V2X的车路云一体化方案的落地实施,汽车网络安全的挑战也将更加复杂和严峻。与此同时,新一代智能座舱、智能驾驶系统具有强大的信息感知能力,可以实时采集大量的车辆内外环境数据,而且数据类型众多,覆盖了用户、汽车、周边环境等方方面面,不仅涉及用户的个人隐私,而且能够通过大数据的分析对社会动态、国家政治经济等情况进行精准感知定位。汽车信息安全不但已经成为智能网联汽车产业健康发展的基本保障,而且还涉及国家安全与公共秩序安全。

应对如此日益严峻的安全态势,智能网联汽车的安全监测、防御及管理面临了更大的挑战。中国汽车工程学会发布的《2022年度中国汽车技术趋势报告》预测"整车信息安全防护技术将从边界防御向纵深防御体系跃升"。一系列技术的创新和标准的建立必将助力构建一个面向整个智能网联汽车生态系统的安全防护体系。

2022年7月,联合国世界车辆法规协调论坛(简称UN/WP.29)发布的汽车网络安全法规R155和软件升级法规

R156 开始在欧盟正式实施，明确要求整车企业的产品开发体系需满足网络安全管理体系（CSMS）的要求，并取得认证，以及所有新车型必须满足该法规，获取了整车形式认证（WVTA）才能在欧盟上市销售。这是世界汽车发展史上具有里程碑意义的事件。它是第一次将网络安全作为一个汽车生产企业及汽车产品市场准入的强制性法规条件。这一法规的实施对于规划进入欧盟市场的中国汽车企业有着直接的影响，促进这些企业按照 R155 的法规要求完善内部产品开发体系流程，将信息安全的设计要求融入产品开发流程的各个阶段中，并实现车型的开发、测试、运维、报废全生命周期的管理。截至 2022 年底，蔚来汽车、路特斯、长城汽车、比亚迪商用车、小鹏汽车等车企已经申请并获得了 CSMS 认证和车型的 VTA 认证，为进入欧盟市场做好准备。与之相应，为了支撑主机厂的产品认证，汽车零部件供应商也按照国际标准化组织（ISO）和美国汽车工程师学会（SAE）联合发布的《道路车辆信息安全工程》的标准（ISO/SAE 21434）建立自身的产品信息安全设计、开发、验证与监管体系。已有华为、德赛西威、地平线、东软睿驰、亿咖通等 10 多家中国企业获得了 ISO/SAE 21434 认证。同时，这一法规的实施也有力地推动了中国汽车信息安全监管及准入法规标准的建设，并为中国汽车信息安全标准法规的建设提供了很好的参考实践。

汽车行业信息安全“强监管”的时代将加速到来。汽车信息安全产业也将由事件驱动步入以标准法规驱动的新发展阶段。这既是挑战，也是产业巨大的发展机遇。

2. 2022 年国内外智能网联汽车信息安全产业政策与标准体系建设

为了应对日益严峻的汽车网络安全与数据安全的挑战，包括中国、欧盟、美国、日本等国家与地区都加速了汽车信息安全相关法规与标准的制定。

2020 年 6 月，联合国世界车辆法规协调论坛发布了 3 项关于智能网联汽车的重要法规 R155、R156、R157，即信息安全、软件升级、自动车道保持系统（ALKS），其中，R155 是全球第一个汽车信息安全强制法规。法规对符合网络安全提出了具体的合规性要求，明确了车辆批准上市销售的前提条件是获得两个部分的合规认证：一是网络安全管理体系认证（CSMS），二是车辆网络安全型式认证（VTA）。该法规于 2022 年 7 月率先在欧盟开始实行，所有在欧盟市场销售的新车型必须满足该法规要求的网络安全流程的合规性和产品开发的安全性，并获取 VTA 认证，2024 年 7 月起该法规将适用于所有车型。为了配合法规的实施落地，进一步发布了多项国际标准，如 2021 年发布的 ISO/SAE 21434《道路车辆信息安全工程》，以及审核指南，如 2022 年 3 月发布的国际首个汽车网络安全领域的审核文件：ISO/PAS 5112 “Road Vehicles Guidelines for Auditing Cybersecurity Engineering”（道路车辆网络安全工程审核指南），为汽车网络安全领域在国际法规监管、汽车行业指导以及企业内控提供了重要参考文件。

近年来，中国汽车信息安全相关法规、标准的建设也在快速推进中。在《网络安全法》《数据安全法》《个人信息保护法》三大上位法的基础上，网信办、工信部、交通运输部、公安部、市场监管局等部委出台了一系列汽车信息安全相关的政策规范与指南，共同推动建立健全中国智能网联汽车信息安全管理机制。2022 年我国的汽车信息安全政策法规与标准在继续不断完善中。

2022 年 2 月 25 日，工信部印发了《车联网网络安全和数据安全标准体系建设指南》，提出了从总体与基础共性、终端与设施网络安全、网联通信安全、数据安全、应用服务安全、安全保障与支撑 6 个维度构建网络安全和数据安全标准体系，并设定建设目标：2025 年形成较为完备的车联网网络安全标准体系，完成 100 项以上重点标准制定，在 2030 年底初步构建车联网网络安全和数据安全标准体系，以提升标准对细分领域的覆盖程度，加强标准服务能力，提高标准应用水平，支撑车联网产业安全健康发展。

工信部、公安部等 5 部委联合发布的《关于进一步加强新能源汽车安全体系建设的指导意见》提出汽车企业要依法落实关键信息基础设施安全保护、网络安全等级保护、车联网卡实名登记、汽车产品安全漏洞管理等要求。对车辆网络安全状态进行监测，采取有效措施防范网络攻击、入侵等危害网络安全的行为。《道路机动车辆生产准入许可管理条例（征求意见稿）》新增了对于智能网联汽车的准入条件，其中重点提及数据安全、网络安全要求。工信部和公安部就《关于开展智能网联汽车准入和上路通行试点工作的通知》公开征求意见，提出将企业具备网络安全和数据安全监测与保障能力作为智能网联汽车准入试点的基本要求。

2022 年，部分车联网技术发展较为前沿的城市也出台了规范车联网安全相关的管理条例。如深圳出台的《深圳经济特区智能网联汽车管理条例》要求智能网联汽车相关企业应当依法取得网络关键设备和网络安全专用产品的安全检测认证，制定智能网联汽车网络安全事件应急预案，并建立网络安全评估和管理机制，确保网络数据的完整性、安全性、保密性和可用性，防止网络数据泄露和被窃取、篡改。《上海市智能网联汽车示范运营实施细则》提出示范运营主体应当制定防风险应急预案并定期修订，包括自动驾驶系统、测试安全员或者驾驶人、试乘乘客、道路环境、数据安全等风险分析及应急预案。

在国家相关政策文件的指导下，汽车信息安全的标准研究与编制工作也在全国汽车标准化技术委员会（以下简称汽标委）和全国信息安全标准化委员会（以下简称信安标委）的组织下有序开展。

汽标委的智能网联汽车分标委设立信息安全标准研究工作组，组织与推动汽车信息安全标准的制定。2022 年汽标委发布的推荐标准《道路车辆网联车辆方法论　第 1 部分：通用信息　第二部分：设计导则》规范了网联车辆的概念并指导网联车辆的开发。要求企业在设计新功能时，需要考虑减轻由于网联车辆与外部世界产生新通信而带来的风险。另一项推荐标准《电动汽车充电系统信息安全技术要求及试验方法》明确了充电系统信息安全包括硬件安全、软件安全、数据安全和通信安全 4 部分。其中的通信安全包括充电系统对外通信安全和充电系统对内通信安全，并要求对于受攻击有可能影响车辆或系统的风险，充电系统中与外部充电装置直接进行通信的控制器需采取信息安全措施。

信安标委在 2022 年发布的《信息安全技术网络安全专用产品安全技术要求》明确网络安全专用产品应具备下述功能:对用户身份进行标识和鉴别,身份标识具有唯一性;保障身份鉴别信息在传输和存储过程中的保密性和完整性;使用口令鉴别方式时,提供身份鉴别信息复杂度验证功能和定期更换设置功能,并支持首次管理产品时强制修改默认口令或设置口令。推荐标准《信息技术安全技术网络安全　第 3 部分:面向网络接入场景的威胁、设计技术和控制》描述了与网络接入场景相关的威胁、设计技术和控制问题,为每一个网络接入场景提供了能够降低相关风险的安全威胁、安全设计技术以及控制 3 个要素的详细指南。

数据安全不仅涉及个人隐私的安全,甚至具有危害国家安全的风险。因此,对于智能网联汽车数据安全的重视已经提升到了与网络安全同等重要的高度。尽管各个国家、地区有关的法规、标准各有不同,但一个共同的发展趋势是各个国家和地区都在加快数据安全相关标准、法规的制定与落地实施。

如欧盟 2018 年正式生效的通用数据保护条例 GDPR 对个人数据、个人敏感数据的保护给出了明确的规范要求,而于 2021 年发布的欧洲《车联网个人数据保护指南 2.0》进一步明确指出"联网车辆下任何涉及处理个人数据的数据处理情形均适应 GDPR"。在 2022 年 9 月又发布了旨在加强欧盟数字产品的网络安全,整合现有网络安全监管框架的 Cyber Resilience Act(网络弹性法案)。

中国的《数据安全法》和《个人信息保护法》构成了智能网联汽车数据安全和个人信息保护的法律基础,国家部委发布的汽车数据安全管理的政策规定明确要求企业从数据分类分级、数据安全、数据开发利用和共享使用、出境安全管理 4 个维度,建立全生命周期数据安全管理机制。

2022 年 7 月,网信办发布《数据出境安全评估办法》,规定数据处理者在申报数据出境安全评估前,应当开展数据出境风险自评估,并且应当在与境外接收方订立的法律文件中明确约定数据安全保护责任义务。该办法旨在落实《网络安全法》《数据安全法》《个人信息保护法》的规定,规范数据出境活动,保护个人信息权益,维护国家安全和社会公共利益,促进数据跨境安全、自由流动,切实以安全保发展,以发展促安全。

信安标委在 2022 年发布了多项数据安全和个人信息安全相关的标准,涉及智能网联汽车信息安全的多个方面。

《信息安全技术——网络数据处理安全要求》规定了网络运营者开展网络数据收集、存储、使用、加工、传输、提供、公开等数据处理的安全技术与管理要求。《信息安全技术——人脸识别数据安全要求》要求数据处理者应在使用人脸识别数据识别自然人身份后应立即删除用于识别的人脸图像;人脸特征应具有可更新、不可逆、不可链接的特性;在本地和远程人脸识别方式均适用时,应优先使用本地人脸识别;应对人脸识别数据使用行为进行审计。《信息安全技术——声纹识别数据安全要求》规定在身份识别应用场景中,声纹识别数据处理者不应将仅在本地设备上实现产品功能的声纹语音样本传输到远程服务器处理。《信息安全技术——网络预约汽车服务数据安全要求》规定了网络预约汽车服务的收集、存储、使用、加工、提供、公开、出境等数据处理活动的安全要求。《信息安全技术——汽车数据处理安全要求》规定了汽车数据处理者对汽车数据进行收集、传输等处理活动的通用安全要求、车外数据安全要求、座舱数据安全要求和管理安全要求。适用于汽车数据处理者开展汽车数据处理活动,汽车的设计、生产、销售、使用和运维,也适用于主管监管部门和第三方评估机构等对汽车数据处理活动进行监督、管理和评估。

中国汽车网络安全和数据安全标准体系尚未完善,更多的技术标准,如强制性国家标准《整车信息安全技术要求》和《汽车软件升级通用技术要求》等正在编制中。相信随着标准法规的不断建立与完善,将能够实现国家《智能汽车发展战略》的要求,即构建包括安全管理联动机制、网络安全防护能力和数据安全监督管理的全面高效的智能汽车网络安全体系。

3. 国内外智能网联汽车信息安全发展趋势

一方面,汽车的电动化、网联化、智能化和共享化使得汽车遭受网络攻击的风险越来越大,受到的危害也越来越严重;另一方面,网络黑客的攻击技术越来越先进,经验也越来越丰富,网络攻击的频率和复杂程度也在不断增加。2022 年更是全球范围内汽车遭遇攻击和勒索事件高发的年份,由此造成的企业与个人的直接损失金额及品牌商誉价值影响越来越大。而且随着汽车智能科技的不断升级,网联汽车被黑客从云、管、端攻击的事件将继续大幅提升,防御攻击的难度与复杂度也会持续增加,企业与社会面临的汽车信息安全的挑战将越来越严峻。在这样的形势下,2022 年智能网联汽车信息安全出现了以下几个发展趋势:

①随着国际汽车信息安全法规的实施,中国多项有关汽车网络安全与数据安全政策及指南的发布,以及《汽车整车信息安全技术要求》等标准的制定和即将发布实施,汽车信息安全强监管的时代将加速到来,这也必将推动整个行业汽车信息安全管理体系能力的快速提升。

②在汽车信息安全问题日益严峻,安全事件频发的情况下,用户在享受智能汽车舒适便捷的同时,对汽车的网络安全需求日益强烈,对个人隐私信息的安全更加关注。这对于汽车企业、车联网信息服务供应商,以及政府监管部门都提出了更高的要求。

③汽车数据安全问题获得高度关注。随着智能汽车与智能交通、智慧城市的不断融合将带来海量的数据采集、存储、传输、交互等,这些都将对数据安全提出更严峻的挑战。《数据安全法》《汽车数据安全管理若干规定(试行)》等政策法规的落地实施势在必行。

④随着汽车网联化的快速普及,以及 V2X 车路协同的出现,攻击媒介不断增长。并且由于黑客的攻击技术越来越先进,网络攻击的频率和复杂度也在增加,新的攻击向量将不断出现。这些威胁超越了对车辆的直接攻击,而是针对车队、移动应用和服务,甚至是电动车充电基础设施。新的攻击载体,更容易造成大规模的攻击,从而对广泛的移动资产产生重大危害。因此,需要从更高的、全局的视野来建立安全预警与防御体系。

⑤智能网联汽车的产业生态复杂,参与者包括整车厂、系统和零部件供应商、基础软件厂商,ICT 企业及各类服务

提供商等。2022 年汽车供应链安全问题也发生了许多变化，恶意行为者正越来越多地针对汽车零部件、软件，甚至电动车充电基础设施的供应商进行勒索软件攻击，导致严重的数据泄露、拒绝服务和生产停顿，影响到整个汽车产业供应链，造成汽车企业的重大损失。因而，供应链的信息安全保障将成为新热点。汽车 OEM 将对各类供应商提出更加严格的安全管理要求，包括建立符合法规标准要求的产品信息安全开发流程体系。此外，随着软件定义汽车时代的到来，智能汽车供应链正在重塑，软件安全已逐步成为最大的挑战，软件供应链安全将变得越来越重要。

⑥在“降本增效”大环境下，通过“安全左移”以更低成本高效提升汽车信息安全能力成为关键策略之一。面对持续叠加的安全修复成本与代价，如何以更低成本高效解决信息安全问题，并提升原生安全能力，成为当前智能网联产业链共同的关注点。“安全左移”，即在汽车设计阶段考虑更多安全因素，是降低安全风险、实现低成本高回报的解决办法。随着智能网联汽车信息安全逐渐向 DevSecOps 转变，采用“安全左移”，建立“动态”安全管理流程和以 ISO/SAE 21434 标准为基础的产品信息安全开发流程将成为越来越多车企和零部件供应商的选择。

⑦在汽车行业进入软件定义时代，以及汽车的电子电气架构集中式演进，汽车基础软件平台(车用操作系统)起着更为关键的作用。它是用于实现汽车系统软硬件解耦，需要支持异构多核高算力与冗余的多样化硬件平台，以及不同网络协议及多种 EE 架构，同时要满足高实时、多级功能安全与信息安全的要求。作为汽车应用的基础支撑系统，车用操作系统的信息安全对于保障整车系统的稳定运行起着至关重要的作用。它不仅需要确保自身的系统安全可靠，还要能支撑其所搭载的应用安全。操作系统的信息安全已经成为智能汽车的安全基石。

⑧硬件安全芯片是抵御攻击和保障智能网联汽车安全可控的重要技术手段。在日益复杂的国际环境背景下，支持国密算法的汽车安全芯片以及 HSM 安全套件的国产替代将加速。多个国内芯片企业和基础软件供应商纷纷发力，拿出自主可控的国产化方案，支撑我国汽车网络信息安全可靠与稳定发展。

⑨智能网联汽车作为一个集信息网络和物理环境于一体的复杂 CPS(Cyber Physical System)，信息安全与功能安全相互交织，强相关联。但在现阶段，车辆入侵检测防御系统仅侧重于网络攻击的检测与安全态势的感知呈现，而缺乏信息安全与功能安全的关联分析、联动响应和融合设计，所以它难以有效地识别网络攻击对车辆功能稳定性可能造成的影响，从而及时预警和采取有效的应对措施。构建基于信息安全威胁和功能安全危害协同联动的智能汽车安全预警防御系统，并且进而实现信息安全与功能安全的融合设计将成为建立汽车全局安全体系的重要研究方向。

⑩智能网联汽车信息安全评测体系依然缺失，行业亟待建立标准的评测体系。汽车网络靶场能够复现汽车网络及设备环境，提供贴近实战场景的网络攻防演练平台，是网络安全技术和产品测试测评的有效工具，它也将在智能汽车信息安全评测体系的建设中发挥更大的作用。

4. 目前亟须解决的产业难题及解决方案

随着汽车网联化、智能化的快速发展，新的网络安全与数据安全的问题不断“衍生”而来，汽车安全防护的边界不断扩大，安全危害的风险不断增高，安全监管与治理的难度也不断提升。

①汽车供应链体系复杂，其安全治理难度大。车企作为汽车产品的生产主体，依靠对供应链的管理推动全产业链的信息安全能力建设，因此其对供应链的管理难，信息安全治理难度更大。

②汽车与外部交互多，其产业协同难度大。汽车与外界交互多，包括云、充电桩、路侧设施等，有的是跨领域、跨产业，任何一环出信息安全问题都可能影响车，产业协同难度大。

③监管主体更加复杂，政策碎片化，企业合规压力增大。随着车路云一体化方案的实施，智能网联汽车与智慧交通、智慧城市建设紧密相关，汽车信息安全、测绘及地理信息资源及智慧城市系统等的管理需求逐渐涌现，这又涉及国家密码局、自然资源部、住建部等各主管部门，主管部门愈加交织复杂。

④企业采用单点技术或产品进行安全防护，缺乏相互协同的、标准化和系统化构筑安全体系的思维。同时，大量新技术和网联功能的引入导致汽车信息安全风险增加，使得缺乏专业的汽车信息安全设计开发与测试验证工具的问题日益凸显。

面对以上难题有以下几点建议：

①参照 R155 法规及 ISO/SAE 21434 标准的要求，汽车生产企业建立企业汽车信息安全管理体系，包括供应商的产品信息安全管理机制，从企业层解决怎么管的问题，从产品层构建自主可控的核心技术能力，解决怎么干的问题。并且建立以车端 IDPS 和云端 VSOC 为基础的车辆安全监测预警与响应平台，实现产品全生命周期的网络安全与数据安全管理。

②推动跨领域、跨行业的智能网联汽车信息安全产业生态的构建，并通过行业协会与产业联盟推动协同合作。

③参照国际汽车信息安全监管法规，并结合中国实际情况，尽快建立中国的智能网联汽车生产企业准入和产品市场准入的信息安全标准与法规，构建 CSMS、SUMS、DSMS 三大体系，并加快相应的技术标准建设，设立国家授权的汽车信息安全合规测试认证机构，保障监管政策的落地实施。

④支持关键核心技术的联合创新，如通过设立科技专项的形式来组织资源协同攻关。推动汽车信息安全核心数据的共建共享，如根据《网络安全漏洞管理规定》，构建汽车行业权威漏洞数据库，助力企业的漏洞合规管理，将漏洞管理贯穿产品全生命周期中，切实提升安全保障水平。

智能网联汽车信息安全防御体系建设以及产业的发展需要政府、行业、企业三方广泛与深入的协同，包括政府的顶层设计，以及法规、标准和监控体系建设；行业的开放合作，共建共享，产业生态建设；企业的合规运营，技术研发，人才培养以及全生命周期的信息安全管理平台建设。

5. 2022 年行业重点企事业单位发展情况

随着汽车信息安全步入法规标准驱动的新阶段，整个行业的发展也进入了快车道。WP.29 法规在欧盟等地的率先实施有效地推动了国际厂商的技术研发，使得他们在汽车信息安全技术领域，尤其是车端安全防护技术，具备了领先优势。同时，通过与国际一流系统供应商和主流芯片企业的深度合作，又使得他们在产品规划和量产应用上占据了先机。但国内企业也在顺应市场需求，快速追赶，并在过去的一年中取得了许多新的成果。

中汽数据立足国家安全和产业发展，建立中汽信息安全研究中心，打造以漏洞分析、产品开发、体系建设、人才培养为核心的“521”垂直战略布局；构建汽车行业权威漏洞数据库，设立官方漏洞公开渠道，助力标准法规落地实施；依托漏洞专业库丰富的漏洞数据资源，建立适用于国内外监管要求的自动化风险评估工具和车联网安全态势感知平台。

为辰信息科技的入侵检测与安全运营系统全面升级，累计实现数百个零部件、数百万车辆的部署。入侵检测产品全面支持各种类型零部件，具备针对扫描探测、DoS 攻击、畸形报文、密码爆破、木马病毒、漏洞利用等安全事件的检测防御能力；安全运营中心提供运营管理、安全监控、漏洞管理、风险评估和应急响应等功能，并与汽车网络靶场协同，能有效解决漏洞验证和规则研发问题。

中汽创智发布 IDS/IDPS/VSOC 系列产品，形成了汽车信息安全全生命周期管理能力，并与上海控安和华东师大合作，完成了基于数字孪生的智能汽车信息安全与功能安全联动预警防御技术研发，创新性地建立了信息安全威胁与功能安全危害的协同联动机制，通过构建可编程的安全基线库和应急响应库实现面向场景的精准安全防御。建成完整的汽车信息安全合规测试能力和汽车网络靶场，举办了首届“创安杯”智能汽车信息安全公开赛。

云驰未来研发的信息安全组件产品，在多个主机厂的车型平台实现规模化部署与量产应用。满足 AutoSAR 技术规范的组件产品适配主流车规处理器和操作系统，并满足硬件安全、系统安全、应用安全、数据安全、密码安全、通信安全技术要求，为车载 ECU/DCU 提供包括密钥证书管理、加解密、签名验签、访问控制、入侵检测、应用加固、接入安全、通信安全、诊断安全、升级安全等全方位的信息安全能力。

百度 Apollo 的自动驾驶安全运营中心，基于纵深防御、动态防护、积极响应措施建立了一套适用于自动驾驶无人化车辆的安全体系，既保证无人化车辆的业务对于算力和网络实时性的稳定运行，也保障了自动驾驶车辆的安全。举办了国内首次自动驾驶无人化安全应急演练活动，实现安全事件精准告警、积极响应、阻断攻击、保障安全。

国汽智联立足突破关键共性技术，搭建创新服务平台，全面构建 ICV“中国方案”车路云一体化安全保障，牵头多项行业标准，形成安全咨询、软件开发、产品测试、运维服务的一站式解决方案。建成车云、车内、车际的 CA 身份证书管理体系，实现国密算法的全面应用。完成 ICV 网络靶场总体技术架构和 6 个子系统设计，构建整车级、部件级网络安全合规测试和渗透测试能力，并在主机厂得到大范围应用。

信大捷安基于国内外法律法规自主研发的车规级安全芯片（XDSM3276/XDSM3275 /XDSM1505）和一系列车辆网络安全、E/E 架构数据安全和车企运营安全等产品，面向汽车主机厂、Tier1 终端厂商等上下游产业链客户，打造“芯片＋服务”的整体车联网安全解决方案。已累计服务了超过 20 个汽车品牌、150 家 Tier1 终端厂商、40 家交通设施厂商，并参加了 13 个国家 C-V2X 车联网先导和示范区的安全建设，助力车联网行业发展。

东软睿驰研发的 NeuSAR 基础软件平台，与伊世智能研发的车载控制器 HSM 信息安全固件完成集成适配和功能联调，支持主流 MCU 芯片的密码套件 MCAL 驱动模块及信息安全算法接口调用，实现从 CSM、CryptoIF、CryptoDriver 的联通，打破域控制器信息安全产品的国际技术垄断，并支持 SM2 等国家商用密码算法在域控制器领域的应用部署。

豆荚科技研发的 Crypto2X 安全服务平台，解决了 PKI 和 KMS 在整车业务安全和零部件身份认证的实施课题。平台通过微服务架构、模块化设计与规范化接口，具备快速实施和弹性部署的优势，并且配套了 SDK 工具和产线工具，高效实现零部件从研发侧和工厂生产侧就开始与 TSP 平台之间建立安全可信的通道，为智能汽车业务提供安全可信保障。

木卫四通过云原生技术构建网络安全威胁分析平台，利用人工智能洞察汽车异常和威胁，提升车联网安全可见性。产品“木卫四 VSOC”包括了汽车统一威胁建模接入系统 VSOC Adapter、汽车高级威胁分析平台 VSOC TAC 和汽车威胁预测模型 VSOC TPM，现已在全球头部车企和中国出海车企部署运营，覆盖近百万车辆。该方案帮助汽车企业针对汽车和核心零部件构建符合中国及欧盟 WP.29 R155 法规要求的安全威胁检测和防御。

谈思实验室构建专属汽车网络安全、数据安全行业的专家智库平台及行业交流社区，通过线上云论坛、AutoSec 中国汽车网络安全周大会、汽车安全技术专题培训、线下攻防体验沙龙、车企网络安全日活动等系列活动，加强行业上下游供需对接及技术创新，促进智能网联汽车信息安全生态圈发展，培育汽车安全文化。

6. 未来几年智能网联汽车信息安全发展建议

随着网联汽车的加速普及，汽车网络安全与数据安全已经成为国家信息安全的重要组成部分。因此，我们需要统筹考虑汽车网络安全与数据安全，建立科学合理的汽车网络安全与数据安全技术标准体系和有效的安全审核机制，加强政府监管和行业自律，完善法律法规，明确责权，实现多部门协同联动，构建完整的汽车网络安全与数据安全生态，保障中国智能网联汽车产业的健康快速发展。

建立国家级汽车信息安全态势感知与监测监管平台，充分利用大数据、云计算、数字孪生、人工智能、量子通信等先进技术，实现安全态势的实时感知，安全风险的及时预判，安全措施的高效响应，为国家智慧交通和智慧城市建设提供可靠的安全保障。

数据作为数据经济时代的新型生产要素，已经成为智能网联汽车高质量发展的关键抓手。然而，目前智能网联汽车产业中面临着数据体量不足、数据孤岛现象严重、数据安全隐患大、数据价值未充分高效释放四大问题，严重制约了汽车产业的转型发展。汽车产业数据交易平台的建设成了一个可行的解决方案。它可以轻量化、低成本地实现数据的共享、流通、交易，最大化释放数据效能，优化配置，创造价值。平台可以聚合汽车产业链上下游企业，形成行业合力，构建数据共享生态，赋能智能网联汽车产业的发展。但如何有效保证平台数据的安全合规和交易可信成了这一平台得以建立和推广应用的基础。区块链、隐私计算等技术的应用，以及数据结构、数据交互与交易的标准化建设等成了关键。

还要高度重视车主的安全权益及个人隐私诉求。研究显示，中国车主对汽车安全问题的关注度越来越高，将可能逐渐成为购车选择的一个考量因素，并且对数据及个人隐私保护的认知和诉求多样化。随着汽车智能化、联网化相应技术的成熟与广泛应用，车主和他们的车辆也日益成为数据挖掘和分享的载体，因而，对于个人隐私的保护成为一个不可忽视的重要诉求。我们需要建立准确可信的数据安全合规标准，规范管理要求，为汽车用户提供充分的隐私保护通道，避免不必要的数据泄露，保障车主的隐私安全。此外，对于汽车信息安全相关争议和法律诉讼，需要建立一个具有权威性的维权机制，保护车主合法权益并协助其维权，为车主营造一个安全、透明、可信赖的信息环境和服务平台。

人才是保证中国汽车信息安全产业发展的关键要素。汽车信息安全是一个快速发展的新技术领域，需要大量的跨专业的复合型人才，因此汽车信息安全技术人才的培养至关重要。汽车信息安全需要多个学科的综合知识，既要熟悉汽车工程知识，尤其是汽车电子电气架构，还要掌握计算机科学、网络安全、密码技术等。可以设立专业的学科和课程，加强相关专业人才的培养。企业应加大对相关人才的培养和投资，建设专业的研发团队和技术支持团队，不断提高技术水平和信息安全开发与运维能力。可以通过建立行业人才交流平台，发掘优秀人才，推动人才交流，促进行业发展。

全球的汽车网络和数字安全问题没有国界，国际合作是建立汽车信息安全生态的重要手段之一。鼓励与推动中国汽车企业和行业协会组织积极参与以汽车信息安全为主题的国际论坛，介绍中国汽车信息安全的政策和最佳应用实践，并加强与相关国际组织合作，在汽车信息安全国际标准法规的制定中贡献中国方案。

7. 2022 年中国智能网联汽车信息安全大事记

二月	《车联网网络安全和数据安全标准体系建设指南》发布	由工信部印发的这份指南，提出到2023年底，初步构建起车联网网络安全和数据安全标准体系。重点研究基础共性、终端与设施网络安全、网联通信安全、数据安全、应用服务安全、安全保障与支撑等标准，完成50项以上急需标准的研制。到2025年形成较为完善的车联网网络安全和数据安全标准体系，完成100项以上标准研制，支撑车联网产业安全健康发展
四月	《关于进一步加强新能源汽车企业安全体系建设的指导意见》发布	工信部等5部委发布，指导新能源汽车企业加快构建系统、科学、规范的安全体系，全面增强企业在安全管理机制、产品质量、运行监测、售后服务、事故响应处置、网络安全等方面的安全保障能力，提升新能源汽车安全水平，推动新能源汽车产业高质量发展
八月	《汽车传输视频及图像脱敏技术要求与方法》团体标准发布	由中国汽车工业协会制定的这份标准规定了车辆向车外提供收集的车外视频、图像时应满足的有关人脸、车牌信息的格式要求、样本质量要求，脱敏功能要求、脱敏性能要求以及测试评估方法。该标准的发布与实施填补了我国汽车行业对车外视频、图像进行匿名化处理时技术标准缺失的问题，对于企业落实《个人信息保护法》和《汽车数据安全管理若干规定》中个人信息保护的要求有着指导意义
	《关于促进智能网联汽车发展维护测绘地理信息安全的通知》印发	由自然资源部印发的这份通知明确要求：目前已在提供智能网联汽车售后和运营服务的企业，存在向境外传输相关空间坐标、影像、点云及其属性信息等测绘地理信息数据行为或计划的，应严格执行国家有关法律法规，依法履行对外提供审批或地图审核程序，在此之前应停止数据境外传输行为
九月	国内首个自动驾驶示范区数据分类分级白皮书发布	《北京市高级别自动驾驶测试示范区数据分类分级白皮书》于世界智能网联汽车大会正式发布，填补了国内自动驾驶示范区数据分级分类领域的空白，为行业数据安全管理提供“北京经验”
	第六届中国汽车网络安全周顺利落幕	AutoSec 2022 第六届中国汽车网络安全周暨第三届汽车数据安全展在上海举行。聚焦两大汽车安全主题峰会及1场 AutoSec Expo 中国汽车数据安全展，全面展示了汽车功能安全、网络安全及数据安全领域最新创新成果，吸引了近百家车企及安全公司共同参加

续上表

十一月	网络与数据安全成为智能网联汽车准入试点关键	工信部和公安部就《关于开展智能网联汽车准入和上路通行试点工作的通知》公开征求意见，通知规定试点企业应具备网络安全、数据安全、软件升级、风险与突发事件等安全保障能力，同时应建立智能网联汽车产品安全监测服务企业平台，对试点车辆的网络与数据安全状态进行监测，并建立报告机制
	《中国汽车基础软件信息安全研究报告1.0》发布	在中国汽车工业协会软件分会和中国汽车基础软件生态委员会联合指导下，中汽创智、长安汽车、电子科大牵头组织20多家单位联合编写的《中国汽车基础软件信息安全研究报告1.0》发布。报告由研究背景、重点技术、应对未来3个部分共7个章节组成，较全面和系统性地总结了汽车基础软件信息安全的政策背景、关键核心技术、最佳应用实践和未来挑战及应对策略
	《智能网联汽车网络安全与数据安全发展报告(2022)》出版	中国汽车工程研究院牵头，联合行业资源编写的这部蓝皮书由总报告、安全芯片篇、数据安全篇、网络安全篇、在线升级篇、检测篇、技术篇、标准篇及附录10部分组成，展现了智能网联汽车网络安全与数据安全产业发展现状，分析了安全薄弱点和威胁来源，介绍了多种安全架构设计方案和相关技术，并探讨我国标准体系统一建设的难度及产业投资风险等，旨在为智能网联汽车信息安全产业发展提供智库支撑
十二月	我国首个汽车信息安全研究中心揭牌成立	中国汽车技术研究中心建立的我国首个汽车信息安全研究中心将致力于建设互融、互通、互助的汽车信息安全生态，着力于漏洞攻防、舆情监控、数据分析、产品研发、企业安全等方向，推动汽车信息安全政府治理支撑、关键技术攻关、产业化应用推进和高精人才培育，促进车联网行业安全持续发展
	车联网身份认证和安全信任试点项目成果发布	工信部组织开展的61个车联网身份认证和安全信任试点项目完成项目总结，并有10个项目被授予“优秀实践案例”

(七)智能网联汽车基础软件技术

东软睿驰汽车技术(上海)有限公司　曹　斌

中国汽车产业正在经历传统汽车的百年历史变革，供给侧和需求侧双向推进汽车产品向智能化演进，随着汽车智能化、网联化迅猛发展，用户体验成为主机厂不断革新的核心驱动力，如何赋能汽车快速创造汽车产品的新价值、推动应用创新生态发展成为行业共同关注的议题。智能化带来的软件定义汽车时代，正在驱动未来，牵引产业发展。

1. 2022年智能网联汽车基础软件技术总体发展与突破

伴随汽车智能化落地进程的加速，电子电气架构处于由传统分布式架构向跨域集成，最终向整车融合区域集中架构发展。随着大量的数据、信息交互使用以太网协议进行传输，软件开发的规模和难度激增，全新开发方法学是促使智能汽车产业从基础走向高级的最本质变化，驱动了汽车产业向多域融合迈进。

汽车基础软件面临资源分散、集中度低等挑战。在车企“创新速度”与“成本”的诉求下，多域融合的开放架构通过实现多个控制器开发视图与开发方法的统一，成为软件复用度与开发效率提升的关键。

就创新速度而言，多域融合实现了多个控制器开发视图与开发方法的统一，将嵌入式的MCU部分挪到中间件以实现整车多功能组合开发，超越车型、E/E架构、线束拓扑、信号定义等去开发子功能的服务，通过软件集约化，更方便地通过功能组合实现应用的创新。

多域融合也大幅降低了开发成本。大算力芯片与以太网的高速发展为多域融合提供了基础，针对域控制器架构下多核异构芯片的特点，SoC的每单位算力成本低于传统MCU不止10倍，只有迁移到开放的架构里，软件的开发成本和运行成本才会同步降低。

在此背景下，面向服务的软件架构(SOA)软件架构是实现多域融合的软件基础，帮助实现上层应用软件和底层基础软件的解耦，提升整车OTA功能的实现能力。例如广汽星灵架构采用了SOA软件架构以取代传统软件架构，以实现组件服务化、原子化和标准化，新增应用模块即可实现新场景。

汽车基础软件平台在实现整车电子电气架构转型与SOA软件架构落地中，起到了“承上启下”的关键作用，主要包括操作系统内核、虚拟机、中间件和功能软件以及配套的开发工具链等模块，用于屏蔽底层硬件特性、支撑上层应用软件，可有效地实现应用软件与硬件之间解耦，支撑创新应用快速迭代开发。

2. 产业标准体系的建设

随着汽车E/E架构演化、汽车控制器及软件的复杂度都在呈指数级递增。成熟的软件产品需要通过标准和认证不断展示其成熟度及稳定性，需要制定相应的标准和规范，来提高汽车软件整体的安全性、互操作性和可复用性。

当前，行业中依然通用的标准是AUTOSAR标准平台由于采用开放式架构和代码开源方式，已经成为国际主流的标准软件架构，它不仅提高了开发效率，降低开放成本，同时保障了车辆的安全性与一致性。随着汽车电子系统的不断创新和发展，AUTOSAR标准也在不断升级和完善，以应对日益复杂的汽车电子系统需求。因此，搭建基于本土化应用和实践的标准体系是我国智能化发展的关键。

2019 年，在中国汽车工业协会的牵头指导下，联合一汽、东风、蔚来、小鹏、广汽、吉利、长城、长安、东软睿驰、零束等 20 家创始会员单位共同成立了中国汽车基础软件生态标准委员会（AUTOSEMO），旨在打造开放的标准化汽车基础软件架构，为中国汽车行业提供一套标准化的开发方法论、系统软件和应用程序接口。

AUTOSAR 在标准基础软件开发平台对上层提供统一封装的硬件能力和标准服务组件，但是没有对跨核、跨域功能的汇总，使用者仍需要完成业务整合汇总的工作，对开发者的开发效率会产生一定影响。AUTOSEMO 携手行业内主流车企和零部件企业，推出了车端开放的分布式服务框架 ASF（AUTOSEMO Service Framework），通过该规范统一服务和接口，实现高效的整车控制器设计、开发，让跨厂商集成更便捷、可靠。

ASF 使用标准化基础软件开发平台和操作系统提供的接口，提供更多整车业务层面需要的功能，并封装成基础系统服务与整车系统服务，例如整车级日志服务、整车级诊断服务等，将各个节点的服务汇总成整车级，为开发者提供基于整车统一视图的服务功能及接口。可以帮助 OEM 更好地聚焦于策划与开发附加值更高的应用软件，软件服务企业的分工逐渐细化，促进汽车软件生态的发展。

为保障汽车的安全，满足智能化、网联化的安全保障需要，汽车的功能安全标准也在不断地发展完善中。功能安全领域，行业内主要遵循的是 ISO 26262 和 ISO 21448 两大标准。

ISO 26262 是道路车辆功能安全国际标准，内容主要涵盖汽车系统、软件、硬件等方面的安全完整性，强调在汽车产品的开发过程中如何避免、预防、探测、降低或消除风险。ISO 21448 是汽车预期功能安全标准，内容主要围绕自动驾驶车辆的功能局限性（含设计不足和性能局限），在复杂环境影响和人员合理误用的情况下，避免或降低车辆潜在的安全风险。

在信息安全方面，汽车基础软件的技术标准目前尚处于规划阶段。当前国内在该相关领域的标准组织包括全国信息安全标准化技术委员会（简称信安标委，TC260）、全国汽车标准化技术委员会（简称汽标委，TC114）和中国汽车工程学会（CSAE），工信部印发了《车联网网络安全和数据安全标准体系建设指南》，对于车联网网络安全的标准体系建设也形成了相关指导意见；国际方面则主要有 AUTOSAR、ISO/SAE 21434 工作组、联合国 UN/WP29 工作组、美国高速公路交通安全管理局（NHTSA）等相关组织。

3. 国内外智能网联汽车基础软件技术发展趋势

（1）汽车操作系统

作为连接和管理硬件、软件及用户的核心枢纽，汽车操作系统衔接了上层应用软件生态和底层硬件资源，是构建全新汽车生态体系的核心要素。

狭义汽车操作系统通常指的是操作系统内核，竞争格局较为稳定，主要包括 QNX、Linux、Andriod（基于 Linux 开发）、VxWorks 等。广义操作系统在其基础上，增加了中间件和功能软件，从而提供统一的通信接口、通信能力及基础服务，构建更多整车业务层面需要的功能，并封装成基础系统服务与整车系统服务。

随着汽车电子电气架构向中央集成式转变，智能汽车的应用开发面临着软件复杂度、软件组织体系、软件开发成本等重大课题和挑战，基于广义操作系统的特性，开发者可以不受限于单个底层操作系统内核，应用开发更便捷，车企能够实现更丰富的创新功能，汽车生态更为广泛。

（2）中间件

中间件在汽车软硬件解耦的趋势中发挥了关键作用，作为整车 SOA 架构落地过程中至关重要的一环，在智能汽车快速量产和迭代升级中扮演重要角色。目前主流的车载中间件方案包括 AUTOSAR、ROS 2、Cyber RT、Iceoryx 等，通信中间件包括 SOME/IP、DDS 等。

AUTOSAR 平台是目前应用范围最广的中间件解决方案，其中 AUTOSAR CP 广泛用于对实时性安全性要求高的动力域控、底盘域控、车身域控等方面，以已达到软硬件解耦、提高开发效率、提升软件复用性的目的。面向自动驾驶、车联网等复杂场景，AUTOSAR AP 平台更专注于提供高性能计算和通讯机制，提供了灵活的软件配置方式，更加适用于当前智能汽车领域高速发展的时代。

4. 目前亟须解决的技术难点及解决方案

随着汽车电子电器架构由传统的分布式架构向更加先进的集中式架构演进，行业面临域控制器架构开发面临日益复杂等痛点，包括多核异构、硬件加速、功能安全和信息安全等相关问题的集中处理，传统 V 字正向开发模式难以持续，给车企以及相关供应商带来了全新的挑战。

汽车行业在新一代集中式 E/E 架构中的域控制器或车载计算平台所需的基础软件方面还存在空白，没有形成 Windows、Android 这类被行业内广泛应用的操作系统。此外，由于国际局势，本土化车载操作系统、中间件等汽车基础软件的开发与创新是行业需要共同思考的课题，中国汽车产业亟待形本土化基础软件生态和标准。同时鼓励自研基础软件产品落地。

在我国打造安全可控的新能源汽车产业链的关键时期，东软睿驰率先提出了汽车操作系统需要做到“广义”与“狭义”并重。微内核操作系统、符合 AUTOSAR 标准的中间件等基础模块需要积极推进本土化替代，获得快速发展的机会，赋能本土车企的智能化创新。东软睿驰自主研发的 NeuSAR 基础软件平台、汽车操作系统，通过与诸多本土芯片、微内核企业的共同协作，不断发展壮大，正在积极推动生态系统的发展，共同探索和推动本土化广义操作系统的形成。

5. 2022 年行业重点企事业单位发展情况

国内外主机厂、造车新势力、零部件供应商等都在着力打造其专属的基础软件平台，并已形成以 OS 为核心向基础软件平台进化的趋势，以下为通过列举近几年部门企业发布的产品来阐述当前本土化基础软件发展情况。

(1)东软睿驰支持“软件先行”的基础软件平台——NeuSAR

东软睿驰汽车基础软件平台产品——NeuSAR,由东软睿驰全新自主研发,兼容 AUTOSAR AP R21-11 最新版本,通过 ISO/SAE 21434:2021 汽车信息安全流程认证,是国际公认的测试、检验和认证机构——SGS 在国内认证的首家企业。NeuSAR 既支持传统的 ECU 开发,同时又对基于域控制器和新 E/E 架构的软件开发提供了丰富的基础软件、中间件和开发工具。

东软睿驰作为 AUTOSEMO 的创始会员单位,联合成员企业一同推进了 ASF(AUTOSEMO Service Framework)技术规范,致力于解决域控制器架构下多核异构芯片的统一开发视图问题,为车企提供强大的支撑。

多域融合趋势下,NeuSAR 推出全新应用开发框架——NeuSAR SF(Service Framework),率先实现了 ASF 商品化的应用落地,将开发视图从域控制器层面向整车层面迁移,解决多核异构域控制器的软件部署难题,真正实现软件资产的复用,使得整车开发的创新速度、创新质量大幅提升。

NeuSAR 软件平台已与许多本土化的算法、通讯、安全以及芯片、微内核等企业进行良好的适配与集成,并在国内众多主流车型中实现量产落地。未来,NeuSAR 将秉承“软件先行”的开发理念,持续提供稳定的软件架构、丰富成熟的工具,让越来越多的开发者参与汽车软件的开发,不断发挥“承上启下、继往开来”的作用。

(2)中汽创智——CAIC 产品

中汽创智 CP AUTOSAR 解决方案是一款基于国际 AUTOSAR 组织发布的 Classic Platform R20-11 规范开发而成的包含嵌入式软件和配置工具链、面向 MCU 的全栈式基础软件解决方案。本产品能够满足多核 MCU 高性能要求,可有效支撑功能安全开发,高易用性工具链可支持高效持续集成。中汽创智 CP 解决方案具有硬实时、高安全、资源占用少,功能可配置可剪裁的特点,可广泛用于对实时性、安全性要求高的动力域控、底盘域控、智能座舱域控、自动驾驶域控、车身域控等方面。

中汽创智 CAP-AP 是一款基于国际 AUTOSAR 组织发布的 Adaptive AUTOSAR R20-11 规范开发而成的包含 AP 平台软件和配置工具链、面向 SOC/MPU 的基础软件产品,支持多操作系统和虚拟化,主要应用于自动驾驶、服务网关、智能车身、智能座舱、V2X 等领域。

(3)经纬恒润——INTEWORK-EAS 产品

经纬恒润自主研发的符合 AUTOSAR 标准的软件产品 INTEWORK-EAS 包含两个主要部分,INTEWORK-EAS-CP 平台及 INTEWORK-EAS-AP 平台。其中,INTEWORK-EAS-CP 平台基于 AUTOSAR Classic Platform 标准进行开发,搭载微控制器,应用于车辆动力/底盘等高实时性领域。INTEWORK-EAS-AP 平台基于 AUTOSAR Adaptive Platform 标准进行开发,搭载高性能运算平台,广泛运用于智能驾驶、智能座舱和智能网联等领域。

公司已有基于 AUTOSAR AdaptiveR19-11 规范开发的质量稳定的软件产品,采用持续集成与发布模式,可快速迭代软件版本,有效满足不同客户需求。

(4)零束科技——云管端一体化 SOA 软件平台

2021 年 4 月零束科技发布了汽车行业首个云管端一体化 SOA 软件平台,该包含三大全栈自研核心技术产品,分别为:基于标准 AP(Adaptive AUTOSAR)规范本土化研发的基础中间件平台、SOA 中间件平台、开发者平台及数字商城。

该平台打破了传统汽车软硬件强耦合及“孤岛式”开发,实现智能车“车云一体、跨域融合”的硬件数字化和软件服务化开发,探索出硬件“可插、可拔、可扩展”、软件“可买、可卖、可订阅”的全新商业模式,同时引入开发者和 IoT 生态,助力智能汽车行业创新发展及应用生态建设。

(5)中兴通讯——基于微内核和 Safety Linux 的双内核智能驾驶操作系统

在汽车操作系统领域,中兴通讯推出基于自研微内核和 SafetyLinux 的双内核智能驾驶操作系统解决方案,兼顾智能驾驶场景下功能安全和丰富生态支持要求,主要由三部分组成:

中兴 Microkernel RTOS:采用微内核架构,内核仅保留少量的核心功能,其余功能运行在用户态,增强核心内核的可靠性。关中断路径短,中断响应快,调度及时,具备精准时空配额支撑能力,产品通过了 ASIL-D 产品认证。

中兴 Hypervisor(安全分区引擎):支持的虚拟化类型为 Type-1,可允许多个操作系统和应用共享硬件,实现安全分区隔离。支持硬件虚拟化和软件虚拟化,支持全虚拟化和半虚拟化技术。可与 ZTE Microkernel RTOS 一体化设计,支撑同时运行原生实时任务和虚拟机中的任务,提升整体性能。

中兴 Safety Linux:在实时性、确定性、安全性方面都进行了增强的 Safety Linux 操作系统,业界领先的中断响应和调度处理效率,保证了系统中的关键事件和任务均能得到及时处理。分区调度能力保证了关键业务处理时长可控可期。

(6)映驰科技——EMOS 中间件平台

映驰科技专注于智能汽车高性能计算软件平台与自动驾驶软件产品的研发与服务,以智能驾驶应用级操作系统和嵌入式人工智能为核心技术。自主研发的 EMOS 中间件平台,支持确定性通讯和确定性调度,核心模块已通过 TÜV 莱茵最高等级 ASIL D 产品认证;全栈自研的低速自动驾驶算法 EM-Parking System,可在各类复杂场景下解决泊车难的问题。搭载 EMOS 的智能驾驶软件及域控解决方案已规模化量产。

映驰科技作为全球为数不多可提供跨域(多域融合)高性能计算软件平台的厂商之一,正以 AUTOSAR 开发合作伙伴身份,与国内外众多车企、芯片厂商、操作系统与算法公司等生态伙伴建立战略合作关系。

映驰科技以成为连接芯片与自动驾驶技术落地的桥梁为使命,推动自动驾驶技术的落地。

(7)电子科技大学在基础软件标准及关键技术的研究

电子科技大学嵌入式软件工程中心,是国内最早从事嵌入式系统、嵌入式基础软件研发与产业化的专业团队,长期从事嵌入式基础软件、车联网安全与金融科技的研究和产业化工作,在国内学术尤其是产业界具有相当的影响。面向汽车电子、移动支付、航空电子、飞行控制、舰船电子等行业领域,实现了嵌入式实时操作系统、嵌入式软件组件、嵌入式开发工具及平台、网络安全技术与产品等的产业化应用，实现了显著的经济与社会效益。

目前主要开展智能网联汽车基础软件、网络安全、区块链与数据安全等方面标准及关键技术研究。深入开展汽车网络安全有关的国际国内标准化组织、标准体系及具体标准的研究，与 TC114、TC260、CNCERT、TIAA 等组织进行合作，积极参与或主导国内汽车网络与信息安全方面的标准研制工作，开展标准验证。目前参与了国家标准 4 项、行业及团体标准 6 项，包括汽车电子系统网络安全第一项国家标准 GB/T 38628—2020《信息安全技术　汽车电子系统网络安全指南》、TIAA 首批网络安全团体标准《车联网网络安全防护要求》和《智能网联汽车车载终端安全要求》)，以及多项 TC114 的汽车信息安全标准工作。

6. 未来几年智能网联汽车基础软件技术发展建议

未来几年将是中国本土基础软件企业发展的关键时期，如何突破多域融合的基础软件技术挑战与难题，并且快速建立起强大的竞争壁垒，对于入局基础软件赛道的企业来说极为重要。现阶段，本土汽车基础软件发展虽然呈现出百花齐放、蓬勃发展的态势，但也面临着一些问题和挑战。

首先，行业内还未形成行业共识的标准规范与主流方案，行业需要打造具有自主知识产权的汽车基础软件产业生态体系，协同汽车产业上下游企业，共同推动本土化技术规范的落地，夯实汽车“软硬结合”实力。

在全新 E/E 架构开发实践过程中，本土化基础软件平台应发挥“承上启下、继往开来”的作用，助力车企解决域控制器架构下多核异构芯片的统一开发视图问题。

“承上启下”：中间层软件向下提供标准设备驱动模型，对不同硬件提供抽象适配；向上提供标准、可复用、稳定的中间层框架，为应用迭代开发提供基础，通过上下层的衔接，使得开发更加快速便捷。

“继往开来”：AUTOSAR 通用标准架构提供了稳定的底层平台及开发方法学，本土化基础软件平台要在继承中发展、发展中创新，积极地推出新标准、新框架、新工具和模块等，构建支持多核异构硬件体系、标准框架、跨域协同的创新方法学，为车企提供强大的支撑。

本土化基础软件需要积极与本土操作系统内核及芯片企业合作，构建“广义”与“狭义”并重的操作系统新生态，赋能中国车企的智能化创新。

其次，在向中央集中式架构发展的过程中，智能汽车的应用开发面临着软件复杂度、软件组织体系、软件开发成本等重大课题和挑战。“软件先行”的开发方法学，通过集中抽象及管理整车服务、数据及通信等服务，使传统的 ECU 软件开发与域控制器软件开发能并行执行，做到充分的软硬解耦，实现一次开发多车型通用，赋能软件模块的可移植和最大化复用，从而降低开发成本。

最后，在当前日益重要的软件背景下，汽车行业也需要大量培养软件专业人才，以推动软件定义汽车的发展。大专院校和研究机构应当开设与汽车软件相关的课程，培养出既懂汽车又懂软件的复合型人才，以适应汽车智能化发展的需求。此外也需要行业组织的力量，指导行业构建软件人才队伍，并提供人才培养方面的合理建议，尽快为公司、为我国培养一批在基础软件领域优秀的研究设计人员、工程技术人员，从而为赶超国际发展水平提供人员基础，在日趋激烈的市场竞争中占有立足之地。

（八）智能座舱与人机交互

华为技术有限公司　智能汽车解决方案 BU　智能座舱领域总经理　王庆文

1. 智能座舱整体大趋势

（1）2023 年智能座舱人机交互发展趋势概述

给 2023 年的汽车行业赋予一个关键词，智能座舱必然有一席之地。在智能化汽车蓬勃发展的浪潮里，颠覆性的变化正在悄然发生着，智能化座舱成为汽车智能化的新战场。

从趋势上看，2022 年开始全球座舱的发展已经快速从第一阶段“满足娱乐功能的电子化座舱”演进到“智能化和交互方式多样”的智能式座舱阶段。比如宝马集团在 CES 上发布的 BMW i 数字情感交互概念车（Dee），首次搭载了先进的平视显示系统，能够将投影内容覆盖整个挡风玻璃，通过隐藏在仪表盘上的传感器，驾驶者可以自行决定在先进平视显示系统上显示的数字化内容以及内容的丰富程度。Dee 还可以与人交谈，能够表达情感。大灯和封闭式 BMW 双肾型进气格栅共同组成了车外人机情感交互模块，汽车能够做出不同的“面部”表情，预示着座舱的情感交互更进了一步。2023 年的国内整车多屏趋势明显，在推出的某新势力车型上，用大尺寸的 HUD 代替传统的仪表屏，使用中控副驾双联屏，取消了原来的车控屏，后排也配备了一块大屏，来满足不同位置乘客的导航、音乐和视频等功能。交互方式上，除了中控屏触控之外，多模态交互趋势开始涌现，把语音和手势交互引入座舱中，来满足消费者舒适和娱乐等方面的需求。随着 ChatGPT 的出现，大模型技术和操作系统的融合也在改变座舱人机交互方式。比如华为在 2023 年 8 月发布了首个基于 HarmonyOS 的 AI 大模型智慧助手，可以通过自然对话的理解，识别出用户意图。比如用户可指导车机“播放昨天晚上看过的电影”，车机即可根据上下文语义理解和数据库为用户执行。满足基础的音、视频交互功能后，很多车企也提出了“第三生活空间”的概念。比如把更多的外设硬件、VR 和投影屏等软硬件引入座舱中，实现在车内看电影、玩游戏和开电话会议等“新出行”场景。可见，在新能源汽车蓬勃发展的今日，消费者对座舱的要求不再仅限于简单的出行舒适安全，而是更加类似手机的智能化、丰富化、生活化的场景体验。

（2）智能座舱，直接将手机系统搬到汽车上是不够的，座舱智能化发展面临诸多挑战许多车企将手机系统和应用直接用在车机上,但是由于车机与手机的交互逻辑不同,因此系统和应用的适配效果并不好。

第一大挑战:多空间区域、多用户交互。2023 年多屏趋势明显,在推出的用大尺寸 HUD 代替传统的仪表屏,使用中控副驾双联屏,取消了原来的车控屏,后排配置大屏来满足不同位置乘客的导航、播放音乐和视频等功能。

第二大挑战:硬件多样化、复杂化。车内智能硬件的形态也开始变得多样化,包括中控台上车机屏、芯片和接口等硬件设备缺少行业的标准,容易导致不同车厂芯片不能互通、不同版本的芯片不能互通等问题。

第三大挑战:多场景。智能座舱的功能性不仅局限于行车场景,更将具备会议、办公、娱乐等丰富化、生活化场景,将真正成为“第三生活空间”。比如把更多外设硬件、VR 和投影屏等软硬件引入座舱中,实现在车内看电影、玩游戏和开电话会议等“新出行”场景。

第四大挑战:长生命周期。相对于智能手机两年左右的换机周期,智能汽车的生命周期更长,换机周期在 5 ~ 10 年左右,由于芯片、系统的更新换代速度快,大多数车企受限于系统版本维护投入大、功能更新困难,所以无法做到常用常新。座舱不同于手机,是个长生命周期的产品,往往需求在 8 ~ 10年的生命周期保持持续的可用和活力。这对车型的长生命周期规划和部署提出了更高要求。

2. 汽车座舱或将重现智能手机的跨时代演进,归一可迭代的 OS 平台及开放的生态必不可少

回望十几年前,功能机向智能机的变革改变了人机交互乃至人与世界的交互方式。座舱智能化变革或将重现手机的智能化的演进。

(1)功能和使用场景愈加丰富,生态多样性决定了座舱体验

“功能单一”“可玩性差”的功能机类似过去的传统座舱,用户需要手机支架来完成基本行车功能操作。而座舱也将向着“功能丰富”“可玩性高”的智能机方向发展。如前文所述,智能座舱的功能性不仅局限于行车场景,更将具备会议、办公、娱乐等丰富化、生活化场景,将真正成为“第三生活空间”。这些丰富场景体验,需要依赖如地图、音乐、K 歌、会议、儿童等广泛的应用生态伙伴的投入和打造。但目前行业 OS 不统一,车辆保有量远不如手机空间大。出于成本考虑,单一的 OEM 无法负担为全量场景 App 做巨量定制化开发。同时,在应用开发者角度,为不统一的 OS 做大量重复的定制化开发也难以维系收益。因此体验的演进,需要一个跨车型跨车企开放的 OS 平台,对上帮助车企快速适配车型,对下为伙伴提供一次开发,多端适配的土壤。集结全生态的力量,推动座舱丰富场景体验快速演进。

(2)常用常新或成用户选车必备需求

传统座舱的局限性,让用户习惯与支架上的手机交互,完成导航等体验。但在智能化座舱演进里,用户的交互从手机转移到了座舱车机。相比手机应用一年 4 ~ 6 次更新的节奏,用户对车机系统及其应用的常用常新要求愈发明显。如车机应用(如导航、音乐)未跟随手机节奏更新将带来体验不一致而无法使用等用户投诉。如车机系统无法支持长期更新,将无法承载更多新的应用体验升级上车。更有甚者,将由于系统能力跟不上应用资源需求,带来卡顿、死机等体验问题,从而影响车型新用户获取和用户满意度。如此,在智能汽车时代,用户对座舱的长生命周期管理能力及车机系统的长期迭代能力提出了较高要求。

(3)OS 系统或将逐渐归一化,座舱的长生命周期管理或要求更高

如同手机领域的功能机向智能机大变局的时代,智能座舱也在经历类似的由安卓、塞班、IOS“群雄争霸”到 OS 路径归一的变革。如前文提出,封闭多形态的 OS 及其生态无法支撑座舱智能化、丰富化、生活化的“第三空间”演变。在汽车智能化和常用常新推动下,座舱操作系统或将逐步走向归一化。

同时,车机与手机的智能化既相同也不同。座舱不同于手机,是个长生命周期的产品,往往需求在 8 ~ 10 年的生命周期保持持续的可用和活力。这对车型长生命周期的规划和部署提出了更高要求。

第一,在投入部署上,不同于传统座舱上市即终点。智能化座舱需要对整车软件生命周期的投入进行主动规划,提前制定版本 OTA 的节奏和预算规划。第二,长生命周期中切换系统平台难度和投入较大,在规划初期需求车型具备长久眼光,选择自主可控、可迭代演进的系统平台,满足长生命周期中的软件迭代需求。第三,长生命周期中的软件升级会对硬件升级产生诉求。如何在软件常用常新的同时,提供硬件快速替换的方案和可能性,也是在座舱智能化中亟须思考的课题。

3. 建立统一智能座舱评价标准,促进产业健康发展

汽车智能座舱的技术创新不断涌现,市场发展远远超过预期。因为智能座舱涉及功能多种多样,用户的需求千差万别。产业发展上缺乏跨企业发展的共识,缺少体系性和学科建设,缺少合理完善的评价体系,导致技术堆砌多,创新方向指引少,未形成产业的合力,严重影响了行业协同创新发展,建立统一的智能座舱标准和评价体系是当前产业健康发展的前提和基础。

智能座舱涉及人机交互、系统和零部件,不仅包括智能座舱操作系统为代表的基础支持关键技术,而且也牵涉到用户体验,产业界需要以技术和应用两个维度、来制定智能座舱的标准和评价体系。从技术方面,对于智能座舱的共性关键功能和重要部件,需要建立功能和部件的客观功能定义、性能指标及测试评价方法;从体验方面,建立主客观结合的测评体系,牵引产业的健康发展。依据《国家车联网产业标准体系建设指南(智能网联汽车)(2023 版)》,加快规划的智能座舱相关标准制定,主要包括以下标准:

①汽车智能座舱功能评价规范。

②智能网联汽车用户使用非驾驶任务功能通用安全规范。

③智能网联汽车车内生物滞留监测系统技术要求及试验方法。

④智能网联汽车座舱声学系统技术要求及试验方法。

⑤乘用车抬头显示系统性能要求及试验方法。

建立统一的标准和测评体系，牵引座舱技术的不断发展方向和持续迭代，形成合力，促进智能座舱产业的健康发展。

4. 长效的智能化体验依赖统一开放可迭代的操作系统

（1）HarmonyOS 车机操作系统：把手机高效迭代带入座舱

要实现座舱智能化体验中真正意义上的“常用常新”，一套统一开放的可长生命周期迭代的车载操作系统必不可少。华为将长期在手机领域积累的能力赋予智能座舱平台推出了面向车的操作系统 HarmonyOS 车机操作系统，让手机的高效迭代进入座舱领域成为可能。

HarmonyOS 车机操作系统为 OEM 和伙伴提供了智能座舱域专用子系统的平台能力，通过超 16200 个 API 接口，把座舱感知能力和算法，鸿蒙原生系统组件以及座舱专属子系统能力打包给伙伴调动。比如视频和导航伙伴通过调用鸿蒙独有的无缝流转能力，可让用户快速实现手机里的视频，导航任务自动流转到车机上使用。真正打破设备与设备中的壁垒，为用户实现全面智能化体验，为车型实现快速智能化。

（2）HarmonyOS 系统能力：为座舱提供长生命周期管理可能

目前业界部分车型实现常用常新尚有困难。其主要原因为智能座舱软件受到漏洞修复、应用软件升级、UIUX 优化等原因，导致升级周期不确定。

从车企角度来看，每次发布都需要完成集成、测试、发布、备案完整流程，需要维持一支专职维护团队，投入门槛高。从用户角度，频繁升级降低了新鲜感，对软件升级只是被动接受，过高的频度会引起困扰，后续频度降低又会引起消费者不满。由此，好的座舱体验需求对车型具备全生命周期的系统规划。

长生命周期管理正是 HarmonyOS 的优势。HarmonyOS 车机操作系统将底层固件、上层应用与操作系统的交互界面进行清晰分层，通过统一接口语言来管理通讯界面，实现应用层和系统层解耦。这样平台能力在版本迭代时，均能够向前兼容多个老版本的服务接口和 Kits 工具包，并与底软驱动、产品组件和进程间实现解耦通信。这种兼顾解耦和前向兼容的框架设计，让 OEM 进行迭代规划时，不再受系统能力和接口界面更迭的影响，真正做到“一次开发、跨版本使用”。

2023 年，问界 M5 和 M7 系列升级到 HarmonyOS3，为数万车主家庭带去了数十个新特性升级，预示着“常用常新”的体验开始。华为智能座舱对软件生命周期进行了主动规划，按年度定期发布大版本 OTA。发布前，通过开发者大会、软件版本发布会引导消费者对软件升级时机的认同，告知新版本的功能特性。发布中明确告知软件的 EOM（停止销售时间）、EOS（结束服务时间），培养软件生命周期的理念，逐步让用户理解并接受购买新版本来获得持续升级的良性消费习惯。发布后对用户进行访谈，收集功能特性的满意度。年度大版本存在收编关系，当上一个版本停止销售，可由新版本接替，从而持续向用户提供新的功能特性。

HarmonyOS 车机操作系统的出世，让用户持续享受到 HarmonyOS 软件平台大版本每年带来的能力提升、新能力和新体验，更能在迭代中让 OEM 和伙伴以更低的成本、更短的研发周期来持续迭代的智能座舱体验，真正做到常用常新。

5. 长效的智能化体验需要建立开放的生态产业链

（1）智能化的座舱体验依赖多样性生态

此前提及，座舱智能化将带来愈加丰富的使用场景需求，这些场景的实现依赖多样性生态伙伴的投入和打造。但由于车辆保有量远不如手机空间大，应用为每个 OS 单独做定制化适配成本较高，导致主流车型上应用种类较少。消费者需要被迫适应车机上提供的应用，而无法移植手机上已形成的用户习惯，造成“不好用”“使用率低”的体验痛点。以主流车型来看，鲜有车型具备全部音乐平台 App，大部分车型除了能提供导航、音乐常用 App 外，难以提供给办公、儿童、K 歌等软件，极大局限了座舱场景体验的发展空间。因此，业界需要一个跨车企、跨车型整合操作系统平台及其生态，来为商业闭环提供更多用户，为伙伴提供低投入高产出的开发平台，为用户提供更多智能化体验的可能性。

（2）HarmonyOS 车机操作系统：为应用伙伴提供开放的能力底座

华为聚焦自身 OS 内核和核心底层能力，构筑统一的 HarmonyOS 车机操作系统和开放中立的生态战略。统一的操作系统，不仅聚合了用户，更保障了跨车型的 OS 能快速升级，不断提供先进的系统能力。开放的 APIs 接口，帮助应用开发者快速获得 HarmonyOS 的能力，把好的体验快速复制上车。HarmonyOS 灵活的系统底座为应用伙伴节省了定制投入，消除了考虑硬件、传输协议、操作系统、功能模块间的区别障碍，带来了源源不断的应用和体验。这样，应用伙伴们也能更专注于打造用户体验，让座舱的新场景新体验拥有更大可能性。

华为应用市场已经具有 590 万 + 注册开发者，5.8 亿 + 全球月活用户，年度应用分发几千亿次，80 万 + 全球上架应用。

如今，华为智能座舱生态，已搭载在 8 个车型，为 10 万余用户带来了 12 品类近 150 个应用生态的多样化体验。华为在导航、音乐、视频、游戏、主题、充电等品类均与 CP 伙伴们一起共同讨论用户体验和业务场景创新，组织讨论和制定每个品类需要的 OS 统一的开放接口和开放能力并支持伙伴打造更佳的用户体验，这些应用在 HarmonyOS 车机操作系统的土壤里，平均每个季度都会进行迭代更新，真正做到了一车开发、多车升级，为用户真正打造了持续创新迭代、常用常新的体验。

（3）HarmonyOS 车机操作系统：为座舱后向迭代提供“快车道”

如今，智能化浪潮恰逢其时。随着汽车网联化、智能化从车机单部件逐渐蔓延发展到整个座舱空间，车舱内越来越多的部件逐渐具备了联网和运算能力，更多设备接入了智能座舱域控制器，基于用户使用场景参与到了多部件协同运作、提供场景化的功能与服务中。

越来越多外设部件接入过程中，设备厂商众多，设备类型和规格繁多，这对于智能座舱操作系统在硬件接入的兼容性、开发效率上带来一系列挑战，当前行业内尚未形成一套成熟的归一化接口规范。车机在面临不同外设接入时，不可避免地会面临许多重复的硬件接口定制适配、接口兼容性改造等任务，这对于开发效率、硬件研发成本和多版本管理成本管控都十分不利。因此，业界对操作系统的硬件接口的归一化设计和统一的座舱外设硬件接入规范诉求十分强烈。

为此，HarmonyOS 车机操作系统平台为业界提供一套归一化硬件规格，包括硬件通讯方式、传输协议和硬件性能参数，实现南向硬件即插即用。以座舱屏幕为例，HarmonyOS 车机操作系统平台通过定义屏幕硬件规范，包括屏幕硬件接口规范、器件选型规范、驱动接口规范、寄存器设计规范，将座舱屏幕的硬件设计规范化。

同时，平台通过分层分面的平台化设计，支持屏幕高效接入车机系统。在 HAL 层和驱动层，座舱平台提供了平台化 HAL 和平台化驱动，支持三方屏幕基础能力即插即用；在服务层，座舱平台针对屏幕分面实现了管理面、控制面和业务面的功能，为三方屏幕提供了完整的软件能力，支持座舱内多屏软件特性即插即用。

中国的电动智能汽车快速发展，智能化技术和汽车规模都处于世界领先地位，未来几年是智能汽车大变局的几年，常用常新的智能体验离不开统一开放的 OS 操作系统底座，更离不开车企和各硬件部件厂商的共同努力。长效智能化的座舱体验需要形成开放共赢的座舱生态产业链，需同行业每个伙伴共同打造。

6. 极致的视听体验是座舱智能化的关键场景

智能化体验，一定要让用户看得到、摸得到、听得到，因此需要通过显示和音响等外部硬件设备来呈现，并且好的外设硬件是好的体验基础。为了适配不同车型，外设硬件还需要满足生态系统规范、遵循外设接口标准，在此基础上才能够持续构筑长效的智能化体验，做到体验可升级。

（1）极致的视听体验来自优秀的显示设备

车载显示屏是车内乘员与车辆进行人机交互的重要窗口，随着汽车从功能化到智能化属性变化，车载显示屏的属性也发生了变化，从满足车辆控制的基础需求演进到满足娱乐办公的进阶需求。大屏化、多屏化成为智能汽车时代的基本特征，例如理想 L9 配置了包括副驾屏和后排吸顶屏在内的共 5 个屏幕，腾势 D9 全车标配 7 个屏幕（见图 1-4-9）。

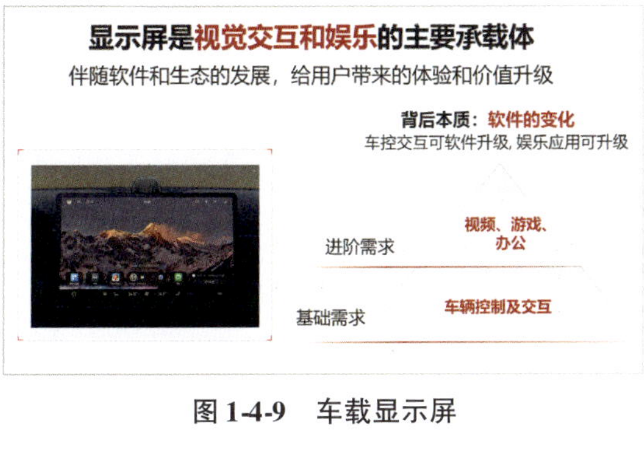

图 1-4-9　车载显示屏

对用户来说，屏幕画质清晰、系统运行流畅、触控流畅顺滑是可感知体验的关键要素，远比硬件规格要重要的多。华为智能座舱对车载智慧屏进行了主动规划，从外观造型、显示效果、触控效果和智能化 4 个维度打造竞争力，达到极致的用户体验。在外观上，超窄边框、全面屏设计可以提升整车内饰的高级感，车载智慧屏达到 87% 全面屏。在显示效果上，通过 HDR Vivid 技术将每个场景的亮度、色彩信息进行动态调整显示效果，让车载智慧屏呈现最优观看视频效果。在触控丝滑体验上，分析用户手指大数据，提取干手指、湿手指、油手指等特征，进行针对性的调校优化，实现各种手指的快速准确响应。未来随着车载显示新技术的不断引入，将会有越来越多新产品上车，Mini LED 屏、OLED 屏、激光投影屏等多种形态，用户体验会不断提升。

（2）极致的视听体验需求智慧沉浸好音响

车载音响作为座舱高频率使用、高品质追求的重要部件，已成为各个新车型的重要卖点，各车企在音响品牌、硬件配置、软件特性、外观效果等方面不断提升音响的竞争力，并在营销上持续加大投入吸引更多消费者。比如问界系列车型使用了 HUAWEI SOUND 音响解决方案，借助 15 扬高品质硬件和华为领先的软件调教能力，不仅在音质效果上收获超越百万豪车的媒体赫尔用户口碑，更在音效上打造了殿堂级听觉盛宴。通过独具创新的“独立音区”“智慧声场”“主动降噪”等黑科技音效功能，让每个乘客都拥有专属的独立影音音区。同时结合强大的生态和音频处理技术，HUAWEI SOUND 打造二维转三维的空间音频超感全景立体音效，让声音元素带有方位感的自然流动，使用户真实处于舞台中央，声临其境地感受四面八方而来的三维超感声。在 HUAWEI SOUND 背后华为多年科技积累加持下，音响不再仅仅是在车内听音乐的工具，更是让消费者追求科技感、可玩性、极致交互体验的重要载体。因此，“高品质的硬件性能”和“科技感、智能化的软件特性”在音响领域变得同样重要、缺一不可，而如何打造智能化的体验，用源源不断的黑科技让消费者在车内感受到不一样的听觉享受，是各家车企、音响供应商在未来共同追寻和探索的方向。毫无疑问，单纯听音乐已经无法满足消费者日益增长的音响需求，场景化、智能化的软件特性会在未来承担越来越重要的角色。

7. 结语

汽车工业正面临百年以来最大变革，汽车数字化，网联化，智能化的发展趋势同样推动着座舱进行快速变革。相比传统座舱，“平台 + 生态”成为智能座舱的核心“大脑”。座舱越来越演变成为融入智能世界的“第三空间”。

HarmonyOS 车机操作系统和华为车机应用生态为车企座舱智能化带来更大可能性。让不同的车型实现快速转身，从“驾乘舒适”的传统座舱变身“智能，丝滑，安全，协同，体验丰富”为一体的智能座舱，提供了智能化的体验基线。

未来的座舱生态不会由某个单一车型来定义，而是由整个智能汽车行业来定义。一个真正智能化，万物连接的座舱，需要依靠整个行业的伙伴一起来共同打造。开放共融，聚众行远，让座舱融入无处不在的智能世界是华为和伙伴们的共同理想。

五、插电式混合动力汽车领域

(一)插电式混合动力乘用车

比亚迪汽车工业有限公司　凌和平　杜魁善　姜　龙　符　罗　李桂忠　丘国维　刘　洋

1. 2022 年插电式混合动力乘用车整车产业与技术总体情况

2022 年,尽管受到疫情频发、芯片短缺等诸多不利因素冲击,但在国家政策及行业共同努力下,我国新能源汽车销量实现全球八连冠,新能源汽车持续爆发式增长。根据中汽研数据统计,2022 年我国纯电动汽车销量 536.5 万辆,同比增长 81.6%;插电式混合动力汽车销量 151.8 万辆,同比增长 1.5 倍。插电式混合动力汽车各月销量在新能源汽车销量中的占比总体上呈现增长趋势、最大占比达 24.1%,各月销量同比增速保持在 100% 以上,整体上明显高于纯电动车同比增速,如图 1-5-1 所示。

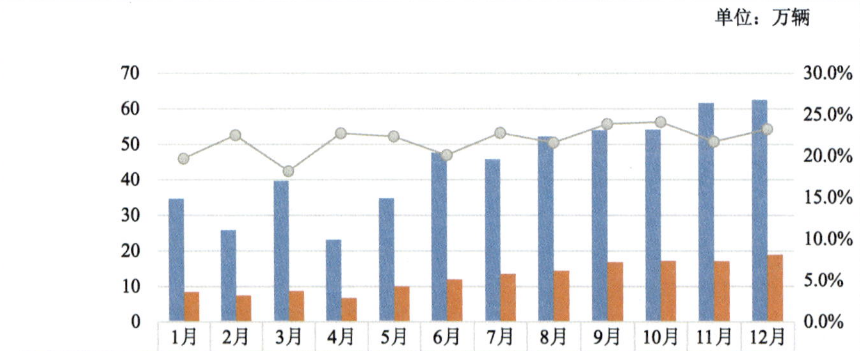

	1月	2月	3月	4月	5月	6月	7月	8月	9月	10月	11月	12月
BEV销量	34.6	25.8	39.6	23.1	34.7	47.6	45.7	52.2	53.9	54.1	61.5	62.4
PHEV销量	8.5	7.5	8.8	6.8	10	12	13.5	14.4	16.9	17.2	17.1	18.9
PHEV占比	19.7%	22.5%	18.2%	22.7%	22.4%	20.1%	22.8%	21.6%	23.9%	24.1%	21.8%	23.2%

图 1-5-1　2022 年 1—12 月新能源汽车销量

插电式混合动力汽车相比传统燃油车油耗更低、加速更强且更具有科技感,也没有纯电动汽车的里程焦虑,所以从政策、行业发展及市场消费者等角度看,插电式混合汽车在相当长的时间内都将具有广阔的发展前景。据统计,2022 年全国插电式混动汽车销量为 151.8 万辆,其中比亚迪的插电式混动汽车销量达 78.52 万辆,占总量的 51.7%,市场份额大幅提升,带动了插电式混动汽车的现象级增长态势。此外,2022 年插混汽车市场与 2021 年相同,均以自主品牌为主,外/合资品牌中仅奔驰 E 级 PHEV 进入前十且销量仅占插混汽车总量的 1.43%,相比之下销量前十中比亚迪就占据了 6 席,比亚迪插混汽车的高增长奠定了插混汽车整体市场的增长态势。显然通过自主品牌的不断创新,我国插电式混动汽车技术已实现了弯道超车,其相比于燃油车更优越的动力经济性及舒适性正在被更多消费者所接受,如图 1-5-2 所示。

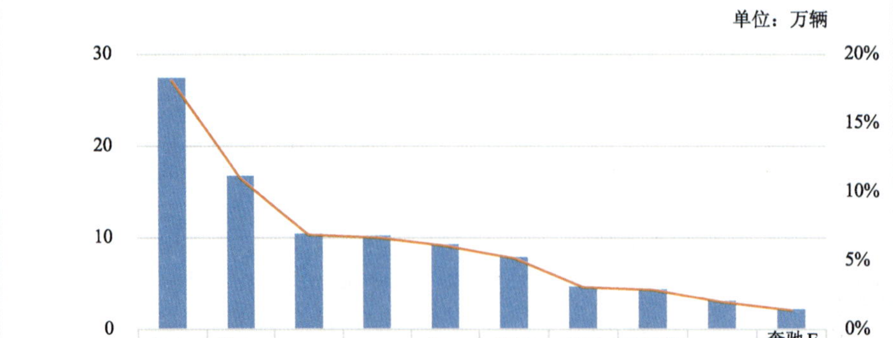

	宋Plus DM	秦Plus DM	汉DM	唐DM	宋Pro DM	理想ONE	问界M5	驱逐舰05	理想L9	奔驰E级PHEV
销量	27.4	16.8	10.4	10.2	9.3	7.9	4.7	4.4	3.1	2.2
占比	18.1%	11.0%	6.9%	6.7%	6.1%	5.2%	3.1%	2.9%	2.0%	1.4%

图 1-5-2　2022 年插电式混合动力车型销量榜

2. 2022年插电式混合动力乘用车技术发展特点

2022年我国汽车行业碳排放占全国总体碳排放的10.4%，且该占比在未来几年内还将随着汽车销量的增长而持续增加，因此汽车低碳化将对我国抑制碳排放、助力实现碳达峰碳中和目标起到关键作用。在汽车低碳化和电动化转型过程中，插电式混合动力汽车是必经之路，《节能与新能源汽车技术路线图2.0》中也明确指出插电式混合动力汽车是汽车低碳化、电动化转型中的至关重要的一环。得益于国家政策及行业发展环境的推动，插电式混合动力汽车在国内外均得到了飞速发展，且国内外的混合动力技术和产品均已经历了数轮的升级迭代，主要体现在以下方面：

（1）国内外插电式混合动力乘用车技术发展特点

①插电式混合动力汽车可更好地兼顾动力性和经济性，同时提升整车驾驶体验。插电式混合动力系统相较传统燃油汽车，得益于新能源"三电"系统的加入，动力性和平顺性得到大幅提升。同时，发动机减少甚至消除了怠速工况，在各行驶工况下，发动机得以能够始终保持在高效率区间运行，此外在传统燃油车型上被制动系统以热量形式耗散的部分惯性动能，可以以电能的形式进行回收储存而被再次重复利用，能耗水平得以大幅下降。

②插电混合动力系统结构已由早期的并联式结构转变为多元化双电机串并联系统（见图1-5-3），串联式结构同步发展的趋势。串并联混合动力系统融合了不同混合动力模式的优势，具有更加灵活的能量分配和调度能力、可适应更加复杂的行驶工况且综合油耗水平更低等优势，是最具有发展空间的技术方向，代表平台有比亚迪DMi/DMp超级混动平台、吉利雷神平台、奇瑞鲲鹏DHT超级混合动力平台；串联式结构以其结构简单、控制易于实现、驾驶平顺性好、布置要求低等优势，也占有了一定的市场份额，代表平台有理想、AITO和长安深蓝的增程式混动平台。未来插电混合动力汽车将持续向串并联最优解决方案的方向发展。

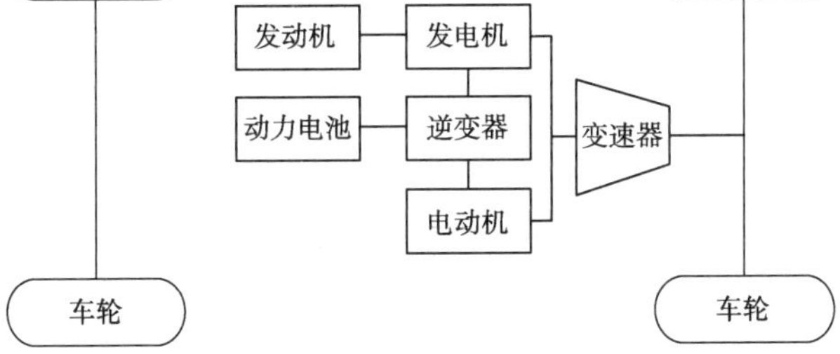

图1-5-3 串并联式混合动力汽车原理示意

③混动专用发动机设计重心偏向最高热效率用于减少能耗，以进一步提升燃油经济性。主流产品通过采用阿特金森或深度米勒循环，并搭载高能点火、充钠气门、冷却EGR、低摩擦、高滚流气道技术、可变气门升程、可变截面电子涡轮增压、超高压缩比和智能热管理等技术，使混动专用发动机最高热效率可达41%以上。如比亚迪发布的骁云-插混专用1.5 L高效发动机采用阿特金森循环、配备15.5的超高压缩比、EGR废气再循环系统及一系列降摩擦措施，实现了43.04%的热效率，使插混汽车油耗控制在4 L/100 km以内。

④动力电池技术持续更新，高安全性、长续航、全天候多规格、超大容量的混动专用功率型电池包层实现大规模应用。不同于日系品牌的混合动力车型动力电池技术，国内自主品牌的混动汽车动力电池技术普遍搭载了可充电、续航50 km以上的动力电池。据统计，40 kWh电以上的混动产品占比已超过14%，30～40 kWh电的车型占比约为58%，10～20 kWh电的车型占比约25%。随着动力电池技术的持续更新，动力电池安全性越来越高，如比亚迪超级混动专用功率型刀片电池；电池的热管理技术也在持续升级，包括电池直冷直热技术、电池脉冲自加热等技术层出不穷，提升动力电池的全天候的性能。

⑤混合动力智能化控制技术应用，通过监测汽车相关的行驶工况、发动机和电机以及动力电池实时状态，结合智能网联、智能感知和大数据学习技术，实现驱动系统的最高效率控制。各大车企已发展基于"智能网联技术+智能感知技术+大数据学习"的智能能量管理系统，其可根据智能网联系统、智能感知系统、大数据算法、车辆状态等实时信息综合处理，实现驱动和制动等系统的预测控制，自适应选择最佳的动力系统驱动控制、能量回收控制等，最大限度地优化整车运行效率。

（2）2022年插电式混合动力乘用车主要技术特点

面对电动化发展趋势，各大车企均在加快转型升级步伐。截至2022年底，自主品牌插电式混合动力汽车就占据了近8成的新能源市场份额，其中比亚迪、长城、奇瑞及吉利等自主品牌纷纷加码插电混动车型及相关领域技术。

①2022年比亚迪进入DM-i/DM-p双平台时代，搭载完全自主的刀片电池技术、最高热效率高达43.04%的混动专用1.5 L骁云发动机。DM-i/DM-p技术是比亚迪迄今为止在混动技术领域的巅峰之作，创造性地定义了以电为设计理念的混动技术，围绕大功率驱动电机和大容量动力电池供能为辅的电混架构，在大功率电机、大容量高性能的动力电池、极高热效率发动机的加持下，DM-i/DM-p实现了超低油耗、静谧平顺、卓越动力这样近乎完美的整车表现。

②奇瑞鲲鹏DHT超级混合动力系统由电混专用发动机、电混专用变速箱、电混专用电池管理系统构成，搭载全新瑞虎8 PLUS量产。其中鲲鹏DHT 1.5T发动机，最大热效率大于41%，峰值功率可达115 kW，峰值扭矩为220 Nm。鲲鹏混动系统的电混专用变速箱为3挡超级电混DHT变速箱，最大输入扭矩510 Nm，最高传动效率大于97.6%。

③吉利雷神Hi-X混动平台匹配了雷神3挡变频电驱，该款雷神电混引擎B-Plus具备44.26%的热效率，首次搭载在帝豪L。其"P1+P2"双电机组成的智能电驱系统在深踩油门时，P1电机可辅助驱动，智能电驱系统将自动根据工况切换串联、并联、混联动力模式，以保证能量使用率。得益于雷神混动系统的3挡变速器，发动机直驱的并联模式在20 km/h以上就可全速域开启，低速下加速更加有力、更可实现弹射起步。

④2022年动力电池系统通过在正负极、隔膜及电解液等材料及冷却防护技术方面的优化更新，实现了动力电池系统

的能量密度、循环寿命及安全可靠性的提升。以比亚迪磷酸铁锂电池为代表的动力电池技术已获得了飞速发展：能量密度方面，比亚迪磷酸铁锂电池能量密度可达 180 Wh/kg 以上，相同体积下大幅提升了车辆的纯电续航里程；循环寿命方面，比亚迪磷酸铁锂电池循环次数可达 2500～3000 次，是普通三元锂电池的 2 倍以上，循环寿命相比普通三元锂电池至少可提升 5 年；安全可靠方面，比亚迪磷酸铁锂电池从电芯材料、结构与冷却技术等方面大幅提升动力电池热稳定性，且其内部采用蜂窝结构使电池模组具有极高的防撞击和碾压性能。

⑤2022 年电驱动系统发展趋势主要是高效率、高功率密度和集成化。相同功率下电机尺寸更小、功率密度更高的扁线电机及配套的油冷技术是主流发展；高性能的 SiC 功率模块进一步突破电机控制器的性能瓶颈，越来越多地搭载在新车型上；单级减速器是插电式混动汽车当前的主要选择，两挡或多挡减速器是未来进一步降低电耗提升续航的发展趋势。为配合插电式混动汽车高性能、低电耗、小尺寸和轻量化的发展趋势，当前主流的是三合一电驱动总成，未来的电驱动系统将进一步朝多合一发展，以实现在效率、功率密度、集成化进一步优化。

(3)国内外插电式混动汽车技术路线对比

日本插电式混合动力典型代表有本田首创的基于定轴齿轮的混动变速器 i-MMD 和丰田经典的功率分流型 THS 混动系统，日产插混汽车选择了串联混动技术路线，推出了 E-power 串联混动系统；德系插混车则惯用 P2 插混系统，采埃孚的 P2- 8AT 并联混动系统、奔驰的 P2-9AT 并联混动变速器、大众和奥迪的 P2-6DCT 并联混动变速器等均是采用 P2 并联型的插混架构；美国车企混动系统的典型代表是通用沃兰达，属于功率分流型混动系统；韩国现代起亚技术路线与欧洲相同，是在 AT 变速器中集成 K0 离合器和 P2 电机的 P2-6AT/8AT 并联混动系统；中国插混汽车技术路线则是串联、并联、混联等多种架构多元化发展，既有 P2/P2. 5-DCT/AT 并联混动变速器，也有不同发动机和电机驱动挡位数量的串并联混动变速器(DHT)，当前以 DM-i/DM-p 和 DHT 等混联技术为主。

3. 目前亟须解决的技术难点及解决方案

当前插电式混合动力汽车(PHEV)整车能耗依然有提升空间，充电难、价格高等问题也制约了其发展，这些问题与电池、整车控制、能量管理等息息相关，因此亟须攻关相应的技术。

(1)电池组系统性能

技术难点：插电混合动力车的车用电池依然存在成本高、寿命短、易故障起火等缺陷，而在延长现有电池寿命、降低成本、提升电池安全性、研发新型电池等方面尚有不少技术难点有待突破。

解决方案：通过为系统匹配、策略优化、能耗优化、多系统性能平衡等，研发热管理集成设计、仿真平台，推动动力电池技术的不断发展。已具备钠离子电池、半固态电池、固态电池的技术储备，以及高系统级体积能量密度、高安全的磷酸铁锂刀片电池和中镍高电压的三元电池等。针对电池全场景安全和全气候安享方面，电池包外部可采用具有高强度、不脆裂、耐高温等特性的钢板、铝板及全复合材料，使电池具备装甲般的结构防护；电池包内部可使用高稳定性电池材料和电芯结构安全技术，提升电芯本体安全，并通过云管家大数据驱动技术实施监控并主动维护电芯健康，由内而外提升电池组系统性能。

(2)整车控制

技术难点：作为多动力源输入以及多目标控制系统，其不但要考虑不同工况下车辆的燃油经济性和动力性，还需兼顾各零部件可靠性、寿命及整车成本等多方面因素，是研究的核心内容及难点所在。混动汽车有多种工作模式，如电驱、混合驱动和发动机驱动等，均需精确地控制算法来确保不同模式之间的切换平稳，并保证排放符合国家标准。整车控制需同时考虑混动系统的热力学特性、动力学特性和能量管理策略等因素。

解决方案：混动汽车采用不同的发动机技术和混动系统组合，需实现传统汽车控制技术与现代汽车控制技术相结合：在低碳化方面需使用不同的污染物控制技术，如燃油发动机部分负载时可能会产生更多的氮氧化物排放，可使用适当的排气氧传感器和氮氧化物后处理系统来控制排放；在现代汽车控制技术(如再生制动、能量管理等)和传统汽车控制技术(如 ABS 系统、驱动控制系统等)结合上，可采取模糊控制、神经网络等新兴控制方法实现融合以达到预期效果。

(3)能量管理技术

技术难点：当前插电式混合动力汽车的能量管理系统多针对特定工况和使用场景进行优化标定，导致控制算法无法充分适应用户个性化的使用工况，因而导致实际工况下的整车能效往往不能达到最优状态。相比于国外车企的能量管理技术包括在线优化管理、瞬时响应控制、整车工况预测等多种技术，国内车企在技术集成和量产的能力还需突破。

解决方案：设计组合优化算法，同时匹配动力总成参数对能量管理进行优化，充分发挥各种算法和智能控制策略的优势，实现实时在线、多工况自适性的全局优化，利用智能交通和智能控制策略预测未来行驶工况，研发基于“人—车—路—环境”典型节能场景的混合动力整车能量管理及智能控制优化技术，实现最优节能策略，提升车辆综合性能。

4. 未来几年的插电式混合动力乘用车产业发展建议

在国家政策及行业发展驱动的大环境下，插电式混合动力汽车得到了飞速发展，其产品技术均有了极大的提高，但这并不意味着插电式混合动力汽车已经达到了技术上限，从各方面而言其仍存在极大的提升空间。

(1)插电混合动力技术持续创新升级

插电式混合动力汽车涵盖了从发动机到电动机、电池等多方面的核心技术，未来几年内其电池、整车控制及能量管理等核心技术仍存在发展空间：

①更高热效率的混合动力专用发动机。混合动力专用发动机在最高热效率等性能指标上，相较传统燃油汽车发动机具有更大的提升潜力，主流混动动力专用发动机最高热效率均已达到 41% 以上，如比亚迪新发布的骁云-插混专用

1.5 L高效发动机已经做到了43.04%的热效率。未来更先进、更节能的内燃机仍然会在未来出现。

②更高速、高效、高密度的电驱动系统。混合动力汽车驱动电机主要使用永磁同步电机系统，主流产品均已采用了如低铁损高磁感硅钢片、Hair-pin 扁线式绕组、油冷散热以及变频电控等先进技术，持续提高电机系统效率和性能。系统实现小型化、模块化，更加有利于混合动力总成在不同车型上的搭载应用。

③安全性高、能量密度大、环境适应性强的动力电池技术。通过正负极材料改进、成组技术升级以及电池管理系统优化，新能源动力电池系统在成本、安全、寿命、高低温和功率性能等方面已获得了跨越式发展。

④更先进的整车控制技术。通过现有的技术手段，优化整车软硬件，实现传统汽车控制技术与现代汽车控制技术的完美融合，使插电混动汽车整车控制适用于更多路况，为实现自动驾驶奠定基础。

⑤更节能的能量管理技术。国内自主品牌车企在能量管理为主的混合动力节能技术方面较为薄弱，主要以离线优化技术为主，需研发基于在线优化包含电机、发动机控制优化技术及整车全局能量优化等智能能量管理。

(2)整车成本控制

中国市场作为全球最大的单体汽车销售市场，在未来竞争将异常激烈，包括价格竞争，因此着力于整车成本的控制非常重要。控制整车的成本不应该是盲目减配或恶性价格竞争，应该通过技术创新来实现降本的目标。

①在电池方面，大幅推进钠离子电池的研发和量产，以降低对单一稀有金属的依赖。锂矿资源的全球储量有限，仅为0.0065%，而纳资源储量非常丰富，是锂资源的440倍，因此钠离子电池成本更低。同时钠离子电池由于自身内阻高、安全性高、高低温性能优异，在过充过放、短路、针刺、挤压试验中，钠电池能够做到不起火不爆炸，应用前景非常可观。虽然目前钠离子电池的能量密度相对较低，产业也还处于发展初期，但是随着技术的进步一定能带给电池行业革命性的进步。

②在混合动力总成方面，开发出低成本、高集成度的混合动力总成，保证插电式混合动力车型未来的市场和发展前景。

(3)整车安全性提升

与燃油车不同，电动汽车自燃速度极快，对人身财产安全构成极大威胁，因此当下电车的安全性仍是客户关注的最重要的因素之一，混动汽车安全性持续提升的需求十分迫切。针对混合动力汽车安全性方面不断进行相关技术创新，提高检测手段，大幅降低整车故障率，提升整车安全性。

(二)插电式混合动力客车

厦门金龙联合汽车工业有限公司　苏　亮

1. 2022年插电式混合动力客车产业总体发展与突破

2022年，新能源客车共销售10.39万辆，同比增长25.11%，占客车销售总量的25.92%。其中：纯电动客车销售10.06万辆，同比增长25.66%；插电式混合动力客车销售0.21万辆，同比增长0.38%；燃料电池客车销售0.12万辆，同比增长34.30%。纯电动客车和插电式混合动力客车销量趋势向好的原因在于2022年是享受新能源客车补贴政策的最后一年，为了抓住最后的“政策红利”，市场需求尽量释放，加之国家一系列利好新能源汽车市场发展的政策落地以及“双碳”目标持续发力，新能源客车市场利好，助力城市客车增长。此外，与国内市场的低迷相比，中国客车在出口方面仍保持着稳定增长的态势，这也导致了2022年插电式混合动力客车销量的微增长。但总体而言，插电式混合动力客车在新能源客车中的占比仍将继续缩减。

2. 产业标准体系的建设

GB/T 19754—2021《重型混合动力电动汽车能量消耗量试验方法》第二次修订后全面实施，本次修订根据近年来的行业发展做了多方面的重大技术变化，重点有以下几个方面：

①修改了试验循环工况，由CCBC、C-WTVC修改为中国重型商用车辆行驶工况(CHTC)，同时增加了车辆最高车速小于CHTC最高车速时，试验循环的修正方法。

②修改了试验循环的公差要求，增加了每个试验循环超出公差范围累计时间不能超过15 s的要求。

③修改了纯电动续驶里程阶段，REESS能量调整阶段和电能量平衡阶段的试验方法，纯电动续驶里程阶段的试验方法由等速法修改为工况法。

④增加了碳平衡法测量燃料消耗。

⑤增加了CO_2排放量的计算方法。

总体而言，本次修订的试验要求、试验方法都有了较大的变化，让试验得到的能量消耗量会更接近插电式混合动力客车类产品在国内实际使用环境下的真实表现，特别是增加了二氧化碳排放量的计算方法，可以对车辆的碳排放进行核算，助力车企关注和提高混动车辆二氧化碳减排能力。

3. 国内外插电式混合动力客车产业发展趋势

国外发展趋势：

①给予政策支持：国外政府为了提升新能源技术水平，加快电动客车普及，对新能源车发展给予政策支持，同时各国政府对尾气排放作出了更严格要求。

②技术不断升级：国外各大汽车厂商不仅在车型设计上不断提升，也在技术上不断创新，设计出了更智能化、更节能环保的汽车，而且在客车技术上也有所突破。

国内发展趋势：

①政策端：逐步取消购车补贴，改为运营补贴，正式过渡

到市场主导，市场竞争优胜劣汰。

②技术端：国内插电式混合动力客车企业都在研发自己核心的混动系统，串联/串并联/功率分流等混动技术路线竞争加剧。同时智能化网联化能量管理和控制技术成为技术竞争的新高地。

③市场端：国内的客车市场需求非常大，国内的客车企业也在不断提高产品的市场化程度，深研客户需求推出各种定制产品。

我国的插电式混合动力客车经过这几年国内推广，产业配套体系比较完整，与国外混合动力客车发展相比，具备一定程度的市场领先性和一定的产业配套的优势。因此在市场推广相对滞后的南美、中亚等地区有很大的出口潜力。因此，国内外插电式混合动力客车产业都呈现出政策支持力度加大、技术创新加速、驱动方式不断升级、产品市场化程度提高等综合发展趋势。这些趋势将为插电式混合动力客车产业的发展奠定坚实的基础

4. 目前亟须解决的技术难点及解决方案

①发动机热效率有待提高，发动机热效率提高是混动系统改善燃油经济性有效途径，因此需要针对混动的特殊工况开发混动专用发动机，有效提升发动机的热效率和可靠性。

②大功率机电耦合装置(行星排变速箱)可靠性低，由于机械加工工艺的差距导致机电耦合装置可靠性偏低，因此急需提高机械加工工艺，可通过联合开发以降低成本使整套系统更高效。

③整车能量管理控制技术有待提高，普遍存在能量管理效率低、升级更新慢等问题，往往在实际工况下的整车能效无法达到最优。因此需要加强插电式混合动力客车的智能化控制技术的应用，依托于智能网联设备等基础设施以及车辆自身安装的雷达、摄像头等信息，结合车辆实际运行场景大数据，在整车控制中植入智能算法，自适应选择最佳的动力系统运行模式、能量回收强度等，最大限度地优化整车运行效率。

5. 2022 年行业重点企事业单位发展情况

宇通客车累计销售 24892 辆，也是唯一销量超过 2 万辆的大中型客车企业，是第二名中通客车销量的近 2.8 倍，市场占比 26.98%。宇通客车以绝对的优势居行业第一。

中通客车累计销售 8957 辆，同比下降 10.87%，跑输大盘，市场占比 9.71%，位居第二。

苏州金龙累计销售 7741 辆，同比下降 6.94%，跑输大盘，市场占比 8.39%，位居第三。

金旅客车累计销售 7457 辆，同比增长 9.36%，跑赢大盘，市场占比 8.08%，位居第四。

金龙客车累计销售 6576 辆，同比下降 1.1%，跑赢大盘，市场占比 7.13%，位居第五。

6. 2022 年重点车型技术特点分析

重点车型技术特点从总体上来看是在维持混动构型不变的基础上不断在功能上优化升级。

宇通行星排混联：采用双行星排机电耦合系统、整车轻量化、集成化五合一控制器、附件系统电动化改造、复合制动系统应用等技术的应用，实现中国典型城市工况的节油率最高可达 60%。

金龙 ISG 混联：采用双电机/双离合器结构，结构简单，省去复杂变速机构，可靠性高，控制灵活，行驶中无换挡过程，平顺性好。结合新开发的深度制动能量回收、自适应控制算法，整体节油率较以往提升 3% 以上。

金龙增程式混动：积极推广电气化程度更高的增程式混合动力客车，采用附件全面电动化，以及拥有更高的纯电续驶里程，让插电式混合动力客车既有纯电动车的优势又一定程度上缓解了里程焦虑问题。

7. 未来几年插电式混合动力客车产业发展建议

混合动力客车产业发展跟政策引导、技术革新、客户需求以及国际能源市场大环境息息相关。以下是一些产业发展建议：

①政策支持：政府应该加大政策支持力度，为插电式混合动力客车的生产和销售创造更加良好的环境。例如，可以给予税收优惠，提高运营补贴力度等，以鼓励客运企业购买更多的插电式混合动力客车。

②技术研发：企业应该加大对技术的研发力度，不断提高插电式混合动力客车的技术水平。可以开展与发动机技术、动力电池管理系统、电机电控技术、轻量化设计等相关领域的联合研发，以优化产品的性能和可靠性。

③产业协同发展：可以建立产、学、研联合体，配合政府协调、行业标准、市场推广等方面，促进产业共同发展。可以加强产学研合作、加强产业协同创新、加强互联互通等，以推动整个产业链的优化升级。

④市场推广：主动加强与公共交通企业、货车快递等相关企业的合作，扩大插电式混合动力客车的市场份额。可以加强宣传推广、降低价格门槛、提升售后服务等方面，以满足消费者的需求。

⑤专注细分市场：定制客运、接驳客运、社区巴士等市场将在疫情后呈现明显增长活力。特别是城乡公交、充电基础设施建设薄弱的地区更适合插电式混合动力客车的使用，不仅可以有效缓解里程焦虑又可以节能降耗，提升人民的幸福感。

插电式混合动力客车产业仍是未来发展非常具有潜力的一个产业。企业应该加强技术研发和产业协同创新，政府应该给予政策支持、提供市场环境、完善标准法规等，以全面推进插电式混合动力客车产业的中兴。

六、增程式电动汽车领域

(一)增程式电动乘用车

北京理想汽车有限公司 欧鹏飞 张靖彬

增程式电动汽车作为《新能源汽车产业发展规划(2021—2035年)》的"三纵"技术路线之一,兼具纯电动汽车的驾乘体验和燃油汽车的长续航优点,能够有效应对丰富的出行场景。近年来,在国家政策的支持与行业先行企业的大力发展下,伴随着新能源汽车整体市场的爆发式增长,增程式电动汽车取得了超预期的市场成绩。2022年,增程式电动汽车(Range Extended Electric Vehicle, REEV)销量达25万辆,同比增长1.3倍,是插电式混合动力汽车销量快速增长的最重要贡献者。伴随着新能源汽车的发展和增程式技术路线的优势逐渐显现,越来越多的国内企业开始布局增程式产品,理想汽车在理想ONE的基础上相继发布了理想L9、理想L8、理想L7共3款车型,进一步丰富了公司产品矩阵;华为与赛力斯合作推出的问界品牌相继发布了问界M5、问界M7;长安深蓝、吉利汽车、哪吒汽车、零跑汽车、天际汽车等也陆续推出增程版车型。

1. 增程式电动乘用车技术分析

(1)增程式电动汽车具有突出的产品和技术特点

经过近10年的快速发展,我国增程式电动汽车技术已趋于成熟,具有明显的技术和产品优势。其优势一是运行噪声小。增程式电动汽车仅采用电机驱动,燃油发动机只运行在高效区间,转速相对固定,避免了发动机和变速器转速不匹配出现的顿挫,驾驶感受平顺,NVH性能表现出色。二是动力好、油耗低。增程器采取以大功率电机驱动和动力电池供能、发动机辅助发电的架构,百公里加速时间比同级别燃油车普遍快2~3 s,能量转化率高。三是补能便利。增程式电动汽车同时支持直流快充和交流慢充,在充电条件好的情况下,可以完全满足日常纯电动出行需求;通过增程器加油补能,增加了综合工况续驶里程,提升了长途出行的便利性。四是控制策略优异。整车中低速行驶或加速时,如果动力电池SOC值较高,整车控制策略会智能地将驱动模式切换为纯电动优先;如果动力电池SOC值较低,则整车控制策略使发动机工作在最佳效率区间,在满足低油耗要求的条件下,提升保电效能。以理想ONE为例,采用增程四驱电动平台,可实现180 km的纯电续驶里程、800 km的综合续驶里程。城市内通过纯电动行驶可覆盖日常通勤需求,节能环保、零排放优势突出;长途驾驶高效的增程系统能够使综合油耗降至1.5 L/100 km。

(2)增程式电动汽车具有显著的节能减排效益

增程式电动汽车产品通过电能和燃油两种能源形式的转化,提升了能源利用效率,减排效果显著,同时解决了用户的里程焦虑,能效优势愈发凸显。

①节能水平优异:增程式电动汽车有电能和燃油两种能源补充方式,当电能耗尽时,增程器发电驱动车辆行驶。增程器内燃机不直接参与驱动,始终处于高效区间,工作状况较传统燃油车内燃机大为改善,污染物排放大大减少。同时,增程式电动汽车在夜间充电可改善电网负荷,减少电能浪费,从而减少电能生产端的排放。根据增程式电动汽车用户实时上传的行车数据,通过对市场保有量较大的3款增程式电动汽车(约13万辆)研究分析,按照纯电动驱动和燃油驱动两种方式统计其12个月的出行数据,得出用户的纯电动百公里能耗约22 kWh,综合百公里油耗约为4 L。

②减排效果显著:以增程式电动汽车全生命周期评价及其造成的环境影响分析为主要目标,从生产制造、运营使用、报废回收全生命周期的角度分析其碳排放和常规污染物排放,得到增程式电动汽车的全生命周期碳排放值占比如下:运营使用阶段约80%、原材料获取约30%、生产制造约10%;报废回收对金属材料和动力电池进行二次利用,碳排放值占比约-20%,对环境影响产生正收益。以汽车全生命周期行驶15万km计算,在全生命周期内,增程式电动汽车碳排放量约为250 g/km,传统燃油车的碳排放量约为360 g/km,前者比后者减少了30%的碳排放量。

③综合能效评估优良:增程式电动汽车相较于传统燃油车,在保有量相同的情况下,平均百公里综合油耗减少1.604×10^6 L,降低了出行成本,减少了环境污染。同时,增程式电动汽车的内燃机不直接参与车轮驱动,因此能够一直处于良好的工作状态,磨损较小。从减排角度出发,在整个生命周期内,增程式电动汽车较传统燃油车碳排放量减少了1.08114×10^6 kg CO_2 eq/km。在相同的保有量前提下,增程式电动汽车车队碳排量为3.973×104 kg/km,纯电动车车队碳排量为3.943×104 kg/km。在现有车队情况下,增程式电动汽车与纯电动车的碳排量只相差0.03×104 kg/km,其减排效果接近纯电动汽车,同时增加了行驶里程。综上可见,增程式电动汽车相较于传统燃油车节能减排的能效显著,同时具有良好的燃油经济性,降低出行成本,这也是产品受到消费者青睐的重要因素。

(3)小排量、清洁化、长续航是增程式电动乘用车的发展趋势

在充电基础设施建设与新能源汽车快速发展的不平衡、不协调的环境下,增程式电动汽车具有使用更便利、续驶里程更长等优势,但同时也存在动力系统结构复杂导致的车辆稳定性差、节能环保效果不突出等缺点。相比于纯电动汽车和插电式混合动力汽车,增程式电动汽车在技术的成熟度上还稍显不足。增程式电动汽车技术将呈现发动机专用化、小型化,增程器燃料清洁化,动力电池容量进一步提高等趋势。

①内燃机小型化趋势:汽车动力系统从内燃机过渡到纯电驱动是一个转型的过程,汽车的节能减排和电气化相当程度依赖内燃机。伴随内燃机技术的不断进步,更小的、功率

密度更大的发动机能够明显降低 CO_2 的排放，还可以减少摩擦损失，从而提升整车燃油经济性。增程器专用内燃机最主要的特点是热效率高、结构紧凑、成本低，增程器恰好可选用小排量内燃机，这种特性让它更加符合节能减排的目标。当前比较常用的内燃机小型化技术路线有内燃机涡轮增压技术、汽油机缸内直喷技术、涡轮增压器进气冷却技术、涡轮增压器润滑与冷却技术、涡轮增压器材料技术等，涡轮增压器的新材料研发已经成为重点，性能更好的新材料将为涡轮增压器的应用带来更大的机遇。

②增程能源模式清洁化：增程器的主流能源为燃油和燃气，在“双碳”背景下，具有潜力的清洁能源，如甲醇、甲烷、生物燃油、氨气、氢气等，成为未来开发重点。甲醇燃料是一种绿色、低碳、清洁能源，作为汽车发动机燃料的主要优点是混合气燃烧范围比汽油大，气缸内积炭少，排气较干净；氢能作为推动由传统化石能源向绿色能源转变的清洁能源，其能量密度(140 MJ/kg)是石油的 3 倍、煤炭的 4.5 倍；氢能利用方式很多，其中以氢燃料电池和氢内燃机最受关注。增程式电动汽车增程器以发动机和发电机组合为主，仍然需要消耗燃油，并经过多次的能量转化，导致其在能量的使用效率上有所不足。如果能实现燃料端的清洁化，将进一步强化增程式电动汽车节能减排的能力，符合政策的引导方向和行业发展趋势，有利于产品竞争力的提升。

③纯电续驶里程持续升高：传统短续航 PHEV 一般纯电续驶里程只有 50～60 km，是在欧美的燃油车企业更容易研发的基础上制定的标准，在中国的中大城市甚至不能满足用户每天的上下班通勤需求，大部分车主将其当作燃油车使用，未能体现新能源汽车的绿色属性。另外，经过多年的市场筛选，传统短续航 PHEV 在市场上并没有获得用户认可，除了纯电里程不足外，还存在可靠性差、频繁充电占据充电资源等问题，已不能满足当前的新能源汽车用户需求和社会需求。

近年来，理想、问界、比亚迪等汽车品牌从中国市场和产业实际情况出发，推出的长续航增程式电动汽车受到市场和行业的充分认可，成为具有中国特色的新时代 PHEV 产品。长续航增程式电动汽车的显著特点是以纯电行驶为主，当前市场上 PHEV(含增程式)平均续驶里程保持持续升高趋势，已达到 130 km 以上，100～200 km 里程段车型市场份额接近 70%，200 km 以上车型市场份额超过 10%，可以满足用户日常纯电出行的通勤需要。根据实际运行数据，续驶里程在 150～200 km 的长续航增程式电动汽车用户，其纯电行驶里程占比高达 70% 以上，在一线城市的市区通勤中，更是可以做到 100% 纯电行驶。在落实国家“双碳”目标、推动汽车行业绿色转型的大背景下，鼓励长续航增程电动汽车发展是推动新能源汽车大规模替代存量燃油车，提高新能源汽车渗透率的重要举措，具备较高的社会、产业、环境和用户价值。

2. 增程式电动乘用车代表产品

在中国，理想汽车是成功将增程式电动车实现商业化的先驱，首次将增程电动的价值带给市场和用户，旗下增程产品理想 ONE 是国内首个凭借增程技术获得商业化成功的乘用车产品，仅用 986 天便实现 20 万辆的生产下线，创下国内造车新势力最快单车型破 20 万辆下线的纪录。2022 年 6 月 21 日，理想汽车又发布了旗舰级全尺寸 SUV 理想 L9，既延续了增程电动的设计，又进一步提升了其各方面的能力，同样得到了市场用户的认可并迅速实现单月交付突破万台，这也是起售价 40 万元以上的中国品牌车型第一个实现单月交付破万的车型，成为中国市场全尺寸 SUV 的首选产品，其搭载的全自研旗舰级增程电动系统更高效、更安静、集成度更高，处于行业领先地位。此外，作为纯电车的技术核心，包含动力电池、驱动电机和电控系统在内的“三电”系统直接影响着电动乘用车的整车性能与品质，得益于国家层面的支持及车企层面的投入，自主品牌在“三电”技术领域已先人一步，比如日前长安深蓝亮出的“超集”电驱系统，技术水平属于行业顶尖水平。具体产品信息如下所示：

(1)理想 L9

①动力电池：作为百公里加速时间仅为 5.3 s 的全尺寸 SUV，理想 L9 配备 44.5 kWh 新一代全阻燃三元锂电池(型号 622NCM)，电池能量密度为 175 Wh/kg，动力电池 0～100% 慢充时间为 6.5 h，20%～80% 快充时间仅为 30 min，冷却方式为 CTP 液冷，CLTC 纯电续航达到 215 km，综合工况热机油耗仅为 5.9 L/100km，在混动模式下，理想 L9 油耗在全尺寸 SUV 中最低，甚至比许多传统动力紧凑型 SUV 还要省(见图 1-6-1)。

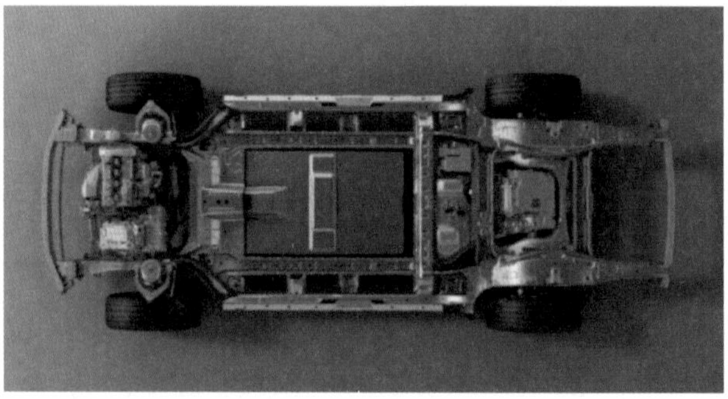

图 1-6-1　理想 L9 增程电动汽车底盘架构

②增程系统：理想 L9 增程电动系统的核心是一台自研自产的四缸 1.5T 增程器，其动力全部来自前五合一驱动系统和后三合一驱动系统，通过采用深度米勒循环配合高压缩比，其热效率达到 40.5%，系统效率较上一代提高 6%，实际效率明显高于传统燃油动力，在不依赖汽油机颗粒捕集器的情况下也可满足最严苛的国 6B 排放标准。此外，理想 L9 增程器不参与驱动只负责发电，电量消耗低时，增程器多发的电可以储存在动力电池，当电动机功率突然增大时，增程器也不必同步大幅提高输出，可在后续的十几秒内逐渐补充电量，以从容保持转速并维持较高热效率和经济性，理想 L9 增程电动系统促使其 CLTC 综合续航里程高达 1315 km，增程系统的车云数据闭环系统还可以学习驾驶员的驾驶习惯，不断优化运作逻辑，实现“人车合一”。

③驱动系统：理想 L9 的前电机选用一款最大功率 130 kW、最大扭矩 220 Nm 的永磁同步电机，后电机选用一款最大功率 200 kW、最大扭矩 400 Nm 的永磁同步电机。此外，理想 L9 具备 CRBS 双轴制动能量回收系统，不同于一般新能源车只能在滑行时回收动力，刹车时理想 L9 的 CRBS 制动能量回收系统也能够将一部分动力回收起来，并将其转化

为电能以供后续使用,在保证舒适的前提下,还能获得更好的油耗表现。

④静音系统:理想 L9 采用了高强钢和低灵敏度的曲轴系统,使用策略优化的全可变机油泵和静音高压系统,正时链条放弃了普通的滚子链,转而采用了静音链技术,并且特殊优化了怠速和启动时的噪声控制,配合精调开孔减振器,从源头降低了来自增程器的噪声和震动,实现原子级零件的最优设计,其对包括正时系统、飞轮、曲轴、机油泵在内的零部件均进行了静音化设计。全新的悬置系统也能有效吸收增程系统运转时产生的振动,配合电机驱动和增程器解耦的功能,特别是在高速续航状态下,理想 L9 在行驶过程中的振动和静谧性也与纯电动汽车几乎无异。

(2)深蓝 SL03

①动力电池:长安深蓝 SL03 配备 28.39 kWh 磷酸铁锂电池,快充 0.5 h,纯电续航里程为 200 km,综合续航里程为 1200 km,官方给出的百公里综合油耗为 0.75 L,百公里平均耗电量为 13.1 kWh,其通过微核高频脉冲技术,充分利用锂离子电池在低温下电池内阻升高的原理,使高频脉冲与 NVH 平衡控制,进而产生快速正负极切换的大电流,得以实现锂电池在超低温度下的极速加热,即便是在 −30 ℃超低温下车辆也能正常启动,帮助缓解电动汽车的“冬季焦虑”问题(见图 1-6-2)。

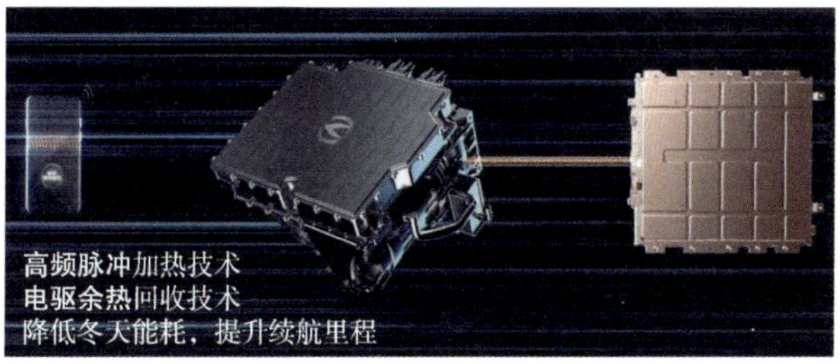

图 1-6-2　深蓝 SL03 动力电池

②增程系统:长安深蓝 SL03 分为纯电版、氢电版以及增程版三个版本,其中,纯电版最大功率分为 160 kW 和 190 kW 两种,峰值扭矩均为 320 Nm,在 CLTC 工况下综合工况续航里程具有 515 km 和 705 km 两种续航版本,百公里电耗低至 12.3 kWh 以下(515 续航版);氢燃料电池版综合续航 700 km 以上,百公里馈电氢耗低至 0.65 kg,可实现 3 min 快速补能;而长安深蓝 SL03 增程版增程器采用 1.5 L 阿特金森循环发动机,发动机最大功率 70 kW,电机最大功率 160 kW,电机最大扭矩 320 Nm,增程版在 CLTC 工况下综合工况续航里程可达 1200 km,纯电续航可达 200 km 以上,为解决乘用车“里程焦虑”的行业痛点做出发展贡献。

③驱动系统:长安深蓝 SL03 增程版车型选用一款最大功率 95 马力的 1.5 L 汽油增程器(发动机)以及最大功率 160 kW、最大扭矩 320 Nm 的电机,同纯电车型一样采用后置后驱的驱动形式,传动方面匹配的是电动机单速变速箱,底盘方面搭配的是前麦弗逊式独立悬架和后多连杆式独立悬架,此外长安深蓝 SL03 还搭载了原力技术,将 1.5 L 发动机和发电机相连,在提高了动力输出的同时也减少了设备的质量,再通过阿特金森循环技术来提高发电机的工作效率,极大地降低汽车能耗。

④静音系统:长安深蓝 SL03 的 19 in 轮毂配备马牌 EcoContact6 系列轮胎,四个车门采用无边框设计,双层夹胶玻璃可以隔绝外界声音,在车辆高速行驶中可以对路噪和风噪进行较好的控制,并且由于增程版发动机也采用了多层隔音技术,因此在加速时很难察觉到发动机的声音。

3. 增程式电动乘用车产业发展建议

我国新能源汽车已经迈入政策与市场双驱动阶段，新能源汽车市场逐渐从政策主导转变为市场主导，建议从政府层面、行业层面和企业层面共同发力，推动增程式电动汽车的发展。

①从政府层面而言,建议给予增程式电动汽车恰当的政策支持,为具备中国特色和优势的长续航增程式电动汽车建立新的标准,进一步明确增程式电动汽车纯电驱动属性;以鼓励长续航增程式电动汽车为出发点,在建设全国统一大市场的指导下,重新明确新能源汽车路权定义,为纯电续驶里程大于 150 km(和入门级纯电动汽车续驶里程相当)的增程式电动汽车解禁路权,取消限购等限制性政策。在下一阶段的新能源汽车推广应用财税支持政策中,考虑将增程式电动汽车作为重点支持的技术路线,引导增程式成为插电式混合动力汽车的发展方向,将驱动形式、能耗水平、全生命周期碳排放等，作为新能源汽车消费税调整的重要考虑因素,通过合理减税,促进和扩大新能源汽车消费。

②行业层面要坚持新能源多元化技术路线发展,一是以全生命周期碳排放为导向推进汽车绿色发展,提出汽车行业实现碳达峰的行动方案,对纯电动、增程式、插电式混合动力、油电混合动力、燃油等不同类型整车的全生命周期碳排放量进行测算,促进研究制定汽车行业提前碳达峰路线图。二是支持增程式技术路线发展,实现多元化的新能源汽车发展格局。充分认识增程式电动汽车“可油可电”的优势,促进新能源多元化技术路线发展,鼓励发展增程式电动汽车,使之成为汽车行业实现“双碳”目标的重要路径。三是当前全球范围内面临着锂离子动力电池原材料的严重短缺、价格高企、供应不稳定等问题。增程式电动汽车相较纯电动汽车,对动力电池的需求量相对较低,在新能源发展进程中保留一定的技术调节空间,以推动产业链安全、稳定与创新发展。四是增程式电动汽车具有成本低、不依赖充电设施、无里程焦虑等优点,符合我国现阶段新能源汽车技术路线,但目前市场推广不足,消费者认可度和接受度还有待提升。行业及企业应向消费者普及和宣传增程式电动汽车产品知识和优势特征,引导社会形成对增程式电动汽车的全面了解和正面认知。

整车企业也要充分认识增程式电动汽车的发展潜力,强化增程式技术路线在企业中的战略定位,进一步加强增程式电动汽车关键技术的研发力度,实现产品技术创新,向市场提供性能优越、油耗低、排放好的增程式电动汽车产品。越来越多的车企选择增程式路线并推出增程式电动汽车产品，增程式电动汽车产品竞争力逐渐显现，对新能源汽车潜在用户的吸引力也不断增强。伴随企业的积极布局、国内外消费者的逐步认可、产品品牌的不断向上和市场规模的不断扩大，增程式电动汽车有望成为有中国特色的新能源汽车技术的重要突破口之一，积极助力中国品牌汽车国际化发展。

(二)增程式电动商用车

浙江吉利新能源商用车集团有限公司 李红艳 邓正维

1. 2022 年增程式电动商用车产业总体发展与技术突破

(1)政策总体情况

政策总体利好增程式电动商用车发展。2022 年国家及更多地方政府出台支持新能源汽车发展的政策,各城市出台的新能源政策涉及推广、路权、补贴、双碳、基础设施、绿色货运配送等方面,内容覆盖度及深度增加。目前新能源政策共计收集汇总 1032 个,其中国家层面政策 156 个、省级层面 318 个、地市层面 558 个。74 个城市出台了重点政策,包含推广政策、路权政策、补贴政策,重点政策城市统计见表 1-6-1。

表 1-6-1 截至 2022 年重点新能源政策城市统计

类型	主要内容	数量	具体城市
推广政策城市	要求在一定时间内新能源车型比例或数量	36	北京、毕节、成都、大连、东莞、佛山、广元、广州、贵阳、海东、杭州、湖州、济宁、江门、临沂、洛阳、南京、三亚、上海、深圳、沈阳、十堰、石家庄、台州、天津、乌鲁木齐、武汉、西安、西宁、云浮、长沙、郑州、重庆、驻马店、淄博、南昌
路权政策城市	针对新能源汽车差别对待的交通限制规则	55	北海、北京、成都、达州、大连、东莞、佛山、福州、桂林、哈尔滨、邯郸、呼和浩特、淮北、黄山、济南、焦作、晋中、兰州、廊坊、临沂、柳州、洛阳、南昌、南京、南阳、彭州、平顶山、青岛、厦门、上海、上饶、深圳、沈阳、石家庄、苏州、唐山、天津、铜仁、乌鲁木齐、无锡、芜湖、武汉、西安、咸阳、襄阳、宜昌、长沙、郑州、中卫、重庆、株洲、淄博、雄安
补贴政策城市	针对购置新能源汽车给予一定资金补贴	16	北京、成都、佛山、广州、昆明、南通、三亚、上海、台州、铜仁、郑州、淄博、哈尔滨、沈阳、重庆、云南全省

城市绿色货运配送示范工程从 2018 年开展第一批试点,目前已开展了三批,目的是在示范城市建成“集约、高效、绿色、智能”的城市货运配送服务体系,其中推广新能源车在城市货运配送领域的应用是重点工作内容。2022 年 10 月 9 日,第三批城市绿色货运配送示范城市名单公布,包含 17 个省份,共计 31 个城市,详见表 1-6-2。

表 1-6-2 绿色货运配送示范城市名单

批次	数量	具体城市
第一批	16	天津、石家庄、衡水、鄂尔多斯、苏州、厦门、安阳、襄阳、十堰、长沙、广州、深圳、成都、泸州、兰州、银川
第二批	24	唐山、温州、秦皇岛、南京、无锡、徐州、南通、台州、佛山、芜湖、临沂、郑州、济源、黄石、咸宁、怀化、珠海、石河子、达州、西安、宝鸡、乌鲁木齐、岳阳、安康
第三批	31	承德、廊坊、盘锦、通化、连云港、宁波、湖州、合肥、济南、潍坊、淄博、洛阳、南阳、商丘、平顶山、武汉、衡阳、湘潭、韶关、南宁、钦州、德阳、遂宁、宜宾、宝山、酒泉、武威、伊犁哈萨克自治州、博尔塔拉蒙古自治州、第六师五家渠、第十师北屯

国家对新能源的政策支持总体上有利于增程式电动商用车的持续发展,但部分城市对增程式电动商用车的理解还存在误区,在落实新能源汽车推广政策时仅支持纯电动及燃料电池,一定程度上阻碍了增程式电动商用车的落地推广,如北京、上海、苏州、长沙等地。

(2)市场销售总体情况

2022 年增程式电动商用车终端销售数 1945 台,同比增长 74%。其中轻卡销售 1252 台,占比 64. 3%,同比增长 12%;大中客销售 674 台,占比 34. 6%,为量产新品;轻客、中重卡合计销量 19 台,占比 1%。吉利商用车增程式轻卡销售 1208 台,占轻卡比例 96. 5%。

2022 年增程式轻卡虽然总体同比上升,但受全年燃油价格波动,增程式产品能耗费用上升较高,与同规格纯电动车经济性差距加大,影响市场购买情绪,总体市场表现不及预期。增程式客车为新进入产品,为增程式电动商用车市场带来增量。

(3)典型车型及销量情况

2022 年增程式轻卡主销车型分别为吉利远程 GLR、重汽豪曼、东风凯普特车型,增程式客车主销车型为福田欧辉客车,详见表 1-6-3。

表 1-6-3 2022 年增程式轻卡主销车型情况

底盘厂家	吉利商用车	吉利商用车	福建海西	东风汽车	福田汽车
底盘品牌	远程 GLR	远程 GLR	重汽豪曼	东风凯普特	福田欧辉
整车	冷藏车/厢式车/仓栅车/栏板车	冷藏车/厢式车/仓栅车	冷藏车	冷藏车	大型客车
增程器	1. 5 L 汽油增程器	1. 5 L 汽油增程器	1. 5 L 汽油增程器	2. 4 L 柴油增程器	4. 2 L 天然气增程器
电池	53. 58 kWh	54. 72 kWh	15. 33 kWh	17. 52 kWh	38. 64 kWh

续上表

底盘厂家	吉利商用车	吉利商用车	福建海西	东风汽车	福田汽车
纯电续航	120 km	120 km	43 km	50 km	50 km
综合续航	600 km	600 km	500 km	1000 km	—
2022 年销量	1033 辆	144 辆	30 辆	13 辆	356 辆

(4)增程式电动商用车技术突破

增程轻卡产品能耗一直是客户关注度较高的属性,降耗这个议题,离不开能量流的分解,通过能耗构成的拆解,提升潜力部件的识别,结合仿真手段对比等手段来完成提升方案的制订。2022 年吉利商用车增程轻卡能耗优化主要围绕以下几个方面:①增程器标定优化油耗;增程器启停策略优化,减少综合工况启停频次,提升综合工况下的发电效率;②优化能量回馈策略,降低综合电耗;③优化热管理策略,降低附件消耗;④驱动电机标定优化,提升电机效率;⑤低滚阻轮胎应用;⑥同时在研项目应用更高效的增程器;⑦优化低温控制策略,提高低温纯电行驶里程;⑧调整优化增程器断油输出扭矩,减缓转速掉落时间,增加再生时间,优化 GPF 再生策略,减少碳排放。

为寻找最佳整车经济性、成本及环境适应性,增程器燃料种类已呈现多元化现状。汽油、柴油、天然气、甲醇、甲醇燃料电池等在内的增程器系统均在研究范围之内。2022 年吉利远程商用车重点开发甲醇增程器并实现整车搭载。

甲醇是一种常见的化学品,也是一种具有燃烧高效、排放清洁、可再生等特点的低碳燃料,具有广泛的应用领域。同时,甲醇在常温常压下是液体,在储存、运输和使用等环节,更加经济安全便捷,是氢能利用的最佳载体。大力发展甲醇等清洁能源,也有利于我国摆脱对于进口石油的依赖,掌握能源安全主动权。

在汽车领域,甲醇—液氢燃料—醇氢动力的技术路线,也是比当前传统动力电池电动汽车更加符合中国国情的绿色环保新能源汽车技术路线,是真正不依赖补贴的氢燃料汽车技术路线。

吉利商用车在 JLC-4M18 甲醇发动机基础上,开发出一款 60 kW 的 1.8 L 甲醇增程器,醇电转换率 1.6 kWh/L,按照甲醇价格 2.5 元/L 计算,每发 1 度电成本 1.56 元,与快充价格相当,非常有市场竞争力。主要技术参数见表 1-6-4。

表 1-6-4 吉利 1.8 L 甲醇增程器技术参数

序号	内容	单位	参数
1	起动方式	—	CISG
2	燃料/起动燃料	—	M100/92#汽油
3	怠速	r/min	1000
4	最大持续功率/转速	kW/(r·min)	60/4000
5	最大持续功率输出电压	VDC	350
6	低压直流电源	VDC	12
7	最低燃料消耗率	g/kWh	495

续上表

序号	内容	单位	参数
8	醇电转化率	kWh/L	1.60
9	最大噪声值	dB(A)	92
10	冷却方式	—	液冷
11	防护等级	—	IP67
12	重量	kg	160

2. 产业标准化体系的建设

当前国内增程式电动商用车产业标准体系建设不完备,增程式电动车归属于插电式混合动力汽车范围管理,相关技术标准仅有 2 项,分别为 GB/T 34598—2017《插电式混合动力电动商用车技术条件》、QCT 1086—2017《电动汽车用增程器技术条件》。

3. 国内外增程式电动商用车产业发展趋势

(1)国外增程式电动商用车产业发展趋势

国外增程式电动乘用车发展较早,但商用车发展较为缓慢。美国福特汽车于 2019 年在轻客(Transit Custom)、皮卡(F150)上布局有增程式版本,美国 Workhose 于 2018 年推出 W-15 增程式皮卡,是当前为止全球第一辆增程式皮卡产品。

(2)国内增程式电动商用车产业发展趋势

增程式电动化技术路线是适应当前国情、行情的最佳技术路线。目前主要的新能源技术路线如下。

①纯电技术:该技术路线解决了车辆运营成本高、排放污染及噪声等问题,但是也存在续航里程受限、充电时间长、环境和温度适应性差(如寒区)等问题。目前电池技术上还没有得到颠覆性突破,纯电动车在固定路线、固定货物、固定场景的城市物流领域尚能适用,但针对国内大量的计划外物流需求,纯电车型不能胜任。同时,纯电动车在部分上装用电需求量大的车型上不能满足客户使用需求,如冷藏车、市政环卫车辆。

②氢燃料技术:我国氢气的生产及能源应用已经具备了一定的基础,氢能源车辆是未来氢能利用的最主要方向。与锂电池驱动的车辆相比,氢燃料车无污染,电解的化学反应只会产生水,发电率可达到 50% 以上,续航能力优秀。但是就目前的技术而言,它还处于布局示范过程,存在制造成本高昂、氢气运输储存困难、技术不完全成熟等问题。

③混合动力技术(含增程式混动):混动车型有效弥补了续驶里程不足和充电时间长的短板,同时又兼顾传统燃油系统与电动系统的优势。增程式作为结构最简单的混动技术路线,市场和技术已相对成熟,该技术路线兼顾纯电产品及燃油产品优势,取长补短,从能耗、动力、续航上来看,都较燃油车和纯电卡车有明显优势,为客户提供了更优的产品解决

方案。特别是选择大电量技术路线的吉利远程增程式轻卡表现最为突出，其采用 1.5 L 汽油增程器 + 54 kWh 大电池的技术，纯电续航里程达到 120 km，综合续航里程达到 600 km，满足客户中短距离运输及临时长距离运输场景需求。

增程式电动车极大程度上解决了不同运输工况下客户对纯电动车购车及运营成本高、运输距离短、运输效率低等关键痛点。随着补贴退坡、电池原材料上涨，增程式车型与纯电动车型的价格差距正在缩小，在市场上将迎来新的机遇。

推动增程电动商用车的产业化发展，对于降低碳排放具有十分现实和积极的意义。以吉利远程 GLR 54 kWh 轻卡冷藏车与同质量燃油车进行对比，节能减排效果见表 1-6-5。

表 1-6-5　远程 GLR 增程冷藏与柴油冷藏能耗与排放对比

车型(4.2 m 轻卡冷藏)	增程冷藏	柴油冷藏
燃油形式	汽油、电	柴油
柴油百公里油耗(L/100km)	—	15.14
汽油百公里油耗(L/100km)*	6.85	—
单位柴油二氧化碳排放(kg/L)	—	2.63
单位汽油二氧化碳排放(kg/L)	2.3	—
年行驶里程(万 km)	6.6	6.6
全生命周期(年)	5	5
二氧化碳年排放量(t)	10.40	26.26
二氧化碳年减排量(t)	15.86	—
全部二氧化碳减排量(t)	79.3	—

注：此处以增程式轻卡为计算车型，按照百公里中约有 46% 用燃油行驶计算。

4. 目前亟须解决的技术难点及解决方案

(1)热管理

增程式电动车热管理包含了热平衡性能、热害性能、乘员舱热舒适性及行驶安全性；涉及的部件较多，系统之间关联交互，如何在有限的布置空间里满足热管理性能，并且达到成本最低能量利用率最高为主要技术难点。

解决方案如下：

①采用正向开发的思路，自主、完整、正向开发整车热管理；②设计阶段约束边界、细化 SSTS 指标分解，多种方案对比分析，实现最优化设计；③整车热管理性能开发与仿真分析结合紧密，在虚拟阶段识别风险并提前优化；通过仿真和设计充分结合，提前识别热害风险，优化机舱流场及模块布置选型；④通过问题识别、方案优化、车及样件整改验证、策略优化，最终达成增程式电动车热管理性能；⑤通过系统整体匹配优化，余热再利用等技术降低整体热管理系统需要散掉的热量，提高系统热效率。

(2)EMC

电气部件的抗扰能力不足，将可能导致汽车的部分功能受到干扰后失效，比如目前的自动驾驶技术需要摄像头、雷达以及控制器集成工作，若硬件抗干扰性能不足，可能导致车辆行驶过程中，信号采集失准，发生事故。同时电气部件的发射能力较强，也会影响用户使用电子产品的体验。

增程式轻卡 EMC 性能开发，急需控制整车辐射发射强度，通过把关高压零部件 EMC 性能、整车电器布置方案、提升电器零部件自身抗干扰能力、降低自身电磁辐射等方式，提升用户的产品体验。

(3)动力系统

增程器国内国际无成熟产品可借鉴，无成熟的技术标准可以依托，需要国家出台增程器的国标或者行业标准。当前发电机与发动机机械连接是一大技术难点，解决方案如下：

①采用双质量飞轮或扭转减震器连接发动机与发电机；②电机采用定转子分离式与发动机连接，电机转子刚性固定在发动机曲轴后端；③发动机与电机独立总成形式，发动机与电机采用齿轮增速箱连接，使发动机与电机的高效区充分重合，并可有效降低电机成本。

(4)冬季低温环境续航里程衰退

动力电池低温时，容量会有较大程度的衰退，加上驾驶室暖风的能耗以及冬季汽车阻力增加，使得冬季纯电续航里程有较大衰退。同时由于电池低温时充电性能较差，不仅影响能量回收，同时对增程器的启动形成不利影响。解决方案如下：①优化增程器低温起动策略，启动发动机为电池加热；②优化热管理策略，通过调整加热阀，提高电池加热比例；③优化 BMS 控制策略，调整电池加热水温阀值；④增加电池高频脉冲加热技术；⑤增加电池保温结构。

5. 2022 年行业重点企事业单位发展情况

(1)吉利商用车发展情况

吉利商用车自 2018 年发布增程式轻卡以来，已经历三代产品的技术迭代，当前最新产品为基于全新轻卡平台开发的 H8R 产品，当前主销产品为第二代远程 GLR 产品，H8R 产品还处于小批量推广阶段。

2022 年吉利商用车借助吉利控股集团在甲醇汽车领域长达 18 年的产品研究及市场先发优势，结合增程技术路线优势与甲醇燃料低成本、环保优势，强强结合，于年底推出甲醇增程式 H8M 轻卡产品，当前处于小批量推广阶段。

吉利商用车已在物流车、市政环卫车、旅居车等领域形成增程式产品的广泛布局，但整体处于市场推广上量阶段。同时也在研究增程式技术在重卡、客车、小微卡、皮卡上的搭载应用。技术发展层面主要围绕增程器效率提升、新型燃料增程器开发、大功率大电池的整车动力集成技术的开发应用。

(2)其他企业发展情况

重汽豪曼、东风股份增程式产品尚处于市场推广阶段，2022 年合计市占率 3.5%。

自 2017 年开始，国内企业积极探索增程式电动汽车技术路线，以应对未来多元化发展的市场趋势，当前还有如下企业和产品布局：陕汽重卡 L6000 增程式中卡产品，配置 1.2 L 柴油增程器及 53.8 kWh 动力电池；南骏汽车瑞吉增程式轻卡，配置 1.2 L 汽油增程器及 77 kWh 动力电池；福田时代增程式轻卡，配置 1.5 L 汽油增程器及 15.4 kWh 动力电池；福田奥铃增程式轻卡，配置 2.3 L 柴油增程器及 17.52 kWh 动力电池；电咖汽车 ER600 增程式轻卡，配置 1.5 L 汽油增程器及 21.5 kWh 动力电池；湖北三环增程式轻卡，配置 1.3 L 汽油增程器及 30.13 kWh 动力电池；山东丽驰增程式轻卡，配置 1.5 L 汽油增程器及 15.4 kWh 动力电池。

6. 2022 年重点车型技术特点分析

(1)吉利商用车远程 GLR/H8R 增程式冷藏车

吉利商用车远程增程式冷藏车匹配“54 kWh + 1.5 L 汽油

增程器 +60 L 油箱”，综合续航里程大于 600 km，城配 120 ~ 140 km 可使用纯电动行驶，中途补电或用油发电均可继续行驶，满足用户灵活多变的用车需求。

（2）吉利商用车远程 GLR 增程式房车

吉利商用车远程增程式房车匹配“25.9 kWh + 1.5 L 汽油增程器 +100 L 油箱”，是国内首款新能源房车，C 照即可驾驶，综合续航里程大于 700 km，大空间大自由。自带电池和高效发电机，解决了房车用电需求的核心痛点。

（3）吉利商用车远程 H8M 增程式物流车

吉利商用车甲醇 1.8 L 增程器搭载 GTA 平台 2.0 代轻卡，形成极具竞争力的全新一代甲醇增程式轻卡，现已小批上市。甲醇增程式轻卡不仅结合了当前高油价下纯电营运成本低的优势，也解决了纯电轻卡续航里程受限、充电时间长、温度适应性差（如寒区）、零部件价格高等问题。

甲醇增程轻卡采用大小电量产品组合，“1.8 L 甲醇增程器 +20.8 kWh/77 kWh 电池 +240 L 醇箱”的技术，整车成本最优前提下，针对不同用户提供了不同的应用场景选择，同时纯增程模式续航里程达到 850 km，满足客户中短距离运输及临时长距离运输场景需求。甲醇增程式轻卡产品具有以下技术优势：

① 相对燃油产品：甲醇增程式轻卡电动车属于新能源车辆，相对传统燃油车更节能减排、低碳环保，符合国家政策导向，进城不受限制，并享受免购置税。

② 相对纯电动产品：甲醇增程式轻卡电动车自带高效发动机，车辆运行效率更高，使用时间更灵活，并可以作为应急供电车，对外输出电能；全气候环境、工况适应性强，极端条件下车辆性能不下降，对在设施不完善地区也能很好的使用和推广；和同类纯电动产品相比电池更小，购车成本更低，底盘自重更轻，有利于提高货物装载量和运输作业效率；电池浅放浅充，电池寿命长，不依赖充电桩，无充电焦虑，无里程焦虑。

甲醇增程整车性能表现见表 1-6-6。

按甲醇单价 2.5 元/L，甲醇增程式轻卡经济性具备非常高的优势，纯增程模式下每公里运营成本低至 0.7 元，相比传统柴油车，冷藏车型每公里能节省 0.5 元。相对传统柴油多出的购置成本，用户两年回本，用得越多省得越多，具备直接替代传统柴油车型的潜力。

（4）东风股份/重汽豪曼增程式冷藏车

东风股份匹配 2.4 L 柴油增程器及 17.52 kWh 动力电池，重汽豪曼增程匹配 1.5 L 汽油增程器及 15.33 kWh，主打绿牌油车概念，满足了部分细分市场的客户需求。东风采用 2.3 L 柴油增程器主要目的是降低增程模式下（相对汽油增程器）的运营成本。

表 1-6-6　甲醇增程整车性能表现

项目	性能指标	单位	甲醇增程式轻卡	备注
整车性能	0 ~ 50 km/h 加速时间	s	≤10	—
	50 ~ 80 km/h 加速时间	s	≤12	—
	最高车速	km/h	≥90	总重 6 t
	4% 爬坡车速	km/h	≥75	总重 6 t
	坡道起步能力	%	≥20	总重 6 t
	燃料消耗量	L/100 km	≤27.3	总重 6 t，C-WTVC 综合工况
	综合续航	km	≥1000	宁德 77 kWh
			≥850	舟之航 20.8 kWh

7. 未来几年增程式电动商用车产业发展建议

①进一步明确增程式电动汽车的纯电驱动属性，政府牵头组织科学系统的评估论证，消除市场误解，强化其纯电驱动属性认知，在政策中推进增程式电动汽车享受与纯电动汽车同等权益，支持扩大推广增程式电动汽车。

②将增程式技术路线作为单独的技术分类或归于纯电动车管理，提高增程式技术路线的政策地位，促进新能源多元化技术路线发展，使之成为汽车行业实现“双碳”目标的重要路径。

③在增程式车型的随车环保清单中体现新能源特性。目前增程式车辆的环保清单还是标准为重型汽油，不利于增程式技术路线作为新能源技术路线的推广。

④完善扶持增程式车型的发展政策及标准体系，针对增程式电动汽车产业出台专项政策，从更高层面加大对增程式电动汽车的支持力度，坚定企业持续投入增程式电动汽车产业的信心。

8. 其他重要的方面

增程式电动商用车相较纯电动汽车，对动力电池的需求量相对较低，在新能源发展进程中保留一定的技术调节空间，可以缓解电池原材料的短缺、高价，供应问题，推动产业链安全、稳定与创新发展。

我国新能源汽车已经迈入政策与市场双轮驱动阶段，新能源汽车市场逐渐从政策主导转变为市场主导，希望解决局部地区政策歧视的问题，让市场、让客户来选择新能源技术路线的发展。

国外增程式电动商用车市场发展缓慢，增程式电动商用车不应该局限为仅适合中国国情的最佳技术路线，积极打造增程式汽车的国际影响力，有望成为中国新能源汽车重要突破口之一，助力中国品牌汽车国际化发展。

七、换电式电动汽车领域

换电式电动重卡

四川智锂智慧能源科技有限公司　李立国　曾云川

1. 2022 年换电式电动重卡产业总体发展与技术突破

2022 年，新能源重卡行业累计销量为 25072 辆（见图 1-7-1），其中换电重卡销量达到 12386 辆，占新能源重卡 49.4%，较 2021 年上涨 18.7 个百分点。

动力电池系统方面，目前尚无针对换电重卡应用场景定制开发的专用电池系统产品。主流的重卡换电电池电量为300 kWh左右、充电能力1C、能量密度在150 Wh/kg左右、寿命在4000次左右，尚不能完全满足对里程、寿命、低温充电的需求，度电摊销成本较高。

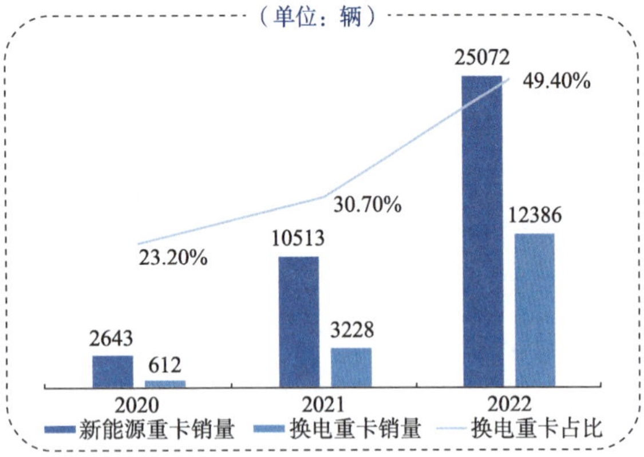

图 1-7-1 2020—2022 年新能源重卡和换电重卡销量

数据来源：第一商用车网

换电设备方面，主要有顶吊式、整体侧换式、底盘式、双侧式4种路线。其中主要以整体侧换式和顶吊式为主，换电时间在3～5 min，代表厂商有智锂物联（杭州）科技有限公司和上海玖行能源科技有限公司。三一重工推出了连体双机器人换电方案，换电时间2 min。但仍存在停车误差适应性差、服务能力远低于加油站、只兼容己方车载系统等问题，如图1-7-2所示。

技术路线种类	换电场景图	换电方向	代表企业	技术路线特点
顶吊式换电		顶部	玖行能源	结构简单、控制要求低、控制系统成本低
整体侧换式换电		侧伸侧抓 侧伸顶抓	智理物联	智能化程度高、换电速度块、整站高度低
底盘式换电		底部	奥动新能源	高效 便捷
双侧式换电		双侧	国家电网	兼容宽体矿卡等大型工程车辆

图 1-7-2 重卡换电设备技术路线

车载换电系统方面，目前投入运营的重卡车载换电系统主要为后背式，也有少量双侧换电。后背式车载换电系统设置在车辆驾驶室后方，由粗导向、精导向、换电连接器、锁紧机构、上下框架组成。已有多个厂家发布产品，但不同厂家产品不能互换兼容，只能匹配己方换电站使用，是阻碍互通互换的最主要问题。

因此，我国在重卡换电的电池系统、换电设备、共享互换标准化等方面尚处于研究初期，其运营效率、经济性、兼容性等均存在较大的改进空间，高效、安全、经济的换电服务网络亟待形成。为实现重卡换电的规模化应用，仍需探索互通互换共享高效换电等相关技术、优化换电能量补给站的构型和控制，并通过应用示范进行技术验证、积累运营经验。

2. 产业标准体系的建设

（1）行业标准归口部门规划完善换电标准

汽标委电动车分标委于2021年11月发布了《中国电动汽车标准化工作路线图（第三版）》。路线图立足于我国新能源汽车产业发展需求，系统梳理了新能源汽车标准体系架构，分领域介绍了国内外现有标准和标准缺项。电动汽车换电标准被列入了短期、中期两个阶段任务。

中国电力企业联合会发布的《电动汽车充电设施标准体系（2022版）》中，标准体系涵盖了充电设备制造、检验检测、规划建设和运营管理等全方位。中电联充换电设施分标委已申请立项，GB/T 29772—2013《电动汽车电池更换站通用技术要求》等5项标准正在修订。

（2）汽标委电动车分标委推进商用车换电标准落地

汽标委电动车分标委于2021年1月27日发出《关于筹备成立"电动汽车换电标准工作组"的通知》，经过多次行业会议讨论，拟订"电动汽车换电标准路线图"，按照乘用车、商用车两大类规划行业标准立项计划。其中，《纯电动商用车车载换电系统互换性系列标准》（共5项：换电电气接口、换电冷却接口、换电机构、换电电池包、车辆与电池包的通信）。经过前期的预研、论证、立项答辩，已列入工信部2022年5月13日发布的《2022年第一批行业标准制修订计划》中，四川新能源汽车创新中心作为主要起草单位被列入立项起草组中。此项工作从2021年初开始预研，经过8次标准起草工作组会议讨论，在充分听取和采纳行业意见的基础上，2022年10月1日征求意见稿挂网公开征求意见。2022年底完成报批，预计2023年下半年公开发布。

（3）政策驱动、市场诉求催生地标和团标

2021年10月，工信部印发《关于启动新能源汽车换电模式应用试点工作的通知》，提出将在宜宾、唐山、包头等重工业城市进行换电重卡试点，并要求健全换电相关标准体系。

2022年3月，工信部发布《2022年汽车标准化工作要点》，针对充换电领域，提出加快构建完善电动汽车充换电标准体系，推进纯电动汽车车载换电系统、换电通用平台、换电电池包等标准制定。

2023年3月29日，在中国商用车论坛上，中国汽车工业协会和一汽解放牵头发布《电动中重卡共享换电车辆及换电站建设技术规范》系列团体标准，标准覆盖车端、站端关键技术12项，明确了接口尺寸、换电流程等5方面技术内容。同时，该标准还对换电电池箱技术、换电底托技术、换电连接器技术、换电控制器技术、车辆识别、数据安全、防护及应急、换电系统、装置技术及规划布局实施做出统一标准要求。

2023年6月9日，工业和信息化部副部长辛国斌在2023年世界动力电池大会期间表示，要研究编制换电技术标准体系，推动换电电池尺寸、换电接口、通信协议等标准统一。6月10日，在世界动力电池大会专题研讨活动中，中国电力企业联合会副秘书长、电动汽车充电设施标准化技术委员会主任委员刘永东作为倡议代表，由中国电动重卡换电产业促进联盟、中国电动汽车充电基础设施促进联盟联合发起《重卡换电产业互通互换发展倡议》，国家电投启源芯动力、中国石油销售公司、三峡绿动、宁德时代、上汽红岩、吉利阳光铭岛、北汽福田、陕重汽、重汽、宇通客车、三一重工、徐工新能源等重卡换电产业链龙头企业共同响应。

江苏省、重庆市、包头市、宜宾市等地方也都相继推出了有关的地方标准。

3. 国内外换电式电动重卡产业发展趋势

(1)国外研究现状

国际上各个国家都在密切关注零碳重卡的技术发展，各个国家都在积极进行不同技术路线的探索，其中只有我国换电重卡实现了万辆级规模化示范应用。

美国对于零碳重卡具有较高发展目标，但主要技术路线为商用车大规模快充及超级充电。美国预期在2030年在加州实现18万辆重型零排放车辆，因此积极开发多端口1 MW+、并网在车队仓库为中重载货车充电的策略和技术。

欧盟则以高速充电网络和氢燃料电池重卡为主要技术路线，如图1-7-3所示，欧洲2020年零排放货运卡车为2300台，比2019年增长300%，进入快速增长期；并承诺2030年零排放货运卡车车销量占销售总量的30%，2040年占100%。技术角度，目前仍处于技术选择期，以德国为例，2023—2025年为技术路线选择期，在短途BEV、长途BEV、氢能及有缆混动四个技术路线中进行比较，如图1-7-4所示，并计划于2026年开始按照技术路线，大规模布置加氢站或充电站基础设施。

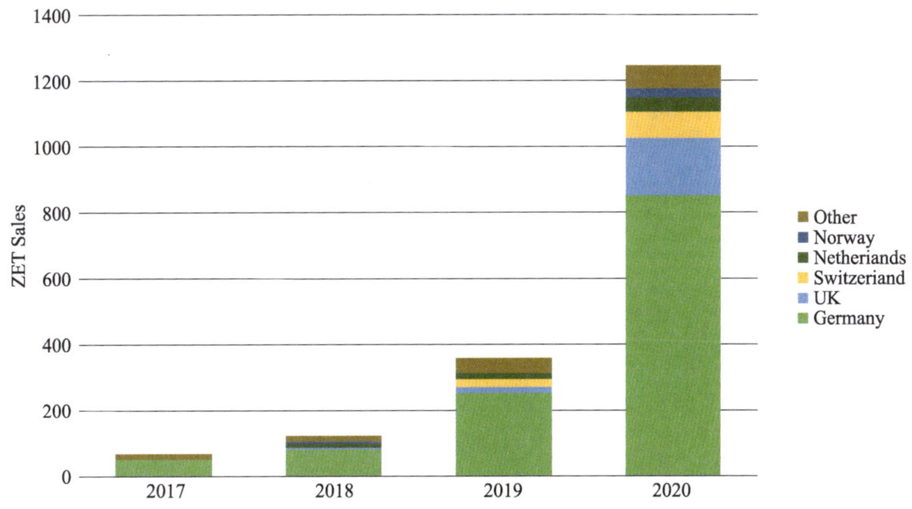

图1-7-3　欧洲零排放货运卡车销量增长

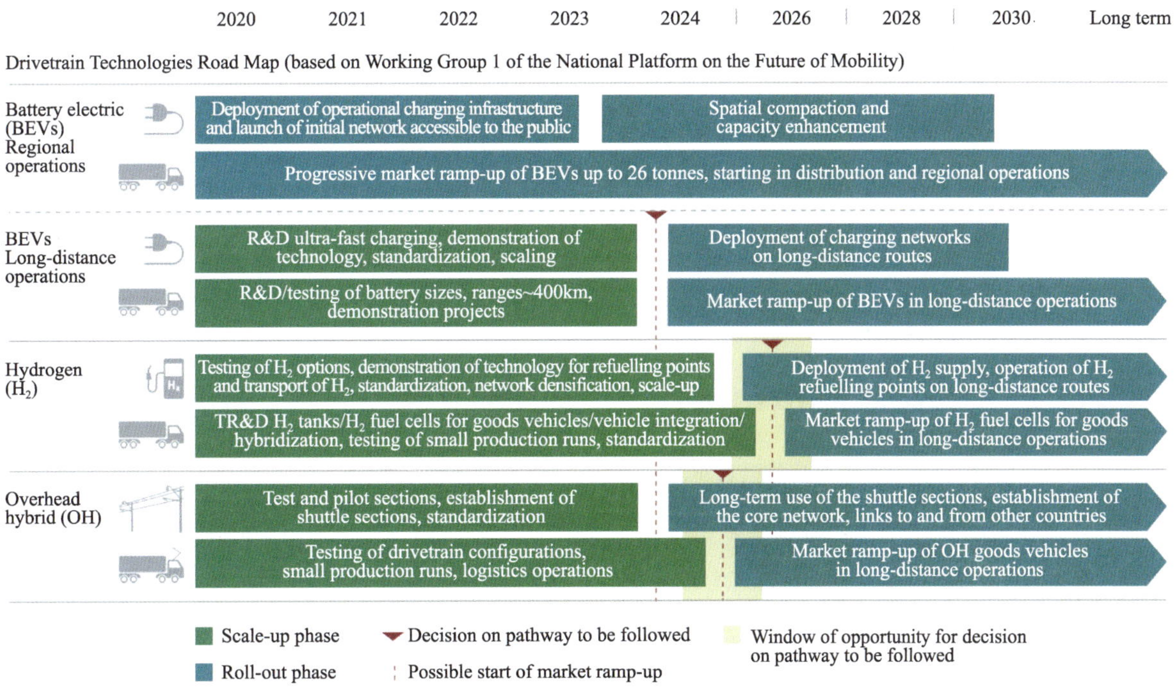

图1-7-4　德国典型技术路线

日本则以氢能为主要技术路线，因此特别强调氢能燃料电池汽车技术在商用车领域的应用，如图 1-7-5 所示。

综上，目前国外主要在 MW 充电、氢能重卡的技术路线上探索，国内已经形成成熟的重卡换电产业生态，具备向国际输出的先发优势。

(2)国内研究现状

相比于国外重卡换电模式仍处于研判和示范筹划的起步阶段，中国重卡换电已经进入高速增长的发展阶段。中国的电动重卡补能技术路径现状是充换并举。充电方案主要采用 240～320 kW 的双枪国标直流充电桩，充电版重卡为了满足全天里程需求普遍配备 400～500 kWh 动力电池，存在充电时间长、电池重量大等局限严重影响运营效率，仅在运营强度低短途场内有少量应用；对于运营强度大的车辆都采用换电方式，配备 300 kWh 左右动力电池；同时换电车型普遍同时配置双枪直流充电口，在低强度运行或没有换电网络覆盖时采用充电补能。充换兼容已成为主流补能方式。在重卡换电的技术、产品和产业应用方面处于全球领跑地位，产业推广情况如图 1-7-5 所示。

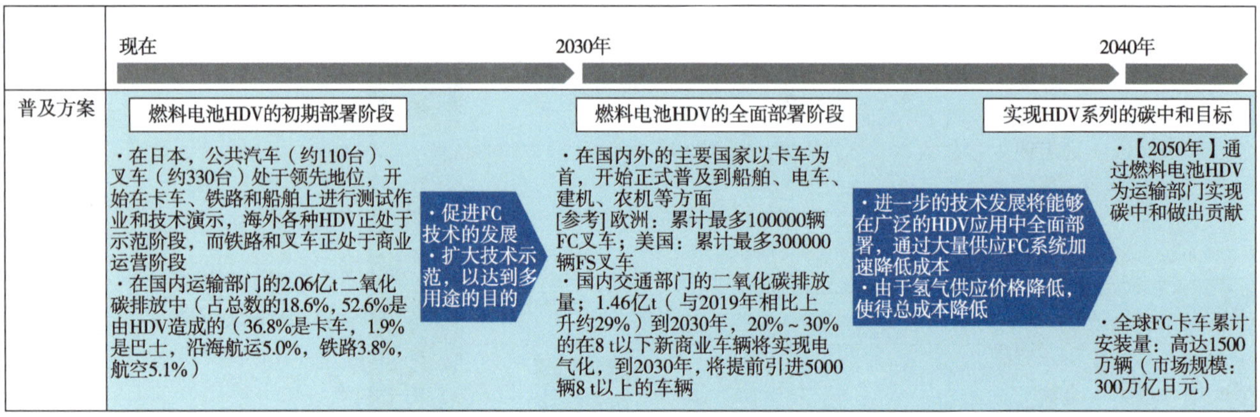

图 1-7-5　日本氢能技术路线图

4. 目前亟须解决的技术难点及解决方案

(1)车—电—站兼容共享换电解决方案

针对目前市场换电机构多和换电方式杂导致的通用化难题，研究开放性车载换电系统机电热液技术架构和共享兼容接口标准，开发互通互换的车载换电系统和多电池多车型的共享换电匹配策略，集成共享兼容的重卡换电站。

(2)高集成重卡换电电池系统解决方案

当前重卡换电电池采用电池框架集成标准电箱的方式，质量能量密度和体积能量密度都偏低，不利于装载更大更多的电池，少数国内企业尝试开发 MTB 电池系统，仍未投入批量应用；MTB 电池系统开发将不增加车辆体积的前提下提高换电重卡的装载电量，满足更多的运力场景需求。

(3)高精度重载快速换电解决方案

针对重卡换电运营服务能力低、运营效率低的问题，建立激光雷达和机器视觉在数据、特征、决策不同抽象等级的融合感知模型，开发多传感器时空校准广域高精度定位算法；探索复杂约束和多源误差下的电池包换电轨迹规划算法，研制大臂展高刚度双向伸缩臂高速重载机器人，实现重卡换电站的高精度快速抓取作业，提高换电服务能力。

(4)重卡换电站火灾防控处置解决

针对重卡换电站电池安全风险高、资产投资风险高、运维成本高等问题，研究电池安全状态估计、一致性及均衡策略、电池保养维护方法，开发低功耗云控 4G 安全终端和电池安全风险态势感知与云控运维管理云平台，研制重卡换电站应急消防仓，达到了自动化无人化应急处置的效果。

(5)智能无人化解决方案

全自动换电、无人值守运营、智能化结算体验将成为下一代换电产品的重要特征。未来换电技术应用将不仅具备电池快换功能，还需要具备根据用户分布和轨迹、站点客流和电池情况，不断优化数据模型算法，动态调整推荐规则，引导用户换电需求，最小化用户补能用时，最大化运营网络服务能力。随着换电站自动化程度越来越高和自动驾驶技术的应用，整个换电操作和场站运营将完全实现无人化操作。

(6)站网互动解决方案

本质上，换电站是一个综合的能源载体。换电网络作为分布式储能系统，将电池以物理形式存储并搬运移动，而且还能让能量的在充放之间实现双向流动。换电设施通过参与电网需求响应，实现与电力系统、电动汽车之间的能源交互，形成面向低碳化电网的新型协作体系。在消纳清洁能源方面，换电站还可以积极联合风电、光伏等新能源产业。通过结合风、光、储、充、换等多种形式，实现清洁电力的自发自用、余电存储、可充可换的综合性能源站，从而促进能源电力网与交通网的深度融合，共同发展。

5. 2022 年行业重点企事业单位发展情况

上海启源芯动力是国家电投绿电交通产业创新中心的建设主体。自主研发了以车辆运管云平台等运营管控平台集群；自主研发车载通信终端设备、电池通信终端设备和移动换电站站控系统等产品，在 40 余家主机厂推广应用过万台；联合 61 家国内头部重卡主机厂和 3 家换电站生产企业开发了 56 款高通用性的纯电动产品谱系及集固定式、移动式、撬装式为代表的换电站产品系列，产品市场占有率约 80%；联合生态圈企业研发了全球首款换电重卡、首款吊装式重卡换电站和首款百吨级换电矿卡等；在国内 30 余个省市建设换电站 150 余座，市场占有率约 60%。

协鑫能科是国内领先的移动能源服务商，聚焦换电站一体化解决方案、换电站运营及能源服务、电池梯次利用三大业务。2022年以来，其携手多家公司，在换电产品开发与销售、市场拓展、运力建设、电池银行搭建、自动驾驶技术及自动换电技术研发等领域开展全方位深度合作。

三一重工是全球工程机械领先企业之一，是2021年电动重卡销量冠军，产品包括电动牵引车、自卸车、搅拌车等，2022年3月联合宁德时代合作开启干线物流示范项目，2022年5月推出吊顶侧方兼容换电站，单车换电1.9 min，将换电全流程时间缩短一半。2022年新能源重卡销量超过4147辆，全国排名第一。

汉马科技系浙江吉利新能源商用车集团有限公司控股子公司。2017年，汉马科技获得纯电动重卡生产资质，同年完成电动重卡高强度军工测试实验；2018年旗下华菱纯电动重卡产品上市；2019年推出国内首款换电重卡，实现多项"零"技术突破。2022年新能源重卡销量超过2790辆，全国排名第二。

智锂物联是清华大学欧阳明高院士工作站在重卡换电装备、电池大数据安全运维领域的科技成果产业化企业，定位于数字化换电运营解决方案集成商，可提供满足汽车行业互换性标准的换电设备和车载换电系统。国内首发整体式侧换重卡换电站，换电时间3 min、支持4～20个备用电池仓拓展，并率先推出满足汽车行业标准的轻量化高锁紧高耐久车载换电系统。

上海玖行能源科技有限公司是一家专业从事新能源电动汽车充换电设备研发、生产、销售、充换电站运营服务及相关领域业务的高新技术专精特新企业。玖行专注于创新的电动汽车充换电产品和统解决方案，构建基于物联网的电动汽车充换电和运营服务网络生态云平台。2019年交付全球首座重卡换电站，2021年玖行重卡换电站突破100座，电池总成箱突破1万套。

6. 未来几年换电式电动重卡产业发展建议

（1）公告管理

目前换电车型虽已实现车电分离开票，但是工信部公告车型包含车加电池，车辆上牌需要包含车辆发票和对应的电池发票才可上牌上路，极大地阻碍了换电模式下车电分离模式的快速推广，阻碍了换电电池的高效流通和电池金融政策的推行。希望未来在工信部现有的换电车型公告基础上，制定换电车型车电分离公告管理创新模式，建立换电电池互换性接口标准体系，在车型公告中以换电接口规格公告特征代替电池系统型号特征，增加换电电池系统公告管理体系独立与车型进行公告和市场准入管理，允许车辆自主选用与该车型公告的换电接口规格匹配的合规电池系统（如不同产商、能量密度、容量），实现完全意义的车电分离，使得电池作为能源载体进行高效流通。

（2）统一标准

重卡换电因为其车电分离、补能时间短、占地面积低、电网冲击小等优势，已经逐渐成为重卡电动化的主流技术路线。但是换电模式从设计到各方配合，技术环节较多，统一标准化需求迫切，特别是电池制造标准、接口标准以及车站通信、识别等相关软件标准。重卡换电产业相关利益方众多，涉及设备制造商、换电站运营商、电网、技术供应商、电池供应商、电池银行、车企、用户（企业/个人）、运力商、金融服务商等多方企业，缺乏权威主导，难以寻求能平衡各方利益的行业标准。

我国采用的方式是国家部委主导、行业标准主管部门牵头、龙头企业协同，试点城市先行先试，发挥行业协会和联盟团体领头作用，加强换电式电动重卡互换性示范项目及互联互通换电站基础设施建设，在试点城市率先实现换电电气接口、换电冷却接口、换电机构、换电电池包、车电通信、车站通信、站端充电等标准化。如今，中汽中心预计在2023年发布重卡换电互换性的汽车行业标准，为了快速建成互通互换的换电网络，我们建议在满足汽车行业标准的基础上倡导各地方政府建立换电互换性地方标准的制定任务，既可以填补阶段性标准缺失问题也可以为长远完善行业、国家换电标准体系提供验证数据和经验，同时为争取将汽车行标升级为国标创造优势条件。

（3）加强电池安全管理

重卡电动化电池资产规模庞大，投资运营的资金和技术门槛高。2021年重卡累计销售140万辆，假若未来推广100万辆车的话，就需要4600亿元的电池资产，资产规模巨大。电池系统存在固有的安全性风险，并且重卡换电电池总电量高，是一辆乘用车的50倍，重卡运营工况复杂、环境恶劣，用户使用情况复杂、导致重卡换电电池系统的安全管理愈加复杂。目前，重卡换电电池系统的电池监管、智能运维、火灾防护等问题都没有有效解决，倘若发生重大安全事故将会直接影响行业发展速度。

行业需要培育一批在电池安全监管、智能运维领域的龙头企业，加强电池安全机理、大数据分析、人工智能等先进技术的研究和应用，建立相关安全管理的规范和标准。同时，鼓励各地政府建设电池安全监控平台，加强电池全生命周期的安全监管和智能运维。

（4）建立清分结算平台

缺乏跨运营商和电池银行在互通互换运行情况下的换电服务费、电池租金和电费的收益分配机制和数据交互平台，使换电站即使满足互换性标准也不能在不同运营商的站和不同电池银行的电池间实现互通互换。建议组织龙头企业协商制定重卡换电互通互换运营清分结算规则，共同建设清分结算平台，并要求提供公共换电服务的换电运营商和电池银行必须接入该平台。

（5）建立互换运营质量追溯平台

在互通互换运营情况下，换电接口损坏的质量责任界定难度大幅提升，质量责任界定不清则会造成用户售后服务不及时，索赔周期长等不良体验。建议建立"重卡互换运维应急服务基金"并建设"重卡互换运行质量追溯平台"，要求换电运营商和电池银行必须接入该平台，保障互通互换体系下的售后服务体验。

八、甲醇汽车领域

甲醇汽车

天津大学　姚安仁

1. 2022 年甲醇汽车产业总体发展与技术突破

在全球新能源迅猛发展的背景下，我国在甲醇燃料领域形成了自主可控的整车制造和燃料供应体系，甲醇燃料的技术储备、生产装备、工程化建设以及应用等已经成熟，具备全面开展推广应用的条件，有利于推动绿色循环发展，实现能源多元化。当前，亟须开展甲醇能源战略研究，对甲醇燃料生产和输配送、甲醇燃料应用安全保障措施要求、甲醇燃料产业化应用研究以及相关政策支持等方面进行科学合理的战略规划和分工定位，促进甲醇燃料全面推广和应用。

工信部发布了《关于调整甲醇汽车产品准入相关要求的通知》，对满足国六排放标准的甲醇汽车在申报准入上提出要求，这将对甲醇汽车下一步的生产标准形成统一，确保甲醇汽车市场竞争力更具优势。工信部连续发布多项行业标准，进一步完善了甲醇汽车的标准体系。工信部发布《"十四五"工业绿色发展规划》，其中明确提出，要大力发展和推广新能源汽车，把"促进甲醇汽车等替代燃料汽车"纳入"绿色产品和节能环保装备供给工程"。

山西、贵州、陕西、甘肃、内蒙古、云南等地都在大力推进甲醇汽车产业发展。以贵州省为例，2022 年 3 月，贵州省发改委、工信厅等 17 家单位联合印发《支持在全省推广应用甲醇汽车的若干政策措施》，以加快贵州省甲醇汽车推广应用。贵州省已出台一系列鼓励措施，建立并完善了甲醇汽车生产、销售、服务体系和甲醇燃料输配送供应保障体系。加快甲醇汽车的推广应用，也成为山西省推进产业结构低碳绿色转型升级的一项重大举措。作为全国最早从事甲醇燃料和甲醇汽车应用的试点城市之一，山西省晋中市在甲醇汽车生产、甲醇燃料制备技术、甲醇燃料加注等方面已具备先发优势。当下，晋中市在新能源汽车产业集群成型成势的基础上，已把目标锚定在建设一流甲醇产业聚集区、生产先进甲醇发动机和甲醇汽车、构建千亿元级甲醇经济生态上。

我国的陕西、贵州、山西等多个省份已在甲醇汽车的推广应用上取得了显著成效，市场上甲醇汽车已有2 万余台，甲醇燃料加注站也在不断完善建设中。

在我国"双碳"目标行动之下，整个汽车产业向新能源转型已成为行业共识，而甲醇汽车及燃料的发展作为能源转型又一选择，对推进我国绿色发展、促进低碳革命有着重要意义。

甲醇燃料是世界公认的清洁燃料，具备资源丰富、储运便捷、用途广泛等特点，使之在生产、使用时对环境友好，相较传统柴油车能够降低碳排放，较之天然气车具有购置、运营成本更低的经济优势。如今，我国绿色甲醇技术也已逐步成熟，正在向规模化发展，如利用可再生能源还原二氧化碳制甲醇（液态阳光甲醇），能够实现对二氧化碳的循环利用，有助于国家"双碳"目标的实现。

发展甲醇经济的意义不止于车辆环保，还可以推进能源结构变革，保障国家能源安全。在我国缺油、少气、相对富煤的能源结构下，甲醇燃料可以完全替代化石能源，甲醇汽车有保障国家能源安全、降低石油对外依存度、环境友好及可最大限度利用现有资源这四大优势。

除了直接作为燃料外，甲醇还是氢能的最佳载体，为车载制氢提供了燃料基础。目前，甲醇重整燃料电池和甲醇燃料电池两种技术路线已经趋于成熟，未来将有广阔的应用前景。

随着在全国 10 座城市开展甲醇汽车试点工作，国家部委出台甲醇汽车推广的相关政策，各地方政府积极作为，因地制宜进行有效推广。不得不说甲醇汽车及相关产业的发展，在扩大产业供需端的同时，也能提供更多就业岗位，满足更多人的就业需求，完全符合当前我国提出的全面做好"六稳""六保"工作的要求。

吉利从能源安全、绿色低碳出发，积极布局甲醇燃料汽车。甲醇被称为"液态氢"，储运用便捷，资源丰富，用途广泛，绿色甲醇是全球公认的碳中和必由之路。吉利深耕甲醇行业 16 载，形成核心技术专利近 200 件，开发包括乘用车、商用车在内近 20 款甲醇燃料车型，也是唯一推出甲醇商用车的企业。

在甲醇制取方面，吉利近年来积极探索绿色甲醇技术创新，早在 2015 年就投资冰岛碳循环国际公司，利用地热发电制氢与捕集的二氧化碳合成可再生甲醇。利用二氧化碳和氢制取甲醇，既解决了可再生能源的稳定使用问题，又能把不稳定的电、氢等绿色能源转化为稳定的液态甲醇，实现电的稳定存储；也可以实现二氧化碳的资源化利用，有助于减碳脱碳。

推动能源革命，打赢蓝天保卫战，是时代赋予我们的历史重任。在"双碳"目标下，新能源商用车的地位和重要性正不断上升，远程汽车通过多年的市场交付，验证了自身产品研发、模式打造的可行性，也解决了新能源商用车成本和收益之间的平衡。

科技兴国，创新强国。同样，远程汽车通过自主创新掌握核心科技的发展路线，奋起直追，力争超越同行、领先世界，改写了中国汽车品牌实力崛起的命题。展望明天，远程汽车将继续深度贯彻"创造智慧互联，引领绿色商用"的品牌愿景，在"1233"战略引领下，推动商用车的新能源化、低碳化转型，重构产业生态、创领零碳陆运，助力"双碳"目标落地，为绿水青山、为汽车强国贡献更大的力量。

吉利深耕甲醇汽车16年，已经在甲醇能源领域取得突破性进展，拥有核心技术专利200余件，在贵阳、西安、晋中等多地实现规模化市场运行。

甲醇汽车及燃料的推广能为国家能源安全提供保障，为终端消费者带来实惠。因此，有专家建议，应推进甲醇车用燃料加注体系建设，并支持鼓励汽柴油、LNG（液化天然气）加注站改建或增加甲醇加注功能等，以满足市面上甲醇汽车的加注需求和实际运行需要。

甲醇汽车历经多年研发探索，市场化推广成效愈发明显，发展进程也仍在持续发酵中，立足新发展阶段、贯彻新发展格局，高比例M100甲醇燃料以及重整制氢燃料电池的发展，都必将为甲醇汽车及相关产业带来新的发展契机。

2. 产业标准体系的建设

《车用甲醇燃料作业安全规范》是2022年10月12日实施的一项中国国家标准。

国家标准《车用甲醇燃料作业安全规范》由TC414（全国醇醚燃料标准化技术委员会）归口，主管部门为国家标准化管理委员会。主要起草单位为山西省醇醚清洁燃料行业技术中心（有限公司）、中国安全生产科学研究院、中润油新能源股份有限公司、浙江吉利控股集团有限公司、山西必和必信清洁燃料技术开发有限公司、山西华顿实业有限公司、贵州黔晟新能源实业有限公司、亚能石化股份有限公司、河南省豫隆科学技术研究院有限公司、山西赛福特安环科技有限公司、山西省检验检测中心（山西省标准计量技术研究院）、贵州省标准化院、广州国机润滑科技有限公司、陕西延长石油能源科技有限公司、北京雄韬伟业能源科技发展有限公司。

3. 国内外甲醇汽车产业发展趋势

据了解，甲醇作为清洁能源的重要组成部分，原料来源丰富，作为燃料更加清洁、更加安全、更加高效且来源更加广泛，具备较高的经济性、安全性、环保性、可靠性和适用性，是内燃机传统能源理想的替代品，能加强能源安全、改善大气环境，为我国经济健康可持续发展作贡献。

放眼全球，德国甲醇混动项目、丹麦甲醇汽车研究、瑞典甲醇燃料加注规范等，都为甲醇燃料的发展指明了方向。

欧洲将甲醇命名为电子燃料，电子燃料（E-Fuels）是由100%的可再生电力、水（电解）和二氧化碳产生的。由此，可以利用Power-to-X技术生产出符合标准的燃料。可再生电力和氢气是每个电子燃料的基础。因此，非常雄心勃勃地进一步扩大可再生能源，无论是国内的还是进口的，都是非常必要的。液体电子燃料具有很高的能量密度。它们易于储存和运输。此外，现有汽车的加油站等销售网络，可以在各地迅速提供电子燃料。与电能不同的是，电子燃料在长距离运输或长时间储存时，不会有动力损失。

对于德国汽车工业协会（VDA）来说，相关的可持续再生燃料是先进的生物燃料（根据新的可再生能源政策RED Ⅱ）、氢气和电子燃料。为了在车辆中直接使用可再生氢气，全面扩大欧洲的氢气基础设施势在必行。由于其体积能量密度，液氢和电子燃料为气候中立的长途运输提供了巨大的机会。电子燃料是气候中立的，因为在生产过程中，燃料中结合的二氧化碳量与后来在车辆中使用时再次排放的二氧化碳量完全相同。它的最大优势，是你可以令现有的车队实现碳中和。

电子燃料目前很贵，但它们会变得更便宜。德国国家未来交通平台假设2030年的生产成本为每升1至2欧元（7～15元人民币/L）。这些生产成本已经包括了可再生电力的效率损失。如果把可再生能源的利用放在全球范围内考虑，就可以进一步改善效率损失。光伏和风力发电站在合适的地点的产能利用率比德国高2～4倍。

理想情况下，电子燃料是完全用可再生能源生产的。简单地说，由可再生电力驱动的电解氢与二氧化碳（例如来自工业废气或空气）相结合，形成一种碳中性的碳氢化合物。电力转化为化学品（PtC）、电力转化为液体燃料（PtL）或电力转化为气体燃料（PtG）等术语已被普遍接受用于这些电力转化为X的过程。与来自种植生物的传统生物燃料相比，电子燃料不与民众口粮竞争。

另一个关键优势是，合成燃料在技术上与传统的同类燃料没有区别。它们甚至可以直接用于老式汽车，通过现有的加油站网络来销售，并以任何混合比例添加到化石燃料中。但是，由于目前生产数量较少，合成燃料的生产仍然相对复杂，导致成本较高。然而，随着产能的提升，规模经济将确保效率的大规模提高。因此，电子燃料可以在未来成为交通行业的一个稳定的燃料来源，并为碳中和做出重要贡献。

目前特别是欧洲绿党对于禁售燃油车的主要理论依据是对于产生电力的一次能源快速脱碳具有非常乐观的预期。对于北欧的一些已经转型为金融、银行业、能源等非制造业为国家经济支柱的国家来说，这种趋势是可能发生的。然而，对于制造业大国，尤其是作为发展中的制造业大国——中国来说，无法照搬早已经过碳达峰的西方发达国家的碳排放经验。将所有的能源来源全部依附于主干电网，无论是对主电网的负担，电网的脱碳以及国家的能源战略安全都会带来极大的挑战。

大量的科学研究显示，内燃机在全生命周期制造碳排放和使用碳排放领域依然有极大的发展空间。在可预见的能源结构未来，内燃机的高效化、混动化和使用包括甲醇、气体燃料等低碳燃料技术，都可以在相当长的使用里程范围内保持对同级别电动车的碳排放优势。而以可再生电力生成的E-Fuel、E-Gas、氢气和氨气等碳中和燃料的内燃机则可以充分应用内燃机工业的技术基础、人才基础和工业设施基础实现碳中和的未来。

4. 目前亟须解决的技术难点及解决方案

甲醇的特性要求，需要专门开发相应的甲醇泵、甲醇喷嘴、供醇管路、甲醇过滤装置。目前国内汽车零部件生产企业需要针对性进行开发，以满足甲醇汽车的要求。目前甲醇汽车的相关部件基本借助于现有汽油或柴油的部件，存在寿命短、可靠性差等缺陷。另外，甲醇汽车现在都是采用汽油或柴油辅助启动的技术方案，两种燃料控制的电控系统开发也是重要环节。此外，甲醇的尾气处理中，由于排气温度低并且燃烧不完全可能带来的一定甲醛排放，都需要开发专有的后处理系统以满足超低排放的需求。

5. 2022 年行业重点企事业单位发展情况

我国对甲醇汽车的研发和生产可追溯到二十世纪，进入二十一世纪，以吉利、陕重汽、天津一汽等为代表的车企，纷纷投入对甲醇汽车的开发应用。

从 2005 年开始，吉利汽车就在甲醇汽车领域正式展开研发，目前市面上的甲醇汽车和甲醇发动机主要由吉利生产，特别是吉利帝豪甲醇版等已成为热销车型，得到社会广泛认可。吉利控股集团董事长李书福认为，与其他新能源车型的技术路径相比，甲醇燃料汽车基于汽油燃料汽车研发，改动小，见效快，容易形成规模效应，发展甲醇汽车或是汽车产业一个选项。李书福认为，甲醇是最简单的含氧碳氢化合物，未来通过太阳能制氢与各种回收的二氧化碳合成甲醇，“二氧化碳 + 氢气”制得绿色甲醇，“液态阳光”甲醇将为汽车提供绿色能源。据悉，吉利早在多年前斥资在冰岛入股国际碳循环公司，此项目通过将地下的二氧化碳取出来和将空气中的二氧化碳进行捕捉，进而生产制取绿色甲醇，该技术目前已取得阶段性成果，未来或将迎来全面推广。

以甲醇重卡为起点，远程汽车未来将继续丰富甲醇动力系列，打造远程汽车特色的甲醇动力矩阵，覆盖更广的动力范围，适配商用车使用全场景。

李书福从能源安全、碳中和、甲醇制备技术突破、甲醇应用推广以及山西甲醇经济先发优势等方面对甲醇经济的发展进行了阐述。

我国富煤、少气、贫油，加大能源多元化发展和创新成为当务之急。发展甲醇经济，有机会把能源主动权掌握在自己手里。中国是全球最大的甲醇生产国和消费国，产能占全球的 65%。发展甲醇经济契合我国的能源资源禀赋，符合我国坚持先立后破、节能减排和稳妥有序推动能源绿色低碳转型的指导方针。在现阶段，通过煤炭的清洁高效利用和煤化工产业的低碳绿色转型，使用清洁低碳的甲醇可以起到立竿见影的减碳效果。同时可以拉动绿色甲醇的技术创新，推动绿色甲醇的规模化发展。

当前川渝地区用电紧张问题频频上热搜。李书福认为，当前几种主流的清洁能源中，氨能刚刚起步，尚未有成功应用案例；氢能在全球已经发展了十多年，目前距离规模化和商业化尚待时日。发展甲醇经济对于破解这一难题也许是一种有效路径。川渝地区主要以水电为主，水电存在季节性问题，如何将丰水期大量富余的电存储起来又能方便运输和使用？电池储能有限，氢气成本高也难于运输，液态甲醇就是一种很好的存储方式。李书福认为，在“双碳”目标指引下，新能源汽车发展势不可挡，纯电动汽车成为主要发展路线。然而，中国目前的发电结构中，火电占到 70% 左右。所以，持续探索多种可持续的能源技术路线，是吉利加速汽车产业转型、助力“双碳”的一大突破口。

吉利控股集团发布 2045 年实现全链路碳中和目标，制定了多元化新能源技术发展路径，甲醇汽车与纯电动、高效的雷神混动、充换电补能等，共同构建吉利碳中和汽车的蓝图。

此外，液态阳光甲醇可利用太阳能、风能等可再生能源电解水制绿氢，再由绿氢加二氧化碳转化生产绿色甲醇。生物质甲醇的制取技术也已达到小批量试生产阶段。由此可知，绿色甲醇的技术路线已经贯通，为碳中和战略目标实现探索了一条新路。

6. 2022 年重点车型技术特点分析

安徽华菱汽车有限公司旗下的甲醇混合动力牵引车是一款混合动力重卡车型，备受关注。

亮点一：“甲醇”与“增程”

甲醇成本优势明显，已经成为最清洁、最低碳、最经济的产业发展路径，近两年政策东风频吹，甲醇在重卡领域的推广应用，对于新能源商用车产业的发展意义尤为重要。与传统纯电驱动相比，甲醇增程混动驱动系统拥有高达 15% ~ 20% 的节能率，是混动车型的性能倍增器，极大地提高了混动车型的经济性。

亮点二：“大增小电”模式，功率更强，续航更远

新能源电动重卡在换电系统的加持下，主要实现了在矿场、港口等场景的应用。而在长距离道路场景，无法保证沿途有充换电站，导致纯电驱动无法满足使用要求。但目前的传统串联增程主要以纯电模式为主，大多采用的是“大电小增”的模式，即电能以电池供应为主，而甲醇增程器作为电能补充，最大的额定功率只有 300 kW。这个功率无法解决 85% 重载上复合场景的实际使用中依然存在续航里程短、节油效率低和坡路换挡成功率低的问题。采用“大增小电”的模式，即小电池和大功率增程器的配置，增程器可供电直接用于驱动。

远程甲醇重卡是吉利完全正向研发的第二代甲醇重卡，动力上搭载了全新自主开发的 13 L 甲醇发动机，动力更强，拥有 430 马力/460 马力/480 马力三种动力版本，满足不同运输场景的需求。全新的甲醇动力能耗也进一步降低，经济性优势突出，这款甲醇重卡的燃料费用比柴油重卡节约 18%。该款甲醇重卡还将与中铁联运进行双挂汽车列车试运营，提升多式联运物流效率，降低物流成本。此外，我国商用车保有量约占全国汽车保有量的 10.9%，却消耗了 51% 的车用汽柴油，排放了全部汽车二氧化碳排放量的 56%，推广应用甲醇商用车，对交通领域实现“双碳”目标、保障能源安全、促进经济健康可持续发展具有重要的意义。

远程甲醇商用车发动机经过严格耐久测试，耐久性实验超过 1500 h，实际使用验证超 500 万 km。同时突破了低温冷启动、涉醇核心零部件、专用润滑油开发、专用添加剂开发、排放控制、甲醇电喷控制系统等多项关键技术，拥有完整的自主知识产权。远程甲醇重卡配备大容量甲醇燃料箱，续驶里程超 1000 km，补能也同样便捷。

甲醇燃料加注站可沿用汽、柴油供应网络，仅需在现有加油站建设标准的基础上，进行适当技术改造，即可支持甲醇燃料的加注。例如将现有加油站的一个罐先改造为绿色甲醇储罐，后续再根据需求逐步替换，整体改造成本较低，便

于商业化应用的快速推广。

绿色甲醇，是全球公认的碳中和必由之路。挖掘甲醇燃料的发展潜力，推广应用甲醇产品，不仅是保障我国能源多样性及安全的重要举措，更是实现交通领域可持续发展的重要路径。

吉利汽车宣布将于 2022 年推出“雷神智擎甲醇混动”车型，比照甲醇汽车，百公里醇耗降幅超 40%；到 2025 年，实现百公里醇耗低于 7.6 L，相当于百公里油耗 3.5 L，车辆使用全生命周期内碳排放更低，运行更环保。吉利第 4 代帝豪醇电混动轿车是全球首款醇电混动轿车，展现了同级最节能、最低碳、最经济的产品性能。其搭载的全新一代 1.8 L 醇电混动专用发动机，热效率达到 41.5%；采用世界一流混动电驱变速器，拥有 40% 的节能率(同级最强)，传动效率高达 97.5%。百公里醇耗低至 9.2 L，每公里出行成本不到 0.3 元，每行驶 1 万 km 可减碳 0.8 t，相当于为地球增添 40 m^3 森林。

7. 未来几年甲醇汽车产业发展建议

我国工业和信息化部发布的《“十四五”工业绿色发展规划》，正式将甲醇汽车纳入绿色产品，并提出要促进甲醇汽车等替代燃料汽车推广。目前，在水路运输领域，国内外均全面启动了甲醇船舶的开发工作，以引领航运业提前碳中和。我国甲醇燃料船舶相关法规、指南、设计、建造和检验的技术标准已经建立；甲醇绿色智能船舶、船用甲醇发动机研制得到国家重大专项支持；相关船厂已经启动甲醇燃料船舶的建造工作。

而在陆路交通领域，我国甲醇燃料和甲醇汽车的技术更为成熟。我国自“六五”以来，甲醇燃料、甲醇汽车的研究开发、示范应用，均得到国家相关部委的支持。2012—2018 年，我国工业和信息化部牵头组织了大规模的甲醇汽车试点运行项目，全面验证了甲醇燃料和甲醇汽车应用的环保性、适用性和可靠性。

发展甲醇燃料完全是从我国“富煤、缺油、少气”的能源资源禀赋实际出发，甲醇的节能减排潜力以及未来对碳中和的贡献潜力，被国际所公认。在我国发展甲醇燃料，推广应用甲醇汽车，对交通领域实现“双碳”目标、保障能源安全、促进经济健康可持续发展具有重要的意义。

因此，建议在我国全面推广应用甲醇汽车，将甲醇汽车纳入新能源汽车发展体系和管理范畴，给予甲醇汽车与新能源汽车同样的政策支持，带动更多的企业投入甲醇汽车的研发，加快实现交通领域碳中和。

“十四五”时期，基本建立推进能源绿色低碳发展的制度框架，构建以能耗“双控”和非化石能源目标制度为引领的能源绿色低碳转型推进机制，到 2030 年，形成非化石能源既基本满足能源需求增量又规模化替代化石能源存量，中国已是能源大国，但是人均能耗和发达国家相差较大，随着对日益增长的美好生活的需要，势必会带来能源需要的刚性增加，也为碳达峰碳中和的实现带来巨大的挑战。

非化石能源的作用和应用日趋重要，如何将可再生能源转化为绿色能源，如何将可再生能源转化为可储存、可运输的液体燃料，是我们面临的一个问题，而液态阳光技术是利用太阳能、风能等可再生能源产生的电能电解水形成绿色氢气，再中和二氧化碳转化为绿色甲醇液体(液态阳光)燃料，也称液态氢能源，千吨级液态阳光燃料合成示范项目成功运行，欧洲也在积极推动绿色甲醇项目，到 2027 年产能有望达到 120 t/a。

甲醇可以作为燃料，用于汽车、船舶等领域。以甲醇液体燃料为例，我国甲醇汽车已经从试点验收完成转向正式推广应用，中国甲醇汽车的技术储备处于世界领先，中国的甲醇汽车推广应用实现了真正意义的规模化。目前，工信部、生态环境部明确了甲醇汽车排放、产品准入等相关的要求。

8. 其他重要的方面

我国发展绿色甲醇经济：一是可以完全替代化石能源，以此实现保障能源安全和我国能源独立自主可控；二是以保持我国装备制造体系完整健全和优势地位为基点，在钢铁、冶金、建材和煤化工领域，加快推进捕捉二氧化碳，与消纳可再生能源制备氢气合成甲醇项目的试点、示范直至全面推广，为实现“双碳”发展目标作出贡献，为替代石油能源提供燃料保障；三是在我国能源缺油、少气、富煤的结构下，以资源禀赋和因地制宜为原则，鼓励燃料消耗技术创新和节能减排，建立燃料多元化的消费体系。

我国甲醇汽车的发展已经有四十余年的历史。甲醇作为低碳、含氧燃料，具有燃烧高效、排放清洁、可再生绿色属性等特点，且常温常压下为液态，储、运、用较其他新能源和清洁能源更安全便捷。同时，甲醇生产来源广泛、经济体量巨大、全产业链可持续发展。因此，甲醇已经成为全球业界公认的一种新型清洁绿色能源，是构建未来绿色能源的重要选择。

国际可再生能源署发布的研究报告《创新展望-可再生甲醇》指出，低碳甲醇和绿色甲醇减排、零排潜力巨大，扩大低碳甲醇生产应用可以带动绿色可再生甲醇的规模化。我国两院院士大会《中国碳中和框架路线图研究》专题报告中提出，全球实现碳中和的十项技术路线中，前两项均是通过捕集 CO_2 制取化学品甲醇和燃料甲醇来实现；中国社会科学院出版的《中国能源转型——走向碳中和》一书提出，甲醇可以有效地把氢能、碳循环、电能替代、燃油替代技术结合在一起，是碳中和应用的重要环节。

由此可见，在建立清洁低碳安全高效的能源体系方面，甲醇将发挥极其重要的作用。推广应用甲醇汽车是实现交通领域健康可持续发展的一条最为现实有效的路径。

(1)发展甲醇汽车可促进绿色甲醇发展，带动绿色甲醇规模化，完全立足国情实际，符合我国碳达峰碳中和有序稳妥推进的宗旨

①节能减排贡献：甲醇汽车能效高。甲醇与汽油的热值比为 2.2∶1，根据我国甲醇汽车试点运行数据，甲醇与汽油在汽车上的实际消耗比约为 1.7∶1。因此，甲醇车与汽油车相比，能效提高约 21%，CO_2 排放减少约 26%。

甲醇生产端节能减排潜力巨大。现代煤制甲醇技术与

可再生能源制绿氢绿氧技术耦合，可实现甲醇生产过程零排放。焦炉煤气富产氢气与 CO_2 合成甲醇工艺技术相结合，生产 1 t 甲醇可以消纳约 900 kg 环境中的 CO_2 排放。因此，甲醇汽车终端使用的碳排放也将得到进一步的降低。

②碳中和贡献：可再生能源电解水制氢与捕集 CO_2 制取的“电甲醇”，以及由秸秆、城市垃圾废弃物制取的生物质甲醇，都属于绿色可再生甲醇。这种可再生甲醇的应用可以实现碳的平衡。因此，甲醇已经成为很多国家实现交通运输领域碳中和的重要选择。

（2）发展甲醇汽车可保障我国能源安全，尤其是交通领域液体能源安全

我国石油对外依存度超过 70%，交通领域石油消耗占比超过 70%，可见我国能源安全主要体现在液体能源的安全。而在交通领域众多的新能源、清洁能源（电力、氢能、天然气、氨等）中，甲醇是唯一的常温常压下为液态的能源，燃料特性优秀，使用安全便捷，兼具汽油、柴油的燃烧特性。

因此，发展甲醇燃料，推广使用甲醇汽车是保障我国能源安全的重要举措之一。

（3）发展甲醇汽车可延续我国内燃机这一主导动力的生命力

内燃机作为道路、非道路移动机械和国防装备主导动力，量大面广，在全球已经发展了百余年的历史，建立了非常完善且安全有效的汽油、柴油储运用基础设施体系。在当前的多种替代能源中，与汽油和柴油燃料特性相似、可完全适用用于点燃式和压燃式内燃机、常温常压下液体属性的，只有甲醇燃料。也就是说，甲醇是唯一可以继承先进内燃机技术的新能源。在基础设施投建、使用模式改变、对相关行业领域的影响等方面，甲醇具有显著的优势。

九、飞 行 汽 车

飞行汽车发展概略

清华大学车辆与运载学院　薛傅龙　张扬军；清华大学交通运输部科学研究院　郑　华

自 100 多年前发明汽车和飞机以来，人们就一直探索将两者结合起来。机械化时代的很多探索，是将汽车的车身上安装上可折叠的机翼，以期实现陆空两栖；电动化智能化时代的研究方向，则是以电动垂直起降和智能辅助驾驶实现大众化的交通应用。“飞行汽车”的内涵，也由狭义的陆空两栖汽车，拓展为面向低空智能交通和立体智慧交通的大众化运载工具，包括陆空两栖汽车和电动垂直起降飞行器 eVTOL 两大类型。2017 年到 2023 年，是中国飞行汽车从学术探讨到产业兴起的重要阶段。

1. 政策导向

（1）综合立体交通成为国家发展战略

早在 2017 年 10 月，党的十九大报告就指出，要“加快建设创新型国家”为建设“交通强国”等提供有力支撑。2019 年，中共中央、国务院印发《交通强国建设纲要》，提出要推动交通发展由各种交通方式相对独立发展向更加注重一体化融合发展转变，要建设现代化高质量综合立体交通网络，实现立体互联，增强系统弹性，积极发展无人机（车）物流递送。

2021 年，中共中央、国务院印发《国家综合立体交通网规划纲要》，全面推动构建现代化高质量国家综合立体交通网，系统部署构建空中、水上、地面与地下融合协同的多式联运网络，推动融合发展，加强交通运输资源整合和集约利用，加强智能化载运工具和关键专用装备研发，推进智能网联汽车、智能化通用航空器应用等。

《交通强国建设纲要》《国家综合立体交通网规划纲要》的编制印发，标志着交通强国建设正式上升为国家战略，为国家综合立体交通网建设提供了顶层战略指引，同时也为飞行汽车（含 eVTOL）及路空协同立体智慧交通发展提供了根本政策保障。

（2）飞行汽车创新写入行业发展规划

2022 年 3 月，交通运输部、科技部联合印发了《交通领域科技创新中长期发展规划纲要（2021—2035 年）》，其中明确提到了飞行汽车的研发任务，强调要突破飞行器与汽车融合、飞行与地面行驶自由切换等关键技术。这是飞行汽车首次被正式写入国家规划，为未来实现飞行汽车产业化提供了政策支撑。两部委进一步推出的《“十四五”交通领域科技创新规划》，涵盖了基础设施、交通装备和运输服务等方面的目标。这为包括飞行汽车在内的智能绿色载运装备和工具的发展提供了广阔的空间。

2018 年以来，中国民航局先后发布《关于深入推进民航绿色发展的实施意见》《“十四五”民航绿色发展专项规划》，部署新能源航空器发展。传统民航法规在运行等方面的封闭体系，保证了民航运输的安全，但也给新型运载工具研发设置了较高的门槛。“双碳”目标下，有利于推动民航系统法规创新来促进飞行汽车的创新发展。

2023 年 9 月，北京市人民政府办公厅正式发布《北京市促进未来产业创新发展实施方案》，在智慧出行方面，将聚焦新能源飞行汽车载运工具及无人化驾驶技术，支持智能网联汽车、通用航空及无人驾驶航空器等产业技术融合。此外，工信部民机科研还正在制定“绿色能源航空器发展路线图”，针对电动、混合动力、氢能源和生物燃料等不同能源模式进行研究。这将进一步推动飞行汽车领域的绿色能源技术发展，为其可持续发展提供了方向。

2. 技术创新

（1）技术累积迭代助推产业融合发展

2017 年，吉利收购的 TF-1 太力飞车依然是燃油动力水

平起降的“拼接”式飞行汽车探索，而同年垂直飞行协会（VFS）编制的业内第一份 eVTOL 目录，则掀起了电动化智能化的新一轮航空革命，并与汽车的电动化智能化逐渐共用起相同的电机、电池和电控等关键技术。吉利也放弃了早期的机械化 TF-1 太力飞车而转向以“新能源”“垂直起降”以及“智能驾驶”为代表的“新通航”技术体系，陆续推出 TF-2 等倾转旋翼探索型号，并投资 Volocopter 等新技术路线企业，规划出了从“电动垂直起降飞行器”到“分体式飞行汽车”再到“一体化飞行汽车”的产品迭代路线。

与吉利从燃油动力陆空两栖汽车转到电动垂直起降飞行器的发展路径不同，小鹏汇天则是从电动垂直起降无人机向电动化的陆空两栖飞行汽车探索。2018 年，广东汇天第一代“飞行汽车”起飞，那几乎是一架载人的大型多旋翼无人机，而 2019 年的旅航者 T1 则更像是一架电动化的多旋翼直升机。2020 到 2021 年，小鹏汽车投资广东汇天后，新的小鹏汇天陆续推出了旅航者 X1、旅航者 X2，逐渐融入了汽车的产业链；正在设计中的旅航者 X3 已经是探索陆空两栖功能的电动垂直起降飞行汽车。

2019 年，广州亿航智能登陆美国纳斯达克，掀起国内飞行汽车（eVTOL）发展的大潮。2019 年峰飞航空和磐拓航空成立，2021 年，时的科技、沃兰特、御风未来、零重力等企业成立；截至 2022 年底，国内已经有包括中国商飞、中航直升机、广汽集团、清华、北理工、北航等在内的超过 30 家单位布局飞行汽车研发。构型从多旋翼到复合翼、倾转旋翼，再到倾转翼和倾转涵道风扇等不断创新，应用场景则先载物后载人，并与文旅、物流、交通、搜救、体育等多行业需求结合，推动汽车、航空和交通等多产业融合创新。

（2）科技飞速进步提供无限想象空间

科技飞速发展为飞行汽车商业化应用奠定了坚实的基础。电动垂直起降、智能自动驾驶以及先进的材料科学等领域的突破，为飞行汽车的设计和制造提供了前所未有的机遇；人工智能、传感器技术等领域的突破为飞行汽车的性能和安全性提供了巨大支持；轻质材料、新能源技术等的进步也为飞行汽车提供了更高的能效和可靠性；混合动力和涵道风扇的逐步应用，进一步提升了载荷航程和安全性，并降低了噪声和运营成本。

飞行汽车创新将引领更多颠覆性新技术出现并应用推广。作为低空智能交通运载工具，飞行汽车在航空和汽车的基础上融合更多创新领域，成为新能源、新材料、新一代信息技术等领域新技术应用的主要载体和重要场景，将带动产业发展史上规模空前的技术创新运动。飞行汽车的发展使得低空这片待开发“富矿”成新经济层，低空数字道路建设和智能运输形成风口，成为数字经济科技革命和产业变革的引领者。

科技发展总是会超出人们的经验和想象。30 年前，绝大多数人无法相信“相机可以塞进大哥大”，但现在高端手机的摄影效果已经媲美专业的单反相机；30 年前，大多数国人无法相信汽车能进入普通家庭，但现在几乎家家户户有汽车已经是城市发展的问题；同理，现在大多数人无法想象汽车能飞，但越来越多的迹象表明：飞行功能或飞行模块，将逐渐成为未来智能交通运载工具的选配甚至标配。如果说现在的个性化智能终端是手机，未来的个性化智能化的立体空间将会是飞行汽车。

3. 行业发展

（1）电动垂直起降已成行业发展趋势

20 世纪初期的飞行汽车只是一个梦想家的小范围探索，而到了 20 世纪中后期，随着机械化自动化技术的发展，飞机与汽车的结合开始实现升空飞行和燃油动力的垂直起降探索，但规模化和商业化仍然面临技术积累和社会需求不足的挑战。然而 2016 年，“城市空中交通”（UAM）概念的提出为电动垂直起降的“空中出租车”商业化奠定了基础。此后，电动垂直起降航空器（eVTOL）迅速成为飞行汽车研究机构和企业的关注重点。

eVTOL 作为广义的飞行汽车，得到了资本、市场和技术的广泛关注。在全球范围内，许多公司已经投入研发和验证阶段。美国的 Joby Aviation 公司、德国的 Volocopter 公司、Lilium 公司以及 Archer 等企业都推出了自己的 eVTOL 产品，并在实际应用中取得了一定的进展。此外，波音公司与人工智能公司 Spark Cognition 合作开发了一种基于区块链技术和人工智能的空中交通管理系统，提高了飞行汽车的安全性和运营效率。

电动垂直起降技术的出现为飞行汽车行业带来了全新的发展趋势。其高效、环保和灵活的特点使其成为飞行汽车行业的重要方向之一。中国企业在这一领域取得了显著进展，推出了具有自主知识产权的电动垂直起降飞行器，并进行了试飞和示范应用。随着相关技术的不断创新，电动垂直起降飞行器的性能和安全性得到提升，进一步推动了整个行业的发展。

（2）智能无人驾驶或在中国蓬勃发展

中国无人机产业在世界上占据着重要的行业地位。根据国际市场研究公司 Gartner 的数据，全球民用无人机产量和市场中，中国连续多年占到了 70% 以上。大疆创新（DJI）是全球最大的无人机制造商之一，其产品被广泛应用于消费者、商业和行业领域。而更多的中国无人机企业，在包括农业、测绘与勘探、物流和快递、环境监测、灾害救援等不断创新并占领市场。

与国外飞行汽车（eVTOL）首先应用于城市空中交通（UAM）不同，中国因为空域管理及发展模式等实际国情，乡村物流、应急救援和交旅融合等更可能先行示范应用。发达的电商和偏远地区农产品上行与工业品下行的需求结合，货运的飞行汽车成为助力乡村振兴战略的重要载具。2023 年 7 月，嘉兴南湖启动面向长三角区域的路空协同“文-交-农-旅一体化”先导应用项目，无人驾驶的飞行汽车（eVTOL）是其中文交融合、交旅融合及乡村物流的核心载具。

中国在无人机飞控航电方向积累的经验，可有序借鉴到飞行汽车领域，而在高性能航空“三电”系统方面，则可充分融入汽车行业在电机、电机控制器和动力电池等方面建立的全面的生态系统和技术能力。产业基础和发展需求很可能推动中国飞行汽车发展走出一条以“智能无人驾驶”先载物后载人为特色的技术路线。

4. 市场形势

(1)低空经济兴起推动区域应用示范

2021年2月,“低空经济”这一概念首次被写入《国家综合立体交通网规划纲要》,提出“发展交通运输平台经济、枢纽经济、通道经济、低空经济”。在“十四五”规划中,国家针对低空经济及航空航天产业发展也进行了一系列创新部署。政策导向表明国家对低空经济的重视,随着低空空域改革的深入进行,低空经济不断赋能交通、物流、文旅等产业,为国民经济发展提供了新动能。

城市化进程的加速和人们对交通便利性的需求增长,使得低空经济的重点由无人机逐渐向具有交通属性和载物载人功能的飞行汽车(eVTOL)聚焦,路空一体的交通运输需求为飞行汽车(eVTOL)提供了真实的应用场景,包括快递物流、城市旅游、急救医疗等多个领域的需求推动了飞行汽车的发展和应用。尤其是大湾区等地积极推动低空经济的发展,为飞行汽车行业提供了政策和市场支持,国内企业也积极探索低空经济的商业模式,加速飞行汽车在低空经济领域的应用。

2022年,深圳市人民政府办公厅印发了《深圳市低空经济产业创新发展实施方案(2022—2025年)》,明确了总体要求、重点任务、保障措施等重点内容,为各区低空经济产业的高质量发展指明了方向。2023年初,深圳市政府工作报告中提出,要建设低空经济中心,打造通用航空产业综合示范区、民用无人驾驶航空试验区,推广无人机末端配送业务,培育发展低空制造、低空飞行等新增长点。低空经济使深圳及大湾区等地成为推动飞行汽车应用示范的先行区域。

(2)多方力量角逐催生换道超车机遇

发达国家规划飞行汽车产业刺激了国内相关研究。德国政府2018年同意并鼓励奥迪开展飞行汽车测试;日本经济与产业省希望飞行汽车2030年前投入市场;韩国政府2021年3月公布了新的城市空中交通路线图;2022年3月,英国民航局和美国联邦航空局则在2022年3月发表了支持eVTOL发展的联合声明。摩根报告显示,到2040年空中出租车将达到43万辆以上,而罗兰贝格预测2050年飞行汽车相关产值将超过9万亿美元。国内高校院所纷纷跟进飞行汽车研究,中国民航局也已经开始处理飞行汽车(eVTOL)主制造商的适航申请。

国内外航空、汽车及科创企业积极布局飞行汽车研发。据2022年8月的美国垂直飞行协会(VFS)发布的统计,全球已有超过700个飞行汽车设计研发项目。除Volocopter、亿航、SkyDriver、Joby等初创公司大力研发飞行汽车外,波音、空客、贝尔、巴西航空等航空巨头以及丰田、现代、奥迪、奔驰、通用、吉利、小鹏等汽车企业都在加快飞行汽车领域的研究。其中丰田投资了美国joby aviation公司;吉利收购了美国Terrafugia,并投资了德国Volocopter;腾讯出资投资德国Lilium飞车公司。

在多个发达国家、众多企业巨头纷纷开展飞行汽车研究之时,发展路线、技术路径和产品定位构型等多种多样,有人驾驶、无人驾驶、航空器空地一体化、汽车陆空两栖等百花齐放。中国在机械化时代的传统航空领域是落后于欧美发达国家的,但在电动化智能化时代的新能源汽车和无人机强势崛起。电动垂起飞行汽车绕开了美欧具有传统优势的航空发动机机械部分,融合了新能源汽车、智能无人驾驶等相关产业基础的优势,或可助力中国实现换道超车并引领新的发展潮流和标准。

5. 未来展望

(1)问题瓶颈仍在还需跨界协同创新

飞行汽车发展面临规则未定、市场未开等问题。规则方面,尽管近年来包括《无人驾驶航空器运行管理暂行条例》以及民航局92部等相关法规陆续出台,跨界融合的规则仍然缺乏,车规和航规的标准、空中和地面的交通规则仍难统筹;市场方面,尽管飞行汽车的概念正被越来越多的人了解,但很多人仍停留在机械化时代“汽车飞起来”的认识阶段,甚至认为是科幻,且飞行汽车的基础设施、运营模式、经济成本、用户体验以及公众接受程度都未解决。

飞行汽车发展还需突破载荷航程、智能驾驶以及适航安全等瓶颈。载荷航程方面,当前飞行汽车采用的新能源动力系统功率密度较低,难以满足有效的交通运载需求;智能驾驶方面,尽管有智能汽车的借鉴和“先载物后载人”的积累,完全智能可控的低空自动驾驶技术仍有待改进和验证;适航安全方面,尽管民航局已经受理了亿航、沃飞等多家企业及产品的审定申请,但飞行汽车所涉及的电安全、热安全、智能驾驶安全的适航研究仍然欠缺。

飞行汽车发展还需跨界融合探索及协同推进。飞行汽车不仅载具本身横跨汽车和航空领域,其运行保障也并非独立,作为交通运输体系的新兴组成部分,该如何为人和物的位移以及各行各业的需求服务、如何与传统交通运输方式融为一体并形成互补,都需要相关各界共同促融。飞行汽车要推广应用,还须从产业链上下游协同的视角统筹推进,从而实现研发制造、安全监管与飞行运行的闭环协同发展。目前国内飞行汽车企业还停留在展示飞行或测试飞行阶段,应尽快推动以真实的应用场景来牵引集群化的创新。

(2)需求支撑确定有望引领交通变革

飞行汽车的发展前景有客观的需求牵引。城市交通拥堵是当今各大城市最普遍的难题,迫切需要通过飞行汽车,安全而环保地开发和利用城市低空的三维空间,从而实现立体智慧交通;相对传统直升机的成本、安全和噪声优势,使得飞行汽车将广泛用于城市消防、医疗救护、搜索救援、农林植保等公共服务领域;军用、警用、家用等需求同样强烈。世界知名咨询公司摩根士坦利预测,到2040年和2050年,全球城市空中交通市场规模将分别达1万亿和9万亿美元,市场空间极为广阔。

飞行汽车的发展前景具有确定的技术支撑。电动汽车和智能网联汽车的长足进步,为电动飞行汽车的发展做好了技术和产业储备;电动垂直起降飞行器(eVTOL)即电动飞行汽车的出现,使得高安全性和低噪声的城市空中交通成为可能;车电动化和智能化的发展将建立“陆空一体化”,航空电动化和智能化的发展将建立“空地一体化”,这两方面技术的发展必将为未来的立体智慧交通提供支撑。国内新能源、无人机航空和新一代信息技术等战略性新兴产业已经取得长足进步,并有望在飞行汽车这一未来产业的引领下继续高质量集群化发展。

飞行汽车作为交通运载工具,是适应碳达峰碳中和目标的创新产物;是通用航空"起飞",民航绿色发展的重要方向;是新一代信息技术与汽车、航空产业深度融合,发展数字经济的重要载体;是交通强国建设,构建综合立体交通网的重要内容。飞行汽车将带动"地面智能交通"向"低空智能交通"发展,并融合形成划时代的"立体智慧交通",从而引领交通运输走向真正的"三维融合"。回顾19世纪中叶,建筑由二维变成三维,产生了现代化城市,深刻影响和决定了当今人类的文明和生活方式 。展望21世纪中叶,交通由二维走向三维的时代之变,将颠覆人类出行方式,带领人类文明进入新纪元。

荣威D7将于今年年内上市

敬　请　期　待

——全新D家族序列——

在未来3年将推出多款重磅新能源车型
为主流稳健、积极进取的消费者带来
值得信赖的产品与服务

上汽集团的星云纯电专属系统化平台

首款中高级纯电轿车

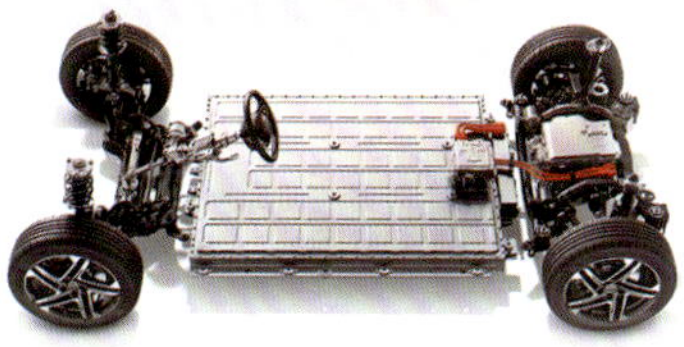

4890mm超长车身
星云纯电平台豪华**后驱**架构设计
VGA 六合一电机 最大功率155kW
零燃电池510/610km 两种CLTC综合续航里程

荣威中高级超混轿车D7 DMH

将　于　今　年　上　市

敬　请　期　待

4890mm X 1890mm X 1510mm
超大车身尺寸

全新 DMH 超级混动系统

超长续航　超低油耗　超级安静

纯电续航里程125km
综合续航里程1400km
混动专用发动机热效率>43%
馈电油耗低至4.3L/100km
NVH性能比同类产品提升10%

*以上均为CLTC工况数据

上汽通用五菱
SGMW

人民需要什么 五菱就造什么

上汽通用五菱汽车股份有限公司（以下简称上汽通用五菱）历史可以追溯到1958年，至今已在柳州青岛、重庆建成了四大生产基地，在全国建立了2800多家销售服务网点。秉承着“人民需要什么，五菱就造什么”的理念，上汽通用五菱13年总销量突破2700万辆，是拥有众多用户的中国汽车企业。作为中国新能源代步车市场的领导者，上汽通用五菱旗下新能源产品得到了市场的支持和认可，用时仅5年成为全球新能源百万销量的车企。在全球化战略指引下，上汽通用五菱实现了产品、技术、标准、管理等输出，海外市场遍布全球40多个国家，并于2015年成立了上汽通用五菱印尼公司，成为印尼受欢迎的中国汽车品牌。

2022年，上汽通用五菱全面向新，提出了“一二五”工程，即“一个实验室，两个百万，五个百亿”新能源发展战略，为推动全球新能源汽车普及、“双碳”目标的实现贡献力量，为中国汽车产业高质量发展增添动力。

地址：中国广西柳州市柳南区河西路18号上汽通用五菱汽车股份有限公司

电话：86-0772-3750029/3750032　　邮编:545007　　官网：http://www.sgmw.com.cn　　Email: pr@sgmw.com.c

THE ALL-NEW
NIO es8
智能电动旗舰SUV

宜宾凯翼汽车有限公司

凯翼汽车成立于2014年1月，注册资金47.27亿元。2017年12月，凯翼汽车股权变更后迁入宜宾，更名为“宜宾凯翼汽车有限公司”。

作为四川省具备轿车、SUV、MPV车型，兼具燃油和新能源双资质全品类的乘用车生产企业，是四川省省委、省政府和宜宾市委、市政府重点支持、发展和着力打造的大型新兴产业企业，是宜宾打造千亿级汽车产业的龙头引擎，更是宜宾巩固提升传统产业和加快发展新兴产业“双轮驱动”和“一蓝一绿”战略的践行者。肩负着“驱动产业生态、赋能区域发展、践行产业梦想”的使命，心怀“让出行更低碳、让生活更方便”的伟大愿景。

凯翼汽车四大工艺介绍

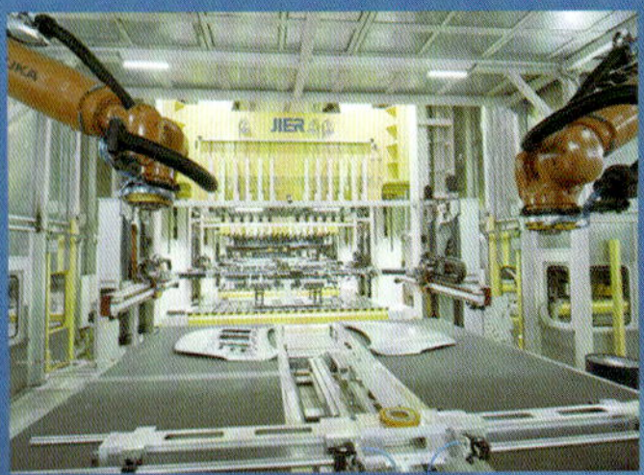

智能冲压

智能焊装

智能涂装

智能总装

江南汽车
江南U2
越级智能纯电小车
SUN-RISE
HOLIDAY PARK
U2
2521mm
超长轴距
1.24m²
无边星空天幕
J-Pilot 1.0
智能驾驶辅助系统
406km
CLTC 续航里程
江南汽车 | 年轻家庭新成员
咨询电话：400-888-1386 周一至周日 08:00-21:00

ISUZU
江西五十铃
新生代
ISUZU
全新一代铃拓
ISUZU
ISUZU
D-MAX
V-CROSS

新征程
JIM
全新瑞迈

JMC
江铃乐行新能源
乐行E路
畅享美好
美好生活全场景专家
江铃乐行新能源
官方抖音
@江铃乐行新能源
官方公众号
@江铃乐行新能源

宇通重卡
科技引领 稳赢未来
更可靠的新能源重卡合作伙伴
宇通重卡
宇通重卡
宇通重卡订阅号
宇通重卡服务号
宇通商用车有限公司
Yutong Commercia Vehicle Co., Ltd.
郑州经济技术开发区宇工路88号
No.88 Yugong Road,Economic & Technical Development Zone,Zhengzhou,China

SANY
电动化 数字化 国际化
使命 品质改变世界，成为智能制造的先驱
愿景 创建一流企业，造就一流人才，做出一流贡献
经营理念 一切为了客户，一切源于创新
三一汽车制造有限公司
地址：中国湖南省长沙市经济技术开发区三一工业城 邮编：410100
网址：http://www.sanygroup.com 邮箱：sanyservice@sany.com.cn 电话：0731-84031888 传真：0731-84031999
服务热线：4008 87 8318 投诉热线：4008 87 9318 海外服务热线：0086 4006 09 8318 海外邮箱：crd@sany.com.cn

北奔重卡
BEIBEN TRUCK
PHEV
蓝剑矿霸 EV
官方微信二维码

纯电动
城市客车
HENGTONG
恒通客车

蜀都客车
氢电协同 智造未来
EC12 纯电动客车
FK90 燃料电池旅游团体客车
FC11 燃料电池客车
EC59 纯电动客车
EC11 纯电动客车
ET12 纯电动物流车
SDH 四川发展
成都客车股份有限公司
WWW.SHUDUBUS.COM
+86 -28-87987888 87987333

通工汽车
绿色交通·客户至上·品质卓越
10.5米纯电动客车
8.1米纯电动客车
8.5米纯电动客车
6.5米纯电动客车
纯电动自卸卡车
18T纯电动洗扫车
25T纯电动垃圾车
18T纯电动洒水车
纯电动混凝土搅拌车
四川新筑通工汽车有限公司
地址：四川省雅安市雅安经济开发区园区大道188号
WWW.XINZHUTONGGONG.COM
0835-3220016
0835-5167015

GREE 格力
格力钛新能源
格力钛新能源
助力城市交通高效运营

产品范围

三电系统

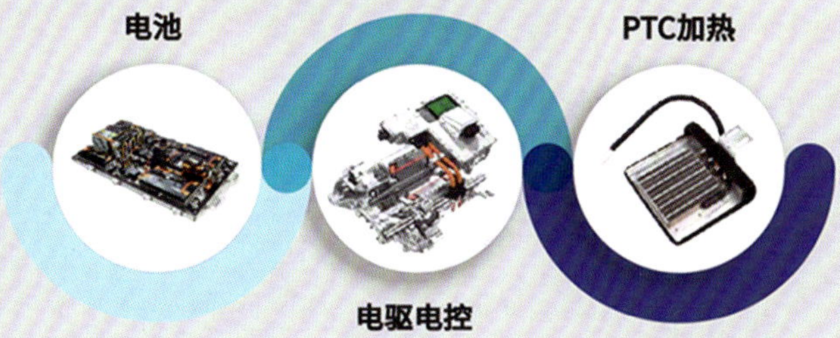

智能网联

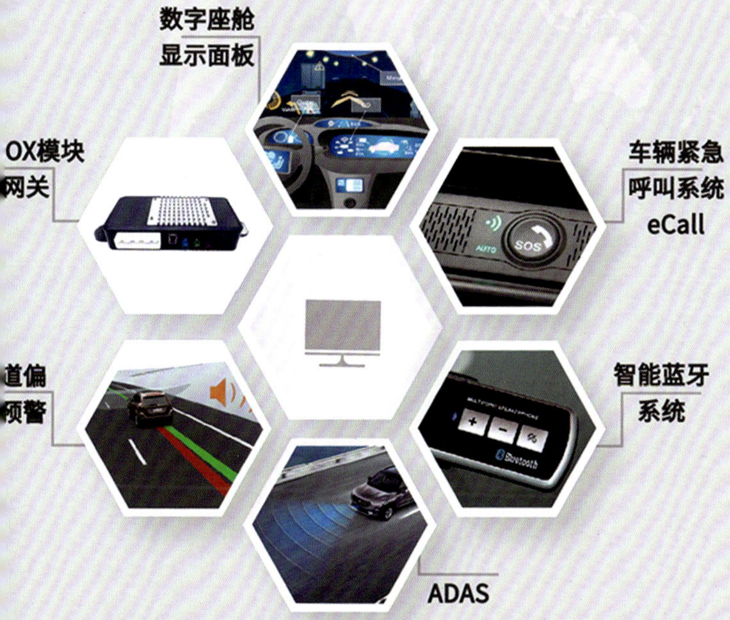

专业实验室

共性试验室

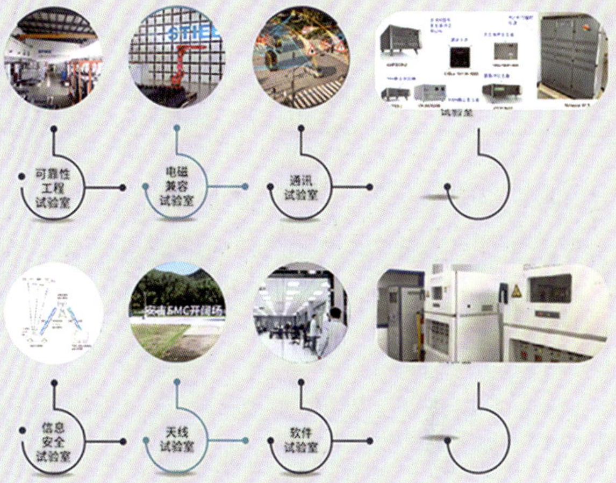

产品试验室

智能绿色车辆与交通全国重点实验室

智能绿色车辆与交通全国重点实验室在原汽车安全与节能国家重点实验室基础上优化重组成立。原汽车安全与节能国家重点实验室 1989 年经国家计委批准立项，是国家计委利用世界银行贷款建设的 75 个国家重点实验室之一，也是我国汽车领域首批国家重点实验室之一，由车辆与运载学院作为支撑院系建设。

2022 年 11 月国家科技部批准了智能绿色车辆与交通全国重点实验室的组建方案，2023 年 3 月学校党委常委会批准了实验室更名为智能绿色车辆与交通全国重点实验室。

实验室成立后，研究方向由 30 余年来坚持的 5 个经典方向“汽车主动安全性、汽车被动安全性、汽车电子控制、发动机与排放控制、新型动力与电动汽车”聚焦到面向国家重大需求的瓶颈问题“高安全长寿命高效率电动化、高安全高可靠智能网联驾驶”开展科研攻关，为巩固和保持我国在智能车辆与绿色交通领域的优势地位，实现战略性支柱产业的可持续发展提供科技支撑。

原汽车安全与节能国家重点实验室于 1997 年、2003 年、2008 年、2013 年和 2018 年先后顺利通过了由教育部或科技部组织的国家重点实验室评估。

2022 年实验室固定人员 86 人，其中研究人员 73 人，技术人员 12 人，管理人员 1 人。研究人员中，正高级 33 人、副高级 31 人、中级 8 人。包括院士 5 人、国家高层次人才特殊支持计划 10 人、中青年科技创新领军人才 8 人、国家杰出青年科学基金获得者 1 人、国家优秀青年科学基金获得者 5 人、海外优青 1 人。2021 年，实验室人才实现飞跃式发展，李克强老师和张亚勤老师入选中国工程院院士，曲小波老师正式加盟学院。2022 年张扬军老师入选俄罗斯工程院外籍院士，未来我们要重点培养和引进优秀青年人才，为学院未来的发展积蓄力量。

2022 年，新增科研项目 170 余项，实到科研经费 3.45 亿元，其中国家及省部级经费 15249 万元（占比 44%），国防经费 4834 万元（占比 14%），国内合作经费 8186 万元（占比 24%），国际合作经费 6241 万元（占比 18%）。组织动员青年教师和博士后参与国家自然学科基金申报，获批 17 项。其中，创新群体项目取得突破、获批 1 项，并获批专项项目 1 项、联合基金项目 1 项、国合项目 2 项。组织国家重点研发计划申报，获批项目 3 项，课题 7 项。

2022 年，发表 SCI 收录论文 461 篇，其中第一完成单位 195 篇，截至目前 ESI 高被引论文共 67 篇，其中第一完成单位共 36 篇。欧阳明高院士、青年教师冯旭宁、博士后赵辰孜入选科睿唯安 2022 全球高被引科学家，其中欧阳明高院士是第五次入选，彰显了学院在新能源汽车领域的重要国际学术影响力。新建设 1 份英文国际期刊《Communications in Transportation Research》，并被 Scopus 收录，在建期刊数达到 4 份。其中《eTransportation》影响因子达到 13.661，位列全球交通科学与技术领域第 1。

2022 年，授权发明专利 156 项，转化成果 10 项（含发明专利、实用新型和软著），转化金额 4476 万元。获国际奖励 2 项，行业奖励 3 项，其中：李骏院士团队的“基于主动融合感知的自主作业移动平台”获日内瓦国际发明展金奖，杨殿阁老师团队的“基于高精度地图的多车型通用自动驾驶系统”项目获日内瓦国际发明展银奖，马凡华老师团队的“中重型燃气内燃机 / 汽车关键技术及应用”项目获北京市科技进步一等奖，杨殿阁老师团队“高精度自动驾驶地图关键技术及应用”项目获中国测绘学会科学技术一等奖，季学武、刘亚辉老师团队的“商用车节能型智能电液转向系统”获北京市发明创新大赛金奖。

2018—2022 年，共获国家奖 3 项，省部级特等奖 2 项，一等奖 10 项、二等奖 7 项。

张扬军教授当选
俄罗斯工程院外籍院士

“清华大学碳中和技术论坛”
第四期：“零碳卡车和船舶能源动力技术”顺利召开

多个校友企业成果入选2022
“全球新能源汽车前沿技术”

李建秋教授在第七届中国电动汽车百人会论坛上发言

李升波主持第四届世界智能安全大会（ISC 2022）

王建强在第四届世界智能安全大会
（ISC 2022）上发表主旨演讲

壳牌清洁交通能源联合研究中心
成立五周年论坛嘉宾合影

智能汽车设计与安全性研究中心在
“第一届大学生标准创新大赛”荣获佳绩

中国人民保险集团来访

科技冬奥重点专项研发的L4级智能汽车

智能新能源车辆交叉学科前沿技术校友论坛合影留念

SINCE 1943
北京理工大学机械与车辆学院

学院中文网站　学院英文网站

北京理工大学机械与车辆学院是中国知名的机械类专业学院，综合实力处于中国国内同类高校前列，为中国国民经济和国防工业培养了大批杰出人才。学院从1943年延安自然科学院的机械工程系发展而来，本着为国家培养工业建设的专门人才为主要培养目标，1948年机械系作为华北大学工学院一员迁入北京，1955年开始招收研究生，1998年获得中国一级学科博士学位授予权。培养了我国某装甲车辆总设计师方慰先高级工程师、某自行火炮总设计师苏哲子院士、某车辆总设计师毛明研究员，第十二至十四届中共中央委员阮崇武，第十六届中共中央委员、第十届全国政协常委张俊九、中华全国总工会副主席焦开河、北京市副市长范伯元、重庆长安汽车股份有限公司总裁朱华荣、总装备部副部长邱明、中国兵器工业集团首席科学家王增全等杰出人才。

2002年车辆与交通工程学院、机械工程及自动化学院、校附属工厂合并为现在的机械与车辆学院，至今已有车辆工程系、热能与动力工程系、制造工程系、机电科学基础部、工程训练中心、机电基础实验教学中心、学院办公室七个系级单位。

学院的科研工作始终瞄准国家和国家安全重大需求和国际科技发展前沿，在车辆总体、车辆传动、车辆电子、车辆悬架、新概念车辆、车辆结构强度与振动噪声、大功率柴油机总体技术、发动机燃烧与排放、发动机增压、先进加工、微小型制造、数字化制造、工业工程、激光微纳制造、检测与控制、机电系统与装备、交通规划与控制等方向达到了国内先进水平，在车辆传动、电动车辆、智能车辆、大功率柴油机、难加工材料加工、激光微纳制造等研究方向上形成了鲜明的特色和优势。

近年来，牵头获国家技术发明一等奖1项、二等奖2项，自然科学奖1项，科技进步二等奖4项。

电动车辆方面， 围绕纯电动车电机驱动技术、电控技术、电池管理技术和充电技术等取得重大突破，研发的电动大客车实现了“奥运中心区服务零抛锚”的目标，另在上海世博会、广州亚运会等国家重大活动中得到成功应用，同时纯电动商务车技术平台和奥运零排放交通工程系统方案在APEC、新能源机车推广城市等重点工程中得到应用，并出口欧洲。

智能车辆与地面无人机动平台， 围绕车辆动力学和运动学特性的地面无人车运动规划与控制，自主驾驶体系架构理论与应用等方面取得重要突破，实现了真实复杂交通场景自动驾驶，所开发的高通过性无人车底盘，实现了自主驾驶和高通过性的完美结合。

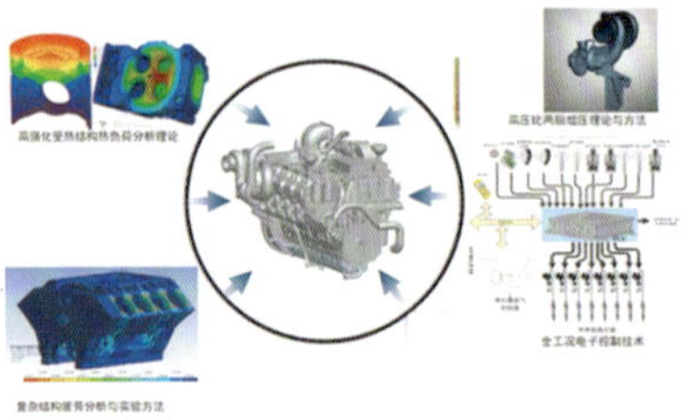

大功率车辆动力与传动系统技术， 成功研制出新一代具有全地域适应能力的新型军用车辆动力系统，综合性能达到国际先进水平，提出了液力机械综合传动系统的设计理论与技术，成功研制了系列综合传动装置并在我国装备上全面应用，实现了我国军用车辆动力传动系统从机械控制到数字化控制、从机械传动到综合传动及机电复合传动的跨越式发展。

激光微纳制造， 提出了飞秒激光电子动态调控制造新原理、新方法、新技术及其多尺度观测系统，开发了其新装备，率先实现了制造中对瞬时局部电子动态的主动控制，获广泛国际关注和系列重要应用，为高速飞行器、航空发动机等国家重大工程的顺利实施提供了关键制造支撑。

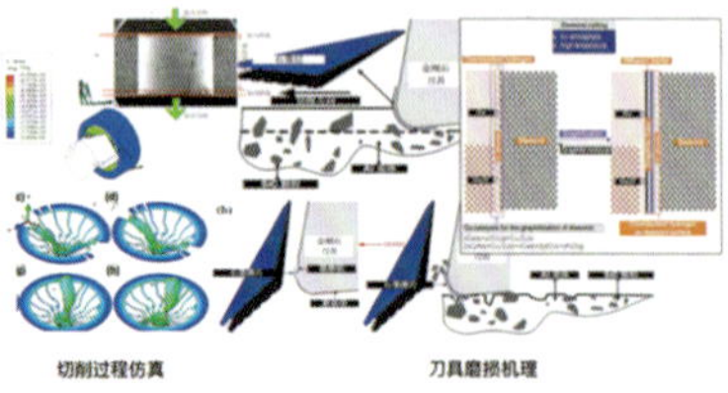

难加工材料加工技术， 实现了难加工材料高速切削工艺优化、新型刀具系统设计与刃口强化、切削过程仿真等技术方面的重大突破，取得了高强度钢高速切削专用刀具系统、高效切削工艺参数数据库等成果，加工效率提高3~5倍、刀具寿命提高3倍，已经应用于燃烧室壳体、导向阀阀体、舵板、曲轴、连杆、凸轮轴关键零部件的批量生产。

中文网址：me.bit.edu.cn　|　英文网址：me-english.bit.edu.cn

北京理工大学机械与车辆学院　地址：北京海淀区中关村南大街5号

上海交通大学智能汽车研究所

上海交通大学车辆工程学科始建于1936年，1986年重建，2008年组建汽车电子控制技术国家工程实验室。为响应智能网联汽车国家战略，依托学科优势和政府基地平台，深度融合车辆智能化、网联化和电动化相关专业，于2019年将车辆学科的师资与研究队伍进行重组，正式成立智能汽车研究所，由张希教授担任所长。系所瞄准国际汽车科技前沿技术，在政府、学校以及企业等多方面的支持下，通过整合和优化上海交通大学汽车工程相关学科和研究方向，组建的具有上海交通大学特色的汽车学科大平台。学科下建有两大研究基地平台，分别是汽车动力与智能控制国家工程研究中心和上海市智能网联电动汽车创新中心。

智能汽车研究所的发展方向同时也是“互联网+行动计划”等政策的聚焦点，除发展新型发动机技术在排放和效率上尽快满足国家严格标准，重点进行汽车“新四化”（智能、网联、电动和共享化）的重大基础研究和核心关键技术的突破，主要由当前汽车产业技术发展痛点难点问题驱动开展，最终形成各个问题的根本技术解决路径。

智能汽车研究所依托汽车电子控制技术国家工程实验室，拥有一支事业心强、富于创新精神的科研团队，现有教职员工21人，其中教授（研究员）6人，副教授10人，硕士生以上研究人员200余人。目前，智能汽车研究所实验大楼具有10000m^{2}的实验面积，拥有各类先进实验测试平台，包括：发动机直喷测试台架、混合动力系统开发平台、动力电池测试平台、智能网联驾驶系统开发平台等。研究所的研究方向全面覆盖智能网联和电动汽车关键技术领域，包括：自动驾驶与车联网技术、电池管理和无线充电技术、线控底盘控制和执行技术等。

目前，研究所以对接国家战略、进行人才培养和开展产学研合作为重心，承担包括科技部重点研发计划、自然科学基金、上海市科委/经信委项目在内的一大批国家及省部级项目，并多次获得上海市科技进步奖、上海市技术发明奖等省部级奖项。同时，研究所以产学研合作的方式，从学科层面服务于产业界的发展，与上汽集团、华为、特来电、商汤科技、英伟达、博世、中国联通等行业重点企业在“新四化”核心技术突破、高层次人才培养、重点基地建设等方面建立了紧密的校企合作关系，另外与斯图加特大学、滑铁卢大学、密歇根大学、俄亥俄州立大学、阿贡国家实验室等国际知名研究机构共同完成了一系列合作课题研究，产生了众多国际合作科研成果。

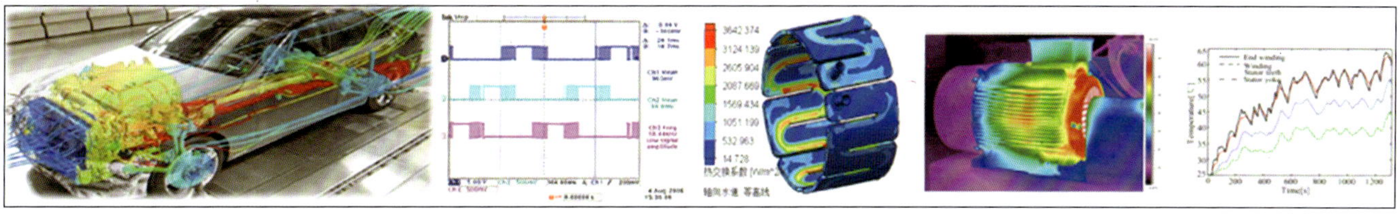

● 电驱动热管理技术

● 大功率无线充电技术

● 高效直喷汽油机正向开发

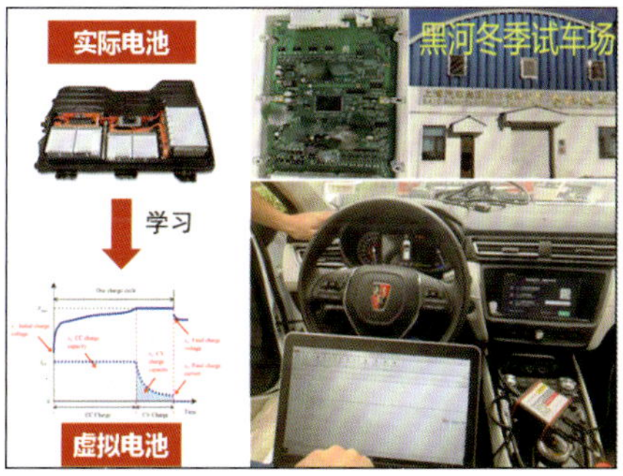

● 全气候动力电池管理系统

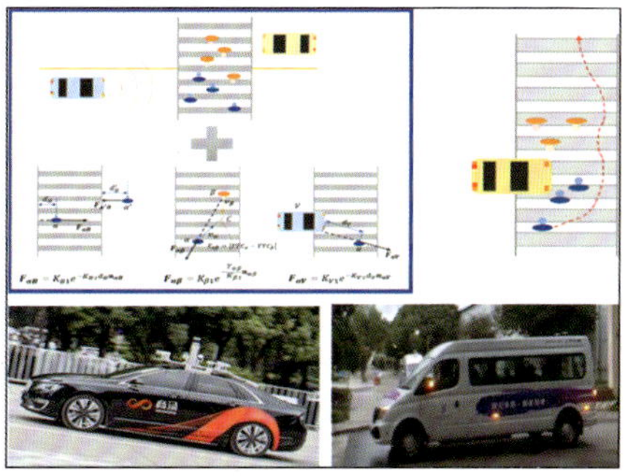

● 行人轨迹预测及碰撞智能决策技术

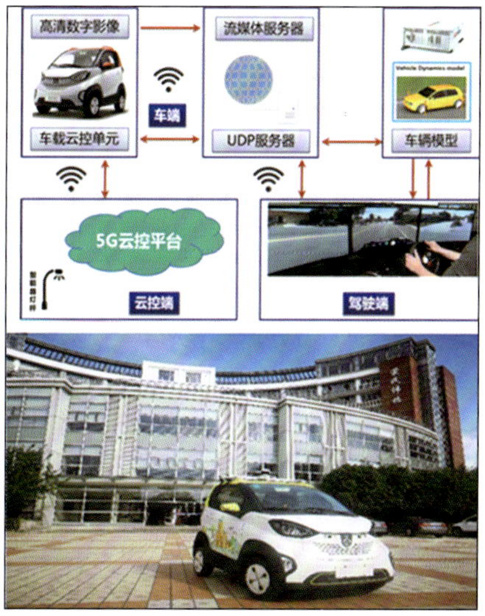

● 智能云控驾驶

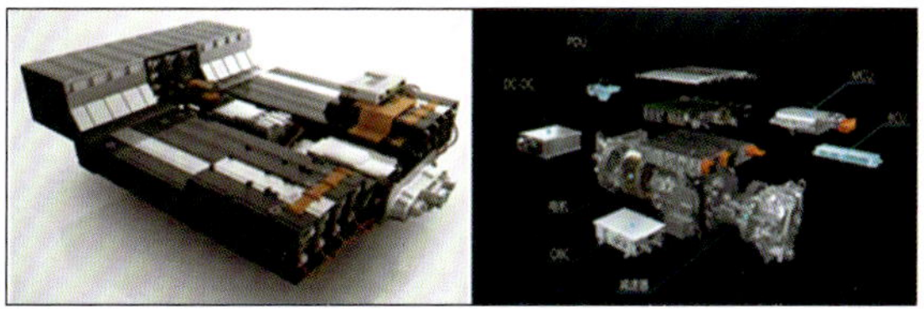

● 新一代七合一智能电驱动系统

● 分布式线控驱动底盘

BAOWU 新钢集团

新钢新材

江西新钢南方新材料有限公司是由新余钢铁股份有限公司和中冶南方工程技术有限公司于2008年6月合资组建的国有控股公司，坐落于新余市经济开发区，占地面积309亩，注册资金5.95亿元，专业从事冷轧产品的研发、生产、销售和技术服务。江西新钢南方新材料有限公司通过四期项目建设，具备了年产超80万t无取向硅钢生产能力，产品主要包括以50XW800、50XW600为代表的中、低牌号无取向硅钢；以35XWH440、35XW300为代表的中、高牌号无取向硅钢；以20XW1200～1500为代表的新能源汽车驱动电机用高牌号硅钢产品，成为国内少数几家实现无取向硅钢产品全覆盖，并具备薄规格高牌号无取向硅钢产品生产能力的企业之一。

江西新钢南方新材料有限公司无取向硅钢生产线共有13条机组，包括2条常化酸洗机组，1台6辊单机架可逆轧机，2台20辊单机架可逆轧机，3条连续退火涂层机组，3条重卷机组，2条包装机组。凭借先进的装备与技术，公司品种结构优化，中高牌号比例达80%以上。市场开拓也稳步推进，实现了国内外主要市场全覆盖，产品在中小电机、大电机、压缩机、新能源汽车驱动电机、无人机、智能机器人等行业受到用户青睐，西门子、美的、华意、海立、东芝等国内外知名品牌企业均成为公司终端用户。

江西新钢南方新材料有限公司拥有完善的质量体系、严格的管理制度、强大的生产能力和先进的检测手段，在保证产品的高质量、高产出的同时也具备了较强的市场竞争能力。通过了GB/T 19001-2016/ISO 9001:2015质量管理体系、GB/T 24001-2016/ISO 14001:2015环境管理体系、GB/T 45001－2020/ISO 45001:2018职业健康安全管理体系、IATF 16949质量管理体系认证以及印度BIS质量体系认证。

江西新钢南方新材料有限公司设有省级企业技术中心、省级博士后创新实践基地，是国家高新技术企业，公司先后被评为江西省首批两化深度融合示范企业、江西省节能减排科技示范企业，江西省第三届年度功勋企业等荣誉称号。2022年荣获“新余市五一劳动奖”、“江西省制造业领航企业”、新余市经开区“优秀企业”等荣誉。2022年新钢新材共申请专利16项，其中发明专利5项，其他11项均为实用新型专利，截至2022年底，新钢新材共有31项专利取得国家知识产权局的授权。

江西新钢南方新材料有限公司秉承“做优、做强、做大”硅钢产业的信心与决心，在市场同质化竞争日益激烈的形势下，瞄准品种结构这一中心工作重点攻关，让品种结构优增劣降，重点围绕新能源汽车、变频压缩机等高牌号市场开发，提高高端市场份额。在全体干部职工的共同努力下，自2022年9月始，新钢硅钢品种结构调整工作取得重大突破，中高牌号产品比例已达80%以上。

2023年公司开发的0.1mm厚度，1250mm宽幅XST-100牌号薄规格高牌号冷轧无取向硅钢，成为全球首发新品，各项性能均达到行业先进水平，现已具备批量供货能力。

踏上新时代征程，公司践行“坚守品质，服务客户”初心，秉承“互利共赢、诚信致远”的经营理念，稳步提升产能，加快新品研发，努力实现“打造硅钢精品，创建一流品牌”的企业愿景，逐步建设成为一个工艺现代化、生产集约化、资源循环化、效益最佳化、具有强劲竞争力的新型钢铁企业。

打造硅钢精品 创建一流品牌

CP2

二十辊轧机

包装机组

CA1 CA2生产线

CA3连续退火线

产品成品图

第二篇

政策篇

一、国家政策

关于进一步提升电动汽车充电基础设施服务保障能力的实施意见

发改能源规〔2022〕53 号

各省、自治区、直辖市、新疆生产建设兵团发展改革委、能源局、工业和信息化厅(委、局)、财政厅(局)、自然资源主管部门、住房和城乡建设厅(委、管委、局)、交通运输厅(局、委)、农业农村厅(局、委)、应急厅(局)、市场监管局(厅、委)、消防救援总队,国家能源局各派出机构,国家电网有限公司、中国南方电网有限责任公司:

"十三五"期间,我国充电基础设施实现了跨越式发展,充电技术快速提升,标准体系逐步完备,产业生态稳步形成,建成世界上数量最多、辐射面积最大、服务车辆最全的充电基础设施体系。但快速发展的背后仍存在居住社区建桩难、公共充电设施发展不均衡、用户充电体验有待提升、行业质量与安全监管体系有待完善等突出问题,亟须加快相关技术、模式与机制创新,进一步提升充电服务保障能力。

为全面贯彻落实《国务院办公厅关于印发新能源汽车产业发展规划(2021—2035 年)的通知》(国办发〔2020〕39 号),支撑新能源汽车产业发展,突破充电基础设施发展瓶颈,推动构建新型电力系统,助力"双碳"目标实现,制定如下实施意见。

到"十四五"末,我国电动汽车充电保障能力进一步提升,形成适度超前、布局均衡、智能高效的充电基础设施体系,能够满足超过 2000 万辆电动汽车充电需求。

一、加快推进居住社区充电设施建设安装

(一)完善居住社区充电设施建设推进机制。各地发展改革、能源部门应加强与住房和城乡建设等部门的统筹协作,共同推进居住社区充电设施建设与改造。居住社区管理单位应积极配合用户安装充电设施并提供必要协助。业主委员会应结合自身实际,明确物业服务区域内充电设施建设的具体流程。

(二)推进既有居住社区充电设施建设。各地发展改革、能源、住房和城乡建设部门等应制定既有居住社区充电设施建设改造行动计划,明确行动目标、重点任务和推进时序,结合城镇老旧小区改造及城市居住社区建设补短板行动,因地制宜推进。具备安装条件的,居住社区要配建一定比例的公共充电车位,建立充电车位分时共享机制,为用户充电创造条件。

(三)严格落实新建居住社区配建要求。新建居住社区要确保固定车位 100% 建设充电设施或预留安装条件。预留安装条件时需将管线和桥架等供电设施建设到车位以满足直接装表接电需要。各地相关部门应在新建住宅项目规划报批、竣工验收环节依法监督。

(四)创新居住社区充电服务商业模式。鼓励充电运营企业或居住社区管理单位接受业主委托,开展居住社区充电设施"统建统营",统一提供充电设施建设、运营与维护等有偿服务,提高充电设施安全管理水平和绿电消费比例。鼓励"临近车位共享""多车一桩"等新模式。

二、提升城乡地区充换电保障能力

(五)建立健全规划工作机制。各地发展改革、能源部门要积极会同工业和信息化、自然资源、住房和城乡建设、交通运输等部门,科学编制省级充电基础设施"十四五"专项规划,指导地市以区县为基本单元编制布局规划。优先利用存量停车场等土地资源,以新增土地供应方式建设的公共充电场站,应加强论证。涉及布局、土地利用和用途管制等方面的内容,应与相关规划做好衔接。

(六)优化城市公共充电网络建设布局。进一步优化中心城区公共充电网络布局,加大外围城区公共充电设施建设力度,因地制宜布局换电站,提升公共充电服务保障能力。充分考虑公交、出租、物流等专用车充电需求,结合停车场站等建设专用充电站。鼓励充电运营企业通过新建、改建、扩容、迁移等方式,逐步提高快充桩占比。

(七)加强县城、乡镇充电网络布局。按照全面推进乡村振兴有关要求,结合推进以县城为重要载体的城镇化建设,加快补齐县城、乡镇充电基础设施建设短板,加快实现电动汽车充电站"县县全覆盖"、充电桩"乡乡全覆盖"。优先在企事业单位、商业建筑、交通枢纽、公共停车场等场所配置公共充电设施。

(八)加快高速公路快充网络有效覆盖。加快制定各省高速公路快充网络分阶段覆盖方案。明确高速公路快充站建设标准规范,将快充站纳入高速公路服务区配套基础设施范围,加强高速公路快充站项目立项与验收环节管理,做好建设用地和配套电源保障工作。力争到 2025 年,国家生态文明试验区、大气污染防治重点区域的高速公路服务区快充站覆盖率不低于 80%,其他地区不低于 60%。

(九)提升单位和园区内部充电保障。政府机关、企事业单位、工业园区等内部停车场加快配建相应比例充电设施或预留建设安装条件,满足公务用车和职工私家车充电需要。鼓励单位和园区内部充电桩对外开放,进一步提升公共充电供给能力。

三、加强车网互动等新技术研发应用

(十)推进车网互动技术创新与试点示范。支持电网企业联合车企等产业链上下游打造新能源汽车与智慧能源融合创新平台,开展跨行业联合创新与技术研发,加速推进车网互动试验测试与标准化体系建设。积极推进试点示范,探索新能源汽车参与电力现货市场的实施路径,研究完善新能源汽车消费和储放绿色电力的交易和调度机制。探索单位和园区内部充电设施开展"光储充放"一体化试点应用。

(十一)鼓励推广智能有序充电。各地发展改革、能源部门要引导居民参与智能有序充电,加快开展智能有序充电示范小区建设,逐步提高智能有序充电桩建设比例。各地价格主管部门要抓好充电设施峰谷电价政策落实。鼓励将智能有序充电纳入充电桩和新能源汽车产品功能范围,加快形成行业统一标准。

（十二）加强充换电技术创新与标准支撑。加快大功率充电标准制定与推广应用，加强跨行业协作，推动产业各方协同升级。推进无线充电、自动无人充电等新技术研发。推动主要应用领域形成统一的换电标准，提升换电模式的安全性、可靠性与经济性。完善新能源汽车电池和充电设施之间的数据交互标准。

（十三）加快换电模式推广应用。围绕矿场、港口、城市转运等场景，支持建设布局专用换电站，加快车电分离模式探索和推广，促进重型货车和港口内部集卡等领域电动化转型。探索出租、物流运输等领域的共享换电模式，优化提升共享换电服务。

四、加强充电设施运维和网络服务

（十四）加强充电设备运维与充电秩序维护。充电运营企业要完善充电设备运维体系，通过智能化和数字化手段，提升设备可用率和故障处理能力。鼓励停车场与充电运营企业创新技术与管理措施，引导燃油汽车与新能源汽车分区停放，维护良好充电秩序。

（十五）提升公共充电网络服务体验。加快推进充电运营企业平台互联互通，实现信息共享与跨平台、多渠道支付结算，提升充电便利性和用户体验。鼓励停车充电一体化等模式创新，实现停车和充电数据信息互联互通，落实充电车辆停车优惠等惠民措施。

五、做好配套电网建设与供电服务

（十六）加强配套电网建设保障。电网企业要做好电网规划与充电设施规划的衔接，加大配套电网建设投入，合理预留高压、大功率充电保障能力。各地自然资源、住房和城乡建设部门要对充电设施配套电网建设用地、廊道空间等资源予以保障，加大工程建设协调推进力度。

（十七）加强配套供电服务和监管。电网企业要全面提升“获得电力”服务水平，优化线上用电保障服务，落实“三零”“三省”服务举措，为充电运营企业和个人业务办理提供契约式服务、实施限时办结。国家能源局派出机构要加大供电和价格政策执行情况监管力度，配合地方政府市场监管部门规范转供电行为，做好配套供电服务保障工作。

六、加强质量和安全监管

（十八）建立健全行业监管体系。推动建立充电设备产品质量认证运营商采信制度。建立“僵尸企业”和“僵尸桩”退出机制，支持优势企业兼并重组、做大做强。严格按照“三管三必须”要求，落实各方安全责任。强化汽车、电池和充电设施生产企业产品质量安全责任，严格建设、设计、施工、监理单位建设安装质量安全把关。在加油站、加气站建设安装充电设施应布置在辅助服务区内。充电设施业主、居住社区管理单位、售后维保单位等应加强充电设施安全管理，及时发现、消除安全隐患。各地能源、住房和城乡建设、消防部门结合职责，加强配套供电、规划建设及集中充电场所的消防安全监督管理。建立完善各级安全管理机制，加强充电设施运营安全监管，强化社区用电安全管理。建立火灾事故调查处理、溯源机制，鼓励相关安全责任保险推广应用。

（十九）加快建立国家、省、市三级监管平台体系。扩大监管平台覆盖城市范围，逐步建成纵向贯通、横向协同的国家、省、市三级充电设施监管平台体系，完善数据服务、安全监管、运行分析等功能，推进跨平台安全预警信息交换共享。加快充电设施监管平台与新能源汽车监测平台数据融合，探索构建车桩一体化监管体系。政府监管平台应保持立场公正，定期向社会发布本省充电基础设施运行情况。

七、加大财政金融支持力度

（二十）优化财政支持政策。对作为公共设施的充电桩建设给予财政支持。鼓励地方建立与服务质量挂钩的运营补贴标准，进一步向优质场站倾斜。鼓励地方加强大功率充电、车网互动等示范类设施的补贴力度，促进行业转型升级。

（二十一）提高金融服务能力。创新利用专项债券和基金等金融工具，重点支持充电设施以及配套电网建设与改造项目。鼓励各类金融机构通过多种渠道，为充电设施建设提供金融支持。鼓励保险机构开发适合充电设施的保险产品。

请各有关单位按照上述要求，严格落实责任分工，结合本地区实际完善相关管理工作机制。本实施意见自印发之日起施行，有效期5年。

国家发展改革委
国家能源局
工业和信息化部
财政部
自然资源部
住房和城乡建设部
交通运输部
农业农村部
应急部
市场监管总局
2022年1月10日

关于调整农村客运、出租车油价补贴政策的通知

财建〔2022〕1号

各省、自治区、直辖市、计划单列市财政厅（局）、交通运输厅（局、委），新疆生产建设兵团财政局、交通运输局：

为深入贯彻党中央、国务院决策部署，更好地发挥中央财政补贴对农村客运（含农村道路客运、岛际和农村水路客运，下同）和出租车、城市公共交通等城市交通领域的引导作用，从2021年起，对农村客运、出租车油价补贴政策作出调整。现将有关事项通知如下：

一、总体要求

按照习近平总书记关于“四好农村路”建设的重要指示精神以及党中央、国务院关于碳达峰、碳中和的决策部署，以提升农村客运普遍服务能力、促进农村客运高质量发展和转型升级、维护出租车行业稳定、优先发展城市公共交通、落实节能减排任务为目标，按照明确责任、统筹兼顾、注重绩效、平稳推进的原则，促进农村客运、出租车、城市公共交通等行业健康可持续和高质量发展。

二、主要内容

（一）政策平稳过渡，确保行业持续健康发展。新一轮农村客运、出租车油价补贴政策突出“四个不变”，即：补贴资金转移支付性质不变，继续通过一般性转移支付下达，由地方

统筹用于支持农村客运、出租车行业发展；补贴总量不变；费改税补贴基数不变，按现行基数下达各省（自治区、直辖市、计划单列市，含兵团，以下统称省）；五年一个政策周期不变。唯一变化的是对涨价补贴部分作适当调整，主要是根据各省农村客运运营、公共服务领域车辆电动化推广情况对各省补贴资金额度进行微调。

（二）突出支持重点，优化资金支出结构。费改税补贴部分继续直接发放给农村客运经营者和出租车司机。涨价补贴部分由地方统筹用于支持农村客运和出租车行业发展，其中：农村客运涨价补贴主要用于支持农村客运发展，出租车涨价补贴主要用于支持城市交通领域新能源汽车运营。农村客运油价补贴调整为农村客运补贴资金，出租车油价补贴调整为城市交通发展奖励资金。

（三）强化绩效评价，提高资金使用效益。财政部、交通运输部等部门根据各省农村客运运营、公共服务领域车辆电动化推广等任务完成情况，从“十四五”时期开始，五年一考核，考核结果与财政资金安排挂钩，并对各省下一个政策周期涨价补贴额度进行调整。其中：农村客运补贴主要考核运营效率、通达情况、服务质量、安全运营、主体责任等指标；城市交通发展奖励主要考核城市交通发展情况，重点是出租车行业稳定情况、城市交通领域新能源汽车替代比例等。另外，财政部会同交通运输部适时对上述补贴政策实施后评价，将评价结果作为优化预算安排、调整完善政策的重要依据。

（四）压实地方责任，健全完善工作机制。各省继续落实“省长负责制”，压实地方主体责任，健全完善政府主导、部门配合的工作机制。各省级财政部门、交通运输部门要会同有关部门细化实施方案，制定本地区具体管理办法，加强和规范资金管理，每年开展绩效自评。各级财政、交通运输部门要做好补贴政策的宣传引导工作，突出政策导向，营造良好的舆论环境。

三、“十四五”期间补贴安排

（一）“十四五”期间各省农村客运补贴资金、城市交通发展奖励资金年度补贴基数根据“十三五”时期农村客运运营、公共服务领域车辆电动化推广考核情况确定。

（二）“十四五”期间各省城市交通发展奖励资金涨价补贴中的30%由各地用于支持出租车加快电动化，70%由各地统筹用于支持城市交通领域新能源汽车运营。同时，各省从当地城市交通发展奖励资金中，给予本省国家公交都市建设示范城市每城市每年500万元专项奖励资金，给予本省绿色货运配送示范城市每城市每年300万元专项奖励资金，用于支持示范创建工作。

（三）“十四五”期间农村客运补贴资金、城市交通发展奖励资金相关考核办法另行制定。

（四）2020年农村客运、出租车油价补贴政策延用2015—2019年的补贴政策，其中涨价补贴以2014年实际执行数作为基数，由地方统筹部分不低于60%，用于公共交通发展、新能源出租车和农村客运补贴、水路客运行业结构调整等。

财政部

交通运输部

2022年1月11日

《促进绿色消费实施方案》（节选）

发改就业〔2022〕107号

二、全面促进重点领域消费绿色转型

（四）加快提升食品消费绿色化水平。完善粮食、蔬菜、水果等农产品生产、储存、运输、加工标准，加强节约减损管理，提升加工转化率。大力推广绿色有机食品、农产品。引导消费者树立文明健康的食品消费观念，合理、适度采购、储存、制作食品和点餐、用餐。建立健全餐饮行业相关标准和服务规范，鼓励“种植基地＋中央厨房”等新模式发展，督促餐饮企业、餐饮外卖平台落实好反食品浪费的法律法规和要求，推动餐饮持续向绿色、健康、安全和规模化、标准化、规范化发展。加强对食品生产经营者反食品浪费情况的监督。推动各类机关、企事业单位、学校等建立健全食堂用餐管理制度，制定实施防止食品浪费措施。加强接待、会议、培训等活动的用餐管理，杜绝用餐浪费，机关事业单位要带头落实。深入开展“光盘”等粮食节约行动。推进厨余垃圾回收处置和资源化利用。加强食品绿色消费领域科学研究和平台支撑。把节粮减损、文明餐桌等要求融入市民公约、村规民约、行业规范等。（国家发展改革委、教育部、工业和信息化部、民政部、农业农村部、商务部、国务院国资委、市场监管总局、国家粮食和储备局等部门按职责分工负责）

（五）鼓励推行绿色衣着消费。推广应用绿色纤维制备、高效节能印染、废旧纤维循环利用等装备和技术，提高循环再利用化学纤维等绿色纤维使用比例，提供更多符合绿色低碳要求的服装。推动各类机关、企事业单位、学校等更多采购具有绿色低碳相关认证标识的制服、校服。倡导消费者理性消费，按照实际需要合理、适度购买衣物。规范旧衣公益捐赠，鼓励企业和居民通过慈善组织向有需要的困难群众依法捐赠合适的旧衣物。鼓励单位、小区、服装店等合理布局旧衣回收点，强化再利用。支持开展废旧纺织品服装综合利用示范基地建设。（国家发展改革委、教育部、工业和信息化部、民政部、住房和城乡建设部、商务部、国务院国资委等部门按职责分工负责）

（六）积极推广绿色居住消费。加快发展绿色建造。推动绿色建筑、低碳建筑规模化发展，将节能环保要求纳入老旧小区改造。

推进农房节能改造和绿色农房建设。因地制宜推进清洁取暖设施建设改造。全面推广绿色低碳建材，推动建筑材料循环利用，鼓励有条件的地区开展绿色低碳建材下乡活动。大力发展绿色家装。鼓励使用节能灯具、节能环保灶具、节水马桶等节能节水产品。倡导合理控制室内温度、亮度和电器设备使用。持续推进农村地区清洁取暖，提升农村用能电气化水平，加快生物质能、太阳能等可再生能源在农村生活中的应用。（国家发展改革委、工业和信息化部、自然资源部、住房和城乡建设部、农业农村部、市场监管总局、国家能源局等部门按职责分工负责）

（七）大力发展绿色交通消费。大力推广新能源汽车，逐步取消各地新能源车辆购买限制，推动落实免限行、路权等支持政策，加强充换电、新型储能、加氢等配套基础设施建设，积极推进车船用 LNG 发展。推动开展新能源汽车换电模式应用试点工作，有序开展燃料电池汽车示范应用。深入开展新能源汽车下乡活动，鼓励汽车企业研发推广适合农村居民出行需要、质优价廉、先进适用的新能源汽车，推动健全农村运维服务体系。合理引导消费者购买轻量化、小型化、低排放乘用车。大力推动公共领域车辆电动化，提高城市公交、出租（含网约车）、环卫、城市物流配送、邮政快递、民航机场以及党政机关公务领域等新能源汽车应用占比。深入开展公交都市建设，打造高效衔接、快捷舒适的公共交通服务体系，进一步提高城市公共汽电车、轨道交通出行占比。鼓励建设行人友好型城市，加强行人步道和自行车专用道等城市慢行系统建设。鼓励共享单车规范发展。（国家发展改革委、工业和信息化部、住房和城乡建设部、交通运输部、商务部、市场监管总局、国家能源局、国家邮政局等部门按职责分工负责）

（八）全面促进绿色用品消费。加强绿色低碳产品质量和品牌建设。鼓励引导消费者更换或新购绿色节能家电、环保家具等家居产品。大力推广智能家电，通过优化开关时间、错峰启停，减少非必要耗能、参与电网调峰。推动电商平台和商场、超市等流通企业设立绿色低碳产品销售专区，在大型促销活动中设置绿色低碳产品专场，积极推广绿色低碳产品。鼓励有条件的地区开展节能家电、智能家电下乡行动。大力发展高质量、高技术、高附加值的绿色低碳产品贸易，积极扩大绿色低碳产品进口。推进过度包装治理，推动生产经营者遵守限制商品过度包装的强制性标准，实施减色印刷，逐步实现商品包装绿色化、减量化和循环化。建立健全一次性塑料制品使用、回收情况报告制度，督促指导商品零售场所开办单位、电子商务平台企业、快递企业和外卖企业等落实主体责任。（国家发展改革委、工业和信息化部、商务部、市场监管总局、国家邮政局等部门按职责分工负责）

（九）有序引导文化和旅游领域绿色消费。制定大型活动绿色低碳展演指南，引导优先使用绿色环保型展台、展具和展装，加强绿色照明等节能技术在灯光舞美领域应用，大幅降低活动现场声光电和物品的污染、消耗。完善机场、车站、码头等游客集聚区域与重点景区景点交通转换条件，推进骑行专线、登山步道等建设，鼓励引导游客采取步行、自行车和公共交通等低碳出行方式。将绿色设计、节能管理、绿色服务等理念融入景区运营，降低对资源和环境消耗，实现景区资源高效、循环利用。促进乡村旅游消费健康发展，严格限制林区耕地湿地等占用和过度开发，保护自然碳汇。制定发布绿色旅游消费公约或指南，加强公益宣传，规范引导景区、旅行社、游客等践行绿色旅游消费。（国家发展改革委、自然资源部、生态环境部、交通运输部、商务部、文化和旅游部等部门按职责分工负责）

（十）进一步激发全社会绿色电力消费潜力。落实新增可再生能源和原料用能不纳入能源消费总量控制要求，统筹推动绿色电力交易、绿证交易。引导用户签订绿色电力交易合同，并在中长期交易合同中单列。鼓励行业龙头企业、大型国有企业、跨国公司等消费绿色电力，发挥示范带动作用，推动外向型企业较多、经济承受能力较强的地区逐步提升绿色电力消费比例。加强高耗能企业使用绿色电力的刚性约束，各地可根据实际情况制定高耗能企业电力消费中绿色电力最低占比。各地应组织电网企业定期梳理、公布本地绿色电力时段分布，有序引导用户更多消费绿色电力。在电网保供能力许可的范围内，对消费绿色电力比例较高的用户在实施需求侧管理时优先保障。建立绿色电力交易与可再生能源消纳责任权重挂钩机制，市场化用户通过购买绿色电力或绿证完成可再生能源消纳责任权重。加强与碳排放权交易的衔接，结合全国碳市场相关行业核算报告技术规范的修订完善，研究在排放量核算中将绿色电力相关碳排放量予以扣减的可行性。持续推动智能光伏创新发展，大力推广建筑光伏应用，加快提升居民绿色电力消费占比。（国家发展改革委、工业和信息化部、生态环境部、住房和城乡建设部、国务院国资委、国家能源局等部门按职责分工负责）

（十一）大力推进公共机构消费绿色转型。推动国家机关、事业单位、团体组织类公共机构率先采购使用新能源汽车，新建和既有停车场配备电动汽车充电设施或预留充电设施安装条件。积极推行绿色办公，提高办公设备和资产使用效率，鼓励无纸化办公和双面打印，鼓励使用再生制品。严格执行党政机关厉行节约反对浪费条例，确保各类公务活动规范开支，提高视频会议占比，严格公务用车管理。鼓励和推动文明、节俭举办活动。（国家发展改革委、财政部、住房和城乡建设部、国管局等部门按职责分工负责）

国家发展改革委
工业和信息化部
住房和城乡建设部
商务部
市场监管总局
国管局
中直管理局
2022 年 1 月 18 日

关于调整享受车船税优惠的节能新能源汽车产品技术要求的公告

公告〔2022〕2 号

为适应节能与新能源汽车产业发展和技术进步需要，结合《插电式混合动力电动乘用车技术条件》（GB/T 32694—2021）等标准发布实施，现就《财政部 税务总局 工业和信息化部 交通运输部关于节能 新能源车船享受车船税优惠政策的通知》（财税〔2018〕74 号）中享受车船税优惠的节能、新能源汽车产品技术要求有关事项公告如下：

一、对财税〔2018〕74 号文中节能乘用车、轻型商用车、重型商用车综合工况燃料消耗量限值标准进行更新，具体要求见本公告附件。

二、对财税〔2018〕74 号文中插电式混合动力（含增程式）乘用车有关技术要求调整如下：

（一）插电式混合动力（含增程式）乘用车纯电动续驶里程应满足有条件的等效全电里程不低于 43 公里。

（二）插电式混合动力（含增程式）乘用车电量保持模式试验的燃料消耗量（不含电能转化的燃料消耗量）与《乘用

车燃料消耗量限值》(GB 19578—2021)中车型对应的燃料消耗量限值相比应当小于70%;电量消耗模式试验的电能消耗量应小于电能消耗量目标值的135%。按整备质量(m,kg)不同,百公里电能消耗量目标值(Y)应满足以下要求:$m \leq 1000$ 时,$Y = 0.0112 \times m + 0.4$;$1000 < m \leq 1600$ 时,$Y = 0.0078 \times m + 3.8$;$m > 1600$ 时,$Y = 0.0048 \times m + 8.60$。

三、享受车船税优惠节能、新能源汽车产品的其他技术要求继续按照财税〔2018〕74 号文有关规定执行。

四、本公告发布后,新申请享受车船税优惠政策的节能、新能源汽车车型,其技术要求按本公告规定执行,符合条件的列入新的《享受车船税减免优惠的节约能源 使用新能源汽车车型目录》(以下简称新《目录》)。新《目录》公告发布后,已发布的第四批至第三十四批车船税优惠车型目录同时废止,原目录中符合本公告技术要求的车型将自动转入新《目录》公告;新《目录》公告发布前,已取得的列入第四批至第三十四批车船税优惠车型目录的节能、新能源汽车,不论是否转让,可继续享受车船税减免优惠政策。

附件:

1. 节能乘用车综合工况燃料消耗量限值标准 . doc
2. 节能轻型商用车综合工况燃料消耗量限值标准 . doc
3. 节能重型商用车综合工况燃料消耗量限值标准 . doc

工业和信息化部

财政部

税务总局

2022 年 1 月 20 日

附件 1　节能乘用车综合工况燃料消耗量限值标准

基于 NEDC 型式认证的车型燃料消耗量标准

(单位:L/100 km)

整车整备质量(CM,kg)	两排及以下座椅	三排或以上座椅
CM≤750	4. 0	4. 3
750 < CM≤865	4. 2	4. 4
865 < CM≤980	4. 3	4. 5
980 < CM≤1090	4. 5	4. 7
1090 < CM≤1205	4. 7	4. 9
CM > 1205	4. 9	4. 9

基于 WLTC 型式认证的车型燃料消耗量标准

(单位:L/100 km)

整备质量(CM,kg)	两排及以下座椅	三排或以上座椅
CM≤750	4. 45	4. 82
750 < CM≤1415	0. 0026 × (CM − 1415) + 6. 18	0. 0026 × (CM − 1415) + 6. 55
1415 < CM	6. 18	6. 55

附件 2　节能轻型商用车综合工况燃料消耗量限值标准

N1 类车辆　(单位:L/100 km)

整车整备质量(CM)kg	汽油	柴油
CM≤750	4. 5	4. 1
750 < CM≤865	4. 7	4. 2
865 < CM≤980	5. 0	4. 5
980 < CM≤1090	5. 2	4. 7
1090 < CM≤1205	5. 4	5. 0
1205 < CM≤1320	5. 8	5. 2
1320 < CM≤1430	6. 1	5. 4
1430 < CM≤1540	6. 4	5. 7
1540 < CM≤1660	6. 7	5. 9
1660 < CM≤1770	7. 1	6. 2
1770 < CM≤1880	7. 4	6. 4
1880 < CM≤2000	7. 8	6. 7
2000 < CM≤2110	8. 2	7. 1
2110 < CM≤2280	8. 6	7. 4
2280 < CM≤2510	9. 0	7. 7
2510 < CM	9. 5	8. 1

注:上述限值基于 NEDC 工况。

最大设计总质量不大于 3500 kg 的 M2 类车辆

(单位:L/100 km)

整车整备质量(CM)kg	汽油	柴油
CM≤750	4. 1	3. 8
750 < CM≤865	4. 4	4. 1
865 < CM≤980	4. 7	4. 3
980 < CM≤1090	5. 0	4. 5
1090 < CM≤1205	5. 4	4. 8
1205 < CM≤1320	5. 7	5. 0
1320 < CM≤1430	6. 0	5. 3
1430 < CM≤1540	6. 3	5. 5
1540 < CM≤1660	6. 7	5. 8
1660 < CM≤1770	7. 0	6. 0
1770 < CM≤1880	7. 3	6. 3
1880 < CM≤2000	7. 7	6. 5
2000 < CM≤2110	8. 1	6. 8
2110 < CM≤2280	8. 5	7. 1
2280 < CM≤2510	8. 9	7. 5
2510 < CM	9. 3	7. 8

注:上述限值基于 NEDC 工况。

附件 3　节能重型商用车综合工况燃料消耗量限值标准货车　(单位:L/100 km)

最大设计总质量(GVW)kg	2022 年	2023 年
3500 < GVW≤4500	10. 2[a]	9. 9[a]
4500 < GVW≤5500	10. 8[a]	10. 5[a]
5500 < GVW≤7000	12. 3[a]	11. 9[a]
7000 < GVW≤8500	14. 4[a]	14. 0[a]
8500 < GVW≤10500	16. 2[a]	15. 7[a]
10500 < GVW≤12500	18. 8[a]	18. 2[a]

续上表

最大设计总质量(GVW)kg	2022 年	2023 年
12500 < GVW≤16000	21.3	20.6
16000 < GVW≤20000	23.9	23.2
20000 < GVW≤25000	28.7	27.8
25000 < GVW≤31000	33.1	32.1
31000 < GVW	34.0	33.0

[a] 对于汽油车,其限值是表中相应限值乘以1.2,求得的数值圆整(四舍五入)至小数点后一位。

注:上述限值基于C-WTVC工况。

半挂牵引车 (单位:L/100 km)

最大设计总质量(GCW)kg	2022 年	2023 年
GCW≤18000	24.8	24.0
18000 < GCW≤27000	27.0	26.1
27000 < GCW≤35000	28.3	27.5
35000 < GCW≤40000	30.1	29.2
40000 < GCW≤43000	31.4	30.4
43000 < GCW≤46000	33.6	32.6
46000 < GCW≤49000	35.4	34.3
49000 < GCW	35.9	34.8

注:上述限值基于C-WTVC工况。

客车 (单位:L/100 km)

最大设计总质量(GVW)kg	2022 年	2023 年
3500 < GVW≤4500	9.4[a]	9.1[a]
4500 < GVW≤5500	10.2[a]	9.9[a]
5500 < GVW≤7000	11.8[a]	11.4[a]
7000 < GVW≤8500	12.8	12.4
8500 < GVW≤10500	14.1	13.7
10500 < GVW≤12500	15.7	15.2
12500 < GVW≤14500	16.9	16.3
14500 < GVW≤16500	17.7	17.2
16500 < GVW≤18000	18.8	18.2
18000 < GVW≤22000	19.7	19.1
22000 < GVW≤25000	21.3	20.6
25000 < GVW	22.1	21.5

[a] 对于汽油车,其限值是表中相应限值乘以1.2,求得的数值圆整(四舍五入)至小数点后一位。

注:上述限值基于C-WTVC工况。

自卸汽车 (单位:L/100 km)

最大设计总质量(GVW)kg	2022 年	2023 年
3500 < GVW≤4500	11.5	11.1
4500 < GVW≤5500	12.0	11.6
5500 < GVW≤7000	13.2	12.8
7000 < GVW≤8500	15.5	15.0
8500 < GVW≤10500	17.2	16.7
10500 < GVW≤12500	19.5	18.9
12500 < GVW≤16000	22.1	21.5
16000 < GVW≤20000	26.1	25.3
20000 < GVW≤25000	33.1	32.1
25000 < GVW≤31000	36.3	35.2
31000 < GVW	36.8	35.6

注:上述限值基于C-WTVC工况。

城市客车 (单位:L/100 km)

最大设计总质量(GVW)kg	2022 年	2023 年
3500 < GVW≤4500	10.2	9.9
4500 < GVW≤5500	11.5	11.1
5500 < GVW≤7000	13.0	12.6
7000 < GVW≤8500	14.8	14.3
8500 < GVW≤10500	17.2	16.6
10500 < GVW≤12500	19.7	19.1
12500 < GVW≤14500	22.5	21.9
14500 < GVW≤16500	24.8	24.0
16500 < GVW≤18000	27.4	26.6
18000 < GVW≤22000	30.5	29.5
22000 < GVW≤25000	34.0	33.0
25000 < GVW	36.8	35.6

注:上述限值基于C-WTVC工况。

关于试行汽车安全沙盒监管制度的通告

2022 年第 6 号

当前,汽车产业电动化、智能化、网联化、共享化加快融合发展,传统安全问题与新型安全问题叠加,汽车安全形势复杂多变。为更好保护消费者人身财产和社会公共安全,完善汽车新技术、新业态、新模式安全监管方式,根据《缺陷汽车产品召回管理条例》,拟在汽车安全领域试行沙盒监管制度,现通告如下:

一、目的意义

汽车安全沙盒监管是在后市场阶段针对车辆应用的前沿技术进行深度安全测试的机制,主要目的是引导企业查找问题、改进设计、降低风险。作为传统监管方式的有益补充,汽车安全沙盒监管变被动监管为主动监管,有利于更早地将前沿技术引发的质量安全问题纳入监管范围,提高应急处置能力,防范和化解重大风险,保护消费者合法权益,同时有利于鼓励企业技术创新,倡导最佳安全设计实践。

二、范围对象

汽车安全沙盒监管坚守产品安全底线,采用目录清单制,在部分车型、部分地区试行开展,确保制度适度、安全、可控。沙盒监管的对象是在车辆中使用的环境感知、智能决策、协同控制等前沿技术,或实现各级别自动驾驶、远程升级等新功能新模式。涉及的车辆须通过《道路机动车辆生产企业及产品公告》等市场准入条件,取得强制性认证证书,经营性机动车应当符合营运安全相关标准。

申请进入沙盒监管的前沿技术或新功能新模式,以现有的科学认知难以预见其潜在风险。申请进入沙盒监管的企业,包括相关汽车整车、零部件、互联网科技、数据服务、网络运营、软件与系统供应等,需要主动履行质量安全主体责任,和监管部门共同对未知风险进行研究和评估,且具备必要的测试和应急处置资源。

三、工作流程

企业就前沿技术或新功能新模式申请进入沙盒监管,需要经过申请、评估、测试、报告、退出等五个阶段。

（一）申请：企业自愿向市场监管总局提交进入沙盒监管的书面申请，申请内容包括测试车辆基本概况、适用范围、技术参数、创新性说明、质量安全风险自我评估情况、进入沙盒监管必要性说明等等。

（二）评估：针对企业申请，市场监管总局组织初期评估。评估通过后，针对应用的前沿技术或新功能新模式，企业需在 2 个月内制定车辆深度测试方案，包括测试周期、测试项目、关键监测指标、消费者安全保障计划、质量安全风险防控及应急处置措施、测试实施监督及测试退出策略等。

（三）测试：企业按照车辆深度测试方案开展测试，保存测试记录，测试周期一般不超过 24 个月。在理由充分的情况下，企业可以根据实际测试情况，申请修改测试参数和调整测试周期。市场监管总局组织评估车辆深度测试方案，跟踪测试情况，提出产品设计、制造改进建议，及时指导帮助企业查找质量安全问题。监督发现车辆深度测试无法达到预期要求的，立即通知企业终止测试；对可能涉及汽车零部件行业性质量问题的，加大相关产业质量检查和执法力度；对可能涉及产品标准的，健全标准化信息反馈机制，推动标准制修订；对可能涉及共性质量安全问题的，加强技术研判，适时发布质量安全风险预警。

（四）报告：测试中期和末期，企业向市场监管总局提交车辆质量安全风险防范措施有效性评估报告，及必要的测试记录、新发现安全风险改进措施。测试周期内，企业获知与测试同类型、同批次车辆在中国市场上发生碰撞、火灾、远程控制、辅助驾驶失效等事故后，要按照《缺陷汽车产品召回管理条例》等规定开展调查分析，并在 48 小时内向市场监管总局报告调查结果。

（五）退出：企业完成车辆深度测试，达到预期目标，自动退出沙盒监管。沙盒监管周期内，企业提出退出申请的，需提交情况说明。

四、包容审慎监管

市场监管总局搭建汽车质量安全监管服务云平台，对进入沙盒监管的前沿技术或新功能新模式，采取企业自律、信息公开、公众监督、行政指导、质量服务等多元化管理，明确企业安全主体责任，保障消费者合法权益。沙盒监管周期内，企业发生违反现行法律法规行为的，不免除相关责任。

五、组织保障

市场监管总局会同工业和信息化、交通运输、应急、海关等部门，加强车辆深度测试及评估、事故及调查报告等信息共享；组建专家委员会，制定沙盒监管实施指南和配套措施；组织一批有能力、资质符合要求的技术机构，承担沙盒监管相关技术评估、质量服务工作，确保沙盒监管制度顺利实施。

特此通告。

市场监管总局
工业和信息化部
交通运输部
应急部
海关总署
2022 年 2 月 25 日

车联网网络安全和数据安全标准体系建设指南

工信厅科〔2022〕5 号

前言：车联网是新一代网络通信技术与汽车、电子、道路交通运输等领域深度融合的新兴产业形态，呈现蓬勃发展的良好态势。随着汽车电动化、网联化、智能化交融发展，车辆运行安全、数据安全和网络安全风险交织叠加，安全形势更加复杂严峻，亟须加快建立健全车联网网络安全和数据安全保障体系，为车联网产业安全健康发展提供支撑。

为贯彻落实《中华人民共和国网络安全法》《中华人民共和国数据安全法》《关键信息基础设施安全保护条例》，根据《新能源汽车产业发展规划（2021—2035 年）》《车联网（智能网联汽车）产业发展行动计划》《汽车数据安全管理若干规定》《关于加强车联网网络安全和数据安全工作的通知》要求，工业和信息化部在现有国家车联网产业标准体系的基础上，组织编制了《车联网网络安全和数据安全标准体系建设指南》，用于指导相关标准研制。

一、总体要求

（一）指导思想

以习近平新时代中国特色社会主义思想为指导，全面贯彻党的十九大和十九届历次全会精神，认真贯彻落实党中央、国务院决策部署，统筹发展和安全，面向车联网产业安全需求，加强车联网网络安全和数据安全标准工作顶层设计，注重与车联网相关标准体系之间的衔接，增加标准有效供给，强化标准应用实施，加快构建系统、科学、规范的车联网网络安全和数据安全标准体系，充分发挥标准对车联网产业安全健康发展的指导和规范作用。

（二）基本原则

需求导向、共同推进。紧密对接车联网产业对网络安全、数据安全的迫切需求，鼓励整车及关键设备、车联网服务平台、信息通信、网络安全等产业链各环节、产学研用各方加强协作，共同推进跨行业、跨领域标准的研制与实施，不断提升标准的质量效益。

聚焦重点、急用先行。聚焦车联网终端与设施网络安全、网联通信安全、数据安全、应用服务安全、安全保障与支撑等重点领域，着力增加基础通用、共性技术、试验方法、典型应用等产业急需标准的有效供给，覆盖车联网网络安全、数据安全的关键领域和关键环节。

开放融合、深化合作。结合我国车联网产业发展现状，鼓励国内企事业单位积极参与车联网网络安全、数据安全国际标准化活动，加强与全球车联网产业界的交流与合作，共同推进相关国际标准研制，积极贡献中国的技术方案和实践经验。

（三）建设目标

到 2023 年底，初步构建起车联网网络安全和数据安全标准体系。重点研究基础共性、终端与设施网络安全、网联通信安全、数据安全、应用服务安全、安全保障与支撑等标准，完成 50 项以上急需标准的研制。

到 2025 年，形成较为完善的车联网网络安全和数据安全标准体系。完成100项以上标准的研制，提升标准对细分领域的覆盖程度，加强标准服务能力，提高标准应用水平，支撑车联网产业安全健康发展。

二、主要内容

（一）标准体系框架图

包括总体与基础共性、终端与设施网络安全、网联通信安全、数据安全、应用服务安全、安全保障与支撑等6个部分。

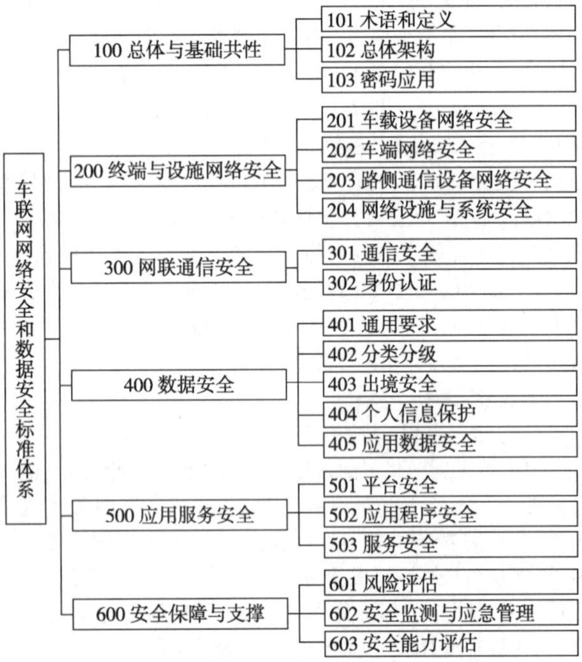

车联网网络安全和数据安全标准体系框架图

（二）重点领域及方向

1. 总体与基础共性标准

总体与基础共性标准是车联网网络安全和数据安全的总体性、通用性和指导性标准，包括术语和定义、总体架构、密码应用等3类标准。

术语和定义标准主要规范车联网网络安全和数据安全主要概念，为相关标准中的术语和定义提供依据支撑。

总体架构标准主要规范车联网网络安全总体架构要求，明确和界定防护对象、防护方法、防护机制，指导企业体系化开展网络安全防护工作。

密码应用标准主要规范车联网密码应用通用要求，明确数字证书格式、数字证书应用、设备密码应用等要求。

2. 终端与设施网络安全标准

终端与设施网络安全标准主要规范车联网终端和基础设施等相关网络安全要求，包括车载设备网络安全、车端网络安全、路侧通信设备网络安全、网络设施与系统安全等4类标准。

车载设备网络安全标准主要规范智能网联汽车关键智能设备和组件的安全防护与检测要求，包括汽车网关、电子控制单元、车用安全芯片、车载计算平台等安全标准。

车端网络安全标准主要规范整车电子电气架构、总线架构、系统架构等安全防护与检测要求。

路侧通信设备网络安全标准主要规范联网路侧设备的安全防护与检测要求。

网络设施与系统安全标准主要规范车联网网络设施与系统的安全防护与检测要求。

3. 网联通信安全标准

网联通信安全标准主要规范车联网通信网络安全、身份认证等相关安全要求，包括通信安全、身份认证等2类标准。

通信安全标准主要规范蜂窝车联网（C-V2X），以及应用于车联网的蜂窝移动通信（4G/5G）、卫星通信、无线射频识别、车内无线局域网、蓝牙低能耗（BLE）、紫蜂（Zigbee）、超宽带（UWB）等安全防护与检测要求。

身份认证标准主要规范车联网数字身份认证相关的证书应用接口、证书管理系统、安全认证技术及测试方法、关键部件轻量级认证等技术要求。

4. 数据安全标准

数据安全标准主要规范智能网联汽车、车联网平台、车载应用服务等数据安全和个人信息保护要求，包括通用要求、分类分级、出境安全、个人信息保护、应用数据安全等5类标准。

通用要求标准主要规范车联网可采集和处理的数据类型、范围、质量、颗粒度等，包括数据最小化采集、数据安全存储、数据加密传输、数据安全共享等标准。

分类分级标准主要规范车联网数据分类分级保护要求，制定数据分类分级的维度、方法、示例等标准，明确重要数据类型和安全保护要求。

数据出境安全标准主要规范车联网行业依法依规落实数据出境安全要求，包括数据出境安全评估要点、评估方法等标准。

个人信息保护标准主要规范车联网用户个人信息保护机制及相关技术要求，明确用户敏感数据和个人信息保护的场景、规则、技术方法，包括匿名化、去标识化、数据脱敏、异常行为识别等标准。

应用数据安全标准主要规范车联网相关应用所开展的数据采集和处理使用等活动，包括车联网平台、网约车、车载应用程序等数据安全标准。

5. 应用服务安全标准

应用服务安全标准主要规范车联网服务平台和应用程序的安全要求，以及典型业务应用服务场景下的安全要求，包括平台安全、应用程序安全和服务安全等3类标准。

平台安全标准主要规范车联网信息服务平台、远程升级（OTA）服务平台、边缘计算平台、电动汽车远程信息服务与管理等安全防护与检测要求。

应用程序安全标准主要规范车联网应用程序等安全防护与检测要求。

服务安全标准主要规范车联网典型业务服务场景下的安全要求，包括汽车远程诊断、高级辅助驾驶、车路协同等服务安全要求。

6. 安全保障与支撑标准

安全保障与支撑标准主要规范车联网网络安全管理与支撑相关的安全要求，包括风险评估、安全监测与应急管理和安全能力评估等3类标准。

风险评估标准主要规范车联网网络安全风险分类与安全等级划分要求，明确安全风险评估流程和方法，提出车联网服务平台、整车网络安全风险评估规范等相关要求。

安全监测与应急管理标准主要规范车联网网络安全监测、数据安全监测、应急管理、网络安全漏洞分类分级、安全事件追踪溯源等相关要求，以及安全管理接口、车联网卡实名登记、车联网业务递交网关（阳）接口等相关规范。

安全能力评估标准主要规范车联网服务平台运营企业、智能网联汽车生产企业、基础电信企业等安全防护措施部署及安全服务实施，提出网络安全成熟度模型、数据安全成熟度模型、安全能力成熟度评价准则、评估实施方法、机构能力认定、道路车辆信息安全工程等相关要求。

三、组织实施

（一）加快标准研制。在国家制造强国建设领导小组车联网产业发展专项委员会指导下，注重与智能网联汽车、信息通信、电子产品和服务等相关标准体系的协调和衔接，以车联网网络安全和数据安全标准体系为指导，组织产学研用各方协同推进标准研制工作。

（二）实施动态更新。按照网络安全相关法律法规要求，结合车联网技术创新和产业发展趋势，持续完善车联网网络安全和数据安全标准体系，为推进车联网产业发展和行业管理提供有力保障。

（三）加强宣贯实施。充分发挥地方主管部门、标准化组织、行业协会和专业机构的作用，组织开展标准的宣标贯标和技术研讨活动，通过培训、咨询、论坛等方式推进标准的宣贯实施。组织开展贯标试点优秀企业和案例的进选，形成最佳实践，促进标准应用推广。

（四）深化国际合作。加强与国际标准化组织的交流与合作，积极参与国际电信联盟（ITU）、国际标准化组织（ISO）、国际电工技术委员会（IEC）、联合国世界车辆法规协调论坛（UN/WP29）等国际标准化活动，携手全球产业链上下游企业共同推进国际标准研制。

工业和信息化部办公厅

2022 年 2 月 25 日

工信部 2022 年汽车标准化工作要点

2022 年汽车标准化工作坚持以习近平新时代中国特色社会主义思想为指导，全面贯彻党的十九大和十九届历次全会精神，立足新发展阶段，完整、准确、全面贯彻新发展理念，按照《国家标准化发展纲要》《新能源汽车产业发展规划（2021—2035 年）》等文件要求，紧贴汽车技术发展趋势和行业实际需求，践行使命担当，奋力开创汽车标准化工作新局面，为汽车产业高质量发展提供坚实支撑。

一、持续完善标准顶层设计，加强各方统筹协调

1. 健全完善汽车技术标准体系。进一步优化汽车行业“十四五”技术标准体系，持续完善新能源汽车、智能网联汽车等重点领域标准体系建设指南，研究制定智能网联汽车测试装备标准体系，加快构建汽车芯片标准体系。

2. 统筹推进汽车标准化工作。高度重视汽车标准的交叉融合问题，推动建立跨行业跨领域工作协同机制，进一步强化行业协同、上下联动，大力推动电动汽车充电、汽车芯片、智能网联汽车等重点领域标准的统筹协调，不断提升标准工作开放性和透明度。

3. 强化标准全生命周期管理。加强标准技术来源和行业需求研究，鼓励行业机构、业界企业、社会公众等提出标准需要和意见建议；持续加大标准宣贯的广度和深度，通过深度解读标准内容和要求支撑做好贯彻实施工作；开展重点标准实施效果阶段性评估，立足我国政府管理及产业发展趋势持续提升标准质量水平。

二、加快新兴领域标准研制，助力产业转型升级

4. 新能源汽车领域。启动电动汽车动力蓄电池安全相关标准修订工作，进一步提升动力蓄电池热失控报警和安全防护水平；加快推进电动汽车远程服务与管理系列标准研究，修订燃料电池电动汽车碰撞后安全要求标准，进一步强化电动汽车安全保障。开展混合动力电动汽车最大功率测试方法标准预研，推进纯电动汽车和混合动力电动汽车动力性能试验方法、驱动电机系统技术要求及试验方法等标准制修订，持续完善电动汽车整车及关键部件标准体系。开展动力蓄电池耐久性标准预研，推进动力蓄电池电性能、热管理系统、排气试验方法及动力蓄电池回收利用通用要求、管理规范等标准研究，促进动力蓄电池性能提升和绿色发展。全面推进燃料电池电动汽车能耗及续驶里程、低温起动性能、动力性能试验方法等整车标准以及燃料电池发动机性能试验方法、车载氢系统技术条件等关键系统部件标准研究，支撑燃料电池电动汽车关键技术研发应用及示范运行。加快构建完善电动汽车充换电标准体系，推进纯电动汽车车载换电系统、换电通用平台、换电电池包等标准制定；开展电动汽车大功率充电技术升级方案研究和验证，加快推进电动汽车传导充电连接装置等系列标准修订发布。

5. 智能网联汽车领域。开展汽车软件在线升级管理试点，组织信息安全管理系统等标准试行验证，完成软件升级、整车信息安全和自动驾驶数据记录系统等强制性国家标准的审查与报批。推动智能网联汽车自动驾驶功能要求、设计运行条件及车载定位系统等 L3 及以上通用要求类标准草案编制，完成封闭场地、实际道路及模拟仿真等试验方法类标准的制定发布，面向 L2 级组合驾驶辅助系统开展标准验证试验，有力支撑智能网联汽车企业及产品准入管理工作。加快推进信息安全工程、应急响应、数据通用要求、车载诊断接口、数字证书及密码应用等安全保障类重点标准制定，进一步强化智能网联汽车信息安全、网络安全保障体系建设。优化完善车辆网联功能技术标准子体系，推进基于 LTE-V2X 的车载信息交互系统、基于网联功能的汽车安全预警场景应用以及相应交互接口规范等标准的研究和立项，协同推动智慧城市网联基础设施相关标准制定，支撑智能网联汽车与智慧城市基础设施、智能交通系统、大数据平台等的互通互联。分阶段完成智能网联汽车操作系统系列标准制定，开展符合我国交通特征的测试设备等标准研制工作。

6. 汽车电子领域。完成无线通信终端、毫米波雷达、主/被动红外等关键系统部件标准审查和报批，加快推进免提通话和语音交互标准制定，启动车载事故紧急呼叫系统、车载

卫星定位系统、抬头显示系统、激光雷达等标准研制立项,满足不断增长的车载电子系统标准需求。推进整车及零部件电磁兼容基础通用标准修订立项,启动整车天线系统射频性能评价、整车辐射发射限值、人体电磁曝露、车辆雷电效应和整车天线系统通信性能等标准预研。完成车辆预期功能安全、车辆功能安全审核及评估方法、电动汽车用驱动电机系统功能安全等标准制定,进一步完善功能安全与预期功能安全标准体系。

7. 汽车芯片领域。开展汽车企业芯片需求及汽车芯片产业技术能力调研,联合集成电路、半导体器件等关联行业研究发布汽车芯片标准体系。推进 MCU 控制芯片、感知芯片、通信芯片、存储芯片、安全芯片、计算芯片和新能源汽车专用芯片等标准研究和立项。启动汽车芯片功能安全、信息安全、环境可靠性、电磁兼容性等通用规范标准预研。

三、强化绿色技术标准引领,支撑"双碳"目标实现

8. 能源消耗量领域。完成轻型、重型商用车第四阶段燃料消耗量限值标准征求意见,加快推进乘用车第六阶段燃料消耗量、电动汽车能量消耗量限值标准制定。开展高效电机等乘用车循环外技术装置评价方法标准研究,启动乘用车道路行驶能源消耗量监测规范标准预研。完成轻型汽柴油车、可外接充电式混合动力电动汽车和纯电动汽车能源消耗量标识标准审查和报批。

9. 碳排放领域。开展道路车辆温室气体管理通用要求、术语定义、碳中和实施指南等基础通用标准研究和立项。推进车辆生产企业及产品碳排放及核算办法相关标准研究和立项。启动汽车产品碳足迹标识、电动汽车行驶条件温室气体碳减排评估方法标准预研。

四、完善整车基础相关标准,夯实质量提升基础

10. 汽车安全领域。推动燃气汽车燃气系统安装规范、间接视野装置性能和安装等标准发布,加快灯光系列标准整合以及机动车乘员用安全带及固定点、机动车儿童乘员用约束系统等标准修订。推进乘用车制动系统、前后端防护装置、顶部抗压强度、行人碰撞保护、侧面碰撞乘员保护、后碰撞燃油系统安全要求、防盗装置等标准制修订,进一步强化乘用车安全要求。做好商用车驾驶室乘员保护标准宣贯实施,推动客车座椅及其车辆固定件强度标准发布,加快商用车驾驶室外部凸出物标准、专用校车安全、专用校车学生座椅及其车辆固定件强度等标准制修订,持续推进危险物品运输车辆、爆炸品和剧毒化学品车辆等危化品运输车辆标准整合,开展轻型汽车/商用车辆电子稳定性控制系统(ESC)标准实施评估及强制性实施的可行性分析,不断提高商用车安全水平。进一步完善车辆事故与质量评价标准体系,启动汽车故障模式和事故分类等标准预研。

11. 传统整车领域。围绕自卸半挂车栏板高度、45 英尺集装箱列车长度等内容进行调研,适时启动 GB 1589《汽车、挂车及汽车列车外廓尺寸、轴荷及质量限值》标准修订工作。配合 GB 7258《机动车运行安全技术条件》标准修订,启动空气悬架车辆评价、提升桥车辆技术要求等支撑性标准的研制。加快推进汽车列车性能要求和试验方法标准修订,开展主挂自动连接、连接装置强度、货物隔离装置及系固点等标准预研。开展 3.5 t 以下轻型挂车标准体系研究,根据行业需求开展相关标准制修订。推进车辆操控、主动降噪、结构耐久、车内外提示音等方面标准预研。

12. 零部件领域。推进空气悬架、推力杆、高度控制阀、自动变速器、电子辅助转向系统(EPS)、多种类型传感器、执行器和控制器等关键零部件标准研究与制修订。开展新型塑料及复合材料的车辆零部件质量标准研究制定。加快压缩天然气(CNG)汽车 35 MPa 压力关键部件等标准升级。

五、全面深化国际交流合作,提高对外开放水平

13. 加强全球技术法规制定协调。全面跟踪联合国世界车辆协调论坛(WP.29)动态及趋势,切实履行《1998 年协定书》缔约国义务及自动驾驶与网联车辆工作组、电动汽车安全工作小组副主席等职责,牵头先进驾驶辅助系统部件、自动驾驶功能要求、自动驾驶测评方法、数据记录系统、电动汽车安全、氢燃料电池车辆安全、车载电池耐久性等重点法规项目规划与研制工作,适时提出中国提案。推动 1-2 项中国标准进入全球技术法规候选纲要,持续提升国际法规协调工作的参与度与贡献度。

14. 深度参与国际技术标准制定。切实履行国际标准化组织道路车辆委员会(ISO/TC22)自动驾驶测试场景、车载雷达特别工作组召集人以及国际电工委员会电动车辆电能传输系统委员会(IEC/TC69)等相关国际标准项目负责人职责,加快推进自动驾驶测试场景、车载毫米波雷达探测性能评价、动力蓄电池系统功能安全、汽车电子/电气部件传导骚扰试验方法等国际标准研究,重点推动乘用车外部保护、负压救护车、安全玻璃、燃料电池汽车低温冷启动及最高速度等国际标准立项并新建 1 ~ 2 个国际标准工作组,持续提升中国标准国际化影响力。

15. 务实推进中外标准交流合作。充分利用多双边合作机制与平台,巩固并扩大在新能源汽车、智能网联汽车等领域的国际标准和法规协调工作成果,共同提出国际标准法规提案,联合开展相关标准法规制定活动,推动形成国际标准化共识。贯彻落实"一带一路"倡议,与重点沿线国家开展汽车标准化交流、培训等活动,促进国内外标准化机构间的对话合作,推动中国标准"走出去"。汇集行业多方资源力量,不断扩充国际协调专家队伍,实现国际协调资源共享和专家有序管理。

工业和信息化部装备工业一司

2022 年 3 月 18 日

氢能产业发展中长期规划
(2021—2035 年)

氢能是一种来源丰富、绿色低碳、应用广泛的二次能源,正逐步成为全球能源转型发展的重要载体之一。为助力实现碳达峰、碳中和目标,深入推进能源生产和消费革命,构建清洁低碳、安全高效的能源体系,促进氢能产业高质量发展,根据《中华人民共和国国民经济和社会发展第十四个五年规划和 2035 年远景目标纲要》,编制本规划。规划期限为 2021—2035 年。

一、现状与形势

当今世界正经历百年未有之大变局,新一轮科技革命和

产业变革同我国经济高质量发展要求形成历史性交汇。以燃料电池为代表的氢能开发利用技术取得重大突破，为实现零排放的能源利用提供重要解决方案，需要牢牢把握全球能源变革发展大势和机遇，加快培育发展氢能产业，加速推进我国能源清洁低碳转型。

从国际看，全球主要发达国家高度重视氢能产业发展，氢能已成为加快能源转型升级、培育经济新增长点的重要战略选择。全球氢能全产业链关键核心技术趋于成熟，燃料电池出货量快速增长、成本持续下降，氢能基础设施建设明显提速，区域性氢能供应网络正在形成。

从国内看，我国是世界上最大的制氢国，年制氢产量约3300万吨，其中，达到工业氢气质量标准的约1200万吨。可再生能源装机量全球第一，在清洁低碳的氢能供给上具有巨大潜力。国内氢能产业呈现积极发展态势，已初步掌握氢能制备、储运、加氢、燃料电池和系统集成等主要技术和生产工艺，在部分区域实现燃料电池汽车小规模示范应用。全产业链规模以上工业企业超过300家，集中分布在长三角、粤港澳大湾区、京津冀等区域。

但总体看，我国氢能产业仍处于发展初期，相较于国际先进水平，仍存在产业创新能力不强、技术装备水平不高，支撑产业发展的基础性制度滞后，产业发展形态和发展路径尚需进一步探索等问题和挑战。同时，一些地方盲目跟风、同质化竞争、低水平建设的苗头有所显现。面对新形势、新机遇、新挑战，亟须加强顶层设计和统筹谋划，进一步提升氢能产业创新能力，不断拓展市场应用新空间，引导产业健康有序发展。

二、战略定位

氢能是未来国家能源体系的重要组成部分。充分发挥氢能作为可再生能源规模化高效利用的重要载体作用及其大规模、长周期储能优势，促进异质能源跨地域和跨季节优化配置，推动氢能、电能和热能系统融合，促进形成多元互补融合的现代能源供应体系。

氢能是用能终端实现绿色低碳转型的重要载体。以绿色低碳为方针，加强氢能的绿色供应，营造形式多样的氢能消费生态，提升我国能源安全水平。发挥氢能对碳达峰、碳中和目标的支撑作用，深挖跨界应用潜力，因地制宜引导多元应用，推动交通、工业等用能终端的能源消费转型和高耗能、高排放行业绿色发展，减少温室气体排放。

氢能产业是战略性新兴产业和未来产业重点发展方向。以科技自立自强为引领，紧扣全球新一轮科技革命和产业变革发展趋势，加强氢能产业创新体系建设，加快突破氢能核心技术和关键材料瓶颈，加速产业升级壮大，实现产业链良性循环和创新发展。践行创新驱动，促进氢能技术装备取得突破，加快培育新产品、新业态、新模式，构建绿色低碳产业体系，打造产业转型升级的新增长点，为经济高质量发展注入新动能。

三、总体要求

（一）指导思想

以习近平新时代中国特色社会主义思想为指导，全面贯彻落实党的十九大和十九届历次全会精神，弘扬伟大建党精神，立足新发展阶段，完整准确全面贯彻新发展理念，构建新发展格局，以推动高质量发展为主题，以深化供给侧结构性改革为主线，紧扣实现碳达峰、碳中和目标，贯彻“四个革命、一个合作”能源安全新战略，着眼抢占未来产业发展先机，统筹氢能产业布局，提升创新能力，完善管理体系，规范有序发展，提高氢能在能源消费结构中的比重，为构建清洁低碳、安全高效的能源体系提供有力支撑。

（二）基本原则

创新引领，自立自强。坚持创新驱动发展，加快氢能创新体系建设，以需求为导向，带动产品创新、应用创新和商业模式创新。集中突破氢能产业技术瓶颈，建立健全产业技术装备体系，增强产业链供应链稳定性和竞争力。充分利用全球创新资源，积极参与全球氢能技术和产业创新合作。

安全为先，清洁低碳。把安全作为氢能产业发展的内在要求，建立健全氢能安全监管制度和标准规范，强化对氢能制、储、输、加、用等全产业链重大安全风险的预防和管控，提升全过程安全管理水平，确保氢能利用安全可控。构建清洁化、低碳化、低成本的多元制氢体系，重点发展可再生能源制氢，严格控制化石能源制氢。

市场主导，政府引导。发挥市场在资源配置中的决定性作用，突出企业主体地位，加强产学研用深度融合，着力提高氢能技术经济性，积极探索氢能利用的商业化路径。更好发挥政府作用，完善产业发展基础性制度体系，强化全国一盘棋，科学优化产业布局，引导产业规范发展。

稳慎应用，示范先行。积极发挥规划引导和政策激励作用，统筹考虑氢能供应能力、产业基础和市场空间，与技术创新水平相适应，有序开展氢能技术创新与产业应用示范，避免一些地方盲目布局、一拥而上。坚持点线结合、以点带面，因地制宜拓展氢能应用场景，稳慎推动氢能在交通、储能、发电、工业等领域的多元应用。

（三）发展目标

到2025年，形成较为完善的氢能产业发展制度政策环境，产业创新能力显著提高，基本掌握核心技术和制造工艺，初步建立较为完整的供应链和产业体系。氢能示范应用取得明显成效，清洁能源制氢及氢能储运技术取得较大进展，市场竞争力大幅提升，初步建立以工业副产氢和可再生能源制氢就近利用为主的氢能供应体系。燃料电池车辆保有量约5万辆，部署建设一批加氢站。可再生能源制氢量达到10～20万吨/年，成为新增氢能消费的重要组成部分，实现二氧化碳减排100～200万吨/年。

再经过5年的发展，到2030年，形成较为完备的氢能产业技术创新体系、清洁能源制氢及供应体系，产业布局合理有序，可再生能源制氢广泛应用，有力支撑碳达峰目标实现。

到2035年，形成氢能产业体系，构建涵盖交通、储能、工业等领域的多元氢能应用生态。可再生能源制氢在终端能源消费中的比重明显提升，对能源绿色转型发展起到重要支撑作用。

四、系统构建支撑氢能产业高质量发展创新体系

围绕氢能高质量发展重大需求，准确把握氢能产业创新发展方向，聚焦短板弱项，适度超前部署一批氢能项目，持续加强基础研究、关键技术和颠覆性技术创新，建立完善更加协同高效的创新体系，不断提升氢能产业竞争力和创新力。

（一）持续提升关键核心技术水平

加快推进质子交换膜燃料电池技术创新，开发关键材料，提高主要性能指标和批量化生产能力，持续提升燃料电池可靠性、稳定性、耐久性。支持新型燃料电池等技术发展。着力推进核心零部件以及关键装备研发制造。加快提高可再生能源制氢转化效率和单台装置制氢规模，突破氢能基础设施环节关键核心技术。开发临氢设备关键影响因素监测与测试技术，加大制、储、输、用氢全链条安全技术开发应用。

持续推进绿色低碳氢能制取、储存、运输和应用等各环节关键核心技术研发。持续开展光解水制氢、氢脆失效、低温吸附、泄漏/扩散/燃爆等氢能科学机理，以及氢能安全基础规律研究。持续推动氢能先进技术、关键设备、重大产品示范应用和产业化发展，构建氢能产业高质量发展技术体系。

（二）着力打造产业创新支撑平台

聚焦氢能重点领域和关键环节，构建多层次、多元化创新平台，加快集聚人才、技术、资金等创新要素。支持高校、科研院所、企业加快建设重点实验室、前沿交叉研究平台，开展氢能应用基础研究和前沿技术研究。依托龙头企业整合行业优质创新资源，布局产业创新中心、工程研究中心、技术创新中心、制造业创新中心等创新平台，构建高效协作创新网络，支撑行业关键技术开发和工程化应用。鼓励行业优势企业、服务机构，牵头搭建氢能产业知识产权运营中心、氢能产品检验检测及认证综合服务、废弃氢能产品回收处理、氢能安全战略联盟等支撑平台，结合专利导航等工作服务行业创新发展。支持“专精特新”中小企业参与氢能产业关键共性技术研发，培育一批自主创新能力强的单项冠军企业，促进大中小企业协同创新融通发展。

（三）推动建设氢能专业人才队伍

以氢能技术创新需求为导向，支持引进和培育高端人才，提升氢能基础前沿技术研发能力。加快培育氢能技术及装备专业人才队伍，夯实氢能产业发展的创新基础。建立健全人才培养培训机制，加快推进氢能相关学科专业建设，壮大氢能创新研发人才群体。鼓励职业院校（含技工院校）开设相关专业，培育高素质技术技能人才及其他从业人员。

（四）积极开展氢能技术创新国际合作

鼓励开展氢能科学和技术国际联合研发，推动氢能全产业链关键核心技术、材料和装备创新合作，积极构建国际氢能创新链、产业链。积极参与国际氢能标准化活动。坚持共商共建共享原则，探索与共建“一带一路”国家开展氢能贸易、基础设施建设、产品开发等合作。加强与氢能技术领先的国家和地区开展项目合作，共同开拓第三方国际市场。

五、统筹推进氢能基础设施建设

统筹全国氢能产业布局，合理把握产业发展进度，避免无序竞争，有序推进氢能基础设施建设，强化氢能基础设施安全管理，加快构建安全、稳定、高效的氢能供应网络。

（一）合理布局制氢设施

结合资源禀赋特点和产业布局，因地制宜选择制氢技术路线，逐步推动构建清洁化、低碳化、低成本的多元制氢体系。在焦化、氯碱、丙烷脱氢等行业集聚地区，优先利用工业副产氢，鼓励就近消纳，降低工业副产氢供给成本。在风光水电资源丰富地区，开展可再生能源制氢示范，逐步扩大示范规模，探索季节性储能和电网调峰。推进固体氧化物电解池制氢、光解水制氢、海水制氢、核能高温制氢等技术研发。探索在氢能应用规模较大的地区设立制氢基地。

（二）稳步构建储运体系

以安全可控为前提，积极推进技术材料工艺创新，支持开展多种储运方式的探索和实践。提高高压气态储运效率，加快降低储运成本，有效提升高压气态储运商业化水平。推动低温液氢储运产业化应用，探索固态、深冷高压、有机液体等储运方式应用。开展掺氢天然气管道、纯氢管道等试点示范。逐步构建高密度、轻量化、低成本、多元化的氢能储运体系。

（三）统筹规划加氢网络

坚持需求导向，统筹布局建设加氢站，有序推进加氢网络体系建设。坚持安全为先，节约集约利用土地资源，支持依法依规利用现有加油加气站的场地设施改扩建加氢站。探索站内制氢、储氢和加氢一体化的加氢站等新模式。

六、稳步推进氢能多元化示范应用

坚持以市场应用为牵引，合理布局、把握节奏，有序推进氢能在交通领域的示范应用，拓展在储能、分布式发电、工业等领域的应用，推动规模化发展，加快探索形成有效的氢能产业发展的商业化路径。

（一）有序推进交通领域示范应用

立足本地氢能供应能力、产业环境和市场空间等基础条件，结合道路运输行业发展特点，重点推进氢燃料电池中重型车辆应用，有序拓展氢燃料电池等新能源客、货汽车市场应用空间，逐步建立燃料电池电动汽车与锂电池纯电动汽车的互补发展模式。积极探索燃料电池在船舶、航空器等领域的应用，推动大型氢能航空器研发，不断提升交通领域氢能应用市场规模。

（二）积极开展储能领域示范应用

发挥氢能调节周期长、储能容量大的优势，开展氢储能在可再生能源消纳、电网调峰等应用场景的示范，探索培育“风光发电＋氢储能”一体化应用新模式，逐步形成抽水蓄能、电化学储能、氢储能等多种储能技术相互融合的电力系统储能体系。探索氢能跨能源网络协同优化潜力，促进电能、热能、燃料等异质能源之间的互联互通。

（三）合理布局发电领域多元应用

根据各地既有能源基础设施条件和经济承受能力，因地制宜布局氢燃料电池分布式热电联供设施，推动在社区、园区、矿区、港口等区域内开展氢能源综合利用示范。依托通信基站、数据中心、铁路通信站点、电网变电站等基础设施工程建设，推动氢燃料电池在备用电源领域的市场应用。在可再生能源基地，探索以燃料电池为基础的发电调峰技术研发与示范。结合偏远地区、海岛等用电需求，开展燃料电池分布式发电示范应用。

（四）逐步探索工业领域替代应用

不断提升氢能利用经济性，拓展清洁低碳氢能在化工行业替代的应用空间。开展以氢作为还原剂的氢冶金技术研发应用。探索氢能在工业生产中作为高品质热源的应用。扩大工业领域氢能替代化石能源应用规模，积极引导合成氨、合成甲醇、炼化、煤制油气等行业由高碳工艺向低碳工艺转变，促进高耗能行业绿色低碳发展。

专栏“十四五”时期氢能产业创新应用示范工程

交通：在矿区、港口、工业园区等运营强度大、行驶线路固定区域，探索开展氢燃料电池货车运输示范应用及70 MPa储氢瓶车辆应用验证。在有条件的地方，可在城市公交车、物流配送车、环卫车等公共服务领域，试点应用燃料电池商用车。结合重点区域生态环保需求和电力基础设施条件，探索氢燃料电池在船舶、航空器等领域的示范应用。

储能：重点在可再生能源资源富集、氢气需求量大的地区，开展集中式可再生能源制氢示范工程，探索氢储能与波动性可再生能源发电协同运行的商业化运营模式。鼓励在燃料电池汽车示范线路等氢气需求量集中区域，布局基于分布式可再生能源或电网低谷负荷的储能/加氢一体站，充分利用站内制氢运输成本低的优势，推动氢能分布式生产和就近利用。

发电：结合增量配电改革和综合能源服务试点，开展氢电融合的微电网示范，推动燃料电池热电联供应用实践。鼓励结合新建和改造通讯基站工程，开展氢燃料电池通信基站备用电源示范应用，并逐步在金融、医院、学校、商业、工矿企业等领域引入氢燃料电池应用。

工业：结合国内冶金和化工行业市场环境和产业基础，探索氢能冶金示范应用，探索开展可再生能源制氢在合成氨、甲醇、炼化、煤制油气等行业替代化石能源的示范。

七、加快完善氢能发展政策和制度保障体系

牢固树立安全底线，完善标准规范体系，加强制度创新供给，着力破除制约产业发展的制度性障碍和政策性瓶颈，不断夯实产业发展制度基础，保障氢能产业创新可持续发展。

（一）建立健全氢能政策体系

制定完善氢能管理有关政策，规范氢能制备、储运和加注等环节建设管理程序，落实安全监管责任，加强产业发展和投资引导，推动氢能规模化应用，促进氢能生产和消费，为能源绿色转型提供支撑。完善氢能基础设施建设运营有关规定，注重在建设要求、审批流程和监管方式等方面强化管理，提升安全运营水平。研究探索可再生能源发电制氢支持性电价政策，完善可再生能源制氢市场化机制，健全覆盖氢储能的储能价格机制，探索氢储能直接参与电力市场交易。

（二）建立完善氢能产业标准体系

推动完善氢能制、储、输、用标准体系，重点围绕建立健全氢能质量、氢安全等基础标准，制氢、储运氢装置、加氢站等基础设施标准，交通、储能等氢能应用标准，增加标准有效供给。鼓励龙头企业积极参与各类标准研制工作，支持有条件的社会团体制定发布相关标准。在政策制定、政府采购、招投标等活动中，严格执行强制性标准，积极采用推荐性标准和国家有关规范。推进氢能产品检验检测和认证公共服务平台建设，推动氢能产品质量认证体系建设。

（三）加强全链条安全监管

加强氢能安全管理制度和标准研究，建立健全氢能全产业安全标准规范，强化安全监管，落实企业安全生产主体责任和部门安全监管责任，落实地方政府氢能产业发展属地管理责任，提高安全管理能力水平。推动氢能产业关键核心技术和安全技术协同发展，加强氢气泄漏检测报警以及氢能相关特种设备的检验、检测等先进技术研发。积极利用互联网、大数据、人工智能等先进技术手段，及时预警氢能生产储运装置、场所和应用终端的泄漏、疲劳、爆燃等风险状态，有效提升事故预防能力。加强应急能力建设，研究制定氢能突发事件处置预案、处置技战术和作业规程，及时有效应对各类氢能安全风险。

八、组织实施

充分认识发展氢能产业的重要意义，把思想、认识和行动统一到党中央、国务院的决策部署上来，加强组织领导和统筹协调，强化政策引导和支持，通过开展试点示范、宣传引导、督导评估等措施，确保规划目标和重点任务落到实处。

（一）充分发挥统筹协调机制作用

建立氢能产业发展部际协调机制，协调解决氢能发展重大问题，研究制定相关配套政策。强化规划引导作用，推动地方结合自身基础条件理性布局氢能产业，实现产业健康有序和集聚发展。

（二）加快构建“1＋N”政策体系

坚持以规划为引领，聚焦氢能产业发展的关键环节和重大问题，在氢能规范管理、氢能基础设施建设运营管理、关键核心技术装备创新、氢能产业多元应用试点示范、国家标准体系建设等方面，制定出台相关政策，打造氢能产业发展“1＋N”政策体系，有效发挥政策引导作用。

（三）积极推动试点示范

深入贯彻国家重大区域发展战略，不断优化产业空间布局，在供应潜力大、产业基础实、市场空间足、商业化实践经验多的地区稳步开展试点示范。支持试点示范地区发挥自身优势，改革创新，探索氢能产业发展的多种路径，在完善氢能政策体系、提升关键技术创新能力等方面先行先试，形成可复制可推广的经验。建立事中事后监管和考核机制，确保试点示范工作取得实效。

（四）强化财政金融支持

发挥好中央预算内投资引导作用，支持氢能相关产业发展。加强金融支持，鼓励银行业金融机构按照风险可控、商业可持续性原则支持氢能产业发展，运用科技化手段为优质企业提供精准化、差异化金融服务。鼓励产业投资基金、创业投资基金等按照市场化原则支持氢能创新型企业，促进科技成果转移转化。支持符合条件的氢能企业在科创板、创业板等注册上市融资。

（五）深入开展宣传引导

开展氢能制、储、输、用的安全法规和安全标准宣贯工作，增强企业主体安全意识，筑牢氢能安全利用基础。加强氢能科普宣传，注重舆论引导，及时回应社会关切，推动形成社会共识。

（六）做好规划督导评估

加强对规划实施的跟踪分析、督促指导，总结推广先进经验，适时组织开展成效评估工作，及时研究解决规划实施中出现的新情况、新问题。规划实施中期，根据技术进步、资源状况和发展需要，结合规划成效评估工作，进一步优化后续任务工作方案。

国家发展改革委
国家能源局
2022年3月23日

关于进一步加强新能源汽车企业安全体系建设的指导意见

各省、自治区、直辖市及新疆生产建设兵团工业和信息化主管部门、公安厅(局)、交通运输厅(局、委)、应急管理厅(局)、市场监管局(厅、委),各省、自治区、直辖市通信管理局、消防救援总队,新能源汽车企业和有关单位:

为贯彻落实《新能源汽车产业发展规划(2021—2035年)》(国办发〔2020〕39号),进一步压实新能源汽车企业安全主体责任,指导企业建立健全安全保障体系,现提出以下意见:

一、总体要求

坚持以习近平新时代中国特色社会主义思想为指导,完整、准确、全面贯彻新发展理念,统筹发展和安全,指导新能源汽车企业加快构建系统、科学、规范的安全体系,全面增强企业在安全管理机制、产品质量、运行监测、售后服务、事故响应处置、网络安全等方面的安全保障能力,提升新能源汽车安全水平,推动新能源汽车产业高质量发展。

二、完善安全管理机制

(一)强化组织保障。企业要明确新能源汽车安全管理的负责部门,统筹推进本企业安全体系建设。建立健全产品质量安全责任制,严格落实主要负责人、分管负责人和相关业务部门的产品质量安全责任。完善产品研发设计、生产制造、运行监测、售后服务、事故响应处置、网络安全等方面的安全管理制度规范。

(二)加强安全教育培训。企业建立完善安全教育培训制度,定期组织开展质量安全、网络安全、消防安全等方面的教育培训,提高工作人员安全意识和相关技能。

三、保障产品质量安全

(三)规范产品安全性设计。企业要制定产品安全性设计指导文件,并根据已销售车辆暴露的安全问题持续修订完善。安全性设计指导文件可细分为整车级、系统级、零部件级,包含但不限于整车功能安全、动力电池安全、使用操控安全、充换电安全、消防安全、网络安全等。

(四)强化供应商管理。企业要对动力电池、驱动电机及整车控制系统等关键零部件供应商提出明确的产品安全指标要求,制定供应商质量体系评价制度,强化供应商评估。鼓励关键零部件供应商积极配合开放与产品安全、质量分析等相关的必要数据协议。

(五)严格生产质量管控。企业要建立完备的生产信息化管理系统,合理设置安全质量监控节点,积极提高在线检测能力。产品下线时按照标准要求开展涉水抽检、路试抽检,并重点开展整车绝缘、充放电、淋雨等测试,检测数据存档期限不低于产品预期生命周期。

(六)提高动力电池安全水平。企业要积极与动力电池供应商开展设计协同,持续优化整车与动力电池的安全性匹配以及热管理策略,明确动力电池使用安全边界,提高动力电池在碰撞、振动、挤压、浸水、充放电异常等状态下的安全防护能力。鼓励企业研究应用热失控实时监测预警装置和早期抑制及灭火措施。

四、提高监测平台效能

(七)开展运行安全状态监测。企业要落实安全监测主体责任,自建或委托第三方建立新能源汽车产品运行安全状态监测平台(简称企业监测平台)。企业要按照与新能源汽车产品用户的协议,对已销售的新能源汽车产品的运行安全状态进行监测,并按照相关标准要求上传监测数据,确保上传数据的及时性、真实性和有效性。监测数据不得违法违规使用。

(八)强化运行数据分析挖掘。鼓励企业加强对车辆运行数据的分析挖掘,梳理具有规律性、普遍性的安全问题并及时采取改进措施,持续优化产品在不同场景下的安全性能。鼓励积极研究应用先进安全预警方法,不断提升新能源汽车安全预警能力。

(九)建立隐患车辆排查机制。鼓励企业加强车辆运行安全状态隐患排查,及时跟踪和确认长时间离线车辆的安全状态,妥善处理大面积聚集停放、频繁报警等存在安全隐患的车辆。

五、优化售后服务能力

(十)加强服务网点建设。企业要合理布局售后服务网点和动力电池回收服务网点,不断完善新能源汽车专用检测工具与设备,提升服务人员安全服务意识,确保各服务网点具有必要的售后服务和应急处理能力。各服务网点要设置独立的动力电池检测维修区域,落实防火分隔措施,加强消防安全管理。

(十一)优化维护保养服务。鼓励企业细化产品维护保养项目,及时通知用户进行维护保养,在维修保养时加强关键零部件的质量检测,并结合车辆使用年限、行驶里程、故障报警信息等开展安全隐患抽样检测,及时发现产品安全隐患并妥善处理。同时,企业要依法公开其生产车型的有关维修技术信息。

(十二)引导消费者合理使用车辆。鼓励企业通过驾乘操作规范手册、视频等方式,引导消费者培养良好的用车养车习惯。明确告知消费者安全注意事项,指导消费者熟悉电池安全使用边界、车辆可能出现的安全隐患及发生起火燃烧等事故的常见征象等,掌握逃生自救技能,妥善应对可能出现的安全事故。建立完善客户档案制度,确保及时精准确定缺陷汽车产品范围。

六、加强事故响应处置

(十三)完善应急响应服务。企业要建立完善不同车型及不同使用场景的安全事故应急处置方法和预案,建立“7×24小时”全天候事故应急响应通道,明确告知消费者应急报警方式,及时、准确接收用户报警信息,并进行记录和妥善处理,积极降低事故损失。

(十四)深化事故调查分析。企业要加强事故报告和深化调查分析,当车辆发生起火燃烧、涉嫌失控等安全事故时,应及时上报并积极配合开展事故调查,深入研判事故原因,按照相关要求及时、完整、准确提交车辆事故相关数据、事故分析报告。

(十五)开展问题分析改进。企业要重点管控单车型或同产品技术平台重复出现的同类事故,并开展深度调查和原因分析。其中,因设计或系统性原因导致的车辆事故,要对相应车型采取改进措施消除安全隐患;因操作不当导致的车辆事故，应制定专项培训计划，并在销售、售后服务等环节予以告知、培训。

（十六）履行召回法定义务。企业要加强整车和关键零部件等缺陷线索的收集和调查分析，如实向相关部门报告调查分析结果。对于确认存在缺陷的产品，应当立即停止生产、销售，并主动实施召回，切实履行召回法定义务，保障人民群众生命和财产安全。

七、健全网络安全保障体系

（十七）加强网络安全防护。企业要依法落实关键信息基础设施安全保护、网络安全等级保护、车联网卡实名登记、汽车产品安全漏洞管理等要求。对车辆网络安全状态进行监测，采取有效措施防范网络攻击、入侵等危害网络安全的行为。

（十八）强化数据安全保护。企业要切实履行数据安全保护义务，建立健全全流程数据安全管理制度，采取相应的技术措施和其他必要措施，保障数据安全。企业要按照法律、行政法规的有关规定进行数据收集、存储、使用、加工、传输、提供、公开等处理活动，以及数据出境安全管理。

（十九）落实个人信息安全防护。企业要按照《个人信息保护法》以及相关法律法规的规定处理个人信息，制定内部管理和操作规程，对个人信息实行分类管理，并采取相应的加密、去标识化等安全技术措施，防止未经授权的访问以及个人信息泄露、篡改、丢失。

八、组织实施

（二十）加强贯彻落实。新能源汽车企业要提高安全责任意识，牢固树立安全发展理念，按照本意见加快建立健全企业安全体系，提高产品安全保障能力。各零部件供应商、售后服务等相关企业要协同做好安全体系建设工作，共同提高新能源汽车安全保障能力。

（二十一）强化统筹协调。工业和信息化部、公安部、交通运输部、应急管理部、市场监管总局将会同有关部门建立联合工作机制，形成工作合力，加强信息共享和事中事后监管。对于发生重大或典型产品质量安全事故的企业，将依法依规采取约谈、公开通报、责令限期整改等措施。各地有关部门要结合本地区新能源汽车产业发展实际，指导企业按照意见精神做好落实，依法依规加强日常监督检查，共同做好新能源汽车安全管理工作。

（二十二）营造良好氛围。行业组织要充分发挥行业自律和技术支撑作用。鼓励行业组织研究建立新能源汽车企业产品质量安全评价体系，积极宣扬先进典型，适时曝光负面案例。充分发挥社会舆论监督作用，为新能源汽车安全发展营造良好氛围。

附件：企业监测平台建设指南

工业和信息化部办公厅
公安部办公厅
交通运输部办公厅
应急管理部办公厅
国家市场监督管理总局办公厅
2022 年 3 月 29 日

附件：企业监测平台建设指南

为指导企业完善新能源汽车企业监测平台性能和功能，加强平台运行管理，提高平台效能，制定本指南。

一、平台性能

（1）数据接入

平台可满足本企业所有销售车辆数据接入需求，并按照《关于进一步做好新能源汽车推广应用安全监管工作的通知》（工信部装〔2016〕377 号）等要求接入数据。

（2）数据存储

a）平台具有容量预警机制和弹性扩容能力；

b）平台具有车辆全生命周期运行数据存储能力；

c）平台具有数据备份、数据恢复能力。

（3）数据计算

a）平台具有车辆全生命周期数据分析计算能力，可对车辆上传的数据实时分析计算；

b）平台计算能力应满足平台功能稳定高效运行，系统 CPU、内存、I/O 的平均负载低于 60%。

（4）数据检索

a）平台可快速查询检索，访问平台页面响应时间小于 5 秒，复杂统计类关键数据响应平均时间小于 10 秒，大量数据（如运行区域）渐进显示小于 1 分钟。

b）平台可准确、快速导出数据检索结果。

（5）稳定性及安全性

a）平台全年系统故障宕机时间不超过 500 分钟。

b）平台具有网络安全、数据安全防护能力，具有完整的安全访问日志记录、预警、审计等功能。

二、平台功能

（1）实时监测

a）车辆运行数据应严格按照《电动汽车远程服务与管理系统技术规范》（GB/T 32960）上传，并确保上传数据的及时性、有效性和完整性。

b）平台可实时查看车辆运行监测数据。

（2）数据核查

a）平台具有数据清洗、核查功能；

b）平台可输出车辆全生命周期数据核查评估报告，包括未传输、缺失、中断、跳变等异常情况。

（3）故障报警

a）平台可合理设置三级故障报警功能；

b）平台具有完整的报警信息显示、查询、响应功能；

c）平台具有报警数据统计分析功能。

（4）隐患排查

a）平台具有安全隐患车辆排查功能，可进行隐患车辆查询、统计、导出；

b）安全隐患车辆包含但不限于长时间离线车辆（一般指非私人购买或营运车辆离线时长超过 60 天、私人车辆离线时长超过 90 天）、大面积聚集停放车辆（一般指半径 500 米内集中停放超过 60 天且 SOC 大于 80%，车辆总数大于 100 辆）、频繁报警车辆等。

（5）安全预警

a）平台具有监测大数据分析挖掘能力，可对车辆运行安全状态进行预警；

b）平台具有完整的预警响应策略及处置功能，可对安全预警结果进行分级处理。

(6)车辆档案

a)平台具有全生命周期车辆档案管理、查询及导出功能;

b)车辆档案包含但不限于生产销售记录、系统监测记录、故障报警记录、预警分析结果、产品维修及事故处理情况等。

三、平台运行管理

(1)人员组织保障

包括人力资源、组织架构及职责分工以及在质量管理体系及售后服务体系中的作用等。

(2)运行管理

包括监测工作流程、“7×24 小时”全天候监测值班制度、平台定期巡检制度、网络安全和数据安全管理制度、安全教育培训制度、对车辆故障及运行情况分析总结制度,以及系统运行状况记录和日志归档制度等。

(3)隐患排查

包括基于平台监测数据和售后反馈信息开展车辆运行安全隐患排查的制度。

(4)应急响应

包括应急工作小组及相关职责,针对不同车型及不同场景安全事故的应急处理机制和应急预案。

(5)资料管理

包括运行监测相关文档资料的收集、整理、归档、保管、利用等,明确相关人员岗位职责,并设定保管期限。

(6)自我检查

定期按照本文件内容对监测平台进行自查评估,及时发现和解决问题。

关于完整准确全面贯彻新发展理念做好碳达峰碳中和工作的意见(节选)

各省、自治区、直辖市、新疆生产建设兵团交通运输厅(局、委),各地区铁路监督管理局,民航各地区管理局,各省、自治区、直辖市邮政管理局:

为深入贯彻落实《中共中央国务院关于完整准确全面贯彻新发展理念做好碳达峰碳中和工作的意见》(以下简称《意见》),加快推进交通运输绿色低碳转型,切实做好碳达峰碳中和交通运输工作,现提出如下实施意见:

一、充分认识碳达峰碳中和工作的重要意义(略)

二、总体要求(略)

三、优化交通运输结构(略)

四、推广节能低碳型交通工具

(六)积极发展新能源和清洁能源运输工具。依托交通强国建设试点,有序开展纯电动、氢燃料电池、可再生合成燃料车辆、船舶的试点。推动新能源车辆的应用。探索甲醇、氢、氨等新型动力船舶的应用,推动液化天然气动力船舶的应用。积极推广可持续航空燃料的应用。

(七)加强交通电气化替代。推进铁路电气化改造,深入推进机场运行电动化。推进船舶靠港使用岸电,不断提高岸电使用率。推进高速公路服务区快充网络建设,鼓励开展换电模式应用。

(八)提高燃油车船能效标准。制修订适应碳达峰碳中和要求的营运车辆能耗限值准入标准,健全营运车辆能效标识,制定新造船舶能效设计指数要求并研究纳入技术法规,引导行业选择和使用高能效车船。加快老旧运输工具更新改造,提升交通运输装备能源利用水平。

五、积极引导低碳出行(略)

六、增强交通运输绿色转型新动能(略)

七、加强组织实施(略)

交通运输部
国家铁路局
中国民用航空局
国家邮政局
2022 年 4 月 18 日

关于进一步释放消费潜力促进消费持续恢复的意见(节选)

国办发〔2022〕9 号

各省、自治区、直辖市人民政府,国务院各部委、各直属机构:

消费是最终需求,是畅通国内大循环的关键环节和重要引擎,对经济具有持久拉动力,事关保障和改善民生。当前,受新冠肺炎疫情等因素影响,消费特别是接触型消费恢复较慢,中小微企业、个体工商户和服务业领域面临较多困难。

一、应对疫情影响,促进消费有序恢复发展(略)

二、全面创新提质,着力稳住消费基本盘

(四)积极推进实物消费提质升级。加强农业和制造业商品质量、品牌和标准建设,推动品种培优、品质提升、品牌打造和标准化生产。推进食用农产品承诺达标合格证制度。支持研发生产更多具有自主知识产权、引领科技和消费潮流、应用前景广阔的新产品新设备。畅通制造企业与互联网平台、商贸流通企业产销对接,鼓励发展反向定制(C2M)和个性化设计、柔性化生产。促进老字号创新发展,加强地理标志产品认定、管理和保护,培育更多本土特色品牌。

(五)加力促进健康养老托育等服务消费。深入发展多层次多样化医疗健康服务,积极发展中医医疗和养生保健等服务,促进医疗健康消费和防护用品消费提质升级。实施智慧助老行动,加快推进适老化改造和智能化产品开发,发展适合老年人消费的旅游、养生、健康咨询、生活照护、慢性病管理等产品和服务,支持开展省际旅居养老合作。加快构建普惠托育服务体系,支持社会力量提供多元化、规范化托育服务,引导市场主体开发更多安全健康的国产婴幼儿用品。

(六)持续拓展文化和旅游消费。推动中华优秀传统文化传承创新,促进出版、电影、广播电视等高质量发展。大力发展全域旅游,推动红色旅游、休闲度假旅游、工业旅游、旅游演艺等创新发展,促进非遗主题旅游发展。组织实施冰雪旅游发展行动计划。优化完善疫情防控措施,引导公园、景区、体育场馆、文博场馆等改善设施和服务条件、结合实际延长开放时间。鼓励城市群、都市圈等开发跨区域的文化和旅游年票、联票等。深入推进文化和旅游消费试点示范。积极落实带薪休假制度,促进带薪休假与法定节假日、周休日合理分布、均衡配置。

（七）大力发展绿色消费。增强全民节约意识，反对奢侈浪费和过度消费，形成简约适度、绿色低碳的生活方式和消费模式。推广绿色有机食品、农产品。倡导绿色出行，提高城市公共汽电车、轨道交通出行占比，推动公共服务车辆电动化。推动绿色建筑规模化发展，大力发展装配式建筑，积极推广绿色建材，加快建筑节能改造。支持新能源汽车加快发展。大力发展绿色家装，鼓励消费者更换或新购绿色节能家电、环保家具等家居产品。加快构建废旧物资循环利用体系，推动汽车、家电、家具、电池、电子产品等回收利用，适当放宽废旧物资回收车辆进城、进小区限制。推进商品包装和流通环节包装绿色化、减量化、循环化。开展促进绿色消费试点。广泛开展节约型机关、绿色家庭、绿色社区、绿色出行等创建活动。

（八）充分挖掘县乡消费潜力。建立完善县域统筹，以县城为中心、乡镇为重点、村为基础的县域商业体系。深入实施"数商兴农"、"快递进村"和"互联网＋"农产品出村进城等工程，进一步盘活供销合作社系统资源，引导社会资源广泛参与，促进渠道和服务下沉。鼓励和引导大型商贸流通企业、电商平台和现代服务企业向农村延伸，推动品牌消费、品质消费进农村。以汽车、家电为重点，引导企业面向农村开展促销，鼓励有条件的地区开展新能源汽车和绿色智能家电下乡，推进充电桩（站）等配套设施建设。提升乡村旅游、休闲农业、文化体验、健康养老、民宿经济、户外运动等服务环境和品质。

三、完善支撑体系，不断增强消费发展综合能力

（略）

四、持续深化改革，全力营造安全放心诚信消费环境

（十三）破除限制消费障碍壁垒。有序破除一些重点服务消费领域的体制机制障碍和隐性壁垒，促进不同地区和行业标准、规则、政策协调统一，简化优化相关证照或证明办理流程手续。稳定增加汽车等大宗消费，各地区不得新增汽车限购措施，已实施限购的地区逐步增加汽车增量指标数量、放宽购车人员资格限制，鼓励除个别超大城市外的限购地区实施城区、郊区指标差异化政策，更多通过法律、经济和科技手段调节汽车使用，因地制宜逐步取消汽车限购，推动汽车等消费品由购买管理向使用管理转变。建立健全汽车改装行业管理机制，加快发展汽车后市场。全面取消二手车限迁政策，落实小型非营运二手车交易登记跨省通办措施。对皮卡车进城实施精细化管理，研究进一步放宽皮卡车进城限制。

（十四）健全消费标准体系。健全消费品质量标准体系，大力推动产品质量分级。完善节能和绿色制造标准体系、绿色产品认证标识体系以及平台经济、跨境电商、旅游度假、餐饮、养老、冷链物流等领域服务标准。推进第五代移动通信（5G）、物联网、云计算、人工智能、区块链、大数据等领域标准研制，加快超高清视频、互动视频、沉浸式视频、云游戏、虚拟现实、增强现实、可穿戴等技术标准预研，加强与相关应用标准的衔接配套。

（十五）加强消费领域执法监管。深入实施公平竞争政策，强化反垄断和反不正当竞争执法，加快建立健全全方位、多层次、立体化监管体系，防止资本无序扩张。加大对虚假宣传、仿冒混淆、制假售假、缺斤短两等违法行为的监管和处罚力度。全面加强跨地区、跨部门、全流程协同监管，压实生产、流通、销售等各环节监管责任。加快消费信用体系建设，推进信用分级分类监管，组织开展诚信计量示范活动，依法依规实施失信惩戒。加强价格监管，严厉打击低价倾销、价格欺诈等违法行为，严格规范平台经营者自主定价。继续加强消费品质量安全监管，开展消费品质量合格率统计调查，加大缺陷产品召回监管力度。加强重点服务领域质量监测评价。

（十六）全面加强消费者权益保护。大力开展放心消费创建活动。完善平台经济消费者权益保护规则。持续优化完善全国12315平台，充分发挥地方12345政务服务便民热线作用，进一步畅通消费者投诉举报渠道。建立完善消费投诉信息公示制度。进一步优化消费争议多元化解机制，不断提升在线消费纠纷解决机制效能。完善公益诉讼制度，探索建立消费者集体诉讼制度，全面推行消费争议先行赔付。广泛引导线下实体店积极开展无理由退货承诺。

五、强化保障措施，进一步夯实消费高质量发展基础（略）

国务院办公厅

2022年4月20日

关于开展2022新能源汽车下乡活动的通知

工信厅联通装函〔2022〕107号

各省、自治区、直辖市及计划单列市工业和信息化主管部门、农业农村（农牧）厅（局、委）、商务、能源主管部门：

为贯彻落实2022年《政府工作报告》部署，支持新能源汽车消费，引导农村居民绿色出行，促进乡村全面振兴，助力实现碳达峰碳中和目标，工业和信息化部、农业农村部、商务部、国家能源局决定联合组织开展新一轮新能源汽车下乡活动。有关事项通知如下：

一、活动主题

绿色、低碳、智能、安全——满足美好出行需求，助力乡村全面振兴

二、活动时间

2022年5月—12月

三、组织形式

（一）活动委托中国汽车工业协会组织实施，请各地工业和信息化、农业农村、商务、能源主管部门做好配合工作。

（二）在山西、吉林、江苏、浙江、河南、山东、湖北、湖南、海南、四川、甘肃等地，选择三四线城市、县区举办若干场专场、巡展、企业活动。

（三）鼓励参加下乡活动的新能源汽车行业相关企业（以下简称企业）积极参与"双品网购节"以及各平台自发组织的各类网络促销活动，支持企业与电商、互联网平台等合作举办直播或网络购车活动，通过网上促销等方式吸引更多消费者购买。

（四）鼓励各地出台更多新能源汽车下乡支持政策，改善新能源汽车使用环境，推动农村充换电基础设施建设。鼓励参与下乡活动企业（名单见附件）研发更多质量可靠、先进适用车型，加大活动优惠力度，加强售后运维服务保障。

（五）通过相关部委和地方政府宣传平台、中国汽车工业

协会自有及联动媒体宣传平台、各企业传播渠道等开展活动宣传报道。

四、活动要求

(一)加强组织领导。各地相关部门要强化部门协同,加强人员和经费保障,动员企业积极参与活动,确保各项活动取得实效。坚决贯彻执行中央八项规定及其实施细则精神,坚持节俭办活动。

(二)做好安全保障。严格遵守当地疫情防控要求,制定工作方案、安全方案和疫情防控工作应急预案,细化措施、责任到人、落实到位。在做好常态化疫情防控前提下,加强安全防护,严防事故发生。

(三)注重舆论引导。运用新闻媒体、微博微信、广播电视、新媒体短视频等渠道,开展活动全过程全覆盖宣传引导,加大新能源汽车科普宣传力度,加强活动前预热宣传,为新能源汽车推广应用营造良好舆论环境。

附件:参与活动企业及车型目录

工业和信息化部办公厅
农业农村部办公厅
商务部办公厅
国家能源局综合司
2022 年 5 月 16 日

附件:参与活动汽车企业及车型(排序不分先后)

序号	生产企业	车型
1	中国第一汽车集团有限公司	红旗 E-QM5
2	东风汽车集团有限公司	风神 E70
		启辰 D60 EV
		启辰 T60 EV
		风行 S50 EV
		东风 EX1 Pro
		东风本田 MN-V
3	重庆长安汽车股份有限公司	Lumin
		奔奔 E-Star
		逸动 EV460
		长安睿行 EM60
		长安之星 9 EV
		长安星卡 EV
		长安欧尚 A600 EV
		长安欧尚长行 EV
4	上海汽车集团股份有限公司	科莱威 Clever
		荣威 i6 Max EV
		荣威 Ei5
5	上汽通用五菱汽车股份有限公司	宏光 Mini EV
		宝骏 Kiwi EV
		五菱荣光电动车
		五菱 Nano EV
6	一汽奔腾轿车有限公司	奔腾 NAT
7	东风小康汽车有限公司	风光 Mini EV
		东风小康 EC36
8	广汽埃安新能源汽车有限公司	AION Y
		AION S
		AION S Plus
		AION V Plus
9	广汽丰田汽车有限公司	广汽丰田 iA5
10	北汽福田汽车股份有限公司	福田风景 EV
11	北京汽车蓝谷营销服务有限公司	北汽 EU5-Plus
		北汽 EU7
12	奇瑞汽车股份有限公司	小蚂蚁 EQ1
		QQ 冰淇淋
		艾瑞泽 e
		大蚂蚁
13	浙江吉利控股集团有限公司	几何 C
		几何 A Pro
		帝豪 EV Pro
14	长城汽车股份有限公司	欧拉好猫
		欧拉好猫 GT
15	安徽江淮汽车集团股份有限公司	思皓 E10X
		思皓 E40X
		思皓 E50A
		思皓 E50A Pro
16	比亚迪股份有限公司	海豚
		E2
		元 Pro
		元 Plus
		秦 Plus EV
		宋 Plus EV
17	浙江合众新能源汽车有限公司	哪吒 V
		哪吒 V Pro
18	浙江零跑科技有限公司	零跑 T03
		零跑 C11
19	威马汽车科技集团有限公司	威马 EX5-Z
		威马 E. 5
		威马 W6
20	华晨鑫源重庆汽车有限公司	新海狮 EV
		好运一号 EV
		鑫源 T50 EV
21	浙江飞碟汽车制造有限公司	飞碟 Q2
22	四川野马汽车股份有限公司	雷丁芒果
		雷丁芒果 Pro
23	浙江新吉奥汽车有限公司	吉奥帅凌
24	河南御捷时代汽车有限公司	朋克多多
25	合创汽车科技有限公司	合创 Z03)
26	江苏吉麦新能源车业有限公司	凌宝 BOX Pro
		凌宝 COCO

关于实施道路机动车辆生产企业和产品准入管理便企服务措施的通告

工信部通装函〔2022〕119 号

为应对新冠肺炎疫情对汽车生产企业的影响，帮助企业纾困解难，加快复产稳产，工业和信息化部决定 2022 年底前实施道路机动车辆生产企业和产品准入管理便企服务措施。有关事项通告如下：

一、道路机动车辆产品准入事项实施容缺受理、先办后补

车辆生产企业申报《道路机动车辆生产企业及产品公告》（以下简称《公告》）新产品以及已《公告》产品申报变更扩展时，可暂不报送第三方检测机构检测报告，实行容缺受理、先办后补。企业应当确保申报产品符合道路机动车辆产品准入有关技术要求，自行进行相关安全、环保性能测试验证，提交测试验证结果和承诺书，承担相关法律责任。容缺办理的产品在《公告》发布后六个月内，企业应当补充提交第三方检测机构检验合格报告；不能提交合格检验报告的，生产企业应当主动申报撤销《公告》并按承诺承担有关责任。相关申报材料可通过“道路机动车辆产品准入许可系统”在线提交。

二、增加《公告》发布频次

对申报产品分类开展技术审查，提升审核资源配置，提高审查效率，在每月正常发布一批《公告》基础上，每两个月增发一批《公告》。

三、简化零部件产品检验视同要求

车辆生产企业变更或增加零部件供应商，简化相关零部件检验视同要求。对同一企业不同生产地或同一集团下属各企业（全资子公司、控股子公司）按相同图样、技术条件和生产工艺生产的零部件，可以互相视同，不再要求单独进行零部件产品准入检验。企业应当提交相关佐证材料，并切实保障零部件产品质量安全和生产一致性。

四、有条件允许同一集团内不同企业生产

对所在区域确受疫情影响严重的车辆生产企业，可申请由同一集团公司内通过同类别道路机动车辆生产企业准入的其他企业生产受影响的车辆产品。申请企业需提交经集团公司同意的书面申请材料（包括申请理由、生产方案、生产时限等），在明确双方责任、确保车辆产品质量安全和生产一致性符合要求的条件下，经工业和信息化部批准后进行生产。

五、延长企业准入事项整改期限

对于生产企业准入现场审查中不通过、需要进行整改的事项，可在原三个月整改期限的基础上再延长三个月。

上述措施自发布之日起实施，2022 年 12 月 31 日截止。

特此通告。

工业和信息化部

2022 年 6 月 1 日

2021 年度中国乘用车企业平均燃料消耗量与新能源汽车积分核算情况

中华人民共和国工业和信息化部　商务部

海关总署　市场监管总局公告

2022 年第 15 号

根据《乘用车企业平均燃料消耗量与新能源汽车积分并行管理办法》（工业和信息化部、财政部、商务部、海关总署、质检总局令第 44 号）和《关于修改〈乘用车企业平均燃料消耗量与新能源汽车积分并行管理办法〉的决定》（工业和信息化部、财政部、商务部、海关总署、国家市场监管总局令第 53 号）要求，现将 2021 年度中国乘用车企业平均燃料消耗量与新能源汽车积分情况予以公告。

2021 年度，中国境内 129 家乘用车企业共生产/进口乘用车 2064.82 万辆（含新能源乘用车，不含出口乘用车，下同），行业平均整车整备质量为 1533 千克，平均燃料消耗量实际值（WLTC 工况）为 5.10 升/100 公里，燃料消耗量正积分为 1593.99 万分，燃料消耗量负积分为 563.25 万分，新能源汽车正积分为 679.10 万分，新能源汽车负积分为 79.79 万分。

其中，108 家境内乘用车生产企业累计生产乘用车 1975.52 万辆，平均整车整备质量为 1514 千克，平均燃料消耗量实际值（WLTC 工况）为 4.99 升/100 公里，燃料消耗量正积分为 1593.38 万分，燃料消耗量负积分为 481.58 万分，新能源汽车正积分为 677.74 万分，新能源汽车负积分 73.31 万分。21 家进口乘用车供应企业进口乘用车 89.30 万辆，平均整车整备质量为 1969 千克，平均燃料消耗量实际值（WLTC 工况）为 7.81 升/100 公里，燃料消耗量正积分为 0.61 万分，燃料消耗量负积分为 81.67 万分，新能源汽车正积分为1.36 万分，新能源汽车负积分 6.49 万分。

附件：2021 年度中国乘用车企业平均燃料消耗量与新能源汽车积分核算情况表

工业和信息化部

商务部

海关总署

国家市场监管总局

2022 年 6 月 30 日

附件　2021 年度中国乘用车企业平均燃料消耗量与新能源汽车积分核算情况表

2021 年度乘用车平均燃料消耗量达标企业积分核算情况

序号	企业名称	企业类型	乘用车产量/进口量（辆）	新能源乘用车产量/进口量（辆）	平均整车整备质量（千克）	企业平均燃料消耗量（升/百公里）		实际值/达标值	平均燃料消耗量积分	新能源汽车积分	
						2021 实际值	2021 达标值			共产生积分数量	可用于积分交易数量
1	安徽猎豹汽车有限公司	境内乘用车生产企业	16	16	935.00	0.00	4.94	0.00%	127**	15	15

续上表

序号	企业名称	企业类型	乘用车产量/进口量（辆）	新能源乘用车产量/进口量（辆）	平均整车整备质量（千克）	企业平均燃料消耗量（升/百公里）		实际值/达标值	平均燃料消耗量积分	新能源汽车积分	
						2021实际值	2021达标值			共产生积分数量	可用于积分交易数量
2	北京宝沃汽车股份有限公司	境内乘用车生产企业	4	4	1967.50	0.00	6.89	0.00%	44**	10	10
3	北京新能源汽车股份有限公司	境内乘用车生产企业	201	201	1265.65	0.00	5.34	0.00%	1073	486	485
4	北汽蓝谷麦格纳汽车有限公司	境内乘用车生产企业	6325	6325	2106.46	0.00	7.18	0.00%	45414	25226	25226
5	北汽云南瑞丽汽车有限公司	境内乘用车生产企业	5510	5510	1643.34	0.00	6.16	0.00%	33942	17230	17230
6	成都大运汽车集团有限公司	境内乘用车生产企业	1347	1347	1735.22	0.00	6.52	0.00%	8782	3651	3651
7	枫盛汽车(江苏)有限公司	境内乘用车生产企业	3875	3875	1683.58	0.00	6.30	0.00%	24413	12183	12183
8	国机智骏汽车有限公司	境内乘用车生产企业	817	817	1173.46	0.00	5.13	0.00%	4191	2068	2068
9	杭州长江乘用车有限公司	境内乘用车生产企业	19990	19990	1144.56	0.00	5.07	0.00%	101349	60882	60882
10	合众新能源汽车有限公司	境内乘用车生产企业	70116	70116	1290.15	0.00	5.39	0.00%	377925	208491	208491
11	河北中兴汽车制造有限公司	境内乘用车生产企业	143	143	1611.00	0.00	6.33	0.00%	905	346	346
12	湖北星晖新能源智能汽车有限公司	境内乘用车生产企业	8089	8089	1815.68	0.00	6.54	0.00%	52902	32915	32915
13	湖南恒润汽车有限公司	境内乘用车生产企业	1300	1300	1020.00	0.00	4.94	0.00%	6422	3510	3510
14	华晨汽车制造有限公司	境内乘用车生产企业	2180	2180	1035.73	0.00	4.94	0.00%	10769	5989	5989
15	江铃控股有限公司	境内乘用车生产企业	1165	1165	1752.99	0.00	6.41	0.00%	11941**	4320	4320
16	江苏国新新能源乘用车有限公司	境内乘用车生产企业	62	62	960.00	0.00	4.94	0.00%	306	136	136
17	江苏华梓车业有限公司	境内乘用车生产企业	284	284	760.00	0.00	4.94	0.00%	2246**	230	230
18	江苏吉麦新能源车业有限公司	境内乘用车生产企业	15425	15425	956.60	0.00	4.96	0.00%	76508	20162	17101
19	江西江铃集团新能源汽车有限公司	境内乘用车生产企业	4526	4526	1223.53	0.00	5.24	0.00%	23716	12015	12015
20	兰州知豆电动汽车有限公司	境内乘用车生产企业	214	214	690.00	0.00	4.94	0.00%	1057	75	0
21	零跑汽车有限公司	境内乘用车生产企业	25847	25847	1335.15	0.00	5.49	0.00%	141900	82626	82626
22	领途汽车有限公司	境内乘用车生产企业	12809	12809	750.00	0.00	4.94	0.00%	63276	4341	1509
23	南京金龙客车制造有限公司	境内乘用车生产企业	3022	3022	1880.07	0.00	6.69	0.00%	20217	10593	10593
24	奇瑞新能源汽车股份有限公司	境内乘用车生产企业	93386	93386	963.79	0.00	4.99	0.00%	465996	211170	205127

续上表

序号	企业名称	企业类型	乘用车产量/进口量（辆）	新能源乘用车产量/进口量（辆）	平均整车整备质量（千克）	企业平均燃料消耗量（升/百公里）		实际值/达标值	平均燃料消耗量积分	新能源汽车积分	
						2021实际值	2021达标值			共产生积分数量	可用于积分交易数量
25	前途汽车(苏州)有限公司	境内乘用车生产企业	2	2	1960.00	0.00	6.86	0.00%	14	3	0
26	山西成功汽车制造有限公司	境内乘用车生产企业	12	12	830.00	0.00	4.94	0.00%	59	14	14
27	特斯拉(上海)有限公司	境内乘用车生产企业	322096	322096	1862.53	0.00	6.65	0.00%	2141938	1401690	1401690
28	特斯拉汽车(北京)有限公司	进口乘用车供应企业	8	8	2485.75	0.00	8.22	0.00%	66	29	29
29	威马汽车制造温州有限公司	境内乘用车生产企业	45374	45374	1721.98	0.00	6.33	0.00%	287217	159377	159377
30	云度新能源汽车有限公司	境内乘用车生产企业	90	90	1420.00	0.00	5.67	0.00%	510	272	272
31	肇庆小鹏新能源投资有限公司	境内乘用车生产企业	84260	84260	1856.10	0.00	6.64	0.00%	559486	360928	360928
32	重庆力帆乘用车有限公司	境内乘用车生产企业	4026	4026	1711.27	0.00	6.35	0.00%	25565	12923	12923
33	标致雪铁龙(上海)管理有限公司	进口乘用车供应企业	49	49	1545.00	0.00	5.94	0.00%	291	138	138
34	海马汽车有限公司	境内乘用车生产企业	13225	13073	1613.14	0.04	6.11	0.65%	80276	47164	47034
35	福建天际汽车制造有限公司	境内乘用车生产企业	2380	2380	1977.52	0.25	6.91	3.62%	15851	6391	6391
36	比亚迪汽车工业有限公司	境内乘用车生产企业	303674	290900	1835.54	0.48	6.64	7.23%	1870632	951729	951729
37	重庆金康新能源汽车有限公司	境内乘用车生产企业	8010	8010	2348.98	0.64	7.72	8.29%	56711	12816	12816
38	重庆理想汽车有限公司	境内乘用车生产企业	89692	89692	2300.00	0.68	7.86	8.65%	643989	143507	143507
39	四川野马汽车股份有限公司	境内乘用车生产企业	20656	17601	933.32	0.55	5.04	10.91%	92745	20620	20620
40	安徽江淮汽车集团股份有限公司	境内乘用车生产企业	193854	129542	1877.22	1.72	6.77	25.41%	978963	397017	397017
41	比亚迪汽车有限公司	境内乘用车生产企业	406068	275071	1617.02	1.96	6.10	32.13%	1681122	703886	703886
42	北京汽车股份有限公司	境内乘用车生产企业	37287	18399	1531.90	2.50	5.92	42.23%	127522	52707	52707
43	福建新龙马汽车股份有限公司	境内乘用车生产企业	316	160	1379.72	2.48	5.83	42.54%	2165**	389	389
44	日照魏牌汽车有限公司	境内乘用车生产企业	6783	2235	1686.06	2.93	6.26	46.81%	22587	3576	3576
45	东风汽车集团有限公司	境内乘用车生产企业	144866	53345	1450.91	3.00	5.77	51.99%	401279	141561	141561
46	上汽通用五菱汽车股份有限公司	境内乘用车生产企业	1083939	459432	1070.16	3.04	5.39	56.40%	2547257	143794	59589
47	北京汽车制造厂有限公司	境内乘用车生产企业	3541	1477	1531.77	3.64	6.11	59.57%	8746	3620	3442

续上表

序号	企业名称	企业类型	乘用车产量/进口量（辆）	新能源乘用车产量/进口量（辆）	平均整车整备质量（千克）	企业平均燃料消耗量（升/百公里）		实际值/达标值	平均燃料消耗量积分	新能源汽车积分	
						2021实际值	2021达标值			共产生积分数量	可用于积分交易数量
48	广汽乘用车有限公司	境内乘用车生产企业	367928	124821	1698.77	3.81	6.37	59.81%	941896	448763	448763
49	深圳市宝能汽车有限公司	境内乘用车生产企业	749	158	1668.73	5.00	6.22	80.39%	3715 **	253	253
50	上海汽车集团股份有限公司	境内乘用车生产企业	507445	115771	1365.05	4.49	5.58	80.47%	553115	257417	257417
51	江苏九龙汽车制造有限公司	境内乘用车生产企业	99	23	2079.25	5.95	7.26	81.96%	130	27	0
52	重庆长安汽车股份有限公司	境内乘用车生产企业	904155	100373	1426.59	5.10	5.69	89.63%	533451	145496	145496
53	河北长安汽车有限公司	境内乘用车生产企业	41000	6853	1372.71	5.15	5.74	89.72%	24190	9701	9701
54	大庆沃尔沃汽车制造有限公司	境内乘用车生产企业	63446	4819	1790.83	5.91	6.49	91.06%	36799	-498	0
55	长城汽车股份有限公司	境内乘用车生产企业	925823	134624	1583.21	5.65	6.05	93.39%	370329	265961	265961
56	中国第一汽车集团有限公司	境内乘用车生产企业	413386	40742	1721.33	5.94	6.33	93.84%	161221	99792	99792
57	天津一汽丰田汽车有限公司	境内乘用车生产企业	551202	5943	1398.94	5.47	5.63	97.16%	88192	-55592	0
58	克莱斯勒(中国)汽车销售有限公司	进口乘用车供应企业	12031	3125	2160.83	7.13	7.32	97.40%	2286	2764	528
59	四川一汽丰田汽车有限公司	境内乘用车生产企业	278594	4561	1610.89	5.94	6.09	97.54%	41789	-26896	0
60	浙江豪情汽车制造有限公司	境内乘用车生产企业	621009	65352	1476.42	5.67	5.79	97.93%	74521	125836	125836
61	华晨鑫源重庆汽车有限公司	境内乘用车生产企业	49736	6576	1325.57	5.55	5.66	98.06%	5471	11380	11380
62	沃尔沃汽车销售(上海)有限公司	进口乘用车供应企业	24667	2388	2136.35	7.28	7.42	98.11%	3453	3821	3821
63	广汽丰田汽车有限公司	境内乘用车生产企业	824075	11364	1540.49	5.88	5.97	98.49%	74167	-71097	0
64	重汽(重庆)轻型汽车有限公司	境内乘用车生产企业	7492	1167	1508.21	6.02	6.08	99.01%	450	3711	3711
65	神龙汽车有限公司	境内乘用车生产企业	86241	4739	1456.47	5.72	5.77	99.13%	4312	-657	0

2021 年度乘用车平均燃料消耗量不达标企业积分核算情况

序号	企业名称	企业类型	乘用车产量/进口量（辆）	新能源乘用车产量/进口量（辆）	平均整车整备质量（千克）	企业平均燃料消耗量（升/百公里）		实际值/达标值	平均燃料消耗量积分	新能源汽车积分	
						2021实际值	2021达标值			共产生积分数量	可用于积分交易数量
1	上汽大通汽车有限公司	境内乘用车生产企业	43802	5370	1815.97	6.82	6.79	100.44%	-1314	6828	6828
2	丰田汽车（中国)投资有限公司	进口乘用车供应企业	239495	2471	1821.58	6.62	6.59	100.46%	-7185	-19896	0
3	华晨宝马汽车有限公司	境内乘用车生产企业	677241	48337	1706.08	6.37	6.30	101.11%	-47407	45877	45877

续上表

序号	企业名称	企业类型	乘用车产量/进口量（辆）	新能源乘用车产量/进口量（辆）	平均整车整备质量（千克）	企业平均燃料消耗量（升/百公里）		实际值/达标值	平均燃料消耗量积分	新能源汽车积分	
						2021实际值	2021达标值			共产生积分数量	可用于积分交易数量
4	东风本田汽车有限公司	境内乘用车生产企业	764527	19621	1465.84	5.85	5.78	101.21%	-53517	-52900	0
5	上汽大众汽车有限公司	境内乘用车生产企业	1249204	54396	1434.30	5.82	5.72	101.75%	-124920	19475	19475
6	东风柳州汽车有限公司	境内乘用车生产企业	116144	11554	1595.95	6.27	6.16	101.79%	-12776	26856	26856
7	广汽本田汽车有限公司	境内乘用车生产企业	787003	8357	1450.81	5.93	5.76	102.95%	-133791	-74838	0
8	宜宾凯翼汽车有限公司	境内乘用车生产企业	17203	2005	1386.94	5.80	5.60	103.57%	-3441	5414	5414
9	东风小康汽车有限公司	境内乘用车生产企业	107825	7998	1429.92	6.11	5.88	103.91%	-24800	1865	1865
10	一汽-大众汽车有限公司	境内乘用车生产企业	1788171	62684	1532.40	6.18	5.93	104.22%	-447043	-9798	0
11	江苏悦达起亚汽车有限公司	境内乘用车生产企业	131365	5861	1366.96	5.81	5.56	104.50%	-32841	4669	4669
12	保时捷（中国）汽车销售有限公司	进口乘用车供应企业	94025	16236	2005.26	7.33	6.96	105.32%	-34789	5813	0
13	合肥长安汽车有限公司	境内乘用车生产企业	215380	9798	1605.86	6.43	6.09	105.58%	-73229	3863	3863
14	北京奔驰汽车有限公司	境内乘用车生产企业	578171	17761	1740.70	6.76	6.40	105.63%	-208142	-31516	0
15	长安马自达汽车有限公司	境内乘用车生产企业	135268	154	1423.32	6.03	5.68	106.16%	-47344	-18368	0
16	东风汽车有限公司	境内乘用车生产企业	1089836	15810	1365.02	5.95	5.55	107.21%	-435934	-102607	0
17	山西新能源汽车工业有限公司	境内乘用车生产企业	34958	3105	1299.59	5.84	5.40	108.15%	-15382	5877	5877
18	北汽福田汽车股份有限公司	境内乘用车生产企业	7384	702	2004.46	7.76	7.11	109.14%	-4800	1684	1683
19	浙江吉利汽车有限公司	境内乘用车生产企业	621312	22824	1550.55	6.65	5.98	111.20%	-416279	-28524	0
20	北京现代汽车有限公司	境内乘用车生产企业	331862	1428	1335.74	6.15	5.50	111.82%	-215710	-41121	0
21	上汽通用汽车有限公司	境内乘用车生产企业	1006595	26187	1549.11	6.71	6.00	111.83%	-714682	-65857	0
22	长安福特汽车有限公司	境内乘用车生产企业	302241	1660	1719.70	7.14	6.38	111.91%	-229703	-36917	0
23	福建奔驰汽车有限公司	境内乘用车生产企业	37119	0	2417.78	9.07	8.09	112.11%	-36377	-5197	0
24	梅赛德斯-奔驰（中国）汽车销售有限公司	进口乘用车供应企业	170006	7268	2096.39	8.08	7.16	112.85%	-156406	-9462	0
25	北汽（广州）汽车有限公司	境内乘用车生产企业	16692	792	1668.50	7.04	6.22	113.18%	-13687	2291	2291
26	上汽通用东岳汽车有限公司	境内乘用车生产企业	132725	0	1601.88	7.12	6.09	116.91%	-136707	-18582	0

续上表

序号	企业名称	企业类型	乘用车产量/进口量（辆）	新能源乘用车产量/进口量（辆）	平均整车整备质量（千克）	企业平均燃料消耗量（升/百公里）		实际值/达标值	平均燃料消耗量积分	新能源汽车积分	
						2021实际值	2021达标值			共产生积分数量	可用于积分交易数量
27	广汽菲亚特克莱斯勒汽车有限公司	境内乘用车生产企业	14937	247	1736. 76	7. 59	6. 46	117. 49%	－16879	395	395
28	中国第一汽车集团进出口有限公司	进口乘用车供应企业	71051	1664	1968. 83	8. 15	6. 92	117. 77%	－87393	－5777	0
29	上汽通用（沈阳）北盛汽车有限公司	境内乘用车生产企业	83599	0	1829. 41	8. 01	6. 80	117. 79%	－101155	－11704	0
30	东南（福建）汽车工业有限公司	境内乘用车生产企业	4086	1	1303. 39	6. 38	5. 41	117. 93%	－3963	3	3
31	奇瑞捷豹路虎汽车有限公司	境内乘用车生产企业	53329	1350	1948. 17	8. 10	6. 85	118. 25%	－66661	－5117	0
32	一汽吉林汽车有限公司	境内乘用车生产企业	2650	0	1280. 00	6. 45	5. 36	120. 34%	－2889	0	0
33	海南海马汽车有限公司	境内乘用车生产企业	7591	2	1660. 04	7. 80	6. 47	120. 56%	－10096	2	0
34	广汽乘用车（杭州）有限公司	境内乘用车生产企业	60822	1502	1490. 51	7. 06	5. 83	121. 10%	－74811	－2703	0
35	奇瑞汽车股份有限公司	境内乘用车生产企业	344454	1226	1438. 16	7. 10	5. 74	123. 69%	－468457	－44637	0
36	大众汽车（中国）销售有限公司	进口乘用车供应企业	20094	950	2150. 19	9. 02	7. 28	123. 90%	－34964	1043	566
37	宝马（中国）汽车贸易有限公司	进口乘用车供应企业	187490	1004	1878. 04	8. 29	6. 69	123. 92%	－299984	－24576	0
38	江西五十铃汽车有限公司	境内乘用车生产企业	2348	0	2083. 17	9. 23	7. 36	125. 41%	－4391	0	0
39	重庆铃耀汽车有限公司	境内乘用车生产企业	11173	0	1161. 64	6. 44	5. 09	126. 52%	－15084	0	0
40	成都高原汽车工业有限公司	境内乘用车生产企业	11303	0	1582. 57	7. 64	6. 03	126. 70%	－18198	0	0
41	江西志骋汽车有限责任公司	境内乘用车生产企业	315	1	890. 43	6. 27	4. 94	126. 92%	－419	0	0
42	江西昌河汽车有限责任公司	境内乘用车生产企业	300	0	930. 00	6. 30	4. 94	127. 53%	－408	0	0
43	北汽瑞翔汽车有限公司	境内乘用车生产企业	2074	0	1540. 79	7. 93	6. 16	128. 73%	－3671	0	0
44	阿尔法罗密欧（上海）汽车销售有限公司	进口乘用车供应企业	997	0	1733. 35	8. 22	6. 36	129. 25%	－1854	0	0
45	北京汽车集团越野车有限公司	境内乘用车生产企业	24920	0	2069. 68	9. 21	7. 11	129. 54%	－52332	0	0
46	斯巴鲁汽车（中国）有限公司	进口乘用车供应企业	12410	0	1586. 15	7. 83	6. 04	129. 64%	－22214	0	0
47	捷尼赛思汽车销售（上海）有限公司	进口乘用车供应企业	662	2	1896. 28	8. 74	6. 74	129. 67%	－1324	8	8
48	广汽三菱汽车有限公司	境内乘用车生产企业	61139	11	1534. 43	7. 89	5. 98	131. 94%	－116775	－8513	0

续上表

序号	企业名称	企业类型	乘用车产量/进口量（辆）	新能源乘用车产量/进口量（辆）	平均整车整备质量（千克）	企业平均燃料消耗量（升/百公里）		实际值/达标值	平均燃料消耗量积分	新能源汽车积分	
						2021实际值	2021达标值			共产生积分数量	可用于积分交易数量
49	观致汽车有限公司	境内乘用车生产企业	467	0	1651.18	8.15	6.17	132.09%	-925	0	0
50	玛莎拉蒂（中国）汽车贸易有限公司	进口乘用车供应企业	8396	0	2159.18	9.67	7.31	132.28%	-19815	0	0
51	贵州云雀汽车有限公司	境内乘用车生产企业	2002	0	1060.00	6.58	4.94	133.20%	-3283	0	0
52	江铃汽车股份有限公司	境内乘用车生产企业	52187	670	1896.48	9.21	6.89	133.67%	-121074	-4962	0
53	奇瑞商用车（安徽）有限公司	境内乘用车生产企业	108614	230	1580.13	8.30	6.16	134.74%	-232434	-14473	0
54	捷豹路虎（中国）投资有限公司	进口乘用车供应企业	41374	682	2407.07	10.86	7.91	137.29%	-122053	-5149	0
55	郑州日产汽车有限公司	境内乘用车生产企业	18462	534	1920.19	9.55	6.78	140.86%	-51140	1281	1281
56	福特汽车（中国）有限公司	进口乘用车供应企业	6852	0	2393.62	10.68	7.56	141.27%	-21378	0	0
57	华晨雷诺金杯汽车有限公司	境内乘用车生产企业	7181	0	1739.54	9.51	6.62	143.66%	-20753	0	0
58	汉腾汽车有限公司	境内乘用车生产企业	23	0	1444.00	8.51	5.72	148.78%	-64	0	0
59	现代汽车（中国）投资有限公司	进口乘用车供应企业	1354	4	1971.68	10.74	7.13	150.63%	-4888	24	24
60	湖南猎豹汽车股份有限公司	境内乘用车生产企业	40	0	1690.00	9.78	6.27	155.98%	-140	0	0
61	阿斯顿马丁拉共达（中国）汽车销售有限公司	进口乘用车供应企业	985	0	2081.49	11.78	7.13	165.22%	-364**	0	0
62	法拉利汽车国际贸易（上海）有限公司	进口乘用车供应企业	694	0	1648.36	10.91	6.17	176.82%	-715**	0	0
63	北京路特斯汽车销售有限公司	进口乘用车供应企业	44	0	1368.00	9.90	5.56	178.06%	-44**	0	0
64	迈凯伦汽车销售（上海）有限公司	进口乘用车供应企业	274	0	1528.00	10.80	5.90	183.05%	-1343	0	0

注：1. 按照GB 27999—2019，2021年企业达标值为目标值的123%。
2. 企业平均燃料消耗量按车型对应产量/进口量加权计算得出。企业按照GB/T 19233—2020（普通混合动力按照GB/T 19753—2021）进行检验或按照标准要求利用国六排放检验测试数据确定。
3. 试验室检测燃料消耗量数据与实际燃料消耗量数据存在差异。
4. 平均燃料消耗量核算不含出口乘用车。
5. 根据《乘用车企业平均燃料消耗量与新能源汽车积分并行管理办法》要求，对部分特殊企业在计算平均燃料消耗量积分时达标值乘以相应数值。标注“**”的表示达标值乘以160%，标注“*”的表示乘以130%。

科技支撑碳达峰碳中和实施方案（2022—2030年）（节选）

为深入贯彻落实党中央、国务院关于碳达峰碳中和的重大战略部署，充分发挥科技创新对实现碳达峰碳中和目标的关键支撑作用，特制定本方案。

我国已进入全面建设社会主义现代化国家的新发展阶段，充分发挥科技创新的支撑作用，统筹推进工业化城镇化与能源、工业、城乡建设、交通等领域碳减排，对于保障经济社会高质量发展与碳达峰碳中和目标实现具有极其重要的意义。方案以习近平新时代中国特色社会主义思想为指导，全面贯彻党的十九大和十九届历次全会精神，按照党中央、国务院决策部署，坚持稳中求进工作总基调，立足新发展阶段，完整、准确、全面贯彻新发展理念，构建新发展格局，坚持系统观念，处理好发展和减排、整体和局部、长远目标和短期目标、政府和市场的关系，坚持创新驱动作为发展的第一动力，坚持目标导向和问题导向，构建低碳零碳负碳技术创新体系，统筹提出支撑 2030 年前实现碳达峰目标的科技创新行动和保障举措，并为 2060 年前实现碳中和目标做好技术研发储备。

通过实施方案，到 2025 年实现重点行业和领域低碳关键核心技术的重大突破，支撑单位国内生产总值（GDP）二氧化碳排放比 2020 年下降 18%，单位 GDP 能源消耗比 2020 年下降 13.5%；到 2030 年，进一步研究突破一批碳中和前沿和颠覆性技术，形成一批具有显著影响力的低碳技术解决方案和综合示范工程，建立更加完善的绿色低碳科技创新体系，有力支撑单位 GDP 二氧化碳排放比 2005 年下降 65% 以上，单位 GDP 能源消耗持续大幅下降。

一、能源绿色低碳转型科技支撑行动（略）

二、低碳与零碳工业流程再造技术突破行动（略）

三、城乡建设与交通低碳零碳技术攻关行动（略）

围绕城乡建设和交通领域绿色低碳转型目标，以脱碳减排和节能增效为重点，大力推进低碳零碳技术研发与示范应用。推进绿色低碳城镇、乡村、社区建设、运行等环节绿色低碳技术体系研究，加快突破建筑高效节能技术，建立新型建筑用能体系。开展建筑部件、外墙保温、装修的耐久性和外墙安全技术研究与集成应用示范，加强建筑拆除及回用关键技术研发，突破绿色低碳建材、光储直柔、建筑电气化、热电协同、智能建造等关键技术，促进建筑节能减碳标准提升和全过程减碳。到 2030 年，建筑节能减碳各项技术取得重大突破，科技支撑实现新建建筑碳排放量大幅降低，城镇建筑可再生能源替代率明显提升。

突破化石能源驱动载运装备降碳、非化石能源替代和交通基础设施能源自洽系统等关键技术，加快建设数字化交通基础设施，推动交通系统能效管理与提升、交通减污降碳协同增效、先进交通控制与管理、城市交通新业态与传统业态融合发展等技术研发，促进交通领域绿色化、电气化和智能化。力争到 2030 年，动力电池、驱动电机、车用操作系统等关键技术取得重大突破，新能源汽车安全水平全面提升，纯电动乘用车新车平均电耗大幅下降；科技支撑单位周转量能耗强度和铁路综合能耗强度持续下降。

专栏 3　城乡建设与交通低碳零碳技术

光储直柔供配电。研究光储直柔供配电关键设备与柔性化技术，建筑光伏一体化技术体系，区域 – 建筑能源系统源网荷储用技术及装备。

建筑高效电气化。研究面向不同类型建筑需求的蒸汽、生活热水和炊事高效电气化替代技术和设备，研发夏热冬冷地区新型高效分布式供暖制冷技术和设备，以及建筑环境零碳控制系统，不断扩大新能源在建筑电气化中的使用。

热电协同。研究利用新能源、火电与工业余热区域联网、长距离集中供热技术，发展针对北方沿海核电余热利用的水热同产、水热同供和跨季节水热同储新技术。

低碳建筑材料与规划设计。研发天然固碳建材和竹木、高性能建筑用钢、纤维复材、气凝胶等新型建筑材料与结构体系；研发与建筑同寿命的外围护结构高效保温体系；研发建材循环利用技术及装备；研究各种新建零碳建筑规划、设计、运行技术和既有建筑的低碳改造成套技术。

新能源载运装备。研发高性能电动、氢能等低碳能源驱动载运装备技术，突破重型陆路载运装备混合动力技术以及水运载运装备应用清洁能源动力技术、航空器非碳基能源动力技术、高效牵引变流及电控系统技术。

绿色智慧交通。研发交通能源自洽及多能变换、交通自洽能源系统高效能与高弹性等技术，研究轨道交通、民航、水运和道路交通系统绿色化、数字化、智能化等技术，建设绿色智慧交通体系。

四、负碳及非二氧化碳温室气体减排技术能力提升行动（略）

五、前沿颠覆性低碳技术创新行动

面向国家碳达峰碳中和目标和国际碳减排科技前沿，加强前沿和颠覆性低碳技术创新。围绕驱动产业变革的目标，聚焦新能源开发、二氧化碳捕集利用、前沿储能等重点方向基础研究最新突破，加强学科交叉融合，加快建立健全以国家碳达峰碳中和目标为导向、有力宣扬科学精神和发挥企业创新主体作用的研究模式，加快培育颠覆性技术创新路径，引领实现产业和经济发展方式的迭代升级。建立前沿和颠覆性技术的预测、发现和评估预警机制，定期更新碳中和前沿颠覆性技术研究部署。

专栏 5　前沿和颠覆性低碳技术

新型高效光伏电池技术。研究可突破单结光伏电池理论效率极限的光电转换新原理，研究高效薄膜电池、叠层电池等基于新材料和新结构的光伏电池新技术。新型核能发电技术。

研究四代堆、核聚变反应堆等新型核能发电技术。

新型绿色氢能技术。研究基于合成生物学、太阳能直接制氢等绿氢制备技术。前沿储能技术。研究固态锂离子、钠离子电池等更低成本、更安全、更长寿命、更高能量效率、不受资源约束的前沿储能技术。

电力多元高效转换技术。研究将电力转换成热能、光能，以及利用电力合成燃料和化学品技术，实现可再生能源电力的转化储存和多元化高效利用。

二氧化碳高值化转化利用技术。研究基于生物制造的二氧化碳转化技术，构建光—酶与电—酶协同催化、细菌/酶和无机/有机材料复合体系二氧化碳转化系统，制备淀粉、乳酸、乙二醇等化学品；研究以水、二氧化碳和氮气等为原料直接高效合成甲醇等绿色可再生燃料的技术。

空气中二氧化碳直接捕集技术。加强空气中直接捕集二氧化碳技术理论创新，研发高效、低成本的空气中二氧化碳直接捕集技术。

六、低碳零碳技术示范行动（略）

七、碳达峰碳中和管理决策支撑行动（略）

八、碳达峰碳中和创新项目、基地、人才协同增效行动

面向碳达峰碳中和目标需求，国家科技计划着力加强低碳科技创新的系统部署，推动国家绿色低碳创新基地建设和人才培养，加强项目、基地、人才协同，推动组建碳达峰碳中和产教融合发展联盟，推进低碳技术开源体系建设，提升创新驱动合力和创新体系整体效能。建立碳达峰碳中和科技创新中央财政科技经费支持机制，引导地方、企业和社会资本联动投入，支持关键核心技术研发项目和重大示范工程落地。持续加强碳达峰碳中和领域全国重点实验室和国家技术创新中心总体布局，优化碳达峰碳中和领域的国家科技创新基地平台体系，培养壮大绿色低碳领域国家战略科技力量，强化科研育人。面向人才队伍长期需求，培养和发展壮大碳达峰碳中和领域战略科学家、科技领军人才和创新团队、青年人才和创新创业人才，建立面向实现碳达峰碳中和目标的可持续人才队伍。

专栏 8 碳达峰碳中和创新项目、基地和人才

碳达峰碳中和科技创新项目支持体系。采取“揭榜挂帅”等机制，设立专门针对碳达峰碳中和科技创新的重大项目；国家重点研发计划在可再生能源、新能源汽车、循环经济、绿色建筑、地球系统与全球变化等方向实施一批重点专项，充分加大低碳科技创新的支持力度；国家自然科学基金实施“面向国家碳中和的重大基础科学问题与对策”专项项目。

碳达峰碳中和技术实验室体系。在可再生能源、规模化储能、新能源汽车等绿色低碳领域加强全国重点实验室建设。

碳达峰碳中和国家技术创新中心。在工业节能与清洁生产、绿色智能建筑与交通、CCUS 等方向建设国家技术创新中心。

碳达峰碳中和技术新型研发机构。鼓励地方政府与高等院校、科研机构、科技企业合作建立低碳技术新型研发机构，面向中小企业提供高质量的低碳技术和科技服务。

碳达峰碳中和战略科学家、科技领军和创业人才培养。在国家重大科研项目组织、实施和管理过程中发现和培养一批战略科学家、科技领军人才和创新团队；依托国家双创基地、科技企业孵化器等培养一批高层次科技创新创业人才。

碳达峰碳中和青年科技人才培养储备。在人才计划中，加大对碳达峰碳中和青年科技人才的支持力度，在国家重点研发计划、国家自然科学基金等科研计划中设立专门的青年项目，加大对碳达峰碳中和领域的倾斜，培养一批聚焦前沿颠覆性技术创新的青年科技人才。

九、绿色低碳科技企业培育与服务行动（略）

十、碳达峰碳中和科技创新国际合作行动（略）

科技部
国家发展改革委
工业和信息化部
生态环境部
住房城乡建设部
交通运输部
中科院
工程院
国家能源局
2022 年 6 月 24 日

搞活汽车流通 扩大汽车消费若干措施

商消费发〔2022〕92 号

汽车业是国民经济的战略性、支柱性产业。为进一步搞活汽车流通，扩大汽车消费，助力稳定经济基本盘和保障改善民生，经国务院同意，现将有关事项通知如下：

一、支持新能源汽车购买使用

（一）促进跨区域自由流通，破除新能源汽车市场地方保护，各地区不得设定本地新能源汽车车型备案目录，不得对新能源汽车产品销售及消费补贴设定不合理车辆参数指标。

（二）支持新能源汽车消费，研究免征新能源汽车车辆购置税政策到期后延期问题。深入开展新能源汽车下乡活动，鼓励有条件的地方出台下乡支持政策，引导企业加大活动优惠力度，促进农村地区新能源汽车消费使用。

（三）积极支持充电设施建设，加快推进居住社区、停车场、加油站、高速公路服务区、客货运枢纽等充电设施建设，引导充电桩运营企业适当下调充电服务费。

二、加快活跃二手车市场

（四）取消对开展二手车经销的不合理限制，明确登记注册住所和经营场所在二手车交易市场以外的企业可以开展二手车销售业务。对从事新车销售和二手车销售的企业，经营范围统一登记为“汽车销售”，按有关规定做好备案。备案企业应如实填报经营内容等信息，商务部门要及时将备案企业信息推送至公安机关、税务部门。自 2022 年 10 月 1 日起，对已备案汽车销售企业从自然人处购进二手车的，允许企业反向开具二手车销售统一发票并凭此办理转移登记手续。

（五）促进二手车商品化流通，明确汽车销售企业应当按照国家统一的会计制度，将购进并用于销售的二手车按照“库存商品”科目进行会计核算。自 2022 年 10 月 1 日起，已备案汽车销售企业申请办理小型非营运二手车转移登记时，公安机关实行单独签注管理，核发临时号牌。对汽车限购城市，明确汽车销售企业购入并用于销售的二手车不占用号牌指标。

（六）支持二手车流通规模化发展，各地区严格落实全面取消二手车限迁政策，自 2022 年 8 月 1 日起，在全国范围（含国家明确的大气污染防治重点区域）取消对符合国五排放标准的小型非营运二手车的迁入限制，促进二手车自由流通和企业跨区域经营。自 2023 年 1 月 1 日起，对自然人在一个自然年度内出售持有时间少于 1 年的二手车达到 3 辆及以上的，汽车销售企业、二手车交易市场、拍卖企业等不得为其开具二手车销售统一发票，不予办理交易登记手续，有关部门按规定处理。公安机关、税务部门共享核查信息，税务部门充分运用共享信息，为有关企业开具发票提供信息支撑。

三、促进汽车更新消费

（七）鼓励各地综合运用经济、技术等手段推动老旧车辆退出，有条件的地区可以开展汽车以旧换新，加快老旧车辆淘汰更新。

（八）完善报废机动车回收利用体系，支持符合条件的企业获得报废机动车回收资质。对《报废机动车回收管理办法实施细则》施行前已取得资质的企业，如因新冠肺炎疫情影响无法按期重新完成资质认定的，可延期到 2023 年 3 月 1

日。加大对报废机动车回收企业建设项目用地支持力度,企业建设项目用地性质原则上应为工业用地,对已取得报废机动车回收资质的企业及本文件印发后3个月内获得用地审批或建设工程规划许可的在建项目,按已确定的用途使用土地。

四、推动汽车平行进口持续健康发展

(九)支持汽车整车进口口岸地区开展汽车平行进口业务,经省级人民政府批准汽车平行进口工作方案并报商务部备案,汽车整车进口口岸即可开展汽车平行进口业务。完善平行进口汽车强制性产品认证和信息公开制度,允许企业对进口车型持续符合国六排放标准作出承诺,在环保信息公开环节,延续执行对平行进口汽车车载诊断系统(OBD)试验和数据信息的有关政策要求。

五、优化汽车使用环境

(十)推进城市停车设施建设,切实提升城市停车设施有效供给水平,加快应用新技术新模式,推动停车资源共享和供需匹配。新建居住区严格按照城市停车规划和完整居住社区建设标准建设停车设施。结合城镇老旧小区改造等城市更新行动,积极扩建新建停车设施。合理利用人防工程、公园绿地地下空间等,挖潜增建停车设施。各地要完善停车收费政策,强化资金用地政策支持,加大力度使用地方债支持符合条件的停车设施建设。

(十一)发展汽车文化旅游等消费,在用地等方面支持汽车运动赛事、汽车自驾运动营地等项目建设运营,研究制定传统经典车辆认定条件,促进展示、收藏、交易、赛事等传统经典车相关产业及汽车文化发展。

六、丰富汽车金融服务

(十二)鼓励金融机构在依法合规、风险可控的前提下,合理确定首付比例、贷款利率、还款期限,加大汽车消费信贷支持。有序发展汽车融资租赁,鼓励汽车生产企业、销售企业与融资租赁企业加强合作,增加金融服务供给。

各地区、各有关部门要切实加强组织领导,按职责细化工作举措,推动相关政策措施尽快落地见效,进一步促进汽车消费回升和潜力释放。

商务部
发展改革委
工业和信息化部
公安部
财政部
自然资源部
生态环境部
住房和城乡建设部
交通运输部
文化和旅游部
人民银行
海关总署
税务总局
市场监管总局
体育总局
银保监会
能源局
2022年7月5日

工业领域碳达峰实施方案(节选)

工信部联节〔2022〕88号

为深入贯彻落实党中央、国务院关于碳达峰碳中和决策部署,加快推进工业绿色低碳转型,切实做好工业领域碳达峰工作,根据《中共中央 国务院关于完整准确全面贯彻新发展理念做好碳达峰碳中和工作的意见》和《2030年前碳达峰行动方案》,结合相关规划,制定本实施方案。

一、总体要求(略)

(一)指导思想(略)

(二)工作原则(略)

(三)总体目标(略)

二、重点任务

(四)深度调整产业结构。推动产业结构优化升级,坚决遏制高耗能高排放低水平项目盲目发展,大力发展绿色低碳产业。

1. 构建有利于碳减排的产业布局。贯彻落实产业发展与转移指导目录,推进京津冀、长江经济带、粤港澳大湾区、长三角地区、黄河流域等重点区域产业有序转移和承接。落实石化产业规划布局方案,科学确定东中西部产业定位,合理安排建设时序。引导有色金属等行业产能向可再生能源富集、资源环境可承载地区有序转移。鼓励钢铁、有色金属等行业原生与再生、冶炼与加工产业集群化发展。围绕新一代信息技术、生物技术、新能源、新材料、高端装备、新能源汽车、绿色环保以及航空航天、海洋装备等战略性新兴产业,打造低碳转型效果明显的先进制造业集群。(国家发展改革委、工业和信息化部、生态环境部、国务院国资委、国家能源局等按职责分工负责)

(五)深入推进节能降碳(略)

(六)积极推行绿色制造(略)

(七)大力发展循环经济。优化资源配置结构,充分发挥节约资源和降碳的协同作用,通过资源高效循环利用降低工业领域碳排放。

1. 推动低碳原料替代。在保证水泥产品质量的前提下,推广高固废掺量的低碳水泥生产技术,引导水泥企业通过磷石膏、钛石膏、氟石膏、矿渣、电石渣、钢渣、镁渣、粉煤灰等非碳酸盐原料制水泥。推进水泥窑协同处置垃圾衍生可燃物。鼓励有条件的地区利用可再生能源制氢,优化煤化工、合成氨、甲醇等原料结构。支持发展生物质化工,推动石化原料多元化。鼓励依法依规进口再生原料。(国家发展改革委、工业和信息化部、生态环境部、商务部、市场监管总局、国家能源局等按职责分工负责)

2. 加强再生资源循环利用。实施废钢铁、废有色金属、废纸、废塑料、废旧轮胎等再生资源回收利用行业规范管理,鼓励符合规范条件的企业公布碳足迹。延伸再生资源精深加工产业链条,促进钢铁、铜、铝、铅、锌、镍、钴、锂、钨等高效再生循环利用。研究退役光伏组件、废弃风电叶片等资源化利用的技术路线和实施路径。围绕电器电子、汽车等产品,推行生产者责任延伸制度。推动新能源汽车动力电池回收利用体系建设。(国家发展改革委、科技部、工业和信息化部、生态环境部、交通运输部、商务部、市场监管总局、国家能

源局等按职责分工负责)

(八)加快工业绿色低碳技术变革(略)

(九)主动推进工业领域数字化转型(略)

三、重大行动

(十)重点行业达峰行动(略)

(十一)绿色低碳产品供给提升行动

3. 加大交通运输领域绿色低碳产品供给。大力推广节能与新能源汽车,强化整车集成技术创新,提高新能源汽车产业集中度。提高城市公交、出租汽车、邮政快递、环卫、城市物流配送等领域新能源汽车比例,提升新能源汽车个人消费比例。开展电动重卡、氢燃料汽车研发及示范应用。加快充电桩建设及换电模式创新,构建便利高效适度超前的充电网络体系。对标国际领先标准,制修订汽车节能减排标准。到2030年,当年新增新能源、清洁能源动力的交通工具比例达到40%左右,乘用车和商用车新车二氧化碳排放强度分别比2020年下降25%和20%以上。大力发展绿色智能船舶,加强船用混合动力、LNG动力、电池动力、氨燃料、氢燃料等低碳清洁能源装备研发,推动内河、沿海老旧船舶更新改造,加快新一代绿色智能船舶研制及示范应用。推动下一代国产民机绿色化发展,积极发展电动飞机等新能源航空器。(国家发展改革委、工业和信息化部、住房城乡建设部、交通运输部、市场监管总局、国家能源局、国家邮政局等按职责分工负责)

四、政策保障(略)

五、组织实施(略)

工业和信息化部
国家发展改革委
生态环境部
2022年7月7日

“十四五”全国道路交通安全规划(节选)

安委办〔2022〕8号

为贯彻落实党中央、国务院关于加强道路交通安全工作的系列重大决策部署,根据《国民经济和社会发展第十四个五年规划和2035年远景目标纲要》《“十四五”国家安全生产规划》等,制定本规划。

一、道路交通安全现状与趋势(略)

二、指导思想与目标(略)

三、健全道路交通安全现代治理体系(略)

四、提高道路交通安全依法治理能力(略)

五、打造安全有序的道路通行环境(略)

六、强化车辆本质安全和运行安全

(一)推动落实车辆生产销售企业安全主体责任。

严格道路机动车辆生产企业和产品准入管理,完善违规车辆生产企业和产品退出机制。进一步细化完善国产机动车生产企业及产品管理规定,提升企业生产一致性保证能力,健全车辆生产一致性检查制度,加大检查频率,保证车辆生产一致性。优化完善跨部门协作机制,强化获证后监管及守诺核查,压实生产企业主体责任。深化资源要素共享,实现认证、商检等信息共享,提高进口车辆产品的合规性。依法依规做好生产、销售车辆所载车联网卡的实名登记工作。建立实施车辆违规信息、安全隐患信息发现、通报、整改、反馈制度,强化机动车检验、登记、使用等环节发现的违规非标车辆信息的跨部门共享,在车辆注册登记、市场准入、检验检测等环节加大查处力度,优化在用车交通事故调查和信息收集,主动发现车辆产品安全缺陷。强化违规车辆、安全隐患车辆的行政监管,充分运用司法手段,严肃追责问责违规生产销售企业,推动消费者协会等公益组织对车辆安全质量等问题开展公益诉讼,倒逼车辆生产销售企业落实安全主体责任。

(二)进一步提升重点车辆安全性能。

强化标准引领,修订机动车运行安全国家标准,研究制定经营性机动车运营安全国家标准,推进客货运车辆辅助安全、主被动安全标准升级。提升载客汽车安全要求,提升客运车辆阻燃性能水平,提高客运车辆安全逃生要求;提升车高大于或等于1850 mm的小微型普通客车、面包车安全性能,减少非法改装和超载空间;实行公路客运、旅游客运车辆全环节、全链条安全管理,鼓励地方政府实施在用大中型客车安全性提升行动,依法推动不符合车辆安全技术条件要求、达到报废标准的卧铺客车、57座以上大客车等退出市场,推动客运车辆安装乘员不系安全带报警装置。提升载货汽车安全要求,推动重型货车严格按照相关标准装备车道偏离预警系统和车辆前向碰撞预警系统,严格自卸半挂车、平板式清障车等违规情形较多车型的安全技术规范,提升轻型货车被动安全性能,制定实施载货车辆货物装载与栓固国家标准,提高常压液体危险货物罐式车辆罐体防撞、防漏性能,推动低平板挂车退出散货运输市场,推动在用重型货车安装右侧盲区消除预警装置等安全装置。提高客货运车辆主被动安全装置装备率,推广应用智能视频监控报警技术,重型货车全面普及缓速器等安全装置,加强中置轴挂车列车、双挂汽车列车等新型汽车列车车型运行安全研究,探索驾驶行为动态监测装置等辅助安全装置应用,研究在“两客一危”、货车等重点车型安装应用酒精锁。提升新能源汽车安全要求,构建新能源汽车运行安全性检验技术及装备体系,强化新能源汽车运行安全性检验和监管,严格规范远程升级要求,保障车辆行驶安全性。

(三)开展违规车辆专项治理。

加强车辆生产、销售、登记检验和使用等环节的一致性监督检查和动态监管,联合开展车辆超载超限运输、非法改装专项整治行动,依法严肃追究相关违法违规企业和人员法律责任。建立健全货车、挂车非法改装长效治理机制,强化危险货物运输车辆、自卸货车、半挂车、轻型载货汽车、混凝土搅拌运输车生产改装监管,严厉打击重型货车“百吨王”、轻型货车“大吨小标”、常压液体危险货物罐车“大罐小标”及倒卖合格证等违法违规行为,依法严查严处违规生产问题严重的车辆生产企业,并撤销相关产品的强制性产品认证书。加强电动自行车强制性产品认证管理,杜绝不符合标准的电动自行车进入市场;引导电动自行车带保险、带头盔销售;完成超标电动自行车存量清理淘汰,加强对电动自行车的安全管理,严格查处电动自行车非法改装,防止超标问题反弹。持续开展变型拖拉机专项整治,完成存量变型拖拉机清零。严密场内作业车辆等非道路车辆管理制度,严管生产、销售、使用违规低速电动车、电动三轮车违规行为，明确违规低速电动车退出时间表。推动车辆违法违规生产销售联合监督检查机制，严肃查处和追责违法违规企业，依法依规综合采取责令暂停生产、销售问题车辆、暂停车辆产品合格证电子信息上传等措施，实现严重违规车辆产品全部收回整改，推进大中型客货车缺陷产品召回。实施挂牌整改制度，对车辆违规生产、使用问题突出的地区和企业进行挂牌督办、限期整改。

（四）建立健全新技术新业态安全监管体系。

进一步健全完善智能网联汽车标准体系，提升智能网联汽车产品检验检测能力。开展智能网联汽车运行安全特性研究，以及融入现有道路交通系统的法律法规、技术标准适应性研究，研究自动驾驶、车路协同下的安全监管体系，构建智能网联汽车运行安全性检验技术及标准体系，保障上公共道路测试及示范应用车辆的运行安全。探索开展智能网联汽车准入和上路通行管理措施。研发智能网联汽车道路交通违法违规行为取证装备，制定智能网联汽车、新能源汽车安全事故调查分析标准。构建智能网联汽车产品准入、运行安全性检验技术及标准体系，保障公共道路测试、示范应用等车辆的运行安全。实现智能网联汽车的可信身份认证和运行安全监测评估、事故后追溯，支持汽车准入管理。完善新能源汽车国家监测与管理平台功能。

专栏5　重点车辆安全性提升工程

1. 客货运车辆安全性提升工程：提高客货运车辆自动紧急制动、车道保持、轮胎爆胎应急防护等主被动安全装置的装备率，全面普及重型货车缓速器等安全装置。加强车辆生产、销售和使用等环节一致性监督检查和动态监管，联合开展车辆非法改装专项整治行动，依法严肃追究相关违法违规企业和人员法律责任。到2023年，新出厂的大型客车自动紧急制动系统、轮胎爆胎应急防护装置装备率达到100%，新出厂的重型货车自动紧急制动系统装备率达到50%；到2025年，大型客车自动紧急制动系统装备率、轮胎爆胎应急防护装置装备率分别达到40%、60%，重型货车自动紧急制动系统装备率达到20%。

2. 新能源汽车安全技术检验提升工程：研制适用于新能源汽车运行安全性检验的系列装备，制订新能源汽车运行安全性检验技术标准，实现线下快速、自动检验。到2023年，新能源汽车运行安全性检验和监管体系框架基本形成；到2025年，实现新能源汽车运行安全性检验和监管体系在3个省份6个地市的示范应用。

3. 智能网联汽车运行安全测评与监管工程：构建封闭场地测试、半开放道路测试、公共道路测试的完整测试环境，完善国家智能交通综合测评基地的测评能力，建成面向运行安全的国家级智能网联汽车检验检测中心。研发全国统一的智能网联汽车运行数据监管体系，强化运行过程监管，提升智能网联汽车运行安全性。研发智能网联汽车道路交通违法违规行为取证装备，制定智能网联汽车安全事故调查分析标准。到2023年，完成全国统一的智能网联汽车运行监管体系建设；到2025年，建成面向运行安全的国家级智能网联汽车检验检测中心。

七、提升道路交通参与者安全文明素质（略）

八、完善道路交通应急处置和救援急救机制（略）

九、深化道路交通安全科技创新应用

（一）强化协同创新和基础研究。

健全产、学、研、用深度融合的协同创新机制，形成行业需求引领、有效分工协作、科技创新支撑的新格局。深化道路交通全要素协同管控理论及技术研究，建构满足道路交通安全高质量发展的国家技术标准体系，做好交通安全科技顶层设计。汇聚各类创新成果，促进道路交通安全科技成果在交通安全治理中的应用推广。健全道路交通事故深度调查技术支撑体系，建设全国道路交通事故深度调查分析系统，建立道路交通事故深度调查专业队伍，推动在全国范围内建设道路交通事故调查分析实验室。推动部门层面共享涉及辅助驾驶、自动驾驶相关事故数据。

（二）推动交通安全科技深化应用。

推动农村交通安全科技应用创新，深化交通违法发现查处、交通安全隐患排查、公路交通安全防控体系在农村地区的全面应用。深化道路交通联网联控技术应用，推进城市交通精细组织，加快部署蜂窝车联网（C－V2X），推动交通设施网联化改造，加强交通信号联网联控，强化交通出行诱导服务。研发推广机动车和非机动车电子标识等技术，构建车辆数字身份注册认证体系，推动可信数字身份在车联网、自动驾驶技术等方面的应用。

（三）开展新业态新问题前瞻性研究探索。

推动设立道路交通安全防控与综合治理重点研发计划，推进图像智能识别、北斗高精定位、5G＋AI、边缘计算等新技术在交通安全治理中的应用，针对新业态新问题开展前瞻性研究探索。研究智能网联汽车运行管理、通行规则、事故责任认定等政策法规与安全保障技术，加快研究制定相关标准规划，制定自动驾驶运行安全测试技术体系，强化测试过程监管，促进自动驾驶新业态安全、健康发展。研究车路协同应用技术架构体系，开展路侧设施数字化智能化改造、车路协同示范应用。研究全面城镇化、快速机动化、人口老龄化等社会经济条件变化在道路交通领域衍生的系列安全问题，探索针对性解决方案。

专栏8　道路交通安全科技支撑提升工程

1. 道路交通事故深度调查分析平台建设工程：到2023年，完成全国道路交通事故深度调查分析系统研发及推广，完成不少于10个道路交通事故调查分析实验室建设，在不少于10个省（区、市）建立道路交通事故深度调查专业队伍。到2025年，每个省（区、市）完成不少于1个道路交通事故调查分析实验室建设，至少建立一支道路交通事故深度调查专业队伍。

2. 实施道路交通安全防控与综合治理重点研发计划：研究复杂行车环境全息感知与安全隐患精准识别、新能源汽车交通事故鉴定分析等关键技术，构建交通安全风险“综合评估与提前预警、快速反应与即时干预”的事前预防技术体系，提升交通事故“深度调查与精准溯因，高速救援和有效救治”的事后处置技术能力。研究道路交通行为立体管控与全链取证、交通安全全要素协同监管、新业态下的交通安全执法服务等关键技术，建立交通安全智慧管控技术装备体系。研究交通安全类脑计算、数据挖掘等应用技术，开展智能网联汽车运行安全技术研究，实现智能网联汽车全流程安全管理。2023 年前完成国家重点研发计划立项工作。到 2025 年，完成研发成果的试点应用，并取得初步效果。

十、保障措施（略）

国务院安委会办公室

2022 年 7 月 21 日

加快推进公路沿线充电基础设施建设行动方案

工信部联节〔2022〕88 号

为加快健全完善公路沿线充电基础设施，不断满足日益增长的电动汽车充电需求，服务公众便捷出行，促进电动汽车产业发展，根据《国务院关于印发扎实稳住经济一揽子政策措施的通知》（国发〔2022〕12 号）等要求，制定本方案。

一、总体要求

以习近平新时代中国特色社会主义思想为指导，坚决贯彻落实党中央、国务院决策部署，以深化供给侧结构性改革为主线，以满足电动汽车出行需求、带动电动汽车消费、促进电动汽车产业发展为导向，健全完善工作机制，充分调动各方力量，加快推进公路沿线充电基础设施建设，力争到 2022 年底前，全国除高寒高海拔以外区域的高速公路服务区能够提供基本充电服务；到 2023 年底前，具备条件的普通国省干线公路服务区（站）能够提供基本充电服务；到 2025 年底前，高速公路和普通国省干线公路服务区（站）充电基础设施进一步加密优化，农村公路沿线有效覆盖，基本形成“固定设施为主体，移动设施为补充，重要节点全覆盖，运行维护服务好，群众出行有保障”的公路沿线充电基础设施网络，更好满足公众高品质、多样化出行服务需求。

二、工作原则

坚持桩站先行，以供促需。结合国家新能源汽车产业发展规划，科学研判本地区电动汽车增长趋势及出行需求，加快推进公路沿线充电基础设施建设，更好满足公众出行需求，带动电动汽车消费，促进电动汽车产业高质量发展。

坚持因地制宜，分类推进。统筹各地实际，准确把握建设时序，率先推动高速公路和具备条件的普通国省干线公路实施建设，满足近期需求。在此基础上，不断加密优化覆盖全路网的充电基础设施网络，提升充电服务水平。

坚持广泛覆盖，适度超前。将充电基础设施纳入基本服务保障范畴，统筹高速公路和普通公路网资源，科学确定建设规模和空间布局，按照适度超前的原则，加快构建完善的服务保障体系，实现建在前、需时有、用得好。

坚持通用开放，智能高效。统一建设和运维标准，提高充电基础设施通用性和开放性，确保设施智能化、高效化。加强政府部门引导，发挥市场在资源配置中的决定性作用，创新运维服务机制，实现规范集约高效建设运营。

三、主要任务

（一）加强高速公路服务区充电基础设施建设。利用高速公路服务区存量土地及停车位，加快建设或改造充电基础设施。每个服务区建设的充电基础设施或预留建设安装条件的车位原则上不低于小型客车停车位的 10%。具备条件的高速公路停车区可参照执行。高寒高海拔地区可结合实际，自行确定建设目标和时序。重大节假日期间预测流量较大的服务区要提前做好应急预案，适当投放移动充电基础设施，满足高峰时段充电需求。

（二）加强普通公路沿线充电基础设施建设。推动具备条件的普通国省干线公路服务区（站）利用存量土地资源和停车位，建设或改造充电基础设施。鼓励在重点旅游景区周边等大流量的普通国省干线公路沿线停车场等场所，探索建设或者改造充电基础设施，加强社会化充电服务。积极引导农村公路沿线乡镇优先在交通枢纽、公共停车场等场所，配置公共充电基础设施，强化公路沿线充电基础服务。

（三）探索推进新技术新设备应用。综合考虑电动汽车技术迭代、设备投资、中长期运维、系统效率等要素，科学合理选择新技术、新设备，提升充电基础设施全寿命周期效益。制定落实分阶段覆盖方案，加快推进高速公路快充站建设，国家生态文明试验区和大气污染防治重点区域的高速公路服务区按相关要求提高快充站覆盖率。推动城市群周边等高速公路服务区建设超快充、大功率电动汽车充电基础设施，提升充电效率。支持电动汽车生产、大型运输等企业在服务区（站）建设布局换电站。

（四）优化服务区（站）充电基础设施布局。指导高速公路及普通国省干线公路服务区（站），因地制宜，科学布设充电基础设施，规范交通标识设置，优化通行线路，引导电动汽车与燃油汽车分区有序停放，保障电动汽车停车位专位专用，维护良好充电秩序。

（五）加强服务信息采集与发布。通过互联网地图服务平台等多种渠道，及时发布公路沿线充电基础设施设置以及实时使用情况，为公众提供实时信息查询服务。鼓励探索提供预约充电等服务。统计汇总其他主体在农村公路沿线建设的充电基础设施点位、充电能力等信息，方便公众查询使用。

（六）加强充电基础设施运行维护。鼓励各地公路服务区经营管理单位与电网企业、充电运营商等合作，开展充电基础设施运营与维护，确保设施安全可靠。加强对充电基础设施及其设置场所的日常安全检查及管理，及时消除安全隐患，保障充电基础设施设备技术完好、安全可用。

四、配套政策

（一）用好用足财政支持政策。指导各单位严格落实《国家发展改革委等部门关于进一步提升电动汽车充电基础设施服务保障能力建设的实施意见》（发改能源〔2022〕53 号），给予公路沿线充电基础设施建设财政支持，并探索建立与服务质量挂钩的运营补贴标准，加强大功率充电等示范类设施的补贴力度。

（二）优化建设实施程序。充电设施作为服务区（站）必要的公共服务设施，所需用地纳入公路用地范围。确需新增用地的，商地方政府参照公路主体工程用地政策予以支持，简化办理程序，尽快组织实施。要做好新增充电设施布局、布线与公路场地、设施的衔接，优化行车路线和停车场布局设计，完善施工方案，提高使用效益，方案经高速公路经营单位组织论证后实施，确保施工和运营安全。

(三)加强配套电网建设。电网企业要加大配套电网建设投入力度，合理预留高压、大功率充电保障能力，满足充电设施建设需求。对部分电网暂未延伸到位、不具备大容量供电条件的偏远服务区(站)，应优先采用分布式电源等方式就近供电。

(四)规范充电服务收费。鼓励地方出台相关优惠措施，对充电基础设施场地租金实行阶段性减免，为加快推进充电基础设施建设创造条件。鼓励充电运营商兼顾投资运营主体合理收益与用户使用经济性，在市场培育期实施服务费优惠，确保充电服务费合理、规范收取。

五、实施步骤

(一)制定实施方案(2022 年 8 月 15 日前)。省级交通运输主管部门会同能源主管部门组织电网企业及相关单位，按照本通知要求，深入调查公路沿线充电基础设施建设和运维现状、存在问题与需求，研究制定本省(区、市)公路沿线充电基础设施建设工作方案，明确建设工作目标任务、时间节点、职责分工和实施要求，指导相关单位认真落实。

(二)组织建设改造(2022 年 8 月 15 日至 2023 年 12 月底)。省级交通运输、能源主管部门组织电网企业及相关单位，对照实施方案，落实保障措施，分类推进公路沿线充电基础设施建设改造，持续优化服务。力争 2022 年 12 月底前，完成高速公路充电基础设施建设任务；2023 年 12 月底前，完成普通国省干线公路充电基础设施建设任务。鼓励具备条件的地区加快建设完成和优化加密。

(三)阶段总结评估(2022 年 12 月、2023 年 12 月)。2022 年 12 月和 2023 年 12 月分别对各地高速公路和普通国省干线公路沿线充电基础设施建设情况进行评估，总结工作经验，深入剖析问题，提取可复制的经验，研究谋划下阶段建设目标任务。

(四)推广优化完善(2024 年 1 月至 2025 年 12 月)。结合阶段总结评估工作情况，制定工作方案，进一步加密优化高速公路和普通国省干线公路充电基础设施，提高服务效能。同时，积极向农村公路推广，加快完善公路沿线充电基础设施网络，不断提升公路充电服务水平。

六、保障措施

(一)加强组织领导。省级交通运输、能源主管部门要会同国家电网、南方电网属地省公司，加强组织协调，共同推动完善公路沿线充电基础设施网络体系。交通运输主管部门要指导协调服务区经营管理单位保障充电基础设施建设用地，做好工程建设相关服务工作；能源主管部门重点负责督促指导电网企业，加快配套电网工程建设，做好供电服务工作。

(二)加强督促指导。省级交通运输、能源主管部门要密切跟踪充电基础设施及配套电网建设进度，定期调度和通报进展情况，加强对进度滞后地区的督促指导，帮助协调解决工作中遇到的重大问题。国家电网有限公司、中国南方电网有限责任公司督促所属单位做好报装接电、配套电网工程建设工作，适时开展检查。交通运输部、国家能源局将视情组织力量，对各地相关工作情况进行抽查。

(三)加强信息报送。省级交通运输主管部门要牵头建立充电基础设施建设进展信息报送制度，明确专人负责信息报送工作，畅通信息渠道。每月 22 日前，通过“全国公路服务区信息统计报送小程序”报送进展情况。总结评估报告按本通知要求时间书面报送，电子版同步发送至指定邮箱。各地执行过程中出现的重要问题，请及时报交通运输部、国家能源局、国家电网有限公司、中国南方电网有限责任公司。

交通运输部
国家能源局
国家电网有限公司
中国南方电网有限责任公司
2022 年 8 月 1 日

关于延续新能源汽车免征车辆购置税政策的公告

财政部　税务总局　工业和信息化部公告 2022 年第 27 号

为支持新能源汽车产业发展，促进汽车消费，现就延续新能源汽车免征车辆购置税政策有关事项公告如下：

一、对购置日期在 2023 年 1 月 1 日至 2023 年 12 月 31 日期间内的新能源汽车，免征车辆购置税。

二、免征车辆购置税的新能源汽车，通过工业和信息化部、税务总局发布《免征车辆购置税的新能源汽车车型目录》(以下简称《目录》)实施管理。自《目录》发布之日起购置的，列入《目录》的纯电动汽车、插电式混合动力(含增程式)汽车、燃料电池汽车，属于符合免税条件的新能源汽车。

三、购置日期按照机动车销售统一发票或海关关税专用缴款书等有效凭证的开具日期确定。

四、2022 年 12 月 31 日前已列入《目录》的新能源汽车可按照本公告继续适用免征车辆购置税政策。新能源汽车免征车辆购置税的其他事项，按照《财政部 税务总局 工业和信息化部关于新能源汽车免征车辆购置税有关政策的公告》(财政部 税务总局 工业和信息化部公告 2020 年第 21 号)、《工业和信息化部 财政部 税务总局关于调整免征车辆购置税新能源汽车产品技术要求的公告》(工业和信息化部 财政部 税务总局公告 2021 年第 13 号)等文件有关规定执行。

特此公告。

财政部
税务总局
工业和信息化部
2022 年 9 月 18 日

道路运输车辆技术管理规定

中华人民共和国交通运输部令 2022 年第 29 号

(2016 年 1 月 22 日交通运输部公布　根据 2019 年 6 月 21 日《交通运输部关于修改〈道路运输车辆技术管理规定〉的决定》第一次修正　根据 2022 年 9 月 26 日《交通运输部关于修改〈道路运输车辆技术管理规定〉的决定》第二次修正)

第一章　总　则

第一条　为加强道路运输车辆技术管理，保持车辆技术状况良好，保障运输安全，发挥车辆效能，促进节能减排，根据《中华人民共和国安全生产法》《中华人民共和国节约能源法》《中华人民共和国道路运输条例》等法律、行政法规，制定本规定。

第二条　道路运输车辆技术管理适用本规定。

本规定所称道路运输车辆包括道路旅客运输车辆(以下简称客车)、道路普通货物运输车辆(以下简称货车)、道路危险货物运输车辆(以下简称危货运输车)。

本规定所称道路运输车辆技术管理，是指对道路运输车辆在保证符合规定的技术条件和按要求进行维护、修理、综合性能检测方面所做的技术性管理。

第三条　道路运输车辆技术管理应当坚持分类管理、预防为主、安全高效、节能环保的原则。

第四条　道路运输经营者是道路运输车辆技术管理的责任主体，负责对道路运输车辆实行择优选配、正确使用、周期维护、视情修理、定期检测和适时更新，保证投入道路运输经营的车辆符合技术要求。

第五条　鼓励道路运输经营者使用安全、节能、环保型车辆，促进标准化车型推广运用，加强科技应用，不断提高车辆的管理水平和技术水平。

第六条　交通运输部主管全国道路运输车辆技术管理监督。

县级以上地方人民政府交通运输主管部门(以下简称交通运输主管部门)负责本行政区域内道路运输车辆技术管理监督。

第二章　车辆基本技术条件

第七条　从事道路运输经营的车辆应当符合下列技术要求：

(一)车辆的外廓尺寸、轴荷和最大允许总质量应当符合《汽车、挂车及汽车列车外廓尺寸、轴荷及质量限值》(GB 1589)的要求；

(二)车辆的技术性能应当符合《机动车安全技术检验项目和方法》(GB 38900)的要求；

(三)车型的燃料消耗量限值应当符合《营运客车燃料消耗量限值及测量方法》(JT 711)、《营运货车燃料消耗量限值及测量方法》(JT 719)的要求；

(四)车辆技术等级应当达到二级以上。危货运输车、国际道路运输车辆、从事高速公路客运以及营运线路长度在800公里以上的客车，技术等级应当达到一级。技术等级评定方法应当符合国家有关道路运输车辆技术等级划分和评定的要求；

(五)从事高速公路客运、包车客运、国际道路旅客运输，以及营运线路长度在800公里以上客车的类型等级应当达到中级以上。其类型划分和等级评定应当符合国家有关营运客车类型划分及等级评定的要求；

(六)危货运输车应当符合《汽车运输危险货物规则》(JT 617)的要求。

第八条　交通运输主管部门应当加强从事道路运输经营车辆的管理，对不符合本规定的车辆不得配发道路运输证。

在对挂车配发道路运输证和年度审验时，应当查验挂车是否具有有效行驶证件。

第九条　禁止使用报废、擅自改装、拼装、检测不合格以及其他不符合国家规定的车辆从事道路运输经营活动。

第三章　技术管理的一般要求

第十条　道路运输经营者应当遵守有关法律法规、标准和规范，认真履行车辆技术管理的主体责任，建立健全管理制度，加强车辆技术管理。

第十一条　鼓励道路运输经营者设置相应的部门负责车辆技术管理工作，并根据车辆数量和经营类别配备车辆技术管理人员，对车辆实施有效的技术管理。

第十二条　道路运输经营者应当加强车辆维护、使用、安全和节能等方面的业务培训，提升从业人员的业务素质和技能，确保车辆处于良好的技术状况。

第十三条　道路运输经营者应当根据有关道路运输企业车辆技术管理标准，结合车辆技术状况和运行条件，正确使用车辆。

鼓励道路运输经营者依据相关标准要求，制定车辆使用技术管理规范，科学设置车辆经济、技术定额指标并定期考核，提升车辆技术管理水平。

第十四条　道路运输经营者应当建立车辆技术档案制度，实行一车一档。档案内容应当主要包括：车辆基本信息，车辆技术等级评定、客车类型等级评定或者年度类型等级评定复核、车辆维护和修理(含《机动车维修竣工出厂合格证》)、车辆主要零部件更换、车辆变更、行驶里程、对车辆造成损伤的交通事故等记录。档案内容应当准确、详实。

车辆所有权转移、转籍时，车辆技术档案应当随车移交。

道路运输经营者应当运用信息化技术做好道路运输车辆技术档案管理工作。

第四章　车辆维护与修理

第十五条　道路运输经营者应当建立车辆维护制度。

车辆维护分为日常维护、一级维护和二级维护。日常维护由驾驶员实施，一级维护和二级维护由道路运输经营者组织实施，并做好记录。

第十六条　道路运输经营者应当依据国家有关标准和车辆维修手册、使用说明书等，结合车辆类别、车辆运行状况、行驶里程、道路条件、使用年限等因素，自行确定车辆维护周期，确保车辆正常维护。

车辆维护作业项目应当按照国家关于汽车维护的技术规范要求确定。

道路运输经营者可以对自有车辆进行二级维护作业，保证投入运营的车辆符合技术管理要求，无需进行二级维护竣工质量检测。

道路运输经营者不具备二级维护作业能力的，可以委托二类以上机动车维修经营者进行二级维护作业。机动车维修经营者完成二级维护作业后，应当向委托方出具二级维护出厂合格证。

第十七条　道路运输经营者应当遵循视情修理的原则，根据实际情况对车辆进行及时修理。

第十八条　道路运输经营者用于运输剧毒化学品、爆炸品的专用车辆及罐式专用车辆(含罐式挂车)，应当到具备道路危险货物运输车辆维修条件的企业进行维修。

前款规定专用车辆的牵引车和其他运输危险货物的车辆由道路运输经营者消除危险货物的危害后，可以到具备一般车辆维修条件的企业进行维修。

第五章 车辆检测管理

第十九条 道路运输经营者应当定期到机动车综合性能检测机构，对道路运输车辆进行综合性能检测。

第二十条 道路运输经营者应当自道路运输车辆首次取得道路运输证当月起，按照下列周期和频次，委托汽车综合性能检测机构进行综合性能检测和技术等级评定：

（一）客车、危货运输车自首次经国家机动车辆注册登记主管部门登记注册不满60个月的，每12个月进行1次检测和评定；超过60个月的，每6个月进行1次检测和评定。

（二）其它运输车辆自首次经国家机动车辆注册登记主管部门登记注册的，每12个月进行1次检测和评定。

第二十一条 客车、危货运输车的综合性能检测应当委托车籍所在地汽车综合性能检测机构进行。

货车的综合性能检测可以委托运输驻在地汽车综合性能检测机构进行。

第二十二条 道路运输经营者应当选择通过市场监督管理部门的计量认证、取得计量认证证书并符合《汽车综合性能检测站能力的通用要求》（GB 17993）等国家相关标准的检测机构进行车辆的综合性能检测。

第二十三条 汽车综合性能检测机构对新进入道路运输市场车辆应当按照《道路运输车辆燃料消耗量达标车型表》进行比对。对达标的新车和在用车辆，应当按照《机动车安全技术检验项目和方法》（GB 38900）实施检测和评定，出具全国统一式样的道路运输车辆综合性能检测报告，评定车辆技术等级，并在报告单上标注。车籍所在地交通运输主管部门应当将车辆技术等级在道路运输证上标明。

汽车综合性能检测机构应当确保检测和评定结果客观、公正、准确，对检测和评定结果承担法律责任。

第二十四条 交通运输主管部门和受其委托承担客车类型等级评定工作的汽车综合性能检测机构，应当按照《营运客车类型划分及等级评定》（JT/T 325）进行营运客车类型等级评定或者年度类型等级评定复核，出具统一式样的客车类型等级评定报告。

第二十五条 汽车综合性能检测机构应当建立车辆检测档案，档案内容主要包括：车辆综合性能检测报告（含车辆基本信息、车辆技术等级）、客车类型等级评定记录。

车辆检测档案保存期不少于两年。

第六章 监督检查

第二十六条 交通运输主管部门应当按照职责权限对道路运输车辆的技术管理进行监督检查。

道路运输经营者应当对交通运输主管部门的监督检查予以配合，如实反映情况，提供有关资料。

第二十七条 交通运输主管部门应当将车辆技术状况纳入道路运输车辆年度审验内容，查验以下相应证明材料：

（一）车辆技术等级评定结论；

（二）客车类型等级评定证明。

第二十八条 交通运输主管部门应当建立车辆管理档案制度。档案内容主要包括：车辆基本情况，车辆技术等级评定、客车类型等级评定或年度类型等级评定复核、车辆变更等记录。

第二十九条 交通运输主管部门应当将运输车辆的技术管理情况纳入道路运输企业质量信誉考核和诚信管理体系。

第三十条 交通运输主管部门应当积极推广使用现代信息技术，逐步实现道路运输车辆技术管理信息资源共享。

第七章 法律责任

第三十一条 违反本规定，道路运输经营者有下列行为之一的，交通运输主管部门应当责令改正，给予警告；情节严重的，处以1000元以上5000元以下罚款：

（一）道路运输车辆技术状况未达到《机动车安全技术检验项目和方法》（GB 38900）的；

（二）使用报废、擅自改装、拼装、检测不合格以及其他不符合国家规定的车辆从事道路运输经营活动的；

（三）未按照规定的周期和频次进行车辆综合性能检测和技术等级评定的。

第三十二条 违反本规定，道路运输车辆综合性能检测机构有下列行为之一的，交通运输主管部门不予采信其检测报告，并抄报同级市场监督管理部门处理。

（一）不按技术规范对道路运输车辆进行检测的；

（二）未经检测出具道路运输车辆检测结果的；

（三）不如实出具检测结果的。

第三十三条 交通运输主管部门工作人员在监督管理工作中滥用职权、玩忽职守、徇私舞弊的，依法给予行政处分；构成犯罪的，由司法机关依法处理。

第八章 附 则

第三十四条 从事普通货运经营的总质量4500千克及以下普通货运车辆，不适用本规定。

第三十五条 本规定自2016年3月1日起施行。原交通部发布的《汽车运输业车辆技术管理规定》（交通部令1990年第13号）、《道路运输车辆维护管理规定》（交通部令2001年第4号）同时废止。

部长李小鹏

2022年9月26日

建立健全碳达峰碳中和标准计量体系实施方案（节选）

国办发〔2022〕37号

实现碳达峰碳中和，是以习近平同志为核心的党中央统筹国内国际两个大局作出的重大战略决策。计量、标准是国家质量基础设施的重要内容，是资源高效利用、能源绿色低碳发展、产业结构深度调整、生产生活方式绿色变革、经济社会发展全面绿色转型的重要支撑，对如期实现碳达峰碳中和目标具有重要意义。为深入贯彻落实党中央、国务院决策部署，扎实推进碳达峰碳中和标准计量体系建设，制定本方案。

一、总体要求（略）

二、重点任务

（一）完善碳排放基础通用标准体系（略）

（二）加强重点领域碳减排标准体系建设（略）

碳减排标准为能源、工业、交通运输、城乡建设、农业农村等重点领域节能降碳、非化石能源推广利用、化石能源清洁低碳利用以及生产和服务过程温室气体减排、资源循环利用等提供关键支撑。

加强节能基础共性标准制修订。加快节能标准更新升级,推动减污降碳协同控制,抓紧制修订一批能耗限额、产品设备能效强制性国家标准,提升重点产品能耗限额要求,扩大能耗限额标准覆盖范围。完善能源核算、检测认证、评估、审计等配套标准。推动系统节能、能量回收、能量系统优化、高效节能设备、能源管理体系、节能监测控制、能源绩效评估、能源计量、区域能源等节能共性技术标准制修订。推动能效“领跑者”和企标“领跑者”工作。(国家发展改革委、工业和信息化部、市场监管总局、国家能源局等按职责分工负责)

加强交通运输低碳发展标准制修订。针对公路、水运、铁路和城市轨道交通、民航等交通基础设施和运输装备,开展节能降碳设计、建设、运营、监控、评价等标准制修订,完善物流绿色设备设施、运输和评价等标准。(工业和信息化部、生态环境部、住房城乡建设部、交通运输部、商务部、市场监管总局、国家铁路局、中国民航局等按职责分工负责)

专栏 4　交通运输低碳发展重点标准

电动汽车及充电设施。完善电动汽车整车、关键系统部件等标准。制定电动汽车能量消耗量限值、能耗测试方法标准。制修订动力蓄电池循环寿命、电性能、传导充电安全、综合利用等标准。加强充电设备安全、车辆到电网(V2G)、大功率直流充电、无线充电互操作、共享换电、重卡换电等领域的关键技术标准。

道路运输与车辆。研究制定公路节能降碳技术、运输组织模式标准。开展机动车燃料消耗量限值标准制定,开展汽车节能技术相关标准的研制,开展汽车排放污染诊断与维修等技术标准制修订。完善汽车生产过程清洁化、生命周期能源低碳化、产品设计绿色化标准和汽车零部件再制造、再利用标准。

船舶。研究制定船舶造修、营运及拆解的节能降碳和低碳化改造等标准,重点开展低碳/零碳排放船型开发、船型优化设计、配套设备及关键零部件和材料、节能装置标准研制。做好电动船舶充电设备、能源管理等标准制修订工作。

港口。加强港口设备节能降耗技术、水运工程节能技术、绿色港口评价等标准制修订。完善港口岸电设备、岸基充换电设备操作及运维等相关标准。

铁路和城市轨道交通。研究制定铁路和城市轨道交通列车电能测量系统、储能电源监控系统、牵引系统铅酸蓄电池组等标准。推动铁路和城市轨道交通系统节能、电气化铁路节能降耗技术等标准研究。

民航。研究制修订航空燃料可持续认证、机场新能源车辆及充电设施等标准。推动可持续航空燃料适航审定、机场碳排放管理评价、机场微电网建设运行等标准研究。

物流。制定物流设施设备的绿色选型、绿色物流园区、绿色包装、包装循环使用、绿色作业模式、逆向物流、周转箱技术和回收物流标准,以及绿色物流服务评价等标准。

燃料电池。开展质子交换膜燃料电池及关键零部件标准制修订。面向道路和非道路交通、铁路、船舶、航空等应用场景开展燃料电 池应用系统标准制定。研究固体氧化物燃料电池、甲醇燃料电池、聚合物燃料电池、融熔盐燃料电池等新型燃料电池标准。

(三)加快布局碳清除标准体系(略)

(四)健全市场化机制标准体系(略)

(五)完善计量技术体系(略)

(六)加强计量管理体系建设(略)

(七)健全计量服务体系(略)

三、重点工程和行动(略)

四、保障措施(略)

市场监管总局
国家发展改革委
工业和信息化部
自然资源部 生态环境部
住房城乡建设部
交通运输部
中国气象局
国家林草局
2022 年 10 月 18 日

鼓励外商投资产业目录(2022 年版)(节选)

中华人民共和国国家发展和改革委员会
中华人民共和国商务部
令
第 52 号

《鼓励外商投资产业目录(2022 年版)》已经 2022 年 7 月 29 日国家发展和改革委员会第 22 次委务会议审议通过和商务部审签,并经国务院同意,现予以发布,自 2023 年 1 月 1 日起施行。

国家发展和改革委员会主任:何立峰
商务部部长:王文涛
2022 年 10 月 26 日

为落实外商投资法及其实施条例,根据国民经济和社会发展需要,鼓励和引导外国投资者在特定行业、领域、地区投资,制定本目录。本目录共包括两部分,一是全国鼓励外商投资产业目录,二是中西部地区外商投资优势产业目录。

2020 年 12 月 27 日国家发展改革委、商务部发布的《鼓励外商投资产业目录(2020 年版)》自 2023 年 1 月 1 日起废止。

全国鼓励外商投资产业目录

三、制造业

(十七)通用设备制造业

159. 商用车第二代轮毂轴承(THU2)、第三代及以上轿车轮毂轴承、高中档数控机床和加工中心轴承、高速线材和板材轧机轴承、高速铁路轴承、振动值 Z4 以下低噪音轴承、各类轴承的 P4 和 P2 级轴承、风力发电机组轴承、航空轴承、飞机发动机轴承及其他航空轴承、医疗 CT 机轴承、深井超深井石油钻机轴承、海洋工程轴承、电动汽车驱动电机系统高速轴承(转速≥1.2 万转/分钟)、工业机器人 RV 减速机谐波减速机轴承、盾构机轴承、机加工数控机床、大型轴承热处理设备制造

(十八)专用设备制造业

188. 汽车动力电池专用生产设备的设计、制造

（十九）汽车制造业

274. 汽车发动机制造及发动机研发机构建设：升功率不低于 70 千瓦的汽油发动机、升功率不低于 50 千瓦的排量 3 升以下柴油发动机、升功率不低于 40 千瓦的排量 3 升以上柴油发动机、燃料电池和混合燃料等新能源发动机

275. 汽车关键零部件制造及关键技术研发：双离合器变速器（DCT）、无级自动变速器（CVT）、电控机械变速器（AMT）、汽油发动机涡轮增压器、黏性连轴器（四轮驱动用）、自动变速器执行器（电磁阀）、液力缓速器、电涡流缓速器、汽车安全气囊用气体发生器、燃油共轨喷射技术（最大喷射压力大于 2000 帕）、可变截面涡轮增压技术（VGT）、可变喷嘴涡轮增压技术（VNT）、达到中国第六阶段污染物排放标准的发动机排放控制装置、智能扭矩管理系统（ITM）及耦合器总成、线控转向系统、颗粒捕捉器、低地板大型客车专用车桥、吸能式转向系统、低拖滞盘式制动器总成、铝制转向节、大中型客车变频空调系统、汽车用特种橡胶配件，以及上述零部件的关键零件、部件

276. 汽车电子装置研发、制造：发动机和底盘电子控制系统及关键零部件，电子控制系统的输入（传感器和采样系统）输出（执行器）部件，电动助力转向系统电子控制器，嵌入式电子集成系统、电控式空气弹簧，电子控制式悬挂系统，电子气门系统装置，电子组合仪表，ABS/TCS/ESP 系统，电路制动系统（BBW），变速器电控单元（TCU），轮胎气压监测系统（TPMS），车载故障诊断仪（OBD），发动机防盗系统，自动避撞系统，汽车、摩托车型试验及维修用检测系统，自动驾驶系统、车载电子操作系统、车载电子操作系统应用程序开发（APP）、抬头显示技术、汽车避让转向辅助系统、碰撞报警系统（FCW）、自动制动控制系统（ABC）、自动紧急制动系统（AEB）、电子驻车制动系统（EPB）、线控制动系统、自适应巡航系统（ACC）、前视摄像系统、轮速传感器

277. 新能源汽车关键零部件研发、制造：能量型动力电池单体；电池正极材料（比容量≥180 mAh/g，循环寿命 2000 次不低于初始放电容量的 80%）及前驱体材料，电池负极材料（比容量≥500 mAh/g，循环寿命 2000 次不低于初始放电容量的 80%）、电池隔膜（厚度≤12 μm，孔隙率 35%～60%）；电池管理系统，电机控制器，电动汽车电控集成；电动汽车驱动电机系统（高效区：85% 工作区效率≥80%），车用 DC/DC（输入电压 100 V～400 V），大功率电子器件（IGBT，电压等级≥750 V，电流≥300 A）；插电式混合动力机电耦合驱动系统；燃料电池发动机（质量比功率≥350 W/kg）、燃料电池堆（体积比功率≥3 kW/L）、膜电极（铂用量≤0.3 g/kW）、质子交换膜（质子电导率≥0.08 S/cm）、低铂催化剂、碳纸（电阻率≤3 mΩ · cm）、空气压缩机、氢气循环泵、氢气引射器、增湿器、燃料电池控制系统、升压 DC/DC、70 MPa 氢瓶、车载氢气浓度传感器；电动汽车用热泵空调；电机驱动控制专用 32 位及以上芯片（不少于 2 个硬件内核，主频不低于 180 MHz，具备硬件加密等功能，芯片设计符合功能安全 ASIL C 以上要求）；一体化电驱动总成（功率密度≥2.5 kW/kg）；高速减速器（最高输入转速≥12000 rpm，噪声低于 75 dB）；热管理及控制系统（电动压缩机、冷媒组合阀、电子水泵、高效静音电子冷却风扇、高效鼓风机、新能源车集成化模块等）；锂电池铝塑膜（厚度 152 μm ± 10%，外层剥离强度≥6.5 N/15mm，内层剥离强度≥10 N/15 mm，内层耐电解液剥离强度≥9.0 N/15mm，成型性≥5.5 mm）

278. 车载充电机（满载输出工况下效率≥95%）、双向车载充电机、非车载充电设备（输出电压 250 V～950 V，电压范围内效率≥88%）和高功率密度、高转换效率、高适用性无线充电、移动充电技术开发及装备制造

279. 智能汽车关键零部件研发、制造：传感器、车载芯片、中央处理器、车载操作系统和信息控制系统、车网通信系统设备、视觉识别系统、线控底盘系统；新型智能终端模块、多核异构智能计算平台技术、传感器融合感知技术、车用无线通信关键技术、基础云控平台技术；新型安全隔离架构技术、软硬件协同攻击识别技术、终端芯片安全加密和应用软件安全防护技术、无线通信安全加密技术、安全通讯及认证授权技术、数据加密技术；测试评价体系架构研发，虚拟仿真、实车道路测试等技术和验证工具，整车级和系统级测试评价方法，测试基础数据库建设

280. 与 L3/L4/L5 自动驾驶相关的硬件及关键零部件制造：激光雷达，毫米波雷达，智能摄像头

281. 充电桩、储能充电桩制造，充电/储能一体化节能综合设施或解决方案开发、制造。

中西部地区外商投资优势产业目录

山西省

19. 汽车零部件制造：六挡以上自动变速箱、商用车用高功率密度驱动桥、随动前照灯系统、LED 前照灯、轻量化材料应用、离合器、液压减震器、中控盘总成、座椅、电机及控制系统、主动安全及自动驾驶控制系统、燃料电池系统及零部件

内蒙古自治区

22. 汽车整车制造，专用汽车（不包括普通半挂车、自卸车、罐式车、厢式车和仓栅式汽车）制造（须执行《汽车产业投资管理规定》）

23. 汽车零部件制造：六挡以上自动变速箱、商用车用高功率密度驱动桥、随动前照灯系统、LED 前照灯、轻量化材料应用（高强钢、铝镁合金、复合塑料、粉末冶金、高强度复合纤维等）、离合器、液压减震器、中控盘总成、座椅

辽宁省

15. 汽车零部件制造：六挡以上自动变速箱、商用车用高功率密度驱动桥、随动前照灯系统、LED 前照灯、轻量化材料应用（高强钢、铝镁合金、复合塑料、粉末 冶金、高强度复合纤维等）、离合器、液压减震器、中控盘总成、座椅、汽车主被动安全保护装置、汽车启停电机、新能源汽车驱动装置及控制系统、高效、超高效电机用定子与转子在线自粘生产

吉林省

27. 汽车零部件制造：六挡以上自动变速箱、商用车用高功率密度驱动桥、随动前照灯系统、LED 前照灯、轻量化材料应用（高强钢、铝镁合金、复合塑料、粉末冶金、高强度复合纤维等）、离合器、液压减震器、中控盘总成、座椅

28. 汽车线束加工技术开发与产品生产

29. 专用汽车（不包括普通半挂车、自卸车、罐式车、厢式车和仓栅式汽车）制造（须执行《汽车产业投资管理规定》）

黑龙江省

30. 专用汽车（不包括普通半挂车、自卸车、罐式车、厢式车和仓栅式汽车）制造（须执行《汽车产业投资管理规定》）

31. 汽车零部件制造：六挡以上自动变速箱、商用车用高

功率密度驱动桥、随动前照灯系统、LED 前照灯、轻量化材料应用(高强钢、铝镁合金、复合塑料、粉末 冶金、高强度复合纤维等)、离合器、液压减震器、中控盘总成、座椅、电子组合仪表

湖北省

22. 汽车零部件开发与制造:六挡以上自动变速箱、商用车用高功率密度驱动桥、随动前照灯系统、LED 前照灯、轻量化材料应用(高强钢、铝镁合金、碳纤维、复合塑料、粉末冶金、高强度复合纤维等)、离合器、液压减震器、汽车动力转向器、中控盘总成、座椅、燃油共轨喷射系统相关产品、涡轮增压发动机、电机及控制系统、主动安全及自动驾驶控制系统及其关键件和零部件

23. 车用压缩氢气塑料内胆碳纤维全缠绕气瓶

湖南省:

21. 新能源汽车热管理系统及控制系统研发、制造,包含电驱热管理系统,电池热管理系统以及乘客舱热管理系统及其控制系统的研发、制造

22. 汽车零部件及汽车电子装置开发与制造:六挡以上自动变速箱、商用车用高功率密度驱动桥、随动前照灯系统、LED 前照灯、轻量化材料应用(高强钢、铝镁合金、复合塑料、粉末冶金、高强度复合纤维等)、离合器、液压减震器、中控盘总成、座椅、燃油共轨喷射系统相关产品、涡轮增压发动机、电机及控制系统、主动安全及自动驾驶控制系统。

广西自治区

27. 汽车整车制造,专用汽车(不包括普通半挂车、自卸车、罐式车、厢式车和仓栅式汽车)制造(须执行《汽车产业投资管理规定》)

28. 汽车零部件制造:六挡以上自动变速箱、商用车用高功率密度驱动桥、随动前照灯系统、LED 前照灯、轻量化材料应用(高强钢、铝镁合金、复合塑料、粉末冶金、高强度复合纤维等)、离合器、液压减震器、中控盘总成、座椅

34. 光储充一体化,新能源汽车充电设备技术的开发应用或生产加工

海南省:

19、新能源汽车设计、研发及零部件制造。

42. 新能源汽车及零配件销售

重庆市

19. 汽车整车制造,专用汽车(不包括普通半挂车、自卸车、罐式车、厢式车和仓栅式汽车)制造(须执行《汽车产业投资管理规定》)

21. 汽车零部件制造:满足国六排放标准及以上的增压直喷汽油机/清洁高效柴油机/驱动系统零部件(离合器、减振器、双质量飞轮)、六挡以上自动变速箱(AT、DCT、AMT)、座椅、传动轴、电动转向系统零部件、新能源专用发动机/变速器;新能源车用动力锂电池、驱动电机、电控系统、电制动、电仪表、能量回收系统、电空调、远程监控系统等关键零部件;传动/安全/车身/行驶/信息控制系统、高级驾驶辅助系统(ADAS)、自动驾驶控制系统等智能汽车关键部件;DPF、GPF、SCR 等发动机后处理系统、替代燃料发动机 ECU 控制策略及软硬件;轻量化底盘及车身;轻量化材料应用(高强钢、铝镁合金、复合塑料、粉末冶金、高强度复合纤维等)、行业共性技术平台(汽车风洞、轻量化、全球研发中心等)建设等

四川省

34. 汽车整车制造,专用汽车(不包括普通半挂车、自卸车、罐式车、厢式车和仓栅式汽车)制造(须执行《汽车产业投资管理规定》)

36. 汽车零部件及汽车电子装置开发与制造:六挡以上自动变速箱、商用车用高功率密度驱动桥、随动前照灯系统、LED 前照灯、轻量化材料应用(高强钢、铝镁合金、复合塑料、粉末冶金、高强度复合纤维等)、离合器、液压减震器、中控盘总成、座椅、燃油共轨喷射系统相关产品、涡轮增压发动机、电机及控制系统、主动安全及自动驾驶控制系统

贵州省

26. 新能源电池正负极材料的加工(磷酸铁锂、六氟磷酸锂加工)

28. 动力锂电池材料研发、生产

29. 汽车整车制造,专用汽车(不包括普通半挂车、自卸车、罐式车、厢式车和仓栅式汽车)制造(须执行《汽车产业投资管理规定》)

30. 汽车零部件制造:六挡以上自动变速箱、商用车用高功率密度驱动桥、随动前照灯系统、LED 前照灯、轻量化材料应用(高强钢、铝镁合金、复合塑料、粉末冶金、高强度复合纤维等)、离合器、液压减震器、中控盘总成、座椅。

关于做好锂离子电池产业链供应链协同稳定发展工作的通知

工信厅联电子函〔2022〕298 号

各省、自治区、直辖市及计划单列市、新疆生产建设兵团工业和信息化主管部门、市场监管局(厅、委),各有关单位:

锂离子电池(以下简称锂电)是支撑新型智能终端、电动工具、新能源储能等产业发展的基础电子产品。近来随着下游需求及产业规模爆发式增长、疫情复杂多变、经济下行压力加大等因素影响,国内锂电产业链供应链阶段性供需失衡严重,部分中间产品及材料价格剧烈波动超出正常范围;上下游对接不畅,部分领域出现囤积居奇、不正当竞争;部分环节产能盲目扩张,低质低价竞争时有发生。为保障锂电产业链供应链协同稳定,现将有关事项通知如下:

一、坚持科学谋划,推进锂电产业有序布局

各地工业和信息化主管部门要及时了解本地锂电制造及一阶材料(正极材料、负极材料、隔膜、电解质等)、二阶材料(电池级碳酸锂、氢氧化锂等)产业发展情况,按照"十四五"制造业系列规划和《关于推动能源电子产业发展的指导意见》等要求,实事求是制定本地区锂电产业发展政策。指导锂电企业结合实际和产业趋势合理制定发展目标,在关键材料供应稳定、研发创新投入充足、配套资金适量充裕的前提下,因时因需适度扩大生产规模,优化产业区域布局,避免低水平同质化发展和恶性竞争,建立创新引领、技术优先、公平竞争、有序扩张的发展格局。

二、加强供需对接,保障产业链供应链稳定

各地工业和信息化主管部门要引导上下游企业加强对接交流,推动形成稳定高效的协同发展机制。鼓励锂电(电芯及电池组)生产企业、锂电一阶材料企业、锂电二阶材料企业、锂镍钴等上游资源企业、锂电回收企业、锂电终端应用企业及系统集成、渠道分销、物流运输等企业深度合作,通过签订长单、技术合作等方式建立长效机制,引导上下游稳定预

期、明确量价、保障供应、合作共赢。落实《"十四五"工业绿色发展规划》等要求,完善废旧新能源汽车动力电池回收利用体系,提高综合利用水平。各地市场监管部门要加大监管力度,严格查处锂电产业上下游囤积居奇、哄抬价格、不正当竞争等行为,维护市场秩序。

三、强化监测预警,提高公共服务供给能力

各地工业和信息化主管部门要严格执行《电子信息制造业统计调查制度》,综合运用部门统计、问卷调查、行业管理、企业调度、大数据分析等方式,加强锂电行业产能、投资等运行情况监测。联合各地市场监管部门及时发现产品价格异常波动及产能短缺、投资过热等问题,深入实施《锂离子电池行业规范条件》,引导产业加快转型升级。充分发挥"数字工信"平台及地方平台等技术手段作用,加强锂电行业运行和风险预警,实现第一时间预警、第一时间响应。工业和信息化部指导有关单位修订实施《锂离子电池综合标准化技术体系》,建设产业链供需对接服务和锂电产品溯源公共服务平台,建立全生命周期溯源管理体系。鼓励行业协会、研究机构等积极发挥桥梁纽带作用,及时发布产业态势、行业预警等信息,引导行业加强自律。

四、加强监督检查,保障高质量锂电产品供给

各地工业和信息化主管部门、市场监管部门引导锂电企业落实产品质量主体责任,加强质量管理体系和质量保证能力建设,根据锂电产品本征安全、工艺安全和防护安全等需求,持续开展技术创新,加强质量管控,优化工艺流程,获得质量认证,提升检测能力。鼓励应用 ISO 9000 等质量管理体系标准和"六西格玛""卓越绩效"等先进质量管理方法,提高产品一次交验合格率,保障产品可靠性、稳定性和一致性,相关产品应符合《便携式电子产品用锂离子电池和电池组 安全要求》(GB 31241)、《固定式电子设备用锂离子电池和电池组 安全技术规范》(GB 40165)等一系列强制性标准要求。各地市场监管部门、工业和信息化主管部门要按照职责分工,对锂电生产企业开展产品质量监督检查。各地工业和信息化主管部门组织本地锂电生产企业开展产品质量自查,鼓励企业通过自我声明形式公开质量自查情况。各地市场监管部门依据《产品质量法》和国家强标,重点查处生产销售不符合国家强制性标准产品等质量违法行为。市场监管总局、工业和信息化部适时组织检验检测机构,开展锂电产品质量抽查。

五、优化管理服务,营造产业发展良好环境

各地工业和信息化主管部门、市场监管部门要坚持推动有效市场和有为政府更好结合,着力破除地方保护和区域割裂,共同建设高效规范、公平竞争、充分开放的全国锂电统一大市场。统筹疫情防控和产业发展,会同有关部门指导企业提升疫情防控应对能力,加强对企业的跟踪服务,积极协调企业生产、运输、销售等环节遇到的困难。加强对锂电产业链供应链重点项目的管理,联合有关部门严格落实建设项目相关要求,引导锂电产业健康有序发展。

工业和信息化部、市场监管总局将及时通报重点工作进展情况,适时开展约谈和提醒告诫,对违法典型案例公开曝光,对好经验好做法及时宣传推广。

工业和信息化部办公厅
国家市场监督管理总局办公厅
2022 年 11 月 10 日

关于启动汽车安全沙盒监管试点申报的通知

市监质函〔2022〕1708 号

各有关企业与单位:

《市场监管总局 工业和信息化部 交通运输部 应急部 海关总署关于试行汽车安全沙盒监管制度的通告》发布以来,受到业界广泛关注。为稳步推进汽车安全沙盒监管制度,在听取各方意见的基础上,市场监管总局研究制定了《汽车安全沙盒监管实施方案(试行)》(附件 1)、《汽车安全沙盒监管技术目录清单(试行)》(附件 2),现正式启动试点申报工作。

相关申报主体自愿根据上述材料要求,编制《汽车安全沙盒监管试点申请书》(附件 3)。

附件:

1. 汽车安全沙盒监管实施方案(试行)
2. 汽车安全沙盒监管技术目录清单(试行)
3. 汽车安全沙盒监管试点申请书(略)

市场监管总局办公厅
2022 年 12 月 26 日

附件 1　汽车安全沙盒监管实施方案(试行)

2022 年 2 月,市场监管总局联合有关部门印发了《关于试行汽车安全沙盒监管制度的通告》。为确保汽车安全沙盒监管制度(以下简称沙盒监管)的顺利实施,制定本方案。

一、工作原则

(一)市场主导,政府推动

注重市场驱动,充分发挥企业主体责任,激发企业的创新活力,提高质量竞争实力。坚持监管部门合理引导,坚守产品安全底线,共同推动汽车产业快速健康发展。

(二)自愿参与,典型示范

试行期间企业就单个技术或技术集成,可以自愿申请进入汽车安全沙盒监管。监管部门通过加强宣传、典型示范、技术服务等举措,鼓励企业在统筹安全与创新中发挥带头作用。

(三)先行先试,逐步规范

在原有汽车安全监管框架下,以试点方式推进沙盒监管制度,并不断优化、完善工作机制,实现我国汽车安全管理法律制度与实践新突破。

(四)技术中立,风险可控

沙盒监管强调对创新特性的包容审慎,坚持技术中立,不作为具体技术的"裁判员",充分调动行业技术力量,防范安全风险,使各类创新技术享有充分的市场竞争机会。

二、组织架构

(一)监管对象

沙盒监管的对象为新技术、新功能或新模式,按照"共性先立、急用先行""关键核心技术全覆盖"以及"适度超前、便于实施"的原则,建立动态的《汽车安全沙盒监管技术目录清单》。

(二)申请主体

申请进入沙盒监管的主体为汽车整车、零部件、互联网科技、数据服务、网络运营、软件与系统供应等企业。企业可以单独申请,也可以联合申请。联合申报需由牵头企业申报,同一申报内容不得多头申报和重复申报。

(三)工作主体

市场监管总局成立汽车安全沙盒监管试点推进办公室(以

下简称试点推进办公室)，负责组织协调和推进实施。市场监管总局质量发展局承担试点推进办公室日常事务性工作。

(四)专家委员会

市场监管总局组建汽车安全沙盒监管专家委员会(以下简称专家委员会)。专家委员会的秘书处设在市场监管总局质量发展局。专家委员会下设专家技术工作组，全面跟踪某一技术最新进展、深度测试实施、技术安全评估等工作。专家技术工作组秘书处设在市场监管总局缺陷产品管理中心。

三、工作程序

汽车安全沙盒监管制度试点工作包括企业申请、初期评估、深度测试、主动报告等工作，具体流程如下。

(一)企业申请

根据《汽车安全沙盒监管技术目录清单》，企业自主评估是否符合申报条件，并如实填写《汽车安全沙盒监管试点申请书》，提交至试点推进办公室，试行期间提交至市场监管总局缺陷产品管理中心。

(二)初期评估

试点推进办公室组织对企业申请材料进行初期评估，重点评估技术的创新性和技术经济效益。通过评估的，通知企业申请的技术及相关产品进入沙盒监管。

(三)深度测试

1. 制定方案

通过评估后，针对新技术、新功能或新模式，企业在2个月内制定《汽车安全沙盒监管深度测试方案》。深度测试方案包括测试周期、测试项目、关键监测指标、测试方法、测试数据采集与管理机制、消费者安全保障计划、质量安全风险防控及应急处置措施、测试实施监督及测试退出策略等。试点推进办公室组织专家技术工作组进行技术评估。通过后，企业按照测试方案开展测试。

2. 测试实施

企业按照《汽车安全沙盒监管深度测试方案》开展测试，并做好数据采集记录和技术安全评估等工作。测试过程中，重点对汽车运行过程中未识别的危害及触发条件、环境演变或交通规则变化、动态场景突变等进行测试，对潜在功能不足或市场上相关功能与网络安全事件等进行复现测试。企业已经开展的相关实验，可以作为深度测试的证明材料。

3. 跟踪测试

试点推进办公室组织专家技术工作组跟踪企业深度测试情况，了解测试进展以及与测试方案的有关偏差，保存必要的测试材料，针对发现的安全风险，进行记录、分析和报告。

4. 方案变更

根据实际测试情况，出现需要修改关键测试参数、调整测试方法等情况时，企业需向试点推进办公室提交汽车安全沙盒监管深度测试方案变更说明，说明变更内容及原因。

5. 监督检查

试点推进办公室组织对企业测试过程中出现的关键技术风险进行分析研判，发现车辆深度测试无法达到预期要求的，立即通知企业终止测试。对可能涉及共性问题的，加大技术分析与研判力度，并进行适当的行业指导与干预。

6. 提升服务

(1)对可能涉及行业共性安全问题的，试点推进办公室组织相关技术单位开展系列技术攻关活动，提升前沿技术的质量安全水平，推动前沿技术的市场应用。

(2)对可能涉及产品标准的，加强与相关标准化技术委员会的沟通，推动汽车产品新技术领域安全标准制修订。

7. 退出试点

(1)试点企业完成车辆深度测试，达到预期目标的，自动退出沙盒监管。

(2)试点企业根据实际测试情况，需要中途退出沙盒监管的，需向试点推进办公室提交退出申请，并对情况进行说明，经同意后方可退出沙盒监管制度试点。

(四)主动报告

1. 车辆深度测试报告

在深度测试过程中，企业须向试点推进办公室提交车辆深度阶段性报告(每六个月一次)、测试中期报告与总结报告，包括测试进展、进度评估(分析进度超前或滞后的原因)、车辆质量安全风险防范措施有效性评估、测试结果、发现的质量安全风险及改进等内容。

2. 车辆事故及调查报告

(1)测试车辆发生碰撞、火灾、远程控制、辅助驾驶失效等事故后，应及时开展事故调查分析，申请企业应在事故发生后12小时内将事故的基本信息、48小时内将事故详细信息和初步调查情况，向试点推进办公室报告。

(2)申请企业获知与测试同类型、同批次车辆在中国市场上发生碰撞、火灾、远程控制、辅助驾驶失效等事故后，应按照《缺陷汽车产品召回管理条例》等规定开展调查分析，并在48小时内向市场监管总局报告调查结果，提交《车辆事故及调查报告》。

四、智慧监管

对于进入监管沙盒的产品、服务或解决方案，实施企业自律、信息公开、公众监督、质量服务等柔性管理方式。通过沙盒深度测试的，可申请豁免相关技术标准要求。对测试发现的安全风险严重程度相对较低的批次性问题，可通过主动技术服务等方式消除安全风险。但在监管沙盒实施过程中，参与主体发生违反现行法律法规行为的，不免除相关责任。

五、宣传推广

试点推进办公室组织专家委员会对深度测试情况进行评估，遴选典型测试案例，展示分享典型经验，加强技术创新适用性宣传。对通过深度测试的与安全、健康和环保相关的共性技术制定相关技术标准，并推动技术成果转化为标准必要专利，实现技术专利化、专利标准化、标准产业化。

六、工作要求

(一)加强信息共享

市场监管总局将加强部门、行业合作，推动车辆深度测试与评估，事故及调查，安全、健康和环保共性技术等信息共享，推动行业技术进步。

(二)发挥专家作用

鉴于沙盒监管的高度技术专业性，试点过程中，组织一批有能力、资质符合要求的技术机构，承担沙盒监管相关技术评估、质量服务工作，确保沙盒监管制度顺利实施。

(三)严明工作纪律

沙盒监管是针对后市场阶段的制度创新。参与试点的行政机关和技术机构工作人员以及相关专家，在技术判断上应秉持客观公正、实事求是的原则，同时要筑牢保密防线，未经允许不得泄露技术和商业秘密。

附件 2　汽车安全沙盒监管技术目录清单(试行)

根据《关于试行汽车安全沙盒监管制度的通告》,以共性先立、急用先行,关键核心、重点覆盖,适度超前为原则,从技术安全、自主创新、产业应用、标准测试 4 个维度对汽车安全新技术与新功能新模式进行了评估,遴选出首批汽车安全沙盒监管技术目录清单。具体如下：

新技术清单

编号	大类	种类	小类
2022-01-XJS-01	智能网联汽车车辆关键技术	系统设计技术	车用操作系统
2022-01-XJS-02			智能算法
2022-01-XJS-03		整车安全技术	预期功能安全技术
2022-01-XJS-04	智能网联汽车信息交互关键技术	车路协同技术	直连通信技术
2022-01-XJS-05			车路融合环境感知技术
2022-01-XJS-06		专用通信与网络技术	车载 5G 传输技术
2022-01-XJS-07	智能网联基础支撑关键技术	高精度地图和定位技术	高精度地图数据采集技术
2022-01-XJS-08			高精定位系统技术
2022-01-XJS-09		网络安全技术	车辆态势感知技术
2022-01-XJS-10			新型电子电气架构
2022-01-XJS-11		数据安全技术	车端数据脱敏技术
2022-01-XJS-12		车载芯片技术	车载芯片技术
2022-01-XJS-13	新能源汽车技术	充电技术	350 kW 以上大功率充电技术
2022-01-XJS-14			无线充电技术
2022-01-XJS-15		换电技术	高效安全换电技术
2022-01-XJS-16		电池技术	固态电池技术
2022-01-XJS-17			钠离子电池技术
2022-01-XJS-18			无钴电池技术
2022-01-XJS-19		其他	电池包结构(CTP、CTC 等)新技术
2022-01-XJS-20			无线 BMS 技术
2022-01-XJS-21			车载液态储氢技术

新功能清单

序号	大类	小类
2022-01-XGN-01	基础功能类	OTA(软件在线升级)
2022-01-XGN-02	辅助驾驶类	NOA(领航驾驶辅助)
2022-01-XGN-03		HPA(记忆泊车)
2022-01-XGN-04		TJA(交通拥堵辅助)
2022-01-XGN-05		LCC(车道居中控制)
2022-01-XGN-06		ALC(自动变道辅助)
2022-01-XGN-07		AEB(自动紧急制动)
2022-01-XGN-08		LKA(车道保持辅助)
2022-01-XGN-09		BSD(盲区监测)
2022-01-XGN-10	自动驾驶类	ALKS(自动车道保持)
2022-01-XGN-11		AVP(自主泊车)
2022-01-XGN-12		城市自动驾驶
2022-01-XGN-13		高速公路自动驾驶
2022-01-XGN-14		港口自动驾驶

二、地 方 政 策

《节能与新能源汽车年鉴》编制办公室梳理汇总了 28 个地方政府共计 238 条政策信息,涉及节能与新能源汽车、智能网联汽车、燃料电池汽车领域,从行业发展趋势与政策结合的视角为产业提供权威依据。

(地方政策列表扫描二维码)

节能与新能源汽车

年鉴

第三篇

城市篇

北 京 市

一、2022 年产业概况

1. 总述

北京是我国汽车产业创新发展的主要区域和重要汽车生产基地，是我国最早发展新能源汽车的城市。经过多年的积累和发展，北京已拥有完整的汽车整车及核心零部件设计、研发、验证体系，创新人才聚集，创新环境优越，建成了动力电池、新能源汽车和智能网联汽车 3 个国家级创新中心。近年来，北京坚持电动化、智能化、网联化发展方向，深入实施新能源汽车发展国家战略，推动高质量可持续发展，整体水平居全国前列。2022 年，北京汽车产业完成在京产量 92.6 万辆，实现产值 3348.8 亿元。

2. 纯电动汽车产业

2009 年成立的北京新能源汽车股份有限公司，是我国首家独立运营、首个获得新能源汽车生产资质的企业，并于 2018 年 9 月在上交所上市，成为国内新能源汽车第一股，拥有 ARCFOX 和 BEIJING 两个产品品牌。2022 年，北京新能源汽车股份有限公司汽车销量为 5.02 万辆，同比增长 92.06%。2021 年以来，北京引进了理想汽车等整车项目，推动北京奔驰、北京现代电动化转型，进行多元化布局。在动力电池、驱动电机、电控系统等关键零部件领域都有企业布局，集聚了北京卫蓝新能源科技有限公司、精进电动科技股份有限公司、北京理工华创电动车技术有限公司等一批优秀企业。

3. 燃料电池汽车产业

北京致力于打造创新引领的燃料电池汽车产业高地，从 2008 年北京奥运会开始布局燃料电池汽车，形成了良好的产业基础。以北汽福田汽车股份有限公司为龙头，持续推进燃料电池商用车研发和规模化应用，开展燃料电池汽车示范。北京已聚集 40 多家燃料电池汽车产业链重点企业。丰田联合燃料电池研发和华丰燃料电池生产等一批项目加快建设。北京亿华通科技股份有限公司攻关高性能低铂车用膜电极，量产产品实现国产质子交换膜导入。技术自主创新、产业持续发展、区域一体协同的产业生态初现峥嵘。

4. 智能网联汽车产业

推动智能网联汽车产业可持续健康发展。率先开展智能网联汽车道路测试及示范应用。截至 2022 年底，北京已建设 4 座自动驾驶车辆封闭测试场，为 19 家自动驾驶企业超 600 台车辆发放了道路测试牌照，开放测试道路总里程达 1543 km，自动驾驶车辆道路测试安全行驶里程超过 2400 万 km，各项数据均居全国前列。建设全球首个网联云控式 L4 高级别自动驾驶示范区，已经完成 1.0 阶段（试验环境搭建）、2.0 阶段（小规模部署）建设。智能网联汽车产业集聚初见成效，百度、小马智行、图森未来等头部企业悉数到齐，百余家企业参与示范区建设，运营车辆数量全国领先。加强行业交流合作，连续五年成功举办世界智能网联汽车大会，成为全球智能网联汽车领域水平最高、规模最大、影响力最强的国际会议。

二、2022 年推广应用

1. 总述

北京坚持“市场主导与政府引导相结合”“公共带动社会、增量存量协同”的思路，积极推动新能源汽车推广应用，不断提升全市新能源汽车占比。截至 2022 年底，北京新能源汽车保有量 61.7 万辆。

2. 开展新能源汽车换电模式应用试点

2021 年 10 月，北京获批成为国家第一批新能源汽车换电模式应用试点城市。两年试点期内，将以提升换电产品的兼容性、安全性、便捷性和经济性为目标，推动关键技术研究，促进商业模式创新；聚焦出租汽车、租赁汽车、私人电动小客车、渣土砂石运输车 4 类应用场景，到试点期末换电模式车辆保有量不低于 5.5 万辆，换电站保有量不低于 240 座。截至 2022 年底，北京换电模式汽车保有量达到 5.28 万辆，建成换电站 248 座。

3. 推动京津冀燃料电池汽车示范城市群建设

2021 年 8 月，京津冀燃料电池汽车示范城市群获得批复，成为国家首批示范城市群。在 4 年示范期内，京津冀燃料电池汽车示范城市群推广车辆示范应用规模不少于 5300 辆。京津冀燃料电池汽车示范城市群第一年度超额完成车辆推广应用任务，推广目标 1073 辆，实际完成上牌 1239 辆，并按计划实现了电堆、空压机的技术自主创新及产业化应用，提前实现了膜电极、双极板、氢气循环系统等关键零部件的研发产业化。北京聚焦省际间专线货运、城市重型货物运输、城市物流配送、城市客运四大类应用场景，以“揭榜挂帅”方式推动燃料电池汽车示范，第一年度推广目标为 865 辆，实际完成上牌 1105 辆。

4. 大力促进汽车消费

鼓励汽车更新换代消费，制定实施《北京市关于鼓励汽车更新换代消费的方案》，对报废或转出本市注册登记在本人名下 1 年以上的乘用车，在本市汽车销售企业购置新能源小客车，并在本市上牌的个人消费者，给予 8000 ~ 10000 元的置换补贴。以“缤纷消费季 购车嘉年华”为主题，举办“2022 北京购车节”，打造新车展示发布、购车优惠促销、动态试乘体验、沉浸式互动为一体的购车嘉年华系列活动，带动全市汽车消费市场保持稳定增长。支持汽车企业通过降价优惠、积分奖励及电卡赠送等方式，积极参与汽车促消费活动。

三、2022 年新能源汽车保有量和车用能源基础设施情况

2022 年，推广应用新能源汽车 11 万辆。截至 2022 年底，北京新能源汽车保有量 61.7 万辆，充电桩保有量28.1 万个，换电站保有量 248 座，加氢站保有量 14 座。

城市	新能源汽车		充电桩	换电站	加氢站
	2022 年增量（万辆）	2022 年底保有量（万辆）	2022 年底保有量（万个）	2022 年底保有量（座）	2022 年底保有量（座）
北京	11.0	61.7	28.1	248	14

天 津 市

一、2022 年产业概况

天津市新能源汽车产业起步较早，具有良好的产业发展基础，已经形成涵盖整车开发、动力电池、控制系统和试验检测等较为完善的产业体系，涵盖乘用车、客车、载货车、专用车全类别产品，汇聚了力神电池、捷威动力、西门子法雷奥、电装电机等国内外领先的“三电”企业，以及中汽中心、中电科十八所等试验检测科研机构。

2022 年，天津市持续推动新能源汽车与智能网联汽车产业发展，将新能源汽车、车联网纳入全市重点推进建设的产业链，并组织专班统筹推动产业创新发展。进一步加强推动力度，做好服务支撑，促进产业链生产要素供应平稳，保障汽车整车、零部件生产企业正常生产经营，实现产业链供应链资金链融合发展。大众驱动电机等一批项目落户，产业链配套体系不断优化。

智能网联车方面，已构建了涵盖环境感知、决策控制、系统集成以及测试评价等的产业支撑体系，拥有西青国家级车联网先导区，已形成标准先行、研发创新、孵化培育的发展模式。智能关键部件方面，聚集了经纬恒润、英创汇智、中科慧眼、中汽数据、天安智联等一批重点企业；在政策方面，出台《天津市智能网联汽车道路测试与示范应用实施细则(试行)》，西青区出台《支持低速自动驾驶(不载人)小车运营指导意见(试行)》，支持物流、送餐等低速小车商业应用。

二、2022 年推广应用

2022 年，天津市继续加大新能源汽车推广应用力度，不断完善安全服务保障体系建设，持续优化应用环境。全年新能源汽车推广应用规模首次突破 10 万辆，达到 10.26 万辆，同比增长 23.6%，市场渗透率达到 26%，提前完成规划目标。全市新能源汽车保有量达到 36.78 万辆，占全市机动车保有量达到 10% 左右。公共领域，公交电动化持续深化，城区运营线路占比超过 80%。市区物流车电动化率持续提升，全市运营纯电动物流车超过 2 万台。新能源网约车占比不断提升，占日常运营车辆运营总量的 6 成以上。私人购置新能源热情持续高涨，占全年新增车辆总数的 86%。政策体系建设方面，严格落实新能源汽车不限行、不限购措施，研究制定《在津推广新能源汽车生产企业及车型管理流程》《天津市新能源汽车安全服务保障体系建设指南》，进一步加强了新能源汽车在津安全使用。

燃料电池汽车示范应用方面，滨海新区(天津港保税区)纳入京津冀氢燃料电池汽车示范城市群，并投入 4 辆氢燃料电池洗扫车和洒水车用于园区环卫作业。投运车辆以天津港保税区工业副产氢作为动力来源，由区内企业氢璞创能提供电堆、新氢动力提供系统、环投集团提供作业场景，主要用于主要干道路面冲洗清扫、洒水降尘等环卫保洁工作。

车联网示范应用方面，天津市依托西青区国家级车联网先导区，积极推动车联网示范应用。在基础设施建设方面，西青区实现 408 个路口的道路交通信息全息感知、数据实时处理、服务多点触达，海河教育园完成 20 个路口的智能化建设，中新天津生态城等区域也在布局；在应用场景开放方面，天津港实现 100 多台自动驾驶集卡、水平运输设备规模应用，50 多辆京东物流的无人物流配送车在天津南站、中北镇部分区域常态化示范应用，中新天津生态城、海河教育园推出了智能公交车示范线路，宝坻京津中关村科技城建设智能驾驶小巴等体验场景。

三、2022 年单位经营情况

1. 总述

2022 年天津市汽车及新能源汽车产业链完成产值 2122 亿元，同比下降 4.7%，占规上工业产业链产值比重 9.9%，增加值占比 8.9%。营业收入 2385 亿元，同比增长 0.1%。全市整车产量 80 万辆，同比下降 16%。其中一汽丰田产量 50.6 万辆，同比下降 8.1%；一汽大众产量 19 万辆，同比下降 6.5%；长城汽车产量 9.6 万辆，同比下降 48.8%。

2. 电动汽车产业

天津市各整车企业均已布局电动车版块，拥有欧拉白猫、卡罗拉 E +、奕泽 E 进擎、探岳 GTE、恒驰 5 等车型。2022 年全市电动汽车产量为 2 万辆。力神电池、捷威动力、西门子法雷奥、大众变速器、电装电机等“三电”企业均处于国内外领先地位。

3. 燃料电池汽车产业

燃料电池整车方面，银隆汽车成立燃料电池研究院，开展料电池汽车技术研究。累计已申报燃料电池相关专利 30 项，并完成了氢燃料电池样车开发与测试。零部件方面，天津市保税区设立了氢能示范产业园，聚集了新氢动力、国氢新能源、美锦集团、氢璞创能、重塑科技等一批电堆、动力系统关键零部件企业。

4. 智能网联汽车产业

天津市整车企业高端车型已经基本实现 L2 级自动驾驶全覆盖。在智能关键部件方面，聚集了经纬恒润、英创汇智、中科慧眼、中汽数据、天安智联等一批重点企业且发展势头良好。

四、2022 年新增项目及园区建设

西青区国家级车联网先导区是北方唯一、全国第二个国家级车联网先导区。围绕先导区建设，以西青区为重点，强化顶层设计，加快先行先试，拓展应用场景，做大产业链，产业聚集效应逐步显现。2021 年，全区车联网产业累计实现产值 21 亿元；2022 年上半年，车联网产业链产值增速达到 14.4%，增加值增速达到 14.8%，全区聚集车联网产业链上下游企业 40 余家。自主创新能力不断增强，西青先导区牵头或参与研究制定车联网标准 88 项，已发布 12 项，车联网领域共有 812 件专利，其中发明专利占全部专利 64.8%。

测试服务体系已经初步搭建包含虚拟测试场、封闭测试场、开放测试道路的三级测试服务体系，形成智能网联汽

车研发测试完整闭环。其中,虚拟测试场是国内测试场景最齐全、测试用例最丰富、测试方案最完善的测试场,可提供全套自动化仿真测试评价服务。虚拟测试环境覆盖 30 个国内主要城市,道路里程超过 1450 万 km,累计测试用例超 287 万例,持续为上汽、广汽、北汽等 40 家车企提供研发服务。封闭测试场占地 1475 亩,涵盖城市道路、ADAS(高级驾驶辅助系统)直线区、山路模拟区等 7 个核心功能,是中国北方功能最齐全的封闭测试场。一期项目(875 亩)已竣工并试运营,支持主流驾驶辅助类及自动驾驶类的标准验证和功能研发测试,可实现 100 余个测试场景,已为德国大众、狮桥科技等优质企业提供测试服务,累计商业测试时长 1600 h。开放测试道路,开放城市道路、城郊公路、乡村道路的 24.5 km,完成 180 km 开放测试道路设计方案,正在进行路段开放申请。

五、2022 年基础设施

截至 2022 年底,天津市共建成公共充电场站 3278 座,公共充电桩 3.3 万台,单位自用充电桩 0.14 万台。私人充电桩 6.5 万台,整体车桩比达到 3.65∶1。

六、发展规划

天津正在全面贯彻落实党的二十大精神,深入贯彻落实习近平总书记对天津工作“三个着力”重要要求和一系列重要指示批示精神,紧紧抓住京津冀协同发展重大战略机遇,组织实施“十项行动”,加快“一基地三区”建设,扎实推进高质量发展。

着力把握电动化、网联化、智能化的方向,加力推动汽车产业转型升级。紧抓新能源和智能网联汽车制造业,做大做强自主品牌乘用车,加快合资品牌转型升级,探索多技术路线商用车,加快智能网联汽车发展,着力发展“三电”关键部件配套能力,优化零部件供应链,加快车规级芯片产业发展。重构汽车服务业版图,强化检测认证生产制造服务优势,巩固平行进口和二手车出口优势,建立网络货运聚集优势,加快推动汽车服务业发展。

七、本地区新能源汽车推广应用统计表

(单位:万辆)

车型 / 燃料	公交车	旅游大巴	公务车	出租车	私人用车	物流车	其他领域	合计
纯电动	0.61	0.03	2.02	0.007	19.7	2.57	2.64	27.58
插电式	0.22	0	1	0	7.98	0	0	9.2
合　计	0.83	0.03	3.02	0.007	27.68	2.57	2.64	36.78

八、本地区新能源汽车企业产销量统计表

生产企业名称	产品商标	车辆类型	通用名称	产量统计(辆)	销量统计(辆)
一汽丰田汽车有限公司	丰田牌	插电式混合动力乘用车	卡罗拉 1.8 L(PHEV)	2030	2256
一汽丰田汽车有限公司	丰田牌	纯电动乘用车	IZOA(BEV)	543	549
一汽丰田汽车有限公司	丰田牌	纯电动乘用车	bZ4X	5993	2881
长城汽车股份有限公司天津哈弗分公司	欧拉牌	纯电动乘用车	欧拉白猫	3982	4092
一汽-大众汽车有限公司天津分公司	大众牌	插电式混合动力乘用车	探岳(PHEV)	7579	7372

九、本地区电动汽车充(换)电站(桩)统计表

城市名称	充电站		充电桩		换电站	
	2022 年新建数量(座)	2022 年底保有量(座)	慢充(个)	快充(个)	2022 年新建数量(座)	2022 年底保有量(座)
天津市	423	3278	20000	13000	—	—

上　海　市

一、汽车产业推动产业规模发展

8 家整车企业、600 余家国内外主要零部件企业在沪布局;2022 年,上海汽车产量 302 万辆,占全国 11.5%,产值达到 8080 亿元,其中新能源汽车产量 99 万辆,占全国 14%,产值 2888 亿元;累计推广新能源汽车 110 万辆,规模位居全球城市第一。

二、电动汽车产业情况

2022 年,上海汽车产量达到 302.45 万辆(同比 +6.8%,占全国汽车产量比例为 11.5%)。截至 2022 年底,上海新能源汽车保有量约 101.3 万辆(北京 61 万辆,深圳 76.6 万辆)。其中,2022 年推广 33.56 万辆(同比 +32.13%),2022 年 12 月推广 5.8 万辆(同比 +73.89%)。

销售品牌方面，累计120家国内外整车生产企业的135个品牌进入上海市场，共计销售1321款新能源车型，其中纯电动车型949个、插电式混合动力车型337个、燃料电池车型35个。保有量101.3万辆中，上汽自主品牌约21.1万辆（占比21%）、比亚迪约24.46万辆（占比24%）、特斯拉约15.61万辆（占比15%）。

能源类型方面，上海插电式混合动力汽车保有量45.31万辆，占新能源汽车总量的44.72%，其中上汽自主品牌全年销售1.33万辆、占当年销售插电式混合动力汽车总量的10.74%；上海纯电动汽车保有量55.75万辆，占新能源汽车总量的55.04%，其中上汽自主品牌全年销售2.07万辆、占当年销售纯电动汽车总量的9.81%。随着电池技术水平提高，加上全市充电设施的逐步完善，插电式混合动力汽车的里程优势逐渐减弱，纯电动汽车产品经济性和充电便捷性逐渐显现，推广占比逐年提升，上海纯电动汽车推广占总量比例已从2017年30%上升到2022年55%，提高25个百分点。

推广领域方面，上海私人领域新能源汽车保有量约74.46万辆、占总量比73.7%，公共领域（出租、公交、公务、环卫、物流和租赁）新能源汽车保有量约26.84万辆、占总量比26.3%。在新能源汽车免费牌照、限行新政等驱动下，私人购买新能源汽车积极性、推广数量呈现稳步提升态势，但公共领域以政策补贴为主要驱动，在国家补贴逐年退坡情况下，推广数量相对较少，还需进一步挖掘公共领域应用场景。纯电动出租车推广量方面，上海纯电动出租车2.26万辆（2022年新增0.72辆）。

推广车型方面，上海累计推广新能源乘用车约95.6万辆（占比94.37%），商用车约2.56万辆（占比2.52%），专用车约3.15万辆（占比3.11%）。推广应用以乘用车为主，符合市场发展规律，后续应进一步加强政策引导，加大商用和专用车新能源车型研发力度。

三、燃料电池汽车推广情况

为贯彻落实国家“双碳”目标，全力做强创新引擎，坚定不移地走绿色高质量发展道路。上海积极落实国家产业发展战略，全面推动氢能和燃料电池汽车产业的创新发展上，提出了2025年“百站、千亿、万辆”总体目标，明确了“一环、四创、六带”总体布局。上海联合嘉兴、鄂尔多斯等形成“1+6”上海城市群，取得初步成效，累计推广燃料电池汽车2900辆，累计建成加氢站16座，集聚了一批优质创新企业，技术研发实力厚，燃料电池系统、电堆、膜电极、双极板等关键零部件技术不断突破，产业链建设日趋完善，初步在嘉定、临港等形成了氢能产业集群。

四、智能网联汽车试点

上海市是全国汽车重镇，产业基础和人才储备雄厚，在产业发展、政策体系、技术创新、测试环境、创新应用、公共服务平台、标准制定等方面作出了积极探索和先行先试。

（1）加大政策支撑力度，印发了《上海市加快智能网联汽车创新发展实施方案》，计划到2025年，上海市智能网联汽车产业规模力争达到5000亿元，L2级、L3级汽车占新车生产比例超过70%，L4级及以上汽车在限定区域和特定场景实现商业化应用；先后出台《上海市智能网联汽车测试与应用管理办法》《上海市浦东新区促进无驾驶人智能网联汽车创新应用规定》《上海市智能网联汽车高快速路测试与示范指导意见》为创新应用扫除政策障碍。

（2）鼓励技术创新突破，上汽集团零束科技自主研发的“银河全栈解决方案”已实现规模化应用；地平线打造的128TOPS大算力车载芯片“征程5”实现前装量产，年度芯片出货量超100万片；禾赛推出搭载自研芯片的128线激光雷达，2022年登顶全球激光雷达年度量产冠军，在上海形成了多行业、多领域跨界融合发展的创新生态。

（3）建设完备测试环境，已累计在嘉定、浦东、临港、奉贤等区域开放了926条1800 km测试道路，打造了全车型、全出行链、全风险类别、全测试环节的自动驾驶测试场景；在嘉定、浦东等地建设了完备的封闭测试场地；嘉定区以“智慧城市”“智能交通”“智能汽车”多维度一体化融合赋能为目标，在全国率先布局构建“1+1+N+1”的试点区域，建设了超231 km的智慧化道路；临港新片区完成“环湖路未来交通创新生态圈”、洋山港智能重卡车路协同场景铺设，实现智能重卡、智能网联公交、无人小巴、无人零售、无人配送、无人清扫的多场景测试与应用。

（4）开展智能网联汽车创新应用，市经信委、市交通委、市公安局等部门建立智能网联汽车工作推进机制，不断推动上海智能网联汽车实现从道路测试、示范应用到示范运营的突破。上海市已累计向29家企业641辆车发放了道路测试和示范应用牌照，累计测试里程逾1751万km；载人出行累计服务超40万人次；洋山港智能重卡累计完成20万实箱运输；测试企业数、牌照发放量、开放道路里程、道路测试里程、场景丰富度等均位居全国第一位。

（5）搭建车联网等公共服务平台，搭建了上海市新能源汽车数据中心，接入了全市超百万辆新能源汽车各类数据，是国内第一个，也是接入量最大的新能源汽车数据地方监测平台；搭建了智能网联汽车公共数据中心，每月对智能网联汽车数据进行采集、传输、储存和分析，并每月提交月度分析报告，支撑上海智能网联汽车产业发展；搭建了嘉定区车城网平台，通过构建高性能计算、存储、网络融合的云智一体资源池，快速实现上层业务及场景的智能应用。

（6）建设智能网联汽车标准，成立了智能网联汽车地标委、新能源汽车地标委，制定发布了10项新能源汽车地方标准和8项智能网联汽车地方标准，建立了长三角三省一市协同机制，与江苏省、浙江省、安徽省联合制订并申报了多项新能源汽车及智能网联汽车标准，为上海市智能网联汽车测试与示范相关活动保驾护航。

五、全国汽车产销量数据

（单位：万轴）

类别		2018 年	2019 年	2020 年	2021 年	2022 年
汽车	产量	2780. 9	2572. 1	2522. 5	2608. 2	2702. 1
	同比增长	–4. 2%	–7. 5%	– 2 %	3. 4%	3. 4%
	销量	2808. 1	2576. 9	2531. 1	2627. 5	2686. 4
	同比增长	–2. 8%	–8. 2%	–1. 9 %	3. 8%	2. 1%
	保有量	24000	26000	28100	30200	31900
其中，乘用车	产量	2352. 9	2136	1999. 4	2140. 8	2383. 6
	同比增长	–5. 2%	–9. 2%	–6. 5 %	7. 1%	11. 2%
	占总量比重	84. 6%	83%	79. 3%	82. 1%	2356. 3
	销量	2371	2144. 4	2017. 8	2148. 2	9. 5%
	同比增长	–4. 1%	–9. 6%	–6%	6. 5%	9. 5%
	占总量比重	84. 4%	83. 2%	79. 7%	81. 8%	87. 2%
其中，新能源汽车	产量	127	124. 2	136. 6	354. 5	705. 8
	同比增长	59. 9%	–2. 3%	7. 5 %	159. 5%	96. 9%
	销量	125. 6	120. 6	136. 7	352. 1	688. 7
	同比增长	61. 7%	–4. 0%	10. 9 %	157. 6%	93. 4%
	保有量	261	381	492	784	1310

六、上海汽车产值数据

（单位：亿元）

类别		2018 年	2019 年	2020 年	2021 年	2022 年
汽车	总产值	6832. 07	6409. 57	6735. 07	7585. 55	8080. 35
	同比增长	0. 8%	–4. 4%	9. 3%	21. 1%	9. 3%
	占全市规上工业总产值	19. 6%	18. 6%	19. 3%	19%	20%
其中，新能源汽车	总产值	259. 23	263. 52	663. 64	1772. 6	2888
	同比增长	5. 4%	2. 2%	170%	190%	56. 9%

七、上海汽车产量数据

（单位：万辆）

类别	2018 年	2019 年	2020 年	2021 年	2022 年
本地汽车产量	297. 8	274. 9	264. 68	283. 32	302. 45
同比增长	2. 2%	–7. 7	–3. 7%	7. 0%	6. 8%
占全国比重	10. 7%	10. 7%	10. 5%	10. 9%	11. 5%
其中，新能源汽车产量	8. 2	8. 3	23. 86	63. 19	98. 86
同比增长	–7. 9	1. 2%	190%	165%	56. 5%
占全国比重	6. 5%	6. 7%	17. 5%	17. 8%	14%

八、上海新能源汽车推广及充电桩数据

类别	累计
新能源汽车累计推广数量（至 2022 年 12 月底）	101. 3 万辆
其中，2022 年 1—12 月推广	33. 56 万辆
充电桩累计建成数量（至 2022 年 12 月底）	52. 1 万个
其中，公共充电桩	7. 8 万个
其中，专用充电桩	4. 9 万个
其中，私人充电桩	39. 4 万个
车桩比	1. 2∶1

九、上海新能源汽车推广应用品牌情况

（单位：万辆）

品牌	类别	2014 年	2015 年	2016 年	2017 年	2018 年	2019 年	2020 年	2021 年	2022 年	累计量
上汽自主品牌	数量	0.19	1.16	1.73	2.32	3.3	2.44	2.74	3.82	3.4	21.10
	占当年度比例	19%	29%	47%	52%	59%	33%	23%	15%	10%	21%
比亚迪	数量	0.64	2.25	1.29	1.37	1.45	1.33	1.55	4.12	10.46	24.46
	占当年度比例	64%	56%	35%	30%	26%	18%	13%	16%	31%	24%
特斯拉	数量	0.06	0.09	0.17	0.46	0.22	0.6	3.39	5.28	5.34	15.61
	占当年度比例	6%	2%	5%	10%	4%	8%	28%	21%	16%	15%

十、上海新能源汽车推广应用车辆类型情况

（单位：万辆）

类型		2014 年	2015 年	2016 年	2017 年	2018 年	2019 年	2020 年	2021 年	2022 年	合计
乘用车	数量	0.97	4.32	3.99	5.11	6.93	6.0	11.7	24.43	32.12	95.56
	占比	86.3%	91%	88%	83%	94%	95%	97%	96%	95.71%	94.37%
商用车	数量	0.15	0.31	0.44	0.41	0.2	0.27	0.27	0.12	0.38	2.56
	占比	13.3%	6%	9%	7%	3%	4.2%	2%	0.5%	1.13%	2.52%
专用车	数量	0.005	0.12	0.12	0.62	0.24	0.05	0.11	0.84	1.06	3.15
	占比	0.4%	3%	3%	10%	3%	0.8%	1%	3%	3.16%	3.11%
合　计		1.13	4.75	4.55	6.14	7.37	6.32	12.08	25.40	33.56	101.31

十一、上海新能源汽车推广应用领域分布情况

（单位：万辆）

领域	2014 年	2015 年	2016 年	2017 年	2018 年	2019 年	2020 年	2021 年	2022 年	合计
私人	0.77	2.96	2.32	3.85	5.28	4.44	9.40	19.18	26.32	74.46
出租	0	0	0	0	0.04	0.20	0.41	0.89	0.72	2.26
公交	0.09	0.09	0.19	0.19	0.19	0.18	0.26	0.10	0.30	1.59
公务	0.21	1.00	0.45	0.71	0.81	0.97	1.44	3.72	3.93	13.24
环卫	0	0.01	0.01	0	0	0	0	0.00	0.01	0.03
物流	0	0.11	0.11	0.62	0.24	0.13	0.06	0.83	1.05	3.15
租赁	0.06	0.58	1.47	0.77	0.82	0.41	0.54	0.65	1.11	6.41
合计	1.13	4.74	4.55	6.14	7.37	6.31	12.1	25.37	33.44	101.14

十二、上海新能源汽车推广应用动力类型情况

（单位：万辆）

类型		2014 年	2015 年	2016 年	2017 年	2018 年	2019 年	2020 年	2021 年	2022 年	合计
纯电动	数量	0.30	1.15	1.40	2.16	2.16	2.71	7.53	17.22	21.07	55.75
	占比	27%	24%	31%	35%	29%	41%	62%	67.79%	62.78%	55.04%
混合动力	数量	0.82	3.60	3.14	3.91	5.21	3.47	4.57	8.17	12.41	45.31
	占比	73%	76%	69%	64%	71%	58%	38%	21.15%	36.96%	44.72%

重　庆　市

一、2022 年产业概况

1. 总述

重庆市是全国重要的汽车生产基地，依托传统汽车优势基础，重庆市已形成长安系为龙头、10 多家整车企业为骨干，上千家配套企业为支撑的“1＋10＋1000”优势产业集群。有整车企业 21 家，产品种类涵盖轻、重、客、微、轿全谱系。有规模以上汽车零部件企业过千家，具备发动机、变速器、制动系统等各大总成完整的供应体系，本地配套率达 70%。充换电基础设施建设初具规模，政策体系和新能源汽车使用环境

进一步优化。

2. 电动汽车产业

重庆市现有长安汽车、赛力斯汽车等16家新能源整车企业,车型涵盖乘用车、货车、客车及专用车领域。2022年,全市生产新能源汽车36.5万辆,同比增长140%,占全市汽车产量比重同比提高9.8个百分点,增至17.4%。龙头企业带动作用明显,2022年,长安汽车和赛力斯集团新能源汽车产量合计完成32.2万辆,占全市新能源汽车产量比重达到88.2%。重点新产品表现优异,2022年,重点新能源汽车产品长安深蓝SL03单月产量超过1万辆,赛力斯问界M5和问界M7产量合计达到8万辆,长安阿维塔11(售价34.99万元起)创全市自主品牌乘用车售价新高。产业配套方面,“大三电”中,电控基本为整车企业自制,电机企业有长安、金康、凯瑞等,已建成电池企业有比亚迪。“小三电”中,电制动有大陆、南方天合等,电转向有龙润、耐世特等,电空调有超力高科、重庆三电等。

3. 燃料电池汽车产业

重庆市氢燃料电池汽车发展已具备一定基础,长安汽车、庆铃汽车、上汽红岩等为代表的整车企业,已具备氢燃料电池乘用车、商用车研发生产能力,已上市车型7款。引进全球第一大汽车零部件企业博世集团与庆铃汽车合资研发生产氢燃料电池发动机;引进国鸿氢能等国内6家头部企业共同打造氢能产业园。国家氢能动力质量监督检验中心等重点项目已建成投用。

4. 智能网联汽车产业

长安汽车、长安福特、赛力斯等乘用车企业已推出多款智能网联产品,与华为、阿里、腾讯等IT企业的跨界合作持续深化,北斗星通、恩智浦、大唐高鸿智联、中科创达等智能网联核心部件企业集聚发展,正稳步推进自动驾驶汽车开放道路测试示范,加快建设全国第四个、西部第一个国家级车联网先导区。2022年,全市智能网联新能源汽车产量36.5万辆,同比增长140%。

二、2022年推广应用

1. 推广应用

重庆市高度重视新能源汽车推广应用和产业发展,成立市新能源和智能网联汽车产业发展联席会议办公室统筹协调、指导相关工作,并陆续出台一系列专项政策,涵盖新能源汽车研发、生产、购置和运营等环节,充换电基础设施建设、运营等环节,以及新能源汽车停车、通行、宣传、监测等方面,支持新能源汽车产业高质量发展,推动新能源汽车推广应用。2022年,全市推广新能源汽车11万辆,保有量达25万辆。

2. 燃料电池汽车示范应用工作

重庆市先后出台《重庆市支持氢燃料电池汽车推广应用政策措施》《重庆市促进汽车产业平稳增长政策措施》,明确对加氢站建设运营、氢燃料电池汽车研发生产等的支持政策。全市已推广应用氢燃料电池汽车220余辆,持续深化成渝合作共建成渝氢走廊(两地合计约550辆),覆盖公交车、物流车、观光车等车型。全市已建成加氢站4座(两地合计19座),在建2座。

3. 新能源汽车换电模式应用试点工作

重庆市于2021年纳入工信部换电模式应用试点城市,进一步深入探索换电模式商业化应用,率先在巡游出租、网约出租、物流配送等领域先行先试。2022年,全市已建设运营换电站89座,其中出租网约车换电站60座、私人用车换电站21座、重卡换电站8座。换电模式应用试点工作总体成效明显。

4. 智能网联汽车试点工作

长安、吉利、百度等16家企业,超过20个车型已来渝开展自动驾驶道路测试,全市累计选择开放测试道路1500 km。建成永川百度西部自动驾驶测试基地、两江寸滩保税港区智慧物流、高新区自动驾驶接驳示范线等半开放和开放测试项目,成功举办5届自动驾驶汽车挑战赛。持续打造重庆(两江新区)国家级车联网先导区,已完成礼嘉片区(含金渝大道)、协同创新区、仙桃数据谷等城市道路300余km和石渝高速128 km(双向)的路侧基础设施建设,安装路侧设施550套,加装车载单元超过1000套,涵盖公交车、环卫清扫车、大客车、乘用车等车型,实现了30余种基于V2X的车联网应用。

三、2022年基础设施

重庆市积极推动新能源汽车充换电基础设施建设,加快构建完善的新能源汽车使用环境和应用场景。充电基础设施方面,截至2022年底,累计建成充电站2730座,建成充电桩11.3万个,公用充电基础设施已实现全市覆盖,高速公路快充网络覆盖率达90%,包茂、绕城、沪渝、沪蓉、银百高速等重要高速路段实现全覆盖,辐射范围西部领先。换电站方面,重庆市于2021年纳入工信部换电模式应用试点城市,进一步深入探索换电模式商业化应用,率先在巡游出租、网约出租、物流配送等领域先行先试。截至2022年底,重庆市累计建成换电站89座,涵盖主城都市区中心城区及部分高速公路服务区,形成了满足前期运营示范的换电服务网络,在全国8个综合类换电示范城市中排名第二。加氢站方面,重庆市氢燃料电池汽车发展已具备一定基础,2022年全市建成加氢站3座。同时,重庆市持续优化升级市新能源汽车和充电基础设施监测平台功能,提升车桩一体化监测水平,实时接收车辆生产企业、充换电运营企业转发的安全状态信息,动态掌握车辆运营和充电桩运营等情况。

四、发展规划

一是强化整车企业龙头引领作用。加快优势企业壮大,支持长安、赛力斯、长城等优势整车企业加快智能网联新能源汽车新车型的研发和投放,增强优势企业领军作用。加快产品档次做优,支持长安阿维塔、赛力斯问界等高端品牌发展,优化产品和品牌结构;推动长安福特等合资品牌发展,加快智能网联新能源转型。加快产品种类完善,支持恒通加快做大新能源客车规模,庆铃、上汽红岩等发展氢能和换电商用车,瑞驰、华晨鑫源等继续巩固在电动物流车市场的领先优势。

二是加快核心配套优链强链补链。夯实动力系统基础,支持比亚迪等动力电池系统领军企业扩大规模,以及博世庆铃等强化研发应用,持续完善正负极材料、电解液、催化剂等基础配套,夯实动力电池基础和氢燃料动力系统领先优势。做强智能系统链条,支持北斗星通、华域视觉等汽车智能系统企业做大做强;鼓励纬创、仁宝等笔电代工企业积加快与汽车行业融合发展,研发制造汽车电子产品。补齐核心器件短板,支持长安、赛力斯等整车企业与声光电、华润微电子等电子企业的跨界合作;加快本地培育和招商引育,补齐车用传感器短板。优化车身部件供给,引导西南铝等材料企业研发铝车身等轻量化零部件;支持传统汽车零部件企业发挥自身技术和制造优势,转型生产动力电池托盘等智能网联新能源汽车零部件,助力整车智能网联新能源转型。大力发展汽车软件,支持长安、赛力斯等整车企业加强与华为、均联智行等软件企业合作,加强关键软件产品研发,壮大汽车软件产业规模。

三是提升产业生态协同能力。提升平台载体协同,支持两江新区、渝北、高新区等围绕智能网联新能源汽车重点方向创建特色产业园,提升产业承载能力,开展以商招商、专业招商等精准招商活动,提升零部件集群效应。提升应用场景协同,以国家级车联网先导区、国家氢燃料汽车示范应用城市群、换电模式应用试点城市等创建为抓手,加快充换电、加氢、智慧高速等智能网联新能源汽车应用场景基础设施建设。提升科技创新协同,支持长安、赛力斯等行业企业与重庆大学、中国汽研等科研院校联合开展技术攻关、人才培养等科技创新合作,实现“产学研用”协同创新的常态化。提升川渝合作协同,发挥川渝汽车产业发展专班作用,支持两地行业协会深化合作,组织开展更多的两地产业联动活动,升级完善两地汽车产业链供需信息线上对接平台,探索两地汽车产业支持政策整合,加强政府对汽车产业协同发展的引导和支持。提升市场推广协同,组织新能源汽车促销等市场营销活动,开展全球汽车高峰论坛等大型行业活动,提升汽车品牌的市占率和影响力。

河　北　省

一、2022 年产业概况

1. 总述

经过多年发展,河北省新能源汽车产业具备良好基础、前景广阔,正处于产业加快发展的战略机遇期。河北省已形成生产能力的整车企业 9 家,整车产能 132.6 万辆/年,其中拥有新能源汽车生产资质企业 6 家,产能 106.8 万辆/年(新能源汽车、传统汽车产能共用)。2022 年,河北省汽车整车产量 90.6 万辆,其中新能源汽车产量 6.4 万辆,同比下降 12.5%。

2. 电动汽车产业

河北省电动汽车整车产品涵盖纯电动(混动)客车、纯电动(混动)轿车、纯电动物流车、纯电动环卫车、纯电动牵引车以及纯电动专用车等,长城汽车第三代 H6 DHT-PHEV 和欧拉闪电猫顺利上市,沧州明珠动力电池隔膜、张家口亿华通氢燃料动力电池等已达到国内同类产品先进水平。2022 年全年生产新能源汽车 6.4 万辆,其中长城汽车 4.5 万辆、河北长安 1.5 万辆。

长城汽车旗下拥有长城、哈弗、WEY、欧拉、坦克、沙龙六大品牌,整车产能超过 200 万辆,产品涵盖 SUV、轿车、皮卡、纯电动和插电式混合动力新能源汽车等品类,具备发动机、变速器、汽车底盘等核心零部件自主生产和配套能力。长城汽车河北(保定)基地 2022 年完成产量为 57.2 万辆,同比增长 -18.84%;销量 56.3 万辆,同比增长 -22.03%;利润 34.65 亿元,同比增长 -9.77%;出口 17.3 万辆,同比增长 32.61%,2022 年长城汽车河北(保定)基地生产新能源汽车 4.5 万辆。

长安汽车是中国汽车四大集团阵营企业,全球有 14 个生产基地、33 个整车、发动机及变速器工厂。河北长安是长安汽车商用车生产基地,占地 1790 余亩,从业人员 5400 余人,技术工艺人员 500 余人。2022 年河北长安生产新能源汽车 1.5 万辆,同比增长 65%;销售 1.7 万辆,同比增长 54.3%。

长征汽车 2022 年生产 643 台重卡产品,实现产值 4.2 亿元,同比增长 456%,涵盖充换电及氢能牵引车系列、纯电动自卸车系列、纯电动搅拌车系列、纯电动环卫车系列等新能源重卡产品以及部分传统能源重卡。2022 年,长征汽车共计研发牵引车、工程车、环卫车系列等 17 款新能源产品。

红星汽车 2022 年新能源汽车产量 2015 台,产值 17611 万元,同比增长 2641.5%;上缴税金 207 万元,同比增长 71.3%。2022 年 12 月 31 日,信都区人民政府与宁波知道新能源科技有限公司签署了投资合作协议。

领途汽车 2022 年销售新能源汽车 1709 辆,营收 6809 万元。

3. 燃料电池汽车产业

河北省已基本形成“制氢、储存、运输、加注、应用”等较为完备的产业链条。制氢环节,在张家口可再生能源示范区已投资建设河北建投风电制氢等 7 个绿氢项目(投产 6 个、在建 1 个),产能 21 t/a;在唐山、邯郸等地依托河钢、旭阳焦化等企业布局了 12 个高效低成本工业副产氢项目,产能 35 t/a;中船集团七一八研究所电解水制氢技术国内第一。储运加注环节,依托中集安瑞科等企业加大储氢、运氢、加氢研发力度,建成 1 个省级创新平台、2 个企业创新实验室,提高核心技术水平,建成加氢站 18 座;中集安瑞科研制的 70 MPa Ⅳ型瓶技术国内领先。燃料电池汽车环节,燃料电池、空压机、发动机和整车研发生产等重点项目相继落地,其中保定长城汽车已完成 100 辆氢能汽车生产。金士顿空气压缩机和氢气循环系统生产技术处于国内领先水平,张家口亿华通动力科技有限公司具备 1 万台套燃料电池发动机生产条件。截至 2022 年底,全省推广氢燃料电池汽车 848 辆,河钢宣钢 120 万 t/a 全球首套氢冶金示范项目一期工程建成,氢能全产业链产值达 150 亿元。

4. 智能网联汽车产业

森斯泰克主要生产车载毫米波雷达,累计定点配套车型百余款,美泰电子主要生产组合导航模块、高精度惯导单元 IMU,宏启胜精密电子主要生产印制电路板(PCB),蜂巢智能转向系统生产电动助力转向器。

二、2022 年推广应用

1. 总述

2022 年,全省推广新能源汽车 19.58 万辆,同比增长 90.87%,截至 2022 年底,全省新能源汽车保有量 49.99 万辆,同比增长 106.87%。

2. 电动汽车推广应用工作

河北省充分发挥省新能源汽车发展和推广应用联席会议

机制作用,成员单位各司其职,形成推广应用合力。加大资金政策倾斜,在省战略性新兴产业专项资金、技术改造专项资金、中小企业发展专项资金、科技资金等财政性资金安排上向新能源汽车产业倾斜。积极争取国家财政补助资金,2022 年将符合条件的 14.37 万辆新能源汽车提交国家申请国家补贴。认真贯彻落实新能源汽车优惠政策,对省内注册登记的所有新能源汽车免征车牌费,在车辆限行期间对新能源汽车给予通行便利,明确全省各类新能源汽车均不受限行限制,在新能源汽车业务受理、机动车查验等窗口专门开设绿色通道。

2022 年河北省共实现节能、新能源汽车车船税共减免 107.7 万辆次,减免税额 1.89 亿元。全年新能源汽车车辆购置税减免 86026 辆次,减免税额 12.07 亿元。减免车牌费、开通绿色通道等方式为新能源汽车推广提供便利,2021 年全省共减免 10 万余辆,补贴资金 1002 万余元。积极推进充电基础设施建设,不断补齐停车设施和充电短板,不断提高公共领域新能源汽车占比。2021 年各市党政机关配备更新新能源汽车 386 辆。全省各市新购置公交车 400 余辆,全部为新能源公交车。全省已经累计推广新能源公交车 2.2 万辆,应用成效显著。加快推进出租汽车行业新能源、清洁能源车辆应用工作,全省巡游出租汽车共拥有 73775 辆,其中新能源车 1893 辆,占比 2.27%。

3. 燃料电池汽车示范应用工作

一是张家口市积极推动氢能源在交通领域应用,打造零碳冬奥,推动氢燃料电池汽车在 2022 年冬奥会实现规模化应用,自 2018 年以来,已经投入 445 辆氢燃料电池公交车示范运营。二是 2021 年 8 月,100 辆搭载有长城控股集团未势能源科技有限公司自主研发的百千瓦级大功率燃料电池系统的 49 t 氢能重卡正式投运容易线,助力雄安新区建设。三是 2021 年,财政部、工业和信息化部、科技部、国家发展改革委、国家能源局正式批复河北省燃料电池汽车示范应用城市群,该示范应用城市群由张家口市牵头,联合省内唐山市、保定市、邯郸市、秦皇岛市、定州市、辛集市、雄安新区及其他省外城市组成。

4. 新能源汽车换电模式应用试点工作

唐山市 2021 年 10 月入围国家新能源汽车换电模式应用试点(重卡特色类),全市共推广应用换电重卡 3762 辆(本地注册数据),提前完成 2600 辆的推广任务,建成投运换电站 28 座,在建换电站 10 座。

三、2022 年新增项目及园区建设

张家口亿华通动力科技有限公司燃料电池发动机生产基地项目 2017 年在省发改以冀发改产业备字〔2017〕216 号备案,计划总投资 29996.15 万元,项目建成后具备 1 万台燃料电池发动机生产能力。项目一期于 2018 年建成投产,累计生产氢燃料电池发动机 900 台。项目二期试验车间、装配车间、研发中心及食堂已完工,正在进行设备调试,启动试生产,预计 2023 年底基本具备 1 万台套燃料电池发动机生产条件。

四、2022 年基础设施

河北省政府专门出台《关于加快全省电动汽车充电基础设施建设的实施意见》,提出到“十三五”末,全省新建充电站 1970 座,充电桩 65625 个。截至 2022 年底,全省累计建成投运充电站 3440 座、充电桩 10.1 万个、加氢站 18 座。公交、出租、环卫等公共领域电动化进程加速。

河北省发改委关于加快提升充电基础设施服务保障能力的实施意见提出,“十四五”期间,全省新建公用充电桩 3.4 万个,到“十四五”末,公用充电桩累计达到 10 万个,市场推广的新能源汽车数量与充电桩总量(包括公用充电桩、自备桩等)的车桩比高于 3.5∶1,能够满足 60 万至 80 万辆电动汽车充电需求。

五、发展规划

坚持电动化、网联化、智能化发展方向,聚焦新能源汽车和智能网联汽车重点领域,进一步推进汽车产业转型升级,推动河北省汽车产业高质量发展,打造汽车工业强省。

一是加快新能源汽车产业发展。聚焦电动化、网联化、智能化趋势,加大长城汽车“汽车数字化研发”、长征汽车“新能源商用车升级改造”、吉利沃尔沃电动车改扩建、河北长安新能源汽车扩能等项目支持力度,推动长城汽车、河北长安、长征汽车等企业开发纯电动、混动、氢燃料电池等不同技术路线车型,发挥整车企业带动作用,加速河北省汽车产业转型升级,在新能源汽车领域做大做强。

二是推动智能网联汽车示范应用。支持各地出台智能网联汽车道路测试与示范应用管理政策,加快车路协同基础设施建设。引导长城汽车等龙头企业布局自动驾驶产业,探索智能网联汽车在公交、港口码头、智能环卫、物流配送、智慧泊车、智慧高速等特定场景的应用,推动雄安新区无人驾驶公交车和接驳车投入运营,推动京雄高速河北段自动驾驶开放测试。支持保定、雄安新区联合京津开展智能网联汽车道路测试工作,打造京津冀智能网联汽车产业生态圈。

三是提升产业创新能力。安排技术创新引导资金专项支持线控底盘、智能驾驶舱等关键核心技术研发。依托未势能源、亿华通、金士顿、中氢科技等企业建设研发创新平台,对电堆、膜电极等燃料电池核心环节进行研发和攻关。扶持中小零部件企业专精特新发展,推动东方久乐、威卡威等企业打造国家级专精特新“小巨人”。组建新能源汽车、车路协同等产业联盟,加快形成“政府推动、企业承载、高校和科研院所支撑”的产学研发展格局。加强高技能人才队伍建设,研究制定对汽车产业人才的专项政策,营造“引得进”“留得住”的良好人才环境。

六、本地区新能源汽车推广应用统计表

(单位:辆)

城市	石家庄市	承德市	张家口市	秦皇岛市	唐山市	廊坊市	保定市	沧州市	衡水市	邢台市	邯郸市	定州市	辛集市	合计
推广车辆(辆)	48476(含一季度辛集市)	2366	3007	7078	31342	17340	22384(含一季度定州市)	16701	7073	13446	24663	728	1200	195804

七、本地区新能源汽车企业产销量统计表

生产企业名称	产品商标	车辆类型	通用名称	产量统计(辆)	销量统计(辆)
河北长安汽车有限公司	长安	纯电动厢式运输车	长安之星	4287	4286
保定长安客车制造有限公司	长安	纯电动多用途乘用车	长安睿行	11080	10592
领途汽车有限公司	御捷马牌	纯电动乘用车	百智大熊	1709	1706
河北红星汽车制造有限公司	红星	纯电动厢式运输车	HX5032	2015	2004
河北长征汽车制造有限公司	长征	新能源电动车	Q1、C1、Q1H、Q1P	581	173
长城汽车股份有限公司	欧拉	纯电动轿车	iQ	0	135
长城汽车股份有限公司	欧拉	纯电动轿车	黑猫	23136	25973
长城汽车股份有限公司	欧拉	纯电动轿车	白猫	3982	5285
长城汽车股份有限公司	魏牌	插电式混合动力多用途乘用车	拿铁 PHEV	6350	3811
长城汽车股份有限公司	魏牌	插电式混合动力多用途乘用车	摩卡 PHEV	2683	715
长城汽车股份有限公司	哈弗	插电式混合动力多用途乘用车	H6PHEV	8457	2564
长城汽车股份有限公司	长城	纯电动商用车	风骏 EV	488	488

八、本地区电动汽车充(换)电站(桩)统计表

城市名称	充电站		充电桩(个)	换电站	
	2022 年新建数量(座)	2022 年底保有量(座)		2022 年新建数量(座)	2022 年底保有量(座)
河北省	—	3440	101051	—	30

九、本地区车用加氢站统计表

城市名称	加氢站名称	类型	供给能力(kg/d)	日加注量(kg)	加氢站氢气总储存量(kg)	储氢最高压力(MPa)	说明(运营/新建/在建)	运营时间(年)
张家口	中油新能源太子城加氢站	35 MPa 固定式加氢站	1000	1500	277.52	45	运营	2020
张家口	中油新能源崇礼北加油加氢站	35 MPa 固定式加氢站	1000	1500	277.52	45	运营	2021
张家口	中国石化崇礼西湾子加氢站	35 MPa 固定式加氢站	1000	1500	1000	45	运营	2022
张家口	海珀尔东望山加氢站	35 MPa 固定式加氢站	1000	1500	800	45	运营	2020
张家口	市交投纬三路加氢站	35 MPa 固定式加氢站	1000	1500	1000	45	运营	2020
张家口	市交投创坝加氢站	35 MPa 固定式加氢站	1000	1500	1000	—	运营	2021
张家口	国家能源万全油氢综合能源服务站	35 MPa 固定式加氢站	1000	1500	1000	45	运营	2022
唐山	佳华加氢站	固定式	500	750	300	44	运营	2021
保定	容易线驿站加氢站	35 MPa 固定式加氢站	1000	1000	936	45	运营	2022
保定	旭阳加氢能源站(大王店站)	35 MPa 撬装加氢站	500	500	—	—	在建	—
保定	长城徐水加氢站	35 MPa 撬装式加氢站	260	260	—	—	运营	2021
邢台市	旭阳加氢站	撬装式	500	50	80	22	运营	2022
邯郸	邯郸河钢加氢示范站	固定式	500	—	—	—	—	—
定州市	定州旭阳氢能有限公司氢、电、油、气综合能源站	固定站	1000	800	522	45	运营	2022

山 西 省

一、2022 年产业概况

1. 总述

2022 年,山西省整车产量 16.5 万辆,同比增长 39.5%,达历史最高水平。主要生产企业为吉利汽车(晋中基地)、大运汽车(含成都大运运城分公司)、成功汽车,产品涵盖纯电动、氢燃料、甲醇、燃气及传统动力等多个方向。作为行业管理部门,山西省工业和信息化厅积极应对疫情影响,先后向

江苏、安徽等4省发函协调关键零部件供应，点对点疏通省内外供应堵点21个，有力保障了生产秩序的持续稳定，确保了全省整车生产首次突破16万辆。

2. 电动汽车产业

2022年，山西省电动汽车产量13.1万辆，同比增长147.1%，均为纯电动汽车，无插电式混动、增程式混动汽车生产。主要生产企业为吉利汽车（晋中基地），其电动乘用车产量11.15万辆、电动商用车产量8760辆。在推动电动汽车产业发展过程中，山西省以零部件企业发展壮大作为破解产业规模较低的关键手段，谋划开展全产业链建设，围绕铸造、碳素等传统优势产业发力转型，培育发展了一批合金轮毂、负极材料生产企业，比亚迪太原单年度EHS动力总成产销近50万台套，尚太锂电2022年负极材料出货量占全国市场10%以上。

3. 燃料电池汽车产业

2022年，山西省燃料电池汽车产量185辆，同比增长164.29%，均为氢燃料电池重卡、牵引车。主要生产企业为大运汽车，主要客户为省内晋南钢铁。在国家燃料电池汽车示范应用城市群已明确的情况下，山西省发挥自身资源优势，以焦炉煤气、化工尾气制氢作为氢源头保障，推动整车企业、关键零部件企业同步发展。山西省工业和信息化厅会同相关部门，深入挖掘省内应用市场，从需求端发力推动规模化生产，促进了生产能力系统提升。

4. 智能网联汽车产业

依托原有工业基础，积极发挥整车企业牵引作用，支持太原、晋中、长治、运城等地智能网联汽车产业集群发展。加大招引力度，扶持晋中新能源汽车产业园建设，形成整车、专用车、零部件共同发展局面。强化内向支撑，探索协调亨泰荣合、同誉轮毂等本土零部件生产企业提高向整车企业供货比例。释放后发优势，引导德志汽车、太原中科华孚等企业强化技术研发，支持长治中德型材拓展车用零部件开发。服务重点项目，协助国鸿美锦、海德利森落地投产，有力促进了大同氢能产业园建设发展。

二、2021年推广应用

1. 总述

2022年，山西全省新增及更新汽车推广量70万辆以上，其中新能源汽车推广量约9.7万辆；全省汽车保有量872万辆以上，新能源汽车保有量28.7万辆以上。

2. 电动汽车推广应用工作

为加速电动汽车推广应用，山西省工信厅、发改委、交通厅、科技厅、商务厅、能源局、公安厅交管局等部门协同发力，全面优化买车用车环境，利用综合手段加速公共领域、公务领域新能源汽车推广和民众新能源汽车消费，累计推广电动汽车28万辆以上，并配套建设充换电基础设施，进一步加速电动汽车推广应用。

3. 燃料电池汽车示范应用工作

“政策+市场”双轮驱动建设氢能产业发展新高低，省市两级共出台支持氢能产业发展政策16项，将氢能产业链列入山西省十大重点产业链，滚动开工建设总投资373.4亿元的氢能产业项目30个，引导晋南钢铁于2022年8月投资4.5亿元一次性投运氢能重卡300辆。全省累计建成加氢站15座（约占全国7%），投运氢燃料电池汽车785辆（约占全国8%），总行驶里程超890万km，运营成本2.2～3元/km，率先实现了规模化低成本运营。经过不懈努力，山西氢燃料电池示范优势逐步凸显，技术路线成熟，成本优势突出；总体规模可观，积聚效应显现；产品体系丰富，工艺水平领先。

4. 智能网联汽车试点工作

2022年2月，山西省阳泉市Apollo Park（百度自动驾驶和车路协同应用示范基地）正式开园，同期全国首个车城网数字经济示范运营基地正式启动。阳泉Apollo Park在功能上集自动驾驶和车路协同研发中心、远程大数据云控中心、营运指挥中心、调试与标定中心、研发测试中心、5G平行驾驶座舱控制系统、智能网联工程技术中心、多源传感器融合标定中心、展示体验中心、生态企业孵化等10项能力于一体，落地后将进一步完善百度Apollo在阳泉的自动驾驶、智能网联产业链条，更好地服务于阳泉“智车之城”建设。

三、2021年单位经营情况

1. 总述

截至2022年，山西全省共有新能源汽车生产企业5户（以统计主体计为7户），实际开展新能源汽车生产企业3户（以统计主体计为5户）。上述3户企业生产新能源汽车13.5万辆，企业总营收约320亿元。

2. 电动汽车产业

2022年，山西省共有吉利、大运、成功三户企业开展电动汽车生产。其中，吉利汽车（晋中基地）电动汽车生产11.9万辆，同比增长102%以上，工业产值232亿元；大运汽车电动汽车生产1.92万辆，同比增长611%以上，工业产值15.92亿元；成功汽车电动汽车生产603辆，同比增长663%以上，工业产值0.39亿元。

3. 燃料电池汽车产业

2022年，山西省有大运汽车一户企业开展燃料电池汽车生产，全年生产、销售185辆，远超2020年70辆水平。185辆燃料电池重卡均配置110 kW以上电池电堆，动力性能强劲、技术水平突出。

四、发展规划

一是提升自身产能利用率。紧紧抓住“产能利用率”的牛鼻子，盘活存量、促进增量。攻关整车设计、动力总成、整车匹配等关键共性技术。通过研发新产品、抢占新的细分市场、提高省内外消纳水平等措施，力争到2025年新增汽车产品70个以上。鼓励引导零部件领域细分行业优势企业开发适配省内生产企业的新品种，完成与整车企业精准对接，达成合作意向。

二是完善上下游产业链。一要补齐关键企业，提升产业链完整度。充分发挥规模优势，积极引进苏州汇川、常州艾龙森、常熟汽饰等配套企业到山西建厂。采取长期业务合作模式，与省内外上游企业合作，保证中小企业订单数量。二要补齐关键技术，提高产业链核心竞争力。重点支持细分行业优势企业在电池、电机、电控企业开展定向技术研发，突破高寒地区电池应用技术瓶颈，实现细分领域突破发展。高质量开展牵头承担的国家重点研发计划“新能源汽车制造产业集聚区域网络协同制造集成技术研究与应用示范”项目研发。三要补齐主要产品，丰富产业链产品结构。推动整车企业结合生产需求，组织开发新的适配品种，丰富产业结构，降低能耗，节约成本；提高产业链前端企业生产规模。

三是建设配套设施。依托山西5700余km高速公路和1.2万余km国省干线服务区以及沿线物流园区、大型工矿企业等，2025年前力争建设完成500个电动重卡充换电站；在市县两级政府所在地推进建设乘用车充电式停车场、专用充电站，2025年完成500个建设任务。

四是制定推广优惠政策。一要加大新能源汽车购置补贴力度。进一步加大新能源汽车下乡活动力度，不断拓宽农村市场。二要针对性修订超限超载政策。探讨推动对纯电动重卡在执行超限超载规定中剔除电池总质量。三要引导机关、企事业单位公务用车、城市公交、出租汽车、城市绿色配送、垃圾清运、渣土车辆等优先使用新能源车辆；推广纯电动、甲醇和氢燃料电池重卡在矿山、钢铁、焦化、工业园区等相关领域应用。

五是开展校企合作。积极推进省内企业与国内优秀院校进行校企合作，联合培养产业发展所需人才，引进培育汽车行业分析、产品技术研发、供应体系开发、产品营销等产业发展人才；利用省内高校的研发条件，支持与太原理工大学、山西大学等高校在核心部件、电池技术等方面开展校企合作，力争实现突破。

辽 宁 省

一、2022年产业概况

1. 总述

当前，辽宁省已建立了门类齐全、体系完整、具有较高技术水平的汽车产业链体系。全省拥有新能源汽车整车、零部件企业和科研院所300余家，产业规模约为450亿元，主要分布在沈阳、大连、丹东、锦州、朝阳等地区，初步形成了产学研用相结合的新能源汽车产业体系，具备较好的产业发展基础。其中，华晨宝马、一汽氢锋客车、丹东黄海等新能源整车生产企业在研发设计、示范推广应用等方面走在全省前列。2022年，全省实现新能源汽车产量10万辆，同比增长39.1%。

2. 电动汽车产业

拥有华晨宝马、丹东黄海、大连氢锋等8家新能源整车生产企业，铁岭陆平、沈阳德恒等10家新能源改装车生产企业，新源动力、采埃孚电驱动科技(沈阳)、莱茵动力(锦州)、大连泰星能源等新能源汽车零部件企业。产品型谱覆盖纯电动汽车、插电式混合动力汽车等整车和专用车，动力电池、驱动电机、电子控制和系统集成等核心零部件，动力电池正负极材料、电池电解液等电池原料。电池、电机、电子控制及系统集成等核心零部件和关键技术已取得一定进步，锂离子电池正负极材料、隔膜、电解液和充电设备等配套产品实现快速发展。

3. 燃料电池汽车产业

燃料电池电堆及其核心部件方面，由中国科学院大连化物所等单位发起设立的新源动力公司，致力于质子交换膜燃料电池研发与产业化，具备年生产和测试燃料电池1万台套的能力，燃料电池电堆及系统现已配套于41款公告车型、1300台车辆，在全国12个城市示范运营。系统集成、控制和辅助系统关键部件方面，拥有洺源科技、大连擎研、阜新德尔等企业。其中，洺源科技在燃料电池电堆、燃料电池发动机集成控制等领域拥有自主核心技术，在系统关键零部件开发、仿真验证、核心控制器开发、逻辑策略开发、测试验证、车辆匹配工程等方面具有成熟的技术储备和经验。燃料电池整车生产方面，拥有大连氢锋客车、航天凌河等企业，其中大连氢锋客车已成功下线20台10.5 m燃料电池公交车，航天凌河研制出25 t氢燃料电池牵引车。

4. 智能网联汽车产业

2022年，辽宁省积极构建新能源智能网联汽车创新生态，推进传统汽车零部件向新能源、智能网联转型升级，推进区域性测试道路建设示范引导。沈阳市大东区目前已建成22 km L2级别的汽车城公交专线，17.5 km的L4级别道路，2023年还将建设更多支持L4级别的智慧路网。大连市已累计开放金马路、金石滩、东港、旅顺南路等7个路段约90 km开放测试道路，推动23辆智能网联汽车开展道路测试或示范应用活动，在测试里程、数据收集、安全性保障方面均实现了预期目标，为示范应用奠定了良好的基础。

二、2022年单位经营情况

1. 华晨宝马汽车有限公司

华晨宝马是宝马全球生产网络中规模最大的生产基地。2022年实现整车产量67.5万辆，其中新能源汽车9.9万辆。主要生产BMW 1系运动轿车、BMW 3系、BMW 5系Li、BMW X1长轴距、BMW X2、BMW X3、BMW X5、BMW i3及BMW iX3等车型。2022年6月，华晨宝马生产基地大规模升级项目(以下简称里达工厂)正式开业。里达工厂是宝马BMW iFACTORY生产战略的最佳范例，从“精益、绿色、数字化”三个方面树立了汽车生产新标杆，彰显了宝马在汽车生产领域的领导力和创新实力。该项目总投资创下宝马在我国历史上单项投资之最。里达工厂具备极高的生产灵活性，拥有面向电动化的生产体系，最高可实现100%的电动车生产能力。2022年11月，宝马全新动力电池项目签约仪式在沈阳举行。

2. 大连新源动力股份有限公司

大连新源动力股份有限公司是一家致力于燃料电池产业化的股份制企业，集科研开发、工程转化、产品生产、人才培养于一体，主要从事氢燃料电池膜电极、电堆模块、系统及相关测试设备的设计开发、生产制造和技术服务。作为国内燃料电池企业自主开发技术路线的代表，新源动力成立20年来承担了多项国家863重点研发项目，完成的各项技术指标国内领先。在车用燃料电池系统方面，30 kW车用燃料电池系统已开始用于叉车开发；60~80 kW的城市环卫车和公交车系统已经完成迭代；80~120 kW车用燃料电池系统已批量交付用于公交、渣土车、重卡等车辆运营；160 kW车用燃料电池系统已完成设计和部件制造，将用于更大载重量的重卡车辆开发。在大功率电堆开发方面，完成单堆 200 kW 大功率、高功率密度电堆模块设计和开发，功率密度达到 6.0 kW/L。采用一体式封装结构设计，高度集成化，提高可靠性，降低成本，易批量制造。

3. 国创氢能科技有限公司

由中国科学院大连化学物理研究所联合航天下属北京国创新能源汽车股权投资基金合伙企业（有限合伙）、大连氢慕科技合伙企业（有限合伙）、航天投资控股有限公司、大连装备投资集团有限公司、河南科源产业投资基金合伙企业（有限合伙），于 2021 年 5 月 25 日共同发起设立的科技创新型企业。公司以解决氢燃料电池产业核心技术需求，落实自主可控战略作为自身的重要职责和使命，专注于氢燃料电池核心技术研发与产业化，立足自主创新，大力推动关键材料、部件等“卡脖子”环节突破，通过加大股东方优势资源的整合力度，积极推动与产业链上下游企业合作，致力于打造氢燃料电池技术解决方案，成为国内领先的军民两用燃料电池产品和技术服务供应商。

4. 洺源科技（大连）有限公司

洺源科技（大连）是致力于氢燃料电池技术研发及相关产品开发的科技型企业，拥有一支功能完整、技术先进、经验丰富的燃料电池动力系统研发团队，在燃料电池动力系统集成、控制策略开发、燃料电池汽车动力系统匹配设计，特别是针对中重卡的燃料电池动力系统方面，具备独特的技术优势。在燃料电池电堆、燃料电池发动机集成控制等领域拥有自主核心技术；在系统关键零部件开发、仿真验证、核心控制器开发、逻辑策略开发、测试验证、车辆匹配工程方面具有完善的技术储备和丰富的项目经验。拥有发明专利、实用新型专利、软件著作权等核心知识产权数十项。燃料电池发动机及控制器的设计、生产已经通过了 ISO 9001 质量管理体系认证和国家机动车检测中心检测认可，具备搭载整车资质。作为同时具备燃料电池动力系统技术研发和产品规模化生产的高科技企业，洺源科技已完成多款燃料电池电堆和燃料电池系统的产品开发，功率范围覆盖 40 ~ 150 kW，配套应用于燃料电池客车、燃料电池专用车、燃料电池乘用车、燃料电池重载商用车等多款车型，且可扩展应用于分布式发电、热电联供和船舶、航空等非车用领域。铭源科技先后获得“国家级高新技术企业”“辽宁省专精特新企业”“辽宁省雏鹰企业”“大连市氢能产业发展促进协会会长单位”“大连市氢能综合利用示范单位”等荣誉称号。

三、发展规划

辽宁省先后印发《辽宁省“十四五”先进装备制造业发展规划》《辽宁省培育壮大“新字号”专项行动计划（2021—2023 年）（1.0 版）》《辽宁省深入推进结构调整“三篇大文章”三年行动方案（2022—2024 年）》等政策文件，明确新能源汽车产业的发展方向和发展重点，针对产业发展的“瓶颈”和“短板”，提出要着力突破核心技术和关键零部件制约，围绕动力电池、驱动电机、电机控制器、电空调、电转向、电助力等新能源汽车关键零部件，提升自主创新能力和技术水平。

吉 林 省

一、2022 年产业概况

1. 总述

吉林省现有新能源公告整车企业 4 家，分别是中国第一汽车集团有限公司、一汽-大众汽车有限公司、一汽吉林汽车有限公司、延边国泰新能源汽车有限公司。品牌方面，乘用车主要包括红旗、奔腾、大众、奥迪、森雅等，商用车主要有解放、佳宝、长白山等。2022 年，吉林省新能源汽车产销实现 5.8 万辆和 5.7 万辆，同比分别增长 39.5% 和 67.2%。

2. 电动汽车产业

在整车企业的带动下，近些年吉林新能源整车和配套体系加速发展。依托奥迪一汽 PPE、红旗繁荣工厂等新建新能源整车项目，提前布局产业链，引进比亚迪动力电池、一汽中车电驱系统、富赛汽车电子工业园等重大项目，初步构建了以新能源“三电”为支撑的零部件供应体系，总体处于快速起步阶段。

3. 燃料电池汽车产业

吉林省实施“氢动吉林”工程，推动氢能上下游全产业链应用。吉林省依托一汽解放、国电投等企业，已经启动小范围车辆功能性示范应用，验证氢燃料电池汽车在东北地区冬季极寒条件下性能匹配度和可靠性。

4. 智能网联汽车产业

以智能驾舱和车辆控制系统为核心，吉林省集聚一批中外合资的头部企业，主要包括大陆、纬湃、博世、伟世通等外资或合资企业。自动驾驶方面，在中国一汽研发总院的带动下，省内培育一批从事智能驾驶软件算法、硬件功能性开发企业，如启明科技、微思智能科技、长春光机所等。

二、2022 年推广应用

1. 总述

2011 年以来，吉林省先后出台《关于支持吉林省新能源汽车产业发展的若干意见》（吉政发〔2011〕16 号）、《关于加快我省新能源汽车推广应用的实施意见》（吉政办发〔2015〕39 号）、《关于进一步促进新能源汽车加快发展的政策意见》（吉政办发〔2016〕70 号）、《关于加快推动新能源汽车产业创新发展的指导意见》等政策文件，形成了较为完整的支持新能源汽车发展和推广应用的政策体系。

2. 电动汽车推广应用工作

2009 年起，长春市即入围国家首批十城千辆工程示范城市。2015 年至 2022 年底，吉林省在国家新能源汽车推广应用购置补贴政策基础上，持续配套制定地方新能源汽车推广应用购置补贴政策。

3. 燃料电池汽车示范应用工作

2020 年，吉林省的白城市、长春市、吉林市、延边州会同广东省佛山市联合申报了国家氢燃料电池汽车试点城市，拟打造东北地区氢能示范走廊。

4. 新能源汽车换电模式应用试点工作

2021 年 10 月,吉林省长春市入选国家首批新能源换电模式试点城市,吉林省在此基础上,将换电站模式向全省推广。截至 2022 年底,全省累计推广换电模式车辆 14952 辆,共计建成换电站 122 座,覆盖全省各地市和主要县市,初步形成了网格化、全域化的换电服务网络。此外,依托一汽解放等企业,结合国家公共领域全面电动化先行区试点要求,以长春市为主,同步开展商用车固定场景换电模式推广应用。

5. 智能网联汽车试点工作

吉林省创建了国内首家具备寒区特色的国家智能网联汽车应用(北方)示范区,涵盖了从模型在环到实车在环的完整仿真工具链。启动"旗智春城"智能驾驶示范项目,建有 L3 级自动驾驶测试场景库。率先出台了《吉林省智能网联汽车道路测试与示范应用管理实施细则(试行)》。吉林省将积极参与申报国家智能网联汽车准入和上路通行试点。

三、2022 年单位经营情况

1. 总述

2022 年,吉林省新能源汽车与智能网联汽车产业共计实现产值约为 240 亿元。

2. 电动汽车产业

2022 年,吉林省新能源整车产销实现 5.8 万辆和 5.7 万辆,同比分别增长 39.5% 和 67.2%。实现产值约为 110 亿元。

3. 智能网联汽车产业

现共有汽车电子类规上企业 16 户,主营业务收入 125.3 亿元,约占国内 4.6% 份额。

四、2022 年新增项目及园区建设

1. 奥迪一汽新能源整车项目

2022 年 6 月 28 日,奥迪一汽新能源整车项目举行奠基仪式;11 月 21 日举行了伙伴共进暨暖封闭仪式。奥迪一汽新能源整车项目总投资约 350 亿元,占地约 150 km^2,形成 15 万辆新增纯电动产能,计划于 2024 年底投产。

2. 一汽弗迪新能源动力电池项目

2022 年 2 月 26 日,比亚迪新能源动力电池项目(一汽弗迪项目)一期工程开工,同年 8 月 11 日进入全面施工,同年 11 月实现主厂房暖封闭,计划 2023 年下半年正式投产。一汽弗迪项目是东北地区首家新能源汽车动力电池生产基地,一期规划年产能 15 GWh,产值约 150 亿元,全部建成投产后每年可满足 60 万辆电动汽车配置需求。

五、2022 年基础设施

吉林省新能源监控平台共登记充电站 844 座,充电桩 6395 个,换电站 122 座。建成并投运 1 座日加氢能力 500 kg 的光伏一体式制储加综合站。

六、发展规划

2021 年 9 月,吉林省发布《吉林省汽车产业发展"十四五"规划》,提出通过 5 年的努力,在吉林打造具有国际竞争力和影响力的汽车产业集群,推动一汽集团创建世界一流企业,支持长春建设世界一流国际汽车城。

七、本地区新能源汽车企业产销量统计表

生产企业名称	产品商标	车辆类型	通用名称	产量统计(辆)	销量统计(辆)
中国第一汽车集团有限公司	红旗	纯电动轿车	e-qm5	33450	30745
中国第一汽车集团有限公司	红旗	纯电动多用途乘用车	E-HS9	3870	6298
中国第一汽车集团有限公司	奔腾	纯电动多用途乘用车	C105	1	0
中国第一汽车集团有限公司	奔腾	纯电动轿车	NAT	20227	20293
中国第一汽车集团有限公司	解放	纯电动中重卡	—	2331	2541
中国第一汽车集团有限公司	解放	插电式混合动力中重卡	—	71	19
中国第一汽车集团有限公司	解放	燃料电池中重卡	—	228	225
中国第一汽车集团有限公司	解放	纯电动轻卡	—	0	3
一汽-大众汽车有限公司	奥迪	纯电动多用途乘用车	奥迪 C-BEV	1243	899
四川一汽丰田汽车有限公司	丰田	插电式混合动力多用途乘用车	RAV4 PHEV	2641	2843

八、本地区电动汽车充(换)电站(桩)统计表

城市名称	充电站		充电桩		换电站	
	2022 年新建数量(座)	2022 年底保有量(座)	慢充(个)	快充(个)	2022 年新建数量(座)	2022 年底保有量(座)
长春市	87	297	306	2718	51	75
吉林市	18	113	504	311	3	3
四平市	28	39	41	171	5	5
辽源市	6	24	0	178	3	3

续上表

城市名称	充电站		充电桩		换电站	
	2022 年新建数量(座)	2022 年底保有量(座)	慢充(个)	快充(个)	2022 年新建数量(座)	2022 年底保有量(座)
通化市	16	77	181	251	6	6
白山市	7	46	9	245	2	2
松原市	8	29	11	149	5	5
白城市	0	21	28	172	5	5
延边州	14	84	155	508	5	5
合计	184	730	1235	4703	85	109

九、本地区车用加氢站统计表

城市名称	加氢站名称	类型	供给能力(kg/d)	日加注量(kg)	加氢站氢气总储存量(kg)	储氢最高压力(MPa)	说明(运营/新建/在建)	运营时间
长春市	中韩示范区制氢加氢一体化站	加氢站	500	60	500	35	运营	2023 年 4 月

黑龙江省

一、2022 年产业概况

1. 总述

黑龙江省深入贯彻落实国家关于新能源汽车产业的战略部署,顺应新一轮能源革命和产业变革,培育壮大新能源汽车战略性新兴产业,聚焦新能源汽车关键环节技术研发和产业化,有效优化了汽车产业结构,推动黑龙江省新能源汽车产业逐步成为我国新能源汽车产业重要的特色聚集区。

2. 电动汽车产业

省内共有新能源汽车生产企业 4 家,分别为黑龙江龙华汽车有限公司、哈尔滨通联客车有限公司、哈尔滨龙江客车制造有限公司生产商用车(新能源客车)、大庆沃尔沃汽车制造有限公司生产乘用车。受限于市场因素及企业自身发展等原因,黑龙江龙华汽车有限公司、哈尔滨龙江客车制造有限公司 2 家商用车生产企业已停产,哈尔滨通联客车有限公司 2022 年改装生产新能源客车 200 辆,大庆沃尔沃新能源乘用车发展趋势良好,2022 年生产新能源乘用车 4842 辆。

二、2022 年推广应用

黑龙江省积极落实国家关于新能源汽车的发展战略,加大力度推进社会向电动化转型,截至 2022 年底,全省新能源汽车保有量 43710 辆,同比增长 51.5%。充换电基础设施建设进程加快,充电站保有量达到 675 座,充电桩保有量接近 1.6 万个。

三、2022 年本地区单位经营情况

新能源汽车生产制造方面。大庆沃尔沃汽车制造有限公司 2022 年共生产新能源汽车 4842 辆,同比下降 21.2%,均为插电式混合动力轿车。

四、2022 年新增项目及园区建设

东安动力新能源混动系统新基地项目。2021 年 10 月 29 日,东安动力新能源混动系统新基地项目签约开工,该项目基地是兵器装备集团"十四五"期间在全国重点布局的百亿级产业基地之一,以哈尔滨东安汽车动力股份有限公司为建设主体,同时整合哈尔滨东安汽车发动机制造有限公司和哈尔滨哈飞汽车工业集团有限公司部分资源,新增 11.74 万 m^2 项目用地,形成约 53 万 m^2 的新产业基地,核心产品为汽油发动机、新能源混动增程器、AT 变速器以及 DHT 混动系统。该项目将实现技术升级、装备升级、管理升级,努力把东安动力打造成商用车动力总成、中高端乘用车动力总成(2.0L 及以上排量汽油机)基地,并建设成立"中国兵器装备集团有限公司增程动力系统研究院",加快向新能源动力系统转型升级,力争 2025 年完成"双百"(发动机产量超百万台、产值超百亿元)基地建设。

大庆市高新区沃尔沃 XC90 荣誉款车型项目,由大庆沃尔沃汽车制造有限公司投资建设,于 2022 年 8 月开始建设,预计于 2024 年 8 月实现投产。项目总投资 1.57 亿元,2022 年投资 0.7 亿元。项目建筑面积 4400 m^2,主要建设集沃尔沃产品展示中心与车辆综合改装为一体的钢结构厂房,项目建成后年产沃尔沃 XC90 荣誉款 500 辆,实现产值 2.5 亿元。2022 年底已完成生产车间、访客中心土建基础施工。

大庆汽车零部件产业园二期。产业园位于黑龙江省大庆市龙凤区,产业园一期于 2016 年投用。其中,安道拓汽车部件系统有限公司为大庆沃尔沃提供整车座椅配套服务;大庆安翔汽车零部件有限公司为大庆沃尔沃配套车轮总成;延锋彼欧(大庆)汽车外饰系统有限公司为沃尔沃大庆工厂配套生产汽车保险杠总成产品。产业园二期于 2021 年 2 月启动桩基础建设,计划投资 3.86 亿元,用地面积 18.9 万 m^2,建筑面积 11.5 万 m^2,分 3 个地块建设 8 栋标准化厂房和2 栋定制化厂房及道路、绿化、市政管网等配套工程,主要为汽车顶棚、门板、地毯、汽车仪表板、中控板、汽车线束、汽车冲压件、汽车管路、排气系统和零部件组装等企业而建设。

新能源电机系统及关键材料创新中心（以下简称创新中心）。由哈尔滨理工大学牵头包头稀土院、中国钢研院、哈工大、哈工程、哈东安发动机、哈电集团、哈轴承、一汽九个创始单位组成，是新能源汽车电机、功率电子控制器及其关键材料的重大平台。创新中心以哈理工的10个电机与材料博导教授形成的黑龙江“头雁”团队为基础，在国家“十四五”重点研发计划新能源汽车重点专项专家组长、“头雁”教授带领下，成功获批国家发改委实验室设施建设经费，用于建设“新能源电机系统及关键材料创新中心实验大楼”，计划在2023年完成建设。未来将通过打造以哈理工“头雁团队”为核心的新能源电机系统及关键材料创新中心，建设开放实验室和中试基地，研发以第三代SiC功率半导体驱动控制器及其高速稀土永磁电机系统等高附加值产品，打造电机系统与关键材料产业创新高地。

五、发展规划

为贯彻落实《汽车产业中长期发展规划》《新能源汽车产业发展规划（2021—2035）年》《黑龙江省产业振兴行动计划（2022—2026年）》，推动黑龙江省汽车产业高质量发展，黑龙江省成立汽车产业专班，制定《黑龙江省汽车产业振兴专项行动方案（2022—2026年）》，力争到2026年汽车及相关产业整体实力明显增强，技术创新能力显著提升，产销规模大幅增长，适应“寒区”使用的新能源和智能网联汽车核心零部件及关键领域技术取得新突破，基础设施不断完善，产品特色优势突出、专业化协作分工合理、供应链体系完善的汽车产业体系基本形成。同时依托大庆、哈尔滨等地区现有产业基础和条件，遵循集聚集约、区域联动的原则，打造专业化、协作化、联动化的“一核一带多基地”汽车产业新格局。

六、本地区新能源汽车企业产销量统计表

生产企业名称	产品商标	车辆类型	通用名称	产量统计（辆）	销量统计（辆）
大庆沃尔沃汽车制造有限公司	沃尔沃	插电式混合动力乘用车	S90	4842	4842

七、本地区电动汽车充（换）电站（桩）统计表

城市名称	充电站		充电桩		换电站	
	2022年新建数量（座）	2022年底保有量（座）	慢充（个）	快充（个）	2022年新建数量（座）	2022年底保有量（座）
合计	189	640	10576	6837	4	4
哈尔滨市	116	359	7284	4057	4	4
齐齐哈尔市	14	27	447	207	—	—
牡丹江市	8	30	404	191	—	—
佳木斯市	3	20	206	337	—	—
大庆市	18	44	912	380	—	—
鸡西市	7	17	130	113	—	—
双鸭山市	1	15	151	394	—	—
七台河市	1	16	48	227	—	—
伊春市	3	14	59	144	—	—
鹤岗市	7	21	547	217	—	—
黑河市	2	20	132	124	—	—
绥化市	2	31	219	369	—	—
大兴安岭行署	7	26	37	77	—	—

江　苏　省

一、整车生产

2022年江苏省实现新能源汽车产量68.7万辆，同比增长175%，占全国总量9.7%；销量66.8万辆，同比增长170%，占全国总量9.7%。其中，纯电动汽车产销分别为50.3万辆和49.7万辆，分别同比增长271%和274%，占全省总量73.3%和74.4%；插电式混合动力（含增程式）汽车产销分别为18.3万辆和17万辆，分别同比增长60.3%和48.5%，占全省总量26.6%和25.5%。分地区看，全省新能源汽车产量排名前三的地区依次是常州、南京、泰州，分别为34.4万辆、17.4万辆和7.2万辆，分别同比增长284%、179%和43.2%。

二、重点产业链

建设全国最大的动力电池生产基地，构建以南京、常州为核心，苏州、盐城、镇江等地多点支撑的产业布局，全省建成动力电池产能329.5 GWh，2022年实现产量204.1 GWh，均居全国第一。打造燃料电池汽车完整产业链条，推动开展公交、环卫等特定场景示范应用，累计投运燃料电池汽车475辆、建成加氢站19座，突破空压机、双极板、膜电极等一批关键核心技术，实现电堆、系统辅件、氢气“制储运加”、整车集成全链条产业布局。推动充换电设施行业向高端迈进，组建新能源汽车能源与信息创新中心，成立产业创新联盟，集聚一批行业前十龙头企业，覆盖关键零部件、整机、智能运营平台

等全产业链,液冷充电系统最大充电功率达 500 kW,充电效率 94% 以上,达到国际领先水平。加快车联网和智能网联汽车产业布局,创建全国首个国家级车联网先导区,遴选 5 个省级车联网和智能网联汽车高质量发展先行区以及 12 个典型应用场景开展试点建设,建成国内覆盖范围最广的车联网基础设施,累计投入超过 212 辆智能网联汽车开展道路测试与示范应用,集聚相关企业 779 家,自动驾驶软件算法、激光雷达、智能座舱等一批软硬件设备实现量产落地。

三、创新发展

截至 2022 年底,汽车领域建有国家级企业技术中心 16 个,省级企业技术中心 177 个,在智能网联汽车、新能源汽车智慧能源装备领域试点建设 2 个省级制造业创新中心,初步形成产学研用高效协同的创新体系。持续推进动力电池、氢燃料电池、智能网联汽车等重点领域重大技术装备研发攻关,一批关键技术环节取得突破,理想 L8、L9,比亚迪海豹,长城欧拉好猫、闪电猫,海格新能源客车、徐工新能源重卡等一批畅销车型上市,驱动电机总成、自适应悬架、辅助驾驶、汽车轻量化等技术水平全国领先;三元正极材料容量密度、纳米硅基负极材料能量密度、超薄型涂覆隔膜厚度及拉伸强度、宽温型高电压电解液电导率等指标达到国际领先水平;车载机器视觉系统、自动驾驶计算芯片、语音识别算法、5G 车载智能终端产品等一批新产品创新落地并实现整车企业配套;氢燃料电池膜电极、质子交换膜、空压机、氢循环泵等关键核心部件实现自主研发生产。

四、转型升级

智能化改造、数字化转型持续推进,全省汽车行业累计认定智能车间 316 个,1 家企业入选工信部智能制造示范工厂揭榜单位,43 个项目列入省智能制造示范工厂,3 个工业互联网标识解析二级节点上线,还有 1 家在建。重点支持南京、常州、盐城等地引进时代、LG、SK 等重大项目,开展全产业链布局,打造动力电池制造高地。加强整车生产准入政策指导,服务推进理想、泰州长城、比亚迪等一批重点新能源整车项目加快投产,新能源整车区域集中度明显提升。

五、推广应用

2022 年,全省新能源汽车上牌量 48.6 万辆、同比增长 111%,市场渗透率 25.6%,全省新能源汽车保有量达到 99.1 万辆。深入推进公共领域车辆电动化,公务、公交、出租、网约车、物流等公共领域内新能源汽车占比逐年提升,到 2022 年底,全省公交车新增及更新车辆中新能源汽车占比超过 90%,公务车、环卫车领域新增或更新车辆中新能源汽车占比分别达 36.8%、32.6%。持续开展新能源汽车下乡活动,累计组织 20 余场展示活动,吸引超过 50 个品牌 100 多款车型参与,有效宣传新能源汽车消费理念。

六、基础设施

2022 年,全省新建充电桩 27 万个,同比增长 198%,累计建成各类充电设施 48.5 万个,其中公共充电设施数量13 万个,位列全国第二位,车桩比 2.1:1,高于全国平均水平(2.6:1)。全省高速公路累计建成充电桩 864 个,其中快充桩 852 个(平均功率 60 kW)、可基本满足充电 30 min 续航 300 km 的需求,实现高速公路服务区快充桩全覆盖。大力推进南京市换电模式应用试点城市建设,累计建成换电站 170 座,位列全国第四位。印发全国首个省级层面的新能源汽车充(换)电设施建设运营管理办法,发布全国首个纯电动重卡换电电池包团体标准,充(换)电基础设施管理政策体系持续完善。

安 徽 省

一、2022 年产业概况

1. 总述

2022 年,安徽省新能源汽车产量 52.7 万辆,占全国比重 7.5%,居中部第一、全国第七位。同比增长 1.1 倍。新能源汽车出口势头强劲,全年出口超 1.5 万辆,同比增长 6 倍。

2. 电动汽车产业

建立了整车、动力电池、电机电控的全产业链体系,以奇瑞、江淮为代表的本土品牌,蔚来为代表的造车新势力,比亚迪、长安为代表的国内头部企业,大众安徽为代表合资品牌,多向协同发力。

3. 智能网联汽车产业

在智能网联汽车电子领域,江淮汽车成功开发智能刹车系统,打破技术垄断;蔚来汽车第二代技术平台首款 Coupe SUV-EC7 成为“全球最低风阻 SUV”车型;国轩高科 360 Wh/kg 的固态电池通过针刺测试,正在建设产线。安徽省围绕智能仪表、毫米波测速雷达、驱动电机、电控系统等关键环节开展研发和产业孵化工作,已培育中科智驰、禄正新能源、伯特利、宏景电子、埃泰克、森思泰克等一批产业链企业。

二、2022 年推广应用

1. 总述

截至 2022 年底,全省新能源汽车保有量 36.83 万辆,其中 2022 年新增 19.05 万辆。

2. 燃料电池汽车示范应用工作

六安市首批燃料电池汽车示范城市群建设有序推进。

3. 智能网联汽车试点工作

合肥、芜湖国家智慧城市基础设施和智能网联汽车协同发展试点城市建设有序推进。长三角地区新能源汽车和智能网联汽车地方统一标准立项工作顺利开展,芜湖—安徽省新能源和智能网联汽车产业研究院工作有序展开。合肥滨湖国家森林公园建设智能网联汽车示范园区于 2022 年 9 月底正式开通运营。

三、2022 年单位经营情况

1. 总述

建立了整车、动力电池、电机电控的全产业链体系,以奇瑞、江淮为代表的本土品牌,蔚来为代表的造车新势力,比亚迪、长安为代表的国内头部企业,大众安徽为代表合资品牌,多向协同发力。

2. 电动汽车产业

奇瑞集团年销量首破百万辆，稳居全国前十。蔚来汽车年销量首破10万辆，累计销量达30万辆。比亚迪合肥基地于2022年6月30日首车下线，当年生产汽车超10万辆。大众安徽首辆预量产车型12月7日下线。陕汽淮南纯电动重卡10月下线。汉马科技纯电重卡位列新能源重卡销量排名前列。国轩高科在动力电池领域向国内各大整车厂供货量稳步提升，稳居全国前四，全国排名前十的电池企业已有5家落户安徽。巨一动力的电驱动系统全国领先，在细分市场保有量居全国前列。中鼎集团汽车密封件保持全国第一，保隆气门嘴、尾饰管全球销量第一，胎压监测系统全球销量第三。新能源汽车产业链发展取得长足进步，整零配套不断完善，抗风险能力进一步提升。

3. 智能网联汽车产业

百度阿波罗、大唐高鸿、星云互联、北科天绘、仓擎智能、中科星驰、智行者、白犀牛、云从科技、文远知行等产业链上下游企业已先后在省内落户，合肥包河经开区渐成集聚态势。全省已有智能网联汽车家重点企业79家，产品覆盖摄像头、智能座舱、智能控制、雷达等。

四、2022年新增项目及园区建设

合肥市滨湖森林公园自动驾驶先导应用试点、合肥南站智能清扫及智能巡逻建设项目、合肥市塘西河公园智能网联汽车运行示范线已建设完成。合肥港智能网联信息化改造及自动驾驶场景应用项目、网联化智慧公交体验线正在建设。

五、2022年基础设施

截至2022年底，全省充电桩累计建成13.5万个，其中公共桩4.6万个。

六、发展规划

2022年4月，安徽省发展和改革委员会、安徽省经济和信息化厅印发《安徽省“十四五”汽车产业高质量发展规划》。

2022年6月，安徽省发展改革委员会印发《支持新能源汽车和智能网联汽车产业提质扩量增效若干政策》。

2022年8月，安徽省发展改革委等11部门印发《安徽省电动汽车充电基础设施建设“十四五”规划》。

福 建 省

一、2022年产业概况

1. 总述

福建省现有新能源汽车生产企业7家，分别为东南(福建)汽车工业有限公司、厦门金龙联合汽车工业公司、厦门金龙旅行车有限公司、上汽集团乘用车公司福建分公司、云度新能源汽车股份有限公司、福建新龙马汽车股份有限公司和中国重汽集团福建海西汽车有限公司，涵盖了新能源乘用车、商用车全品类汽车产品。新能源汽车“三电”(电池、电机、电控)系统关键零部件企业10多家，相关产品技术均处于国内前列。

2. 电动汽车产业

上汽乘用车宁德基地建成投产，达纲产能24万辆，主要产品为荣威和名爵品牌新能源与传统燃油汽车，2022年新能源乘用车产销均7.2万辆。金龙汽车集团2022年新能源客车产销均1.7万辆，国内市场占有率位居第二，出口规模位居国内第一。

3. 燃料电池汽车产业

福建省在氢燃料电池汽车及核心零部件方面具有一定技术储备，在氢气资源方面也具有一定优势。金龙汽车集团开发多款氢燃料电池客车产品，销量位居全国前列。雪人股份通过海外并购和自主研发，基本掌握了氢燃料电池电堆、双极板、膜电极、空气压缩机、循环泵及加氢站设备等产品研发技术，亚南电机初步拥有涵盖电堆、膜电极、系统集成等研发制造技术，正加快推进相关项目产业化。此外，福建省工业副产氢资源丰富，现有规模超过10万t，通过富余核电、风电等电解水制氢潜力大，制氢成本低。丰富的氢气资源不仅为福建省氢燃料电池汽车示范推广和规模化应用提供保障，未来还可利用港口将富余的氢气对外运输，将福建省打造成为面向华东乃至东亚地区的清洁能源制氢基地。

4. 智能网联汽车产业

厦门金龙联合公司的L4级阿波龙自动驾驶纯电动巴士、自动驾驶纯电动配送车，厦门金旅公司的“星辰”自动驾驶纯电动微循环公交均已实现小规模推广应用。龙马环卫的智能驾驶新能源环卫车已在多地开展示范运营。

二、2022年推广应用

1. 总述

截至2022年底，福建省累计推广新能源汽车38万辆，折合标准车62.9万辆。其中，新能源公交车1.8万辆，占比85.7%；新能源巡游出租车1.1万辆，占比50.2%；新能源网约车6.9万辆，占比78.1%。

2. 电动汽车推广应用工作

2022年，福建省共推广新能源汽车16万辆，同比增长88.2%，折合标准车18.7万辆，同比增长74.8%。其中，新增新能源公交车807辆、巡游出租车5823辆、网约车24199辆。

3. 燃料电池汽车示范应用工作

2022年3月，厦门市作为跨省联合申报国家燃料电池示范城市群城市之一，成功加入河北城市群。

4. 新能源汽车换电模式应用试点工作

宁德时代为电动重卡提供3种规格的磷酸铁锂电池组，分别为282 kWh、350 kWh、423 kWh，其中282 kWh与350 kWh为充换一体模式电池，现已装配在包括牵引车、自卸车、载货车等北汽福田、一汽解放、中国重汽、三一重工等19个主流商用车品牌的40余款换电车型。

三、2022年单位经营情况

1. 总述

2022年，全省新能源汽车产销均为9.4万辆；新能源动力电池出货量约243 GWh，产业规模位居国内第一。

2. 电动汽车产业

整车方面:2022 年,上汽乘用车宁德基地发展形势较好,新能源产销均 7.2 万辆,同比增长 48.7% 和 50.2%。金龙联合汽车、金龙旅行汽车发展较平稳,新能源产量分别为 8623 辆和 8457 辆,销量分别为 8497 万辆和 8457 万辆,与 2021 年同期基本持平;三明海西重汽新能源产销 1295 辆和 1242 辆,同比增长 603.8% 和 943.7%。新龙马汽车新能源产销 1839 辆和 1920 辆,同比下降 51.2% 和 43.7%。东南汽车受多种因素影响,2022 年无新能源汽车生产。云度汽车恢复生产,新能源产销 2000 辆和 2046 辆(2021 年产销均 90 辆)。动力电池方面:宁德时代动力电池出货量 208 GWh,增长 66%,国内市场占有率 48%,全球市场占有率 37%,继续保持行业领先地位。

四、2022 年新增项目及园区建设

宁德市蕉城三屿园区(上汽乘用车福建分公司宁德汽车产业集群)占地 6879 亩,有上汽乘用车福建分公司 1 家整车企业,30 多家零部件企业,总投资超 200 亿元。上汽乘用车福建分公司项目一期产能 24 万辆,入驻的配套企业 30 多家,基本涵盖了底盘车架、电泳及注塑、空调系统、轮胎总成、保险杠、电池组装、整车线束等零部件生产项目。

福州市闽侯青口投资区(福建奔驰、东南汽车产业集群)占地 56 km^2,集聚了福建奔驰汽车有限公司和东南(福建)汽车工业有限公司 2 家整车企业,18 多家汽车零部件配套生产企业,以整车制造为龙头、零部件业务广泛覆盖的汽车产业体系正在加速形成。

漳州龙海市汽车产业园区(金龙新能源汽车产业基地)规划占地 5000 亩,总投资 100 亿元,规划年产 3 万辆节能与新能源大中型客车、1 万辆考斯特和 10 万辆轻型客车。同时,引进新能源"三电"系统、动力总成、底盘零部件等配套企业,逐步形成完善的汽车产业集群。

厦门集美机械工业集中区(金龙客车产业基地)占地 15.42 km^2,入驻的企业有金龙客车、金龙礼宾车、金龙汽车车身等 100 余家企业。"十四五"期间,集中区将推进客车高端化、智能化发展,扩大新能源汽车生产规模,年产值向百亿元突破。同时,还将推进电动汽车动力电池和驱动电机产业基地建设。

三明永安市埔岭汽车工业园区(中国重汽福建海西汽车产业基地)已有入园企业 30 余家。

龙岩高新技术产业开发区(新龙马汽车产业基地)占地面积 130 km^2,集聚了 1 家整车企业,多家专用汽车企业,数十家汽车零部件企业。福建新龙马汽车已形成 15 万辆汽车年产能,产品覆盖微客、MPV、SUV 三大乘用车市场领域。

五、发展规划

重点打造"三基地、两集群、一中心",培育和壮大 3 个生产基地("福宁岩莆"新能源乘用车、"厦漳"新能源客车、"岩明"新能源货车和专用车生产基地),打造 2 个产业集群(闽东北新能源乘用汽车、闽西南新能源商用汽车产业集群)。壮大宁德、厦门、漳州、南平、福州、龙岩等新能源电池产业规模,打造世界级新能源汽车动力电池及材料先进制造业中心,万亿级产业集群。夯实福州、厦门、宁德、泉州、莆田、龙岩、南平等零部件配套产业;积极支持有条件的地市发展智能网联汽车和氢燃料电池汽车产业。其中:整车方面,做大乘用车、做优客车、做精专用车,支持上汽乘用车宁德基地扩大新能源乘用车产销规模,加快布局海外市场;支持金龙汽车集团做优做强新能源客车,拓展新能源货车和专用车,创新发展氢燃料电池汽车和智能网联汽车等;支持海西汽车研发生产新能源货车及专用车底盘产品。动力电池方面,支持宁德时代、中航锂电(厦门)、福建巨电等动力电池生产企业做大做强,加快推进产业链扩能项目建设;电机和电控方面,支持发展新能源汽车电机和电控系统,厦门钨业利用稀土永磁材料优势发展车用永磁电机产业。其他方面,支持企业发展轻量化汽车零部件;支持三明、泉州、厦门、龙岩等发展车用石墨烯、稀土永磁等新材料;支持相关地市依托新能源汽车生产企业,培育和壮大零部件配套产业。

六、本地区新能源汽车推广应用统计表

(单位:辆)

地区	车辆类型	载客车		载货车		其他专用车		合计
		9 座以下(含)	9 座以上	最大设计总质量≥3500 kg	最大设计总质量<3500 kg	最大设计总质量≥3500 kg	最大设计总质量<3500 kg	
福州	纯电动汽车	29244	334	456	2727	21	37	32819
	混合动力汽车	6837	0	7	8	1	0	6853
	氢燃料	0	0	0	0	0	0	0
厦门	纯电动汽车	31705	667	346	6892	9	0	39619
	混合动力汽车	6506	0	15	0	0	0	6521
	氢燃料	0	0	0	0	0	0	0
莆田	纯电动汽车	8002	124	9	480	1	0	8616
	混合动力汽车	1104	0	0	0	0	0	1104
	氢燃料	0	0	0	0	0	0	0
三明	纯电动汽车	2322	88	24	33	0	0	2467
	混合动力汽车	760	0	0	0	0	0	760
	氢燃料	0	0	0	0	0	0	0

续上表

地区	车辆类型	载客车		载货车		其他专用车		合计
		9座以下(含)	9座以上	最大设计总质量≥3500 kg	最大设计总质量<3500 kg	最大设计总质量≥3500 kg	最大设计总质量<3500 kg	
泉州	纯电动汽车	26969	75	62	3968	0	0	31074
	混合动力汽车	4715	0	1	0	0	0	4716
	氢燃料	0	0	0	0	0	0	0
漳州	纯电动汽车	7584	70	37	511	0	0	8202
	混合动力汽车	1112	0	1	0	0	0	1113
	氢燃料	0	0	0	0	0	0	0
南平	纯电动汽车	2608	122	14	38	0	0	2782
	混合动力汽车	441	0	0	0	0	0	441
	氢燃料	0	0	0	0	0	0	0
龙岩	纯电动汽车	4347	57	1	143	25	0	4573
	混合动力汽车	850	0	0	0	0	0	850
	氢燃料	0	0	0	0	0	0	0
宁德	纯电动汽车	5519	42	38	128	2	0	5729
	混合动力汽车	823	0	0	0	0	0	823
	氢燃料	0	0	0	0	0	0	0
平潭	纯电动汽车	1252	0	4	25	0	0	1281
	混合动力汽车	118	0	0	0	0	0	118
	氢燃料	0	0	0	0	0	0	0
合计		142818	1579	1015	14953	59	37	160461

七、本地区新能源汽车企业产销量统计表

生产企业名称	产品商标	车辆类型	通用名称	产量统计(辆)	销量统计(辆)
云度新能源汽车股份有限公司	云度	纯电动乘用车	π3	2000	2046
东南(福建)汽车工业有限公司	东南汽车	纯电动乘用车	—	—	—
福建新龙马汽车股份有限公司	启腾	纯电动物流车	启腾 M70	1839	1920
上汽集团乘用车公司福建分公司	名爵	插电式混合动力乘用车、微型纯电动车	eHS、clever	71865	7186
厦门金龙联合汽车工业公司	金龙客车	纯电动、插电式混合动力客车	金龙客车	8623	8497
厦门金龙旅行车有限公司	金旅客车	纯电动、插电式混合动力客车	金旅客车	8457	8457

江 西 省

一、概况

江西省汽车产业具备了从整车到底盘、发动机、变速器、车身件、内饰件等关键零部件较完整的产业链，形成了以江铃集团为龙头，以小蓝经开区、南昌经开区、抚州高新区等零部件产业基地为配套的产业发展格局。2022 年，江西省汽车产业实现营业收入 1255.6 亿元，实现利润 37.4 亿元；整车产销量 42.7 万辆。

二、经济运行

龙头企业江铃集团克服原材料价格上涨、芯片供应短缺等不利因素影响，在商用车和出台两大市场持续发力，实现了平稳运行。2022 年实现营业收入 1016 亿元。其中，轻客、皮卡、轻卡销量位居全国前列，江铃与福特深度合作，共同开拓海外市场，实现整车出口大幅增长。

三、新能源汽车发展情况

新能源汽车产业是我省战略性新兴产业，经过多年发展，初步形成了从整车到“三电”关键零部件较为完整的产业体系，建设了宁德时代、弗迪电池等一批重大项目，推动国轩高科、吉利新能源、蜂巢能源等动力电池项目投产。2022 年新能源汽车产销量 58435 辆和 50506 辆，同比增长 122.8% 和 138%。

四、产业园区

小蓝经开区汽车零部件产业基地拥有江铃股份、江铃控股、江铃新动力等 6 个整车企业及美国伟世通、天纳克、上海宝钢等重点零部件企业，主导产品为整车、空调系统、排气系

统、发动机、后视镜、座椅等汽车零部件，已形成功能齐全，配套完善的汽车零部件产业基地。

抚州高新区汽车零部件产业基地拥有弗迪电池、江铃底盘等一批龙头企业，主要有动力电池、汽车底盘、汽车轮毂、离合器、减震器、传动轴和刹车泵等汽车零部件产品。基地近年来发展迅速，围绕整车、汽车底盘零部关键环节，延伸产业链，做大做强汽车零部件产业。

五、产业规划

江西省深入实施《江西省汽车产业"十四五"发展规划》，坚持打造商用车强省、做大做强汽车零部件产业和构建汽车产业发展新格局"三个不动摇"，加快资产重组，引进头部企业，推动产业结构性调整，强链延链补链，推动汽车产业向质量效益型转变，实现高质量跨越式发展。

六、2022 年江西汽车工业主要经济指标

（单位：亿元）

主营业务收入	利润总额
1255.6	37.4

七、2022 年江西省汽车整车产销量

（单位：万辆）

主要产品	产量	同比下降%	销量	同比下降%
汽车整车	42.7	—	42.7	—

山 东 省

一、山东省新能源汽车产业发展现状

1. 产业规模持续扩大

近年来，山东省大力引进新能源汽车整车及关键核心配套企业，积极鼓励本地车企加快发展新能源汽车。山东省拥有新能源汽车生产企业 26 家，2022 年新能源汽车产量 30.5 万辆，同比增长 138.3%，招引比亚迪、宁德时代等整车、关键配套企业落地山东，不断优化发展环境，提升发展水平和层次。随着新能源市场需求持续旺盛和一批新能源汽车重点项目陆续投产，产量快速增长，产业规模将持续扩大。从车型看，山东省乘用车拥有奇瑞新能源齐河分公司、上汽通用五菱青岛分公司、北京新能源青岛分公司、日照魏牌汽车有限公司等企业；商用车以中通客车、中国重汽、山东蓝诺汽车等本省企业为主，中通客车生产的新能源客车国内行业排名靠前。

2. 产业链条日趋完善

山东省共有 144 家企业从事新能源汽车零部件研发生产，配套能力不断增强。动力电池领域，拥有超电新能源科技、力神（青岛）新能源、威能环保电源科技等 24 家重点企业，新型动力电池特别是磷酸铁锂电池产业规模保持高速增长，主要技术指标接近国际领先水平。驱动电机等关键零部件领域，浦益希机电科技（德州）、精进电动科技（菏泽）、联合轲麟新能源科技（济宁）等 5 个企业已在整车控制系统、辅机控制器及高压配电系统、电动汽车用交流电机等方面获得突破。新能源汽车生产线制造领域，济南二机床作为世界三大快速冲压线制造商之一，为比亚迪等国内一线新能源汽车生产商建设了多条大型高效柔性全自动冲压生产线，国内市场占有率 80% 以上。

3. 推广应用成效显著

随着消费者对新能源汽车接受度越来越高，山东省新能源汽车保有量大幅增长，配套设施日益完善。2022 年山东省新增（挂牌）新能源汽车 35.9 万辆，累计保有量达到 101.9 万辆。同时，氢燃料电池汽车推广取得一定成效。截至 2022 年底，省内挂牌的各类氢燃料电池汽车 1067 辆，运营里程超过 2500 万 km。截至 12 月底，全省累计建成充换电站 6471 座，各类充电桩 21.16 万台，充电基础设施配套服务能力显著增强。

二、存在问题

1. 产业整体布局不够优化

新能源汽车产业产值高、潜力大、带动性强，成为许多地方招商引资的重点，导致各地"各自为战"、项目"遍地开花"，在政策支持、研发设计、整车生产、核心零部件配套、人才供给上统筹规划不足，科学性不强，系统性较弱，难以发挥全省资源的集聚优势。

2. 新能源汽车缺少品牌优势

在商用车方面山东省拥有中通、重汽等品牌，但在占市场主要地位的乘用车方面本土品牌匮乏，多为外省汽车集团在山东省设立的生产基地，市场竞争力不足。

三、发展规划

1. 大力推进新能源汽车重点项目加快实施

鼓励优势企业扩容增效，支持中国重汽、中通客车、上汽通用东岳基地等国内领先的整车生产企业加大对新能源汽车的研发力度和生产规模。引进国内头部企业重点项目完善产业链，济南市政府与比亚迪公司展开合作，在济南市建设年产 15 万辆新能源汽车、新能源汽车核心零部件、动力电池、高功率芯片、云巴等项目，极大优化了山东省新能源乘用车产业链的结构。同时，省政府与宁德时代签署了合作协议，共同打造新能源电池产业集群，积极引入枣庄欣旺达锂电池等优质项目，通过重大项目实施，山东省新能源汽车产业链强度不断提升。

2. 大力推进新能源汽车整车和关键零部件研发创新

新能源汽车发展带来汽车核心技术的重大变革，电池、电机、电控已经成为新能源汽车最重要的组成，汽车芯片依然是制约产能释放的瓶颈。济南市通过引入比亚迪研发团队，建立研发设计中心，建设高功率芯片项目，将有效破解汽车芯片难题。青岛市依托北汽制造研发团队，逐步导入奇瑞、一汽的研发力量，在整车制造、关键核心零部件，智能网联等方向上逐步发力，预计未来几年将会有新的突破，塑成青岛新能源汽车的新优势。中国重汽氢燃料电池雪蜡车，是中国第一辆具有完全自主知识产权的智能雪蜡车，创造了

“中国首创、世界一流、完全国产”的新高度，填补了国内雪蜡车空白。

3. 发挥大型骨干企业对氢燃料电池汽车产业引领作用

充分发挥国家燃料电池技术创新中心的新型研发体制机制创新示范作用，研发一批自主可控的核心技术；以潍柴集团、国家电投济南绿动为龙头，引领氢燃料电池系统等发展；发挥山东东岳膜材料、山东同有新材料龙头企业的示范效应，引领质子交换膜、膜电极密封材料等关键新材料的创新发展；以中国重汽、中通客车为燃料电池商用车龙头，形成氢燃料电池商用车供应链，聚合整车生产资源。

在国内汽车行业已步入低增速阶段的背景下，新能源汽车成为推动行业可持续成长的重要结构性机会。我们要抓紧这一轮新能源汽车发展的历史机遇，优化汽车产业结构，做大做强山东省汽车产业，塑成山东省产业高质量发展新优势。

河　南　省

近年来，河南省汽车产业总体实现了较快发展，产业规模不断壮大，技术水平不断提升，产品体系持续完善，生产集中度不断提高，新能源汽车产销增长迅猛，在河南省国民经济和社会发展中的地位不断提升。

一、汽车产业发展现状

1. 产业规模不断壮大

截至2022年底，全省规模以上汽车及零部件企业600余家，产业整体规模2600亿元左右。其中，国家《道路机动车辆生产企业及产品公告》内河南省汽车整车生产企业18家（生产新能源汽车整车企业15家）。2022年，全省汽车整车产销分别实现58.6万辆和58.3万辆，同比分别增长4.2%和2.8%。其中，新能源汽车整车产销分别实现8.7万辆和8.7万辆，同比分别增长32.2%和31.8%。全省汽车整车出口17.3万辆，同比增长373.3%。

2. 产品体系持续完善

河南省汽车产业基本形成客车、SUV、MPV、轿车、载货车、专用汽车、微型客车等多品种、系列化的科研开发和生产制造体系。SUV、轿车、载货车、大中型客车成为河南省汽车产销的主要产品，乘用车占汽车总量的84%（2022年生产49.2万辆），商用车占汽车总量的16%。客车产品优势明显，宇通客车凭借先进的技术水平和过硬的产品质量，大中型客车总体市场占有率28.19%，全球市场占有率连续多年保持第一。郑州日产以中高档皮卡为主，市场占有率较高，皮卡产品位居全国第三。

3. 产业集群效应显现

在郑州宇通、郑州日产、郑州海马、东风日产、开封奇瑞、上汽郑州等行业骨干企业的带动下，全省汽车工业的规模效益不断显现。郑州是河南省最重要的汽车生产基地，主要汽车整车生产企业在郑州地区集聚发展，整车产量已占全省的70%以上。全省整车发展基本呈现以郑州为主，开封为辅，洛阳、许昌、三门峡、安阳、焦作、商丘等地共同发展的态势。随着河南省汽车产业的不断发展，郑汴地区、焦作、洛阳、新乡、南阳、许昌、安阳、鹤壁等地聚集了众多零部件骨干生产企业。转向器、减振器、传动轴、水泵、气缸套、凸轮轴、线束、动力电池等10多种零部件产品产量位居全国前列，并成为众多跨国公司的供应商。

4. 专用汽车产品不断丰富

截至2022年底，河南省《道路机动车辆生产企业及产品公告》内专用汽车生产企业146家，2022年产量预计超过10万辆，全国分省份排名约第五位，主要分布在驻马店、三门峡、洛阳、郑州、许昌、商丘、南阳等。半挂车、自卸汽车、冷藏保温车、罐式车、环卫车、起重举升车等专用汽车多个品种的国内市场占有率居行业前列，其中半挂车、冷藏保温车、新能源环卫车位居行业首位。

5. 智能网联及燃料电池汽车发展迅猛

为加快推动河南省智能网联汽车技术研发及应用，省工业和信息化厅、公安厅、交通运输厅联合成立河南省智能网联汽车道路测试与示范推进工作小组，指导河南省智能网联汽车开展道路测试与示范应用工作，截至2022年底已有宇通客车、文远知行、宇通重工等企业开展了智能网联汽车道路测试与示范相关工作。在智能网联汽车发展方面，河南省在智能网联客车、自动紧急制动系统、驾驶行为分析、信息安全、图像智能识别技术方面位于全国领先地位。同时，河南省燃料电池客车优势明显，郑州燃料电池汽车示范应用城市群已成功获批，郑州、新乡、开封、洛阳、焦作、安阳等地初步形成产业聚集发展态势。

6. 新能源汽车推广应用和基础设施建设持续推进

2022年，全省新增新能源汽车32.7万辆，同比增长37.9%，其中，新能源公交车新增0.2万辆，新能源出租车新增1.2万辆，新能源轿车新增25.0万辆，新能源货车新增1.0万辆，其他新能源车辆新增5.3万辆。全省新能源汽车保有量达到91.7万辆，其中纯电动汽车78.0万辆。充电基础设施建设持续推进，2022年，全省新建公共充电站741座、公共充电桩1.6万个，新建换电站18座、加氢站21座；全省累计建成公共充电站3967座、公共充电桩7.2万个，累计建成换电站37座、加氢站26座，为新能源汽车产业高质量发展提供有力支撑。

二、存在的主要问题

1. 产销规模总体偏小

河南省与广东、上海、吉林、湖北、重庆等国内汽车产业大省相比，产销数量差距较大，缺少大型企业集团的强有力带动。2022年，全省汽车整车产销分别实现58.6万辆和58.3万辆，同比分别增长4.2%和2.8%。

2. 产品结构有待进一步优化

河南省汽车产品结构中，中高档乘用车和中重型载货车品种少、产量低。新能源轿车产品偏少，缺少市场竞争力强的车型。省内生产的新能源乘用车与省内消费的新能源乘用车数量差距较大。

3. 研发投入占比偏低

全省汽车及零配件企业技术（研发）中心总体规模偏小，高端研发人才不足，科技创新平台少，与高校和研究机构的联系不够紧密，技术进步与创新对产业增长的贡献率不高。统计显示，2021年河南省汽车产业研发投入比为2.0%。

4. 核心零部件配套能力弱

在柴油发动机、变速箱、车桥、动力电池、驱动电机及控制器、电子控制系统、燃料电池电堆、车规级芯片、传感器系统等核心零部件方面，省内配套能力偏弱，以省外供应为主。

湖　北　省

一、产业概况

东风汽车集团有限公司、上汽通用武汉公司、广汽宜昌公司等头部企业持续发力；比亚迪武汉公司、星晖湖北汽车公司等新能源造车企业持续稳定发展；吉利路特斯、中创新航、小鹏汽车等一批“百亿”项目在湖北有序推进；“中国车谷”武汉经开区引进百亿以上项目 7 个，世界 500 强项目 20 个，招商项目签约额达 1200 亿元，多项指标领跑全市。新增国家级专精特新“小巨人”23 家、申报高新技术企业 640 家，增幅创历史新高、科技企业总量倍增；省内关键零部件持续提质，新能源汽车全产业链不断完善。

2022 年全年，全省汽车产业工业增加值增速 1.5%，汽车总产量 189.6 万辆，位居全国前列，产业规模稳居全国第一方阵。1～12 月，全省新能源汽车产量 29.3 万辆，同比增速 95.6%，保持了 2020 年以来高速增长态势。

二、产业布局

2022 年，“武襄十随汽车集群”入围先进制造业“国家队”阵营，全省在“汉孝随襄十”汽车走廊，武汉乘用车制造基地、襄阳轻型商用车及轿车制造基地、十堰商用车制造基地、随州专用汽车产业基地等四大整车制造基地基础上，宜昌、荆州、荆门、黄冈等地正在协同大力发展汽车零部件，湖北省汽车产业布局不断深化，万亿级汽车产业集群和现代产业体系不断完善。

东风本田新能源工厂项目已在武汉落户，项目预计 2024 年投产、2027 年达产，规划产能 25.6 万辆；武汉小鹏汽车智造基地项目已完成主体竣工，预计 2023 年投产，规划年产能 10 万辆，峰值产能可达 15 万～20 万辆，达产后可实现年产值 300 亿元以上；吉利路特斯武汉生产基地项目 2022 年完成设备联动调试并于四季度投产，未来规划建成年产能 15 万辆的多车型混流生产整车制造工厂，或将成为湖北汽车产业集群里的一支头部力量；东风云峰项目四大厂房已全面完工，该项目工厂具备混合动力车、纯电动车等多种新能源车型柔性混合生产能力，第一辆试装车已经成功下线，完全达产后可实现乘用车整车年产能 30 万台；2022 年 12 月，上汽通用电动化转型迎来重要成果，武汉奥特能超级工厂竣工投产，该工厂拥有全球领先的高精度加工与装配工艺、高标准的品控管理和高柔性的共线生产能力，在武汉创下“一分钟一台车”的最快纪录，能够为新能源汽车的高品质生产提供强大保障，同时也标志着湖北省新能源核心部件本土制造体系实力的进一步完善。

零部件配套方面：2022 年中创新航动力电池及储能电池武汉基地全面封顶，该项目计划达产后每年生产的动力电池可以装配 40 万台纯电动汽车；湖北邦普时代项目开工，宁德时代邦普一体化新能源产业园全部建成后，可以为 400 万辆新能源汽车配套电池正极材料，有效提高上游材料的供给能力；总投资 100 亿元的比亚迪襄阳产业园产能约 1.9 GWh 的第一条刀片电池生产线正式投产，其他生产线正在施工，预计 2023 年 5 月 16 条生产线全部投产，届时将形成 30 GWh 的产能，可满足 60 万辆整车装配，进一步提高湖北省新能源汽车“动力心脏”的硬实力；此外，亿纬锂能总部于 2022 年落户湖北武汉光谷，并发布公告拟分别在荆门高新区投资建设 20 GWh 方形磷酸铁锂电池生产线及辅助设施项目和 48 GWh 动力储能电池生产线及辅助设施项目，投资项目固定资产投资总额约为 126 亿元。

湖北省已集聚动力电池骨干企业 50 余家，动力电池产业链加速构建。近年来，依托湖北省汽车产业和资源优势，宁德时代、比亚迪、中创新航、融通高科等一批行业龙头企业加快布局，产业链条日趋完备，基本形成“电池基础原材料生产—关键部件制造—电芯制造及模组封装—废旧电池循环再利用”的上下游贯通全生命周期循环产业链。从区域看，初步形成以武汉、荆门、宜昌、十堰、襄阳为核心，孝感、鄂州、仙桃、荆州等多点支撑的动力电池产业集群格局：荆门拥有全国最先进的废旧电池回收基地；宜昌加速形成动力电池材料产业链；武汉集聚一批氢能产业研发、检测、认证等公共服务平台；十堰侧重磷酸铁锂电池材料及锂离子动力电池系统和模组环节；襄阳作为首批国家级新能源汽车推广应用、全国第一座商业化电动汽车充电站运行城市，聚力提升动力电池与管理系统、充换电设施、氢燃料电池系统发展水平。据介绍，湖北省还将支持企业协同科研机构推进高比容量、高比功率、高安全性和长循环寿命电池研发和生产，打通从基础研究到工程开发再到产品生产的链路。同时，有序布局电池循环梯次综合利用项目，培育引进一批电池回收利用企业，着力构建从基础原材料到电芯制造及 PACK 组装、再到废旧电池回收再利用的全产业链。

多个新能源汽车提质提产项目的落地投产，标志着湖北省抢占高端新能源汽车市场的重大突破，填补了湖北在高端车型研发领域的空白，将成为推动湖北汽车产业高质量发展的“加速器”。

三、产业发展

2022 年，随着武汉、襄阳等地多次纳入国家新能源和智能网联汽车试点，湖北省全力推进建设新能源与智能网联汽车国家产业基地。以建设国家智能网联汽车测试示范区为契机，省委、省政府大力推动东风公司等领军企业与武汉大学等科研院所共建汽车产业跨界融合新生态，促进汽车产业与大数据、云计算、人工智能、北斗导航等领域深度融合，推动从传统汽车向下一代智能网联汽车转型升级。大力推进新能源与智能网联汽车领域重点项目落地、头部企业引进，加速打造新能源与智能网联汽车发展高地。

在“中国车谷”——湖北武汉经济技术开发区，2022 年已建成全国规模最大、场景最多、首个全 5G 接入的开放道路自动驾驶示范区，无人驾驶出租车、无人驾驶公交车等 10 多种、近百辆无人驾驶车辆开展示范运营和技术测试，率先发布自动驾驶全无人商业化试点政策，建成国际一流智能网联汽车封闭测试场示范应用领跑全国。作为住建部“智能网联与智慧城市协同发展”试点、交通运输部“交通强国建设”试点及工信部“国家智能网联汽车（武汉）测试示范区”，2022年武汉经开区围绕5G、无人驾驶、车路协同、人工智能等新技术，打造了多维度的智能网联汽车应用场景，并在2022年8月率先发布自动驾驶全无人商业化试点政策，并向百度发放全国首批无人化示范运营资格，允许车内无安全员的自动驾驶车辆在社会道路上开展商业化服务，百度旗下自动驾驶出行服务平台“萝卜快跑”，全无人驾驶运营时段已拓展到7时至23时，车谷由此成为全国首个夜间开展全无人驾驶运营服务的区域。同时，占地1300多亩的智能网联汽车封闭测试场也于2022年全面竣工投入运营。该测试场拥有世界最大、功能最全的智能网联汽车测试，具备L4级自动驾驶测试功能，可为智能网联汽车研发、检测、认证等提供服务。此外，2022年镁佳智能网联研发中心、魔视智能自动驾驶研发中心暨华中区域业务中心等6个汽车项目，签约落户武汉经开区，总投资超过27亿元。车谷打造自主可控、安全稳定的汽车产业链进入“快车道”。

2022年5月，湖北省政府以“驰骋新赛道、增能新引擎”为主题，在武汉召开新能源与智能网联汽车产业发展对接会。会上，共有30个重点项目签约，涵盖汽车零配件供应、新能源动力及储能电池、汽车芯片传感器生产、智能自动驾驶研发、汽车超级大脑研发等新能源汽车和智能网联汽车产业链中大部分环节，总金额达661.73亿元，这些项目将落户武汉、襄阳、宜昌、荆门、黄冈等地。

四、重点企业经营情况

东风汽车集团有限公司保持良好发展态势。自主品牌乘用车销量68.5万辆，同比增长32%；新能源汽车销量47万辆，同比增长1.6倍。东风集团股份有限公司全年产量约246.1万辆，销售约246.5万辆，其中新能源汽车产量约35.8万辆，同比增长124.7%；销量约34.61万辆，同比增长115.5%。截至2022年11月，神龙汽车实现24个月同比正增长，全年销量12.7万辆，同比增长30%。东风公司大力实施“绿能”战略，集团自主品牌纯电、插电、传统新能源市场销售表现均跑赢大市，新能源车销量达到47.1万辆，同比增长156.8%。其中，新能源乘用车销售423561辆，新能源商用车销售47453辆，东风旗下岚图汽车、易捷特等品牌均取得了可圈可点的销量成绩，呈现上涨态势。在岚图首款车型岚图FREE正式交付仅半年后，2022年岚图就宣布进军欧洲市场。短短4个月后，岚图在挪威正式发布品牌并开启预售，正式开启海外市场战略。此外，另有湖北造四款车型（东风风神旗下的奕炫、奕炫GS、E70三款车型）于2022年征战欧洲市场，湖北新能源汽车品牌的成功出海，不仅标志着中国品牌出口2.0时代的开始，也代表着湖北汽车产业探索新能源汽车外销促长的新时代。

上汽通用汽车有限公司武汉分公司2022年全年实现工业增加值113.65亿元，实现营业收入444.7亿元，虽同比分别呈现−2.9%和−6.1%的小幅下滑，但在全年需求收缩、供给不足大背景下能够稳住主体产销已是难得的成绩。此外，截至2022年12月，上汽通用武汉分公司已有从业人员5339人，同比去年增长3.9%，加之年底奥特能超级工厂竣工投产和疫情防控政策的放开，公司正以强劲的发展势头期待来年的快速增长。

三环集团公司打造国内汽车产业链头部企业努力奋斗，经营质效持续向好，逆势跑赢行业大势，实现多项历史性转变。三环汽车提升上长空间；三环汉汽实现销售收入同比增长12.4%，利润同比增长20.79%；三环锻造硬、软实力同步提高；三环车桥充分发挥“1+N”营销模式，攻坚克难；三环方向机精益管理机制日趋完善；三环襄轴乘用车市场首次超过商用车外贸出口持续增长；三环锻压成功中标中石油巨龙钢管项目；三环铸造不断进步，三环电器成功入选武汉市上市后备“金种子”企业。

程力汽车不仅占领国内专汽细分市场，还在网上将产品卖到了中东、北美、亚非拉，以及孟加拉国、刚果、乌兹别克斯坦等国家。

五、关键技术

2022年，全省申请新能源汽车专利数量超过1300项，排名全国第八。省汽车产业技术创新联盟成员单位在技术突破和品牌建设方面核心竞争力稳步提升。

东风旗下两款首次参赛的新能源车——岚图梦想家、东风EV纳米BOX，在赛事中展示出卓越性能，共获得13项大奖。其中，岚图梦想家获“国家队高端新能源品牌领导者”“行业领航奖”“新时代豪华标杆MPV”“全场积分奖”等12项大奖；以东风公司等为主要完成单位的《全功率燃料电池整车及系统关键技术开发与应用》项目获得科技进步奖一等奖；东风风神马赫车队蝉联CTCC双料总冠军；东风雪铁龙天逸BEYOND斩获2022年“中国十佳底盘”奖项；东风风神皓极在世界智能驾驶挑战赛上摘金夺银；东风基于DSMA.1平台拓展的深度电动化架构——DSMA-E平台&新车型首批样车下线，该平台具有能够改善车内空间，具备高舒适性、高灵活性、智能体验、高效模块化等技术亮点，能够全方位满足多能源车型的开发需求；由东风商用车有限公司、湖北三宁矿业有限公司、武汉理工大学，携手开发的地下矿山无人矿卡，行业首发进入自动驾驶试运行阶段，标志着东风商用车打通矿山场景自动驾驶科技成果转化的“最后一公里”；东风无人集卡在厦门港口实现双桥联运；东风股份纯电轻卡获欧盟整车认证；东风锻造国七发动机缸体试制成功；东风商用车两款零碳动力成功点火；拥有69项专利的东风iD2项目电驱动总成下线；东风商用车“龙擎DT8变速箱”正式量产，其以质量更轻、噪声更低、传动效率更高，打破了同类产品在8挡变速箱领域的垄断地位；东风商用车《中重型商用车低碳智能关键技术研发及应用》项目拥有154项专利，并获得科技进步二等奖；在位于武汉经开区的东风新能源汽车产业园，东风旗下智新科技，成功研制出第三代半导体碳化硅功率模块，车谷自主创新再迈一大步，将于2023年实现量产。

湖北三环车桥轻量化前轴研究成果获省科技进步三等奖；三环集团旗下锻造公司在佩卡（PACCAR）集团公司年度供应商大会上，荣获“最佳持续改善奖”，并成为中国区唯一一家荣获此荣誉的企业；湖北三环锻造公司针对襄阳产线的数字化智能化改造收获显著成效，改造后的7条复杂锻件智能锻造线，产品生产效率提高了36.4%，产品不良品率减少了12.6%，能源利用率提高了46.3%，三环锻造公司也由此打开了国际高端市场；工信部公示2022年国家技术创新示范企业拟认定名单中，共有4家湖北企业入围，三环集团旗下三环锻造公司位列其中。

骆驼集团在武汉光谷成立创新研究中心，每年拿出1亿元投入研发，联合武汉大学、华中科技大学产学研结合项目，服务低压锂电池产品研发。使用集团自主研发的低压锂电池测试系统，使得测试精度范围从±8%提高到±5%。从前沿技术到研发中试再到生产工艺研发已具备全流程研发能力。2022年10月，骆驼集团股份创新总部研发中心研发的12 V低压锂电池项目量产落地，产品水平踏入全球第一梯队行列，正计划建成1000万只低压12 V电池产能。

六、产业规划

2022年，湖北省实现了产业规模稳中有进，新能源汽车持续爆发增长，智能网联技术研发获得突出成效等系列成果。《湖北省突破性发展新能源与智能网联汽车产业三年行动方案（2022—2024年）》《湖北省突破性发展新能源与智能网联汽车产业重点任务清单》正式印发，明确表明湖北省将开展五大行动，分年度落实24项重点任务，力争到2024年，实现湖北全省汽车产业产值跨越万亿台阶，其中新能源汽车产业产值突破3000亿元。

2022年，湖北省机械行业联合会、省汽车联盟积极发挥行业组织作用，开展了采集、发布行业信息，调研撰写行业课题、报告，反映企业诉求、提出政策建议，开展行业企业交流，组织专家行业企业咨询诊断，制订行业标准等具体工作。

2023年，站在“两个一百年”奋斗目标的历史交汇点，站在“十四五”规划和2035远景目标的历史起点，湖北汽车产业技术创新联盟及行业广大职工在党中央、省委省政府领导下，在省市有关部门的指导下，踏上了拼搏创新新征程，继续为湖北省汽车产业高质量发展做出新的更大贡献。

湖 南 省

一、2022年产业概况

湖南省拥有长沙比亚迪、北汽株洲、中车电动、三一汽车等12家新能源汽车整车生产企业，同时具备行业领先的电机电控电池研发制造能力，时代电气、长沙比亚迪半导体的新能源汽车IGBT、中车株洲电机的新能源汽车驱动电机处于国际先进水平。电池方面，现有动力电池系统相关企业约50家，涵盖电池模组、正极材料、负极材料、电池管理系统等，在锂系列电池、镍系列电池、全钒液流电池及其材料领域具有比较优势，全省已形成了长沙、株洲、湘潭协同发展的新能源汽车产业集群。2022年，湖南省实现了整车生产95.3万辆，同比增长56.0%，高于全国平均水平约52.6个百分点，约占当年全国产量2702.1万辆的3.5%。其中，新能源汽车生产49.6万辆，同比增长248.8%，高出全国平均水平近152个百分点，新能源汽车产量占全省汽车总产量比重达52%，占全国同期新能源汽车总产量的7.0%，成为国内重要新能源汽车生产基地。

二、2022年推广应用

2022年，全省推广新能源汽车157146台。截至2022年12月31日，新能源车保有量为377969台。

三、2022年单位经营情况

比亚迪汽车工业有限公司长沙分公司，成立于2009年8月，由比亚迪汽车工业有限公司和比亚迪汽车销售有限公司共同投资建设，由电动客车、乘用车（含新能源乘用车）和电动卡车及专用车3部分组成。主要生产元EV、宋MAX、秦plus、唐系列、海豚、驱逐舰、新e6等车型。旗下长沙弗迪电池已实现年产10 GW刀片电池。

三一重卡，是三一集团旗下推进实体经济和互联网深度融合的重卡造车新势力企业。2022年销量同比增长180%，连续两年位居全国第一。

中车时代电动汽车股份有限公司，成立于2007年，是整合国内外优质资源成立的国内第一家专业从事电动汽车研发与制造的高新技术企业，拥有专利380项，主持和参与制定国家及行业相关标准26项，获得国家级及省部级科技进步奖励7项。2022年，中车电动生产新能源客车产量同比增长1.5%。

北京汽车股份有限公司株洲分公司，是北京汽车第一个自主品牌外埠乘用车基地，也是北京汽车自主品牌产能最大的整车制造基地，具备年产32万辆传统燃油车及新能源车的生产能力。2022年，新能源汽车产量同比增长86.8%。

中车株洲电机有限公司，具备年产10万台新能源汽车驱动电机制造能力，产品全面覆盖新能源客车、乘用车、卡车、专用车、非道路工程车辆等各个领域，可为客户提供全面的驱动电机解决方案。

时代电气股份有限公司，已建成四条专业化电机、电控、电驱系统产线，完成10万台电驱产品交付；2022年底，在株洲智谷园区将建成50万台年产能规模；2023年继续扩大生产规模，形成80万台/年的产能规模。具备电控核心器件IGBT（约占成本的20%～30%）、电量传感器、电机等自主开发能力，已与一汽、长安、合众、东风等近20家整车厂建立深度合作关系。

四、2022年新增项目及园区建设

比亚迪投资30亿元在长沙建成乘用车二期项目；上汽大众投资80亿元建设新能源汽车项目。邦盛集团30万t磷酸铁锂项目总投资120亿元，全部达产后实现年产值100亿元；德赛电池储能电芯及电芯封装项目总投资100亿元，项目全面达产后可实现年产值120亿元；长远锂科锂电池正极材料生产基地项目投资58亿元，建设年产8万t锂离子电池三元正极材料生产线及相关配套设施，项目达产后实现年产值 120 亿元。

五、2022 年基础设施

截至 2022 年底，全省累计建成充电桩 17.81 万个，其中公共快充桩 2.92 万个、居民自用桩 12.8 万个。全省高速公路正常运营的 147 对服务区和停车区中，已有 134 个服务区覆盖充电设施，共建设充电桩 1124 个、13 台移动充电车、6 台应急设备，覆盖率达到 95%。

六、发展规划

以创新驱动产业发展，聚焦新能源和智能网联汽车发展重点，力争到 2025 年，将湖南打造成为国内领先、具有一定国际影响力的汽车产业发展高地。到 2025 年，力争全省新能源汽车产量 100 万辆以上，智能网联汽车占比超 70%。

1. 整车

在中高端乘用车方面，深挖汽车节能潜力，推动传统动力系统和混合动力技术优化升级，持续提升产品动力性、经济性和环保性；优先以新能源汽车为智能网联技术率先应用的载体，重点发展驾驶辅助、有条件自动驾驶、高级自动驾驶及完全自动驾驶等中高端乘用车产品；支持省内汽车制造企业加大产品研发投入力度，向“电动化、智能化、网联化”方向转型，提升品牌品质，向产品高端化方向升级。在商用车方面，充分发挥省内商用车领域优势企业带动作用，重点推进货车、客车、专用车等产品新能源和智能网联技术应用，打造智能重卡、智能公交、智能接驳、智能物流车、智能环卫车等各类新能源整车产品，推进湖南省商用车产业转型升级。

2. 关键零部件

推进高效发动机、混合动力、轻量化等领域技术突破，提升汽车节能减排水平；聚焦新能源及智能网联汽车关键细分领域，重点推动新能源动力策略、电池管理系统、氢燃料电池相关技术、车载计算平台、5G-V2X、自动驾驶算法、高精度地图及定位、大数据云控基础平台、智能道路基础系统等关键领域研发攻关；加快推进动力电池、电机、电控、电制动、电转向、电空调等新能源汽车“大小三电”配套产业发展；积极培育车规级芯片、车载雷达系统、高精度地图、车载计算平台、智慧座舱、路侧设备等智能网联汽车增量零部件新兴配套产业。

广 东 省

一、产业概况

广东省是全国新能源汽车生产和消费第一大省，整车及零部件研发、设计、生产、销售等产业链完备，集聚一批整车制造、动力电池、电机、电控、智能座舱、智能驾驶等领域龙头企业，拥有氢燃料电池汽车整车及关键零部件产业链，新能源汽车产业处于全国领先地位，具备全球竞争能力。

1. 产业规模持续扩大

广东省是全国最重要的汽车生产基地之一，产业规模位居全国前列。产能方面，截至 2022 年，全省汽车产能 426 万辆/年，其中乘用车产能 413 万辆/年，商用车产能 13 万辆/年；新能源汽车产能超 100 万辆/年。产销量方面，2022 年全省新能源汽车产量 129 万辆，位居全国第一，同比增长 142%，占全国（688 万辆）18%，占全球（1000 万辆）13%。全省新能源汽车保有量 208 万辆，全国排名第一，约占全国（1310 万辆）15%。出口方面，2022 年全省新能源汽车出口量超 7.1 万辆，同比增长 330%。比亚迪汽车 2022 年 4 月份在深圳小漠国际物流港首次通过汽车滚装船向欧洲出口新能源汽车，与德国最大汽车租赁公司 Sixt 签订 10 万辆新能源汽车供货合同，已进入美国、日本市场。

2. 汽车电动化优势明显

广东省新能源汽车电动化发展优势明显，具备较强的全球竞争力。整车制造，2022 年比亚迪销量 187.7 万辆、全国排名第一，广汽埃安销量 27.1 万辆、全国排名第五，小鹏汽车销量 12.1 万辆、全国排名第十二。动力电池，2022 年国内动力电池装机量前 10 位中广东企业占 3 席，其中比亚迪排名全国第二、占比 23.4%，深圳欣旺达、惠州亿纬锂能分列第五、第六位，排名第一的宁德时代和排名第三的中航锂电在省内已建设生产基地。比亚迪推出的“刀片电池”是业内首次通过针刺测试的动力电池，广汽埃安研发的海绵负极片“弹匣电池”技术突破 1000 km 长续航。电池材料，深圳贝特瑞负极材料出货量连续 9 年全球第一，国内市场占有率约 26%；广州天赐新材料、深圳新宙邦电解液出货量居全球前两位，国内市场占有率分别为 37% 和 13%；深圳德方纳米正极材料出货量全国第二，国内市场占有率 10%；隔膜出货量全球第一的恩捷股份在珠海建设生产基地。广东省驱动电机功率密度、电机效率等技术指标与国际先进水平基本相当，2022 年比亚迪弗迪动力国内装机量排名第一、占比 29.7%，深圳汇川技术排名第九、占比 2.9%。广东省电机控制器产品性能处于全国领先水平，2022 年比亚迪弗迪动力国内装机量排名第一、占比 24.6%，深圳汇川技术排名第三、占比 6.9%，珠海英搏尔排名第六、占比 5%。

3. 智能化水平不断提升

智能化水平是决定未来新能源汽车产业竞争力的关键因素，广东省新能源汽车智能化水平居全国前列。智能驾驶，拥有华为、小鹏汽车、文远智行、小马智行等智能驾驶领域头部企业，技术水平居全球前列。华为 L4 级全栈智能驾驶解决方案（ADS）技术水平全球领先，采用自研高算力自动驾驶 SoC 芯片和 MDC 智能驾驶计算平台，算力达 400TOPS，满足 L2 + 至 L4 级自动驾驶需求；华为研发全球领先的车载激光雷达，将成本从 2000 美元降低至 200 美元，已成为华为自动驾驶技术的核心技术优势。小鹏汽车是我国首家、全球第二家全栈自研高等级自动驾驶和辅助驾驶系统的车企（全球第一家为特斯拉），自主研发的 XPILOT 自动驾驶系统可实现 L2、L3 级自动驾驶，掌握包括视觉感知、传感器融合、决策规划和控制等环节关键核心技术，2020 年推出的 NGP（自主导航辅助驾驶）功能是国内首个量产的高阶驾驶辅助系统，也是业界公认国内性能最强、体验最好的辅助驾驶系统。智能座舱，华为研发的鸿蒙智能座舱将先进的 AI 大数据、车载娱乐、通信技术、人机交互、汽车芯片、操作系统等技术融合应用在车机上，凭借 Harmony OS 强大的生态，实现用车像用手机一样方便，被业界称为“车机天花板”。小鹏汽车基于 Linux、Android 开源代码，打造 Xmart OS 智能座舱系统，采用“全场景语音 2.0”下一代语音交互形态，在行业内首创“全车全时”语音交互，可实现多人同时不同区域人车语音对话。广汽埃安全栈自研的全新一代 ADiGO SPACE 5G 智能座舱系统已量产，具有高度的人机交互功能。智能网联，广东省智能网联汽车产业发展与国际先进水平保持同步，车路云协同助力智慧交通快速发展。广州文远知行、小马智行等头部企业在技术领域处于行业第一梯队，拥有中美两地无人驾驶测试许可，在出租车、小巴以及环卫车等多个自动驾驶产品完成商业化应用。广东省已发放自动驾驶道路测试牌照 336 张，开放测试道路里程超 600 km。广州是国内第一个发放载客测试牌照、第一个认可其他地区智能网联汽车道路测试许可、第一个在中心城区主干道开展道路测试的城市。2022 年 8 月 1 日，深圳正式实施国内首部智能网联汽车管理法规，成为首个允许全无人自动驾驶汽车上路的城市。汽车软件，广东省企业已经初步形成汽车软件体系，国外“卡脖子”极端情况下，可以实现国产替代。华为已建立覆盖数据处理、算法开发和测试的自动驾驶开发平台，并开发鸿蒙座舱操作系统 HOS、智能车控操作系统 VOS 和智能驾驶操作系统 AOS，华为鸿蒙 Harmony OS 是全球第一个面向全场景微内核的分布式 OS。中兴通讯基于微内核操作系统（RTOS）、安全 Linux（Safety Linux）、虚拟化容器（Hypervisor）组合形成一体化车用操作系统解决方案，能定制兼容 Linux 和 Andriod 两大座舱应用生态，可兼顾智能驾驶的功能安全和丰富生态应用的需求。比亚迪、小鹏汽车、广汽埃安产品均实现 100% 汽车全生命周期软件 OTA 服务。

4. 燃料电池汽车产业国内领先

广东省国燃料电池汽车产业处于全球领先地位，广东省处于国内领先水平，已建成燃料电池汽车全产业链供应体系，是全国首批燃料电池汽车示范城市群。技术创新方面，电堆、膜电极、双极板、质子交换膜、催化剂、碳纸、空气压缩机、氢气循环系统等八大关键核心零部件广东省均有布局，其中膜电极、催化剂、碳纸、质子交换膜等关键零部件技术水平处于国内领先水平，广州鸿基创能高性能膜电极与进口主流产品相比，性能提升 35%，成本下降 50%，为国际领先水平。产业化方面，在膜电极、催化剂、碳纸、质子交换膜四大关键材料领域，全国产能最大、技术水平最高的生产线均在广东省，包括广州鸿基创能年产 30 万 m^2 高性能膜电极、佛山济平新能源年产 2 t 催化剂产线、深圳通用氢能国内首条年产10 万 m^2 碳纸生产线和广州艾蒙特年产 10 万 m^2 质子交换膜生产线。在本地规模化生产的推动下，电堆成本降到 1000 元/kW 以下、系统成本降至 2000 元/kW 以下，燃料电池汽车制造成本与同类型动力电池汽车基本相当。氢气供应方面，东莞巨正源、广石化、茂石化等大型化工副产氢项目，年供氢气超 3 万 t，深圳、佛山等积极探索利用蓄冷电价电解水制氢，实现较低成本氢气供应。推广应用方面，全省累计推广燃料电池汽车超 3300 辆，累计运营超 3000 万 km，建成投运加氢站 46 座，均居全国首位。

二、2022 年基础设施

充换电基础设施逐步完善。一是充电设施建设规模不断扩大。全省累计建成公共充电桩超过 20 万个，建成集中式充电站超 5500 座，数量居全国第一。珠三角地区大型公交站场基本实现 100%配建充电设施，粤东西北地区公交车充电设施配建率达 80%，累计建成高速公路服务区充电站 467 个，基本实现全省高速公路服务区充电设施全覆盖目标，新建住宅小区配建停车位预留建设安装充电设施条件纳入设计规范。二是高压快充技术加快发展。广汽埃安发布的超充技术，配合 A480 超级充电桩，最高充电功率为480 kW，可实现充电 5 min 续航里程增加 200 km。小鹏汽车量产 G9 车型基于 800 V 高压 SiC 平台，配合 S4 超快充桩，最大功率可达 400 kW，由 10% 到 80% 仅需充电 15 min。三是换电站建设规模不断扩大。全省换电站约 238 座，总功率约 15 万 kW。换电站运营商广州奥动新能源技术水平国内领先，实现 20 s 极速换电，在全国布局超 740 座换电站，约占全国 39%，仅次于蔚来汽车排名全国第二，在共享换电市场份额和兼容车型排名全国第一。广州奥动新能源与南方电网、中国石化、广汽集团等开展合作，规划到 2025 年建设 1 万座换电站，并与一汽、上汽、广汽等国内 14 家主流车企合作，共同开发 24 款换电车型。

广西壮族自治区

一、2022 年产业概况

1. 总述

广西壮族自治区新能源汽车整车企业 8 家，产能 47.35 万辆，其中新能源乘用车产能 28 万辆，新能源商用车产能 19.35 万辆，产品涵盖了纯电动轿车、纯电动多用途乘用车、纯电动客车、纯电动厢式运输车、纯电动仓栅式运输车等多种车型。2022 年，广西新能源汽车产销分别为 67.4 万辆和 67.3 万辆，同比分别增长 39.9% 和 39.4%。

2. 电动汽车产业

近年来，新能源汽车零部件配套产业链正加快建设。动力电池方面，国轩高科项目一期已投产，二期正在推进；多氟多动力电池、鹏辉智能储能电池、赛克瑞浦年产 20 GWh 动力电池、比亚迪动力及储能电池等项目稳步推进。驱动电机方面，五菱柳机已开发电机和电机控制器产品；宁波双林在柳东新区驱动电机项目已投产。整车控制系统方面，柳州航盛科技实现部分本地化生产。电空调方面，柳州松芝汽车空调有限公司实现本地化生产。车身、车身附件、底盘等其他部件基本由柳州本地原有传统汽车零部件企业本地化配套。

3. 燃料电池汽车产业

东风柳汽加快燃料电池汽车产品的技术储备，积极开展氢燃料电池汽车新产品研发及示范应用。同时，柳州市加快燃料电池汽车示范应用场景建设，截至2021年底，柳州市现有加氢站1座，日加注量500 kg。

南宁市发展氢燃料电池产业已经形成一定基础，广西申龙汽车制造有限公司已具备生产氢燃料电池客车、货车的资质，其多款氢燃料电池城市客车获得工信部车型公告；广西玉柴机器股份有限公司正在南宁建设氢燃料电池动力系统生产项目，项目一期达产后预计实现年产各类新能源动力总成（包括燃料电池、增程器、混合动力、电驱系统等）7万台套的生产规模，预计年产值可达30亿元；中石化南宁石油分公司已建成南宁第一家商用加氢站（新阳综合加能站），并于2021年9月建成试运营。

二、2022年推广应用

1. 总述

2022年广西壮族自治区新增汽车数量58.6万辆、新增各类新能源汽车12.8万辆。截至2022年底，全区汽车保有量累计达893.2万辆，其中新能源汽车保有量累计达43.9万辆。

2. 电动汽车推广应用工作

截至2022年12月31日，全区新能源汽车累计保有量为438645辆，同比增长74.8%。新能源汽车充电基础设施建设累计建桩共计82416个，车桩比为5.3∶1。

2022年新能源汽车保有量新增18.3万辆（未包含在特定区域内使用及异地租赁的新能源车辆），完成年度总目标任务的203.9%。

2022年新建全区新能源汽车充电设施29288个，完成年度总目标任务的195.3%。

2021—2022年专用停车位新增53994个。

3. 新能源汽车换电模式应用试点工作

截至2022年底，柳州市建成出租车换电站9个，可满足市区2000辆出租车换电需求。柳州市积极探索公共领域车辆换电模式发展，依托东风柳汽、南方电网等企业，率先在出租车领域开展换电模式示范应用。柳州市换电出租车近1400台，约占全市出租车总数的13%；已投运9座出租车换电站，覆盖城中、柳南、柳北、鱼峰四大城区，主要服务于东风柳汽S50EV车型，换电站单站日均换电次数达200次以上，月换电量超16万kWh。换电站已有效节约司机排队等待时间，站点运营效率明显提升。南宁市新建成换电站9座，分别是：南宁竹溪立交蔚来换电站、广西隆安吉利绿色智能重卡换电站、广西隆安2号吉利绿色智能重卡换电站、广西大塘吉利绿色智能重卡换电站、南宁江南步步高蔚来换电站、南宁青秀山蔚来换电站、南宁中石化新阳站蔚来换电站、西乡塘南硕产业园S站、江南迎凯路S站。

三、2022年单位经营情况

1. 总述

截至2022年底，广西壮族自治区规模以上汽车企业共383家，较上年增加20家，企业资产总额为1660.7亿元，同比增加2.7%；实现营业收入1663.7亿元，同比下降7.2%；研发投入51.1亿元，同比增加2.2%；实现营业利润12.7亿元，同比下降55.6%；税金总额39.6亿元，同比增长10.3%；汽车制造业用工人数为10.1万人，同比下降1.9%。

2. 电动汽车产业

上汽通用五菱汽车股份有限公司：2022年完成工业总产值902.2亿元，同比增长8.3%。整车产销量分别完成158.7万辆和160万辆，同比分别下降5.1%和3.6%；生产汽车发动机83.4万台，同比下降25.4%。2022年，上汽通用五菱汽车股份有限公司持续推进品牌进阶，连续推出五菱佳辰、五菱星驰、五菱星辰混动版，纯电全球车五菱AIR EV、首款全球车混动车型Almaz Hybrid等新车型。在新能源汽车发展领域，全年新能源汽车产销量分别完成62.1万辆和62.2万辆，同比分别增长35.6%和35.9%。2022年8月8日，中国五菱新能源销量突破100万辆。2022年11月18日，上汽通用五菱国内首个"岛式"工厂——五菱纯电汽车精益智造工厂奠基。2022年8月3日，广西新能源汽车实验室揭牌。

东风柳州汽车有限公司：2022年，东风柳州汽车有限公司完成工业总产值166.3亿元，同比下降33.5%。整车产销量分别完成15万辆和15.7万辆，同比分别下降25.2%和21.7%。东风柳汽持续提升产品研发和技术创新能力：2022年4月15日，东风柳汽游艇车型上市；6月6日，东风柳州汽车有限公司研发试验场工程开工；6月7日，东风柳汽发布新一代准重型平台H5V车型；11月24日，东风柳汽发布"旗舰MPV概念车"和首款纯电SUV"风行雷霆"。

广西汽车集团有限公司：2022年，完成工业总产值175.8亿元，同比下降2.1%。其中，发动机板块产值同比下降6.8%，汽车零部件产值同比增长25.7%。新能源物流车产销分别完成1.6万辆和1.5万辆，同比分别增长41.6%和48.8%；专用车产销量分别完成6.8万辆和6万辆，同比分别下降13.9%和36%；发动机产销分别完成18.3万台和19.5万台，同比分别下降17.1%和17.4%。

广西申龙汽车制造有限公司：2022年，广西申龙首批面向海外市场销售的重卡实现生产下线，标志着广西申龙已具备重卡的研发制造与销售能力；新开发研制的6 m微循环公交车实现批量交付；新能源物流车销售进入2022年度新能源物流车企业销售排行榜前十五强。2022年广西申龙完成产值6.22亿元，完成订单生产5822台（新能源物流车5600台、纯电动客车222台），实现海外出口纯电动客车22台（泰国21台、越南1台）。

四、2022年新增项目及园区建设

新能源汽车产业链构建方面，伴随着全区新能源汽车产业的快速发展，广西壮族自治区引进了一批电池、电驱、电控等"三电"配套企业，新能源汽车零部件配套体系能力基本建成。例如引进了柳州国轩电池有限公司年产20 GWh磷酸铁锂电池生产项目、柳州瑞浦赛克有限公司20 GWh动力电池项目、柳州鹏辉能源年产20 GWh动力电池项目、柳州华霆新能源技术有限公司9 GWh动力系统项目、科易动力3 GWh动力系统项目等一批动力电池项目；此外还有柳州旺林年产14.4万套新能源电机、电桥产线项目、五菱柳机年产20万台套电机及电机控制器项目，联合汽车电子年产43万套电机、20万件电桥项目投，方盛车桥新能源车桥生产基地项目等。

五、2022 年基础设施

截至 2022 年 12 月底，广西壮族自治区共建设有公共充电站 13224 个，换电站 79 个，加氢站 2 个。2022 年 1—12 月，新增充电桩 29288 个。截至 2022 年 12 月底，柳州市共建设有公共充电站点 1431 个/充电枪 15599 个，帮助个人建设充电设施 18407 个。2022 年 1—12 月，新能源充电桩建设已完成 7118 个。市区"10 min 充电圈"基本形成，各城区范围内都已规划建成 2～3 个独立专属充电服务站；五县也已规划建成 1～2 个大型独立专属充电服务站；建成新能源汽车综合服务中心(含充电、换电、综合服务)7 个，建成东风柳汽出租车型换电站 9 个，可满足市区 2000 辆出租车换电需求。柳州大力发展综合供能服务，促成《柳州市综合能源站布点规划》，全市已建成投运的综合供能站达 16 个。截至 2022 年底，柳州市现有加氢站 1 座，日加注量 500 kg。

六、发展规划

发展思路：紧抓国家大力推动新能源汽车产业发展的机遇，以电动化、智能化、网联化为发展方向，巩固广西新能源微型车优势，大力发展中高端新能源汽车，延伸拓展电池、电机、电控、智能座舱等新能源汽车和智能网联汽车核心零部件，促进整车和零部件研发设计、智能网联汽车系统研发等环节集聚，形成以"整车为主、'三电'为辅，带动其他零部件发展"的汽车全产业链发展格局。

发展目标：到 2025 年，汽车产业产值达到 2000 亿元，汽车产量达到 150 万辆，电池产能达 200 GWh，零部件本地配套率达到 60% 以上。未来，建设面向东盟和共建"一带一路"国家的新能源汽车产业集聚区。

发展重点及方向：一是加快推动燃油汽车向混动转型。适当保留燃油汽车优势市场，推动燃油汽车节能化发展。促进商用车产品系列化和电动化转型升级。二是大力发展新能源汽车。巩固提升小微型纯电汽车产业优势，加快发展纯电动中高端 SUV、轿车、客车和冷链物流车、中重卡运输车，积极开发混合动力汽车和氢燃料电池汽车。支持上汽通用五菱实施"一二五"工程，建设广西新能源汽车实验室，打造纯电、混动两个百万级产品群。鼓励龙头车企研发智能网联汽车新产品，加强与智能座舱龙头企业合作，逐步提升产品智能网联水平。三是提高关键零部件配套水平。不断提升动力电池、驱动电机、电控系统的制造水平，加快完善新能源汽车关键零部件上下游配套水平，提升新能源汽车产业链自主可控能力；加快引进发展自动变速器、制动防抱死系统、车规级芯片、电空调、电制动、电动车桥等重点零部件以及无人驾驶系统、智能网联车机、控制器、显示屏等零部件产业，创新突破高性能毫米波雷达、线控转向系统、C-V2X 模组等产品，打造产品平台化、工艺专业化、装备智能化、物流信息化的新能源汽车"新四化"零部件生态体系。

七、本地区新能源汽车推广应用统计表

(单位：辆)

燃料＼车型	公交车	旅游大巴	公务车	出租车	租赁用车	私人用车	物流车	载货车	其他领域	合计
纯电动	1090	24	9	1849	3110	109136	31	591	289	116129
插电式	0	0	0	7	244	11248	7	0	1	11507
合　计	1090	24	9	1856	3354	120384	38	591	290	127636

八、本地区新能源汽车企业产销量统计表

生产企业名称	产品商标	车辆类型	通用名称	产量统计(辆)	销量统计(辆)
上汽通用五菱汽车股份有限公司	五菱	纯电动轿车	五菱宏光 MINIEV	—	554067
	宝骏	纯电动轿车	KIWI	—	30972
	五菱	纯电动轿车	五菱晴空	—	18686
	五菱	纯电动轿车	五菱 Nano	—	8415
东风柳州汽车有限公司	风行	纯电动轿车	S50EV	22417	22900
	风行	纯电动多功能乘用车	M5EV	3623	2835
	乘龙	纯电动货车	L2	1078	1160
	乘龙	纯电动货车	M3	375	177
广西汽车集团	五菱	纯电动货车	EV50	15935	14905
广西玉柴新能源汽车有限公司	玉柴	纯电动商用车	玉柴	720	768
广西华奥汽车制造有限公司	金华奥	纯电动客车	—	166	166
桂林客车发展有限责任公司	五菱	校车	—	0	270
		公路客车	—	0	23
		物流车	—	0	9
		特种车	—	0	183
		观光车	—	0	268

续上表

生产企业名称	产品商标	车辆类型	通用名称	产量统计(辆)	销量统计(辆)
广西申龙汽车制造有限公司	紫象牌	纯电动城市客车	HQK6803UBEVU1	6	6
	紫象牌	纯电动城市客车	HQK6118UBEVU2	2	2
	紫象牌	纯电动城市客车	HQK6859UBEVS1	20	20
	紫象牌	纯电动城市客车	HQK6109UBEVS1	20	20
	紫象牌	纯电动城市客车	HQK6601UBEVU	70	70
	紫象牌	纯电动客车	HQK6118ABEVU3	40	40
	紫象牌	纯电动城市客车	HQK6602UBEVH1	1	1
	申龙牌	纯电动城市客车	SLK6109USBEVL7	25	25
	紫象牌	纯电动城市客车(出口泰国)	HQK6839EVT	12	12
	紫象牌	纯电动客车(出口泰国)	HQK6760EVT	4	4
	紫象牌	纯电动城市客车(出口越南)	HQK6663EVN	1	1
	紫象牌	纯电动城市客车(出口泰国)	HQK6603EVT	1	1
	紫象牌	纯电动城市客车(出口泰国)	HQK6753EVT	4	4

九、本地区电动汽车充(换)电站(桩)统计表

城市名称	充电站		充电桩		换电站	
	2022 年新建数量(座)	2022 年底保有量(座)	慢充(个)	快充(个)	2022 年新建数量(座)	2022 年底保有量(座)
玉林市	1612	4760	1195	417	0	1
防城港市	63	287	949	252	2	2
贵港市	159	440	345	1099	0	1
桂林	61	904	956	1108	0	1
柳州市	509	1431	13288	2311	9	10
梧州市	0	0	1259	0	0	0
河池市	0	0	869	257	0	0
北海市	8	8	1191	209	3	3
崇左市	0	0	728	247	0	0
来宾	0	3436	1020	0	0	0
钦州市	581	1045	2126	956	6	10
百色市	318	571	4391	721	5	5
南宁	94	342	4346	968	9	12

十、本地区车用加氢站统计表

城市名称	加氢站名称	类型	供给能力(kg/d)	日加注量(kg)	加氢站氢气总储存量(kg)	储氢最高压力(MPa)	说明(运营/新建/在建)	运营时间
柳州市	博园油氢合建站	撬装式	1000	500	1000	45	运营	自 2020 年开始投入运营
南宁	新阳综合加能站	综合加能站	500	500	950	45	运营	2021 年 9 月(试运营)

海 南 省

一、2022 年产业概况

1. 总述

2022 年,全省汽车制造业累计生产汽车 2.2 万辆,同比增长 46.7%;实现工业总产值 26 亿元,同比增长 34.6%。

海南省仅有汽车整车制造企业 1 家,即海南海马汽车有限公司。海南海马汽车有限公司 2022 年全年销售汽车 22898 辆,同比增长 68%,实现销售收入 21.6 亿元,同比增长 46%。

2. 电动汽车产业

2022 年,全省唯一的汽车整车制造企业海南海马汽车有限公司,响应国家《新能源汽车产业发展规划(2021—2035 年)》和海南省清洁能源汽车发展规划要求,自主研发智能纯

电动汽车 7X-E 并获得产品公告，于 2022 年 9 月量产上市。

3. 燃料电池汽车产业

海南海马汽车有限公司结合国家碳达峰碳中和战略目标，积极响应节能减排、绿色低碳政策，进一步推动氢能源产业发展，自主研发的第四代氢能汽车于 2022 年 7 月完成设计数据优化和冻结，2022 年 10 月样车试制下线。该项目预计 2023 年逐步投入示范运行。

二、2022 年推广应用

1. 总述

2022 年海南省共推广应用新能源汽车 76371 辆，其中个人用户 64668 辆，单位用户 11703 辆，新能源汽车占新注册登记汽车比例达到 42.15%。截至 2022 年 12 月 31 日，海南省汽车保有量为 1835626 辆，新能源车保有量为 191937 辆，新能源汽车保有量占有率为 10.46%。

2. 电动汽车推广应用工作

2022 年海南省共推广应用电动汽车 76371 辆；截至 2022 年 12 月 31 日，海南省电动汽车保有量为 191937 辆，其中纯电汽车保有量 161803 辆，纯电汽车保有量占比达 84.3%。

3. 新能源汽车换电模式应用试点工作

海南省先后出台《海南省支持电动汽车换电站建设的指导意见》《海南省新能源汽车换电模式应用试点实施方案》，明确 2021—2022 年试点期间重点工作和推广目标。省市共同推动，三亚市被工信部、国家能源局确定为全国新能源汽车换电模式应用试点城市之一，截至 2022 年底，海南省共建成换电站 43 座，电池 1332 块，换电模式新能源汽车累计推广超 5000 辆，试点工作取得积极成效。三亚市作为全国新能源汽车换电模式应用试点城市，累计推广换电车辆超 2000 辆，并在巡游出租车、网约车、重卡领域形成一批成功经验。

4. 智能网联汽车试点工作

海南省积极开展智能网联汽车（车联网）创新性政策研究，先后印发《海南省车联网先导区（项目）建设实施细则》《海南省低速功能型无人车道路测试与示范应用管理办法》，编制全省车联网产业发展规划、三年行动计划，以及环岛旅游公路车联网基础设施建设实施方案。同时，以揭榜挂帅的方式推动海口、三亚等市县打造车联网先导项目，并积极推动博鳌东屿岛车联网示范、琼海京东无人配送车、三亚崖州湾自动驾驶公交、海口观澜湖自动驾驶观光车等试点项目，引导百度、希迪智驾、新石器、沪能驭势等企业落地布局。

三、2022 年单位经营情况

1. 总述

海南省仅有海南海马汽车有限公司 1 家汽车整车制造企业。海南海马汽车有限公司 2022 年全年销售汽车 22898 辆，同比增长 68%，实现销售收入 21.6 亿元，同比增长 46%。

2. 电动汽车产业

海南海马汽车有限公司响应国家《新能源汽车产业发展规划（2021—2035 年）》和海南省清洁能源汽车发展规划要求，自主研发智能纯电动汽车 7X-E 并获得产品公告，于 2022 年 9 月量产上市。

四、2022 年新增项目及园区建设

海南海马汽车有限公司响应国家《新能源汽车产业发展规划（2021—2035 年）》和海南省清洁能源汽车发展规划要求，自主研发智能纯电动汽车 7X-E 并获得产品公告，于 2022 年 9 月量产上市。

五、2022 年基础设施

2022 年，海南省全省新建充电桩 27734（枪），完成年度计划的 138.5%。累计建设充电桩 75357（枪），换电站 49 座。其中，公共桩 27236 枪、专用桩 4144 枪、自用桩 43977 枪。纯电动汽车与充电桩总体比例 2.15∶1，优于全国平均水平。

六、发展规划

1. 稳步推进新能源汽车产业集群建设

在生产制造业方面，充分发挥和放大海南自贸港政策效应和区位优势，瞄准“高端定制”“改装”和“专用车制造”等方向，重点对准海外市场，在海口高新区、洋浦先进制造园区打造新能源汽车产业集群。在示范生态和多业态融合方面，结合海南旅游、港口等应用场景和用户需求，搭建智慧路网和交通运输网络，重点发展商用车换电、运营租赁、智能网联、氢燃料电池汽车等示范项目。

2. 系统推进全域新能源汽车推广应用

一是强化顶层设计，起草并推动省政府印发实施《新能源汽车发展中长期行动方案（2023—2030 年）》。二是完善推广应用生态。重点突破充电桩进小区难、充电桩区域不平衡等问题，推动货运领域和进岛燃油车等重点领域新能源汽车推广。

七、本地区新能源汽车推广应用统计表

（单位：辆）

车型 / 燃料	公交车	旅游大巴	公务车	出租车	租赁用车	私人用车	环卫车	载货车	其他领域	合计
纯电动	201	113	328	7776	260	38932	11	5493	2093	55207
插电式	0	0	3	11	109	9388	0	26	786	10323
燃料电池	0	0	0	0	0	0	0	0	1	1
合　计	201	113	331	7787	369	48320	11	5519	2880	65531

八、本地区新能源汽车企业产销量统计表

生产企业名称	产品商标	车辆类型	通用名称	产量统计(辆)	销量统计(辆)
海南海马汽车有限公司	海马牌	智能网联乘用车(MPV)	7X	2632	2736
海南海马汽车有限公司	海马牌	纯电动多功能乘用车(EV)	7X-E	197	122

九、本地区电动汽车充(换)电站(桩)统计表

城市名称	充电站		充电桩		换电站	
	2022 年新建数量(座)	2022 年底保有量(座)	慢充(个)	快充(个)	2022 年新建数量(座)	2022 年底保有量(座)
海口	—	—	29578	—	6	22
三亚	—	—	11458	—	10	18
琼海	—	—	2941	—	0	2
儋州	—	—	5111	—	1	3
文昌	—	—	2636	—	0	0
万宁	—	—	1088	—	0	1
陵水	—	—	1158	—	0	0
东方	—	—	3040	—	0	0
澄迈	—	—	3303	—	0	1
定安	—	—	665	—	0	0
乐东	—	—	677	—	0	0
临高	—	—	863	—	0	0
屯昌	—	—	1013	—	0	1
保亭	—	—	470	—	0	0
琼中	—	—	700	—	0	0
昌江	—	—	395	—	1	1
五指山	—	—	325	—	0	0
白沙	—	—	509	—	0	0

十、本地区车用加氢站统计表

城市名称	加氢站名称	类型	供给能力(kg/d)	日加注量(kg)	加氢站氢气总储存量(kg)	储氢最高压力(MPa)	说明(运营/新建/在建)	运营时间
海口市	海南海马水制氢与加氢一体化试验装置	三级	50 kg/12h,满负荷 100 kg/24h	100 kg(站内制氢),250 kg(管束车运氢支持)	107	87.5	运营	2021 年 12 月份开始试运行
海口市	海口龙桥西站	加氢站	500	500	172.2	35	新建	计划 2023 年底前投营
三亚市	三亚东线站	加氢站	500	500	172.2	35	新建	计划 2023 年底前投营
儋州市	儋州洋浦宏浦站	加氢站	500	500	172.2	35	新建	计划 2023 年底前投营
琼海市	琼海银丰站	加氢站	500	500	352.8	70	运营	2023 年 4 月

四 川 省

一、2022 年产业概况

1. 总述

四川省现有新能源汽车生产企业 20 户,初步形成了较为完整的产业链。因疫情、缺芯、高温等多重不利因素反复冲击,全省汽车汽车产业链供应链受到较大影响。但在省委省政府的坚强领导下,四川出台针对性支持政策,组建稳链保链专班,打通产业链供应链,持续推动产业转型升级,深入

推进川渝合作，全力推动新能源与智能汽车产业高质量发展，全年实现生产新能源汽车 8.1 万辆，同比增长 92.9%；累计推广应用新能源汽车超 55.7 万辆；生产动力电池83 GWh，同比增长 388.2%。

2. 电动汽车产业

会同省发改等部门到国家相关部委开展对接，积极推动产能利用率偏低的汽车企业产能整合，盘活存量产能，拓宽四川造整车出口渠道，努力破解全省汽车产能利用率制约性问题；推动一汽大众、成都沃尔沃、四川领吉等企业加快导入捷达新能源、XC90、极星、极氪等新能源乘用车产品，加快推动更多新能源整车在川生产；指导宜宾市新能源汽车换电模式应用试点，推广应用换电重卡 320 辆，建设重卡换电站 8 座。会同商务厅、农业农村厅、财政厅等部门举办国家新能源汽车下乡(四川南充站)活动，有效挖掘农村市场及新兴产业市场潜力。与宜宾市一道高质量举办 2022 世界动力电池大会，签约 48 个动力电池和新能源汽车领域配套项目，总金额达 962 亿元，重点补全补强正负极材料、隔膜、电解液、铜箔及电池回收等产业链短板。以重大项目为抓手，加快推动四川时代、时代吉利、中航锂电、亿纬锂能、蜂巢能源等重大项目建设，形成动力电池产能 143 GWh，动力电池产业高质量集群发展态势已初步形成。

3. 燃料电池汽车产业

继续扩大氢燃料电池汽车示范，支持成都、内江、德阳、乐山、攀枝花、广安、凉山等市(州)扩大示范范围，全省推广燃料电池汽车 430 辆，建成加氢站 15 座；大力支持成都氢燃料电池汽车及氢能装备产业发展，加大核心技术攻关，推动多个氢能产业园建设；支持攀枝花开展电解水制氢试点，打造供氢基地，推动建成西南地区首条民用输氢管道，加快探索氢能重卡在攀钢等矿山企业应用。

4. 智能网联汽车产业

指导建成中德智能网联汽车、车联网测试验证基地和大运直连通道，在成都经开区部署路侧、边缘计算等设施设备 1151 套，投入各类智能网联汽车 43 辆，率先开展道路测试和示范应用，构建"车、路、云"协同的半开放示范区，进一步集聚国内外头部企业；会同通信学会筹备第三届中国国际车联网技术大会，于 12 月在成都召开。

二、2022 年推广应用

2022 年全省推广应用新能源汽车 22.7 万辆，累计推广应用新能源汽车 55.7 万辆。同时，四川大力开展燃料电池示范应用，截至 2022 年底，已累计投入燃料电池汽车 430 辆(公交车 303 辆、物流车 127 辆)，建成加氢站 15 座，应用规模西部第一、全国领先。

三、本地区车用加氢站统计表

城市名称	加氢站名称	类型	供给能力(kg/d)	日加注量(kg)	加氢站氢气总储存量(kg)	储氢最高压力(MPa)	说明(运营/新建/在建)	运营时间
成都市	成都国氢华通龙泉驿加氢站	固定站	1000	—	—	—	—	运营
成都市	中国石化郫都区加油加氢站	综合能源站	500	—	—	—	—	运营
成都市	一汽丰田加氢站	撬装站	200	—	—	—	—	运营
成都市	中石油成都郫都区古城加油加氢站	固定站	500	—	—	—	—	运营
成都市	新创综合能源站	综合能源站	1000	—	—	—	—	运营
内江市	天辰物流加氢站	固定站	500	—	—	—	—	运营
内江市	内江市加氢站	撬装站	20	—	—	—	—	运营
南充市	吉利加氢站	实验站	500	—	—	—	—	运营
德阳市	东方锅炉德阳加氢站	撬装站	200	—	—	—	—	运营
凉山州	月城加氢站	固定站	500	—	—	—	—	运营
自贡市	东方锅炉加氢站	撬装站	200	—	—	—	—	运营
资阳市	中石油油气氢合建站	综合能源站	500	—	—	—	—	运营
攀枝花市	钒钛高新区加氢综合能源站	综合能源站	1000	—	—	—	—	运营
广安市	广安官盛新区加氢站	撬装站	100	—	—	—	—	运营
乐山市	乐山五通桥加氢站	撬装站	100	—	—	—	—	运营

贵 州 省

一、2022 年产业概况

1. 总述

2022 年，贵州省新能源汽车产业(含动力电池及材料)完成工业总产值 917.35 亿元，其中新能源汽车产业(含动力电池及材料)规模以上工业企业数量 122 家，营业收入 940.02 亿元、利润 53.18 亿元，重点企业有奇瑞万达贵州客车股份有限公司、贵州吉利汽车制造有限公司、贵阳弗迪电池有限公司等。

2. 电动汽车产业

2022 年，贵州省内汽车企业生产新能源汽车 2.31 万辆，同比增长 93.4%。其中，贵州吉利汽车制造有限公司销售新能源汽车 2.1 万辆，奇瑞万达贵州客车股份有限公司销售新能源客车 1340 辆。

3. 燃料电池汽车产业

贵州省燃料电池汽车产业尚处于起步阶段，仅奇瑞万达贵州客车股份有限公司一家整车企业，氢燃料电池生产研发企业数量较少，有贵州氢能效率能源科技有限公司、贵州梅岭电源有限公司等企业在进行技术研发。

4. 智能网联汽车产业

贵州省智能网联汽车产业正处于起步阶段，相关企业数量少、体量小，属于技术开发阶段，贵州翰凯斯智能技术有限公司主营为汽车底盘以及自动化个性车辆设计研发制造。2022 年，奇瑞万达贵州客车股份有限公司智能网联汽车试制样车成品 2 辆，交通职业技术学院投资 200 万元建设专业场地为车辆开展实车运营测试，目前车辆基本满足 L3 级别无人驾驶水平。贵州翰凯斯智能技术有限公司自动化个性车辆生产销售 160 辆。

二、2022 年推广应用

1. 总述

2022 年，贵州省新增注册登记汽车 509524 辆，其中新增新能源汽车 87112 辆。截至 2022 年，贵州省共有新能源电动汽车 16.76 万辆。2022 年，贵州省推广应用新能源汽车 87112 辆，其中纯电动乘用车 56343 辆，插电式混合动力乘用车 6264 辆、插电式混合动力货车（含专用车）6 辆、插电式混合动力客车 9967 辆、纯电动客车 12968 辆、纯电动载货车 1554 辆、燃料电池客车 10 辆。

2. 电动汽车推广应用工作

（1）积极推动公共领域的应用，要求各地各部门加大新能源汽车配备使用力度，逐年提升新增及更新车辆中新能源汽车比例，新增及更新车辆中新能源汽车比例原则上不低于 80%，更新用于机要通信和相对固定路线的执法执勤、通勤等车辆时，原则上要求配备新能源汽车。

（2）加快完善充电基础设施，贵州省人民政府办公厅印发了《贵州省电动汽车充电基础设施建设三年行动方案（2021—2023 年）》，方案中提出到 2021 年、2022 年、2023 年，贵州省分别建成电动汽车充电桩 4500 个、5000 个、5500 个。到 2023 年，贵州省累计建成电动汽车充电桩 3.8 万个，充电功率达到 160 万 kW，实现电动汽车充电桩乡乡“全覆盖”、电动汽车充电站县县“全覆盖”，更好地服务和满足经济社会发展需求。

3. 新能源汽车换电模式应用试点工作

2022 年，贵州省建成电动重卡换电站 5 座，累计建成充电基础设施 3.2 万个，总充电功率 115 万 kW。2021 年 12 月，贵州省人民政府与宁德时代新能源科技股份有限公司在贵阳市签署合作建设换电网络协议，2022 年双方在新能源汽车换电网络设施建设、促进新能源汽车换电能力提升、推动新能源产业高质量发展等方面有进一步深入合作，共同构建贵州新能源市场和产业双高地。

4. 智能网联汽车试点工作

贵州省智能网联汽车处于起步发展阶段，2022 年贵州省通过项目引导，实施重大专项技术研究，持续推进“智能网联汽车（基于城市道路车路协同的无人驾驶车辆）关键技术研究与示范”，瞄准无人驾驶领域 L4 级标准，集中开发无人驾驶公交车、无人驾驶商务车和车路协同控制体系，推动贵州省在无人驾驶领域的整体技术进步。

三、2022 年单位经营情况

1. 新能源汽车方面

2022 年，贵州吉利汽车制造有限公司生产乘用车 63795 辆，新能源汽车 21181 辆，销售乘用车 63780 辆，完成工业总产值 53.81 亿元。奇瑞万达公司 2022 年生产销售新能源客车 1340 辆，完成工业总产值 20.04 亿元。贵阳弗迪电池有限公司于 2021 年 5 月份建成投产，2022 年公司生产新能源动力电池 11 GWh，完成工业总产值 79.5 亿元。

2. 智能网联汽车方面

2022 年，贵州翰凯斯智能技术有限公司自动化个性车辆生产销售 160 辆，实现营收 2382 万元。

四、2022 年新增项目及园区建设

贵州长江汽车有限公司已建成纯电动货车整车及专用车生产线，2022 年 12 月 30 日获得工业和信息化部纯电动商用车生产企业准入许可。宁德时代贵州新能源动力及储能电池建设项目，项目分期实施，一期用地 885 亩，建设年产 30 GWh 动力及储能电池生产线，生产线自动化率达 95%，预计 2023 年 9 月建成投产，一期达产后预计实现年产值 150 亿元、创税 10 亿元。贵安新区龙山工业园的比亚迪 10 GWh 动力电池项目于 2022 年 5 月落地贵安新区，2022 年底已完成硬件软件的准备，已顺利试投产。

五、2022 年基础设施

截至 2022 年底，贵州省共有新能源电动汽车 16.76 万辆，贵州省累计建成充电基础设施 3.2 万个，其中直流设施 1.6 万个、交流设施 1.6 万个，总充电功率 115 万 kW，按照保障每辆电动汽车 3.5 kW 充电服务能力的要求，贵州省充电基础设施建设基本实现“桩站先行，适度超前”目标。贵州省已建成以 9 个市（州）所在地为中心，连接 88 个县，延伸 985 个乡镇的充电网络，贵州省开通运营的 170 对高速公路服务区中已有 162 对服务区建设充电基础设施，基本实现服务区之间间隔 52 km 内满足电动汽车充电需求。

六、发展规划

2022 年，贵州省修订印发《贵州省新能源汽车产业“十四五”发展规划》，“十四五”期间，贵州省充分发挥动力电池及材料、轻量化车用材料、大数据等方面优势，科学规范发展新能源汽车产业。提出发挥现有整车产业布局、配套基础、区位和资源等综合比较优势，着力构建“一区三基地”发展新格局，重点打造贵阳贵安新能源汽车产业核心集聚区，依托遵义、安顺、铜仁现有产业基础打造 3 个新能源汽车配套产业基地，实施差异化发展战略，努力盘活存量资源，因地制宜发展专用车，建设新能源汽车配套产业基地。以构建产业链条、壮大产业规模、提升产业竞争力为主线，推进落实“一企一策”盘活存量、招大引强做大增量、提升核心配套能力、强化创新平台支撑、加强基础设施保障、示范应用带动产业加

快发展等6个方面重点任务，力争到"十四五"末，贵州省新能源汽车产业规模迈上千亿台阶，产业聚集水平大幅提升，技术创新能力明显增强，产业配套环境显著改善，智能网联汽车生态初步形成。

七、贵州省新能源汽车推广应用统计表

（单位：辆）

燃料＼车型	乘用车	客车	货车	合计
纯电动	56343	12968	1554	70865
插电式	6264	9967	6	16237
燃料电池	—	10	—	10
合　计	62607	22945	1560	87112

八、贵州省新能源汽车企业产销量统计表

生产企业名称	产品商标	车辆类型	通用名称	产量统计(辆)	销量统计(辆)
贵州吉利汽车制造有限公司	吉利	插电式混合多用途乘用车	豪越L、嘉际L和帝豪甲醇轿车	63795	63780
奇瑞万达贵州客车股份有限公司	万达	纯电动客车	WD6666BEVG07	108	108
			WD6865BEVG03	100	100
			WD6105BEVG13	115	115

云　南　省

一、2022年新能源汽车产业概况

1. 总述

云南省新能源汽车产业进入快速发展期，初步形成了以新能源汽车整车为龙头，动力电池原材料等零部件为关键配套产业链的新能源汽车产业链条。2022年，云南省新能源汽车产业克服疫情带来的不利影响，全行业取得可喜进展。新能源汽车完成工业总产值210亿元，同比增长3.6%，工业增加值14亿元，下降5.2%；完成投资19.5亿元，增长1.5%。

2. 电动汽车产业

云南省有新能源汽车企业7家(整车3家，改装车4家)。全省新能源汽车总产能约6万辆，产品涵盖纯电动乘用车、客车、厢式货车等。主要集中在昆明、曲靖、玉溪、楚雄等州市，其中昆明市作为云南省汽车产业发展的重点区域，形成以昆明经开区、杨林经开区为核心，晋宁工业园、海口工业园相辅相成的汽车产业布局。零部件方面，已布局电池正极材料、负极材料、电池隔膜等新能源汽车关键零部件及原材料，具备发展车用动力电池产业链的产业基础。产业集群方面，云南省新能源汽车产业集中布局呈特色化发展。初步形成了以"三车一中心"为主的昆明滇中新区新能源汽车产业基地，建立起了较为完善的新能源汽车制造体系，产业链创新能力持续加强，人才、资金和上下游企业进一步集聚。

3. 燃料电池汽车产业

近年来，云南省开展了一系列"新能源+绿氢"试点示范，引进了全省首辆氢燃料电池客车，产业示范项目建设取得实效。

2022年12月，云南电科院承担的氢储能项目顺利完成，云南首批氢动力汽车上路运行和光伏电解制氢的调试成功，实现了可再生能源制氢—氢储能—用氢一体化示范应用、解决了风/光能源制氢、长短时长储氢与氢能综合利用问题，建成了国内首个具备综合热管理能力的固态合金储氢发电和液、固结合的氢储能系统，实现了氢能的安全存储和高效利用。2022年11月，云南省首座加氢站建成使用，标志着云南省能源绿色低碳转型迈出重要一步。该加氢站位于丽江市区，是中石化在云南建设的第一座集加油、加氢、充电、汽服、便利店为一体的综合能源服务站，日供氢能力达500 kg，每天可为30辆以上氢燃料电池公交车提供加氢服务。

在燃料电池发动机领域，云内动力作为传统内燃机企业，也积极进行战略转型，提前布局氢燃料电池产业。2022年12月，云内动力与众宇动力、煦和商贸等共同组建了云南合原新能源动力科技有限公司，开展氢燃料电池系统的研发、生产和销售工作。

在催化剂领域，云南贵金属集团研发出国产氢燃料电池核心材料铂碳催化剂，打破了国外技术垄断，并使之产业化，不仅填补了国内这一领域的空白，也使我国氢能源燃料汽车产业的发展迈上一个新台阶。

4. 智能网联汽车产业

云南省智能网联汽车产业正处于起步阶段，相关企业数量小，体量少。2022年5月，云南省印发《关于"十四五"推进云南省车路协同自动驾驶试点示范建设的指导意见》。2022年8月，云南省智能网联汽车道路测试与示范应用工作推进组成立。同年，国内首个智能网联汽车高原山地测试场在云南交通运输职业学院、云南交通技师学院启动建设工作，填补了我国智能网联汽车缺乏在高原山地上测试的空白，意味着云南省智能网联测试体系逐渐形成。与此同时，中国腾冲猴桥口岸车路协同自动驾驶试点示范等多个智能网联汽车项目启动并取得良好的进展。

二、2022 年推广应用

2022 年，云南省继续做好政府采购、公共出行、城市物流等公共领域加强新能源汽车推广示范应用，积极引导新能源汽车私人消费。通过 2022 年云南省新能源汽车下乡活动，对 1.3 万个新能源汽车购买名额给予总计 5000 万元补贴。在一系列积极举措下，全年全省新增新能源汽车 10.78 万辆，同比增长 121%。

三、2022 年本地区新能源汽车与经营情况

截至 2022 年底，云南省共有 4 家整车制造企业，分别是东风云南汽车有限公司、北汽云南瑞丽汽车有限公司、一汽红塔云南汽车制造有限公司、云南力帆骏马车辆有限公司。其中，东风云南汽车有限公司具有商用车产能 3.2 万辆/年，生产车辆 6482 辆，新能源汽车 222 辆。北汽云南瑞丽汽车有限公司具有汽车整车产能 5 万辆/年，其中商用车产能 0.5 万辆/年、乘用车产能 4.5 万辆/年，生产新能源汽车 10732 辆，实现产值 11 亿元。

四、2022 年新能源汽车园区建设情况

滇中新区汽车产业园将作为云南省新能源汽车产业发展的核心聚集区，是云南省重要的新能源乘用车生产基地。2022 年，滇中新区抢抓国家、省级大力支持新能源汽车产业发展和推广应用的重大机遇，不断着力营造良好的产业发展环境，新能源汽车产业实现加速发展，产业集群效应初步显现，产业配套能力日趋增强。北汽云南瑞丽汽车有限公司昆明分公司作为滇中新区汽车产业园的乘用车龙头企业，2020 年 6 月项目批量投产以来，已导入北汽集团全部畅销车型，打造了整车制造的四大工艺，具备年产 3 万辆新能源乘用车的产能。随着东风云汽搬迁技改项目、北汽新能源汽车昆明项目、云南航天神州汽车搬迁技改项目的建成投产，滇中新区汽车产业的集聚效应凸显。未来，该产业园将成为中国“辐射东南亚、南亚的汽车制造及零部件加工基地”“产学研游一体化的汽车产业基地”“产城互动、产城融合的示范基地”。

五、2022 年基础设施

近年来，云南省高度重视充电基础设施建设。截至 2022 年 12 月底，全省建成公共充电基础设施 3.9 万枪，换电站 53 座，已实现区县 100% 覆盖，666 个乡镇已投资建设充电桩，乡镇覆盖率达 59%，基本形成适度超前、布局均衡、智能高效的充电服务体系。其中，截至 2022 年底，昆明市累计建成充电站 1193 座、充电桩 78370 枪，运营充电桩保有量占全省总量的比例超过 90%，成为云南省建成数量最多、辐射面积最广的充电基础设施体系的地区。

在加氢站方面，截至 2022 年底，全省仅建成了 1 座加氢站。该加氢站位于丽江市区，是中石化在云南建设的第一座集加油、加氢、充电、汽服、便利店于一体的综合能源服务站，日供氢能力达 500 kg，每天可为 30 辆以上氢燃料电池公交车提供加氢服务。根据规划，中石化云南石油“十四五”期间将在云南省建成 3 座加氢站。

六、发展规划

发展新能源汽车是汽车产业转型升级的主要方向，是建设现代化产业体系的重要内容。按照《云南省新能源汽车产业发展规划(2021—2025 年)》，“十四五”期间，云南省新能源汽车产业将开展如下工作：

1. 以整车企业引领产业链资源集聚

依托现有北汽昆明、东风云汽等整车生产资源，进一步推动本地零部件集聚和配套。同时以浙商产业园为依托，着重引入驱动电机、燃料电池、轻量化车身等零部件以及汽车电子、二手车等配套产业。探索打造整车企业为引领，主要配套企业互为支撑、互惠共赢的汽车产业生态集群。

2. 以新能源电池助推汽车产业升级

通过新能源电池产业优势进一步延链建链，推动新能源汽车电池结构件、充换电基础设施、电池生产制造及检测设备等领域能力建设，建立围绕动力电池的新能源汽车产业配套体系，以新能源电池产业的集群化发展带动新能源汽车产业转型升级。

3. 以新能源微型乘用车和轻型货车为产品突破口

围绕市场需求，以 A0 级及以下乘用车和 4.5 t 以下轻型货车作为新能源汽车的主要布局产品，探索代工生产模式，实现产品规模化提升和产能高效利用。

4. 推动新能源智能网联汽车全域多场景示范

瞄准国家车联网和智能网联汽车政策方向，积极推动智能网联交通方面涉及城市管理的地方性法规和规章制度修编，逐步完善覆盖新技术交通“人、车、路、云”等各个领域的新能源智能网联交通制度体系。以建设国内领先的智能网联商用车示范应用为目标，围绕重要运输干线、物流园区，积极探索商用车辆示范应用。探索具备显著经济效益的智能网联矿用车运营新模式，打造矿山车辆示范应用龙头。

陕 西 省

一、2022 年产业概况

近年来，陕西省委、省政府不断加大对汽车产业的支持力度，建立了省汽车产业发展领导小组，确定了由省级领导任链长的商用车(重卡)、乘用车(新能源)产业链工作专班，“一事一议”“一企一策”强化重点企业、重大项目支持保障力度；设立省汽车产业发展专项资金，加大汽车招商引资力度，支持汽车企业搞创新、搞技改、提品质、树品牌、拓市场、扩规模，引培结合壮大一批汽车龙头企业，聚集一批优质配套企业，力促产业集群化发展。同时，在财税、人才、新能源汽车推广、营造产业发展环境方面提出了一系列强力举措，全方位支持汽车产业加快发展。全省各市竞相错位发展汽车产业格局已经形成，产业发展总体呈现加速发展、结构优化、产品升级、全面突破的良好态势。

一是产业发展活力优、后劲足。全省现有和在建整车产能已经突破300万辆,2021年陕西省汽车产量133.8万辆,增长67%,增速全国第一,高出行业平均水平64个百分点;产量排名由2021年的第十三位跃升到第八位。其中,比亚迪新能源汽车遥居榜首,陕汽重卡驰名全国,吉利在陕布局2个整车基地和1个发动机基地,并将奔驰smart导入陕西,以及三星电池、众迪电池、法士特变速器、汉德车桥等一批整车及关键部件行业龙头企业在陕聚集发展,有力支撑产业既快又好的高质量发展。

二是新能源汽车发展快、优势强。陕西省新能源汽车一直走在全国前列,2022年,陕西省新能源汽车产量102万辆,占全国总量的14.5%,增速272%,高出全国175个百分点。比亚迪在陕加快建设超150万辆全国规模最大的整车和电池、电机、电控等新能源全产业链集群化发展基地;吉利依托沃尔沃技术平台研发的高性能超级混动"星越L""博越L"已全面导入陕西基地,奔驰smart电动车经过去年的试产爬坡,已经达到了量产规模;陕汽电动重卡、氢能重卡技术行业领先,产业化商业模式探索走在行业前列。

三是技术创新基础佳、条件好。陕西省科教资源富集,秦创原创新平台促使陕西省丰富的科教资源与汽车企业碰撞出更多创新火花,以无人驾驶汽车为方向,形成了一批新的领先优势。例如:西安交大"先锋号"无人驾驶样车蝉联"中国智能车未来挑战赛"冠军,联手陕汽研发的"天行健"模块已成为重卡行业商业化车联网应用的标杆;比亚迪在陕建设的西安研究院,形成了就近招聘人才、就近联合高校技术攻关、就近产业转换的完整技术链、产业链融合发展模式;西工大在惯导技术上全国领先,长安大学拥有一流的自动驾驶封闭试验场。另外,陕西丰富的航空、航天资源和研发力量也在以"自身所长"加快传感器、摄像头、激光雷达、5G通信、地图、大数据等智能网联汽车关键领域研发布局,将有力支撑陕西继续占领汽车产业未来发展高地。

二、2022年节能与新能源汽车推广应用情况

截至2022年底,陕西汽车保有量1178.7万辆,累计推广新能源汽车39.77万辆。其中纯电动车25.85万辆、插电混动车13.92万辆、燃料电池车43辆。

三、2022年节能与新能源汽车主要企业经营情况

比亚迪2022年新能源汽车产销全球第一,且是全球唯一拥有完整产业链企业,配套以自主配套为主,其电池、电控、电机以及芯片等在行业均处于领先地位,西安比亚迪是国内规模最大的新能源汽车生产基地,比亚迪不断加大在陕投资,在陕布局研究院规模逐步扩大,主要生产"秦、宋"热销车型,2022年产品订单供不应求。2022年产量100.78万辆,增长145.4%,其中新能源汽车99.47万辆,增长270.4%,实现整车产值1362.1亿元,增长219.7%。

西安吉利是吉利集团投资86.6亿元,在西安建设的工艺先进、自动程度高的生产基地,可混合生产多种车型,项目2021年6月量产出车,主要生产集团明星车型"星越L"和合资车型"奔驰smart"。2022年产量14.7万辆,其中新能源车1.9万辆。

四、2022年基础设施建设及运行情况

陕西省已有公共及专用充电站共3150个,充电枪5.4万个,全省现有264个高速公路服务区,已建成并投运充电站253座,充电枪1444个。全省充电站主要分布在西安、咸阳、宝鸡,占全省数量的90%。

五、发展规划

《陕西省乘用车(新能源)产业链布局规划》明确,陕西坚持自主培育和外部引进相结合,围绕整车本地化配套需求,以企业为主体、园区为承载,加快配套产业培育引进,补齐短板弱项,打造产业链条完整、知名企业聚集、辐射西北、面向全国的乘用车产业集群,力争经过10年持续努力,乘用车整车产销规模力争300万辆,全产业链产值突破万亿元,带动上下游相关产业产值2万亿元~3万亿元,迈入全国汽车产业第一方阵。

六、汽车保有量情况

全省汽车保有量(乘用车和商用车合计总量)1178.7万辆,其中新能源汽车保有量30.3万辆,占比2.6%。

(单位:辆)

城市	汽车保有量	新能源汽车	非新能源车
总数	11786677	302829	11483848
西安	5288046	246411	5041635
铜川	200623	1463	199160
宝鸡	660693	9372	651321
咸阳	738417	7453	730964
渭南	985890	8307	977583
汉中	981521	7518	974003
安康	804454	3939	800515
商洛	261258	2009	259249
延安	575202	4924	570278
榆林	1199684	10602	1189082
杨凌	90889	831	90058

1. 公交车情况

全省共有公交车1.8万辆,其中,新能源公交车1.4万辆。

(单位:辆)

城市	公交车保有量	新能源公交车
全省	18617	14040
西安	9450	7700
铜川市	483	425
宝鸡市	1850	995
咸阳市	1309	1096
渭南市	966	819
韩城市	229	198
延安市	815	556

续上表

城市	公交车保有量	新能源公交车
汉中市	814	446
榆林市	1032	542
安康市	610	305
商洛市	339	249
杨凌	80	38
西咸新区	869	869

2. 物流载货车情况

全省共有载货车 81 万辆，主要以燃油车为主，电动车只有零星替换。

城市	总量	大型货车（12 t 以上）	中型货车（4.5～12 t）	小型货车（4.5 t 以下）
全省	810581	94247	1007	715327
西安	320945	48322	232	272391

续上表

城市	总量	大型货车（12 t 以上）	中型货车（4.5～12 t）	小型货车（4.5 t 以下）
铜川市	17284	2055	12	15217
宝鸡市	39102	5898	73	33131
咸阳市	40728	6261	5	34462
渭南市	98218	11773	37	86408
韩城市	62804	291	0	62513
延安市	37002	3198	6	33798
汉中市	143151	4090	327	138734
榆林市	33011	9145	254	23612
安康市	15283	1513	40	13730
商洛市	2563	690	2	1871
杨凌	810581	423	14	810144
西咸新区	320945	879	5	320061

甘 肃 省

一、2022 年产业概况

甘肃省新能源汽车产业主要集中在兰州新区。近年来，兰州新区陆续引进兰州知豆等 5 家新能源整车及改装车生产企业，涉及新能源客车、纯电动乘用车、专用车等生产领域，设计总产能 6.6 万辆，其中新能源客车 0.6 万辆、纯电动乘用车 4 万辆，专用车 2 万辆。同时，引进正负极、铜箔、铝箔等新能源电池材料生产企业 7 家。

1. 新能源汽车生产企业情况

甘肃省主要有广通新能源、甘肃建投重工、兰石兰驼、亚太新能源等一批新能源改装车生产企业和全省唯一一家具有新能源整车生产资质的企业兰州知豆汽车公司，全省已建成冲压、焊装、涂装、总装等标准化汽车生产线，涉及新能源客车、纯电动乘用车、专用车、电瓶车、物流车、商务车、特种车等生产领域。

2. 新能源汽车配套产业情况

（1）电池材料。先后引进锂电池电芯生产企业 7 家，建成产能 0.8 GWh/a，在建产能 39.1 GWh/a，规划产能 107.5 GWh/a。全省锂电正极材料建成产能 1.8 万 t，在建产能 72 万 t；负极材料建成产能 31 万 t，在建产能 34 万 t；电解液建成产能 5 万 t，在建产能 1.5 万 t。新能源电池产业链上的 33 种主要基础材料和辅料，省内供给率已达到 75% 以上。

（2）电控系统。以省电气装备集团、甘肃长风电子科技公司、中航工业兰州万里航空机电公司和兰州飞行控制公司等企业在电子电气控制技术领域的独特优势，推动新能源汽车电控系统关键零部件以及系统集成联合攻关。

（3）车用电机技术。以兰州电机、中航工业兰州万里航空机电公司等企业为依托，研发新一代车用电机驱动系统，实现新能源汽车用电机驱动系统的本地化生产。

（4）充换电装置与系统。以长城电工公司、天水电气传动研究所有限公司、兰州海红公司等企业为依托，推动电动汽车智能快速充电机组/电动汽车智能快速群充软硬件产品和应用系统整合，逐步形成与新能源汽车发展相配套的充换电系统和产业配套能力。

（5）新能源汽车用芯片。以天水华天科技公司、天光集成电路公司、天水华洋公司为依托，开发新能源汽车用芯片以及配套系统，逐步形成配套甘肃省和西北地区乃至全国新能源车用芯片的研发、制造和封装的产业格局。

二、2022 年推广应用

2022 年，全省推广应用节能与新能源汽车 27093 辆。其中，新能源客车 1236 辆、新能源乘用车 25412 辆、新能源专用车 445 辆。

三、2022 年单位经营情况

2022 年，受疫情及市场影响，兰州广通新能源汽车公司生产暂停。企业全力开拓欧盟市场，所产车型已通过欧盟认证，1 台样车发往德国通过路试，并与德国客户签订了首批 10 辆公交车订单。

2022 年，兰州知豆汽车公司新能源乘用车销售 350 辆。企业正进行破产重整，已引入新的战略投资者，同时计划对原有产线进行改造升级。

四、2022 年新增项目及园区建设

为抢抓国家新能源汽车产业快速发展机遇，甘肃省正全力协调加快兰州知豆公司破产重组进程；帮助广通新能源公司全力做大欧洲市场。同时，大力培育甘肃省新能源汽车产业链。一方面，加快建设以电池前驱体及正极材料、电池负极材料、电解液添加剂、动力电池回收利用为主的产业体系，金川科技园具备 6 万 t/a 镍钴锰三元前驱体、3 万 t/a 正极材料、1.2 万 t/a 四氧化三钴、5 万支/天镍氢电池、5000 t/a 废旧电池回收产能；电解铜箔建成投产 3 万 t/a（德福新材料），在

建23万t/a(海亮15万t+德福新材料三期、四期8万t),在兰州新区形成全球最大的铜箔材料生产基地;电解液添加剂在建2.55万t(康鹏新能源);负极碳素材料在建42万t(宝武碳业10万t+广东宏宇20万t+道氏碳材料12万t),打造全国集聚的负极材料生产基地。另一方面,树立全球招商理念,以完善新能源汽车产业链为目标,加大新能源电池PACK、隔膜、电芯及动力电池生产企业的招商引资力度,逐步形成聚集效应,促使新能源电池材料与新能源汽车生产企业融合发展,相互促进,逐步形成原材料供应、零部件加工、整车总装完整产业链,打造新能源产业基地。

五、2022年基础设施

甘肃省积极推进充电基础设施建设,共建设充电站1260座,充电桩6915个,其中慢充3002个,快充3913个;建成换电站93个。

六、发展规划

2022年4月,经甘肃省政府同意,省工信厅会同省发改委、省科技厅、省财政厅、省交通厅印发了《甘肃省新能源汽车产业发展实施意见》,明确了"十四五"以及中长期全省新能源产业发展方向和重点,即:以省内现有产业基础和重点企业为依托,以纯电动汽车、混合动力汽车、燃料电池汽车为"三纵",积极布局新能源动力电池和电池新材料生产、研发、测试以及新材料应用体系;以动力电池与管理系统、驱动电机与电力电子、网联化与智能化技术为"三横",逐步构建关键零部件技术供给体系。提升基础关键技术、关键材料、先进工艺、核心零部件等研发能力,旨在结合甘肃省产业基础,充分发挥资源优势和行业特色,培育壮大全省新能源汽车产业链,助推强工业行动实施,为全省经济发展注入新动能。

七、本地区新能源汽车推广应用统计表

(单位:辆)

车型 燃料	公交车	旅游大巴	公务车	出租车	租赁用车	私人用车	物流车	载货车	其他领域	合计
纯电动	1218	17	143	2936	848	17808	51	45	245	23311
插电式	0	1	0	0	20	3321	0	0	104	3446
增程式	0	0	0	0	305	0	0	0	0	305
燃料电池	0	0	0	0	0	31	0	0	0	31
合　计	1218	18	143	2936	1173	21160	51	45	349	27093

八、本地区新能源汽车企业产销量统计表

生产企业名称	产品商标	车辆类型	通用名称	产量统计(辆)	销量统计(辆)
兰州知豆电动汽车公司	知豆	纯电动轿车	D2S	350	350
兰州广通新能源汽车公司	广通	纯电动客车	公交车	0	0

九、本地区电动汽车充(换)电站(桩)统计表

城市名称	充电站		充电桩		换电站	
	2022年新建数量(座)	2022年底保有量(座)	慢充(个)	快充(个)	2022年新建数量(座)	2022年底保有量(座)
兰州市(不含兰州新区)	32	245	537	0	1	8
兰州新区	4	20	78	176	0	0
酒泉市	22	152	428	515	0	0
嘉峪关市	0	0	68	317	0	0
张掖市	7	22	116	98	20	34
金昌市	0	10	50	134	0	0
武威市	21	33	410	592	0	0
白银市	20	60	48	189	0	0
定西市	29	592	76	540	0	0
天水市	7	35	56	396	0	0
平凉市	0	32	442	418	0	30
庆阳市	14	28	3	89	0	0
临夏州	2	21	80	438	0	0

续上表

城市名称	充电站		充电桩		换电站	
	2022 年新建数量(座)	2022 年底保有量(座)	慢充(个)	快充(个)	2022 年新建数量(座)	2022 年底保有量(座)
甘南州	6	10	36	11	0	0
陇南市	0	0	574	0	0	0
合计	164	1260	3002	3913	21	72

浙 江 省

一、2022 年产业概况

1. 总述

2022 年,浙江省新能源汽车产量 59.19 万辆,同比增长 175%,其中,新能源乘用车 58.5 万辆,新能源商用车 0.69 万辆,涌现出合众、零跑等一批新势力车企,关键核心零部件制造能力不断提升,部分领域达到国际领先水平。全省已初步形成汽车整车企业与关键原材料企业、核心零部件企业全产业链协作发展的良好格局。

浙江省智能网联汽车特色化、区域化、集群化发展趋势明显。其中,杭州电子信息产业较为发达,产业资源最好,集聚省内主要龙头企业;宁波汽车产业基础良好,吉利、上汽大众等整车企业带动部分智能网联轻量化零部件企业在本地配套;湖州、嘉兴两地积极培育智能网联汽车,培育力度全省领先。

2. 电动汽车产业

动力电池市场初具雏形。近年来,浙江省各地先后引进比亚迪、蜂巢能源、瑞浦兰钧等领军企业落地一批动力电池项目。截至 2022 年底,全省在建动力电池项目 13 个,计划总投资 1444.29 亿元,合计动力电池产能 343.5 GWh。华友钴业、道明光学、南都电源、容百科技、金鹰股份等 20 余家企业从事电池材料的研发生产;维科技术、杭可科技、容百科技、南都电源、万向一二三、微宏动力等 10 余家企业以研发和生产动力电池为主营业务。其中瑞浦兰钧进入 2022 年国内动力电池企业装机量前十。

驱动电机产业快速发展。浙江省共有新能源电机企业 260 家,拥有方正电机、双林股份、圣龙股份、星帅尔、卧龙电驱和华瑞股份等上市公司 10 余家。其中,方正电机、宁波双林装机量分别位列全国第三和第八,两家企业市占率合计达 10.6%。

电子控制系统技术研发能力迅速提升。浙江省已有均胜电子、三花智控、双林股份、万安科技、爱柯迪、万里扬、中马传动、万向钱潮等一批上市公司从事该产业技术研发和生产。

3. 氢燃料电池汽车产业

近年来,通过积极招引和本地培育,全省初步形成涵盖氢气制备和储运、燃料电池系统及关键零部件、整车制造等较为完备的产业链,主要集聚于杭甬嘉等环杭州湾区域。整车方面,浙江中车和吉利集团加快推进氢能汽车产品研发和生产。氢燃料电池系统及核心零部件方面,全省已集聚爱德曼、德燃动力、国家电投、普瑞均胜、宁波氢远、绍兴俊吉、汉丞新能源、宁波拜特等一批国内氢能装备研发制造领先企业,涉及燃料电池核心材料、电堆、系统、检测和运营等环节,在宁波、湖州、嘉兴、金华、舟山等城市均有布局。2022 年,浙江省宁波市、嘉兴市、绍兴市、金华市、台州市、嘉善县、长兴县等 7 个省级氢燃料电池汽车示范区(点)集聚氢能产业链相关重点企业数量 78 家,全年实现产值 243 亿元,较上年增长 10.5%。

4. 智能网联汽车产业

数字经济整体水平领先。浙江省在互联网、人工智能、大数据、高精度地图等领域涌现了一批领军企业,阿里开发的 Alios 斑马系统已在多款车型装配,激光雷达、毫米波雷达、高清摄像头等关键传感器制造水平国内领先。杭州、宁波等地加快推进“城市大脑”建设,将大数据运用于城市交通优化,并积极布局 5G 网络,为智能汽车和车联网发展提供了有力支撑。

智能汽车技术创新势头强劲。吉利、万向等汽车龙头企业,以及浙江大学、清华长三角研究院等重大创新载体都在加快推进智能汽车相关核心技术攻关。菜鸟物流在智能驾驶干线物流、快递配送领域已经着手道路测试。德清获批国家级车联网先导区,基于全省首张面向车路协同 5G 专网,开展智慧交通运营工作;发布全国首个基于车路协同云服务的大规模自动驾驶场景数据库。

二、2022 年推广应用

1. 总述

浙江省全面贯彻落实浙江省电动汽车发展和充电基础设施建设的决策部署,按照“桩站先行、适度超前”的总要求,发挥国家新能源汽车财政补贴资金、省级新能源汽车推广应用财政奖补资金等政策作用,依托智能充电基础设施管理平台,积极推进充电设施建设和运营管理、加氢站建设、车联网建设工作,推动浙江省新能源汽车推广应用走在全国前列。

2. 电动汽车推广应用工作

2022 年全省新能源汽车注册登记量达 65.56 万辆,占新注册登记汽车总量达到 32.7%,其中杭州、温州、台州分别达到 48.1%、38.7%、33.3%。2022 年,全省新能源汽车保有量达 135.03 万辆,占全国比重超过十分之一。

3. 燃料电池汽车示范应用工作

2022 年 6 月,省发展改革委批复宁波市、嘉兴市、绍兴市、金华市、舟山市、嘉善县、长兴县等 7 个地区为省级氢燃料电池汽车示范区(点)。2022 年,浙江省政府办公厅印发《浙江省能源发展“十四五”规划》,继续推广氢燃料电池在城市公交、港口、城际物流等方面的应用试点工作。截至 2023 年 6 月底,7 个省级示范区(点)已推广运营氢能公交车

301 辆，氢能车辆行驶里程数超 2000 万 km；嘉兴港区已运行 66 辆氢能重卡。此外，首个高效氢储能热电联供系统在嘉兴红船基地“零碳”智慧园区搭建完成，嘉化能源联合重塑集团在嘉兴港区实施兆瓦级氢能分布式发电站。

4. 新能源汽车换电模式应用试点工作

2022 年，全省各地均大力布局换电基础设施。杭州累计建成换电站 95 座；宁波市新建换电站 14 座，累计建成换电站 34 座，已累计布局 1.4 万个充换电设施；温州市累计建成换电站 27 座；衢州等地有新布局换电站。同时，中国石化销售股份有限公司浙江石油分公司在杭州杨家墩加油站落成浙江首座智能充换电站，可实现一键换电，时长不到 5 min。截至 2022 年底，全省换电站共计 227 座。

5. 智能网联汽车试点工作

宁波市自动驾驶汽车实现限定区域和特定场景商业化应用，智慧道路基础设施实现重点区域覆盖。宁波前湾新区的国家级城市智慧汽车基础设施和机制试点项目已实现区域中速（50 ~ 70 km/h）智能网联车辆 L4 级以上自动驾驶和车路协同测试应用，深化试点项目将对滨海六路、滨海四路等 15.3 km 道路开展智能化改造，并建设 AVP 自动泊车地面测试停车场（函 AVP 车位 20 个）。德清县完成国家级车联网先导区创建工作，已成功获批浙江省首个车联网直连通信无线电频率使用许可，率先出台支持开展自动驾驶测试服务的 7 条意见，开展全域 949.3 km 道路开放测试，完成县域 500 km 道路的高精度地图采集；2022 年，德清北斗地信未来产业先导区成功入选浙江省首批未来产业先导区培育创建单位。

三、2022 年单位经营情况

浙江吉利汽车有限公司，2022 年新能源汽车产量 17.73 万辆。

浙江豪情汽车制造有限公司，2022 年新能源汽车产量 9.30 万辆。

零跑汽车有限公司，2022 年新能源汽车产量 11.49 万辆。

合众新能源汽车有限公司，2022 年新能源汽车产量 15.55 万辆。

威马汽车制造温州有限公司，2022 年新能源汽车产量 2.44 万辆。

四、2022 年新增项目及园区建设

浙江省新能源汽车呈现出汽车产业集聚明显，零部件产业遍布全省的发展态势。整车生产基地主要集中在宁波前湾新区（吉利）、桐乡经济开发区（合众）和金华经济开发区（零跑）等地；零部件基地遍布全省，总体来看，主要分布在杭州（萧山、钱塘区、余杭、临平）、宁波（鄞州、北仑、慈溪、余姚、宁海）、温州（瓯海、瑞安）、台州（玉环、路桥、温岭）、金华（婺城、永康、义乌）、湖州（长兴）、嘉兴（平湖、桐乡）、绍兴（新昌、诸暨）、丽水（龙泉）等地区。

五、2022 年基础设施

充换电基础设施网络基本完善。截至 2022 年底，全省累计建成充电桩 82394 个、充换电站 6592 座，其中 2022 年新增充电桩 19896 个、充换电站 1565 座，城市核心区布点进一步密集。高速城际快充网络基本成型，全省 90 对高速公路服务区均已设置充电设施，覆盖率达 100%，共有电动汽车充电桩 850 余个，占总停车位数的 3%，占小客车车位的 4.4%。综合供能服务站规模和能力持续提升，具备电动汽车充电功能的服务站比例超过 50%。省市两级充电设施智能服务平台基本建成，累计接入社会运营商 700 余家，已全面融入省能源大数据中心。

加氢站建设稳步推进。截至 2022 年底，浙江省共建加氢站 22 座，其中杭州市 3 座、宁波市 5 座、嘉兴市 7 座、湖州市 1 座、绍兴市 1 座、金华市 3 座、台州市 1 座、舟山市 1 座。2023 年 6 月，浙江省住建厅等 5 部门联合发文出台《浙江省加氢站布局规划（2022—2025 年）》，提出到 2025 年基本建成市域、城区 100 公里辐射半径的加氢网络，建设加氢站 50 座以上、日加氢能力 35 t 以上，储备加氢站 40 座以上、日加氢能力 54 t 以上；展望 2030 年建设 125 ~ 175 座加氢站。

六、发展规划

贯彻落实国务院办公厅《新能源汽车产业发展规划（2021—2035 年）》和国家新能源汽车发展战略的有关要求，2022 年以来浙江省加快制定新能源汽车产业发展规划，不断完善浙江省新能源汽车产业顶层设计，于 2023 年 1 月印发《浙江省加快新能源汽车产业发展行动方案》，着力打造“两区一高地”，即国内领先的新能源汽车应用示范区、有影响力的新能源汽车产业生态引领区和具有国际竞争力的新能源汽车智造高地，提出了到 2025 年重点工作和主要目标：

（1）实施产业扩量提质行动。积极培育一批新能源整车头部企业，到 2025 年，新能源汽车年产量超 120 万辆，占全省汽车生产总量比重超过 60%，新能源汽车产量占全国比重 10% 左右；支持优势企业拓展海外市场，力争 2025 年新能源整车出口量超过 20 万辆。

（2）促进产业集群引领发展。打造“一湾一带”新能源汽车发展格局，推动环杭州湾新能源汽车产业集群建设，支持温台沿海汽车产业带转型提升；做大做强杭州、宁波、温州、湖州等地的新能源汽车“万亩千亿”新产业平台，加快推进七个省级氢燃料电池汽车示范区（点）建设；提升长三角充换电、加氢、智慧道路等基础设施互联互通水平，共同打造跨区域氢燃料电池汽车示范线。

（3）推动产业链创新链融合。深化新能源汽车“三纵三横”研发攻关，延展布局整车平台、能源动力、电驱系统、智能驾驶、车网融合等重点领域；到 2025 年，组织实施新能源汽车领域省重点研发计划项目 30 项，新增 PCT 国际专利 500 件；新增各类省级及以上创新平台 50 家；培育 10 家生态主导型企业、50 家国家单项冠军企业和 50 家国家专精特新“小巨人”企业，1000 家科技型中小企业，形成“十百千”创新型骨干企业梯队。

（4）完善产业发展环境。推动全生命周期绿色低碳发展，到 2025 年，新增新能源汽车领域省级绿色低碳工厂 20 家；推动新型基础设施建设，到 2025 年累计建成公共领域充电桩 10 万个以上，建成加氢站 50 座；推动各领域推广和示范应用，新增或更新公交、出租、物流配送等车辆中新能源

汽车比例不低于 80%，公务用车除特殊场景外新能源汽车采购占比达到 100%，2025 年全省推广应用氢燃料电池汽车接近 5000 辆；推动杭州国家智能网联汽车高精度地图试点、宁波国家城市智慧汽车基础设施和机制建设试点、德清国家级车联网先导区建设。

内蒙古自治区

一、概况

截至 2022 年底，内蒙古自治区拥有新能源整车生产企业 2 户：包头北方奔驰重型汽车股份有限公司，主要生产重型载货汽车、自卸车、专用车；奇瑞汽车股份有限公司鄂尔多斯分公司，主要生产轿车和越野车。新能源汽车整车产能 2.3 万辆，累计生产新能源汽车 1.76 万辆；新能源专用汽车产能 2 万辆；汽车动力电池生产企业 5 户，产能 8 GWh。新能源汽车动力电池企业有 1 户锂电池，4 户镍氢动力电池生产企业，各类动力电池材料产能 80 万 t。

二、生产经营

内蒙古自治区新能源汽车产业发展较快，截至 2022 年底，全区具有新能源汽车整车资质的有两家企业，北奔重汽和奇瑞汽车，产能 2.3 万台。生产企业一家，北奔重汽（2019 年取得生产资质），产能 5 万辆，2022 年生产新能源重卡 2700 辆，同比增长 195%，全国市场占有率为 9.96%，行业排名第 5 位；燃料电池汽车的样车已经下线并进入国家公告目录，但未投入批量生产。生产企业一家，奇瑞汽车（2018 年取得资质），产能 2.5 万辆，截至 2019 年底，累计生产新能源汽车 1.7 万辆。2020 年因市场问题停产。

正极材料生产 3 户企业，产能 5.4 万 t。负材料生产企业 16 家，产能 46.6 万 t，约占全国产能 15.5%，主要集中在呼和浩特市、鄂尔多斯市和乌兰察布市。电池隔膜生产企业 1 家，产能 1 亿 m^2。

动力电池主要有锂电池生产企业 2 户，镍氢电池 4 户，其中只有鄂尔多斯远景集团电池可以与新能源重卡配套。在建项目 1 个。燃料电池配套在建项目有 4 个，规模为 12000 套电堆、19000 套燃料电池系统。

三、市场发展

内蒙古自治区新能源汽车市场潜力巨大，自 2022 年到 2025 年末，各类新能源汽车需求量预计达到 20 万辆，超过 1000 亿元的市场。按照内蒙古自治区 2021—2025 年新能源汽车推广数量预测，全区公交、网约和出租车辆电动化率接近 90%，重卡和矿用车电动化率超过 10%，照此全区需要新建充电桩 27620 个，新建充电站约 1381 座，充电桩装机功率约 4657200 kW，总投资超过 100 亿元，年充电量约 100 亿 kWh。按照《内蒙古自治区加快充电基础设施建设实施方案（2021—2025 年）》，完善省级自治区新能源汽车监管平台，建设全区充换电设施网络平台，加快充电设施监管平台与新能源汽车监测平台数据融合，探索构建车桩一体化监管体系。逐步推进新能源汽车及各类充换电设施在云端互联互通、信息共享。整合各运营商平台信息资源，实时掌握充换电设施点位布局、运营状态、服务能力等信息，为行业运营和政府监管提供智能便捷服务，定期向社会发布自治区充电基础设施运行情况。

四、推广应用

内蒙古自治区新能源汽车产业及推广应用工作取得进展，自治区有关部门认真落实《自治区政府办公厅关于加快新能源汽车推广应用的实施意见》精神，加大政策宣传力度，细化任务，明确目标，落实支持政策，营造了推广应用新能源汽车的良好社会氛围。2022 年，全区共推广应用新能源汽车 28263 台。其中，电动公交车 754 台；纯电动厢式货车和重卡合计 1348 台；电动乘用车 26081 台。

充电基础设施建设稳步增长，新能源汽车运行条件逐步改善。截至 2022 年底，全区累计建成充电站 678 个，各类充桩 12868 个。呼和浩特市、包头市、乌海市和鄂尔多斯市初步构建了城市公交车的充电网路，其他盟市充电基础设施建设也处在高速增长期。自治区规划到 2025 年，全区充换电基础设施建设基本完善，新建公共充电站不低于新建各类充电桩不低于 2.7 万个。为鼓励使用新能源汽车，降低运行成本，自治区出台了《自治区政府关于进一步深化电力体制改革促进产业结构调整有关事宜的通知》（内政发〔2016〕61 号），将新能源汽车充电列入优先交易范围，风光发电参与，不设限值，使新能源汽车运行成本进一步降低。

新疆维吾尔自治区

一、基本概况

2022 年，新疆维吾尔自治区现有整车生产企业 4 家，建成整车产能 9 万辆，就业人数约 1100 人。现有整车企业中，上汽大众（新疆）汽车有限公司、广汽乘用车有限公司新疆分公司、东风新疆汽车有限公司、陕汽新疆汽车有限公司等 4 家企业均是我国汽车大企业、大集团在疆设立的子公司或分公司，其产品主要是载重汽车、乘用车（含 SUV）等。零部件生产企业配套产品涵盖新能源汽车电机壳、发动机缸盖铝材铸造件、板簧、全钢载重子午线轮胎、润滑油、铝制油箱等。

截至 2022 年底，新疆维吾尔自治区汽车市场保有量 553.65 万辆，其中新能源汽车保有量 45084 辆。2022 年，新疆维吾尔自治区新增挂牌汽车 34.16 万辆，其中包括新能源汽车 20912 辆，新能源汽车占新车销量比重为 6.12%，在年新增推广数量及占比上呈现逐年上升趋势。

二、生产经营

2022 年,新疆维吾尔自治区 4 家整车生产企业完成工业总产值 21.1 亿元,同比下降 17.5%;生产汽车 12303 辆,同比下降 17.8%,其中乘用车 8246 辆,同比下降 14.3%,商用车 4011 辆,同比下降 21.7%。在全国商用车大幅下降的情况下,新疆维吾尔自治区商用车生产企业从 2022 年下半年开始,实现月度产值增速由负转正,尤其是向西出口实现新突破。

三、2022 年新疆维吾尔自治区汽车工业主要经济指标

(单位:亿元)

企业数量(家)	从业人员数(万人)	汽车工业总产值
4	0.11	21.1

四、2022 年新疆维吾尔自治区整车及关键零部件产销量

(单位:辆)

主要产品种类	产量	同比增长(%)	销量	同比增长(%)
汽车	12303	-17.8%	12303	-17.8%

五、产业发展

陕汽新疆公司积极引进纯电动汽车生产线,生产纯电动载重汽车 6 台,实现了新疆维吾尔自治区新能源汽车生产零的突破;霍尔果斯国盛车马赫汽车零部件生产项目一期已建成,填补了新疆维吾尔自治区新能源汽车产业链空白,项目具备年产 300 万套新能源汽车电机壳、发动机缸盖的能力;吐鲁番热区试验检测基地完成一期建设,已有一汽、广汽、奇瑞等 50 多家车企在该基地进行了热试验检测,可以为全国汽车工业发展提供热试验服务。

1. 加强统筹协调,积极凝聚新能源汽车工作合力

一是与自治区发改委、国网电力公司联合印发《关于进一步加快新能源汽车推广应用及产业发展的指导意见》(新政发〔2022〕12 号)文件,为"十四五"期间新疆维吾尔自治区新能源汽车推广应用和产业发展指明方向。二是报请自治区人民政府批准,建立自治区新能源汽车工作联席会议制度,并组织 24 家厅局召开第一次联席会议。三是配合自治区机关事务管理局制定《自治区党政机关及公共机构推广新能源汽车试点实施方案》等一系列举措。

2. 激发市场活力,积极引导新能源汽车市场消费

统筹部署新疆维吾尔自治区 2022 年新能源汽车下乡活动,活动同期借助新疆第 12 届亚欧国际车展,举办新能源车展,展出 100 余家车企,参观人数约 11 万人。其中,新能源汽车品牌 7 个,新能源汽车产品 86 款,32 款新能源车进行了新车发布活动,展会签约新能源车 680 台,销售额 1.56 亿元,活动的深入开展,有力推动自治区新能源汽车市场消费。

3. 强化协同创新,积极推动组建新疆新能源汽车发展协会

协助国网新疆综合能源服务有限公司开展新疆新能源汽车协会前期筹备工作,拟在汽车工业联合会基础上更名组建新疆新能源汽车发展协会。

六、承载园区

乌鲁木齐经济技术开发区(经开区)于 1994 年 8 月经国务院批准设立,集国家级开发区、行政区、国际陆港区、综合保税区及若干特色功能园区于一体的多功能复合型经济区,聚集 4 家整车生产企业。

2011 年 1 月经开区与市辖行政区头屯河区合并,实行"区政合一",2010 年批准为"国家装备制造(能源装备)新型工业化产业示范基地",2017 年申报成功国家第一批绿色制造示范园区,2018 年成为创建国家生态工业示范园区,2020 年成功创建第三批双创示范基地。上汽大众、广汽传祺、东风、陕汽、大道等整车制造业企业形成经开区(头屯河区)以轿车和重型商用车为优势的现代汽车产业体系。2022 年陕汽新疆汽车有限公司已完成新能源生产线改造,新能源产品小批量生产及验证,具备高质量新能源产品生产能力,目前已成功在新疆工厂下线新能源重卡。

下一步乌鲁木齐经开区将巩固现有轿车、商用载重车生产基础,重点培育引进汽车零部件企业,培育发展特种车企业、新能源汽车等整车装备,逐步建成"产业支撑 + 功能配套 + 服务拓展"格局的汽车产业集群及清洁燃料汽车和新能源汽车产业基地。以大道实业两河高端制造科技产业园为支撑,对全区汽车制造业进行建链、强链、延链、补链,打造高端装备、专用车辆、基础零部件等制造基地以及机动车智能综合试验检测中心、环保表面处理工程科技园、新疆双创产业园发挥高端制造龙头作用,带动产业链"延链、补链、建链、强链",吸引关键零部件制造企业,补齐关键基础零部件制造短板、助力本地产业链优化升级。

七、发展规划

结合新疆汽车工业基础和新能源汽车推广应用以及市场实际,加快引进和培育新能源汽车产业,引导现有汽车生产企业转型升级、扩大产品品系,研发生产纯电动汽车、插电式混合动力汽车、氢燃料电池汽车,到 2025 年力争通过升级改造或引进方式建设 1 ~ 2 条新能源汽车生产线。

八、重点企业及科研载体

新疆大道实业投资有限公司两河高端制造科技产业园项目,累计完成投资 313682 万元,其中 2022 年累计完成投资 6.5 亿元,12 月举行了防护型装备制造基地下线仪式。防护型装备制造基地:联合厂房、人防工程、检验点补车间、厂区道路土建完成;综合楼主体工程完成、安装完成 50%;总装生产线设备安装调试已完成。专用车辆制造基地:联合厂房、改装车间钢结构主体完成,改装车车间维护结构完成 80%,其他维护结构完成工厂加工。车辆零部件制造基地:完成 7 栋标准厂房土建工程,4 栋标准厂房土建完成 85%,5 栋标准厂房完成基础、钢构件工厂加工,1 栋综合楼完成主体结构。

九、2022 年主要整车及关键零部件企业基本情况

（单位：万辆）

企业名称	主要产品	所在城市	2022 年产量	本地产能
东风新疆汽车有限公司	商用车	乌鲁木齐	0	0.5
广汽乘用车有限公司新疆分公司	乘用车	乌鲁木齐	0.29	2
陕汽新疆汽车有限公司	商用车	乌鲁木齐	0.40	1.5
上汽大众（新疆）汽车有限公司	乘用车	乌鲁木齐	0.54	5

大 连 市

一、2022 年产业概况

1. 总述

大连市汽车制造业发展特色明显，依托良好的区位交通优势和国家级“汽车零部件制造基地”产业基础，大连市先后布局了氢锋客车、奇瑞、华晨专用车、东风日产等整车项目，具备年产 27 万辆乘用车和 0.3 万辆商用车的生产能力。截至 2022 年底，全市规模以上整车及零部件制造企业近 150 户，实现工业总产值 533 亿元。产品涵盖动力系统、底盘系统、车身系统、电器系统、新能源系统等关键系统部件，涌现出大连泰星能源、大众一汽发动机、大众自动变速器、东风李尔汽车座椅、一汽解放大柴、蒂森克虏伯发动机系统、汉拿空调、天纳克同泰排气、博世底盘系统等一大批知名企业。

2. 电动汽车产业

在整车制造方面，氢锋客车同时具备纯电动客车和氢燃料电池客车的研发生产能力；在动力电池方面，大连泰星能源和大连中比动力电池技术水平处于第一梯队；在驱动电机方面，大连市汇聚了大连电机、日本电产等新能源汽车电机生产基地和研发中心；在电子电控系统方面，东软集团、楼兰股份、九州联云科技、均联智行科技等提供了系统性解决方案；在其他配套产品方面，大连伊科能源科专业研发、生产锂离子电池隔膜，大连宏光锂业主要从事锂离子电池石墨类负极材料的生产加工销售，大连冰山集团研制的新能源汽车专用空调质量优良。

3. 燃料电池汽车产业

大连市是我国燃料电池技术的策源地，依托大连化物所在燃料电池技术基础理论研究、核心技术研发和燃料电池汽车动力技术开发方面的优势，已经形成国际领先水平的国产自主技术路线。在上游产业氢能源方面，氢气制备有日本岩谷气体、中触媒和福佳大化；储运设备有冰山集团、林德；加氢站有盛港氢电合建站、英歌石科学城加氢站、环普氢电合建站等；在中游产业氢燃料电池电堆、电池系统及部件方面，有新源动力、大连天能、洺源科技、大连宇科、大连擎研等企业；在下游产业氢燃料电池整车整机方面，聚集了一汽大客、华晨等汽车企业，中车大连、大连齐车等轨道交通企业以及大连船舶重工、中远船务等船舶制造企业。大连市成功开发出氢燃料电池 36 t 重卡和 8.5 m、10.5 m 公交车，更具备研制开发包括冷链物流车、港口装卸车、氢燃料电池船舶等各类交通装备的能力。

4. 智能网联汽车产业

大连智能网联汽车产业已形成了以软件研发为核心，以汽车电子生产、新能源汽车零部件、智能网联车研发、车联网服务等为外延的“1 + N”产业格局。以高新区为重点的车联网产业加快布局，成立了大连市车联网产业创新联盟，通过产学研用的深度合作为产业集群发展壮大，提供有力的技术和平台支撑，联盟成员单位发展近百家。中科创达、华阳通用、博泰、四维智联、东软睿驰、均联智行、德赛等一批国内外车联网头部企业纷纷进驻大连开展业务；东软（大连）研发的 T-BOX 车载智能互联终端在全国市场占有率位居第一位，并已成为全国车联网头部企业五强之一。在道路测试方面，大连市共开放金马路、金石滩、东港、旅顺南路等 7 个路段近百公里开放测试道路，推动阿波罗智行科技、文远知行等自动驾驶头部企业在巴士、出租、环卫等车型开展道路测试或示范应用活动，在测试里程、数据收集、安全性保障方面均实现了预期目标。

二、2022 年推广应用

截至 2022 年底，全市共推广新能源汽车 49521 辆，其中纯电动车型 32674 辆，插电式混合动力车型 16745 辆，燃料电池车型 102 辆。在公共领域共推广新能源车汽车 6860 辆，其中纯电动车型 3667 辆、插电式混合动力车型 3133 辆、燃料电池车型 60 辆。

三、2022 年基础设施

截至 2022 年底，全市共建设个人用充电桩 9900 余个，公共充电桩 5000 余个；换电站 4 座；已建成加氢站 6 座，投入使用 5 座。

四、发展规划

深入落实国家《新能源汽车产业发展规划（2021—2035 年）》和《大连市氢能产业发展规划（2020—2035）》，推动新能源汽车及氢燃料电池汽车产业发展，以大连高新技术产业园区节能能源研发基地和金普新区汽车零部件制造基地为依托，引导区外新能源汽车研发和组装项目向大连高新技术产业园区、中国（辽宁）自由贸易试验区大连片区实现产业集聚，逐步形成新能源汽车组装、制造、出口、服务等功能较为完备的产业基地总体格局。

长 春 市

一、2022 年产业概况

1. 总述

经过多年建设与发展,长春市汽车产业整体规模和实力稳步提升。截至 2022 年,长春市拥有一汽红旗、一汽轿车、一汽解放、一汽大众、奥迪一汽、一汽丰越等整车企业 6 户,专用汽车企业 13 户,整车产能达 195.5 万辆。2022 年,全市统计口径累计产销整车 137.2 万辆和 137.8 万辆,其中乘用车自主品牌共实现产销 37.8 万辆和 38.6 万辆。

全市汽车零部件企业围绕一汽集团整车产能需求,不断提升技术水平,完善配套能力。截至 2022 年底,全市拥有规模以上汽车零部件企业 402 户,其中亿元以上 186 户,富维安道拓饰件达到 100 亿元以上,大众一汽平台、佛吉亚排气、纬湃汽车电子、一汽富维、一汽铸造、大陆汽车电子、采埃孚富奥等 7 户企业达到 50 亿元以上,一汽富维东阳、富奥股份、丰田发动机、旭阳集团、富奥石川岛、伟巴斯特、华翔等 36 户达到 10 亿元以上。全市拥有生产 188.8 万台发动机、130 万台变速箱的能力。2022 年,全市规上汽车零部件实现产值 1288.7 亿元,占汽车工业总产值的 31.3%。

截止到 2022 年底全市机动车保有量达 206.0 万辆,新能源汽车保有量为 2.96 万辆。

2. 电动汽车产业

2022 年市属口径新能源汽车产销分别实现 18.3 万辆和 17.3 万辆,同比增长 72.7%和 68.2%。奥迪一汽新能源整车、一汽弗迪动力电池等一批新能源整车、关键零部件重大项目稳步推进,为长春市汽车产业加速电动化发展提供有力支撑。同时,“新能源汽车换电模式应用试点”有序推进、长春汽车集群入选“国家先进制造业集群”等国家级重点项目,将进一步加快长春市汽车产业转型升级。

3. 燃料电池汽车产业

一汽红旗和一汽解放加快氢燃料电池汽车的研发和产业化布局。一汽红旗正在加紧研发下一代氢燃料电池汽车产品,同时积极承担国家重点研发项目,会同相关龙头企业共同开发新一代自主燃料电池技术;一汽解放加快燃料电池产业布局,深化与燃料电池龙头企业合作,2022 年燃料电池汽车产销分别完成 228 辆和 225 辆。长春正在建设制加氢一体化示范站项目,计划 2023 年投运。

4. 智能网联汽车产业

长春市加快智能网联配套产业链建设。富赛汽车电子工业园项目,总投资 14 亿元,主要围绕智能座舱、智能驾驶、网联服务三大领域开展经营,产品包括音响导航、空调控制器、仪表、车载显示系统、驾驶辅助系统等产品以及车联网相关软件和服务、大数据管理和信息安全的软件与服务。项目分为研发中心和工业园两大板块,研发中心将按照 ISO/IEC 17025 行业内标准建设成为领先的国际级实验中心;工业园将建设总装线 31 条,SMT 贴片线 18 条,包含试制线 1 条。项目于 2022 年底建成投产。

二、2022 年推广应用

1. 总述

截止到 2022 年末全市机动车保有量达 206 万辆,新能源汽车保有量为 2.96 万辆;全市累计建成公用及专用充电桩 2056 个、换电站 76 座。长春依托国家“新能源汽车换电模式应用试点”工程,加快新能源汽车推广应用,取得积极成效。

2. 新能源汽车换电模式应用试点工作

长春市全力推进国家“新能源汽车换电模式应用试点”工程,截至 2022 年末,累计推广换电车 9856 辆,建成投运换电站 76 座。2022 年取得了“两个第一”:一是初步建成全国第一座季冻区换电试点示范城市;二是据中汽中心统计,2022 年全市新建并投运换电站 38 座,居全国第一位。

三、2022 年单位经营情况

1. 总述

2022 年,一汽集团长春统计口径累计产销整车 137.2 万辆和 137.8 万辆,同比分别下降 5.1%和 8.2%,其中,乘用车自主品牌共实现产销 37.8 万辆和 38.6 万辆。

2. 电动汽车产业

2022 年一汽集团长春口径新能源汽车产销分别实现 18.3 万辆和 17.3 万辆,同比增长 72.7%和 68.2%。

3. 燃料电池汽车产业

一汽解放燃料电池重卡批量投放市场,2022 年产销分别实现 228 辆和 225 辆。

四、2022 年新增项目及园区建设

1. 奥迪一汽新能源汽车项目

工厂预计投资额超过 300 亿元,规划引入 PPE 平台,年产能 15 万辆。项目于 2022 年 6 月开工,预计 2024 年 6 月竣工,2024 年底量产。项目建成后,将先期生产三款纯电动新能源车型,新增就业3000 人,预估年产值 800 亿元以上。

2. 一汽弗迪新能源科技有限公司动力电池项目

项目总投资 135 亿元,2022 年 8 月动工,预计 2023 年下半年量产,建成投产后每年可满足 60 万辆电动汽车配置需求,实现年产值 200 亿元以上。

3. 富赛汽车电子工业园项目

总投资 14 亿元,主要围绕智能座舱、智能驾驶、网联服务三大领域开展经营,产品包括音响导航、空调控制器、仪表、车载显示系统、驾驶辅助系统等产品以及车联网相关软件和服务、大数据管理和信息安全的软件与服务。工业园将建设总装线 31 条,SMT 贴片线 18 条,包含试制线 1 条。项目于 2022 年底建成投产。

五、2022 年基础设施

截至 2022 年末,长春市累计建成投运公用及专用充电桩 2056 个,换电站 76 座。在建加氢站一座,计划 2023 年投运。

六、本地区新能源汽车推广应用统计表

（单位:辆）

车型 燃料	公交车	公务车	出租网约车	合计
纯电动	350	55	0	405
换电式	0	0	7416	7416
合　计	350	55	7416	7821

七、本地区新能源汽车企业产销量统计表

生产企业名称	产品商标	车辆类型	通用名称	产量统计(辆)	销量统计(辆)
中国第一汽车集团有限公司	红旗	纯电动多用途乘用车	E-HS9	3870	6298
中国第一汽车集团有限公司	红旗	纯电动轿车	E-QM5	33450	30745
中国第一汽车集团有限公司	奔腾	纯电动轿车	NAT	20227	20293
中国第一汽车集团有限公司	解放	纯电动中重卡	—	2331	2541
中国第一汽车集团有限公司	解放	插电式混合动力中重卡	—	71	19
中国第一汽车集团有限公司	解放	燃料电池中重卡	—	228	225
中国第一汽车集团有限公司	解放	纯电动轻卡	—	—	3
一汽-大众汽车有限公司	大众	纯电动轿车	宝来 BEV	—	1
一汽-大众汽车有限公司	大众	插电式混合动力轿车	迈腾 GTE	15933	12199
一汽-大众汽车有限公司	大众	插电式混合动力多用途乘用车	探岳 GTE	7579	7327
一汽-大众汽车有限公司	大众	纯电动多用途乘用车	ID. 4 CROZZ	47006	45528
一汽-大众汽车有限公司	大众	纯电动多用途乘用车	ID. 6 CROZZ	26950	26040
一汽-大众汽车有限公司	奥迪	插电式混合动力轿车	奥迪 A6PHEV	3738	3238
一汽-大众汽车有限公司	奥迪	纯电动多用途乘用车	奥迪 Q2BEV	1650	1764
一汽-大众汽车有限公司	奥迪	纯电动多用途乘用车	奥迪 C-BEV	1243	899
一汽-大众汽车有限公司	奥迪	纯电动多用途乘用车	奥迪 Q4 E-TRON	7200	6626

八、本地区电动汽车充(换)电站(桩)统计表

城市名称	充电站		充电桩		换电站	
	2022 年新建数量(座)	2022 年底保有量(座)	慢充(个)	快充(个)	2022 年新建数量(座)	2022 年底保有量(座)
长春	47	144	88	1968	50	76

九、本地区车用加氢站统计表

城市名称	加氢站名称	类型	供给能力(kg/d)	日加注量(kg)	加氢站氢气总储存量(kg)	储氢最高压力(MPa)	说明(运营/新建/在建)	运营时间
长春	“可再生能源 + PEM 制氢 + 加氢”一体化创新示范项目	制加氢一体化站	500	—	330 kg	45 MPa	在建	—

南 京 市

一、2022 年产业概况

南京市汽车产业链相关企业共 500 余家,其中整车制造企业 8 家、整车产能 114 万辆(含 BT 汽车 15 万辆产能)、改装车生产企业 14 家,拥有“重、中、轻、微、轿、专”等系列完整、品种齐全的整车产品线。汽车产业零部件企业 300 余家(核心零部件近 200 家),包含了生产、制造、销售、服务、配套、电池拆解、汽车尾气处理等全产业链环节。2022 年,全市汽车全产业链(含新能源汽车产业链)实现产值近 2400 亿元,同比增长 35.5%,实现整车产量超 60 万辆。

全市新能源汽车产业链规模以上企业近 300 家。其中,8 家整车制造企业全部具备新能源汽车生产能力,动力方式涵盖纯电动、插电混动、氢燃料等全品类;动力电池生产企业 10 家,包括爱尔集、国轩、欣旺达、蜂巢等行业龙头;电机电控、电动空调、智能线控底盘等核心零部件研发及生产企业 150 余家;充换电设施建设运营企业 40 家;汽修、汽配、汽车后市场、自动驾驶、智能网联车端及路侧设备等高成长性企业 50 余家。2022 年,全市新能源汽车产业链规模近 2000 亿

元,实现新能源汽车整车产量16万辆。

2020年,南京市获批江苏省首批车联网先导区,加大智能网联汽车产业推进力度,出台了《南京市智能网联汽车道路测试管理细则(试行)》,并正在加紧修订。全市布局建设了秦淮、建邺、江宁、溧水4个智能网联汽车产业集聚区,汇聚上下游企业140余家,2022年产业规模超100亿元。累计认定智能网联汽车公共测试道路34.07 km,车路协同设备覆盖点位达126个,覆盖面积17.46 km^2;部署RSU路侧通信单元159台、边缘感知和计算设备792台,摄像头、毫米波雷达、激光雷达等感知设备超200套,累计为百度、文远苏行、中汽创智等企业发放自动驾驶测试牌照15张,自动驾驶总测试时长超13000 h,道路测试总里程超过11万km,带动莱斯网信、慧尔视、紫金山实验室、华为、亚信等本土企业的40余项新产品新技术示范应用。

二、2022年推广应用

2022年全年,全市新注册登记新能源汽车7.38万辆,同比增长近一倍,在个人消费领域,新注册登记私家车占新注册登记新能源汽车的比重达68.4%,在公共领域,2022年新增及更新公交车、机场用车100%使用新能源汽车;新增新能源机关公务用车占累计新增车辆比重较去年增长了51.8个百分点,达到81.8%;出租车、网约车新增及更新车辆新能源化率分别达到99.8%和100%。

2022年,南京市以市政府办公厅名义印发《南京市新能源汽车换电模式应用试点实施方案(试行)》(宁政办发〔2022〕45号)。全市集聚换电产业生态企业近150家,推广换电整车近8000辆,建成各类换电设施近40座,由南京市主导起草的《江苏省纯电动重型卡车换电电池包系统技术规范》被国家行业标准完全采用,开沃、福田、东风、徐工等9个品牌的50余款车型适配该项标准。

三、2022年单位经营情况

全市8家整车制造企业,2022年共实现整车产量超60万辆,整车制造业产值占汽车产业规模比重58.1%,同比增长19.6%,其中新能源汽车整车产量16万辆。全市共有14家汽车改装企业,产品类型覆盖军品、民品,车辆类型包括消防车、环卫作业车、防爆车、救护车、通讯车等。全市共有爱尔集化学、国轩新能源、欣旺达等10家动力电池生产企业,2022年产值突破700亿元,占新能源汽车产业链规模比重达37%以上。全市拥有莱斯网信、百度阿波罗、中汽创智等智能网联汽车平台及算法企业,以及芯驰科技、隼眼科技、南京慧尔视、中兴等芯片、传感器、终端器件与5G通信产品设计生产企业。

四、2022年新增项目及园区建设

1. 项目

2022年"双百工程"重点项目中汽车产业项目37个,其中:整车项目5个、动力电池项目9个、空调电机等核心零部件项目19个、氢燃料电池项目2个、配套充换电设施建设项目2个,全年实际完成投资超过170亿元。

2. 园区

围绕整车及关键核心零部件生产、智能网联研发应用,全市汽车产业已形成差异化、特色化布局,在溧水区、江宁区(含江宁开发区)、江北地区(含浦口区、六合区)、栖霞区(含南京经开区)、秦淮区等"3+1+1"特色重点板块中,集聚汽车产业链重点企业263家,2022年规模占全市汽车产业比重超过90%。其中,新能源汽车产业链重点企业191家,2022年新能源汽车产业链规模占全市新能源汽车产业比重达90.6%。

五、2022年基础设施

截至2022年底,全市累计建成各类充电设施6.71万根。公共充电设施2.53万根;专用桩5902根,私人充电设施3.59万根。

六、发展规划

到2025年,全市新能源汽车产业集群规模达到3500亿元,进入国内新能源汽车第一方阵。

苏　州　市

一、2022年产业概况

1. 总述

2022年,全市拥有汽车及零部件规模以上工业企业662家,完成产值2848亿元,同比增长15.2%,占全市规模以上工业总产值的6.5%。全市整车产量6.29万辆,整车销量5.99万辆;新能源汽车产量8460辆,整车销量8495辆。

2. 电动汽车产业

全市新能源汽车产业涵盖整车、"三电"、充电设施等完整的产业链。拥有苏州金龙、奇瑞捷豹路虎等新能源汽车的车型开发、生产和销售企业;力神电池、宇量电池、正力新能、清陶、科力美、天鹏电源和新中能源等动力电池企业;绿控传动、凯博易控、汇川联合动力等电机电控行业领军企业;国网苏州供电、亨通龙韵、创元特来电、保泽新能源、亿为等76家省新能源汽车充(换)电设施建设运营承诺公示企业。

3. 燃料电池汽车产业

在氢燃料电池领域,拥有相关企业超80家,覆盖电堆、系统、质子交换膜、膜电极等领域,电堆关键零部件和系统技术水平国内领先,部分领域达到世界领先水平,拥有重塑科技、擎动科技、江苏清能、苏州中车、捷氢能源、骥翀氢能等多家重点企业。

4. 智能网联汽车产业

在智能网联汽车领域,拥有相关企业超400家,涵盖智能汽车、智能感知、信息交互等领域。其中,智能汽车领域重点企业有魔门塔、图达通、欧菲光、智加科技、知行汽车等,智能感知领域重点企业有园区测绘、中智行、苏州数字地图、蘑菇车联等,信息交互领域重点企业有天翼交通、T3出行、曹操出行等。

二、2022 年推广应用

1. 总述

印发《苏州市居民住宅小区电动汽车自用充电基础设施建设管理指导意见(试行)》《关于进一步加快全市新能源汽车推广应用的实施意见》,持续加强全市新能源汽车推广和充换电基础设施建设运营管理。

2. 电动汽车推广应用工作

2022 年,全市新增注册新能源汽车 11.97 万辆,新能源汽车累计保有量 23.42 万辆,占全部汽车保有量比重为 4.69%,新能源汽车保有量位居全省第一位。

3. 智能网联汽车试点工作

2022 年 9 月,“苏州城市出行与物流自动驾驶先导应用试点项目”入选交通运输部首批智能交通先导应用试点,为江苏省唯一入围项目。苏州市积极依托自动驾驶先导试点项目带动全市智能车联网产业快速发展,持续探索自动驾驶的商业化运营模式,相关试点成果将服务于第 29 届智能交通世界大会。

三、2022 年单位经营情况

1. 电动汽车产业

凯博易控车辆科技(苏州)股份有限公司专注于提供新能源商用车驱动系统产品及整体解决方案,主要产品包括高效纯电系统、高效混合动力系统、智能双源无轨系统以及智能车辆连接系统四大平台。纯电驱动系统国内高端市场占有率稳居行业前列;混合动力驱动系统市场占有率达 50%;双源无轨系统处于行业细分龙头地位;车辆连接系统国内市场占有率达 95%。2022 年实现产值 5.06 亿元。苏州捷力新能源材料有限公司主要生产锂电池隔膜,主要客户包括 ATL(宁德新能源)、比亚迪、LG 等锂电池龙头企业,2022 年,公司隔膜产品实现产/销量 4.9 亿 m^2,国内消费隔膜领域排名前列,营收 10.03 亿元。苏州绿控传动科技股份有限公司主营业务为汽车自动变速箱、新能源汽车驱动电机、纯电动及混合动力汽车动力总成的研发、生产和销售。公司产品为金龙汽车、中国一汽、东风汽车、三一集团、徐工集团等企业批量供货。

2. 燃料电池汽车产业

苏州擎动动力科技有限公司在催化剂和膜电极领域优势突出,国内装机量排名前三。江苏骥翀氢能源科技有限公司专注于氢燃料电池电堆研发与产业化,掌握金属双极板激光焊接、连续化镀膜以及高性能大功率燃料电池电堆研发制造技术。江苏国富氢能技术装备股份有限公司专业从事氢能“制储运加用”装备的设计、制造与技术服务,是国内领先的氢能装备全产业链整体解决方案供应商。

3. 智能网联汽车产业

苏州挚途科技有限公司提供先进的 L2 ~ L5 级商用车自动驾驶系统,并向行业赋能自动驾驶及智慧物流的完整解决方案,2022 年 4 月,挚途科技实现前装高级别自动驾驶系统的 J7 智能重卡量产交付。知行汽车科技(苏州)有限公司专注于自动驾驶领域前装系统解决方案,拥有自动驾驶域控制器、智能摄像头两大产品线,形成了行泊一体、低速封闭区域无人 L4、360 环视、L2 辅助驾驶等全场景智能驾驶布局矩阵,已实现吉利、极氪、奇瑞、长城、东风多个一线主机厂车型的规模化量产,是国内领先的全场景智能驾驶科技公司。清智汽车科技(苏州)有限公司聚焦先进驾驶辅助系统(ADAS)、L2 + 中央计算和通信平台、线控制动系统、特定场景 L4 级自动驾驶解决方案,具备突出的 ADAS 核心软硬件开发、底盘控制技术研发和系统集成能力,已实现智能驾驶产品的大规模产业化,中国商用车前装 ADAS 市场份额居全国前三位。

四、2022 年新增项目及园区建设

常熟汽车零部件产业基地是苏州规模最大的汽车产业集聚区,依托奇瑞捷豹路虎、观致、丰田研发“两整车一中心”的龙头带动,集聚了延峰安道拓、美桥、大陆、三菱、法雷奥、佛吉亚等 300 多家汽车零部件企业。太仓汽车零部件产业基地已集聚汽车及零部件企业超 300 家,生产规模在全国排名前列,汽车轴承、涡轮增压系统、双离合器系统总成等主导产业代表性产品保持行业前十。昆山汽车零部件产业基地拥有汽车零部件生产企业 100 余家,其中规模以上近 50 家,汽车及零部件主要产品包括挖掘机、内燃叉车、滚动轴承、轮胎、外胎、汽车轮毂等。

五、2022 年基础设施

2022 年全市公共领域新建充电站 840 座,新增充电桩 0.64 万根。截至 2022 年底,全市公共领域充电站保有量 2062 座,充电桩保有量 1.87 万。全市公共领域和私人充电桩累计约 12.4 万根,车桩比约 1.9∶1。

六、本地区新能源汽车推广应用统计表

(单位:辆)

车型 燃料	公交车	公务车	出租车	私人用车	环卫车	载货车	其他领域	合计
纯电动	140	686	555	84560	48	61	12963	99013

七、本地区新能源汽车企业产销量统计表

生产企业名称	产品商标	车辆类型	通用名称	产量统计(辆)	销量统计(辆)
金龙联合汽车工业(苏州)有限公司	海格	新能源公交车等	—	6091	6088
奇瑞捷豹路虎汽车有限公司	奇瑞捷豹路虎	乘用车	PHEV	2347	2389

八、本地区电动汽车充(换)电站(桩)统计表

城市名称	充电站		充电桩		换电站	
	2022 年新建数量(座)	2022 年底保有量(座)	慢充(个)	快充(个)	2022 年新建数量(座)	2022 年底保有量(座)
苏州	840	2062	6298	12384	—	52

九、本地区车用加氢站统计表

城市名称	加氢站名称	类型	供给能力(kg/d)	日加注量(kg)	加氢站氢气总储存量(kg)	储氢最高压力(MPa)	说明(运营/新建/在建)	运营时间
苏州	嘉化氢能港城固定式加氢站	固定	—	1000	—	—	已建	2022 年 9 月
苏州	东华港城固定式加氢站	固定	—	1000	—	—	已建	2021 年 10 月
苏州	华昌化工厂区内加氢站	撬装	—	500	—	—	已建	2022 年 12 月
苏州	银河路加氢站	固定	—	1000	—	—	已建	2022 年 8 月
苏州	常嘉氢加氢站	固定	—	1000	—	—	已建	2020 年 12 月
苏州	重塑科技加氢站	固定	—	1000	—	—	已建	2021 年 8 月
苏州	丰田自用加氢站	固定	—	1000	—	—	已建	2017 年 10 月
苏州	平海路公交保养场加氢站	固定	—	650	—	—	已建	2022 年 7 月

南 通 市

一、2022 年产业概况

南通市拥有新能源汽车及零部件规上企业 150 余家,其中整车企业 1 家。经过多年的产业集聚发展,全市已形成以如皋为产业高地,海安、通州、海门、启东、开发区等地协同发展、各具特色的产业空间布局,产品基本实现汽车行业全产业链覆盖。

二、2022 年推广应用

1. 总述

截至 2022 年 12 月底,南通市汽车保有量 217 万辆,其中新能源汽车 7.8 万辆,占比约 3.6%。2022 年新增新能源汽车达 3.7 万辆,是上年度新增量的 1.85 倍。

2. 电动汽车推广应用工作

市委、市政府印发《南通市公共机构深入开展绿色低碳引领行动实施方案》,持续推广新能源汽车配备使用,在全市公共机构年度新增及更新车辆中占比不低于 30%,新增及更新的机要通信和相对固定路线的执法执勤、通勤车辆,原则全部配备新能源车,逐步淘汰报废老旧燃油公务用车。贯彻落实《南通市新能源公交车推广应用实施方案(2020—2022 年)》,2022 年全市建成区新增及更新公交车辆中新能源汽车占比 100%。贯彻落实《南通市主城区巡游出租汽车更新实施方案》,对巡游出租汽车更新为纯电动汽车给予鼓励政策。相关部门联合印发《关于进一步优化城市货运配送市场环境的通知》,加大新能源货车承保支持力度,制定《南通市新能源配送车辆运营奖补办法》,2022 年全市城市物流配送车辆新增及更新车辆中新能源汽车占比 25%。

3. 燃料电池汽车示范应用工作

会同南京工程学院,开展氢能与燃料电池汽车产业链发展课题研究,形成高质量的调研报告,制定《南通市氢能与燃料电池汽车产业发展指导意见(2022—2025 年)》,明确氢能产业发展方向和路径。落实上海城市群燃料电池汽车示范应用年度工作任务,建立市级层面燃料电池汽车示范应用工作联席会议制度,协调解决加氢站建设审批、安全监管等问题。推动南通市龙头企业融入上海城市群产业链体系,支持国家能源集团、中石油、韩国 SK 等头部企业布局氢能上下游产业项目。

三、2022 年单位经营情况

在整车及改装车领域,南通市重点企业产品涵盖了乘用车、商用车、专用车等多个大类;在新能源汽车核心零部件领域,动力电池是南通最具特色和影响力的产业版块,拥有当升科技、瑞翔新材料等一批领军企业。燃料电池等前沿领域也正在发展壮大中,培育形成了势加透博、百应能源、江苏清能等一批拥有核心技术和竞争力的企业;在其他零部件领域,拥有汤臣汽车、延康汽车、亚太轻合金、双钱集团、鸿图压铸、超达装备等一批行业领先企业,产品覆盖车身轻量化压铸件、电镀件、模具、轮胎等多个细分版块。

南通市氢能产业链覆盖制氢、储运、加氢站成套设备、燃料电池系统等 13 个产业链细分领域,集聚了百应能源、势加透博、中集氢能源、中天华氢等 20 余家重点企业。利用风电、光电等资源禀赋,大力推进可再生能源制氢及氢能装备发展,产业初步呈现集聚态势,逐步形成集制储运氢、加氢、氢燃料电池研发生产、氢燃料电池汽车开发制造、氢能产品示范应用"五位一体"的氢能产业链。2022 年全市氢能相关产业实现营业收入 60 亿元。南通立足汽车及零部件、新一代信息技术产业基础,推动重点车企技术产品向智能化、网联化转型,着力培育壮大车联网及智能网联汽车产业。全市

产业链已集聚通富微电子、鸿鹄电子、江苏涵润、奥易克斯汽车、势航物联、格陆博科技、江苏金冠、有感科技、万德科技、大地电气等40余家重点企业，在车载单元、路侧单元、汽车芯片、车载网关、机器视觉、高精度定位、车规级功率器件等领域形成较强竞争优势。2022年产业规模达60亿元，同比增幅约20%。

四、2022年新增项目及园区建设

在车联网及智能网联汽车方面，与江苏省交通运输厅合作共建南通数字交通产业园，为车联网开拓探索更多应用场景。加快虹桥路、工农路智能网联汽车示范道路建设进度，推动交通信号、充电桩、停车场等数据与省级车联网大数据平台的互联互通，为民众提供智慧安全和丰富多样的出行服务体验。

五、2022年基础设施

2022年建成公共充电桩超过1200根，进一步扩大了充电网络覆盖范围，提升了公共充电服务保障能力。

六、发展规划

相关部门联合印发《关于进一步明确南通市居住社区电动汽车充电设施建设安装相关要求的通知》，明确新建居住社区所有车位应当100%具备充电设施建设安装条件，包括：预留电力容量及变配电设施位置，建设低压电缆分支箱、管线、桥架、计量表箱、表后桥架及线缆敷设至每一停车位；同时应按不低于车位总数的30%配建充电桩，充电桩应具备有序充电功能。充电设施配建要求纳入土地出让条件。简化既有居住社区居民自有充电设施建设安装受理申请阶段收资，对居民住宅小区自有充电设施申请实行“一证受理”。明确城镇老旧小区公共充电设施建设改造要求，城镇老旧小区公共充电设施应结合旧区改造、停车位改建、道路改建等由属地政府统筹实施。相邻小区及周边地区可联动改造。老旧小区改造前，经与全体业主共商并公示后，按不低于规划新增车位10%的比例规划公共充电设施，其中5%比例的充电设施应与改造一并建设到位，其他部分应预留或将供配电设施建设到位，充电桩容量原则上以7 kW慢充为主。

七、本地区新能源汽车推广应用统计表

(单位：辆)

车型 燃料	公交车	公务车	出租车	私人用车	物流车	载货车	其他领域	合计
纯电动	477	36	2308	28247	2256	303	20	33637
插电式	0	0	0	4264	0	0	0	4264
合　计	477	36	2308	32511	2256	303	20	37911

八、本地区新能源汽车企业产销量统计表

生产企业名称	产品商标	车辆类型	通用名称	产量统计(辆)	销量统计(辆)
枫盛汽车(江苏)有限公司	枫叶牌	纯电动轿车	枫叶30X	20000	20000

九、本地区电动汽车充(换)电站(桩)统计表

城市名称	充电站		充电桩		换电站	
	2022年新建数量(座)	2022年底保有量(座)	慢充(个)	快充(个)	2022年新建数量(座)	2022年底保有量(座)
南通市	110	353	752	2145	—	—

扬　州　市

一、2022年产业概况

1. 总述

紧跟国家汽车产业“电动化、网联化、智能化”的发展趋势，扬州市不断推进汽车产业转型升级发展，已经形成电动汽车产业配套发展、燃料电池产业初具雏形、智能网联汽车起步发展的基本格局。

2. 电动汽车产业

车辆方面，拥有亚星客车、潍柴亚星新能源商用车、九龙汽车3家具备新能源整车生产资质的企业，以及金威环保、海沃机械等新能源专用车企业。新能源汽车整车产量实现2319辆，同比上涨19%；零部件方面，具备一定的配套能力，中化集团年产20 GWh的锂电池生产线一期项目、航天数联信息技术(深圳)有限公司5 GWh磷酸铁锂电芯项目已建成投产。

3. 燃料电池汽车产业

现有相关企业20余家，基本形成覆盖制氢、储氢、关键零部件、整车和研发检测等主要环节的产业链，在广陵、邗江、开发区、高邮都形成规模集聚发展。重大项目方面，纳力新材料项目二期总投资约112亿元，将在江都打造国际新能源新材料产业园；浙江氢途氢能项目总投资10亿元，将投资建设氢能总部与燃料电池核心零部件研发与制造基地；江苏

金材科技有限公司开始进行氢能燃料电池系统核心部件Ⅳ型(四型)储氢瓶的研发工作,拟建设年产10万只生产能力。

4. 智能网联汽车产业

扬州市现有车联网硬件软件相关企业30家左右,主要产品有汽车传感器、车联网智能终端、车用导航仪器等,其中软件企业4家,名列省工信厅智能网联产业链骨干企业的有3家,分别是罗思韦尔、泽景电子和航盛科技。研发机构有中汽研扬州汽车工程研究院有限公司,已经建成汽车智能网联技术研发验证平台和智能网联测试道路。

二、2022年推广应用

1. 总述

紧跟新能源汽车国家战略,不断推进新能源汽车产业发展,制定专项政策,持续加强基础设施建设和新能源汽车推广应用,全年新能源汽车上牌数17943辆,接近2021年的2倍。

2. 电动汽车推广应用工作

截至2022年底,全市新能源汽车上牌数为34423辆。其中,公交车1715辆(近3年来都是纯电动公交车),网约车1442辆、城市邮政车辆72辆、城市快递车辆72辆、环卫车131辆。2022年新能源汽车上牌数17943辆,其中环卫车26辆,公务用车5辆,城市邮政车辆34辆,快递车辆14辆。

3. 燃料电池汽车示范应用工作

2022年,亚星客车向潍坊市交付20辆氢燃料电池公交车,共向潍坊市交付50辆氢燃料公交车,向潍柴集团交付4辆氢燃料通勤车,行驶总里程超310万km。

4. 智能网联汽车试点工作

开展2022年车联网和智能网联汽车典型应用场景遴选工作,遴选上报江苏罗思韦尔电气有限公司的“基于车辆网的无人驾驶技术”和中国移动通信集团江苏有限公司扬州分公司的“高邮市智慧停车建设运营项目”两项车联网和智能网联汽车典型应用场景。

三、2022年单位经营情况

1. 总述

扬州市适应汽车产业电动化、绿色化、智能化、特色化、高端化发展趋势,坚持整车升级和零部件专精特新“两条腿”走路,着力推动乘用车产品向高端化、电动化、绿色化转型,半挂车、环保车、工程车等专用车产品进一步强化特色,努力抢占细分市场。

2. 电动汽车产业

全市新能源汽车整车产量实现2319辆,同比上涨19%。其中,亚星客车产量实现1646辆,亚商新能源产量实现555辆,九龙汽车产量实现118辆。

3. 燃料电池汽车产业

2022年,燃料电池汽车产业经营收入约实现3.66亿元。亚普汽车部件股份有限公司自主研发的国内首套侧挂式氢系统配套成渝项目交付4套,并作为国家燃料电池汽车示范郑州城市群开封示范点项目,配套奇瑞汽车,应用于30辆公交车;江苏氢璞创能科技有限公司生产电堆200余台;扬州氢蓝时代新能源科技有限公司生产燃料电池系统200台;扬州嘉和新能源科技有限公司生产氢燃料热管理系统2700台。

4. 智能网联汽车产业

2022年,实现营业收入26.79亿元,企业研发投入2.04亿元。江苏罗思韦尔电气有限公司主要产品为车联网智能终端、T-BOX,2022年实现销售收入6.11亿元;泽景电子是我国HUD产品市场具有主导地位的供应商,2022年实现销售收入2亿元。

四、2022年新增项目及园区建设

扬州(邗江)汽车产业园以客车(新能源汽车)、专用车和汽车电子为特色,先后荣获“省新能源汽车产业基地”“省汽车及零部件科技产业园”“省新能源汽车及车控电子科技产业园”称号。聚集了潍柴亚星、潍柴特种车、金威环保等车辆生产企业和神州交通、虹扬电子、庆峰集团等汽车零部件配套企业以及中集安瑞科长管拖车国家检测中心等,建成通安科技园科技综合体,实现了从生产制造到实验检测到企业培育的全面发展;吸引了美国李尔汽车系统、台湾技嘉、振华集团、韦尔股份等多家国内外知名零部件企业落户。

仪征汽车工业园是江苏省三大乘用车产业基地之一,围绕上汽大众仪征分公司,集聚了安道拓、延锋等150余家零部件制造企业和物流商贸企业,并新建汽车电子产业园,有近10家企业落户。

五、2022年基础设施

截至2022年底,全市拥有扬州供电公司、扬州交通特来电新能源、扬州万帮星星、北辰电气、国网扬州电动汽车、扬州龙投特来电、鼎充能源科技、高邮市交投特来电新能源和扬州鲸充新能源技术(扬州供电公司由省公司统一申报)9家省新能源汽车充(换)电设施建设运营承诺公示企业。扬州市在公共服务领域共建成充电桩3592根,其中交流慢充桩1839根、直流快充桩1753根。2022年,全市公共服务领域共建成充电桩348根,其中交流慢充桩118根、直流快充桩230根。拥有蔚来新建的2座换电站。加氢站方面,2022年,扬州市新建了第二座加氢站——中石化渡江加氢站,日加氢量达500 kg。已建成2座加氢站。

六、发展规划

坚持整车升级和零部件专精特新“两条腿”走路,着力围绕燃料电池汽车产业加快布局,积极引育智能网联汽车产业,紧抓下一代汽车产业发展新风口,加快推动汽车产业加快转型升级实现高质量发展。

七、本地区新能源汽车推广应用统计表

（单位：辆）

车型 / 燃料	公交车	公务车	出租车	私人用车	环卫车	物流车	邮政车	载货车	合计
纯电动	33	0	44	15050	26	14	34	295	15496
插电式	0	5	30	2229	0	0	0	0	2264
增程式	0	0	0	183	0	0	0	0	183
合　计	33	5	74	17462	26	14	34	295	17943

八、本地区新能源汽车企业产销量统计表

生产企业名称	产品商标	车辆类型	通用名称	产量统计(辆)	销量统计(辆)
扬州亚星客车股份有限公司	维特思达	纯电动公交车	公交	1421(出口124)	1401(出口116)
扬州亚星客车股份有限公司	维特思达	纯电动公路车	公路	203(出口98)	194(出口89)
扬州亚星客车股份有限公司	维特思达	燃料电池公交车	公交	20	21(出口1)
扬州亚星客车股份有限公司	维特思达	燃料电池公路车	公路	1(出口)	0
潍柴(扬州)亚星新能源商用车有限公司	欧睿	纯电动车	大VAN	553(出口528)	591(出口590)
江苏九龙汽车制造有限公司	大马牌	纯电动	唐	363	384

九、本地区电动汽车充(换)电站(桩)统计表

城市名称	充电站		充电桩		换电站	
	2022年新建数量(座)	2022年底保有量(座)	慢充(个)	快充(个)	2022年新建数量(座)	2022年底保有量(座)
扬州	140	363	1839	1753	1	2

十、本地区车用加氢站统计表

城市名称	加氢站名称	类型	供给能力(kg/d)	日加注量(kg)	加氢站氢气总储存量(kg)	储氢最高压力(MPa)	说明(运营/新建/在建)	运营时间
扬州	文昌西路综合能源服务站	固定站	500	—	—	35	新建	—
扬州	中石化渡江加氢站	固定站	500	—	640	35	新建	—

盐　城　市

一、2022年产业概况

1. 总述

盐城市新能源汽车与智能网联汽车产业具有乘用车、客车和专用车的全系列整车产品，全市现有汽车零部件企业大部分都涉及新能源汽车零部件产品领域，现有规上企业253家，初步形成整车企业带动、动力电池支撑、零部件加快转型的产业发展格局。2022年，全年规上实现开票销售450亿元，同比增长18.2%。其中，动力电池产业增长迅猛，首次突破百亿关口，带动产业总体保持上升趋势。

2. 电动汽车和智能网联产业

现有悦达起亚、华人运通、国新3家新能源汽车整车生产企业，悦达起亚先后上市KX3、华骐300E等6款新能源汽车，2022年销售新能源汽车728辆。华人运通新车型HiphiZ已正式上市，形成了双旗舰车型格局，2022年销售4147辆，实现开票41.3亿元，增长32.2%，连续多月位列50万元以上豪华电动车销量榜前列。国新新能源总产能7万辆，一期2万辆已建成，二期5万辆与一汽集团合作重组在建。改装类新能源汽车生产企业2户，分别为国唐汽车、悦达专用车，国唐汽车依托高鸿股份在5G、车联网、智能网联等领域的领先技术优势，致力于新能源公交车、智能网联客车的产品研发和市场推广，无人驾驶集装箱运输车在合肥港试验运营，2022年累计销售327辆新能源公交车。

3. 燃料电池汽车产业

产业规划方面，《盐城市"十四五"汽车产业高质量发展规划》提出充分利用"风光"等绿色能源资源，积极布局氢燃料电池汽车产业。企业发展方面，现代集团在氢燃料电池技术方面处于国际先进水平，国润等企业加快氢燃料电池产业布局，兴邦公司研发、生产、销售氢燃料电池动力系统总成及电堆材料。示范应用方面，搭载兴邦能源30kW燃料电池动力系统总成的K11公交车已于2019年11月在盐城市示范运营。加氢站建设方面，盐城市已建成高新区创咏加氢站1

个,已核批在建盐东车用能源“四位一体”合建站和大丰中汽试验场2个加氢站。

二、2022年推广应用

2022年全市累计推广新能源汽车22169辆,渗透率20.4%,全市新能源汽车保有量46425辆,占比3.5%。

2022年,全市新增公交车244辆,全部为新能源公交车,全市新能源公交车保有量2580辆,占比达75.6%,其中市区新能源公交车1483辆,占比达92%,K11氢燃料公交车已于2019年11月在盐城市示范运营;全市推广新能源出租车209辆,占比82.3%,全市新能源出租车保有量1252辆,占比42.4%;全市环卫领域共采购新能源汽车14辆,占比19.2%,全市环卫作业车保有量1172辆,其中新能源汽车293辆,占比25%;全市党政机关保障用车累计推广新能源汽车36辆,占比40.9%,保障用车新能源汽车保有量161辆,占比10.7%;市邮政公司更新112辆新能源汽车,占比100%,现有汽车349辆,其中新能源汽车192辆,占比55%。

三、2022年单位经营情况

1. 悦达起亚

公司注册资本62400万美元,拥有K2、K3、K4、K5等K系列轿车以及智跑、傲跑、KX5等SUV车型,研发上市插电混动、纯电动3款新能源车型,产品覆盖乘用车全系列。公司累计上市30多款新车型,累计产销汽车超600万辆。2022年,悦达起亚合营延期工作基本完成,重建企业品牌和客户体验形象,新车按期成功上市。积极推进对标管理,大力开展降本增效活动。完成增资方案的确认,首批增资款到位,确保公司流动性安全。对全司组织体系、人事管理体系、营销体系进行变革,逐步运营Team长制,实现人事体系灵活化,确保企业顺利转型。受地缘政治、芯片短缺、原材料价格上涨、疫情等因素影响,悦达起亚2022年累计生产整车155770台,同比增长3.2%。批发销售130625台,同比下滑17.2%;终端零售94668台,同比下滑38.4%。自2018年以来,公司积极响应国家“一带一路”倡议,主动适应新形势、迎接新挑战,大力开拓海外汽车市场,以海外出口战略推动融入全球化。5年来,整车和CKD累计出口近13万台,发动机出口17.7万台,出口额累计13亿美元,产品远销东南亚、中东、非洲、中南美等50个国家和地区。2022年出口42045台,同比增长36.6%。

2. 华人运通

2019年6月,江苏悦达集团、华人运通(江苏)技术有限公司、江苏悦达起亚三方签订战略合作协议,通过利用江苏悦达起亚资质进行生产经营的产能合作方式,由华人运通进行悦达起亚一工厂适应性改造,导入华人运通(江苏)技术公司研发的HiPhi X作为悦达集团主推的自主高端纯电动车产品,在悦达起亚一工厂生产。12月20日,华人运通高合HiPhi Z首批量产车在高合城市精品工厂正式生产下线,并于当日启程发运。HiPhi Z是继HiPhi X后的高合第二款旗舰车型,定位大型豪华纯电四门GT,与HiPhi X共同构成双旗舰,为不同需求的用户提供更多高端个性化选择。这将进一步巩固高合汽车的高端品牌形象,夯实华人运通在新能源智能汽车高端市场的领军地位。2022年华人运通销售4147辆,实现开票41.3亿元,同比增长32.2%。

3. SK动力电池

SK二期动力电池项目作为江苏省重大实施项目,属于韩国SK集团在全球布局中最大的动力电池投资项目。该项目总投资25.3亿美元,总建筑面积47万m^2,规划年产能30 GWh,是近年来全市最大的利用外资项目,建成后将推动盐城完善区域动力电池全生命周期产业集群,为全球知名新能源车企提供清洁动力。2022年1月17日开工建设,厂房已经建成交付,设备即将进场安装调试,预计2023年竣工投产。项目全部投产后,预计年销售超400亿元,年纳税超20亿元。2022年SK全年开票首次突破100亿元,纳税9124万元。

四、2022年新增项目及园区建设

一汽悦达(江苏)汽车项目。由一汽奔腾轿车有限公司按照国新公司净资产作为出资基准增资国新公司。项目计划总投资90亿元,其中固定资产投资50亿元,10年研发投入40亿元。一期投资15亿元,其中10亿元完善国新二工厂建设,完成7万辆新能源汽车能力建设项目,5亿元用于车型的研发。待国新项目产能利用率超过行业平均利用率,在盐城启动二期年产30万辆工厂建设,作为一汽奔腾新能源汽车和出口车型生产基地。二期投资75亿元,其中固定资产投资40亿元,8~10年的研发投入35亿元。一汽奔腾先期导入A00级乘用车D131车型,力争在1~2年内实现7万辆的产销量。后续陆续导入A0级乘用车D311车型及A级乘用车D541车型、D551车型。2028年可实现年产销45万台,销售收入超过400亿元。

比亚迪动力电池项目。2022年9月28日,射阳举行比亚迪动力电池盐城基地一期竣工暨二期开工仪式,有力推动盐城市传统汽车产业转型升级、带动新能源汽车产业链集群发展,为盐城打造千亿级汽车产业集群注入强劲动能。比亚迪动力电池盐城基地项目是比亚迪集团在江苏唯一的刀片电池制造基地,列入2022年省重大项目,项目总投资150亿元,总用地1447亩,建筑面积93万m^2,年产30 GWh新能源动力电池。一期投资75亿元,年产15 GWh新能源动力电池,2022年7月竣工投产;二期投资75亿元,增建15 GWh的新能源动力电池,于2022年9月开工建设,预计2023年6月份首条产线投产。2022年度实现开票销售26.75亿元,入库税收1057万元。

长三角(盐城)智能网联汽车测试示范区项目。计划总投资13.7亿元,2020年11月开工建设,预计2023年6月竣工。项目建设内容包括智能专业测试试验道路8条,试验道路总长超40 km;建筑物部分主要包括研发数据中心大楼、智能网联车间等,建筑面积约3.3万m^2。项目建成后,将通过打造集“封闭—半封闭—开放”于一体的“三位一体”智能网联汽车全景测试示范基地,抢占行业发展制高点,可为长三角地区乃至全国相关企业提供全流程测试技术服务和技术发展验证平台,推动全市车联网产业的快速发展。

盐城经济技术开发区新能源汽车产业园作为发展新能源汽车产业的主题园区,成立于2010年,总辖区面积

7.84 km^2，围绕新能源汽车产业定位，重点发展整车、汽车电子、智能制造、汽车服务业及新能源汽车推广应用等，已形成以悦达起亚为龙头，集聚华人运通新能源汽车、摩登新能源汽车、国新新能源汽车等品牌整车制造企业，以及摩比斯、佛吉亚、德纳等400多家汽车零部件制造企业，从整车制造到零部件生产相对完整的汽车产业链，是江苏省新能源汽车产业产学研协同创新基地、江苏省汽车服务业集聚示范区。

五、2022 年基础设施

整合现有充电设施运营企业接入“我的盐城”App，实现全市充电设施实时查询。推动全市13家建设运营企业接入市级充电设施监管平台，截至2022年底，全市公共充电设施保有量2992根。其中，直流2400根、交流592根。私人交流桩保有量16128根，布局蔚来换电站1座。加氢站建设方面，盐城市已建成高新区创咏加氢站1个，服务于10辆30 kW燃料电池发动机系统的公交车运营，已设计筹建盐东车用能源“四位一体”合建站和大丰中汽试验场2个加氢站，为新能源汽车推广应用提供良好的设施配套环境。

六、发展规划

抢抓汽车产业深刻变革、竞争格局加快重塑的重大战略机遇，以电动化、智能化、网联化为发展方向，坚持“强整车、优配套、聚集群”总体思路，聚焦“一示范、两基地、三中心”发展定位，实施多元化、高端化、智能化、品牌化四化战略，突出整车、动力电池、关键零部件、智能网联、后市场五大领域，加快构建具有盐城标识度的新能源汽车产业体系。

1. 聚焦产能释放，着力提升整车产能利用率

直面问题，因企施策，推动整车企业量产达效和产量提升，全力保住国新公司生产资质，保持悦达起亚三个工厂布局。错位发展，全面布局高、中、低端纯电动新能源乘用车领域。华人运通坚持走自主高端豪华品牌路线，尽快实现主力车型HiPhi Y的量产上市，抢滩布局欧美、中东等豪华电动车细分市场，实现产量规模扩张。起亚要发掘传统燃油车品牌的性价比优势，围绕10～30万元中端车领域推出轿车、SUV、MPV等畅销车型，稳定现有消费群体，积极拓展东南亚、南美等海外新兴市场。国新公司主打A00入门级乘用车，对标宏光MINI，利用新电池技术和一汽品牌力竞逐城市短途代步车市场，适时抢占国外市场。

2. 聚焦产业协同，着力提升产业链供应链韧性

链式培育，精准招商，在优势领域做大做强，短板领域加快突破，夯实全产业链强度和韧性。一是打造动力电池全产业链。以SK、比亚迪、蜂巢、耀宁等落户电芯龙头企业为牵引，着力引进一批产业链上下游配套材料、装备、检测企业落户。充分发挥滨海、大丰等化工园区的特色定位优势，积极布局退役动力电池回收拆解、原材料提纯再利用等循环业务，同苏南地区的动力电池产业布局形成差异化发展定位。二是加速零部件制造转型。支持现有汽车零部件企业加快开发新能源汽车产品，实现多元化发展。聚焦一体化压铸车身以及底盘智能化和集成化等发展方向，做精做强细分领域。依托盐城市汽车和电子信息产业基础，加大智能电控系统、智能传感器、汽车芯片、车载电器、信息安全与通信等领域项目招商，突破汽车电子等核心部件。积极推动万帮数字能源、特来电等充电桩运营企业在盐布局落户充电桩制造项目。三是布局智能网联未来产业。加强与百度、蘑菇车联、华为等智慧生态合作，围绕智能网联、智能座舱、智能电动、智能车控、智能驾驶等方面引进一批项目。推动华人运通、起亚、国唐做好智能网联汽车研发测试、产品推广。加快大丰长三角智能网联全景测试示范区建设，推动有条件的地区开展智能路网设施建设，结合5G通信、卫星互联网等技术应用，在关键路口建设布置传感器、路侧单元、数字化交通标识等智能基础设施，形成“车—路—云”的车联网服务能力。

3. 聚焦场景优化，着力提升汽车后市场服务水平

统筹布局，有序实施，加快充电桩、储能及配套电网等设施建设，打造全国一流的新能源汽车应用场景和服务市场。合理布局公共区域快充、“居民区慢充＋换电”的基础设施网络。试点居民小区充电桩“统建统管”，规范住宅小区交、直流充电桩建设标准，统一规划建设、维护管理充电基础设施，规范提供充电服务。积极培育汽车金融保险、检测试验、展会赛事、维修保养及汽车文旅、改装、美容等汽车服务产业链，优化提升新兴配件产业。推动二手车交易从传统集贸方式向集约化、品牌化、功能化方向转变，依托海外海、永宁汽车城、浩通、瑞宏等重点企业，不断拓展电商销售、在线拍卖、鉴定评估、金融保险、交易结算、整备、售后延保等配套服务功能，加快发展汽车后市场，完善新能源汽车产业发展生态。

杭 州 市

一、2022 年产业概况

1. 总述

2022年，杭州市汽车产业整体呈现V型态势。上半年，受多重因素叠加影响，导致众多产业链上下游企业停工停产，汽车产业工业总产值最大下降幅度高达40.4%（1—4月）。6月以后，在中央、省、市一系列稳增长促消费政策的刺激下，汽车产业呈现逐步企稳回升态势。截至2022年底，杭州市汽车制造业规上企业227家，其中整车、改装车及专用车企业18家，拥有整车生产资质企业10家。2022年，杭州市实现汽车工业总产值843.62亿元，同比下降2.22%；工业销售产值872.53亿元，同比增长1.34%；实现增加值147.96亿元，同比下降3.7%；产量23.38万辆，同比增长12.2%，占全省比重14.7%，省内仅次于宁波，位居长三角主要城市第六位。

2. 电动汽车产业

2022年，杭州市实现新能源汽车产量约6万辆，同比增长200%，渗透率25%；产值约200亿元，同比增长超100%。

3. 燃料电池汽车产业

2022年，杭州市新建加氢站3座，计划到2025年，建设环杭州湾城市群加氢站26座以上、日加氢能力合计18.5 t以上，储备加氢站22座以上、日加氢能力合计36 t以上。

4. 智能网联汽车产业

2022年,杭州市新增开放测试与应用道路(路段)34条,里程数44 km,累计测试开放测试与应用道路(路段)71条,里程数115 km,为阿里达摩院、华为、飞步科技等8家智能网联汽车产业链企业发放测试牌照40张,2022年安全测试里程2.8万km,累计安全测试里程达到100万km,建设完成萧山5G智能网联车路协同系统项目,智能化改造道路44 km(含42个路口、27个公交站)。

二、2022年推广应用

1. 总述

2022年,杭州市推广应用新能源汽车22万辆,占新增总量的60.3%,累计推广新能源汽车53万辆,占总保有量比重约14.3%,位居全国第四位(仅低于北京、上海、深圳)。

2. 电动汽车推广应用工作

2022年,杭州市推广应用新能源汽车22万辆,占新增总量的60.3%,其中纯电动汽车17万辆、插电式混合动力汽车5万辆。累计推广新能源汽车53万辆,占总保有量比重约14.3%,其中纯电动汽车39.2万辆、插电式混合动力汽车13.8万辆。电动汽车主要集中在公共交通领域和私人领域。其中新能源公交车8332辆,占总量的78.97%,建成区新能源公交车已达100%。新能源出租车105135辆,占总量的83.3%,已备案新能源租赁车26080辆,占已备案租赁车总量75.6%。

3. 燃料电池汽车示范应用工作

2022年,杭州市无新增燃料电池汽车,新建加氢站3座并投入运营。

4. 智能网联汽车试点工作

2022年,杭州市新增开放测试与应用道路(路段)34条,里程数44 km,累计测试开放测试与应用道路(路段)71条,里程数115 km,2022年安全测试里程2.8万km,累计安全测试里程达到100万km。谋划杭州市智能网联汽车示范区建设,建设完成萧山5G智能网联车路协同系统项目,智能化改造道路44 km(含42个路口、27个公交站),迭代更新杭州市智能网联汽车管理文件,出台《杭州市智能网联车辆测试与应用管理办法》,明确智能网联汽车道路测试、示范应用有关要求。

三、2022年单位经营情况

2022年,杭州市单位经营情况呈现出喜忧参半的局面,三大整车生产企业中,广汽、吉利均呈现良好发展势头,长安福特因企业转型升级出现大幅下降。

(1)广汽乘用车(杭州)实现产量9.48万辆,同比增长47.60%。其中,新能源汽车产量1.16万辆。实现工业产值97.65亿元,同比增长64.01%。

(2)杭州吉利实现产量6.09万辆,同比增长超400%。其中,新能源汽车产量4.12万辆。实现工业产值117.59亿元,同比增长438.20%。

(3)长安福特实现产量5.78万辆,同比下降46.00%,实现工业产值158.77亿元,同比下降42.00%。

四、2022年新增项目及园区建设

1. 推动吉利集团重大项目相继落户杭州

结合各区县产业特点,积极主动协助企业和相关区县对接,确保重大产业项目有效落地。5月,吉利年产能12 GWh动力电池项目落户桐庐,项目总投资75亿元,达产后年产值100亿元。8月,吉利新能源汽车电子产业园项目落户萧滨合作区,项目总投资50亿元,十年累计实现产值约1600亿元。10月,吉利高端新能源车型(代号E171)落户钱塘基地,预计2023年底首台新车型整车下线,达产后年产值达450亿元。吉利集团在杭项目呈现出二核(滨江总部、钱塘制造基地)多点(萧山、余杭、富阳、桐庐)布局。

2. 持续瞄准跟踪重点项目在杭落地

全方位跟踪吉利集团商用车集团总部项目、商用车集团区域制造基地、商用车“三电”系统研发项目、福瑞泰克研发总部及制造基地项目、吉咖智能制造中心项目等五大项目在杭选址情况,积极协调推动滨江区、钱塘区、富阳区、桐庐县等区县与吉利集团就项目开展论证和对接,力争优质项目在杭加快落地。瞄准氢燃料和智能网联汽车产业发展前景,紧盯爱德曼研发总部、海康智联总部在杭发展意向,加强对接推动落地,爱德曼处于选址阶段,海康智联已确定落户余杭区。

3. 积极推动在建项目稳步推进

稳步推进零跑汽车钱塘基地建设,基地焊装车间主体完成,冲压和联合厂房框架完成,2022年已完成投资2.89亿元;持续关注万向创新聚能城电池项目,2022年已完成投资10.55亿元,累计完成投资32.88亿元,占总投资额的30%,力争2023年底前竣工。

五、2022年基础设施

2022年,杭州市累计建成各类充电枪约20.98万把,其中,通过国网报装的自用充电枪约18.3万把、公共领域充换电站1525座约2.68万把充电枪(快充2.04万、慢充0.64万)。其中,公共领域充电桩2021年新增3989个、2022年新增4394个,合计8383个。加大加氢站布局和建设力度,2022年已建成并运营加氢站3座,分布于淳安、建德两县市,开工建设加氢站2座(位于杭州城区)并计划于2023年建成运营。总体看,经过多年建设,杭州市新能源汽车基础设施在总体规模、公共充电桩密度、服务覆盖率等方面均位居全省首位、全国主要城市前列,较好满足了新能源汽车的充电需求。

六、发展规划

围绕杭州市汽车产业发展总目标,重点在智能网联汽车创新发展产业链构建、节能汽车与新能源汽车高端产业链提升等方面取得突破性成效,力争到2025年:实现汽车产业总产值2500亿元,其中整车、零部件产值分别为1200亿元、1300亿元;实现汽车产量73.7万辆,其中新能源汽车31.3万辆。智能网联汽车取得新进展,基本形成智能汽车、智能交通、智能设施、智能城市协同发展格局,L3级别智能驾驶汽车新车用户渗透率达到60%以上,新增开放测试与应用道路500 km以上,开放测试与应用区域1000 km^2 以上。完善基础设施建设,新增公用和公用充电桩6000个以上,建成加氢站6座以上。加大新能源汽车推广应用力度,2023年起每年新增推广应用新能源汽车20万辆以上,其中个人新增购置车辆中新能源汽车占比超过50%;到2025年累计推广应用新能源汽车突破100万辆,全面推进公交、出租、环卫、物流等公共领域使用新能源汽车，争取国家公共领域电动化试点城市、氢燃料电池试点城市、智能网联汽车准入和上路通行试点城市等。

1. 构建智能网联汽车创新发展产业链

(1)提高整车智能化水平。以市场需求为导向，推动整车企业提高新车 L3 级别的搭载率，支持重点整车企业探索实现更高级别自动驾驶。依托福特、吉利、广汽等现有传统整车企业，争取引入具备智联化的核心新车型，释放现有产能，提升市场占有率和行业影响力。促进零跑等造车新势力企业良性发展，提升正向开发能力，实现产品特色化、差异化发展。推动比亚迪、西湖比亚迪等企业在公交车、专用车领域率先实现智能化。支持培育引进具有市场竞争力的智能网联乘用车汽车品牌。成立杭州智能网联汽车标准联盟，加强与国家级智能网联汽车标准联盟的对接。

(2)加快发展核心零部件。支持海康汽车电子、大华等企业巩固和提升摄像头、毫米波雷达、激光雷达和车用传感器等优势领域的竞争力。依托青山湖科技城、钱塘区等地集成电路产业基础，加快布局汽车芯片，突破车用芯片"卡脖子"困境。充分发挥万向、亚太等龙头企业的辐射带动作用，以浙江省智能网联汽车创新中心、浙江省智能汽车及关键零部件产业创新中心为平台，加快传统零部件汽车转型升级，培育一批新型智能汽车零部件企业和自动驾驶、智能座舱、车路协同等系统解决方案供应商。

(3)打造智能网联汽车应用场景。支持钱塘区、萧山区、余杭区、临平区、滨江区建设高度自动驾驶(L3+)示范区。在亚运场馆周边、钱塘区前进智造园区内、云栖小镇周边等增加测试道路里程。支持飞步科技、阿里无人物流车在园区、机场、港口、矿区、火车站等特定区域实现商业化应用。

2. 提升节能与新能源汽车高端产业链

(1)支持燃油汽车转型升级。支持吉利、长安福特、广汽等整车企业对传统燃油车型进行优化升级，推动高效燃油汽车、混合动力汽车和燃料汽车的研发，突破整车轻量化、低摩阻等共性节能技术。进一步加强与吉利、长安福特、广汽等整车企业总部的战略合作，引进中高端乘用车，扩大产能，带动一批"强链""补链"项目落地。采取兼并重组、内外并购和技术合作等多种方式，积极盘活长江汽车、东风裕隆等整车企业。

(2)积极发展新能源整车。重点发展纯电动乘用车，推动现有整车企业引进中高端热销新能源车型，支持传统整车企业推出新能源汽车产品。充分利用"十四五"期间产业政策调整的发展机遇，引进培育中外资新能源汽车品牌、优秀造车新势力企业。充分利用万向、比亚迪等整车企业在新能源客车生产技术和优势，重点开发电动城际客车、景区观光游览车等产品。积极发展纯电动专用车，重点发展纯电动通勤车、市政工程车、物流车、环卫车等专用车，提升杭州在新能源专用车型细分领域的竞争力。引进阿雷斯等氢燃料电池商用车新势力企业，补全整车产业链。

(3)做强特色关键零部件。大力支持万向钱潮、亚太机电、重汽杭发、金固股份、三花股份等优势特色零部件企业，在传动、转动、轮毂、电气设备、车身内外饰件、热泵空调等优势领域继续做大做强。瞄准未来汽车智能化、电动化发展方向，鼓励万向钱潮、亚太机电等零部件企业加快转型升级，围绕新能源和智能网联汽车，积极研发汽车电子零部件、智能汽车零部件等新型产品，切实补齐杭州零部件产业链短板。

(4)做大动力电池产业。聚焦锂离子动力电池，重点推进万向一二三动力电池项目建设，推动杭州市新能源汽车动力电池产业做大做强。瞄准电池细分市场，实施差异化发展，在启停电池、5G 基站、储能电源、助动车等领域加大布局。支持锂离子电池企业开展固体电池等新一代动力电池及材料的研发和技术储备。加强动力电池安全性、可靠性研究，持续推进动力电池溯源管理工作。鼓励有实力的企业聚焦燃料电池电堆、发动机及系统集成等领域的关键技术攻关。

七、本地区新能源汽车企业产销量统计表

生产企业名称	产品商标	车辆类型	产量统计(辆)
杭州吉利汽车有限公司	几何 E	纯电动乘用车	29391
	帝豪 EV	纯电动乘用车	5308

八、本地区电动汽车充(换)电站(桩)统计表

城市名称	充电站		充电桩		换电站	
	2022 年新建数量(座)	2022 年底保有量(座)	慢充(个)	快充(个)	2022 年新建数量(座)	2022 年底保有量(座)
杭州市	419	1300	706	5946	27	67

九、本地区车用加氢站统计表

城市名称	加氢站名称	类型	供给能力(kg/d)	日加注量(kg)	加氢站氢气总储存量(kg)	储氢最高压力(MPa)	说明(运营/新建/在建)
杭州市	安阳站	综合能源站	500	—	500	—	运营
杭州市	桥北站	综合能源站	500	—	500	—	运营
杭州市	乌石站	综合能源站	500	—	500	—	运营

宁 波 市

一、2022 年产业概况

1. 总述

宁波市是全国重要的汽车制造业基地，凭借吉利、大众等整车企业带动作用和汽车零部件产品齐全的先发优势，培育形成较为完整的产业链，整体规模约占浙江省一半，宁波市正以加快打造新能源汽车之城为愿景，着力建设技术领先、品牌高端、产业集聚、链条完整的先进新能源及智能网联汽车产业集群，不断优化全市汽车产业结构，助力建设全球智造创新之都决策。

2. 电动汽车产业

全市共有新能源汽车整车生产企业 2 家、品牌 4 个，产品覆盖乘用车、商用车多种车型以及纯电、插电混动、燃料电池等多种动力类型。全市整车规划最大产能 210 万辆，其中纯电乘用车产能 30 万辆，新能源客车产能 800 辆，其他传统燃油车产线可实现与新能源车型共线生产。2022 年新能源汽车产量达到 13.16 万辆，同比增长 408%，占全省比重 28.9%，占全市汽车产量的 18.6%；依托良好的港口优势及车企国际化布局，宁波海关新能源汽车出口 9.3 万辆，增长 51.1%，出口额达到 91 亿元，同比增长 2.4 倍。

3. 燃料电池汽车产业

以国电投氢能公司为引领，宁波市已集聚东华能源（制氢）、镇海炼化（制氢）、宁波申江（固体储氢）、武汉氢阳（有机液储氢）、国家电投（电堆）、宁波氢远（金属双极板）、宁波信远（石墨双极板、碳纸）、中科科创（催化剂）、宁波鲍斯能源装备（空压机）、宁波普瑞均胜（控制系统）、拜特测控技术（动力电池/燃料电池测试系统设备）、浙江中车（商用车整车）、吉利汽车（乘用车整车）、安泰环境宁波化工院（加氢站设计及 EPC 总包）等一批国内氢能装备研发制造领先企业，形成了氢气制取、储运、加氢、燃料电池系统及关键零部件、汽车等较为完备的产业链。宁波市拥有东华能源、金发科技、台塑工业、镇海炼化、四明化工、镇洋化工等 10 多家氢源企业，年产氢气（折纯量）62.59 万 t/a，可外供纯氢量 6.33 万 t/a（2.08 万 t 已签约外供）。远期年产氢气（折纯量）可外供纯氢量将超 13 万 t/a。

4. 智能网联汽车产业

吉利汽车研究院、亿咖通科技和沃尔沃等吉利系企业联合研发，布局智能驾驶板块。领克系列及极氪均配备 L2 级别自动驾驶功能，领克 09 顶配车型可实现 L3 级自动驾驶辅助。此外，吉利旗下的几何联合华为鸿蒙 HarmonyOS 系统，打造智能座舱系统。宁波大众在智能网联汽车方面加速布局，目前明锐 Pro、凌渡 L 等车型已搭载 L2 级智能驾驶辅助系统。浙江省绿色智能汽车及零部件技术创新中心（依托吉利汽车研究院）落户前湾新区，聚焦智能驾驶、绿色能源、先进部件三大领域。

二、2022 年推广应用

1. 总述

宁波市坚持市场主导和政府引导相结合，充分调动各方资源，引导创新商业模式，循序渐进推进公共领域新能源汽车的规模化、商业化应用，城市公交及出租领域电动化比例达到全国领先水平，充换电服务保障能力显著提升，新技术新模式应用不断突破，绿色低碳循环发展的公共领域用车体系加快建成，正在打造成为全国领先的新能源汽车应用推广基地。

2. 电动汽车推广应用工作

2022 年，全市推广应用电动汽车 9.4 万辆，同比增长 118.6%，其中纯电动乘用车 7.8 万辆、插电式混合动力乘用车（含增程式）1.4 辆、纯电动客车 834 辆、纯电动专用车 1130 辆。历年来，全市累计推广应用新能源汽车已达 19.2 万辆。

3. 燃料电池汽车示范应用工作

国电投宁波绿动生产的氢燃料电池系统已在冬奥会、博鳌论坛等场景成功示范应用，且性能优于国外同类产品。国家电投、浙江中车、镇海炼化等企业强强联合，实现了市内氢燃料电池客车产业化，合作生产的氢燃料电池大巴已在镇海炼化厂区开展示范应用，慈溪市 20 辆规模公交车的示范应用已投入运营。

4. 新能源汽车换电模式应用试点工作

谋划以吉利等企业为依托，围绕城市内部和中短途跨城际客货运适用场景，推进出租、网约和物流运输等领域的共享换电模式。围绕渣土、港口、矿山、城市转运等短途、高频、重载场景，探索车电分离模式，促进重卡领域的电动化转型。鼓励吉利、蔚来、宁德时代等企业布局建设集中式换电站，集中服务同一品牌的城市出租车、公共租赁车以及网约车，提升公共交通服务效率，提高电动汽车出行便捷度，催生新的服务业态。加快提升同类换电车辆、动力电池和换电站的互联互通水平。2022 年宁波新建换电站 16 座，截至年底累计投入运营 32 座，其中蔚来电动汽车换电站 18 座，吉利、易易等换电站 14 座。

5. 智能网联汽车试点工作

宁波市于 2018 年被国家住建部评为城市智慧汽车基础设施和机制建设的试点城市。经过几年多的建设，在宁波前湾新区 5.5 km 开放道路上建设了“车、路、云”协同系统，研发自动驾驶智能网联车辆、道路设施智能化改造和建设出行数据中心，验证了车路协同技术在自动驾驶领域的可行性，取得了阶段性成果。同时结合实际，将宁波前湾新区滨海新城 12.8 km^2 作为城市智慧汽车基础设施和机制建设深化试点工作区域，分阶段打造成为全域支持车路协同智能网联的示范区，建设支持车路协同、智能网联化的道路。

宁波市积极开展宁波舟山港梅山港区自动驾驶试验区建设，不断拓展自动驾驶应用场景。宁波市舟山港梅山港区已实现“远控桥吊 + 远控轮胎式龙门吊 + 智能集卡”单个泊位的全自动化作业，投用了 12 辆智能网联换电集卡，形成了 6 路同时作业能力，并开展了无人智能集卡与人工集卡混行模式的技术测试，完成作业箱量 13 万标准箱，累计行驶里程突破 54 万 km。

三、2022 年单位经营情况

1. 总述

宁波市新能源零部件企业具备领先优势，产品涵盖新能源汽车的“三电”系统(电池、电机、电控)，并且为国内外各大知名汽车品牌提供配套，且多为一、二级供应商。2022 年全市 811 家整车及零部件规上企业完成工业总产值 3344.5 亿元，比上年增长 15.8%，占全省汽车产值 46.7%；完成产量 70.8 万辆，增长 2.3%，占全省比重 44.5%。

2. 电动汽车产业

电池领域，威睿电动汽车技术(宁波)有限公司生产的电池包应用于极氪 001、领克系列车型；余姚佳贝斯主要生产磷酸铁锂电池，供应厦门金旅电动客车。敏实集团铝电池盒产品发展迅速，获得大众、宝马、戴姆勒、本田等全球整车厂订单。电机领域，菲仕集团生产的、永磁同步驱动电机主要供应北汽新能源乘用车，双林股份的驱动电机、电机控制器已应用于五菱 E50、E100、E200 等车型。电控领域，均胜电子是大众在中国区电池管理系统的独家供应商，仅电池管理系统业务订单超过 100 亿元，并且为日产、福特等多款量产车型提供配套。拓普生产的智能刹车系统及电池热管理系统专门供应特斯拉。材料领域，宁波杉杉新材料科技有限公司主要生产用作电芯负极的石墨材料，宁波容百新能源科技有限公司主要生产电芯的三元正极材料，两企业为宁德时代、孚能科技、亿纬锂能等国内外汽车锂电池厂商供货。轻量化领域，得益于宁波市铸造行业的优势基础，新能源汽车轻量化零部件已成为宁波市最具竞争力的领域，拓普的副车架、旭升的电机壳体、敏实的电池壳体以及宁波市众多铝合金压铸企业生产的汽车结构件、功能件应用遍布国内外众多新能源汽车品牌。拓普集团向特斯拉供货产品价值单车超过 1 万元。力劲的大吨位压铸机、赛维达的大中型模具供应特斯拉、“蔚小理”等国内外主流新能源汽车企业。充换电领域，主要有浙江麦浪电气、新胜中压电器、吉宸智控装备、均胜新能源等充电桩及换电站生产企业，分别与蔚来、国际电网、南方电网等企业有供应关系。

3. 燃料电池汽车产业

国家电投氢能公司是我国唯一专业从事氢能装备产业研发生产的央企二级企业，其在宁波市率先设立华东地区生产研发基地，建设燃料电池电堆和系统生产线、双极板生产线，已交付电池电堆系统 400 台套。并在江北区成立了宁波绿动氢能科技有限公司，打造为氢能技术研发平台、高新技术成果转化平台、创新产业孵化平台及人才培育基地，公司拥有员工 68 人，其中硕士 46 人、博士 2 人、副高及以上职称 4 人、全职高端人才 2 人。

4. 智能网联汽车产业

车联网领域，均胜电子旗下均联智行的 5G 车载网联终端设备已获得多家新势力车企订单，也是全球首家可量产 5G-V2X 产品的科技型零部件生产商。智能刹车领域，拓普集团率先在国内研发智能刹车系统 IBS，突破了 ABS/ESC 技术瓶颈，其智能刹车系统工厂达产后可实现年 50 万辆车的配套能力，已与多家主机厂达成战略合作伙伴关系。车载镜头领域，舜宇光学车载摄像头产品出货量位居全球首位，客户遍及欧美、日韩和国内，应用于宝马、奔驰、奥迪、丰田、福特、沃尔沃众多车型。智能座舱领域，均胜电子与华为在智能座舱领域已展开深入合作，正在全力推进国内某知名自主品牌智能座舱域控相关产品的量产落地。车路协同领域，均胜电子与中国电信合作建设基于数字孪生技术打造城市智慧道路；吉利汽车研究院(宁波)与北京智能车联产业创新中心等企业合作建设智慧道路，并开展无人公交车、乘用车等测试实验。

四、2022 年新增项目及园区建设

宁波市积极推动“三电”、车联网等新能源关键零部件项目布局，加快构建完整、强大、有韧性的新能源产业链条。吉利集团的九大新能源汽车项目落户北仑和前湾新区，总投资近 200 亿元；拓普集团新能源汽车核心零部件项目在前湾新区签约落户，总投资约 100 亿元；杉杉锂电年产 4 万 t 锂电池硅基负极材料一体化基地项目正式开工，总投资约 50 亿元。

五、2022 年基础设施

宁波市充换电基础设施持续保持快速发展态势，充电市场已经形成相当规模，群众对充电的便捷性比较满意，而且充电市场参与者众多，市场竞争充分，总体上能够较好地保障电动汽车的充电需求。2022 年，全市已累计接入宁波市充电设施数据采集与监测服务平台(以下简称市级平台)的充电设施运营商平台企业 28 家、充电设施建设投资设备产权单位 86 家，公用和专用充电站点 1350 个、充电桩 14732 个枪(其中公用桩 10560 个)，直流快充桩 9682 个，充电站装机总功率 724289 kW；换电站 32 座(其中蔚来 29 座，宁波易易 2 座，吉利 1 座)，换电站装机总功率 20646 kW。充电设施的总投资约 12 亿元。宁波境内高速公路服务区 2016 年已实现全覆盖，城市核心区公共充电服务半径 0.5 km，车桩比为 1.1∶1。

六、发展规划

为加快打造新能源汽车之城，宁波市编制印发了《宁波市新能源汽车产业发展规划(2023—2030 年)》(甬政办发〔2023〕21 号)和《宁波市人民政府办公厅关于加快打造新能源汽车之城的若干意见》(甬政办发〔2023〕27 号)。目标力争到 2025 年，新能源汽车产量提升至 70 万辆以上，占全市汽车产量比重 50% 以上，产业规模达到 2000 亿元以上，培育华夏系新能源汽车标杆企业 1 家，产值 300 亿元以上领军 2 企业家，生态主导型企业 5 家，单项冠军、专精特新“小巨人”企业 20 家，上市企业超过 50 家，基本建成具有全球竞争力、全国影响力的新能源汽车之城。

七、本地区新能源汽车推广应用统计表

（单位：辆）

燃料＼车型	公交车	旅游大巴	公务车	出租车	租赁用车	私人用车	物流车	其他领域	合计
纯电动	829	2	21	567	3286	56293	441	18219	79658
插电式	57	0	12	1	143	10710	0	3359	14282
燃料电池	20	0	0	0	0	0	0	1	21
合　计	906	2	33	568	3429	67003	441	21579	93961

八、本地区新能源汽车企业产销量统计表

生产企业名称	产品商标	车辆类型	通用名称	产量统计（辆）	销量统计（辆）
浙江吉利汽车有限公司	极氪	纯电动轿车	极氪 001	72664	72664
浙江吉利汽车有限公司	极氪	纯电动轿车	极氪 009	367	367
浙江吉利汽车有限公司	领克	插电式混合动力乘用车	领克 01	42818	42818
浙江吉利汽车有限公司	领克	插电式混合动力乘用车	领克 05	963	963
浙江吉利汽车有限公司	领克	插电式混合动力乘用车	领克 09	10198	10198
浙江吉利汽车有限公司	领克	插电式混合动力乘用车	领克 A2	3740	3740
浙江吉利汽车有限公司	吉利	插电式混合动力乘用车	博瑞 GE PHEV	276	276

九、本地区电动汽车充（换）电站（桩）统计表

城市名称	充电站		充电桩		换电站	
	2022 年新建数量（座）	2022 年底保有量（座）	慢充（个）	快充（个）	2022 年新建数量（座）	2022 年底保有量（座）
宁波市	340	1350	5050	9682	16	32

十、本地区车用加氢站统计表

城市名称	加氢站名称	类型	供给能力（kg/d）	日加注量（kg）	加氢站氢气总储存量（kg）	储氢最高压力（MPa）	说明（运营/新建/在建）	运营时间
宁波市	镇海炼化加氢示范站	固定站	500	—	—	35	运营	2021 年 6 月
宁波市	象山大目湾巨鹰加氢站	撬装站	500	—	—	35	在建	—
宁波市	象山九顷加氢站	撬装站	500	—	—	35	在建	—
宁波市	慈溪经开区加氢站	撬装站	500	—	—	35	在建	—

金 华 市

一、2022 年产业概况

1. 总述

经过多年培育，金华市汽车产业取得了长足发展，产业规模不断扩大，逐渐成为浙江省四大重点整车生产基地之一，也是五大传统汽车零部件产业群之一，先后获得了“全国汽车摩托车产业生产基地”和“国家首批新能源汽车推广示范城市”称号。

2. 电动汽车产业

金华市抢抓新能源汽车产业发展机遇，大力招引优质产业项目，加快推进产业链上延下伸，不断夯实产业发展根基，全力打造千亿级汽车及零部件产业集群。2022 年，总投资 200 多亿元的欣旺达动力电池项目、总投资 100 亿元的康佳动力电池项目分别落户义乌和开发区，总投资 20 亿元的纵目科技智能驾驶系统生产基地落户东阳。此外，围绕零跑汽车这一链主企业，安徽胜德、江苏佳通等企业已在金华设立生产基地，福州联泓、安徽华陆、涛涛工贸等 17 家企业项目落户新能源汽车小镇，未来将打造成一个占地 5000 亩的零跑汽车产业园，囊括整车、零部件和物流配送三大板块，形成每年 70 万辆新能源乘用车的生产能力。这不仅保障了零跑供应链生态体系，也将推动全市汽车产业链延链补链强链。

面对机遇和挑战，金华市汽车行业企业主动作为，加快布局新产品、新市场。万里扬锚定新能源汽车赛道，率先研发 DHT 混动系统、EDS“三合一”电驱动系统等产品，已与奇瑞、零跑等车企达成合作配套协议；欧仑催化利用校企合作资源，正加快布局 ANC 主动降噪系统、AVAS 电动汽车提示

音装置等新产品。零跑汽车开启“出海”行动，其首批海外门店11月落户以色列，预计全年出口将达1000余台。此外，企业积极通过展会、跨境电商等平台拓展市场，已有不少企业赴境外参展，并借机拜访客户，反响不错。

随着金华汽车产业链不断壮大完善，企业间共性的需求、互补的空间增多，而严峻的市场形势，让企业抱团取暖意愿愈发迫切。在政府、协会的持续推动引导下，企业间的交流合作频次增多，层次更加深入。今飞凭借多年在智能制造、模具开发等方面积累的成本、质量和服务优势，与多家行业企业达成合作协议；盘毂动力与本地企业的合作贯穿了技术研发、产品生产、销售服务等方面，今飞、东风齿轮、鸿运等企业都是其合作伙伴；万赛作为刹车片企业，不仅积极与绿源、浩翔等企业加强交流，而且牵线搭桥帮助相关企业间建立联系。良好的企业交流合作氛围，将碰撞出更多新的火花，让产业发展保持活力。

3. 燃料电池汽车产业

产业链较完整。已成立氢燃料电池汽车行业联盟，初步建立了完整的制氢、加氢、燃料电池、整车及运营的全产业链条。在燃料电池方面，集聚了金华氢途、畔星科技、恒友机电、晨阳新材料等一批骨干企业；整车方面，锦宇、赵龙、吉利英伦等整车企业正在积极研发氢燃料整车产品；氢气制备方面，凤登环保可以提供高纯度、低成本的工业副产氢。

创新研发能力强。联合浙江大学组建了浙江省电动汽车科技创新团队，今飞、万里扬等企业拥有国家级企业技术中心，开发区拥有国家级新能源汽车零部件质量检测中心；浙大、氢途及婺城区政府共同成立了婺城氢能与燃料电池联合研发中心；畔星科技与上海大学联合设立研究院和技术研发中心，建成浙中第一条标准化氢燃料电池中试线。

气源稳定质优价廉。金华市在氢能供应方面将主要利用凤登环保现有产能，使用工业副产氢工艺，加强氢能供给量。凤登环保是省内唯一一家通过危废处置生产高纯氢的企业，绿色氢能源规模3000 t/a，成本控制在15～20元/kg。

二、2022年推广应用

金华市大力探索新能源汽车推广应用商业模式，在公交领域以BRT示范线建设进行推广，物流领域以租赁模式进行推广，公共领域以组团租赁进行推广，私人领域以补助降本进行推广，多种模式合力推进新能源汽车的推广应用进程。2022年新增新能源汽车5万多辆，全市新能源汽车保有量11万多辆。其中燃料电池汽车推广示范应用总数为31辆，30辆为燃料电池公交车，主要投放在婺城区和武义县，分别是浙江师范大学到飞扬小镇的55路公交线和武义县桐琴到永康的公交线。1辆为燃料电池环卫车，在金东区东湄未来创新园区内运行。已建成加氢站2座，在建加氢站1座，5年内规划建设9座以上。

三、2022年单位经营情况

金华市业务涉及汽摩配的规上企业有357家（统计与归类有出入），其中新能源汽车整车制造企业有两家，分别是领跑汽车有限公司和浙江英伦汽车有限公司，动力总成3家（浙江盘毂动力科技有限公司、义乌吉利动力总成有限公司和浙江锋锐发动机有限公司），变速器总成3家〔浙江万里扬智能制造有限公司、金华市东联汽车变速箱厂（普通合伙）、义乌雷神动力〕，电动机与控制器1家（创驱），电池（含铅酸蓄电池）21家，其余为零部件生产企业，产品包含汽车改装、车身与挂车制造、轮毂、摩托车与配件、自行车与配件、自行车、助动车、非公路休闲车及零配件、汽车零部件等。

四、2022年新增项目及园区建设

金华市不断推动汽车产业集群协作能力和竞争优势，初步形成较为完善的整车制造、关键零部件及关联产业配套的格局，“一园二镇三基地”的引领效应逐步显现。（“一园二镇三基地”是指金华新能源及高端装备制造产业园、义乌绿色动力小镇、婺城飞扬智能制造小镇、婺城、兰溪、武义三大汽车产业基地）。

五、2022年基础设施

根据全市电动汽车充电基础设施发展规划的要求，按照“适度超前、车桩相宜、智能高效”的充电基础设施建设体系建设原则，扎实推进公用充电基础设施建设。2022年，全市新建各类公用充（换）电站69座，累计255座，新增公用充电桩1296个，累计4637个，私人充电桩累计3万个以上。加氢站方面，已建成加氢站2座，分别是武义桐琴综合供能服务站内日加氢500 kg的固定式站和婺城区中石化加油站内撬装式加氢站；另有9座加氢站规划待建中。

六、发展规划

（1）明确产业地位，完善顶层设计从政府层面，进一步明确汽车产业的主导产业地位，研究出台具有前瞻性的汽车产业发展战略，制定适合金华汽车产业发展的规划，明确发展目标、重点领域、工作任务，提出相应的保障措施。研究制定促进汽车产业集群高质量发展的专项扶持政策，在重大项目和技术引进、关键零部件产业化、创新平台建设、基础设施配套等方面给予重点支持。

（2）加快培育招引，补强产业链全面梳理产业链上下游各环节，找出金华市汽车产业链的优势与短板，列出对应的企业清单，有针对性地进行培育招引。鼓励整车加大出口力度，到海外扩展市场。大力招引知名整车企业，面对未来的不确定性，坚持多条腿走路，兼顾新能源汽车与传统燃油汽车、乘用车与商用车。把握金华市零部件传统优势，如轮毂、齿轮及变速箱等细分行业，推动企业做优做强，夯实产业基础。支持企业向新能源汽车、智能汽车核心部件项目研发，如汽车芯片、辅助驾驶系统、高效传动系统、一体化压铸等。

（3）加强要素保障，筑牢发展基础汽车产业涉及领域广，专业性强，需进一步加强经信、发改、招商、科技、财政等各部门的组织协调和专业支撑，织牢产业发展的保障网；加大水电气等生产要素调控保障力度，满足企业生产需要；不断创新优化营商投资环境，多渠道破解资金难题；建立完善检测、模具、物流等配套体系，助力产业转型升级。

（4）推进智能化升级，赋能产业发展智能化升级已成为金华汽车产业转型升级、加快迈向高质量发展的关键之招。企业必须认识到智能化升级是全方位系统工程，须在产品端、制造端、数据端共同发力、并行推进。在产品端，机械部件加上先进电控就是智能化的一种承载和实现，企业要加强硬件和软件融合的产品能力；在制造端，智能化是包括工厂、设备、产品及管理的统筹策划与升级，具体来说，企业要建立起自己的数字化企业运营体系，推进企业内部各子公司或部门以及上下游合作方充分网联化；在数据端，大数据将是未来工业黄金，企业须高度重视产品设计、制造、质量管理等数据积累，同时加快形成数据采集、处理、分析和应用的能力。大规模定制化的智能化升级不可能一蹴而就，但企业须尽早开始实践，每提前一步就早受益一分，在未来竞争中抢占先机。建议相关部门继续支持企业智能化升级，如建设智能制造示范车间和工厂，同时大力引培相关配套支撑企业，组织开展行业智能化升级专场活动，营造良好的产业发展环境。

(5)关注氢能及燃料电池汽车产业发展燃料电池汽车作为新生事物，当前仍然面临前期研发投入及产品成本高昂，氢能基础设施滞后等问题，预计其发展也会经历电动汽车的路径。金华市氢能产业发展已有一定基础，拥有氢途、畔星、菲尔特、凤登等一批企业，运行了多条氢燃料电池公交线路，建议优先发展燃料电池商用车，尤其是中重型商用车，利用我市物流和公交使用场景，集中力量争取率先突破，打造具有明显优势的氢能燃料电池产品。

(6)充分发挥行业协会的作用依托金华市汽车摩托车行业协会整合行业重点企业、科研机构、服务平台等，及时开展行业分析、项目推介、企业协作对接、推进校企合作、交流宣传、企业参展、人才引进培育、国际国内合作、咨询等服务，进一步发挥产业服务机构作用，营造产业发展的良好环境。

七、本地区新能源汽车推广应用统计表

(单位：辆)

燃料＼车型	公交车	私人用车	合计
纯电动	301	48394	48695
插电式	0	7508	7508
燃料电池	10	0	10
合计	311	55902	56213

八、本地区新能源汽车企业产销量统计表

生产企业名称	产品商标	车辆类型	通用名称	产量统计(辆)	销量统计(辆)
零跑汽车有限公司	零跑	纯电动轿车	T01、c11	111168	111168

九、本地区电动汽车充(换)电站(桩)统计表

城市名称	充电站		充电桩		换电站	
	2022 年新建数量(座)	2022 年底保有量(座)	慢充(个)	快充(个)	2022 年新建数量(座)	2022 年底保有量(座)
金华市	—	758	—	7415	7	25

十、本地区车用加氢站统计表

城市名称	加氢站名称	类型	供给能力(kg/d)	日加注量(kg)	加氢站氢气总储存量(kg)	储氢最高压力(MPa)	说明(运营/新建/在建)	运营时间
金华市	金华婺新加氢站	合建站	500	—	—	35	运营	—
	桐琴综合供能服务站	合建站	500	—	—	35	运营	

武　汉　市

一、2022 年产业概况

武汉市大力推动汽车产业转型升级，新能源汽车产业实现快速发展。全市 7 家乘用车企业东风本田、上汽通用、东风乘用车、神龙公司、岚图汽车、东风日产、吉利路特斯均已投产新能源汽车，2022 年，累计生产新能源汽车 19.3 万辆，同比增长 109.7%。新能源电动汽车“三电”(动力电池、电机、电控)产业链逐步完善。电池方面，集聚中创新航、比亚迪、楚能电池三大项目；集聚雄韬氢能源、理工氢电、国家电投华中氢能基地等 40 余家氢能产业重点企业和科研院所，具备氢气制储运、燃料电池膜电极、质子交换膜、电堆、系统等核心零部件和整车制造等全产业链资源。电控方面，集聚智新电控、菱电电控、开特电子、中原电子、合康动力等企业。电机方面，集聚博格华纳、日产电驱动、智新半导体、东风电驱动、中冶南方、深蓝动力等电机驱动系统技术企业。

智能网联汽车产业稳步推进。全市已集聚黑芝麻科技、华为智能网联汽车创新中心、亿咖通、芯擎科技等智能网联领域骨干企业，培育上市企业 1 家和上市“金种子”“银种子”企业 3 家，地产新车中达到 L2 级智能网联水平的比例超过 30%。发布全国首个城市级智能网联道路标准《智能网联道路智能化建设规范(总则)》，在国内率先开展了自动驾驶车辆开放道路测试和商业化运营模式探索。截至 2022 年底，全市已累计向东风、百度、小米等企业发放 226 张道路测试和示范应用牌照，其中道路测试牌照 101 张、示范应用牌

照 125 张，实现智慧公交、出租、智慧交通、景区观光、末端物流、智慧停车等六大类智能网联汽车应用。

二、2022 年推广应用

武汉市新能源汽车推广应用规模快速扩大。截至 2022 年底，全市新能源汽车保有量达 22.2 万辆，当年上牌量 10.6 万辆，推广规模排在全国传统燃油汽车非限牌城市前列。全市已在公交、通勤、物流、环卫等领域推广氢燃料电池汽车 235 辆。全市已推广新能源换电车辆 5478 辆，其中，私人乘用车领域蔚来品牌 4663 辆，网约车等运营领域东风换电车辆 815 辆。

三、2022 年本地区单位经营情况

2022 年，武汉市 7 家乘用车企业累计生产新能源汽车 19.3 万辆，同比增长 109.7%。地产车中达到 L2 级智能网联汽车的新车渗透率已超过 30%。本田新能源、东风猛士、小鹏、吉利路特斯等新能源及智能网联整车项目正加快建设。已集聚智新科技、黑芝麻、亿咖通、芯擎科技等智能网联领域骨干企业，智新科技 IGBT 芯片模块实现量产，黑芝麻智能旗下华山二号 A1000 系列芯片算力达到 58TOPS，芯擎科技发布首款自主研发智能驾驶芯片“龙鹰一号”。萝卜快跑、东风悦享等科技企业在汉开展智能网联汽车道路测试及示范应用。百度“萝卜快跑”项目在汉开启中国首批全无人自动驾驶商业化出行服务，实现跨区通行、全无人驾驶夜间运营。萝卜快跑百台全无人自动驾驶车辆在 530 km^2 运营区域内，实现了核心商业区、居住区、产业园及高校全覆盖，可满足用户高频出行需求。

四、2022 年新增项目及园区建设

武汉市七大乘用车企业东风本田、上汽通用、东风乘用车、神龙公司、岚图汽车、东风日产、吉利路特斯新能源乘用车均已量产，小鹏汽车、东风猛士于 2023 年投产。

五、2022 年基础设施

武汉市坚持配套设施建设先行，为新能源智能网联汽车推广应用创造良好的环境。截至 2022 年底，全市已累计建成充电桩 17.5 万个、集中式充电站 1169 座。已建成乘用车换电站 33 座、加氢站 9 座。全市已累计开放智能网联汽车公开测试道路 407 km，其中建成车路协同测试道路123 km，全面覆盖 5G 信号、北斗高精度定位系统、路侧感知设备和车路通信系统，具备 L4 及以上等级自动驾驶测试运行条件。建成武汉智能网联汽车封闭测试场，占地面积 1312 亩，内含十大场景测试区、四大实验室群及国际 F2 赛车场，是目前世界唯一 F2 级赛道和 T5 级测试场结合的封闭测试场地。

六、发展规划

产业规模跨越式增长。到 2025 年，全市新能源与智能网联汽车产能规模超过 300 万辆，新车 L2 级及以上辅助驾驶系统装配率达到 80%，车联网技术（C-V2X）车载终端装备率达到 50% 以上。

品牌影响力跨越式提升。提升东风风神、岚图、猛士、路特斯等本地品牌价值，小鹏、雪铁龙、标致、本田、雪佛兰、别克、凯迪拉克等引进品牌得到长足发展，塑造具有标识度的新能源与智能网联汽车和关键核心零部件品牌。

核心技术跨越式突破。“三电”系统、车规级芯片、基础软件等关键技术实现国内领先，智能驾驶、智能网联、智能座舱等终端系统技术加速产业化，智能网联汽车实现“人—车—路—云”系统协同，L4 级智能网联汽车实现商业化应用。

加大新能源汽车推广应用力度。有效推进公交车电动化更新，尽快实现出租车、网约车全面电动化。提升公共服务领域自主品牌新能源汽车保有量和使用率。支持武汉智能网联汽车测试示范区、“双智试点”建设，在智能网联汽车道路测试、示范应用、商业运营、无人驾驶以及低速无人车等方面实现突破。

七、本地区新能源汽车企业产销量统计表

生产企业名称	车辆类型	产量统计（辆）
东风本田	纯电动轿车	27300
上汽通用	纯电动轿车、插电混动车	46115
神龙公司	纯电动轿车	13211
东风乘用车	纯电动轿车	76460
岚图汽车	纯电动轿车、SUV、MPV	23471
东风日产	纯电动轿车	5177
吉利路特斯	纯电超跑 SUV	1564

八、本地区电动汽车充（换）电站（桩）统计表

城市名称	充电站		充电桩	换电站	
	2022 年新建数量（座）	2022 年底保有量（座）	慢充、快充（个）	2022 年新建数量（座）	2022 年底保有量（座）
武汉市	—	1169	175000	—	33

九、本地区车用加氢站统计表

城市名称	加氢站名称	供给能力（kg/d）	储氢最高压力（MPa）	说明（运营/新建/在建）
武汉市	雄众加氢站	500	45	运营
武汉市	智慧加氢加气合建站	500	35	运营
武汉市	铁龙加氢站	500	35	运营

续上表

城市名称	加氢站名称	供给能力(kg/d)	储氢最高压力(MPa)	说明(运营/新建/在建)
武汉市	氢阳常温常压试验站	—	35	运营
武汉市	宝武清能白玉山加氢站	500	45	运营
武汉市	中石化群力综合能源站	500	35	运营
武汉市	中石化革新综合能源站	500	35	运营
武汉市	众宇加氢站	500	35	运营
武汉市	壳牌加氢加油合建站	500	35	运营

襄 阳 市

一、2022 年产业概况

1. 总述

2022 年,全市拥有汽车及零部件规上企业 371 家,产值同比增长 7.5%,占规上工业总产值约 30%。全市整车产量 33.16 万辆,其中新能源汽车产量 2.27 万辆。2022 年 6 月,襄阳市新能源汽车产业集群成为全省首批战略性新兴产业集群。2022 年 11 月,襄阳市联合武汉、十堰、随州申报的"武襄十随"汽车集群成为全国第三轮先进制造业集群决赛优胜者。

2. 电动汽车产业

襄阳市现有新能源及智能网联汽车企业 80 余家,产品涵盖整车制造、动力电池及材料、电机及电控系统、氢燃料、检验检测、充换电设施等,产业链条较为完备。其中,生产整车及专用车企业 9 家,在建新能源汽车整车项目 1 个,拥有东风股份、腾龙汽车等为代表的新能源物流车、公交车生产企业。拥有程力新富、东润汽车、襄鼎汽车等 7 家新能源专用车生产企业。拥有新日电动车、雷霆皇等低速电动车生产企业,同时东风纳米科技(襄阳)有限公司正在建设新能源乘用车项目。新能源电池领域企业有 20 余家,拥有弗迪电池、骆驼集团、湖北锂源、湖北宝乾、惠强新能源、戴瑞米克、大力电工、金和环保、湖北睿奕时代、湖北鼎烁等一批新能源电池原材料(前驱体)、中间产品(正极材料、负极材料、隔膜、电解液、电池结构)、电池总成(启停电池、动力电池、储能电池)生产企业,已形成完备的新能源汽车上下游产业链。新能源电驱动系统领域企业有 10 余家,拥有东风电驱动、中车电机、云康动力、湖北诺伯特科技、绿控电气科技、中克骆瑞等一批新能源电机(电机整机、壳体)、电控系统(电控单元)、混动系统(增程器)、电驱系统生产企业。

3. 燃料电池汽车产业

襄阳市现有氢燃料汽车领域企业 6 家,产品覆盖整车、氢发动机、储氢瓶、氢燃料电池催化剂等,其中氢燃料汽车生产企业主要有东风股份、腾龙汽车,2022 年累计生产氢燃料电池汽车 287 辆。氢发动机生产企业 1 家,为襄阳重塑能源科技有限公司。储氢瓶生产企业有 3 家,分别为龙蟠科技股份有限公司(储氢瓶、氢燃料电池催化剂)、湖北奥杰新能源汽车技术有限公司(氢燃料中重卡车无动力底盘)、湖北赛恩斯科技股份有限公司(氢原料热管理总成)。

4. 智能网联汽车产业

2022 年,襄阳市车联网先导区基础设施建设不断推进,全年完成车联网二期 153 个路口智能化改造,结合产业发展深度落地一批车联网应用场景,其中"智慧物流"项目中东风股份自主开发的通勤、环卫、物流、零售领域的 L4 级无人驾驶车辆已装配下线,实现在厂区内示范作业。"智慧公交"项目主要支持本地企业研发生产智能网联公交车,提升产品竞争力,已在 9 号公交线路投入 31 台智能网联公交车开展常态化运营。"智慧出行"项目现已完成了 400 余套车载后视镜推广安装,建设的智慧出行管理系统累计接入 8.1 万个停车泊位。"智慧交管"项目 30 余个路口已实现交通信号自适应控制功能。智能网联汽车产业培育取得突破,车联网上下游产业链企业不断落户襄阳并布局相关产品,其中长沙智能驾驶研究院有限公司、中信科智联科技有限公司、北京星云互联科技有限公司、南京慧尔视智能科技有限公司以及北京格灵深瞳信息技术股份有限公司等企业已在全市完成分、子公司注册。

二、2022 年推广应用

2022 年,全市汽车保有量达到 96.8 万辆,新能源汽车保有量达到 4.2 万辆,占汽车总量的 4.4%,新注册登记新能源汽车为 10564 辆,较去年同比增长 51.3% 以上。其中,私家车领域 2022 年推广销售新能源汽车 8795 辆,占全市新能源汽车新增推广应用总量的 83.3%;公共领域 2022 年销售推广新能源汽车 234 辆,占全市新能源汽车新增推广应用总量的 2.2%;货车领域 2022 年销售推广新能源汽车 746 辆,占全市新能源汽车新增推广应用总量的 7.1%。

三、2022 年本地区单位经营情况

1. 新能源汽车产业

2022 年襄阳市生产新能源汽车 22708 辆,同比增长 59.19%。风汽车股份有限公司新能源汽车(轻卡、物流车、客车及底盘)产量 21395 辆,同比增长 28.9%,其中氢燃料电池汽车 287 辆(含底盘)。中车腾龙汽车有限公司新能源汽车(客车)产量为 1313 辆,同比增长 837.9%。

2. 智能网联汽车产业

2022 年,东风日产襄阳工厂生产智能网联汽车(L2 级及以上)9738 辆,依托车联网先导区建设,襄阳市不断推动传统汽车企业向智能化、网联化转型升级。其中,东风股份正在研发生产无人驾驶物流车、环卫车、通勤车,东风井关正在研发生产无人值守车、巡逻车,东风商用车新疆有限公司东

风专用底盘公司的无人驾驶集装箱卡车已量产，年产量达500台；湖北天鼎微波公司毫米波雷达和5G无线通信天线项目已在襄阳投产。

四、2022年新增项目及园区建设

2022年，襄阳市在新能源整车及电池领域取得了突破性进展。2022年1月，襄阳市与比亚迪公司签约比亚迪产业园项目，根据规划，该项目分三期建设，其中项目一期投资100亿元，建设30 GWh动力电池及零部件，第一条1.9 GWh刀片电池生产线于12月投产，实现了项目当年签约、当年开工、当年建成、当年投产。2022年4月，东风轻型车智能制造和绿色工厂项目开工，该项目总投资约59.01亿元，打造生产透明、管理数字化的轻型商用车智能工厂。2022年底，东风公司在襄阳投资53.1亿元建设新能源经济型乘用车项目，打造现代化智造工厂，导入东风自主品牌S31新能源乘用车产品。新能源电池上下游产业链加速集聚，常州锂源、龙佰集团等电池正负极材料项目按期开工。新能源零部件企业积极调整产品结构，其中东风电驱动系统有限公司智能新工厂搬迁项目一期搬迁完成并达产，东风德纳车桥电驱桥总成制造生产线提升项目二期建设完成，襄阳汽车轴承、美利信、新火炬等企业新能源产品快速增长，占比提高至30%左右。襄阳达安汽车检测中心智能网联专用试验场（四期）主体建设已竣工，专用核心测试道路已投入使用。

五、2022年基础设施

截至2022年底，襄阳市累计建设充电桩2568个（慢充桩927个、快充桩1641个），充电站318座，其中2022年新建充电站145座。在加氢站方面，襄阳市已正式投入运营加氢站1座，为老河口市加氢加气站（2021年4月投入运营），为全市新能源汽车推广应用提供了重要的支撑。

六、发展规划

贯彻落实《国务院办公厅关于印发新能源汽车产业发展规划（2021—2035年）的通知》要求，顺应电动化、智能化融合发展趋势，下一步襄阳市将突破性发展新能源汽车，培育壮大智能网联汽车产业，加快推动传统汽车产业转型升级，实现汽车产业高质量发展，建成国家级车联网先导区，探索建设智能网联汽车中国方案先行区，打造全国新能源汽车和智能网联汽车产业集聚区，力争到2025年，襄阳市汽车产量突破60万辆以上，其中，新能源汽车产量突破20万辆，力争30万辆，具体措施如下：

1. 壮大新能源汽车整车规模

一是推动东风新能源经济型乘用车项目投产达产，支持风神襄阳向电动化、智能化方向转型，推动日产超智驾、超智联等智能网联汽车技术应用。二是扩大新能源商用车影响力，支持东风股份轻型车智能制造和绿色工厂项目2023年底建成投产，导入新能源VAN车和轻卡等新车型。三是推动新能源和智能网联专用车的研发生产，支持腾龙汽车、海立美达、程力新富和东润汽车等企业生产新能源公交车、冷藏车、房车、环卫、医疗救护、应急救援和物流车等各类新能源和智能网联专用车。四是稳步发展燃料电池汽车，支持东风股份、襄阳腾龙、东风商用车新疆专用底盘公司等企业，以中重型商用车为突破口，开发氢燃料电池汽车。

2. 加快新能源汽车零部件产业集聚

一是打造动力电池全产业链，做大做强动力和储能电池总量规模，推动电池产业链式集聚。二是做大做强电机、电控零部件产业，加快培育本地电驱总成企业，积极引进驱动电机控制器、动力电池管理系统等关键零部件头部企业。三是推动本地零部件企业向电动化、智能化和网联化转型。

3. 积极培育智能网联汽车产业

一是全面推进本地企业向智能化、网联化转型升级，支持风神襄阳、东风股份、东风纳米加快向智能化转型，积极研发高级别智能网联汽车（L3级及以上）。二是加大整车企业招引力度。通过品牌合作、跨界合作等多种形式，积极引进智能网联整车项目，持续扩大智能网联汽车产业规模。三是依托技术优势，发展智能网联汽车核心零部件，聚焦“车、路、云、网、图”关键环节，开展补链延链强链工作，重点培育壮大车载感知设备、智能座舱、线控底盘、智能驾驶系统等智能网联汽车核心零部件产业。四是培育智能网联无人装备企业。抢抓智能网联无人装备发展机遇，以国家鼓励车联网先导区政策创新为契机，积极引进末端配送、环卫作业等无人装备头部企业及相关配套产业在襄阳导入产品生产线、开展示范运营，促进产品功能、性能提升和迭代优化。支持东风井关农业机械有限公司研发生产无人拖拉机、插秧机、无人值守车、无人巡逻车等智能网联产品，不断培育壮大无人装备产业规模，提升产业能级。

4. 提升产业基础能力和研发水平

支持汽车及零部件上下游企业与湖北隆中实验室、华科工研院、武汉理工大学襄阳校区、湖北文理学院等科研单位开展产学研用合作，加大在整车、关键总成设计、核心零部件、动力电池、电机、电控、铸锻件和轴承等领域的联合攻关力度，加大技术成果转化应用，攻克一批“卡脖子”核心技术。同时，推动整车与本地零部件企业建立协同创新平台，强化“整零”企业在科技成果转化中的承接作用，实现关键产品的同步研发，为协作配套打好基础。支持东风电驱动、台基半导体、达安检测中心等企业参与全省智能网联汽车、车用芯片等领域联合攻关。

5. 推动产业融合发展

一是支持汽车与信息电子融合发展。依托车联网先导区，支持整车和零部件企业发展自动驾驶技术、无线通信技术（V2X），推动“人—车—路—云”高效协同；依托台基半导体、东风电驱动等企业研发生产车用功率半导体、智能座舱、电子后视镜、车用显示屏、智能仪表等产品。二是支持汽车与新能源新材料融合发展。依托全市汽车产业基础和磷矿资源，打造动力电池上下游产业链。支持飞龙摩擦、兴亚科技等企业加快发展高性能摩擦材料。支持襄阳泽东等企业利用工业副产氢开展氢气提纯、储备技术攻关，支持华润襄阳公司、奥力特氢能源、海立美达等企业围绕车载氢气供给系统、氢气储运设备、氢气加注装置等核心装备开展技术攻关。三是支持汽车与交通、城建的融合发展。加快建设车联网先导区，探索建设智能网联汽车中国方案先行区，推进交通路口改造全覆盖，打造深度应用场景，探索行业标准和规范，推动智能网联产业发展。加大新能源汽车停车场、充电桩等基础设施的建设,探索运营模式,支持新能源汽车的推广应用。

6. 发展汽车服务业

推动汽车产业向服务化转型,大力发展以汽车研发、检验检测、信息化应用、高端物流等为重点的生产性服务业,支持企业由生产型制造向服务型制造转型,加快制造业和服务业融合,实现并重发展,提升汽车产业软实力。一是发展汽车物流。充分发挥我市联结东西、贯通南北的七省通衢区位和交通优势,支持物流企业与汽车企业紧密对接,拓展和优化整车物流、调达物流、场内物流和备件物流等物流业务,加强网点布局,开展智慧物流建设,不断壮大全市汽车物流产业。二是优化汽车供应链服务。发挥全市零部件产品种类较多、质量较好、市场占比较高的优势,支持东风德纳、骆驼、襄轴、新火炬、三环锻造、飞龙摩擦等企业建立车桥、蓄电池、轴承、锻造件、摩擦材料等汽车零部件供应链服务平台,提高产业链供应水平,提高零部件企业配套能力。三是发展外向型经济。依托襄阳自贸区和综合保税区的外贸“桥头堡”优势,大力引进国外核心汽车零部件生产企业,支持东风股份、东风新能源乘用车、轴承、蓄电池等整车和零部件出口,打造全国重要的汽车零部件进出口加工基地。

七、本地区新能源汽车推广应用统计表

(单位:辆)

车型 燃料	公交车	出租车	私人用车	载货车	其他领域	合计
纯电动	132	102	6150	746	789	7919
插电式	0	0	2645	0	0	2645
合　计	132	102	8795	746	789	10564

八、本地区新能源汽车企业产销量统计表

	生产企业名称	产品商标	车辆类型	通用名称	产量统计(辆)	销量统计(辆)
1	东风汽车股份有限公司	东风牌	新能源轻卡	凯普特	5835	5835(海外 210)
	东风汽车股份有限公司	东风牌	新能源封闭物流车	东风御风	10902	10902(海外 228)
	东风汽车股份有限公司	东风牌	新能源客车及底盘	东风天翼公交车	2967	2967
	东风汽车股份有限公司	东风俊风	新能源轿车	俊风	1689	1689
2	襄阳腾龙汽车有限公司	九州牌	新能源客车	新能源公交车	1313	1313

九、本地区电动汽车充(换)电站(桩)统计表

城市名称	充电站		充电桩	
	2022 年新建数量(座)	2022 年底保有量(座)	慢充(个)	快充(个)
襄阳市	145	318	927	1641

十、本地区车用加氢站统计表

城市名称	加氢站名称	类型	供给能力(kg/d)	日加注量(kg)	加氢站氢气总储存量(kg)	储氢最高压力(MPa)	说明(运营/新建/在建)	运营时间
襄阳市	老河口市加氢加气站	固定	500	3 ~ 5	360	35	运营	2021 年 4 月

郑　州　市

一、2022 年产业概况

1. 总述

郑州市汽车产业主要布局在经开区、中牟县和荥阳市,同时正在积极推进航空港实验区新能源汽车产业园建设。全市拥有上汽乘用车郑州分公司、东风日产郑州工厂(广州风神)、宇通客车、郑州日产、海马汽车、少林客车整车企业 6 家,产能 161 万辆,涵盖客车、SUV、MPV、轿车、皮卡、中重卡等系列产品;拥有宇通重工、红宇专汽等专用车生产企业 15 家,涵盖环卫车、冷链运输车、水泥罐车、电源车等多品类车型;拥有精益达、深澜动力、比克电池、福耀玻璃、振华君润、优尼冲压、红忠宝、东风李尔等核心零部件配套企业 150 余家,涵盖发动机、变速箱、动力电池、车身、空调、座椅、内饰件、金属冲压件、汽车电子、汽车玻璃等系列产品。2022 年,全市汽车产量为 41.73 万辆,同比增长 2.5%。

2. 电动汽车产业

积极贯彻落实《河南省人民政府办公厅关于进一步加快新能源汽车产业发展的指导意见》《河南省加快建设燃料电

池汽车示范应用城市群行动方案(2022—2025 年)》《郑州市加快推进新能源及网联汽车发展实施方案》《郑州市加快新能源汽车推广应用若干政策》等政策文件,推进全市新能源汽车产业发展。全市新能源汽车生产、研发及相关企业20 余家,拥有宇通客车、海马汽车、郑州日产、东风日产郑州工厂、上汽乘用车郑州分公司等新能源整车企业,宇通重工、宏达汽车、比克新能源汽车等专用车企业,比克电池、深澜动力、智驱科技等核心零部件企业。2022 年,全市新能源汽车产量 6.98 万辆,同比增长 36.7%。

二、2022 年推广应用

1. 电动汽车推广应用工作

加快新能源汽车推广应用,加速推进公交车、环卫车、公务车、邮政车等公共领域运输作业车辆新能源化,新增及更换的公交车、出租车、邮政车新能源车占比均达到 100%,城市建成区公交车辆、巡游出租汽车新能源车占比均达到 100%;加大新能源特种商用车推广应用力度,推进全市渣土车、水泥搅拌车、轻型物流车等特种商用车新能源替代工作。2022 年全年新能源汽车推广应用总计 95631 辆,新能源汽车保有量超过 25 万辆。

2. 燃料电池汽车示范应用工作

2021 年 12 月 20 日,郑州城市群获国家五部委正式批复。按照国家示范任务,2022 年度郑州市要推广汽车 400 辆、建设加氢站 6 座。郑州市实际推广车辆超过 500 辆、建成加氢站 8 座,均超额完成目标任务。车辆推广方面,郑州市创新推广模式,在公交车、环卫车、渣土自卸车、冷链物流车、水泥搅拌车、牵引车等多场景推广燃料电池汽车。在产业培育方面,围绕补链、延链、强链制定招商图谱,大力开展项目招商活动,签约多个重点项目,投资覆盖燃料电池及关键零部件、制氢、加氢站建设运营、储氢瓶、氢能装备、车辆示范等,初步形成了拥有整车、燃料电池、零部件、加氢装备等领域优势企业的产业链。

3. 智能网联汽车试点工作

为进一步抢抓汽车产业发展窗口,推动智能网联汽车产业快速有序发展,积极筹办中国(郑州)国际智能网联汽车大赛,通过以赛促产、构建生态,推动新能源及智能网联汽车延链成群、集聚发展。在智能网联汽车推广应用工作中,全市指导并推荐郑州汽检、高新区天健湖等主体申报省智能网联汽车道路测试与示范。

三、2022 年基础设施

积极推进,科学引导电动汽车充电基础设施及加氢站建设,充电基础设施数量呈现快速增长态势,加氢站建设也超额完成国家示范任务。2022 年全年实际建设完成充电站 159 座、充电桩 2209 个、换电站 13 座、各类加氢站 8 座。全市累计建设完成充电站近 1600 座、充电终端约 2.5 万个,另有换电站 26 座、各类加氢站 12 座,主要分布在公共机构、用户居住地、高速公路服务区、政府机关、企事业单位和公共服务领域等。

新 乡 市

一、2022 年产业概况

1. 总述

新乡市是河南省内重要的汽车及零部件产业基地,规上企业 83 家,主要分布在高新区、经开区、原阳县和辉县市,产业发展势头良好。

零部件主要产品有:汽车转向系统、汽车空调、滤清器、散热器、制动器、汽车弹簧、传感器、汽车管路、前后桥等,代表企业主要有:豫北转向、豫新热管理、平原滤清器、河南万向、河南广瑞、美斯威、新北仪、斯凯特、辉簧弹簧等。

新乡市汽车行业主要产品年产能:转向系统 830 万套、滤清器 7350 万件、车用空调 310 万套、减震器 350 万件、制动器总成 170 万套、散热器 50 万件、汽车桥壳 10 万套、汽车管路 200 万套、刹车盘 80 万只、线束护套 3000 万套、转向中间轴 110 万台、转向拉杆 250 万根、汽车电机弹簧 5 亿只、汽车起动机定子 80 万只、齿轮等其他零部件 500 万只。

2. 电动汽车产业

新乡市电动汽车产业主要涉及电池产业,电池产业是新乡市四大战略性新兴产业之一,历史悠久,基础良好,产业链完整、聚集度高,特别是在锂电池材料领域竞争优势明显。拥有锂离子电池年产能约 12 GWh、锂电池正负极材料年产能约 9 万 t、锂电隔膜年产能近 2.2 亿 m^2、电解液年产能 6 万 t、钢壳等配件年产能超 20 亿只。

3. 燃料电池汽车产业

新乡市是河南省内最早发展氢能的城市之一,为燃料电池汽车示范应用郑州城市群组成城市,通过外引内培,精准发力,初步打造了以高新区为核心、辐射周边县区的“制氢—储氢—加氢—燃料电池—关键装备及零部件—燃料电池汽车”全产业链。制氢方面。心连心集团是国内重要的合成氨生产基地,氢气年产能 10 万 t。中新化工氢气年产能达 4 万 t。储氢方面,引进的上海氢储镁基固态储氢设备项目已投产测试。加氢方面,豫氢装备具备加氢站组装总成和关键零部件生产能力,其对于加氢站涉及的氢气隔膜压缩机、卸气柱、加氢机、顺序控制盘、仪表及吹扫气系统、站控系统等核心零部件已实现了自主研发生产,国产化率行业领先,公司投资建设了全市首座撬装式加氢站,其自主研发的加氢设备先后应用于青岛氢能示范项目、北京冬奥会首座加氢站及内蒙古、浙江等多个项目。氢枫能源加氢站设备生产项目正在建设。氢燃料电池方面,豫氢动力氢燃料电池示范线、氢璞创能氢燃料电池自动化生产线已建成投产,已形成燃料电池电堆年产能 3000 套,直接或间接配套国内各主要车企。河南擎动燃料电池膜电极生产线项目、新乡骥翀金属双极板电堆生产线项目、新飞锋源燃料电池发动机项目等正在建设;燃料电池汽车方面,依托新飞专汽品牌,推进打造氢能环卫车、冷藏车、渣土车专用车生产基地,新飞电器集团的氢能洒扫车、自卸垃圾车、冷藏车均已进入工信部《道路机动车辆生产企业及产品公告》,并逐步面向市场推广。

二、2022年推广应用

1. 总述

2022年,新乡市共推广新能源汽车19916辆,同比增长46.9%;推广氢燃料电池汽车71辆。

2. 电动汽车推广应用工作

2022年,推广乘用车19454辆,客车259辆、货车203辆。其中公交车新增及更换204辆,全部为新能源汽车,占比100%。

3. 燃料电池汽车示范应用工作

2022年,推广氢燃料电池汽车71辆,建成加氢站2座,完成年度数量任务。

三、2022年本地区单位经营情况

1. 总述

新乡市新能源汽车产业主要涉及电池及新能源,拥有规上企业78家,2022年营业收入同比增长18.1%,产业发展势头良好。

2. 电动汽车产业

(1)河南科隆新能源股份有限公司(含科隆电源材料),主导产品为锂电池正极材料及其前驱体、镍系电池正极材料,广泛应用于新能源汽车、电动工具、电动二轮车、3C电子产品、储能设备等领域。企业规模近40亿元,2022年营收同比增长38.3%。

(2)新乡天力锂能股份有限公司,主导产品为锂电三元正极材料,布局的"622、811动力型三元材料"和"NCA正极材料"等生产线,产品主要应用于电动汽车、电动自行车、移动储能设备以及电动工具等领域。2022年营业收入同比增长19.5%。

(3)河南锂动电源有限公司,主要产品为软包三元锂电池、软包磷酸铁锂电池,具备年产约1 GWh动力锂电池生产能力,与东风汽车已建立战略合作关系,年配套量1万~1.5万台,2022年营业收入同比增长216.7%

3. 燃料电池汽车产业

(1)河南豫氢动力有限公司:主导产品为燃料电池电堆,年产能500台(套),已实现从40 kW~150 kW电堆的装配能力,产品已用于科研院所、公交车、机车、热电联供、重卡等应用场景,拥有同济大学—豫氢氢能与燃料电池联合研究实验室、河南省氢能与燃料电池工程研究中心等研发机构,累计申请专利70项。

(2)河南氢璞创能科技有限公司:主导产品为燃料电池电堆,首条智能自动化生产线已在新乡氢能产业园建设完成并于2021年8月投产,年产能2500台(套),产品主要应用于京津冀、长三角和珠三角区域,已在重卡、叉车和公交等领域取得成功示范案例。

(3)河南豫氢装备有限公司:已具备覆盖氢能领域制氢、储运、压缩、加注等氢能装备全产业链的自主研发及生产能力。加氢站各关键装备和部件及车载供氢系统关键部件已实现90%替代进口,其自主研发的加氢设备先后应用于青岛氢能示范项目、北京冬奥会首座加氢站及内蒙古、浙江等多个项目。

四、2022年基础设施

2022年,新乡市建设充电站19座,建设充电桩228个、新能源汽车专用停车位24个,建成加氢站2座。

五、发展规划

1. 强化部门联动,做好推广应用

充分依托新乡市新能源汽车产业发展领导小组工作机制,进一步强化部门联动,加快新能源汽车推广应用,采取定期调度和工作例会的形式,推进工作开展,督促相关职能部门,切实履职尽责,落实好国家、省、市要求。

2. 加强宣传引导,营造推广氛围

在报纸、电视、网络、手机等媒体全方位向广大市民和企业宣传报道新能源汽车相关政策,提高全社会对新能源汽车的认知度和接受度,加强对本地新能源汽车相关产业发展的了解度,努力营造有利于新能源汽车相关产业发展的良好社会氛围。

3. 加速基础建设,奠定推广基础

结合新乡市新能源汽车推广应用实际,加快推进充换电设施建设,鼓励社会力量投资充换电设施建设。坚持规划引领,在优先推进公共服务领域充电基础设施建设,重点推进城市公共充电网络建设基础上,加快推动自用、专用充电基础设施建设,积极探索可持续的商业模式,进一步完善电动汽车产业配套服务体系,积极协调各相关部门推进全市充电设施建设,促进新能源车辆的推广。

4. 大力开展氢燃料电池车辆推广应用

全力争取省级层面和牵头城市对新乡市工作的支持,进一步细化完善市级扶持政策,保障并推动车辆推广和加氢站建设。按照"公交车政府化、渣土车国有化、冷藏车社会化"的原则,积极协调推进车辆示范运营,完成年度车辆推广任务。积极协调解决在建加氢站建设中遇到的困难和问题,同时围绕车辆应用场景,积极谋划一批加油站点增设加氢功能,保障后续车辆运行需求。

六、本地区新能源汽车推广应用统计表

(单位:辆)

燃料 \ 车型	公交车	公务车	出租车	私人用车	环卫车	邮政车	载货车	合计
合计	204	55	431	19005	9	9	203	19916

七、本地区电动汽车充(换)电站(桩)统计表

城市名称	充电站	
	2022 年新建数量(座)	2022 年底保有量(座)
新乡市	19	189

八、本地区车用加氢站统计表

城市名称	加氢站名称	类型	供给能力(kg/d)	说明(运营/新建/在建)
新乡市	中石化南外环综合加能站	固定站	1000	新建
新乡市	卫辉市唐庄加油站	撬装站	500	新建

广 州 市

一、2022 年产业概况

1. 总述

广州是全国最重要的汽车生产基地之一。2022 年,广州汽车产量 313.68 万辆,同比增长 5.7%,占全省汽车产量的 75.5%,占全国汽车产量的 11.6%,连续 4 年位居全国城市首位。实现新能源汽车工业总产值446.61 亿元、产量31.37 万辆,分别同比增长 109.3% 和 119.9%,形成了东部、南部和北部三大汽车产业集群,产值均超千亿元。拥有 11 家整车制造企业、1200 多家汽车零部件和贸易企业。

2. 电动汽车产业

广州纯电动汽车发展迅速,已基本形成了涵盖整车生产、三大电(电池、电机、电控)以及电池关键材料等完备的新能源汽车产业体系。广汽埃安新能源汽车基地年产 20 万辆整车扩产项目建成投产,小鹏汽车广州智造基地项目正在加快推进。

3. 燃料电池汽车产业

广州市燃料电池汽车产业加快聚集,在燃料电池汽车整车、系统、关键零部件、制氢及储运、加氢等环节均已实现布局,燃料电池汽车产业链领域龙头企业技术研发能力持续增强,在系统及电堆、膜电极、双极板、乘用车整车等领域处于领先水平。

4. 智能网联汽车产业

广州市高度重视智能网联(自动驾驶)产业发展工作,不断丰富道路测试应用场景,为自动驾驶行业创造良好的测试和应用环境,提升广州营商环境。后续将进一步坚持鼓励创新、试点先行,在最大化保障公共安全的基础上,完善相关制度规范,加快推进智能网联汽车创新发展,抢占新兴产业高地。

二、2022 年推广应用情况

1. 总述

2022 年,广州市出台加快个人领域新能源汽车推广应用相关政策,组织开展中央财政新能源汽车推广应用补助资金申报及拨付等工作,截至年底,新能源汽车保有量达 56.3 万辆,居全国城市前列。

2. 电动汽车推广应用工作

广州市在扩大市政、公务、等领域电动汽车应用规模,推动公交、巡游和网约出租等领域更新、新增车辆为纯电动汽车,提高新能源汽车保有量。公共领域,纯电动公交车保有量 1.46 万辆,纯电动巡游出租车保有量 1.84 万辆,纯电动网约车保有量 11.82 万辆。党政机关、事业单位等公务领域,新能源汽车保有量达 2026 辆,同比增长 55.7%。2022 年 7 月 1 日出台广州市加快个人领域新能源汽车推广应用相关政策,鼓励个人消费者购买新能源汽车,吸引超 3.2 万人购买使用新能源汽车,有效提升广州市新能源汽车保有量。

3. 燃料电池汽车示范应用工作

截至 2022 年底,广州市共推广应用燃料电池汽车 443 辆,包括建筑废弃物运输车 223 辆、乘用车 75 辆、物流车 65 辆、冷藏车 39 辆、环卫车 25 辆、公交车 15 辆、水泥搅拌车 1 辆。

4. 新能源汽车换电模式应用试点工作

印发实施了《广州市加快推进电动汽车充电基础设施建设三年行动方案(2022—2024 年)》,结合产业园区提质增效试点工作,推进园区停车区域配建充电设施,还成立了市电动汽车充换电设施行业协会,支持协会开展公共充电站点评级活动,树立一批“示范站点”“示范小区”等,提升充电服务体验。

5. 智能网联汽车试点工作

在全国率先建立一套较完整的“1 + 1 + 2 + 7”智能网联(自动驾驶)混行试点政策体系,推动自动驾驶示范运营。自动驾驶汽车道路测试走在全国前列。累计开放测试道路 433 条,开通测试路段双向里程 1668 km,13 家企业 26 款车型共 270 台测试车辆在穗开展道路测试,测试总里程超 960 万 km,位居全国前列;批复同意南沙区、花都区开展自动驾驶混行试点,2 家企业 5 款车型纳入市智能网联(自动驾驶)汽车示范运营车型目录,在全国率先开展自动驾驶规模化示范运营。

三、2022 年本地区单位经营情况

1. 总述

广州拥有广汽集团、小鹏汽车、东风日产等 12 家整车企业、1200 多家零部件和贸易企业等,已形成整车制造企业为龙头、关键零部件企业和智能创新企业集聚的产业集群。此外,采埃孚、德国 ABT、花都千亿级汽车零部件产业园、嘉晨电子华南总部、敏实集团等一批核心零部件项目签约落户。其中,广汽集团旗下广汽埃安、广汽传祺、广汽丰田、广汽本田均产销新能源汽车,2022 年累计生产新能源汽车 31.5 万辆,同比增长 118.3%,累计销售新能源汽车 30.9 万辆,同比

增长 116.7%

2. 电动汽车产业

2022 年,广汽埃安实现产销 27.3 万辆和 27.1 万辆,同比分别增长 125.3% 和 125.7%,其 AION S/V/Y 凭借领先的产品力,深受消费者青睐,长期位列细分市场前三位。小鹏汽车整车生产产量为 130514 辆,同比增长 54.26%,实现整车产值 256.5374 亿元,同比增长 58.99%,年度累计交付量为 120757 台,同比增长 23%,历史累计交付量达到 258710 台。目前小鹏汽车共有四款在售车型,小鹏 G3i、小鹏 P7、小鹏 P5 和小鹏 G9。

3. 燃料电池汽车产业

整车方面:广汽集团自主开发的燃料电池乘用车已进行示范运营,在系统效率、百公里氢耗方面接近国际水平;雄川氢能自主研发的燃料电池建筑废弃物运输车、物流车、环卫车等车型上实现商业化应用。零部件方面:鸿基创能的燃料电池膜电极年产能达 60 万 m^2,市场占有率居全国第一位;现代汽车氢燃料电池系统整体性能达国际领先水平;云韬氢能的燃料电池系统在系统效率,功率密度、使用寿命均达国内先进水平;氢电中科(广州)实现了铂碳催化剂的国产化研发和量产;昊志机电、广州舜华在燃料电池装备制造方面具有技术领先优势。车用氢气制备方面,集聚了广州石化、广钢气体、林德气体等氢源供应企业,供氢能力为 3500 t/a。

4. 智能网联汽车产业

广汽集团完成广汽自动驾驶系统平台及关键技术开发,其中 L2 + + 高级智能驾驶辅助将搭载 4 款车型逐步量产,自研 L4 自动驾驶 Robotaxi 已在示范运营;推进电子电气架构 EEA3.0 开发,计划 2023 年搭载 AION S 换代车型,将是国内首个量产落地的车云一体化电子电气架构。第二代弹匣电池 8 系方壳电池包顺利通过无明火测试,自研铁锂电芯于 2022 年底完成 A 样制作。小鹏汽车建成全国最大的自动驾驶智算中心“扶摇”,算力可达 600FLOPS,将其自动驾驶核心模型训练速度提升了近 170 倍;2022 年 9 月在广州启动城市场景导航辅助驾驶功能(城市 NGP)试点,成为国内首个高阶智能驾驶在城市场景中量产落地的汽车企业。

四、2022 年新增项目及园区情况

2022 年,推进小鹏汽车广州基地、广汽丰田五线、广汽本田新能源产能扩建等项目建设,广汽埃安第二智造中心竣工投产,全年新增新能源汽车产能超 50 万辆,全市新能源汽车产能超过百万辆。印发实施《广州市支持汽车及核心零部件产业稳链补链强链若干措施》,提出近地化构建“432”汽车产业园区新格局,提升广州市汽车产业自主创新与核心竞争力。

五、2022 年基础设施

2022 年,建成公私充电桩达 12.62 万台,充换电站点 3732 座,每天可为超过 96 万辆次电动汽车提供充电服务,全市电动汽车充电量达 16.02 亿 kWh;建成投用加氢站 8 座,在建 3 座,华南地区首座 70 Mpa 加氢站已验收投入运营,正在引进华南地区首座液氢加氢站,为全市燃料电池汽车示范应用提供了良好的补能条件支持。

六、发展规划

拟出台《广州市汽车产业发展中长期规划》,充分发挥规划引领作用,坚持高质量发展,坚持制造业当家,推动产业转型升级,将广州打造成为集引领全球的汽车产业生态、面向未来的汽车创新生态、多元开放的汽车社会生态于一体的世界一流汽车生态城。

七、新能源汽车企业产销量统计表

生产企业名称	产品商标	车辆类型	通用名称	销量统计(辆)
小鹏汽车科技有限公司	小鹏	纯电动轿车	G3	17531
小鹏汽车科技有限公司	小鹏	纯电动轿车	G9	6332
小鹏汽车科技有限公司	小鹏	纯电动轿车	P5	37724
小鹏汽车科技有限公司	小鹏	纯电动轿车	P7	58862
广汽埃安新能源汽车有限公司	埃安	纯电动轿车	AION LX	2807
广汽埃安新能源汽车有限公司	埃安	纯电动轿车	AION S	89699
广汽埃安新能源汽车有限公司	埃安	纯电动轿车	AION V	26569
广汽埃安新能源汽车有限公司	埃安	纯电动轿车	AION Y	94757

八、电动汽车充(换)电站(桩)统计表

城市名称	充电站		换电站	
	2022 年新建数量(座)	2022 年底保有量(座)	2022 年新建数量(座)	2022 年底保有量(座)
广州	60300	126200	0	80

九、车用加氢站统计表

城市名称	加氢站名称	类型	供给能力(kg/d)	储氢最高压力(MPa)	说明(运营/新建/在建)	运营时间
广州	中石化开泰北加油加氢合建站	固定	500	35	运营	2020.12
	东区加氢站	固定	500	35	运营	2020.12
	新南加氢站	固定	500	35	运营	2019.06
	力康加氢站	固定	500	35	运营	2021.12
	东明三路综合能源站(含加氢)	固定	500	35	运营	2021.11
	东晖加氢站	固定	1000	35	运营	2019.05
	雄川氢能科技(广州)有限责任公司南岗加氢站建设项目	固定	1000	35	新建	—
	广州金坑加油加氢站建设项目	固定	800	35	新建	—

深 圳 市

一、2022 年产业概况

1. 2022 年深圳市新能源汽车产业发展情况

2022 年,深圳市新能源汽车产业发展良好。推广应用方面,新增新能源汽车销量 23.87 万辆,超当年汽车销量 61.8%,累计新能源汽车保有量 76.55 万辆。基础设施方面,各区域累计建成各类充电站超 5500 座,换电站 46 座,公共充电桩(枪)约 12.8 万个,社会快速充电桩约 9.3 万个,住宅商业小区等慢速充电桩约 3.5 万个,公共及个人领域新能源车辆的充电需求基本得到有效保障。政策规划方面,2022 年 6 月,出台《关于发展壮大战略性新兴产业集群和培育发展未来产业的意见》《深圳市培育发展智能网联汽车产业集群行动计划(2022—2025 年)》,明确突破关键技术、构建产业生态体系、完善智能路侧设施、推动商业运营等重点任务,重点发展智能感知系统、车载计算平台、车用无线通信、车载芯片、智能座舱等细分领域,加快打造产业创新和应用高地。

2. 2022 年深圳市智能网联汽车产业发展情况

为抢抓汽车智能化、无人化、平台化新的发展机遇,充分发挥在信息通信、人工智能、大数据等领域的技术基础优势,积极推动汽车与信息通信、交通运输等行业的融合发展,加快完善智能网联汽车产业链。

(1)初步构建政策体系。深圳市高度重视智能网联汽车产业发展,加快完善政策法规体系,引导产业加速发展。一是出台《深圳经济特区智能网联汽车管理条例》,为技术相对成熟的应用场景商业化发展提供法律支撑。二是落实《深圳市关于支持智能网联汽车发展的若干措施》,支持智能网联汽车发展。

(2)推动设立产业基金。深圳市积极推动设立首期规模 50 亿元的新能源汽车产业基金,将 100% 投资于新能源和智能网联汽车领域,打造全周期、全链条的新能源及智能网联汽车产业金融支撑体系。

(3)积极开展示范应用。支持企业开展智能网联汽车示范应用,开放 201.37 km 智能网联汽车测试示范道路,累计向百度、小马、安途智行等 14 家企业的 124 台车发放道路测试及示范应用通知书 317 张。

二、2022 年单位经营情况

1. 比亚迪股份有限公司

成立于 1995 年,业务涵盖电子、汽车、新能源和轨道交通等领域,产品线包括车联网应用、比亚迪云服务、DiLink 智能网联系统等。2022 年营业收入 4240.61 亿元。

2. 深圳市航盛电子股份有限公司

成立于 1993 年,为汽车整车企业研发生产智能网联汽车信息系统、智能驾驶辅助系统、新能源汽车控制电子系统等产品。2022 年营业收入约 45.88 亿元。

3. 深圳市速腾聚创科技有限公司

成立于 2014 年,主要产品为智能激光雷达系统及解决方案。2022 年营业收入约 5.34 亿元。

三、本地区电动汽车充(换)电站(桩)统计表

城市名称	充电站		充电桩		换电站	
	2022 年新建数量(座)	2022 年底保有量(座)	2022 年新建数量(个)	2022 年底保有量(个)	2022 年新建数量(座)	2022 年底保有量(座)
深圳	558	5558	35337	92994	11	35

四、本地区车用加氢站统计表

城市名称	加氢站名称	类型	供给能力(kg/d)	日加注量(kg)	说明(运营/新建/在建)	运营时间
深圳	妈湾电厂制氢加氢一体战	一体化站	1000	1000	运营	2022年10月
深圳	龙珠源加油加氢合建站	油氢合建站	500	500	新建	2023年8月
深圳	凯豪达制氢加氢一体化站	一体化站	100	100	运营	2019年10月
深圳	盐田永安路加氢站	固定站	500	500	在建	2023年12月
深圳	凯豪达洪涛清谷加氢站	固定站	600	600	在建	2023年12月
深圳	雄韬制氢加氢一体站	固定站	1000	1000	在建	2024年2月
深圳特别合作区	华润电力深汕公司制氢加氢一体站	一体化站	1000	1000	在建	2024年5月

佛 山 市

一、2022年产业概况

近年来,佛山市认真贯彻落实国家、省关于培育发展新能源汽车产业发展的决策部署,坚持以示范推广带动产业发展的思路,立足本地产业发展实际,紧扣能源转型升级方向,依托制造业基础和优势,通过加强组织领导、强化规划引领,优化产业政策、积极引进培育氢能产业项目、推进基础设施建设等措施,支持和引导新能源汽车产业加速发展。

一是完善政策,加大投入。在发展规划、应用推广、鼓励创新、财政投入方面均出台印发相关政策,明确产业发展导向和路径,强化新能源汽车推广政策支持。二是集聚产业、加快发展。佛山市拥有整车及零部件制造业基础,近年在新能源汽车领域率先布局,已初步形成新能源汽车整车及零部件供应体系,在电池、电机、电控等关键核心技术领域集结一批优质资源。三是打造平台,提升技术。佛山市注重新能源汽车科研平台搭建,聚焦核心攻关,全力推动新能源汽车产业创新发展。加快构建及完善创新平台,为全市新能源汽车产业发展提供了有力技术及专业服务支撑。四是优化环境,加快推广。佛山市示范推广成效显著,基础设施日益完善,氢能产业优势突出。五是强化宣传,扩大交流。佛山市以氢能产业为重点持续加强新能源应用推广宣传力度,有效提升新能源示范应用社会共识。

二、2022年推广应用

佛山市2022年全社会新能源汽车使用普及率持续提高,新能源汽车应用覆盖面持续扩大。1—12月,全市上牌新年能源汽车88830辆;按车型分,乘用车84696辆,商用车4134辆(其中:客车75辆,物流车1114辆,出租车2931辆,其他14辆);按动力来源分,纯电动汽车70035辆,插电式混合动力汽车18730辆,氢燃料电池汽车65辆。截至2022年底,全市累计推广新能源汽车149233辆。

三、2022年本地区单位经营情况

佛山市拥有整车及零部件制造业基础,近年在新能源汽车领域率先布局,已初步形成新能源汽车整车及零部件供应体系,在电池、电机、电控等关键核心技术领域集结一批优质资源。一汽大众佛山工厂生产的MEB新能源电动汽车于2020年10月下线,新能源汽车全产业链布局基本形成。整车制造领域:一汽-大众、飞驰汽车等车企布局新能源汽车,形成新能源汽车整车制造集聚发展态势。电子配套领域:投资百亿的星源材质华南新能源材料产业基地(电池隔膜领域上市龙头)奠基,瑞浦动力与储能锂离子电池及系统制造项目建设加快。动力系统领域:广东清能、佛山清极投入研发生产氢燃料电池系统和电堆,佛山鸿基创能的膜电极、广东济平的催化剂等关键零部件技术水平跻身国内前列,产品实现批量装车配套。基础平台方面:佛山市先后搭建仙湖实验室、广东省武理工氢能产业技术研究院、佛山(华南)新材料研究院、国家技术标准创新基地(氢能)、广东省特检院氢能检测及研发基地、佛山环境和能源研究院等创新平台,持续提升关键核心技术水平。

四、2022年新增项目及园区建设

为深入贯彻落实佛山市委市政府高起点、高标准谋划“佛山市十大创新引领型特色制造业园区”的战略目标,促进产业转型升级,抢占未来产业发展和竞争制高点,加快推动佛山市新能源汽车产业快速发展,完善新能源汽车产业链条。全市积极推动佛山新能源汽车产业园(分南海片区和三水片区)建设成为符合产业生态要求具有竞争力的现代化园区。

佛山新能源汽车产业园(三水片区)主要包括佛高区三水园南部片区、佛山新能源汽车产业园(北园)、佛北战新产业园大塘新材料产业园等,涉及乐平、芦苞、大塘3个镇,核心区规划面积16.43 km^2,重点发展新能源汽车(电动、燃料电池)和汽车零部件生产制造,以及新能源动力电池、高端精细化工等新材料产业。

佛山新能源汽车产业园(南海片区),涉及狮山、丹灶、里水3个镇,包括:狮山纯电整车制造区核心区、里水氢能整车制造区、丹灶核心部件配套区,规划面积35.31 km^2,重点发展新能源汽车(电动、燃料电池)和汽车零部件生产制造,以及新能源动力电池等产业,打造新能源汽车产业新高地。

五、2022年基础设施

2022年1—12月,全市建成充电站35座;建成充电桩

1177 个(不含私人充电桩)。截至 2022 年底,全市累计建成充电站 275 座,建成充电桩近 8421 个(不含私人充电桩)。在加氢站建设方面,截至 2022 年底,全市已建成加氢站 34 座,有效夯实了氢能汽车推广应用基础。

六、发展规划

按照国家《新能源汽车产业发展规划(2021—2035 年)》总体要求,广东省印发实施《广东省加快建设燃料电池汽车示范城市群行动计划(2022—2025 年)》等政策文件。佛山市此前也完善政策,加大投入,印发《佛山市新能源汽车产业发展规划(2019—2030 年)》和《佛山市氢能源产业发展规划(2018—2030 年)》。切实履行牵头城市主体责任,协同参与城市落实示范任务,广东城市群示范期第一年度在整车推广应用、技术创新和产业化、加氢站建设、氢源保障以及政策措施制定等方面取得一定成效。

七、本地区新能源汽车推广应用统计表

(单位:辆)

燃料 \ 车型	公交车	旅游大巴	出租车	租赁用车	私人用车	物流车	其他领域	合计
纯电动	51	24	2931	2	65966	1049	12	70035
插电式	0	0	0	0	18730	0	0	18730
换电式	0	0	0	0	0	0	0	0
增程式	0	0	0	0	0	0	0	0
燃料电池	0	0	0	0	0	65	0	65
超级电容	0	0	0	0	0	0	0	0
智能网联	0	0	0	0	0	0	0	0
合　计	51	24	2931	2	84696	1114	12	88830

八、本地区电动汽车充(换)电站(桩)统计表

城市名称	充电站		充电桩		换电站	
	2022 年新建数量(座)	2022 年底保有量(座)	2022 年新建数量(个)	2022 年底保有量(个)	2022 年新建数量(座)	2022 年底保有量(座)
佛山市	35	275	1177	8421	14	16

九、本地区车用加氢站统计表

城市名称	加氢站名称	类型	供给能力(kg/d)	储氢最高压力(MPa)	说明(运营/新建/在建)	运营时间
佛山市	罗格加油加氢站	固定站	500	35	暂未投运	—
	臻盛车生活广场岭南车天地加油加氢站	油氢合建站	1000	35	试运营	2022 年 3 月 15 日试运营
	顺德大良五沙加氢站	固定站	500	35	运营	2022 年 1 月
	明城综合能源供应站	制氢加氢一体化站	500	35	暂未投运	—
	佛山巨沛加油加氢站	固定式	1000	35	暂未投运	—
	狮山镇润辉加油加氢站	加油加氢合建站	1000	35	暂未投运	—
	佛西加氢站	合资	500	35	运营	2022 年 3 月 1 日
	群力加油加氢站	油氢合建站	500	35	运营	2022 年 10 月 1 日
	佛山市高明区氢裕公交客运有限公司加氢站	撬装站	500	35	运营	2022 年 7 月 1 日
	桂城街道三龙湾大道撬装式加氢站	撬装站	500	35	运营	2022 年 6 月 15 日
	国联氢能塑沙加氢站	固定站	500	35	运营	2020 年 7 月 22 日
	佛罗路加氢站(一期)	撬装站	500	35	运营	2018 年 12 月 30 日
	佛罗路加氢站(二期)	撬装站	500	35	运营	2019 年 8 月 30 日
	河滘加油加氢站	固定式	1000	35	运营	2021 年 1 月 1 日
	城北加氢站	固定站	1000	35	运营	2021 年 8 月 10 日

续上表

城市名称	加氢站名称	类型	供给能力(kg/d)	储氢最高压力(MPa)	说明(运营/新建/在建)	运营时间
佛山市	南海丹灶瑞晖加氢站	固定站	300	35	运营	2018年6月4日
	南海中石化西樵樟坑(青龙)加油加氢合建站	固定站	500	35	运营	2019年8月19日
	南海松岗禅炭路加氢站	固定站	1000	35	运营	2019年11月14日
	南海桃园加氢站	固定站	1000	35	运营	2020年3月5日
	九江大道撬装站	撬装站	500	35	运营	2020年3月9日
	瑞辉(扩建)加氢站	固定站	600	35	运营	2022年11月3日
	狮山集络加油加氢合建站	固定式	1000	35	运营	2022年10月9日
	丹灶政府东侧加氢站	固定站	2000	35	暂未投运	—
	佛南N171加油加氢站	民营	1000	35	暂未投运	—
	顺德强劲荔村加氢站	固定站	1000	35	运营	2020年11月13日
	南庄制氢加氢一体站	固定站	1000	35	运营	2022年11月3日
	顺德容桂兴顺加氢站	固定站	500	35	运营	2021年1月1日
	顺德大良顺风加氢站	固定站	1000	35	运营	2022年1月1日
	佛山市三水区国杰物资有限公司广海西加氢站	固定站	1000	35	运营	2020年7月13日
	佛山市三水区国杰物资有限公司锦江路加氢站	固定站	600	35	运营	2020年12月1日
	佛山市高明区更合镇合塘路500 kg/d加氢站建设项目站房、加氢站	三级站	500	35	运营	2021年8月9日
	佛山市高明区现代有轨电车示范线首期工程(站房及加氢罩棚、轻轨加氢罩棚	三级站	1000	35	运营	2019年9月30日
	平洲东信北路加氢站	撬装站	500	35	运营	2020年4月20日
	途达加油加氢合建站	固定式	1000	35	暂未投运	—

成　都　市

一、2022年产业概况

1. 总述

成都市面向构建现代产业体系要求,围绕先进汽车产业集群建设,大力实施产业建圈强链行动,推动汽车产业加快向新能源化和智能网联化转型升级和高质量发展。一是以用促产,产用互动,做强产业链核心。二是招商引智,促建促产,补齐产业链关键。三是创优争先,场景打造,做大产业链延伸。四是政策赋能,要素汇聚,强化产业链支撑。

2. 电动汽车产业

加快构建"四位一体"新能源汽车生产平台和产品矩阵,促进产业加快转型和提质增效,实现沃尔沃90系列、丰田全新普拉多等重大整车项目签约。在蓉车企新能源化率提升至93.75%,汽车产品新能源化率提升至61.52%。引入李克强院士团队、国家机动车重点实验室等重大创新平台,实现宁德时代、中创新航等重大项目建成投产,大力招引电机电控目标企业,形成完成"三电"产业链闭环。部分成都造新能源汽车近地化配套提升到60%左右,产业整零比提升到1:0.5左右。

3. 燃料电池汽车产业

2022年,燃料电池方面重点完成了新能源汽车新车型奖励(氢燃料电池汽车)申报、《成都市燃料电池汽车示范应用实施方案》和《成渝燃料电池汽车示范应用城市群实施方案》编制,进一步推动成渝"氢走廊"建设,为后续与重庆联合申报燃料电池汽车示范应用城市群创造了条件;印发《关于开展2022—2023年度成都市燃料电池汽车示范应用项目申报工作的通知》,成为西南地区首次以"揭榜挂帅"方式多领域、多场景推广氢燃料电池汽车的城市。

4. 智能网联汽车产业

2022年,成都市重点对智能网联汽车产业内涵、链条构成、前沿趋势和技术路线进行了研究论证,对2023年全市布局方向、发力重点和政策举措进行了梳理细化,根据芯片、应用软件以及系统总成等17个产业链环节梳理明确了118家重点企业。同时,为加速产业发展,牵头草拟了《成都市关于加快智能网联汽车产业高质量发展的若干政策》(征求意见稿),进一步优化完善《关于推进成都市智能网联汽车远程驾驶测试与示范应用的实施意见》,同时编制完成成都市智能网联汽车产业链"5+N"生态体系系列图表。

二、2022年推广应用

1. 总述

2022年,成都市瞄准低碳出行、绿色交通和智慧城市等方面，全面加大新能源汽车推广应用力度。电动汽车方面，公共领域开展车电分离、换电、BOT等创新商业模式，私人领域采取政策引导、政企联动、产销联合做法，大力推广应用电动汽车。燃料电池汽车方面，为争创全国燃料电池汽车示范应用城市，启动氢燃料电池中重卡“揭榜挂帅”项目，成为继北京、上海后，采用以“揭榜挂帅”方式推广燃料电池汽车的全国第三城。智能网联方面，争创国家级车联网先导区，扩大智能网联汽车测试范围，推进全国“双智”试点城市建设。

2. 电动汽车推广应用工作

2022年，成都市严格落实“电动四川”行动计划和汽车促销政策，启动“产销联动”汽车消费活动和新能源汽车巡展促销活动。全年实现新增推广新能源汽车18.3万辆，同比增长77%，占2010—2021年总推广量的67%；新能源汽车市场渗透率达31%、排名全国第5，比全国平均水平高5.4个百分点。截至2022年底，累计推广新能源汽车45.7万辆，除转出、报废外，新能源汽车保有量41.6万辆，占全市汽车总保有量的6.8%，居全国城市第六位，非限购城市第一位。

3. 燃料电池汽车示范应用工作

成都市推进东方电气等链主企业牵头丰富氢能运营示范应用场景，在中远途、中重型商用车领域推广200辆燃料电池汽车，已在全市推广应用氢燃料电池汽车370辆，建成加氢站3座，燃料电池汽车示范应用初具效应。2022年，成功开展氢燃料电池汽车“揭榜挂帅”项目，组成4个示范应用联合体，拟于2023年推广应用氢燃料电池汽车130辆。

4. 新能源汽车换电模式应用试点工作

编制印发《成都市新能源汽车换电模式应用试点实施方案》，按照政府引导、市场主导、车站一体、适度超前原则，稳妥有序开展新能源汽车换电模式应用试点，探索实践各类换电模式应用场景和推广路径，目标是到2024年底，全市累计推广新能源换电汽车3万辆以上，建设换电站500座以上。

5. 智能网联汽车试点工作

2022年，成都市加速推进智能化在汽车产业的示范应用，建成投用四川省首条基于5G和LTE-V2X网络的智能驾驶示范线，推动中德智能网联汽车四川试验基地初步投运，落地全省首个无人驾驶+车路协同的示范项目并投入应用，入选国家智慧城市基础设施与智能网联汽车协同发展第二批试点城市。全市开放约330 km智能网联汽车测试道路，已有13台智能网联汽车在公开道路进行测试和示范应用，同时近20台无人环卫、无人售卖、无人观光等专用作业车在试点封闭园区内开展“无人化”作业。

三、2022年本地区单位经营情况

1. 总述

汽车产业是成都市第两大支柱产业，综合实力位列全国第八位，聚集一汽大众、一汽丰田、沃尔沃等整车企业33户，云内动力、一汽富维/富晟等零部件企业超1000户。新能源汽车方面，聚集吉利汽车、神龙汽车、银龙汽车等整车企业24余户，东方电气、华气厚普、成都亿华通等配套企业超100户，受疫情和缺芯影响，各企业2022年产量、产值均有所下降。智能网联领域，各企业在技术上进一步取得突破，形成了较为完善的技术链和产业体系。

2. 电动汽车产业

2022年，成都汽车整车产量为100.3万辆，同比下降2.8%；实现汽车产业营业收入2101.3亿元（其中整车1287亿元、零部件437.3亿元、动力电池377亿元），同比增长9.6%，占全市工业的比重为2.5%，实现利税总额191.1亿元、利润收入总额111.9亿元；实现出口4.29万辆，出口额65.47亿元。其中，新能源汽车产量4.1万辆，同比下降28.1%，占全市汽车总产量的4.1%，整车产值93.7亿元，同比下降5.1%。

3. 燃料电池汽车产业

截至2022年，成都市氢能创新主体、市场主体已超过110户，其中21户规上企业主营业务收入突破100亿元，东方电气、成都亿华通、厚普股份等骨干龙头企业，以及清华四川研究院、西南交大等科研院所在技术攻关、创新应用方面，取得积极成效。成都市已累计生产527辆燃料电池汽车并销往全国各地，其中四川一汽丰田、中植一客157辆氢燃料电池汽车交付北京冬奥奥组委，成都客车80辆氢燃料电池汽车交付成都大运会执委会；华气厚普承建国内50余个加氢站建设项目。

4. 智能网联汽车产业

成都市已聚集中国信通院车联网创新中心（成都）有限公司、阿波罗智行信息科技（成都）有限公司、威马汽车成都研究院、希迪智驾、萝卜快跑等智能网联汽车企业，在智能网联汽车在算法、智能计算平台、高精度导航定位、感知传感器、测试验证、解决方案、无人驾驶汽车商业化运营等领域都形成较为完善的智能网联汽车产业体系。

四、2022年新增项目及园区建设

2022年，成都市共包装策划新能源汽车产业链项目21个，包括储备泛欧亚新能源与智能网联汽车零部件产业集群（300亿元）、比亚迪新能源乘用车项目（150亿元）等，总投资1550亿元。汽车产业链签约重大项目42个，总投资1149.57亿元，其中30亿元以上项目16个，包括吉利集团极氪新能源车型、中车时代电动汽车等项目。签约项目中，海豚汽车总部基地、蜂巢能源（成都）动力电池制造及西南研发基地、亿纬锂能锂离子电池生产基地、中创新航动力电池及储能电池基地二期等15个项目已经开工建设。在建重大项目共有23个，总投资额513.4亿元。

五、2022年基础设施

2022年，全市新建充电桩4.75万个、同比增长42%，充换电站760座。截至2022年底，全市累计建成各类充电桩10.8万个，充电站2300余座，换电站48座，建设数量居全国第5，车桩比达3.9∶1初步形成“覆盖全域、车桩匹配、适度超前”的市域充电网络。此外，累计投运加氢站3座。

六、发展规划

充分发挥成都市的创新要素、特色资源、多元场景、超大市场等综合优势，聚焦创新研发、生产制造、销售使用、配套服务、老旧车退出等重点环节，按照“公用先行、商用跟进、民用响应”原则，深入实施产业建圈强链行动，促进汽车产业转型升级和高质量发展,建设公共领域车辆全面电动化先行区试点城市,加快打造全国重要的新能源汽车研发制造基地。到2025年,汽车产业发展根基持续夯实,产业结构显著优化,创新能力显著增强,产业规模突破1500亿元,产量达到25万辆,产业整零比提高至1:1,整车产能利用率、企业本地配套率分别提升至70%、50%以上;力争新能源汽车保有量达到80万辆,公共领域车辆电动化比例达到80%;建成各类充换电站3000座、充电桩16万个,建成具有区域带动性的车载智能生态之城、全国代表性的智驾应用引领之城、国际影响力的清洁能源驱动之城。

七、本地区新能源汽车推广应用统计表

(单位:辆)

车型 燃料	公交车	旅游大巴	公务车	出租车	租赁用车	私人用车	环卫车	物流车	邮政车	载货车	其他领域	合计
纯电动	2026	41	370	39313	79	75456	613	17562	298	462	12184	148404
插电式	—	—	65	6	—	26268	—	111	—	—	1955	28405
换电式	—	—	1	1988	—	2782	—	10	10	130	1059	5970
合　计	2026	41	436	41307	79	104506	613	17683	308	592	15198	182779

八、本地区新能源汽车企业产销量统计表

生产企业名称	产品商标	车辆类型	通用名称	产量统计(辆)	销量统计(辆)
一汽丰田汽车(成都)有限公司	荣放牌	插电式混合动力乘用车	RAV4	2538	2538
四川领克汽车制造有限公司	领克牌	插电式混合动力乘用车	06 PHEV	7474	7474
	吉利牌	纯电动乘用车	帝豪 EVPRO	1945	1945
	枫叶牌	纯电动乘用车	60s	0	0
中嘉汽车制造(成都)有限公司	沃尔沃牌	插电式混合动力乘用车	XC60 T8	14471	14471
神龙汽车有限公司成都分公司	东风标致牌	插电式混合动力乘用车	4008、5008	44871	44871
	东风雪铁龙牌	插电式混合动力乘用车	天逸 C5	13	13
	富康牌	纯电动乘用车	E 爱丽舍	2789	2789
四川野马汽车股份有限公司	雷丁牌	纯电动乘用车	雷丁芒果	5766	5766
	野马牌	纯电动乘用车	斯派卡 EV	1	1
中国重汽集团成都王牌商用车有限公司	王牌牌、豪沃牌	纯电动货车	牵引汽车、自卸汽车等	310	310
成都客车股份有限公司	蜀都牌	纯电动客车/专用车	客车、专用车	954	954
成都广通汽车有限公司	广通牌	纯电动客车	客车	3856	3856
中植一客成都汽车有限公司	中植牌	纯电动客车	客车	634	634
四川省客车制造有限责任公司	峨嵋牌	纯电动客车	客车	31	31

九、本地区电动汽车充(换)电站(桩)统计表

城市名称	充电站		充电桩		换电站	
	2022年新建数量(座)	2022年底保有量(座)	慢充(个)	快充(个)	2022年新建数量(座)	2022年底保有量(座)
成都市	750	2300	62000	46000	10	48

十、本地区车用加氢站统计表

城市名称	加氢站名称	类型	供给能力(kg/d)	日加注量(kg)	加氢站氢气总储存量(kg)	储氢最高压力(MPa)	说明(运营/新建/在建)	运营时间
成都市郫都区	德源加油加氢站	油氢合建站	500	500	—	—	运营	2019年
成都市郫都区	中石油古城加油加氢站	加油站改建	1000	1000	345	45	运营	2022年
成都市龙泉驿区	龙泉华通加氢站	纯氢站	1000	1000	—	20	运营	2020年

淄 博 市

一、2022 年产业概况

1. 总述

淄博市积极打造新能源汽车产业链,以智能化、规模化、高端化、品牌化为主攻方向,构建起新能源汽车、智能网联汽车、氢燃料电池汽车三大领域竞相迸发、产业融合更显张力、创新要素加快聚集的发展格局,汽车产业链能级不断提升,产业发展步入快车道。淄博市成为全国唯一一个同时入选京津冀、上海、广东、河北、河南国家燃料电池汽车示范城市群的合作城市,成功获批国家智慧城市基础设施与智能网联汽车协同发展第二批试点城市。

2. 燃料电池汽车产业

淄博市委、市政府抢抓机遇、超前布局,将氢能产业作为产业高端绿色转型的着力点,全力加快全产业链布局,打造氢能生产应用标杆城市,氢能产业驶入发展快车道。2021年,淄博市成为全国唯一一个横跨京津冀、上海、广东、河南、河北五个燃料电池汽车示范群的合作城市,也是国家"氢进万家"科技示范工程山东省 4 个试点城市之一。

3. 智能网联汽车产业

近年来,淄博市把智能网联汽车产业作为重点布局的新经济、新赛道,按照"紧盯前沿、打造生态、沿链聚合、集群发展"的思路,由市委主要领导顶格谋划、顶格推进,作出了聚力打造智能网联产业技术高地的战略部署。2021 年,淄博市成功获批国家智慧城市基础设施与智能网联汽车协同发展第二批试点城市。舜泰汽车牵头创建的山东省智能汽车制造业创新中心成功获批全省唯一智能汽车领域的省级制造业创新中心。

二、2022 年推广应用

1. 总述

2022 年,淄博市新购置 100 辆氢燃料电池公交车,氢燃料电池公交车数量累计达到 200 辆。本土企业舜泰汽车生产的 50 辆燃料电池物流车下线投运,实现了从燃料电池膜、电堆、发动机到整车的本地化生产,产业链自主可控能力进一步提升。淄博市氢能应用示范走在了全省前列。

2. 智能网联汽车试点工作

2021 年 12 月,淄博市成功入选智慧城市基础设施与智能网联汽车协同发展第二批试点城市。工作成效有以下几个方面:一是政策体系和工作机制日益完善。全市成立了建设国家智慧城市基础设施与智能网联汽车协同发展试点城市工作专班,全力推动智慧城市基础设施与智能网联汽车协同发展试点城市建设。出台了《淄博市关于加快新能源汽车推广应用的意见》《淄博市智能网联汽车道路测试与示范管理试行办法》,通过不断完善政策体系,为全市智能网联汽车示范应用规模化发展奠定制度基础。二是基础设施加速布局。与其他试点城市横向比较,淄博市智能网联汽车测试和示范的硬件条件优势明显。测试场景方面,全市积极打造 26 km 的独立智能网联高速公路测试基地,通过改造提升智能装备产业园 300 亩半开放测试道路、36 亩低速封闭测试场,形成了 18 种路况、54 种场景的无人驾驶个性化测试场景。三是产业链条聚合发展。智能网联汽车产业园"一核八区"功能定位和空间布局进一步优化,超威合泰、众联能创、北航研究院等企业院所紧密合作,形成了集技术研发、整车制造、关键零部件配套、自动化检测、测试应用等于一体的无人驾驶产业生态。依托舜泰汽车、睿羿科技等头部企业,发挥通用线控底盘技术优势,已建成投用年产能 5 万台的无人驾驶物流车柔性生产线、无人车量产自动检测线,致力于开发物流运输车、载人接驳车等六大系列拳头产品。舜泰汽车正积极打造国内功能最全、集成化水平最高的无人驾驶产业创新平台,已获批山东省智能汽车制造业创新中心和山东省智能网联汽车技术创新中心。四是应用场景不断丰富。以城市治理和汽车产业转型需求为导向,不断拓展智能网联汽车应用场景,以无人低速车为切入口,在环卫保洁、安防巡检、移动零售、物流配送、观光接驳、危险品运输、矿山开采等七大领域,拓展丰富智能网联汽车应用场景。

三、2022 年新增项目及园区建设

充分发挥现有汽车产业基础优势,主要依托淄川区、博山区新能源汽车及零部件产业基地、临淄区无人驾驶产业园区、高新区新能源汽车产业基地,提升整车及零部件的技术水平和产品档次,带动汽车及零部件产业向轻量化、智能化、高端化转型,打造特色优势汽车产业集群。

智能网联汽车产业园"一核八区"功能定位和空间布局进一步优化,超威合泰、众联能创、北航研究院等企业院所紧密合作,形成了集技术研发、整车制造、关键零部件配套、自动化检测、测试应用等于一体的无人驾驶产业生态。依托舜泰汽车、睿羿科技等头部企业,发挥通用线控底盘技术优势,已建成投用年产能5万台的无人驾驶物流车柔性生产线、无人车量产自动检测线,致力于开发物流运输车、载人接驳车等六大系列拳头产品。舜泰汽车牵头创建的山东省智能汽车制造业创新中心加快建设,积极打造国内功能最全、集成化水平最高的无人驾驶产业创新平台。

四、发展规划

落实国家智能汽车创新发展战略,打造集研发创新、系统测试、智能制造、应用服务于一体的智能网联汽车产业创新生态,建设国内领先的智能网联汽车创新和产业化高地,把智能网联汽车产业培育成新的经济增长极和重要支柱产业,为加快新旧动能转换和产业结构转型升级提供强有力支撑。到 2025 年,全市智能网联汽车产业集聚和融合发展取得实质性突破,基本建成优势突出的智能网联整车及零部件研发制造体系和特色鲜明的综合测试与创新应用示范基地;在设施建设、研发创新、智能制造、综合测试、应用示范等方面取得显著成果,基础设施体系和支撑保障体系基本完善;形成国内有影响力、有竞争力的智能网联汽车产业集群。

节能与新能源汽车

年鉴

第四篇

单位篇

一、整 车 领 域

东风汽车集团有限公司

一、单位概况

东风汽车集团有限公司(以下简称东风公司)是中央直管的特大型汽车企业,前身是始建于1969年的第二汽车制造厂,总部设在湖北省武汉市。现有资产总额732.5亿元,员工人数12.4万人。2022年销售汽车246.45万辆,位居中国汽车行业第三位。

东风公司是中国汽车行业内产业链最齐全、产品阵营最丰富的汽车企业。主要产品覆盖高档、中档和经济型各区隔,业务涵盖全系列商用车、乘用车、军车、新能源汽车、关键汽车总成和零部件、汽车装备、出行服务、汽车金融等。国内事业主要分布在武汉、十堰、襄阳、广州和柳州、郑州、成都、重庆、大连等全国20多个城市。公司在瑞典建有海外研发基地,入股Stellantis集团。公司与10多家国际整车和零部件企业开展全球合作和协同,产品销往全球80多个国家。

东风公司依靠协同高效的技术创新体系和运行机制,以及稳定增长的研发高投入,使公司的技术创新工作始终走在行业的前列,技术创新能力不断提升,效果也越来越显著。2022年东风公司发明专利申请授权2357件,在全国车企中位居首位。

东风公司始终以科技引领高质量发展,目标是持续打造中国领先、世界一流的技术,提升企业竞争优势和生态优势。东风公司将不断完善技术创新体系和运行机制,以技术创新为驱动,强化科技力量,带动商品竞争力、市场爆发力、变革服务力的提升,持续为用户提供优质汽车产品和服务。

二、生产与经营

2022年,东风公司销售汽车246.45万辆。乘用车销售215.32万辆,其中自主品牌乘用车销售49.79万辆,同比增长39.6%;商用车销售39.35万辆,商用车销量行业排名第二,国Ⅵ产品市占份额第一;新能源汽车销售34.61万辆,同比增长115.5%。

三、产品出口

东风公司全年海外出口24.22万辆,首次突破出口20万辆关口,创下东风公司出口历史新高,跑赢行业大市。东风易捷特新能源出口63709辆,同比增长73.8%;东风乘用车公司出口6202辆,同比增长705.45%;东风商用车有限公司本部出口4018辆,同比增长60.3%;岚图汽车出口1498辆;东风柳汽出口25052辆,同比增长64%;东风汽车股份出口8001辆,同比增长59.35%;神龙公司出口37104辆,同比增长182%;郑州日产出口1919辆,同比增长16.8%;东风小康出口50335辆,同比增长25.34%,主要出口欧洲、南美洲、中东等地区。

东冈公司坚定不移持续推进国际化发展战略,积极开展海外经营布局,推动旗下自主品牌高质量"出海",品牌国际营销能力持续提升。

四、产能建设

东风公司在武汉正式发布定位豪华电动越野文化领先者的猛士品牌,项目规划产能10万辆,拟于2023年投产。

岚图汽车科技公司致力于提供零焦虑的高端智能电动汽车,公司已建成15万辆/年新能源乘用车整车产能。

东风新能源汽车产业园2号园区建设已经开展,智新科技已具备年产80万套电控,32万套电驱动总成,10万套电池系统,30万只IGBT模块的生产能力,形成了完整的"三电"产品开发,试验验证、制造销售、匹配服务全价值供应链。智新半导体IGBT模块二期项目加快建设中,建成后年产能将达到120万只。

五、技术进展与研发能力

东风公司注重把握汽车产业"五化"(电动化、智能化、网联化、共享化、轻量化)趋势给自主品牌向上发展带来的"窗口期",科技创新和自主发展提速,推出东风风神皓极等战略车型;高端电动品牌"岚图"持续拓展新市场,首款MPV产品全球发布;高端电动越野车M品牌建设加速。"马赫动力""东风氢舟"搭载上市,Windlink等技术品牌逐步打开市场。加快芯片自研能力建设,与央企协同共建"芯片联合实验室";IGBT(绝缘栅双极型晶体管)功率半导体模块顺利投产。新增掌握140多项乘用车关键核心技术,推出岚图梦想家、东风猛士917、东风本田全新CRV、东风日产Ariya/逍客等战略车型。

新能源方面,为全面进军新能源领域,马赫动力品牌正式推出马赫E平台,"马赫"代表速度和强劲动力,而E则代表电动、高效、节能和环保。马赫E由电驱、电池、补能三大产品平台组成。在电驱方面,打造了行业第一个2挡双电机,最大功率400 kW,轮边扭矩8000 Nm;以及行业第一个量产十合一电驱动总成,体积减小18%,重量减少15%,功率密度达到7 kW/kg以上。采用碳纤维包覆转子技术的电机,转速可达30000 r/min,与自主开发的SiC控制器匹配,系统最高效率可达94.5%。覆盖了从城市到越野、从乘用到商用的多个场景。在电池方面,主要包含液态电池系统、固态电池系统和电池管理系统三大领域产品,具有"长续航、高安全、超快充、极智慧"的产品特点。支持超快充,基于立体环绕冷却和快充电芯技术,支持全域4.5C快充,可以做到充电5 min,续航300 km。

此外,东风公司还开发了云端智能电池管理系统,可实现高精度SOX估算,以及提前48 h热失控预警。自研锂枝晶自修复控制技术,可以让电池寿命提升3%以上;超级脉冲自加热技术,可使动力电池在低温下平均升温速率高达4 ℃/min。在补能方面,东风布局了换电和充电两大领域。首创T型旋转换电机构、柔性定位结构与长寿命液冷换电接口,换电仅需90 s,且实现1万次以上寿命。掌握"3+X"全域充电技术,包括已量产的交流充电、直流充电,超级快充以及正在预研的无线充电、自动充电、V2G、太阳能充电等先进充电技术。

全功率燃料电池持续突破电堆系统功率密度技术难点并获得中国汽车工程学会科学技术一等奖；固态电池领域已完成样车的试制及调试，获得整车公告认证，满足客户需求。

六、主要新产品

产品名称	品牌	通用名称
HEV	风神	浩瀚
纯电动轿车	风神	E70
纯电动轿车	风行	雷霆
纯电动轿车	风光	MINIEV
纯电动轿车	东风	俊风 E11K
纯电动轿车	东风	锐骐 6 新能源
纯电动轿车	小康	EC36
纯电动轿车	神龙	富康 ES600
增程、纯电动	岚图	FREE
PHEV/纯电动	岚图	梦想家
纯电动轿车	岚图	追光
纯电动轿车	纳米	纳米 BOX
纯电动轿车	标致	e2008

续上表

产品名称	品牌	通用名称
纯电动	本田	E:NS1
HEV	本田	HR-V
纯电动	日产	ARIYA

七、合资合作及重大项目建设

聚焦智能制造，打造高端制造能力。为满足岚图高端乘用车生产能力，对现有工厂生产线进行改造，从工艺、装备等方面进行柔性化、数字化升级，充分运用网络信息技术打造5G全连接工厂平台，建设智能化工厂，形成制造技术领先的年产15万辆高端新能源整车生产工厂。

东风新能源汽车产业园2号园区建设已经开展，智新科技已具备年产80万套电控，32万套电驱动总成，10万套电池系统，30万只IGBT模块的生产能力，形成了完整的“三电”产品开发，试验验证、制造销售、匹配服务全价值供应链。

八、发展规划

“十四五”规划目标：到2025年东风公司新能源汽车销量突破100万辆，销量占比达到20%。其中，自主新能源汽车销量挑战80万辆，新能源汽车的新车占比挑战40%。整车性能水平达国际一流水平，完全自主掌控新能源核心总成。

上海汽车集团股份有限公司

一、单位概况

上海汽车集团股份有限公司（以下简称上汽集团，股票代码600104）作为国内规模领先的汽车上市公司，努力把握产业发展趋势，加快创新转型，正在从传统的制造型企业向为消费者提供移动出行服务与产品的综合供应商发展。上汽集团主要业务以整车板块为龙头，延伸至汽车产业相关的零部件、移动出行和服务、金融、国际经营、创新科技等领域，六大业务板块紧密协同、相互赋能、融合发展。

上汽集团所属主要整车企业包括上汽乘用车分公司、上汽大通、智己汽车、飞凡汽车、上汽大众、上汽通用、上汽通用五菱、南京依维柯、上汽红岩、上海申沃等。上汽集团在东北、华东、华南、西南、中南与西北等地区，拥有15个整车基地，以及相配套的零部件与物流基地，服务各地用户并有效带动当地经济社会发展。

二、生产与经营

2022年，面对外部更趋复杂严峻的环境，上汽集团坚决贯彻“经济要稳住、发展要安全”的要求，努力应对各种超预期因素的冲击，众志成城、克难奋进，生产经营的韧性得到增强，创新转型的步伐持续迈进。2022年，上汽集团全年实现整车销售530.3万辆，连续17年保持全国第一；自主品牌整车销量达到278.5万辆，占公司总销量的比重达到52.5%；新能源汽车销量达到107.3万辆，同比增长46.5%；海外市场销量达到101.7万辆，同比增长45.9%，整车出口连续7年保持国内行业第一；上汽集团率先成为中国首个新能源汽车和海外市场年销量“双百万辆”汽车集团。2023年8月，上汽集团以2022年度1106亿美元的合并营业收入，名列《财富》杂志世界500强第84位，在此次上榜的中国汽车企业中继续领跑。这是上汽集团自2014年首次入围前一百强以来，连续第10年稳居百强名单。

三、产品出口

上汽集团积极响应国家“一带一路”倡议，并将履行社会责任纳入国际化发展进程之中，在国际舞台上不断赢得新的发展契机。作为中国首家有系统、有规划、成建制“走出去”的汽车企业，上汽在海外构建了包括创新研发中心、生产基地、营销中心、供应链中心及金融公司在内的汽车产业全价值链，产品和服务已进入全球90余个国家和地区，形成了欧洲、美洲等2个“十万辆级”，以及澳新、中东、东盟、南亚等4个“五万辆级”海外区域市场；连续7年排名中国汽车行业出口第一，这也是中国车企海外年销量首次突破百万辆大关。

四、技术进展与研发能力

上汽集团历经20年自主整车开发的洗礼，已经培育起上汽体系化的自主开发能力，面对新赛道的全新挑战，从用户需求出发，聚焦核心技术的自主研发，更好满足用户绿色出行的需要。

2022年3月上汽集团重组设立“创新研究开发总院”，作为整车产品“集成地”、前瞻技术“策源地”和技术底座“研发地”，积极整合创新研发资源，加快推动电动智能网联技术的产业化落地。上汽集团推出“七大技术底座”，包括“星云”纯电专属系统化平台、“珠峰”机电一体化整车架构、“星河”氢能源专属架构三大整车平台，“魔方”动力电池系统、“蓝芯”动力总成系统、“绿芯”电驱系统、“银河”智能车全栈解决方案四大关键系统架构，进一步夯实上汽的核心竞争力，为打造更智能的电动化产品持续赋能。

五、发展规划

面对汽车产业的深刻变革，上汽积极瞄准“为用户打造安全高效、便捷舒适、充满乐趣出行体验”的目标，以自我革命精神全力推进变革创新，向电动智能网联新赛道加速前行。2023 年 4 月，上汽集团发布“新能源汽车发展三年行动计划”：到 2025 年，上汽新能源车年销量达到 350 万辆，较 2022 年增长 2.5 倍，年复合增长率达到 50%，其中自主品牌在新能源车整体销量中的占比将达到 70%；基本完成新老赛道的发展动力切换。

浙江吉利控股集团有限公司

一、单位概况

浙江吉利控股集团（以下简称吉利控股集团）始建于 1986 年，1997 年进入汽车行业，一直专注实业，专注技术创新和人才培养，不断打基础练内功，坚定不移地推动企业转型升级和可持续发展。现资产总值超 5100 亿元，员工总数超过 12 万人，连续 11 年进入《财富》世界 500 强（2022 年排名 229 位），是全球汽车品牌组合价值排名前十中唯一的中国汽车集团。

吉利控股集团总部设在杭州，在中国上海、杭州、宁波，瑞典哥德堡、英国考文垂、美国加州、德国法兰克福等地建有造型设计和工程研发中心，在中国、美国、英国、瑞典、比利时、马来西亚建有世界一流的现代化整车和动力总成制造工厂，旗下拥有吉利、领克、极氪、沃尔沃、极星、路特斯、LEVC、雷达、远程新能源商用车等品牌。

二、生产与经营

2022 年，吉利控股集团通过多品牌协同发展，全年实现总销量超 230 万辆。其中：吉利汽车销量 143.3 万辆，在国内乘用车行业排名第三；沃尔沃汽车全球销量 61.5 万辆，包括中国市场销量 16.2 万辆，产品力持续强化；宝腾汽车销量 14.1 万辆，在马来西亚市场市占率为 19.6%，销量和市占率在马来西亚市场均排名第二；商用车销量 6.7 万辆，远程新能源商用车总体及新能源轻卡位居细分市场第一。

三、产品出口

2022 年，吉利控股集团实现出口量超 30 万辆，同比增长 61.5%。其中，新能源汽车 9.7 万辆。

四、产能建设

截至 2022 年底，吉利控股集团新能源核准产能超 30 万辆。

五、技术进展与研发能力

吉利控股集团始终坚持走科技创新之路，近 10 年来累计研发投入超 1500 亿元，在新能源科技、人机交互、智能驾驶、车载芯片、低轨卫星等前沿技术领域进行大量投入和探索，做强科技生态圈，打造科技护城河。吉利控股集团致力于打造具有全球竞争力和影响力的智能电动出行与智慧能源服务科技公司，持续夯实纯电、混动、换电、绿色甲醇等多种技术路线布局，加快新能源智能化领域的技术创新和转型步伐。

六、主要新产品

产品型号	产品名称	品牌	通用名称
JL6482DCHEV01	常规混合动力 SUV	吉利	星越 L HEV
JL6482DCHEV02/JL6482DCHEV03	插电混合动力 SUV	吉利	星越 L PHEV
MR6471D11/MR6471D12/HQ6471D01/HQ6471D02	传统燃油 SUV	吉利	博越 L
MR6471DCHEV01/HQ6471DCHEV01	常规混合动力 SUV	吉利	博越 L HEV
HQ7152DCHEV01/HQ7152DCHEV02	插电混合动力轿车	吉利	帝豪 L HiX
MR7003BEV01/MR7003BEV02/MR7003BEV03/MR7003BEV05/MR7003BEV06/MR7003BEV07/MR7003BEV08；MR5023XLHBEV01	纯电动 SUV	吉利	几何 E
JHC7002BEV47/JHC7002BEV48/HQ7002BEV84/HQ7002BEV67/HQ7002BEV68/HQ7002BEV78	纯电动轿车	吉利	几何 G6
JHC7003BEV06/JHC7003BEV01/HQ7003BEV04/HQ7003BEV01/HQ7003BEV03/HQ7003BEV05	纯电动 SUV	吉利	几何 M6
MR6453DCHEV01/MR6453DCHEV04	常规混合动力 SUV	领克	01 EM-F
MR6453DCHEV02	插电混合动力 SUV	领克	01 EM-P
MR7152DCHEV01	常规混合动力轿车	领克	03 EM-F
MR6501DCHEV02/MR6501DCHEV03	插电混合动力 SUV	领克	09 EM-P
LF7001SEV1/LF7001SEV2	纯电动轿车	睿蓝	枫叶 60S

续上表

产品型号	产品名称	品牌	通用名称
LF6473SEV/LF6473SEV1/LF6470SEV01/LF6470SEV02	纯电动 SUV	睿蓝	枫叶 80V
LF6480SEV01	纯电动 SUV	睿蓝	RL9
LF7154/LF7154B/LF7154D/LF7154E	传统燃油 SUV	睿蓝	枫叶 X3 PRO
MR7001BEV03	纯电动轿车	极氪	极氪 001
MR6525BEV04	纯电动 MPV	极氪	极氪 009
JGL5047XXYBEVGN7	星智 H 智运版 4.5t 纯电车型	远程	星智
DNC5049XLCSHEVGM1	增程轻卡冷藏车型	远程	星智
DNC5035XXYBEVM1	E51-4.5m 微客车型	远程	星享
HN4250MX46C4M6Y	G2 平台牵引车甲醇车型	远程	星瀚
JHC6660BEVG21	纯电动城市客车 6m 系列车型	远程	星际

七、合资合作及重大项目建设

2022 年，吉利控股集团投资合作项目 2 个，投资范围涉及整车、汽车生态等领域，投资金额超 8 亿元。

（1）收购阿斯顿·马丁 7.60% 股份，助力吉利与阿斯顿·马丁共探在智能化及电动化方面技术合作的可能，充分发挥阿斯顿·马丁超豪华性能品牌的卓越潜力。

（2）成立浙江绿色智行科创有限公司，旨在建设世界一流的智能汽车及零部件研发创新和技术服务平台，孵化一批高质量的新型汽车高科技企业，构建绿色智能汽车产业生态圈，争创国家创新驱动发展战略的示范基地。

八、发展规划

2023 年，吉利控股集团致力于成为具有全球竞争力和影响力的智能电动出行和能源服务科技公司，面对复杂的内外部市场环境，坚守实体经济，坚持走科技创新之路，紧紧围绕电动化和智能化转型，持续强化企业内核竞争力，稳中求进，持续努力打造品牌价值高、产品竞争力强、享有国际知名度的中国品牌汽车，带动产业链上下游企业协同发展。

长城汽车股份有限公司

一、单位概况

长城汽车股份有限公司（以下简称长城汽车）面向全球用户，提供智能、绿色出行服务，加速向全球化智能科技公司进阶。长城汽车业务包括整车及零部件设计、研发、生产、销售和服务，拥有哈弗、魏牌、欧拉、坦克、长城皮卡等品牌，产销网络遍布全球。长城汽车打造了以能源、智能化为导向的森林生态体系，确立混动、纯电、氢能三轨并行发展，在智能驾驶、智能座舱、智慧底盘等方面进行全产业链布局，构建了业内领先的“光伏 + 分布式储能 + 集中式储能”的能源体系，完成了“太阳能—电池—氢能—车用动力”的全价值链布局。

二、品牌影响力

长城汽车是首家同时在 H 股、A 股上市的中国民营汽车企业，连续 7 年销量突破 100 万辆，是率先实现在海外布局 3 家全工艺整车生产基地的中国汽车企业，也是首个在海外建立新能源整车生产基地的中国汽车企业。长城汽车不断刷新中国品牌在全球市场的影响力，已获得全球超千万用户的青睐。

①哈弗：哈弗以“全球 SUV 专家”的定位面向全球用户，全球累计销量已超 800 万辆。哈弗以“新序列、新渠道、新造型、新技术、新产品”为战略思想，全面发力新能源赛道。2023 年，哈弗推出的新车型中，70% 将是新能源车，同时哈弗新能源渠道将在年底前建设完成 800 家门店。

②魏牌：魏牌以“0 焦虑智能电动”作为品牌定位，全面向“高端智能新能源”进阶。魏牌未来将完成“两横三纵”的布局，即“PHEV + BEV”双能源战略和“SUV + MPV + 轿车”的全品类布局。

③欧拉：欧拉以“更爱女人的新能源汽车”为品牌定位，打破行业内以男性为主的造车思维，以女性需求为主导，开创行业先河。欧拉专注 BEV 市场，拥有好猫、好猫 GT、芭蕾猫、闪电猫等多款车型，全面覆盖 A0-B 级市场，且持续推动品牌、技术、产品、服务四大价值维度的全面升级。通过差异化赛道和特色化产品，深耕细分市场用户需求。

品牌深入布局国内、国际市场，在全球范围内已经拥有超过 38 万名用户。同时，欧拉加速进入欧洲市场，并登陆澳大利亚、中东等市场，积极推进品牌全球化进程。

④坦克：坦克以“铁汉柔情”为品牌主张，开启全新品类市场，持续夯实中国越野 SUV 市场的领航者地位，并进军全球市场，加速实现全系产品全球战略落地。坦克已经布局了成体系、清晰化的新能源路径，笃定“越野 + 新能源”技术路线，以越野超级混动架构 Hi4-T 为基础，紧密布局越野新能源家族矩阵。

⑤长城皮卡：长城皮卡连续 25 年蝉联国内和出口皮卡行业销量第一，全球累计销售突破 200 万辆，在国内皮卡市场每卖出 2 辆皮卡就有 1 辆是长城。长城皮卡的皮卡领导者地位不可撼动，高性能混动技术和超级越野平台的加持，也会助力长城皮卡的引领之路一往无前。

⑥如果科技：在商用车方面，长城汽车旗下如果科技推进商用车行业清能（清洁能源）化、智慧化发展，助力运力行业革新，形成全新的增长极。

三、研发实力

长城汽车综合研发实力处于行业领先，2022 年度专利公开量、授权量均蝉联中国民营车企第一;2022 年度新能源汽车领域专利公开量、授权量蝉联在华车企第一;2022 中国汽车发明专利授权量在电池企业中排名第一。

长城汽车打造赋能全产业链的森林生态体系,涵盖了蜂巢易创、诺博汽车、精工汽车、曼德电子电器、毫末智行、未势能源、极电光能等,在能源、智能化领域实现技术引领。在新能源汽车领域,长城控股是首个将高速叠片技术引入方形电池领域的公司,飞叠技术生产效率行业领先;在智能化方面,毫末智行城市 NOH 智能辅助驾驶系统已量产落地,还建立了中国首个自动驾驶数据智能体系 MANA 雪湖、中国自动驾驶行业领先智算中心 MANA OASIS 雪湖 · 绿洲,打造了全球首个自动驾驶认知大模型 DriveGPT 雪湖 · 海若;在太阳能方面,极电光能大面积钙钛矿光伏组件效率全球领先,突破 20%;在氢能方面,未势能源氢能系统核心零部件完全自主开发,长城汽车成为国内较早在氢能全产业链核心技术布局的车企。

四、坚定能源、智能化全产业链布局

长城汽车森林生态体系是一套以整车为核心,全面布局能源、智能化等相关技术产业,实现多物种相互作用并持续进化的生态体系,具有开放全面、共生共享、高效协同、进化成长的特征。

在森林生态体系作用下,长城汽车完成了能源、智能化两大领域的全产业链布局。

1. 能源

(1)混动:从发展多平台智能混动,到全民电四驱引领跃升

①全新 Hi4:全新 Hi4 是全球首创的全新智能四驱电混技术。全新 Hi4 专为新能源全场景高阶驾驶需求设计,并通过 3 擎 9 模的动态切换与智能能量管理系统,真正实现"四驱的体验、两驱的价格,四驱的性能、两驱的能耗"。

全新智能四驱电混技术 Hi4 实现三大革新,分别为三动力源双轴分布的混动"新构型"、iTVC 智能扭矩矢量控制系统的"新突破"、机电耦合传动系统的"新高度"。拥有 2 套动力总成,最高系统功率 340 kW,可覆盖 A-C 级车型,混动专用发动机以当前行业领先的技术配置实现了 41.5% 的最优工程热效率。

②Hi4-T:Hi4-T 是长城集团 Hi4 技术的超级越野版,是长城汽车面对新能源趋势,基于坦克平台打造的纵置并联混动架构,是专属于越野的技术路线,具有可持续强动力输出、精准化智慧能量管理等特征,让越野"要劲儿有劲儿、要电有电、要省能省"。

③智能 DHT:DHT(Dedicated Hybrid Technology 混合动力专用技术)是全球领先的高效、高性能混合动力解决方案,以完全独立自主设计、完全自主研发、具备完全自主产权,打破合资品牌在混动技术上的垄断。DHT 针对以城市出行为主兼顾高速出行的场景需求,通过高效混动发动机和双电机混联相互配合,助力用户实现"快、顺、静、省"的车生活。

④"柠檬"平台:"柠檬"平台是全球化高智能模块化技术平台,具有高性能、高延展性、高安全性、轻量化的特征。

高性能:"柠檬"平台车辆协调性、操控性、舒适性全面提升。

高延展性:"柠檬"平台车身具有高延展性,涵盖 SUV、轿车、MPV 三大品类的车型设计。

高安全性:从"乘员安全""行人安全""车辆安全"三个维度,建立"全面安全"理念。

轻量化:长城汽车践行"合适的材料用在合适的位置"的开发理念,从设计、材料、结构、工艺全过程打造轻量化性能。

⑤"坦克"平台:"坦克"平台涵盖 ICE、PHEV、HEV 三种动力形式,拥有 2.0T、3.0T 两款高效发动机,应用中国首款纵置 9AT 变速器,可为不同用户需求提供多样化的动力选择。

"坦克"平台的纵置并联混动架构,其 3.0T 混动专用发动机可实现 38% 的热效率,配合 120 kW 的高效电机系统、自主研发的 9HAT 混动变速箱,系统综合总功率达到 380 kW,峰值扭矩可达 750 Nm,具备动力性能更好、效率更高的优势。

坦克平台打造具有超强性能的越野产品,搭载专业越野配置、高效可靠的智能四驱系统,越野性能行业参数领先。智能的越野方式可自动识别地形,实时感知车辆行驶路况,有效增强越野驾驶的安全性。

(2)纯电:从"三电"研产供能力构建,到半导体技术的核心价值链布局

①电池:长城布局了磷酸铁锂、磷酸锰铁锂、无钴、三元、钠离子、固态等多化学体系的动力电池,规划了经济性、长续航、高性能三种解决方案,可满足多样化的用户需求。

长城汽车自主研发的大禹电池技术,融合了"热源隔断、定向排爆、对向换流、阻氧设计"等 8 项创新设计理念,确保电池不起火、不爆炸,彻底保障用户的用车安全。

②电驱动系统:长城汽车蜂巢易创推出电机、控制器及减速器集成一体式的三合一电驱动系统,电机采用永磁同步电机、H-Pin 绕组、薄硅钢板等新技术和新材料,控制器采用定制化的 IGBT 和薄膜电容,减速箱采用行星系结构,使系统具备了高功率密度、小型化、NVH 性能优良等特点。

③第三代功率半导体碳化硅:针对第三代功率半导体碳化硅,长城汽车深入布局模组封测项目,成立芯动半导体,聚焦核心技术,打造了国内首创的 CSS 技术平台,模块功率密度可提升 50%,成本可降低 30%,主要应用于主逆变器及充电领域,规划车规级模组年产能 120 万套。同时,布局核心材料碳化硅衬底,深化产业链合作。

(3)氢能:"制—储—运—加—应用"一体化产业链发展

长城汽车是国内最早布局氢能领域的整车企业之一。依托强大的研发资源优势和产业体系建设能力,采取"商乘并举"模式,确立全球化发展战略。

长城汽车以未势能源为主体,建起"制—储—运—加—应用"一体化的产业链发展模式,实现了全领域、全场景覆盖、全产业链赋能。

氢柠技术:国际领先的车规级"氢动力系统"全场景解决方案"氢柠技术"是长城汽车柠檬平台核心技术路线之一,涵盖氢燃料电池系统、车载储氢系统及核心关键部件,具备高性能、高安全、长续航、全气候和全领域特征的零碳交通解决方案。

氢柠技术特点概述为"1+3+5",即"1 整套车规级研发体系""3 大技术平台"(氢电平台、电堆平台、储氢平台)"5 大性能优势"(高功率、高效率、高温度、高耐久、高互联),简称为"1T、3H、5G"。

(4)能源体系:"光伏+分布式储能+集中式储能"全布局

长城汽车构建了业内领先的"光伏+分布式储能+集中

式储能”的能源体系，已经完成了“太阳能—电池—氢能—车用动力”的全价值链布局。

长城汽车旗下极电光能加速推进钙钛矿太阳能光伏技术的产业化，投资30亿元建设钙钛矿创新产业基地。

在分布式储能领域，长城围绕产业链上下游，在矿产资源、电池材料、储能系统及电池回收等核心领域进行了全面的布局。

2. 智能化

(1)智能驾驶：从感知硬件到计算平台的全域自研

针对智能驾驶技术，长城汽车具备了从感知硬件到计算平台的全域自研能力。

感知硬件方面，睿博感知自研自制了国内首例采用1700万像素感光芯片的车载摄像头；业内首个媲美激光雷达的高分辨率成像4D毫米波雷达，结合诺博科技自主开发的高算力计算平台，共同搭建了智能驾驶硬件架构。

软件生态方面，毫末智行实现了从底层软件、中间件上层应用软件的全栈自研，率先发布了可大规模量产落地的城市NOH导航辅助驾驶产品，并向城市全场景不断扩充。截至2023年6月6日，毫末智行用户辅助驾驶行驶里程达5000万km。

数据智能体系方面，毫末智行在国内引领了自动驾驶技术大数据、大算力、大模型的发展方向，推出了中国首个自动驾驶数据智能体系MANA雪湖、中国自动驾驶行业领先的智算中心MANA OASIS雪湖·绿洲，以及行业首个自动驾驶生成式大模型DriveGPT雪湖·海若。自动驾驶数据智能体系的学习时长，已超过62万h，虚拟驾龄相当于人类驾驶7.5万年。

咖啡智能驾驶系统Coffee Pilot长城汽车推出了咖啡智能驾驶系统Coffee Pilot。Coffee Pilot是长城汽车全栈自研的行业领先的智能驾驶系统，是长城汽车自动驾驶的全域解决方案，包含智能感知架构、智能驾驶计算平台、智能驾驶软件系统等全域软硬件，具备重感知、强安全、快迭代的特点，能够实现从高速路到城市路的智慧领航功能。

(2)智能座舱：具备全栈软硬件自研能力

针对智能座舱技术，长城汽车具备了全栈软硬件自研能力。

高算力座舱平台：在硬件方面，专注智能座舱、智能车控、智能网联和智能驾驶领域的诺博科技，自研了V3.5高算力座舱平台。同时，更高算力的V4座舱平台蓄势待发。

咖啡智能座舱系统：Coffee OS在软件层面，长城汽车联合深入自研智能座舱技术的嘉峪智能、深耕AI语音交互技术的仙林智能等生态伙伴，深度共创了座舱操作系统Coffee OS，奠定了可生长、可插拔生态互换、软硬件兼容的系统基础。全新一代Coffee OS，在语音体验上，唤醒速度250 ms，成功率达95%，车控域执行速度900 ms，其在线技能响应速度1300 ms，语音处理速度处于行业第一梯队。

AI场景引擎：在交互方式上，可拓展触控、语音、视线头姿、手势等多维立体交互。

(3)智慧底盘：超感知、高集成、强扩展

针对智慧底盘，长城汽车融合了线控转向、线控制动、CTC、一体化压铸铝车身等核心技术。同时，基于全新的电子电气架构和IDC3.0自动驾驶系统，实现了超感知、高集成、强扩展的智慧底盘。

五、坚定以全球化战略为引领

1. 全球化战略

面向全球市场，长城汽车发布了全球品牌战略及ONE GWM全球品牌行动纲领。基于全新战略，长城汽车将聚焦GWM品牌，以旗下品牌的品类特点制定不同发展路径全面出海，结合不同国家和地区市场及产业政策，差异化布局新能源产品，并以此构建本土化生态。

2. 全球化研发

长城汽车已构建起全球化研发布局，研发设计人员1.5万余人，在中国保定、北京、上海、江苏，以及美国、德国、日本、加拿大、韩国、奥地利、印度等地设立研发中心和技术创新中心，全面覆盖整车、核心零部件、新能源及智能化等领域。

3. 全球化生产

长城汽车在中国建立了十大全工艺整车生产基地。在海外，长城汽车在泰国、巴西建立了3个全工艺整车生产基地，在厄瓜多尔、巴基斯坦等地拥有多家KD工厂。

4. 全球化营销

长城汽车已出口到170多个国家和地区，海外销售渠道超过700家，长城汽车海外销售区域覆盖泰国、巴西、澳大利亚、沙特、南非、智利、厄瓜多尔以及欧洲区域内多个国家和地区的核心城市商圈，并在澳大利亚、南非、中东等重点市场建立海外配件中心库，满足售后市场需求，提升客户满意度。

六、主要新产品

产品型号	产品名称	品牌	通用名称
CC6470CF01BPHEV	插电式混合动力多用途乘用车	哈弗牌	哈弗大狗
CC6480BT25DPHEV	插电式混合动力多用途乘用车	哈弗牌	哈弗枭龙MAX
CC6460BM02CPHEV	插电式混合动力多用途乘用车	哈弗牌	哈弗枭龙
CC6470AH05EPHEV	插电式混合动力多用途乘用车	哈弗牌	哈弗H6
CC2030BE23EPHEV	插电式混合动力越野乘用车	长城牌	坦克300PHEV
CC2030BR22CPHEV	插电式混合动力越野乘用车	长城牌	坦克400
CC2030BN21HPHEV	插电式混动动力越野乘用车	长城牌	坦克500PHEV
CC1030QS01BEV	纯电动多用途货车	长城牌	长城炮EV
CC1030QA01BEV	纯电动多用途货车	长城牌	长城炮EV
CC1033QS02BEV	纯电动多用途货车	长城牌	长城炮EV
CC5030XGCQA01BEV	纯电动工程车	长城牌	长城炮EV
CC1032PA02BEV	纯电动多用途货车	长城牌	风骏7EV
CC1032PA03BEV	纯电动多用途货车	长城牌	风骏7EV
CC6490AY02EPHEV	插电混合动力多用途乘用车	魏牌牌	魏牌摩卡
CC6520BP20CPHEV	插电混合动力多用途乘用车	魏牌牌	魏牌蓝山
CC6520BP00DPHEV	插电混合动力多用途乘用车	魏牌牌	魏牌蓝山
CC7000BJ01CBEV	纯电动轿车	欧拉牌	欧拉好猫

比亚迪汽车工业有限公司

一、单位概况

比亚迪汽车工业有限公司(原名为深圳市比亚迪汽车有限公司,以下简称比亚迪)是深圳市工商行政管理局批准成立的有限责任公司,由比亚迪股份有限公司和BYD(H. K.) CO. LIMITED共同出资组建。

作为集研发试制、整车生产、销售于一体的汽车企业,公司具有乘用车和商用车生产资质。主要承担着汉、唐、海豚、腾势D9、仰望U8等新能源乘用车型的生产任务以及K系、B系、C系、T系等一系列新能源商用车型的研发、试制任务。

公司占地250多万m^2,位于深圳市坪山新区比亚迪汽车生产园区内,地处比亚迪葵涌工业园和宝龙工业园之间,是比亚迪研发和生产基地,也是比亚迪总部所在地。

二、生产与经营

比亚迪的汽车业务包括新能源乘用车和商用车两大版块。

其中,新能源乘用车主要车型有:纯电动车型——汉EV、汉EV冠军版、汉EV创世版、汉EV千山翠限量版、2022款唐EV、秦PLUS EV、秦PLUS EV 2023冠军版、宋PLUS EV、宋PLUS EV冠军版、元PLUS、2023款元Pro、海鸥、海豹、海豚、2023款E2、腾势D9 EV纯电版、腾势N7 EV纯电版、仰望U9;插电式混合动力车型——汉DM-p、汉DM-i、汉DM-p战神版、汉DM-i冠军版、唐DM-p、唐DM-i、唐DM-i冠军版、宋Plus DM-i、宋Plus DM-i冠军版、宋MAX DM-i、宋Pro DM-i冠军版、秦Plus DM-i 2023冠军版、护卫舰07、驱逐舰05、腾势D9 DM-i混动版、仰望U8等。

新能源商用车主要车型有:K系列、B系列、C系列纯电动客车;T系列纯电动物流车、城市环卫车、城市建筑物流车、机场专用车等。

2022年,比亚迪集团营业收入约4240.61亿元,同比增长96.20%,其中汽车及相关产品业务的收入占集团总收入的76.57%,约为3246.91亿元,同比增长151.78%。

2022年,比亚迪汽车总销量为186.85万辆,同比增长152.46%;其中,新能源汽车销量为186.35万辆,同比增长208.64%。2022年,比亚迪新能源汽车产品结构进一步完善,销量依旧位列全球前列,品牌影响力持续提升。

比亚迪新能源汽车历年销量统计表

(单位:辆)

年份	2009	2010	2011	2012	2013	2014	2015	2016	2017	2018	2019	2020	2021	2022	合计
销量	48	480	1323	3153	3125	20972	65851	115743	126977	247811	229506	189689	603783	1863494	3471955

三、产品出口

2022年,比亚迪汽车新能源乘用车出口55916辆。

四、产能建设

2018年,比亚迪汽车工业有限公司乘用车和客车产能利用率分别约为85.92%和162.67%。

五、技术进展与研发能力

1. 研发概况

比亚迪集团研发工程师超6.9万人,设有11个研究院,2022年的研发投入总额超过202亿元,占营业收入比例4.77%。截至2023年4月,集团全球累计申请专利超4万项,其中已被授权专利超2.8万项。比亚迪专利创新指数、数量和强度稳居中国新能源汽车专利榜首。

此外,比亚迪牵头制定电动汽车首批三大强标,代表中国首次牵头制定国际标准EVS-GTR(电动汽车安全全球技术法规),在联合国世界车辆协调论坛会议上获全票通过。凭借产品的高标准,比亚迪获企业标准领跑者称号。

研发机构有:

(1)弗迪电池研究院:主要从事3C消费电池、动力电池及储能电池的研发应用,掌握了电池原材料、电芯、模组、管理系统、智能制造及生产回收等全产业链核心技术,提供全领域电池解决方案。

(2)电力科学研究院:主要负责电池储能及其应用、电力信息与通信等技术的研究和产品设计开发,以及电力工程设计、运行监测技术研究,推进清洁能源在全球广泛运用。

(3)比亚迪中央研究院:主要承担新型材料的研发及其应用,在高分子材料、半导体材料、金属材料、复合材料、NVH材料、特种化学品及先进表面处理等多个领域实现科研成果产业化。

(4)汽车工程研究院:主要进行汽车整车设计、工程开发及验证,具有成熟的技术创新体系和完整的性能开发能力,推出数十款车型,形成多动力、全尺寸、多功能的车型布局。

(5)产品规划及汽车新技术研究院:主要开展乘用车领域前沿新技术的规划和预研,以及DM双模技术、DiLink智能网联系统的开发应用,持续助力汽车电动化、智能化发展。

(6)弗迪动力研究院:主要从事新能源及燃油车动力总成研发,掌握电机、电控、电源、发动机、变速器、车桥等动力产品核心技术,提供纯电动力、混合动力、传统动力等各动力系统解决方案。

(7)弗迪科技研究院:专注于汽车电子及底盘产品的研发设计,在平台化、系统化、智能化、电动化、集成化和一站式服务的基础上,致力于为驾驶提供整体解决方案。

(8)商用车研究院:主要从事纯电动客车、卡车整车及底盘的设计与研发,打造以"26111"为核心的纯电动商用车技术平台,开发更安全、更经济、更智能的纯电动客车及卡车。

(9)轻轨交通研究院:致力于城市立体智能轨道交通系统研发、设计、验证等,掌握车辆、桥梁、道岔、全自动运行和智能运维等核心技术,推出具有100%自主知识产权的云轨、云巴系统。

(10)基础科学研究院:基础科学研究院基于数学、物理、化学、材料等基础学科,致力于解决产业相关技术瓶颈背后的科学问题,开展前瞻性基础研究和应用性的基础研究,为公司的持续发展提供源动力。

(11)电子科技研究院:致力于为全球顶级智能产品客户提供包含新材料研发、创新工艺、产品设计、模具开发、智能制造、系统开发、设备开发、供应链开发等在内的一站式技术解决方案。

2. 新能源汽车技术创新

(1)刀片电池:比亚迪基于环境治理和供应链安全考虑,在新能源产业链技术基础上,通过不断集成创新,2020 年 3 月推出高安全的刀片电池。刀片电池采用磷酸铁锂技术,体积能量密度提升 50%,通过行业最严苛的针刺试验,重新定义电动车安全标准,具有出色的循环性能(1.5 万次),使用寿命达到百万公里,不含镍、钴等稀少金属。自 2020 年 3 月推出后,以刀片电池为主的磷酸铁锂装车量快速上升:2021 年 5 月,磷酸铁锂电池单月产量首次超越三元锂电池;7 月,单月装车量首次超越三元锂电池,并持续保持领先优势。比亚迪以一己之力将动力电池拉回磷酸铁锂正确航道,一并解决了产品安全性和稀有金属卡脖子问题,为中国电池和新能源汽车可持续发展作出贡献。

(2)CTB(Cell to Body):2022 年,比亚迪推出 CTB(Cell to Body)电池车身一体化技术,推动 e 平台 3.0 在安全性、操控性、舒适性上全面进化。CTB 技术是在 CTP 的基础上,把车身与电池系统进行高度融合,从 CTP 的电池三明治结构,进化为 CTB 的整车三明治结构,简化了车身结构和生产工艺,是对传统车身设计的一次颠覆性变革。CTB 技术在刀片电池本征安全的支撑下,电池安全性与结构强度大幅提升,让电池不再需要牺牲其他性能指标,释放了车辆性能设计发挥空间,大幅提升车辆安全性、操控性和舒适性,打破电动车性能拓展的桎梏。

(3)易四方:易四方技术平台是一套以四电机独立驱动为核心的动力系统,从感知、控制、执行三个维度围绕新能源汽车的特性进行了全面重构,彻底颠覆以往燃油车的动力系统能力体系。感知方面,易四方率先发挥了轮边电机强大的感知能力,实现了对车辆运动状态不间断的全方位感知,并结合摄像头、激光雷达、毫米波雷达等智能驾驶传感数据,从而为后续的决策、执行环节提供感知数据基础。在控制环节中,易四方技术平台搭载“中央计算平台 + 域控控制架构”高度协同的电子电气架构。中央控制器与各域控间通过高带宽、低延时、高安全的车载以太网等,实时互通感知信息和控制策略,通过控制器及传感器间的高度协同,实现四电机精准和多样化控制。执行层面,易四方技术平台搭载的四个轮边电机,能够实现纯粹的四轮独立驱动,并根据驾驶场景的需求,对四个车轮的动力进行独立精准的控制。感知、控制、执行三大环节的全面创新,使易四方拥有了四电机独立控制、极限防滑控制、车身稳定性控制三大核心控制技术,从而创造更丰富的驾驶可能性。

(4)DM 技术:DM 技术(Dual Mode 技术)是比亚迪双模插电式混合动力技术的简称,是一种开创性的插电混合动力技术。经过 10 余年经验积累、技术不断升级,比亚迪打造出了动力性能和经济性能同样出色的双模混合动力技术平台。比亚迪于 2018 年推出全新 DM3.0 技术平台,2020 年 6 月推出 DM-p 和 DM-i 双平台战略,DM-p 平台侧重动力性能的同时兼顾经济性,DM-i 平台搭载全新双电机动力系统架构,侧重经济性能的同时兼顾动力性。2020 年 11 月中,比亚迪 DM-i 超级混动技术的核心部件之一——骁云-插混专用 1.5L 高效发动机正式亮相。骁云-插混专用 1.5L 高效发动机专为 DM-i 超级混动技术打造,它以实现超低油耗为开发目标,热效率高达 43.04%,是全球热效率最高量产汽油发动机。

(5)e 平台 3.0:2021 年 4 月 19 日,比亚迪在上海国际车展发布 e 平台 3.0,该平台拥有高效、安全、美学特点并自带“智能”基因,将是“下一代电动车的摇篮”。基于 e 平台 3.0 打造的电动车,风阻系数可降至 0.21,零百加速最快仅 2.9 s,续航最大达 1000 km,“闪充”5 min 即可行驶 150 km。e 平台 3.0 采用全新电子电气架构和车用操作系统,可为高级别自动驾驶及各交互场景打造高标准智慧协作系统。此外,e 平台 3.0 标配刀片电池,并将其作为结构件融入车身一体化设计,车身扭转刚度可提升一倍,全部按照“超五星”碰撞安全标准开发。作为汽车电动化革命的倡导者和推动者,比亚迪将与全球汽车同行,共享 e 平台的所有技术,加速推动电动车的产业化,共同将电动化浪潮推向新的高度。

(6)DiLink 智能网联系统:比亚迪 DiLink 智能网联系统是打通“硬件、软件、生态、手机端”四维一体的智能座舱,以用户为中心,贴近用户需求,以 Different,Link More 为品牌核心理念,通过拥抱海量优质生态,延续手机使用习惯,深化车机控制体验,给用户提供的不仅是黑科技,更是暖科技。全球首创的智能旋转屏幕、100%兼容手机生态,赋予智能座舱更多丰富内容。行业首创的手机 NFC 车钥匙、蓝牙钥匙、云服务钥匙组成全场景的数字钥匙,强大的云服务功能、千里眼、远程高温消毒杀菌等让更多功能可以在手机端实现。2021 年 8 月,比亚迪 DiLink 4.0(5G)发布,DiLink 4.0(5G)智能网联系统是一个“更智能、更高效、更人性”的无限畅享智能座舱,凭借 5G 技术、全新 UI 等行业领先的产品实力,配合同期推出的 HiFi 级定制丹拿音响,解锁更多用车场景,让用户充分享受比亚迪 DiLink 带来的潮酷智趣生活。

六、主要新产品

产品型号	产品名称	品牌	通用名称
BYD7001BEVA	纯电动轿车	比亚迪	比亚迪海鸥
QCJ6491SBEV1	纯电动多用途乘用车	腾势	腾势 N7
QCJ6520MT6HEV	插电式混合动力多用途乘用车	腾势	腾势 D9 DM-i
QCJ2040ST6HEV	插电式混合动力越野乘用车	仰望	仰望 U8
BYD3310C2EV	纯电动自卸汽车	比亚迪	T31
BYD4260C3EV	纯电动牵引车	比亚迪	Q3
BYD6851B3EV2	纯电动城市客车	比亚迪	B8
BYD6102B2EV2	纯电动城市客车	比亚迪	B10

七、合资合作及重大项目建设

2021年,发布DM-i超级混动,推出秦、宋、唐等DM-i超级混动车型;宣布旗下纯电动车型全面切换刀片电池,启用针刺试验为企业标准;发布新一代e平台(e平台3.0)。实现第100万辆新能源汽车下线,成为行业首个进入新能源车“百万辆俱乐部”的中国品牌;与戴姆勒签署关于调整其合资公司深圳腾势新能源汽车有限公司架构的股权转让协议,转让完成后,比亚迪和戴姆勒将分别持有腾势90%和10%的股份。

2022年,腾势汽车销售服务有限公司成立,由比亚迪汽车工业有限公司100%控股;宣布自2022年3月起停止燃油汽车的整车生产;发布了CTB电池车身一体化技术;第300万辆新能源汽车下线,成为首个实现这一里程碑的中国品牌。

2023年1月5日,正式发布高端品牌“仰望”及专属“易四方”技术。

2023年3月10日,在泰国举行首家海外乘用车生产基地奠基仪式,并同时举行了第9999辆和10000辆BYD ATTO3的交付仪式。

2023年4月10日,发布新能源专属的智能车身控制系统——云辇,标志着比亚迪成为能自主掌握智能车身控制系统的中国车企。

2023年6月9日,专业个性化品牌正式定名为“方程豹”。

八、发展规划

比亚迪始终坚持“技术为王,创新为本”的发展理念,肩负“用技术创新,满足人们对美好生活的向往”的品牌使命,力争把中国道路交通领域所有用油的地方全部用电替代,逐步实现全市场布局。

同时,比亚迪将把握新能源汽车行业蓬勃发展的历史机遇,进一步加强研发,提升产品竞争力,全面推进技术、产品和品牌三大战略。通过技术创新,颠覆传统,打造汽车互联网生态,重新定义汽车动力和安全;贯彻“7+4”全市场战略,面向全国范围内大力推广新能源汽车;未来,比亚迪将投入更多资源和精力到产品和品牌升级中,推出更多高性价比且具有竞争力的产品,满足广大消费者的需求。

安徽江淮汽车集团股份有限公司

一、单位概况

安徽江淮汽车集团股份有限公司(以下简称江淮汽车)始建于1964年,是一家集全系列商用车、乘用车及动力总成研产销和服务于一体,涵盖汽车出行、金融服务等众多领域的综合型汽车企业集团。先后荣获国家重点高新技术企业,中国汽车品牌前五强,是全国首家荣获我国工业领域最高奖项——中国工业大奖的综合型汽车集团。

公司现有主导产品:重、中、轻、微型卡车、多功能商用车、MPV、SUV、轿车、客车,专用底盘及变速箱、发动机、车桥等核心零部件,已形成燃油和新能源动力的整车业务(乘用车、商用车、客车)、核心零部件、汽车出行、汽车服务四大核心板块,致力打造“全生态链、全产业链、全价值链”的综合性汽车服务平台。

二、生产与经营

2022年受宏观经济下行、部分零部件短缺等多重因素影响,公司年销售各类整车及底盘50.04万辆,全年实现营业收入365.77亿元。公司轻型商用车业务稳规模、布新局,构建了燃油、混动、纯电齐发的良好态势,轻卡市场稳居行业第二;皮卡年销售超5万台进入行业第四;新能源乘用车抢抓市场机遇,坚持打造明星产品,花仙子聚焦女性市场,爱跑聚焦运动圈层等细分市场;海外业务持续发力,全年出口整车11.46万辆,同比增长55.88%。

三、产品出口

江淮汽车积极响应国家“一带一路”倡议,2019年,江淮汽车成功参与收购哈萨克斯坦最大汽车工业集团——Allur集团,成为江淮汽车开发关税同盟市场和中亚市场国际化战略的重要起点;截至2022年底,累计出口超85万辆,出口市场覆盖70个“一带一路”沿线国家,出口量占江淮汽车总出口量的80%以上。江淮汽车将全面以智能为本,突破边界,雄踞核心,不断刷新智能科技,不断创造智能传奇,围绕用户可感、可知、可用、可享的智能技术,坚守“无智能,不造车”的品牌态度,携手全球合作伙伴,为共赢加码,为智能聚力,致力成为全球智能汽车领导者。

四、产能建设

江淮汽车坚持弘扬制造精神,不断推动新技术、新工艺的应用,将“智能制造”与“精益生产”相结合,全力构建企业智能制造、绿色制造体系。江淮汽车已建成2座省级智能工厂以及8个高端商用车、乘用车生产基地,具备66.2万辆/年产能规模,包含乘用车34万辆/年,商用车31万辆/年,客车1.2万辆/年。产业布局以安徽及周边区域为核心,辐射华东、华南地区;山东、四川生产基地为两翼,辐射华北、东北以及西部地区。同时大力布局战略性新兴产业,加大在新能源乘用车制造能力及制造规模方面的建设,力争在“十四五”末发展成为“百万辆,千亿级”的主流汽车集团。

五、技术进展与研发能力

江淮汽车拥有一支近5000人的研发团队,坚持“节能、环保、安全、智能、网联、舒适”的关键技术研发路线。

作为我国新能源汽车产业的先行者,2007年以来,江淮汽车坚持迭代研发,历经9代技术、4代产品,积累了领先的“三电”核心科技。在智能汽车领域,江淮汽车聚集6项核心技术,5项共性技术,倾力打造“汽车智能网联技术安徽省重点实验室”,现已成为国内第一个被CNAS认可的智能网联领域实验室,合肥市唯一指定的智能驾驶示范运营、测试基地,与华为、地平线、科大讯飞、黑芝麻、京东方等5家科技巨头强强联合,在汽车智能化研发领域形成全面、长期,稳定的战略合作伙伴关系,持续为用户提供更安全、更自由、更愉悦的移动出行解决方案。

六、主要新产品

产品型号	产品名称	品牌	通用名称
HFC7002BEV6	纯电动轿车	思皓牌	E·50A
HFC7000WEV13	纯电动轿车	思皓牌	E·10X
HFC7000WEV14	纯电动轿车	思皓牌	E·10X
HFC7000WEV15	纯电动轿车	思皓牌	E·10X
HFC7002EWEV1	纯电动轿车	江淮牌	钇为3
HFC7002EWEV2	纯电动轿车	江淮牌	钇为3
HFC1040EV2	纯电动载货汽车	江淮牌	帅铃 i3
HFC1123EV1Z	纯电动载货汽车	江淮牌	帅铃 i5
HFC5031XXYEV8	纯电动厢式运输车	江淮牌	帅铃 i3
HFC5045XXYEV17	纯电动厢式运输车	江淮牌	帅铃 i5

七、合资合作及重大项目建设

江淮汽车与大众汽车、蔚来汽车等知名企业分别建有合资公司。江淮大众新能源汽车项目是安徽省先进制造业发展的“一号工程”，通过与大众战略合作，打开研发、营销和制造国际化水准能力建设通道；与蔚来汽车联合打造的世界级智造工厂，采用“互联网＋智造”模式，拥有国内自主品牌首条高端全铝车身生产线，焊装整体自动化率高达97.5%，达到世界一流水平。

八、发展规划

2023年，公司将继续坚持“以用户为中心，以战略为导向，以创新为主线，以变革为动力”指导思想，坚持“有品质、有技术、有品牌、有规模、有效益”的经营方针，坚持“自主发展，合作发展、合资发展”的发展路线，做大做强商用车，聚力发展智能汽车和智能新能源汽车，同时转型发展零部件业务，创新发展汽车金融、汽车物流和增值业务，打造具有江淮特色的产业生态体系。

上汽通用五菱汽车股份有限公司

一、单位概况

2002年11月18日正式挂牌成立的上汽通用五菱汽车股份有限公司（英文缩写SGMW，以下简称上汽通用五菱），是由上海汽车集团股份有限公司、通用汽车（中国）投资有限公司、广西汽车集团三方共同组建的大型中外合资汽车公司，创造了“合资留自主，合资留品牌”的良好合作典范。

随着国家“双碳”目标的不断推进，上汽通用五菱自2017年起布局新能源汽车市场，用时5年成为全球最快达成新能源百万销量的车企，2022年宏光MINIEV全系销量55.4万元，荣膺全球小型纯电汽车销量冠军，还有宝骏悦也、五菱缤果等多款新能源车型相继上市，在自治区级新能源发展“一二五”工程的指引和帮助下，上汽通用五菱正不断完善旗下新能源汽车产品矩阵，以更多更好的科技实力武装产品，进一步拓展市场，为中国汽车产业高质量发展积累有益经验。

二、生产与经营

2022年，中国五菱向新而行，总销量达1600007辆，其中新能源汽车销量超过60万辆，同比增长33%。五菱宏光MINIEV家族全年领跑纯电汽车赛道，累销超55万辆，蝉联28个月中国品牌纯电汽车销量第一；“人民的混动”五菱星辰HEV自上市以来持续保持自主HEV市场销量第一；商用车领域，五菱微货、宏光系列以绝对优势维持市场高份额。

三、产品出口

五菱出口业务表现突出，连续7年保持快速增长，2022年累计出口193579台，同比增长33%；海外核心市场墨西哥零售同比上涨206%，2022年印尼分公司累计销售30037台，在印尼上市的五菱新能源首款全球车Airev销量突破8000台。人民的代步车，在海外同样深受欢迎，开启五菱新能源全球化的新篇章。

五菱Airev和AlmazHybrid在印尼上市，以及五菱Airev晴空成为G20峰会官方指定用车，为世界新能源汽车发展贡献五菱力量。

四、产能建设

上汽通用五菱在国内拥有柳州河西总部、柳州宝骏基地、青岛分公司和重庆分公司四大制造基地，形成了南北联动、东西呼应的发展格局。此外，上汽通用五菱积极响应国家“一带一路”号召，于2017年7月11日在印尼成立上汽通用五菱印尼汽车有限公司，成为国内首家在印尼投资建厂的中国汽车企业，也是中国汽车品牌首次在海外投入设备及资源独立建厂，输出品牌及产品并形成完整供应链、制造、销售、服务体系的范例，实现了中国汽车企业知识产权、品牌与产品、人力资源与团队、业务运营与模式等全方位海外输出。

五、技术进展与研发能力

2022年，随着五菱新能源整体销量突破百万，全国首个新能源汽车领域省部级实验室广西新能源汽车实验室正式揭牌成立，8位院士团队领军，上汽通用五菱技术研发实力不断提升。

1. 突破技术壁垒，打造国产控制器

当前，国内汽车产业链的芯片环节中存在芯片资源配置不善、型号繁杂、测试覆盖场景不足等痛点问题。上汽通用五菱自2018年实施强“芯”战略方针，与国内多家芯片企业合作并成立芯片国产化球型联动组织，以集成创新的方式带动芯片国产化升级，促进产业链加速融合。上汽通用五菱通过与多家国内优秀半导体企业展开深度合作，秉持着从场景出发、从用户体验出发的理念制定适合中国汽车产业的国产芯片新技术架构和方案，创新芯片选型开发新模式。

此外，上汽通用五菱还打造了开放共享的国产芯片应用开发平台，通过从实际应用需求和场景出发对芯片型号进行合并等手段实现一芯多用，大幅减少汽车芯片规格品种。通过这一策略，该平台现已实现了从多品种、小批量的进口芯片到单—品种、大批量的国产芯片初步转换，为汽车行业解决“缺芯”问题的痛点难题提出了上汽通用五菱的解决方案。

通过对汽车芯片逐一分类梳理、联合开展应用测试和开发，上汽通用五菱已完成覆盖众多类型的车用全品类国产芯片开发和验证，累计装车量已超2000万颗；在创造了规模经济效益的同时，“五菱强芯战略”也引导社会资本加大对汽车芯片研发企业的投入，形成了以点带面、盈利不断扩大的良性循环，对逐步打破“卡脖子”局面，带动国内半导体产业升级，维护产业链安全具有重要意义。

2. 上汽通用五菱5G智能云控物流

上汽通用五菱自2021年开始探索5G + 智慧工厂及网联协同技术商业化实践场景，5G + 云控物流运输线路在上汽通用五菱河西基地及宝骏基地已成功启动运行。已投入生产运营云控物流车辆15台，运营路线超过5条，截至2022年12月28日，厂内运行总里程5002.8 km。5G云控物流应用实践利用5G网络，感知路侧设备信息，融合云端决策控制可实现车辆在特定区域内大运力需求的自动驾驶。如对外提供运力服务，每条线路年收益预计为1700万元。

2022年5月，《智慧移动机器人开发应用》项目获柳州市首届职工技术创新成果一等奖；6月，中国智能网联汽车创新成果大会(CICVIAC 2022)上，上汽通用五菱荣获中国智能网联汽车优秀企业；6月，智慧工厂无人物流全链路场景应用、5G云控智慧无人物流技术成果荣获中国智能网联汽车创新成果；6月，上汽通用五菱智能云控物流项目获得10张示范运用牌照；8月，上汽通用五菱智能网联车参加北京2022年“智行杯”智能网联汽车C-V2X应用示范活动，实现柳州云控北京车，引发行业高度关注。

六、主要新产品

产品型号	产品名称	品牌	通用名称
MPV-C-730MHEV	五菱佳辰 HEV	五菱汽车	佳辰混动
MPV-C-CN220MHEV	五菱凯捷混动铂金版	五菱汽车	凯捷混动
SUV-C-730SHEV	五菱星辰混动	五菱汽车	星辰混动
Car-A-E230	五菱晴空 EV	五菱汽车	Airev

七、合资合作及重大项目建设

为了抢抓新能源汽车爆发增长的历史性机遇，持续提升汽车产业技术创新能力、扩大产业规模优势、构建自主新能源全链生态布局，上汽通用五菱在自治区、柳州市和上汽集团的大力支持下，部署实施新能源“一二五”工程：

(1)“一”即建设广西新能源汽车实验室

汇聚七大院士团队等顶尖资源，以国家级实验室标准建设广西最高层次科研平台，解决产业痛点、难点，形成产业链融合的创新策源地、科创新飞地，构建本地化的产业链创新链循环。实现广西新能源从标准“推动者”向“领跑者”转变，为两个百万、五个百亿产业集群提供支撑。

(2)“二”是打造纯电、混动两个百万级产品群

①百万纯电产品群

全球小型电动车(GSEV)：两门代步车持续迭代升级，守住基盘门槛，同步扩展四门应用场景，做大做强代步车，夯实领导者地位。

全球智能电动车(GEQ)：打造智慧社交空间，实现产品和品牌向上发展，成为主流市场挑战者。

智能物流移动平台(ILP)：打造从城际运输到城市末端物流的全场景解决方案，塑造新能源城市物流引领者。

②百万混动产品群

插电混动(PHEV)打造全场景越级体验标杆，拉动品牌与产品共同向上；混合动力(HEV)打造极致性价比体验标杆，颠覆传统燃油车市场。

(3)“五”是建设五个百亿级自主产业链集群

能源系统：构建从矿产原料到元素回收的电池全链集群，并开拓储能供电等能源业务，带动2025年柳州规模从10 GWh提至80 GWh。

智慧电驱：电驱系统一体化发展，同步推进混动总成、电机、电桥建设，2025年形成百万规模。

电子电控：自主创新，产学研联合，建立EPS等关键控制器自主产研能力，2025年规模达千万套。

智能移动机器人：聚焦智能工程设备、智慧物流车等，覆盖多作业场景，推动智能制造升级，2025年形成百亿规模。

商业创新：全面2C，打造整车、潮改、衍生品等多样产品，以电商中心、体验中心、新媒体矩阵等触达用户，并通过跨界营销赋能商业模式创新。2025年市场规模达200亿元。

通过实施“一二五”工程，到2025年，广西新能源汽车实验室建成国际先进、国内领先的新能源两链融合平台；上汽通用五菱产销实现255万辆、产值翻番；形成新能源汽车产业链自主核心竞争力，带动新增供应链产值超千亿。助力柳州建成国内领先的新能源核心产业集聚高地。

为加快推动“一二五”工程实施，柳州市委、市政府和上汽通用五菱成立了“一二五”工程联合指挥部，设置了综合保障、科技创新、重大产业等8个政企联动专班，从项目推进、要素保障、资金扶持等全方位推进“一二五”工程。

实验室方面，能源及关键材料、控制器与芯片等19个子实验室已启动建设，正在与瑞浦能源、上海交大等40多家产学研机构，联合开展智驱电池、关键控制器等12个课题研究；产品方面，新一代新能源乘用车产品、新时代纯电物流车、柔性模块化架构产品群已立项开发；产业集群方面，已落地和筹划了赛克混动发动机、法恩莱特电解液等二十多个项目。

八、发展规划

2023年，汽车市场正在迎来全面复苏，上汽通用五菱也正依托“一二五”工程建设成果，不断推动新能源转型，不断开拓海内外市场，坚持以更丰富的车型、更切合用户真实需要的性能配置和更高科技含量的尖端技术成果为用户提供更高水平的出行体验。

广汽埃安新能源汽车股份有限公司

一、单位概况

广汽埃安新能源汽车股份(以下简称广汽埃安)有限公司是广汽集团发展智能网联新能源汽车的战略核心载体,经过5年发展,已成为全球新能源汽车头部企业,年均复合增长率超120%,持续保持高速高质量发展态势。2022年销量27.12万辆,同比增长126%,营收387亿元;2023年1—6月销量达209336辆,同比增长109%,稳居行业前三。

广汽埃安坚持以"产品+研发+智造+产业链+营销服务+组织"六大核心能力构建品牌护城河,打造品牌本质价值;AI神箭LOGO焕新、Hyper体系独立运营,构建"AION+Hyper"双体系,塑造了国际领先品牌形象。

埃安已打造6款世界级智能纯电车型。其中AION S/V/Y凭借领先的产品力,长期位列细分市场前三;AION LX创造多个行业第一,全球最长1008 km续航;Hyper SSR实现百公里1.9 s极致加速,填补了中国规模量产超跑的空白;高端智能轿跑昊铂GT,首发搭载昊铂双王牌技术,为用户带来前所未有的科幻出行体验。

面向未来,广汽埃安将继续聚焦"EV+ICV"技术路线,通过新品牌、新科技、新产品、新智造、新生态、新体制,全面提升品牌价值,争取2025年成为世界一流高端智能电动车品牌,2035年成为全球高端智能电动车领导者。

二、生产与经营

1. 经营业绩

2017年至2022年,广汽埃安年均复合增长率超120%;2022全年累计销量27.1万辆,同比增长126%,跑赢市场大势;2023年以来,广汽埃安销量节节攀升,连续4个月销量突破4万辆,1~6月累计销量达209336辆,同比增长109%,产销稳居行业前三,已成为全球新能源汽车头部企业。

广汽埃安坚持创新引领,EV(纯电)方面,广汽埃安电池、电机、电控核心技术达到了世界领先水平,初步形成自主可控的研发体系布局和产业化能力;ICV(智能网联)方面,广汽埃安跻身世界先进行列,是国内最早规模化应用智驾提升行车安全的整车企业,参与了自动驾驶国家标准的定制。

2022年以来,埃安陆续成立能用科技公司、锐湃动力科技公司、因湃电池公司,与上游材料端头部供应商赣锋锂业、寒锐钴业等达成战略合作,完成电池研发中试线建设,推出"V2G+快速补电"网络等大手笔布局,已全面打通上游原材料、研发、制造、电池回收及梯次利用在内的能源生态闭环。

2. 六新时代

通过持续的科技创新,广汽埃安具备了为用户打造更多高价值的体验和产品的大工业运营体系,进入了"高速+高质量发展"的六新时代。

(1)新科技

①EV创新技术引领行业发展:纯电专属平台,打破油改电局限,引领纯电平台技术变革;微晶超能铁锂电池,实现动力电池能量密度—低温—快充—寿命综合性能全面提升,重新定义铁锂电池;弹匣电池系统安全技术,定义行业电池安全新标准;海绵硅负极片电池,行业首次突破1000 km续航;超倍速电池,创造充电5 min续航207 km的世界纪录;两挡双电机"四合一"集成电驱,打造极致加速。

②ICV技术进入世界先进序列:ADiGO SPACE智能娱乐大客厅,随时接入海量应用资源;ADiGO PILOT全天候安全智驾,已实现召唤泊车、城市NDA。智能辅助驾驶等新体验。

除了科技创新,埃安在"EV+ICV"领域还参与制定21项国家行业标准,牵头参与10余项国家级科技项目,荣获超20余项国家级行业科技奖项。

③Hyper Tec前瞻科技:一是AEP 3.0高端纯电专属平台;超跑级电驱技术极速最高可达300 km/h;赛道级后驱驾控。实现后驱单电机版4.9 s、四驱多电机版1.9 s破百。二是星灵高端电子电气架构。域集中式电子架构:硬件即插即用、软件常用常新。普赛OS深度安全操作系统:解决国外操作系统"卡脖子"问题。多融合智驾感知系统:首创应用风云三号红外遥感技术以及3颗第二代可变焦激光雷达,同时还拥有包括高清摄像头、毫米波雷达、超声波雷达在内的39个感知传感器。星基融合定位技术:结合高精地图和惯导单元,实现全域厘米级的车辆定位。

④夸克电驱技术群:全球首个"纳米晶-非晶"超效率电机,电机最高效率达到98.5%;行业首创X-PIN扁线绕组,在缩小25%体积的情况下,电驱功率提升30%以上;900 V碳化硅功率模块,最高效率超99.8%;同等重量电机功率(12 kW/kg),是行业水平(6 kW/kg)的两倍。

⑤前瞻电池技术:包括半固态电池技术、高压无钴电池技术等。

(2)新品牌

广汽埃安品牌旗下的AION家族已推出AION S Plus、AION LX Plus、AION V Plus、AION Y Plus四款智能纯电动车产品,其中AION S/V/Y已成为细分市场销冠,AION LX Plus树立了自主高端智能电动车标杆。得益于过硬的产品品质,以及"三电"核心技术方面的领先实力,AION家族实现了自主品牌向广汽丰田、广汽本田等合资企业反向输出产品、技术先河;Hyper昊铂是埃安旗下的高端豪华品牌,秉承"先进、新潮、好玩、高品位"的品牌基因,制造科技艺术品,为用户提供极致的性能与豪华,以及安心的服务。

(3)新产品

①AION埃安:先进、新潮、好玩、高品质。2022年销量27.1万辆,同比增长126%;2022年3月销量40016辆,迈入规模效应新阶段;J. D. Power2022年中保值率排行榜,AION S纯电动紧凑型车NO. 1;AION Y保值率超88.72%,最保值的中国纯电SUV NO. 1;C端销量占比超80%,单车平均售价近18万元;胡润研究院2023全球独角兽榜,埃安位列汽车行业第一;1—4月累计销量超12万辆,成为"行业高速+高质量发展"的典范。

②Hyper昊铂:先进,新潮,好玩,高品位。Hyper SSR:1.9 s百公里加速、噬风自动蝶翼、100%碳纤维外覆盖、AI赛道科技。Hyper GT:4 s级后驱加速、AICS智能底盘系统、ASTC鹰爪系统、多融合智驾感知系统、风云三号红外遥感技

术、三颗智能可变焦激光雷达。

后续每年将推出2～3款新产品，产品多、产品价格带宽、推出及迭代速度快

（4）新智造

核心供应链自研自产，坚持“自主研发+合资合作”双轨并进战略，形成先进、自主、稳定、可控的产业链，到2025年，广汽集团将投资800亿元～1000亿元，布局新能源汽车全产业链。2018年12月，建成国内首个纯电专属智能生态工厂竣工，2022年2月完成能扩，拥有四大“全球领先”优势：全球领先钢铝车身柔性工厂、全球领先数字化自主决策工厂、全球领先互动式定制工厂、全球首个能源综合利用生态工厂。

2022年10月第二智造中心竣工，产能提升至40万元，在原有的智造技术上，实现了数字化、品质、定制、节能方面的全面升级。2023年3月，建成中国首条规模化量产超跑生产线。

（5）新生态

①能源生态。构建可持续利用能源生态，围绕“电+电池”构建包含光储充换能源补给网络、电池梯级利用、电池银行等业务的能源生态。一是智能生态工厂采用太阳能屋顶，每年减少碳排放超1.6万t，配备大规模储能设施，实现规模化光储充用一体。二是超级充换电中心，实现5 min充电，续航超200 km，2.5 min电池快换，补能速度全球领先。三是进行梯次利用与循环回收技术研究，积极构建退役电池再生路径、建设回收网点以及自建动力电池储能厂。四是在全国范围内布局“快广近补能网络”，围绕用户生活、工作、出行场景打造城区5 km、主干道10 km补能圈，10 min内就找到埃安充电桩。

②智能出行生态。ADiGO PILOT（自动驾驶）已实现召唤泊车、城市NDA智能辅助驾驶等体验；L4级Robotaxi试运营就已经超过了500天，累计运营里程已超25万km；参与自动驾驶行业国家与地方标准和专业测评规程的制定；与滴滴合作以合资的形式推进无人驾驶新能源汽车规模化量产。

③营销新生态3.0。聚焦高价值营销服务改革，推进品牌、团队、服务全面升级，构建“线上+线下、车城+商超、直营+经销”全新营销服务生态体系，坚持稳价格、低库存、高周转。App用户突破252万，日活26万，稳居汽车品牌App第二。

AION埃安系列：现有埃安渠道、产品、服务持续保持升级。

Hyper昊铂系列：Hyper专属渠道、产品、团队。

（6）新体制

①数字化赋能，打造敏捷组织，实现研产销一体化，人员效率提升90%。广汽埃安人员效率75.85辆/人、技术人员高占比超30%、本科及以上学历占比96%、90后占比大于92%。

②混改全面推进，成为股份公司，进入“产业+资本”双轮驱动新阶段。

2021年11月资产和人员重组：成为研产供销一体化主体。

2022年3月混改轮：开展员工持股引入三家战略投资者，融资25.66亿元。

2022年9月股改、10月A轮引战：转为股份制公司，融资182.94亿元，投后估值1032.39亿元。引入“EV+ICV“上游原材料、专业投资、媒体机构等战略合作伙伴，深化研产供销一体化整合，助推新能源事业发展，实现产业协同的双赢局面。

2023年推进IPO：加快IPO步伐。

三、产品出口

随着国际新能源市场持续增长，广汽埃安已成立专项体制，加速国际化战略。东南亚是埃安海外发展战略的重要布局，泰国作为东南亚最大的汽车制造国及出口国、第一大电动车市场，是埃安海外发展的重中之重，立足泰国，持续辐射东南亚，是广汽埃安海外发展核心战略。

广汽埃安计划在2023年内在泰国成立东南亚总部，发挥其在东南亚市场的核心支撑作用，未来持续辐射东南亚及周边区域。广汽埃安已与泰国首家经销商泰国锦汇签署了合作备忘录，年内将引入AION Y Plus和AION S Plus两款明星产品，并积极推进入泰车型的本土化生产。

四、产能建设

1. 智能生态工厂

埃安智能生态工厂是国内首个纯电汽车专属智能生态工厂，占地面积47万m^2，总投资47亿元。具备钢铝车身柔性生产、数字化自主决策、深度互动式定制、能源综合利用四大全球领先优势，荣获工信部“2021年度智能制造示范工厂”。工厂总体规划产能40万辆/年，首期生产能力为20万辆/年。

①钢铝车身柔性工艺：为适应未来铝合金等轻量化材料应用，埃安智能生态工厂全球首创铝铆接及点焊切换技术及“钢铝混合”生产线，其中AION S的车身正是采用了“高强度钢+铝合金”下车体混合车身，安全性和轻量化达到世界领先水平，最大限度保护了乘员安全。

②数字化自主决策：国内整车工厂首次运用全球数据云平台进行生产过程分析决策，大幅提升生产效率和品质控制能力，打造最优质产品。智能制造赋予机器具备人的智慧，能够实现数据采集、分析、判断和决策。

③互动式定制：通过互动式定制，客户通过App即可享受形式丰富、互动有趣的流畅个性化体验，更有上百种爱车定制方案，满足用户审美需求。

④能源综合利用生态：智能生态工厂还全面运用绿色环保工艺和材料，践行可持续发展理念。工厂采用5.2万块（8.5万m^2）光伏板打造太阳能屋顶，年发电1677万kWh，约占工厂满负荷耗电量的15%；更自建动力电池储能场，存储富余电能，一期储能达1000 kWh。新工厂大量使用先进环保技术，如涂装车间采用液态阻尼材料喷涂技术，水性环保LASD材料全自动化喷涂，车内苯醛类VOC降低49%；绿色薄膜工艺，采用先进的绿色薄膜工艺（锆化），实现有害物质零排放。

2. 第二制造中心

2022年10月埃安第二智造中心竣工，在原有的智造技术上，借助物联网、大数据及人工智能等手段，实现了数字化、品质、定制、节能方面的全面升级。

（1）智慧工厂平台

可实现多地多工厂100%数据互联互通，一站式中心决策；在低代码开发+大数据体系的加持下，生产模块开发周期比同行标准缩短30%，同时顾客可实现免查验、云上牌。

（2）AI品控系统

通过行业首创的机器视觉结合AI技术，实现全零件全方位品质监控，打造零缺陷产品；并且率先应用超声波探伤、3D视觉跟踪等全工序无损工艺，实现纳米级精准控制；辅以

精细化焊接管理定制每个焊点最优参数,焊点强度对比行业提升 10%。

(3)深度互动定制

首创的超高柔性技术群,让埃安第二智造中心可以实现深度互动式定制与高效生产的最佳结合,创造超高柔性技术群和双走珠超速换色系统,实现车型生产切换零损失、100+颜色实时任意切换;人员效率及生产节拍提升 20%。

(4)零碳智造理念

广汽埃安第二智造中心全面导入光伏、核电等清洁能源,并导入智能照明系统,数字化自适应亮度调节,打造黑灯工厂;通过热泵余热回收、IE3 高效电机等数十项的节能专利技术,实现单车能耗降低 12.4%、单车碳排降低 27%。

五、技术进展与研发能力

1. 研发实力

广汽埃安研发中心下设八个部门:研发项目管理部、整车部、电池研发部、电池系统部、电驱系统部、软件工程部、智能网联部、试验认证部,全面负责新能源汽车关键技术和零部件研究、产品开发、系统及整车试验等。中心现有研发团队人员 800 人,其中博士学位约占 3%、中级及以上职称约占 17%、主管及以上级别约占 34%。

研发流程方面,新增发布 25 份流程文件和 135 份标准化体系文件,累计形成了 30 份流程文件和 620 份标准化体系文件,并从技术研发和产品开发两个维度建立流程管控机制,构建了从市场调研和论证、立项、过程管理、进度管控和经验总结反馈的全流程技术研发运作机制,构建了从项目前期研究、产品概念设计、产品详细设计、产品设计验证、产品认证和生产准备、产品 SOP 的全流程产品开发管理机制。

2. 研发成果

(1)纯电专属平台 AEP 3.0:2022 年广汽埃安纯电专属平台迭代至 AEP3.0,实现后驱驾驭,提升操控性,打造了埃安独有的"AICS 智能底盘系统",根据轮速、转角等参数,进行扭矩、制动、悬架等动态匹配控制,实现转向灵敏度提升 30%,过弯侧倾降低 40%;保证乘坐空间、通过性的同时,重心更低、姿态更优、操控更好,持续保持平台的领先性。

(2)微晶超能电池技术:2022 年广汽埃安发布微晶超能电池技术,该技术突破了磷酸铁锂电池的能量密度瓶颈,有效解决了当前锂离子动力电池单一化学体系性能难以均衡的行业难题。在继承磷酸铁锂电池成本低、安全稳定、使用寿命长等本质优点的同时,将体积能量密度提高 20% 以上、低温容量发挥提升 10% 以上、充电时间缩短 25%、循环寿命达 150 万 km 以上,实现了铁锂动力电池"能量密度—低温—快充—寿命"综合性能全面提升。

(3)超倍速电池技术:超倍速电池技术相较于常见的锂离子电池,在迁移速率、嵌入速度和导电能力上有全面提升,可实现 6C 倍率充电,充电 5 min 即可恢复 200 km 续航。广汽埃安掌握了自主研发的三维结构石墨烯(3DG)制备技术,是实现锂离子迁移加速的关键,埃安三维石墨烯材料已实现稳定量产、成本可控,从而助推超倍速电池技术的量产落地。

(4)海绵硅负极片电池技术:"海绵硅负极片电池技术"是一个从材料、黏结剂、极片到生产制造等领域具有自主知识产权的近 50 项专利的技术群。该技术包括"纳米复合硅技术""自修复黏结剂技术""梯度复合涂布技术"等,让电池内部的硅负极片像海绵一样柔软有弹性,使硅在充放电过程中的膨胀和收缩被限制和缓冲,不会碎裂。同时,也像海绵吸水一样,让硅负极发挥大容量的优势,储存更多的能量。

(5)夸克电驱技术群:2023 年 3 月,广汽埃安发布全新一代高性能集成电驱技术群——夸克电驱技术,电机功率密度高达 12 kW/kg,刷新电机功率密度天花板。夸克电驱技术群围绕"高功率密度,低发热损耗"两个核心点,持续进行技术迭代开发,从而积累纳米晶-非晶超效率电机、X-PIN 扁线绕组、900 V 高效碳化硅、E-drive 软件、无动力中断电子换挡等一系列创新技术,突破了"大动力与小体积"不可兼得的矛盾。

(6)弹匣电池技术:弹匣电池系统安全技术是一个从电芯本征安全提升、整包被动安全强化、再到主动安全防控的一整套安全技术。2021 年 3 月,广汽埃安发布弹匣电池 1.0 技术,行业首次实现了三元锂电池整包针刺不起火。在此基础上,广汽埃安于 2023 年 3 月推出弹匣电池 2.0 技术,全球首次实现电池整包枪击不起火,首次解决了多电芯瞬时短路、爆裂性破坏等极端环境下的电池安全难题,具有超稳电极界面、阻热相变材料、电芯灭火系统三大原创技术。

(7)星灵电子电气架构:星灵架构是由汽车数字镜像云和中央计算机、智能驾驶计算机、信息娱乐计算机三个核心计算机群组,配以高速以太网、5G、信息安全和功能安全等技术,组成可高效支撑纯电、混动车型的车云一体化集中计算式电子电气架构。通过智驾域、车身域、座舱域的集中式布局,星灵电子电气架构带来算力、传输效率、线束及控制器减少等方面的全面提升,可实现硬件即插即用、软件常用常新,并支持 L4 级以上智能驾驶。

(8)自主研发 ADiGO(智能互联)生态系统:ADiGO PILOT(全天候安全智驾)和 ADiGO SPACE(智能座舱)升级。全新一代 ADiGO PILOT,基于华为和英伟达大算力域控平台,部署了行业最多的 33 个感知硬件,配置了 6 颗 800 万像素摄像头及 3 颗激光雷达,大幅提升感知能力,将红外热成像技术应用于智能驾驶成为行业首创,能够突破夜障、穿透迷雾、无惧炫光,实现全天候的智能驾驶,在多种技术支持下,打造出行业顶尖的安全自动驾驶系统。全新一代高端智能座舱系统 ADiGO SPACE 以 8155 芯片为基础,结合 7.1.2 杜比全景声及 Hi-res 高品质音源,配置多种休息场景和海量沉浸资源,首创性建立全场景声音交互生态,基于充电、超充、换电数据接入和充电桩自动推荐算法,提供全场景能源服务,全新升级语音助手,与系统、生态、车控深度融合,提升响应速度,全方位打造智能信息化座舱。

六、主要新产品

产品型号	产品名称	品牌	通用名称
GAM7001BEVA0E	纯电动轿车	埃安	AION S
GAM7001BEVA0M	纯电动轿车	埃安	AION S
GAM7001BEVA0W	纯电动轿车	埃安	AION S
GAM7001BEVA0Y	纯电动轿车	埃安	AION S
GAM6450BEVD0N	纯电动多用途乘用车	埃安	AION Y
GAM6450BEVD0R	纯电动多用途乘用车	埃安	AION Y

续上表

产品型号	产品名称	品牌	通用名称
GAM6450BEVD0L	纯电动多用途乘用车	埃安	AION Y
GAM6450BEVD0M	纯电动多用途乘用车	埃安	AION Y
GAM6460BEVC1D	纯电动多用途乘用车	埃安	AION V
GAM6460BEVC1B	纯电动多用途乘用车	埃安	AION V
GAM6460BEVC1C	纯电动多用途乘用车	埃安	AION V
GAM6480BEVB0M	纯电动多用途乘用车	埃安	AION LX
GAM6480BEVB0N	纯电动多用途乘用车	埃安	AION LX
GAM7000BEVE0B	纯电动轿车	埃安	Hyper GT

七、合资合作及重大项目建设

1. 投资建设自研电池试制线

广汽埃安自研电池中试线位于广州市番禺区广汽埃安新能源汽车厂区内，主要开展锂离子电池、动力电池、电池电芯材料的研究开发、研产试制等业务。项目总投资3.36亿元，新建电芯和PACK生产车间、先进工艺设备和电池电芯材料开发区、仓库、设施房、办公区和公辅动力等相关配套设施，新增建筑面积3.2311万m^2；厂房一次性建成，生产设备及开发设备分期导入。本项目2019年底开始筹建建设工作，2022年第一季度主要完成报批报建、土地平整、方案设计等工作；2022年3月中试线正式开工建设。2022年主要开展中试线厂房建设、机电装修、设备定点及设备导入等工作；厂房建设和机电装修已完成，车间交付；设备完成导入，并开始安装和调试工作。

2. 成立因湃电池科技有限公司

为正式启动自研电池技术产业化，保障电池供应稳定性，2022年8月25日，广汽集团发布公告审议通过了《关于设立绿擎电池公司的议案》(现名为因湃电池科技有限公司)，同意设立电池公司开展自主电池产业化建设。因湃电池科技有限公司总投资109亿元，占地约666亩，是广州市最大的“动力电池+储能电池”项目，将全面打通电池研发、设计、智造、销售和服务链条。2022年12月，项目启动打桩。工厂预计在2023年10月实现厂房交付，2024年3月前完成首期6 GWh量产线导入，2025年底完成所有36 GWh产线导入，届时可满足60万辆车的装机需求，年产值将超过210亿元。

3. 成立锐湃动力科技有限公司

锐湃动力科技有限公司(广汽自主电驱产业化建设项目)成立于2022年10月20日，由广汽集团、广汽埃安、广汽乘用车联合投资，并由广汽埃安控股的锐湃动力科技有限公司正式注册成立，注册资本9亿元。该公司重点围绕IDU电驱系统进行自主研发及产业化，实现自主电驱研发、试制、试验和量产一体化，预计未来几年将投资21.6亿元，到2025年建设年产40万套IDU电驱系统总成，及年产10万套GMC混动机电耦合系统的电机和电控。2022年12月，项目启动打桩。

4. 成立广汽能源科技有限公司，全面布局能源生态

2022年7月，广汽集团与广汽埃安联合投资的广汽能源科技有限公司正式注册成立。新公司将依托埃安领先的电池和能源创新科技，以“电和电池”为核心，构建光储充换能源补给网络体系，积极布局电池回收梯次利用，研究储能系统技术，形成能源产业链生态布局，拓展能源生态全场景全领域服务，预计未来几年将投资49.6亿元。

5. 与滴滴深化战略合作，2025年推出首款量产L4无人驾驶新能源车

2023年5月10日，广汽埃安新能源汽车股份有限公司与滴滴自动驾驶公司签订深化合作协议，共同发布无人驾驶新能源量产车项目——AIDI计划，并宣布将成立合资公司。根据计划，广汽埃安和滴滴自动驾驶将成立合资公司，充分发挥各自产业优势、技术优势，深度探讨智能汽车领域产品创新、应用创新，共同定义和量产共享出行L4无人驾驶新能源汽车，计划于2025年接入滴滴共享出行网络。

6. 与中石油达成战略合作，全面发力新能源下乡

2023年5月17日，由广汽集团与广汽埃安联合控股的广汽能源科技有限公司与中国石油广东销售公司签订战略合作协议，全面发力新能源下乡，并就充换电站能源生态建设、汽车销售及相关增值服务开展合作。双方合作具体采用三步走模式：第一步，采取共同投资模式，在广州共同建设充换电场站。第二步，通过先期项目合作，带动双方整体合作，并将该模式复制，向全国推广。第三步，深化合资合作，共同搭建高质量能源补给体系。

7. 与链宇科技达成V2G战略合作

2023年5月22日，由广汽集团与广汽埃安联合控股的广汽能源科技有限公司与北京链宇科技有限公司战略合作协议签约仪式在广汽埃安举行。双方协同发力行业前沿先进车网互动技术，在产品技术应用、能量管理系统、示范场景建设等方面，面向交通能源物联网、源网荷储等范围内展开深度合作。在生态资源、市场资源、供应链资源、技术资源上发挥各自优势，共同开拓市场。同时推动V2G政策标准制定，通过V2G深化落地引领能源产业高质量发展。

8. 入股星河智联，深化以用户为主导的开发模式

2023年5月30日，广汽埃安新能源汽车股份有限公司与广汽资本有限公司股权转让信息在国家企业信用信息公示系统完成工商登记，此次股权转让，广汽埃安成为星河智联战略投资新股东。埃安入股星河智联，将原有的垂直型开发模式转换为循环互联型开发模式，形成以埃安为主拉动的产品规划和用户体验开发模式，提升开发效率和产品平台化，加速埃安智能座舱迭代进化。同时，埃安也将快速构建起座舱生态和用户运营体系，后期还将择机向合资企业输入智能座舱产品和生态模式。

八、发展规划

1. 未来规划

规划2025年产销超百万辆，成为全球高端智能电动车领导者。面向“十四五”规划，广汽埃安将坚持创新驱动发展战略，围绕研发、产业链、智造与质量、营销服务与组织文化五大领域，全面提升广汽埃安品牌价值和综合竞争力，构建可持续能源生态、智能出行生态、营销服务新生态，打造品牌力、研发力、智造力、产品力、营销力、供应力、组织力七大核心能力，争取2025年广汽埃安实现产销目标100万辆，新能源行业坐二望一，成为世界一流高端智能电动车品牌，2035年成为全球高端智能电动车领导者，为建设新能源汽车强国提供埃安解决方案。

2. 布局能源生态

随着新能源汽车市场快速发展，充电桩数量不足，补电效率低，充电桩网络布局不合理等问题，已成为制约新能源行业发展的核心课题。广汽埃安将通过“快广近补电网络”，在2025年底建成2000座超级充换电中心和超过2万个充电桩，实现全国地级城市全覆盖。

3. 投入研发前瞻科技，构建技术护城河

（1）迭代AEP4.0，支撑未来高阶自动驾驶，构建智慧出行生态。建立满足L4及以上自动驾驶的纯电平台技术，开发线控制动（制动冗余）、线控转向（转向冗余）、电源冗余、CTC结构设计、分布式驱动系统，可实现原地掉头、双向行驶、平移入库停车等更加科技便捷的功能体验，改善同平台一出多车型开发周期，可实现Robotaxi多场景应用，构建智慧出行新生态。

（2）研发高压无钴电池、半固态/固态电池、正负极材料技术，保持电池技术持续领先。一是高电压无钴电池技术，能量密度较传统磷酸铁锂电池提升30%以上，成本降低15%以上，并大幅改善低温续航等性能。二是聚焦半固态/固态电池技术瓶颈，解决当前半固态/固态电池存在的离子电导率低、倍率性能差、循环寿命低、对制造环境及工艺要求苛刻、成本高等行业痛点，加快推进半固态及固态电池产业化应用的步伐。三是着力开展正负极材料及匹配化学体系的开发，通过新型材料合成及改性技术，开辟非锂体系电池新路径，摆脱稀有金属依赖，从而进一步提升整车成本竞争力和安全性。

（3）打造N合一全向驱动技术，推动电驱技术变革。2025年后推出全向驱动技术，基于深度集成16合一动力域产品，结合Delta Modulation电驱动电力电子域控制软件及E-TCS整车力矩矢量分配算法实现整车三自由度的扭矩控制，基于埃安电驱动数字孪生技术，实现电驱全工况优化设计，动力域产品实现至高93.6%工况效率，持续保持行业领先地位。

（4）推进下一代半导体功率器件开发。第三代功率半导体（碳化硅/氮化镓）功率器件，功率器件损耗实现30%大幅下降，搭载第四代电源产品，提高整车配电智能化、节能化；推出下一代半导体（氮化铝）功率器件，引领行业发展。

东风柳州汽车有限公司

一、单位概况

东风柳州汽车有限公司（以下简称东风柳汽）前身为创立于1954年的柳州农械厂。1969年进入汽车行业，同年生产出广西第一辆汽车——“柳江”牌载货汽车；1981年加入东风汽车集团；1997年改制为东风柳州汽车有限公司。在50多年的造车育人历程中，秉承着“自立自强、创优创新、同心同德、为国为民”的企业精神，一代又一代的柳汽人艰苦创业，用勤奋和汗水书写了一个又一个的中国汽车工业史上的“第一”：1981年开发生产中国第一款中型柴油载货汽车；1991年开发生产中国第一款平头柴油卡车；2001年推出国内第一款自主品牌MPV——风行菱智；2007年推出国内第一款采用龙骨框架结构驾驶室的霸龙507重卡产品；2020年推出乘龙H7新一代升级产品-乘龙H72020款；2021年推出潮牌SUV开创者风行T5EVO，2022年推出风行游艇。

东风柳汽拥有员工5700多人，拥有科技创新人员1400多人，占地面积345.4万m^2，已形成商用车基地年产10万辆商用车、乘用车基地年产40万辆乘用车、发动机年产10万台的生产能力，拥有“乘龙”商用车品牌和“风行菱智”“风行景逸”等乘用车品牌。凭借优质的产品和服务被中国质量协会评为“重质守信3·15放心单位”“维护消费者权益3·15满意单位”“全国售后服务十佳单位”。近年来荣获“全国质量先进企业”“全国产品和服务质量诚信示范企业”“广西十佳企业”等称号。

二、生产与经营

2022年是“十四五”规划的关键一年，是第二个百年奋斗目标开局之年和党的二十大胜利召开之年，极为重要、极为特殊。一方面，疫情反复影响，原材料、芯片等核心资源紧缺给汽车行业带来较大冲击；另一方面，新能源快速上量，特别是TOC端增长，给公司发展敲响警钟。为此，公司深入挖掘生产经营的潜力和空间，持续推进改革创新，谋求新发展，稳定公司基本盘。在公司全体员工的努力下，全年累计销售汽车15.7万辆，实现营业收入176.6亿元。其中，商用车销售3.5万辆，乘用车销售12.2万辆。

三、产品出口

东风柳汽强化市场攻坚，多措施并举提升营销效率，商用车以市场为导向调整营销策略、拓展区内大客户渠道、突破北方区域市场；聚焦钢厂、煤炭等高污染行业，开拓新能源市场；通过子母车轻量化优势，抓住煤炭市场。乘用车加快营销转型，新媒体销售实现突破，初步建立网上营销体系。通过TOB端新能源及CNG产品，取得客运市场份额第一的成绩。出口方面坚持“一体两翼”战略，在东南亚、南美、中东市场实现突破，同时开拓欧洲等市场。全年累计出口2.5万辆，商用车出口6618辆，乘用车出口18434辆。

四、产能建设

东风柳汽践行绿色发展理念，抢抓碳达峰碳中和战略机遇，持续推进能源结构调整，助力企业绿色发展，东风柳汽光伏发电二期项目A区将于2023年3月建成并成功并网发电，预计首月发电量达40万kWh。东风柳汽光伏发电项目是目前广西最大的分布式光伏发电项目，二期建成后，东风柳汽光伏总发电规模将近50MW。

数字化工厂方面，东风柳汽从数字化研发、智能化生产、协同赋能、绿色化制造、安全化管控等方面于2022年4月开展“东风柳汽未来工厂”项目推进。2022年8月，自治区工业和信息化厅调研专家对东风柳汽数字化工厂的智能化建设给予了高度认可。

五、技术进展与研发能力

商用车技术方面，基于模块化的软硬件架构设计与完全自主研发核心算法，打造“乘龙领航”智能驾驶柔性解决方案，可覆盖港口、高速等不同场景不同等级的智能驾驶产品；行业首创“车—路—云—舱”一体化智能网联电动物流解决方案，通过C-V2X车联网技术、5G远程驾驶技术，实现自动驾驶“远程安全员”一人管理多车,促进自动驾驶商业化落地加速。

乘用车技术方面,自主开展能量流技术研究,构建“整车—系统—部件”三级能量流模型,模拟用户各种用车工况,优化能量回收进入、退出条件,致力产品能耗同级领先。2022 年 12 月推出纯电 SUV 车型——风行雷霆,实现综合工况 CLTC 续航达到 630 km,能耗 14.3 kWh/100 km。

科技创新方面,东风柳汽坚持创新引领发展,不断建设和完善创新平台,通过平台集聚创新要素、整合创新资源,开展众创中心平台建设,打造双创引擎,激发创新活力,助力打造柳州市国际新能源汽车产业高地。公司已建设拥有国家级工业设计中心等省级以上研发平台 9 个,顺利通过了国家知识产权管理体 GB/T 29490—2013 认证,先后被评为“广西知识产权优势企业培育单位”“广西高价值专利培育示范中心”“国家知识产权优势企业”。

六、主要新产品

产品型号	产品名称	品牌	通用名称
LZ6460XPF0EV	纯电动 SUV	东风风行	风行雷霆
LZ7009SLAEV	纯电动 SUV	东风风行	风行 S50EV
LZ6514MLANEV	纯电动轿车	东风风行	菱智新能源

七、合资合作及重大项目建设

2022 年 6 月 2 日,东风柳汽与柳钢集团汽车用钢联合实验室正式揭牌。东风柳汽与柳钢集团双方本着互补互利、合作共赢的原则,发挥各自资源优势、技术优势和管理优势,相互支持、相互依托,进一步拓宽合作领域,在汽车用钢研究、钢材和汽车产品采销、汽车后市场等方面开展深层次合作,积极向上游汽车零部件制造商和向下游物流服务商延伸,携手开启合作共赢的供应链生态模式。

八、发展规划

以习近平新时代中国特色社会主义思想为指导,深入学习党的二十大精神,全面贯彻新发展理念。在集团“提升能力固基础、保持定力强自主、持续发力快转型、凝聚合力优体系、执行有力抓落实”的工作方针指导下,坚定发展信心,重新梳理赛道,聚焦客户、聚焦重点市场和车型。坚定不移推进产品升级,坚定向新能源转型的信心,坚持有销量的利润,推动企业稳步健康向高质量发展。

岚图汽车科技有限公司

一、单位概况

岚图汽车科技有限公司(以下简称岚图汽车)是一家高端智能电动汽车科技公司,高新技术企业。公司创立于 2019 年 4 月,员工总数约 4600 余人。作为中国“央企造车新实力”,岚图汽车充分整合东风公司超过 54 年的造车技术和优势资源,以用户为中心构建创新的商业模式,致力于成为“中国高端电动汽车领导者”。岚图汽车定位为“用户型科技企业”,以“让汽车驱动梦想,为美好生活赋能”为品牌使命,为当代社会新中坚力量创造现代格调的美好生活。岚图汽车承载着探索自主品牌发展新模式和东风公司品牌向上的双重使命,是东风公司“东方风起”计划和“科技跃迁”的先锋力量,依托“国家队”的实力背景和世界级的供应链伙伴,充足的资金和人才积累、世界领先智能工厂和质保体系、严苛的研发实力,探索出全新战略、全新组织机制、全新商业模式和全新团队,为用户提供超越期待的智能体验和服务,加速燃油车向电动转化。2020 年至 2022 年,岚图累计布局申请专利 1860 余件。其中,包括发明专利 1450 件,已授权 308 件,平均每年申报专利近 600 件,专利增长速度处于新能源行业第一。

二、生产与经营

岚图汽车仅用 5 个月的时间,完成从品牌发布到产品首发,2020 年 12 月 18 日首款量产车型“性能级智能电动 SUV”岚图 FREE 发布,从 2020 年 12 月 18 日到 2021 年 6 月 19 日,岚图 FREE 仅用 6 个月完成产品首发到正式上市,创新性首创“纯电 + 增程”的双动力解决方案。从 2021 年 8 月 8 日岚图 FREE 正式开启交付,到 2022 年 10 月 31 日,岚图 FREE 已交付超过 3 万台。

2022 年岚图汽车第二款车岚图梦想家于 4 月 7 日开启预售,2022 年 5 月 7 日,岚图梦想家正式上市,将 MPV 带入智能化、电动化的新时代。

岚图汽车的第三款高端豪华轿车“追光”在 12 月 15 日发布,开启全极致豪华轿车的新篇章。

三、产品出口

2022 年 2 月 17 日,岚图汽车宣布将正式进军欧洲,首站登陆挪威,岚图汽车成为最快实现从本土走向全球的中国高端新能源汽车品牌,跑出了岚图速度;2022 年 7 月已完成海外首款车型的欧盟 WVTA 认证,车辆陆续销往挪威、瑞典等海外目标市场。

四、产能建设

产能规模为 15 万辆,2021 年 6 月 30 日正式量产生产。

五、技术进展与研发能力

岚图汽车首款性能级智能电动 SUV 岚图 FREE 已于 2021 年 6 月 30 日投产。岚图汽车拥有完整的新能源平台架构、高端新能源整车,以及新能源关键总成及系统技术研发能力,已全面布局新能源整车、800 V 超高压系统、下一代自动驾驶平台、下一代电子电气架构等重大项目的开发与研究,未来每年将向市场投放至少一款新车。岚图汽车承担了承担多项国家、省部级重大科研课题,如科技部的“国家重点研发计划”项目、“时间敏感网络关键技术研究及验证”课题研究及应用,工信部项目“下一代自动驾驶课题研究及应用开发”以及湖北省重大科技专项项目“轻量化智能网联新能源汽车关键技术及示范应用”的相关课题研究工作,同时也参与了工信部、国资委重点产品、工艺“一条龙”应用示范项目的相关课题的研究与应用示范。

“十四五”期间，岚图汽车将加速突破高端新能源乘用车、关键动力总成和智能网联核心技术，建立高端新能源整车及关键技术的领先优势，形成东风集团以至新能源汽车全价值链的自主开发和制造的核心竞争力。

六、主要新产品

产品型号	产品名称	品牌	通用名称
EQ6491AL5F2SHEV	插电式混合动力多用途乘用车	岚图	FREE
EQ6491AL5F2BEV	插电式混合动力多用途乘用车	岚图	FREE
EQ6530AL5F2CHEV	插电式混合动力多用途乘用车	岚图	梦想家
EQ6530AL5F2BEV	纯电动多用途乘用车	岚图	梦想家
EQ6531AL5F2BEV	纯电动多用途乘用车	岚图	梦想家
EQ7000AL1F2BEV	纯电动轿车	岚图	追光
EQ7001AL1F2BEV	纯电动轿车	岚图	—

七、合资合作及重大项目建设

2020 年 12 月 18 日首款量产车型“性能级智能电动 SUV”岚图 FREE 发布，岚图汽车产品还将涵盖轿车、SUV、MPV 等多个车型。

“三年三款车，三年三品类”，岚图汽车成为中国整个新能源汽车品牌里产品布局最完整的车企。

八、发展规划

凭借着更高的产品感知价值、更优的用户体验，岚图汽车与各位伙伴一起开启“直营 + 生态”直营生态体系，搭建全新的“共生、共创、共赢”经营发展平台，截至 2023 年 5 月，终端网点已覆盖至近百个城市近 300 家店面，将助力岚图汽车更好地为更多用户提供“物有所值、价有所信、购而不悔、用而无忧、赋能生活、收获友情”的产品和服务，也期待和欢迎各位生态伙伴参与其中，拥抱岚图汽车的经营思路和发展节奏，推动一次从团队到服务再到企业结构的全面转型，最终实现岚图汽车和生态伙伴之间的共创、共享、共赢。

东风汽车集团股份有限公司猛士汽车科技公司

一、单位概况

东风汽车集团股份有限公司猛士汽车科技公司（以下简称猛士科技）于 2022 年 1 月 29 日注册成立，是东风公司深化“东方风起”计划、“科技跃迁”战略布局，面向越野消费需求升级趋势推出的豪华电动越野品牌；是东风公司科技转型的重要支撑；是东风公司响应时代号召，顺应零碳趋势，坚持创新驱动的背景下，致力于成为豪华电动越野文化领先者的企业主体。

秉承东风汽车集团股份有限公司“让汽车驱动梦想”的企业使命，猛士汽车科技公司打破城市与越野的壁垒，定义科技新越野，通过品牌引领，越野突破和生态创新 3 个层面打造领先优势，成为“东方风起”中的重要力量。

针对新的客户需求和市场趋势，从 2016 年开始，猛士品牌即启动预研，向公众日常品鉴消费领域拓展。历经 6 年，以极客精神，积极应用最先进成果，致力于为用户带来世界级东方越野体验。

二、生产与经营

2023 年，猛士科技以确保猛士 917 车型高质量投放为前提，聚焦圈层和生态，同步开展车型上市销售及客户体验活动，在全国进行渠道开拓，围绕产品特点向全国乃至世界的用户提供世界级的东方越野体验。

三、产品出口

随着中国新能源汽车出口销量的蓬勃发展，针对海外市场新能源越野需求和传统燃油越野车的电动化替代，围绕酷玩新贵、新锐越野、精致户外、商务精英等圈层高净值用户，猛士科技与国内产品同步开展海外出口产品规划和产品开发、品牌和渠道建设，计划 2024 年开始形成规模化出口欧洲和中东地区，年产值达到 5 亿元。

四、产能建设

猛士智能智造园区占地面积 31.4 万 m^2，包括焊装、涂装、总装等三大工艺车间及辅助设施，具备完整的整车生产制造能力，规划年产能 5 万辆，立足智能，应对豪华新能源产品精益、绿色的先进智造特点，在规划初期就融合个性化定制、订单可视化、客户沉浸体验等潜在需求，构建智能制造、定制化、越野体验一体化生产阵地。2023 年 7 月 28 日猛士工厂实现量产投产。

五、技术进展与研发能力

凭借东风汽车公司多年的军用越野车开发积淀以及“十三五”期间科技创新及自主发展的技术积累，猛士科技协同东风汽车公司技术中心，以“超级平台、超级动力、超级越野”为理念，自主研发并打造 MTECH 技术品牌。MTECH 含滑板式越野平台 MORA、MEGAPOWER 动力系统及猛士智能全地形越野辅助系统 M-ATS 三大硬核技术群，MORA 平台为非承载越野平台，兼容增程、纯电两种动力形式；车架采用内高压一体成型工艺，扭转刚度每度大于 11000 Nm；采用双叉臂悬架形式，搭载空气弹簧及连续阻尼可调减震器，可实现 150 mm 范围高度调节，整车离地间隙高达 330 mm；MORA 平台搭载行业最大 10.6°转角的后轮线控转向系统，猛士 917 转弯半径低至 5.1 m，可实现“蟹行”模式；MORA 平台底盘系统实现了全面的电控化，通过 VMC 系统及 M-ATS 系统实现横向、纵向、垂向智能一体化控制，M-ATS 系统可实现“雪地、泥地、沙地、岩石、涉水”五种越野驾驶模式，所到之处如履平地。MEGAPOWER 五合一电驱动，开创性地采用了两挡减速箱兼容差速锁集成技术，兼顾低速越野大扭矩与高速经济性需求，轮端扭矩高达 16000 Nm，零百加速低至 4.2 s。MTECH 电动越野技术已申报并受理 318 项发明专利。

猛士科技将基于 MTECH 推出系列化车型，首发车型“猛士917”正式进入试生产阶段,预计2023年下半年将面市。

六、主要新产品

产品型号	产品名称	品牌	通用名称
EQ2040RMVBEV	纯电动越野乘用车	猛士	猛士917
EQ2041RMV6SHEV	插电式增程混合动力越野乘用车	猛士	猛士917

七、发展规划

在“十三五”发展中,我们深刻地洞察到,在中华民族从富起来到强起来的进程中,汽车消费升级加快,消费者文化自信不断增强,“国潮”消费持续升温,自主品牌高端化趋势明显。“个性化、特性化、豪迈型”的消费兴起,特别是高品质的越野需求不断涌现。

电动化、智能化、网联化技术的不断发展与快速迭代,赋予汽车更丰富的内涵和更强的生命力,不断成就新的汽车“物种”,为满足和引领新的越野需求创造了条件。针对新的客户需求和市场趋势,从2016年开始,我们谋划并推动东风猛士,从军事专业化应用领域向公众日常品鉴消费领域拓展。历经6年,我们以极客精神,积极应用最先进成果,致力于带给客户超乎想象的越野体验。

猛士追求极致动力、极致安全、极致智能。“刚烈与血性相长、威悍与柔情相济”是猛士电动越野的风格。猛士是沙场浴火中走出的真正骑士。

我们深知,成就猛士品牌并不是一件容易的事情。道阻且长,行则将至;行而不辍,未来可期。我们有充分的自信。这种自信,来自精准的市场认知;这种自信,来自雄厚的技术积累;这种自信,来自厚重的品牌沉淀;这种自信,也来自体制机制的焕新。

我们将以全新模式发展猛士事业,构建敏捷高效的市场化机制,以客户为中心的经营理念、商业模式、运营流程体系,快速应对瞬息万变的市场。

“十四五”时期,东风将深入实施“东方风起”计划和科技“跃迁”行动。电动越野猛士的推出,是“东方风起”计划的重要篇章,也是科技“跃迁”行动的重要内涵。我们将锚定战略目标,举全集团之力,以超级平台、超级越野、超级动力为标准,打造新时代意义上的超能猛士,从2023年开始面向市场投放,有序打造新锐先锋、重装堡垒、越野轻骑等独具魅力的豪华电动越野产品,为用户提供世界级东方越野体验,满足并引领越野消费需求。

飞凡汽车科技有限公司

一、单位概况

飞凡汽车科技有限公司(以下简称飞凡汽车)是上汽集团旗下新能源汽车品牌,倡导科技服务于人的理念,以“本真、开拓、品位”为品牌内核,致力打造“高阶智能纯电移动空间”,持续用科技兑现人类对智能出行的想象。

飞凡汽车的英文名是RISING AUTO,代表持续向上,成就非凡之意。其中“飞”是一种向上的渴望,自我突破的态度,是在现有成就上再飞跃的探索精神;“凡”是一种实力,是主流大多数稳步积累所铸就的积淀,是“飞”的基石。

飞凡汽车现拥有中大型豪华纯电SUV R7、中大型豪华纯电轿车F7、概念车RC ESSENCE本智3款车型。

飞凡R7定位为极智高阶纯电SUV,在智驾、智舱、“三电”方面应用前瞻顶尖科技,引领下一代智能车,让用户轻松享受科技红利。外观方面飞凡R7以“不繁,即非凡”为设计理念,从人的需求出发,以理性设计表达高阶审美,以匠心雕琢每一个细节,让用户真正享受到智慧科技带来的革命性出行体验,践行真正的豪华质感。内饰上配备43 in宽幅真彩三联屏横贯座舱,搭载视觉增强AR-HUD平视系统,高通骁龙8155芯片,拥有高阶语音、状态等多体征识读,支持自定义场景模式。智驾方面飞凡R7搭载的RISING PILOT高阶智驾方案,配备多达33个感知硬件,将智能驾驶的安全等级提升到全新高度。

飞凡F7传承红点大奖概念车设计理念,“以线带面”完美勾勒车身型面的优雅气韵,流畅的车身线条不仅带来极佳的视觉享受,更为其低至0.206Cd的风阻系数奠定基础。智能座舱方面,飞凡F7搭载RISING MAX“3+1”科技娱乐舱,配备行业首创双向双区独立影院场景和场景式3D矢量音效技术,依循欧系豪华车调校理念打造驾享合一的动态体验。智能驾驶方面,飞凡F7配备采埃孚Premium 4D成像雷达,英伟达Orin芯片等在内的顶级智驾硬件及RISING PILOT全融合高阶智驾系统,配合666 km CLTC超长续航和“可充可换可升级”换电架构,成为智能电车时代当仁不让的价值首选。

飞凡概念车RC ESSENCE本智是飞凡设计共创中心联动上海和国际设计团队,由前奥迪首席设计师WADA、现上汽全球设计顾问领衔打造,于2023年4月18日首次亮相上海车展。飞凡汽车以Uni-Shadow一体式廓影理念,让RC ESSENCE从体、线、面动静间皆有神韵。RC ESSENCE也将搭载下一代飞凡巴赫座舱,让全感舒适再跃级。

二、技术进展与研发能力

1. 飞凡巴赫座舱

飞凡巴赫座舱,在飞凡F7上首度搭载,是飞凡F7新豪华的核心体现。凭借中汽研“舒适之星”历史最高分的飞凡巴赫座椅、业内首个智能声音解决方案的飞凡巴赫3D矢量音效技术、飞凡巴赫双区双向独立影院功能的RISING MAX、为智慧场景而生的RISING OS、飞凡巴赫超级滤振底盘、飞凡“巴赫歌剧院”静音系统、飞凡巴赫晕车舒缓系统等,令飞凡F7跻身成为市场中“30万内最舒适的电轿”。

2. Flex Air主动式人体工程学座椅

飞凡汽车有全球先进Flex Air主动式人体工程学座椅,区别于行业从形面、材料、工艺等角度为座椅营造的舒适和贴合感,该座椅实现由静态到动态、由被动到主动的自适应舒适体感进阶。Flex Air主动式人体工程学座椅特有三大技术。其中主动贴合技术,能够通过座椅内的气袋智能充放气，将其调节至最佳位置和环抱角度并且对动态状态下的身体不贴合也可进行实时响应，通过电容传感器做到最精准的补偿。另一项创新技术为弯道身体平衡技术。在面对弯道行驶及坑洼路面所带来的晃动时，飞凡 Flex Air 主动式人体工程学座椅可通过横向加速度及导航信息，提前预判车辆动态，以座椅中侧翼气袋预充气给予用户舒适支撑，极大缓解脊椎不适。座椅硬度主动调节技术则根据车辆的不同行驶模式，模块化智能充放气控制 Micro 矩阵气柱以改变座椅软硬度及贴合度。如在高速时，座椅气柱主动充气夹紧身体，低速时气柱收缩让其回归柔软，软硬坐感自如兼得。

3. 飞凡 RISING OS

飞凡 RISING OS 配备高通骁龙 8155 芯片，搭载云管端一体化 SOA 软件架构需要的诸多平台化模块。基于零束 SOA 软件架构，充分释放智能车原子化能力，为用户提供丰富的应用及生态，同时也能让用户定制属于自己的 SOA 创意场景。飞凡 RISING OS 采用开普勒风 UI 设计美学，延续了飞凡汽车“不繁，即非凡”设计理念，在本真优雅的理性设计中融入更多星球的自然地貌元素，展现科技浪漫。飞凡 RISING OS 的直觉式交互设计，是共创中心经过数千次用户调研，充分尊重用户车机操作习惯，同时兼顾消费电子交互需求打造，通过 43 in 宽幅真彩三联屏和 AR-HUD 视觉增强系统形成的四屏联动，实现更为直观、智能且个性化的流畅互动体验。

4. 飞凡高阶智驾 RISING PILOT

飞凡汽车全栈自研的高阶智驾 RISING PILOT，构建了融合激光雷达、4D 成像雷达、5G-V2X、高精地图、视觉摄像头、毫米波雷达的“六重融合式”感知体系，具备全天候、超视距、多维度的感知能力，将智能驾驶的技术能级与安全性提升至全新高度。

三、主要新产品

品牌	产品名称	通用名称
飞凡汽车	中大型豪华纯电 SUV R7	R7
飞凡汽车	中大型豪华纯电轿车 F7	F7
飞凡汽车	概念车 RC ESSENCE 本智	RC ESSENCE

四、合资合作及重大项目建设

2022 年 3 月 10 日，飞凡汽车与上汽集团创新研究开发总院宣布达成战略合作，双方共建的飞凡设计共创中心与飞凡智驾共创中心率先揭牌。

2022 年 6 月 15 日，飞凡汽车与零束科技共建的数智共创中心揭牌仪式顺利举行。

2022 年 8 月 26 日，飞凡汽车推出行业首个全融合高阶智驾系统——RISING PILOT。继 RISING“3 + 1”巨幕和 RISING OS 之后，进一步完善飞凡“极智战略”版图。

2022 年 9 月 27 日，极智高阶纯电 SUV——飞凡 R7 正式上市。飞凡 R7 凭借智舱界的“屏霸”、智驾界的“卷王”，获得了消费者、市场的关注和首肯。飞凡 R7 全系支持换电功能，为广大用户的智能出行提供更多新选择、新玩法。

2023 年 3 月 27 日，飞凡汽车中大型豪华纯电轿车——新豪华大智座飞凡 F7 正式上市，全系标配越级舒适的飞凡巴赫座舱让每一个座位都是 C 位。

2023 年 4 月 18 日，飞凡旗舰双子星 F7、R7 携全新跨界 SUV 概念车 RC ESSENCE 本智闪耀登陆上海车展舞台，全面诠释“忠于自我，回归自在”的 TECH FOR COZY 极智舒适科技理念，演绎飞凡未来设计美学。

2023 年 6 月 6 日，首届飞凡舒适科技日 COZY DAY 在北京正式启幕，以“科技舒适”树立其要做行业极致舒适新标杆的决心。

浙江极氪智能科技有限公司

一、单位概况

浙江极氪智能科技有限公司（以下简称极氪）于 2021 年 3 月 23 日成立，同年 4 月 15 日发布极氪品牌及旗下首款产品。极氪定位于豪华智能纯电品牌，现有 3 款车型豪华猎装轿跑极氪 001、豪华纯电 MPV 极氪 009、新奢全能 SUV 极氪 X。

极氪是一家以智能化、数字化、数据驱动的智能出行科技公司，秉承用户型企业理念，聚焦智能电动出行前瞻技术的研发，构建科技生态圈与用户生态圈，以“共创极致体验的出行生活”为使命，从产品创新、用户体验创新到商业模式创新，致力于为用户带来极致的出行体验。

二、生产与经营

极氪的诞生区别于传统造车与新势力模式，依托吉利控股集团发展 30 多年来积累的深厚产业基础和全球优势资源的全面赋能，快速构建了完整的纯电智能科技生态体系，实现智能纯电的快速进化，开拓纯电发展第三赛道的“极氪模式”。

作为一个全新崛起的新能源豪华品牌，极氪围绕产品的全生命周期和用户的全场景触点，从产品矩阵、直营模式、用户运营、补能网络、订阅生态和全球化能力打造六边形极氪，解锁全生态豪华。

极氪现有三款产品：首款车型豪华猎装轿跑极氪 001，基于 SEA 浩瀚架构的技术领先优势和对用户需求的深刻洞察，打破轿车与 SUV 的传统思维，将猎装的颜值、轿跑的操控、SUV 的空间和通过性融为一体，受到市场和用户认可，平均订单金额达到 33.6 万元，成为 30 万元以上纯电车型的价值标杆和中国品牌纯电车型销冠。极氪第二款车型全球首款原生纯电豪华 MPV 极氪 009，在 50 万元以上六座大型豪华车市场，更是站在用户的角度重新定义了豪华 MPV，带领六座大型豪华车领域进入了智能电动时代。极氪第三款车型新奢全能 SUV 极氪 X。从都市用户的豪华需求出发，打破套娃桎梏和固有空间格局，用原创即正义的极氪式设计，零百公里加速只需 3.7 s 的极氪式操控，720°全方位安全盔甲的极氪式安全，以及 4D 云端零重力座椅等同级从未有过的顶级豪华体验，开创紧凑级豪华市场新标准。

极氪的直营体系包含五大类别，以极氪中心作为支点，用极氪空间快速布局。极氪已经对4个一线城市，15个新一线城市和30个二线城市完全覆盖。截止到2023年6月30日，极氪多种实体门店共306家，覆盖全国75城，自2021年9月5日首家门店建成以来，平均每两天建成一家店，创新势力最快速度纪录。

从线下的直营触点到线上的数字体验，极氪的发展始终以纯粹的用户思维作为指引方向。在极氪App上月互动量583多万次，用户共创建议超2.9万条。在用户社群方面，拥有400个企微社群，覆盖6.1多万名用户，月均举办352场社群活动，覆盖全国63座城市。极物商城共上架7大品类396件精品，其中自研精品245件，联名14个知名品牌推出17款跨界产品。

关于补能方面，截止到2023年6月30日，极氪自建站覆盖全国120多个城市近750站，跻身中国纯电品牌前三名，日均建成1.2站；第三方充电网络覆盖340多个城市52万多把充电枪。最新一代的极氪液冷极充单枪最大输出功率达到600 kW，并在全国布局了近300个极充站，极充站布局行业领先。

极氪在行业首创的场景化订阅服务，集合最自由的个性化订阅模式、最全面的一站式服务、首创的场景化订阅三大创新，为用户提供更灵活的用车出行新方式。用户可以在线选择车型、外观及配置，像购车选配一样搭配自己的专属座驾，随着未来更多极氪车型的动态更新，更有百万级独家高配车库随心选择。

极氪认证官方二手车业务包含智能评估、检测服务、置换服务、升舱换购、官方回购、认证二手车零售等业务，极氪认证官方二手车在全国上线，为用户提供买车、卖车、换车全场景一站式服务，开创用户保障新标准，终结新能源二手车交易难题，重构新能源二手车交易体验。

三、产品出口

极氪生而全球。作为一个全球化品牌，极氪的市场目标绝不仅在国内。2023年4月18日上海车展，极氪正式发布欧洲市场战略：在欧洲，将以卓越的产品、直营模式、一站式服务三大商业支柱开拓欧洲市场，并且从金融政策、补能体系、售后保障和车联网4个方面为欧洲用户带来一站式服务的全新豪华体验。2023年首批线下直营门店将落地瑞典斯德哥尔摩和荷兰阿姆斯特丹，并在年内完成首批交付。2026年将进入大部分西欧地区。力争2030年成为欧洲电动汽车市场领导品牌。

2023年7月10日，极氪与以色列联合集团（Union Group）正式签署协议，将携手在以色列市场建立汽车经销网络。依托Union Group的本土化资源，极氪将因地制宜，为以色列消费者提供符合当地用户需求的用车体验，成为当地用户极致出行生活方式的引领者。

四、产能建设

极氪智慧工厂位于全球第六大城市群——长三角城市群的“金南翼”：宁波杭州湾，工厂占地约1946亩；2018年底开始建设，2021年第三季度正式投产运营，是智能、敏捷、透明、绿色的标杆智慧工厂，为极氪产品的卓越品质打下坚实基础。

作为工信部智能制造示范工厂、浙江省首批“未来工厂”，极氪智慧工厂突破制造边界，通过构建“数字大脑”，充分融合5G、AI、工业大数据等先进制造技术，以数字孪生驱动产品绿色研发，以智能化生产牢控产品质量，以工业互联网平台实现高效协作形成“透明、敏捷、智能”三位一体的智能制造体系。从生产到交付，用全过程的透明化诠释“透明”；从5G互联检测到工业大数据运行，用多系统集成与供应链的高效协同诠释“敏捷”；用工厂的数字化、智能化、定制化诠释“智能”。

极氪智慧工厂建立了全球首个大型一体化压铸L4级智慧产线，配备全球量产最大7200 t的巨型压铸机、产线自动化率达100%，综合效率提升30%以上，大幅提升车身轻量化水平，节省成本，提高效率，缩短供应链，提升制造规模。冲压车间采取一模多件的冲压方式，使用全封闭自动化五序生产线来满足多种生产需求，极大地提高了生产效率。焊装车间又被称为“黑灯工厂”，有703台柔性机器人，焊接自动化率达100%，采用真正的“无人化”管理，并可满足三大平台、6款车型全柔性化生产，能同时生产轿车、SUV、MPV等多种车型。涂装车间具备领先的环保工艺、高品质的涂装工艺，配备了国内首条杜尔环形灯廊室，采用最新一代质量检测技术。总装车间以C2M全定制化模式，可实现一款车型数百万种个性化配置，满足不同用户的需求。各生产流程全线采用智能电动车专属工艺标准。

为追求极致的产品品质，极氪智慧工厂借助最先进的物联网、移动互联网等技术，实现了质量管理数据的智能化采集，达到精细化、实时化、可视化，构建了严苛、全面、高标准的质量检测体系。通过商检线、法规线、路试、淋雨线、PDI线五步质检流程，以及3000多项检验项目，严把每一个微小细节，铸就极氪001、极氪009卓越的产品品质。

五、技术进展与研发能力

极氪自成立以来始终聚焦于智能电动出行前瞻技术的研发，拥有包括软件、新能源等领域在内的超6000人的全球研发团队，在瑞典哥德堡以及中国上海设立了研发中心，通过模块化研发、虚拟工程、软件系统开发持续创新，并且带来了五大自研能力：应用算法的开发、中间件开发、底层软件驱动设计开发、系统架构设计、大硬件开发。打造行业领先的智能科技全栈自研能力。

极氪全球设计中心由极氪智能科技副总裁、全球首席设计师史蒂芬·西拉夫（Stefan Sielaff）先生领衔，拥有年轻、多元的设计师团队，来自近30个不同的国家和地区。不同文化、教育背景和专业领域的团队成员在瑞典哥德堡为全球用户带来忠于原创、更强调豪华科技体验的极氪式设计。

SEA浩瀚智能进化体验架构是全新一代原生纯电架构，突破传统造车局限，通过“硬件层+系统层+生态层”三位一体的整合，实现A-E级车全尺寸覆盖包括轿车、SUV、MPV、皮卡、未来出行等全部造型，依靠创新的硬件能力，可持续进化的软件生态能力以及敏捷高效的互联网思维，致力于构建可持续延展的移动出行服务体系。

六、主要新产品

产品型号	产品名称	品牌	通用名称
MR7001BEV03	纯电动轿车	极氪	极氪 001
MR6525BEV02	纯电动多用途乘用车	极氪	极氪 009
MR7005BEV07	纯电动轿车	极氪	极氪 X

七、合资合作及重大项目建设

极氪与 Waymo、Mobileye、NVIDIA、宁德时代等优秀的科技生态伙伴紧密携手，共同推动智能纯电生态共创，不仅为用户带来超越期待的颠覆（该部分由整车企业填写）式创新体验，更是将未来智慧出行的想象空间发挥到了极致。

八、发展规划

（1）2023 年极氪要实现终端交付 14 万台，到 2025 年实现 65 万辆的年交付目标，成为全球豪华电动车市场的前三。

（2）2023 年，极氪智能化的目标是全方位的引领，智能座舱要着力突破，打造行业标杆水准；智能驾驶双线并进，跑赢智驾赛道。

（3）2023 年，极氪欧洲战略落地，在全球最成熟的汽车市场创造价值、输出价值，开启全球化步伐。

智己汽车科技有限公司

一、单位概况

智己汽车科技有限公司（以下简称智己汽车）成立于 2020 年 12 月 25 日，是由上汽集团、阿里巴巴、张江高科联合打造的用户型汽车科创公司。作为上汽集团旗舰品牌，智己汽车专注打造高端纯电智能汽车，与用户共创共享多维多元的出行新体验，旨在成为“智能时代出行变革的实现者”。基于对时代逻辑的解读，智己汽车全球首创“原石谷用户数据权益计划”，用数据权益回馈用户数据的贡献，和用户一起拥抱时代红利。

二、生产与经营

2022 年，智己汽车旗下“新世界驾控旗舰”智己 L7 开启交付。智己 L7 共推出 L7Elite 后驱版、L7Dynamic、L7Pro、L7SPLite 和 L7SP 等 5 款车型，售价 33.88 万元～57.88 万元。智己 L7 是中大型五座豪华智能纯电轿车，为驾控而生的电动车整车设计、百万超跑标准配置成就电动驾控新王者，加持更像人的 IMAD 智能驾驶与全新的科技体验，彻底改变用车场景。

2022 年 12 月 20 日，智己汽车旗下“智能纯电中大型豪华 SUV”智己 LS7 开启全国预售。盲订开启不到 1 h，订单突破 3000 台。智己 LS7 预售当晚即掀起抢订热潮，成为用户心目中的新晋“爆款 SUV”。一方面，智己 LS7 通过极具震撼力的 IMAX 级驾舱视野、拥有“最大套内面积”的全场景大五座、全明星驾控底盘等前所未有的技术变革，带给用户行业领先的驾控品质和颠覆性的座舱体验；另一方面，除了充满前瞻科技感的智能座舱外，作为屈指可数即将实现城市 NOA（领航辅助）和正式开放高速高架 NOA 的车企，智己 IMAD 以其零接管、无惊吓、更像人的智能驾驶表现，让每一位用户拥有“配备专职司机般的智驾自由”。

三、产品出口

智己汽车力争在 2025 年进入全球新能源车企的第一阵营，现已正式启动海外市场的布局工作，加速与上汽集团海外团队对接，最大化利用上汽集团已经搭建好的欧洲、中东、非洲、东南亚、大洋洲等体系资源，助力智己汽车快速进军海外市场。

四、产能建设

智己汽车生产基地位于上汽集团临港智能工厂。上汽集团强大的制造体系和丰富的造车经验，使智己汽车起步即拥有百万级 OEM 的系统支持，确保概念即量产，并可实现全球交付。

五、技术进展与研发能力

智己汽车致力于成为“智能时代出行变革的实现者”，重点投入与用户感知体验及公司产品特色强相关的技术领域，围绕用户体验和智能场景进行技术突破，建立关键核心体验的产品定义、差异化研发和整车集成能力。

1. 整车性能

2022 年 4 月，智己 L7 以连续漂移 43.646 km 的成绩，成功摘冠电动汽车漂移距离最长吉尼斯世界纪录 TM 荣誉。

2022 年 10 月，智己 L7SnakePerformance 高性能版成功挑战浙江国际赛车场，以 1 min 42 s 212 的圈速，超越 AMGEQS、保时捷 TaycanTurboS，登顶浙赛最快量产电动车。

2. 智能驾驶

智己汽车率先将数据驱动的规划算法应用于量产项目，基于领先的 D. L. P. 人工智能模型，采集大量人类驾驶数据进行训练。通过构建具备亿级数据量产能力的决策规划数据-模型产线，在车端采用 Transformer 架构，高效理解场景和他车行为，显著提高复杂环境变化的预判能力，进而提前规划智能驾驶行为，避免不舒适体感的产生，让智己 IMAD 实现更像人的跟车间距、线性起步响应、无顿挫舒适感等优质体验，大幅降低接管里程，总体类人性相比规则算法获得阶越性提升，打造行业第一梯队的智驾体验。

3. 智能座舱

智己汽车专属的 IMOS 是基于开源的 Linux，中国唯二的自主研发操作系统。在视觉层面，通过系统强大的 Fusion 融合技术，已经在系统级层面融入了 Unity 渲染引擎，整体提升了视觉渲染的高度和冲击力；在功能层面，全新的系统还引入了全新的直觉式交互及感知引导、跨域视觉融合产品等多项全新功能，并首次在智能座舱里创新推出区块链社交，开创奇幻岛组队出行、星云 POAP，连接虚拟和现实带来颠覆性的用车体验，全面打通人、车、手机的社交节点，让开车、用车生活妙趣横生。

4. 用户数据权益

2022 年 8 月 7 日,“原石谷用户数据权益计划”启动里程式开采,通过区块链技术助力数据价值确权,让每位智己车主拥有边开车边收获原石的乐趣。在“数据驱动价值创造,价值反馈用户权益,权益激励数据贡献”的正向反馈机制下,建立可持续发展的用户价值生态。

依托用户数据权益计划,创新“里程 PK”“堆雪人”等用户活动,打造用户出行新体验。通过打通车机端、手机端、用户社区、车友圈、线上活动、线下聚会全场景,创造新型企业用户关系。

为进一步实现“每一公里都有意义”的共创初心,智己汽车在 2022 年底即开放首批原石兑换通道,为用户带来科技潮品、智选服务和酒店出行等一系列丰富权益,得到用户广泛的认可与好评。

六、主要新产品

产品型号	产品名称	品牌	通用名称
CSA7003DBEV1 CSA7003DBEV2	新世界驾控旗舰	智己	L7
CSA6501LBEV1 CSA6501LBEV2 CSA6501LBEV3 CSA6501LBEV4 CSA6501LBEV5	智能纯电中 大型豪华 SUV	智己	LS7

七、合资合作及重大项目建设

1. 技术合作

(1)智己汽车携手威廉姆斯高级工程公司,将其从 F1 及 FE 赛事中所积累的先进技术,应用于智己汽车之上,让每一位用户都能享受到高性能电动智能汽车的驾驶乐趣。

(2)智己汽车依托上汽集团“新四化”领域的前瞻布局,建立技术领域的铁杆朋友圈,例如与阿里在车联网系统的合作,与英飞凌合资设立 IGBT(新能源汽车功率半导体)核心部件公司,与宁德时代在新能源电池上形成产业联盟,与 Momenta 在智能驾驶领域的密切合作,以及与中国移动等在 5G 技术方面的合作等。

2. 品牌合作

(1)智己汽车携手英国当代设计师 ThomasHeatherwick 先生及其工作室在车型外观、内饰设计,充电桩设计等多方面展开深度合作,将智能汽车打造成流动的数字艺术品。

(2)智己汽车携手国际数字交互艺术团队 teamLab,从数字艺术的专业角度,诠释超越物质边界的理念,共创超乎想象的沉浸式智能座舱交互体验。

(3)智己汽车携手著名摄影师马良先生,为智己汽车专属 Carlog 打造极具魅力的大师剪辑模板,以独有的艺术和人文内涵为智能汽车注入灵魂。

(4)智己汽车携手英国大使馆文化教育处,在创意产业领域展开合作,成功举办“智造未来循环设计挑战赛”,传递“循环设计”先进理念。

3. 品牌渠道拓展

截至 2022 年底,智己汽车已布局 44 座城市,完成 72 家体验中心以及 41 家体验及交付服务中心开业,完成重点省会城市及重点新能源市场布局。

4. 产品创新及推进

(1)IMOS 智能座舱,通过软件硬件全域融合、“智能化座舱”差异化功能建设,树立新时代“智能车”标杆。

(2)计划于 2023 年下半年上市全新智能中型城市跨界 SUV,以“智能化运动控制”和“视觉融合功能增强”为标志,用全领域智能化方案解决城市出行的痛点。

(3)计划于 2024 年上市智己汽车第四款车型,将首发应用 5 nm 制程工艺、NPU 算力达 30TOPS 的高通 8295 芯片,并完全切换至全新的智能电气架构。

(4)计划于 2025 年陆续投放两款车型,将采用全新矢量魔术架构、模块化磁吸开放式平台,用 AI 科技能量环重构整车空间的未来体验。

八、发展规划

智己汽车在 AI 时代中交融激荡“智能科技”与“人文艺术”,突破传统边界,为用户持续探索新颖丰富、高品高质和充满价值活力的出行场景体验,满足用户对未来智能出行生活的期待。

1. 技术规划

(1)智能化电气架构领域,智己汽车从汽车产品的技术底层破局,率先启动“软硬件架构设计”到“智能算法和软硬件开发”的全链路核心技术自主掌控开发;将视觉为主的融合方案作为终局目标,全新构建“整车智能感知 + 中央大脑 + 区域控制”全新智能化电气架构。通过一系列多端融合的智能化功能,利用智驾技术和智舱技术,结合用户场景,解决用户实际驾驶的痛点。

(2)智能驾驶领域,智己汽车将运用 D. L. P. 人工智能模型,结合 BEV 感知算法及空间占用网络模型技术,完成去高精地图的城市领航辅助,实现感知智能和认知智能的大幅提升。

(3)智能座舱方面,智己汽车联合斑马智行推出了基于开源的 Linux,中国唯二的自主研发操作系统 IMOS,实现整车从底层到应用层的全栈融合,具备高度的安全性和可靠性,将陆续迭代直觉式人机交互功能,带给用户高度舱驾融合的全新体验。

(4)下车体车控方面,智己汽车将落地整车运动控制策略。通过动力域和底盘域的融合上移,形成中央协调运动控制器 VMC,以实现车身姿态控制的最优化,带给用户颠覆性的驾控感受,把冰冷的参数转化为可触及的直观体验。

2. 产品规划

智己汽车目前规划 6 款产品。其中:智己 L7 于 2022 年第二季度上市及交付;智己 LS7 于 2023 年第一季度上市及交付;第 3 款车型计划于 2023 年第三季度上市;第 4 款车型计划于 2024 年推出,至此完成主流市场的产品全覆盖。

为进一步深化品牌智能化和高端化形象,基于全新整车平台和电气架构,计划于 2025 年再投放两款产品,丰富产品类型。

3. 品牌渠道拓展

城市拓展方面,智己汽车将继续在一、二线城市深耕,进一步增加网点密度。与此同时,结合产品上市节奏,配合未来多款车型的发布,在三、四线城市的布局也将逐步开展。

渠道业态方面,智己汽车将持续关注渠道业态发展趋势,在规划中增加大型零售会员店以及汽车城体验中心的业态，鼓励合作伙伴在空白区域进行开拓。

4. 用户数据权益

基于“原石谷用户数据权益计划”，依托前沿网络技术，持续完善用户购车、用车新体验；不断丰富线上玩法、线下活动，体现用户数据权益价值；利用智能化新功能，搭建和强化新型企业用户关系。

上海蔚来汽车有限公司

一、单位概况

上海蔚来汽车有限公司（以下简称蔚来）是一家全球化智能电动汽车公司，致力于通过提供高性能的智能电动汽车与极致用户体验，为用户创造愉悦的生活方式。蔚来成立于2014年，已在上海、合肥、北京、南京、深圳、杭州、圣何塞、慕尼黑、牛津、柏林、布达佩斯以及新加坡等地设立了研发与生产机构，并在中国、挪威、德国、荷兰、瑞典、丹麦等国家建立销售和服务体系，覆盖全球超300个城市的用户。截至2022年，蔚来已在纽约、香港、新加坡交易所上市，是全球首家在三地上市的智能电动汽车企业。

二、生产与经营

2022年，蔚来全年营收492.7亿元，同比增长36.3%；2022年，蔚来累计交付新车122,486台，同比增长34.0%。根据全球权威数据机构统计数据，在2022年全球高端电动汽车销量排行中，蔚来位列前三。

在提供领先的智能电动技术体验之外，蔚来还建立了完整的创新服务模式，包括蔚来能源 NIO Power、蔚来服务 NIO Service、蔚来电池租用服务 BaaS、电池灵活升级和蔚来官方二手车 NIO Certified 等，实现了蔚来产品全生命周期的服务闭环。截至2022年底，全球累计布局换电站1315座，超充桩6225根，目的地充电桩7159根，接入第三方充电桩超过101万根。

蔚来采用直销模式，以 NIO App 作为用户体验和服务的统一接口，通过蔚来中心 NIO House、蔚来空间 NIO Space、蔚来用户专属电台 NIO Radio、蔚来原创生活方式品牌 NIO Life 等线上线下触点，创造一个以车为起点，分享欢乐、共同成长的用户社区。截至2022年底，累计搭建了99家蔚来中心、303家蔚来空间，覆盖了134个海内外城市。

三、产品出口

2022年，蔚来持续深化全球业务布局，提升跨国服务能力。蔚来陆续在挪威、德国、荷兰、瑞典、丹麦等国家建立销售和服务体系，覆盖全球超300个城市的用户。不断完善能源体系建设，保障海外用户个性化用车需求。

四、产能建设

2022年，蔚来与合肥市政府共同投资打造的“NeoPark新桥智能电动汽车产业园区”正式投产。NeoPark 毗邻合肥新桥机场，占地16950亩，包括3个区域——智能制造区、研发生活社区及生态文化区。园区初期投入500亿元，建成后年产值超5000亿元，整车产能达100万辆/年，电池产能达100 GWh/a，汇聚全球5万名以上优秀人才。将打造世界级智能电动汽车产业集群，开展整车、核心零部件、自动驾驶等创新研发，汇集具有全球竞争力、引领性的创新链；引入数百家关键配套企业，形成完整与高度聚集的产业链。

五、技术进展与研发能力

2022年，蔚来坚持创新驱动发展，持续高强度研发投入，研发投入108.4亿元，同比增长136%，研发投入强度为22%，累计研发投入306亿元。全球范围已获得授权专利及申请超过6000件。2022年，蔚来“高效安全的电动汽车换电关键技术及产业化”获中国汽车工程学会科学技术进步一等奖。在德国著名汽车杂志《Auto Bild》的2022年度“金方向盘”奖评选中，蔚来 ET7 成为首个斩获“金方向盘”奖的中国品牌车型。在电动化方面，蔚来发布第三代换电站，单日换电能力可达408次，配备2个激光雷达和2颗英伟达 Orin X 芯片，精准实现车站协同，实现自动泊入换电等功能。蔚来具备全栈自研及制造电驱动系统能力的车企，是全球唯二拥有独立正向研发电驱动系统能力的汽车品牌，电驱动系统实现了50万台量产下线。蔚来积极开展电网互动，通过“车—桩—站—网”多源信息融合，实现电网调度对充换电资源可感、可测、可控、可调，为能源安全提供了重要实践。在智能化方面，蔚来交付并更新了智能系统“Banyan 榕”，基于蔚来第二代技术平台打造，搭载先进硬件平台及全新软件架构，实现了多场景个性化功能，极大地提升了用户用车体验。蔚来全栈自研智能底盘域控制器（NIO ICC），集成了冗余驻车、空悬、减震器等控制功能，对底盘舒适性、操控性进行全面设计和调教，支持 FOTA 升级，确保车辆常用常新。

六、主要新产品

产品名称	品牌	通用名称
智能电动旗舰 SUV	蔚来	ES8
智能电动高端 SUV	蔚来	ES7
智能电动旗舰轿跑 SUV	蔚来	EC7
高端智能电动全能 SUV	蔚来	ES6
智能电动轿跑 SUV	蔚来	EC6
智能电动旗舰轿车	蔚来	ET7
中型智能电动轿跑	蔚来	ET5

七、合资合作及重大项目建设

2022年，蔚来继续深化产业布局，高效整合创新资源，积极开展产学研合作，加速布局能源网络，为用户持续提供高质量的产品与服务。在产业布局方面，6月，蔚来与安徽省六安市人民政府签署框架合作协议，共建六安经开区智能电动汽车零部件配套产业园区，并在行业交流、人才互动等方面展开合作。在技术合作方面，11月，蔚来与腾讯签署战略合作协议，将在自动驾驶云、智能驾驶地图、数字生态社区等领域开展深度合作，促进双方资源高效整合，为用户提供超越期待的产品体验。在产学研合作方面，2月，蔚来与合肥工业大学签署战略合作协议，在科技研发与成果推广、人才培养、创新能力建设等领域开展深度交流和合作，推动行业创新发展。在能源网络方面，10 月，蔚来与华住集团签署战略合作协议，围绕布局充换电设施开展深度合作，为用户提供更加便捷的加电体验。

八、发展规划

2023 年，蔚来将继续坚持技术和商业模式创新双轮驱动，专注执行效率，构建企业长期竞争力。一方面，蔚来将持续交付高质量产品及服务，强化交付质量与基础设施体系建设，全面提升用户满意度；另一方面，蔚来将持续推进核心技术研发，关键技术全力攻关，确保行业领先。同时，蔚来还将全面提升运营效率，建立全球化管理范式，部署关键数字化系统，确保战略高效落地。

北京理想汽车有限公司

一、单位概况

北京理想汽车有限公司（以下简称理想汽车）创立于 2015 年 7 月 1 日，总部位于北京，生产基地位于江苏常州，是一家用户驱动的汽车科技企业。自创立以来，理想汽车始终坚持“创造移动的家，创造幸福的家”这一品牌使命，致力于为家庭用户打造更安全、更便捷、更舒适的智能电动车。2020 年 7 月 30 日，理想汽车在美国纳斯达克证券市场正式挂牌上市（股票代码 LI），2021 年 8 月 12 日，理想汽车在香港交易所主板上市（股票代码 2015）。

2018 年 10 月，理想汽车发布首款产品理想 ONE，自 2019 年 12 月开始交付，至今已累计交付超过 20 万辆。2022 年，发布全新一代车型家庭六座旗舰 SUV 理想 L9 和家庭六座豪华 SUV 理想 L8，两款车型分别于 8 月和 11 月正式开启交付。配合 2023 年 2 月最新发布的五座新旗舰理想 L7，理想汽车迅速建立了清晰完整的产品序列，全面覆盖家庭用户对于豪华电动车的多样化需求。

二、生产与经营

2022 年实现营收 452.9 亿元，同比增长 67.7%。截至四季度末，理想汽车现金储备达 584.5 亿元。毛利率方面，2022 年理想汽车的车辆毛利率为 19.1%；其中第四季度毛利率回归至 20.2%。交付方面，理想汽车全年交付 133246 辆，同比增长 47.2%。

三、产能建设

理想汽车 1 到 10 的开始标志着千亿收入规模的开始，用了 3 年时间与百亿级别的技术研发投入，实现了核心技术的全栈自研；通过自建工厂、成立控股合资公司两种方式自建供应链体系，保障核心技术的落地，以及质量和供应的稳定；坚持自建智能制造基地作为唯一的生产模式，包括常州智能制造基地和北京智能制造基地（2023 年投产）并对产线本身进行大量研发投入，让生产机器的机器更智能，实现稳健地扩大生产规模。

四、技术进展与研发能力

理想汽车方面认为研发是一家企业的躯干，也是推动企业长期发展的基石。理想汽车始终重视研发投入占收入比，坚持 10% 以上的研发投入用以支撑企业长期自研技术发展。2022 年全年研发费用为 67.8 亿元，全年费用占比为 15.0%，较 2021 年研发投入费用翻倍，同比增长 106.3%。

核心技术全栈自研方面，包括增程电动 2.0 系统（自研 1.5T 增程器、自研五合一电驱）、全面布局 800 V 高压平台（功率芯片、功率模块、电控、电机、传动系统）、理想魔毯空气悬架等。

五、主要新产品

产品型号	产品名称	品牌	通用名称
LXA6520SHEVX1	增程式电动汽车	理想	L9
LXA6511SHEVX1	增程式电动汽车	理想	L8

六、合资合作及重大项目建设

理想汽车自建供应链体系保障核心技术和供应安全。理想汽车在绵阳建设的增程器生产制造基地，年产能 50 万台；在常州建设的五合一电驱生产制造基地，年产能 60 万台；在苏州建设的碳化硅功率模块生产基地预计 2024 年投产，半桥模块功率年产能 240 万只。

七、发展规划

理想汽车发布包含“智能”和“电能”两大方向的“双能战略”。“智能”方面，理想 AD Max 3.0 的城市 NOA 导航辅助驾驶彻底摆脱高精地图的依赖，实现在复杂的城市场景自主通行，为用户带来真正可用的智能驾驶系统。理想 AD Max 3.0 将于第二季度内开启内测推送，并于年底前完成 100 个城市的落地推送。“电能”方面，理想汽车正式迈入“增程电动”与“高压纯电”并驾齐驱的新阶段，发布 800 V 高压纯电解决方案，为纯电用户带来媲美燃油车的补能体验。此外，理想汽车正式推出“理想 4C 超级充电站”及超充网络，到 2025 年，目标建成充电场站 3000 座以上，将覆盖全国 90% 的国家高速里程以及一、二、三线主要城市。

到 2025 年，理想汽车将形成“1 款超级旗舰 +5 款增程电动车型 +5 款高压纯电车型”的产品布局，面向 20 万元以上的市场，全面满足家庭用户需求。

合众新能源汽车股份有限公司

一、单位概况

合众新能源汽车股份有限公司成立于 2014 年 10 月，注册地为浙江省嘉兴市桐乡市，是集研发、生产、销售高品质智能电动汽车及软件服务于一体的创新型高科技公司。哪吒汽车是合众新能源汽车股份有限公司旗下产品品牌。哪吒汽车的愿景是“让高品质智能电动汽车触手可及”。

二、生产与经营

哪吒汽车聚焦大众乘用车消费市场，产品覆盖小型（A0级）到中型（B级）主流纯电动车市场，截至2023年8月，在售4款产品：哪吒U-Ⅱ（超长续航智能纯电SUV）、哪吒AYA（五座大空间智能纯电SUV）、哪吒S（运动型科技轿跑）、哪吒GT（新一代GT科技电跑）。

哪吒汽车营销渠道采取直营与加盟并行，线下实体与线上平台同步推进的全覆盖模式。截至2023年7月底，一级渠道运营合计520家，涉及28个省份的218个城市，主销城市基本完成覆盖。哪吒汽车推动金融服务、用户服务、加电服务等全方位服务模式创新。哪吒汽车App用户突破100万，哪铁俱乐部在全国已建立500余家。

2022年，哪吒汽车累计销售152073辆，成为首个年销量突破15万台的新势力品牌，同比增长118.3%，实现连续29个月的同比增长，年度销量稳居新势力车企第一，其中海外交付3456台。

自2018年11月启动销售至2023年7月底，哪吒汽车累计产销已突破32万辆，行驶里程达73亿km，二氧化碳减排量达85.5万t。

三、产品出口

哪吒汽车于2022年正式启动海外业务，成立泰国子公司，在泰国上市海外首款产品哪吒V右舵版。2022年，哪吒汽车累计出口3456辆，产品销售至泰国等国家。截至2023年7月底，哪吒汽车累计出口10426辆。

四、技术进展与研发能力

当前，新能源汽车产业全方位重塑全球车市格局，技术创新成为决定未来新能源汽车产业终局的关键点。2022年，哪吒汽车全面迈入技术的体系化竞争时代，从整车到零部件，深耕智能化技术并取得多项成果，为更多用户带来前沿的出行体验。

2022年7月，搭载性能划时代的天工电池、NETA PILOT智能驾驶系统等新技术的哪吒S上市，为哪吒汽车今后的高质量发展再加码。2022年11月，哪吒汽车发布浩智技术品牌，围绕智能超算平台、电驱系统、增程器系统等关键核心领域，和山海平台形成相辅相成之势，为用户打造更安全、更智能、动力更强劲、更个性化的智能电动汽车新体验。同时，浩智技术品牌在全产业链布局了关键零部件，采用“自研自造+开放合作”双模式，拉通上下游，实现资源整合和技术融合，打造支撑整车产品力的核心技术。

哪吒汽车研发体系坚持在智能电动车核心技术上持续投入，强化体系建设，在2022年赢得众多国际权威机构的体系能力认证，包括德国莱茵TÜV ASPICE CL2认证、TÜV南德ISO 27001信息安全管理体系认证，在研发软件质量开发体系等多个领域达到国际一流水准。这些国际性的权威认证，帮助哪吒汽车更好地建立“智能电动汽车安全研发体系”，助力哪吒汽车的出海战略，让中国制造快速走向世界。

截至2023年7月底，哪吒汽车累计申请2886项专利，其中包括59项PCT国际专利、1项欧盟专利、13项海牙国际专利，已获得授权专利1410项。下一步重点规划智能化领域相关技术，累计申报专利申请700余项。

五、主要新产品

产品型号	产品名称	品牌	通用名称
THZ7150SHEVS401	插电式增程混合动力轿车	哪吒	哪吒S
THZ7150SHEVS402	插电式增程混合动力轿车	哪吒	哪吒S
THZ7000BEVS401	纯电动轿车	哪吒	哪吒S
THZ7000BEVS402	纯电动轿车	哪吒	哪吒S
THZ7000BEVS403	纯电动轿车	哪吒	哪吒S
THZ6451BEVS30A	纯电动多用途乘用车	哪吒	哪吒U-Ⅱ
THZ6450BEVS30C	纯电动多用途乘用车	哪吒	哪吒U-Ⅱ
THZ6451BEVS30J	纯电动多用途乘用车	哪吒	哪吒U-Ⅱ
THZ7000BEVS11G	纯电动轿车	哪吒	哪吒V
THZ7000BEVS11H	纯电动轿车	哪吒	哪吒V
THZ7000BEVS11J	纯电动轿车	哪吒	哪吒V
THZ7000BEVS11S	纯电动轿车	哪吒	哪吒AYA
THZ7000BEVS11T	纯电动轿车	哪吒	哪吒AYA
THZ7000BEVS11U	纯电动轿车	哪吒	哪吒AYA
THZ7000BEVS11V	纯电动轿车	哪吒	哪吒AYA

六、合资合作及重大项目建设

自成立以来，合众新能源汽车股份有限公司备受行业内外部资源青睐，不断引入各行业顶尖资源，构建立体式发展空间。为拓展海外市场，2023年2月，公司与泰国BGAC公司合作，启动了泰国KD工厂的建设。

七、发展规划

2022年，是哪吒汽车品牌向上的开局之年，也是爆发式增长下的“蝶变之年”。在新能源汽车行业竞争更加激烈的2023年，哪吒汽车将坚持“为人民造车”的初心，秉承“科技平权”的价值观，在电动智能汽车新赛道的每一程厚积薄发，让高品质智能电动汽车更加触手可及。

合众新能源汽车股份有限公司将由“汽车制造企业”转型成为卓越的全球高科技公司，加强自研和科技突破，布局全产业链，践行全生命周期可持续发展战略。哪吒汽车确立了全球化发展战略，海外深耕东南亚和中东地区，重点开拓进入欧盟等西方国家，与此同时，预研和积极布局南美、北非等全新市场。

赛力斯汽车有限公司

一、单位概况

赛力斯汽车有限公司（以下简称赛力斯）是赛力斯集团的子公司，2012年9月在重庆成立，注册资本49.6亿元。公司于2017年1月5日获得国家发改委新能源乘用车生产核准资质，是国内第八家、西南地区第一家获批新能源乘用车生产核准资质的企业。2018 年 9 月 18 日进入工信部第 312 批公告，获得新能源乘用车生产资质及产品公告，正式获得发改委、工信部“双认证”。公司致力于新能源汽车硬件、软件的研发、制造、销售及服务工作，做中国式新能源汽车头部企业。

2021 年，公司与全球 ICT 领先企业华为开创了联合业务深度跨界的先河。同年 12 月，双方共同设计的全新豪华智慧汽车品牌 AITO 问界发布。同月，旗下首款车型 AITO 问界 M5 问世，这款出自 DE-i 超级电驱智能技术平台，搭载鸿蒙智能座舱的车型，一经推出即受到广大用户的好评和喜爱。2022 年 7 月，豪华智慧大型电动 SUV——AITO 问界 M7 上市，以六座豪华舒适空间，满足了家庭和商务用户对于高品质出行的追求。同年 9 月，AITO 旗下首款纯电车型问界 M5 纯电版上市，为消费者提供了更丰富的技术路线选择的同时，AITO 问界品牌也赢得了“成长最快的新能源汽车品牌”的殊荣。

二、生产与经营

公司始终坚持创新驱动，坚持长期主义，坚持商业成功，致力于将新能源汽车核心技术及关键零部件掌握在自己手里。每年创新研发投入超过销售收入的 10%，中美两地建立研发中心同步研发，培育并形成了具有自主知识产权的行业领先的赛力斯纯电驱增程平台，推出了行业领先的智慧汽车及“三电”产品。建设了“中国领先，世界一流”的工业 4.0 标准的赛力斯智慧工厂。

三、产品出口

赛力斯自 2020 年开始批量出口，已在德国、法国、意大利等 20 多个国家完成网络布局并实现批量销售，并在法国建成了“赛力斯欧洲营销服务中心”，2021 年以来实现出口 5000 台以上。通过不断深化海外布局，逐渐实现本地化生产；依托产品向上、服务升级，实现品牌向上。

四、产能建设

赛力斯智慧工厂依据工业 4.0 标准及工业互联网要求打造，以数字化、智能化、物联网为核心，采用先进的制造运营管理系统及制造工艺流程，以实时在线的响应方式，快速精准地进行规模化定制生产。

工厂执行严格的品控标准，关键工序 100% 自动化生产，实现“柔性化、透明化、自动化、互联化、智能化”造车，提升了生产效率，保证了产品品质，以高水平智能制造实力为高质量交付赋能，获评 2021 年重庆“灯塔工厂”。

公司旗下的两座高端智能新能源汽车智慧工厂均已投产，设计产能可达 40 万辆/年。同时，位于重庆两江新区的第三座智慧工厂正在建设中，预计 2023 年底建成。

五、技术进展与研发能力

赛力斯坚持以研发为驱动，打造极致产品。在全球拥有员工超过 8000 人，研发团队占总人数比例为 30%，非生产员工中本科及以上学历占比 71%。公司研发能力包括新能源整车及各系统专项产品的研发，涵盖整车、电驱动、车联网、自动驾驶等多个核心技术领域。拥有全球技术专利超过 1000 项，形成了独特的新能源技术优势，特别是在增程领域，公司实现了行业领导者地位。

2022 年公司在新一代纯电驱增程平台、智能座舱、智能驾驶、EEA 先进电子电气架构等方面取得了显著发展。同时积极布局下一代可扩展模块化整车平台，确保未来车型的竞争力。

1. 超级电驱智能技术平台（DE-i）

公司 2021 年已发布超级电驱智能技术平台（DE-i），该平台在集成式智能发电机组、黄金驱动组合、电池 PACK、智能控制等方面进行了全面进化，具备“高性能、低能耗、安静、安全、智能”的特点。

DE-i 平台具备行业领先的增程专用发动机技术，可实现 41% 的最佳热效率及 3.2 kWh/L 的油电转换效率。AITO 问界 M5 作为 DE-i 平台的代表车型，百公里加速 4.4 s，综合续航 1100 km 以上。

2. 智能座舱

通过与华为公司的深入合作，公司产品首发搭载了华为鸿蒙车载操作系统。乘客可以在车内直接进入鸿蒙应用市场，下载所需的 App 及定制车辆，以满足其最佳个人需求。智能驾驶舱可以实现全程语音控制，使驾驶员和乘客能够通过语音指令与车辆互动。车载摄像头感知和监控驾驶员的实时行为，对危险驾驶行为进行警告，以促进驾驶安全。

依托于华为的鸿蒙操作系统，可实现多终端设备之间以及车辆与车主家庭之间的信息无缝流转。客户将能够在车内控制电视等智能家居设备，还可以实现车辆的智能控制。作为一个全能多设备应用的操作系统，可同时在汽车以及手机和手表等消费电子产品端运行，使智能电动车在内的各种终端设备之间实现便捷互联。凭借鸿蒙操作系统，公司的智能电动汽车将成为更广泛的智能设备生态系统的一部分。

3. 智能驾驶

公司自动驾驶以产学研的方式与多个院校进行深入的技术合作，在 L4 级自动驾驶的感知融合、规划决策、控制执行等方面取得了多项突破，相关成果在国内多个智能驾驶比赛中获得优异成绩，取得了 2022i-VISTA 智能网联汽车挑战赛 ADAS 挑战赛（APS）特等奖；同时，部分技术和功能在多个车型上进行搭载，形成了具备赛力斯特色的驾驶辅助与泊车辅助功能体验。

4. 先进电子电气架构

打造面向未来的基于服务的整车软件架构平台，全面建立体系设计、需求设计、软件架构设计、代码开发、软件集成、软件测试等基础能力，参与座舱、车身、车控、自动驾驶、云平台等产品的软件架构、基础软件、中间件、应用软件、信息安全、功能安全、算法等核心技术的设计和开发，从而缩短整车开发周期、节约整车开发成本、打造整车生态平台、稳定整车研发质量、加强公司车辆的市场竞争力。

（1）下一代可扩展模块化整车平台

公司正在开发一个专门为高端长轴距智能电动汽车设计的魔方平台。魔方平台具有高度的模块化和灵活性，其可以支持从紧凑型到大型的轿车、SUV 及 MPV 的开发。魔方平台配有轻质铝合金底盘、双叉臂独立前悬架、多连杆独立后悬架、空气弹簧、CDC 减震，支持 L4 级自动驾驶。魔方平台还采用了标准化设计，实现了基于魔方的车型的高度自动化生产。魔方平台是一个坚实的保障，使我们的车辆具有与高端车相匹配的良好驾驶体验。

(2)整车测试中心

除了产品研发的高投入和高产出，公司还建成了行业领先的整车测试中心，占地面积 20 万 m^2，包括从整车、“三电”系统总成、零部件、原材料等各类型的专业实验室，具备 2700 余项试验能力，测试中心是中国合格评定国家认可委员会 CNAS 认可实验室，拥有全光谱高低温环境仓、NVH、VOC、盐雾腐蚀、结构疲劳耐久等 20 余套智能化的整车级实验室，达到国际一流水平，拥有寒区的专业试验场，也是增程电动汽车性能模拟测试重庆市工业和信息化重点实验室。

六、主要新产品

整车				
序号	产品型号	产品名称	品牌	通用名称
1	SKE6480SSHEVA4S	插电式增程混合动力多用途乘用车	赛力斯牌	问界 M5
2	SKE6470SBEVA4S	纯电动多用途乘用车	赛力斯牌	问界 M5EV
3	SKE6500SSHEVAS	插电式增程混合动力多用途乘用车	赛力斯牌	问界 M7
4	SKE6470SHEVA2S	插电式增程混合动力多用途乘用车	赛力斯牌	华为智选 SF5

零部件			
序号	产品名称	产品型号	产品应用
1	90 kW 永磁同步发电机	SHG90	华为智选 SF5、东风岚图 FREE
2	75 kW 永磁同步发电机	SHG75	问界系列车型、华为智选 SF5、东风岚图 FREE
3	255 kW 交流异步电机	SEP200	华为智选 SF5、东风岚图 FREE
4	165 kW 交流异步电机	SEP165	问界系列车型、华为智选 SF5、东风岚图 FREE
5	17 kWh 动力电池系统	JK34505101	华为智选 SF5、东风岚图 FREE
6	35 kWh 动力电池系统	JK34509601	华为智选 SF5、东风岚图 FREE
7	90 kWh 动力电池系统	JK34825701	华为智选 SF5、东风岚图 FREE

七、合资合作及重大项目建设

2021 年公司与全球 ICT 领先企业华为开创了联合业务深度跨界融合的先河，双方充分发挥各自优势，在核心技术、产品及渠道方面进行深入合作，共创中国式新能源汽车头部企业，双方共同打造的赛力斯 AITO 问界系列车型，深受市场和用户欢迎。

八、发展规划

2023 年上半年，AITO 问界 M5 系列智驾版将上市，作为首个搭载 HUAWEIADS2.0 高阶智能驾驶系统的车型，为用户带来了更进一步的智慧体验。2023 年底将发布的 AITO 问界 M9，则将搭载赛力斯与华为双方的顶级技术能力，为喜爱 AITO 问界品牌的消费者带来又一领势之作。未来 3 年内，赛力斯会有更多的车型问世，涵盖中型 SUV、中大型旗舰 SUV，赛力斯将融筑全力，打磨精品，满足消费者差异化需求。

零跑汽车有限公司

一、单位概况

零跑汽车有限公司(以下简称零跑)成立于 2015 年，总部位于浙江省杭州市，业务范围涵盖智能电动汽车整车设计、研发制造、智能驾驶、电机电控、电池系统开发，以及基于云计算的车联网解决方案。

零跑是一家港股上市公司，创始人朱江明是电子工程师出身，有 30 年的技术积累，带领大华成为全球第二的安防企业。

零跑是世界前三的全域自研车企，和特斯拉、比亚迪一样，全车的核心零部件都是自己研发制造，包括“三电”和智能化系统。同样的预算可以享受到更好的配置，更稳定的性能，并且享受整车无忧 OTA 升级。零跑有纯电和增程两种类型产品。

二、生产与经营

1. 交付增幅业内领先

零跑 2022 年全年交付 111168 台，同比增长 154%，交付增幅业内领先。

零跑 C11 位列 2022 年国产 B 级纯电 SUV 第一(以公开上险量计)。

2. 营收创新高、毛利率持续改善

零跑 2022 年全年营收为 123.8 亿元，同比增长 295.4%。

零跑保持近 4 年以来的持续高速增长态势，营收创造历史新高。

2022 年下半年，去除经销商返利影响，毛利率已转正。

3. 销售网络持续拓展

在“直营 + 城市合作伙伴”的模式下，截至 2022 年底，零跑共有 582 家门店，同比增长 1 倍，覆盖 180 个城市。

进一步扩大渠道覆盖面积，满足不同区域用户的需求，为用户提供更安心、信赖、便利的全维服务。

4. 产品开发迭代加速

零跑持续不断推出并高速迭代极具品价比的产品，2022 年 9 月交付中大型智能纯电型轿车 C01，年内完成 C11 增程以及 2023 款全系车型产品的开发工作。

在功能方面，零跑通过 OTA 方式持续向全系车型的用户提供零跑最新研发成果的应用；2022年，零跑共计完成4次OTA，C11新增ALC自动变道辅助功能、HWA高速辅助驾驶功能等10余项功能及模块，T03优化了ACC自适应巡航操作逻辑等10项功能。

三、产品出口

出海进程加速。2022年11月，零跑首批海外门店在以色列特拉维夫、海法以及拉马特甘Ayalon购物中心相继落地，向以色列客户交付了首批车辆，为以色列及欧洲毗邻消费者打造一体化服务体验。

四、产能建设

零跑金华AI工厂用地面积551亩。基地规划建设有"三电"车间及汽车核心部件四大工艺车间，可满足精益化生产要求，并兼顾出口市场所需的工艺能力，柔性生产线可实现多平台多车型部件共线生产。

与传统汽车工厂相比，零跑汽车金华AI工厂建设有专门的"三电"车间，拥有电池装配车间、电驱装配车间、电子装配车间，能够承担电池PACK、电机总成、控制器、摄像头、大灯等自研产品的生产。

零跑金华AI工厂是响应国家号召，按照工业4.0理念规划建设的全新AI工厂。工厂通过大规模机器人、机器视觉、智能化输送、工业互联网等新技术，实现制造高度智能化。

此外，工厂还通过数字化工厂、数字化双胞胎、离线编程调试、大数据和云计算等技术应用，实现自动化和数字化、信息化的深度融合。

相比传统的自动化工厂，零跑汽车金华AI工厂在数据收集、汇总分析、优化流程与自动化控制设备的基础上，具备实时监控与决策能力，能够最大化减少或取代，制造过程中需要人员执行或决策的环节。可以有效提高生产效率，避免人为因素造成的质量问题。

五、技术进展与研发能力

作为一家科技型企业，零跑始终坚持核心技术的全域自研，是目前国内造车新势力中具备全域自研能力且垂直整合度很高的智能电动车企，实现智能电动汽车核心系统和电子部件的自主研发设计与生产制造，打造了智能动力系统（Leapmotor Power）、智能驾驶系统（Leapmotor Pilot）及智能座舱系统（Leapmotor OS）；已实现整车成本70%的自研自造能力。

2022年，零跑延续高效的全域自研策略，在"三电"领域取得重大进展。

随C01量产的全球首款无电池包CTC动力电池架构，通过差异化排列，实现平台化开发，带来更长续航、更强性能、更高安全、更大空间驾乘体验。

量产可变架构油冷电驱，200 kW，360 Nm，100万km设计寿命，更小体积，更大能量。

量产直驱油冷增程发电机和增程器控制器，已经应用于C11增程车型，省电更省油。

智能座舱"Leapmotor OS"由2.0向3.0迭代，实时多核异构系统集合整车娱乐、交互、车控和智能驾驶融合感知、连接、计算能力。

六、主要新产品

产品型号	产品名称	品牌	通用名称
ZSP2277401D	科技豪华大轿车	零跑	C01
FZ6480BEV05	智能超享电动SUV	零跑	C11
FZ7000BEV09	超安全五门纯电车	零跑	T03

七、合资合作及重大项目建设

2022年9月，浙江零跑科技股份有限公司与北京银行股份有限公司共同签署全面战略合作协议。通过本次签约合作，北京银行将向零跑科技提供不低于50亿元意向授信支持。同时，双方将加深全域自研、垂直整合、智能制造等领域的深度合作，进一步加速业务发展速度。

2022年9月，中国领先的创新型智能电动车企业零跑汽车与全球领先的汽车零部件科技公司佛吉亚在杭州签署战略合作协议。双方将共同致力于布局可持续、高质量的汽车座椅供应链；进一步深化零跑汽车垂直整合程度，提速业务发展。

2022年10月，零跑汽车产值超百亿达成典礼暨配套产业链项目签约仪式在零跑汽车金华基地举行。这一里程碑事件，标志着零跑汽车正式进入规模效应新阶段，以点带面，拉动配套资源集中，实现可持续增长。

八、发展规划

2022年12月24日，零跑汽车迎来7周岁生日，零跑创始人、董事长、CEO朱江明在《零跑汽车 超越您的期待》用户感谢信中表示，零跑决定开启新篇章，在全域自研的基础上，做用户的代工厂。零跑把每一分钱都用在刀刃上，把每一项创新都落在产品上；不盲目跟风，提供更务实的越级产品；统一经营战略，线上线下持续优化服务体系；打掉虚高的品牌溢价，以高品价比实现豪华平权，顶格满足用户需求，让中国消费者用好车。

零跑布局"纯电+增程"双动力，丰富产品矩阵；2023年3月，零跑正式发布C11增程及23款全系纯电车型，以"颜值、续航、空间、舒适、智能、操控"六大价值标准升级产品力。

零跑"四叶草"中央集成式电子电气架构将于2023年下半年推出的全新车型中搭载，实现高集成、高平台化率、高通信速率、快速迭代的超算平台量产。

2023年零跑将在欧洲、东南亚及中东等地区逐步拓展全球网络，不断拓宽在海外市场的布局，助力海外交付节奏提升。

重庆睿蓝汽车科技有限公司

一、单位概况

重庆睿蓝汽车科技有限公司（以下简称睿蓝汽车）成立于2022年1月24日，由吉利汽车（股票代码00175）与力帆科技（股票代码600177）共同出资组建，拥有独立的自主研发能力，完善的智能制造实力，全球智能供应链，创新的营销服务运营体系。

睿蓝汽车作为换电轻出行普及者，全力打造车电分离的换电出行生态。通过对车、站、云端技术的迭代升级和商业模式的持续优化，解决新能源市场核心痛点，开创全球低碳出行新生态，致力于为用户提供便捷无忧的出行生活。

二、生产与经营

睿蓝汽车国内聚焦新能源充换一体赛道，国际聚焦油电协同开拓，通过“B 端业务 + C 端业务 + 海外出口”三驾马车齐头并进拉动销量。在市场方面，开启新征程，国内全面停售燃油车，积极布局新能源产品。B 端市场持续深耕，聚焦重点区域，不断拓展新的市场增长点；C 端市场精准营销施策，聚焦资源实现爆款突破；海外市场不断加速国际化战略布局，实现持续拓圈增量。在产品方面，不断推陈出新，拥有睿蓝 9/60S/80V 等多款产品，通过产品和服务双轮驱动业务增长。在管理方面，全面焕新，通过前中后台一体作战，全面提升市场响应效率。

三、产品出口

2022 年睿蓝汽车成立首年，发运销量 5.6 万台，其中睿蓝汽车出口数量超 4000 台。2023 年，睿蓝汽车预计出口超 2 万台，其中新能源汽车预计出口 1000 台；同时已开始规划海外 2 个国家的试点换电站。随着睿蓝新的新车型投放，未来将持续保持高速增长，为海外客户提供优质产品的同时，提供更多的出行选择新方案。

四、产能建设

睿蓝汽车自有工厂产能达到 10 万台。

五、技术进展与研发能力

睿蓝汽车研究院拥有 700 人的研发团队，专业能力广泛，实践经验丰富。睿蓝研发始终将技术发展放在首位，致力于换电领域、硬件架构平台、电子电器架构、新技术等技术深入研发，已获得百余项专利，实现了多项行业首发技术和同级别领先技术成果。其中，GBRC 水晶架构、行泊一体单芯片域控、胶囊电池、超级热泵技术、电机主动发热技术为重要研发技术成果。

GBRC 水晶架构，“车—站—云”三位一体，依托大数据平台做好全面安全保障，模块化换电架构满足市场用户需求的同时，也极大缩短了整车开发周期；胶囊电池同一尺寸，却有多样选择，高能量密度远高于行业平均，以耐久可靠、长寿命满足安全保障；超级热泵技术为自研全天候热管理超级中枢，为纯电车型赋能，以 31 项亮点、六大行业首创、八大行业领先的技术使低温续航提升 30%，-15 ℃下每公里用车成本下降 20%；电机主动发热技术为目前国内唯一、蠕行发热工况 NVH 行业最优，总声压级小于 40 dB。基于经验丰富及研发能力突出的研发团队，以及多项行业领先的技术，确保公司在行业内的核心竞争力。

2023 年首款搭载 GBRC 架构的全新车型上市，为用户提供超预期的产品价值体验。得益于 EE 架构、智能自动驾驶、智能座舱的等先进技术支撑，该车型在智慧驾乘领域取得了诸多突破性的成果，形成几十项远远领先同级车型的技术成果。

睿蓝将以创新推动发展，持续提升核心技术竞争力，致力于为客户提供更安全、更可靠、更智能、更优质的产品。同时，将持续推进先进的整车研发流程体系迭代。

六、主要新产品

产品型号	产品名称	品牌	通用名称
LF6473SEV	换电式纯电动多用途乘用车	力帆牌	80V
LF6473SEV1	换电式纯电动多用途乘用车	力帆牌	80V、80V Pro
LF6470SEV01	换电式纯电动多用途乘用车	枫叶牌	80V
LF6470SEV02	换电式纯电动多用途乘用车	枫叶牌	80V、80V Pro
JWT6470SEV04	换电型纯电动多用途乘用车	枫叶牌	80V
LF7001SEV1	换电式纯电动轿车	力帆牌	60s
LF7001SEV2	换电式纯电动轿车	力帆牌	60s
JWT7001SEV01	换电式纯电动轿车	枫叶牌	60s
MR7001SEV02	换电式纯电动轿车	枫叶牌	60s
MR7001SEV04	换电式纯电动轿车	枫叶牌	60s
JL7001SEV02	换电式纯电动轿车	枫叶牌	60s
LF6480SEV01	换电式纯电动多用途乘用车	枫叶牌	睿蓝 9

七、合资合作及重大项目建设

2022 年 1 月，睿蓝汽车与国轩高科达成战略合作协议，双方围绕不同电量的磷酸铁锂电池、三元锂电池开发及降本，研析锰铁锂、钠等新电芯材料的可行性，以及退役电池高效处理方式，共同致力于打造高安全、真续航的换电电池包。

2022 年 4 月，与曹操出行在重庆正式签署中长期战略合作协议。此次合作中，双方共同聚焦 B 端营运市场，发挥各自在换电和出行领域的优势，通过联合开发共享智能出行的定制化车型，为用户提供更优质的定制化体验。

2022 年 6 月，与海康威视就智能驾驶达成战略合作，双方就智能驾驶技术、自动驾驶等领域进行深度合作，共同致力于为用户打造高阶智能出行体验。

八、发展规划

睿蓝汽车定位“换电轻出行普及者”，是吉利汽车唯一的换电品牌，拥有“人—车—站”智能协同体系，可以通过大数据平台的调度，主动实现换电预约、提醒、全自动换电等功能的无缝串联，单车换电过程仅需 60 s，为用户提供高效的补能体验。

睿蓝汽车拥有全球领先的充换一体水晶架构、胶囊电池、超级热泵等多项先进技术。水晶架构是行业内首个涵盖整车技术平台、换电补能平台、大数据云平台的全栖技术架构，可兼容轿车、SUV、MPV 等多种车型。换电车型标准的“胶囊电池”具备高能量密度、长寿命和高安全性的特点，足够支持车辆使用 8 年 60 万 km，同时支持直流、交流充电，实现全方位补能方式。超级热泵系统作为睿蓝汽车的节能标签，能够适用于 -30 ℃ ~43 ℃的超宽环境，-15 ℃环境下提升续航 25%，-25 ℃环境下提升续航 30%。

未来睿蓝汽车将不断迭代升级，以前瞻性顶层设计打造灵活、高效的开发模式，推动换电行业标准建设，打造低碳出行新生态。

广汽丰田汽车有限公司

一、单位概况

广汽丰田汽车有限公司(以下简称广汽丰田)成立于2004年9月1日,由广州汽车集团股份有限公司和丰田汽车公司各出资50%共同投资建设和经营,合资年限30年。

二、生产与经营

全球品质,打造丰田全球模范工厂:广汽丰田秉承丰田数十年汽车制造之精义,引进了全球最先进的生产设备和工艺,布局了冲压、焊装、成型、涂装和总装五大生产工艺,着力打造“丰田全球模范工厂”。广汽丰田扎根南沙10余载,已吸引集聚40余家主要零部件企业,推动汽车产业成为南沙首个千亿级产业集群。截至2022年底,广汽丰田累计生产汽车722.6万辆,批发汽车721.1万辆,实现工业总产值10462.4亿元。

三、产能建设

公司位于广州市南沙区,占地面积362万 m^2,建筑面积135万 m^2,共有员工约1.9万人。已建成5条生产线,年产能100万台,是丰田全球集中规模化程度最高的生产基地。有经销店668家,导入凯美瑞、汉兰达、威兰达、致炫、致享、凌尚、雷凌、C-HR、赛那、广汽丰田iA5、锋兰达、威飒、bZ4X等14款车型,实现了对轿车和SUV各主流细分市场的全覆盖。

四、技术进展与研发能力

先进技术,实现多产品线优化生产:发挥丰田TNGA全球最新造车理念综合优势,不断导入丰田全球最新技术,并运用大数据、信息化、物联网构筑“供应商—广汽丰田—顾客”三位一体、行业领先的智慧供应链体系,用更低成本、更短周期实现零库存、实现柔性生产。产品方面,广汽丰田产品线涵盖燃油车、HEV(混合动力车型)、EV(电动车型)、PHEV(插电式混合动力车型),是国内集多种动力技术于一体的全擎全动力汽车生产服务提供商。

五、主要新产品

产品型号	产品名称	品牌	通用名称
GTM6470BFEBEV	纯电动多用途乘用车	丰田	bZ4X
GTM6470BFBEV	纯电动多用途乘用车	丰田	bZ4X
GTM6470BWBEV	纯电动多用途乘用车	丰田	bZ4X
GTM6471FFCHEVR	插电式混合动力多用途乘用车	丰田	WILDLANDER
GTM6471FWCHEVR	插电式混合动力多用途乘用车	丰田	WILDLANDER

六、发展规划

创新服务,提供多元高价值:广汽丰田致力成为顾客最喜爱的品牌,协同销售渠道,为顾客提供高价值产品、高品质服务、高品位体验。通过销售店为顾客带来全方位的出行服务以及丰富多彩的社区服务。同时,积极探索共享、移动出行领域,加速布局未来战略性新兴业务。

广汽丰田将继续发挥产销研一体化的优势,秉持“一切为了您的微笑”的企业使命,致力于成为中国消费者最喜爱的品牌。

宜宾凯翼汽车有限公司

一、单位概况

宜宾凯翼汽车有限公司原为奇瑞汽车股份有限公司全资子公司“芜湖凯翼汽车有限公司”(以下简称凯翼汽车),成立于2014年1月。2017年12月迁入宜宾,更名为“宜宾凯翼汽车有限公司”,注册资本金47.27亿元,股权结构为宜宾方和奇瑞方。凯翼汽车是四川首家具备轿车、SUV、MPV车型,兼具燃油和新能源全资质、全品类的乘用车整车生产企业。宜宾工厂一期占地973亩、投资53亿元,拥有“冲、焊、涂、总”四大工艺,厂房面积30.8万 m^2,获批年产能15万台、实际每年可生产25万台,2019年12月竣工投产,2020年6月首款新产品“炫界”上市,现有SUV炫界、炫界Pro、炫界ProEV、轿车轩度和中型SUV昆仑等5款在售车型。

二、生产与经营

2022年,凯翼汽车努力克服“芯片”短缺、高温限电等不利影响,全力以赴拼经济、抓生产、促销售,研、产、供、销体系建设得到有效提升,生产经营取得明显进步,各项经营工作有序运行。2022年,凯翼实现销量34550台,产量36602台,产值24.05亿元,营业收入22.75亿元。

三、产品出口

聚焦核心国际市场,充分利用“中国造”被国际市场接受度的提升,以东南亚、中东、中南美、非洲市场和“一带一路”沿线国家为靶向,形成国际市场以燃油车型为主打和以新能源车型辅助的产品策略,建成国际营销渠道20余个,特别是在中亚、俄罗斯重点市场建立2个核心KD渠道,为未来3～5年持续上量奠定了较好基础。凯翼汽车2022年出口销量1.1万台,计划2023年实现出口4万台,2024年实现出口8万台,2025年实现出口10万台以上。

四、产能建设

凯翼汽车一期总投资37亿元,占地973.3亩,规划年产能15万辆,生产车间建设按照多款产品共线生产柔性化、设备选型和使用智能化、节能减排绿色化的“三化”标准建设,并荣获工信部中国设备管理协会汽车智能制造技术中心授予的“2021年中国汽车行业标杆智能工厂”。其中,冲压车间具备6600 t大型自动化高速冲压线,双臂自动化机械手;焊接车间具备多车型共线生产能力,160台机器人实现装配、涂胶、焊接、植钉全程自动化;涂装车间采用整车智能信息管理系统，能够根据订单输入自行切换车型和涂装颜色；总装车间具备50台AGV实现SPS物料自动输送，智能信息管理系统做到物料信息在线跟踪。

五、技术进展与研发能力

凯翼汽车拥有国家级高新技术企业、省级工业设计中心、省级企业技术中心。凯翼汽车研究院具备造型开发和管理、平台开发、整车/系统/零部件设计开发、实验试制等研发能力，拥有新能源整车开发能力、智能网联开发能力、国内领先的BEV平台和新能源模块化技术平台，与四川大学、西南交大、电子科技大学等多家高校研究院以及GS、意大利宾利法纳、上海智能互联研究院、德国FEV、英国里卡多等顶尖团队进行合作。凯翼研发技术团队均来自奇瑞等知名车企，具备实战经验丰富的专业人才近600人。

六、主要新产品

产品型号	产品名称	品牌	通用名称
WHJ7001BEVFX11	纯电动小型SUV	凯翼	炫界ProEV
在研	纯电动紧凑级轿车	凯翼	轩度EV
在研	插电式混合动力中型SUV	凯翼	昆仑iHD

续上表

产品型号	产品名称	品牌	通用名称
在研	纯电动微型电动车	凯翼	都市小精灵

七、合资合作及重大项目建设

与华为、腾讯、宁德时代等头部企业开展战略合作，深入技术交流，利用平台赋能，进入核心汽车智能科技应用领域，提升凯翼技术能力和品牌影响力；与欧阳明高院士工作站及9所高校开展科研技术项目合作，协同推进产业技术创新，共建“省级工程技术研究中心”，共创“省级现代产业学院”。

八、发展规划

未来5年，凯翼汽车将以“驱动产业生态、赋能区域发展、践行产业梦想”为使命，秉承“创新、拼搏、精益、美好”企业价值观，笃定信念、集中资源、对焦市场、差异发展，努力发展为“中国西南汽车产业副中心”，全力拥抱新能源转型发展机遇，力争实现“2525”和“3050”目标，即：到2025年实现整车销售25万辆，其中新能源车占比60%以上，实现营收250亿元以上、带动产业链营收超300亿元；到2030年实现整车销售50万辆，实现营收600亿元以上。

宇通客车股份有限公司

一、单位概况

宇通客车股份有限公司（以下简称宇通）是一家专注于客车产品研发、制造与销售的制造企业，20余年来，宇通始终坚持以造好客车、塑造品牌为己任，逐步成长为国内外客车行业的龙头企业。2022年，销售30198辆，营业额233亿元，提供就业超过3万人，行业龙头效应显著。

宇通正在从“制造型＋销售产品”企业向“制造服务型＋解决方案”企业转型。并且在科技创新领域不断取得新的突破，掌握了电动化、智能化、网联化、安全、节能、舒适、环保等技术并持续领先。突破了电池、电机、电控、充电、加氢等共性核心技术，建立了插电式、纯电动和燃料电池整车技术平台，全面进军新能源商用车领域，开发了高安全、高可靠、高效率、高智能的系列化新能源商用车产品，包含纯电动大巴、氢燃料重卡、纯电动轻卡、纯电动渣土车等产品。已累计推广超过17万辆，稳居全球商用车第一。

二、生产与经营

2022年，受疫情反复、新能源补贴政策变化以及国内经济发展面临需求收缩、供给冲击、预期转弱三重压力等影响，宇通客车股份有限公司认真落实和推进“十四五”和“五条主线”的战略规划要求，攻坚克难，迎难而上，全年累计实现客车销售41828辆，同比提升0.17%；实现营业收入232.33亿元，同比提升7.04%；实现归属于上市公司股东的净利润6.14亿元，同比提升18.95%。公司净利润同比增长的主要原因为：2021年，随着海外客车市场新能源化的推进和需求恢复，公司海外出口业务有所增长；同时，公司职工住房项目交付给公司业绩带来一定贡献。

三、产品出口

截至2022年底，宇通累计出口各类客车超过87000辆，产品远销至智利、墨西哥、埃塞俄比亚、安哥拉、坦桑尼亚、菲律宾、澳大利亚、马来西亚、哈萨克斯坦、乌兹别克斯坦、沙特、巴基斯坦、卡塔尔、英国、法国、丹麦、挪威、芬兰等全球主要客车需求市场。在主要目标市场，公司已成为主流客车供应商之一。在新能源客车领域，公司已在中东、拉美、东南亚、欧洲等20多个国家或地区形成批量销售，累计出口新能源客车超过3000台，并凭借高阶的产品实力，摘得2022年度欧洲纯电动客车的销量冠军。在卡塔尔世界杯期间，公司共有888台纯电动客车为赛事提供运输保障服务，公司派出专业团队保障车辆的正常高效运营，树立了良好的国际形象和品牌口碑。

四、产能建设

2022年，销售各类商用车37808辆，营业额308亿元，纳税14.5亿元，其中省内/市内地方贡献6.2亿元，提供就业2.4万人。2022年，大中型客车国内市场占有率达到29.7%（中国客车统计网数据28.2%。上限口径大中型客车和轻型校车29.7%），连续21年国内第一；全球占有率约10%，连续12年全球领先。

五、技术进展与研发能力

1. 技术进展

宇通紧跟低碳化、电动化、智能网联化、高端化、轻量化发展趋势，围绕安全、节能、舒适、环保等方面进行了深入研究，打造了宇通产品竞争力领先的技术护城河，引领了客车行业技术发展的先进方向。高端系列产品全面布局，T12/13E、U12/13相继推出并获得批量订单，填补了公司在国际高端业务的空白；积极发挥龙头企业作用，与产业链企业深度合作，助力郑州城市群燃料电池汽车示范应用落地。报告期内，公司完成了高安全长寿命电池系统、电池模组集成化技术、集成式一体化DCDC、多合一动力域控制器、一体化热管理系统、双源低温热泵、集成式电驱桥、电控液压助力转向、集成式电子电气架构、智能辅助驾驶助手Ⅰ代、多功能自动驻车系统、碰撞缓解控制系统、5G网联终端2.0、智能化能量管理、智能巡检、智能区域限速控制、校车智能防遗忘Ⅱ代等技术的开发和应用，全面提升了产品竞争力，巩固了新能源和智能网联技术的领先优势。

2. 研发能力

宇通拥有行业首家“国家认定企业技术中心”“企业博士后科研工作站”“国家电动客车电控与安全工程技术研究中心”“客车安全控制技术国家地方联合工程实验室”“交通安全应急信息技术国家工程实验室车辆信息技术分实验室”“国家认可实验室CNAS”“国家级工业设计中心”等7个国家级科研创新平台，同时拥有“河南省燃料电池技术创新中心”“客车安全控制技术河南省工程实验室”“河南省新能源客车技术重点实验室”“河南省客车工程技术研究中心”“河南省智能网联客车工程技术研究中心”“河南省客车技术开发国际联合实验室”“河南省新能源商用车产业创新中心”等13个省级科研创新平台，被科技部、国务院国资委和中华全国总工会联合授予首批“国家创新型企业”称号，被工信部及财政部联合授予“国家技术创新示范企业”，被工信部授予全国“工业企业质量标杆”“工业产品绿色设计示范企业”，被商务部、国家发改委授予“国家汽车整车出口基地企业”称号，是行业首家“国家级信息化和工业化深度融合示范企业”“国家火炬计划重点高新技术企业”，获得河南省省长质量奖、2020中国设计红星奖、2021年红点奖、2022年工信部智能制造标准应用试点项目企业等。

六、主要新产品

产品型号	产品名称	品牌
ZK6106BEVG	纯电动公交车	宇通
ZK6815BEVG	纯电动公交车	宇通
ZK6119H	大中型客车	宇通

七、合资合作及重大项目建设

宇通建立了插电式、纯电动、燃料电池动力、自动驾驶系统及整车共性技术等创新研发平台，在安全、节能、环保、舒适、电子化、智能化等客车核心技术领域处于国内领先地位，公司先后承担了国家863计划、国家科技支撑计划、新能源汽车产业技术创新工程、国家重大科技成果转化、国家重点研发计划、河南省及郑州市重大科技专项等83项国家和省市级科研项目，突破多项制约产业发展的关键技术难题。

协同创新是提升创新效能的重要途径。公司积极推进“产、学、研、用、供”有机结合，与清华大学、北京理工大学、中国科学院等单位开展全方位合作，通过联合承担项目、共同培养人才等方式，形成了一个联系紧密、行之有效的联合研发机制。围绕新能源与智能网联汽车产业链，与100多家新能源汽车核心零部件企业协同攻关，实现新能源汽车高适应性、高安全协同研发。已形成产业成果转化反哺技术创新的良性循环，推动了行业整体技术水平的提高。

八、发展规划

当前，我国新能源汽车进入了加速发展新阶段。下一步，宇通将围绕商用车“电动化、智能网联化、高端化、国际化”发展战略，依托国家和河南省重大创新平台，联合全球领先创新资源，聚集高水平人才团队，着力推进新能源和智能网联汽车关键核心技术系统性研发，加快突破“卡脖子”技术，抢占新能源与智能网联商用车领域技术制高点，打造全球领先的新能源商用车研发制造基地，引领带动新能源商用车产业高质量发展，为中国制造、为民族品牌增光添彩。

1. 坚持技术创新，抢占产业制高点

未来，基于全球新能源商用车产业对标，为巩固国内市场优势、有序推进实现国际化，宇通将扎实围绕“新能源五电”和“整车集成”扎实攻关，以引领行业技术进步和产业自主可控，为国家在客车、新能源商用车领域持续占据产业制高点贡献宇通力量。

2. 推进高端化战略，夯实竞争基础

宇通将全面对标戴姆勒等国际一流商用车品牌，持续提升高端产品的设计、制造、供应链、服务等全价值链标准和体系化保障能力，开展系列化高端产品的研发和推广，进军高势能市场与国际一流企业掰手腕，把宇通品牌打造成一流的商用车品牌。

3. 坚持“品牌为先”，树立国际化品牌形象

宇通将坚持把树立国际优秀品牌、产业报国，作为一切业务开展和管理的基本出发点，发挥宇通新能源和产业链运营管理优势，按照“五做五不做”原则，坚定围绕海外重点目标市场，以直销、直服、直融为核心策略，以“国家公司”为业务管理中心，打好“品牌战、阵地战”，高标准推进宇通模式落地，打造一流的国际化品牌口碑。

4. 向世界一流看齐，提升体系化管理能力

技术、产品和管理创新，是宇通发展的基因。未来，宇通将以世界一流企业为标杆，全方位开展管理对标，围绕产业链价值链管理、创新管理、竞争力管理等方面找差距、补短板，持续推动各业务、各条线的有机战略协同，系统提升资源要素整合能力，支撑全方位塑造竞争优势。

厦门金龙联合汽车工业有限公司

一、单位概况

厦门金龙联合汽车工业有限公司（以下简称金龙客车）创立于1988年，隶属于厦门金龙汽车集团股份有限公司（股票代码600686）。

金龙客车拥有厦门大中型客车、厦门轻型客车、厦门专

用车和绍兴专用车四大生产基地,已形成自动化程度高、工艺先进的世界级商用车制造工厂。金龙客车拥有国家级试验中心、国家级工业设计中心及博士后工作站,是国家“两化融合”示范企业及科改示范企业。金龙客车正以先进的制造工艺和领先的研发实力,树立中国商用车制造标杆。

二、生产与经营

金龙客车提供业界齐全的智慧交通产品线,涵盖大、中、轻型客车、自动驾驶客车和底盘、专用车、卡车、房车及各类泛出行产品,覆盖传统动力、CNG/LNG、混合动力及纯电动、氢燃料动力等多种动力平台,满足不同细分市场和场景的需求,为美好出行提供高质量产品和服务。

金龙客车致力于成为具备全球影响力的智慧交通系统的解决方案提供商,自2000年起便开启了国际化经营之路,截至2023年已连续13年客车出口量行业第一,出口客车近14万辆,出口近150个国家和地区。与此同时,金龙客车在全球范围内建立了1000多个售后服务网点,为客户提供高效的配件供应及专业的维修服务。

可信赖是金龙客车的品牌基因。金龙客车多次服务于国内外重大盛会,包括全国两会、北京奥运会、伦敦奥运会、世博会、G20杭州峰会、金砖厦门会晤、俄罗斯世界杯、巴布亚新几内亚APEC会议、进博会以及北京冬奥会等。

金龙可信赖文化还体现在社会责任和爱心公益事业上,在疫情期间,金龙客车以“国家有需要,金龙全力造”的强烈责任感和使命感,紧急协调供应链,加紧研发和生产抗疫“六脉神剑”系列产品。2021年,金龙客车推出“新六脉神剑”系列产品,为抗击疫情持续贡献金龙力量,荣获国家和福建省委、省政府的嘉奖。2022年,金龙客车推出“移动医院”解决方案,推动优质医疗资源下沉,为乡村振兴注入新活力。

新时代新征程。金龙客车将继续坚守专业初心,朝着“成为智慧交通系统的解决方案提供商”的目标创新前行,构建智慧交通生态,建设美好出行社区。

三、产品出口

2022年金龙国贸将新能源市场、产品作为重点进行专项列管,围绕亚洲、南美、欧洲几个重点市场展开新能源产品全球布局,并制定了扩大新能源产品出口额占比的目标。全年向17个国家和地区出口208台新能源客车,实现销售收入2.25亿元,同比增长达93.95%。

其中,欧洲各市场样车试运行为后续批量订单获取打下坚实基础,马耳他纯电大订单获取,韩国新能源项目销售规模稳固提升。

四、产能建设

近年来,金龙客车不断开拓业务边界,2022年成立商用车产业中心,正式进入新能源重卡领域,产品已交付广东、湖北及山东等地运营;成立有货速运合资公司,“金龙有货速运”城市配送服务平台上线,为国内主流新零售平台提供服务。

五、技术进展与研发能力

作为一家科技驱动型企业,金龙客车在新能源、主被动安全、自动驾驶和智慧交通等领域不断发力,相继推出包括易驱5.0(ECO-Chip)、燃料电池系统域控制器、MTV整车电池一体化技术、昆仑智能集成商用车滑板底盘和龙翼SmartGO智慧交通解决方案等在内的多项自主核心技术和解决方案,打造出全球首款L4级量产自动驾驶巴士“金龙阿波龙”、行业首款5G智能网联纯电公交“智慧城市之光”、行业首辆碳纤维复合材料“地铁巴士”和行业首款正向研发换电重卡KH01平台等创新产品和平台。依托产业基础和品牌优势,金龙客车持续深入推进企业数字化、智能化转型升级,树立了行业数字化转型标杆,为中国商用车发展注入强大动力。

六、主要新产品

产品型号	产品名称	品牌
XMQ6850AGFCEV	燃料电池低入口城市客车	金龙牌
XMQ6106AGFCEV	燃料电池城市客车	金龙牌
XMQ6112AGBEV	纯电动城市客车	金龙牌

中车时代电动汽车股份有限公司

一、单位概况

中车时代电动汽车股份有限公司(以下简称中车电动)成立于2007年,位于湖南省株洲市天元区隆兴路268号,法定代表人肖高华,注册资本25.4亿元。中车电动是由中国中车集团整合国内外优质资源成立的国内第一家获准从事电动汽车研发与制造的高新技术企业。中车电动将世界领先的高铁电机及其控制系统、变流系统、网络控制等核心技术成功应用于新能源商用车领域,打造了基础元器件—核心部件—系统集成—整车研发与制造—出行服务的新能源商用车全产业链。

截止到2022年末,车辆投放规模全国领先,累计投放新能源整车近6万台、电驱动系统及关键零部件18万套,产品批量服务湖南、广东、北京、上海、河北、山西、广西、云南、海南、贵州等31个省、自治区、直辖市,销量在新能源客车行业排名全国前三。中车电动全面建设智慧公交、智慧环卫、智慧物流三大智慧平台,相继在长沙、衡阳、株洲、怀化、耒阳等地区落地实施。在智慧城市公共交通整体解决方案方面,获得杭州新能源客车全生命周期824台维护订单。中车电动历经10余年发展,产业规模已突破50亿元,成为中国新能源客车行业领导品牌之一。

二、生产与经营

在国家大力发展新能源汽车产业的大背景下,中车电动抓住新能源汽车产业发展机遇,充分利用中车品牌及核心技术优势,取得优异成绩。截至2022年末,总资产99.19亿元,实现年度营业收入38.34亿元,其中客车年销量近5000辆,位列新能源城市客车行业前三。中车电动自成立以来,坚持走专业和创新的道路，节能与新能源客车研发制造处于国内领先水平，通过了ISO 3834焊接体系认证、ISO 9001、ISO/TS 16949质量体系标准认证、中国强制产品CCC的认证，并通过了欧盟认证，获得整车出口欧美的资质。中车电动建成的行业首个集"智能工厂、绿色工厂、生态工厂、人文工厂"于一体的制造基地已于2020年末正式投产。

三、产品出口

中车电动坚持走向海外，以新能源车为主、传统车为辅，整车与电驱系统业务齐头并进的发展策略，已销往新西兰、比利时、法国、匈牙利、沙特、马来西亚、加纳、韩国、科特迪瓦、以色列、哥斯达黎加、塞内加尔等22个国际市场，涵盖欧洲、亚太、中东、非洲、拉美等地区。

四、产能建设

中车电动建成了行业一流的底盘、焊装、电泳、涂装、总装、检测生产流水线，具备年产整车近3万辆的生产能力，是我国新能源客车重要的产业化基地。为满足当前新能源客车市场高品质、短交期、定制化的需求，中车电动搭建了包括ERP、MES、PLM、LES、SCADA等平台的智能化生产管理体系，有效提升产品质量，缩短产品生产周期，确保产品及时交付。根据人、机、料、法、环多维度进行生产任务科学分配，实现层层递进的生产计划与物料配送、质检、工装、设备点检及保养计划的高效协同，拉通订单从计划到投产、从装配到异常跟踪、从质检到返工返修、从物料齐套检查到缺料跟催及配送的全过程数据驱动闭环管控，即时动态展示每个订单进度、异常、质量、物料、生产及成本全过程，支撑管理者对全过程的精准决策。

五、技术进展与研发能力

中车电动围绕整车动力、智联、智驾、安全、可靠、节能、舒适，创立了行业领先的新能源汽车技术品牌——T科技，历经十几年的不断迭代，T科技已升级至第七代，实现了从电动化向智能化的进化，成为新能源汽车核心硬件与车载智能系统、云端大数据相互作用、深度融合的智慧集成平台，通过云联、云算、云智，理解用户需求、主动提供服务、串联人—车—服务三张网，为终端用户提供生态场景服务，推动交通工具向移动生活空间的转变。在商用车智能驾驶方面，中车电动2018年实现智能驾驶L3等级的示范运营，2020年进入载客运营阶段，2021年研发出了L4等级的智能驾驶客车。

"十三五"以来，中车电动牵头开展了《宽禁带半导体电机控制器开发和产业化》《商用车高可靠性电力电子集成系统开发》两项"新能源汽车"国家重点研发计划的项目研发工作，该两项重大研发项目重点利用中车集团内功率半导体优势产业资源，提升了中车电动在新能源汽车电驱动系统领域的领导作用。中车电动拥有专利总量近千件；累计主持制定国际、国家或行业标准4项；累计参与制定国际、国家或行业标准52项。

截至2022年末，中车电动拥有"国家认定企业技术中心"国家级资质科研平台，组建了"湖南省电动汽车电传动系统工程技术研究中心""电动汽车动力系统及关键技术湖南省重点实验室""湖南省企业技术中心""江苏省企业技术中心""浙江省级高新技术企业研究开发中心"等5个省级科研创新平台。

六、主要新产品

整车				
序号	产品型号	产品名称	品牌	通用名称
1	CKZ6530HBEV	纯电动城市客车	恒通	V5
2	TEG6601BEV03	纯电动低入口城市客车	中车	X6
3	TEG6661BEV02	纯电动城市客车	中车	M6
4	TEG6802BEV01	纯电动城市客车	中车	C08
5	TEG6805BEV01	纯电动城市客车	中车	M8
6	TEG6853BEV05	纯电动城市客车	中车	C85
7	TEG6105BEV13	纯电动城市客车	中车	新C10
8	TEG6126BEV01	纯电动低地板城市客车	中车	X12
9	TEG5042XXYEV02	纯电动厢式运输车	中车	X5
10	TEG5310ZLJADFBEV1	纯电动自卸式垃圾车	中车	ZX31
11	TEG5310ZLJAJFBEV1（充电版）	纯电动自卸式垃圾车	中车	—
12	TEG5310ZLJAJFBEV1H（换电版）	换电式纯电动自卸式垃圾车	中车	—

零部件			
序号	产品名称	产品型号	产品应用
1	一体化底盘动力电池系统	L121A	低地板电池底置车型
2	轨道交通1500 V标准电池包	tpower-AS33	3000马力轨道交通混合动力机车、 1500 V高电压平台轨交机车、地铁、有轨电车等

七、合资合作及重大项目建设

中车电动根据战略发展规划积极开展投资布局，截至2022年末，拥有9家控股子公司、5家参股公司，形成了以株洲为总部，以长沙、常德、无锡、宁波、广州、石家庄、重庆、成都、沈阳为基地的"一总部九基地"布局。

八、发展规划

中车电动将以“三电”(电驱、电控、电池 PACK)、“三智”(智能驾驶、智能网联、智慧座舱)、“三化”(标准化、模块化、平台化)为支撑,立足“新能源客车、新能源物流车、新能源专业车”三大整车产业和一个科技零部件产业,依托“智慧公交、智慧环卫、智慧物流”三大平台,打造成为城市绿色交通高端装备制造商,全生命周期解决方案提供商,中车一核三极多点业务版图中的重要增长极。中车电动将始终坚持以创新驱动发展,以变革推动发展,以融合带动发展,成为人类绿色出行及物流高效畅通的连接者、中国乃至全球新能源汽车核心技术的引领者、未来交通新能源革命的推动者。

安徽安凯汽车股份有限公司

一、单位概况

安徽安凯汽车股份有限公司是专业生产各类高中档、大中轻型客车及汽车零部件的上市公司,公司成立于 1966 年,1997 年 7 月在深交所挂牌上市(股票代码 000868)。公司共有 2 个客车整车和 1 个汽车零部件生产基地,是国家高新技术企业、国家创新型试点企业、国家知识产权优势企业;拥有国家企业技术中心、国家电动客车整车系统集成工程技术研究中心、电动客车整车系统开发与应用国家地方联合工程研究中心、国家博士后科研工作站、国家认可的整车性能实验室。产品覆盖各类公路客车、旅游客车、团体客车、景观车、公交客车、新能源商用车等,大中型客车同步、高中档客车并举。

公司是中国豪华客车的领导者和标杆,1993 年第一辆安凯豪华客车在成渝高速运营,填补了国内高档豪华客车的市场空白,开创了中国道路客运的新纪元。公司依托全承载车身制造技术,率先与全球知名高校和一流零部件企业合作,成功开发出一系列纯电动、混合动力和氢燃料客车,电动客车整车系统集成技术国内领先,电机、电控、轮毂电机驱动桥等拥有自主知识产权制造技术。在智能网联汽车的发展进程中,安凯客车持续创新、积极推动无人驾驶、5G 技术应用落地,以领先的技术产品引领汽车产业全面升级,助力未来智慧出行。

公司认真贯彻“敬客经营质量为本求真务实”核心价值观,致力于制造最好的中国客车,努力为客户提供更好的产品与服务,产品畅销国内外市场。安凯客车已出口美国、英国、法国、澳大利亚、阿联酋、新西兰、新加坡、南非等近百个国家和地区,建立了覆盖全球的销售网络。

二、生产与经营

2022 年,公司累计生产各类客车 3262 辆,同比下降 13.75%;销售各类客车 3072 辆,同比下降 19.85%;其中新能源客车销售 1877 辆,同比增长 4.51%。产值 14.62 亿元,同比下降 10.41%;销售收入 15.04 亿元,同比下降 15.7%。安凯客车 6 米以上市场占有率为 2.62%,排名第十位。

三、产品出口

2022 年,国际营销持续深耕战略市场,在以色列、墨西哥、沙特、刚果金、菲律宾等 11 个市场强化驻点行销,全年行销计划内实现销售 22 家、形成订单 372 台,成功运作了墨西哥 150 台、刚果金 120 台及联合国乌克兰 63 台批量订单,实现了两个销售百台市场。全年累计出口各类客车 450 辆,同比增长 35.14%,出口总额 1.96 亿元。

四、产能建设

公司拥有 2 个客车整车生产基地,年设计产能分别为 6000 辆,合计产能 1.2 万辆(含新能源客车产能 6000 辆,均与传统客车共线生产)。

五、技术进展与研发能力

公司建有动力系统试验室、动力电池试验室、电控系统试验室、整车研发与性能试验室、零部件性能试验室共计 5 个试验室,实验室购置了奥地利 AVL 公司混合动力测试设备和车载排放测试系统、美国宝克公司底盘测功机、比利时 NVH 测试设备、氢燃料电池系统性能测试设备等 65 余台套国际领先的进口设备,实验室达到国内领先水平,具备了新能源汽车零部件性能测试、验证及开发能力、新能源汽车动力系统开发及集成匹配能力、动力电池系统开发及测试能力、整车控制系统软硬件开发及验证能力、新能源整车性能仿真及测试能力、实验室条件下的新能源整车性能测试及验证能力,实验室并通过国家 CNAS 整车性能试验室认证。

2022 年公司承担省级科研项目 2 项,产学研合作研发横向课题 18 项。围绕自动驾驶决策规划与控制系统技术、电动客车一体化底盘技术、高效电驱动系统集成技术、整车智能化控制技术、整车安全性技术、L4 级智能驾驶技术、燃料电池客车系统集成及控制技术等行业关键共性技术研究,开展了面向 L4 级智能驾驶公交客车开发、新一代电子电气架构的客车智能驾驶算法及平台技术研究开发等项目研究并取得技术突破。全年申请专利 71 项,其中发明专利 52 项,公司拥有授权专利 1179 项,其中发明专利,342 项;主持和参与制定国家标准 2 项;获得省部级科技成果 3 项。

六、主要新产品

整车				
序号	产品型号	产品名称	品牌	通用名称
1	HFF6110A6EV21	纯电动客车	安凯	A6
2	HFF6600K8EV21	纯电动客车	安凯	K8
3	HFF6710K7EV21	纯电动宝斯通客车	安凯	K7
4	HFF6120E9EV22	纯电动城市客车	安凯	E9
5	HFF6124GS03EV1	纯电动城市客车	安凯	GS
6	HFF6120G9EV21	纯电动城市客车	安凯	G9
7	HFF6650G6EV21	纯电动城市客车	安凯	G6
8	HFF6600E6EV21	纯电动城市客车	安凯	E6
9	HFF6530Q5EV21	纯电动轻型客车	安凯	Q5
10	HFF5042XXYEV2	纯电动物流车	安凯	T7

续上表

整车				
序号	产品型号	产品名称	品牌	通用名称
11	HFF5040XXYEV2	纯电动物流车	安凯	T5
12	HFF5030XXYEV2	纯电动物流车	安凯	T3
13	HFF6508E6EV21	智能网联汽车	安凯	E6
14	HFF6100G03FCEV	燃料电池汽车	安凯	G9
零部件				
序号	产品名称	产品型号	产品应用	
1	50 kW 永磁同步电机	TZ260XS050	安凯纯电动客车	
2	60 kW 永磁同步电机	TZ365XS060	安凯纯电动客车	
3	80 kW 永磁同步电机	TZ365XS080/ TZ365XSQ80	安凯纯电动客车	
4	100 kW 永磁同步电机	TZ425XS100	安凯纯电动客车	
5	120 kW 永磁同步电机	TZ365XS120	安凯纯电动客车	

七、合资合作及重大项目建设

公司围绕纯电动客车产业技术创新链,运用市场机制集聚创新资源,实现企业、高校和科研院所在战略层面有效结合。如与北京理工大学、合肥工业大学、同济大学、北方工业大学等高校先后在纯电动客车高效动力系统开发、永磁同步电机开发、燃料电池系统开发、NVH 性能分析、智能驾驶等多个领域开展项目合作;与合肥智行者科技有限公司开展面向 L4 级智能驾驶客车关键技术研究与应用;与江苏智能无人装备产业创新中心有限公司开展新一代电子电气架构的客车智能驾驶算法及平台技术研究与开发。

八、发展规划

2023 年公司目标实现整车销量 4150 台,销售收入 18.79 亿元,到 2025 年新能源客车年度销量力争突破 5000 辆,其中海外市场销售不低于 800 台,实现纯电动客车和燃料电池客车双技术路线同步发展,整车在安全性、舒适性、经济性、动力性、轻量化、长里程、智能化等指标和品牌影响力方面均处于自主客车品牌前列。加强前沿技术研究能力,以技术进步为核心,以研发高效、安全、舒适、智能电动客车产品为目标,进行分布式驱动系统技术、燃料电池电动客车整车集成技术、智能与集成化的整车域控制技术、智能驾驶等前沿应用技术和共性技术攻关,强化迭代研发。

分布式驱动系统技术。研究应用将传动、承载、驱动、制动等系统有机集成,融合机械、电气和智能控制技术,开发新型轮边驱动桥及控制系统,实现底盘系统的电动化、集成化、轻量化、智能化,满足无人驾驶客车、燃料电池客车和电动公交客车对新型驱动技术的发展趋势。

燃料电池电动客车整车集成技术。研究燃料电池系统与储能系统的混合动力总成技术、燃料电池(发动机)集成匹配、储氢系统集成匹配、燃料电池热管理、系统控制技术、整车批量化生产技术,开发低成本、长寿命和低温环境适应性的燃料电池客车产品并进行示范应用。

智能集成化的整车域控制技术。基于智能化和网联化的整车控制需求,开发集成车辆智能控制、一体化热管理、驱动与制动耦合控制的整车域控制器,功能安全 ASILC 级,软硬件功能模块化,OTA 满足信息安全需求。

智能驾驶技术。研究智能网联自动驾驶纯电动公交车环境感知、智能决策及协同控制等关键核心技术,开发面向自动驾驶纯电动公交车的环境感知系统与决策控制系统,并结合实际城市道路环境,开发符合自动驾驶需求的纯电动公交车线控驱动、线控转向、线控制动等底层执行系统,实车功能验证并实现批量应用。

成都客车股份有限公司

一、单位概况

成都客车股份有限公司成立于 1952 年,是一家有着 70 余年历史的专业客车制造企业。在 20 世纪 90 年代初,是全国第一个进入国家产品目录的燃气客车企业。公司商标"蜀都"牌被评为中国驰名商标。

在交通行业低碳化、智能化快速转型和汽车行业加快变革、创新、整合的背景下,在省市政府的关心和支持下,2022 年四川发展成功重组了成都客车。作为四川发展先进制造业板块的核心重点企业,重组后的成都客车作为四川发展先进制造业板块的核心重点企业,将紧紧抓住新能源智能网联汽车产业发展的历史机遇,聚焦以纯电、氢能为主的新能源商用车领域,以成都为中心建设全国重要的新能源商用产业集群和总部基地,推动新能源商用车整车生产、零部件制造、能源供给、运维服务等企业协同发展,为建设绿色低碳高质量公交、客运、环卫、物流系统提供质量过硬、技术领先、深度定制、优质服务的新能源商用车整体解决方案和智能化运营服务平台。助力成渝双城经济圈高质量建设,培育具有全国影响力和国际竞争力的新能源商用车产业链。

二、生产与经营

成都客车股份有限公司研发生产的"蜀都牌"全系列客车及专用车产品覆盖天然气(CNG/LNG)、纯电动、燃料电池等多种能源形式,适用于 BRT 公交、干线公交、社区公交、旅游观光、通勤、专用校车、城市物流等不同场景。

2022 年通过资产重组,成都客车进入省属国有企业序列。重组后的成都客车克服了疫情反复和高温限电带来的不利影响,生产经营基本步入正轨,产销量猛增 185%。

三、产品出口

成都客车股份有限公司积极开拓海外市场,研发的12.5 m 纯电动低地板城市客车正在中亚地区开展试验与认证,力争为公司获取首批批量出口订单。

四、产能建设

公司是四川省和成都市重点支持的节能与新能源客车

研发制造及产业化基地，建有先进的冲压、焊装、整车阴极电泳、涂装、底盘装配、整车总装生产线和全自动检测线，具备单班年产大中型节能与新能源客车及底盘 5000 辆的生产能力。

五、技术进展与研发能力

成都客车股份有限公司是国家高新技术企业，建有省级技术中心、省级工业设计中心、成都市院士（专家）创新工作站和成都市新能源客车研究中心、四川商用车轻量化研究中心等研究机构，拥有多个专业方向研究机构，专职研发人员 40 余人，研发场地约 3000 m^2。建有国内领先的燃料电池性能测试台架、燃料电池汽车驱动系统综合测试平台、整车底盘测功机、道路模拟平台、高压氢系统测试平台等高水平试验室，已具备一流的研发测试能力。

成都客车股份有限公司紧跟国家碳达峰碳中和战略方向，坚持“氢-电协同”的发展战略，聚焦纯电动、氢燃料客车及专用车技术，深入掌握了完全自主知识产权的整车控制器软硬件技术、动力电池集成管理技术以及燃料电池系统集成匹配、安全控制、能量管理等纯电动、燃料电池车核心技术，取得了数十项专利和专有技术，已具备国内领先的新能源与智能汽车的研发能力。

成都客车股份有限公司是西部地区第一个进入燃料电池汽车推荐目录的企业。生产的氢车率先在西部投入商业运营。目前已成功研发多款氢能汽车产品，可覆盖公交、旅游和城市物流、城间物流、环卫等市场需求，多个氢能客车产品进入《公告》和《推荐目录》。累计生产销售 228 辆氢能客车，安全运营总里程已超过 2000 万 km，积累了宝贵的氢能汽车研发、制造、服务经验。其中，FC90 氢能客车百公里氢耗约 3.3 kg，FC11 氢能客车百公里氢耗约 4.3 kg，完全满足《节能与新能源汽车技术路线图 2.0》的 2020—2025 年阶段对燃料经济性 <5.5 kg/100 km 的展望，与国内 9～10 m 级氢车 5～7 kg/100 km 能耗相比，已达到了行业领先水平。

六、主要新产品

序号	产品型号	产品名称	品牌	通用名称
1	CDK6126CBEV6	纯电动城市客车	蜀都牌	EC12
2	CDK6110CFCEV2	燃料电池城市客车	蜀都牌	FC11
3	CDK6890CBEV	纯电动城市客车	蜀都牌	EC89
4	CDK6891CBEV	纯电动城市客车	蜀都牌	EC89
5	CDK6810CBEV2	纯电动城市客车	蜀都牌	EC81
6	CDK5180GQXBEV1	纯电动清洗车	蜀都牌	EZ18
7	CDK5180TXSBEV1	纯电动洗扫车	蜀都牌	EZ18
8	CDK5070TXSBEV	纯电动洗扫车	蜀都牌	EZ07
9	CDK5040TYHBEV	纯电动路面养护车	蜀都牌	EZ04

七、合资合作及重大项目建设

成都客车股份有限公司持续提升企业技术创新能力，紧跟城市公共交通和新能源汽车快速发展的步伐，与东方电气、西南交大、西华大学等企业和高校结成了紧密的研发—测试—应用联合体，通过技术联合攻关、示范项目合作、人才培养等方式，在不断提升传统汽车的底盘、车身、轻量化、电器技术基础上，深入掌握了完全自主知识产权的整车控制器软硬件技术、动力电池集成管理技术、燃料电池系统集成匹配、DC/DC 变换器、驱动电机、储供氢系统等关键零部件集成匹配技术，已形成了整车控制器、安全控制、能量管理、轻量化、智能监控等具有领先优势的自主核心技术。

八、发展规划

成都客车股份有限公司将继续坚持“氢-电协同”的战略方向，聚焦纯电动汽车、氢能汽车技术，把安全性、可靠性、实用性和低碳化、智能化、人性化作为最重要的技术创新方向，坚持“产—学—研—用”深度融合的开发模式，紧跟市场需求，瞄准世界一流技术，不断提升产品竞争力。

在氢能汽车领域，以大规模替代重型柴油汽车为目标，积极开展高压储氢、有机化合物储氢（氢油）、甲醇制氢（醇氢）等技术路线的研发测试，适应不同市场的需求。加快推进氢燃料电池 BRT 客车、公路旅游客车、中重型冷链物流车、环卫车的研发，拓展氢能产品系列，深耕氢燃料电池商用车专用底盘设计研究、整车及关键零部件的核心控制技术、氢燃料电池与锂电池混合动力双系统能量管理、燃料电池系统集成及应用研究、智能和网联化的安全辅助和控制技术、氢能商用车性能测试及评价等研究方向，持续提升燃料电池系统额定功率、优化动力系统能量管理策略，逐步提升动力系统及整车性能，进一步提升动力性、经济性、安全性、耐久性、环境适应性和舒适性，同时持续降低氢能车辆成本。

针对新能源汽车批量生产的新要求，调整优化生产、测试、服务流程，升级测试、试验、故障诊断设备，提升智能制造装备水平，做好大批量生产和运营服务的技术、装备、人员准备。力争 2025 年形成年产 1 万辆电动及氢能汽车的能力，实现产值 30 亿元以上。

成都客车股份有限公司将抓住汽车低碳化，智能化带来的机遇，瞄准世界一流，立足成都，走向世界，发展成为国内领先的低碳智能商用车企业。

四川新筑通工汽车有限公司

一、单位概况

四川新筑通工汽车有限公司（以下简称通工汽车）是一家集设计开发、生产制造、销售服务于一体的新能源客车（即纯电动客车、燃料电池客车）整车和专用车制造企业，是四川发展轨道交通产业投资有限公司控股的成都客车股份有限公司的全资子公司，始建于 1958 年，其前身名为四川雅安通工汽车厂，为国有控股企业，地处雅安市国家经济技术开发区,距成都市 110 km,占地面积 289 亩,注册资本 2.85 亿元,现有员工 180 余人。主要产品有新能源客车、新能源环卫车、专用货车、专用作业车等。拥有新能源客车整车的先进制造能力及专用车制造能力。

通工汽车是工业和信息化部《道路车辆生产企业和产品公告》内整车生产企业,目录序号为 206,企业名称代号 TG;注册商标“通工牌”。通工汽车的经营范围包括以下几个方面:纯电动城市客车、混合动力城市客车、纯电动厢式运输车、大中型客车、专用货车、自卸汽车(改装类)通用货车挂车、普通罐式车辆、常压危险品罐式车辆、专用作业车制造及销售;车载钢(铝)罐体制造及销售,汽车配件加工销售,机械加工、商用车辆的销售和租赁;机械装备类技术服务;汽车租赁;电池销售、租赁和回收;充电站(桩)建设及经营;进出口业务。

二、生产与经营

截止到 2023 年 4 月底,通工汽车总资产(不含土地价值)113705.28 万元、净资产(不含土地价值)2602.27 万元。主营业务为新能源城市客车和新能源环卫车。通工汽车实施产业升级进入新能源商用车整车领域,处于发展初期,产品在国内市场正逐步推广,市场范围涵盖四川省内、省外市场及海外市场。

通工汽车正在进行产品线整合,提高资产运营效率。根据公司发展战略,扩展环卫车、重卡等产品线,与现有客车产品线进行资产整合,提高资产运营效率,丰富产品系列,提高经济效益。通工汽车在市场方面:一是市场愿景是成为国内知名的新能源商用车整体解决方案服务商。二是市场定位为聚焦资源,专注于新能源商用车研发制造。三是市场方向是致力于中高端商用车及关键零部件市场,重点针对大中城市公交、市政环卫、旅游、景区、通勤等领域。四是市场策略是坚持技术引领、资源突破、服务制胜策略。川内多个地市州已开展销售,已有多个车型投入运行。

通工汽车是科技部国家新能源客车车用超级电容系统工程技术应用中试基地、是四川省汽车产业协会副会长单位、是四川省汽车工程学会副理事长单位、四川省标准化协会成员单位。

三、产能建设

2019 年以来,公司新建有新能源客车整车生产的四大工艺,其设施和设备齐全,具备年产 5000 辆新能源客车(即纯电动客车和燃料电池客车)整车的生产能力。

四、技术进展与研发能力

近年来,公司积极响应国家新能源汽车发展战略,积极推动四川发展的新能源与智能汽车产业发展战略,通工汽车坚持秉承“技术领先”的企业方针,注重研发投入,始终坚持通过“技术创新”达到行业领先水平。为加大企业技术创新和产品研发,公司专门成立了研究院,进行新产品开发、工艺设计及关键技术研究。

通工汽车研究院具有整车设计与集成、整车结构设计、外观造型设计、内饰设计、车辆底盘设计、系统集成与动力系统匹配设计、转向系统设计、制动系统(及底盘辅助系统)设计、车身设计、系统集成控制技术等专业设计人员 30 多人。为提升品牌形象,增强企业竞争力,占领技术制高点,与德国造型设计 TRICON 公司合作打造符合当代审美观、富有科技感、亮点突出的外观产品;与优秀的超级电容生产商——上海奥威科技有限公司、燃料电池厂商——东方电气和西南交通大学开展全面合作,研发以超级电容为主的产品技术路线,同时加强“超级电容 + 锂电”“超级电容 + 燃料电池”并联输出动力技术开发,同时与中国汽车工程研究院股份有限公司和北京理工大学合作建立产品强制检测和全生命周期运行监测,形成了强大的产品研发技术优势和研发力量。

通工汽车研究院先后完成了 20 多款纯电动城市客车、燃料电池城市客车、纯电动专用车(即环卫车)等车型的研发设计,经认可的第三方专业检测机构检测合格,经工信部及国家质量认证中心认可,获得工信部《道路机动车辆生产企业及产品公告》、国家质量认证中心《强制性产品认证证书》(3C 证书)。公司拥有专利技术 39 项,其中已授权 29 项,已受理正在审查过程中的 10 项。

通工汽车建有新能源汽车系统总成及整车的全套试验设施。系统总成试验设施涵盖驱动电机、动力电池、整车控制器、燃料电池发动机及其他关键零部件与核心总成的开发验证试验、HIL 仿真测试试验、“三电”联调验证试验、高低温试验、振动试验、盐雾试验、材料性能试验等设备。整车试验设施涵盖整车转鼓试验台(即底盘测功机)、整车道路模拟试验机(四立柱整车道路模拟试验台)、整车路试道路、操作稳定性能测试系统、整车下线性能检测线等设施,具有整车动力性能、经济性能、耐久疲劳性能、操作稳定性能、制动性能、转向性能及道路路试等验证测试能力,具备完整的新能源汽车整车研发验证试验能力。通工汽车设有下料与加工车间、焊装车间、电泳与涂装车间、总装车间、调试与完检车间等五大车间,其冲压、焊接、涂装、总装调试四大工艺齐全,配备有电池专用库房、油漆库房、综合库房等辅助设施,拥有完备的新能源客车(即纯电动客车和燃料电池客车)生产条件,能够确保公司整车产品的性能和品质,满足市场的需求。

五、主要新产品

产品型号	产品名称	品牌
TG6850GBEV1	纯电动城市客车	通工牌
TG6850GBEV3	纯电动城市客车	通工牌
TG6106GBEV4	纯电动城市客车	通工牌
TG6810GBEV4	纯电动城市客车	通工牌
TG6660GBEV1	纯电动城市客车	通工牌
TG5120GSSBEV1	纯电动洒水车	通工牌
TG5180TXSBEV1	纯电动洗扫车	通工牌
TG5030ZLJBEV1	纯电动自卸式垃圾车	通工牌

六、发展规划

(1)以“新技术 + 新产品 + 特色优势产品”为重点,走产品差异化之路。

(2)以“市场拓展 + 股权合作 + 产业链整合”三轮驱动为动力,走路径差异化之路。

(3)以“产品营销+金融服务”为重点,走模式差异化之路。

(4)长远发展目标:到2025年,面向全球拓展市场,输出技术、产品和服务,初步建成四川本土的新能源商用车制造具有影响力的企业,实现高质量可持续发展。

奇瑞万达贵州客车股份有限公司

一、单位概况

奇瑞万达贵州客车股份有限公司(以下简称奇瑞万达公司)系奇瑞集团与贵阳市政府合资成立的集研发、生产、销售、售后为一体的商用车车企。公司总投资22.6亿元(2019年新增投资6.3亿元),具备年产1万台大型客车与2万台轻型客车的生产能力。产品覆盖公务、商务、旅游团体、城市公交、专用车等各个领域,是贵州省内唯一一家具备客车整车资质、新能源资质、轻客资质及氢燃料客车资质的本土车企。自2013年以来,公司的新能源公交车、公路客车已累计实现销售近1.5万余台,销售区域涵盖贵州、安徽、云南、广州等众多省市,为贵州省汽车产业发展及节能环保事业做出了应有的贡献。

二、生产与经营

公司2022年全年累计实现销量近2000辆。

三、产品出口

奇瑞万达贵州客车股份有限公司依托奇瑞集团连续18年自主品牌出口第一的市场资源与销售能力,以高端新能源客车和特种改装车辆拓展东南亚、西亚、中东及南美洲等国际市场,实现“贵州制造”的对外批量出口,促使整体海外市场成为公司业绩新一轮的增长点。

四、产能建设

奇瑞万达贵州客车股份有限公司具备年产1万台大型客车与2万台轻型客车的生产能力,精细生产组织,突出规模效益建产。

五、技术进展与研发能力

新型智能化产品(智能无人驾驶、双层客车、18 m铰链客车)、新自动化生产线(焊装机器人)、新能源实验室(氢燃料动力)等相关建设。其中特别针对贵州公交、客运旅游市场而开发的18 m铰链客车、旅游客车等高端产品已具备批量生产条件。2020年在获得氢燃料电池客车生产资质后,在安徽省、贵阳市实现氢燃料动力电池公交示范应用。

六、主要新产品

产品型号	产品名称	品牌
WD6127DH01	12 m旅游大巴	万达牌
WD6187BEVG01	18 m铰链客车	万达牌
WD6117BEVSG01	双层客车	万达牌
WD6117BEVG05	纯电动公交车	万达牌

七、合资合作及重大项目建设

以奇瑞万达公司车企为龙头,带动贵阳市乃至贵州省氢燃料电池汽车产业链不断技术创新、传统企业转型升级。

结合奇瑞集团氢能产业布局,适时推进建设奇瑞集团瑞氢动力公司建设项目。

八、发展规划

奇瑞万达公司始终坚持以汽车产品新“四化”为基础,通过整合氢能产业、自动驾驶、智能互联、大数据云平台等技术,为客户提供一个绿色智慧交通解决方案,将会按计划逐步申报轻/重型卡车等资质,为做大做强新能源汽车产业创造相应的资质条件并紧紧围绕将奇瑞贵阳基地建设成奇瑞西南百亿级商用车生产基地的目标,为贵州省打造成为西南地区先进装备制造业发展高地贡献力量。

格力钛新能源股份有限公司

一、单位概况

格力钛新能源股份有限公司(以下简称格力钛)是一家集钛酸锂核心材料、电池、电机电控、充电设备、智能储能系统、新能源汽车研发、生产、销售以及动力电池回收梯次利用一体的全球综合性新能源产业集团。公司以科技创新为核心,打造新能源闭合式循环产业链,旗下拥有广通汽车、奥钛储能两大品牌。

公司近几年先后获得多项荣誉,2016年荣获联合国工业发展组织授予的“全球可再生能源领域最具投资价值的领先技术蓝天奖”;“纳米钛酸锂动力电池技术”获“国际领先”认定,被认定为“广东省钛酸锂电池工程技术研究中心”。2017年被认定为“院士专家服务基地”。2018年获得工信部颁发的“绿色工厂”荣誉称号、上榜科技部发布的新能源领域独角兽企业、连续4年入选全球新能源企业500强、钛酸锂电池和仿古铛铛车被评为“广东省名牌产品”、18 m海豚公交车作为新能源汽车行业唯一入选的产品荣获“中国专利奖——外观设计金奖”。2019年入选“2019全球新能源企业500强榜单”百强,被认定为“广东省省级企业技术中心”,1 MWh集装箱储能系统首次在国内应用,荣登“2019中国制造业企业500强”榜单,获得国家科学技术进步奖等;2020年,连续两届获得“中国储能产业最具影响力企业奖”,荣获“锂想2020技术创新奖”;2021年“高安全大倍率储能系统关键技术研发与应用”获“国际领先”认定,获“2021年度中国储能产业最佳光储充一体化解决方案奖”“2020—2021年度优秀梯次利用企业”荣誉称号;2022年荣获广东省科技进步奖二等奖,“一种钛酸锂复合材料及其制备方法、负极片及锂离子电池”发明专利获得中国专利金奖,摘得锂电池行业内的发明专利"首金"，入选"国家知识产权示范企业"。

二、生产与经营

公司总部位于珠海，拥有邯郸、石家庄、成都、天津、洛阳、南京等产业园。

格力钛以自主研发的钛酸锂材料、电池的技术研发和制造能力为核心，进行钛酸锂负极材料、钛酸锂电池、钛酸锂储能系统的研发、生产和销售，是全球最大的钛酸锂电池生产基地，具备不同型号不同系列钛酸锂电池产品生产能力，国内市场占有率排名第一，2021 年 11 月经工业和信息化部认定为制造业单项冠军产品。

现装配格力钛酸锂电池系统的客车，产品品种丰富且具有较高的市场信誉和极强的市场竞争力，畅销国内市场，已在北京、广州、石家庄、珠海、湛江、中山、包头、齐齐哈尔、邯郸、永州、揭阳、汕头、江门、潮州等 100 余座城市成功运营。

公司的储能系统产品应用覆盖电力调峰、火电调频、基站备换电、工程机械、轨道交通、数据中心、应急供电、家居等场景。公司储能系统产品在国际上已进入美国、欧盟并多年稳定运行，在国内已经进入国网冀北电力有限公司国家风光储输示范工程、南方电网 MW 级电池储能站 863 课题示范工程。

三、产品出口

格力钛生产的钛酸锂电池具有高安全、长寿命、快充放、耐宽温四大特性，可在电钻、浸泡针刺、切割、过充放、燃烧等严苛测试条件下不冒烟不起火，格力钛钛酸锂电池凭借过硬的品质，被选为"国家制造业单项冠军产品"，并远销海外市场，包括意大利、德国、马来西亚、印度、菲律宾、泰国、越南等国家，在海外市场上获得了客户的一致好评。

四、产能建设

格力钛以一站式技术研发体系，加快技术创新与产业升级的步伐。在全球拥有材料研究院、电池研究院、商用/专用车研究院、电池应用及工艺研究院、储能系统研究院、燃料电池研究院等 6 个研究院和 5 个技术中心。公司有两个钛酸锂电池生产基地及一个钛酸锂材料生产基地，珠海钛酸锂电池厂、邯郸钛酸锂电池厂、邯郸钛酸锂材料厂。生产线的主要设备都购自国外先进设备厂家或国内大型一线品牌锂电设备厂，结合自主开发自动化设备及装配模式，自动化程度居于国内领先水平。

五、技术进展与研发能力

1. 技术创新能力

(1)钛酸锂电池技术

钛酸锂材料突破了传统石墨负极二维层状结构的局限，具有稳定的三维晶体结构，在充放电过程中，材料结构几乎不发生变化，被称为"零应变材料"。与石墨负极材料相比，钛酸锂材料几乎不形成热稳定性差的 SEI 膜，避免了 SEI 膜在高温分解时引发的热失控导致电池起火、爆炸的隐患。格力钛新能源通过纳米化工艺与结构控制技术相结合，合成了高相纯度的"格力钛"材料，独特的颗粒形貌及尺寸设计，优化了钛酸锂材料的电化学性能，攻克了纳米材料难以分散的加工难题，为格力钛酸锂电池提供坚实的技术保障。

(2)高安全大倍率储能系统关键技术

公司采用介孔微球钛酸锂材料自晶化构建技术，开发了一款更适宜大倍率工况的高性能钛酸锂材料，设计了全覆盖多通道极片自约束圆柱电池，基于此钛酸锂电池研发了电池模块并集成研发了 4P 工况高安全大倍率储能系统。其中，重点研究了大倍率运行工况下的散热管理和安全管理，提出一种从电池、电池模块、系统 3 个层级来限制大倍率充放电时的电池温升及温差的散热关键技术。

(3)动力电池、动力系统、电机电控三大核心研发及试验能力

公司拥有广东省新能源汽车安全与节能技术重点实验室，具有动力电池、动力系统、电机电控三大核心研发及实验能力，包括 30 多个零部件专业检测室和 1 个远程监控中心，拥有国内领先的研发试验仪器 200 余台套，如瑞典优胜公司 truckaligner 的四轮定位设备、德国拜斯瓦特的制动检测台、德国 wabco 的 ABS/ASR 测试仪、美国 ROBINAIR 空调真空检测仪等进口设备。

2. 研发能力建设

公司以"6＋1"的研发体系，加快技术创新与产业升级的步伐。在全球拥有材料研究院、电池研究院、商用/专用车研究院、电池应用及工艺研究院、储能系统研究院、燃料电池研究院等 6 个研究院和院士专家服务基地、广东省科技专家工作站、广东省钛酸锂电池工程技术研究中心、广东省钛酸锂动力电池材料工程实验室、广东省新能源汽车安全与节能工程技术研究中心、广东省省级企业技术中心、广东省教育部科技部产学研结合示范基地等政府认可省级科技平台。

公司研发的锂电池系列产品，具有高能量、高倍率、高安全、耐宽温、长寿命等特性，可覆盖全储能应用场景，被广泛应用于新能源汽车以及工商业园区、通信基站、电网调频、轨道交通、船舶岸电、家庭住宅、军事科研等储能领域，具有广阔的市场前景和应用价值。

六、主要新产品

产品型号	产品名称	品牌	通用名称
CAT6601CRBEV1	纯电动城市客车	广通牌	6 m 公交车
CAT6858CRBEVT	纯电动城市客车	广通牌	8.5 m 公交车
GTQ6116BEVB30	纯电动城市客车	广通牌	10.7 m 海豚公交车
GTQ6129BEVH31	纯电动客车	广通牌	12 m 脸谱大巴
GTQ6702BEV2	纯电动客车	广通牌	7 m 考斯特

续上表

产品型号	产品名称	品牌	通用名称
CAT6852CRFCEVT	燃料电池城市客车	广通牌	8.5 m 燃料电池公交车
CAT6131FRBEVT	纯电动双层城市客车	广通牌	双层公交车
CAT5030XXYBEV1	纯电动厢式运输车	广通牌	3 t 物流车
TJR5030XXYBEV2	纯电动厢式运输车	广通牌	3 t 物流车
NJK5310ZLJBEV1	纯电动车厢可卸式垃圾车	广通牌	31 t 垃圾车
NJK5310ZLJBEV2	纯电动自卸式垃圾车	广通牌	31 t 垃圾车
CAT5181XYLDF	医疗车	广通牌	18 t 医疗车
GTQ6131BEVS30	纯电动双层城市客车	广通牌	双层公交车
GTQ6186BEVB30	纯电动铰接低入口城市客车	广通牌	18 m 公交
GTQ6859BEVB30	纯电动城市客车	广通牌	8.5 m 无站立公交
GTQ6103BEVH32	纯电动客车	广通牌	10.5 m 仿古公路车
GTQ6800BEVB33	纯电动城市客车	广通牌	8 m 小黄人公交
GTQ6607BEVB30	纯电动城市客车	广通牌	5.9 m 脸谱公交车
CAT6102CRBEV	纯电动城市客车	广通牌	奔马 10.5 m 公交
CAT6902CWBEV	纯电动城市客车	广通牌	奔马 9.0 m 公交
LGQ5181TXSBEV1	纯电动洗扫车	广通牌	18 t 纯电动洗扫车
LGQ5181TDYBEV1	纯电动多功能抑尘车	广通牌	18 t 纯电动抑尘车
LGQ5181ZYSBEV2	纯电动压缩式垃圾车	广通牌	18 t 纯电动压缩式垃圾车

重庆恒通客车有限公司

一、单位概况

重庆恒通客车有限公司(以下简称恒通客车)成立于1939年,位于重庆璧山区比亚迪大道26号,法定代表人刘君华,注册资本22800万元。恒通客车是中国唯一完整经历过所有客车技术变革,并至今蓬勃发展的专业客车制造厂,是国内第一辆城市客车、铰接客车、燃气客车的设计者和制造者。

二、生产与经营

公司于2022年从重庆市渝北区搬迁至重庆市璧山区,并于年底获取新能源整车资质,2022年产品销售额4.79亿元,实现扭亏为盈。

三、产品出口

公司产品已出口到泰国、新加坡、秘鲁、孟加拉国、越南等20多个国家。

四、产能建设

新工厂建成国内先进、西南地区最大的整车涂装电泳及整车客车生产线,具备年产整车4000辆的生产能力。

五、技术进展与研发能力

公司拥有专业技术开发团队,各类技术研发人员50余人,拥有2000 m^2 的试验室,具备客车、环卫车、自卸车、厢式车等专业研发能力和各类专用汽车设计开发能力。公司为提高产品设计质量和效率,购置有AUTOCAD、UG NX、Pro/E、CATIA等二维、三维软件,均用于生产设计的全过程,同时CAE分析软件用于客车性能的分析,如有限元分析和动力学分析。

六、主要新产品

产品型号	产品名称	品牌	通用名称
CKZ6853BEV05	纯电动低入口城市客车	恒通	C08
CKZ6105BEV03	纯电动城市客车	恒通	C10
CKZ6105BEV04	纯电动城市客车	恒通	C10
CKZ6105BEV05	纯电动低入口城市客车	恒通	C10
CKZ6690BEV01	纯电动低入口城市客车	恒通	C07

七、合资合作及重大项目建设

公司围绕重庆市纯电动城市客车产业发展要求,依据完善的地区新能源汽车配置体系,与重庆大学、重庆理工大学等高校在永磁同步电机、燃料电池系统开发、智能驾驶等多个领域展开合作,提升公司技术能力,带动重庆市新能源汽车零部件和智能网联产业链的同步发展。

八、发展规划

“十四五”规划期间,恒通客车立足重庆,依托重庆——国家级重要先进制造业中心、西部金融中心、西部国际综合交通枢纽和国际门户枢纽、西部开放高地,面向中国大西南,辐射周边省市,主动服务国家重大战略,为新能源、智能网联汽车、智慧交通发展赋能,开创发展新局面。

陕西汽车集团股份有限公司

一、单位概况

陕西汽车集团股份有限公司(以下简称陕汽集团),总部位于陕西西安,前身是始建于1968年的陕西汽车制造厂。2002年,改制成立陕西汽车集团有限责任公司,2021年3月整体变更为陕西汽车集团股份有限公司,注册资本为21亿元,下辖各级控股子公司36家,各级参股公司38家。

陕汽集团是大型全系列商用车等制造企业,中国汽车产业绿色、低碳环保转型发展的积极倡导者和有力推动者。陕汽集团经过"十三五"期间的快速发展,布局了西安和宝鸡两大产业集群,围绕商用车全产业链布局新能源、智能网联、智能制造创新链,形成了整车、专用车、零部件、后市场四大业务板块,各项业绩连年创历史最高水平,已发展成为行业一流全系列商用车产业基地。

陕汽集团拥有省级企业技术中心、国内一流的陕西省节能与新能源重型商用车重点实验室。在清洁能源与新能源、智能网联商用车领域处于行业前列,具备新能源商用车系统集成及核心零部件开发能力,是全国智能网联汽车领域国家高端装备制造业标准化试点企业。

陕汽集团是我国商用车行业服务型制造的领导者,坚持关注产品全生命周期、关注客户经营全过程,积极探索推进后市场生态圈建设,打造以"物流及供应链服务板块""供应链金融服务板块""车联网及数据服务板块"三大业务为核心的国内大型的商用车全生命周期服务平台。

陕汽集团将坚持以习近平新时代中国特色社会主义思想和党的二十大精神为指引,牢记"四新"重要指示,与产业链成员一同构建共生共赢的全新商用车产业生态圈,向着国际一流的全系列商用车企业目标阔步前行。

二、生产与经营

2022年陕汽重型卡车销售10.8万辆,位居国内行业第四,市场份额达16.1%,并在重载牵引车、港口牵引车、自卸车多个细分市场取得行业第一的成绩。

在新能源板块,陕汽集团积极发展新能源汽车相关业务,依托6000(高端智能产品)、5000(宽体舒适产品)、3000(高性价比产品)三大平台,开发纯电、混动、氢燃料多种技术路线的新能源车型,打造最先进、最全面的产品品系,做到场内牵引、工程矿用、港口、城建、环卫等新能源运营场景全覆盖。经过百万公里的市场验证,陕汽新能源重卡产品依托高可靠、强动力、低电耗及优秀的操作性能,在用户中取得一致好评,2022年全年销售超1600辆。

三、产品出口

陕汽在商用车行业积极参与"一带一路"建设,在阿尔及利亚、肯尼亚,尼日利亚等15个"一带一路"沿线国家建成了本地化工厂。设有42个海外营销区、190余家一级经销商、38家配件中心库、97家海外配件专营店、240余家海外服务网点,产品远销海外130多个国家和地区,出口量保持行业前列。

四、产能建设

陕汽集团现有西安北郊及新能源扩能两大生产装配基地,具备车架冲压、车身涂装、整车装配、检测调试等生产车间,工艺先进性和生产节拍达到国内顶级水准,总产能19万辆。

五、技术进展与研发能力

陕汽集团2009年积极响应国家新能源汽车行动计划,率先从事新能源技术及产品研发。2009年建成"陕西省节能与新能源重型商用车实验室";2014年通过省级重点实验室认证;具备完整的新能源汽车整车及零部件测试、开发、验证能力。2021年建立燃料电池整车动力系统试验室,具备了燃料电池整车动力试验测试能力。

近年来陕气集团主持并参与3项国家863计划和2项国家科技支撑计划新能源汽车技术领域项目。依托国家级企业技术中心和博士后科研工作站,形成以专家、科技带头人、博士和硕士为骨干,近600人的专业技术研发团队和创新体系,拥有纯电动、混动、氢燃料整车、电控及电池管理技术等150余项清洁能源及新能源专利技术。

六、主要新产品

产品型号	产品名称	品牌	通用名称
SX4257MF4BEV1	充换电一体牵引车	陕汽	M3000E
SX4257MF4C1SEV	充换电一体牵引车	陕汽	M3000E
SX4257XF4F1SEV	充换电一体牵引车	陕汽	X5000E
SX3317MF326BEV	充换电一体自卸车	陕汽	M3000E
SX3317MF526SEV	充换电一体自卸车	陕汽	M3000E
SX1317MF6EV1	充换电一体商混搅拌车	陕汽	M3000S
SX1317MF6EV	充换电一体市政环卫	陕汽	M3000E

七、合资合作及重大项目建设

陕汽集团深入实施创新驱动发展战略,强化企业创新主体地位,推进创新链产业链资金链人才链深度融合,承担多项国家、省部级重大科技研发任务,在新能源、智能网联、大数据、关键零部件开发等方面取得重要突破,联合西安交通大学、长安大学等单位承担了省科技厅"'两链'融合新能源与智能汽车重点专项",联合长安大学承担了省科技厅"重卡产业链自动驾驶关键技术研究与示范应用"项目。

陕汽集团和常州易控合资成立西安智德汽车电子控制系统有限公司(以下简称智德公司),聚焦商用车电驱动系统,围绕纯电驱动技术路线,通过核心部件定制开发、系统集成,形成完善的商用汽车动力系统产品研发试制体系。智德公司已获得高新技术企业认证,拥有发明1项、实用新型专利4项、软著专利9项。

东风商用车有限公司

一、单位概况

东风商用车有限公司(以下简称东风商车),是世界500强企业东风集团旗下的中重型商用车核心事业板块。公司现有总资产511亿元,从业人员1.8万余人,拥有独立的研发中心、3个专业厂、6家子(分)公司,形成了以十堰为基地,辐射襄阳、随州和新疆的事业布局,涵盖中重型卡车、卡车关键总成(驾驶室、车架、发动机、变速箱、车桥)、铸锻、后市场事业等主要业务。

东风商用车历经50余年发展,致力于打造世界一流的商用车企业,2022年国内行业排名第二,东风商用车已经成为国内中重卡商品线和业务最齐全的知名企业,是国家认定企业技术中心、高新技术企业,具备国内领先的研发、制造、营销与服务体系;拥有东风天龙、东风天锦两大主要整车品牌,畅行、拓行等子品牌和龙擎自主总成品牌,在市场上备受好评,被广泛应用于物流、运输、建筑、公共事业等领域。主要整车产品包括D760、D320、D310、D560、D530五大平台产品,涵盖燃油车、纯电动车、燃料车、混合动力车等系列,关键总成包括DDi50/75、DDi11/13、DGi13发动机、DT14/DA14变速箱、DF440/485车桥;具备年产23万台的中重卡整车生产能力;发展了遍布全国的营销和服务网络,包括760余家经销商和950余家服务站,打造可靠优质的车联网服务,为车主提供一站式智能物联解决方案。

二、生产与经营

东风商车2022年生产新能源中重卡约1800台,销售约1600台。2023年将聚焦生态圈构建方面,与生态伙伴市场协同开拓区域市场,打造领先的整体解决方案;深入推进产学研合作,建立新事业创新平台,不断丰富和完善生态圈。

三、产品出口

2022年中重卡出口金额达11亿多元,创历史佳绩,海外影响力正不断提升,为进一步拓展新能源海外市场打下良好的基础。在全球“双碳”目标的指引下,2023年公司将持续深耕海外市场,努力践行国家“双碳”目标,推进零碳排放车辆走出国门,把海外新能源市场作为寻求增量的重点突破方向,进一步保持主要市场优势地位。

四、产能建设

东风商车在满足市场需求的情况下,保持新能源汽车和传统汽车产能的产能平衡。现有新能源中重卡产能3000台,随着新能源商用车渗透率的持续提升,公司将根据市场需求及时调整产能。

五、技术进展与研发能力

东风商用车新能源整车商品竞争力行业前茅,纯电车型已实现典型场景商品全覆盖,混动车型已开展小批量客户运营,氢燃料电池车型已实现牵引、环卫、工程及载货示范运营;未来东风商用车新能源产品剑指行业前三,其中纯电整车新增典型场景商品覆盖度将达到95%;混动车型将实现国六混动商品化;氢燃料电池整车将满足示范运营到小批量商品化典型场景需求,实现覆盖度90%。

纯电整车已掌握集成及控制技术、轻量化高速驱动电机电驱桥、热管理智能技术,全解耦制动能量回收;混动整车已掌握了P1/P2并联,串联、插电式混合动力技术整车集成和整车控制技术,混动电机控制器、集成式热管理;氢燃料电池整车已掌握整车集成及控制技术,牵引车氢耗行业领先。

新能源关键总成短期战略目标是掌握部分关键核心技术,支持全价值链提升采购、制造和服务能力,完成新能源整车控制、集成式电驱动桥开发;中期战略目标是掌握关键总成自主开发能力,关键特性行业领先,完成电机控制器、动力电池PACK及BMS、自主集成热管理系统、自主标准化换电系统、燃料电池系统集成技术开发;长期战略目标是全面掌控核心总成和技术,实现性能成本最优,完成轮毂/轮边电机、固态电池、高压快充和无线充及CTC动力电池系统等技术开发。

六、主要新产品

产品型号	产品名称	品牌	通用名称
DFH4250DBEV	换电式纯电动半挂牵引车	东风商用车	KL
DFH4250DBEV1	纯电动半挂牵引车	东风商用车	KL
DFH3310ASEV	换电式纯电动自卸汽车	东风商用车	KC
DFH3310AEV1	纯电动自卸汽车	东风商用车	KC
EQ1180GEVJ1	纯电动载货汽车底盘	东风商用车	KR
DFH1180EEV4	纯电动载货汽车底盘	东风商用车	KR

七、合资合作及重大项目建设

东风商用车有限公司与中国科学院生态中心合作,联合建立“发动机先进后处理系统联合实验室”,在立足于国六后处理系统国产化应用的同时,面向国七标准和“双碳”目标下的新能源发动机污染排放控制,展开基础性研究、前沿性研究、应用性研究,打造出一支具有国际视野的、技术先进的后处理技术团队,实现产学研用的紧密结合,推动新能源发动机的国产化、规模化、商业化应用。

2022年12月,由东风商用车有限公司与湖北三宁矿业有限公司、武汉理工大学等单位合作研发的地下矿山无人矿卡在宜昌市夷陵区开始试运行。由此,湖北非煤矿山井下装矿、运矿、卸矿全过程迈入无人运输作业新阶段。在没有卫星信号覆盖、道路条件复杂的矿下实现自动驾驶,并不容易。三家合作伙伴开展了400多天的技术攻关,智能矿卡成功运用激光雷达建图识别定位,并通过光导、二维码等技术辅助视觉补充,实现无人驾驶,这将带给国内矿业,特别是对智慧矿业的发展产生了革新性的影响。

东风商用车有限公司牵头联合国内10家企业和高校,在2022年底申报成功国家重点研发计划项目《电动载货车多材料底盘结构轻量化关键技术开发》,联合单位包括武汉理工大学、中国重汽集团济南动力有限公司、吉林大学、北汽福田汽车股份有限公司、大连理工大学、浙江吉利新能源商用车集团有限公司、北京科技大学、江铃汽车股份有限公司、湖南大学目标是实现电动载货车整体减重20%以上,从运输效率提升、节能等方面综合考虑,预计未来每年将为用户增加货运收益60亿元,将给整个行业带来30亿元/年的经济效益。

八、发展规划

(1)中期时间(2024年):整车平台迭代,掌握新能源关键总成自主开发能力,关键特性行业领先。

(2)长期时间(2030年):形成完善的新能源全价值链成熟业务体系。

北奔重型汽车集团有限公司

一、单位概况

北奔重型汽车集团有限公司(以下简称北奔重气)是中国兵器工业集团直属大型高端支柱型重型商用汽车制造企业。集团总部在内蒙古包头市,拥有资产总额70.71亿元,占地面积655.75亩。公司拥有较为先进的整车总装、驾驶室、车架及车桥生产线。北奔重汽以先进独特的奔驰技术为核心,深度融合严谨领先的车工技术,通过消化吸收,自主创新,集成开发,建成学科门类齐全的科研开发队伍和专业成熟完善的科技创新体系。

北奔重汽作为国家企业技术中心、国家高新技术企业和我军武器装备高机动轮式发展的重要承重平台,构建NG80、NG08、NG09、NG10四大产品平台,通过先进的整车总装、驾驶室、车架、车桥生产线打造北奔重卡精品,并以卓越军工品质在重要领域大显身手,产品远销"一带一路"沿线百余个地区。北奔重汽积极探索开展产业转型升级,高度关注、聚焦新能源汽车产业发展。

2019年取得工信部核准的新能源电动汽车生产资质,并于2022年取得混合动力生产资质,已完成了电动、混动、燃料电池三大系列新能源产品布局。2020年加入电动交通换电产业联盟理事单位,2021年1月北奔8×4,31 t纯电动换电版自卸车被中国卡车网评选为"2021年度值得用户信赖零排放电动自卸运输车型"奖,北奔6×4、标载电动运输牵引车被中国物流商用车专业委员会评选为"2020年度新能源优胜""2022年钜轮奖——年度创新引领企业奖"。北奔重汽将全力履行好强军首责,坚持"政府培育、政策支撑,市场主导、技术支撑,场景先行、生态链协同,低碳绿色、包您满意"方针,打造"绿色物流运输方案解决提供商",为国家国防建设和国民经济建设做出更大贡献。

二、生产与经营

北奔重汽2022年在外贸、中高端民品等目标市场取得了实质性的进展。2022年,公司全面贯彻落实集团公司决策部署,围绕质量效益可持续发展,按照"为客户创造全生命周期产品价值最大化"经营理念,市场开拓和新能源产业建设相结合,调整战略战术,狠抓质量管理等的工作落实,充分发挥全面预算引领作用,各项工作取得了积极成效,为后续良性稳步发展奠定了基础。

2022年北奔新能源重卡实现终端上牌914台,与上年同期相比增长161%,行业排名第六,实现终端销售1000余台,订单数已超过1500台,运行总里程达5002.8万km,钢铁行业新能源重卡销量第一的辉煌战绩。

北奔重汽经过几年的发展,在新能源板块已建立起了较为完备的纯电动牵引车、纯电动自卸车、氢能源环卫车等系列车型的开发和生产环境,正在积极推进新能源电动车在全国地区的示范运营工作,在新能源汽车产业化道路上迈出了坚实的步伐。

新能源事业部为助力自治区"221"战略定位和包头市"4211"发展定位的落地,制定新能源开发项目"545"战略共计14款车型。按照国家新能源三横三纵总体规划,公司于2021年开展混合动力产品及相关技术研究,2022年9月取得混合动力汽车生产资质,使北奔重汽具备了全系列新能源重卡的生产资质,实现了纯电动汽车、燃料电池电动汽车和插电式混合动力电动汽车全覆盖的新能源重卡格局。

北奔重汽作为自治区打造国家氢能示范城市群的核心企业,在包头市委、市政府的大力支持和帮助下,积极履行央企社会责任,充分发挥整车制造产业优势,带动氢燃料商用车上下游产业链及科技创新平台属地化合作,搭建新能源产业集聚效应,2023年北奔重汽认真落实内蒙古自治区新能源项目目标实现,北奔重汽在推进销售体系积极转型,在推广的过程中,充换电的建设、电池银行加入全新的内容,并与产业链合作伙伴深入合作把北奔重汽从汽车制造商向绿色低碳物流方案解决商转变。在未来的发展过程中坚持利国、利民、利企的原则,为国家"3060"目标做出贡献,为包头打造创新创业城市、建设美丽宜居城市、幸福平安城市,助力自治区氢能产业发展迈入新阶段。

三、产能建设

北奔重汽拥有较为先进的整车总装、驾驶室、车架及车桥生产线,有各类设备2218台套,其中进口设备252套,专业化的生产线和制造设备成为整车卓越品质的坚强保证,拥有年产5万台重卡的生产能力。

未来在新能源重卡板块,北奔重汽将取缔新能源汽车与传统车并线生产的方式。新能源车辆生产线建成后,新能源智能网联汽车生产线具备机械化焊(铆)、预装、底盘装配能力,新建电机装配生产线,下线自动检测台等,产能将达到8000台/年。

四、技术进展与研发能力

北奔重汽投入大量资金建成了国内一流的综合研发基地。占地面积53000 m^2,拥有图形工作站28余台,具备综合办公、部件及整车台架试验、数据采集、工艺验证等功能。创新研究院员工310人、科技人员289人。其中:研究生以上学历55人、本科学历224人;研高工17人、高级工程师77

人、工程师82人、中国兵器科技首席科学家1人、科技带头人3人、青年技能带头人2人、技能带头人1人。

北奔重汽新产品开发已实现了全数字化开发环境和工作流程，建立了基于BOM和VPM系统的同步设计系统，实现协同开发同步设计；3D数据应用贯穿产品定义、概念设计到SOP整个开发过程。创新研究院采用CATIA进行三维设计，干涉检查，装配工艺性检查，采用HyperMesh/ANSA、MSC. NASTRAN、DYTRAN、MSC. ADAMS、FEMFAT、LS-DYNA、HyperViewCRUISE、KULI等专业设计、分析和计算软件，在专家团队的带领下，形成了整车性能开发能力。产品验证中心试制车间采用全新的工艺定置方案，同时具备3台整车的试制能力。

北奔重汽拥有INTEST、VBOX、M+P三套先进的试验设备，主要用于温度、压力、加速度、方向盘转角转矩、车速的测量。能够独立完成整车的平顺性、动力性、制动性、经济性、热平衡、NVH等基本定型试验。

在研发能力建设方面，北奔重汽拥有新能源生产企业准入要求的整车及系统试验验证能力，结合企业发展要求，进一步发展新能源汽车试验能力，建设先进的新能源汽车试验中心，推动北奔自主研发体系不断趋于完善，大幅提高北奔重汽的核心竞争力。

五、主要新产品

产品型号	产品名称	品牌
ND4250BBXJ7Z01BEV	纯电动牵引车	北奔
ND4250BBXJ7Z02BEV	纯电动牵引车	北奔
ND4250BBXJ7Z03BEV	换电式纯电动牵引车	北奔
ND3310DBXJ7Z01BEV	纯电动自卸车	北奔
ND3310DBXJ7Z02BEV	换电式纯电动自卸车	北奔
ND1180ABXJ7Z01FCEV	氢燃料环卫车	北奔
ND4250BBXJ7Z00PHEV	混合动力牵引车	北奔

六、发展规划

北奔重汽将在新能源领域持续发力，在重卡板块，已完成纯电动牵引车、自卸车、矿用宽体车、氢燃料环卫车等系列车型的研发，后续根据市场需求及政策完成AGV、智能城市渣土、混凝土搅拌车等系列产品开发，掌握新能源整车集成开发、整车控制、新能源轻量化、新能源NVH等核心技术及先进的试验验证能力，成为内蒙古地区率先拥有新能源重卡研发能力的汽车企业。

三一汽车制造有限公司

一、单位概况

三一汽车制造有限公司（以下简称三一汽车）是三一集团旗下核心企业，成立于2003年4月28日，由三一重工投资控股，分两个产业园，星沙产业园位于湖南省长沙市国家级经济技术开发区，占地面积2260亩。宁乡产业园位于湖南省长沙市宁乡高新技术产业园区金洲大道，占地面积1400余亩，拥有燃油、纯电动、燃料电池、插电式混合动力的生产资质。三一汽车拥有数字化生产的“灯塔工厂”，全工序实现智能化制造，以“打造最符合客户应用场景的产品”为己任，致力于发展成为新能源专用车行业第一品牌和引领者。

二、生产与经营

在第四次工业革命和第三次能源革命叠加状况下，三一汽车与时俱进，积极响应集团“国际化、数字化、电动化”战略，公司产品竞争力持续增强。

2022年，三一汽车实现新能源重卡销售全面增长。产品涵盖纯电动、燃料电池、插电式混合动力三大技术路线。电动搅拌车、电动自卸车、电动起重机、电动牵引车销售实现重大突破，三一汽车以全年累计4196台销量取得新能源重卡销售年度冠军，同比增长180%，取得领先第二名1348台的绝对优势，尽管行业竞争激烈，但三一新能源重卡依然保持销量增长，跑赢市场“大盘”。

三、产品出口

三一汽车制造有限公司积极推进三一集团国际化发展战略，致力于国内国外双向市场拓展。三一汽车积极响应国家“一带一路”建设，不断创新海外业务发展的模式；与中建五局、中铁五局等央企签订全面战略合作协议，通过优势互补，提升在海外的整体竞争实力。

四、产能建设

三一汽车制造有限公司拥有智能制造的“灯塔工厂”，被列为首批国家智能制造试点示范项目。三一汽车生产设备齐全，包含下料、成型、焊接、机加、装配、调试、表面处理及涂装八大工艺设备，具备完整的冲压车间、焊装车间、涂装车间、底盘车间以及总装车间五大工艺生产线；拥有多种试车跑道、涉水池、整车淋雨实验室、全数字化汽车综合性能检测线。2011年斥资2亿元建成首条高端重卡车身生产线，可实现年产3万台重卡驾驶室和1万台起重机驾驶室共8种车型的混线生产。新能源车总装装配生产线，主要从事新能源重卡（纯电动、燃料电池、插电式混合动力）底盘和上装的装配、检测线以及调试等工作。

五、技术进展与研发能力

2022年，三一汽车研发成果显著，向新产品、新技术、电动化、智能化及国际化产品倾斜大量资源，实施科研人才倍增计划，推行“销售一代、储备一代、研发一代”的三代研发政策。

2022年，三一电动发布了全系6款自卸车新品，涵盖纯电、混动、氢能等多类车型，提供城建标载、城建复合、公路煤炭标载、公路砂石复合、公路砂石重载、公路砂石超重载、矿区坑口短倒、港口钢厂短倒等八大场景解决方案，精确瞄准新能源工程市场，全面展示了三一电动加速绿色智能转型的实力。在产品设计与研发方面，三一电动紧抓用户在实际运营场景中对续航、补能、装载、可靠性等方面的痛点难题，通过量身化定制，集结众多核心技术成果，全新自卸车产品一经亮相，便引爆市场。

2022年，三一长沙18号工厂入选世界经济论坛全球制造业领域“灯塔工厂”名单。目前，全球重工行业有且仅有的“两座灯塔工厂”全在三一汽车，代表中国工程机械的领先实力。

六、主要新产品

产品型号	产品名称	品牌
SYM5180XLC1PHEV	插电式混合动力冷藏车	三一牌
SYM3313ZZX7FCEV	燃料电池自卸汽车	三一牌
SYM3314ZZX4BEV	纯电动自卸汽车	三一牌
SYM3312ZZX5BEV	换电式纯电动自卸汽车	三一牌
SYM5310GJB7BEV1	换电式纯电动混凝土搅拌运输车	三一牌
SYM42503SWFCEV15	燃料电池半挂牵引车	三一牌

七、合资合作及重大项目建设

三一汽车制造有限公司将逐渐向数字化、智能化转型，使企业的制造行为向精益制造、绿色制造方向发展，也同样愿与志同道合的企业深入合作。2022年12月末，三一重卡宣布完成近10亿元A轮融资，将用于加快新一代新能源重卡的产品研发和投放，并持续扩大市场份额。

八、发展规划

第四次工业革命和第三次能源革命叠加，世界正处在一个前所未有的超级技术窗口期，三一汽车制造有限公司坚定实施数字化、电动化、国际化战略，积极响应国家“2030年碳达峰、2060年碳中和”目标。加强研发创新，加强核心技术研究，抓好人才引进与培养提升研发创新能力。加强经营风险控制、供应链建设，进一步提升供应链“韧性”，增强应对各类不确定性风险的能力，抓住历史机遇，推动三一汽车高质量发展。牢记“品质改变世界”的使命，以“打造最符合客户应用场景的产品”为己任，深耕电动化、数字化、国际化、多元化等领域，打造中国制造的世界品牌。

宇通商用车有限公司

一、单位概况

宇通商用车有限公司（以下简称宇通商用车）是宇通集团的核心企业，总部位于河南省郑州市，是集产品开发、生产制造、销售服务为一体的专业制造企业。

宇通商用车致力于成为新能源重卡引领者，依托宇通集团强大的新能源技术能力、创新能力和先进的智能制造能力，坚持市场导向，为客户提供高质量的产品和服务。针对重卡市场各种应用场景，提供节能环保、智能安全、可靠耐用的新能源重卡产品及整体解决方案，为客户创造更大价值。

宇通商用车已涵盖牵引车、自卸车、搅拌车等多个新能源产品系列，广泛应用于短倒运输、城建渣土运输、混凝土运输等多个领域。

二、生产与经营

宇通重卡产线引入行业前沿技术及先进智能装备，生产线整体工艺保障能力、产品质量控制及职业健康安全环境均达到国内一流水平，年产能达2万台。

三、产能建设

宇通重卡始终以“技术领先、绿色环保、品质致胜”为发展理念，秉持“保证＋预防”的质量管理理念，围绕研发设计、生产制造、质量检验、售后服务等开展产品全生命周期管理，配置面向产品开发、实现过程及持续改进的专业质量团队，并结合市场需求从产品研发、零部件准入、生产控制及产品交付等全流程制定3710项标准实施质量管理，以可靠、高效、引领的产品和服务质量为客户和社会创造更大价值。

四、技术进展与研发能力

宇通重卡长期坚持合理的研发投入，每年研发费用保持在营业收入的5%以上；主要用于新产品、新技术的研究开发工作。截至2022年，公司已获得各项知识产权共计21项，含发明专利1项、外观专利1项、实用新型专利19项。宇通先后投入10.4亿元建立了从零部件、系统总成到整车“三位一体”的验证评价体系，并于2012年通过了CNAS国家认可实验室认证，出具的试验结果被全球100多个国家和地区承认。

五、主要新产品

产品型号	产品名称	品牌	通用名称
8×4充电/换电自卸车	新能源自卸车	宇通重卡	宇通D610e
6×4充电/换电牵引车	新能源牵引车	宇通重卡	宇通T610e
8×4充电/换电搅拌车	新能源搅拌车	宇通重卡	宇通M610e

北京京深深向科技有限公司

一、单位概况

北京京深深向科技有限公司（DeepWay）是狮桥与百度共同孵化的智能新能源重卡造车新势力，专注于智能新能源卡车的研发和制造，致力于开创一个全新的智慧货运时代。公司愿景是打造更安全、更智能、更有效、更环保、更舒适的货运终端。公司已经完成A＋轮融资。

二、生产与经营

依托股东百度与狮桥资源，公司通过正向设计的整体思路围绕智能新能源重卡的各个环节均构建了一定能力，智能化能力领先于其他厂商。未来随着L3及以上自动驾驶重卡放量，智能化能力重要性凸显,公司将以智能化能力抢占市场份额。

经营方面:基于深厚干线物流经验,打造充换电一体补能模式,充分兼顾经济性及效率。降低全生命周期使用成本,迎合干线物流刚需,可快速切入市场。行业首创“物流重卡销售 + 技术订阅服务”的商业模式。

三、产能建设

2022 年 12 月,上海临港港口、雄安的砂石料运输、成都的快运场景中已开启试运营;2022 年 5 月 17 日,2 辆交付 DHL;5 月 26 日深向星辰以蒙牛乳业“新能源鲜奶运输车”身份惊艳亮相蒙牛产业园。2023 年 5 月 31 日,“DeepWay · 深向星辰”全球首次批量交付。DeepWay 向旭日东升(山西)国际供应链管理有限公司正式交付的首批智能新能源重卡,将服务宁德时代的干线运输任务。预计到 2023 年末,公司将合计交付超过 1000 台智能新能源重卡。

四、技术进展与研发能力

(1)车辆设计方面,采用正向设计方式的整车软硬件架构更适合自动驾驶开发,使自动驾驶和纯电设计源于最初设计理念,而非传统自动驾驶设备后装、油改电改装。

(2)重卡新能源化能力方面,全车采用超低风阻流线型车身、分布式驱动、电池与底盘一体化结构以及多域融合 EE 架构等全新设计理念。电池搭载宁德时代 CATL466 度磷酸铁锂动力电池组,电池与整车适配空间更合理、空间利用率更高、单位空间内整车带电量更高,有效解决了物流重卡行业续航焦虑问题。

(3)重卡智能化能力方面,DeepWay 获得百度自动驾驶在商用车领域的唯一授权,具备了端到端完整的自动驾驶研发基础,DeepWay 根据商用车及高速场景的特点进行了针对性的二次开发,第一代交付的深向星辰车辆从软硬件都具备了 L3 级别自动驾驶能力。未来计划依托 L0 和 L3 车型搜集自动驾驶数据,进一步完成 L4 研发。

五、主要新产品

产品名称	品牌	通用名称
智能新能源重卡	DeepWay	DeepWay · 深向星辰

六、发展规划

智能化技术研发上,依托现有运营车型迭代自动驾驶技术能力,进一步完成 L4 级别自动驾驶技术的研发,预计 3 年内可以在技术上实现 L4 级无人驾驶的实现。

市场化能力上,预计到 2023 年末,公司将合计交付超过 1000 台智能新能源重卡。

江铃汽车股份有限公司

一、单位概况

江铃汽车股份有限公司是国家高新技术企业、国家创新型试点企业、国家认定企业技术中心、国家知识产权示范企业、国家整车出口基地。江铃汽车股份有限公司是集整车及零部件研发、制造、销售、服务于一体的中国汽车行业劲旅,在提供优质汽车产品的同时,致力于通过客制化、智能化的产品和服务满足用户个性化的需求,是中国商用车行业领军企业,也是乘用车领域标杆新势力。江铃汽车股份有限公司始终坚持双品牌战略:JMC 品牌和福特品牌比翼齐飞,并在电动化、网联化、智能化、共享化等汽车新四化技术领域深耕不辍,全系列产品规划新能源。2023 年 6 月发布江铃乐行新能源品牌,以全场景的产品覆盖、全场景的客户服务、全场景的生态构建作为三大支柱,帮助用户“好运货”“货好运”“运好货”。

二、生产与经营

江铃汽车股份有限公司在中国汽车市场率先建立现代营销体系,公司按照销售、配件、服务、信息“四位一体”的专营模式,拥有 400 多家一级经销商,经销商总数超过 1000 家。江铃汽车股份有限公司将充分发挥自身优势,进一步加大和福特汽车在新产品领域深度合作。

三、产品出口

江铃汽车股份有限公司是中国轻型柴油商用车主要出口商,并被商务部和国家发改委认定为“国家整车出口基地”,江铃汽车品牌也是商务部重点支持的两家商用车出口品牌之一。

四、产能建设

江铃汽车股份有限公司拥有小蓝工厂、富山工厂等整车生产基地,涵盖冲、焊、涂、总及柴、汽油发动机先进制造工艺。江铃汽车股份有限公司生产基地以高度智能化和高度柔性化生产线打造智慧制造中心,被评为江西省两化融合示范企业。

五、技术进展与研发能力

借助福特的全球化平台,江铃逐步形成了自主研发的核心竞争力,建立自主研发体系,架构先进的全球数字化设计平台,与福特全球同步开发设计和新产品发布,是国家工业设计中心、首批通过国家企业知识产权体系认证的企业,荣获 AAA 主体信用评级,自主研发的驭胜 SUV 和轻卡凯锐 800 荣获中国外观设计优秀奖,凯锐 800 还荣获“中国汽车工业科学技术奖”一等奖。

六、主要新产品

产品型号	产品名称	品牌	通用名称
JX5044XXYTGB2BEV	纯电动厢式运输车	江铃乐行新能源	江铃乐行 E 路达
JX1036TSF6BEV	纯电动皮卡	江铃大道	大道 EV
JX6556T-M6BEV	纯电动城市客车	江铃福特	E 全顺

七、合资合作及重大项目建设

1993 年 11 月,公司成功在深圳证券交易所发行 A 股,成为江西省第一家上市公司,并于 1995 年在中国第一个以 ADRs 发行 B 股方式引入外资战略合作伙伴,美国福特汽车公司现持有公司 32% 股份。2021 年起,公司全面深化乘用车渠道建设,采用福特最新展厅设计和客户体验创新,200 多家 FamilySpace 家空间 · 福特体验全面启用。

八、发展规划

新能源战略规划:依托"数字化平台"与"敏捷组织"两个支撑体系,实现包括客户直连、生态合作等五大关键要素,逐步实现运力服务核心城市全覆盖,重点城市覆盖率≥50%,主要聚焦城市物流与通勤客运两大场景;旨在为客户提供"绿色运力+一体化服务"的全方位解决方案。

新能源产品规划:坚定新能源转型,以纯电车型为主,兼顾增程、氢燃料、换电,通过产品平台模块化,实现客户多元化组合。目前产品涵盖轻卡 EV、轻客大 Van、SmallVan,未来 3 年将有超过 10 款新车型上市,全面覆盖轻型商用车市场。

北汽福田汽车股份有限公司欧航欧马可事业部

一、单位概况

北汽福田汽车股份有限公司欧航欧马可事业部(以下简称欧航欧马可事业部)隶属于福田汽车集团,旗下拥有欧马可高端轻卡及欧航高端中卡两个品牌,是福田汽车唯一一个运营双一级品牌的事业部,承担着福田汽车高端中、轻卡业务战略发展的历史使命。为此,福田汽车将全球领先的技术资源、动力资源和核心零部件资源及集团优势的分销和服务资源,投入欧航欧马可事业部,打造覆盖城市、城郊、城际的传统燃料及新能源高效货运一体化解决方案,助力全球物流用户价值升级,为物流行业向绿色智能、降本增效发展赋能。

欧航欧马可事业部现有员工近 1200 人,在北京、山东、湖南、河南四大区域布局,北京厂区定位为战略管理中心、研发创新中心、客户营销中心、管理支持中心,中心工厂定位为长沙超级卡车工厂,具有传统能源及纯电、混动等新能源产品生产资质,现有员工近千人,最大产能 12 万台/年,在山东、河南设立了 4 个卫星工厂。

欧航欧马可事业部旗下高端中轻卡产品是由德国研发中心团队设计,深度链合全球优势资源,基于智能互联特质与百万量级用户数据及使用工况,针对高效物流用户打造的高端中轻卡产品,是福田汽车集团超级卡车系列的重要成员,与福田欧曼重卡共同组成了超级重中轻卡产品一体化解决方案,共同致力于为全球用户提供更具价值的专业物流端到端高效货运及专用作业定制一体化解决方案。

在新能源领域,欧航欧马可事业部依托福田汽车 20 年新能源技术积淀,不仅实现混动、纯电、氢燃料三条技术路线全面布局,更以大幅远超行业水平的高速增长,持续领跑轻卡产品新能源进程。

作为燃油时代到纯电时代最佳的过渡技术方案,混动技术路线汇聚了传统燃油车和电动车优势,集强动力、低油耗、驾乘舒适等诸多优势于一身。欧航欧马可事业部基于 P2、PS 混动技术架构打造的欧马可智蓝 HS 系列产品,涵盖多个载重平台,冷藏车、载货车等多种产品类型,从而为城市冷链、酒水配送带来了更加契合,更高运营价值的运输装备。

发力混动路线的同时,欧航欧马可事业部在纯电技术路线上亦取得卓越的成就,不仅打造了 EX、ES 两大系列的纯电动轻卡,实现了产品矩阵的进一步丰富,更基于行业先进技术应用,推出全新一代欧马可智蓝 ES 系列纯电轻卡产品,持续引领纯电轻卡的发展潮流。其中,ES 系列主要针对城市高效物流场景、专用车场景打造而来,全面涵盖了欧马可智蓝 ES1、ES3 两大产品系;EX 系列纯电轻卡主要针对城市轻载作业场景下,商超配送、个体自备、快递快运市政园林等场景打造而来,并全面涵盖 60~100 多种电量动力电池、单排、双排等两种驾驶室、1730 和 1880 两种车身宽度。两大系列,多款立足场景深度定制而来的纯电动产品,更好地满足不同用户的运营需求。

欧航欧马可事业部凭借行业领先的技术、卓越的品质、无忧的服务,实现连续 10 年增长的业内传奇,也多次受命保障国家级会议、活动、国际赛事等,如 2021 年建党百年庆典、2019 年新中国成立 70 周年庆典等,并以"零故障、零缺陷、零失误"的完美表现,圆满完成保障任务。欧航欧马可事业部将"万里挑一的采购标准,万众一心的精益制造,千锤百炼的检测验证,万无一失的服务保障"等一系列国典标准,融入产品创造与商品制造的生态体系中,确保产品的可靠性。不但如此欧航欧马可事业部还多次获得行业权威机构、媒体的信赖认可,多年先后获得"年度载货车""年度第一高端蓝牌轻卡""城市配送榜样车型""改革开放 40 周年轻卡创新车型""最具影响力中卡品牌"等奖项。

二、生产与经营

欧航欧马可事业部下设中心工厂长沙超级卡车工厂、卫星工厂瑞沃工厂、河南智蓝工厂,建立健全了营销售网络及售后服务网络,重点聚焦省会核心城市以及路权优势、绿配城市等重点区域,快速导入新能源产品,通过区域产品组合,分化竞品平台客户,挖掘区域大客户,2022 年累计授权新能源网络 220 家,全年累计销量 1066 台。

三、产品出口

智蓝新能源产品依托领先的产品积淀及可靠的产品质量,在国内取得优异成绩的同时,在海外出口方面也一路高歌,2022 年智蓝新能源产品海外累计出口 311 台,2023 年上半年出口 486 台。

四、产能建设

(1)规划方面:欧航欧马可事业部长沙超级卡车工厂为福田汽车南方市场桥头堡,生产高端中、轻卡,项目总投资约 14 亿元,占地面积 314 亩,建筑面积 9.7 万 m^2;涵盖总装、焊装、涂装、车架四大工艺单元,RDC、检测线、调试、PDI、质量试验中心、试制车间等。

(2)产能方面:采用物联网、数字双孪、AR/VR 等先进信息化技术手段,实现数字化智能制造,打造商用车先进数字化工厂标杆,实现产能达到标准产能 10 万辆/年,最大产能

12 万辆/年。

(3)工艺方面:总装采用“智能设备 + MES 信息系统”互联,实现关键特性的防错控制、在线检测与信息化管理;焊装线、涂装线 100%全部采用机器人焊接及面漆喷涂;车架喷粉采用自动化仿形喷涂;物流采用智能化物流技术,实施“货到人”“拣选 + AGV”配送;新能源产品“三电”检测、静态/动态/安规检测、充电桩等 10 余套设备,有效保障新能源产品质量。

(4)节能环保:涂装线采用绿色前处理(无磷排放)、水性漆 B1B2 机器人喷涂线;采用干式喷房,彻底消除喷房污水排放。

五、技术进展与研发能力

福田汽车是我国新能源汽车最早产业化、产品线最全的企业,从 2003 年开始启动新能源汽车的研发,历经十几年,已形成由混合动力、纯电动及燃料电池公交车、2T/3T/5T/8T/16T 电动环卫车、纯电动卡车、纯电动商务车、纯电动物流车等组成的较为完善的新能源产品组合。

2022 年,福田汽车欧航欧马可事业部技术中心成立新能源开发所,培养了新能源的开发人才。从产品规划、产品设计开发和验证、生产启动和上市启动等各阶段都建立了流程文件,完善了新能源汽车研发体系。整车控制器、电驱动和电池系统是新能源汽车的三大核心,福田汽车欧航欧马可事业部技术中心,依托工程研究总院的先进研发能力,基于国际先进的软硬件开发流程、测试流程以及产品生产流程致力于三大系统平台化产品的开发和生产,并已成功应用于纯电通用类轻卡、纯电动环卫、混合动力轻卡等多个产品平台。福田汽车欧航欧马可事业部技术中心持续进行研发投入(具有研发性能测试设备、试制设备,试验验证设备及台架测试设备)和研发能力建设,具备新能源商用车动力系统集成、整车性能仿真分析、动力电池集成应用、电机控制集成应用及整车控制功能定义开发等核心研发能力。

六、主要新产品

序号	产品型号	产品名称	品牌	通用名称
1	BJ5044XXYEV1	纯电动厢式运输车	欧马可	智蓝 EX
2	BJ5044CCYEV1	纯电动仓栅式运输车	欧马可	智蓝 EX
3	BJ5045XXYEVZ	纯电动厢式运输车	欧马可	智蓝 ES1
4	BJ5045XXYEVU	纯电动厢式运输车	欧马可	智蓝 ES1
5	BJ5045CCYEV5	纯电动仓栅式运输车	欧马可	智蓝 ES1
6	BJ5045CCYEV6	纯电动仓栅式运输车	欧马可	智蓝 ES1
7	BJ5045XXYPHEV1	插电式混合动力厢式运输车	欧马可	智蓝 HS1
8	BJ5048XXYPHEV1	插电式混合动力厢式运输车	欧马可	智蓝 HS1
9	BJ5045XLCPHEV1	插电式混合动力冷藏车	欧马可	智蓝 HS1
10	BJ5045XLCPHEV1	插电式混合动力冷藏车	欧马可	智蓝 HS1
11	BJ5045CCYPHEV1	插电式混合动力仓栅式运输车	欧马可	智蓝 HS1
12	BJ5048CCYPHEV1	插电式混合动力仓栅式运输车	欧马可	智蓝 HS1

七、发展规划

北汽福田欧航欧马可事业部坚持“纯电、插混、燃料电池”三线并举发展,现产品已实现中、轻卡新能源全覆盖,预计 2025 年实现新能源产品销售 18000 台,行业排名前三。

纯电产品:轻卡已布局 4.5 T、6 T、7.5 T、9 T、12 T 平台产品,满足城配、环卫各场景需求;中卡已布局 18 T 环卫类产品,18 T 物流运输类产品正在开发。

插混产品:轻卡已布局 6 T、7.5 T 平台产品,满足城配及短途城际运输需求;18 T 中卡环卫类产品正在开发。

燃料电池产品:轻卡已布局 6 T、7.5 T 平台产品,满足城配示范运营需求;中卡已布局 18 T 环卫及物流类产品。

柳州五菱新能源汽车有限公司

一、单位概况

柳州五菱新能源汽车有限公司(以下简称五菱新能源)成立于 2021 年 6 月,是广西汽车集团有限公司(前身为五菱集团)整合新能源整车业务成立的控股子公司,总部位于广西柳州市。

其母公司历史可追溯至 1928 年成立的柳州机械厂,后历经动力机械厂时期、拖拉机时期、微车时期、集团化运作时期等多次转型跨越。秉承广西汽车集团多年专业造车经验,五菱新能源公司积极发展新能源整车业务,覆盖小卡、微面、微卡、超微型末端物流车等,服务于不同物流行业应用场景,同时将进一步拓展乘用车领域。

二、生产与经营

五菱新能源 2021 年实现销售 10016 台,营业收入 6.34 亿元;2022 年,在原材料价格持续上涨、疫情反复、关键零件短缺等重重压力下,实现销售 15066 台,同比增长 50%,细分市场占有率排名第二,实现营业收入 12.23 亿元。五菱新能源加大研发投入力度,丰富产品线,面向商用车细分领域,销售网络已覆盖全国,同时更加突出开发国际市场,以 G105、G050 车型为抓手,加大对美国、欧洲和日本等国家和地区的出口销量,弥补由于补贴退坡对国内销量的影响。

三、产品出口

产品出口囊括欧洲、美洲、亚洲等 30 多个国家,公司在新能源商用车方面已形成初步的海外布局:(1)符合欧盟、日本法规认证的右舵纯电轻型货车 G050 产品于 2023 年 2 月开始向日本客户进行小批量交付;(2)符合欧盟法规要求的左舵纯电轻型货车 G105-3 产品于 2023 年 6 月开始向欧洲客户进行小批量交付;(3)符合美国法规要求的左舵纯电轻型货车产品 G105 已向美国市场交付超过 400 台。

四、产能建设

2021 年 10 月,柳东新区新能源汽车制造基地建成投产,基地占地 824 亩，设计节拍 40JPH（年产 20 万辆），拥有全范围智能制造、数字孪生、光伏发电系统、LMS 精益制造系统等国内先进技术，积极开拓新能源全产业链生产制造，推动产业转型升级。

基地配套焊接、涂装、总装等先进生产工艺，以智能、绿色、环保为基础，具备平台化、高柔性特点，构建全范围智能网联制造模式，满足多平台、多品种、模块化、精益化生产需求。为公司深耕商用车细分市场提供有力产能保障。

五、技术进展与研发能力

五菱新能源公司自主研发"菱擎"超级线性混动系统、"菱御"智能驾驶系统和"菱诺"车联网平台，拥有 CNAS 国家认可实验室，掌握自主知识产权核心技术。

新能源混合动力驱动系统开发能力：具备拥有自主知识产权的全新一代混合动力驱动系统开发能力，研究整车驱动模式，与现有产品形成显著差异，技术水平与日本汽车行业同类产品抗衡，处于国际领先地位。自主研发出的"菱擎"前置后驱混合动力系统，发动机热效率高达 40.1%，电驱系统最高效率达 95%，其最大功率可达 85 kW，扭矩 240 Nm。在实车 WLTC 工况中，"菱擎"混动系统相比同类型传统燃油车降低了 30% 以上。

智能驾驶能力：具备车辆路径巡线自动驾驶、自动紧急制动、遇障停车等功能，实现景区或园区内特定线路自动驾驶，满足人员接送、货物传输的目的。自主研发的控制器集成了激光、毫米波、视觉和超声波雷达环车 360°三维立体感知融合技术，集成了激光 SLAM、GPS 和 IMU 多信号源定位融合技术，控制器的功能和性能符合功能安全开发流程并搭载多台智能驾驶接驳车试运行。

网络安全体系建设和测试能力：根据国家对新能源车辆监管要求，完成了车辆远程监控管理自主平台建设，平台建设满足国家标准要求，顺利通过国家新能源监测管理中心认证。平台于 2022 年 7 月 30 日顺利上线切换，实现对公司各类车型的远程监控和管理。2022 年平台接入车辆总计 27726 台，监控车辆运行累计 8.1 亿 km，车辆在线率 90%。实现对车辆生命周期的运行状态监控，车辆故障及时预警，有效预防车辆安全事故。

试验能力：建成整车悬架动态性能测试（K&C）试验台、电池包三综振动试验台、汽车综合性能测试系统等 15 个专业试验室，拥有整车及零部件专业研发仪器设备 628 台套；能够独立开展新能源汽车油耗测试、新能源汽车电性能测试、新能源汽车 CAN 网络测试、电动汽车安全检测、电动汽车功率分析，以及电池系统、机电耦合驱动系统、整车电控系统等整车及新能源车关键零部件总成仿真、匹配和试验测试等工作，可满足常规车辆及新能源车的整车动力性、制动、经济性、NVH、道路耐久、台架耐久等测试。

六、主要新产品

产品型号	产品名称	品牌	通用名称
GXA5032XXYBEV	纯电动厢式运输车	五菱	EV50
GXA5039XLCBEV	纯电动冷藏车	五菱	EV50 雪宝
GXA1031BEV	纯电动货车	五菱	五菱电卡
GXA5032XXYEV	纯电动单层厢式运输车	五菱	电卡单层货柜
GXA5032CCYEV	纯电动仓栅式运输车	五菱	五菱电卡仓栅
GXA5032XLCEV	纯电动冷藏车	五菱	五菱冰宝
GXA1031SHEV	插电式增程混合动力载货汽车	菱势	黄金卡
GXA5033XXYBEVC	纯电动厢式运输车	菱势	EV50

七、发展规划

公司构建核心竞争能力、品牌驱动发展，制定"3 + 3 + 3"战略规划：在第一个 3 年，我们整合资源、培育核心、做大规模，努力构建新能源整车竞争能力，做强商用车，研发乘用车；在第二个 3 年，协同多要素、加强核心，持续提升核心竞争能力、品牌影响力，实现商乘并举；在第三个 3 年，实现产品结构转型升级、企业高质量跨越式发展，迎来品牌驱动发展的新阶段。

公司围绕新能源商用车细分市场，打造 3.5 m 段、4.5 m 段、5.5 m 段平台产品，产品覆盖微客、微卡、轻客、小卡、轻卡、皮卡等商用车类别，全面参与轻、微型物流商用车市场竞争，力争成为产品门类齐全的商用车细分领域领导者。在乘用车领域，运用 PHEV、BEV 的新能源动力技术双路线，规划开发多用途等各类车型，成为新能源乘用车细分领域的重要参与者。

在巩固国内市场的同时，公司积极探索海外市场，国内海外全市场布局，打造以国内大循环为基础，国内、国际"双循环"相互促进的发展格局。

贵州长江汽车有限公司

一、单位概况

贵州长江汽车有限公司注册资本金 11 亿元，是一家位于贵安新区的集新能源商用汽车研发、生产、销售、服务于一体的国有控股现代化新能源汽车制造企业，是工信部《机动车辆生产企业及产品公告》内整车生产、改装车企业，生产产品有纯电动货车、专用车、改装客车。产品商标为"贵州牌、熊猫牌"。公司规划有冲、焊、涂、总四大工艺车间，具备年产 5 万辆整车纯电货车和 1800 辆专用车及客车生产能力，是国家认定高新技术企业。贵州长江汽车下设 7 个职能部门（中心），分别是运营中心、财务中心、研究院、采购部、制造部、质量部、销售公司。整个新能源汽车项目占地面积 120 万 m^2，建筑面积 28.26 万 m^2，是国内一流水平的整车生产基地，覆盖新能源汽车上下游完整产业链。

二、生产与经营

2020 年贵州长江汽车有限公司销售 208 车辆，实现销售收入 5613.99 万元；2021 年销售 120 车辆，实现销售收入 1988.89 万元；2022 年销售 236 车辆，实现销售收入 8304.46 万。

三、产能建设

公司规划有冲、焊、涂、总四大工艺车间，具备年产 5 万辆整车纯电货车和 1800 辆专用车及客车生产能力。

四、技术进展与研发能力

贵州长江汽车有限公司研究院全面负责新能源汽车新产品的研究开发，具备产品策划、造型设计、驾驶室设计、底盘设计、系统及总成设计、部件配套开发、设计验算及仿真分析、产品工程设计、整车试制及试装、试验验证、整车调试、快速成型能力及自制部件的能力；能使用计算机、开发工具（含设计软件）进行设计分析计算，包括驾驶室/车身/车架刚度和强度分析、车架/副车架应力分析、动力性与经济性分析、安全性仿真分析、整车 NVH 仿真分析、电子电控系统分析、机构运动分析、疲劳寿命分析、操纵稳定性和平顺性分析等。

贵州长江汽车有限公司研究院建有研发试验车间，占地面积约4080 m^2，主要试验设备 41 台，总投资 5282 万元，具备独立的整车、关键系统、关键零部件的自主试验验证能力，能够独立开展整车性能及可靠性模拟试验、新能源动力总成试验、新能源“三电”系统（电池、电机、电控）试验、关键零部件的疲劳耐久和环境试验等。

五、主要新产品

产品型号	产品名称	品牌	通用名称
GK1040BA341BEV	纯电动载货汽车	贵州	H01LA
GK5040XXYBEV01	纯电动厢式运输车	贵州	H01XA
GK5030XXYBEV01	纯电动厢式运输车	熊猫	H02XA
GK5030XXYBEV02	纯电动厢式运输车	熊猫	H02XA
GK5030XXYBEV03	纯电动厢式运输车	熊猫	H02XB
GK4250SM514BEV	纯电动重卡牵引车	贵州	M25A

六、发展规划

（1）战略目标：贵州长江汽车有限公司未来 5 年主要围绕“细分市场、领先战略、一流产品、绿色智造 ”四大战略目标方向发展，坚持以客户、专注、匠心、创新、共赢为核心价值观。贵州长江汽车有限公司通过引进新技术，开发新产品、培育新市场，以基地为核心，打造新能源整车生产集群，带动周边上下游企业联同发展。

（2）战略布局：“氢能源 + 固态电池应用 + 无人驾驶”，成立研究院，重点在电池技术应用、智能化、网联化、氢能技术应用方面开展前瞻性布局，通过搭建新能源（纯电及氢能）重卡平台，打造新能源（纯电及氢能）轻卡系列等产品。

布局新能源重卡：以基地为核心，统一布局、统一筹划、统一政策，引进新技术打造新能源重卡系列，对标特斯拉、无人驾驶、充电、换电等技术，以贵州为核心、布局全国智慧金卡、公铁绿链等项目。

（3）产品路径：产品路径主要围绕智能化、平台化、新能源、新技术应用等五大方面开发建设。智能化：主要开发智能驾驶、智能联网技术。智能驾驶基于 5G 技术及云端 Ai 自动驾驶决策系统，配合低成本雷达和摄像头、高清地图和卫星定位系统和智能域控制系统技术融合实现智能驾驶；智能联网基于 5G 网络通信、GPS 定位车辆状态，结合车与车、车与基建、车与人通信技术的高度集成，实现车辆信息共享；通过车—车互联、车—路互联、车—智能家电互联、自动导航、自动驾驶技术，建成商用载客载货运营平台。平台化：主要建立轻量化平台，“高强钢 + 热成型件 + 辊压件”应用 0.65 mm 以下超薄钢板应用、铝合金车身塑料覆盖件轻量化系数达 4.0/3.8、纤维车身轻量化系数达 3.8/3.5，最终实现整车轻量化系数达到 3.8。新能源：主要以“纯电 + 氢能源”为主，打造纯电动、氢动力、固态电池等新能源技术。新技术应用：模块化商用车，搭建数字化后视镜、主动减震座椅系统、电子地平线系统、智能动力匹配系统。

（4）产品战略：以轻卡及重卡为主导产品，以纯电动平板车、纯电动/氢燃料牵引车、纯电动自卸车产品为主，建立轻卡、重卡平台整车生产线。主要运用市场为中长途物流运输、工程物料、渣土运输、绿色市政专用车底盘等。

浙江新吉奥控股集团有限公司

一、单位概况

浙江新吉奥控股集团有限公司（以下简称新吉奥集团）位于全球金融中心、世界东方明珠——上海浦东新区。新吉奥集团下辖房车智造、新能源汽车智造和融资租赁三大板块，拥有桐乡、台州及澳大利亚墨尔本智造基地，在桐乡和上海分别设有研发中心和互联网运营中心。新吉奥集团在互联网 + 汽车领域主动探索，研发并运营共享房车、新能源物流车互联网平台，已成为国内造车企业进军互联网的先锋。

新吉奥集团以 10 余年整车研发及制造经验为基础，联合清华大学新能源研究院、合肥工业大学、同济大学、德国亚琛工业大学等国内外权威机构，整合新能源汽车生产制造的新材料、新技术、新工艺，全力聚焦新能源物流车、新能源城市公交车及新能源关键零部件的研发及智造。在桐乡设有新能源汽车研发中心和试制试验中心，拥有专业、资深的研发、工艺团队，构建了完备的研发体系，是新吉奥集团新能源汽车产业的科技创新平台和技术研发平台。在台州湾新区一期投资 42 亿元，建设占地 600 余亩、年产 2 万辆商用车的智造基地。在上海成立融资租赁公司，专门从事汽车融资租赁，尤其是新能源汽车金融服务，为客户提供一站式的汽车金融服务体验。集团新能源汽车产品包括小型车平台、中型车平台和大型车平台，涵盖纯电动汽车、增程式电动汽车以及氢燃料汽车。

新吉奥集团在沪、杭、苏金三角中心、世界互联网大会永久会址地——中国桐乡成立了国内首家房车研发中心，占地 550 亩，投资 21.6 亿元，是亚洲具有一定影响力的房车领域综合性企业，并积极在全球进行战略布局，成功收购澳大利亚第二大房车生产商 Regent 公司，成为国内特种车行业率先在国外建立了完整研发、制造、销售和售后服务体系的房车企业。新吉奥集团房车产品涵盖自行式旅居车与旅居挂车，可提供高端私人定制化设计服务，配备国际化的室内设计团队，在科技与舒适感方面具有独特优势。

新吉奥集团在“互联网 + 汽车领域”主动探索，成功开发房车共享互联网平台，与旅游产业紧密对接，包含 O2O 房车共享、房车租赁及销售、高速公路服务区微营地、旅游景区房车营地连锁酒店开发建设、招商加盟、运营辅导、客户引流、培育房车出行智慧旅游新生态,打造互联网运营服务平台,通过线上引流、输出品牌、提供产品,联创共投、合作加盟多模式构建房车旅游产业生态圈,全力推动房车互联网化运营。

二、生产与经营

新吉奥集团下设桐乡、台州及澳大利亚墨尔本智造基地,建立健全了营销售网络及售后服务网络,2022 年新能源商用车销售 6870 辆,占市场比例 2.91%,居于行业第 10。

三、产品出口

新吉奥集团在聚焦国内市场的同时,加速海外市场的战略布局,已成功开拓澳洲房车市场,并已形成完整的销售及售后服务网络,2022 年共计出口近 2400 辆。新能源商用车逐步布局欧洲、南美洲、东南亚等海外市场。

四、技术进展与研发能力

新吉奥集团建立了完善的新能源汽车开发团队和新能源汽车试验能力。已掌握纯电动汽车、增程式电动汽车、氢燃料汽车整车及关键零部件的集成应用能力,具备新能源汽车整车控制器、电池管理系统、驱动电机、电机控制器、车联网、动力电池集成自主开发能力,并已有成熟产品应用。

集团与全球知名的轻量化科研院所——德国亚琛工业大学签署了轻量化战略合作合同,通过学习亚琛工业大学轻量化科研所的轻量化策略,利用研究所研发的轻量化新型材料,实现轻量化目标,使新吉奥集团走在了行业的前列。

五、主要新产品

产品型号	产品名称	品牌	通用名称
NGA5031XXYBEV2	纯电动厢式运输车	吉奥牌	吉奥奥腾 Pro
NGA5033XXYBEV1	纯电动厢式运输车	吉奥牌	吉奥睿征
NGA1032BEV1	纯电动载货汽车	吉奥牌	吉奥帅豹
NGA5033XXYBEVA	纯电动箱式运输车	吉奥牌	吉奥帅豹
NGA5033CCYBEV1	纯电动仓栅式运输车	吉奥牌	吉奥帅豹
ZDD5066XLJ	旅居车	隆翠牌	麒麟
ZDD5049XLJ3	旅居车	隆翠牌	麒麟

潍柴新能源商用车有限公司

一、单位概况

潍柴新能源商用车有限公司是潍柴控股集团旗下集整车研发、制造、销服于一体的全资子公司,致力于为用户打造生态运力解决方案以及高端品质轻型商用车。产品包含轻卡、小卡、微卡、中卡,能源覆盖纯电、混动、燃油及氢能。公司依托于潍柴强大的集团资源优势,作为中国商用行业自主品牌和自主创新的新兴力量,自成立以来便以令业界称奇的速度实现了快速发展。秉承"客户满意是我们的宗旨"的经营理念,潍柴新能源商用车发挥集团资源优势,打造潍柴法士特、汉德轻型商用车黄金动力总成,提供高效可靠、安全耐用、智能舒适的商用车产品。在集团"责任、沟通、包容"的企业核心文化理念指引下,潍柴新能源商用车有限公司肩负集团轻型商用车行业发展的战略使命,向成为"轻型商用车品牌"目标迈进。

二、生产与经营

潍柴新能源商用车有限公司主要生产经营各类轻卡和微卡,截至 2022 年 12 月,潍柴新能源商用车有限公司累计完成工业总产值 120700.32 万元,销售总产值 124345.77 万元。在轻卡市场方面,2022 年轻卡市场载货车行业累计上险 45.6 万辆,潍柴新能源商用车上险累计上险 14268 辆,市场占有率为 3.1%,市场排名第 8;在新能源轻卡市场,潍柴新能源商用车 2022 年累计上险 1973 辆,市场占有率为 4.7%,市场排名第 6。

公司使命是为用户造好车,发展愿景是成为一流的中短途绿色物流解决方案提供商。集团举潍柴之力支持潍柴新能源商用车公司发展,公司以"2515"战略目标为指引,力争 2025 年进入轻卡载货车行业前三位,轻卡市场占有率达到 14.0%,新能源轻卡争第一,市场占有率达到 20%。

三、产品出口

潍柴新能源商用车有限公司积极聚焦海外平台,突破国内市场,与潍柴集团形成了进出口协同,2022 年轻卡出口 33 辆,充分发挥资源优势,整体取得良好的进展。

四、产能建设

潍柴新能源商用车有限公司由蓬莱、莱阳、威海 3 个生产基地组成,厂区总占地面积 102.8 万 m^2,建筑总面积 26.6 万 m^2,其中生产建筑面积 13 万 m^2。在莱阳建有冲压车间、总装车间、货箱车间、检测调试车间、试车跑道;在蓬莱建有焊装车间、涂装车间、车架车间、检测车间等;威海建有冲压车间、装焊车间、车架车间、涂装车间、货箱车间、检测车间等。三地拥有 2 套完整的整车四大工艺布局,涵盖自 3.5t 至 18t 商用车制造能力。

公司共有主要生产设备 715 台套,检测设备 251 台套。其中,装焊车间布置 1 条中/轻卡驾驶室柔性主装焊线、1 条微卡驾驶室全自动机器人装焊线、2 条柔性主焊线、2 条驾驶室精整线、10 余个分焊区组成。另外,车间设有 3 坐标检测室用于精密测量。装配线整体采用 U 型布置,线长各 300 余 m,采用地拖链及板式输送链方式完成工序间输送。驾驶室装配线采用 U 型布置 AGV 自行小车输送,线长 144 m,拥有座椅安装机械手、仪表台安装机械手、密封条加热箱、AGV 自行小车充电设施。涂装线建有前处理电泳线、电泳及后冲洗生产线、电泳烘干生产线、PVC 喷胶生产线、中涂喷漆生产线、中涂烘干、面漆喷漆生产线,面漆烘干生产线等,喷涂全部采用机器人自动静电涂装、环保水性漆工艺,达成高质量整车外观。线体整体设计按照 5 min/3 min 节拍设计,年设计产能 10 万辆。

五、技术进展与研发能力

潍柴新能源商用车有限公司下设汽车工程研究院，汽车工程研究院由开发管理部、工艺所、商用车所、底盘所、试制试验所、车身所、电子电器所、新能源所、价值工程部、产品规划部组成，共有研发人员 229 名，其中高级工程师 12 名、中级工程师45 名。本科以上学历占总人数93% 以上，柔性引进高层次人才 3 名、引进培养技术人才 45 名。企业从事与技术创新和产品开发相关工作的人员 87 余人，全为本科以上学历。人员专业职称配置合理，具有较高专业技能和业务水平。技术骨干年龄为 35 岁左右，核心研究人员平均年龄45 岁左右，年龄结构比较合理。专业范围涵盖了机械、电气工程、车辆工程、工业设计、交通运输、能源动力、材料成型及控制等领域。公司一方面大力引进行业内知名专家和专业技术人员，成为公司的专业研发人员或技术指导；另一方面加大内部创新技术人才培养，并且公司每年将不低于销售收入的5% 投入技术研发创新中，在研究人员专业配置方面，充分考虑汽车工程研究院研究与日常运行管理的需求，除了配置方向专业研究人员，还配置具有丰富分析经验的分析人员以及汽车工程研究院管理人员，已基本形成了知识结构合理、年龄结构、研发能力较强的研发团队。

技术进展：

(1)在 K5000 项目开发方面：在轻卡行业首次采用热烫印格栅、整体无边框后视镜、塘塑仪表板、软包门板、空气减震座椅、封液减震驾驶室悬置，并运用于 K5000 驾驶室。K7. 5-WP2. 3N-MT、K7. 5H-WP3N-MT、K7. 5-WP2. 3N-AMT 车型开发完成，K7. 5-WP2. 3N-轻量化车型开发完成，2022 年 6 月已开始销售。

(2)在 2080 项目开发方面：2080 驾驶室在轻卡行业国内首次引进全行程气囊座椅，2080 驾驶室目前已定型，正在进行生产准备。

(3)在 K3000 的 K 系列产品上：K7. 5Pro 二代车型已完成开发，可点单；K7. 5H 8J50TA 车型已完成试制，2022 年 8 月底开始销售；K7. 5M 8J50TA 车型已开发完成，2022 年 8 月底开始销售；K12-国五-WP3N-4200 轴距车型已投产，K12(收割机运输车)已投产。

(4)在 J 平台、K 平台、N 平台上车型的投产：J6-D20 车型已投产，J6-WP2. 3N(120 马力)轴距车型已投产，J7. 5-WP3N(150 马力)轴距车型已投产，K6-20 轴距车型已投产，K7. 5-D25 车型已投产，N18M 洗扫车已投产。

(5)在新能源的产品开发上：4. 5 t 氢燃料物流车开发完成，已完成设计评审，2022 年底投产；7. 5 t 混合动力轻卡已完成样车试制及可靠性试验，2022 年 8 月开始销售。

(6)在集成电驱动桥车型、高速电机与单减速器车型。集成电驱动桥车型是电机直接在后驱动桥集成，具有轻量化和集成化的优势，采用斜齿轮两级减速，避免出现传导机构尺寸偏大的问题，同时减小径向力。这种结构可以降低电机的额定功率、扭矩等性能参数，改善电机的工作效率区间，提升电传动效率，具有一定的技术领先优势，该车型已完成山东省企业技术创新项目的申报。高速电机与单减速器车型是公司跟中通联合开发的一个车型，双方深度合作完成了两款多合一动力总成、高速电机总成的开发及公告申报工作，具有高可靠性和性价比。

六、主要新产品

产品型号	产品名称	品牌	通用名称
YTQ1042KEEV341	纯电动载货汽车	燕台牌	蓝擎悦
YTQ5042CCYKEEV341	纯电动仓栅式运输车	燕台牌	蓝擎悦
YTQ5042XXYKEEV341	纯电动厢式运输车	燕台牌	蓝擎悦
YTQ5042XLCKEEV341	纯电动冷藏车	燕台牌	蓝擎悦
YTQ1042KEEV342	纯电动载货汽车	燕台牌	蓝擎悦
YTQ5042CCYKEEV342	纯电动仓栅式运输车	燕台牌	蓝擎悦
YTQ5042XXYKEEV342	纯电动厢式运输车	燕台牌	蓝擎悦
YTQ5042XLCKEEV342	纯电动冷藏车	燕台牌	蓝擎悦
YTQ1042KEEV343	纯电动载货汽车	燕台牌	蓝擎悦
YTQ5042CCYKEEV343	纯电动仓栅式运输车	燕台牌	蓝擎悦

七、发展规划

公司使命是为用户造好车，发展愿景是成为一流的中短途绿色物流解决方案提供商。集团举潍柴之力支持潍柴新能源商用车公司发展，公司以"2515"战略目标为指引，力争2025 年进入轻卡载货车行业前三位，轻卡市场占有率达到14. 0%，新能源轻卡争第一，市场占有率达到20%。主要保障措施如下：

(1)坚持创新引领，提升产品品质。公司只关注"客户经营全过程"和"产品全生命周期"两个方面。创新应用集团荣获国家科学技术进步一等奖的黄金产业链动力总成与整车匹配，在此基础上实施科技创新，把高水平的科技，结合轻卡用户实际需求低成本的应用在轻卡上。

(2)抢滩新能源赛道，赢战新高地。未来公司将重点在新能源业务领域实现突破，新能源业务 2021 年启动，新产品已达到行业最优水平。

(3)瞄准国际需求，拓展海外市场。利用国内外两个市场、两种资源，搭建海外销售团队，突破核心市场。2023 年公司将重点培育 3 个 3000 万辆/元的核心市场，出口业务突破 2 亿元。

北京汽车制造厂(青岛)有限公司

一、单位概况

北京汽车制造厂成立于 1951 年，1958 年由朱德元帅亲笔题写厂名，是新中国第二家大型汽车制造企业，是中国汽车工业的先驱和北京市汽车工业的摇篮。2020 年公司将总部从北京落户至青岛，是山东省唯一具备传统能源和新能源轿车、越野车、货车、轻型客车、改装车等全资质整车制造总部企业。

北京汽车制造厂投资450亿元，打造现代化生产基地，整合青岛、德州、临沂、黄骅四大产业基地，拥有国际标准化生产线和设备，集科研、技术、生产、检测、销售、运营为一体，具备年产15万辆整车的制造能力。

北京汽车制造厂青岛总部基地项目被列为2021年山东省重大项目，于2020年10月开工建设，2021年12月29日正式获得国家工信部生产准入公告，并于2022年1月竣工投产。项目建有整车及核心零部件园区和关键零部件产业园区，总建筑面积达60多万 m^2，整车园区建有自动化、数字化、智能化高标准打造的智能工厂，具备完整的冲压、焊接、涂装、总装四大工艺车间，配置工业机器人280余台套，产线综合自动化率达到90%。汇集行业高端人才，集研发、设计、工艺、生产一体化研发体系。拥有研发人员1000余人，本科以上学历人员占比90%。设有青岛试验中心、临沂试验中心共两大试验中心，为产品性能、安全性、环保等提供可靠保障，并与七大校企、国际著名研发机构、科研院内等紧密合作，深化跨界融合，为推动汽车产业生态圈建设贡献北汽制造力量。

北京汽车制造厂致力于"成为汽车行业细分市场的领航企业"，在产品开发方面形成了独特的"平台化、模块化、共用化"核心竞争力。现有员工5000人，其中青岛基地2000人，拥有工程师1000余人，掌握全流程整车正向开发能力，在平台化、模块化技术应用、研发成本控制等方面达到行业领先水准。

北京汽车制造厂拥有新能源汽车和传统能源汽车全系列产品生产资质。产品型谱主要涵盖A0/A00新能源乘用车、越野车、MPV/VAN、皮卡、小卡、轻客/mini卡等九大品系。北京汽车制造厂已有王牌MPV、卡路里皮卡、212狙击手、元宝/家宝新能源乘用车、鲸卡商用车、雷驰新能源mini卡等9个平台20余款产品上市。

二、生产与经营

北京汽车制造厂下设青岛、德州、临沂、黄骅四大产业基地，建立了全面的营销及售后服务网络。主营业务范围包括汽车整车及零部件的设计、研发、生产、销售和服务，除传统动力外，在纯电、增程、混动等方面进行了全方位布局。旗下拥有212越野、元宝、卡路里、王牌、鲸卡、雷驰等品牌。青岛基地可生产越野车、轻型车、乘用车等多种车型，以及发动机、车桥、车架等关键零部件，按自动化、数字化、智能化企业进行打造，自动化率达90%以上。临沂基地主要生产多用途新能源商用车。黄骅基地拥有自主研发能力和制造工艺条件，可生产多用途专用车。德州基地主要生产A00、A0级新能源乘用车。

生产配套情况：采用数字化技术，打造"工业4.0"绿色智能工厂。拥有国际标准化汽车生产工艺，完整的冲压、焊接、涂装、总装四大工艺，采用数字化供应链管理系统、先进的生产工艺流程、国际标准的质量管控系统，生产线综合自动化率高达90%。

三、产品出口

随着青岛总部基地的成立，公司全新打造了涵盖王牌MPV、皮卡、小卡等一系列全新新能源车型产品，未来出口目标覆盖欧洲、南美、中东、东南亚、非洲等多个国家和地区。开拓海外新渠道60多个，重点海外基地项目埃及、欧洲基地、南美基地。2022年新能源产品海外出口300余辆，累计出口新能源产品500辆。

四、产能建设

北京汽车制造厂有限公司青岛分公司设计年产能为5万辆，已完成建设并投产运营。

北京汽车制造厂有限公司德州分公司设计年产能为5万辆，已完成建设并投产运营。

控股公司山东雷驰新能源汽车有限公司设计年产能为5万辆，已建成投产。

五、技术进展与研发能力

北京汽车制造厂传承红色基因，承载复兴国宝品牌"212越野车"的使命，不断创新、探索，推出了狙击手越野车系列产品、微小卡T6/T7系列产品、王牌MPV-M7系列产品、卡路里皮卡F7系列产品、R11系列产品。实现了燃油、CNG、纯电、增程多种动力车型，手动、自动挡的全覆盖。发动机、车桥、车架等关键零部件，已实现自研自产。

北京汽车制造厂已建立完备的研发体系，能自主、正向开发公司战略布局的产品。公司在整车设计、仿真分析、样车试制、试验验证等方面有完备的流程，软硬件设施；在新能源、底盘、车身、电气、动力等各专业，均吸纳了行业的专家引领开发。公司建设了超2万 m^2 的实验室，关键设备120余台套，具备整车环模排放试验、四通道轮耦合道路模拟试验、车身安全试验系统、动力总成试验（增程、排放分析、四电联调）等试验及检测能力，并于2022年9月取得国家CNAS资质。

公司成立了集团中央研究院，在智能化、轻量化、自动驾驶等前沿领域不断探索，已取得了多项应用成果，在不久的将来，就会有相应的产品面向市场。

六、主要新产品

产品型号	产品名称	品牌	通用名称
BAW6490MA5BEV	纯电动多用途乘用车	锐胜王牌	E-M7
BAW6490MA51BEV	纯电动多用途乘用车	锐胜王牌	E-M7
BAW6521MAKBEV	纯电动多用途乘用车	锐胜王牌	E-M7
BAW6521MA5BEV	纯电动多用途乘用车	锐胜王牌	E-M7
BAW6521MA5BEV	纯电动多用途乘用车	锐胜王牌	E-M7
BAW5030XXY6Z53BEV	纯电动厢式运输车	锐胜王牌	E-M7
BAW5031XXY6Z55BEV	纯电动厢式运输车	锐胜王牌	E-M7
BAW5031XXY6Z54BEV	纯电动厢式运输车	锐胜王牌	E-M7
BAW5031XXY6Z56BEV	纯电动厢式运输车	锐胜王牌	E-M7
HLD1020P1B2BEV	纯电动载货汽车	雷驰牌	ES
HLD5020XXYBEV	纯电动厢式运输车	雷驰牌	ES
HLD1040P1E5BEV	纯电动载货汽车	雷驰牌	EK
HLD5040XXYBEV	纯电动厢式运输车	雷驰牌	EK
BAW1042P1451BEV	纯电动载货汽车	锐胜牌	T7E
BAW5042XXYP1451BEV	纯电动厢式运输车	锐胜牌	T7E
PONY	PONY	BAW	PONY
MINI TRUCK	Mini卡	BAW	MINI TRUCK

七、发展规划

随着全新产品的陆续上市，争取未来 2 年实现满产满销，为青岛市和山东省的经济发展贡献北汽制造力量。未来北京汽车制造厂将围绕创富、休旅两大场景，形成 MPV、VAN、皮卡、微小卡四大品类 20 余种版本的强大产品阵容。

二、零部件及相关领域

欣旺达动力科技股份有限公司

一、单位概况

欣旺达动力科技股份有限公司（以下简称欣旺达动力）诞生于具有近 30 年历史的全球锂离子电池领域领军品牌欣旺达（股票代码 300207），是一家集电芯、模组、BMS 和 PACK 产销研于一体的全球领先的综合性新能源科技企业，致力于为新能源行业提供具有竞争力、场景化的动力电池解决方案及储能电芯。

依托领先技术、极致智造、超高品质、可靠交付、开放合作、大客户服务经验六大核心竞争优势，欣旺达动力获得了海内外众多知名客户认可，实现了为全球一流车企批量供货，是中国四家“全球动力电池一级制造商”之一、全球新能源企业 50 强、中国民营企业 500 强第 324 位、深圳工业百强第 12 位、2022 福布斯中国独角兽榜单企业，先后获评国家专精特新“小巨人”企业、国家技术创新示范企业、广东省政府质量奖、深圳市市长质量奖等政府荣誉。

二、生产与经营

欣旺达动力以母公司多年消费电池行业沉淀为基础，以服务中高端客户为起点全面快速崛起为行业领先的动力电池企业。2022 年欣旺达动力是中国前五大动力电池企业中增速最快的企业。动力电池业务经过持续专注投入与深耕，技术实力和发展潜力获得了国内外众多知名车企的认可，产品先进性和稳定性进一步得到市场批量应用验证，动力电池的管理系统和运营体系不断通过国内外高端客户的严格审核。业绩方面，随着全球新能源渗透率快速提升，2022 年公司动力电池出货量合计 12.11 GWh，实现收入 126.87 亿元，较 2021 年同比增 332.56%。

欣旺达动力逐步打造了八大产业基地，包括深圳宝安、深圳光明、惠州博罗、南京溧水、浙江兰溪、江西南昌、山东枣庄、印度新德里；在海外设立了众多技术中心和客户中心，如美国硅谷、以色列、德国汉堡等地区。

三、产品出口

欣旺达动力发展初期即与雷诺、日产等海外客户建立深度合作，并依靠先进技术、高标准极致智造等优势获得了客户认可。欣旺达动力海外渠道资源已遍布北美、欧洲及亚洲等地区，出口包括欧洲多国、日本、韩国、泰国等众多国家和地区。

四、产能建设

欣旺达动力已经在全球布局了两大研发中心和八大生产基地，已生产/建设中的制造基地建筑面积达730.5 万 m^2，同时在多国和地区设立了众多营销中心、技术中心和客户服务网点，以便及时响应客户需求。同时利用数字孪生、工业互联网、人工智能技术等，打造了国际一流的智能生产制造体系，实现了电池制造从生产规划、智能装备与设备运维的全链“路数字化 + 智能化”，构建自动化生产基础，生产效率更高效。

五、技术进展与研发能力

欣旺达动力坚持培养为主、引进为辅的人才战略，打造出高效、卓越的科研和管理团队，研发人员超 2600 人，近年来每年研发投入近 30 亿元，专利数 2000 多项，参与起草了 30 多项行业及国家标准，动力电池系统安全性关键技术及应用项目，荣获广东省科技进步奖一等奖。技术创新成为欣旺达发展的新引擎。

在产品开发方面，欣旺达动力始终坚持“聚焦 + 差异化”的策略，动力电池产品聚焦方形铝壳电池，覆盖了 BEV、EREV、PHEV、HEV 等应用市场，建立系统成熟的“五层安全设计”，产品体系涵盖长续航的高能量密度比的三元材料体系，低成本长寿命的磷酸铁锂材料体系和磷酸锰铁锂材料体系。欣旺达动力不仅推出了全球首款量产的闪充电池，实现 10 min 充电至 80%SoC，支持最高续航 1000 km。同时，欣旺达动力布局了钠离子电池、固态电池、大圆柱电池等前沿技术和产品。

六、主要新产品

产品名称	产品型号
闪充电池	SCF480
液冷电池包	BEV-CTP
超低温钠离子电池	超低温钠离子电池

七、重大项目建设

欣旺达动力在浙江义乌、广东电白打造“世界级智能制造数字化灯塔工厂”：推进中国动力电池制造“研、产、供、销、服”全生命周期管理的数字化建设；建设研发制造一体化全球层面的“数字化孪生模型”；部署核心装备的数字化全连接；探索工业物联网解决方案在欣旺达动力的落地与实践。

义乌基地主要从事锂离子动力电池及储能电池等产品的生产和销售，产品涵盖汽车动力电池和储能电池的电芯、模组、PACK 及电池系统等。

电白基地项目将从事电池管理系统（BMS）、车身控制器（BCM）、整车控制器（VCU）等产品的生产和销售。

八、发展规划

作为一家具备优秀研发设计能力、优良的工艺管控能力、先进的生产设备制造能力以及规模化的产品定制与对客户的快速反应服务能力的新能源电池企业，欣旺达动力将持续在研发、制造、市场开拓方面全面发力，成为世界级新能源企业。

（1）持续加大研发投入，巩固产品在快充、安全、耐用等方面的既有优势，并持续布局钠离子电池、固态电池、大圆柱电池等先进技术，形成新的产品优势。

（2）坚持全球化业务部署，积极实行走出去战略，布局海外市场。

（3）坚持全产业链布局，深入产业链上下游合作，持续完善"共生—共赢"的产业生态链。

（4）巩固在智能制造环节的竞争力，以深厚的行业积淀和领先智能技术，打造国际一流的生产制造体系。

（5）坚持可持续发展，践行可持续发展十大原则，将责任管理理念渗透进日常运营中，与利益相关方保持密切沟通，及时回应其关注，并为实现联合国可持续发展目标贡献力量。

弗迪电池有限公司

一、单位概况

弗迪电池有限公司（以下简称弗迪电池）立足于新能源产业，是比亚迪集团为顺应市场化发展"孕育"而出的独立主体，作为全球领先的电池生产商，深耕电池领域已有 20 余载。弗迪电池凭借 20 多年的不断创新，拥有 100% 自主研发、设计和生产能力，产品覆盖消费类 3C 电池、动力电池、储能电池及新型电池等领域。作为行业的引领者，弗迪电池有能力、有义务为客户提供优质的新能源产品和解决方案。

弗迪电池凭借完备的全产业链研发实力、强大智能制造能力、全自动化电池生产线的建设能力，奠定了自身在电池领域的领先地位。在电池的研发与创新过程中，弗迪电池从基础材料领域着手，建立数字化生产模式，持续突破电池制造技术与安全技术壁垒，打造高性能、高安全、低成本、绿色节能的电池产品，并通过云数据电池管理建立电池全生命周期的大数据平台，实现一体化信息深度融合解决机制。为达成可持续发展，弗迪电池制订电池回收利用标准体系，通过回收及梯次利用，促进下一代电池开发，从而打造构建极具竞争优势的产业集群，形成完备的电池产业生态圈。

二、产能建设

2022 年，弗迪电池根据市场需求启动了广西、浙江、湖北和江苏等地的生产基地建设。

三、技术进展与研发能力

电池是新能源产业链重要一环，弗迪电池秉持着解决行业发展痛点，突破现有技术，综合考虑续航、舒适度、成本等因素，思考真正适合电动汽车的动力电池。刀片电池的推出，就是比亚迪对行业的一个重要探索。刀片电池既是能量体，又是结构件，兼顾高能量密度和高安全性，体积比能量密度提升了 50%，而且能通过严苛的针刺试验。弗迪电池遵循刀片电池的七大超级理念，不断挑战理论极限，持续创新，从传统电池包技术到 CTP 技术，再到 2021 年推出 CTB 技术，不断优化 PACK 电池包的结构工艺，让电池产品能够具备更高的安全性、更长的寿命、更低的成本，以及更远的续航里程。

以 CTB 技术为例，CTB 技术高度集成，使得车身地板和底盘一体化成为可能，从根本上改变了电池包与整车之间的装配关系，使得电池包的体积利用率达到了 75%，系统能量密度可达到 310 Wh/L 以上，支持新能源汽车续航最高超 1000 km。同时，CTB 技术采用极简化设计，零部件减少了 45%，提升生产效率的同时，可使生产成本降低 30% 以上。最重要的是，CTB 技术具备极高的兼容性，可根据客户要求对电芯尺寸和排布方向进行调整，具备适配多款车型的能力。根据整车实测结果，搭载 CTB 技术的新能源汽车的安全性、空间利用率和舒适性，都有明显提高。此外，为确保使用安全，采用多层次安全保护体系，综合运用以底部割底为核心的本征安全技术、以热扩散防护为核心的被动安全技术以及以市场零失效为目标的主动安全技术，对电芯和 PACK 电池包进行优化升级，使电池的安全性能进一步提升，以确保电池在正常使用过程中的安全性。

四、合资合作及重大项目建设

1996 开始研发锂离子电池。

1998 深圳市比亚迪锂电池有限公司成立。

2000 成为摩托罗拉第一个中国锂电子电池供应商。

2002 成为诺基亚第一个锂电子电池供应商（全球每 10 个手机就有 3 个使用了比亚迪的电池）。

2008 全球首款不依赖专业充电站的双模电动车 F3DM 上市。

2012 启动三元电池设计开发 2014 坑梓全自动化产线 8 GWh 建成。

2017 总产能 16 GWh 电池对外业务开放。

2018 全球最大规模动力电池工厂——青海比亚迪动力锂电池下线仪式。

2019 弗迪电池正式挂牌成立。

2020 刀片电池 & 超级包正式发布（重新定义了新能源汽车的安全标准，引领了全球动力电池安全新高度）。

2022 发布 CTB 电车车身一体化技术（带来全新操控感受）。

广州巨湾技研有限公司

一、单位概况

广州巨湾技研有限公司（以下简称巨湾技研）成立于 2020 年 9 月，是广汽集团首家内部孵化的民营控股混合所有制高科技企业。公司专注 XFC 极速充电动力电池和新一代突破性储能器及其系统的研发、生产、销售和服务，致力成为客户满意、员工信赖、社会赞誉的一流创新型企业,为人民的美好生活持续创造绿色环保的高科技产品、服务和价值。

二、生产与经营

巨湾技研已量产的巨湾 7 min 极速电池产品,0 ~ 80% 充电时间最快 7.5 min,增加超 400 km 续航。现已搭载在埃安车型,并以"充电 5 min,续航 207 km"的成绩获得世界纪录认证机构(WRCA)颁发的"最快电动车充电技术"认证。于 2023 年 6 月 6 日发布的"凤凰电池",将动力电池及系统的技术水平提高到一个崭新的阶段。

2022 年 9 月,巨湾技研首款重卡 XFC 极速电池在巨湾技研南沙工厂正式下线,该款 15MinXFC 极速电池将搭载商用车重卡车型量产。2022 年 12 月,巨湾技研 G11 项目首批量产电池包正式下线,包括 6 款不同电量及充电倍率的研发子项目。2023 年 1 月,由广州巨湾技研有限公司组建的"广东省先进储能器件与系统工程技术研究中心"被广东省科学技术厅认定为 2022 年度广东省工程技术研究中心。作为 XFC 极速电池技术领跑者,巨湾技研的技术正获得行业越来越多的客户所认可。巨湾技研正积极拓展与车企的深入合作,并已成功与 8 家车企展开合作,涉及领域包括乘用车、商用车等。

三、产能建设

巨湾技研正在积极建设和布局电芯和电池包生产能力,在广州南沙的电池包工厂目前已全面投产。2022 年 5 月,"巨湾技研储能器件与系统生产基地"于南沙新区正式动工建设,项目总体规划产能为 8 GWh/a,具备为 12 万辆新能源汽车实现配套的能力,预计一期工程在 2023 年完成建设。2023 年 6 月,巨湾技研 XFC 极速充电电池重庆基地项目正式签约,项目位于江津区珞璜临港产业城,总投资约 72 亿元,用地约 600 亩,项目将分两期建成 16 GWh 的产能。据公司产能布局规划,巨湾还将在华南、西南、华中、华东、华北五大区域逐步实施产能布局,每个生产基地约 15 ~ 30 GWh 产能,整体完成 120 GWh 的长期产能布局。

四、技术进展与研发能力

巨湾技研是专注于先进储能器的研发与生产的高科技公司。巨湾技研已经掌握了完整的材料制备技术,并且核心专利已经获得授权。巨湾技研成立以来致力于打造高质量的研发团队,深耕研发一线。公司通过内部立项开展了一系列研发项目,现已有大量项目完成并形成一批科技成果。截止到 2023 年 7 月,申请专利 72 项,已取得 5 件发明专利和 21 件实用新型专利,26 件发明专利进入实审阶段。专利涵盖关键材料及其制备、储能器件及系统制备与生产等关键技术领域,逐步形成专利体系和完善的专利群,为公司发展产生极大的支撑作用。

公司研究中心组建了一支由黄向东教授牵头的高学历创新研究团队,截至 2023 年 2 月 1 日,公司本部人数 321 人,研发单位巨锋新能源人数 124 人。本部研发人员 101 人,占比 31.46%;巨锋新能源研发人员 47 人,占比 37.9%。本部硕博占比约 27.72%。这些科技人员均有强硬的专业知识功底和丰富的实践工作经验,在研发运营和销售中均有丰富的实战管理经验。研究中心共设电池研究院、技术服务部、X 研究院、AI 电控研究院四大部门。电池研究院负责电芯开发、模组开发、系统开发、小试线、中试线业务,X 研究院负责固态电池研发、钠离子电池研发、第二代储能器研发业务,AI 电控研究负责 BMS 开发、大数据平台开发及人工智能业务,技术服务部负责产品和技术规划、知识产权、分析测试及标准化服务。

巨湾 XFC 极速充电动力电池产品的充电倍率覆盖 3C ~ 6C,电芯能量密度均在 200 Wh/kg 以上,整车在常温下最大恒定充电倍率达到 6C,0 ~ 80% SoC 的最快充电时间为 7.5 min,提前超越了美国 2023 年的近期目标或其所定义的 XFC 目标。为推进巨湾 XFC 极速充电动力电池的商业化普及,解决消费者对充电速度的需求,巨湾技研已成功完成与 XFC 电池匹配的超充桩开发。巨湾技研已成功研发最大功率 600 kW 超级充电桩,正在与各方充电生态合作伙伴紧密合作,积极推动超充网络和生态的建设。

巨湾技研于 2023 年 6 月初发布的"凤凰电池",是一项集成了巨湾技研在材料、电化学、结构和控制等领域最新的科技创新成果,能使电动汽车具备在全天候(高低温)条件下均如常运行,并在 300 ~ 1000 V 不同电压平台上达到最高 8C 极速充电,实现了全天候条件下的极速快充,具备比能量高、安全性高、寿命长以及更低维护成本等综合优势,将动力电池及系统的技术水平提高到一个崭新的阶段。凤凰电池的推出,让极速充电技术拥有更广泛的应用场景,为加快极速充电技术商业化进程助力。

2022 年,巨湾技研荣登《胡润全球独角兽榜》并获评"2022 年中全球独角兽企业";荣获广州科技局"2022 年广州独角兽创新企业"、广东省工业和信息化厅"2022 年创新型中小企业"、第四届金辑奖"中国汽车新供应链百强"称号及"2022 高工金球奖——年度创新技术"等奖项。

巨湾技研以"应用一代、研发一代、储备一代"的超前眼光为布局,正在研发具有突破性的储能器技术,性能远比锂离子动力电池优异。由于采用了全球独创的新型固体功能材料,实现了超高容量和高耐压,具有能量密度高、充电速度快、循环使用寿命长、安全系数高、绿色环保无污染、长期使用免维护、性能稳定,无过充电损害器件等特点,预计将对动力电池和储能行业带来突破性的影响。巨湾技研对新型巨介电质材料、下一代巨电容/电池器件及系统的开发、中试工作正加速推进。迄今前期开发成果及专利已反映出可喜的前景。

五、主要新产品

产品名称	产品型号	产品应用
15MinXFC 极速电池	GACBEVA1812	AIONVPLUS
12 min 极速电池	HYCBEVG0804	合创 V09
7 min 极速电池	GACBEVA1813	AIONVPLUS
巨湾凤凰电池	—	2024 年量产

六、合资合作及重大项目建设

2022 年 5 月,"巨湾技研储能器件与系统生产基地"正式动工建设。此项目为巨湾技研的总部及首个研发生产基地，建成后将充分发挥巨湾技研行政总部职能、研发总部职能，为巨湾技研发展提供助力。项目占地面积 300 亩，产能规划 8 GWh，具备为 12 万辆新能源汽车实现配套的能力，一期工程 4 GWh 将于 2023 年 9 月建成，涵盖 XFC 极速电池电芯、模组以及 PACK 系统生产。

2022 年 10 月，巨湾技研与华锋股份的合资公司“巨锋新能源”成立典礼及其研发中心正式落成启用。巨锋新能源研发中心占地面积约为 9390 m^2，具备从材料创新、实验、测试、制造等全流程的工艺装备。双方将以合资公司为纽带和平台，在研发和生产等领域紧密开展深度战略合作，匠心打造大湾区的新能源领军品牌，为社会和客户提供先进完整的新能源汽车“三电”系统一体化解决方案、产品及服务。

2023 年 6 月，巨湾技研 XFC 极速充电电池重庆基地项目正式签约，该项目是巨湾技研产能拓展的关键一步，是巨湾不断夯实科技创新能力与成果转化能力的新起点。项目位于江津区珞璜临港产业城，总投资约 72 亿元，用地约 600 亩，项目将分两期建成 16 GWh 的产能。

七、发展规划

巨湾技研希望把 XFC 锻造成“国之长板”，通过 XFC 产品的推广和生态发展，使消费者获得新能源汽车“充电像加油一样快”的更好体验，并大幅降低新能源汽车充电设施对于场地的占用及总体投入。在巨湾总部建设进程中，为了实现产能进一步的跨越，巨湾技研将持续寻求合作，整合多方产业资源，以大湾区为起点积极促进 XFC 生态推广，不断抢滩先进制造业和战略性新兴产业高地，使消费者获得新能源汽车“充电像加油一样快”的更好体验，为保持和巩固我国在新能源汽车领域的优势地位做出贡献。

合源锂创（苏州）新能源科技有限公司

一、单位概况

合源锂创（苏州）新能源科技有限公司（以下简称合源锂创）是一家聚焦固态锂离子电池产品研发、生产及销售的科技创新型企业，公司致力于为人类智慧生活提供更安全、更绿色、更便捷、更持久的电池。

合源锂创成立于 2023 年 1 月，总部位于苏州工业园区阳澄湖半岛度假区新达产业园。公司拥有“一个中心，两个基地”，总部位于武汉、深圳，分别拥有新型电池关键材料研发中心和电池系统研发基地。合源锂创自主研发高比能、高安全、长寿命的固态电芯和固态电池产品在储能和动力领域有广泛的应用场景。

二、生产与经营

合源锂创面向储能、动力等家庭用电场景的方方面面，通过先进的自主技术创新，打造符合社会可持续发展要求的电池产品。公司深度参与产业链协作，向市场提供高质量的固态电解质材料、固态电芯、固态电池等全价值链产品。

合源锂创立足苏州、面向长三角、辐射全国，以华东、华中地区为重点突破区域，一方面提供适配于多种新能源汽车的动力电池解决方案和技术支持，打造定制化的产品和服务；另一方面提供多样的储能装置，竭诚不断地为市场交付高质量产品，成就客户。

三、产能建设

合源锂创在生产端布局苏州、深圳两大基地，将在 5 年内建设一期 5 GWh 固态电池量产线，为超 10 万辆新能源汽车供应动力电池。

四、技术进展与研发能力

合源锂创作为一家研发型企业，始终将科技创新视作企业发展的立身之本。公司投入 3. 5 亿元在苏州建立研发实验室和试验线；人才方面，教授领衔组建了高质量的研发团队，硕博比例超过 55%。此外，合源锂创与中国地质大学（武汉）联合建立新型电池关键材料研发中心，打通产学研优势资源，进一步夯实自身研发力量。

合源锂创将研发布局与产业实际需求相结合，从材料、工艺、设备等多维度持续投入，通过材料创新和工艺创新开发出了兼具高安全性、高能量密度、长循环寿命的固态电芯，既有效解决固态电解质离子电导率与力学性能无法兼得的难题，又能够同时将易燃、可燃的游离液态电解质含量降低至 10% 以下，能量密度高达 350 Wh/kg，循环寿命超过 1200 周，通过 GB 38031—2020 测试，其综合指标处于国内领先水平。

五、主要产品

产品名称	产品型号	产品应用
户储电芯	HY1889711-200Ah	商业储能柜、家用储能柜
固态电芯	HY10100515-120Ah	商用客车、家用新能源车、房车、特种工业车等
全固态电芯	HY0685120-10Ah	家庭移动储能产品

六、合资合作及重大项目建设

1. 占据长三角产业高地，打造一流锂电池品牌

合源锂创 2023 年 12 月与苏州工业园区管委会签约落户，成为“世界一流园区”的一分子，以此为起点全力打造行业领先的固态电池品牌。

2. 打通产学研优质资源，提升核心材料研发效率

2023 年 4 月 10 日，合源锂创与中国地质大学（武汉）在新能源材料、固态锂电池相关领域共建联合研发中心签署合作协议。依托中国地质大学实验基地和科研团队，合源锂创加速前沿技术在商用领域的产业化应用，共同开展国家级重点研发计划，灵活运用优质人才，加强在“学、研”领域的建设，全力攻坚关键材料研发，突破技术路线瓶颈。

3. 与行业上下游协作，打造产品 18 h 供产销一体圈

合源锂创秉承“客户第一、交付价值”的观念，与行业上下游深度合作，上游与锂矿、磷矿、正负极材料企业合作，下游与东风、上汽等合作，成功打造产品 18 h 供产销一体圈。

七、发展规划

1. 紧抓时代机遇,完成时代使命

合源锂创诞生自“十四五”中坚之年,必然顺应时代发展要求,紧抓时代机遇,绵绵用力、久久为功地着力研发突破,通过推出更安全、更便捷、更持久的动力电池产品培养市场的能源使用习惯,引导居民完成新旧能源转换,加快形成节约资源和保护环境的产业结构和生产方式。为中国实现碳达峰碳中和两大重要战略决策贡献力量。

2. 加强人才培养,加速产能建设

合源锂创坚信“人才是第一资源”,将在5年内扩张人员规模,引进高层次、高技能技术人才。公司将直接引入多名博士作为科研带头人,针对研发与生产中的技术难点和痛点成立专案管理,解决相关问题后形成系统化管理,为产能爬坡做好技术支撑。

3. 扩大自身优势,延伸服务链条

合源锂创贯彻“固守本‘芯’,踔厉前行”的企业文化,利用自身在研发端、产业端的优势,围绕为人类创造美好生活这一使命不断深入产业上下游,与生态伙伴一起跨手段、跨技术协同推进中国新能源产业发展,提升中国新能源企业在世界范围的影响力。

辉能科技股份有限公司

一、单位概况

辉能科技股份有限公司(以下简称辉能)成立于2006年,辉能是全球首个成功研发并量产固态锂陶瓷电池芯的创业公司,连续于2018—2019年成为胡润研究院《胡润大中华区独角兽指数》中新能源领域唯一入榜企,技术与量产进程领先市场5~10年。

辉能采用固态陶瓷电解质取代传统易燃易爆的聚合物电解液,创造具绝对安全性与稳定性的固态电池,并导入卷自动化式生产制程,成为全球首家走出实验室、实现大规模量产的固态电池企业。为满足各市场应用需求,辉能推出多种类的固态电池:FLCB(超薄可弯曲固态锂陶瓷电池)、PLCB(高容量软包固态锂陶瓷电池)、LLCB(大面积锂陶瓷电池)及MAB固态电池包。

产品获得国际安规与飞航认证:UL 1642、IEC 62133、PSE、BSMI、RoSH、UN 38.3、IATF 16949

二、生产与经营

2012年发表超薄可弯曲电池产品FLCB后,以安全、超薄可弯曲的特性打进穿戴、消费性、IOT与智能卡市场,与HTC、日本软银(SoftbankC&S)、Digitsole等品牌协力推出更轻薄安全的电子产品。

随着电池技术与生产规模提升,辉能于2017年起跨足对电池容量与电性要求更高的新能源车市场,电芯通过欧美中日各大车厂安全测试并获得极高评价,分别与各车厂进行合作案商讨,并开始进行样车打造。

2018年,辉能发布突破传统锂电框架的BiPolar+技术(双极电池),直接于电芯内部串并联,从机构面大幅拉升能量密度,并于2019年发表了全球首个固态电池包设计,结合双极电池技术与固态锂陶瓷电池技术,创造出颠覆性固态电池包方案,荣获全球两大科技创新奖项——美国CES创新奖与美国爱迪生奖金奖的肯定,并与车厂共同完成固态电池装车测试。

数年来,辉能陆续获得国内外指标性投资管理企业与产业链上下游领导品牌注资,将募资所得将应用于固态电池量产线扩张计划,加速固态电池产业化进度。

三、产品出口

辉能科技在2013年首条预试(pre-pilot)生产线开始营运销售,以及自2017年10月动力电池卷式试产线开始投产后,制造能力已经9年市场验证,并已在产在线达到超过4000个质量控制点、99.9%的单层电芯良率及94%的多层电芯良率。同时,超过7300颗的50~60 Ah车规等级电芯验证,及超过100万颗电芯的实际销售数字,为接下来的量产打下了厚实的基础。

为满足新能源市场急迫且大量的固态电池需求,辉能与车厂及相关企业合作,共同为固态电池的产业化而努力,计划首个数十亿瓦时级的固态动力电池生产基地于2023年启动,随后向外扩张至欧、日、美等重点地区,布局全球次世代动力电池市场。

四、产能建设

辉能专注自主研发电芯与生产技术,在全球建立100%自有专利布局,截至2023年5月,已获证及申请中的专利共有652项,范畴广含产品、技术、机构/化学系统、设备、制程、应用等。

产品连续多年荣获多项国际奖项:

2017—2019年,连续三年荣获美国CES消费性电子展创新奖。

2018年11月,入榜胡润研究院《2018第三季度胡润大中华区独角兽指数》。

2019年4月,荣获美国爱迪生奖(EdisonAwards)金奖。

2019年5月,入榜胡润研究院《2019年第一季度胡润大中华区独角兽指数》。

2020年5月,入榜CBInsights中国动力电池科技企业榜单。

2020年,辉能被誉为固态电池领军企业。

2021年5月,荣获美国爱迪生奖(EdisonAwards)。

上海奥威科技开发有限公司

一、单位概况

上海奥威科技开发有限公司(以下简称奥威科技)成立于1998年,注册资本7184.77万元,上海市高新技术企业、科技“小巨人”企业、专精特新企业。公司总部及研发基地位于中国(上海)自由贸易试验区郭守敬路188号(张江高科技园区),并在浦东老港拥有一个占地66600 m^2 的产业化基地。2022年1月被工信部命名为国家级绿色工厂。

二、生产与经营

作为超级电容器行业的领军企业,奥威科技产品的技术水平已得到国内外广泛认可,国内外多份超级电容行业调研报告和国家发改委市场分析报告均将奥威科技作为中国超级电容器行业的龙头企业。2018年奥威科技成为首批通过“上海品牌”认证的53家企业之一,2019年获“长三角区域绿色技术应用十佳”。

奥威UCK系列超级电容器的能量密度大于125 Wh/kg,已达到了国际领先水平,奥威科技超级电容技术作为新能源产业的代表,获选“一带一路”首批项目产业化基地已于2018年8月正式建成投产。奥威科技具有自主知识产权超级电容器产品,已经广泛应用于超级电容城市客车、纯电动港口牵引车、矿用牵引车、超级电容电动游览车、混合动力汽车、重型机械、特种车辆、太阳能风能储能等领域。

三、产品出口

奥威科技一直以来秉承全球化发展的战略,车用超级电容系统在纯电动公交车上的应用主要在海外,已经在多个国家开辟纯电动公交市场,并获得一系列的好评:2014年4月底,保加利亚索菲亚11路超级电容公交示范线已开通运营;2016年8月,塞尔维亚贝尔格莱德和奥地利格拉茨的公交示范线开通运营;2016年9月,以色列特拉维夫4路超级电容公交示范线投入运营;2018年5月,超级电容公交车驶入北马其顿共和国最大的城市斯科普里,同月,意大利拉兹佩齐亚超级电容公交示范线正式开通运营;2019年6月,超级电容电动城市客车在丹麦奥尔堡正式开通公交试运营。

奥威科技在电动城市客车用超级电容系统领域的市场占有率全球领先。2017年在中白工业园设立白俄罗斯生产基地用于当地生产和售后,2019年设立丹麦分公司进一步开拓欧洲市场,解决欧洲特别是北欧寒冷地区的新能源储能问题。

四、产能建设

上海奥威科技开发有限公司总部位于中国(上海)自由贸易试验区郭守敬路188号,在南汇老港还拥有一个占地66600 m^2 的产业化基地,年产各种超级电容器单体60万只。

五、技术进展与研发能力

作为国内最早从事超级电容器研发与应用的企业,奥威科技始终将创新作为推动企业发展的源动力,拥有行业唯一一家“国家车用超级电容器系统工程技术研究中心”,以及“上海超级电容工程技术研究中心”“上海市超级电容技术创新中心”“上海市超级电容材料及检测专业技术服务平台”“上海市企业技术中心”等4个省级研究平台。已建成了国内最具规模的超级电容器研发基地,先后承担了包括国家863计划、国家科技支撑计划、科技部重大专项及上海市科委登山行动计划等在内的国家和地方重大科研项目攻关。

作为“国家知识产权优势企业”,奥威科技已在产品的设计、研发和制造等关键环节形成了一批具有国际先进水平的自主知识产权和核心技术成果,申请专利百余项,UCK系列超级电容器的能量密度大于125 Wh/kg,已达到了国际领先水平,产品已广泛应用于电动城市客车、纯电动重型牵引车、有轨电车、电动游览车、混合动力汽车、港口机械、AGV等诸多领域,并进军以色列、保加利亚、奥地利等海外市场。通过与上游企业及高校等合作开发高性能活性炭等先进材料实现国产化;具有国际先进和领先水平的无机混合型超级电容器、有机对称型超级电容器和有机混合型超级电容器技术,特别是开创了我国有机混合型超级电容器的产业化和应用之先河;以高能量超级电容器城市客车等为代表的先进超级电容电动汽车技术,在实现应用推广的同时进入了国际市场;有节能电梯、消防电梯、储能电源等一批应用成果。

通过不断整合优化资源配置,扩展使用场地,购置先进仪器设备,奥威科技建成车用超级电容器系统技术开发、试验和检测的七大技术平台;在科学布局、体制创新、文化建设、人才工程等方面进行了积极探索,初步建成了“超级电容器材料应用与单体技术”“机械总成设计”“电气控制与自动化”三大核心特色技术团队框架,并成立了“超级电容器材料和器件”“有轨电车储能系统”“公交电机车储能系统”三大顾问团队,逐步建成国家车用超级电容器系统技术创新基地、产品开发基地、应用推广基地、技术交流合作平台、人才培养平台和标准体系建设平台。

奥威科技曾荣获“全国职工优秀技术创新成果一等奖”“上海市科学技术一等奖”“浦东新区科学技术一等奖”等荣誉,2019年获联合国工业发展组织全球科技创新大会“长三角区域绿色技术应用十佳”,2021年获中国土木工程学会第十八届“詹天佑奖”、中国钢铁工业协会和中国金属学会联合颁发的“冶金科学技术三等奖”。产品已通过ISO 9001、ISO 14001、IATF 16949、SA 8000、OHSAS 18001等体系认证和ROHS、CE、UL、ECER 10、ECER 100等产品认证,产品还通过了阿尔斯通模拟工况、法国国际轨道交通极端试验检测。

六、主要新产品

产品名称	产品型号	产品应用
UCK系列超级电容器	UCK42V9000	城市公交车、矿用机车等
UCK系列超级电容器	UCK42V14000C	城市公交车、矿用机车、码头车等
UCK系列超级电容器	UCK42V20000B	城市公交车、矿用机车、码头车等
UCK系列超级电容器	UCK42V20000C	城市公交车、矿用机车、码头车等

续上表

产品名称	产品型号	产品应用
UCK 系列超级电容器	UCK42V20000	城市公交车、矿用机车、码头车等
UCK 系列超级电容器	UCK42V28000	车用储能电源、功率补偿装置
UCK 系列超级电容器	UCK42V6800C	AGV 物流车等
UCR 系列超级电容器	UCR27V3000B	混合动力汽车
24 V 车用超级电容器模块	MUCK24V2870	车用储能电源、功率补偿装置
48 V 车用超级电容器模块	MUCR48V196A	混合动力汽车
车用超级电容分体式标准箱	S144V10-K11	城市公交车

七、合资合作及重大项目建设

2019 年 3 月 5 日，奥威全资子公司 Shanghai Aowei Technology Development 丹麦奥威科技公司，Nordic Ultra Capacitor Engineering Research Center 国家工程中心丹麦分中心分别在丹麦奥尔堡市注册成立。

八、发展规划

奥威科技的定位是超级电容的研发、制造、集成于一体的，为用户提供整体解决方案的服务供应商，包括延伸的技术售后服务。作为国内超级电容器产业的龙头企业，奥威科技将立足现有的技术优势、系统集成优势和工程化应用优势，依托工程中心和产业化基地，进一步强化现有竞争优势，同时着重进行市场开拓和推广，通过引入资本迅速做大做强，辅以行业整合和并购，将奥威科技发展成为全国乃至全球的超级电容器产业领军者。力争在 2 年实现产值过 5 亿元，发展创造新的商业模式，努力提高服务收入，成为国内超级电容器产品体系最齐全的、名列前茅的超级电容器供应商和集成商。

奥威科技将以国家“一带一路”倡议为契机，以市场需求为原则，以企业多年研发为基础，通过优化股东结构争取在上海科创版上市为目标，分阶段在 2 年内引入 1 ~ 2 家重量级战略投资者，计划在 2024 年底前完成 IPO 上市计划。

赣州市豪鹏科技有限公司

一、单位概况

赣州市豪鹏科技有限公司（以下简称赣州豪鹏）是首批工业和信息化部新能源汽车废旧动力蓄电池综合利用行业（再生利用）准入公告企业之一，也是工业和信息化部第二批新能源汽车废旧动力蓄电池综合利用行业（梯次利用）准入公告企业之一。公司成立于 2010 年 9 月，国内早期从事废旧新能源汽车动力电池回收及梯次利用，废旧电池无害化和资源循环利用的企业之一。艰难困苦，玉汝于成，经过 10 余年的砥砺前行，赣州豪鹏通过股权纽带，既整合产业资源，形成了“材料—电池—新能源整车制造—动力锂电池回收”的上下游企业联动的产业体系，又走出了一条锂电行业优势互补、资源相互对接、企业共同发展的新路，已发展成为国内外多家知名整车和电池生产企业信赖的配套服务商。

二、经营情况

赣州豪鹏在 10 余年的迅速发展中，一直围绕企业定位“专业、专注、专致”发展，积极开展废旧动力电池的回收、拆解、梯次利用、再生利用技术研究。专业的废旧电池回收处理团队和专业的废旧电池运输车辆和储存仓库、拥有专业的回收处理生产线；专注于废旧电池回收市场开发废旧电池无害化处理技术研究及为客户提供优质的绿色服务，把废旧电池回收和无害化处理做好。

基于成熟的技术团队、自主的知识产权，标准化的信息管理手段，以顾客为关注焦点的服务，赣州豪鹏绿色回收无害化处理网络体系正在形成。

三、产能建设

赣州豪鹏一期项目 2015 年已建成投产，年回收处理废旧锂电池 1 万 t，正在建设的《退役动力电池回收与梯次利用项目》，预计项目投产后，公司处理能力可达到 4 万 t/a。

四、技术进展及研发能力建设

以技术创新为发展之魂：赣州豪鹏依托公司的省级技术创新中心和省级企业技术中心，积极开展废旧动力电池的回收、拆解、梯次利用、再生利用技术研究。公司已获授权专利 65 项，其中 11 项发明专利，涉及动力电池回收利用关键工艺相关专利 40 余项。

（1）回收再利用技术方面：近年来，赣州豪鹏研制并应用了金属锂回收提纯、负极碳粉回收利用、电池粉料连续浸出工艺、镍钴锰协同萃取提纯、钴镍锰离子交换净化、精细拆解技术等。公司在新能源汽车动力电池再生利用领域取得了多项关键核心技术突破，获得多项荣誉，其中“退役单元锂电池废料选择性提锂技术”被认定为 2020 年度首届再生资源行业十佳绿色技术成果，《废电池回收利用和处理处置方法系列标准》获得科技进步奖二等奖，《锂电池废料短程利用与污染全过程控制技术及应用》获得生态环境部环境保护科学技术一等奖，“退役锂离子电池短程回收技术及应用”技术获得江西省科技进步奖一等奖。

（2）梯次利用技术方面：赣州豪鹏开发的异构兼容梯次利用系列技术，可实现不同状态退役电池的交叉使用和替换；并基于此开发了 500 kWh 梯次利用储能系统，该系统支持接入各种新能源发电设备、负荷设备、储能设备、动环监测设备等；储能系统的能量调度策略可以根据电网峰、平、谷段电价和储能电池的 SOC 状态灵活地调整/设置，系统接受能量管理系统（EMS）的调度，由能量管理系统智能化充放电控制，该储能系统具备完善的通信、检测、管理、控制、预警和保护功能，长时间持续安全运行，可通过上位机软件对系统运行状态进行检测,具备丰富的数据分析功能。

五、主要新产品

产品名称	产品型号	产品应用
氯化钴	电子级	生产正极材料
硫酸钴	电子级	生产正极材料
退役动力电池梯次利用产品	—	小型储能、低速电动车、太阳能路灯

六、合资合作及重大项目建设

开展《退役动力电池回收与梯次利用项目》建设,预计项目全部投产后,公司处理能力可达到4万t/a。

七、发展目标与规划

永无止境的改善与提升一直是赣州豪鹏追求的建设目标,公司围绕用地集约化、生产洁净化、废物资源化、能源低碳化原则,开展绿色改造,重点实行清污分流、废水循环利用、固废资源化和无害化利用。实施绿色设计和绿色采购,开发生产绿色产品,采用先进适用的清洁生产工艺技术和高效末端治理装备,建立资源回收循环利用机制,实现工厂持续绿色发展。赣州豪鹏废旧电池绿色回收无害化处理工厂在自身实现绿色工厂建设目标的同时,也恰恰在助力实现电池全生命周期的绿色化。

九江天赐高新材料有限公司

一、单位概况

九江天赐高新材料有限公司(以下简称九江天赐)是广州天赐高新材料股份有限公司的全资子公司,成立于2007年10月,注册资金4.55亿元,是一家拥有自主知识产权、核心竞争力的国家高新技术企业,是国内最大电芯企业的第一供应商。公司占地面积3345亩,职工总人数约3500人。公司一直致力于锂离子电池材料、日化及特种化学品领域。其中,锂离子电池材料主要产品有:六氟磷酸锂和锂离子电池电解液及锂电添加剂,供货国内主流动力电池厂商如比亚迪、CATL、国轩、万向、力神等,拥有年产电解液25万t;固体六氟磷酸锂5.5万t;双氟磺酰亚胺产能4.03万t/a;磷酸铁正极原料3万t生产能力。

二、生产与经营

作为锂离子电池电解液生产的龙头企业,经过高工锂电统计,2022年天赐材料的市场占有率35.9%,带动了本地新能源产业的发展及配套。2022年,九江天赐实现营业收入172.2亿元,同比增长134%,利润总额31.7亿元,同比增长127%,上缴税费8.9亿元,同比增长172%,电解液2022年产量为25万t。

三、产能建设

电池材料主要产品为六氟磷酸锂和锂离子电池功能电解液,现已建成2000 t/a晶体六氟磷酸锂、3000 t/a液体六氟磷酸锂生产线、10万t/a高性能锂电池电解液生产线、年产2万t电解质基础材料及5800 t新型锂电解质项目、年产40万t硫酸制酸项目等项目,已成为全球最大电解液生产商。日化材料类主要产品为卡波、氨基酸、丙二胺、阳离子纤维素等,已建成3000 t/a水溶性聚合物树脂材料生产线、2.5万t/a氨基酸表面生产活性生产线、5000 t/a丙二胺生产线等,成为个人护理品材料亚洲最大的生产商,是全球前15位化妆品企业的核心供应商。

四、技术进展与研发能力

近年来,九江天赐非常注重对产品技术开发的投入,每年科研经费投入占营业额的3%以上,仅2022年投入研发经费超5亿元。公司以技术创新推动产品的发展理念先后组建科研体系平台,拥有省级院士站1个、省级博士后创新实践基地1个、省级工业企业技术中心1个、省级工程研究中心1个、省级工业企业设计中心1个、省级工程研究中心1个。2013年12月"动力锂离子电池电解液六氟磷酸锂"获江西省重点新产品称号,2018年8月31日高能量密度锂离子动力电池电解液获江西省科技进步三等奖,2018年10月高能量密度锂离子动力电池电解液获中国技术市场金桥奖,2018年6月经中共江西省委、江西省人民政府评为"江西省科技示范企业",2018年8月31日高能量密度锂离子动力电池电解液获江西省科技进步三等奖,2019年11月"锂离子电池电解液"获江西省名牌产品称号,2019年12月经江西省科学技术厅获批为"江西省瞪羚企业",2020年11月"天赐牌卡波"再次获江西名牌产品称号,2022年12月经江西省品牌建设促进会批准锂离子电池电解液获批江西名牌产品。

五、合资合作及重大项目建设

为巩固天赐电解液龙头企业,进一步配套和布局扩充电解液和磷酸铁锂的关键原料生产能力,2021年投资20亿元建成龙山基地项目,2022年投资100亿元建设九江天赐新材料延链补链项目,项目正在施工建设中,延链补链项目包含在龙山基地新购入500亩土地,南区分别购入152亩、125亩,新建年产9.5万t锂电基础材料及10万t二氯丙醇项目、年产20万t锂电材料项目、年产6.2万t电解质基础材料建设项目、年产6万t日化基础材料项目、废旧锂电池资源化循环利用项目,项目全部建成后,预计实现年营业收入400亿元,税收20亿元,通过这些项目的实施,可以打通公司产业循环及各产品间形成充分的资源相互利用,达到节能减排的效果。涉及锂电池核心的电解液材料、正极、负极材料及锂电池回收等新能源产业链产品,符合国家碳达峰碳中和的总体战略目标

六、发展规划

未来5年九江天赐的主营业务锂电材料会有稳健的发展,到2025年,在新能源汽车方面九江天赐会加强构建电解液自产物资供应、保障、安全等方面,使九江天赐继续保持全

球领先电解液供应商的核心竞争力。随着新能源产业全球性的发展提速，着力构建从锂资源到电解液材料，从磷酸铁到磷酸铁锂以及三元正极材料等新能源产业链的规划布局，实现电解液、正极材料、中天鸿锂、基础材料协同销售模式。区位布局上逐步形成以九江、宜春、东至、为基地的重型生产基地，以及广州、天津、溧阳、台州、宁德为基地的轻型生产基地。在日化及个人护理材料方面，九江天赐会追随绿色制造、绿色化学的潮流，研发更加良好温和的原料。以高标准高要求抓好抓实安全环保工作，形成生产过程安全可靠，生产环境健康优美的制造中心。

北京机械工业自动化研究所有限公司

一、单位概况

北京机械工业自动化研究所有限公司(以下简称北自所)创建于1954年，是原机械工业部直属的综合性科研机构，1999年转制为中央直属大型科技企业，现隶属于国资委监管的中国机械科学研究总院集团有限公司。

自成立以来，北自所承担了多项国家攻关任务，完成制定300余项国家标准，取得科研成果600余项，为国家重大工程和企业的技术进步做出了卓越的贡献，成功研制了我国第一台液压伺服喷漆机器人、我国第一座自动化立体仓库、我国第一台高能电子直线加速器、我国第一个拥有自主知识产权的MRPII软件、我国首创的MIC系列可编程序控制器等高新产品。北自所承担了我国第一颗人造地球卫星的地面模拟震动试验项目，承接备受瞩目的三峡工程和引黄工程项目，承建了首都国际机场T3航站楼智能配电系统项目，开发出具有自主知识产权的RS10信息化软件项目，研发了具有国际先进水平的汽车发动机柔性自动化装配线项目，完成了当今最大的玻纤行业的物流生产线项目等数百项重大工程，为我国装备制造业自动化技术的发展发挥了重要作用。

北自所致力于成为国内一流、国际知名的行业智能制造全面解决方案提供者，努力引领我国装备制造业自动化、信息化、智能化、集成化技术的创新与发展。

二、科研项目及成果

北自所业务覆盖制造业信息化、智能物流与仓储系统、自动控制系统开发与应用、工业机器人开发与应用、金属板材加工自动化装备、自动装配与实验装备、流体传动与控制、无损检测和电器物理装备制造、新能源汽车动力电池智能装配、拉膜生产线等。

近5年，北自所承担的纵向课题100余项，其中“智能制造专项”项目69项，国家省部级以上其他重点项目30余个。此外，北自所承担的课题曾多次获得北京市科学技术奖、中国机械工业科学技术奖等省部级奖项。北自所拥有智能工厂解决方案相关的核心技术专利47项，其中发明19项、实用新型32项，拥有68项软件著作权。北自所是中国智能倒造系统解决方案供应商联盟理事长单位，中国机器人产业联盟副理事长单位、中国工业互联网产业联盟理事单位、两化融合管理体系贯标咨询优秀服务机构、智能制造能力成熟度I类服务机构。

三、科研设施及科研能力建设

北自所总部和研发基地设在北京，占地面积12万m^2，生产基地建在常州，占地面积6万m^2。现有员工1300余人，其中科研与工程技术人员900余人。北自所拥有9个研究开发事业部、四个子公司以及“制造业自动化国家工程研究中心”“智能化系统集成应用体验验证中心”“工业(液压元件)产品质量控制和技术评价实验室”等国家级创新机构，依托有“全国工业自动化系统与集成标委会”“全国液压气动标委会”“全国机器人标准化技术委员会”等全国性行业组织，是国家批准的“控制理论与控制工程、计算机应用技术”两个专业的硕士学位授予点，已培养硕士研究生近300人，并发行两本中文核心期刊《制造业自动化》和《液压与气动》。

四、主要研究方向

北自所成立70年以来，一直致力于制造业领域自动化、信息化、集成化、智能化技术与设备的创新、研究、开发和应用，是离散制造领域智能制造系统集成的实战者和引领者。为企业提供自动化专机/单元、集成化产线/系统、数字化车间、智能工厂等多种解决方案，为客户实现高效、优质、柔性、绿色制造，助力企业提质增效、转型升级。以装备研制为标准来划分的研究方向如下：

(1)智能加工装备：双向拉伸薄膜生产线、带钢彩色辊涂生产线，连续带钢热镂锌生产线、带钢电锻铬/锡生产线、热管式真空集热管生产线、机器人焊接/涂胶/高压水切割工作站。

(2)智能物流装备：自动化信息化立体仓库、智能控制堆垛机系统、货到人智能分拣线、分拣机、自动导引小车(AGV)/穿梭车(RGV)。

(3)智能装配装备：专用输送设备发动机/变速箱柔性自动装配生产线、中压绝缘中空断路器智能装配生产线、汽车动力电池PACK生产线、电子产品自动化装配生产线、开关柜自动检测装配生产线。

(4)智能监控装备：数字化车间装备和产线自动检测与控制系统、基于物联网的车间数据采集系统、大坝计算机监控系统/船闸电气工程、城市供水及污水处理工程自动化仪表监控系统。

(5)智能管理软件：基于电子商务的企业资源计划管理系统R510、集团版ERP、仓库管理系统(WMS)、基于电子商务的企业资源计划管理系统R510。

(6)智能检测装备：数字化车间装备和产线自动检测与控制系统、基于物联网的车间数据采集系、大填计算机监控系统/船闸电气工程、城市供水及污水处理工程自动化仪表监控系统。

五、国内外交流

北自所一贯重视国内外技术合作与交流，每年组织参加国内各种行业协会、技术交流会、专题研讨会等交流活动，平均每年派出50多人出国参加国际博览会、学术交流会、考察访问活动，平均每年遂请外国专家100余人来公司进行技术交流、访问洽谈;与国外著名企业、研究机构、大学进行了多形式多层次的技术交流与合作,通过互访、交流,及时了解国际学术发展现状,学习国外先进技术与管理,促进公司技术发展。北自所还定期举办科技节、技术研讨和专题交流等专项活动,邀请广大客户、行业领导和业内专家来公司探讨技术发展趋势,研究技术难题,交流市场和行业经验,谋求合作和发展,与十几家国外公司建立了战略合作关系。

六、发展规划

公司使命:引领我国装备制造业自动化、信息化、智能化、集成化技术的创新与发展。

愿景:成为国内一流、国际知名的行业智能制造全面解决方案提供者。

秉承创新使命,坚定创新理念,开创技术创新、管理创新、市场创新等全面创新格局,催生发展活力,遵循市场发展规律和企业发展规律,求真务实、脚踏实地,推动企业稳步发展、取得实效,认真履行政治责任、经济责任、社会责任,在推动党和国家事业发展、社会进步和人民幸福中发挥作用,打造企业与个人价值共赢的命运共同体,促进产业链上下游融合发展,形成共生共赢产业生态圈。

上海电驱动股份有限公司

一、单位概况

上海电驱动股份有限公司成立于2008年,专业从事节能与新能源汽车用永磁同步驱动电机、控制器及总成的研发、生产、销售和服务。公司技术团队覆盖车用电机系统领域各方面,多人次获得过国务院政府特殊津贴专家、上海市优秀学科带头人、上海市青年科技启明星、上海市浦江人才等荣誉称号。

公司先后承担多项科技部863计划、科技支撑计划、工信部创新工程、国家重点研发计划等项目,掌握车用驱动电机、控制器及总成设计技术及产业化关键技术,形成了多规格车用驱动电机、控制器及总成系列产品。其中,集成驱动电机、电机控制器和高速减速器的"三合一"电驱动总成,具有集成高,体积小,重量轻,EMC及NVH性能优良等特点,为全球范围内率先量产产品,搭载应用于国内外多家主流整车企业多种纯电动新能源汽车车型。

公司完成了多项国家和行业标准制修订,拥有新开发产品检测、试运行能力的实验室,拥有多个大功率高转速电机的性能以及可靠性测试的测试平台,同时配置有三综合、NVH半消声室等先进的环境适应性测试设备和装置。建立了多条驱动电机、电机控制器和电驱动总成生产线,产能达到70万台套。

团队发起成立"电动汽车电驱动系统全产业链创新联盟",以联盟为平台,在车用硅钢、磁钢、绝缘材料、高速轴承、IGBT器件、碳化硅器件、膜电容器、传感器、集成芯片等方面取得了很大进展,推出了一大批适用于电动汽车电机及其控制系统工况的上游产品,推动了电驱动上游关键材料和关键部件的行业发展和技术进步。

二、生产与经营

上海电驱动股份有限公司专注于新能源乘用车用驱动电驱动系统产业,2022年度,完成多项横向委托及自主立项项目,通过这些项目的开展,围绕基于扁导线技术深度耦合电驱动总成技术、NVH正向评估技术、积木式硬件技术、嵌入式软件技术、碳化硅(SiC)器件应用技术、800 V高压电驱动技术、GaN功率器件控制器技术等进一步开展了深入研究,开展了EP20、EP35-Ⅱ/Ⅲ、EP55、EP100、EP150、EP220、ER40、EH150、EA120、多合一等产品平台的开发,在节能与新能源汽车用永磁同步驱动电机、控制器及总成方面形成了一系列的科技成果,包括设计技术、产业化工艺工装、测试技术及新产品等。

2022年,公司通过了德国莱茵TÜV ASILD等级要求的产品认证,该产品认证的通过标志着上海电驱动股份有限公司已具备国内外领先的、符合最高ASILD等级的电驱产品管理和开发能力,是上海电驱动股份有限公司进一步打开欧美出口市场、迈向未来高速发展的又一个重要而坚实的台阶。2022年,公司新申请专利44项,其中发明专利28项,新获授权专利31项;参与了"GB/T 18488《电动汽车用驱动电机系统》""QC/T电动汽车用绝缘栅双极晶体管(IGBT)模块""QC/T 1022纯电动汽车用减速器总成技术条件""QC/T电动汽车用驱动电机控制器"等国家和行业标准的制修订。

公司主要产品为车用驱动电机、控制器及总成,其中集驱动电机、电机控制器、高速减速器的"二合一""三合一"电驱动总成,具有集成高,体积小,重量轻,EMC及NVH性能优良等特点,2022年公司新能源汽车驱动电机及控制器累计销售数量达44.87万台套,主要客户包括长安、长城等国内主流整车企业,法国雷诺、韩国现代、印度塔塔等国际知名品牌的整车企业。

2022年,公司获得了"2022年NEV新能源汽车电机品牌人气奖""NE时代国产三合一TOP企业奖&NE时代国产800V电控TOP企业奖""2022年新能源&智能网联汽车行业核心零部件优秀驱动系统企业"等多项行业荣誉和奖项。

三、产品出口

2022年,公司EP35、EP55、EP95等电机、控制器及总成产品批量出口法国雷诺、印度塔塔和韩国现代等。

四、产能建设

上海电驱动股份有限公司嘉定生产基地,占地123亩,2022年针对畅销产品围绕已有产线进行了产业化适配用产业化生产线工装夹具等的优化升级,产线年产能达70万台。

五、技术进展与研发能力

上海驱动股份有限公司进一步深入开展了基于扁导线技术深度耦合电驱动总成技术、NVH正向评估技术、积木式硬件技术、嵌入式软件技术、碳化硅(SiC)器件应用技术、800 V高压电驱动技术、GaN控制器等的研究;开展了EP20、

EP35-Ⅱ/Ⅲ、EP55、EP100、EP150、EP220、ER40、EH150、EA120、多合一等产品平台的进一步开发，进一步扩大了公司车用驱动电机、控制器及总成产品系列；开展了高速测功机技术的研究。

六、主要新产品

产品名称	产品型号	产品应用
乘用车驱动电机、控制器及总成	EP20、EP35、EP55、EP95、EP120 等	长安、长城、雷诺、印度塔塔等

七、合资合作及重大项目建设

以团队发起成立"电动汽车电驱动系统全产业链创新联盟"为平台，与上海道之、厦门法拉、上海大学、电工所等车用电驱动上游关键零部件企业，以及电驱动行业内高校、科研院所合作，IGBT 器件、碳化硅器件、膜电容器等国产化应用获得进一步推广。

八、发展规划

上海驱动股份有限公司进一步开展扁线电机关键技术、驱动电机系统虚拟传感器技术、第三代平台网络安全等的研究；进一步开展高速测功机技术、高速减速器技术的研究；进一步开展 GaN 功率器件控制器、EH150 混动双电机控制器、EA120 异步电机系统、EP70 三合一系统、EP35 六合一系统等新产品的开发；开展实验室 CNAS 论证等。

上海驱动股份有限公司持续深化现有信息系统应用，实施数据分析与开发利用，充分挖掘数据价值，建立数据分析模型，为公司管理及提高生产效率、产品质量提供决策支持；扩展供应链协同应用，将逐步新增实施 SRM 等系统，打通与客户、与供应商的信息协同，实现订单、质量、财务、物流、库存信息共享。

上海驱动股份有限公司以电动汽车电驱动全产业技术创新战略联盟为载体，与产业链企业、高校、科研院所进一步加强合作，解决车用电驱动产业链部分关键技术问题，进一步提高驱动电机系统的性价比。

苏州绿控传动科技股份有限公司

一、单位概况

苏州绿控传动科技股份有限公司(以下简称绿控)是国内新能源商用车电驱动系统的领军企业之一，以电驱动系统相关技术创新为基础，向客户提供电驱动系统、零部件及相关技术开发与服务。公司在驱动电机、变速器和控制系统方面掌握一系列关键技术，开发出电驱动系统和自动变速器等核心产品和部件，具有高可靠性、高效率、一体化和轻量化的优势，广泛应用于混合动力(含插电式混合动力)和纯电动(含燃料电池)等新能源技术路线下的商用车和非道路移动机械领域，并在新能源重卡细分市场占据重要地位。

二、生产与经营

绿控在商用车自动变速器、驱动电机和控制器等方面形成了完整的研发体系、产品型谱、生产制造能力与市场布局，并掌握着一系列自主研发的关键技术，能够持续为客户提供高质量的整体解决方案。

绿控建立了国内一流的产品开发试验平台和数字化的生产线，实现电机、变速箱等关键部件完全自主的设计和生产能力拥有国际先进的产线设备，实现了"研发 + 制造"的双轮驱动；严格执行 IATF 16949、ISO 14001 等各项标准规定，控制每一道工序、做好每一件产品；信息化系统实现了产品的全生命周期管理，确保每一个零件可控制可追溯，保证产品批量生产的一致性和品质，能够满足客户对产品的高质量要求。

得益于广泛的产品布局和优异的产品性能，公司积累了大量行业龙头客户，并获得了知名龙头厂商的高度认可。国内市场上，公司客户包括三一集团、徐工集团、东风汽车、开沃新能源等货车企业，以及厦门金龙、中通客车等客车企业，公司也为三一集团、徐工集团等非道路移动机械厂商配套电驱动系统，获得三一集团、徐工集团、东风汽车和开沃新能源等颁发的各类奖项。公司亦积极布局国际化市场，产品已销往部分亚洲其他国家及欧美等境外市场。

三、产品出口

截至 2022 年 12 月，产品已在海外韩国、巴基斯坦、西班牙等 18 个国家实现直接/间接出口。

四、产能建设

绿控 2022 年新增 4.5 万 m^2 厂房投入使用，用于新能源商用车电驱动系统齿轮、壳体加工、总成/分总成装配，建设完成年产新能源汽车动力耦合系统 10 万套的产能。

五、技术进展与研发能力

在汽车传动领域，绿控有 10 余年开发和产业化研究经验。自主研发的客车 AMT 产品，填补了国内空白；推出的国内首个基于 AMT 技术的同轴并联式混合动力系统，打破了国外公司的垄断。历经 10 多年的深耕发展，具备了新能源汽车电驱动系统总成架构设计技术、控制策略技术、专用变速箱开发技术、高转矩密度高效率驱动电机技术、控制器技术五大核心技术；绿控建立了国内一流的产品开发试验平台和数智化的生产线，实现了"研发 + 制造"的双轮驱动。产品覆盖纯电动、燃料电池、混合动力 3 种技术路线，并广泛应用于客车、卡车、非道路移动机械等领域。

绿控是高新技术企业，拥有博士后科研工作站和 CNAS 认证实验室，获得了江苏省认定企业技术中心和江苏省工程技术研究中心等认定，承担了国家重点研发计划、国家科技重大专项和江苏省重大科技成果转化项目等国家级或省级项目 8 项。截至 2022 年 12 月 31 日，公司及其下属子公司拥有 256 项境内授权专利，其中发明专利 18 项、实用新型专利 214 项、外观设计专利 24 项，公司参与制定机械设备安全升级指南等国家标准 3 项，主持或者参与制定内燃机混合动力系统安全要求、汽车混合动力系统术语或分类等团体标准 5 项。

基于核心技术，绿控开发产品在经济性和动力性等性能指标方面表现优异，具备效率高、动力强、能耗低、可靠性高等特点，例如混合动力系列产品具备高效率和高节油率，动力性强，工况适应性强；搭载 AMT 变速器的纯电动系列产品具备高功率、低电耗及轻量化等特点；纯电动直驱系列产品功率和转矩密度高、输出功率大。公司核心技术转化形成的系列产品部分达到国际先进、国内领先的行业技术水平。

六、主要新产品

产品名称	产品型号	产品应用
纯电动驱动系统总成	HTED17000	庆铃汽车纯电环卫车
纯电动驱动系统总成	HTED20000L	集瑞联合纯电牵引车、自卸车
纯电动驱动系统总成	LKM2402	佛山飞驰氢燃料卡车、客车
混合动力系统总成	CHD36000	徐州徐工混动矿卡
混合动力系统总成	CHD21000	东风重工混动矿卡

七、合资合作及重大项目建设

2022 年与湖南大学、哈尔滨工业大学(深圳)、湖南工程学院联合开展项目合作，开展“非道路车辆高效大功率无动力中断电驱动传动系统关键技术”的攻关，实现“电驱动传动系统构型设计与动力耦合集成技术”的研究与应用。

八、发展规划

绿控秉承“用技术为人类创造绿色美好的出行生活”的企业使命，坚持技术领先、产品创新、多元市场、前瞻研发、精益制造等系列发展战略，力图实现新能源商用车电驱动系统的技术创新以及自主研发生产，致力于成为世界级关键汽车部件生产商。

1. 技术创新、客户导向的领先产品战略

绿控紧跟行业技术发展趋势，以电驱动系统及核心部件的技术创新为基础，在混合动力和纯电动驱动系统领域坚持自主研发、实现技术突破，同时以客户需求为导向进行产品开发，将产品应用定位于新能源汽车及非道路移动机械领域，为客户提供更加智能高效且更高质量的电驱动系统、零部件和相关技术服务。电驱动系统及核心部件的技术开发需要多专业领域知识的综合运用，绿控坚持技术创新，发挥研发团队在整车应用、总成开发和零部件开发的优势，逐步研发出更加一体化的专用产品，不断优化产品性能和质量，引领行业发展。

2. 广泛拓展、技术匹配的精准市场战略

绿控坚持全面覆盖各技术路径，根据技术演进和行业发展不断扩大市场覆盖范围。绿控在技术路径上全面覆盖纯电动、混合动力和燃料电池汽车的驱动系统需求，基于技术特点和市场发展动态，把握市场发展机遇，不断拓展产品布局和应用领域，坚持在商用车和非道路移动机械的市场覆盖并将进一步扩大市场优势，并积极探索其他应用领域的拓展机会。客车的电动化主要集中在公交和短途客运场景，纯电动是主要技术路径，绿控主要以纯电动技术开发产品满足市场需求；货车和非道路移动机械的应用场景众多、工况复杂，不同场景适合不同的技术路线，因此绿控针对性地同时发展纯电动和混合动力驱动技术路线，以适应更加多样的市场需求。

3. 前瞻布局的主动研发战略

绿控在技术研究、新产品开发和现有产品升级等方面坚持前瞻主动的研发思路。绿控对于技术研发注重理论研究、核心部件开发，对新构型进行测试验证，研究新材料和新工艺在产品应用的可行性及有效性，研究新一代控制技术，进而为产品开发提供技术支撑。绿控对于新产品充分发挥“前瞻性、一体化”的研发思路，即结合市场需求和市场发展方向提前布局新产品并开展预研，前瞻性地进行方案设计、样机试制、场景试用和迭代改进，适时向客户提供解决方案及验证报告，配合新能源汽车和非道路移动机械厂商开发新产品。绿控对于现有产品采取“销售一代、开发一代、预研一代”的产品升级方法，在实现已有产品销售的同时，进一步了解客户需求、深入发掘产品可优化点，并应用公司最新技术开发新一代具有更优性能和更高质量的产品；同时，研究技术发展方向，参考全球最新技术动态，对下一代产品进行前瞻性研究，以保证产品的持续竞争力。

4. 精益制造的自主生产战略

绿控不断提升自产能力，坚持电驱动系统和核心部件自主生产。绿控坚持精益制造思路，高度关注生产过程管理和生产工艺优化，并向上游延伸提高主要核心部件的自主研发生产水平，有力把控最终产品的性能表现与交付时间，同时充分利用社会资源组织部分部件的采购或生产，而将更多生产资源集中投入到更加专用的，以及需要深度开发和定制的专用部件生产上，以此提升自主生产制造效率和水平。

珠海英搏尔电气股份有限公司

一、单位概况

珠海英搏尔电气股份有限公司成立于 2005 年，于 2017 年 7 月深交所创业板上市(股票代码 300681)，深耕电动车辆动力系统近 20 年，是国内少数具备新能源汽车动力系统自主研发、生产能力的领军企业，拥有成熟的动力系统解决方案以及丰富的产品类型，可应用于全系新能源乘用车，在电动工程机械、电动专用车等领域也获得广泛应用。公司拥有珠海和山东两大生产基地，具备年产百万台套产品的生产能力，同时在珠海和上海设有研发中心，致力于成为国际一流的新能源汽车动力系统整体解决方案提供者。

二、生产与经营

1. 聚焦高质量交付

“高质量及时交付”是珠海英搏尔电气股份有限公司制造的首要任务，制造过程中不断强化“全流程意识、一致性意识、变更意识、根因意识”。以任务和目标为牵引，在做好对质量关键流程梳理与数字化管理平台优化升级的同时，做好自动化工程导入和产能建设，提高生产自动化，柔性化，缩短制造周期，实现“高效率、低成本、及时交付”。

2022 年,新能源汽车行业供应链面临一定的挑战,珠海英搏尔电气股份有限公司保持战略定力,始终专注于新能源汽车动力系统的研发和生产,在行业的快速增长过程中发展和壮大起来,通过完善产品矩阵和高质量产品交付。2022 年通过多家车企客户的准入认可,并被珠海质量协会授予"珠海 2022 年度质量提升优秀企业",实现营业收入高质量增长。

2. 聚焦平台化、自动化建设

2022 年珠海英搏尔电气股份有限公司持续聚焦平台化建设,核心"集成芯"(扁线电机)多合一驱动系统产品,获得了吉利汽车、上汽大通、江淮汽车、东风乘用车及造车新势力合众哪吒等车企多个项目定点,部分项目进入小批量试制阶段。与此同时,研发团队运用在新能源汽车领域所积累的技术和产品优势,大力开拓电动商用车、电动工程机械领域,获得了细分领域龙头企业产品定点。

同期珠海英搏尔电气股份有限公司上海研发中心研发人员规模不断扩张,展开了在功能安全方面的设计研究、先进电机控制算法研究、各种热模型研究等,在完成功能安全 ISO 26262 体系 ASIL-D 等级认证和产品 ASIL-C 等级认证的基础上,实现了信息功能安全开发和乘用车功能安全小批量试制等。珠海英搏尔电气股份有限公司在混动汽车中带升降压模组的双电机控制器获得定点,为开拓快速增长的混动汽车市场做好了产品准备;铸铝转子交流异步电机的成功量产,为珠海英搏尔电气股份有限公司获得高端四驱车型配套,做好了产品布局。

3. 聚焦优质客户,拓展海外业务

珠海英搏尔电气股份有限公司已建立起覆盖从 A00 到 C 级全系列车型的驱动总成和电源总成产品矩阵,产品具有高效能、轻量化、强成本控制能力等显著优势,已广泛应用在新能源汽车、电动专用车、电动工程机械等领域。在乘用车领域,拥有了吉利、上汽通用五菱、长城、奇瑞、江淮、长安、上汽大通、东风等众多自主品牌车企客户,同时也是小鹏、合众、零跑等造车新势力的配套供应商,国际市场上收获 Vinfast、TATA 等客户定点,一汽大众、上汽大众的合作也在稳步推进中。

三、产品出口

乘用车产品有车载充电机总成,DCDC 转换器,高压盒等直接出口到越南,印度等国家。

2022 年珠海英搏尔电气股份有限公司通过海外业务拓展收获了越南 Vinfast 汽车和印度塔塔汽车的定点。

四、产能建设

珠海英搏尔电气股份有限公司拥有珠海基地 6.5 万 m^2 动力总成一体化生产厂房,为引领新能源汽车行业技术迭代和满足客户快速升级的智能化、自动化生产要求,对珠海生产基地进行技术改造及自动化装备投入,已初步建成更高程度自动化的电控、电源系统、扁线电机、动力总成总装产线,具备年产百万台套产品的生产能力。

为更好地贴近客户生产基地和实现不同品类产品的高效平台化产品生产管理,珠海英搏尔电气股份有限公司在山东建设电动车辆驱动系统和电源系统的生产基地,已完成主体建设。山东基地产能建设项目,将进一步完善珠海英搏尔电气股份有限公司的产能布局和品类管理,增强公司的行业竞争力。

五、技术进展与研发能力

1. 专利技术及研发团队

珠海英搏尔电气股份有限公司自成立以来,持续专注于电动车辆动力系统产品的研发、生产和销售,始终将自身定位为创新驱动型企业,坚持走自主研发、技术创新之路。现已形成了勇于拼搏的新能源汽车驱动总成和电源总成设计和开发的两大核心研发团队。珠海英搏尔电气股份有限公司依托两大核心研发团队成果,实现营收占比快速增长,营业收入连续两年实现翻番。珠海英搏尔电气股份有限公司在 2022 年驱动总成(含电机控制器和多合一驱动总成)销量为 37.42 万台套,市场占有率 5.37%;电源总成产品销量为 56.41 万台套,市场占有率 8.6%,营业收入突破 20 亿元。

研发投入是公司发展的重要保障,在 2022 年珠海英搏尔电气股份有限公司研发费用投入 14788.55 万元,占当期营业收入的 7.3%。截至 2022 年末,珠海英搏尔电气股份有限公司的技术研发成果有已授权专利 170 件,其中发明专利 29 件,实用新型专利 136 件,外观设计专利 5 件,软件著作权 20 件;已申请未授权发明专利 42 件,实用新型专利 9 件,其中核心技术 PEBB(电力电子集成)申请了 5 项 PCT 国际发明专利,叠层母排核心底层技术已获得美、日、欧等国家授权。

2. 产品创新及技术优势

珠海英搏尔电气股份有限公司电机控制器三大底层核心专利技术:IGBT/SiC 单管并联均流技术、叠层母排技术、分布式电容阵列技术。

基于以上三大底层核心技术,珠海英搏尔电气股份有限公司自主创新研发出"集成芯"驱动总成,把电机控制器设计成环形,并放置于电机出线端的环形空腔位置,在几乎不增加电机直径及轴向长度的基础上,实现了电机控制器与电机共壳体一体化深度集成,省去了大部分电控所需结构件,减少了电机与电控之间的连接线缆及结构件,并且降低了驱动系统 Z 向垂直高度,灵活适配于前驱及后驱布局。"集成芯"驱动总成重量轻、体积小、成本低、功率密度高,便于平台化、自动化、规模化生产,拉开了与市场同功率等级驱动总成产品的代际差距,具有明显的竞争优势。

此外,"集成芯"驱动总成(3in1)结合珠海英搏尔电气股份有限公司第三代电源总成(3in1),可以灵活实现各种规格型号的六合一及多合一组合。驱动系统多合一集成进一步减小体积,并能够通过产品优势带给车企如下优化:一是多合一系统集成,减少车企生产工位,提高效率;二是减小动力系统前舱空间需求、增强整车设计灵活;三是减少驱动和电源间连接线束、连接器、结构横梁,简化供应链,降低成本;四是成熟的 A0 级-C 级车动力系统解决方案,快速响应,产品性能和一致性好。

电气股份有限公司基于"集成芯"技术平台开发的 A0 级至 C 级的大功率段驱动总成产品拥有诸多优势,市场前景广阔。为进一步保持上述优势,通过引进先进、自动化程度更高的生产线和装配设备,实现驱动总成产线的"专线专用"和客户产能"按需分配",实现智能化工厂的要求。

驱动总成产品完成平台化建设,有助于珠海英搏尔电气股份有限公司向不同车企提供动力系统通用化解决方案,从而加快形成规模效应，提高生产效率和产能利用率，提升珠海英搏尔电气股份有限公司整体竞争实力。珠海英搏尔电气股份有限公司基于“集成芯”技术带来的低成本，小体积等诸多产品优势，大力推进驱动总成产品的平台化建设，为产品走向通用化，进而实现对上游原材料的规模化采购和驱动总成元器件的模块化设计，提供可能。

3. 完备的国际资质认证，一流的实验测试能力

珠海英搏尔电气股份有限公司拥有珠海、上海两大研发中心，先进的 EMC(电磁兼容性)实验室，NVH(噪声、振动与声振粗糙度)实验室和完备的汽车零部件 V 型开发流程。珠海英搏尔电气股份有限公司已经通过国际权威机构的 ISO 26262:2018ASILD 汽车功能安全标准流程体系认证，电机控制器产品已获得 ISO 26262:2018ASILC 等级功能安全产品认证，标志着公司建立起了符合最高功能安全等级的产品开发流程体系，同时产品已具备国际水平的研发能力及管理能力，为提高公司产品质量和可靠性奠定了坚实的基础，为公司核心产品进入国际一流新能源车企做好了长足准备。

在研发设备方面，珠海英搏尔电气股份有限公司重视研发实验室的建设，为满足中高端客户，2022 年新增加 2000 m^2 实验室，增加快速温变试验箱 10 台、高速电机台架两台(16000 r/min,500 Nm,250 kW)大功率直流电源柜 10 台，总成耐久试验 8 台等设备，增加环境实验能力(高低温环境温度试验、温度循环试验、温度交变湿热试验测试能力)等。

珠海英搏尔电气股份有限公司为匹配不断升级的客户需求，实现新产品、新技术的研发及应用，计划建设珠海研发中心项目，进一步提高公司产品的实验及测试能力，对行业内先进技术进行攻关，以提升公司整体研发实力。

六、主要新产品

产品名称	产品型号	产品应用
永磁电机控制器	MC3818	杭叉电动叉车
永磁电机控制器	MC3356-B	上汽通用五菱，长安，奇瑞纯电小轿车
永磁电机控制器	MC3906	吉利睿蓝、江淮、东风纯电轿车
永磁双电机控制器	DM3946	上汽通用五菱混动汽车
160 kW 交流异步电机	YS220XSEP28	小鹏纯电轿车
5 ~60 kW 永磁同步电机	155、180 平台	杭叉平衡重叉车
2.2 kW/3.3 kW 风冷电源系统	PSU2210/ PSU3310 系列	上汽通用五菱、奇瑞纯电乘用车
3.3 kW 水冷电源系统	PSU3315/ CDU3315 系列	江淮、重庆瑞驰、零跑
6.6 kW 电源平台系统	PSU6625/ CDU6625 系列	吉利、长城、上汽通用五菱、江淮、合众、东风
11 kW 电源平台系统	PSU11030 系列	上汽大通 EV31、EV65、EV69
DC 单体平台	DC26XX 系列	吉利换电平台、五菱混动车型、吉利几何

续上表

产品名称	产品型号	产品应用
70 ~ 120 kW 驱动系统	180 平台	上汽大通纯电物流车、吉利睿蓝、东风、江淮、合众纯电轿车
120 ~ 150 kW 驱动系统	202 平台	北汽福田商用车

七、合资合作及重大项目建设

2022 年 12 月 14 日，“珠海英搏尔电气股份有限公司新能源汽车动力总成智能化工厂”建设项目正式开工，珠海英搏尔电气股份有限公司计划通过此项目的实施，于珠海市建设总部基地，打造符合珠海英搏尔电气股份有限公司未来经营所需的生产基地、研发大楼、办公中心及宿舍楼，同时购置先进的生产设备和研发设备，引进优秀生产技术和研发人员，支撑此项目建成后的顺利运营。项目建成后，智能工厂将实现 60 万台套驱动总成及 120 万台套电源总成的生产能力。

八、发展规划

珠海英搏尔电气股份有限公司作为主要的第三方动力系统集成商，秉承“聚焦客户的挑战和压力，提供有竞争力的动力域解决方案和服务，持续为客户创造最大价值，为社会承担更多责任”的使命，专注新能源产业，致力于成为“世界一流”的新能源汽车动力域整体解决方案提供者，为实现人类社会低碳节能、绿色可持续发展做出贡献。

1. 战略方向：专注新能源汽车动力系统领域

我国新能源汽车产业在电动化方向要实现弯道超车，需要在核心技术和关键零部件领域实现自主可控。除车身和电池外，核心技术和关键零部件主要集中在电驱动系统和电源系统。珠海英搏尔电气股份有限公司专注于电机、电机控制器、车载充电机等核心部件的创新研发，进而在驱动总成、电源总成等集成产品上形成系统级的优势。已建成可覆盖新能源汽车 A00 至 C 级全系列车型的货架式产品矩阵，“集成芯”技术平台也为珠海英搏尔电气股份有限公司的驱动系统产品走向标准化及其他应用领域拓展奠定了坚实基础。

2. 经营目标：通过技术创新，提供性能可靠、成本可控的动力系统产品，为客户创造最大价值

新能源汽车行业终将在无补贴的市场环境下运行，汽车零部件对于轻量化、小体积和低成本的诉求日益迫切。性能可靠、成本可控的动力系统产品拥有持续产品竞争力。珠海英搏尔电气股份有限公司坚持以客户为中心，为客户创造最大价值，成就客户才能成就珠海英搏尔电气股份有限公司这一发展理念。珠海英搏尔电气股份有限公司坚持技术创新，艰苦创业，在不断提升公司装备能力和质量管理水平的同时，提升公司的产能规模和行业影响力。

3. 战略目标：成为国际一流的动力系统供应商

未来 3 年，珠海英搏尔电气股份有限公司将聚焦于做好新能源汽车动力域配套产品，核心任务就是为整车厂提供质量可靠、成本可控、具备国际竞争力的动力系统关键零部件。

北京理工华创电动车技术有限公司

一、单位概况

理工华创公司成立于2010年，是北京理工大学电动汽车技术的产业化依托单位，是广东华锋新能源科技股份有限公司的全资子公司（股票代码002806），是国家和中关村的双高新技术企业，也是工信部第二批国家级专精特新“小巨人”企业，电车人100强企业。核心产品包括整车控制器、高压集成控制器、动力总成、高压线束总成等。主营新能源商用车电控及驱动系统产品的研发、生产和销售，拥有福田汽车、一汽解放等国内TOP5商用车企业客户和特种车企业客户，并逐步开发乘用车客户，已累计为市场配套近10万台套产品，产品足迹遍布国内31个省市地区。

公司通过良好的客户服务和供应链体系整合，促进了产业链的技术进步和产业化水平提高，发挥了国内新能源商用车产业链龙头作用，新能源商用车电控及驱动系统平台解决方案已批量应用于新能源客车、重卡、物流车、环卫车、工程机械、工业机械、机场特种车等领域。

先后成功服务于北京奥运会、上海世博会、广州亚运会APEC及G20峰会国庆70周年阅兵建党100周年庆祝活动、北京冬奥会等国家级项目，社会及用户评价良好。

二、生产与经营

总部和研发中心位于北京，两个生产基地分别位于北京市顺义区和广东省肇庆市。北京工厂位于北京市顺义区金马工业区内。广东工厂位于广东省肇庆市肇庆新区大湾区生态科技园华锋新能源科技产业园。

公司已于2013年通过ISO/TS 16949:2009质量管理体系认证，并顺利通过每年的审核。

三、产品出口

2016年，公司携手国内知名客车制造商为波兰客户量身打造的纯电动公交客车e-Bus项目首批样车通过欧盟认证出口波兰并投入正式运营，标志着公司产品成功进入欧盟新能源汽车市场。

此外，随着中国新能源车全球市场全面开花，理工华创积极开拓和布局海外市场，先后登陆智利、印度、韩国等，积累了丰富的国外运营经验。

四、产能建设

2020年，理工华创广东肇庆生产基地开始建设，2022年初一期投产。

2021年，理工华创高精尖产业基地正式落地北京顺义，预计2024年投产。

五、技术进展与研发能力

公司由国家“万人计划”专家、北京理工大学林程教授担任董事长，中国工程院院士孙逢春教授担任首席科学家，拥有10余名博士组成的高学历技术人才队伍，核心管理团队由全职博士、海归人才、行业专家组成，在车辆工程、电力电子、智能控制、企业管理等领域有着丰富的理论和实践经验，形成了跨学科优势。此外，公司还拥有一批现有丰富经验的工程师和熟练工艺人员，保障了技术成果产业化的顺利实施所研发的新能源汽车电控及驱动系统具有国内领先水平。

公司以电动车辆国家工程研究中心电动汽车北京市工程研究中心为研发平台，长期致力于新能源汽车电控及驱动系统关键技术的研究和产业化，在整车智能网联控制车用道变器及电源控制、电控及驱动系统一体化集成设计、全扭矩换挡控制、多电机耦合驱动和全气候电池一键加热等领域掌握了一系列核心技术；形成了以智能整车控制器、电驱动与传动系统、高压集成控制器为代表的新能源汽车电控及驱动系统核心产品体系，可提供新能源汽车电控及驱动系统的平台解决方案。

公司主持承担或参与了国家及省部级近20项新能源汽车技术领域的科技课题研究。获得电动汽车领域授权专利及软件著作权共计118项，获得北京市政府颁发的科学技术一等奖1次、二等奖2次获得中国汽车工程学会颁发的中国汽车工业科学技术进步奖一等奖1次。

六、主要新产品

产品名称	产品型号	产品应用
整车控制器	HCDN67VCU-42B	福田欧辉，苏州金龙，厦门金龙
双电机一体化驱动动力总成	HC2U12PWT-MQA	2022年北京冬奥会保障车
直驱电机	HCDMO9OLH1	—
二合一电驱动总成	HC1NO3PWT—LMC	—
DK集成控制器	HCPICDK	—
DT集成控制器	HCPICDT	—
多合一高压集成控制器	HC60LTPIC-F21/ HC60L9PIC-F60	—
12 kW DCDC	HC60LMPIC	—
40 kW车载充电机	HC60LMPIC	—
高压线束/充电插座	HC6S14GXS/ HC6S08GXS	—

七、合资合作及重大项目建设

北方生产基地：位于市顺义区，建筑面积30000 m²。2021年开工，预计2024年投产。

南方生产基地：位于广东肇庆，建筑面积50000 m²。2020年开工，2022年一期投产。

八、发展规划

公司已投入建设新能源汽车研发及生产的北方和南方两个基地。其中，北方基地面向新产品研制及产品中试。拟在北京顺义打造3万m²的北方总部基地；面向南方市场将在广东佛山建设工程研究院与南方运营中心，整合南方核心供应链资源。同时，将在广东肇庆打造占地30亩的南方新能源汽车产品生产基地，满足年产5万台套新能源汽车零部件产品的大批量生产订单需求。

未来5年，公司拟产品将由电动商用车拓展到电动乘用车领域，提升有效先进产能，打造高品质系列化产品，以满足市场快速发展的需要，继续引领我国新能源汽车动力系统平台技术发展方向。

福建艺达电驱动股份有限公司

一、单位概况

福建艺达电驱动股份有限公司（以下简称福建艺达）创立于1994年，是一家专注于汽车零部件产品研发、生产、销售和服务的“国家高新技术企业”，旗下拥有“金笛”和“KPL开普勒”两大品牌。福建艺达近30年稳健经营、持续创新，逐步发展为汽车电机研发与制造专家，并与国内多家著名汽车主机厂建立配套合作关系。先后获得省专精特新中小企业、省企业技术中心、省科技“小巨人”企业、市汽车电机工程技术中心等荣誉称号，艺达实验中心获“CNAS国家认可委员会”认证，通过IATF 16949质量管理体系认证，为客户提供全面具备优势的新能源电驱动系统解决方案。

二、经营情况

福建艺达以汽车为主阵地，触及叉车、船舶、工程机械、农用机械等领域，为多个行业提供极具优势的新能源电驱动系统解决方案，产品市场占率不断提升，先后与一汽解放、福田汽车、五菱汽车、中国重汽、三一重工、金龙客车、汉德车桥、东风德纳车桥、合力叉车、江淮重工、玉柴机器、京穗船舶等实现配套合作。基于驱动电机146～445多个产品平台，福建艺达可实现1槽4线/6线/8线/10线扁线定子研发及制造，现已建成多条扁线定子及电机自动化生产线，年产能达25万台。

三、技术进展及研发能力建设

福建艺达现有厂区面积100多亩，员工500多人，其中技术研发人员70多名，研发费用投入超过6%；与中国科学院海西研究院、国内高校研发团队进行产学研合作，形成完善的电机自主研发体系，系省级企业技术中心。

福建艺达以技术创新为驱动力，公司已获得共100多项发明专利、软件著作权及国家实用新型专利。为积极响应国家新能源汽车发展战略，推进新能源交通产业链深度融合发展，艺达坚持以产品为本，自主创新，建立了一套相对完善的驱动电机及其系统开发的研发体系。公司于2013年研发出新能源扁线驱动电机，2015年电机定子及绕线方法获国家发明专利，2016年电机控制器控制软件获著作权，2017年新能源高效扁线电机正式量产，2019年船用ECU控制软件获著作权，2019年联合开发的一汽解放首款增程式动力系统点火成功，2021年联合开发的一汽解放首款电驱桥成功下线，2021年联合开发的合力电动叉车驱动系统成功下线，2021年电动船舶推进系统成功试航，2022年行业领先的驱动电机自动化生产专线启动，2023年研发升级扁线双U-Pin高效驱动电机技术工艺。艺达拥有自主装备制造和智能生产制造体系，是国内少有的产品设计、生产工艺和制造装备均具备自主研发能力的扁线电机厂商。

四、主要产品

产品名称	产品平台	电压范围	峰值功率	产品应用
高效扁线驱动电机	146平台	48～350 V	15 kW～50 kW	新能源商用车/乘用车/叉车/农用机械/工程机械
	190平台	350～540 V	60 kW～130 kW	
	220平台	350～540 V	130 kW～160 kW	
	230平台	350～800 V	160 kW～250 kW	
	290平台	650 V	205 kW	
	330平台	540 V	140 kW	
	445平台	650 V～720 V	250 kW～360 kW	

五、发展目标与规划

福建艺达以“将更好的产品交给客户”为使命，致力于打造更契合新时代与客户需求的产品。在低碳经济成为全球发展潮流的同时，艺达踏上了高质量发展的新征程，以“积极推进电驱动行业创新发展，助力碳达峰碳中和目标实现”为企业愿景，艺达将以自身技术赋能社会，推动新技术在耗能高环节的应用，发挥技术节能作用，打造民族品牌，驱动美好未来！

武汉菱电汽车电控系统股份有限公司

一、单位概况

武汉菱电汽车电控系统股份有限公司（以下简称菱电电控，股票代码688667）成立于2005年1月，是专业从事汽车发动机管理系统、纯电动汽车动力电子控制系统、混合动力汽车动力电子控制系统产业化的高新技术企业。菱电电控坚持自主研发的技术发展路径，独立掌握了汽车电控系统的控制策略、底层程序和源代码，具备对软件平台升级换代的能力，实现了汽车动力控制系统的国产化，打破了中国汽车产业动力控制系统领域“核心技术空心化”的困难局面，为中国实现自主汽车发动机控制器ECU及EMS系统产业化生产的两家企业中最大的一家，是国内汽车动力控制行业唯一一家上市企业。

二、生产与经营

菱电电控销售收入主要集中于汽车发动机控制器ECU

及 EMS 领域，2020 年销售不同车型的 EMS 系统（含核心部件 ECU）52.34 万套，实现销售收入 76241.29 万元；2021 年销售 64.46 万套，实现销售收入 83468.04 万元；2022 年销售 52.22 万套，实现销售收入 71200.12 万元。

2022 年，受国六排放标准切换、“蓝牌轻卡”政策预期带来的消费观望、房地产开发行业较冷以及前期政策红利逐步减弱等因素影响，下半年商用车市场需求弱于上半年。同时，菱电电控克服大环境的不利影响，积极筹措芯片，加强保供力度，推进客户车型的快速量产，2022 年实现销售收入 71200.12 万元。

菱电电控近年主要财务数据

年度	销售收入（万元）	利润（万元）	研发投入（万元）	净资产收益率（%）	资产负债率（%）
2020 年	76241.29	17864.11	4741.18	39.62%	47.89%
2021 年	83468.04	14787.95	10116.74	9.78%	20.39%
2022 年	71200.12	6142.07	16920.82	4.59%	20.89%

三、产能建设

菱电电控在武汉建有 2 个研发/生产中心（其中金银湖基地于 2012 年建成并投入使用，径河新能源电控产业园于 2022 年 2 月开始动工建设）、1 个研发中心（武汉光谷），其中研发及生产基地总占地面积近 8 万 m^2，科研生产用房面积 7 万多 m^2，现有生产能力 120 万套/年。按照菱电电控已承接立项的客户委托开发项目，为满足未来项目开发完成后大量订单交付生产的需要，规划建设一条年产 180 万套的先进 ECU 组装生产线。

四、技术进展与研发能力

菱电电控现有技术人员 637 名，其中，硕士研究生以上学历 90 名、本科学历 469 名，中级职称 230 名，高级职称 20 名。

截至 2022 年，菱电电控研究院研发人员超 600 人，拥有中国汽车动力控制和发动机及整车标定行业专家数十人。菱电电控拥有众多高端创新平台，2015 年获批成为“汽车发动机管理系统（EMS）湖北省工程实验室”，2015 年建立“武汉理工大学研究生工作站”，2019 年被湖北省经信厅认定为“湖北省支柱产业细分领域隐形冠军示范企业”，2020 年被工业和信息化部认定为专精特新“小巨人”企业。

菱电电控自设立以来始终坚持自主研发的技术路径，持续加大研发投入。截至 2022 年 12 月 30 日，研发人员从年初的 428 人增长至 637 人，研发人员增长 48.83%，占员工总数的 75.83%；投入研发费用 16920.82 万元。菱电电控在 GDI 乘用车、电动车 VCU 和 MCU、混合动力汽车控制系统、T-BOX 方向投入大量研发资源，引进行业高端人才，设立北京研发中心和光谷研发中心，使菱电电控整体研发实力得到进一步提升。持续的研发投入将会增强公司业务发展后劲，有利于实现客户从商用车向乘用车转型，产品向电动化、网联化转型。

菱电电控致力于打破中国汽车产业“核心技术空心化”的局面，通过研发团队多年持续的努力，成功开发出具有自主知识产权的发动机管理系统，实现了汽车动力电子控制系统的国产化，并在部分市场已经开始替代进口。

五、主要新产品

产品名称	产品型号	产品应用
汽车发动机管理系统 EMS	LEC4AD	福田、鑫源、河北长安、广汽、理想

六、合资合作及重大项目建设

菱电电控新能源电控产业园位于武汉市东西湖区霞飞路，用地面积 68 亩，拟投资建设 12 个发动机台架实验室，其中台架测控系统 PowerLink5 套、Froude Hofmann2 套、Camal 套、AVL4 套。按照菱电电控已承接立项的客户委托开发项目，为满足未来项目开发完成后大量订单交付生产的需要，规划建设一条年产 180 万套的先进 ECU 组装生产线。

七、发展规划

2022 年，受国六排放标准切换、“蓝牌轻卡”政策预期带来的消费观望、房地产开发行业较冷以及前期政策红利逐步减弱等因素影响，下半年商用车市场需求弱于上半年。

1. 持续加大研发投入，助力公司产品升级转型

公司自设立以来始终坚持自主研发的技术路径，持续加大研发投入。公司在 GDI 乘用车、电动车 VCU 和 MCU、混合动力汽车控制系统、T-BOX 方向投入大量研发资源，引进行业高端人才，设立北京研发中心和光谷研发中心，使公司整体研发实力得到进一步提升。持续的研发投入将会增强公司业务发展后劲，有利于实现公司客户从商用车向乘用车转型，产品向电动化、网联化转型。

2. 实施股权激励吸引和留住人才，为公司长期稳定发展提供人才支撑

汽车动力电控系统行业具有技术壁垒高、产业化周期长的特点，需要研发人员有长期坐冷板凳的思想准备。公司作为自主品牌 EMS 行业内的国内领军企业，高度重视研发人员的引进、培养，吸引并留住优秀科研人员。为了更好地激励研发人员内在激情，迅速推进研发成果产业化和吸引高端研发人才，公司于报告期内实施了股权激励计划，本期股权激励计划的激励对象以公司核心技术人员以及其他研发人员为主，股权激励计划的实施，建立了公司与员工的利益共享机制，留住和吸引研发人才，充分激发了研发人员的积极性和活力，增强了公司凝聚力，提高了公司的核心竞争力，为公司长期稳定发展提供了厚实的人才支撑。

3. 优化供应链，积极保证客户生产供应稳定

报告期内，面对疫情反复、芯片供应持续紧张导致的汽车产业链供应风险问题，公司与上游芯片供应商和芯片代理商积极沟通锁定订单，及时跟踪，确保芯片供应准时交付，满足了客户的订单及排产需求。公司供应链部门定期开会讨论梳理芯片交货情况，提前识别可能存在的缺料风险，把存在的芯片短缺风险扼杀在摇篮中。同时，关注其他供应商的产品供应风险，提前预警定期沟通。报告期内，公司持续稳定的为客户提供产品，积极保证客户生产供应稳定。

4. 紧抓市场机遇，持续加大市场开拓力度，提升市场竞争实力

随着部分跨国 EMS 企业退出中国市场或竞争力下降，

且芯片供应持续紧张的情况下，主机厂一般都希望其体系内有一家B点供应商的存在，可供选择的电控企业很少，市场格局朝着有利自主电控企业的方向发展。同时，自2019年7月1日，本公司有大量国六车型投放市场，软件程序及硬件版本快速迭代，反映故障率的指标PPM值快速下降，在市场上逐步树立了自主品牌的质量口碑。公司紧抓市场机遇，持续加大市场开拓力度，报告期内新客户开发取得了积极的进展，提升了市场竞争力。

在纯电动领域，公司依据现有的客户资源，积极推进VCU、MCU的销售，报告期内公司承接了多个VCU、MCU项目，并销售VCU 70237套，MCU 2152套。公司将持续在MCU、VCU领域投入更多的研发资源，积极推动公司产品朝电动化转型。

无锡威孚电驱科技有限公司

一、单位概况

无锡威孚电驱科技有限公司（以下简称威孚电驱）是无锡威孚高科技集团股份有限公司（以下简称威孚集团）和英国ProteanElectric的合资企业，为中国市场生产及销售ProteanDriveR品牌的轮毂电机产品。威孚电驱肩负着威孚集团“品智驱动生活更美好”的使命和ProteanElectric“轮毂电机技术全球领导者”的企业目标，秉持威孚集团的品质和理念，践行国际化、自主化和多维化战略方针，致力于为电动汽车提供高性能、高品质的核心动力零部件，以自身技术、产品和服务，助力汽车电动化的发展。

二、生产与经营

当前主要针对国内客户前瞻、预研和量产项目获取和技术支持，向客户交付合适的电机并支持项目开发中的软硬件改进。

三、产能建设

首期规划年产能7.5万台产线稳步推进，应对客户测试、产品可靠性等需求的工程测试中心已完成首期建设。

四、技术进展与研发能力

进一步加快并完善产线方案，提升电机测试能力和性能偏差分析。

五、主要新产品

产品名称	产品型号	产品应用
轮毂电机	Pd18	东风汽车风神E70-Anydrive

六、合资合作及重大项目建设

与东风汽车等国内整车达成产品战略合作，推进诸如E70等车型完成整车公告等量产前准备工作。

七、发展规划

(1) 2024年实现首条产线达到单班年产能实现7.5万台。

(2)2025年后启动后续产能建设，完善工程测试中心二期建设，实现客户交付ppm＜200。

柳州五菱柳机动力有限公司

一、单位概况

柳州五菱柳机动力有限公司（以下简称五菱柳机）是柳州五菱汽车工业有限公司的全资子公司，企业前身为柳州机械厂，始建于1928年，为新桂系重点打造的近代工业企业，被誉为“广西机械工业的摇篮”。

二、生产与经营

五菱柳机主要产品涵盖1.0L～2.0L国六汽油发动机、新能源混合动力系统、48 V微混系统、增程器、150～350 Nm电机、40～150 kW电机控制器等，掌握油电双核心技术，致力于为客户提供更优动力总成系统解决方案。年营业收入近50亿元，主要配套上汽通用五菱、东风股份、江淮汽车等市场主流整车厂，发动机市场保有量800万台。

三、产能建设

五菱柳机具备80万台/年的汽油机、20万台套新能源电机、电控装配能力，实现多机型柔性兼容的高效生产，是国内品类丰富、型谱完整的动力总成生产企业。

四、技术进展与研发能力

五菱柳机具备国内一流的发动机设计、开发、制造、服务水平，拥有适配性广的产品谱系。产品主要配套上汽通用五菱、东风股份、江淮汽车、上汽大通等市场优质客户。

研发实力雄厚，拥有自治区级技术中心，研发试验能力包含15个汽车发动机试验台架、覆盖15～200 kW功率段汽油机试验、1个AVL四驱高精度混合动力试验台架、2个两驱混合动力试验台架、3个电机试验台、6个电机对拖试验台、1个整车转毂排放试验台架，具备台架标定、NVH测试，各种标准的耐久试验等能力，满足客户的各种测试标准需求，为产品开发和质量提供保障。

公司拥有8条国际先进水平的汽车动力系统装配线，其中包含全自动智能化机加工工厂、智能化电机生产线、自动化智能无尘电控生产线。

五、主要新产品

产品名称	产品型号	产品应用
1.3L 自吸汽油发动机	LJ469Q6	福田奥铃、奇瑞汽车、长安跨越、东风凯马
1.5L 自吸汽油发动机	LJ4A15Q6	上汽大通、东风凯马
1.6L 自吸汽油发动机	LJ4A16Q6	东风凯马、上汽大通
1.8L 自吸汽油发动机	LJ479Q6/LJ4A18Q6	SGMW、江淮股份、上汽大通、厦门金旅
2.0L 自吸汽油发动机	LJ481Q6	江淮股份、福田奥铃、东风凯马、长安跨越
2.0T 涡轮增压汽油机	LJ488ZLQ	江淮股份
前驱混动系统	LJP60F	上汽通用五菱
L4 增程器	L4R16W40、L4R20W50	五菱工业、江淮汽车
纯电系统 150～350 Nm 永磁同步电机	LJC30～C60、LJA25～40	五菱工业
纯电系统 40～150 kW 电机控制器	LJKC25S～LJKC50D	五菱工业

六、发展规划

五菱柳机以发动机为基础优势，纵向一体化。做强做宽发动机，发展新能源汽车动力，结合电气化和电驱动，为客户提供全方位节能环保的动力系统解决方案，构建未来核心发展能力。

恩斯克投资有限公司

一、单位概况

恩斯克投资有限公司是日本精工株式会社在中国设置的总部，全权负责在中国的生产技术销售营运。日本精工株式会社(NSK LTD.)成立于1916年，是日本国内第一家设计生产轴承的厂商。NSK在全球30多个国家和地区建立了销售网络，并拥有近70家工厂，行业排名位居世界前列。NSK还利用生产轴承锤炼出的精密加工技术，从很早以前就开始通过向汽车零部件、精密机械产品、电子应用产品等领域的进军，推动多方位的事业拓展。目前NSK在轴承领域排名世界第三，并且在电动助力转向器、滚珠丝杠等领域位居世界领先地位。

NSK的企业理念是“通过MOTION & CONTROL(运行与控制)，为贡献一个舒适而安全的社会尽心尽力。在维护地球环境的同时，通过在全球的事业发展，加强国与国、人与人之间的团结和合作。”NSK在企业成立100周年之际，制定了《NSK2026愿景》，提出要“齐心协力，慧动未来”，NSK期待与世界共同创造社会价值，在实现企业发展的同时对社会做出贡献。

二、生产与经营

自1992年成立北京事务所以来，NSK在中国设立的12个生产基地、1个研发基地、19个销售网点，营销网络遍及中国各地。

作为一家深耕于汽车行业百年的世界知名汽车零部件企业，为顺应并推动中国汽车行业“新四化”(电动化、智能化、网联化、共享化)的发展，NSK中国正在着力推进相关技术的研发及研发成果的市场化。

三、产能建设

NSK的百年发展中，始终坚持科技的开发与创新，以领先的技术优势为客户提供量身定制的解决方案。为满足中国市场的产品需求，NSK在1995年建立首家中国工厂(昆山NSK)后，立刻着手组建NSK中国技术中心——恩斯克(中国)研究开发有限公司。2009年9月建造在江苏省昆山市花桥经济开发区的NSK研发大楼正式启用，这是NSK在日本以外建造的最大的研发中心，拥有日本派驻专家、博士、硕士等高级技术人员近百人，在职人数近300人。

NSK中国研发中心与位于日本藤泽的NSK综合研发中心及位于美国、英国、德国、巴西等14家研发中心合作，通过对终端客户的潜在需求调研，以前瞻性的眼光积极立项开发新产品、新技术，引领行业的发展。同时，配合尖端客户的需求，为客户提供关键部位的攻关支持，助力客户产品的创新发展。

加特可(广州)自动变速箱有限公司

一、单位概况

加特可(广州)自动变速箱有限公司是加特可株式会社的独资公司。加特可株式会社(以下简称加特可，总部位于日本静冈县富士市，注册资金为299亿3530万日元)是汽车用变速器AT·CVT的专业制造厂商。自前身日产汽车工厂生产开始，加特可已有70余年的历史，其中生产AT达50余年，生产CVT超过20余年。特别是在呵护环境的无级自动变速器CVT领域，加特可多次打造出世界首款，也是全球唯一一家拥有从微小型车到3.5 L大型车用CVT全系列产品的制造厂商，一直引领全球CVT市场的发展。

为助力中国汽车市场的发展，为中国汽车市场提供更符合客户需求的产品,2007年加特可集团在广州开发区独资设立加特可(广州)自动变速箱有限公司(以下称加特可广州)以应对中国市场需求。自2009年开始量产以来,加特可广州经过10余年的发展,现已发展成员工人数逾1500人,年产能超过120万台的工厂。为能够快速应对中国市场需求,除了生产外,加特可广州还建立了具备研发、市场调查、品质保证、销售等职能为一体的体制。

二、生产与经营

加特可广州沿用集团特有的"JEPS(JATCOExcellentProductionSystem)"生产方式,秉承日本惯有的精密严谨,坚持"安全绝对"的生产管理,把从原料采购、加工、组装、检查到出货的所有工序整合到一条生产线上,在品质、成本、交货期等方面都以行业领先的生产制造为目标,在现状与目标差距上无限改善与变革,持续提升生产制造的水平。

加特可广州主要生产"JatcoCVT7""JatcoCVT8""JatcoCVT7W/R""JatcoCVT-X"等多款加特可明星产品。2023年,加特可广州累计生产CVT超过1000万台。

加特可广州扎根中国,倾听中国客户的声音,一直以"中国的事业,在中国倾听、在中国思考、在中国实践"为基本原则,致力于实现"四个现地化"〔制品(制造和产品)现地化、人才现地化、技术现地化、经营管理现地化〕,从4个方面全力提升企业核心竞争力。同时,加特可广州还积极践行"极致造物、匠心育人、魅力文化、信赖有加"的企业文化,在现有的基础上进一步加快打造魅力企业、构建阳光职场,全面打造企业品牌力。

三、技术进展与研发能力

为了能够提供符合中国市场需求,实现超越客户期待价值的高品质产品制造,加特可广州于2012年设立了品质技术中心,通过开发、市场品质保证、采购、供应商品质保证等生产以外的制造功能,与生产紧密协作,为产品生产提供支持。

为顺应汽车行业电动化、智能化的发展,除了搭载在传统汽车上的AT、CVT之外,加特可结合自身50余年专业变速器生产厂商所特有的齿轮设计、加工技术,推出对应混合动力HEV的变速器,力求支持混合动力汽车(HEV)、纯电动汽车(EV)、燃料电池电动车(FCV)等多样化的驱动和传动系统。实现小型轻量化、优越搭载驾驶性、高效率能量传递。

加特可通过自由的想象汇聚点子,孜孜不倦地挑战技术,致力于提供超越客户期待价值的高品质产品。将驾驶乐趣传递于人,将活力传递于社会,将友好传递于地球,为客户、汽车文化和社会创造价值。

四、主要新产品

产品名称	产品型号	产品应用
JF020E 小型前置前驱车用CVT	JatcoCVT7W/R	东风日产蓝鸟、轩逸、劲客;东风启辰D60\T60
JF015E 轻型小型前置前驱车用CVT	JatcoCVT7	东风日产阳光、骊威、骐达、轩逸 东风启辰M50V 东风裕隆纳智捷S3、U5
JF016E/JF017E 大中型前置前驱车用CVT	JatcoCVT8	东风日产天籁、奇骏、逍客、楼兰、西玛 东风雷诺科雷嘉、科雷傲
JF022E 大中型前置前驱车用CVT	JatcoCVT-X	东风日产奇骏、逍客

五、项目建设

制定《无级自动变速器(CVT)技术要求及实验方法》的行业标准,填补业内空白。

电装(中国)投资有限公司

一、单位概况

作为日本汽车零部件及系统供应商株式会社电装在中国的事业统括公司,电装(中国)投资有限公司〔DENSO(CHINA)INVESTMENTCO.,LTD.以下简称电装集团〕自2003年成立以来,在尊重中国地域文化的基础上,通过投资统括活动,有效地整合中国的人才及资源优势,将中国发展为电装重要的生产基地,并通过提供高品质产品和服务,最大限度地满足中国汽车生产厂家及用户的需要。同时,深入中国社会,积极承担作为一个良好企业市民的社会责任,为实现"人·车和谐共存"的理想汽车社会不断努力。电装集团除位于北京的总公司外,在天津、上海、广州、长春、武汉、济南、重庆、保定设有分公司,并在上海设有技术中心,主要职能包括汽车零配件销售、技术研发、行政管理以及对中国20多家生产公司的投资统括。

产品范围包括电动化产品(如电驱动产品),动力传动系统产品(如喷油器、燃油泵、ECU等)、热系统产品(如空调单元、压缩机、冷凝器、热泵等)、智能移动系统(如智能仪表、毫米波雷达、远程监控单元等)、汽车后市场产品(如火花塞、雨刮片等)以及智能机械手、扫码器等其他领域产品。

成立时间:2003年1月14日。

出资方:株式会社电装(100%)。

注册资金:2.66亿美元。

董事长:井上英治。

员工数:1.8万人(截至2023年3月,包含合资公司及生产公司员工)

二、合资合作及重大项目建设

面向未来移动社会,电装集团始终致力于"电动化""先进安全/自动驾驶""智能网联"等技术的研发。在"电动化"领域,电装集团发挥在电子产品、电机领域所积累的专业技术及优势,拥有逆变器、电动机等丰富的产品线。2019年在中国首次亮相的ELEXCORE/睿核的品牌,象征着电装立志成为电动化中坚力量的决心,并将"用尽最后一滴电"的技术人员的热情表现在品牌名称和产品设计中。

电装集团一直致力于"实现安心的技术"和"保护环境的技术"的研发。电装集团通过对于交通、环境、移动需求等整个城市的数据进行收集的新物联网技术,通过云端安全控制交通,有助于降低占交通事故主要原因的驾驶员操作失误;通过高效的能源再生系统、利用半导体集成化及高性能冷却的电驱动技术、较大限度地发挥发动机性能的燃烧、排放技术，实现主要产品的高性能化，致力于 CO_2 减排。

新公司 BluE Nexus 主要进行驱动模块的开发及销售。驱动模块是把电动化汽车驱动中必不可少的电机、逆变器、集成传动轴这三大关键部件打包，实现直接驱动车轴的一种产品。爱信的集成传动轴，电装的逆变器，皆享有世界范围内较高的市场占有率。此外，在电机开发领域两家公司都具备了世界先进的高技术水平。正因为有这样的强强联手，BluENexus 生产的驱动模块可以更低成本地实现高效化、高舒适驾乘感以及小型化设计。爱信与电装拥有在各种组合部件开发中磨练出的技术强项，将这些强项结合活用，研发出新的技术和产品，才能最终打造成这样的驱动模块。

新公司的名称——BluE Nexus，Blue 代表天空、地球，Nexus 代表羁绊。BluE Nexus 的动力传动产品可以用于混合动力车或插电式混合动力车使用的双电机模式及单电机模式的油电混动单元，还可以用于作为电气汽车或燃料电池车驱动源的 e-Axle 以及各种类型的电动汽车。满足多样化的电动化中所需的性能及需求。另外该公司还可以配合客户的平台及要求，开发驱动模块乃至整体系统，甚至提供 ECU 软件控制匹配的技术支持。从打包提案到车辆匹配进行全程服务，为客户导入新型驱动模块和加速平台应用持续贡献力量。

中国汽车电动化进程正在引领全球市场。电装与爱信至今分别将自动变速箱和逆变器作为核心技术。在这两大技术建立起的客户群的基础上，BluE Nexus 将把驱动模块分享给更多的新客户，直至全世界。在组合件和模块开发、整车匹配方面的综合技术能力能满足广阔的中国市场需求。电装集团将会努力赢得合作伙伴的信任，深耕中国事业，为中国实现可持续发展社会添砖加瓦。

三、发展目标与规划

电装集团于 2017 年 10 月 31 日，正式对公司内外发布了 2030 年企业长期方针。以“为地球、社会和全世界的人们，创造笑容绽放的未来”为口号，旨在打造为实现绿色环保，让全世界人们都感受到安心和幸福的智能移动社会而不懈努力，坚持创造全新价值的企业。

核心价值：环境、安心、共鸣。

在中国，电装在生产和销售众多降低油耗、净化尾气排放、助力安全驾驶等相关产品的同时，也积极投身于中国汽车产业的发展和环境保护。

现如今，瞬息万变的世界正面临百年一遇的变革时代。汽车产业也正处于移动社会的变革浪潮中。身处这样的变革时代，首先我们需要重新审视以往的自身强项并加以磨炼，然后大胆寻求全新的事业发展，积极探索以往未知的业务领域。因此，打破固有思维，发挥灵活创想，并迅速付诸行动非常重要。同时，为区域社会贡献力量也一如既往的重要。只有通过这些行动，才能得到社会的认可。

奥特佳新能源科技股份有限公司

一、单位概况

奥特佳新能源科技股份有限公司（以下简称奥特佳）作为国内汽车热管理行业内自主品牌的龙头企业之一，有别于该行业供应链条上主营非终端产品的非关键零部件厂商，成立 20 多年来，公司始终专精于汽车热管理系统的各类终端核心产品及高附加值关键零部件业务。近年来，奥特佳依赖在新能源汽车热管理技术领域的连续突破，以乘用车为主要市场，兼顾商用车及储能热管理新兴业务，总体业绩快速攀升，体现出汽车热管理终端产品全产业链综合整体优势，深化巩固了奥特佳作为汽车热管理终端产品核心系统及重要部件的大型专业化制造商的地位。

公司的主体业务分别由各子公司承载。南京奥特佳是中国汽车工业协会认定的“中国汽车零部件（空调）行业龙头企业”，并获得“全国百佳优秀汽车零部件供应商”称号，奥特佳商标被评定为“中国驰名商标”，近年来被有关部门评为“江苏省优秀企业”“南京市总部企业”等称号，该公司生产的电动汽车空调压缩机及其他类型的压缩机产品广受海内外客户认可，在所有独立电动压缩机供应商中，总体市场占有率在国内市场自主品牌产品中高居榜首。

埃泰斯是储能电池热管理系统业务的运营主体，其前身是空调国际集团的特定业务部门，在国内电池储能制造产业刚刚起步的 2018—2019 年间就成为头部电池制造商的合作伙伴，是国内最早涉足该产业的企业之一，具有雄厚的产业经验和技术积累。该公司业务规模在成立两年多来始终保持高速增长，其开发的高端水冷热管理设备深受市场欢迎，是储能热管理行业从风冷向液冷转型的主要推动者。

空调国际集团是公司汽车空调系统业务的载体，该公司在汽车空调系统市场中是久负盛誉，极具业务影响力的老牌龙头企业。该公司作为早期布局新能源热管理系统的重要供应商，在众多新能源汽车头部企业的竞争中取得了相当优势，具有较高的市场占有率，拉动总体业绩连续快速增长。

二、生产与经营

2022 年是公司前期耕耘的收获之年，在排除一系列客观不利因素后，前期定点的车型产品纷纷进入成熟上市期，引发了对各类热管理产品的强劲需求。公司的车用热泵暖通空调系统产品在多家新能源车主力客户销量迅猛增长的背景下实现销量快速攀升，热管理前端冷却模块、发动机冷却系统等传统类产品综合竞争力较强的优势充分展现，各类零部件单品类别销量均稳步增长。多个制冷量大、电压适应范围广、转速高的电动压缩机明星单品获得了市场广泛好评，成为多个主力新能源车型的标配压缩机。储能设备热管理产品进入发展快车道，伴随着储能电池部署的快速增长而同步增长。

公司利用新车间新产线的生产优势，克服芯片短缺涨价、零部件采购制备障碍等困难，重点推动保供，维护了生产供给秩序。储能热管理设备上市的品类型号增加，适用场景范围扩大，市场广泛营销争取到了更广泛的客户多样性。

三、产品出口

2022 年，奥特佳海外业务涉及的美国、欧洲、南亚和东南亚汽车市场各有特点，但均表现出一定程度的复苏与增长，美、欧等地的新能源汽车市场呈现快速增长势头，为公司业务开展创造了良好条件，其余涉及的市场也表现出较强的韧性，在经历全球范围内车规芯片短缺和原材料涨价因素的冲击后，呈现稳步整固回暖态势。

四、产能建设

公司具备所销售的全部产品的生产制造能力，主要体现在铸造、机械加工、装配等工序步骤上。2022 年末，公司的汽车空调压缩机产品的总年产能约为 700 万台，其中电动空调压缩机的年产能为 120 万台；汽车空调系统并非标准化产品，不同客户采购的产品的功能构成不同，因此产能的计算方式并不固定，2022 年末的产能较当期销售总量有合理的富余，可以满足近期市场发展的需求；公司储能热管理设备启用了全新的生产车间，产能有所提高，产能情况与 2022 年末销量匹配并有富余。

公司当前产能情况与公司的销售水平相适应，也基本与未来市场发展规划相匹配，符合当前和中期生产销售变化趋势，具备热管理系统全产业链终端产品的充足生产能力。随着市场结构的变化，新能源汽车热管理零部件的需求快速增长，公司将加大对电动压缩机和电动汽车空调系统的产能投资，调整产能布局。2022 年末，为应对电动汽车空调压缩机的旺盛需求，公司投建了计划年产 100 万台电动压缩机的新生产线，全力增加电动压缩机产量。在新产线扩容和老产线增产的基础上，公司电动压缩机产能已大幅提升至年产约 120 万台左右，2023 年一季度末已达到年产 160 万台的产能，经过相关提升改造和工时调整，二季度末预计可达年产 220 万台产能。这些产能为匹配客户的订单增长需求及未来适应市场的深度新能源化转化做好了准备。

五、技术进展与研发能力

公司研发分为未来产品技术开发和当前产品的项目开发。未来产品技术开发根据汽车市场政策导向、技术迭代趋势等重大变化，对主要产品进行前沿技术提升或整体升级换代，开发未来 3 ~ 5 年所需的前沿产品和技术，并申请大量专利进行保护。

当前产品的项目开发则根据主机厂客户对其单一车型或平台车型设计热管理功能的需求，按照具体的规格、能耗、空调排气量、所需空间等开展，开发并制造出未来 1 ~ 2 年符合客户需求可以装车进行大量出货销售的产品。

空调压缩机业务板块。公司内设项目部，负责统筹公司新品项目开发流程，遵循国际主流零部件开发经验，按照相关质量体系要求制定了公司内部生产项目研发流程，在产品开发的策划与立项、产品设计与验证、批量生产、持续改进等阶段进行专家评审，确保产品研发过程可控并达到立项目标。

储能电池热管理板块：埃泰斯已建立起了自主的研发技术团队，主要根据客户的需求对产品形态、功能、功率和适应性等进行设计开发，并进行测试。在公司的各类主要产品线均有专门设计部门。一方面以市场为导向，根据客户提出的产品技术要求实施开发，另一方面开展前瞻性研究，研发适合未来市场演化趋势的新技术和新产品。研发的技术和试制产品均配套以实验室予以性能验证，确保可靠耐用。

空调系统业务板块：公司建立有完善的工程技术中心，分为系统组、结构组、芯体组、电气软件硬件组、计算流体力学分析组、实验测试组以及样件试制组等部门，完成汽车空调以及电池热管理全链条技术研发工作。公司拥有风洞实验室、汽车空调性能试验台、风量测试台、噪声测试室、振动台、温度交变测试台、压力交变测试台、高低温恒温箱等研发试验设施设备，满足汽车空调开发过程中所需进行的相关技术测试。

公司的研发、实验等部门依不同的产品而在不同的子公司分别设置。利用人员集中、资源共享优势，增加了对新产品、新项目的技术研发投入，确保公司维持在业界的技术水准。

六、主要新产品

汽车空调压缩机			
序号	产品名称	产品型号	产品应用
1	45cc 压缩机	E45TM（单级压缩）	满足新一代中高端车型高续航、电池超级快充需求的产品
2	27cc 压缩机	E26	纯电/混动小型轿车，SUV，物流车，高性价比需求
3	34cc 压缩机	E34	B 级，C 级，SUV 纯电/混动车型
4	70cc 压缩机	E70	大巴，轨道交通，地铁（还在开发当中）
储能热管理系统			
1	商用车液冷机组 3 kW	BTMS-30	电动重卡、挖掘机、工程机械电池热管理系统
2	商用车液冷机组 5 kW	BTMS-50	
3	商用车液冷机组 8 kW	BTMS-80	
4	商用车液冷机组 10 kW	BTMS-100	
5	储能液冷机组 3 kW	BTMS-30-ES	分布式储能柜电池热管理系统
6	储能液冷机组 5 kW	BTMS-50-ES	
7	储能液冷机组 8 kW	BTMS-80-ES	
8	储能液冷机组 10 kW	BTMS-100-ES	
9	储能液冷机组 12 kW	BTMS-120-ES	
10	储能液冷机组 15 kW	BTMS-150-ES	集装箱式储能电池热管理系统
11	储能液冷机组 25 kW	BTMS-250-ES	
12	储能液冷机组 40 kW	BTMS-400-ES	

续上表

汽车空调系统			
序号	产品名称	产品型号	产品应用
1	模块化热泵系统	TMM-R134a/R290	AITS(2024 年量产)
2	分体式 HVAC	HVAC-Spl-Ge	满足新能源车型低噪声、打造“女王副驾”等新卖点
3	前端冷却模块	CRFM-VX	集成水箱、蒸发式冷凝器、风扇等,实现电机散热、电池被动冷却、空调制冷等功能
4	偏置式 HVAC	HVAC-sid-HA	传统偏置紧凑式布置,平台化配置
5	中置式 HVAC	HVAC-Cen-Fo	对称式设计,兼顾左右舵车型,满足国内外车型通用化需求
6	车载香氛系统	Fragra-Fo	A 级、B 级、C 级车型通用,多种香型配置可选

七、合资合作及重大项目建设

公司拥有 16 家生产基地,其中国内 10 家、国外 6 家,既有主力生产厂,也有多个集成装配与卫星装配工厂。各生产基地可彼此协调配合,及时反馈客户需求,充分优化生产流程并节约物料消耗,实现较低成本;同时可最大化利用较低人工成本和原料供应基地,通过标准化的装配和质量运行系统实现统一管理,确保统一的质量标准。

为应对电动汽车空调压缩机的旺盛需求,公司投建了计划年产 100 万台电动压缩机的新生产线,全力增加电动压缩机产量。在新产线扩容和老产线增产的基础上,2022 年末,公司电动压缩机产能已大幅提升至年产约 120 万台左右,2023 年一季度末已达到年产 160 万台的产能,经过相关提升改造和工时调整,2023 年二季度末预计可达年产 220 万台产能。这些产能为匹配客户的订单增长需求及未来适应市场的深度新能源化转化做好了准备。

八、发展规划

1. 公司的发展目标

推动公司新能源化、系统化、国际化战略的稳健落实,成为世界顶尖的汽车热管理系统方案供应商。适应汽车市场电动化、智能化浪潮,集中力量开发新能源汽车热管理系统的综合技术,提供从压缩机到空调系统及相关软硬件的综合解决方案,利用新能源整车热管理研发方面的先发优势,全面构筑先进的技术体系;深入促进空调压缩机业务和空调系统业务的在技术、产品、市场上的全面融合,打造软硬件合一的汽车热管理系统产品及技术方案,生产具有鲜明技术特色的过硬产品,以产品力铸造市场力,形成更加稳定、均衡的规模效应;夯实国际经营的基础,扩大国际业务规模,强化管理,增强各实体适应当地市场的经营能力,提升盈利能力;大力发展储能电池热管理系统业务,适应市场发展步伐,加深技术研发积累,发挥先发优势,巩固行业领先地位,开拓多元化业务场景。

2. 公司的经营计划

公司经营计划的核心是:以提升公司利润水平为核心工作,继续扩大在新能源汽车热管理设备市场上的优势,扩大关键产品销量,提升市场占有率,扩大收入规模。具体计划为:巩固与核心战略客户的合作关系,加大对重要车型热管理产品资源倾斜力度,确保销量伴随客户明星产品的热销而提升,稳步提高公司在汽车电动压缩机和热泵空调系统市场上的占有率,全力推动公司业务收入水平再上新台阶。重点开展降本增效活动,加强采购工作管理,大力推进采购降本和 VAVE 应用(应用于采购程序的价值分析和价值工程方法),加大新工艺开发,提高劳动生产率,切实降低单位生产成本,提升毛利率。严格控制海外业务风险,降低海外运营和管理成本,提升海外业务的财务健康度,在新业务开发方面有侧重地开发战略性项目,在稳妥的基础上适度扩大海外业务规模。加大新产品研发和营销力度,灵活配置资源,构筑技术优势,将优势落实到产品销量中,提高产品附加值。持续投入资源,支持前沿技术开发,在业界关注的主要新技术和工艺上取得成果,增强技术储备。

上海加冷松芝汽车空调股份有限公司

一、单位概况

上海加冷松芝汽车空调股份有限公司(以下简称松芝股份)创立于 1998 年,专业研发、制造各类车辆空调系统及热管理产品,践行“高效、节能、环保”的产品战略,为客户提供空调与热管理的整体解决方案。依托 25 年的行业积淀,松芝股份业务逐步覆盖大中型客车热管理、乘用车热管理、轨道车空调、冷冻冷藏机组、车用空调零部件、新能源压缩机等领域。近年来,公司聚焦储能领域的创新研发,提供专业优质的储能热管理产品,应用于储能集装箱、储能电柜、客车、卡车、换电等领域。

二、生产与经营

松芝股份致力于打造移动式空调系统的民族第一品牌,始终坚持“高效、节能、环保”的产品战略和“高技术、高品质、高服务”的技术营销市场理念。目前控股 20 多家分子公司,形成以上海为中心,以安徽、重庆、武汉、柳州、成都、北京、厦门等地区为主要基地的国内市场布局,业务覆盖我国 34 个省市区。

2022 年公司面对疫情与市场的交织影响,整合供应链优势,消化疫情等不利影响稳定保供。在大中型客车热管理业务板块,发挥市场与技术优势,加大市场开拓力度;在小车热管理业务板块,聚焦深耕战略客户,市场新业务取得突破;在其他业务板块,公司积极推动创新研发,持续稳健发展。

三、产品出口

松芝产品远销俄罗斯、智利、土耳其、巴西、马来西亚、印度尼西亚等海外30多个国家。2022年境外营收173692352.67元,占营业收入约4%。

四、产能建设

公司引入行业领先的自动总装线、芯体装配线、自动焊接机、自动氦检机、激光切割等,形成以上海为中心,覆盖厦门、江淮、柳州、重庆、南京、武汉、大连、苏州等地的全国生产布局;通过企业资源计划系统(ERP)、制造执行系统(MES系统)及仓库管理系统(WMS)等信息化系统进行资源整合,实现生产物料透明化、作业指导信息化、生产过程可视化,贯彻信息化和工业化深度融合,打造数字化智能制造的标杆工厂。

五、技术进展及研发能力

松芝股份继续提升研发团队质量,从前瞻技术、应用开发、虚拟分析、试验技术等领域全方位打造核心技术能力。各类技术人员总计近500人,核心人员普遍具有10年以上的汽车热管理产品开发经验。持续完善研发体系和流程;强化技术评审和设计变更管理,推动开发流程在集团公司研发体系的全覆盖。持续完善产品设计标准,截至2022年底累计形成企业技术标准近250项,其中当年制、修订技术标准20多项。积极建立自主知识产权,截至2022年底累计授权专利近600项,当年新增专利申请52项。

六、主要新产品

产品名称	产品型号	产品应用
大中型客车空调	SZA ~ SZR系列、JLD系列、JLE系列等	大中型客车空调
乘用车空调	江淮J10、东风柳汽景逸S50、上汽通用五菱宝骏系列等	乘用车空调
轨道车空调	KLD29/35/40系列等	轨道车空调
冷冻冷藏车空调	全电式半挂车冷藏机组、新能源全电式机组等	冷冻冷藏车空调
电动涡旋压缩机	新能源C型、EVH型电动压缩机等	电动涡旋压缩机
储能电池热管理机组	8 kW,20 kW,40 kW	储能电柜、集装箱等

七、发展规划

作为移动式热管理领域的民族品牌,公司持续加大创新力度,持续提升热管理技术、产品的正向开发能力,加强新产品、新技术的研发与产业化,把握行业发展机遇,不断优化产品力和体系力。紧紧围绕主业、深耕主业,巩固行业领先地位,进一步开拓新的业务领域,包括储能热管理、超低温热泵5.0等。

上海海立新能源技术有限公司

一、单位概况

上海海立新能源技术有限公司(以下简称海立新能源)位于浦东自由贸易试验区,由上海海立(集团)股份有限公司(A股600619,B股900910)与马瑞利株式会社按照75%∶25%的投资比例共同投资设立,从事新能源汽车空调用电驱动涡旋压缩机研发、生产及销售。

二、生产与经营

2016年上海海立新能源技术有限公司正式成立,2022年中,海立新能源下线第100万台整机;2022年底,海立新能源市场保有量跨越120万台量级,同年获得日产项目定点。

三、产品出口

海立新能源海外市场面向位于日韩、欧洲等5个国家均有出口。搭配整车制造企业需求,海立新能源可提供符合国际标准的车用电动空调压缩机。

四、产能建设

2022年底,海立新能源上海工厂产能45万台;2023年规划芜湖工厂,总体产能超100万台。

五、技术进展与研发能力

海立新能源自2001年起自主研发柔性涡旋一体式电动压缩机,依托海立集团多年研发经验,海立新能源集设计、研发、测试于一体,拥有完整的研发架构与团队。结合近年来新能源产业的加速发展,海立新能源不断加大研发投入,推出满足市场及客户需求的高质量产品。2022年末,海立新能源累计授权专利31项,同比增长210%。

海立新能源主要核心技术与研发满足国内行业标准与发展要求,伴随着海外业务的拓展,海立新能源追求卓越制造的同时,将接轨更多的国际标准与前端技术。海立新能源将成为具备国际化压缩机专业技术与研发的专业压缩机厂商。

六、主要新产品

产品名称	产品型号	产品应用
乘用车电动空调压缩机	ETS系列、ETH系列	乘用车空调系统、乘用车热管理系统
商用车电动空调压缩机	EVS系列、ECS系列、ETH系列	商用车空调系统、商用车电池冷却系统、商用车动力系统、商用车热管理系统
多用途电动空调压缩机	EVS系列、ETH系列	乘&商用车空调系统、工程特种车辆热管理系统

七、合资合作及重大项目建设

海立新能源由原海立电器车用空调事业部开始独立研发车用空调压缩机，旨在帮助进入新赛道，成为海立第二产业。2021 年，海立集团与日本马瑞利株式会社成立合资公司海立马瑞利汽车空调有限公司，与海立新能源发挥协同效应，共同发展海立第二产业。海立新能源与海立马瑞利公司的创立，实现了海立从白色家电领域发展到汽车零部件领域、从核心零部件发展到系统集成、从国内市场为主发展到国际化布局的三大转型战略。

八、发展规划

作为专业的压缩机厂商，海立新能源始终以高质量产品答复客户信赖。伴随着量产件的平台化，全系产品的覆盖升级，海立新能源精益求精，为客户、行业提供更多的可能性。放眼未来，海立新能源将继续秉承“倡导绿色出行方式，创造舒适移动空间”的企业使命、积极践行“成为汽车热管理系统核心零部件的优质供应商”的企业愿景，不断强化自主研发能力，依托百万级年产能为客户提供更加优质高效的产品、创造更多更新的价值。

扬州嘉和新能源科技有限公司

一、单位概况

扬州嘉和新能源科技有限公司成立于 2017 年 9 月，总部坐落于高邮苏中循环经济产业园。公司总占地面积近百亩，是一家专业从事新能源汽车系统解决方案的供应商。

公司在新能源汽车领域的产品涵盖：电池、电机、电控和电空调“四电”的热管理，具体包括散热器、电子扇、冷凝器、空调箱、蒸发器、Chiller、PTC、电机冷却系统（MTS）、电池温度管理系统（TMS）和电控冷却系统，以及无人驾驶和电控系统。

公司是新能源汽车行业具有自主研发、创新能力和独立品牌的企业，在行业内处于国内领先、国际一流水平。凭借良好的技术研发能力，优越的产品性能以及卓越的售后服务等综合管理优势，业已在新能源汽车制造厂商及主流的电池厂家积累了丰富的客户资源。

面对顾客要求的日益提高和新能源技术的不断发展，嘉和公司秉承“勇于创新、与时俱进、追求卓越”的企业精神，通过公司员工的共同努力，把公司打造成“国际一流、国内领先”的新能源汽车专业供应商，为振兴中国汽车零部件工业和民族品牌做出贡献自己的一份力量。

二、生产与经营

燃料电池系统相关零配件，元器件的技术研发、技术咨询、技术服务，新能源汽车零部件产品制造、销售；机械设备生产、加工、销售；机电设备制造、安装、维修；自营和代理各类商品及技术的进出口业务；房屋租赁业务。

三、产能建设

项目	规划产能（万台）	已建成产能（万台）
燃料电池热管理系统	5	2.5
冷板	50	25
电池冷却器 Chiller	60	30
前端冷却模块	100	50
无刷风扇及控制器	90	45

四、技术进展与研发能力

1. 研发能力。

以整车热管理开发专业人才为基础，整合合作单位优秀科研队伍并进一步吸引优秀人才，本科及以上学历占 90% 以上，形成了“高端人才领衔、专业技术人员为骨干、优秀科技青年为储备”的多层次人才梯队，涵盖产品设计、系统仿真、工程研究、试验验证和项目管理等多个领域。

采用 UG、Solidworks 进行系统结构 3D 及 2D 工程用图设计。

Amesim 进行散热系统 1D 性能匹配仿真，“Star-CCM + 进行电池”包流场、压力场、温度场分析，AnsysWorkbench 进行结构强度分析。

测试中心获得 CNAS 中国合格评定国家认可委员会实验室认可证书，并得到客户上汽通用五菱公司 GP10、吉利汽车、东风日产、比亚迪以及东风小康等主机厂的认可。

2. 技术进展。

燃料电池散热模块，已开发完成系列化产品（功率 30 ~ 120 kW），目前对于大功率（300 kW 级）的研发也已实现突破，市场应用推广中。

动力电池冷板已形成口琴管、冲压板两个平台系列产品开发交付，展开蛇形管、直冷板等新技术的研发应用。

Chiller 及水冷冷凝器，完成 2 款 Chiller 产品开发完成，已总结相关测试数据，供同平台产品应用选择；2 款 Chiller 软模样件开发中，1 款 LCC 软模样件开发中。

优化完善了混合动力汽车前端冷却模块。

五、主要新产品

产品名称	产品型号	产品应用
电池冷板	F15A	东风
电池冷板	F132	东风
电池冷板	T03	零跑
电池冷板	H97	岚图
电池冷板	H56	岚图
电池冷板	GBD_C03	长城
电池冷板	C01_PHEV	长城
电池冷板	C46	北汽
Chiller	EC60	四川野马
Chiller	SZ01	东风小康
ATS 散热模块	T260/T418	上海重塑
ATS 散热模块	T406	上海重塑
ATS 散热模块	C00373383	上汽跃进
ATS 散热模块	G80	亿华通

续上表

产品名称	产品型号	产品应用
ATS 散热模块	P00008308	捷氢
前端模块	V534	启辰
前端模块	HDE-130030E	比亚迪
前端模块	SC2E-1300030	比亚迪

六、合资合作及重大项目建设

电池冷板扩产，增加 2 条产线；新建电池冷却器自动化装配流水线；新建无刷风扇研发平台及生产线；新建控制器研发平台；智能工厂建设。

无锡柯诺威新能源科技有限公司

一、单位概况

无锡柯诺威新能源科技有限公司（以下简称柯诺威）成立于 2021 年 4 月，由柯诺威初创团队，上海中电投融和新能源投资管理中心，浙江银轮机械股份有限公司创立。现址位于江苏省无锡经济开发区高浪东路 999 号，是一家专注于热管理系统和关键零部件研发和生产的创新型企业，业务领域面向新能源车辆、储能设备热管理系统等。

生产基地及测试中心位处无锡经济开发区五湖大道与吴都路交叉口，占地面积 23370 m^2，建筑面积 11236 m^2。

柯诺威现有员工 90 人，其中博士 2 人、硕士 6 人，团队有为国内外一流汽车主机厂及电池厂商成功开发并批量生产热管理系统（车用空调系统、冷却系统、电动车整车热管理系统、电池冷却系统）的丰富经验。

二、生产与经营

哥诺威 2022 年全年生产热管理机组 8775 台，销售 6529 台，主营业务收入 9225 万元，同比增长 554%。

哥诺威顺利通过了 IATF 16949、ISO 9001 体系审核及一线电池厂商的供应商体系审核。成功进入头部电池厂供应商体系，并实现批量供货。

哥诺威投资 862 万元，完成储能机组生产线建设，实现储能设备电池热管理液冷系统的量产及销售。

哥诺威独立自主研发的新一代整车热管理技术——“三源热泵”三源热泵整车热管理系统装车并在唐山跑完冬季路试验证。

三、产品出口

产品获得海外出口认证，新能源热管理液冷系统直接出口北美市场，2022 年出口销售收入约 300 万元；产品同时间接出口美国、欧洲、澳洲、东南亚等国。目前已建立有海外服务联盟等多种形式的海外服务网络，覆盖欧洲、美国以及东南亚各国。

四、产能建设

生产基地共设有 3 条热管理机组智能装配线，包含 MES 智能制造系统、机器人视觉检测台、全自动功能检测台、全自动老化测试台，可年生产电池热管理和储能热管理机组 8 万台。

测试中心是集研究、测试、技术服务等为一体的综合性检测机构，涵盖可靠性力学、环境（温湿度、腐蚀等）及失效分析等测试领域；检测对象包括整车热管理机组、电池热管理机组、储能热管理机组、电工电子产品及汽车零部件、道路车辆电气及电子设备、轨道交通机车车辆设备与装置、电气连接器和插座及汽车线束、运输包装件等。

五、技术进展与研发能力

开发能力处于国内领先水平，商用车电池热管理液冷系统系列全、型号多（5 kW/8 kW/10 kW），可全面覆盖电动重卡、工程机械应用等场景；长寿命电池集成式液冷-液热机组为国内首创、寒区版产品可实现运行环境温度 -30 ℃ ~60 ℃，行业领先。储能电池热管理液冷系统覆盖 8 ~40 kW 制冷和 2 ~20 kW 制热。研究开发的新一代整车热管理技术——“三源热泵”，高度集成电动车辆三大热管理子系统，通过智能化控制，实现 3 个子系统间的热量转移和热品质提升，可实现热能的最有效利用，减少冬季电动车续航里程衰减 50%，该项技术全球首创，具有完全独立知识产权。

六、主要新产品

产品名称	产品型号	产品应用
商用车热管理液冷系统	5 kW/8 kW/10 kW	电动重卡、工程机械等
储能电池热管理液冷系统	8 ~40 kW 制冷 & 2 ~20 kW 制热	集装箱储能设备、光储充一体站、换电站等
整车热管理系统	—	新能源商用车

七、发展规划

1. 五年规划总目标

通过规模化和商业化运营，将柯诺威打造成新能源热管理领域的行业标杆；实现科创板或创业板成功上市。2027 年销售收入突破 22 亿元，净利润 2.2 亿元。

2. 五年建设规划

（1）为匹配新能源汽车及储能热管理爆发式增长需求，公司拟建设年产 18 万套新能源热管理生产制造基地，项目建设周期 5 年，分两阶段实施。第一阶段为 2023—2025 年，计划总投资 1.5 亿元，其中固定资产投入 6600 万元，实现产能 10 万套；第二阶段为 2026—2027 年，计划总投资 2 亿元、其中固定资产投入 8000 万元，实现产能 18 万套。

（2）建设主要内容：新增生产线及对既有产线设备自动化改造，扩大新能源商用车电池热管理系统产能；新增储能设备电池热管理系统专用产线；新增三源热泵整车热管理系统专用产线；新增乘用车热管理系统专用产线；新增新能源总成关键核心零部件装配产线，实现100%自给。完成新扩建项目后，可满足商用车电池热管理系统全系列、储能设备电池热管理液冷系统、三源热泵整车热管理系统的全应用领域的产业化需求。

深圳市晶源健三电子有限公司

一、单位概况

深圳市晶源健三电子有限公司是一家集汽车电子部件销售和方案研发为一体的创新型技术企业。深耕汽车行业15年，以深度参与国家新能源转型和社会智能化发展的进程为使命，在原有汽车电子产品销售的基础上，迎合行业和客户需求开展围绕汽车新应用的方案开发，提供给客户专业技术和一站式服务，与合作伙伴共同成长。面向汽车市场提供围绕自动驾驶、SiC主驱系统的整体解决方案，以及村田、松下、Wolfspeed、日立能源、NXP、安世、尚阳通、森萨塔、歌尔微电子、泰科、霍尼韦尔、AMS、Crocus等20余家优质品牌的器件和服务。

二、生产与经营

1. 经营电子部品品牌

(1)被动器件：村田、松下。

(2)功率半导体和分立器件：Wolfspeed、日立能源、安世、尚阳通等。

(3)传感器：森萨塔、泰科、安费诺、AMS、Crocus、歌尔微电子、Sony、霍尼韦尔等。

2. 方案和技术服务

(1)碳化硅控制器领域：提供从芯片选型到不同封装的模块，NXP驱动板设计，控制板设计、逆变器设计到电机标定等多种形式的技术服务，例如人力外包，测试、合作开发、技术咨询等。

(2)传感器领域：提供ADAS惯导模块及传感器方案、电流电压等检测方案、电池热失控解决方案、压力检测等多种汽车传感器解决方案和测试服务。

三、产能建设

面向汽车市场主要以软件、硬件方案和技术服务为主，暂无自建工厂。

四、技术进展与研发能力

1. 功率器件和分立器件

SiC主驱动器领域：成功研发基于HPD封装SiC模块和日立能源半桥SiC模块的逆变器整体方案，基于NXP的S32K396系列MCU和GD3160驱动的全套逆变器方案，可用于单电机和双电机控制及动力域控解决方案。

2. 传感器解决方案

成功研发基于AMS芯片的电流电压检测方案、基于泰科和NXP等压力传感器的新能源车电池热失控解决方案、基于村田六轴传感器的惯导模块等传感器解决方案。

3. 实验室建设

围绕客户方案开发支持，成功搭建面向SiC主驱系统的单双脉冲测试平台、负载模拟测试平台、2万r高功率测试台架、大扭矩商用车测试台架，以及高低温测试等可靠性评价系统，取得了多个主机厂的认可，以及作为第三方测试实验室提供给客户测试服务；2023年度计划取得CNAS资质认证。

五、主要新产品

产品名称	产品型号	产品应用
HPD方案SiC控制器	HPD-SiC-250	250 kW以下车用控制器
半桥方案SiC控制器	Road-SiC-450	450 kW以下车用控制器

六、合资合作及重大项目建设

方案设计项目(IDH)：基于NXPS32K396的MCU驱动方案，符合AUTOSAR标准基于模型开发的软件代码。

技术合作开发：获得国内多家车企的测试外包服务机样机方案开发项目。

七、发展规划

围绕新能源汽车电动化、智能化、网联化、共享化的新技术应用，持续开发新的产品应用技术方案。

1. 电动化

专注新能源汽车SiC应用领域，提供更优质和完备的整体解决方案；合作共赢，联合战略客户面向新型应用的方案研发，如新型热管理系统方案。

2. 智能化

面向智能驾驶、辅助驾驶、智能座舱等智能化需求，逐步拓展以传感器为核心的多种技术方案和模块方案，如惯导系统、电机控制系统，娱乐影音系统、CMS系统等。

3. 网联化和共享化

以客户新技术需求和趋势为导向，关注网联化发展，形成以V2X等为主的互联系统的方案规划。

博众精工科技股份有限公司

一、单位概况

博众精工科技股份有限公司(以下简称博众精工，股票代码688097)成立于2006年(前身为成立于2001年的吴江市律央电子测试厂)，总部位于苏州，在全球11个国家和地区建有分子机构，拥有40万 m^2 的研发中心和生产基地，专注于工业装备制造领域。

在研发能力方面，截至2022年底，博众精工拥有技术研发工程师1800多人，研发费用比例达12%以上。已取得发明专利1043件，实用新型专利1181件，外观设计专利138件，总计有效授权专利2362件；并获得软件著作权448件，参与制定国家标准13项、国际标准1项。

博众精工经过多年发展，也不断地获得外界认可。先后荣获国家级工业设计中心、国家级认定企业技术中心、国家制造业单项冠军产品、国家高新技术企业、国家技术创新示范企业、国家级服务型制造示范企业等10多项国家级荣誉及30余项省级荣誉。

博众精工在未来的发展中，将持续发挥自动化设备系统集成技术与研发优势，以客户为中心在所属领域持续提供稳定可靠的产品，给予全周期立体化的服务，继续保持行业内有竞争力的端到端快速交付能力。弘扬“博采众长、博施济众”的精神，秉承着“追求卓越、和谐共赢”的经营理念，践行“让我们的智慧在外太空为人类服务”的使命，不断加强技术专家团队建设、完善管理体系、提升综合服务能力，致力于成为装备制造业可持续发展的世界级企业。

二、生产与经营

博众精工业务聚焦在消费类电子、数字新能源、半导体、关键零部件智慧仓储物流等数字化装备领域。与众多世界五百强、行业龙头企业建立了深度合作。博众凭借多年来在智能制造领域的深耕细作，不断创造出一个个骄人的业绩，获取了10多项国家级荣誉以及30余项省级荣誉：国家级工业设计中心、国家认定企业技术中心、国家制造业单项冠军产品、国家高新技术企业证书、国家技术创新示范企业、国家级服务型制造示范企业、江苏省工业设计中心、江苏省认定企业技术中心、江苏省研究生工作站、博士后科研工作站、江苏省工程技术研究中心、江苏省双创团队、长三角G60科创走廊工业互联网标杆工厂、江苏省民营科技企业、江苏省民营企业创新100强、江苏省企业技术创新奖等，公司在多年的持续生产经营中，树立了良好的行业口碑和企业形象。

三、产能建设

公司高度重视新能源充换电板块，于2020年建成投产的博众充换电站产业园坐落于鱼米之乡吴江经济开发区，园区占地66亩，充换电站年产能2000台，产品涵盖乘用车充换电站、商用车充换电站、充电桩、电池箱、电池底托、储能站等。园区为博众精工重点打造的数字化生产基地，实现智能人员管控、智慧物流、自动化生产、数字化生产流程、精益化模块装配等功能。未来，博众精工将努力把充换电站产业园打造成为充换电行业标杆产业园。

四、技术进展与研发能力

研发人员：截至2022年底公司拥有技术研发工程师1800多人。

研发费用比例：12%以上。

截至2022年底，博众精工已取得发明专利1043件，实用新型专利1181件，外观设计专利138件，总计有效授权专利2362件，并获得软件著作权448件。关于充换电产品已申请充换电产品专利339件，其中发明专利190件，实用新型专利140件，PCT专利申请5件。

五、主要新产品

产品名称	产品型号	产品应用
标准智能换电站	BZ-CS01	乘用车换电
中型智能换电站	BZ-CS02	乘用车换电
小型智能换电站	BZ-CS03	乘用车换电
钢结构式重卡换电站	BZ-TCS01	重卡牵引车、搅拌车、渣土车等重卡换电
集装箱式重卡换电站	BZ-TCS02	重卡牵引车、搅拌车、渣土车等重卡换电
矿卡换电站	BZ-TCS03	矿卡车型换电
重卡底盘换电站	BZ-TCS04	重卡牵引车、搅拌车、渣土车等重卡换电
商用车电池箱及底托总成	BZ-CSPA	重卡牵引车、搅拌车、渣土车等重卡换电
储能站	BZ-CSTE	电力系统储能、微电网储能、应急能源调配、家庭储能
直流充电桩	BZ-CSDC	新能源电动汽车充电

六、合资合作及重大项目建设

(1)2017年12月，博众精工与蔚来合作，开发设计了蔚来五棵松发布会。

(2)2018年—2022年，博众精工先后与多家车企合作开发多款乘用车换电站，并先后在全国交付400多套换电站。

(3)2018年，在上海交付国内首个顶吊式重卡换电站。

(4)2018年，在杭州交付国内首个双仓快速换电站。

(5)2020年10月，在武汉东风科技中心，携手东风乘用车公司、秦鸥控股、瑞普能源举办“换电联盟”合作签约仪式并签署协议。

(6)2020年推出首个单集装箱20仓位乘用车换电站。

(7)2021年，在鄂尔多斯交付国内首个矿卡柔性换电站。

(8)2022年，跟宁德签署了战略合作。

(9)2022年，跟宏邦科技签署了充电桩换电站战略合作。

(10)2022年，推出首个重卡底盘换电站。

七、发展规划

博众精工在未来的发展中，将持续发挥自动化设备系统集成技术与研发优势，以客户为中心在所属领域持续提供稳定可靠的产品，给予全周期立体化的服务，继续保持行业内有竞争力的端到端快速交付能力。弘扬“博采众长、博施济众”的精神，秉承着“追求卓越、和谐共赢”的经营理念，践行“让我们的智慧在外太空为人类服务”的使命，不断加强技术专家团队建设、完善管理体系、提升综合服务能力，致力于成为装备制造业可持续发展的世界级企业。

万帮数字能源股份有限公司

一、单位概况

万帮数字能源股份有限公司成立于2014年10月，总部位于江苏常州，是一家深耕新能源汽车充电领域的企业，旗下拥有“星星充电”与“星星能源”两大核心品牌，可以为全球客户提供设备、平台、用户和数据运营以及绿电交易等综合服务。“双碳”大局下，通过为家庭、社区、工商业、政府园区、公共配套等各类场景提供低成本、高效率的整体解决方案，实现整个城市“低碳”甚至“零碳”运行，打造全球能源革命中的中国方案。

万帮数字能源股份有限公司专注于新能源汽车充电设备研发制造与运营，产品线涵盖交直流设备、充电枪头、电源模块、智能电柜、换电设备等，掌握着智能控制、物联网、大功率定制等核心研发能力，是国内为数不多融合了工业互联网、能源互联网、交通网的新基建企业；拥有物联网、能源动态管理、大功率定制以及V2X等核心研发技术；还拥有涵盖基础的交直流设备、充电枪头总成、电源模块、智能电柜、换电设备等硬件产品；以及涵盖数字云平台、App开发、智慧能源管理系统等软件产品；更提供了云安装和云售后等直面用户的服务。

二、生产与经营

万帮数字能源股份有限公司采用“硬件+软件+服务”的商业模式，此模式被大量案例证实为成功的业务模式，能为不同客户提供高效的整体解决方案与多种服务。在云产品上，星星充电云平台提供强大的充电网与智慧能源管理能力，连接各类场景，赋能各类用户；在管产品上，美丽充作为全新经营场站是国家新基建的典型代表；在端产品上，公司旗下硬件覆盖光伏、储能、交直流充电、V2G、能源路由器、直流微网等系列领域。“智能充电设备硬件+充电基础设施网络+云平台运营”云管端协同发展，3个组成部分在核心技术、不同场景和客户各个维度相辅相成。截至2022年12月底，公司在全国已经投建超过4000座充电场站，云平台链接超过100万台智能充电设备，星星充电App、小程序等累计注册充电用户超900万个，公司产品基于对我国充电基础设施产业化的突出贡献获得“制造业单项冠军产品”“第七届中国工业大奖项目表彰奖”等殊荣。

三、产品出口

万帮数字能源股份有限公司已获得了极具专业含金量的ASPICE L1车载软件开发过程标准体系、IATF 16949汽车行业质量管理体系证书、VDA6.3德国汽车工业质量标准车规级认证；获得了SA 8000企业社会责任体系、ISO 26262功能安全管理和ISO 14001环境管理体系等由国际认证中心认证的涉外证书；对产品原材料阶段、制造阶段、物流、安装、维护、报废等生命周期进行碳足迹计算，获得了BSI英国标准协会颁发的ISO 14067产品碳足迹核查声明证书。

公司自主开发SECC及EVCC并基于对全球主流通信协议有深刻的理解，在硬件适配、软件兼容、充电参数调整等多方面调整其充电桩产品，实现产品适配全球绝大部分地区充电标准，具备为国际客户提供定制开发智能充电设备的能力。公司产品及服务销售区域覆盖中国、美国、德国、新加坡等近50个国家和地区，与大众、奔驰、施耐德、壳牌、意大利国家电力、法国Engie能源等多个世界500强企业、充电行业龙头企业开展深入合作，其产品质量和技术实力广受客户、合作方及其他充电行业参与者认可。

四、产能建设

精良的生产设备、先进的技术和高水平的设备管理是确保产品质量的重要前提。为确保设备高精度高可靠性地生产，万帮数字能源股份有限公司引进了国际领先的设备和自动化组装生产线搭建生产及组装车间，并在2021年和2022年分别荣获省市级智能示范车间荣誉。

1. 直流车间

实现精益生产，柔性供应，使用高精度扭矩枪和智能装配线生产，确保产品质量稳定可靠；通过实时监控和MES系统管理，保证生产流程的智能化和自动化控制；依靠智能检测，将所有产品测试数据上传到MES进行管理，实现产品全生命周期的追溯管理。

2. 交流车间

车间实现全面智能制造，包括信息化制造管理执行系统MES、智能总装生产线、智能高温老化测试设备、全功能自动检测设备、充电桩线束加工中心和智能化搬运机器人（AGV搬运小车）等，实现车间全生产过程的标准化、精益化、高效化。

3. PCBA车间

采用智能在线光学检测和全自动贴片等技术，对在制产品进行检测、分析、结果判定，节省人工成本，提高生产效率，避免残次品流出。同时，全自动涂覆线，可实现三防漆的全自动喷涂、烘干，进一步提升产品品质。采用信息化制造管理执行系统MES，可实现制造全流程追溯与在线监控。

4. AGV智能调度系统

交流车间导入行业顶尖的AGV自动配送机器人和调度系统，实现无人搬运，依托于MES和WMS系统，设置安全库存，基于订单消耗信息自动下发call料单，最终承接AGV配送系统实时配送，实现原材料和半成品的智能化周转和智能导引，大幅度降低搬运浪费，同时也降低了在制品库存、人为配错、效率低下和品质不良风险，提高了车间整体物流运输能力，为产能提升打下了坚实的基础。

五、技术进展与研发能力

万帮数字能源股份有限公司拥有国内桩企中面积最大的实验室，拥有国内最多的CNAS检测能力共计200多项，包含充电设备、核心部件（含充电枪、充电模块等）及车桩联调的检测。该实验室获得CNAS国家认可、IECEE CB资质、ISO 17025国际标准体系管理证书，是可做国标（GB）、欧标（CCS）、美标（SAE）、日标（CHAdeMO）通信检测、新加坡TR25标准检测的实验室，且开放车桩联调及车桩互动一致性测试，拥有充电桩IECEE CB测试资质，并在充电桩领域获得北美认证机构CSA授权。此外，研究中心实验室与德国

TÜV 莱茵、德国德凯、法国必维、瑞士 SGS、北美 CSA 建立了国际互认实验室，为公司技术创新和产品研发进一步提供了认证便利。

近 3 年，万帮数字能源股份有限公司验证并优化了 1500 多项设计方案，取得了百余项发明专利、3 项软著和认证、3 项行业大赛奖，实现了具有核心制造参数回馈功能的充电桩生产制造新模式，还实现了新能源汽车充电桩生产制造过程中的工艺参数自动调整、核心模块差异化匹配、出厂参数自动调整、个性定制化制造等生产运营一体化管理，利用数据分析技术提升生产力，构建覆盖整个新能源汽车充电桩生命周期的一体化平台。

六、主要新产品

产品名称	产品型号	产品应用
7 kW 极光交流桩	7 kW AC	新能源汽车
360 kW PDU 分体充电桩	360 kW PDU	新能源汽车
480 kW 液冷超充桩	480 kW 北斗二代	新能源汽车

七、合资合作及重大项目建设

1. 盐城固态锂电储能集成系统装备研发制造基地

万帮固态锂电储能集成系统装备研发制造基地位于盐城市亭湖区，项目建设以完整的智能制造生态链为基准，将“智造”场景贯穿于产品的整个生产环节，实现产品、过程和工具 3 个层面的自动化、数字化、智能化，链接新型储能行业上游储能电池、储能变流器、能量管理系统等原材料及核心设备供应，配套中游新型储能装机规模，接应下游各应用场景及储能应用，完成后可年产储能电池系统及配套设备 3 GWh、年产逆变器 10 万台、年产小功率直流充电桩 1 万台。

2. 中认国创检测技术中心

国创移动能源创新中心是万帮数字能源股份有限公司以“公司 + 联盟”的形式组建的省级新能源汽车能源与信息创新中心。2020 年 10 月，国创移动能源创新中心与中国质量认证中心（CQC）下属投资平台北京中认环宇技术开发有限公司、莱茵国际有限公司下属公司莱茵技术（上海）有限公司三家强强联合，正式注资成立了“国创未来检测技术（江苏）有限公司”〔2023 年 2 月，为扩大品牌影响力，经报 CQC 总部申请批准，正式更名为中认国创检测技术（江苏）有限公司〕。

中认国创致力于打造世界一流的新能源汽车充（换）电设施和系统、光储充及新能源行业相关零部件检测的智能化、数字化实验室，并以实现“一次检测 多国通行”为目标，通过提供一站式质量服务解决方案，助力中国新能源产业不断提升产品质量和技术实力，实现中国新能源产品通行全球。

3. 开迈斯新能源科技有限公司

开迈斯新能源科技有限公司由万帮数字能源股份有限公司联合大众、一汽、江淮设立，中心自创立以来，主要从事各型号的电动汽车交流慢充墙盒、大功率直流快充桩、直流快充站附属产品及相关云平台的开发和测试，以及超级充电桩、自动充电等技术和产品的创新、预研；开展充电基础设施运营业务，实现充电设施网络互为补充；为实现互相引流用户，扩大平台资源，提升品牌效应，向用户提供多样化服务，助力全国充电网络覆盖。

八、发展规划

万帮数字能源股份有限公司将坚持平台化思路，依托星星充电能源可视化管理服务平台，除了实现新能源汽车充电装备的功率调控、状态监测、远程运维、费用结算等基本功能之外，试点项目将进一步实现平台对绿电消纳的“响应”，平台将通过九大协同技术来实现对新能源汽车充电的调控，以实现绿电消纳。“服务”定义“制造”，“软件”定义“硬件”。要实现以上绿电消纳的宏伟目标，必将追溯产品的技术升级、智能制造。公司在移动能源网、智能大功率快速充电关键技术上进行技术突破，包括堆叠式充电方法、大功率动态功率分配技术、大功率液态冷却技术、源网荷储双向互动技术等。

星星充电，不止于充电，公司将不遗余力，推动人类交通电动化，引领全球能源数字化，共建全球移动能源网。

开迈斯新能源科技有限公司

一、单位概况

开迈斯新能源科技有限公司于 2019 年 5 月 16 日成立，目前合资股东分别为大众汽车（中国）投资有限公司、中国第一汽车股份有限公司、一汽-大众汽车有限公司、万帮数字能源股份有限公司和安徽江淮汽车集团控股有限公司，总部位于江苏常州。开迈斯新能源科技有限公司集车企与充电企业优势于一体，提供从充电基础设施的研发制造到软件的智能互联，从私人充电用户到半公共、公共以及商务用户，从电力供应的行业源头到服务平台的终端体验，实现每一个业态的前后端无缝连接。

开迈斯新能源科技有限公司自创立伊始，始终怀抱初心，肩负构建汽车出行服务生态和开拓绿色能源美好未来的企业使命，始终服务于中国用户以及国内迅速发展的移动出行领域，致力于为电动出行提供全场景充电服务。开迈斯新能源科技有限公司为中国新生代消费者而来，无论是在旅途中还是目的地出行，为消费者提供可持续的新能源汽车解决方案。

面对日新月异的市场变化，开迈斯新能源科技有限公司不断通过创新技术、产品和服务来响应各个补能场景下的用户需求。开迈斯新能源科技有限公司不断打造具有创新性的充电基础设施生态系统，提供用户便捷无忧、智能高效和安全可靠的高品质充电服务，并致力于成为智能移动出行的典范。

自 2019 年成立以来，开迈斯新能源科技有限公司快速推进高质量充电基础设施建设，并结合家庭充电、公共充电和目的地充电等场景开发了创新解决方案。2023 年，开迈斯新能源科技有限公司继续致力于以用户为中心的整合创新，打造最具创新性的充电基础设施生态系统和全场景的充电服务，支持大规模智能电动出行。截至 2022 年 6 月底，开迈斯新能源科技有限公司充电网络覆盖国内超过 180 城，建设 1250 座充电站和 10950 个充电终端，服务超过 200 万注册用户。在全国16个城市实现主城区5 km范围内有1座充电站的便利度,并将于2023年扩充至26城。到2025年,开迈斯新能源科技有限公司计划扩增充电终端数量至超过1.7万个,并将覆盖中国绝大部分城市。

经过4年的沉淀与积累,开迈斯新能源科技有限公司充电补能网络已初具规模,预计于2023年为用户实现京津冀、长三角、广深、成渝、山东半岛、长江中游、中原和东三省共八大城市圈满电畅行,形成三横六纵全国主要高速线路沿线城市补能网络。同时,开迈斯新能源科技有限公司致力于以用户为中心的整合创新充电服务,始终重视并不断优化用户的充电体验,坚持持续为纯电车主的未来出行和美好生活赋能,为客户提供充电免停、预约充电、高效布局、智能运维、稳定快充、即插即充、智能POI和无感支付八大核心充电服务。

在近期的中国充换电行业十大品牌评选暨颁奖典礼上,开迈斯新能源科技有限公司荣获"2023中国充换电行业十大影响力运营商品牌奖"。作为国内新能源汽车充电领域的创新企业,开迈斯新能源科技有限公司依托强大的研发实力、先进的核心技术和高质量的服务品质,在充电设施行业中脱颖而出,体现了行业和市场对开迈斯新能源科技有限公司创新充电产品技术与卓越充电运营服务的认可与支持。

二、主要新产品

产品名称	产品型号	产品应用
120 kW/180 kW 双枪直流充电桩	DH-DC1200SG48/DC1800GB020	满足电动汽车用户在旅途中快速补电,一桩双枪的模式能满足多用户充电场景,保障高效充电
开迈斯30 kW小直流充电桩	DH-DC0300GB018	主要应用于目的地充电场景,适配性强,安全可靠,稳定高效,充电更省心
开迈斯7 kW专属充电桩	CAMS-1-A I 0070 1 21-A	主要应用于家庭充电场景,智能、安全,便捷的设计让用户更安心

南京康尼新能源汽车零部件有限公司

一、单位概况

南京康尼新能源汽车零部件有限公司(以下简称康尼新能源)是南京康尼机电股份有限公司控股子公司,位于南京经济技术开发区内,公司专业从事新能源汽车的高压电气系统的设计、制造、销售与服务。

公司注册资金6468万元,生产办公面积约为2.5万m^2,现有产线设计产能可达到645万件。公司主要产品有交、直流充电插座线束,交、直流充电枪、充电模式二、模式三、高压连接器、充电桩、小功率充电机、车载高压配电盒、电池系统配电盒、维修开关、电锁、氛围灯及整车高压线束等,成为国内主要自主品牌新能源汽车企业的重要供应商。

公司组建了专业技术团队进行市场开拓、产品和制造过程开发,参与国家标准和产品认证规则的讨论,制定并执行汽车行业的体系要求。

二、生产与经营

康尼新能源立足于新能源汽车产业爆发式增长的关键时期,凭借自主开发技术,以产品质量好、可靠性高、性价比高的优势,开辟华东、华南、华北、华中等多个片区一级市场,取得了与比亚迪、上汽、吉利、奇瑞、长城、一汽红旗等主机厂合作,成为这些新能源整车生产厂商充电系统的重要供应商。在服务好自主品牌的主机厂的同时,康尼新能源还与合资品牌大陆电子、奔驰汽车、捷豹路虎、博世、雷克萨斯、沃尔沃等厂商建立了合作。

三、产能建设

康尼新能源生产办公面积约2.5万m^2,建设完成产能达到645万件/年的生产能力,各类型生产建设完成共20条,设备及专用工装1600余台套,其中大型/关键设备120余台套,为生产交付保驾护航。

随着业务的不断发展,公司也在积极规划筹建更先进的自动化建设车间,目前规划与筹措中,如:新增MES、SAP等软件;硬件上新筹建模式2自动化控制盒自动化生产线等等。

四、技术进展与研发能力

康尼新能源致力于新能源汽车及储能装置的高压系统和充电系统解决方案,依托电连接技术、液冷技术、EMC技术、集成电路技术等关键技术的突破,形成高压连接器、充电接口、充电桩、充电模式二、小功率充电机、大功率充电系统、储能连接器、高压配电单元、电池断路单元等产品系列,持续新增相关产品线和产品迭代,并围绕产品轻量化、面向自动化装配、高度集成化等方面形成产品的技术和质量竞争力,同时系列产品与技术均具有自主知识产权。

公司从事研发的人员150人,其中硕士学历人员占总人数的30%;公司研发实现全信息化管理,通过PLM\PDM\SAP\PLATO等信息化软件实现研发协同与效率提升;公司实验室荣获CNAS认证,并获得国内外近20家主机厂的试验资质认可,为项目的快速验证奠定基础。

康尼新能源先后参与制定两项国家标准,并与主机厂共同制定1项行业标准,拥有120项授权专利,其中包括85项实用新型专利、21项国家发明专利、4项外观专利,且核心发明专利"一种用于新能源汽车充电接口的电子锁止装置"荣获2019年"南京市优秀专利奖";公司荣获高新技术企业称号,多项产品获得省级新产品新技术鉴定"国内领先"荣誉。同时,在行业的技术发展中康尼新能源积极投身行业标准的发起和制定,是中国大功率充电标准委员会委员单位,中德大功率充电标准委员会中方委员单位,铝/铝导体标准发起单位,电动汽车模式二用插头标准工作组成员单位。

五、主要新产品

产品名称	产品应用
交流充电枪	国内各乘用车主机厂及充电桩
直流充电枪	国内各乘用车、商用车主机厂及充电桩
充电模式二、三	国内各乘用车主机厂及充电桩
交流充电桩	国内各乘用车主机厂
交流充电插座线束	国内各乘用车主机厂
直流充电插座线束	国内各乘用车主机厂
电子锁	国内各乘用车主机厂
PDU	国内各乘用车主机厂
MSD	国内各乘用车主机厂、商用车主机厂、电池厂
高压连接器	国内各乘用车主机厂、商用车主机厂、电池厂
高压线束	国内各乘用车主机厂、商用车主机厂
小功率充电机	国内各乘用车主机厂

六、发展规划

到 2022 年营收规模实现 25.15 亿元，年产量 645 万套，在高压接口及高压线束领域进入行业前五，主产品稳居行业市场细分前三，稳固国内新能源汽车连接器首选系统供应商地位。

张家港友诚新能源科技股份有限公司

一、单位概况

张家港友诚新能源科技股份有限公司（以下简称友诚科技，股票代码 873087），定位为国内一流的充电解决方案服务商，聚焦于新能源汽车高性能充电产品的开发和市场推广。公司成立于 2004 年 6 月，2017 年完成股改，目前为新三板创新层挂牌公司。国内主要客户为小鹏、理想、蔚来、上汽、比亚迪、华为金康、江淮等国内一流主机厂，海外主要客户有沃尔沃、雷诺汽车等车企及欧美国家排前三的充电桩企业。

公司布局未来的核心技术——大功率充电技术和新能源汽车无线充电技术均具备行业领先水平，公司作为全球大功率充电接口标准（Chaoji 标准）的方案起草单位，全面参与了 Chaoji 大功率标准的编制，并参与了国标大功率充电接口的标准工作组，在业内优先推出了各类标准的大功率充电产品。

公司获得各类荣誉 20 余项，其中包括江苏省高新技术企业、江苏省智能电动汽车充电系统工程技术研究中心、江苏省企业研究生工作站、中国汽车工程学会会员单位、苏州市专精特新示范企业等。

在新能源汽车未来 10 年的黄金赛道里，友诚科技将持续聚焦新能源汽车高性能充电产品的开发和市场推广，以国内国际一流车企和头部桩企为主要服务目标，坚持技术领先、产品力领先、品牌领先和性价比优势，致力于成为新能源汽车充电领域的领军企业和领导品牌。

二、生产与经营

公司主营产品为电动汽车充电连接装置、充电桩、高压连接器及总成、无线充电技术研发及部件的制造和销售。主要产品分别通过 CQC、UL、CSA、TUV、BS、CE、SAA、PSE 等专业权威机构检测认证。公司已建立健全多项体系，分别通过了 IATF 16949 和 ISO 9001 质量管理体系认证、ISO 14001 环境管理体系认证、ISO 45001 职业健康管理体系认证、SA 8000 企业社会责任体系认证、AA 两化融合管理体系评定证书等。

三、产品出口

自营出口全球 58 个国家或地区：美国、欧洲（德国、法国、英国、荷兰、奥地利、西班牙、挪威等）、亚洲（韩国、印度、土耳其、泰国、新加坡、越南等）、南北美洲（巴西、哥伦比亚、加拿大、哥斯达黎加）、大洋洲（澳大利亚、新西兰）、南非等国家。

四、产能建设

公司现有厂房面积 5 万 m^2，产品有四大系列、400 余种规格，设备达到 150 台，拥有电动汽车充电连接装置（充电枪和充电座）400 万/台套，高压连接总成 100 万/台套，充电桩 10 万/台套，工业电源连接器 2000 万个的年生产能力。设有精密模具、数控机加、塑胶成型、金属冲压、成品总装整链生产线。新厂房投产后公司整体产能为现有产能的 3 倍以上。

五、技术进展与研发能力

公司现有员工 600 人，拥有研发技术工程类人才超 100 余人，累计获得专利 115 项，其中发明专利 15 项、实用新型专利 56 项、外观设计专利 44 项、高价值发明专利 8 项、软件著作权 2 项。公司投入巨资建立了行业领先的实验室，在 2020 年先后获得 TÜV 莱茵颁发的实验室 CTF 资质证书和 Intertek（天祥）认可的实验室资质，并于 2021 年获得 CNAS 国家认可实验室。

泰科电子（上海）有限公司

一、单位概况

泰科电子（TE Connectivity，简称 TE）总部位于瑞士，是全球行业技术企业，致力于创造一个更安全、可持续、高效和互连的未来。TE 广泛的连接和传感解决方案经受严苛环境的验证，持续推动着交通、工业应用、医疗技术、能源、数据通信和家居的发展。TE 在全球拥有近 8.5 万名员工，其中 8000 多名为工程师，合作的客户遍及全球近 140 个国家。

TE 相信“无限连动，尽在其中”。

二、生产与经营

TE 汽车事业部致力于为整车和汽车零部件企业提供连接和传感领域的专业技术解决方案，包括专业的汽车端子与连接器、混合与纯电动汽车解决方案、高低压继电器、高速数据连接解决方案、无线连接技术、车用传感解决方案、线束组装、中央电器盒、套管/热缩套管等，其产品通过了严苛的环境验证。TE 汽车事业部的产品被广泛应用于汽车动力系统、车身和底盘系统、安全系统、电子控制系统、自动驾驶系统、信息娱乐系统以及舒适系统。

TE 汽车事业部的研发中心和制造基地覆盖亚太、欧非及美洲地区，致力于在整个设计、生产过程中与客户密切合作。

TE 中国汽车事业部总部位于上海，在全国拥有 6100 多名员工和 10 个销售办公室，在苏州建有 5 座工厂。丰富的连接和传感解决方案，完善的本土开发、验证和生产能力，使 TE 可以为本土乃至全球客户提供卓越的解决方案和优质的服务。

三、产品出口

TE 中国团队自主研发生产的产品广泛出口日韩，远销欧美，并不断获得全球客户的认可，许多出口产品的国产化率也逐步接近 100%。

四、产能建设

TE 中国汽车事业部在国内拥有 4 座工厂，总生产面积达 105920 m^2。工厂已有多条自动化产线投产，生产工艺涵盖注塑/嵌件注塑、冲压/电镀、组装、绕线、焊接/热铆、灌胶等。

五、技术进展与研发能力

TE 中国汽车事业部可提供丰富的连接与传感产品，系统架构能力与产品模拟分析能力，在上海、苏州拥有总面积 2600 余 m^2 的测试中心，包含百余台实验测试设备，30 余位顶尖行业专家，提供设计确认测试、产品验证测试、产品失效分析等，经过 CNAS 认证及欧洲主流整车厂认可。

六、主要新产品

产品名称	产品型号	产品应用
CSJ 高压连接系统	2385581-1	电动汽车电池包外部连接、电驱动连接
TE 第二代充电插座组合	2383754	电动汽车美、欧、日、国标充电接口
NanoMQS FFC/FPC 连接技术	—	电池包电芯模组采样到 BMS 板端连接

七、合资合作及重大项目建设

TE 中国汽车事业部已同国际及国内大量主机厂、知名系统集成商及线束厂达成合作，其产品与解决方案已广泛用于国内各车型，在市面上主流乘用车品牌的车型中均有应用，并已深度赋能国内外新能源汽车解决方案。

2022 年第四季度，TE 汽车事业部在华投建的 TE 中国昆山工厂、TE 中国汽车工程技术中心相继启用。TE 还与联合电子签署了战略合作协议。

八、发展规划

TE 中国规划积极赋能客户在汽车“新四化”变革下的发展，针对“电动化”与“智能网联化”趋势不断推出下一代产品，满足更高电力及高速高频数据的连接。同时，TE 正在积极与客户及行业组织合作，推出符合下一代连接需求的行业标准，以助力行业应对未来挑战。

精诚工科汽车系统有限公司

一、单位概况

精诚工科汽车系统有限公司是一家集汽车底盘、车身、镁铝合金铸造、智能化装备、精密模具、资源再生、零部件再制造于一体的全产业链系统解决方案提供商。全球员工 1.4 万多人，其中研发人员 1600 多人。总部位于河北省保定市，注册资金 10 亿元，下设 29 家工厂、9 个研发中心，区域分布在中国、德国、印度、泰国，年营业额超百亿。

精诚工科汽车系统有限公司先后被认定为高新技术企业、河北省汽车底盘系统技术创新中心、河北省企业技术中心、底盘试验中心通过 CNAS 资格认证，检测技术达到国际化先进水平。

二、生产与经营

精诚工科汽车系统有限公司始终以客户满意为导向，致力于为客户打造高性价比的产品。拥有经验丰富的开发团队，全面的测试和验证能力，完善的软件开发能力，能够基于客户需求提供全方位的产品设计方案或解决思路；拥有全球一流的工艺装备，保证高精度设计方案过程实现；产品线全面覆盖底盘、车身的总成及零部件产品、铝镁合金铸造和数智装备平台等；研发技术中心和工厂，覆盖欧洲、印度、泰国、华中、华东、华北，可依据就近服务客户，快速响应，实现最佳配套半径；拥有完备的质量管理体系，可提供研发、过程、售后无忧服务确保始终以客户满意为宗旨的交付保证能力。

三、产能建设

精诚工科汽车系统有限公司聚焦智能化、电动化新赛道，拓展具有底层核心技术的产业生态，形成从研发生产到回收再造的全产业链。

1. 智能化底盘业务

（1）前后悬总成 200 万套/年、排气系统 120 万套/年、主减及驱动桥总成 150 万套/年。

（2）悬架类产品总成 1000 万件、转向类产品总成 500 万件、电控拨叉等其他类 200 万件。

（3）EPB 300 万套/年、EAD 总成 30 万套/年、EAI 总成 100 万套/年。

2. 轻量化车身业务

冷冲压 9800 万冲次/年、热冲压 900 万冲次/年、焊接分总成 110 万套/年、辊压 1300 万冲次/年;电机壳 200 万套/年、缸体 180 万套/年、缸盖 240 万套/年、变速箱壳体 350 万套/年、镁合金仪表盘骨架总成 10 万套/年。

3. 数智化装备业务

实型加工、铸造、机加工 4 万 t/a;冲压模具 8000 t/a、压铸模具 200 套/年、大型注塑模具 100 套/年;白车身焊装生产线 10 条/年、弧焊/激光焊接生产线 5 条/年(150 套工作站/年)、智能物流输送生产线 5 条/年(50 套专机/年);锂电池生产设备 30 套/年、整线 4 条/年、氢能产线 6 条/年、光伏产线 6 条/年、电机产线 6 条/年。

四、技术进展与研发能力

拥有 30 多年研发经验,产品线全面覆盖底盘、车身的总成及零部件产品、铝镁合金铸造和数智装备平台等。坚持"精准投入,高效研发",构建完善的软硬件开发能力。涵盖材料级、零件 & 系统级、整车级实验验证能力。从环境载荷采集、路谱转化应用、台架试验、道路实车验证实现对单件、(零件)系统、进行强度、刚度、疲劳耐久、NVH 等性能在76 种路况下进行模拟试验验证,确保产品可靠性。

截至 2022 年底,研发人员 1600 余人。公司持续加大高端人才引进及培养,通过一系列政策、薪酬和福利制度吸引高技术人才,形成技术核心力量和学科带头人。

截至 2022 年底,精诚工科汽车系统有限公司已取得发明专利 57 件,实用新型专利 114 件,总计有效授权专利 171 件,并获得软件著作权 1 件。

五、主要新产品

产品名称	产品应用
承载式底盘-前悬总成	H6、大狗、摩卡、欧拉等
承载式底盘-后悬总成	H6、大狗、摩卡、欧拉等
非承载式-悬架总成	长城炮、坦克 300、坦克 500 等
转向节及轮毂制动器总成	长城炮、坦克 300、坦克 500、H6、大狗、摩卡、欧拉等
后桥分装总成	长城纯电动皮卡
前减速器总成/后减速器及电控差速锁总成	长城插电式混合动力汽车
电控差速锁	长城越野 SUV/炮、长城混动 SUV/长安/五菱/重汽/上汽大通
EPB	长城汽车全系、北汽福田皮卡
鼓式 EPB	长城汽车、北汽福田皮卡
1-Box	长城汽车
2-Box	长城汽车坦克 SUV
动感音效消声器	长城汽车 VV7、F7
紧耦合催化器	长城第三代 H6、大狗、摩卡等

六、合资合作及重大项目建设

研发布局——加速技术升级,服务全球客户。

海外:策划成立德国、印度等海外商务技术中心,开展前沿技术研究及转化,助推国际业务拓展。

国内:打造"保定 + 平湖"南北协同的两个研发总部,北京、上海、张家港、无锡、深圳、南京等 6 个专业研发分部的"卫星状"研发布局,加速新技术研究及转化应用。

七、发展规划

1. 协同研发

布局研发——建立多个研发分支,加速新技术研究。开展车身轻量化研究及转化应用,助推整车轻量化。

开展智能产品/技术的研究及转化(如:1-Box、主动悬架),满足整车自动驾驶 L2 ~ L3 级需求。

升级装备线体设计及集成能力,开展 5G 应用、视觉检测、自动物流系统等技术研究及储备,满足无人化、柔性化、智能化、定制化需求。

2. 数智转型

数字化研发——建立研发项目管理平台(PLM)和开发项目管理平台(PMS),支持研发项目内外部协同管理。构建数字化设计平台,利用智能化图书馆,将海量知识结构化,货架化,通过数据自动采集、智能推送、智能设计,实现设计经验自动进化及高效应用。

"黑灯"工厂打造——应用物联网、机器视觉、RFID 等数字化技术,构建数字化生产执行系统,实现生产过程智能化;引入条码、RFID、智能立体库、AGV 小车,支持智能物流仓储配送,打造集成、高效的全新物流模式。

3."双碳"经营

应用低碳技术,产品端使用绿色材料,从产品轻量化着手降低碳排放;在生产端应用低碳技术,降低能源消耗,减少碳排放。

对外开发低碳供应商,推进材料回用比例提升及供应商生产端节能降耗工作。对内快速推动公司能源结构调整,减少化石能源使用比例。推动设备升级,改善工艺,实现节能降耗,打造绿色生产链。

积极搭建,搭建逆向物流回收体系,实现高价值汽车零部件(变速器、发动机、前照灯等)回收再制造,拓展循环产业。

深圳市力辉电机有限公司

一、单位概况

深圳市力辉电机有限公司(以下简称力辉电机)成立于 2001 年,是一家可靠的电机解决方案供应商和制造商。领先的电机技术、丰富的电机应用经验和完善的定制平台,使力辉电机成为电机定制开发项目的理想合作伙伴。力辉电机致力于通过提供卓越的差异化产品和供应链,帮助客户在市场竞争中获得成功。对于需要保证电机性能和大批量稳定供货的企业来说，力辉电机是可靠的选择。力辉电机为许多行业提供服务，包括智能家居及家电、医疗保健、工业和办公自动化、电动工具和汽车。

二、生产与经营

力辉电机可定制可靠电机方案，包括通用交流，有刷直流，无刷直流和齿轮减速电机方案，广泛应用于智能家居和家用电器、医疗保健仪器、工业和办公自动化、电动工具和汽车领域。

三、产能建设

力辉电机从成立之初就非常重视现代工艺和生产技术，从电机方案设计阶段就考虑生产工艺的合理性和稳定性；成立专门的部门负责国内外先进生产工艺及技术的引进、本土化及创新，构建业界领先的电机生产工艺体系及创新模式；不但提高了品质一致性，而且降低了生产成本。

力辉电机 2010 年就成立自动化工程部，全面负责自动化生产线的引进、落地和升级改造，结合市场趋势自主开发高效自动化生产线，改进生产工艺及技术，不断提高自动化程度。力辉电机拥有多条高效的自动生产线，主要分为四大类型：交流电机、有刷直流电机、无刷直流电机和齿轮减速电机自动化生产线。所有自动生产线均配 MES 系统，在生产效率和产品质量一致性及产品质量追踪领域，都处于业界领先。

力辉电机拥有占地面积 4 万多 m^2 的现代化生产基地，60 多条自动化生产线，自动化程度高，产能稳定，每月可生产 300 多万台电机，产能还可以根据客户要求进一步提升。

四、技术进展与研发能力

力辉电机拥有 100 多位在电机行业深耕技术研发和创新的产品定制化工程师，伴随公司 20 多年的产品设计方案定制，丰富的经验积累和独特的创新思维，为力辉电机构建了 300 多项电机专利技术优势，运用高新的设计软件，为客户提供更加前沿的领先解决方案和产品技术支持。

力辉电机专注于电机领域的新技术，新应用，适应全球绿色环保的主题，在汽车领域不断的研发低能耗，高性能的创新产品和技术，引领行业的发展方向。依托先进的生产设备工艺和管理理念，为不断创新提供技术保障和标准。

五、主要新产品

产品名称	产品型号	产品应用
12 V 直流齿轮箱电机	PGM-W068	新能源汽车方向盘位置调节
12 V 行星齿轮直流电机	PGM. P029	新能源汽车电动尾门升降
12 V 直流齿轮箱电机	PGM-WH60 Series	新能源汽车电动座椅背靠调节
24 V 冷却泵无刷电机	PBL7640 系列	新能源电动客车 EV 冷却泵
24 V 直流齿轮箱电机	PGM-WP75AL	新能源汽车电动座椅调节
12 V 有刷直流电机	PT3032 系列	新能源汽车电动座椅调节

六、发展规划

(1)预计未来 3～5 年汽车电机自动化生产线的投入达上亿元，不断提高汽车电机的产量。

(2)结合国内外最新技术，引进先进人才，不断改善现有产品以及开发新产品，全面实现大扭矩，轻量化，低噪声和无刷化的转型。

(3)着力于新能源汽车的车身系统的舒适性和自动化不断发展。

宁波祢若电子科技有限公司

一、单位概况

宁波祢若电子科技有限公司成立于 2010 年，注册资本 1 万万元，是目前世界上少有掌握电致变色新材料及器件关键核心技术并转化量产的高新技术企业，是电致变色材料在手机等 3C 消费类电子产品中应用开创了全球先河的领先企业。公司研发产品打破了“智能电致变色防眩目后视镜”美国公司全球独家垄断 30 年之久的壁垒，终结了中国电致变色防眩目后视镜、EC 镜片市场几十年来 100%依赖进口的历史。

公司高速发展的同时，获得多项荣誉和资质。先后被认定为国家科技型中小企业和宁波市专精特新中小企业；设有市级企业工程技术中心，组建了浙大博士领衔的研发团队，各类设备齐全。研发成果突出，累计申请专利 102 件(其中 1 件 PCT 申请)，共计授权各类专利 62 件(其中发明专利 22 件)，拥有完全独立自主知识产权的电致变色全套技术，保障了产品的先进性和独特性，同时积极主持和参与各类标准的研制，树立行业的领导品牌形象。2022 年祢若科技被再次评为国家高新技术企业。公司先后通过 IATF 16949:2016 管理认证，环境管理体系认证、职业健康安全管理体系认证、知识产权管理体系认证和两化融合管理体系认证；公司产品则先后通过国家 3C 强制性认证和欧洲 E-MARK 认证，入选第一批宁波市重点自主创新产品推荐目录。先后获得各级政府颁发“科技成长型小微企业”“2020 寻找宁波最具投资价值企业最具成长价值奖”“第一届宁波市高价值专利大赛发明优秀奖”“中国生产力促进奖(创新发展)二等奖”“宁波市第二届科技创新大赛二等奖”等各项荣誉。

二、生产与经营

公司 2016 年建成国内首条智能电致变色材料及器件生产流水线并正常量产，产品顺利进入：一汽、二汽、广汽、北汽，比亚迪、吉利、长安等国内外汽车主机厂及其一级供应商。

公司坚持走专精特新强企之路，致力于成为自动防眩目后视镜等电致变色玻璃细分领域的“小巨人”企业。

公司专业化深耕电致变色防眩目后视镜光学玻璃细分领域长达 12 年之久，设有市级工程技术中心，组建浙大博士领衔的研发团队，并积极开展产学研合作。

公司特色化经营对标国际巨头，积极展开竞争，抢占国内市场。拥有自主品牌“祢若科技”，通过前装供货的模式为麦格纳国际公司、比亚迪股份有限公司等国内外知名大企业直接配套主导产品。全国细分市场占有率逐年提高。

公司实施精细化管理,各类管理体系齐全,并先后引进了汽车行业丰富经验的留美博士、一汽生产高管和麦格纳资深工程师等多名中高端和国际化人才,助力公司管理提升,不断开拓新客户。

公司重视信息化建设对核心业务的支撑,先后购买研发设计用的 CATIA 专业三维软件、生产制造用的 MES 执行系统及经营管理用的 ERP 信息化管理系统。

三、产品出口

公司产品连续多年远销国外,并已进入多个合资或外资汽车品牌的供应商体系,未来产品将逐步进入海外市场。

四、产能建设

公司现有产能为年产 300 万片电致变色防眩目后视镜镜片,包括内镜和外镜;同时公司具备年产 50 万套电致变色防眩目后视镜总成的生产能力。

五、技术进展与研发能力

公司掌握具有独立自主知识产权的研发成果"高可靠长寿命宽调幅电致变色材料与器件产业化关键技术",经院士专家团队进行科技成果鉴定,认定本成果技术达到国内领先、国际先进水平。上述技术成果有效填补了我国在高可靠长寿命宽调幅电致变色材料及器件产业化关键技术领域的国内空白。

公司得到院士专家的关心指导,不仅建有省级企业技术中心,而且与国内顶尖的科研院校专家团队共建研发中心,围绕电致变色玻璃在飞机舷窗、汽车车窗、消费电子和建筑玻璃幕墙等其他细分领域产业化应用中遇到的"卡脖子"难题展开联合技术攻关。

六、主要新产品

产品名称	产品型号	产品应用
无边框电致变色防眩目内后视镜	WK11	比亚迪纯电动轿车和混动轿车
窄边框电致变色防眩目内后视镜	MR-ZK03	比亚迪纯电动轿车和混动轿车
基本型电致变色防眩目内后视镜	MR-ZK09	比亚迪纯电动轿车和混动轿车
电致变色防眩目外后视镜	WJ09	吉利纯电动轿车和混动轿车

七、发展规划

公司自筹资金已购置近 300 亩土地,正扩建宁波生产基地并增设江苏常州生产基地。未来 3 年将分期建成年产 2000 万片的电致变色防眩目后视镜光学玻璃生产线,全面满足快速增长的市场需求,实现公司战略目标。

鞍钢钢材加工配送(长春)有限公司

一、单位概况

鞍钢钢材加工配送(长春)有限公司(以下简称长春钢加),2004 年由鞍钢股份有限公司和蒂森克虏伯(中国)投资有限公司共同出资组建。2016 年 3 月,变更为鞍钢全资子公司。业务范围:开卷落料、激光拼焊(包括热成型拼焊)、纵剪,仓储配送及技术服务等。

2017 年 3 月天津分公司正式在天津市空港经济区西十四道 7、8 号车间注册成立,并于同年 9 月正式投产。公司地处空港加工区,紧邻京津塘高速,交通便捷,主要从事钢材产品的摆剪,横切,高强钢的生产加工,激光开卷落料、激光拼焊以及钢卷 JIT 配送等业务,为京津冀地区汽车制造行业提供产品及服务。

2018 年,成立子公司杭州钢加〔鞍钢(杭州)汽车材料科技有限公司〕。杭州工厂位于杭州富阳。可为客户提供开卷落料、纵剪、激光拼焊、仓储配送等产品及服务。

长春钢加通过长春、天津、杭州 3 地工厂,向东北、华北和华东地区的主机厂及配套厂提供服务。主要客户有一汽-大众、一汽红旗、一汽奔腾、一汽丰田、一汽解放、北京奔驰、长城汽车、沃尔沃、零跑汽车、合创汽车、高合汽车、特斯拉等。

二、生产与经营

长春钢加在激光拼焊领域的专业技术能力是领先同行业的核心优势。成立至今,被省、市、区政府及主机厂评定、颁发奖项共计 23 项。近 3 年来,长春钢加与国内、外剪切及焊接领域的先进设备供应商、各类科研机构和大专院校展开了大量的技术交流与合作,共完成生产设备改进提升 20 项,工艺改进 9 项,以及拥有设备编程的软件著作权 2 项。于 2019 年通过了高新技术企业认证,2020 年通过绿色工厂的认证。2022 年获得长春市"专精特新企业"称号,2023 年 4 月通过省级专精特新中小企业认定,2023 年 7 月年成功通过第五批国家级专精特新"小巨人"企业认定,且连续多年被长春市、长春新区、高新区评为"安全生产先进单位""先进单位",连续多年荣获"吉林省守合同重信用单位""吉林省 A 级纳税人""经济发展突出贡献奖""增产增收先进单位"等荣誉称号。

三、产能建设

长春钢加长春工厂建有一条年产能 10 万 t 的开卷落料线、一条年产能 200 万片的直线激光拼焊线、两条年产能 100 万片的曲线激光拼焊线、一条年产能 120 万片的消融线、一条年产能 10 万 t 的纵剪线。

长春钢加天津工厂建有一条年产能为 10 万 t 摆剪生产线、一条年产能为 200 万片的激光拼焊生产线和储量为 1 万 t 的钢卷存放区及辅助设施。2020 年为适应小批量多车型汽车主机厂需求,以及适应鞍钢深化产业结构,发展品牌效益,天津分公司从德国舒勒引进亚洲首条激光落料线,年产能为 5 万 t 落料产品。

长春钢加杭州工厂建有一条年产能 10 万 t 的德国舒勒钢铝混合开卷落料线、一条年产能 10 万 t 的纵剪线、一条年产能为 200 万片的激光拼焊生产线,仓储配送能力可达每年 10 万 t。

四、技术进展与研发能力

激光拼焊领域的专业技术能力是本公司领先同行业的核心优势。长春钢加从事汽车车身用板材落料、拼焊加工业务,同时也参与主机厂车身零部件的设计与研发。2018 年 7 月长春钢加与中国科学院上海光机所、鞍钢集团钢铁研究院联合成立实验室,共同研究开发汽车材料链接技术。推动产品技术共同进步,实现产业链的共同创新。长春钢加管理机制始终鼓励员工自主创新,优化、改进生产设备及工艺以达到降本增效的运营管理理念。自主创新小组自成立以来完成生产设备改进提升 40 项,工艺改进 29 项,并拥有发明专利 2 项,实用新型和软著若干项。

五、合资合作及重大项目建设

一条直线拼焊线正在进行填丝功能改造,以具备生产加工热成型拼焊板能力;一条曲线拼焊线正在进行填丝功能改造,以具备生产加工热成型拼焊板能力。

六、发展规划

围绕客户需求,挖掘客户痛点,积极探索钢材加工领域前沿技术,与客户共同成长,成为客户最有价值的合作伙伴。

江西新钢南方新材料有限公司

一、单位概况

江西新钢南方新材料有限公司是由新余钢铁股份有限公司和中冶南方工程技术有限公司于 2008 年 6 月合资组建的国有控股公司,坐落于新余市经济开发区,占地面积 309 亩,注册资金 5.95 亿元,专业从事冷轧产品的研发、生产、销售和技术服务。江西新钢南方新材料有限公司通过 4 期项目建设,具备了年产超 80 万 t 无取向硅钢生产能力,产品主要包括以 50XW800、50XW600 为代表的中、低牌号无取向硅钢;以 35XWH440、35XW300 为代表的中、高牌号无取向硅钢;以 20XW1200 ~ 1500 为代表的新能源汽车驱动电机用高牌号硅钢产品,成为国内少数几家实现无取向硅钢产品全覆盖,并具备薄规格高牌号无取向硅钢产品生产能力的企业之一。

江西新钢南方新材料有限公司无取向硅钢生产线共有 13 条机组,包括 2 条常化酸洗机组、1 台 6 辊单机架可逆轧机、2 台 20 辊单机架可逆轧机、3 条连续退火涂层机组、3 条重卷机组、2 条包装机组。凭借先进的装备与技术,公司品种结构优化,中高牌号比例达 80% 以上。市场开拓也稳步推进,实现了国内外主要市场全覆盖,产品在中小电机、大电机、压缩机、新能源汽车驱动电机、无人机、智能机器人等行业受到用户青睐,西门子、美的、华意、海立、东芝等国内外知名品牌企业均成为公司终端用户。

江西新钢南方新材料有限公司拥有完善的质量体系、严格的管理制度、强大的生产能力和先进的检测手段,在保证产品的高质量、高产出的同时也具备了较强的市场竞争能力。通过了 GB/T 19001—2016/ISO 9001:2015 质量管理体系、GB/T 24001—2016/ISO 14001:2015 环境管理体系、GB/T45001—2020/ISO 45001:2018 职业健康安全管理体系、IATF16949 质量管理体系认证以及印度 BIS 质量体系认证。

江西新钢南方新材料有限公司设有省级企业技术中心、省级博士后创新实践基地,是国家高新技术企业,公司先后被评为江西省首批两化深度融合示范企业、江西省节能减排科技示范企业,江西省第三届年度功勋企业等荣誉称号。2022 年荣获"新余市五一劳动奖""江西省制造业领航企业""新余市经开区优秀企业"等荣誉。2022 年新钢新材共申请专利 16 项,其中发明专利 5 项,其他 11 项均为实用新型专利,截至 2022 年底,新钢新材共有 31 项专利取得国家知识产权局的授权。

江西新钢南方新材料有限公司秉承"做优、做强、做大"硅钢产业的信心与决心,在市场同质化竞争日益激烈的形势下,瞄准品种结构这一中心工作重点攻关,让品种结构优增劣降,重点围绕新能源汽车、变频压缩机等高牌号市场开发,提高高端市场份额。在全体干部职工的共同努力下,自 2022 年 9 月始,新钢硅钢品种结构调整工作取得重大突破,中高牌号产品比例已达 80% 以上。

2023 年公司开发的 0.1mm 厚度,1250mm 宽幅 XST-100 牌号薄规格高牌号冷轧无取向硅钢,成为全球首发新品,各项性能均达到行业先进水平,现已具备批量供货能力。

踏上新时代征程,公司践行"坚守品质,服务客户"初心,秉承"互利共赢、诚信致远"的经营理念,稳步提升产能,加快新品研发,努力实现"打造硅钢精品,创建一流品牌"的企业愿景,逐步建设成为一个工艺现代化、生产集约化、资源循环化、效益最佳化、具有强劲竞争力的新型钢铁企业。

二、生产与经营

江西新钢南方新材料有限公司已经实现无取向硅钢牌号全覆盖,2022 年产量达到 109 万 t,2023 年产量预计可达 140 万 t。

三、产品出口

江西新钢南方新材料有限公司硅钢产品主要出口印度、巴基斯坦、孟加拉国、土耳其、意大利、阿联酋、摩洛哥、墨西哥、越南、韩国等 10 余个国家和地区。2022 年出口总量约 5 万 t。

四、产能建设

具备 10 万 t/a 高牌号无取向硅钢的生产能力。

具备 12 万 t/a 高磁感无取向硅钢的生产能力。

具备 43 万 t/a 低牌号无取向硅钢的生产能力。

具备 15 万 t/a 新能源汽车用冷轧无取向硅钢的生产能力。

五、技术进展与研发能力

江西新钢南方新材料有限公司与宝武新钢集团、钢铁研究总院、江西理工大学长期开展产学研合作,已完成电动车驱动电机用硅钢的研发和产业化，市场占有率达 50% 以上。

创新是企业发展的永恒主题，公司始终将研发创新作为企业发展的源动力，多年来持续加大研发投入。2022 年科技活动经费筹集总额为 25030 万元，科技活动经费投入占公司销售产品销售收入 4.49%。

六、主要新产品

产品名称	产品型号	产品应用
新能源汽车用钢	35XW1900、35XWF02	比亚迪、苏州汇川、小鹏、合众汽车、范斯特
新能源汽车用钢	25XW1300、25XWH1300、27XWH1400、27XW14FY、30XW1700	比亚迪、英博尔、北汽新能源、小鹏、美的
新能源汽车用钢	XST-100、XST-150、20XWH1300、20XW1500	美的、大疆无人机、莱芬

七、合资合作及重大项目建设

2021 年江西新钢南方新材料有限公司启动高性能高牌号硅钢项目，主要内容包括新建 1 套二十辊轧机机组、新建 1 条常化酸洗机组、新建 1 条简易包装机组等，该项目常化酸洗机组于 2022 年 7 月热负荷投产，二十辊轧机机组于 2022 年 12 月投产，公司产品结构进一步优化，中高牌号比例达到 80% 以上。

八、发展规划

项目规划：推进新能源硅钢项目的建设，新增高牌号、薄规格、极薄规格硅钢的产能，提高新能源用材的市场占有率。

新产品开发：主要围绕交通（新能源汽车、高铁、两轮电动车）、压缩机（空调、冰箱）、发电（火电、风电、水电）、工业电机（防爆、中小电机）4 个板块开展。

大庆劳特润滑油有限公司

一、单位概况

大庆劳特润滑油有限公司成立于 2009 年，是一家专注于乘用车传动系润滑油产品研发、生产、销售的高新技术企业。主要产品有传统自动变速箱油、车桥齿轮油、新能源变速箱油、新能源汽车减速箱油和混合动力汽车变速箱油、发动机油等，已成为国内知名的自动变速箱油生产供应商。

为了满足市场发展需求，公司持续推进实现“技术创新战略”，不断完善实验室检测设备，紧跟业界优质技术，实验检测能力已达到国内优质水平，是一家具有自主研发平台、自主研发创新能力的企业。

公司通过 ISO 9001 质量管理体系认证、IATF 16949 质量管理体系认证，并获得多家主要 OEM 主机厂厂商油品认证，是目前国内率先获得通用 GM DEXRON® -Ⅵ调和认证的民营润滑油企业，也是国内率先通过德国梅赛德斯奔驰 MB236.14 七挡乘用车自动变速箱油认证的润滑油企业，并先后获得奔驰 MB 236.15 七速乘用车自动变速箱油、德国福伊特商用车 Voith H55.6335、Voith H55.6336、奔驰 MB229.51、MB229.71、宝马 LL17FE +、保时捷 A40、沃尔沃 RBS0-2AE、大众长寿命全合成发动油 VW 50800/50900、VW 51100、美国石油协会 API SP 以及 ILSAC GF-6A 在内多项润滑油认证。

大庆劳特润滑油有限公司一直秉持着“汇聚传动科技，创新解决方案”的发展理念，多年来在自动变速箱养护项目上，为汽车后市场提供了近三分之二的自动变速箱油产品，多种可靠的油品解决方案和快捷周到的服务满足了大中小型客户的多样化需求，以品质优势和创新思路为众多志同道合的合作伙伴们实现了更多的应用价值。

二、产能建设

大庆劳特润滑油有限公司年生产能力 8000 t，原辅料储存能力 1500 t/a，成品储存能力 15000 箱。

三、研发能力

劳特润滑油研发平台设备先进，实时更新，实验检测能力已达到国内领先水平，分为理化实验室、化学实验室、机械实验室。

检测项目：ICP 含量分析，硫氮含量分析，旧油分析，JASO M358 环块试验机，FZG 齿轮试验机，KRL 四球机，全自动酸碱值测定，高、低温泡沫，凝胶指数，空气释放值，铜腐蚀，低温勃氏黏度，发动机油高温沉积物，MRV，CCS，全自动运动黏度，全自动开口闪点，水分，机械杂质，密度，色度，剪切安定性，氧化安定性，诺亚克蒸发损失测试仪等化验设备。

四、发展规划

劳特润滑油管理层明确公司发展方向，专注于高品质自动变速箱油的代工生产，只做贴牌，并着力为客户开发更多优质产品线，以优质产品得到各厂商以及终端用户的认可，顺势带动发动机油发展，公司加大研发力度，现已拥有大批忠实客户。

宝克（中国）测试设备有限公司

一、单位概况

宝克（中国）测试设备有限公司（以下简称宝克集团公司）成立于 1953 年，是全球高端装备领域的领军制造商。宝克集团在全球有 36 个运营公司和 17 个制造工厂，2300 名经验丰富的高技能员工。在传统汽车，EV/HEV/燃料电池与生命科学多个领域占领了世界高端制造业的制高点。宝克(中国)测试设备有限公司成立于2016年8月,位于无锡市新吴区,注册资本3000万美元,直属于宝克集团,是中国目前唯一、规模最大、设备最齐全、技术含量最高的测试设备工厂,公司产品技术源自欧美,立足、发展和服务于中国。

二、经营情况

宝克集团公司作为世界知名设备制造商,"宝克"品牌在中国汽车测试行业有一定知名度,用户覆盖95%的传统汽车和新能源车公司。客户覆盖世界各汽车公司和核心供应商。

公司产品主要服务于上汽、北汽、广汽、长安汽车、上汽大众、三一专汽、福田戴姆勒、比亚迪、理想、合众汽车、奇瑞、菲亚特等整车企业。同时拥有海外市场,已在马来西亚、印尼、泰国、韩国、印度、日本等国家和地区建立售后服务机构。凭借卓越的产品性能和优质的售后服务本公司产品已在行业内树立良好的口碑,已成为全球主要主流汽车生产商选购的首选设备。

三、产能建设

宝克无锡公司拥有一批经验丰富的工程师和技术团队,由海外工程技术人员与本地工程师组成了拥有高端智能科技研发能力的技术团队;具有年产400台套高端汽车测试设备的产能;是中国目前专注高端测试设备生产的全球领先企业,全国各地共拥有8个服务站。

四、技术发展与研发能力

公司产品包括电动、混动EV汽车检测设备、整车研发实验和认证设备、汽车动力总成自动化装配线、风电齿轮箱测试系统。2020年被评为"江苏省高新技术企业",拥有全部授权专利28件,其中发明专利3件,还有4件发明专利处于实质审查状态。

公司设有专门的研发场地和试验场所,同时配备了研发试验所需的先进的测试和分析用实验仪器和必备的硬件系统、软件系统。另外,研发团队在自动化设备设计领域拥有丰富的经验,卓越的攻关创新能力,良好的合作交流意识。公司在基础研发设施和研发人员储备方面都为项目的开展和产学研合作做出了充分的准备。通过项目开发不断增强车辆测试产品技术研发和应用能力,为中国甚至全球主要汽车企业、商用车企业、轨道交通车辆企业和水上运输工具提供全方位的测试解决方案。

五、发展规划

展望未来,在中国制造产业转型过程中,宝克无锡公司旨在推动和支持中国新能源汽车的研究开发与生产质量控制,提升传统汽车的排放技术升级和认证水平,协助自动驾驶汽车技术的研发,助力中国汽车行业智能装配技术的产业升级和进步。为中国和世界用户提供高质量的CKD生产与研发测试设备和智能制造解决方案,成为推动中国制造产业转型的"发动机"。

柯维自动化设备(上海)有限公司

一、单位概况

柯维自动化设备(上海)有限公司(以下简称柯维(公司)提供一体化的自动化生产和测试设备设计和制造。总部在美国,新加坡和中国都有设计制造基地。客户遍布全球,主要为汽车零部件、生命科学、医疗耗材、电子、半导体等生产行业。

2016年柯维加入宝克集团,一家总部在北美的高端设备制造商。宝克集团的生产基地遍布全球4大洲40多个国家,能给客户在全球提供当地的支持和服务。

柯维公司有横跨多种行业的自动化经验,能更好地协助客户在前期产品设计和工艺开发阶段提供意见。这可以降低生产测试设备的投资也降低风险。柯维公司可以代客户研发自动化流程和相关设备,让客户把资源集中在研发产品上,形成产品、生产流程、设备同步进行,缩短产品开发周期。柯维公司的专长就是解决自动化方面的问题,让客户把精力和资源都集中在他的产品和品质上,实现项目上的双赢。

二、经营情况

柯维公司作为ODM(原创设计制造)和客户合作开发新产品已有很多成功案例。把客户的新产品迅速从概念,验证,样机制作,发展为成熟的批量生产。柯维公司也配合客户在全球的项目,前期参与协助客户确定产品工艺。

三、技术发展与研发能力

2019—2020年期间,柯维研究开发用房建筑面积总计300 m^2,柯维主要购置的研发设备包括:两年研发类设备投资累计达55万元。

2019—2020年期间,柯维陆续新增研发项目17项,研发费用总额达2568万元,其中研发费加计扣除总额1881万元,100%为在中国境内发生的研究开发费用。截至2021年,柯维已获得高新技术认定(编号GR20203100364及ISO 9000质量管理体系认证等。

专利情况为实用新型11个、发明专利3个。软件著作权8个。

四、成果简介

柯维公司在汽车行业的领域有多年的自动化装配和测试设备设计制造经验。成功高效地完成客户的跨国的项目,设备遍布全球。协助客户完成同一产品在各国的设备投产同时进行。

柯维公司有成熟和成功的方案给汽车行业项目降低成本,降低风险,提高效率。产品包括ABS阀Modulator阀体、刹车、助力转向系统、汽车电子、各类马达和电机等等。

五、社会及经济效益

就业方面:柯维提供了70余个就业岗位,涵盖了各种学历层面的人员，为浦东新区就业贡献出了自己的力量。

社会责任方面：柯维每年会为所在镇政府慈善事业捐款，每年会倡议员工无偿献血等，为企业所在镇做出力所能及的社会责任贡献。

利税方面：柯维在近3年的时间里，累计缴纳税款3967万余元，为所在地税收做出卓越贡献。

Universal Balancing

一、单位概况

Universal Balancing中文名为通用巴兰兴，以下简称UB，在平衡行业有超过70年历史，为全球客户提供精密手动和自动平衡机及高速测试机。UB为设备提供全球优质服务，愿景是为跨行业高产量生产环境的客户提供先进生产表现，高精度平衡机。

UB的客户为OEM及一级供应商，包括很多英国、美国、德国及中国的知名客户。从2020年以来UB的超高精度转子平衡机已经进入很多顶级汽车制造商并对他们的产量增长做出了贡献。

UB位于英国布里斯托市Warmley的工厂提供设计和制造服务，并在全球范围内工厂进行制造，主要市场为英国、欧洲、美国、中国和墨西哥。作为宝克集团的一部分，UB分布在4大洲、14个国家，40个生产基地生产。在中国、美国和德国都有UB专家级工程人员来确保生产质量。

在2020年，UB把总部迁至5万多m^2新厂房来增加生产能力及加快交货时间。此次搬迁确保公司可以在电动车转子领域的持续增长，增加员工数量及保障生产节拍。

质量严格符合ISO 9001:2015生产要求。员工遵守质量系统和工艺要求，从销售到售后服务，从设计、采购、制造、调试和客户验收都遵循此要求。UB认为质量和持续发展是开发最先进平衡机和维护忠诚客户的先决条件。

二、测试技术及规范研究与制定

随着汽车电气化空前的发展，UB利用几十年制造电动转子平衡机的知识，并对技术进行了调整，以满足电动车行业日益增长的需求，研发了一系列新款自动平衡机。

此系列自动平衡机可以满足多种生产需求——超高精度和行业领先节拍时间。从用于研发目的的小型手动平衡机到高生产率的全自动防错设备。

在2023年公司投资了用于全自动生产环境的高速塑形机研发。全新开发可以使未经动平衡的转子在高速稳定后再进行动平衡工艺。转子在动平衡工序前得到更好稳定性，以便于得到精确动平衡结果，对于高速旋转转子这个工艺是必需的。未经动平衡的转子在2万r高速旋转，可能会产生很大的振动和应力，从而导致爆破或损坏设备。UB的研发团队成功克服了这一问题，此设备可以吸收不平衡能量，并在安全的情况下监测扭矩和振动。

新款高速塑形机可以在英国和中国生产，此款设备也在持续增加配置和更多测试选择。

量产用高速塑形机优势：最高转速可达25000 r/min，并带有很大不平衡量；低振动等级并持续监测；全等级自动生产，可以加装或不加装机器人上下料；设计可靠高效；防爆等级D；保护性噪声减少护罩；转子设置；高振动停机。

量产高速塑形机	
最大转子平衡等级	1000 gmm
标准可调速度可达	18000/21000/25000 r/min
最大标准转子质量	25 kg
最大标准转子长度	500 mm
标准加速/减速时间	10/20 s
一般节拍时间	60 s
可调高速保持时间	1 s ~ 20 s

三、在中国电动车转子市场发展

为了更加适应中国市场，UB增加了单工位转子自动平衡机——机型5。此机型专门为满足中国市场要求，提供相同高等级精度，在国内生产并且可以根据客户要求增减配置。

转子平衡机机型5是为中高产量设计，只加工一种工件。因为此设备没有换型需求，所以可以降低成本和错误率，同时可以与UB先进设备提供同样等级高精度。

平衡设备与全系列转子平衡机一样都是皮带驱动。使用3位置自动定位皮带驱动来达到读取时间小于10 s。

平衡去重通过气动控制双钻机来实现，可以钻单轴单半径，适用于铝制或钢制工件。钻机碎屑会被自动吸屑装置吸走。在钻削过程中夹持工件并自动定位来钻削工件。

中/高产量解决方案：只加工单一工件——不会有换型错误；模块化成熟设计；灌浆底座隔绝外界噪声；自动双钻机去重；简单设计——无伺服；维护简易；机床节拍时间约50 s。

四、国内外交流

UB在2003年开始向美国市场出口传动轴平衡机，与顶级Tier1供应商合作，研发了新型传动轴平衡机并快速占领了北美市场并向南美扩张。

从2006年开始UB开始出口高质量平衡设备到中国。客户从垄断Tier1到OEM的多工业领域。

顺应市场潮流，UB进入了电动汽车领域。在中国、美国和欧洲市场UB见到了可观的增长，UB做好了与客户共同切换到电动汽车主导的未来的准备。

五、发展规划

公司目标是在中国市场持续开发高速塑形机和单工位全自动平衡机。改进和适应不断变化的市场需求，持续提供有性价比的创新设备。

UB会持续把全球制造资源和售后服务投入在中国，与宝克集团旗下品牌比如Korvis一起来提供本地技术支持来满足市场要求。

三、燃料电池领域

上海重塑能源集团股份有限公司

一、单位概况

上海重塑能源集团股份有限公司(以下简称重塑能源)成立于2015年9月,总部位于中国上海,专注于氢能科技领域的技术研发及产品开发、氢能产业生态构建以及规模化商业应用的推广,是全球领先的全场景氢能科技解决方案提供商。

秉持“持续构建企业竞争力,成为全球领先的氢能科技企业,用氢能科技创造可持续发展未来”的宗旨,重塑能源通过8年的开拓与探索,形成了在氢能装备和燃料电池业务领域的全产业链关键技术布局。秉持生态思维,公司与中国石化、一汽解放集团、正泰集团、杭叉集团、杜邦、庄信万丰、有研集团、大陆、舍弗勒、丰田汽车等国内外知名企业建立了战略合作关系。公司获得了中国石化资本、国家制造业升级转型基金、一汽解放集团、宇通集团、丰田通商、红杉资本、高瓴资本等产业资本和知名机构的投资。

通过旗下电力系统事业部的持续发展,重塑能源实现了燃料电池电堆、膜电极、双极板、氢循环系统、升压转换器等关键部件的自主开发和规模化生产能力,是为数不多打通材料—部件—产品—应用全链条的氢能科技企业。通过自主创新和技术迭代,重塑能源的燃料电池产品持续精进,系统功率、功率密度、使用寿命、环境适应性等核心指标保持行业领先,助力燃料电池持续向技术可靠、性能稳定、安全性强、经济性好的方向迈进。

重塑集团是国家动力电池创新中心燃料电池分中心的依托单位,担任中国汽车动力电池产业创新联盟燃料电池分会理事长单位,与长城汽车、潍柴动力、国家能源集团、中国石化共同成为首批加入国际氢能委员会(Hydrogen Council)的中国企业。近年来,重塑集团陆续获得了由国家发改委认定的“国家企业技术中心”、国家工信部认定的第二批国家级专精特新“小巨人”企业、第六批“制造业单项冠军企业”、“国家知识产权优势企业”、上海市燃料电池制造业创新中心、2021年上海市燃料电池系统技术创新中心等国家和市级企业称号,获得了“中国汽车工业科学技术奖”一等奖、“中国机械工业科学技术奖”一等奖、2022年上海市硬核科技企业TOP100、2022年上海市产学研合作优秀项目一等奖、2022年上海市科技进步一等奖等企业荣誉。由重塑集团自主开发的大功率燃料电池供能装备被列为国家能源局2021年能源领域首台套重大技术装备项目;重塑科技作为牵头单位,携手产业伙伴共同承担了科技部国家重点研发计划2022年度“新能源汽车”重点专项——“商用车用大功率长寿命燃料电池电堆及发动机技术”,持续引领行业突破核心技术难题。

二、生产与经营

重塑能源的业务覆盖中国20省34市,以及德国、瑞士、克罗地亚、日本、马来西亚等海外市场;产品与技术已应用于汽车、船舶、工程机械、物料搬运、分布式发电、绿氢制取等多元化领域,并在车用领域累计部署燃料电池汽车超4000辆、行驶里程数超1.4亿km、帮助减少碳排放超8.3万t。

三、产品出口

搭载重塑能源燃料电池系统的码头拖车登陆加州长滩港;与三菱扶桑共同开发7.5 t氢燃料电池物流车;首批搭载重塑能源燃料电池系统的氢能公交车交付马来西亚;改装版氢能公交车亮相德国国家公园;合作首发搭载重塑能源燃料电池系统的改装氢能重卡;与克罗地亚RASCO合作氢能清扫车;交付电堆于瑞士系统集成商;交付燃料电池系统用于德国热电联供项目;与瑞士Paul Scherrer研究所(PSI)合作氢能电站项目。

四、产能建设

重塑能源在上海和温哥华设有研发中心,在江苏、浙江建有规模化的产品制造基地,在上海、江苏、广东、河南等地建立了完善的售后服务体系。

五、技术进展与研发能力

重塑能源基于在燃料电池领域所积累的技术研发、规模化生产、质量管理、客户需求洞察、产业生态圈构建等综合能力,重塑能源通过旗下氢能装备事业部向氢能产业上游进行业务延伸和技术创新,实现了质子交换膜(PEM)及碱性(ALK)电解水制氢装备及核心零部件的自主开发能力,并逐步构建规模化生产能力,成为业内为数不多具备双技术路线氢能装备自主化能力的企业。重塑能源已自主完成100 Nm^3/h的PEM纯水电解制氢系统、250 Nm^3/h兆瓦级PEM纯水电解槽、PEM制氢膜电极、ALK电解槽先进电极和制氢电源产品的开发,两代高质量ALK电解槽先进电极产品已投入市场应用。

六、主要新产品

产品名称	产品应用
大功率燃料电池系统	搭载在一汽解放、宇通等多款商用车型
大功率燃料电池电堆模组	配套系统搭载在一汽解放、宇通等多款商用车型

新源动力股份有限公司

一、单位概况

新源动力股份有限公司(以下简称新源动力)总部位于大连,是由中国科学院大连化学物理研究所等单位于2001年发起成立的中国第一家股份制燃料电池公司,主营业务包括氢燃料电池膜电极、电堆、系统以及测试台架的研发、制造、销售及技术服务。

成立20多年以来，新源动力始终坚持自主创新，逐步建立健全了产品开发体系、生产管理体系、测试评价体系以及售后服务体系，掌握了燃料电池电堆及零部件正向开发、批量制造工艺的核心技术，拥有燃料电池电堆、系统及关键零部件工程技术、工艺验证以及测试平台和氢源技术工程化实验平台等国内先进的燃料电池产业化平台，在技术开发、产品应用、平台与体系建设、产业链培育与布局等方面均取得了阶段性进展。新源动力于2018年通过IATF 16949质量体系认证，产品开发、生产制造严格按照质量体系要求高标准执行，保证产品的性能竞争力；同时新源动力有着清晰的降本路径，持续进行产品的降本工作，保证产品的价格竞争力。针对产品服务，新源动力制定了快速服务响应方案，进一步提升客户满意度。

新源动力是国家发改委授牌建设的国内唯一的"燃料电池及氢源技术国家工程研究中心"，通过了ISO 9001和IATF 16949等质量体系认证。其燃料电池产品经过严苛的车规级产品验证，可满足乘用车、客车和货车等道路车辆动力系统需求，还可广泛应用于叉车、工程机械、矿卡等非道路车辆、轨道交通、船舶、航空、分布式发电、热电联供以及备用电源等领域。新源动力燃料电池产品已经形成70～200 kW功率的HYMOD系列化燃料电池电堆模块，以及60～160 kW级的HYSYS系列化燃料电池系统产品，所有产品均具有完全自主知识产权。新源动力已建成世界领先的燃料电池膜电极、电堆和系统生产线，同时具备国际一流燃料电池测试评价能力。

新源动力战略定位：成为具有国际竞争力的燃料电池电堆及系统供应商。

新源动力愿景：燃料电池驱动世界。企业使命：以创新报国为己任，致力于燃料电池产业化。企业价值观：有益社会、创造价值、客户满意、团队成长。

二、生产与经营

主营产品：燃料电池膜电极组件、电堆、系统以及测试台架，所有产品均具有自主知识产权。新源动力燃料电池产品可满足乘用车、客车和货车等道路车辆动力系统的需求，还可广泛应用于叉车、工程机械、矿卡等非道路车辆、轨道交通、船舶、航空、分布式发电、热电联供以及备用电源等领域。截至2022年底，新源动力核心零部件已累计装车

超过1300辆，运行里程超过3000万km。全国12个城市有搭载新源动力产品的燃料电池汽车车队在运营。

三、产品出口

当前新源动力已出口相关产品到欧洲区域，测试及合同业务正在同步积极开展中。

四、产能建设

新源动力具备燃料电池系统或电堆1万台套/年的集成试制和工程技术验证能力

五、技术进展与研发能力

新源动力是国家燃料电池技术标准制定的副主任委员单位，同时也是高新技术企业。2006年，国家发改委授牌新源动力建设国内唯一的"燃料电池及氢源技术国家工程研究中心"；同年获得国家人事部批准设立"博士后科研工作站"；2016年，新源动力通过企业知识产权管理体系认证，成为行业内唯一的"国家级知识产权示范企业"；2019年，"燃料电池汽车关键技术研发及其产业化项目"荣获"中国汽车工业科学技术进步特等奖"；同年，"高功率密度燃料电池薄型金属双极板及批量化精密制造技术"获得"上海市技术发明奖特等奖"；新源动力的燃料电池电堆技术先后在2019年、2020年两届全球新能源汽车大会上斩获前沿技术奖和创新技术奖，是科技部燃料电池技术攻关的"主力军"，关键技术已达到国际一流水平，是我国燃料电池发展水平的前沿核心技术，代表了我国燃料电池的最先进技术。2021年，新源动力燃料电池电堆实现－40 ℃无辅助低温启动；"高可靠性燃料电池模块及核心零部件开发"项目被认定为首批"大连市氢能综合利用示范工程"项目；"车用高功率氢燃料电池电堆精准设计制造及产业化"荣获中国机械工业科学技术奖一等奖；"大功率车用燃料电池电堆关键技术开发"项目在首届全国颠覆性技术创新大赛获得优胜。

新源动力自2008年全国燃料电池标准化技术委员会成立之初即为燃标委会副主任委员单位，先后主持及参与起草了30余项燃料电池标准，承担了具体的燃料电池国标制修订工作，截至2022年底，累计申请自主知识产权专利技术607项，涵盖了质子交换膜燃料电池发动机系统关键材料、关键部件、电堆、系统等各个层面。积极推动了燃料电池的商业化应用进程。与此同时，新源动力先后承接了50余项国家和省市项目，其中国家级项目/课题28项，与国内外知名高校、科研院所及企业，通过产—学—研—用结合的方式，实现了商业化转化，包含关键材料、关键部件和燃料电池电堆的产业链示范体系已经形成，培养了我国优秀的燃料电池专业研发和产业团队，推动了燃料电池电堆技术链的完善和提高。

在国家发改委和大连发改委的支持下，新源动力已完成二期创新能力的技术研发、产品开发及测试服务等平台能力建设，成为国内研发和试验测试能力最强的国家级创新平台，其测试中心于2022年通过CNAS实验室认可。

六、主要新产品

产品名称	产品型号	产品应用
燃料电池膜电极	HYMEA	电堆
燃料电池模块	HYMOD-40	40 kW级别系统开发
燃料电池模块	HYMOD-70	60 kW级别系统开发
燃料电池模块	HYMOD-110	100 kW级别系统开发

续上表

产品名称	产品型号	产品应用
燃料电池模块	HYMOD-150	120 kW 级别系统开发
燃料电池模块平台	HYMOD-200M7	160 kW 级别系统平台开发
燃料电池系统	HYSYS-20	40 kW 系统,应用于叉车、拖车、微型车
燃料电池系统	HYSYS-70	60 kW 系统,应用于乘用车、商用车
燃料电池系统	HYSYS-100	100 kW 系统,应用于商用车
燃料电池系统	HYSYS-120	120 kW 系统,应用于商用车
燃料电池系统平台	HYSYS-160M7	160 kW 系统,平台产品,应用于商用车
燃料电池测试台架	HYFTB-M/S	电堆及系统测试台架

七、发展规划

新源动力的战略目标是成为具有国际竞争力的燃料电池电堆及系统供应商,同时通过力争 3 年登陆科创板上市,借助资本市场发展成为创新驱动与市场化拓展双轮驱动高速发展的高科技成长企业。未来 5 年公司将进一步加大研发投入、产业布局和产能扩充,建立集团化组织与品牌体系,争创行业品质世界一流。到 2025 年,公司团队达到 500 人,燃料电池电堆及系统的年生产能力达到 1 万台套以上,实现销售额超过 20 亿元,市场份额超过 15%。

德燃(浙江)动力科技有限公司

一、单位概况

德燃(浙江)动力科技有限公司(以下简称德燃动力)成立于 2017 年 7 月,总部位于浙江清华长三角研究院,在上海设有技术中心,在重庆、安徽等设有全资子公司,拥有先进的氢燃料电池发动机及核心部件生产基地、试验与试制中心,与同济大学成立联合实验室、浙江清华长三角研究院联合成立氢燃料电池汽车技术研究中心,和德国下萨克森州汽车研究中心成立中德氢燃料电池汽车联合研发中心。公司核心骨干为国内最早从事燃料电池发动机开发与示范运营的团队成员,具有领先的燃料电池技术,历经奥运会、世博会、亚运会等多轮国际重大示范,积累了丰富的产业化经验。

德燃动力以核心技术与部件为业务支撑,实现了 1-4-7-1 整车—系统—部件—服务的业务布局,产品覆盖燃料电池观光车、系统产品(动力系统、燃料电池系统、车载储氢系统、氢能发电装备系统)、核心部件(空压机、供氢回氢组件和气水分离器等)、工程服务等板块。已完成了数十款产品定型与车型配套,突破行业“卡脖子”技术,获得国内外一线车企的合作与认可。产品符合车规级标准要求,形成了完善的研发体系与企业技术标准。

公司拥有数十项发明专利、实用新型专利、软件著作权,商标权属。参与承担近 30 项国家与省市级科研项目及行业、地方的多项标准编制。公司被评为国家高新技术企业、浙江省科技型中小企业、浙江省专精特新企业,荣获“创新嘉兴 · 精英引领计划”领军人才 A + 、浙江省级高新技术企业研究开发中心,浙江省首台套产品等、中科协全国双创活动“2019 颠覆性创新潜力榜全国 40 强”、中国隐形独角兽 500 强、中国汽车隐形独角兽等荣誉。

二、生产与经营

德燃动力具备国内最为全面的燃料电池系统及部件的测试能力,是国内唯一具备自主完整关键部件支撑的系统产品企业,也是国内少数具有正向开发能力的企业。公司实现了“系统—部件—服务”的全方面战略布局,实现了全场景产品应用,已累计完成三大系列 30 多款车型的产品配套开发,并通过工信部产品公告,实现小批量供应与上线运营,是国内车型覆盖最全的燃料电池系统供应商之一。

德燃动力在乘用车领域的合作客户包括一汽、长安、大众、上汽、北汽、广汽等;在商用车领域的合作客户有上依红、陕汽、中车、吉利商用车、安凯客车、中通、奇瑞万达、江淮等。

三、产能建设

德燃动力在总部设有氢燃料电池发动机及核心部件研发与生产基地,已具备年产千套级燃料电池发动机的生产组装能力和配套的检测检验能力,整个厂区设燃料电池系统产线与测试区、零部件产线与测试区、仓储区、动力系统与车辆调试区、办公区、室外车辆调试场。规划在建年产 3000 套车用燃料电池动力系统及核心零部件生产基地。

四、技术进展与研发能力

德燃动力技术研发专注于车载领域,遵照车规级开发规范,符合国际化燃料电池汽车产业化路径。以发动机系统为核心,辅以动力总成与储氢系统技术形成闭环迭代。自成立以来,已完成了国内多家一流车企的多款车型开发与配套,并发布多款自主研发的燃料电池发动机与核心部件产品,其中红旗、长安、红岩等配套车型技术指标国内领先,尤其是在乘用车领域处于技术与产品的绝对优势,对商用车领域的竞争将形成技术降维覆盖与未来的规模化导入等持续优势。公司通过了 ISO 9001:2015 以及 IATF 16949 认证,并对业务领域内产品进行了完善有效的专利覆盖,发明专利申请逐年增加。

公司与同济大学成立联合实验室;与浙江清华长三角研究院联合成立氢燃料电池汽车技术研究中心;与德国下萨克森州汽车研究中心、氢燃料电池汽车技术研究中心成立中德氢燃料电池汽车联合研发中心;与长安大学建立联合实验室；与中国科学院浙江分院建立研究院平台，集聚了国内外顶尖的优质资源。

德燃动力具备先进的燃料电池系统技术及产品，主要包括：(1)架构先进性：全工况多物理量全解耦架构，自主可控BOP核心部件，高集成度氢、空、热子系统，具有高功率密度、强动态响应、快低温启动、长使用寿命等优势；(2)乘用车规级产品化验证：通过DV验证、振动试验、机械冲击、IP等级、低温存储与冷起、电磁兼容、道路验证测试、转毂、高温、高寒、高原、碰撞、耐久测试等；(3)控制软件：多维智能诊断、主动容错最优状态自适应闭环控制、气—水—热—电多重解耦、在线阻抗监测实现湿度精准控制及寿命预测、超20万行代码体量，完善的控制功能、20年团队经验数据库与精细化标定积累。

氢燃料电池发动机产品：自主研发的燃料电池系统已实现5～200 kW功率范围的覆盖，可满足乘用车、客车、物流车、重卡、市政环卫等整车应用场景，MW级在船舶、机车、叉车、储能发电等领域探索应用。发动机产品基于自主开发的核心部件，采用中高压进气与引射回氢技术路线，具有配套多种应用场景的车型产品方案供用户选取，高度的集成化设计，具高可靠性与安全性。

关键部件产品：氢燃料电池发动机专用空压机完全自主研发，采用高速电机直驱、离心式增压、无油润滑等技术，有效降低传动系统噪声，避免润滑油泄漏导致电堆损坏，更符合中高压电堆对高压比的运行要求。

供氢回氢组件产品，采用“电控喷氢＋引射回氢”的国际主流技术路线，满足各工况范围内氢循环要求，实现大工况范围内高当量比的氢气循环效果，并有效提高氢气利用率。

氢燃料电池观光车产品：燃料电池观光车采用前后双横臂独立悬架，整车操稳性及舒适性高，动力系统装配10 kW燃料电池发动机。整车续航里程可达200 km，加氢时间5 min，最高车速可达45 km/h，爬坡度大于20%，具有续航里程长、加注时间短、零污染等特点，适用于VIP接待、观光与景区接待、巡逻等应用场景，德燃动力可提供完善的应用支持，氢能展示、旅游等项目策划。

氢燃料电池发电装备产品：德燃动力基于自主开发的核心部件，已完成了固定式发电、调峰电源、应急电源、备用电源等多款 燃料电池电源产品，模块化设计具备离并网双工作模式，可实现兆瓦级模块化并联运行。

五、主要新产品

整车			
产品型号	产品名称	品牌	通用名称
DR-FCV-10	氢燃料电池观光车	德燃动力	燃料电池观光车

零部件		
产品名称	产品型号	产品应用
氢燃料电池发动机	FCE-10(5～20 kW)	应用于观光车、叉车、无人机、热电联供、备用电源
氢燃料电池发动机	FCE-30(20～50 kW)	应用于乘用车、物流车、专用车、热电联供、备用电源
氢燃料电池发动机	FCE-60(50～80 kW)	应用于物流车、公交车、乘用车、专用车、船舶、机车
氢燃料电池发动机	FCE-100(80～150 kW)	应用于客车、重卡、物流车、专用车、船舶、机车
氢燃料电池发动机	FCE-200(200～300 kW)	应用于重卡、工程机械、船舶、机车
氢燃料电池发电装备	FPS-100(5～20 kW)	服务器电源、应急电源、备用电源
氢燃料电池发电装备	FPS-102(20～50 kW)	服务器电源、应急电源、备用电源
氢燃料电池发电装备	FPS-103(50～1000 kW)	调峰电源、应急电源、备用电源
氢燃料电池发电装备	FPS-104(MW级)	固定式发电、调峰电源、应急电源、备用电源
氢燃料电池发动机专用空压机	FAC-40	适用10～30 kW燃料电池发动机
氢燃料电池发动机专用空压机	FAC-50	适用30～80 kW燃料电池发动机
氢燃料电池发动机专用空压机	FAC-100	适用80～150 kW燃料电池发动机
供氢回氢组件	HSE-22	适用10 kW燃料电池发动机
供氢回氢组件	HSE-72	适用30～60 kW燃料电池发动机
供氢回氢组件	HSE-152	适用60～100 kW燃料电池发动机
供氢回氢组件	HSE-202	适用100～120 kW燃料电池发动机

六、合资合作及重大项目建设

德燃动力与同济大学、浙江清华长三角研究院、长安大学、中国科学院浙江分院、德国下萨克森州汽车研究中心、舍弗勒、莱茵金属、EKPO、Faurecia等国际一流科研机构、企业、高校建立长期合作伙伴关系，与中国一汽、长安汽车、中国中车、上依红等一线车企建立长期业务伙伴关系，共同推动燃料电池技术的发展与产品示范推广。

七、发展规划

德燃动力始终致力于技术的创新与突破，以技术创新助推行业发展为己任，整合国际领先的技术和资源，完善产品体系，夯实独门绝技。通过乘用车高标准要求的技术迭代与商用车高质量产品应用迭代，成为有“德”的“燃”料电池行业领先企业。

武汉海亿新能源科技有限公司

一、单位概况

武汉海亿新能源科技有限公司是一家专注于氢燃料电池发动机系统及其核心零部件、燃料电池电堆和系统相关检测和测试设备、燃料电池汽车动力系统技术平台及其产业化的高新技术企业。海亿新能致力于氢燃料电池发动机系统及其核心电控部件、燃料电池电堆和系统相关检测和测试设备、氢燃料电池汽车的多能源多负载动力系统技术平台等产品的研发、生产、销售及工程技术服务和技术咨询。公司已分别入选湖北省“双创战略团队”、武汉市“千企万人”支持计划、东湖高新区创新创业“新四军”、“3551 光谷人才计划”、湖北省“瞪羚”企业等。2019 年及 2022 年获批高新技术企业。

作为国内氢燃料电池汽车关键技术研发最早的一批探路人,海亿新能的核心技术团队自 2001 年以来先后承担了国家“863”计划中多个关于燃料电池汽车的重大专项课题,作为核心成员深入参与武汉理工大学和东风公司共同开展的“楚天一号”燃料电池轿车、“楚天二号”燃料电池客车的研发。

公司现核心产品包括多种功率等级氢燃料电池发动机/发电系统、氢燃料电池动力系统测试、电堆测试、系统测试平台、燃料电池控制器、燃料电池能量管理器、燃料电池单片电压巡检器等;提供多类型氢燃料电池汽车的动力系统集成、动力系统优化控制、工程服务的完整解决方案。

当前公司拥有百余项自主知识产权专利,其中授权发明专利 24 项(其中 18 项为近三年授权),形成了国内领先、国际先进的燃料电池技术力量。公司已通过 IATF 16949 及 ISO 9001 质量管理体系认证,为产品研发和生产制造提供质量保障。

二、生产与经营

公司已具备全套的氢燃料电池核心技术,自主开发完成了覆盖 30 ~ 250 kW 功率等级的多款氢燃料电池发动机系统和 500 kW ~ 1 MW 氢燃料电池发电/热电联供系统等产品。可实现环境仓内 -40 ℃低温储存和 -30 ℃低温启动性能要求,并具有功率密度高、抗振性能好、动态反应快、可远程智能监控和诊断等特点。根据氢燃料电池系统输入输出要求以及系统设备特征,该系列燃料电池发动机/发电系统采用平台化设计方案,实现了系统结构创新设计,完成了系统高度集成和最佳优化匹配。

公司自主研发的国产燃料电池巡检器 CVM 及燃料电池控制器 FCU、动力控制器 VCU/能量管理器 EMU 已达到国际一线、国内领先的水平,并具备年产 10000 台套的生产能力。其中燃料电池巡检器产品是完整由公司自研自产具备自主可控逻辑单元的产品,彻底摆脱国外芯片依赖。已服务于数十家央企、国企、上市公司等各类客户,配套车辆行驶总里程达到千万公里,全国行业市场占有率领先。

目前产品各项性能指标达到国内领先水平,并已通过国家检测中心的强制检测,适用于各类型公交车、环卫车、物流车、工程车、重卡、全功率乘用车等各类车型。随着氢能作为能源系统关键一环被逐渐重视,公司增加氢能非道路领域的推广和战略布局,公司燃料电池技术和产品正逐步从较单一的应用场景向多场景示范应用转变,扩展到热电联供、应急电源、分布式/固定式发电、船舶、轨道交通等产业全场景应用。

三、产能建设

2022 年公司与武汉理工大学签订校企合作和成果转化协议,双方共同组建“燃料电池发动机测试台自主供电能量优化与控制策略研究”产学研合作平台。

为满足市场需求,2022 年上半年公司扩大控制类产品产能建设,在武汉集团研发中心扩建年产 5000 台套控制类产品产线,完成 IATF 16949 质量管理认证体系,推行并严格落实执行,严控生产制造中产品质量,为控制类产品的市场化夯实基础。

2022 年下半年,公司在咸宁新建 5000 m^2 智能制造基地,用于 100 kW ~ 500 kW 氢燃料电池系统生产制造,投产后计划年产能达到 3000 台套,并新建一条年产 10000 ~ 30000 套的氢燃料电池核心电控部件生产线,批量生产制造能力大大提高。产线同步配备多个实验与测试实验室,用于产品测试验证工作,建设有氢燃料电堆测试实验室、氢燃料电池系统测试实验室、氢燃料电池系统震动测试实验室、氢燃料电池系统高低温实验舱等先进试验检测中心,建立产品从生产制造、试验、检测等企业标准,同步提高产品出厂规范要求,满足产品高质量严标准要求,牢牢掌握质量管理主动权。

四、技术进展及研发能力建设

公司拥有国家级人才专家 1 人、正高级及高级工程师职称专家 4 人,研发人员占比 60% 以上,其中硕士研究生及以上学历员工占比 60% 以上。本团队已申请各类专利 130 余项,包括已授权各类专利百余项,其中有效发明专利授权 24 项。核心团队具有十多年的氢燃料电池领域研究背景及丰富的整车开发经验。

公司已有全套的氢燃料电池核心技术,并自主开发完成了覆盖 30 ~ 250 kW 功率等级的多款氢燃料电池发动机系统和 500 kW ~ 1 MW 氢燃料电池发电/热电联供系统等产品。可实现环境仓内 40 ℃低温储存和 30 ℃低温启动性能要求,并具有功率密度高、抗振性能好、动态反应快、可远程智能监控和诊断等特点。

公司以应用创新为主导,以高校科技创新为支撑,开展联合技术开发与示范的产研合作,依托武汉理工大学的人才和技术优势,充分发挥并利用公司在新能源汽车及零部件方面的工程实践、市场网络、品牌经营和资金等优势,为产品注入创新动力,为研究提供创新载体。在研发过程中,根据海亿公司和武汉理工大学在“产”和“研”方面的各自优势,合理分配研究任务,相互配合协调,确保项目各项工作高效、高质量完成。

公司目前多款产品已通过国家检测中心的强制检测,各项性能指标达到国内领先水平,尤其氢耗水平居于行业领先地位,产品适用于各类型公交车、环卫车、物流车、工程车、重卡、全功率乘用车等各类车型。随着氢能作为能源系统关键一环被逐渐重视，公司加强了氢能非道路领域的推广和战略布局，公司燃料电池技术和产品正逐步从较单一的应用场景向多场景示范应用转变，扩展到热电联供、应急电源、分布式/固定式发电、船舶、轨道交通等产业全场景应用。

公司始终高度重视并始终保持高水平研发投入，坚持技术创新，保证公司产品技术先进性。2022 年度围绕氢燃料电池发动机系统、氢燃料电池发电产品、新车型联合开发、核心电控类产品研发以及核心零部件研发，形成新产品技术护城河。

(1)新系统研发。2022 年完成了 HYX170 氢燃料电池系统的研发和强检报告，并在此基础上研发了 250 kW ~ 500 kW 氢燃料电池超大功率发动机系统。基于燃料电池系统模块化集成技术，对空气子系统、氢气子系统和电气子系统进行结构设计重建，通过高度集成和模块化设计，提高了燃料电池系统功率密度，突出了产品高可靠性、高安全性、低耦合性系统集成优势。

(2)氢燃料发电产品。2022 年度完成非车用氢燃料电池系统应用场景扩展，实现了 20 kW ~ 1 MW 多功率等级氢燃料电池系统在非车用领域研发适配，包括制储氢智能发电系统、动式备用/应急燃料电池电源系统、氢燃料电池热电联供系统、氢燃料电池分布式发电系统等。

(3)新车型联合开发。2022 年完成了多款基于氢燃料电池系统的样车开发，与诸多整车厂合作开发，现有样车及公告车型包括 8.5 m 氢燃料电池公交车、10.5 m 氢燃料电池公交车、10 m 氢燃料电池通勤车、18 t 氢燃料电池环卫、4.5 t 氢燃料电池箱式物流、31 t 氢燃料电池重卡、49 t 氢燃料电池牵引车等，为氢能车用市场提供丰富的应用场景。

(4)核心电控类产品研发。2022 年公司电控类产品实现了多次产品迭代升级，主要电控类产品包括燃料电池单片电压巡检器(CVM)、燃料电池主控制器(FCU)、燃料电池汽车整车控制器(VCU)，特别是单片电压巡检器(CVM)，已服务数十家央企、国企、上市企业等客户，配套车辆行驶里程上千万公里，全国市场行业占有率领先。

(5)核心零部件研发。公司自主研发空气子系统集成增湿器、中冷器、稳压传感器等，增加系统集成度后大大降低系统体积，实际装车测试效果良好；氢气子系统集成引射器、氢泵、汽水分离器、稳压传感器、调压阀等核心零部件，已在实际系统上安装适配并已批量生产，应用效果良好。其中自主研发的引射器解决了多级引射结构设计与精密加工工艺问题，适配系统实现多功率段无极引射，在无极引射切换精准控制研究上有了重大突破。

五、主要新产品

产品名称	产品型号	产品应用
高性能氢燃料电池单系统发动机	HYX170	中重卡、牵引车、矿卡、有轨电车、船舶
高性能氢燃料电池多系统发动机	HYX250/HYX500	储氢智能发电系统、动式备用/应急燃料电池电源系统、氢燃料电池热电联供系统、氢燃料电池分布式发电系统
燃料电池单片巡检器	HYC-C01	燃料电池电堆/系统检测和监控
氢燃料电池电堆测试与研发平台	HYL-FST 和 HYH-FST 系列	电堆测试和检验
燃料电池发动机系统综合测试与研究平台	FGT 系列	系统测试和检验
“氢—电”混合动力系统综合测试与研发平台	PIT 系列	整车动力系统测试和检验

六、合资合作及重大项目建设

2022 年上半年公司扩大控制类产品产能建设，在武汉集团研发中心扩建年产 5000 台套控制类产品产线。

2022 年下半年，公司在咸宁新建 5000 平智能制造基地，用于 100 ~ 500 kW 氢燃料电池系统生产制造，投产后计划年产能达到 3000 台套，可满足各功率等级氢燃料电池系统市场需求；同步新建一条年产 1 万 ~ 3 万套的氢燃料电池核心电控部件生产线，扩充电控类产品线。

七、发展目标与规划

武汉海亿坚持以科技创新为企业第一生命力，成为领先的氢能核心技术研发和智能制造供应商，致力于推广氢能技术和应用，成为国内核心细分领域领先者。产品坚持以“5 高 3 低”为产品开发目标，“5 高”即高能效、高功率密度、高耐久性、高环境适应性、高安全可靠性；“3 低”即低成本、低噪声、低功耗。

公司致力于推广氢能在车用场景以及非车用场景应用，为我国氢能发展做出卓越贡献，助力我国实现“双碳”目标、向全面资源节约型和环境友好型的绿色可持续发展社会健康前进。

航天思卓氢能科技有限公司

一、单位概况

航天思卓氢能科技有限公司是由中国航天科技集团旗下航融新能源和安思卓新能源(AngstromRenewable)等共同发起设立的氢能源装备制造企业，注册资本金 2.8 亿元。

公司是国际领先的水电解制氢关键设备制造商和氢能源系统解决方案提供商，致力于氢能源全产业链核心设备的技术研发及生产，推动氢能源产业在全球的发展应用。

安思卓新能源由发源于美国的全球氢能领先的技术团队创立，长期致力于氢能全产业链核心设备的技术研发及生产，推动氢能产业在全球的发展应用近 20 年。公司拥有世界领先的新能源水电解制氢装备，制加氢一体化和大数据平台技术。

二、生产与经营

公司由"一总部 + 五基地"组成，总部位于北京大兴国际氢能示范区，下辖中国南通、沧州等 5 个生产及研发基地，南通安思卓新能源有限公司为航天思卓氢能科技有限公司在南通的生产基地，专注于碱性水电解以及其他新型水电解制氢技术的研发、生产、制造、系统集成和运营维护等业务，提供制氢加氢一体机、绿电制绿氢装备与系统解决方案。

三、产品出口

公司产品远销美国、加拿大、德国、俄罗斯等欧美国家，产品符合欧美国家的 CE、UL、EAC 等认证，也满足欧美安全 GSG 认证。

四、产能建设

公司在沧州和南通的生产基地建设总产能达到了 1.5 GW/a。

五、技术进展与研发能力

2009 年首创"新能源制氢"技术填补国际空白；开始光解制氢和燃料电池技术的研发和合作。

2013 年新能源电解和光解制氢技术取得突破；承接中国科技部"863"新能源制氢项目。

2020 年完成世界最大集装箱制氢设备生产调试；国内首创制储加氢一体化系统氢能大数据平台投入使用。

2022 年完成 1200 Nm^3/h 集装箱制氢设备研发；CNAS、DEKAR 等专业机构测试突破行业新高并获认证；入选科技部国家级重大专项氢能课题并正式启动。

公司拥有完全自主知识产权，布局氢能领域 100 多项专利技术，也承载了国家氢能发展的专项课题研发，并与国际国内行业专家深度的开展多项技术研发。

六、主要新产品

产品名称	产品型号	产品应用
VERDE1000/1.6	1000 Nm^3 ALK 制氢系统	1000 m^3 制氢设备

七、合资合作及重大项目建设

在氢能的制氢领域广泛的和国家能源集团、国电投集团、中广核等大型央国企合作，开展光伏制氢、绿氢合成氨、制加氢一体等项目建设。

八、发展规划

公司致力于新能源与氢能产业的结合，以制氢设备为主要产品方向，深度布局氢能产业链，以制氢设备为龙头，发展氢能相关产业，形成制氢、加氢、氢化工、氢交通的整体发展格局，成为全球瞩目的高科技氢能产业公司。

四、芯片与智能领域

中电科汽车芯片技术发展研究中心

一、单位概况

中电科汽车芯片技术发展研究中心于 2022 年 9 月 28 日在北京正式揭牌成立，是中国电子科技集团有限公司统筹布局汽车芯片战略性新兴业务，依托中国电科芯片技术研究院，联合中科芯集成电路有限公司、中国电科产业基础研究院、中电国基南方集团有限公司、普华基础软件股份有限公司、中电科网络安全科技股份有限公司（原成都卫士通信息产业股份有限公司）、中电博微电子科技有限公司、中电海康集团有限公司等成员单位共同组建成立的平台型创新组织，立足战略统筹、市场统筹、技术统筹重要职能职责，统筹推进集团公司汽车芯片产业链业务发展和市场开拓，协调推动相关成员单位汽车芯片产业集群式发展，致力于核心汽车芯片及关键车用控制器的国产化研发与应用，重点突破车规级芯片、工艺、软件及控制器等"卡脖子"关键技术，为贯通国产汽车芯片自主可控全产业链、支撑汽车芯片技术进步和产业化发展提供电科智慧和电科方案，努力实现汽车芯片行业集中度和产业竞争能力快速跃升。

二、技术产品研发：夯实产品需求满足能力

着力破解汽车芯片"卡脖子"和供应链安全问题，有序推动系列"卡脖子"核心自主产品打破国外垄断、通过车规级认证，逐步批量上车应用。

汽车芯片方面，集中开展电子驻车制动专用芯片 SZ088EO 型、安全气囊点火驱动芯片 SZ087EO 型、高精度 MEMS 惯性导航传感器 ABA2000-SD 系列、高压直接驱动超声传感器 SZ094EO 型、77GHz 毫米波雷达射频芯片以及集成电流传感器等"卡脖子"芯片攻关研发，整体已形成"全系列布局牵引国产化、谱系化汽车芯片产品研发"的格局，围绕计算、控制、存储、电源、驱动、模拟、传感、功率、通信、定制等汽车芯片开展统型梳理。其中：达林顿开关、BMS、桥式驱动、导航等 9 个品类、数十款在研产品核心芯片"补短板"成效初现；电子驻车芯片、安全气囊芯片等自主产品有望打破国外垄断；系列高性能 MCU 逻辑芯片通过车规级认证；在国内率先突破 6 in SiCMOSFET 批产技术，SiC 三代半导体器件出货量国内第一、FRED 硅功率器件细分市场占有率国内第一，已覆盖 100 万辆新能源汽车应用需求；国际上首次实现 MEMS 惯性器件用于自动驾驶领域，已在多家头部车企获得定点采购，累计出货超 70 万套。

核心控制器方面，以市场为导向，依照 E/EA 发展趋势及"新四化"要求，推动控制器由国外芯片向国产芯片、电科芯片方案"两步走"转变，立足车身/整车控制系统、主攻底盘/动力系统、跟跑智能驾驶/座舱网联系统。其中：域控项目进入长安新能源深蓝平台，同步向阿维塔等高端车型延展覆盖；车载功率模块突破一系列模块封装关键技术，全 SiC 功率模块实现中车电动大巴批量装车，已稳定运行数万公

里；与一汽、长安、东风、上通五、吉利等国产自主品牌车企自主联合开展汽车芯片统型、定义，以国产芯片/电科芯片方案推动安全气囊、电池管理、车身控制、区域控制等项目取得国产化新突破。

此外，在车用软件方面，推出国内首个全国产普华汽车开放系统架构整车软件解决方案，自主研发国内首款安全车控操作系统"普华灵智"，并面向智能网联汽车推出"普华灵思"智能驾驶操作系统，实现全球首个汽车微内核技术开源。产品通过 ISO 26262ASIL-D 国际最高等级功能安全认证，覆盖一汽、长安、东风等 70% 以上国产汽车品牌，量产超过 1200 万套，完成面向智能驾驶的底层技术支撑平台，支撑传统汽车向智能网联汽车发展。

三、产线与体系能力建设：提升保链供链服务能力

以支撑关键汽车芯片、核心车用控制器、基础车用软件及其相关技术产品生态体系建设、能力提升为目标，结合各方优势力量现有基础及未来发展所需，统筹谋划促进重大产线的投资建设。

产线建设方面，8 in 工艺线扩能建设项目：规划产能 1 万片/月以上，已完成厂房封顶，预计明年初基本工艺全线拉通，建成后将覆盖 90%模拟和部分数字电路制造需求。先进尺寸工艺线建设项目：规划产能 2 万片/月产能，已正式开工建设，建成后可覆盖 100% 模拟和部分中高端数字电路制造需求。SiC、FRED 功率器件工艺线产能提升建设项目：SiC 从去年 2 万片/年提升到了 3 万片/年，建成后可覆盖 100%模拟和部分中高端数字电路制造需求。SiC、FRED 功率器件工艺线产能提升建设项目：投资 10 亿元，SiC 从去年 2 万片/年提升到了 3 万片/年，FRED 从 23 万片提升到 33 万片；同步启动年产 20 万片 8 in SiC 晶圆批产线论证和建设工作。车规传感器及相关器件工艺线产能提升建设：基于 MEMS 技术的汽车惯导、加速度、压力传感器芯片及组件批量化生产线建设，产能从 400 万只/年提升至 500 万只/年，激光器传感器芯片产能从 80 万只/年提升至 100 万只/年，陶瓷材料传感器产能从 300 万只/年提升至 400 万只/年；SiC 从 4 万片/年提升至 5 万片/年。车联网终端新增产线、车间建设：开展 T-BOX 智能网联终端产能扩建，新增 T-BOX 产线 1 条，从 16 万套/年提升至 30 万套/年。

封装、检测、认证方面，面向动力、自动驾驶、整车控制等高安全等级要求系统，开展"芯片—板卡—系统部件—汽车整机"等环节认证和测试方案定制，重点突破车规芯片电测试、可靠性试验、电磁兼容测试、功能安全测试、信息安全测试、认证和测试复核体系建设、认证和测试标准体系建设等关键技术，实现汽车产品认证和测试全流程自主可控。已拥有大型专业测试、试验和分析设备超 800 套，总资产超 3 亿元，正在与华润安盛、长电科技开展合作洽谈、促成战略合作，进一步补充车规封测能力。相关成员单位陆续启动、开展、完成 IATF 16949、ISO 26262、ISO 21434 等车规体系/产品认证工作，为推动产业高质量发展奠定良好基础。

四、对外交流合作：打造产业生态维护能力

结合市场所需，进一步扩大芯片设计、芯片后道测试封装、车企及行业等"朋友圈"建设，整合政产学研用优势资源，加大协同攻关力度，打通堵点卡点，支撑保障产业发展需求。

战略合作方面，与李克强院士专家团队、整机厂、Tier1 企业、封测/认证机构、高校、创新企业等签订战略合作协议，落实具体合作项目。

建圈强链方面：一是建设芯片设计合作开发圈，与高校、设计公司开展技术合作、项目联合攻关、专家联合办公、人才联合培养等。二是建设芯片后道测试封装圈，以中微腾芯、中微高科等为主体的检验检测、芯片封测、可靠性试验认证，为行业提供检验检测、产品认证等服务，与赛宝、电子四院等检测机构的合作，腾芯与国创中心打造联合实验室。三是建设汽车电子车企及行业合作发展圈，北京、重庆、无锡等各地成员单位加强与地方政府的合作(政策、资金、场地等)；与一汽、长安等头部车企深入实施战略合作，联合定义产品、方案，与上通五等车企开展定制化的标准研究；打通行业合作，与中汽中心、中汽研、电子四院开展标准的研究制定，与莱茵等标准认证机构的合作等。

国家级创新平台建设方面，对接国内头部车企和政府有关部门，研究确定"国家汽车智能技术创新中心""智能汽车安全技术全国重点实验室"建设思路，细化制定建设方案，发挥用研一体自主创新优势，集中力量开展大算力、高安全芯片前瞻布局。

分中心与基地建设方面，按照成熟一个、落地一个的原则，推动相关分中心及生产基地建设加快落地。其中：对接无锡市及惠山区地方政府和有关单位，确定车规芯片测试认证分中心(无锡)建设方案，于 5 月正式挂牌运行；对接合肥市政府和有关单位，确定华东应用创新中心建设方案，于 7 月正式挂牌运行。

五、主要攻关方向及业务范围

1. 主要攻关方向

在深入研判汽车芯片行业"卡脖子"技术和未来发展趋势基础上，着重在如下方向组织集团公司内外部优势力量自主研发、集智攻关：

(1)车身系统国产化芯片；(2)底盘系统国产化芯片；(3)动力系统国产化芯片；(4)整车控制系统国产化芯片；(5)智能驾驶系统国产化芯片；(6)座舱网联系统国产化芯片；(7)车用智能传感器；(8)基于国产化芯片的自主车用控制器；(9)车用自主操作系统。

2. 业务范围

业务范围主要包括：

(1)聚焦国家所需，围绕国家及民族汽车工业发展过程中遇到的全局性、综合性、战略性重大问题，统筹开展战略研究、政策研究和应用研究，为国家机关和行业主管部门提供决策支撑。

(2)聚焦行业所趋，加强用研合作，以市场为牵引，深入研究整车厂商需求，汇聚集团公司汽车芯片和汽车电子领域优势力量，围绕集团公司整体汽车芯片产业链关键环节和价值链高附加值环节优化布局，提升产业基础能力，构建产业生态。

(3)聚焦电科所能，统筹推进集团公司汽车芯片及汽车电子产业集群式发展，协同开展车规级芯片、工艺、软件、控制器及其车用软件等关键技术突破和核心产品研发，提供系统化、谱系化解决方案。

(4)聚焦中心定位,开展高可靠、高安全汽车芯片共性技术研究,提供芯片验证、可靠性检验等技术服务,统筹集团公司相关成员单位汽车芯片及汽车电子产业高质量发展。

六、发展规划

中心聚焦国家所需、行业所趋、电科所能,加强战略统筹和顶层设计,完善汽车芯片规划布局,统筹推进集团公司汽车芯片产业链业务拓展,协调推动相关成员单位汽车芯片产业集群式发展,以推进实施汽车芯片筑基、系统应用推广和基础能力建设“三大工程”为抓手,部署重点任务和产品谱系化研发,重点突破车规级芯片、工艺、软件及控制器等“卡脖子”关键技术,深入开展汽车芯片和汽车电子系统控制器的国产化研发与应用。预期到 2025 年有序推动国产化应用,分级分类推进部分“卡脖子”和量大面广的核心芯片研发,重点布局高端汽车芯片产品研发,形成一批具有竞争力的关键核心技术和产品;到 2030 年基本实现规模化发展,定义汽车电子技术体系和产品体系,典型高安全芯片具备国产化方案,基于国产芯片自主研发车用控制器并批量上车应用,具有自主特色和国内领先水平的产业生态体系初见成效。由此,逐步构建起中国电科汽车芯片产业链自主创新能力与完整技术体系,为贯通国产汽车芯片自主可控全产业链、支撑技术进步和产业化发展、打造新兴产业领军力量提供电科智慧和电科方案。

博泰车联网科技(上海)股份有限公司

一、单位概况

博泰车联网(以下简称博泰)作为以国有股份为主体,具备国家使命的先进制造业民营科创企业,同时也是国内领先的智能网联企业,现已成为国内领先的综合型智能座舱解决方案提供商及智能网联运营服务商,正逐步形成围绕汽车智能化生态的完整产业集群。

博泰车联网作为汽车智能化路上的先行者,正在以高性能计算单元为目标发力中央计算平台,在车机、操作系统、应用程序、云、人工智能和地图技术等多个领域进行了大量的研发投入和技术创新,在软硬云一体综合智能化解决方案的基础上,以“域控制器 + 中央计算平台 + 下一代无线通信技术”为核心,在 OEM、芯片、操作系统及零部件等领域横纵多维生态布局。

作为一家汽车智能化赛道上具备中央计算平台能力的核心龙头企业,博泰凭借强大的创新能力与知识产权积累、广博的客户资源、众多深度合作伙伴、卓越的用户体验以及专业的技术团队,成为汽车智能化生态平台型公司,是业内领先的综合型智能座舱全栈解决方案服务商,具备提供硬件、软件、云端服务及运营一体化的能力。

二、生产与经营

博泰厦门智能智造工厂是博泰车联网的自主研发基地,是继南京、武汉、深圳、沈阳、大连、长春 6 个研发中心之后的重要布局。作为博泰技术研发与落地“护城河”的重要部署,厦门智能制造工厂不仅是满足当下及未来智能网联研发、验证、演进需要的先导研发创新中心,更是集研发、工艺流程设计、供应链、生产制造、质量保证为一体的智能智造工厂。2022 年 10 月,厦门智造基地购入二期工业园,已建成 42000 m^2厂房。

2022 年 11 月 2 日,博泰车联网与瑞安市人民政府就“智能汽车零部件制造基地项目”签署协议,围绕汽车智能座舱领域的智能化水平提升,全面布局智能座舱域控制器、各类智能汽车零部件的研发、生产,构建中国智能零部件板块的产业升级。该产业园定位于智能汽车零部件产业生态集群,全面布局智能汽车零部件的研发、生产、售后服务等核心价值环节,以“创新发展、集聚发展、绿色发展”为动力,努力打造“产业高端、技术先进、生态文明、环境和谐”的现代化工业园区。

博泰柳州智能网联产业智造基地项目规划分两期建设,一期建筑面积 17409.36 m^2,含一号联合厂房、库房和门卫,工厂采用国内外先进的生产工艺和设备,厂房内布局结合物流与管理要求,逐步扩大智能网联设备的产能规模。二期为规划二号联合厂房,预计建筑面积约 12000 m^2,根据公司发展战略和产品规划,未来将导入更多的智能汽车零配件生产线。

三、产品出口

博泰在全球化方面的诸多布局也将为主机厂备战海外市场提供更多助力,针对海外数据和产品合法合规问题,博泰为车企备好考场规定与注意事项,并提供出海“大纲”;持续布局全球专利,抢占全球智能网联汽车领域知识产权高点;与亚马逊云科技开启战略合作,为主机厂提供覆盖全球的云基础设施与技术支持,以及在线内容服务,协助其在欧洲、东南亚、北美形成全面的业务布局等。

四、技术进展与研发能力

1. 研发能力

目前博泰已掌握软硬云全栈核心技术,并发力高性能中央计算平台。

智能云服务平台,实现了平台化、微服务化、容器化,结合敏捷开发模式,经历了 6 代产品,是国内第一家实现三屏一云的车联网云平台,具备远程安防功能及语音控制,也是国内第一个实现 NGTP2.0 协议,基于 SOA 架构体系及 IDC 部署的平台。

智能导航引擎地图平台,融合国内及全球多家地图数据及图商数据,支持 GNSS 失效状态下(隧道、地下等)长时间的惯性导航定位。

智能座舱智能语音交互系统具备快速响应、高识别率、复杂语义理解能力,抗噪能力强、车载场景功能丰富;博泰在 2011 年推出全球首个中文自然语言车载语音交互系统。

智能操作系统基于 Android 深度定制的车载系统并支持 NXP、MTK、高通等多个硬件平台,逐步实现了平台化、模块化、全场景交互、网联化、智能化等功能,满足前装项目车规级要求,具备大规模量产交付能力。

博泰作为汽车智能化行业领军企业,一直走在行业发展前列：

2010 全球首个 3G 车联网产品、首个支持 OTA 的三屏一云产品——inkaNet 量产。

2011 全球首个中文自然语言车载语音交互系统研发成功；全球首个基于 Android 深度定制的车载信息娱乐系统研发成功。

2012 国内首个避开拥堵的车载导航地图产品量产。

2013 NXP i. MX 车规级硬件平台量产。

2014 基于福特 SDL 协议构建手机互联产品——iVoka L。

2015Project N 超级智能终端产品发布；首个面向 To C 市场、具备极致用户体验的车载智能设备——I. P. D. A. 擎感智能车脑发布；构建平台化车载操作系统；构建汽车行业生态服务，基于第三方公私域融合、数据打通、账号绑定、API 接口打通等合作模式，形成全场景闭环能力。

2016 发布第三代车联网云平台——擎 Cloud 3.0，建立基于 TSP 且融合 AI 人工智能、大数据、第三方深度合作、CP/SP、支付、账号安全、OTA、IoT 与手机、电商、车辆服务与行车闭环服务等完整的 PaaS 与 SaaS 云平台。

2018 由东风集团、百度度秘事业部和博泰联合打造的人工智能车机系统——东风风神 WindLink 3.0 正式上市并实现量产。

2019 擎 Mobile 随身车联网发布，并搭载新宝骏全系车型。

2020 全球首个基于物联网和智能城市结合的移动商业实践平台落地；为一汽红旗研发的智联 3.0 系统上线。

2021 发布全球首个基于车身面板发声的车外人机智能交互发声系统；基于 NXP i. MX8QM 和高通 8155 研发的智能座舱解决方案产品量产；为一汽红旗定制研发的智联海外版系统上线。

2022 推出车外人机智能交互发声系统量产解决方案；双 8155、8295 智能座舱平台项目启动；搭载擎感智能座舱平台的岚图梦想家、哪吒 U-Ⅱ量产。

2023 推出“舱行泊一体”解决方案、“整车中央集成控制大脑”解决方案。

在 EEA 演进、高算力芯片、软件开发能力提升以及智能驾驶技术不断普及等推动下，智能座舱不断集成新的功能，座舱开始从单域向跨域融合方向演进，先将部分域的功能集成到一个高性能计算单元内，再逐渐聚合更多的功能域，最终形成舱驾一体化的中央计算模式。

但要实现真正的舱驾融合，需要让座舱和智驾把自己的整个架构打开，打开以后把各自的服务做好。SOA 实现路径中间必经的一步就是要把原来单体的软硬件架构打碎，变成一个个微服务。这一步做完之后，再谈如何去做融合，不仅智舱和智驾两个部门协作的难度会降低不少，而且后期在资源和时间上的投入也会少很多。而这个事情，需要整个行业标准的推动，甚至需要倒逼一些厂商逐渐把它的软件架构打开。制定行业标准的目的就是把大家的利益统一起来，协同起来，这样才能逐渐推动整个行业的发展和进步。

2. 进展

2023 年 4 月 18 日，博泰车联网与纵目科技联合宣布，双方将在智能汽车领域展开深度合作，基于主流的高算力芯片平台共同打造兼具性价比、覆盖主流场景、快速落地以及高市场接受度的“舱驾一体”化整体解决方案。该产品基于 8155 + 单 J3 融合设计，舱驾共享一套冷却系统；并采用分时复用芯片资源方案，同时满足座舱与智驾系统的算力需求；该产品座舱覆盖 HUD、仪表、中控、副驾娱乐等常规功能，支持智能语音、人脸识别等智能化功能，同时接入 4 路 AVM，实现实时 360°全景影像的拼接与渲染；此外，得益于 J3 极致感知融合 8155 座舱高 CPU、NPU 算力，行泊系统可实现 1R5V12U、3R5V12U 及最高支持 5R5V12U 的感知融合配置方案，以满足多元化的需求。预计 2024 年量产。

博泰车联网还推出了首款整车中央计算平台（即 Central Computering Module，以下简称 CCM）并将率先进行商业化应用。这款集成旗舰座舱和高级辅助自动驾驶、车身功能、网关、5G、V2X 整车中央计算平台是下一代智能汽车架构的核心系统之一，助力简化传统整车电子电气架构的信号矩阵以及功能结构，为实现软件定义汽车提供整车的硬件平台以及软件平台基础。可以说，博泰 CCM 的成功开发应用标志着汽车向成为下一代个人智能终端的目标又迈进了一大步。预计 2025 年完成产品开发及相关功能，2026 年实现量产。

博泰“舱泊一体”平台，基于第四代骁龙座舱平台（SA8295P），借助超高算力及丰富的接口能力，实现了车内多个 ECU 功能的融合，基于第四代骁龙座舱平台（SA8295P）的强大 AI 算力以及超强的视觉支持能力，雷达接入能力；支持融合业内领先泊车供应商的算法，以及全场景泊车功能实现，能够替代单独的泊车盒子，实现整车系统成本的降低。预计 2024 年完成产品开发及相关功能，实现量产。

五、主要新产品

产品名称	产品应用
博泰“舱驾一体”平台	预计 2024 年量产
博泰“舱泊一体”平台	预计 2024 年完成产品开发及相关功能，实现量产
博泰中央计算平台（CCM）	预计 2025 年底量产
博泰擎感智能座舱平台-8155 系列	岚图 FREE、岚图梦想家、哪吒 U-Ⅱ，以及国内某大型车企新车型
博泰擎感智能座舱平台-双 8155 系列	预计 2023 年四季度搭载某新能源车型量产
博泰擎感智能座舱平台-8295 系列	预计 2023 年底量产
基于 Harmony OS 的智能座舱平台	吉利汽车的几何 G6、几何 M6 车型
基于 MTK8666 的智能座舱产品	上汽通用五菱新能源车型
基于 MTK8675 的智能座舱产品	东风乘用车新款车型

六、合资合作及重大项目建设

2023 年 6 月 6 日，博泰车联网与腾讯智慧出行签署战略合作协议，双方将围绕云平台、智能座舱、智驾地图、智能营销、出海等领域开放合作，融合各自在产品、技术、资源等方面的优势，共同为汽车行业客户提供领先的解决方案，促进行业创新发展。

2023 年 5 月中旬，博泰车联网瑞安项目地勘圆满完成。瑞安基地是博泰车联网在智能座舱域控制器、各类智能汽车零部件的研发、生产领域的又一重要布局。此次地勘的圆满完成,为下一步项目顺利开工,打下了坚实的基础。

2023 年 4 月 18 日,在上海车展期间,博泰车联网与纵目科技联合宣布,双方将在智能汽车领域展开深度合作。基于行业主流芯片平台共同打造具有高性价比且能够覆盖主流场景,并快速落地实现高市场接受度的“舱驾一体”的系统解决方案。

2023 年 1 月 5 日,中电车联与博泰车联网签署战略合作协议,双方将依托各自优势,围绕“智能汽车芯片和安全自主可控及产业化”共建车联网、数据安全等产业生态圈,推动中国车联网产业高质量发展。

2022 年 12 月 28 日,博泰车联网与华为宣布达成专利交叉许可及相关合作协议,协议涵盖双方在智能网联汽车领域的全球专利许可。

2022 年 12 月 12 日,首届全球数字贸易博览会在杭州开幕,汽车智能化行业领军企业博泰车联网科与瑞安市人民政府就“智能汽车零部件制造基地项目”现场签约,博泰作为温州市唯一代表签约企业,未来将与瑞安围绕汽车智能座舱领域的智能化水平提升,全面布局智能座舱域控制器、各类智能汽车零部件的研发、生产,构建中国智能零部件板块的产业升级。

2022 年 11 月 15 日,博泰车联网获得数亿元战略融资,投资方为江西省文化产业投资基金和金景资本等。

2022 年 11 月 2 日,博泰车联网与瑞安市人民政府就“智能汽车零部件制造基地项目”签署协议,围绕汽车智能座舱领域的智能化水平提升,全面布局智能座舱域控制器、各类智能汽车零部件的研发、生产,构建中国智能零部件板块的产业升级。

2022 年 10 月 25 日亚马逊云科技宣布与博泰车联网开启战略合作,结合双方优势,为加速中国汽车企业拓展海外市场、国际汽车企业落地中国,提供车联网云计算软件产品及服务、汽车智能网联整体解决方案。此次合作将开创智能汽车领域全新的合作运营模式,打造全球的智能网联新标准。

2022 年 6 月 28 日,博泰车联网与 BlackBerry 宣布,博泰车联网智能座舱将采用 BlackBerry® QNX® 技术,并已获得 5 家汽车制造商,10 余款车型的量产项目定点,包括东风岚图、哪吒新能源以及 1 家国内头部民营汽车企业与 2 家海外汽车制造商。双方基于 QNX® Neutrino® 实时操作系统(RTOS)和 QNX® Hypervisor 打造的智能座舱,提供了更加个性化且更具互动性的智驾体验。

2022 年 6 月 21 日,博泰车联网宣布与南京领行科技股份有限公司达成战略合作,双方将在智能座舱、高精度定位、用户运营、前瞻规划等领域展开深度合作,推动网约车行业智能化的进程,进而不断提升用户体验。

2022 年 6 月 7 日,高通技术公司宣布与博泰车联网在汽车智能座舱领域的合作。基于强大的第四代骁龙座舱平台,高通技术公司与博泰车联网将围绕整车智能化、智能汽车连接功能、SOA 架构、驾舱一体以及基于中央控制器的多域融合等领域扩展合作并开发解决方案。

七、发展规划

当前,新能源智能汽车已成为促进全球经济可持续发展的最大战略支柱产业和全球经济增长的强大新引擎。提早布局,不断深耕,博泰已形成围绕汽车智能化生态的完整产业集群,并助力新能源智能汽车这一新兴战略产业打造出国际领先水平。

根据计划,未来博泰将立足于三方面持续深耕:第一,突破“卡脖子”技术,布局汽车芯片国产化科技战略;第二,深入创新车联网技术,拓展车联网业务,赋能整车企业共同发展;第三,创新汽车产业向“四新”业务转型,加速汽车+产业互联网+人工智能+智能商业的模式重塑,赋能车企数字化转型,引领智能汽车极致体验,重构移动空间生活方式。

东软集团股份有限公司

一、单位概况

东软集团(以下简称东软)是行业领先的全球化信息技术、产品和解决方案公司,是产业创新变革的推动者和数字化转型的赋能者。东软成立于 1991 年,是中国第一家上市的软件公司,在智慧城市、医疗健康、智能汽车互联、企业数字化转型、国际软件服务等众多领域处于领先地位。在全球,东软拥有 20000 余名员工,分子公司及研发服务网络覆盖近 100 个城市。

东软深耕汽车电子领域 30 余年,拥有强大的软件开发能力和全球化服务经验。作为软件定义汽车时代车企创新的核心合作伙伴,东软以软件能力为核心,在汽车电子业务领域构建软硬一体平台和软件平台。

东软汽车电子事业本部业务覆盖多平台智能座舱,4G、5G/V2XBOX 等多代智能通信,全球导航、ARHUD、NAGIVI 等软件产品,以及全生命周期汽车电子软件工程服务。

经过多年的积累与发展,现已构建了以中国、德国、美国、日本、马来西亚为中心的全球产品研发与交付网络,建立了与50 多家国内外知名车厂长期合作,产品业务覆盖 60 多个国家和地区 220 多款车型,成为行业领先的全球化 Tier1 厂商。

同时,东软整合集团各领域优势,探索汽车电子全新商业模式,助力更多汽车厂商智能化转型,共建智能出行新时代。

二、生产与经营

2022 年,东软继续执行创新与全球化发展策略,持续聚焦核心业务,在云计算、大数据、物联网、人工智能、区块链等新技术的应用持续取得进展,为公司发展增加新动能。2022 年,公司自主软件、产品及服务业务实现收入 80.52 亿元,占公司营业收入的 85.06%;系统集成业务实现收入12.38 亿元,占公司营业收入的 13.08%。

在智能汽车互联领域,公司持续保持市场占有率领先地位。2022 年,公司获得了吉利、一汽、长城、奇瑞等众多车厂的定点订单，其中多个定点订单为平台型项目，将覆盖车厂面向全球销售的多款主力车型。2022 年，公司持续与国内自主车厂开展深度合作，顶住了芯片短缺的产业共性压力，全力保障车厂订单交付，全年交付量同比增长超过 30%。同时，随着国内自主车厂的量产车型持续出海，东软在国产车出海的车载量产业务也快速放量。

三、产品出口

东软在全球拥有 1.8 万多名员工，在美国、日本、德国等海外国家设有研发、商务、交付中心等分支机构，业务覆盖五大洲、110 多个国家和地区。在中国汽车出海进入爆发性增长的阶段，东软致力于在以车规级软件技术为核心竞争力的基础上打造“海外智能生态解决方案 + 软硬一体产品”的全球化业务能力，助力中国车企扬帆出海。

东软集团全球化的渠道可深度赋能车企出海并支持本土化服务，在提供本地合规、咨询交付和生态对接的同时，服务车辆从产品订单调研到项目生产/开发至海外售后的全生命周期，在智能汽车电子的范畴内深度契合和紧密配合车企整车开发流程。

东软集团汽车电子的智能座舱、T-Box、全球导航族群及海外智能生态解决方案等业务及产品已覆盖欧洲、北美、中东、东盟、澳新、非洲、南美和日本等区域，取得了多国权威机构官方硬件认证，产品库可基本满足全球主流汽车出行市场需求。

汽车工业协会数据显示，2022 年中国汽车出口量达 311.1 万辆，同比增长 54.4%。未来，随着汽车产业的不断变革升级，汽车新能源化和智能化进程持续演化，东软将为相关领域和企业带来更大的市场机会，以及更广阔的发展空间。

四、技术进展与研发能力

东软拥有 30 余年汽车软件研发经验，6000 多名汽车软件研发人员，900 多项国内外汽车相关专利。

东软已累计牵头或参与 60 余项国际/国家行业标准制定。包括参与国家首部 V2X 应用层标准的制定，参与 ISO 相关国际标准的起草，并作为中国唯一受邀厂商，参与联合国国际汽车信息安全标准法规提案建设。

作为国家汽车电子安全国标牵头制定单位，东软的车载技术、网络安全技术和综合实力获得了国家层面的高度认可。

东软深度参与 HUD 国家标准制定，是标准核心起草团队中唯一一家软件公司，以软件赋能汽车智能化的创新和突破。

五、主要新产品

序号	产品类型	产品名称	产品简介	产品应用
1	智能座舱	东软智能座舱域控制器	符合“拟人化”发展趋势，采用国内外主流高性能车规级芯片，支持集成 AVM、AR 导航、DMS、OMS 等高算力算法，支持丰富的云服务，可集成丰富生态 面向 SOA 架构，基于自主研发的 SOA 中间件，东软智能座舱域控制器采用模块化设计开发率先实现产品平台化	自 2019 年起，陆续装载于红旗、奇瑞、恒驰、长城等多款车型
2		东软下一代智能座舱平台	基于第四代高通骁龙汽车数字座舱平台，发挥东软先进的软硬件架构设计能力，达成多个 ECU 和域的融合。仅采用一颗芯片，即达成智能座舱算力、配置领先，娱乐、安全、功能、硬件全面升级 产品支持多硬件平台及多屏互动；支持双操作系统共存；支持集成 AVM、信息娱乐、车载导航、5G 车载通信、V2X 车路协同、在线应用升级等功能；可集成 BAT 生态，并实现多模态交互。能够大幅提高车内交互性、舒适性和安全性的同时，助力汽车厂商降本增效。搭载该产品的新车预计在 2023 年 9 月上市	搭载该产品的新车预计在 2023 年 9 月上市
3		东软 C5 整车人机交互平台	东软 C5 整车人机交互平台，采用可插拔、可扩展的硬件设计，将一块基板、两块功能版和一块扩展板，按照统一的接口组合，极大提升车辆算力。同时，达成车辆基本功能、网关、车身控制、智能座舱，以及其他扩展功能高效融合 软件上通过 SOA 架构实现场景引擎，为整车娱乐系统提供沉浸式、个性化场景体验 全新东软 C5 整车人机交互平台的推出，将助力车厂实现高效率产品更新和高价值链路拓展，加速软件融合汽车的进一步落地	—
4	智能通信	东软 5G/V2XBOX	基于 5G 特性，融合自主研发的 V2X 协议栈（VeTalk），提供 V2XDAY1 和 DAY2 场景的定制化开发以及 5G 新场景应用开发，实现规模化量产，产品市占率近 30%，稳居中国市场第一	产品率先在长城、红旗、吉利等多款战略车型上量产上市，并陆续获得多家知名汽车厂商几十个中高端车型的产品订单

续上表

序号	产品类型	产品名称	产品简介	产品应用
5	软件产品	东软全球导航 OneCoreGo® 4.0	采用高精度地图渲染、高精度定位算法、虚实注册技术,以及大数据处理分析技术和多生态云服务,达成3D导航、人机共驾等多重创新功能实现。产品同时支持EV导航,解决新能源车里程焦虑问题,并提供多样灵活的离线、在线、混合导航解决方案。"智行合一"助手,多场景智能交互,带来更好的旅途关怀与陪伴	与国际50多个知名汽车品牌合作100多个全球化导航项目覆盖120多个国家和地区
6		东软 ARHUD	融合地图导航、智能驾驶、信息娱乐等数据,采用多种AR核心算法及前沿用户体验设计研发推出的软件产品,具有算法防抖、延迟补偿、场景重构/还原世界等创新功能 东软ARHUD支持软硬分离的解决方案,SDK产品采用面向服务的跨平台产品设计方案,支持深度定制,赋能客户软件自研	多款搭载东软ARHUD的战略车型现已陆续量产上市
7		NAGIVI	NAGIVI是东软的面向全球的LinuxIVI平台产品,已覆盖全球IVI功能需求,并且具备全球的量产经验,经过全球顶尖车厂的量产品质检验。NAGIVI平台可提供丰富的HMI工具生态选择,具备丰富的手机互联功能和强大的安全功能,支持多屏互联、虚拟化、Container,以量产级的品质、超低的开发费用、极高的平台开放性和低耦合高内聚的平台特性打开了广阔的市场	在全球多款汽车中实现装载
8	软件服务	软件服务	凭借30余年来服务于全球领先客户的经验积累,依照E/E架构集中化趋势、域融合理念,为客户提供包括智能座舱、智能车身、智能网关、智能控制器(MCU)、"三电"相关、车云平台、OTA、App开发等整车全栈软件开发和测试服务	拥有20多年与OEM/Tier1共建ODC的管理经验和交付经验。服务全球50多家国内外知名车厂

六、合资合作及重大项目建设

1991年,东软成立,与阿尔派成立合资公司,在汽车电子领域展开合作。

1996年,成为中国第一家上市的软件公司。

2000—2001年,东软美国、日本分公司相继成立。

2005年,面向全球合作伙伴,提供IVI软件平台。

2010年,收购德国汉堡NTS团队,构建汽车电子全球化业务及交付能力。

2011年,为汽车厂商提供全球导航软件产品、IVI软硬一体产品,正式进入自有产品的规模化量产阶段。

2013年,开启T-BOX业务。

2016年,发布国内首款基于虚拟化技术智能座舱。

2021年,东软ARHUD产品与多家主流汽车厂商达成合作。

七、发展规划

(1)继续坚定全球化发展策略,以"持续提高客户满意度且业务健康可持续发展"为中心,坚持既定业务方向,通过整体方案规划与顶层设计,树立领导者形象,推动公司高质量规模化发展以及保持在行业和市场的领先地位。

(2)以客户为中心,持续提升全球客户的满意度和项目交付的效率和质量,以整体方案设计能力和专业的数字化能力,助力客户业务发展。同时围绕数字经济产业发展,积极开展数据运营模式,持续探索数字经济时代的创新发展模式,为公司发展增加新动能。

(3)支持下一代解决方案的研发,持续提高技术的领先性和适用性,确保产品与解决方案的可用、可靠、安全、合规。

(4)打造能引领高质量发展的领军者团队,加快专业人才和技术人才队伍的构建。

上海华虹(集团)有限公司

一、华虹集团

上海华虹(集团)有限公司成立于1996年,是中国拥有"8 in+12 in"先进集成电路制造主流工艺技术的国有产业集团。集团旗下业务包括集成电路制造、专用集成电路产品、智能系统集成与应用服务、电子元器件分销与解决方案、产业投资与园区开发管理等板块。其中集成电路制造核心业务分布在上海浦东金桥、张江、康桥和江苏无锡4个基地,共拥有3条8 in和3条12 in生产线,量产工艺制程覆盖1 μm至28 nm各技术节点,亦拥有多年成功量产汽车电子芯片的经验,年度营收规模位居全球集成电路纯晶圆代工企业第五位。华虹集团正在推进华虹无锡二期12 in芯片生产线的建设。

二、华虹宏力

1. 单位概况

华虹集团旗下上海华虹宏力半导体制造有限公司(以下简称华虹宏力)是全球领先的特色工艺纯晶圆代工企业,秉持"8 in+12 in"、先进"特色IC+Power Discrete"的发展战略,为客户提供多元化的晶圆代工及配套服务。华虹宏力专注于嵌入式/独立式非易失性存储器、功率器件、模拟与电源管理和逻辑与射频等"8 in+12 in"特色工艺技术的持续创新,有力支持新能源汽车、绿色能源、物联网等新兴领域应用。公司拥有多年成功量产汽车电子芯片的经验,建立了零缺陷管理系统,“8 in + 12 in”4 个工厂均已通过 IATF 16949 汽车质量管理体系认证。

公司自建设中国大陆第一条 8 in 集成电路生产线起步,在上海金桥和张江建有三座 8 in 晶圆厂(华虹一厂、二厂及三厂),工艺技术覆盖 1 微米至 90 nm 各节点,月产能约 18 万片。另在无锡高新技术产业开发区建有一座覆盖90 nm至65/55 nm 工艺节点、现月产能 7.5 万片的 12 in 晶圆厂(华虹七厂),这不仅是全球第一条 12 in 功率器件代工生产线,也是全球领先的 12 in 特色工艺生产线。公司正在推进华虹无锡二期 12 in 芯片生产线(华虹九厂)的建设。

2. 生产与经营

尽管面临着宏观环境中的诸多不确定因素,华虹宏力在 2022 年依然逆流勇进、精进不休,增速领跑行业。凭借多元化的工艺平台、深厚的海内外客户资源以及前瞻、专精的产能布局,华虹宏力在汽车、工业控制及新能源等领域积极拓展,实现了高速增长。2022 年,华虹宏力全年销售收入创历史新高,达 24.755 亿美元,较上年度增长 51.8%,这主要得益于公司的产品结构的不断优化和产能扩充。华虹宏力在汽车电子市场硕果累累,2022 年度汽车电子全年营收同比增长超过 100%,新产品导入数量不断增加;同时在新能源市场稳定发力,在风电/光伏/储能领域为全球产业链提供重要的支撑力量。

伴随着互联网技术、智能驾驶技术以及新能源技术的发展,汽车电子在感知端、动力端、驾驶端、影音娱乐端等各个层次都产生了爆发性的市场需求,迎来了全新的发展时代。汽车电动化、智能化、网络化以及共享化的发展趋势强力驱动汽车电子中的半导体元器件数量大幅增加,成为半导体产业重要的增长动能。华虹宏力作为全球领先的特色工艺纯晶圆代工企业,其特色工艺平台在全球业界极具竞争力,很早就开始布局汽车电子市场,积累了丰富的汽车电子芯片成功量产经验,具备独具特色的工艺能力。为符合汽车的严苛安全要求,华虹宏力实施全面的汽车电子质量管控,建立了零缺陷管理模式,拥有符合汽车电子应用的 0.18 μm 和 90 nm 嵌入式闪存(eFlash)工艺平台,Flash IP Macro 通过 AEC - Q100 1 级(Ta = 125 ℃)验证,且 0.11 μm 嵌入式闪存工艺平台,Flash IP Macro 通过 AEC - Q100 0 级(Ta = 150 ℃)验证。“8 in + 12 in”四个工厂均已通过 IATF 16949 汽车质量管理体系认证,并获得多家客户的 VDA6.3(德国汽车质量流程审计标准)过程质量审核的 A 级标准认证,且 4 个工厂均有产品持续生产出货。为持续攀升的汽车电子市场蓄力,通过安全、可靠、高性能的多种工艺平台灵活组合,为客户提供更优质的芯片代工服务。

3. 技术进展与研发能力

华虹宏力坚持致力于差异化技术的研发、创新和优化,主要聚焦于嵌入式/独立式非易失性存储器(Embedded/Standalone NVM)、分立器件、模拟与电源管理及逻辑与射频等差异化技术,持续为客户提供满足市场需求的特色工艺技术和服务。2022 年,华虹宏力继续扩大“8 in + 12 in”生产平台建设,先进“特色 IC + Power Discrete”工艺组合因 12 in 生产平台的扩展而变得更加丰富。凭借着 25 年的行业深耕和技术积累以及可定制、灵活的制造解决方案的能力,华虹宏力以拓展特色工艺技术为基础,不断研发并掌握特色工艺的关键核心技术,形成了业内领先和多元化的产品组合,已发展成为全球领先的特色工艺晶圆代工企业,也是行业内特色工艺平台覆盖最全面的晶圆代工企业。

公司拥有世界领先的非易失性存储器技术,从 0.5 μm 到 55 nm,涵盖 OTP、MTP、EEPROM 和 Flash 等技术。应对迅速发展的 MCU 市场,华虹宏力不断深耕拓展,技术升级创新,为客户提供更具成本效益且可用于多种应用的微控制器解决方案。适合物联网的 0.11 μm 超低漏电 eFlash 及 EEPROM 工艺平台,具有超低功耗,并将 NVM 技术与 CMOS RF 技术集成结合,满足了市场上 MCU 电子产品超低静态功耗需求,证明了公司在 eFlash 制造工艺领域的领先地位。华虹宏力通过具有自主知识产权的 NORD-Flash 闪存单元吸引众多客户选择该平台进行产品流片及量产,基于 90 nm 的低功耗 eFlash 以及 EEPROM 工艺平台,在保证高可靠性的基础上,提供其相同节点工艺下目前最小单元尺寸,为 32 位高性能 MCU 产品提供了更优化的芯片面积,帮助客户开发高规格的 MCU 产品。55 nm 高速 MCU 嵌入式闪存工艺平台出货量快速提升,进一步提升了该工艺平台的工艺丰富度与平台竞争力。

华虹宏力在 MCU 应用领域有着突出表现,凭借单元面积小,且光刻层数少等优势,显著提升了 MCU 存储容量密度和处理、存储性能,并有效降低成本及缩短工艺周期,满足车规标准的可靠性、功耗、速度等关键指标,擦写次数及数据保持均有优异表现,代工产品成功在车身电子、自动泊车、智能座舱、胎压监测等领域得到广泛应用,为汽车电子等热点应用的快速发展提供有力的技术支持。

在独立式非易失性存储器平台,公司提供基于自主知识产权的 NORD 闪存架构技术,主要的代工产品包括 NOR Flash 与 EEPROM,应用领域极其广泛,覆盖工业、白色家电、汽车电子以及各类低功耗物联网设备等。以 TWS 耳机为代表的可穿戴设备、手机屏幕显示的 AMOLED 和 TDDI 技术,智能物联网,以及功能越来越丰富的车载电子等领域将是未来市场空间的主要增长点。

作为全球首家同时在“8 in + 12 in”生产线量产功率 MOSFET、超级结 MOSFET、场截止型 IGBT 等分立器件的纯晶圆代工企业,华虹宏力根据客户需要定制全系列的各种功率器件,已成为全球汽车电子功率器件客户的可靠合作伙伴。2022 年,华虹宏力功率类器件市场占比逐步提高,其中 IGBT 技术平台表现持续优异,已连续 8 年保持高增长,12 in IGBT 更达到销量销售额三位数百分比增长的好成绩,有力补充与缓解了产能紧张的问题;同样在 12 in 大放异彩的还有超级结(Super Junction)金属氧化物半导体场效应管(MOSFET),顺利完成了产能爬坡,全年出货量实现三位数百分比增长,在全球超级结代工领域亦占有较高市场份额,为客户产品提供强有力的支持。

华虹宏力的 IGBT 工艺平台产品具有大电流、高可靠性、小尺寸等特点,产品广泛应用于新能源汽车、光伏、风能、储能及变频家电等领域。瞄准汽车等高端应用市场,华虹宏力研制了车用 650 V/750 V/1200 V IGBT 制造的系列关键技术,其器件特性达到世界领先水平,所形成的 IGBT 产品通过了客户端的车规级可靠性验证以及终端车企的应用评估,在电机控制器、车载充电机、空调电动压缩机的电控及暖风加热 PTC 等应用领域具有极强的竞争力。在大功率新能源应用领域，华虹宏力技术研发取得重大进展，精细深沟槽栅（Deep-Trench）IGBT技术顺利完成开发并进入量产，已应用于主流新能源汽车及光伏发电领域，为全价值链绿色产品发展提供坚实的技术支持。其特色的深沟槽超级结技术积累了宝贵的量产经验和良好的客户口碑，超级结MOSFET工艺平台的导通电阻、功率密度等均达到全球领先水平，相应电压范围可以涵盖200～900 V，电流范围宽泛，高度契合当前热门的大功率快充电源要求，在充电桩、新能源车载充电机得到广泛应用。

整体功率器件工艺平台方面，华虹宏力充分发挥12 in特性，持续开发优化DMOS/SGT/DT-SJ/IGBT技术，发力高端功率器件市场。在更小线宽、更低导通电阻方向持续开发，加大汽车电子市场拓展，不断满足终端市场需求，为客户带来更高质量的代工服务。

经过长期的研发创新和技术积淀，华虹宏力的模拟与电源管理平台已研发覆盖0.5 μm到65/55 nm工艺节点，器件种类丰富，涵盖中低压、高压以及超高压等电压段（1.5 ～700 V），是全球先进的模拟与电源管理工艺技术提供商，适合DC-DC、AC-DC、LDO、LED照明驱动、手机/平板电脑PMU、快速充电、音频功放、汽车LED照明驱动以及汽车微马达驱动等芯片类型。随着汽车电气化步伐的加快，电源管理在汽车电子上的应用成为焦点，增长迅速，华虹宏力在模拟与电源管理IC工艺技术布局与客户积累方面加速发展。2022年，华虹宏力BCD工艺平台营业额保持高双位数百分比增长。其业界领先的8 in 0.18 μm BCD、12 in 90 nm BCD工艺技术平台，市场认可度不断提高，技术水平匹配业界领先指标，可靠性高，满足工业控制及汽车电子领域需求。随着汽车电子架构变革以及依托于公司优势的嵌入式存储技术，华虹宏力已开发各类集成嵌入式存储的BCD工艺，应对持续高度集成化、智能化的车用电源管理芯片需求。

4. 愿景规划

过去20余年，华虹宏力依靠卓越的特色工艺技术实力、稳定的产品性能和品质以及产能供给能力赢得了全球客户的广泛认可。未来，华虹宏力将继续深耕多元化的特色工艺平台，不断创新器件结构，丰富拓展车规级工艺，为汽车电子产业提供可靠、值得信赖的绿色“芯”制造平台。

为更好地满足半导体市场的长期需求，华虹宏力将发挥好“8 in＋12 in”战略，保持现有8 in平台优化及12 in一期持续扩产，并正在推进华虹无锡二期12 in芯片生产线的建设。同时积极与产业链上下游企业协同合作，共同迎接汽车电子市场“芯”机遇，共建中国汽车电子“芯”生态。

三、上海华力

1. 单位概况

华虹集团旗下上海华力起步于2010年，现包括上海华力微电子有限公司和上海华力集成电路制造有限公司。作为行业内主流的集成电路芯片制造企业，上海华力拥有完备的工艺制程和全套的解决方案，专注于为无晶圆厂设计（Fabless）公司、集成设计制造（IDM）公司及其他系统公司提供65/55 nm至28/22 nm不同技术节点的一站式芯片制造技术服务，工艺类型包括先进逻辑（Logic）以及射频（RF）、高压（HV）、超低功耗（ULP）、NOR闪存和图像传感器（CIS）等特色工艺平台，丰富的工艺技术全面应用于手机通信、消费类电子、物联网及汽车电子四大终端产品市场。上海华力拥有华虹五厂、六厂两座12 in全自动晶圆代工厂，两个厂均已通过IATF 16949汽车质量体系认证。

2. 生产与经营

上海华力经过历年重点应用攻坚，紧跟汽车电子发展步伐，在包括车身、动力总成、底盘、信息娱乐、辅助驾驶、网关和T-Box等方面取得显著成效，可提供65/55 nm至28/22 nm不同技术节点的一站式车规芯片制造技术服务。上海华力在汽车电子的车身控制系统、行车控制系统、通信系统和娱乐系统均具有大规模量产的产能准备，已有多颗车用芯片处于量产/风险量产/验证阶段。

上海华力承担汽车芯片生产流程的晶圆制造关键环节，同上下游的芯片设计、封装测试企业建立了广泛深入的联系，从需求规划、设计、实施、集成、验证、确认和配置的整体开发过程共同协作完成车规芯片的认证和产品测试，确保产出的车用芯片满足苛刻的汽车行业标准。

上海华力建立了全流程质量管控体系，生产过程的数据一直被监控并形成闭环，保证产品的一致性，保证芯片的操作温度、操作电压、储存温度、储存湿度、可靠复位、抗ESD静电伤害、抗EFT群脉冲、抗RS传导辐射等性能指标满足标准，保证芯片在宽度光、高振动、发霉、多粉尘、多电磁EMC、高低温环境下的可靠性，可达到至少15年的预期使用寿命，为客户提供交钥匙服务。

3. 技术进展与研发能力

为了保障车辆安全性能，上海华力对车规芯片非常谨慎。根据产品用途选择AEC-Q100不同等级标准以便客户在成本和可靠性方面达到合适的平衡。从提供给设计公司的设计套件开始，上海华力为车规芯片开发了专门的产品开发套件，从工艺规格、线上管控、模型PDK、库及IP等多个维度进行工艺加固，提高可靠性，保证提供的模型和单元库满足车规芯片的开发要求。上海华力在生产过程中为汽车芯片提供专门的产品包，建立了汽车电子工艺平台，形成体系化的管理文件系统，管理规范涵盖质量要求、培训、良率提升、控制计划、失效分析等各方面，为大规模车规芯片的生产打下了良好基础。

上海华力作为国内晶圆制造的重要代表性企业，基于企业成熟量产的工艺如Logic以及RF、HV、ULP、NOR和CIS工艺平台，开发了多种车规级芯片通用平台，为各行业应用提供了各种解决方案，为多家客户生产车用电子所需芯片产品，并与不同的无晶圆厂（Fabless）和轻晶圆厂（Fablite）芯片厂商、模块提供商和整车厂商建立了紧密合作关系。客户车规芯片产品种类丰富，包括车用NOR存储器、车用光学成像芯片、车用控制器芯片和SOC主控计算芯片、车用雷达芯片等，广泛应用于汽车电子各领域，如雷达、摄像头、电控单元、整车控制器、辅助驾驶等。

MCU芯片可用于动力传递领域，包括ESP、ECU、发动机管理、变速箱管理、车身、空调、车灯、钥匙和座椅控制，其中高速车规MCU多采用eFlash工艺，上海华力采用SONOS工艺的核心cell解决方案，未来根据用途需求提供匹配AEC-Q100标准更高Grade的SST方案，使产品节温和环境温度测试达到合适标准。

在车规 MCU 无法满足高性能控制要求情况下，上海华力针对不同客户系统级芯片（SOC）智能控制具体需求，进行了包括先进工艺开发在内的针对性工艺升级改造和商业导入，重点与国内新兴 Fabless 公司合作，并与多家 OEM 厂家及整车厂建立战略合作关系，利用当前芯片国产化的趋势和晶圆产能紧缺的机会，推广上海华力的先进工艺，满足升级产品 SoC 的各项指标需求，共同开拓市场，这是国产汽车芯片逆袭的重要方向，其中可用于 ADAS、AD 和座舱 SoC 等的主控计算芯片（支持 AI），采用 28nm 甚至更先进技术节点（准备中），支持人工智能高性能计算，采用 AEC-Q100 Grade1/Grade2 等级。

CIS 工艺是上海华力的优势工艺平台，上海华力与 CIS 设计公司客户合作加快 55nm CIS 产品以及传感器与雷达，包含车载摄像头（前视、环视、辅助停车等）CIS 和 ISP（28-22nm Logic 工艺），可用于 ADAS、导航、车内监控等。通过加大制造产能和升级工艺平台，上海华力和客户合作，利用专利技术，打造上海华力特色的车规级传感器工艺平台，采用 AEC-Q100 Grade2 等级，可生产包括 SiPM、SPAD 激光雷达，以及采用 65 ~ 40 nm RF 工艺的毫米波雷达主芯片。

存储 IC 方面，上海华力和 eNVM 客户合作加速 NOR 产品等车规级芯片国产化进程，产品分布于汽车各个子系统，如雷达、摄像头、仪表、车内屏幕、地图、行驶控制部件、电子控制装置等，采用 NOR Flash/ NAND Flash 工艺，产品等级 AEC-Q100 Grade1 ~ Grade4，同时支持新型存储，如 MRAM/FeRAM 存储工艺。

RF 芯片，适用于车用短距通信的智能物联解决方案，采用 65 ~ 40 nm RF 工艺，包括蓝牙/Wi-Fi/NB-IOT/Cat. X 单模或多模产品；其他车联网通信芯片，如无线 Modem、V2X 等通信产品，采用 40/28 nm RF 工艺。这类产品建议采用 AEC-Q100 Grade2/Grade3 等级。

车用显示驱动 IC，用于驱动智慧显示屏幕，支持 65/55nm 和 40 nm 及 28 nm HV 工艺，这类产品根据客户需求华力也可提供高至 AEC-Q100 Grade1 等级的方案。

以上系统按照实际用途，根据温度安全等级要求、遵循就高的原则选择等级。

4. 愿景规划

汽车正在加速驶入智能化时代，对芯片的需求量在成倍增长。现在的汽车已经不是简单的机械产品，而更像是机械与电子的混合产品。传统燃油车芯片平均用量需求在 900 颗左右，主要是 MCU、功率芯片等基本功能芯片，而新能源车芯片平均用量高达 1500 颗，除了 MCU、功率芯片的增加，其传感器芯片、运算芯片的需求也大大增加。在未来高端智能电动车领域，单辆车的芯片搭载量将达到 3000 颗以上，汽车半导体占整车物料成本比重，将从 2019 年的 4% 提升至 2025 年的 12%，并或将在 2030 年提升至 20%。

未来汽车芯片的竞争主要集中在算力、功耗、能效比和配套的软件和算法工具链这几个维度。在这样的背景下，依托雄厚的国内市场基础，车规芯片将有相当广阔的成长空间。上海华力拥有全自动的先进芯片生产线，期待和各汽车整车厂及 Tier1 集成商、Tier2 元件提供商等车规芯片产业链合作伙伴一起，加强车规级芯片标准化工作，谱写汽车芯片“芯”篇章，共同推动汽车芯片行业的高质量发展。

苏州国芯科技股份有限公司

一、单位概况

苏州国芯科技股份有限公司（以下简称国芯科技，C × Core，股票代码 688262. SH）是一家聚焦于国产自主可控嵌入式 CPU 技术研发和产业化应用的芯片设计上市企业。公司经过 20 多年的发展，以摩托罗拉授权的“M × Core 指令集”、IBM 授权的“PowerPC 指令集”和开源的“RISC-V 指令集”为基础，形成了 8 大系列 40 余款自主可控的嵌入式 CPU 内核。

国芯科技重点布局汽车芯片，实现了技术与产品的先发优势，且与众多汽车整机厂商、Tier1 模组厂商形成了紧密的合作关系，在共同构建安全可靠的车规级芯片供应链的同时，通过共建汽车电子实验室、共同定义新的汽车电子芯片产品、联合开发等多种合作方式，持续推出系列高性能汽车电子芯片产品。已在汽车车身和网关控制芯片、动力总成控制芯片、域控制芯片、新能源电池管理芯片、车联网安全芯片、数模混合信号类芯片、主动降噪专用 SoC 芯片、安全气囊芯片、辅助驾驶处理芯片和智能传感芯片等 10 条产品线进行全面布局，以上领域已实现芯片出货超过 500 万颗，公司致力于推进国产替代和国产芯片的自主可控，努力成为中国汽车电子芯片产品的领先供应商。

二、生产与经营

国芯科技的汽车电子芯片产品在车身控制、汽车动力总成控制、汽车域控制、新能源电池 BMS 控制、车规级安全 MCU、汽车电子混合信号类芯片、专用 SoC 等 7 条产品线上实现全面布局，并且在与国际主流兼容同时，多个产品线实现高低性能和代际产品系列化来满足不同的技术与成本要求。国芯通过严格贯彻 AEC-Q100 汽车电子标准，建立了涵盖芯片设计、生产、测试筛选全流程的汽车电子芯片零缺陷质量控制体系，所有量产芯片均通过相关标准认证与车企实际批量应用检验，性能可靠。

1. 建立了较为完善的汽车电子芯片设计技术平台

突破高可靠汽车电子 32 位微处理器 CPU 关键技术，（2010 年获得 Power 架构指令授权，自主开发 C2000 系列 CPU，包括兼容 e200 Z0\Z3\Z6\Z7）；突破高可靠汽车电子 32 位微处理器关键 IP 技术，FlexLIN/CAN/eTPU/eSCI/DSPI/QADC/eMIOS/CLOCK；突破高可靠汽车电子 32 位微处理器关键存储控制器技术，SRAM、eflash 控制器；突破高可靠汽车电子功能安全设计技术。

2. 建立了高可靠汽车电子芯片的 SoC 架构和设计平台

建立了高可靠汽车电子 32 位微处理器正向设计、仿真和验证平台。

建立了高可靠汽车电子 32 位微处理器配套的编译器、调试器等软件环境。

建立了基于国产化的汽车电子芯片工艺技术平台。

建立了基于晶圆厂汽车电子工艺的生产工艺技术平台

及质量控制体系。

建立了基于汽车电子标准封装测试厂的生产流程及质量管控体系。

成品率达到100%，主频等主要参数的不一致性同一批次控制在±1%以内。

3. 建立了基于 AEC-Q100 标准的汽车电子芯片测试筛选规范流程及认证体系

建立了基于汽车电子芯片 AEC-Q100 标准的芯片全流程测试筛选规范及认证体系。

建立了基于的汽车电子芯片零缺陷测试、筛选及质量控制体系。

公司净利润自 2018 年实现了快速增长，2018—2021 年年均复合增长率 185.8%；2017—2021 年公司营业收入由 1.3 亿元增长至 4.07 亿元，年均复合增速达 33%。2022 年实现营业收入 5.3～5.8 亿元，同比增长 30.10%～42.37%。其中，汽车电子芯片成长较快，销量同比增加 10 倍以上。

三、技术进展与研发能力

公司具备较强的技术实力与研发创新能力，承担了"自主知识产权高性能嵌入式 CPU 的研发及产业化""嵌入式存储器 IP 核开发及应用""双界面 POS 机 SoC 芯片的研发与产业化""车身控制器芯片研发与产业化应用""面向自动驾驶的高性能智能处理芯片研发及验证"等5项"核高基"国家科技重大专项，以及国家高技术产业发展项目、国家技术创新项目、工信部工业转型升级项目、江苏省科技成果转化项目等重大科研项目。公司已获授权专利上百项，拥有上百项软件著作权和 30 多项集成电路布图设计。

公司先后荣获国家科学技术进步二等奖、中国电子学会电子信息科学技术一等奖、党政密码科技进步三等奖、江苏省科学技术进步二等奖、江苏省科学技术进步三等奖、天津市科学技术进步三等奖、中国半导体创新技术和产品奖、工信部软件与集成电路促进中心"最佳支撑服务企业奖"等科技奖项。公司为国家集成电路设计服务技术创新联盟理事单位、江苏省集成电路产业技术创新联盟副理事长单位和苏州半导体产业联盟理事长单位。

国芯科技主营业务包括嵌入式 CPU IP 授权、芯片定制服务和自主芯片产品的 3 类业务形态。

公司基于"M×Core 指令集""PowerPC 指令集""RISC-V 指令集"3 种指令集架构，逐步形成了 8 大系列 40 余款自主可控的嵌入式 CPU 内核，具有深厚的嵌入式 CPU IP 储备，构建了从芯片知识产权授权到成品芯片的完整产品体系。

公司 3 类业务以自主可控的嵌入式 CPU 技术为基础，业务之间具有较强的协同效应。

公司抓住汽车电子等发展机遇，高强度研发投入，解决汽车电子芯片和服务器 RAID 芯片等"卡脖子"问题。2022 年研发费用与 2021 年相比，增长 64.41%，总额接近 1.5 亿元，约占到总营业收入的 27%。公司在职员工已超过 500 人，其中研发团队超过 320 人，占公司总人数半数以上。

公司在广州、无锡、天津、青岛、上海、北京、深圳设立研发中心或子公司，并先后投资上海安玉玺昌、苏州微五、苏州猛禽、华研慧声、合肥贵臻、郑州大壹、智绘微电子、上海龙晶、上海奎芯、江苏智能网联、埃泰克等在汽车电子、信创和微电子等领域具有技术和产品优势的成长公司，形成协同创新战略优势。

中国从汽车大国迈向汽车强国，解决"卡脖子"芯片这一产业重要环节是我们中国企业的责任，国芯科技和比亚迪、长安、奇瑞、上汽、东风等众多汽车整机厂商以及宁德时代等行业巨头，与科世达、埃泰克等 10 多家的 Tier1 模组厂商，都有较为紧密的合作关系，通过共建汽车电子实验室、共同定义新的汽车电子芯片产品等多种合作方式，推动汽车电子芯片的创新，迎接汽车电子电器架构的快速演进，为中国汽车行业的全面崛起作贡献。

四、主要新产品

产品名称	产品型号	产品应用
汽车电子与工业控制芯片	CCM3310S-T 车规级芯片	OBD/ETC/TBOX/eSim/V2X/数字车钥匙
	CCFC2002BC 汽车电子芯片	BCM/VCU/网关
	CCFC2003PT 汽车电子芯片	发动机控制/底盘控制
	CCFC2006PT 汽车电子芯片	发动机控制/底盘控制/电机控制
	CCFC2007PT 汽车电子芯片	发动机控制/底盘控制/电机控制
	CCFC2012BC 汽车电子芯片	BCM/VCU/网关/底盘/安全气囊控制等
	CCFC2013PT 汽车电子芯片	发动机控制/底盘控制
	CCFC2016BC 汽车电子芯片	BCM/VCU/网关/底盘/域控
	CCFC3007PT 汽车电子芯片	发动机控制/底盘控制/电机控制/域控

南京芯驰半导体科技有限公司

一、单位概况

南京芯驰半导体科技有限公司（以下简称芯驰）成立于 2018 年，专注于提供高性能、高可靠的车规芯片，是国内首家"全场景、平台化"的芯片产品与技术解决方案提供者。产品覆盖智能座舱、智能驾驶、网关和高性能 MCU，涵盖了未来汽车电子电气架构最核心的芯片类别，从而实现"四芯合一赋车以魂"。

芯驰拥有先进的芯片架构、高可靠的车规设计技术、深厚的功能安全研发实力，掌握汽车核心芯片设计与量产关键技术，将车规标准践行到芯片设计、交付全流程，致力于成为最受信赖的汽车半导体公司。服务超过 260 家客户，覆盖国内、欧洲、日本车企和汽车一级供应商。

凭借领先的技术实力和车规芯片领域的创新突破，芯驰先后获得"国家高新技术企业"、"专精特新中小企业"、"胡润百富《2023 全球独角兽榜》"、第十七届"中国芯"优秀技术创新产品奖、中国汽车工程学会 2023 智能网联汽车创新应用及前沿技术金奖、中国汽车工业协会 2022 中国汽车供应链优秀创新成果奖、《财富》中国最具社会影响力的创业公司等多项荣誉。

二、生产与经营

在汽车智能化变革的时代，芯驰秉持"用'芯'定义未来 赋能智慧出行"的使命，以飞快的速度取得研发和量产成果。芯驰自成立用时13个月，成为中国首个获得德国莱茵ISO 26262ASILD流程认证的芯片企业，仅用16个月完成中国首个16 nm车规芯片流片，成立4年内，共发布4个系列车规芯片，覆盖智能汽车全场景核心芯片产品，在汽车芯片设计和量产方面拥有强大的核心竞争力和独特优势：

(1)拥有近20年车规级处理器量产经验的国际水平团队，是国内为数不多的具有车规核心芯片产品定义、技术研发及大规模量产落地的整建制团队，曾设计交付全球市占率第一的车规芯片。

(2)掌握汽车芯片设计核心技术，研发了国内首款舱泊一体SoC芯片、国内首款中央网关SoC芯片、国内首款高性能高可靠MCU，最新推出集成度最高的行泊一体SoC芯片，芯驰全场景的芯片产品矩阵满足"智能汽车中央计算+边缘控制"均衡发展的高算力需求。在车规认证方面，芯驰先后获得了ISO 26262功能安全流程认证、AEC-Q100可靠性认证、ISO 26262功能安全产品认证以及国密认证，成为国内首个四证合一的车规芯片企业。

(3)截至2023年5月，已获得152项汽车芯片设计自主知识产权，其中已授权发明专利104项，参与制定多项汽车芯片标准。

(4)与超过200家生态合作伙伴构建了完善的汽车软硬件生态圈，包括底层的基础软件、操作系统，各种工具链、中间件以及上层的应用、算法和解决方案等，能够提供车规级全栈基础软件支持，最终实现对中央计算架构的支撑，显著减少客户的评估和开发时间，有效帮助客户节省成本和时间。

(5)芯驰也是业内以最快速度覆盖最广主机厂和一级供应商的芯片公司，4个系列芯片已实现大规模量产上车，拥有近200个定点项目，覆盖了中国90%以上车厂和部分国际主流车企，包括上汽、奇瑞、长安、东风、一汽、日产、本田、大众等。2022年总出货量超过100万片。

(6)资本层面，芯驰已获得上汽金石、华登国际、经纬中国、联想创投、红杉资本、祥峰资本、国开装备基金、中信证券、晨道资本、上海科创、云晖资本、合创资本、江苏金石交通科技产业基金、安徽交控金石投资、国中资本、华泰保险、前海赛睿、张江高科、创徒资本、兰璞资本等基金的投资。

三、产品出口

芯驰已与欧洲、日本等地多家一线主机厂及T1形成合作关系，开展面向量产的项目合作。例如，智能座舱X9芯片已出口并搭载至奔驰车型上，高性能车规级MCUE3芯片通过集成应用于BMS、VCU、仪表等模块，实现出口。

四、产能建设

芯驰专注于汽车芯片设计环节，在芯片产能上已与中芯国际、台积电、通富微电等产业链上下游企业建立深度合作，保障未来5年的产能供应。

五、技术进展与研发能力

芯驰研发并交付覆盖智舱、智驾、智控全场景的系列核心芯片产品如下：

智能座舱X9系列处理器是专为新一代汽车电子座舱设计的车规级汽车芯片，集成了高性能CPU、GPU、AI加速器、视频处理器，能够满足新一代汽车智能座舱应用对强大的计算能力、丰富的多媒体性能等日益增长的需求。芯驰最新发布的X9SP舱泊一体芯片，单个芯片可以支持多个高清屏幕的显示，覆盖智能座舱仪表、娱乐、DMS、语音交互、手势识别、360环视和自动泊车等功能，比起前代X9HP，X9SP处理器的CPU性能提升了2倍，GPU性能提升1.6倍，同时集成了全新的NPU，AI算力达8TOPS，可以更好支持DMS、OMS、APA等功能。

网关G9系列处理器是专为新一代车内中央网关设计的高性能车规级汽车芯片，采用双内核异构设计，包含高性能Cortex-A55CPU内核及双核锁步的高可靠Cortex-R5内核，在承载未来网关丰富的应用同时，也能满足高功能安全级别和高可靠性的要求。G9内置了HSM，包含真随机数发生器，支持AES、RSA、ECC、SHA等多种国际算法，更创新研发了国密算法加解密引擎，支持SM2/3/4/9等多种国密算法，是全球唯一获得国密认证的车规级网关芯片，满足安全启动，OTA、V2X等多种车载应用需求，充分保障未来智能网联汽车的通信和信息安全。

智能驾驶V9系列处理器是专为新一代智能驾驶辅助系统设计的车规汽车芯片，集成了高性能的CPU、GPU和AI处理引擎，通过丰富的传感器接口，可以同时采集多路摄像头、激光雷达、毫米波雷达的数据，完成从感知、融合、规划决策和控制的完整智能驾驶流程。基于V9构建的UniDrive全开放智能驾驶平台，具有低延迟、高效率和高安全的特性，为未来智能驾驶的大规模量产落地提供了保障。芯驰最新发布的V9P是针对行泊一体ADAS域控制器专门设计的新一代车规处理器，CPU性能达70KDMIPS，AI性能达20TOPS，在单个芯片上即可实现AEB(自动紧急刹车)、ACC(自适应巡航)、LKA(车道保持)等主流L2+ADAS的各项功能和辅助泊车、记忆泊车功能，并能集成行车记录仪和高清360环视。

高性能高可靠MCUE3系列芯片是针对汽车安全相关应用设计的新一代高性能微控制器产品。E3车规可靠性达到AEC-Q100Grade1级别，能够支持高达150 ℃的节温条件下，实现长时间稳定的工作；同时，功能安全达到ISO 26262ASILD等级，采用双核锁步Cortex-R5实现高达99%的CPU诊断覆盖率。E3全系列MCU主频从300 MHz起步，最高可以支持到800 MHz，实现处理能力和实时性的全面提升，广泛应用于BMS、ADAS、VCU、底盘控制等核心车控领域。

六、主要新产品

产品名称	产品型号	产品应用
智能座舱芯片	X9	上汽、长安、奇瑞、奔驰
智能驾驶芯片	V9	东软睿驰、纵目科技
中央网关芯片	G9	东风、一汽
高性能MCU	E3	广汽、吉利

七、发展规划

展望未来，芯驰将不断以科技创新为驱动，继续面向未来智能汽车场景和电子电气架构需求，加快布局芯片产品，引领我国汽车芯片实现高水平科技自立自强，提升国产汽车芯片的渗透率。

天津智芯半导体科技有限公司

一、单位概况

智芯半导体成立于2019年8月，在天津、合肥、苏州、上海、西安、重庆、深圳、南京等地均已设立分支机构，是中国规模最大的汽车MCU和数模混合芯片设计公司之一，核心团队成员均来自世界知名汽车半导体公司。

作为中国有丰富经验的成建制的汽车芯片团队，在过去近20年间，智芯半导体亲身经历并主导汽车芯片产品定义、芯片研发、测试和生产、软件及方案开发、市场营销的每一个环节，致力于为实现车规芯片国产化做出最大的贡献。

智芯半导体提供高可靠性的汽车电子芯片，芯片硬件设计和软件通过ASIL D流程认证，产品通过AEC-Q100认证，和功能安全ASLIB/D产品认证，和全球的汽车生态圈紧密合作，包括自主开发的汽车软件AUTOSAR MCAL适配于国际AUTOSAR软件供应商Vector、ETAS等。智芯的产品广泛用于汽车车身电子控制、新能源汽车控制、动力和底盘控制系统、汽车自动驾驶监控、域控制器，以及其他高可靠性工业应用（电梯控制，机器人，工业电机控制等）。

二、生产与经营

智芯半导体专注于车规芯片设计，核心团队来自恩智浦、英飞凌、Marvell、瑞萨等世界知名汽车半导体公司。凭借强大的汽车芯片设计能力，智芯半导体严格按照车规级芯片的开发流程，采用专为半导体行业设计的PLM项目管理系统，选择具备汽车芯片生产资质的优质供应商，采用国际大厂最严苛的质量管理流程，确保产品在每一个环节必须满足技术要求，从而打造出零缺陷的车规级芯片。

智芯半导体从2021年8月开始出货，迄今为止，尚无一例芯片自身质量问题。过硬的质量、7×24的服务与专业的技术支持赢得了众多客户和整车厂的认可。智芯半导体M0+内核的微控制器已经被一汽、上汽、吉利、长安、广汽、奇瑞、小鹏、上汽通用五菱、比亚迪等车厂用于座椅控制、车门控制、尾门控制、尾灯控制、氛围灯控制、空调控制、EPB、安全带预紧等各种应用。智芯半导体已经量产的两款MCU在经过几次产品升级和迭代后，解决了许多客户在应用过程中所遇到的技术问题。这两款芯片中许多IP经过仿真验证、产品实测，均已满足设计指标及客户应用需求。在正在开发的产品中，智芯半导体也将根据客户未来需求，在尽可能重复利用现有IP的基础上，不断优化，提升芯片的性能，满足客户未来的技术需求。

三、产品出口

凭借中国汽车半导体市场的优异表现，智芯半导体在经历多次欧洲Tier1客户的审核后，也逐渐进入了欧洲客户的供应链体系，并作为全球平台来使用。同时为配合欧洲客户的研发和生产，智芯也将在欧洲建立办事处，为客户提供更快速便捷优质的服务。

四、产能建设

通过两年的产品生产，智芯的产能稳步提升，并已经达到每年8000万片的产能，充分满足客户的需求。

五、技术进展与研发能力

智芯半导体成立以来，重视知识产权保护，坚持创新，已经量产的车规产品中80%以上的IP均为自主开发。截至2023年7月，智芯拥有发明专利18项、软件著作权32项、布图专利7项。

智芯半导体汽车芯片设计开发符合ISO 90001质量体系，开发流程符合ISO 26262 ASIL D。智芯半导体共有员工342人，99%为本科以上学历，其中硕士及博士员工占比50%，研发人员数量超过250名，主要研发骨干来自国际大厂，平均工作经验15年左右，有多款汽车MCU设计经验。汽车MCU已有M0和M4两个系列，总计14个型号已经量产，K3系列、SOC将于2023年底推出；汽车模拟芯片三相预驱已经量产，H桥预驱和DCDC也已发布。其中智芯半导体出品的基于M0+内核的Z20K11x系列和基于M4内核的Z20K14x系列汽车级微控制器，其计算性能（更高主频）以及外设资源（更多通信接口，更多CAN邮箱）已经超越其他众多同类的车规MCU。

六、发展规划

智芯半导体紧跟汽车电子的发展趋势，规划了MCU以及模拟芯片两大类产品，共包括电源类、通信类、控制决策类、低边驱动芯片、高边驱动芯片、电机驱动芯片、LED驱动芯片，以及集成电源、收发器、MCU、驱动的高集成专用芯片类产品，可以适用于各种独立控制器、域控制器以及网关。今后，智芯半导体将在现有产品的基础上进一步完善产品布局，让智芯半导体出品的高安全、高可靠的国产车规芯片在汽车更多应用场景中发挥作用，向成为业内领先的汽车半导体公司而努力。同时，在正在开发的产品中，智芯半导体也将根据客户未来需求，在尽可能重复利用现有IP的基础上，不断优化，提升芯片的性能，满足客户未来的技术需求。

中科芯时代科技有限公司

一、单位概况

中科芯时代科技有限公司成立于2017年，专注于高可靠、高性能半导体功率器件、模拟及混合信号芯片的设计和生产。产品广泛应用于汽车电子、工业应用和物联网等领域。

中科芯时代科技有限公司总部位于三门峡，注册资金6964万元，拥有员工300余人，创始团队均有多年研发、运营、管理经验，拥有国家高新技术企业，河南省专精特新企业称号，在北京、南京、天津、深圳、三门峡等地设有研发中心和分支机构。

二、生产与经营

中科芯时代依托多年的高可靠性芯片技术积累，凭借领先的设计水平、应用服务、稳定的产品性能，与一级供应商、主机厂建立了良好的合作伙伴关系。目前公司汽车电子领域主要围绕着电驱与电控、电池系统、车身便利与设施进行布局，其中电驱与电控领域产品主要包括智能功率开关、SiC产品，电池系统领域产品主要为BMS AFE及隔离器芯片，车身便利与设施主要包括多维解锁方案及总线驱动芯片。公司第一代产品BMS AFE及隔离器芯片已经获得国内新能源汽车主机厂的认可，持续稳定供货中。第二代产品预计2023年底定型，并将进行推广测试。智能功率开关已完成第一次流片，预计将于2024年中进行送样测试。

此外，公司还布局了第三代半导体SiC产品，已具备量产代工能力，并且良率持续爬坡，产品已通过主机厂头部SiC模块供应商验证，为该头部厂商国内主要供应商之一。

三、产能建设

SiC一期项目已实现年产量4000片，二期项目预计年2023年内启动，实现新增产能4000片/年，三期项目预计1年后启动，预计新增产能10万片，紧抓市场需求窗口期，提升产能交付能力的同时提高产品性能。

四、技术进展与研发能力

中科芯时代第一代车规级BMS AFE芯片已经量产，处于国内领先水平。第二代BMS AFE产品对标国际市场主要品牌最新产品，并结合中国市场需求，进行了功能优化，预计2023年Q4回片后可进行送样测试，2024年下半年量产。

公司正在进行平台化产品的研发智能功率高边和低边开关芯片，预计于2024年中进行送样测试。SiC晶圆已经具有交付能力，SiC MOSFET及模块正在开发中。公司累计专利50余个。

五、主要新产品

产品名称	产品型号	产品应用
车规级BMS AFE芯片	E9963E	电动汽车BMS系统
车规级BMS AFE桥接芯片	E9963T	电动汽车BMS系统
SiC晶圆	—	电驱系统驱动电路

六、发展规划

中科芯时代车规级产品矩阵具有完善的布局规划，围绕电驱与电控领域，智能功率开关的平台化产品已完成流片，将于2024年送样测试，此外公司还布局了SiC产品，与产线绑定形成专属产能；BMS领域，除E9963E/E9963T，2023年底下一代BMS AFE芯片E9969即将定型，2024年中通过AEC-Q100且符合ASIL-D安全等级规范，可进行规模量产；车身与便利控制领域，公司将利用物联网领域的技术积累，围绕车联网领域进行多元布局，包括综合解锁方案、总线驱动方案等。

公司以高端芯片设计为核心，以国产替代、摆脱国外“卡脖子”为使命，已逐步形成以汽车电子、物联网等业务板块为核心的产业集团，致力于打造成国内半导体龙头企业、国际半导体一流企业。

深圳市江波龙电子股份有限公司

江波龙（股票代码301308）成立于1999年，公司主营业务为半导体存储应用产品的研发、设计与销售，聚焦半导体存储应用产品的研发设计与品牌运营，包括固件算法开发、系统级集成封装设计（SiP）、存储芯片测试算法以及存储应用技术开发等。

主营存储产品以NANDFlash存储产品为主，面向消费电子、工业、通信、汽车、安防、监控、智能穿戴、物联网、智能家居等行业应用市场和消费者市场，为客户提供高性能、高品质的创新存储芯片与产品。

公司拥有嵌入式存储、固态硬盘、移动存储和内存条四大产品线，以FORESEE与Lexar（雷克沙）品牌为载体，分别面向工业市场与消费者市场形成丰富的产品矩阵。

经过10多年的技术积累，公司打造了自主品牌FORESEE并在存储行业拥有良好的口碑，2020年至2021年，FORESEE品牌连续两年荣膺中国物联网大会暨品牌盛会“十大半导体杰出品牌”；2021年，获得“2021年第六届IoT创新奖——车规级eMMC创新技术奖”。

2017年，公司收购并成功运营Lexar（雷克沙），是为数不多拥有国际高端消费类存储品牌的企业。Lexar（雷克沙）具有26年历史，在摄影、影音、高端移动存储场景（如户外运动设备）领域具有卓越声誉，拥有良好口碑和忠实用户群。Lexar存储卡被摄影之友杂志评选为最佳存储卡，获得美国媒体NikkTech评选金牌奖、美国媒体CDRLab评选最佳购买奖、美国媒体Mashable评选最佳技术奖等荣誉资质，在国内、北美、欧洲、亚太等全球市场具有较高的市场影响力。2021年、2022年，Lexar品牌9款产品荣获红点大奖（RedDotAward；

ProductDesign)，4 款产品先后荣获美国 MUSE 设计奖(MUSEDESIGNAWARDS)、金奖(GOLDWINNER)、银奖(SILVERWINNER)，高端产品形象进一步巩固。

公司总部位于广东深圳，在中山、上海分别设立了集研发办公、专业存储实验、测试、存储产品展示、文化展示、员工生活等多项功能于一体的存储工程师园区。中山存储产业园位于广东省中山市翠亨新区和清路 9 号，毗邻深中通道出口处，园区整体占地约 75 亩，一期建筑面积约 6 万 m^2，现入住员工 500 余人，其中 400 多名研发工程师。公司将园区划分为办公区、测试区、展示区、生活区四大版块，于 2019 年 4 月建成并投入使用。二期规划建设面积约 11 万 m^2，主要包括研发大楼、测试工厂和物流仓储区，预计于 2024 年竣工并投入使用。

2021 年 3 月，公司在上海临港泥城购置自有物业，成立上海研发中心，办公面积约 2000 m^2，配套 600 m^2 的验证实验室，专注高端存储产品研发。同期，公司在上海自由贸易试验区临港新片区滴水湖科创总部湾核心区购买研发用地，主要用于建设公司上海总部及研发中心，占地面积约 14 亩，总建筑面积约 4.3 万 m^2。该项目预计在 2024 年底前交付使用，可容纳超过 800 名研发人员，集研发办公、专业存储实验、存储产品展示等多项功能于一体，将成为江波龙长期发展战略的重要载体。

此外，公司在美国、欧洲(荷兰)、日本等地设立有分支机构，形成全球化经营布局，方便公司更加高效、快捷地为全球客户提供产品和服务，有利于公司进一步拓展国际市场，获取有利的竞争地位。

江波龙不断优化产品结构及客户结构，持续投入研发，聚焦核心产品及核心大客户，不断拓展存储器细分市场的大客户群体。公司的大客户战略取得了显著的效果，如中兴通讯、传音、联想、萤石、南方电网、小鹏汽车等大客户为公司的业务发展、产品升级提供了稳固的支撑。同时，公司产品结构的优化也为公司提供了新的业绩驱动因素，2022 年公司车规级存储业务保持快速增长，服务器内存条(RDIMM)的量产出货及企业级 SSD 样品的发布与送样，均代表着公司产品结构优化取得了相应进展。

公司针对工业控制、汽车电子等高端应用场景推出工规级、车规级嵌入式存储器，截至 2022 年底，公司自研固件产品 UFS2.2 已经量产出货，近年先后发布自研固件的商用级 UFS3.1 产品以及车规级 UFS2.1 产品。经过严苛测试验证，公司车规级 eMMC、UFS 均符合汽车电子行业核心标准体系 AEC-Q100，其中工规级和车规级 eMMC 可实现最低 -40 ℃、最高 105 ℃的宽温域工作。

公司已经通过与汽车零部件一级供应商(Tier1)的深度合作，公司车规级存储产品已经进入相关车企的供应链系统，广泛应用在小鹏、比亚迪、上汽、广汽、一汽、长安、奇瑞等主流汽车品牌。同时，公司还连同核心车载系统企业联合推出了车载终端产品(如与都万电子联合推出的 EDR，向慧翰股份提供车载无线终端 4.0 内部搭载的 FORESEE 车规级 eMMC 等)。

公司自行研发并成功流片后量产的小容量存储芯片产品，也广泛应用于公司车规级存储业务。公司在中国大陆率先推出了自研 512MbSLCNANDFlash 小容量存储芯片。目前公司自研 SLCNANDFlash 存储芯片产品：512 Mbit、1 Gbit、2 Gbit、4 Gbit 均已实现量产，为客户提供多种电压、多种封装、多种接口的 SLCNANDFlash 存储解决方案。

公司的 SLCNAND 已通过 Broadcom、紫光展锐等 20 家主流平台认证和近 100 个主控型号验证，兼容性较强。产品经过 50 大项和 80 子项全面测试认证，以及全面的质量管理流程，实现颗粒级可追溯性，DPPM(每百万缺陷机会中的不良品数)小于 100，整体性能与稳定性较为突出。公司的自研存储芯片业务与公司既有的产品线形成协同效应，增强了公司向客户提供一体化存储方案的能力。

公司持续拓展企业级和高端消费级 SSD 市场，投入大量资源研发企业级存储系列产品。2022 年发布了企业级规格的 SSD，其中 LongsysORCA4836 系列 NVMeSSD 已经通过 PCI-SIG，IoL 等项专业认证，其顺序读取性能、随机读取性能最高可达 6800 MB/s 与 1000KIOPS；LongsysUNCIA3836 系列 SATA3.2SSD 采用的专业标准，其顺序读写性能最高可达 560 MB/s/520 MB/s，随机读写性能 IOPS 最高可达 95 K/50 K。以上产品的推出，标志着公司跨入了企业级 SSD 高端存储领域。未来 PCIeeSSD 和 RDIMM 产品有望逐步实现放量增长，特别是在面向数据中心的企业级存储领域具备广阔的市场前景。

嵌入式存储方面，公司一直以来保持对 UFS 新一代嵌入式存储、集成式嵌入式存储(即 ePOP、eMCP 等)的研发力度。公司的 UFS2.2 和 UFS3.1 产品已经开始量产，作为国内行业先进企业，公司 UFS 新一代存储器产品均采用公司自主研发固件，能够快速响应及解决来自不同细分市场的需求。公司有信心在 UFS 产品的业务上，延续公司 eMMC 产品的市场领先优势。

内存条产品线覆盖 DDR4 及 DDR5 系列规格，产品容量包含 4GB 到 64 GB，工规级 DIMM 产品能够适应最低 -40 ℃、最高 95 ℃的宽温域工作环境。2022 年公司发布了企业级 DDR4 内存条(RDIMM)AQUILA 系列产品，容量为 16/32/64 GB，主频速率包括 2666 MT/s、2933 MT/s、3200 MT/s。已通过部分客户的合格供应商认证，并逐步实现规模化量产。公司亦正在有序导入 DDR5 的 RDIMM 产品，不断丰富公司 RDIMM 产品线。

综上所述，公司在 2022 年实现 UFS 各规格产品及 RDIMM 量产，并发布及试生产了各规格企业级 SSD 产品，产品矩阵的丰富与扩充，为公司形成了更高的核心竞争力和行业门槛，也带来了新的业绩增长动力，能够让公司服务更多的细分行业大客户，公司亦有信心将继续保持国内存储器行业的优势地位。

技术研发始终是公司实现产品创新和巩固行业优势地位的基石，公司高度重视创新激励与研发建设。通过有效的管理协同各区域研发团队，共同协作实现软硬件开发、工程实现、产品验证等各项研发工作。

经过多年的发展，公司晶圆分析团队能够对 Flash 进行全方位品质画像、分级，深入进行产品应用仿真；形成了自主可控的 Flash 固件开发技术；在存储芯片 FT 测试，特别是 DRAM 存储芯片测试，在业内具有较大的技术优势；公司掌握 SiP 芯片基板开发、结构设计、信号仿真、标准定义和失效分析等技术，具有高性能、高复杂度硬件电路的设计能力。

此外,公司拓展了 SLCNANDFlash 等小容量存储芯片的设计能力,为公司向客户提供一体化存储方案提供助力,增强了公司持续稳定交付产品的能力。立足市场需求和存储行业产品研发特性,公司搭建了集成产品开发流程 IPD(Integrated Product Development),形成独有的研发流程体系,通过跨部门协同与“产品 + 技术”双重审议,针对研发各环节制定了规范文件,确保开发过程高效规范,高质量地实现产品转化。

公司已经形成了完善的存储模组研发体系和丰富的知识产权库,截至 2022 年 12 月 31 日,公司已经获得 470 项专利,其中发明专利 188 项、境外专利 106 项、软件著作权 81 项、集成电路布图设计 5 项。

公司与上游主要存储晶圆原厂、主控芯片厂商建立了长期、稳定和紧密的业务合作关系。凭借应用技术、产品设计和市场销售优势,帮助晶圆原厂快速实现晶圆产品化。一方面,公司与三星、西部数据等主要存储晶圆原厂签署了长期合约,确保存储晶圆供应的稳定性,巩固公司在下游市场的供应优势。另一方面,公司与国产存储晶圆原厂武汉长江存储、合肥长鑫均有良好的合作,同时与国产存储晶圆原厂在市场应用、产品开发、客户定制等方面有着广阔的合作空间,这也将进一步巩固及提升公司在供应链上的优势。

多年以来公司聚焦存储应用技术研发与创新,积极参与行业标准建设,先后加入中国半导体行业协会、信息技术应用创新工作委员会、深圳市商用密码行业协会等重要行业协会,并与华为、群联等共同发起设立智慧终端存储协会(ITMA),共同推动 NMCard 全球标准建设。公司亦是多个主流存储器全球标准协会的成员,包括 JEDEC 协会、SD 协会(董事会员)、CF 协会(执行会员)、USB 协会、PCI-SIG 协会、NVMe 协会、SATA-IO 协会等。

公司将持续投入国际业务开拓,在日本、荷兰及美国设立的子公司经营良好,为公司国际业务开拓提供了重要的本地化支撑,与此同时,公司也与部分国际知名品牌客户开展了 OEM 业务合作,为公司在行业内持续提升国际知名度奠定了良好基础。

公司高度重视人才,尤其是研发人才的引进与培养。截至 2022 年 12 月 31 日,公司拥有技术研发人员 879 人,占公司总人数的 55.42%。

未来,公司将继续坚持以品牌为载体,通过不断丰富自主品牌文化内涵,加大品牌市场宣传以及提高用户黏性,让品牌为业务赋能,提升品牌附加值。同时,公司还通过多种途径将企业价值观传递给消费者,务实推动品牌建设与发展,继续巩固行业级存储品牌 FORESEE 和国际高端消费类存储品牌 Lexar(雷克沙)的竞争优势。

作为独立存储器厂商,公司未来将一直保持对存储产业投入的专注力和战略定力,坚信只有高投入才能有高产出和高质量的客户服务满意度。立足于存储半导体行业,公司将国际化存储品牌企业作为目标,坚守“品牌、质量、合规、价值”的经营底线,努力实现“让存储无处不在”的愿景。

北京智芯微电子科技有限公司

一、单位概况

北京智芯微电子科技有限公司(以下简称智芯公司)成立于 2010 年,注册资本 64.1 亿元,办公、实验、生产场地面积约 10 万 m^2,设有工业芯片研发、实验、生产基地,3 个科研机构、5 个事业部、9 家分子公司,员工总数 4800 余人,是国内最大的工业芯片设计企业。智芯公司是国家高新技术企业,国家规划布局内重点集成电路设计企业,国家技术创新示范企业,连续 9 年被评为“中国十大集成电路设计企业”。荣获国务院国资委“科改示范企业”“创建世界一流专精特新示范企业”。

智芯公司坚持以“铸造工业最强芯”为使命,不断提升以智能芯片为核心的整体解决方案提供能力,已开发“安全、主控、通信、传感、射频识别、存储、人工智能、模拟”8 类 260 余款芯片产品,业务范围覆盖能源电力、轨道交通、汽车电子、石油石化等领域。

已通过 ISO 26262 汽车功能安全管理体系最高等级 ASILD 等级认证,建成我国首个工业芯片国家级工程研究中心、工业产品质量控制和技术评价实验室、国家工业芯片质量检验检测中心,通过 CMA 认证及 CNAS 认可。

累计获批政府项目 109 项,包括国家科技重大专项 8 项、国家重点研发计划 16 项、国家 863 计划 1 项、国家自然科学基金 1 项、发改委项目 5 项、工信部项目 25 项,国资委项目 4 项,北京市项目 24 项、其他项目 25 项;荣获国家科技进步二等奖 1 项、中国专利银奖 2 项、中国专利优秀奖 5 项、各省部级奖励 56 项、各行业级奖励 85 项,获专利授权 1186 项。

二、生产与经营

公司累计销售各类芯片超过 30 亿颗。

三、产品出口

智芯公司出口业务范围覆盖亚、欧、非、南美洲多个国家和地区。产品经历了极寒、极热、高湿、高盐雾、强电磁干扰等恶劣工作环境的考验,可靠性达到国际汽车电子领域领先水平。

四、产能建设

在北京建成一流的全产品形态的芯片、模组生产基地。其中,北京昌平生产基地占地面积 15000 余 m^2,生产设备 700 余台,北京昌平生产基地是国内最大的芯片嵌入式软件生产发行基地,也是国家电网公司密钥发行中心,通过中国银联、国家密码管理局、中国信息安全认证中心等权威机构认证,具备亿级规模生产能力。

五、技术进展与研发能力

智芯公司 2018 年建成国家级院士专家工作站,瞄准卡脖子核心技术,与 11 名院士及业内顶级专家,共同开展技术攻关;拥有国家“百千万人才工程”国家级专家,政府特贴专家,中国密码学会密码芯片专家、世界知名失效分析专家等,科研队伍总人数超过 3800 人,构建了“金字塔”型人才队伍。

累计投资 60 亿元,建成国内一流的芯片研发软硬件设计环境,配备了全球领先的实验设备500余套(部分关键设备国内仅有2台)。在数模混合芯片设计、超大规模集成电路验证和工艺监控等领域达到国内领先水平。针对芯片在电力等工业应用场景下出现的各种各样的失效问题,搭建了围绕电路设计分析、流片工艺、封装与材料、检验检测到应用的全流程实验分析平台,面向300多家国内外芯片及整机企业、政府机构提供技术服务,解决了近4万多个芯片实验分析难题。行业覆盖能源电力、轨道交通、汽车电子、石油石化等领域。

六、主要新产品

产品名称	产品型号	产品应用
线性LED驱动芯片	SCCK0611	推广应用中
2/4/6通道数字隔离器	SCCK1121X、SCCK1141X、SCCK1161X	推广应用中

七、合资合作及重大项目建设

累计获批政府项目109项,包括国家科技重大专项8项、国家重点研发计划16项、国家863计划1项、国家自然科学基金1项、发改委项目5项、工信部项目25项、国资委项目4项、北京市项目24项、其他项目25项。

设立科研专项,与国内外顶尖高校建立产学研联合体,开展项目合作和技术协同攻关;与部分Foundry厂建立虚拟IDM模式,开展工艺定制及工艺协同优化工作,保证芯片性能稳定。

八、发展规划

面向未来,智芯公司将坚定不移地贯彻国家创新驱动发展战略,不断提升自主研发能力和产品创新能力,为国内集成电路行业加速发展做出努力,为推动芯片国产化贡献力量。

中微半导体(深圳)股份有限公司

一、单位概况

中微半导体(深圳)股份有限公司(以下简称中微半导,股票代码688380)成立于2001年,是一家以MCU为核心的平台型芯片设计公司,专注于数模混合信号芯片、模拟芯片的研发、设计与销售。产品广泛应用于家用电器、消费电子、电机电池、医疗健康、工业控制、汽车电子和物联网等领域。总部位于深圳,国家高新技术企业,国家专精特新企业,注册资金40036.5万元,拥有员工500余人,在北京、上海、中山、成都、重庆、杭州和新加坡等地设有10个研发中心和分支机构。

自成立以来,中微半导体围绕智能控制器所需芯片及底层算法进行技术布局,不断拓展自主设计能力。已完成以MCU为核心的芯片开发平台,实现了芯片的结构化和模块化开发,具备8位和32位MCU、高精度模拟、功率驱动、功率器件、无线射频和底层核心算法的设计能力,可针对不同细分领域做出快速响应,是国产芯片公司中少有的高、中、低端全覆盖型企业。

二、生产与经营

中微半导基于在MCU领域22年技术储备和平台化的资源优势,着力破解汽车芯片“卡脖子”和供应链安全问题,有序推动系列“卡脖子”核心自主产品打破国外垄断、通过车规级认证,逐步批量上车应用。

汽车芯片:中微半导建立丰富的车规MCU产品矩阵及高标准的车规质量管理体系,助力国产汽车用上国产芯,汽车芯片产品阵营丰富且完善,可提供多系列高性能、高可靠性及高安全性标准控制芯片,车规级BAT32A系列MCU已在车身域及辅助驾驶域如纹波防夹、超声波雷达、安全座椅、数字钥匙、电动尾门、前后大灯等客户端批量量产和项目开发中。

产品规划:中微半导以市场为导向,依照汽车发展趋势及“新四化”要求,推动控制器由国外芯片向国产芯片、立足车身/整车控制系统、主攻底盘/动力系统等方向,后续将陆续推出通过AEC-Q100 Grade 0且符合ASIL-B安全等级规范的32位车规级MCU- BAT32A337,及大资源多管脚的32位BAT32A239及BAT32A279系列。目前正在与数家国产自主品牌车企自主联合开展汽车芯片统型、定义,以国产芯片解决方案推动车身控制、区域控制、传感器、数字钥匙、安全座椅、超声雷达、空调控制器等项目取得国产化新突破。

产线建设:8 in工艺线已全部升级至12 in工艺线。

封装、检测、认证:面向动力、自动驾驶、整车控制等高安全等级要求系统,开展“芯片—板卡—系统部件—汽车整机”等环节认证和测试方案定制,重点突破车规芯片电测试、可靠性试验、电磁兼容测试、功能安全测试、信息安全测试、认证和测试复核体系建设、认证和测试标准体系建设等关键技术,实现汽车产品认证和测试全流程自主可控。

车用软件:与全球领先的嵌入式开发软件方案和服务供应商IAR携手合作,IAR Embedded Workbench for Arm 9.32版本已全面支持中微半导车规级BAT32A系列MCU,凭借IAR强大的代码优化功能和完整的工具链,可帮助开发人员能够专注于技术创新,使汽车客户更高效、便捷地完成MCU代码的调试和优化,缩短设计时间和上市时间,有助于共同打造汽车生态伙伴共赢链。

三、产能建设

芯片年产量12亿颗,其中车规产品年产量5000万颗。

四、技术进展与研发能力

中微半导结合市场所需,进一步扩大汽车芯片设计资源建设,确定北京为车规芯片研发中心,集中力量开展大算力、高安全芯片前瞻布局。

研发能力:拥有五项核心技术包括高可靠性MCU技术、高性能触摸技术、高精度模拟技术、电机驱动芯片技术及底层算法、低功耗技术等。同时,积累的自主IP超过1000个,可供销售的芯片超过800余款。

开发团队:工程师占比超过50%,汽车电子事业部成立专家团队,团队具备多款汽车芯片成功量产经验,在感知、算法、模拟等方向拥有成熟的技术能力及丰富的研发经验。

技术资质：成立广东省车规级芯片工程技术研究中心、哈工大（深圳）人工智能芯片实验室，2022 年启动 ISO 26262 汽车功能安全认证，BAT32A 系列 MCU 已通过权威第三方 AEC-Q100 Grade 1 车规级可靠性认证。

五、主要新产品

产品名称	产品型号	产品应用
车规级 BAT32A237 芯片	BAT32A237	汽车热管理、传感器、车灯、电机控制器等
车规级 BAT32A239 芯片	BAT32A239	汽车热管理、传感器、车灯、电机控制器等
车规级 BAT32A279 芯片	BAT32A279	汽车热管理、传感器、车灯、电机控制器等

六、合资合作及重大项目建设

战略合作：与整机厂、Tier1 企业、封测/认证机构、高校、创新企业等签订战略合作协议，落实具体合作项目。

建圈强链：与车规级供应商强化合作，建设芯片后道测试封装圈，引进第三方认证为行业提供检验检测、产品认证等服务。

国家平台：与南方科技大学联合申报深圳年度技术攻关重点项目“车规级微控制器芯片关键技术研发”，建设期为 3 年，旨在通过车规级微控制器芯片研发平台的建设，开发出国外竞品同等品质和性能的车规级微控制器芯片。

七、发展规划

汽车芯片中心聚焦国家所需、行业所趋、中微所能，加强战略统筹和顶层设计，完善汽车芯片规划布局，统筹推进公司汽车芯片产业链业务拓展。部署重点任务和产品谱系化研发，重点突破车规级芯片、工艺、软件等关键技术。

在深入研判汽车芯片行业“卡脖子”技术和未来发展趋势基础上，着重在如下方向组织集团公司内外部优势力量自主研发、集智攻关：

（1）车身系统国产化芯片；

（2）底盘系统国产化芯片；

（3）动力系统国产化芯片；

（4）整车控制系统国产化芯片；

（5）智能驾驶系统国产化芯片；

（6）座舱网联系统国产化芯片；

（7）车用智能传感器；

（8）基于国产化芯片的自主车用控制器；

（9）车用自主操作系统。

业务范围扩展主要包括：

（1）聚焦国家所需，围绕国家及民族汽车工业发展过程中遇到的全局性、综合性、战略性重大问题，统筹开展战略研究、政策研究和应用研究，为国家机关和行业主管部门提供决策支撑。

（2）聚焦行业所趋，加强用研合作，以市场为牵引，深入研究整车厂商需求，汇聚公司芯片平台和汽车电子领域优势力量，围绕公司整体汽车芯片产业链关键环节和价值链高附加值环节优化布局，提升产业基础能力，构建产业生态。

（3）聚焦中微所能，统筹推进公司汽车芯片及汽车电子产业集群式发展，协同开展车规级芯片、工艺、软件、控制器及其车用软件等关键技术突破和核心产品研发，提供系统化、谱系化解决方案。

（4）聚焦中心定位，开展高可靠、高安全汽车芯片共性技术研究，提供芯片验证、可靠性检验等技术服务，推动国产汽车电子产业高质量发展。

北京云驰未来科技有限公司

一、单位概况

北京云驰未来有限公司（以下简称云驰未来）秉承着“让人与机器安全和谐相处”的理念，专注于为未来的智能汽车提供全生命周期的信息安全解决方案和产品。具备 ECU/DCU 信息安全开发、整车信息安全正向开发能力，并结合自动驾驶和软件定义汽车等关键技术，基于软硬结合、车云一体思路，构建智能汽车纵深防御的信息安全体系。

作为智能汽车信息安全技术的引领者，云驰未来为众多 OEM、自动驾驶公司以及智能网联示范区提供信息安全整体解决方案。已累计为 20 余家自动驾驶公司、10 余家 OEM 及 Tier1 提供产品与服务。

围绕智能汽车信息安全产业，公司积极参与国家智能网联汽车标准体系和产业生态建设，先后成为信安标委、汽标委员会单位，入选工信部车联网安全工作专班，承担国家级车联网安全试点项目；与芯驰科技、地平线、TÜV 莱茵、曹操出行、易咖智车、北京交通大学等行业伙伴达成深度战略合作；与国汽创新中心、东风商用车成立车路云一体化联合创新实验室。

二、生产与经营

云驰未来通过“整车信息安全威胁及风险管理 + 智能汽车 Cyber Security Framework + 中央网络控制器 + 云驰智云”的解决方案，助力 OEM 和 Tier1 快速建立信息安全管理能力和技术能力，覆盖安全管理、安全开发、安全运营全过程，形成全生命周期的信息安全保障能力。

产品体系如下：

1. 合规服务与工具链

为 OEM、Tier1 提供定制化的信息安全咨询服务。可帮助客户建立符合法规和标准规范（例如 UNECE/WP. 29 和 ISO/SAE 21434 等）的全生命周期 CSMS 信息安全管理体系。可提供 TARA 工具产品，协助客户建立整车级及零部件级 TARA 分析技术规范，形成可复用的 TARA 知识库，可追溯的安全需求，可跟踪的安全漏洞及面向合规的差距分析。

2. 智能汽车信息安全 Framework

提供信息安全技术框架（Cyber Security Framework），包

括整车级信息安全技术方案、零部件级信息安全技术方案、关键技术实施规范、软件 SDK 及工具。为 OEM 及 Tier1 提供统一网络安全服务，提升网络安全防护能力的同时，保障安全合规要求、保障产品可靠性、减少重复投入，为车型开发提供标准、可靠的网络安全技术支撑。

3. 云驰智云安全运营中心 VSOC/IDPS

为智能网联汽车提供采集、分析、预警、处置的运营框架，帮助客户持续应对网络攻击、威胁事件及漏洞。产品以合规为基础能力，提供开箱即用的监测规则及报表报告，帮助客户快速满足法规要求，支撑国内外审核认证工作开展。在此基础上，通过与 InchTek 安全工具链无缝衔接，赋能企业的威胁分析、需求管理、漏洞管理、应急处置，帮助车企守住安全底线，持续挖掘运营价值。

4. 中央网络控制器 CNCU

国内首创自研 4G/5G 车规级中央网络控制器产品，最早通过 EAL4 认证并率先在百度 Apollo、京东物流等头部自动驾驶公司量产应用，满足自动驾驶高安全、高性能、高可靠要求。

三、技术进展与研发能力

公司核心团队汇聚信息安全、汽车 EEA、车载电子、自动驾驶、大数据与 AI 等领域的技术专家，引领智能汽车与信息安全的多元融合及创新实践，创新研发了车规级可规模化量产的硬件和软件信息安全产品，具备 ECU/DCU 信息安全开发、整车信息安全正向开发能力，并结合自动驾驶和软件定义汽车等关键技术，为每辆智能网联汽车构建纵深防御的信息安全体系。

（1）云驰未来中央网络控制器 CNCU 是国内首创，车规级中央网络控制器产品，是国内第一款面向无人驾驶汽车的车规级中央安全网络控制器平台 CNCU 通过车规级和 EAL4 认证产品；功能丰富，多功能集成。

云驰未来的车载中央网络控制器通过了车规检测，安全中间件通过了中汽研 GB 17691 信息安全技术检测，公司联合阿波罗自动驾驶的安全防护平台通过了 EAL4 安全测评。作为自动驾驶系统的标准配件，云驰未来的网关产品已经在自动驾驶出租车 Robotaxi 等多种无人驾驶场景中装备使用。

（2）云驰未来整车信息安全 Framework 是国内首个智能网联汽车信息安全框架，是国内首批通过天津中汽研检测的产品，安全 Framework 优势：资源占用极少，仅 K 级别；安全能力强，攻击识别速度快（<5 ms），攻击种类识别全（200 +）。车联网安全中间件是面向未来的、集中式电子电气架构设计的信息安全软件框架，可以被集成到域控系统中，为各个车内的域控系统提供安全能力。

（3）自动驾驶行业作为 AI 技术的重要应用领域，云驰产品和技术紧随行业的技术发展，为自动驾驶场景落地提供基础能力支撑；积极探索 AI 在车联网安全领域的应用，完成覆盖车端、云端的安全模型；AI 引擎对车端资源占用低，识别精度 >93%。

云驰未来推出车云一体的车联网信息安全技术服务“云驰智云”，提供包括设备管理、资产管理、OTA 管理、安全运营中心、安全态势感知、应急处理、威胁情报共享等在内的统一的安全策略管理。

四、主要新产品

产品名称	产品型号	产品应用
中央网络控制器	L3000	主机厂、自动驾驶汽车

五、合资合作及重大项目建设

作为国内领先的智能汽车信息安全供应商，围绕智能汽车信息安全产业，云驰未来一直积极参与国家和行业标准制定和产业生态建设，推动中国智联网联汽车安全系统的标准化、规模化发展，以满足国家监管政策和行业未来发展的要求。公司先后入选工信部车联网安全工作专班，成为车联网网络安全技术标准组、身份认证组、产业融合组成员，承担 2 项工信部“车联网身份认证和安全信任试点项目”；与芯驰科技、地平线、TÜV 莱茵、曹操出行、易咖智车、北京交通大学等行业伙伴达成深度战略合作；与国汽创新中心、东风商用车成立车路云一体化联合创新实验室；公司先后成为汽标委、通标委、信安标委会、汽车工程学会、汽车工业协会、中国汽车基础软件生态委员会 AUTOSEMO、安全评价工作组、车联网（智能网联汽车）数据安全组、IMT-2020（5G）推进组 C-V2X 工作组成员、中国智能网联汽车产业创新联盟成员单位。

公司已服务全国约 60% 的 L4 无人驾驶车辆；落地 RoboTaxi、RoboBus、RobTrunk、无人驾驶物流车、矿卡、环卫车、观光车等 12 种车型、23 个省，42 个城市、20 种应用场景；是百度 Apollo、京东物流、图森未来、阿里达摩院、三一智矿、文远知行、轻舟智航、希迪智驾、驭势科技等 16 家头部自动驾驶企业的信息安全合作伙伴；是宝马、东风、赛力斯、金龙等 OEM 主机厂信息安全合规咨询服务和技术解决方案供应商。

六、发展规划

云驰未来是智能网联领域“中国方案”的核心代表企业，是国家“车路云一体化”智能网联汽车的顶层设计理念落地的安全支撑单位，基于“车—路—云—网—图—安”全要素一体化融合的中国方案，支撑车路云一体化智能网联汽车的顶层设计落地。

作为智能汽车信息安全技术的引领者，云驰未来将不断依靠技术创新构建核心创新优势，依靠示范应用构建品牌影响力；以行业标准制定为切入，基于产业协同推动产业生态共建，推动产品应用落地与市场份额不断扩大，不断夯实在自动驾驶安全领域的绝对领先优势；实现传统 OEM 主机厂的量产部署，强化 SaaS 订阅式服务收入和车厂 license 收入，打造整车信息安全解决方案最佳实践，成为智能汽车安全领导者，建立行业持续领先优势。

同时，通过不断的技术实践，推动信息安全基础平台建设，服务整个行业和国家监管体系，持续引领在不同应用场景下中国方案车路云一体化的安全技术创新，打通计算、云端、高精动态、信息安全和整个产业应用的网联和安全基础平台，打造更加安全的智能网联汽车“中国方案”标杆，通过智能汽车信息安全的产业化落地，推动自动驾驶的商业化落地进程加速智能汽车信息安全“中国方案”大规模量产落地，提升我国智能网联汽车产业在全球价值链中的领先优势。

北京百度智行科技有限公司

一、关于 Apollo 汽车智能化

百度布局自动驾驶 10 年，是技术长期主义的践行者，一方面致力于为用户提供无人驾驶出行服务；另一方面将自动驾驶技术落地在量产智能驾驶领域。

2021 年下半年，百度正式组建智能汽车事业部，以助力车企规模化量产、服务广大消费者为目标，以“产品领先、体验愉悦、服务专业、生态开放”为宗旨，以用户体验为中心，逐步成为车企可以长期合作的新型、专业、可信赖的伙伴。百度 Apollo 已形成有竞争力的“驾、舱、图”汽车智能化产品矩阵，能够满足国内外车企对汽车智能化的各种需求。截至 2023 年 5 月，百度 Apollo 汽车智能化解决方案已在 31 个汽车品牌、211 款车型量产，累计搭载超 900 万辆。

智驾方面，百度 Apollo 推出了自主泊车 ApolloParking、行泊一体 ApolloHighwayDrivingPro、城市域领航辅助驾驶 ApolloCityDrivingMax，覆盖低、中、高组合的全系列智驾产品，在广汽埃安全系，哈弗神兽、坦克 500、欧拉闪电猫等多款明星车型上实现量产。未来 5 年，百度 Apollo 赋能的智驾产品搭载量将保持平均每年 100% 的增速。

智舱方面，百度 Apollo 推出小度车载 OS、小度语音 SDK。同时积极探索利用文心大模型能力打造可量产的新一代 AI 智舱体验。以文心大模型为基础，针对车载场景进行专项训练和模型精调，已有多家车企与百度 Apollo 探讨合作。

智图方面，百度 Apollo 拥有车载导航地图、人机共驾地图、高精地图。

未来，百度 Apollo 将持续提供高质量的汽车智能化产品，助力车企打造面向未来的智能汽车。

二、百度 Apollo 智能驾驶开放战略

2023 年 4 月 16 日，百度 Apollo 发布了《百度智能驾驶开放白皮书》宣布面向车企开放四大智能驾驶关键能力：开放体验定义/自主体验进化/全周期 OTA 服务/车企共创成长。在保障用户体验的目标下，百度 Apollo 以更开放的态度助力车企取得智能驾驶的领先地位和商业成功。

在这种开放方案下，车企可以根据自己的品牌定位、目标人群来定义和实现相符的人机交互界面、智能驾驶风格，甚至可以参与到智驾车控的技术实现，与此同时，百度向车企提供数据闭环云和相应工具链，车企在掌握之后可以自主进行数据驱动的智驾体验提升，助力车企拥有更多可控权，赢得智能化竞速赛。百度也会向车企提供长期（例如 3 年）的 OTA 服务（收费），把百度最新的主线产品能力和体验开放给车企，让车企的车保持的智驾能力生命力。

发布开放性白皮书是一个起点。接下来百度 Apollo 智能汽车的产品规划和研发实现、商业合作模式等都会基于开放性白皮书的指导相应调整、逐步有序落实白皮书提到的开放性。

三、Apollo 汽车智能化产品矩阵

1. Apollo 智驾

百度充分利用多年来在 L4 无人自动驾驶领域的技术、人才和数据的积累，在 L2 + 量产高级别智能辅助驾驶领域快速突破，开发新产品、升级已有产品，形成了完善的智驾产品矩阵。

（1）ApolloCityDrivingMax

旗舰产品城市域领航辅助驾驶 ApolloCityDrivingMax，是国内唯一一款使用纯视觉感知能在城市道路上带给用户连贯体验的产品（当前首发车产品定义还包括激光雷达，提供感知冗余）。

作为业内首批可实现量产的“三域融通”智能驾驶解决方案，ApolloCityDrivingMax 能够在停车场、高速路、城市路等区域自由畅行。方案拥有 4 项核心优势：

视觉真双冗余方案：研发测试阶段，ApolloCityDrivingMax 依靠 Apollo 特色“BEV 环视三维感知”技术，成为国内唯一一个能依靠纯视觉跑通城市域多场景的智驾方案，量产阶段，ApolloCityDrivingMax 将增加激光雷达感知冗余，进一步从感知上应对非常规异形障碍物、夜晚障碍物、动/静态遮挡鬼探头、停车场跨层泊车等复杂城市场景，提升智能驾驶的安全和稳定性，带给用户更加安心的体验。

安全：探索 L4 级自动驾驶 10 年，算法经过超 5700 万 km 专业路测验证，为 L2 + 的 BEV 障碍物感知模型提供了源源不断的数据燃料，让 ApolloL2 + 的新一代 BEV 感知能力建设速度领先友商。同时，根据 Robotaxi 在运营过程中沉淀的中国各色红绿灯数据，ApolloCityDrivingMax 得以实现“中国式”红绿灯的人眼级感知。

熟路：国内唯一同时自研自动驾驶和高精地图的 Tier1，百度成为首家，也是最快获得广州、深圳、上海、杭州、北京、重庆 6 个试点城市高级辅助驾驶地图许可，为 ApolloCityDrivingMax 打造全新一代覆盖广而深的量产“轻地图”，保障智驾在复杂道路拓扑结构下畅通无阻，给用户高获得感。

体验好：基于 AI 和云计算技术，为 ApolloCityDrivingMax 智驾系统量身定制了配套的数据闭环工具链，助力车企在量产车规模级别上端到端进行数据资产管理和模型迭代，真正实现数据驱动智驾体验持续进化。

（2）ApolloHighwayDrivingPro

行泊一体 ApolloHighwayDrivingPro，算力平台升级至单 TDA4-VH 平台，相比双 TDA4-VM，AI 算力、CPU 算力使用率不到 50%。用户体验优、成本有竞争力，成为行业里优选的高速智驾、行泊一体方案。

基于极致性价比的控制器成本，ApolloHighwayDrivingPro 不仅提供性能领先的高速点到点导航辅助驾驶，解决用户在长途出行的疲劳感，也增强了城市基础辅助驾驶体验，提升城市通勤场景下体验连续性，缓解车主在城市通勤，拥堵场景下的驾驶疲劳和紧张情绪，让更多主流车型的车主在高频出行场景下也能享受到智能驾驶带来的、更加轻松愉快的出行体验。

（3）ApolloParking

自主泊车 ApolloParking，Top5 停车位类型成功率超过 99%，垂直车位泊入时间 28s，是让用户真正拥有获得感，行业里最强的泊车产品。

泊车能力媲美老司机，高频车位稳定好用，复杂车位从容搞定；支持软件化部署至不同硬件平台，ApolloParking 让

更多车型的车主享受到极致好用的泊车产品。

2. Apollo 智舱

百度 Apollo 拥有业界领先的全栈智能座舱解决方案，包括小度车载 OS、小度车载语音 SDK，同时积极探索利用文心大模型能力打造新一代 AI 智舱体验。

小度车载 OS，是一个智能座舱整包方案，以语音能力为核心，加上音视频、生态等多种资源和能力，可以快速搭载量产，与友商同类产品相比，市占率领先。

小度语音 SDK，具有“畅”（免唤醒、多路同时对话）、“快”（全域毫秒级响应）、“全”（全元素所见即可说）、“易”（无须接口开发，生态打通更容易）四大优势。

百度文心一言大模型，百度正在探索利用文心大模型能力重塑用户与智舱的关系，打造新一代 AI 智舱体验。例如，小度语音 SDK 以文心大模型为基础，针对出行场景进行专项训练和模型精调后孵化了“小度车载智慧增强包”，令小度具备了“出行场景对话式交互”“逻辑推理”“策略规划”等多项智慧能力。

3. Apollo 智图

百度深耕车载地图与高精地图领域 10 余年，已经持续为多家 TOPOEM 提供量产服务，是市场领先的车载地图以及高精地图服务提供商。

车载导航地图：新一代适用于车载场景的地图产品，在提供搜索、定位、导航、巡航等基础导航功能外，也能提供完善的新能源功能（如充电桩周边搜，低电量提醒，新能源算路等），已在多个城市接入 V2X 信息，提供红绿灯倒计时、闯红灯预警、绿波车速等功能。

人机共驾地图：百度顺应智能化领航辅助驾驶趋势推出的智能汽车地图产品，不仅能提供车道级导航服务，也能将辅助驾驶系统的环境感知，决策和控制实时反映到驾舱屏幕，提升驾驶员对辅助驾驶系统的信任。

高精地图：百度高速高精地图 2020 年率先量产，市场占有率第一（IDC《中国高精地图市场份额，2021》：32.7%）。百度充分利用高精地图产线的优势，定义出最懂驾，同时又很轻的 HD 地图，比起传统的行业里使用的高精地图轻将近 80%，这让百度得以一个可接受的成本较快地拓展覆盖的城市数量。

四、Apollo 汽车智能化组织保障能力

紧跟汽车智能化跨界融合发展趋势，百度不断与业内头部第三方认证公司紧密合作，引入多样化的智能汽车零部件行业认证和体系标准，为旗下智舱、智驾、智图等相关产品线交付提供质量保障和安全保障。

2022 年 12 月，百度宣布已经通过 Auto motive SPICE ® CL3（汽车软件过程改进及能力评定）评估认证。在国内汽车软件领域，ASPICE ® CL3 级是目前官方已对外公布的、Tier1 已获得的最高评估认证等级。这标志着，百度已经具有行业领先的项目交付过程管理组织能力，能够稳定、持续地为 OEM 交付高质量的产品和服务。与基于特定项目产生的 CL2 评估认证不同，ASPICE ® CL3 评估认证是在单个项目基础上，将一套管理方法融入组织层的日常运用过程中。这说明百度具备行业领先的项目交付过程管理水平。不仅能将每个项目管理得很好，而且能够通过建立组织级标准工作流程，形成组织级流程资产，指导所适用项目的研发过程。每个项目均可以通过对标准流程的剪裁而建立项目级流程，以保障项目的交付质量。

百度已经获得 IATF 16949，ASPICE ® L2/L3，26262 体系/产品认证，TISAX ®，ISO 21434、ISO 27001、ISO 27701、ISO 27017、ISO 27018、ISO 22301 等多达 10 个相关认证和评估，构建了具有百度特色的自动驾驶量产产品研发流程、质量与安全保障体系，保障 Apollo 在成为专业的新型本土 Tier1 的道路上越走越扎实，持续稳定地为 OEM 提供高品质的汽车智能化产品。

北京四维图新科技股份有限公司

一、单位概况

北京四维图新科技股份有限公司（以下简称四维图新）成立于 2002 年，是推动汽车智能化与智慧城市发展的引领者。经过 20 年的创新与沉淀，四维图新已成为导航地图、动态交通信息以及乘用车和商用车定制化车联网解决方案领域的领导者。如今，四维图新以全面的技术发展战略迎接汽车“新四化”时代的来临，致力于以自动驾驶系统解决方案、云服务平台、高精度地图、高精度定位以及汽车电子芯片等核心业务，打造“智能汽车大脑”，并基于大数据能力，拓展智慧城市乃至万物互联应用，赋能智慧出行，助力美好生活，成为客户信赖的智能出行科技公司。

公司聚焦汽车智能化主赛道，发展智云、智驾、智舱、智芯四大解决方案，同时聚焦智能交通、数字孪生城市解决方案，将多年积淀的数据与技术产品化、平台化，借助行业趋势及生态优势，不断在深耕领域拓展创新。公司产品覆盖了从底层地图数据、车载芯片，到上层智能驾驶和智能座舱应用，形成了以地图为底座，面向智能汽车的智云、智驾、智舱、智芯全栈式解决方案服务能力。在政企领域，聚焦智能交通和智能城市解决方案。

二、生产与经营

报告期内，公司主要从事智云业务、智驾业务、智舱业务、智芯业务。

（1）智云业务，公司凭借二十年积累的坚实数据底座优势、云端一体化服务能力和优秀的数据处理技术，面向智能汽车和智慧交通场景提供动态的 MaaS 地图服务及解决方案，构建基于“车—路—云—图”数据闭环服务，为自动驾驶功能开发、测试验证和量产提供保障；基于不断优化的高品质地图数据，结合 3D 人机交互的智能驾驶场景还原与导航能力，提供人机共驾的美好出行体验；同时以地图和数据为载体，构建丰富的车城联动出行场景及行业服务平台。产品包含地图产品、人机共驾导航产品、数据合规闭环服务、智慧城市及高精度定位服务等，为客户提供支持全场景、多级智能驾驶功能的地图产品组合。以“芯片 + 数据 + 算法”闭环打造领先的高精度地图，公司高精度地图陆续获得宝马、一

汽红旗、长城等重要战略客户定点,多个项目进入量产期,有效支撑 L2+高级辅助驾驶功能实现及 L3 以上自动驾驶功能需求。停车场地图同时支持多种定位方法的泊车解决方案,具备较强的定制化能力,已具备量产能力,获得国内头部车厂定点。公司继续完善 OneMap 开发及量产交付,OneMap 将 SD、HD、ADAS、AVP 地图(导航地图、高精度地图、辅助驾驶地图和停车场地图)合而为一,以"一张图"赋能全场景智能驾驶时代,解决座舱域与智驾域的数据高度匹配诉求,实现人驾、车驾无缝衔接,智舱、智驾深入融合。公司积极参与相关领域国家顶层规划和标准制定,承接了多项国家级项目与相关领域重点专项试点应用。牵头科技部重点研发计划"云网端高精度时空信息保护关键技术"课题研究,构建高精度时空数据从采—传—算—发全生命周期的自主可控安全保护体系,促进我国高可信时空网建设及高精定位导航合规应用。

公司依托大数据、云计算能力以及 IoT 动态连接技术,精准刻画数字孪生城市,基于数字孪生感知基座,打造多领域、多场景化数字孪生解决方案,支撑城市级、区域级数字孪生新业态;聚焦与交通相关的业务场景,着力打造"智慧交通综合管控平台""数字交通综合监管服务平台""智能网联监管运营服务平台"三大行业应用平台,全面助力智慧交通产业升级。

(2)智驾业务,公司通过智能驾驶软硬件一体和智能驾驶计算平台等产品,助力客户实现不同级别的智能驾驶功能,并针对智能驾驶提供高性能、高可靠的产品及服务。公司先后拿下国内某头部车厂 A 部分车型 L2 级智能驾驶辅助系统软硬一体解决方案的定点通知,以及某头部新能源汽车公司 B 的 L2 级智能驾驶辅助系统软硬一体解决方案合作订单。

公司地图数据与智能驾驶产品深度融合,开发的场景化地图,可满足于不同类型的智能驾驶功能需求。场景地图及算法解决方案为车厂提升产品附加价值,为智能驾驶场景中的每一个参与主体夯实安全性。公司行泊一体产品获得第二届 ICVS 中国自动驾驶年会颁布的"2022 年度自动驾驶商业化落地标杆奖",标志着业内对公司智驾产品的高度肯定。

(3)智舱业务,公司围绕交通场景中的"车—路—人",构建从地图、动态内容、云端大数据到车端的完整车联网生态链,为乘用车客户提供软件、硬件和软硬一体化解决方案以及运营服务,向商用车客户提供智能网联解决方案。构建从地图、动态信息、云端大数据到车端的完整车联网生态链,形成从前装到后装的产品序列,提供从软件、硬件到服务的一体化解决方案以及运营服务。乘用车智舱产品获得多家车厂的订单。丰田高端车型的智舱产品已实现量产,全新的导航+LBS 服务已获雷克萨斯定点;公司车联网产品获得国内头部汽车品牌以及日系汽车品牌的合作订单。随着前述车型的上市与销售,公司的智舱产品为更多终端用户带来良好的人车互动体验。

商用车智舱板块聚焦服务主机厂:商用车智舱板块,聚焦商用车智能化,以智能网联和智能驾驶为重点,满足主机厂产品需求为业务目标。报告期内,公司与中国一汽、东风、中国重汽等公司在商用车智能座舱产品和车联网等方面保持了良好的合作关系;公司与上汽大通就智能座舱产品成合作,现已完成上汽大通智能座舱产品全功能版本的开发。

(4)智芯业务,公司面向汽车车身控制域、智能驾驶域、智能座舱域、底盘域、动力域等使用场景及量产需求,设计、研发并销售汽车电子芯片。公司目前主要芯片产品包括智能座舱芯片(SoC)、车规级微控制器芯片(MCU)、胎压监测专用芯片(TPMS)、车载音频功放芯片(AMP)等。SoC 芯片销量保持后装市场第一名;第一代前装智能座舱芯片持续出货,并开拓单液晶仪表、HUD、CMS、后排娱乐屏等新市场;中低端智能座舱芯片多个项目实现量产,具体包括上汽名爵、郑州日产及广汽集团等品牌的不同车型;车联网芯片项目实现量产。

公司完成了多颗 32 位车规 MCU 芯片的研发,开始进行客户推广和量产。其中包括国内首颗符合功能安全 ASIL B 等级要求的 MCU 产品,首颗基于纯本土供应链的 MCU 产品。启动了基于本土供应链的新 MCU 产品研发,将会对当前供不应求的在量产产品进行功能升级和供应链的补充。启动了面向区域控制器、电机电控等核心高端场景的多核高端 MCU 研发工作。车规级 MCU 芯片持续突破,累计出货量已超 3000 万颗,产品覆盖国内外主流整车厂与一级供应商,广泛应用于智能车身控制、底盘控制和智能座舱控制等领域,MCU 芯片在国产 32 位车规 MCU 中销量保持第一。胎压监测专用芯片(TPMS)、车载音频功放芯片(AMP)销量提升。

公司提升对供应链的重视程度,加大了对供应链端的投入,积极争取更多产能。同时开始了与多家本土及海内外代工厂合作,旨在探索打造车规级 MCU 等产品线的工艺和产品,为供应链的稳定和弹性打好基础。杰发科技 MCU 芯片获得中国汽车工业协会颁发的《中国汽车供应链优秀创新成果奖》;第十七届"中国芯"集成电路产业促进大会上,杰发科技芯片 AC7325 荣获"中国芯"优秀技术创新产品奖。

三、主要新产品

产品名称	品牌
自动驾驶地图更新及应用	四维图新
自动驾驶专属云平台	四维图新
位置大数据平台	四维图新
交通信息处理与发布子系统	四维图新

四、发展规划

在智驾业务方面,公司将继续提升量产交付能力、软硬件一体化解决方案能力,同时以场景地图为创新,重点解决客户在城市智能驾驶应用场景下的痛点,提升用户驾驶体验。公司也将持续优化供应链管理,推进与产业链上下游伙伴的深度合作,提升业务毛利水平。在智能驾驶渗透率快速提升的行业趋势下,抓住增量机会,重点突破抢占更高市场份额。

在智芯业务方面,在进一步巩固IVI后装 SoC 市场份额的同时,加速新一代智能座舱前装芯片的开发与导入,争取切入国际头部客户,占据汽车智能化端侧战略控制点。同时,持续打造车规级 MCU 产品集群,覆盖低、中、高端各类细分场景,积极面对全球芯片产业与供应链的巨大变化,充分发挥内外部资源协同协作,保证产能供给,赋能国产化价值替代。

在智云业务方面,继续推进 One Map 地图数字底座的技术迭代、工艺升级和产品化进程,面向智能驾驶功能与人机共驾场景,提供有方案竞争力的产品及工具链。同时,面向智能驾驶与车联网的快速渗透,以提升客户算法能力、服务稳定性、数据合规性为价值,打造端云协同的智能汽车完整数据闭环方案。在车城一体化领域，公司将聚焦智慧交通与数字孪生，进一步挖掘智能汽车与智慧交通的协作协同，打造智能网联城市样板城市，满足车厂及政企客户需求，提供对相关业务的数据反哺。

在智舱乘用车业务领域，公司将进一步升级产品与服务价值，打造结合地图、导航、LBS 车主运营服务、人机共驾与辅助驾驶要素在内的“座舱＋产品”系列，突破传统座舱娱乐用户体验，加大力度拓展新客户，获取新订单，创造持续增长的营收机会点。在座舱商用车业务领域，公司将聚焦车端智能终端与智能座舱业务，剥离非核心政企监控类业务，精简团队，提升业务效益效能。同时，公司还将探索商用车智能驾驶应用场景，拓展新的业务机会点。

蘑菇车联信息科技有限公司

一、单位概况

蘑菇车联信息科有限公司成立于 2017 年，是国内领先的自动驾驶全栈技术与运营服务提供商。公司自主研发了行业首个“车路云一体化”自动驾驶系统，掌握 L4 级自动驾驶全栈技术，核心软硬件自研，形成完整的自动驾驶标准化产品包，包括 AI 数字道路基站、自动驾驶车辆、智慧交通 AI 云平台，可在城市开放道路、高速公路等场景快速大规模部署，为 L1-L4 级智能网联车辆提供服务。

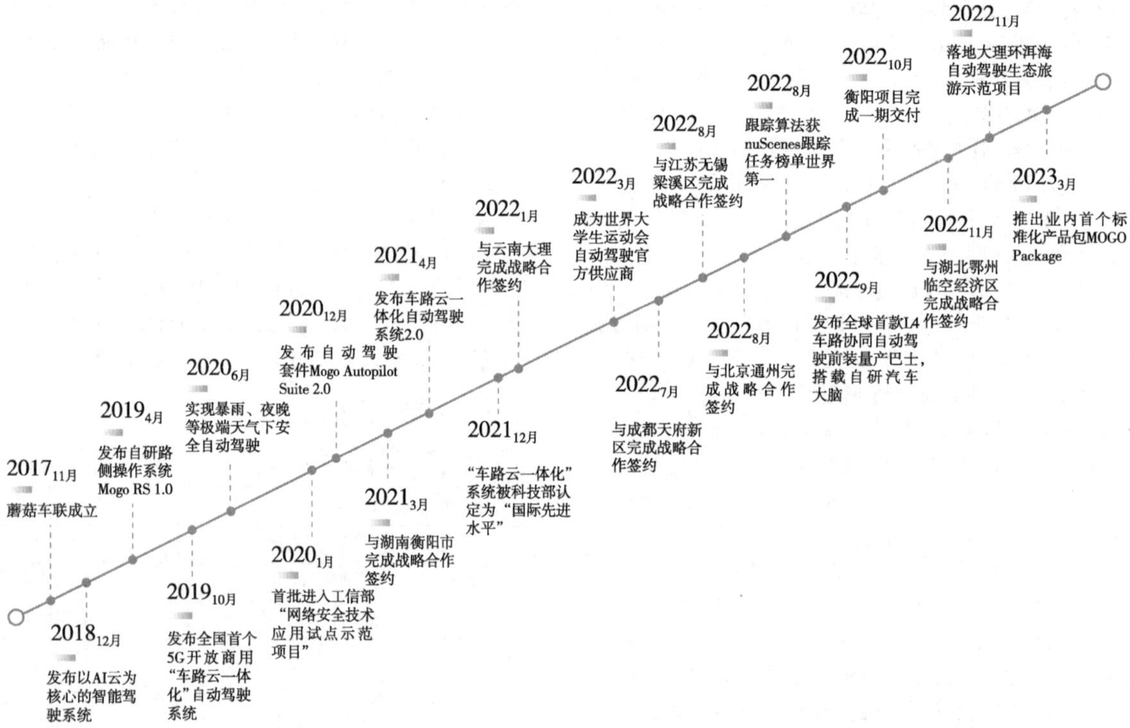

公司股东包括腾讯、顺丰、京东、易鑫、中信、地方国资等，与中国建筑、中国交建、中国电信、中国移动、腾讯、顺丰、北控等达成战略合作，在数字基础设施、智能化公共服务等领域共同发展；与东风、比亚迪、金旅等 10 余家整车企业开展自动驾驶车辆、数据运营等方面的合作。

公司自动驾驶商业化进程居全球领先地位，商业化应用场景覆盖城市开放道路、高速公路、园区、景区、港口、机场等，已在北京、湖南、云南、山东、湖北、江苏、四川、贵州等落地。

公司为“国家高新技术企业”，获得工业和信息化部颁发的网络安全技术应用试点示范项目荣誉。

公司核心骨干来自谷歌、华为、百度等科技企业，拥有 15 年以上经验，并且拥有业内首个大规模服务实际项目的运营团队，政府合作以及用户服务经验丰富。

二、经营情况

(1)蘑菇标准产品包(MOGO Package)

蘑菇车联围绕“数字交通基础设施”和“自动驾驶车辆”两大板块，已形成四大核心业务，并推出业内首个标准化产品包(MOGO Package)，包含车、路、云全系列产品矩阵。

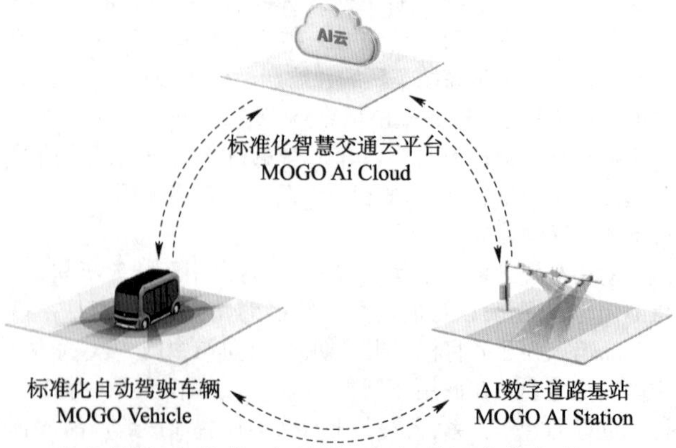

(2)车端：全业态、全品类、全车型标准化产品(MOGO Vehicle)

包括 Robotaxi、Robobus、RoboSweeper 等多类型城市公共

服务车辆，清扫车、巡逻车、售卖车等小型无人驾驶功能车，以及业内集成度最高的软硬件一体化产品蘑菇汽车大脑，实现对中小型乘用车和商用车 L4 级无人化改造。

(3)路端：全球首个支持 L4 级自动驾驶的路侧数字基站(MOGO AI Station)

作为构建 AI 数字道路的基础设施标准化产品，MOGO AI Station 能够感知全量交通要素，并进行智能计算，实现车车和车路间信息交互，有效支撑 L1 ~ L4 级智能网联车辆大规模落地，并可在城市及高速公路大规模、快速部署，提升自动驾驶安全性和全局交通效率。

(4)云端：城市级智慧交通 AI 云平台(MOGO AI Cloud)

涵盖 AI 云系统以及智能网联数据运营产品，基于 MOGO AI Cloud 可以同时支撑不同的应用运行，如数字底座、云控平台、交通大脑、车载 App 等，为 L1 ~ L4 级智能网联车辆及更多交通参与主体提供数字交通信息服务。

三、技术进展及研发能力建设

蘑菇车联自主研发全球首个“车路云一体化”自动驾驶系统，通过 AI 数字道路建设、自动驾驶车辆运营以及数据运营服务，实现 L1-L4 级智能网联自动驾驶规模化落地，提升自动驾驶安全性和全局交通效率。

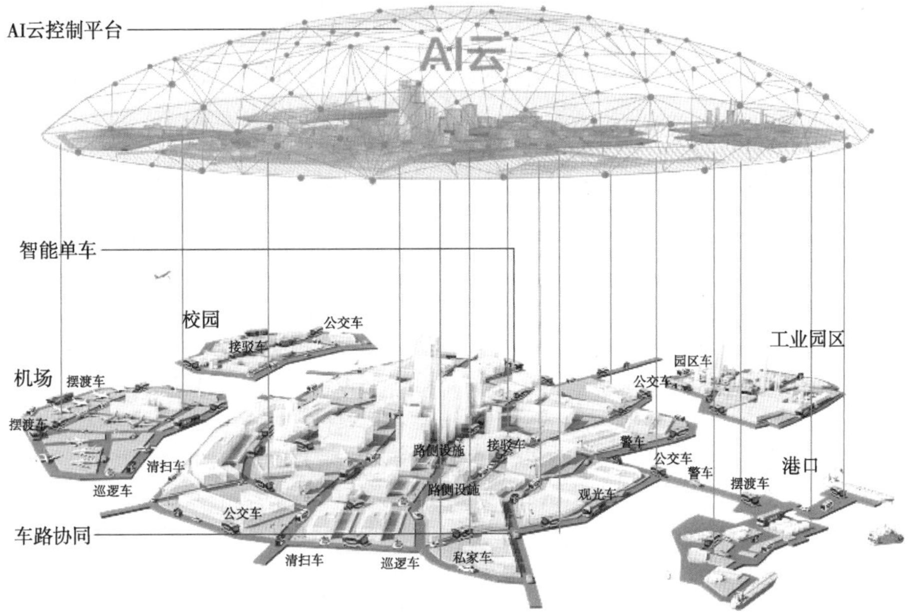

(1)车端：车端的承载层是自动驾驶汽车的“车身底盘”，通过与主机厂合作，对车型进行深度定制，包括不限于增加线控能力、前装传感器和集成线束、智能座舱的运算和 HMI(人机交互)设备等。在此基础之上加装“汽车大脑”和“座舱应用”，使其成为具备 L4 级自动驾驶能力的可运营车辆，其中汽车大脑包含核心硬件(如域控制器 ADCU、高精定位设备 RTK、车路协同通信单元 OBU 等)和 Mogo Auto-Pilot 软件和算法系统。

(2)路端：路端的承载层是车路协同基站产品，可实现对道路交通元素的实时感知、车路协同信号覆盖和交通数据服务。车路协同基站是一个标准化软硬一体的产品，集成了多种传感器设备、边缘计算设备(MEC)和车路协同广播单元(RSU)，同时还有配套的路侧运管系统，方便对其管理和维护。车路协同基站的核心硬件(如 MEC、RSU)及相应的系统 Mogo Road System(MRS)均为公司自主研发。

(3)AI 云：基于城市区域私有/混合云数据中心，完成数字底座部署。数字底座可实现路侧、车端数据的实时接收存储和访问，在数字底座之上是交通大脑，它包含基于数字底座大数据的各种引擎，实现对交通参与者的智能调度、预测、决策和控制，提升交通系统的安全和效率。基于云上的交通大脑，实现了云控系统、高精地图、交通大脑、5G 平行驾驶和各种智能数据应用。

为了实现自动驾驶的运营、赋能城市治理和智能网联汽车，蘑菇车联还建设城市级智能运营中心，包含自动驾驶汽车改装维修产线、标定间、充电区、云控调度区、平行驾驶区和展厅。这些功能区，公司提供样板设计方案和标准化工具产品，可由当地运营公司根据运营需要选择采购和建设。

四、主要新产品

产品名称	产品型号
蘑菇 AI 数字道路基站	MOGO AI Station
蘑菇数字底座	DMP
云控平台	Zion
交通大脑	Matrix
第一代 Robotaxi	MOGO T1
第二代 Robotaxi	MOGO T2
第一代 Robobus	MOGO B1
第二代 Robobus	MOGO B2
第一代 mini Robobus	MOGO M1
第一代 12 t 级大型无人清扫车	MOGO C1
蘑菇汽车大脑	MOGO Auto Brain

五、合资合作及重大项目建设

2023 年 2 月，中共中央、国务院印发《数字中国建设整体布局规划》，强调全面提升数字中国建设的整体性、系统性、协同性，促进数字经济和实体经济深度融合，以数字化驱动生产生活和治理方式变革。《规划》提出，到 2025 年，数字基础设施高效联通，数据资源规模和质量加快提升，数据要素价值有效释放，数字经济发展质量效益大幅增强。

近两年，蘑菇车联基于行业领先的“车路云一体化”技术和标准化产品，已实现多地、多场景快速落地，覆盖城市开放道路、高速公路、园区、景区、港口、机场等，在北京、湖南、云南、山东、湖北、江苏、四川、贵州等落地，签约总金额突破 125 亿元。

（1）北京顺义——国内首个开放式 5G 商用车路云一体化落地项目

2019 年 10 月，蘑菇车联在国家智能汽车与智慧交通（京冀）示范区北京顺义基地，落地国内首个开放式 5G 商用智慧交通车路协同项目。

（2）北京通州——首都副中心“数字通州”全方位合作

2022 年 8 月，蘑菇车联与北京市通州区人民政府签署战略合作协议，双方将在数字经济、智能网联、智慧交通、车路云一体化等方面展开全方位合作，为首都副中心构建城市级智慧交通大脑，提高社会治理水平，形成智慧交通数字底座，打造“数字通州”，签订总金额约 16 亿元，覆盖面积 40 km^2，涵盖通州行政办公区、文化旅游区、张家湾设计小镇、运河商务区等主要区域道路的智能化改造升级、自动驾驶商业化运营、构建城市级智慧交通大脑等。双方将依托北京高级别自动驾驶示范区 3.0 标准体系，建设北京副中心以车路云一体化自动驾驶为核心的智慧交通系统，打造符合车路协同自动驾驶运营条件的智能网联道路，形成城市级智慧交通数字底座。

（3）湖南衡阳——国内首个城市级自动驾驶落地项目

2021 年 3 月，蘑菇车联与湖南省衡阳市政府达成战略合作，双方在车辆智能化、道路智能化、自动驾驶、车路协同、AI 云等领域开展合作，以衡州大道、蔡伦大道为主体辐射周边，建设“智慧数字道路”，建立可靠高效稳定的智慧交通运行体系，大规模落地并商业化运营自动驾驶在城市公交、清扫巡逻等公共出行和公共服务场景中的应用，构建智能网联汽车产业生态高地，项目金额约 5 亿元，覆盖 200 km 城市主干道，这是国内首个城市级自动驾驶项目。

一期项目已经交付运营，公司完成衡阳市蔡伦大道、衡州大道及科学城周边主干道路的智能网联化升级，并投放超 200 台智能网联汽车试运行，包括自动驾驶巴士、公交车、巡逻车、清扫车等。

（4）云南大理——西南首个“智能网联 + 智慧旅游”生态示范区

2022 年 1 月，蘑菇车联与大理市人民政府签订战略合作协议，共同建设环洱海自动驾驶生态旅游示范区。根据协议内容，公司将对环洱海生态廊道全路段 136 km 进行智能网联及车路协同新型基础设施升级与建设，并在建设期内陆续投放自动驾驶游客观光车、接驳车、垃圾清扫车、巡逻车等相关自动驾驶车辆，打造包含道路信息感知、车路信息交互、路云信息传输等功能的“车路云一体化”系统。项目金额 10 亿元。大理项目计划将环洱海自动驾驶生态旅游示范区打造成西南地区首个“智能网联 + 智慧旅游”生态示范区。

（5）成都大运会——世界级赛事的自动驾驶服务项目

2022 年 3 月，蘑菇车联正式成为第 31 届世界大学生夏季运动会自动驾驶官方独家供应商。本届大运会，公司自动驾驶车队将负责大运村内的人员接驳、物品运输和清扫环卫等工作，管理和服务严格按照奥运标准实施，为世界各国运动员和组织者提供智慧化、低碳化的参赛和生活体验。这是大运会首次采用自动驾驶类产品和服务，也是中国自动驾驶企业首度独家服务世界级综合体育赛事。

（6）四川成都——天府新区智能网联综合应用示范项目

2022 年 7 月，蘑菇车联与四川天府新区管委会签署战略协议，双方拟在四川成都进行合作，共同打造智能网联综合应用示范项目，即新型基础设施建设以及自动驾驶车辆的投放和运营，包括自动驾驶网约车、自动驾驶巡逻车、自动驾驶环卫车、自动驾驶接驳车、自动驾驶配送车等。整体项目总金额 30 亿元。

（7）湖北鄂州——临空经济区智能网联全方位合作

2022 年 11 月，蘑菇车联与湖北省鄂州市临空经济区签署战略合作协议。双方将共同开展“车路云一体化”自动驾驶智慧交通项目，在数字经济、智慧交通、临空经济、智能网联、车路协同等方面开展全方位合作，助力临空经济区成为湖北对外最重要的“空中出海口”。项目总金额约 11.14 亿元。

（8）山东烟台——国际零碳岛、智能网联项目

2022 年 8 月，蘑菇车联与烟台市政府签署战略合作，双方将共同打造长岛“国际零碳岛”项目、养马岛智能网联项目、玲珑轮胎基地智能网联项目。整体项目金额 7.91 亿元。

（9）贵州贵阳——贵安新区车路协同多方位深度合作

2022 年 12 月，蘑菇车联与贵阳市贵安新区政府签署战略合作协议，双方围绕贵安车路协同及自动驾驶落地应用，在多领域、多场景、多层面展开深度合作，总投资金额约 15 亿元。

（10）陕西西咸新区——联手打造西部地区“车路云一体化”标杆城市

2023 年 5 月，蘑菇车联与陕西省西咸新区开发建设管理委员会签署战略合作协议，建设秦汉新城“车路云一体化”项目，对西咸新区秦汉新城进行智能网联新型基础设施建设与升级，构建“车路云一体化”系统，开展自动驾驶观光车、接驳车、清扫车、巡逻车、售卖车等车辆运营，项目总金额约 15 亿元。

上海淞泓智能汽车科技有限公司

一、单位概况

上海淞泓智能汽车科技有限公司（以下简称淞泓公司）成立于 2017 年 6 月，股东方单位包括上海国际汽车城（集团）有限公司、中国汽车技术研究中心有限公司、上海电科智能系统股份有限公司和上海机动车检测认证技术研究中心

有限公司。淞泓公司是上海市智能网联汽车制造业创新中心，是国家智能网联汽车（上海）试点示范区具体运营和管理单位，受上海市智能网联汽车道路测试推进工作小组（市经信委、市交通委、市公安局联合成立）委托，作为第三方机构承担上海市智能网联汽车道路测试牌照申请、测试和管理工作。同时是国家智能网联汽车（上海）试点示范区运营及管理单位及长三角地区智能网联汽车一体化工作牵头单位，获批交通运输部自动驾驶技术交通运输行业研发中心。公司主要业务涵盖智能网联汽车测试认证、前瞻技术研究、大数据分析与人工智能服务等，具备国内领先、国际知名的面向智能网联汽车全生命周期的测试与技术服务能力。

二、生产与经营

公司依托国家智能网联汽车（上海）试点示范区的建设，汇聚了40余名汽车、交通、计算机、通信等跨学科高端人才，探索建立了一套从虚拟仿真到开放道路完整的智能网联汽车道路测试技术服务、软硬件支撑体系，为汽车行业领先的整车、零部件企业以及通信、人工智能、互联网企业等提供优质测试服务及产品。

截至2022年12月，已协助上海及长三角累计向28家企业发放了602张测试牌照。公司建设了国内第一个智能网联汽车道路测试数据分析和监管中心，实现人、车、路、环境数据实时动态采集呈现。

公司主要服务和产品如下：

1. 技术服务

（1）测试认证服务

公司依托国家智能网联汽车（上海）试点示范区封闭测试区建设，以L3和L4为主研发，构建了一套从虚拟仿真到开放道路完整的智能网联汽车道路测试体系，为主机厂、Tier1等企业提供专业的自动驾驶测试（智能化测试、网联化测试）服务；制定自动驾驶评价规程及相关测试标准，为上海市智能网联汽车测试服务提供参考。

（2）数据监管服务：研究制定建设方案，协助上海国际汽车城（集团）建设国内第一套智能网联汽车道路测试数据分析和监管中心，能够接入包括车载自动驾驶路测监管数据、车载视频数据，实现人、车、路、环境数据实时动态采集，确保道路测试安全有序可控。

2. 系统平台开发

（1）路侧管理服务平台：建设开放道路设备管理平台，平台能够接入包括RSU数据、红绿灯、路侧视频数据（摄像头）。结合开放测试道路的智能化改建，建立了车端、路端一体化的全息监管方案，对智能网联汽车道路测试的整体情况做到了可观可察，保证了测试的安全有序开展。

（2）V2X Server：面向智能网联汽车C-V2X网联通信关键技术的测试、应用与数据服务需求，综合搭建C-V2X Server中心平台，实现路侧RSU、MEC和车端OBU等多源数据到中心平台的集成整合，开发基于高精度电子地图的车路信息交互系统，实现基于PC5接口的实时V2X通信、PC5接口通信消息的数据记录，以及实现基于Uu接口的消息定向下发。综合为测试客户提供功能完善、系统可靠的测试与服务环境，支撑网联测试业务的正常开展。

3. 硬件设备研发

（1）SiBox智能路侧终端：开发一种为智能网联汽车开放道路测试的智能路侧设备，为19 in标准尺寸机柜，内部采用模块化设计，主要控制单元采用工业级32位ARM9处理器，具有2个RJ45网络通信口、1个RS232接口、1个RS485接口、1个USB接口，内置GPS模块，数据更新频率10Hz。可集成多种检测和通信设备，已集成的DSRC通信单元工作频段：5.88 GHz ~ 5.925 GHz，发射功率≥20 dBm，时延小于10 ms；已集成的LTE-V通信单元工作频段：5855 ~ 5925 MHz可调，工作带宽10 MHz，发送功率最大23 dBm。设备整体安装方便，维护简单，对不同环境的适应力强，符合新一代智能交通设备科技感和实用感兼备的需求。Sibox主要用于智能网联汽车封闭测试区和开放道路测试区中路侧端交通信号数据的采集和转换，为测试车辆提供标准的信号灯数据，以指导测试车辆的驾驶行为。该设备已运用于上海嘉定、奉贤开放道路测试区，长春、广州等地的开放道路测试区域项目建设，产生了广泛社会效益和经济效益。

（2）多接入路侧边缘计算（MEC）设备：多接入路侧边缘计算设备，能够接入路侧微波雷达检测器、视频检测器、激光雷达检测器、信号灯信息采集单元，具备数据融合和集成的能力，可以与RSU、OBU实现信息互通。设备具备实现盲区行人检测、非机动车检测、大货车检测的功能，能够实现路侧微波雷达检测器、视频检测器、激光雷达检测器数据的融合，基于该设备形成了路侧交通状态与交通安全评价算法体系，结合V2X实时消息处理，具备RSI、RSM、SPAT、MAP消息内容的生成与发送的功能。

（3）智能转向系统高性能检测装备：智能转向系统高性能检测装备的技术方案包含机械、电气及测控三大系统方案。主要包括：高动态4轴液压作动缸单元及其控制系统、精密力学与位移测量系统、HIL硬件在环系统、精密伺服转向模拟控制系统、静压耐磨直线运动单元、可调整机械底座、减震系统、自动化测控系统等各类部件及功能，关键核心部件采用国际一流品牌。

三、产能建设

从成立之初，淞泓公司构建了“一场一路”的测试验证体系，“一场”——研究制定技术方案，协助汽车城（集团）建成国内第一个智能网联汽车专用封闭测试区，并负责具体运营和管理。累计有100多家国内外企业提供超过2000天次、超过2万h的测试服务，成为全世界规模最大、V2X网联环境最复杂、测试能力最全面的智能网联汽车专用测试场地，是中国智能网联汽车产业的一张名片。“一路”——研究形成道路智慧化建设系统解决方案，协助汽车城（集团）建设国内第一条面向智能网联汽车测试运行的智慧道路并负责具体运营和管理，率先打造了车路网云一体化的智慧道路样板。2021年将智慧道路样板复制推广至二期道路建设项目，2022年，创新中心支持汽车城新增建设174.2 km开放测试道路车路协同环境建设，涉及208个路口智能感知系统及配套基础设施建设；基于前期汽车城区域已完成的开放道路一二期53.6 km道路基础环境，还新建50个全息路口、构建交通数据智能处理系统，实现人、车、路、事件、环境的全要素融合感知，为传统交通参与者、网联车和自动驾驶车提供应用场景支撑，同时基于全息感知技术对自动驾驶车辆和车路协同智能应用进行评测，满足高等级自动驾驶和车路协同应用需求。截至2022年底，已支撑全上海28家企业602辆自动驾驶车辆的测试和示范应用。

在此基础除了现有城区道路牌照认证测试、V2X测试、法规测试支持外，还正在搭建高速高架牌照认证测试体系、功能安全及预期功能安全相关测试实验室。

四、技术进展与研发能力

按照市经信委对淞泓公司的明确要求，淞泓公司积极开展前瞻共性技术研究，致力于推动智能网联汽车从研发测试向商业化应用迈进。以“345”为抓手，即围绕智能网联汽车“上路难、评测难、监管难”的三难问题，构建了支撑智能网联汽车规模化应用的“新技术、新系统、新标准、新工程”，建立智能网联汽车“可运行、可推广、可监控、可认证和可提升”(简称五可)智能网联汽车应用关键技术体系。

“可运行”：构建完善的智能网联汽车测试示范环境和运行组织方法。建设智能驾驶全息场景库，研究制定智能网联汽车测试示范区规划设计和场景构建方法；牵头完成汽车工程学会团体标准《智能网联汽车测试场设计技术要求》的研究制定，联合工信部赛迪研究院完成《智能网联汽车测试场分级评价体系》构建，推动行业建立完整完善的封闭测试区设计规范。支撑V2X三跨、四跨、2020年的大规模测试、“新四跨”以及2021沪苏锡互联互通的“四跨”，推动V2X规模组网技术和信息安全技术的集成应用，最大程度实现上海市智能网联汽车创新中心互联互通；积极参与长三角地区智能网联汽车测试示范区规划建设，推动“物理分散、逻辑统一”，为实现跨区域的推广应用奠定基础。此外，完成测试底盘设备的功能开发与迭代工作，实现纵向和横向测试设备的精准控制，具备对外产品销售条件。2022年对自主研发的路侧智能设备Sibox进行软硬件升级，解决了智能车联网行业多年来的痛点，实现了数据上车，为自动驾驶车辆提供全天候实时准确的红绿灯状态，倒计时信息延时低于50 ms，为自动驾驶车辆道路行驶的安全性提供可靠的信息支撑。

“可推广”：推进智能网联汽车示范应用探索应用关键技术和法律法规问题研究。牵头开展示范应用管理研究，构建示范应用体系，支撑《上海市智能网联汽车道路测试与示范应用实施办法》的研究制定，已推动28家企业获得602辆车的示范应用牌照。支撑V2X三跨、四跨、2020年的大规模测试、“新四跨”及2021沪苏锡互联互通的“四跨”，推动V2X规模组网技术和信息安全技术的集成应用，最大程度实现互联互通。

“可监管”：建设上海市智能网联汽车道路测试数据分析与监控平台。通过车端和路侧两个视角对智能网联汽车道路测试与示范应用牌照开展全生命周期实时监控，实时采集6项指标数据，并采用地理围栏开展精细化管理，实现多层次实时数据采集，全方位测试过程监管，系统性测试数据分析。目前，已完成28家602辆车的监管设备部署，累计测试里程超过996万km。在2020年世界智能网联汽车大会上，上海市经信委正式挂牌“上海市智能网联汽车公共数据中心”。

“可认证”：持续推进智能网联汽车驾驶能力和安全性评测体系建设。2020年参考国家的《测试规范》，研究构建了包含25个项目上海市智能网联汽车创新中心2791个场景的测试体系，累计支撑超过百辆车的自动驾驶道路测试和示范应用。2022年，同步推进研究制定包含道路测试、仿真测试、功能安全、预期功能安全、网络安全和数据安全的大安全评测体系。

“可提升”：持续完善道路测试环境，加强智能网联汽车环境适应性评估。不断完善和提升开放道路测试环境，联合行业合作伙伴共同推进智慧道路建设，推动智能的车与智慧的路协同发展；加强数据分析，构建了多阶层可靠性评估指标体系和时变运行环境的适应性量化评估方法，研究智能网联汽车对现有道路交通环境的影响。2022年，创新中心支持汽车城新增174.2 km开放测试道路车路协同环境建设，涉及208个路口智能感知系统及配套基础设施建设；基于前期汽车城区域已完成的开放道路一二期53.6 km道路基础环境，还将新建50个全息路口、构建交通数据智能处理系统，实现人、车、路、事件、环境的全要素融合感知，为传统交通参与者、网联车和自动驾驶车提供应用场景支撑，同时基于全息感知技术对自动驾驶车辆和车路协同智能应用进行评测，满足高等级自动驾驶和车路协同应用需求。

公司自成立以来，联合行业合作伙伴承担智能网联汽车科研项目，成功牵头申请国家、市级科研项目10余项，涉及智能网联汽车、大数据、信息安全、5G通信等多方面前沿技术领域。累计参与国际、国家、行业、地方和团体标准共计84项，并建立了完善的市场化运营机制、智能网联汽车示范区技术方案“上海模式”输出机制和闭环运行的知识产权协同运用机制，累计申请专利、软著等知识产权成果57项。

五、发展规划

未来，公司将坚持功能性和竞争性“双轮驱动”，在做好国家智能网联汽车(上海)试点示范区运营和管理的基础上，以上海市智能网联汽车创新中心建设为核心，为行业主管部门推进智能网联汽车行业管理和产业发展提供有力支撑，努力为智能网联汽车企业提供全生命周期的测试认证和技术研发服务，持续开展智能网联汽车前瞻共性技术研发，打造政府高度信任，行业高度认可的政企高效联动的“桥梁纽带”，建设国际一流的智能网联汽车测试认证能力，集中攻克一批智能网联汽车前瞻共性技术，成为上海乃至长三角区域最核心的智能网联汽车功能性平台、国内具有知名影响力的智能网联汽车技术服务机构，推动智能网联汽车产业实现高质量发展。

中汽创智科技有限公司

一、单位概况

中汽创智科技有限公司(以下简称中汽创智)由中国一汽、东风公司、南方工业集团、长安汽车和南京江宁经开科技共同出资160亿元设立。2020年6月2日正式成立并投入运营，聚焦智能底盘、新能动力、智能网联三大业务领域，开展前瞻、共性、平台、核心技术和关键零部件的研发及技术孵化,成为国家战略科技的重要力量。

中汽创智的成立,不仅是国资委加快推动中央企业结构调整,大力发展战略性新兴产业的关键探索;也是实现协同创新、协同发展的关键探索;更是面向新技术、新模式、新要求,不断深化国有企业改革的关键探索。中汽创智开创的央企发展新模式,不仅为我国汽车企业在产业合作、商业模式、技术开发等方面带来新的示范价值,也为提升我国产业基础能力和产业链水平提供有力支撑。

二、经营情况

按照共建共用共享的原则,加大三家汽车央企优势资源的整合力度,中汽创智积极推动与产业链上下游企业合作,主动吸纳其他央企、民企等各类优质创新资源,共同打造我国新能源智能网联汽车产业格局中可信赖、可依靠的核心技术研发平台。

公司汇聚了汽车、交通、计算机、通信等跨学科的高水平、高素质人才,截至2023年4月,在职员工1007人,其中硕士及以上占比56%,留学、海外经验人员50人,研发领军人才24人,国家及省市区高层次人才14人。获得国家级重点课题4个、省级重点课题3个。

中汽创智以满足股东方及行业需求、突破"卡脖子"技术为导向甄选项目,充分考虑国家战略、需求度、技术先进性、技术应用、开发难度等因素逐步聚焦,启动智能底盘、氢燃料动力、固态电池、车用操作系统、下一代感知系统、人车路云信息聚合平台、智能座舱芯片、信息安全共8个研发项目。公司已受理知识产权1650项,获得知识产权授权473项;承担国家科技攻关课题、省市区级科研项目共计15项,助力南京市获国家第二批"双智"示范城市,被认定为南京市独角兽企业,担任中国智能网联汽车产业创新联盟先进底盘控制工作组组长单位、中国汽车工业协会首届软件分会理事长单位、中国汽车工业协会AUTOSEMO第二届轮值主席单位等。

同时,作为创新性汽车高科技企业,中汽创智为智能汽车中国方案积极贡献力量,建设了智能底盘、氢燃料动力、全固态电池、智能网联4个试验室及氢燃料膜电极MEA和智能制动系统IBC两条中试线,拥有试制试验设备568套。

三、核心产品与技术进展

承接一汽"阴旗计划"、东风"跃迁行动"、长安"香格里拉""北斗天枢"计划,聚焦三大研发领域,中汽创智打造"QI^3·擎立方"技术品牌,含智能底盘"擎磐"、新能动力"擎势"、智能网联"擎臻"三大技术子品牌。

1. 擎磐——智能底盘品牌

建设"产品安全可靠,软件算法鲁棒,成本竞争力强"的智能底盘,自主研发汽车底盘相关制动、转向、悬架、底盘域控制器等产品,面向高级别自动驾驶应用,致力于研发具有自主知识产权的底盘集成控制系统,攻克并掌握关键核心技术,满足国内市场供应需求,充分参与国际市场竞争,打造自主可控的国内产业链和世界一流的产品竞争力。

公司已分阶段完成集成制动系统、冗余电动转向、电控主动悬架以及底盘域控制系统的开发,并已逐步实现产品批量装车应用。

(1)面向高阶自动驾驶应用的冗余智能制动系统IBCU + RBU,可根据客户需要单独提供集成制动系统IBC,满足3.5 t以下车辆应用。

(2)支持L3及以上级别自动驾驶车型的冗余智能转向系统,提供优良的转向性能及高等级功能安全,填补国内空白。

(3)面向中高端车型的智能电控悬架系统,有效提升车辆的稳定性和驾驶的舒适性,并打破国际上对闭式空气供给系统的垄断。

产品名称	产品型号	产品应用
擎磐·智能制动系统	IBC	3.5 t以内乘用车及轻型商用车
擎磐·冗余智能制动系统	IBC + RBU	3.5 t以内乘用车及轻型商用车
擎磐·冗余智能转向电控单元	RPK	最大齿条力为18 kN的乘用车及轻型商务车
擎磐·非冗余智能转向电控单元	PPK	最大齿条力为18 kN的乘用车及轻型商务车
擎磐·空气闭式供给系统	CASS	3.5 t以内乘用车及轻型商用车

2. 擎势——新能动力品牌

建设新能动力领域氢燃料与固态电池的全体系供应策略,打造从燃料电池材料端、部件端、车端到氢端的全自主产业生态链,以核心自主产品电堆与系统为主线,突破关键核心技术。同时聚焦全固态电池及其核心材料、电芯工艺、先进装备等前瞻性和创新性技术的开发及产业化,技术开发着力于固体电解质材料研制、固体电解质成膜工艺开发、固态电池结构创新设计、固态电池一体化成型等相关业务,系统集成聚焦于关键非标设备开发、先进设备集成、研发及量产平台建设等事务。

(1)氢燃料:130 kW电堆及110 kW系统通过工信部产品公告,额定功率、体积比功率、低温启动等主要指标国内领先;已经搭载了公交车及洒水车进行道路测试,平台化设计电堆额定功率覆盖40 kW ~ 210 kW。110 kW氢燃料系统完成车规级系统试验,自主成熟控制软件,最高效率达60%以上,集成效率达80%以上。

产品名称	产品型号	产品应用
擎势·130 kW电堆	HydroP130	中、重型车辆
擎势·80 kW电堆	HydroP80	轻、中型车辆
擎势·110 kW系统	HyproE110	用于中、重型车辆、城市公交
擎势·210 kW电堆	HyproP210	用于31 t以上重型车辆

(2)固态电池:核心产品为全固态电芯,根据开发进展适时推出固体电解质材料、耐腐蚀箔材等衍生产品。掌握两类硫化物固体电解质小批量制备技术,电导率最高可达10 mS/cm,综合性能达到行业一流水准,奠定电芯开发的材料基础;具备

固态电池专用硫化锂的自主开发能力，纯度 >99.5%，成本相比市售降低 70%，促进全固态电池的低成本化；掌握两类氧化物电解质的公斤级/批次制备技术并做到性能卓越、粒径可控，可单独作为产品推向固液混合态电池市场；掌握固体电解质、电极成膜工艺，实现 10 A 时级全固态电芯试制，能量密度达到 350 Wh/kg。

产品名称	产品型号	产品应用
擎势·锂磷硫氯(LPSC)粉体	LPSC-Alpha&LPSC-Beta	直接合成的原始粗粉，可用于原理电池制备 & 经微纳化处理的细粉，可直接应用于电解质、电极成膜和大容量电芯制备
擎势·钛铝锂磷酸(LATP)粉体	LATP-C&LATP-N	直接合成的原始粗粉，可用于陶瓷片制备 &1. 经微纳化处理的亚微米粉，制浆后用于隔膜/极片涂覆
擎势·锂磷硫氯(LPSC)电解质膜	PSC-WM 湿法膜 & LPSC-DM 干法膜	附着于特定基材上，可通过转印等工艺与电极膜复合 & 自支撑结构，可直接与正、负极极片堆叠

3. 擎臻——智能网联品牌

公司自主研发与国际一流产品性能相当、成本具有明显优势的中国车用操作系统，同时开发有竞争力的硬件产品、平台和控制器，结合现代化通信与网络技术，打造中国标准的车路云协同自动驾驶解决方案，从而实现人车路云信息聚合场景下高度协同的智慧交通体系，实现安全、舒适、节能、高效行驶，并最终可替代人来操作的新一代汽车技术。

(1)智能座舱域控制器：国产芯片标配座舱平台及国产大算力芯片平台同步开发；国产芯片标配平台已完成搭载整车测试，具备量产匹配条件。大算力平台已完成模组开发，A 样控制器开发及软件集成；建设了智能座舱软件平台：包含仪表系统，娱乐系统，MCU 系统的全栈中间件，分层解耦，可分模块交付，具备量产匹配条件；用户可在智能座舱设计平台实现研究、体验评测 UX 设计和 3D 动效设计；通过智能座舱 AI 平台实现面部识别，手势识别，融合感知框架，360 全景感知，已可白盒交付。

(2)车用操作系统：在国际标准基础上做深度定制，同步开发 MOS、CP、CAP 三大产品，打造整车基础软件开发底座。已完成商用版本发布，已通过 ASPICEL3 和功能安全 ASIL-D 认证，具备搭车商用条件。与东风联合打造 AP 基础软件平台，自动驾驶基础软件底座。此外与东风，长安，一汽奔腾及其他厂商有多个客户定点项目，正在开发中。

(3)车规级 SiC 功率模块：完成车规级 SiC 功率模块(新能源汽车主驱逆变器专用模块)开发，已通过台架性能测试。正与一汽、东风对接项目定点。

(4)中国芯战略：围绕电动化和智能化发展趋势，聚焦 SiC 模块/芯片、毫米波雷达射频芯片(MMIC)、融合 SoC、功能安全 MCU 解决方案；为控制器平台化提供核心自主能力支撑。

(5)智驾产品：以行业先进水平打造高能效、高通用性解决方案，赋能高性价比、全场景智能驾驶产品落地，支持全栈算法定制开发，提供灵活的协同创新模式，契合主机厂一站式需求。

(6)雷达产品：全栈自研毫米波雷达核心技术，提供全目标、全天候、全工况、全覆盖感知保障，比肩国内外一流水平，大幅提升驾乘安全。

(7)智能驾驶系统：具备完整的智能驾驶核心技术，涵盖感知算法、应用软件、车路协同、工程化、数据联盟领域，打造面向前装量产的“领航”智驾以及面向前瞻的“云驾”产品系列，为行业客户提供定制化、多维度解决方案。

(8)高精地图基础服务平台：自主建设国家级智能驾驶汽车动态高精地图基础平台，包含测绘合规服务(已获得互联网地图服务甲级资质、摄影测量与遥感及地理信息系统工程乙级资质)、众包高精地图服务(建图、更新、编译、发布和应用)、数据交易服务等平台服务。

(9)智能汽车网联靶场及合规认证实验室：已建成国内首个汽车网联靶场，并与鹏城国家实验室实现互联互通，具有整车级和典型车联网场景级信息安全测试能力；汽车网联安全合规认证实验室具备欧标认证能力，涵盖硬件固件、网络通信、无线射频、OTA 等 18 项安全测试能力。

(10)入侵检测防御系统：包含车载入侵检测防御系统、车控入侵检测系统、车辆安全运营中心三大子产品，构建车、路、云一体化多层检测防御体系，为智能网联汽车安全运行保驾护航。

产品名称	产品应用
擎臻车用操作系统(CAIC·OS)	智能座舱、智能驾驶、智能车控、IOT(域控制器，中央计算平台)
擎臻·川(CAIC·OS_CP)	智能车控、智能驾驶和智能座舱的控制
擎臻·山(CAIC·OS_CAP-AP)	智能驾驶、智能网关
擎臻·云(CAIC·OS_CAP-AD)	智能驾驶
擎臻·坤(CAIC·OS_MOS)	智能座舱、智能驾驶、IOT
擎臻·智能座舱标准型域控制器平台	芯驰平台针对于入门级域控制器或车机，替代 i.MX8QM 或者 RCAR-H3 平台
擎臻·智能座舱大算力域控制器平台	紫光展锐 7870 针对大算力及网联需求的域控制器，替代高通 8155 和 MTK8675 平台
擎臻·跨平台感知技术	智能驾驶跨平台感知融合算法应用
擎臻·合规数据闭环	智能驾驶合规化数据闭环平台
擎臻·“领航”& 擎臻·“云驾”	L2 + ~L4 各级别全场景定制化智能驾驶解决方案
擎臻·C-V2X 通信协议栈及预警应用	功能应用软件

续上表

产品名称	产品应用
擎臻·前视一体机 ADS-1	实现 19 项主动安全与舒适辅助类功能,主动安全达到 C-NCAP 五星+水平,有效解决 cut-in、车道线缺失、车道数变化等驾驶痛点场景
擎臻·基于 SOA 架构的车云一体化整车入侵检测防御系统	涵盖车端 CANIDS、CAN 防火墙、主机型和网络型 IDPS 等安全组件以及云端的车辆安全运营中心;帮助用户开展安全事件的态势感知、监测预警、威胁分析、风险评估、应急响应等全生命周期的安全运营工作,形成整车安全态势的"可见、可管、可控、可信"
擎臻·HSM 安全套件	是一种用于对密钥进行安全管理/存储,且可提供密码计算、真随机数生成、签名验签等功能的安全模块,HSM 对于实现智能网联汽车中车载安全通信、安全启动、安全刷写、安全日志等核心功能及保障汽车安全具有不可或缺的作用
擎臻·智能汽车网络靶场	可实现车端典型业务仿真系统与网络仿真平台的互联互通,以攻促防,提升智能网联汽车的安全水平。通过数字虚拟仿真、数字虚拟孪生和虚实互联技术,支持同时开展数千试验任务,车端虚实结合,支持 OTA、ADAS、V2X 等典型车联网场景。可提供车联网攻防测评、技术验证、人才培养、赛事服务等
擎臻·基于 SiC 技术的 OBC+DC/DC 产品	车载电源系统
擎臻·A 系列 SiCMOSFET 功率模块(HPD 封装)CSMM03S12A1	主驱逆变器、电机控制器等
擎臻·B 系列 SiCMOSFET 功率模块(DCM 封装)CSMM03B12B1	主驱逆变器、电机控制器等

四、发展规划

未来,中汽创智将在南京江宁经济技术开发区筹建"3园1区":智能底盘产业园、新能动力产业园、智能网联产业园及新能源智能网联汽车示范区。中汽创智将通过构筑强大的战略合作伙伴生态链,聚集行业的领先资源,力争到2030年,实现双"211"战略目标,即技术目标:实现 200 项核心技术突破,建成 1 个国家级制造业创新中心,专利及行业标准数量进入第一梯队。经营目标:每个领域 2 个以上产品量产,公司营收 100 亿元,公司估值 1000 亿元,成为技术创新的引领者、技术孵化的践行者、数据服务的驱动者、产业安全的守护者,致力于打造汽车产业原创技术策源地。

苏州清研精准汽车科技有限公司

一、单位概况

苏州清研精准汽车科技有限公司(以下简称清研精准)成立于 2018 年,由清华大学苏州汽车研究院孵化,致力于打造中国领先的智能电动汽车全生命周期检测平台。清研精准基于大数据及人工智能技术,在研发、生产、售后等智能电动汽车全生命周期内,向整车企业、零部件厂商、研发机构及终端用户,提供集研发平台、检测设备、售后工具、检测服务、数据服务及售后服务的整体解决方案。在汽车行业电动化、智能化、网联化的快速变革中,为客户的产品迭代优化助力,让智能电动汽车更安全、性能更佳。

二、生产与经营

清研精准总部位于苏州,在北京、重庆、广州、陕西、上海、宁波、合肥设立分子公司。清研精准洞察智能电动汽车产业高速发展下对检测的刚性需求,已与 40 余家大型整车及零部件企业建立合作关系,包括一汽、北汽、陕汽、长城、小鹏、吉利、蜂巢能源、国轩高科等,客户遍布主机厂、电池厂、造车新势力、高校等。在新能源汽车后市场领域,清研精准已获得 10 余家整车及电池企业的售后业务授权,售后检测设备已售出数千台,遍布全国核心城市。

三、产品出口

公司成立至今,迎合中国电动汽车和动力电池技术"走出去"的大趋势,已为国轩高科、一汽、Amita Technology 等国内外客户提供设备出口及技术支持等服务。

四、产能建设

清研精准在研发、生产、售后领域打造了 60 余款设备,出货量已达数千台。

五、技术进展与研发能力

1. 检测 OS 平台

清研精准新一代检测软件平台,该检测平台提供全功能、无代码的图形化操作系统,可根据图形化设计、模块化设计简单配置检测工艺,无须复杂编程;具有自定义配置功能,提高软件扩展性,实现无代码平台。

2. 边缘计算平台

清研精准依托边缘计算技术打造的标准化计算平台,建立了标准化、模块化、系列化的产品设计能力,通过自主研发的 40 余款板卡,可快速满足客户不同功能、不同规格的定制化测试需求,有效减少加工工序并大幅提高生产效率,将交付周期缩 30% 以上,降低外部环境变化对设备的干扰,大幅提升检测精度。

公司累计发明专利 18 余项、知识产权 100 余项。

六、主要新产品

产品名称	产品应用
整车充电功能检测	对车辆充电进行现场检测
电池 AI 检测系统	可对故障进行预判，并为售后端提供专业的维修意见和指导
新能源汽车“三电”综合仿真测试解决方案	对“三电”控制单元产品（BMS、VCU 及 MCU）进行全面深入测试
电池包充放电测试系统	通过模拟电池等效工况，对电池重要指标进行综合评估

七、合资合作及重大项目建设

1. 与恩艾中国（NI）成立联合实验室

恩艾（NI）成立于 1976 年，于 1998 年正式进入中国大陆市场，是全球基于开放软件平台进行自动化测试、测量、分析的整合解决方案的领导者。

就目前的行业现状而言，业内尚未完全实现在实验室环境中可视化模拟整车多种极限驾驶工况和复杂路况场景下，兼顾模拟冬标、夏标环境影响后的电池性能状态测试，也无法通过真实电池包的复杂场景模拟测试的电池参数，验证电池的性能应用于真实道路场景的可靠性。

清研精准携手恩艾中国（NI）打造的方案，可弥补传统电池测试的复杂路况和极限场景难以复现的缺陷，同时填补了传统 ADAS HIL 对电池性能状态监测的空白。清研精准与恩艾中国（NI）携手打造匹配中国智能电动汽车行业发展、具备多元化和多功能特性的综合解决方案，推动仿真测试领域技术革新。

2. 智能网联新能源汽车检测与融合标定实验室

智能网联汽车在发展过程中始终追求行驶更加安全、性能更加优越，需要产业链各个环节的协同合作。传感器作为智能驾驶系统的关键因素，影响系统感知决策的准确性，其检测标定是智能驾驶系统安全、准确运行的保障。

清研精准与吉利研究院、超链接科技联合打造的智能网联新能源汽车检测与融合标定实验室，将应用于智能网联新能源汽车视觉类（环视、侧视、单目/多目摄像头等）和雷达类（激光雷达、毫米波雷达、超声波雷达等）传感器的检测标定，可以更好地推广高级别驾驶系统。

八、发展规划

新能源汽车保有量快速上升的同时，售后市场的问题也日益明显。售后场景下因为专用检修工具及专业检修人才的缺失，造成的新能源汽车维修周期长、维修质量难以管控的痛点逐渐显现。

清研精准凭借在研发、生产环节积累的检测实践经验，自研了多款专用于售后场景的检修、维护设备，并已经成为数十家主机厂、电池厂售后设备的独家供应商。

此外，清研精准基于业内首创的智能电动汽车全生命周期检测平台，打造了电池 AI 检测系统：该系统是通过对云端维修案例数据积累，并结合 AI 大数据分析能力，构建的云端电池维修专家系统，可对故障进行判断，并为售后端提供专业的维修指导意见。

同时，为了更好地解决上述售后市场棘手问题，助力智能电动汽车更好地落地，清研精准于 2021 年成立了智能电动汽车售后服务中心，这是国内首家融合自研检测设备与独家故障诊断系统的智能电动汽车售后服务机构。

目前，动力电池在梯次利用上仍存在检测、评估、拆解等诸多难题，清研精准洞悉市场发展方向和行业痛点，基于自研检测平台具备的强扩展性优势，公司已于动力电池梯次利用与回收领域展开业务布局，力求通过新一代检测技术赋能梯次利用、回收等关键场景，对退役新能源电池进行梯次利用与回收，能够发挥其最大利用价值，实现循环经济的利益最大化。

最终希望能打通研发—生产—售后—回收的全生命周期数据分析闭环，赋能下一代新能源汽车及动力电池的发展。

北京英创汇智汽车技术有限公司

一、单位概况

北京英创汇智汽车技术有限公司（以下简称英创汇智），成立于 2016 年，核心团队来自清华大学，在线控底盘领域拥有 20 多年的技术积累，并拥有完整的自主知识产权。

英创汇智先后入选国家科技型企业、国家高新技术企业、国家级专精特新“小巨人”企业，并获得了重庆市科技进步一等奖、安徽省科技进步三等奖、天津市发明奖、工信部自主 ESC 技术强基工程支持、天津市企业技术中心认定，还通过了 ISO 9001、ISO 14001、IATF 16949、VDA6.3、ASES 等质量体系认证。

二、生产与经营

英创汇智以北京亦庄研发中心、天津生产制造基地、湖北英山制造中心及实车测试场为三大战略支点，建成年产上百万套的全自动化生产装配车间，并已与奇瑞汽车、上汽通用五菱、江淮汽车、东风汽车、北汽集团、一汽集团、长安汽车、长城汽车、吉利汽车等知名汽车企业开展规模化配套。

三、产品出口

英创汇智研发并生产的线控底盘产品，已成功出口并深受好评。

四、产能建设

北京总部、研发中心、销售中心、可实现 ESC 总装产能 200 万套/年，TBS 总装产能 40 万套/年；天津公司、一期生产基地，可实现 T-RES/ESC 零件制造和总装产能 100 万套/年；湖北公司、标定匹配中心与实车测试场（占地 250 亩）、生产基地，可实现零件制造产能 300 万套/年。

五、技术进展与研发能力

英创汇智依托清华大学，经过 20 多年的技术积累和攻关，已成功研发出具有国际先进水平的 ESC/EPBi、TBS、ADAS、T-RES、T-EPB、T-IBC 等线控底盘关键产品，并具备涵盖产品研发、测试、制造、标定匹配的全链条产品开发和生产体系。

当前国际形势紧张、汽车芯片短缺等因素导致国外供应商频繁断供，我国自主品牌汽车产业深受其害，发展自主可控的汽车关键零部件核心技术迫在眉睫。英创汇智一直专注汽车底盘电控、线控产品的研发与生产，真正做到核心技术的自主可控，打破关键零部件受制于人的困境。其中，英创汇智基于国产化芯片的 ESC/EPBi 产品，一举打破国际公司的垄断，实现了我国汽车工业核心线控底盘零部件的自主产业化，并深受业内外一致好评。

六、主要新产品

产品名称	产品型号	产品应用
英创汇智 ESC/EPBi	207000332AA 207000375AA 3565100U852P J72-3570010YC 3565100X1600 3565100U19H5 3565100U228EA	奇瑞汽车、上汽通用五菱、江淮汽车、东风汽车、北汽集团、一汽集团、长安汽车、长城汽车、吉利汽车

七、发展规划

未来，英创汇智将继续发挥自身优势，坚持自主创新、开放交流，致力于汽车先进底盘电控、智能汽车线控与主动安全等领域的技术创新和产业化，并立志通过一流的产品和技术服务我国汽车工业自主可控战略目标，为民族汽车工业做大做强贡献力量！

上海利氪科技有限公司

一、单位概况

上海利氪科技有限公司（以下简称利氪科技）是领先的智能线控底盘系统方案商。公司聚焦新能源汽车和自动驾驶核心领域，核心团队深耕汽车底盘核心领域数十年，是国内少有的具备完整线控底盘平台开发和项目应用开发的顶级硬核团队，以高难度线控制动技术作为切入点，是国内首家实现集成式智能制动 IHB-LK®（One-box）及全解耦液压制动 DHB-LK®（Two-box）规模化量产的科创公司。

未来，在“电驱动＋线控底盘＋自动驾驶”的智能电动化大潮下，利氪科技将全面布局智能底盘，逐步打造完整线控底盘产品生态，实现纵向、横向、垂向三轴的协同控制，确保汽车平稳加减速，精准转向及减震，为车企和产业伙伴提供安全、高效、智能的线控底盘完整解决方案。

二、生产与经营

成立以来，公司累计融资 6 亿元。公司产品集成式智能制动 IHB-LK®（One-box）和全解耦液压制动 DHB-LK®（Two-box）已获得奇瑞、江淮、海马、合众等多家国内头部主机厂项目定点。其中部分 Two-box 项目已于 2022 年 7 月实现量产，部分 One-box 项目已于 2022 年底实现量产。2023—2024 年，将会有更多的项目陆续实现量产。

三、产能建设

利氪科技的先进制造中心位于上海市闵行开发区和苏州市太仓开发区，占地面积约 1 万 m^2。公司引入国际化生产线，分 4 期建设完成。已实现一期产线 30 万套/年投产，二期产线规划建设中，最终可满足生产全新一代液压解耦制动系统年产能共计 320 万套。

四、技术进展与研发能力

（1）线控底盘核心技术全栈自研团队。
（2）国际领先的产品开发能力。
（3）线控制动领域全球首发创新产品。
（4）具备产品规模化量产能力。
（5）国际顶尖的预测性车身稳定控制技术。
（6）拥有线性电磁阀设计制造及控制技术。
（7）全栈自研矢量电机控制技术。
（8）业界领先的全 Auto-sar 软件架构。

五、主要新产品

产品名称	产品型号	产品应用
全新一代线控制动系统	集成式智能制动 IHB-LK®（One-box）	利氪 IHB 是国内首个量产的集成式智能制动系统（One-box），通过控制电磁阀模拟踏板感来进行解耦，可 100% 利用电机进行制动能量回收，还通过创新的系统方案设计解决了市面上现有机械解耦方案中存在的主缸空行程设计缺陷问题，确保驾驶员在任何情况下都能立刻制动，保障行车安全，是国内为数不多满足量产条件的 One-box 线控制动方案 产品可应用于纯电车、燃油车、混动车
	全解耦液压制动 DHB-LK®（Two-box）	利氪 DHB 是全球首款量产的全解耦液压制动系统（Two-box），集成自动驾驶需求、能量回收功能，不仅可以实现线控制动功能的踏板解耦，还可以搭配任意品牌的基础款 ESC 或 ABS（防抱死制动系统）产品，大大降低了主机厂的开发时间与研发费投入，同时还能与 ESC 搭配实现制动冗余功能，是 L3 及以上等级自动驾驶汽车的刚需 产品可应用于纯电车、燃油车、混动车

续上表

产品名称	产品型号	产品应用
空气弹簧控制系统	ECAS-LK	利氪 ECAS 基础功能:控制车身高度、提高行驶舒适、降低速度敏感性。其中空气供给单元是电控空气悬架系统的重要组成部分,能及时、稳定、持续地为空气悬架系统提供高压气体,实现气体在大气环境、储气罐、空气弹簧之间相互交换和输送

六、发展规划

利氪科技紧跟智能电动汽车产业发展变革,率先提出智能底盘“三步走”战略,将分阶段实现智能底盘核心产品落地,2025 年底前逐步实现纵向、横向、垂向三轴的协同控制,完成智能底盘域控制集成,打造具有主动控制、自适应、自学习的一体化智能底盘系统方案。

1. 2023 年,利氪将会达成智能底盘 LK1.0

(1)实现车辆纵向、垂向控制。

(2)部分实现车辆纵垂协同控制。

(3)具备 OTA、CANFD。

(4)支持高等级辅助驾驶。

(5)落地产品:集成式智能制动 IHB-LK®(One-box)、全解耦液压制动 DHB-LK®(Two-box)、空气悬架控制系统 ECAS-LK。

2. 2025 年,利氪将会达成智能底盘 LK2.0

(1)实现车辆纵向、横向、垂向线控。

(2)实现车辆纵横垂协同控制。

(3)执行器冗余备份。

(4)具备 Ethernet、支持自动驾驶。

(5)落地产品:电控机械控制系统 EMB-LK,,智能底盘域控制器 VDM-LK。

3. 2026 年,利氪将会达成智能底盘 LK3.0

(1)全新电子电器架构。

(2)具备信息安全防护。

(3)实现主动控制,自适应、自学习。

(4)落地产品:一体化线控底盘。

五、科研院所及检测机构

智能绿色车辆与交通全国重点实验室

一、发展概况

2022 年实验室固定人员 86 人,其中研究人员 73 人、技术人员 12 人、管理人员 1 人。研究人员中,正高级 33 人、副高级 31 人、中级 8 人,其中院士 5 人、国家高层次人才特殊支持计划 10 人、中青年科技创新领军人才 8 人、国家杰出青年科学基金获得者 1 人、国家优秀青年科学基金获得者 5 人、海外优青 1 人。2021 年,实验室顶尖人才实现飞跃式发展,李克强和张亚勤入选中国工程院院士,曲小波老师正式加盟学院。2022 年张扬军入选俄罗斯工程院外籍院士,未来实验室将重点培养和引进优秀青年人才,为学院未来的发展积蓄力量。

二、科研项目及成果

2022 年,新增科研项目 170 余项,实到科研经费 3.45 亿元,其中国家及省部级经费 15249 万元(占比 44%)、国防经费 4834 万元(占比 14%)、国内合作经费 8186 万元(占比 24%)、国际合作经费 6241 万元(占比 18%)。组织动员青年教师和博士后参与国家自然学科基金申报,获批 17 项。其中,创新群体项目取得突破、获批 1 项,并获批专项项目1 项、联合基金项目 1 项、国合项目 2 项。组织国家重点研发计划申报,获批项目 3 项、课题 7 项。

2022 年,发表 SCI 收录论文 461 篇,其中第一完成单位 195 篇;ESI 高被引论文共 67 篇,其中第一完成单位共 36 篇。欧阳明高院士、青年教师冯旭宁、博士后赵辰孜入选科睿唯安 2022 全球高被引科学家,其中欧阳明高院士是第五次入选,彰显了学院在新能源汽车领域的重要国际学术影响力。新建设 1 份英文国际期刊《Communications in Transportation Research》,并被 Scopus 收录,在建期刊数达到 4 份。其中《eTransportation》影响因子达到 13.661,位列全球交通科学与技术领域第一。

2022 年,授权发明专利 156 项,转化成果 10 项(含发明专利、实用新型和软著),转化金额 4476 万元。获国际奖励 2 项、行业奖励 3 项,其中:李骏院士团队的“基于主动融合感知的自主作业移动平台”获日内瓦国际发明展金奖,杨殿阁老师团队的“基于高精度地图的多车型通用自动驾驶系统”项目获日内瓦国际发明展银奖,马凡华老师团队的“中重型燃气内燃机/汽车关键技术及应用”项目获北京市科技进步一等奖,杨殿阁老师团队“高精度自动驾驶地图关键技术及应用”项目获中国测绘学会科学技术一等奖,季学武、刘亚辉老师团队的“商用车节能型智能电液转向系统”获北京市发明创新大赛金奖。

三、科研设施及科研能力建设

实验室现有 50 万元以上大型仪器 84 台,总价值 11376 万元。按照实验室的要求,大型实验设备需要由专人进行管理,每台设备均必须建立设备台账和技术档案。同时,鼓励和支持设备共享和设备开放,所有的大型设备均在清华大学实验室与设备处的网站上进行了开放使用备案,面向社会开放。同时,基于实验室开放课题合作和企业课题合作,很多国内外高校和科研单位的工作人员也经常到实验室科研平台上从事研究与开发工作。例如实验室动力系统集成测试平台的发动台架既帮助了烟台大学的老师进行课题研究,也为奇瑞、吉利、东风、壳牌等多家企业进行了发动机的匹配和标定。

四、主要研究方向

实验室改革重组后,研究方向由30余年来坚持的5个经典方向"汽车主动安全性、汽车被动安全性、汽车电子控制、发动机与排放控制、新型动力与电动汽车"聚焦到面向国家重大需求的瓶颈问题"高安全长寿命高效率电动化、高安全高可靠智能网联驾驶"开展科研攻关,为巩固和保持我国在智能车辆与绿色交通领域的优势地位,实现战略性支柱产业的可持续发展提供科技支撑。

五、国内外交流

2022年度受区域疫情和学校防控管理要求,实验室开放交流工作受到一定影响,接待实验室参观10次,其中参观访问9次、其他活动1次;参观总人次为112人次,其中大学生78人次、社会其他34人次。实验室通过展板、模型、参观实践等活动,对提高公众科研素养、激发青少年科学兴趣、提升科技创新能力、增强对社会的责任感,均具有重要意义。同时,基于实验室开放课题合作和企业课题合作,很多国内外高校和科研单位的工作人员也经常到实验室科研平台上从事研究与开发工作,提高了仪器设备利用率,加强产学研合作,对提高团队研究能力和科技成果转化也起到促进作用。

实验室配合中央电视台报道3次,配合其他多家重要新闻媒体对实验室进行科学传播等新闻报道7次、各类新媒体报道13次。2022年北京冬奥会期间,欧阳明高院士、杨福源教授牵头的"科技冬奥'氢能出行'关键技术研发和应用示范"项目成果作为清华大学代表性科研成果之一,多次登上中央电视台向公众展示。全年实验室多位骨干教师多次就行业发展、技术前沿等展开论述,全面展现实验室科学研究在服务国家,共同塑造人类美好未来的信念方面发挥的重要作用,让公众感受浓厚的科学文化氛围。

六、发展规划

(1)争创优秀级的车辆领域国家重点实验室,联合国内优势学术团队,引领国家汽车技术发展。

(2)建立起适应国家重点实验室改革的人才队伍体系:一方面调整人员结构,实现汽车、能源、先进交通、人工智能、互联网与大数据等人才多样化;另一方面改善人才梯队,加强顶尖人才突破的支持力度、加强中青年人才蓄积。

(3)结合汽车系升级为车辆与运载学院,突出学科发展的新思路:一方面形成优势学科团队,聚焦智能汽车+新能源汽车;另一方面加强发展新学科和交叉学科,以更好适应车辆学科高度交叉融合的特点。

北京理工大学机械与车辆学院

一、发展概况

北京理工大学机械与车辆学院拥有机械工程、动力机械及工程2个国家级重点学科点、光机电微纳制造科学与技术北京市高精尖学科点,有机械工程、动力工程及工程热物理2个一级学科点、3个博士后流动站,2个一级学科博士授权点、2个二级新兴与交叉学科博士授权点、1个工程博士授权领域、3个工程硕士授权领域、6个本科专业。现有中国工程院院士2人(含双聘)、中国科学院院士1人(双聘),133人次入选各类高层次人才计划,其中国家级高层次人才59人次、国家高层次领军人才31人次、国家级高层次青年人才29人次、省部级高层次人才14人次、北京市教学名师11名;牵头获批国家级教学团队1个、国防科技创新团队4个、工信部研究型教学创新团队1个、科技部重点领域创新团队1个、教育部创新团队2个、教育部课程思政教学名师团队2个、北京市优秀教学团队2个、北京市高校优秀本科育人团队1个等多项高层次科研、教学团队。

学院牵头建有国家级科研重点实验室6个、省部级科研重点实验室7个,实验室面积4.6万m^2,设备总资产近8.8亿元。主持承担了国家重点研发计划项目、973基础研究项目、军委科技委基础加强、国家自然科学基金重大研究计划/重点/杰青/仪器专项/优青项目等50余项。2022年,科研总经费突破5亿元,教师系列人均到校科研经费220万/年。学院推动了我国地面机动装备传动技术两次跨代发展、我国陆上机动装备动力与推进技术的升级和跨越发展,新能源汽车应用于奥运会、世博会、APEC等,推动首都汽车产业结构优化升级;首次实现了制造中电子层面观测与调控,获得了系列重要应用和广泛国际关注。

近五年学院总计授权国家或国防发明专利1111项(含国际专利10余项),在国内外学术刊物及学术会议上共发表论文2000多篇,其中SCI收录论文1600余篇、EI收录700余篇、新增ESI论文56篇。近年来,学院在多个方面取得重大成果,牵头获国家级科技奖励8项,包括"一种电动车辆动力系统关键技术产品及其应用"获国家科技发明二等奖(2004)、"某车辆系列变矩器及其设计理论"获国家科技进步二等奖(2006)、"纯电动客车关键技术在公交系统中的应用"获国家科技进步二等奖(2008)、"车辆电传动系统关键技术"获国家科技发明二等奖(2009)、"某车辆液力机械综合传动技术与应用"获国家科技进步二等奖(2012)、"超快激光微纳制造机理、方法及新材料制备的基础研究"获国家自然科学二等奖(2016)、"车辆大功率高速机电复合传动技术与装置"获国家技术发明一等奖(2019)、"装甲车辆自动机械变速操控系统"获国家科技进步二等奖(2019)。获教育部自然科学一等奖、教育部技术发明一等奖、国防技术发明一等奖、国防科学技术进步一等奖等省部级奖励50余项。

二、科研项目及成果

2022年,到校科技经费5.1亿元,牵头获省部级科技一等奖5项、国家重大项目8项,牵头获批科技部/工信部重点研发计划项目9项;SCI论文447篇、ESI论文57篇、专著18本、授权发明专利400项;国家自然科学基金申报164项,获批39项、直接经费2797万元,均创学院历史新高;牵头的国家级军事科研重点实验室正式组建运行,电动车辆国家工程研究中心转制获批,参与获批全国重点实验室4个;牵头制定激光制造、增材制造等"十四五"规划与项目指南;依托重庆等异地研究院新增队伍160人。

三、科研设施及科研能力建设

北京电动车辆协同创新中心是国家级电动车辆技术创新基地、人才培养和技术孵化基地。协同创新中心汇集了整车、驱动与传动、发动机、电池、电机、基础设施、智能电网等门类的试验与测试总计 90 台套。该中心具有中国功能最完备的电动车辆动力驱动系统开发及测试系统，其功能包括：针对电动车辆三种典型的动力驱动系统（纯电动、混合动力和燃料电池），能够动态模拟整车行驶道路负载功能，能够开展电机驱动系统控制策略试验、双电机驱动系统协调控制策略试验、发动机-发电机组控制策略试验、综合冷却系统的试验考核、燃料电池电堆特性测试、燃料电池动力系统匹配标定和测试、道路车辆电气/电子零部件电磁兼容性和电气性能试验等。拥有中国规模最大的电动汽车监控平台，能够对北京市的电动公交车、电动环卫车、电动出租车以及电动乘用车的电池状态、车辆状态和地理位置等信息予以不间断实时监控。

车辆传动国家级重点实验室于 1998 年正式成立，是我国车辆传动领域唯一的国家级实验室。实验室拥有大型仪器设备 220 余台套，包括动态性能仿真试验台、综合传动转向性能试验台、传动环境模拟试验台、机电传动试验台、传动装置减振降噪试验平台、摩擦元件润滑与密封试验台、虚拟装配试验平台、现代设计中心等。同时实验室还拥有履带车辆全工况性能试验台，可完成 1400 kW 大功率履带车辆综合传动装置转向性能试验。采用高低温-湿度-振动综合的环境试验系统平台来全天候地模拟车辆传动装置的各种使用工作环境试验。对综合传动装置进行低温至高温温度范围内的环境适应性试验和湿度试验，进行产品的振动环境与冲击环境试验，可对整车及零部件开发过程中振动噪声提供声学测试。

电动车辆国家工程实验室于 2008 年成立，是我国唯一的国家级电动车辆整车工程实验室，也是中国电动车辆电机及其控制器测试的权威检测机构。实验室现有仪器设备 68 台套，包括：电动车辆电机及其控制器测试基地、电动车辆系统集成与仿真技术平台、电动车辆数据库系统、电动车辆关键部件电动化开发与试验平台等实验设施和条件。具备多套高性能车用电机系统专用试验测功机，可满足全型号车用驱动电机及其控制器的性能测试和研发试验需求。具有多轴驱动底盘测功系统 8×8 转鼓实验台，可完成轴距 12 m 以下车辆的底盘测功测试、失效安全等控制模式测试，而且能够对不同工况下电动汽车的制动回收性能进行测试。部件电动化开发与试验平台可以满足车用电动助力转向、电制动、电空调等关键部件的性能开发和试验需求。电动车辆系统集成、控制与仿真技术平台能够按照电动车辆开发流程，实现整车总体布置和匹配计算、整车造型设计和轻量化设计、电动车辆整车综合控制策略半实物仿真和性能预测、结构安全和高压安全仿真分析、电动车辆整车性能测试和标定等功能。

无人车技术重点实验室 2015 年获工业和信息化部批准成立。实验室拥有仪器设备等 100 多台套。实验室地面无人车辆配备了先进的外部传感器设备、车辆底层平台电控系统，同时具备适应地面无人系统测试与仿真所需要的软件平台，能够完成的实验有：（1）地面无人车辆电控技术相关实验，如转向、制动、发动机、电动车辆电机车辆平台系统适应自动驾驶的电控化技术与线控技术实验。（2）车辆平台动力学与运动学特性对无人驾驶车辆感知、规划、控制的影响实验；复杂动力学系统的建模与仿真研究实验。（3）地面无人车辆环境感知技术实验：环境感知多传感器信息融合测试实验、特定环境检测实验、交通要素包括车辆行人等检测实验等，目标识别与搜索测试实验。（4）地面无人车辆行为决策技术实验：驾驶行为研究与类人经验与知识的学习实验。（5）地面无人车辆规划控制技术测试：全局路径规划测试实验、局部路径规划测试实验、车辆纵向速度跟踪测试实验、车辆路径跟踪控制实验，地面车辆自主导航系统综合开发及实验。（6）编队与智能车辆联网技术实验：多智能体协同规划与综合智能控制实验，基于互联网的网络控制系统技术测试。此外实验室每学年能够接待本科学生 50 人课外科技活动以及课程教学任务，同时满足研究生 60 人的课程、课题研究实验与验证测试实验任务。

先进加工技术重点学科实验室于 2007 年 7 月批准成立立项建设，是我国先进加工技术的重要研究基地。实验室拥有设备总计 230 台套，包括飞秒时域/空域整形加工平台、飞秒泵浦-探测显微成像平台、飞秒激光诱导击穿光谱平台、光纤传感器加工检测平台、残余应力检测平台、残余应力调控平台、超声显微检测平台、双机械手超声自动扫查平台等仪器设备。

微细结构加工技术研究应用中心 2007 年正式成立，主要开展用传统加工方法无法实现的、尺度从微米级到厘米级的三维结构及系统的加工、检测、装配工艺方法与装备的工程化开发和技术推广。中心实验室现有仪器设备数总计 277 台套，包括最高转速精密微小型车铣复合中心、数控万能复合加工机床，微小型系统超高转速加速度实验系统等。

四、主要研究方向

机械与车辆学院经过多年发展建设，形成了 8 个特色鲜明、享有较高学术声誉的研究方向：

（1）现代车辆理论与技术：重点研究车辆系统理论与集成、车辆系统动力学、车辆仿真、车辆 NVH、车辆可靠性理论、车辆新型传动系统理论与技术等。在车辆综合传动、液力传动、大功率液压传动、机电复合传动、车辆悬挂等技术方面达到国际先进水平。

（2）节能与新能源车辆技术：重点研究电动车辆设计理论/系统集成与控制、车载能量源安全和高效利用、高效高能量密度一体化电驱动系统、电池系统智能管理系统、新型燃料电池系统等。在纯电动商用车平台技术和纯电动客车应用技术方面处于国际前列。

（3）无人车和智能车技术：重点研究感知与测控、微小型无人系统设计与集成、先进控制与驱动、信息与综合电子控制技术等。在无人系统的智能控制方面具有明显优势和特色。

（4）车用动力技术：重点研究燃料燃烧与高效热功转换、车辆动力系统综合控制理论和集成设计方法、内燃机涡轮增压系统设计与调节技术、动力机械热机耦合失效及振动噪声机理、新概念动力系统理论与方法、内燃机排放物生成机理及其环境效应等。在高强化柴油机方面达到国际先进水平。

（5）流体机械水动力学与强化传热传质：重点研究流体机械内部复杂流动特性、水中航行器减阻、空化和超空化流动现象、强化传热与高效冷却、太阳能高效利用等。在水中武器空化流动方面具有明显优势和特色。

(6)先进制造技术:重点研究数字化设计与制造、难加工材料高效精密加工理论与工具、质量控制与监控检测、生产过程管理与控制技术等。在难加工材料的切削、CAD/CAM、无损检测技术等方面具有明显特色和优势。

(7)非硅微纳制造:重点研究超快激光微纳制造多尺度建模、电子动态调控的超快激光微纳制造新方法、超快激光微纳制造新应用、精密微小型制造技术、纳米材料的合成与微纳加工等,在精密微细制造与装备技术方面具有明显特色,在激光微纳制造方面居国际前列。

(8)机械设计理论与方法:重点研究微小型动力系统设计理论与方法、微纳机械表/界面行为与调控机理、高效精密驱动与传动新原理、极端工况机械零部件摩擦学设计等。在微小型动力系统设计理论与方法、高速重载传动摩擦学以及微/纳机械表界面设计等方面具有鲜明特色。

五、国际交流

紧扣国家重大战略需求,持续深化对德合作,加强与新加坡、瑞士等国家和地区合作,拓宽国际合作支撑平台。获批科技部专项出国(境)培训项目1项;科技部外国文教专家项目(个人类)11项(全校占比约20%);获批CSC创新型人才国际合作培养项目1项,申报CSC创新型人才国际合作培养项目2项(已答辩,审批中,选派规模合计90人/年);申报校级联合实验室2项。

学院外国专家亚历山大教授获2022年度中国政府友谊奖(全国50名)。依托联合实验室等平台,联合指导学生进行学术研究,学生获美国机械工程师学会最佳论文奖1项、美国国家自然基金/美国机械工程师学会学生设计论文竞赛优胜奖1项。组织开设国际暑期学校课程6门(全校占比24%),探索开展新能源与储能前沿研究学术能力提升项目1项,受益师生近300人。面向“一带一路”沿线国家本、研学生,承办2022年北京理工大学“绿色交通智能制造”云课堂,开设7门全英文讲座。

六、发展规划

围绕“理工品牌,中国特色,国际一流”的办院目标,培养兼具道德情怀、科学精神、人文素养、实践能力和创新思维的综合能力突出的领军领导人才,为国家重大工程和国民经济做出不可替代的系列重大贡献。

全面深化人才培养综合改革,以校院两级管理机制局部重构为保障,重点实施本研培养供给侧改革,进一步营造教师潜心育人、科研,学生潜心学习、研究的学术氛围。

瞄准军民领域重大需求,巩固车辆传动、电动车辆、激光制造、绿色能源与高效动力等方向领先优势,重点发展全域高速无人机动平台、智能网联车辆、新能源车辆大数据、新概念动力、军用储能技术、新型增材制造、生物制造、智能交通等新兴科研方向。

上海交通大学智能汽车研究所

一、单位概况

上海交通大学车辆工程学科始建于1936年,1986年重建,2008年组建汽车电子控制技术国家工程实验室。为响应智能网联汽车国家战略,依托学科优势和政府基地平台,深度融合车辆智能化、网联化和电动化相关专业,于2019年将车辆学科的师资与研究队伍进行重组,正式成立智能汽车研究所,由张希教授担任所长。系所瞄准国际汽车科技前沿技术,在政府、学校以及企业等多方面的支持下,通过整合和优化上海交通大学汽车工程相关学科和研究方向,组建的具有上海交通大学特色的汽车学科大平台。学科下建有两大研究基地平台,分别是汽车动力与智能控制国家工程研究中心和上海市智能网联电动汽车创新中心。

二、科研项目及成果

智能汽车研究所的发展方向是“互联网+行动计划”等政策的聚焦点,除发展新型发动机技术在排放和效率上尽快满足国家严格标准,重点进行汽车“新四化”(智能、网联、电动和共享化)的重大基础研究和关键核心技术的突破,主要由当前汽车产业技术发展痛点难点问题驱动开展,最终形成各个问题的根本技术解决路径。研究所以对接国家战略、进行人才培养和开展产学研合作为重心,承担包括科技部重点研发计划、自然科学基金、上海市科委/经信委项目在内的一大批国家及省部级项目,并多次获得上海市科技进步奖、上海市技术发明奖等省部级奖项。

三、科研设施及科研能力建设

智能汽车研究所依托汽车动力与智能控制国家工程研究中心,拥有一支事业心强、富于创新精神的科研团队,现有教职员工21人,其中教授(研究员)6人,副教授10人,硕士生以上研究人员200余人。目前,智能汽车研究所实验大楼具有1万m^2的实验面积,拥有各类先进实验测试平台,包括:发动机直喷测试台架、混合动力系统开发平台、动力电池测试平台、智能网联驾驶系统开发平台等。

四、主要研究方向

研究所的研究方向全面覆盖智能网联和电动汽车关键技术领域,包括:自动驾驶与车联网技术、电池管理和无线充电技术、线控底盘控制和执行技术等。

五、国内外交流

研究所以产学研合作的方式,从学科层面服务于产业界的发展,与上汽集团、华为、特来电、商汤科技、英伟达、博世、中国联通等行业重点企业在“新四化”核心技术突破、高层次人才培养、重点基地建设等方面建立了紧密的校企合作关系,另外与斯图加特大学、滑铁卢大学、密歇根大学、俄亥俄州立大学、阿贡国家实验室等国际知名研究机构共同完成了一系列合作课题研究,产生了众多国际合作科研成果。

六、发展规划

上海交通大学智能汽车研究所将继续加大科研投入，加强与海内外各科研机构的学术交流。如今汽车产业挑战与机遇并存，如何发挥高校在学术界和工业界的推动作用十分棘手。上海交通大学汽车工程学科将立足中国、放眼全球，一方面为汽车产业培养优秀人才；另一方面进一步促进产学结合，使前沿科技成果更好地服务汽车产业，提高中国汽车产业的国际竞争力。

江苏大学汽车与交通工程学院

一、发展概况

江苏大学汽车与交通工程学院现有车辆工程、动力机械工程、交通运输工程 3 个学科。车辆工程专业是国家特色专业、国家一流专业、教育部首批“卓越工程计划”专业、江苏省品牌专业（A 类），已通过中国工程教育专业认证。车辆工程学科是全国高校第四个获得该领域博士学位授予点的学科，新能源汽车学科是江苏省第二期优势学科，所属机械工程学科是江苏省第三期优势学科。能源与动力工程（动力机械工程及自动化）是国家一流专业、江苏省品牌专业（A 类）。动力工程及工程热物理学科是江苏省重点一级博士点学科和江苏省第一期、第二期和第三期优势学科。交通运输专业是国家一流专业，交通工程专业已通过中国工程教育专业认证，交通运输工程学科是江苏省重点一级博士点学科、江苏省重点学科。

现设有车辆工程系、动力机械工程系、交通工程系、交通运输系、中心实验室等 5 个教学机构，以及智能拖拉机与工程机械研究所、轮胎与车用橡胶制品研究所、振动噪声研究所、新能源汽车轻量化与安全研究所、智能车辆感知与线控技术研究所、车辆驱动与控制研究所、交通大数据与车联网研究所、智能网联交通与物流研究所、智能交通管理研究所、先进交通技术研究所、节能与新能源动力总成系统研究所、低碳燃烧与排放控制研究所、燃料电池发动机研究所等 13 个内设科研机构。学院拥有一个国家级科研平台：混合动力车辆技术国家地方联合工程研究中心；九个省级科研平台：江苏省汽车工程重点实验室、江苏省动力机械清洁能源与应用重点实验室、江苏省道路载运工具新技术应用重点实验室、江苏省中小功率内燃机工程研究中心、江苏省生物柴油动力机械应用工程中心、江苏省电动车辆驱动与智能控制重点实验室、江苏省新能源汽车运行智能化技术工程实验室、江苏省汽车零部件中小企业公共服务平台、江苏省内燃机学会。

二、科研项目及成果

1. 科研项目

2022 年，新增纵向项目立项 28 项，其中国家重点研发计划子课题 1 项、国家自然科学基金项目 8 项、国家重点实验室开放课题 4 项、江苏省自然科学基金面上项目 2 项、江苏省自然科学基金青年项目 2 项、江苏省高校自然科学基金项目 1 项、其他省部级项目 21 项。

2. 科研成果

全年以第一单位发表科技论文 200 余篇，其中 SCI 二区以上论文 74 篇；授权国家发明专利 126 项，高价值专利 49 项；出版著作 5 部；新增“镇江市电源动力装备军民融合创新平台”1 个；本年度获社会力量奖二等奖 1 项，中国专利优秀奖 1 项，学会进步奖 2 项：“商用车燃料电池辅助系统关键技术研究及产业化应用”获社会力量奖 2 等奖；“柴油机喷油泵的柱塞及柱塞偶件”获中国专利优秀奖；“应用惯容器的车辆悬架系统关键技术与应用”与“汽车悬架高性能惯容装置关键技术与应用”分别获“江苏省汽车工程学会汽车工业科技进步奖”二等奖与“江苏机械工程科技进步奖”一等奖。

三、科研设施及科研能力建设

现拥有 6000 多 m^2 的实验室用房，仪器设备近千台套，设备资产总值 5000 余万元。中心实验室是江苏省汽车工程重点实验室、江苏省动力机械清洁能源重点实验室、江苏省中小功率内燃机工程研究中心、江苏省生物柴油工程研究中心、江苏省道路载运工具新技术应用重点实验室、江苏大学汽车电子研究所、混合动力车辆技术国家地方联合工程研究中心的主要实验基地。依托中心实验室建立的江苏大学车辆产品实验室于 2003 年通过了中国实验室国家认可委员会的认可。

中心实验室下设车辆、内燃机、交通、排放和振动噪声 5 个学科方向模块。各个学科方向模块分别拥有 MTS320 型道路模拟试验机、INSTRON 单通道电液伺服试验系统、车辆结构部件模态测试分析系统、车辆动态性能测试系统、动感型驾驶模拟器、中小功率内燃机性能试验台架、喷油嘴高压液体流量试验台、汽车及发动机排放测试分析系统、HeadAcoustics 噪声诊断分析系统、发动机半消声室、轮胎动力学性能测试分析系统、电涡流缓速器性能试验台、自动变速器试验台、制动能量回收及控制试验台、电动助力转向综合性能试验台、电磁转差离合器（电磁滑差耦合器）性能试验台、迪卡龙电池充放电测试系统、BMS 仿真开发系统、电池正负极材料制备及单体电池测试系统、智能泊车开发测试平台、车-路协同智能交通模拟系统、智能电动汽车开发测试平台、空气悬架及互联油气悬架测试平台、ISD 惯容式悬架测试平台等大型设备和其他实验仪器。

四、主要研究方向

（1）热管理技术；（2）热失控技术；（3）轻量化技术；（4）低摩擦技术；（5）自动泊车技术；（6）先进轮胎技术；（7）电磁悬架技术；（8）能量回收技术；（9）助力转向技术；（10）动力电池材料技术；（11）振动噪声控制技术；（12）高效清洁发动机技术；（13）智能汽车底盘线控技术；（14）智能汽车融合感知技术；（15）先进模具技术。

五、国内外交流

在国内与上汽集团、北汽集团、奇瑞汽车、中国重汽集团、徐工集团等著名整车生产企业建立了产学研合作关系。同时，与汽车零部件各龙头企业同样进行着深入的合作。学院与美国、加拿大、英国、德国、日本、奥地利等国家的知名大学建立了良好的学术交流关系,教学科研国际化水平稳步提高。与美国韦恩州立大学共建"中美新能源汽车与智能交通系统国际联合实验室",与加拿大康考迪亚大学共建"中加汽车与智能系统技术国际联合实验室"。2020 年获批国家留学基金委"智能电动车辆及控制系统创新型人才联合培养"项目,每年选派 5 名博士、2 名硕士赴国外名校深造学习。学院与美国密歇根大学、美国密西根州立大学、美国韦恩州立大学、美国北亚利桑那大学、英国克兰菲尔德大学、加拿大康考迪亚大学、德国汉诺威大学、德国安贝格应用科技大学、日本三重大学、奥地利格拉兹工业大学等高校建立长期合作关系,开展国际学生交换、交流学习、研修及联合培养等合作项目。学院与美国韦恩州立大学签订《3 +2 本硕联合培养协议》和《双学位硕士研究生联合培养协议》;与加拿大康考迪亚大学微纳集成中心签订《博士研究生联合培养协议》;与美国北亚利桑那大学按照"1 +2 +1"的模式联合培养车辆工程专业本科生,学分互认、学位联授。2015 年以来,学院邀请国外专家来校讲学100 多人次,招收 20 多名国外本科生和研究生,来华留学生招生规模逐年扩大;共有近 50 名教师到国外知名大学访学、近700 名学生出国交流和学习,3 个月以上出国学生 80 多名,70 多名学生赴美国约翰·霍普金斯大学、英国利兹大学、日本东京大学、德国亚琛工业大学等国际知名大学深造。

六、发展规划

学院在坚持围绕传统汽车节能减排技术/新能源汽车、智能网联等热点领域开展研究工作,并取得了一定的成果。

湖南大学机械与运载工程学院

一、单位概况

湖南大学机械与运载工程学院的前身为 1908 年兴办的湖南高等实业学堂机械科,是湖南大学历史最悠久的院系之一。学院以建设高水平研究型学院和世界一流学科为奋斗目标,秉承"实事求是,敢为人先"的理念,在学科建设、人才培养、科学研究、社会服务等方面取得了一系列标志性成果。近几年获国家级科研奖励 5 项、部省级科技奖励 70 余项;获国家级教学成果奖 2 项、部省级教学成果奖 10 余项,建有2 个国家级本科教学实验基地;在国内外大学生科技竞赛中多次获奖。学院与多所国际知名大学建立了稳固的合作关系,与多家国内外知名企业建立了良好的产学研合作机制。学院现设有机械工程、力学 2 个一级学科博士点,8 个二级学科博士点、2 个博士后科研流动站、11 个硕士点、2 个专业硕士点,其中机械工程学科为国家重点学科、教育部"世界一流建设学科"。学院拥有整车先进设计制造技术全国重点实验室、国家高效磨削工程技术研究中心等 2 个国家级科研基地,以及特种装备先进设计与仿真教育部重点实验室、汽车电子控制教育部工程技术研究中心、汽车轻量化高等学校学科创新引智基地、智能激光制造湖南省重点实验室、核装备可靠性技术湖南省重点实验室、汽车模具湖南省工程技术研究中心、机械装备绿色再制造湖南省工程技术研究中心、湖南省先进复合制造国际科技合作基地、汽车轻量化湖南省工程实验室、装备服役质量保障湖南省重点实验室、运载装备智能网联系统省部共建协同创新中心等 11 个省部级科研基地。学院获批国家自然科学基金委创新群体项目和"111"创新引智计划基地,入选国防科技创新团队。

学院设置有车辆工程、智能车辆工程、机械设计制造及其自动化、能源与动力工程、工业工程、工程力学、智能制造工程等 7 个本科专业。现有教职工 257 人,其中中国工程院院士 2 人、教授 73 人、副教授 79 人,师资力量雄厚,学术梯队稳定。学院在籍学生 3500 余人,其中研究生 1500 余人、本科生 2000 余人。

二、科研项目及成果

2022 年,在科研平台建设方面,由机械与运载工程学院牵头,与中国汽车技术研究中心有限公司、上海汽车集团股份有限公司联合,在原"汽车车身先进设计制造国家重点实验室"基础上重组为"整车先进设计制造技术全国重点实验室"。在科研经费方面,2022 年到账经费总额达 1.828 亿元,其中纵向项目批准经费 1300 万的项目 1 项、500 万元的项目1 项、250 万元以上的项目 6 项;横向项目中合同经费 1000万的项目 1 项、500 万元以上的项目 3 项、250 万元以上的项目 7 项。2022 年新增各类科研项目 265 项,其中纵向项目中国家级项目 60 项,含主持国家重点研发计划项目 1 项,获批国家自然科学基金项目 33 项,包含重点项目 1 项、联合项目1 项,优青项目 1 项、面上项目 20 项、青年基金 10 项,直接经费 2099 万元;获批湖南省自然科学基金项目 29 项,包含省杰青项目 4 项、省优青项目 3 项,湖南省"三尖"创新人才工程项目 6 项;新增军工类项目 13 项。

在科研奖励方面,2022 年学院获湖南省技术发明一等奖1 项、中国机械工业科学技术奖一等奖 1 项、科技进步二等奖1 项。入选科睿唯安高被引科学家 3 人。

在人才培养方面,2022 年首个智能车辆工程、工程力学实验班完成招生;就业质量稳中有进,获批教育部供需对接就业育人项目 3 项,2022 年学院共培养毕业生 916 人,其中到世界和中国 500 强企业就业的有 354 人,硕博生就业率达 99.54%。

学院通过以才引才,制定并实施人才招聘专员制度,优化"伯乐奖"细则,多措并举提高人才引进质量。2022 年学院引进专任教师 12 人、专职科研岗 11 人;进站博士后 7 人,出站 16 人,入选"香江学者"1 人。

三、科研设施及科研能力建设

学院拥有整车先进设计制造技术全国重点实验室,是国内唯一具备汽车"工业设计—工程设计—制造工艺—整车集成"全链条综合研发能力的国家级实验室。在国际上率先开发出 GPU 异构并行汽车 CAE 软件,首创了中国人体特征假人开发体系,攻克了轻量化车身一体化制造成套关键技术及装备,多项技术国内唯一;国内首创了多车型共享的整车模块化技术、多材料异构兼容轻量化技术,居国际领先水平。近年来成果服务车型开发超百款,有力支撑民族汽车产业发展,获 10 项国家级奖励。实验室现有用房面积 12000 余 m^2、实验基地 20000 余 m^2，拥有一批性能先进的大型设备、仪器和软件，固定资产总值 19620 余万元。

四、主要研究方向

学院与节能汽车相关的主要研究方向为：智能设计方法与自主软件、整车低碳短流程制造技术、汽车安全测试技术与标准、整车集成创新与应用、高端装备制造的可靠性、发动机设计与燃烧技术的研究与应用等。

（1）智能设计方法与自主软件方向包括面向性能和生态的整车创成式智能设计、多领域广义数据驱动的整车可靠性设计、多场耦合融合计算方法与自主 CAE 软件开发。

（2）整车低碳短流程制造技术方向包括材料—结构—工艺—功能一体化的成形理论、模块化车身结构生长式成形工艺与装备、高柔性智能化多材料连接工艺与装备。

（3）汽车安全测试技术与标准方向包括中国交通事故场景与人体损伤机理、虚实融合安全测试技术与装备、汽车安全测试标准体系。

（4）整车集成创新与应用方向包括汽车安全测试标准体系、城市道路智慧车列系统集成应用、特殊环境无人运载系统集成应用。

（5）高端装备制造的可靠性方向包括结构失效机理与寿命评估、高精度模拟与结构优化、可靠性分析与设计理论。

（6）发动机设计与燃烧技术的研究与应用方向包括先进发动机结构设计与数字孪生智能制造、低碳与零碳动力关键技术及辅助动力系统。

五、国内外交流

通过聚焦智能网联汽车前沿学科领域，由机械与运载工程学院牵头的“智能网联汽车创新人才国际合作培养项目”获得国家留学基金管理委员会滚动支持，通过与英国诺丁汉大学、美国西北大学、伊利诺伊理工大学、冰岛大学、加拿大滑铁卢大学、悉尼科技大学开展合作，为我国汽车技术转型培养智能网联汽车领域的高层次专业人才，2022 年 11 名研究生及本科生获国家公派项目录取。

为推动国内外同行把握机械设计领域的国际前沿动向、活跃学术思想、交流最新研究成果、展望未来发展趋势、推动机械设计相关学科的发展与融合，2022 年，机械与运载工程学院成功举办机械设计国际会议暨第 21 届机械设计学术年会年，会议吸引了来自国内外的众多机械领域专家学者的关注。

此外，学院通过商务部发展中国家工业工程硕士等项目，2022 年新招收国际留学生 29 名，在籍留学生共 74 名。

六、发展规划

在人才培养方面，学院将利用人工智能发展契机，树立智造赋能机械类专业升级转型的教学创新理念，制定面向未来需求和国际环境的卓越人才培养目标，打造多学科融合交叉的实践教育体系，培养一流人才。

在学科建设方面，坚持学术理论研究与工程技术创新相结合，深度拓展机械工程学科学术优势，逐渐形成车辆工程、软件工程、电子信息技术交叉学科发展路线，在以“智能网联汽车”为代表的重点领域产生一批标志性的创新成果。

在产业化方面，学院将面向国家重大需求构建整车智能设计理论体系，实现核心设计工具的完全自主可控；建立整车短流程制造技术体系，保障制造工艺及装备的产业安全；打造汽车整车的智能设计工具体系、短流程制造技术体系、安全测试标准体系，以及模块化整车集成平台的“三体系一平台”全链条核心技术群，实现整车设计工具与制造装备产业链的高水平自主可控，成为我国汽车整车先进设计制造原创性技术的策源地和高水平行业人才的聚集高地和培养高地。

杭州湾汽车学院

一、单位概况

杭州湾汽车学院（机械与汽车工程学院）是宁波工程学院所辖的二级学院，于 2014 年 9 月迁入杭州湾新区办学，占地面积 500 亩，校园环境优美，办学条件设施先进。学院充分发挥地处产业集聚区的优势，深入推进产教融合、校企合作，与吉利集团、中汽研、万都公司等知名企业建立战略合作关系，与吉利集团共建企业大学，努力建设政产学研“四位一体”，校园、产业园、研发园“三园融合”的国内一流的汽车产业特色学院。2017 年入选宁波市十大试点特色学院，2018 年入选浙江省高等学校省级产教融合示范基地，2019 年入选宁波市高校协同创新中心和省级重点建设汽车工程技术实验教学示范中心，2020 年入选浙江省产教融合工程项目建设单位和吉利汽车研究院技术供应商，2021 年入选首批国家级现代产业学院和浙江省重点支持现代产业学院。2022 年成为浙江省汽车产业产教融合联盟理事长单位，在世界互联网大会“产业人才发展大会”上主题报告。

截至 2022 年底，学院共有机械设计制造及其自动化、材料成型及控制工程、汽车服务工程、车辆工程 4 个本科专业。有教职工 86 人，其中专任教师 71 人、教授 10 人、副教授 23 人，具有博士学位的教师 45 人。在校学生 2013 人。

二、科研项目及成果

通过校企共建、成果共享，近几年学院累计承担科研项目 648 项，到账经费 5187.95 万元。其中，主持国家级科研项目 8 项、省部级 40 项，发表论文 388 篇，出版专著 2 部；获得省级、市级科技成果奖 16 项，授权发明专利 181 个，29 件专利技术成果实现产业化应用，服务企业新增产值 132 亿元，新增利润约 26.5 亿元。

三、科研设施及科研能力建设

2018 年学院与 Altair 共建“汽车虚拟仿真技术实验室”、与中汽研共建“汽车碰撞安全技术实验室”、与吉利共建“汽车振动噪声技术实验室”，并与吉利合作获批浙江省高校省级产教融合示范基地；2019 年与吉利、中汽研等汽车产业龙头企业共建了宁波市新能源汽车技术协同创新中心和省级重点建设实验教学示范中心，2020 年入选吉利汽车的技术供应商。实验室总面积 10000 多 m^2，总资产 7100 万元。

在新能源汽车技术方面，建有校级新能源汽车碰撞安全与轻量化研究所，现有教师18名，其中教授5名、副教授7名、博士14名，主要开展新能源汽车碰撞安全、高安全性能电极材料的制备与电池结构设计、电池安全行为表征与建模、电池内部缺陷的检测技术等方面的科学研究与产业服务工作。

四、主要研究方向

学科紧密结合宁波市万亿级产业发展需求，明确新能源汽车碰撞安全及轻量化、动力电池安全技术、振动噪声控制、精密加工技术4个重点发展方向，围绕动力电池安全技术、汽车轻量化、整车声品质控制、水射流精密制造技术开展科学研究，为企事业单位提供技术咨询、人才培养和技术服务。

五、国内外交流

承担科技部国际科技合作交流项目2项。与“一带一路”沿线国家（塞尔维亚、北马其顿）知名高校的学者合作，围绕汽车新四化中关键的汽车动力电池安全技术，重点对车用动力电池反复冲击下的电池安全性、电池组碰撞模拟及防爆关键技术等进行联合攻关，探索车用锂电池材料结构动态力学特性模型及电池短路判定准则、锂离子电池模组多物理场耦合模型、锂离子电池模组失效传播机制、碰撞安全防护系统等关键技术难题，为新能源汽车动力电池安全提供技术保障。

学院还连续举办四届国际电动汽车与动力电池安全研讨会、“一带一路”汽车产业人才培养和技术交流会议，来自麻省理工、华盛顿州立大学、普渡大学、清华大学、中国科学院、北航、浙大等国内外著名高校与华为、吉利、大众、捷豹路虎、中汽研、澳汰尔、长安汽车、北汽、宁德时代等大型公司200多家单位1000多专家人次参与学术交流。

六、发展规划

立足宁波，面向浙江，辐射长三角，服务宁波市第一大产业汽车产业，依托位于杭州湾国际汽车产业城区位优势、宁波市试点特色学院多主体办学体制优势和强大的汽车产业资源，以提高协同创新能力、人才培养质量和社会服务水平为关键目标，完善政校企多方平台共建、资源共用、成果共享的协同机制。到2025年，建成优势资源汇聚、服务区域重点产业、国内一流的现代汽车产业学院，成为长三角新能源汽车产业人才培养的示范基地、新能源汽车产业科技服务的公共服务平台、国内一流的新能源汽车技术研发机构、产业学院体制机制创新的示范窗口。

上海市新能源汽车公共数据采集与监测研究中心

一、单位概况

上海市新能源汽车公共数据采集与监测研究中心（以下简称数据中心）于2014年12月正式注册成立，由上海市经济和信息化委员会负责业务指导，是全国第一个集公共领域和私人领域于一体的新能源汽车公共数据采集地方平台。数据采集依据《电动汽车远程服务与管理系统技术规范》（GB/T 32960—2016），主要包含车辆行驶、电池、电机、充电等实时运行数据。截至2022年12月底，数据中心平台累计接入新能源汽车94.6万辆，涉及120家车企、135个品牌、1321款车型。其中，乘用车91万辆，占比96%；商用车3.6万辆，占比4%。

二、科研项目及成果

（1）数据产品方面。基于新能源车端数据、依托数据质量评价、定制化分析、行驶行为分析、充电行为分析、车辆性能分析、精准营销分析6个产品体系，为整车企业、充电桩企业、电力企业等多家企业或机构提供了多样化的市场化服务。

（2）政府服务方面。持续为上海市相关委办提供了充电桩抽查、法人购车审批、车辆事故核查等多项支撑服务。

（3）数据开放方面。2022年数据开放实验室围绕“上海限行新规、锂离子电池组的故障诊断、车辆电动化转型路径”为主要方向，为同济大学、上海纽约大学、上海市空间电源研究所等企业或科研院所提供数据开放服务。截至2022年底，实验室累计共完成74个开放服务项目，持续稳步推进数据开放应用。

（4）课题申报方面。2022年累计完成19项课题申报工作（含国家级6项、市级10项、区级3项）。

三、科研设施及科研能力建设

2022年，数据中心紧紧围绕“十四五”规划，朝着建设成为“世界级智能新能源汽车数据中心”目标前进。

（1）平台建设与推广。2022年，数据中心平台建设能力全面提升，实现了90%以上自主研发。为支持国家与地方政策，上海城市群燃料电池示范应用考核提供技术支撑，全面优化了上海市加氢站与氢燃料电池汽车公共数据平台，对加氢站的安全管理、运行及运营情况进行全面监测，发布车站一体化数字大屏2022版。上海市动力蓄电池全生命周期溯源管理平台功能进行迭代优化，完成12个版本的更新，发布电池溯源平台智慧大屏2022版。上海市新能源汽车数据平台手机移动终端小屏——“EVmini云数据”发布，完成了6个版本的迭代升级。

（2）数据采集与监测。上海市新能源汽车数据平台，截至2022年底，已接入94.6万辆新能源汽车（含商用车），其中乘用车91.0万辆，燃料电池汽车累计接入2697辆（上海市2477辆、嘉兴市87辆、鄂尔多斯市133辆）；上海市动力蓄电池全生命周期溯源管理平台，平台累计完成账号注册企业119家，其中整车企业114家。

（3）数据研究与应用。数据中心继续围绕行业热点展开研究与数据应用，主要聚焦于车辆行驶行为与充电行为、车辆性能分析（电池健康度评价等）、基础设施规划与运营、多场景融合应用等方面。

四、主要研究方向

（1）算法库持续丰富。通过多年的分析积累，数据中心在充电、电池、网约车识别等方面形成了相对成熟的模型算法。2022 年,在原有算法的基础上,结合不断变化的技术形态和市场需求,持续丰富算法模型、迭代优化,做到精度更高、维度更多、覆盖面更广。

(2)场景创新突破。数据中心持续探索新能源汽车数据应用方向和落地产品,2022 年在保险和交通两大场景率先实现了业务突破:在保险领域,推出"数据验证 + 数据产品"合作模式,为保司承保车辆提供数据验证、场景还原、模型预测等服务;在交通领域,匹配车辆、路网、地块等信息,提供交通特征研判和影响因素分析等服务。

五、发展规划

数据中心将在汽车"新四化"发展赛道上,以建设"世界级智能新能源汽车公共数据中心"为目标,提升数据竞赛(X-GAME)、数据论坛(X-TALK)、数据开放(X-LABS)、数据人才(X-STAR)、数据服务(X-LINK)的五大品牌价值,探索产学研一体推进,上下游协同发展,软硬件相互融合的数据生态体系建设。

中汽院新能源科技有限公司

一、单位概况

中汽院新能源科技有限公司是中国汽车工程研究院股份有限公司的全资子公司,成立于 2021 年 9 月,地处重庆两江新区鱼复工业园区,建设新能源汽车多功能综合实验室,围绕电能和氢能领域,打造集检验检测、技术服务、装备研发为一体的综合性服务平台,提供新能源汽车和氢燃料电池全项服务能力。已构建起以重庆总部为核心,辐射全国主要新能源、燃料电池汽车产业集群的技术服务布局。

二、科研项目及成果

2022 年,公司成功申报《燃料电池乘用车复杂路况试验分析》《覆盖复杂工况的燃料电池发动机性能测评及其体系》《基于整车的电动汽车热失控扩散安全机理与评价方法研究》《基于短时激励的车用动力电池健康状态快速诊断技术研究》《新能源汽车先进动力系统设计与高效集成控制关键工具链研究》等多项国家和省部级课题,牵头和参与国家、行业、团体、地方、国际标准 22 项,获得发明专利、实用新型专利、外观设计专利 10 项。

公司筹建的"国家氢能动力质量监督检验中心"已通过验收并正式运行。该中心以检验检测为核心,聚焦氢能应用,基于安全、绿色、体验三个维度,打造集检测认证、标准体系、数据平台、技术服务、应用推广、产业孵化等服务于一体的氢能动力综合服务平台,为氢能产业化提供有力支撑,促进重庆市及全国氢能动力产业发展,为我国能源、汽车和装备制造产业的战略转型发展提供有力保障。

公司聚焦燃料电池发动机产品计量测试需求,开展燃料电池发动机测试技术科研攻关。针对燃料电池发动机测试项目中的复杂工况、动态量及多参数耦合等技术难题,建立有实效的测试工况及数据分析模块。同时,针对燃料电池发动机企业"测不快、测不准"的痛点难点,将燃料电池发动机加速耐久测试方法及健康诊断测试功能集成于测试装备软件中,解决了生产企业计量测试难题,推动了产品质量迭代提升。

三、科研设施及科研能力建设

公司建设六大试验室,包括整车试验室、动力总成试验室、燃料电池试验室、氢内燃机试验室、氢能辅件试验室和电池电机试验室,具备完善的软硬件设施,可在氢能动力、新能源汽车、车网互动、储能、测试装备、氢能部件等领域,为企业生产研发提供检验检测、标准引领、技术服务、装备/部件开发等一站式综合技术服务。

四、主要研究方向

1. 检验检测

动力电池系统的电化学性能测评、滥用安全性测评等,氢能动力的产业规划咨询、产品性能开发等,驱动电机系统的性能测评、道路模拟及可靠性测评等新能源整车检测。

2. 测试评价

新能源汽车评价规程应用,包括智能新能源汽车综合评价体系、企业标准"领跑者";新能源竞品深度测评,包括动力经济性能、热管理性能、电性能、动力域控制策略逆向、电子电气架构对标;电控系统测评,包括 HIL 台架验证、动力系统台架联调、实车功能调试。

3. 技术研发

整车集成解决方案,包括动力经济性、热管理性能、整车能量流优化、整车标定等;装备与产品,包括竞品分析数据产品、能量流专用测评平台、氢能专用部件测评装备。

五、国内外交流

中汽院新能源科技有限公司与国内外多所高校和企业,例如同济大学、重庆大学、电子科技大学,比亚迪、重庆长安、福特、丰田、DELPHI、国鸿氢能等建立了稳定的科技合作和人才交流关系。

六、发展规划

1. 聚焦业务发展主线打造核心优势

(1)重点开展新能源汽车测试评价、能效分析、电池安全等关键核心技术研发,形成整车、电池、电机电控全链条全生命周期的测试研发解决方案。

(2)持续推动新能源汽车评价规程(CEVE)研究、新能源汽车领域企业标准"领跑者"评估活动,提高行业话语权和影响力。

2. 加强能力建设和产业布局

继续加强国家氢能动力质量监督检验中心能力建设,积极开展与行业内优势央企/国企的合作,整合氢能产业链上下游资源,构建集技术研发、检测认证、装备工具、数据应用、创新孵化于一体的氢能产业综合技术服务平台。

中汽院(重庆)汽车检测有限公司

一、单位概况

中汽院(重庆)汽车检测有限公司于2020年2月成立,隶属于中国汽车工程研究院股份有限公司,于2023年1月,经央企整合正式成为中国检验认证(集团)有限公司的一部分,是国家授权指定第三方汽车检测机构,也是国内首个重型汽车专业试验基地,拥有国内先进的智能网联汽车试验道路,获得了交通运输部汽运中心的道路运输车辆达标车型检测机构资质授权,通过了工业和信息化部装备工业发展中心的汽车公告产品检验场地能力核定,具备工信部公告检测、生态环境部目录检测、交通部达标车型检测、国家认监委车辆及零部件产品(CCC)认证检测、进出口车辆认证等检测资质,可提供从研发到认证的一站式服务,包括汽车全生命周期链的咨询调研、研发测评、标准法规解读、检测认证、品牌推广、关键质控等。

二、测试技术及规范研究与制定

中汽院(重庆)汽车检测有限公司为国家高新技术企业,聚集多位中国一流高校的汽车专业硕士、博士等高水平科技人才,设有博士后科研工作站,论文、著作、专利累计发表130余项。

在测试技术方面,中汽院(重庆)汽车检测有限公司聚焦“安全”“绿色”“体验”三大技术领域,深挖智能网联汽车等相关产品、测试技术发展,通过开发主动安全及自动驾驶测试评价技术、车路协同测试评价技术、智慧交通解决方案,掌握国内自动驾驶测试评价核心技术,推动国内智能网联汽车测试评价标准化,初步形成了从先进驾驶辅助系统、自动驾驶等测试服务到评价服务的智能网联汽车测评体系。2021年公司在特装领域实现新突破,对军用无人领域检测技术实行探索,创造性设计自主跟随、环境感知、通信测试等创新新评价指标,形成了军用无人装备从底盘系统、通信系统、自主系统等多系统的全面测试体系。

为了深化技术改革,完善体系研究,中汽院(重庆)汽车检测有限公司与部委深度开展政策/标准/技术研究,如双挂列车试点、双挂列车全景环视应用研究、标杆车型推选、组合辅助驾驶研究、工信部智能网联准入试点管理政策研究、智能网联准入试点测试评价体系研究等汽车政策编制与技术创新工作多项,与重庆大学、吉林大学等高校共同牵头《工业产品大气自然环境累积损伤巡检与智能评价机器人系统》等省部级课题多项,公司的科研能力、标准研究能力得到不断夯实,为国家汽车行业注入了新兴发展动力。

在标准工作方面,中汽院(重庆)汽车检测有限公司关注检测标准法规、检测技术及行业政策发展变化,共牵头或参与《营运车辆全景环视系统技术要求及测试方法》《智能网联汽车主观评价规范》《国际道路运输车辆货物装载区技术条件》《汽车列车性能要求及试验方法》等14项国行标准制修订,推动国内汽车行业技术规范制定的同时,积极开展团标制定工作,牵头或参与团标《智能网联汽车 V2X 系统预警应用功能测试与评价方法》标准多项,开展企业标准“领跑者”工作已发布团体标准3项,已立项“领跑者”团体标准11项,促进企业产品高质量发展。

三、检测能力建设

中汽院(重庆)汽车检测有限公司拥有工信部装备工业发展中心、交通运输部公路院、生态环境部、CNAS等主管部委授权认定的试验资质,配备占地面积约1000亩的试验场,建设有国内最长、最宽、试验车速最快的直线性能道、国内规模一流的动态广场、32种可靠性道路,试验道路全长54.9 km,试验车型覆盖范围国内最广,可开展55 t及以下车型的公告、营运准入测试及ADAS&AD国内外标准法规检测、研发测试等汽车测试,当前建设国内外公告目录、营运准入、主动安全道路测试评价、整车可靠性评价、商用车测试评价特色能力,检测能力紧跟国内外标准制修订动态,符合智能网联汽车测试评价发展趋势,对已开展的特装检测业务、自动驾驶业务的能力水平健全及开拓起到了关键性作用。

在设施设备方面,全面对标国际一流检测机构相关试验能力,投资近3亿元,搭建了整车级图像分析灯光暗室、底盘测功机、转鼓实验室、大型侧翻台等各色实验室,共购置了大小设备500余台,其中有全球顶尖的ADAS系统专用测试设备,包括自动驾驶机器人、惯性导航系统、双车协调控制系统、3D目标物及运动控制底盘、EVT目标假车和牵引系统、数采系统等,检测能力水平位居国内前列。

四、国内外交流

中汽院(重庆)汽车检测有限公司积极参与标准及行业会议,与国内高校、政企建立了策略同盟关系,主动参与和组织行业技术交流会议、课题研究和项目研讨,实现友好协作和资源互惠,促进构建良好的行业发展蓝图;和国外主流TÜV认证机构如莱茵、南德、泰测等建立了友好合作关系,同南德搭建ADAS目击实验室,为汽车企业搭建出口全球的检测桥梁,促进中国汽车检测与国际接轨。

五、发展规划

为响应国家智能网联发展政策文件、重庆市人民政府办公厅《重庆市自动驾驶和车联网创新应用行动计划(2022—2025年)》下达的任务,中汽院(重庆)汽车检测有限公司将进一步拓展规模及提升检测能力,完善丰富的测试场景及智能网联汽车准入完善的封闭场地、开放道路等相关检测能力,从标准、课题、技术三大方面有序开展攻坚创新规划,牢牢抓住“测试评价”与“技术创新”两大关键点,引进新型测试评价技术,助推公司新能力开发业务转型,开拓既拥抱科研创新又发展业务技术创新的新局面。

中汽研汽车检验中心(武汉)有限公司

一、单位概况

中汽研汽车检验中心(武汉)有限公司隶属于中国汽车技术研究中心有限公司,是"国家新能源汽车质量检验检测中心",同时也是全国汽车标准化委员会专用汽车分技术委员会、全国汽车标准化委员会车身附件分技术委员会、中国汽车工业协会专用车分会和中国汽车工程学会专用车分会等四个行业分支机构秘书处的管理单位。主办有"中国国际商用车展览会""中国专用汽车产业发展国际论坛"等行业活动。截至 2022 年 12 月,全体员工约 240 人,总资产约 11 亿元,具备检测能力 3000 余项,在湖北随州和山东梁山运营有 2 个综合检测试验场。

二、测试技术及规范研究与制定

公司作为全国汽车标准化委员会专用汽车分会、车身附件分会秘书处单位,归口管理及制修订的国家及行业标准共 159 项。2022 年,开展 7 项国家标准、17 项行业标准的制修订工作。

三、检测能力建设

公司已逐步完成汽车安全与碰撞实验室、新能源整车及部件实验室、轻型节能排放实验室的建设,并形成汽车碰撞测试、燃料电池发动机及部件测试,新能源汽车整车及"三电"系统测试、汽车排放测试等方面的试验能力,现具备乘用车、商用车、专用车在整车、新能源、电磁兼容、排放、碰撞等领域的全项检测能力。公司已有工业和信息化部授权的"道路机动车辆产品准入检验检测机构"、交通运输部授权的"道路运输车辆安全达标检测机构"、国家认证认可监督管理委员会(CNCA)指定的 CCC 指定实验室、生态环境部授权的"汽车环保产品认定、排放检验机构",现拥有汽车及零部件产品检验检测全项资质。

四、国内外交流

面向行业开设网络公开课"商(专)用车云课堂",聚焦行业关心的新问题、新技术,开展广泛交流。

组织召开多次线下、线上技术研讨会,对 GB 21668、GB 15084、GB/T 17350 等多项行业标准开展专题研讨。

五、发展规划

公司根据汽车产业发展与技术更新,持续升级实验室设备仪器,更新相关检测能力,完善智能网联汽车、燃料电池汽车等新兴领域测试技术能力,升级相关的新能源试验室、碰撞试验室、轻排及 EMC 试验室的基础建设,进一步完善"国家新能源汽车质量检验检测中心"能力建设。

中汽研汽车检验中心(广州)有限公司

一、单位概况

中汽研汽车检验中心(广州)有限公司是中汽中心于 2016 年 10 月 24 日在广州投资成立的二级全资子公司,中汽中心已投资 20 多亿元,建有新能源汽车试验室、碰撞安全试验室、电磁兼容试验室、整车耐久及发动机试验室、整车排放试验室、整车综合性能试验室及试验场等试验设施,覆盖整车排放性能、电磁兼容性、被动安全性、汽车零部件及总成、新能源汽车"三电"系统等整车及关键零部件安全、节能和环保等领域的全面测试能力。

2020 年 8 月,中汽研汽车检验中心(广州)有限公司正式取得国家认证认可监督委员会颁发的国家新能源汽车质量检验检测中心(广州)资质认定授权证书,成为广东省首家新能源汽车整车级国家中心,并于 2021 年评为高新技术企业。公司已经获得环保信息公开,公告,CCC 及船级社等多项资质。

公司为广东省、广州市公司重点建设项目,2022 年年营业收入超过 4 亿元。

广州检验中心不断强化专利、软著、EI、SCI 论文等科技成果转化,并承担多项国家重点研发计划、工信部及广东省重点领域研发计划课题,参与牵头制定汽车行业标准,并于 2019 年、2021 年分别获得生产力促进奖创新发展一等奖。

公司积极践行"科技引领未来,创新驱动转型"的发展理念,近年来,公司获得有效知识产权 29 项,其中发明专利 5 项。参与和主导了多项国家汽车标准的制修订工作,近几年成功申报并承担国家及省部级课题 5 项,包括:国家重点研发计划"综合交通运输与智能交通"重点专项——高速公路智能车路协同系统集成应用、工信部 2020 年工业互联网创新发展工程项目——终端威胁检测与响应(EDR)技术和产品项目、广东省重点领域研发计划新能源汽车专项——自动驾驶整车及零部件性能测试关键技术研究、乘用车三元动力电池系统主动安全防控技术研究、广东省财政厅课题——广东省氢燃料电池汽车产业发展现状及政策建议,立项公司科研课题 60 多项。同时,积极与科研机构及汽车企业开展战略合作,充分发挥优势资源,服务政府、服务行业、服务企业,打造产学研深度融合的科技创新平台,助力华南地区及粤港澳大湾区汽车产业发展及经济建设。

二、测试技术及规范研究与制定

广州检验中心在国家、广东省、广州市等政府主管部门指导、行业支持下,深度参与汽车标准化相关工作,重点参与新能源、智能网联等战略性新兴及重点领域标准研究制定,在标准支撑、标准研究等各方面取得积极进展。

近年,广州检验中心参与研究并发布的标准共计 21 项,参与起草及研究 GB/T 19754—2021《重型混合动力电动 汽车能量消耗量试验方法》、GB/T 27840—2021《重型商用车辆燃料消耗量测量方法》等国家标准 13 项,涉及范围包括汽车节能标准、安全标准、电子标准、整车试验方法标准;参与起草智能网联与新能源汽车领域 T/GDRTA 001—2020《道路运输车辆智能视频监控报警系统终端技术规范》、T/CIAP S0016—2022《储能用锂离子电池系统安全评测技术规范》等团体标准 7 项，参与研究行业标准 1 项。同时参与研究制修订在研国家标准 12 项，包括《汽车对行人的碰撞保护》、《电动汽车动力性能试验方法》等，涉及汽车碰撞安全、电动汽车、整车试验方法、汽车零部件等相关领域。

同时，广州检验中心积极参与国家技术标准创新基地（汽车）相关工作，依托国家技术标准创新基地（汽车），积极筹备国家技术标准创新基地（汽车）粤港澳大湾区创新中心，着力打造以智能网联汽车、新能源汽车为主体，以中日、东南亚等区域技术标准协同创新为特色的国际性技术标准创新中心。依托区域内良好的智能网联汽车、新能源汽车产业发展生态，借助广州检验中心一体化、全方位测试验证技术服务能力，在智能网联汽车、新能源汽车领域打造引领行业发展的标准高地。同时围绕区域产业特点，加强中日乘用车标准协同、推动粤港澳区域标准引领，助力中国标准走向东南亚。

三、检测能力建设

公司下设 7 个试验业务部门，分别为排放节能试验研究部、零部件试验研究部、智能网联汽车研究部、整车试验研究部、碰撞试验研究部、电磁兼容试验研究部、新能源试验研究部，主营业务涵盖了整车及零部件的全项强制性检测、研发验证及评价测试，具备覆盖整车排放性能、电磁兼容、主被动安全、汽车零部件及总成、新能源汽车“三电”系统等整车及关联零部件安全、节能和环保等领域的全面测试能力。

四、国内外交流

对外交流方面，广州检验中心结合区位优势，积极发挥技术引领作用，与 TÜV 南德、TÜV 北德，TÜV 莱茵，德凯认证等国际检验检测认证机构建立良好的合作关系，促成 TÜV 南德意志集团授予整合及零部件领域的 UNECE、EU 认证，助力粤港澳大湾区车企产品走出国门，参与国际竞争。另外，广州检验中心逐步建立与东南亚各国政府的联系，深度参与各地方、国家标准制修订工作，推动中国标准国际化进程。

五、发展规划

华南区域历来是中国汽车工业的重要组成部分，市场活力旺盛，产业集群完善，同时是造车新势力、新能源产业、智慧交通行业的重要集聚地。广州检验中心充分把握区域特色与优势，抓住机遇，以乘用车产品全领域研发验证和测试评价为核心主线，着力开拓新能源、智能网联两个重点发展领域，为区域内企业提供属地化专业服务，实现快速高质量发展。

“十四五”规划中，广州检验中心定位为华南区域整车及零部件全领域研发验证和测试评价基地。广州检验中心将重点以乘用车产品全领域研发验证和测试评价为核心业务，着力开拓新能源、智能网联两个重点发展领域，围绕“粤港澳区域汽车智库、中国日企日标专家机构、全领域汽车数字化测试试验室”三个特色定位，未来将建设成为华南区域的新能源和智能网联技术应用和示范创新基地，重点开拓芯片测试和数字化测试业务，适时注入认证、标准、政策研究、测评等技术服务能力，力争提供全价值链技术服务，着力打造以粤港澳大湾区为核心，覆盖华南，辐射东南亚的区域性汽车行业智库和高端技术服务机构。

依托单位现有能力，实现智能电动汽车标准创新应用与验证试验能力提升、开展汽车技术标准交流合作。发挥面向区域内政府、行业、企业的标准服务能力，有效推动智能电动汽车领域国内国外标准协同发展，突出试点项目在粤港澳大湾区智能电动汽车标准法规方面的引领作用。

上海机动车检测认证技术研究中心有限公司

一、单位概况

上海机动车检测认证技术研究中心有限公司（以下简称上海汽检）始立于 2003 年，是华东地区唯一的第三方国家级机动车产品检测机构，是国家认证认可监督管理委员会（CNCA）授权的国家机动车产品质量检验检测中心（上海）、国家新能源机动车产品质量检验检测中心，通过中国合格评定国家认可委员会（CNAS）实验室认可。

历经数年发展，上海汽检已获得汽车、摩托车产品的全部国家授权，包括工信部车辆《公告》检测、国家生环部车辆环保目录检测、交通部车辆油耗检测、国家认监委车辆及零部件产品（CCC）认证检测等，同时也是国家市场监管总局缺陷汽车产品召回鉴定检测机构和国家进口汽车检验机构，国内唯一的汽车专用器具计量检定站，国内首个获批筹建的国家智能网联汽车产业计量测试中心及首批“自动化作业”行业研发中心。

自 2016 年“事转企”改制以来，上海汽检秉承“为客户钻研、替用户把关”的核心价值观与“精诚育人、精细管理、精准营销、精益检测、精到服务”的五精文化，实施适应企业自身发展的战略布局，以“数字化、平台化、多元化、国际化”为发展定位，精耕汽车检测行业的各项技术领域，增强企业转型动能，通过多元化合作模式，成立了 7 家分公司、13 家子公司，以区域特色化、专业化的服务满足客户需求，凭借优秀的专业能力和服务意识，不断提升行业影响力和话语权。

上海汽检已拥有国内领先的汽车、摩托车检测能力，以及机动车产品计量测试和校准、智能汽车传感器检测及环境理化性能试验能力。能够承担产品型式认证、强制性产品检测认证、进出口产品认证检测、委托检测、标准管理、产品技术研发、检测设备开发、技术咨询及创投孵化等多项工作。依托跨界融合方式打造的综合性第三方智能网联汽车公共检测研究服务平台，全面开展了智能网联汽车测试技术能力建设与技术研究，建成了智能驾驶、自驾仿真、信息安全、软件升级、数据安全、网联通信、功能安全、预期功能安全、智慧交通等方向的服务能力，可为智能网联汽车部件、系统、整车提供“伴随式”咨询、测试、优化、验证等一体化服务，提供智能网联汽车研发验证的解决方案。充分发挥自身技术优势，支撑相关政府部门的政策制定工作，包括智能网联汽车准入试点、智能网联汽车沙盒管理、智能网联汽车数据安全等工作,同时也为公共应急突发事件调查研究提供技术支持。围绕产业链发展现状及趋势、国家政策法规标准及动态、测评认证技术现状及发展,积极组织行业技术交流,构建产业生态,推动产业链上下游融合发展。

面对未来智能互联时代的挑战和高新技术的迭代,上海汽检将持续发力“数字化、平台化、多元化、国际化”的战略发展路线,通过业务拓展、管理提升、创新转型、多元融合等举措提升公司核心竞争力,构建适应现代化市场经济发展需要的检测认证高质量发展的集团公司,更好地为政府、行业和企业提供公正、科学的服务,助力汽车产业高质量发展。

二、测试技术及规范研究与制定

上海汽检积极参与节能新能源汽车领域相关标准、测试技术、规范的研究。

1. 参与汽标委汽车节能分技术委员会标准制修订工作

(1)GB/T 22757.2—2023《轻型汽车能源消耗量标识 第2部分:可外接充电式混合动力电动汽车和纯电动汽车》。

(2)GB/T 18386.2—2022《电动汽车能量消耗量和续驶里程试验方法 第2部分:重型商用车辆》。

(3)GB 27999—2019《乘用车燃料消耗量评价方法及指标》。

(4)GB 36980—2018《电动汽车能量消耗率限值》。

2. 氢能与燃料电池汽车领域参与制修订标准

(1)GB/T 24554—2022 燃料电池发动机性能试验方法。

(2)T/CAAMTB 83—2022 燃料电池系统用氢气循环泵性能测试规范。

(3)T/CAAMTB 73—2022 燃料电池用空气压缩机耐久性试验方法。

(4)T/CAAMTB 74—2022 燃料电池系统工况耐久试验方法。

(5)T/CAAMTB 81—2022 燃料电池系统振动试验规范。

(6)T/CAAMTB 82—2022 燃料电池系统增湿器性能测试规范。

(7)T/CSAE 276—2022 燃料电池堆振动测试技术规范。

(8)T/CAB 0151—2022 电动两轮车用燃料电池动力系统技术要求。

(9)燃料电池电动汽车动力性能试验方法。

(10)燃料电池电动汽车 低温冷起动性能试验方法。

同时,上海汽检作为上海市新能源汽车及应用标准化技术委员会秘书处,召开年会,宣贯相关国家标准和上海市新能源汽车备案政策,开展新能源地标委换届工作,换届方案获上海市市场监督管理局批准。在标准规范方面,参加1项ISO标准,牵头1项、参与11项国家标准,参与2个行业标准和2个团体标准的制修订工作。提出智能网联汽车和新能源汽车领域地方标准立项申请,获批下达11项计划,完成2项智能网联汽车领域地方标准的征求意见工作、1项新能源汽车领域地方标准的征求意见工作和1项新能源汽车领域地方标准的审查工作。支撑上海市汽车工程学会开展新能源汽车与智能网联汽车领域团体标准研究,下达6项团体标准制定计划,对5项团体标准立项计划开展专家评审工作。

三、检测能力建设

上海汽检2022年建设中的检测能力建设项目有广德重型汽车测试系统、重型车混合动力能量消耗量测试系统、新能源汽车动力性经济性试验系统、新能源汽车性能试验系统(集成多维工况模拟和数据采集),规划建设的有常温充电浸车舱、耐久转毂升级新能源汽车常温环境仓和新能源汽车高低温环境仓、基于4×4电机转毂的整车能量流数据采集系统(包含新能源汽车半轴机械能测试系统),进一步完善和提升节能与新能源汽车的检测能力,扩充新能源汽车能量消耗量和续驶里程、热管理与能量流测试产能,涵盖企业研发领域的测试验证需求,为企业提供研发、对标和检测认证的全方位服务,并为后续能量流测试台架能力建设硬实力落地做前期数据采集和分析研究技术储备。

在新能源汽车“三电”检测领域,2022年电驱与储能系统检测实验室在已有能力基础上,新建了6通道电机控制器测试台架,用于检测电机控制器的功能与可靠性;新建OBC与DCDC测试系统,能解决客户多合一产品的高精度检测需求;新建了2套动力总成测试台及1套四驱动力总成测试系统,增加了动力总成测试产能,以满足行业快速增长的测试需求;扩充了电芯与模组测试能力,同时扩充了“三电”系统的环境可靠性测试能力。

1. 氢能及燃料电池领域技术能力建设

(1)燃料电池发动机环境模拟系统,扩展燃料电池发动机测试的环境模拟能力。

(2)燃料电池发动机测试能力,更新了氢气流量计,满足更高要求的测试精度。

(3)燃料电池发动机低温试验能力扩展,满足更高功率的燃料电池发动机低温试验能力。

(4)防爆风扇及集装箱涉氢安全、驱动气泵改造,提高燃料电池发动机试验室安全性,满足安全规定要求。

(5)燃料电池环境适应性能力,更新防爆温控箱,满足测试能力。

2. CNAS&CMA项目获批

(1)GB/T 29838—2013 燃料电池模块。

(2)GB/T 34593—2017 燃料电池发动机氢气排放测试方法。

(3)GB/T 20042.2—2008 质子交换膜燃料电池 电池堆通用技术条件。

(4)GB/T 23645—2009 乘用车用燃料电池发电系统测试方法。

(5)GB/T 28183—2011 客车用燃料电池发电系统测试方法。

(6)GB/T 31035—2014 质子交换膜燃料电池电堆低温特性试验方法。

在智能网联领域,根据公司的技术能力发展规划,完成智能汽车数字孪生及车路协同系统测试验证服务平台项目中的新建技术能力项目建设工作,形成了智能网联汽车的智能驾驶仿真测试(模型在环MIL,软件在环SIL,硬件在环HIL,车辆在换VIL等),智能驾驶(封闭和开放道路)测试,功能安全与预期功能安全测试,网络安全与信息安全测试,软件升级测试,数据分析应用与安全测试,车联网V2X性能测试以及智能网联汽车关键系统测试等技术领域的测试能力，结合未来出行实验室(临港基地)项目建设工作，建设临港智能网联汽车测试基地，构建覆盖全技术链的智能网联汽车测试认证公共技术服务平台，将覆盖智能网联汽车虚拟仿真、网络信息安全软件升级、网联通信、车路协同等技术领域的测试评价。已完成未来出行公共技术服务平台项目拿地、规划建设相关任务。

同时，上海汽检加快推进布局全国的发展步伐，在湖南、江苏、安徽、福建、河南、天津等地采用多种投资合作模式，实现共赢发展。

四、国内外交流

上海汽检非常注重与国内外汽车知名企业、科研院校和检测机构保持密切沟通，定期开展技术交流和合作，相关企业包括比亚迪、上汽乘用车、上汽通用五菱、长城汽车、大众中国、泛亚技术中心、吉利汽车、江淮汽车、福田汽车、巴斯夫、沃尔沃、玛莎拉蒂、通用中国等。同时与中国环境科学研究院、上海市环境科学研究院、上海市环境监测中心、上海交通大学、同济大学等科研院所保持相关技术交流及合作，内容包含节能与新能源汽车性能与能耗特征、测试技术、评价体系、节能减排技术路线等。作为牵头配合单位，协助中国环境科学研究院召开轻型车下阶段污染物与温室气体协同控制标准预研项目与重型汽车下阶段排放标准预研究项目工作组技术交流会，研讨轻/重型汽车(含新能源汽车)法规升级方向。

氢能及燃料电池汽车领域与丰田中国及丰田日本进行多次技术交流线上会议，并举办多场地方标准技术研讨会。

在智能网联汽车领域，上海汽检作为上海市智能网联汽车及应用标准化技术委员会秘书处，结合地标委工作计划，对接嘉定区科委，组织召开“嘉定区汽车领域创新联合体主题沙龙活动——智能网联汽车标准技术交流论坛”；同时，与上研智联，同济大学在场地资源上进行合作，发挥区域整合优势，支撑郑州智能网联大赛比赛工作，拓展中心在智能网联的测试业务。通过申报外部科研项目获得国家财政资金支持，承担了科技部“自动驾驶电动汽车驾驶能力及安全性评测技术与系统开发”项目、工信部“车载智能计算系统模拟仿真测试验证服务平台”项目，交通部“交通部自动化作业行业研发中心”等项目，提升了平台在自动驾驶领域的行业引领效应。

参与国际标准法规的研究，多次参与 WP. 29 工作组会议，推荐 4 名青年专家参加“第二届工作汽车标准化青年专家选培活动”，作为参加国际标准化活动的后备力量。推荐技术专家参加 ISO PWI《道路车辆 毫米波雷达干扰协同指南》等 2 个国际标准工作支撑组。受上海市交通委员会委托，牵头承办“第二届智能交通上海论坛”，论坛作为第五届中国国际进口博览局的配套活动，于 11 月 7 日在国家会展中心隆重召开，会议圆满成功，受到社会及多家媒体广泛关注及报道，得到主管部门的充分肯定。

五、发展规划

上海汽检已完成“十四五”发展规划的制定，“十四五”阶段公司将紧贴汽车产业发展趋势，围绕公司“数字化、多元化、平台化、国际化”发展路径，以传统检测及前瞻研发“两条腿”并行为总体思路，推进新兴技术发展，营造服务新生态。“十四五”期间将继续加强新能源汽车整车及关键零部件技术领域检测技术能力建设的投入力度和速度，不断提高技术能级，根据产业发展趋势进一步构建和提升测试评价体系，全面提升上海汽检的综合技术服务能力，适应和满足我国新能源机动车产业发展的要求。

按照“十四五”发展规划，建立与“电动化、网联化、智能化、共享化”汽车新四化变革相适应的汽车整车性能集成验证体系；紧跟标准发展方向，持续完善检测技术；瞄准事中事后监管，服务政府采购；面向企业研发流程，致力于新技术研究和验证。全面建设覆盖整车性能、主动安全、节能环保等技术领域的综合实验室。聚焦全产品链、全生命周期评价，根据产业发展趋势紧跟“节能汽车技术路线”“纯电动和插电混合动力汽车技术路线”“轻量化技术路线”等领域，进一步构建和提升测试评价体系和技术服务能力。针对插电式混合动力汽车，研究整车匹配技术，总布置优化技术等底盘系统集成优化技术，智能化，信息化融合的整车智能控制技术，围绕以能量管理为核心的整车控制技术，开发符合真实道路场景和驾驶习惯的节能减排测试方法，构建新一代插电式混合动力汽车及纯电动汽车节能减排评价体系。上海汽检积极响应碳中和碳达峰目标，以节能与新能源汽车标准工况能耗、特殊场景能耗、实际道路能耗、整车能量流试验规程及多维度全方位大数据平台为基础，以汽车产品全生命周期(燃料周期、材料周期等)碳排放核算方法研究为目标，致力于推动机动车领域减污降碳协同增效，激发行业技术变革和绿色低碳转型。

在新能源汽车“三电”技术领域，重点围绕以下技术领域进行能力建设：

(1)由于“三电”上游国产化需求越来越高，为满足国内企业的研发需求，实验室计划建设三电系统的上游产品检测能力，如动力电池的材料，驱动系统中的减速器、齿轮、轴承、定转子、油品、功率半导体、电容等关键元器件检测技术能力。

(2)国内车企“出海”需求越来越多，实验室计划围绕电动汽车出海认证需求，研究主要出口国的认证法规要求，建设国外标准的“三电”检测能力，帮助企业完成国外标准的研发测试及认证测试。

在氢能与燃料电池汽车领域，围绕以下几点开展工作：

(1)在推进氢能基地项目建设实施方面，致力于打造完善长三角氢能燃料电池一体化检测服务大平台。通过持续地投入研发和技术创新，确保氢燃料电池检测技术在国内保持领先地位，并力争达到国际一流水平。通过与行业龙头企业对标竞争，形成自身在涉氢领域的核心竞争力。同时，在提升公司的研发和服务能力方面，将进行内部差异化布局，通过加强研发团队和技术设施的建设，提升的研发服务能力。为了确保整个规划的顺利实施，将采取分步实施的方式，逐步完善各个环节。将注重对氢能全产业链的能力建设，从氢能生产、储存、输送到利用等环节进行全面布局。通过整合资源和加强合作，将打造一个完整的氢能产业链，为实现可持续发展做出贡献。

(2)积极参与和推动行业内相关标准的制修订工作，包括国家标准、地方标准和团体标准等。同时积极参与制定行业标准的研究工作，与相关机构和专家进行广泛合作，以确保所提出的标准与业界需求相符，具有可操作性和可靠性。通过制定和修订行业标准，将推动整个行业的规范化和健康发展。

（3）加强国内外交流，积极参与各类技术交流和行业交流活动，以提升的行业影响力。积极与国内外的相关企业和机构建立合作关系，开展技术交流、经验分享等活动。通过参与国内外重要的会议和展览，将不断提升的知名度和品牌形象。同时，还将积极与政府部门、行业协会等相关组织保持紧密联系，参与行业政策的制定和落实，为行业发展发挥积极的作用。

针对智能网联汽车领域的关键技术，上海汽检将面向智能出行所涉及的四大领域——出行载体、出行技术、基础设施、软件信息，分别对应开展电动化、智能化、网联化、数字化、车路协同等前瞻技术开展技术研究、标准研究等，推动国际标准、国家标准、地方标准、团体标准的协同发展；推进人工智能、信息技术、通信技术、智慧交通与汽车技术跨界融合，实现全产业链、全生态圈、全生命周期的技术服务。同时，组织开展智能网联汽车整车和零部件、车路协同系统、智慧交通系统等智能出行相关领域的检测试验认证工作，以验证为基石，支撑政府监管；以测试为依据，开展产品研发；以仿真为驱动，助推应用落地。

招商局检测车辆技术研究院有限公司

2003 年，招商局检测车辆技术研究院有限公司（以下简称招商车研）由招商局集团和重庆市政府整合相关资源组建而成，现隶属于招商局检测技术控股有限公司（以下简称招商检测），招商检测是招商局集团“十四五”期间重点培育的战略性新兴产业单元，是一家集“标准—计量—检测—认证”产业链一体化的综合性检验检测技术服务企业。招商车研是国家火炬计划重点高新技术企业、重庆市创新型企业，获工业和信息化部、交通运输部、生态环境部、市场监管总局等行业主管部门授权和认可，主要从事汽摩产品公告、CCC、道路运输车辆达标车型、环保型式认证等法规检测，研发验证、供应商检测、进口商检、出口认证、标准制修订、技术咨询等工作；同时，获中国船级社认可，具备了船用产品的检测认证资质。招商车研建有汽车、摩托车、智能网联汽车 3 个“国家质检中心”，在新能源、智能网联汽车等领域拥有 8 个省部级科技平台和 2 个省部级科普基地。同时，立足重庆、辐射西南、放眼全国，设有华东、华南、华北分支机构，黑河寒区试验基地，重庆渝欧、大连渝海、深圳渝鹏控股子公司，服务全国 1000 余家企业客户。

招商车研拥有占地 1000 余亩的金凤和金山两个研究测试基地。金凤基地位于重庆高新区，占地 900 余亩，打造了国内领先的“实验室 + 试验场”一体化试验检测技术平台；金山基地位于重庆两江新区，占地近 100 亩，拥有国内一流的摩托车和汽车电子试验检测技术平台。两个研究测试基地共建有机动车强检试验场以及整车、排放、动力、碰撞、部件、电磁兼容、智能网联、新能源、摩托车等 10 余个专业试验楼；拥有全封闭、半开放和全开放道路的自动驾驶测试评价基地；可开展乘用车、商用车实车碰撞和零部件模拟碰撞试验，整车声学测量、底盘悬架参数测定，新能源整车火烧及热失控、动力电池系统全生命周期、超高速电机（含 NVH）等测试评价，有害物质和贵金属化学分析，ADAS 标定匹配、自动驾驶在环仿真、V2X 规模测试等试验。

招商车研积极响应国家“质量强国”战略，主动加快市场化转型步伐，正大力开展机动车主被动安全、节能降碳、新能源、智能网联和智能车路协同五大专业领域的产品研发验证和测试评价服务。

襄阳达安汽车检测中心有限公司

一、单位概况

襄阳达安汽车检测中心有限公司（以下简称达安中心）暨国家汽车质量检验检测中心（襄阳）、国家智能网联汽车质量检验检测中心（湖北）、国家燃料电池汽车质量检验检测中心，是经中国合格评定国家认可委员会认可和授权的、具有独立法律地位的第三方综合性汽车检测及技术服务机构，获得国家认监委、工信部、交通部、生态环境部等对于汽车检测机构的全部资质授权。

获得授权的机构名称包括：国家汽车质量检验检测中心（襄阳）、国家级汽车试验场、国家智能网联汽车质量检验检测中心（湖北）、国家级智能网联汽车自动驾驶封闭场地测试基地、国家燃料电池汽车质量检验检测中心、国家授权的《公告》车辆产品检测机构、国家指定的强制性产品认证检测机构、国家指定的道路运输车辆燃料消耗量检测机构、国家指定的新生产机动车噪声和排放污染检测机构、国家指定的缺陷汽车产品检测和实验机构、国家认可的汽车产品检查中心、汽车专用仪器和汽车检测线的校准实验室、汽车产品认证检测机构和科研成果技术鉴定试验机构。

自 1985 年建设起，历经 36 年的发展积累，达安中心始终保持着国内领先的行业地位。

当前，达安中心已形成“四个中心”〔试验开发验证中心、国家汽车质量检验检测中心（襄阳）、国家智能网联汽车质量检验检测中心（湖北）、国家燃料电池汽车质量检验检测中心、襄阳达安检查中心〕的业务形态。立足襄阳、武汉，达安中心在国内构建了 8 个分（子）公司、工作部以及日本、韩国 2 个海外办事处，形成覆盖全国、辐射全球的服务格局。

二、测试技术及规范研究与制定

达安中心拥有丰富的标准化工作经验。往年主持参与制修订且已发布的标准有 130 余项，2022 年达安中心主持/参与制修订的未发布的标准达 170 余项，涵盖国标、行标、团标等，包括 GB 14166 机动车乘员用安全带、GB 14167 安全带固定点、GB 11562 前方视野、GB 11566 乘用车外部凸出物、

GB 20182 商用车驾驶室外部凸出物、GB 157402 汽车防盗装置、GB/T 18385 电动汽车动力性能试验方法、GB/T 19752 混合动力电动汽车动力性能试验方法等 90 余项强制性标准，在汽车行业标准化工作中影响力大。

三、检测能力建设

达安中心占地近 6000 亩，拥有乘用车、商用车、专用车、军用车、智能网联汽车、综合试验六大汽车试验场地和 18 个专业领域研究方向试验室，拥有高温、高寒、高原三大试验基地，具备涵盖所有车型全系列试验的道路和路况，形成了高集中度、前瞻性、专业化的测试能力。检测范围涵盖汽车整车和零部件全系列，具备 246 类、1667 项标准的检测能力。

四、国内外交流

助力汽车强国梦想实现，达安中心以提升试验技术能力、提高工作服务质量，拓展检测认证业务为核心，始终致力于打造备受信赖的汽车检测认证技术研究服务机构，业务范围遍布海内外 1500 余家整车及零部件企业。

达安中心与国际认证机构形成合作和互认机制，近五年累计服务 330 个出口车型。业务范围包括日本、韩国、美国、俄国、澳大利亚、海湾、欧盟、巴西、智利等的认证；国际合作机构包括荷兰车辆认证中心（RDW）、塞尔维亚国家认证机构、土耳其国家认证中心（TSE）、澳大利亚政府基础设施和交通部、南非国家标准局（SABS）、乌克兰国家标准计量检测以及消费者权益保护中心、海湾合作组织（GCC）；国际合作技术服务包括荷兰 HCS、瑞典 SGS、TUV 莱茵/北德/南德、西班牙 IDIADA、英国 VCA、俄罗斯 NAMI、伊朗 ISQI。

达安中心服务特色是：一次试验，两张证书；ISQI 代理机构；RDW 授权 ECE 认证工程师；检测认证一体化。

五、发展规划

面对汽车产品轻量化、电动化、智能化、网联化、共享化的发展趋势，达安中心加快新能源和智能网联检测技术研究和积累。2022 年 6 月 24 日，达安中心正式授权国内唯一“国家燃料电池汽车质量检验检测中心”，当前已形成全面的新能源（含氢燃料）汽车测试技术能力，可开展所有法规项目检测，建成覆盖电堆、燃料电池系统以及燃料电池整车等完整的试验能力体系，拥有国内最先进的氢燃料及新能源汽车碰撞试验室，具备国内唯一具备加氢能力的汽车试验场，日均加氢 240 余 kg，当前氢燃料电池汽车测试行驶里程累计已达 250 万 km，是国内唯一开展 3000 h 级别燃料电池系统与电堆耐久性的研发试验测试机构。

作为最早建成国家智能网联汽车质量监督检验中心的机构之一，达安中心完成了现有园区的智能化网联化改造，是交通运输部、工业和信息化部联合认定的“智能网联汽车自动驾驶封闭场地测试基地”。

现已形成完善的整车 ADAS 测试以及自动驾驶试验测试能力，并依托测试场地平台、测试验证平台、系统服务平台，为智能网联汽车整车级、系统部件级开发提供全生命周期的测试技术服务，在国内处于领先地位。

未来达安中心将在汽车产品轻量化、电动化、智能化、网联化、共享化的标准法规、试验验证方法等方面深入探索，在新能源、智能网联和集成底盘方面继续加大研究和试验设施设备场地的投入，正向推进和有力支撑汽车行业，尤其新能源汽车和智能网联汽车的快速发展。

长春汽车检测中心有限责任公司

一、单位概况

长春汽车检测中心有限责任公司（以下简称长检中心）是独立的第三方汽车产品检验检测机构，总部位于美丽的汽车城吉林省长春市。长检中心应中国汽车工业的发展而诞生，并伴随国际汽车产业的发展而成长。长检中心于 1984 年 12 月，根据中汽公司（84）中汽质字 0778 号文件精神，由机械工业部长春汽车研究所划出一部分进行筹建，1986 年 10 月正式成立，随后被授权为“国家汽车质量监督检验中心”，是国内第一家国家级汽车产品检测机构。随后，长检中心先后被国家有关部门授权为汽车新产品申报《公告》国家级检测机构、汽车产品强制性认证国家级检测机构、机动车排气污染物国家级检测单位、道路运输车辆燃油消耗量检测机构、科技成果检测鉴定国家级检测机构。2017 年 12 月被工业和信息化部批准为“试验检测类产业技术基础公共服务平台”，2019 年 9 月被吉林省科技厅、财政厅、税务局认定为“高新技术企业”。

长检中心历经 30 余年的发展，形成了以长春本部为核心、以长春本部 + 农安汽车试验场 + 大连分公司为北方基地、以天津分公司 + 东营试验场 + 青岛分公司 + 无锡分公司 + 定远分公司为华东基地、以“海南试验场 + 广州分公司 + 柳州分公司 + 海南分公司”为南方基地的“一中心、三基地”布局，在深耕检测、试验、试验场三大主营业务的同时，拓展政策法规咨询、工业制备、高端检测仪器设备开发与校准等新业态，固定资产达 29 亿元，员工近 400 余名。

长检中心始终本着“开拓、务实、合作、共享”的理念、坚持“对产品进行公正、科学的检测，为用户提供优质、完善的服务”的宗旨，努力将自身打造成诚信于社会、满意于客户的独具特色的国际化综合汽车产品检验检测机构。

二、测试技术及规范研究与制定

长检中心在完成检测工作的同时，致力于认证制度和标准建设，积极参加相关部委和标委会活动，是全国汽车标准化技术委员会、电子与电磁兼容分技术委员会副秘书长、非金属制品分技术委员会、专用汽车分技术委员会、制动分技术委员会、发动机分技术委员会、整车分技术委员会、灯具及灯光分技术委员会、燃气汽车分技术委员会、汽车碰撞试验及碰撞防护分技术委员会、智能网联汽车分技术委员会、全国轮胎轮辋标准化技术委员会汽车工农业机械轮胎轮辋分技术委员会、全国无线电干扰标准化技术委员会委员单位，主导和参与了诸多标准的制修订工作。作为国家认监委汽车及部件技术专家组副组长单位，在国家认监委的领导下，与认证机构、检测机构、行业协会学会等一同进行了多版本的认证实施规则制修订工作。

长检中心是高寒地区新能源汽车产业联盟创始成员单位，已制定并发布多项团体标准，目前正在与各方一同制定新能源汽车、智能网联汽车高寒地区适应性测评规则。

三、检测能力建设

长检中心已具备和正在建设纯电动汽车、混合动力电动汽车、增程式电动汽车的电安全及车载终端、能量消耗量及续驶里程、驱动电机及控制器、动力电池及管理系统、传导及无线充电系统等检测能力，氢燃料电池电动汽车的氢安全及氢泄漏、加氢口及氢系统、电堆及发动机等检测能力，智能网联汽车的功能及功能安全、车路协同、信息安全及软件测评、传感器及卫星定位系统、软件在环及硬件在环、场景构建及仿真等检测能力。

为更有效开展新能源汽车、智能网联汽车高寒地区适应性测评，正在建设高寒低附着测试场地、极低温续驶里程转鼓。

四、国内外交流

每年除参加认监委组织的与欧美、日本的技术交流会外，长检中心至少组织国内、国外两次客户交流会。每当四部委产品准入管理规定有变化或有新制定修订的标准发布时，都会有针对性地与国内外的认证机构、生产企业开展技术交流，研讨准入实施、解读标准、交流试验方法、说明样品与参数提供要求等。

五、发展规划

围绕国家“双碳”目标和新能源汽车“三纵三横”技术发展路线图以及长检中心“一中心三基地”战略布局和“检测、试验、试验场”业务定位，长检中心将持续完善传统领域能力建设，包括重型车用和非道路机械用发动机、碰撞、电磁兼容、零部件等；加快推进新兴领域能力建设，包括电动汽车、氢燃料电池汽车、智能网联汽车、司乘人员健康安全等。

国家汽车质量检验检测中心（广东）

一、单位概况

国家汽车质量检验检测中心（广东）〔原名国家汽车质量监督检验中心（广东），以下简称中心〕，由佛山市质量计量监督检测中心和中国汽车工程研究院股份有限公司（以下简称中国汽研）于2008年8月8日在佛山合资成立。

中心是以汽车整车及零部件检验检测服务为主的国家级第三方检测机构，为政府和汽车整车及零部件生产企业提供质量监督检验、产品性能检测、产品研发试验、进出口认证检测、技术咨询、培训交流等服务。

中心2011年开展整车企业的委托试验业务，2012年“国家汽车零部件质量监督检验中心（广东）”获得授权，2013年“国家汽车质量监督检验中心（广东）”获得授权，2015年中心确立传统汽车和新能源汽车检测并行发展思路，2016年率先在华南开展电动汽车动力电池检测业务，2018年获得生态环境部“检测机构视频监控及数据传输联网”资质，2019年成为国家认证认可监督管理委员会强制性产品指定实验室。

中心已获得CMA、CNAS认可授权，是工信部装备工业发展中心批准备案的承担道路机动车辆《公告》检验工作的检测机构；获得O类汽车整车、N类专用汽车及6类零部件的认监委CCC认证指定实验室资格；获得生态环境部机动车排污监控中心“检测机构视频监控及数据传输联网”资质，具有中国船级社认可的船舶发动机排气污染物排放检测能力及船用动力蓄电池检测能力，获得道路运输车辆达标车型检测机构资质。

开展汽车（乘用车、货车、客车、专用车、挂车、新能源汽车整车及驱动电机、动力电池、BMS等零部件）和三轮汽车等产品的《公告》检验，相关汽车及零部件产品的CCC认证检验，轻型车排放、发动机排放及整车加速行驶噪声检验等公告、CCC和环保检验检测业务，船舶发动机排气污染物排放检测及船用动力蓄电池检测，道路运输车辆达标车型检测。中心具备了在华南乃至全国范围提供一站式检测服务的能力。

中心作为华南地区首个国家级汽车及零部件检测基地，依托中国汽研强大的技术及研发支持，立足华南，面向全国，为汽车整车及零部件生产企业提供质量检验、产品性能检测、产品研发试验、进出口认证检测、技术咨询、培训交流等服务，着力打造氢能动力、动力电池、电子安全等特色能力，同时为政府、企业、机构提供汽车产业综合性政策研究服务，积极为大湾区汽车产业蓬勃发展做出突出贡献。

二、测试技术及规范研究与制定

中心是全国汽车标准化技术委员会制动分技术委员会委员单位、广东省汽车工程学会副理事长单位，以及广东省汽车及零部件标准化技术委员会秘书处承担单位，广东省高新企业。参与制订GB/T 5620—2020《道路车辆汽车和挂车制动名词术语及其定义》等多项国家标准和汽车行业标准，对数十项国家/地方/行业标准制修订提出修改意见，在汽车领域的测试评价方法研究及标准制定方面拥有良好的基础和丰富的经验。

三、检测能力建设

中心拥有排放及发动机试验部、整车试验部、零部件试验部3个测试评价部门。

（1）排放及发动机试验部。下设轻型车排放试验室、耐久试验室、环模试验室、发动机试验室4个主要试验室，配置了全球一流的检测设备，拥有专业的技术团队，可进行轻型车及发动机国五/国六/欧五/欧六排放、能耗、性能、耐久等试验的法规认证、科研开发、技术咨询、监督抽查等检测服务，为企业及政府提供一体化优质服务。

（2）整车试验部。主要承担整车定型试验、新产品强制性标准检验、营运车辆安全达标检验、环保检验、汽车产品进出口认证检验、研发委托检验等工作；近年大力发展新能源汽车检测，具备电安全性能检测、电池包模拟碰撞和各种温度下的充电试验等能力，满足电动汽车强制性检验和研发需求，噪声测试场地能完成汽车各类噪声相关研发试验，整车碰撞检测试验室可满足100%正面碰撞、正面偏置碰撞等测试要求。

（3）零部件试验部。试验能力包括：新能源汽车动力电池、驱动电机及控制器、发动机附属部件、传动系部件、行驶系部件、制动系部件车身及其附属部件，其中座椅及座椅头枕、内饰材料、后视镜、门锁及车门保持件、制动软管、燃油箱等产品获得了国家认监委CCC认证指定实验室资格。

四、国内外交流

中心积极组织与主管部门、认证机构、国内外企业开展标准法规、认证技术、检验检测方法等方面的交流，不断提升法规认证技术服务能力，就汽车新“五化”、城市智慧型交通的布局、构建和发展，积极继续数据搜集、整理，研判汽车产业发展的新趋势，为政府提供智库支持，为企业提供一站式检测服务

长期向工信部、广东省工信厅等共派驻专家协助部委进行企业准入、产品准入、监督抽查、事故调查等工作。与国际知名认证机构例如TÜV南德、瑞典SGS、荷兰车辆认证中心、西班牙IDIADA等建立了紧密的合作关系。

五、发展规划

中心聚焦政府高阶服务，突出属地化服务优势，重点开拓检测/研发类市场，布局汽车新四化业态，分步实施三期建设，逐步完善测试评价能力和资质授权，同时做强政企服务。计划至2025年打造成为检测中心事业部副中心，将初步形成国内顶尖、特色能力突出、引领行业发展的检测认证机构，逐步拓展东南亚海外国际业务。

未来重点推动落实前沿领域检测能力的建设，一是智能网联汽车ADAS测评能力建设，拟建设自动紧急制动系统（AEB）、自适应巡航控制系统（ACC）、车道偏离预警系统（LDW）、汽车前撞预警系统（FCW）、汽车电子稳定性控制系统（ESC）等智能汽车主动安全及辅助驾驶领域相关项目。二是氢能实验室能力建设，拟建设氢能辅件、燃料电池、整车等相关实验室，建设氢能和燃料电池产品全流程的测试能力体系，包含氢能和燃料电池产品的性能、安全、可靠性测试等能力。

国家汽车质量检验检测中心（广西）

一、单位概况

国家汽车质量检验检测中心（广西）（下简称广西中心）于2020年获国家市场监督管理总局批复成立，是依托柳州汽车检测有限公司建设的独立、公正、科学地从事汽车整车及零部件检验检测服务的第三方检测机构，通过了中国合格评定国家认可委员会（CNAS）实验室认可，获得了汽车产品的全部国家检测资质授权，包括工信部车辆《公告》检测、生态环境部车辆环保目录检测、国家交通部达标车型检测、国家认监委车辆及零部件产品（CCC）认证检测等。

二、测试技术及规范研究与制定

广西中心是全国汽车标准化技术委员会会员单位，围绕汽车及零部件关键技术的检验检测方法、标准以及新产品技术研发领域，积极开展科研技术研究，参与标准制（修）订工作。曾主持起草《柳州市智能网联汽车封闭场地测试规程》等柳州市团体标准制定；组织、参与筹划《智能网联汽车封闭场地测试规程》《商用车纯电动车防水密封性试验方法》广西地方标准制定工作；对多项国家、地方、行业标准制修订提出修改意见。通过主持开展柳州市科技计划课题《智能网联汽车电磁兼容检验检测服务及能力建设》《智能网联汽车封闭试验场道路试验检测评价技术研究及能力建设》等研究，不断提升自身的技术和科研能力，为以后开展更具深度的科研课题、标准制修订项目打下坚实基础。

广西中心在为汽车企业开展检测服务的同时，充分利用现有先进的试验设备等检测设备和技术，不断挖掘设备潜力，利用电磁兼容试验室设备的高承载特性，为本地民族企业开展高端车型电磁兼容性能质量提升科研试验，无人驾驶挖掘机提供高原环境测试试验等，充分发挥新能源汽车检验检测共享平台作用。

广西中心以微小型电动汽车为重点，与地方龙头企业、高校组建“广西新能源汽车实验室”，通过产学研协调创新，构建“应用基础研究—产业化共性关键技术开发—成果转移转化—产业孵化—市场推广”全链条研发体系，构建国内一流创新平台，致力于突破新能源汽车产业的痛点难点问题，推动广西乃至全国汽车行业转型升级，助力实现碳达峰碳中和目标。

三、检测能力建设

广西中心按照“总体规划、分步实施”的思路开展检测能力建设，2019年底，完成一期项目全部建设，投入约8亿元；2022年底完成二期项目全部建设，投入约5亿元，建设围绕新能源汽车领域、智能网联汽车领域、汽车被动安全领域，满足国家强制性标准的检测能力。

广西中心建有整车性能试验所、新能源汽车试验所、智能网联汽车试验所、电磁兼容试验所、节能与排放试验所、汽车安全及零部件试验所等多个试验室，检测设备达到具备国际一流、国内领先技术水平。

新能源汽车试验所，现有高速驱动电机测功机台架、大扭矩驱动电机测功机台架、外部火烧试验机等26套大型检测设备及18台精密仪器仪表，能够开展满足国家最新标准规定的新能源汽车核心三部件——电动机、动力电池、电控系统相关测试项目。

电磁兼容试验所，拥有整车电波暗室1间，屏蔽室2间，其中整车电波暗室转台直径12 m，最大承重30 t，能够开展按照国际标准、国家标准、欧盟标准等要求进行的10 m法和3 m法电磁兼容测试，检测能力完全覆盖汽车整车、零部件试验检测项目；2021年已逐步完善整车充电状态测试、谐波浪涌测试等新的检测项目。

汽车安全及零部件试验所，现拥有加速式模拟碰撞试验台车系统、实车碰撞系统、行人保护系统等大型检测设备，其中加速式模拟碰撞试验台车系统其推力和精度达到国内前列，实车碰撞系统的设备及其附属设施都达到了国内先进水平，可以对传统和新能源乘用车、商用车开展严格、精确的实车碰撞测试。

智能网联汽车试验所，拥有广西首个智能网联汽车封闭试验场，占地 10 万 m^2，能够满足新版《智能网联汽车自动驾驶功能测试规程》规定的 8 项必测项目以及整车爬坡能力、涉水能力的检测技术要求。

广西中心已获授权、认可的检验检测能力范围覆盖传统汽车、新能源汽车、智能网联汽车、专用车等整车及零部件领域 26 个类别，能够满足 602 个检测项目/参数、286 个国内外标准及法规的检测要求。

四、国内外交流

广西中心十分注重与国内外知名企业、科研院校、检测机构和行业协会的沟通交流，积极参与汽车行业相关标准技术交流会、座谈会及研讨会。与国内多家科研院校、检测机构建立了战略合作伙伴关系，合作双方充分利用各自的能力、资源，实现技术优势互补、资源共享、相互促进、良性发展。

2022 年广西中心与国内多家知名检测、认证机构共同组建“中国—东盟新能源汽车检测认证联盟”。该联盟是国家新能源汽车行业第一个产、学、研、检一体化的创新协同联盟，旨在为新能源汽车产业发展提供标准研制、测试评价、缺陷诊断改进等全价值服务，提高依据国家标准开展的国内检测认证结果被东盟国家直接采信的认可水平，推动新能源汽车质量认证“中国方案”走向国际。

五、发展规划

广西中心以“标准、检验检测、认证一体化”为发展方向，打造国内一流的汽车产业质量服务一站式平台。根据汽车产业发展、国内外法规要求及市场研发需要，在技术研究、能力建设等方面进行新的规划，将在“十四五”期间启动三期建设。将根据汽车行业对综合试验场、新一代智能网联封闭测试场的迫切需求，建设涵盖乘用车、商用车传统测试道路场景以及新一代智能网联封闭测试场在内的国内一流的综合汽车试验场。

下一步，中心将依托广西作为面向东盟的桥头堡和汽车产业大省，构建面向东盟、辐射“一带一路”的汽车产业服务平台，加强国际检测认证认可技术合作，开展新能源汽车及其零部件的进出口检测认证服务，推动我国汽车产业发展。

国家汽车质量检验检测中心(北京顺义)

一、单位概况

国家汽车质量检验检测中心(北京顺义)(以下简称中心)于 2013 年 11 月 15 日由国家认证认可监督管理委员会授权开展业务，并于 2014 年 10 月 24 日由原国家质量监督检验检疫总局和国家认证认可监督管理委员会共同批准成立，是依托北京市产品质量监督检验研究院建设的独立、公正、科学、权威的第三方汽车专业检测研究机构，是在原国家质检总局和北京市政府的支持下首个建立在北京的国家级汽车质量检验检测中心。中心共有员工 90 人，其中检验人员 69 人、管理人员 21 人；硕士及以上学历人员 16 人、本科学历 54 人、本科及以上学历人员占总人数的 77.8%；中心拥有教授级高级工程师 2 名、高级工程师 13 名、中级工程师 36 名。中心位于北京市汽车生产基地，总占地 215.7 亩，市财政投资 55450 万元。拥有先进设备 500 余台套，建有新能源实验室(搭载新能源汽车监控平台)、碰撞安全实验室、排放节能实验室、整车性能实验室、零部件实验室、材料与油品实验室、电磁兼容实验室、缺陷分析实验室、智能网联汽车实验室和二手车检测事业部。可开展各类整车及零部件产品检测、研发试验、认证检测等相关技术服务，为政府质量监管、企业产品研发、保障消费者权益提供技术支撑。

二、测试技术及规范研究与制定

中心致力于“产研监检”相结合的质量科技攻关和研究能力建设，积极参加行业标准化组织及行业协会组织。中心参与多项标准制修工作，先后承担多项科技部、北京市科委等单位的科研课题；同时，中心获得多项发明专利、实用新型专利和计算机软件著作权；此外中心发表包括 SCI、核心期刊在内的论文共计几十余篇，奠定了夯实的科研基础和技术实力。标准制修订方面，参与国标《电动汽车远程监测服务与管理系统技术规范第 1 部分：总则》《电动汽车远程监测服务与管理系统技术规范第 2 部分：车载终端》《电动汽车远程监测服务与管理系统技术规范第 3 部分：通信协议与数据格式》的起草工作；参与 DB11/Z 753—2010《电动汽车电能供给与保障技术规范车载充电机》等地标制修订工作，为电动汽车行业发展提供技术支持。

科研方面，作为主持单位承担了科技部《城市公共基础设施管理与服务技术标准研究》项目，完成电动汽车充电设施及充电站关键技术标准研究与制定；开展北京市科委《电动汽车及充电设施检测标准研究及验证》《国家级电动汽车检测服务平台(Ⅰ-Ⅳ期)》《新能源小客车全过程风险监测与评估——车辆抽检与评估》《新能源小客车质量安全风险预警平台建设》等课题。重点对电动汽车整车性能和电安全、动力蓄电池等核心零部件等电动汽车专项检测能力进行补充，覆盖电动汽车整车、动力蓄电池等试验能力，为北京市乃至全国电动汽车行业发展提供技术支持服务政府行政监管，支撑北京市示范应用新能源小客车符合性验证，形成了电动汽车电安全、动力电池、电磁兼容等多项评价体系，在电安全、续驶里程和能量消耗量等方面积累了丰富的测试经验和数据库。《新能源小客车质量安全风险预警平台建设》重点防范北京市新能源小客车示范运行过程中可能出现的系统性风险，监督企业切实履行质量安全主体责任，覆盖北京市所有新能源小客车提供质量安全风险预警服务，为北京市新能源小客车的备案管理和退出机制的建立奠定基础。从国家级检测服务平台建设、新能源汽车综合测评体系、机动车环保性能研究及智能网联汽车一体化安全研究几大领域开展汽车检测技术研究。在北京冬奥会期间，开展科技部科技冬奥“氢能出行”专项——冬奥服务场景下氢燃料客车安全出行保障测试技术研究，研究冬奥场景下氢燃料电池汽车及氢系统测试技术，构建“包含整车—系统—传感器—加氢站”的全套氢燃料电池汽车安全出行保障测试技术体系，为“北京冬奥”用氢燃料电池汽车安全出行提供技术保障。

三、检测能力建设

中心检测能力范围涵盖汽车整车、汽车零部件、汽车材料、汽车电磁兼容、电动汽车、混合动力汽车、车用电池、电动自行车、汽车零部件环境试验等 243 种汽车产品、3450 项检测参数。可开展各类整车及零部件产品检测、研发试验、认证检测等相关技术服务，为政府质量监管、企业产品研发、保障消费者权益提供技术支撑。先后获得工信部道路机动车产品准入检验检测机构、交通部道路运输车辆达标车型检测机构、国家认监委汽车 CCC 产品强制性认证检测资质、生态环境部联网检验机构检测资质等汽车关键资质。

四、国内外交流

中心始终秉承以责任赢信任的宗旨、以市场为导向的原则，为汽车及零部件企业产品研发、质量提升和认证检测提供技术服务，立足北京、辐射全国、面向世界汽车产业，积极开展国内外交流活动，先后与中汽认证中心、SGS 认证公司、TÜV 南德公司、必维国际检验集团、戴姆勒奔驰、北汽福田、亿华通、长城汽车等机构和企业成为合作伙伴，打造客户认可、公众信任和政府满意的第三方汽车检验测试服务平台，为促进北京及全国汽车产业发展提供技术支撑。

五、发展规划

中心坚持以推动高质量发展为主题，聚焦“五子”联动，主动融入和服务首都新发展格局，在北京市政府和大兴区政府的大力支持下，紧紧抓住首都大力发展氢能产业的战略契机，充分发挥“计量、标准、检测、认证”集成优势，重点围绕整车、核心零部件、加氢设施、智能化能力，大力筹建国家氢燃料电池汽车质量检验检测中心，努力打造“一站式”检验检测公共技术服务平台。项目选址大兴国际氢能示范区，建设用地 50 亩，总投资约 12 亿元，拟为氢能制、储、运、加、用全链条企业提供一站式专业技术服务，为北京及京津冀氢能产业示范运行和高质量发展、碳达峰碳中和目标提供坚实技术支撑。

国家汽车电气化产品及系统质量检验检测中心

一、单位概况

国家汽车电气化产品及系统质量检验检测中心挂靠在上海电器科学研究所(集团)有限公司电器设备检测所有限公司(以下简称上海电科所)，具备新能源汽车产品及系统的全面测试能力，专注于汽车电气化产品的委托检测及研发性测试，测试能力覆盖动力电池、驱动电机、电机控制器、充电系统、接触器、高压线缆等新能源汽车高压部件，共性技术实验室包括电磁兼容、环境适应性、绝缘、功能安全、材料、软件、射频通信等，可按国家标准、ISO/IEC、行业标准、企业标准的有关技术要求和试验规范进行相关性能试验和安全测试，已获得国内多家主流汽车企业的试验室认可，快速成长为华东地区规模最大、测试能力最全的检测中心之一。

国家汽车电气化产品及系统质量检验检测中心发展汽车电气化产品及检测能力的同时，以电磁兼容、可靠性、材料等电工领域学科技术实力为基础开展失效分析服务与可靠性工程咨询服务。失效分析中心分析范围涵盖各类产品及材料，可提供电气产品、金属和非金属类构件、电子元器件、PCB 板等的故障定位与失效分析，并协助企业评估新器件/新工艺/新材料的可靠性，在产品大规模生产前识别可靠性风险，避免批量失效的产生。可靠性工程咨询中心面向不同行业的客户提供可靠性工程咨询服务，服务包括可靠性设计、可靠性分析、可靠性研发测试方案、故障预测与诊断等内容。

国家汽车电气化产品及系统质量检验检测中心区域化布局测试能力，上海奉贤做为国家中心总部，园区占地 9000 m^2，具备高压大电流的汽车高压部件测试条件；上海普陀园区占地 2000 m^2，覆盖汽车低压部件测试能力，已完整布局智能网联测试装备，可实现 GPS、2G、3G、4G、5G 模拟信号与实网信号接入测试；江苏盐城园区占地 5500 m^2，以动力电池为特色，建设涵盖动力电池、OBC、DC/DC 等产品，覆盖电磁兼容、电性能、工况性能、机械性能、安全性能、可靠性等学科的产品及专业试验室；浙江湖州安吉 EMC 开阔试验场建立了汽车车载天线测试平台，可提供低电磁噪声环境的测量场所，使汽车天线测试更加精确、快捷；STIEE 计划在湖南长沙、重庆两地分别建立工程机械类、特种车辆以及汽车电子电气实验室。

上海电科所创建于 1953 年，业务领域涵盖电机与系统节能、智能电网、智慧城市与智能交通、船用电气、智能制造与工业互联网、智能电网用户端与能源互联网、检测与认证等，面向战略性新兴产业与传统产业转型升级，是系统解决方案与产业技术服务优秀提供者。七十余载专注电工领域，结合产业发展阶段，面向产业需求，发展成为集检测、计量、认证、认可、检验评估、标准、技术研究、教育培训、技术咨询为一体的综合技术服务提供商。具有深厚的技术底蕴和积淀，拥有一系列国际国内资质授权，是我国首个参加电工领域国际电工委员会 IECEE-CB 互认体系的机构，先后获得低压电器(1988)、中小电机(1991)、智能电网(2012)、机器人(2015)、汽车(2018)、工业互联网(2020)领域的国家质量检验检测中心授权，以极致的专业化服务支撑产业技术进步和质量提升，开展产品标准化检测方法研究及建模建标工作，通过标准引领我国电工行业检验检测整体技术发展。

二、测试技术及规范研究与制定

作为标准化工作的排头兵，电科所承担低压电器标委会、旋转电机标委会、无线电干扰标委会、机器人标准化总体组等11个全国性标准化技术委员会秘书处，近年来牵头制修订国家、行业标准近百项，牵头编制《中国机器人标准体系建设指南》等顶层设计文件，并受国标委委托面向全国开展宣贯和培训活动。承担IEC/CISPR、IEC/TC2、IEC/TC121等9个IEC技术委员会的国内技术对口，并选派专家担任IEC/TC125(人员电气运输设备)主席、IEC/CISPR(无线电干扰特别委员会)副主席、IEC/ACOS(安全顾问委员会)专家、IEC/SyC/SM(智能制造系统)专家等，深度参与国际标准化工作。以标准化为引领，打通研发、产业化应用和检测认证，助力企业转型升级，并带动行业高质量发展。

研究领域涉及智能电器、电机及系统、智能配电与系统、智能交通及智能市政、船用电机电器、智能电网用户端产品及系统等，拥有国家级和行业级的多个工程技术研究中心和重点实验室，承担国家低压电器、中小型电机、无线电干扰等多个标委会标准归口工作，国际电工技术委员会等10多个技术委员会/分技术委员会的国内归口工作。在智能电网用户端、低压、机器人、汽车等新领域积极开展标准化研究，研究并主持完成近500项国家及行业标准的制定，引领电器、电机行业的技术发展，为行业技术进步做出杰出贡献。自2009年以来，获中国标准创新贡献奖2项、国家科技奖二等奖、上海市标准化优秀成果近20项、中国机械工业科技奖及上海市科技奖近20项。

搭建中国汽车工程学会电磁兼容分会行业平台，联合国内多家整车企业、研究院所及高校、检测认证机构、部件制造商，融合理论、检测、整车和产品的知识和经验，指导及运行汽车电磁兼容团体标准专家组，结合市场需要组织行业专家制定/维护汽车电磁兼容团体标准。

2022年开展以下标准制修订工作：

(1)已发布：

T/CSAE 288—2022《纯电动汽车60-1000V部件电源端口瞬态现象测试方法及要求》。

GB 14023—2022 车辆、船和内燃机 无线电骚扰特性 用于保护车外接收机的限值和测量方法。

GB/T 42284.3—2022 道路车辆 电动汽车驱动系统用电气及电子设备的环境条件和试验 第3部分：机械负荷。

GB/T 41589—2022 电动汽车模式2充电的缆上控制与保护装置(IC-CPD)。

T/CHINABICLE 12—2022 电动自行车数字化管理工作指南

GB/T 20111.6—2022 电气绝缘系统 热评定规程 第6部分：在诊断试验中增加因子的多因子评定。

GB/T 2423.16—2022 环境试验 第2部分：试验方法 试验J和导则：长霉。

GB/T 4207—2022 固体绝缘材料耐电痕化指数和相比电痕化指数的测定方法。

(2)未发布：

电动汽车用动力蓄电池电性能要求及试验方法。

电动汽车用锂离子动力电池包和系统电性能试验方法。

《电磁兼容风险评估 第X部分：电缆屏蔽分析方法》。

车载无线电子部件电磁兼容测试方法及要求。

汽车电子电气部件电磁兼容 风险评估技术规范。

电动汽车高压配电盒产品测试方法及要求。

道路汽车48 V零部件 电性能测试方法及要求。

新能源汽车驱动电机绝缘结构技术要求。

小型储能系统用钠离子电池和电池组通用规范。

小型储能系统用钠离子电池和电池组安全技术规范。

锂离子电池管理系统技术规范。

电能存储系统用锂蓄电池和电池组 安全要求。

三、检测能力建设

国家汽车电气化产品及系统质量检验检测中心专注于新能源汽车电气化产品及系统的委托检测及研发性测试，具备完善的电磁兼容、环境适应性、绝缘、功能安全、材料、软件、射频通讯测试能力。

(1)汽车EMC检测技术服务：1953年成立EMC试验室，深耕电磁兼容测试领域60余年，是国内唯一一家同时拥有30 m法开阔试验场、整车10 m法电波暗室、3 m法电波暗室、全电波暗室、电机加载暗室、混响室、屏蔽室等数个类型测试场地，且供电能力达到600 kW，低压电流高达15000 A，测试对象覆盖动力电池、DCDC、高压空调、充电系统等新能源汽车高压部件。

新能源电机加载测试暗室具有国际领先水平，为国内最早投入运营的满足CSPR 25标准的电机加载电磁兼容试验室之一，采用创新的多段式万向连接轴设计，能快速完成负载电机的安装并达到最高转速；以高速电机为特色，覆盖所有高压部件测试，最大功率250 kW，最大转速12000 r/min，最大扭矩500 Nm，经进一步技术开发满足2250 Nm扭矩的双轴加载工况，最大程度上模拟实车动力总成的安装状态。混响室测试频率200 MHz ~ 6000 MHz，200 V/m。网联产品可实现GPS、2G、3G、4G、5G模拟信号与实网信号接入，适配各种带通、带阻滤波器、衰减器。

(2)环境可靠性工程技术服务：提供完整的机械环境、气候环境、综合环境、安全防护试验测试条件，拥有12 t推力15 m^3三综合试验系统、可进行产品加速应力试验的HALT&HASS试验系统、60 m^3步入式交变湿热房、15 m^3复合盐雾房、IP69/IK10防护试验系统、10 m^3模拟高原/高空低气压试验箱、20 m^3提篮式温度冲击箱等多台大型环境测试设备，试中可进行应力监测、交直流大功率加载等满足不同测试条件需求。

(3)汽车电性能技术服务：试验室具备完整的低压部件、48 V部件和新能源高压部件电性能试验能力。新能源高压部件测试能力处于国内领先地位，是国内唯一拥有新能源汽车电气特性测试能力和军用及航空电气特性测试能力检测机构。结合环境箱可实现动力电池包、驱动电机系统、空调压缩机、PTC、OBC等高压部件的电性能测试，满足ISO 7637-4/ISO 21498-2/LV213/大众VW 80300/IEC 61000-4系列标准/宝马GS 95023/奔驰MBN /美军标Mil-STD-704F/尼桑28400NDS91-5/美国航空标准DO 160/雷诺36-00-811-C/标致B21 7112等标准要求。

(4)新能源电池技术服务：拥有单体电芯试验室、模组试验室、电池包试验室、BMS试验室，提供电化学性能、环境适应性、机械可靠性、安全性能、失效分析等测试。PACK试验设备最大功率1000 kW，最大电流2400 A，响应及切换时间控制在5 ms以内，最大可满足电池簇的能力，电压可达到2000 V；电芯及模组试验设备电流最大3000 A，精度达到0.05% FS；能够实现充放电设备—冷水机—温箱—低压供电集成联动测试；水冷板/管道的冷热冲击耐久、流阻、压力交变、腐蚀等试验。盐城新建成的安全实验室可进行 PACK 级别的过充、过放、挤压、针刺、外部火烧、外部短路、底部球击/针刺、跌落、热失控扩散等试验。

(5)驱动电机:覆盖新能源乘用车电机及控制器、商用车电机及控制器、电动重卡/工程牵引车电机、电机减速器、控制器测试,测试最大功率 250 kW 最高转速 15000 r/min,直流供电能力 2000 V 1200 A,测功机最大功率 2000 kW 最大扭矩 12000 Nm。

(6)新能源高压附件:试验能力覆盖高压继电器、高压熔断器、BDU、PDU 等产品的电性能、环境可靠性、产品性能等全套测试需求。新能源高压附件产品实验室拥有大容量短路试验室,电寿命试验室,高压继电器试验室、高压熔断器试验室;短路试验能力达到电压 DC250 V ~ 2000 V,电流 2500 A ~ 100 kA;电寿命试验能力可实现电压 DC24 V ~ 1500 V,电流 100 A ~ 6 kA;继电器试验能力范围 DC200 V ~ 1500 V,电流 15 ~ 1300 A;熔断器试验室能力可达试验电流 0 ~ 1200 A。

(7)新能源高压电器控制系统工况:试验能力覆盖车载充电机,DCDC 转换器,MCU 等。本测试系统通过通讯协议联通,实现设备高度集成联动,搭建高压电器控制器在复杂工况下的耐久及性能测试平台。实现设备高度集成化,满足多模态、多应力测试。满足 22 kW-O BC,200 kW-DCDC 及 200 kW-MCU 的耐久及性能测试。

(8)充电设施:实验室具有一个 630 kW 大功率充放电测试平台、两个 240 kW 非车载及车载直流充电测试平台、三个交流充电桩测试平台、电动汽车充电连接器实验室、电动汽车互操作性及协议一致性测试实验室、CAN 总线协议一致性实验室、光储充实车实桩验证平台等,测试对象覆盖所有规格电动汽车、车载与非车载充放电设备、汽车电气通信零部件、控制器及充电连接器等。

(9)汽车线缆及连接器:实验室拥有 40 kV 交直流耐压试验仪、低温性能测试装置、导体电阻和绝缘电阻测试系统、垂直燃烧试验仪以及线注入法、三同轴法、管中管法、混响室法、功率吸收钳法、电流探头法等全套屏蔽效能测试设备等,可进行线缆屏蔽性能、电性能、机械力学性能、环境适应性、安全性能等试验,覆盖产品包括低压线束、高压线束、高频通信线束及对应连接器等。

上电科在高低压屏蔽线缆及连接器屏蔽效能领域,一直处于国内市场的领先者。屏蔽效能团队由不同背景的资深工程师以及专家组成,能满足各种各样的高低压屏蔽线缆、连接器、线束、配电盒的屏蔽效能测试和仿真需求。团队主要关注高低压屏蔽线缆、连接器、线束、配电盒的屏蔽效能测试,以及屏蔽效能线注入法、电流探头法测试设备和软件定制化开发,也可以根据需求提供三同轴法的设备定制化配置和系统集成等服务。

(10)通信产品:EMC 通讯实验室拥有丰富的车载网联测试经验和先进的测试设备,全电波暗室配备无线通信的输入端口,在该场地可完成 2/3/4/5G、Wi-Fi、蓝牙等无线通信的辐射杂散和发射测试;提供一站式的车载产品国内的 CCC,SRRC,NAL 服务,国外 CE、FCC、IC、E/e mark,Ecall 等认证服务;为车载智能网联客户提供 FM/AM、联化提供优质的检测认证服务。

Bluetooth 射频性能测试、辐射杂散、功率等测试,为智能网联汽车的网联化提供优质的检测认证服务。

(11)失效分析:失效分析咨询服务产品线业务范围涵盖各类产品及材料,涉及机器人、汽车、电器、新能源、风电等相关行业,提供金属、非金属、电子元器件、PCB 板等的失效分析服务。拥有各类仪器:扫描电子显微镜(SEM)、超声扫描显微镜(C-SAM)、三维立体成像 X 射线显微镜(3D X-RAY)等各类大型分析设备和配套的性 能测试、评价、分析等精密仪器。对金属/非金属构件、电子元器件、PCB 板等失效品进行分析,找到失效根因,给出改善措施;评估新器件/新工艺/新材料的可靠性,识别可靠性风险,避免失效的产生;从人/机/料/法/环角度进行失效模式研究,将失效模式与机理相对应,帮助解决问题;

(12)天线测试:是国内仅有的两处天线校准开阔试验场地之一,也是国内唯一汽车方向图开阔测试场地。具备民品、汽车、军标 EMC 测试天线和场地确认天线的校准能力,覆盖 9 kHz ~ 18 GHz 的频率,被测对象包括杆天线、双锥天线、复合天线、对数周期天线、喇叭天线等不同类型的天线。

(13)绝缘材料:实验室拥有 120 kV 交流耐压试验仪、40 kV 直流耐压试验仪,20 kV-1/2. 5/5 kHz 高频电压试验仪,高精度高频介电损耗试验仪,10T 高精度高阻计,最大承重 4 t,最大尺寸 45 m^3 高温箱,温度覆盖 − 70 ℃ ~ 300 ℃,200 kN 万能试验机,测试对应覆盖汽车电机、电机绝缘系统和绝缘材料、汽车配件材料等新能源汽车的绝缘部件。新增 2. 5/5 kHz 高频电压试验仪和绝缘系统耐油试验系统,满足更多新能源汽车电机绝缘系统高频电性能和耐油性能的检测。

(14)功能安全:覆盖系统软件设计测试、基础测试及仿真测试等服务能力,包含软件设计、编码、集成全生命周期,为汽车产品软件的安全性和可靠性提供专业支撑,为智能汽车测评提供全新的解决方案。服务项目包含咨询、测试平台搭建、工具租赁、软件测试、培训等。

(15)软件测试:软件测评中心服务能力覆盖软件设计、编码、集成全生命周期,为系统软件的安全性和可靠性提供专业支撑,为人工智能的算法测评提供全新的解决方案。软件测评中心提供功能、性能、代码安全、漏洞扫描、渗透测试、算法类的数据集测试、虚拟内场测试、外场测试等测评服务,针对控制器、控制系统的安全性及可靠性提供仿真测试模型设计、硬件在环测试以及相关系统的自动化测试服务,同时提供多种仿真应用环境。

(16)信息安全:工业互联网安全实验室聚焦工业互联网边缘侧设备和平台的网络安全及信息安全,研究工业安全与信息安全相融合。主要测试有:漏洞扫描、漏洞挖掘、无线安全、安全审计、流量分析、App 安全检测等。

(17)公告认证服务:2020 年 11 月,上海电器设备检测有限公司正式获得工业和信息化部装备工业发展中心发布的道路机动车辆检验检测机构准入公告检测授权,授权范围包括新能源汽车电机、电池、充电系统等部件测试。

(18)CCC 认证服务:市场监管总局 2023 年第 10 号公告决定对锂离子电池和电池组、移动电源实施 CCC 认证管理。2023 年 7 月,上海添唯认证技术有限公司正式获得锂离子电池和电池组、移动电源 CCC 认证活动的认证机构认可,上海电器设备检测所有限公司正式获得检测试验室授权认可。

四、国内外交流

国家汽车电气化产品及系统质量检验检测中心挂靠单

位上海电科所组织和参加行业技术交流活动,和国内外知名汽车厂商、部件制造商保持着技术交流与合作关系。

2022 年 2 月 24 日 CISPR/A AHG7 组织并召开了 18 GHz ~ 40 GHz 频率范围内辐射发射测量装置主题的首次会议,为更好推进 5G 高频 EMI 测试方法及测试装置的标准化。CISPR/A AHG7 特别工作组名称为"Measurement instrumentation in 18 GHz-40 GHz range",主要负责制定 18 GHz ~ 40 GHz 范围内 EMI 测量接收机、FAR 测试场地及测量天线、场地确认规范及天线校准规范等标准要求。

CISPR/A AHG7 特别工作组于 2021 年 12 月正式成立,上海电器科学研究院检验分院副院长,上海电器设备检测所副所长叶琼瑜成为工作组召集人,共有来自中国、德国、日本、英国、加拿大、美国等 9 个国家 25 位专家加入工作组,旨在研究并制定数字化转型下 5G 类产品升级所带来 EMI 测试装置的新规范。

3 月 3 日,盐城市经济开发区政府组织了新能源电池产业供应链恳谈会,此次会议由上海电器科学研究院江苏分院承办。来自新能源电池产业链的 SK 新能源、华人运通、摩比斯、悦达新能源、捷威动力、凌云工业、摩登汽车、摩驰汽车、上电科江苏分院等 9 家企业领导参加此次会议。与会企业逐一介绍了企业发展情况,并围绕盐城市新能源电池产业发展互动交流。

2022 年 3 月 23 日,第六届 TC10 专家组第一次全体会议以线上形式召开。国家市场监督管理总局认证监督管理司邱磊、TC10 专家组组长郑军奇、TC10 专家组成员、通讯成员及企业代表 46 余人参加了本次会议,会议就 GB/T 9254. 1—2021 和 GB/T 17743—2021 两份新版标准差异分析和换版方案进行了详细的讨论。

3 月 24 日,在中国汽车工程学会的指导下,电磁兼容分会召开了 CSAE 汽车电磁兼容标准立项审查会,由 CSAE 汽车电磁兼容专家组成员组成的审查组对由上海电器科学研究院牵头申请的《汽车零部件电磁兼容 风险评估技术规范》《车载无线电子技术电磁兼容测试方法及要求》,长城汽车股份有限公司牵头申请的《整车电磁场辐射性能测评方法》共 3 项团体标准项目进行了立项审查。

4 月 6 日下午,中国电子节能技术协会数据中心节能技术委员会组织《数据中心预制化电力模块》编制工作会议在线上成功召开。

4 月 12 日—4 月 14 日召开了 CISPR/B/WG7 工作组的第十次视频会议。会议由召集人叶琼瑜进行主持,来自中国、德国、日本、英国、加拿大、美国等国家的 30 名专家参与及 5 名观察员参加了此次会议。本次会议中国总共出席了 8 名专家和观察员。

4 月 22 日,中国汽车工程学会团体标准《电动汽车 60 ~ 1000 V 部件电源端口瞬态现象测试方法及要求》第二次工作组会议成功召开。会议就标准内容进行详细的讨论,并制订下一步工作计划,即应用范围考虑增加无线充电产品瞬态现象、确认 800V 系统中的产品的适用性。

4 月 22 日,在全国无线电干扰标准化技术委员会天线特别工作组的组织下,天线及无线接收系统 第 2-1 部分及第 4-1 部分第一次工作组会议成功召开。

5 月 18 日—5 月 19 日,CISPR/B/WG7 工作组的第十一次视频会议顺利召开。会议主持人由作为工作组召集人的上电科叶琼瑜担任。会上,叶琼瑜女士汇报介绍了总体工作组的进展情况、注册专家及数个热点话题。随后,围绕专家们的具体意见,主持人带领工作组对 15 条意见进行了讨论。

8 月 25 日,湖州市充电基础设施实施验收工作总结暨建设工作交流会在上电科实训基地召开,上电科等第三方技术服务机构在内的 40 余位领导、专家和代表参加了本次会议。

9 月 3 日,由机器人检测认证联盟主办的第四届国际机器人检测认证高峰论坛在苏州成功举办,

9 月 22 日,在中国汽车工程学会的监督指导下,由上海电器科学研究院牵头制定的团体标准《车载无线电子部件电磁兼容性能测试方法及要求》,第一次工作组会议成功召开。

9 月 15 日,2022 中国数据中心市场年会(第十二届)在北京召开,上电科受邀参加并发表了题为《数据中心电力模块预制化技术规范标准解析》《TIC 支撑数据中心供配电系统高质量发展》的演讲

11 月 15 日,以"核聚湾区 · 能动世界"为主题的"2022 中国核能高质量发展大会暨深圳国际核能产业创新博览会"在深圳国际会展中心开幕。上海电科所受邀参加了本次核博会,上电科的工作人员展示了上电科的业务范围、试验能力、技术实力及业务模式等。

2022 年 11 月 17 日—18 日,由上海市核电办公室主办的以"高质量发展核电 · 共建运维生态圈"为主题的"第九届国际核电运维大会"在江苏昆山成功举办。STIEE 受邀参加并分享了 STIEE 核电领域电气设备可靠性服务能力,从多维度阐述了电气设备全寿命周期可靠性提升可开展的活动,为核电安全保驾护航,STIEE 的技术能力和试验能力获得了各位参会嘉宾的肯定。

11 月 22 日,中国电工技术学会标准化工作专家委员会电磁兼容与天线工作组第二次会议召开。

12 月 8 日全国无线电干扰标准化技术委员会 B 分会 2022 年年会暨第五届六次会议召开。

五、发展规划

国家汽车电气化产品及系统质量检验检测中心面向行业需求,以建设汽车专业化服务平台为目标,密切关注汽车电气领域技术水平提升与新技术发展。

(1)以电工领域经验为基础,面向汽车领域需求,做好新能源电气化产品及系统的技术支撑,开展技术培训、技术咨询服务,培养汽车电气化领域的人才,对电气化产品性能及质量水平提升积极贡献力量。

(2)搭建汽车电气领域交流平台,组织论坛、技术研讨会等行业活动,关注行业动向、产品新技术研发、共性学科技术需求、企业个性需求等,推动电工领域与汽车领域进行资源对接。

(3)发展共性学科技术优势,不断加深电磁兼容、可靠性、绝缘、功能安全等领域的技术研究深度。

(4)关注新能源汽车电气化产品研发检测需求,不断完善新能源电气化产品检测能力。

国家智能清洁能源汽车质量检验检测中心

一、单位概况

国家智能清洁能源汽车质量检验检测中心(以下简称中心)是独立从事检测的专业机构,经国家市场监督管理总局、国家认证认可监督管理委员会等主管部门的授权和认可,专业从事汽车产品检测的第三方检验检测机构。中心已获授权汽车整车、电动汽车、专用汽车等3个类别共12个产品284个检测项目,涉及84个标准。

中心的法人单位为河南凯瑞车辆检测认证中心有限公司(以下简称河南凯瑞),成立于2019年7月,位于河南省焦作市武陟县,其经营范围包括汽车、零部件、材料的认证、评价、检测及测试的技术咨询等服务。中心的资质认定授权证书编号:(2020)国认监认字(861)号;检验检测机构资质认定证书编号:210008349311。

二、测试技术及规范研究与制定

参与制定以下标准:

(1)集成电路电磁兼容建模　第1部分:通用建模框架。

(2)集成电路收发器的EMC评估　第1部分:通用条件和定义。

(3)车辆后装电气电子设备的电磁兼容性要求和测量方法。

(4)整车天线紧缩场测试验证方案。

(5)集成电路电磁发射测量　第4部分:传导发射测量1Ω150Ω直接耦合法。

(6)静电放电敏感度测试传输线脉冲器件级。

(7)集成电路电磁抗扰度测量　第2部分:辐射抗扰度测量TEM小室和宽带TEM小室法。

三、检测能力建设

河南凯瑞车辆检测认证中心有限公司暨国家智能清洁能源汽车质量检验检测中心(以下简称中心)先后于2020年9月、2021年5月顺利通过国家检验检测机构CMA资质认定及获得CNAS认可证书(证书编号CNASL14750);中心于2021年7月获得工信部资质,可开展道路机动车辆产品检测相关业务;中心于2021年签约成为强制性产品认证指定实验室。3C产品认证资质包括CNCA-C11-01汽车(非量产核查)中的下列产品:M、N、O类汽车(起重举升类、高空作业车、混凝土泵车、罐式车辆除外)。作为黄河流域规模大、检测能力完善、辐射服务面积广的国家级汽车检测机构——国家智能清洁能源汽车质量检验检测中心,对于提升汽车行业产品质量,推动产业技术创新发展具有重要的战略意义。中心拥有国内领先的整车试验室、排放试验室、EMC试验室、安全试验室、部件试验室和汽车综合性能试验场;公司获得河南省智能网联汽车测试第三方机构授权认可,承担自动驾驶汽车测试及监督管理相关工作,可开展ADAS及L3级以上自动驾驶车辆的场地测试评价和道路验证测试。

四、发展规划

落实通用技术中国汽研战略支点和产学研区域中心定位,将公司建设成为基础设施齐全、能力特色突出、产品型谱丰富、创新能力显著的国家级检测机构。围绕汽车产品检测认证、产学研协同创新,打造智能网联汽车检测认证和产学研特色服务能力,打造具有广泛影响力的汽车产品检验检测技术服务企业。

信息产业化学物理电源产品质量监督检验中心

一、单位概况

信息产业化学物理电源产品质量监督检验中心成立于1985年,前身是电子工业化学物理电源产品质量监督检验中心。作为第三方的检验机构,在工信部的领导下多年从事化学物理电源产品的质量监督检验工作。2013年2月,经国家认监委正式发文授权,成为国内第一家综合性的新能源产品测试国家中心。

多年来,受国家有关部委、部门委托,中心先后对各类化学物理电源产品进行了全国统检、监督抽查、打假、性能评估等;产品行业等级评定、质量摸底、对比试验等;产品司法鉴定、技术鉴定和仲裁检测;产品选型、进出口检测、产品应用及可行性评估等各类检测和试验;参与了工信部关于实施收集电池生产许可证管理文件的编制全过程;作为我国电动汽车用动力电池测试基地,参与编制了行业标准,建成了有效推动我国动力蓄电池技术进步与实用化进程的集中测试和评价体系。为我国化学物理电源事业的快速发展做出了积极的贡献,多次受到上级部门的奖励和表扬。

中心坐落在天津市滨海高新技术产业开发区华科七路6号,拥有实验室16000余m^2,固定资产2亿余元,拥有享受政府津贴专家10人、科技部863专项专家1人,技术力量雄厚,检测手段先进,国内外专业技术标准齐全。能够按照IEC、JIS、MIL等国际标准及国家标准、行业标准和企业标准等国内标准对包括各系列的化学物理电源产品进行材料、电性能、环境、力学、安全性及寿命等进行检测和评估工作。

二、测试范围

测试范围包括:锂电池系列(电动汽车用动力电池、超级电容器、消费类电池等)、储能电池系列(锂电池、铅酸电池)、铅酸电池系列(起动用、牵引用、内燃机用、铁路客车用、电动汽车用等)、镉镍碱性蓄电池系列(圆柱密封、方形开口等)、氢镍电池系列(包括单体及组合等)、锌锰系列、锌银电池系列、锌空气电池系列、特种电池系列(热电池、燃料电池等)、太阳电池系列(地面太阳电池、空间太阳电池)、半导体温差发电器、半导体温差制冷组件等。

领域	类别	标准
化学电源	电动汽车用电池	GB/T 31484-86 GB/T 31467.1-3 等 22 项
	消费类电池	IEC 62133 等 11 项
	铁路用电池	IEC 61373 等 9 项
	安全测试	UL 1642 等 3 项 GJB 2374A 等 3 项
	储能用电池	YD/T 2344.1 等 3 项
	军品电池	GJB 1430A 等 4 项
物理电池	电池片	GB/T 6495.1 等 3 项
	组件	IEC 61730 IEC 61215 等 13 项
	电站	IEC 62446 等 2 项
电池材料	正极、负极、粉末等	GB/T 24533 等 12 项

三、资质能力

资质能力如下：

中国实验室认可委员会（CNAS）认可的实验室（L0591）；

国防科技工业实验室认可委员会（DILAC）认可的实验室（DL014）；

资质认定计量认证合格的实验室（230021014724）（授权名称：信息产业化学物理电源产品质量监督检验中心）；

资质认定计量认证合格的实验室（220021349620）（国家级）（授权名称：国家化学与物理电源产品质量检验检测中心）；

国家工信部电动汽车用动力蓄电池产品强制性检测单位；

德国 TUV-SUD 南德公司太阳电池、锂电池签约实验室；

美国 CEC（美国加州能源委员会）太阳电池指定实验室；

中国质量认证中心（CQC）太阳电池签约实验室；

北京鉴衡认证中心有限公司太阳电池签约实验室；

铁道部机车和客车用蓄电池的专检和发证单位；

世界上 4 个具有光伏计量基准标定资格的实验室之一（中国 TIPS、美国 NREL、德国 PTB、日本 JQA）。

四、测试能力

1. 电性能和安全试验设备

拥有国际领先水平的充放电设备，可以全面覆盖单体电池、模组电池、系统电池的综合性测试。拥有高防护等级的安全实验装置，能够实现机械滥用（针刺、挤压、跌落、翻转）、电滥用（过充电、过放电、短路）、环境破坏性（海水浸泡、高温燃烧、重物撞击、热失控）等条件的模拟。

试验设备	主要技术指标
动力电池测试系统	电压范围：0～400 V；0～1000 V 电流范围：±400 A；±600 A 通道数：19 最大电流：±1200 A
电池测试系统	电压范围：0～6 V；0～20 V；0～60 V；0～100 V 电流范围：±50 A；±100 A；±300 A；±500 A 通道数：单体通道 1672；模组通道 44 电大电流：±4000 A

续上表

试验设备	主要技术指标
电池挤压针刺系统	最大压力：1000 kN 针刺速度：0～40 mm/s
电池落高试验机	高度范围：0.5 m～1.8 m
高温箱	温箱容积：1 m^3；最高温度：300 ℃
环境试验箱	−70 ℃～+180 ℃；500 L；58 台
高低温试验箱	−40 ℃～+150 ℃；400 L；100 台
温度试验箱	−70 ℃～180 ℃；1m^3；22 台

2. 环境力学试验设备

中心有各类环境力学试验设备，拥有全系列的力学、气候和综合环境试验能力；具备 GJB 150、GJB 360、GB 2423 等标准，以及光伏组件、动力电池系统等产品的环境力学检测能力。

试验设备	主要技术指标
振动台	推力：200 kN 频率范围：5 Hz～200 Hz 最大加速度：100 g 台面尺寸：2000 mm×2000 mm 最大负载：1000 kg
冲击台	最大加速度值：10 g～250 g 脉冲范围：2 ms～5 ms 最大负载：1000 kg
冲击响应谱	频率范围：5 Hz～5000 Hz 最大冲击加速度：4500 g 最大负载：100 kg 台面尺寸：600 mm×600 mm
离心机	加速度范围：1 g～100 g 最大负载：100 kg 转臂直径：4000 mm
温度速变试验箱	最大容积：2000 L 最大温变速率：15 ℃/min 温度范围：−70 ℃～+150 ℃
低气压箱	最大容积：12000 L 温度范围：−70 ℃～+150 ℃ 最大温变速率：5 ℃/min 压力范围：常压～200 Pa
热真空试验箱	温度范围：−60 ℃～+85 ℃ 升降温速率：2 ℃/min 真空度：≤1.3×10^{-3} Pa 冷板尺寸：1200 mm×1800 mm 容积：5000 L
高低温湿热试验箱	最大容积：500 L 温度范围：−70 ℃～+100 ℃ 湿度范围：20%～98%
步入式试验箱	最大容积：70 m^3 温度范围：−70 ℃～+100 ℃ 湿度范围：20%～98% 升降温速率：<30 min（−40 ℃～+85 ℃）；800 kg 钢负载+1000 W 发热
盐雾试验箱	最大容积：12 m^3 温度范围：0 ℃～+90 ℃ 湿度范围：20%～98% 沉降量：1～3 ml/80 cm^2·h

3. 理化分析试验设备

试验设备	主要技术指标以及功能说明
电感耦合等离子体原子发射光谱仪	常见 70 余种元素的定性定量分析(ICP～AES,iCAP6300,美国,Thermo-Fisher)
碳硫分析仪	材料所含碳、硫元素的定量分析(EMIA～820 V,日本,HORIBA)
加速绝热量热仪	绝热条件下,材料和电池的热性质、安全性的考察研究(ARC 999,英国 THT)
扫描电子显微镜	表面微观形态、形貌观察;附带能谱,微观区域内元素定性、半定量分析(SEM,S～4800,日本日立)
原子力显微镜	表面微观形态、形貌观察;高度、粗糙度等参数测量(AFM,SPM～9600,日本岛津)

续上表

试验设备	主要技术指标以及功能说明
激光拉曼光谱仪	无机、有机、高分子等化合物的分子结构分析;三级拉曼光谱仪,分辨率高,低波数性能优异(Raman,T64000,日本 Horiba Jobin Yvon)
X 射线衍射仪	粉末、薄膜材料的晶体结构分析(XRD,TTR Ⅲ,日本理学)
激光粒度分析仪	粉体材料粒度分布范围定性、定量分析(Saturn Digisizer 5200,美国麦克)
气相色谱-质谱联用仪	气体、液体和部分固体样品的定性、定量分析(7890A/5975C,美国安捷伦)

国家新能源汽车动力电池及电驱动系统质量检验检测中心(广东)

一、单位概况

国家新能源汽车动力电池及电驱动系统质量检验检测中心(广东)是经国家认证认可监督管理委员会资质认定、中国合格评定国家认可委员会认可的第三方检测实验室。

中心位于粤港澳大湾区的核心区域——珠海市金湾区,实验室约 2 万 m^2。中心专注于新能源汽车核心部件检测,具备新能源汽车动力电池、电驱动系统、充电系统等全系列产品的试验能力,是华南唯一实现动力电池及电驱动系统检测全覆盖的国家级检测中心。

中心坚持“客户至上、质量第一”的服务宗旨,秉承“公正、科学、廉洁、优质、高效”的质量方针,致力发挥检验检测、研发测试、开放共享、科技成果转化等作用,着力推进新能源汽车产业高质量发展。

二、测试技术及规范研究与制定

作为新能源汽车关键零部件的专项检测中心,中心积极引进电磁兼容、动力电池领域教授级学科带头人,从整车厂、检验机构等引进多名具有研发经验的高级工程师、工程师等高级人才。中心注重产、检、研合作,联合企业、高校开展动力电池热安全性、集成式电驱测试等科研项目多项,获得发明、实用新型专利授权 10 余件,先后在国内外刊物上发表论文 20 多篇;制修订国家标准、团体标准 10 余项。

三、检测能力建设

1. 动力电池测试

动力电池平台主要进行电池单体、模块、电池包及管理系统的测试评价,包括电性能测试、循环寿命测试、环境适应性测试和安全性测试,测试能力覆盖范围较广。

(1)电池单体/模块测试

测试项目:容量和能量特性、不同倍率充放电特性、高低温充放电特性、功率和内阻特性、荷电保持能力和恢复能力特性、储存特性、工况循环寿命特性、日历寿命特性。

测试能力:单体测试能力为最大电流 1200 A,电压范围 0 V～5 V;模块测试能力为最大电流 1200 A,电压范围 0 V～100 V。

(2)动力电池包测试

开展电池包的工况循环寿命测试、容量和能量测试、功率和内阻测试、容量损失测试、能量效率测试、环境适应性测试等。

测试能力:

4 套进口电池包测试设备,8 个测试通道;

电池包测试能力为最大电压 1000 V,最大电流 1200 A,最大功率 500 kW,温度范围:-60 ℃～110 ℃。

(3)电池安全性测试

电池安全性测试主要进行单体、模块和系统级的挤压、针刺、火烧、热失控、过充电、过放电、常温短路、高温短路(单体、模块)、海水浸泡、重物冲击等实验项目。

(4)BMS 试验

BMS 试验主要进行电池包 BMS 系统的测试评价,包括单体电压精度检测、均衡电压检测、总电压检测、SOC 精度检测、总电流检测、温度检测、绝缘电阻检测、驱动电路及线束功耗检测等实验项目。

2. 电驱动系统测试

主要进行乘用车及商用车电驱动系统的性能、环境、标定和可靠性测试。

测试设备如下:

(1)高转速电机系统试验台

功率:250 kW;

扭矩:500 Nm;

最高转速:20000 r/min;

电池模拟器功率:250 kW;

环境箱温度:40 ℃～150 ℃。

(2)大扭矩电机系统试验台

功率:315 kW;

扭矩:3000 Nm;

最高转速:4500 r/min;

电池模拟器功率:300 kW;

环境箱温度:40 ℃～120 ℃。

3. 充电系统测试

充电系统测试实验室主要从事非车载充电机、交流充电桩、车载充电机(OBC)、DC/DC 变换器等产品的性能和安全测试,检验能力覆盖国内相关标准。可满足 540 kW 及以下非车载充电桩、63A 及以下交流充电桩相关测试要求以及 15 kW 及以下车载充电机及 DC-DC 变换器性能测试要求。

测试设备:直流充电桩测试系统、交流充电桩测试系统、OBC/DC-DC 测试系统、车辆碾压装置、插拔力试验机。

4. 环境适应性测试

环境适应性测试主要进行电动汽车零部件的环境适应性测试评价,包括高空低气压、盐雾、快速温变、温度冲击、防尘、防水、振动(三综合)、机械冲击、模拟碰撞等实验项目。

主要测试设备

设备名称	容积	能力范围	变化速率
高空低气压试验箱	12 m^3	101 kPa ~ 5 kPa	3 kPa/min
盐雾试验箱	15 m^3	1 ml ~ 3 ml/80 cm^2/h	—
快速温变试验箱	12 m^3	-50 ℃ ~ 150 ℃	5 ℃/min
温度冲击试验箱	14 m^3 ×2	-50 ℃ ~ 150 ℃	≤5 min
防尘试验箱	15 m^3	2 kg/m^3 ~ 4 kg/m^3 0 MPa ~ 0. 8 MPa	—
防水试验台	敞开式	IPX1 ~ IPX6K	—

主要测试设备

设备名称	推力/kN	频率/Hz	最大加速度/g	温箱容积/m^3	温度范围	其他
三综合振动试验台	200	5 ~ 2000	100	14	-45 ℃ ~ 150 ℃	
振动台	30	5 ~ 2800	100	—	—	—
模拟碰撞试验台	1000	—	40	—	—	有效负载 2000 kg
机械冲击试验台	—	脉宽 6 ms ~ 30 ms		—	—	—

5. 电磁兼容测试

电磁兼容试验室配置了国际一流的试验设备,具备新能源汽车电池系统、电驱动系统、充电系统等汽车零部件以及高低压电子电器产品的 EMC 测试及整改服务,检测能力正进一步向新能源汽车整车进行延伸和拓展,建成后将成为华南地区功能齐全、技术先进的综合性汽车电磁兼容试验室。

测试能力:传导发射最高频率 3 GHz;辐射发射最高频率 8 GHz;辐射抗扰测试频率 80 MHz ~ 6 GHz,最高测试场强 200 V/m,雷达波 600 V/m;大电流注入测试频率 100 kHz ~ 400 MHz,最大电流 300 mA;静电放电最高测试电压 ±30 kV;瞬态发射和传导抗干扰电池模拟器最高输出电压 80 V,最大输出电流 50 A。

测试设备:配备主流 EMC 测量仪器,满足 EMC 相关测试标准。

(1)整车 EMC 测试平台

最大可进行 13. 7 m 长、30 t 重的整车 EMC 试验

10 m 法暗室:

日本电波暗室制造商承建;

尺寸:25. 5 m × 17. 5 m × 8. 0 m;

转毂:德国三轴四驱转毂系统,转毂单独驱动电机功率 109 kW 最高转速 200 km/h。

(2)汽车电气/电子部件 EMC 测试平台

可开展最大扭矩 900 Nm、转速 10000 r/min、功率 250 kW 的电机及其电机控制器等高压电驱动系统带载测试,以及汽车电气/电子部件的传导发射、辐射发射、辐射抗扰、大电流注入、带状线、低频磁场抗扰、便携式发射机、静电放电、瞬态传导发射和瞬态传导抗干扰测试;

电驱动电波暗室;

1000 V/1000 A 的高压直流电源供应系统;

全屏蔽高压 LISN、高压电源滤波器;

电磁屏蔽室(4 个)。

(3)电子电器产品 EMC 测试平台

可开展电子电器产品的静电放电,射频电磁场辐射,电快速脉冲群,浪涌,射频场的感应传导,工频磁场,脉冲磁场,阻尼振荡磁场,电压暂降、短时中断和电压变化抗扰度,振铃波,谐波发射,0 ~ 150 kHz 共模传导骚扰等测试。

四、未来展望

中心牢牢把握国家新能源汽车战略以及粤港澳大湾区建设机遇,做精做专新能源汽车核心总成质量检测,将中心打造成为国内一流、国际先进的综合性公共技术服务平台,为国家新能源汽车产业高质量发展提供重要的技术支撑。

中认车联网技术服务(深圳)有限公司

一、单位概况

中认车联网技术服务(深圳)有限公司成立于 2020 年 10 月 10 日,注册资本为 2000 万元,位于深圳市南山区西丽街道曙光社区 TCL 国际 E 城 G5 栋。

经营范围包含:一般经营项目是:车联网技术服务;从事机动车及非道路车辆技术、自动驾驶及智能网联技术、机械设备技术、检测设备技术领域内的技术开发、技术咨询、技术服务、技术转让;自有房屋租赁,物业管理;企业管理咨询,会务服务,展览展示服务,机械设备、检测设备的上门维修(除特种设备);企业管理培训(不含职业技能培训)(法律、行政法规、国务院决定禁止的项目除外,限制的项目须取得许可

后方可经营）。

许可经营项目是：认证服务；机动车、工业机械、农用机械的整车（机）及其零部件和车联网的认证、检测试验、测评、评估、检测技术研究、计量检定；从事机动车、机械设备、检测设备质量的技术检测。

中认车联网技术服务（深圳）有限公司为中国质量认证中心（CQC）独资子公司。中国质量认证中心是由中国政府批准设立，被多国政府和多个国际权威组织认可的第三方专业认证机构，隶属中国检验认证集团（CCIC，中国中检）。中国检验认证集团是经国务院批准设立、国务院国资委管理的中央企业，是以“检验、鉴定、认证、测试”为主业的综合性质量服务机构。

“国家车联网产品质量检验检测中心”（车联网国检中心）由国家主管部门批准，由中国中检集团负责筹建、以集团下属的中国质量认证中心为项目单位、以中认车联网技术服务（深圳）有限公司作为法人实体的国家级质检中心。国检中心将支持5G、北斗车联网数据应用，形成有北斗应用特色、具备自主创新技术的车联网检测认证能力，推动汽车电子、汽车工业软件以及智能汽车产业高质量发展，有效支撑产业界共同构建有中国特色的车联网质量体系生态。

中认车联网技术服务（深圳）有限公司拥有一支来自整车厂、知名检测机构及大型智能网联零部件厂家，具备丰富的车联网，整车研发及第三方测试认证经验的人才队伍。

二、测试技术及规范研究与制定

2021年6月，车联网国检中心聘请来自行业协会、行业权威机构和高校的16位知名专家、学者组建了专家委员会，以打造车联网公共技术平台，助力产业发展和服务政府监督，做好车联网生态系统质量守护者，支持车联网质量体系建设的合作者，车联网检测认证技术的引领者。

中认车联网技术服务（深圳）有限公司也承担了中汽协标准法规工作委员会北斗应用专业委员会主要工作。该标委会围绕北斗+5G等自主通信技术的芯片、终端、算法，围绕商用车的北斗应用生态以及供应链管理数字化，围绕汽车产业的北斗可信时间、可信位置相关的数据质量这三大重点领域建立标准体系。

中认车联网技术服务（深圳）有限公司参与起草国家推荐标准《车载北斗模块/芯片产品技术要求和试验方法》、认证认可行业标准（RB标准）《汽车电子电气系统软件功能安全测评方法》、中汽协团体标准《车载激光雷达检测方法》、汽车工程学会《车用控制器芯片级车用操作系统》等国标、行标和团体标准等标准制定工作。并牵头进行中国质量认证中心《北斗车联网产品的技术规范和认证规则》的制定工作，首次在国际上形成北斗车联网模块、终端和系统级的综合检测能力和认证方案。

三、检测能力建设

中认车联网技术服务（深圳）有限公司2021年通过实验室CNAS/CMA现场评审，获得国家级CNAS/CMA实验室认可证书，涉及产品标准430多个，参数1500多项。形成北斗/全球卫星导航、车际网、车内网、功能安全和网络安全、车辆复杂电磁环境、汽车材料和可靠性等七大领域的测试能力。

现有实验室面积6000余m^2，大中型核心设备近200台。建设了汽车安全中心、车载以太网、复杂电磁环境EMC、软件、导航/紧急呼叫、通信、汽车材料、环境可靠性等多个专业实验室。配备了一批高、精、尖的处于世界先进水平的仪器设备，主要有：Testcenter C50以太网测试仪及软件、VECTOR VN5650及软件、Golden Device等网络分析仪及软件、罗德施瓦茨V2X及EMC测试系统、奥尔托电波暗室系统、ESPEC可编程温湿度试验箱、Yamasaki有害气体腐蚀箱、三综合测试系统、安捷伦气相色谱质谱联用仪和高效液相色谱仪、理学X射线衍射仪、岛津X荧光光谱仪、电感耦合等离子、汽车零部件VOC环境舱及预处理等仪器设备。

四、国内外交流

国家车联网产品质量检验检测中心与中国空间技术研究院（航天五院）、公安部交通管理科学研究所、中国环境科学研究院、交通运输部公路科学研究院、中国信息通信研究院、清华大学苏州汽车研究院、哈尔滨工业大学汽车学院、（杭州）北斗时空研究院、（杭州）数据质量研究院等行业权威机构和高校联合开展车联网相关的项目研究和合作。

国家车联网产品质量检验检测中心先后成为比亚迪、北汽、江淮、大长江、杜卡迪、台铃等汽车、摩托车和电动车等头部整车企业的合作实验室，助力企业产品开发和质量控制。

五、发展规划

1. 战略目标

国家车联网产品质量检验检测中心的筹建将抓住北斗导航、新能源和智能网联汽车以及新一代移动通信发展的历史机遇，借助汽车产业转型升级的时代契机，建设成为集产品检验、技术研究、标准制修订、评估认证、咨询培训、方案设计、流程规划、工具开发于一体的“国内领先、国际一流”的国家级车联网产品质量检验检测机构。

2. 建设目标

国家车联网产品质量检验检测中心围绕北斗/全球卫星导航、车际网、车内网、功能安全和网络安全、车辆复杂电磁环境、汽车材料和可靠性等领域，建设车载通信、导航定位、功能安全/ASPICE、ETC/E-call、毫米波雷达、以太网/总线、电磁兼容（EMC）、环境可靠性和汽车材料VOC/ELV等测试能力，初步形成跨越机械、电子、材料、软件多个创新领域的检测、认证、咨询、评价能力，成为国家级车联网公共服务平台。

苏州电器科学研究院股份有限公司

一、单位概况

苏州电器科学研究院股份有限公司始建于1965年，经过50多年的建设和发展，已成为中国输变电能源装备领域检测条件完备、技术能力突出的独立第三方认证检测机构之一，获得了工信部道路机动车整车公告资质，同时还是工业电器产品质量控制和技术评价实验室、工信部电器产业技术基础公共服务平台、国家中小企业公共服务示范平台。除此之外，苏州电器科学研究院股份有限公司内还设有国家汽车电气产品质量检验检测中心、国家电器产品质量检验检测中心、国家智能电网中高压成套设备质量检验检测中心、国家防爆电气产品质量检验检测中心（江苏）、国家能源开关设备评定中心、国家能源变压器评定中心等 10 多个国家行业质检中心，是 IECEE-CB 电工产品和 IECEx 防爆产品国际互认实验室、美国 UL 数据交换实验室，是国家信息技术设备、音视频设备、照明设备、低压成套开关设备和低压电器 CCC 强制性认证产品检测机构。2009 年，公司获得中国检验认证集团战略投资，2011 年在深交所上市。

国家汽车电气产品质量检验检测中心挂靠在苏州电器科学研究院股份有限公司，业务范围涵盖该领域的产品质量监督检验、委托检验、认证检测、标准验证试验、检测技术的研发等方面，是长三角以及全国的重要公共检测服务平台，为汽车电气行业及新能源汽车产业的发展起到强有力的推动作用，同时也将促使苏州电器科学研究院股份有限公司成为世界上电气领域的优秀实验室之一。

国家汽车电气产品质量检验检测中心着力于开展汽车电子电器的检测技术、新能源汽车检测技术、汽车整车及零部件的电磁兼容检测技术、汽车动力电池、电机与电控、充电装置的检测技术、强电磁脉冲试验技术、混响试验技术、汽车整车及零部件的环境和可靠性试验技术、汽车风压试验技术等方面的研究和实践；主要设有电磁兼容试验室、环境气候试验室、可靠性试验室、光照老化试验室、汽车电器试验室、汽车灯具试验室、电机试验室、充电桩试验室、电池系统试验室、有毒有害试验室、油化试验室。拥有海外人才、博士、硕士若干名和其他高级管理人才。

二、测试技术及规范研究与制定

苏州电器科学研究院股份有限公司（国家汽车电气产品质量检验检测中心）积极参与有关汽车电气方面的国家标准和行业标准制修订工作，同时利用这个平台，积极承担或参与标准验证的试验，为标准的制修订提供技术支撑。

苏州电器科学研究院股份有限公司（国家汽车电气产品质量检验检测中心）是全国能源行业电动汽车充电设施标准化技术委员会、全国能源行业高温燃料电池标委会、全国太阳光伏能源系统标委会，全国汽车标准化技术委员会电动车辆分技术委员会、全国电磁兼容标准化技术委员会高频现象分技术委员会、全国汽车标准化技术委员会客车分技术委员会、全国无线电干扰技术委员会全国机动车辆和内燃机无线电干扰标准化分技术委员会等标委会委员。

近 3 年获国家专利 67 项、制修订国家标准、行业标准 47 项。

标准名称	标准类别
GB/T 39752《电动汽车供电设备安全要求及试验规范》	国家标准
NB/T 33002《电动汽车交流充电桩技术条件》	行业标准
NB/T 33008.1《电动汽车充电设备检验试验规范》	行业标准
《电动汽车传导式供电设备安全要求与试验规范》	行业标准
NB/T 10901《电动汽车充电设备现场检验技术规范》	行业标准
T/CEC 214《电动汽车非车载充电机高温沿海地区特殊要求》	行业标准
《电动汽车 63A 交流充电系统特殊要求》	行业标准
NB/T 10088《户外型光伏逆变成套装置技术规范》	行业标准

三、检测能力建设

随着国家新能源汽车产业发展规划（2021—2035 年）战略规划的发布和适应新能源汽车产业发展要求，苏州电器科学研究院股份有限公司（国家汽车电气产品质量检验检测中心）结合公司在电器产品和大型装备检测方面优势，进一步整合汽车方面的资源，在传统汽车电子电气检测能力的基础上继续加大投入，积极打造新能源汽车及智能网联汽车检测平台，从而全面提升公司的综合技术服务能力，适应和满足我国汽车产业发展的要求。

2020 年，苏州电器科学研究院股份有限公司（国家汽车电气产品质量检验检测中心）在原有 6 个电波暗室的基础上重点扩建了 2 个整车电磁兼容暗室、40 m × 50 m 电磁混响室、整车 30 m × 20 m 防雷盐雾研究室、136 m × 80 m 强电磁脉冲实验室、高海拔覆冰多环境条件可靠性实验室，另有频率范围远场 70 MHz ~ 6 GHz，球形近场 400 MHz ~ 18 GHz，特殊要求到 85 GHz 的 OTA 暗室和在复杂电磁条件下、复杂环境条件下尽可能满足国标、军标、美标、欧标，试验频率 30 MHz ~ 18 GHz，脉冲场强为 3000 V/m，连续波场强 300 V/m，转台 24 m 承重 120 t 的电磁混响室还在建设中。

1. 主要检测能力：

（1）环境试验能力：可模拟海拔 8000 m 低气压状态、-55 ℃至 +80 ℃的试验环境；

（2）振动试验能力：平台尺寸 20 m × 4 m，承重 80 t，加速度最大 10 g；

（3）电磁兼容试验能力：超大 10 m 法电波暗室的转台直径 11 m、承重 80 t，射频功率放大器 1.6 万 W、40 GHz；

（4）汽车电器的短路试验能力：满足全部标准要求；

（5）电池试验能力：1000 V、2000 A；

（6）充电桩试验能力：交流 380 V、45 kW，直流 1000 V、300 kW；

（7）汽车电机试验能力：最大 500 kW；

（8）有毒有害物质检测：满足 IEC 62321 标准要求；

（9）碰撞试验能力：最大试验质量 2200 kg，室内有效长度 80 m，最大牵引速度 65 km/h；

（10）汽车灯具试验能力：满足汽车外部照明、反光标记等标准要求；

（11）核电磁脉冲试验能力：最大场强 100 kV/m，试验区域 30 m（L）× 26 m（H）× 8 m（W）；

（12）汽车混响试验能力：试验场地 90 m × 40 m，频率 30 MHz ~ 50 GHz，脉冲场强 3000 V/m，连续波场强 300 V/m；

（13）汽车风洞试验能力：试验段尺寸 35 m × 28 m × 42 m，低速试验段 36 m/s，高速试验段 60 m/s。

2. 主要检测范围

（1）新能源汽车充电装置全项目试验；

（2）汽车整车、汽车零部件的环境试验、可靠性试验；

（3）新能源汽车动力电池、蓄电池、电机和电控、DC-DC 等的全项目试验；

（4）汽车整车、汽车零部件的电磁兼容试验；

（5）汽车零部件的性能试验；

（6）汽车灯具的全项目试验；

（7）汽车零部件材料的有毒有害物质检测；

（8）汽车噪声检测；

(9)汽车强电磁脉冲试验;
(10)汽车风洞试验;
(11)汽车雷电检测。

四、国内外交流

近年来,汽车的电动化、智能化、网联化发展已是大势所趋,汽车产业正处在由大变强、转型升级的战略机遇期。为推动汽车电气行业及新能源汽车产业的发展,加强国内外专业机构的技术合作和交流,全面提升检验检测认证能力,苏州电器科学研究院股份有限公司(国家汽车电气产品质量检验检测中心)积极与天津汽车检测中心、襄阳汽车检测中心、法国 BV、TÜV 莱茵、TÜV 南德等机构开展有关汽车整车、零部件试验的交流。

2022 年,在整车方面,苏州电器科学研究院股份有限公司(国家汽车电气产品质量检验检测中心)先后与金龙联合汽车、沃尔沃汽车、小鹏汽车、蔚来汽车、吉利汽车等单位进行电磁兼容试验的合作,同时还与汇川技术、比亚迪、江苏万邦等公司开展技术交流。除此之外,苏州电器科学研究院股份有限公司(国家汽车电气产品质量检验检测中心)持续主动地推进与相关机构的交流与合作,不仅踊跃参与中汽研组织的智能驾驶技术研讨会、汽车标准化技术委员会组织的电磁兼容标准起草以及新标准起草规划、电动汽车大功率充电需求及充电设施产业对接会议,为汽车智能化发展建言献策,而且积极与中国汽车技术研究中心智能网联部、河北保定哈弗技术研究中心等机构进行技术交流,共同促进汽车产业的高质量发展。

五、发展规划

国家汽车电气产品质量检验检测中心将紧紧抓住汽车强国的战略机遇期,进一步向智能化网联化发展。公司将积极组建智能网联部,加快筹划建设智能驾驶实验室、网联安全实验室、模拟仿真实验室等。同时,公司也将按照工信部关于智能网联汽车的检验要求,升级软件测评中心对标汽车软件的安全,并将在车辆道路测试基础上进行完善,以满足智能网联封场地测试要求。

北京东方中科集成科技股份有限公司

一、单位概况

北京东方中科集成科技股份有限公司(以下简称东方中科)是中国科学院控股有限公司旗下东方科仪控股集团有限公司的控股子公司,是在中关村科技园区注册的高新技术企业,2016 年 11 月在深圳证券交易所 A 股上市,股票代码 002819。

东方中科作为国内领先的测试技术和科技服务公司,为广大客户提供了包括仪器增值销售、科技租赁、系统集成及相关技术服务在内的“一站式”综合服务。多年来深耕测试测量领域,在 5G 通信、新能源、工业及消费电子、人工智能、云计算大数据、新基建等多个领域提供了具有竞争力的综合测试服务解决方案。营销网络覆盖北京、上海、广州、深圳、南京、苏州、杭州、西安、武汉、成都在内的国内众多制造与研发基地。

东方中科新能源汽车事业部脱胎于东方中科原系统集成部门,继承了中国科学院强大的创新基因,以“科技无限、服务创新”为使命,从历史十几年的系统集成经验和汽车项目的配套服务中建立新起点。汇集业内经验丰富的汽车测试系统专家,同时依托于中国科学院、东方科仪集团和国内外一线测试厂商资源实现技术协作和深度共建,打造从软硬件开发调试、项目咨询到系统集成、现场测试服务的核心人才梯队和产业生态闭环,成为新能源汽车专业研发测试咨询服务的中坚力量。

东方中科新能源汽车事业部以成为中国领先的测试技术与科技服务公司为愿景,在新能源汽车测试领域厚积薄发,为行业用户量身打造从信号级仿真测试到功率级性能测试,从零部件单品测试到整车系统集成测试等多种解决方案。依靠自身强大的系统集成和技术创新能力,自研无线充电、高压系统、智能驾驶、燃料电池等多个新能源汽车应用形成测试组合拳,追踪新能源汽车行业发展趋势和行业测试标准,持续完善系统测试流程和方法,提供一站式测试解决方案和服务,赋能新能源汽车行业发展。努力为客户提供“更丰富的产品选择、更经济的解决方案、更全面的专业服务”。

二、测试技术及规范研究与制定

GB/T 38775—2020 电动汽车无线充电系统,标准制定参与单位;中国汽车工程学会标准化工作委员会。

三、检测能力建设

1. 高压系统测试
(1)高压系统集成测试;
(2)MCU/PEU 综合测试;
(3)OBC/DC-DC/PDU 综合测试;
(4)充放电互操作性测试;
(5)电性能测试。
2. 在环仿真测试
(1)整车在环解决方案(ViL);
(2)ADAS 硬件在环;
(3)三电控制器 HiL 与三电联调;
(4)电机模拟器(MCU Power-HiL);
(5)车规级快速控制原型设备;
(6)智能底盘测试方案;
(7)混合动力 HiL 测试集成。
3. 车身电子和智能座舱测试
(1)整车级电子电器虚拟测试系统(VV);
(2)车身域 HiL 测试;
(3)车舱触视听稳定性测试;
(4)T-Box 自动化测试;
(5)组合导航定位测试;
(6)C-V2X 场景仿真/协议一致性测试;
(7)V2X 和 OTA 安全管理测试。
4. 智能驾驶测试
(1)ADAS 测试;
(2)道路测试工具;
(3)真值系统与数据分析;
(4)车辆远程智能诊断;

(5)远程驾驶解决方案;
(6)驾驶模拟器。
5. 其他零部件测试
(1)整车无线充电测试;
(2)燃料电池测试;
(3)储能系统在环仿真测试;
(4)充电和电池系统测试。
6. 非标系统定制
(1)自动化下线测试(EOL);
(2)应变测试及定制开发传感器;
(3)车规级功率器件动静态测试系统;
(4)NVH 测试系统;
(5)EMC 测试系统。

四、国内外交流

中国智能网联汽车产业创新联盟(理事单位);
国际车联网与智能汽车测试技术创新联盟(理事单位);
中汽中心设计院(战略合作伙伴);
中国汽车工程学会;
中国汽车工业协会;
中国电工技术学会;
中国电源技术学会;
中国仪器仪表行业协会;
北京中关村高新高新技术企业协会。

五、发展规划

软体目标物与平台车测试系统;
驾驶机器人;
高阶智驾标定平台;
域控制器测试解决方案;
测试服务。

中机试验装备股份有限公司

一、单位概况

中机试验装备股份有限公司(以下简称中机试验,原名机械工业部长春试验机研究所,曾用名长春机械科学研究院有限公司)始建于 1959 年,是世界 500 强大型央企中国机械工业集团旗下子公司,是国家试验机质量检验检测中心和国家试验机标准化技术委员会支撑单位,国家试验机行业学会、协会秘书处均设在中机试验,被誉为“中国试验机技术的摇篮”。

中机试验是以“试验装备”研发制造为主业的国家级科技创新型企业,并于 2021 年成功入选“国家企业技术中心”,2022 年入选国务院国资委“科改示范企业”名单,2023 年入选国务院国资委“创建世界一流专精特新示范企业”名单。公司共制修订试验机国家和行业标准近 160 项。“十三五”期间主持和参与国家标准、行业标准合计 61 项。当前共拥有专利 181 项,其中发明专利 41 项、软件著作权 79 项、实用新型 61 项,并已经承担国家重大科学仪器专项 4 项获得国家验收。中机试验持续不断创新,已经拥有试验装备行业多项国际前沿核心技术,解决了多项国家“卡脖子”技术难题,其中静压支撑技术、测量传感技术等一批关键技术已经处于国际领先地位。

二、生产与经营

1. 生产情况

中机试验占地 50000 多 m^2,建有现代化综合办公楼及机加装配车间,设有北京研发中心和无锡生产基地,拥有进口五轴加工中心、慢走丝、数控车床等各类精密加工设备 300 多台,各类科研人员占院职工总人数的 87%,其中硕士研究生培养导师 2 人、高级工程师 100 多人(研究员级 15 人)。公司设有全国试验机标准化技术委员会、国家试验机质量监督检验中心、国家试验机行业协会秘书处、国家试验机行业学会秘书处、机械工业材料测试仪器工程研究中心、机械工业校直设备工程研究中心以及院士工作站、博士后科研工作站等行业管理和科研机构,累计制修订试验机国家和行业标准 200 余项。

加强国际合作,掌握关键技术,提高核心竞争力。

2. 生产模式

公司主要采用“以销定产”的生产模式,分为标准产品生产和定制化产品生产。标准产品生产时,公司根据订单和销售预测,合理制定预投产计划,并设置一定的安全库存,保证供货的及时性;定制化产品生产时,公司根据客户的定制需求,确定技术参数、进行方案设计后,生产部门按照技术协议组织生产。

3. 采购模式

公司采用“以产定购”的模式进行采购。公司采购的原材料主要分为原材料和零部件的采购,公司制定了严格、科学的采购制度,对供应商的筛选、报价、支付及原材料和零部件的检验入库等环节进行全流程的严格管控,以保障公司正常生产经营的稳定。

三、产品出口

(1)通过海关 AEO 认证审核和 ISO 50001 能源管理体系认证,产品远销英国、西班牙、土耳其、加拿大、墨西哥、巴基斯坦、荷兰、印度、印尼、越南、古巴、阿尔及利亚等国际市场,拓展了中机试验产品的海外市场份额,提高品牌海外知名度。

(2)主要出口产品:电子万能试验机、电液伺服疲劳试验机、电子式/机械式 持久蠕变试验机、自动装配线,自动校直机,静压缸。

(3)主要进口设备:控制器、阀、光栅。

四、产能建设

(1)在全国 12 个重点城市设立了营销及售后服务中心,营销网络覆盖全国,实现周边客户快捷服务。

(2)已经形成一个中心、二个基地的产业布局,在北京设有研发中心,在长春、无锡设有制造基地。

(3)中机试验是中国工程试验设备和材料试验解决方案提供商,拥有行业最强的产品创新能力和专机产品研发制造体系,是行业产品服务覆盖单元部件开发、定型产品制造、个性化专机产品定制、试验室整体承建的全产业链高端解决方案提供商。中机试验始终专注高端装备制造领域，为推动中国试验装备技术和产业的发展，民族工业的崛起不懈努力。

五、技术进展与研发能力

（1）资质：国家专精特新“小巨人”企业、科改示范企业、国家试验机质量检验检测中心、全国试验机标准化技术委员会、国家企业技术中心、国家试验机行业协会学会秘书处、机械工业材料测试仪器工程中心、机械工业校直设备工程研究中心、吉林省材料试验机创新中心、吉林省校直装备科技创新中心、吉林省材料试验机工程中心、吉林省检测技术公共服务中心、科技期刊《工程与试验》、博士后科研工作站、研究生培养基地。

（2）制定标准：企业标准“领跑者”证书。共制修订试验机国家和行业标准近160项“十三五”期间主持和参与国家标准、行业标准合计61项专利，当前共拥有专利87项，其中发明专利34项、实用新型53项。

（3）国家重大智能装备专项：汽车与机械加工安全试验系统。

（4）国家重大智能装备专项：材料微观力学原位测试仪器研制与应用（重大仪器专项）、超高温环境材料蠕变疲劳性能测试仪研发（重大仪器专项）、高温高频材料力学性能原位测试仪器开发与应用（重大仪器专项）、高刚度超精密静压轴承关键技术（制造基础技术与关键部件专项）。

（5）吉林省重点研发计划：国防与民用高端智能系列校正装备制造（重大成果转化项目）、超高温极端环境材料服役性能检测技术及装备（重点科技研发项目）。

（6）静压支撑技术：中机试验静压支撑技术在高端装备领域得到广泛应用，是航空航天、轨道交通、工程机械等众多领域探索中的重要支撑。中机试验通过引进德V国作动器先进技术，成功研制出静压支撑作动器，打破国外垄断，达到国际先进水平。可为客户解决具有高频响、高速度、低摩擦、高精度及高动态特性等的加载试验。提供低摩擦、大载荷、多自由度等姿态解耦台及高刚度、高回转精度、高转速、低摩擦阻力等机床主轴、滑台产品。

中机试验静压支撑作动器的问世提升中国试验机产业5年以上发展速度，为试验机行业做出了重大贡献。

（7）测控技术：同服控制器是试验装备的关键核心部件，被喻为试验装备制造行业的“大脑”，其技术水平直接影响试验系统的试验能力。

中机试验通过自主研发、高校合作及国际合作，成功研制出静态、动态、多通道控制器，打破国外垄断，技术水平达到国际同等水平；为用户提供试验装备测控技术的全系列产品解决方案，解决试验机行业关键核心技术“卡脖子”问题。其中“三态补偿”“数模混合放大”“智能学习控制算法”“集群网络模型”等核心技术，为用户提供了高速采集、高精度控制、独立试验产品。

（8）传感器技术：中机试验拥有30年传感器研发制造经验，在试验装备传感器产品方面，该产品技术先进、性能稳定，处于国内领先、国际先进水平，相较于国产其他品牌具有更长寿命，更高精度。可为用户提升整体的产品竞争力，同时满足各种非标服务，经过多年静压技术积累，可提供超大吨位、异型非标传感器。

应用软件技术：迭代试验软件、蠕变试验软件、电液伺服软件、专机试验软件

六、合资合作及重大项目建设

（1）中机检测 & 航材院北京联合实验室双方着力建立长效合作机制，按照“广泛联系、加强团结、积极引导、发挥作用”的方针，共同促进航空材料测试水平和技术发展。

（2）中机检测有限公司与南京航空航天大学无锡研究院签订战略合作协议。

（3）中机试验装备股份有限公司与南京玻璃纤维研究设计院共建的“国家新材料测试评价平台复合材料行业中心复合材料试验装备共建实验室”。

七、发展规划

中机试验未来以“行稳致远锻造自身所长，担当作为服务国家所需”为工作总基调，全力以赴攻坚克难。报告期内，营业收入5.09亿元，较上年同期增长20.60%，归属于挂牌公司股东的扣除非经常性损益的净利润0.28亿元，较上年同期增长179.14%，归属于挂牌公司股东的净资产4.18亿元，较上年同期增长5.79%，整体经营结果符合预期。

（1）落实科改示范，法人治理结构日趋完善。

（2）强化创新驱动，科技创新工作再创佳绩。

（3）实施人才托举，打造科技创新人才队伍。

（4）聚焦主责主业，产业发展布局持续优化。

（5）稳固经营基础，多措并举运营质量显著提升。

（6）创新营销模式，开拓市场大营销格局。

节能与新能源汽车年鉴

第五篇 事记篇

一、2022年新增项目

1月

1月6日 蜂巢能源科技股份有限公司盐城百亿动力电池基地项目正式开工。该项目总投资100亿元，总用地873亩，计划分两期建设，2023年上半年全面建成投产，项目建成后，盐城动力电池生产基地将成为蜂巢能源在苏北地区重要的PHEV及短刀电池核心产业基地。

1月10日 格林美股份有限公司与新洋丰农业科技股份有限公司在格林美荆门园区签署《磷资源化工新能源材料产业链一体化战略合作框架协议》，双方联合投资"磷资源—磷酸铁"新型磷化工新能源材料产业链，打造"磷化工资源—磷酸铁锂材料制造—动力电池回收与再利用"的新型磷化工新能源材料全产业链。根据框架协议，从2022年起2年内，新洋丰牵头开发磷资源，牵头投资建设不小于年15万t的磷酸铁材料以及配套的磷酸基础化学品；格林美牵头开发下游市场，并牵头发展磷酸铁锂制造技术，牵头建设不小于年10万t的磷酸铁锂材料。

1月11日 佛山市南海区人民政府与国家电投集团氢能科技发展有限公司签订国家电投华南氢能产业基地项目合作协议。国家电投集团将建设其膜材料、碳纸在华南地区唯一的氢能产业基地。该基地项目选址南海区丹灶镇，计划总投资约100亿元，其中一期计划投资20亿元，重点建设膜材料、碳纸、燃料电池、动力系统等生产线和燃料电池关键技术及产品研发创新平台，初步建成集研发创新、高端制造、示范应用于一体的氢能产业基地。

1月12日 惠州亿纬动力电池有限公司在仲恺高新区投资建设动力电池研发中心大楼项目，其中由亿纬锂能投资6.99亿元建设"动力电池研发中心"，由惠州亿纬动力投资约15亿元建设"电化学储能与动力电池产业共性技术研发及创新服务平台"。动力电池研发中心项目建设内容为：建设具备兼容不同型号尺寸、定制化开发、高水平自动化试制线、电性能和环境适应性测试等综合能力的动力电池研发中心，项目建设期限约1年；电化学储能与动力电池产业共性技术研发及创新服务平台建设内容为：通过引进国内外先进实验设备、配套性能优异的检测设备和实验室监控系统等，建设具备定制化开发、高水平自动化试制线、电性能和环境适应性测试、安全测试等综合能力的国内一流创新服务平台，项目建设期限约1年。

1月17日 盐城经开区韩国SK30 GWh动力电池项目开工。SK动力电池盐城基地是韩国SK集团全球布局中最大且具有示范引领带动作用的行业龙头。此次开工的SK30 GWh动力电池项目计划2023年1月设备进场，投产后年可新增销售200亿元，为盐城新能源汽车产业发展壮大提供好配套和强支撑。

1月24日 贝特瑞新材料集团股份有限公司与大理白族自治州人民政府、祥云县人民政府签署《关于年产20万吨锂电池负极材料一体化基地项目合作协议》。根据协议，贝特瑞将在大理州祥云县经济技术开发区内投资建设"年产20万吨锂电池负极材料一体化基地项目"，项目计划分3期建设，一期、二期和三期的产能规划分别为5万t、5万t和10万t。一期项目计划建设期12个月，预计投资23.92亿元，二期、三期项目具体进度视一期项目投产后市场情况而定。

1月25日 广州市花都区人民政府与中创新航科技股份有限公司在花都区签署投资合作协议。根据协议，中创新航将在花都投资建设中创新航动力电池及储能系统广州基地项目，该项目占地1200亩，规划产能50 GWh，总投资200亿元，主要产品包括动力电池和储能系统，项目分两期建设。

1月26日 江门市人民政府与中创新航科技股份有限公司在广东省委珠岛宾馆签署投资合作协议。根据协议，中创新航将在江门新会智造产业园凤山湖园区建设中创新航动力电池及储能系统江门基地项目，该项目总投资200亿元，规划产能50 GWh，分两期实施，一期计划投资100亿元。

1月28日 江西赣锋锂业股份有限公司与青海省海西州人民政府签订《战略框架协议》。根据框架协议，赣锋锂业加大在锂盐湖探采开发、金属锂及其配套产能、锂电池回收再利用、储能电池、储能电站等项目合作力度，形成盐湖锂资源勘探开发及综合循环利用的产业集群。

1月28日 湖北省孝感市人民政府在武汉与恒信汽车集团股份有限公司签署楚能新能源锂电池产业园项目投资协议。根据协议，由恒信汽车集团全资子公司——楚能新能源股份有限公司在孝感临空区规划建设年产100 GWh锂离子电池项目。该项目总投资450亿元，规划总用地约3335亩，分两期建设，一期项目计划投资90亿元，一期、二期分别建设60 GWh、40 GWh产能。

1月29日 惠州亿纬锂能股份有限公司与惠州市人民政府签署战略合作框架协议。根据协议，当土地、能源供应等满足项目落地条件时，到2025年亿纬锂能及控股企业产值合计达到1000亿元，助力惠州市新能源电池产业发展壮大；亿纬锂能及控股企业积极引进产业链上游电池正极、负极、电解液、隔膜、铜箔等锂主要材料供应企业和项目；亿纬锂能及控股企业将投资不低于20亿元，用于在惠州本地研发创新投入，打造储能动力研发基地等。

2月

2月7日 远景动力电池制造基地二期项目在江苏无锡市江阴临港开发区开工。二期项目将生产最新一代高品质动力电池产品，规划产能超15 GWh，于2023年建成投产。

2月7日 韩国起亚株式会社与盐城市人民政府、江苏悦达集团签署扩大投资协议。起亚和悦达将成立新合资公司，导入新车型、发展新能源汽车，新合资公司计划增资9亿美元，通过扩大投资、导入新车型、发展新能源汽车、设立出口基地等方式，迅速提升整车销量及产能利用率。

2月7日 宁德时代福鼎基地四期工程项目正式开工。该项目总投资50亿元，总建筑面积约57.2万m^2，主要建设二栋 CELL 厂房、二栋模组电池包生产厂房及配套仓库等，并购置国际领先的锂离子电池智能制造设备。项目建成后可新增锂离子电池产能 25 GWh，达产产值 200 多亿元。

2 月 7 日 中创新航厦门三期项目开工，三期项目总规划包括年产能 40 GWh 电芯生产线、配套模组生产线及电池包生产线，其中一阶段项目投资 50 亿元，年产能 10 GWh，达产后新增年产值约 80 亿元，一阶段项目预计于 2023 年一季度竣工生产。

2 月 8 日 西安市鄠邑区新能源汽车电子产业基地项目开工。该项目总投资 4 亿元，规划占地 73.8 亩，总建筑面积 11 万 m^2，致力打造新能源汽车和新一代信息技术融合的聚集区、新阵地。项目分三个区域改造招商：新能源汽车电子产业区规划 3 万 m^2，主要招引仪器仪表、电子电器、传感器、定位导航等生产制造类企业以及汽车零部件检测试验、零部件测试等生产服务类项目；新能源乘用车内饰件生产区规划 3 万 m^2，主要围绕新能源汽车招引汽车座椅、车门面板、仪表盘板等内饰件生产类项目；汽车后市场产业区规划 4.5 万 m^2，主要招引二手车交易、汽车租赁、汽车充电桩服务平台、新能源汽车后市场电商类项目。

2 月 8 日 力神电池滁州基地项目在安徽省滁州市全椒县正式开工。该项目规划年产 36 GWh 动力电池和储能电池，总投资约 152 亿元。一期 16 GWh 项目，力争 2022 年内建成，2023 年上半年投产；2025 年全部三期建成后年产值将达到 150 亿元以上。

2 月 11 日 蜂巢能源南京溧水一期投资 26 亿元动力电池项目开工。一期项目将建设 3 条磷酸铁锂电池产品生产线，可年产磷酸铁锂电池产品 6.6 GWh，一期项目为收购银隆闲置电池车间及土地并进行投资改造；二期预计投资约 30 亿元，新增用地 340 亩，产能规划 8 GWh，达产后年产值超 50 亿元。根据规划，该工厂作为蜂巢能源在长三角布局的轴心卫星工厂，生产产品为蜂巢能源高能量密度核心产品，产品覆盖电芯、模组 PACK，达产后可实现年产值约 75 亿元。

2 月 15 日 广东水电二局股份有限公司与内蒙古自治区乌海市人民政府、江苏兴邦能源科技有限公司签署《战略合作框架协议》。根据框架协议，投资氢电产业链内容主要有：(1)设立 1 个国际院士未来零碳氢能科创中心。组建国际顶尖标准高端材料及氢能装备实验室，突破氢能领域"卡脖子"技术的研发攻关，提高关键零部件制造技术水平，实现专利设备、材料、产品自主可控。(2)建设 2 个碳中和氢电产业园，分别是风光绿氢制储运加产业园和氢燃料电池发动机及其核心部件产业园。(3)打造上中下游 3 个产业集群。上游风光发电、绿氢制储运加；中游燃料电池发动机及其核心部件研发生产制造；下游绿氢及其燃料电池在交通运输、建筑、公用设施、军事、船舶及航空航天领域的应用。(4)兴邦科技将联合国开发计划署(UNDP)、全球环境基金、科技部共同执行的"促进中国燃料电池汽车商业化发展项目"的实践成果和经验引入乌海市。推动氢能在公交、环卫等各类公共用车，推动城市居民体验零碳清洁交通领域的发展。同时，乌海市人民政府、兴邦科技、公司各方将合作拓展氢燃料电池在工业、建筑、商业、负碳排放领域中的全方位应用示范，研发生产氢热电住宅一体化设备、氢电储能及应急供电设备、燃料电池特种装备、燃料电池低碳建筑等民用、公用、商用社会各业态、各领域的应用，在乌海市打造氢能交通社区、氢能旅游景区、氢能小镇等示范项目。(5)乌海市人民政府、兴邦科技和公司各方联合引进央企、地方国企、金融机构与社会资本，共同设立氢能绿色金融服务平台，规划投资 20 亿元完善氢能产业金融服务体系。支持氢燃料电池领域核心关键技术创新和成果转化、氢能汽车运营推广、产业发展平台建设以及扶持重点企业成长。(6)氢电发展规划将紧扣一体化、高标准分三年完成整体产业链落地，预计总投资 168 亿元 ~ 188 亿元。项目预计形成 1 万台(套)氢燃料电池模组、氢燃料电池重卡和公交环卫车辆等应用，并形成满足 1 万台氢燃料电池车辆所需制氢、加氢供给服务能力。推动光伏风能电站和电解水制氢耦合及规模化发展，逐步建立绿色、安全、高效的氢能供应体系，打造国内重要的绿氢生产基地。

2 月 16 日 蜂巢能源上饶基地二期 20 GWh 动力电池项目在江西上饶市经开区正式开工建设。此次开工项目二期产能规划为 20 GWh，预计 2023 年下半年实现 SOP。至此，蜂巢能源上饶基地总产能规划为 24 GWh(一期4 GWh)。

2 月 16 日 美的集团新能源汽车零部件战略新基地项目在安庆经开区圆梦新区奠基，该项目总投资约 110 亿元，规划一期用地 458 亩，项目主要生产新能源汽车电动压缩机、新能源车驱动电机、助力转向电机等品类，建成后可形成年产 6000 万套产能，实现年产值 400 亿元。

2 月 16 日 贝特瑞新材料集团股份有限公司与深圳市光明区人民政府签署《贝特瑞高端锂离子电池负极材料产业化项目投资合作协议》。根据协议，贝瑞特拟在深圳市光明区内投资建设年产 4 万 t 硅基负极材料项目，预计总投资 50 亿元。贝特瑞须在 2022 年 3 月底前启动一期项目建设，于 2023 年 12 月底前建成投产年产 1.5 万 t 级硅基负极材料产能，且需要于 2028 年前实现年产 4 万 t 级硅基负极材料产能全面达产。一期项目总投资不低于 50 亿元。

2 月 16 日 云南恩捷新材料股份有限公司与玉溪市人民政府、惠州亿纬锂能股份有限公司、浙江华友控股集团有限公司、云南云天化股份有限公司签订《新能源电池全产业链项目合作协议》。根据协议，约定各方在玉溪市共同设立两家合资公司分别从事矿产资源开发和矿产深加工，通过合资公司依法依规取得探矿、采矿权后，共同开采矿产资源，进行矿产深加工，共同研发、生产和销售新能源电池及新能源电池上下游材料，拉动建设新能源电池产业链，共同在玉溪市当地促进形成新能源电池全产业链集群；在玉溪市建设新能源电池、锂电池隔离膜、磷酸铁及磷酸铁锂、铜箔项目等电池配套项目。配套项目投资分三期进行：一期投资约 180.5 亿元，在 2023 年底前完成；二期投资约 336.5 亿元，在 2025 年底前完成；三期投资计划在 2030 年前完成，为远期投资目标。

2 月 17 日 天津市捷威动力工业有限公司与安徽滁州天长市人民政府就"捷威动力 20 GWh 锂电池生产基地项目落户滁州"签署战略合作协议。根据协议，该项目总投资约 100 亿元，规划产能 20 GWh，产品类型涵盖磷酸铁锂、三元材料体系，将主要用于先进动力锂离子电池的生产，项目计划于 2023 年底前投入使用。

2 月 18 日 奥迪 PPE 高端电动汽车工厂项目在长春开工，将于 2024 年 12 月竣工，该工厂将生产 3 款车型，工厂总产能 15 万辆/年，项目完成之后可带动 3000 亿元电动汽车产业链。

2 月 19 日 宁德时代(上海)智能科技一体化电动底盘研制项目及瑞庭时代上海智能动力系统(二期)项目(以上两项统称宁德时代产业项目)在临港新片区建设工程集中开工。宁德时代产业项目总用地面积 283721.1 m^2，总建筑面积约为 35 万 m^2，投资 28 亿元在临港新片区构建绿色高效智能工厂。项目致力于研究低能耗长续航动力电池系架构及控制系统集成开发和应用、高效能电池系统热管理及低温环境应用技术研发应用及多层级电池安全防护技术研发，大幅提升新能源汽车系统集成效率，系统解决新能源汽车里程焦虑、快充等行业关键痛点，加速新能源汽车产业化进程。

2 月 21 日 恩捷动力汽车锂电池隔膜项目在江苏金坛经开区开工。该项目总投资 52 亿元，总占地面积353 亩，建设厂房及配套用房 157864 m^2。分三期实施：一期建筑面积 53609 m^2，建设隔膜生产线 4 条，年产隔膜基膜 2.5 亿 m^2，涂覆膜 2.5 亿 m^2；二期建筑面积 28500 m^2，建设隔膜生产线 4 条，年产隔膜基膜 2.5 亿 m^2，涂覆膜 2.5 亿 m^2；三期建筑面积 75755 m^2，建设隔膜生产线 8 条，年产隔膜基膜5 亿 m^2，涂覆膜 5 亿 m^2。

2 月 22 日 宁德市交通投资集团有限公司与宁普时代电池科技有限公司签署战略投资协议。双方将为换电重卡在商用全场景领域的绿色低碳运营带来显著的示范效应。

2 月 22 日 远景科技集团与十堰市人民政府签署战略合作框架协议。根据框架协议，远景科技集团将在十堰市布局高端动力电池生产、商用车智能换电网络及装备制造、零碳汽车技术研究等五大项目，总投资 480 亿元。

2 月 23 日 四川省攀枝花市东区人民政府和四川凡虎新能源科技有限公司签订新能源汽车产业配套项目招商引资协议。根据协议，四川凡虎将在攀枝花建设 10 个新能源充电站，其中，东区 9 个、钒钛高新区 1 个。四川凡虎三期投资约 1.52 亿元，在攀枝花建设 10 个新能源充电站，1 个新能源充电节能技术研发中心。一期项目建设时间为 2022 年 2 月至 2023 年 2 月，建成新能源充电站 4 个，43 个充电桩、86 把充电枪，并投入 100 辆电动网约车运营；完成不仅限于龙密路约 20 亩意向地块购买前期准备工作。二期项目建设时间为 2023 年 3 月至 2024 年 3 月，建成新能源充电站 3 个，配套 30 个充电桩、60 把充电枪，并投入 100 辆电动网约车运营；完成新能源充电节能技术研发中心土地购买、方案设计等相关前期准备工作，具备开工建设条件。三期项目建设时间为 2024 年 3 月至 2025 年 3 月，建成新能源充电站 3 个，配套 30 个充电桩、60 把充电枪；建成新能源充电节能技术研发中心并投入运营。

2 月 25 日 欣旺达电子股份有限公司山东枣庄高新区 30 GWh 动力电池项目正式开工。该项目投资 200 亿元，占地 1000 亩，建筑面积约 100 万 m^2，主要建设年产30 GWh 动力电池、储能电池及配套生产基地，项目建成后可实现年产值 300 亿元。

2 月 26 日 一汽弗迪新能源科技有限公司动力电池项目正式开工。该项目总投资 135 亿元，占地 80 万 m^2，总产能达 45 GWh，建成投产后每年可满足 60 万辆电动汽车配置需求。项目全部达产后将满足 100 万台新能源汽车的配套需求，实现产值 200 亿元以上。

2 月 26 日 清陶新能源固态锂电池产业化项目在昆山开发区动工。该项目总投资 50 亿元，将达到年装机量 100 亿 Wh，达产后预计新增年产值 100 亿元。

2 月 27 日 江西省人民政府与北京汽车集团有限公司在南昌签署《支持昌河汽车业务调整和深化改革合作协议》。根据协议，北汽集团持续加大管理指导和资金投入帮助昌河汽车轻装上阵、加快发展；积极导入先进技术、专业人才和生态体系等资源，大力支持江西汽车产业强链补链延链；深度参与江西的绿色金融、新能源电池等产业发展。

2 月 27 日 比亚迪襄阳产业园正式开工建设。该项目将分 3 期建设，预计 3 期总投资将超过 180 亿元。项目一期总投资 100 亿元，自开工建设之日起一年内投产，投产之日起两年内达产，项目建成达产后，可形成年产动力电池 30 GWh 的生产规模，实现 140 亿元产值；项目二期建设零碳园区，重点引进电解液、PACK 结构件等供应链配套厂商入驻零碳园区；项目三期重点推进新能源整车和零部件项目落户襄阳，打造华中地区最大新能源生产基地。

3月

3 月 3 日 海斯坦普新能源汽车零部件华东基地项目在江苏省昆山市千灯镇签约。该项目是给电动汽车公司配套生产电池盒及车身门环零件，是海斯坦普亚太区首个电池盒及门环项目。该项目总投资 10 亿元，全部投产后海斯坦普昆山工厂年销售将超 50 亿元。

3 月 4 日 新源动力股份有限公司与任丘市人民政府、天津银龙预应力材料股份有限公司就“氢能燃料电池发动机系统项目”签订战略合作协议。根据协议，新源动力将加速产品开发迭代和商业化拓展，根据国家氢能源战略发展需要，向市场推出高性价比燃料电池相关产品，协同氢能源产业链优质合作伙伴，助力任丘市氢能产业做大做强。

3 月 7 日 比亚迪在武汉市黄陂区投资 100 亿元建设动力电池项目。该项目分两期投资建设，首期投资 50 亿元，建设具有自主知识产权的动力电池生产线。

3 月 10 日 湖北亿纬动力有限公司与荆门高新技术产业开发区管理委员会签订《合同书》，分别在荆门高新区投资建设 20 GWh 方形磷酸铁锂电池生产线及辅助设施项目和 48 GWh 动力储能电池生产线及辅助设施项目，固定资产投资总额约为 126 亿元。

3 月 11 日 欣旺达电动汽车电池有限公司与珠海市人民政府签署项目投资协议。根据协议，欣旺达将在珠海投资建设欣旺达新能源生产基地项目。该项目占地约 800 亩，总投资 120 亿元，完成建设后达到年产动力电池和储能电池 30 GWh 的产能。该项目将打造成一个以锂离子电池为核心的生产制造基地，建设成汽车动力电池和储能电池的电芯、模组、电池系统标杆工厂。此外，该项目还将围绕电池终端产品布局上下游产能，推广应用光储技术和超级快充技术，设置锂离子电池研发机构和检测机构。

3 月 15 日 中汽研新能源汽车检验中心(天津)有限公司建设项目 35 kV 变电站正式启动送电。该项目总投资约 19.9 亿元,规划建设燃料电池、动力电池、电驱动总成、电磁兼容、新能源整车等 20 余栋综合试验楼及能源中心、供氢中心等基础设施。

3 月 15 日 国家电投黄河流域氢能产业基地项目正式开工。该项目是国家“科改示范行动”中唯一氢能企业——国家电投集团氢能科技发展有限公司投资建设,总投资 100 亿元,一期投资 40 亿元,将开展燃料电池及关键材料研发,打造国家级氢能创新平台,建设燃料电池装备制造基地,推进氢能在交通、供能等领域全面应用。该项目拟建设氢能产业研发创新中心、高水平研发实验室,同时建设由车用燃料电池、关键零部件等四条生产线组成的燃料电池装备制造基地,并成立氢能产业专项基金,建设各领域氢能应用示范项目,打造氢能应用示范区。建成后,预计 2025 年底可达到万台产能,2030 年底前达到不低于 10 万台产能。

3 月 17 日 欣旺达汽车电池公司与四川省什邡市人民政府签署《什邡市人民政府项目投资协议书》。该项目投资主要用于新建动力电池及储能电池电芯、模组、PACK、电池系统等生产基地,项目计划总投入 80 亿元,建设 20 GWh 动力电池及储能电池生产基地,计划 2022 年实施,建设周期约 12 个月(以项目实施计划为准)。

3 月 18 日 汉音集团和丰氢能项目在塔城地区和丰工业园区开工。该项目投资 100 亿元,分两期建设以氢能动力系统和汽车核心零部件研制、氢能汽车制造、氢能产业推广为体系的氢能产业集群。项目一期第一阶段生产氢燃料电池电堆和动力系统、氢能中小型客车,实现新疆本土生产氢能汽车下线。建成达产后,年产 3000 余台氢燃料电池电堆和 5000 台氢能车辆,预计每年实现产值 30 亿元。

3 月 22 日 由氢装上阵(青岛)物流科技有限公司和海卓动力(青岛)能源科技有限公司联手打造的“氢装上阵(海东)碳中和物联产业园”项目开工。该项目占地300 亩,总投资 12 亿元,重点打造氢油电超级能源中心、可再生能源制氢基地和智慧云仓,并将投放 600 台氢能物流车辆。项目建成后,年绿电制氢将达 1070 t。

3 月 29 日 云南恩捷新材料股份有限公司与玉溪市红塔区人民政府签署协议,在玉溪市红塔区设立公司作为项目实施主体,投资建设产能为 16 亿 m^2 的锂电池隔离膜生产项目,项目总投资额约 45 亿元。分两期建设:一期计划投资约 24 亿元,建设 8 亿 m^2 隔膜生产项目;二期计划新增投资约 21 亿元,建设 8 亿 m^2 隔膜生产项目。一期项目计划 2024 年 12 月底前竣工并投产,二期项目计划在 2 ~ 3 年内完成投资。

3 月 29 日 天能电池集团股份有限公司以全资子公司浙江新能源作为项目实施主体,在湖州南太湖产业集聚区长兴分区新增用地 583 亩,投资建设年产 15 GWh 储能及动力锂电池项目,主要生产储能及动力用磷酸铁锂电池电芯及系统,预计总投资约 51.7 亿元。项目计划分为三期建设,拟新建 10 条全自动电芯及 PACK 生产线,新增设备投资约 30 亿元,预计 2025 年全部建成达产。一、二期计划分别新建 4 条全自动电芯及 PACK 生产线,建成后合计形成12 GWh 电芯及 PACK 产能;三期计划新建 2 条全自动电芯及 PACK 生产线,建成后形成 3 GWh 电芯及 PACK 产能。

4 月

4 月 1 日 贵阳市人民政府与比亚迪股份有限公司签署投资合作协议。根据投资协议,双方将在新型动力电池产业项目、PACK 厂生产线等方面进行深度合作。

4 月 3 日 浙江台州市、仙居县人民政府与比亚迪股份有限公司以“云签约”方式就“年产 22 GWh 新能源刀片电池项目”签署战略合作协议。根据协议,该项目用地 1500 余亩,位于县经济开发区东部工业新城张店区,包括新能源电池及相关配套产业等核心产品的制造、建设年产22 GWh 新能源动力电池、打造新能源动力电池战略基地,计划 2023 年上半年第一条生产线建成投产,2024 年 6 月底前全部竣工投产。

4 月 8 日 四川时代动力电池生产基地 7 至 8 期项目开工暨宜宾动力电池新镇建设项目启动。该项目总投资约 120 亿元,规划用地约2105 亩,建设约 130 万 m^2 标准厂房、生产配套附属设施等,购置产能达 50 GWh 的动力电池生产线。项目建成达产后,预计可实现年销售产值 350 亿元。

4 月 8 日 宁波北仑区人民政府、宁波通商集团、吉利控股集团就“极氪智能电动汽车项目”正式签订 1000 亿元投资合同。

4 月 8 日 远景动力鄂尔多斯零碳电池工厂一期项目正式投产,一期项目总产能为 10 GWh,是北方地区单体产能最大的动力电池工厂,主要生产方壳磷酸铁锂电池,用于储能和电动重卡产品。

4 月 15 日 宁德时代新能源科技有限公司由控股子公司普勤时代与合作方 PT Aneka Tambang Tbk.、PT Industri Baterai Indonesia 在印度尼西亚北马鲁古省东哈马黑拉县的 FHT 工业园区及印尼其他相关工业园区共同投资建设动力电池产业链项目。各方同意在印度尼西亚建设端到端电动汽车电池行业,从红土镍矿开发、火法冶炼、湿法冶炼、三元电池材料到电池回收及三元电池等产业集成化的电池全产业链项目。合资建设项目包括镍矿开发项目、火法冶炼类项目、湿法冶炼类项目、电池回收项目、电池材料项目和电池制造项目,投资总金额不超过 59.68 亿美元,项目建设期为 5 年。

4 月 16 日 淮北市杜集区人民政府与江苏金彭集团有限公司就“新能源动力电池包项目”签署协议。根据协议,该项目总投资约 50 亿元,计划分两期建设。其中首期投资 20 亿元,建设新能源汽车锂电池动力系统、BMS 系统以及配套核心部件等制造基地;二期投资 30 亿元,用于研发和生产能力提升。

4 月 17 日 洛阳高新区管委会与东旭集团有限公司就“氢能汽车产业园项目(洛阳高新实业集团和东旭集团有限公司合作建设)”签署协议。该项目预计投资约 100 亿元,涵盖“年产新能源专用车项目”“车载和储能锂离子动力电池项目”“制氢储氢加氢装备制造一体化项目”“合成生物基新型高分子材料汽车零部件生产基地”四个子项目。重点聚焦氢燃料电池、氢燃料发动机、制氢储氢加氢等产业链相关产品。项目建成后将形成以新能源汽车整车为龙头,集氢能装备制造、动力电池、新材料相互协同、配套的产业集群。

4月19日 浙江临海市人民政府与吉利豪情公司就"吉利汽车插电混动新能源汽车项目"签订合作协议。此次插电混动新能源汽车项目生产的车型为帝豪L雷神HiX，新车型最大续航达1300 km，亏电油耗为3.8 L/100 km，同时破百只需6.9 s。

4月21日 宁德时代新能源科技有限公司在福建省厦门市投资建设厦门时代新能源电池产业基地项目，项目总投资不超过130亿元。各期预计自开工建设起不超过26个月，项目规划用地面积约1900亩。

4月22日 佛山市禅城区南庄镇人民政府与广东新氢动力科技有限公司签订合作协议。根据合作协议，南庄镇政府与广东新氢动力在湾区智造港（贺丰园）建设一条年产能1万台（套）350 MW氢燃料电池电堆产线，一条年产能5000台套氢燃料电池发动机系统产线，项目总投资达10亿元，未来3到5年内将为广东带来百亿氢燃料电池工业车辆市场增量，成为佛山氢能产业重要组成部分。

4月25日 南京奥联汽车电子电器股份有限公司与宁淮智能制造产业园管委会签订《合作框架协议》，奥联电子在宁淮智能制造产业园投资1亿元建设新能源动力系统生产基地项目，预计达产后实现年开票销售约2亿元左右。

4月26日 厦门厦钨新能源材料股份有限公司投资4.71亿元在厦钨新能海璟基地新建一栋综合生产车间，并通过设备采购安装实现年产15000 t高性能三元正极材料产能。项目计划于2023年12月投产。

4月26日 汇川新能源汽车技术（常州）有限公司在一期地块附近投资建设新能源汽车核心零部件项目（二期）（以下简称常州新能源汽车项目二期），常州新能源汽车项目二期计划总投资额不超过30亿元，项目总用地面积84036 m^2，建设内容包括新能源汽车电驱系统、电机、电机控制器、电源系统等产品涉及的生产车间及配套设施，建设工期约为24个月。

4月27日 江西鹰潭国家高新技术产业开发区与浙江耀宁科技有限公司就"年产20 GWh磷酸铁锂电池项目（一期）"签署协议。项目总投资100亿元，一期建设4 GWh生产线。

4月27日 惠州亿纬锂能股份有限公司与成都经济技术开发区管理委员会签订《项目投资合作协议》，亿纬锂能或指定的下属公司分两期投资建设年产50 GWh动力储能电池生产基地和成都研究院，项目总投资200亿元。根据协议，项目一期包含20 GWh动力储能电池生产基地和研究院一期，二期包含30 GWh动力储能电池生产基地和研究院二期。

4月27日 武汉市2022年第二季度全市重大项目集中开工，武汉经开区新能源汽车智能工厂项目总投资约73亿元，占地面积953.4亩，总建筑面积42.5万 m^2，主要建设冲压、焊装、涂装、合成树脂、整车检测等车间，计划于2027年竣工，2022年计划投资约30亿元。黄陂区集中开工重大项目22个。其中，总投资100亿元的比亚迪动力电池项目规划用地400亩，对原有6.7万 m^2 厂房进行改造和设备安装，并新建10万 m^2 厂房，主要建设动力电池生产线，年产能30 GWh，将建成华中地区最大的刀片动力电池生产基地。

4月28日 同清湖（淄博）氢能产业园项目启动。该项目计划总投资50亿元，整合制氢、储氢、运氢、加氢等环节，集成氢燃料电池核心材料与部件、氢燃料电池系统以及氢能源汽车等方向，叠加淄博桓台丰富的工业副产氢资源和氢燃料电池质子交换膜、碳纸、膜支架等关键材料基础优势，构建起全产业链发展框架。

4月29日 广西弗迪年产45 GWh动力电池项目开工。该项目总投资140亿元，达产后可实现年产值260亿元，项目用于动力电池电芯、模组以及相关配套、电池梯次利用及储能项目等核心产品的研发、生产和制，项目建设周期为15个月，预计2023年投产，投产后3年内达产。

5月

5月7日 浙江省杭州市桐庐县人民政府与吉利科技集团签署动力电池投资合作协议。根据协议，吉利科技集团将在桐庐经济开发区规划建设年产能12 GWh的动力电池项目。该项目总占地面积约450亩，建设年产能12 GWh动力电池生产线及相关配套，打造以动力电池产业为核心的新能源汽车产业集群。

5月8日 湖北楚能新能源锂电池产业园项目在孝感市临空经济区开工。该项目总投资675亿元，规划建设150 GWh锂电池产能，分五期建设，其中项目一期30 GWh产能。项目全部建成投产后，将集动力电池、储能电池和能源管理系统研发制造销售于一体，成为年工业产值过千亿元的大型新能源产业基地。

5月10日 合肥市经开区与蔚来就"NeoPark新桥智能电动汽车产业园区整车二期和关键核心零部件配套项目"签署合作协议。根据协议，蔚来将导入集团旗下全新中高端品牌智能电动汽车产品等，计划2024年建成投产。

5月10日 三一集团有限公司、三一重能股份有限公司与怀化市人民政府就"三一环卫装备智能制造项目"签署战略投资、风电开发合作协议。该项目位于怀化高新区，投资超12亿元，占地约500亩，项目一期规划年产能1万台，主要生产新能源智能环卫装备等，总产值超60亿元，还将建设新能源环卫装备的"灯塔工厂"和数字环卫智慧云平台。

5月10日 湖北宜昌市人民政府与楚能新能源股份有限公司就"楚能新能源（宜昌）锂电池产业园项目"在宜昌签约。该项目总投资约600亿元，建设动力电池、建设动力电池、储能电池、消费电子类电池、PACK模组等系列产品研发生产项目。项目全部建成投产后，预计年产值过1000亿元。

5月10日 无锡锡山经济技术开发区与长城汽车就"长城汽车智能核心部件无锡基地项目"签署协议。根据协议，该项目总投资31亿元，将由长城汽车旗下独立运营的全资子公司精工汽车运作。项目将分两期完成：一期主要打造厂房及办公研发大楼；二期项目建成后，主要从事EAS空气悬架系统和EDC电控悬架系统等产品的研发、生产和销售。全部建成投产后将实现110万套EAS空气悬架系统、260万套EDC电控悬架系统的产能，年产值预计达100亿元。

5月10日 江苏龙蟠科技股份有限公司与唐山鑫丰锂业有限公司共同投资9亿元在湖北省或河北省唐山市投资

开发建设年产 3 万 t 氢氧化锂/碳酸锂项目，并由双方组建的合资公司实施该项目，项目计划于 2023 年 6 月底实现投产。

5 月 11 日 中创新航科技股份有限公司与武汉经开区就“武汉基地 30 GWh 动力及储能电池扩产项目”签署协议。中创新航武汉基地首期项目规划产能 20 GWh，主厂房已于 2022 年 3 月封顶。本次签约扩产项目总投资 120 亿元，规划产能 30 GWh。至此，中创新航武汉基地项目规划产能达到 50 GWh。

5 月 17 日 格林美股份有限公司和匈牙利驻上海总领事馆签署《新能源汽车用高镍前驱体生产及报废动力电池循环回收项目合作备忘录》。根据备忘录，格林美将在匈牙利进行新能源汽车用高镍前驱体生产及报废动力电池循环回收项目投资，在匈牙利打造欧洲领先、世界标准的新能源循环经济产业基地，实现三元前驱体材料在欧洲的本土化制造，共益匈牙利政府、地方、居民、投资者和其他利益相关方。

5 月 17 日 惠州亿纬锂能股份有限公司与云南省玉溪高新区管委会就其在玉溪高新技术产业开发区龙泉片区投资建设锂电池生产项目相关事宜签订《投资协议》。根据协议，该项目计划投资 30 亿元，建设 10 GWh 动力储能电池项目。

5 月 18 日 安徽合肥安巢经开区与融捷集团就“融捷锂电池材料项目”签署合作协议。根据协议，该项目总投资 100 亿元，主要利用新能源汽车动力电池再生技术，研发、生产及销售锂离子电池正极材料前驱体、正极材料及碳负极材料，达产后可实现年产值近 200 亿元。

5 月 18 日 耀宁 12 GWh 磷酸铁锂电池及系统总成项目正式与盐城建湖县签约。该项目由浙江耀宁科技有限公司计划总投资 102.3 亿元，年产能达到 12 GWh，项目达产后预计可实现年开票销售 120 亿元。

5 月 18 日 新疆维吾尔自治区人民政府、深圳能源集团股份有限公司、深圳市氢蓝时代动力科技有限公司三方在乌鲁木齐签署战略合作协议。根据协议，先期三方将打造“库尔勒绿色氢能综合应用先行示范基地”项目，并在以下几个方面推进合作：(1) 在氢源开发、氢能应用两大领域实现充分联动，并形成牵引性效应，共同构建可向全疆推广、在行业内复制的氢能应用模式。(2) 在新疆规划新增投建的风力发电和光伏发电项目，开展“源网荷储氢、制储运加用”一体化示范项目，为钢铁、化工、矿山等工业企业提供绿电、绿氢和绿色运输服务。(3) 引入氢燃料电池产业链上下游企业进入新疆，并联合各方推广投放 2000 台氢能车辆。深圳能源集团与氢蓝时代以“新能源 + 氢科技”的全新战略举措，全力推动自治区“绿电、绿氢、绿色应用”全生态氢能示范场景，实现源网荷储氢的深度协同，促进自治区氢能与燃料电池全产业链发展。

5 月 19 日 孚能科技(赣州)股份有限公司与吉利科技集团合资的“吉利 & 孚能涪陵 12 GWh 动力电池项目”正式开工，该项目属孚能科技与吉利科技集团合资公司驰航新能源(重庆)有限公司所有，位于重庆市涪陵高新区。此次开工项目为吉利科技集团与孚能科技合资建设的第二个动力电池项目，占地面积 480 亩，规划产能为 12 GWh，建设周期约 24 个月，预计于 2023 年底投入试生产，主要从事动力电池电芯、模组、PACK 的研发、生产和销售。

5 月 19 日 吉利商用车集团与泰安市政府就“吉利远程本途新能源商用车项目”签署战略合作协议。根据协议，本途新能源提供场地及设备，远程新能源商用车提供技术、产品支持和指导，共建新能源智能化高端装备，助推泰安市加快“双碳”目标落地。

5 月 19 日 扎鲁特旗人民政府与北京华泰达科技发展有限公司就“电动重卡运输项目”签署协议。根据协议，该项目计划投资总额 1 亿元，建设换电站及重卡购置等，项目全部建成投产后，预计年实现销售收入为 6 亿元。

5 月 23 日 广东天劲新能源科技股份有限公司、江汽集团股份有限公司、盈科创新资产管理有限公司、安庆市人民政府四方在安徽安庆潜山签署“天劲新能源20 GWh 动力电池及配套产业项目合作框架协议暨盈科资本和潜山市战略合作协议”。根据规划，该项目总投资 100 亿元，总用地 600 亩，其中一期投资 50 亿元，规划建设 10 GWh 动力电池制造项目。

5 月 23 日 日本电产株式会社将在中国建立一家电动汽车电机旗舰工厂，新工厂位于浙江省平湖市，将占地 7.3 万 m^2，将于 2022 年 10 月开工建设，并于 2023 年 10 月上线。该工厂除了开展 E-Axle 的生产、装配业务以外，还将生产逆变器、齿轮和其他电动马达部件，作为整合日本电产集团零部件业务的纯电动汽车专用一体化工厂运营，生产线满负荷时的全年产能预计可达到 100 万台。

5 月 27 日 浙江省绍兴滨海新区与比亚迪股份有限公司就“滨海新区比亚迪功率半导体项目、嵊州比亚迪新能源动力电池生产基地二期项目”签约。比亚迪新能源动力电池生产基地项目总投资约 130 亿元，全部达产后预计年产值 175 亿元。其中，一期投资 70 亿元，建设年产 15 GWh 新能源 OA 电池项目(用于 DMi 的刀片电池)投资约 60 亿元。

5 月 27 日 长春市二道区人民政府与苏州氢澜科技有限公司就“氢澜科技长春氢燃料电池发动机项目”通过云端签署战略合作协议。根据协议，该项目计划建设年产 3000 套氢燃料电池发动机的生产基地和油氢站，建成运营后，预计 5 年内实现满产，年产值约 20 亿元。

5 月 27 日 河南省洛阳市瀍河区人民政府与上海骥翀公司就“骥翀氢燃料电池量产基地项目”签署协议。根据协议，该项目总投资约 1.5 亿元，建设氢燃料电池生产车间、测试中心，开展 70 kW 到 160 kW 氢燃料电池及相关部件的研发与生产，最终实现年产燃料电池 3000 台。

5 月 28 日 江苏南京国轩电池有限公司江苏省国轩新能源智能制造项目在南京市六合区正式投产。该目总投资 100 亿元，建设年产 20 GWh 动力电池生产项目，以及新能源动力电池 PACK、壳体、箱体及线束等配套项目，项目全部达产后年销售收入不低于 120 亿元。

5 月 28 日 广州巨湾技研有限公司“巨湾技研总部及生产基地项目”在南沙新区正式动工。该项目预计总投资 40 亿元，产能规划 8 GWh，将具备为 12 万辆新能源汽车实现配套的能力，年产值预计可达 72 亿元，预计 2023 年完成一期工程的建设和投产。项目建成后专注 XFC(eXtreme Fast Charging)极速电池、新型储能电芯及 PACK 集成系统的研发和生产。

5月30日 广东瑞庆时代新能源科技有限公司时代动力电池一工厂在广东肇庆高新区正式投产，宁德时代肇庆基地项目一期总投资120亿元，规划建设动力及储能电池生产线。瑞庆时代的建设移植了宁德时代打造"灯塔工厂"和"零碳工厂"的经验。项目建成后将带动形成新能源全产业链的万亿级产业集群，带动肇庆新能源汽车及汽车零部件产业发展。

5月30日 江西宜春国轩电池有限公司宜春国轩电池项目正式投产。该项目计划投资达100亿元，含动力电池等项目，建成达产后可实现年产值500亿元。计划分两期建设30 GWh动力电池项目，一期建设15 GWh动力电池生产线，2022年5月一次性建成投产10 GWh动力电池产线，2022年底15 GWh动力电池产线全部投产。

5月30日 肇庆高新区管委会与小鹏汽车签订关于"共建智能汽车配套零部件产业园"合作框架协议。根据协议，双方建立联合招商工作机制和政企互动交流机制，共同推动小鹏汽车产业链上下游项目落户。

5月30日 上汽通用五菱"上汽·青山(赛克瑞浦)年产20 GWh动力电池系统项目"在广西柳州动工。该项目规划总用地1400亩，入园项目涵盖动力电池电芯、电池系统、电池核心构件主件、正极材料、隔膜等关键产品的生产制造。产业基地规划总投资100亿元，其中启动项目为电芯公司和电池系统公司项目，用地约620亩，分为两期建成年产能为20 GWh新能源动力电池电芯生产线和20 GWh电池系统生产线，总投资约55亿元。项目全部达产后预计形成年产值200亿元，建成电池研发和新能源电池产业基地；聚焦电芯、模组、BMS和动力电池包的研发、生产和销售；布局CTC底盘、电池梯次利用、电池回收等业务。计划招引正负极材料、结构件、隔膜及电解液等上下游产业链企业，持续完善新能源电池生态体系。

5月31日 欣旺达电子股份有限公司与浙江省兰溪市人民政府签署《欣旺达高性能圆柱锂离子电池项目投资协议书》。该项目主要产品为高性能圆柱锂离子电池，计划总投入23亿元，建设年产3.1亿只高性能圆柱锂离子电池项目。

6月

6月1日 广州鹏辉能源科技股份有限公司与中国长江三峡集团有限公司在河南驻马店签署战略合作协议。根据协议，双方就换电站等业务，从项目及技术研究层面战略合作，并成立工作组加快推进首期合作的4 GWh锂电池储能项目；同时就钠电池联合研发和储能示范项目达成初步合作意向。

6月3日 濮阳市人民政府与北京海德利森科技有限公司就"氢能项目"在濮阳迎宾馆签署战略合作协议。根据协议，双方将开展股权基金合作、建设大规模场景液驱压缩机加氢示范站、共建氢安全技术中心研究院、开展加氢站装备核心部件的产业制造，以及"制、储、运、加"氢商业模式的探索及应用。

6月7日 惠州亿纬锂能股份有限公司与曲靖市人民政府、曲靖经济技术开发区管理委员会就其在曲靖经开区管委会区域内投资建设"年产10 GWh动力储能电池项目" 相关事宜签订项目投资协议。根据投资协议，该项目总投资约30亿元，计划总用地约400亩，建设周期不超过18个月。

6月8日 海南省人民政府与吉利控股集团在海口签署战略合作协议。根据协议，吉利控股集团将与海南展开新能源汽车产业等领域的合作，参与海南中国特色自由贸易港建设。与此同时，海口国家高新区与吉利新能源商用车集团签订合作协议，计划在海口国家高新区建设吉利新能源车专用车项目，建成后将成为海南首个新能源车专用车项目。

6月8日 合肥国轩科宏新能源科技有限公司年产20万t高端正极材料项目正式投产。该项目占地面积约268亩，总建筑面积约12万m^2，分4期建设，主要产品为国轩高科自主研发的满足单体电芯能量密度≥210 Wh/kg的高性能磷酸铁锂正极材料，全部达产后将形成年产20万t产能。

6月10日 安徽省六安市人民政府与蔚来汽车签署框架合作协议。根据框架协议，双方将在六安经济技术开发区智能电动汽车零部件配套产业园区共建等方面展开合作。该园区将成为六安市智能电动汽车产业配套基地，一期规划占地约900亩，引入整车精细化拆解、铝及其他材料回收、铝材料熔炼、铝压铸及轮毂制造等零部件配套企业，打造铝压铸低碳循环全产业链。一期计划2023年上半年投产，建成后将具备年产30万t铝压铸产能，预计年产值达100亿元。

6月10日 达州市人民政府与蜂巢能源科技股份有限公司就"蜂巢能源达州锂电零碳产业园项目"签署协议。根据协议，该项目总投资约170亿元，选址于达州高新区，于2022年11月开始分3期建设磷酸铁锂、无钴等电池正极材料以及前驱体、电解液、电池回收、动力电池组装等项目，全部建成投产后每年可实现年产值超600亿元。

6月12日 亿纬动力第十二工厂在湖北荆门正式投产。本次投产的第十二工厂建筑面积约20万m^2，包含5条全自动高智能的产线，主要生产INP114E、INP166E型号的方形三元电池，可实现国内外中高端BEV车型配套，满产后年产能将达到12 GWh。

6月13日 广州市人民政府、花都区人民政府与东风汽车有限公司签署深化合作推进汽车产业高质量发展的战略合作协议。根据协议，广州市方面与东风汽车有限公司将围绕新能源车研发改造、电池回收再利用及自主品牌研发、共建智能网联和自动驾驶示范区等领域继续深化合作，加快汽车产业向智能化、高端化、绿色化发展，打造万亿级汽车产业集群。

6月14日 比亚迪新能源动力电池生产基地项目在浙江绍兴市嵊州市正式通线。该项目总投资约130亿元，占地1800亩左右，全部达产后预计年产值超200亿元。其中一期投资70亿元，建设年产15 GWh新能源OA电池项目(用于DMi的刀片电池)投资约60亿元。

6月14日 成都市人民政府与四川发展(控股)有限责任公司签署合作协议。根据协议，双方将在打造全国重要的要素市场化配置中心、建设科创新高地、建强新能源汽车生态链、探索发展新制式轨道交通产业、共建协同招商平台等方面深化合作。

6月14日 理想汽车产业园二期项目在中关村顺义园

临空板块开工奠基。该项目总投资约 13 亿元，总占地 5.86 万 m^2，预计 2023 年底交付使用，项目由首程控股全程主导规划设计，建成后将助力顺义区新能源智能汽车产业链融合高效发展。

6 月 15 日 徐州经开区、徐工集团、协鑫集团三方就"储能及动力电池 PACK 项目"签署协议。根据协议，徐工集团及协鑫集团将在徐州经开区共同成立合资公司，双方共同切入新能源重卡动力电池及储能电池 PACK 行业。该项目总投资 10 亿元，达产后形成年 10 GWh 产能，分期建设，一期项目投资约 5 亿元；主要生产电池 PACK 和储能系统，通过组建团队自研动力电池 PACK，成立初期动力电池 PACK 产品主要服务于徐工重卡，包括牵引车、自卸车以及矿卡等。

6 月 20 日 上海恩捷新材料科技股份有限公司与厦门火炬高技术产业开发区管理委员会、厦门市同安区政府签订《投资协议书》。根据协议，计划由恩捷股份与宁德时代合资的平台公司在共管区域内设立项目公司，并由项目公司在共管区域内投资建设 16 条锂电池隔膜基膜与涂布分切生产线。项目总投资 52 亿元，计划于 2023 年建成并部分投产，产品主要应用但不限于新能源汽车动力电池系统、储能电池系统等市场。

6 月 20 日 特来电新能源股份有限公司与陕西咸阳市人民政府就"咸阳市新基建充电网项目"签署协议。该项目立足渭城区，总投资 3 亿元，分 3 个阶段建设：2022—2023 年建设公共交通网络、2023—2025 年建设基础充电设施、2025 年以后全面建设。项目布局智慧新基建充电网的建设和运营，通过建设智慧型充电站，建立多层次现代高效城市充电服务网络和能源互联网，在辖内广场等场所安装充电桩，满足辖内新能源电动汽车充电需求。

6 月 21 日 安徽合肥庐江高新区与江苏超电新能源科技发展有限公司就"年产 10 GWH 超级快充动力电池项目"签约。根据协议，该协议项目总投资 78 亿元，达产后年产值达 150 亿元。

6 月 21 日 四川省攀枝花市西区人民政府与四川能投集团氢能公司就"氢能产业项目"签署投资合作协议。该项目总投资 30 亿元，分三期建设，落地氢能产业"制—储—运—加—用"全产业链项目。项目一期总投资 5 亿元，建设以工业副产氢提纯和中等规模电解水制氢基地、燃料电池电堆和系统生产基地等。一期投运达产后，预计年产值4 亿元；项目二期总投资 12 亿元，进一步扩大制氢规模，加大生产基地产能建设等，延伸氢能产业链条；项目三期总投资 13 亿元，投资引入燃料电池电堆研发制造中心等，集约化、集中化打造氢能"制、储、运、用"全产业基地等。

6 月 22 日 河南省人民政府与宁德时代新能源科技有限公司签署战略合作框架协议，打造零碳产业聚集高地；同时，洛阳市人民政府与宁德时代新能源科技有限公司签署战略合作协议，协同推进新能源产业生态建设。

6 月 26 日 天津力神电池股份有限公司——力神滨海新能源产业基地项目在天津滨海高新区正式启动。该项目总投资约 100 亿元，项目用地 870 亩，规划建设年产 24 GWh 动力电池，分三期建设，其中一期项目规划年产能8 GWh，力争于 2023 年建成投产，项目全部建成后年产值将达到 120 亿元。

6 月 26 日 惠州亿纬锂能股份有限公司10 GWh 动力储能电池项目、河北坤天新能源股份有限公司二期 8 万 t 锂电池负极材料项目在玉溪高新区龙泉园区开工。亿纬锂能项目用地面积约 500 亩，计划投资 30 亿元，建设10 GWh 动力储能电池项目，项目全部建成达产后，预计可实现年产值 91 亿元。河北坤天二期项目用地约 560 亩，计划投资 22 亿元，建设 8 万 t 锂电池负极材料生产项目。二期建成达产后，预计可实现年产值 41.6 亿元。

6 月 27 日 武汉市江夏区人民政府与天津捷威动力工业有限公司、长江产业投资基金管理有限公司签订战略合作框架协议，在五里界工业园投资建设捷威动力武汉新能源电池基地项目。根据协议，此次合作项目为建设捷威动力武汉新能源电池基地项目，其中一期拟建设 20 GWh 标准生产线，二期拟建设 10 GWh 标准生产线。

6 月 28 日 奥迪一汽新能源汽车有限公司正式开启在中国市场本土化生产基于 PPE 平台的纯电动车型项目。奥迪一汽新能源汽车项目选址于长春市，新工厂将于 2024 年底投产，是奥迪在中国第一家仅生产纯电动车型的工厂，新工厂占地约 2250 亩，奥迪品牌在该建设项目中投资约 26 亿欧元，规划年产量将超过 15 万辆。

6 月 28 日 力神电池百亿级动力电池研发总部及生产基地项目在江苏无锡开工建设。该项目分为研发中心及生产基地：研发中心计划用地约 89 亩，位于锡山经济技术开发区，建成国家级动力电池研发中心水平；生产基地计划用地 685 亩，位于锡山区鹅湖镇，分三期建设，整体建成后将具备 24 GWh 动力电池及 30% 的模组 PACK 生产能力。

6 月 29 日 浙江新时代中能科技股份有限公司与杭州湾上虞经济技术开发区签署协议。根据协议，时代中能将在经开区落户实施年处理 30 万 t 退役磷酸铁锂电池及 17 万 t 退役三元、钴酸锂电池综合回收产业基地项目，项目总投资额 56.8 亿元，用地面积 500 余亩。预计时代中能锂电池综合回收产业基地建成将年新增营业收入 300 亿元。

6 月 30 日 新疆首个"深能库尔勒绿氢制储加用一体化示范项目"正式开工。该项目涵盖离网式光伏发电制氢、氢气存储、加注、重卡及热电联供全闭环应用场景，将首期建设 6 MW 光伏电站，并配套两台 500 Nm^3/h 制氢系统、一座加注能力 500 kg/d 的加氢站、20 台（首批）49 t 氢燃料电池重卡车以及一台 200 kW 氢燃料电池热电联供机组。项目投产后，将为新疆地区解决因寒冷导致电动车续航里程不足影响新能源汽车推广问题提供新方案。

6 月 30 日 包头市氢能产业与可再生能源一体化项目暨 14 MW 分散式风电与氢能项目正式启动。其中，氢能产业与可再生能源一体化项目包括总共 500 MW 可再生能源发电、绿电制氢、氢能基础设施网络建设、燃料电池车辆商业化运营以及氢能核心零部件产线落地。14 MW 分散式风电与氢能项目位于包头市白云鄂博矿区，由申能（集团）有限公司和包头钢铁（集团）有限责任公司共同投建。

7月

7 月 1 日 兰州新区管理委员会、中国能源建设集团西北建设投资有限公司、武汉众宇动力系统科技有限公司就“兰州新区氢能产业园项目”签署投资协议。根据协议，项目将在兰州新区共同建设涵盖新能源发电、绿电制氢、运氢、储氢、加氢及用氢等全产业链氢能技术研发、设备制造以及绿氢示范应用综合产业园区项目，打造氢能产业投建营一体化平台、园区管理平台、招商引资共享平台。

7月1日　江汽集团与大众汽车集团(中国)、大众安徽、合肥经济技术开发区管理委员会在合肥市政务会议中就“大众智慧物流项目”签署战略合作协议。根据协议，参与各方将在合肥经济技术开发区推出智慧物流试点项目，进行智能网联移动出行与自动驾驶运输服务的相关测试。项目分阶段进行：第一阶段计划于2022年第四季度启动试运行，持续到2023年上半年；第二阶段运营时间将从2023年持续到2025年。

7月2日　包头市九原区人民政府与氢通(上海)新能源科技有限公司就“年产5000套氢燃料电池系统制造基地项目”在包头市人民政府签署协议。根据协议，双方将围绕氢能装备研发和制造、开发氢能应用场景、组建新能源运力平台、构建氢能生态系统等开展深入合作，共建氢能产业园，促进氢能产业培育。

7月2日　河北省邯郸市人民政府与深圳市氢蓝时代动力科技有限公司在佛山市就“氢能装备产业区域总部项目”签署战略合作协议。根据协议，邯郸市和经济技术开发区政府将牵头支持氢蓝时代全面参与市氢能产业发展，协助氢蓝时代在邯郸投资设立创新研究院公司研发平台，联合打造船舶和车用氢燃料电池系统、热电联供、智慧氢能系列产品及关键零部件生产基地。

7月4日　中比能源科技股份公司与安徽淮北高新技术产业开发区就“南京中比新材料基地项目”签署协议。根据协议，该项目总投资50亿元，建设年产10万t锂电负极和2万t硅碳负极生产基地，预计项目全部达产后可实现产值120亿元。

7月5日　宇通新能源商用车基地项目在河南郑州开工。该项目位于经开区宇龙街附近，占地面积2622亩，计划总投资85亿元，包括新能源重卡、新能源中卡、新能源轻卡等整车产能，新能源车桥等关键零部件，以及新能源商用车研发中心等。项目建成后，预计到2031年可实现年产值300亿元。

7月6日　深圳市氢蓝时代动力科技有限公司与辽宁锦州市人民政府就“合力发展锦州市氢能与燃料电池产业”签署战略合作协议。根据协议，双方共同打造“锦州氢能综合示范区”和“绿氢液化、北氢南用”的国家战略性能源港——氢能零碳港，形成本地氢能产业和多元应用生态，提升锦州在全国氢能大生态中的战略地位。

7月8日　湖北武汉东湖高新区与亿纬锂能股份有限公司就“亿纬锂能储能总部及储能技术研究院项目”签署合作协议。该项目总投资30亿元，主要开展储能锂离子电池核心技术和储能解决方案研发，并将设立储能电池研究所和电源系统设计所等机构。

7月8日　成都市人民政府与比亚迪股份有限公司签署战略合作协议。根据协议，双方将建立全方位战略合作关系，在电子信息、新能源汽车、轨道交通等战略性新兴产业领域开展合作。

7月9日　安徽巡鹰新能源集团与江苏省常熟市虞山高新区就“巡鹰锂电池梯次利用项目”签署协议。该项目占地100亩，总投资10亿元，达产后年销售额约30亿元，目标打造长三角锂电池梯次利用新高地，进入锂电池梯次利用白名单。

7月9日　江苏徐州市人民政府以“云签约”方式与中石化江苏石油分公司签订战略合作协议。根据协议，双方将重点围绕综合能源开发、新能源装备制造、氢能示范场景打造等领域全面合作。同时，合作布局华东地区燃料电池研发和制造基地，构建新能源领域投资、建设、运营区域中心等。

7月11日　武汉经开区和青山区在武汉市氢能产业促进会成立大会上签约5个氢能项目，主要涉及氢气制取和氢能燃料汽车应用推广。项目包括：宝武气体华中气体中心项目、氢燃料电池重型运输车推广项目、氢燃料电池客车推广项目等。

7月12日　上海伟翔众翼新能源科技有限公司示范工厂在嘉定工业区建成。该示范工厂一期建设总投资1.3亿元，设计年处理量1万t，可提供包括新能源动力电池回收、电池剩余价值智能评估、梯次利用电池系统寿命管理、回收电池智能分拣、回收处置电池全程可视化溯源管理，以及镍、钴、锂等稀缺资源回收循环再利用技术在内的锂电池全生命周期一体化方案。

7月12日　东风公司技术中心、岚图汽车、猛士科技与中汽创智科技有限公司签署合作协议。根据协议，各方将在智能座舱、智能底盘固态电池、智能网联、信息安全等领域分别开展技术合作。同日，东风公司技术中心与中汽创智签约两个项目开发协议，分别为《自主集成电子制动系统联合开发项目技术协议》《国产大算力座舱平台联合开发项目》。

7月16日　山东省济南高新区与比亚迪半导体股份有限公司在济南弗迪电池产业园举行的电池项目通线活动中签署《比亚迪半导体济南研发中心项目进区协议》。济南弗迪电池项目位于济南高新区临空经济区，计划总投资约100亿元，规划建设16条动力电池生产线，满产年产能30 GWh。

7月19日　新疆阿拉山口市人民政府与湖北正通云极科技有限公司就“新能源锂电池项目”在博尔塔拉宾馆签署协议。该项目计划投资10亿元，在阿拉山口建设区域总部基地，打造零碳数字化智能示范园区，建设高性能商用车锂电池和储能电池生产线、电池回收梯次生产线及充换电站建设项目。

7月20日　河南安阳高新区与锋源新创科技(北京)有限公司在高新区管委会就“安阳锋源氢能项目”签署协议。根据协议，锋源氢能公司入驻高新区，逐步完善安阳新能源汽车及零部件产业链条，加快产业集聚和产业转型升级，优化产业生态，提升安阳城市核心竞争力。

7月20日　遂宁市船山区人民政府与深圳市立业集团有限公司就“立业锂电遂宁基地”在四川遂宁签署投资合作协议。根据协议，立业集团计划在遂宁建设年产39 GWh锂电池生产基地项目，总投资达136亿元，是遂宁投资总额最大的单体电池封装项目。项目建成达产后，预计年产值约

300 亿元,该项目填补了川渝地区新能源重卡汽车电源的空白。

7 月 21 日 宁德时代新能源科技有限公司与山东省人民政府在济南签署战略合作框架协议,与济宁市政府签署投资协议书及换电网络投资协议书。根据协议,双方将聚焦绿色能源与绿色制造有机融合发展,大力发展新能源电池及材料、换电及储能应用等新能源产业,招引培育上下游配套产业,推广新能源汽车,壮大新能源产业新业态。

7 月 21 日 宁德时代新能源科技有限公司在山东省济宁市投资建设济宁新能源电池产业基地项目,该项目总投资不超过 140 亿元,建设内容为动力电池系统及储能系统生产线,各期预计自开工建设起不超过 24 个月,项目规划用地面积约 2000 亩。

7 月 21 日 孝义市鹏飞集团与上海申能、上海氢晨、上海鲲华、浙江蓝能等国内氢能产业头部企业签约,合作方将围绕制氢、储运、加注、应用等氢能产业,建设 30 座以上综合能源站,建设与 30 万辆重卡配套的电堆、氢燃料发动机、车载供氢系统等项目,总投资 105 亿元。同日,鹏飞集团与徐工集团、山西交控、中石油山西公司、太重集团分别签约。根据协议,鹏飞集团与徐工集团合作建设 3 万辆/年氢燃料电池装载机研发制造项目,与山西交控在省内高速服务区合作建设 30 座加氢综合能源站,与中石油山西公司合作建设 30 座加氢综合能源站,与太重集团共同建设 1 万辆/年氢燃料电池起重机、挖掘机、矿用卡车研发制造项目,项目总投资达 95 亿元。

7 月 21 日 山西鹏飞智创汽车制造有限公司“30 万辆/年(一期 3 万辆/年)氢燃料电池汽车电堆系统制造项目”正式开工。根据发展规划,在 2022—2030 年,鹏飞集团将投资 150 亿元分三期建设 30 万辆/年的汽车生产线,配套 15000 台/年氢燃料电堆、10000 套/年氢燃料动力等氢能装备制造项目。其中,一期 3 万辆/年汽车生产线生产汽车种类覆盖氢燃料重卡、客车、城市物流车、环卫车、救护车以及新能源重卡、新能源公交车、清洁能源重卡等,配套建设 3500 台/年氢燃料电堆、3500 套/年氢能源动力系统生产线。一期项目建成后,预计可实现年产值 190 亿元。

7 月 22 日 深圳市科达利实业股份有限公司在山东省枣庄市高新区投资设立全资子公司,以不超过 10 亿元投资建设科达利山东枣庄新能源汽车动力电池精密结构件项目一期。该项目建设期约为 24 个月,项目达产后将实现年产值约 20 亿元。

7 月 22 日 内蒙古自治区鄂尔多斯市伊金霍洛旗举行 2022 年夏季产业链招商引资项目集中签约仪式,其中,涉及氢能产业的有 2 个,投资金额共计 204.2 亿元。(1)苏州瑞驱氢能装备及核心零部件研发制造项目:总投资 1.2 亿元,分两期实施:一期总投资约 6000 万元,厂房建筑面积 12000 m^2,建设氢气循环泵、集成控制器、电动压缩机生产线;二期项目总投资约 6000 万元,厂房建筑面积 1.3 万 m^2,建设研发中心并购进相应研发设备。一、二期项目投产后,年生产能力达到氢气循环泵 2 万套、集成控制器 2 万台、电动压缩机 25 万台。(2)汇能煤电集团“光伏 + 制氢”一体化、光伏电站、加氢站建设、氢能重卡运营项目:总投资约 203 亿元,其中包括 3000 kg/d 加氢站、自发自用光伏发电系统及配套设施、年产氢气 1800 t 工业副产氢提纯、氢能重卡推广、矿山生态环境恢复治理等配套项目。

7 月 27 日 武汉市雄韬氢雄实业有限公司雄韬新能源总部项目在武汉经开区现代服务业产业园正式启动。雄韬氢能武汉产业园一期项目已投产,项目整体达产后将年产氢燃料电池膜电极 50 万 m^2,氢能燃料电池发动机 10 万套,氢能燃料电池电堆 10 万套。雄韬新能源总部项目总投资约 4 亿元,计划 2024 年下半年投入使用。总部建成后,主要从事氢能源相关产品及新产品的研发、测试、展示和销售。

7 月 30 日 赣锋新型锂电池科技产业园及先进电池研究院项目正式开工,该项目占地 630 亩,总建筑面积 57 万 m^2,包括固态电池技术研究院、固态电池生产基地及电池 PACK 系统三个子项目,规划形成 10 GWh 电池产能以及 10 GWh PACK 项目。项目将建设国内最大的固态电池生产基地,以电芯、模组、BMS 及电池包系统解决方案为主要方向,促进重庆地区新能源汽车产业链的高质量发展。

7 月 30 日 宁德时代新能源科技有限公司与成都市人民政府签署战略合作框架协议。根据协议,双方将在换电运营、研发、资源综合利用、电池关键材料制造、新能源及储能等领域开展全方位合作。同日,宁德时代、时代电服、时代永福分别与新津区政府、成都交投集团、成都环境集团签署合作协议。在换电合作方面,双方将积极推动换电技术的研发和应用。通过车电分离模式,时代电服组合换电方案将化解新能源汽车续航里程、补能便捷性、购置成本三大难题,为成都地区用户提供便捷、可靠的移动电能解决方案与服务。在研发方面,宁德时代将在成都设立西南运营总部及成都研究院,依托自身在电池制造、换电、零碳、储能等技术优势,围绕新能源开发利用、动力电池、新型储能、零碳交通等进行创新技术研究、产品及场景创新开发、项目孵化。在资源综合利用方面,依托宁德时代的“光储充检控”智能技术,双方致力于将长安静脉产业园打造成零碳示范园区,并向全国推广。

7 月 30 日 柳州市人民政府、柳州市柳东新区管理委员会、国轩高科股份有限公司就“柳州国轩新增年产 10 GWh 动力电池生产基地项目”在广西柳州签署协议。根据协议,该新增项目位于柳州市柳东新区,用地面积规划约 362 亩,主要生产高能量密度锂离子电池。项目预计 2026 年达产,届时将与柳州国轩一期合计形成 20 GWh 产能,实现年总产值超 140 亿元。

7 月 30 日 西安市人民政府与比亚迪股份有限公司就“比亚迪年产 12 GWh 新型动力电池项目”签署战略合作协议,同时双方就“比亚迪新能源乘用车零部件二期扩产项目”签署协议。根据协议,双方将围绕新能源汽车、动力电池、智能终端、轨道交通等领域深化务实合作。(1) 比亚迪年产 12 GWh 新型动力电池项目:项目总投资 70 亿元,年度投资 21 亿元,占地面积 1000 亩,总建筑面积约 60 万 m^2,主要建设新型动力电池 CELL、PACK 生产线及其配套零部件,建成后将形成新型动力电池产能约 12 GWh,将为比亚迪新能源乘用车及外部整车制造企业提供高品质动力电池。(2)比亚迪新能源汽车零部件增产扩能项目:总投资 150 亿元,占地面积 3909 亩。项目共 2 个地块:地块 1 位于草堂科技产业园,投资60亿元，占地约1019亩，主要建设电动总成工厂、电机工厂、精工中心、齿轮工厂、电控工厂、电源工厂、制动器工厂等新能源汽车核心零部件生产工厂等；地块二位于集贤产业园，投资90亿元，占地约2890亩，建筑面积约130万 m^2，主要建设新能源汽车核心零部件生产工厂，以及为比亚迪西安研发中心配套的高速试车跑道等。两大产业园预计2022年底至2023年陆续建成投用。

8月

8月1日 孚能科技（赣州）股份有限公司与赣州经济技术开发区管理委员会签订《投资合作意向协议书》，双方就孚能科技"赣州年产30 GWh新能源电池项目"相关条款达成一致。该项目分两期：一期规划建设18 GWh新能源电池项目，初步规划为生产三元软包动力电池产品；二期规划建设12 GWh新能源电池项目，生产具体产品类型待定，根据一期项目建设情况等适时启动二期项目。

8月2日 天能控股集团的天能锂电池回收综合利用项目正式开工。该项目位于滨海县沿海工业园南区，总投资30亿元，占地约450亩，分两期实施，预计2023年底建成投产。一期项目建成后形成年处理10万t废旧锂电池及含镍、钴、锂原材料能力。

8月6日 中创新航科技股份有限公司与江门市国资平台就"中创新航江门基地扩产项目"签约，规划一期项目在不新增用地的情况下扩产10 GWh，则中创新航江门基地规划总产能将达到60 GWh。（注：中创新航江门基地扩产项目由中创新航与江门国资共同投资200亿元，在江门建设动力电池生产基地，规划总产能50 GWh，计划分两期建设，一期项目投资100亿元，规划产能25 GWh。）

8月15日 江西省宜春市政府、宜春经开区、宜丰县政府、宜春市矿业公司与比亚迪股份有限公司在江西南昌签订战略合作框架协议。根据框架协议，比亚迪在宜春投资285亿元建设年产30 GWh动力电池和年产10万t电池级碳酸锂及陶瓷土（含锂）矿采选综合开发利用生产基地项目。

8月15日 未势能源科技有限公司与陕西省榆林市发改委正式签署《氢能产业合作框架协议》。根据协议，双方将围绕氢能产业链进行深度合作，共同推动榆林氢能产业发展。此外，双方计划在氢燃料电池、储氢系统、电堆、膜电极、双极板、车载液氢系统等领域开展全产业链条合作，并依据协议在未来四年内推进氢能车辆在榆林的应用。

8月19日 兰州新区氢能产业园项目（一期）在甘肃兰州新区集中开工，该项目由中国能源建设集团有限公司和武汉众宇动力系统科技有限公司联合实施，规划建设"一基地三中心"功能的综合型氢能园区，包括绿氢供应基地、氢能示范应用中心、氢能装备制造中心和氢能研究中心。项目规划面积2.83 km^2，总投资150亿元，分三期建设，重点发展集制储运氢、加氢、氢燃料电池研发生产、氢燃料电池汽车制造、氢能产品示范应用"五位一体"的氢能产业链。项目一期总投资30亿元，主要建设年产2万t制氢能力和10万 Nm^3 储氢能力的绿氢供应基地，以年产6万t绿氨和氢能交通应用为核心的示范应用中心，以年产3000套氢燃料电池系统为核心的氢能装备制造中心，同时建设氢能研发创新中心、检测中心等。

8月19日 ST众泰与重庆市璧山区人民政府签署合作协议，双方将在智能网联新能源汽车项目开发建设领域构建深度合作关系。根据协议，ST众泰将在璧山建立智能网联新能源汽车研发及生产基地项目，改造并建成年产10万辆新能源整车生产基地。此次项目资金为众泰自筹。

8月19日 滘口加氢站在广州市荔湾区滘口汽车站西南侧奠基。该加氢站项目由广州中运产业园投资发展有限公司和雄川氢能科技（广州）有限责任公司联合承建，计划总投资1200万元，设计日加氢量为1000 kg，将满足100～150辆各类型氢燃料电池车辆的加氢需求。未来还将与滘口加油站、充电站一体化经营，建成集油、氢、电一体的综合能源补给站，为燃料电池汽车推广和运营商业化提供保障。

8月20日 内蒙古自治区乌审旗人民政府、广东国鸿氢能科技股份有限公司、青岛城投新能源产业投资集团三方就"乌审旗风光氢储一体化项目"签署合作框架协议。该项目规划建设300 MW风电、100 MW光伏，以及年产1万t的电解制氢，项目总投资约30亿元。

8月22日 北京市通州区人民政府与蘑菇车联信息科技有限公司签署战略合作协议。根据协议，双方将在数字经济、智能网联、智慧交通、车路云一体化等方面展开全方位合作，打造"数字通州"。

8月23日 重庆市人民政府与阿里旗下斑马智行达成战略合作。重庆市将推动斑马智行与当地车企深入合作，共同推进智能网联汽车"中国方案"建设，打造"中国方案，重庆样板"。

8月23日 漯河市召陵区人民政府与高瞻新能源汽车（深圳）集团有限公司就"新能源汽车电商直播示范基地项目"签署协议。该项目由高瞻新能源汽车（深圳）有限公司投资建设，总投资约1.1亿元，位于中国（漯河）电子商务产业园，主要打造新能源汽车集聚性展示园区、专业新能源汽车直播示范基地，带动汽车直播业务。

8月25日 芜湖市繁昌区人民政府与奇瑞集团芜湖埃科泰克动力总成有限公司就"新能源汽车DHT项目"签署协议。根据协议，芜湖埃科泰克动力总成有限公司将在繁昌经济开发区投资新能源汽车DHT（油电混动变速系统）项目。项目计划总投资30亿元，新建年产45万台新能源汽车DHT生产线，计划2023年11月底前投产。项目投资满产后，预计可实现总产能45万台/年，实现年产值40亿元。

8月28日 楚能新能源（宜昌）锂电池产业园项目在宜昌市夷陵区正式开工。该项目计划总投资600亿元，占地4500亩，主要生产动力电池、PACK模组等系列产品，规划锂电池产能150 GWh。项目全部建成投产后将形成集动力电池、储能电池、模组PACK和能源管理系统的研发、制造、销售于一体的，年产能达到150 GWh，年工业产值预计超过1000亿元的大型新能源锂电池产业基地。

8月28日 内蒙古自治区风光制氢一体化示范项目在鄂尔多斯市集中开工。8个风光制氢一体化示范项目鄂尔多斯市5个、包头市3个，预计于2023年6月全部投产，产出的绿氢计划用于重卡汽车燃料等。

8月29日 江苏省太仓高新区新能源汽车产业项目集

中签约。有7个总投资25亿元的优质新能源汽车产业项目落户高新区：合兴新能源汽车关键零部件项目、博最新能源汽车电池管理系统项目、宝丽嘉新能源汽车驱动项目、兴和新能源汽车电阻器项目、共进新能源汽车电子项目、炯熠新能源汽车电控研发中心项目、玄帛新能源汽车零部件项目。完善了新能源汽车核心产业链。

8月30日 迁安市氢能产业园项目开工，该项目总投资52亿元，打造氢能及燃料电池汽车全链条产业园，计划2025年底二期建成投产，达到2万台氢能发动机产能，预计实现产值140亿元。

8月31日 北京玉柴兴顺达新能源科技有限公司与北京市大兴区黄村镇人民政府就“玉柴燃料电池项目”正式签约，项目落地大兴国际氢能产业示范区。玉柴兴顺达是玉柴芯蓝新能源动力科技有限公司和北京市兴顺达客运有限责任公司在北京大兴成立的燃料电池系统公司，未来，玉柴兴顺达公司计划投资4.8亿元，在大兴区规划建设氢燃料电池系统研发及应用项目、氢燃料电池核心零部件补链项目、氢气发动机研发及应用等项目，建成年产5000台套燃料电池系统及核心零部件的生产和研发基地。产品将配套10～12 m公交、8～18 t中轻卡以及乘用车的90 kW的新能源产品和主要应用于中重卡、终端倒短应用场景下的120 kW新能源产品基础上，加大开发长途重卡、牵引车应用场景的160 kW的新能源产品、下一代的高性能的电堆、电机系统。

8月31日 法国巴黎彼欧新能源入驻“嘉定氢能港”在嘉定区综合办公楼广厦厅正式签约。根据协议，彼欧集团将通过在嘉定氢能港投资设立新能源事业部亚洲区总部、亚洲研发中心和生产制造基地，扩大在中国的氢能业务。同时，将进一步完善嘉定氢能港关键零部件的技术链、产业链和创新链，有助于氢能港形成氢能“制、储、运、加、用”的完整产业生态。(彼欧新能源公司在汽车脱碳方面，特别是在氢存储、燃料电池技术方面开发出独特产品，运用在汽车、卡车、公共汽车等上)

9月

9月2日 陕西宝鸡眉县人民政府与淮海控股集团就“100万辆钠电新能源车辆西部产业园项目”在陕西宝鸡签署协议。该项目总投资15亿元，建设100万辆钠电新能源车集研发、生产、检测、销售、储运基地，项目达产达效后，年产值可达40亿元。

9月3日 圆速智动(深圳)氢电商用车有限公司与呼和浩特市人民政府签订产业落地框架协议，布局氢能商用车。未来，圆速智动(德国)公司研发团队将与中国研发团体积极联动配合为客户提供优质氢电商用车产品。圆速智动(中国)公司将发挥当地生产、氢电商用车应用场景优势，为产品优化提供数据支持，推动产业规模化发展。

9月3日 山西鹏飞集团有限公司投资780亿元布局鹏湾氢港氢能产业园。该项目位于吕梁市，规划建设20万t焦炉尾气制氢、5GW风光发电、10万t光伏发电制氢、10万t液体储氢及液氢充装站、8万t有机液体储氢装置、50座加氢综合能源站、30万辆/年氢燃料电池汽车、3万辆/年氢燃料电池工程机械，以及配套电堆、动力系统、供氢系统、锂电池等。全部建成后年可实现产值1800亿元。

9月3日 宁普时代电池科技有限公司就“智能换电生态大数据应用全国中心项目”与长宁区人民政府云签约。该平台基于物联网和大数据的技术底层，实现新能源重卡换电场景中的换电站、电池、车辆的互联互通和数字化解构，达到换电场景中车辆智能化调度和运营管理的目的，同时对场景中的碳中和、碳排放指标进行实时管理监控。

9月6日 宁德时代新能源科技有限公司时代新能源电池产业基地项目(一期)在厦门正式开工，该项目总投资不超过130亿元，主要建设动力电池及储能电池生产线。

9月7日 蓝黛科技集团股份有限公司与马鞍山经济技术开发区管理委员会签订项目合作意向协议，双方就蓝黛科技在马鞍山经济技术开发区管理委员会区域内投资建设“蓝黛科技新能源汽车高精密传动齿轮生产制造项目”相关事宜达成合作意向。该项目计划总投资23亿元，其中一期计划投资6亿元。

9月7日 深圳市科达利实业股份有限公司在厦门市同翔高新城同安片区投资设立全资子公司，资金不超过12亿元投资建设科达利厦门动力电池精密结构件生产基地项目，建设期约24个月。项目达产后将实现年产值约25亿元。

9月7日 长城控股汽车公司与常熟经济技术开发区管委会就“长城控股系列项目”正式签署战略合作协议，该系列项目包括：诺博汽车系统有限公司常熟智能座舱项目、未势能源科技有限公司氢燃料电池基地项目、长城智能科技有限公司新能源智能网联产业基地项目，项目累计总投资70亿元。(1)诺博汽车系统有限公司常熟智能座舱项目：诺博汽车将建设集研发、生产和品牌运营为一体的高科技企业，致力于打造音响新势力品牌，产品范围涵盖了音响系统、雷达、HUD等，在声学、光学、微电子、精密制造等领域内具有创新性竞争优势。(2)未势能源常熟氢能基地项目：主要围绕氢燃料电池系统、车载储氢系统及核心关键部件等产业链关键核心环节开展研发生产，全面增强氢能及燃料电池核心零部件自主研发和生产能力，预计五年内建设成为全国氢能源产业高地。(3)长城新能源智能网联产业基地项目：主要集聚长城汽车供应链上新能源、智能网联、汽车电子等核心零部件企业。整个产业基地合计固定投入将超过30亿元，五年内形成50亿元的产值。产业园一期占地150亩，规划总建筑面积约20万m^2。计划通过3～5年，引进和孵化一批新能源及智能网联的高新技术企业，打造成为华东地区具有影响力的新能源产业高地、智能网联策源地以及汽车核心零部件产业集群。

9月8日 云南恩捷新材料股份有限公司与厦门火炬高新区人民政府就“锂电池隔膜生产基地项目”签订协议。根据协议，该基地将建设16条锂电池隔膜基膜与涂布分切生产线，主要应用但不限于新能源车用动力电池系统及储能电池系统市场。

9月10日 比亚迪电池生产基地项目正式开工。该项目包括比亚迪广西东盟弗迪电池10 GWh混合动力电池及5 GWh新型电池项目，总用地面积约975亩，主要用于电池电芯、模组等产品的研发、生产和制造。项目全面达产后将实现年产值超100亿元。

9月14日　远景科技集团与沧州市人民政府签署合作协议。根据协议，远景科技集团将在沧建设智能电池产业基地、海兴智慧能源产业园等项目。在动力电池方面，远景科技集团旗下远景动力将在沧州打造智能电池产业基地，规划年产能30 GWh，生产最新一代动力电池与储能电池产品，预计2024年建成投产。

9月14日　深汕比亚迪汽车工业园二期项目正式开工。深圳市深汕特别合作区管理委员会与比亚迪汽车工业有限公司于2022年1月30日就该项目签订合作协议。项目位于深汕特别合作区小漠镇和鹅埠镇，计划总投资约200亿元，规划用地面积约379万 m^2，规划为60万辆新能源汽车配套的核心零部件生产基地。项目全部达产后年产值为1000亿元。

9月15日　欣旺达电动汽车电池有限公司与宜昌市人民政府、东风汽车集团股份有限公司、东风鸿泰控股集团有限公司在武汉签署《欣旺达东风宜昌动力电池生产基地项目投资协议书》，规划共同在宜昌投资建设30 GWh动力电池生产基地。该项目投资主要从事动力电池电芯、模组、PACK和电池系统的研发、设计、生产及销售，规划总投资约120亿元。项目分两期实施：第一期投资约80亿元，规划建设20 GWh动力电池项目；第二期投资约40亿元，规划建设10 GWh动力电池项目。

9月16日　孚能科技（赣州）股份有限公司与云南滇中新区管理委员会、安宁市人民政府签订《投资协议》，将在安宁工业园区麒麟片区投资建设“孚能科技24 GWh磷酸铁锂电池项目”。该项目分为两期，规划研发生产磷酸铁锂电池产品。

9月17日　江都区委区政府与浙江氢途科技有限公司就“浙江氢途氢能项目” 签约。该项目总投资10亿元，将投资建设氢能总部与燃料电池核心零部件研发与制造基地，分3年建设，2024年可实现总产值5亿元以上。

9月19日　亿纬锂能曲靖动力储能电池项目一期正式开工。该项目总投资约30亿元，位于曲靖经开区南海科技城片区，计划总用地约400亩，建设年产10 GWh动力储能电池生产线。

9月20日　欣旺达电动汽车电池有限公司与义乌市人民政府签署《项目投资协议书》。该项目投资主要从事锂离子动力电池及储能电池等产品的生产和销售，产品涵盖汽车动力电池和储能电池的电芯、模组、PACK及电池系统等。该项目计划总投入约213亿元，计划建设动力电池及储能电池总产能约50 GWh生产基地。

9月23日　日本电产汽车马达新能源汽车驱动电机旗舰工厂项目开工。该项目由日本电产株式会社投资，厂房由平湖经济技术开发区代建。项目总投资约25亿元。项目将建设成为新能源汽车专业配套电驱动系统，建设完成后将实现新能源汽车驱动电机关键零部件的平湖本土化生产，达产后预计年产能100万台，预计年产值可达80亿元。

9月23日　大连自贸片区（保税区）氢能产业园二期项目开工建设。二期项目包括国创氢能燃料电池和洺源科技氢燃料电池动力总成项目。国创氢能燃料电池项目由中国航天科技集团旗下国创基金与中国科学院大连化物所等共同投资建设，总投资3.2亿元，占地面积4万 m^2，主要开展氢燃料电池电堆、系统和核心零部件的研发、生产、技术成果转化及授权等，预计年产值15亿元。

9月24日　安徽阜阳市人民政府与比亚迪股份有限公司签署战略合作协议，同日，阜南县政府与比亚迪股份有限公司就“阜南比亚迪新能源乘用车零部件项目”在阜南经开区签署投资合作协议。根据协议，比亚迪弗迪公司将投资100亿元，在阜南经开区建设整车线束、精工中心、电机精密注塑件、轮速线、轮毂轴承、座椅面套等新能源乘用车零部件生产线，每年可为100万辆新能源汽车提供零部件配套。项目全部达产后，预计可实现年产值100亿元。

9月26日　重庆太蓝新能源有限公司与安徽省淮南市人民政府签订框架合作协议。根据框架协议，双方将在寿县投资建设太蓝新能源10 Gwh半固态动力电池产业基地。该项目位于寿县新桥国际产业园，总投资70亿元以上，建成后年产值达100亿元，是太蓝新能源在全国布局的首个10 GW生产基地。项目分两期建设，其中，一期项目投资20亿元，年生产规模3 GW，达产后年产值20亿元。

9月27日　宁德时代邦普一体化新能源产业园邦普时代项目开工。该项目位于湖北省宜昌市宜昌高新区，共包括邦普时代、邦普循环、邦普宜化三个项目，产业园总投资320亿元，整合了“磷矿—原料—前驱体—正极材料—电池循环利用”等关键环节，打通电池全生命周期产业链。宁德时代邦普一体化新能源产业园全部建成后，可以为400万辆新能源汽车配套电池正极材料。

9月28日　宁德时代新能源科技有限公司洛阳新能源电池生产基地（中州时代）开工，中州时代位于洛阳市伊滨区，项目主要建设新能源动力电池系统及储能系统生产线，规划用地面积1700亩，总投资不超过140亿元，基地产能约在40 GWh。

9月28日　文远知行（WeRide）与无锡经开区管委会、无锡交通产业集团下属智汇交通科技有限公司签署《无锡经开区全域自动驾驶三方合作协议》，落地自动驾驶产品，携手打造全国首个城市级全域公共交通自动驾驶运营平台。

10月

10月10日　广西柳州瑞浦赛克年产20 GWh动力电池系统项目正式开工建设。该项目总投资100亿元，建筑面积约40万 m^2，主要建设电池材料生产制造车间、综合库、研发楼、生活配套建筑以及绿化等配套附属设施，全部达产后预计年产值200亿元，将促进当地建设高端智能现代化汽车产业链。

10月10日　芜湖伯特利汽车安全系统股份有限公司与台州湾新区管委会就“智能汽车底盘线控制动系统项目”签署合作签约。根据协议，双方共同出资组建台州双利汽车智能底盘系统公司，将以汽车产业转型升级为支点，整合发挥各自优势及资源，推动智能汽车底盘线控制动产品在中国乘用车市场份额的快速提升。

10月20日　航天锂电50 GWh磷酸铁锂圆柱形电芯产业园项目正式开工。该项目由航天锂电科技（江苏）有限公司投资建设，总规划占地约3000亩，计划总投资300亿元。

项目以电芯为核心，涵盖正、负极材料等配套产业，建成千亿产值的锂电池生产基地。项目一期规划占地 502.68 亩，计划投资 30 亿元，建设 5 GWh 磷酸铁锂电芯生产线，规划建筑面积约 25 万 m^2，新上 10 条生产线，主要产品为自主研发的 38910 和 46800 新型动力电池。项目建成达产后，预计年产值约为 50 亿元

10 月 24 日 丰田燃料电池研发与生产项目(一期)在北京市经济技术开发区奠基。该项目主体由华丰燃料电池有限公司及联合燃料电池系统研发(北京)有限公司构成，总投资额约 80 亿日元，位于北京市经济技术开发区，占地面积约 11 万 m^2，将建设燃料电池生产线、检测线和研发中心，生产燃料电池系统产品，并进行燃料电池系统相关研发工作。项目建成将带动北京市氢能产业发展，助推燃料电池汽车推广。

10 月 25 日 深圳市创明新能源股份有限公司与烟台市福山区人民政府就“创明电池北方数字化基地项目”在江苏常州签署协议。根据协议，该项目计划投资 50 亿元，占地 350 亩，建设涵盖合浆、涂布、辊压/分切、制片/装配、检测等电池完整生产工艺的现代化智能工厂，产品广泛应用于新能源汽车、智能装备等领域。项目达产后可实现产能过 10 GWh，年产值近 100 亿元。

10 月 25 日 国轩高科股份有限公司再建两大动力电池生产基地，磷酸铁锂和三元锂电池产能合计30 GWh。其中，广西柳州新增投资建设年产 10 GWh 动力锂电池生产基地项目，投资主体为柳州国轩电池有限公司，投资总金额约为 48 亿元，规划用地约 362 亩，建设10 GWh 磷酸铁锂锂离子动力电池生产线及配套系统，生产动力电池电芯、模组、PACK 和电池系统等产品，计划于项目开工之日起 13 个月内建成投产。安徽省合肥新站高新技术产业开发区年产 20 GWh 动力电池项目，投资总金额为 67 亿元，合肥国轩电池技术有限公司作为该项目实施主体，建设 20 GWh 三元锂离子动力电池生产线及配套系统，生产动力电池电芯、模组、PACK 和电池系统等产品，自开工之日起16 个月后竣工生产。

10 月 25 日 福建翔丰华新能源材料有限公司与永安市石墨和石墨烯产业园管理委员会签署《新能源汽车用动力电池负极配套生产线项目投资合同》。该项目投资总额约 1.5 亿元，将建设年产 2 万 t 新能源汽车用动力电池负极碳化生产线和年产 4 万 t 人造石墨负极原料粉碎整形线及包覆线生产线，及其他生产辅助设施等。

10 月 29 日 福龙马新能源科技发展有限公司投资建设锂离子电池低碳—高值—整体资源化利用项目。该项目预计投资 5.5 亿元，分期投资建设；项目位于福建省龙岩市新罗区苏坂生物精细化工产业园一期 6 号地块，用地 118 亩，建设年产 5 万 t 废旧锂离子电池及极片废料回收资源化利用生产线及配套设施，建设周期 24 个月。

10 月 30 日 欣旺达东风宜昌动力电池生产基地项目正式开工。该项目由欣旺达电动汽车电池有限公司联合东风汽车集团股份有限公司、东风鸿泰控股集团有限公司共同投资建设，总投资 120 亿元，规划建设 30 GWh 动力电池生产基地，分两期建设，其中一期 20 GWh 产能。项目建成后将成为集动力电池电芯、模组、PACK 和电池系统的研发、生产及销售于一体的新能源动力电池生产基地，预计年产值将超过 240 亿元。

11 月

11 月 1 日 孚能科技赣州新基地年产 30 GWh 新能源电池项目正式开工。该项目位于江西省赣州市新能源科技城，总体规划建筑面积约 44 万 m^2，规划生产 SPS 大软包及新能源电池。

11 月 4 日 河南锂动力电池有限公司与湖北省十堰市房县人民政府就“年产 10 GWh 动力电池项目”签订战略合作协议。项目预计总投资 50 亿元，规划年产 10 GWh 动力锂电池。项目分两期建设，一、二期均为 5 GWh。一期计划 2023 年底建成投产，全部达产后可实现年产值50 亿元。

11 月 4 日 30 GWh 锂电池 PACK 新能源产业链项目在湖北省十堰市郧西县工业园开工。该项目由湖北云极新能源科技有限公司投资建设，规划占地 117 亩，总投资 37 亿元，主要建设年产 30 GWh 高性能锂电池 PACK 生产线、年处理 2 万 t 电池梯次使用生产线及充换电站等，年可实现产值 150 亿元以上。

11 月 9 日 青拓新能源电动矿卡及总成部件项目在福建宁德开工。该项目投资 20 亿元，位于福安市湾坞镇深安村，总占地面积 38.3 km^2，总建筑面积 7.4 万 m^2，建成后将具备新能源卡车整车及车身、货箱、车架、电池 PACK 总成零部件的设计、生产、销售和服务能力。项目预计将于 2023 年 11 月建成投产，达产后可年产矿卡和重卡 2 万台套。

11 月 9 日 宝鸡市人民政府与比亚迪就“比亚迪新能源汽车零部件基地项目”签署战略合作协议。根据协议，比亚迪将在宝鸡市扶风县投资建设新能源汽车零部件基地，两期占地近 2000 亩，一期建设整车线束、减震器、天窗、座椅面套、动力电池相关部件等新能源汽车零部件生产线。

11 月 10 日 湖北省十堰市人民政府与武汉格罗夫氢能汽车有限公司就“格罗夫氢能汽车生产项目”签署投资合作框架协议。根据框架协议，格罗夫与十堰市在构建氢能汽车产业生态、氢能基础建设、氢能应用场景等领域开展合作。该项目计划总投资 50 亿元，首期将建成实现 5000 台/年氢能商用车整车生产能力、5000 台/年燃料电池动力系统生产能力，打造格罗夫中极氢能商用车中重卡全球总部基地，规划总部基地制造能力建设，全部投产后可实现年产值 100 亿元。

11 月 17 日 深圳埃克森新能源科技有限公司与云南大理州人民政府就“埃克森新能源(祥云)电池产业园项目”在大理国际会议中心签署协议。根据协议，该项目将在祥云县经济技术开发区分两期建设 18 GWh 储能和特种电池产能，项目全部建成达产后，预计形成每年 100 亿元以上的产值。

11 月 18 日 浙江省人民政府与浙江吉利控股集团签署战略框架协议。根据框架协议，双方将共同打造吉利控股集团全球战略中心、全球汽车创新中心、汽车产业人才中心，共同推动产业链整零协同、产业链数字化转型，产业绿色发展，区域产业协调发展。

11 月 22 日 苏州时代新安能源科技有限公司一期项目

开工。一期项目总投资50亿元,建成后预计年产值超100亿元,占地173亩,总建筑面积约25万 m^2。项目涉及CTC一体化电动底盘、动力域集成、电力电子与储能产业等。

11月23日　温州市永嘉县人民政府和比亚迪股份有限公司就“比亚迪新能源动力电池温州生产基地项目”进行云签约。该项目将在浙江省温州市布局新能源汽车动力电池和相关配套核心零部件产业,助力温州打造千亿级新能源汽车产业集群,项目规划年产能20 GWh,预计2024年开始投产。

11月25日　2022宜宾动力电池新镇重点项目集中开工。该项目由54个重点基础设施项目组成,总投资约313.15亿元,计划于2023年5月底前呈现形象,分为三个批次集中开工。本次集中开工9个项目,总投资约27.42亿元。第二批次计划于12月15日集中开工,5个项目,总投资约5.85亿元。第三批次计划于12月30日集中开工,7个项目,总投资约22.31亿元。

11月26日　国家检测中心新能源智能汽车研发认证基地项目启动。该项目位于烟台市福山区新能源汽车产业园,总投资30亿元,占地350亩,将打造新能源汽车关键部件研发试验检测认证基地,建设国家级汽车研发认证公共服务平台。

11月30日　邯郸市人民政府与浙江吉利远程新能源商用车集团有限公司签署战略合作框架协议。根据协议,双方将携手打造新能源商用车邯郸区域工厂、全产业生态体系和液态阳光甲醇经济创新试验示范运营区,构建“装备制造+清洁能源+智慧互联”发展模式,助力邯郸产业转型升级和绿色低碳发展。

12月

12月1日　濮阳市人民政府与风氢扬氢能科技(上海)有限公司在濮阳市签署协议。根据协议,上海风氢扬将在濮阳投资建设氢燃料电池动力系统研发生产基地项目及氢能产业化项目,项目选址濮阳县,总投资10亿元,总占地200亩,主要建设年产2万台套燃料电池发动机产线及年产200台套固定式发电站产线等,氢能产业化项目涵盖燃料电池生产研发以外的氢油电综合能源站、固定式发电站,以及备用电源、公路运输、特种车辆等主要场景的应用。

12月7日　欣旺达电子股份有限公司与宜春市人民政府签署战略合作协议。根据协议,欣旺达预计总投资165亿元,分期在宜春市建设年产30万t正极材料项目、年50 GWh综合回收利用项目、年产5万t电池级碳酸锂项目。宜春市政府将协调欣旺达投资与合作项目作为政府重点项目,支持欣旺达与宜春市矿业有限责任公司的合作并给予相关优惠政策。

12月11日　因湃电池科技有限公司正式动工。该项目位于广汽智联新能源汽车产业园内,总投资109亿元,占地约666亩,工厂预计在2023年10月实现厂房交付,2024年3月前完成首期6 GWh量产线导入,2025年底完成所有36 GWh产线导入,届时可满足60万辆车的装机需求,年产值将超过210亿元。

12月12日　采埃孚集团与广州市花都区人民政府签署投资合作协议,新建汽车电子工厂。根据规划,新工厂一期规划面积1.2万 m^2,产品将覆盖ADAS、高性能域控、安全电子和底盘控制四大产品线。新工厂计划于2023年动工,2025年实现量产。

12月16日　合肥市新能源汽车和智能网联汽车产业链项目集中签约,产业方向涵盖电机控制器及车载电源、电动车辆测试系统及智能制造设备、工业车辆电动化总成、自动驾驶、车规级芯片等领域,总投资额52.5亿元。其中,阳光电动力年产250万套新能源汽车电控及电源制造项目总投资17亿元,项目达产后预计年新增营业收入不低于35亿元。科威尔测试及智能制造装备产业园项目总投资11亿元,预计到2029年实现销售收入不低于7亿元。

12月22日　宁波市人民政府与浙江吉利控股集团就“新能源汽车整车系列合作项目”签约。吉利控股集团将对宁波前湾新区现有两个整车制造基地进行新能源化改造以及后续高端品牌新能源整车新车型导入,加速释放新区现有整车产能,带动汽车全产业链向新能源化提质升级。

12月23日　湖北省孝感市云梦县人民政府与中极氢能公司就“中极氢能甲醇制氢项目及氢能设施项目”在湖北便利服务中心签署协议。该项目预计投资2.5亿元,配套建设常温常压液态储氢、提纯、充装等装置,县内两座每12 h 1000 kg加氢站等氢能基础设施。

12月24日　山东时代新能源电池产业基地项目、宁德时代1.1 GW渔光互补国家级大型光伏发电基地项目、宁德时代济宁首座重卡换电站项目同时开工奠基。其中,山东时代新能源电池产业基地项目总投资不超过140亿元,将建设动力电池系统及储能系统生产线,项目规划用地面积约2000亩。

12月25日　中国长安智能网联新能源汽车零部件产业园项目在西部(重庆)科学城璧山片区智能网联新能源汽车特色产业园开工。该项目总投资超过50亿元,致力于真空压铸和复合材料产品开发,提升超高强钢、铝合金、复合材料在车身、底盘、动力系统等全领域、全过程的轻量化全服务能力,实现对线控底盘及汽车轻量化产品研、产、供、销全栈式能力,确保供应链安全,进一步填补璧山区在新能源汽车产业细分领域空白,推动新能源汽车核心零部件全产业链布局。

12月26日　唐山耀宁新能源科技有限公司耀宁新能源动力电池项目在河北唐山丰润区开工。该项目计划总投资约155亿元,分两期建设,其中一期项目计划总产能为12 GWh单体大容量锂离子电池,占地面积437亩。

12月27日　广州汽车集团股份有限公司、遵义市人民政府、广东东阳光科技控股股份有限公司在贵阳市签署战略合作框架协议。根据框架协议,三方重点开展以下合作。在条件成熟时,协商推进能源、铝多金属矿床矿产资源提炼利用及产业化项目、铝精深加工等项目合作;未来结合国家产业政策及各方发展战略,进一步探讨动力电池、新能源汽车、新能源技术创新中心等项目合作。

12月28日　内蒙古赤峰市松山区人民政府与深圳市欣旺达智慧能源有限责任公司就“欣旺达赤峰智能制造绿色低碳产业园项目”签署合作协议。该项目总投资约30亿元,包括电力储能系统生产基地(锂电池 PACK 生产线和储能系统总装集成测试)、共享储能、数字能源研究院等。

12 月 30 日 安徽芜湖三山经开区孚能科技年产 24 GWh 新能源电池项目一期正式开工建设。该项目总投资 140 亿元,分两期建设,一期项目建设“高性能动力锂电池项目”,二期建设“年产 12 GWh 新能源电池项目”。项目预计 2023 年 12 月正式投产,建成后形成年产 24 GWh 新能源电池的生产能力。

二、2022 年合资合作

1月

1 月 4 日 重庆菁云创富企业管理有限公司、重庆发展投资有限公司出资设立的专项基金(专项基金)与重庆小康工业集团有限公司、重庆小康控股有限公司、重庆金康新能源汽车有限公司签订《投资协议》,由金康新能源、专项基金、菁云创富合资成立重庆赛力斯电动汽车有限公司,以建设运营“赛力斯智能电动汽车零部件总成项目”。同时,基于对小康股份新能源汽车战略布局和未来业务发展的认可,重庆市相关政府投资平台公司投资入股重庆赛力斯电动汽车有限公司,用以提升小康股份高端智能电动汽车产能。

1 月 4 日 南京越博动力系统股份有限公司与广西玉柴新能源汽车有限公司签订战略合作协议。根据协议,双方建立新能源汽车动力总成产品战略合作关系,共同提升双方在新能源汽车领域市场竞争力。

1 月 5 日 极氪与 Mobileye 深化战略合作关系,双方计划于 2024 年联手推出全球首款具备 L4 级别智能驾驶能力的消费级智能驾驶电动汽车。极氪进一步拓宽与 Mobileye 合作内容:极氪将深度整合 Mobileye 技术,面向个人用户推出一款具备 L4 级别智能驾驶能力的全新车型。

1 月 5 日 中国科学院上海有机化学研究所与氢通(上海)新能源科技有限公司战略合作暨氢能源膜材料研究中心揭牌。同日,中国科学院上海有机化学研究所与氢通(上海)新能源科技有限公司签订《氢能源技术产业化创新战略合作》;中国汽研新能源动力测评研究部、氢能应用研究室与氢通(上海)新能源科技有限公司签订《氢能源技术标准化验证战略合作》,双方将聚焦氢能应用,基于安全、绿色、体验三个维度,提供集检测认证、标准体系、数据平台、技术服务、应用推广、产业孵化等服务为一体的氢能动力综合服务平台,为氢能源动力产品的设计、出厂、量产等提供全方位的技术支持,共同服务氢能产业、促进产业提质增效;中汽兄弟(北京)信息科技有限公司、中汽数字研究院与氢通(上海)新能源科技有限公司签订《氢能源技术商业化应用战略合作》,双方将围绕氢产品在商用车行业化生态圈的打造,加速推动商业化应用。

1 月 5 日 蜂巢能源科技股份有限公司与上海市嘉定区国有资产经营(集团)有限公司就成立“蜂巢能源上海研发中心落地”签订合作协议。该中心注册名称为章鱼博士智能技术(上海)有限公司,定位于为 BMS 软硬件、工业软件、智能设备的控制器硬件、AI 算法、灯塔工厂集成设计等方向提供研发支持,做新能源汽车、新能源零部件、电子信息产业的智能控制和智能制造的核心系统供应商,承接蜂巢能源 AI 智能工厂建设的战略分工,打造车端 BMS 电池管理系统,通过高安全、高精度、高可靠、高智能设计,保证电池安全运行、延长电池寿命、精准预警,赋能新能源产业。

1 月 5 日 昇辉新能源有限公司与盛丰物流集团有限公司签署《零碳物流解决方案合作协议》。根据协议,双方将围绕绿色物流建设等方面开展合作,打造华南地区氢能物流示范产业链。昇辉新能源将为盛丰物流提供基于氢能源的零碳物流解决方案,包括氢燃料电池运输设备配置,以及针对物流运输路线的用氢与加氢规划。在此基础上,昇辉新能源还将牵头产业链上下游合作企业,为盛丰物流提供符合其需求的氢能物流车、叉车、自卸车、搬运车等新能源车辆和运载装备。盛丰物流首期将向昇辉新能源或指定主体采购 3 台搭载有昇辉新能源氢燃料电池发动机的氢能物流车辆,并将氢能物流车逐步推广应用至盛丰物流其他省级分公司。

1 月 7 日 奥动新能源汽车科技有限公司与上海畅联国际物流股份有限公司签订战略合作框架协议。根据框架协议,双方将基于各自在换电商业模式以及供应链精益管理的优势,展开对应的商业合作。双方将在积极协同探索各自优势领域的业务机会,包括加强高层交流合作,围绕敏捷供应链合作、商用车换电模式供需侧互补强强联合。此外,双方还就动力电池仓储与安全管理合作、电池梯次应用与物流园储能合作等方面进行了深入交流。

1 月 10 日 蔚来汽车与浙江商业集团签署战略合作协议,共同建设浙江高速换电网络,为用户提供便捷城际出行加电体验。

1 月 10 日 宝山钢铁股份有限公司与蔚来在上海嘉定蔚来公司签署战略合作签约协议,双方将在产品、供应链、技术创新、新材料应用和零碳路径等方面展开合作。

1 月 11 日 国家电投氢能公司与东风商用车有限公司在武汉签署战略合作协议,共同致力氢燃料电池商用车市场推广。此次签署战略合作协议,双方将视对方为中重卡领域最优先合作伙伴,联合推广搭载国家电投氢能公司燃料电池系统的东风商用车公司整车产品,并计划在未来两年实现 1000 台氢燃料电池重卡的市场联合推广。

1 月 12 日 黑芝麻智能科技有限公司获得博世旗下博原资本战略投资。由此,黑芝麻智能将与博世在自动驾驶领域深化全面合作,联手打造智能驾驶解决方案,进一步推动自动驾驶的商业化落地。

1 月 15 日 苏州盟能能源科技有限公司与浙江峘能新能源科技有限公司签署《战略合作协议》。根据框架协议,双方配合在东风风行 S50EV 换电版车型落地城市配套开展换电业务。

1 月 17 日 华人运通控股有限公司与青岛市人民政府签署合作协议。根据协议,华人运通将在青岛设立中国总部并成立高合汽车销售服务总公司,打造面向全球的世界级研发技术中心。青岛将对华人运通进一步发展给予全面支持。

1月17日 深圳元戎启行科技有限公司与北京一径科技有限公司正式达成战略合作。根据协议，双方将基于固态激光雷达，合作推出更低成本、可量产的L4级自动驾驶前装解决方案，打造城市出行场景的自动驾驶应用标杆，引领L4级自动驾驶量产新格局。

1月17日 东风柳汽乘龙公司与优链卡车驿站科技有限公司在江苏淮安签约100台乘龙H7换电重卡。

1月18日 上汽零束软件分公司与延锋签署战略合作协议。根据协议，双方将基于零束银河全栈3.0舱驾融合计算平台开展战略合作，共同开拓业内外市场。

1月18日 黑芝麻智能科技有限公司联合黑莓QNX打造自动驾驶平台。该平台将基于黑芝麻智能高性能的华山二号A1000自动驾驶计算芯片，采用黑莓已通过ISO 26262 ASIL-D安全认证的实时操作系统（RTOS），为汽车厂商和一级汽车供应商提供高算力、高稳定可靠、高可移植性创新方案，加速自动驾驶车型量产上市。双方已经联合获得一系列车企项目。

1月19日 河南豫氢装备有限公司与北京绿氢科技发展有限公司签订加氢服务协议，豫氢装备将派专业人员为北京延庆园加氢站冬奥会期间提供日常加氢运行保障服务。

1月19日 协鑫能源科技股份有限公司与北京京深深向科技有限公司签署合作框架协议。双方就重卡换电技术研发与设备制造、新一代换电重卡的整车研发与生产、干线重卡换电网络投资与运营、货运数字化平台技术应用、“源、网、荷、储、氢”上游绿色能源配套产业投资等方面建立战略伙伴关系。根据框架协议，双方共同开展换电站、换电模块、移动能源车、充电产品的技术路线及方案的研究等；推进干线无人驾驶换电重卡绿色物流项目落地

1月20日 广汽零部件有限公司与株洲中车时代合资设立广州青蓝半导体有限公司，新公司将主要围绕新能源汽车自主IGBT开展技术研发和产业化应用。项目计划落户广汽智能网联新能源汽车产业园，投资总额约为4.63亿元。分两期投资：一期规划产能为年产30万只汽车IGBT模块，计划2023年投产；二期规划产能为年产30万只汽车IGBT模块，计划2025年投产。项目全部完成后，可实现总产能每年60万只IGBT。

1月20日 上海市特种设备监督检验技术研究院、上海机动车检测认证技术研究中心有限公司、上海氢能利用工程技术研究中心签署战略合作协议，同时签署“氢能安全测评与研究战略合作协议”。根据协议，各方利用上海及长三角氢能产业链技术及市场优势，聚焦氢能制、储、运、加及燃料电池应用等环节，占领标准、检测服务示范高地。此外，三方将在测评服务先试先行、标准引领、技术研究等方面展开全面合作。

1月21日 黑芝麻智能科技有限公司与MAXIEYE达成战略合作，双方将立足各自在智能汽车产业链的技术和业务支点，携手打造基于大算力平台、多传感器融合控制的高阶自动驾驶系统产品，以及高低速一体式（行泊一体）架构的行业主流需求方案，以高性能、国产化的智能驾驶解决方案服务于广大产业链客户及合作伙伴。

1月23日 吉利控股集团与雷诺集团签署全新合作协议。根据协议：吉利控股集团将成为雷诺三星汽车的战略合作伙伴，授权其使用吉利领先的模块化架构和先进的混合动力总成技术；双方将在韩国市场推出高效、节能的燃油和智能混动车型，该车型将会是一台全新研发的新车，2024年左右投产，或在韩国挂标三星售卖，同时计划将上述产品投放海外市场。

1月24日 深圳市欣旺达综合能源服务有限公司与中能绿慧新能源有限公司签订《合作框架协议》。根据协议，双方在风、光、储、充换电及综合能源服务等项目的资源获取、项目开发、投资、建设及运维方面展开整体战略合作。

1月27日 梅赛德斯-奔驰与辉能科技（ProLogium Technology Co）签署共同开发下一代电池的技术合作协议，将在未来几年共同开发制造配备固态电池的测试车辆，梅赛德斯—奔驰投资金额达数百万欧元。根据协议，梅赛德斯-奔驰的投资包括固态电池技术开发及帮助辉能科技在欧洲建立生产制造厂，新工厂最快于2022年底建成，将专注于下一代电池的开发，包括采用硅阳极、锂金属阳极和双极技术的固态电池。

1月27日 上海微技术工业研究院与上海汽车集团股份有限公司在沪签署战略合作协议，双方共同发起成立上海汽车芯片工程中心。该中心将由上汽集团提出产业需求并且提供产业化环境，按照上海工研院可复制的以“中试研发平台+创业生态圈”的成功模式进行运营。该中心将打造面向“汽车电子生态圈”，计划在五年内成为中国汽车芯片第一产业高地。

1月29日 一汽解放汽车有限公司与宁德时代新能源科技股份有限公司在吉林长春签署《五年供需联动协议》，加强双方在动力电池产品供应端的紧密合作。根据协议，双方将基于战略合作，建立优势互补、合作共赢的深度合作关系，做到供需两端良好匹配。

2月

2月7日 江苏久吾高科技股份有限公司与金海锂业（青海）有限公司签订《1000吨氯化锂项目设计、设备供货及安装总承包合同》（氯化锂主要用于生产金属锂，金属锂是下一代锂电池的重要材料），合同总价6500万元。

2月9日 金圆环保股份有限公司与盛大奇立信息技术（北京）有限公司签署《战略合作协议》，将在城市区域范围拓展废旧锂电池回收网络，开展废旧锂电池回收、梯次利用、再生利用合作，推动废旧锂电池回收利用产业发展。根据协议，双方将围绕废旧锂电池回收网络渠道建设，在未来三年由盛大奇立主导，金圆股份配合，在全国范围开发区域中心站不少于20个。区域中心站的功能主要为废旧锂电池的收集、储存。同时，开发增设拆解、梯次利用或再生利用功能的区域中心站数量不少于3个。

2月10日 深圳市安车检测股份有限公司与时代电服科技有限公司在深圳签署《战略合作框架协议》。根据协议，双方将在换电及相关业务场地空间共享、换电场站运营维护、换电车辆推广销售、换电设备研发制造等领域探索合作机会。

2月10日 国家电投集团碳资产管理有限公司和中国

燃气控股有限公司签署战略合作框架协议。在双方现有合作的基础上，国家电投希望在氢能、燃机、绿电交通等方面加强交流与合作。

2 月 10 日 上海氢晨新能源科技有限公司与英飞腾(上海)氢能源发展有限公司、浙江蓝能燃气设备有限公司签署战略合作三方协议。根据协议，三方将共同开展氢燃料电池叉车的联合开发及应用推广。英飞腾将基于氢晨科技研发生产的电堆和浙江蓝能提供的供氢系统，完成适合国内应用场景的叉车用氢燃料电池系统的集成研发。

2 月 11 日 立讯精密工业股份有限公司与奇瑞控股集团有限公司、奇瑞汽车股份有限公司、奇瑞新能源于芜湖共同签署《战略合作框架协议》。根据协议，立讯精密与奇瑞新能源拟共同组建合资公司，专业从事新能源汽车的整车研发及制造，为立讯精密汽车核心零部件业务提供前沿的研发设计、量产平台及出海口，致力于实现公司成为汽车零部件 Tier1 领导厂商的中长期目标。

2 月 11 日 中船派瑞氢能科技有限公司与深圳市氢蓝时代动力科技有限公司签订战略合作协议。根据协议，双方将在产品技术、市场协同、平台搭建、产业联盟等方面展开全方位战略合作。

2 月 11 日 小鹏汽车与荷兰经销商 EmilFrey 以及瑞典经销商 Bilia 达成战略合作协议，并在当地建立销售服务网络。瑞典经销商 Bilia 将利用其在该国的 58 个经销商和 66 个服务中心网络来负责零售和服务。

2 月 13 日 协鑫能源科技股份有限公司与贵阳产业发展控股集团有限公司在苏州签署战略合作框架协议。根据协议，双方将展开如下几个方面合作：(1)打造立足贵阳、辐射全国的电池银行能源资产管理大数据平台；(2)推进换电新能源汽车推广应用和配套换电补能网络的开发运营，助推“电动贵阳”整体方案落地；(3)开发储能、电池材料、新型电力系统与新能源源网荷储一体化建设；(4)围绕碳中和产业开展基金合作，投资引入头部企业及产业资源，完善新能源全产业链要素集聚；(5)开展能源大数据及全生命周期数字资产管理，探索碳足迹、碳积分、碳配额等评估与交易机制创新。

2 月 15 日 开沃汽车集团与湖北亿纬动力有限公司签署战略合作协议，双方将在电池相关领域进行更具高度的合作，布局海内外市场，共同发展。

2 月 15 日 鄂尔多斯银行股份有限公司、航天科工金融租赁有限公司、内蒙古一派氢能科技有限公司、江苏兴邦能源科技有限公司在鄂尔多斯签署氢能重卡金融服务战略合作协议。根据协议，四方将基于专业研发生产及金融资源优势共同推动氢能产业发展，助力国家及地区“2030 年前实现碳达峰、2060 年前实现碳中和”战略目标的达成。内蒙古一派氢能及江苏兴邦能源科技将分别在鄂尔多斯及乌海市打造百亿级氢能产业链项目，涉及绿氢生产、储运，加氢站建设，燃料电池核心部件及系统研发生产，直至下游燃料电池重卡应用及运维全链条。

2 月 16 日 百度 Apollo 与三星电子签署智慧车联战略合作协议。根据协议，双方针对手机车机智能互联产品百度 CarLife + 进行深度定制，助力车联网领域应用创新和用户体验提升，并持续探索行业领先的解决方案，为用户构建智能化和个性化的人车交互方式。

2 月 17 日 捷豹路虎公司与英伟达公司建立多年战略合作伙伴关系。双方将共同致力于新一代自动驾驶系统的研发，以及由人工智能(AI)赋能的客户服务体验升级。预计自 2025 年起，所有捷豹路虎车型将基于英伟达自主驾驶汽车开发平台(NVIDIADRIVE)的软件定义平台打造，提供全方位的主动安全、自动驾驶、驾驶辅助系统及泊车系统等功能。

2 月 17 日 必维集团(BureauVeritas)与上海济平新能源科技有限公司签署战略合作协议。根据协议，双方将联合推进国内外氢能源材料行业的发展与研究，包括氢能材料相关的测试标准、性能标准等一系列国际化标准，进一步开拓国际氢能市场，建立完善、健康的氢能材料生态环境。

2 月 17 日 岚图汽车科技有限公司与中国东风汽车工业进出口有限公司(DFMIEC)在武汉正式签署协议。岚图汽车正式进军欧洲市场，首站登陆挪威，成为新能源国家队首个出海品牌。

2 月 18 日 上海舜华新能源系统有限公司与国家电投集团碳资产管理有限公司在上海签署战略合作协议。根据协议，双方将在氢能装备研发推广、设备标准制定、低碳技术投资、绿色电源应用示范等领域展开深度合作，共同参与绿色产业链、供应链标准体系建设，建立绿色供应商数据库，营造绿色、低碳、创新、智慧的氢—电发展生态圈。

2 月 19 日 上汽红岩与嘉丰石材、国家电投“生态麻城，绿色矿山”1000 辆纯电动重卡在湖北麻城市签约。三方将以绿色交通运输体系转型为契机，共同助力打造麻城“矿山生态圈”。

2 月 19 日 湖南中科电气股份有限公司与宁德时代新能源科技有限公司签订《关于贵安新区中科星城石墨有限公司之增资协议》。在本次增资的基础上，湖南中科电气股份有限公司控股子公司贵安新区中科星城石墨有限公司将投资建设“年产 10 万 t 锂电池负极材料一体化项目”，项目规划总投资 25 亿元，预计年产值不低于 35 亿元，分两期建设，第一期拟建设 6.5 万 t 产能，第二期拟建设 3.5 万 t 产能。在双方共同投资贵安新区中科星城且公司负极扩产项目建成投产后，宁德时代就其该等负极扩产项目产能享有优先采购权，即将优先保障宁德时代的石墨化负极产品供应。

2 月 21 日 远程汽车与韩国汽车产业集团 MS 明信集团签署战略合作协议。根据协议，双方将共同基于新能源全新轻客远程星享 V 开发定制车型，并在技术开发、属地认证、市场销售等领域进行深度合作。

2 月 21 日 上汽集团和青山实业集团签署战略合作及瑞浦能源项目仪式。根据协议，双方将在全球范围内合作开发新能源上游的镍、钴、锂、锰等相关资源项目，协同促进新能源电池技术和应用市场开发，合力推动我国新能源产业高质量发展。

2 月 22 日 采埃孚与集度在上海集度总部正式签署战略协议。根据协议，双方将在底盘零部件及控制系统、电驱系统、被动安全系统等多方向开展密切合作，并联合开发智能底盘技术。集度将采用自研和联合开发方式，以量产交付为目标。其中，采埃孚和集度将联合开发下一代智能底盘技术，集度负责智驾以及部分产品体验相关的探索性新功能开发，采埃孚负责开发高质量的底盘部件和打造安全可靠的数字执行接口。

2月22日 爱驰汽车与量子出行（广州）科技有限公司签署战略合作协议，双方将在智能交通、交通大数据解决方案、高端网约车运营、新能源汽车推广、共享汽车等方面展开深度合作。

2月22日 新吉奥汽车与陆金申华融资租赁（上海）有限公司签订战略合作伙伴关系。根据协议，双方将在汽车金融服务等多方面进行深度合作，为终端购车客户提供各类融资租赁产品及相关配套汽车融资租赁业务服务。

2月23日 广东光华科技股份有限公司与奥动新能源汽车科技有限公司、松下电器（中国）有限公司签署《战略合作协议》。根据协议：(1)技术层面。在电池状态检测、电池安全预警、电池寿命延长、电池梯次储能等领域，三方将在技术和数据上保持紧密沟通合作。(2)业务层面。秉承电池全生命周期利用理念，三方将致力于实现电池全生命周期价值挖掘，包括电池资产运营管理、充电控制策略、梯次储能、报废回收。(3)资本层面。就光华科技、奥动新能源正在筹建的电池全生命周期利用的平台型公司，松下电器在其经营范围、集团政策允许的范围内和其进行合作可能性讨论。

2月26日 安徽江淮汽车集团股份有限公司与中科创达软件股份有限公司在北京中科创达总部举行合资协议签约仪式。根据协议，双方将于安徽合肥联合成立一家合资公司，并以整车软件、车云平台和自动驾驶为核心，为汽车行业的智能化转型与发展赋能。

2月26日 安凯客车与合肥智行者科技有限公司就自动驾驶领域开展重要战略合作进行签约，推动安徽省乃至全国的新能源和智能网联汽车发展。

2月26日 天津市捷威动力工业有限公司与奇瑞新能源汽车技术有限公司在安徽芜湖签署战略合作协议根据协议，双方就动力电池供需联动和产能保证达成深度合作，奇瑞新能源拟采购捷威动力未来3年共计约50亿元金额动力电池。

2月28日 欣旺达电子股份有限公司与松山湖材料实验室在东莞松山湖材料实验室签署战略合作协议。根据协议，双方就新型电池材料联合技术开发等方面达成战略合作。

2月28日 格林美签订《战略合作协议》。根据协议，容百科技与格林美将共同构建基于"镍钴资源开采—动力电池回收—三元前驱体制造—三元材料制造"产业链的战略合作体系，在动力电池回收等领域建立长期紧密合作关系。容百科技投资格林美控股从事的动力电池回收、拆解利用、梯次利用和粉料分选业务；动力再生所生产的不少于26%的材料产品，以公允价格供应容百科技。

3月

3月1日 海马汽车股份有限公司与长江三峡（海南）绿色发展投资有限公司签署《碳达峰碳中和战略合作框架协议》。根据框架协议，双方共同推进零碳排放氢能产业链合作，共同探索在海南推进"制、储、运、加、用"一体化的氢能汽车示范运营项目，包括链接双方绿电资源、智能电池管理等相关领域。此外，双方还将共同实施车辆和工程机械电动化改造及配套充换电设施建设项目。

3月1日 浙江海盐力源科技股份有限公司与浙江吉利新能源商用车集团有限公司签订合作意向书。根据意向书，双方合作内容有：(1)协同申报。双方共同争取进入以（嘉兴、上海）市为牵头城市的燃料电池汽车示范城市群。(2)研发合作。双方在已有合作基础上，优势互补、资源共享，通力合作、协同攻关，及时做好技术对接，协同提升产品技术水平，完善相关产品标准，共同打通燃料电池关键零部件产品上下游产业链。(3)产业合作。双方互相配合，共同推动双方产品在示范城市群、全国范围内的推广，逐步形成规模效应，降低成本。在共同推动示范推广应用双方产品基础上，协同其他产业链优秀企业共同构建燃料电池汽车产业链条。

3月3日 浙江吉利控股集团有限公司与百度公司在杭州签署深化战略合作协议。根据框架协议，双方将在信息安全、智能驾驶云等方面进一步加深合作。双方将通过共同设立AI创新中心、AI联合实验室等形式，开展新技术前瞻性研究和试点业务合作。

3月4日 中国东方电气集团有限公司与福建省汽车工业集团有限公司在蓉签署战略合作协议。东方电气集团希望双方在氢能全产业链合作，推动双方不断拓展合作领域，携手高质量发展。福汽集团希望双方发挥各自优势深化合作，推动互利双赢共同发展。

3月7日 广州天赐高新材料股份有限公司与南京领行科技股份有限公司、招银金融租赁有限公司签订《战略合作协议》。根据协议：天赐材料与领行科技开展退役电动汽车和电池回收/以旧换新合作；领行科技与招银金融租赁依据相关法律法规，合作开展融资租赁业务；天赐材料与招银金融租赁就车辆、动力电池回收业务开展业务合作。本协议项下，三方合计达成预计10亿元的合作规模意向。

3月8日 京东科技集团与天奇自动化工程股份有限公司在京东总部签署合作框架协议，围绕锂电池循环再利用的全产业链上达成深度合作。根据框架协议，双方将共同构建锂电池回收循环利用生态体系，树立锂电池循环再利用的行业标杆。双方将建设"1+3+N"工程，即打造"一个总平台，三类功能定位，N个子系统支撑，支持接入多个金融机构"的"锂电池循环利用一体化平台"。其中"一个总平台"，覆盖天奇股份整个锂电池产业交易体系，融合物流运输及仓储管理，为产业中有融资需求的环节提供供应链科技服务的产融一体化服务平台。

3月8日 中国邮政集团有限公司与中国石油化工集团有限公司在京签署战略合作框架协议。根据框架协议，双方将开展电动车辆充、换电，综合能源供应站建设以及氢能等洁净新能源汽车等合作。

3月9日 Gogoro与辉能科技达成合作，双方将共同研发全球第一颗电池交换式电动机车固态电池原型，全新的固态电池技术有望在未来3至4年逐步迈入量产。

3月15日 武汉雄韬氢雄燃料电池科技有限公司与京山市公共交通有限公司签署《氢燃料客车采购合同》，根据协议,京山公交将向武汉氢雄分别采购 13 辆 8.2 m 氢燃料通勤车,17 辆 8.5 m 氢燃料公交车,总价 4748.8 万元。

3 月 16 日 印度电池制造商 ExideIndustries 与蜂巢能源签订协议。根据协议,ExideIndustries 计划在印度建立一家电池工厂,年产能不到 10 GWh,新工厂生产的电池将适用于电动汽车和定置型应用,蜂巢能源将授权 Exide 使用、开发和商业化其电池技术,并将协助 Exide 建立电池工厂,以在印度生产锂离子电池。

3 月 16 日 协鑫能源科技股份有限公司与徐工集团签署《战略合作框架协议》。根据框架协议,双方将在换电重卡产品开发、换电站建设等领域进行长期战略合作。在换电重卡产品合作上,计划在未来 3 到 5 年内,双方实现 1 万台以上换电重卡车型的销售和 200 座以上换电站建设。

3 月 16 日 德国梅赛德斯-奔驰与远景动力(EnvisionAESC)签署战略合作协议。根据协议,远景动力将为奔驰新一代豪华纯电 SUVEQS 和 EQE 提供动力电池产品。同时,远景动力将在美国建设一座新的数字化零碳动力电池超级工厂,2025 年实现量产。

3 月 16 日 松下就"动力电池回收再利用业务"与光华科技、奥动新能源达成合作。合作计划利用松下技术分析电池状态,探索废旧动力电池回收再利用机制。

3 月 18 日 南京芯驰半导体科技有限公司与安谋科技(中国)有限公司达成战略合作伙伴关系。根据协议,未来双方将在 ADAS、自动驾驶等领域展开深度合作,打造基于下一代汽车电子电气架构的产品,或助力中国汽车产业智能化发展。

3 月 20 日 重庆集成汽车电子有限责任公司党支部与东风汽车智能化软件中心党支部签订党建共建合作,共同开发 CCM/VIU 平台项目。

3 月 21 日 大众汽车集团(中国)与浙江华友钴业股份有限公司、青山集团签署两份战略合作谅解备忘录。根据备忘录,大众汽车将与华友钴业、青山集团组建一个专注于镍、钴原料生产的上游印尼合资公司,三方合资公司在满产后原材料总产能可以满足 160 GWh 所需的镍、钴原材料供应。同时,大众汽车还计划与华友钴业建立专门从事镍、钴硫酸盐精炼、前驱体加工和正极材料生产的下游广西合资公司,以助力其进一步优化电池成本。

3 月 21 日 远景动力(EnvisionAESC)与十堰市人民政府签署合作协议。根据协议,双方将围绕智能电池、零碳汽车产业园、绿色能源系统示范打造等多个领域开展合作。远景动力将在十堰市建设零碳智能电池产业园,规划总产能 40 GWh,生产最新一代动力电池与储能电池产品,首期建设 20 GWh。远景将以零碳汽车产业园为载体培育零碳汽车新产业链生态,将十堰打造为"零碳汽车城",新能源乘用车和商用车"高端制造高地",中国"零碳汽车出口基地"。

3 月 22 日 厦门金龙联合汽车工业有限公司中标银川市公共交通有限公司 350 辆新能源客车订单,将用于银川市交通运输局与银川市公共交通有限公司合作的宁夏银川市一体化绿色交通建设项目,总金额近 3 亿元。

3 月 22 日 协鑫能源科技股份有限公司与北京长久物流股份有限公司签署战略合作框架协议。根据框架协议,双方将聚焦换电新能源汽车,共建绿色物流网络,助力"双碳"目标早日实现。

3 月 23 日 江苏云快充新能源科技有限公司与中国燃气控股有限公司达成合作。根据合作内容,云快充将基于行业唯一可兼容市面上超 90%充电桩品牌的第三方充电 SaaS 平台,为中燃集团提供多场站统一化的、便捷智能的充电管理平台服务,助力中燃集团加速推进新能源业务智慧化升级。

3 月 23 日 比亚迪集团与壳牌集团签署全球战略合作协议,双方将携手提升比亚迪纯电动汽车(BEV)和插电式混合动力汽车(PHEV)用户的充电体验。根据协议,双方展开合作主要包括:将在欧洲地区建立出行服务提供商(MSP)的合作伙伴关系,壳牌未来将为比亚迪的个人和商业客户提供会员服务,覆盖其充电漫游网络上超过 27.5 万个充电终端;将共同为比亚迪在欧洲的客户开发车队解决方案和专属充电服务;计划共同成立合资公司,在中国发展电动汽车充电网络,该合资公司预计将在深圳运营一万多个电动汽车充电终端,并有计划在未来扩展到中国其他城市;双方还有意向在电池性能和充电领域开展全球研发合作。

3 月 23 日 庆铃汽车集团、博世集团与 COSCO 集团(中远海运物流)签订 50 台氢燃料电池商用车购置意向书,并与浩通集团签订氢燃料电池商用车购销合同。庆铃将首批交付 6 台氢燃料电池物流车辆用于浩通集团重庆分公司在西南地区的日常物流运输工作。

3 月 24 日 柳州柳东新区管理委员会、瑞浦能源有限公司、柳州赛克科技发展有限公司就"上汽集团和青山集团合资成立的赛克瑞浦和瑞浦赛克年产 20 GWh 动力电池电芯及系统项目"签署合作协议和投资协。该项目计划在柳州柳东新区建设年产能 20 GWh 动力电池及系统产业基地,入园项目涵盖动力电池电芯、电池系统、电池核心构件主件、正极材料、隔膜等关键产品的生产制造,产业基地规划总投资 100 亿元。其中,启动项目为电芯公司和电池系统公司项目,将分两期建成年产能为 20 GWh 新能源动力电池电芯生产线和 20 GWh 电池系统生产线,总投资约 55 亿元。项目全部达产后,预计形成年产值 200 亿元。

3 月 24 日 美锦能源与丰田汽车(中国)投资有限公司在北京签订战略合作备忘录。根据备忘录,双方合作范围主要包括两个方面:第一开展氢能全产业链合作。双方将以普及氢能源车和助力实现氢能社会为愿景,探讨氢能全产业链的合作可能性。第二保持其他领域的交流。包括但不限于使用绿色能源制取氢气、氢气的安全运输、加氢站建设、分布式能源发电、氢能源制储运加用大数据监管平台、非车用领域的氢能民用产品应用示范项目或商用产品等方面探讨合作。未来,美锦能源也将联合旗下子公司佛山飞驰汽车科技有限公司、青岛美锦新能源汽车制造有限公司、小柿子(北京)汽车供应链管理公司参与双方的深度合作。

3 月 28 日 北京四维图新科技股份有限公司与小马智行签署战略合作协议,双方将合力打造智能驾驶软硬件解决方案,并在高精度地图及定位等领域进行全面合作,加速相关产品的落地。根据协议,双方作为长期战略合作伙伴,将结合各自在乘用车领域的客户资源和产品能力,合作开发面向乘用车主机厂的智能驾驶产品服务。

3月29日　绵阳富临精工股份有限公司及其全资子公司四川芯智热控技术有限公司与绵阳市涪城区人民政府签署《投资协议》，芯智热控拟在绵阳市涪城区投资建设新能源汽车智能热管理系统及零部件产业项目。该项目预计总投资约10亿元，建设周期预计为3年。

3月29日　卧龙采埃孚汽车电机有限公司收到广州小鹏汽车科技有限公司的定点开发通知书，将为小鹏汽车提供新能源汽车电机及其零配件，本定点通知书所对应的产品覆盖小鹏汽车某平台项目，定点金额为4.56亿元。

3月30日　蜂巢能源科技有限公司、巴斯夫杉杉、湖南永杉锂业有限公司采用线上云签署协议。根据共同签署的协议，三方在合作期内将在产业资本、锂盐产品供应、锂矿资源等方面达成战略合作。

3月30日　武汉众宇动力系统科技有限公司与国网电力科学研究院武汉能效测评有限公司在武汉就"氢在电力系统的应用展开全面合作"签署合作协议。根据协议，双方将基于各自在电力系统和氢燃料电池领域的优势深度互补、建立战略联盟合作，共同推进在燃料电池系统、实验室建设、氢电耦合等领域的研发、设计、生产等工作，涵盖氢储能、氢发电、氢电能效评价、氢发电设备检测、氢电实验室等方向。

3月30日　招商局太平湾开发投资有限公司与中能建氢能公司、威驰腾新能源汽车、无锡和晶科技、鞍钢建设、中集安瑞科签署战略合作协议，签约11个太平湾新能源产业项目，其中包括5个氢能园项目。太平湾新能源产业园一期包含风电园和氢能园两个园中园项目，其中氢能园规划面积首期345亩，远期至2000亩，规划打造国内领先、国际知名的氢能技术创新与装备制造基地，构建以"氢+风光储"联动为特征的氢电联动创新发展模式，着力推动氢能重卡的市场化应用和氢燃料电池的技术突破，协同国企央企、氢能产业龙头和技术领先科研院所共同建设氢能产业服务平台，打造涵盖氢气制备、储运、应用和研发的全链产业生态。

3月31日　比亚迪动力电池盐城基地二期项目在盐城市云签约。该项目主要投资新能源电池及相关配套产业等核心产品的制造与研发。项目分两期建设：一期年产15 GWh动力电池，总投资75亿元，用地647亩，建设厂房34万m^2；此次签约的二期项目根据此前透露年产能也达15 GWh。

4月

4月4日　珠海金维环保科技有限公司与一派氢能科技（上海）有限公司订立合资公司协议。根据协议：订约各方同意成立合资公司，以与中国内蒙古鄂尔多斯市从事（其中包括）氢燃料电池及关键部件研发；氢燃料电池重卡的研发、生产及销售；氢燃料电池重卡的运营；加氢站运营。

4月5日　赫兹（Hertz）和极星（Polestar）签署全球合作伙伴关系。根据协议内容，赫兹在合作期限5年内购买6.5万辆极星电动汽车，该车辆将用于休闲、商务客户以及网约车司机。

4月6日　北京四维图新科技股份有限公司与霍尼韦尔传感控制（中国）有限公司签署战略合作框架协议。根据协议，双方合作领域及方式主要有以下几个方面：(1)汽车电子芯片。双方将加大在汽车电子芯片方面的合作力度，四维图新将持续为霍尼韦尔提供面向车用市场的各类车规级专业芯片。霍尼韦尔的电流传感器等车载硬件/设备将优先采购四维图新的芯片。(2)自动驾驶。双方拟在智能驾驶领域展开合作，围绕四维图新L2-L4级别自动驾驶解决方案，结合霍尼韦尔的IMU等传感器产品，双方为客户共同提供面向量产的自动驾驶核心解决方案。(3)新能源。双方拟整合旗下公司和产品的资源及能力，共同打造顶级的新能源解决方案。

4月8日　宁波方正汽车模具股份有限公司与深圳市比克电池有限公司签订战略合作暨长期供货协议。根据协议：比克电池预计在2022—2023年向宁波方正采购动力电池精密结构件数量约为3000万件；2023—2025年底，比克电池将宁波方正作为锂电池精密结构件第一供应商，并向宁波方正司采购不低于年度价值4亿元的锂电池精密结构件。

4月11日　内蒙古一派氢能科技有限公司、北京氢璞创能科技有限公司、上海重塑能源科技有限公司三方在北京签署协议。根据协议，三方达成氢能源领域合作发展共识，将携手在鄂尔多斯市建设"中国北方氢能研究院"，未来三年内力争在鄂尔多斯市实现3000辆氢燃料电池车辆研发、生产、示范运营规模化目标，最终形成燃料电池装备产研一体，氢能制储运集合的氢能产业集群。

4月11日　三一重工集团与巴特瑞科技达成战略合作，双方将就电池银行及退役动力电池回收展开长期合作，共同建立动力电池回收网络，积极推进新能源产业发展。

4月15日　岚图汽车与百度公司签署战略合作协议。根据协议，双方将围绕汽车智能化展开深度合作，将在智能驾驶、智能座舱、智驾仿真云、汽车安全、智能地图等业务领域展开优先合作。

4月15日　天奇自动化工程股份有限公司与星恒电源股份有限公司签署战略合作框架协议。根据协议，双方在废旧动力电池及电池废料回收再生利用领域内开展合作，共同打造废旧动力电池回收再生利用闭环产业链。

4月15日　格罗夫中极氢能重卡销售订单暨中极氢能源产业生态伙伴战略合作签约。此次签约中极氢能重卡签订有效销售订单超500台。5月，格罗夫首批5台49 t中极氢能重卡将实现交付并小批量投放市场，正式进入商业化示范运营阶段。

4月18日　银邦金属复合材料股份有限公司与宁德时代新能源科技有限公司签署合作备忘录。根据备忘录，银邦股份承诺向宁德时代直接供应或间接供应电池水冷板材料（应用于新能源汽车、储能等），最低供货量合计为36.18万t，具体供货数量和价格以双方后续签订的具体采购合同或采购订单为准。

4月19日　京辉氢能集团有限公司与世纪互联数据中心有限公司在北京签署战略合作框架协议。根据框架协议，双方将共同在氢能装备制造、多元化制氢、绿电氢储、氢能示范等方面进行深度融合，双方将围绕"绿氢净零碳未来城市"四个双碳赛道（大规模绿电氢储、长时效绿电供能、百分百绿色算力、新数字能源服务）以及三大全球示范（绿氢零碳数字经济示范、绿氢零碳算力中心示范、绿氢零碳万家工程示范）

等项目进行广泛深入全面的合作。

4月20日 合肥国轩高科动力能源有限公司与浙江吉利新能源商用车集团有限公司签署战略合作协议。根据协议，合肥国轩将在2022年至2024年为吉利商用车供应动力电池产品，预估总量为12.6万套，包含微面、轻卡、增程三大品类。

4月20日 吉利新能源商用车集团有限公司与甘肃建投重工科技有限公司线上签署战略合作框架协议。根据协议，双方将围绕新能源和清洁能源专用车联合开发与应用，共同开拓西北区域市场，共同助推西北区域商用车新能源化转型，建设绿色智慧交通生态圈。

4月20日 湖北亿纬动力有限公司收到成都大运汽车集团有限公司运城分公司发出的供应商定点通知书，亿纬动力被成都大运选定为大运汽车动力电池使用46系列大圆柱电芯的整包项目的开发供应商。

4月21日 比亚迪汽车与北京地平线机器人技术研发有限公司达成定点合作，比亚迪将在其部分车型上搭载地平线自动驾驶芯片征程5，打造更具竞争力的行泊一体方案，实现高等级自动驾驶功能。按照计划，搭载地平线征程5的比亚迪车型最早将于2023年上市。

4月22日 中国石化山东泰山石油股份有限公司与泰安市泰山产业发展投资集团有限公司签订战略合作协议。根据协议，双方携手打造集加油、加气、加氢、光伏、充换电、汽服等于一体的新能源综合服务体，共同促进新能源汽车的推广应用和产业发展；按照城乡公交试点、物流园区配套、交通干线联网梯次推进原则，适时打造油电氢加能站北方试点示范，在公共交通、物流运输等领域探索示范应用基地。

4月24日 北京当升材料科技股份有限公司与天津力神电池股份有限公司在北京签订《战略合作协议(2022—2028年)》。根据协议，双方合作范围包括锂电正极材料产品供货、新产品开发及前沿技术合作、锂离子电池资源回收等。产品供货方面，在协议有效期内(2022—2028年)，力神电池承诺向当升科技采购不低于10万t锂电正极材料。双方还将谋求在锂电池回收方面合作，在上游原材料市场实现信息共享，合作形式不限于共同采购镍、锂、钴、磷等锂电正极材料上游原材料。

4月25日 宁德时代新能源科技股份有限公司与爱驰汽车签署EVOGO换电项目合作框架协议，共同打造换电模式新标杆。根据合作协议，双方将以爱驰旗下首款车型爱驰U5为载体，共同开发组合换电版车型，并计划于2022年第四季度推向市场，选择组合换电版的爱驰车主将享受到车电分离、按需配电、可充可换的EVOGO换电服务。该项目由宁德时代全资子公司时代电服负责运营。

4月28日 东莞致宏精密模具有限公司与惠州比亚迪电池有限公司签署《刀片电池长切刀合作协议》。根据协议，自协议签字盖章之日起至2024年3月31日，惠州比亚迪向致宏精密采购1 m长度及以上长切刀。惠州比亚迪保证协议期限内，若公司当月对长切刀产品的实际需求量少于200套的，则以实际需求量向致宏精密采购；若当月对于长切刀产品的实际需求量大于或等于200套的，则优先保证向致宏精密采购200套/月。

4月29日 无锡经开区与科大讯飞就“科大讯飞汽车智能驾驶科技总部项目”签署协议。根据协议，科大讯飞将在此设立讯飞汽车智能驾驶科技总部公司和讯飞无锡公司。汽车智能驾驶科技总部项目将通过智能驾驶域控制器等相关软硬件产品的研发、销售和综合解决方案运维，推动汽车产业与信息通信、人工智能产业融合发展。项目建成后将推动无锡经开区乃至全市车联网和智能驾驶产业发展。

5月

5月2日 晋南集团与大运汽车集团签订《氢燃料重卡项目战略合作框架协议》，与南京金龙公司签订《氢能车购销协议》。

5月5日 中伟新材料股份有限公司与贝特瑞新材料集团股份有限公司签署《战略合作框架协议》。根据协议，双方将在前驱体产品开发、前驱体产品供应、海外矿产资源开发及材料产能布局等领域开展战略合作，通过产业协同、资源整合等举措，建立战略合作关系，形成产业链上下游竞争优势，实现双方利益最大化。

5月6日 中集安瑞科控股有限公司与善水资本集团通过网络签订战略合作框架协议。根据协议，双方将从绿色制氢、加氢、用氢等环节开展深度合作，拓展氢能的应用场景，以先行示范标准打造香港首辆氢燃料电池双层巴士示范应用以及首个制氢加氢一体化加氢站示范项目，共同拓展香港氢能市场，打造香港公共交通氢能化整体解决方案。

5月7日 泰安惠泰建设发展集团有限公司与中国石化山东泰山石油股份有限公司签署协议。根据协议，按照城乡公交试点、物流园区配套、交通干线联网梯次推进原则，打造油电氢混合站北方试点示范，在公共交通等领域探索示范应用基地，推动氢能与燃料电池汽车产业发展。

5月7日 ABB电动交通与壳牌签署一项新的全球框架协议。根据框架协议，ABB将为壳牌提供端到端的交流和直流充电产品组合，这一充电产品组合包括用于家庭、工作场所及零售安装的交流壁挂式充电桩。ABB提供的充电解决方案中还包括其一体式电动汽车充电桩Terra360，可用于加油站、城市充电站、商场停车场等场景。

5月9日 中原内配集团股份有限公司与西安交通大学就“就联合开发燃料电池高速离心空气压缩机关键技术项目”签订《技术开发合同》。根据合同，由中原内配设立相关技术研发中心，双方共同推动燃料电池关键零部件技术应用。具体内容包括：西安交通大学协助中原内配建设燃料电池高速离心空气压缩机技术研发中心；双方共同研发25 kW/45 kW/55 kW轴功率空压机气体轴承，并优化开发燃料电池空压机性能；结合中原内配在新能源方面的产业布局，开展相关核心零部件的合作。项目研发费用共计430万元，中原内配最迟于2024年6月30日之前完成两款空气压缩机气体轴承的现场测试验收。

5月9日 北京氢璞创能科技有限公司与陕西旭强瑞清洁能源有限公司携旗下陕西旭氢时代科技有限公司签署战略合作协议。根据协议，双方将通过深度合作填补陕西省氢燃料电池市场的空白，进一步推广氢能及氢燃料电池在陕西及周边地区的应用，持续强化对陕西省氢能产业的强链、补链、延链作用，开创全省氢能发展和“双碳”目标新局面。

5 月 9 日　天齐锂业股份有限公司与中创新航科技股份有限公司签署《战略合作伙伴协议》；天齐锂业全资子公司成都天齐与中创新航签署《碳酸锂供应框架协议》。根据协议，2022 年 6 月至 12 月，由成都天齐向中创新航销售电池级碳酸锂，销售数量由《供应协议》约定，由卖方根据买方需求分批次交付。销售单价按照双方约定定价机制执行。根据《战略协议》，天齐锂业与中创新航结成战略合作伙伴关系，合作领域包括资源开发、锂盐加工、新材料开发、电池组件生产、电芯生产等，短期将以供应链、电池组件以及投资合作为主，后期陆续展开其他领域合作。

5 月 10 日　开心汽车与北京申城生物科技集团有限公司签署一份 1 万辆电动卡车的销售订单。根据该订单，2023—2025 年，申城将向开心汽车采购 1 万辆电动卡车用于其垃圾回收业务，该订单总价值为 6 亿美元。

5 月 10 日　中国重汽成都商用车与国家电投启源芯动、四川龙腾在成都共同签署战略合作协议，并将 100 辆纯电渣土车订单交付龙腾集团。根据协议，启源芯动力将在区域市场共同进行换电重卡推广，同时提供电池银行、新能源发电、储能等一体化综合智慧能源解决方案，负责重卡换电站的全周期投建运营。

5 月 11 日　北京地平线信息技术有限公司与北京觉非科技有限公司签署战略合作协议。根据协议，双方将基于地平线征程® 系列车规级 AI 芯片，结合觉非科技多传感器融合算法能力，面向全场景智能驾驶应用落地进行深度合作，并以“芯片 + 解决方案”集成的形式面向市场，携手推进中国自动驾驶的量产落地。

5 月 12 日　重庆三峡水利电力(集团)股份有限公司与江西赣锋锂业股份有限公司、中国长江电力股份有限公司和长江绿色发展私募基金管理有限公司签署《合资备忘录》。根据备忘录，各方合资设立电池资产管理公司，开展涵盖电池系统集成、电池产品租赁(或销售)、回收利用等一体化电池资产管理服务业务。

5 月 12 日　鸿海科技集团与商用电动轻型卡车供应商 Lordstown Motors 正式签署代工生产制造协议以及合资开发协议，双方将以 MIH 开放平台为基础，设计开发以全球市场为目标的商用电动车。

5 月 12 日　浦项集团(POSCO Holdings)与辉能科技股份有限公司(Prologium)签署一项协议，双方将共同研发新一代电池所使用的核心材料。根据协议，浦项集团将对辉能科技进行投资并建立长期策略合作伙伴关系，双方将合作开发并制造符合辉能科技独家固态电池要求使用之负极、正极及固态电解质材料，并基于材料开发之成果，双方朝着优先供应协议的方向共同努力。

5 月 12 日　宁德时代新能源科技有限公司与泰国 Arun Plus 有限公司(Arun Plus)签署战略合作备忘录，双方将在东盟地区就电池相关业务开展合作，推动电动汽车产业链发展。根据协议：宁德时代将授权 ArunPlus 使用 CTP(高效成组)技术，双方将在泰国乃至全球范围内推进 CTP 技术的落地应用，Arun Plus 是泰国国家石油股份有限公司(PTT)的全资子公司；此次合作是双方利用先进技术打造电动汽车价值链闭环的起点，Arun Plus 和 CATL 将向 Horizon Plus 和其他电动汽车品牌供应电池产品。Horizon Plus 是 Arun Plus 和富士康的合资企业，计划于 2024 年在泰国生产电动汽车。

5 月 16 日　协鑫能源科技股份有限公司与四川同圣产业投资有限公司签署移动数字能源项目合作协议。根据协议：双方将构建聚合新能源汽车推广应用，充换电站投资运营，大宗产品运贸一体化、智能平台管理服务的车、站、人、运、贸、保六位一体移动数字能源创新平台；共同推进源网荷储一体化新型储能电站示范项目，整合区域内新型储能战略性矿权资源，促进新型储能先进技术产业化发展。

5 月 16 日　新研氢能源科技有限公司与东风汽车集团下属企业东风特汽(十堰)客车有限公司签署战略合作协议。根据协议，双方将共同推进 500 台氢燃料电池汽车多领域的推广与应用，打造氢燃料电池汽车新标杆。

5 月 17 日　深圳洪涛集团股份有限公司与深圳市凯豪达氢能源有限公司共同设立凯豪达洪涛氢谷科技(深圳)有限公司，凯豪达洪涛氢谷科技将以洪涛产业园为基础，以氢能为主题，建设包括高层次科研中心、示范应用项目、生产工业园、氢能社区体验场景、氢能技术展示中心五大空间，并围绕制氢、储氢、运氢、加氢、氢燃料电池电堆及核心零部件、氢燃料电池系统、测试及氢能前沿应用等开展技术研究、产品开发和示范应用。

5 月 18 日　广州巨湾技研有限公司与特来电新能源股份有限公司在广州番禺签署战略合作协议。根据协议，双方将在 2022—2025 年，在全国各城市联合共建 1000 座超充站，并于 2023 年底前在广东、海南等地投建不少于 300 座超充站。双方将以汽车产业新能源转型为共同目标携手推进 XFC 超充生态建设，为用户创造更便捷充电场景。双方合作建设的 10 个 XFC(eXtreme Fast Charging)超充站在广州正式上线。

5 月 18 日　京东物流与北汽重型汽车正式签署战略合作协议。根据协议，双方将在全国范围对于商用车售后供应链仓网规划、物流运输等方向展开深度合作，共同打造商用车售后一体化供应链服务新标杆。

5 月 19 日　北京地平线信息技术有限公司与北京轻舟智航科技有限公司签署战略合作协议。根据协议，双方将基于地平线自研的征程® 系列车规级 AI 芯片，以及轻舟智航自研的行泊一体解决方案，联合进行开发与适配，共同打造高等级自动驾驶前装量产解决方案。

5 月 20 日　天齐创锂科技(深圳)有限公司与北京卫蓝新能源科技有限公司签署合作协议。根据协议，双方计划共同出资设立合资公司，以从事预锂化负极材料及回收、金属锂负极及锂基合金(复合)负极材料、预锂化试剂(原材料)及预锂化制造设备产品的研发、生产和销售等相关业务。

5 月 20 日　庆铃汽车股份有限公司、民生物流有限公司、博世氢动力(重庆)有限公司、重庆泷通科技有限公司四方就“搭载博世氢燃料动力总成的庆铃商用车展开采购、技术服务、市场推广以及商用化运营的合作”签约。根据协议，民生物流和泷通科技将采购不少于 300 辆氢燃料电动车；打造氢燃料电动车售后服务保障体系，推广应用氢燃料电动车应用。

5月20日 斯威汽车与弗迪动力有限公司在重庆签署合作意向协议。根据协议,双方将联合开发全新混动平台,斯威大虎为该平台旗下首款车型,混动版在2022年下半年上市。

5月25日 宁德时代与欧洲电动客车领军企业Solaris公司达成合作。宁德时代将为Solaris的巴士产品提供采用CTP(高效成组)技术的磷酸铁锂电池,推动巴士电动化。

5月25日 广州文远知行科技有限公司与博世(中国)投资有限公司签署战略合作协议。根据协议,双方将联合开发由数据驱动的智能驾驶软件,更快更好地服务于中国主机厂客户,让覆盖城市、高速及高架等不同应用场景的SAE L2-3级高阶智能驾驶体验更早在中国市场成为现实。

5月25日 厦门金龙联合汽车工业有限公司与东方电气集团东方锅炉股份有限公司签署战略合作协议。根据协议,双方将建立战略合作关系,围绕着产业新需求,联合开发新市场,研发新产品,推进氢燃料电池产品示范应用与氢燃料车辆“车站一体化”平台打造,携手构建氢能产业合作发展新生态。

5月25日 宝马集团与浙江华友循环科技有限公司展开合作,在新能源汽车领域打造动力电池材料闭环回收与梯次利用的创新合作模式,首次实现国产电动车动力电池原材料闭环回收及闭环管理。

5月25日 中国石化销售股份有限公司广东广州石油分公司与广州氢驰微巴新能源汽车服务有限公司签署战略合作协议。根据协议,双方合作致力于氢燃料商业运营落地提供氢能源基础设施配套,共同打造粤港澳大湾区氢燃料应用场景结合加氢站落地的车站联动商业版图,促进氢能源应用全产业链构建和集聚。

5月26日 黑芝麻智能科技有限公司与安徽江淮汽车集团股份有限公司签署战略合作协议。根据协议,双方达成平台级战略合作,黑芝麻智能成为江汽集团自动驾驶平台芯片战略合作伙伴,江汽集团旗下思皓品牌的多款量产车型将搭载黑芝麻智能华山二号A1000系列芯片。

5月28日 上海盘毂动力科技股份有限公司与方盛车桥(柳州)有限公司在浙江金华签署战略合作协议书。根据协议,双方将共同开展在新能源商用车、新能源矿卡、特种车辆等领域集成式电驱桥的研发与市场开拓,推动我国商用车电驱动系统高质量发展。

5月31日 浙江金华八达新能源汽车有限公司与婺城区城投集团签署《“街电便利充”路边充电站建设合作协议》。根据协议,双方将在骆家塘美食街的人行道旁建设一批路边充电快充桩,为新能源车主提供“边购边充”的无忧续航充电服务。

6月

6月1日 浙江晨阳新材料有限公司与内蒙古一派氢能科技有限公司在浙江金华签署战略合作协议。根据协议,双方将在全球范围内研发及推广氢能及燃料电池系统。利用金华“一带一路”重要物流运输基地卡位优势,连接欧亚非大陆,助推中国氢能与燃料电池产业全球化发展,实现首批10000台套燃料电池汽车产销。

6月2日 黑龙江交通发展股份有限公司与宁德时代新能源科技有限公司展开合作,双方将在充换电重卡、换电网约车、充换电巡游车、光伏等多个板块寻找合作机会。龙江交通、物资公司与宁德时代拟采用换电模式,将传统柴油重卡更替为换电重卡。该项目已经进入实地测试阶段。

6月6日 合创汽车科技有限公司与浙商银行股份有限公司在杭州签署战略合作协议。根据协议:浙商银行将为合创汽车提供金融服务;根据合创汽车及其成员单位经营发展需求,提供不低于50亿元的意向性综合授信额度。

6月7日 天奇自动化工程股份有限公司与海通恒信国际融资租赁股份有限公司签署《关于锂电池回收战略合作协议书》。根据协议,双方将在锂电池回收资源化利用领域构建深度合作关系,打造锂电池回收再生利用闭环产业链。

6月8日 佛山市清极能源科技有限公司与广州氢驰微巴新能源汽车服务有限公司签署战略合作协议。根据协议,双方就氢能乘用车及商用车应用场景落地运营,打造氢能车辆售前售后一体化相关事宜达成一致意见,并将合作推出首批200辆氢能汽车,共同助力氢能汽车行业实现商业化发展,打造粤港澳大湾区氢能产业示范应用。

6月8日 湖南金博碳素股份有限公司与上海神力科技有限公司签署战略合作协议。根据协议,双方将共同研发满足氢燃料电池领域应用的碳纸、柔性石墨极板,以满足神力科技对相关材料国产化需求。

6月8日 三峡电投(成都)能源有限公司、小马出行、奥动新能源汽车科技有限公司三方在成都签订战略框架协议。根据框架协议,以小马出行为首的数家车辆运营企业签下7000辆东风日产启辰D60EV换电版车辆订购合同,发力网约车市场。奥动新能源提供20 s极速换电服务。

6月13日 四川省新能源动力股份有限公司、蜂巢能源科技股份有限公司、惠州亿纬锂能股份有限公司在四川成都签署合作协议。根据协议,三方将组建合资公司四川能投德阿锂业有限责任公司,共同在四川德阳市绵竹市汉旺镇德阳-阿坝生态经济产业园投资建设3万t/a锂盐项目,加快在四川的锂电产业布局。

6月15日 广东华锋新能源科技股份有限公司与广州巨湾技研有限公司共同出资6000万元,设立广东巨锋新能源有限公司,从事XFC(eXtreme Fast Charging)极速充电电池和新一代突破性储能器及其系统的研发和经营。根据规划,巨锋新能源将依托巨湾技研已经具备的XFC极速电池技术,结合华锋股份与北理工团队在新能源汽车“三电”系统的技术优势,共同合作研发极速充电电池和新一代突破性储能器及其系统。

6月16日 开沃新能源汽车集团股份有限公司与南航材料科学与技术学院就“产学研战略合作”签署协议。开沃集团零部件事业部将率先与南航材料学院针对材料基础研究、电池保温材料研究进行更深层次合作,打造全天候电池PACK产品。同时,双方将在创源动力建立联合开发实验室。

6月17日 欣旺达电动汽车电池有限公司与东风汽车集团股份有限公司、东风鸿泰控股集团有限公司共同投资设立合资公司。合资公司将对动力电池和储能电池的电芯和模组及其相关部件进行研发,满足东风集团、东风鸿泰及其关联方对汽车动力电池和储能电池的产品需求。

6月17日　宁德时代新能源科技股份有限公司与福建省能源石化集团有限责任公司在福州签署战略合作协议。根据协议，双方将在电池产业链布局等领域深化合作，积极构建清洁低碳、安全高效的能源体系。

6月17日　包头青山区人民政府与上海重塑能源科技有限公司、昇辉智能科技股份有限公司、广东喜玛拉雅氢能科技有限公司等10余家新能源公司签署协议。同日，昇辉智能科技股份有限公司与包头青山区政府签署《关于零碳产业园示范项目的战略合作协议》。根据协议，昇辉科技计划联合合作方与包头市青山区政府共同投资建设以制氢装备、制氢工厂、氢燃料电池及核心零部件等氢能源产业链为主要业务内容的零碳产业园，推动氢能产业在包头市集聚发展。

6月20日　蓝黛科技集团股份有限公司与日本电产株式会社签署《战略合作协议》。根据协议，双方将以共同发展和长期合作为目标，就面向全球市场的新能源汽车电驱动系统和减速器总成及零部件领域开展战略合作，有效期三年。

6月21日　浙江氢途科技有限公司与广州氢驰微巴新能源汽车服务有限公司正式签署战略合作协议。根据协议，双方将共同致力于氢能示范运营项目。氢途科技进军广州产业链，与氢驰出行首批推行100辆4.5 t氢燃料厢式物流车示范运营，助力粤港澳大湾区氢能产业集聚和壮大。

6月22日　深圳国氢新能源科技有限公司与中国建设银行股份有限公司山东省分行签署战略合作协议。根据协议，双方将就共建黄河流域氢能产业基地、共促氢能产业融合发展展开战略合作。

6月22日　北京航天试验技术研究所与中国石化销售股份有限公司、中石化安全工程研究院有限公司以现场和视频连线的方式签署三方合作框架协议。根据协议，三方将在液氢加注关键技术与装备研发、液氢加氢站推广示范以及液氢安全利用上全方位展开合作。

6月23日　北汽福田汽车股份有限公司与博世（上海）创业投资有限公司、上海博原嘉成创业投资合伙企业（有限合伙）、北京亿华通科技股份有限公司、深圳市福源智慧投资合伙企业（有限合伙）共同成立合资公司，新合资公司主营业务为纯电和氢燃料商用车等产业生态业务。

6月23日　广西宁福新能源科技有限公司与广州巨湾技研有限公司签订合资协议，共同投资设立广西宁福巨湾新能源科技有限公司，合资公司生产软包超级快充电芯，预期建设产能为2 GWh，分期建设，首期建设产能为1 GWh。双方一致同意，如需扩大超级快充电芯和模组产能，应优先考虑合资公司扩建。

6月23日　FEV（动力总成开发商）与Prologium Technology（固态电池制造商辉能科技）签署谅解备忘录，合作开发固态电池系统。根据备忘录，FEV和辉能科技将共同致力于为客户开发电池系统、扩大销售，以及基于辉能科技固态电池技术的电芯/电池组验证。

6月23日　北汽福田汽车股份有限公司与博世（上海）创业投资有限公司、上海博原嘉成创业投资合伙企业（有限合伙）、北京亿华通科技股份有限公司、深圳市福源智慧投资合伙企业（有限合伙）共同出资成立北京卡文新能源汽车有限公司。北京卡文新能源汽车有限公司主营业务为纯电和氢燃料商用车等相关产品研发、生产、销售，相关整车租赁、数据等产业生态业务。

6月24日　深圳市氢蓝时代动力科技有限公司与韩国斗山创新公司分别在中国深圳和韩国龙仁，通过线上视频方式签署战略合作协议。根据协议，双方将在超轻量化移动式燃料电池系统、氢能发电和储能市场开拓、应用场景打造和全球市场推广等方面启动全面战略合作。

6月25日　阿维塔科技（重庆）有限公司与华为技术有限公司签署全面战略合作协议，共同打造高端智能汽车。根据协议，双方将基于全新一代智能电动车技术平台CHN，合力打造系列高端智能电动汽车产品并持续迭代，截至2025年推出4款全新车型。

6月29日　蜂巢能源科技股份有限公司与赣锋锂业股份有限公司在上饶签署战略合作框架协议，双方将在锂资源、锂盐供销、电池回收以及产业园建设等多方面开展合作。根据协议，双方合作在上饶规划锂电全链生态产业园项目。

6月29日　厦门新页集团有限公司与厦门三聚合能源科技有限公司签署战略合作协议。根据协议，双方将围绕推广城市新能源汽车、无线充电和充电桩产业建设项目等多个方面展开深度合作，共同为客户打造高附加值、性价比更高的新能源汽车智能充电解决方案。

6月30日　东风汽车技术中心与华中科技大学、西安交通大学、四川大学、武汉理工大学等多所高校现场签约，各方将在芯片自主攻关、V2G人工智能、新能源及动力等领域开展一系列深度合作。同日，东风悦享就Sharing-X联合实验室建设及云控软件开发与湖北汽车工业学院签约。

7月

7月1日　重庆地大工业技术研院与重庆渝鸿创能物联科技有限公司、重庆国鸿氢能科技有限公司签订战略合作协议。根据协议：三方将合作开发并推广100台高性能4.5t氢能箱式物流车；三方还将在氢燃料电池汽车及燃料电池发动机开发、产业链布局、应用场景拓展、氢能人才培养等方面开展合作。

7月4日　哪吒汽车（合众新能源汽车有限公司）与惠州市德赛西威汽车电子股份有限公司签署全面战略合作协议。根据战略合作内容，双方将基于哪吒汽车智能化发展路线，在座舱域控制器、显示屏和手机无线充电模块等多领域展开合作。

7月4日　滨化集团股份有限公司与德燃（浙江）动力科技有限公司签订战略合作协议。根据协议，双方将在氢气供应—燃料电池装备—多场景应用等方面开展全方位合作。

7月5日　中栋新能源技术公司与中国石化销售公司北京石油分公司签署《加氢站建设运营合作框架协议》。根据框架协议，双方将合作推动加氢站项目建设，共同助力氢燃料重卡高效运营。同日，北京市政路桥建材集团与北汽福田公司签署《基于氢燃料重卡产品的战略合作协议》。

7月5日　上海捷氢科技股份有限公司与青岛阳氢集团有限公司签署战略合作协议。根据协议，双方将围绕非道路氢能应用场景的产品开发、商业推进等方面开展合作，合作主要项目包括分布式加氢站建设、分布式发电设备、氢能轻型车等产品。

7月5日 深圳市迪威立方科技有限公司与雄川氢能科技(广州)有限责任公司在迪威迅深圳总部签署《氢能源自卸车合作运营》协议。此次签约标的为82辆氢能源燃料电池自卸汽车的合作运营,将在广州地区实施合作运营,下一步迪威立方将进一步投身于氢能源加氢站的建设工作当中。

7月6日 上汽集团与清陶(昆山)能源发展有限公司签署协议,上汽清陶固态电池联合实验室挂牌成立。根据协议,双方将在千公里以上长续航固态动力电池量产应用、固态动力电池4C快充技术、高安全长寿命固态动力电池开发、高效率固态动力电池集成技术开发等项目开展合作。按照规划,双方合作研发的千公里以上长续航固态动力电池,将于2023年率先在上汽自主品牌新款车型上应用。

7月6日 上汽通用五菱名爵印度公司新能源产品五菱Air ev技术许可协议在柳州云签约。本次技术许可协议包括上汽通用五菱自主研发的首款全球新能源车型五菱Air ev相关产品、生产、质量和售后服务等方面多项技术。以本次许可的技术为基础,名爵印度公司将在印度生产和销售纯电动汽车,相关产品将于2023年上半年在印度市场投产。

7月8日 中原内配集团股份有限公司与上海重塑能源科技有限公司签订《合资合同》。根据协议,双方共同投资设立合资经营企业——焦作同声氢能科技有限公司,双方将共同推动氢燃料电池系统的销售、服务、性能测试及部分产品组装等相关业务。

7月11日 戴姆勒大中华区投资有限公司与腾讯云计算(北京)有限责任公司签署合作备忘录。根据备忘录,双方将围绕高级别自动驾驶领域展开战略合作,利用云计算、大数据和人工智能技术,提速梅赛德斯-奔驰自动驾驶技术的模拟、测试和应用。

7月11日 一汽解放汽车有限公司与腾讯云计算(北京)有限责任公司就"车辆信息安全业务领域"签署战略合作框架协议。根据协议,双方将在车辆信息安全基础能力建设、产品开发技术、测试验证技术、前沿技术研究方面深度合作。

7月11日 中国汽车技术研究中心有限公司与三一重工股份有限公司正式签署战略合作协议,双方将充分发挥各自产业资源优势,建立长期战略伙伴关系。

7月12日 大连市公安局交通警察支队与北京四维图新科技股份有限公司就"智慧交管联合实验室"签署协议。根据协议,双方将在高精地图采集发布、车路协同、智慧停车、自动驾驶等领域开展深度合作与应用。

7月12日 蔚来汽车电池资产管理公司与江淮汽车集团思皓新能源、泽清新能源、招银云创、福田汽车智程运力、吉利商用车集团——阳光铭岛、中保研、鼎和保险、中汽数据等就"蔚能BaaS服务合作"签订协议,签约内容包含电池资产管理解决方案(BA)、锂解数据智能管理解决方案(LS)、资源循环解决方案(BRC)等蔚能BaaS服务的各部分。在签约会上,蔚能与江淮汽车集团思皓新能源达成BaaS电池资产业务合作,双方就换电版车型动力电池资产进行合作,将其运用至BaaS电池租用服务场景,并为换电场景中电池资产打造安全可靠的电池云端管理解决方案。

7月12日 颐高集团与蔚车(隶属于杭州安步网络科技有限公司)签订战略合作协议。根据协议,双方将在新能源汽车展示、销售、交付、维保、体验、旅游、检测、出行服务、综合配套等功能模块和服务领域紧密合作。

7月13日 中国汽车技术研究中心有限公司与中国信息通信研究院签订战略合作协议。双方将本着"长期稳定、共同发展、重点推进"的原则,在汽车、通信及智能网联汽车等领域开展全面深度合作,结合双方业务特点,发挥各自行业优势,不断扩宽发展空间,共同为促进汽车产业工业化与信息化高度融合及创新发展做出更大贡献。

7月16日 北京当升材料科技股份有限公司与清陶(昆山)能源发展股份有限公司在江苏省昆山市签订《战略合作协议(2022—2025年)》。根据协议,双方将在固态及半固态电池技术开发、固态锂电正极材料产品供货等方面建立多层次战略合作伙伴关系。协议有效期间内,清陶科技承诺2022—2025年期间向当升科技采购总量不低于3万t固态锂电正极材料;当升科技承诺同等条件下优先保障清陶能源的固态锂电正极材料供应。

7月19日 北京地平线科技有限公司与上汽集团、零束科技签署战略合作暨联合技术研发协议。根据协议,基于地平线高性能大算力车规级AI芯片,共同打造面向未来的智能驾驶计算平台,推动高阶智能驾驶产品的开发和应用;搭载地平线征程5的量产合作车型预计将于2023年开始落地。

7月19日 小鹏汽车与一嗨出行在小鹏汽车广州研发总部签署战略合作协议,双方正式达成战略合作关系。根据协议:一嗨出行将分批采购与运营小鹏汽车旗下车型;双方将在未来三年持续加强车辆采购与运营合作;将推进完成超充体系共建等合作形态,共同推进智能出行生态新尝试。签约仪式现场,小鹏汽车向一嗨出行交付首批车辆,这些车辆在2022年暑假档期率先在广州、深圳、天津、杭州、郑州、海口、三亚等7个城市上线。

7月19日 宜春市科陆储能技术有限公司与瑞浦兰钧能源股份有限公司在大规模电化学储能领域签署战略合作协议。根据协议,双方将依托瑞浦兰钧能源在新能源电池研发和生产以及上游原材料资源优势,结合科陆在智能电网、储能、新能源汽车充电及运营、综合能源服务领域业务优势,携手打造国际化"双碳"产业链。

7月21日 Luminar与亿咖通科技有限公司在车规级技术方面展开合作,助力量产乘用车和商用卡车实现更高级别的安全性能和自动驾驶功能。同时Luminar将对亿咖通科技进行战略性股权投资。

7月21日 宁德时代新能源科技股份有限公司与福特汽车公司签订合作谅解备忘录,双方建立全球战略合作关系,合作内容涵盖在中国、欧洲和北美的动力电池供应。根据双方另外签署的协议,从2023年起,宁德时代还将为北美的福特Mustang Mach-E车型供应磷酸铁锂电池包,并从2024年初起,为北美的福特纯电皮卡F-150 Lightning提供磷酸铁锂电池包。除向福特提供基于CTP技术的磷酸铁锂电池外,宁德时代还将与福特在其他电池技术方面开展合作。

7月21日 北京理工大学深圳汽车研究院与比亚迪股份有限公司签署联合共建研究中心协议。根据协议，双方将围绕国家重大需求和新能源与智能网联汽车发展的前瞻性、战略性核心关键问题，在先进能源、智能网联、动力电池等相关领域开展协同创新，共同打造智能网联新能源汽车前沿技术产学研创新平台。

7月22日 格罗夫中极氢能汽车与华电内蒙古新能源公司、特弘煤炭集团签订基于“风光氢储车”绿氢的消纳在未来3年内采购、投放500台氢能重卡商业实践的合作框架协议，计划年内推广50台；与清杉科技公司签订联合研发、生产制造200台无人驾驶氢能重卡和氢能矿卡的合作框架协议；与内蒙古蒙汇通科技公司签订未来5年内联合推广5000台氢能车辆的合作框架协议，计划年内推广50台；与中国电建集团租赁公司签订推进“氢能汽车与氢能发电装备融资租赁商业实践”。

7月22日 东风汽车集团有限公司与中国电子信息产业集团有限公司在第五届数字中国建设峰会上签署《战略合作框架协议》。根据协议，双方将在汽车芯片、网络安全与数字化以及汽车电子等领域开展战略合作。

7月24日 格林美股份有限公司与瑞浦兰钧能源股份有限公司就“动力电池绿色循环利用”签署战略合作协议，将在全球范围内共同构建废旧动力电池及其废料的回收、资源化、再制造的全生命周期价值链体系。协议所提到的“废旧动力电池及废料”是指全球范围退役、废弃及生产过程中产生的不合格电动汽车蓄电池，以及其他原因导致报废的蓄电池、废极片等电池废料。同日，格林美股份有限公司与山河智能装备股份有限公司签署《关于在工程机械电动化与电池回收利用的战略合作协议》，根据协议，双方将共同打造动力和储能用锂离子电池闭环产业链，推动动力电池梯级再利用的商业化。

7月26日 四维图新旗下满电出行与浙江安吉智电控股有限公司达成深度合作，双方将整合资源与优势，在新能源汽车智慧出行及充电服务领域，共同为车企和新能源车主提供更加数字化与智慧化的新能源出行补能服务。

7月26日 LG新能源与中国华友钴业签订在中国设立废旧电池回收合资公司的业务协议。根据协议，两家公司将从电池生产过程中产生的废金属料和回收的废电池中提取正极材料的主要原材料锂镍钴，这些原材料将供应给生产正极材料的LG新能源南京电池工厂。

7月27日 昇辉新能源有限公司、广东中冷快运股份有限公司、理工亘舒(广东)科技有限公司签署《战略合作框架协议》。根据框架协议，三方建立可持续发展合作关系，未来将围绕新能源物流汽车、智能化温控设备、数字化物流平台等方面开展深度合作，共同探索建立氢能源医药冷链物流示范项目。

7月28日 小马智行与三一重卡成立合资公司开展L4自动驾驶重卡产品的研发、生产与销售，共同打造高端自动驾驶重卡品牌。双方将深度整合小马智行的“虚拟司机”技术能力与三一重卡在线控底盘和整车开发领域的技术积累，共同定义和开发面向未来智慧物流的车规级、带冗余的L4高端智能重卡产品，赋能未来干线物流运输。

7月28日 武汉众宇动力系统科技有限公司与厦门金龙联合工业汽车有限公司在武汉签署战略合作协议。根据协议，双方将协同研发、生产与推广不低于200台燃料电池汽车，并面向包括武汉在内的全国多个城市进行推广应用，以推进燃料电池关键核心技术研发及产业化，实现相关基础材料、关键零部件及整车研发突破和产业化应用，为国家燃料电池产业发展提供核心技术自主可靠、规模化、高性能、低成本的关键核心零部件及整车产品。

7月28日 东方鑫源集团有限公司与宁德时代新能源科技有限公司在重庆签署战略合作协议，根据协议，双方将在3个方面展开合作：(1)坚持“战略同频，相互保障”，携手打造SRM鑫源新能源城配物流车第一品牌。(2)深度展开产品和技术合作，实现平台化、标准化。(3)SRM鑫源新能源全系产品采用宁德时代动力电池，宁德时代新能源动力电池全力保供SRM鑫源新能源汽车。

8月

8月1日 壳牌(中国)有限公司与上海申能能创能源发展有限公司签署协议，成立合资公司——上海申能壳牌新能源有限公司。双方将通过该合资公司在上海投资建设加氢站网络，该合资公司计划未来5年内在上海及长江三角洲地区建成6~10座加氢站。到2030年，其规模将扩展至覆盖长江三角洲地区的30座加氢站，每天可以为约3000辆燃料电池卡车或公交车供应氢气。这一加氢站网络建成后，将加速燃料电池汽车在上海和长江三角洲地区的公路货运、公共交通等领域应用，助力上海国家燃料电池汽车示范应用城市群发展。

8月2日 哪吒汽车(合众新能源汽车有限公司)与黑莓公司正式建立合作伙伴关系，未来双方将共同加快智能技术在汽车驾驶、汽车座舱场景的应用，为消费者带来更加智能安全的出行服务体验。

8月2日 长城汽车与英之杰集团(InchcapeGroup)就“香港&澳门代理授权”进行线上云签约，双方正式成为合作伙伴，共同开拓香港、澳门地区的新能源汽车市场。

8月4日 河钢集团有限公司与宝马集团在沈阳签署《打造绿色低碳钢铁供应链合作备忘录》，宝马集团将在其量产车型中逐步使用河钢生产的低碳汽车用钢和绿色汽车用钢。根据协议，双方将基于宝马对钢铁材料的低碳需求，围绕绿色低碳钢铁材料的研发及使用，开发低碳、绿色汽车用钢材料并完成相关认证，并共同建设绿色低碳钢铁材料供应链。

8月5日 阿维塔科技与bp签署长期战略合作协议，共同推进高压快充网络的建设。根据协议，双方计划至2023年底在全国范围内19个城市共建超过100个标准化高压快充站，单场站功率达到480 kW，单枪最大功率可达240 kW。

8月5日 亿咖通科技与AMD签署战略合作协议。根据协议，双方将携手打造面向下一代电动汽车(EV)的车载计算平台，预计于2023年末面向全球市场量产。

8月5日 上海舜华新能源系统有限公司与上海宝氢气体工业有限公司、九双天诚(上海)汽车服务有限公司在上海共同签署《氢能加氢网络开发建设合作框架协议》。根据协议，三方将共同建设青浦项目，同时在加氢站投资建设、气源保障体系构建等方面共同发力，推动长江流域加氢网络形成、打造世界级氢能示范场景与全新商业合作模式。

8月8日 广东国鸿氢能科技股份有限公司与清华大学互联网产业研究院启动关于氢能产业研究的合作，双方将围绕国家绿色低碳战略的整体要求，结合内蒙古自治区及鄂尔多斯市“十四五”产业发展规划，在氢能科技产业服务国家“双碳”战略等方面开展系列研究，结合研究成果形成智库报告，推进氢能产业健康快速发展。

8月8日 长城汽车与欧洲汽车经销商集团埃米尔·福莱（EmilFrey）集团签约，双方就魏牌和欧拉在欧洲市场的进口和分销达成战略合作，并对率先进入德国市场的魏牌摩卡PHEV（Coffee01）、欧拉好猫两款产品进行联合营销。

8月9日 宁德时代新能源科技股份有限公司与宇通集团在河南郑州签署十年战略合作框架协议。根据协议，双方将在客车、重卡、轻卡、工程机械、环卫车等商用车领域共享优势资源，携手推进新材料、新体系、新技术创新开发与应用，共同制定商用车电池技术标准。双方还将聚焦海外市场，实现“车电联合出海”的战略目标。

8月9日 上海自贸区临港新片区管委会与北京百度智行科技有限公司签订战略合作协议。根据协议，双方将推动百度阿波罗自动驾驶项目正式入驻临港新片区。

8月11日 浙江吉利新能源商用车集团有限公司与广州越秀融资租赁有限公司达成30亿元换电重卡领域合作。双方将聚焦换电重卡领域，围绕换电重卡销售、换电站建设运营等多个层面开展合作。

8月15日 上氢能源科技有限公司与三一重工股份有限公司、启航汽车有限公司、金龙联合汽车工业（苏州）有限公司在上海临港新片区启动战略合作，各方将协力共创氢能车的研发生产。

8月15日 万晓新能源科技（深圳）有限责任公司与金茂智慧交通科技有限公司签署合作协议。根据协议，双方将在新能源重卡换电业务领域展开全面合作。双方将以合资、排他性运营的合作方式共同推广新能源换电车辆，推进新能源车辆换电站布局、建设、运营，完善新能源换电车辆的渠道运营、市场营销。

8月15日 蔚来汽车与联合国开发计划署（UNDP）在北京就Clean Parks项目签约合作，联合国开发计划署成为Clean Parks的平台共建方。根据协议，蔚来将为与联合国开发计划署合作的自然保护地提供智能电动汽车、建设清洁能源基础设施等。

8月16日 路程物流科技有限公司与宇通重工签订战略合作协议，双方就“全路程换电项目”建立战略合作伙伴关系，将围绕换电项目和城市环卫车型、环卫作业效率、换电站铺设路径等方面展开合作。

8月16日 一汽解放汽车有限公司、上海重塑能源集团股份有限公司、轻程（上海）物联网科技有限公司完成燃料电池汽车交付，此次交付的100辆18 t氢燃料电池重卡，由重塑集团和一汽解放共同开发，交付后将由轻程物联网负责车辆运营。同时，三方进一步签署“一汽解放 & 重塑集团 & 轻程物联网1000辆氢燃料电池整车推广与应用战略”协议，未来三年将再推广应用1000辆燃料电池汽车，未来三方将共同推动新能源商用车产业长期、稳定和可持续发展，加快推进燃料电池商用车项目落地。

8月16日 广汽埃安与赣锋锂业股份有限公司签署战略合作协议。根据协议，双方将依托各自在新能源领域的产业基础及行业资源优势，探讨在锂资源、电池回收、电池梯次利用等方面开展合作。

8月17日 中国汽车技术研究中心有限公司与华为技术有限公司就“中汽中心 & 华为智能车载光业务深化合作”签署协议。根据协议：未来双方将共同推动汽车行业数字化转型和创新；共同推动智能车载光标准化以及产业发展，开启智能汽车新时代新征程。

8月18日 国氢能源科技有限公司与中汽研新能源汽车检验中心（天津）有限公司签署战略合作协议。根据协议，双方将在基础研究、共性技术等方面进行全方位合作，共同助力燃料电池产品检测及产品质量提升。

8月18日 宁德时代新能源科技有限公司与中国一汽解放汽车有限公司签署战略合作框架协议，双方将共同成立解放时代新能源科技有限公司。新公司落户石家庄市正定县，将围绕新能源商用车销售、车电分离、绿电交易、碳积分交易、整车租赁、二手车交易及运力承接等业务，打造新能源卡车生态链，助力城市电动化转型。

8月18日 中创新航科技股份有限公司与建设银行（牵头）、农业银行、徽商银行、邮储银行、中国银行、中信银行就“中创新航合肥项目银团”在建设银行合肥分行成功签约。各方将共同为安徽省新能源暨智能网联汽车产业发展做贡献，为“双碳战略”和新能源汽车战略的实现尽最大担当。

8月18日 国网商用电动汽车投资有限责任公司协同国网井陉县供电公司，与以河北九洲矿业有限公司为首的几大矿山公司就“电动重卡充换电一体站项目规划建设”达成共识，首期100辆电动重卡试运营，远期1000余辆将陆续投入运营。三方将围绕新能源商用车销售、车电分离（含换电站运营）等业务，打造新能源重卡车充换电生态链。

8月19日 博世与广西汽车集团有限公司签署《新能源电池回收利用战略合作框架协议》。根据框架协议，双方将整合优势资源，共同推进在废旧动力电池回收领域内深度合作。

8月21日 风氢扬氢能科技（上海）有限公司与河南省日立信股份有限公司在郑州签署战略合作协议。根据协议，双方将在汽车级氢泄漏检测、高湿环境氢气浓度检测和工业级固定式发电站氢安全系统解决方案等领域开展合作。

8月22日 三峡科技有限责任公司与新源动力股份有限公司正式签订合作协议。根据协议，双方将与中科院大连化物所等共建燃料电池及氢源技术国家工程研究中心，加强国家工程中心在技术成果应用和带动产业发展等方面力量，共同优化运行管理，落实共建责任，推动合作内容落地。

8月23日 上海捷氢科技股份有限公司与无锡先导智能装备股份有限公司签署战略合作协议。根据协议，双方将建立长期稳定伙伴关系，共同推进燃料电池核心技术开发和国产化进程。

8月23日 龙佰集团股份有限公司与氢通（上海）新能

源科技有限公司签署战略合作框架协议，双方将在化工工业副产氢高效利用、氢燃料电池系统生产、氢燃料电池车应用推广等方面开展实质性的战略合作。根据框架协议：双方投资建设煤制氢项目，氢通新能源将利用其中部分氢气作为氢燃料电池车使用氢气来源之一；龙佰集团积极促进运输车辆逐步更新替换为装配氢通新能源氢燃料电池系统的氢燃料电池车。

8月24日　协鑫集团与宁德时代新能源科技股份有限公司签署战略合作协议，双方将在科技创新及产品研发、重卡换电及电池回收等领域展开合作。根据协议：在重卡换电站通用性方面，双方将展开技术合作交流，助力重卡换电站互通互融；在动力电池梯次利用方面，双方将根据“重卡+储能”应用场景，优化全生命周期电池成本，实现动力电池在储能领域的梯次利用。双方还将探讨在动力电池回收领域创新合作。

8月25日　德创未来汽车科技有限公司和微宏动力系统（湖州）有限公司签署战略合作协议。根据协议，双方将在新能源轻卡、重卡等多种技术路线项目开发展开深度合作，为新能源商用车发展注入新活力。

8月25日　福建省文华汽车集团有限公司与国家电力投资集团有限公司就“绿色换电出行管理项目”签署战略合作协议。根据协议，双方将立足福建，辐射全国，推动新能源换电商用更快落地，为城市节能减排创造更大价值。

8月29日　中国汽车技术研究中心有限公司与一汽丰田汽车有限公司在天津总部主院区签署战略合作协议。根据协议，双方将在新能源汽车、信息安全、智能网联等战略性新兴产业领域开展广泛务实合作。

8月31日　本田技研工业（中国）投资有限公司与东风汽车集团股份有限公司、广州汽车集团股份有限公司签署协议，根据协议，各方合资成立动力电池采购公司——众锐（北京）贸易服务有限公司。此外，Honda中国与宁德时代新能源科技股份有限公司签署战略合作备忘录，双方将进一步强化战略合作伙伴关系，为加速推动电动化事业，构建长期稳定的动力电池供求体制。

9月

9月1日　潍柴控股集团有限公司、中国重型汽车集团有限公司分别与青岛圣通华有限公司、淄博展鸿汽车有限公司、同心智行物流科技有限公司等客户就“潍柴氢燃料电池商用车”签署战略合作协议。此次共计签约1100辆商用车，涵盖4.5 t城市物流车、18 t物流车、49 t牵引车等各系列产品，搭载的潍柴氢燃料电池功率覆盖50～200 kW，可满足长续航、低温等多种复杂工况的需求。

9月1日　全路程物流科技有限公司与远景动力技术（江苏）有限公司签署战略合作协议。根据协议，远景动力将作为电池领域唯一合作伙伴为全路程供应高品质的动力电池产品，双方共同推进物流交通领域新能源换电模式的创新与推广。

9月1日　云控智行科技有限公司与江苏港嘉节能科技有限公司达成战略合作。双方将在智能网联、智能交通、智慧园区等方面展开合作，打造“车路云一体化”智慧高速样板，助力智能网联汽车与智能交通、智慧城市协同发展。

9月1日　宁德时代新能源科技股份有限公司与中国移动通信集团有限公司签署战略合作框架协议。根据协议，双方将在备储一体化智能锂电池及运营管控平台开发等领域开展合作。

9月2日　芜湖中集瑞江汽车有限公司与万物友好运力科技有限公司就“打造纯电动混凝土搅拌运输车销售新模式”长远合作签署战略合作协议，未来双方将以整车产品和全生命周期绿电运力解决方案，全面提高搅拌车物流运营效率，引领新能源商用车时代混凝土搅拌运输车深度变革，构建增值生态平台。

9月2日　格林美公司与韩国浦项市政府、ECOPRO共同签署《推进项目谅解备忘录》。根据备忘录，格林美将与ECOPRO合作成立二次电池材料项目相关合资公司，由格林美牵头并控股在浦项市建设关键镍钴锰原料与前驱体材料项目，稳定韩国核心市场与导向美国市场。

9月2日　苏州瀚川智能科技股份有限公司与蓝谷智慧（北京）能源科技有限公司签署战略合作协议。根据协议，双方将于新能源汽车换电站建设运营、低碳园区以及储能系统等新能源领域展开合作，共同打造新能源产业生态。

9月2日　浙江瓯鹏科技有限公司与上海捷换科技有限公司正式签署战略合作协议及相关配套协议。根据协议，双方将在换电站研发、设计、制造、换电站运营、换电轻卡车型开发等多领域展开深入合作，助力瓯鹏科技“商用车、换电站、锂电包、运营网”四位一体模式的快速发展。

9月3日　蓝谷智慧（北京）能源科技有限公司与太平洋保险签订战略合作框架协议。根据协议，双方将在换电站综合保险、“车电分离”保险模式创新、新能源汽车电池评估和维修服务支持、动力电池回收、“电池银行”资产管理及电池寿命预测相关技术等领域展开合作。

9月4日　五菱新能源与日本ASF株式会社举行G050项目量产合同签约暨OTA样车交付仪式。根据协议，双方合作开发一款纯电动物流车，由日方支付研发费用，委托五菱新能源生产制造，共同推动广西新能源汽车首次进入日本市场销售。预计2023年4月底量产上市，并向5年10万辆的目标迈进。

9月5日　宁德时代新能源科技有限公司在匈牙利东部城市德布勒森签署预购地协议，用于建设电池工厂，该工厂占地3315亩，投资金额73.4亿欧元，规划电池产能为100 GWh，将为欧洲汽车制造商生产电芯及模组产品。此外，宁德时代还将与当地合作伙伴探讨建立电池材料工厂的可能性，推动电池价值链可循环及可持续发展。

9月5日　苏州瀚川智能科技股份有限公司与蓝谷智慧（北京）能源科技有限公司签订战略合作框架协议，根据框架协议，双方将在充换电设备的开发、生产制造、交付运维及低碳园区、光伏及储能等业务达成长期战略合作。双方将共同开拓充换电设备、低碳园区、光伏及储能市场等。

9月6日　安凯客车与江淮汽车、弗迪电池有限公司、浙储能源集团有限公司就动力电池合作事宜签署合资框架协议。根据协议，四方将共同投资设立一家合资公司，合资公司将建设新能源动力电池生产工厂并开展新能源动力电池生产项目,生产规模为 10~20 GWh,产品主要用于商用车等市场。

9月6日 公牛集团与国网车网技术公司建立战略合作伙伴关系,通过整合双方在电连接领域技术和研发优势,加速电动汽车有序充电的推广应用,更快实现大规模的社区资源接入。

9月7日 上海前晨汽车科技有限公司与能链智电达成战略合作。双方将整合技术、资源与服务优势,深耕智能网联新能源商用车充电网络建设,联合打造智能网联商用车智慧充电生态,推动智能网联新能源商用车普及,助力绿色物流及"双碳"目标。

9月7日 毫末智行科技有限公司与北京四维图新科技股份有限公司签署战略合作协议:根据协议,双方将在智能驾驶、地图服务、数据闭环领域联合展开合作,同时还将前瞻性地针对产品及技术研发建立联合创新实验室,通过技术、产品、模式创新,加速合作项目落地。

9月8日 江淮汽车与上海启源芯动力科技有限公司在合肥签署战略合作协议。根据协议,双方就换电重卡相关零部件供应、产品开发、营销推广等方面将展开全面合作,并签署1万辆换电重卡的投放协议。

9月8日 深圳市迪威立方科技有限公司与深圳德福基金管理有限公司签署战略合作协议。根据协议,双方将加强在氢能源应用端及产业化板块深度合作和布局,围绕氢能源、无人驾驶机动车以及其他产业领域等进行合作,就氢能源应用进行深度合作,将共同为推广无人驾驶停车场、充气充电、加油站等进行产业布局。

9月8日 东方锅炉与福清市人民政府就"氢能源及燃料电池基地项目"签署协议。该项目涵盖高端燃料电池研发制造、可再生能源发电及制氢、氢能综合能源站、氢燃料车辆示范推广以及大数据与氢能创新研究等内容,以福州为中心建设福建省首个氢能产业示范基地,打通"福—厦氢能海岸线",并逐步辐射整个福建省及大湾区,带动福建省氢能产业高质量快速发展。

9月9日 宁德时代新能源科技有限公司与宝马集团达成一项长期协议:从2025年开始宁德时代将为宝马集团"新世代"车型架构的纯电车型供应圆柱电池。根据协议,宁德时代将为宝马供应标准直径为46 mm的新型圆柱电池,这些产品将在位于中国和欧洲的两座电池工厂生产,每座工厂供应宝马的年产能高达20 GWh。

9月9日 北汽新能源与壳牌中国在京签署战略合作协议,根据协议,双方将围绕充换电等能源补给服务领域展开深度合作。在运营层面,双方将在公共超充站、车队大客户充电解决方案、出租车、网约车大客户换电站等业务方向寻找合作模式。其中,针对换电服务,双方致力于打造节能、环保、高效、创新的新能源换电产业模式,实现产业链生态循环。在技术层面,双方将从行业先进技术方向开展技术合作。其中,针对充电技术,双方积极合作探索超级液冷快充、冬季速热、光储充检一体化、高效率慢充等行业先进充电技术的落地及推广。

9月13日 海信集团与蔚来汽车签署全面战略合作框架协议。根据协议,双方将在新能源汽车产业相关领域(包括车用空调、整车热管理系统、智能交通、车路协同、新型显示及多媒体技术产品等)、海外市场拓展、家电产品集采等领域开展多产业、全方位战略合作。下一步,双方还将在智慧城市、智慧社区、智慧家庭、显示、大数据、人工智能、自动驾驶等相关产业方面将不断拓展深度合作。

9月14日 神力科技与三一氢能科技有限公司于湖南省长沙市签署战略合作协议。根据协议,双方将围绕燃料电池车辆、工程机械、氢储能发电、分布式发电站等领域进行深度合作,合作完成燃料电池系统新产品开发,完善产品性能,降低产品成本,并深度配合完成不同应用场景商业化推广。计划在未来三年内共同推广不低于500台燃料电池系统的应用。

9月14日 上海华依科技集团股份有限公司与宁德时代(上海)智能科技有限公司签署合作框架协议。根据框架协议,将依托华依检测在新能源测试服务领域的技术,提供专业测试服务,建立长期战略合作。

9月15日 巴拉德动力系统有限公司与深圳市通用氢能科技有限公司在深圳签署战略合作协议。该协议是双方在此前合作基础上的进一步深化,双方将在氢燃料电池气体扩散层及应用等方面开展合作,共同推进中国燃料电池产业的发展。

9月15日 深圳市三匹马出行科技有限公司与宁夏长燃物流有限公司、宁夏中润盛华投资基金管理有限公司签订新能源汽车销售合作项目;宁夏长燃物流有限公司与长燃智享(宁夏)新能源科技有限公司签订城际运输物流专线合作项目,与宁夏飞创时空能源有限公司签订存储一体化服务基地建设项目,与宁夏众维新能源科技有限公司签订换电重卡合作项目。未来各方将全力构建车、站、电池一体化生态,为换电新能源汽车的规模推广打造示范样本。

9月16日 哪吒汽车(合众新能源汽车有限公司)与泰国PTT公司签署全面战略合作协议。根据协议,双方将在"充电桩生产与安装""公共充电服务""未来意向生产战略规划"等方面发展泰国新能源市场。

9月16日 国网株洲渌口区供电公司与中国邮政株洲渌口区公司在渌口区青龙湾充电站签订充电合作协议。同日,双方举行EMS邮政车集中充电仪式,17台EMS邮政车完成"油改电"。

9月19日 湖北亿纬动力有限公司与大运汽车股份有限公司签署战略合作协议。根据协议,双方在未来实现亿纬动力电池在大运新能源汽车上更多地开发应用,进行整车匹配,实现电池方面全面战略性合作。大运汽车将在远航品牌车型上装配亿纬动力46系列大圆柱电池,并在新能源商用车与亿纬动力全面开展合作。

9月20日 上海悠跑网络科技有限公司与合肥肥西县人民政府就"悠跑科技商用车总部项目"签署协议。根据协议,悠跑科技将在合肥肥西设立商用车总部,包括商用车研发、生产制造管理及销售等;合肥肥西将为悠跑科技提供包括项目用地、资金补贴、人才服务等政策支持。该商用车总部项目计划分三期建设,包括底盘核心零部件及整车试制产线、智能滑板底盘产线以及整车产线。

9月20日 中航油空港(北京)石油有限公司与蓝谷智

慧(北京)能源科技有限公司签署战略合作协议。根据协议,双方将基于新能源纯电动汽车换电站建设运营、市场拓展及能源数据服务等方面共同服务首都交通出行。

9 月 20 日 宁德时代新能源科技有限公司和协鑫(集团)控股有限公司签署长期战略合作协议。根据协议:双方将在科技创新及产品研发方面展开全面战略合作,实现多场景和新商业模式的深耕,加速推动"光伏 + 储能"两大应用端有效融合,全面推进源网荷储一体化大基地项目快速落地,促进新能源行业稳步发展;在重卡换电站通用性方面,展开技术合作交流,助力重卡换电站互通互融;在动力电池梯次利用方面,根据"重卡 + 储能"应用场景,优化全生命周期电池成本,实现动力电池在储能领域的梯次利用;探讨在动力电池回收领域创新合作,携手产业链上下游打造共同构建移动能源生态圈。

9 月 20 日 唐山供销国海绿能科技有限公司与壳牌(中国)有限公司签署战略合作协议。根据协议,未来双方将以重卡充换电站相关业务为基础,共同开展换电站相关投资、建设运维、电池银行等工作。

9 月 20 日 莱芜公交集团与华电莱城发电厂签约,计划启用华电莱城绿能智慧充电站。该充电站共配置 120 kW 双枪直流充电桩 11 台,120 kW 单枪直流充电桩2 台,480 kW1 拖 10 充电桩 2 套,14 kW 双枪交流充电终端 9 套,可同时满足 62 辆新能源车充电需求。

9 月 20 日 国富氢能及合作伙伴与乌鲁木齐市甘泉堡经济技术开发区(工业区)就"智慧绿色综合能源应用示范项目"签约。该项目首期规划两座综合能源站,加氢规模 2000 kg/d,并配套服务 200 辆商用车(包括重卡、公交、轻型物流车)运营。一座规划在甘泉堡经开区,该站具备制氢、加氢、加油、加气和充电一体化的能力。另一座规划在甘泉堡经济开发区火车站附近,该综合能源站具备加氢、加油、加气、充电能力。

9 月 22 日 小马智行与曹操出行、吉利汽车创新研究院智能驾驶中心达成战略合作,三方将共同打造智能驾驶开放运营平台,在苏州落地运营自动驾驶出行服务。

9 月 24 日 雄川氢能科技(广州)有限责任公司与深圳市迪威立方科技有限公司在广州市黄埔区湾区氢谷举行 2000 台氢能源车签署仪式暨首批 100 台重载渣土车交车仪式。

9 月 24 日 宁德时代新能源科技股份有限公司和广西柳工机械股份有限公司签署十年战略合作框架协议。根据框架协议:双方开拓电动化工程机械行业市场,联合推动工程机械电池技术标准制定;聚焦海外产品标准制定与市场推广,为全球工程机械客户提供技术领先、最具竞争力的电动化产品;在智能制造、零碳排放等新领域进行联合探索,促进并引领行业高质量发展。

9 月 25 日 迪威氢能汽车销售(广州)有限公司氢能源智慧运营平台启动,与合作方签订 4 份合作协议:深圳迪威迅股份有限公司与雄川氢能科技(广州)有限责任公司签订 2000 辆氢燃料电池汽车采购意向协议;迪威氢能汽车销售(广州)有限公司与广州云端新能源有限公司签约服务协议;迪威氢能汽车销售(广州)有限公司与黄埔雄宇码头签订协议;深圳市迪威立方科技有限公司与深圳市鼎泰富科技有限公司签订战略合作协议。现场,深圳市迪威立方科技有限公司和雄川氢能科技(广州)有限责任公司完成 100 辆氢燃料电池汽车交接仪式。

9 月 27 日 小马智行与上汽集团人工智能实验室(上汽 AI LAB)开启合作,共同探索自动驾驶技术研发及无人车运营服务落地等领域。根据合作框架,双方将共同推进全无人自动驾驶车辆的研发。双方已联合打造基于上汽 Marvel-R 车型的全无人自动驾驶概念车,并于今日在上海汽车博览公园亮相。

9 月 27 日 郑州宇通集团有限公司、河南理工大学、中原内配集团股份有限公司、风神轮胎股份有限公司、焦作市吉通物流有限公司、焦作市伟祺新洁能源有限公司、华唐新材料股份有限公司、河南鲲华新能源科技有限公司就"河南省氢能及燃料电池汽车产业链战略合作"共同签署协议,助力全省氢能与燃料电池汽车产业高质量发展。

9 月 27 日 上汽红岩汽车有限公司、国家电力投资集团有限公司、重庆东然新能源科技有限公司三方在重庆开州举行 1000 台红岩纯电动重卡签约仪式。同日,三方联合举办的"万达开"川渝统筹发展示范区绿电交通项目正式启动。该项目主要围绕砂石、电煤、商砼物流等高频重载运输场景展开,充分发挥重庆地区电能补给优势,布局渝东北、川东北地区,打通开州—万州—达州三地,形成绿色物流运输网络,加速推进我国"双碳"目标达成。

9 月 27 日 中盛国泰与兴邦能源共同签署战略合作协议。根据协议,未来三年,双方将共同制定氢能交通脱碳发展规划,合作推广并交付氢燃料电池汽车"1000 辆""5000 辆""10000 辆"规模化路径。

9 月 29 日 新源动力股份有限公司与上海济平新能源科技有限公司签署战略合作框架协议,双方将在燃料电池电堆相关零部件领域展开长期深入合作。根据协议,双方将共同推动使用高性能、高耐久性的催化剂产品,以满足氢燃料电池车辆的生产与制造。济平新能源将向新源动力提供生产所需的催化剂产品及技术支持;双方还将共同推进催化剂产品车辆的市场化运行,计划投入 300 辆氢燃料电池车,助力全国燃料电池汽车示范城市群发展。

9 月 29 日 东风商用车有限公司、中国石化湖北石油分公司、湖北氢动力科技服务有限公司三方进行战略合作签约暨武汉首批东风氢能渣土车订单签约。根据协议,三方将携手力争"十四五"期间在湖北省内建立加氢站 40 座,推广氢燃料电池车辆 3000 台,打造武孝襄十和武汉—宜昌氢能高速,助力氢燃料电池车辆实现示范运营和湖北建设全国构建新发展格局先行区。

10 月

10 月 7 日 魏桥集团、狮桥集团、DeepWay 在滨州签署战略合作框架协议,将致力于新能源重卡的整车轻量化,智慧物流综合解决方案和智能化铝制挂车研发等课题。根据协议,三方具体合作包括:从研发优化设计、轻量化新材料开发与应用等方面展开深度合作,共同打造最优的轻量化智能新能源重卡;联合设计面向大工业客户的运输闭环服务方案,实现长距离、电动化、绿色化运输;开展智能铝制挂车的研发与制造。

10 月 8 日 东风商用车有限公司、中国石化集团公司、国电投湖北氢动力科技服务公司在武汉签署战略合作协议,聚焦氢能源研发应用,共同拓展氢能源中重卡市场,建设氢能源车辆产业集群。根据协议,三方将在产品配套、平台客户联合营销、新能源“车站一体化”整体解决方案等多领域展开深度合作,力争“十四五”期间在湖北省内建立加氢站 40 座,推广氢燃料电池车辆 3000 辆,打造武孝襄十和武汉—宜昌的氢能高速,共同助力氢燃料电池车辆实现示范运营。

10 月 10 日 远程新能源商用车与浙江时空道宇科技有限公司在浙江杭州签署战略合作协议。根据协议,双方将在物流运输、自动驾驶等领域达成深度战略合作,共同推动卫星应用服务在商用车全场景的应用落地,实现天地一体化的未来运力解决方案。

10 月 10 日 哪吒汽车(合众新能源汽车有限公司)与缅甸 GSE 有限公司签署战略合作协议,根据协议,哪吒汽车将在缅甸推出哪吒 U 国际版、哪吒 V 国际版等智能电动潮酷新品和服务。

10 月 10 日 浙江万里扬新能源驱动有限公司被浙江零跑科技股份有限公司选定为纯电动汽车 EV 减速器产品的开发合作供应商,公司 EV 减速器产品将为零跑汽车的纯电动汽车提供配套,预计于 2023 年量产上市。

10 月 11 日 国轩高科股份有限公司与苏美达股份有限公司签订战略合作协议。双方就国内储能项目合作、海外储能市场开拓、出口业务合作等领域开展全方位合作,未来三年合作储能项目总量预计达 10 GWh。在国内储能项目合作方面,将着力开发大型集中式储能、移动电源车、电池银行等储能市场,推进意向项目尽快落地。

10 月 11 日 采埃孚集团与蔚来在德国慕尼黑签署战略合作协议,双方将在线控转向产品等领域展开合作。同时,双方计划在品牌推广、产品营销、技术提升、质量培育、客户服务等领域展开合作。

10 月 12 日 小马智行与速腾聚创(RoboSense)签署战略合作协议。根据协议,将基于小马智行全栈式自动驾驶技术研发积累,以及速腾聚创激光雷达产品在性能、量产能力等方面的综合优势,双方将在自动驾驶和智慧交通领域开展全业务链的深入合作,推动自动驾驶技术方案的落地和规模化应用。

10 月 13 日 浙江远程醇氢科技有限公司、玉门祥天新能源产业发展有限公司、甘肃光奥汽车贸易有限公司就“100 台甲醇重卡”签署协议。根据协议,首批 100 辆远程甲醇重卡将加入玉门祥天的能源运输业务中。未来三方将共同在甘肃酒泉建设完善的甲醇运力和甲醇加注生态,形成以酒泉为中心,辐射周边陕西、新疆、内蒙古等省市的甲醇重卡运力网。

10 月 18 日 赛力斯汽车与文灿集团签订战略合作框架协议。根据协议,双方将在新能源汽车的一体化结构件、电池盒和“三电”部分产品的轻量化研发、新材料应用和零部件供应等方面建立合作。

10 月 19 日 远景动力与宝马集团达成长期合作,远景动力将为宝马新一代车型提供高性能、高安全性和零碳的动力电池产品,全面支持宝马集团实现电动化、数字化、可持续的转型目标。

10 月 20 日 RoboSense(速腾聚创)与斯年智驾正式达成战略合作,双方将重点围绕激光雷达技术迭代和商用车自动驾驶能力提升,为无人驾驶物流运输车场景提供更优解决方案。

10 月 25 日 宁德时代新能源科技股份有限公司、神龙汽车有限公司、时代电服科技有限公司签署 EVOGO 换电项目合作框架协议。根据协议,三方基于车电分离模式,以神龙汽车旗下东风富康 ES600 为载体,共同开发组合换电版车型,东风富康 ES600 组合换电版计划于 2022 年 11 月面向网约车等营运市场销售。宁德时代与神龙汽车在换电服务上的合作项目由宁德时代全资子公司时代电服负责运营。接下来,三方还将在换电车型开发推广、电池支架开发、整车与电池数据管理、标准换电块流通维保等领域继续紧密合作。

10 月 25 日 浙江天能氢能源科技有限公司与厦门金龙联合汽车工业有限公司签订战略合作协议。根据协议,双方将联合开展氢能技术的研究与开发,共同推进氢能技术在新能源汽车领域的产业化发展,打造全国氢能汽车示范应用新标杆。

10 月 25 日 章鱼博士智能技术(上海)有限公司、蜂巢能源科技股份有限公司、霍尼韦尔签订三方战略合作协议,共同致力于推动锂电行业向智能制造转型升级。

10 月 25 日 现代汽车氢燃料电池系统(广州)有限公司与黄埔区、广州开发区区属国企广州恒运企业集团股份有限公司及广州开发区交通投资集团有限公司签订合资意向书,三方将合作成立氢能合资公司,围绕氢能商业化开展四大业务。面向车用领域,对外销售基于现代汽车集团技术适配中国市场而研发的氢燃料电池系统,提供系统与车辆工程应用集成、售后等服务;面向氢能产业生态,创新供应链育成模式;面向运营领域,向车辆运营公司和终端用车公司提供氢燃料电池汽车租赁服务;面向氢能多应用场景,使用基于现代汽车集团技术的氢燃料电池系统,联合研发电动汽车充电系统、备用发电系统等氢能创新应用产品。

10 月 25 日 蔚来与华住集团正式签署战略合作协议,根据协议,双方将围绕布局充换电设施展开深度合作,为新能源用户提供更加便捷的加电体验。双方已合作建成 14 座蔚来充电站,后续还将在能源布局方面开展深度合作。

10 月 26 日 长城汽车与中国移动签署战略合作协议。根据协议,双方将在智能网联、高精度定位、车路协同、大数据、车载内容等车联网领域开展全面深入合作。

10 月 26 日 孚能科技(赣州)股份有限公司与贵州振华新材料股份有限公司签订战略合作协议。根据协议,双方就三元正极材料的采购与合作、钠电池正极材料合作、废料及废旧电池回收、锂资源的共同开发方面达成一致。协议有效期期限为 2022 年 10 月 1 日至 2025 年 12 月 31 日,双方可通过签署补充协议延长合作期限;2022 年 10 月至 2025 年 12 月 31 日,孚能科技向振华新材计划采购 11.10 万 t 三元正极材料。振华新材优先保障孚能科技材料需求,并在同等条件下给予孚能科技最优惠的成本支持。

10 月 26 日　贵州省贵阳市城市充电网 4800 个充电终端项目集中开工。该项目由贵阳矿能特来电充电网运营有限公司负责建设，第一期计划 2022 年底前在贵阳各个区域建设 23 个充电点位，投放 500 个新能源汽车充电终端，日均可满足 3500 台新能源汽车的充电需求。

10 月 27 日　中国汽车技术研究中心有限公司与浙江零跑科技股份有限公司正式签署战略合作协议。根据协议，双方在新能源汽车、智能网联等方面合作深入，未来将在战略性新兴产业领域开展更加广泛交流。

10 月 27 日　哪吒汽车（合众新能源汽车有限公司）与 NVIDIA 在浙江签署战略合作协议。根据协议，哪吒汽车将搭载 NVIDIA DRIVE Orin 车载计算平台，并持续关注舱驾一体 Thor 芯片导入，持续提升哪吒汽车整车 AI 智能化水平。双方将打造"智能汽车新高度，共建开放新生态"的战略目标，联合定义车载中央超算平台和大算力 AI 芯片，并同步推进芯片应用成果转化，推动智能汽车产业持续向前发展。

10 月 28 日　途虎养车与特锐德子公司特来电签署战略合作协议。根据协议，双方将创新充电桩运营和汽车服务合作模式，共同构建充电桩售后全流程服务体系，并在传统汽修门店"油电兼修"升级和充电网络建设、充电桩维保技师人才培养机制搭建、数字化充电桩维保服务平台建设、动力电池运维管理平台探索以及双平台会员体系互通等方面展开多维合作。

10 月 30 日　宁德时代与 VinFast 签订全球战略合作谅解备忘录，双方将在 CIIC（宁德时代一体化智能底盘）滑板底盘等项目上开展合作。根据谅解备忘录，在现有 CTP（高效成组）产品配套的合作基础上，宁德时代与 VinFast 将在 CIIC 滑板底盘方面探索多种形式的合作，帮助 VinFast 快速打开全球市场。CIIC 滑板底盘将电池包、电机及其他关键部件集成在车辆底部，可降低购置成本并节省能耗，同时扩大乘坐空间。

10 月 31 日　爱驰汽车有限公司与天奇股份、万高（上海）汽车科技有限公司签署合作框架协议。根据协议，三方将依托各自在动力电池回收领域的行业经验，共同建立动力电池回收利用体系，共建、共享回收服务网络。

11 月

11 月 1 日　三一集团有限公司、中国外运股份有限公司、小马智行科技有限公司在湖南长沙签署战略联盟协议。根据协议，三方将共同打造智慧物流领域"场景 + 技术 + 车辆"的黄金三角，后续三方将通过青骓物流科技与一骥智卡进一步开展合作，构建行业首个以智能重卡为主要运力的智慧物流车队，并以此为基础打造智能重卡车队和智慧公路运输端到端整体解决方案，持续推进自动驾驶技术的产品化迭代和智能重卡大规模商业应用。同日，一骥智卡交付青骓物流首批智能重卡正式发车、交付投运。

11 月 1 日　爱驰汽车有限公司、天奇自动化工程股份有限公司、万高（上海）汽车科技有限公司签署《合作框架协议》。根据协议，三方共同建立动力电池回收利用体系，共建、共享回收服务网络，提高规范回收水平，共同做大做强动力电池回收资源化业务、电池运营服务生态，推进电池回收行业向规范化、规模化方向发展。

11 月 1 日　江苏云快充新能源科技有限公司与智己汽车科技有限公司达成合作。根据协议，云快充携全国第二大公用充电网络规模，助力智己汽车实现公共充电补能体系的再度扩容。

11 月 3 日　万物友好运力科技有限公司与山西快成物流科技有限公司在杭州市签署战略合作协议，签下远程新能源 500 台纯电重卡订单。根据协议，双方将在重卡电动化方面建立紧密合作，树立山西省网络货运行业高质量发展新标杆。

11 月 4 日　惠州亿纬锂能股份有限公司与思摩尔国际控股有限公司签订采购框架协议。根据框架协议，思摩尔国际及其附属公司将向亿纬锂能及附属公司持续性地采购电芯等产品作为原材料。

11 月 4 日　中国吉利汽车集团与匈牙利格兰德汽车中欧公司在布达佩斯签署战略合作协议。根据协议，格兰德汽车将在匈牙利、捷克以及斯洛伐克销售吉利的几何 C 型电动汽车，首批汽车预计将于 2023 年上半年开售。

11 月 4 日　远程新能源商用车集团与中泰物流集团就"200 台远程甲醇重卡"签约。中泰物流集团将购买 200 台远程甲醇重卡，投入到多式联运、第三方物流、能源运输等业务中。

11 月 5 日　安徽省宣城市宁国市管委会与吉利科技集团动力就"吉利宁国电池项目"签署协议。根据协议，吉利科技集团将在宁国投资建设规划年产能 12 GWh 磷酸铁锂动力电池生产线及相关配套；宁国市委市政府将全力推进项目落地，推动项目早建成达产见效。

11 月 6 日　贵阳产业发展控股集团有限公司、松下四维出行科技服务（北京）有限公司、中国太平洋财产保险有限公司深圳分公司、三井住友海上火灾保险（中国）有限公司签署业务合作框架协议。根据框架协议，就面向贵阳产控联合各方发起成立的电池资产管理公司提供电池分析云服务 BetteRRRy 达成合作，通过电池分析云服务助力面向数字能源及其关联公司运营管理的电池、车辆资产及充换电运营站资产的保险服务，为"电动贵阳"建设助力。

11 月 6 日　欣旺达电动汽车电池有限公司收到德国大众汽车集团关于 HEV 项目电池包系统的定点函通知，欣旺达作为该产品的量产供应商，为德国大众 HEV 项目供应动力电池包系统。

11 月 6 日　科思创公司与高合汽车达成新战略合作协议，双方计划深化合作，共创低碳、智能化的未来出行解决方案。根据合作协议，科思创的低碳工程塑料、部分生物基固化剂和含可再生原材料份额的聚氨酯胶黏剂等解决方案将应用于高合汽车未来更多新车型。

11 月 7 日　江阴临港氢能产业园项目集中签约。（1）氢燃料电池电堆系统极核心零部件项目：青岛奥扬新能源车载供氢系统项目、江苏清能氢燃料电池电堆和系统总成项目、上海华熵能源空压机和回氧泵项目、申氢宸科技成套喷氢系统项目。（2）制氢、加氢装备项目：宏泽科技制氢电解槽项目、远景制氢装备项目、双良集团绿电制氢系统项目、上海舜华新能源加氢装备项目。（3）氢气制取和氢能产业合作项目:三房巷制氢项目、临港开发区中诚新能源产业合作项目。项目落地达产后将助力江阴打造具有全省乃至全国影响力的氢能产业新高地。

11月8日 浙江吉利控股集团有限公司(吉利控股)、吉利汽车控股有限公司(吉利汽车)和雷诺集团签署一项非约束性框架协议。根据框架协议,吉利和雷诺集团合资设立新公司研发制造下一代混合动力系统。新公司将为吉利系和雷诺日产三菱系车企提供产品,并外销动力总成技术,规划在三大洲运营17家动力总成工厂,年产能超过500万台,向130多个国家和地区供货。

11月10日 氢驰动力科技(山西)有限公司与高能数造(西安)技术有限公司通过云签约方式签署战略合作协议。根据协议,双方将在新能源汽车、新型应用场景的全固态电池和甲醇重整制氢高温燃料电池方面展开深入合作。

11月11日 宝马集团与华晨宝马汽车有限公司就"宝马全新动力电池项目"在沈阳签署协议。根据协议,该项目由华晨宝马进行投资,总额约为100亿元。宝马沈阳生产基地将进行动力电池生产大规模扩建。

11月14日 福建星云电子股份有限公司与海口市能源集团有限公司签署战略合作协议。根据协议,双方将在新能源使用、城市分布式储能技术推广、光储充检智能超充站共建,以及智慧能源服务网络建设等方面开展合作,将对"光储充检智能超充站"进行统一规划与建设,提升新能源汽车服务体系,构建城市智慧能源服务网络。

11月15日 北京四维图新科技股份有限公司与华为云计算技术有限公司在华为坂田基地签署战略合作协议。根据协议,双方将在云计算技术以及自动驾驶、物联网、智慧城市、智慧园区、智慧社区、智慧交通、智慧供应链等行业领域方面展开深入合作。

11月16日 未势能源科技有限公司与河钢工业技术服务有限公司正式签署氢能产业战略合作协议。根据协议,双方将重点围绕氢能产业发展、氢能重卡运营、生态平台搭建等开展深入合作。

11月19日 全路程物流科技有限公司与中通快运签订战略合作协议。根据协议,双方将携手打造"短里程、轻重量、小电量"的新能源换电物流车。

11月20日 阿尔特汽车技术股份有限公司与宁德时代新能源科技有限公司、深圳壁虎新能源汽车科技有限公司签署战略合作框架协议。根据框架协议,各方将在滑板式底盘、新能源车业务及新能源汽车换电业务领域开展合作。

11月21日 浙江新吉奥控股集团有限公司、苏州时代新安能源科技有限公司和利欧集团股份有限公司在上海签署战略投资合作协议,三方共同组建的摩坦科技有限公司成立。摩坦科技将致力于增程式专用底盘的开发及应用,在新能源汽车细分赛道上跨产业整合资源、共享技术、导入资本,实现"资源、资质、资本"的三资联动。

11月22日 内蒙古大中矿业股份有限公司联合国城控股集团有限公司、上海锦源晟新能源材料有限公司、景成新能源投资有限公司与内蒙古赤峰市人民政府、赤峰市克什克腾旗人民政府签署《赤峰市克什克腾旗锂电低碳产业园项目框架合作协议》,将在赤峰市克什克腾旗计划投资约200亿元,打造锂电全产业链"低碳"产业园区。产业园区拟建设以下8个项目:(1)碳酸锂生产项目。依托克什克腾旗锂矿资源,计划建设4万t/a碳酸锂项目,预计投资约20亿元。(2)其他锂盐项目。计划建设4万t/a锂盐项目。本项目将在碳酸锂生产项目投产后开始建设,预计投资约20亿元。(3)新能源电站开发项目。服务"低碳"产业园项目发展需要,依靠政府支持,采用"低碳"产业园绿电供应试点或"源网荷储"方式,按照根据产业园用电负荷情况,倒推风光资源需配置指标,保障及新能源合理消纳。本项目计划总投资额约70亿元~80亿元(含自用储能和输变电资产等),并提前规划、优先建设,以优先保障产业园项目的用电需求。(4)电池正极材料生产项目。依托锂盐项目,计划建设25万t/a磷酸铁、磷酸铁锂项目。项目整体预计总投资额约46亿元。(5)10万t人造石墨负极材料一体化项目。计划建设10万t/a人造石墨负极材料一体化项目,预计投资总额约40亿元。(6)10 GWh锂电池制造项目。拟建设10 GWh锂电池产能,本项目计划投资总额约20亿元。(7)电池PACK和公共储能电站投资项目。根据电池产能,在赤峰市克什克腾旗投资相应规模的电池PACK生产厂,首期计划投资约2亿元,并根据赤峰市克什克腾旗当地电力发展规划,在当地并辐射周边区域投资不少于1 GWh公共储能电站以及若干用户侧储能项目,服务新型电力系统建设。(8)充换电站投资项目。拟利用当地短倒运输车辆电能置换的有利时机,本项目首期投资不少于20个重型卡车充换电站,预计直接投资额约7000万元,年增加新能源电能消纳约2亿kWh。为服务城市垃圾和渣土倒运需要,结合城市规划,本项目拟建设若干充换电站。

11月22日 浙江银轮机械股份有限公司与宁德时代新能源科技有限公司签订战略合作协议。协议主要内容为:(1)具体为打造电池冷却板、铜铝巴、铝压铸件、CTC集成模块、储能柜冷却系统等全生命周期合作模式;(2)深化双方全球化配套合作模式,加强双方共同开发海外项目的合作模式,积极探索海外合作和加工生产基地的建设,实现双方全球化配套合作;(3)大力推动供应链的可持续发展,满足碳排放和碳足迹的需求等。

11月23日 上海捷氢科技股份有限公司与深圳欣锐科技股份有限公司在上海签署战略合作协议。根据协议,双方在燃料电池关键零部件的研发及攻关、车用燃料电池产品的规模化推广、非车用燃料电池产品的示范应用、科技项目申报等方面达成战略合作,共同推进氢能与燃料电池产业高质量发展。

11月25日 智城发展控股有限公司与成都电熊猫科技有限公司就新能源储能业务的战略合作签订谅解备忘录。根据谅解备忘录,智城发展控股利用电熊猫的专业知识在新能源储能及充电领域开拓新业务分部,以提高其盈利能力,电熊猫利用智城发展控股集团的业务网络,以获得智城发展控股作为上市公司的业务转介及潜在的融资能力。双方将就电动车新能源充电及储能业务开展市场及行业研究。

11月25日 浙江新吉奥控股集团有限公司与吉利商用车集团在浙江杭州签署战略合作协议。根据协议,双方将在产品市场开展合作,为用户提供高品质新能源商用车产品,同时双方将探讨资本层面合作，共同推动新能源商用车产业发展。

11月28日　爱驰汽车与泰国菲尼克斯电动汽车有限公司签署战略合作协议，根据协议，爱驰汽车未来五年将为菲尼克斯提供15万辆新能源汽车。同时双方计划未来就销售、售后、充换电网络及属地化的软件开发等业务，考虑在泰国共同筹建名为“Aiways泰国”的新公司，以服务泰国乃至全球的消费者。

11月28日　腾讯与蔚来就智能化及自动驾驶等领域在深圳签署战略合作协议。根据协议，双方将在智能驾驶地图、自动驾驶云、数字生态社区等领域展开深度合作。未来双方将就蔚来的智能驾驶技术研发及用户体验创新展开深入探索。双方将围绕标准地图、车道级地图与高精地图“三图合一”的地图数据体系，帮助蔚来实现标准导航与高精导航无缝融合的人车共驾创新体验。

11月30日　协鑫能源科技股份有限公司与百度阿波罗签署百度第六代量产无人车(Apollo RT6)换电项目合作协议。根据协议，双方将共同开发Apollo RT6换电版产品及其应用场景，制定换电版Apollo RT6系列换电站及乘用车型的技术路线和技术方案，开发并推广标准电池包，加快Apollo RT6换电版及配套充换电站的市场推广及应用。

12月

12月2日　上海恩捷新材料科技有限公司与中创新航科技股份有限公司签订《2023年保供框架协议》。根据框架协议，为确保中创新航2023年度对高端湿法锂电池隔离膜的需求，中创新航在同等条件下优先向上海恩捷采购大部分的隔离膜产品，具体采购以订单为准。

12月6日　国鸿氢能和浙江天能氢能源科技有限公司签订战略合作框架协议。根据协议，双方将发挥各自在燃料电池领域核心技术优势，整合优质资源，构建高效协同的供应链渠道网络，打造燃料电池市场互通、关键技术研发和产业创新的支撑平台，推动氢燃料电池商业化进程。

12月7日　普华基础软件与四维图新旗下杰发科技达成战略合作，双方将基于各自领域内的丰富经验与资源，共同推动国产高性能车用处理芯片在智能座舱、ADAS、车身电子、车载灯控、汽车动力、底盘等领域的应用及推广。发挥各自行业优势，共同促进双方的业务发展和产品延伸，共同开拓市场，提升客户价值，实现双赢目的。

12月8日　宁德时代新能源科技股份有限公司与本田技研工业(中国)投资有限公司达成合作，Honda在中国将于2024年至2030年间，从宁德时代预计采购123 GWh纯电动车动力电池。

12月8日　蜂巢能源科技股份有限公司与澳大利亚公司ST GEORGE签署非约束性谅解备忘录。根据备忘录，双方建立战略合作关系，蜂巢能源以不超过500万澳元的额度战略投资ST GEORGE，协助开发后者位于西澳的Mt Alexande锂辉石矿项目，并将获得该项目25%的锂矿包销权。双方亦在探讨其他锂矿项目合作机会。

12月8日　德银天下投资控股有限公司与元动新能源汽车有限公司签署战略合作协议。根据协议，双方围绕新能源换电重型卡车领域，在换电重型卡车、重型卡车动力电池销售以及车联网数据服务项目方面进行合作，实现资源整合、优势互补、互利双赢的战略目标。

12月9日　深圳市长盈精密技术有限公司与宁德时代新能源股份有限公司签订战略合作协议。根据协议，双方将进一步加深双方在模组，电池PACK包结构件的合作，加强电池包箱体、挤出端侧板、钢轧带、水冷板、BUSBAR(巴片)、CCS(电芯连接系统)等其他产品或者项目的合作，共同推动相关产品在新能源行业应用场景下的技术创新和商业模式创新。

12月9日　江苏清能新能源技术股份有限公司与上海济平新能源科技有限公司签署战略合作协议。根据协议，双方将共同致力于燃料电池产品领域的设计开发和批量销售，共同促进市场化推广应用，在3年内实现5000台车用及固定式发电系统的装机量。同时将战略合作范围扩大至氢能领域，实现氢能科技全面合作，共同致力于PEM电解制氢市场拓展，力争在3年内实现100 MW示范应用的目标。

12月10日　上海翼迅创能新能源科技有限公司、杭叉集团(天津)新能源叉车有限公司、新研氢能源科技有限公司三方共同在杭叉集团签订首批100台氢燃料电池叉车采购订单。本次合作是新研氢能与杭叉新能源共同开发出的满足20 kW的燃料电池叉车系统，并充分满足市场需求。未来该产品将依托新研氢能、杭叉集团、翼迅创能平台的三方合作，有效快速的面向客户、推向市场。

12月10日　广东畅粤云科技有限公司与上汽通用五菱汽车股份有限公司就“共同开拓全国充、换电市场”签署协议。根据协议，双方将在新能源汽车充、换电网络设施建设、促进新能源汽车充、换电能力提升、推动新能源产业高质量发展等方面深入合作，共同构建新能源充、换电市场和产业双高地。

12月11日　海汽集团与海马汽车新能源汽车在海口签订战略合作协议。根据协议，双方将在以下方面展开合作：一是在新能源汽车产品研发、制造、销售、运营推广方面深度合作，根据海南应用场景，打造定制化纯电动汽车和氢能汽车产品，构建海南自贸港特色的新能源汽车产品体系；二是在出行领域深度合作，共同服务于政府公务租赁、会务会展用车、旅游定制客运用车、共享出行用车等；三是在服务领域深度合作，共同制定服务标准，开展服务培训，建设覆盖全岛的服务网点，实现全岛异地还取车、24 h救援等全天候服务，构建全岛绿色服务体系。

12月13日　协鑫能源科技股份有限公司与深圳巴士新能源有限公司签署战略合作协议。根据协议，双方将以巴士集团旗下6000台出租车与6000台大巴车的电池为合作主体，共同实施电池资产、基金搭建、储能及梯次利用等方面合作。同时，双方计划构建以“100座综合能源站+3000个充换电补能点”为主体脉络的绿色能源补能网络。双方将积极推进深圳及大湾区地区的出租车、网约车、公交车等方面新能源汽车的应用，围绕新能源车辆销售、租赁、运营业务开展合作可行性研究，发挥充换电领域技术和管理优势，联合推进充换电基础设施建设及运营业务。

12月14日　宁德时代新能源科技股份有限公司与华为

终端有限公司在福建宁德签署合作备忘录。根据合作备忘录，华为终端将推荐宁德时代作为华为智选车合作伙伴汽车动力电池的第一优选合作伙伴。宁德时代将为华为智选车项目提供具有市场竞争力的高品质汽车动力电池产品，以支持华为智选车产品更快地面向市场，保障华为智选车产品创新性和领先性。

12 月 14 日 宁德时代新能源科技股份有限公司与奇瑞控股集团有限公司签署战略合作框架协议。根据协议，双方将在产品、商务、市场推广、商业信息资源等领域展开全方位的合作。除乘用车电池供应及技术合作外，双方还将在大巴、物流车、重卡、电动船舶等领域对公共交通、新能源"三电"融合和换电等业务开展联合探索，促进并引领行业高质量发展。

12 月 15 日 广州汽车集团股份有限公司与南方电网电力科技股份有限公司签订能源生态合作备忘录。根据备忘录，双方将在电池回收等领域全面开展业务合作；还将探讨在电池、储能、充换电等业务领域构建能源生态，共同开发梯次电池配用电柜式储能系统等系列源网荷储相关产品。

12 月 15 日 远程新能源商用车集团与公牛集团股份有限公司签署战略合作协议。根据协议，双方首先以杭州、上海、宁波为试点进行公牛专属定制智慧配送车型的设计研发，并结合公牛集团线下 110 万家网点资源在全国范围内进行推广；双方开展基于超级 VAN 车型的 V2L 电连接零部件开发技术合作，在远程市场平台基础上完成充电桩产品研发等项目及海外市场推广等合作。

12 月 16 日 腾势汽车与腾讯SSV 签署战略合作协议。根据协议，双方将聚焦新能源汽车出行、碳普惠、碳中和知识体系普及、环保公益等领域，助力国家碳中和目标达成。

12 月 16 日 宁德时代新能源科技股份有限公司与博世汽车售后正式签署全球战略合作谅解备忘录。根据备忘录，双方将致力于在电气化时代共同打造一个可持续的售后市场生态系统。

12 月 16 日 中海石油化学股份有限公司与浙江吉利远程新能源商用车集团有限公司签订产业与科技合作意向书。根据意向书，双方将围绕碳中和绿色甲醇的落地、车用新材料领域，以及甲醇为燃料的新能源汽车等方面开展合作。

12 月 16 日 江苏清能新能源技术股份有限公司与风氢扬氢能科技（上海）有限公司签署战略合作框架协议。根据协议，双方发挥各自资源和技术优势，力争在 5 年内车用燃料电池系统出货量实现 2000 台以上，兆瓦级固定式发电站装机量实现 100 MW 以上。

12 月 20 日 宁德时代新能源科技股份有限公司与阿维塔科技（重庆）有限公司在重庆签署深化战略合作协议。双方将以先进电池技术为基础，打造业内领先电池供应体系，助力阿维塔打造系列高端智能电动汽车产品。

12 月 20 日 重庆长安汽车股份有限公司、重庆长安新能源汽车科技有限公司、宁德时代新能源科技股份有限公司在长安汽车全球研发中心签署合资合作协议。根据协议，三方组建动力电池合资公司，合资公司主营锂离子电池、动力电池、超大容量储能电池及动力电池系统（包括电芯、模组、电池包）的开发、生产、销售以及提供相关售后和技术咨询服务。宁德时代将充分发挥在动力电池研发、生产、制造、后市场服务等全链条的创新能力和核心优势，助力长安汽车打造世界领先产品竞争力。

12 月 21 日 远程新能源商用车集团与地上铁租车（深圳）有限公司达成战略合作，双方签署 2023 年 1 万台远程新能源商用车推广与应用战略协议。

12 月 21 日 蜂巢能源科技股份有限公司与江西省新余市分宜县人民政府签署项目合作协议。项目总投资 50 亿元，一期投资落地 2 万 t 碳酸锂生产和储能集成项目。未来双方将在新能源汽车生产、新型储能技术应用等方面开展全方位合作，推动新余市实现高质量发展。

12 月 21 日 深圳国氢新能源科技有限公司、东风柳州汽车有限公司、深圳市盐港明珠货运实业有限公司、深圳市卡盟汽车销售服务有限公司（柳汽经销商）在盐田区共同签署战略合作协议。根据协议，未来 8 个月内，深圳国氢、盐港明珠、东风柳汽、卡盟汽车四方将以港口物流、环卫、冷链物流等氢燃料电池汽车场景应用为抓手，探索氢燃料电池汽车合作新模式，完成交付投运 800 辆氢燃料电池汽车，主要用于盐田港区内货物运输、道路货物运输及冷链货物运输，助力盐田区氢能产业高质量发展。

12 月 21 日 宜春力元新能源有限公司、湖南雅城新能源股份有限公司、珠海科恒新能源材料有限公司签订《新能源锂电池正极材料产业基地项目战略合作框架协议》。根据协议，三方将在江西省宜春市宜丰县共同投资建设磷酸铁锂、磷酸锰铁锂等新能源锂电池正极材料生产基地项目。三方在宜丰成立以生产和销售磷酸铁锂等正极材料为目的的合资公司一；成立以生产和销售磷酸锰铁锂等正极材料为目的的合资公司二，项目规划由合资公司一负责年产 10 万 t 磷酸铁锂新能源正极材料、合资公司二负责年产 2 万 t 磷酸锰铁锂新能源正极材料。

12 月 24 日 氢蓝时代与泰然绿色科技签署战略合作协议，同时签订车辆采购协议和服务保障协议。根据以上协议，双方将充分发挥各自优势，在 2023 年上半年首批投放 200 台氢能冷链物流车，到 2025 年前总投放 1000 辆氢能冷链物流车。

12 月 26 日 湖南京能新能源科技有限公司与三一重卡在湖南长沙三一集团有限公司三一智联重卡产业园办公楼签署战略合作协议。根据协议，双方将开发新一代充换电产品及出行系统解决方案，完善电动出行基础设施的全面布局，携手打造新能源工程机械充换电的"电动化新生态"，全面推动工程机械充换电领域向更安全高效、更智能环保方向变革。

12 月 27 日 毫末智行科技有限公司与瑞萨电子在保定签署战略合作协议。根据协议，双方将共同开展行泊一体自动驾驶控制器产品开发，并将其打造成高性价比、领先方案平台，推向更多国内外 OEM 客户。

12 月 27 日 北京主线科技有限公司与中储南京智慧物流科技有限公司正式达成战略合作，并启动首个大宗智慧物流联合运营项目。双方将基于定制和运营智能卡车，推出新一代自动驾驶货运平台，未来 5 年将持续建设和运营 5000 台级别的智能卡车车队及运营服务平台。

12 月 27 日　远程新能源商用车集团与唯捷城配供应链管理有限责任公司在杭州就“500 台定制运力解决方案”签署协议。根据协议，绿色城运将基于主机厂整车研发制造优势，向唯捷城配提供增程式冷藏车 GLR 100 台、E6 300 台、V6E 及其他车型 100 台，分别投放在上海、苏州、杭州、深圳、武汉等地。

12 月 28 日　博泰车联网科技（上海）股份有限公司与华为技术有限公司达成专利交叉许可及相关合作协议，协议涵盖双方在智能网联汽车领域的全球专利许可，博泰成为获得华为通讯领域标准必要专利 SEP（Standard Essential Patent）及一系列相关技术许可的车联网一级供应商企业。此次协议包括的标准必要专利许可，涵盖装有无线连接功能的智能网联汽车。

12 月 28 日　郑州亿华通动力科技有限公司与宇通轻型商用车有限公司及宇通商用车有限公司就“燃料电池发动机及相关物料”签订《2023 年度采购合同》。合同约定宇通轻型、宇通商用向公司合计采购 500 台燃料电池发动机及相关物料；双方约定实际采购产品名称、型号、价格以签订的采购订单发生额为准。

12 月 29 日　格林美股份有限公司与岚图汽车科技有限公司签署《关于建设动力电池全生命周期绿色产业链的战略合作框架协议》。根据协议，双方联合各自优势在全球范围内共同构建动力电池全生命周期绿色产业链，实现对废旧动力电池及其废料的回收、资源化、再制造的全生命周期价值链体系，形成对动力电池及其废物的完整绿色回收、镍钴锂资源再造、电池材料再造、动力电池梯级利用与电池再制造的新能源全生命周期绿色产业链，根本消除动力电池对社会的污染，完整回收镍钴锂等有价资源，引导汽车制造厂、电池回收厂、材料制造厂、电池制造厂联合实现从绿色报废端到绿色产品端的定向循环，探索全球新能源产业绿色发展全生命周期的典范模式。

12 月 30 日　地平线与东风日产旗下启辰品牌达成智能驾驶项目合作。根据合作规划，东风日产启辰全新智能驾驶平台将搭载地平线征程 3 芯片以及 Mono 3 单目视觉感知方案，实现高阶辅助驾驶功能。该智能驾驶平台将率先应用于启辰旗下多款新能源车型，首款车型预计于 2023 年落地。

三、2022 年重要事件

1 月

1 月 7 日　国家标准化管理委员会正式下达、工业和信息化部提出、全国汽车标准化技术委员会归口的《电动汽车传导充电用连接装置第 1 部分：通用要求》推荐性国家标准修订计划。本次标准修订将在我国现行直流充电接口技术方案基础上，进一步提高充电电流电压，优化完善控制导引电路、通信协议，拓展敏捷控制、即插即充、预约充电等功能，满足大功率充电技术发展和市场需求，有效保障新老充电接口通用兼容，为新能源汽车产业高质量发展创造良好环境。

1 月 8 日　山东首个景区光储充电站在济南华山风景区投入使用。该充电站是把光伏、储能、电动汽车智能充电三个部分结合为一体的微型电网系统，建有 33 个直流充电终端和 30 个交流充电终端，并有配套的停车位。

1 月 11 日　公安部统计数据：截至 2021 年底，全国新能源汽车保有量达 784 万辆，占汽车总量的 2.60%，扣除报废注销量比 2020 年增加 292 万辆，增长 59.25%。其中，纯电动汽车保有量 640 万辆，占新能源汽车总量的 81.63%。2021 年全国新注册登记新能源汽车 295 万辆，占新注册登记汽车总量的 11.25%，与上年相比增加 178 万辆，增长 151.61%。近五年，新注册登记新能源汽车数量从 2017 年的 65 万辆到 2021 年的 295 万辆，呈高速增长态势。

1 月 12 日　工业和信息化部推动汽车强国建设迈出坚实步伐。一是全力保障稳定运行，推动汽车工业平稳向好。二是大力推动转型升级，新能源汽车继续领跑全球。三是加强品牌建设和交流合作，国际化发展取得新成效。四是完善行业管理体系，产业发展环境进一步优化。

1 月 13 日　工业和信息化部装备工业一司组织召开智能网联汽车推进组（ICV—2035）工作会议。部装备工业发展中心、中国汽车技术研究中心有限公司、中国汽车工程学会、国家智能网联汽车创新中心、中国信息通信研究院、中国汽车工业协会等 16 家单位的近 50 名代表参加了会议。会议总结了 ICV—2035 推进组 2021 年整体工作情况，梳理了法规平台、技术标准、测试应用、操作系统、网络安全、产业生态等 6 个工作小组的年度标志性成果，并交流研讨了 2022 年重点工作、预期成果及任务分工。2022 年，智能网联汽车推进组（ICV—2035）将把握产业发展的新形势，聚焦重点突出问题，加强技术研发，统筹协调技术创新和产业化推进相关工作，推动智能网联汽车产业发展取得新成效。

1 月 14 日　上汽红岩鄂尔多斯基地天隆工厂投产暨首批车辆下线，全球首个万辆级氢能重卡产业链项目落地取得阶段性成果，鄂尔多斯市“风光氢储车”产业集群项目步入落地、应用高速发展期。

1 月 14 日　上海黄浦区启动 500 辆氢燃料电池泥头车示范运营项目。本次 500 台氢燃料电池泥头车绿色低碳示范运营项目是全国首批、规模最大的氢燃料电池泥头车落地示范运营项目，车辆充氢时间仅需 8 ~ 15 min，一次充氢可行驶 400 km 以上。

1 月 17 日　远程汽车发布国内首款新能源双挂列车，车辆最大总质量达到 73 t，可与铁路 X5 多式联运车匹配运输，配备车身电子稳定控制、自动紧急制动、盲区监测等系统，可全面提升车辆安全性能。

1 月 17 日　吉林松原供电公司建设的松原地区首座大规模新能源汽车充换电站投入运行。该充换电站共配置 50 VA安电池 60 块、120 kW 直流充电桩 2 台，每天可为 200 辆新能源汽车提供换电服务，平均换电时长少于 60 s。电站还可同时为 4 辆新能源汽车提供充电服务。

1 月 18 日　宁德时代新能源科技有限公司发布换电品牌 EVOGO，该品牌将在十座城市展开首批试点。宁德时代为实现共享换电，专门推出“巧克力换电块”。单块“巧克力换电块”可以提供200 km左右续航，并适配全球80%已上市以及未来3年要上市的纯电平台开发车型。

1月20日 小马智行首度公开第六代面向L4车规级量产设计的自动驾驶软硬件系统外型设计、传感器及计算平台方案。第一批搭载该系统的车型为丰田S-AM，于2022年在国内开启道路测试，2023年上半年投入Robotaxi日常运营。

1月20日 蔚来在挪威正式启动其在欧洲的首座换电站。

1月20日 在广东省十三届人大五次会议上，代省长王伟中向大会作政府工作报告，指出2022年广东将安排省重点项目1570个，其中，氢能产业相关项目9项，总投资184亿，分别为：(1)先进能源科学与技术广东省实验室云浮中心建设项目，建设氢燃料电池研发与测试基地、氢能制备技术与综合示范中心；(2)现代汽车氢燃料电池系统/电堆建设项目，建筑面积9.3万m^2，建设生产设施及研发、辅助、环保等配套设施；(3)东莞塘厦东益新城能源汽车产业项目，建筑面积约40万m^2，建设新能源汽车研发产销中心、新能源汽车电子及新型产业制造中心、零部件研发制造中心、氢能源汽车发动机及加氢站组装中心、自动驾驶体验服务中心；(4)中保惠州新城能源研发生产项目，第一期建筑面积约20万m^2，进行氢能源技术的研发、水电解制氢设备及气体纯化设备的研发，生产、销售；(5)明阳新型海洋装备制造项目，建设大型海上风机漂浮式基础平台制造、新型海洋牧场养殖装备和先进海水制氢装备制造；(6)海天汽车配件有限公司新能源汽车零部件产业基地；建成后主要生产新能源汽车锂电池包，氢能源电动汽车储氢系统总成，汽车仪表板、格栅、侧裙等内外饰塑胶件，汽车树脂冲压件等产品；(7)宝钢湛江钢铁氢基竖炉系统项目(一步)，建设一套年产100万t的氢基竖炉系统；(8)云浮云城氢能特色小镇，建设东部快线路基防护、路面、绿化、交通及监控、路灯、供排水和供气、通信等管线综合、智慧交通、智慧监控、社会综合治理设施等工程；(9)湾区氢谷；建设氢能产业集聚中心、研发设计中心、市场运营中心、检测检验中心、国际交流中心等五大中心。

1月21日 工业和信息化部装备工业发展中心发布关于提交2021年度《乘用车企业平均燃料消耗量与新能源汽车积分执行情况年度报告的通知》。《通知》明确：即日起，企业可使用管理员账号或数据报送账号，登录乘用车企业平均燃料消耗量与新能源汽车积分管理系统，根据填写注意事项，在线填写相关内容后下载《执行报告》与《信用承诺书》，由法人签字并加盖企业印章后，通过平台上传彩色扫描件，无需邮寄纸质文件，报送截至时间为2022年3月1日。

1月21日 工业和信息化部装备工业发展中心发布《关于开展汽车生产企业委托生产情况自查的通知》。《通知》明确：各企业应于2022年2月21日前将填写完整的《汽车整车生产企业委托生产情况自查结果表》PDF格式电子版(需企业签字及加盖公章)、EXCEL格式电子版及相关证明材料电子版报送至工业和信息化部装备工业发展中心。

1月21日 由欧阳明高院士工作站(四川新能源汽车创新中心)与清华大学、壳牌、北汽新能源、金茂智慧交通、昇科能源等单位联合研发建设，全球首座集低温超充、重卡换电、光伏发电、智能微网为一体的新能源综合示范平台在张家口亮相投用，并在北京冬奥会期间进行运营示范。

1月21日 岚图汽车第1万辆量产车在岚图4.0数字工厂正式下线。

1月22日 由东风汽车公司与赣锋锂业合作开发的东风-赣锋高比能固态电池E70示范运营车在江西省新余市全球首发。首批投放的50台东风风神E70完成交付仪式，并将作为固态电池示范运营车辆投放于江西、广州、浙江、江苏四个省份。

1月24日 吉利汽车与力帆科技订立成立的合资公司重庆睿蓝汽车科技有限公司取得重庆两江新区市场监督管理局颁发的营业执照。睿蓝汽车未来将推出多种动力形式产品，基于自研换电技术，睿蓝汽车致力于打造智能换电生态，为市场提供有竞争力的换电产品和服务。

1月24日 国家能源集团国华投资(氢能公司)建设的万全油氢电综合能源站(集加油、加氢、充电于一体)完成首辆氢燃料电池公交车加注。

1月27日 发改委业发展司负责同志组织召开新能源汽车动力电池产业发展视频研讨会，有关行业协会、研究机构、骨干企业和投资基金等单位代表参会。参会代表总结2021年新能源汽车和动力电池产业发展情况，围绕动力电池产业发展形势、技术创新方向、产业链上下游协同等主题开展研讨，对提升新能源汽车动力电池产业链供应链水平、促进产业高质量发展提出意见建议。

1月28日 世界上最大的电解水制氢装置之一在河北省张家口绿色氢能一体化示范基地项目启动，开始生产绿氢。

1月29日 工业和信息化部发布《新能源汽车推广应用推荐车型目录(2022年第1批)》，本批目录共有171个新能源车型进入，其中：纯电动汽车143个(含乘用车14个，客车16个，专用车113个)；插电式混合动力汽车9个(含乘用车8个，专用车1个)；燃料电池汽车19个(含客车5个，专用车14个)。

1月29日 工业和信息化部发布第352批《道路机动车辆生产企业及产品公告》，共计88个新能源生产厂家80个品牌179个新能源车型进入公告，其中：纯电动产品共计151个(含乘用车17个、客车12个、客车底盘1个、专用车97个、专用车底盘24个)；插电式混合动力产品6个(含乘用车5个、专用车底盘1个)；燃料电池产品22个(含客车2个、客车底盘8个、专用车12个)。

1月29日 工业和信息化部公告《免征车辆购置税的新能源汽车车型目录(第五十一批)》。本批次免购置税新能源汽车车型目录共有80家企业、173个新能源车型列入，其中：纯电动141个(含乘用车24个，客车14个，专用车103个)；插电式混合动力9个(含乘用车5个，客车2个，专用车2个)；燃料电池23个(含客车4个，专用车19个)。

2月

2月2日　天津氢能产业示范区向天津港集团成功交付30台氢能集卡车和6台氢能叉车。本次投入使用的30台氢能集卡搭载功率120 kW的燃料电池发动机，配备8×165L的氢瓶配置组合；氢能叉车额定载荷3.2 t。

2月12日　河北南网首座共享重卡充换电站在德龙钢铁有限公司投运。

2月13日　由福大紫金氢能科技股份有限公司开发的3千瓦级氨-氢燃料电池发电站正式交付中国铁塔龙岩分公司。

2月18日　奥迪一汽新能源汽车项目在长春启动。

2月18日　全球首批5台氢燃料搅拌车交付岳阳市交通建设投资集团有限公司，3台氢燃料牵引车交付湖南泰运国际物流有限公司。

2月18日　重庆市首座"零碳"供电所——国网重庆城口供电公司庙坝供电所正式投入运营。庙坝供电所采用"光储充用"一体化模式，在原有基础上升级改造后，建立起集光伏、储能、用电设施、充电桩于一体的微型电力系统，其中庙坝供电所三楼安装了容量5 kW(3 h)的储能装置，庙坝供电所旁配套安装了1套15 kW交流充电桩，可供电动车充电。

2月21日　工信部装备工业一司发布2022年1月汽车工业经济运行情况：新能源汽车方面，2022年1月新能源汽车销量同比增长1.4倍。1月，新能源汽车产销分别完成45.2万辆和43.1万辆，同比分别增长1.3倍和1.4倍，市场渗透率为17.0%。分车型看，纯电动汽车产销分别完成36.7万辆和34.6万辆，同比均增长1.2倍；插电式混合动力汽车产销均完成8.5万辆，同比均增长2.0倍；燃料电池汽车产销分别完成142辆和192辆，同比分别增长3.9倍和2.0倍。

2月22日　宁德时代联合三一重工在福建宁德举办福建省换电重卡应用示范投运。

2月23日　中国汽车品牌向上发展专项行动2021总结暨2022启动会在北京召开。2021年，为深入贯彻落实习近平总书记"一定要把民族汽车品牌搞上去"的重要指示批示精神，加强汽车质量品牌建设，推动汽车产业高质量发展，工业和信息化部组织中国汽车工业协会开展"中国汽车品牌向上发展专项行动"，具体包括：举办"看见中国汽车"品牌巡礼全国行长安、比亚迪、岚图、小鹏、奇瑞等五站活动，成立中国汽车企业首席品牌官联席会，发布中国汽车品牌宣言，拍摄"看见中国汽车"专题片等活动。央视等主流媒体以及新媒体对相关活动进行了广泛宣传报道，总观看量超过10亿人次。品牌向上系列活动提振了中国汽车品牌发展信心，取得了良好社会反响。会议还对2022年中国汽车品牌向上活动方案进行了讨论。

3月

3月1日　蔚能电池全周期通用技术研究院在武汉"双碳产业示范区"正式开工建设。该研究院将覆盖电池全周期管理中各环节的研发工作，包含了从电池材料至电池系统全级别，高精准度测试实验线与电池高效率回收示范产线两大功能模块。

3月1日　欣旺达电动汽车电池有限公司收到上海汽车集团股份有限公司乘用车分公司关于ZS12MCEHEV项目的定点通知，为上汽集团ZS12MCEHEV项目供应动力电池总成产品。

3月2日　由云南电网公司昆明供电局承建的昆明市级行政中心充电桩群投入运营。这是云南省最大的单体充电桩群和公共充电示范区，共有充电桩341枪，每日可为2700辆新能源汽车提供充电服务。

3月3日　智蓝汽车向北京顺亿达运力科技集团有限公司交付100台氢燃料冷链物流车并开始落地运营，首批交付车辆将投入到北京冷链物流运输中。本次车辆交付是国内首次批量交付用于商业运营的氢燃料冷链物流车，标志着冷链物流进入氢时代。

3月8日　工业和信息化部发布《新能源汽车推广应用推荐车型目录(2022年第2批)》，本批目录共有157个新能源车型进入。其中：纯电动汽车141个(含乘用车25个，客车24个，专用车92个)；插电式混合动力汽车6个(含乘用车3个，客车1个，专用车2个)；燃料电池汽车10个(含客车1个，专用车9个)。

3月8日　工业和信息化部发布第353批《道路机动车辆生产企业及产品公告》，共计83个新能源生产厂家70个品牌147个新能源车型进入公告。其中：纯电动产品共计130个(含乘用车12个、客车17个、客车底盘2个、专用车83个、专用车底盘16个)；插电式混合动力产品4个(含乘用车1个、专用车3个)；燃料电池产品11个(含专用车9个、专用车底盘2个)。

3月8日　工业和信息化部公告《免征车辆购置税的新能源汽车车型目录(第五十二批)》。本批次免购置税新能源汽车车型目录共有81家企业、177个新能源车型列入。其中：纯电动155个(含乘用车20个，客车29个，专用车106个)；插电式混合动力13个(含乘用车6个，客车1个，专用车6个)；燃料电池9个(含客车3个，专用车6个)。

3月9日　大众安徽综合实验中心研发测试场在合肥正式破土动工。该测试场将主要用于新能源汽车研发阶段车辆硬件的性能测试和功能验证，以及软件应用的开发，保证车辆的各项指标符合大众汽车集团及车辆认证测试的标准，确保车辆在投产前已通过完备的测试。

3月9日　南方电网"十四五"期间计划投资100亿元，新增充电桩14万支，到2023年，在已完成约4000个乡镇布点的基础上，增加2000个乡镇布点，实现南方五省区(广东、广西、云南、贵州、海南)乡镇充电设施全覆盖。

3月10日　广汽埃安自研动力电池试制线开建。该项目整体占地面积约10500 m^2，包含从浆料制备到电池PACK完整的电池全流程生产工序以及材料研发、理化测试、电性能等实验室。

3月11日　工信部装备工业一司发布2022年2月汽车工业经济运行情况：新能源汽车方面，2022年2月新能源汽车销量同比增长1.8倍。(1)2月，新能源汽车产销分别完成36.8万辆和33.4万辆，同比分别增长2倍和1.8倍，市场渗透率为19.2%。分车型看，纯电动汽车产销分别完成28.5万辆和25.8万辆，同比分别增长1.7倍和1.6倍；插电式混合动力汽车产销分别完成 8.3 万辆和 7.5 万辆，同比分别增长 4.1 倍和 3.4 倍；燃料电池汽车产销分别完成 213 辆和 178 辆，同比分别增长 7.5 倍和 5.4 倍。（2）1—2 月，新能源汽车产销分别完成 82.0 万辆和 76.5 万辆，同比分别增长 1.6 倍和 1.5 倍，市场渗透率为 17.9%。分车型看，纯电动汽车产销分别完成 65.2 万辆和 60.4 万辆，同比均增长 1.4 倍；插电式混合动力汽车产销分别完成 16.8 万辆和 16.0 万辆，同比分别增长 2.8 倍和 2.5 倍；燃料电池汽车产销分别完成 356 辆和 371 辆，同比分别增长 5 倍和 3.1 倍。

3 月 17 日　山东高速四川产业运营公司建成并投运乐山首个高速服务区充电站——乐宜高速五通桥服务区充电站。该服务区上下行双区均安装了充电桩，每区都有 8 套采用国内先进智能技术的充电桩和专用充电车位，双区可同时满足 16 台新能源汽车快速充电需求。

3 月 17 日　交通运输部发布《交通强国建设评价指标体系》。《评价体系》明确交通与环境协调发展水平评价指标为：城市绿色出行比例，城市公共交通机动化出行分担率，新能源车占比，城市公交、出租汽车、城市配送等领域新能源汽车占比，大宗货物中长距离铁路水路运输比例，交通基础设施绿色化建设比例，城市交通噪声投诉率，交通运输与生态环境协调发展水平。

3 月 18 日　工信部装备工业一司发布《2022 年汽车标准化工作要点》。新能源汽车、智能网联汽车方面，《工作要点》明确了以下几点：（1）新能源汽车领域。启动电动汽车动力蓄电池安全相关标准修订工作，进一步提升动力蓄电池热失控报警和安全防护水平；加快推进电动汽车远程服务与管理系列标准研究，修订燃料电池电动汽车碰撞后安全要求标准，进一步强化电动汽车安全保障。开展混合动力电动汽车最大功率测试方法标准预研，推进纯电动汽车和混合动力电动汽车动力性能试验方法、驱动电机系统技术要求及试验方法等标准制修订，持续完善电动汽车整车及关键部件标准体系。开展动力蓄电池耐久性标准预研，推进动力蓄电池电性能、热管理系统、排气试验方法及动力蓄电池回收利用通用要求、管理规范等标准研究，促进动力蓄电池性能提升和绿色发展。全面推进燃料电池电动汽车能耗及续驶里程、低温起动性能、动力性能试验方法等整车标准以及燃料电池发动机性能试验方法、车载氢系统技术条件等关键系统部件标准研究，支撑燃料电池电动汽车关键技术研发应用及示范运行。加快构建完善电动汽车充换电标准体系，推进纯电动汽车车载换电系统、换电通用平台、换电电池包等标准制定；开展电动汽车大功率充电技术升级方案研究和验证，加快推进电动汽车传导充电连接装置等系列标准修订发布。（2）智能网联汽车领域。开展汽车软件在线升级管理试点，组织信息安全管理系统等标准试行验证，完成软件升级、整车信息安全和自动驾驶数据记录系统等强制性国家标准的审查与报批。推动智能网联汽车自动驾驶功能要求、设计运行条件及车载定位系统等 L3 及以上通用要求类标准草案编制，完成封闭场地、实际道路及模拟仿真等试验方法类标准的制定发布，面向 L2 级组合驾驶辅助系统开展标准验证试验，有力支撑智能网联汽车企业及产品准入管理工作。加快推进信息安全工程、应急响应、数据通用要求、车载诊断接口、数字证书及密码应用等安全保障类重点标准制定，进一步强化智能网联汽车信息安全、网络安全保障体系建设。优化完善车辆网联功能技术标准子体系，推进基于 LTE-V2X 的车载信息交互系统、基于网联功能的汽车安全预警场景应用以及相应交互接口规范等标准的研究和立项，协同推动智慧城市网联基础设施相关标准制定，支撑智能网联汽车与智慧城市基础设施、智能交通系统、大数据平台等的互通互联。分阶段完成智能网联汽车操作系统系列标准制定，开展符合我国交通特征的测试设备等标准研制工作。

3 月 22 日　北京大兴国际氢能示范区北区全面建成投运。该示范区位于北京南部中心位置，此次投运的北区面积达 5.4 万 m^2，累计对接氢能项目 300 余个。

3 月 22 日　国家发展改革委、国家能源局联合印发《“十四五”现代能源体系规划》。新能源汽车、氢能方面，《规划》明确了以下几点：（1）积极支持用户侧储能多元化发展，提高用户供电可靠性，鼓励电动汽车、不间断电源等用户侧储能参与系统调峰调频。（2）开展工业可调节负荷、楼宇空调负荷、大数据中心负荷、用户侧储能、新能源汽车与电网（V2G）能量互动等各类资源聚合的虚拟电厂示范。（3）积极推动新能源汽车在城市公交等领域应用，到 2025 年，新能源汽车新车销量占比达到 20% 左右。优化充电基础设施布局，全面推动车桩协同发展，推进电动汽车与智能电网间的能量和信息双向互动，开展光、储、充、换相结合的新型充换电场站试点示范。（4）加强与有关国家在先进能源技术和解决方案等方面的务实合作，重点在高效低成本新能源发电、先进核电、氢能等先进技术领域开展合作。（5）建立健全电化学储能、氢能等建设标准，强化重点监管。（6）开展风电、光伏发电制氢示范。（7）强化储能、氢能等前沿科技攻关。开展新型储能关键技术集中攻关适度超前部署一批氢能项目，着力攻克可再生能源制氢和氢能储运、应用及燃料电池等核心技术，力争氢能全产业链关键技术取得突破，推动氢能技术发展和示范应用。（8）瞄准新型电力系统、安全高效储能、氢能前沿领域，实施一批具有前瞻性、战略性的国家重大科技示范项目。（9）科技创新示范工程——氢能。高效可再生能源氢气制备、储运、应用和燃料电池等关键技术攻关及多元化示范应用。氢能在可再生能源消纳、电网调峰等场景示范应用。氢能、电能、热能等异质能源互联互通示范。

3 月 23 日　蔚来汽车 ET7 首批量产车辆在合肥江淮蔚来先进制造基地正式下线。

3 月 24 日　宁德时代全球首座零碳电池工厂将落户四川宜宾。零碳电池工厂不仅致力于交通工具的电力驱动，更努力实现电池全生命周期碳中和。宜宾工厂只是起点，宁德时代将利用“灯塔工厂”优势陆续实现全球基地碳中和。

3 月 24 日　国家能源集团宁夏宁东公司“换电重卡绿色交通（物流）示范项目”正式开工，该项目是全国首座光伏直供换电站。

3 月 25 日　国家发展改革委、商务部联合印发《市场准入负面清单（2022 年版）》。《负面清单》明确：汽车——经国务院同意，《政府核准的投资项目目录（2016 年本）》中新建中外合资轿车生产企业项目、新建纯电动乘用车生产企业

（含现有汽车企业跨类生产纯电动乘用车）项目及其余由省级政府核准的汽车投资项目均不再实行核准管理，调整为备案管理。

4月

4月1日　搭载东方电气（成都）氢燃料电池科技有限公司Olas60A系统氢燃料电池发动机的14台氢能公交车正式在成都市郫都区新开通的D09路、D720路两条定制公交线路投入运营。

4月2日　特来电液冷超充桩上线广州，2022年春季将有10个充电站上线液冷超充桩。该充电桩最高充电功率可达600 kW，充电5 min便能给车辆增加超过300 km的续航里程。

4月8日　远景动力与一汽解放合作的重卡智能换电项目正式完成换电示范，该项目已在零碳产业园内及周边地区建成两座智能重卡换电站。

4月8日　工业和信息化部发布《新能源汽车推广应用推荐车型目录(2022年第3批)》，本批目录共有195个新能源车型进入，其中：纯电动汽车172个（含乘用车36个，客车26个，专用车110个）；插电式混合动力汽车10个（含乘用车7个，专用车3个）；燃料电池汽车13个（含客车5个，专用车8个）。

4月8日　工业和信息化部发布第354批《道路机动车辆生产企业及产品公告》，共计89个新能源生产厂家78个品牌177个新能源车型进入公告，其中：纯电动产品共计158个（含乘用车17个、客车20个、客车底盘3个、专用车95个、专用车底盘23个）；插电式混合动力产品10个（含乘用车4个、专用车3个、专用车底盘3个）；燃料电池产品9个（含客车4个、专用车4个、专用车底盘1个）。

4月8日　工业和信息化部公告《免征车辆购置税的新能源汽车车型目录（第五十三批）》。本批次免购置税新能源汽车车型目录共有85家企业、201个新能源车型列入，其中：纯电动176个（含乘用车35个，客车26个，专用车115个）；插电式混合动力9个（含乘用车6个，专用车3个）；燃料电池16个（含客车5个，专用车11个）。

4月11日　工信部装备工业一司发布2022年3月汽车工业经济运行情况：新能源汽车方面，2022年3月新能源汽车销量同比增长1.1倍。(1)3月，新能源汽车产销分别完成46.5万辆和48.4万辆，同比均增长1.1倍，市场渗透率为21.7%。分车型看，纯电动汽车产销分别完成37.6万辆和39.6万辆，同比均增长1.1倍；插电式混合动力汽车产销分别完成8.9万辆和8.8万辆，同比分别增长1.6倍和1.4倍；燃料电池汽车产销分别完成500辆和367辆，同比分别增长10.1倍和5.2倍。(2)1—3月，新能源汽车产销分别完成129.3万辆和125.7万辆，同比均增长1.4倍，市场渗透率为19.3%。分车型看，纯电动汽车产销分别完成103.6万辆和100.7万辆，同比均增长1.3倍；插电式混合动力汽车产销分别完成25.6万辆和24.9万辆，同比分别增长2.3倍和2倍；燃料电池汽车产销分别完成856辆和738辆，同比分别增长7.2倍和3.9倍。

4月13日　国务院总理李克强主持召开国务院常务会议，部署促进消费的政策举措，助力稳定经济基本盘和保障改善民生。鼓励汽车、家电等大宗消费，各地不得新增汽车限购措施，已实施限购的逐步增加增量指标。支持新能源汽车消费。

4月13日　长安新能源汽车品牌正式命名——深蓝品牌，长安汽车计划到2025年，新能源销量要达到105万辆，占比35%。2030年大幅翻番至270万辆，占比60%。

4月15日　蔚来与中国石化战略合作正式达成一周年，双方携手共建175座充换电站，包含71座换电站、75座超充站，29座目的地充电站，覆盖26个省级行政区域，72个地级市。

4月15日　工业和信息化部装备工业发展中心发布《关于开展汽车软件在线升级备案的通知》。备案范围方面，《通知》明确：获得道路机动车辆生产准入许可的汽车整车生产企业及其生产的具备OTA升级功能的汽车整车产品和实施的OTA升级活动，应进行备案。申请主体应是汽车整车生产企业。

4月19日　工信部新闻发言人罗俊杰表示，将尽快研究明确车购税优惠延续等支持政策，优化“双积分”管理办法；持续开展好新能源汽车下乡以及换电模式试点工作，启动公共领域车辆全面电动化城市试点；同有关部门坚决打击囤积居奇、哄抬物价等不正当竞争行为，推动新能源汽车原材料价格尽快回归理性。

4月21日　长安汽车旗下新能源汽车品牌长安深蓝正式对外发布该品牌的首款车型——长安深蓝C385。C385除了常见的纯电、增程式两种新能源燃料供给方式外，这款车型还推出了氢燃料电池版本车型。在CLTC工况下，C385纯电动版综合工况续航里程可达700 km以上，最高功率可达190 kW以上，电耗低至12.3 kWh/100 km以下；增程版满油满电综合工况续航里程可达1200 km以上，单纯电综合工况续航里程可达200 km以上，馈电油耗低至每百公里4.5 L以下；氢电版综合工况续航里程可达700 km以上，馈电氢耗低至每百公里0.65 kg以下，可实现3 min超快补能。这将是中国首款量产的氢燃料电池轿车。

4月21日　广汽埃安首个“超充之都”（广州）启动以及埃安超级充换电中心——南大干线站正式落成。广汽埃安充换电中心会围绕“双碳”战略打造光、储、充、换一体的能源补给生态及电池循环生态，并结合无人驾驶技术提供自动充换电解决方案。

4月21日　工业和信息化部装备工业一司以视频会议方式组织召开了《关于进一步加强新能源汽车企业安全体系建设的指导意见》宣贯会。会上，工业和信息化部装备工业一司通报了新能源汽车安全形势及主要问题，并对进一步加强新能源汽车安全管理工作进行了部署。工业和信息化部装备工业发展中心对《意见》有关内容要求进行了解读。会议指出，安全是事关新能源汽车产业持续健康发展的第一要务。近年来，新能源汽车安全形势持续向好，但部分企业安全责任落实不到位、安全事故频发多发、企业监测平台形同虚设等问题依然存在。同时，智能化和网联化的融合发展使新能源汽车安全的内涵和外延发生变化，带来新的安全问题，全行业必须高度重视，共同研究解决。会议强调，新能源汽车企业要切实提高安全责任意识,坚守安全红线,坚决管好"增量",努力解决"存量",不折不扣做好《意见》的贯彻落实。要从安全管理机制、产品质量、运行监测、售后服务、事故响应处置、网络安全等方面全面增强安全保障能力,加快构建系统、科学、规范的安全体系。各地有关部门要严格落实属地监管责任,行业组织要充分发挥行业自律和技术支撑作用,新能源汽车国家监测平台要进一步提高服务水平,检测机构要严格做好产品的检测检验工作。下一步,工业和信息化部将会同有关部门建立联合工作机制,加强信息共享和联合惩戒,对存在突出问题的新能源汽车企业下发风险提示函,并依法依规采取约谈、公开通报、责令限期整改等措施,切实提升产品安全水平,营造良好环境,保障新能源汽车产业高质量发展。

4月23日 江苏省率先通过《江苏省纯电动重型卡车换电电池包系统技术规范》团体标准的评审,将成为全国第一个纯电动重卡换电电池包标准。

4月25日 零跑正式发布智能动力 CTC 技术,其可为整车垂直空间增加 10 mm,电池布置空间增加 14.5%,综合提升整车续航里程 10%,为整车带来扭转刚度提升 25%,轻量化系数达到 2.4。

4月26日 蔚来第 20 万辆量产车(南极星蓝的蔚来 ET7)正式下线。

4月26日 在交通运输部 4 月份例行新闻发布会上,交通运输部表示,为服务国家"双碳"战略,2022 年交通运输部将加快推进公路沿线充电基础设施建设。近期,交通运输部已会同国家能源局等部门,研究起草了加快推进公路沿线充电基础设施建设行动方案,拟按照"桩站先行、以供促需,因地制宜、分类推进,广泛覆盖、适度超前,通用开放、智能高效"的原则,加快形成"固定充电设施为主体,移动充电设施为补充"的公路沿线充电设施网络,不断满足日益增长的电动汽车充电需求。交通运输部将根据反馈意见修改完善后,尽快印发各地实施,推动公路沿线充电基础设施网络有效覆盖。

4月27日 工业和信息化部科技司发布《电子行业 45 项行业标准和 73 项推荐性国家标准报批公示》。其中,推荐性国家标准《公示》涉及锂离子的有四项:锂离子电池组安全设计指南、锂离子电池和电池组安全使用指南、电动道路交通工具推动用锂离子电池。第 1 部分:性能试验、电动道路交通工具推动用锂离子电池。第 2 部分:可靠性和滥用测试。电子行业标准《公示》涉及锂离子的有以下三项:锂离子电池和电池组充放电测试设备规范、电动工具用锂离子电池和电池组安全技术规范、电动工具用锂离子电池和电池组规范。

4月27日 小鹏汽车与中国农业银行广东省分行在广州展开战略合作,中国农业银行广东省分行将向小鹏汽车授予 75 亿元综合授信额度,支持小鹏汽车业务的运营和发展。

4月28日 北京发放无人化载人示范应用通知书,百度、小马智行成为首批获准企业。百度旗下萝卜快跑将正式开启无人化自动驾驶出行服务,首批投入 10 辆无人车,后续计划再增加 30 辆无人车。小马智行将在北京市亦庄经开区开展无人化 Robotaxi。

4月28日 北京市高级别自动驾驶示范区正式发布示范区标准体系及车路协同基础设施、智能车辆自动驾驶功能测试系列标准。

4月30日 华南最大氢燃料电池供氢项目——中国石化茂名石化氢燃料电池供氢中心顺利建成中交,进入生产准备阶段。该项目采用中国石化自主研发的氢气纯化装置和氢气母站技术建设,新建内容包括 3000 标准 m^3/h 氢气纯化装置和 500 kg/d 加氢母站及配套单元。项目是粤西地区目前唯一的供氢项目,投用后将满足粤西地区用氢需求。

5月

5月3日 华为技术有限公司"自动驾驶车辆的测试方法、装置及系统"专利公布。摘要显示:本专利不需要测试人员的参与即可对自动驾驶车辆进行测试,可以提高测试效率,降低人力成本。

5月6日 中共中央办公厅国务院办公厅印发《关于推进以县城为重要载体的城镇化建设的意见》。充电桩相关方面,《意见》明确:(1)完善市政交通设施。优化公共充换电设施建设布局,加快建设充电桩。完善公路客运站服务功能,加强公路客运站土地综合开发利用。(2)推进生产生活低碳化。推动公共交通工具和物流配送、市政环卫等车辆电动化。推广节能低碳节水用品和环保再生产品,减少一次性消费品和包装用材消耗。

5月8日 湖北省车规级芯片产业技术创新联合体成立,该联合体由东风公司牵头,联合武汉飞思灵微电子技术有限公司、武汉菱电汽车电控系统股份有限公司、武汉理工大学、华中科技大学、芯来科技(武汉)有限公司、泰晶科技股份有限公司、中国汽车技术研究中心有限公司、锐杰微科技有限公司等 8 家企事业单位共同组成,将瞄准汽车芯片国家重大需求和国际科学前沿,发挥政产学研合力,实现车规级芯片完全自主定义、设计、制造、封测与控制器开发及应用。

5月9日 L4 级自动驾驶通用方案公司轻舟智航获颁"北京市高级别自动驾驶示范区智能网联客运巴士测试牌照",并全面接入北京高级别自动驾驶示范区 2.0 车路协同场景应用。

5月10日 工业化信息化部发布《关于印发加力帮扶中小微企业纾困解难若干措施的通知》。《通知》明确:鼓励开展绿色智能家电、绿色建材下乡活动和农产品产地市场建设,大力支持开展公共领域车辆电动化城市试点示范,努力扩大市场需求。

5月10日 云南首批 10 辆新能源重卡"车电分离"电动牵引车交付。本次交付是由南方电网云南电动汽车服务有限公司、开沃集团、云南辰诺新能源汽车有限公司三方携手,交付的开沃电动重卡最大载重量近 40 t,满电情况下可负重行驶近 300 km。

5月12日 工业和信息化部发布《新能源汽车推广应用推荐车型目录(2022 年第 4 批)》,本批目录共有 265 个新能源车型进入。其中:纯电动汽车 236 个(含乘用车 56 个,客车 26 个,专用车 154 个);插电式混合动力汽车 9 个(含乘用车 4 个,客车 1 个,专用车 4 个);燃料电池汽车 20 个(含客车 7 个;专用车 13 个)。

5月12日 工业和信息化部发布第 355 批《道路机动车

辆生产企业及产品公告》，共计128个新能源生产厂家111个品牌275个新能源车型进入公告。其中：纯电动产品共计237个（含乘用车29个、客车25个、客车底盘5个、专用车147个、专用车底盘31个）；插电式混合动力产品16个（含乘用车6个、客车1个、专用车6个、专用车底盘3个）；燃料电池产品21个（含乘用车1个、客车6个、专用车12个、专用车底盘2个）；甲醇混合动力产品1个（含乘用车1个）。

5月12日 工业和信息化部公告《免征车辆购置税的新能源汽车车型目录（第五十四批）》。本批次免购置税新能源汽车车型目录共有106家企业、265个新能源车型列入，其中，纯电动235个（含乘用车54个，客车31个，专用车150个）；插电式混合动力13个（含乘用车6个，客车1个，专用车6个）；燃料电池17个（含客车6个，专用车11个）。

5月12日 工信部装备工业一司发布2022年4月汽车工业经济运行情况：新能源汽车方面，2022年4月新能源汽车销量同比增长44.6%。（1）4月，新能源汽车产销分别完成31.2万辆和29.9万辆，同比分别增长43.9%和44.6%，市场渗透率为25.3%。分车型看，纯电动汽车产销分别完成24.2万辆和23.1万辆，同比分别增长33.0%和34.6%；插电式混合动力汽车产销分别完成6.9万辆和6.8万辆，同比分别增长1.0倍和94.0%；燃料电池汽车产销分别完成178辆和94辆，同比分别增长3.9倍和1.5倍。（2）1—4月，新能源汽车产销分别完成160.5万辆和155.6万辆，同比均增长1.1倍，市场渗透率为20.2%。分车型看，纯电动汽车产销分别完成127.8万辆和123.9万辆，同比均增长1.0倍；插电式混合动力汽车产销分别完成32.6万辆和31.6万辆，同比分别增长1.9倍和1.7倍；燃料电池汽车产销分别完成1034辆和832辆，同比分别增长6.4倍和3.4倍。

5月13日 工业和信息化部装备工业发展中心发布《关于开展2021年度双积分数据核算审查工作的通知》。《通知》明确：装备中心将通过乘用车企业平均燃料消耗量与新能源汽车积分管理平台开展2021年度乘用车企业燃料消耗量与新能源汽车积分审查核算工作。参与核算的企业主体，包括境内乘用车生产企业，授权进口乘用车供应企业和非授权进口乘用车供应企业。

5月16日 工业和信息化部装备工业发展中心发布《关于加强汽车产业链供应链畅通协调平台管理的通知》。平台信息填报及审核方面，《通知》明确：整车企业应按照最新《畅通汽车产业链供应链待协调问题清单》模板要求，参考示例填写相关信息，确保所填报信息真实准确、规范全面。平台管理员负责对填报信息进行复核，如发现信息存在不真实、不规范或重复填报等情况，将不予通过。

5月16日 由工业互联网产业联盟主导编制的产业联盟标准《工业互联网标识解析 仪器仪表 元数据》（AII/009—2022）正式发布，该标准是工业互联网标识对象元数据系列标准之一。重庆集诚汽车电子有限责任公司作为主要参研单位，与仪综所、信通院、远东仪表、北邮、北理工等多家科研院所、高校、企业一起共同完成了该标准的编制。

5月17日 陕西商洛石油与蔚来汽车合作的首座全智能充换电站在中心加油站正式投营。该站共有6个快速充电车位，1座蔚来箱式换电站。充电业务采用扫码充电，即插即充，可满足电动汽车使用需求；换电业务采用蔚来二代换电站技术；每天可为300余辆蔚来车主提供换电服务。

5月19日 星星充电平台最大运营商美丽充-紫金港超级充电站正式启用。场站坐落于杭州西湖区浙大紫金港校区旁，整站功率6240 kW，最多可为128台新能源车辆同时充电，单枪最大输出功率180 kW。投用后，计划单站日充电量可达3万kWh，每日为1000车次新能源车辆提供车辆快速补能服务。

5月20日 宁波钢铁有限公司新能源重卡充电站建成投运。该充电站建有240 kW充电机7座、160 kW充电机5座，服务用户厂区内66辆电动重卡车，投运后每日充电电量约2万kWh。

5月20日 三一集团三一换电站正式发布，单车换电1.9 min，换电全流程时间缩短一半。全国首批三一换电站分别于四川成都、山东淄博、湖北鄂州三地正式投入运营。

5月26日 宁波慈溪氢电耦合直流微网示范工程正式开工。这是国家电网公司首个氢能相关的国家重点研发计划配套项目，将集成氢能与电池混合储能等多个国内首台套成果。该示范工程投运后，每日可满足慈溪滨海经济开发区10辆氢能燃料电池大巴加氢、50辆纯电动汽车直流快充需求，将形成集科研、制取、储运、交易、应用为一体的氢能产业体系。

5月26日 为贯彻落实《氢能产业发展中长期规划（2021—2035年）》，国家发展改革委高技术司、国家能源局科技司组织召开推进氢能产业高质量发展系列座谈会第一场"加氢站建设管理运营专题座谈会"，会议重点研究了加氢站建设审批、运营管理、安全监管相关政策，以及标准规范制定、核心技术装备创新等情况，并对推动加氢站规范有序建设提出意见建议。《规划》明确提出有序推进氢能在交通领域的示范应用，拓展在储能、发电、工业等领域应用。

5月28日 极速充电技术全球领先的巨湾技研总部及生产基地正式动工，该项目预计总投资40亿元，产能8 GWh，年产值72亿元，计划2023年三季度试产。

5月31日 国务院发布《关于印发扎实稳住经济一揽子政策措施的通知》。《通知》明确：优化新能源汽车充电桩（站）投资建设运营模式，逐步实现所有小区和经营性停车场充电设施全覆盖，加快推进高速公路服务区、客运枢纽等区域充电桩（站）建设。

6月

6月1日 由太化能源科技有限公司投建的太化充电站项目首批两个站点正式投运。该充电站首批共设8个站点，本次投运的化肥站、化工站两个站点于2022年3月开始建设，其中，化肥站配装40台120 kW的直流快充桩，80个充电车位，每天可满足80辆新能源汽车充电，项目后期预留充足的电力负荷，为大型渣土运输车辆和换电业务做储备；化工站有24个周转车位，配装15台120 kW的直流快充桩，30个充电车位。

6月1日 工业和信息化部发布《新能源汽车推广应用推荐车型目录（2022年第5批）》，本批目录共有217个新能源车型进入，其中：纯电动汽车182个（含乘用车33个，客车

25 个,专用车 124 个);插电式混合动力汽车 22 个(含乘用车 11 个,客车 3 个,专用车 8 个);燃料电池汽车 13 个(含专用车 13 个)。

6 月 1 日 工业和信息化部发布第 356 批《道路机动车辆生产企业及产品公告》,共计 84 个新能源生产厂家 74 个品牌 188 个新能源车型进入公告,其中:纯电动产品共计 151 个(含乘用车 18 个、客车 17 个、客车底盘 2 个、专用车 88 个、专用车底盘 26 个);插电式混合动力产品 21 个(含乘用车 7 个、客车 2 个、专用车 9 个、专用车底盘 3 个);燃料电池产品 16 个(含专用车 12 个、专用车底盘 4 个)。

6 月 1 日 工业和信息化部公告《免征车辆购置税的新能源汽车车型目录(第五十五批)》。本批次免购置税新能源汽车车型目录共有 83 家企业、201 个新能源车型列入,其中:纯电动 170 个(含乘用车 41 个,客车 18 个,专用车 111 个);插电式混合动力 19 个(含乘用车 9 个,客车 2 个,专用车 8 个);燃料电池 12 个(含专用车 12 个)。

6 月 8 日 由一汽解放自主设计研发的国内首款重型商用车缸内直喷氢气发动机成功点火并稳定运行。这款氢气发动机属 13 L 重型发动机,运转功率超 500 马力,同级排量动力最强,指示热效率突破 55%,标志着我国氢气直喷发动机自主研发取得重大突破。

6 月 9 日 工业和信息化部装备工业发展中心发布《关于 GB 24545—2019 整改的通知》。《通知》明确:自 2022 年 7 月 1 日起,已获得型式批准的适用车型应满足标准 5.8 的规定。要求相关企业尽快核实产品情况,通过变更扩展进行整改,7 月 1 日起不符合标准要求的车型将停止生产。

6 月 10 日 长城汽车平湖分公司首台新能源车下线。此次下线的整车是长城汽车平湖分公司生产的首款新能源车型,该车辆采用了 2021NCAP 的安全标准,结合当下最新的自动驾驶、智能网联技术。

6 月 10 日 工信部装备工业一司发布 2022 年 5 月汽车工业经济运行情况:新能源汽车方面,2022 年 5 月新能源汽车销量同比增长 1.1 倍。(1)5 月,新能源汽车产销分别完成 46.6 万辆和 44.7 万辆,同比均增长 1.1 倍,市场占有率为 24.0%。分车型看,纯电动汽车产销分别完成 36.4 万辆和 34.7 万辆,同比分别增长 1.0 倍和 93.9%;插电式混合动力汽车产销分别完成 10.2 万辆和 10.0 万辆,同比分别增长 1.8 倍和 1.6 倍;燃料电池汽车产销分别完成 243 辆和 103 辆,同比分别增长 5.4 倍和 10.4 倍。(2)1—5 月,新能源汽车产销分别完成 207.1 万辆和 200.3 万辆,同比均增长 1.1 倍,市场渗透率为 21.0%。分车型看,纯电动汽车产销分别完成 164.2 万辆和 158.6 万辆,同比均增长 1.0 倍;插电式混合动力汽车产销分别完成 42.7 万辆和 41.6 万辆,同比分别增长 1.9 倍和 1.7 倍;燃料电池汽车产销分别完成 1277 辆和 935 辆,同比分别增长 5.8 倍和 3.5 倍。

6 月 12 日 蔚来汽车 Power Up Plan 的海南环岛海滨线正式贯通,该路线全程约 766 km,途中有海南省的海口、文昌、琼海、万宁、陵水、三亚、东方、儋州等 8 座城市,共建设了 8 座换电站、6 座超充站、2 座目的地充电站。

6 月 13 日 生态环境部、国家发展和改革委员会、工业和信息化部、住房和城乡建设部、交通运输部、农业农村部、国家能源局联合发布《减污降碳协同增效实施方案》,新能源汽车方面,《方案》明确:加快新能源车发展,逐步推动公共领域用车电动化,有序推动老旧车辆替换为新能源车辆和非道路移动机械使用新能源清洁能源动力,探索开展中重型电动、燃料电池货车示范应用和商业化运营。到 2030 年,大气污染防治重点区域新能源汽车新车销售量达到汽车新车销售量的 50% 左右。

6 月 14 日 工业和信息化部副部长辛国斌在中宣部举行的"中国这十年"系列主题新闻发布会上表示:(1)下一步,工信部要尽快研究明确新能源汽车车辆购置税优惠延续政策,这个政策是到 2022 年底结束,现在正在会同有关部门研究是否延续该政策。(2)工信部还将优化"双积分"管理办法,加大新体系电池、车用操作系统等的攻关突破,启动公共领域车辆全面电动化城市试点。(3)自动驾驶方面,下一步,工信部将继续统筹发展和安全,坚持公共安全的底线,在管理政策、技术创新、标准体系、测试示范等方面协同发力,出台自动驾驶的功能要求、信息安全等重要标准,并适时开展准入试点,来推动智能网联汽车产业发展能够行稳致远。

6 月 14 日 国务院发布《关于印发广州南沙深化面向世界的粤港澳全面合作总体方案的通知》。智能网联汽车方面,《方案》明确:培育发展高新技术产业。发展智能制造,加快建设一批智能制造平台,打造"智能制造 + 智能服务"产业链。加快建设智能网联汽车产业园,推进智能纯电动汽车研发和产业化,加强智能网联汽车测试示范,打造智能网联汽车产业链和智慧交通产业集群。

6 月 15 日 中国重汽、潍柴动力联合发布全国首台商业化氢内燃机重卡。

6 月 16 日 由工业和信息化部装备工业一司指导,工业和信息化部装备工业发展中心主办的《乘用车企业平均燃料消耗量与新能源汽车积分并行管理实施情况年度报告(2022)》发布会在北京成功举办,工信部装备工业一司副司长郭守刚、装备中心主任瞿国春,以及来自机构、企业和媒体等领域的百余名专家代表参加了此次发布会。会议由装备中心总工程师刘法旺主持。郭守刚副司长表示,双积分政策是我国节能与新能源汽车协调发展市场化管理机制的大胆创新,在促进汽车节能和新能源汽车发展方面起到了积极的引导作用。2021 年,行业企业勇挑重担,面对疫情冲击等不利影响,依然达成了新能源汽车产销规模均超 350 万辆、同比增长 1.6 倍,乘用车平均燃料消耗量降幅超过 15%、降低至每百公里 5.13 L(WLTC 工况)的显著成绩。当前,汽车产业发展进入新阶段,《积分办法》实施面临新形势、新要求,下一步,将结合"双碳"新形势做好政策实施情况评估和研究完善工作,更好支撑我国汽车产业高质量发展。瞿国春主任表示,在部装备工业一司指导下,每年编制发布的《积分年度报告》已成为全行业了解政策运行情况、制定合规策略的重要参考,也是向社会公众展示产业低碳发展成就的重要窗口。从运行情况来看,积分交易逐年活跃,2021 年交易额 109.4 亿元,超过了历年交易总额;年度油耗负积分抵偿率达 99.5%。装备中心将根据部装备一司要求和行业发展新形势,继续实施常态化积分运行监测,积极联合相关行业机构和企业积极开展政策优化及调整措施的研究,持续推进相关政策的调整完善工作，切实保障政策长期平稳有效运行。

6月17日 2022全国新能源下乡活动在江苏昆山正式启动。参与此次新能源汽车下乡活动的新能源汽车品牌达到52个，车型超过100多款。

6月17日 一汽解放300台氢燃料电池车交付。该批车辆包括载货、自卸、牵引三个产品系列，从长春发往上海、北京、山西三地。

6月18日 宁德时代新能源科技有限公司EVOGO换电服务在安徽合肥正式启动，EVOGO换电服务扩展到第二个城市。首批有三座快换站。

6月20日 由智新科技与岚图汽车协同研发的iD2项目电驱动总成在智新科技电驱动工厂下线。

6月22日 无锡首座市政重卡换电站——重卡“智慧新”华清大桥南站正式揭牌投运。该站适配多种新能源车型，包括多款重型卡车，单次换电时间仅需5 min左右。

6月23日 宁德时代新能源科技有限公司正式发布采用第三代CTP技术的电池——麒麟电池，麒麟电池系统集成度创全球新高，体积利用率破72%，能量密度可达255 Wh/kg，可实现整车1000 km续航，将于2023年量产上市。

6月24日 交通运输部、国家铁路局、中国民用航空局、国家邮政局联合印发《贯彻落实〈中共中央 国务院关于完整准确全面贯彻新发展理念做好碳达峰碳中和工作的意见〉的实施意见》（以下简称《意见》）。新能源汽车、氢能方面，《意见》明确：积极发展新能源和清洁能源运输工具。依托交通强国建设试点，有序开展纯电动、氢燃料电池、可再生合成燃料车辆、船舶的试点。推动新能源车辆的应用。

6月24日 工信部装备工业一司发布《关于组织开展2022年度道路机动车辆生产企业及产品监督检查工作的通知》，《通知》明确：将对生产企业准入条件保持情况飞行检查，包括产品设计开发能力、生产能力、产品生产一致性保证能力、售后服务及产品安全保障能力等。对新能源汽车生产企业，重点包括企业安全管理机制、运行监测、事故响应处置等方面的安全保障能力。同时进行生产一致性检查，包括抽取样车送检测机构检测，车辆现场检查。

6月24日 广西百色市首批乘龙换电重卡交付暨换电站投运，东风柳汽乘龙将首批换电重卡交付胧泉朝运输，为华银铝业提供零碳绿能运输方案。

6月27日 浙江德清成为全国首个颁发L4级“主驾无人”自动驾驶卡车公开道路测试牌照的城市，阿里巴巴获得首批2张牌照之一。未来，阿里达摩院研发的无人卡车“大蛮驴”将在德清指定区域开展路测，包括部分高速路段。

6月28日 中国汽车工业协会软件分会正式宣布成立，普华基础软件担任中汽协软件分会首任副理事长单位。软件分会将统合CASA联盟、AUTOSEMO和SDV工作组等行业组织的相关成员单位，围绕产业生态建设、行业管理、标准制定等方面开展工作，减少产业碎片化、低效的重复劳动和成本投入，形成行业合力，加快推动自主可控的汽车软件生态的发展。

6月28日 广汽集团发布基于星灵架构的全新软件架构普赛OS、全新的ADiGO智驾互联生态系统、突破型复合电池技术——微晶超能铁锂电池技术、氢发动机等多项领先科技以及一款全新的氢能源概念车“绿境SPACE”。

6月30日 玉柴YCK16H燃氢发动机在广西玉林成功点火。该款发动机排量达15.93 L，最大马力达560 hp，是中国排量最大，马力最大的燃氢发动机。

6月30日 南沙成为广州首个智能网联汽车自动驾驶混行试点区。计划到2025年，南沙将投放总计不超过2000台智能网联汽车示范运营，开展不同混行比例、车路协同不同参与度以及多种新型出行服务的大规模城市交通试验。

7月

7月4日 湖北星纪时代科技有限公司与珠海市魅族科技有限公司在杭州签署战略投资协议。吉利通过布局手机业务，消费电子产业与汽车产业深度融合，跨界打造用户生态链，可以实现超级协同。

7月5日 工业和信息化部、商务部、海关总署、市场监管总局联合发布《2021年度中国乘用车企业平均燃料消耗量与新能源汽车积分情况公告》。2021年度，中国境内129家乘用车企业共生产/进口乘用车2064.82万辆（含新能源乘用车，不含出口乘用车），燃料消耗量正积分为1593.99万分，燃料消耗量负积分为563.25万分，新能源汽车正积分为679.10万分，新能源汽车负积分为79.79万分。

7月7日 市场监管总局发布实施包括《电动汽车交流充电桩检定规程》在内的16项国家计量技术规范，覆盖多个领域。在电磁计量领域，修订发布JJG1148—2022《电动汽车交流充电桩检定规程》（试行）和JJG1149—2022《电动汽车非车载充电机检定规程》（试行），本次修订提高了规程的适用性和现场检定效率，明确电动汽车充电桩（充电机）的计量要求，推进电动汽车产业快速健康发展。电动汽车的充电设施已建立了全国统一的电能计量标准。

7月8日 工业和信息化部发布《新能源汽车推广应用推荐车型目录（2022年第6批）》，本批目录共有267个新能源车型进入，其中：纯电动汽车228个（含乘用车45个，客车16个，专用车167个）；插电式混合动力汽车18个（含乘用车9个，专用车9个）；燃料电池汽车21个（含乘用车1个，客车3个，专用车17个）。

7月8日 工业和信息化部发布第357批《道路机动车辆生产企业及产品公告》，共计115个新能源生产厂家103个品牌249个新能源车型进入公告。其中：纯电动产品共计218个（含乘用车29个、客车12个、客车底盘4个、专用车146个、专用车底盘27个）；插电式混合动力产品18个（含乘用车5个、专用车11个、专用车底盘2个）；燃料电池产品13个（含乘用车1个、客车2个、专用车7个、专用车底盘3个）。

7月8日 工业和信息化部公告《免征车辆购置税的新能源汽车车型目录（第五十六批）》。本批次免购置税新能源汽车车型目录共有113家企业、268个新能源车型列入，其中：纯电动223个（含乘用车46个，客车17个，专用车160个）；插电式混合动力21个（含乘用车11个，客车1个，专用车9个）；燃料电池23个（含客车3个，专用车20个）。

7月9日 中国一汽集团首台全新红旗H5燃料电池汽

车在一汽研发总院下线,该车搭载一汽研发总院动力总成部自主研发的第二代燃料电池发动机,发动机采用模块化、轻量化设计理念,体积比功率密度 694 W/L,较上一代提升40%,额定功率65 kW,可以实现 -30 ℃快速冷启动。

7月11日 工信部装备工业一司发布2022年6月汽车工业经济运行情况:新能源汽车方面,2022年6月新能源汽车销量同比增长1.3倍。(1)6月,新能源汽车产销分别完成59.0万辆和59.6万辆,同比均增长1.3倍,市场渗透率为23.8%。分车型看,纯电动汽车产销分别完成46.6万辆和47.6万辆,同比均增长1.2倍;插电式混合动力汽车产销分别完成12.3万辆和12.0万辆,同比分别增长1.8倍和1.7倍;燃料电池汽车产销分别完成527辆和455辆,同比分别增长18.7%和67.3%。(2)1—6月,新能源汽车产销分别完成266.1万辆和260万辆,同比均增长1.2倍,市场渗透率为21.6%。分车型看,纯电动汽车产销分别完成210.8万辆和206.2万辆,同比分别增长1.1倍和1.0倍;插电式混合动力汽车产销分别完成55.1万辆和53.6万辆,同比分别增长1.9倍和1.7倍;燃料电池汽车产销分别完成0.2万辆和0.1万辆,同比均增长1.9倍。

7月12日 国家发展改革委发布《"十四五"新型城镇化实施方案》。充电桩方面,《方案》明确:锚定碳达峰碳中和目标,推动能源清洁低碳安全高效利用。推动公共服务车辆电动化替代,到2025年城市新能源公交车辆占比提高到72%。优化公共充换电设施建设布局,完善居住小区和公共停车场充电设施,新建居住小区固定车位全部建设充电设施或预留安装条件。

7月12日 吉利旗下 RADAR 品牌正式发布,中文名称为"雷达",旗下首款基于 SEA 浩瀚架构打造的纯电皮卡 RD6 首次亮相,该车百公里加速达到6秒级,纯电续航里程超600 km。

7月12日 国家发展改革委印发《国家公路网规划》。《规划》明确:依托国家公路网发展通道经济,注重与沿线旅游、制造等关联产业深度融合发展,引导优化区域产业布局,促进产业链供应链安全稳定。提升公路服务区服务品质,设置人性化服务设施和充换电、加氢等设施。

7月13日 住房和城乡建设部、国家发展改革委联合印发《城乡建设领域碳达峰实施方案》,新能源汽车方面,《方案》明确:开展绿色低碳社区建设,鼓励选用新能源汽车,推进社区充换电设施建设。根据既有能源基础设施和经济承受能力,因地制宜探索氢燃料电池分布式热电联供。

7月14日 由上海环境能源交易所、上海重塑能源集团股份有限公司发起,中国石化集团资本有限公司、中国氢能联盟研究院、环保桥(上海)环境技术有限公司支持开发的清洁发展机制(CDM)第101个小方法学——全球首个氢燃料电池碳减排方法学获国际认可。该方法学初版于2021年12月提出,为全球首个氢燃料电池碳减排方法学,主要包括氢燃料电池汽车用户端的碳减排方法学开发认证、碳交易体系建设、碳金融研究等,适用于应用氢燃料电池技术的新能源汽车。

7月15日 武汉经开区路特斯全球智能工厂正式竣工,首辆纯电智能 SUV 成功下线。

7月15日 国家发展改革委印发《推动毕节高质量发展规划》。新能源汽车、氢能发方面,《规划》明确:(1)到2025年,城市公共交通机动化出行分担率达50%以上,中心城区公交车全部更换为新能源车,中心城区物流配送、邮政快递、出租车、网约车、公务用车、环卫车辆等新增或更新全部使用新能源。(2)支持发展新能源汽车零部件、汽车电子、电子元器件等产业。(3)加快能源基础设施建设。加快新能源汽车充电设施建设及配套电网建设改造。(4)稳慎有序推动氢能项目,在威宁、赫章探索建设平价光伏制氢项目,推进地热能开发利用,发展抽水蓄能电站。

7月15日 欣旺达电子股份有限公司入围 Benchmark 全球动力电池 Tier1 名单,动力电池电芯自供率100%。

7月15日 丰田汽车(中国)投资有限公司向北京申威狮星汽车服务有限公司交付数辆柯斯达氢燃料电池汽车。该批车由丰田汽车研发中心(中国)有限公司研发,在四川一汽丰田汽车公司生产,可乘坐16名乘客,是丰田汽车首款在中国研发生产的氢燃料电池汽车。

7月18日 工业和信息化部装备工业一司组织召开智能网联汽车推进组(ICV—2035)2022年度工作会议。工业和信息化部装备工业发展中心、中国汽车技术研究中心有限公司、中国汽车工程学会、国家智能网联汽车创新中心、中国信息通信研究院、中国汽车工业协会等工作小组组长单位代表,以及专家小组部分专家参加了会议。会议听取了智能网联汽车推进组秘书处关于推进组前期工作进展和后续工作计划的汇报,交流了国家智能网联汽车创新中心建设进展、车用操作系统整体推进思路等有关情况,围绕智能网联汽车推进组年度重点工作、产业发展重大问题等进行了深入研讨,提出了多项建设性的意见建议。

7月18日 北京市商务局等11部门联合印发《关于加快二手车流通 促进汽车消费升级的若干措施》,新能源汽车方面,《措施》明确:(1)提高新能源二手车置换率。加强新能源二手车流通管理,规范市场秩序,通过电池梯次利用等方式提升新能源二手车辆残值。(2)支持本市企业提升高端汽车和新能源智能汽车自主研发能力,加快汽车芯片等关键零部件国产化速度,引导企业在京发展布局供应链,缩短新车交付周期。促进纯电动汽车、增程式电动汽车和燃料电池汽车产业发展,优化新能源汽车产能布局和供给能力。

7月18日 "新能源与智能网联汽车产业创新联盟"在武汉正式成立。普华基础软件作为联盟首批成员单位出席启动仪式,并参与同期举办的"应对汽车供应链变革的战略布局与保障体系"研讨会暨2022年度第18期高端研讨会。普华基础软件副总经理陈云然围绕汽车产业在新四化背景下面临的供应链痛点、难点和挑战等议题发表讲话,与现场60余家国内外整车、零部件和跨界领域企业展开深度研讨和交流。

7月19日 交通运输部部长李小鹏主持召开部务会指出,要加快推进公路沿线充电基础设施建设,构建完善的公路沿线充电基础设施网络,并有效调动社会各方投资建设的积极性。会议指出,加快推进公路沿线充电基础设施建设,构建完善的公路沿线充电基础设施网络,是提升公路基础设施服务能力、解决新能源汽车充电难题的重要举措。要有效调动社会各方投资建设的积极性，尽快制定印发配套的技术指南，确保科学规范开展工作。要加强督导检查和监管，指导各地加快形成省级工作方案，确保目标任务按期优质完成。

7月19日　2022年上半年工业和信息化发展情况发布会上，工业和信息化部新闻发言人、总工程师田玉龙表示，关于新能源汽车车辆购置税的免征问题，大家普遍关心，国务院高度重视，常务会要求相关部门结合实际，认真研究免征新能源汽车购置税延期的问题。目前我们相关部门正在加紧研究，尽快出台有关结果。他表示，工信部会同有关部门进一步扩大新能源汽车的推广规模，促进汽车消费，为稳定经济大盘作出积极贡献。

7月19日　蜂巢能源科技有限公司全固态电池实验室研发出国内首批20 Ah级硫系全固态原型电芯。该系列电芯能量密度达350～400 Wh/kg，现已顺利通过针刺、200热箱等实验，量产后新能源车可实现续航里程1000 km以上。

7月20日　工业和信息化部发布第358批《道路机动车辆生产企业及产品公告》，共计27个新能源生产厂家20个品牌35个新能源车型进入公告，其中：纯电动产品共计26个（含客车2个、客车底盘1个、专用车21个、专用车底盘2个）；插电式混合动力产品2个（含专用车1个、专用车底盘1个）；燃料电池产品7个（含专用车5个、专用车底盘2个）。

7月20日　由国家新能源汽车技术创新中心和德国西门子股份公司联合打造的国内首家整车能效开发试验室正式在北京经开区落成启用。该中心以新能源汽车共性关键技术、“卡脖子”技术突破为核心驱动力，加强整车、零部件（汽车芯片）等测试认证和标准化服务，全面覆盖整车能效测试、汽车芯片测试、整车数字化开发、动力电池测试、燃料电池测试、电驱动测试、电控测试、自动驾驶安全测试、轻量化性能测试等关键核心领域，围绕自主可控和解决新能源汽车产业的痛点难点问题，补短板、建优势、强能力，以创新驱动新能源汽车高质量发展。

7月20日　北京市正式开放国内首个无人化出行服务商业化试点，百度和小马智行成为首批企业，在经开区核心区60 km^2 范围内投入30辆主驾无人车辆，开展常态化收费服务。

7月21日　比亚迪在东京召开品牌发布会，正式进入日本乘用车市场。

7月21日　中国石油在宜宾投运的首座“油、气、重卡换电”综合能源站——宜宾机场路站为大批重型卡车提供换电服务。该站重卡换电区域搭载7块总容量为282 kWh的动力电池，每天可服务168车次，兼容牵引车、自卸车、载货车、工程车等，利用智慧化、自动化“重卡换电”精准对接技术，最快3 min可完成1台电动重卡的换电服务。

7月25日　长安深蓝SL03正式上市，推出了纯电版、增程版、氢燃料电池版三种不同动力版本车型。

7月25日　小鹏汇天首个飞行汽车试制工厂在广州番禺正式落成。该试制试验基地主要包含2个试制车间、1个动力试验中心、1个飞行汽车试验中心；将主要承接飞行汽车在量产前的试制、工艺验证和性能试验的任务。

7月26日　小米汽车科技有限公司申请的“充电站”专利获授权。该充电站包括基座和多个充电桩，其中多个充电桩固设在基座上并且间隔布置在基座的至少一侧，用于对装载在运输车辆上的多个电动车辆充电。

7月27日　MINI发布全新概念车MINI Aceman，这是MINI在豪华紧凑领域推出的首款纯电动都市跨界车型。

7月28日　东风汽车旗下全新高端新能源越野品牌猛士首款工程样车（代号M18，车长5.2 m的新能源SUV）正式下线，其首款新能源越野车计划于2023年第三季度正式投产。

7月28日　准格尔旗零碳示范光储充一体化智能充电站在大路产业园上线试运行，这是准格尔旗建成的首家光储充一体化智能充电站。该光储一体化智能充电站设有180 kW分体式直流充电桩，配有一套180 kW直流分体机、3台双枪充电终端，支持智能功率分配，提供24 h充电服务，可以满足各种电动车型的快速充电需求。

8月

8月1日　工业和信息化部、国家发展改革委、生态环境部联合印发《工业领域碳达峰实施方案》，新能源汽车、氢能方面，《方案》明确：（1）围绕新一代信息技术、生物技术、新能源、新材料、高端装备、新能源汽车、绿色环保以及航空航天、海洋装备等战略性新兴产业，打造低碳转型效果明显的先进制造业集群。（2）加强再生资源循环利用。推动新能源汽车动力电池回收利用体系建设。（3）加大交通运输领域绿色低碳产品供给。大力推广节能与新能源汽车，强化整车集成技术创新，提高新能源汽车产业集中度。提高城市公交、出租汽车、邮政快递、环卫、城市物流配送等领域新能源汽车比例，提升新能源汽车个人消费比例。开展电动重卡、氢燃料汽车研发及示范应用。加快充电桩建设及换电模式创新，构建便利高效适度超前的充电网络体系。对标国际领先标准，制修订汽车节能减排标准。到2030年，当年新增新能源、清洁能源动力的交通工具比例达到40%左右，乘用车和商用车新车二氧化碳排放强度分别比2020年下降25%和20%以上。大力发展绿色智能船舶，加强船用混合动力、LNG动力、电池动力、氨燃料、氢燃料等低碳清洁能源装备研发。（4）调整优化用能结构。推进氢能制储输运销用全链条发展。（5）推动低碳原料替代。鼓励有条件的地区利用可再生能源制氢，优化煤化工、合成氨、甲醇等原料结构。（6）布局“减碳去碳”基础零部件、基础工艺、关键基础材料、低碳颠覆性技术研究，突破推广一批高效储能、能源电子、氢能等关键核心技术。（7）重点行业达峰行动：钢铁——到2030年，富氢碳循环高炉冶炼、氢基竖炉直接还原铁、碳捕集利用封存等技术取得突破应用，短流程炼钢占比达20%以上。建材——到2030年，原燃料替代水平大幅提高，突破玻璃熔窑窑外预热、窑炉氢能煅烧等低碳技术，在水泥等行业改造建设一批减污降碳协同增效的绿色低碳生产线。

8月1日　首座蔚来与壳牌合作的充换一体站——厦门同安壳牌站正式上线运营，站内建有1座第二代换电站和2根180 kW超充桩。同时蔚来与壳牌在电动汽车能源领域的合作正式开启。换电站方面，在中国，双方到2025年计划共建100座换电站；在欧洲，双方计划从2022年开始进行换电站的建设、运营试点工作。充电设施方面，壳牌欧洲充电网络将向蔚来用户开放。

8月1日 元戎启行全国首次L4级自动驾驶前装方案汽车全无人路测在深圳进行。此次道路测试全程21 km，是中国首部智能网联汽车管理法规正式生效后，首次用L4级自动驾驶前装方案汽车进行全无人自动驾驶的道路测试。

8月1日 世界首个实用化和规模化零碳智慧能源中心——榆林科创新城零碳分布式智慧能源中心示范项目建成投用。该项目在世界上首次实现了含氢能的零碳多能源供需系统的实用化和规模化示范应用，为实现碳达峰、碳中和目标提供了新的技术路径。

8月1日 重庆首台氢能源环卫车在九龙坡区城市管理局环境卫生管理处交付投用，该车采用氢燃料电堆系统，配备两个165 L氢气罐，单次加氢时间不超过10 min。工作时能在8 s内完成垃圾上料循环，续航里程可达约300 km。

8月1日 新吉奥新能源汽车向货拉拉交付首批20台新能源商用车订单，本次交付车型为新吉奥畅销车型帅凌。

8月1日 工业和信息化部节能与综合利用司召开新能源汽车动力电池综合利用工作座谈会，综合利用骨干企业参加会议。参会企业介绍了退役动力电池回收、梯次及再生利用技术攻关、商业模式创新等工作，围绕完善管理制度、健全技术标准体系、加强产业链上下游协作等开展了研讨。下一步，节能与综合利用司将坚持问题导向，研究制定《新能源汽车动力蓄电池回收利用管理办法》和行业急需标准，健全动力电池回收利用体系，支持柔性拆解、高效再生利用等一批关键技术攻关和推广应用，持续实施行业规范管理，提高动力电池回收利用水平。

8月2日 极氪能源自建充电网络7月新增上线12城54站，截至6月底累计已覆盖全国64城396站（不含专用场站），包括极充站、超充站、轻充站三种。

8月2日 岚图电动豪华旗舰MPV岚图梦想家完成第1000台用户交付，成为中国高端电动MPV市场首个累计交付破千的品牌。

8月2日 智蓝汽车与金成集团200台采购签约暨100台交车仪式在北京举办。本次签约交付的300台智蓝轻卡搭载100.27 kWh宁德时代电池，实际续航260至300 km，搭载了制动能量回收、行车加热装置和E/P双工作模式等节能技术，配合18.3 m^3 超大货厢。

8月3日 2022第三届软件定义汽车论坛在武汉开幕。普华基础软件作为中国车控基础软件企业受邀出席论坛并发表《中国车用基础软件发展及未来趋势》主题报告。

8月3日 宁德时代新能源科技有限公司于2022年第四季度向特斯拉供应最新的M3P电池，特斯拉后续生产的ModelY将配备这种新型的72 kWh电池包，该版本的ModelY将于2023年初上市。

8月3日 由中国五菱牵头组建的“广西新能源汽车实验室”正式揭牌。该实验室首批建设金属材料成型实验室、控制器与芯片应用实验室、智慧语音实验室、动力电池及关键材料实验室4个子实验室，分别在新能源汽车发展需要面对的高品质汽车用钢技术与工艺应用、软硬件自主开发、智慧语音交互以及电池核心问题攻关等方向进行全面探索。

8月4日 上汽大通MAXUSMIFAMPV、上汽红岩重卡、上汽轻卡冷链物流车共计410辆上汽燃料电池车正式投入商业化运营。

8月4日 国家燃料电池汽车示范应用上海市第一批车辆在上海汽车会展中心集中发车，首批共集中投运100辆燃料电池汽车，包括乘用车、客车、物流车、重卡等多款车型，应用场景全面覆盖商务出行、通勤班车、城市冷链配送、物流货运、重卡运输等。参与企业主要包括上海捷氢科技股份有限公司、上海重塑能源科技有限公司、上海神力科技有限公司、航天氢能（上海）科技有限公司、上海青氢科技有限公司和上海清志新能源技术有限公司6家“示范应用联合体”牵头系统企业。

8月5日 AUTOSAR中国日在武汉举行，普华基础软件作为AUTOSAR高级合作伙伴受邀出席并主持大会。会议围绕AUTOSAR组织与标准发展、汽车网络安全解决方案、AUTOSAR新发布功能等多项热点话题展开。普华基础软件发表《基于AUTOSAR构建面向智能网联汽车的基础软件系统》主题报告。

8月5日 百度Apollo旗下自动驾驶出行服务平台“萝卜快跑”获批武汉市智能网联汽车远程驾驶示范应用资质，将在武汉市经开区开启远程商业化试点运营，面向公众提供自动驾驶出行服务。

8月8日 国家新能源汽车技术创新中心与西门子共同建设的整车能效开发试验室在北京经开区落成运营。这是国内第一个针对新能源车的整车能效开发试验室。

8月8日 比亚迪携手RÊVERAutomotive在曼谷召开品牌发布会，正式进入泰国乘用车市场。

8月9日 东风技术中心动力电池存储箱正式启用，这也是东风建成的湖北首个动力电池安全存储基地。

8月9日 ABB集团旗下电动交通中国总部正式入驻深圳。当日，国内首台ABB 480 kW大功率液冷超充系统在西丽湖国际科教城交付并现场进行充电演示。

8月10日 工业和信息化部发布《新能源汽车推广应用推荐车型目录（2022年第7批）》，本批目录共有294个新能源车型进入，其中：纯电动汽车256个（含乘用车45个，客车27个，专用车184个）；插电式混合动力汽车8个（含乘用车6个，专用车2个）；燃料电池汽车30个（含客车6个，专用车24个）。

8月10日 工业和信息化部发布第359批《道路机动车辆生产企业及产品公告》，共计120个新能源生产厂家109个品牌248个新能源车型进入公告，其中：纯电动产品共计143个（含乘用车26个、客车17个、客车底盘6个、专用车65个、专用车底盘29个）；插电式混合动力产品4个（含乘用车2个、专用车1个、专用车底盘1个）；燃料电池产品21个（含客车6个、客车底盘8个、专用车7个）。

8月10日 工业和信息化部公告《免征车辆购置税的新能源汽车车型目录（第五十七批）》。本批次免购置税新能源汽车车型目录共有110家企业、292个新能源车型列入，其中：纯电动252个（含乘用车43个，客车26个，专用车183个）；插电式混合动力9个（含乘用车7个，专用车2个）；燃料电池31

个(含乘用车1个,客车6个,专用车24个)。

8月11日 汉马科技45辆华菱换电搅拌车正式交付西安用户,成为西北地区首批投入运营的新能源搅拌车。华菱换电搅拌车在实际运营中车辆仅需3~5 min便可完成换电。

8月11日 山西晋南钢铁集团氢能重卡在山西省临汾市曲沃县交车投运,首批300辆氢能重卡在晋南钢铁正式投入运行,整车企业包括一汽解放、南京金龙、大运汽车等,配套燃料电池系统企业包括国鸿氢能、鲲华科技、重塑科技,电堆供应商包括国鸿氢能、氢晨科技、韵量科技。同日,晋南钢铁加氢站项目投运,加注能力9 t/d,可满足500辆氢能汽车加注,为目前全国最大加氢站。

8月12日 工信部装备工业一司发布2022年7月汽车工业经济运行情况:新能源汽车方面,2022年7月新能源汽车销量同比增长1.2倍。(1)7月,新能源汽车产销分别完成61.7万辆和59.3万辆,同比均增长1.2倍,市场占有率为24.5%。分车型看,纯电动汽车产销分别完成47.2万辆和45.7万辆,同比分别增长1.0倍和1.1倍;插电式混合动力汽车产销分别完成14.4万辆和13.5万辆,同比分别增长1.8倍和1.7倍;燃料电池汽车产销分别完成292辆和245辆,同比分别增长4.6倍和13.4%。(2)1—7月,新能源汽车产销分别完成327.9万辆和319.4万辆,同比均增长1.2倍,市场占有率为22.1%。分车型看,纯电动汽车产销分别完成257.4万辆和251.8万辆,同比均增长1.0倍;插电式混合动力汽车产销分别完成70.2万辆和67.4万辆,同比分别增长1.9倍和1.7倍;燃料电池汽车产销均完成0.2万辆,同比分别增长2.1倍和1.4倍。

8月15日 蜀道投资集团有限责任公司"成渝电走廊暨换电重卡"项目启动,启动全国首条高速公路重型卡车换电走廊建设。

8月15日 京东物流首批换电新能源卡车投入实际运行。京东物流已陆续在全国投放换电车辆。

8月16日 高合汽车首座储能超充站落地江苏盐城,配备480 kW(GB)、570 kW(Chaoji)液冷超充桩。

8月18日 重庆渝鸿创能物联科技有限公司首批氢燃料电池罐式搅拌车在重庆维冠建筑科技(集团)有限公司正式投入运营,该项目为重庆市氢燃料电池搅拌车运营首例。

8月18日 国务院召开国务院常务会议,为扩大消费、培育新增长点和促进新能源汽车消费、相关产业升级、绿色低碳发展。会议决定:一是将已两次延期实施、今年底到期的免征新能源汽车购置税政策,再延期实施至明年底,预计新增免税1000亿元。二是保持新能源汽车消费其他相关支持政策稳定,继续免征车船税和消费税,在上路权限、牌照指标等方面予以支持。三是建立新能源汽车产业发展协调机制,坚持用市场化办法,促进整车企业优胜劣汰和配套产业发展,推动全产业提升竞争力。大力推进充电桩建设,纳入政策性开发性金融工具支持范围。

8月19日 全国首座氨现场制氢加氢一体站示范项目在福州长乐启动,这也是"氨制氢加氢"这一国际领先技术首次走出实验室,投入商业应用。

8月19日 铜梁玉泉"光储充检换"一体站建成投用,该站集"光伏、储能、充电、检测、换电"五大功能于一体,是国网重庆市电力公司打造的重庆首座一体化综合站。

8月20日 国电投-金顶新能源数字货运示范园区启动,首批50辆新能源电动重卡正式交付,将投用于四川金顶(集团)股份有限公司的金顶矿山,助力"绿色矿山"建设。

8月22日 佛山首座奥动换电站——顺德汇龙站正式开始运营,作为奥动在大湾区"四城万辆"战略落子的第二城,2022年奥动计划在佛山投运10座换电站,满足禅城、南海、顺德等核心区域4000辆换电车的补能需求。

8月22日 搭载明天氢能101 kW燃料电池系统的18 t飞翼物流车、18 t洗扫车首次发布。此次所发布车型是明天氢能联合东风商用车为重庆市场高端定制开发,其中18 t飞翼物流车具有57.6 m^3的超大货箱容积、接近500 km的超长续航里程、百公里低于5.5 kg的超低氢耗等优点。

8月23日 蔚来的新品牌"阿尔卑斯"施行开放的动力电池采购策略,与中创新航和比亚迪弗迪电池等确定了电池供应合作,将采用中创新航的三元One-Stop电池方案。

8月23日 由国家电投山东分公司和上海启源芯动力共同投资建设的济南市首个新能源渣土车移动换电站试点示范项目启动。该换电站可灵活移动,既可以作为固定式换电站建站初期的过渡性补能产品,也可以搭配固定式换电站作为辅助换电设施,能适应几乎所有车辆运营场景,补足重卡换电需求"最后一公里",让用户在建站困难的地方也能用上换电服务,实现换电重卡长途运输畅行无忧,进一步扩大换电重卡应用范围。下一阶段,国家电投山东分公司计划以新能源渣土车移动换电站试点示范项目为切入点,在济南市推广自卸车、混凝土搅拌车等电能替代方案。

8月24日 联合燃料电池系统研发(北京)有限公司以及华丰燃料电池有限公司正式对外发布并销售其第二款面向商用车开发、生产的氢燃料电池"TL Power 80"。这是继2021年10月发布的TL Power 100之后,第二款面向中国商用车市场需求,在中国研发生产的氢燃料电池系统。

8月24日 杭州首座奥动换电站正式运营,首批长安逸动EV460换电版车辆交付。杭州作为长三角一体化重要城市,根据规划,2022年奥动预计杭州投运15座换电站,推广换电车辆1000辆以上,2025年奥动在杭州投建换电站将突破70座,为15000辆换电车辆提供补能服务。

8月26日 合肥首座"光储充换"新能源重卡换电站投运。该站由绿电、市电组合供电,采用集装箱式集成设计,模块化预制舱结构,日均可为50~80台电动重卡服务,根据电池容量自动匹配充电功率,单车换电用时3~5 min,换电成功率高达99.9%。

8月27日 搭载潍柴动力股份有限公司氢燃料电池系统的200辆氢燃料电池商用车在山东省潍坊市正式投运。此次投运的200辆氢燃料电池商用车车型包括氢燃料电池公交车、氢燃料电池轻卡及重卡。其中,中通客车、亚星客车氢燃料电池公交车搭载潍柴50 kW燃料电池系统,中国重汽汕德卡公路牵引车搭载潍柴200 kW燃料电池系统,汕德卡港口牵引车搭载潍柴120 kW燃料电池系统。

8月27日 宁德时代新能源科技股份有限公司官宣首批搭载麒麟电池的车型,分别是极氪009和问界系列新车型,签约五年。极氪001搭载麒麟电池版本车型也将于2023

年 2 季度推出，实现纯电续航 1000 km。

8 月 28 日 宁德时代计划在 2023 年推出新一代电池电芯：凝聚态电池。凝聚态电池拥有安全性高、可靠性高、循环寿命好等特点。

8 月 29 日 工业和信息化部、财政部、商务部、国务院国有资产监督管理委员会、国家市场监督管理总局联合发布《加快电力装备绿色低碳创新发展行动计划》。新能源汽车方面，《计划》明确：推进新建厂房和公共建筑开展光伏建筑一体化建设，支持农（牧）光互补、渔光互补等复合开发，推动光伏与 5G 基站、大数据中心融合发展及在新能源汽车充换电站、高速公路服务区等交通领域应用。

8 月 31 日 国网 · 泽清"临沂焦庄换电站"首站在山东省临沂市焦庄充换电站中心投运。同日，泽清新能源科技有限公司与临沂多家代理商达成合作。

8 月 31 日 上海启源芯动力科技有限公司石家庄换电站投运，该站离元氏县中心仅有 5 km 换电过程仅需 5 min，换电渣土车的作业效率显著提升。

9月

9 月 2 日 金茂智慧交通科技（厦门）有限公司与中国重汽济南商用车有限公司合作的首批新能源纯电动换电式自卸车正式交付青岛市第二海底隧道工程项目运输单位。

9 月 2 日 鲲华科技发布全球首套单堆 250 kW 氢燃料电池发动机系统——鲲 · 运 200，是一款为重载商用车全工况行驶正向设计的系统。

9 月 2 日 由国家电投山西蔚然绿电交通科技有限公司、长治市森绿蓝洋废物治理有限公司共同投建的全市首座新能源渣土车换电站试点示范项目在壶关县龙泉镇骞堡村启动，该项目包含移动换电站、固定充换电站两大部分。移动换电站可提供上路换电服务。同日，两家渣土运输公司与陕汽签订 50 余台智能换电重卡购车协议。

9 月 3 日 欣旺达电动汽车电池有限公司发布超级快充动力电池产品 SFC480。该产品可以实现零下 20 摄氏度的低温下能量保持率高于 85%，体积利用率大于 72%，且可做到无热扩散，最大充电功率达 480 kW，一次充电可实现续航里程 700 km，充电 5 min 则可支持 200 km 续航。预计到 2026 年，SFC480 的电池结构将从 CTP 发展至 CTC，续航里程将从 700 km 提升至 1100 km。

9 月 3 日 全国首条短程低碳废锂离子电池资源回收生产线，在位于韶山市的湖南江冶机电科技股份有限公司动工建设，该生产线投资 1.5 亿元，年处理废旧锂电池 2.2 万 t，能满足湖南省及周边省份废锂离子电池回收利用的市场需求。

9 月 5 日 国务院举行政策例行吹风会，商务部表示：支持新能源汽车等重点产品出口。近年来，我国汽车特别是新能源汽车产业蓬勃发展，国际竞争力明显提升。1—7 月，新能源汽车出口同比增长超过 90%，成为外贸一大亮点。我们将继续会同相关部门支持新能源汽车企业加快建设海外营销和售后服务网络，加大品牌宣传推广力度。鼓励有条件的中资银行境外机构提供境外消费金融产品。研究拓宽出口运输渠道，通过中欧班列运输新能源汽车。

9 月 5 日 红旗品牌推出三款红旗新能源概念车，新红旗 Sedan EV、新红旗 SUV EV 和新红旗 E-LS。根据红旗的规划，到 2025 年品牌将布局 13 款新能源智能产品，H/Q/S/L 四大系列都将推出相应的新能源新车。

9 月 6 日 AITO 问界汽车首款纯电车 M5 EV 上市，两种版本续航里程分别为 620 km 和 552 km。

9 月 6 日 工业和信息化部举行"新时代工业和信息化发展"系列新闻发布会第五场，主题是"大力发展高端装备制造业"。下一步，工业和信息化部将认真贯彻落实党中央、国务院决策部署，进一步创新思路、完善措施，推动产业发展再上新台阶。一是贯彻落实"双碳"目标，加快编制产业绿色低碳发展路线图，优化"双积分"管理办法，完善政策法规体系。二是加快新体系电池、车规级芯片、车用操作系统等关键技术攻关和产业化，推进"车路网云图"一体化发展。三是优化产业链布局，加快国内资源开发，健全回收利用体系，提升关键零部件供给能力和资源保障能力。四是启动公共领域车辆全面电动化城市试点，组织好新能源汽车下乡活动。持续完善标准体系，提升新能源汽车安全水平。

9 月 6 日 浙江吉利控股集团有限公司、宁波吉利汽车研究开发有限公司"便携式救援移动电源"专利公布。本专利还涉及一种适合与便携式救援移动电源连接的电动车辆等。

9 月 7 日 宁德时代新能源科技股份有限公司第三代 CTP——麒麟电池将在 2022 年底实现量产出货，首批量产电池将于 2022 年第一季度装载于吉利汽车旗下的纯电豪华 MPV 极氪 009 系列上市。

9 月 8 日 五菱"轻松充"服务正式上线，将为用户提供充电产品、安装服务以及充电运营平台的一站式解决方案。

9 月 8 日 广东首座三一重卡换电站落成。该换电站单车换电仅 1.9 min，站高仅 5.8 m，占地面积约120 m^2，站内配备 10 块电池，支持顶换、侧换 2 种换电模式，拥有八大核心优势，119 项技术专利，配备三一自研站控系统、自研换电运营平台与自研车辆，高度智能化。

9 月 8 日 浙江省嘉兴港区滨海大道加氢站正式投运。该加氢站每天加氢能力在 1000 kg 及以上，拥有常规加氢站必备的 2 台 45 MPa 压缩机之外，还有 2 台 20 MPa 压缩机和 1 台 90 MPa 液驱式压缩机，能同时为 35 MPa 和70 MPa 氢燃料电池车加注氢气。

9 月 8 日 嘉兴港区滨海大道加氢站正式投入运营。该加氢站占地面积 3000 m^2，由嘉兴滨海集团与中国石化浙江石油分公司共同组建的合资公司负责经营管理，是中国石化首座批零兼营"五位一体"综合能源服务站。除传统的汽柴油、LNG、充电和易捷服务外，该站还以零售和批发两种形式提供氢气，为周边厂矿企业、物流园区、加氢"子站"等提供"一站式""全方位"能源补给。

9 月 9 日 孚能科技（赣州）股份有限公司发布全新动力电池解决方案——SPS，并提出了一整套从电芯到系统的方案，从制造到回收的创新解决方案，在续航里程、充电效率、降本增效、适配车型等方面打造满足客户要求和用户需求的全新产品。该解决方案包括半固态电解质的大软包电芯产品，采用全新的结构和散热设计，以及相应的回收利用技术。

9月9日 金旅驰睿自动驾驶客车正式下线，整车采用绿色环保的纯电驱动，续航里程可达360 km，量产车搭载了蘑菇车联全栈软硬件解决方案。

9月13日 吉利旗下威睿能源正式发布600 kW超充技术，预计可实现充电5分钟续航增加300 km，该技术目前实现量产。

9月13日 中国汽车技术研究中心、中国信通院联合发布《汽车标准必要专利许可指引》。《指引》包括核心原则、合理许可费的计算原则，以及解释权与声明等五个部分。《指引》的发布，将加快推动汽车与通信等产业的跨界融合发展，保护市场公平竞争。《指引》中明确提出了"产业链任一环节均有资格获得许可"的重要原则。这也意味着，包括零部件在内的企业均有获得许可的权利，将进一步推动我国智能网联汽车产业健康可持续发展。

9月14日 交通运输部办公厅公布第一批智能交通先导应用试点项目(自动驾驶和智能航运方向)的名单，其中，自动驾驶方向共有14个项目入列：北京城市出行服务与物流自动驾驶先导应用试点；天津港集装箱水平运输自动驾驶先导应用试点；长春城市出行服务和物流倒运自动驾驶先导应用试点；上海港港区集装箱水平运输与港口集疏运自动驾驶先导应用试点；上海奉贤区城市出行服务与物流自动驾驶先导应用试点；苏州城市出行服务与物流自动驾驶先导应用试点；合肥滨湖国家森林公园园区自动驾驶先导应用试点；济南天桥至淄博淄川分拨中心干线物流自动驾驶先导应用试点；郑州快速公交自动驾驶先导应用试点；广州城市出行服务自动驾驶先导应用试点；西部(重庆)科学城园区自动驾驶先导应用试点；厦门远海码头集装箱水平运输自动驾驶先导应用试点；妈湾港集装箱水平运输自动驾驶先导应用试点；天津港至马驹桥物流园公路货运自动驾驶先导应用试点。

9月14日 广西首批商用氢燃料汽车在南宁正式交付使用，该商用氢燃料汽车一共4辆，车型为载重18 t中型货车，由东风柳州汽车有限公司研发生产，在中国石化南宁新阳综合加能站加氢后，交付给中外运广西有限公司投入城际物流运输。

9月15日 工业和信息化部发布《新能源汽车推广应用推荐车型目录(2022年第8批)》，本批目录共有236个新能源车型进入，其中：纯电动汽车198个(含乘用车30个，客车26个，专用车142个)；插电式混合动力汽车13个(含乘用车7个，客车1个，专用车5个)；燃料电池汽车25个(含客车6个，专用车19个)。

9月15日 工业和信息化部发布第360批《道路机动车辆生产企业及产品公告》，共计125个新能源生产厂家110个品牌259个新能源车型进入公告，其中：纯电动产品共计223个(含乘用车25个、客车21个、客车底盘5个、专用车142个、专用车底盘30个)；插电式混合动力产品13个(含乘用车6个、客车1个、专用车5个、专用车底盘1个)；燃料电池产品23个(含客车5个、专用车12个、专用车底盘6个)。

9月15日 工业和信息化部公告《免征车辆购置税的新能源汽车车型目录(第五十八批)》。本批次免购置税新能源汽车车型目录共有96家企业、217个新能源车型列入，其中：纯电动184个(含乘用车23个，客车23个，专用车138个)；插电式混合动力8个(含乘用车6个，专用车2个)；燃料电池25个(含客车5个，专用车20个)。

9月15日 东风柳汽乘龙H5换电牵引车在内蒙古鄂尔多斯顺利交付。该车采用充换电一体补能模式，充电模式下可支持双枪快充，1 h可以充电至80%，1.5 h便可以将电量充满；换电模式下可实现5 min快速换电。

9月16日 宁德时代新能源科技有限公司首创的MTB技术将率先应用于国家电投启源芯动力重卡换电项目，该技术将模组直接集成到车辆支架/底盘，系统体积利用率提升40%。

9月16日 工业和信息化部召开"新时代工业和信息化发展"系列主题新闻发布会。下一步，工业和信息化部将落实《"十四五"工业绿色发展规划》《关于加快推动工业资源综合利用的实施方案》等政策要求，着力推动以下工作：一是加快研究制定新能源汽车动力蓄电池回收利用管理办法，加大监管约束力，强化电池流向管理，压实各方主体责任。二是加大退役电池柔性拆解、高效再生利用等关键技术攻关和推广应用力度，搭建供需对接平台，提升行业技术水平。加快出台一批动力电池回收利用国家标准、行业标准，抓好标准宣贯落实，强化标准引领支撑。三是开展动力电池回收利用试点工作总结，遴选推广一批动力电池回收利用成熟经验和典型项目，鼓励商业模式创新，强化产业链上下游对接，引导各方高质量推进回收体系建设。四是持续实施废旧动力电池综合利用行业规范管理，实行"有进有出"的动态调整机制，培育壮大梯次和再生利用骨干企业，推动资源要素向优势企业集聚。

9月16日 工业和信息化部举行工业绿色低碳发布会。截至8月底，190余家汽车生产、动力电池综合利用等企业在31个省、自治区、直辖市的326个地市级行政区设立了10235个回收服务网点，同时，培育了45家梯次和再生利用骨干企业，探索形成"梯次电池以租代售""废料换原材料"等一批新型商业模式，回收利用体系正在逐步完善。

9月16日 全国首批"同城通换"重卡换电站在南京市栖霞区普洛斯龙潭重卡换电站内投运。该换电站占地约1500 m^2，总投资约1000万元，换电功率达1920 kW，服务渣土车、搅拌罐车、牵引车等多种重卡车型。

9月16日 由工业和信息化部装备工业发展中心与中国品牌建设促进会共同发起的"新能源汽车品牌集群"正式宣告成立。新能源汽车品牌集群成立后的主要工作包括：一是牵头起草具有国际先进水平和认可度的品牌评价标准；二是以标准为依据，联合国内外权威机构开展品牌评价工作，发布"新能源汽车品牌榜"等系列成果；三是开展新能源汽车品牌领域基础性、前瞻性、战略性问题研究，提出系统性提升品牌价值和影响力的具体建议；四是向世界推广中国新能源汽车领域的优秀企业、优质产品、先进技术，进而带动中国标准、中国模式和基础设施走向世界。

9月17日 国内首台套氢燃料电池全自动柔性生产线在位于邢台经济开发区的泰一新能源科技有限公司项目现场下线及签约。该项目计划投资50亿元，达产后每年可实现产值200亿元,可满足1万~2万辆氢燃料电池车辆需求。

9月19日 金龙MTV整车电池一体化技术正式发布暨行业首款MTV整车电池一体化客车成功下线。本次成功下线的是“金龙MTV版智慧城市之光”车型。从整体结构来说,效率显著提高,整车空间利用率提升45%,减重200 kg以上。电池系统能量密度达到175 Wh/kg,成组效率超90%。

9月20日 华为技术有限公司申请的“用于电动汽车的车载充电设备以及用于对电动汽车进行无线充电的系统和方法”专利公布。本专利为一种用于电动汽车的车载充电(OBC)设备,该OBC设备以显著降低的成本表现出更高的功率密度。

9月22日 我国牵头在国际标准化组织(ISO)框架下提出的《道路车辆 自动驾驶系统测试场景 场景评价与测试用例生成》(ISO 34505)国际标准项目,经投票表决后正式获得立项,由中国和德国专家联合担任标准项目牵头人。ISO 34505标准拟主要规定自动驾驶系统测试场景的评价方法,提出测试场景关键度、复杂度、危险度等功能性评价指标的判定要求,并定义测试用例生成的一般性方法及其必要特征,包括测试目标、测试步骤、执行条件和预期结果等。智能网联汽车及自动驾驶系统测试是自动驾驶技术研发中的重要环节,也是实现产业化规模化发展的重要支撑,基于测试场景开展的自动驾驶测试评价已在全球范围内形成共识。本标准的立项制定,将填补自动驾驶系统测试场景生成测试用例环节的国际标准空白,推动测试场景国际标准形成完整体系,覆盖从概念设计到模拟仿真、从场景库建设到实际测试场地搭建的整套场景应用框架。下一步,工业和信息化部将组织中国汽车技术研究中心有限公司,联合国内相关行业企业和研究机构,建立国内专家支撑团队,协调国际优势技术资源,形成国内、国际联动协调的工作模式,推动建立科学合理的自动驾驶测试场景评价方法论,为自动驾驶相关国际标准法规制定协调做出积极贡献。

9月22日 东风公司技术中心研发的动力电池系统取得新突破,基于东风新能源战略平台在研车型,东风最新动力电池系统已通过实车测试,续航里程可突破1000 km。

9月23日 由蜂巢能源100%控股的藤青青再生资源(上饶)有限公司和中伟新材料股份有限公司控股子公司贵州中伟资源循环产业发展有限公司合资成立的常青藤再生资源(上饶)有限公司在江西上饶正式启动,标志着蜂巢能源正式进入电池回收领域。

9月23日 大连自贸片区(保税区)氢能产业园二期项目开工建设,该氢能产业园位于二十里堡街道,占地面积1 km^2,重点围绕氢能产业“制、储、运、加、用”各环节积极引入氢能企业,构建产业链条完整的氢能产业发展高地。一期项目中的中石化海明路综合加能站已建成投用,是中石化在国内建设的第二座“油气氢电服”综合加能站;创为氢能牵引电机项目主要开展氢能汽车牵引电机等产品的研发和生产,项目一期已于8月初进入调试生产阶段。本次开工的二期项目包括国创氢能燃料电池和洺源科技氢燃料电池动力总成项目。

9月25日 在新乡市首批氢燃料电池车辆交付投运仪式现场,新飞电器集团向新乡高新投资有限公司交付15辆氢燃料电池环卫车、渣土车,向华夏易通交付100辆氢燃料电池冷藏车;集中签约项目4个,总投资12.5亿元,分别为宇通轻商、新飞电器、河南豫氢“氢燃料电池冷藏车项目”,势加透博“氢燃料电池空压机生产基地项目”,氢华新源“氢燃料电池引射器项目”、中电新源“氢储能调峰发电加氢一体站项目”。

9月25日 全国汽车标准化技术委员会审议通过GB/T 20234.1—2015《电动汽车传导充电用连接装置 第1部分:通用要求》和GB/T 20234.3—2015《电动汽车传导充电用连接装置 第3部分:直流充电接口》两项国家标准。两项标准修订在我国现行直流充电接口技术方案基础上,提高了充电电压和电流额定值,增加了主动冷却、温度监测等大功率充电相关功能的技术要求,优化完善了机械性能、锁止装置、使用寿命等试验方法。此次修订将进一步提升传导充电连接装置的环境适应性、安全性和可靠性,有效满足大功率充电技术发展和市场需求,保障新老充电接口通用兼容,为新能源汽车产业和充电设施产业高质量发展营造良好环境。

9月26日 福特正式宣布福特电马赫科技有限公司在中国开启运营,将深度聚焦中国市场智能电动汽车研发与运营,也是“福特中国2.0”计划在智能电气化时代的全新升级。

9月26日 奇瑞小蚂蚁第30万辆高端纯电小车在芜湖-奇瑞二期工厂正式下线,举行了“爱的大礼物 感恩30万”下线仪式,在微型纯电动汽车“赛道”上成为中国唯一突破30万辆的高端纯电小车。

9月28日 工业和信息化部、国家发展和改革委员会、财政部、生态环境部、交通运输部联合发布《关于加快内河船舶绿色智能发展的实施意见》。充换电方面,《意见》意见明确:完善绿色智能船舶运营配套设施。加快配套基础设施建设,支持加注、充(换)电等新能源清洁能源供应设施建设,健全建设审批流程和验收标准体系,构建便捷完善的设施网络。

9月28日 零跑C01正式上市,采用无电池包CTC底盘电池一体化技术,可使结构效率最大化,CLTC续航里程高达717 km。

9月28日 由金茂碳中和公司投建的重卡换电站工程正式启动,这是天津市首座专业服务冷链园区的重卡换电站,该项目位于东疆澳洲北路与拉萨路交会处西南侧京津物流园堆场内,建成后换电模式能够让纯电动车辆在3~6 min内实现极速补能,满足连续运营的实际需求。

9月28日 上海市布局绿色低碳新赛道的特色产业园区——“国际氢能谷”正式启动,现场21个项目签约,涵盖制氢装备,燃料电池核心材料、关键零部件,研发检测功能性平台等氢能和燃料电池产业多个领域,涉及总投资额约85亿元。《临港新片区氢燃料汽车产业“十四五”发展规划》《关于支持中国(上海)自由贸易试验区临港新片区氢能产业高质量发展的若干政策》发布。

9月28日 洛阳市第一辆氢能源汽车在洛阳氢能汽车产业园下线。洛阳氢能汽车产业园新能源汽车项目总占地面积311.424亩,建筑面积12.29万 m^2,主要从事纯电动厢式运输车、新能源保温车/冷藏车、纯电动/氢燃料环卫车、氢燃料卡车等领域的生产与制造。

9 月 30 日 工业和信息化部发布第 361 批《道路机动车辆生产企业及产品公告》，共计 36 个新能源生产厂家 34 个品牌 45 个新能源车型进入公告，其中：纯电动产品共计 40 个（含乘用车 2 个、客车 4 个、专用车 31 个、专用车底盘 3 个）；插电式混合动力产品 2 个（含乘用车 1 个、专用车 1 个）；燃料电池产品 3 个（含专用车 3 个）。

10 月

10 月 3 日 创维汽车旗下维能动力在江苏徐州揭牌。该项目是由江苏维能动力科技有限公司投资建设，总投资 5 亿元，预计每天可生产 150 ~ 200 个电池包，年产 1.2 GWh 动力电池，其中每个电池包续航可达 600 km，主要供应创维新能源乘用车型。

10 月 8 日 新源动力全新 M7 平台下两款车规级大功率产品：燃料电池电堆 HYMOD® -200M7 和燃料电池系统 HYSYS® -160 M7 首发。

10 月 8 日 Johnson Matthey（JM）开始在中国进行燃料电池回收。JM 在中国签署第一份燃料电池回收合同。JM 工厂位于江苏省张家港市，专注于提炼和回收膜电极（MEA）铂族金属成分，膜电极是汽车燃料电池的一个关键组件，来源于燃料电池堆栈技术提供商之一的 Unilia。

10 月 8 日 工信部装备工业一司公示《2018—2020 年度新能源汽车推广应用补助资金清算审核终审和 2020—2022 年度补助资金预拨情况》，《公示》显示：（1）2018 年度新能源汽车推广应用补助资金清算审核车辆信息：申报推广数 94787 辆；申请清算资金 423373.3326 万元；核定推广数 89717 辆；应清算补助资金 400497.3443 万元；按整车企业取整后补助资金 400498 万元。（2）2019 年度新能源汽车推广应用补助资金清算审核车辆信息：申报推广数 173168 辆；申请清算资金 601270.8177 万元；核定推广数 121028 辆；应清算补助资金 452890.6072 万元；按整车企业取整后补助资金 453267 万元。（3）2020 年度新能源汽车推广应用补助资金清算审核车辆信息：申报推广数 215929 辆；申请清算资金 497665.0428 万元；核定推广数 197242 辆；应清算补助资金 465120.9777 万元；按整车企业取整后补助资金 467473 万元。（4）2020—2022 年度新能源汽车推广应用补助资金预拨情况：此次拟预拨涉及 27 个省市自治区 80 家企业，预拨资金总计 1489315 万元。核减原因大致有：（1）需进一步核实后予以清算；（2）不符合行驶里程数要求；（3）无法识别行驶证内容；（4）不在推荐目录内；（5）现场核查不通过；（6）电池生产企业与推荐目录不一致；（7）未按有关要求上传运行数据；（8）驱动电机型号与推荐目录不一致；（9）电池总能量与推荐目录不一致；（10）关键零部件发票信息与推荐目录不一致。

10 月 10 日 工业和信息化部科技司公示《国家人工智能创新应用先导区"智赋百景"》。（1）国家人工智能创新应用先导区"智赋百景"涉及 10 个领域，分别是城市管理、公共安全、交通运输、金融、能源、生态农业、所属领域、文旅教育、医疗健康、制造。其中，交通领域涉及场景多达 26 个，涉及自动驾驶场景及智能网联有以下几个方面：①上海（浦东新区）。东海大桥洋山深水港自动驾驶场景；上海金桥智能网联车测试示范区开放测试场景。②深圳。深圳尖岗山片区公共交通智能网联车路协同场景。③北京。露天矿山无人驾驶矿车应用场景。④北京。高速公路、城市环线自动驾驶场景。（2）国家人工智能创新应用先导区"智赋百景"涉及 8 个先导区，分别是北京、成都、广州、杭州、济南—青岛、深圳、上海（浦东新区）、天津（滨海新区）。

10 月 10 日 工业和信息化部发布《新能源汽车推广应用推荐车型目录（2022 年第 9 批）》，本批目录共有 238 个新能源车型进入，其中：纯电动汽车 185 个（含乘用车 49 个，客车 26 个，专用车 110 个）；插电式混合动力汽车14 个（含乘用车 11 个，专用车 3 个）；燃料电池汽车 39 个（含客车 14 个，专用车 25 个）。

10 月 10 日 工业和信息化部发布第 362 批《道路机动车辆生产企业及产品公告》，共计 126 个新能源生产厂家 112 个品牌 261 个新能源车型进入公告，其中：纯电动产品共计 223 个（含乘用车 25 个、客车 21 个、客车底盘5 个、专用车 142 个、专用车底盘 30 个）；插电式混合动力产品15 个（含乘用车 6 个、客车 1 个、专用车 7 个、专用车底盘1 个）；燃料电池产品 23 个（含客车 5 个、专用车 12 个、专用车底盘 6 个）。

10 月 10 日 工业和信息化部公告《免征车辆购置税的新能源汽车车型目录（第五十九批）》。本批次免购置税新能源汽车车型目录共有 101 家企业、298 个新能源车型列入，其中：纯电动 242 个（含乘用车 66 个，客车 33 个，专用车 143 个）；插电式混合动力 19 个（含乘用车 15 个，专用车 4 个）；燃料电池 37 个（含客车 14 个，专用车 23 个）。

10 月 11 日 比亚迪正式进入印度乘用车市场，发布第一款高端纯电 SUV 元 PLUS，这是印度汽车行业的首款运动型纯电 SUV。

10 月 12 日 国电投（北京）综合能源公司开发建设的北京市首个数字人民币充电站在北京城市副中心设计小镇投产，该项目是国电投（北京）综合能源有限公司依托北京城市副中心设计小镇数字人民币试点，联合中国银行、中国联通、特来电、通发展集团，实现支付模式创新、数字人民币与物联网充电桩融通，推动数字人民币应用新场景落地。该项目一期建成投产 5 台数字人民币充电桩，为副中心设计小镇园区用户提供智能充电服务。

10 月 13 日 工业和信息化部公布：由我国牵头制定的首个自动驾驶测试场景领域国际标准 ISO 34501《道路车辆 自动驾驶系统测试场景 词汇》正式发布。

10 月 13 日 阿波罗未来移动集团发布旗下新款 G2J 纯电动跑车的原型车。

10 月 15 日 黑龙江省首座"三合一"加氢站项目——七台河市加氢加油充电综合能源示范项目正式启动。该加氢站项目是由宝泰隆联合中石油、七台河城投等共同打造的加油加氢充电综合能源示范项目，可开展氢提纯、氢公交及氢重卡加注等氢能业务

10 月 17 日 由福建星云电子股份有限公司、福建时代星云科技有限公司、宁德东侨国有资产投资建设有限公司等单位共同建设的"宁德锂电小镇光储充检智能超充站"建成

投入运营。这是全国首座采用全直流微网技术把充电桩、储能、光伏电池及电池检测集成为一体的标准化设计的智能充电站，超充站设计充电速率达到 7～8 min 即可补充 200 km 左右的续航里程。

10 月 17 日　广州、深圳两地首次发放城市高级辅助驾驶地图许可，百度首批获准。百度地图将支持汽车在城市道路上满足单车智能辅助驾驶应用场景，实现泊车、高速、城市三域融通。

10 月 17 日　首批京东物流氢能源物流卡车在安利（中国）日用品有限公司广州生产基地投入运营，这也是安利（中国）在国内的首次使用氢能源物流卡车。此次投用的京东物流氢能源物流卡车为 9.6 m 厢式货车，单次运载量达 18 t，仅需 3 min 便可完成氢燃料加注，加注一次氢燃料可实现 450 km“超长续航”。

10 月 18 日　赢彻科技获得由国际独立第三方检测、检验和认证机构德国莱茵 TÜV 颁发的重卡自动驾驶行业首张 ISO/SAE 21434 汽车网络安全管理体系认证证书。

10 月 19 日　宝马集团与中国企业远景动力合作，将采购其生产的下一代锂离子电芯，为此远景动力将在美国南卡罗来纳州新建工厂，该工厂计划年产能将达30 GWh。同时宝马将再投资百亿元扩建其在沈阳的高压电池生产中心。

10 月 20 日　由时代星云科技有限公司研发制造，福建星云电子股份有限公司投资建设的“光储充检智能超充站”在福建宁德锂电小镇建成启用，这是全国首个采用全直流微网技术，把充电桩、储能、光伏电池及电池检测集成一体的标准化智能充电站。

10 月 20 日　工业和信息化部办公厅、科学技术部办公厅、财政部办公厅、商务部办公厅联合发布《关于公布汽车产品生产者责任延伸试点企业名单的通知》。《通知》公布了汽车产品生产者责任延伸试点企业名单，其中包括浙江吉利汽车有限公司、吉利四川商用车有限公司、陕西汽车集团股份有限公司等 11 家主体单位，浙江豪情汽车制造有限公司、山西新能源汽车工业有限公司等 61 家联合单位。

10 月 23 日　潍柴新能源商用车 2022 年度新能源轻卡订单（500 台德蓝新能源轻卡）交付投运。以 500 台德蓝新能源轻卡为依托，双方将围绕新能源轻卡租赁服务、货源服务、运力服务、维保售后等领域开展全面战略合作，共同助力新能源物流车市场发展壮大。

10 月 24 日　交通运输部、国家铁路局、中国民用航空局、国家邮政局发布《关于加快建设国家综合立体交通网主骨架的意见》。《意见》明确：推进以低碳为特征的绿色交通基础设施建设，建设港区、机场、公路服务区、交通枢纽场站等近零碳示范区。推动交通基础设施标准化、智能化、工业化建造，推广永临结合施工，推进建养一体化，降低全生命周期资源消耗。推进铁路电气化和机场运行电动化，加快高速公路快充网络有效覆盖。

10 月 25 日　工业和信息化部装备工业发展中心发布《关于产品准入检验项目依据标准实施的通知》。《通知》明确了调整检验项目：将 GB 16897—2022《制动软管的结构、性能要求及试验方法》列为产品准入检验项目的依据标准；将 GB 19239—2022《燃气汽车燃气系统安装规范》列为产品准入检验项目的依据标准。要求车辆生产企业及时组织开展标准的实施和整改工作，合理安排时间进度，按要求提供检验报告。

10 月 26 日　国务院办公厅印发《第十次全国深化“放管服”改革电视电话会议重点任务分工方案》。新能源汽车方面，《方案》明确：（1）落实好阶段性减征部分乘用车购置税、延续免征新能源汽车购置税、放宽二手车迁入限制等政策。（2）延续实施新能源汽车免征车辆购置税政策，组织开展新能源汽车下乡和汽车“品牌向上”系列活动，支持新能源汽车产业发展，促进汽车消费。（3）延长允许货车在城市道路上通行的时间，放宽通行吨位限制，推动取消皮卡车进城限制，对新能源配送货车扩大通行范围、延长通行时间，进一步便利货车在城市道路通行。

10 月 27 日　小马智行自动驾驶出行服务（Robotaxi）正式接入如祺出行平台，双方计划将有人驾驶车辆运力和自动驾驶车辆运力进行整合，开启 Robotaxi 混合运营。广州市南沙区全域的用户通过如祺出行 App，就有机会打到一辆小马智行自动驾驶车辆。

10 月 27 日　工业和信息化部装备工业一司组织召开智能网联汽车推进组（ICV—2035）工作协调会。会议听取了智能网联汽车推进组近期工作进展情况报告，围绕法规平台、技术标准、测试应用、操作系统、网络安全、产业生态等 6 个工作小组的重点工作和任务落实等情况进行了具体交流，并就推进组运行协调机制、下一步工作安排等进行了深入研讨。装备工业一司强调，要进一步加强顶层设计和统筹协调，锚定“一张蓝图干到底”的战略定力，分析研判发展态势和未来趋势，聚焦行业发展关键问题和迫切需求，细化梳理重点工作任务，加强各方资源力量协同，持之以恒推动我国智能网联汽车产业高质量发展。

10 月 27 日　蔚来对“跨级换电”服务进行试点，采用该服务的蔚来车主可通过付费服务升级至更大规模的电池组，按日付费，先用后付。而对于配置更高续航电池包车型的车主，通过更换标准续航电池包，则可按时长补偿积分。

10 月 29 日　特来电依次发布虚拟电厂平台、充电型微电网创新产品、梯次电池储能技术创新产品和驻地站“特惠充”创新产品等一大平台和三大产品，其中“电动汽车主动支撑的交直流混合微电网优化调控和系统集成”与“梯次电池储能系统及创新技术”两大项目被专家鉴定达到国际先进水平。

10 月 31 日　小鹏 G9 成功获得广州智能网联汽车道路测试牌照，它将在广州城市测试道路进行路测，并最终向 Robotaxi 载客商业化运营推进。

11 月

11 月 1 日　小马智行科技有限公司正式发布第三代自动驾驶卡车软硬件集成系统。该系统方案面向干线物流业务需求设计，已率先应用于小马智行与三一重卡合作打造的首款自动驾驶重卡产品，由双方所建合资公司一骥智卡生产，于当日向青骓物流交付首批智卡。

11 月 1 日　睿蓝汽车旗下首款换电 SUV 睿蓝 9 在睿蓝汽车重庆基地量产下线。该车诞生于 GBRC 充换电模块化平台,支持 60 s 无感换电和直流快充双补能模式,是一款纯电全尺寸 SUV,有 6 座版和 7 座版两种配置。

11 月 1 日 全国首座智能充电塔在武汉正式试运营。该站是全国第一座集立体停车、群充群控、光伏储能、V2G、换电于一体的智能充电塔系统,充电塔配建一个电动汽车换电站,共配备了 40 块电池,每天最多可换电 480 辆次。

11 月 2 日 蜂巢能源发布自主研发的第三代高速叠片技术。全新的叠片技术融合了极片热复合与多片叠融合技术,在叠片效率方面实现了颠覆性突破,达到 0.125 s/片,相比第二代效率提升超过 200%,同时设备单位占地面积同比减少超过 40%,而且产品安全性更好、生产良品率更高。

11 月 6 日 哪吒汽车(合众新能源汽车有限公司)充电地图累计接入充电站超过 3 万座,充电桩超过 40 万根。同时,哪吒加电新增包头、晋中、益阳等 27 个免费充电服务城市。至此,哪吒汽车免费充电城市已扩充至 227 个,覆盖全国 34 个省级行政单位,共有超过 3400 座免费充电场站,超过 4.5 万根免费快充桩。

11 月 6 日 蔚来旗下第 1200 座换电站正式上线,蔚来用户已累计换电近 1400 万次,换电站布局稳步进行,2022 年底将累计布局超 1300 座。此外,蔚来宣布试点"跨级换电"服务,即标准续航电池包用户可以选择更换为长续航电池包,按日计费,先用后付。长续航电池包用户也可以换为标准续航电池包,可按日补偿积分。

11 月 7 日 上海市首批自动驾驶高速公路,嘉定区域内 G1503 绕城高速 21.5 km、G2 京沪高速 19.5 km 和嘉定区内 303 条、459.6 km 地面道路正式开放。此次嘉定区开放道路里程达 500.6 km,实现了嘉定自动驾驶测试道路全域开放,也实现了国内首个"大流量、高动态、高复杂"高速公路场景的重大突破。上海累计开放 926 条、1800 km 测试道路、可测场景达到 15000 个。

11 月 7 日 北京市高级别自动驾驶示范区工作办公室发布国内首个针对不配备驾驶位和方向盘的短途载客类智能网联新产品的规范性文件《北京市智能网联汽车政策先行区无人接驳车管理细则(道路测试与示范应用)》,在国内率先以编码形式给予无人接驳车相应路权,针对国内智能网联汽车领域的新产品完成了又一关键性管理突破。

11 月 7 日 远程新能源商用车在品牌日上发布星瀚 H 无座舱重卡。该车基于技术母体星瀚 H 打造,是吉利旗下首款无座舱汽车,领先行业落地 L4 级自动驾驶技术。该车将率先在港口投入试用,未来将覆盖物流园区、矿区等限定场景。

11 月 10 日 工业和信息化部发布《新能源汽车推广应用推荐车型目录(2022 年第 10 批)》,本批目录共有 288 个新能源车型进入,其中:纯电动汽车 218 个(含乘用车 27 个,客车 29 个,专用车 162 个);插电式混合动力汽车25 个(含乘用车 12 个,客车 3 个,专用车 10 个);燃料电池汽车 44 个(含客车 12 个,专用车 32 个);甲醇混合动力产品 1 个(含专用车 1 个)。

11 月 10 日 工业和信息化部发布第 363 批《道路机动车辆生产企业及产品公告》,共计 127 个新能源生产厂家 114 个品牌 296 个新能源车型进入公告,其中:纯电动产品共计 147 个(含乘用车 18 个、客车 23 个、客车底盘3 个、专用车 74 个、专用车底盘 29 个);插电式混合动力产品 21 个(含乘用车 5 个、客车 1 个、客车底盘 1 个、专用车 10 个、专用车底盘 4 个);燃料电池产品 35 个(含客车 8 个、客车底盘 2 个、专用车 16 个、专用车底盘 9 个)。

11 月 10 日 工业和信息化部公告《免征车辆购置税的新能源汽车车型目录(第六十批)》。本批次免购置税新能源汽车车型目录共有 102 家企业、287 个新能源车型列入,其中:纯电动 208 个(含乘用车 34 个,客车 26 个,专用车 148 个);插电式混合动力 29 个(含乘用车 14 个,客车 3 个,专用车 12 个);燃料电池 50 个(含客车 12 个,专用车 38 个)。

11 月 14 日 财政部发布《关于提前下达 2023 年节能减排补助资金预算的通知》。《通知》资金汇总表显示,财政部对 30 省市 2023 年新能源汽车推广应用和充电基础设施建设下发补助资金共计 189.9 亿元,其中新能源汽车推广应用补助资金 167.8 亿元,2018—2020 年新能源补贴清算资金 80.5 亿元,2020—2022 年预拨付新能源补贴 87.29 亿元,对 20 省市安排充电基础设施建设奖励资金合计 22.1 亿元,2018—2020 年分别为 4.825 亿元、6.654 亿元、10.66 亿元。

11 月 16 日 工信部节能与综合利用司发布符合《新能源汽车废旧动力蓄电池综合利用行业规范条件》企业名单(第四批),共计 17 个地区的 41 家企业列入,其中:江西、湖南分别列入 5 家企业;广东列入 4 家企业;天津、上海、河北、河南分别列入 3 家企业;重庆、贵州、湖北、安徽、吉林分别列入 2 家企业;浙江、山东、福建、甘肃、江苏分别列入 1 家企业。电池类型为梯次利用的涉及 26 家企业;电池类型为再生利用的涉及 14 家企业;同时涉及梯次利用、再生利用两种类型的只有上海伟翔众翼新能源科技有限公司 1 家企业。

11 月 18 日 昆明市首个居住社区"统建统营"新能源车充电项目在盘龙区郦岛嘉园小区建成投运。"统建统营"是指昆明结合城镇老旧小区改造以及城市居住社区建设补短板行动,组织引导充电设施运营企业、居住社区管理单位,按照"统一规划建设、统一维护管理"的原则,充分调动充电运营商等社会资本和居住社区管理单位等各方积极性,统筹推进居民社区公用充电设施建设。

11 月 18 日 普华基础软件自主研发的新一代汽车智能计算基础软件平台——普华灵思智能驾驶操作系统重磅首发,该系统基于普华基础软件的国内首个自主车控操作系统技术积累研发,结合智能汽车技术发展趋势,打造面向智能驾驶的底层技术支撑平台。

11 月 18 日 奇瑞青岛超级工厂在青岛即墨区青岛汽车产业新城正式落成同时首辆整车下线,可年产 20 万台汽车。奇瑞汽车青岛基地计划总投资 230 亿元,主要包括乘用车、新能源商用车、出口 KD 以及相关配套零部件、物流项目,整个基地达产后年产值可达 500 亿元以上。其中,奇瑞青岛乘用车项目率先启动。

11 月 20 日 蔚来 NIO Power 长江中游城市群高速换电网络正式打通,9 纵 9 横 19 大城市群高速换电网络布局再进一步。蔚来长江中游城市群高速换电网络共布局 42 座高速换电站,连接鄂湘赣 39 市,涵盖 G4 京港澳、G42 沪蓉、G50 沪渝、G60 沪昆、G70 福银等多条主要高速公路。

11 月 21 日　哪吒汽车(合众新能源汽车有限公司)发布浩智超算、浩智电驱、浩智增程三大技术品牌,并一次推出智能汽车中央超算平台、800 V SiC 高性能电驱系统、高效三合一增程器三款前瞻技术产品。

11 月 21 日　工业和信息化部、国家发展改革委、国务院国资委联合印发《关于巩固回升向好趋势加力振作工业经济的通知》。新能源汽车方面,《通知》明确:(1)深挖市场潜能扩大消费需求。进一步扩大汽车消费,落实好 2 L 及以下排量乘用车阶段性减半征收购置税、新能源汽车免征购置税延续等优惠政策,启动公共领域车辆全面电动化城市试点。(2)稳定工业产品出口。加快推动通过中欧班列运输新能源汽车和动力电池,支持跨境电商、海外仓等外贸新业态发展。(3)巩固装备制造业良好势头。发挥新能源汽车产业发展部际协调机制作用,突破关键核心技术,构建新型产业生态,完善基础设施建设,推动新能源汽车产业高质量可持续发展。(4)加大政策扶持力度优化发展环境。强产业政策与金融政策协同,发挥产融合作平台作用,综合运用信贷等各类金融工具,促进新能源汽车、高端装备等重点产业创新发展。

11 月 21 日　小马智行获得北京市智能网联汽车自动驾驶无人化第二阶段测试许可,成为首批获准在北京开启“前排无人,后排有人”的自动驾驶无人化测试资格的企业。

11 月 22 日　山西鹏飞集团有限公司首批百辆氢能重卡正式投入示范运营。该车每行驶 1 万 km 就可以减少 12 t 二氧化碳的排放,进一步开辟了孝义市氢能多元化、实用化场景应用的新领域。

11 月 22 日　蔚来与中国海油首批合作换电站于 G94 珠三角环线高速中海油荔城服务区正式上线运营。蔚来已在全国布局 1228 座换电站(其中高速公路换电站 329 座),2090 座充电站,12073 根充电桩,接入超 60 万根第三方充电桩。

11 月 27 日　华盛集团 · 三一集团 · 国电投三方新能源电动重卡及换电站项目正式落地,首批 50 台“天海蓝”配色的三一电动重卡火热交付,这是昌江首次首批三一电动牵引车及换电站正式交付启用。

11 月 28 日　中国汽车标准化研究院在天津成立,这是目前我国唯一的专业从事汽车标准化研究与应用的科研机构。该研究院将负责汽车领域的国家标准、行业标准的技术管理,对外代表中国参与联合国及其他国际汽车标准的法规协调及制定;未来将聚焦 10 余项汽车前瞻技术的标准化研究,推动制定 80 余项新标准项目;与汽车产业发达国家及“一带一路”沿线国家开展的国际汽车标准制定达到 15 项。

11 月 28 日　工业和信息化部发布第 364 批《道路机动车辆生产企业及产品公告》,共计 20 个新能源生产厂家 20 个品牌 33 个新能源车型进入公告,其中:纯电动产品共计 30 个(含乘用车 3 个、专用车 22 个、专用车底盘 5 个);燃料电池产品 3 个(含专用车 3 个)。

12 月

12 月 1 日　荷兰首座蔚来换电站正式上线。该换电站位于蒂尔堡的范德瓦尔克酒店,地处 A58 高速公路旁,该站的上线便于用户往返蒂尔堡与布雷达两大城市之间,用户可以更换更大容量的电池组,灵活选择适合出行需要的电池容量,体验更强的电车续航能力。

12 月 4 日　陕汽淮南公司携带着大块电池组的换电式纯电动续航里程达到 280 km 的新能源牵引车下线。该车配备容量 281.9 kWH 磷酸铁锂动力电池、360 kW 永磁同步电机、6 挡 AMT 自动变速箱,无换电站时可充电续航,马力 480 匹,最大允许牵引质量 38350 kg。

12 月 7 日　中国石油吉林销售公司首座换电站——长春宽平换电站正式投运。宽平站占地面积近万平方米,地处长春市区重要交通枢纽。中国石油吉林销售公司将宽平站规划为公司首座集加油、换电、光伏应用、便利店、洗车等汽车服务于一体的综合能源服务站,已完成所有项目的配套建设。

12 月 8 日　中国石油与蔚来合作宁夏首座充换电一体站在银川宝湖路油气站正式投运。该充换电一体站在原有油气站的基础上,通过增设蔚来充换电设备实现了新能源汽车补能业务的完善,充换电一体站设备占地面积约 150 m^2,设有蔚来二代换电站一套,蔚来超充桩 3 套 6 枪。对社会新能源车辆全天 24 h 开放,每天满负荷可为 300 辆新能源纯电动车辆充电。

12 月 8 日　工业和信息化部装备工业发展中心发布《关于更新实施 GB 19578 同一型式判定技术条件的通知》。《通知》明确:自通知发布之日起,检验机构开展《公告》产品准入检验工作时,可按照 GB 19578—2021《乘用车燃料消耗量限值》同一型式判定技术条件要求进行同一型式判定。

12 月 12 日　工业和信息化部、国家发展改革委、住房城乡建设部、水利部联合发布《关于深入推进黄河流域工业绿色发展的指导意见》。新能源汽车动力蓄电池方面,《意见》明确:加强工业固废等综合利用,鼓励建设再生资源高值化利用产业园区,推动企业聚集化、资源循环化、产业高端化发展。推动山西、四川、陕西等省、区积极落实生产者责任延伸制度,强化新能源汽车动力蓄电池溯源管理,积极推进废旧动力电池循环利用项目建设。提前布局退役光伏、风力发电装置等新兴固废综合利用。

12 月 12 日　协鑫能科和东风风神在南京首批 5 座协鑫电港自研换电站落成,这是双方共同开发的首个换电示范城市。本次投运的 5 座换电站,单站占地不足 110 m^2,均配备 26 块电池,每天可最多提供 400 次补能服务,车辆驶入协鑫电港到换电完成,全程仅需 90 s。

12 月 14 日　中共中央 国务院联合印发《扩大内需战略规划纲要(2022—2035 年)》。汽车方面,《纲要》明确:(1)释放出行消费潜力。优化城市交通网络布局,大力发展智慧交通。推动汽车消费由购买管理向使用管理转变。推进汽车电动化、网联化、智能化,加强停车场、充电桩、换电站、加氢站等配套设施建设。便利二手车交易。(2)积极发展绿色低碳消费市场。加快构建废旧物资循环利用体系,规范发展汽车、动力电池、家电、电子产品回收利用行业。(3)完善乡村市场体系。培育农产品网络品牌。推动农村居民汽车、家电、家具、家装消费升级。

12月15日 蜂巢能源正式发布全新“龙鳞甲电池”，该款电池可使电动汽车的续航突破800 km，将陆续搭载2023年量产车型。

12月19日 工业和信息化部发布《新能源汽车推广应用推荐车型目录（2022年第11批）》，本批目录共有348个新能源车型进入，其中：纯电动汽车265个（含乘用车60个，客车21个，专用车184个）；插电式混合动力汽车45个（含乘用车32个，专用车13个）；燃料电池汽车38个（含客车12个，专用车26个）。

12月19日 工业和信息化部发布第365批《道路机动车辆生产企业及产品公告》，共计125个新能源生产厂家119个品牌268个新能源车型进入公告，其中：纯电动产品共计214个（含乘用车33个、客车16个、客车底盘4个、专用车125个、专用车底盘36个）；插电式混合动力产品25个（含乘用车15个、专用车8个、专用车底盘2个）；燃料电池产品27个（含客车10个、客车底盘1个、专用车11个、专用车底盘5个）；甲醇混合动力产品1个（含乘用车1个）。

12月19日 工业和信息化部公告《免征车辆购置税的新能源汽车车型目录（第六十一批）》。本批次免购置税新能源汽车车型目录共有131家企业、356个新能源车型列入，其中：纯电动278个（含乘用车57个，客车23个，专用车198个）；插电式混合动力45个（含乘用车33个，客车1个，专用车11个）；燃料电池33个（含客车14个，专用车19个）。

12月19日 宜宾三江新区东部产业园重卡换电站全负荷投入运行，实现共享式重卡换电营运。该项目是宜宾三江投资集团有限公司在宜宾建设的集光伏发电、储能应用、充换电、低碳交通换乘为一体的全国首座花园式能源港。建成后充换电设施可满足1200辆新能源汽车的充电需求，100辆电动重卡的换电需求。

12月20日 浙江海盐力源环保科技股份有限公司氢能项目自动化产线投产暨自研燃料电池电堆下线，这是海盐县首个正式投产的氢燃料电池生产线项目。该项目自主研发的氢燃料电池发动机系统已通过国家新能源汽车质量监督检验中心的检测。

12月20日 四川智锂智慧能源科技有限公司“智锂物联首座重卡换电站”下线。该重卡换电产品为侧换顶抓式换电站，是按照最新汽车行业互换性标准要求开发的一款换电站产品，整站支持8-20备用电池充换电存储仓拓展，一站最多可服务135辆重卡。

12月21日 西安咸阳国际机场新建成的西北首座IGBT超级充电站正式投运。该充电站共建设8台IGBT终端，能同时为16台充电车辆服务，采用大功率充电技术，充电模块使用寿命长2至3倍，可靠性及环境适应性更强。

12月23日 中国石油上海销售公司首座换电站——龙吴路换电站成功通电投运。龙吴路换电站坐落于华浦加油站内，借用加油站优质场地资源，奥动新一代5.0高速换电站使用国内领先的卡扣换电与储能技术，能够实现20 s极速换电，兼容上汽荣威Ei5、北汽EU300等多种车型，重点面向出租车、网约车等高频能源补充用户，24 h不间断供电，每日最多可为700余辆新能源车提供换电补能服务。

12月24日 蔚来发布第三代换电站。第三代换电站的换电时间较上一代缩短20%，电池仓位增加至21个，日服务次数可达408次，比二代提升30%。配备2颗激光雷达，和两颗Orin芯片，单站算力达到508TOPS，更精准实现车站协同、自动泊入换电等功能。第三代换电站将于2023年3月开始部署。2023年，蔚来汽车预计在中国将累计建成1700座换电站，2万根充电桩。目前蔚来汽车已建成1286座换电站，覆盖中国大陆所有省市区域，全国电区房覆盖68.7%。

12月24日 北汽集团打造的新能源专用汽车生产基地福田雷萨（唐山）新能源汽车产业基地正式投产。福田雷萨（唐山）新能源汽车产业基地首台氢燃料改装产品下线，全新一代大电量（350 kWh）换电重卡产品正式发布。以此为开端，该基地将会生产越来越多的新能源产品，加快推动唐山构建绿色运输体系。

12月25日 长安科技公司正式成立，并且发布三大新能源动力：长安氢燃料电池系统、长安智电iDD、长安原力。

12月27日 最高人民法院发布《关于为促进消费提供司法服务和保障的意见》。（1）在汽车领域，《意见》明确：对于行政机关违法限制生产经营者建设汽车充电设施、物业管理公司无理阻碍业主建设汽车充电设施的行为，应依法予以规范，助力解决电动汽车消费中的痛点、堵点问题。（2）在助力培育新型消费领域，《意见》明确：要依法保护5G网络和千兆光网应用，依法支持自动驾驶、无人配送等技术应用。

12月27日 国网湖北电力在全省部署了支持V2G（Vehicle-to-Grid）技术的充电站，并进行了测试。V2G是电动汽车特有的储能功能与电网的双向互动，是利用大量电动汽车的储能装置作为电网和可再生能源的缓冲。据统计，湖北共有732座充电站3694台可调直流充电桩进行功率调节，最大可调节功率2.2万kW。

12月27日 位于河北保定的国内首个氢能产品全链条公共检测服务平台——特嗨氢能检测发布。特嗨氢能检测此次对外开放共享的三项测试能力和两项测试技术：国内极度稀缺的车载储氢系统超高压氢气循环测试能力及其配套；国内首屈一指的燃料电池测试设备规模+7×24×365优质测试服务；先进燃料电池汽车动力总成测试实验室。基于丰富的产品测试和分析能力的燃料电池标杆车逆向解析服务；每月定期分享和交流特嗨积累下的4年30万+h的氢安全运行、测试经验。

12月28日 工业和信息化部、农业农村部、商务部、国家能源局联合组织的2022年新能源汽车下乡四川南充站活动顺利举办。

12月28日 上汽通用汽车武汉奥特能超级工厂正式投产。该超级工厂位于上汽通用武汉分公司核心位置，这是继上海金桥奥特能超级工厂落成后上汽通用建设的第二座奥特能超级工厂，将进一步完善其在新能源核心部件的本土制造体系实力。

12月29日 工业和信息化部发布《新能源汽车推广应用推荐车型目录（2022年第12批）》，本批目录共有224个新能源车型进入，其中：纯电动汽车187个（含乘用车31个，客车13个，专用车143个）；插电式混合动力汽车20个（含乘用车 13 个,专用车 7 个);燃料电池汽车 17 个(含客车 3 个,专用车 14 个)。

12 月 29 日 工业和信息化部发布第 366 批《道路机动车辆生产企业及产品公告》,共计 94 个新能源生产厂家 83 个品牌 188 个新能源车型进入公告,其中:纯电动产品共计 156 个(含乘用车 14 个、客车 9 个、客车底盘 2 个、专用车 110 个、专用车底盘 21 个);插电式混合动力产品 14 个(含乘用车 8 个、专用车 5 个、专用车底盘 1 个);燃料电池产品 18 个(含客车 3 个、客车底盘 1 个、专用车 11 个、专用车底盘 3 个)。

12 月 29 日 商务部召开例行新闻发布会,商务部新闻发言人表示:巩固提升传统消费。汽车、家电、家居、餐饮占社零总额四分之一左右,是消费的顶梁柱。商务部将着力稳定汽车消费,支持新能源汽车购买使用,加快活跃二手车市场。支持餐饮等行业恢复发展,促进家电家居消费,推动绿色智能家电下乡和以旧换新。

12 月 30 日 百度“萝卜快跑”首批获准在京展开全无人自动驾驶测试,无人驾驶更进一步,共投入 10 辆开展自动驾驶。北京经开区已累计部署自动驾驶车辆超600 台,累计测试里程超 1000 万 km。

节能与新能源汽车

年鉴

第六篇

标准篇

一、电动汽车领域

标准编号	标准名称	标准主要内容	发布单位	归口单位	起草单位	发布日期	实施日期
T/CIPR 0011—2022	新能源汽车电池托盘高强铝合金型材制备方法	本文件规定了涉及专利技术中的术语和定义、一般要求,并描述了技术实施的技术效益方法。 本文件适用于专利技术实施。	南安市知识产权协会	南安市知识产权协会	福建省闽发铝业股份有限公司、泉州市宽胜知识产权代理事务所(普通合伙)、北京中维司知识产权管理中心、南安市知识产权协会、泉州市中研智能机电研究院有限公司、高捷科技控股(福建)有限公司	2022-01-05	2022-01-25
T/CIPR 0012—2022	用于新能源汽车骨架的铝合金型材	本文件规定了涉及专利技术中的术语和定义、一般要求,并描述了技术实施的技术效益方法。 本文件适用于专利技术实施。	南安市知识产权协会	南安市知识产权协会	福建省闽发铝业股份有限公司、泉州市宽胜知识产权代理事务所(普通合伙)、北京中维司知识产权管理中心、南安市知识产权协会、泉州市中研智能机电研究院有限公司、高捷科技控股(福建)有限公司	2022-01-11	2022-01-21
T/DZJN 70—2022	动力锂电池电芯破碎设备技术要求	—	中国电子节能技术协会	中国电子节能技术协会	格林美(武汉)动力电池回收有限公司、骆驼资源循环襄阳有限公司、广州工业智能研究院、深圳清研装备科技有限公司、巩义市兴茂机械设备有限公司、西安交通大学、北京绿色智汇能源技术研究院	2022-01-13	2022-02-01
T/DZJN 72—2022	动力锂电池放电设备技术要求	—	中国电子节能技术协会	中国电子节能技术协会	格林美(武汉)动力电池回收有限公司、深圳清研装备科技有限公司、广州工业智能研究院、海安南京大学高新技术研究院、北京绿色智汇能源技术研究院	2022-01-13	2022-02-01
T/DZJN 71—2022	动力锂电池粉料分选设备技术要求	—	中国电子节能技术协会	中国电子节能技术协会	格林美(武汉)动力电池回收有限公司、湖南长远锂科股份有限公司、广州工业智能研究院、深圳清研装备科技有限公司、巩义市兴茂机械设备有限公司、西安交通大学、金驰能源材料有限公司、北京绿色智汇能源技术研究院	2022-01-13	2022-02-01
T/DZJN 69—2022	动力锂电池回收设备通用技术要求	—	中国电子节能技术协会	中国电子节能技术协会	格林美(武汉)动力电池回收有限公司、甘肃电气装备集团生物科技工程有限公司、广州工业智能研究院、巩义市兴茂机械设备有限公司、怀化炯诚新材料科技有限公司、湖南凯地众能科技有限公司、深圳清研装备科技有限公司、北京绿色智汇能源技术研究院	2022-01-13	2022-02-01
T/DZJN 73—2022	动力锂电池模组拆解设备技术要求	—	中国电子节能技术协会	中国电子节能技术协会	格林美(武汉)动力电池回收有限公司、深圳清研装备科技有限公司、广州工业智能研究院、长沙矿冶研究院有限公司、浙江新时代中能循环科技有限公司、北京绿色智汇能源技术研究院	2022-01-13	2022-02-01
T/CAMS/CICEIA78—2021	电动汽车动力总成试验台	本文件规定了电动汽车动力总成试验台(以下简称试验台)的术语和定义、组成与命名、技术要求、试验方法、检验规则、标志、包装、运输和贮存。 本文件适用于电动汽车动力总成(以下简称动力总成)试验台。	中国机械工业标准化技术协会	中国机械工业标准化技术协会	南通常测机电设备有限公司、上海内燃机研究所有限责任公司、上海蔚来汽车有限公司、上海捷能汽车技术有限公司、同济大学、南昌智能新能源汽车研究院	2022-01-20	2021-09-20
T/SHJX 033—2021	纯电动营运轻型货运车辆选型要求	本文件规定了上海市纯电动营运轻型货运车辆的通用要求、分类要求和车辆分级说明。纯电动营运轻型货运车辆是指最大允许总质量小于4500 kg、主要从事城市配送服务的纯电动营运货车,下文简称"车辆"。本文件不适用于燃料电池及混合动力物流车辆。本文件不适用于冷藏运输车辆。	上海市交通运输行业协会	上海市交通运输行业协会	上海市城乡建设和交通发展研究院、上汽大通汽车有限公司、精准德邦(上海)运输有限公司、中集车辆(集团)股份有限公司、上汽大通汽车有限公司南京分公司、南京依维柯汽车有限公司、东风汽车股份有限公司、中国重汽集团济南商用车有限公司、山东汽车制造有限公司、陕汽集团商用车有限公司、厦门金龙旅行车有限公司、东风柳州汽车有限公司、北京福田智蓝新能源汽车科技有限公司、上海城市综合交通规划科技咨询有限公司	2022-01-24	2022-01-01

续上表

标准编号	标准名称	标准主要内容	发布单位	归口单位	起草单位	发布日期	实施日期
T/GERS 0010—2022	电动汽车用动力蓄电池安全使用规范	本文件规定了电动汽车用动力蓄电池安全使用规范,包括使用者要求、充电设备选择要求、电池安全使用要求。 本文件适用于电动汽车使用者、电动汽车经销商,为电动汽车动力蓄电池(简称电池)安全使用提供技术指导。	广东省能源研究会	广东省能源研究会	广州能源检测研究院、广州汽车集团股份有限公司汽车工程研究院、比亚迪汽车工业有限公司、广州海关技术中心、北京理工大学、华南理工大学、广州南洋理工职业学院-广东省智能网联新能源汽车安全检测与维护工程技术研究中心、东莞市硅翔绝缘材料有限公司-广东省新能源材料工程技术研究中心、威凯检测技术有限公司、通标标准技术服务有限公司、深圳市比亚迪锂电池有限公司、蜂巢能源科技(无锡)有限公司、广州鹏辉能源科技股份有限公司、国联汽车动力电池研究院有限责任公司、清华大学、中汽研汽车检验中心(广州)有限公司、广州巨湾技研有限公司、广州力柏能源科技有限公司、广州邦禾检测技术有限公司、广东工业大学、力柏时代锂动力科技(北京)有限公司、深圳好递纯电汽车科技有限公司	2022-01-24	2022-01-26
T/GERS 0011—2022	电动汽车用动力蓄电池单体安全性分级评价	本文件规定了电动汽车用动力蓄电池(以下简称电池)单体的安全性分级评价术语和定义、评价要求、试验方法及评价方法。 本文件适用于电动汽车用动力锂离子电池的安全性分级划分。	广东省能源研究会	广东省能源研究会	广州能源检测研究院、国联汽车动力电池研究院有限责任公司、蜂巢能源科技(无锡)有限公司、广州鹏辉能源科技股份有限公司、广州巨湾技研有限公司、深圳市比亚迪锂电池有限公司、广州海关技术中心、广州力柏能源科技有限公司、威凯检测技术有限公司、广州汽车集团股份有限公司汽车工程研究院、清华大学、北京理工大学、华南理工大学、等	2022-01-24	2022-01-26
T/GERS 0012—2022	电动汽车用动力蓄电池单体电性能分级评价	本文件规定了电动汽车用动力蓄电池(以下简称电池)单体的电性能分级评价术语和定义、评价要求及评价方法。 本文件适用于电动汽车用动力锂离子蓄电池和金属氢化物镍蓄电池单体的电性能分级评价,其他类型蓄电池参照执行。	广东省能源研究会	广东省能源研究会	广州能源检测研究院、广州鹏辉能源科技股份有限公司、深圳市比亚迪锂电池有限公司、广州巨湾技研有限公司、广州力柏能源科技有限公司、蜂巢能源科技(无锡)有限公司、清华大学、北京理工大学、华南理工大学、国联汽车动力电池研究院有限责任公司、威凯检测技术有限公司、广州海关技术中心、比亚迪汽车工业有限公司、广州汽车集团股份有限公司汽车工程研究院等	2022-01-24	2022-01-26
T/FSYY 0050—2021	退役动力电池梯次利用余能检测方法	本文件规定了退役动力蓄电池余能检测的术语和定义、符号、检测要求、检测流程及检测方法。本文件适用于退役锂离子动力蓄电池和金属氢化物镍动力蓄电池单体、模块的余能检测。	佛山市高新技术应用研究会	佛山市高新技术应用研究会	佛山市高新技术应用研究会、湖南邦普循环科技有限公司、佛山科学技术学院材料科学与氢能学院、宁德邦普循环科技有限公司、湖南邦普汽车循环有限公司、宜昌邦普时代新能源有限公司、佛山市谷力能动力科技有限公司	2022-01-24	2022-04-01
T/FSYY 0051—2021	退役动力电池梯次利用电池分选方法	本文件规定了采用梯次利用的退役动力电池分选的术语和定义、技术要求以及分选方法与指标。 本文件适用于退役动力锂离子电池、金属氢氧化物镍动力蓄电池模组的评估、分选的过程。	佛山市高新技术应用研究会	佛山市高新技术应用研究会	佛山市高新技术应用研究会、湖南邦普循环科技有限公司、佛山科学技术学院材料科学与氢能学院、宁德邦普循环科技有限公司、湖南邦普汽车循环有限公司、宜昌邦普时代新能源有限公司、佛山市谷力能动力科技有限公司	2022-01-24	2022-04-01
T/FSYY 0052—2021	废旧电池综合利用回收率计算方法	本文件规定了废旧电池综合利用回收量和回收率计算方法。 本文件适用于废旧动力蓄电池综合利用回收量和回收率的计算。	佛山市高新技术应用研究会	佛山市高新技术应用研究会	佛山市高新技术应用研究会、湖南邦普循环科技有限公司、佛山科学技术学院材料科学与氢能学院、宁德邦普循环科技有限公司、湖南邦普汽车循环有限公司、宜昌邦普时代新能源有限公司、佛山市谷力能动力科技有限公司	2022-01-24	2022-04-01

续上表

标准编号	标准名称	标准主要内容	发布单位	归口单位	起草单位	发布日期	实施日期
T/FSYY 0053—2021	废电池回收利用站点建设规范	本文件规定了废电池回收利用站点建设相关的术语和定义、总体要求、建设要求、作业要求以及安全环保要求。 本文件适用于废电池回收利用站点的建设以及运营管理。	佛山市高新技术应用研究会	佛山市高新技术应用研究会	佛山市高新技术应用研究会、宁德邦普循环科技有限公司、佛山科学技术学院材料科学与氢能学院、湖南邦普循环科技有限公司、宜昌邦普循环科技有限公司、佛山市谷力能动力科技有限公司	2022-01-24	2022-04-01
T/FSYY 0055—2021	废锂电池回收技术规范石墨类负极材料	本文件规定了锂离子电池制造过程中报废负极片、报废石墨浆料及废旧锂离子电池中负极电极所含石墨类材料的回收方法，包括鉴别方法、设备、负极石墨回收工艺控制条件及要求、环境保护和安全性能、计算方法。 本文件适用于废旧锂离子电池石墨类负极材料以及在生产过程产生的负极报废极片、负极废料等的回收处理。	佛山市高新技术应用研究会	佛山市高新技术应用研究会	佛山市高新技术应用研究会、宜昌邦普循环科技有限公司、湖南邦普循环科技有限公司、宜昌邦普宜化新材料有限公司、宁德邦普循环科技有限公司、佛山科学技术学院材料科学与氢能学院、屏南时代新材料技术有限公司	2022-01-24	2022-04-01
T/FSYY 0056—2021	废旧锂离子电池综合利用设备破碎分选装备	本文件规定了废旧锂离子电池破碎分选设备的结构型式与参数、技术要求、试验方法、检验规则、标志、包装、运输、贮存、随行文件、和订货单（或合同）内容。 本文件适用于废旧锂离子电池破碎分选设备（以下简称破碎分选设备）。	佛山市高新技术应用研究会	佛山市高新技术应用研究会	佛山市高新技术应用研究会、宜昌邦普循环科技有限公司、宁德邦普循环科技有限公司、佛山科学技术学院材料科学与氢能学院、湖南邦普循环科技有限公司、宜昌邦普循环科技有限公司	2022-01-24	2022-04-01
T/FSYY 0057—2021	废弃锂电池综合利用企业能源消耗限额	本文件规定了废弃锂电池综合利用企业能源消耗限额的要求、统计范围和统计要求、计算方法、节能管理与节能技术。 本文件适用于以退役锂电池、锂电池材料废弃物为原料的电池综合利用企业进行资源化利用、生产或再制造产品过程中的单位产品能耗的计算、考核与控制。	佛山市高新技术应用研究会	佛山市高新技术应用研究会	佛山市高新技术应用研究会、宁德邦普循环科技有限公司、佛山科学技术学院、湖南邦普循环科技有限公司、宜昌邦普循环科技有限公司、广东邦普循环科技有限公司、佛山中科产业技术研究院	2022-01-24	2022-04-01
T/FSYY 0059—2021	退役动力电池再生利用企业节水技术导则	本文件规定了退役动力电池再生利用企业节约用水的术语和定义、总则、水源和给水处理、生产工序节水、废水处理回用和节水技术指标。 本文件适用于退役动力电池再生利用企业生产工序中的用水、节水、排水控制和管理。	佛山市高新技术应用研究会	佛山市高新技术应用研究会	佛山市高新技术应用研究会、宁德邦普循环科技有限公司、佛山科学技术学院、湖南邦普循环科技有限公司、宜昌邦普循环科技有限公司、广东邦普循环科技有限公司、佛山中科产业技术研究院	2022-01-24	2022-04-01
T/CSAE 222—2021	纯电动乘用车车规级芯片一般要求	本文件规定了纯电动乘用车车规级芯片应满足的一般要求，以及标识、包装、运输和存储的要求。 本文件适用于纯电动乘用车车规级芯片中控制芯片和通讯芯片的选型评价或适用时的测试评价。	中国汽车工程学会	中国汽车工程学会	北京国家新能源汽车技术创新中心有限公司、南京芯驰半导体科技有限公司、中国科学院微电子研究所、中国电子技术标准化研究院、紫光同芯微电子有限公司、奇瑞新能源汽车股份有限公司、重庆长安汽车股份有限公司、北京经济技术开发区国创芯联汽车芯片技术研究中心	2022-01-26	2021-09-24
T/CSAE 223—2021	纯电动乘用车控制芯片功能安全要求及测试方法	本文件规定了纯电动乘用车用控制芯片的功能安全要求和功能安全测试方法。 本文件适用于纯电动乘用车用控制芯片（QM 等级芯片除外），其他类型电动汽车用控制芯片可参照执行。	中国汽车工程学会	中国汽车工程学会	北京国家新能源汽车技术创新中心有限公司、北京经纬恒润科技股份有限公司、紫光同芯微电子有限公司、南京芯驰半导体科技有限公司、北京新能源汽车股份有限公司、中国第一汽车集团有限公司、奇瑞新能源汽车股份有限公司、重庆长安汽车股份有限公司、北京经济技术开发区国创芯联汽车芯片技术研究中心	2022-01-27	2021-09-24

续上表

标准编号	标准名称	标准主要内容	发布单位	归口单位	起草单位	发布日期	实施日期
T/CSAE 224—2021	纯电动乘用车通讯芯片功能安全要求及测试方法	本文件规定了纯电动乘用车用通讯芯片的功能安全要求和功能安全测试方法。 本文件适用于纯电动乘用车内部通讯用通讯芯片（QM 等级芯片除外），其他类型通讯芯片可参照执行。	中国汽车工程学会	中国汽车工程学会	北京国家新能源汽车技术创新中心有限公司、北京经纬恒润科技股份有限公司、紫光同芯微电子有限公司、南京芯驰半导体科技有限公司、北京新能源汽车股份有限公司、中国第一汽车集团有限公司、奇瑞新能源汽车股份有限公司、重庆长安汽车股份有限公司、北京经济技术开发区国创芯联汽车芯片技术研究中心	2022-01-27	2021-09-24
T/CSAE 225—2021	纯电动乘用车控制芯片功能环境试验方法	本文件规定了纯电动乘用车控制芯片完成规定功能的试验方法，包含试验条件、仪器设备要求、样品制备要求、试验步骤、数据处理、试验报告编制等内容。 本文件适用于纯电动乘用车三电系统中的电子控制单元，即整车控制器、电机控制器、电池管理系统上搭载的微控制器类芯片；在纯电动乘用车电子电气系统架构下其他位置的电子控制单元上搭载的微控制器类芯片可参照使用。 本文件适用于上述微控制器类芯片遵照 AEC-Q100 标准执行可靠性试验前、中、后的功能测试，芯片设计验证、芯片量产筛选、使用方芯片选型等环节的测试活动可参照使用。	中国汽车工程学会	中国汽车工程学会	北京国家新能源汽车技术创新中心有限公司、北京经纬恒润科技股份有限公司、南京芯驰半导体科技有限公司、北京新能源汽车股份有限公司、中国第一汽车集团有限公司、紫光同芯微电子有限公司、奇瑞新能源汽车股份有限公司、重庆长安汽车股份有限公司、北京经济技术开发区国创芯联汽车芯片技术研究中心	2022-01-27	2021-09-24
T/CSAE 226—2021	纯电动乘用车通讯芯片功能环境试验方法	本文件规定了纯电动乘用车内部通讯用通讯芯片功能环境测试的试验准备、用户测试声明、可靠性试验、性能及功能测试方法。 本文件适用于纯电动乘用车内部用通讯物理层收发器芯片和网关交换芯片，芯片支持的协议不限于CAN（CANFD）、LIN、以太网等。 本文件适用于上述通讯芯片遵照 AEC-Q100 标准执行可靠性试验前、中、后的功能测试，芯片设计验证、芯片量产筛选、使用方芯片选型等环节的测试活动可参照使用。	中国汽车工程学会	中国汽车工程学会	北京国家新能源汽车技术创新中心有限公司、北京东土科技股份有限公司、北京国科天迅科京新技有限公司、北京经纬恒润科技股份有限公司、南京芯驰半导体科技有限公司、北能源汽车股份有限公司、中国第一汽车集团有限公司、奇瑞新能源汽车股份有限公司、重庆长安汽车股份有限公司、北京经济技术开发区国创芯联汽车芯片技术研究中心	2022-01-27	2021-09-24
T/CSAE 227—2021	纯电动乘用车控制芯片整车环境舱试验方法	本文件规定了纯电动乘用车整车控制芯片搭载整车测试的整车环境舱试验方法，以及试验过程中整车控制芯片测试数据采集的要求和方法。 本文件适用于纯电动乘用车整车控制芯片，纯电动乘用车其他控制类芯片可参考执行。	中国汽车工程学会	中国汽车工程学会	北京国家新能源汽车技术创新中心有限公司、紫光同芯微电子有限公司、北京国科天迅科技有限公司、北京经纬恒润科技股份有限公司、南京芯驰半导体科技有限公司、北京新能源汽车股份有限公司、中国第一汽车集团有限公司、奇瑞新能源汽车股份有限公司、重庆长安汽车股份有限公司、北京经济技术开发区国创芯联汽车芯片技术研究中心	2022-01-27	2021-09-24
T/CSAE 228—2021	纯电动乘用车通讯芯片整车环境舱试验方法	本文件规定了纯电动乘用车整车网关通讯芯片搭载整车测试的整车环境舱试验方法，以及试验过程中整车网关通讯芯片测试数据采集的要求和方法。 本文件适用于纯电动乘用车整车网关通讯芯片，纯电动乘用车其他通讯类芯片可参考执行。	中国汽车工程学会	中国汽车工程学会	北京国家新能源汽车技术创新中心有限公司、南京芯驰半导体科技有限公司、北京新能源汽车股份有限公司、北京国科天迅科技有限公司、北京经纬恒润科技股份有限公司、中国第一汽车集团有限公司、紫光同芯微电子有限公司、奇瑞新能源汽车股份有限公司、重庆长安汽车股份有限公司、北京经济技术开发区国创芯联汽车芯片技术研究中心	2022-01-27	2021-09-24

续上表

标准编号	标准名称	标准主要内容	发布单位	归口单位	起草单位	发布日期	实施日期
T/CSAE 229—2021	纯电动乘用车控制芯片整车道路试验方法	本文件规定了纯电动乘用车整车控制芯片搭载整车测试的整车道路试验方法，以及试验过程中整车控制芯片测试数据采集的要求和方法。 本文件适用于纯电动乘用车整车控制芯片，纯电动乘用车其他控制类芯片可参考执行。	中国汽车工程学会	中国汽车工程学会	北京国家新能源汽车技术创新中心有限公司、南京芯驰半导体科技有限公司、北京新能源汽车股份有限公司、北京国科天迅科技有限公司、北京经纬恒润科技股份有限公司、中国第一汽车集团有限公司、紫光同芯微电子有限公司、奇瑞新能源汽车股份有限公司、重庆长安汽车股份有限公司、北京经济技术开发区国创芯联汽车芯片技术研究中心	2022-01-27	2021-09-24
T/CSAE 230—2021	纯电动乘用车通讯芯片整车道路试验方法	本文件规定了纯电动乘用车整车网关通讯芯片搭载整车测试的整车道路试验方法，以及试验过程中整车网关通讯芯片测试数据采集的要求和方法。 本文件适用于纯电动乘用车整车网关通讯芯片，纯电动乘用车其他通讯类芯片可参考执行。	中国汽车工程学会	中国汽车工程学会	北京国家新能源汽车技术创新中心有限公司、南京芯驰半导体科技有限公司、北京新能源汽车股份有限公司、北京国科天迅科技有限公司、北京经纬恒润科技股份有限公司、中国第一汽车集团有限公司、紫光同芯微电子有限公司、奇瑞新能源汽车股份有限公司、重庆长安汽车股份有限公司、北京经济技术开发区国创芯联汽车芯片技术研究中心	2022-01-27	2021-09-24
T/CADA 17—2021	二手纯电动乘用车鉴定评估技术规范	本文件规定了二手纯电动乘用车鉴定评估的术语和定义、作业流程以及方法等技术要求。 本文件适用于二手纯电动乘用车的鉴定评估活动。其他二手电动乘用车的鉴定评估活动可参照执行。	中国汽车流通协会	中国汽车流通协会	中国汽车流通协会、北京理工大学、北京交通大学、厦门理工学院、中国汽车工程研究院股份有限公司、京东数字科技控股有限公司、蓝谷智慧（北京）能源科技有限公司、特来电新能源股份有限公司、北京华奥汽车服务股份有限公司、北交新源（北京）科技有限公司	2022-02-18	2021-07-01
T/DZJN 77—2022	锂离子电池产品碳足迹评价导则	本文件规定了锂离子电池产品碳足迹核算的术语和定义、原则、范围界定、产品碳足迹评价流程、产品碳足迹核算方法、产品碳标签评价报告等内容。	中国电子节能技术协会	中国电子节能技术协会	孚能科技（赣州）股份有限公司、星恒电源股份有限公司、惠州亿纬锂能股份有限公司、广州鹏辉能源科技股份有限公司、派尔森环保科技有限公司、江苏海德森能源有限公司、沁新集团（天津）新能源技术研究院有限公司、浙江新时代中能循环科技有限公司、安徽科达新材料有限公司、平三得新能源科技（海南）有限公司、贵州省铜仁华迪斯新能源有限公司、武汉力神动力电池系统科技有限公司、中创新航科技股份有限公司、天能帅福得能源股份有限公司、横店集团东磁股份有限公司、江西赣锋锂电科技股份有限公司、浙江金羽新能源科技有限公司、深圳弗迪电池有限公司、天津市捷威动力工业有限公司、保力新能源科技股份有限公司、上海格派镍钴材料股份有限公司、远景动力技术（江苏）有限公司、北京绿色智汇能源技术研究院	2022-02-22	2022-03-01
T/ACREI CREIS34005—2022	新能源汽车驱动电机用稀土永磁材料	本标准规定了新能源汽车驱动电机用稀土永磁材料（以下简称永磁材料）的磁性能、温度特性、磁性能允许偏差、尺寸允许偏差、耐腐蚀性能等技术要求，以及试验方法、检验规则、包装和标志等。 本标准适用于制造新能源汽车驱动电机等用途的钕铁硼永磁材料（可包含镧、铈、钇等稀土元素）、钐钴永磁材料。 本标准也可适用于混合动力汽车永磁电机用材料。	中国稀土行业协会	中国稀土行业协会	哈尔滨理工大学、精进电动科技股份有限公司、钢铁研究总院、工信部原材料司稀土处、三环乐喜、包头稀土研究院、绵阳恒信磁材、上海大学	2022-02-28	2022-02-28
T/ACREI CREIS34003—2022	电容型镍氢动力电池用高丰度稀土贮氢合金	本标准规定了电容型镍氢动力电池用高丰度稀土贮氢合金的符号、术语和定义、规格型号、要求、试验方法、检验规则以及标志、包装、运输和贮存。 本标准适用于其他类型镍氢动力电池用采用真空感应熔炼冶金工艺生产的高丰度稀土贮氢合金。	中国稀土行业协会	中国稀土行业协会	包头昊明稀土新电源科技有限公司、包头稀土研究院、内蒙古稀奥科贮氢合金有限公司、厦门钨业股份有限公司、甘肃稀土新材料股份有限公司、微山钢研稀土材料有限公司、四会市达博文实业有限公司、淄博君行电源技术有限公司	2022-02-28	2022-02-28

续上表

标准编号	标准名称	标准主要内容	发布单位	归口单位	起草单位	发布日期	实施日期
T/ACREI CREIS34004—2022	纯电动大型城市客车用电容型镍氢动力电池	本标准规定了纯电动大型城市客车用电容型镍氢动力电池的符号、术语和定义、规格型号、要求、试验方法、检验规则以及标志、包装、运输和贮存。 本标准适用于其他类型纯电动城市客车用标称电压 $n1 \times 1.2$ V（n1 为电池内部串联数量，$n1 \geqslant 2$）和模块 $n2 \times 1.2$ V（n2 为电池数量，$n2 \geqslant 5$）的电容型镍氢动力电池。	中国稀土行业协会	中国稀土行业协会	包头昊明稀土新电源科技有限公司、保定长安客车制造有限公司、山东沂星电动汽车有限公司、淄博君行电源技术有限公司	2022-02-28	2022-02-28
T/SHJX 034—2022	退役动力电池梯级利用性能与安全要求	本规范规定了上海市纯电动公交客车退役锂离子动力蓄电池梯级利用一般要求、性能要求、安全性要求及测试方法。 本规范适用于上海市纯电动公交客车退役锂离子动力蓄电池系统、电池包或电池模块的梯级利用，混合动力公交客车退役锂离子动力蓄电池仅供参考使用。 本规范不适用于燃料电池、超级电容器等。	上海市交通运输行业协会	上海市交通运输行业协会	上海久事公共交通有限公司、上海浦东新区公共交通有限公司、上海嘉定公共交通有限公司、上汽大通汽车有限公司、江铃汽车股份有限公司、安徽江淮汽车集团股份有限公司、上海时代新能源科技有限公司、青岛特来电新能源科技有限公司、上海快卜新能源科技有限公司	2022-03-01	2022-03-01
T/SHJX 035—2022	退役动力电池分类筛选技术规范	本规范规定了上海市纯电动公交客车退役锂离子动力蓄电池系统、电池包、电池模块的筛选要求、分类要求及测试方法。 本规范适用于上海市纯电动公交客车退役锂离子动力蓄电池系统、电池包和电池模块。混合动力公交客车退役锂离子动力蓄电池仅供参考使用。 本规范不适用于燃料电池、超级电容器等。	上海市交通运输行业协会	上海市交通运输行业协会	上海久事公共交通有限公司、上海浦东新区公共交通有限公司、上海嘉定公共交通有限公司、上汽大通汽车有限公司、江铃汽车股份有限公司、安徽江淮汽车集团股份有限公司、上海时代新能源科技有限公司、青岛特来电新能源科技有限公司、上海快卜新能源科技有限公司	2022-03-01	2022-03-01
T/CECA-G 0159—2022	电动汽车用电驱动系统工况能效技术要求及试验方法	本文件规定了电动汽车用电驱动系统的术语和定义、工况能效技术要求和试验方法。 本文件适用于可将车载电能与车辆行驶的机械能进行相互转换的电驱动系统，辅助电驱动系统和多能源输入且不全为电能的电驱动系统可参考执行。	中国节能协会	中国节能协会	中国汽车工程研究院股份有限公司、中汽院新能源科技有限公司、重庆长安新能源汽车科技有限公司、东风汽车集团有限公司、上海汽车集团股份有限公司技术中心、一汽大众汽车有限公司、上汽通用五菱汽车股份有限公司、极氪汽车（宁波杭州湾新区）有限公司、上海蔚来汽车有限公司、广州小鹏汽车有限公司、北京车和家汽车科技有限公司、宇通客车股份有限公司、浙江吉利新能源商用车集团有限公司、一汽解放汽车有限公司商用车开发院、奇瑞商用车（安徽）有限公司、中车时代电动汽车股份有限公司系统分公司、北京理工大学、北京国家新能源汽车技术创新中心有限公司、中通客车股份有限公司、庆铃汽车股份有限公司、华为数字能源技术有限公司、苏州汇川联合动力系统有限公司、上海汽车电驱动有限公司、广西玉柴机器股份有限公司、株洲中车时代电气股份有限公司、潍柴动力股份有限公司、深圳市大地和电气股份有限公司、重庆金康动力新能源有限公司、重庆青山工业有限责任公司、威迪斯电机技术（上海）有限公司、深圳市英威腾电动汽车驱动技术有限公司、上海盘毂动力科技股份有限公司、特百佳动力科技有限公司	2022-03-14	2022-03-16

续上表

标准编号	标准名称	标准主要内容	发布单位	归口单位	起草单位	发布日期	实施日期
T/CAS 581—2022	小型纯电动汽车保养服务规范	本标准规定了小型纯电动汽车保养服务的基本要求、作业安全、服务流程、服务质量评价等要求。 本标准适用于小型纯电动汽车保养服务。	中国标准化协会	中国标准化协会	上汽通用五菱汽车股份有限公司、中国标准化研究院、湖南莫尔标准化咨询有限公司、工业和信息化部工业文化发展中心汽车智能产业研究院、天津力神电池股份有限公司、北京真功夫新能源汽车科技有限公司、德师傅(中国)汽车服务有限公司、上海车孵企业管理合伙企业(有限合伙)、上海泉辛新能源汽车服务有限公司、杭州网科技有限公司	2022-03-21	2022-03-21
T/CSAE 189—2021	电动汽车高压屏蔽线缆及连接器表面转移阻抗测试方法	本文件规定了电动汽车高压屏蔽线缆及连接器表面转移阻抗测试方法。 本文件适用于试验频率为 9 kHz ~ 30 MHz 的电动汽车高压屏蔽线缆及连接器表面转移阻抗的测试。	中国汽车工程学会	中国汽车工程学会	中国汽车工程研究院股份有限公司、上海电器科学研究院、中国电子技术标准化研究院、河南凯瑞车辆检测认证中心有限公司、中国第一汽车集团有限公司、比亚迪汽车工业有限公司、奇瑞新能源汽车股份有限公司、奇瑞商用车(安徽)有限公司、重庆理工大学、重庆长安新能源汽车科技有限公司、长城汽车股份有限公司、北京新能源汽车股份有限公司、吉利汽车研究院(宁波)有限公司、浙江吉智新能源汽车科技有限公司、北汽福田汽车股份有限公司、东南大学、宇通客车股份有限公司、中车时代电动汽车股份有限公司、北京汽车研究总院有限公司、重庆金康动力新能源有限公司、岚图汽车科技有限公司、中车株洲电力机车研究所有限公司、上海机动车检测认证技术研究中心有限公司、工业和信息化部电子第五研究所、广州广电计量检测股份有限公司、苏州华旗航天电器有限公司、中航光电科技股份有限公司、襄阳达安汽车检测中心有限公司、德凯质量认证(上海)有限公司、招商局检测车辆技术研究院有限公司、南京容测检测技术有限公司、公安部安全与警用电子产品质量检测中心、苏州信科检测技术有限公司、罗森伯格亚太电子有限公司、上海金亭汽车线束有限公司	2022-03-25	2021-11-26
DB34/T 4102—2022	废旧锂离子动力蓄电池贮存安全技术条件	本文件规定了废旧锂离子动力电池的贮存和安全环保要求。 本文件适用于废旧蓄电池包、电池模块、电池单体的贮存。	安徽省市场监督管理局	安徽省经济和信息化厅	合肥国轩高科动力能源有限公司、合肥国轩电池材料有限公司、合肥佳驰科技有限公司、中国科学技术大学、合肥学院、安徽江淮汽车集团股份有限公司、泽清新能源科技有限公司、合肥产品质量监督检验研究院	2022-03-29	2022-04-29
DB34/T 4140—2022	新能源汽车在用车动力电池性能测评服务规范	本文件规定的新能源汽车为纯电动汽车与插电式混合动力汽车,本文件规定了新能源汽车在用车动力电池性能及参数变化的测评服务内容。 本文件适用于动力电池系统在整车不拆解、不改变BMS控制策略条件下的检测,其他们类型电池系统可参照执行。	安徽省市场监督管理局	安徽省市场监督管理局	安徽省计量科学研究院、安徽绿莲子德慧能源科技有限公司、滁州市技术监督检测中心、安徽菱石新能源科技有限公司	2022-03-29	2022-04-29
T/FSYY 0065—2022	碳排放核算方法与报告要求动力蓄电池梯次利用企业	本文件规定了动力蓄电池梯次利用企业碳排放核算与报告的范围、规范性引用文件、术语和定义、核算边界、核算方法、质量保证和文件存档、报告内容和格式等。本文件适用于锂离子动力蓄电池梯次利用企业,镍氢动力蓄电池梯次利用等其他类型动力蓄电池的梯次利用企业可参照执行。	佛山市高新技术应用研究会	佛山市高新技术应用研究会	湖南邦普汽车循环有限公司、湖南邦普循环科技有限公司、佛山市高新技术应用研究会、佛山科学技术学院、宜昌邦普循环科技有限公司、宜昌邦普宜化新材料有限公司、宁德邦普循环科技有限公司、屏南时代新材料技术有限公司、宜昌邦普时代新能源有限公司、佛山中科产业技术研究院	2022-03-31	2022-07-01

续上表

标准编号	标准名称	标准主要内容	发布单位	归口单位	起草单位	发布日期	实施日期
T/FSYY 0066—2022	产品碳足迹核算与报告要求动力蓄电池梯次利用产品	本文件规定了动力蓄电池梯次利用产品碳足迹评估的规范性引用文件、术语和定义、原则、功能单位、系统边界、取舍原则、数据收集与质量要求、数据分配与计算、产品碳足迹评价报告及质量保证和文件存档、产品碳足迹信息披露。 本文件适用于锂离子动力蓄电池梯次利用产品，镍氢动力蓄电池等其他类型动力蓄电池的梯次利用产品可参照执行	佛山市高新技术应用研究会	佛山市高新技术应用研究会	湖南邦普汽车循环有限公司、湖南邦普循环科技有限公司、佛山市高新技术应用研究会、佛山科学技术学院、宜昌邦普循环科技有限公司、宜昌邦普宜化新材料有限公司、宁德邦普循环科技有限公司、屏南时代新材料技术有限公司、宜昌邦普时代新能源有限公司、佛山中科产业技术研究院	2022-03-31	2022-07-01
T/FSYY 0067—2022	废旧电池综合利用企业安全生产规范放电安全要求	本文件规定了废旧电池放电的术语和定义、基本要求、放电作业要求、存储要求和环保要求。 本文件适用于废旧车用动力锂离子蓄电池的放电过程。	佛山市高新技术应用研究会	佛山市高新技术应用研究会	佛山市高新技术应用研究会、宜昌邦普循环科技有限公司、宁德邦普循环科技有限公司、佛山科学技术学院材料科学与氢能学院、湖南邦普循环科技有限公司、宜昌邦普循环科技有限公司	2022-03-31	2022-07-01
T/CSAE 244—2021	纯电动乘用车底部抗碰撞能力要求及试验方法	本文件规定了纯电动乘用车底部抗碰撞能力要求及试验方法的术语、安全要求及试验方法。 本文件适用于车载储能系统置于车辆底部的纯电动乘用车。	中国汽车工程学会	中国汽车工程学会	中国汽车工程研究院股份有限公司、吉利汽车研究院（宁波）有限公司、重庆长安新能源汽车科技有限公司、东风汽车有限公司东风日产乘用车公司、中国第一汽车集团有限公司、上汽通用五菱汽车有限公司、广州汽车集团股份有限公司、比亚迪汽车工业有限公司、奇瑞新能源汽车股份有限公司、安徽江淮汽车集团股份有限公司、东风柳州汽车有限公司、江铃汽车股份有限公司、重庆金康动力新能源有限公司、北京新能源汽车股份有限公司、威马汽车科技集团有限公司、蔚来汽车科技（安徽）有限公司、广州小鹏汽车科技有限公司、戴姆勒大中华区投资有限公司、上汽大众汽车有限公司、宁德时代新能源科技有限公司、弗迪实业有限公司、中创新航科技股份有限公司、合肥国轩高科动力能源有限公司、惠州亿纬锂能股份有限公司、蜂巢能源科技股份有限公司、天津力神电池股份有限公司	2022-04-01	2021-12-30
T/GERS 0013—2022	电动汽车用锂离子动力电池安全性能评价导则	本标准规定了电动汽车用锂离子动力电池安全性能评价的总体要求，评价内容，评价方法，评价流程及评价报告编写要求。 本标准适用于电动汽车用锂离子动力电池的安全性评价。	广东省能源研究会	广东省能源研究会	佛山绿色发展创新研究院、广州能源检测研究院	2022-04-11	2022-04-11
T/CEEIA 570—2022	电动汽车充电站石墨基柔性接地装置使用导则	本文件规定了电动汽车充电站和充电设备石墨基柔性接地装置（以下简称“柔性接地装置”）的术语和定义、一般要求、选用原则、设计、施工、验收、运行与维护等。 本文件适用于电动汽车充电站和充电设备石墨基柔性接地装置。	中国电器工业协会	中国电器工业协会	河南四达电力设备股份有限公司、河南四达检测技术有限公司、许昌开普电气研究院有限公司、国网宁夏电力有限公司、湖南经研电力设计有限公司、中国电力工程顾问集团东北电力设计院有限公司、中国电力工程顾问集团西南电力设计院有限公司、国网西藏电力有限公司建设管理分公司、南方电网能源发展研究院有限责任公司、许昌开普检测研究院股份有限公司、国网河南省电力公司许昌供电公司、西安交通大学、海南电网有限责任公司琼海供电局、山东电力工程咨询院有限公司、中国能源建设集团天津电力设计院有限公司、国网陕西省电力公司汉中供电公司、山东电力咨询设计院新能源公司、广西鑫源电力勘察设计有限公司、国网西藏电力有限公司建设管理分公司、国网天津市电力公司城东供电分公司、国网西藏电力有限公司建设管理分公司、国网河南能源互联网电力设计院有限公司、国家电投集团徐闻风力发电有限公司	2022-04-11	2022-04-11

续上表

标准编号	标准名称	标准主要内容	发布单位	归口单位	起草单位	发布日期	实施日期
T/UPSC 0008—2021	电动汽车充电设施布局规划导则	本文件规定了电动汽车充电设施布局规划，对充电需求、空间布局、场地布置、电力供应、安全环保、智慧管理等方面的要求。 本文件适用于电动汽车充电设施布局的专项规划以及相关规划。	中国城市规划学会	中国城市规划学会	深圳市城市规划设计研究院有限公司	2022-04-15	2021-12-30
QC/T 1175—2022	电动汽车用高压接触器	本文件规定了电动汽车用高压接触器的技术要求、试验方法和检验规则。 本文件适用于主触点额定直流工作电压在 60 V ~ 1500 V 范围的电动汽车用高压接触器（以下简称接触器）。 本文件不适用于电动汽车用交流接触器。	中华人民共和国工业和信息化部	全国汽车标准化技术委员会	比亚迪汽车工业有限公司、厦门宏发电力电器有限公司、东莞市中汇瑞德电子股份有限公司、昆山国力电子科技股份有限公司、上海西艾爱电子有限公司、中国汽车技术研究中心有限公司、广州小鹏汽车科技有限公司、蔚来汽车（安徽）有限公司、中汽研汽车检验中心（天津）有限公司、惠州比亚迪电池有限公司、浙江众信新能源科技股份有限公司、泰科电子（上海）有限公司、松下电器机电（中国）有限公司、重庆长安新能源汽车科技有限公司、中国第一汽车股份有限公司、北京新能源汽车股份有限公司、中航锂电科技有限公司、合肥国轩高科动力能源有限公司、上海电器科学研究所（集团）有限公司、安徽江淮汽车集团股份有限公司、奇瑞新能源汽车股份有限公司	2022-04-24	2022-10-01
QC/T 1174—2022	电动汽车用高压熔断器	本文件规定了电动汽车用高压熔断器的技术要求、试验方法和检验规则。 本文件适用于直流工作电压为 60 V 至 1500 V 的电动汽车用高压熔断器（简称熔断器）。本文件不适用于电动汽车用智能熔断器及断路器。	中华人民共和国工业和信息化部	全国汽车标准化技术委员会	比亚迪汽车工业有限公司、西安中熔电气股份有限公司、上海比越喜贸易有限公司、杭州精晟新能源科技有限公司、中国汽车技术研究中心有限公司、广州小鹏汽车科技有限公司、友容新源电气（昆山）有限公司、库柏西安熔断器有限公司、中汽研汽车检验中心（天津）有限公司、惠州比亚迪电池有限公司、中国第一汽车股份有限公司、蔚来汽车（安徽）有限公司、重庆长安新能源汽车科技有限公司、奇瑞新能源汽车股份有限公司、安徽江淮汽车集团股份有限公司、合肥国轩高科动力能源有限公司、宁德时代新能源科技股份有限公司、中航锂电科技有限公司、上海电器科学研究所（集团）有限公司、上汽大众汽车有限公司、东风汽车有限公司东风日产乘用车公司	2022-04-24	2022-10-01
T/CBHA 001—2022	电动乘用车动力电池检测评估规范	本规范规定了电动乘用车动力电池（三元锂电池、磷酸铁锂电池、固态电池等）检测评估的术语和定义、企业要求、作业流程和方法规范等技术要求。	中关村新型电池技术创新联盟	中关村新型电池技术创新联盟	中关村新型电池技术创新联盟、蜂巢能源科技有限公司、星维宇电（北京）科技有限公司、青岛蜜蜂智享新能源科技有限公司、苏州清研精准汽车科技有限公司、中俄新能源材料技术研究院等	2022-04-28	2022-05-01
T/CBHA 002—2022	电动乘用车动力电池整备规范	本规范规定了电动乘用车动力电池（三元锂电池、磷酸铁锂电池、固态电池等）整备的术语和定义、企业要求、作业流程和方法规范等技术要求。	中关村新型电池技术创新联盟	中关村新型电池技术创新联盟	关村新型电池技术创新联盟、蜂巢能源科技有限公司、星维宇电（北京）科技有限公司、青岛蜜蜂智享新能源科技有限公司、苏州清研精准汽车科技有限公司、中俄新能源材料技术研究院等	2022-04-28	2022-05-01
T/ZGWJHXH 55—2022	新能源车载电动无油活塞式空气压缩机	本标准规定了新能源车载电动无油活塞式空气压缩机（以下简称空压机）的分类、型号编制、基本参数、技术、要求、试验方法、检测规则、标志、包装、运输和存贮。 本标准适用于由额定功率为 0.25 ~ 3 KW 的单相/三相、直流/交流电动机驱动的、额定转速小于或等于 2200 r/min 及额定排气压力不超过 1 MPa 的空压机。	中国五金交电化工商业协会	中国五金交电化工商业协会	浙江盛源空压机制造有限公司（主起草单位）；上海约纳森工具制造有限公司、南通盛强机械制造有限公司、泰棵（上海）净化科技有限公司、上海江南长兴造船有限公司、上海外高桥造船海洋工程有限公司、浙江志高机械股份有限公司、江苏华金控股有限公司、安徽林凯机电科技有限公司、山西世易达贸易有限公司、新疆天山五交化有限公司、成都台侨工具实业有限公司、江西万品汇实业发展有限公司、山西运泽科技股份有限公司、重庆市渝中区光明五交化公司、河北万联国际五金机电城、湖北万商市场投资有限公司、杭州新世纪五金机电市场、上海山研机械科技有限公司、衢州市特种设备检验中心、衢州市计量质量检验研究院等	2022-05-05	2022-06-05

续上表

标准编号	标准名称	标准主要内容	发布单位	归口单位	起草单位	发布日期	实施日期
T/CWAN 0027—2022	新能源汽车铝合金电池托盘焊接制造规范	文件规定了新能源汽车铝合金电池托盘焊接制造规范的技术要求、工艺方法和产品质量检测方法等内容。 本文件适用于新能源汽车铝合金电池托盘的弧焊、激光焊、搅拌摩擦焊、电阻点焊、旋转攻丝铆接、自冲铆接和螺柱焊。	中国焊接协会	中国焊接协会	江苏北人智能制造科技股份有限公司、宁德时代新能源科技股份有限公司、敏实汽车技术研发有限公司、上海赛科利汽车模具技术应用有限公司、上海固极智能科技有限公司、唐山松下产业机器有限公司、航天工程装备（苏州）有限公司等	2022-05-12	2022-06-01
T/CEEIA 584—2022	新能源汽车铝合金电池托盘焊接制造规范	本文件规定了新能源汽车铝合金电池托盘焊接制造规范的技术要求、工艺方法和产品质量检测方法等内容。 本文件适用于新能源汽车铝合金电池托盘的弧焊、激光焊、搅拌摩擦焊、电阻点焊、旋转攻丝铆接、自冲铆接和螺柱焊。	中国电器工业协会	中国电器工业协会	江苏北人智能制造科技股份有限公司、宁德时代新能源科技股份有限公司、敏实汽车技术研发有限公司、上海赛科利汽车模具技术应用有限公司、上海固极智能科技有限公司、唐山松下产业机器有限公司、航天工程装备（苏州）有限公司等	2022-05-12	2022-06-01
T/CICEIA/CAMS1—2020	轻型甲醇汽车排放后处理系统用催化剂	本标准规定了轻型甲醇汽车排放后处理系统用催化剂的技术要求、试验方法、检验规则及标志、包装、运输和贮存。 本标准适用于轻型甲醇汽车排放后处理系统用催化剂。	中国内燃机工业协会	中国内燃机工业协会	无锡威孚环保催化剂有限公司、无锡威孚力达催化净化器有限责任公司、昆明贵研催化剂有限责任公司	2022-05-20	2020-07-31
T/ZSECA 010—2021	电动汽车充电设施巡检规程	—	中山市节能协会	中山市节能协会	骏发节能环保科技有限公司	2022-05-26	2022-05-27
T/CEC 216—2019	电动汽车交流充电桩检验试验技术规范高温沿海地区特殊要求	本标准规定了我国长江以南的高温沿海地区使用的符合 NB/T 33002—2018《电动汽车交流充电桩技术条件》规定的交流充电桩（下文简称“充电桩”）的检验规则和试验方法。 本标准在 NB/T 33008. 2—2018《电动汽车充电设备检验试验规程　第 2 部分：交流充电桩》的基础上，特别针对高温沿海地区特殊要求提出对充电桩的试验项目和试验方法。 建设地点容易直接受到海水侵袭的充电桩，不在本标准的考虑范围内。	中国电力企业联合会	中国电力企业联合会	中国电力企业联合会、国家电网有限公司、国网电力科学研究院有限公司。本标准参与起草单位：国网电动汽车服务有限公司、深圳奥特迅电力设备股份有限公司、海南绿色能源与环境工程技术研究院、中国能源建设集团广东省电力设计研究院有限公司、国网重庆市电力公司、国网安徽省电力有限公司	2022-05-29	2019-07-01
T/CEC 215—2019	电动汽车非车载充电机检验试验技术规范高温沿海地区特殊要求	本标准规定了我国长江以南的高温沿海地区使用的符合 NB/T 33001—2018《电动汽车非车载传导式充电机技术条件》规定的非车载传导式充电机（下文简称充电机）的检验规则和试验方法。 本标准在 NB/T 33008. 1—2018《电动汽车充电设备检验试验规范　第 1 部分：非车载充电机》的基础上，特别针对高温沿海地区特殊要求提出对充电机的试验项目和试验方法。 建设地点容易直接受到海水侵袭的充电机，不在本标准的考虑范围内。	中国电力企业联合会	中国电力企业联合会	中国电力企业联合会、国家电网有限公司、国网电力科学研究院有限公司。本标准参与起草单位：国网电动汽车服务有限公司、许继电源有限公司、海南绿色能源与环境工程技术研究院、中国能源建设集团广东省电力设计研究院有限公司、国网江苏省电力有限公司、国网浙江省电力有限公司	2022-05-29	2019-07-01
T/CEC 214—2019	电动汽车非车载充电机高温沿海地区特殊要求	本标准规定了我国长江以南的高温沿海地区使用的符合 NB/T 33001—2018《电动汽车非车载传导式充电机的技术条件》规定的电动汽车非车载充电机（以下简称充电机）的特殊要求。高温沿海地区环境条件参见附录 AA。 本标准在 NB/T 33001—2018 的基础上，考虑高温沿海地区最显著的环境因素（湿热、盐雾、太阳辐射）对充电机提出特殊要求。 建设地点容易直接受到海水侵袭的充电机，不在本标准考虑的范围内。	中国电力企业联合会	中国电力企业联合会	中国电力企业联合会、国家电网有限公司、许继电源有限公司。本标准参与起草单位：国网电力科学研究院有限公司、海南绿色能源与环境工程技术研究院、国网北京电力公司、国网上海电力公司、中国能源建设集团广东省电力设计研究院有限公司、深圳奥特迅电气股份有限公司、山东鲁能智能技术有限公司	2022-05-29	2019-07-01

续上表

标准编号	标准名称	标准主要内容	发布单位	归口单位	起草单位	发布日期	实施日期
T/CEC 213—2019	电动汽车交流充电桩高温沿海地区特殊要求	本标准规定了我国长江以南的高温沿海地区使用的符合 NB/T 33002—2018《电动汽车交流充电桩技术条件》规定的电动汽车交流充电桩(以下简称充电桩勺)的特殊要求。高温沿海地区的环境条件参见附录 AAo 本标准在 NB/T 33002—2018 的基础上,考虑高温沿海地区最显著的环境因素(湿热、盐雾、太阳辐射)对充电桩提出的特殊要求。 建设地点容易直接受到海水侵袭的充电桩,不在本标准考虑的范围内。	中国电力企业联合会	中国电力企业联合会	中国电力企业联合会、深圳奥特迅电气股份有限公司。本标准参与起草单位:国家电网有限公司、许继电源有限公司、国网电力科学研究院有限公司、海南绿色能源与环境工程技术研究院、中国能源建设集团广东省电力设计研究院有限公司、山东鲁能智能技术有限公司	2022-05-29	2019-07-01
T/CEC 212—2019	电动汽车交直流充电桩低压元件技术要求	本标准规定了电动汽车传导式交流充电桩(交流供电设备)和直流充电桩(直流供电设备)上使用的保护电器及接触器的分类、技术要求等。 本标准适用于电动汽车传导式供电设备充电模式 3 和充电模式 4 中额定电压不超过交流 1000 V 或直流 1500 V 的保护电器及接触器生产、采购和验收。	中国电力企业联合会	中国电力企业联合会	浙江天正电气股份有限公司、法泰电器(江苏)股份有限公司、长园深瑞继保自动化有限公司、普天新能源有限责任公司、江苏万帮德和新能源科技股份有限公司(星星充电)、青岛特来电新能源有限公司、国电南瑞科技股份有限公司、国网电动汽车服务有限公司、珠海泰坦科技股份有限公司、上海电器科学研究所(集团)有限公司、西门子(中国)有限公司、昆山国力源通新能源科技有限公司	2022-05-29	2019-07-01
T/CEC 208—2019	电动汽车充电设施信息安全技术规范	本规范规定了电动汽车充电设施信息安全的技术要求。 本规范适用于与电动汽车充电设施相关的运营平台、充电设备、移动智能终端软件的信息安全防护设计、运行维护、研发和测试评估环节等。	中国电力企业联合会	中国电力企业联合会	工业和信息化部计算机与微电子发展研究中心、国网电力科学研究院有限公司、上海电器科学研究院、普天新能源有限责任公司、国网网安(北京)科技有限公司、浙江安科网络技术有限公司、中国电力企业联合会科技开发服务中心、中国电力技术市场协会	2022-05-29	2019-07-01
T/CEC 239. 7—2019	电力需求响应信息模型 第 7 部分:电动汽车	本部分主要规定电动汽车需求响应信息模型的建模原则、通用包、专用包。 本部分适用于电动汽车自动需求响应接口的设计与开发。	中国电力企业联合会	中国电力企业联合会	中国电力科学研究院有限公司、国家电网有限公司、华北电力大学、青岛特来电新能源有限公司、珠海派诺科技股份有限公司、北京交通大学、国网电子商务有限公司、国网冀北电力有限公司电力科学研究院、烟台东方威思顿电气有限公司、北京华电信通科技有限公司、国网电子商务有限公司(国网金融科技集团)、北京智芯微电子科技有限公司、国网新疆电力有限公司、国网物资有限公司、国网内蒙古东部电力有限公司兴安供电公司、国网河北省电力有限公司、国网天津市电力公司、北京未尔锐创科技有限公司、北京中恒博瑞数字电力科技有限公司、国电南瑞科技股份有限公司	2022-06-03	2020-01-01
T/CEC 277—2019	纯电动场(厂)内车辆无线充电系统技术条件	本标准规定了纯电动场(厂)内车辆无线充电系统的性能要求和试验方法。 本标准适用于纯电动场(厂)内车辆(以下简称电动场车)静态磁耦合无线充电系统(以下简称系统),供电电源额定电压最大值为 AC 440 V,输出额定电流最大值为 DC 63 A。	中国电力企业联合会	中国电力企业联合会	厦门新页科技有限公司、厦门市产品质量监督检验院、浙江万安科技股份有限公司、国网电力科学研究院有限公司、厦门市戴尔乐新能源汽车有限公司、中惠创智无线供电技术有限公司、厦门金龙联合汽车工业有限公司、郑州宇通客车股份有限公司、国电南瑞科技股份有限公司、哈尔滨工业大学、重庆大学、厦门理工学院、无锡市沃乐思科技有限公司、安徽蓝鹏微电科技股份有限公司、林德(中国)叉车有限公司、厦门金龙旅行车有限公司	2022-06-04	2020-01-01

续上表

标准编号	标准名称	标准主要内容	发布单位	归口单位	起草单位	发布日期	实施日期
T/CECS 508—2018	居住区电动汽车充电设施技术规程	本规程共分为 8 章,主要内容包括:总则,术语,材料、部件与设备,工程与设计,安全与防护,施工与安装,调试与验收,运营与维护。	中国工程建设标准化协会	中国工程建设标准化协会	住房和城乡建设部住宅产业化促进中心南京能瑞电力科技有限公司。江苏金邦睿智新能源科技有限公司 科大智能电气技术有限公司 国充充电科技江苏股份有限公司 淮安瑞达电气有限公司 深圳市英可瑞科技股份有限公司 北京基业达电气有限公司 中海阳能源集团股份有限公司 深圳市尔泰科技有限公司 新疆天富集团有限责任公司 淮安市金成电力安装有限公司 清华大学建筑设计院有限公司 内蒙古希望阳光实业股份有限公司	2022-06-10	2018-09-01
T/CSAE 255—2022	电动汽车运行过程电池系统安全风险监测及故障预警规范	本文件规定了在车辆运行过程中,对电动汽车电池系统安全风险监测及故障预警的通用技术。 本文件适用于对锂离子动力电池系统进行故障预警的电动汽车监测平台。	中国汽车工程学会	中国汽车工程学会	上海蔚来汽车有限公司、中国汽车技术研究中心有限公司、北京新能源汽车股份有限公司、武汉蔚来能源有限公司、武汉蔚能电池资产有限公司、中国第一汽车集团有限公司、重庆长安新能源汽车科技有限公司、奇瑞新能源汽车股份有限公司、比亚迪汽车工业有限公司、宁德时代新能源科技股份有限公司、天津力神电池股份有限公司、特来电新能源股份有限公司、南方电网电动汽车服务有限公司、蜂巢能源科技(无锡)有限公司、惠州亿纬锂能股份有限公司、华中科技大学、浙江吉利汽车研究院有限公司、广州小鹏汽车科技有限公司、普天新能源有限责任公司、国网广汇(上海)电动汽车服务有限公司、深圳市计量质量检测研究院、宇通客车股份有限公司、北京昇科能源科技有限责任公司、深圳格瑞安能科技有限公司	2022-06-13	2022-04-15
T/CSAE 254—2022	电动汽车充电过程电池系统安全风险监测及故障预警规范	本文件规定了充电系统平台根据车辆充电数据对电动汽车电池系统安全风险监测及故障预警的通用技术。 本文件适用于非车载充电机提供电能补给的充电系统。	中国汽车工程学会	中国汽车工程学会	特来电新能源股份有限公司、普天新能源有限责任公司、中汽研汽车检验中心(天津)有限公司、深圳市计量质量检测研究院、国网电力科学研究院有限公司、南方电网电动汽车服务有限公司、万帮数字能源股份有限公司、比亚迪汽车工业有限公司、弗迪电池有限公司、上海蔚来汽车有限公司、广州小鹏汽车科技有限公司、北京新能源汽车股份有限公司、宁德时代新能源科技股份有限公司、力神动力电池系统有限公司、惠州亿纬锂能股份有限公司、奇瑞新能源汽车股份有限公司、天津市捷威动力工业有限公司、吉利汽车研究院(宁波)有限公司	2022-06-13	2022-04-15
T/CSAE 253—2022	电动乘用车跌落后安全性要求	本文件规定了电动汽车跌落后的安全性要求和试验方法。 本文件适用于 M1 类,且高压电池包安装在车辆底部的电动汽车。	中国汽车工程学会	中国汽车工程学会	中国汽车技术研究中心有限公司、中汽研汽车检验中心(天津)有限公司、北京新能源汽车股份有限公司、广州汽车集团股份有限公司、上海汽车集团股份有限公司、比亚迪汽车工业有限公司、中国第一汽车集团有限公司、安徽江淮汽车集团股份有限公司、重庆长安新能源汽车科技有限公司、奇瑞新能源汽车股份有限公司、上海蔚来汽车有限公司、合肥国轩高科动力能源有限公司、宁德时代新能源科技股份有限公司	2022-06-13	2022-04-15

续上表

标准编号	标准名称	标准主要内容	发布单位	归口单位	起草单位	发布日期	实施日期
T/ZJVITIA 02—2022	《纯电动汽车零部件回收利用车间管理》团体标准	—	浙江省汽车工业技术创新协会	浙江省汽车工业技术创新协会	温州静雅新材料技术有限公司、杭州郐萍科技有限公司、杭州新车链科技有限公司	2022-06-13	2022-06-15
T/CSAE 190.1—2021	汽车用轮毂电动轮总成术语	本文件规定了汽车用轮毂电动轮总成的术语和定义。 本文件适用于电动汽车用轮毂电动轮及其子系统，对于有轨电车和其他特种车辆用的轮毂电动轮及其子系统可参考使用。	中国汽车工程学会	中国汽车工程学会	华人运通技术有限公司、清华大学苏州汽车研究院、无锡威孚高科技集团股份有限公司、江苏迈吉易威电动科技有限公司、上海易仑动力技术有限公司、杭州亚太依拉菲动力技术有限公司、浙江万安科技股份有限公司、同济大学、上海卓迅汽车科技有限公司、浙江亚太智能网联汽车创新中心有限公司、北京长城华冠汽车科技股份有限公司、上海电驱动股份有限公司、江苏大学、哈电发电设备国家工程研究中心有限公司、上海理工大学	2022-06-14	2021-07-23
DB14/T 2475—2022	在役充电桩安全管理规范	本文件规定了在役充电设施整体安全、用电安全、充电系统、消防系统、计量性能等方面的内容及要求，明确了检查组织实施，检查方法，检查结果，并编制了具有较强可操作性的安全检查表。 本文件适用于山西省行政区域范围内正常运营的在役充电桩的安全管理工作。	山西省市场监督管理局	山西省装备制造业标准化技术委员会	山西省机电设计研究院有限公司、山西省机械产品质量监督检验站有限公司、山西汾西电子科技股份有限公司、深圳天溯计量检测股份有限公司、深圳市星龙检测有限公司、山西特来电新能源科技有限公司、中国机械科学研究总院集团有限公司、太原龙城智讯停车资源管理有限公司、太原重工股份有限公司	2022-06-14	2022-09-15
T/CSAE 190.4—2021	汽车用轮毂电动轮总成可靠性试验方法	本文件规定了乘用车用轮毂电动轮及轮毂电机系统在电动轮台架、轮毂电机台架上进行可靠性试验的方法和评价方法。 本文件适用于乘用车用轮毂电动轮和轮毂电机系统。	中国汽车工程学会	中国汽车工程学会	上海电驱动股份有限公司、同济大学、华人运通技术有限公司、东风汽车集团有限公司、苏州行至动力技术有限公司、清华大学苏州汽车研究院、中国第一汽车集团有限公司、汕头市浩大轮胎测试装备有限公司、上海理工大学、江苏大学	2022-06-15	2021-07-23
T/CSAE 190.3—2021	汽车用轮毂电动轮总成试验方法	本文件规定了电动汽车用轮毂电动轮总成及其子系统的试验用的仪器设备、试验准备和各项试验方法。 本文件适用于乘用车类的电动汽车用轮毂电动轮总成及其子系统，对于有轨电车和其他特种车辆用的轮毂电动轮及其子系统可参考使用。	中国汽车工程学会	中国汽车工程学会	杭州亚太依拉菲动力技术有限公司、浙江吉利新能源商用车有限公司、无锡威孚高科技集团股份有限公司、清华大学苏州汽车研究院、宁波易仑动力技术有限公司、江西精骏电控技术有限公司、华人运通技术有限公司、汕头市浩大轮胎测试装备有限公司、上海卓讯汽车科技有限公司、江苏迈吉易威电动科技有限公司、同济大学、浙江亚太智能网联汽车创新中心有限公司、北京长城华冠汽车科技股份有限公司、浙江万安科技股份有限公司、基准科技服务张家港有限公司、上海电驱动股份有限公司、江苏大学、哈电发电设备国家工程研究中心有限公司、上海理工大学	2022-06-15	2021-07-23
T/CSAE 190.2—2021	汽车用轮毂电动轮总成技术条件	本文件规定了电动汽车用轮毂电动轮总成及其子系统的技术要求、检验规则、标志和标识及包装、储存和运输等。 本文件适用于乘用车类的电动汽车用轮毂电动轮及其子系统，对于有轨电车和其他特种车辆用的轮毂电动轮及其子系统可参考使用。	中国汽车工程学会	中国汽车工程学会	浙江万安科技股份有限公司、杭州亚太依拉菲动力技术有限公司、无锡威孚高科技集团股份有限公司、艾德斯汽车电机无锡有限公司、上海易仑动力技术有限公司、南京越博动力系统股份有限公司、华人运通技术有限公司、同济大学、清华大学苏州汽车研究院、江苏迈吉易威电动科技有限公司、上海卓讯汽车科技有限公司、江苏金光电机科技有限公司、浙江亚太智能网联汽车创新中心有限公司、北京长城华冠汽车科技股份有限公司、基准科技服务张家港有限公司、上海电驱动股份有限公司、江苏大学、哈电发电设备国家工程研究中心有限公司、上海理工大学	2022-06-15	2021-07-23

续上表

标准编号	标准名称	标准主要内容	发布单位	归口单位	起草单位	发布日期	实施日期
T/CSAE 213—2021	智能网联汽车激光雷达点云数据标注要求及方法	本文件规定了智能网联汽车激光雷达点云标注的基本内容、要求以及方法。 本文件适用于智能网联汽车激光雷达点云数据的标注。	中国汽车工程学会	中国汽车工程学会	国汽（北京）智能网联汽车研究院有限公司、深圳市速腾聚创科技有限公司、东风悦享科技有限公司、中国汽车技术研究中心有限公司、中汽数据（天津）有限公司、易图通科技（北京）有限公司、中国科学院自动化研究所、中国第一汽车股份有限公司、北京汽车研究总院有限公司、北京赛目科技有限公司、上海淞泓智能汽车科技有限公司、中国汽车工程研究院股份有限公司、北京云测信息技术有限公司、清华大学苏州汽车研究院（吴江）、襄阳达安汽车检测中心有限公司、北京百度网讯科技有限公司	2022-06-15	2021-07-15
T/CSAE 215—2021	动力锂离子电池梯次利用储能电站火灾应急预案编制指南	本文件规定了动力锂离子电池梯次利用储能电站火灾应急预案编制的原则、程序和主要内容。 本文件适用于动力锂离子电池梯次利用储能电站运维单位火灾应急预案的编制工作，其他形式储能电站运维单位火灾应急预案编制也可参照执行。	中国汽车工程学会	中国汽车工程学会	杭州中传消防设备有限公司、应急管理部上海消防研究所、宁波市消防救援支队、徐汇区消防救援支队、智慧蓝谷（北京）能源科技有限公司、嘉定区消防救援支队、中国第一汽车集团有限公司、武汉蔚来能源有限公司、合肥国轩高科动力能源有限公司、吉利汽车研究院（宁波）有限公司、浙江吉智新能源汽车科技有限公司、地上铁租车（深圳）有限公司、湖北及安盾消防科技有限公司、安徽世纪凯旋消防科技有限公司	2022-06-15	2021-08-26
T/CSAE 232—2021	电动汽车碳化硅电机控制器效率测试方法	本文件规定了电动汽车用碳化硅电机控制器在台架上进行效率测试的仪器仪表、试验准备、试验流程和数据处理方法。 本文件适用于电动汽车用碳化硅电机控制器。对车用驱动电机、驱动电机系统以及硅基电机控制器，可以参考执行。	中国汽车工程学会	中国汽车工程学会	北京新能源汽车股份有限公司、北京理工大学、中国汽车技术研究中心有限公司、北京新能源汽车技术创新中心有限公司、中国科学院电工研究所	2022-06-16	2021-10-26
T/CSAE 220—2021	电动汽车锂离子动力蓄电池荷电状态和健康状态估计误差联合测试方法	本文件规定了纯电动汽车和可外接充电式混合动力电动汽车用锂离子动力蓄电池（以下简称电池）荷电状态（State ofCharge，SOC）和健康状态（State of Health，SOH）估计误差的联合测试方法和检验规则等。 本文件适用于纯电动汽车和可外接充电式混合动力电动汽车用锂离子动力蓄电池，其他类型动力蓄电池 SOC 和 SOH 估计误差联合测试方法可参照执行。	中国汽车工程学会	中国汽车工程学会	北京理工大学、宇通客车股份有限公司、北京新能源汽车股份有限公司、上海蔚来汽车有限公司、奇瑞新能源汽车股份有限公司、重庆长安新能源汽车科技有限公司、吉利汽车研究院（宁波）有限公司、中国第一汽车股份有限公司研发总院、威马汽车科技集团有限公司、宁德时代新能源科技股份有限公司、中航锂电科技有限公司、合肥国轩高科动力能源有限公司、蜂巢能源科技有限公司、荣盛盟固利新能源科技股份有限公司、中国电子科技集团公司第十八研究所、华为数字能源技术有限公司、中汽研新源汽车检验中心（天津）有限公司、北方车辆研究所、中国科学院电工研究所、中国汽车工程研究院股份有限公司、北京交通大学、哈尔滨工业大学（威海）、重庆大学、山东大学、吉林大学、北京国家新能源汽车技术创新中心有限公司、上海电器设备检测所有限公司	2022-06-16	2021-09-24

续上表

标准编号	标准名称	标准主要内容	发布单位	归口单位	起草单位	发布日期	实施日期
T/CSAE 219—2021	电动汽车锂离子动力蓄电池外部短路试验方法	本文件规定了电动汽车用锂离子动力蓄电池（以下简称电池）单体、模块、系统外部短路的试验方法。 本文件适用于电动汽车用锂离子动力蓄电池单体、模块和系统，其他动力蓄电池可参考执行。	中国汽车工程学会	中国汽车工程学会	北京理工大学、宇通客车股份有限公司、北京新能源汽车股份有限公司、上海蔚来汽车有限公司、奇瑞新能源汽车股份有限公司、重庆长安新能源汽车科技有限公司、吉利汽车研究院（宁波）有限公司、中国第一汽车股份有限公司研发总院、威马汽车科技集团有限公司、宁德时代新能源科技股份有限公司、中航锂电科技有限公司、合肥国轩高科动力能源有限公司、蜂巢能源科技有限公司、荣盛盟固利新能源科技股份有限公司、中国电子科技集团公司第十八研究所、华为数字能源技术有限公司、中汽研新能源汽车检验中心（天津）有限公司、中国汽车工程研究院股份有限公司、北京交通大学、清华大学、东北大学、山东大学、哈尔滨工业大学、中国科学技术大学、吉林大学、北京国家新能源汽车技术创新中心有限公司、苏州领湃新能源科技有限公司、国网河南省电力公司电力科学研究院、上海电器设备检测所有限公司	2022-06-16	2021-09-24
T/CSAE 217—2021	动力锂离子电池梯次利用储能系统消防安全设计要求	本文件规定了动力锂离子电池梯次利用储能系统的消防设计要求。 本文件适用于固定式梯次利用动力锂离子电池储能系统的消防设计。	中国汽车工程学会	中国汽车工程学会	杭州中传消防设备有限公司、应急管理部上海消防研究所、宁波市消防救援支队、徐汇区消防救援支队、智慧蓝谷（北京）能源科技有限公司、嘉定区消防救援支队、中国第一汽车集团有限公司、武汉蔚来能源有限公司、合肥国轩高科动力能源有限公司、吉利汽车研究院（宁波）有限公司、浙江吉智新能源汽车科技有限公司、地上铁租车（深圳）有限公司、湖北及安盾消防科技有限公司、安徽世纪凯旋消防科技有限公司	2022-06-16	2021-08-26
T/CSAE 216—2021	动力锂离子电池梯次利用储能系统火灾防控装置性能要求与试验方法	本文件规定了动力锂离子电池梯次利用储能系统火灾防控装置的性能要求和试验方法。 本文件适用于梯次利用动力锂离子电池储能系统火灾防控装置，非梯次利用动力锂离子电池储能系统可参照执行。 本文件适用于电柜式、集装箱式储能系统，其他形式可参考执行。	中国汽车工程学会	中国汽车工程学会	杭州中传消防设备有限公司、应急管理部上海消防研究所、宁波市消防救援支队、徐汇区消防救援支队、智慧蓝谷（北京）能源科技有限公司、嘉定区消防救援支队、中国第一汽车集团有限公司、武汉蔚来能源有限公司、合肥国轩高科动力能源有限公司、吉利汽车研究院（宁波）有限公司、浙江吉智新能源汽车科技有限公司、地上铁租车（深圳）有限公司、安徽世纪凯旋消防科技有限公司、湖北及安盾消防科技有限公司、航天康达（北京）科技发展有限公司	2022-06-16	2021-08-26
T/CSAE 235—2021	电动汽车出行碳减排核算方法	本文件规定了电动汽车出行碳减排核算方法的术语和定义、使用场景、适用要求、额外性、项目边界、碳减排量计算方法和监测方法。 本文件适用于电动汽车在出行环节因燃料替代产生碳减排量的场景。	中国汽车工程学会	中国汽车工程学会	国汽（北京）汽车科技研究院有限公司、北京绿色交易所有限公司、中国船级社质量认证公司、国网电动汽车服务有限公司、南京领行科技股份有限公司、重庆长安汽车股份有限公司、金诺碳投环保科技（北京）有限公司、江苏省交通节能减排工程技术研究中心、北汽新能源汽车有限公司、浙江吉利控股集团有限公司、上海蔚来汽车有限公司、杭州优行科技有限公司、环球车享汽车租赁有限公司、华为技术有限公司、北京百度智行科技有限公司、万帮数字能源股份有限公司、上海市新能源汽车公共数据采集与监测研究中心	2022-06-20	2021-11-11

续上表

标准编号	标准名称	标准主要内容	发布单位	归口单位	起草单位	发布日期	实施日期
T/CIAPS 0017—2022	动力电池致灾危害量化评级	本标准规定了动力电池致灾危害量化程度评级的依据。 本标准适用于动力电池和搭载动力电池的致灾危害程度的评级，可为其他电池系统的致灾危害量化评级提供相关参照。	中国化学与物理电源行业协会	中国化学与物理电源行业协会	陆军防化学院、中国电网电力科学院、中国科学院物理研究所、清华大学、中国汽车技术研究中心有限公司、北京理工大学、武汉大学、北京科技大学、天津大学、北京化工大学、上海空间电源研究所、应急管理部上海消防研究所、天津蓝天特种电源科技股份公司、宁德时代新能源科技股份有限公司、国联汽车动力电池研究院有限责任公司、福建星云电子股份有限公司、宇通客车股份有限公司、北京新能源汽车股份有限公司、天津力神电池股份有限公司、中航锂电（洛阳）有限公司、弗迪电池有限公司、深圳普瑞赛思检测技术有限公司、合肥国轩高科动力能源有限公司、惠州亿纬锂能股份有限公司、威睿电动汽车技术（宁波）有限公司、欣旺达电动汽车电池有限公司、深圳市北测检测技术有限公司、深圳市骑豹新能源科技有限公司	2022-06-22	2022-07-01
T/CIAPS 0018—2022	动力电池热失控泄露物检测方法与毒性分级	本文件规定了动力电池热失控泄漏物的检测方法与毒性分级。 本文件适用于动力电池系统和搭载动力电池的热失控泄漏物的检测方法与毒性分级，可为其他电池系统热失控泄漏物的检测方法与毒性分级提供相关参考。	中国化学与物理电源行业协会	中国化学与物理电源行业协会	陆军防化学院、中国电网电力科学院、中国科学院物理研究所、清华大学、中国汽车技术研究中心有限公司、北京理工大学、武汉大学、北京科技大学、苏州大学、北京化工大学、上海空间电源研究所、应急管理部上海消防研究所、天津蓝天特种电源科技股份公司、国联汽车动力电池研究院有限责任公司、宁德时代新能源科技股份有限公司、天津力神电池股份有限公司、福建星云电子股份有限公司、宇通客车股份有限公司、北京新能源汽车股份有限公司、弗迪电池有限公司、中航锂电（洛阳）有限公司、合肥国轩高科动力能源有限公司、深圳普瑞赛思检测技术有限公司、欣旺达电动汽车电池有限公司、烟台创为新能源科技股份有限公司、深圳市北测检测技术有限公司、卡博特高性能材料（珠海）有限公司、惠州亿纬锂能股份有限公司、威睿电动汽车技术（宁波）有限公司	2022-06-22	2022-07-01
T/ZPP 001—2022	新能源汽车电池回收技术规范	本文件规定了废旧新能源汽车电池的收集、运输、贮存和处理等回收管理要求。 本文件适用于废旧蓄电池的梯次回收利用。	浙江省品牌建设促进会	浙江省品牌建设促进会	杭州微慕科技有限公司、义乌市元尹酷汽车配件有限公司、浙江尧桐科技有限公司	2022-06-27	2022-07-01
T/SZBSIA 002—2022	新能源车规级储能类 NTC 热敏电阻技术规范	本标准所涉及的新能源车规级储能类 NTC 热敏电阻是指使用在但不限于新能源汽车电池，BMS 控制系统，UPS 不间断电源等设备进行温度测试的元器件，本标准主要规定了新能源车规级储能类 NTC 热敏电阻的选型标准、技术要求、检验规范、标志、包装、运输以及试验方法。	深圳市宝安区半导体行业协会	深圳市宝安区半导体行业协会	深圳市科敏传感器有限公司、深圳市宝安区半导体行业协会、欣旺达电子股份有限公司、深圳市欣智旺电子有限公司、欣旺达电动汽车电池有限公司、深圳市高斯宝电气技术有限公司、深圳普瑞赛思检测技术有限公司、深圳市宝安区集成电路产业技术创新联盟、南方科技大学、上海交通大学、北京大学深圳研究院、深圳清华大学研究院、深圳新益昌科技股份有限公司、深圳市三联盛科技股份有限公司、深圳市路远智能装备有限公司、深圳市振华兴科技有限公司、深圳市英卡科技有限公司、深圳市绘王动漫科技有限公司、深圳市晶凯电子技术有限公司	2022-06-30	2022-07-01

续上表

标准编号	标准名称	标准主要内容	发布单位	归口单位	起草单位	发布日期	实施日期
T/REIANM 0304—2022	新能源车用高性能钕铁硼永磁体极端工况条件下磁性能经时变化试验方法	本文件规定了新能源车用钕铁硼永磁体在极端工况条件下磁性能经时变化的试验方法。 本文件适用新能源车用烧结钕铁硼永磁体，在环氧树脂涂层防护条件下，经极端工况后磁性能经时变化的试验。	内蒙古自治区稀土行业协会	内蒙古自治区稀土行业协会	烟台东星磁性材料股份有限公司、包头稀土研究院、哈尔滨理工大学、中国钢研·安泰科技股份有限公司、包头天和磁材科技股份有限公司、中国第一汽车集团有限公司新能源开发院、极氪汽车有限公司、内蒙古稀土功能材料创新中心有限责任公司、国瑞科创稀土功能材料有限公司	2022-07-04	2022-07-04
GB/T 41578—2022	电动汽车充电系统信息安全技术要求及试验方法	本文件规定了电动汽车充电系统信息安全技术要求和试验方法。 本文件适用于电动汽车充电系统信息安全技术的设计、开发与试验。	国家市场监督管理总局 国家标准化管理委员会	全国汽车标准化技术委员会	比亚迪汽车工业有限公司、中国汽车技术研究中心有限公司、北京新能源汽车股份有限公司、北京梆梆安全科技有限公司、戴姆勒大中华区投资有限公司、宝马(中国)服务有限公司、大众汽车(中国)投资有限公司、中国软件评测中心(工业和信息化部软件与集成电路促进中心)、北京长安汽车工程技术研究有限责任公司、上海国际汽车城(集团)有限公司、襄阳达安汽车检测中心有限公司、交通运输部科学研究院	2022-07-11	2023-02-01
GB/T 41589—2022	电动汽车模式 2 充电的缆上控制与保护装置(IC-CPD)	关系到版权保护。	国家市场监督管理总局 国家标准化管理委员会	全国低压电器标准化技术委员会	海电器科学研究院、上海正泰智能科技有限公司、上海良信电器股份有限公司、浙江天正电气股份有限公司、中山市开普电器有限公司、松下信息仪器(上海)有限公司、苏州益而益电器制造有限公司、厦门振泰成科技有限公司、余姚市嘉荣电子电器有限公司、上海保隆汽车科技股份有限公司、上海电器科学研究所(集团)有限公司	2022-07-11	2023-02-01
T/ZJDJ 001—2022	新能源汽车用驱动电机轴	本文件规定了新能源汽车电机轴的术语和定义、技术要求、试验方法、检验规则、标志、使用说明、包装、运输和贮存以及质量承诺。 本文件适用于轴径不大于 200 mm，乘用车、商用车、物流车用的驱动电机主轴。	浙江省电机动力学会	浙江省电机动力学会	宁波普泽机电有限公司、宁波工程学院、金华职业技术学院、精进百世特电动(上海)科技有限公司	2022-07-15	2022-07-30
T/ZAS 2013—2022	电动汽车充电桩信息追溯技术要求	本文件规定了电动汽车充电桩信息追溯的术语和定义、缩略语、概述、数据交换信息、追溯数据交换方式、运维和运营管理、监督和审查。 本文件适用于电动汽车充电桩信息在设计、制造、物流、仓储和销售等环节的追溯管理。	浙江省标准化协会	浙江省标准化协会	杭州电子科技大学、杭州中恒电气股份有限公司、航天信息股份有限公司、浙江标协标准化服务有限公司	2022-07-21	2022-08-21
T/ZJVITIA 09—2022	电动汽车用动力电池回收利用技术及安全规范	本标准规定了电动汽车用动力电池回收梯次利用的流程、技术及安全要求。 本标准适用于电动汽车用锂离子动力蓄电池、金属氢化物镍动力蓄电池的回收梯次利用。	浙江省汽车工业技术创新协会	浙江省汽车工业技术创新协会	义乌市元尹酷汽车配件有限公司、杭州邬萍科技有限公司、杭州恩惠安防产品有限公司	2022-07-29	2022-08-10
T/ZJVITIA 07—2022	电动汽车事故维修救援规范	本标准规定了电动汽车发生抛锚、泡水、火灾、碰撞等灾害事故时的救援规范。 本标准适用于救援人员对纯电动汽车和混合动力电动汽车事故应急救援。	浙江省汽车工业技术创新协会	浙江省汽车工业技术创新协会	杭州贵仕科技有限公司、浙江宝映科技有限公司、杭州檀格科技有限公司	2022-07-29	2022-08-01
T/ZJVITIA 06—2022	电动汽车公用充电站运营安全管理规范	本标准规定了电动汽车公用充电站的安全管理规范。 本标准适用于为电动汽车进行充电的充电站。	浙江省汽车工业技术创新协会	浙江省汽车工业技术创新协会	杭州廖仕科技有限公司、杭州谣佐科技有限公司、杭州丽筝科技有限公司	2022-07-29	2022-08-01

续上表

标准编号	标准名称	标准主要内容	发布单位	归口单位	起草单位	发布日期	实施日期
T/ZAS 2014—2022	储能用车用动力电池梯次利用技术要求	本文件规定了储能用车用动力电池梯次利用的基本要求、梯次电池产品要求、电池管理系统产品要求以及运行维护要求。 本文件适用于储能用车用动力电池中磷酸铁锂离子电池的梯次利用。	浙江省标准化协会	浙江省标准化协会	杭州煦达新能源科技有限公司、杭州中恒电气股份有限公司、杭州电子科技大学、江苏中钧动力科技有限公司、天津天海源电气技术有限责任公司、江苏展旺能源科技有限公司、浙江标协标准化服务有限公司	2022-08-03	2022-09-03
DB52/T 1685—2022	电动汽车充电站（桩）防雷技术规范	本文件确立了电动汽车充电站（桩）雷电灾害风险评估、防雷设计与安装、防雷装置检测和维护等内容。 本文件适用于新（改、扩）建电动汽车充电站（桩雷电防护装置）的设计施工、检测与日常维护。	贵州省市场监督管理局	贵州省气象局	贵州省气象灾害防御技术中心	2022-08-09	2022-11-01
DB53/T 1122—2022	高原山区高速公路服务区电动汽车充电站应急管理指南	本文件对高原山区高速公路服务区电动汽车充电站应急管理的基本原则、基础管理、应急管理、持续改进等做出了规定。 本文件适用于高原山区高速公路服务区充电站及其运营管理单位，包括有人值守服务区充电站和无人值守服务区充电站。	云南省市场监督管理局	云南省交通标准化技术委员会	云南省交通投资建设集团有限公司，云南交投集团经营开发有限公司，云南交投新能源产业发展有限公司，昆明理工大学	2022-08-12	2022-11-12
T/CIECCPA 009—2022	梯次锂离子电池使用标准	本文件规定了退役动力锂离子电池分选项目、试验方法和分级要求。 本文件适用于退役动力锂离子电池单体、模块。	中国工业节能与清洁生产协会	中国工业节能与清洁生产协会	衢州华友资源再生科技有限公司、江苏华友能源科技有限公司	2022-08-12	2022-08-16
T/JSQX 0011—2022	江苏省纯电动重型卡车换电电池包系统技术规范	本文件规定了江苏省纯电动重型卡车换电电池包系统的要求、标志、运输和贮存。 本文件适用于可进行换电的纯电动重型卡车及换电电池包系统。	江苏省汽车行业协会	江苏省汽车行业协会	江苏电投易充新能源科技有限公司、中国质量认证中心南京分中心、国网江苏电动汽车服务有限公司、开沃新能源汽车集团有限公司、徐州徐工汽车制造有限公司、南京恒天领锐汽车有限公司、金龙联合汽车工业（苏州）有限公司、郑州宇通集团有限公司、宁德时代新能源科技股份有限公司、协鑫能源科技股份有限公司、中创新航科技股份有限公司、国网电力科学研究院有限公司实验验证中心、国网南京电动汽车服务有限公司、宁普易充新能源科技（江苏）有限公司、中国电动汽车充电基础设施促进联盟、江苏省汽车行业协会、江苏省动力及储能电池产业创新联盟、中汽研汽车检验中心（常州）有限公司、南京康尼新能源汽车零部件有限公司、菲尼克斯（南京）新能源汽车技术有限公司、江苏华友能源科技有限公司、国创未来检测技术（江苏）有限公司、江苏金融租赁股份有限公司	2022-08-22	2022-09-01
T/XYXCLM 0003—2022	锂离子电池回收利用回收及修复镍钴锰酸锂	本文件规定了退役废旧动力电池拆解出的镍钴锰酸锂正极粉料及修复镍钴锰酸锂正极材料的术语和定义、分类要求、一般要求、原料要求、修复产品要求、包装要求、运输要求。 本文件适用于废旧镍钴锰酸锂和修复镍钴锰酸锂。	新余市新材料产业联盟	新余市新材料产业联盟	江西赣锋锂业股份有限公司、南昌航空大学、昆明理工大学、上饶市鼎鑫金属化工有限公司、北京赛德美资源再利用研究院有限公司、江西金泰阁钴业有限公司、中南大学、湖南省正源储能材料与器件研究所、江西赣锋循环科技有限公司、湖南中科星城石墨有限公司、浙江新时代中能循环科技有限公司、国投安徽城市资源循环利用有限公司	2022-08-25	2022-08-29

续上表

标准编号	标准名称	标准主要内容	发布单位	归口单位	起草单位	发布日期	实施日期
T/XJBX T/XJBX00X—2022	新能源汽车使用碳标签标识	本标准规定了新能源汽车使用碳标签标识及其标注的基本原则和一般要求。 本标准适用于新能源汽车使用碳标签的审核、标识、评价、监督管理活动。 本产品系统边界为新能源汽车(纯电车辆和插电式混合动力车辆)及充电桩在使用阶段中消耗能源资源的过程,不涉及新能源汽车及充电桩原材料获取与加工、车辆生产制造、充电桩生产制造、运输配送与销售、废弃回收等阶段。 使用阶段包括燃料生产、燃料使用、电力生产,不包括轮胎换新、铅酸电池换新、动力电池换新、液体的换新以及制冷剂的逸散。	西安市计量标准检测认证协会	西安市计量标准检测认证协会	方圆标志认证集团陕西有限公司	2022-08-26	2022-09-06
T/XJBX T/XJBX00X—2022	新能源汽车使用碳足迹评价通则	本部分规定了新能源汽车使用碳足迹核算的术语和定义、原则、碳足迹计算、碳足迹评价程序、碳足迹评价通报等内容。 本部分适用于指导相关方核算新能源汽车(纯电车辆和插电式混合动力车辆)使用的碳足迹,并对碳足迹结果进行评价;同时为新能源汽车使用碳足迹核算技术规范的编制提供参照。	西安市计量标准检测认证协会	西安市计量标准检测认证协会	方圆标志认证集团陕西有限公司、北京理工新源信息科技有限公司	2022-08-26	2022-09-06
T/CPSS 1001—2022	电动汽车大功率无线充电技术规范	本文件规定了电动汽车大功率无线充电系统主要性能、通信要求、安全要求、辅助功能要求等。 本文件适用于电动汽车大功率无线充电系统(功率等级为11 kW以上),其供电电源额定电压最大值为1000V AC或1500V DC,额定输出电压最大值为1000V AC或1500V DC。	中国电源学会	中国电源学会	哈尔滨工业大学、国网电力科学研究院有限公司、重庆大学、中国汽车技术研究中心有限公司、宇通客车股份有限公司、中国计量科学研究院、北京理工大学、国电南瑞科技股份有限公司、哈尔滨理工大学、台达电子企业管理(上海)有限公司、广西电网有限责任公司电力科学研究院	2022-09-06	2022-09-07
T/CPSS 1001—2022	电动汽车大功率无线充电技术规范	本文件规定了电动汽车大功率无线充电系统主要性能、通信要求、安全要求、辅助功能要求等。 本文件适用于电动汽车大功率无线充电系统(功率等级为11 kW以上),其供电电源额定电压最大值为1000V AC或1500V DC,额定输出电压最大值为1000V AC或1500V DC。	中国电源学会	中国电源学会	哈尔滨工业大学、国网电力科学研究院有限公司、重庆大学、中国汽车技术研究中心有限公司、宇通客车股份有限公司、中国计量科学研究院、北京理工大学、国电南瑞科技股份有限公司、哈尔滨理工大学、台达电子企业管理(上海)有限公司、广西电网有限责任公司电力科学研究院	2022-09-06	2022-09-07
T/ASC 17—2021	电动汽车充换电设施系统设计标准	标准适用于新建、改建和扩建的民用与一般工业建筑、园区、公共停车场(库)中采用整车充电模式的电动汽车充电设施及电动汽车电池更换站的工程设计。	中国建筑学会	中国建筑学会	中国建筑学会电气分会、悉地(北京)国际建筑设计顾问有限公司、天津市建筑设计院、中信建筑设计研究总院有限公司、安徽省建筑设计研究总院股份有限公司、江西省建筑设计研究总院、华东建筑设计研究院有限公司、中国建筑设计研究院有限公司、中国建筑标准设计研究院有限公司、中国市政工程西北设计研究院有限公司、北京市建筑设计研究院有限公司、应急管理部沈阳消防研究所、湖南省建筑设计院有限公司、北京建筑大学、浙江大学建筑设计研究院有限公司、国际铜业协会、震宇智慧(北京)新能源科技有限公司、上海正尔智能科技股份有限公司、贵州泰永长征技术股份有限公司、ABB(中国)有限公司、施耐德电气(中国)有限公司、西门子(中国)有限公司、珠海派诺科技股份有限公司	2022-10-10	2021-05-01

续上表

标准编号	标准名称	标准主要内容	发布单位	归口单位	起草单位	发布日期	实施日期
T/GDDY 007—2022	电动汽车智能有序充电插座	本文件规范了电动汽车用智能有序充电插座的术语和定义、分类、技术要求、试验方法等，重点关注了充电插座及充电箱的安全及 EMC 要求，指导在小区停车设施中建设电动汽车充电、补电设施，进一步推动电动汽车的推广应用。	广东省电源行业协会	广东省电源行业协会	广州发展新能源股份有限公司、威凯检测技术有限公司、应急管理部四川消防研究所、中国质量认证中心、公牛集团股份有限公司、浙江正泰建筑电器有限公司、中山市狮盾电气有限公司、广州开发区电子及通信行业协会、广州市物业经理人协会、广州市冲锋新能源有限公司、广州市悦停网络科技有限公司、广州市乐天科技有限公司、嘉兴威凯检测技术有限公司	2022-10-10	2022-10-15
GB/T 41884—2022	车用甲醇燃料作业安全规范	本文件规定了车用甲醇燃料作业安全规范的基本要求、装卸、调配、储存、运输、加注、应急管理等内容。 本文件适用于车用甲醇燃料调配中心、储备库和加注站的安全操作。	国家市场监督管理总局 国家标准化管理委员会	全国醇醚燃料标准化技术委员会	山西省醇醚清洁燃料行业技术中心（有限公司）、中国安全生产科学研究院、中润油新能源股份有限公司、浙江吉利控股集团有限公司、山西必和必信清洁燃料技术开发有限公司、山西华顿实业有限公司、贵州黔晟新能源实业有限公司、亚能石化股分有限公司、河南省豫隆科学技术研究院有限公司、山西赛福特安环科技有限公司、山西省检验检测中心（山西省标准计量技术研究院）、贵州省标准化院、广州国机润滑科技有限公司、陕西延长石油能源科技有限公司、北京雄韬伟业能源科技发展有限公司	2022-10-12	2022-10-12
GB/T 18386. 2—2022	电动汽车能量消耗量和续驶里程试验方法　第 2 部分：重型商用车辆	本文件规定了纯电动汽车的能量消耗量和续驶里程的试验方法。 本文件适合于最大设计总量超过 3500 kg 的纯电动汽车，包括货车、半挂牵引车、客车、自卸汽车和城市客车。混凝土搅拌运输车可参照自卸汽车相关测量方法，其他专用运输车可参照货车相关测量方法执行。 本文件不适用于专用汽车，包括厢式专用作业汽车、罐式专用作业汽车、专用自卸作业汽车、仓栅式专用作业汽车、起重举升专用作业汽车及特种结构专用作业汽车等。	国家市场监督管理总局 国家标准化管理委员会	全国汽车标准化技术委员会	中国汽车技术研究中心有限公司、招商局检测车辆技术研究院有限公司、厦门金龙联合汽车工业有限公司、宇通客车股份有限公司、比亚迪汽车工业有限公司、北汽福田汽车股份有限公司、一汽解放汽车有限公司、东风柳州汽车有限公司、厦门金龙旅行车有限公司、安徽江淮汽车集团股份有限公司、浙江吉利新能源商用车集团有限公司、中国重型汽车集团有限公司、上汽大通汽车有限公司、上海机动车检测认证技术研究中心有限公司、长春汽车检测中心有限责任公司	2022-10-12	2023-05-01
T/CAAMTB 97. 1—2022	电动中重卡共享换电车辆及换电站建设技术规范 第 1 部分：总则	本文件规定了电动中重卡共享换电车辆及换电站建设的基本要求、换电步骤及车辆技术要求。 本文件适用于 N2、N3 电动中重卡吊装式换电车辆，本文件不适用于侧换式、底换式等其他换电方式车辆。	中国汽车工业协会	中国汽车工业协会	一汽解放汽车有限公司、中国汽车工业协会、万帮数字能源股份有限公司、中国电动汽车充电基础设施促进联盟、浙江吉利新能源商用车集团有限公司、宁德时代新能源科技股份有限公司、陕西汽车集团股份有限公司、庆铃汽车股份有限公司、中国汽车工程研究院股份有限公司、湖北博士隆科技有限公司、上海启源芯动力科技有限公司、奥动新能源汽车科技有限公司、长春一东汽车零部件制造有限责任公司、东风（十堰）汽车液压动力有限公司	2022-10-13	2022-11-01
T/CAAMTB 97. 2—2022	电动中重卡共享换电车辆及换电站建设技术规范 第 2 部分：换电车辆换电电池箱技术要求	本文件规定了电动中重卡共享换电车辆换电电池箱技术参数要求。 本文件适用于 N2、N3 电动中重卡吊装式换电车辆，本文件不适用于侧换式、底换式等其他换电方式车辆。	中国汽车工业协会	中国汽车工业协会	一汽解放汽车有限公司、中国汽车工业协会、中国电动汽车充电基础设施促进联盟、浙江吉利新能源商用车集团有限公司、陕西汽车集团股份有限公司、北汽福田汽车股份有限公司、上汽红岩汽车有限公司、比亚迪汽车工业有限公司、中国重型汽车集团有限公司、庆铃汽车股份有限公司、北奔重型汽车集团有限公司、三一集团有限公司、长春一东汽车零部件制造有限责任公司、上海启源芯动力科技有限公司	2022-10-13	2022-11-01

续上表

标准编号	标准名称	标准主要内容	发布单位	归口单位	起草单位	发布日期	实施日期
T/CAAMTB 97.3—2022	电动中重卡共享换电车辆及换电站建设技术规范 第3部分:换电车辆换电底托技术要求	本文件规定了电动中重卡共享换电车辆换电底托技术参数要求。 本文件适用于N2、N3电动中重卡吊装式换电车辆,本文件不适用于侧换式、底换式等其他换电方式车辆。	中国汽车工业协会	中国汽车工业协会	一汽解放汽车有限公司、中国汽车工业协会、湖北博士隆科技有限公司、上海玖行能源科技有限公司、浙江吉利新能源商用车集团有限公司、东风商用车有限公司、陕西汽车集团股份有限公司、北汽福田汽车股份有限公司、安徽江淮汽车集团股份有限公司、庆铃汽车股份有限公司、比亚迪汽车工业有限公司、徐州徐工新能源汽车有限公司、郑州宇通集团有限公司、东风(十堰)汽车液压动力有限公司	2022-10-13	2022-11-01
T/CAAMTB 97.4—2022	电动中重卡共享换电车辆及换电站建设技术规范 第4部分:换电车辆换电连接器技术要求	本文件规定了电动中重卡换电车辆换电连接器的技术要求、试验方法。 本文件适用于N2、N3电动中重卡吊装式换电车辆,本文件不适用于侧换式、底换式等其他换电方式车辆。	中国汽车工业协会	中国汽车工业协会	一汽解放汽车有限公司、中国汽车工业协会、中国电动汽车充电基础设施促进联盟、苏州瑞可达连接系统股份有限公司、北汽福田汽车股份有限公司、中国重型汽车集团有限公司、东风商用车有限公司、浙江吉利新能源商用车集团有限公司、中国汽车工程研究院股份有限公司、陕西汽车集团股份有限公司、北奔重型汽车集团有限公司、郑州宇通集团有限公司、长春致远新能源装备股份有限公司、上海玖行能源科技有限公司、杭州伯坦新能源科技有限公司	2022-10-13	2022-11-01
T/CAAMTB 97.5—2022	电动中重卡共享换电车辆及换电站建设技术规范 第5部分:换电车辆换电控制器技术要求	本文件规定了电动中重卡换电车辆换电控制器的技术要求、通信要求和试验方法,规定了换电控制器与车端之间、换电控制器与换电站之间的通信协议结构、通信连接方式、数据包结构与定义、数据单元格式与定义。 本文件适用于N2、N3电动中重卡吊装式换电车辆,本文件不适用于侧换式、底换式等其他换电方式车辆。	中国汽车工业协会	中国汽车工业协会	一汽解放汽车有限公司、中国汽车工业协会、浙江吉利新能源商用车集团有限公司、宁德时代新能源科技股份有限公司、上汽红岩汽车有限公司、中国重型汽车集团有限公司、陕西汽车集团股份有限公司、北汽福田汽车股份有限公司、比亚迪汽车工业有限公司、三一集团有限公司、徐州徐工新能源汽车有限公司、协鑫能源科技股份有限公司、苏州瑞可达连接系统股份有限公司、中国汽车工程研究院股份有限公司	2022-10-13	2022-11-01
T/CAAMTB 97.6—2022	电动中重卡共享换电车辆及换电站建设技术规范 第6部分:车辆识别系统要求	本文件规定了电动中重卡换电站识别系统的组成,以及功能要求、性能要求、安全性要求、试验方法等。 本文件适用于电动中重型卡车吊装式换电站。	中国汽车工业协会	中国汽车工业协会	一汽解放汽车有限公司、万帮数字能源股份有限公司、中国汽车工业协会、协鑫能源科技股份有限公司、远景动力技术(江苏)有限公司、普天新能源有限责任公司、深圳市赛特新能科技有限公司、安徽江淮汽车集团股份有限公司、庆铃汽车股份有限公司、郑州宇通集团有限公司、杭州伯坦新能源科技有限公司、金茂智慧交通科技(天津)有限公司、苏州瀚川智能科技股份有限公司、深圳精智机器有限公司	2022-10-13	2022-11-01
T/CAAMTB 97.7—2022	电动中重卡共享换电车辆及换电站建设技术规范 第7部分:换电站换电系统与装置技术要求	本文件规定了电动中重卡换电站换电系统和装置的基本构成、环境要求、性能要求、安全性能、环境适应性能和试验方法等。 本文件适用于电动中重型卡车吊装式换电站。	中国汽车工业协会	中国汽车工业协会	一汽解放汽车有限公司、万帮数字能源股份有限公司、中国汽车工业协会、中国电动汽车充电基础设施促进联盟、上海玖行能源科技有限公司、浙江吉利新能源商用车集团有限公司、陕西汽车集团股份有限公司、东风(十堰)汽车液压动力有限公司、湖北博士隆科技有限公司、中国汽车工程研究院股份有限公司、金茂智慧交通科技(天津)有限公司、苏州瀚川智能科技股份有限公司、深圳精智机器有限公司、上海启源芯动力科技有限公司	2022-10-13	2022-11-01

续上表

标准编号	标准名称	标准主要内容	发布单位	归口单位	起草单位	发布日期	实施日期
T/CAAMTB 97.8—2022	电动中重卡共享换电车辆及换电站建设技术规范 第8部分：换电站换电设备技术要求	本文件规定了电动中重卡换电站换电设备的技术要求。 本文件适用于电动中重型卡车吊装式换电站。	中国汽车工业协会	中国汽车工业协会	一汽解放汽车有限公司、万帮数字能源股份有限公司、中国汽车工业协会、长春一东汽车零部件制造有限责任公司、协鑫能源科技股份有限公司、奥动新能源汽车科技有限公司、北京辉程动力科技有限公司、威凯检测技术有限公司、蓝谷智慧（北京）能源科技有限公司、中国重型汽车集团有限公司、上汽红岩汽车有限公司、长春致远新能源装备股份有限公司、许继集团有限公司、西安领充创享新能源科技有限公司	2022-10-13	2022-11-01
T/CAAMTB 97.9—2022	电动中重卡共享换电车辆及换电站建设技术规范 第9部分：换电电池包通信协议要求	本文件规定了电动中重卡共享换电电池组基于控制局域网（CAN）的通讯物理层、数据链路层及应用层的定义。 本文件适用于采用CAN通信方式的电动中重卡共享换电电池组在换电站内与其相连接的设备之间的通信。	中国汽车工业协会	中国汽车工业协会	一汽解放汽车有限公司、宁德时代新能源科技股份有限公司、中国汽车工业协会、万帮数字能源股份有限公司、浙江吉利新能源商用车集团有限公司、徐州徐工新能源汽车有限公司、杭州伯坦新能源科技有限公司、远景动力技术（江苏）有限公司、苏州瑞可达连接系统股份有限公司、普天新能源有限责任公司、深圳市赛特新能科技有限公司、长春致远新能源装备股份有限公司、许继集团有限公司、西安领充创享新能源科技有限公司	2022-10-13	2022-11-01
T/CAAMTB 97.10—2022	电动中重卡共享换电车辆及换电站建设技术规范 第10部分：数据安全管理技术要求	本文件规定了电动中重卡换电站的数据安全管理等技术要求。 本文件适用于电动中重型卡车吊装式换电站。	中国汽车工业协会	中国汽车工业协会	一汽解放汽车有限公司、万帮数字能源股份有限公司、中国汽车工业协会、宁德时代新能源科技股份有限公司、中国汽车工程研究院股份有限公司、苏州瑞可达连接系统股份有限公司、苏州瀚川智能科技股份有限公司、威凯检测技术有限公司、蓝谷智慧（北京）能源科技有限公司、徐州徐工新能源汽车有限公司、东风商用车有限公司、深圳精智机器有限公司、金茂智慧交通科技（天津）有限公司、安徽江淮汽车集团股份有限公司	2022-10-13	2022-11-01
T/CAAMTB 97.11—2022	电动中重卡共享换电车辆及换电站建设技术规范 第11部分：安全防护及应急要求	本文件规定了电动中重卡换电站的安全防护要求及应急要求。 本文件适用于电动中重型卡车吊装式换电站。	中国汽车工业协会	中国汽车工业协会	一汽解放汽车有限公司、万帮数字能源股份有限公司、中国汽车工业协会、杭州伯坦新能源科技有限公司、宁德时代新能源科技股份有限公司、上海玖行能源科技有限公司、上海启源芯动力科技有限公司、北京辉程动力科技有限公司、东风商用车有限公司、郑州宇通集团有限公司、北奔重型汽车集团有限公司、徐州徐工新能源汽车有限公司、许继集团有限公司、西安领充创享新能源科技有限公司	2022-10-13	2022-11-01
T/CAAMTB 97.12—2022	电动中重卡共享换电车辆及换电站建设技术规范 第12部分：换电站规划布局要求	本文件规定了电动中重卡换电站的规划布局要求。 本文件适用于电动中重型卡车吊装式换电站。	中国汽车工业协会	中国汽车工业协会	一汽解放汽车有限公司、万帮数字能源股份有限公司、中国汽车工业协会、上海玖行能源科技有限公司、杭州伯坦新能源科技有限公司、湖北博士隆科技有限公司、奥动新能源汽车科技有限公司、北汽福田汽车股份有限公司、三一集团有限公司、中国汽车工程研究院股份有限公司、协鑫能源科技股份有限公司、北京辉程动力科技有限公司、普天新能源有限责任公司、深圳市赛特新能科技有限公司	2022-10-13	2022-11-01
T/CAAMTB 97.13—2022	电动中重卡共享换电车辆及换电站建设技术规范 第13部分：换电站安全运营、设备运输和安装要求	本文件规定了电动中重卡换电站的安全运营、标识、设备运输和安装要求。 本文件适用于电动中重型卡车吊装式换电站。	中国汽车工业协会	中国汽车工业协会	一汽解放汽车有限公司、万帮数字能源股份有限公司、中国汽车工业协会、中国电动汽车充电基础设施促进联盟、上海启源芯动力科技有限公司、协鑫能源科技股份有限公司、长春一东汽车零部件制造有限责任公司、远景动力技术（江苏）有限公司、威凯检测技术有限公司、蓝谷智慧（北京）能源科技有限公司、上汽红岩汽车有限公司、三一集团有限公司、东风（十堰）汽车液压动力有限公司、长春致远新能源装备股份有限公司	2022-10-13	2022-11-01

续上表

标准编号	标准名称	标准主要内容	发布单位	归口单位	起草单位	发布日期	实施日期
GB/T 18386.2—2022	电动汽车能量消耗量和续驶里程试验方法　第2部分:重型商用车辆	本文件规定了纯电动汽车的能量消耗量和续驶里程的试验方法。 本文件适用于最大设计总质量超过 3500 kg 的纯电动汽车,包括货车、半挂牵引车、客车、自卸汽车和城市客车。混凝土搅拌运输车可参照自卸汽车相关测量方法,其他专用运输车可参照货车相关测量方法执行。 本文件不适用于专用作业汽车,包括厢式专用作业汽车、罐式专用作业汽车、专用自卸作业汽车、仓栅式专用作业汽车、起重举升专用作业汽车及特种结构专用作业汽车等。	国家市场监督管理总局 国家标准化管理委员会	全国汽车标准化技术委员会	中国汽车技术研究中心有限公司、招商局检测车辆技术研究院有限公司、厦门金龙联合汽车工业有限公司、宇通客车股份有限公司、比亚迪汽车工业有限公司、北汽福田汽车股份有限公司、一汽解放汽车有限公司、东风柳州汽车有限公司、厦门金龙旅行车有限公司、安徽江淮汽车集团股份有限公司、浙江吉利新能源商用车集团有限公司、中国重型汽车集团有限公司、上汽大通汽车有限公司、上海机动车检测认证技术研究中心有限公司、长春汽车检测中心有限责任公司	2022-10-14	2023-05-01
DB32/T 4380—2022	在运电动汽车锂离子动力电池系统技术要求及现场检测方法	本文件规定了在运电动汽车锂离子动力电池系统的技术要求、检测条件及检测方法。 本文件适用于在运电动汽车的锂离子动力电池系统在整车不拆解、沿用原厂控制策略条件下的检测,其他类型电池系统参照执行。 本文件适用于在运电动汽车在充电、年检、保养和残值评估的应用场景下锂离子动力电池系统的状态检测和性能检测条件、要求及方法。	江苏省市场监督管理局	江苏省电力标准化技术委员会	国网江苏省电力有限公司、国网江苏电动汽车服务有限公司、中国质量认证中心南京分中心、中国电力科学研究院有限公司、国网江苏省电力有限公司电力科学研究院、上海蔚来汽车有限公司、福建时代星云科技有限公司、江苏华鹏智能仪表科技股份有限公司、江苏智逸新能源科技有限公司、北京昇科能源科技有限责任公司、江苏智融能源科技有限公司	2022-10-23	2022-11-23
DB32/T 4381—2022	在运电动汽车驱动电机系统检测方法	本文件描述了在运电动汽车驱动电机系统状态检测、动力性能检测等项目的技术要求、检测条件和检测方法。 本文件适用于在运电动汽车驱动电机系统在整车不拆解、沿用原厂控制策略条件下的检测,其他类型电池系统参照执行。 本文件适用于在运电动汽车驱动电机系统、驱动电机、驱动电机控制器,对仅具有发电功能的车用电机及控制器可参照执行。	江苏省市场监督管理局	江苏省电力标准化技术委员会	国网江苏省电力有限公司、国网江苏电动汽车服务有限公司、中国质量认证中心南京分中心、中国电力科学研究院有限公司、国网江苏省电力有限公司电力科学研究院、上海蔚来汽车有限公司、苏州汇川联合动力系统有限公司、南京越博动力系统股份有限公司、苏州绿控传动科技股份有限公司、江苏华鹏智能仪表科技股份有限公司、南京金龙客车制造有限公司、南京理工大学、南京邮电大学	2022-10-23	2022-11-23
T/SHMHZQ 068—2022	电动汽车用永磁同步驱动电机初始旋变角度标定方法	主要技术内容: 1. 范围; 2. 规范性引用文件; 3. 一般术语和定义; 4. 标定原理; 5. 标定电桥自由状态下旋变偏移角时的电路信号控制; 6. 仪器设备。	上海市闵行区中小企业协会	上海市闵行区中小企业协会	一巨自动化装备(上海)有限公司,合肥巨一动力系统有限公司,安徽巨一科技股份有限公司,上海羽耀企业管理中心(有限合伙),上海羽烨信息科技有限公司	2022-10-25	2022-11-01
T/GAEPA 001—2022	电动汽车超级充电站建设技术规范	本标准规定了电动汽车“超级充电设备”“超级充电站”的定义,规范了超级充电站的规划设计、设施选用、工程实施、竣工验收以及运行管理与维护等内容,为超级充电站的建设提供了全方位的技术指导,确保了充电站建设的规范性与安全性,有助于推动超级充电站的建设。	广东省汽车智能网联发展促进会	广东省汽车智能网联发展促进会	广州特来电新能源有限公司、广汽能源科技有限公司、广州小鹏汽车科技有限公司、广州万城万充新能源科技有限公司、广东天枢新能源科技有限公司、广州巨湾技研有限公司、延长壳牌(广东)石油有限公司、万帮数字能源股份有限公司、智光研究院(广州)有限公司、中检集团南方测试股份有限公司、威凯检测技术有限公司、华为数字能源技术有限公司、广东电网电动汽车服务有限公司、广州锐速智能科技股份有限公司、洛阳正奇机械有限公司、广州捷电通综合能源有限责任公司、广东电网有限责任公司广州供电局、国创未来检测技术(江苏)有限公司、广州电缆厂有限公司	2022-10-26	2022-11-01

续上表

标准编号	标准名称	标准主要内容	发布单位	归口单位	起草单位	发布日期	实施日期
T/SPSTS 022—2022	在用电动汽车动力蓄电池系统检测方法	主要技术内容： 1. 范围； 2. 规范性引用文件； 3. 术语和定义； 4. 符号和缩略语； 5. 检验条件； 6. 外观检测； 7. 电能消耗； 8. 蓄电池管理系统检测方法； 9. 动力蓄电池。	深圳市电源技术学会	深圳市电源技术学会	清华大学深圳国际研究生院、深圳市电源技术学会、深圳市清新电源研究院、深圳市阿丹能量信息技术有限公司、深圳汽航院科技有限公司、深圳天溯计量检测股份有限公司	2022-11-03	2022-11-03
T/JSQX 0012—2022	江苏省纯电动重型卡车换电电池包通信协议	本文件规定了换电车型电池管理系统与车辆之间包括电池基本信息上传、高压上下电控制、热管理控制、故障上报及处理等功能的通信协议。标准文本包括：范围、规范性引用文件、术语和定义、总则、物理层、数据链路层、应用层、报文分类、报文格式和内容、换电电池包接收的报文。	江苏省汽车行业协会	江苏省汽车行业协会	开沃新能源汽车集团有限公司、江苏电投易充新能源科技有限公司、徐州徐工汽车制造有限公司、中国质量认证中心南京分中心、国网江苏电动汽车服务有限公司、南京恒天领锐汽车有限公司、中创新航科技股份有限公司、宁德时代新能源科技股份有限公司、国网电力科学研究院有限公司实验验证中心、国网南京电动汽车服务有限公司、宁普易充新能源科技（江苏）有限公司、中国电动汽车充电基础设施促进联盟、江苏省汽车行业协会、江苏省动力及储能电池产业创新联盟、中汽研汽车检验中心（常州）有限公司、南京康尼新能源汽车零部件有限公司、协鑫能源科技股份有限公司	2022-11-08	2022-12-01
T/SPSTS 024—2022	固态锂电池电性能要求及测试方法固液混合锂电池	本文件规定了固液混合锂电池的电性能要求、试验方法、检验规则和标志、包装、运输、贮存的要求。 本文件适用于车载动力固液混合锂电池、3C 产品用固液混合锂电池以及其他固液混合锂电池。	深圳市电源技术学会	深圳市电源技术学会	清华大学深圳国际研究生院、北京卫蓝新能源科技有限公司、南方科技大学、中国科学院物理研究所、深圳市比亚迪锂电池有限公司、中国科学院上海硅酸盐研究所、中国长江三峡集团有限公司、北京海博思创科技股份有限公司、中南大学、深圳市清新电源研究院、天津大学、青岛大学、深圳新宙邦科技股份有限公司、中国科学院宁波材料技术与工程研究所、宁德新能源科技有限公司、中山大学、深圳市电源技术学会、深圳天溯计量检测股份有限公司	2022-11-08	2022-11-08
T/SPSTS 023—2022	固态锂电池电性能要求及测试方法全固态锂电池	本文件规定了固态电解质体系为聚合物固态电解质、无机固态电解质及两者复合固态电解质的全固态锂电池的电性能要求、试验方法和检验规则、标志、包装、运输、贮存与质量说明书以及订货单（或合同）内容。 本文件适用于车载动力全固态锂电池、3C 产品用全固态锂电池以及其他全固态锂电池。	深圳市电源技术学会	深圳市电源技术学会	清华大学深圳国际研究生院、北京卫蓝新能源科技有限公司、南方科技大学、中国科学院物理研究所、深圳市比亚迪锂电池有限公司、中国科学院上海硅酸盐研究所、北京海博思创科技股份有限公司、中南大学、天津大学、中国科学院宁波材料技术与工程研究所、深圳市清新电源研究院、青岛大学、深圳新宙邦科技股份有限公司、宁德新能源科技有限公司、中山大学、深圳市电源技术学会、深圳天溯计量检测股份有限公司	2022-11-08	2022-11-08
T/SGX 015—2022	线束用自卷式保护套管 第 1 部分：新能源汽车	本文件规定了新能源汽车行业线束用自卷式纺织保护套管的使用条件、产品型号、要求、检验方法、检验规则、标识、包装、运输与贮存。本文件适用于以聚酯单丝、复丝为材料制造的新能源汽车行业线束用自卷式纺织保护套管的生产及检验。	深圳市高分子行业协会	深圳市高分子行业协会	深圳市骏鼎达新材料股份有限公司、昆山骏鼎达电子科技有限公司、东莞市润银实业有限公司、深圳奥凯米高分子材料有限公司、昆山沪光汽车电器股份有限公司	2022-11-11	2022-12-12

续上表

标准编号	标准名称	标准主要内容	发布单位	归口单位	起草单位	发布日期	实施日期
T/DZJN 111—2022	动力软包锂离子蓄电池技术规范	本文件规定了动力软包锂离子蓄电池的一般性要求、电性能、安全性能、包装运输存储条件及安全使用策略等内容。	中国电子节能技术协会	中国电子节能技术协会	孚能科技（赣州）股份有限公司、河南克能新能源科技有限公司、远景动力技术（江苏）有限公司、天津市捷威动力工业有限公司、天津力神电池股份有限公司、江西明冠锂膜技术有限公司、上海紫江新材料科技股份有限公司、浙江道明光电科技有限公司、广东安德力新材料有限公司、溧阳卓越新材料科技有限公司、江阴苏达汇诚复合材料有限公司、浙江华正能源材料有限公司、浙江锂盾新能源材料有限公司、江苏华谷新材料有限公司、江苏锦尚新材料有限公司、江苏德立信电子科技有限公司、荣成拓普威新能源有限公司、宁波格劳博智能工业有限公司、广州集泰化工股份有限公司、浙江煌能新能源科技有限公司、江西厚鼎能源科技有限公司、广东国光电子有限公司、新能源汽车动力电源技术国家地方联合工程实验室（厦门大学）、北京绿色智汇能源技术研究院	2022-11-14	2022-12-01
DB12/T 1173—2022	电动汽车充电设施消防安全管理规范	本文件规定了电动汽车充电设施的消防安全职责、消防安全日常管理及应急处置相关要求。 本文件适用于天津市电动汽车充电设施的消防安全管理。	天津市市场监督管理委员会	天津市消防救援总队	天津市消防救援总队、特来电新能源股份有限公司、特来电（天津）新能源科技有限公司	2022-11-22	2023-01-01
T/ZS 0319—2022	新能源电动汽车线束	主要技术内容： 1. 范围； 2. 规范性引用文件； 3. 术语和定义； 4. 原材料要求； 5. 技术要求； 6. 试验方法； 7. 检验规则； 8. 标志、包装、运输、贮存。	浙江省产品与工程标准化协会	浙江省产品与工程标准化协会	杭州华虹电子设备科技有限公司、浙江华虹电器有限公司、杭州南都动力科技有限公司、乐庭电线工业（常州）有限公司、常州市群创电子有限公司、杭州慧仓信息科技有限公司	2022-11-22	2022-11-29
DB22/T 3410—2022	高寒地区纯电动汽车用动力蓄电池低温性能要求及试验方法	本文件规定了高寒地区纯电动汽车用金属氢化物镍动力蓄电池和锂离子动力蓄电池的术语和定义、符号和缩略语、试验条件、金属氢化物镍动力蓄电池低温性能要求、锂离子动力蓄电池低温性能要求、金属氢化物镍动力蓄电池试验方法及锂离子动力蓄电池试验方法。 本文件适用于纯电动汽车用单体蓄电池和蓄电池包。	吉林省市场监督管理厅	吉林省发展和改革委员会	中国科学院长春应化所稀土资源利用国家重点实验室、东北师范大学动力电池国家地方联合工程实验室、中国第一汽车集团有限公司研发总院、中国第一汽车集团有限公司新能源开发院、长春汽车检测中心有限公司、一汽奔腾轿车有限公司奔腾开发院、富奥汽车零部件股份有限公司、吉林大学汽车仿真与控制国家重点实验室、吉林省汽车电子协会	2022-11-23	2022-12-08
DB22/T 3411—2022	高寒地区纯电动汽车性能综合评价指标体系	本文件规定了纯电动汽车高寒地区性能综合评价的评分模型、评分方法、性能评价指标分值分配及纯电动乘用车和纯电动商用车评价指标的设定。 本文件适用于纯电动乘用车、纯电动商用车的性能综合评价。	吉林省市场监督管理厅	吉林省发展和改革委员会	吉林大学汽车仿真与控制国家重点实验室、中国第一汽车集团有限公司研发总院、一汽解放汽车有限公司商用车开发院、中国第一汽车集团有限公司智能网联开发院、富奥汽车零部件股份有限公司、延边国泰新能源汽车有限公司、吉林省汽车电子协会	2022-11-23	2022-12-08

续上表

标准编号	标准名称	标准主要内容	发布单位	归口单位	起草单位	发布日期	实施日期
T/CACE 065—2022	废旧动力电池拆解管理规范	本文件规定了废旧动力电池拆解的术语和定义、总体要求以及智能化、精细化和低碳化要求。 本文件适用于废铅蓄电池、废锂离子电池等废旧动力电池回收利用过程中的拆解过程，包括电池包（组）、模块以及单体的全过程拆解。其他动力类、储能类的拆解，可参照本文件执行。	中国循环经济协会	中国循环经济协会	浙江天能新材料有限公司、武汉动力电池再生技术有限公司、江苏新春兴再生资源有限责任公司、中国环境科学研究院、中国循环经济协会、生态环境部南京环境科学研究所、重庆市中天电子废弃物处理有限公司、茂名天保再生资源发展有限公司、武汉博旺兴源环保科技股份有限公司、南京万舟发机电科技有限公司、鑫广再生资源（上海）有限公司、广东晟科环保科技有限公司、山东鲁北企业集团总公司、南通北新新能科技股份有限公司	2022-11-28	2022-11-28
T/IMAS 052. 8—2022	电动中重卡共享换电站及车辆换电系统技术规范 第八部分：换电站的规划布局及安装防护要求	本标准规定了电动中重卡换电站规划布局、安全防护、安全运营及设备运输的要求。 本标准适用于电动中重型卡车吊装式换电站。	内蒙古标准化协会	内蒙古标准化协会	北奔重型汽车集团有限公司、上海启源芯动力科技有限公司、协鑫能源科技有限公司、宁德时代新能源科技股份有限公司、博众精工科技股份有限公司	2022-12-01	2022-12-02
T/IMAS 052. 7—2022	电动中重卡共享换电站及车辆换电系统技术规范 第七部分：数据安全管理，风险预警分析技术要求	本标准规定了电动中重卡换电站的数据安全管理，风险预警分析等技术要求。 本标准适用于电动中重型卡车换电站。	内蒙古标准化协会	内蒙古标准化协会	北奔重型汽车集团有限公司、上海启源芯动力科技有限公司、协鑫能源科技有限公司、上海玖行能源科技有限公司、宁德时代新能源科技股份有限公司	2022-12-01	2022-12-02
T/IMAS 052. 6—2022	电动中重卡共享换电站及车辆换电系统技术规范 第六部分：换电系统通讯协议技术要求	本标准规定了电动中重卡共享换电电池组基于控制局域网（CAN）的通讯物理层、数据链路层及应用层的定义。 本文件适用于采用CAN通信方式的电动中重卡共享换电电池组在换电站内与其相连接的设备之间的通信。	内蒙古标准化协会	内蒙古标准化协会	北奔重型汽车集团有限公司、上海启源芯动力科技有限公司、协鑫能源科技有限公司、宁德时代新能源科技股份有限公司、惠州亿纬锂能股份有限公司	2022-12-01	2022-12-02
T/IMAS 052. 5—2022	电动中重卡共享换电站及车辆换电系统技术规范 第五部分：换电系统设备技术要求	本标准规定了电动中重卡换电站换电系统设备的基本构成、环境要求、性能要求、安全性能、环境适应性能和试验方法等。 本标准适用于电动中重型卡车吊装式换电站。	内蒙古标准化协会	内蒙古标准化协会	北奔重型汽车集团有限公司、上海启源芯动力科技有限公司、协鑫能源科技有限公司、宁德时代新能源科技股份有限公司、博众精工科技股份有限公司	2022-12-01	2022-12-02
T/IMAS 052. 4—2022	电动中重卡共享换电站及车辆换电系统技术规范 第四部分：换电车辆换电控制器技术要求	本文件规定了电动中重卡车辆换电控制器的技术要求、通信要求和试验方法，规定了换电控制器与车端之间、换电控制器与换电站之间的通信协议结构、通信连接方式、数据包结构与定义、数据单元格式与定义。 本文件适用于电动中重卡换电车辆换电控制器的技术要求。	内蒙古标准化协会	内蒙古标准化协会	北奔重型汽车集团有限公司、上海启源芯动力科技有限公司、协鑫能源科技有限公司、上海玖行能源科技有限公司、宁德时代新能源科技股份有限公司	2022-12-01	2022-12-02
T/IMAS 052. 3—2022	电动中重卡共享换电站及车辆换电系统技术规范 第三部分：换电车辆换电连接器技术要求	本文件规定了电动中重卡换电车辆换电连接器的技术要求、试验方法、检验规则以及标识、包装、运输和存储。 本文件适用于电动中重卡吊装式换电车辆。	内蒙古标准化协会	内蒙古标准化协会	北奔重型汽车集团有限公司、上海启源芯动力科技有限公司、协鑫能源科技有限公司、宁德时代新能源科技股份有限公司、苏州瑞可达连接系统股份有限公司	2022-12-01	2022-12-02
T/IMAS 052. 2—2022	电动中重卡共享换电站及车辆换电系统技术规范 第二部分：换电车辆换电电池箱体及换电底托技术要求	本标准规定了电动中重卡换电车辆换电电池箱体及换电底托的技术要求、试验方法。 本标准适用于电动中重卡吊装式换电车辆。	内蒙古标准化协会	内蒙古标准化协会	北奔重型汽车集团有限公司、上海启源芯动力科技有限公司、协鑫能源科技有限公司、上海玖行能源科技有限公司、宁德时代新能源科技股份有限公司	2022-12-01	2022-12-02

续上表

标准编号	标准名称	标准主要内容	发布单位	归口单位	起草单位	发布日期	实施日期
T/IMAS 052. 1—2022	电动中重卡共享换电站及车辆换电系统技术规范　第一部分:总则	本文件规定了电动中重卡换电站和车辆换电系统技术规范。 本文件适用于电动中重卡吊装式换电车辆(不适用于侧换式和底换式)。	内蒙古标准化协会	内蒙古标准化协会	北奔重型汽车集团有限公司、宁德时代新能源科技股份有限公司、上海启源芯动力科技有限公司、协鑫能源科技有限公司	2022-12-01	2022-12-02
T/GZBC 63—2022	新能源动力电池安全存放管理规范	本文件规定了新能源动力电池安全存放管理的术语和定义、存放前准备、存放要求、废旧及故障电池特殊要求、应急管理等内容。 本文件适用于新能源动力电池安全存放的管理活动。	广州市标准化促进会	广州市标准化促进会	广东伦晟汽车产业研究院,众诚汽车保险股份有限公司,众诚汽车保险股份有限公司广东分公司	2022-12-19	2022-12-20
T/SHDSGY 198—2022	新能源汽车充电桩线缆高性能无卤阻燃聚氨酯护套材料	本文件规定了新能源汽车充电桩线缆高性能无卤阻燃聚氨酯护套材料的技术要求、试验方法、检验规则、标志、包装、运输和贮存。 本文件适用于新能源汽车充电桩线缆高性能无卤阻燃聚氨酯护套材料。	上海都市型工业协会	上海都市型工业协会	上海皆利新材料科技有限公司、苏州宝兴电线电缆有限公司、江苏中利集团股份有限公司、苏州科宝光电科技有限公司、奥林特电缆科技股份有限公司	2022-12-21	2022-12-21
T/CASME 218—2022	电动汽车动力蓄电池保护箱	本文件适用于以铝合金、铝铸件、热成型钢板为主要材质经冲压或挤压后装配制成的电动汽车动力蓄电池保护的生产和检验。 本文件规定了电动汽车动力蓄电池保护箱的材料与设计要求、技术要求、试验方法、检验规则、标志、包装、运输和贮存。	中国中小商业企业协会	中国中小商业企业协会	东风(武汉)汽车零部件有限公司、东实(武汉)实业有限公司、东时(武汉)新能源科技有限公司、中国中小商业企业协会	2022-12-22	2022-12-30
T/SHDSGY 236—2022	新能源汽配供应链管理平台系统规范	本文件规定了新能源汽配供应链管理平台系统的组成、基本要求、系统要求以及安全要求。 本文件适用于新能源汽配供应链管理平台系统。	上海都市型工业协会	上海都市型工业协会	上海科媒司机器人科技有限公司、上海领甲数据科技有限公司、上海密寺阙科技有限公司、上海领彧科技有限公司、上海阿稀匣计算机系统有限公司、上海藏思信息科技有限公司	2022-12-27	2022-12-27
DB4403/T 302—2022	电动汽车司乘人员电磁曝露评估技术规范	本文件规定了电动汽车司乘人员电磁曝露的评估要求、评估流程、曝露监测、曝露评估方法、评估报告、质量保证等方面的要求。 本文件适用于深圳市行政区域内电动汽车司乘人员电磁曝露安全评估。乘客及其他车辆的司乘人员的电磁曝露测量及安全评估也可参照使用。 本文件不适用于无线充电汽车在无线充电状态下的电磁曝露安全评估。	深圳市市场监督管理局	深圳市生态环境局	广东省深圳生态环境监测中心站、生态环境部核与辐射安全中心、北京森馥科技股份有限公司	2022-12-28	2023-01-01
T/QGCML 597—2022	电动汽车驱动电机轴承模拟试验台架技术条件	本文件规定了电动汽车驱动电机轴承模拟试验台架的技术要求、安全要求、检验方法、检验规则、标志与包装等内容。 本文件适用于电动汽车驱动电机轴承模拟试验台架(以下简称"试验台架")。	全国城市工业品贸易中心联合会	全国城市工业品贸易中心联合会	杭州滴石穿智能装备有限公司、杭州鑫高科技有限公司、浙江天马轴承集团有限公司、八环科技集团股份有限公司、杭州人本电机轴承有限公司	2022-12-29	2023-01-01
GB/T 29307—2022	电动汽车用驱动电机系统可靠性试验方法	本文件规定了电动汽车用驱动电机系统台架可靠性试验的试验条件、试验程序、试验方法、检查及维护、试验结果整理、可靠性评定和试验报告。 本文件适用于电动汽车用驱动电机系统,仅具有辅助驱动功能或发电功能的车用电机系统参照执行。	国家市场监督管理总局 国家标准化管理委员会	全国汽车标准化技术委员会	中国第一汽车集团有限公司、中国汽车技术研究中心有限公司、中汽研新能源汽车检验中心(天津)有限公司、北京理工大学、上海理工大学、华为数字能源技术有限公司、苏州汇川联合动力系统有限公司、中车时代电动汽车股份有限公司、极氪汽车(宁波杭州湾新区)有限公司、蔚来汽车科技(安徽)有限公司、合肥巨一动力系统有限公司、丰田汽车(中国)投资有限公司、比亚迪汽车工业有限公司、重庆长安新能源汽车科技有限公司、宇通客车股份有限公司、浙江方圆检测集团股份有限公司、无锡威孚高科技集团股份有限公司、北京航空航天大学、中国汽车工程研究院股份有限公司、合肥阳光电动力科技有限公司、珠海英搏尔电气股份有限公司、宁波洁程汽车科技有限公司、北京国家新能源汽车技术创新中心有限公司	2022-12-30	2023-07-01

续上表

标准编号	标准名称	标准主要内容	发布单位	归口单位	起草单位	发布日期	实施日期
GB/T 42284. 1—2022	道路车辆电动汽车驱动系统用电气及电子设备的环境条件和试验　第 1 部分：一般规定	该推荐性标准采用了 ISO、IEC 等国际国外组织的标准，由于涉及版权保护问题，本系统暂不提供在线阅读服务。	国家市场监督管理总局 国家标准化管理委员会	全国汽车标准化技术委员会	中国汽车技术研究中心有限公司、河南天海电器有限公司、北京新能源汽车股份有限公司、中国重型汽车集团有限公司、北京国家新能源汽车技术创新中心有限公司、宁德时代新能源科技股份有限公司、广家院威凯(上海)检测技术有限公司、苏州市沃特测试技术服务有限公司、中国第一汽车集团有限公司、东风柳州汽车有限公司、中车时代电动汽车股份有限公司、东风汽车有限公司东风日产乘用车公司、一汽-大众汽车有限公司、吉利汽车研究院(宁波)有限公司、大众汽车(中国)投资有限公司	2022-12-30	2023-07-01
GB/T 42284. 3—2022	道路车辆电动汽车驱动系统用电气及电子设备的环境条件和试验　第 3 部分：机械负荷		国家市场监督管理总局 国家标准化管理委员会	全国汽车标准化技术委员会	中国汽车技术研究中心有限公司、宁德时代新能源科技股份有限公司、广家院威凯(上海)检测技术有限公司、北京汽车股份有限公司、北京国家新能源汽车技术创新中心有限公司、河南天海电器有限公司、苏州市沃特测试技术服务有限公司、上汽通用五菱汽车股份有限公司、重庆长安汽车股份有限公司、北京车和家汽车科技有限公司、中车时代电动汽车股份有限公司、本田技研工业(中国)投资有限公司、上汽大众汽车有限公司、上海电器科学研究院、奇瑞新能源汽车股份有限公司、广州汽车集团股份有限公司	2022-12-30	2023-07-01
GB/T 42284. 4—2022	道路车辆电动汽车驱动系统用电气及电子设备的环境条件和试验　第 4 部分：气候负荷		国家市场监督管理总局 国家标准化管理委员会	全国汽车标准化技术委员会	中国汽车技术研究中心有限公司、北京国家新能源汽车技术创新中心有限公司、河南天海电器有限公司、北京新能源汽车股份有限公司、宁德时代新能源科技股份有限公司、广家院威凯(上海)检测技术有限公司、苏州市沃特测试技术服务有限公司、中国重型汽车集团有限公司、中国第一汽车集团有限公司、东风柳州汽车有限公司、华为技术有限公司、东风汽车有限公司东风日产乘用车公司、泛亚汽车技术中心有限公司、徐州徐工汽车制造有限公司、博世汽车部件(苏州)有限公司	2022-12-30	2023-07-01
GB/T 42284. 5—2022	道路车辆电动汽车驱动系统用电气及电子设备的环境条件和试验　第 5 部分：化学负荷		国家市场监督管理总局 国家标准化管理委员会	全国汽车标准化技术委员会	中国汽车技术研究中心有限公司、上汽通用五菱汽车股份有限公司、苏州市沃特测试技术服务有限公司、北京汽车股份有限公司、北京国家新能源汽车技术创新中心有限公司、宁德时代新能源科技股份有限公司、河南天海电器有限公司、广家院威凯(上海)检测技术有限公司、重庆长安汽车股份有限公司、北京车和家汽车科技有限公司、华为技术有限公司、本田技研工业(中国)投资有限公司、丰田汽车(中国)投资有限公司、深圳基本半导体有限公司、集度汽车有限公司	2022-12-30	2023-07-01
DB21/T 3666—2022	城市公共汽电车驾驶员服务规范	本文件规定了城市公共汽电车驾驶员服务的一般要求、出车前准备、运行服务、进站停靠、收车后检查、安全驾驶、应急处置等要求。 本文件适用于辽宁省行政区域内城市公共汽电车驾驶员服务。	辽宁省市场监督管理局	辽宁省交通运输厅	辽宁省交通运输事务服务中心、辽宁省标准化研究院、辽华录智达科技股份有限公司、辽宁省道路运输协会、沈阳客运集团有限公司	2022-12-30	2023-01-30

续上表

标准编号	标准名称	标准主要内容	发布单位	归口单位	起草单位	发布日期	实施日期
DB21/T 3667—2022	城市公共汽电车车容车貌规范	本文件规定了城市公共汽电车车容车貌的一般要求、车辆外部、车厢内部、服务设施、标志标识、广告、车辆设备安全等要求。 本文件适用于辽宁省行政区域内行驶的城市公共汽电车。	辽宁省市场监督管理局	辽宁省交通运输厅	辽宁省交通运输事务服务中心、辽宁省标准化研究院、华录智达科技股份有限公司、沈阳客运集团有限公司	2022-12-30	2023-01-30
T/WJDGC 0020—2022	便民充电桩服务规范	本文件规定了便民充电桩的分类、服务机构要求、组织管理、员工招聘管理、培训管理、培训内容、档案管理、充电的安全指南、电动汽车充电操作指南、充电站安全要求、充电收费标准、投诉管理。 本文件适用于茂名市便民充电桩有偿服务过程中所有相关方。	茂名市机电工程学会	茂名市机电工程学会	广东省茂名市质量计量监督检测所、茂名华达石华物业有限公司、广东石油化工学院、茂名华检实验科技有限公司、茂名市茂南优越技术服务有限公司、茂名技师学院，茂名飞创物业服务评估监理有限公司、茂名市富新物业管理有限公司、茂名市富熙物业管理有限公司、茂名市至善物业管理有限公司、茂名市住友物业管理有限公司，茂名市佳源物业管理有限公司、茂名金和物业服务有限公司、茂名市家和物业管理有限公司、茂名市润隆物业服务有限公司、茂名海瑞物业管理有限责任公司	2022-12-31	2022-12-31

二、氢燃料电池汽车领域

标准编号	标准名称	标准主要内容	发布单位	归口单位	起草单位	发布日期	实施日期
T/CAS 548—2021	氢燃料电池冷却液	本标准规定了氢燃料电池冷却液的分类、要求和试验方法、检验规则及标志、使用说明书、包装、运输和储存。 本标准适用于氢燃料电池冷却液。	中国标准化协会	中国标准化协会	中国石化润滑油有限公司北京研究院、广东好顺欧迪斯科技股份有限公司、江西车仆实业有限公司、中国船舶重工集团公司第七一八研究所、青岛康普顿科技股份有限公司、浙江衢州联州致冷剂有限公司、江苏龙蟠科技股份有限公司、广东三和化工科技有限公司、河北京脉科技有限公司、浙江冰龙环保科技有限公司、北京亿华通科技股份有限公司、上海澳卡威科技有限公司、固安金标科技有限公司、广州市标榜汽车用品实业有限公司、广研德孚科技发展（深圳）有限公司	2022-01-18	2022-12-16
T/CSTE 0001—2022	氢燃料电池汽车出行项目温室气体减排量评估技术规范	本文件规定了氢燃料电池汽车出行项目温室气体减排量评估的术语和定义、项目边界及排放源识别、减排量计算、监测及数据质量管理以及减排量评估报告的编制等内容。 本文件适用于指导氢燃料电池汽车出行项目的温室气体减排量评估，即通过引入氢燃料电池汽车替代化石燃料车辆从而实现温室气体减排的减排量评估。	中国技术经济学会	中国技术经济学会	氢山科技有限公司、佛山市飞驰汽车科技有限公司、美锦碳资产运营有限公司、中国汽车工程研究院股份有限公司、中国船级社质量认证有限公司、北京理工大学、北京交通发展研究院、青岛美锦新能源汽车制造有限公司	2022-01-28	2022-01-28
GB/T 20042. 3—2022	质子交换膜燃料电池　第3部分：质子交换膜测试方法	本文件描述了质子交换膜燃料电池用质子交换膜的厚度均匀性测试、质子传导率测试、离子交换当量测试、透气率测试、拉伸性能测试和吸水率测试。 本文件适用于各种类型的质子交换器。	国家市场监督管理总局 国家标准化管理委员会	全国燃料电池及液流电池标准化技术委员会	山东东岳未来氢能材料股份有限公司、中国科学院大连化学物理研究所、上海交通大学、武汉理工大学、山东国创燃料电池技术创新中心有限公司、中国质量认证中心、华北电力大学、无锡市产品质量监督检验院、机械工业北京电工技术经济研究所、新源动力股份有限公司、深圳市标准技术研究院、苏州科润新材料股份有限公司、上海亿氢科技有限公司、上海捷氢科技有限公司、北京氢璞创能科技有限公司、浙江高成绿能科技有限公司、中车青岛四方机车车辆股份有限公司、北京长征天民高科技有限公司、无锡威孚高科技集团股份有限公司、长城汽车股份有限公司保定氢能检测分公司、淄博市计量技术研究院、山东标准化协会	2022-03-09	2022-10-01

续上表

标准编号	标准名称	标准主要内容	发布单位	归口单位	起草单位	发布日期	实施日期
GB/T 27748. 2—2022	固定式燃料电池发电系统 第 2 部分:性能试验方法	本文件涵盖运行与环境因素对固定式燃料电池发电系统性能的影响(以下简称发电系统)。 本文件适用于以下试验方法: ——在规定运行条件和动态工况下的功率输出; ——在规定运行条件下的发电效率和热回收效率; ——环境特性:例如,在规定运行条件和动态工况下的废气排放、噪声等; ——本文件不涉及电磁兼容性(EMC)试验。 本文件不适用于输出电功率小于 10 kW 的小型固定式燃料电池发电系统,IEC 62282-3-201 适用于该类型系统。	国家市场监督管理总局 国家标准化管理委员会	全国燃料电池及液流电池标准化技术委员会	华北电力大学、广州蕴氢检测科技有限公司、上海神力科技有限公司、中国科学院大连化学物理研究所、南京大学、武汉理工大学、同济大学、清华大学、中国质量认证中心、机械工业北京电工技术经济研究所、无锡市产品质量监督检验院、深圳市标准技术研究院、上海攀业氢能源科技有限公司、新研氢能源科技有限公司、潍柴动力股份有限公司、宇通客车股份有限公司、北京长征天民高科技有限公司、浙江高成绿能科技有限公司、中国汽车技术研究中心有限公司、中国船舶重工集团公司第七一二研究所、全球能源互联网研究院有限公司、长城汽车股份有限公司保定氢能检测分公司、无锡威孚高科技集团股份有限公司、中国汽车工程研究院股份有限公司、海卓动力(青岛)能源科技有限公司、上海捷氢科技有限公司、天津大学	2022-03-09	2022-10-01
GB/T 28817—2022	聚合物电解质燃料电池单电池测试方法	本文件规定了聚合物电解质燃料电池单电池的组装、试验装置、测量仪器和测量方法、性能试验方法以及试验报告。 注:本文件中规定的聚合物电解质燃料电池单电池燃料为气态氢。 本文件适用于以下三项的评估: a)聚合物电解质燃料电池膜电极组件的性能; b)聚合物电解质燃料电池其他组件的材料或结构; c)燃料和空气中杂质对电池性能的影响。 注:本文件仅适用于质子交换膜燃料电池,其他聚合物电解质燃料电池可参考本文件的测试内容。	国家市场监督管理总局 国家标准化管理委员会	全国燃料电池及液流电池标准化技术委员会	中国科学院大连化学物理研究所、机械工业北京电工技术经济研究所、武汉理工大学、清华大学、华北电力大学、无锡市产品质量监督检验院、中国质量认证中心、新源动力股份有限公司、中国船舶重工集团公司第七一二研究所、深圳市标准技术研究院、上海攀业氢能源科技有限公司、中国汽车技术研究中心有限公司、浙江高成绿能科技有限公司、北京长征天民高科技有限公司、南京东焱氢能源科技有限公司、上海骥翀氢能科技有限公司、全球能源互联网研究院有限公司、无锡威孚高科技集团股份有限公司、新研氢能源科技有限公司、长城汽车股份有限公司保定氢能检测分公司、海卓动力(青岛)能源科技有限公司、上海捷氢科技有限公司	2022-03-09	2022-10-01
T/CATSI 02008—2022	车用压缩氢气铝内胆碳纤维全缠绕气瓶定期检验与评定	本标准适用于符合 GB/T 35544《车用压缩氢气铝内胆碳纤维全缠绕气瓶》的 A 类和 B 类气瓶;覆盖的范围为公称工作压力不超过 70 MPa、公称水容积不大于 450L、贮存介质为压缩氢气、工作温度不低于 -40℃且不高于 85℃。	中国技术监督情报协会	中国技术监督情报协会	大连锅炉压力容器检验检测研究院有限公司、浙江大学、中材科技(成都)有限公司、广东省特种设备检测研究院、北京科泰克科技有限责任公司、中国特种设备检测研究院、中集安瑞科投资控股有限公司、江苏保城特种设备检验集团有限公司、江苏省中宏机械制造有限公司、北京天海氢能装备有限公司	2022-03-10	2022-03-30
T/SCSAE 001—2022	燃料电池客车动力系统能量消耗量台架试验方法	本标准规定了燃料电池动力系统在台架上进行能量消耗量试验的试验方法。 本标准适用于最大设计总质量超过 3. 5 t 的使用氢气的氢燃料电池城市客车、氢燃料电池其他客车。	四川省汽车工程学会	四川省汽车工程学会	西华大学、东方电气(成都)氢燃料电池科技有限公司、成都客车股份有限公司、电子科技大学、西南交通大学、四川省汽车工程学会、中国测试技术研究院、四川荣创新能动力系统有限公司、四川金星清洁能源装备股份有限公司、厚普清洁能源股份有限公司	2022-03-16	2022-03-16
T/SCSAE 002—2022	燃料电池客车双动力源系统性能台架试验方法	本标准规定了燃料电池客车双动力源系统性能台架试验的方法。 本标准适用于氢燃料电池客车双动力源系统。	四川省汽车工程学会	四川省汽车工程学会	西华大学、东方电气(成都)氢燃料电池科技有限公司、成都客车股份有限公司、重庆大学、电子科技大学、西南交通大学、成都大学、广东汉和汽车有限公司、四川省汽车工程学会、中国测试技术研究院、四川金星清洁能源装备股份有限公司、厚普清洁能源股份有限公司	2022-03-16	2022-03-16

续上表

标准编号	标准名称	标准主要内容	发布单位	归口单位	起草单位	发布日期	实施日期
T/FSQX 001—2022	氢能源有轨电车运营技术规范	本文件规定了氢能源有轨电车运营的术语和定义，以及总则、路线、路基与轨道、建筑与结构、道路和保护区、供电系统、通信系统、信号系统、综合监控系统、机电系统及设备、车辆及车辆基地、加氢站的技术要求和运营管理要求。 本文件适用于氢能源有轨电车规划建设阶段的需求管理和运营阶段的技术管理。	佛山市氢能产业协会	佛山市氢能产业协会	佛山市轨道交通发展有限公司、佛山市质量和标准化研究院、佛山市高明现代轨道交通建设投资有限公司、中车青岛四方机车车辆股份有限公司、上海市政工程设计研究总院（集团）有限公司、中铁北京工程局集团有限公司、佛山市高明区国联氢能技术有限公司、中铁二院工程集团有限责任公司、四川省尺度建设工程设计有限公司、佛山市氢能产业协会、华检（广东）新能源发展有限公司、佛山氢裕新能源产业投资有限公司、广东工业大学	2022-03-30	2022-04-08
T/CPCIF 0196—2022	燃料电池汽车氢气加注装置防爆技术规范	本文件规定了燃料电池汽车氢气加注装置防爆设计、爆炸危险区域划分、防爆电气设备的选型、防爆电气设备的安装和文件要求等内容。 本文件适用于安装在氢气加注站内、额定工作压力不高于 70 MPa 的高压氢气加注装置。其他工作压力的加氢装置应按照本文件中规定要求进行评估。 本文件不适用于采用固体或其他液体溶剂作为氢气载体的加注装置。	中国石油和化学工业联合会	中国石油和化学工业联合会	中海油天津化工研究设计院有限公司/国家防爆电气产品检验检测中心（天津）、中创新海（天津）认证服务有限公司、电光防爆科技股份有限公司、正星氢电科技郑州有限公司、安泰环境工程技术有限公司、稳恩佳力佳（北京）石油化工设备有限公司、中国石油和化学工业联合会安全生产办公室	2022-04-14	2022-07-15
T/FSQX 002—2022	氢气运输车辆运营管理规范	本文件规定了氢气运输车辆运营管理中的组织管理、场站管理要求、车辆管理要求、人员要求、车辆上路行驶等。本文件适用于装载高压氢气的运输车辆的运营管理。	佛山市氢能产业协会	佛山市氢能产业协会	佛山氢裕新能源产业投资有限公司、佛山市佛铁实业有限公司、佛山绿色发展创新研究院、佛山市高明区氢裕公交客运有限公司、华检（广东）新能源发展有限公司、佛山市氢能产业协会、广东工业大学	2022-04-28	2022-04-28
T/FSQX 003—2022	加氢站经济运行指标及计算方法	本文件规定了加氢站经济运行的评价指标及计算方法。本文件适用于气态氢加氢站经济指标的统计、分析和评价。	佛山市氢能产业协会	佛山市氢能产业协会	佛山绿色发展创新研究院、广东佛燃科技有限公司、上海舜华新能源系统有限公司、华氢（广东）新能源科技有限公司、华检（广东）新能源发展有限公司、中氢绿源（广东）科技有限公司、佛山市氢能产业协会、佛山氢裕新能源产业投资有限公司、佛山市三水区国杰物资有限公司	2022-04-28	2022-04-28
T/CCGA 40003—2021	氢气长管拖车安全使用技术规范	本文件规定了氢气长管拖车的充装、运输、卸气的安全技术要求。 本文件适用于工业氢气、纯氢、高纯氢、超纯氢气及质子交换膜燃料电池用燃料氢气的长管拖车、氢气管束式集装箱。	中国工业气体工业协会	中国工业气体工业协会	中集石家庄安瑞科气体机械有限公司、沈阳洪生气体有限公司、北京航天试验技术研究所、盈德气体（上海）有限公司、上海汉兴能源科技股份有限公司、陕西秦风气体股份有限公司、洛阳双瑞特种设备装备有限公司、中材科技（苏州）有限公司、空气化工产品（中国）投资有限公司、苏州金宏气体股份有限公司、衢州杭氧深蓝气体有限公司、重庆同辉气体有限公司、北京科泰克科技有限责任公司、浙江金象科技有限公司、福建久策气体股份有限公司、上海氢能利用工程技术研究中心、西安交通大学能动学院、中国工业气体工业协会	2022-05-06	2022-03-01
T/CCGA 40004—2021	加氢站用隔膜压缩机安全使用技术规范	本文件规定了加氢站用氢气金属隔膜压缩机（本文件简称“隔膜机”）在设计、制造、安装及使用方面的安全要求。 本文件适用于额定排气压力不高于 100 MPa、压缩氢气的隔膜机。	中国工业气体工业协会	中国工业气体工业协会	丰电金凯威（苏州）压缩机有限公司、西安交通大学能动学院、北京航天试验技术研究所、中船（邯郸）派瑞氢能科技有限公司、上海舜华新能源系统有限公司、安瑞科（廊坊）能源装备集成有限公司、盈德气体（上海）有限公司、北京氢枫能源技术有限公司、上海汉兴能源科技股份有限公司、空气化工产品（中国）投资有限公司、苏州金宏气体股份有限公司、重庆同辉气体有限公司	2022-05-06	2022-03-01

续上表

标准编号	标准名称	标准主要内容	发布单位	归口单位	起草单位	发布日期	实施日期
T/CCGA 40005—2021	加氢站用液驱活塞氢气压缩机安全使用技术规范	本文件规定了高压气氢加氢站用液驱活塞氢气压缩机(本文件简称“氢压机”)在设计、加工制造、装配、安装及使用方面的安全要求。 本文件适用于额定排气压力不高于 100 MPa,不低于 35 MPa,用于高压气氢加氢站的氢气增加设备。	中国工业气体工业协会	中国工业气体工业协会	四川大川氢能科技有限公司、西安交通大学能动学院、安瑞科(廊坊)能源装备集成有限公司、北京氢枫能源技术有限公司、上海汉兴能源科技股份有限公司、苏州金宏气体股份有限公司、中国工业气体工业协会、中国工业气体工业协会氢气专业委员会	2022-05-06	2022-03-01
T/CCGA 40006—2021	加氢机安全使用技术规范	本标准规定了加氢站用氢气加注机(本文件简称“加氢机”)在设计、制造、安装、使用、维护保养等方面的通用性规范要求。 本标准适用于额定加注压力不高于 100 MPa 的加氢机。	中国工业气体工业协会	中国工业气体工业协会	液空厚普能源装备有限公司、北京航天试验技术研究所、中船(邯郸)派瑞氢能科技有限公司、北京氢枫能源技术有限公司、浙江金象科技有限公司、空气化工产品(中国)投资有限公司、苏州金宏气体股份有限公司、江苏国富氢能技术装备股份有限公司、张家港氢云心能源研究院有限公司、安瑞科(廊坊)能源装备集成有限公司、沈阳洪生气体有限公司、四川大川压缩机有限公司、上海氢能利用工程技术研究中心、深圳市兰洋科技有限公司	2022-05-06	2022-03-01
T/CCGA 40007—2021	车用压缩氢气塑料内胆碳纤维全缠绕气瓶安全使用技术规范	本文件规定了车用压缩氢气塑料内胆碳纤维全缠绕气瓶(本文件中简称“气瓶”)在制造、运输、安装、置换、充装使用、日常保养检查和排气方面的安全技术要求。 本文件适用于公称工作压力不超过 70 MPa,公称容积不大于 450 L,贮存介质为压缩氢气,工作温度不低于 −40℃且不高于 85℃,固定在道路车辆上用作燃料箱的可重复充装的气瓶的使用。	中国工业气体工业协会	中国工业气体工业协会	佛吉亚斯林达安全科技(沈阳)有限公司、中集安瑞科控股有限公司、江苏国富氢能技术装备股份有限公司、张家港氢云新能源研究院有限公司、盈德气体(上海)有限公司、苏州金宏气体股份有限公司、北京航天试验技术研究所、浙江金象科技有限公司、中材科技(苏州)有限公司、北京科泰克科技有限责任公司、洛阳双瑞特种装备有限公司、空气化工产品(中国)投资有限公司、标新科技(北京)有限公司	2022-05-06	2022-03-01
T/CCGA 40008—2021	车载氢系统安全技术规范	本标准规定了燃料电池车辆的车载氢系统的安全技术要求、使用维护技术要求。 本标准适用于使用压缩氢作为燃料的燃料电池车辆。	中国工业气体工业协会	中国工业气体工业协会	北京派瑞华氢能源科技有限公司、浙江金盾压力容器有限公司、北京航天试验技术研究所、北京科泰克科技有限责任公司、北京明晖天海气体储运装备销售有限公司、中集安瑞科控股有限公司、苏州金宏气体股份有限公司、丰电金凯威(苏州)压缩机有限公司、浙江金象科技有限公司、郑州安丰检测技术服务有限公司、空气化工产品(中国)投资有限公司、宝武清洁能源有限公司、上海镁源动力科技有限公司、洛阳双瑞特种装备有限公司、深圳市兰洋科技有限公司、西安交通大学能动学院、浙江大学常州工业技术研究院低碳产业研究中心、中国工业气体工业协会氢气专业委员会	2022-05-06	2022-03-01
T/CCGA 40009—2021	车载液氢系统安全技术规范	本文件规定了车载液氢系统的安全技术要求、使用维护技术要求。 本文件适用于使用液氢作为燃料的燃料电池电动汽车。	中国工业气体工业协会	中国工业气体工业协会	张家港氢云新能源研究院有限公司、江苏国富氢能技术装备股份有限公司、北京航天试验技术研究院、北京科泰克科技有限责任公司、北京明辉天海气体储运装备销售有限公司、北京安瑞科新能源科技有限公司、北京中科富海低温科技有限公司、盈德气体(上海)有限公司、空气化工产品(中国)投资有限公司、浙江金象科技有限公司、苏州金宏气体股份有限公司、郑州安丰检测技术服务有限公司、中国工业气体工业协会	2022-05-06	2022-03-01

续上表

标准编号	标准名称	标准主要内容	发布单位	归口单位	起草单位	发布日期	实施日期
T/CCGA 40010—2021	液氢加注机安全使用技术规范	本文件规定了液氢加注机设计、安装、操作和应急处理等方面的安全要求。 本文件适用于液氢加注机。	中国工业气体工业协会	中国工业气体工业协会	北京航天雷特机电工程有限公司、江苏国富氢能技术装备股份有限公司、北京安瑞科新能源科技有限公司、张家港氢云新能源研究院有限公司、北京中科富海低温科技有限公司、苏州金宏气体股份有限公司、郑州安丰检测技术服务有限公司、中国工业气体工业协会	2022-05-06	2022-03-01
T/SSTA 202—2022	加氢站高压管路用不锈钢无缝管	本文件规定了加氢站高压管路用不锈钢无缝管的订货内容、尺寸、外形、重量、技术要求、试验方法、检验规则、包装、标志和质量证明书。 本文件适用于气态氢气、额定工作压力不超过138 MPa、工作温度范围不低于－40℃的加氢站用不锈钢无缝管。	上海钢管行业协会	上海钢管行业协会	马鞍山尊马科技有限公司、上海舜华新能源系统有限公司、宝武特种冶金有限公司、中石化安全工程研究院有限公司、中国特种设备检测研究院、浙江蓝能燃气设备有限公司、上海机动车检测认证技术研究中心有限公司、上海轨道交通检测认证(集团)有限公司、浙江浙能航天氢能技术有限公司、辽宁美托科技股份有限公司、上海驿蓝能源科技有限公司、上海市特种设备监督检验技术研究院、华东理工大学、重庆市特种设备检测研究院、重庆市通欧质检技术服务有限公司、上海绅珑新材料科技有限公司	2022-06-10	2022-09-01
T/CSAE 187—2021	氢燃料电池发动机用离心式空气压缩机性能试验方法	本文件规定了氢燃料电池发动机用离心式空气压缩机(以下简称空压机)的性能试验方法。 本文件适用于氢燃料电池电动汽车使用的氢燃料电池发动机用离心式空压机。	中国汽车工程学会	中国汽车工程学会	中国汽车技术研究中心有限公司、势加透博(上海)能源科技有限公司、北京理工大学深圳汽车研究院、北京伯肯节能科技有限公司、上海机动车检测认证技术研究中心有限公司、襄阳达安汽车检测中心有限公司、中国汽车工程研究院股份有限公司、重庆大学、吉林大学、上海重塑能源科技有限公司、深圳市氢蓝时代动力科技有限公司、北京新能源汽车股份有限公司、上海重塑能源科技有限公司、广东广顺新能源科技有限公司、广东汽车检测中心有限公司、北京新能源汽车技术创新中心有限公司、中汽研汽车检验中心(天津)有限公司	2022-06-14	2021-07-23
T/CSAE 183—2021	燃料电池堆及系统基本性能试验方法	本文件规定了燃料电池堆及系统基本性能试验方法。 本文件适用于车用质子交换膜燃料电池堆及燃料电池系统。	中国汽车工程学会	中国汽车工程学会	中国汽车技术研究中心有限公司、上海捷氢科技有限公司、中汽研汽车检验中心(天津)有限公司、中国科学院大连化学物理研究所、同济大学、上海重塑能源科技有限公司、北京亿华通科技有限公司、潍柴动力股份有限公司、上海神力科技有限公司、丰田汽车(中国)投资有限公司、襄阳达安汽车检测中心有限公司、上海机动车检测认证技术研究中心有限公司、中国汽车工程研究院股份有限公司、中国第一汽车集团有限公司、北汽福田汽车股份有限公司、深圳市雄韬电源科技股份有限公司、安徽明天氢能科技股份有限公司、北京国家新能源汽车技术创新中心有限公司、未势能源科技有限公司、北京氢璞创能科技有限公司、上海骥翀氢能科技有限公司、厦门金龙联合汽车工业有限公司、广州汽车集团股份有限公司、现代汽车(中国)投资有限公司	2022-06-14	2021-06-11

续上表

标准编号	标准名称	标准主要内容	发布单位	归口单位	起草单位	发布日期	实施日期
T/CSAE 236—2021	质子交换膜燃料电池发动机台架可靠性试验方法	本文件规定了质子交换膜燃料电池发动机在台架上的一般可靠性试验方法，其中包括启停循环工况试验、额定工况试验、负载循环工况试验规范及可靠性评定方法。本文件适用于质子交换膜燃料电池发动机全新设计、重大产品研发、产品性能提升、质量改进等产品开发类型的台架可靠性考核。	中国汽车工程学会	中国汽车工程学会	中汽研汽车检验中心（天津）有限公司、潍柴动力股份有限公司、中国第一汽车集团有限公司	2022-06-20	2021-12-15
T/CEC 463—2021	氢燃料电池移动应急电源技术条件	本文件规定了氢燃料电池移动应急电源的分类、正常工作条件、系统架构、功能、性能、试验及标志、储存等要求。本文件适用于380 V及以上接口电压等级的氢燃料电池移动应急电源，其他接口电压等级的可参照使用。	中国电力企业联合会	中国电力企业联合会	南方电网电力科技股份有限公司、贵州电网有限责任公司电力科学研究院、云南电网有限责任公司电力科学研究院、广东电网有限责任公司电力调度控制中心、广东慧氢能源科技有限公司、龙岩市海德馨汽车有限公司、先进能源科学与技术广东省实验室云浮分中心、东方电气（成都）氢燃料电池科技有限公司、上海恒劲动力科技有限公司	2022-06-26	2021-09-21
T/DZJN 99—2022	质子交换膜燃料电池行业绿色工厂评价要求	本文件规定了质子交换膜燃料电池行业绿色工厂的评价原则、方法、指标体系、要求、程序和报告。	中国电子节能技术协会	中国电子节能技术协会	广东国鸿氢能科技股份有限公司、山东东岳未来氢能材料股份有限公司、上海唐锋能源科技有限公司、安徽明天氢能科技股份有限公司、北京稳力科技有限公司、未势能源科技有限公司、浙江天能氢能源科技有限公司、东方电气（成都）氢燃料电池科技有限公司、中氢新能技术有限公司、海卓动力（青岛）能源科技有限公司、武汉氢能与燃料电池产业技术研究院有限公司、北京氢璞创能科技有限公司、爱德曼氢能源装备有限公司、深圳市氢蓝时代动力科技有限公司、深圳市雄韬电源科技股份有限公司、氢电中科（广州）新能源设备有限公司、上海治臻新能源股份有限公司、中自环保科技股份有限公司、武汉众宇动力系统科技有限公司、上海重塑能源科技有限公司、山东赛克赛斯氢能源有限公司、南京大学化学化工学院、天津新氢动力科技有限公司、中国船级社武汉规范研究所、青岛杜科新材料有限公司、浙江锋源氢能科技有限公司、上海杰宁新能源科技发展有限公司、北京绿色智汇能源技术研究院	2022-07-13	2022-08-01
T/DZJN 98—2022	质子交换膜燃料电池产品碳足迹评价导则	本文件规定了质子交换膜燃料电池产品碳足迹评价的术语和定义、原则、范围界定、产品碳足迹评价流程、产品碳足迹核算方法、产品碳标签评价报告等内容。	中国电子节能技术协会	中国电子节能技术协会	广东国鸿氢能科技股份有限公司、山东东岳未来氢能材料股份有限公司、上海唐锋能源科技有限公司、安徽明天氢能科技股份有限公司、北京稳力科技有限公司、未势能源科技有限公司、浙江天能氢能源科技有限公司、东方电气（成都）氢燃料电池科技有限公司、中氢新能技术有限公司、海卓动力（青岛）能源科技有限公司、武汉氢能与燃料电池产业技术研究院有限公司、北京氢璞创能科技有限公司、爱德曼氢能源装备有限公司、深圳市氢蓝时代动力科技有限公司、深圳市雄韬电源科技股份有限公司、氢电中科（广州）新能源设备有限公司、上海治臻新能源股份有限公司、深圳市东氢能源科技有限公司、中自环保科技股份有限公司、武汉众宇动力系统科技有限公司、北京理工大学、上海重塑能源科技有限公司、安徽枡水新能源科技有限公司、中山大洋电机股份有限公司、深圳众为氢能科技有限公司、山东赛克赛斯氢能源有限公司、南京大学化学化工学院、中国船级社武汉规范研究所、青岛杜科新材料有限公司、佛山环境与能源研究院、上海杰宁新能源科技发展有限公司、北京绿色智汇能源技术研究院	2022-07-13	2022-08-01

续上表

标准编号	标准名称	标准主要内容	发布单位	归口单位	起草单位	发布日期	实施日期
T/CAAMTB 53—2021	燃料电池系统工厂设计规范	本文件规定了燃料电池系统工厂建设工程的设计规范。 本文件适用于质子交换膜燃料电池系统工厂的新建、改建、扩建工程设计和燃料电池系统研发、生产、测试的场所设计。	中国汽车工业协会	中国汽车工业协会	东风设计研究院有限公司、长三角新能源汽车研究院有限公司、上海重塑能源科技有限公司、同济大学汽车学院、上海智能新能源汽车科创功能平台有限公司、北京亿华通科技股份有限公司、上海捷氢科技有限公司、苏州弗尔赛能源科技股份有限公司、南京消防器材股份有限公司	2022-08-09	2021-12-01
DB21/T 3637—2022	车用压缩氢气铝内胆碳纤维全缠绕气瓶定期检验与评定	本文件规定了车用压缩氢气铝内胆碳纤维全缠绕气瓶（以下简称“气瓶”）定期检验与评定的基本方法和技术要求。 本文件适用于按照 GB/T 35544 设计、制造的气瓶，其公称工作压力不超过 70 MPa、公称水容积不大于 450L、贮存介质为压缩氢气、工作温度不低于 −40℃ 且不高于 85℃。按照经备案的企业标准制造的车用压缩氢气铝内胆碳纤维全缠绕气瓶也应按照本文件执行。其他用途的氢燃料电池储氢气瓶的定期检验可参照本文件。	辽宁省市场监督管理局	辽宁省市场监督管理局	大连锅炉压力容器检验检测研究院有限公司、佛吉亚斯林达安全科技（沈阳）有限公司、大连理工大学、辽阳市锅炉压力容器检验研究所、沈阳特种设备检测研究院	2022-09-30	2022-10-30
DB41/T 2347—2022	汽车加氢站承压特种设备安全运行规范	本文件规定了汽车加氢站承压特种设备安全运行的基本要求、人员要求、设备管理、运行管理、应急预案、安全管理制度及操作规程、技术档案等。 本文件适用于汽车加氢站和加氢合建站中的承压特种设备。	河南省市场监督管理局	河南省承压类特种设备标准化技术委员会	河南省锅炉压力容器安全检测研究院	2022-10-17	2023-01-16
T/DYZL 028—2022	加氢站量化风险评估导则	本文件规定了加氢站量化风险评估工作的评估流程、评估标准及评估实施。 本文件适用于高压气氢加氢站（包含高压气态储氢、低温液态储氢、金属固态储氢和液态有机储氢）、液氢加氢站的量化风险评估，油氢合建站进行量化风险评估时也可参照本文件进行。	东营质量协会	东营质量协会	中国特种设备检测研究院、同济大学、山东海格石油工程有限公司、北京市产品质量监督检验研究院、上海舜华新能源系统有限公司、北京中科富海低温科技有限公司、北京海德利森科技有限公司、安徽省特种设备检测院、上海氢能利用工程技术研究中心、陕西省特种设备检验检测研究院	2022-11-08	2022-12-01
T/CSTA 0019—2022	氢能源汽车加氢站管路用不锈钢无缝钢管	本文件规定了氢能源汽车加氢站管路用不锈钢无缝钢管的订货内容、尺寸、外形、重量、技术要求、试验方法、检验规则、包装、标志和质量证明书。 本文件适用于氢能源汽车加氢站管路用冷拔和冷轧不锈钢无缝钢管。	中关村不锈及特种合金新材料产业技术创新联盟	中关村不锈及特种合金新材料产业技术创新联盟	常熟华新特殊钢有限公司、冶金工业规划研究院、浙江永上特材有限公司、上海世亮流體工程技術有限公司、丰电金凯威（苏州）压缩机有限公司	2022-12-10	2022-12-10
T/CSTA 0018—2022	氢能源汽车管路用不锈钢无缝钢管	本文件规定了氢能源汽车管路用不锈钢无缝钢管的订货内容、尺寸、外形、重量、技术要求、试验方法、检验规则、包装、标志和质量证明书。 本文件适用于氢能源汽车管路用冷拔和冷轧不锈钢无缝钢管。	中关村不锈及特种合金新材料产业技术创新联盟	中关村不锈及特种合金新材料产业技术创新联盟	常熟华新特殊钢有限公司、冶金工业规划研究院、浙江永上特材有限公司、南京富特瑪科汽車配件有限公司、阀科莱氢能系统科技（苏州）有限公司	2022-12-10	2022-12-10
T/SSEA 0248—2022	氢能源汽车加氢站管路用不锈钢无缝钢管	本文件规定了氢能源汽车加氢站管路用不锈钢无缝钢管的订货内容、尺寸、外形、重量、技术要求、试验方法、检验规则、包装、标志和质量证明书。 本文件适用于氢能源汽车加氢站管路用冷拔和冷轧不锈钢无缝钢管。	中关村不锈及特种合金新材料产业技术创新联盟	中关村不锈及特种合金新材料产业技术创新联盟	常熟华新特殊钢有限公司、冶金工业规划研究院、浙江永上特材有限公司、上海世亮流體工程技術有限公司、丰电金凯威（苏州）压缩机有限公司	2022-12-10	2022-12-10
T/SSEA 0247—2022	氢能源汽车管路用不锈钢无缝钢管	本文件规定了氢能源汽车管路用不锈钢无缝钢管的订货内容、尺寸、外形、重量、技术要求、试验方法、检验规则、包装、标志和质量证明书。 本文件适用于氢能源汽车管路用冷拔和冷轧不锈钢无缝钢管。	中关村不锈及特种合金新材料产业技术创新联盟	中关村不锈及特种合金新材料产业技术创新联盟	常熟华新特殊钢有限公司、冶金工业规划研究院、浙江永上特材有限公司、南京富特瑪科汽車配件有限公司、阀科莱氢能系统科技（苏州）有限公司	2022-12-10	2022-12-10

续上表

标准编号	标准名称	标准主要内容	发布单位	归口单位	起草单位	发布日期	实施日期
T/CCSAS 018—2022	加氢站氢运输及配送安全技术规范	本文件规定了氢气长管拖车从供氢站到加氢站(包括加油气氢合建站)在氢气装卸、运输及配送过程中的安全规范。 本文件适用于氢气长管拖车 30 MPa 及以下的气态氢运输及配送活动。	中国化学品安全协会	中国化学品安全协会	中国石化销售股份有限公司广东石油分公司、中国石化销售股份有限公司、中国石化销售股份有限公司江苏石油分公司、中国石化销售股份有限公司河南石油分公司、中国石化销售股份有限公司北京石油分公司、中国石化工程建设有限公司、中国石化安全工程研究院有限公司、石油化工工程质量监督总站北京监督站、浙江蓝能燃气设备有限公司	2022-12-21	2022-12-21
T/CCSAS 019—2022	加氢站、油气氢合建站安全规范	本文件关掉了高压储氢加氢站、油气氢合建站安全基本规定、安全设施设计、采购、施工及验收安全要求、运行维护及安全管理等内容。 本文件适用于新建、改建和扩建对的加氢站、油气氢合建站的设计、施工及验收、试运行及在役加氢站、油气氢合建站的操作与维护，本文件不适用于站内制氢、液氢储存、固态储氢加氢站。	中国化学品安全协会	中国化学品安全协会	中国石化工程建设有限公司、应急管理部天津消防研究所、中国安全生产科学研究院、中国石化销售股份有限公司、中国石化销售股份有限公司广东石油分公司、中国石化销售股份有限公司浙江石油分公司、中国石化销售股份有限公司上海石油分公司、中石化第五建设有限公司、石油化工工程质量监督总站北京监督站	2022-12-21	2022-12-21
GB/T 24554—2022	燃料电池发动机性能试验方法	本文件规定了燃料电池发动机常温起动特性、低温冷起动特性、稳态特性、动态响应特性、动态平均效率、高温运行试验、气密性测试、绝缘电阻测试、质量及功率密度测试等试验方法。 本文件适用于车用质子交换燃料电池发动机的测试。	国家市场监督管理总局 国家标准化管理委员会	全国汽车标准化技术委员会归口	同济大学、中汽研新能源汽车检验中心(天津)有限公司、中国汽车技术研究中心有限公司、上海捷氢科技股份有限公司、上海重塑能源科技有限公司、丰田汽车(中国)投资有限公司、北京亿华通科技股份有限公司、襄阳达安汽车检测中心有限公司、北京氢璞创能科技有限公司、山东国创燃料电池技术创新中心有限公司、上海机动车检测认证技术研究中心有限公司、中国第一汽车股份有限公司、上汽大通汽车有限公司、重庆长安新能源汽车科技有限公司、中国科学院大连化学物理研究所、长城汽车股份有限公司、上海燃料电池汽车动力系统有限公司、上海神力科技有限公司、中国汽车工程研究院股份有限公司、宇通客车股份有限公司、浙江吉利新能源商用车集团有限公司、陕西汽车集团股份有限公司	2022-12-30	2023-07-01
GB/T 29729—2022	氢系统安全的基本要求	本文件规定了氢系统的类别、氢的基本特性、氢系统的危险因素及其风险控制的基本要求。 本文件适用于氢的制取、储存、输送、和应用系统的设计和使用。	国家市场监督管理总局 国家标准化管理委员会	全国氢能标准化技术委员会	浙江大学、中国标准化研究院、北京海德利森科技有限公司、佛山绿色发展创新研究院、佛山市南海区华南氢安全促进中心、同济大学、潍柴动力股份有限公司、正星氢电科技郑州有限公司、张家港氢云新能源研究院有限公司、电力规划总院有限公司、广东能源集团科学技术研究院有限公司、北京京能科技有限公司、中氢绿源(广东)科技有限公司、中国节能协会	2022-12-30	2023-04-01
GB/T 24554—2022	燃料电池发动机性能试验方法	本文件规定了燃料电池发动机常温起动特性、低温冷起动特性、稳态特性、动态响应特性、动态平均效率、高温运行试验、气密性测试、绝缘电阻测试、质量及功率密度测试等试验方法。 本文件适用于车用质子交换膜燃料电池发动机的测试。	国家市场监督管理总局 国家标准化管理委员会	全国汽车标准化技术委员会电动车辆分会	同济大学、中汽研新能源汽车检验中心(天津)有限公司、中国汽车技术研究中心有限公司、上海捷氢科技股份有限公司、上海重塑能源科技有限公司、丰田汽车(中国)投资有限公司、北京亿华通科技股份有限公司、襄阳达安汽车检测中心有限公司、北京氢璞创能科技有限公司、山东国创燃料电池技术创新中心有限公司、上海机动车检测认证技术研究中心有限公司、中国第一汽车股份有限公司、上汽大通汽车有限公司、重庆长安新能源汽车科技有限公司、中国科学院大连化学物理研究所、长城汽车股份有限公司、上海燃料电池汽车动力系统有限公司、上海神力科技有限公司、中国汽车工程研究院股份有限公司、宇通客车股份有限公司、浙江吉利新能源商用车集团有限公司、陕西汽车集团股份有限公司	2022-12-30	2023-07-01

续上表

标准编号	标准名称	标准主要内容	发布单位	归口单位	起草单位	发布日期	实施日期
GB/T 42177—2022	加氢站氢气阀门技术要求及试验方法	该推荐性标准采用了ISO、IEC等国际国外组织的标准，由于涉及版权保护问题，本系统暂不提供在线阅读服务。	国家市场监督管理总局 国家标准化管理委员会	全国氢能标准化技术委员会	浙江大学、北京海德利森科技有限公司、佛山绿色发展创新研究院、中国标准化研究院、合肥通用机械研究院有限公司、佛山市南海区华南氢安全促进中心、华中科技大学、中国测试技术研究院、江苏国富氢能技术装备股份有限公司、正星氢电科技郑州有限公司、广东能源集团科学技术研究院有限公司、杭州春江阀门有限公司、电力规划总院有限公司、中国技术经济学会	2022-12-30	2023-04-01

三、智能网联汽车领域

标准编号	标准名称	标准主要内容	发布单位	归口单位	起草单位	发布日期	实施日期
T/NBQLX 001—2021	智能网联汽车终端和零部件信息安全通用技术要求	本标准规定了智能网联汽车车载终端和零部件的信息安全技术要求，包括硬件安全、操作系统安全、软件安全、数据安全、通信安全和个人信息安全。 本标准适用于智能网联汽车车载终端和零部件的研制、生产、测试、评估与认证，包括不限于T-BOX、IVI、车载网关等终端和零部件。	宁波市汽车零部件产业协会	宁波市汽车零部件产业协会	宁波赛宝信息产业技术研究院有限公司、工业和信息化部电子第五研究所、吉利汽车研究院（宁波）有限公司、宁波艾思科汽车音响通讯有限公司、宁波华德汽车零部件有限公司、宁波帅特龙集团有限公司、威睿电动汽车技术（宁波）有限公司、宁波均胜群英智能技术有限公司、宁波均联智行科技股份有限公司	2022-01-12	2021-12-23
T/NBQLX 002—2021	智能网联汽车终端和零部件信息安全通用测试规范	本标准规定了智能网联汽车车载终端和零部件的信息安全测试规范，包括硬件安全测试、操作系统安全测试、软件安全测试、数据安全测试、通信安全测试和个人信息安全测试。 本标准适用于智能网联汽车车载终端和零部件的测试、评估与认证，包括不限于T-BOX、IVI、车载网关等终端和零部件。	宁波市汽车零部件产业协会	宁波市汽车零部件产业协会	宁波赛宝信息产业技术研究院有限公司、工业和信息化部电子第五研究所、吉利汽车研究院（宁波）有限公司、宁波艾思科汽车音响通讯有限公司、宁波华德汽车零部件有限公司、宁波帅特龙集团有限公司、威睿电动汽车技术（宁波）有限公司、宁波均胜群英智能技术有限公司、宁波均联智行科技股份有限公司	2022-01-12	2021-12-23
T/CMAX 22001—2022	商用车智能网联系统智能车载终端技术规范	本文件规定了针对自动驾驶车辆载人功能的通用要求和测试项目。 本文件适用于3级驾驶自动化及以上的M类车辆。	中关村智通智能交通产业联盟	中关村智通智能交通产业联盟	北京智能车联产业创新中心有限公司、北京百度智行科技有限公司、中关村智通智能交通产业联盟、北京千方科技股份有限公司、北京电子科技职业学院、北京小马易行科技有限公司、北京航迹科技有限公司、丰田汽车（中国）投资有限公司、北京智行者科技有限公司、驭势科技（北京）有限公司	2022-01-27	2022-01-27
T/CMAX 43001—2022	商用车智能网联系统车载终端通讯协议规范与数据格式	在《JT/T808-2019 道路运输车辆卫星定位系统智能终端通讯协议规范》《JT/T 1078—2016 道路运输车辆卫星定位系统车载视频通信协议》等标准基础上，结合商用车V2X场景下数据采集及预警发布等相关要求，编制基于LTE/5GNR-V2X的道路运输车辆车联网系统终端通讯协议及数据格式，解决商用车V2X终端和车联网平台系统之间的数据通讯问题，规范数据采集内容、采集范围、采集流程等内容。	中关村智通智能交通产业联盟	中关村智通智能交通产业联盟	北京千方科技股份有限公司、北京中交兴路信息科技有限公司、中国交通通信信息中心、交通运输通信信息工程质量检测中心、北京中交信捷科技有限公司、北京智能车联产业创新中心有限公司、北京掌行通信息技术有限公司、浙江宇视科技有限公司、杭州鸿泉物联网技术股份有限公司、北汽福田汽车股份有限公司、北京星云互联科技有限公司、北京万集科技股份有限公司、北京君云天下科技有限公司、深圳市锐明技术股份有限公司、网靖（北京）科技有限公司、上海本安数字科技有限公司、江苏中天安驰科技有限公司、深圳市博实结科技股份有限公司、深圳市易甲文技术有限公司	2022-01-27	2022-01-27

续上表

标准编号	标准名称	标准主要内容	发布单位	归口单位	起草单位	发布日期	实施日期
T/CMAX 43002—2022	商用车智能网联系统平台技术要求	在《GB/T 35658—2017 道路运输车辆卫星定位系统平台技术要求》基础上，扩展定义商用车 V2X 应用场景下政府监管平台和企业监控平台的技术要求，包括系统架构、基础功能要求、扩展功能要求、性能要求以及其他技术要求等内容，明确 V2X 及主动安全数据的采集、存储、分析及展现。	中关村智通智能交通产业联盟	中关村智通智能交通产业联盟	北京千方科技股份有限公司、北京中交兴路信息科技有限公司、中国交通通信信息中心、交通运输通信信息工程质量检测中心、北京中交信捷科技有限公司、北京智能车联产业创新中心有限公司、北京掌行通信息技术有限公司、浙江宇视科技有限公司、杭州鸿泉物联网技术股份有限公司、北汽福田汽车股份有限公司、北京星云互联科技有限公司、北京万集科技股份有限公司、北京君云天下科技有限公司、深圳市锐明技术股份有限公司、网靖（北京）科技有限公司、江苏中天安驰科技有限公司、深圳市博实结科技股份有限公司	2022-01-27	2022-01-27
T/CMAX 43003—2022	商用车智能网联系统平台数据交换通讯协议	在《道路运输车辆卫星定位系统平台数据交换》（JT/T 809）基础上，扩展定义商用车 V2X 及主动安全场景下政府监管平台、企业监控平台之间数据交换的技术要求，包括通信方式、安全认证、功能实现流程、协议消息格式和数据实体格式等内容。	中关村智通智能交通产业联盟	中关村智通智能交通产业联盟	北京千方科技股份有限公司、北京中交兴路信息科技有限公司、中国交通通信信息中心、交通运输通信信息工程质量检测中心、北京中交信捷科技有限公司、北京智能车联产业创新中心有限公司、北京掌行通信息技术有限公司、浙江宇视科技有限公司、杭州鸿泉物联网技术股份有限公司、北汽福田汽车股份有限公司、北京星云互联科技有限公司、北京万集科技股份有限公司、北京君云天下科技有限公司、深圳市锐明技术股份有限公司、网靖（北京）科技有限公司、江苏中天安驰科技有限公司、深圳市博实结科技股份有限公司	2022-01-27	2022-01-27
T/CMAX 43004—2022	商用车智能网联系统智能车载终端技术规范	在《道路运输车辆卫星定位系统北斗兼容车载终端技术规范》（JT/T794）等标准的基础上，整合《机动车运行安全技术条件》（GB7258）、3GPP 相关标准规范，结合商用车 V2X 和主动安全场景下的运行维护要求，研究编制基于 LTE/5GNR-V2X 技术的道路运输车辆车联网系统智能车载终端技术规范，明确终端技术要求、电气特性、关键指标等内容。	中关村智通智能交通产业联盟	中关村智通智能交通产业联盟	北京千方科技股份有限公司、北京中交兴路信息科技有限公司、中国交通通信信息中心、交通运输通信信息工程质量检测中心、北京中交信捷科技有限公司、北京智能车联产业创新中心有限公司、北京掌行通信息技术有限公司、浙江宇视科技有限公司、杭州鸿泉物联网技术股份有限公司、北汽福田汽车股份有限公司、北京星云互联科技有限公司、北京万集科技股份有限公司、北京君云天下科技有限公司、深圳市锐明技术股份有限公司、网靖（北京）科技有限公司、上海本安数字科技有限公司、江苏中天安驰科技有限公司、深圳市博实结科技股份有限公司、深圳市易甲文技术有限公司	2022-01-27	2022-01-27
DB32/T 4192—2022	车路协同路侧设施设置指南	本文件提供了车路协同路侧设施基本组成、路侧设施道路场景分类、路侧设施设置等内容的指导。 本文件适用于城市道路和公路的车路协同路侧设施设置；适用于车路协同环境下自动驾驶等级不高于等级 3，高于 3 级自动驾驶道路环境设置可参照此文件，车路协同场景支持 T/CSAE 53—2017 中规定的应用场景。	江苏省市场监督管理局	江苏省交通运输厅	苏交科集团股份有限公司、江苏省交通通信信息中心、江苏金晓电子信息股份有限公司、中兴通讯股份有限公司、南京莱斯网信技术研究院有限公司、南京慧尔视智能科技有限公司、江苏爱可青交通科技有限公司、江苏交科交通设计研究院有限公司	2022-01-28	2022-02-28
DB43/T 2291—2022	智能网联汽车云控平台运营服务规范	本文件规定了智能网联汽车云控平台的规范框架、运营服务、服务保障、安全要求、保护措施以及应急预案等要求。 本文件适用于提供智能网联汽车云控平台资源服务的运营方。	湖南省市场监督管理局	湖南省工业和信息化厅	湖南湘江智能科技创新中心有限公司、北京赛目科技有限公司、长沙智能驾驶研究院有限公司、奇安信科技集团股份有限公司、湖南省技术标准创新促进会、北京星云互联科技有限公司、湖南湘江智芯云途科技有限公司、湖南阿波罗智行科技有限公司、中汽院智能网联汽车检测中心（湖南）有限公司、三一重工股份有限公司	2022-01-29	2022-04-29

续上表

标准编号	标准名称	标准主要内容	发布单位	归口单位	起草单位	发布日期	实施日期
DB43/T 2292.1—2022	智能网联汽车自动驾驶功能测试规程　第1部分：公交车	本文件规定了智能网联汽车自动驾驶功能测试的基本要求、检测项目及测试场景、测试条件与方法、测试结果评估等内容。 本文件适用于最大总质量不超过20000 kg的公交车。	湖南省市场监督管理局	湖南省工业和信息化厅	湖南湘江智能科技创新中心有限公司、长沙智能驾驶研究院有限公司、长沙中车智驭新能源科技有限公司、中汽院智能网联汽车检测中心（湖南）有限公司、长沙市工业和信息化局、长沙市公安局、长沙市交通运输局、湖南湘江新区管理委员会产业促进局、长沙市城市管理和综合执法局、湖南湘江智芯云途科技有限公司、湖南省技术标准创新促进会、三一重工股份有限公司	2022-01-29	2022-04-29
T/SHJX 021—2021	车路协同系统适应自动驾驶自主泊车的停车场（库）智能化分级和测试方法	本文件规定了适应自动驾驶自主泊车的停车场（库）智能化程度分级的一般规定与评价方法。 本文件适用于GB 15089中M1类车型的停车场智能化基础设施的设计规划与实施。	上海市交通运输行业协会	上海市交通运输行业协会	上海智能网联汽车技术中心有限公司、上海城市综合交通规划科技咨询有限公司、四川中电昆辰科技有限公司、上海交通大学、同济大学、上海市城市建设设计研究总院（集团）有限公司、上海电科智能系统股份有限公司、福瑞泰克智能系统有限公司、中国电信股份有限公司上海分公司、上海宝康电子控制工程有限公司、上汽通用五菱汽车股份有限公司	2022-02-16	2021-06-15
T/ITS 0130—2021	中小型客车自动驾驶无线充电技术要求	本文件规定了中小型客车自动驾驶无线充电的技术要求，包括分类、一般要求、性能要求、安全要求、互操作性要求以及测试要求。 本文件适用于交流输入标称电压最大值为1000 V，直流标称电压最大值为1500 V的静态磁耦合无线充电设备。 本文件亦适用于额定充电电压为直流40～1000 V范围内的具有自动驾驶功能的中小型客车静态磁耦合无线充电设备。	中关村中交国通智能交通产业联盟	中关村中交国通智能交通产业联盟	中关村中交国通智能交通产业联盟、中兴新能源科技有限公司、交通运输部公路科学研究所、深圳职业技术学院、北京航空航天大学、东风汽车集团股份有限公司技术中心、郑州宇通客车股份有限公司	2022-03-18	2022-03-01
T/ITS 0150—2021	自动驾驶车辆决策安全保障系统测试规范	本文件针对自动驾驶车辆决策安全中的关键技术制定测试规范，为支持决策安全的车辆提供明确的评价标准。 本文件适用于3级及以上自动驾驶乘用车，适用范围限定为决策安全相关的仿真测试和封闭场地测试。	中关村中交国通智能交通产业联盟	中关村中交国通智能交通产业联盟	中关村中交国通智能交通产业联盟、英特尔（中国）研究中心有限公司、交通运输部公路科学研究院、上海蔚来汽车有限公司、同济大学、北京市交通信息中心、新境智能交通技术（南京）研究院有限公司、北京百度智行科技有限公司、北京汽车研究总院有限公司、威马汽车科技集团有限公司、潍柴动力股份有限公司、博世汽车部件（苏州）有限公司、北京智行者科技有限公司、腾讯云计算（北京）有限责任公司、武汉光昱明晟智能科技有限公司、北京赛目科技有限公司	2022-03-18	2022-03-01
T/SXSAE 002—2022	智能网联汽车自动驾驶功能封闭场地测试规程	本文件规定了智能网联汽车自动驾驶功能封闭场地测试的术语和定义、通用要求、测试项目、测试场地、测试场景、测试方法及通过要求。 本文件适用于M1类、M2类、N1类、N2类具有自动驾驶能力的智能网联汽车开展自动驾驶功能封闭场地的测试与评价，其他车型可参考执行。测试结果可作为智能网联汽车能够进行公共道路测试的依据。	陕西省汽车工程学会	陕西省汽车工程学会	长安大学、陕西智能网联汽车研究院有限公司、陕西汽车控股集团有限公司	2022-03-22	2022-03-22
T/SXSAE 003—2022	自动驾驶小型客车总体技术要求	本文件规定了自动驾驶小型客车（以下简称“客车”）的技术要求和安全要求。 本文件适用于产业园区、旅游景区、主题乐园、社区、学校、购物中心等场景内用作微循环运营的客车。	陕西省汽车工程学会	陕西省汽车工程学会	西安商汤智能科技有限公司、陕西智能网联汽车研究院有限公司、长安大学、北京百度智行科技有限公司、陕西汽车集团股份有限公司、中国联通陕西省分公司、西安恒盛安信智能技术有限公司、西安正熵数据服务有限责任公司、苏州清研车联教育科技有限公司、新石器慧通（北京）科技有限公司、上海商汤临港智能科技有限公司	2022-03-22	2022-03-22

续上表

标准编号	标准名称	标准主要内容	发布单位	归口单位	起草单位	发布日期	实施日期
DB34/T 4101—2022	智能驾驶激光雷达与摄像头的感知数据融合接口规范	本文件规定了智能驾驶激光雷达与摄像头的感知数据融合接口的融合系统架构、数据融合接口及数据格式。 本文件适用于激光雷达与摄像头的传感器数据融合和图像与点云的目标检测结果融合。	安徽省市场监督管理局	安徽省经济和信息化厅	中国科学技术大学、安徽工匠质量标准研究院有限公司、江淮汽车集团股份有限公司、合肥综合性国家科学中心人工智能研究院	2022-03-29	2022-04-29
T/ITS 0182. 1—2021	自动驾驶公交车　第1部分:车辆运营技术要求	本文件规定了自动驾驶公交车的车辆基本要求、车辆运营要求和信息安全要求。 本文件适用于具备4级及以上驾驶自动化能力,提供载客运营服务的小型、中型和大型公共汽车。其他车型参照执行。注:小型、中型和大型公共汽车引自JTT 888—2014。	中关村中交国通智能交通产业联盟	中关村中交国通智能交通产业联盟	中关村中交国通智能交通产业联盟、北京百度智行科技有限公司、厦门金龙联合汽车工业有限公司、深圳市未来智能网联交通系统产业创新中心、同济大学、北京赛目科技有限公司、威马汽车科技集团有限公司、中兴通讯股份有限公司、中国信息通信研究院、湖南湘江智能科技创新中心有限公司、浙江吉利汽车有限公司、上海淞泓智能汽车科技有限公司、北京轻舟智航科技有限公司、上海国际汽车城集团有限公司、深圳元戎启行科技有限公司、宇通客车股份有限公司、山东高速集团有限公司创新研究院、山东高速信息集团、阳泉领航科技产业有限公司、山西省交通科技研发有限公司、成都高新区管委会新经济局、浙江交通职业技术学院、绍兴市智慧城市集团有限公司、宿州市公共交通有限公司、宁波市鄞通集团有限责任公司	2022-04-02	2022-03-01
T/ITS 0182. 2—2021	自动驾驶公交车　第2部分:自动驾驶功能测试方法与要求	本文件规定了自动驾驶公交车的自动驾驶能力要求、场地测试和道路测试要求及方法。 本文件适用于具备4级及以上驾驶自动化能力,提供载客运营服务的小型、中型和大型公共汽车。其他车型参照执行。注:小型、中型和大型公共汽车引自JTT 888—2014。	中关村中交国通智能交通产业联盟	中关村中交国通智能交通产业联盟	中关村中交国通智能交通产业联盟、北京百度智行科技有限公司、厦门金龙联合汽车工业有限公司、深圳市未来智能网联交通系统产业创新中心、同济大学、北京赛目科技有限公司、威马汽车科技集团有限公司、中兴通讯股份有限公司、中国信息通信研究院、湖南湘江智能科技创新中心有限公司、浙江吉利汽车有限公司、上海淞泓智能汽车科技有限公司、北京轻舟智航科技有限公司、上海国际汽车城集团有限公司、深圳元戎启行科技有限公司、宇通客车股份有限公司、山东高速集团有限公司创新研究院、山东高速信息集团、阳泉领航科技产业有限公司、山西省交通科技研发有限公司、舜泰汽车有限公司、长春工程学院、绍兴市城市建设投资集团有限公司、奥格科技股份有限公司	2022-04-02	2022-03-01
T/ITS 0175—2021	基于车路协同的自动驾驶实车在环测试系统通用要求	本文件规定了基于车路协同的、面向高等级自动驾驶的实车在环测试系统的系统组成、功能要求、数据交互要求以及系统工作流程。 本文件适用于基于车路协同的自动驾驶实车在环测试系统的搭建以及自动驾驶车辆在具备车路协同能力的封闭场地进行实车在环测试。	中关村中交国通智能交通产业联盟	中关村中交国通智能交通产业联盟	中关村中交国通智能交通产业联盟、腾讯云计算(北京)有限责任公司、交通运输部公路科学研究院、中国信息通信研究院、长沙智能驾驶研究院有限公司、上海临港智能网联汽车研究中心有限公司、中国汽车工程研究院股份有限公司、上海淞泓智能汽车科技有限公司、深圳市未来智能网联交通系统产业创新中心、重庆长安汽车股份有限公司、北京新能源汽车股份有限公司、北京汽车研究总院有限公司、上海汽车集团股份有限公司、宁波吉利汽车研究开发有限公司、中国联合网络通信有限公司、中国电信集团、高新兴科技集团股份有限公司、北京航空航天大学、同济大学、湖南大学、东南大学、中兴通讯股份有限公司、上海图森未来人工智能科技有限公司、电信科学技术研究院有限公司、北京聚利科技股份有限公司、北京四维图新科技股份有限公司、华人运通(江苏)技术有限公司、北京地平线信息技术有限公司、广州市埃特斯通讯设备有限公司、山东高速信息集团有限公司、北京百度智行科技有限公司、北京嘀嘀无限科技发展有限公司、英特尔中国研究院、湖南湘江智能科技创新中心有限公司、辽宁艾特斯智能交通技术有限公司、北京赛目科技有限公司、华录易云科技有限公司	2022-04-13	2022-03-01

续上表

标准编号	标准名称	标准主要内容	发布单位	归口单位	起草单位	发布日期	实施日期
T/ITS 0154—2021	自动驾驶出租汽车测试运营规范与安全管理要求	本文件规定了自动驾驶出租汽车测试车辆、测试安全员、测试流程、事故处置流程和测试主体运营管理规范。 本文件适用于获得了运营所在地自动驾驶测试牌照，或获得了运营所在地认可异地测试牌照的测试主体开展自动驾驶出租汽车测试运营和应用示范。	中关村中交国通智能交通产业联盟	中关村中交国通智能交通产业联盟	中关村中交国通智能交通产业联盟、北京航迹科技发展有限公司、北京百度智行科技有限公司、北京赛目科技有限公司、深圳元戎启行科技有限公司、博世汽车部件（苏州）有限公司、北京智行者科技有限公司、湖南湘江智能科技创新中心有限公司、北京汽车研究总院有限公司、北京初速度科技有限公司、腾讯云计算（北京）有限责任公司、西北市政工程西北设计研究院有限公司、湖南阿波罗智行科技有限公司	2022-04-13	2022-03-01
GB/T 20721—2022	自动导引车通用技术条件	本文件规定了自动导引车的产品分类、技术要求、试验方法、检验规则及标志、包装、运输、贮存。 本文件适用于仓储、产线、运输、制造业等领域的自动导引车的设计、制造、检验等。	国家市场监督管理总局 国家标准化管理委员会	全国机器人标准化技术委员会	杭州海康机器人技术有限公司、沈阳新松机器人自动化股份有限公司、北京机械工业自动化研究所有限公司、浙江大学、通标标准技术服务（上海）有限公司、杭州迦智科技有限公司、云南昆船智能装备有限公司、华域视觉科技（上海）有限公司、广州市西克传感器有限公司、东杰智能科技集团股份有限公司	2022-04-15	2022-11-01
YD/T 4008—2022	基于 LTE 的车联网无线通信技术应用标识分配及映射	本文件适用于基于 LTE 的车联网无线通信系统的设计与开发。	工业和信息化部	中国通信标准化协会	大唐电信科技产业集团（电信科学技术研究院）、中国信息通信研究院、华为技术有限公司、高通无线通信技术（中国）有限公司、中国移动通信集团有限公司、东软集团股份有限公司、国汽（北京）智能网联汽车研究院有限公司、大众汽车（中国）投资有限公司、宝马（中国）服务有限公司、通用汽车（中国）投资有限公司、深圳市腾讯计算机系统有限公司、中兴通讯股份有限公司、中国联合网络通信集团有限公司、北京星云互联科技有限公司	2022-04-22	2022-07-01
T/SHJX 024—2021	智能网联汽车开放测试道路智能化系统设计技术要求	本文件规定了智能网联汽车开放测试道路智能化系统设计所包含的交通感知设备、交通边缘计算设备、路侧通信及定位设备、测试监测与服务系统等技术要求。 本文件适用于 M 类（至少有四个车轮并且用于载客的机动车辆）、N 类（至少有四个车轮并且用于载货的机动车辆）车型测试的智能网联汽车开放测试道路智能化系统的规划设计及建设。	上海市交通运输行业协会	上海市交通运输行业协会	上海市城市建设设计研究总院（集团）有限公司、上海城市综合交通规划科技咨询有限公司、上海国际汽车城（集团）有限公司、上海市城乡建设和交通发展研究院、上海淞泓智能汽车科技有限公司、上海浦信交通设施有限公司、同济大学、上海智能交通有限公司、中汽研汽车工业工程（天津）有限公司、浙江海康智联科技有限公司、上海宝康电子控制工程有限公司、青岛海信网络科技股份有限公司	2022-06-09	2022-06-15
T/CSAE 252—2022	智能网联汽车车载端信息安全测试规程	本文件规定了对智能网联汽车车载端信息安全防护是否符合 T/CSAE 101—2018 的要求所对应的测试规程，包括整体安全、硬件安全、操作系统安全、应用软件安全、对内通信安全、对外通信安全和用户数据安全等的测试规程。 本文件适用于整车企业、车载端供应商、第三方信息安全测试服务机构对车载信息安全保护状况进行安全测试评估。	中国汽车工程学会	中国汽车工程学会	中国软件评测中心（工业和信息化部软件与集成电路促进中心）、北京航空航天大学、中国汽车工程学会、国汽（北京）智能网联汽车研究院有限公司、中国第一汽车集团有限公司、广州汽车集团股份有限公司、北京新能源汽车股份有限公司、上海汽车集团股份有限公司、重庆长安汽车股份有限公司、华为技术有限公司、电子科技大学、华东师范大学、北京梆梆安全科技有限公司、惠州市德赛西威汽车电子股份有限公司、长城汽车股份有限公司、惠州华阳通用电子有限公司、深圳市纽创信安科技开发有限公司、广东为辰信息科技有限公司、四维创智（北京）科技发展有限公司	2022-06-13	2022-03-10

续上表

标准编号	标准名称	标准主要内容	发布单位	归口单位	起草单位	发布日期	实施日期
T/CSAE 250—2022	汽车智能共享出行评价指标体系	本文件规定了汽车智能共享出行的评价指标。 本文件适用于对汽车智能共享出行的行业发展情况和企业运营状况进行评价，由企业根据需要自行选择评价指标。	中国汽车工程学会	中国汽车工程学会	清华大学、同济大学、华南理工大学、武汉理工大学、杭州优行科技有限公司、中移(上海)信息通信科技有限公司、北京嘀嘀无限科技发展有限公司、环球车享汽车租赁有限公司、上海一嗨汽车租赁有限公司、上海北斗交大新能源汽车服务有限公司、湖北亿咖通科技有限公司	2022-06-13	2022-03-10
T/CSAE 249—2022	汽车智能共享出行术语	本文件规定了汽车智能共享出行的术语及其定义，包括基本概念、出行方式、出行服务应用程序、服务模式、运营模式和商业模式六个部分。 本文件适用于汽车智能共享出行行业。	中国汽车工程学会	中国汽车工程学会	清华大学、同济大学、华南理工大学、北京嘀嘀无限科技发展有限公司、杭州优行科技有限公司、中移(上海)信息通信科技有限公司、长安大学、环球车享汽车租赁有限公司、上海一嗨汽车租赁有限公司、上海北斗交大新能源汽车服务有限公司、初速度(苏州)科技有限公司	2022-06-13	2022-03-10
T/CSAE 247—2022	智能网联汽车道路试验监管系统技术要求	本文件规定了智能网联汽车道路试验过程监管的术语和定义、缩略语、系统架构、车载终端技术要求、监管平台技术要求和通讯协议及数据格式等内容。 本文件适用于具有3级驾驶自动化和4级驾驶自动化系统的智能网联汽车道路试验的监管。	中国汽车工程学会	中国汽车工程学会	上海淞泓智能汽车科技有限公司、中国汽车工程研究院股份有限公司、上海国际汽车城(集团)有限公司、招商局检测车辆技术研究院有限公司、腾讯云计算(北京)有限责任公司、中移(上海)信息通信科技有限公司、北京百度智行科技有限公司、北京经纬恒润科技股份有限公司、上海智能网联汽车技术中心有限公司、上海裹动科技有限公司、上海通立信息科技有限公司、启明信息技术股份有限公司、高新兴科技集团股份有限公司、国汽(北京)智能网联汽车研究院有限公司、同济大学、北京星云互联科技有限公司、华砺智行(武汉)科技有限公司、上汽大众汽车有限公司、深兰科技(上海)有限公司、北京赛目科技有限公司、公安部道路交通安全研究中心、濮阳市印象网络科技有限公司、浙江海康智联科技有限公司、浙江亚太智能网联汽车创新中心有限公司、工业和信息化部电子第五研究所、上汽通用五菱汽车股份有限公司、中汽研(天津)汽车工程研究院有限公司、阿波罗智联(北京)科技有限公司、福州物联网开放实验室有限公司、襄阳达安汽车检测中心有限公司、合肥市智能网联汽车创新中心、北京智能车联产业创新中心有限公司、北京航迹科技有限公司、深圳市未来智能网联交通系统产业创新中心、上海市城市建设设计研究总院(集团)有限公司、上海博泰悦臻电子设备制造有限公司、湖北汽车工业学院、信通院车联网创新中心(成都)有限公司	2022-06-13	2022-03-04
T/CSAE 246—2022	智能网联汽车V2X系统预警应用功能测试与评价方法	本文件规定了智能网联汽车V2X系统预警应用功能的通用要求、测试项目及测试方法，包括测试场景的功能要求、测试步骤以及通过性条件。 本文件适用于具有V2X网联功能的M1类、N1类车辆的应用场景测试与评价，其他车辆类型可参考执行。	中国汽车工程学会	中国汽车工程学会	上海淞泓智能汽车科技有限公司、北京星云互联科技有限公司、国汽(北京)智能网联汽车研究院有限公司、上海国际汽车城(集团)有限公司、阿利昂斯汽车研发(上海)有限公司、阿尔卑斯阿尔派集团、北京万集科技股份有限公司、上汽大众汽车有限公司、北京大唐高鸿数据网络技术有限公司、华砺智行(武汉)科技有限公司、上海博泰悦臻电子设备制造有限公司、上海汽车集团股份有限公司、北京百度网讯科技有限公司、北京百度智行科技有限公司、东风日产乘用车公司、招商局检测车辆技术研究院有限公司、中汽院(重庆)汽车检测有限公司、东软集团股份有限公司等	2022-06-13	2022-03-04

续上表

标准编号	标准名称	标准主要内容	发布单位	归口单位	起草单位	发布日期	实施日期
T/CSAE 185—2021	智能网联汽车自动驾驶地图采集要素模型与交换格式	本文件规定了智能网联汽车自动驾驶地图中应表达的采集要素、要素数据信息化及数据结构化等内容的要求，具体包括采集要素数据表达的一般要求、数据组织要求及应用场景等。基础导航电子地图中已有的要素要求不在本文件中体现。 本文件适用于汽车自动化分级中3级（有条件自动驾驶）以上的自动驾驶地图应用。另外，文件中相关内容也可供汽车自动化分级中0级（应急辅助）至2级（组合驾驶辅助）地图应用参考。	中国汽车工程学会	中国汽车工程学会	北京市测绘设计研究院、高德软件有限公司、立得空间信息技术股份有限公司、北京晶众智慧交通科技股份有限公司、大众汽车（中国）投资有限公司、中国第一汽车集团有限公司、一汽—大众汽车有限公司、上海博泰悦臻电子设备制造有限公司、东软集团股份有限公司、高深智行（广州）科技有限公司、北京瑞迪时空信息技术有限公司、河北全道科技有限公司	2022-06-14	2021-05-13
T/CSAE 213—2021	智能网联汽车激光雷达点云数据标注要求及方法	本文件规定了智能网联汽车激光雷达点云标注的基本内容、要求以及方法。 本文件适用于智能网联汽车激光雷达点云数据的标注。	中国汽车工程学会	中国汽车工程学会	国汽（北京）智能网联汽车研究院有限公司、深圳市速腾聚创科技有限公司、东风悦享科技有限公司、中国汽车技术研究中心有限公司、中汽数据（天津）有限公司、易图通科技（北京）有限公司、中国科学院自动化研究所、中国第一汽车股份有限公司、北京汽车研究总院有限公司、北京赛目科技有限公司、上海淞泓智能汽车科技有限公司、中国汽车工程研究院股份有限公司、北京云测信息技术有限公司、清华大学苏州汽车研究院（吴江）、襄阳达安汽车检测中心有限公司、北京百度网讯科技有限公司	2022-06-15	2021-07-15
T/CSAE 212—2021	智能网联汽车场景数据图像标注要求及方法	本文件规定了智能网联汽车场景数据图像中应标注的基本内容、要求、标注方法及评估方法。 本文件适用于智能网联汽车场景数据图像标注。	中国汽车工程学会	中国汽车工程学会	国汽（北京）智能网联汽车研究院有限公司、东风悦享科技有限公司、中国汽车技术研究中心有限公司、中汽数据（天津）有限公司、北京云测信息技术有限公司、易图通科技（北京）有限公司、深圳市速腾聚创科技有限公司、中国科学院自动化研究所、北京地平线机器人技术研发有限公司、北京赛目科技有限公司、中国第一汽车股份有限公司、中国汽车工程研究院股份有限公司、北京汽车研究总院有限公司、清华大学苏州汽车研究院（吴江）、襄阳达安汽车检测中心有限公司、北京百度网讯科技有限公司	2022-06-15	2021-07-15
T/CSAE 211—2021	智能网联汽车数据共享安全要求	本文件给出了智能网联汽车数据分类、分级、数据类型，规定了数据安全等级。 本文件适用于生产智能网联汽车的各车厂单位以及拥有大量汽车数据的第三方行业，包括保险公司、二手车平台、车管所等。	中国汽车工程学会	中国汽车工程学会	电子科技大学、上海汽车集团股份有限公司、重庆长安汽车股份有限公司、中国第一汽车集团有限公司、阿利昂斯汽车研发（上海）有限公司、中国汽车技术研究中心有限公司、国家工业信息安全发展研究中心、国汽（北京）智能网联汽车研究院有限公司、北京链道科技有限公司、广东为辰信息科技有限公司、新睿信智能研究院（南京）有限公司、国网智慧能源交通技术创新中心（苏州）有限公司、襄阳达安汽车检测中心有限公司、吉利汽车研究院（宁波）有限公司、上海智能网联汽车技术中心有限公司、中国汽车工程研究院股份有限公司、深圳联友科技、华砺智行科技有限公司、四川省信息安全测评中心、中汽创智科技有限公司、德赛西威汽车电子股份有限公司、上海博泰悦臻电子设备制造有限公司、OPPO广东移动通信有限公司、江西江铃集团新能源汽车有限公司、上海畔亩园信息科技有限公司、广州拓尔思大数据有限公司	2022-06-15	2021-07-15

续上表

标准编号	标准名称	标准主要内容	发布单位	归口单位	起草单位	发布日期	实施日期
T/CSAE 234—2021	智能网联汽车线控转向及制动系统数据接口要求	本文件规定了智能网联汽车线控转向及制动系统的数据接口要求，包括与域控制器及其他电控单元交互的信号定义等。 本文件适用于M、N类车辆的线控转向及制动系统开发。	中国汽车工程学会	中国汽车工程学会	中汽研汽车检验中心（天津）有限公司、华为技术有限公司、舍弗勒智能驾驶科技（长沙）有限公司、泛亚汽车技术中心有限公司、金龙联合汽车工业（苏州）有限公司、广州汽车集团股份有限公司汽车工程研究院、格陆博科技有限公司、天津所托瑞安汽车科技有限公司、联创汽车电子有限公司、北京百度网讯科技有限公司、青岛慧拓智能机器有限公司、上汽集团乘用车公司	2022-06-16	2021-10-26
T/ZJVITIA 04—2022	智能网联汽车智能驾驶域控制器	本文件规定了智能网联汽车智能驾驶域控制器的术语和定义、要求、试验方法、检验规则、标志、包装、运输和贮存。	浙江省汽车工业技术创新协会	浙江省汽车工业技术创新协会	福瑞泰克智能系统有限公司、中国计量大学、杭州新车链科技有限公司	2022-07-11	2022-07-20
GB/T 41630—2022	智能泊车辅助系统性能要求及试验方法	本文件规定了智能泊车辅助系统的一般要求、性能要求和试验方法。 本文件适用于装备有智能泊车辅助系统的M_1类车辆，其他类型车辆可参照执行。	国家市场监督管理总局 国家标准化管理委员会	全国汽车标准化技术委员会	中国第一汽车股份有限公司、中国汽车技术研究中心有限公司、重庆长安汽车股份有限公司、戴姆勒大中华区投资有限公司、东风汽车集团股份有限公司、比亚迪汽车工业有限公司、北京汽车股份有限公司、浙江万安科技股份有限公司、泛亚汽车技术中心有限公司、博世汽车部件（苏州）有限公司、东软集团股份有限公司	2022-07-11	2023-02-01
T/JSTJXH 9—2022	城市轨道交通工程磷酸铁锂蓄电池组系统技术标准	为规范磷酸铁锂蓄电池组系统在城市轨道交通工程中的应用，确保其作为备用电源功能正常，做到技术先进、安全适用、经济合理、确保质量，制定本标准。	江苏省土木建筑学会	江苏省土木建筑学会	融创新能源科技（江苏）有限公司江苏省土木建筑学会城市轨道交通建设专业委员会	2022-07-12	2022-07-30
DB3202/T 1034. 1—2022	智能网联道路基础设施建设指南　第1部分：总则	本文件规定了智能网联道路基础设施建设的道路分级、设施部署、设施通用要求及安全要求。 本文件适用于无锡市智能网联道路基础设施的建设，其他道路可参照执行。	无锡市市场监督管理局	无锡市工业和信息化局	无锡智汇交通科技有限公司、中国信息通信研究院、无锡市政设计研究院有限公司、无锡市公安局交通警察支队、无锡市城市重点建设项目管理中心、无锡市交通运输管理局、无锡物联网创新中心有限公司、江苏航天大为科技股份有限公司、无锡华通智能交通技术开发有限公司	2022-07-20	2022-07-27
T/KQP 4—2022	智能汽车车载语音交互系统性能要求及测试方法	本文件规定了汽车语音交互系统的术语和定义、测试指标和测试方法。 本文件适用于带有语音交互功能的汽车的设计、开发、测试及维护。	广州开发区汽车及配件用品行业协会	广州开发区汽车及配件用品行业协会	广州开发区汽车及配件用品行业协会、广东中创智家科学研究有限公司、合创汽车科技有限公司、威凯检测技术有限公司	2022-08-08	2022-08-12
T/ZAI 6—2022	智慧园区无人驾驶巡逻车智能管控应用系统技术要求	本文件规定了智慧园区无人驾驶巡逻车智能管控应用系统的总体架构和具体要求。 本文件适用于智慧园区无人驾驶巡逻车智能管控应用系统的规划、设计、开发等。	中关村数智人工智能产业联盟	中关村数智人工智能产业联盟	中关村数智人工智能产业联盟、北京航空航天大学合肥创新研究院、山东摩西网络科技有限公司、盈嘉互联（北京）科技有限公司、北京创泽智慧机器人科技有限公司、数动达观（北京）科技有限公司、上海东部科技成果转化有限公司、北京大学重庆大数据研究院、中泰信合智能科技有限公司	2022-08-24	2022-09-01
T/CTS 6—2022	智能网联汽车道路测试与示范应用道路交通管控设施能力分级	本标准规定了智能网联汽车道路测试与示范应用道路交通管控设施能力分级。 本标准适用于智能网联汽车道路测试、智能网联汽车示范应用的道路。	中国道路交通安全协会	中国道路交通安全协会	公安部道路交通安全研究中心、北京市交管局、武汉市交管局、广州交警支队、中国质量认证中心、车百智能网联研究院（武汉）有限公司、北京智能车联产业创新中心、中汽院智能网联科技有限公司、华为技术有限公司、东南大学	2022-09-02	2022-09-02

续上表

标准编号	标准名称	标准主要内容	发布单位	归口单位	起草单位	发布日期	实施日期
T/CTS 7—2022	智能网联汽车道路测试与示范应用道路交通事故信息采集技术规范	本文件规定了智能网联汽车道路测试与示范应用车辆发生道路交通事故后，事故数据采集和辅助说明材料的要求。 本文件适用于智能网联汽车道路测试与示范应用主体上报道路交通事故信息。也适用于其他具有自动驾驶功能的车辆道路交通事故信息上报。路外交通事故上报可参照执行。	中国道路交通安全协会	中国道路交通安全协会	公安部道路交通安全研究中心、北京市交管局、武汉市交管局、北京三快在线科技有限公司、北京中机车辆司法鉴定中心、北京百度智行科技有限公司、北京小马易行科技有限公司、北京智能车联产业创新中心、北京交通大学	2022-09-02	2022-09-02
T/CTS 8—2022	智能网联汽车道路测试和示范应用告知规范	本文件规定了智能网联汽车道路测试和示范应用路段区域告知、车外及车内告知和社会公众告知的要求。 本文件适用于智能网联汽车道路测试和示范应用活动。智能网联汽车道路测试和示范应用的交通安全管理可参照执行。	中国道路交通安全协会	中国道路交通安全协会	公安部道路交通安全研究中心、北京市公安局公安交通管理局、中汽院智能网联科技有限公司、北京智能车联产业创新中心有限公司	2022-09-02	2022-09-02
T/CTS 9—2022	智能网联汽车道路测试与示范应用通行规范	本文件规定了智能网联汽车道路测试与示范应用的车辆基本要求、识别及响应、基本通行原则、安全速度、安全距离、信号装置使用、遵守交通信号灯、车道规则、变更车道、会车、超车、路口通行、掉头、避让、高速公路通行、停车及风险减缓策略等要求。 本文件适用于智能网联汽车自动驾驶功能的道路交通安全法律法规和通行规则的符合性检测评估；智能网联汽车的道路交通安全管理，以及智能网联汽车自动驾驶功能的设计与制造可参照执行。	中国道路交通安全协会	中国道路交通安全协会	公安部道路交通安全研究中心，中国质量认证中心、华为技术有限公司、北京三快在线科技有限公司、中汽院智能网联科技有限公司、北京市公安局公安交通管理局、武汉市公安局交通管理局、清华大学	2022-09-02	2022-09-02
DB50/T 1290—2022	智能网联汽车道路测试远程监控系统技术规范	本文件规定了智能网联汽车道路测试远程监控系统架构、智能网联汽车道路测试远程监控终端的技术要求、智能网联汽车道路测试远程监控平台的技术要求和监控终端与监控平台之间的通讯协议及数据格式。 本文件适用于智能网联汽车道路测试远程监控系统。	重庆市市场监督管理局	重庆市经济和信息化委员会	中国汽车工程研究院股份有限公司、中汽院智能网联科技有限公司、重庆长安汽车股份有限公司、重庆大学、重庆邮电大学、重庆交通大学、中国电信股份有限公司重庆分公司、重庆长安车联科技有限公司、重庆信息通信研究院、重庆市地理信息中心、重庆赛宝工业技术研究院	2022-09-20	2022-12-20
T/ZAITS 10503—2022	驾驶自动化算法平台与驾驶自动化仿真测试平台接口技术要求	本文件规定了驾驶自动化算法平台与驾驶自动化仿真测试平台之间的接口术语定义、接口交互流程和接口交互内容，主要面向接口开发人员及相关从业人员。 本文件适用于驾驶自动化算法软件在环的训练、测试和评价，支持虚拟数据或路采数据的闭环测试，以形成规范化的驾驶自动化算法测试接口技术要求。 本文件适用于驾驶自动化算法在车辆自主执行驾驶自动化功能时的仿真测试，不适用于人为干预操控。	浙江省智能技术标准创新促进会	浙江省智能技术标准创新促进会	之江实验室、浙江省计量科学研究院、同济大学、上海淞泓智能汽车科技有限公司、宁波吉利汽车研究开发有限公司、武汉路特斯科技有限公司、浙江零跑科技有限公司、浙江省智能技术标准创新促进会、浙江育英职业技术学院、杭州指令集智能科技有限公司、中国计量大学	2022-09-30	2022-09-30

续上表

标准编号	标准名称	标准主要内容	发布单位	归口单位	起草单位	发布日期	实施日期
GB/T 41798—2022	智能网联汽车自动驾驶功能场地试验方法及要求	本文件规定了智能网联汽车自动驾驶功能进行场地试验时的一般要求、实验过程及通过条件、试验方法。 本文件适用于具备自动驾驶功能的M类、N类车辆，其他车辆类型可参照执行。	国家市场监督管理总局 国家标准化管理委员会	工业和信息化部	中国汽车技术研究中心有限公司、北京智能车联产业创新中心有限公司、华为技术有限公司、戴姆勒大中华区投资有限公司、湖南湘江智能科技创新中心有限公司、北京百度网讯科技有限公司、中国汽车工程研究院股份有限公司、国汽（北京）智能网联汽车研究院有限公司、吉利汽车研究院（宁波）有限公司、宝马（中国）服务有限公司、宇通客车股份有限公司、上海机动车检测认证技术研究中心有限公司、上海淞泓智能汽车科技有限公司、襄阳达安汽车检测中心有限公司、东风商用车有限公司、北汽福田汽车股份有限公司、中国重型汽车集团济南动力有限公司、一汽解放汽车有限公司、广州汽车集团股份有限公司、重庆长安汽车股份有限公司、中国第一汽车集团有限公司、浙江万安科技股份有限公司、北京汽车股份有限公司、比亚迪汽车工业有限公司、北京航迹科技有限公司、中汽研汽车试验场股份有限公司、大众汽车（中国）投资有限公司、维宁尔（中国）电子有限公司、金龙联合汽车工业（苏州）有限公司、长城汽车股份有限公司、东风汽车集团股份有限公司、奇瑞汽车股份有限公司、上海汽车集团股份有限公司、泛亚汽车技术中心有限公司	2022-10-12	2023-05-01
GB/T 41871—2022	信息安全技术汽车数据处理安全要求	本文件规定了汽车数据处理者对汽车数据进行收集、传输等处理活动的通用安全要求、车外数据安全要求、座舱数据安全要求和管理安全要求。 本文件适用于汽车数据处理者开展汽车数据处理活动，适用于汽车的设计、生产、销售、使用和运维，也适用于主管监管部门和第三方评估机构等对汽车数据处理活动进行监督、管理和评估。	国家市场监督管理总局 国家标准化管理委员会	全国信息安全标准化技术委员会	中国电子技术标准化研究院、国家计算机网络应急技术处理协调中心、清华大学、中汽研软件测评（天津）有限公司、国汽（北京）智能网联汽车研究院有限公司、公安部第三研究所、中国科学院自动化研究所、北京理工大学、上海汽车集团股份有限公司、岚图汽车科技有限公司、上海蔚来汽车有限公司、浙江极氪智能科技有限公司、苏州挚途科技有限公司、北京百度网讯科技有限公司、重庆长安汽车股份有限公司、长城汽车股份有限公司、威马汽车科技集团有限公司、华为技术有限公司、北京小马易行科技有限公司、中国汽车工业协会、上海机动车检测认证技术研究中心有限公司	2022-10-12	2023-05-01
GB/T 42017—2022	信息安全技术网络预约汽车服务数据安全要求	本文件规定了网络预约汽车服务的收集、存储、使用、加工、提供、公开、出境等数据处理活动的安全要求。 本文件适用于网络预约汽车服务提供者规范数据处理活动，也可为管监管部门、第三方评估机构对网络预约汽车服务数据处理活动进行监督、管理、评估提供参考。	国家市场监督管理总局 国家标准化管理委员会	全国信息安全标准化技术委员会	中国电子技术标准化研究院、北京小桔科技有限公司、中电长城网际系统应用有限公司、中国网络安全审查技术与认证中心、北京信息安全测评中心、北京三快在线科技有限公司、北京百度网讯科技有限公司、北京易行出行旅游有限公司、北京假日阳光环球旅行社有限公司、广州祺宸科技有限公司、上海赛可出行科技服务有限公司、同程网络科技股份有限公司、国家计算机网络应急技术处理协调中心、公安部第三研究所、中国信息通信研究院、中国科学院信息工程研究所、重庆邮电大学、北京市竞天公诚律师事务所上海分所、闪捷信息科技有限公司、杭州优行科技有限公司、南京领行科技股份有限公司	2022-10-12	2023-05-01

续上表

标准编号	标准名称	标准主要内容	发布单位	归口单位	起草单位	发布日期	实施日期
T/ITS 0198.5—2022	智慧矿山矿用车辆自动驾驶协同作业系统　第5部分:车辆和云控平台测试方法及要求	本文件规定了智慧矿山自动驾驶协同作业系统中车辆和云控平台测试的一般要求和测试方法。 本文件适用于具备3级及以上自动驾驶能力的矿用车辆及云控平台的功能测试。	中关村中交国通智能交通产业联盟	中关村中交国通智能交通产业联盟	中关村中交国通智能交通产业联盟、华能伊敏煤电有限责任公司、北京百度智行科技有限公司、中国信息通信研究院、郑州信大捷安信息技术股份有限公司、中国联合网络通信集团有限公司、山西省智慧交通研究院有限公司、阳泉领航科技产业有限公司、东南大学、北京踏歌智行科技有限公司、上海淞泓智能汽车科技有限公司、同济大学、东风商用车有限公司、长沙智能驾驶研究院有限公司、北京建筑大学、北京斫珀科技有限公司、北京航空航天大学	2022-10-12	2022-10-12
T/ITS 0198.4—2022	智慧矿山矿用车辆自动驾驶协同作业系统　第4部分:信息交互要求	本文件规定了智慧矿山矿用车辆自动驾驶协同作业系统中自动驾驶矿用车辆与云控平台、自动驾驶矿用车辆之间、自动驾驶矿用车辆与路侧设备、自动驾驶矿用车辆与协同作业设备、云控平台与路侧设备以及云控平台与协同作业设备之间的数据交互要求。 本文件适用于智慧矿山中自动驾驶矿用车辆、云控平台、协同作业设备以及路侧设备之间的信息交互。	中关村中交国通智能交通产业联盟	中关村中交国通智能交通产业联盟	中关村中交国通智能交通产业联盟、华能伊敏煤电有限责任公司、北京百度智行科技有限公司、中国信息通信研究院、郑州信大捷安信息技术股份有限公司、中国联合网络通信集团有限公司、山西省智慧交通研究院有限公司、阳泉领航科技产业有限公司、东南大学、北京踏歌智行科技有限公司、上海淞泓智能汽车科技有限公司、同济大学、东风商用车有限公司、长沙智能驾驶研究院有限公司、北京建筑大学、北京斫珀科技有限公司、北京航空航天大学	2022-10-12	2022-10-12
T/ITS 0198.3—2022	智慧矿山矿用车辆自动驾驶协同作业系统　第3部分:云控平台技术要求	本文件规定了智慧矿山矿用车辆自动驾驶协同作业系统云控平台的车辆调度系统、作业管理系统、生产管理系统、地图管理系统、设备管理系统、用户管理系统和远程驾驶系统的技术要求。 本文件适用于对智慧矿山用自动驾驶车辆和其他协同作业设备进行管理的云控平台。	中关村中交国通智能交通产业联盟	中关村中交国通智能交通产业联盟	中关村中交国通智能交通产业联盟、华能伊敏煤电有限责任公司、北京百度智行科技有限公司、中国信息通信研究院、山西省智慧交通研究院有限公司、郑州信大捷安信息技术股份有限公司、中国联合网络通信集团有限公司、阳泉领航科技产业有限公司、东南大学、北京踏歌智行科技有限公司、上海淞泓智能汽车科技有限公司、同济大学、东风商用车有限公司、长沙智能驾驶研究院有限公司、北京建筑大学、北京斫珀科技有限公司、北京航空航天大学	2022-10-12	2022-10-12
T/ITS 0198.2—2022	智慧矿山矿用车辆自动驾驶协同作业系统　第2部分:车辆技术要求	本文件规定了智慧矿山用自动驾驶车辆的技术要求和运营要求。 本文件适用于具备3级及以上自动驾驶能力的N3类车辆,其他类型车辆可参照执行。	中关村中交国通智能交通产业联盟	中关村中交国通智能交通产业联盟	中关村中交国通智能交通产业联盟、华能伊敏煤电有限责任公司、北京百度智行科技有限公司、中国信息通信研究院、郑州信大捷安信息技术股份有限公司、中国联合网络通信集团有限公司、阳泉领航科技产业有限公司、东南大学、北京踏歌智行科技有限公司、上海淞泓智能汽车科技有限公司、山西省智慧交通研究院有限公司、同济大学、东风商用车有限公司、长沙智能驾驶研究院有限公司、北京建筑大学、北京斫珀科技有限公司、北京航空航天大学	2022-10-12	2022-10-12
T/ITS 0198.1—2022	智慧矿山矿用车辆自动驾驶协同作业系统　第1部分:总体技术要求	本文件规定了智慧矿山矿用车辆自动驾驶协同作业系统的总体框架和基本要求。 本文件适用于协同作业系统及具备3级及以上驾驶自动化能力的矿用车辆。	中关村中交国通智能交通产业联盟	中关村中交国通智能交通产业联盟	中关村中交国通智能交通产业联盟、华能伊敏煤电有限责任公司、北京百度智行科技有限公司、中国信息通信研究院、山西省智慧交通研究院有限公司、郑州信大捷安信息技术股份有限公司、中国联合网络通信集团有限公司、阳泉领航科技产业有限公司、东南大学、北京踏歌智行科技有限公司、上海淞泓智能汽车科技有限公司、同济大学、北京建筑大学、东风商用车有限公司、长沙智能驾驶研究院有限公司、北京斫珀科技有限公司、北京航空航天大学	2022-10-12	2022-10-12

续上表

标准编号	标准名称	标准主要内容	发布单位	归口单位	起草单位	发布日期	实施日期
T/CHTS 10070—2022	道路货运车辆安全生产服务平台与车载终端技术要求	本标准共分为4章，主要内容包括：总则、术语和缩略语、服务平台要求、车载终端要求。	中国公路学会	中国公路学会	交通运输部公路科学研究所、广东省北斗移动物联网产业研究院、交通运输通信信息工程质量检测中心、河南省运输事业发展中心、成都网阔信息技术股份有限公司、中科广通科技集团有限公司、重庆芸享实业有限公司、北京创世诺亚智能科技有限公司、中寰卫星导航通信有限公司、虹软科技股份有限公司、江苏中天安驰科技有限公司、深圳市易甲文技术有限公司	2022-10-21	2022-11-04
T/GHDQ 92—2022	智能网联汽车数字证书设计规范	本文件规定了智能网联汽车数字证书设计规范的数字证书应用系统架构、数字证书设计要求、数字证书申请要求、数字证书产线检测要求、数字证书存储和使用要求。对数字证书的信任域、模板、有效期、申请、检测、存储和使用的功能做了相应的规范。	吉林省汽车电子协会	吉林省汽车电子协会	中国第一汽车集团有限公司智能网联开发院、吉林大学汽车仿真与控制国家重点实验室、重庆长安汽车股份有限公司、中汽创智科技有限公司、一汽解放汽车有限公司、中国汽车技术研究中心有限公司、吉林大学通信工程学院、一汽奔腾轿车有限公司、富赛汽车电子有限公司、武汉路特斯科技有限公司、东风汽车集团有限公司技术中心	2022-10-23	2022-10-24
T/GHDQ 95—2022	智能网联汽车数据全生命周期管理规范	本文件适用于基于智能网联汽车数据进行功能设计、开发、实施、运营过程中的数据管理要求与数据安全要求。 本文件规定了智能网联汽车数据在采集、存储、处理、传输、交换、销毁生命周期各阶段的基本管理要求。	吉林省汽车电子协会	吉林省汽车电子协会	北京明朝万达科技股份有限公司、中国第一汽车集团有限公司智能网联开发院、中国第一汽车集团有限公司试验检测院、吉林大学汽车仿真与控制国家重点实验室、中国汽车技术研究中心有限公司、一汽解放汽车有限公司、一汽奔腾轿车有限公司、东风汽车集团有限公司技术中心、华晨宝马汽车有限公司、重庆长安汽车股份有限公司、上海伊世智能科技有限公司、北京车和家科技有限公司	2022-10-23	2022-10-24
T/GHDQ 96—2022	智能网联汽车云服务平台运营人员安全管理制度	本文件适用于V2X场景下云服务平台对数据运营人员、数据开发人员、数字证书管理人员等相关涉及云服务平台重要运营岗位的信息安全规范与管理。 本文件规定了云服务平台运营人员安全管理制度，主要包括运营人员安全组织架构、数据运营人员安全管理制度、数据开发人员安全管理制度、数字证书管理人员安全管理制度等。	吉林省汽车电子协会	吉林省汽车电子协会	北京明朝万达科技股份有限公司、中国第一汽车集团有限公司智能网联开发院、东风汽车集团有限公司技术中心、吉林大学汽车仿真与控制国家重点实验室、中国第一汽车股份有限公司检测试验院、中国汽车技术研究中心有限公司、一汽解放汽车有限公司、中国汽车工程研究院股份有限公司、华晨宝马汽车有限公司、重庆长安汽车股份有限公司、一汽奔腾轿车有限公司	2022-10-23	2022-10-24
T/GHDQ 104—2022	智能网联汽车远程监控系统信息安全技术要求	本文件规定了智能网联汽车远程监控系统信息安全技术要求，主要包括车载终端与远程监控系统安全通信、远程监控系统与公共平台安全通信、远程监控系统平台安全要求。	吉林省汽车电子协会	吉林省汽车电子协会	启明信息技术股份有限公司、中国第一汽车集团有限公司智能网联开发院、中国汽车工程研究院股份有限公司、宇通客车股份有限公司、上汽通用五菱汽车股份有限公司、吉林大学汽车仿真与控制国家重点实验室、三六零数字安全科技集团有限公司、一汽解放汽车有限公司商用车开发院、一汽-大众汽车有限公司、中电信数智科技有限公司长春分公司、中电福富信息科技有限公司	2022-11-02	2022-11-03
T/GHDQ 103—2022	智能网联汽车服务平台信息安全技术要求	本文件规定了智能网联汽车服务平台信息安全技术要求，主要包括基础设施安全、平台安全、业务服务安全、开发运维安全。	吉林省汽车电子协会	吉林省汽车电子协会	启明信息技术股份有限公司、中国第一汽车集团有限公司智能网联开发院、中国汽车技术研究中心有限公司、东风汽车集团有限公司技术中心、吉林大学汽车仿真与控制国家重点实验室、中国汽车工程研究院股份有限公司、上汽通用五菱汽车股份有限公司、宇通客车股份有限公司、三六零数字安全科技集团有限公司、一汽解放汽车有限公司商用车开发院、一汽-大众汽车有限公司、中电信数智科技有限公司长春分公司、中电福富信息科技有限公司	2022-11-02	2022-11-03

续上表

标准编号	标准名称	标准主要内容	发布单位	归口单位	起草单位	发布日期	实施日期
T/GHDQ 100—2022	智能网联汽车控制器硬件信息安全测试规范	本文件适用于智能网联汽车信息安全控制器硬件信息安全的设计及测试工作。 本文件规定了智能网联汽车控制器硬件信息安全设计及测试内容、要求及准则。	吉林省汽车电子协会	吉林省汽车电子协会	一汽解放汽车有限公司商用车开发院、中国第一汽车集团有限公司智能网联开发院、广东为辰信息安全有限公司、北京奇虎科技有限公司、中国汽车技术研究中心有限公司、吉林大学汽车仿真与控制国家重点实验室、联通智网科技股份有限公司、岚图汽车科技有限公司、中国第一汽车集团有限公司检测试验院、重庆长安汽车股份有限公司、一汽奔腾轿车有限公司、东风汽车集团有限公司技术中心	2022-11-02	2022-11-03
T/GHDQ 99—2022	智能网联汽车远程通信模块信息安全测试规范	本文件适用于智能网联汽车控制器的信息安全开发及测试验证。 本文件规定了智能网联汽车远程通信模块信息安全设计及测试要求。	吉林省汽车电子协会	吉林省汽车电子协会	一汽解放汽车有限公司商用车开发院、中国第一汽车集团有限公司智能网联开发院、广东为辰信息安全有限公司、北京奇虎科技有限公司、东风汽车集团有限公司技术中心、吉林大学汽车仿真与控制国家重点实验室、中国汽车技术研究中心有限公司、中国第一汽车集团有限公司检测试验院、岚图汽车科技有限公司、一汽奔腾轿车有限公司、东软集团股份有限公司、重庆长安汽车股份有限公司	2022-11-02	2022-11-03
T/GDSAE 00007—2022	车联网先导区路侧计算设备技术规范	本文件规定了车联网路侧计算设备的网络架构、技术要求，描述了试验方法。具体包括定义了路侧计算设备、检测率、误检率和识别准确率等4个术语，并明确了RSU、OBU、RTSP、SDK等14个缩略语。给出了路侧计算设备与外部连接关系的网络架构。规定了路侧计算设备的外观、结构、外壳防护等级、功能、性能、接口、信息安全、电源适应性、电磁兼容性、环境适应性、安全性和稳定性等12个方面的技术要求。描述了路侧计算设备12个方面的技术要求的测试方法。	广东省汽车工程学会	广东省汽车工程学会	高新兴科技集团股份有限公司、广东省智能网联汽车创新中心有限公司、中汽研汽车检验中心（广州）有限公司、中国信息通信研究院、中国移动（上海）产业研究院、工业和信息化部电子第五研究所、广州交信投科技股份有限公司、北京万集科技股份有限公司	2022-11-23	2022-12-01
T/GDSAE 00003—2022	车联网先导区路侧协同设施设备建设指南	本文件规定了车联网先导区的路侧协同设施的技术要求等。分6章，分别为范围、规范性引用文件、术语及定义、缩略语、路侧协同设施构成、路侧协同设施部署原则等。	广东省汽车工程学会	广东省汽车工程学会	广东省智能网联汽车创新中心有限公司、广州汽车集团股份有限公司、高新兴科技集团股份有限公司、天翼物联科技有限公司、深圳镭神科技有限公司	2022-11-23	2022-12-01
T/GDSAE 00002—2022	车联网先导区 V2X 云控基础平台技术规范	本文件规定了V2X云控基础平台的架构组成、各子系统相应的能力需求、数据集需求以及数据格式需求等。涵盖的场景包括路侧协同设施、区域子系统、中心子系统，以及路侧协同设施与区域子系统通信，区域子系统与中心子系统通信等。	广东省汽车工程学会	广东省汽车工程学会	广东省智能网联汽车创新中心有限公司、广州汽车集团股份有限公司、高新兴科技集团股份有限公司、阿波罗智行科技（广州）有限公司、天翼物联科技有限公司、华为技术有限公司、联通智网科技有限公司、中移（上海）产业研究院	2022-11-23	2022-12-01
T/GDSAE 00001—2022	车联网先导区建设总体技术规范	本文件规定了车联网先导区的整体目标、技术架构、建设内容及其技术要求等。分7章，分别为总则、规范性引用文件、术语及定义、缩略语、总体要求、基础设施建设技术要求、应用场景建设技术要求等。	广东省汽车工程学会	广东省汽车工程学会	广东省智能网联汽车创新中心有限公司、高新兴科技集团股份有限公司、华为技术有限公司、天翼物联科技有限公司、阿波罗智行科技（广州）有限公司、广州汽车集团股份有限公司、广州信息投资有限公司、联通智网科技有限公司、广东星舆科技有限公司、中移（上海）信息通信科技有限公司、广州市公共交通集团有限公司	2022-11-23	2022-12-01

续上表

标准编号	标准名称	标准主要内容	发布单位	归口单位	起草单位	发布日期	实施日期
T/ITS 0201. 2—2022	智能网联汽车测试监管系统　第2部分：车载终端技术要求	本文件规定了智能网联汽车（L3及以上）测试监管系统车载终端的系统组成、功能要求、性能要求。 本文件适用于智能网联汽车测试监管系统车载终端的规划、设计、搭建及应用。	中关村中交国通智能交通产业联盟	中关村中交国通智能交通产业联盟	中关村中交国通智能交通产业联盟、同济大学、交通运输部公路科学研究院、深圳市未来智能网联交通系统产业创新中心、青岛海信网络科技股份有限公司、信通院车联网创新中心（成都）有限公司、中兴通讯股份有限公司、南京国通智能交通科技有限公司、同润智能（镇江）科技有限公司、上海机动车检测认证技术研究中心有限公司、广东盈峰智能环卫科技有限公司、东软集团股份有限公司、苏州未来智能交通产业研究院、中科先进智联（杭州）科技有限公司、深圳市金溢科技股份有限公司、北京万集科技股份有限公司、厦门市产品质量监督检验院、深圳市交投科技有限公司	2022-12-05	2022-12-05
T/ITS 0201. 1—2022	智能网联汽车测试监管系统　第1部分：监管平台技术要求	本文件规定了智能网联汽车（L3及以上）测试监管系统的系统架构，监管平台的功能要求、性能要求、安全要求和运维保障要求。 本文件适用于国家或各级地的智能网联汽车道路测试监管系统的架构设计及其监管平台的建设及应用，其他监管系统（如：智能网联示范应用监管）可参考执行。	中关村中交国通智能交通产业联盟	中关村中交国通智能交通产业联盟	中关村中交国通智能交通产业联盟、同济大学、交通运输部公路科学研究院、深圳市未来智能网联交通系统产业创新中心、青岛海信网络科技股份有限公司、信通院车联网创新中心（成都）有限公司、中兴通讯股份有限公司、南京国通智能交通科技有限公司、同润智能（镇江）科技有限公司、上海机动车检测认证技术研究中心有限公司、广东盈峰智能环卫科技有限公司、东软集团股份有限公司、苏州未来智能交通产业研究院、中科先进智联（杭州）科技有限公司、深圳市金溢科技股份有限公司、北京万集科技股份有限公司、厦门市产品质量监督检验院、深圳市交投科技有限公司	2022-12-05	2022-12-05
DB43/T 2538—2022	智能网联公交车路云一体化系统技术规范第1部分：总体技术要求	本文件明确了智能网联公交车路云一体化系统技术规范的物理组成、系统架构和技术要求，并规定了各系统之间物理设备连接关系以及设备技术要求。 本文件适用于涉及智能网联公交车路云一体化系统新建或改造项目的车载、路侧、云控平台等的设计、建设与运营管理。	湖南省市场监督管理局	湖南省交通运输厅	湖南湘江智能科技创新中心有限公司、长沙智能驾驶研究院有限公司、湖南省交通规划勘察设计院有限公司、中南大学、长沙市交通运输局、长沙市公安局交通警察支队、长沙市数据资源管理局、长沙公交智慧大数据科技有限公司、长沙理工大学、长沙交科信息技术咨询服务中心、湖南湘江智芯云途科技有限公司、湖南湘江智车出行科技有限公司、长沙中车智驭新能源科技有限公司、星云互联（湖南）科技有限公司、湖南明成达工程咨询有限公司、长沙市智能汽车产业促进会	2022-12-09	2023-03-09
T/CITSA 29—2022	网联车辆生态驾驶评估方法	本标准规定了面向网联车辆生态驾驶评估的数据输入要求，明确了网联车辆生态驾驶分类、分级标准及其评估方法。 本标准规范了评价生态驾驶水平所需要的数据采集与分析方法、生态驾驶的分类分级标准与流程，通过对驾驶员的生态驾驶行为水平进行客观认识和定量评价，给驾驶员提供适当的指导，引导驾驶员采取生态驾驶策略，有效降低燃油消耗和污染物排放，实现个人效益与社会效益的最大化。	中国智能交通协会	中国智能交通协会	北京智驾出行科技有限公司、北京交通大学、北京交通发展研究院、北京世纪新运交通运输科技应用研究所、北方工业大学、许昌学院、北京航空航天大学、北京九五智驾信息技术股份有限公司、北京交研都市交通科技有限公司、北京鑫虹智显科技发展有限公司、北京四通智能交通系统集成有限公司、武汉英泰斯特电子技术有限公司、北京汽车研究总院有限公司	2022-12-26	2022-12-26
T/CHTS 10075—2022	自动驾驶车辆事故责任数据采集及分析技术要求	本文件适用于自动驾驶车辆（包括测试车辆在内）在自动驾驶状态下行驶时，安全监管、事故责任界定所需的相关数据采集、传输、存储及事故分析等监测要求。	中国公路学会	中国公路学会	北京航空航天大学、长沙理工大学、长沙智能驾驶研究院有限公司、千方捷通科技股份有限公司、北京智能车联产业创新中心有限公司、北京百度网讯科技有限公司、北京智行者科技股份有限公司、国汽（北京）智能网联汽车研究院有限公司、北京汽车研究总院有限公司、北京三快在线科技有限公司（美团）、阿里巴巴（中国）有限公司、阿里巴巴达摩院（杭州）科技有限公司、中路未来（北京）交通技术研究院有限公司、新石器慧通（北京）科技有限公司	2022-12-26	2023-01-09

续上表

标准编号	标准名称	标准主要内容	发布单位	归口单位	起草单位	发布日期	实施日期
DB11/T 2050—2022	自动驾驶车辆封闭试验场地技术要求	本文件规定了自动驾驶车辆封闭试验场地的一般要求,场地要素要求和配套设施要求。 本文件适用于汽车驾驶自动化分级3级及以上等级车辆封闭试验场地规划、设计和建设。	北京市市场监督管理局	北京市经济和信息化局	北京市经济和信息化局、北京市交通委员会、北京市公安局公安交通管理局、北京智能车联产业创新中心有限公司、中关村智通智能交通产业联盟、北京百度智行科技有限公司、北京千方科技股份有限公司、北京新能源汽车股份有限公司、北京航空航天大学、北京联合大学、毫末智行科技有限公司、新石器慧通(北京)科技有限公司、北京车网科技发展有限公司、莱茵检测认证服务(中国)有限公司、阿里巴巴(中国)有限公司、北京航天数据股份有限公司	2022-12-27	2023-04-01
DB11/T 2041—2022	自动驾驶地图数据规范	本文件规定了自动驾驶地图数据的基本规定、数据组织、数据内容及表达、数据质量控制。 本文件适用于自动驾驶地图数据的生产、管理及应用。	北京市市场监督管理局	北京市规划和自然资源委员会	北京市测绘设计研究院、北京百度网讯科技有限公司、北京车网科技发展有限公司、易图通科技(北京)有限公司、北京四维图新科技股份有限公司、国汽(北京)智能网联汽车研究院有限公司、高德软件有限公司、北京建筑大学	2022-12-27	2023-07-01
DB11/T 2046. 1—2022	智慧停车系统技术要求 第1部分:总则	本文件规定了智慧停车系统的总体原则、总体架构、智慧停车服务等级划分和总体要求。 本文件适用于停车场景服务端、停车资源汇聚数据库和经营性停车场(库)端的设计、建设和运行维护。非经营性停车场(库)端可参照执行。	北京市市场监督管理局	北京市交通委员会	北京市交通综合治理事务中心、北京市智慧交通发展中心(北京市机动车调控管理事务中心)	2022-12-27	2023-04-01
DB11/T 2046. 2—2022	智慧停车系统技术要求 第2部分:停车场(库)外场设备	本文件规定了停车场(库)外场设备的设备分类、功能性能要求。 本文件适用于经营性停车场(库)端的设计、建设和运行维护。非经营性停车场(库)端可参照执行。	北京市市场监督管理局	北京市交通委员会	北京市交通综合治理事务中心、北京静态交通投资运营有限公司、北京市智慧交通发展中心(北京市机动车调控管理事务中心)、北京云星宇交通科技股份有限公司	2022-12-27	2023-04-01
DB11/T 2046. 3—2022	智慧停车系统技术要求 第3部分:停车场(库)管理模块	本文件规定了停车场(库)管理模块的构成、功能要求和性能要求。 本文件适用于经营性停车场(库)端的设计、建设和运行维护。非经营性停车场(库)端可参照执行。	北京市市场监督管理局	北京市交通委员会	北京市交通综合治理事务中心、北京静态交通投资运营有限公司、北京市智慧交通发展中心(北京市机动车调控管理事务中心)、北京云星宇交通科技股份有限公司、北京速通科技有限公司、爱泊车科技有限公司	2022-12-27	2023-04-01
DB11/T 2046. 4—2022	智慧停车系统技术要求 第4部分:数据规范及质量评估	本文件规定了智慧停车系统的数据规范和数据质量评估。 本文件适用于智慧停车系统中各组成部分之间的数据传输。	北京市市场监督管理局	北京市交通委员会	北京市交通综合治理事务中心、北京市智慧交通发展中心(北京市机动车调控管理事务中心)	2022-12-27	2023-04-01
DB11/T 2050—2022	自动驾驶车辆封闭试验场地技术要求	本文件规定了自动驾驶车辆封闭试验场地的一般要求,场地要素要求和配套设施要求。 本文件适用于汽车驾驶自动化分级3级及以上等级车辆封闭试验场地规划、设计和建设。	北京市市场监督管理局	北京市经济和信息化局	北京市经济和信息化局、北京市交通委员会、北京市公安局公安交通管理局、北京智能车联产业创新中心有限公司、中关村智通智能交通产业联盟、北京百度智行科技有限公司、北京千方科技股份有限公司、北京新能源汽车股份有限公司、北京航空航天大学、北京联合大学、毫末智行科技有限公司、新石器慧通(北京)科技有限公司、北京车网科技发展有限公司、莱茵检测认证服务(中国)有限公司、阿里巴巴(中国)有限公司、北京航天数据股份有限公司	2022-12-27	2023-04-01
DB11/T 2041—2022	自动驾驶地图数据规范	本文件规定了自动驾驶地图数据的基本规定、数据组织、数据内容及表达、数据质量控制。 本文件适用于自动驾驶地图数据的生产、管理及应用。	北京市市场监督管理局	北京市规划和自然资源委员会	北京市测绘设计研究院、北京百度网讯科技有限公司、北京车网科技发展有限公司、易图通科技(北京)有限公司、北京四维图新科技股份有限公司、国汽(北京)智能网联汽车研究院有限公司、高德软件有限公司、北京建筑大学	2022-12-27	2023-07-01

续上表

标准编号	标准名称	标准主要内容	发布单位	归口单位	起草单位	发布日期	实施日期
T/KJDL 003—2022	粤港澳大湾区公路智能网联设施技术规范	规定粤港澳大湾区公路智能网联设施(以下简称智能网联设施)的有关技术要求,包括总则、交通信息感知、智能网联设施通信网络、路侧计算设施、云控平台、信息发布设施、信息安全、隧道设施、服务设施、车路协同和自动驾驶支持等。本文件适用于粤港澳大湾区高速公路、一级公路及二级公路智能网联设施规划和建设,也可供国内其他地区公路参照。	广州市空间地理信息与物联网促进会	广州市空间地理信息与物联网促进会	华杰工程咨询有限公司、移动通信国家工程研究中心、广州市交通运输研究院有限公司、华砺智行(武汉)科技有限公司、深圳市镭神智能系统有限公司、广州优保爱驾科技有限公司、深圳市未来智能网联交通系统产业创新中心、腾讯云计算(北京)有限责任公司、香港应用科技研究院、中信科智联科技有限公司、高新兴科技集团股份有限公司等	2022-12-30	2022-12-30
T/ITS 0201. 3—2022	智能网联汽车测试监管系统　第3部分:监管平台与车载终端接口技术要求	本文件规定了智能网联汽车(L3 及以上)测试监管平台与车载终端的通信方式和接口命令。 本文件适用于国家或各级地的智能网联汽车道路测试监管系统的监管平台与车载终端通信数据接口的设计,其他监管系统(如:智能网联示范应用监管)可参考执行。	中关村中交国通智能交通产业联盟	中关村中交国通智能交通产业联盟	中关村中交国通智能交通产业联盟、同济大学、交通运输部公路科学研究院、深圳市未来智能网联交通系统产业创新中心、青岛海信网络科技股份有限公司、信通院车联网创新中心(成都)有限公司、中兴通讯股份有限公司、同润智能(镇江)科技有限公司、上海机动车检测认证技术研究中心有限公司、广东盈峰智能环卫科技有限公司、东软集团股份有限公司等	2022-12-30	2022-12-30

节能与新能源汽车年鉴

第七篇 成果篇

一、电 动 领 域

MEGA POWER 电驱动系统开发及应用

供稿：东风汽车集团股份有限公司猛士汽车科技公司

1. 成果简介

随着国内外纯电动汽车市场的快速发展，高端纯电动汽车已成为行业发展热点，在这一细分市场上，“滑板底盘”概念已成为主流，作为“滑板底盘”的核心技术，双电机电驱动系统也已在行业得到广泛应用。该种构型的电驱动，适用于动力需求非常高的中大型越野车或高性能运动汽车，国外如特斯拉 Model S、RIVIAN、悍马等汽车品牌已量产搭载相关电驱动产品的车型；国内如比亚迪仰望、广汽 Hyper 的双电机电驱动也于 2022 年以来陆续发布，并将于 2023 年搭载车型投放市场。

猛士汽车科技公司也启动了越野滑板平台及相关车型开发，并于 2022 年 8 月发布了 M-TECH 越野纯电架构以及 MORA 滑板越野平台，该平台为中国首个电动越野滑板平台，具备线控、域控等前沿科技，拥有纯电、增程两种动力模式；平台采用四驱配置，前后各配备一款 MEGA POWER 双电机两挡电驱动系统（以下简称 MEGA POWER 电驱动），动力超过 1000 匹马力，轮端总输出扭矩超过 1.6 万 Nm，0～100 km/h 加速时间仅 4.2 s，可实现 100%爬坡度；同时该平台配备了“三把锁”，即两个轮间差速锁，一个轴间差速锁、可实现全地形强力脱困。首款车型猛士 917 将于 2023 年三季度投放市场。

MEGA POWER 电驱动峰值功率 400 kW，最大输出扭矩 8100 Nm，系统最高效率 93.5%，电驱动总成功能安全等级 ASIL C 级，可达到 IP68 防护等级要求。电驱动采用了高效油冷扁线电机技术、高精度控制技术、电子油泵技术、主动润滑技术、多合一控制器集成技术、电子差速锁集成技术、电驱动多档化技术、低噪声齿轮开发技术、功能安全开发技术等多项先进技术，且均为自主开发，确保了猛士汽车科技掌握了高端越野电驱动领域的关键核心技术。

2. 成果创新点及解决的难点问题

（1）高度集成化电驱动系统设计技术

①“六合一”高度集成及模块化架构

MEGA POWER 电驱动采用了“六合一”高度集成设计，首创地将双电机、双电机控制器、两挡减速箱、电子差速锁集成在一款电驱动内部。整个电驱动采用了集成化的冷却润滑系统，电机、减速箱、差速锁共用一种冷却润滑油品，通过优化的系统及结构设计、油品的低黏度及高可靠性设计，同时满足了油冷电机的冷却润滑及绝缘需求、两挡减速箱的润滑及电子油泵系统需求、电子差速锁的润滑及高负荷工作需求；通过集成化，实现了尺寸紧凑及轻量化设计。

猛士 917 车型纯电四驱版为四电机配置，前后各 1 款双电机电驱动，增程四驱版为三电机配置，前驱为单电机电驱动，后驱为双电机电驱动，整个 MEGA POWER 电驱动平台有 4 款电驱动产品；双电机驱动系统两侧电机采用同轴镜像的模块化设计，电机定转子、电机壳体、旋变等零件通用；双电机控制器同样采用镜像设计，集成了 MCU、TCU、差速锁等多功能控制模块，两侧功率驱动模块共用。通过高度模块化设计，可同时满足纯电版车型前驱和后驱电驱动不同布置角度的需求；单电机电驱动仅需在双电机电驱动系统上取消一侧电机，可最大限度沿用双电机驱动系统的设计，从而大幅减少专用件种类，并实现模具共用，降低了开发费用，缩短了开发周期，如图 7-1-1 所示。

图 7-1-1 MEGA POWER 双电机两挡电驱动系统

②两挡减速箱与电子差速锁系统集成及优化

常规减速箱采用的多为差速器系统，不具备锁止功能；传统燃油车的电子差速锁基本布置在车桥内，与变速箱互相独立；MEGA POWER 创造性地将两挡减速箱与电子差速锁进行了集成。常规车桥内采用的通常为 GL5 级别的重负荷齿轮油，其抗极压性能较为优异，将差速锁集成进电驱动后，由于电驱动为提高效率、降低搅油损失，通常采用低黏度油品，其抗极压性能、抗烧结能力都会恶化、从而对差速锁性能带来新的挑战，为确保电子差速锁在减速箱内部工作稳定可靠，MEGA POWER 电驱动通过对电子差速锁壳体润滑结构、内孔螺旋油槽、行星齿轮轴结构以及表面处理优化，并对整个电驱动系统润滑性能优化，大大提升了电子差速锁在越野车电驱动上的使用性能，电子差速锁所有性能指标均已达成。

（2）高性能电驱动系统设计技术

① 8 层扁线高效油冷电机技术

在新能源车用电机中，大部分电机都属于水冷结构型式，该冷却型式仅通过机壳进行间接冷却，未对电机中的发热元件进行直接冷却，冷却效果较为有限。部分油冷电机虽然对定子绕组进行直接喷淋冷却，但只对绕组的外圆周面进行了冷却，绕组的内圆周面和转子依然未能得到冷却。该冷却效果较水冷电机有一定改善，但易造成漆包线漆面冷却不均匀、局部老化过快。

电机线包表面发热不均匀、磁钢温度传导慢、冷却效果差是制约电机寿命的技术难点，针对该难点，MEGA POWER 电驱动应用创新的复合式电机油冷技术，同时冷却定子和转子铁芯（见图 7-1-2）。360°环形喷油管内的冷却油可分别对定子铁芯和定子绕组进行冷却，这样设计的好处可以确保无论车辆处于哪种倾斜姿态，均有足够的冷却油将定子热量及时带走，满足极限越野的各种需求；同时通过专有导油结构将冷却油导入转子轴，转子轴上设计有定向油槽及喷油孔，分别对转子铁芯和轴承进行冷却，同时也可满足轴承的润滑。通过该种油冷电机的实施方式，有效降低了线包和转子磁钢温度，可将电机寿命提升 20%，额定功率提升 43%。电机最高效率高达 97.5%，高效区（90% 以上）占比 88%，如图 7-1-3 所示。

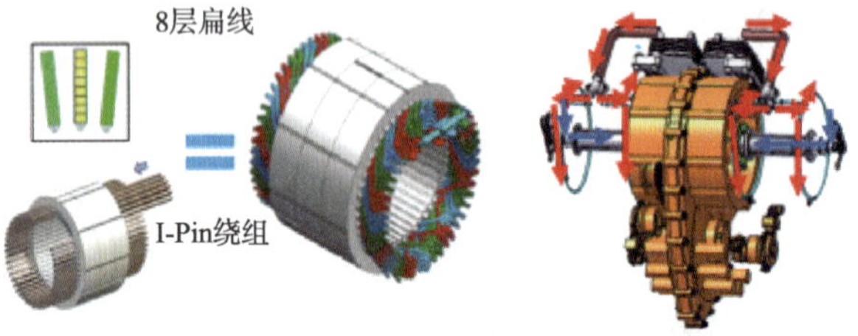

图 7-1-2　MEGA POWER 油冷电机及复合冷却系统

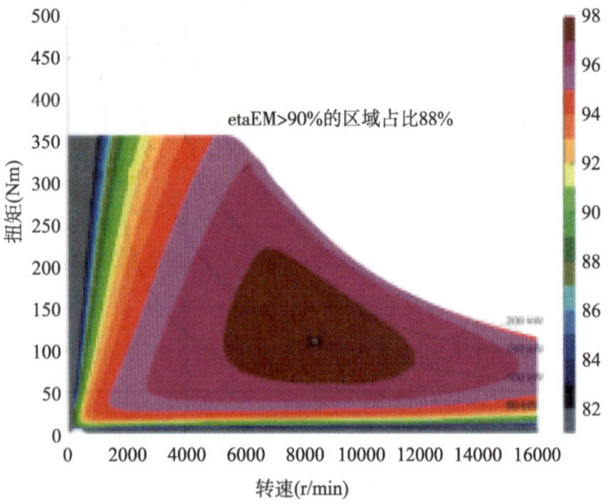

图 7-1-3　MEGA POWER 电机高效区占比

②高效大扭矩两挡减速箱

通常乘用车或越野车电驱动均采用单挡减速箱，单挡减速箱由于只有一个挡位，比较难以兼顾最高车速和大扭矩使用工况的需求，比较常见的做法是设计一个稍微大点（如 10～12）的速比保证动力输出，再进一步提升电机转速以保证最高车速，因此近年来电机发展趋势已趋向高速化，已具备大范围成熟量产的电机转速已达到 16000 r/min，部分企业甚至已有 20000 r/min 以上产品投放市场。

MEGA POWER 电驱动为满足高性能纯电越野汽车使用需求，既要保证 100% 坡度爬坡、阿拉善沙漠天坑和大小 V 沟“干拔”冲坡（指从坡底原地加速冲至坡顶），以及在典型越野场景脱困时对于轮端大扭矩输出的需求，也要兼顾最高车速 190 km/h 以上的需求，因此，MEGA POWER 电驱动首创性地在电驱动中集成了两挡减速箱解决上述问题（见图 7-1-4），通过这一技术路线，可实现在电机扭矩不增加的前提下，提高轮端最大输出扭矩至 8100 Nm，所搭载的猛士 917 车型可实现轮端输出扭矩 16000 Nm，超越了悍马 EV 车型的 15500 Nm；同时在不提高电机转速的情况下，高挡速比可以满足车辆最高车速的需求。此外，由于两挡速比的存在，整个电驱动高效区间进一步得到了提升，相比单挡电驱动综合提升约 5% 以上。

图 7-1-4　MEGA POWER 两挡减速箱示意图

③高可靠性与高防护性

MEGA POWER 电驱动为了满足极致越野性能需求，针对载荷谱进行了专项开发，并进行加严设计及验证，可满足 10 年 40 万 km 使用寿命，整个载荷谱涵盖了沙漠冲沙及爬坡、全地形越野工况，并支持弹射起步、斜阶飞跃等极限工况，满足更进一步的动力需求与极限性能体验；已累计完成并通过 30000 h 台时试验、200 万 km 整车试验。电驱动针对深度涉水、冲沙、泥水以及高压冲洗等工况进行了优化设计并充分验证，可满足 IP68 防护等级要求，支持整车涉水深度 900 mm。

（3）全地形越野技术

①专为电动越野汽车开发的电机控制技术

电动越野汽车行驶在复杂路面如泥路、沙漠路面、冰雪路面时，容易产生各种不同于传统乘用车的问题，如在低附路面的强力驱动工况以及沙漠行驶车辆腾空工况容易产生整车的瞬间飞车造成舒适感下降（见图 7-1-5），MEGA POWER 电驱动系统采用高响应的电机控制策略，可通过 1/1000 s 的检测，识别飞车工况，进而通过控制电机输出转矩，达到平稳加速的目标。

图 7-1-5　猛士 917 沙漠行驶腾空工况示意图

在沙漠路面行驶时，如沙漠穿越、沙漠爬坡（如阿拉善天坑、大V沟、小V沟）等工况，电动越野汽车在路面激励下容易产生特定频率下严重的抖动，既给传动系统带来较大的冲击又严重影响驾乘舒适性。MEGA POWER电驱动系统采用转矩前馈控制、传动系主动阻尼控制、主动弱磁控制等技术，在1/1000 s控制周期，通过对滑移率斜率、车速、路面状态、共振特征量的提取，经过系统综合判断，自适应调整电机控制器的输出特性，进而消除抖动，降低传动系扭矩冲击带来的可靠性影响（见图7-1-6）。

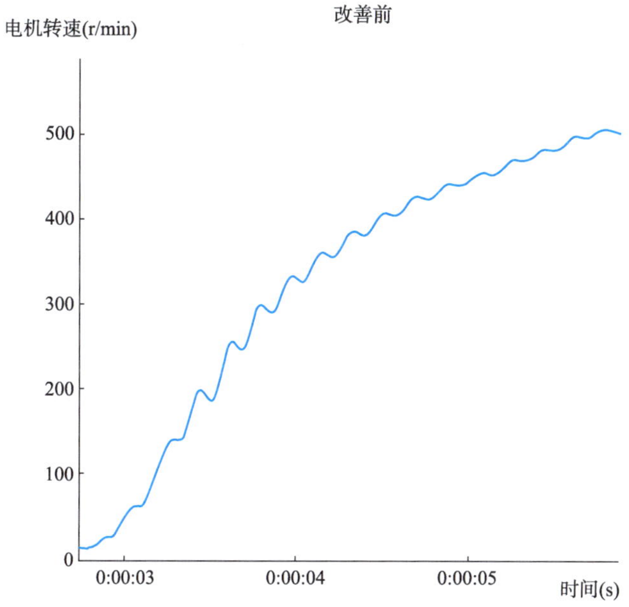

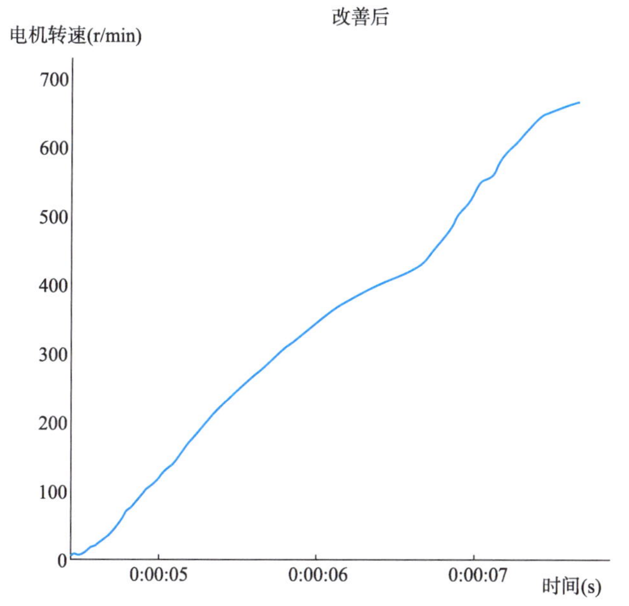

图7-1-6　传动系有源阻尼控制效果示意图

②“三把电子差速锁”脱困技术

MEGA POWER动力系统搭载917车型采用了“三把锁”设计，前驱和后驱电驱动内各集成一个电子差速锁，电子差速锁的功能为在一侧车轮打滑或悬空时，将该侧车轮扭矩最高100%转移至未打滑或悬空一侧车轮，根据路面实际情况，将车轮间的动力进行精准输出，从而提高车辆的越野脱困性能；通过独特的四驱控制策略，轴间采用虚拟电子差速锁止，这样“三把锁”可实现全地形越野脱困，极大增强了越野场景的操作性能与驾驶乐趣。

③高可靠性冷却润滑系统

越野车型存在越野工况等复杂使用场景，给电驱动系统设计带来了新的挑战。电驱动系统需满足大角度前后左右倾角、连续沙漠冲坡等极限工况，对整个系统的冷却和润滑需求都远高于非越野车型的设计指标，如需支持车辆最大爬坡度100%，左右侧倾40°的使用工况。MEGA POWER设计了高度可靠的冷却润滑系统，通过双电子油泵、双油冷器以及集成化的冷却润滑系统，与整车热管理系统充分协同，可满足在上述极端工况下的驱动电机冷却、各部件的润滑流量及热交换需求，做到全方位无死角的保护；同时，整套系统可满足－35 ℃～55 ℃环境使用需求，整套系统在可靠性之外同时兼顾了低功耗以及NVH优化设计，在满足越野需求的同时也覆盖到了日常驾驶对于续航及车辆静谧性的要求。

3. 国际水平对比分析

猛士汽车科技公司在开发电动越野滑板平台时，全面对标国际先进技术及产品。国际比较知名的电动越野汽车主要有悍马EV，悍马EV纯电动汽车主要有双电机及三电机版本，三电机版本前驱为单电驱动，后驱为双电驱动，表7-1-1为双电驱动技术参数对比。MEGA POWER电驱动从功率扭矩密度、重量、尺寸等方面已达到标杆产品相当水平，此外因配备了两挡减速箱，猛士MEGA POWER在电驱动系统效率上也会比悍马EV有所提升。

表7-1-1　MEGA POWER与悍马EV双电驱动对比

参数	悍马EV双电驱动	猛士MEGA POWER双电驱动
电机数量	双电机	双电机
电机峰值功率	～510 kW	400 kW
电机峰值扭矩	～905 Nm	640 Nm
电机功率扭矩密度	～1.77(Nm/kW)	～1.6(Nm/kW)
电驱动峰值输出扭矩	～9500 Nm	8100 Nm
尺寸（长×宽×高）	620 mm×750 mm×610 mm	598 mm×758 mm×570 mm
总重量	205 kg	201 kg
减速箱挡位	单挡	两挡
减速箱速比	10.5	低挡：约15 高挡：约10
电子差速锁	无，电子差速	配备

4. 成果应用情况

MEGA POWER电驱动目前搭载于猛士滑板越野平台，将于2023年三季度投放市场，东风集团内也正基于这一电驱动系统平台进行技术转化及集团内其他产品搭载研究，未来也将向国内其他市场推广该产品及技术；同时，基于此电驱动平台及技术的下一代电驱动系统已处于研发之中，并将搭载于猛士科技下一代智慧滑板平台。

猛士汽车科技公司 MEGA POWER 电驱动系统相关领域专利布局已授权发明专利 13 项，受理中发明专利 30 余项，发表期刊/年会等学术论文 4 篇，相关经验和积累将继续在后续机型开发中得到应用及推广。

凭借着掌握核心技术的深厚底蕴，“猛士豪华电动越野技术解决方案 M TECH”荣获 2023 年第三届《中国汽车风云盛典》评委会特别奖。

5. 成果的产能建设情况

MEGA POWER 电驱动生产产线布置于东风集团动力事业核心板块智新科技股份有限公司，产线采用柔性化布局，一期规划年产能 3 万台，并已预留二期年产能 6 万台的拓展空间，可根据猛士汽车科技公司事业布局快速投入二期产线。当前一期工业化设备已全面调试完毕并已完成小批量试生产，即将全面启动 PPAP 生产准备及 PSW 签批，首代产品于 2023 年三季度 SOP，并将于 2023 年三季度搭载猛士 917 投放市场。

6. 社会及经济效益分析

高端电动越野平台集成了当今新能源领域、智能网联领域、轻量化领域等 5 化领域的尖端技术，国内各家车企均已持续加大研发投入。通过相关研发，国内车企可在电动汽车领域实现国外对于核心技术的封锁，在换道超车的路上持续引领国内外纯电动汽车领域的发展，努力实现把关键核心技术掌握在自己手里、把民族汽车品牌搞上去的目标。通过研发高端电动越野平台与新能源动力系统，相关技术可快速向下进行转化，进一步引领中低端车型的技术升级，从而实现汽车行业的整体技术水平快速迭代与产业创新。作为高端电动越野文化领先者，猛士汽车科技创新应用高端电动越野技术解决方案 M TECH，以“超级平台、超级动力、超级越野”三大硬核技术集群，填补了中国高端电动越野技术空白；通过行业的引领与示范作用，推动高端越野汽车电动化发展，以实际行动有力支撑了中国“双碳”目标的达成。

技术引领，体验非凡——深蓝 SL03

供稿：深蓝汽车科技有限公司

1. 成果简介

深蓝 SL03 是深蓝品牌首款车型，于 2022 年 7 月上市，基于全新数字纯电平台 EPA1 开发，采用前瞻轿跑美学设计，搭载数字座舱、高效超集电驱、微核高频脉冲加热技术、iBC 数字电池管家、长安智慧芯等领先技术，不仅拥有极致运动的外观，科技时尚的内饰，更拥有高性能、高效率、高安全和高智能的属性，为用户带来全新体验，如图 7-1-7 所示。

图 7-1-7　深蓝 SL03

(1)应用领域

发展新能源汽车是我国从汽车大国迈向汽车强国的必由之路。深蓝汽车首款车型深蓝 SL03 采用全新设计理念，通过创新重构、万物互联、体验随心和低碳生活 4 个维度，打造了纯电版、增程版、氢电版 3 个动力版本。其中，纯电版续航里程包含 515 km 和 705 km 两个版本；增程版满油满电续航里程高达 1200 km，馈电油耗低至 4.5 L/100 km；氢电版满氢满电续航里程达 730 km，馈电氢耗低至 0.65 kg/100 km，可实现 3 min 超快补能。

(2)关键技术

①轿跑美学设计

深蓝 SL03 采用掀背轿跑设计，轴距(2900 mm)接近 C 级车，高宽比 0.78，轴长比(0.6)接近专业轿跑。采用溜背式车身、无框车门、电动掀背门、电动隐藏式门把手等设计，风阻系数低至 0.23Cd，实现了设计与美学的完美结合。

②数字座舱技术

支持蓝牙/NFC 等多种智能入仓方式，3D 全息人脸登录功能以及多模融合智能交互。基于用科技智能减少用户操作的设计理念，自动大灯、自动远近光、自动雨刮、自动空调以及账户下所有驾驶操作均有记忆功能，中控屏可根据场景智能偏转。屏幕上显示的所有功能都“可见即可说”，智能语音助手支持音区隔离，在连续强对话下快速反应。车机系统全球最早搭载高通 8155 芯片，具有 105K DMIPS 超高算力，支持整车 OTA 升级。同时，智能交互系统可提供隐私模式、车内关怀模式、露营模式等 10 种沉浸式情景体验模式。此外，在同级车型中率先应用 AR-HUD，将虚拟现实与抬头显示相结合，在驾驶员前方 8.5 m 成像距离等效 61 in，将时速、导航、来电信息等投影到车前方 8 m 以外的路面，增添驾驶安全和乐趣。

③后驱技术

开发了新一代超集电驱，不仅解决了后驱空间布置难题，还自主开发了转子、IGBT 温度场预测模型，将电驱核心区域温度控制在 3 ℃ 以内，将电驱性能发挥到了极致。515 km 纯电版动力系统最大功率达 190 kW，最大扭矩 320 Nm，百公里加速时间低至 5.9 s。

④H 臂型多连杆架构

“H 臂多连杆悬架 + 50:50 黄金轴荷比 + 宽车体 & 低重心设计 + 厚铝合金 H 臂型多连杆悬架系统设计”，并以 H 臂多连杆架构为基础，设计前后轴平衡的配重架构，达成 50:50 的黄金轴荷比，增加地面附着能力。宽车体、低重心，加之先进的底盘调效，让深蓝 SL03 在俯仰控制、横摆响应、冲击舒适度、侧倾控制等维度全面领先。

⑤高效超集电驱系统开发

电驱系统突破机械结构集成+电力电子深度集成技术，实现电机、减速器、IPU、DCDC、DCAC、高压分线、充电机等超级集成，较“三合一”重量降低10%、体积降低5%、功率密度提升37%。

⑥脉冲加热技术

针对当前采用加热膜和PTC等进行电池加热速率慢、温度一致性差、布置复杂且影响电池寿命等缺陷，脉冲加热可能是解决电池低温问题的有效途径之一。深蓝SL03首创微核高频脉冲加热技术，充分利用锂离子电池在低温下高频率正负切换大电流不发生析锂、不影响电池安全和寿命的特征，通过电驱IGBT极速开断，产生快速正负切换的大电流，并借助低温下电池内阻大的特性，为电池快速均匀地自加热（见图7-1-8）。实现了-30℃环境下，电池加热速度达4℃/min，加热速率较当前的水加热、PTC加热等方法提升约60%，从而使严寒环境下车辆动力性提升50%以上，低温充电时间缩短15%以上，极大改善了极寒条件下新能源汽车的性能。

图7-1-8　脉冲加热技术

⑦智能整车域控制器开发

智能整车域控制器采用“MCU+MPU”架构、多核多系统设计，集成VCU、以太网网关、T-BOX等7个控制模块，1500多个核心器件，实现远程诊断100%覆盖，较分体式控制器，性能提升70%，体积降低70%。此外，打通“云—管—端”信息互通壁垒，3 min实现软件OTA极速升级。还采用5层纵深防御策略、一套隐私保护策略，构筑用户信息安全屏障。

⑧APA7.0 NID3.0技术

智能辅助驾驶方面，采用APA7.0远程代客泊车系统，突破车内泊车/遥控进出/遥控泊车/循迹倒车/远程智能泊车/记忆泊车等11项技术。基础泊车能力超越老司机，平均泊车时间<35 s；小车位适应能力达到车长或车宽+65cm，超97%人类司机；记忆泊车实现片刻建图、即时使用；涵盖跨层、避障、绕障、脱困、错车、横穿等高难度场景。

智能行车方面，采用NID3.0领航驾驶辅助，实现智能换道辅助、智能上下匝道辅助、智能速度调节等，可应对施工路障（如锥形桶）、静止车辆、大型车辆、急弯、车道变化、道路边沿（路沿\护栏）等经典复杂场景，突破接管率、变道成功率、通行效率、匝道通行成功率等关键技术，实现行车更安全、高效。

⑨五星安全标准技术

采用五横九纵环抱式车身设计，超过45%高强钢占比，满足C-NCAP五星安全标准，为电池提供全方位的周边安全防护。

⑩iBC数字电池管家

开发了iBC数字电池管家，通过主动+被动双重防护，可有效避免电池热失控。主动方面，突破数字预控管理技术，通过电芯优选及制造过程全方位监控、自研“车云”双24 h全天候安全监控系统及AI大数据算法，提前避免电池热失控发生；被动方面，突破数字温控管理技术，通过航天级电池全隔热、醇冷高效散热、瞬态泄压等七大技术，有效规避整包热失控。

（3）专利情况

基于深蓝SL03，深蓝汽车共掌握专利超过700项，覆盖新能源核心三电、整车、仿真试验、燃料电池等领域。

2. 成果创新点及解决的难点问题

（1）突破了电驱动系统深度集成带来的机—电—热—磁—声多性能深度耦合难题，实现了电驱系统的效率提升、可靠性提升和节能减排

当前，电驱行业主流技术路线以三合一集成为主，存在系统集成度不高、总成效率相对较低等问题。

深蓝SL03电驱系统将动力系统多个功能和部件深度集成。针对深度集成带来的NVH和EMC问题，基于“机—电—磁—声”多物理场多目标优化理论，提出电机谐波主动注入技术和齿轮参数DOE自动寻优算法，建立电驱系统敲击异响理论模型，解决电驱啸叫、敲击异响等行业共性难题，实现电驱总成1 m平均声压级小于78 dB（A）（优于行业领先水平5 dB以上）；针对EMC多源干扰分级控制策略，实现整体EMC水平达CISPR25 Class 3。针对深度集成下多热源复合集中问题，提出多物理场参数耦合等效能量自适应算法，建立电机、膜电容等部件动态热预测模型，对环境温度及电机反电动势进行自适应补偿，满足全温域、全工况高精度估算要求；并依托控制器断电时刻存储温度值及上下电时差，解决控制器断电期间温度估算精度问题，实现过温动态跟随和精准保护，攻克电驱总成高效热管理难题。针对电驱可靠性，首创电驱远程健康管理技术，实现电驱总成设计寿命提升25%以上。此外，建立考虑动态电流、系统温度等多参数影响的电驱损耗响应面分析模型，实现总成最高效率突破95%，工况平均效率超过90%，较行业85%的平均水平，单车10年30万km全生命周期碳排放可再降低约2 t。

（2）首创脉冲加热技术，实现了电池低温快速无损加热

针对当前电池低温加热方法速率慢且影响电池寿命的缺陷，提出了利用电驱产生高频脉冲的变幅频特性交流低温电池快速无损加热方法。针对变幅频特性交流低温电池快速无损加热方法引起的噪声尖锐及线束屏蔽层接触点烧蚀问题，提出了热-NVH-EMC协同仿真优化技术，发明了基于电机IGBT频率精准控制的随机变交流幅频特性低温电池快速无损加热方法，提升加热系统耐久性。在-30℃环境下，可实现5 min加热20℃，充电时间缩短15%，动力性提升50%。

（3）突破极致效率的动力系统设计与控制，搭建增程器NVH数字孪生模型，创新性地提出实时路况智慧能量管理，实现增程系统的节能高效、无感运行

增程系统突破极致效率的动力系统设计与控制，采用自主研发高压缩比、深度阿特金森循环、低摩擦设计的专用发动机，优化发电机电磁方案，实现1 L油发电3.3 kWh。搭建增程器NVH数字孪生模型，开发发动机振动主动抑制技术和发电机振动主动补偿技术，通过主动控制算法、谐波注入等技术解决增程器工作时的振动/啸叫问题。创新性地提出基于用户使用场景识别预测的整车智慧控制技术，将动态规划、遗传算法等离线优化方法与实车验证相结合，求解出不同使用场景下的优化控制策略，指导实车规则控制策略参数

的优化。车辆运行过程中,根据“人—车—路—云”多源信息完成识别和预测,选择不同场景对应的离线优化数值,实现车辆各部件的优化控制。当前方出现高速路、拥堵工况时,增程器根据高速路车速或拥堵工况长度,增加启动次数并维持更高的 SOC,进而保证动力性,规避发电功率过大带来的 NVH 问题,实现增程系统无感启动、隐声运行。

(4)攻克车云融合的安全智能电池系统开发,实现电池不起火、不爆炸

伴随新能源汽车市场爆发式增长,电动车起火事件仍时有发生。深蓝 SL03 提出电池系统全生命周期安全控制策略,开发车—云深度融合算法,打通车—云数据上下行链路,建立电池大数据监控平台,提出电压排序法、机器自学习等 10 余种预警算法,并与车载 BMS 双向信息交互,实现电池安全全天候监控,安全预警准确率≥93%,预防电池过热发生。

(5)突破燃料电池系统集成及控制,打造国内首款量产自主轿车氢燃料电池系统,实现零污染、零排放

目前国内氢燃料电池汽车发展相对缓慢,仍处于示范运行初期,燃料电池整车/系统集成及控制、关键部件及材料研发等均制约行业发展。深蓝 SL03 突破氢燃料电池系统集成、控制等关键核心技术,采用水气异侧电堆设计,达成更小的体积、更大的功率。采用工况模式智能感知算法、新一代高活性催化剂涂覆,实现氢燃料电池系统 10000 h 的超长寿命。攻克燃料电池系统进排气和空压机噪声难题,常用工况噪声低于 55 dB,优于行业领先水平 10 dB 以上。整车氢耗低至 0.65 kg/100 km,可实现 3 min 超快补能。

3. 国际水平对比分析

对标国际纯电版车型,整体来看,深蓝 SL03 处于国际一流水平,特别在百公里加速时间、低温充电时间、能耗等方面表现突出,有效推动行业水平进一步提升(见表 7-1-2)。

表 7-1-2 国际水平对比表

车型	深蓝 SL03	国外典型车型 1	国内典型车型 1	国内典型车型 2
尺寸				
长度(mm)	4820	4694	4800	4808
宽度(mm)	1890	1850	1875	1840
高度(mm)	1480	1443	1460	1520
轴距(mm)	2900	2875	2920	2768
动力 & 续航				
驱动形式	后驱	后驱	后驱	前驱
综合工况续航里程(km)	515/705	675	550/700	450/550
最大功率(kW)	190/160	194	150/170/230	155
最大扭矩(Nm)	320	340	310/330/360	310
百公里加速时间(s)	5.9/6.9	6.1	7.5/7.2/5.9	7.5
低温 0 ~ 100 充电时间(min)	69	101	69	112
能耗(kWh/100km)	12.3/12.9	12.5	12.6	13.2
驾驶辅助				
并线辅助	●	●	●	●
车道偏离预警	●	●	●	●
车道保持	●	●	●	●
道路交通标识识别	●	○	●	●
主动刹车	●	●	●	●
驾驶影像	●360°全景影像	●倒车影像	●360°全景影像	●360°全景影像
巡航系统	●	●	●	●
自动泊入车位	○	○	—	●
其他功能				
天窗	●不可开启全景天窗	●分段式不可开启天窗	●不可开启全景天窗	●不可开启全景天窗
座椅功能	●前排电动调节/加热/通风 ●驾驶位记忆	●前排电动调节/加热 ●驾驶位记忆 ●第二排加热	●前排电动调节/加热/通风	●前排电动调节/加热 ●驾驶位记忆/通风
HUD	●	—	—	—
液晶仪表尺寸	10.2 in	—	10.25 in	10.26 in

4. 成果应用情况

得益于时尚的外观、智能化的配置、领先的性能及先进的技术,深蓝 SL03 自 2022 年上市以来,累计销量超过 6.5 万台,在众多新势力品牌及产品当中表现亮眼。

5. 成果产能建设情况

深蓝汽车已投资自建冲压线、焊接线、涂装线、总装线、

电池生产线、电驱生产线，实现深蓝 SL03 产能可达 21 万辆/年。

6. 社会及经济效益分析

（1）经济效益

深蓝 SL03 上市以来，累计收入超 130 亿元。未来 5 年规划年销超 20 万辆，预计总产值将超 2000 亿元。

（2）社会效益

深蓝 SL03 创造超过 5000 个就业岗位，不但解决了国家就业难题，还培养了一批优秀的新能源汽车技术人才。单车(10/30 万 km)碳排放较燃油车低约 20 t，上市以来，累计降碳超 130 t(20×6.5 W)，为实现节能减排和汽车产业结构升级发挥了重要作用，对加快我国新能源汽车技术发展、占领技术战略高地、提升我国新能源汽车产业核心竞争力具有重要意义。此外，深蓝 SL03 以优异的性能，提升了国民对自主品牌的认可度，支撑了长安汽车向智能低碳出行科技公司战略转型，也支撑了关键零部件供应商研发制造能力的提升，促进了重庆汽车行业的结构调整、转型升级和技术创新，并带动重庆原材料、成品件、配套件等上下游企业技术进步和发展，推动我国电动汽车产业跨越式发展。

欣旺达动力闪充电池

供稿：欣旺达动力科技股份有限公司

1. 成果简介

（1）成果、专利及应用领域

欣旺达全球首款量产“闪充电池”具有超快充、欣安全、抗低温、特耐用等特点，支持电动汽车轻松续航 1000 km，10 min 充至 80% SOC，让充电像加油一样快，极大地解决了新能源终端用户续航里程焦虑。

欣旺达动力闪充电池主要应用于当下主流的新能源汽车，快充专利布局 38 件，涉及电芯结构、材料、工艺及设备等各个方面。基于当前主流的方形电池和圆柱形态，欣旺达动力对闪充电池做了 1.0、1.0Plus 和 2.0 三代更迭，1.0 版本已经在一线新能源汽车产品上得到应用。目前闪充技术更迭主要基于方形电池进行，圆柱电池快充方案正处于研发进程中。

（2）关键技术

①材料端

欣旺达主要是利用硅材料，搭配硅基体系的电解液技术，然后结合经过处理的安全中镍正极，提升锂离子的传输顺畅程度，但同时也需要克服硅材料体积膨胀等问题。

欣旺达自主设计的闪充硅材料技术，主要是为了解决锂离子传输过程中传输受限的问题，加入硅材料活性因子，提升扩散系数，从而满足快充需求；此外，欣旺达还针对中镍正极做了相应安全升级，能量密度提升的同时，安全性能也得到相应提升。

②电解液方面

欣旺达推出了其自主研发的新型硅基体系电解液技术，弱溶剂化溶剂降低锂离子去溶剂化能，实现更快的锂离子传输，高解离锂盐提高电解液电导率，加快液相传输，与低阻抗添加剂联用，降低界面阻抗，加强界面离子传导，同时，成膜添加剂调控形成“刚柔并济”界面膜抑制硅材料体积膨胀。

③制造端

欣旺达主要在涂布和叠片技术上重点关注。高精度的涂布和叠片技术，主要通过多腔体模头，单条幅独立供料，横向重量极差可改善 20% 左右，自研面密度闭环逻辑，自动化水平较高，高精度叠片可达 100%CT 检测，零不良流出。

基于此，欣旺达动力还推出电池全生命周期自适应超充策略，包含无损高精度析锂边界电流测定技术，全生命周期动力学衰减诊断模型，超耐久高精度三点极技术。

2. 成果创新点及解决的难点问题

“充电焦虑”一直是电动汽车产业发展中的“槽点”。2023 年是新能源汽车革命与汽车行业深度转型的阵痛期，其中之一就是电动车充电难与能源产业链转型的阵痛。在新能源汽车渗透率不断跃升之下，对动力电池的续航、充电速度、安全性能等都提出了更高的要求。

新能源汽车的“四大焦虑”尤其是补能焦虑，是影响用户选择电动汽车的核心障碍，充电不方便、充电时间长亟待解决；同时，市售动力电池的能量密度提升至 140～200 Wh/kg；通过 CTP/CTB 等结构创新增加电量，解决了续航问题，长续航和百公里电耗无法兼得。

充电速度始终是贯穿电动车使用过程，目前电动车在全球的 快速渗透扩张则进一步放大了充电速度对于车主行车效率和用户体验的影响。对于消费者而言，存在的主要痛点为：充电、续航和安全。其中充电问题在很大程度上将影响消费者购买欲望。对此，欣旺达“闪充电池”着力打造长续航、快速补能、电池安全耐久、高保值的动力电池产品。采用自主设计闪充硅材料技术、自主设计高安全中镍正极和自主研发新型硅基体系电解液技术等关键技术，解决了新能源汽车续航里程短、充电速度慢、安全性能等难点问题。

基于以上行业痛点，欣旺达动力闪充电池主要有以下一些创新点和突破：

①1.0 版本方形快充电池充电速度已经达到 10 min 20%～80% SOC，充电 5 min 续航超过 200 km，低温充电 30 min 续航超过 250 km，续驶里程 700 km，1.0Plus 版本在此基础上做了一些系统能量密度、安全、寿命及成本等方面的优化，2.0 版本则继续针对核心指标提升。

②1.0Plus 版本中，方形电芯可倒置，液冷技术进行更新，并且应用热电分离方案可拓展应用至 CTB 方案。

③方形闪充电池。按照欣旺达的规划，到 2025 年，计划将电芯能量密度提升到 280 Wh/kg，10 min 快充 10%～80% SOC，BEV 车型 B+及 C 级车续航可达 1000 km，可应用 CTB 方案。

④圆柱电池快充方案主打极速快充和高兼容性，除了适配不同包络，兼容 400 V～800 V 电压平台，CTP、CTC、CTB 方案均适用。

3. 国际水平对比分析

国内各主流车企均采用 800 V 快充方案，与国外水平对比如下：

（1）整车企业

欧美客户如大众集团、宝马、奔驰、奥迪、福特等均规划采用 800 V 快充方案；日韩企业，除现代起亚等有 800 V 快充规划外，其他车企暂未有明确快充规划。这些国外各车企均规划在 2024—2027 年发布 800V 快充车型，充电功率可达到 240 ~ 480 kW，充电时间缩短至约 10 min，续航达到 400 km。国内车企在 2023 年各车企陆续发布 800 V 超充产品，2023 年成为 800 V 超充的爆发元年。

（2）主流电池企业

为匹配 800 V 快充车型开发，各电池公司均规划了适配 800 V 的快充电池，规划了充电时间从 15 min、10 min 到 8 min，充电 60% DOD 电量；充电倍率分布包含 3.5C、4C、5C、6C 等相对应的方案。

（3）充电桩企业

针对 800 V 充电，众多车企已推出适配高电压平台的超充桩。高电压充电桩建设的加快，有利于推动搭载高压电平台电动车的快速发展。

4. 成果应用情况

全球首款量产峰值 480 kW 充电功率，欣旺达动力“闪充电池”有方型和圆柱两种解决方案：

①方型电池解决方案可以做到闪充，10 min 可从 20% 充电至 80% SOC。据介绍，方型闪充电池 2.0 可搭配系统倒置/热电分离等设计方案，目前与国内头部车企深度合作，做到了充电 5 min 续驶超过 250 km。

②圆柱电池解决方案急速快充，10 ~ 15 min 可充电至 80% SOC，轻松实现超过 1000 km 续航。电池系统具备高兼容性和高适配性，适配不同包络兼容 CTB 方案。

欣旺达动力“闪充电池”采用了自主设计闪充硅材料技术、自主设计高安全中镍正极和自主研发新型硅基体系电解液技术等关键技术。2023 年 4 月，欣旺达动力与极氪汽车旗下威睿电动汽车（宁波）有限公司签署了超充项目签约仪式，双方强强联合在超快充电池方面展开深入合作。

5. 社会及经济效益分析

（1）轻松满足市场消费端长续航需求

随着“闪充电池”等系列产品和解决方案落地，欣旺达动力将持续投入大量科研力量开发兼具高能量密度和快充性能的电芯及电池模组，研发规划能量密度覆盖 280 Wh/kg 至 350 Wh/kg；实现 10/15/20/30 min 快充各种应用场景；轻松满足新能源汽车续驶里程超过 1000 km 的市场需求。

（2）解决快充对应的充电基础设施不足的社会问题

补能焦虑是影响用户选择电动汽车的核心障碍，充电不方便、充电时间长亟待解决。能量密度有一定的天花板，当能量密度达到一定高度后，很难出现更高的突破，新能源汽车要想长远发展除了增加充电基础设施的建设和完善，更需要像欣旺达动力“闪充电池”这样的快充技术和产品进行支持。快充电池的出现未来能够很好地解决设施不足和补能时长的效率问题。

（3）加快新能源汽车普及，助力社会减排降碳

随着欣旺达动力闪充电池的量产应用。超快充技术的大规模运用将提升用户体验，超充将成为未来主流的补能方式之一，改善充电焦虑，促进新能源汽车的进一步普及，从而推动全面电动化时代的到来，也赋能国家和全球的“双碳”目标实现。

巨湾凤凰电池技术

供稿：广州巨湾技研有限公司

1. 成果简介

随着电动汽车普及率的提高，动力电池技术也进入快速迭代、不断突破的阶段。虽然动力电池技术革新的路径多元化，但安全与充电速度始终是关键核心及痛点。

2023 年 6 月 6 日，XFC 极速电池技术引领巨湾技研正式发布全新自主研发的巨湾凤凰电池（见图 7-1-9）。巨湾凤凰电池集成了巨湾技研在材料、电化学、结构和控制等领域最新的科技创新成果，使电动汽车具备在全天候（高低温）条件下均如常运行，并在 300 ~ 1000 V 不同电压平台上均可实现最高 8C 极速充电的能力，同时在安全性、使用寿命、比能量、续航和成本等方面也具有领先的综合优势，无惧与燃油汽车竞争。巨湾凤凰电池的问世将动力电池及系统的技术水平提高到一个崭新的阶段。

图 7-1-9　巨湾凤凰电池

2. 关键技术

本次发布的巨湾凤凰电池集高效能热管理、多合一弹仓式结构、总线电压升降开关矩阵三大技术亮点于一体，可大幅提升动力电池的安全性及充电速度，让新能源电动汽车的运行和 XFC 极速快充不受环境气候及电压平台的限制。

（1）高效能热管理技术

可确保全天候环境下运行和 XFC 极速快充。巨湾凤凰电池以独创研发的轻量化超高导热率低维材料为基础，极限利用电芯换热面积，构建三维立体热管理系统（见图 7-1-10），让换热面积相比传统方案提升 18 倍，控温速率、效率与品质实现多倍提升，在安全可控范围内完成极速冷却及加热，即使是在冬季仍可实现 5 min 从 -20 ℃升至 +25 ℃的极速热车，极大改善了整车性能和用户体验。

图 7-1-10　三维立体热管理系统

(2)多合一弹仓式结构技术

全面提升成组率和安全防护能力。在电池结构创新设计方面,巨湾凤凰电池独到的超导热、加热、缓冲、隔火材料多合一弹仓式结构(见图 7-1-11),将电芯置于紧凑的“弹仓”内,不仅电池的热管理被极大改善,而且抗冲击、抗穿透能力也显著增强,同时使系统体积利用率可高达 75%。

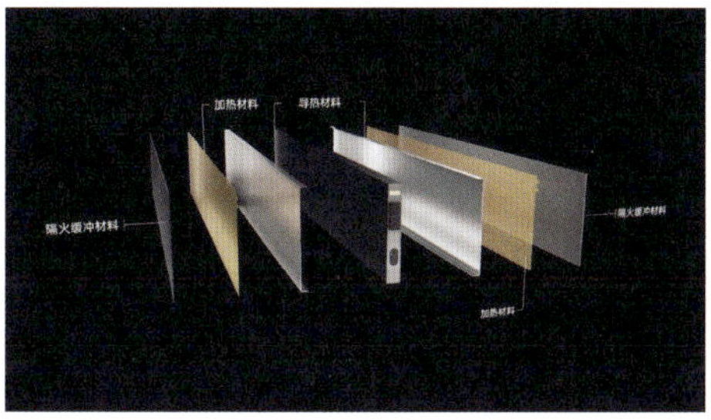

图 7-1-11　多合一弹仓式结构

(3)总线电压升降开关矩阵技术

支持各种电压平台的车型实现 XFC 极速快充。巨湾凤凰电池搭载了创新的高集成化固态开关矩阵及智能化控制系统(见图 7-1-12),可实现电池电压自由升降,在 300 ~ 1000 V 整车电压平台范围内均可实现 XFC 极速充电。例如对于常见的 400 伏电气架构,巨湾凤凰电池仍可在不改变整车原有架构的情况下,自动实现整车 800 V 的 XFC 极速充电和 400 V的日常运营,从而破除整车电压平台对极速充电技术应用的束缚,大幅提升适用性。

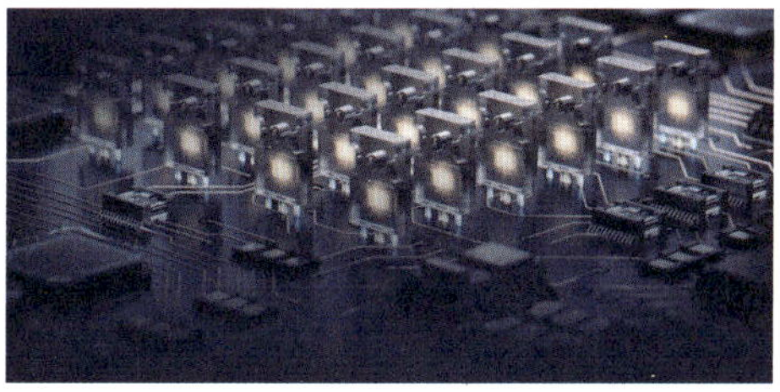

图 7-1-12　总线电压升降开关矩阵

3. 成果创新点及解决的难点问题

(1)成果创新点

新能源汽车动力电池的装车量快速增长,但不能忽视的是动力电池的发展依然面临诸多技术瓶颈。巨湾技研从材料、电化学、结构和控制等多维度推动技术研发,通过三大技术革新,巨湾凤凰电池实现了全天候(高低温)、全电压(300 ~ 1000 V 不同电压平台)条件下均可实现最高 8C 极速充电的能力,同时在安全性、使用寿命、比能量、续航和成本等方面也具有领先的综合优势。

(2)难点问题

①突破电压平台限制,巨湾凤凰电池极速快充技术方案

在全球范围内,800 V 高压平台架构被认为是电动汽车实现高效化、紧凑化设计和超级快充的必要条件之一。从国际品牌到本土车企,再到造车新势力,都在积极跟踪和布局高压快充技术。但是从应用角度看,800 V 高压平台成为主流尚需时日,并需克服诸多困难,例如仅整车电气架构从目前主流的 400 V 成熟平台升级到 800 V 平台,就需要进行重大的设计变更,包括提高大小三电系统等用电器的耐压等级,车企将面临技术与成本等方面的诸多挑战。这反映出纵然 800 V 高压为发展趋势,但目前电动汽车仍多采用 400 V 中压平台的主因。

为解决这种技术革新与应用现状之间的矛盾,巨湾技研独创了总线电压升降开关矩阵技术,以小代价实现了使动力电池总线电压自由升降的大效果,从而破除了整车电压平台对极速充电技术应用的束缚。

巨湾凤凰电池搭载了创新的高集成化固态开关矩阵及智能化控制系统,支持 300 ~ 1000 V 电压平台的车型均可实现极速快充。对于常见的 400 V 电气架构,其仍可在不改变整车原有架构的情况下,自动实现整车 800 V 的极速快充和 400 V 的日常运营。根据整车电气架构实现电池电压的切换控制,巨湾凤凰电池的这项创新性的技术方案,使得电动汽车能够以常电压日常行驶,在充电时又同时具备了高压极速快充的能力,适用性得以大幅提升。

②突破气候条件限制,巨湾凤凰电池实现全天候如常运行

除了补能焦虑,另一个制约电动汽车发展的重要因素是动力电池对环境的适应性,尤其是冬季低温状态下,动力电池续航里程大大打折、充电效率明显下降,使用体验差,也因此遭到不少消费者的质疑和投诉。而在高温环境中,动力电池会产生大量热量,如果不能有效进行热管理,同样带来安全隐患。

基于创新的 XFC 极速电芯量产产品,凤凰电池在三维立体热管理、电管理技术的加持下,实现了全天候条件下的 0 ~ 80% 极速充电仅需 6 min,即使是在冬季仍可实现 5 min 从 −20 ℃升至超过 25 ℃的极速热车,极大改善了整车性能和用户体验,让电动汽车从此无惧低温严寒。

不仅如此,极致控温的热管理系统同时让凤凰电池拥有更长使用寿命和更加安全可靠。凤凰电池热管理系统最大限度上减少了环境对系统影响,确保电池始终工作在最舒适的温度和极小的温差范围内,使得电池循环寿命可达 10 年或 80 万 km,远高于目前行业平均水平。此外,极致热管理系统搭配“弹仓式”结构设计,大幅提升电池安全性,即使在电池系统触发热失控实验中,极速冷却技术也能有效带走发热,确保 48 h 不起火。

③体系化与普适性兼具,巨湾凤凰电池应用前景广阔

动力电池如何平衡充电速度、续航能力、使用寿命和安全保障等方面,是技术攻坚的难点,也是消费者选购电动汽车时看重的指标。对于主机厂来说,在此之外,同样会密切关注系统结构设计、维护便捷程度以及成本。

在电池结构创新设计方面,凤凰电池采用独到的超导热、加热、缓冲、隔火材料多合一弹仓式结构,将电芯置于紧凑的“弹仓”内,不仅电池的热管理被极大改善,而且抗冲击、抗穿透能力也显著增强,同时使系统体积利用率可高达 75%。这种先进的模块化设计理念,使得系统维护更便捷,有利于电芯的梯次利用,同时带来整包电池的轻量化和成本的降低。

凤凰电池本质是一种体系化、普适性的动力电池技术,在对极速充电、耐候性有需求的应用场景均可以适用。目前正在测试中的巨湾凤凰电池包的电芯包括软包和方壳形式,未来会根据市场需求持续创新,确保热管理系统、高低压切换系统等技术可适配多元化的电芯产品。

4. 国际水平对比分析

美国将 XFC 极速充电技术识别确定为实现电动汽车被广泛采用所须克服的关键挑战，还设定了 2023 年先将电动汽车充电时间缩短到 15 min 内的近期目标。巨湾极速电池产品的充电倍率覆盖 3C ~ 6C，电芯能量密度均在 200 Wh/kg 以上。巨湾凤凰电池使电动汽车具备在全天候(高低温)条件下均如常运行并在 300 ~ 1000 V 不同电压平台上均可实现最高 8C 极速充电能力，提前达成美国能源部设定的目标。

5. 成果的产能建设情况

正式发布后，巨湾凤凰电池已进入量产前的性能测试阶段，包括电性能、安全性能、机械性能、热管理性能在内的电池包各项测试正密集进行，以确保 2024 年高品质产品的全面量产。巨湾凤凰电池将于 2024 年在巨湾技研(南沙)储能器件与系统生产基地落地量产，该基地 2023 年 9 月底开始试产，年产能 8 GWh。

6. 社会及经济效益分析

巨湾凤凰电池凭借持续技术创新和突破，通过全面提升动力电池在全天候、全电压平台下的充电速度、续航能力、使用寿命及安全保障等性能，强化了电动汽车的适用性，推动电动汽车向更高效、更安全、更便捷的方向发展，加速电动汽车的普及化进程，加快国家“双碳”目标的实现。

高离子电导率固态电解质的应用开发

供稿：合源锂创(苏州)新能源科技有限公司 刘敏 张全权 李灵

1. 成果介绍

为了积极响应国家“双碳”行动的号召，新能源汽车作为一种环保、高效的交通工具，逐步成为全球汽车的主要发展方向。依托国家政策的扶持，新能源汽车行业经历了一段技术与市场同步快速发展的成长期。技术的迭代升级也让市场需求逐渐转向高安全、高续航里程等更为理性的方向。传统的锂离子电池采用有机电解液作为离子传输介质，电解液中以隔膜隔离正负极防止短路。在选用合适正负极材料的情况下，传统锂离子电池也能获得较理想的能量高密度和倍率性能，但由于有机电解液的不稳定性，易生长可刺破隔膜的锂枝晶，继而引发电池爆炸事故，以至传统锂离子电池的安全问题仍是最大的使用痛点。应急管理部公布了 2022 年一季度火灾统计报告：从交通工具火灾看，新能源车辆增幅较大。共接报各类交通工具火灾 1.9 万起，同比去年上升 8.8%，其中新能源汽车 640 起，同比上升 32%。电池燃爆所导致的安全事故频出，致使消费者在选购电动汽车时不仅关注电池续航、寿命等性能，更加关注电池的安全与稳定性。

固态电池区别于传统的液态锂电池，采用固态电解质取代传统液态的有机电解液，不再对隔膜和液态电解液产生依赖，杜绝隔膜刺穿短路和电解液泄漏自然的风险，表现出本征安全性。同时，由于固态电解质具备更紧密稳定的结构，有效减少动力电池组体积，保障动力电池安全，有望从根本上解决锂电池的安全问题。然而，当前固态电池技术不成熟、生产成本高昂、固态电解质材料成本高等多种因素却限制了固态电池的发展和普及。

合源锂创凭借对固态电池的丰厚研发经验与成果，开发出具有高导电率的纳米级无机物电解质材料体系，大幅度提升固-固界面接触性与稳定性，并以此开发出成熟的固态电芯生产工艺，实现了车规级高安全、高比能固态电芯的小规模量产。

2. 成果创新点及解决的难点问题

(1) 解决的难点问题

固态电解质的生产应用核心技术在于固态电解质的粒径尺寸控制及其界面调控。固态电解质材料体系主要分为聚合物、氧化物和硫化物三大类，各单一组分在离子电导率、界面阻抗、理化性质和生产加工等方面均难以兼备。现阶段来看，单一组分的应用距离实际工业的使用要求仍具有较大差距。如何合理协同各单一体系的优势满足实际使用要求，成为现阶段固态电解质突破的难点之一。

(2) 创新点及优势

为了有效解决上述固态电解质生产应用中所存在的问题，合源锂创采用自研具有高电导率的纳米级别无机物电解质，结合液相修饰技术，对分散性、化学活性、形貌进行精准调控。同时引入聚合物原位固化技术，构筑多通道高稳定性的复合固态电解质，显著提升电芯的安全性，改善电解质与电极之间的界面相容性，提高正极有效面载量。

①纳米级无机物电解质的开发

传统的高温固相法制备无机固态电解质，通常需要在 1200 ℃以上的高温下进行烧结，易造成原料中组分的挥发，其他杂相的析出很难获得纯相，且组分不易控制。合源锂创使用溶胶-凝胶法，使反应物达到分子级的均匀混合，缩短传质过程，在较低的温度下就能得到结晶性高的纯相产物，开发了一种兼具高离子电导率及小粒径的无机物固态电解质材料。在其后期处理过程中引入有机修饰，可进一步提高其体系分散稳定性，改善和有机聚合物体系的相容性。

②兼具高离子电导率及力学性能优异的复合固态电解质体系开发

提高复合固态电解质离子电导率的关键在于提高填料与聚合物基体的接触面积，以获得更多界面，从而获得更多的 Li^+ 传输路径。随着无机填料的掺杂量增加复合固态电解质的电导率随之增加，但掺杂量达到一定值(~15wt%)复合固态电解质的电导率不会随之增加，而过量掺杂会导致无机填料在固态电解质中团聚导致性能降低，同时在复合固态电解质内部仍然存一个界面导致电池内阻的增加。合源锂创通过在氧化物-硫化物电解质表面引入可反应性官能团，并将其引入原位聚合单体体系中。其中，接枝型纳米氧化物-硫化物电解质可在有机体系中稳定悬浮，且表面官能团可参与聚合反应，降低聚合物的结晶性，解决纳米电解质难分散、界面差等问题的同时，改善聚合物电解质本身的锂离子电导率。该复合固态电解质体系可以有效地结合陶瓷电解质和聚合物电解质的双重优势，解决了固态电解质离子电导率与力学性能无法兼得的难题，具有广阔应用前景。

③固态电解质的量产制备工艺

陶瓷固体电解质具有不可燃性、较大的机械强度、较宽的电化学稳定性窗口等特性，在安全性和使用寿命等方面相较于传统液态电解质拥有巨大的优势。合源锂创在纳米级 LATP 研发方面实力雄厚，拥有完全自主知识产权，并具有 LATP 量产能力。产线布局有高能纳米球磨机和高真空气氛炉等设备。不仅具有极高的高产业自动化程度，还能控制颗粒的大小比例，生产出粒度 <100 nm 的产品，并使产品同时拥有受热均匀、均一性高的特点。

3. 成果应用情况

合源锂创已完成自研高性能低成本复合固态电解质中试线建设，可自主生产百公斤级以上的纯度 99% 以上，离子电导率 1 mS/cm 的纳米级 LATP 固态电解质粉体。

结合原位固化技术，合源锂创改进固态电芯工艺流程，开发了多款固态电芯自动化设备，计划生产：①车规级 350 Wh/kg 三元固态动力电池，循环寿命达到 1200 次，具有优异的安全性能，可通过 150 ℃高温热箱、5 mm 针刺测试；②长寿命 200 Wh/kg 磷酸铁锂固态储能电池，循环寿命 5000 次以上，兼具高比能与安全性。以上产品在容量、能量密度和安全性上具备较好的市场竞争力。

4. 成果产能建设情况

合源锂创总部位于江苏省苏州工业园区，已建成车规级高比能固态电芯体系研发中心和固态电芯软包试验线，并与中国地质大学(武汉)共建联合研发中心。未来 3 年将持续投入研发和生产设备，搭建固态电芯中试线。预计 2024 年完成固态电池中试线投产；2025 年完成固态电池量产线建设并投产；2026 年量产线产能爬坡。

5. 社会及经济效益

合源锂创以固态电池技术为核心，通过科研院校和公司的产学研合作进一步提高公司产品广度和深度，不断提升科技含量，建立技术研发中心，在 3 ~ 5 年内打造一支高技术、高技能的研发团队，推动固态电池产业化。

合源锂创车规级固态电池产品具有高能量密度、高安全性、长循环寿命等特点，与传统锂电池相比，具有本征安全性优势，有可能解决当下锂电市场的续航焦虑、安全性等痛点问题。除以上产品本征特点外，合源锂创自主开发的固态电芯生产线沿用 75% 的传统锂电设备，引入少量定制化固态电芯自动化设备，结合成熟的固态电芯制造工艺，改善良品率，提高产能效率，可有效降低固态电芯成本，促进固态电芯的广泛推广应用。

纯电动车热泵型热管理节能系统研发及应用

供稿：东风柳州汽车有限公司 刘晓宇 黄玉月

1. 成果简介

东风柳汽纯电动车型现阶段采用普通 PTC 热管理技术，能效比仅为 0.9 左右，用户在低温工况开启空调采暖及电池加热后，热管理系统的耗电量约 5 kW/h，导致车辆实际续航里程下降率达 55%，用户用车成本高、续航里程焦虑高。

通过市场调研分析，国际及国内部分主机厂家，例如日产、特斯拉等汽车主机厂家采用了热泵型热管理技术，利用热泵高能效比特性相比采用普通 PTC 热管理技术可降低能耗 1.5 kW/h ~ 2.5 kW/h，续航里程可提升 10% ~ 15%，约有 40 km ~ 60 km。该技术是一项非常重大、先进的新能源车型节能技术，对用户续航改善、用车成本降低，社会能源节约等都有着显著的效果。

为提升产品竞争力，借用用户用车痛点、提升社会价值。东风柳州汽车有限公司基于风行 S50EV 车型，研发纯电动热泵型热管理节能系统，通过技术理论分析、功能架构论证、数字仿真、台架试验、整车实验及四季路试标定等手段研究、论述目标的达成性和应用实施可行性。开发热泵热管理技术，利用热泵高能效比的特性实现能耗降低，同时技术架构上将空调、电池和电控 3 个子系统的热量集成管理，并将热量充分利用回收及转化，进一步提升热效率，降低能量(电耗)损失。成功开发了纯电动车热泵型热管理节能系统。

研发成果达成了低温续航(按 EV-TEST 工况，-7 ℃)提升约 60 km，续航衰减率不低于竞品标杆，热管理总功耗降低 50%。研发成果通过和国内合资品牌对比，达到国内领先水平，填补了广西区、东风集团的该项新型技术应用的空白，对改善用户续航、降低用车成本、节约社会能源等显著提升。

2. 成果创新点及解决的难点问题

(1)成果创新点

创新点一：原热管理系统中，电机、电池回路的热量没有被利用，电机、电池工作产生的热量被浪费。在新架构功能设计上，将冷媒回路、电机和电池回路整体集成设计，在低温工况下，可回收电机、电池的热量提供给乘员舱采暖使用，满足采暖和降低能耗要求，该设计也使得整车的热量能够得到最大限度的转化利用。

创新点二：在低负荷的春秋季模式中，架构设计了并联除湿模式，将水冷冷凝器吸收的制冷剂热量与蒸发器的冷风进行混合，调整出适合乘员舱的出风温度。并且可以通过切换热泵系统的制冷和制热模式更大程度地节约了能耗。

创新点三：自适应外循环比例控制功能，低温工况下，结合车内温度、环境温度、车速等工况，实现精准的外循环比例控制，即达到冬季除雾的需求，又控制在最低外循环比例以节约能耗。

创新点四：能量值定量控制功能，对乘客舱需求通过"能量值"进行定量控制，同一能量值可以对应不同的"风温 + 风量"组合，在用户进行手动风量控制的时候，目标风温进行同步调节，使得乘客舱稳定维持在稳定的热量供应，实现乘客最优舒适性。

(2)技术路线选择

在技术路线的选择上，结合热管理系统的未来发展趋势，例如特斯拉、宝马等汽车主机厂家采用热管理的技术更趋于集成、整合的技术，集成化的热管理的思路是要充分把车内有热管理需要的子系统，通过水路、冷媒路的串并联，实现系统之间的技术耦合，使子系统之前的能量能够得到合理分配、利用和回收等。通过分析，课题组在技术路线的选择上，是以间接式热泵为核心的能量提供源，技术架构上将空调、电池和电控 3 个子系统的热量集成管理，利用热泵高能效比的特性实现能耗降低，并将热量充分利用、回收及转化，降低低温工况下热管理介入后的电耗损失，达到能耗进一步降低。

(3)解决的关键技术问题

①整车热管理间接热泵集成架构设计；

②热泵热管理系统试验标准建立；

③热泵系统多回路系统的仿真、匹配和零部件选型；

④热泵系统多部件应用的控制策略和标定策略的制定。

3. 国际水平对比分析

在低温环境下，传统热泵系统制热量严重衰减，无法满足电动汽车低温环境制热需求，部分采用热泵系统来实现冬季制热的国际汽车品牌需要额外的加热器辅助加热。通过提升热管理子系统的耦合程度及整车热管理系统的集成化程度，可提升制热量。研究表明，环境温度低于 -7 ℃且余热回收量更少时，仅通过余热回收依然无法满足低温环境下的驾乘人员舒适度需求，仍需要加热器辅助解决热量的不足的情况。

4. 成果应用情况

热泵型热管理技术是一项非常重大、先进的新能源车型节能技术，对用户续航改善、用车成本降低，社会能源节约等都有着显著的效果。但热泵热管理技术涉及架构设计、匹配仿真、控制算法、标定等多种复杂技术，掌握该技术的只有日本电装、日本三电等国外合资企业，需求与这些厂家合作进行技术转化开发非常困难，存在技术保密程度高、转化限值条件多、开发费用投入巨大、开发周期长等一系列问题。为寻求能将该新能源车型重大节能技术转化应用，在项目开发的两年时间内，项目组成员面对了很多新领域、新知识，新挑战，但项目组在公司的支持和多方努力下，通过反复论证、试验等，突破了多项技术壁垒，实现技术功能转化落地，最终实施效果不低于国外厂家的水平，将该重大节能转化应用至东风柳汽的电动车型上，从而打破该项技术外资供应商的在技术、成本等方面的限值，实现重大节能科技成果转化自主开发，为用户和社会创造更高的效益。该技术也是广西区域、东风汽车集团、东风柳汽首个量产应用项目，该新能源车型重要节能技术的实施填补了该区域技术运用的空白。

通过项目开发，研究论述了系统架构设计，性能仿真匹配、零部件设计选型方案。通过试验开展，研究论述了热管理系统性能需求与各工况下控制、标定策略，通过控制策略优化使能耗的分配和利用更加合理，提升了能耗的利用率。解决了系统开发的关键技术问题，掌握了热泵热管理架构设计、布置设计、匹配设计、标定等核心技术能力，完成了该项技术应用于新车型开发的技术能力转化。

通过该项目提出了《一种基于用户位置的热管理方式》《一种基于用户画像的热管理方法》《一种电机余热方法》《一种基于温度变化趋势的热管理方法》《一种基于热量需求的热管理方法》《一种基于余热的热管理方法》等 12 项发明专利，其中 3 项已授权，其他专利已获得受理东风柳州汽车有限公司纯电动车热泵热管理节能系统已在东风风行纯电动车型实现广西区域率先量产应用，截至 2022 年 12 月，约实现新增产值 24.08 亿元。

该技术成果应用实现整车低温续航里程增加约 60 km，减低了用户充电费用和充电次数，改善用户里程焦虑，并降低充电费用支出、减少运营成本，在网约车用户群体中广受好评。

5. 社会及经济效益分析

(1)社会效益

采用热泵热管理系统充满电可增加续航约 60 km，每百公里大约可节省电量 4.8 kWh。使用便利性方面，家庭用户减少冬季充电次数 8 次，网约车用户减少冬季充电次数 50 次。能源节约方面，现阶段每年可以节约社会能源约 3000 万 ~ 6000 万 kWh 电能。随着采用该技术车型保有量逐年递增，该技术节能成果将更加显著，通过技术提升相应国家创建节能型社会号召，缓解能源紧张状况，都具有重要社会意义。

(2)经济效益

东风柳州汽车有限公司于 2021 年实现该项技术成果产业化应用，截至 2022 年 12 月，约实现新增产值 24.08 亿元。对于终端客户，家用用户一个冬季减少用电量约 500 kWh，减少充电次数约 8 次，节省充电费用约 250 元；网约车用户冬季减少用电量约 3000 kWh，减少充电次数约 50 次，节省充电费约 3250 元。

新能源汽车电池 EOL 模块化检测平台

供稿：苏州清研精准汽车科技有限公司

1. 成果简介

清研精准成立于 2018 年，由清华大学苏州汽车研究院孵化，致力于打造中国领先的智能电动汽车全生命周期检测平台。公司主要业务包括：

①在研发环节，主要为整车厂和电池厂提供"三电"研发开发和智能驾驶研发开发的测试与研发工具；

②在生产环节，分别为整车厂和电池厂提供"三电"检测

设备和电池检测设备；

③在售后环节，围绕“三电”故障和保养的核心痛点，为整车厂和电池厂提供售后检测设备。同时，在深耕“三电”系统检测设备的基础上，拓展售后维修保养服务和动力电池梯次利用业务。

经多年技术研发及经验积累，清研精准洞察行业痛点及客户需要，自研了新能源汽车电池 EOL 模块化检测平台。该平台是针对不同电池包生产企业生产过程中检测及质量控制的差异化要求，而提供的一套能够匹配定制化需求、快速响应、满足不同类型电池检测需求的系统平台。

新能源汽车电池 EOL 模块化检测平台包括硬件系统和软件系统两大部分。

硬件系统方面，采用标准化硬件方案，打破传统电气解决方案的桎梏，以电子化解决方案实现模块化功能硬件，主要包括电源模块、X 电容模块、万用表高低压模块、绝缘耐压模块、等电位测试模块、继电器控制模块等。各模块主要包含检测核心——自研板卡和功能核心、高精度测量仪器两部分。在同一硬件架构下，所有模块之间均采用 TCP/UDP 通信拓扑，并制定统一规范的通信协议，可根据现有实验室及产线布置情况，灵活配置测试连接，打破物理隔阂，具有无限扩展性。

图形化软件系统（软件系统架构见图 7-1-13），采用组件化设计，各组件之间相互独立，并按照功能对组件进行分类，便于对组件的管理和复用，组件之间的通信通过接口实现，接口包括输入和输出，并支持扩展。业务功能组件与用户界面组件分开，用户界面采用图形化技术，即采用可视化拖拽方式实现检测工艺编辑。测试工程师可简单、快速搭建开发测试验证闭环，轻松完成项目测试，摆脱对第三方供应商的依赖，软件界面如图 7-1-14 所示。

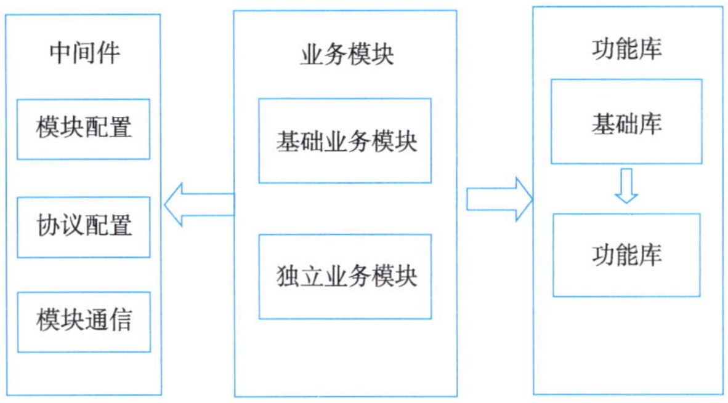

图 7-1-13 软件系统架构图

图 7-1-14 软件系统界面示意图

本成果采用了从电子化硬件解决方案到模块化功能硬件，再到标准化 EOL 检测平台的技术路线。硬件平台和软件平台之间通过标准协议进行通信，其中硬件检测核心通用性强，可通过配置参数来定义检测功能。软件平台基于模块化设计，可根据硬件模块的配置，按照测试逻辑在软件中对图形化模块进行拖拽式操作，自动生成代码完成软件功能配置，高效灵活地满足客户定制化需求的系统设计，并可快速升级迭代。

2. 成果创新及解决问题点

目前新能源汽车电池 EOL 检测定制化行业，存在多项问题，如：定制化需求的增多导致设备生产周期长、设备复制性差，进而增加了生产成本和经营风险；由于是定制化开发，设备在需要升级优化时面临着改造难度不确定的问题，方案的制定周期长，改造实施周期长，成本也较高；此外，采用传统电气解决方案，因设备内连接点较多，受温湿度的影响更易导致测试精度降低。

清研精准自研的新能源汽车电池 EOL 模块化检测平台，采用电子化方案模块化设计，摒弃传统电气解决方案，电子化方案解决了传统电气方案难以实现的系统化、智能化、安全可靠的要求。在实际应用中，基于模块化设计的电子化方案能够实现控制系统参数的快速配置，使系统能够快速集成，提高生产效率。该创新成果主要解决了以下问题：

①降低维护成本：模块化设计，将检测核心与功能核心分离，取消 75% 内部人工线路，最大化提升集成的效率，减少后期的维护工作，降低生产成本。

②加速迭代周期：采用可插拔式板卡模块化设计，模块即插即用，可扩展性强。

③解决温湿度对绝缘检测的影响：在温度 －10 ℃ ～45 ℃，湿度≤90% R. H 的环境下满足绝缘测试的要求。

尤其值得一提的是，新能源汽车电池 EOL 模块化检测平台，通过组件化及图形化设计，可以根据用户的需求和硬件的配置，通过图形拖拽方式实现组件组合，大大节约了系统集成的成本和时间。数据库组件提供了多种适用于仪器的数据类型，除整型、实型、字符串、布尔型、一维数组、二维数组、枚举型、记录型等通用数据类型外，还包括可用于仪器操作的特殊数据类型，如复数类型、直角坐标、频谱数据类型等。在图形化开发过程中，因图形控件具有类型自动识别与转换功能，用户无须担心数据类型的转换与统一的问题。图形化软件平台使定制开发无须重新编写代码，只需对图形控件进行操作，即可简便快捷地完成定制化开发。

3. 国际水平对比

基于软硬件模块化设计的新能源汽车电池 EOL 模块化检测平台与国际水平对比，有以下几点优势：

第一，覆盖的模块种类多、可扩展，模块产品针对性强，更适用于电池 EOL 设备的开发。

第二，在模块精度和速度等方面有明显优势，如模拟输入最大电压采集精度可达 ±0.05% FS，通信采用 TCP/UDP 协议，传输更加稳定、速度更快。

第三，软件摒弃传统的代码开发模式，直接通过简单的框架拖拽布局和属性配置的方法来选择及配置仪表参数，与传统代码开发模式相比，具备更短的开发周期、更简易的操作方式、更低的调试成本等多种优势，大幅提高了软件灵活性和扩展性。

4. 成果应用情况

清研精准通过持续投入和培育技术创新力量来提升企业的综合竞争力，不断利用自身在技术研发、方案设计、服务支持和运营等各方面优势进行全方位的行业赋能。与众多知名企业建立了合作伙伴关系，如整车企业和造车新势力，包括一汽、北汽、吉利、长城、小鹏、理想等；动力电池企业包括蜂巢能源、国轩高科等。同时，也与政府、科研院校和行业协会保持了良好而紧密的合作。

5. 社会及经济效益分析

依托自研打造的新能源汽车电池 EOL 模块化检测平台，清研精准在提升新能源汽车行业的电池产品质量、优化广大车主用车安全和体验、推动新能源汽车行业迭代发展等方面有着不可替代的作用。本成果匹配自动化产线，可大大提升生产效率，满足整个测试流程的智能化、自动化，以达到减少操作人员、提高测试效率、提升测试精准性的目的。同时，高技术标准的模块化设计平台可满足车规级品质管控要求，能够有效降低电动汽车电池包在使用过程中的故障率，节约大量的售后维护成本，助力电动汽车更安全、性能更佳。

智能一体化动力电池测试平台

供稿：国家汽车电气化产品及系统质量检验检测中心/
上海电器设备检测所有限公司　鲁　登　郭慰问　张华中　杨立铭

1. 成果简介

上海电器设备检测所有限公司（以下简称 STIEE）国家汽车电气化产品及系统质量检验检测中心开展构建的智能一体化动力电池测试平台，成果主要应用于新能源车电气化系统检验检测领域。近年来，新能源汽车飞速发展，国内渗透率已高达 35%，中国占世界新能源车份额达 59%，中国动力电池装车量全球占比已超 61%。同时，电动重卡、电动矿山运输车辆、电动飞行器、电动船舶等产品如雨后春笋涌现，对动力电池等电气化系统产品的需求增长爆发。动力电池等电气化系统产品也日趋高压化，集成化和智能化，长寿命和高可靠性的需求深入人心，日趋复杂和极端的工作场景也对动力电池等电气化系统的评测提出了更高要求。

为保证新能源车电气化系统的高质量发展，提升检验检测人员服务效率，本机构对电气化系统的寿命评估方法，检验检测通信技术，智能控制技术和智能监测技术等进行了系统性研究，在电气化系统的寿命测试和可靠性耐久测试上作了重点实践，牵头制修订了相关产品行业标准，开展了动力电池智能一体化测试平台的建设，平台在硬件上实现电气化系统产品多模态随时切换，真实模拟电气化系统产品实车工作状态，同时满足电气、环境、机械动作、电磁环境等多应力物理场激励。该平台在软件上高度智能化和灵活化，采用逻辑变量方法，满足不同设备间的同步操作和延时操作，可实现对动力电池等高压电气化产品绝大部分工况的精准化模拟。该平台的自动化及集成化、灵活可扩展的便捷编程方法，不仅大大降低了检测人员劳动强度，同时也有效提高了动力电池及高压部件检测领域的准确度和效率，保障新能源汽车电气化系统运行的安全可靠，助力新能源汽车对多驾驶场景适应性的提升。

2. 成果创新点及解决的难点问题

本成果所涉及的智能一体化动力电池测试平台利用逻辑变量方便自定义，不受数量限制，可自由扩展，方便组合编程的特点，将逻辑变量的编程方法应用于高压电气化系统的性能测评中，实现了充放电、环境温湿度、液冷系统、低压直流源、机械振动、电磁干扰及电池产品 BMS 通信等多套设备的灵活控制，达到了电气化系统多模态、多应力和高保真工况模拟的目的，形成了对动力电池多因素耦合的动态规律的高度灵活和可扩展的测评方法（见图 7-1-15）。

该测试平台的技术创新亮点具体如下：

创新点一：高度智能化，满足多模态

智能一体化动力电池测试平台智能化程度高，能根据测试需求随时自动控制动力电池等高压电气化系统产品的工作模式，模拟动力电池等电气化系统产品的实车工作状态。动力电池的工作模式包含了休眠、唤醒、闭合高压回路、行车模式、泊车、慢充模式和快充模式等多种模式，行车模式和充电模式以及充电模式中的慢充和快充模式切换又涉及不同高压接口和高压回路的切换，后面随着车载功能的丰富，更加多的工作模式出现也是可以预见的，对工作模式的智能化灵活切换需求与日俱增。传统的测试中一般只是通过手动操作切换 1～2 个模式，智能一体化动力电池测试平台以带有 CAN 通讯模块的充放电系统为主体，基于 CAN 总线协议，可以和外接 CAN 通讯模块以及电气化系统产品实现实时的信号交互，同时在工步文件中以逻辑变量方法灵活控制各个高压回路的自如切换，从而达到动力电池等电气化系统产品在休眠、唤醒、闭合高压回路、行车模式、泊车模式、慢充模式和快充模式等 7 个以上的多模态的智能化控制和模拟（见图 7-1-16）。

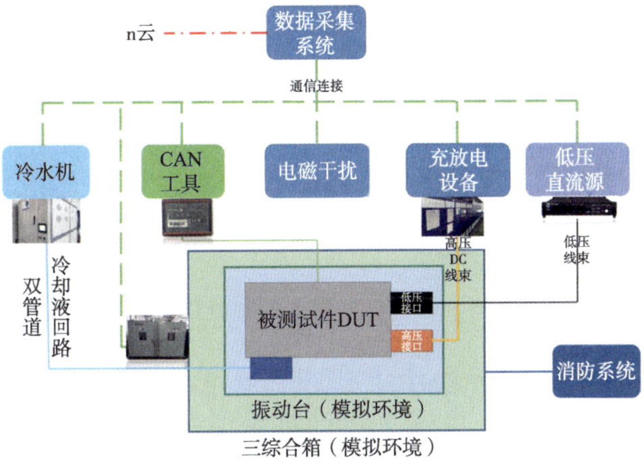

图 7-1-15 智能一体化动力电池测试平台架构图

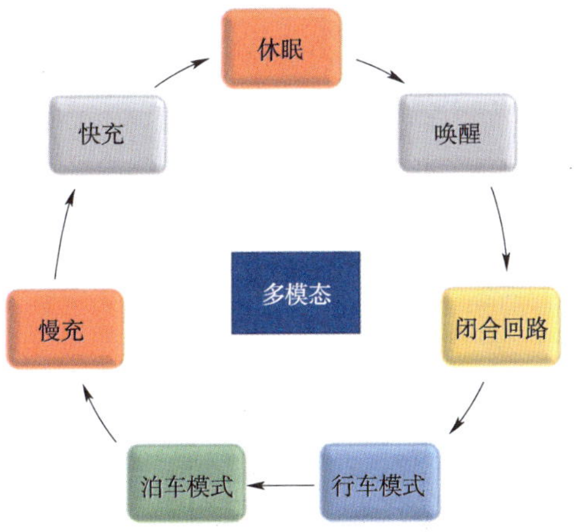

图 7-1-16 智能一体化动力电池测试平台多模态功能示意图

创新点二：首创多应力耦合测评技术

智能一体化动力电池测试平台首创多应力测评技术，突破静态环境下性能测试限制，专注于实现动力电池及高压电气化系统产品的多应力场景动态耦合下的测评。面对多应力场动态测试需求，传统的平台在达到 2 个应力时编程复杂度就大大上升；在应力场达到 3 个以上时，复杂度呈指数级别增加，有时甚至无法完成测试任务。智能一体化动力电池测试平台以带有 CAN 通讯模块的充放电系统为中央控制单元，通过 CAN 总线通信技术与各种外设进行信号的互联互通，最终形成了涵盖电力、温度、湿度、低压控制、机械动作、电磁环境等多达 6 个的多应力网络。同时，本平台创新性地提出了逻辑变量控制方法，每一种应力都可以在中央控制单元里由单一的逻辑变量随时控制，动态切换，不同的应力可以通过不同逻辑变量之间的组合编程实现应力间的自由组合动作，该多应力场网络健壮灵活，可扩展性强，添加新的应力时只需要单独添加对应逻辑变量即可，编程复杂度并未增加，程序逻辑清晰，工步程序易于编写检查和移植复用（见图 7-1-17）。

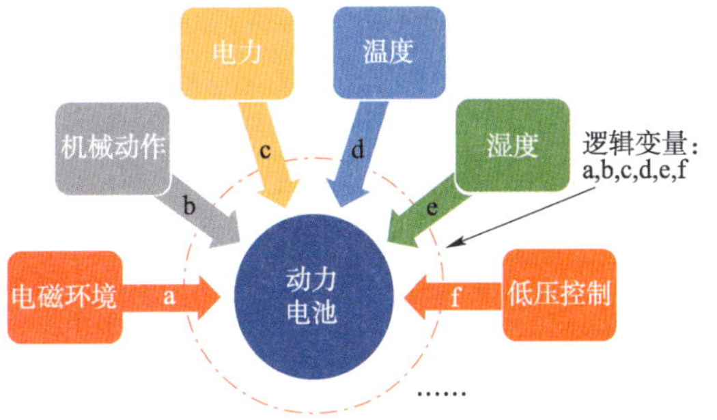

图 7-1-17 智能一体化动力电池测试平台多应力功能示意图

创新点三：复杂工况高保真实现

智能一体化动力电池测试平台软件灵活，能高保真模拟电气化产品的复杂动态工况。传统的平台切换模态少，施加应力有限，且往往只能执行一些机械重复的策略。本平台可以通过逻辑变量方法和高速的 CAN 信号传递手段，自由切换控制电气化系统产品多种模态和多种应力的自由组合和快速动态响应动作。在针对电气化系统产品的诸多类型测试中可以进行灵活编程，实现复杂的多设备同步控制逻辑和延时控制逻辑。在国内首次实现了国内某车企 A 的首款无线充电系统在温度交变耐久测试中的多设备精确同步控制的问题，同步精度逼近设备响应极限，达到数 10 ms 级别，并且实现全天候无间断运行。同时，基于本平台，首次实现了某电池厂商电池包高压接触器耐久试验，解决了传统接触器耐久测评仅考虑电流工况和通断工况的问题，为接触器引入了电池包这一高压带载场景，还能考察接触器温升对动力电池的影响，高保真模拟接触器的极端电流冲击，机械疲劳冲击和高低温冲击的实际工况场景，同时通过引入辅助回路以及利用本平台的逻辑变量方法同步控制主回路和辅助回路的做法，解决测试设备在耐久测试的电流和机械冲击时引起的设备故障损伤问题，更好地降低设备故障率，提高测试效率，保证耐久测试的连续性。经统计，采取本平台的新方法后，设备故障频次由普通方案的每天 2 次降到了基本上半年 2 次，故障率大大降低，测试的连续性和效率也得到了保障。

3. 国际水平对比分析

STIEE 智能一体化动力电池测试平台输出功率可达 500 kW，输出电压 0～1000 V，最大输出电流 2400 A，可实现 7 个及以上的多模态控制，涵盖 6 个及以上的多应力网络，逻辑变量方法实现多模态，多应力自由组合调控和动态响应，同步速率提升至 50 μs 级别，逼近设备极限，响应速率达到 3 ms已覆盖市面上大部分新能源车动力电池及其他电气化系统产品。该项目的建成，可以实现复杂高保真工况的模拟，促进国内新能源汽车电气化系统的研发迭代，提高新能源汽车的质量水平。STIEE 在智能一体化动力电池测试平台达到国际优秀水平。

4. 成果应用情况

自构建智能一体化动力电池测试平台以来，获得如比亚迪、上汽、一汽、蔚来、大众、长城等90%以上主流车企的认可，为车企解决了如动力电池、无线充电等多模态、多应力环境模拟的动态规律测评问题以及电池产品失效的验证分析等。依托平台成果深度参与CISPR/D国际标准议题及动力蓄电池国标修订4项，牵头制定团体标准1份。

5. 社会及经济效益分析

智能一体化动力电池测试平台实现了多模态和多应力激励，高保真模拟电气化产品的复杂动态工况，检测的精准度显著提高。该平台的应用同时大大降低了人员的劳动强度，可以全天候无间断运行，测试的连续性得到了保障，测试结果的数据质量也得到了显著提高。

平台检测能力获CNAS/CMA认可，检测能力覆盖40多项国际/国家标准，实现了年均超1200W的收入。在新能源车电气化领域，已服务了多家国内外知名车企和零部件供应商，包括宝马、奔驰、大众、上汽、一汽、蔚来、比亚迪、宁德时代、博世等，检测对象涵盖了动力电池，高压部件和充电系统等多种品类，检验项目包括动力电池多工况寿命、环境气候耐久、热管理，高压部件的温升和耐久测试以及充电系统的环境气候耐久测试。

本智能一体化动力电池测试平台有效支撑了新能源车电气化系统高压配电盒的行业标准的研究制定，促进了企业新产品的攻关研发，缩短了研发周期，加快了研发进程，为企业快速实现产品迭代创新打下了坚实的基础，为产品质量的提升和改进提供了很好的助力，从而较好地支撑了新能源汽车行业的高质量发展。

面向EV动力系统的新产品及轴承技术综合解决方案

供稿：恩斯克（中国）研究开发有限公司

面对全球汽车工业的电动化浪潮，NSK作为全球领先的汽车零部件的供应商，一直坚持持续开发创新，为提供满足客户和市场需求的产品不懈努力。结合市场调查结果和客户的技术交流，NSK在充分理解终端应用场景需求的前提下积极进行新品的开发探索。为了满足汽车电动化发展对动力传统系统高效率、高性能、高可靠性的更高需求，NSK结合自身的技术积累，开发了针对电驱动单元的两挡化产品、动力脱开产品，以及广泛应用于电驱动系统的各种高速、耐电蚀、低摩擦、耐烧结的轴承产品。

1. EV两挡电驱动系统的换挡机构解决方案

面对EV对电驱动系统的小型轻量化需求，NSK提出了面向EV的两挡平顺换挡电驱动系统概念（以下简称两挡eAxle，见图7-1-18）解决方案。

凭借在汽车领域的丰富经验，NSK的两挡变速装置（见图）创新地提出了仅使用一个电动执行器即可精确控制离合器和制动器耦合的方案。通过PFSD和行星齿轮的融合，实现Low、High、Parking 3种模式的切换（见图7-1-19）。其主要具有以下优点：

①高性能 & 集成化：仅使用一台换挡电机，实现Low、High、Parking 3种模式的切换。

②高效率：无需液压控制系统，采用机械制动器。

③平顺换挡：具有OWC功能，匹配行星齿轮实现平顺换挡。

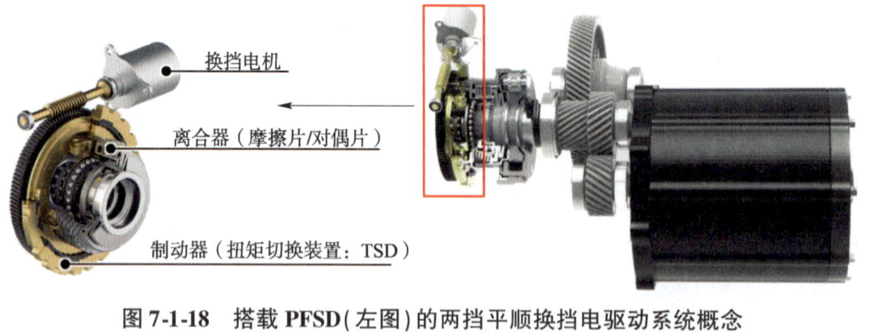

图7-1-18 搭载PFSD（左图）的两挡平顺换挡电驱动系统概念

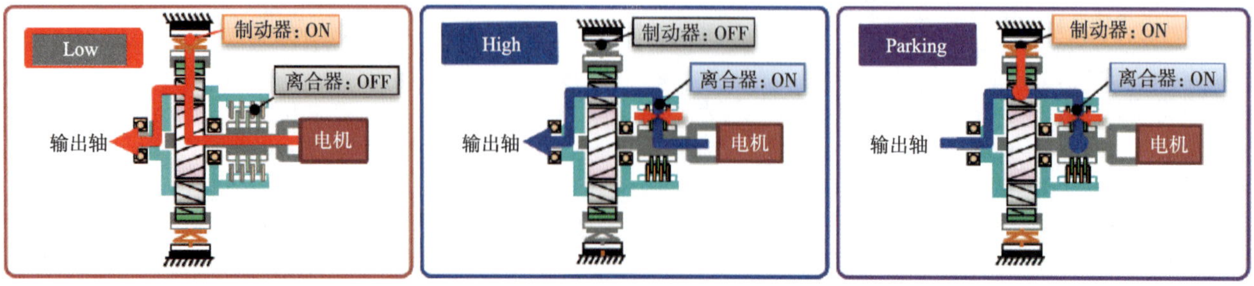

图7-1-19 模式说明

在车辆起步时，可以使用减速比较大的低挡位（Low），以提升车辆起步时的加速性能；在高速巡航时，使用减速比较小的高挡位（High），使车辆获得更高的最大车速。同时，该系统具有驻车挡（Parking），实现机械驻车功能。相对于传统的棘轮棘爪驻车机构，摩擦片离合器的使用，可以使车辆在坡道驻车时，仅使用小功率的换挡电机即可实现驻车解除，实现了系统的小型轻量化，降低了电力消耗。

此外，该系统还配备了非接触式扭矩传感器，可以实现实时的扭矩反馈，消除了换挡过程中的换挡冲击，提升了驾驶舒适性。综合来看，PFSD 平顺换挡装置的使用，不仅提升了车辆的驾驶性能，还能使驱动电机在整个电动汽车的行驶过程中维持较高的效率，预计提高约 3% ~ 5% 的车辆续航里程（WLTC 工况计算值）。

2. EV 四驱辅驱系统动力脱开解决方案

凭借强大的越野性能，四驱车型获得了中高端市场的青睐。然而，随着电力消耗要求的逐步细化和更高要求，电动四驱车对降低电耗的需求越来越迫切。因此，NSK 开发了辅驱系统动力脱开产品，实现了四驱和两驱的切换并降低驱动系统的拖曳损失，尤其是对于双永磁电机的四驱系统具有更好的节能效果。

根据动力脱开模块安装位置的不同，对整车能耗改善的效果也不同（图 7-1-20）。通常来说，脱开的位置越靠近轮胎端，降低的摩擦和搅油损失越多，改善效果越好。在差速器或驱动轴处进行动力脱开时，预计可以获得约 5% 的改善效果，实现续航里程的延长和电池成本的降低。结合自身的技术优势，NSK 开发了安装在中间轴的单向离合器（OWC）脱开方案，并已经实现了量产搭载。此外，还有布置在驱动半轴的无须精密调速控制的离心式多模单向离合器（SOWC）方案。同时，可主动控制的 SOWC 方案也正在开发验证中。NSK 针对不同的客户需求，可以提供针对性的匹配方案。

安装方式	输入轴	中间轴	减速器	驱动轴
构造	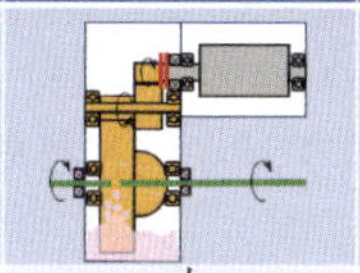	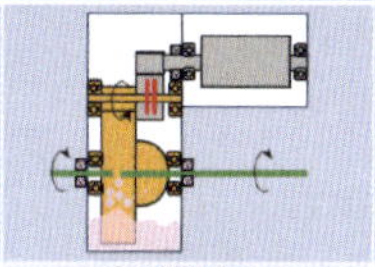	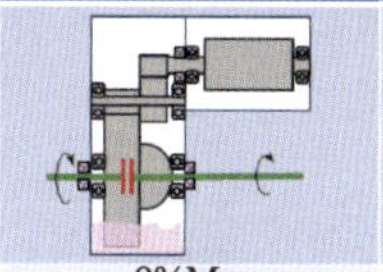	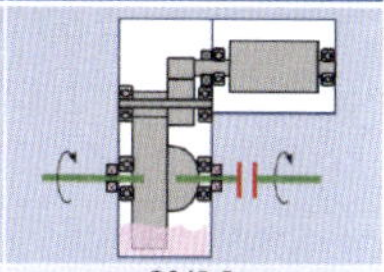
改善效果	小 （推测约2%）	6.5%Max 平均3%~4%	9%Max （预计平均5%）	9%Max （预计平均5%）
NSK 对应产品	—	 OWC	 (OWC)	 (SOWC)

图 7-1-20　动力脱开搭载位置、效果及 NSK 对应产品

3. NSK 的轴承产品综合解决方案

面对电驱动系统高压高速高效的需求，NSK 开发了多样化的轴承解决方案（见图 7-1-21）。

图 7-1-21　NSK 电驱动系统轴承综合解决方案

（1）高速球轴承

为了实现电驱动系统的小型化，轻量化以及提高最高车速，驱动电机的转速在不断提高，为了应对这一技术趋势，2021 年 3 月，NSK 解决了轴承咬黏和保持架破损的课题，成功开发了 dmN = 180 万以上的高速球轴承（Gen3）。其后，NSK 仍不遗余力，坚持高速球轴承的开发，以应对电动车驱动电机对更高转速的需求。NSK 成功开发了电动车驱动电机用高速球轴承（Gen4），可实现 dmN = 210 万以上的高速运转工况。本系列的脂润滑深沟球轴承（见图 7-1-22）可实现目前世界上最高的转速。

图 7-1-22　面向 EV 的高速球轴承

（2）树脂绝缘轴承

为了缩短充电时间，各厂家陆续开发 800 V 系统。随着该技术的应用，有可能导致轴承部位的轴电压升高，进而发生电蚀。为解决该问题，NSK 开发了多样化的解决方案，通过树脂嵌套的应用，在拥有更好的成本优势同时，保证在耐电蚀（见图 7-1-23）。耐久性上有高可靠性，达到性能和成本的双赢。

（3）轴向导电刷

区别于一般径方向接触的导电刷机构，NSK 的方案通过巧妙的结构设计为轴方向接触，而且因为该产品组装在轴内

部，更节省空间，同时轴方向接触，可避免径方向接触形成油膜影响导电的问题，在油润滑环境下也能适用，为电机的电蚀对策提供了新的选项（见图 7-1-24）。

图 7-1-23　NSK 耐电蚀方案——树脂绝缘轴承

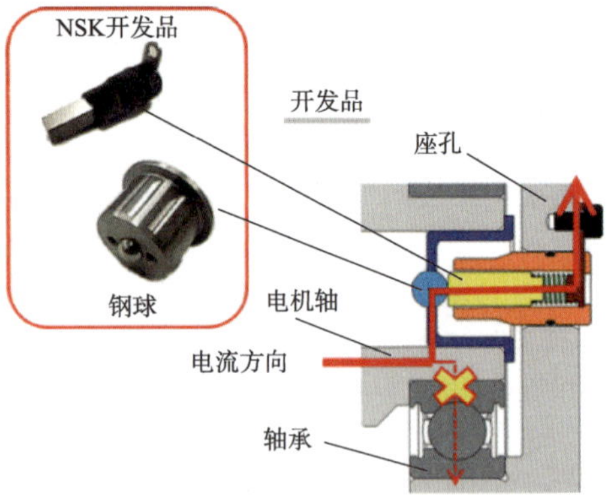

图 7-1-24　NSK 耐电蚀方案——轴向导电刷

（4）稀薄润滑环境用圆锥滚子轴承

为提高 EV 的续航里程，对电驱动系统的节能要求逐年提高。降低润滑油黏度、减少润滑油量、降低摩擦轴承力矩都是考虑的手段之一。降低润滑油黏度、减少润滑油量可能导致轴承润滑不良而产生烧结，NSK 在圆锥轴承树脂保持架设置细微沟槽，实现约 7 倍的耐烧结性能提升（见图 7-1-25），并采用低摩擦技术，可降低轴承摩擦 10%～60%。

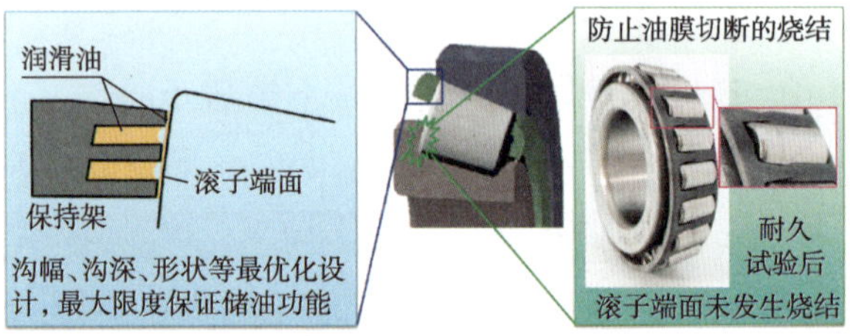

图 7-1-25　NSK 稀薄润滑环境用圆锥滚子轴承

高效扁线驱动电机工艺技术的研发与应用

供稿：福建艺达电驱动股份有限公司

我国新能源汽车进入快速拓展期，随着新能源汽车性能的提高，驱动电机作为新能源汽车动力系统的三大核心之一，其工艺技术是众多研发制造企业的核心课题，艺达深耕扁线驱动电机多年，不断探索更符合轻量化和高效率趋势下的新能源驱动电机方案。

1. 成果简介

从性能角度出发，更好的驾驶体验通常需要电机具有更高效率、更轻量化、更静音、更长寿命等要求。为了解决这些问题，电机技术也在不断革新。

艺达在 2000 年后就认准扁线电机未来的前景并将其定为未来战略发展目标。在 2006 年研发出高效扁线发电机，2013 年自主研发出新能源扁线驱动电机（见图 7-1-26、图 7-1-27）。艺达扁线驱动电机效率高达 97%，有效增加行驶里程，实现碳减排目标；电机绕组有效槽满率提升 30% 以上，减少了材料及能源消耗；峰值功率密度达 5 kW/kg 以上，体积减小 15%，重量降低 20%，符合轻量化的发展趋势；热传导效率更高，电机温升降低 15%，提升车辆高速行驶性能；电机振动噪声小，良好的 NVH 表现带来更好的驾乘体验。

图 7-1-26　扁线驱动电机

图 7-1-27　扁线驱动电机拆机示意图

为更加顺应新能源汽车发展趋势，艺达研发升级“双绕组扁线电机（见图 7-1-28）”“双 U-Pin 技术 8 线高效驱动电机（见图 7-1-29）”等新产品技术，促使电机结构更加紧凑，有效降低交流损耗，满足轻量化和高效率趋势需求。

图 7-1-28　双绕组扁线电机

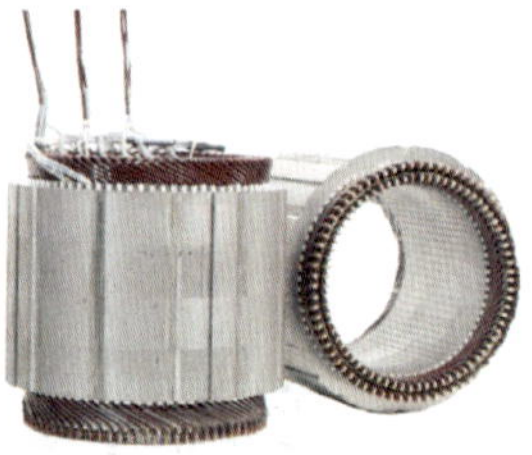

图 7-1-29　双 U-Pin 技术 8 线高效驱动电机

2. 成果创新点及解决的难点

福建艺达驱动电机采用扁线定子部件，使用矩形铜线及创新绕线法，线圈槽满率从普通线圈的 45% 提高到 70% 以上，使电机性能大幅提升。

①艺达在发卡式扁线电机的基础上，成功研发出“双绕组扁线电机”，并申请了相关发明专利。“双绕组扁线电机”为双绕组/双电机结构，该结构紧凑，有助于降低绕组的端部高度，有效增加电机功率密度，进一步实现轻量化。双绕组/双电机结构还可实现双模式运行，有效降低电机能耗，进而提升车辆行驶里程。

②艺达推出的 8 线高效驱动电机采用 U-Pin 双排技术工艺，绕组端部结构紧凑，导体间留有极小空气间隙利于散热。

相较于传统 U-Pin 工艺，进一步降低绕组端部高度和电机体积。8 线高效驱动电机通过增加电机绕组层数，有效提高系统电压和功率，车身重量、电控损耗均有望降低，整车续航里程呈现提升；同时高压也能提高充电效率，加快充电速度解决补能时间痛点。

扁线定子工艺（见图 7-1-30）自动化程度要求极高，而设计和制造工艺难度更大的产品技术背后需要强大的生产装备和研发能力支撑，艺达不断驱动创新，组建高精尖技术研发团队和装备制造团队，提高扁线电机研发设计、生产设备、生产工艺的自动化能力，为产品的研发升级提供重要保证。

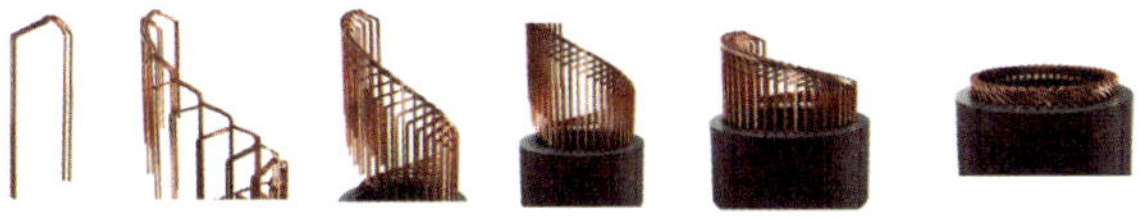

图 7-1-30　扁线定子绕组制造

3. 成果应用

在轻量化和高效率的发展趋势下，如今新能源汽车电驱桥集成度不断提高。艺达同各大主机厂及车桥系统商积极进行项目研发配套合作：北汽福田中 VAN 电驱桥项目；东风德纳 EP8 电驱桥项目；陕西汉德 3.5 T 中央集成电驱桥项目等。

艺达作为一汽解放重要的零部件供应商及合作伙伴，与其建立稳定的战略合作关系。2021 年，一汽解放首款轻型电驱桥成功下线，该电驱动桥采用同轴式设计，集艺达 BDM230 高效扁线电机、减速器及差速器于一体，电驱桥是新能源车重要组成部分，作为节能减排系统解决方案之一。该高效扁线驱动电机产品峰值性能达 380 Nm/140 kW，凭借先进的扁线技术和制造工艺、全面领先的电机性能与品质，获得一汽解放的高度认可。

艺达具备自主装备制造能力，可满足产线装备、工装自主设计研发生产，可实现 1 槽 4 线/6 线/8 线/10 线扁线定子研发及制造，现已建成多条扁线定子及电机自动化生产线，年产能达 25 万台。

ANS + ESDR 低成本一体式热成形门环结构及拼焊关键技术

供稿：鞍钢钢材加工配送（长春）有限公司　姜志公

1. 成果简介

“ANS + ESDR 低成本一体式热成形门环结构及拼焊关键技术”应用于汽车车身设计及制造技术领域，其关键技术包括一种新型的汽车门环结构及其专用的拼焊加工技术，可使门环拼焊制造成本大幅降低并实现快速产品交付。此结构提供一种低成本的热成型材料拼焊门环结构和制造方法具备焊接速度快，生产准备时间短，安全系数高的优点，解决了热成形门环交付慢、成本高的问题。此结构已经授权发明专利 2 项、实用新型专利 5 项。

2. 成果创新点及解决的难点问题

“ANS + ESDR 低成本一体式热成型门环结构及拼焊关键技术”提供一种汽车热成形材料拼焊门环结构（见图 7-1-31）。

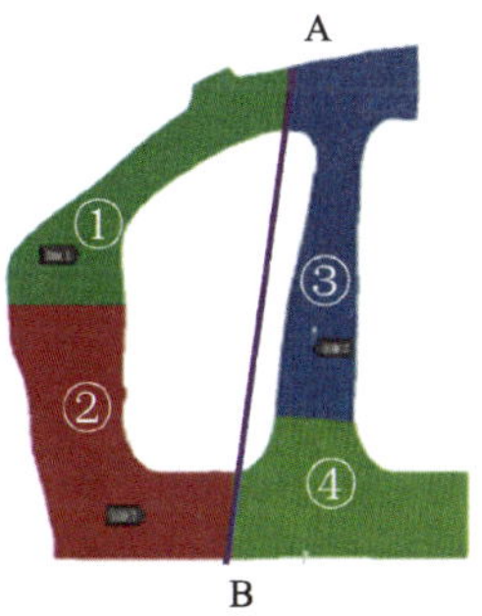

图 7-1-31　ANS + ESDR 低成本一体式热成型门环结构示意图

ANS + ESDR 低成本一体式热成型门环结构的主要特征有 3 点，为解决技术问题所采用的技术方案如下：

（1）在所有的拼焊对接的焊缝位置中，其中一条焊缝在其环形对边焊缝的延长线上，即其中两条焊缝在同一条直线上，在拼焊加工过程中，同一条直线上的 A 和 B 焊缝，能够通过直线型焊机实现同步焊接。

（2）①和②，③和④板料可以实现两两单板直线拼焊，形成 2 个 C 型结构。

（3）对于更多或者更少焊缝的门环结构也需要有上述两个特点。

ANS + ESDR 低成本一体式热成型门环拼焊加工过程如图 7-1-32 所示。

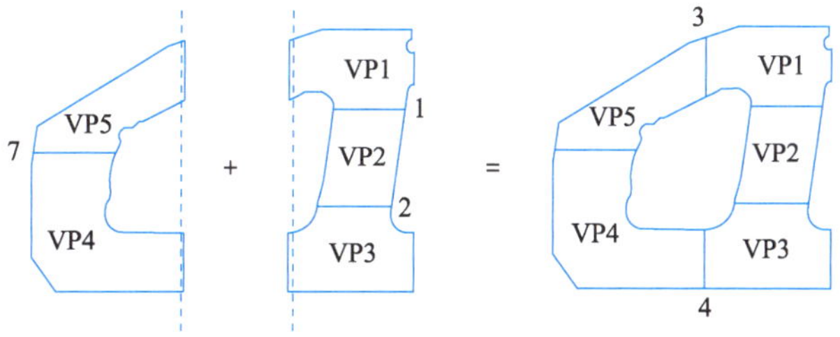

图 7-1-32　ANS + ESDR 低成本一体式热成型门环拼焊加工过程

具体包括以下步骤：

工序①：首先在将待焊的板料冲裁后划分为 5 个部分，然后将这 5 个部分分别加工为门环要求的形状，分别获得板件 VP1、板件 VP2、板件 VP3、板件 VP4 和板件 VP5，应保证板件 VP1、板件 VP2、板件 VP3、板件 VP4 和板件 VP5 的平面度≤3mm。

工序②：将板件 VP1 和板件 VP2 待焊边进行剪切，保证直线度满足拼焊要求即待焊边直线度≤0.15mm，以及必要的其他加工，保证拼焊要求。将板件 VP1 和板件 VP2 安装到直线型焊机，调整参数，将板件 VP1 和板件 VP2 通过激光拼焊连接获得“VP1 + VP2”组合体，保证连接强度≥母材较弱侧强度，板件 VP1 和板件 VP2 之间的焊缝为第一焊缝 1。

工序③：将板件 VP3 待焊边进行剪切，保证直线度满足拼焊要求即待焊边直线度≤0.15 mm，以及必要的其他加工，保证拼焊要求。将“VP1 + VP2”组合体与板件 VP3 安装到直线型焊机，调整参数，将“VP1 + VP2”组合体与板件 VP3 通过激光拼焊连接获得“VP1 + VP2 + VP3”组合体，保证连接强度≥母材较弱侧强度，板件 VP2 和板件 VP3 之间的焊缝为第二焊缝 2。

工序④：将“VP1 + VP2 + VP3”组合体待焊边进行剪切，保证直线度满足拼焊要求即待焊边直线度≤0.15 mm，以及必要的其他加工，保证拼焊要求。

工序⑤：将板件 VP4 和板件 VP5 待焊边进行剪切，保证直线度满足拼焊要求即待焊边直线度≤0.15 mm，以及必要的其他加工，保证拼焊要求。将板件 VP4 和板件 VP5 安装到直线型焊机，调整参数，将板件 VP4 和板件 VP5 通过激光拼焊连接获得“VP4 + VP5”组合体，保证连接强度≥母材较弱侧强度，板件 VP4 和板件 VP5 之间的焊缝为第七焊缝 7。

工序⑥：将“VP1 + VP2 + VP3”组合体与“VP4 + VP5”组合体安装到直线型焊机，调整参数，将“VP1 + VP2 + VP3”组合体与“VP4 + VP5”组合体通过激光拼焊连接获得“VP1 + VP2 + VP3 + VP4 + VP5”组合体即将“VP1 + VP2 + VP3”组合体与“VP4 + VP5”组合体的剪切边对焊连接，保证连接强度≥母材较弱侧强度，从而形成封闭的门环结构，完成汽车热成形材料拼焊门环拼焊板焊接。其中，板件 VP4 和板件 VP3 之间的焊缝为第四焊缝 4，板件 VP5 和板件 VP1 之间的焊缝为第三焊缝 3，并且第三焊缝 3 与第四焊缝 4 在同一条直线上，第三焊缝 3 与第四焊缝 4 在焊接时进行同序直线焊接。

“ANS + ESDR 低成本一体式热成形门环结构及拼焊关键技术”的主要创新点如下：

（1）创新了一种新型的门环结构，通过这种结构可以实现通过直线焊机分步拼焊，优化门环的拼焊加工工艺，从而实现制造成本降低，质量稳定性好，生产准备时间减少，交付周期短，市场产能充裕等优点。为通过一体式热成形门环实现汽车的减重、安全性能提高、节能减排提供了先进的解决方案。

（2）在传统门环拼焊加工过程中，由于不可避免的板料累计误差，导致装夹过程不稳定，焊缝间隙变差不易控制，焊接过程的填丝量不确定，因而焊接质量不稳定（见图 7-1-33）。

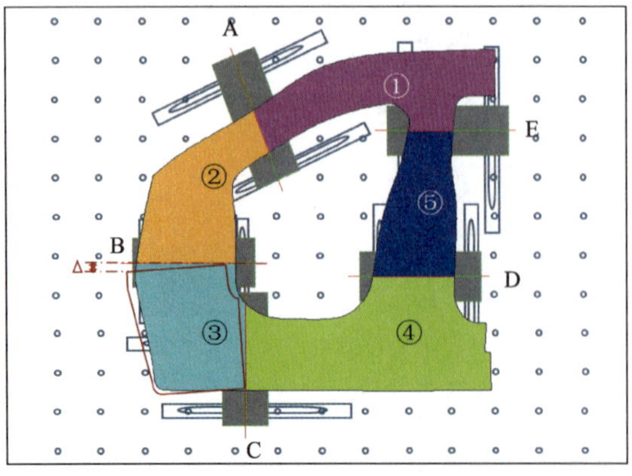

图 7-1-33　传统的一体式门环拼焊加工方案

而 ANS + ESDR 低成本一体式热成形门环拼焊加工过程中，通过对板料待焊边的剪切，消除了板料的累计误差对焊接质量的影响，从而可以提供更稳定的焊接接头质量。

（3）取消了焊接夹具，可以通过拼焊线的柔性定位装置实现不同产品的装夹和焊接。

解决的难点问题如下：

（1）创新的 LEO（Lead Edge Offset）焊接定位装置，解决了分步焊接导致的门环轮廓偏差问题。

由于板料分步拼焊，每一步产生的偏差都会传导到下一工序，为减少整体轮廓偏差，需要精确控制每步焊接错边尺寸。因此需要在板料落料工序对板料轮廓进行控制和在焊接工序对送料方向偏差进行控制。板料轮廓控制采用方法是优化落料排样，保证焊接定位和焊缝的相对位置。而焊接工序对送料方向偏差需要更精确的送料装置及准确的板料位置反馈控制。经与设备供应商合作，研发出了 LEO 焊接定位装置，确认机械和电气部件优化后的 LEO，通过千分表和放大镜测量了 400 个校准的坯料。最大偏差为 1 mm。将系统校准到定义的“0”后，偏差为 ±0.5 mm。通过实际拼焊验证，由 5 片板料组成的门环组件在焊接后其轮廓精度不大于 1.5 mm。优于传统一体式门环焊接方式（见图 7-1-34）。

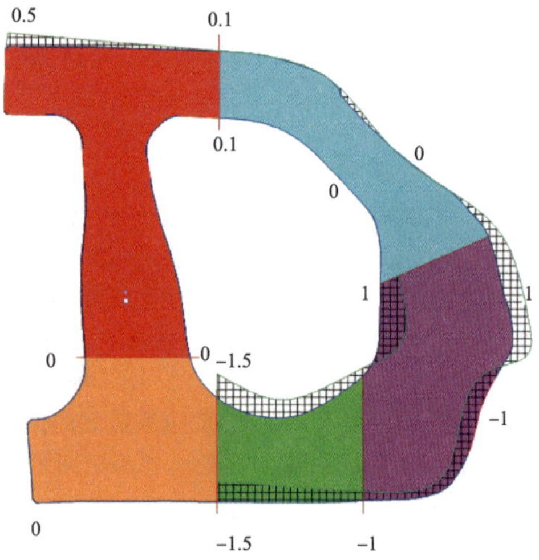

图 7-1-34　LEO 实测门环轮廓精度（单位：mm）

（2）创新的铝硅镀层“一体化门环”专用焊丝设计。

用带铝硅涂层的热成形材料，可以有效地避免加热时产生大量氧化皮，避免磨损模具，延长了模具寿命，还可以减少后期服役过程中的腐蚀。但由于铝硅涂层的存在，严重恶化焊接性能。传统的焊接方法很难保证焊接质量。激光焊接具有热影响区小，接合强度好，生产效率高等优点，成为铝硅涂层钢焊接的首选方法。但也存在不足，采用激光焊接时，涂层会入焊缝，在热冲压成形后产生较多的铁素体组织，使焊接接头在焊缝区域失效，降低焊接接头的力学性能，不能满足生产应用。尤其对于 1500 MPa 级别及以上的铝硅涂层热成形钢，想要实现抗拉强度和延伸率达到母材水平是非常困难的。另外，在进行激光填丝拼焊时，所获得的拼焊焊接接头的表面质量对后续热冲压成形过程影响较大，是保证最终产品强度的关键因素之一。而激光束与焊丝和待焊材料之间的作用稳定性也非常重要，这将影响拼焊板的焊缝成形质量和一致性。同时，待焊材料表面存在铝硅涂层，涂层会提高对激光束的反射率,因此给激光拼焊带来极大的焊接工艺挑战。当激光束与焊丝和待焊材料作用不稳定时,极易产生焊接缺陷,包括严重的飞溅、拼焊板背面未熔透、焊缝烧穿、咬边、焊缝表面成形差、焊缝一致性差、焊缝的余高过大等。尤其对于A柱、B柱、门环等部件的焊缝长度超过300 mm,焊接难度更大,为保证拼焊板后续冲压质量和产品使用性能,焊缝不允许存在上述焊接缺陷。因此,保证激光填丝焊接过程的稳定性是提高焊缝成形和一致性的关键。

针对现有技术存在的问题,技术方案致力于开发一种无需去除铝硅涂层,不仅能够保证焊缝的力学性能,还能够获得良好的焊缝成形和一致性,实现铝硅涂层钢的大批量的部件生产的拼焊方法。为研制开发铝硅镀层"一体化门环"专用焊丝,依据铝硅镀层钢激光焊接存在熔池内铝元素富集诱发富铝相形成,进而导致焊缝脆化。开展了合金元素特别是镍等元素对富铝熔池凝固及相转变规律的影响机理研究、设计了具有不同合金元素含量下激光填丝焊焊接接头显微组织及性能的影响。对铝硅镀层热成形钢进行激光焊接和激光填丝焊接试验,对比研究了填充镍合金化焊丝对焊接接头显微组织、力学性能及拉伸失效机制的影响。结果表明,在未填丝时,焊缝热处理前后显微组织仍含有δ铁素体,而当使用镍合金化焊丝时,热处理前后焊缝均可获得全马氏体组织,故由于焊缝中δ铁素体的消失使得热处理后焊缝硬度的显著增加(576 HV及569 HV),达到甚至高于母材水平。此外,当未填丝时,拉伸时于焊缝处发生断裂,断口形貌上存在明显河流花样的脆性断裂区;而当采用镍合金化焊丝时,焊缝显微硬度值(570 HV)接近甚至母材水平,在双轴应力作用下拉伸时于母材发生断裂,断口形貌呈韧窝状,为典型的韧性断裂,抗拉强度分别为1625 MPa和1523 MPa。

镍合金化焊丝成分和直接激光填丝焊铝硅镀层钢新技术,为铝硅镀层22MnB5钢激光焊接接头组织性能调控提供理论基础,实现了铝硅镀层钢激光焊接专用焊材及拼焊板的低碳制造。

通过以上两项创新,实现一体式门环焊接的创新,新技术较现有技术相比减少一道激光消融工序,单件门环加工成本降低约25元。

3. 国际水平对比分析

一体式门环拼焊制造技术是国内外研究的热点,国内外有相关的制造发明专利技术20余项,对相应技术进行了系统的研究。

安赛乐米塔尔公司CN 101426612 B公布了一种铝硅镀层热成形钢的拼焊预制件的制造方法,其主要是通过激光去除铝硅镀层表面的合金层,然后再将预制件进行焊接。

安赛乐米塔尔公司DE602015024587T2公布了一种焊接方法,采用激光消融法去除热成形板拼接区域的铝硅镀层以及中间合金,且两个热成形板拼接面之不主动预留空隙;而该专利采用融化和气方式仅去除涂层保金属间合金层,在两个拼接面之间主动预留了0.02~2 mm的间隙。

Baosteel Tailored Blanks GMBH在DE102019108837A1专利中公布了一种方法用于铝硅镀层热成形钢的拼焊。采用分光式形成两个激光焦点;用分光元件组合形成了具有不同能量布的两个激光焦点区域,主要包括一个较大激光焦点和较小的激光焦点。

"ANS+ESDR低成本一体式热成型门环结构及拼焊关键技术"采用分步焊接以及直接填丝焊的方式,相比以上技术,焊接方法更为简单,制造成本更低,交付周期更短,更适用于中国汽车市场激烈竞争及变化的客户需求。

4. 成果应用情况

"ANS+ESDR低成本一体式热成型门环结构及拼焊关键技术"已经应用于几家国内主要的汽车主机厂的部分车型车身制造,并得到更多多主机厂的认可。市场反馈良好,普遍认为其是一种经济的、柔性的一体式热成型门环制造技术,对节能减排有明显优势。

5. 成果的产能建设情况

鞍钢钢材加工配送(长春)有限公司已经建成年产50万片ANS+ESDR低成本一体式热成型门环生产线2条,正在对2条生产线进行改造,预计可增加产能60万片。届时年产能可达160万片。同时也在根据市场需求规划下一代生产线建设,成为国内核心的门环生产供应商。

6. 社会及经济效益分析

此技术并且于2023年1月开始量产,并取得相应的经济效益,上半年产生的利润为300万元。

按照1 kg钢排放1.83 kg CO_2,每件门环减少材料消耗5 kg计算,上半年共计生产门环25万片,通过应用"ANS+ESDR低成本一体式热成型门环结构及拼焊关键技术",共计减少 CO_2 排放2287.5 t。

"ANS+ESDR低成本一体式热成型门环结构及拼焊关键技术"建立我国热成型钢及激光拼焊技术自主知识产权体系,打破国外技术垄断,相比现有技术,可使门环拼焊制造成本大幅降低并实现快速产品交付。此结构提供一种低成本的热成型材料拼焊门环结构和制造方法具备焊接速度快,生产准备时间短,安全系数高的优点,解决了热成型门环交付慢、成本高的问题(见图7-1-35)。

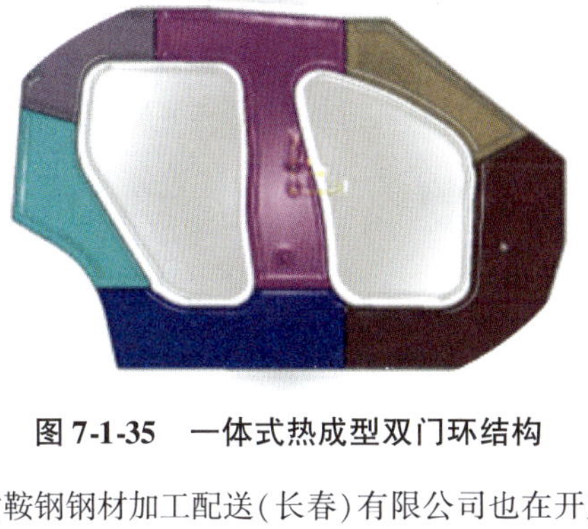

图7-1-35 一体式热成型双门环结构

同时鞍钢钢材加工配送(长春)有限公司也在开发"一体式热成型双门环结构""后地板H梁"以及其他可以实现汽车减重的项目,项目的实施将建立我国汽车车身技术自主创新和研发体系,加速汽车钢材料技术和车身技术全球技术引领,带动钢铁和汽车产业升级,助力国家"双碳"目标的实现。

宝钢硅钢自黏结涂层开发与应用

供稿：宝山钢铁股份有限公司硅钢事业部　李登峰

1. 成果简介

①自主开发自黏结涂层，成功应用于大型风力发电机组，新能源汽车驱动电机等领域（见表 7-1-3）。

②为提升加工效率，开发了快速固化工艺，实现分钟级固化。

③涂层耐热等级达到 H 级（180 ℃）。

表 7-1-3　宝钢硅钢黏结型涂层专利梳理

序号	分类	专利名称	申请号	专利类型	当前状态
1	产品：工艺	磁悬浮长定子用电工钢板的生产方法	CN 03150582. 1	发明	已授权
2	产品：工艺	电工钢自黏接涂层的涂敷方法	CN 03115928	发明	已授权
3	产品：配方	电工钢用水性自黏接涂料	CN 200410017997	中国	已授权
4			US 7655709 B2	美国	
5			DE 11 2005 000 992 B4	德国	
6	产品：配方	耐高温水性自黏接涂料	CN 200510029249	发明	已授权
7	应用：设备	自黏接涂层电工钢用叠压模具	CN 200520043898	实用新型	已授权
8	产品：配方	一种用于硅钢的水溶性环保自黏结绝缘涂料	CN 201810275197	发明	已授权
9			2020-551491	日本	待授权
10			10-2020-7029039	韩国	待授权
11			2019CN-002-0/6-EP	欧洲专利局	进入国家阶段
12			2019CN-002-3/6-FR	法国	进入国家阶段
13			2019CN-002-4/6-AT	奥地利	进入国家阶段
14			2019CN-002-5/6-GB	英国	进入国家阶段
15			2019CN-002-6/6-DE	德国	进入国家阶段
16	应用：设备/工艺	硅钢自黏接涂层铁芯快速固化的感应加热系统和方法	CN 201810885096. 2	发明	已授权
17			2019CN-024-2/4-JP	日本	进入国家阶段
18			2019CN-024-0/4-EP	欧洲专利局	进入国家阶段
19			2019CN-024-3/4-KR	韩国	进入国家阶段
20			2019CN-024-4/4-US	美国	进入国家阶段
21	应用：工艺	硅钢自黏结涂层铁芯的快速固化方法	CN 202010591227. 3	发明	已授权
22	产品：配方/工艺	一种轻黏性硅钢环保绝缘涂料、硅钢板及其制造方法	CN 202111382667. 9	发明	已公开待授权
23			2022CN-045	日本	国际阶段审查
24				韩国	国际阶段审查
25				欧洲专利局	国际阶段审查
26				法国	国际阶段审查
27				奥地利	国际阶段审查
28				美国	国际阶段审查
29				德国	国际阶段审查
30	产品：配方	一种铁芯点胶成型用硅钢绝缘涂层涂料	CN 202210790602. 6	发明	已受理待公开
31	应用：评测	硅钢绝缘涂层的胶粘性能评价方法	CN 202210880563. 9	发明	已受理待公开

注：仅统计已生成申请号的专利

2. 成果创新点及解决的难点问题

①厚度减薄，在保证黏接强度前提下，有效抑制溢胶问题。

常规进口自黏结涂层单面膜厚约 4. 5 μm，可实现 T 剥离强度≥2 N/mm；用于风力发电机铁芯、磁悬浮列车长定子铁芯时，能有效保证铁芯黏接强度。由于铁芯自身体积大，使用 0. 5 ~ 0. 65 mm 硅钢片，有少量溢胶，对叠片系数和加工效率影响不大。

但新能源汽车铁芯体积小，且采用 0. 2 ~ 0. 3 mm 硅钢片；在涂层膜厚 4. 5 μm 前提下，会导致叠片系数显著下降；溢胶问题不易清除，严重影响加工效率。宝钢在 0.2 ~ 0.3 mm 硅钢母材上成功实现了 1.5 ~ 2.5 μm 不同膜厚自黏结涂层生产及应用，既保证了黏接强度，又解决了叠片系数下降和溢胶问题。

②快速固化工艺，有效解决了加工效率低的难题。

常规进口自黏结涂层，约需要 2 h 完成固化，不满足新能源汽车铁芯加工节拍要求；宝钢成功开发了速固化工艺，在 1 ~ 10 min 内实现固化，极大提升了铁芯加工效率。

3. 国际水平对比分析

与进口 EB548 和 EB549 涂层比，在耐热等级、快速固化工艺方面到达领先水平；在耐油性、表面绝缘、盐雾腐蚀、画格/弯曲附着性、抗划伤等常规性能方面，与进口 EB548 相当（见表 7-1-4）。

表 7-1-4 宝钢自黏结涂层与进口涂层对比

涂料型号	EA3902	EB548	EB549	EB549 Rapid
涂料来源	自主开发	进口		
应用钢厂	宝钢		奥钢联、蒂森等	
长期耐热温度	180 ℃	155 ℃	155 ℃	180 ℃
固化方式	兼容常规烘炉和快速固化		常规烘炉	快速固化
固化时间	0.2 ~ 30 min		8 ~ 10 h	0.2 ~ 30 min

4. 成果应用情况

宝钢自主开发的自黏结涂层已经在 0.20 ~ 0.35 mm 厚度母材上成功小批量应用，主要用于新能源汽车行业；在中车等用户处 0.5 mm 厚度材料上完成验证，并批量供货。

5. 社会及经济效益分析

①预计每年 5 万 t 自黏结涂层产品应用于新能源汽车领域，相较于常规 C5 涂层产品，自黏结涂层产品带动销售额年增加约 1 亿元。

②按新能源汽车驱动电机效率 97% 测算，自黏结涂层工艺能提升电机效率 0.2% ~ 0.5%，相当于节能 7% ~ 17%（以损耗 3% 为基数测算）。

二、芯片与智能领域

普华灵智安全车控基础软件平台

供稿：普华基础软件股份有限公司　杨　琳　董自强

1. 成果简介

中国电科普华基础软件股份有限公司成立于 2008 年，是国家级专精特新“小巨人”企业。普华基础软件致力于车用基础软件的研发与产业化 15 年，拥有强大的 AUTOSAR 专业技术团队，为国内各大整车企业和主要零部件供应商提供车用基础软件设计、开发、配置、集成、测试等全生命周期服务及相关的配套工具链、本地化一站式增值服务，并实现了规模化验证，拥有丰富的 AUTOSAR 集成服务实战经验。

（1）产品概述

普华灵智安全车控基础软件平台定位于满足汽车电子应用开发及测试需求，提供一体化的系统解决方案、定制开发和本地化技术支持。为了使不同厂家生成的 ECU 方便可靠地集成到通信网络中，该平台为用户提供了操作系统与模式系统服务、通信系统、存储管理、功能安全和信息安全、Bootloader、时间同步、FOTA 解决方案等基础软件模块及集成开发环境，如图 7-2-1 所示。

普华灵智安全车控基础软件平台搭载的操作系统严格遵循 ISO 26262 开发流程，采用危害分析、失效分析、安全架构设计、安全机制设计、安全测试和确认等方法，有效控制汽车电子系统的功能风险。通过 ASIL D 最高安全等级产品认证的操作系统可以应用于动力、底盘等安全系统（见图 7-2-2），满足行业最高的功能安全要求。

（2）产品特性

①完整的 Classic AUTOSAR 集成开发环境，包括 SWC 设计工具，BSW 基础软件配置工具，RTE 配置及代码生成工具；

②覆盖支持 Classic AUTOSAR 标准 3.1.5/4.2.2/R19-11；

③AUTOSAR Safety OS 产品通过 ISO 26262 功能安全 ASIL D 莱茵国际认证；

④支持以太网、CAN/CANFD、LIN、FlexRay 总线；

⑤支持信息安全；

⑥支持 OTA、FOTA。

（3）解决问题

依据 AUTOSAR 标准定义的方法学和软件架构，提供基于 AUTOSAR 标准的车用基础软件平台、开发工具和软硬件一体化解决方案。在保障功能安全认证的要求的同时，解决软件可移植性和复用性问题，从而有效降低开发成本。

（4）相关资质

作为中国基础软件企业中第一家 AUTOSAR 高级合作伙伴，普华基础软件是国内首家通过德国 TÜV 莱茵 ISO

26262 ASIL D 国际最高等级功能安全产品认证、国内首家通过 ASPICE 三级认证的汽车电子软件开发企业。承担国家级重大科技项目近 20 余项，获得上海市科技进步特等奖 1 项、三等奖 3 项，已成功通过国家双软认证高新技术企业、ISO 9001 质量管理体系认证、ISO 26262 ASIL D 产品认证、公安部国标安全四级认证、ASPICE 三级认证、CMMI 三级认证等多个国内与国际重要认证，具备在国产操作系统领域领先的技术研发实力。

(5)应用场景

普华灵智安全车控基础软件平台产品广泛应用于智能网联汽车 ADAS、T-BOX、智能座舱、域控制器等；新能源汽车电机控制器、整车控制器、电池控制器、OBC 充电控制器等；传统汽车车身控制器、仪表、EMS、EPS 控制器、空调控制器、商用车 TCU 控制器等，如图 7-2-3 所示。

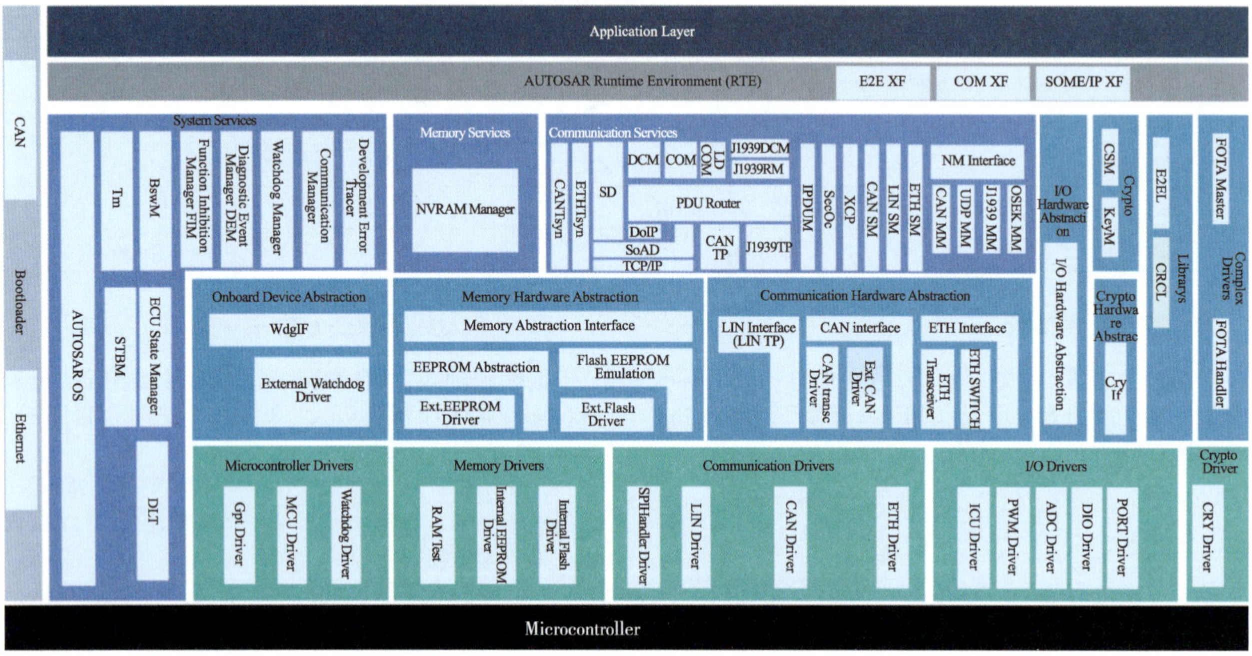

图 7-2-1　普华灵智安全车控基础软件平台架构

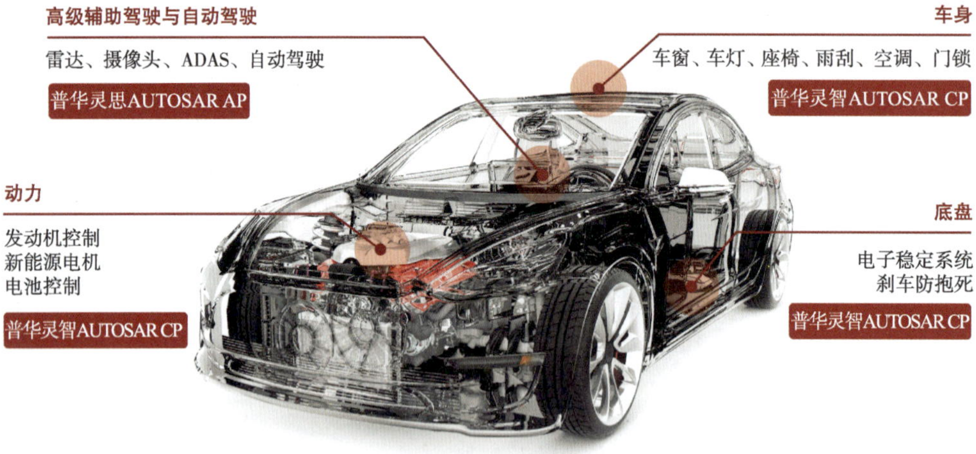

图 7-2-2　普华灵智安全车控基础软件平台产品应用场景

(6)关键技术

操作系统：普华灵智安全车控基础软件平台实时操作系统秉承消耗最低的运行时间和灵活配置的原则，能为汽车电子厂商的应用软件提供最优化的操作系统内核。它是专门为汽车电子领域开发的可抢占多任务的实时操作系统，具备良好性能的同时能为汽车电子应用提供一个资源消耗小、可裁剪、可扩展、移植性强的运行平台，可跨芯片平台移植，如图 7-2-4 所示。

现场通信组件：普华灵智安全车控基础软件平台现场总线通信模块包含 CAN/LIN 总线的通信支持，除总线无关上层模块外还包括模块：CAN 总线 CanSM、CanTp、CanIf、Can、CanTrcv，LIN 总线 LinSM、LinIf(包含 LinTp)、Lin、LinTrcv，各类总线相关模块实现 PDU 在各自总线上的收发，如图 7-2-5 所示。

图 7-2-3　车用基础软件域架构

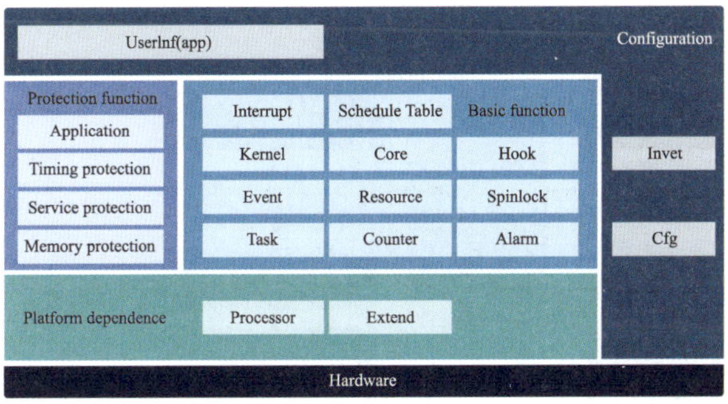

图 7-2-4　操作系统模块架构

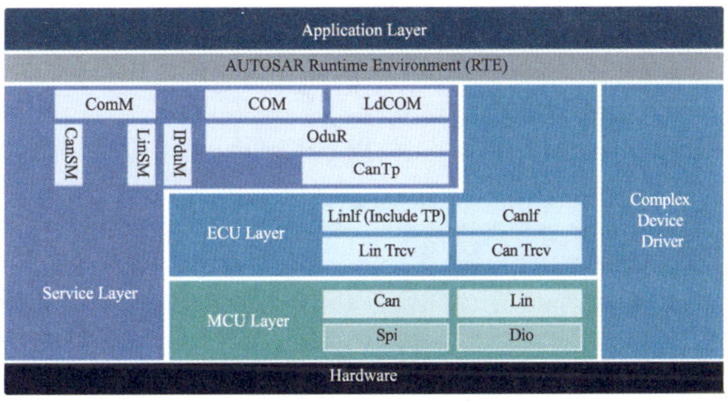

图 7-2-5　现场通信组件模块

以太网通信：普华灵智安全车控基础软件平台以太网通信模块实现基于以太网的通信、诊断、网络管理、标定功能。以太网通信除上层无关模块外还包括以太网总线特有的 EthSM、EthIf、SoAd、TcpIp、DoIP、SD、SOMEIPTP 等模块（见图 7-2-6）。

诊断：普华灵智安全车控基础软件平台诊断模块是针对汽车电子电控单元和非车载诊断设备通信，为其提供诊断通信服务的软件模块。通过诊断软件可以在 ECU 产品开发过程中读写系统信息和诊断数据，生产过程中做功能测试以及辅助完成零部件的生产，在售后市场上支持对 ECU 的诊断信息的读取和控制，如图 7-2-7 所示。

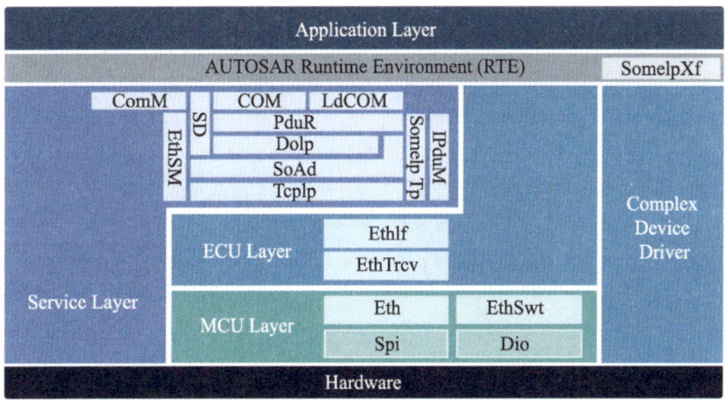

图 7-2-6　以太网通信模块

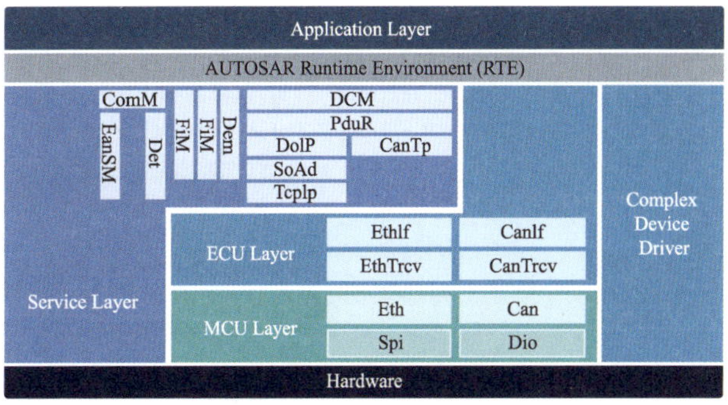

图 7-2-7　诊断模块

网络管理：普华灵智安全车控基础软件平台网络管理模块采用分布式网络管理方式，并具有强实时性、高容错性、低资源占用率的特性，通过监控网络状态的诊断功能确保了通信网络的安全性和可靠性。通过休眠唤醒机制降低整车能耗，如图 7-2-8 所示。

存储管理：普华灵智安全车控基础软件平台存储管理模块采用层次化的结构设计方法，针对汽车电子应用特点，对底层的物理存储器进行抽象，包含一个功能齐全，可配置的底层驱动模块和一套统一的硬件抽象接口。极大地简化了对存储器的操作，提高了效率，而且也实现了上层软件的平台无关性，降低软件的开发复杂度，提高软件的可移植性和复用性，如图 7-2-9 所示。

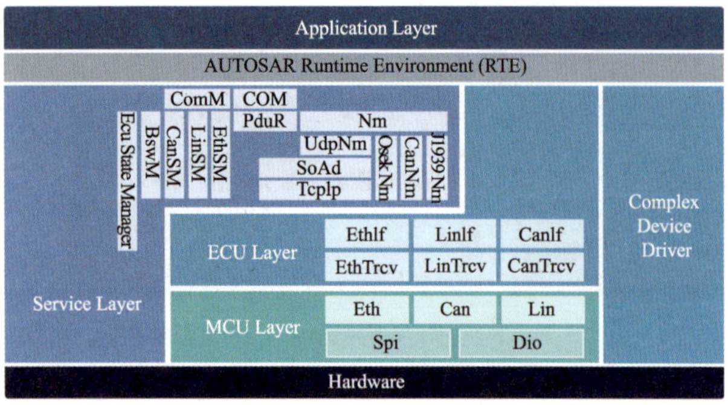

图 7-2-8　网络管理模块

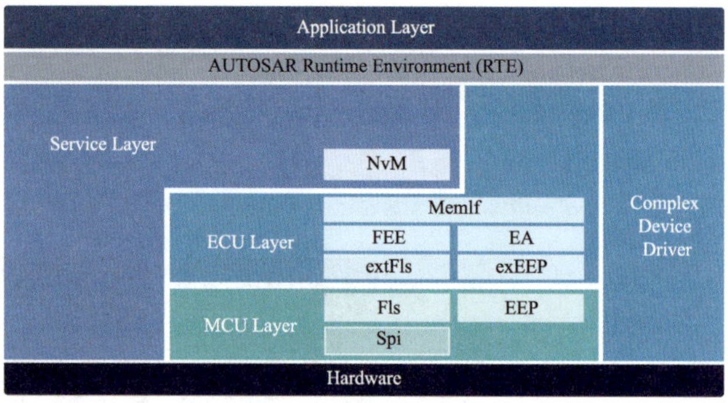

图 7-2-9　存储管理模块

FOTA：普华灵智安全车控基础软件平台 FOTA 产品作为传统 Bootloader 方案的升级，提供 FOTA Handler 模块可实现对刷写请求的响应、刷写数据的流程管理和存储等操作，如图 7-2-10 所示。

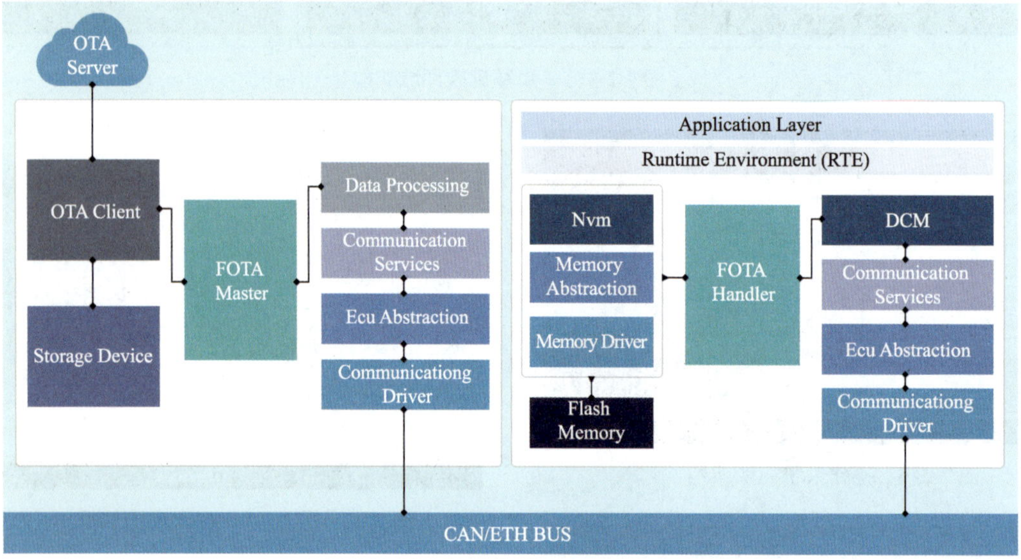

图 7-2-10　FOTA 原理

标定：普华灵智安全车控基础软件平台标定模块通过命令流的方式与上位机（如 CANape/INCA）等进行交互，实现在线标定（Calibration）、测量（Measurement）的功能，如图 7-2-11 所示。

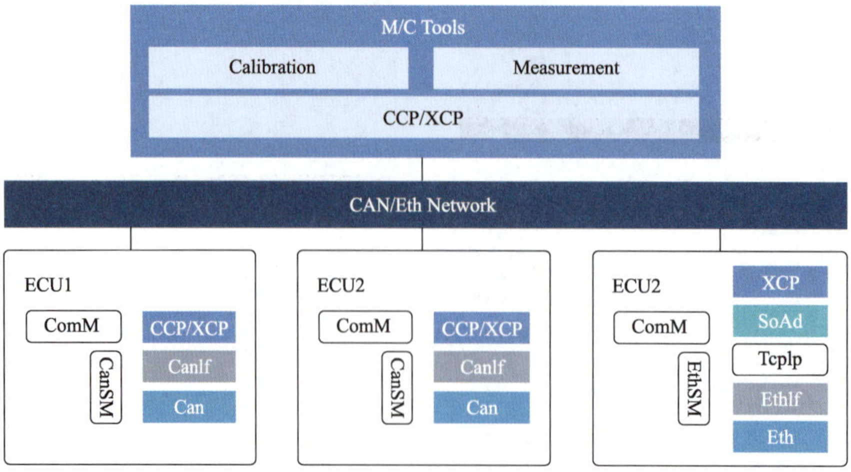

图 7-2-11　标定原理

Bootloader 下位机：普华灵智安全车控基础软件平台 Bootloader 下位机软件产品，常驻在控制器 Flash 的起始位置，同上位机的烧写程序工具配合完成 ECU 端的应用程序和数据的更新工作。Bootloader 产品基于 ISO 14229、ISO 15765、ISO 13400、HIS 标准开发，如图 7-2-12 所示。

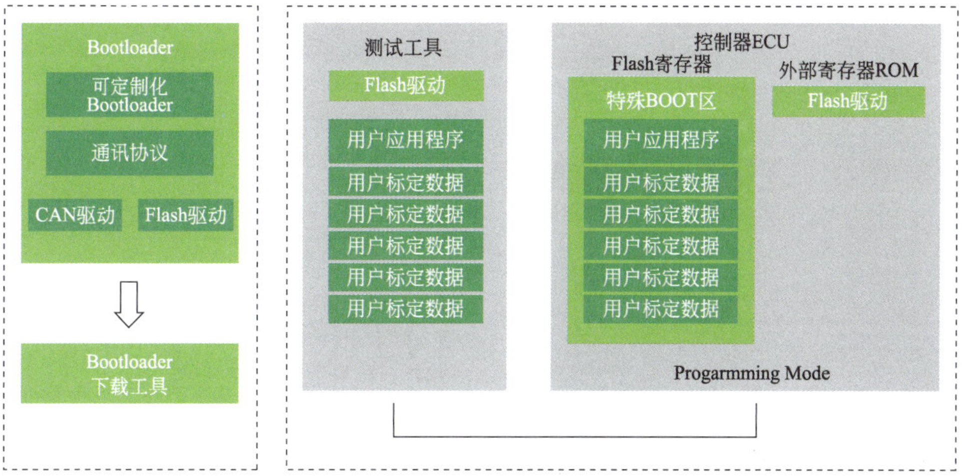

图 7-2-12 Bootloader 控制原理

Bootloader 上位机：普华灵智安全车控基础软件平台 Bootloader 上位机软件产品通过上位机的硬件，配合 ECU 控制器端的 Bootloader 程序产品通过 CAN 总线通信，完成应用程序和用户数据的更新工作，如图 7-2-13 所示。

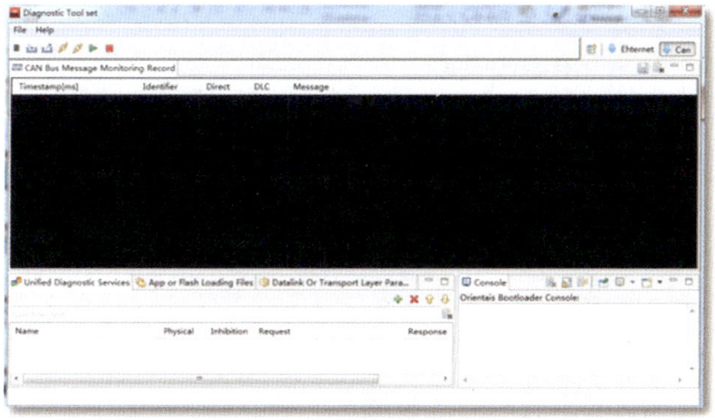

图 7-2-13 上位机操作界面

信息安全：普华灵智安全车控基础软件平台提供基于 AUTOSAR 标准的安全通信和密码服务管理模块，以及基于硬件芯片和/或软件实现的国际主流密码算法和国密算法，满足客户的信息安全要求，如图 7-2-14 所示。

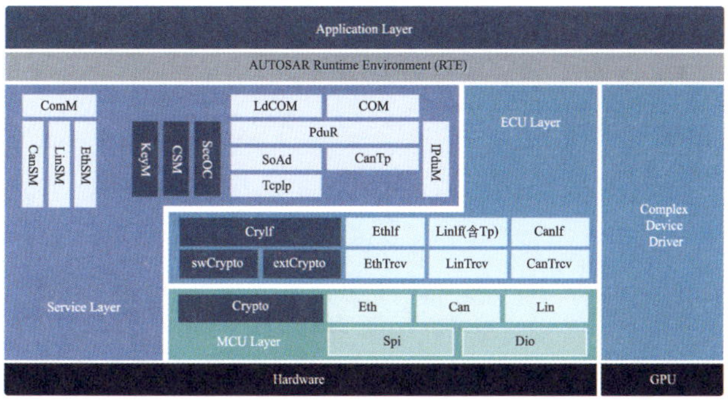

图 7-2-14 信息安全模块

功能安全：普华灵智安全车控基础软件平台对操作系统、WDG 等模块采用 ISO 26262 标准最高安全等级 ASIL D 进行设计开发。通过 OS、E2Elib 和 WDG 提供相关功能安全机制来阻止和检测软件故障，确保 AUTOSAR 组件间"免受干扰"，实现整个 AUTOSAR 系统的功能安全，如图 7-2-15 所示。

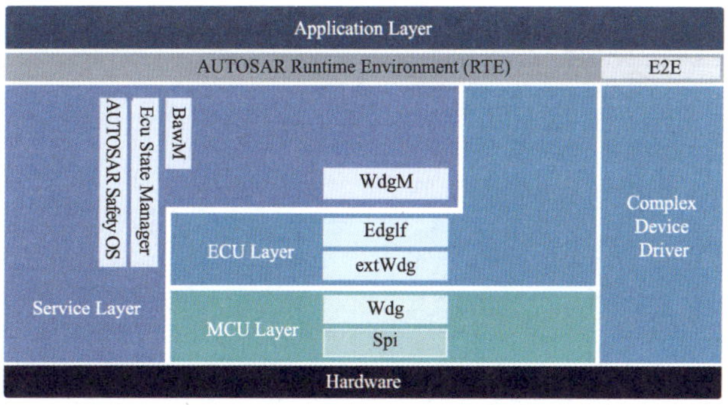

图 7-2-15 功能安全模块

系统服务：普华灵智安全车控基础软件平台系统服务模块负责执行 ECU 软件功能调度与模式管理，系统服务的模块和函数可以被所有软件层模块使用，如图 7-2-16 所示。

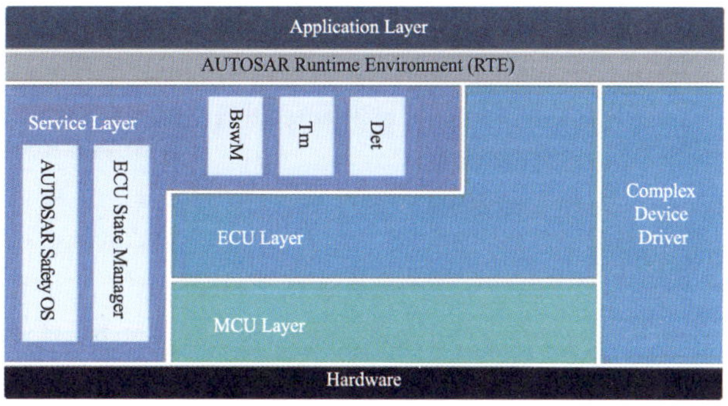

图 7-2-16 系统服务模块

FlexRay 协议栈：普华灵智安全车控基础软件平台 FlexRay 协议栈实现基于 FlexRay 总线的通信、状态管理、网络管理、硬件抽象功能。满足适用于安全性要求较高的线控及带宽要求高的场景。

时间同步：普华灵智安全车控基础软件平台时间同步模块为应用程序提供了基于硬件时钟的时间同步管理功能，它用于记录和处理各应用之间由于硬件或通信等因素产生的时间误差，并通过此误差使各应用的时间与同一个作为标准的主时间同步，如图 7-2-17 所示。

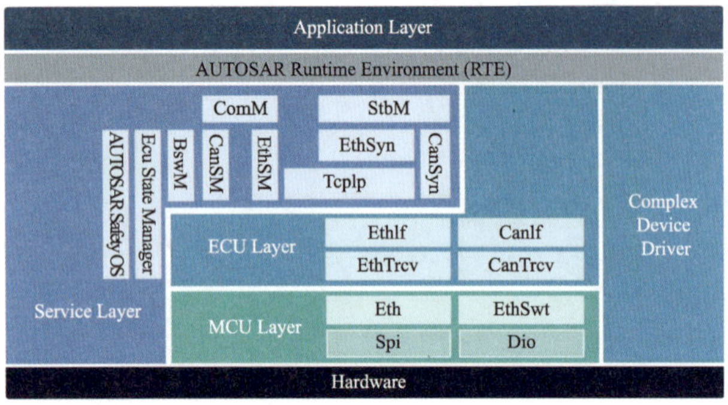

图 7-2-17　时间同步模块

J1939 协议栈：普华灵智安全车控基础软件平台 J1939 协议栈基于 SAE J1939 通讯协议规范，实现 J1939DCM、J1939TP、J1939NM、J1939RM 模块功能。主要应用于中重型道路车辆中电气设备通讯和电动汽车充电桩领域，如图 7-2-18 所示。

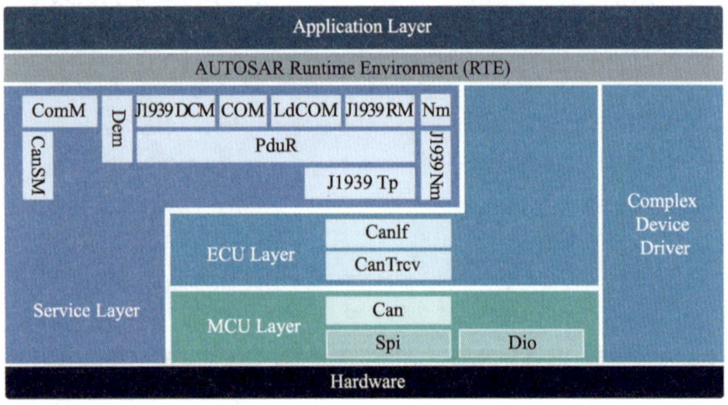

图 7-2-18　J1939 协议栈模块

2. 成果创新点及解决的难点问题

普华基础软件牵头承担了“十一五”“十二五”核高基课题，形成了具有国际先进水平的国产自主车控基础软件平台，解决了困扰自主品牌汽车产业发展的核心基础技术缺乏、关键零部件的基础软件自主研发，以及国内汽车电子车控领域基础软件的供应链安全问题，实现了国内车控操作系统的自主保障与可持续服务能力，提升了我国自主汽车电子系统的创新能力与产业能力。普华灵智安全车控基础软件平台依据 AUTOSAR 标准定义的方法学和软件架构，提供基于 AUTOSAR 标准的车用基础软件平台、开发工具和软硬件一体化解决方案。在保障功能安全认证的要求的同时，解决软件可移植性和复用性问题，从而有效降低开发成本。

普华车用基础软件平台广泛适配国内外汽车芯片，深度布局智能驾驶平台，采用 AUTOSAR 技术标准，全面支持国际、国内的汽车微控制器芯片，功能性能与国外产品相当。已完成国内外主流汽车芯片的适配工作，包括恩智浦、意法半导体、英飞凌、赛普拉斯、瑞萨、德州仪器、芯驰、紫光同芯、微芯、智芯、加特兰、地平线、安霸、芯旺微、中科芯、杰发、云图等，为国产汽车芯片的适配与应用积累了丰富的经验。普华基础软件是国内率先具备 AUTOSAR MCAL 软件、配置工具开发能力和经验的国内汽车电子基础软件企业，基于深厚的 AUTOSAR 产品及量产能力，为地平线、芯驰、紫光同芯等国产车规芯片提供技术咨询、MCAL 开发支持和系统适配，推动了国产车规芯片的能力建设和量产应用。

3. 国际水平对比分析

全球知名的 AUTOSAR 车用基础软件解决方案供应商包括 VECTOR、博世集团子公司 ETAS、大陆集团子公司 EB、KPIT、西门子子公司 MENTOR、Wind River 等，其中国外企业产品线相对完善，拥有丰富的工具链，使客户在操作使用时更为便捷，但在中国本土化技术服务方面相对薄弱。本土 AUTOSAR 车用基础软件供应商相比国外起步较晚，缺乏本土产业应用土壤和环境的验证培育，相对标准定义的功能覆盖度与国外相比有一定差距，优势在于可以为车厂提供定制化开发服务，响应比国外厂商及时。国外在车控操作系统方面已经开展了标准化工作，生态成熟，处于垄断地位；国内经过 10 余年发展，产品已得到规模化验证，具备与国际产品同台竞争的能力，但受到国际产品挤压，市场覆盖率有限。

4. 成果应用情况

普华灵智安全车控基础软件平台客户覆盖国内主流整车企业、零部件供应商，截至 2022 年底，产品已经量产超过 1200 万套，覆盖长安、广汽、一汽、奇瑞、江淮、长城、北汽、吉利、江淮等 70% 以上国产汽车品牌自主研发车型，华域视觉、精进电动、万向、均胜、慧翰、商汤、星宇等国内零部件企业，以及博世、联电、捷温、马勒等外资零部件企业的控制系统产品。

5. 成果的产能建设情况

普华基础软件积极开展与北京大学、清华大学、浙江大学、电子科技大学、上海交通大学、同济大学、华东师范大学、中国电子标准化研究院等高校的联合研发与合作，与多个高校共建实验室，与车企合作联合设计中心等，实验室场地面积近 1000 m^2，研发设备市值近 6000 万元，可以充分保障汽车电子各项软件平台研发和仿真测试工作的开展。与此同时，普华基础软件聚焦车用基础软件领域，加速体系推进研发与交付团队建设，大规模系统开展队伍建设与培训工作，持续扩大产能。

6. 社会及经济效益分析

汽车产业变革，车用软件发展驶入快车道。根据麦肯锡的“Automotive software and electronics 2030”研究报告预测，软件在汽车上的比重不断增加，2020—2030 年复合增长率达到 9%。与此同时，受 ACES 趋势的不同影响，软件细分市场将发生显著变化。到 2030 年，软件复杂性的提高和车载平台的广泛部署将推动软件市场的增长。未来几年，软件将成为汽车行业的战略发展领域之一，如图 7-2-19 所示。

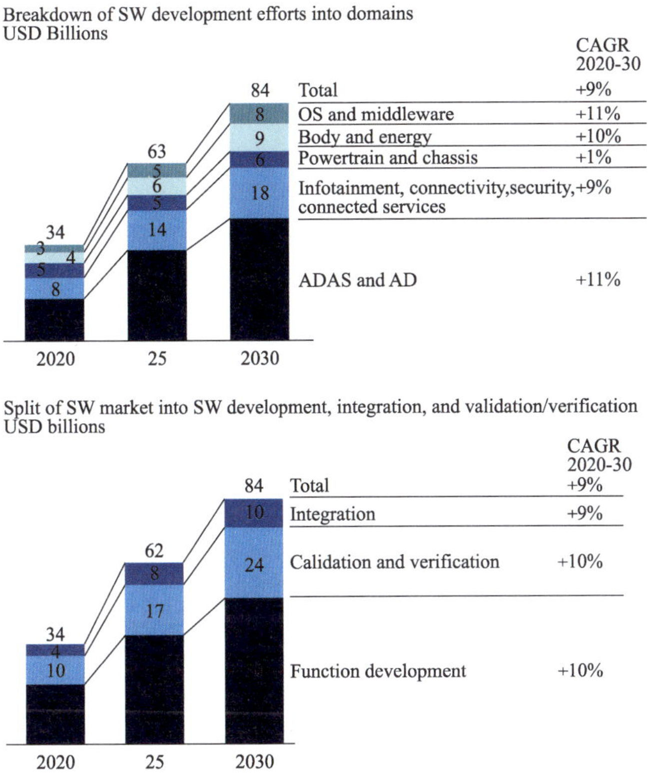

（来源：麦肯锡汽车软件和电子2030研究报告）

图 7-2-19　2020—2030 年汽车软件占比变化

中国软件行业协会认为，随着整车电子系统功能复杂度呈指数级上升，整车技术与工程核心正从传统硬件层面转移到软件。到 2023 年，软件在消费者感知价值中的占比将达 60%。未来十年，每款车型的软件开发成本将增长 83%。中国汽车软件产业增长的驱动力来源于智能汽车的自动驾驶，如图 7-2-20 所示。

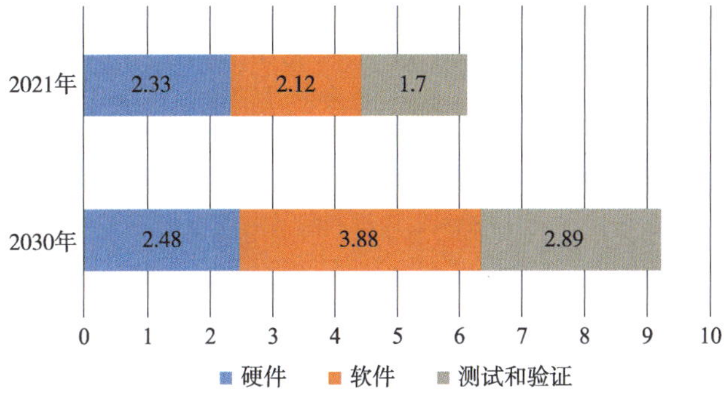

（来源：中国软件行业协会《中国汽车软件产业发展白皮书》）

图 7-2-20　2030 年每车型 E/E 构架开发成本预测(单位:亿美元)

操作系统是汽车产业链基座，它可以撬动上层的汽车工业和汽车市场，全球汽车芯片＋操作系统产值约 3400 亿元，可撬动 30 万亿元汽车经济产值。在汽车产业链中，普华基础软件专注车用基础软件研发，普华灵智安全车控基础软件平台通过与国产车规芯片的适配，实现底层关键环节的自主可控，加速完成汽车产业自主可控完整的产业链，推动中国智能网联汽车的产业发展，助力中国汽车产业数字化转型，促进形成国产智能网联汽车产业完整生态。

32 位车规级 MCU 电路的研发

供稿：中科芯集成电路有限公司　杨晓刚　胡　凯

1. 成果简介

32 位车规级 MCU 电路 CKS32K148 采用 eFlash 车规工艺，在追求最低功耗和最优性能效率的同时，实现与对标产品功能的全兼容。该电路的研发首先填补了国内在汽车电子领域 32 位 MCU 电路方面的空白；其次，通过该项目的研制，攻克安全性与可靠性设计的技术难点，实现技术突破和积累；最后，建立车规级 MCU 的设计平台，完成 ISO 26262 流程体系建设，并形成该类电路的自主 IP，为后续系列化设计打下坚实的基础。此外，该电路可以延伸系列化出 CKS32K142，CKS32K144，CKS32K146 等不同型号的电路，实现对同系列电路的全覆盖。

2. 成果创新点及解决的难点问题

32 位车规芯片的研发能够实现汽车电子核心器件的国产化，打破国外行业巨头的垄断，真正解决该系列 MCU 电路迫在眉睫的缺芯难题，对维护产业安全和核心技术自主可控具有重要意义，其创新点及解决的技术难题如下：

(1)安全可靠设计技术

实现正常功能的同时，还加入电路失效检测功能，能够实时检测出电路故障，对故障进行纠错处理，使电路回到安全状态。此外对电路失效检测与应对处理也有时间上的限制，必须在电路进入失效状态前，完成失效检测与应对处理操作，保证电路工作在安全状态。

时钟监控：时钟监控模块能够实时监控各路时钟源的工作频率，当时钟工作频率超出或低于正常工作频率范围时，监控模块会认为时钟源出错，时钟控制模块根据时钟监控反馈的信息，将系统时钟源切回到正常的时钟，使电路始终有稳定可靠的时钟源。

复位监控：采用新型的复位电路结构，直接使用上下拉单元来保证上电顺序。复位控制模块使用状态机控制，状态机设有计数器，计数器计满且满足特定条件，才会产生系统复位，在一定程度上保证了系统复位顺序。当系统进入低功耗模式时，采用累加计数器进行计数，等待外设反馈应答信号，如果超过 0.5 s 系统还未收到反馈信号，则进行系统复位，避免系统进行长时间的等待。

电压监控：芯片内部集成了一套完善的电压监控机制，通过多路比较器，可以分别对电源电压 VDD/VDDA、数字核电压 VCORE、存储器电压 VFLASH、振荡器电压 VOSC 进行独立的检测，当上述受监控的电压低于设定的门限值时，会输出独立的中断信号。系统可以根据这些中断信号做出相应的处理。

错误注入：错误注入模块为在访问外围设备 RAM 时，提供单 bit 和多 bit 反转支持，当内核或者 DMA 访问内存时，错误注入模块可以注入错误，用来测试相关系统的单 bit 错误校正与多 bit 错误检测功能。

内核自检：电路在执行程序时，能够首先进行内核自检，运行各种类型的指令，包括 IP 指令、LS 指令与 JMP 指令。通过这些指令的运行，能够检测内核的取指逻辑、译码逻辑、执行逻辑与写回逻辑是否正确。内核自检程序运行完成后，内核会输出一个自检结果，通过判断最后的输出结果来确定内核逻辑是否正常。

寄存器与内存保护：系统具备阻止主机访问受限的存储区与外设的安全机制，该系统 MPU 在总线矩阵的级别上提供内存保护，对于每个受保护的存储区，每个总线矩阵的主机（Core，DMA，Ethernet，调试器）能被赋予不同的访问权限，其访问权限包括用户访问、管理员访问、数据、指令以及读、写、执行的权限。

（2）超低功耗电源管理和时钟管理技术突破

创新性地采用分级电源管理和分级时钟管理的设计方法，针对各种低功耗的应用，设计了 5 种工作模式，对各个模块进行精细的功耗管理，实现其独立自主可控的特性，既满足系统供电要求，又实现各种工作模式的超低功耗要求。

在微控制器执行任意任务的进程中，通过监测单元的总线状态统计信息，获得相应的负载任务信息。同时，根据负载任务信息彼此之间的连续关联性，预测负载信息的变化趋势，以调整工作频率，动态频率调节示意图如图 7-2-21 所示。功耗管理单元连续监控微控制器内核、存储器单元、总线单元和关键 IP 负载等各种关键寄存器的状态统计信息。根据监测单元记录的负载信息数据，执行累计迭代计算，预测随后的负载信息，以调整控制输出数据。时钟切换单元根据检测单元反馈的负载信息，将 PLL 或晶振时钟或 RC 振荡器时钟转换成相应的系统运行时钟，动态调整微控制器各单元的工作频率。微控制器的动态功耗与信号变化翻转率成正比关系，当某功能单元处于闲置状态时，关断其时钟信号，即可降低功耗。系统时钟通过分频器转换成不同的时钟频率信号，主要提供给 AHB 总线的高频时钟信号和提供给 APB 总线的低频时钟信号，而特定功能单元的时钟信号则由门控时钟单元控制其开关状态。

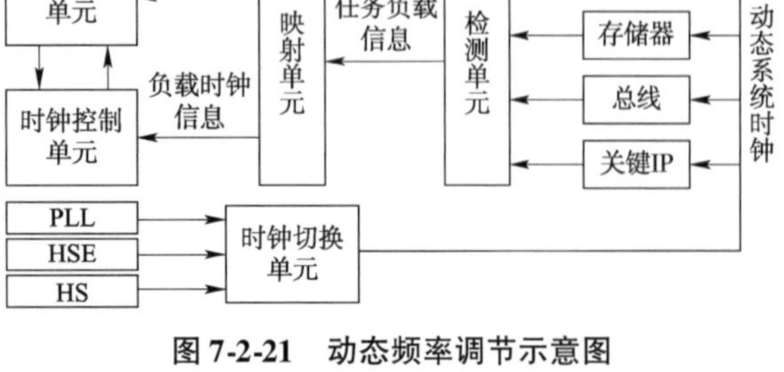

图 7-2-21 动态频率调节示意图

（3）高速时钟网络技术

高速时钟复位控制系统是高性能处理器高频率工作的保障。高速时钟复位控制系统须能提供低偏移（skew）高性能的时钟信号，满足电路高频工作条件下对时钟的需求，并且当外部时钟出现故障时，能够自动切换到内部时钟，保证系统的稳定性与可靠性，在设计中采用多源时钟树技术，多源时钟树可以基于一定的规则将寄存器分成多个寄存器集群，在每个寄存器集群内插入时钟缓冲器从而使模块具有多个时钟源，并以这些新的时钟源进行时钟树综合。这样就对叶节点进行了分配，使得每个时钟源驱动的叶节点的数量就大大减小了，同时也限制了叶节点分布区域的大小，控制了最长时钟网络延迟，减少了时钟树生长的级数，在一定程度上减小了片上工艺偏差的影响，有利于减小时钟偏斜，也有利于高频时钟电路的稳定和时序收敛。同时注意到，多源时钟树结构的使用不一定都要采用网格结构，只需将顶层时钟树做的平衡也能得到同样的效果。本成果使用多源时钟树的目的主要是为了减小时钟偏斜，同时也会对时钟延迟进行约束。多源时钟树在综合时还是通过采用传统时钟树综合流程实现时钟树的形成。

采用多源时钟树结构，在模块内生成多个时钟根，如图 7-2-22所示。在一个模块内生成多个时钟根，并在新生成的时钟根下做时钟树，模块 2 中每个时钟根生成的时钟树的级数、延时和模块 1 中近似相等，这样就减少了额外时钟延时的插入。既降低了传统时钟树因为级数过高引起的 OCV 导致的时序违例的可能，也降低了功耗，缩短了设计周期。

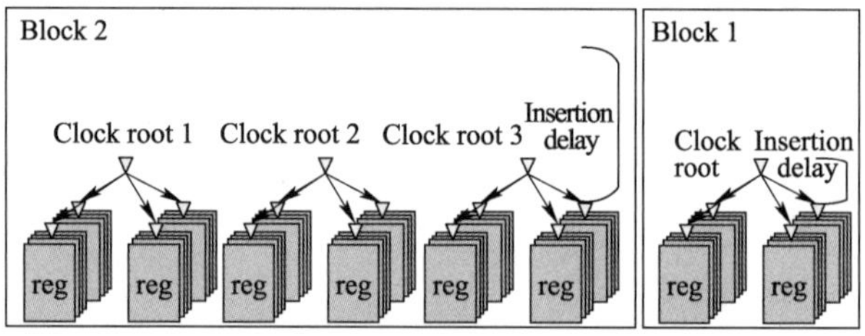

图 7-2-22 模块内多点时钟树的结构示意图

（4）基于预取和 Cache 缓存的片上 Flash 加速技术

在高性能 MCU 中，通过指令集并行、超标量设计、大量使用寄存器以及增加流水线来提升处理器的主频。由于 Flash 性能的提升只能依赖于工艺改良等不多的办法，而处理器需要频繁读取 Flash 来获得指令和数据，才能完成相应的任务操作，因此，研究提高 Flash 的读取速度对于提高系统的整体性能有着重要的意义。

Flash 加速结构如图 7-2-23 所示包含两种组织结构：一种基于预取缓存，使用位宽扩展技术、预取技术和分支缓存技术，并分别通过预取模块、分支缓存模块和 Flash 接口模块实现；另一种是基于高速缓存，使用组相联和路预测技术，并且通过高速缓存模块实现。

位宽扩展（Data Width Extension，WET）技术：因为 Flash 的读取延迟较大，所以当频率提升时，内核的取指必然出现等待。因此，当系统处于高频率时，由于内核较快的取指速度和 Flash 过低的读取速度之间的不对称性，整个 MCU 系统必然会浪费一些性能。为了匹配内核速度、提高系统效率，该系统中采用 128 位的 Flash。如图 7-2-24 所示，通过单次 Flash 访问，取出 4 条 32 位指令。除了第一次指令的读取请求需要等待 Flash 数据返回外,后续 3 条指令都可以在一个周期内返回,即可实现后 3 调指令的加速。

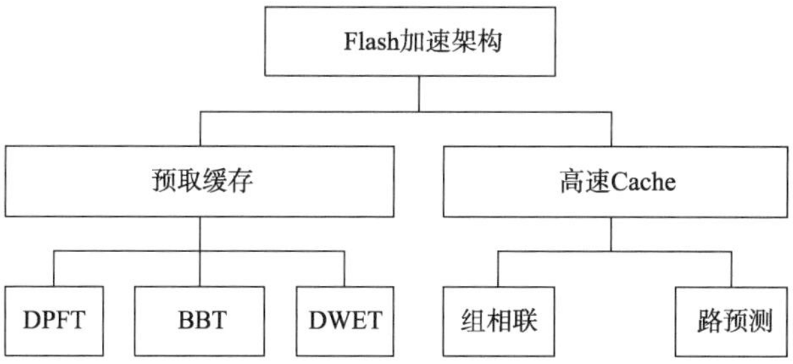

图 7-2-23　Flash 加速器结构

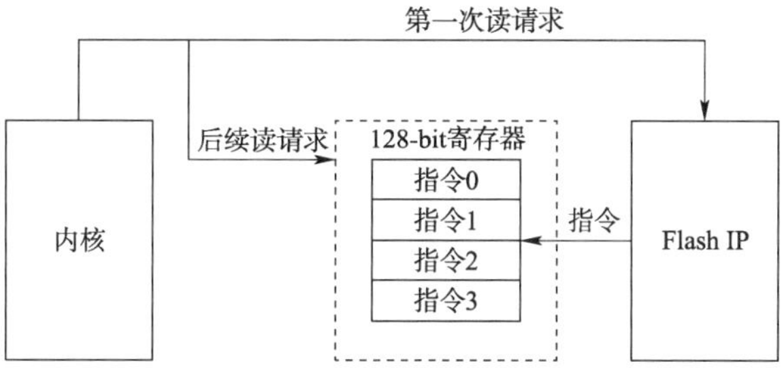

图 7-2-24　位宽扩展技术

动态预取(Dynamic Pre-Fetch Technique,DPFT)技术:单纯使用位宽扩频技术,内核仍然必须等到 Flash 访问结束后才能提取第一条指令,再无延时地处理紧随其后的指令,所以依旧存在单次访问的延迟。如图 7-2-25 所示,虽然取指 1 和取指 3 能够实现单周期访问,但是取指 0 与取指 2 的访问仍有延迟。为了消除单次访问的延迟,控制器利用内核在处理指令的时间进行硬件预取。在目前的多级流水处理器中,受流水线结构相关、数据相关和控制相关的影响,内核取指会出现间断。此时,适当的预取可以有效地隐藏这些间断,提高取指效率。

分支缓存技术 BBT(Branch Buffer Technique,BBT):当内核进行顺序取指时,预取操作都是有效的。但是,当程序中存在跳转指令时,就会出现非顺序取指,则预取的内容就是无效的。此时,需要重新访问 Flash,这无疑会造成 Flash 的读取性能下降。如图 7-2-26 所示,为解决非顺序取指导致的预取失败问题,控制器加入了分支缓存技术。当非顺序指令第一次出现,预取失败,分支缓存缺失。此时,将这条指令从 Flash 中正确读出后,写入分支缓存中。同时,将该 128 位指令所在的地址也存入分支缓存中。当再次出现对该指令访问时,预取失败,分支缓存命中。内核即可以直接从分支缓存中将指令去除,从而降低预取失败造成的访问延迟。

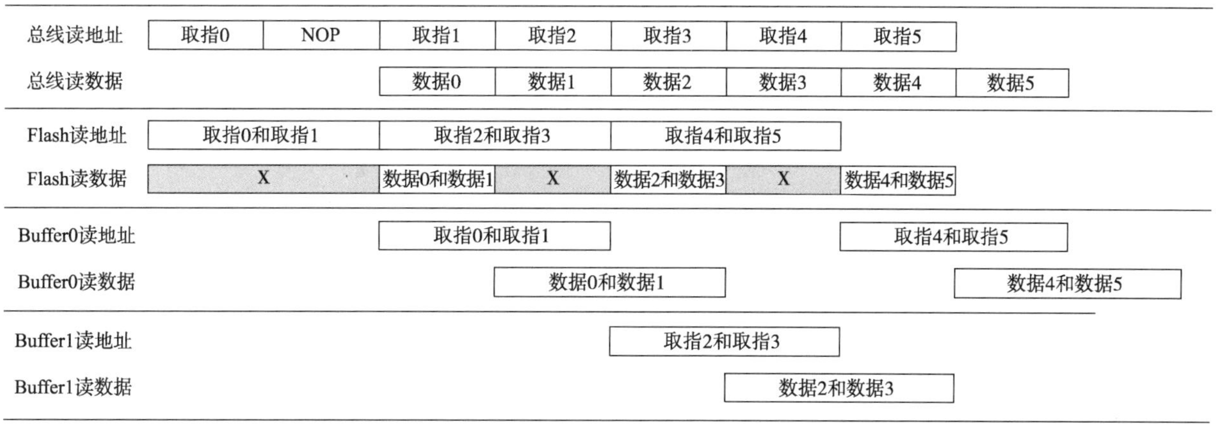

图 7-2-25　预取技术

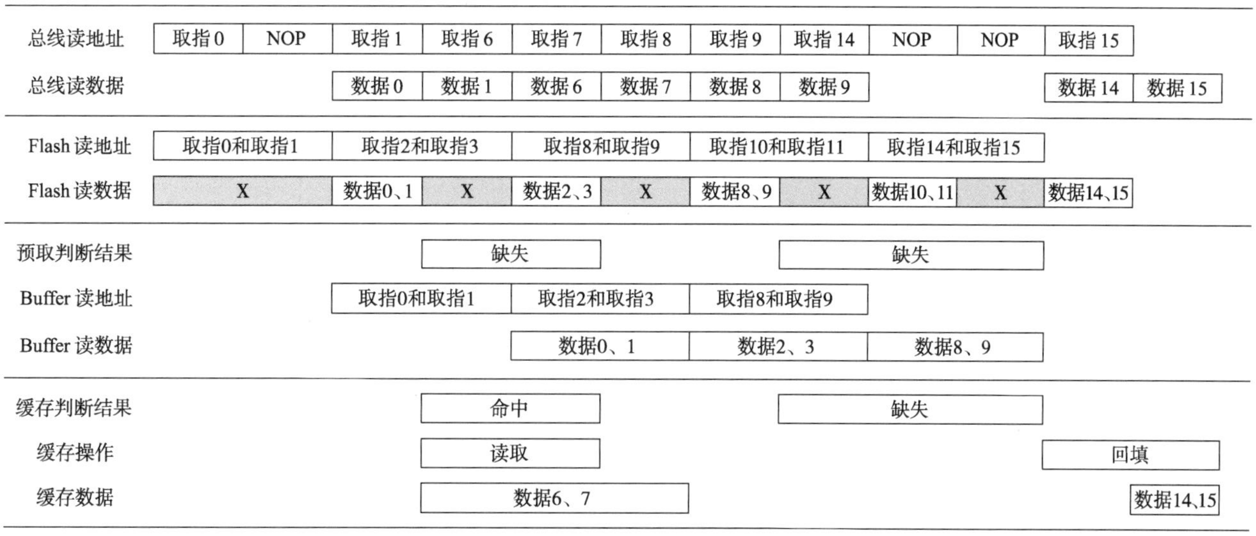

图 7-2-26　分支缓存技术图

3. 国际水平对比分析

主要性能指标对比见表 7-2-1。从表中可以看出，在与国外其他厂商的产品的对比中，中科芯研发的 CKS32K148 芯片在工作频率、存储器容量以及外设资源，均达到了国际一流水平。

表 7-2-1　同类 32 位 MCU 主要性能指标对比

	CKS32K148	RH850/D1L	S32K148	CYT2BX
工作电压(V)	2.7～5.5	2.7～5.5	2.7～5.5	2.7～5.5
主频(MHz)	140	120	110	140
工作温度(℃)	-40±125	-40±125	-40±125	-40±125
Flash	2 M	2 M	2 M	1 M
SRAM	256 K	256 K	256 K	128 K
内核	ARM Cortex-M4	RH850G3M CPU	ARM Cortex-M4	ARM Cortex-M4F
以太网	1x	1x	1x	NO
CAN	CAN_FD	RS-CAN	CAN_FD	CAN_FD
ADC	12 bit	12 bit	12 bit	12 bit
Serial Audio Interface	2x	NO	2x	NO
FlexIO	1x	NO	1x	NO
车规等级	GRADE1	GRADE1	GRADE1	GRADE1

4. 成果应用情况

该电路主要应用于 ECU(电子控制单元)、尾气监测、T-BOX、车灯控制、BCM(车身控制)、OBC(车载充电)、BMS(电池管理)、中控等。其中车载驾驶信息显示系统系列产品已与国内二线、三线整车厂就成果转化推广达成合作意向，如上汽通用五菱、东风乘用车。后续将深入与其他国内汽车零配件供应商合作。此外该电路已经在上海大众新能源汽车充电桩上开始试用推广。该项目已申请专利 13 项(见表 7-2-2)，发表论文 9 篇(见表 7-2-3)。

表 7-2-2　申请专利情况

序号	专利号	专利名称	专利类别	专利状态
1	202010500805.8	一种预取 buffer 数据一致性的处理方法及装置	普通发明	授权
2	202220495998.7	一种 MCU 芯片的自动化测试系统	实用新型	授权
3	202010663191.5	控制信号从高速总线向低速总线的转换方法	普通发明	授权
4	202122674683.7	一种基于 CKS32F407VGT6 设计的离线编程器	实用新型	授权
5	202211618291.1	一种平滑切换的时钟管理方法	普通发明	受理
6	202211590058.7	一种基于双端口 Sram 的 Cache 控制器及工作方法	普通发明	受理
7	202211425608.X	一种基于 CRC 和 ECC 存储数据保护方法	普通发明	受理
8	202211423639.1	一种基于 Buffer 的 Cache 控制器及工作方法	普通发明	受理
9	202210408867.5	一种微控制器中输入/输出阻抗可配置的 GPIO 口电路结构	普通发明	受理
10	202111612146.8	一种用于 MCU 的电源切换电路	普通发明	受理
11	202110886706.2	一种时钟恢复系统电路	普通发明	受理
12	202111349129.X	一种波特率生成器	普通发明	受理
13	202110920659.9	一种超低功耗的 ADC 控制器结构	普通发明	受理

表 7-2-3　发表论文情况

序号	论文标题	发表期刊	发表时间
1	基于高精度 ADC 的异常数字码判别方法	电子设计工程	2023 年 3 月
2	时钟恢复系统研究与实现	电子与封装	2022 年 12 月
3	设计与实现一种精度可调定点数字滤波器	电子与封装	2022 年 12 月
4	一种可配置生成多项式的 CRC 硬件电路设计与实现	电讯技术	2022 年 10 月
5	一种 MUC 的低功耗、高精度 RC 振荡电路设计	电子与封装	2022 年 6 月
6	基于 MCU 的可测性设计与实现	电子与封装	2022 年 6 月
7	一种 ECC 校验算法的设计与实现	电子与封装	2019 年 11 月
8	一种改进的 SPI 接口设计与实现	电子与封装	2019 年 10 月
9	一种带自校准的 12 bit SAR ADC 设计	电子与封装	2019 年 1 月

5. 社会及经济效益分析

CKS32K148 电路的研发,能够更好地支撑国家重点支柱产业,提升自主可控的汽车电子研发与制造能力,提高车规级芯片产业化水平,加快国产芯片在汽车电子行业中的应用进程。以该电路的研发为基础,开展最高功能安全等级的 32 位 MCU 电路的研发,并完成 32 位车规级 MCU 设计平台的建设,可以实现功能安全技术积累与突破。

汽车智能数字钥匙

重庆集诚汽车电子有限责任公司　胡　彬　张　祥

1. 成果简介

重庆集诚汽车电子有限责任公司(以下简称集诚公司)成立于 1998 年,坐落于“汽摩之城”南山森林公园脚下,是一家集自主研发、生产、销售于一体的高新技术、国有控股混合所有制企业。公司现有员工 350 人,其中技术研发人员 100 余人,销售产值 4 亿元。公司致力于提供汽车域控制器、数字钥匙、区控制器、车用传感等系统解决方案,现已成为国内汽车电子行业最具实力的自主品牌企业。

集诚公司以振兴民族工业为己任,始终致力于汽车电子产业的发展,先后多次承担国家核高基项目、国家电子发展基金项目、重庆市科委重大科技攻关项目等国家及市级重大科研项目,并取得了丰硕成果,主营产品连续多年被评为重庆市“重点新产品”和“高新技术产品”。公司被授予“重庆市高新技术企业”荣誉称号。

集诚公司通过 ISO 9000、IATF 16949、ISO 14001 体系,拥有核心技术相关专利 100 余项,产品广泛应用于一汽、东风、长安、吉利、奇瑞等国内主流自主品牌整车厂。

(1)产品概述

集诚公司 2018 年发布数字钥匙 1.0 平台、2020 年发布数字钥匙 1.5 平台、2022 年发布数字钥匙 2.0 平台,其产品平台可以满足当下市场需求及后续 5 年的产品形态。其数字钥匙 2.0 平台提供一体化的系统解决方案,支持私有协议定制开发,同时兼容国际标准 CCC 和国内标准 ICCE。数字钥匙 2.0 平台,从设计上做到了数字钥匙全技术栈覆盖,涵盖智能手机的 BLE、NFC、UWB 无线接口,如图 7-2-27 所示。

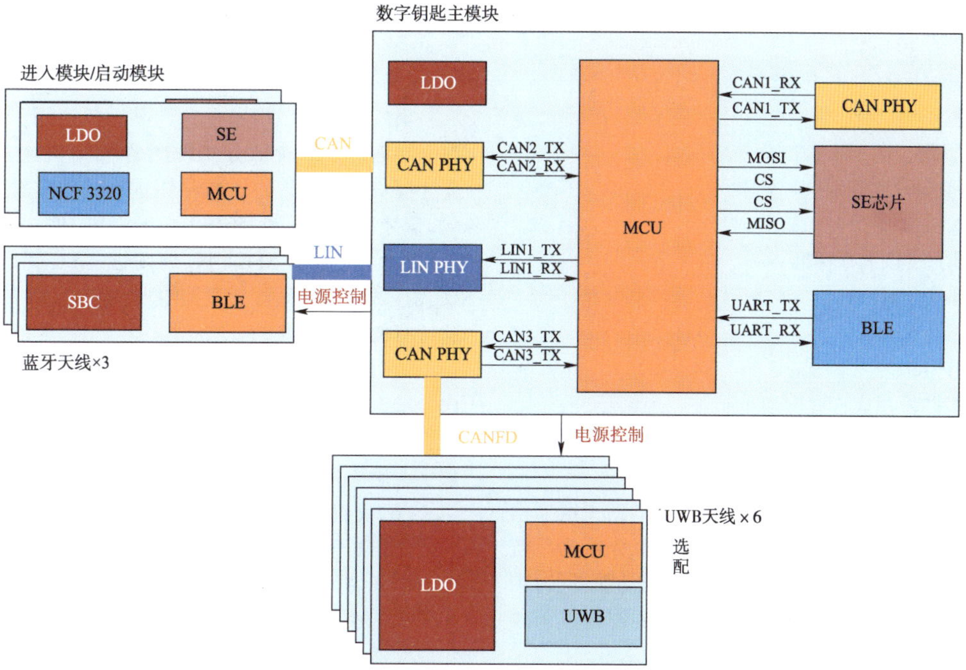

图 7-2-27　数字钥匙系统框图

(2)产品特性

①数字钥匙主模块

支持 CANFD × 3 + LIN × 1;

支持蓝牙协议 5.2;

支持 OTA 升级(MCU/BLE/SE/UWB 所有芯片);

支持软安全/HSM/硬件安全;

支持蓝牙多连接;

支持 UWB/蓝牙定位适配;

支持 ICCE/ICCOA/CCC 协议及算法需求;

支持 NFC 数字钥匙功能;

支持苹果 MFI 认证;

支持数字钥匙 CCC 产品认证;

蓝牙稳定连接距离大于 50 m;

支持市面主流手机兼容性测试;

蓝牙兼容当年手机 TOP30;

静态电流小于 0.5 mA;

工作电流小于 200 mA；
防水等级 IP51K；
重量小于 70 g。
②数字钥匙 NFC 模块
支持 OTA 升级；
支持 3 种 NFC 模式；
支持 ISO 14443 A/B/F 类卡协议；
满足 NFC CR13 认证；
满足苹果 MFI 认证；
支持 ICCE/ICCOA/CCC 多协议；
支持 NFC 数字钥匙功能；
支持数字钥匙 CCC 3.0 认证；
防水等级支持 IP6K9；
静电流小于 0.5 mA；
工作电流小于 200 mA；
NFC 刷卡距离大于 4 cm；
重量小于 30g。
③数字钥匙 BLE 天线
支持 OTA 升级；
支持蓝牙 5.2；
支持蓝牙监听/扫描；
防水等级支持 IP67；
静电流小于 0.1 mA；
工作电流小于 10 mA；
重量小于 30 g。
④数字钥匙 UWB 天线
支持 OTA 升级；
支持 CANFD/802.15.4z；
支持苹果 MFI 认证；
支持数字钥匙 CCC3.0 标准；
工作电流小于 200 mA；
静电流小于 0.5 mA；
防水等级 IP6K7；
支持单个零件号总成自适应地址；
重量小于 30 g。

(3)解决问题

数字钥匙是以智能终端为载体，以智能终端的无线通信技术为通道，以信息安全技术为信任根，以云服务器为后台管理，以车身电子为执行器，完成汽车钥匙传统功能，同时带来钥匙分享和安全体验的产品。数字钥匙需要解决以下技术难题：

①嵌入式软件实时操作系统；
②汽车电子总线通信网络技术；
③信息安全技术；
④低功耗蓝牙 BLE 无线通信技术；
⑤NFC 近场通信技术；
⑥UWB 超带宽技术；
⑦数字钥匙国际标准。

(4)相关资质

集诚公司成立于 1998 年，作为国内老牌 Tier1，在汽车电子车身控制领域有着 25 年汽车电子控制器研发和工程生产经验。公司产品广泛应用于一汽、东风、长安、吉利、奇瑞等国内主流自主品牌整车厂。在数字钥匙产品领域，集诚公司是国内最早研发并实现大批量量产的企业，是数字钥匙国际标准 CCC 组织 Adopter 会员、苹果 MFI 会员（见图 7-2-28）。集诚公司对数字钥匙国际标准、苹果 MFI 解读和开发验证能力处于国内领先地位。

图 7-2-28　CCC 会员查询图

(5)应用场景

集诚公司数字钥匙平台产品广泛应用于国内自主品牌数字钥匙产品以及部分变种产品，如蓝牙射频接收器、NFC 蓝牙模块等产品形态。数字钥匙在实现传统汽车钥匙功能（如蓝牙遥控解闭锁、蓝牙遥控升降窗、迎宾解闭锁、AR 投影等）之上，增加了 NFC 钥匙解闭锁、NFC 钥匙启动、钥匙分享、钥匙权限管理、蓝牙遥控泊车、蓝牙解锁充电桩等数字钥匙特有的新鲜功能。

针对数字钥匙的钥匙权限管理的特性，数字钥匙除了替代传统汽车钥匙的高频、低频技术外，还可以广泛应用在车队管理、汽车租赁，以及汽车后装市场等其他商业应用场景，数字钥匙应用前景相当广阔。

(6)关键技术

①BLE 射频设计和验证

蓝牙芯片的射频部分经过两个 π 型匹配电路和一个蓝牙天线构成。匹配电路可以通过网络分析仪和蓝牙综测仪完成驻波比和蓝牙传导测试验证；蓝牙天线可以通过天线仿真、暗室完成天线场型和效率的性能测试验证，如图 7-2-29 至图 7-2-32 所示。

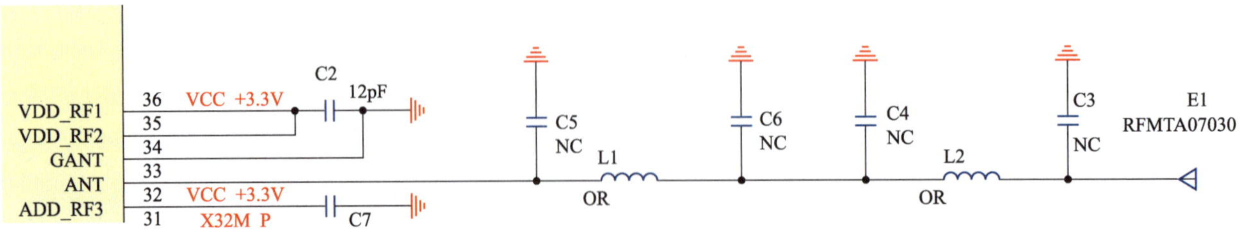

图 7-2-29　BLE 射频电路设计

ANT_2.4G			
Frequency (MHz)	2400	2450	2500
Efficiency (%)	45.92	56.77	45.95
Peak gain (dBi)	2.73	3.73	2.56

图 7-2-30　BLE 天线无源参数

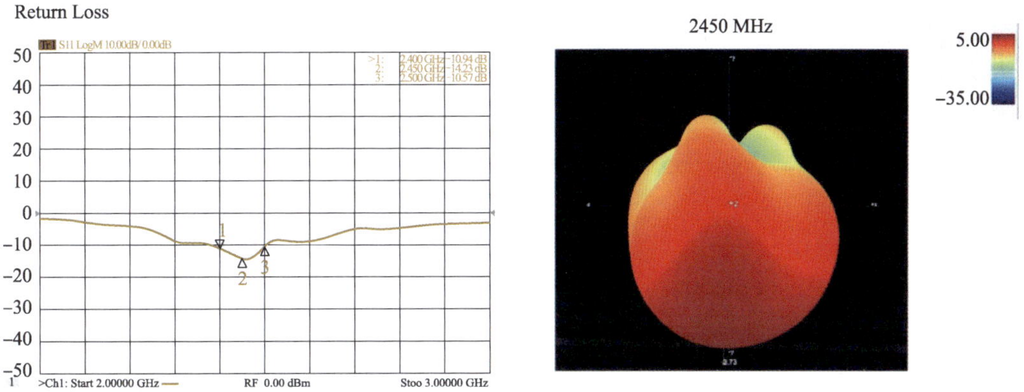

图 7-2-31　BLE 天线 S11 参数测试与辐射强度 3D 图示

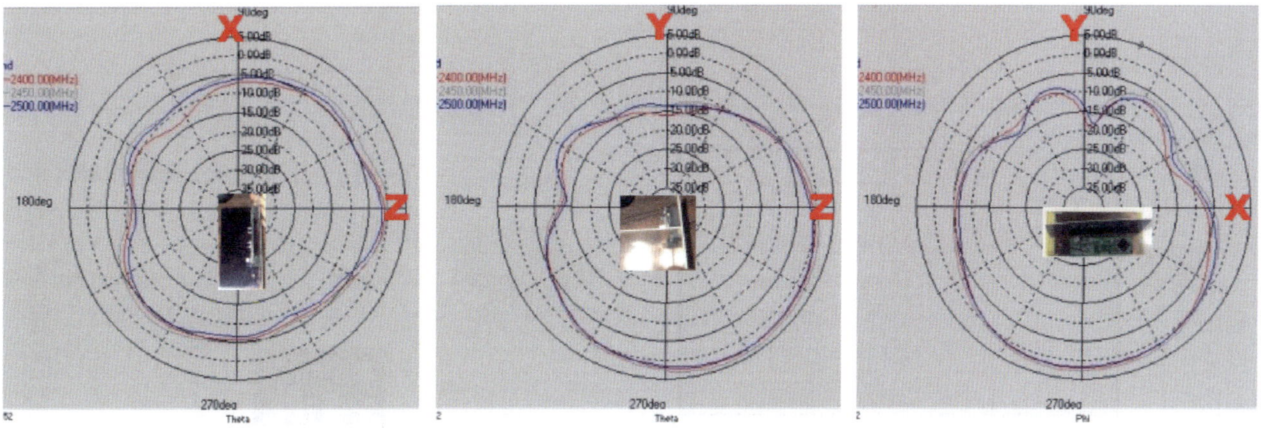

图 7-2-32　BLE 辐射强度测试 2D 图示

②NFC 射频设计和验证

NFC 芯片的射频匹配电路主要完成以下指标的设计验证：

线圈电感量；

天线回路阻抗；

驻波比(@13.56 MHz)；

NFC 满足 NFC FORUM CR13 认证；

NFC OV 满足苹果 MFI 要求。

NFC 天线设计如图 7-2-33 所示，NFC 天线阻抗测试如图 7-2-34 所示。

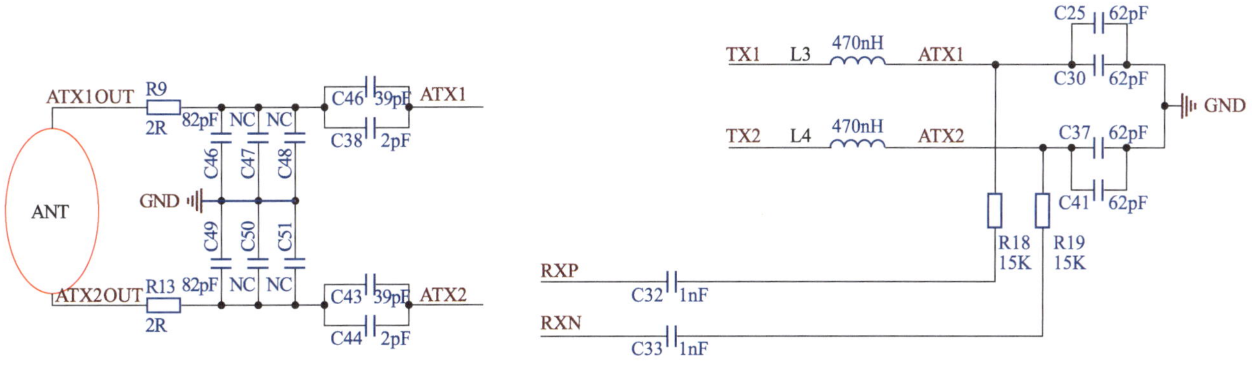

图 7-2-33　NFC 天线设计

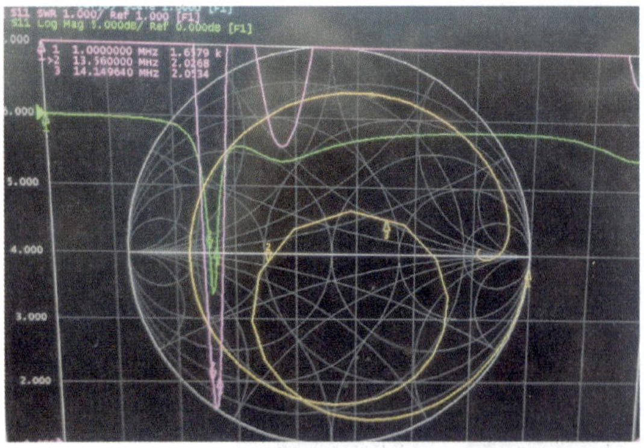

图 7-2-34　NFC 天线阻抗测试

③UWB 射频设计和验证

UWB 部分的射频匹配主要完成以下指标的设计验证：

天线回路阻抗；

驻波比；

EIRP（等效全向辐射功率）；

EIS（各向同性灵敏度）；

3D TOF 飞行时间。

UWB 天线设计如图 7-2-35 至图 7-2-38 所示。

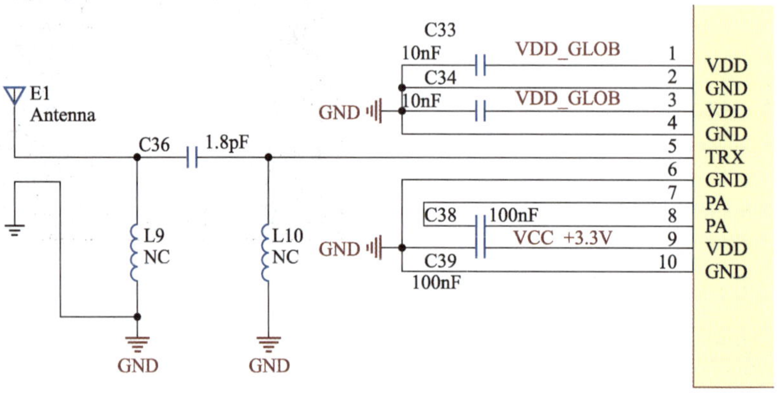

图 7-2-35　UWB 天线设计

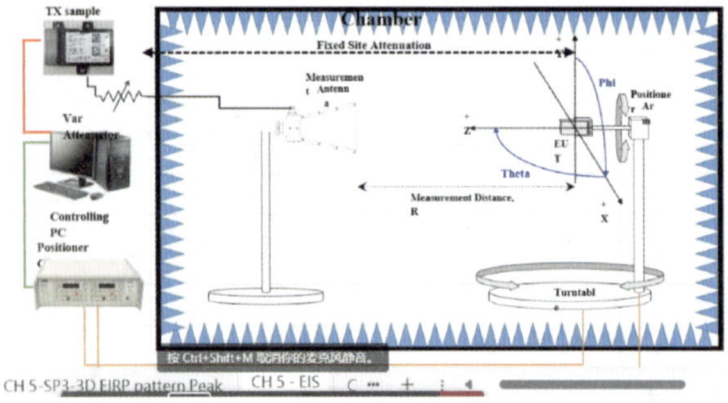

图 7-2-36　UWB EIS 各向同性灵敏度测试

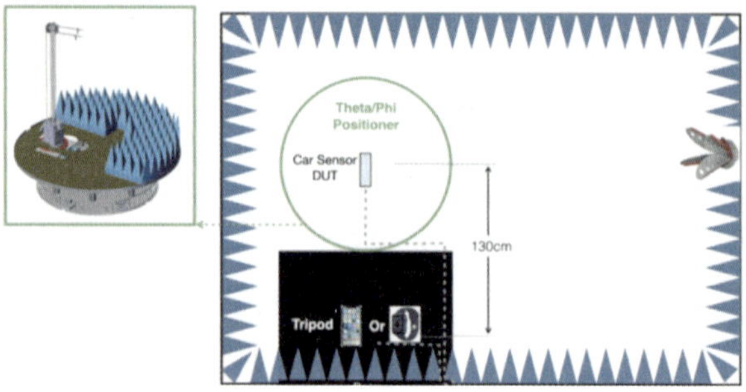

图 7-2-37　UWB 3DTOF 飞行时间测试

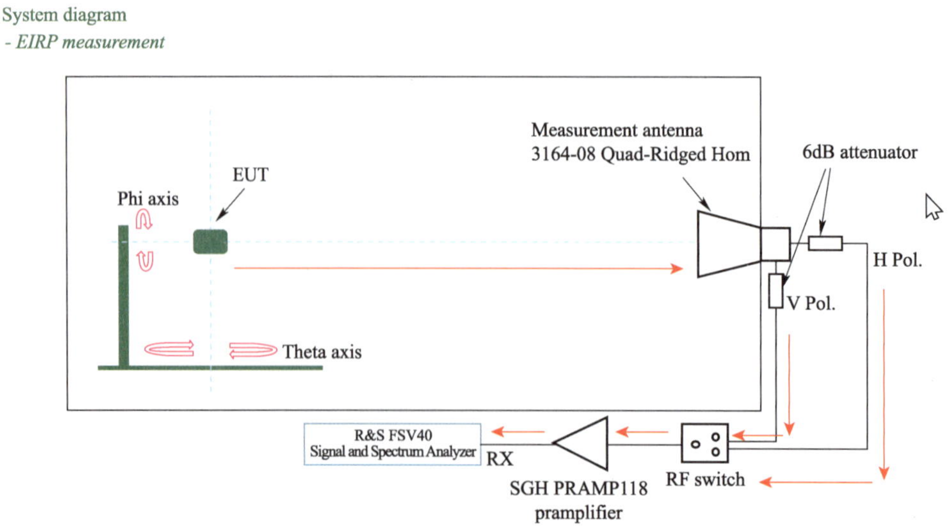

图 7-2-38　UWB EIRP 辐射功率测试

④MFI 标准设计验证能力

由于数字钥匙需要接入智能手机，而苹果公司为了更好地巩固苹果产品的用户体验，对于任何接入苹果产品（如iPhone、iWatch）的外部附件，必须通过苹果 MFI 认证。苹果 MFI 标准对接入苹果设备的产品进行了分类，专门为数字钥匙出具了汽车钥匙 MFI 标准《Car Keys Specification R2. pdf》，其中涵盖了 SensorTest、SystemTest、FunctionTest、UserExperience 等多个维度的性能指标和测试要求。

集诚公司已经是苹果 MFI 会员，对 MFI 标准 15 份英文标准做了详细解读和测试验证，如图 7-2-39 所示。

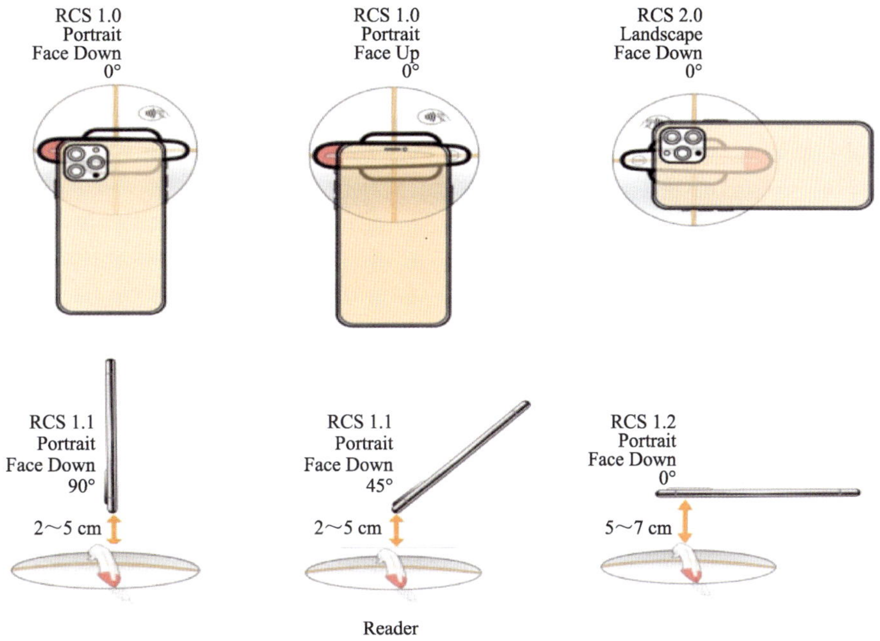

图 7-2-39 MFI 标准中 NFC 距离测试案例

⑤数字钥匙标准设计验证能力

数字钥匙国际标准组织 CCC 是由 BMW、Apple 等国际一流的手机厂商、车厂、零部件、半导体厂商牵头成立的数字钥匙标准化组织。集诚公司对该组织发布的数字钥匙标准 CCC2.0 和 CCC3.0 进行解读和设计，并在多个项目上已经实施。

⑥OTA

集诚公司数字钥匙 2.0 平台支持对数字钥匙子零件升级，以及全套系统升级，支持各个 OEM 车厂 OTA 升级标准。同时可以通过 OTA 对数字钥匙安全芯片 OTA 升级。

⑦定位标定

集诚公司数字钥匙 2.0 平台结合蓝牙技术和手机小程序平台，在数字钥匙标准 CCC/ICCE 框架下，自定义协议支持标定数据下发，数字钥匙自标定，以及标定数据仿真和回放等能力，如图 7-2-40 所示。

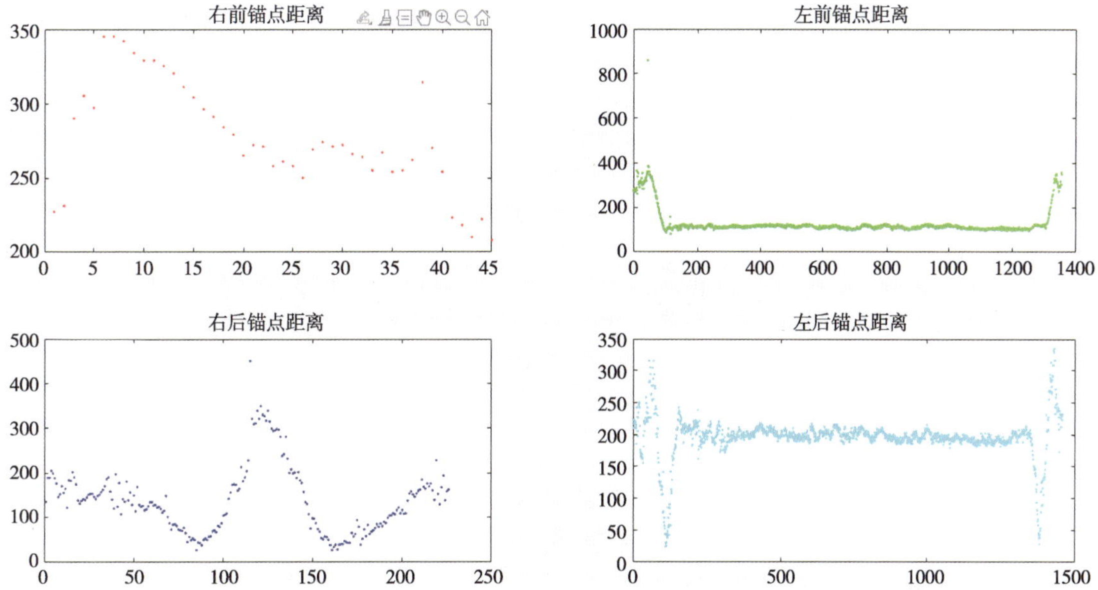

图 7-2-40 定位标定仿真测试

⑧信息安全

集诚公司数字钥匙 2.0 平台满足目前 OEM 车厂的信息安全要求，比如安全启动、安全升级、安全诊断、硬件安全、安全生产等信息安全要求。

2. 成果创新点及解决的难点问题

集诚公司数字钥匙 2.0 平台在与 OEM 车厂项目开发合作中，解决了数字钥匙一系列技术难点问题，如射频设计仿真和验证、数字钥匙 CCC 标准解读、数字钥匙 MFI 标准解读验证、数字钥匙 BLE 协议解读、数字钥匙 NFC 协议解读、数字钥匙 UWB 协议栈解读等一系列数字钥匙关键技术栈。在工程化标定、工程化布置等方面为 OEM 车厂提供了设计标准和验证标准。在汽车芯片与汽车电子国产化带动方面，集诚公司数字钥匙 2.0 平台与多个 OEM 车厂及国内半导体厂商完成了国产化项目推广和落地。

3. 国际水平对比分析

目前数字钥匙国际标准有 CCC、国内标准有 ICCE 和 ICCOA，集诚公司数字钥匙 2.0 平台可以兼容当前国内和国际三大标准，同时可以自定义协议和算法。宝马最先在 2018 年推出数字钥匙，集诚公司在 2019 年数字钥匙 1.0 平台实现了量产。国内广汽、长安在 2018 年也推出了私有协议的数字钥匙。相对于国际数字钥匙竞争对手，集诚公司数字钥匙 2.0 平台在兼容性、静电流指标、OTA 性能、算法性能、NFC 刷卡距离等方面具有更大竞争优势。

4. 成果应用情况

汽车数字钥匙平台广泛应用于国内主流自主品牌整车厂，截至 2023 年 5 月，产品已经销售 100 多万套。如长安、一汽（红旗/奔腾）、东风（乘用车/岚图/柳汽/猛士）等，如图 7-2-41 所示。

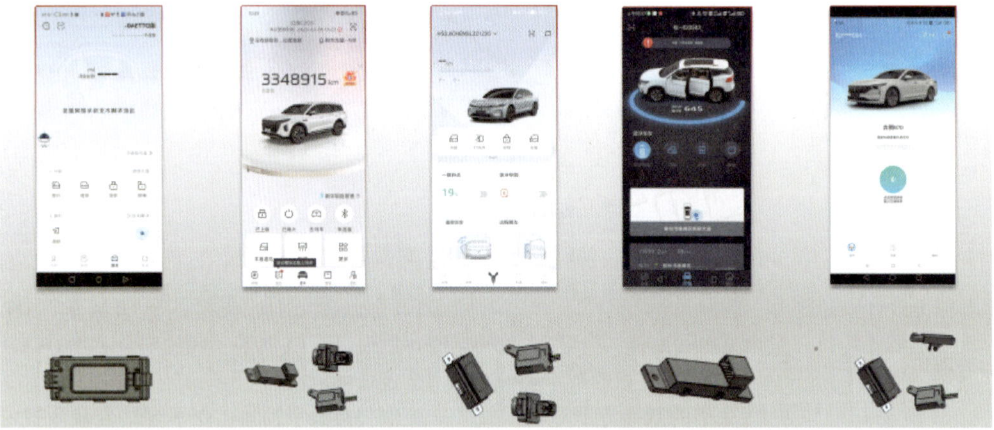

图 7-2-41　数字钥匙行业应用展示

5. 成果的产能建设情况

经过 4 年持续投入，集诚公司已经搭建起 30 人的数字钥匙科研及工程化团队，具备数字钥匙全栈式开发、测试、标定能力，具备年产 100 万套数字钥匙的产业化能力，产线搭载 ERP/MES/WMS 信息化系统，可实现原材料入库、制造过程、产成品入库、发货及售后全生命周期可追溯。

集诚公司正在加大科研队伍建设，同步策划新建 30000 m^2 的科研生产场地，如图 7-2-42 所示。

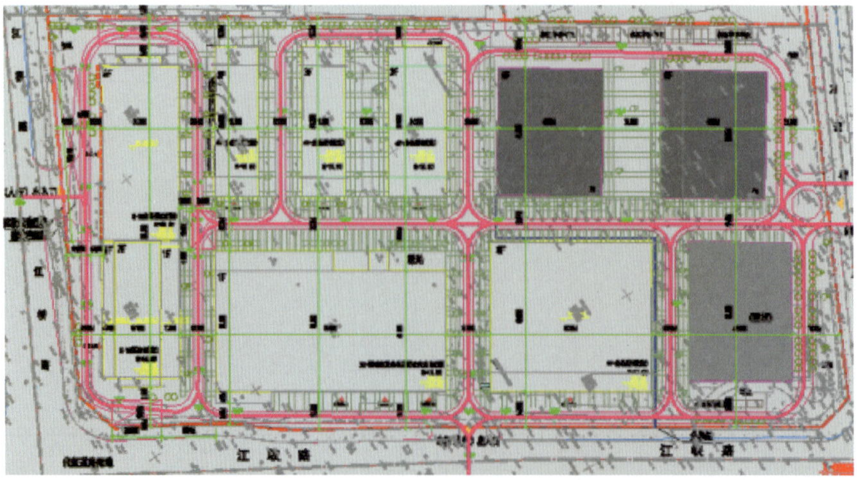

图 7-2-42　新科研场地规划示意图

6. 社会及经济效益分析

随着汽车“新四化”及汽车电子电器架构的快速演变，多技术融合产品将给汽车赋能全新的体验感和科技感，而数字钥匙就是汽车生态与手机生态融合产物与载体，将会产生较大的社会效益与经济效益。以数字钥匙的“钥匙分享、钥匙权限管理”功能为例，将为汽车租赁、专用场地车等行业提供极大的便利性并加速相关行业的发展。数字钥匙属于汽车生态与手机生态融合产品，涉及OEM、手机原厂、手机App供应商、云服务商、PEPS/BDC/FOB供应商、BLE/NFC/UWB/SE/MCU等芯片供应商等将加速并催生更多产品及服务形态和国产汽车芯片的产业化进程，如图7-2-43所示。

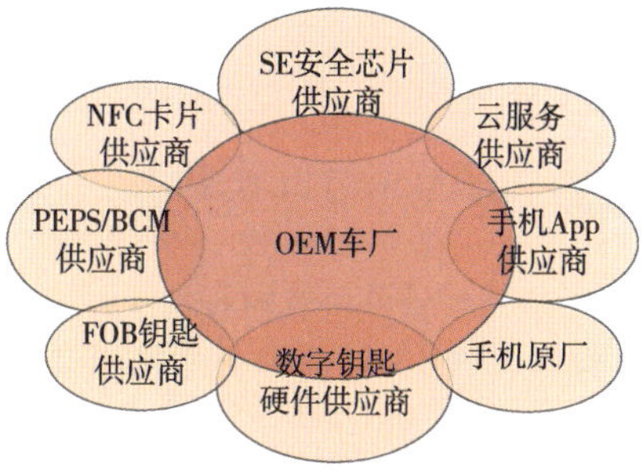

图7-2-43 数字钥匙生态圈

14路汽车级电池组监控器BMS AFE芯片

供稿：中科芯时代科技有限公司

1. 成果简介

中科芯时代研发的E9963是14路电池监控模拟前端芯片，是一款适用于高可靠性汽车应用和储能系统的锂离子电芯监测和保护芯片，可以监测14个串联电芯并且支持级联，以满足48V和更高电压系统的要求。AFE芯片门槛较高，技术壁垒较难突破，国内较少厂商涉猎，一直是芯片国产化的缺口。在这样缺芯的背景下，恰逢新能源车销量爆发，国内终端厂商、锂电厂商都对芯片的国产替代有着强烈需求，市场需求非常大。E9963的研发填补了国内在汽车电子领域AFE芯片方面的缺口，通过该项目的研制，还建立了公司自己的车规级AFE的设计平台，完成ISO 26262流程体系建设，并形成该类芯片的自主IP。此外，该芯片延伸系列化出E9968、E9969等不同型号的芯片，实现不同客户的需求。

2. E9963功能亮点

AFE芯片需要对高压信号进行采样，对芯片模拟性能要求高，需要采用高压BCD工艺，而国内企业在这块相对薄弱。另外，因为涉及车辆动力系统，还需要满足ISO 26262 ASIL D的功能安全等级要求，可见车规AFE芯片的综合门槛非常之高。中科芯作为国内为数不多的车规级AFE厂商，始终紧随市场需求，专注于更高性能的芯片开发，已推出的模拟前端芯片E9963，用于4～14节电池检测。其功能亮点如下：

（1）电压检测

测量串联的4到14个电芯，采样之间的同步延迟为0us；还支持Busbar连接，而不会改变电芯的结果；支持级联，最多可支持31片可监测434个电芯电压；完全冗余的电芯测量路径，带有ADC交换功能，可增强安全性和跛行模式性能。

（2）电流检测

库仑计数器在点火打开和关闭状态时均支持电芯堆过电流检测；与电压采样完全同步。

（3）温度检测

一般AFE芯片中温度检测通道是比较紧张的资源，但E9963集成了9个GPIO，最多7个模拟输入，可用于NTC检测，超过标准规定。

（4）检测精度

芯片焊接后，结温 -40 至 105 ℃ 范围内，电压在0.5～4.3 V范围内，16位ADC最大误差为±2 mV。

（5）通信方式

具有自激励的2.66 Mbit/s隔离串行通信，支持双访问回环；从第1个和第31个芯片开始转换之间的等待时间少于4 us；在使用8个E9963和1个E9963T收发器的系统中，转换和读取96个电芯单元的时间不到4 ms；在使用15个E9963和1个E9963T收发器的系统中，转换和读取210个电芯单元的时间小于8 ms；在使用31个E9963和1个E9963T收发器的系统中，转换和读取434个单元的时间少于16 ms；支持基于磁隔离和电容隔离通信。

（6）电芯均衡

在Normal和Silent Balancing模式下，每个电芯的内部被动均衡电流最大为200 mA；支持周期性唤醒测量；支持同时在多个通道上进行手动/定时均衡；支持内部/外部均衡。

（7）故障诊断

智能诊断例程可提供自动故障验证；通过SPI全局状态字（GSW）和专用故障（FAULT）线进行冗余故障通知。

（8）5 V稳压输出

两个5 V稳压器，支持具有25 mA（VCOM）和50 mA（VTREF）电流的外部负载能力；可以为外部MCU提供稳定电源；MCU通过内部ADC可以测量E9963输出的电压电流信息，并通过设定的程序来判断电池组是否需要过压、过流等保护动作。

（9）安全标准

E9963完全符合AEC-Q100，完全符合ISO 26262标准的ASIL-D系统。

3. 同类产品对比分析

在与国内外其他车规级AFE厂商的产品的对比中，中科芯的 E9963 系列芯片在检测通道、检测精度及检测速度等,均可达到目前市场主流产品的标准。

4. 汽车通用 SPI 到隔离 SPI 收发器 E9963T

E9963T 是一款通用 SPI 到 ISO SPI 收发器,用于实现不同电压域内的设备间通信。E9963T 能够将来自典型 4 线 SPI 接口的通信数据传送至 2 线隔离接口(反之亦然)。该收发器同时支持变压器隔离和电容式隔离,因为在专有协议下生成的隔离信号适合在上述两种耦合电路上传输。该芯片可配置为 SPI 总线的从设备或主设备,支持 8 到 64 位传输帧格式的 SPI 协议。收发器仅负责信息传输管理,而不执行任何协议检查。当配置为从设备时,SPI 外围设备的最大频率可达 10 MHz。当配置为主设备时,SPI 时钟频率可在 250 kHz、1 MHz、4 MHz、8 MHz 中选择。ISO SPI 外围设备有两种不同的工作模式:333 kbit/s 低速模式和 2.66 Mbit/s 高速模式。两侧之间的异步性由内部管理,允许使用两个外围设备上所有可能的配置频率。E9963T 在 SPI 端口用 3 组接收帧构建一个内置队列,同时在 ISO SPI 侧用 20 组接收帧构建一个内置队列。从而实现两个不同时钟域的缓冲和耦合。本芯片与 E9963 ISO SPI 接口兼容,可用于 BMS 应用。E9963T 兼容 3.3 V 和 5 V 逻辑电平。

5. 典型应用

E9963 的典型应用如图 7-2-44 所示,位于低压域的 E9963T 收发器充当 SPI 到隔离式 SPI 收发器,将 MCU 通过 SPI 发送的命令转换为通过级联接口传播的差分信号(反之亦然)。或者可以使用收发器模式下的 E9963 代替 E9963T。

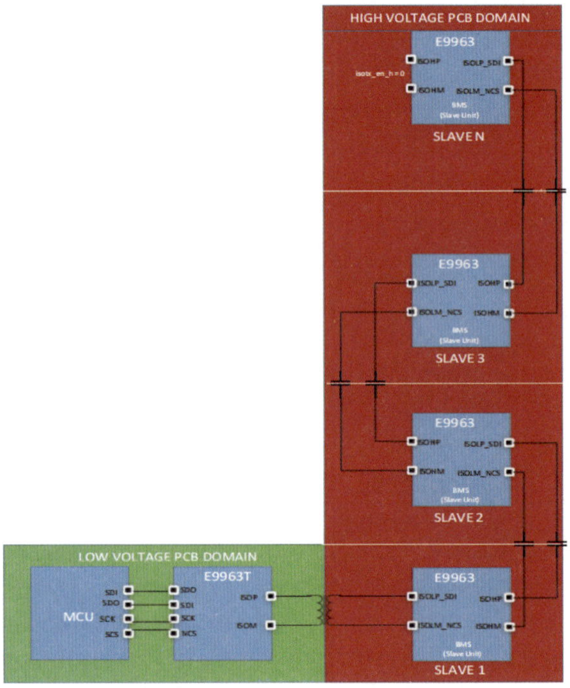

图 7-2-44 E9963 的典型应用

江波龙 FORESEE 品牌车规级 eMMC 在智能汽车领域应用的落地

供稿:深圳市江波龙电子股份有限公司

1. 成果简介

车规级芯片对产品的可靠性、一致性、外部环境兼容性等方面的要求均比消费电子更为严格。为应对不同的极端气候,车用存储器在温度适应性上有更高的要求,以避免行驶过程突发故障。具体而言,消费级一般为 0 ~ 70 ℃、车规级一般为 -40 ~ 105 ℃;使用寿命方面,汽车的使用年限,消费级一般为 1 ~ 3 年,车规级则可能达到 7 ~ 15 年或 15 年以上;车规级芯片对振动、冲击、EMC 电磁兼容性能等也有着更高要求。

深圳市江波龙电子股份有限公司(以下简称江波龙)作为国内知名半导体存储企业,为了应对车载应用对存储产品的需求增长,在 2019 年成立针对汽车电子的研发和运营团队,随即推出满足 AEC-Q100 标准的 FORESEE 车规级 eMMC。

FORESEE 车规级 eMMC 涵盖 4GB/8GB/16GB/32GB/64GB 5 个主流容量,工作温度为 -40 ℃ ~ 85 ℃ (Grade3) 和 -40 ℃ ~ 105 ℃ (Grade2),符合车规级的工作环境要求,在对抗高低温变化、环境耐受、静电及电磁干扰等严苛环境均表现优秀,MTBF(平均无故障工作时间)超过 2000 万 h,高可靠性和长使用寿命保证设备的全天候长期工作。满足 AEC-Q100 Grade3 和 Grade2 两个级别,目前该系列产品已广泛应用在车载多媒体、行车记录仪、流媒体后视镜、T-BOX、360 环视等细分领域。

该产品独有的设备状况监测系统,使 Host 可随时通过标准指令,查看存储器件的运行状态和寿命进程,方便及时维护与提前预警,确保设备与数据安全无恙。

FORESEE 车规级 eMMC 具备高可靠性的优势,符合 eMMC 5.1 协议,具备全局磨损平衡管理、全周期坏块管理、智能低功耗算法、FBA 数据加速技术、紧急断电保护等功能,在前装客户上获得良好的口碑。

截至 2023 年 4 月 25 日,已受理专利 270 项,已获得专利 97 项。

2. 成果创新点及解决的难点问题

(1)架构设计

车规级 eMMC 产品,是运用于汽车电子或同等应用场景、用于存储大规模数据的嵌入式芯片。相比于消费级 eMMC 和企业级 eMMC,车规级 eMMC 产品强调芯片产品的可靠性、耐用性和长寿命特点,强调产品质量高标准要从设计产品之初先期规划。

其硬件架构如下:

①eMMC 主控晶圆:eMMC 芯片主要的唯一功能核心,对外与其他主控芯片交换数据,对内管理闪存晶圆,同时管理

芯片整体供电网络。

②闪存晶圆:数据存储的主要区域,由一颗或多颗闪存晶圆组成。

③基板:承载 eMMC 主控晶圆、NAND Flash 存储晶圆、金线等部件,负责将晶圆电气信号导出,为各部件提供供电通道、保持芯片结构稳定等功能。其标准化的尺寸,能使芯片应用于多种使用场景。

④覆盖树脂:覆盖于基板表面,包裹 eMMC 主控晶圆、Flash 存储晶圆、金线等部件,保护晶圆及其他部件不受机械应力、环境变化、外来射线破坏损害,导出晶圆工作时产生的积热等。

⑤其他功能部件:电容、金线、固定胶体、锡球等。

eMMC 架构图如图 7-2-45 所示。

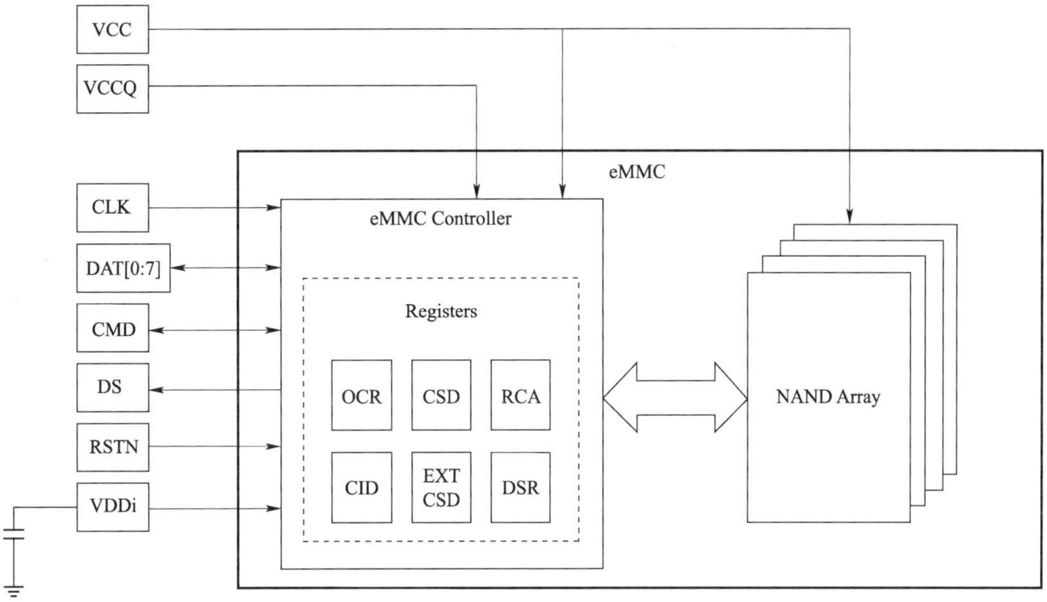

图 7-2-45 eMMC 架构图

除硬件部分外,软件架构是车规级 eMMC 产品实现功能的核心组成部分,其架构包括以下模块:

①eMMC 协议实现模块:遵循 JESD84 协议(eMMC 标准协议),实现与外部其他芯片的 eMMC 协议通信功能。

②闪存管理模块:对内管理闪存的数据写入读出、磨损平衡、垃圾回收、错误管理等。

③电源管理模块:管理将外部输入的供电,分配到不同模块的功能,以及芯片启动、低功耗模式、休眠等状态的切换。

④其他功能模块:如时钟模块、纠错算法模块等辅助 eMMC 芯片实现完整功能的软件模块。

(2)技术内容

①pSLC 分区功能:可配置 pSLC 分区功能,地址可以连续访问;通过通用命令配置分区大小,简单灵活;在产线量产期间就可以进行在线配置;pSLC 分区放置系统及重要数据,原生分区放置其他数据信息。

②数据安全加密设计:可定制化的数据读写加密功能;基于时间、密钥对应后才可安全解除锁定并进入正常读写,保障了数据的安全可靠;为数据保护、事故取证锁定和安全加密等应用领域提供安全可靠保护。

③车规级 eMMC 预编程功能中的增强感知技术:对于先进制程的电子电路板组装(PCB Assembly)工艺而言,预编程(Preprogramming)工艺因其更高的自动化率、更好的产能利用率,受到 PCBA 加工厂和集成系统方案商的青睐。特别是对于汽车电子与工业电子整机厂而言,预编程工艺减少了后续整装工艺的系统编程与调试环节,因此该工艺更加受到重视。

预编程技术,即"先编程后焊接",要求嵌入式存储器件在表面焊贴工艺(SMT)之前,将预设程序与数据通过集成烧录器,预先编程写入存储器件中,再将存储器件焊贴于 PCB 上。PCB 在 SMT 之后,只需通电即可实现系统启动等功能,无须再次进行系统编程与拷贝数据等操作。这种工艺常用于以 eMMC 为主的存储器件的应用中。

在嵌入式存储器件中,数据以电子为载体、以电荷形式存储于器件内的存储单元中。由于 SMT 工艺过程中需要使用高温,因此在存储器件带有预编程数据的情况下,会经受以下条件的考验:100 ℃ ~ 200 ℃ 区间,持续 60 ~ 150 s 的 SMT 活化时间;不小于 245 ℃,持续 30 s 左右的熔接时间;以上步骤进行 3 次,即 1 次正面 SMT、1 次背面 SMT、1 次返修 SMT。

在此高温烘烤条件下,存储器件内的电子受高温赋能形成热电子;加之高温使得半导体内部电路阻抗发生变化,造成随机热电子逸散,从而引起存储单元内电荷发生随机变化,最终引起存储器件内数据的变化、错误或丢失。其直接表现为经过 SMT 工序后,PCBA 上电质检过程中概率性出现系统错误,严重时可能出现系统无法启动,造成在线产品不良。

技术创新点:

预先标记预编程数据:对于需要进行预编程的数据,通过专有命令提前标记其地址;完成 SMT 工序后,再次上电启动,eMMC 内部控制器能够主动执行标记区的数据完整性处理,修正因 SMT 工序造成的数据变化与错误。

该技术还可对未产生实质数据错误的区域进行计划整

理,降低 SMT 后存在出错风险的存储单元区域,防止因没有及时处理而造成的数据可靠性劣化的问题。

相比起主流 eMMC 竞品,增强感知技术结合了预先标记处理与后续被动处理的优点进一步提高了预编程数据的可靠性。

④车规级 eMMC 数据可靠性主动增强技术:存储设备应用于汽车与工业设备上时,由于工况环境的差异,设备将会经受相比起消费级或商业级设备更加严峻的可靠性与稳定性考验;同时,汽车与工业设备有着比消费级或商业级更长期的(通常以 10 年为基准的)使用寿命要求。因此,高可靠、高稳定、长寿命的存储设备成为汽车与工业应用的必然选择。

在众多关于可靠性、稳定性与工作寿命指标中,数据保持能力(Data Retention)是有别于其他集成电路,为存储集成电路特有的可靠性指标。它表征为存储设备经过指定程度的寿命磨损后,在不借助外部供能条件下,有效保存设备内数据准确性与完整性的能力。在嵌入式存储器件中,数据以电子为载体、以电荷形式存储于器件内的单元电荷阱(Charge Trap)中。正常使用条件下,随着使用寿命的磨损积累,电荷阱逐渐失能,数据载体电子越发容易挣脱电荷阱的束缚,当电子流失导致的电荷变化超过了判决阈值,软错误(Soft Error)出现,并持续累积成更严重的数据失效,在汽车与工业应用环境下,高温高频以及外源电磁辐射等诸多干扰会加速这一过程。数据的有效性和完整性一旦下降到一定程度,将对汽车电子与工业电子设备的稳定高效运行产生负面影响,严重时甚至会导致系统错误甚至硬失效,造成维护成本上升甚至人员财产损失。

技术创新点:

数据可靠性的增强操作以主动模式触发:当 Host 读取 eMMC 数据时,以读取的区域为基准,eMMC 控制器取一定比例的数据进行扫描;eMMC 控制器扫描到 ECC 偏高、数据可靠性较弱的区域,标记并在 Host 空闲且 eMMC 进入休眠状态时启动刷新。

相比起主流 eMMC 竞品,保留了更多读写性能,减少了用户操作复杂度,自动化程度高,能保证 ECC 偏高区域得到及时的刷新增强。

3. 国际水平对比分析

(1)车规级 eMMC 预编程功能中的增强感知技术

为保证嵌入式存储器件内预编程数据的高温可靠性,使数据在经过额定 SMT 工序后仍保障系统正常启动运行,从而提高产线在线产品良率,减少客诉事件,需要开发对应技术手段,满足客户的产品品质要求。

国际上 eMMC 器件的主流供应商镁光、三星、西部数据等,均有各自保护预编程数据在产线上的数据可靠性方法。以典型的镁光为例,其工业级与车规级 eMMC 在 eMMC 5.0 版本后,支持不超过 eMMC 三分之一额定容量的数据进行预编程,并进行最多 3 次 SMT 工序;完成额定 SMT 工序后,执行特定的刷新命令序列,即可对存在数据出错与丢失的存储单元进行数据修复。其他主流供应商方法大同小异。

(2)车规级 eMMC 数据可靠性主动增强技术

公司现有产品规划中,FORESEE 车规级 eMMC 对于数据可靠性主动增强技术的需求最为紧迫。一方面,车规级 eMMC 在 AEC-Q100 Grade 2/3 中工况温度要求是 −40 ℃ ~ 105 ℃/−40 ℃ ~85 ℃,加之多因素影响,潜在软失效概率(Soft Error Rate)相比消费级和行业级更高;另一方面,车规级 eMMC 的软失效率(Soft Error Rate)要求更高,软错误容许阈值更低。具有主动增强数据可靠性的功能,对于车规级 eMMC 产品是必然选择。

国际上 eMMC 器件的主流供应商镁光、三星、西部数据等,均有各自提高运行中数据可靠性的方法。以典型的镁光为例,其数据可靠性增强技术分为主动与被动两种:

①主动增强模式通过手动设置刷新区域与刷新间隔,再选定区域进行读操作,eMMC 控制器会自动完成刷新存储的操作。

②被动(自动刷新)增强模式通过设置刷新延迟、刷新间隔、触发条件等,在外部 Host 端休眠时,触发自动刷新,由 eMMC 控制器自动完成刷新存储的操作。

这两种方法各有优劣:主动增强模式,优点是时效性较好,对正常数据读写操作的干扰较小,可以明确刷新自行的区域;缺点是需要 Host 介入管理刷新流程,自动化程度不高。被动增强模式,优点是无须 Host 介入,自动化程度高;缺点是容易干扰正常读写从而影响性能,而且对于刷新区域不可控。可见两种模式互为补充。其他主流供应商方法大同小异。

从市场需求看来,两种方式均有其需求群体:对于要求一定性能,且熟知存储操作的客户而言,主动增强模式可以定量地对存储进行刷新,增强其数据可靠性;对于不关心具体操作,且对突发随机访问性能要求不高的客户,被动模式方便使用,无须过多介入存储的控制,且刷新增强数据可靠性的范围更智能。

4. 成果应用情况

(1)成果应用情况总述

FORESEE 车规级 eMMC 已通过 Tier1 供应商进入长安、小鹏、比亚迪等车企的供应链体系;在车载黑匣子领域,江苏都万电子科技有限公司(以下简称江苏都万电子)旗下自主研发并生产的制造的内置防护核心单元的车载 EDR 等多款数据防护产品,其内部安全存储芯片大规模采用了 FORESEE 车规级 eMMC。

(2)具体应用案例介绍

江苏都万电子,采用江波龙车规级 eMMC 产品,作为其汽车行驶记录仪用防护存储器的数据存储单元。江波龙为配合其耐火、耐水浸、耐冲击等高可靠加密数据存储器的产品规格,为其深度定制了具备国密等级的加密访问车规级 eMMC 产品。该产品已经实现量产并正式上车。

(3)价值成效

江波龙助力江苏都万电子积极参与国家标准和行业标准的制修订,参与了 JT/T 1076—2016《道路运输车辆卫星定位系统 车载视频终端技术要求》编制(负责灾备存储装置部分),正在参与 GB/T 19056—2021《汽车行驶记录仪》修订(负责数据存储、防护存储器部分)。

江波龙计划推进防护存储器专项国家标准,拓展到相应 IEC 和 IEEE 国际标准。通过定制加密固件,对数据深度加密,基于时间、密钥对应后才可安全解除锁定并进入正常读写,确保数据的可靠性、可信性、可追溯性。为整个商用车市场的行车数据安全,事故取证锁定和安全加密等应用领域提供保护作出巨大贡献。

江波龙于2019年开始规模量产工规级、车规级eMMC存储器,在国产eMMC存储器领域具有市场领先地位。江波龙针对工业控制、汽车电子等高端应用场景推出工规级、车规级eMMC,在产品设计和固件算法开发方面充分考虑长周期、恶劣环境、连续工作等特殊工况,确保在实现良好数据吞吐的同时有效降低数据出错和丢失风险。FORESEE车规级eMMC已符合汽车电子行业核心标准体系AEC Q100;工规级和车规级eMMC可实现最低40 ℃、最高+105 ℃的宽温域作业。

在应用方面,FORESEE车规级eMMC产品基于不同的容量,主要是面对T-BOX、IVI、智能仪表、DVR、ADAS等市场,已进入国内众多自主品牌主机厂供应链体系。FORESEE车规级UFS产品因其读写速度的优势,主要应用在智能座舱和域控制器等高阶产品上,即将进入量产阶段。公司具备全面自主可控的固件开发能力和持续创新能力。公司创新开发多种自有固件算法,自主开发的固件覆盖全部产品线,支撑公司产品的市场竞争力;同时公司以固件创新推动实现产品的客制化功能,为特定行业和客户、高端应用场景等提供具有特定属性或高性能的存储产品。江波龙将重点围绕定制和服务两方面凸显市场竞争力。

从市场而言,随着智能汽车的高速发展,数据边缘计算、高速读写性能、数据安全、数据的互联网趋势都在考验存储厂商的技术、质量、创新、服务。江波龙将持续在存储技术深度、产品质量高度、应用创新广度上坚定投入,努力体现中国企业的市场化和国际化。

博泰车联网智能座舱产品解决方案及落地应用

供稿:博泰车联网科技(上海)股份有限公司

博泰车联网作为一家以国有股份为主体,具备国家使命的民营先进制造科创企业,是业内领先的综合型智能座舱全栈解决方案提供商,具备提供硬件、软件、云端服务及运营一体化的能力。公司业务覆盖智能座舱产品研发、生产制造及运营服务的各个方面,凭借在全产业链的布局,成为智能座舱垂直一体化业务发展的领军企业。博泰以高性能计算单元为目标发力智能汽车中央计算集群,旨在聚焦汽车智能化征程中的关键发展问题和迫切需求,加强各方资源力量协同,助力中国智能汽车产业的国产自主可控,推动构建世界一流的智能汽车产业生态。

通过多年的技术和交付经验的积累,公司在智能座舱软硬件研发、智能网联运营服务等领域形成了多项核心技术,具备集成多种高算力芯片的能力及对应的软件和工程化能力,并形成了以下一代智能座舱为核心,嫁接车内座舱及车外IoT更多场景的域内外融合能力。产品在与国外知名供应商竞标中胜出,首次实现了完全自主知识产权的智能座舱域控制产品在我国乘用车企业(包括合资品牌)的规模化前装配套,显著提高了我国汽车企业的经济效益和市场竞争力。博泰智能座舱产品主要搭载东风、长城、北汽、上汽通用五菱、东风岚图、哪吒等相关车型量产。

1. 开发背景

作为智能电动汽车的核心能力之一,智能座舱正以超预期的速度在终端市场快速普及。据相关预测数据显示,早在2021年,国内市场智能座舱渗透率就已经超过了50%,预计到2025年将进一步提升至65%,届时对应市场规模有望突破1000亿元。

座舱域控架构是整车域控制架构中最深入的部分,包括大屏仪表、中控、副驾、后排控制、360°环视系统、泊车、疲劳驾驶提醒、舱内语音语义理解、视觉及手势理解、高品质音响系统、通信能力TBOX以及内嵌OTA功能等。用户能够通过语音指令和手势控制来实现各种需求,并随着技术的不断升级迭代,用户的智能化的体验会越来越优秀。座舱域控制技术的出现大大简化了整车架构的复杂度,并为下一代软件定义的新能源智能汽车开发提供了重要的电子电气架构基础。总的来说,座舱域控制技术让驾乘体验更加智能化、舒适化和安全化,是未来汽车发展的重要方向。

2. 开发内容

(1)模块化智能座舱硬件底座

博泰的智能座舱域控技术深度整合了仪表、车机、环视AVM、DMS、副驾、HUD、TBOX等,依靠采用平台SOC的强大算力,最多可支持高清200M像素4路环视和DMS等16路相机,支持至多11块显示空间,采用单芯片+虚拟化+软件实现了座舱域的底层硬件结构的融合和标准化,以及应用上和体验上的差异化,同时通过算力配置和均衡,通过差异化的手机互联方案擎Link,实现了手机和车无缝结合的体验。

当前市场主流的座舱域控制器方案主要基于高通SOC打造,但随着座舱功能越来越复杂,对于核心主控芯片的性能要求无疑将进一步提升。博泰已宣布基于第四代骁龙座舱平台打造最新智能座舱系统,在实现多模融合的同时集成泊车和部分驾驶辅助功能,相关产品正在紧密开发中,预计2024年可实现规模化量产。

(2)智能语音交互系统

本系统研发了覆盖车载语音交互全过程的语音识别、语义理解、语义处理和语音合成服务;设计了完整的、标准的语音供应商集成架构,可融合各语音供应商的优势,可灵活切换,满足各个客户的多样化需求。系统自研了全双工连续对话和全场景可见即可说技术,保证了用户流畅、无障碍的语音交互体验。本系统自研了车载领域高频使用的车辆控制、系统控制、导航、音乐、电台、电话等业务领域技能,通过标准集成架构融合了语音供应商的出行、娱乐、生活和知识问答等各方面能力,满足用户多样化的车载语音交互需求。

擎AI语音系统可以快速地定制功能,根据不同项目差异化地配置功能集，提供多个语音播报声音选择，语音反馈语可以按人设来配置，保证了项目交付的速度与质量。

擎AI语音系统的语音交互能力在行业内处于领先地位。

(3)智能导航交互系统

博泰开发出DVR图像处理技术和融合定位技术，在实现主要包括车道，前方车辆，行人等道路元素检测识别时，博泰结合市面上主流的BackBone，Nick和Head等技术手段，进行轻量化处理，部署于车载主机设备中，提高了识别效率和准确率。

(4)全液晶仪表系统

博泰研发出仪表系统安全技术、仪表渲染引擎自研技术，实现了更加直观、丰富、个性化的信息展示功能。不仅可以让驾驶者更加清晰地了解车辆的状态和行驶情况，还可以提高驾驶者的驾驶体验和安全性。

(5)手机互联交互系统

自研了IOS增强快速渲染技术，多手机同时连接技术，并将手机场景与车机应用深度融合，引入手机车机场景融合技术，手机车机音频同步技术，更好地将手机互联技术融入智能座舱。

3. 应用效果

该智能座舱解决方案创建了模块化智能座舱硬件底座，研发了跨平台智能座舱系统基础软件、智能语音交互系统、智能导航交互系统、全液晶仪表系统、手机互联交互系统等核心技术和组件，实现了其产业化应用，解决了我国在该领域长期存在的核心技术空心化难题。所研制的智能驾驶辅助产品达到了国际先进水平，与国外知名供应商竞标中胜出，首次实现了完全自主知识产权的智能座舱域控制产品在我国乘用车企业(包括合资品牌)的规模化前装配套，显著提高了我国汽车企业的经济效益和市场竞争力。

整车级智能汽车图像感知测试技术

供稿：中汽院(重庆)汽车检测有限公司　刘　延　苏梦月　胡玮明　黄超智

1. 成果简介

整车级图像感知技术借助各视向摄像头搭建机器视觉，为驾驶员及乘客呈现内外部视觉信息，中汽院(重庆)汽车检测有限公司开展的《整车级智能汽车图像感知测试技术》项目成果主要应用于智能座舱内全景环视系统、驾驶员疲劳监控系统、驾驶员注意力监测系统、倒车监控系统等座舱内视觉辅助系统的整车及功能及性能检测。

随着公路运输业快速发展、客货运输需求不断扩大，交通事故特别是恶性交通事故不断发生，社会安全意识的便利化意识不断提升，智能网联汽车摄像头产品应运而生，通过在车身周向搭载摄像头并经算法处理形成图像，为驾驶员提供车内外静动态显示及监测，解决转向、倒车等场景区域不可见问题，为驾驶员提供有效信息以提高自动驾驶的可靠性和安全性。国家及各部委正加快智能座舱技术研发和应用的目标和措施，致力于规范整车图像分析类辅助系统的各项研发技术。整车级图像感知技术发展迅速，高度融合了智能报警、光学图像、人脸识别等各领域的技术，评测系统性能好坏的整车级智能网联汽车图像感知测试技术既是刚需又是研究难点。

由于图像的处理精度及还原情况影响驾驶员的危险场景处理能力，而国内外主要为单摄像头的零部件测试，无法评估摄像头系统在整车上的表现，因此为实现智能网联汽车整车级图像感知的权威、准确、智能、高效规范性法规测试，中汽院(汽车)检测有限公司开展整车级智能汽车图像感知测试技术研究，在应用智能摄像头的智能座舱车内监测系统的检测方法、标准工具、技术应用等方面实现技术突破，实现智能网联汽车驾驶辅助系统如驾驶员注意力监测、全景环视等智能摄像头等在应用过程中的光学适应性、图像质量进行测试分析，并将技术成果应用于工信部、交通部、公安部的相关法规测试。

2. 成果创新点及解决的难点问题

本项目研发的成果包含可移动式太阳光模拟系统、全景环视图像检测系统、仿生机器人在内的检测设备及配套辅助工具一套，《营运车辆全景环视系统技术要求及测试方法》《驾驶员KSS等级评定培训方案》《驾驶员疲劳监测系统功能及性能检测方法》《倒车监测系统功能及性能检测方法》《驾驶员注意力疲劳监测系统功能及性能检测方法》等标准化检测方法。

该成果的技术创新亮点具体如下：

①全面攻克车外行驶环境感知和拼接检测技术。针对营运车辆全景图像感知环节存在的拼接精度低、图像不连贯、现场还原能力差等难题，系统攻克了基于先验稀疏模型的全景环视图像采集技术，构建了具备视觉传感器单个/融合成像质量测试等功能的全景环视综合性测评分析技术，形成了发明专利4项、标准1项。该检测技术利用特制黑白格图卡及国际化色度卡采集全景环视系统的车身周围可视化图像，对拼接图像进行去噪、灰度化处理，通过直线检测、边缘检测等算法计算拼接图像的损失/重影/缝隙/面积，可以实现车身周围拼接图像或单个图像的性能分析。

②系统突破全景环视系统测试场景布设及优化方法。为了解决环境光照角度/强度、图卡位置等因素导致全景环视测试场景布设难题，提出了图像感知测试光源环境布设方法，构建了可移动式太阳光源系统，解决了外部环境光照阴阳交叉、光照强度/位置不确定等问题，建设长36 m、宽15 m的整车级智能汽车图像感知测试实验室，实现在地面2lx～1000lx的照度调节及均匀光照，为整车级智能汽车图像感知测试提供了有力支撑，形成实用新型专利1项。

③破解面向系统的多维度测评方法。针对全景环视系

统功能及其性能行业需求，攻克了面向全景环视系统准入认证的功能稳定性、可靠性、时滞性等方面的多维度测试技术，攻破DDAW（驾驶员疲劳监测）测试驾驶员无法准确评估自我疲劳等级的难点，形成驾驶员KSS等级评定培训方案，开发基于人脸大数据的仿生机器人，进而突破了涵盖全景环视、倒车影像、驾驶员监控等多种功能的综合测评方法，起草了交通运输行业标准《营运车辆全景环视系统技术要求及测试方法》，并支持国家标准《汽车全景影像监测系统性能要求和试验方法》的制定，形成发明专利5项、SCI论文1篇。

3. 国际水平对比分析

①由于国内外尚无车辆全景环视系统的标准法规，因此没有针对车辆尤其是全景环视系统法规性测试的相关技术与设备。虽然大部分乘用车已经标配了全景环视系统，但是相关测试设备与环境主要是车辆企业针对单个摄像头研发使用的，与法规性测试要求存在差距，因此本项目提出的整车级测试评价技术更符合我国智能网联汽车摄像头系统实际使用工况，属于原创性。

②与国外同类技术相比，开发的仿真机器人符合中国人特征，用于汽车驾驶测试，其面部采自于中国人形貌特征数据库，动作行为采自驾驶员行为数据库，更符合中国交通工况下应用的智能网联汽车摄像头系统图像感知测试。

③与国内同类技术相比，建设的实验室为国内首个满足营运车辆的大型灯光暗室，填补了国内相关领域空白，并成功应用于相关国家标准的制修订工作中，对我国图像感知行业发展具有一定的促进作用。

4. 成果应用情况

项目研究成果为智能网联汽车摄像头系统图像检测提供了技术支持，分别于2022年、2023年应用至法雷奥汽车内部控制（深圳）有限公司、深圳佑驾创新科技有限公司等企业的测试。

项目研究成果促进全景环视系统开发。2022年3月为鹰驾科技（深圳）有限公司、华为技术有限公司等开展了双挂列车全景环视测试，验证全景环视系统在双挂列车上的性能表现，为相关企业车型升级提供了技术输入，相关企业根据试验结果对车辆配置、结构设计等均进行了完善和优化，为行业相关车型的开发提供了参考。

项目研究成果促进倒车影像系统开发。2022年、2023年为比亚迪汽车工业有限公司、广州小鹏汽车科技有限公司、奇瑞汽车股份有限公司等多家商用车及乘用车企业开展倒车影像摸底测试，验证倒车影像系统在整车上的视角大小，测试结果为系统的改进提供了参考。

5. 社会及经济效益分析

项目成果符合智能网联汽车发展趋势，响应国内对智能座舱的技术发展、国外对驾驶辅助系统的检测要求，于2021—2023年实现较大创收，经济效益达1800万元。

在社会效益方面，项目成果有效提升了行车安全水平，推动汽车测试领域发展。项目突破的营运车辆全景环视测试评价技术已广泛服务于汽车制造和道路运输行业。比亚迪工业汽车有限公司、北汽福田汽车股份有限公司、北京现代汽车有限公司、华为技术有限公司、鹰驾科技（深圳）有限公司等国内著名汽车制造企业和车载终端供应商采用本项目成果，在全景环视实时感知、倒车影像性能测试以及营运车辆安全运行方面开展应用，为车型升级改造、车载终端完善优化提供重要的技术参考。项目成果推动了汽车测试领域的技术进步，有力促进了自动驾驶智能化水平以及行车安全水平的提升。

同时，形成自主可控核心技术，引领相关行业发展。项目所形成的标准测试环境与研发测试工具有效解决了营运车辆全景环视系统测试效率低、人为因素影响大等问题，并成功应用于《汽车全景影像监测系统性能要求和试验方法》《倒车辅助系统技术要求及试验方法》《营运车辆全景环视系统技术要求及测试方法》等多项国家或交通运输行业标准。相关标准得到交通运输部等国家部委的高度认可并推行应用于全国，已逐渐成为全国各省对车载终端进行备案工作的依据标准，引领相关企业规范发展。

此外，本项目形成的光源选型与布置方案、全景图像拼接质量自动测试、系统延迟自动测试等一系列核心测试技术，显著提升了汽车和车载终端制造以及道路运输行业的安全性和智能化水平，同时涉及人工智能、信号处理、图像技术、通信技术、汽车测试等诸多领域，拉动了汽车、智能制造、信息技术等相关产业的发展，提升了整个产业集群的融合发展和创新发展能力。

蘑菇车联“车路云一体化”自动驾驶解决方案及落地

供稿：蘑菇车联信息科技有限公司

1. 基础信息

蘑菇车联信息科技有限公司成立于2017年，是国内领先的自动驾驶全栈技术与运营服务提供商。公司拥有全栈自研的“车路云一体化”自动驾驶方案，具备建设新型道路基础设施、构建城市数字底座的技术能力和城市级大规模自动驾驶公共服务车队运营能力（见图7-2-46）。

公司在北京顺义落地了国内第一个开放式5G商用智慧交通车路协同项目，在湖南衡阳打造了国内首个城市级自动驾驶落地项目，在云南大理建设全国首个车路协同自动驾驶智慧景区，在四川天府新区建设以车路云一体化自动驾驶为核心的智能网联综合应用示范项目，与江苏无锡梁溪区共建城市级智能网联创新应用标杆项目，与北京通州开展自动驾驶领域全方位合作，与湖北鄂州共同打造“车路云一体化”自动驾驶智慧交通项目，在湖北鄂州开展“车路云一体化”自动驾驶智慧交通项目，服务成都大运会并成为中国第一个独家服务世界级综合体育赛事的自动驾驶企业。

图 7-2-46　蘑菇车联智慧交通数字基座

公司在公交车、接驳车、出租车、环卫车、巡逻车、牵引车、物流车、配送车等车型上实现了 L4 级自动驾驶(见图 7-2-47),并应用于城市开放道路、园区、景区、港口、机场等场景。

图 7-2-47　蘑菇车联自动驾驶车队

2. 核心优势

(1)技术先行,首提“车路云一体化”

蘑菇车联是业内最早选择“单车智能 + 车路协同”技术路线的自动驾驶公司之一,并自主研发全球首个“车路云一体化”自动驾驶系统,掌握整套核心技术,关键软、硬件全部自研。该系统基于“单车智能 + 车路协同”双重冗余方案,突破“单车智能”技术瓶颈,大幅提升自动驾驶安全性和可靠性,获科技部“国际先进水平”评价。

2019 年 10 月,公司落地国内第一个开放式 5G 商用智慧交通车路协同项目;2020 年 6 月,实现暴雨、夜晚等极端天气下安全自动驾驶,系统级方案的可行性得到验证;2021 年 4 月,发布“车路云一体化”系统 2.0;2022 年,蘑菇车联“车路云一体化”系统 2.0 在湖南衡阳落地,这是国内首个城市级自动驾驶项目。

2022 年 9 月,公司发布全球首款搭载“车路云一体化”系统的自动驾驶前装量产巴士,为多地自动驾驶项目规模化落地运营形成有力支撑。MOGO BUS 是全球第一辆支持“车路云一体化”系统的自动驾驶巴士,具备强大的车路协同功能,是首款搭载自动驾驶汽车大脑的前装量产巴士。该大脑是全球第一款真正意义上以实现自动驾驶功能为核心的汽车大脑,具有高集成度、软硬件一体化、算力全球最高等特点。MOGO BUS 已实现前装量产,支持合法上路,规模化商业运营在即。

(2)全栈自动驾驶头部企业,核心软硬件全部自研

公司具备“单车智能 + 车路协同”全栈方案相关核心软硬件自研能力,自研自动驾驶车载基础算法平台、ADCU 域控制器、高精定位、OBU(车载通信单元)、RTK(实时差分定位)、5G-V2X(车联网)通信等智能网联核心技术产品等,保障自动驾驶规模化落地可控性和可靠性;车路云一体化自动驾驶系统具有很高算法壁垒,需具备车端、路侧和云端核心 AI 算法及大规模数据实时处理能力(高通量、低延时)。公司是业内具有相关算法能力的企业之一。

L4 级单车自动驾驶技术:自主设计研发核心硬件和 Mogo AutoPilot 系统,包含车路协同模块;采用融合感知算法,达到行业顶尖标准。系统已进行不同车型适配,支持城市级大规模、多场景自动驾驶运营服务(见图 7-2-48)。

图 7-2-48　蘑菇车联自动驾驶车辆

城市级数字底座:具备城市级“智慧道路 + AI 云平台”建设能力,深化践行车路协同技术路线,为城市构建数字底座。通过自研全球领先的车路协同技术对道路进行智能化升级,建设智能路侧操作系统,可满足 L4 级以上自动驾驶需求(见图 7-2-49)。

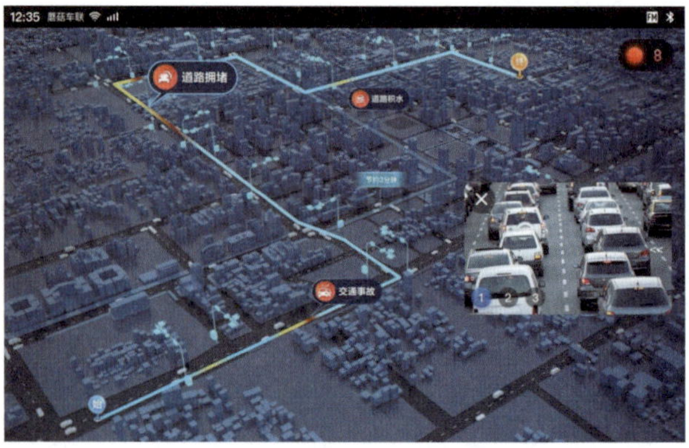

图 7-2-49　蘑菇车联智慧交通数字底座

智慧交通 AI 云平台:自主研发智慧交通 AI 云平台,具有计算规模大、低时延、高可靠、通用性、可扩展性强等特点,月均 PB 级数据处理,支持百万终端高频并发处理,应用层全链路时延小于 100 ms。在“车路云一体化”系统覆盖下,AI

云可为城市管理者提供有效的管理调度平台,并向所有交通参与者提供车道级实时交通信息服务(见图 7-2-50)。

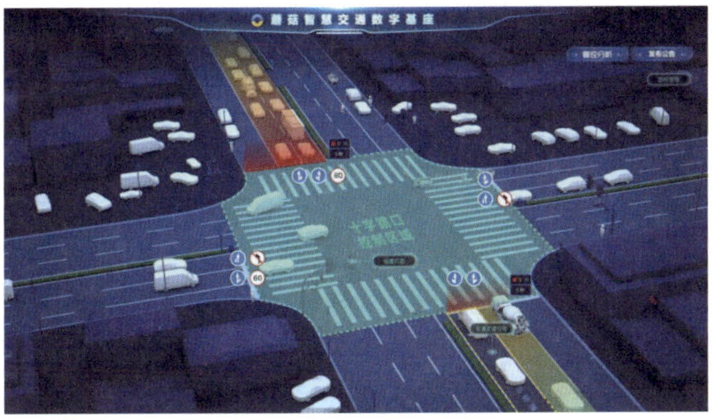

图 7-2-50 蘑菇车联智慧交通云平台

(3)率先在城市级自动驾驶领域实现大规模项目落地

公司拥有城市级大规模自动驾驶公共服务车队运营能力,从城市公共服务领域入手,以“降本增效”为核心驱动,推动传统产业升级,创造全新商业价值。长线看,相关技术和产生的数据还能反哺城市数字化建设,在“车路云一体化”系统覆盖下,AI 云平台具备向所有交通参与者提供新型交通数据服务的能力,为城市积累数字资产,加速数字经济发展。

公司率先在城市级自动驾驶领域实现大规模项目落地,签约金额突破 100 亿元。2019 年 10 月,公司在北京顺义落地国内第一个开放式 5G 商用智慧交通车路协同项目;2020 年,与苏州高铁新城达成合作,进一步锁定城市场景;2021 年 3 月,与湖南省衡阳市政府达成合作,落地国内第一个城市级自动驾驶项目,集合城市交通新基建、自动驾驶运营服务和城市智慧交通大脑,项目金额约 5 亿元;9 月,与河南鹤壁市签署智慧交通合作协议,项目金额约 3 亿元;2022 年 1 月,与云南大理市签订合作协议,打造西南首个智能网联 + 智慧旅游生态示范区,项目金额 10 亿元;7 月,与四川天府新区达成 30 亿元战略合作,建设以“车路云一体化”自动驾驶为核心的智能网联综合应用示范项目;8 月 18 日,与无锡市梁溪区达成战略合作,共创智慧交通建设和运营新模式,项目金额 20 亿元;22 日,与北京市通州达成自动驾驶全方位合作,为首都副中心构建城市级智慧交通大脑,提高社会治理水平,形成智慧交通数字底座,项目金额 16 亿元;11 月,与湖北鄂州签订“车路云一体化”自动驾驶智慧及交通战略合作,项目金额 11.14 亿元。

公司城市级项目落地速度与规模都排名行业最前列,并拥有目前国内已投入运营种类最为齐全的自动驾驶车队之一,积累行业最丰富的自动驾驶运营场景,拥有突出的先发优势(见图 7-2-51)。

(4)形成车路云一体化核心技术和运营生态

公司已与中国移动、中国电信、中国建筑、北控集团等重点央企、国企,清华大学、复旦大学等重点高校,东风、上汽、比亚迪等车企形成产业生态圈,首创城市级“车路云一体化”系统一揽子落地方案,实现车路云一体化系统高速稳健落地和商业化运营。

图 7-2-51 蘑菇车联智能运营中心

3. 落地案例

(1)北京通州——与首都副中心开展自动驾驶领域全方位合作

2022 年 8 月 22 日,北京市通州区人民政府与蘑菇车联信息科技有限公司(以下简称蘑菇车联)签署战略合作协议,双方将在数字经济、智能网联、智慧交通、车路云一体化等方面展开全方位合作,为首都副中心构建城市级智慧交通大脑,提高社会治理水平,形成智慧交通数字底座,打造“数字通州”。

此次签订的项目总金额约 16 亿元,覆盖面积 40 km^2,涵盖通州行政办公区、文化旅游区、张家湾设计小镇、运河商务区等主要区域道路的智能化改造升级、自动驾驶商业化运营、构建城市级智慧交通大脑等。双方将依托北京高级别自动驾驶示范区 3.0 标准体系,建设北京副中心以车路云一体化自动驾驶为核心的智慧交通系统,打造符合车路协同自动驾驶运营条件的智能网联道路,形成城市级智慧交通数字底座(见图 7-2-52)。

图 7-2-52 北京市通州区人民政府与蘑菇车联信息科技有限公司战略合作签约仪式

(2)四川天府新区与国家级高新区共建智能网联产业高地

2022 年 7 月 26 日,蘑菇车联与四川天府新区达成战略合作。双方将在自动驾驶、车路协同、AI 云等领域展开充分合作,在四川天府新区建设智能网联综合应用示范项目,构建智能网联汽车产业生态高地。

项目总金额约 30 亿元,拟建设以“车路云一体化”自动驾驶为核心的智能网联综合应用示范项目。一期建设内容包含车路协同、智慧交通 AI 云平台、自动驾驶系统等新型基础设施。建设完成后，蘑菇车联还将提供多场景、规模化的自动驾驶城市公共服务。项目有望在四川天府新区打造全国领先的自动驾驶、智能网联产业高地和数字经济新标杆（见图7-2-53）。

图7-2-53　四川天府新区与蘑菇车联信息科技有限公司战略合作签约仪式

（3）湖南衡阳——国内首个城市级自动驾驶落地项目

2021年3月，蘑菇车联与湖南省衡阳市政府达成战略合作，以衡州大道、蔡伦大道为主体辐射周边，建设新型道路基础设施，大规模落地并商业化运营自动驾驶在城市公交、清扫巡逻等公共出行和公共服务场景中的应用。地处三湘大地、交通枢纽的衡阳市，依托蘑菇车联“车路云一体化”自动驾驶解决方案，打造新一代智慧交通体系，推动城市公共服务领域降本增效，满足市民便捷、高效、低碳的出行需求，构建智能网联汽车产业生态高地，成为引领全国智慧交通发展的“衡阳模式”（见图7-2-54和图7-2-55）。

图7-2-54　蘑菇车联自动驾驶出租车队

衡阳智慧交通项目总金额约5亿元。蘑菇车联通过车辆智能化、道路智能化和AI云，构建各类智慧交通服务。在衡阳市政府的大力支持下，蘑菇车联秉持高科技服务民生的行动理念，构建适用于衡阳城市道路交通特点的智慧交通管理和服务体系，涵盖Robotaxi、Robobus、自动驾驶环卫车、自动驾驶巡逻车、自动驾驶园区车等城市公共出行和公共服务场景，让自动驾驶大规模融入生产、走入生活，用更高效、安全、环保的出行体验，切实提升衡阳市民的生活幸福感（见图7-2-56至图7-2-57）。

图7-2-55　蘑菇车联自动驾驶公交车队

图7-2-56　蘑菇车联自动驾驶出租车为衡阳市民提供服务

图7-2-57　蘑菇车联自动驾驶公交车为衡阳市民提供服务

基于此次战略合作，蘑菇车联针对衡阳主干交通要道开展道路智能化和车路协同智能网联化升级，一期工程已落地，并实现多种自动驾驶公共服务车辆的试运行（见图7-2-58）。

与以往的自动驾驶测试项目不同，衡阳项目的复杂性远超其他。衡阳是中国中南部重要的交通枢纽，多条重要公路、铁路干线在此交汇。项目覆盖城市主干道，穿越市中心，并涉及隧道、立交桥、无标线的乡村道路等实际复杂路况。蘑菇车联为衡阳提供一套“城市交通大脑”，用于实时监控规划和全局调度，高效匹配用户的出行需求，大幅度降低交通

图 7-2-58　蘑菇车联“车路云一体化”路侧智能设备

事故和交通拥堵出现的概率。

2022 年 1 月 12 日，中国工业经济联合会会长、工业和信息化部原部长李毅中，中国工程院院士、国家智能网联汽车创新中心首席科学家李克强等一行调研蘑菇车联位于衡阳的“车路云一体化”项目，观摩体验蘑菇车联的车路协同系统与 AI 云平台，并乘坐蘑菇车联自动驾驶车辆。

李毅中指出，衡阳多年来加强新型道路基础设施建设，实现车辆智能和城市交通云建设，或将成为全国首个拥有城市级自动驾驶服务的城市，形成城市级交通数字底座。李克强院士表示，在智能网联汽车的智能、网联融合应用以及城市级规模化示范应用方面，衡阳已经有了很好的开头（见图 7-2-59 至图 7-2-60）。

图 7-2-59　李毅中一行在蘑菇车联衡阳智慧交通运营大厅听取讲解

图 7-2-60　李毅中、李克强院士与蘑菇车联创始人兼 CEO 朱磊交流

（4）湖北鄂州——共同开展“车路云一体化”自动驾驶智慧交通项目

2022 年 11 月 22 日，湖北省鄂州市临空经济区与蘑菇车联信息科技有限公司（以下简称蘑菇车联）签署战略合作协议。湖北省委副书记，省长王忠林，副省长赵海山出席并见证签约。

根据协议，项目总金额约 11.14 亿元，建设内容涵盖车路协同智慧道路、多场景自动驾驶车辆运营和城市交通数字底座。其中，道路建设范围涵盖鄂州市临空经济区主干次路，道路智能化改造升级后，蘑菇车联将在城市公共服务和出行服务领域开展自动驾驶商业化运营（见图 7-2-61 和图 7-2-62）。

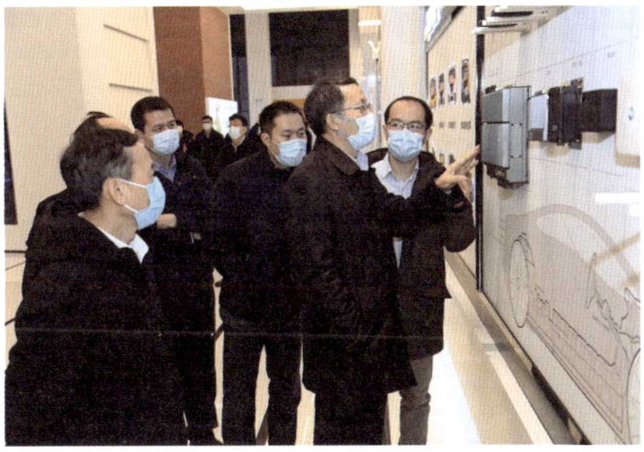

图 7-2-61　李克强院士询问蘑菇车联 L4 级自动驾驶硬件自研情况

图 7-2-62　湖北省鄂州市临空经济区与蘑菇车联信息科技有限公司签约仪式

（5）云南大理——全国首个车路协同自动驾驶智慧景区

2022 年 1 月，蘑菇车联与大理市人民政府签订战略合作协议，共同建设环洱海自动驾驶生态旅游示范区。蘑菇车联将对环洱海生态廊道全路段 136 km 进行智能网联及车路协同新型基础设施升级与建设，并在建设期内陆续投放自动驾驶游客观光车、接驳车、垃圾环卫车、巡逻车等，打造包含道路信息感知、车路信息交互、路云信息传输等功能的“车路云一体化”系统。

项目金额 10 亿元，计划将环洱海自动驾驶生态旅游示范区打造成西南地区首个“智能网联 + 智慧旅游”生态示范区。（见图 7-2-63 至图 7-2-66）

图 7-2-63　蘑菇车联自动驾驶车队在大理

图 7-2-64　蘑菇车联自动驾驶出租车在大理

图 7-2-65　蘑菇车联自动驾驶接驳车在大理

图 7-2-66　蘑菇车联自动驾驶巡逻车在大理

(6)无锡市梁溪区——共建城市级智能网联创新应用标杆项目

2022 年 8 月 18 日,无锡市梁溪区人民政府与蘑菇车联签署战略合作协议。双方将在无锡市梁溪区就智能网联汽车应用开展合作,围绕“车路云一体化”共同打造城市级智能网联创新应用标杆项目,共创智慧交通建设和运营新模式,形成技术、产业与应用协同并进的智能网联产业发展高地。

该项目总金额约 20 亿元。项目建设内容包括梁溪区全域道路智能网联化升级、打造数字孪生城市交通底座、建设自动驾驶运营中心等。基础设施建成后,蘑菇车联将规模化运营自动驾驶车辆,包括自动驾驶网约车、巡逻车、环卫车、接驳车、配送车等,实现高效、绿色、便捷的智慧出行,为城市公共服务及社会治理降本增效、提质增速(见图 7-2-67)。

图 7-2-67　无锡市梁溪区人民政府与蘑菇车联信息科技有限公司车路云一体化智能网联项目签约仪式

(7)多场景落地自动驾驶公共服务车队

①牵手成都大运会,自动驾驶车队服务世界级赛事

2022 年 3 月,蘑菇车联正式成为第 31 届世界大学生夏季运动会自动驾驶官方独家供应商。这是大运会首次采用自动驾驶类产品和服务,也是中国自动驾驶企业首度独家服务世界级综合体育赛事(见图 7-2-68 至图 7-2-69)。

图 7-2-68　蘑菇车联自动驾驶出租车独家服务世界级赛事

②驶入清华大学、北京前门大街、城市街头,多场景服务城市

公司自动驾驶环卫车已在清华大学校园和北京前门落地作业,提供高效率、低成本的环卫服务(见图 7-2-70 和图 7-2-71)。

此外,公司已与湖南省衡阳市公安局签订长期战略合作协议，在人工智能、警用巡逻机器人研发与应用等方面进行深度合作，将自动驾驶技术、智慧交通系统与警务防控相结合，实现室外全天候自动巡逻，提高见警率，提升人民群众安全感、获得感、幸福感(见图 7-2-72)。

图 7-2-69　蘑菇车联自动驾驶接驳车独家服务世界级赛事

图 7-2-70　蘑菇车联自动驾驶环卫车独家服务世界级赛事

图 7-2-71　蘑菇车联与湖南省衡阳市公安局战略合作，推进警用巡逻机器人实战应用

图 7-2-72　蘑菇车联为衡阳市南华大学 2022 级新生提供自动驾驶接驳服务

基于地图数据的路网结构安全评价体系研究

供稿：北京四维图新科技股份有限公司　张亚欧　张强超　刘明远　佟阳阳　岳锦涛　李　豪

1. 成果简介

由于我国人、车、路基数庞大，在道路交通要素持续增长以及交通新业态不断涌现的情况下，交通事故总量与发生率依然偏高，道路交通安全形势亟须改善。

国务院安委会在“十四五”全国道路交通安全规划中提出，较“十三五”末年，“十四五”时期，道路交通事故万车死亡率要平均下降 3% 左右，较大道路交通事故起数平均下降 4% 左右，重特大道路交通事故起数平均控制在 4 起左右。其中，推动道路交通安全隐患排查治理水平不断提升、持续开展道路交通事故分析研判工作、健全道路安全性评价体系与评价制度是支撑目标实现的重要举措。

面对新形势下的新需求，北京四维图新科技股份有限公司依托自身核心地图数据和 GIS 引擎基础能力，以及交通大数据分析能力，通过融合人、车、路、环境、事故等多源数据，创新构建了路网结构安全评价体系，旨在对城市、高速公路、国省道路网结构进行全方位、多角度、数据化剖析，全方面识别出影响道路安全的点位。实现对道路交通风险隐患的精准溯源、实时监测、综合治理，降低道路交通事故伤亡率，对保障人民群众的生命财产安全具有重要意义。

2. 成果创新点及解决的难点问题

(1)路网数据挖掘——构建路网结构安全评价体系

交通路网是交通运行的基础，传统的交通拥堵、交通安全分析和追责往往集中于驾驶者、车辆及交通管理层面，却忽略了交通基础路网的分析。四维图基于自身的行业发展战略，聚焦地图的动静态数据和跨行业应用的深度结合，识别出 29 类城市隐患因子、20 类高速隐患因子、24 类国省道隐患因子，形成了平面线形、纵面线形、横断面设置、行车条件以及开口设置 5 个方面的隐患指标体系，实现对道路网全方位、多角度、数字化的剖析，如图 7-2-73 所示。该项研究经权威机构查新，在国内外均属首创。

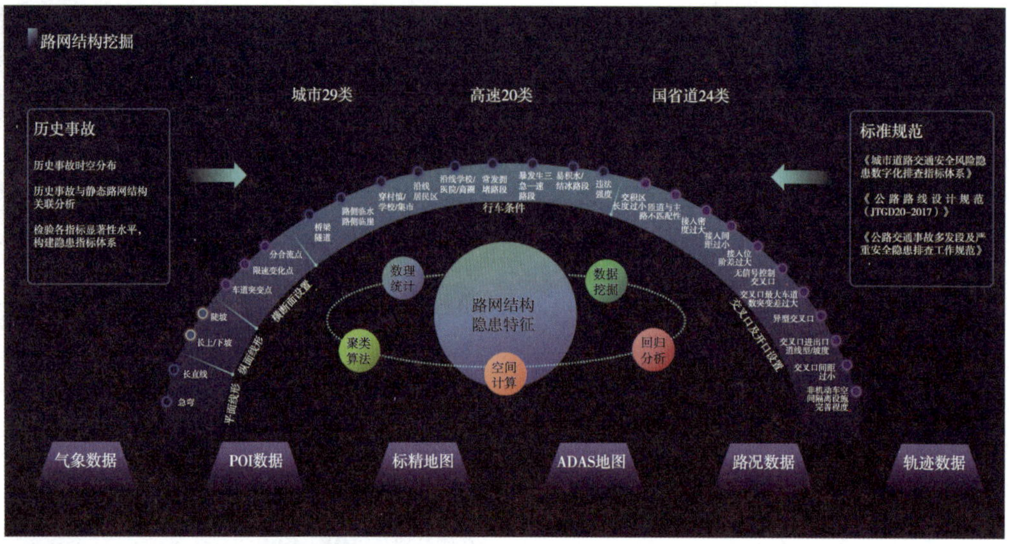

图 7-2-73　路网结构安全评价体系

(2)风险主动预防——实现公众安全出行信息多渠道发布

在基础路网结构因子的基础上，通过融合车辆因子、路况因子、气象因子、事故因子等几大类风险因子，构建道路交通安全风险预警模型。从时间、空间等多维度实时监测道路交通安全风险现状及发展态势，实现道路交通安全风险的精准监测和预防，可为公众出行提供如急弯、陡坡、长下坡等风险路段提醒，拥堵路段信息提醒，限行限速路段提醒，事故多发地提醒，恶劣天气信息提醒，以及收费站、服务区风险提醒等丰富的安全出行信息。相关服务可通过 PC 端、诱导屏、移动端、车载导航和广播等多渠道实时发布，服务范围覆盖全国 340 多个城市及港澳台地区，如图 7-2-74 所示。

图 7-2-74　面向公众出行的政务信息发布方式

(3)车辆安全管理——实现重点车辆安全监管与出行安全服务

面向行业管理部门和企业客户，可为公路客运、旅游客运、危化品车、物流车、货运车、校车等重点车辆，提供风险预警诱导、风险预警信息推送及导航 App 预警等服务，实现重点车辆安全监管与出行安全服务，包括安全路线推荐服务、驾驶员行为监控等服务，实现源头防控。

3. 成果应用情况

成果现已在泛珠三角区域推广应用，在重大特殊事件交通保障、道路交通事故防控、文明交通畅通提升等方面发挥了重要作用，为道路交通治理模式从传统的被动响应到基于数字化、智能化、精准化的主动管控提供了重要技术支撑，经济效益和社会效益显著，未来推广应用前景广阔。

4. 社会及经济效益分析

通过该项研究围绕珠三角区域的交通路网特征分析和对比成果主要是体现在以下几个方面:

(1)社会效益分析

①为行业管理部门提供决策需求的数据支撑,规划和改善网联车辆在路网通行的安全设计指标

泛珠三角区域机动车和驾驶人保有量居全国首位,高速公路网交通流量是全国高速路网第一的地区,区域内部形成珠三角、潮汕揭、湛茂阳三大城市群。目前国家层面也在推进建设粤港澳大湾区、广州深圳都市圈等建设,同时大湾区也在逐渐推进高等级无人驾驶在高速公路场景的落地;在未来跨市交通流量势必不断增长形势下,未来大湾区将迎来世界级的交通网络和交通流量,给路网安全稳定运行和运营提出严峻挑战。基于路网结构安全评价体系,规划和改善网联车辆在路网通行的安全设计指标,积极稳妥推进路网改善和更新工作管理,有效应对大流量带来的安全与拥堵风险。

②为车辆、群众提供更加精确的出行提示预警和动态出行建议

随着国家宏观调控力度持续加大、各地刺激经济增长政策密集出台,经济发展和消费刺激的双重作用使得人民群众机动化出行更加多样化,对公众出行对快捷、舒适、安全的需求越来越高。因此该研究的成果可通过公众服务设备、联网车机设备等多种方式向出行者及时提示危险平纵线形、薄弱行车条件和开口区域风险较高路段等路段信息,结合各种道路交通突发事件做好及时预测预警,提供对出行车辆的动态诱导,从而帮助出行用户采取有效措施规避出行风险,减少危险驾驶行为和危险事件发生概率,提高出行安全度。

(2)经济效益分析

①有效降低公路交通行业运行管理成本

本项目采用电子导航地图、ADAS 地图、高精度地图和自有营运车辆轨迹资源进行建模分析,获得交通路网的运营期间风险薄弱道路点段数据,从而判断在开通运营后高速增长流量对路网承载能力的突出矛盾点,分析交通路网总体静态风险分布和结构不合理区域,为综合管理策略实施检验效果提供工具,检测区域交通流管理的漏洞和短板,可作为传统的交通路网静态安全评估监测手段的有效补充。无须进行现场的施工,具有覆盖范围广、普及率高、数据准确、指标通用性强、具备全国推广能力、模型简洁、运行稳定等特点,具备快速建设覆盖全交通路网的指标评价管理体系,可以大大节约路网运营评估投资。

②减少交通阻断事件引起的间接经济损失

通过对泛珠海区域路网的易发缓行、急加速急减速道路的动态监测,可以提前预测或者及时发现对正常运行具有较大影响的突发情况或阻断趋势,从而通过多种方式及时发布交通路网拥堵信息;对所在路段行驶的车辆进行疏导,最大限度降低车辆拥堵数量和时间,从而减少各类交通阻断事件引起的间接经济损失。

三、氢燃料电池领域

氢燃料电池氢气循环子系统集成技术研究与应用

供稿:武汉海亿新能源科技有限公司

1. 成果简介

本成果基于氢燃料电池氢气循环子系统集成关键技术研究,应用于氢燃料电池系统。氢燃料电池发动机氢气循环系统主要作用是为电堆提供一定压力和流量的氢气,并帮助电堆实现内部水平衡,氢气循环系统通过大量氢气循环利用,保证燃料电池内的水平衡,并提高系统的经济性。氢气循环方案的设计对整车动力性、经济性以及燃料电池发动机寿命、可靠性乃至电堆内部水管理等都有着至关重要的影响。燃料电池的氢气供给量大于氢气的理论消耗量,如果不做氢气循环,将这些过量供应的氢气直接随尾气排放,会造成氢气的大量浪费。而比氢气浪费更让人关注的是氢气的排放安全,如果不做氢气循环,那么大量未反应的氢气直接经尾排口排放至大气会造成极大的高浓度排氢隐患。氢气循环系统一般有两种方案:一是采用氢循环泵作为主动循环动力的技术方案,氢循环泵的主要优势在于主动可调节、快速响应和较宽的工作区间,但是有结构复杂、噪声大、有寄生功耗和成本高等问题;二是被动循环即引射器引射方案,引射器是一种基于文丘里效应,利用高速喷射的工作流体造成的压差,将引射流体吸入再排出的纯机械部件,引射器结构简单、噪声低、可靠性高并且无寄生功率,但其引射范围有限,特别是在电堆低电密下工作困难。本成果采用双引射循环系统并集成汽水分离器、比例阀、Purge 阀以及气水管路,具有集成度高、控制响应快、反馈及时等特点。

本成果在结构设计的基础上优选控制流程,实现两个级引射器或两个引射口切换时的入堆氢气流量根据功率变化而平稳连续变化,解决双级引射器间进行切换时的流量突变问题,实现了进堆氢气流量的无极变化调节,不仅可以扩大电堆工作时引射范围,而且可以实时、动态、连续无极地调节,特别是在低功率工况下根据理想的进堆氢气流量来匹配相应的引射能力。

技术点一:系统效率高

模块化供氢系统采用引射器、汽水分离器、比例阀、Purge 阀等相结合的方式,相互配合满足氢循环需求,一方面集成引射器和汽水分离器的功能,减小了设备体积,避免多重复杂管路连接,便于安装和管理,降低管路的泄露风险,提高了燃料电池系统的集成度;另一方面具有控制响应快、准确性好、反馈及时等特点,能匹配适应燃料电池全功率范围,根据燃料电池电堆的功率大小调节供应氢气的流量,能提供的氢气流量范围广,满足电堆极限低功率情况下的引射效

果，维持良好的氢气过量系数，保证燃料电池系统氢循环稳定。此外，本成果可以实现燃料电池系统氢气路的稳定控制，可以通过多种工作方式组合满足氢循环的不同状态需求。如在峰值功率时，利用引射器的高速喷射流实现大流量的氢气循环，使得氢气循环子系统处于最高效运行区间，减少功耗损失，在低功率段时，切换引射结构，满足燃料电池在低功率工况下的氢气循环特性，节省不必要能量损耗。本项目自主开发模块化供氢系统实现 5 ~ 130 kW 燃料电池系统宽功率范围覆盖，可降低氢耗 5%，降低氢气回路成本 50%。与传统氢气循环方案比，可实现 60% 的功率回收，极大地提高了系统峰值效率。

技术点二：高度集成化

模块化供氢系统运用与系统汇流板结构高度集成化设计的理念，实现了最小化结构设计和流阻设计，最优化强度设计和密封设计，极大缩减了水气电管路布设空间，从布置、性能、强度和密封等多角度实现最优化的供氢设计。此外，利用半导体制冷制热片的原理，实现加热和降温双向控制，既保证氢气入堆温度不至于过低，也辅助实现汽水分离器加快分离水汽的目的，通过调整结构上的布置同时实现多重功能，满足电堆氢气路的各项特性需求。

本氢燃料电池氢气循环子系统集成技术研究开发项目历时 2 年，共计申请专利 13 项，其中包括 9 项发明专利和 4 项实用新型专利，具体相关专利列表见表 7-3-1。

表 7-3-1　技术相关专利列表

专利号	专利名称
2022106445925	一种多级引射器及其级间无级切换的控制方法
202211197684X	一种燃料电池可变喷嘴引射系统及其控制方法
202223016201X	一种燃料电池双引射辅助循环系统
2022232856970	一种可变截面引射器
2022227576772	一种燃料电池系统吹扫后低温启动增湿装置
2023103514970	一种燃料电池氢气辅助循环系统及其控制方法
2023102254340	一种氢燃料电池实验室氢气泄漏保护装置及检测方法
2023105128284	一种用于引射器测试的模拟电堆装置及其控制方法
2023210439170	一种氢燃料电池引射器管路除湿装置
2023106369748	一种燃料电池冷启动时快速加热装置及其控制方法
2023107167387	一种防止高电位腐蚀氢燃料电池堆保护装置及控制方法
2023107167438	一种燃料电池氢气路集成控制装置及其控制方法
2023108518319	一种氢燃料电池系统氢气压力动态跟随控制方法

2. 成果创新点及解决的难点问题

随着市场上对氢燃料电池发动机系统功率需求的不断增大，对燃料电池发动机的各项性能指标的要求也越来越高，各个氢燃料电池发动机厂商都在开发高集成化、高可靠性、高寿命、低氢耗及低成本的燃料电池发动机系统，同时为达到这些指标也就成为各大生产厂商的解决难点。本成果基于氢燃料电池发动机系统中氢气子系统的集成技术研究与应用，将整个氢气子系统的调节阀组、引射器、汽水分离器及传感器等关键零部件集成于一体，应用智能控制算法对氢气子系统进行自动化控制调节，减少氢气消耗，提高氢燃料电池发动机系统的功率密度和可靠性及使用寿命，从而满足市场对氢燃料电池发动机的使用需求。

当前市场上燃料电池发动机系统氢气子系统采用的是氢气循环泵、引射器或者循环泵并联引射器的方案作为氢气循环。采用循环泵作为氢气循环的主要缺点在于氢气循环泵的功耗大、振动噪声大、体积大集成困难，使得系统的功率密度降低，成本增高及可靠性降低。而基于引射器的车用燃料电池氢气循环系统如图 7-3-1 所示，主要由高压氢瓶、减压阀、流量控制阀、引射器、燃料电池、汽水分离器、尾排阀及传感器等部件组成，采用引射器作为氢气循环的主要难点在于引射器的适用功率范围的限制和引射器流量压力的控制，从而使得引射器在整个氢气循环中的使用成为难点。两种氢气循环系统对比如图 7-3-2 和图 7-3-3 所示。

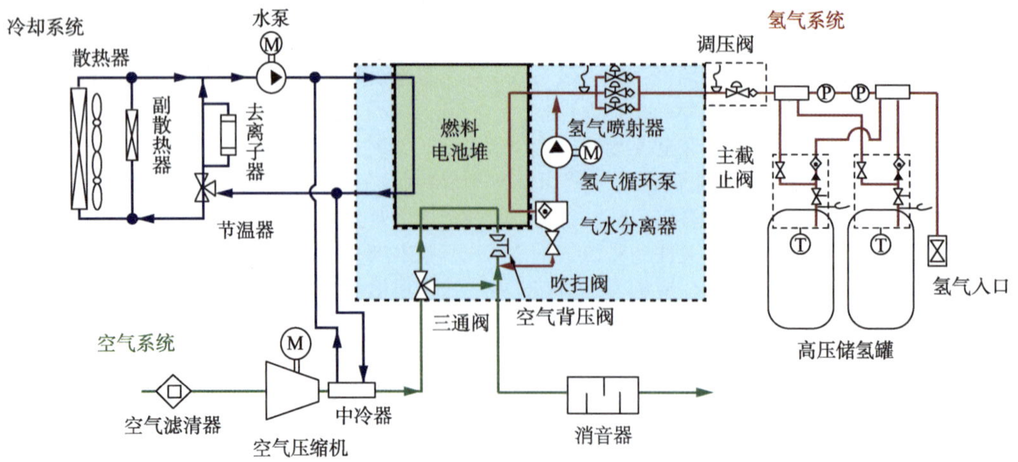

图 7-3-1　供氢系统

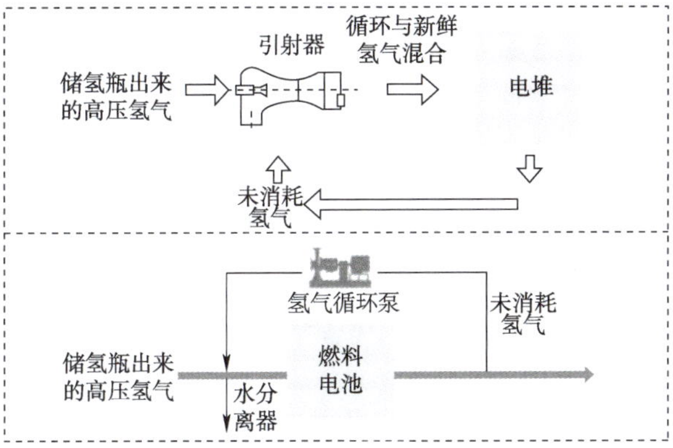

图 7-3-2 两种氢气循环系统方案示意图

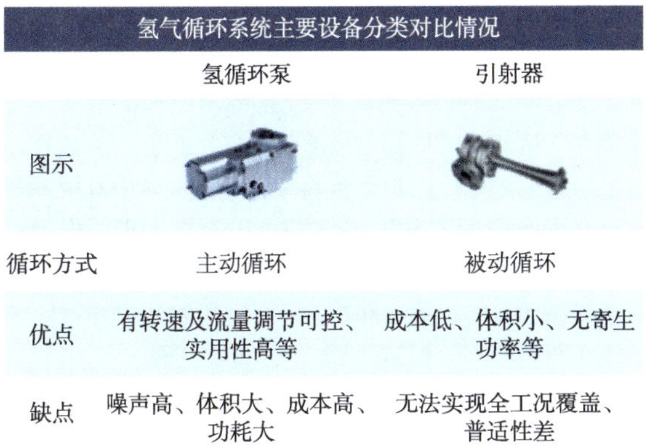

图 7-3-3 两种氢气循环系统方案特点对比

引射器的设计难点之一在于结构尺寸的优化设计，尺寸的微小变化会引起整个引射效果(引射比)；还有电堆工况匹配、集成部件匹配及控制策略匹配等难点。引射器开发设计还要结合 CFD 仿真模拟与实际测试，在仿真过程中主要针对喷嘴口径等关键尺寸进行仿真与优化设计。某引射器的仿真结果如图 7-3-4 所示，实测引射比如图 7-3-5 所示。通过仿真分析可以知道各个参数及工作工况对引射性能的影响，然后基于样品及集成品的实际测试，经过至少 3 轮的循环迭代，设计出高引射比引射器。同时，基于多次迭代的数据以及已有测试数据，对相关不同工况的相关参数进行不少于 50 次的匹配训练，利用神经网络等智能优化算法可以针对不同功率不同工况的相关数据进行高效快速精准控制，使电堆达到高性能工作状态。

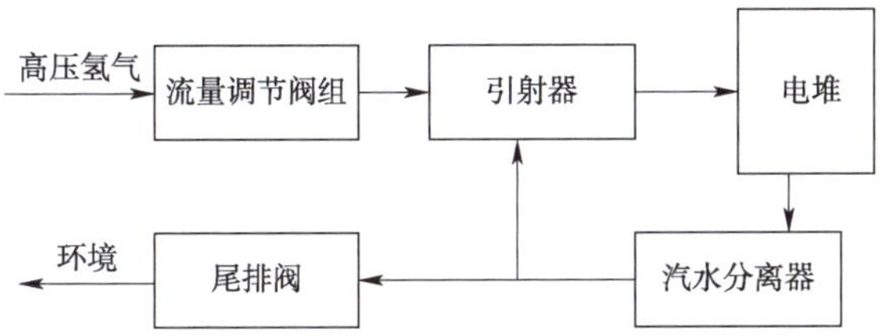

图 7-3-4 基于引射器的车用燃料电池氢气循环系统

本成果利用联合仿真技术对引射器进行参数化设计可以大大缩短开发周期，根据仿真分析与实际系统测试等步骤，结合集成技术设计了一种基于引射器的氢气循环子系统集成模块，氢气循环子系统集成模块如图 7-3-6 所示。模块化设计结构紧凑集成度高、功耗低、可靠性高、高引射比氢气循环性能良好，整个模块达到免维护性，配合智能控制算法实现自动化调节，从使得系统的效率提高氢耗减小。

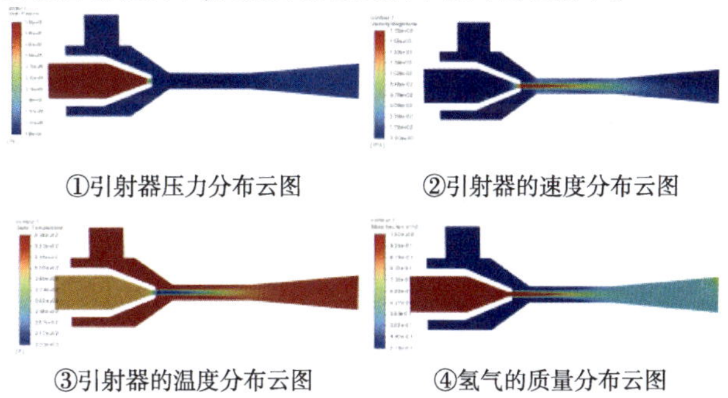

图 7-3-5 引射器的仿真结果

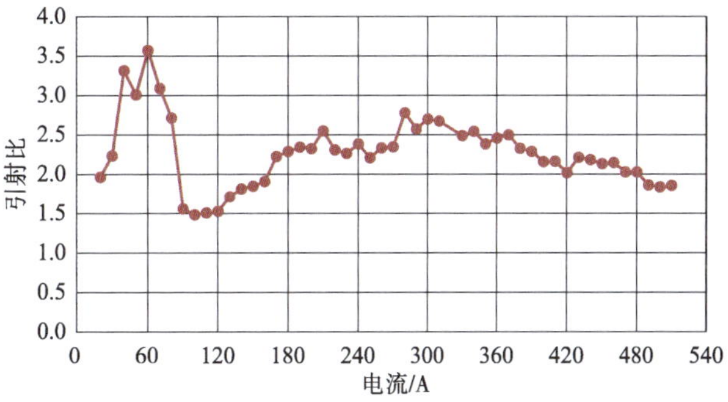

图 7-3-6 引射器实测引射比

该模块集成了引射器、汽水分离器、温度压力传感器、尾排阀、泄压阀以及氢喷或调节阀等组件。其中最为关键的技术为引射器和汽水分离的匹配设计及压力流量的控制，其直接影响整个系统的性能。采用智能优化算法对压力流量及排气排水等控制，在引射器喷嘴改变过程中完全实现无级切换，电堆无水淹单片电压低或反极现象，电堆性能大大提升，系统氢耗较传统氢气循环泵至少降低 5%，确保了氢燃料电池发动机系统对氢气循环子系统的多项性能要求。

基于本成果的研究技术设计出一款氢气循环子系统集成模块(见图 7-3-7)的主要性能参数如下：

①匹配 150 kW 及以下燃料电池发动机系统；

②氢气流量大于等于 1600SLPM；

③最大引射比大于 2，最小引射比大于 0.6；

④入口压力不大于 15 bar；

⑤工作温度范围 -30 ℃ ~100 ℃

⑥控制精度误差小于等于 3%。

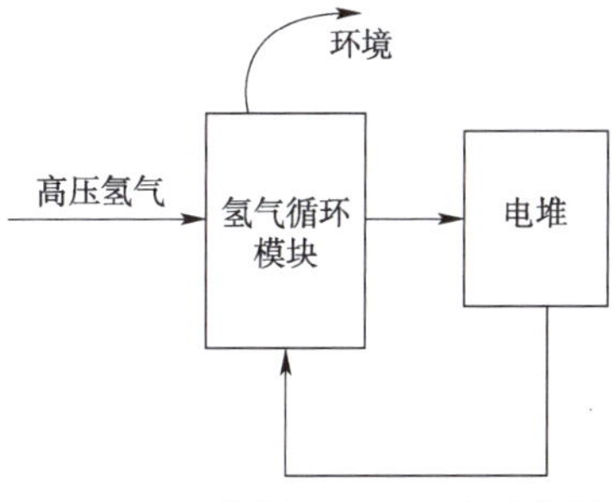

图 7-3-7 氢气循环子系统集成模块

3. 成果应用情况

本成果可在燃料电池商用车、燃料电池智能电源等系统上应用，可以针对不同功率的燃料电池发动机系统设计不同的氢气循环子系统模块，在应用具有灵活可变性，结构集成设计可以应用不同型号的系统上，能够确保系统的功率密度高、可靠性强、振动噪声低、氢气利用率高氢耗低等要求。由于本成果中的氢气循环子系统集成技术具有可变灵活性，针对不同的使用场景只需要设计相匹配的汽水分离器和引射器，调试不同控制算法参数，同时选出相匹配的阀类传感器等部件即可完成模块集成。

本成果已在武汉海亿新能源科技有限公司的多个氢燃料电池发动机系统上进行应用，其中包括 20 kW、50 kW、70 kW、80 kW、150 kW 氢燃料电池发动机系统。应用该成果设计出的氢气循环子系统已经在各个系统上进行实测，测试结果表现为氢气循环引射比高，最大引射比大于 2，氢气的利用率高，氢耗较传统的氢气循环泵至少降低 5%，并且整个系统的振动噪声降低，系统的管路布置大大简化体积得到了极大的减小，整个系统功率密度得到提升，整个氢气循环子系统模块实现免维护，系统的使用寿命大大延长。同时氢燃料电池发动机系统在牵引车环卫车等商用车和兆瓦级氢燃料电池智能电源上也得到充分应用。

4. 社会及经济效益分析

按照党中央、国务院提出的碳达峰碳中和目标任务，氢能的使用将是实现碳中和目标重要的抓手。氢能作为“电能替代”的一种，它的应用范围很广，包括交通运输、工业生产、能量传输、电网储能调配等领域，是未来能源转型的重要支柱产业。预计到 2030 年，使用清洁氢每年将减少约 7.3 亿 t 二氧化碳。而氢在实现净零排放、将全球变暖限制在 1.5 ℃方面起着核心作用，到 2050 年可累计减少 800 亿 t 二氧化碳排放，占所需总减排量的 20%。

动态上看，国际能源署与国际氢能委员会的研究成果显示，规模化是降低氢能成本的关键，随着使用量不断提升，氢能源系统的制取成本会以每年 20% ~ 30% 左右的速度下降，到 2030 年氢能产业链整体成本至少会下降 50%。国际氢能源委员会预测，2050 年全球氢能源需求将增至目前的 10 倍，同时 2050 年全球氢能产业链产值将超过 2.5 万亿美元。根据《中国氢能源及燃料电池产业白皮书 2020》估算，2050 年，氢气年需求量将达 6000 万 t，氢能在中国终端能源体系中的占比将达到 10%，产值将达到 1 万亿元，氢能成为终端能源体系的消费主体。

截至 2022 年 6 月，全国已建成加氢站超 270 座，加氢站数量位居世界第一。从省市分布看，广东建成的加氢站最多，累计达到 30 座；山东 11 座排在第二位；上海 10 座，位居第三。预计到 2060 年，我国氢能需求预计达 1.3 亿 t，其中工业需求占比约 60%、交通运输领域达到 31%。氢燃料电池汽车市场进入商业化初期。我国氢能产业逐步形成“东西南北中”五大发展区域，即燃料电池汽车示范应用城市群初步形成“3 + 2”格局，分别是东部早期燃料电池车研发与示范区域、西部可再生能源制氢和燃料电池电堆研发区域、南部燃料电池车大规模示范和加氢网络规划成熟区域、北部燃料电池电堆和关键零部件研发区域和中部燃料电池零部件研发和客车大规模示范区域。示范期内推广燃料电池汽车总量超过 37000 辆。氢燃料电池汽车产销逐年上升，市场进入商业化初期。中国汽车工业协会的数据显示，截至 2022 年底，我国氢燃料电池汽车年销量 2356 辆，保有量 12562 辆。预计到 2030、2060 年，氢燃料电池车年销量将分别达到 29 万辆、200 万辆。

综合看来，氢燃料电池市场前景广阔，本成果应用的市场潜力巨大，借助氢燃料电池行业快速发展的契机，本成果应用前景十分广阔，市场价值明显。本成果进行的氢燃料电池氢气循环子系统集成技术研究与应用，取得系统效率高、高度集成化、控制精准化的目标，与单氢气循环泵方案对比可实现 60% 的功率回收，极大地提高了系统峰值效率，既顺应氢能时代发展潮流，助力于氢燃料电池系统的开发利用，为氢能高效利用夯实基础；又可以提升燃料电池体积功率、优化结构布局、节省燃料电池使用成本，具有很强的技术潜力和经济价值。接下来，本成果相关技术内容也将得到持续研究和开发，满足和适应多领域多应用场景的发展需求，不断取得新突破，我们将继续坚持技术创新与工程应用创新，在氢能产业技术竞争中抢占到制胜高地。

氢燃料电池发电系统及关键技术开发

供稿：上海电气中央研究院氢能技术团队

上海电气集团股份有限公司中央研究院氢能技术团队成立于 2016 年，现有成员 20 多人，其中博士 2 人、硕士 15 人、高级工程师 5 人，主要由材料、机械、电化学、自动化控制等专业技术人员组成，具有扎实的理论基础和丰富的工作经验。团队负责人杨敏博士是集团新赛道领军人才，是全国燃料电池及液流电池标准化技术委员会委员、能源行业高温燃料电池标准化技术委员会委员、中国工程院氢能与燃料电池重大咨询项目执笔人、上海市科委专家库成员。

上海电气中央研究院氢能技术团队已完成多个核心技术和关键部件攻关，并申请了相关专利 115 项，已授权46 项目；已建成燃料电池及电解水制氢关键部件开发测试平台，具备膜电极、双极板、单电池、涂层、密封、电堆、电解槽、系统等综合开发和测试能力。团队秉持“开放、创新、共赢”的发展理念，聚焦燃料电池和电解水制氢关键部件和核心技术的研发与创新，推进氢能在发电、交通、可再生能源消纳等领域的应用，支持集团氢能产业发展，为能源高效利用提供先进装备，为实现“双碳”目标提供解决方案。

1. 紧握装备核心，攻克技术壁垒

（1）技术中枢——膜电极

膜电极是 PEM 燃料电池和电解制水制氢的技术与成本中枢；是最核心部件，是物质传输和电化学反应唯一场所，是

"心脏";决定着装置的性能、寿命和成本的上限,高性能、低贵金属载量、长寿命的膜电极对于加速氢能商业化进程具有非常重要的意义。

上海电气中央研究院氢能技术团队聚焦质子交换膜燃料电池膜电极技术开发与核心材料国产化,通过催化层结构设计、微孔层浆料配方与制备工艺优化及性能评价,研发出高效浆料分散技术、高性能自适应 CCM/GDL 制备技术(贵金属载量 ≤ 0.35 mg/cm^2,1200 mA/cm^2 下电压不低于 0.72 V)以及高可靠膜电极封边技术等,有力地推动了从膜电极到电堆的大幅降本,可适用于短堆及百千瓦级电堆,为交通、分布式发电等多场景提供技术支持。同时,团队对 PEM 制氢膜电极制备的关键技术也开展了相关研究,自主研制的膜电极贵金属载量 < 2 mg/cm^2,性能可达 2 V,3 A/cm^2。膜电极样品及性能如图 7-3-8 至图 7-3-11 所示。

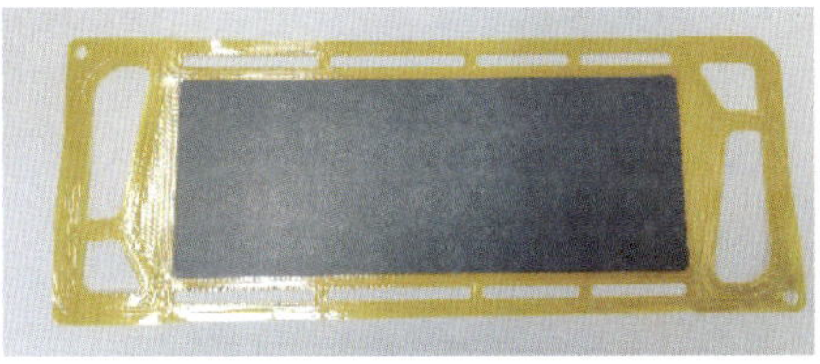

图 7-3-8 燃料电池膜电极样品

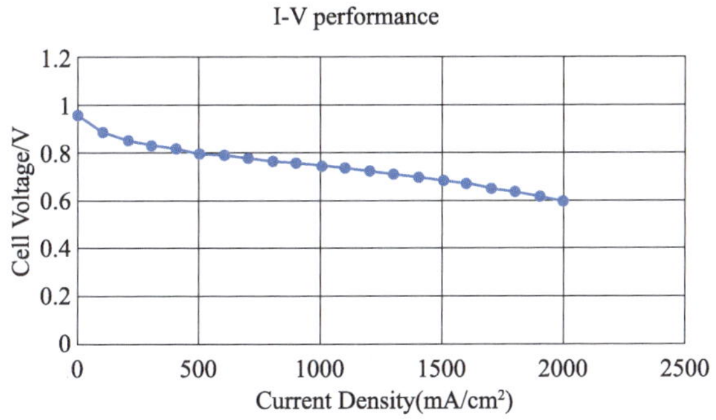

图 7-3-9 燃料电池膜电极性能

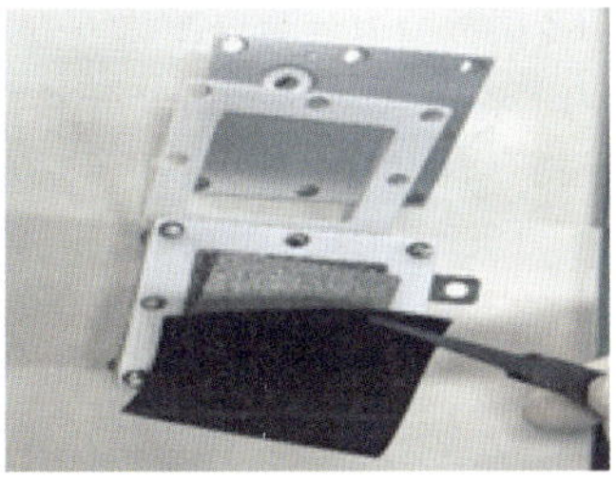

图 7-3-10 PEM 电解水制氢膜电极样品

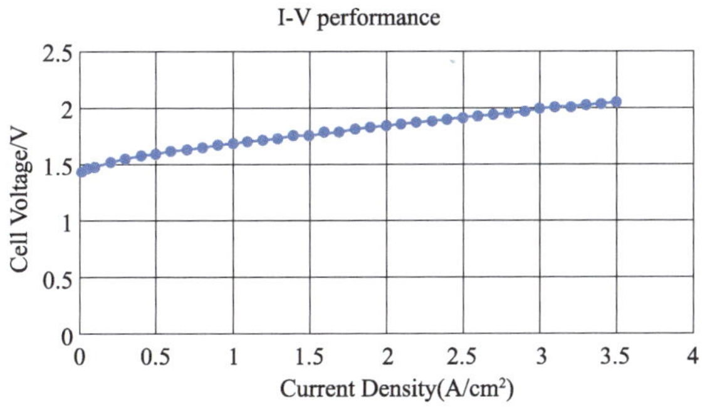

图 7-3-11 PEM 电解水制氢膜电极性能

(2)气液流场——双极板

燃料电池双极板是燃料电池堆重要组成部分,负责将燃料和氧气传送至膜电极进行电化学反应,双极板的重要性在于决定了燃料电池的功率、使用寿命和成本等性能指标。

上海电气中央研究院氢能技术团队在车用燃料电池双极板方面,通过优化极板材料成型工艺和优化流场结构设计,成功完成了 M270 型金属双极板的开发。该双极板具有极低的接触电阻,仅为 5 mΩ × cm^2,很大程度上降低了电堆内阻,极板的厚度仅为 1.1 mm,有效降低了电堆体积和重量,能够应用于叉车、物流车、重卡、发电等多种应用场景。

在分布式发电领域,已经完成了 S350 高功率石墨双极板的研发和验证工作。其反应面积可达 350 cm^2,最大可组装成 200 kW 的电堆,使用寿命超过 2 万 h,为定式发电的发展提供了更加坚实的基础,如图 7-3-12 和图 7-3-13 所示。

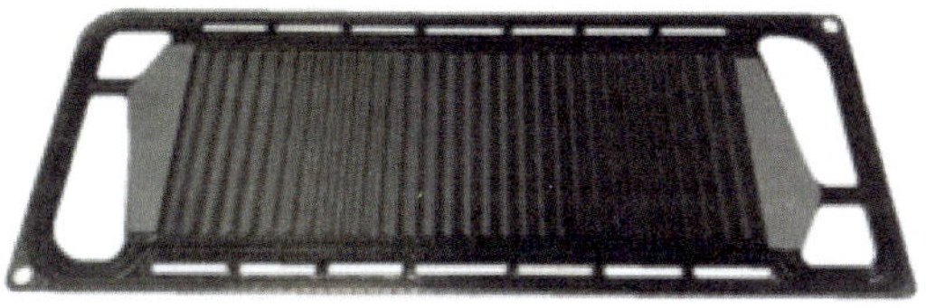

图 7-3-12 M270 金属双极板

图 7-3-13 S350 石墨双极板

(3)寿命加成——极板涂层

采用真空镀膜工艺,在金属极板表面沉积薄膜材料,使极板表面兼顾导电性和耐腐蚀性,从而提高燃料电池电堆、电解槽等氢能产品的性能及使用寿命。上海电气中央研究院已引进 1 台单体真空镀膜设备,该设备采用专业化定制设计,集成"多弧离子镀""磁控溅射"两种 PVD 工艺,配备有高性能真空泵组和阴极电源系统。通过优化整合工艺,可制备贵金属、非贵金属、金属化合物等多种膜层材料,以满足不同氢能产品的应用场景。目前开发的用于金属极板燃料电池电堆的石墨纳米晶复合碳基涂层,其接触电阻 2 ~ 5 mΩ · cm^2(1.5 MPa 碳纸),腐蚀电流 0.4 ~ 0.6 μA/cm^2,性能参数满足 DOE(美国能源部)相关指标要求,如图 7-3-14 所示。

电堆用金属极板复合碳基涂层样品如图 7-3-15 所示。

(4)安全屏障——密封

燃料电池密封涉及结构设计与仿真、聚合物材料开发、流体力学与摩擦学,内容十分丰富。上海电气中央研究院氢能团队对电堆密封建立了分层递进的验证体系:首先评估分析材料参数与密封性能的映射,然后通过适当的高温、高湿、酸液等工况模拟加速评估密封性能的衰减,并建立仿真模拟模型,最后从装配应用上完成和验证密封效果。通过合适的工艺实现了阴阳极板、膜电极的三合一封装,模块化制备电池反应单元,与传统密封方式相比优势明显:受密封材料收缩、松弛影响小,持久保持紧固;无强压式密封的材料永久形变问题;填充表面所有间隙,防止界面泄漏;适用于较薄密封装配界面，容纳误差；有利于电堆快速、可靠装配和膜电极的保护；为进一步大功率模块化打下了基础；电堆测试、维护更加方便。

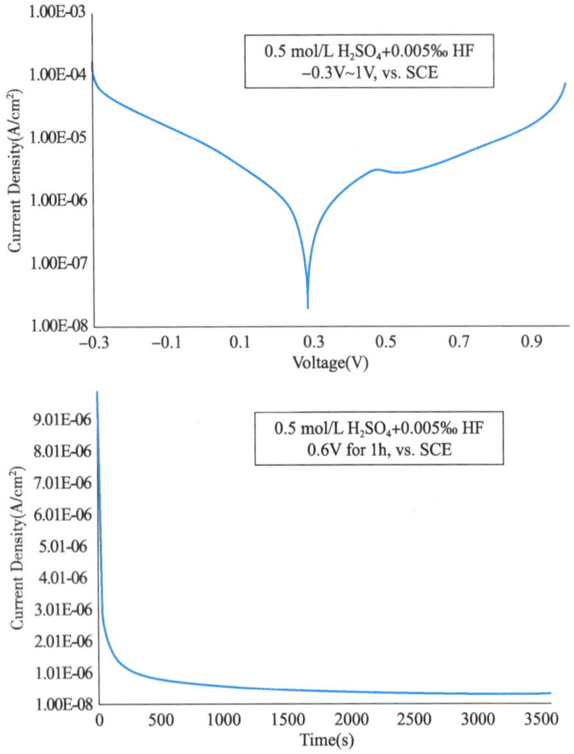

图 7-3-14　碳基涂层动电位及恒电位腐蚀电流测试

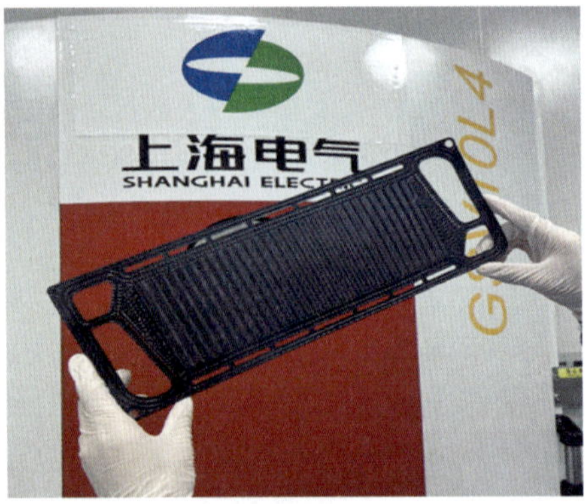

图 7-3-15　电堆用金属极板复合碳基涂层样品

在电解水制氢电解槽密封解决方案方面，选取合适的密封材料和密封装配方式，碱性电解槽采用了碳纤维填充改性四氟垫片，耐电解液良好，且抗冷流能力（ASTM F38，蠕变松弛 18%）、压缩回弹性（ASTM F36，>40%）有了很大提升；高压 PEM 电解槽采用了自紧式密封，完全可以满足10 MP 高压槽的密封需求，如图 7-3-16 所示。

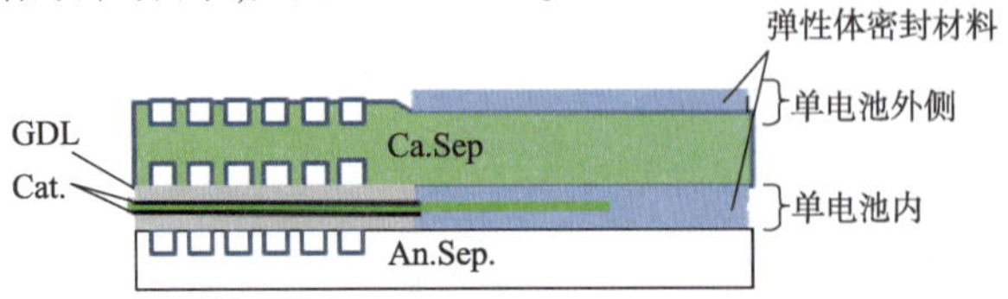

图 7-3-16　单电池结构示意图

2. 紧扣发展主线，定型模块化产品

（1）燃料电池电堆

上海电气中央研究院氢能技术团队 2016 年就完成了小功率 PEM 燃料电池电堆的研制，这标志着上海电气在燃料电池技术领域迈出了重要一步。2018 年氢能技术研发团队进一步扩展了研究领域——成功完成了车用 36 kW 系统的研究和 5kWCHP 热电联系统的研发工作。2020 年，上海电气中央研究院的氢能技术团队取得了历史性的突破，他们成功研发出了 Fuel Power—INNO 100 系列金属双极板电堆（见图 7-3-17），最大功率 100 kW，这是当时国内最大的金属双极板电堆之一。该系列金属电堆的体积功率密度为 3. 7 kW/L，具有成本低、效率高、寿命长等优势，是未来大规模商业化燃料电池的重要技术路线。此外，团队还开展了电堆环境适应性测试，针对电堆低温启动需求，在电堆低热容设计及材料选择、停机吹扫策略优化、在线水含量及高频阻抗监测等方面开展了充分研究。同时，通过恒压启动方式，大幅增加电堆极化以提高电堆热功率，实现了金属板电堆最低 −30 ℃的低温冷启动。

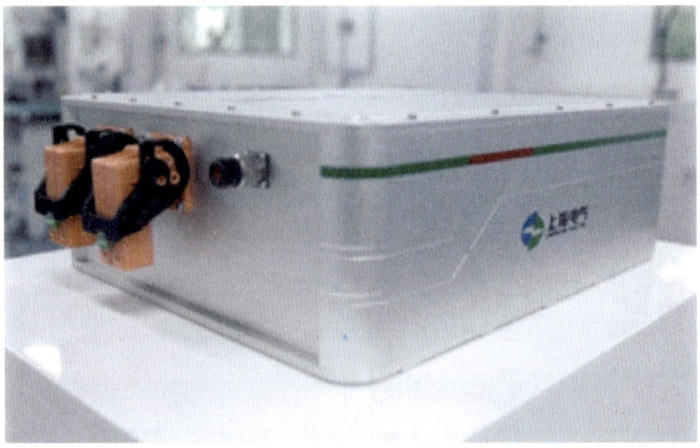

图 7-3-17　100 kW 金属双极板电堆样品

上海电气中央研究院氢能技术团队一直在不断努力探索氢能技术的应用，在 2022 年成功研发出了 150 kW 分布式发电用石墨双极板燃料电池电堆（见图 7-3-18）。该电堆发电效率超过 55%，氢气利用率低于 0. 7 Nm^3/kWh，低温启动温度为 −20 ℃，耐久性能良好，可达到 2 万 h 以上。

图 7-3-18　150 kW 石墨双极板电堆样品

(2)燃料电池热电联产系统

在燃料电池热电联产系统方面,已形成自主的集装箱式模块化 100 kW 燃料电池热电联供系统产品(见图 7-3-19)。全系统额定净发电效率 >47%,最高净发电效率 >53%,可向外提供 40 ℃ ~60 ℃热水,热电联供系统综合效率 >90%。已成功应用于国内首个工业园区"可再生能源 + PEM 电解水制氢系统 + 储氢 + 燃料电池发电"示范项目。此外,团队积极研发在工业厂区及偏远地区应用场景下的"风光 + 制氢 + 燃料电池 + 充电桩"解决方案及制储用一体化装备,实现可再生能源的就地消纳,如图 7-3-20 所示。

图 7-3-19 燃料电池固定式发电系统

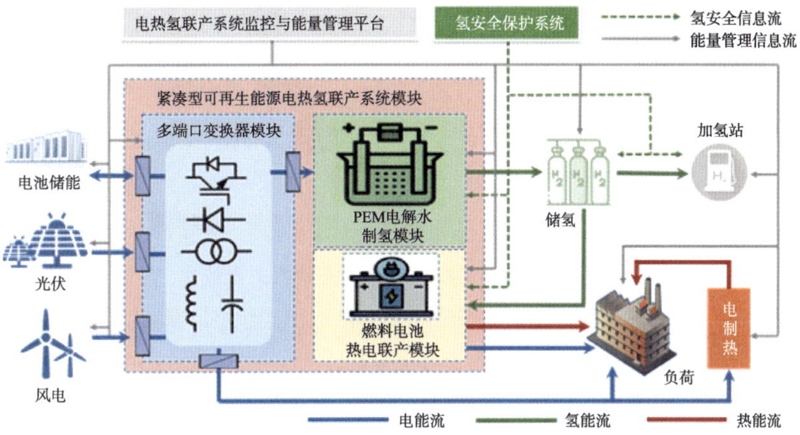

图 7-3-20 园区级可再生能源电热氢联产解决方案

四、节 能 领 域

马赫动力 1.5 T 高效混动汽油机

供稿:东风汽车集团有限公司技术中心

1. 成果简介

近年来,随着国民经济的持续快速发展和国民消费力的快速提升,中国的汽车工业得到了迅速发展,但同时也带来了严峻的环境污染和能源紧张的问题。解决汽车需求持续增长和能源短缺及环境污染问题之间的矛盾刻不容缓。根据规划部署,2025 年,新型客车的百公里平均油耗 <4 L,新能源汽车年销售量占比达到市场总需求的 20% 左右。此外,工信部、国家发改委和科技部联合发布的《汽车工业中长期发展规划》中,对 2020 年后中国汽车节能和新能源的发展目标也提出了明确的要求:到 2025 年,乘用车平均燃料消耗量降低到 4 L/100 km,其中新能源汽车占比要达 20% 以上。2020 年 10 月 27 日,中国汽车工程学会发布了《节能与新能源汽车技术路线图 2.0》,按照规划明确了传统燃油车深度电混的目标,即到 2025 年混合动力新车占传统能源乘用车的 50% 以上。为改善我们赖以生存的环境,国家提出:"二氧化碳排放力争 2030 年前达到峰值,努力争取 2060 年前实现碳中和"的发展目标,从国家层面明确了"双碳"目标的重要意义。

加快推进新能源汽车和节能汽车的发展,深化研究控制和持续降低汽车油耗的先行技术,是促进汽车工业可持续发展的紧迫任务,也是加快国家汽车行业升级转型,培育新的经济增长点和国际竞争优势的战略措施。基于国家"双碳"目标,车企需持续发展节能技术和新能源技术,动力总成向更加高效的混动方向发展。针对混合动力打造专用发动机以期将能源效率最大化、经济成本最低化就显得尤其重要。开发高热效率混动专用发动机是东风作为央企的责任担当和面向市场的重要战略举措。2021 年东风汽车集团发布了动力总成品牌"马赫动力",发布了 C15TDR 高效汽油机,最高热效率达到 41.07%,成为首个热效率突破 41% 的增压机型。时隔两年,东风再次领先一步,2023 年 2 月发布了 C15TDE 高效混动专用汽油机,最高热效率达 45.18%,成为首款中汽研"能效之星"认证的 45% 的汽油机。

东风全新一代 C15TDE 发动机围绕高效化、电动化、智能化,采用多种关键核心技术:高效燃烧系统,采用 350bar 缸内直喷以及"三高一快"设计,提升燃油经济性,降低排放;混动专用 VGT(可变截面涡轮增压)技术,兼顾动力与油耗;低压 EGR 全域耦合控制,实现全工况与使用环境自适应设计;智能热管理系统与电动化技术,集成电动水泵、全可变排量机油泵、电控 PCJ,提升混动燃油经济性;完全自主软件开发,结合控制策略优化,全面挖掘混动专用发动机性能潜力,如图 7-4-1 所示。

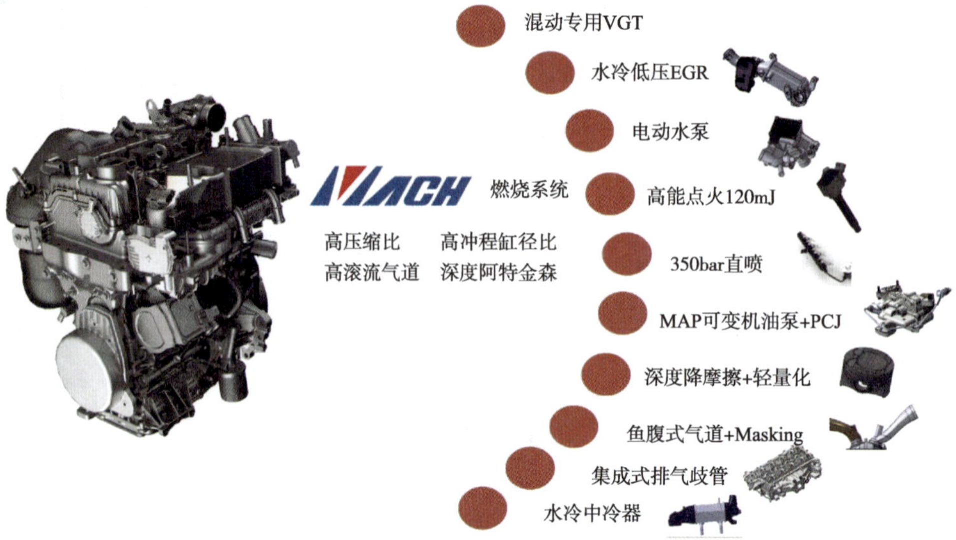

图 7-4-1　C15TDE 混动专用发动机关键技术

2. 成果创新点及解决的难点问题

(1)混动高效化设计

混动化需求:与传统发动机设计相比,发动机不再作为整车单一动力来源,混动车型低速由电池提供动力,避免发动机进入低效区;高功率需求时,发动机介入,与动力电池进行功率分配,保证发动机保持高效工作。

混动发动机特点:使用工况点更为集中,对低速扭矩与功率需求降低。在满足基本功率需求下,对发动机的极限高效和混动专用设计提出更高要求。

设计难点:提升发动机热效率的主要途径,包括提高指示热效率、降低泵气损失和摩擦损失。其中,提高压缩比是最为常用以及有效手段,也是发动机不断追求更高压缩比的原因;受冲程缸径比的限制,当压缩比提高到一定程度后,热效率收益将不明显,但会带来强烈爆震与燃烧不稳的风险,动力性也会急剧劣化。因此,混动发动机设计的难点以及关键点就在于燃烧系统设计,如何开发设计匹配,充分挖掘极限效率潜力(见图 7-4-2)。提高发动机燃烧的等容度,采用稀薄燃烧,可以提升最高热效率,但高负荷仍也存在强烈爆震,同时面临的排放成本也无法接受。再次,采用进气阿特金森循环/米勒循环以及 EGR 技术是降低泵气损失有效手段,也是改善爆震的有效方案之一,关键设计在于燃烧系统的匹配,充分发挥燃烧潜力。持续降低摩擦损失,对于传统发动机低负荷工作区域更为有效,混动发动机的设计要考虑成本收益。

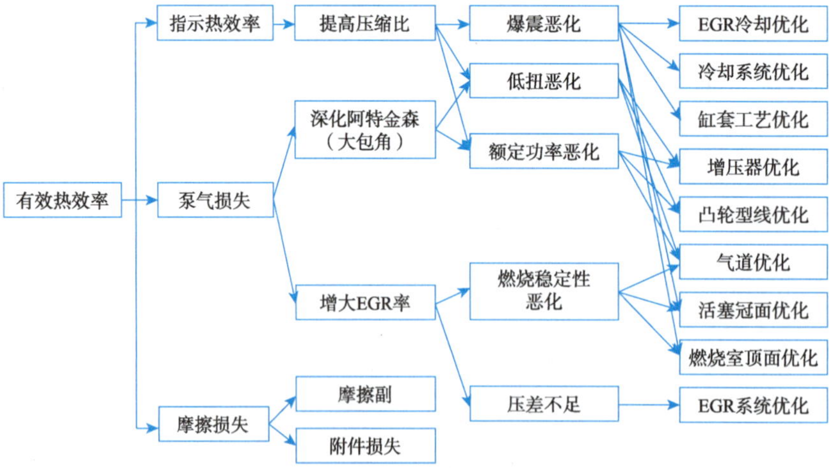

图 7-4-2　热效率提升技术措施分解

C15TDE 创新点设计:C15TDE 高效混动发动机燃烧系统采用“三高一快”设计,浅碟形活塞的高压缩比设计,配合高冲程缸径比,充分压榨压速比收益;Masking 高气道滚流设计,提高 42% 滚流比,湍动能提升 40%、加快燃烧速度;配合 350bar 缸内直喷,SMD 粒径最低可达到 9 μm,让燃烧更为充分与稳定,提升燃烧效率、有效降低排放。

抑制爆震方面：C15TDE 采用了进气阿特金森循环，通过大包角凸轮型线设计实现进气门晚关，实现膨胀比大于压缩比，降低实际压缩比，抑制爆震；同时，可以有效减小节气门节流损失，降低泵气损失，提高发动机热效率。另外，采用低压冷却 EGR 技术也是提升热效率关键手段，通过将发动机高温废气冷却至缸内，可以大幅降低进气泵气损失，同时冷却 EGR 吸收缸内高温，有效抑制爆震，提升燃烧效率，C15TDE 最高 EGR 率达到 30%，配合 120 mJ 的高能点火线圈，能量密度提升≥40%，保证燃烧稳定性。

C15TDE 的高效燃烧系统不仅仅先进技术的堆积，关键在于燃烧系统的匹配设计，高压缩比、高滚流、阿特金森循环、外部冷却 EGR 等方案的设计，需要保持性能的匹配。基于用户常用工况的燃烧系统为目标，提升燃烧热效率，扩大使用高效区，满足整车匹配使用需求。

C15TDE 超高热效率混动发动机燃烧系统主要关键技术如图 7-4-3 所示。

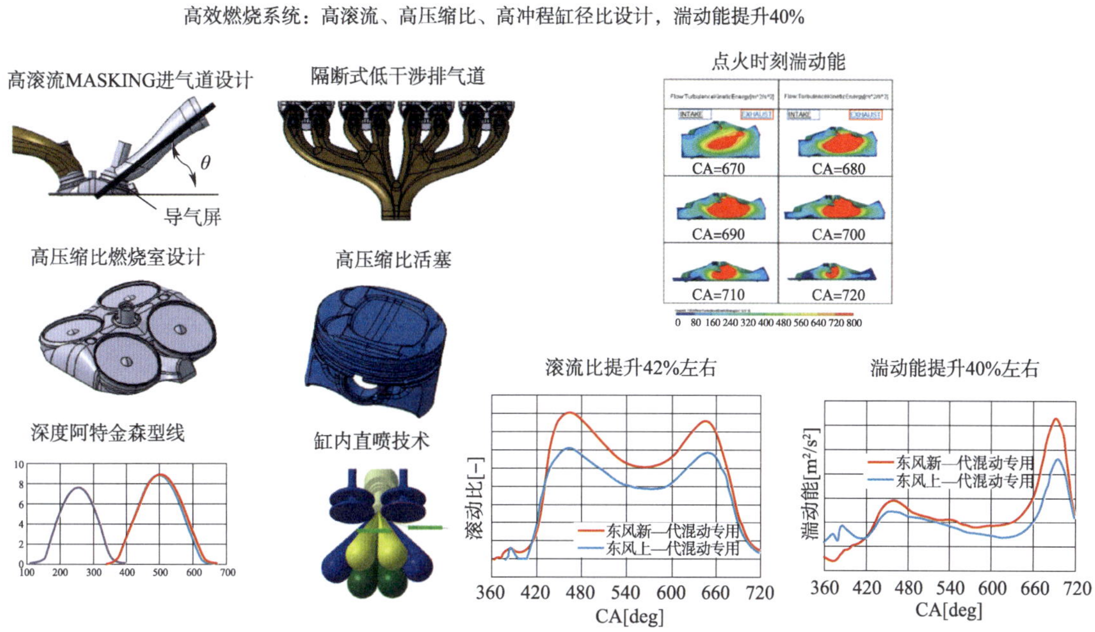

图 7-4-3　高效燃烧系统提升指示热效率

（2）全面电动化技术

全新 C15TDE 超高热效率发动机采用了先进的电动化集成方案：包括电动水泵、电子节温器、电动压缩机、VGT 电动执行器、电子 PCJ 控制、MAP 可变机油泵等的应用，实现了附件和关键执行器件的全面电动化，其中集成了 30 余项智能降摩擦技术，摩擦功降低至 35 kPa，有效地提高了热效率，让燃烧的力量更多传递到车轮，实现更高热效率，同时电动化器件使用结合用户使用场景实现多功能应用。

电动水泵可实现多种不同模式暖风策略组合：①快速暖机，电动水泵低速运转或不运转，节温器大循环关闭，发动机升温速度快，发动机水温快速提升；②暖机供热，发动机停机，电动水泵小流量运转，可供车辆短时间暖风，节省能耗；③电动水泵小流量运转与车辆 PTC 加热介入结合，可实现快速制暖效果，从而提升用户体验。

另外，电动水泵与发动机转速解耦，具有灵活的冷却控制能力，可防止发动机在各种工况下超温，保证发动机正常高效运行：①暖机时，电动水泵低速运转，节温器小循环关闭；②中小负荷时，电动水泵中速运转，小循环开启，大循环关闭；③大负荷时，电动水泵全速运转，节温器大循环开启；④极端热负荷工作后停机，电动水泵小流量运转，可保护发动机本体。

采用电动空调压缩机，可实现夏季发动机不启动，空调快速启动，快速制冷，从而节省能耗，提升用户体验。可变截面涡轮增压器（VGT）也使用电动执行器，可实现增压器的电动化控制，使其响应快速：①低动力需求时，响应性快，转速快，低速扭矩提升速度快，此时控制 PCJ 关闭、机油泵采用 MAP 控制；②高动力需求时，高转速区的流通性更大，需要增压器气体流量高、做功能力强，此时开启 PCJ，降低活塞温度，另一方面机油泵全开，以满足润滑、冷却需求。

（3）智能化控制

C15TDE 超高热效率发动机以高效燃烧为核心，智能混动控制系统为大脑，实现全控制策略和功能量身打造，让发动机运行更高效更舒适、更智能、更可靠（见图 7-4-4）。其中亮点技术如下：①EGR（废气再循环）全域合控制技术，开发长路径的 EGR 系统控制技术，实现三阀联动平稳、快速、精准的控制 EGR 流量，以及不同环境下的 EGR 率自学习技术。②全域噪声控制技术，采用极致轻量化活塞连杆运动件，从源头降低往复惯性力，改善机体振动；独创的燃烧噪声分离控制技术，对不同驾驶场景实现燃烧噪声控制最优化；采用频率耦合分配和隔音隔振技术包，实现全域静谧舒适驾乘感受。③智能热管理系统，自主研发发动机热管理和空调热管理交互策略，启动暖机速度更快，高速冷却更均匀，温度控制更加智能化；④智能混动控制系统，软件策略和功能按照硬件参数量身打造，充分激活硬件潜力，满足全场景用户需求。分缸空燃比精确控制，分缸进行加浓或减稀控制，实现可靠性和油耗的兼顾。先进的防爆震干扰技术，采用中心频率自学习技术，实时计算各频率段的爆震频次，满足混动极苛工况需求，提升发动机的热效率。燃烧噪声控制技术，自主研发点火角全环境瞬态工况修正功能、降低瞬态工况缸压和压力升高率，提升车辆瞬态工况声品质。

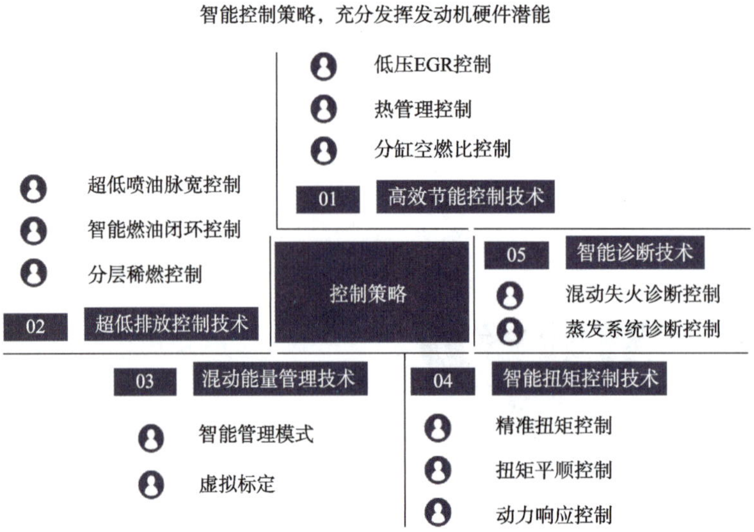

图 7-4-4　智能化控制策略

3. 国际水平对比分析

C15TDE 超高热效率混动发动机通过高效燃烧，全面电动化和智能控制策略应用，最高热效率达到 45.18%，并且该发动机获得了中汽研“能效之星”认证（见图 7-4-5），最高热效率在量产增压机型中领先，是首款达到 45% 热效率的汽油发动机。在 NVH 方面，该发动机的怠速噪声低至 57.5 dB(A)，为同级领先水平，用户日常驾驶实现无感运行，静谧舒适。

4. 成果应用情况

C15TDE 高效混动汽油机是东风新能源跃迁关键机型，该发动机已于 2023 年 2 月发布。东风围绕高效燃烧、先进控制、电动化、智能化等申报了 100 多项发明专利，已形成以 1.5 T 混动机型为核心的发动机产品。C15TDE 高效混动汽油机已经实现集团多品牌全面搭载应用，首款车型预计 2023 年四季度投产。

热效率	45.18%
峰值输出功率/转速	110kW/5200r/min
峰值输出扭矩/转速	240Nm/3000r/min
怠速噪声	57.5dB(A)

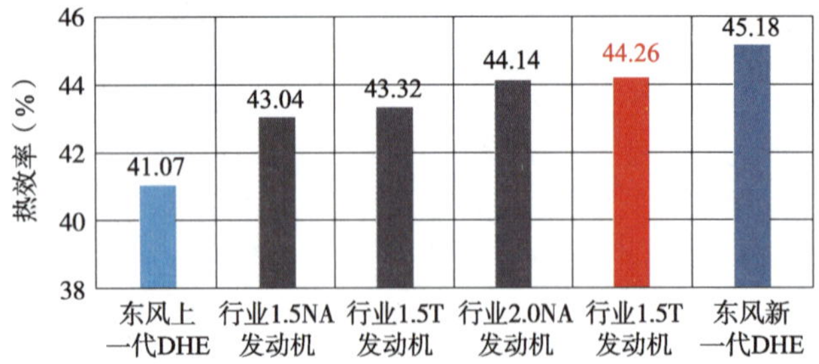

图 7-4-5　C15TDE“能效之星”产品认证书

5. 成果的产能建设情况

C15TDE 基于智新科技 C 平台生产线，与 C15TDR、C15DR 等机型共线生产，当前该生产线已完成产能 36 万台/年。

6. 社会及经济效益分析

“双碳”目标是中国基于构建人类命运共同体而作出的承诺，也是汽车行业“能源革命”的重要指引。发动机热效率越高，相同动力输出情况下油耗越少。通常，一辆汽车发动机热效率每提升 4%，油耗至少降低 10%。基于此，提升发动机热效率是节能燃油发动机的重要举措，也是与新能源汽车发展并行的重要技术路线。

作为汽车行业国家队成员，东风汽车在“十四五”之初就明确提出聚焦新能源跃迁、智能驾驶跃迁推动“东方风起，科技跃迁”战略，并在2023年初进一步明确“节能燃油和新能源并重”的转型升级行动方向。坚持“开发一代，改进一代，预研一代”理念，东风汽车持续深耕下一代高效清洁发动机技术，燃油、混动、电动、氢能等领域科技跃迁成果进入挂果收获阶段。

搭载众多“黑科技”的全新马赫C15TDE混动发动机深度贴合用户场景，覆盖城市、山区、高环、高速等用户工况以及常温、高温、高原、高寒、高湿热等不同环境，在混动车型上给用户带来优秀的驾乘体验。

基于当前搭载规划，C15TDE混动汽油机未来可实现产值超过100亿元，提升东风各品牌混动车型市场竞争力。

融合串并联及功率分流的多挡化混合动力电驱动

供稿：东风汽车集团有限公司技术中心

1. 成果简介

全球能源和环保问题日益突出，国家也正在不断地施行更加严苛的油耗和排放法规。在节能环保大趋势及国家节能与新能源汽车技术路线图的指引下，混合动力日益成为乘用车行业实现碳达峰碳中和目标的重要技术路径。近年来，各厂家都在大力开发混合动力电驱动总成，混动车型的销量显著升高，预计到2025年，混动汽车的市场占有率将达到50%。掌握混动电驱动总成的核心开发技术，是东风自主乘用车高质量发展的重要支撑，更是东风公司作为央企对节能减排社会责任的积极践行。

随着混合动力汽车市场份额的不断攀升，国内外车企混动电驱动产品也在不断涌现，主流产品呈现出专用混动化(DHT)、多档化、智能化的技术趋势。目前市场的主流混动构型均存在各自的技术特点。传统的单电机并联结构虽然高速油耗低、动力性好，但城市油耗较差；串联构型的优点是发动机与轮端解耦，使得发动机高效利用率高，城市油耗低，但能量传递效率低于串并联和直驱结构，高速油耗差。主流的单挡串并联构型能够兼顾两者的优点，但受限于发动机单挡速比，高速油耗不如多挡，而多挡结构则存在换挡的平顺性问题；功率分流构型虽然有着平顺和城市工况油耗低的优点，但由于发动机无法直驱而导致高速油耗表现较差。

基于国内外汽车行业发展趋势及东风公司动力总成电动化转型战略需求，东风公司在马赫动力第一代混动电驱动HD系列的基础上开发了新一代多挡智能混动电驱动产品4HD系列混合动力电驱动总成，首次融合多档化、串并联和功率分流的结构，保证了全场景的低油耗、强动力和换挡平顺性，通过采用行业内创的轴齿、电机及换挡技术，在性能全面提升的同时，降低了成本，以应对不断提升的市场需求，同时也提升了东风公司在新能源动力总成领域自主研发的能力。

4HD系列混动电驱动系统架构如图7-4-6所示，其采用了创新的行星齿轮-定轴齿轮复合架构，支持驻车发电、纯电驱动、能量回收、串联驱动、发动机直驱(四速)、并联驱动(四速)和功率分流(双模)等七大工作模式，集成了高效热管理、高效油冷电机、高集成一体化设计和低噪声齿轮设计等12项核心技术。本项目初步形成了完整的知识产权布局，授权发明专利16项，受理发明专利41项。该系列产品将应用搭载于东风公司多款战略车型，具有极其重要的应用价值及经济效益，是东风公司践行国家“双碳”目标的重要路径之一。

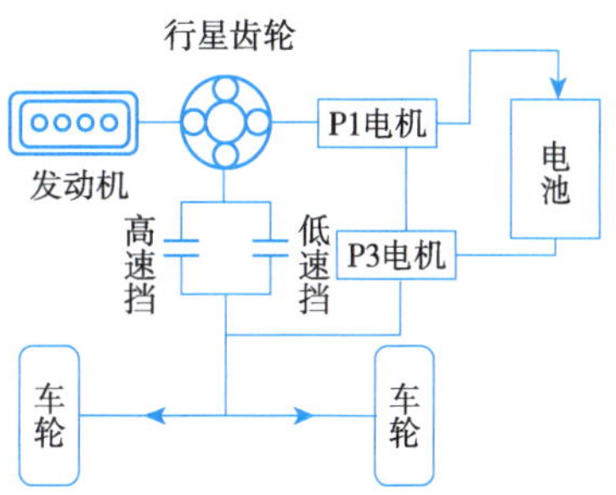

序号	模式
1	驻车发电
2	发动机直驱4挡
3	并联驱动4挡
4	纯电驱动
5	串联驱动
6	制动能量回收
7	双模功率分流

图7-4-6 4HD系列系统构架及模式

2. 成果创新点及解决的难点问题

(1)多挡化模块化电驱动架构设计

为了得到全局最优架构方案，针对24类多挡化架构进行定量大数据分析，这种分析规模需要利用自动寻优工具。在4HD系列混动电驱动系统设计过程中，东风公司自主开发了动力总成架构自动寻优工具链，大幅提升了计算精度和寻优效率。基于工具链开展了具体分析，如图7-4-7所示，结果表明，P3架构具有最优的EV端传动效率，P1架构具有较优的发动机启停性能。混动架构下，增加发动机挡位会显著降低油耗，当发动机端挡位达到4挡时，达到最优经济性，因此选择4挡作为发动机直驱档位。综合性能与成本，最终选择最优架构：双电机“P1+P3”布置，发动机端4挡驱动电机端1挡，并优化得到相应的速比、电机外特性等基础参数。基于以上最优架构，结合优化的换挡和能量管理策略，使得在综合工况下发动机的高效区利用率达95%，在循环工况、城市工况和高速工况下分别达成13%、12%和15%的节油率。相比于单挡串并联，目标车型WLTC油耗预估可优化8%，0～100 kph加速性能提升2 s以上，且双电机功率可大幅下降以降低系统成本。

(2)多挡混动变速箱轴齿系统

多挡化后的变速箱轴齿结构和承载工况更为复杂，为保证变速箱传动效率不恶化，需要合理的轴齿布置方案、轴齿详细设计、轴承选型匹配和配套的制造装配工艺。确定架构后，开展进一步概念设计，对变速箱轴齿宏观参数、轴承方案、换挡执行机构、冷却润滑系统概念方案和电机宏观结构尺寸等进行确认。综合考虑可靠性、经济性、搭载性、NVH等性能后，确定了4HD系列的概念方案。

4HD 系列采用了创新性的轴齿架构，其难点在于行星齿轮系统详细尺寸及工艺设计。结合已有的设计经验，对标行星齿轮系统竞品，通过设计、仿真、试验验证及优化，逐步形成了完整的多挡行星齿轮系统设计 & 评价指标、DFEMA、轴齿结构 & 工艺设计方案、主动润滑结构设计方法等。行星齿轮系统与定轴齿轮结合的系统轴齿设计、壳体接口及壳体设计对传动系统效率、可靠性与 NVH 具有显著影响。建立了系统级的仿真分析模型以计算精准的齿轮传递误差和壳体振动响应，并基于此对齿轮微观参数、轴结构、轴承和壳体结构做优化，以确保达成设计指标，如图 7-4-8 所示。

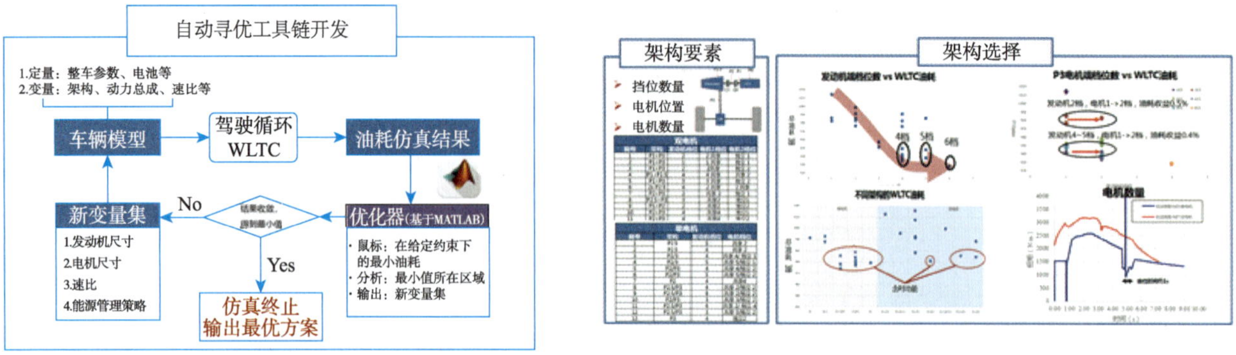

图 7-4-7　自动寻优开发和动力总成架构选型分析

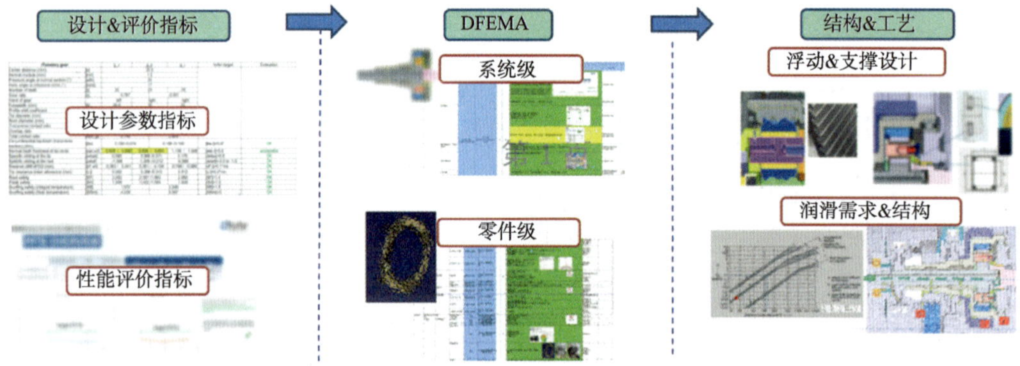

图 7-4-8　行星齿轮系统开发关键技术

(3)多挡 DHT 轴齿的机电换挡毂执行机构

多挡 DHT 的系统相对复杂，若采用传统的 AMT 式换挡，则会导致动力中断，因此需要匹配较大功率的电池和 P3 电机进行扭矩填充；若采用 DCT/AT 式换挡，则需要采用多摩擦式离合系统配合扭矩传递，导致系统结构复杂。因此多挡 DHT 对换挡执行机构具有较高要求，如何统筹考虑新机构和其他机构(冷却润滑，P 挡)，使得整个执行机构系统具备动力换挡能力、高稳定性、安全性、高效率和低成本是一个系统性的设计问题。4HD 创新地采用了功率分流式换挡，无离合系统，采用行星排和定轴齿轮实现 4 挡架构，换挡时利用行星齿轮无极调速传扭，实现平顺换挡。

相比于液压离合器方案，4HD 系列换挡执行机构采用了“机电换挡毂 + 换挡”拨叉方案，显著降低了系统复杂度、尺寸和成本。设计过程中形成了完整的机电换挡系统需求定义、系统设计及详细设计方法。通过合理的宏观概念设计、系统零部件选型，详细设计 & 仿真优化，确保换挡系统各维度性能(换挡时间、强度、耐久、NVH、一致性)全面达成，如图 7-4-9 所示。

(4)多挡 DHT 控制策略

4HD 的创新性架构在带来丰富工作模式的同时，也对控制策略(能量管理、模式切换、换挡执行、冷却润滑等)提出了较高要求，需要最优的控制策略以发挥架构优势。其中，能量管理策略和混动换挡执行策略是重要难点和关键技术(见图 7-4-10)。

针对能量管理策略：充分考虑了各维度需求(轮端需求扭矩、车速、转速、电池电量平衡、NVH 等)，采用状态机框架定义完备的模式切换策略。采用 ECMS 瞬时最优综合效率原则，统筹考虑发动机比油耗及系统传递效率，以达成最优油耗。依据详细的控制策略自主开发了扭矩分配优化工具链，可自动快速生成最优规则。自主开发了完整控制策略 & 整车动力性 & 经济性仿真模型，有效指导了控制策略详细开发及桌面标定。

发动机多挡化虽然能够使行驶工况覆盖更大范围的高效区间，但对多挡位切换的平顺性带来了挑战。针对混动换挡执行策略，基于创新性架构采用了创新的功率分流式换挡，在省却离合器，使用简单同步器机构的前提下，能实现无动力中断换挡。该换挡方式的关键技术在于控制策略。4HD 系列基于功率分流系统特性，采用了创新的控制策略，实现了发动机端无动力中断调速，扭矩填充率达到 93% ~ 100%，如图 7-4-11 所示。

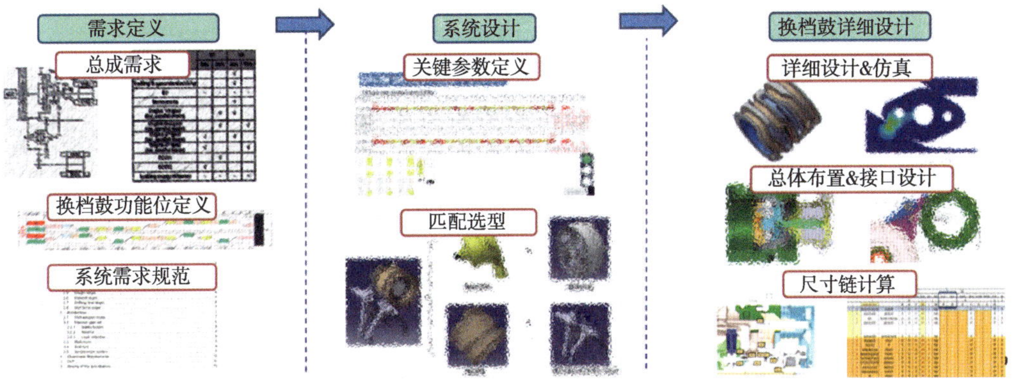

图 7-4-9 多挡混动电驱动执行机构关键技术

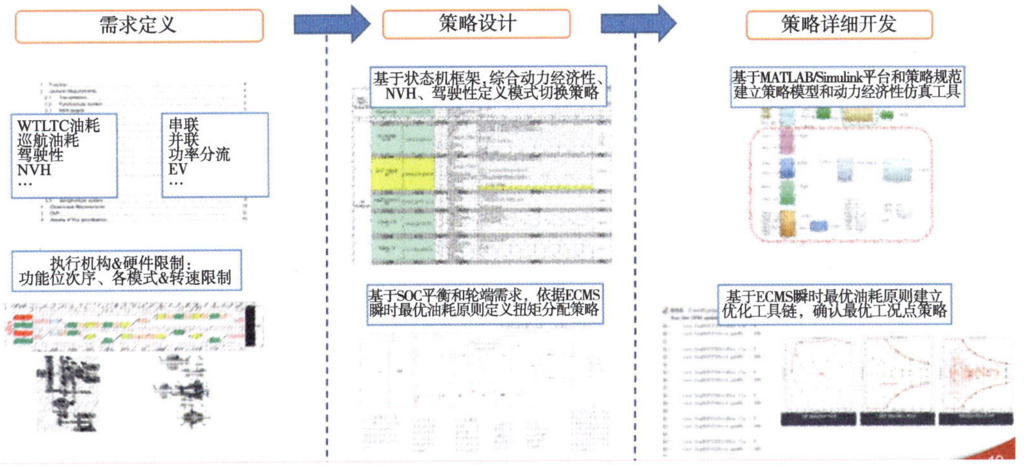

图 7-4-10 能量管理策略开发流程及关键技术

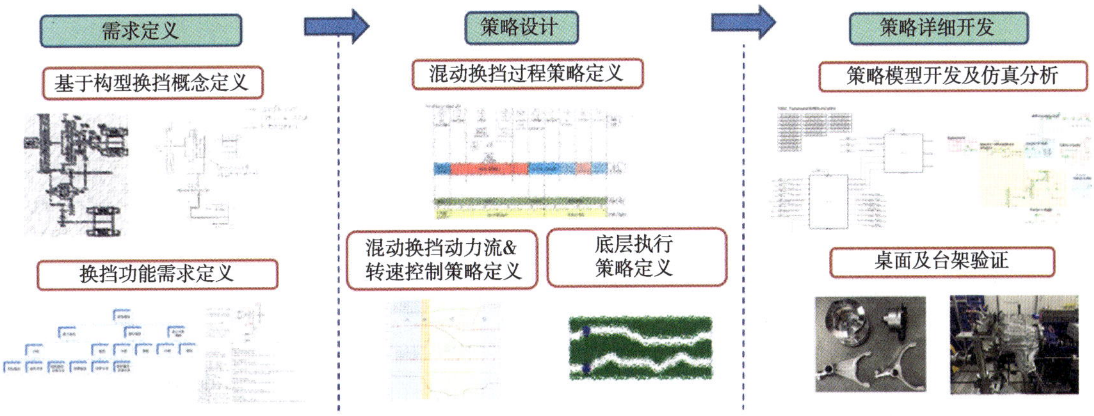

图 7-4-11 混动换挡控制策略开发流程及关键技术

3. 国际水平对比分析

4HD 系列混合动力电驱动系统是行业内首个 4 挡双电机专用混动电驱动系统,动力经济性优化的同时,大幅降低了电机系统功率以降低总成本。创新性地采用了"单行星排 + 定轴齿轮"架构,以最少的轴齿数量,行业内首次集成了所有混动工作模式(多挡串并联 + 功率分流),填补了市场空白,为全场景动力经济性提供了最大适应性。WLTC 油耗相比单挡串并联 DHT 可降低 8%;创新性地采用了功率分流换挡模式,取消了离合器和复杂的机电液压换挡机构,实现无动力中断换挡的同时进一步降低成本。相比于主流竞品,4HD 系列具有更好的 Y 向空间,更高的总成输出扭矩容量和扭矩密度。

4HD 混动总成与国内外主流混动总成对比分析见表 7-4-1。

表 7-4-1　4HD 混动总成与国内外主流混动总成对比分析

	4HD 混动总成	某单挡串并联混动总成	某 2 挡串并联混动总成 1	某 2 挡串并联混动总成 2
Y 向尺寸 (mm)	118	150	100.5	135
输出扭矩容量(Nm)	367	380	375	400
扭矩密度 (Nm/kg)	38.1	23.3	34.8	25.9

4. 成果应用情况

马赫动力混动总成引领东风汽车集团内协同工作取得了突破性进展，集团内多家公司产品搭载应用了马赫动力混动总成；同时拓展到了集团外客户搭载，增加了新的业务。目前 4HD 系列 DHT 在“浩瀚”车型上实现了首次搭载应用，后续将在集团内多款 PHEV 车型搭载。

5. 社会及经济效益分析

(1)社会效益

4HD 系列混合动力电驱动系统是东风汽车集团技术中心开发的全新一代马赫动力混动总成，首次融合了多挡化、串并联和功率分流构型的混动变速箱。自主开发多挡混动电驱动系统并掌握相关核心技术，将进一步保持东风自主混动总成技术的先进性，显著提升东风汽车公司自主品牌混动汽车的产品竞争力。

相比于上一代马赫动力混合动力总成，搭载 4HD 系列的同平台混动车型的节油率达到 8%，配合新一代专用混动发动机，节油率可达到 15%。该产品既推动了国内混合动力技术水平的发展，又提高了节油率，对自主混动技术发展和生态环境都起到了积极促进作用，彰显了东风汽车集团作为央企的责任与担当。

(2)经济效益

相较于上一代马赫动力混动总成，4HD 系列混合动力总成的单台成本降低了 2000 元。从市场趋势发展来看，混合动力车型的市场份额正在稳步增长。4HD 系列混合动力总成瞄准乘用车主要市场份额的 A ~ C 级车型，可以覆盖 HEV (混动车型)和 PHEV(插电式混动车型)车型搭载需求，产品主打高性价比，并具备智能、高效、多模、平顺等技术优势。

长安汽车智电 IDD 混合动力系统

供稿：重庆长安汽车股份有限公司

1. 产品开发背景

在碳达峰碳中和目标、《新能源汽车产业发展规划》《节能与新能源汽车技术路线图》等大背景下，发展新能源汽车成为必然趋势。PHEV 作为新能源汽车，相比燃油车能耗更低，驾驶感受更舒适；相比 EV 场景适应性更广，深受市场认可。插电混动总成匹配发动机、电机/电池双动力源，系统复杂度高，面临“平台化设计、效率提升、能量管理、舒适驾乘控制及环境适应性”五大核心难题，突破并掌握相关关键技术迫在眉睫。

2. 标志性成果

①知识成果：形成专利 49 项，授权 23 项(发明 14 项、实用新型 9 项)，受理 26 项(均为发明)；发表论文 16 篇(EI/SCI 9 篇)。

②人才培养：建立全球化团队，核心人才达 100 人以上，团队总人数达 1000 人以上(涵盖设计、控制、标定、试验、CAE 等领域)。

③经济效益：搭载长安汽车四款 PHEV 车型已量产上市，截至 2023 年 6 月 30 日，销售达到 4 万余台，已产生经济产值 60 余亿元。

④社会效益：单车匮电油耗较同级传统燃油车降低 30% ~ 40%，典型 A 级车每百公里降低油耗≥3L。

3. 主要创新点

(1)突破了 P2 构型高集成度平台化设计技术

混动总成布置上新增了电机系统，动力系统 Z 向尺寸大大增加。以多挡变速器作为传动机构，面对不同车型的机舱空间，实现平台化搭载难度大。

基于长安 50 余种车型机舱尺寸，从“总成—系统—零部件”进行逐级分解并设定尺寸目标。在混动发动机设计上，创建了模块拓展自由的顶层设计架构，全面满足复杂系统的混动及传统发动机平台化设计需求，并提出多工程约束动态交叉设计方法，攻克了混动专用发动机轴向布置难题，轴向尺寸优于全球同类产品 7 mm 以上。

电驱变速器方面，提出“轴向极小尺寸”设计理念，发明了 S-winding 扁平电机与三离合器同轴径向设计一体式结构，攻克了 P2 构型多挡位轴向集成的技术难题，电驱变速器轴向长度比同构型国际知名品牌产品短 60 mm，实现 A ~ D 级整车的平台化应用。

(2)攻克了核心系统效率提升技术

混动总成是“机—电—液—热”多场耦合的复杂系统，发动机、电机能量转换机理的差异，多工作模式切换引起运行工况点的差异，提升效率成为难题。

针对混动发动机，发明了基于缸内未燃区温度的爆震动态控制方法，攻克了高压缩比米勒循环混动发动机爆震控制难题，常用易爆震工况燃烧放热质心控制在上止点后 8 ℃A，并发明了高压缩比米勒循环发动机燃烧室新结构，攻克缸内滚流衰减难题，油气混合均匀性提升 10%，原始排放降低 30%。

电机系统上，开发了油水复合冷却技术，实现电机转子定子温度实时精准控制，优化电机冷却效率，保证电机运行更舒适高效，其中高效区占比 > 80%；变速器方面，创新开发了低黏度、低泄漏、高油压的按需供给的低功耗智能电子双泵液压系统，油泵损耗相比传统机械泵降低80%，并发明了低阻力回油结构，大幅降低系统的拖曳损失，最终实现电驱变速器综合传递效率达到96%以上。

(3)开发了复杂工况能量管理控制技术

在复杂道路工况下，能量管理需综合考虑电量、NVH、车辆动力性能等诸多边界约束，如何保证发动机、电机均工作在效率最优点，控制复杂，难度极大。

开发了全场景发动机、电机扭矩动态分配控制策略，结合动力源工作区间实时选择最高综合效率点，达到动力源工作点效率最优。国内首次实现A-ECMS算法量产应用，创新提出等效因子自适应、目标SOC动态调整的控制策略，解决A-ECMS工程化应用过程中的等效因子场景适应性难、体验与经济性难平衡的问题，保证车辆综合能耗最优。在相同混动构型和相同整车边界下，相比传统算法，采用自适应能量管理算法的整车油耗优化6.8%。为进一步降低实际道路油耗，突破车端信息和云端信息的交互处理，自主开发了基于导航信息的电池目标SOC自适应算法，基于前方拥堵路段距离、长度、通行时间等信息，进行电量智能调节，根据未来道路拥堵情况提前调整目标SOC，在畅通路段适当提高电量，在拥堵路段纯电行驶，避免在低车速下发动机频繁起停，达到能耗降低和驾驶舒适性提升的双重效果。在早晚高峰路况下，匮电油耗仍可降低15%~20%。

(4)开发了多挡位混动舒适驾乘控制技术

PHEV双动力源扭矩切换、发动机起停、挡位切换等动态过程易引发车辆不平顺和动力响应问题。

开发了动态扭矩协调控制技术对发动机和电机扭矩进行二次分配，以动力源、离合器响应特性为基准，以效率和NVH特性为边界，通过动态可调引导扭矩实现动力源扭矩向目标扭矩平滑切换过渡，兼顾动力响应并解决冲击问题，实现动力快且平顺地输出。

开发行进间发动机起停控制技术，通过K0离合器一级滑摩和K1/K2离合器二级四阶段滑摩同步控制，实现发动机起动过程转速和扭矩波动与车辆轮端的有效"隔离"，保证起停过程的平顺，综合起动冲击主观评价达到7.75分，普通用户不易感知的程度；发明了行车加速降挡过程和发动机启动过程并行控制方法，保证整车加速更加线性流畅，加速响应时间缩短1.4 s。

开发了换挡及离合器控制技术，发明了实时三参数补偿的多段式挂挡过程控制方法，通过对挂挡4阶段8过程的闭环精准控制，解决换挡响应慢和换挡冲击问题，实现变速器换挡时间整体相对传统动力变速器提升45%，换挡冲击整体主观评价达到7.75 min，普通用户不易感知的程度；开发了离合器油压(P)-扭矩(T)特性动态自适应算法，通过扭矩、油压、油温和滑差实时信号对P-T特性进行动态自适应修正，解决P-T特性不一致引起的换挡问题。

(5)突破了极端环境适应性控制技术

高低温对发动机性能、离合器液压控制影响大，电池在低温、低SOC下充放电性能大幅降低，导致PHEV极端环境性能严重受限。

开发了全道路工况电池SOC自适应控制技术，基于极端环境信息，建立动力电池目标SOC自适应优化函数，对SOC增量目标进行自适应修正计算，确保电池电量实时满足电机功率输出需求，保证-35~55 ℃温度范围内的整车功能和性能。

基于车联网创新开发了电池保温和预约加热特色功能，基于低温下电池温升温降特性，结合未来24 h天气信息，考虑环境温度、能耗、安全等因素，建立多目标优化函数，控制电量消耗的速率以及发动机工作的时间和能耗，将电池自动加热并保持在合适温度，提升电池低温充放电能力。

4. 总结

长安智电iDD混合动力系统实现国内首个高压高集成度P2构型的PHEV量产，打破了国外技术垄断，并持续迭代创新；本产品在能耗、驾乘舒适性、环境适应性等方面，为用户提供了优秀的性能体验，有助于推进新能源市场的良性发展。

公路车型动力总成悬置系统设计匹配

供稿：北奔重型汽车集团有限公司创新研究院　高海文　王　虹　王　俊

发动机隔振是指在发动机与车架之间插入较柔软的元件(称为发动机悬置)，从而使二者之间的力的传递得到衰减。

1. 悬置设计要求

由于发动机悬置既是弹性元件又是减振装置，对它的设计应满足如下要求。

(1)支承作用

发动机悬置是一个支承元件。它必须能承受发动机总成的质量，使其不至于产生过大的静位移而影响工作。

(2)限位作用

发动机在受到各种干扰力(如制动、加速或其他动载荷)作用的情况下，悬置应能有效限制其最大位移，以避免发生与相邻零件的碰撞与干涉，确保发动机能正常工作。

(3)隔振作用

悬置是底盘与发动机之间的连接件，它应具有良好的隔振作用。一方面，它要阻止作为振源的发动机向车架传递振动力，这类隔振形式称为积极隔振；另一方面，发动机悬置必须阻止路面不平激励等传给发动机的振动和冲击，这类隔振形式称为消极隔振。可见发动机悬置必须起到双重隔振的作用。

从隔振角度来说，希望悬置是越软越好，以期将振动隔离到最小；而从支承和限位角度来说，考虑到空间结构的紧凑性和有限性，又希望悬置越硬越好，最好将发动机固定不动。此二者是一个矛盾体，因此在悬置设计中如何最优化选取悬置刚度是一个极为重要的问题。同时，为了使振动得到迅速衰减，发动机悬置还应具有适当的阻尼，这是发动机悬置的另一个要求。

发动机悬置因其体积较小，起初并没有引起汽车设计者的重视，车速的提高和汽车质量的逐步减轻，使得发动机振动引起的各种问题日益突出，悬置起到的作用逐渐得到了认识。在解决问题过程中，人们有效地利用力学知识建立了各种模型。

橡胶具有很多优点：橡胶的弹性模量比金属的小，隔振效果显著；橡胶件的形状不受限制，各方向的刚度可在一定范围内自由选择，具有空间弹簧特性，能承受多向载荷；利用内摩擦产生的阻尼，能较好的吸收振动和冲击能量，所以兼有弹簧和阻尼器两种作用；容易与金属牢固地粘结在一起，大大简化了固定和支承结构，使悬置的整体质量降低；结构简单，价格低廉，适合成批生产。一般来说，天然橡胶综合的物理机械性能较好，而合成橡胶能满足某些特殊的要求。防振橡胶要求有良好的消音、隔振及缓冲能力，能耐一定的温度、性能稳定，制造方便、易于制成所需形状，单位面积的承载能力大以及使用寿命长等。

橡胶悬置的弹性特性与结构型式、自由表面形状、橡胶硬度等因数有关。按其结构型式橡胶悬置基本可分为 3 类：剪切型、压缩型、复合型，如图 7-4-12 所示。压缩型负荷大，体积小，相对复合型来说结构简单，但对压缩—剪切刚度比有限制，一般要求大于 4。不同形状的橡胶悬置，用于不同车型的前支承或后支承，结构型式一旦完成，可以通过改变橡胶硬度来改变弹性特性。

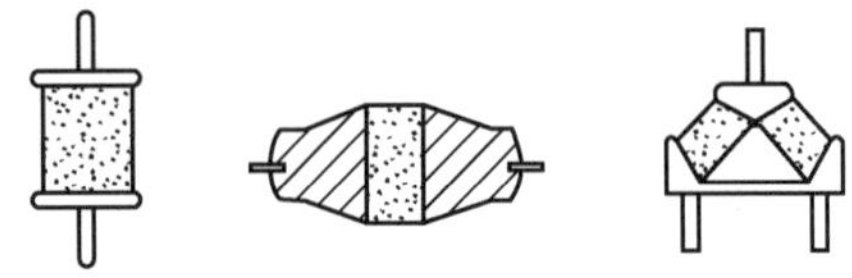

图 7-4-12　悬置的结构型式

相比于橡胶悬置，液力悬置具有良好的动特性，它能满足汽车不同的减振降噪要求：在低频大振幅时有较大的阻尼，可有效衰减汽车振动；在高频小振幅时又具有较低的动刚度，可以降低车内噪声，特别是降低车腔共鸣声。

液压悬置的基本原理如图 7-4-13 所示。在悬置内有两个单独的油腔，并有一个可控制阻尼的节流孔，油腔中封有一定黏性的液体。发动机低速旋转时，发动机振幅不大，液体可以通过一阀门自由来回流动，汽车行驶中，如发动机被激发产生大振幅的晃动，此时外界压力把阀门关闭，迫使液体经节流孔流入低压油腔，液流阻尼增加，从而抑制了发动机的大振幅运动，这样发动机在怠速和行驶中都很平稳。

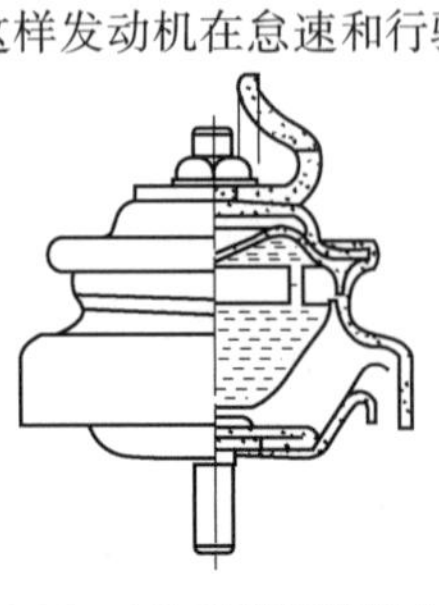

图 7-4-13　液压悬置的基本原理

发动机的振动是一个多自由度的复杂振动过程，在对发动机振动进行初步分析时，可以作以下几个假设，以便定性地说明发动机振动和隔振问题的特性：

①把支持发动机的底盘视为绝对刚体；

②发动机的旋转角速度是一个常数；

③发动机在各方向的振动及回转运动之间互不影响。

根据这 3 点假设，可以独立的研究发动机在各方向的振动问题。不失一般性，单独考虑发动机垂直方向单自由度振动，以此出发来讨论发动机隔振问题。

如图 7-4-14 所示，设发动机垂向激振力为 $F_0\ \sin\ \omega t$，弹簧无质量，则系统的运动微分方程为

$$mx + cx + kx\ = F_0\ \sin\omega t$$

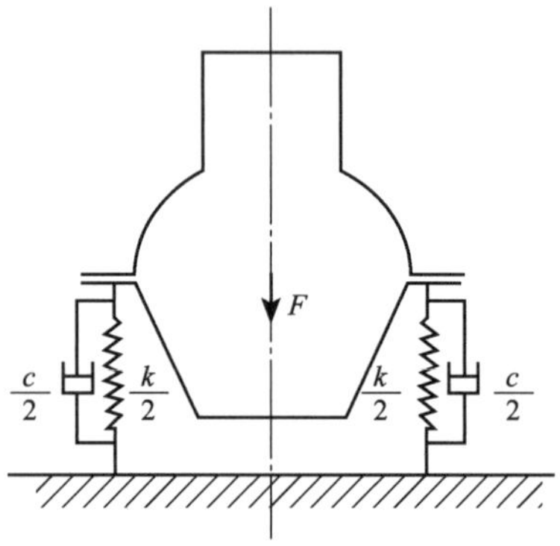

图 7-4-14　发动机垂向示意图

容易证明，在 $F_0\ \sin\omega t$ 作用下发生的发动机垂向位移幅值 X 为

$$X = \frac{F_0/k}{\sqrt{(1 - m\omega^2/k)^2 + (c\omega/k)^2}}$$

由于弹簧和阻尼器（两者代表隔振器）在相位上相差 90°，经过二者传递给车架的力 F_T 为

$$\begin{aligned}F_T &= \sqrt{(kX)^2 + (c\omega X)^2}\\ &= kX\ \sqrt{1 + (c\omega/k)^2}\\ &= \frac{F_0\sqrt{1 + (c\omega/k)^2}}{\sqrt{(1 - m\omega^2/k)^2 + (c\omega/k)^2}}\\ &= \sqrt{\frac{1 + (2/\varsigma\lambda)^2}{(1 - \lambda^2)^2 + (2\varsigma\lambda)^2}}F_0\end{aligned}$$

式中　k——弹簧的刚度，N/m；

ω——激振频率，rad/s；

n_ω——系统的固有频率，$n_\omega = k/m$，rad/s；

m——集中质量，kg；

ς——阻尼比，$\varsigma = c_c/c$；

c——黏性阻尼系数，N · s/m；

c_c——临界的黏性阻尼系数，$c_c = n\ 2m\omega$；

λ——频率比，$\lambda = n\omega\omega$。

实际上某一隔振器的有效性常用传递率（又称隔振系数）T_A 来量度的，其定义为

$$T_A = \frac{\text{加于隔振器上质于隔振激励幅值}}{\text{经由隔振器传递的力的稳态幅值}}$$

对于本例，将上式代入得

$$T_A = \frac{F_T}{F_0} = \sqrt{\frac{1+(2\varsigma\lambda)^2}{(1-\lambda^2)^2+(2\varsigma\lambda)^2}}$$

以 λ 为横坐标，T_A 为纵坐标，可以作出不同阻尼系数情况下的幅频响应曲线，如图 7-4-15 所示，可得到如下结论：

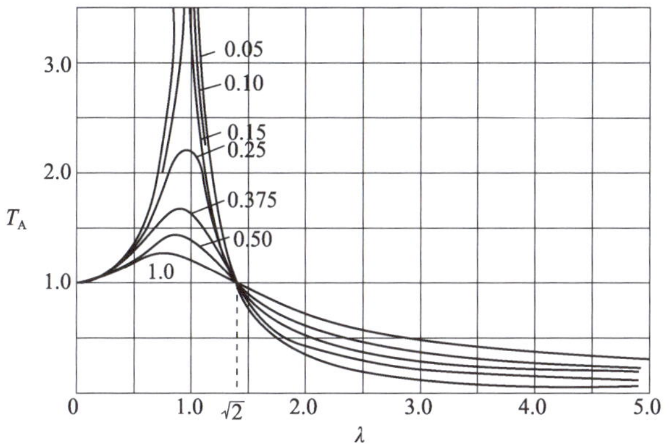

图 7-4-15　不同阻尼系数情况下的幅频响应曲线

①$\lambda \approx 1$ 时为共振点，即工程的危险点。该点对阻尼十分敏感，小的阻尼会使系统产生过大的振幅，具有极大的破坏性。

②$0.75 < \lambda < 2$ 时为隔离区，在此区域 $T_A > 1$，即经隔振器传递后的响应幅值反而比激振幅值还大，所以是应竭力避免的区域。也就是说应尽量使激振频率与固有频率分离开。

③$\lambda > 2$ 时为工作区，此时无论阻尼大小，随着频率比增加，传递率逐渐趋于零，这正是我们要求的隔振效果。但在 $\lambda > 5$ 以后，传递率几乎水平，实际上选取 λ 值在 2.5～5 隔振效果已经足够了。

④$\lambda < 0.75$ 时为前工作区，该区发生在激励频率较低、固有频率较高时。此时 T_A 略大于 1。

⑤当 $\lambda > 2$ 时，传递率随阻尼比 ς 的增大而提高，即在此情况下增大阻尼不利于隔振。因此发动机悬置不宜取太大阻尼。由上述分析可见，要解决发动机隔振问题，关键在于激振频率与发动机固有频率的选取。为使系统的振动只发生在工作区，而竭力避免落入隔离区，因此必须对系统固有特性和激励两个方面进行研究。

对汽车发动机来说，基本受到两个振源的激励。一个是来自路面，另一个是来自运转的发动机及传动系统。路面的激励虽较广阔，但基本上属低频率范围，而且它是通过悬架系统传给发动机的，其频率除个别点外，一般在 2.5 Hz 以下。来自发动机的振动频率相对就要高些。

2. 着火脉冲

由于燃料在气缸内爆发而在缸体上产生绕平行于曲轴轴线的力矩。多缸发动机合成的扭矩以及与它等值反向的由发动机悬置点承受的翻转力矩，都是曲轴转角的周期函数。这种周期性的力矩脉动称为着火脉冲。

等着火间隔发动机的着火脉冲频率为

$$f = N \cdot n/30C$$

式中　N——气缸数；

n——曲轴转速，r/min；

C——冲程数。

不平衡旋转质量和往复运动质量所引起的激振频率：

$$f' = Q \cdot N/60$$

其中，Q 为比例系数：一阶不平衡力 $Q=1$，二阶不平衡力 $Q=2$。

传动轴（变速箱挂直接挡）不平衡质量引起的激振频率为

$$f'' = N/60$$

发动机不工作时转速为零；怠速至最高转速为发动机转速范围；由静止到怠速是发动机点火启动过程。发动机由怠速到最高转速的激振频率可由上述各式计算。

设怠速转速为 N_{min}，最高转速为 N_{max}，则频率 f 的取值范围为

$$N_{min} \cdot n/30C \sim N_{max} \cdot n/30C$$

f' 的取值范围为

一阶力时：$N_{min}/60 \sim N_{max}/60$

二阶力时：$N_{min}/30 \sim N_{max}/30$

f''的取值范围为

$$N_{min}/60 \sim N_{max}/60$$

由不平衡量引起的激振力是离心力。其大小与转速平方成正比，只有在高转速时其作用才明显；而着火脉冲的激励作用只有在低速时才明显，因此在隔振处理时考虑上限和下限是合理的。

从以上叙述的振源激振频率范围，可确定系统隔振的频率范围。一般来说，发动机自身或者来自路面的激励频率是客观存在的，能回避的只是系统自身的固有特性。因此要求刚体模态频率至少要小于 $N_{min} \cdot n/30\sqrt{2}2C$，大于路面激振频率 2.5 Hz。

可见，允许发动机存在的刚体模态频率范围是被限制在极端狭窄的范围内，因此调整和设计发动机悬置系统结构参数时应十分小心。

3. 汽车坐标系

Z 轴垂直地面向上，X 轴水平指向车后，Y 轴由右手定则确定。

发动机气缸体后端面和曲轴中心线的交点为坐标原点；X 轴为曲轴方向，指向变速器端为正，Z 轴为汽缸活塞的方向，Y 轴由右手定则确定。

由其自身三向弹性主轴确定，分别记为 u_i、v_i 和 w_i（见图 7-4-16）。

坐标系符合右手定则。

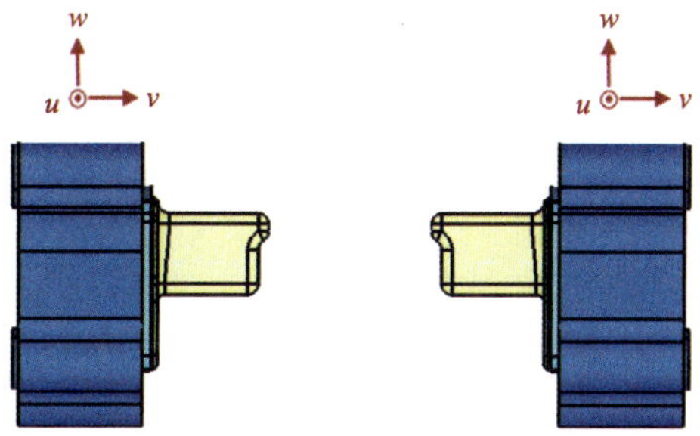

图 7-4-16　三向弹性主轴坐标系

①悬置点布置型式：满足发动机飞轮壳后端面静态弯矩要求。

②系统频率分布要求:动力总成悬置系统频率要求。

首先考虑发动机激振,悬置系统的自振频率(扭摆方向)低于发动机怠速激励频率的 0.707 倍(<21 Hz) 同时需考虑道路激振,对于动力总成悬置系统而言,这属于发生在底座的低频外激强制振动。为了远离共振区,悬置系统的最低自振频率应大于悬挂/车架系统自振频率的 1.5 ~ 2.0 倍(>5 Hz),Z 向与 R_x 向频率间隔 2 Hz 以上,其他各阶频率之间的间隔至少为 1 Hz。

③动力总成悬置系统解耦率要求:其中优先满足 Z 方向和 Rx 方向的解耦率大于 80%,其他方向大于 70%。

④动力总成质心位移控制要求:在加速度为正负 5g 时,X、Y、Z 向最大位移小于 ±15 mm,R_x 小于 ±3°,R_y、R_z 小于 ±1°,最大驱动扭矩下侧倾角为 1.25° ~1.5°,侧倾刚度为 14000 ~ 17500 Nm/(°)。

⑤支架强度校核要求:悬置支架在 5 倍的悬置载荷下的最大应力不得超过材料的屈服强度/1.2,1.2 为安全系数。

⑥商用车悬置支架的第一阶模态频率不得小于 400 Hz。

以大梁上平面与前桥中心线交点为整车原点,发动机基点见表 7-4-2。

表 7-4-2 发动机基点

发动机	发动机布置点	发动机与大梁上平面角度
WP12	566.5/0/ -288.5	3°

质心位置的测量方法很多,常用的有称量法、力矩平衡法和悬吊法。对惯性参数的测量包括对绕过质心的三个参考坐标轴的转动惯量及惯性积的测量,通常有计算法和实验法两种。悬置系统由于其形状比较复杂,用计算法误差大比较困难,因此工程上常采用复摆法和扭摆法来测量。复摆法和扭摆法原理简单,设备要求不高,测量误差较小。对于体积大而质量轻的薄板结构常采用复摆法测量,而对于质量大且回转半径较小的实体结构而言,采用扭摆法是比较合适的。由于测取数据的设备问题,本文数据向厂家索取(见表 7-4-3 和表 7-4-4)。

根据多个离散质量的系统的质心合成公式如下:

$$r = \frac{\sum_{i=1}^{n}(M_i \cdot r_i)}{\sum_{i=1}^{n} M_i}$$

多个离散质量系统的总转动惯量公式如下:

$$I_x = \sum I_{xi} + \sum M_i(y_{ci}^2 + z_{ci}^2)$$

$$I_y = \sum I_{yi} + \sum M_i(x_{ci}^2 + z_{ci}^2)$$

$$I_z = \sum I_{zi} + \sum M_i(x_{ci}^2 + y_{ci}^2)$$

多个离散质量系统的总惯量积公式如下:

$$I_{xy} = \sum I_{xyi} + \sum M_i \cdot x_{ci} \cdot y_{ci}$$

$$I_{xz} = \sum I_{xzi} + \sum M_i \cdot x_{ci} \cdot y_{ci}$$

$$I_{yz} = \sum I_{yzi} + \sum M_i \cdot x_{ci} \cdot y_{ci}$$

计算得到动力总成质心及总惯量参数见表 7-4-5。

悬置点的数量根据动力总成的长度、质量、用途和安装方式等决定。商用车一般采用四点(A + C、A + B),五点(A + B + H,A + C + H)悬置如图 7-4-17 所示。

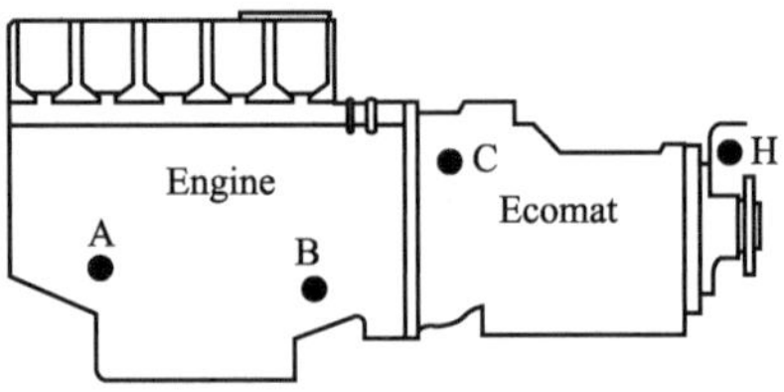

图 7-4-17 动力传动系统悬置点

计算缸体后弯矩的数据输入,后悬安装在飞轮壳上,见表 7-4-6。

计算缸体后弯矩的数据输入,后悬安装在离合器上,见表 7-4-7。

表 7-4-3 发动机参数

质量(kg)	I_{xx}(kg × m²)	I_{yy}(kg × m²)	I_{zz}(kg × m²)	I_{xy}(kg × m²)	I_{xz}(kg × m²)	I_{yz}((kg × m²)
1030	64.26	184.8	163.2	0.44	-10.51	2.62
质心(mm)	x(mm)	y(mm)	z(mm)	原点	飞轮壳外圆面的圆心,以飞轮端向自由端的指向为 X 轴正向,垂直向上为 Z 向,右手法则确定 Y 向	
	635	5	159			
最大扭矩(Nm)	2079	怠速转速(r/min)	600 ±50	飞轮后端面弯矩限值(N-m)	±1300(SAE1)	

表 7-4-4 变速箱参数

质量(kg)	I_{xx}(kg × m²)	I_{yy}(kg × m²)	I_{zz}(kg × m²)	I_{xy}(kg × m²)	I_{xz}(kg × m²)	I_{yz}(kg × m²)
380	10	26	23.2	-0.17	-0.28	0.2
质心(mm)	x(mm)	y(mm)	z(mm)	原点	相对主箱体前端面与输入中心交点坐标,向右为 X 轴正向,向上为 Y 轴正向,向前为 Z 轴正向	
	350	12	-45			

表 7-4-5 动力总成质心位置及惯量参数

动力总成质量参数($kg, kg \times m^2$)						
m	I_{xx}	I_{yy}	I_{zz}	I_{xy}	I_{yz}	I_{zx}
1473	80.78	598.76	567.76	2.92	2.6	-61.16
动力总成的质心位置(mm,动力总成坐标系)						
X	Y	Z	—			
-285.14	-2.8	111.08				

表 7-4-6 后悬安装在飞轮壳缸体后弯矩参数

序号	名称	参数	序号	名称	参数	序号	名称	参数
1	发动机质心到前悬置的距离(mm):L1	495	2	发动机质心与变速器质心的距离(mm):a	1114	3	动力总成质心与变速器质心的距离(mm):b	763
4	前后悬置之间的距离(mm):L3	1028	5	后悬置到缸体后端面的距离(mm):L6	144	6	变速器质心到缸体后端面的距离(mm):L7	688.8
7	辅助悬置到缸体后端面的距离(L8)	0	8	辅助悬置的设计载荷(N):R3(如果没有的话,设定为0)	0	9	动力总成的质量(kg)	1473

表 7-4-7 后悬安装在离合器缸体后弯矩参数

序号	名称	参数	序号	名称	参数	序号	名称	参数
1	发动机质心到前悬置的距离(mm):L1	459	2	发动机质心与变速器质心的距离(mm):a	1114	3	动力总成质心与变速器质心的距离(mm):b	763
4	前后悬置之间的距离(mm):L3	1128	5	后悬置到缸体后端面的距离(mm):L6	244	6	变速器质心到缸体后端面的距离(mm):L7	688.8
7	辅助悬置到缸体后端面的距离(L8)	0	8	辅助悬置的设计载荷(N):R3(如果没有的话,设定为0)	0	9	动力总成的质量(kg)	1473

无辅助悬置时,装在飞轮壳附近与离合器附近时的静态弯矩分别为 1495 Nm 和 606 Nm,1495 Nm 超出了发动机给出的最大静态弯矩 1300 Nm,故采用布置在离合器壳上进行匹配计算。

仿真分析悬置安装坐标见表 7-4-8。

悬置安装坐标见表 7-4-9。

表 7-4-8 仿真分析悬置安装坐标

位置(mm)	X	Y	Z
后左悬	34	-400	100
后右悬	34	400	100
前左悬	-1094	-423.5	69
前右悬	-1094	423.5	69

表 7-4-9 悬置安装坐标

位置		X	Y	Z	位置		X	Y	Z
后左悬	U	0	90	90	前左悬	U	0	90	90
	V	90	0	90		V	90	0	90
	W	90	90	0		W	90	90	0
后右悬	U	0	90	90	前右悬	U	0	90	90
	V	90	0	90		V	90	0	90
	W	90	90	0		W	90	90	0

通过反复优化后悬置固有频率及解耦率见表 7-4-10。

表 7-4-10 悬置固有频率及解耦

自由度解耦	Fore/Aft	Lateral	Bounce	Roll	Pitch	Yaw
频率计算值(Hz)	13.00	6.01	11.14	20.51	9.00	9.72
解耦率(%)	70.00	70.00	80.00	80.00	70.00	70.00
Fore/Aft	99.53	0.00	0.01	0.00	0.44	0.02
Lateral	0.00	99.99	0.00	0.01	0.00	0.00
Bounce	0.00	0.00	99.23	0.00	0.75	0.01
Roll	0.00	0.01	0.00	96.26	0.02	3.71
Pitch	0.45	0.00	0.75	0.00	98.69	0.11
Yaw	0.01	0.00	0.01	3.72	0.10	96.16

悬置刚度最终结果见表 7-4-11。

表 7-4-11 悬置刚度最终结果

位置	刚度(N/mm)		
	k_u	k_v	k_w
后左悬	2100	500	1680
后右悬	2100	500	1680
前左悬	1170	200	720
前右悬	1170	200	720

4. 位移控制(见表 7-4-12)

表 7-4-12 模态参数

模态	动力单元
驱动扭矩(最大)	21540 Nm
侧倾角	1.5°
侧倾刚度	14360 Nm/(°)

5. 试验测试

通过 MTS 试验台对发动机前后悬置进行三向静刚度测试(试验数据与理论 5% 的误差是正常范围,由于 X、Y 两方向工装夹具难设计,加载受力不均匀,导致此两向刚度误差稍大,主要以 Z 方向为准),见表 7-4-13 至表 7-4-14。

表 7-4-13 前悬置三向静刚度

前悬置	X	Y	Z
理论数据	1170	200	720
实验数据	480	317	745

表 7-4-14 后悬置三向静刚度

后悬置	X	Y	Z
理论数据	2100	500	1680
实验数据	926	326	1713

6. 前后悬置工装(见图 7-4-18)

图 7-4-18 前悬置工装

发动机悬置系统的合理匹配对降低汽车整车振动提高乘坐舒适性能有着重要作用。对动力总成(WP12 型发动机与 12 挡变速器)悬置系统采用理论和实验相结合的方法进行隔振性能的研究如下:

①通过对发动机单自由度振动系统进行力学分析,提出了发动机隔振的理论基础。

②建立悬置任意布置的发动机悬置系统六自由度振动模型,推导振动方程的质量矩阵和刚度矩阵的计算方法,并编制了相应的可视化程序对系统进行固有特性分析。

③应用打击中心理论、弹性中心和扭矩轴等方法对悬置的刚度、位置和安装角度进行优化调整,使之满足悬置系统的振动解耦设计要求,实验上进行传递率分析,二者结合得出最优悬置方案。

电致变色器件和原理及其在汽车后视镜的应用

供稿:宁波祢若电子科技有限公司 胡克银 陈文韬

随着人们对驾驶安全的要求越来越高,防眩目汽车后视镜应运而生。防眩目汽车后视镜使用的电致变色技术壁垒较高,国内电致变色的研究是当前的热点。

汽车后视镜为车内驾驶人员提供更广阔的视野和更安全的驾驶体验。1986 年 Harlan Byker 首次将电致变色技术应用在汽车后视镜上,而后 Gentex 公司将之商业化并大规模应用。当前技术成熟的电致变色汽车后视镜(EC 镜)与单片反光镜片相比,EC 镜能通过改变镜片颜色防止后车车灯产生的眩光。

我国汽车销量近些年保持快速增长的态势,国产替代的汽车配件也因此得以快速发展。电致变色的技术壁垒较高,美国 Gentex 公司一直处于垄断地位,2022 年 Gentex 公司车载自动调光后视镜的全球市场份额占比达 89%。国内对电致变色的研究起步较晚,但是已有一些生产 EC 镜公司开始崭露头角,具备批量生产能力的公司包括宁波祢若科技、台湾力光兴等。早期的 EC 镜主要应用于高端豪华车型,近年来随着技术发展、工艺稳定、成本降低,EC 镜也在向中端车型渗透应用。但是,即使是 EC 镜最早开始应用的美国,其 EC 镜装配率也仅在 30% ~40%,而我国的汽车 EC 镜装配率仅在 10% 左右。因此,在国内乘用车销量每年约 2000 万辆以上的背景下,EC 镜片仍是一片蓝海。这些新兴技术企业若能通过国内市场竞争进一步提高工艺水平、缩小技术差距、降低 EC 镜成本,必将带动更大的社会经济效应、带来更舒适安全的生活。

1. 电致变色器件

自 20 世纪 60 年代 Satyen K. Deb 对钼和氧化钨薄膜开

创性的研究以来，电致变色现象开始进入人们的视野被广泛研究，这些研究从最开始寻找无机电致变色材料进而逐渐拓展到有机电致变色材料。其中，无机电致变色材料主要包括氧化钨（WO_3）、氧化镍（NiO）、氧化钼（MoO_3）、五氧化二钒（V_2O_5）、氧化铈（CeO_2）和二氧化钛（TiO_2）等。有机电致变色材料主要包括有机小分子（如紫精和噻吩等）和有机高分子（如聚苯胺、聚吡咯和聚噻吩等）。

（1）无机电致变色器件

无机电致变色材料虽然在机械性能、使用稳定性等方面有优势，由其组成的电致变色器件（ECD）通常有如图 7-4-19 所示的 5 层结构，依次分别是透明导电层、电致变色层、离子导电层（电解质）、离子储存层、透明导电层。电致变色器件的结构类似于化学电池结构，化学电池通常对材料的透过率不做要求，而电致变色器件对透明度有较高的要求，以保证制成的器件变色前后的对比度较大。

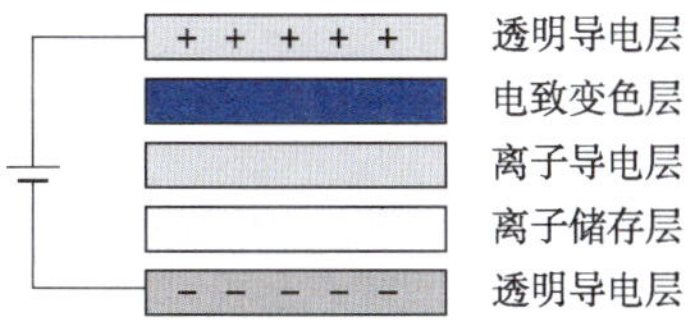

图 7-4-19　电致变色器件 5 层结构示意图

透明导电层作为 ECD 的电极，一般具有良好的导电性、较高的透明度、对基底良好的黏附性能。目前比较常用的透明导电层通常是氧化铟锡膜（ITO）、掺杂氟的二氧化锡（FTO）。近年来也有很多有机导电聚合物被开发出来作为透明导电层，例如聚噻吩、银纳米线、碳纳米管和石墨烯等。通常透明导电层的方阻通常需要小于 20 Ω，一般在 10 Ω 左右。

无极电致变色层通常用 WO_3，该层是实现电致变色进行光学调制的一层，也是整个 ECD 最核心的一层。在外加电场的作用下，其他各层配合电致变色层完成着色。ECD 的响应速度取决于离子传输和电子传导的快慢，而离子在电致变色层的扩散和传输也会影响电致变色层的状态。

离子导电层是 ECD 的离子传输通道，通常为包含 Li^+ 的电解质。对离子导电层一般要求其离子电导率较高、电子导电率较低。根据电解质的流动状态，将电解质分为液态电解质、凝胶电解质和固态电解质。固态电解质离子电导率相对较低，应用固态电解质的 ECD 通常需要较长的响应时间。液态电解质中离子运动更快，故离子电导率最高，但是由于液态电解质难封装并且在长期使用过程中可能发生漏液的风险。凝胶电解质的导电性能介于液体电解质和固体电解质之间且凝胶态的电解质更易封装、无泄漏风险。目前，更多的研究集中在凝胶电解质，未来离子电导率的透明凝胶电解质将引起电致变色领域重大变革。

离子储存层通常使用 NiO，该层用来储存离子平衡整个 ECD 的电荷。其分为两类：一类是在整个器件变色过程中离子储存层不发生颜色变化，仅起到离子储存的作用如 NiO、五氧化二钒等；另一类则与电致变色层相同在施加电压发生氧化还原反应同时颜色也发生变化，离子储存层变色后与电致变色层颜色互补，起到加强 ECD 对比度、加深器件变色后颜色的作用。

（2）WO_3 电致变色器件变色原理

无机电致变色器件在外加电场时，电解质中的带正电离子（通常是 Li^+）嵌入电致变色层 WO_3 中使 WO_3 晶型发生改变，即发生了氧化反应，Li_xWO_3 呈现出蓝色，而其他层为无色透明，因此 ECD 器件整体变为蓝色。在电致变色层发生氧化反应时，离子储存层通常发生还原反应通过外电路将电子传输至 WO_3 层中以满足整个器件的电荷平衡。如下式所示，当离子导电层为 Li^+ 电解质时化学反应式为：

$$WO_3 + xLi^+ + xe^- \rightleftharpoons Li_xWO_3$$

（3）有机电致变色材料及变色原理

对无机电致变色材料的研究较早，对其机理也研究较为深入，虽然无机电致变色材料循环稳定性较好，但是其在变色时间、色系、对比度、可加工性能等方面有所欠缺。对于汽车后视镜而言，变色时间通常是关键的产品特性，通常希望在人眼可适应条件下变色时间越短越好。因为变色时间越短，驾驶人员的反应时间就越短，危险发生的概率就越小。因此，有机电致变色材料凭借其变色时间短、对比度高等优势，相对于无机电致变色材料更适合应用在汽车后视镜领域。美国 Gentex 公司最早选用了紫精结构的化合物来制造 EC 镜，这种有机小分子有着色快、制备方便简单、对比度高等优点。如图 7-4-20 所示，紫精类衍生物其化学结构通常为 1,1′-双取代基-4,4′-联吡啶，该衍生物在不同电压下会有 3 种状态，分别是二价阳离子态、一价阳离子态、中性态。在这 3 种状态中，二价阳离子态最稳定，在可见光区的吸收较少，颜色比较浅。随着施加电压的升高，二价阳离子得电子变为一价阳离子态，一价阳离子自由基由于其自身分子间存在强烈的光电转移，会有较强的吸光系数从而表现出较深的颜色。随着施加电压的再次升高，一价阳离子态会变为中性态，此时分子间的光电转移受到限制，颜色相对一价阳离子态较浅。

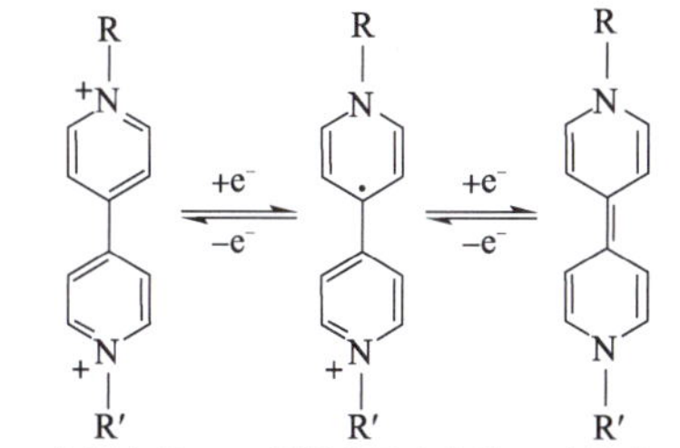

图 7-4-20　紫精 3 种状态与其化学结构

2. 电致变色性能的表征方法

电致变色性能的表征方法，通常采用对比度、响应时间、着色效率、循环稳定性等来进行量化比较。

（1）对比度

电致变色性能重要的参数就是其对比度，也就是变色前后的透过率差值，因为该值越大就意味着器件颜色变化越明显，更容易被人眼识别。通过电化学工作站和紫外分光光度计联用，分别在不通电和通电稳定后测量电致变色器件在 200 nm ~ 1100 nm 波长范围内的吸光数据组成波长与吸收峰强度图，着色和褪色差值最大时的波长即为最大吸收波长。

(2)响应时间

响应时间是指器件从通电开始至完全稳定着色时所需要的时间或从着色至完全褪色所需要的时间。通常而言,溶液型电解质会比凝胶电解质变色时间短,这是因为离子迁移在溶液中比凝胶中更快。响应时间的测量也是通过电化学工作站和紫外分光光度计联用来进行测量,通常选取达到最大透过率或最大吸收率的 90% 时间作为电致变色褪色时间和着色时间。

(3)着色效率

着色效率是指电致变色材料在特定的波长下吸光度的变化与单位面积注入电荷量的比值。着色效率代表着单位电荷量引起的颜色变化,一般来说有机电致变色材料的 CE 值普遍高于无机电致变色材料。着色效率同样式通过电化学工作站和紫外分光光度计联用来进行测量,计算公式如下:

$$\mathrm{CE}=\frac{\Delta A}{Q}=\frac{\log\left(\frac{T_b}{T_c}\right)}{Q}$$

其中,CE 为着色效率,ΔA 为吸光度变化值,T_b 为褪色时的吸光度,T_c 为着色时的吸光度,Q 为单位面积内注入或抽出的电荷量。

(4)循环稳定性

循环稳定性是电致变色器件在不断的通电可逆循环过程中彻底失去对比度所能达到的循环次数。只有产品能够在其生命周期内满足相应的使用寿命,才能够被使用并且走入市场。对于电致变色器件来讲,由于在原料生产或工艺过程中可能带入微量杂质,故其制成的器件在理论上完全可逆的电化学循环过程会因杂质而产生不可逆的过程,因此在多次循环之后器件的变色对比会下降。在实际应用中,除了循环稳定性,还应当考虑器件耐候性以及耐酸碱性能,保证其在极端情况的下的稳定性。

3. 结束语

虽然美国 Gentex 公司在 EC 后视镜市场依然占据垄断地位,但国内的 EC 后视镜近些年发展迅速,不断提高市场份额。电致变色现象有着有趣的颜色变化,使得电致变色不仅仅在汽车后视镜上有所应用,还可延伸应用在汽车车窗、飞机舷窗、建筑玻璃幕墙、AR 眼镜、3C 消费类电子产品等其他细分领域。随着技术发展、工艺稳定、成本降低,电致变色技术也会进一步融入人们的生产、生活中,给人们带来更加舒适、幸福的生活。

测试卡车非接触式高精度多轮定位仪

供稿:宝克(中国)测试设备有限公司

一、成果简介

伴随着新基建的加速,国内重型卡车制造商现有的测试设备在节拍和精度方面都不满足目前的市场需求。由于新国家法规 GB 7258—2017《机动车运行安全技术条件》及 JTT 1178. 2—2019《营运货车安全技术条件》对于卡车安全行驶的实施。对于卡车的安全功能、生产效率以及测试精度等方面提出了更高的要求。一直以来,国内卡车四轮定位测试检测效率较低、精度低,采用简易低端的设备。

在此基础上开发了此套高精度,高效率卡车四轮测试仪。满足国内卡车从 2 ~ 5 轴卡车四轮定位测试,测试卡车最大轴距为 10250 mm,基本覆盖国内卡车整车厂所生产的所有车型。实现每 270 s 测试一辆卡车,极大提高了生产效率。

二、成果创新点及解决问题的难点

在测试卡车非接触高精度多轮定位仪(型号 BEP-M7030-NCA)的技术开发中,关键核心技术、功能和性能指标如下:

(1)采用高精度 3D 激光相机自动测试方法及系统

在每一个车轮位置设置 3D 激光相机进行高速拍摄,采集该 3D 多轮定位仪与标定盘之间的位置关系参数,并经过算法以 3D 型式展现轮胎状态。

(2)采用一种新型卡车转鼓轴距的高精度调节技术

在技术方案中,采用重载链条与重载链板相结合的方式,使得重载轴距盖板以特定轨迹支撑结构内部。重载链条内部链齿带有滑轮,将传统设计中的滑动摩擦转变成滚动摩擦,减少轴距移动的阻力,使其运行更加平稳,同时也减少了运行噪声,降低动力输出端的选型成本和伺服电机的动力负荷,且重载链条在支撑结构两端 U 型回绕,实现较低的设备运行高度以及较长的轴距跨度。伺服电机提供动力,经过联轴器连接滚珠丝杆,滚珠丝杆一端的安装附件推动轴距进行移动。滚珠丝杆的运行具备效应快、效率高的优点,可实现轴距之间的高精度调节,更加贴合大型卡车的轴距调节,解决了现有设备只能够针对小型乘用车的轴距调节问题,实现了大范围的调整能力,以及较强的承载能力和较高的调整精度。

(3)开发一种用于卡车定位仪测试的新型浮动盘

该装置包括支架、底板和底座,底座的底端表面通过螺栓连接有滚动体,底座通过滚动体滑动安装在底板上,底座的上表面安装有支架,支架上转动安装有转辊,转辊的一端设有从动轮,底座的上表面位于转辊的两侧安装有第一气缸和电机述电机的输出端连接有主动轮,主动轮和从动轮通过同步带传动连接。这能够解决重载卡车(单轴 8 t)状态下浮动盘转角问题,能够进行在重载荷作用下测试卡车的动态和静态测试,还能够增加测试精度,而且具有设计结构紧凑的优点,如图 7- 4-21 和图 7- 4-22 所示。

部分测试功能如下:

①采用自动扫码后设备实现自动测量,全球最领先的动态测量和动态调整方案;

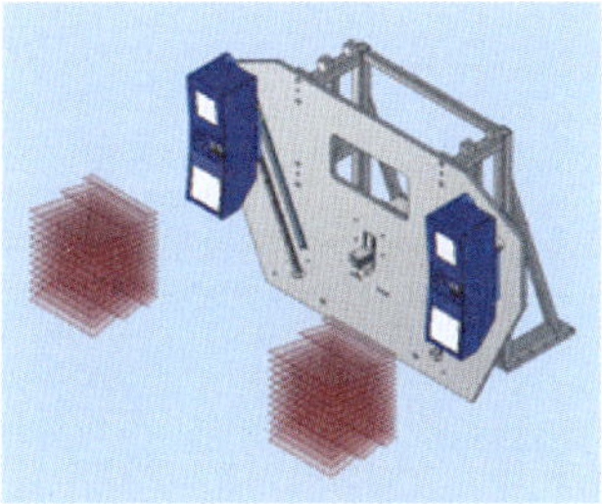

图 7-4-21　测试精度

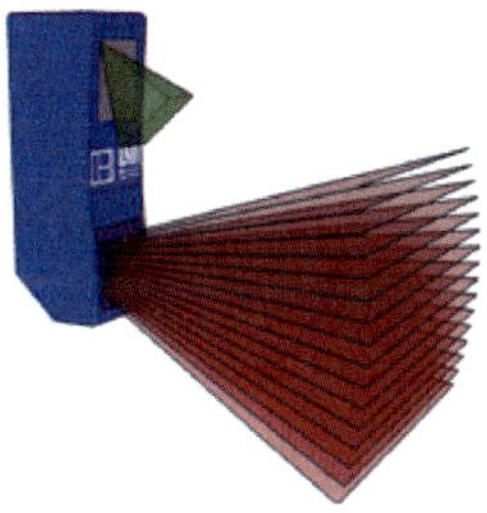

图 7-4-22　测试节拍

②单边采用一套固定式激光树系统 + 二套可移动激光树系统。

激光树在车辆前进方向行走系统轴距设置如下：

①一轴激光树部件：固定在设备上，以此为设备起始原点，对应车辆一轴；

②二、三轴激光树部件：根据不同轴距及测试流程移动到对应车型的相应轴，进行拍摄测量。

三、成果应用情况

该产品成功生产以后，得到了各大重型卡车制造商的青睐，首次投入使用是在一汽解放汽车有限公司长春制造基地。该产品用于一汽解放汽车有限公司的整车下线智能检测能力提升项目。通过该设备的投入运行，将对其所有车型卡车的下线检测功能有显著提高，达到了每 270 s 测试一台卡车的高精度、高效率能力。

四、国际水平对比分析

与国内外同类产品相比：产品检测技术指标（高出同类设备 10 倍），节省人力资源 60%，生产效率比原来提高 6 ~ 7 倍（见表 7-4-15）。

表 7-4-15　部分性能指标与国内外产品比较

公司名称	总前束值	车轮外倾角	双桥平行度	最大轴距	测试节拍
宝克中国	±10°，精度 ±3′	±10°，精度 ±6′	±10°，精度 ±2′	10250 mm	270s/台
瑞典优胜	±18°，精度 ±5′	±22°，精度 ±10′	±16°，精度 ±4′	5330 mm	1200s/台
美国亨特	±20°，精度 ±5′	±22°，精度 ±10′	±17°，精度 ±5′	5330 mm	1200s/台
深圳杰胜卡特	±20°，精度 ±5′	±22°，精度 ±12′	±20°，精度 ±5′	5330 mm	1200s/台
中山海瑞达	±20°，精度 ±5′	±22°，精度 ±10′	±20°，精度 ±7′	2650 mm	1300s/台

五、社会及经济效益

（1）产品的经济效益

通过本产品的产业化发展，将为公司新增销售收入 1.3 万多元，新增利润 1500 万元，新增纳税 700 万元。

（2）社会效益

宝克公司新产品的市场化效应，将给国内卡车多轮定位的需求结构带来较大变化，以下游产业及终端消费为主的市场份额将有较大的增长；智能化、高精度、联网运营等新技术的变革将开始有较大幅度提高；推动卡车多轮定位仪行业的专业化细分、精细化制造的发展趋势，增强卡车多轮定位仪行业上下游企业间互相交流与合作，更好地适应“十四五”期间产业发展的趋势，推动卡车多轮定位仪行业快速健康发展。

关于重塑能源

上海重塑能源集团股份有限公司(以下简称重塑能源)成立于2015年9月,总部位于中国上海,专注于氢能科技领域的技术研发及产品开发、氢能产业生态构建以及规模化商业应用的推广,是全场景氢能科技解决方案提供商。

秉持"持续构建企业竞争力,成为全球领先的氢能科技企业,用氢能科技创造可持续发展未来"的宗旨,重塑能源通过8年的开拓与探索,形成了在氢能装备和燃料电池业务领域的全产业链关键技术布局,在上海和温哥华设有研发中心,在江苏常熟、浙江嘉兴、湖南常德建有规模化的产品制造基地,在上海、江苏、广东、河南等地建立了完善的售后服务体系。秉持生态思维,公司与中国石化、一汽解放集团、正泰集团、杭叉集团、杜邦、庄信万丰、有研集团、大陆、舍弗勒、丰田汽车等国内外知名企业建立了战略合作关系。发展至今,公司获得了中国石化资本、国家制造业升级转型基金、一汽解放集团、宇通集团、丰田通商、红杉资本、高瓴资本等产业资本和知名机构的投资。

通过旗下电力系统事业部的持续发展,重塑能源实现了燃料电池电堆、膜电极、双极板、氢循环系统、升压转换器等关键部件的自主开发和规模化生产能力,是为数不多打通材料-部件-产品-应用全链条的氢能科技企业。通过自主创新和技术迭代,重塑能源的燃料电池产品持续精进,系统功率、功率密度、使用寿命、环境适应性等核心指标保持行业领先,助力燃料电池持续向技术可靠、性能稳定、安全性强、经济性好的方向迈进。

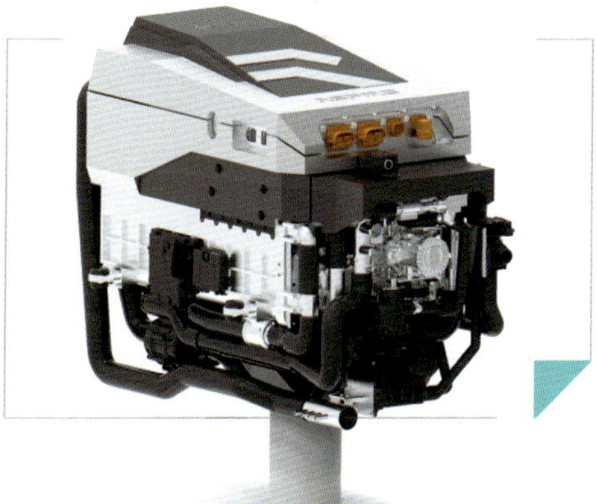

基于在燃料电池领域所积累的技术研发、规模化生产、质量管理、客户需求洞察、产业生态圈构建等综合能力,重塑能源通过旗下氢能装备事业部向氢能产业上游进行业务延伸和技术创新,实现了质子交换膜(PEM)及碱性(ALK)电解水制氢装备及核心零部件的自主开发能力,并逐步构建规模化生产能力,成为业内为数不多具备双技术路线氢能装备自主化能力的企业。目前重塑能源已自主完成100Nm^3/h的PEM纯水电解制氢系统、250Nm^3/h兆瓦级PEM纯水电解槽、PEM制氢膜电极、ALK电解槽先进电极和制氢电源产品的开发,两代高质量ALK电解槽先进电极产品已投入市场应用。

截至目前,重塑能源的业务覆盖中国20省34市,以及德国、瑞士、克罗地亚、日本、马来西亚等海外市场;产品与技术已应用于汽车、船舶、工程机械、物料搬运、分布式发电、绿氢制取、离网超充等多元化领域,并在车用领域累计部署燃料电池汽车超4000辆、行驶里程数超1.4亿公里、帮助减少碳排放超8.3万吨。

重塑集团是国家动力电池创新中心燃料电池分中心的依托单位,担任中国汽车动力电池产业创新联盟燃料电池分会理事长单位,与长城汽车、潍柴动力、国家能源集团、中国石化共同成为首批加入国际氢能委员会(Hydrogen Council)的中国企业。近年来,重塑集团陆续获得了由国家发改委认定的"国家企业技术中心"、国家工信部认定的第二批国家级专精特新"小巨人"企业、第六批"制造业单项冠军企业"、"国家知识产权优势企业"、上海市燃料电池制造业创新中心、2021上海市燃料电池系统技术创新中心等国家和市级企业称号,获得了"中国汽车工业科学技术奖"一等奖、"中国机械工业科学技术奖"一等奖、2022上海市硬核科技企业TOP100、2022上海市产学研合作优秀项目一等奖、2022上海市科技进步一等奖等企业荣誉。由重塑集团自主开发的大功率燃料电池供能装备被列为国家能源局2021能源领域首台(套)重大技术装备项目;重塑科技作为牵头单位,携手产业伙伴共同承担了科技部国家重点研发计划2022年度"新能源汽车"重点专项—"商用车用大功率长寿命燃料电池电堆及发动机技术",持续引领行业突破核心技术难题。

德燃动力
D.R. Power

公司介绍 Company Introduction

德燃动力总部位于浙江清华长三角研究院，在上海设有技术中心，在重庆、安徽设有全资子公司，拥有先进的氢燃料电池发动机及核心部件生产基地、试验与试制中心。公司与同济大学、浙江清华长三角研究院、德国下萨克森州汽车研究中心等科研机构、高校建立长期合作伙伴关系。

公司团队核心骨干是国内从事燃料电池发动机开发与示范运营的团队成员，具备丰富的产业化经验。公司实现了“1+4+7+1”的整车—系统—部件—服务的业务布局，完成了数十款产品定型与车型配套，突破行业卡脖子技术，获得国内外一线车企的合作与认可。产品符合车规级标准要求，形成了完善的研发体系与企业技术标准。德燃动力一直致力于技术的持续创新与突破，以技术创新助推行业发展为己任，整合国际先进的技术和资源，完善产品体系，夯实独门绝技。通过乘用车高标准要求的技术迭代与商用车高质量产品应用迭代，成为有“德”的“燃”料电池行业领先企业。

产品系列 Product Series

• 燃料电池观光车

VIP接待

观光与景区接待

巡逻

• 系统产品

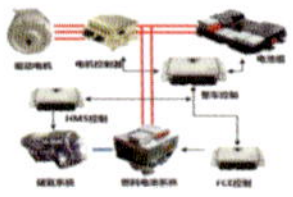
氢燃料电池汽车动力系统总成

氢燃料电池发动机

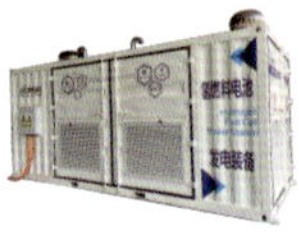
氢燃料电池发电装备

车载储氢系统

• 核心部件

专用空压机

供氢回氢组件

膜增湿器

高压水泵

气水分离器

FCU/VCU/HCU

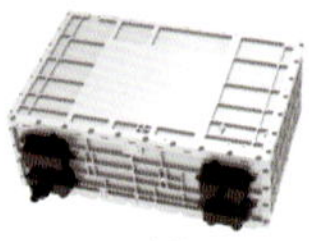
电堆

• 工程服务

技术培训

氢电系统工程服务

实验室能力规划

氢气加注与制取工程服务

部分车型案例 Application Projects

某乘用车企配套系统批量交付

某市10米氢燃料电池公交车

某市18吨双飞翼氢燃料电池物流车

联系我们
contact us

地址：浙江省嘉兴市南湖区亚太路705号B座2401室
电话：0573-82586629-8006
邮箱：sales@d-r-power.com
网址：www.d-r-power.com

上海电气
SHANGHAI ELECTRIC

燃料电池系统

燃料电池热电联供系统

技术特点

◆发电效率≥50%，热电联产总效率≥90%；

◆结构紧凑，运维简便，气、电、水路装卸便利性高；

◆支持多个模组并联扩展功能，可拓展至MW级；

◆高可靠性，系统寿命可达20000h。

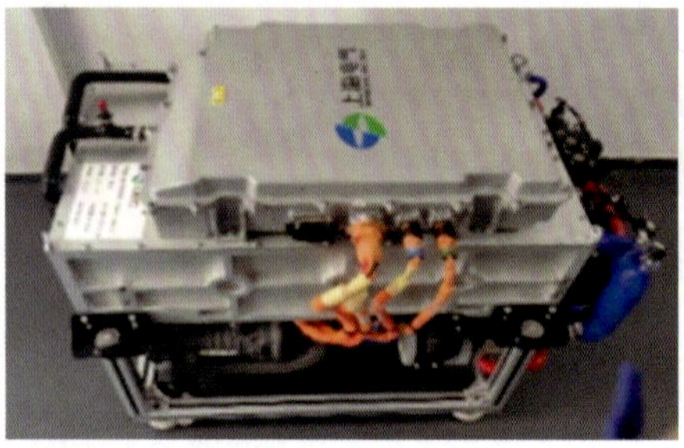

技术参数

额定输出电功率	kW	100
额定输出热功率	kW	90
主体重量	kg	≤230
输出电压	V	AC380(可定制)
净电效率	%	≥50
环境温度	℃	-30～60
低温(-30℃)启动时间	min	≤10

HENS 系列车用燃料电池系统

技术特点

◆优异的冷启动表现

◆行业领先耐久性能

◆高安全等级

◆防护等级：IP67

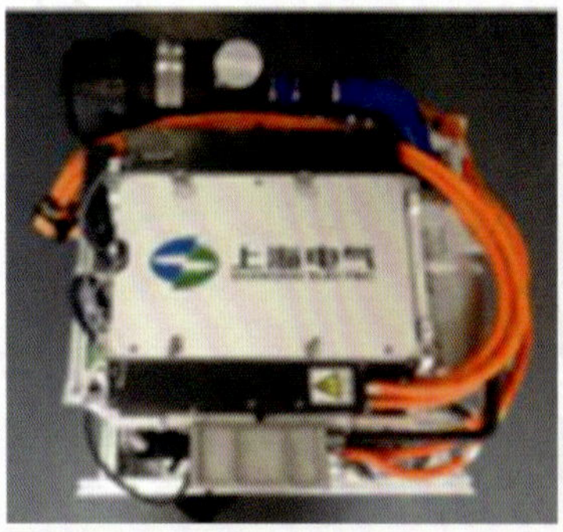

技术参数

额定功率	kW	60/110
最大功率	kW	65/120
冷启动温度	℃	-30
质量功率密度	W/kg	550
工作电压	V	450~750
设计寿命	hrs	15000

燃料电池系统

燃料电池膜电极

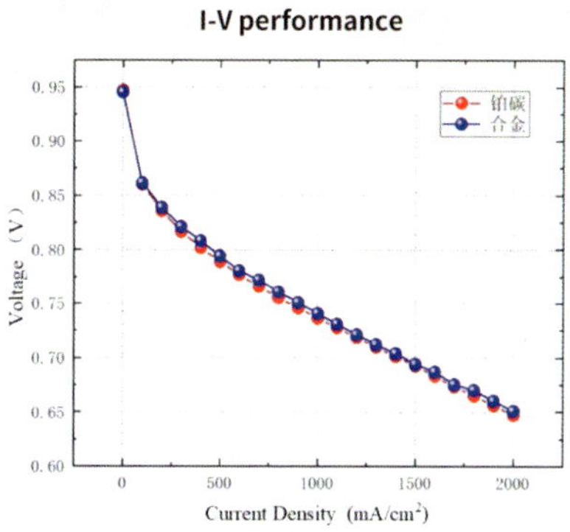

技术特点

◆低催化剂载量；

◆功率密度高；

◆厚度均匀性好；

◆抗反极。

技术参数

催化剂载量	mg/cm²	⩽0.35
尺寸	cm²	270/350
厚度公差	%	⩽±3
工作温度	℃	60~80
电化学性能	V	⩾0.7@1200 mA/cm²
功率密度	W/cm²	⩾1.4

PEM电解水制氢膜电极

技术特点

◆采用联合分散制浆技术和特殊设计的浆料体系，构筑了疏松多孔且兼具一定结构强度的三维空间结构催化层，极大提高催化剂的利用率和电化学性能。

◆采用全氟磺酸树脂增强膜制备膜电极，具有优异的质子传导性及机械稳定性，可广泛应用于高压差/无压差的工业级电解堆、膜分离、氢医疗健康等领域。

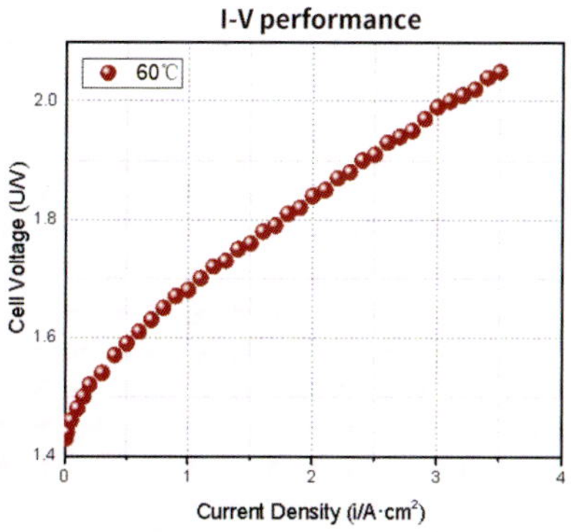

技术参数

催化剂总载量	mg/cm²	<2
尺寸范围	cm²	25~10000
工作温度	℃	40~80
电化学性能	mA/cm²	3000@2V
寿命	uV/h	<5

北自所

北京机械工业自动化研究所有限公司（以下简称北自所），创建于1954年，一直致力于制造业领域自动化、信息化、集成化、智能化技术的研发与应用，在物流、汽车、冶金、机械、能源等多个行业领域拥有丰富的专业技术和工程经验，可以为企业定制智能制造全面解决方案，提供各种集成化装备和智能化系统。

北自所拥有九个事业部、四个子公司以及“制造业自动化国家工程研究中心”等5个研发机构；依托有“国际仿生学标准化技术委员会”“全国机器人标准化技术委员会”等13个国际、全国性行业组织。

北自所是离散制造领域智能制造系统集成的实践者和引领者，已完成数十项国家智能制造专项项目，并入选工信部第一批智能制造系统解决方案供应商推荐目录；评为国家两业融合发展试点单位。

北自所自2009年开始进入新能源动力电池行业，对硬包和软包动力电池、储能电池的装配及检测工艺均有深刻的研究，拥有经验丰富和资历深厚的机械与电气设计团队、物流仓储与MES系统研发团队，针对不同结构形式的电芯、模组和PACK均拥有一整套丰富的项目经验与典型案例，可承接涵盖正极材料输送缓存系统、电芯段输送缓存系统、电芯段专机设备、电芯静置库、电芯分档设备及缓存库、电芯预处理线、模组装配线、PACK装配检测线及MES系统等在内的智能制造车间级整体规划实施项目。北自所秉承系统集成服务商的精神，为新能源行业客户提供最优的智能制造全面解决方案。

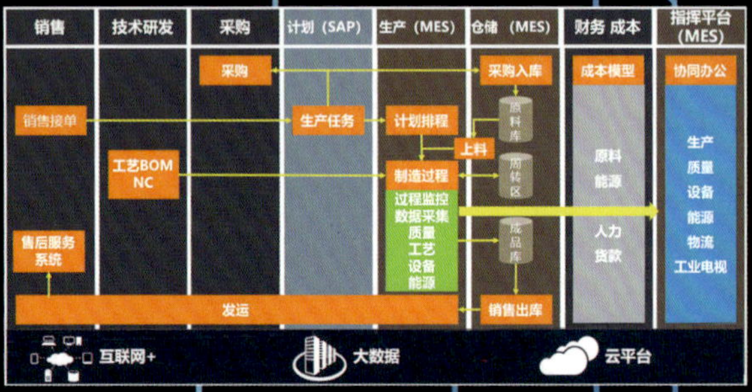

▲ 以MES系统为核心的多维度集成

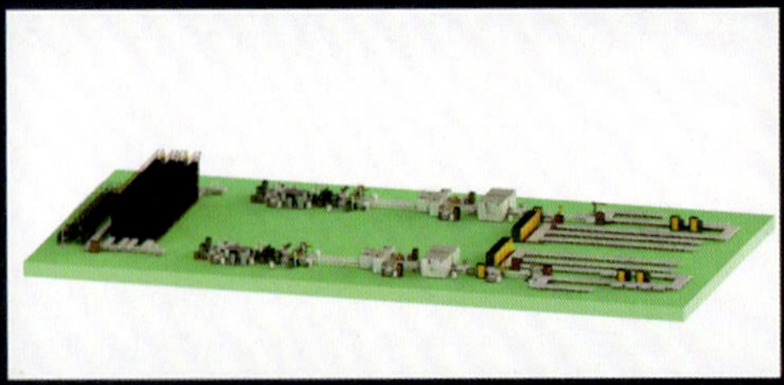

▲ 新能源锂电池智能制造车间总体规划

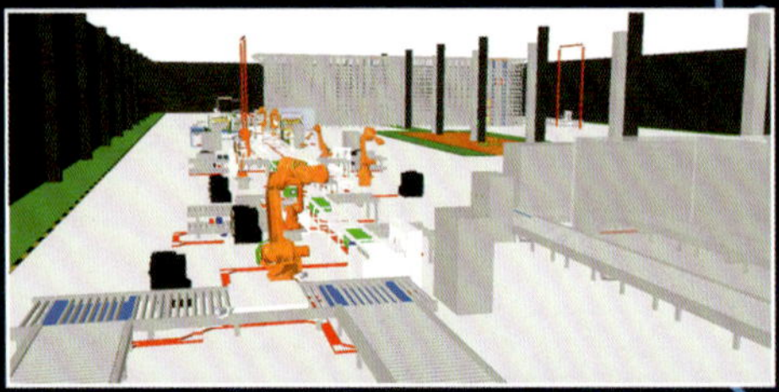

▲ 新能源锂电池智能制造车间工艺仿真

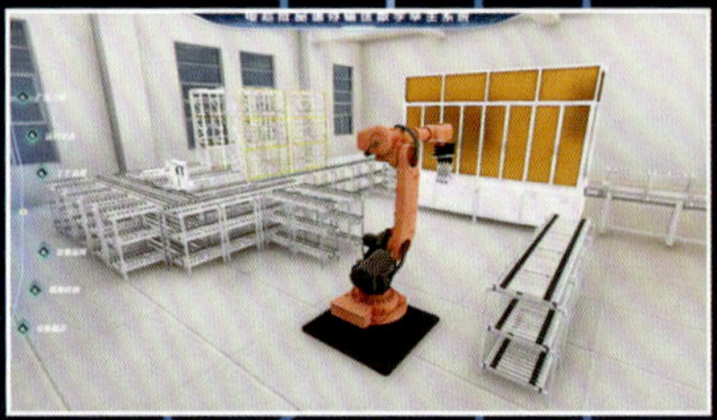

▲ 新能源锂电池数字孪生系统

▲ 新能源锂电池智能制造产线

北京机械工业自动化研究所有限公司
BEIJING RESEARCH INSTITUTE OF AUTOMATION FOR MACHINERY INDUSTRY CO.,LTD.

电话：010-82285410，82285628
邮箱：zydl@riamb.ac.cn，mkt@riamb.ac.cn
网址：www.riamb.ac.cn 传真：010-82285629

TINCI

绿色化学成就低碳美丽生活

九江天赐高新材料有限公司是一家拥有自主知识产权与核心技术的高新技术企业。自2014年以来锂离子电解液连续8年全球市场占有率居前，是全球较大的锂电池电解液生产商，拥有全球一线锂电企业客户群，海外供应布局落地将进一步加速海外客户导入，客户优势突出。公司始终坚持以“研发引导技术、以技术推动产品”的发展理念，每年科研经费投入占销售总收入的3%以上，在电解液功能添加剂、新型溶剂和锂盐等方面的研发和量产位于行业前列，成为全球知名电池厂的稳定供应商。九江天赐高新材料有限公司因其科技水平先进、研发实力雄厚，先后通过了ISO 9001、ISO 14001、TS 16949、OHSAS 18001体系认证，获得“江西省工程技术研究心（锂离子电池电解液）”“博士后创新实践基地”“国家高新技术企业”“科技创新示范企业”“江西省科学技术进步奖”“中国技术市场金桥奖（高能量密度锂离子动力电池电解液）”“江西省百千万人才工程”“江西省瞪羚企业”“江西省管理创新示范企业”“江西省智能制造标杆企业”等称号。

联系方式：0792-7181000

地址：江西省九江市湖口县高新技术产业园区

科创中心—孵化基地

科创中心—柔性中试平台

环保口号

九江天赐生产装置

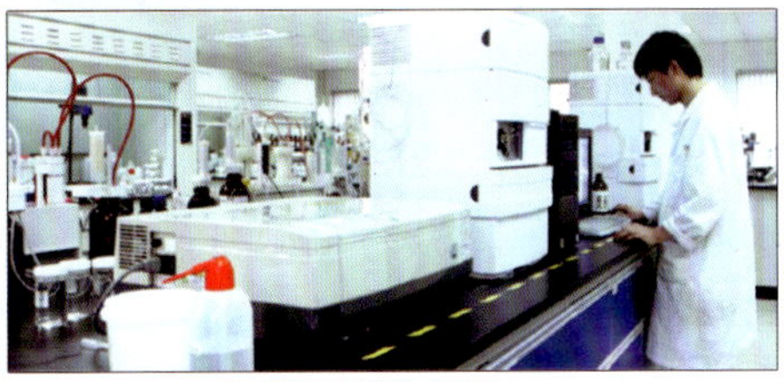

科创中心—研发

天赐全景

企业愿景

提供系统性解决方案，成为客户优选合作伙伴，为员工、股东提供有竞争力的回报、创造安全、健康的工作环境，成为良好企业公民，与社区共同成长。

客户至上　守正出新　奋斗进取　创造完美品质

巨湾技研
GREATER BAY TECHNOLOGY
巨湾电池
让充电像加油一样快
超长寿命
常年极速快充补能
里程寿命远超 50 万公里
超快充电
0~80%仅需7.5分钟
超强安全
极限热失控试验
24 小时无明火
— 公司详情 —

弗迪电池

FinDreams Battery

弗迪电池立足新能源产业，深耕电池领域已有二十余载，具备100%自主研发、设计和生产电池的能力，产品覆盖消费类3C电池、动力电池及储能电池等，并构建了完整的电池产业链，在电池技术、品质、智能制造、生产效率等方面堪称业界翘楚。公司电池产品广泛应用于汽车、新能源、IT及轨道交通等领域，持续全球化布局，不断巩固核心竞争力。

FinDreams battery has more than 20 years of experience in the new energy industry. With industry leading capabilities in independent research, design and production, FinDreams battery products range cover 3C consumer batteries, electric vehicle batteries, and energy storage batteries. With a complete, vertically integrated industrial chain, FinDreams battery can be considered the industry leader in battery technology, quality, intelligent manufacturing, and production efficiency, among others. FinDreams battery products are widely used in electric vehicle, new energy, electronics and rail transit applications. FinDreams battery is committed to globalizing its operations and consolidating its core competitive advantages in the future.

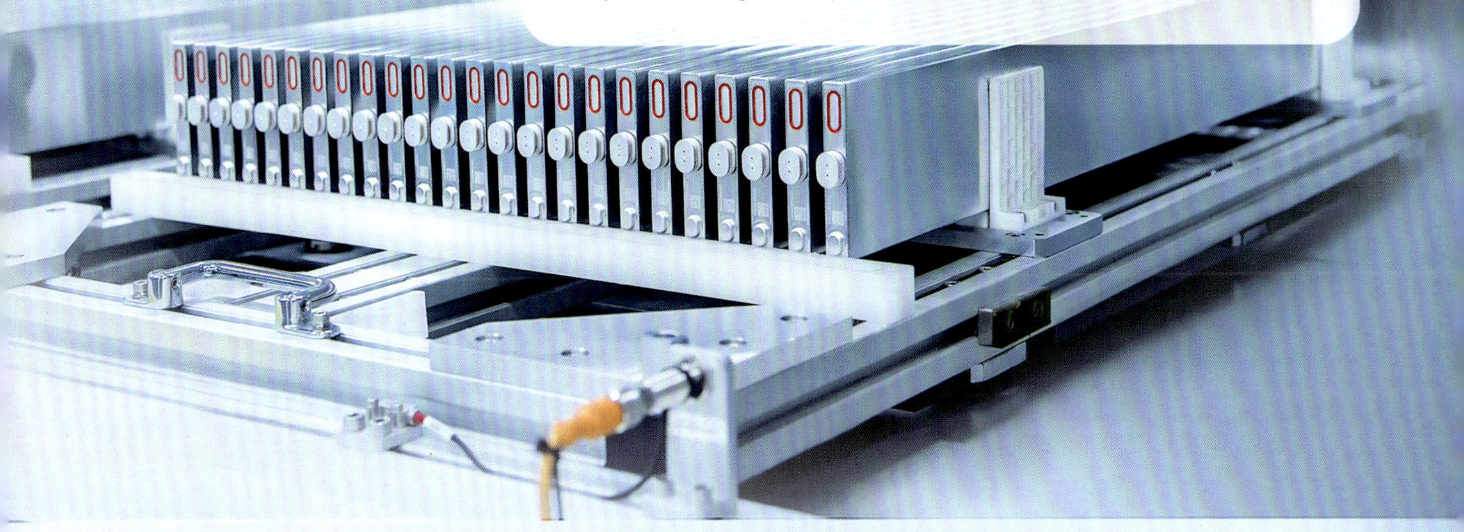

CTB技术

借鉴蜂窝铝板

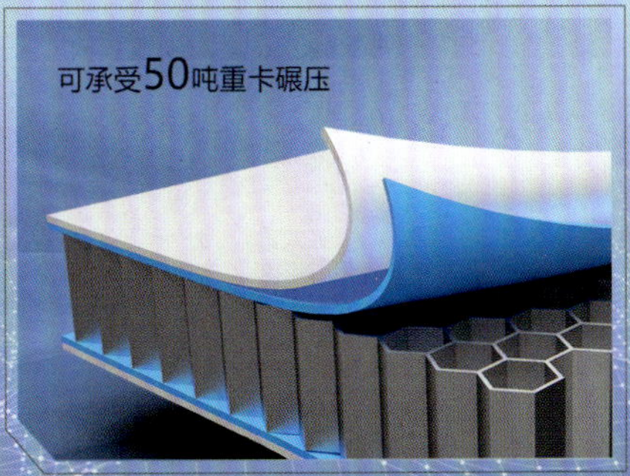

三明治结构设计

电池车身一体化技术

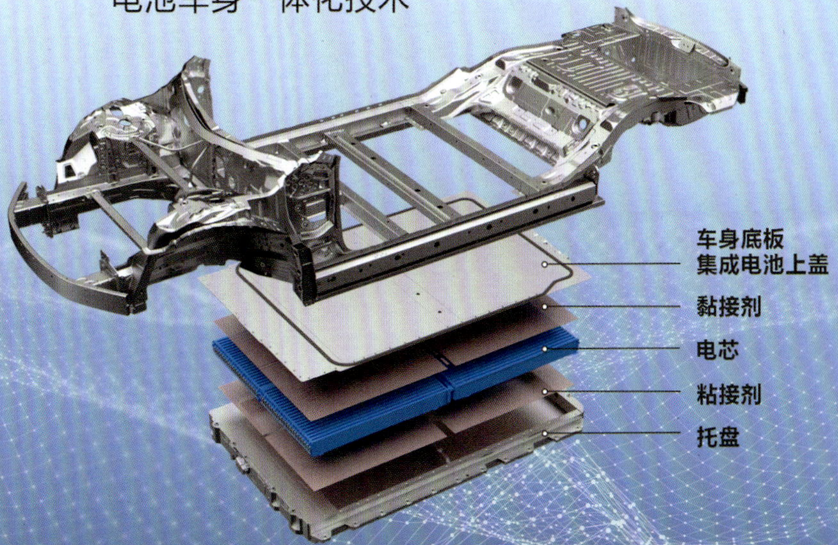

公司介绍

松芝股份创立于1998年，2010年在深交所上市，股票代码：002454。控股厦门松芝、重庆松芝、柳州松芝、武汉松芝、南京博士朗等20多家分子公司。员工三千余人，其中技术人员近500人，行业专家顾问10余人。

上海松芝海酷新能源科技有限公司为松芝股份全资子公司，专业研发、制造储能及热管理产品。聚焦储能领域的创新研发，自2016年起开始研发销售电池热管理液冷机组，广泛应用于储能集装箱、储能电柜、客车、卡车、换电等领域。

HIGHLY 海立

上海海立新能源技术有限公司位于浦东自由贸易试验区，由上海海立(集团)股份有限公司(A股：600619，B股：900910)与马瑞利株式会社按照75%：25%的投资比例共同投资设立，从事新能源汽车空调用电驱动涡旋压缩机研发、生产及销售。

回顾历史，海立新能源由原海立电器车用事业部开始独立研发车用空调压缩机，旨在帮助进入新赛道，成为海立第二产业。2016年上海海立新能源技术有限公司正式成立，2022年年中海立新能源下线第100万台整机，2022年底，海立新能源市场保有量跨越120万台量级，同年获得日产项目定点，实现了海立从白色家电领域发展到汽车零部件领域、从核心零部件发展到系统集成、从国内市场为主发展到国际化布局的三大转型战略。

2022年初，海立新能源自主研发的小型轻量化ECS40电动压缩机搭载宇通客车服务冬奥会。该产品使用R410A冷媒，解决了高压力条件下实现产品轻、小、高效的技术攻关难点，实现了新冷媒应用的技术突破，为环保节能提供了助力。伴随着ECS40压缩机的量产，填补了国内同类产品的空白。

2023年4月，海立新能源亮相上海车展，发布ETH45高压热泵压缩机，契合行业整体发展对800V高压快充的刚性需求。ETH45排量45cc，最高电压可达850V，覆盖800V使用需求，转速范围600~10000转，在限定负荷下最大转速可达12000转。同时，该产品可以在—30°C的恶劣环境温度下正常启动，完全满足传统低温热泵系统和三角循环热泵系统的超低温制热需要。

作为专业的压缩机厂商，海立新能源始终以高质量产品答复客户信赖。伴随着量产件的平台化，全系产品的覆盖升级，海立新能源精益求精，为客户、行业提供更多的可能性。放眼未来，海立新能源将继续秉承"倡导绿色出行方式，创造舒适移动空间"的企业使命、积极践行"成为汽车热管理系统核心零部件的优质供应商"的企业愿景，不断强化自主研发能力，依托百万级年产能为客户提供更加优质高效的产品、创造更多更新的价值。

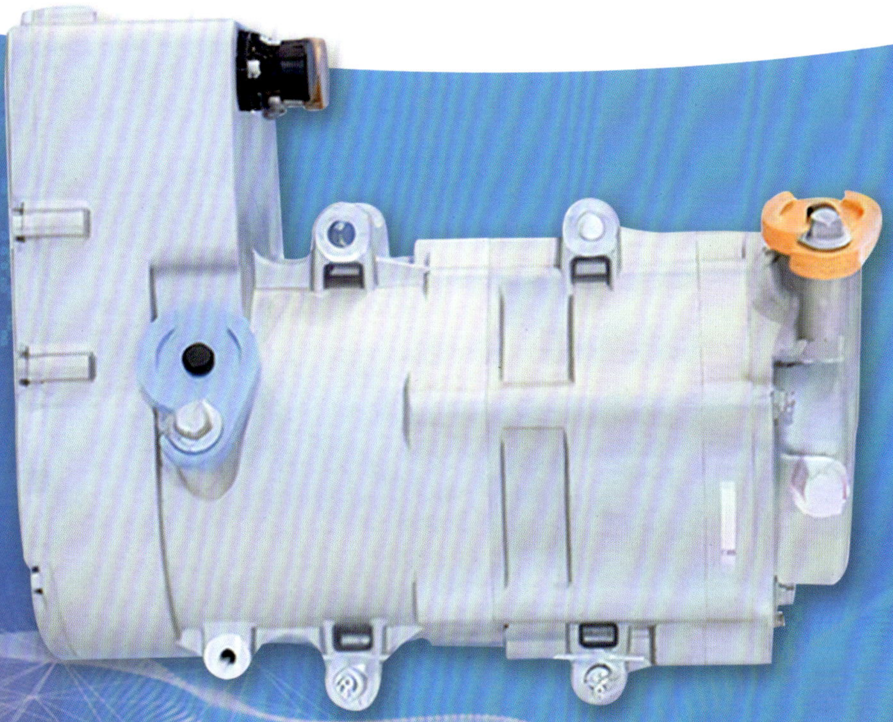

ETH45亮相上海车展

扬州嘉和新能源科技有限公司成立于2017年9月，总部坐落于高邮苏中循环经济产业园。公司总占地面积近百亩，是一家专业从事新能源汽车系统解决方案的供应商。

公司在新能源汽车领域的产品涵盖：电池、电机、电控和电空调——“四电”的热管理，具体包括散热器、电子扇、冷凝器、空调箱、蒸发器、Chiller、PTC、电机冷却系统（MTS）、电池温度管理系统（TMS）和电控冷却系统，以及无人驾驶和电控系统。

公司是新能源汽车行业具有自主研发、创新能力和独立品牌的企业，凭借良好的技术研发能力，优越的产品性能以及优质的售后服务等综合管理优势，已在新能源汽车制造厂商及主流的电池厂家积累了丰富的客户资源。

面对顾客要求的日益提高和新能源技术的不断发展，嘉和公司秉承“勇于创新、与时俱进、追求卓越”的企业精神，通过公司员工的共同努力，为振兴中国汽车零部件工业和民族品牌贡献自己的一份力量。

作为新能源汽车的重要组成部分，热管理系统在整车需求量快速增长、单车价值量提升的双重驱动下，未来市场空间广阔。近年来，公司先后从英国、德国、美国、日本和韩国引进自动生产线和检测设备，通过引进、消化和吸收提升自身的制造装备水平。目前已形成散热器、中冷器、冷凝器、电池热管理和氢燃料热管理等多条生产线。

在电动汽车热管理系统方面：

一、采用智能控制的冷却机组，保证动力电池在-40°C~50°C环境温度下稳定工作，通过优化智能算法、匹配设计，模拟计算及试验验证等手段，确保动力电池在最优的温度下工作，确保电动车充放电及行驶过程的安全性。

二、采用管带式、冲压式，直冷板等多种解决方案，将电池的发热量迅速导出，提升电池的效率和安全性。同时利用集成式设计，减少重量、提升电池的功率密度。

在氢燃料汽车热管理系统方面：

一、采用优化匹配的散热带和管型组合，提升产品散热效率，针对燃料电池的使用温度，使其始终处于较好的温度范围。

二、优化散热器内部离子浓度析出控制，通过独特的钝化液进行预处理后，使离子浓度始终处于极低的状态。

三、采用优质的无刷风扇，匹配优化后的控制策略使发动机处于良好的工作状态，同时降低了能耗，提高可靠性。

通过以上方案，以保证被冷却对象工作在最佳温度范围，从而优化整车的环保性能和节能效果，同时改善汽车运行安全性和驾驶舒适性，确保新能源汽车电池发挥更大性能，为新能源汽车保驾护航。

■ 冷板

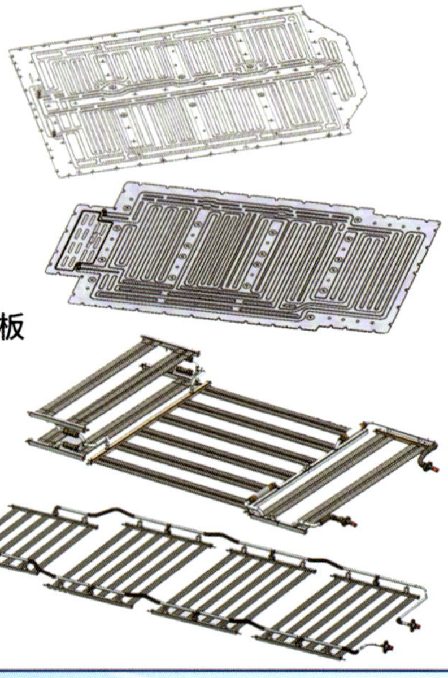

■ 前端模块

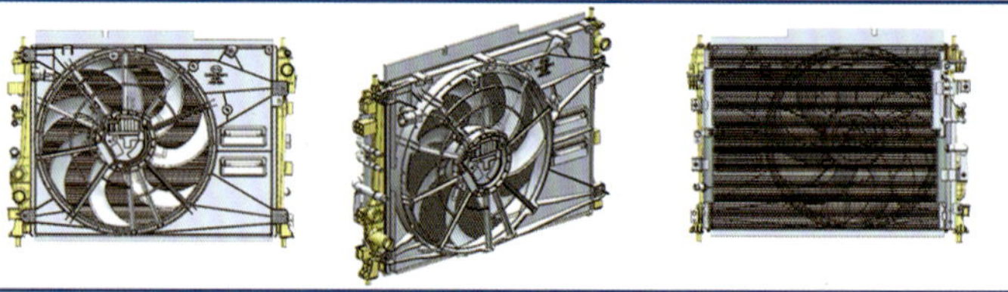

■ 中冷器

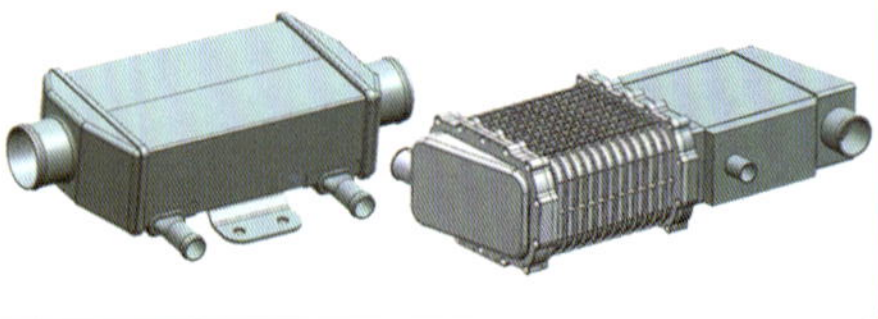

■ ATS

■ 余热回收板换

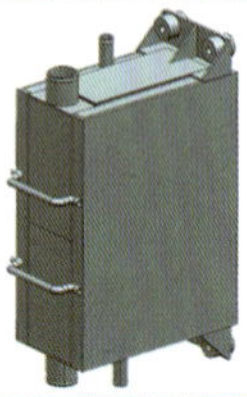

■ Chiller

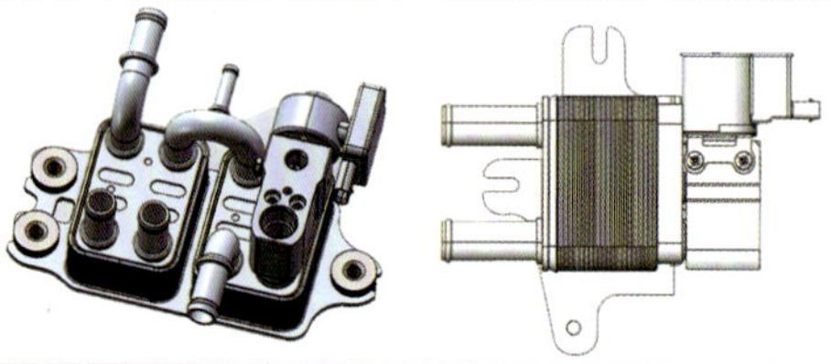

无锡柯诺威新能源科技有限公司

热管理系统解决方案提供商

无锡柯诺威新能源科技有限公司是一家专注于热管理系统和关键零部件研发和生产的创新型企业，业务领域面向新能源车辆、储能设备热管理系统等。公司热管理系统和关键零部件研发能力处于国内先进水平，多个产品技术获得发明专利，研究开发的新一代整车热管理技术——“三源热泵”具有独立知识产权，能减少冬季电动车续航里程衰减50%，是头部电池&新能源商用车厂商的供应体系成员。

商用车电池热管理液冷系统

全系列多个型号(制冷量: 5kW/8kW/10kW)

全面覆盖电动重卡、工程机械应用场景

率先开发出满足长寿命电池的集成式液冷-液热机组

(BTMS080~CVB00， BTMS100~CVB00系列)

储能电池热管理液冷系统

已有机型覆盖8~40kW 制冷& 2~20kW制热

可以为客户定制开发新机型

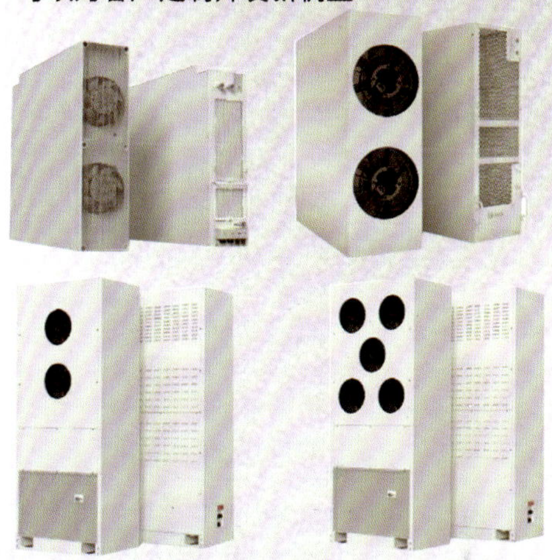

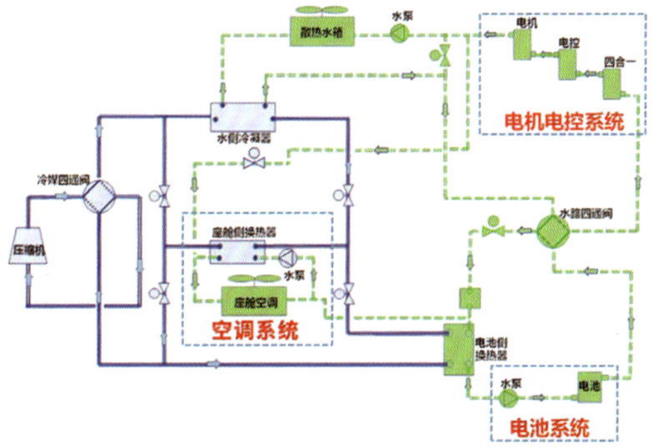

整车热管理系统("三源热泵"技术)

由柯诺威提出的、具有完全独立知识产权的新一代整车热管理技术——“三源热泵”

高度集成了电动车辆三大热管理子系统

(电池热管理、电机电控热管理、驾驶室空调)

通过智能化控制，实现了三个子系统间的热量转移和热品质提升，相比现有技术，对座舱和电池进行加热时的电能消耗大幅减少。

“三源热泵”技术能够解决冬季续航里程衰减问题:

冬季电动车里程衰减量减少50%

电话：4009-289-345　邮箱：www.kelvinetech.com

地址：江苏省无锡经开区商浪东路999-8号B2栋6楼

珠海英搏尔电气股份有限公司（以下简称英搏尔），成立于2005年，是国内较早专注新能源汽车动力系统研发、生产及销售的领军企业之一。公司2017年7月于深交所创业板上市，股票代码：300681。公司主营产品包括新能源汽车驱动总成、电源总成以及驱动电机、电机控制器、车载充电机等动力系统核心部件。

英搏尔深耕新能源汽车行业近20年，通过在人才、技术、产品以及管理等方面的持续投入，构建起以驱动系统和电源系统两大产品平台的核心研发队伍。公司创新的“集成芯”产品具有高效能、轻量化、小体积、低成本等显著优势。产品可应用于全系新能源汽车、商用车、非道路车辆等领域也获得广泛应用，客户占国内80%以上整车厂，并达成与国内外众多大型零部件集团的长期合作。

电驱动系统

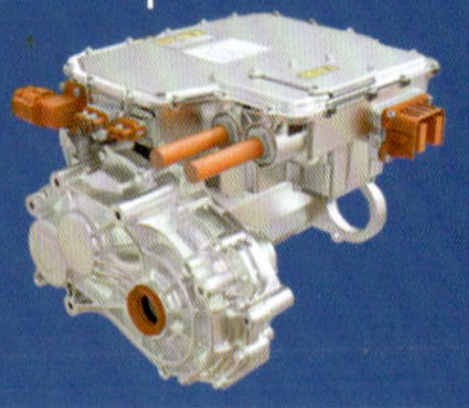
集成芯六合一驱动总成

集成芯动力总成

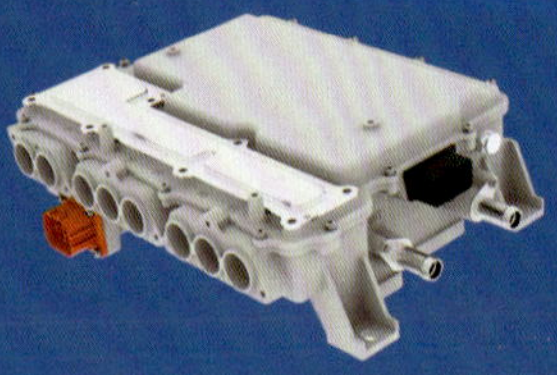
混动双电机控制器

电源系统

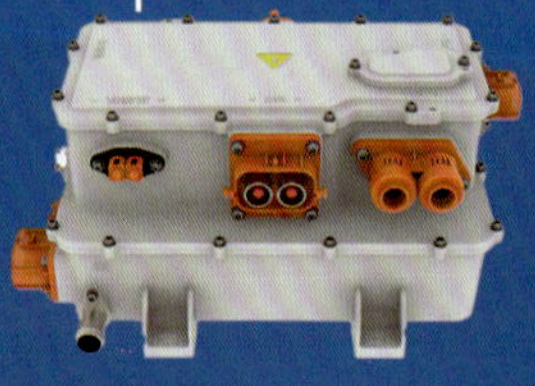
6.6kW

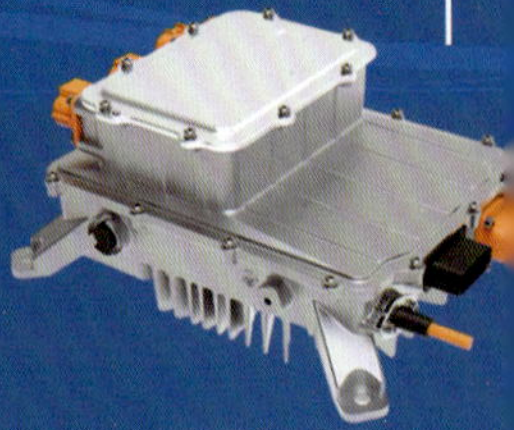
3.3kW

电机、电控单系统

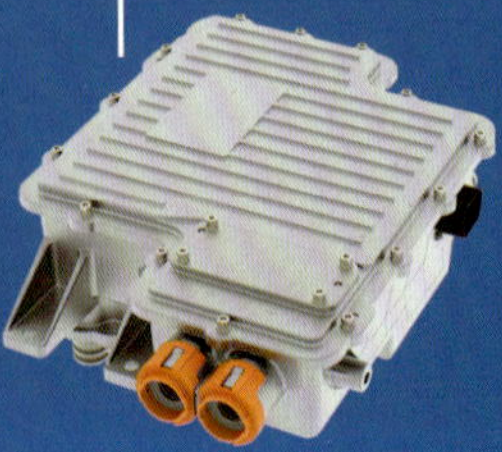
电控MC39系列

扁线电机

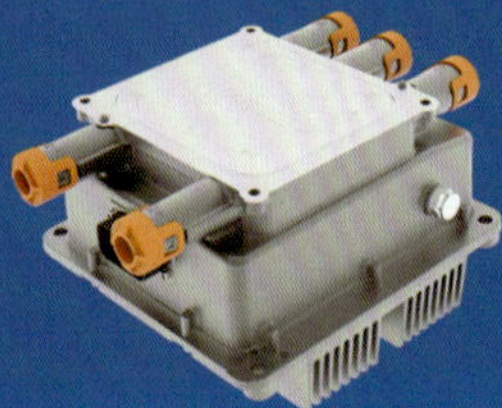
中压电控MC3336

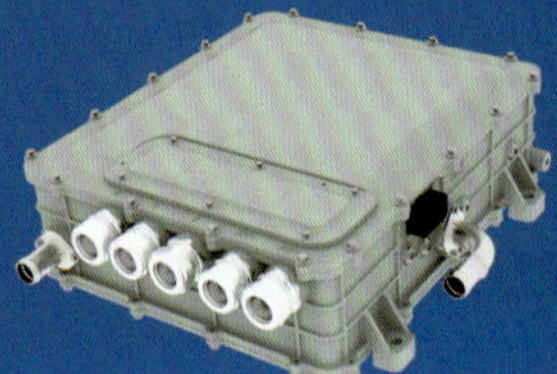
商用车电机控制器

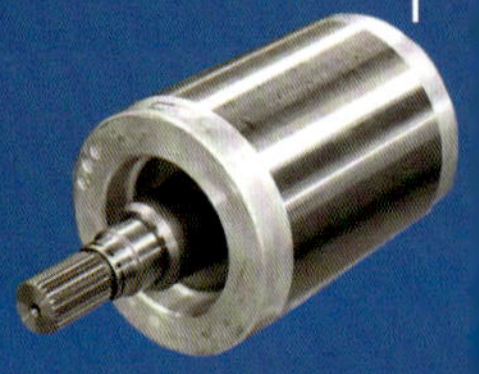
圆线电机

电机组装线

电机定转子高速冲产线

SMT/DIP产线

综合环境实验室

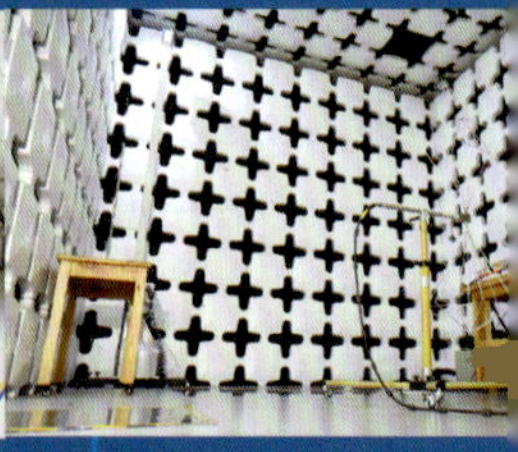
EMC实验室

联系方式

公司总机：0756-3396961；售后服务热线：0756-6860801

销售热线：0756-6860806；投资者热线：0756-6860880

专注创造奇迹 执着成就梦想

混动&纯电动

聚焦新能源商用车行业

历经十年创新发展，绿控建立了优质的产品开发试验平台和智能化、数字化的生产车间以及国际先进的自动化产线，实现了“混动+纯电动”的齐头并进、“研发+制造”的双轮驱动。

绿控产品涵盖客车、卡车、专用车、工程机械等多个领域。既有混动也有纯电动，既有电机直驱、带减速箱、带变速箱产品，也有双电机、电驱桥产品，能够满足不同种类的新能源商用车型的需求。

混合动力
产品型号PHD29000

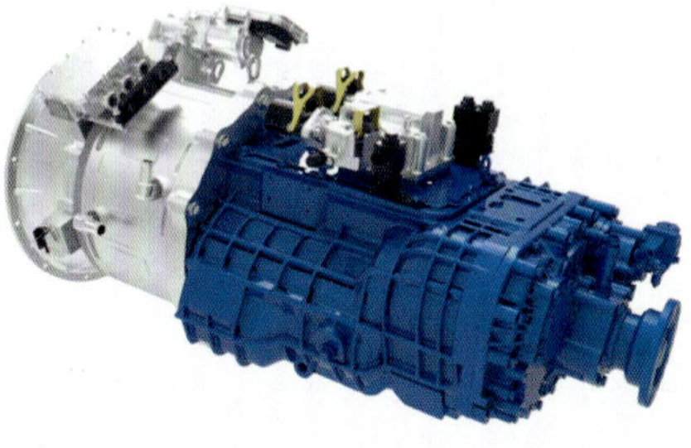

更高收益

节油率可达10%~30%
节省燃油达10万元/年

更强动力

最大动力输出660马力
最大爬坡度大于30%

出勤率高

无需顾虑续航和充电问题
制动能量回收，更环保舒适

纯电动
产品型号THD24200

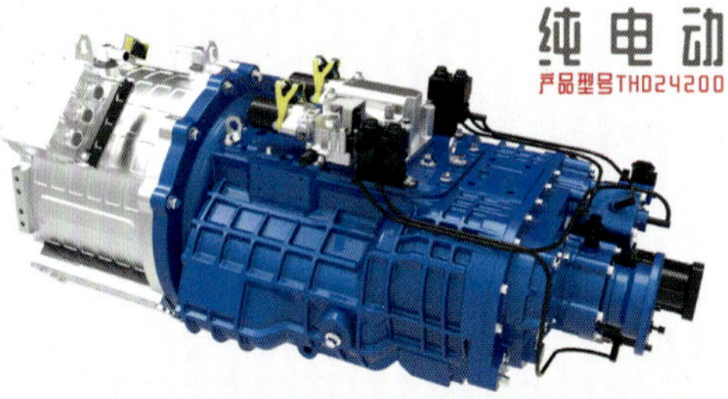

荣获了“新能源公交最佳口碑电机”等殊荣，在物流车挑战赛中赢得最佳爬坡、节电、续航三个奖杯；在隆重庄严的“国庆70周年阅兵式”上，“第零方阵”的环卫洗扫车，半数搭载绿控纯电总成。

业务分布

绿控产品已在海外14个国家、在国内超过300个城市的12万多辆新能源汽车上运营，累计运营里程超过235亿公里。

合作客户

客户包括中国一汽、东风、徐工、三一、开沃等30余家卡车企业及中通客车、北汽福田、厦门金龙、厦门金旅、苏州金龙等国内40余家客车企业。

地址：苏州市吴江区交通南路1268号
电话：0512-88812059
邮箱：lkcd@lvkon.com
网址：www.lvkon.com

理工华创 BIT HUACHUANG

HFNE 华锋新能源

额定30/峰值60kW级 微卡解决方案

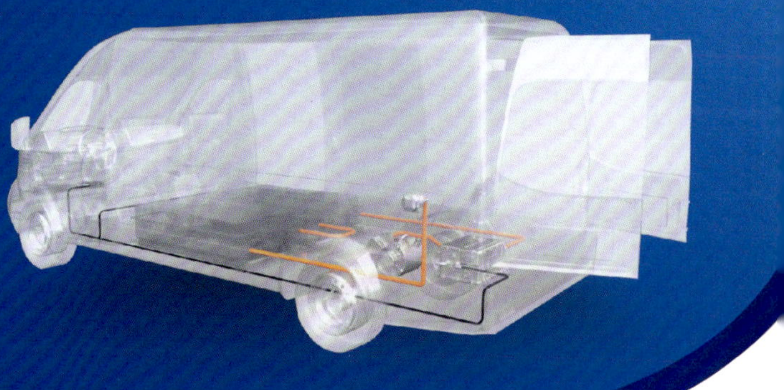

应用方向：方案包含整车控制器、集成控制器、驱动电机。
适用于满载2~2.5吨微卡、微面车型，典型方案适用于机场散装货物装载机、客梯车、3.5吨挖掘机等车型。

核心产品 PRODUCT INTRODUCTION

42B 型整车控制器

采用 NXP 5744 芯片，硬件满足 ISO 26262 功能安全要求，软件体系符合 AUTOSAR 架构。

42B型 整车控制器

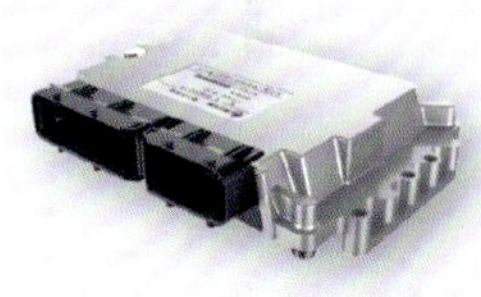

LY 型集成控制器

包含 1200V/600A-IGBT 驱动模块，6.6kW 车载充电机 OBC 模块与 2.5kW 直流变换器 DCDC 模块一体机，包含电池快充、上装、空调、电加热等配电单元。
外形尺寸 413mm×329mm×191mm，重量 20kg。

LY型 集成控制器

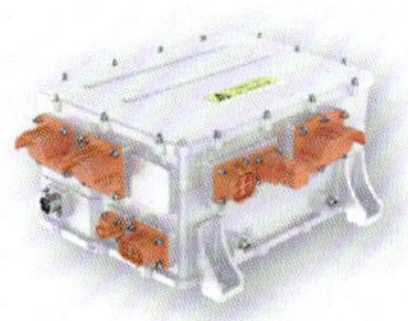

220Nm 级电驱桥电机

额定功率 30kW，峰值功率 60kW，额定扭矩 100Nm，峰值扭矩 220Nm，不包含花键轴、接线盒、水嘴的主体尺寸 ϕ220×242mm，重量 38kg。

220Nm级 电驱桥电机

公司简介 COMPANY PROFILE

理工华创公司成立于2010年，是北京理工大学电动汽车技术的产业化依托单位，是国家和中关村的双高新技术企业，也是工信部第二批国家级专精特新“小巨人”企业，电车人100强企业。核心产品包括整车控制器、高压集成控制器、动力总成、高压线束总成等。主营新能源商用车电控及驱动系统产品的研发、生产和销售，拥有福田汽车、一汽解放等国内TOP5商用车企业客户和特种车企业客户，并逐步开发乘用车客户，目前已累计为市场配套近10万台套产品，产品足迹遍布国内31个省市地区。

北京理工华创电动车技术有限公司

北京市顺义区赵全营镇兆丰产业基地东盈路19号

http://www.huachuangev.com/

010-68910955/010-68940311

五菱柳机
WULING LIUJI

柳州五菱柳机动力有限公司（以下简称五菱柳机）是柳州五菱汽车工业有限公司的全资子公司，企业前身为柳州机械厂，始建于1928年，为新桂系重点打造的近代工业企业，被誉为“广西机械工业的摇篮”。目前主要产品为汽油发动机、新能源动力及其零部件。主要产品有1.0L~2.0L国六汽油发动机、新能源混合动力系统、48V微混系统、增程器、电机、电机控制器等。是国内产品品种丰富、型谱完整的动力总成供应商。

五菱柳机具备国内先进的发动机设计、开发、制造、服务水平，拥有适配性广的.产品谱系，市场保有量超过800万台。产品主要配套上汽通用五菱、东风股份、江淮汽车、上汽大通等市场优质客户。研发实力雄厚，拥有自治区级技术中心，研发试验能力包含15个汽车发动机试验台架，覆盖15~200kW功率段汽油机试验， 1个AVL四驱高精度混合动力试验台架，2个两驱混合动力试验台架，3个电机试验台，6个电机对拖试验台，1个整车转毂排放试验台架，具备台架标定、NVH测试，各种标准的耐久试验等能力，满足客户的各种测试标准需求，为产品开发和质量提供保障。公司拥有8条国际先进水平的汽车动力系统装配线，其中包含全自动智能化机加工工厂、智能化电机生产线、自动化智能无尘电控生产线，具备80万台/年的汽油机、20万台套新能源电机、电控装配能力，实现多机型柔性兼容的高效生产。公司服务网络网点多、服务半径小、响应时间短，向客户提供优质服务，赢得客户好口碑。

作为历史悠久的发动机研制企业，五菱柳机在创新的道路上从不止步，以高效汽油机和新能源动力推进系统的研发制造为核心，致力于打造行业品种丰富，型谱完整的国内优质动力总成供应商。

传统燃油机

1.3L汽油机
(LJ469Q系列)

1.6L汽油机
(LJ4A16/M16B系列)

1.8L汽油机
(LJ4A18系列)

2.0L汽油机
(LJ481系列)

新能源产品

前驱混动系统
(LJP60FA)

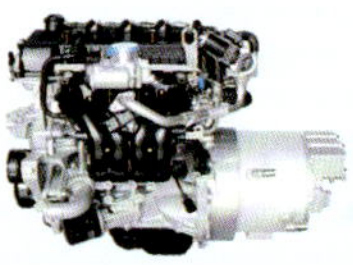

增程混动系统
(L4R20W50)

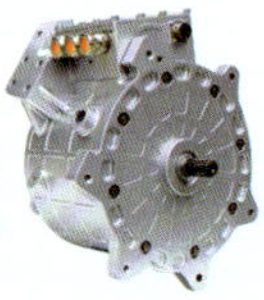

电机产品
(LJC60)

电控产品
(LJKC25DL)

2.0全自动生产线

机加工厂机器人

实验室AVL标定设备

新能源电机生产线

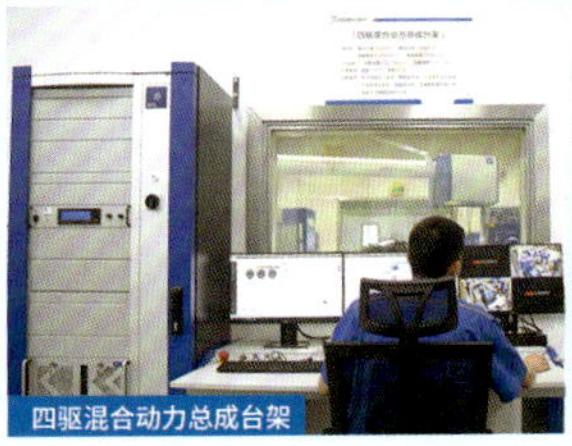

四驱混合动力总成台架

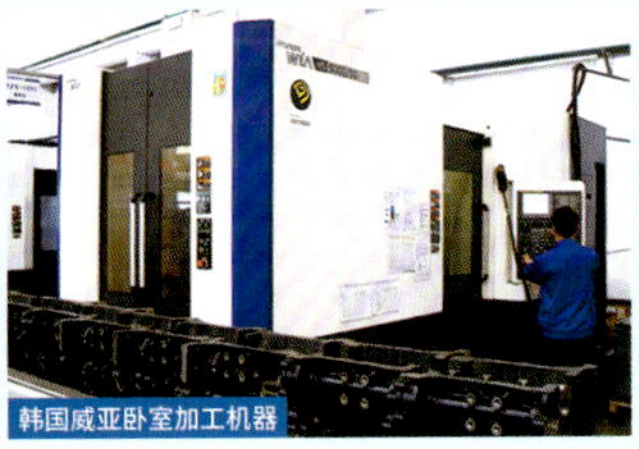

韩国威亚卧室加工机器

试漏机

全自动无尘电控装配产线

二总装车间柔性线

百年柳机 龍的动力

公众号
五菱柳机动力

地址：广西柳州市鸡喇路16号 官网：www.wlfdj.com 销售电话：0772-3151158/3150908/3150609

首钢智新迁安电磁材料有限公司是一家专门从事电工钢材料研发、生产和销售的钢铁企业。公司坚持"高端高效、绿色环保"的产品定位，不断推进电工钢工艺技术研发及产品更新换代，为能源、家电、出行等各领域提供重要的基础原材料支撑。新能源汽车行业的飞速发展推动了新能源汽车用驱动电机向着高效率、高转矩和高转速方向发展，首钢智新迁安电磁材料有限公司建成新能源汽车用电工钢专业化生产线，核心机组六机架冷连轧轧机"SUPER MILL"工艺技术全部自主研发，产品尺寸控制、板形控制、产品性能、运行效率达到世界水平。针对新能源汽车行业，成功开发6个系列20余个新能源汽车专用电工钢产品。累计获得11项发明专利授权，主持制定一项行业标准、参与制定一项国家标准和一项团体标准，集成了一整套拥有自主知识产权的新能源汽车用电工钢产品技术。首钢智新迁安电磁材料有限公司不仅拥有完备的产品体系，同时具备从材料到驱动电机的全流程服务能力，包括针对不同类型驱动电机的特点进行选材方案设计，基于有限元仿真模型进行驱动电机的设计，基于线切割、激光焊接等设备实现样机铁心加工及测试，基于高速电机台架实现电机性能测试，为用户提供全方位技术服务。

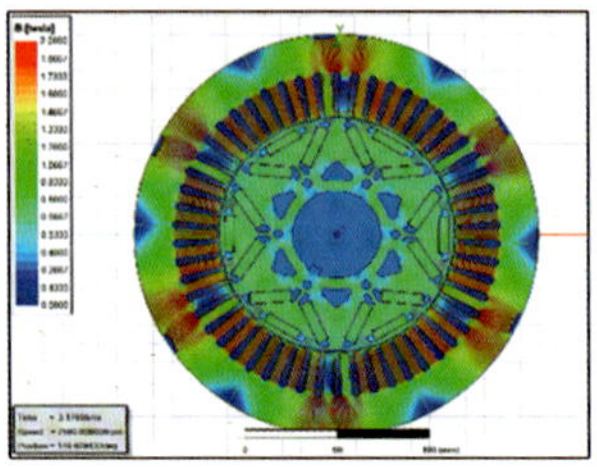
电机设计

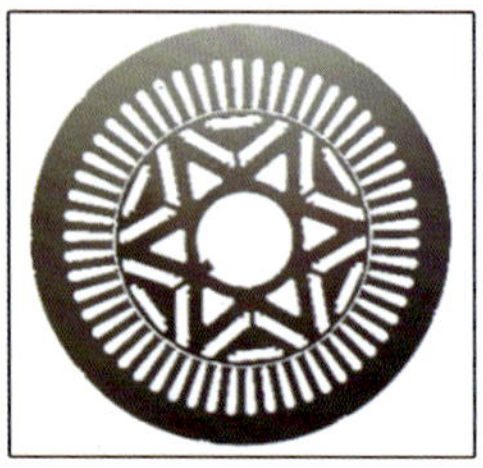
定转子冲片

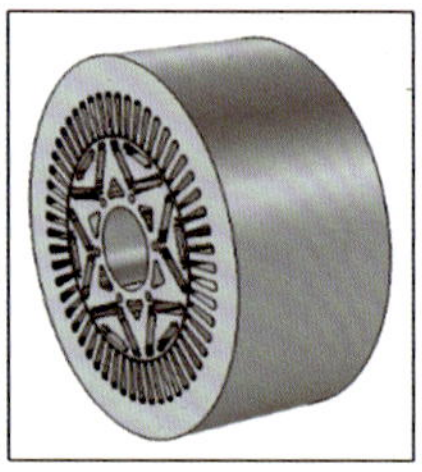
定转子铁心

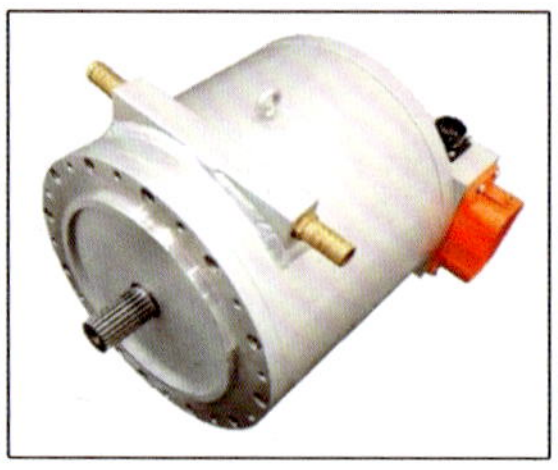
驱动电机

测试台架

节能环保为首　精细苛求做钢

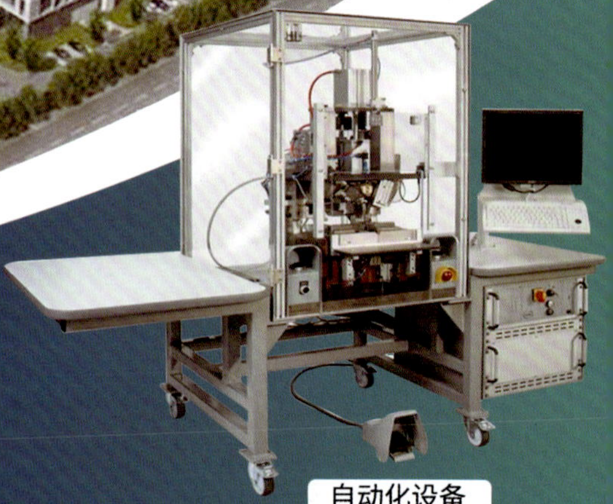
自动化设备

公司简介

南京康尼新能源汽车零部件有限公司（以下简称公司）是南京康尼机电股份有限公司控股子公司，位于南京经济技术开发区内，公司专业从事新能源汽车的高压电气系统的设计、制造、销售与服务。

公司注册资金6468万元，生产办公面积约为2.5万m^2，现有产线设计产能可达到645万件。公司主要产品有交、直流充电插座线束，交、直流充电枪、充电模式二、模式三、高压连接器、充电桩、小功率充电机、车载高压配电盒、电池系统配电盒、维修开关、电锁、氛围灯及整车高压线束等，成为国内主要自主品牌新能源汽车企业的重要供应商。

公司组建了专业技术团队进行市场开拓、产品和制造过程开发，参与国家标准和产品认证规则的讨论，制定并执行汽车行业的体系要求。

自动化设备

自动化设备

自动化立体仓

售后服务热线：400-8859017
邮编：210038
地址：南京市经济技术开发区恒竞路11号

E-mail: knn@kn-nanjing.com
网址：Http://www.knn-nj.com

DUOSIDA® 多思达

企业简介

张家港友诚新能源科技股份有限公司（简称友诚科技，证券代码：873087），定位为充电解决方案服务商，聚焦于新能源汽车高性能充电产品的开发和市场推广。公司成立于2004年6月，2017年完成股改，目前为新三板创新层挂牌公司。公司主营产品为电动汽车充电连接装置、充电桩、高压连接器及总成、无线充电技术研发及部件的制造和销售。主要产品分别通过CQC、UL、CSA、TUV、BS、CE、SAA、PSE等专业权威机构检测认证。客户主要为国内外车企及充电桩企业。

公司现有厂房面积5万平方米，目前拥有电动汽车充电连接装置（充电枪和充电座）200万/台套，高压连接总成100万/台套，充电桩10万/台套，工业电源连接器2000万个的年生产能力。设有精密模具、数控机加、塑胶成型、金属冲压、成品总装整链生产线。新厂房投产后公司整体产能为现有产能的三倍以上。公司已建立健全多项体系，分别通过了IATF 16949和ISO 9001质量管理体系认证、ISO 14001环境管理体系认证、ISO 45001职业健康管理体系认证、SA8000企业社会责任体系认证、AA两化融合管理体系评定证书等。

公司现有员工600人，拥有研发技术工程类人才超100余人，累计获得专利96项，其中发明专利13项、实用新型专利43项、软件著作权2项。公司布局未来的核心技术——大功率充电技术和新能源汽车无线充电技术均具备行业先进水平，公司作为全球大功率充电接口标准（Chaoji标准）的方案起草单位，全面参与了Chaoji大功率标准的编制，并参与了国标大功率充电接口的标准工作组，在业内优先推出了各类标准的大功率充电产品。公司投入巨资建立了行业先进的实验室，在2020年先后获得TUV莱茵颁发的实验室CTF资质证书和Intertek（天祥）认可的实验室资质，并于2021年获得CNAS国家认可实验室。公司获得各类荣誉20余项，其中包括江苏省高新技术企业、江苏省智能电动汽车充电系统工程技术研究中心、江苏省企业研究生工作站、中国汽车工程学会会员单位、苏州市专精特新示范企业等等。

产品介绍

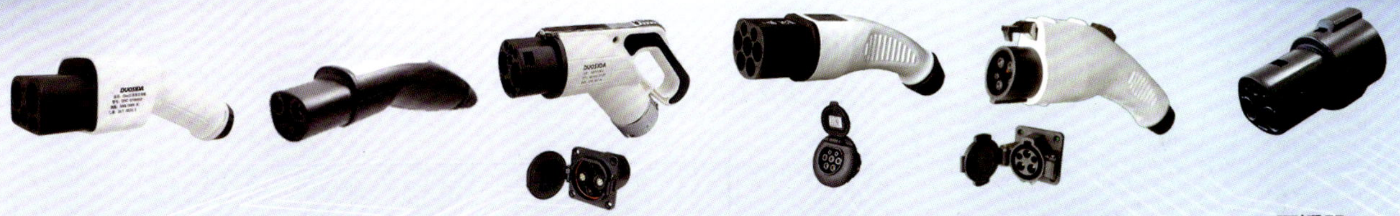

Chao Ji 充电枪　特斯拉充电枪　GB直流　IEC 交流　SAE 交流　配适器

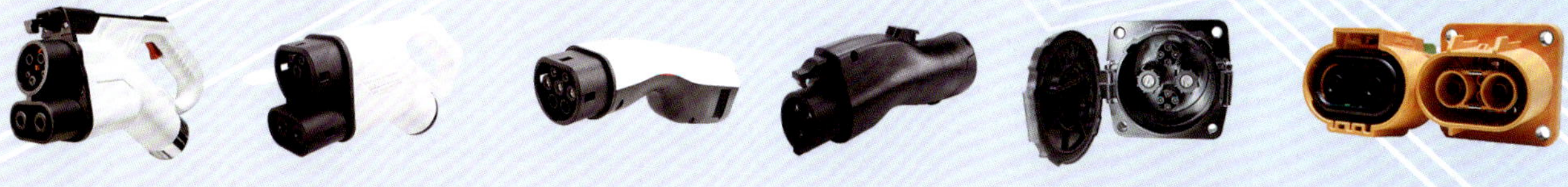

CCS1 液冷充电枪　CCS2 液冷充电枪　放电插头　放电插头　日标直流插座　高压连接器

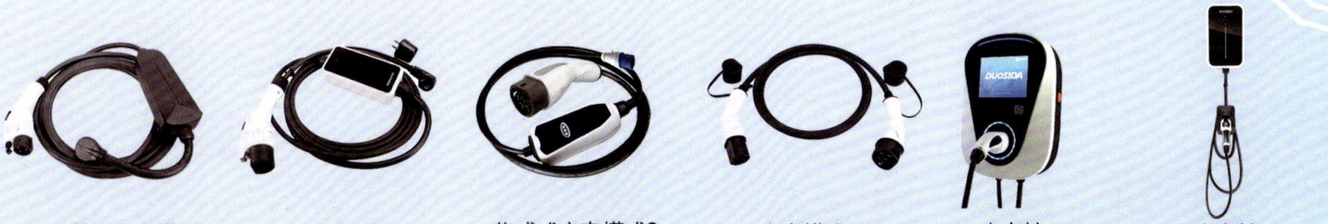

40A美标充电模式2　充电模式2　集成式充电模式2　充电模式3　充电桩　充电桩

张家港友诚新能源科技股份有限公司

地址：江苏省张家港市塘桥镇妙桥永进路999号

电话：0512-5892 0605　网址：www.uchen.com.cn

上海机动车检测认证技术研究中心有限公司

上海机动车检测认证技术研究中心有限公司（以下简称上海汽检）坐落于上海安亭国际汽车城，由上海机动车检测中心于2016年改制转企而来，是国内外知名的第三方国家级机动车产品检测机构。作为具有全品类机动车检测资质的国检中心之一，上海汽检同时也是国家新能源机动车产品质量检验检测中心，国家内燃机质量检验检测中心，国内汽车专用器具计量检定站，国家市场监管总局缺陷汽车产品召回鉴定检测机构和国家进口汽车检验机构，国家智能网联汽车产业计量测试中心、上海市氢燃料电池汽车产业计量测试中心及首批“自动化作业”行业研发中心。

秉持“为客户钻研、替用户把关”的核心价值观，上海汽检实施适应企业自身发展的战略布局，走出“平台化、多元化、数字化、国际化”的新四化发展路径，以标准为引领，夯实传统的汽车、摩托车传统检测技术，精耕智能网联和新能源前瞻技术领域，氢能与燃料电池技术领域、智能检测设备研发、信息数据技术研究、检测认证一体化和创新孵化等科技创新领域。采用多元化合作模式，成立了7家分公司、13家子公司，实现了从零部件到系统至整车检测能力的全面覆盖，成为了具有产业集群优势和广泛公信力的第三方检验检测公共技术科技服务平台。

面对未来智能互联技术的迭代和“双碳”目标的落地，上海汽检将坚持“科技引领、市场导向、创新思维、融合发展”的指导方针和“五精”工作理念，以高精尖的专业人才队伍为基石，以“传统+前瞻新能源+延伸融合”技术布局为支撑，以重大基建项目为依托，加快向数字化科技创新型服务机构转型，为客户持续创造价值，助力汽车产业转型升级，助推国家基础建设高质量发展。

EMC 实验室

智能驾驶试验道

毫米波雷达实验室

数字化展厅

碰撞实验室

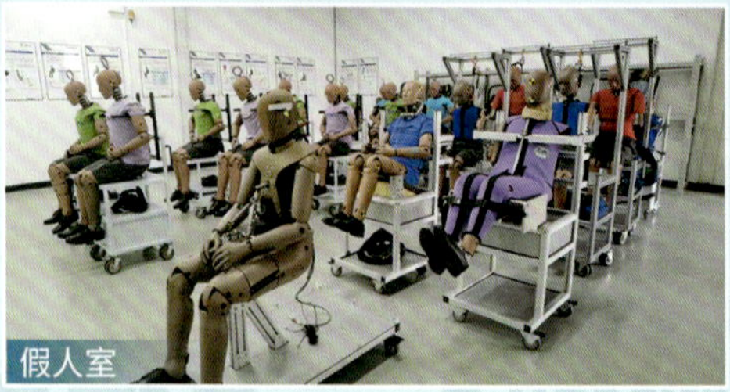
假人室

联系方式：上海机动车检测认证技术研究中心有限公司
地址：上海市嘉定区安亭镇于田南路 68 号
联系电话：021-69080000

为客户钻研 替用户把关

NAST 襄阳达安汽车检测中心有限公司

XIANGYANG DAAN AUTOMOBILE TEST CENTER CORPORATION LIMITED

襄阳达安汽车检测中心有限公司（以下简称达安中心）暨国家汽车质量检验检测中心（襄阳）、国家智能网联汽车质量检验检测中心（湖北）、国家燃料电池汽车质量检验检测中心，是经中国合格评定国家认可委员会认可和授权的具有独立法律地位的第三方综合性汽车检测及技术服务机构，获得国家认监委、工信部、交通部、生态环境部等对于汽车检测机构的全部资质授权。

- 国家汽车质量检验检测中心（襄阳）
- 国家级汽车试验场
- 国家智能网联汽车质量检验检测中心（湖北）
- 国家级智能网联汽车自动驾驶封闭场地测试基地
- 国家燃料电池汽车质量检验检测中心
- 国家授权的《公告》车辆产品检测机构
- 国家指定的强制性产品认证检测机构
- 国家指定的道路运输车辆燃料消耗量检测机构
- 国家指定的新生产机动车噪声和排放污染检测机构
- 国家指定的缺陷汽车产品检测和实验机构
- 国家认可的汽车产品检查中心
- 汽车专用仪器和汽车检测线的校准实验室
- 汽车产品认证检测机构和科研成果技术鉴定试验机构

自1985年建设起，历经36年的发展积累，达安中心始终位于国内前列。当前，达安中心占地近6000亩，拥有乘用车、商用车、专用车、军用车、智能网联汽车、综合试验6大汽车试验场地和18个专业领域研究方向试验室，拥有高温、高寒、高原三大试验基地，具备涵盖所有车型全系列试验的道路和路况，形成了高集中度、前瞻性、专业化的测试能力，检测范围涵盖汽车整车和零部件全系列，具备246类1 667项标准的检测能力。

当前，达安中心已形成“四个中心”〔试验开发验证中心、国家汽车质量检验检测中心（襄阳）、国家智能网联汽车质量检验检测中心（湖北）、国家燃料电池汽车质量检验检测中心、襄阳达安检查中心〕的业务形态。立足襄阳、武汉，达安中心在国内构建了8个分（子）公司、工作部以及日本、韩国2个海外办事处，形成覆盖全国、辐射全球的服务格局。

助力汽车强国梦想实现，达安中心以提升试验技术能力、提高工作服务质量，拓展检测认证业务为核心，始终致力于打造倍受信赖的汽车检测认证技术研究服务机构，业务范围遍布海内外1 500余家整车及零部件企业，与十二个国家和地区的汽车认证主管部门和认证机构展开合作。

面对汽车产品轻量化、电动化、智能化、网联化、共享化的发展趋势，达安中心加快新能源和智能网联检测技术研究和积累。2022年6月24日，达安中心正式授权“国家燃料电池汽车质量检验检测中心”，当前已形成全面的新能源（含氢燃料）汽车测试技术能力，可开展所有法规项目检测，建成覆盖电堆、燃料电池系统以及燃料电池整车等完整的试验能力体系，拥有国内先进的氢燃料及新能源汽车碰撞试验室，具备加氢能力的汽车试验场，日均加氢240余kg，当前氢燃料电池汽车测试行驶里程累计已达250万km，是国内开展3000小时级别燃料电池系统与电堆耐久性的研发试验测试机构。

作为较早建成国家智能网联汽车质量监督检验中心的机构之一，达安中心完成了现有园区的智能化网联化改造，是交通运输部、工业和信息化部联合认定的“智能网联汽车自动驾驶封闭场地测试基地”。

现已形成完善的整车ADAS测试以及自动驾驶试验测试能力，并依托测试场地平台、测试验证平台、系统服务平台，为智能网联汽车整车级、系统部件级开发提供全生命周期的测试技术服务。

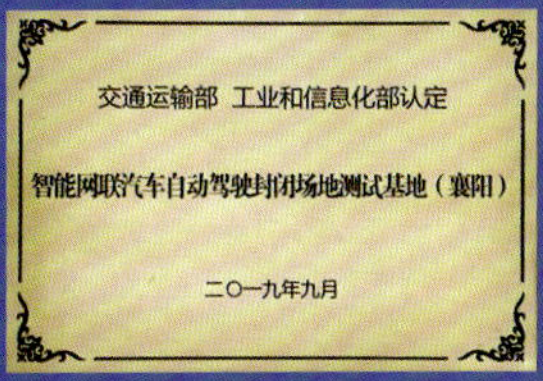

长春汽车检测中心
Changchun Automotive Test Center

公司简介 | COMPANY PROFILE

长春汽车检测中心有限责任公司（以下简称长检中心）是独立的第三方汽车产品检验检测机构，总部位于吉林省长春市。长检中心应中国汽车工业的发展而诞生，并伴随国际汽车产业的发展而成长。长检中心于1984年12月，根据中汽公司(84)中汽质字0778号文件精神，由机械工业部长春汽车研究所划出一部分进行筹建，1986年10月正式成立，随后被授权为“国家汽车质量监督检验中心”，是国内早期的汽车产品检测机构。随后，长检中心先后被国家有关部门授权为汽车新产品申报《公告》检测机构、汽车产品强制性认证检测机构、机动车排气污染物检测单位、道路运输车辆燃油消耗量检测机构、科技成果检测鉴定检测机构。2017年12月被工业和信息化部批准为“试验检测类产业技术基础公共服务平台”，2019年9月被吉林省科技厅、财政厅、税务局认定为“高新技术企业”。

长检中心历经30余年的发展，形成了以长春本部为核心、以长春本部+农安汽车试验场+大连分公司为北方基地、以天津分公司+东营试验场+青岛分公司+无锡分公司+定远分公司为华东基地、以海南试验场+广州分公司+柳州分公司+海南分公司为南方基地的“一中心、三基地”布局，在深耕检测、试验、试验场三大主营业务的同时，拓展政策法规咨询、工业制备、高端检测仪器设备开发与校准等新业态，固定资产达29亿元，员工近400余名。

长检中心始终本着**“开拓、务实、合作、共享”**的理念、坚持“对产品进行公正、科学的检测，为用户提供优质、完善的服务”的宗旨，努力将自身打造成诚信于社会、满意于客户的独具特色的国际化综合汽车产品检验检测机构。

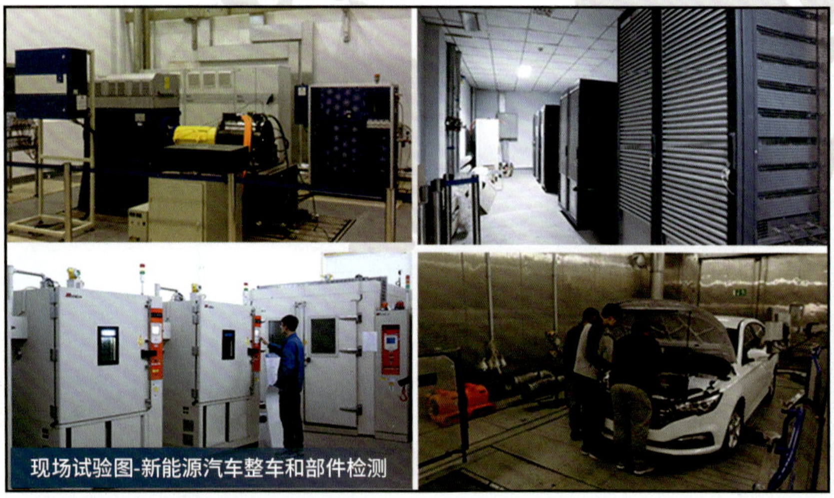
现场试验图-新能源汽车整车和部件检测

现场试验图-汽车排放与节能检测

测试技术及规范研究与制定

业务全景图

长检中心在完成检测工作的同时，致力于认证制度和标准建设，积极参加相关部委和标委会活动，是全国汽车标准化技术委员会、电子与电磁兼容分技术委员会副秘书长、非金属制品分技术委员会、专用汽车分技术委员会、制动分技术委员会、发动机分技术委员会、整车分技术委员会、灯具及灯光分技术委员会、燃气汽车分技术委员会、汽车碰撞试验及碰撞防护分技术委员会、智能网联汽车分技术委员会、全国轮胎轮辋标准化技术委员会汽车工农业机械轮胎轮辋分技术委员会、全国无线电干扰标准化技术委员会委员单位，主导和参与了诸多标准的制修订工作。作为国家认监委汽车及部件技术专家组副组长单位，在国家认监委的领导下，与认证机构、检测机构、行业协会学会等一同进行了多版本的认证实施规则制修订工作。

长检中心是高寒地区新能源汽车产业联盟创始成员单位，已制定并发布多项团体标准，目前正在与各方一同制定新能源汽车、智能网联汽车高寒地区适应性测评规则。

长检中心已具备和正在建设纯电动汽车、混合动力电动汽车、增程式电动汽车的电安全及车载终端、能量消耗量及续驶里程、驱动电机及控制器、动力电池及管理系统、传导及无线充电系统等检测能力，氢燃料电池电动汽车的氢安全及氢泄露、加氢口及氢系统、电堆及发动机等检测能力，智能网联汽车的功能及功能安全、车路协同、信息安全及软件测评、传感器及卫星定位系统、软件在环及硬件在环、场景构建及仿真等检测能力。

为更有效开展新能源汽车、智能网联汽车高寒地区适应性测评，正在建设高寒低附着测试场地、极低温续驶里程转鼓。

凯瑞河南
中国汽研 CAERI

河南凯瑞车辆检测认证中心有限公司
国家智能清洁能源汽车质量检验检测中心

河南凯瑞车辆检测认证中心有限公司暨国家智能清洁能源汽车质量检验检测中心（以下简称中心）先后于2020年9月、2021年5月顺利通过国家检验检测机构CMA资质认定及获得CNAS认可证书(证书编号：CNASL14750)；中心于2021年7月获得工信部资质，可开展道路机动车辆产品检测相关业务：中心于2021年签约成为强制性产品认证指定实验室。目前，3C产品认证资质包括CNCA-C11-01：汽车（非量产核查)中的下列产品:M、N、O类汽车（起重举升类、高空作业车、混凝土泵车、罐式车辆除外）。

河南凯瑞车辆检测认证中心有限公司隶属于中国中检下属中国汽研，成立于2019年7月，位于中原腹地、黄河北岸的河南省焦作市武陟县，是中国汽车工程研究院股份有限公司控股、黄河交通学院参股的具有独立法人资格的合资公司，2020年1月由中国汽研检测工程事业部统筹管理。

作为黄河流域规模大、检测能力完善、辐射服务面积广的国家级汽车检测机构——国家智能清洁能源汽车质量检验检测中心，对于提升汽车行业产品质量，推动产业技术创新发展具有重要的战略意义。中心拥有整车试验室、排放试验室、EMC试验室、安全试验室、部件试验室和汽车综合性能试验场。公司获得河南省智能网联汽车测试第三方机构授权认可，承担自动驾驶汽车测试及监督管理相关工作，可开展ADAS及L3级以上自动驾驶车辆的场地测试评价和道路验证测试。

地址： 河南省焦作市武陟县龙泉街道宜业路777号
邮箱： hnkr@caeri.com.cn
电话： 0391-3750001
联系人： 柯经理 199 2212 2292
张经理 136 9391 5617

国家汽车质量检验检测中心

BATC

国家汽车质量检验检测中心（北京顺义）（以下简称中心）于2009年2月18日由原国家质量监督检验检疫总局批准筹建（国质检〔2009〕61号），于2013年11月由国家认证认可监督管理委员会授权开展业务，并于2014年10月由原国家质量监督检验检疫总局和国家认证认可监督管理委员会共同批准成立，是依托北京市产品质量监督检验研究院建设的独立、公正、科学、权威的第三方汽车专业检测研究机构。先后获得以下国家有关部委的资质授权：

工信部授权的道路机动车辆产品准入检验检测机构
交通部指定的道路运输车辆达标车型检测机构
认监委授权的汽车整车CCC产品强制性认证检测资质
生态环境部机动车联网检测资质等权威资质
中华人民共和国海关总署授权的进出口商品检验鉴定机构
中国充电设施发展促进联盟标识管理授权第一批检测机构资质

新能源汽车质量安全监控中心

中心总占地面积14.3万平方米，建设用地面积9.5万平方米，建有碰撞安全实验室、整车性能实验室、排放节能实验室、新能源实验室（搭载新能源汽车监控平台）、电磁兼容实验室、材料与油品实验室、缺陷分析实验室、智能网联汽车实验室，正在申报筹建国家氢燃料电池汽车质量检验检测中心。

中心拥有先进设备729台套。检测能力覆盖243个产品，3450个参数，具备汽车及相关产品强制性检验能力和研发测试能力。可开展各类整车及零部件产品检测、研发试验、认证检测等相关技术服务，为政府质量监管、企业产品研发、保障消费者权益提供技术支撑。

10米法半电磁暗室

侧翻试验

车辆正面碰撞试验

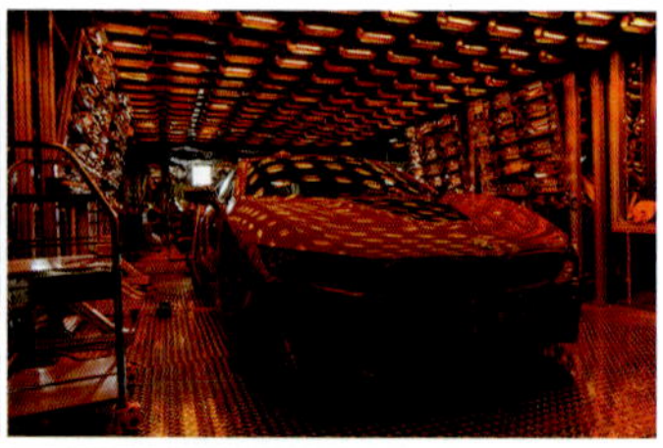
整车VOC环境试验舱

电动汽车涉水试验

机动车排放耐久试验

联合法辛烷值研究分析系统和十六烷值测定仪

电动汽车电机性能试验台架

EVBD

国家新能源汽车动力电池及电驱动系统质量检验检测中心（广东）

National Quality Inspection and Test Center for Traction Batteries and Electric Drive Systems used in New Energy Vehicle (Guangdong)

国家新能源汽车动力电池及电驱动系统质量检验检测中心（广东）是经国家认证认可监督管理委员会资质认定、中国合格评定国家认可委员会认可的第三方检测实验室。

中心位于粤港澳大湾区的核心区域——珠海市金湾区，实验室约2万平方米。中心专注于新能源汽车核心部件检测，具备新能源汽车动力电池、电驱动系统、充电系统等全系列产品的试验能力，是华南实现动力电池及电驱动系统检测全覆盖的国家级检测中心。

中心坚持“客户至上、质量第一”的服务宗旨，秉承“公正、科学、廉洁、优质、高效”的质量方针，致力发挥检验检测、研发测试、开放共享、科技成果转化等作用，着力推进新能源汽车产业高质量发展。

主要业务

动力电池测试 | 电驱动系统测试 | 充电系统测试 | 环境适应性测试 | 电磁兼容测试平台

中检西部检测有限公司

CCIC WEST TESTING COMPANY LIMITED

2017年3月，中国检验认证集团测试技术有限公司与中国兵器装备集团摩托车检测技术研究所合资成立的中检西部检测有限公司，隶属中国检验认证集团有限公司。中检西部立足西部，面向全国，放眼全球，承接中国兵器装备集团摩托车检测技术研究所全部检验能力和业务，以摩托车、新能源电动车、车辆零部件、军品、电子电器等检测业务为基础，未来重点做大做强新能源电动车辆检测业务领域，建设成为西部地区技术能力领先、业务规模突出的第三方检测技术服务机构，打造中国中检西部工业品检测基地。

中检西部作为专业从事工业品类检测的机构，具有国家摩托车质量检验检测中心授权资质；2019年被认定为“国家高新技术企业”，2021年被认定为陕西省“瞪羚企业”。建设有摩托车、电动车、零部件及LED照明灯具等领域试验室40余个，拥有检测仪器、设备共计817台，能够满足82类1363项授权检验项目要求，是摩托车、电动摩托车、电动自行车、机动车外部照明及光信号装置、摩托车乘员头盔、LED照明灯具等产品的“3C”强制产品认证指定实验室，是工业和信息化部《车辆公告管理》指定摩托车及汽车零部件检测机构，是工业和信息化部工业产品（摩托车）质量控制与技术评价西安实验室，是生态环境部机动车环保信息公开检测实验室，是中国质量认证中心、中汽认证中心有限公司及北京中轻联认证中心有限公司的签约实验室。检测服务对象涉及摩托车、摩托车发动机（含通用小型汽油机、转子发动机）、新能源电动车及其零部件、军品、机动车灯具及零部件、轨道交通机车及动车用电子电气设备、LED照明电器及其他电子电气等产品，技术服务涉及产品认证、国际认证和咨询、标准体系和情报技术研究、产品质量控制、产品技术评价和改进、技术培训等服务，以及检测设备研制等领域。

2022年，中国中检不断深化改革，按照“专业化运营，有利于赋能”的原则，中检西部归属中国质量认证中心管理，未来公司将紧抓机遇，整合资源，双向赋能，通过交通运输产品线建设，推进“认检一体化”业务，为企业客户提供“一站式”质量服务，进一步激发高质量发展新活力，共创中国中检认证检测事业发展的新未来。

中检西部始终以创建“国内领先、国际知名”技术领先型检测机构为目标，以中国中检“十四五”总体规划为引领，围绕公司“11456”战略规划，秉承“公正、严谨、科学、创新”的理念，着力提升核心竞争能力，为政府有关部门和国内外广大客户提供值得信赖的检测服务和技术服务。

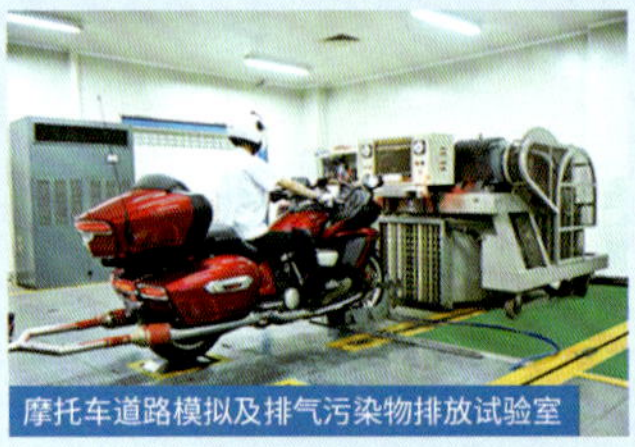
摩托车道路模拟及排气污染物排放试验室

电动摩托车涉水道路

灯具及回复反射器性能试验室

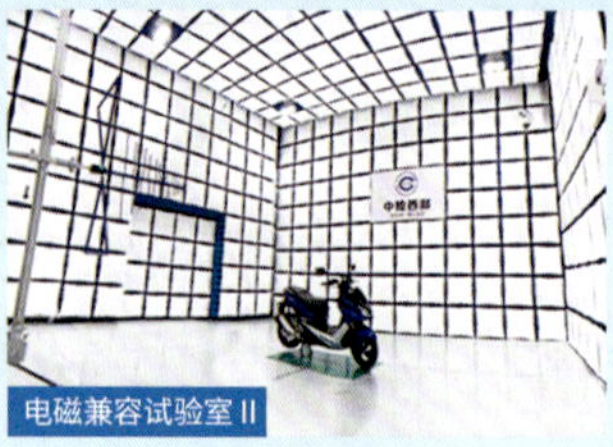
电磁兼容试验室 II

电器安规性能试验室

通机试验室

西安试验场

中检西部检测有限公司

地址：陕西省西安市浐灞生态区米秦路6号　　邮编：710032

电话：029-86795288（总机）　　传真：029-86795296

网址：www.ccicwest.com

江苏大学先进燃烧与排放控制研究所

江苏大学具有60年的办学历史，是国内较早设立内燃机专业的高校之一，该专业1984年被国务院学位委员会特批为博士点，1987年被评为机械工业部重点学科。能源与动力工程（动力机械工程及自动化）是江苏省品牌专业（A类），所属一级学科“动力工程与工程热物理”为江苏省第一期、第二期、第三期“优势学科”。现为中国内燃机学会常务理事、江苏省内燃机学会理事长兼秘书长单位。设有动力机械清洁能源与应用重点实验室、江苏省汽车工程重点实验室、江苏省中小功率内燃机工程研究中心和江苏省生物柴油动力机械应用工程中心。在国家大力推进节能减排，加快建设环境友好型社会的战略任务指导下，致力于开展燃烧与污染物生成机理及控制等相关问题研究，以及通过产学研合作平台，推进先进基础研究技术在工程领域中的实践应用，于2019成立了先进燃烧与排放控制研究所（以下简称“研究所”）。

研究所围绕低碳/零碳燃料及燃料燃烧、内燃机燃烧过程及其优化控制、内燃机有害排放物的生成及其对大气环境的影响以及后处理技术，开展发动机关键科学问题的基础理论研究与工程新技术应用的创新研究，旨在创建国内外先进的发动机知识创新基地、具有国际视野的领军人才培养基地和国际学术交流中心，培养高水平研究型人才，推动和促进我国发动机技术发展。目前先进燃烧与排放控制研究所现有专职教师14人，包括教授7人，副教授5人；此外还有2位客座教授、2位外国专家、16位知名高校专家委员、2位产业教授，50余位博士和硕士研究生。

研究所的研究方向主要包括：

1.动力机械喷雾特性与燃烧机理

2.新型燃料高效清洁燃烧

3.可再生动力燃料催化合成

4.基于催化燃烧的超低排放控制技术

5.低温等离子体技术

先进燃烧与排放控制研究所

Advanced Combustion and Emission Control Institute

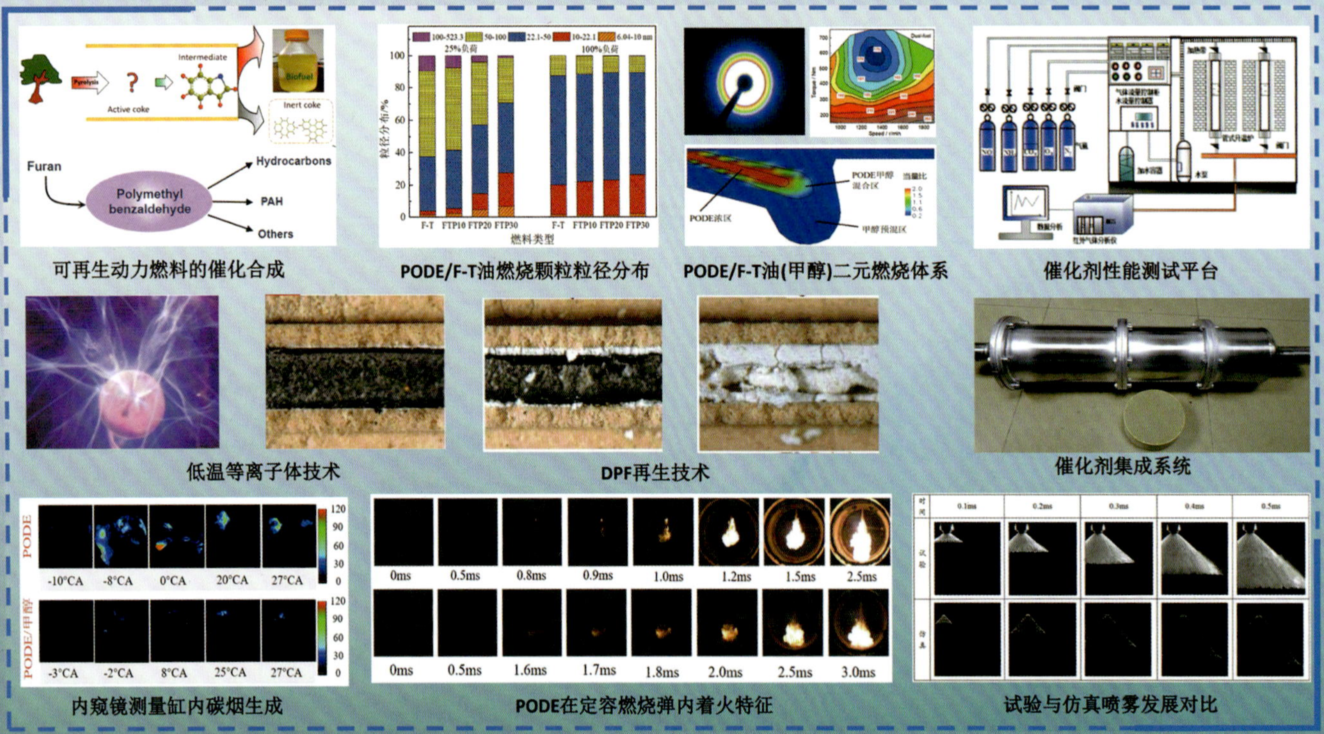

江苏大学先进燃烧与排放控制研究所

地址：江苏省镇江市学府路301号　　联系人：王攀　　电话：13912809920　　邮箱：wangpan@ujs.edu.cn

节能与新能源动力总成研究所

Energy Saving and New Energy Powertrain System Institute

依托江苏大学，是江苏省A类品牌专业、江苏省优势学科动力工程与工程热物理，国家特色专业、教育主管部门“卓越工程计划”专业、江苏省A类品牌专业车辆工程，江苏省A类品牌专业电气工程，聚焦汽车行业节能减排的国家战略，服务动力总成系统电动化、智能化发展趋势，2019年正式成立节能与新能源动力总成研究（以下简称研究所）。

研究所致力于发动机的高效清洁、节能减排、摩擦润滑，混合动力及纯电驱动系统的机电耦合、系统架构、控制策略、电控系统硬软件设计等方向的科学研究、人才培养、工程应用和产学研合作。研究所具有结构层次合理、学术水平高、事业心强的学术骨干队伍，现有专职教师 13 人，其中教授 6 人，资格教授 1 任，副教授 6 人；江苏省产业教授 3 人；博、硕士研究生 90 余人。研究所与长城汽车-蜂巢传动系统（江苏）有限公司、上汽乘用车、江苏沃得、常发农装、坤泰车辆、广西玉柴机、潍柴动力、里卡多（上海）等国内外知名企业建立了长期的战略合作关系。

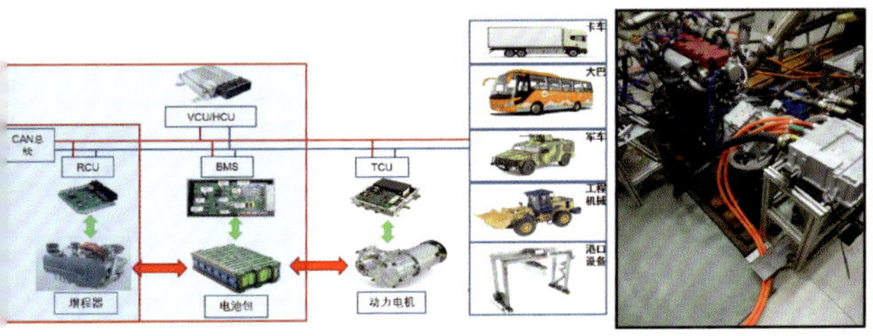

商用车混合动力系统架构

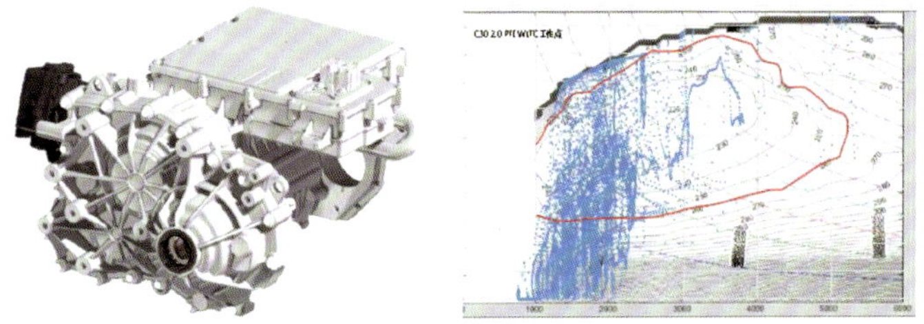

乘用车混合动力变速箱 DHT 及运行策略

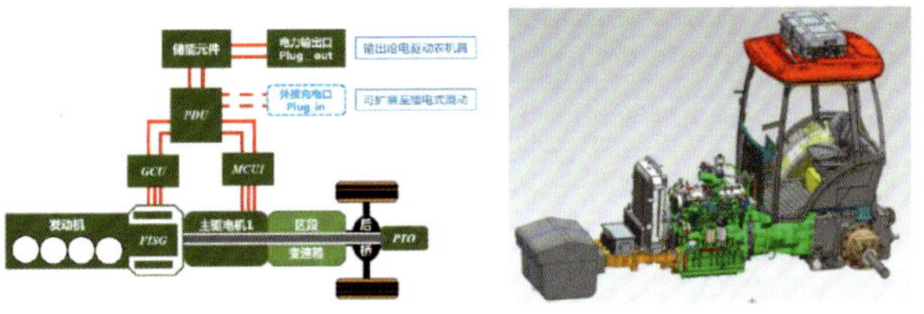

大马力拖拉机混合动力系统与应用

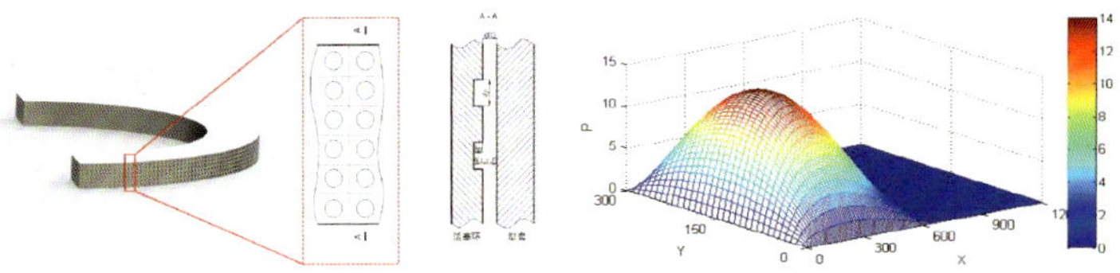

运动副表面织构低摩擦设计

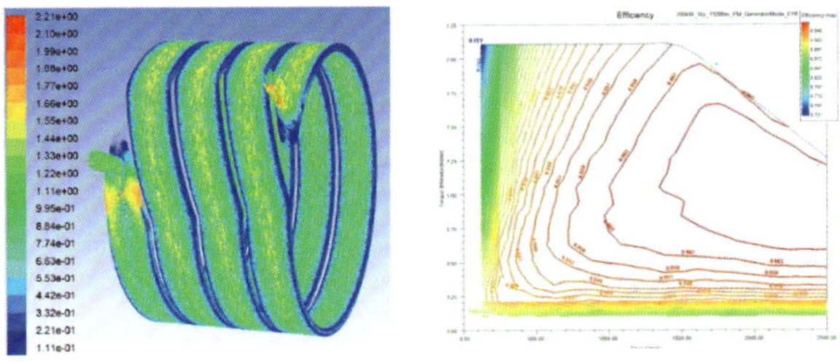

电机冷却与高效设计

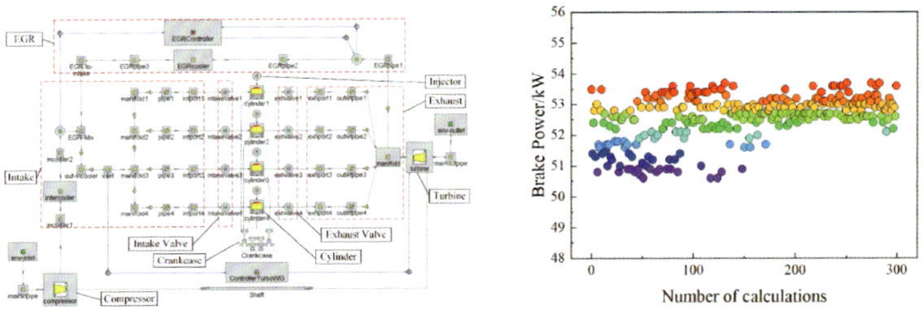

混合动力专用柴油机米勒循环多参数优化

地址：江苏省镇江市学府路 301 号　　邮编：212013　　邮箱：ybf@ujs.edu.cn

奥兴嘉
EPS
AMT
ABS
为您的方向助力
专业汽车电机制造商
重庆奥兴嘉科技有限公司是一家专业汽车电机配套厂，专门研发，生产和销售汽车用电机。公司现拥有国内先进的全自动转子生产设备，专用的高精密的检测设备和实验室，主打的EPS电机、ABS电机、AMT电机以及水箱风扇电机以良好的品质顺利进入各大整车企业的配套体系并成为其指定供应商。
E-mail:axj@aoxingjia.com
电话：023-61212077 61221895
地址：中国·重庆渝北回兴台商工业园5-17号

中信泰富特钢集团股份有限公司
CITIC PACIFIC SPECIAL STEEL GROUP CO., LTD

中信泰富特钢集团股份有限公司（证券代码：000708）是中国中信集团旗下、中信泰富有限公司控股的专业化特殊钢制造企业集团，位居我国特钢产业前列，是中国钢铁工业协会和中国特钢企业协会会长单位。集团旗下拥有“九大核心生产基地”，包括：五大特钢制造基地——江阴兴澄特种钢铁有限公司、大冶特殊钢有限公司、青岛特殊钢铁有限公司、天津钢管制造有限公司、靖江特殊钢有限公司；两大原材料供应基地——铜陵泰富特种材料有限公司、扬州泰富特种材料有限公司；两大延伸加工基地——泰富特钢悬架（济南）有限公司、浙江泰富无缝钢管有限公司。

中信泰富特钢集团具备年产2000多万吨特殊钢材料的生产能力，其中汽车钢410万吨，分别为兴澄厂区180万吨、冶钢厂区80万吨、青钢厂区150万吨。集团汽车用钢覆盖面大、涵盖品种全、产品类别多，拥有棒、线、管、锻以及调质材、银亮材、钢丝、汽车零部件等深加工产品系列，广泛应用于汽车变速器齿轮、发动机曲轴、连杆、传动轴、前梁、轮毂、转向系统、悬挂(或板簧》系统、减振系统、紧固件、汽车轮胎等汽车的核心总成部件和安全件。产品品质卓越并具有很强的市场竞争优势，畅销全国并远销北美、南美、欧盟、日本、韩国以东南亚等80多个国家和地区，获得了众多用户的青睐。

中信泰富特钢集团全面深化质量管理体系建设，通过了ISO 9001、IATF 16949、ISO/ITS 29001质量管理体系认证，是奔驰、宝马、奥迪、大众、VOLVO、通用、丰田、雷诺日产、本田、一汽、东风汽车、上海汽车、福特、韩国现代、法国标致、长城汽车、吉利汽车、蔚来汽车等以及博世、博格华纳、ZF、伊顿、MAGNA、JATCO、爱Schaeffler、NHK、安国特、卡迈锡、内德史罗夫、慕贝尔、铃信、法士特、上汽变速器、万里扬、上海纳铁福、木加普腾、上海日泰、贝卡尔特等国内外知名汽车公司或其零部件企业的主要原材料供应商和服务商。

江阴兴澄特种钢铁有限公司

大冶特殊钢有限公司

青岛特殊钢铁有限公司

天津钢管制造有限公司

靖江特殊钢有限公司

地址：江苏省江阴市长山大道1号
总机：0510-86193388
传真：0510-86192800
邮编：214429
网址：www.citicsteel.com

L'etöf 1
劳特® 合成润滑油

劳特专注传动系润滑油研发生产

LETOF FOCUSES ON TRANSMISSION LUBRICATING OIL RESEARCH AND DEVELOPMENT, PRODUCTION AND OEM

大庆劳特润滑油有限公司成立于 2009 年，是一家专注于乘用车、商用车及非道路传动系润滑产品研发、生产、销售的高新技术企业。主要产品有传统自动变速箱油、车桥齿轮油、新能源变速箱油新能源汽车减速箱油和混合动力汽车变速箱油、发动机油等，目前已成为国内知名的自动变速箱油产供应商。

为了满足市场发展需求，公司持续推进实现“技术创新战略”，不断完善实验室检测设备，紧业界优质技术，实验检测能力已达到国内优质水平，是一家具有自主研发平台、自主研发创新能力企业。

公司通过 ISO 9001 质量管理体系认证、IATF 16949 质量管理体系认证，并获得多家主要 OEM 主机厂商油品认证，是已获得通用 GM DEXRON®-VI 调和认证的民营润滑油企业，也是国内较早通过德国梅赛德斯驰 MB 236.14 七档乘用车自动变速箱油认证的润滑油企业，并先后获得奔驰 MB 236.15 七速乘用车自动变箱油、德国福伊特商用车 Voith H 55.6335、Voith H55.6336、奔驰 MB 229.51、MB 229.71、宝 LL17FE+、保时捷 A40、沃尔沃 RBSO-2AE、大众长寿命全合成发动油 VW 50800/50900、vW 51100、国石油协会 API SP 以及 ILSAC GF-6A 在内多项润滑油认证。

大庆劳特润滑油有限公司一直秉持着“汇聚传动科技，创新解决方案”的发展理念，多年来在动变速箱养护项目上，为汽车后市场提供了近三分之二的自动变速箱油产品，多种可靠的油品解决案和快捷周到的服务满足了大中小型客户的多样化需求，以品质优势和创新思路为众多志同道合的作伙伴们实现了更多的应用价值。

http://www.letofdq.com

大庆劳特润滑油有限公司

地址：黑龙江省大庆市高新区新发街 9 号

电话：0459-8972388　0459-8180111

汇聚传动科技　创新解决方案

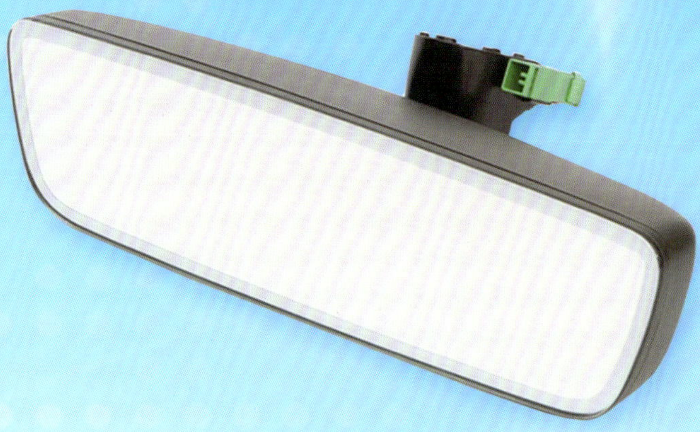

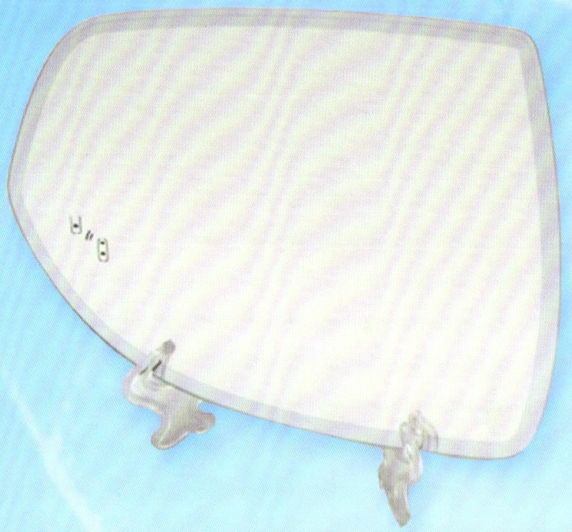

power®力辉

深圳市力辉电机有限公司

深圳市力辉电机有限公司（力辉电机）成立于2001年，是一家可靠的电机解决方案供应商和制造商。先进的电机技术、丰富的电机应用经验和完善的定制平台，使力辉电机成为电机定制开发项目的理想合作伙伴。力辉电机致力于通过提供卓越的差异化产品和供应链，帮助我们的客户在市场竞争中获得成功。对于需要保证电机性能和大批量稳定供货的企业来说，力辉电机是可靠的选择。力辉拥有60多条自动化生产线，每月可生产400万台汽车直流电机。

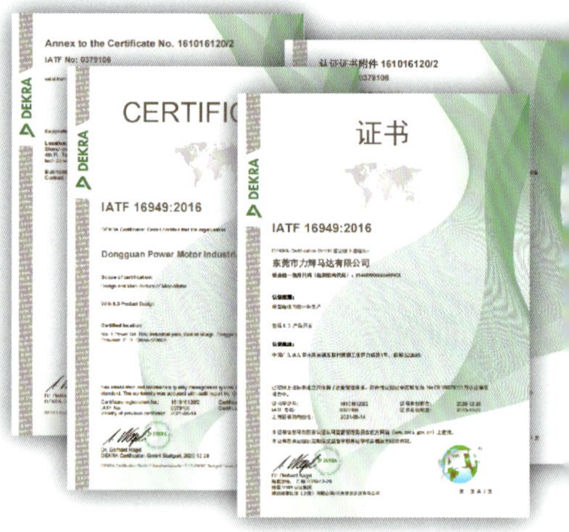

产品种类

力辉电机可定制多种电机方案，包括通用交流，有刷直流，无刷直流和齿轮减速电机方案，广泛应用于新能源汽车各零部件：如汽车电动座椅调节电机、车窗升降调节电机、尾门升降电机、尾翼调节电机、方向盘助力及位置调节电机、AMT换挡助力电机、雨刷器电机、循环冷却泵等。

为您定制个性化汽车直流电机解决方案

汽车座椅水平调节

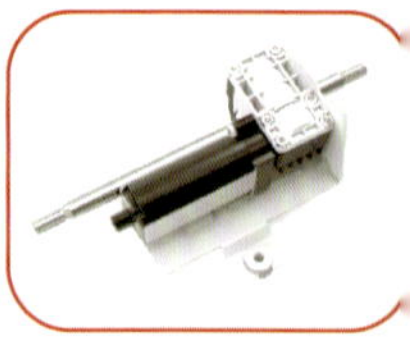

汽车尾翼调节齿轮箱电机

汽车中后排座椅水平调节
齿轮箱电机(轻量化)

汽车尾门撑杆直流电机

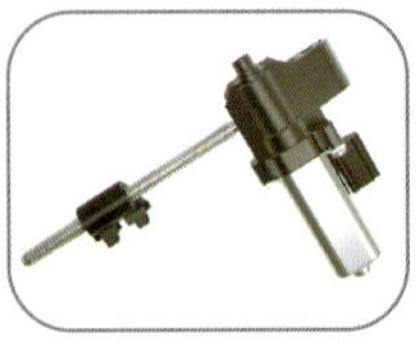

方向盘调节齿轮箱电机

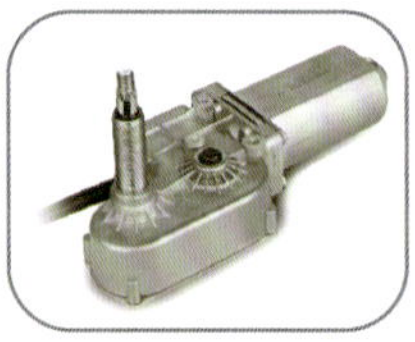

汽车雨刮器齿轮箱电机

自动变速箱AMT电机

汽车座椅背靠角度调节电机

车窗升降器（防夹）齿轮箱电机

循环冷却泵无刷直流电机

咨询热线 **400-622-3329**　邮　箱：info.power@power-motor.com

官方网址 **www.power-motor.com**　联系电话：0755-3689 9898　传　真：0755-3688 2799

地址：广东省深圳市南山区沙河西路深圳湾科技生态园2栋B座4楼

常州市三生机械有限公司
Changzhou SanSheng machinery co., LTD

管路

电气自动化控制系统

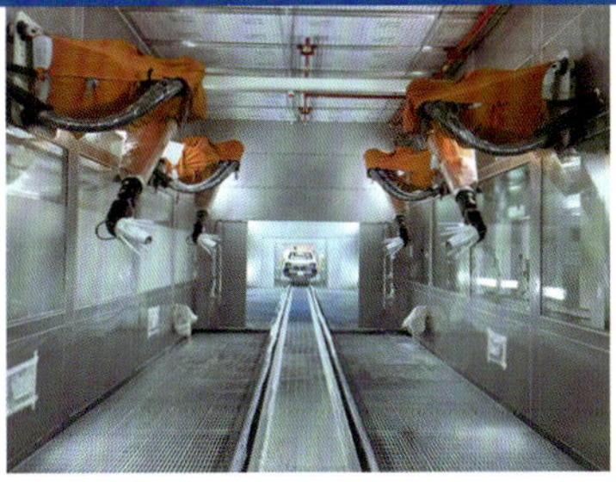

喷涂系统

电泳

质量第一 用户至上

常州市三生机械有限公司可承担涂装线工艺设计、设备设计、制造、安装、调试、到陪护生产等整线交钥匙工程。多年来，公司与中汽研汽车工业工程（天津）有限公司、机械部九院、一院、四院、东风院等国内著名院所及意大利AIRMADI公司有着密切的联系和广泛的合作。

公司注册资金2118万元。公司占地面积3.5万m^2，厂房面积1.8万m^2，办公楼3000m^2，现年销售2.1亿余元。现有员工346人，其中高级工程师6人，涂装专业工程师18人，机械工程师15人，电器工程师12人，高级技师35人，工程技术人员35人，焊接技师55名。设施先进、技术力量雄厚。

多年来公司本着“质量第一、用户至上”的服务宗旨，先后承建了一汽集团、东风公司、长安汽车、哈轻厂、昌河汽车、扬州客车厂、沈飞日野、郑州日产、东南汽车、安凯汽车集团、湖南长丰、长春长岭、重庆力帆、北京奔驰、日立建机、三一重工、小松山推、吉利控股集团、浙江众泰、重庆龙江、北京汽车、长安福特、天津东熙、广西钦州、福建云都等大型企业建设的涂装项目工程近百项，均以一流的质量，优良的服务赢得了顾客的一致好评。公司已成为国内技术精湛、经验丰富，质量稳定的专业涂装公司，在涂装行业中赢得了良好的信誉。

公司结合国内外涂装设备制造的先进工艺及机械部九院的有关标准，总结十多年的实践经验，制定了一套较为完善的《涂装设备制造、安装、调试验收大纲》。使涂装设备的生产得到规范，质量得到了可靠的保障。

近几年公司上下制订了严格的质量管理和服务体系，以满足顾客需求为第一目标，狠抓质量与服务，并一举通过了ISO 9001：2000质量管理体系标准的认证，公司必将借此契机，再攀新峰。

客车烘干强冷

工位

输送系统

地址：江苏省常州市新北区春江镇安宁路49号
电话：0519-85971303 传真：0519-85974692
E-mail:czss@cz-ss.com

Http://www.cz-ss.com

襄阳精鑫电子设备制造有限公司

Xiangyang jingxin electronic equipment manufacturing co. LTD

襄阳精鑫电子设备制造有限公司成立于2001年8月，是合资企业。公司距离东风公司轻型车生产车间3km，交通十分便利，是东风公司零部件直接供应商。

公司拥有8~800t全套冲压设备和配套的剪切设备，以及车、刨、磨、统、数控、焊接等加工设备，公司技术力量雄厚，冲压年产能力在9000万件以上，并具有模具设计制造能力。公司始终注重企业自身素质的提升，用科学管理、优质高效的服务赢得客户的信赖，成为东风公司和湖北中航精机的零部件直接配套企业，并被东风汽车公司评为10年优秀合作伙伴。公司2003至今连续被认定为湖北省高新技术企业，通过IATF 16949:2016质量体系认证，并取得23件国家新产品专利，其中2件发明专利。2015年成功在武汉股权托管交易中心科技版企业挂牌。2023年被认定为湖北省专精特新中小企业，公司为东风公司轻型车系列车型和微型载货车的直接配套件有300余个品种，其中单路线产品180余个。在东风公司对其五大专业供应商综合业绩评价中，公司位列冲焊类92家供应商排序首位。

面对充满机遇和挑战的市场，公司将一如既往地秉承优良传统，追求科技创新。精心打造优良产品，以诚实守信创新奉献的企业精神，群策群力，锐意开拓，为用户提供优良产品和优质服务，为事业增添新的续航力。

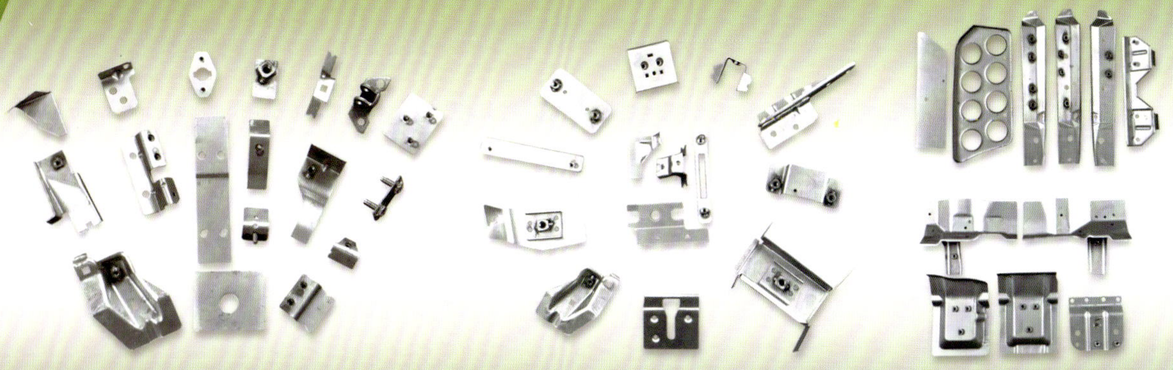

Http://www.xyjxdz.cn

地址：湖北省襄阳市襄州区钻石大道车城南路202号 电话：0710-2848099 传真：0710-2848088

浙江黎明智造股份有限公司
ZHEJIANG LIMING INTELLIGENT MANUFACTURING CO.,LTD.

浙江制造 ZHEJIANG MADE

浙江黎明智造股份有限公司创始于1997年，总部地处中国浙江舟山群岛新区，是国内优质的汽车精密零部件供应商（股票代码：603048）。

公司的主要产品有气门锁片、气门弹簧座、气门挺柱、气门桥、活塞冷却喷嘴、信号盘、发动机制动总成、传动轴零部件、电磁阀、补胎剂套装等，先后被认定为国家级高新技术企业和专精特新“小巨人”企业。公司占地面积20万m^2，建筑面积13.25万m^2， 2022年销售额5.2亿元。公司通过IATF 16949质量管理体系、ISO 14001环境管理体系和ISO 45001职业健康管理体系认证。

公司以“质量零缺陷，客户零报怨”为质量目标，开拓创新，不断进取，主要产品实物质量达到或超过发达国家同类产品，产品工艺和模具获国家发明专利4项，实用新型专利70余项，多次荣获一汽丰田事业体五家企业联合颁发的“品质优秀奖”，被东风本田与广汽本田联合评为“优秀供应商”，被康明斯评为“战略核心供应商”，2023年，荣获日本丰田颁发的“区域贡献奖”。

公司主要客户有：一汽大众、上汽大众、斯堪尼亚、纳威司达、长春一汽丰田、天津一汽丰田、丰田常熟、广汽丰田、广汽本田汽车、东风本田汽车、东风本田发动机、北京福田康明斯、东风康明斯、西安康明斯、重庆康明斯、广西康明斯、安徽康明斯、潍柴、玉柴、长城、蜂巢传动、锡柴、大柴、上汽通用、上汽通用五菱、东安动力、东安汽发、沈阳航天三菱、一汽奔腾、红旗、济柴、重汽、全柴、三一、常州常发、奇瑞、江淮、安徽华菱、上柴、上海日野、爱信中国、上汽乘用车、吉利、新柴、中华汽车、江铃、广汽乘用车、东风日产、标致雪铁龙、一拖、东风商用车、东风汽车、上汽菲亚特红岩、长安、重庆小康、湖南容大、云内动力、北京汽车、北汽福田、海马汽车、柳州五菱、华晨汽车、比亚迪、伊顿中国、湖北江华、东风粉末、康和、舍弗勒、博格华纳等。

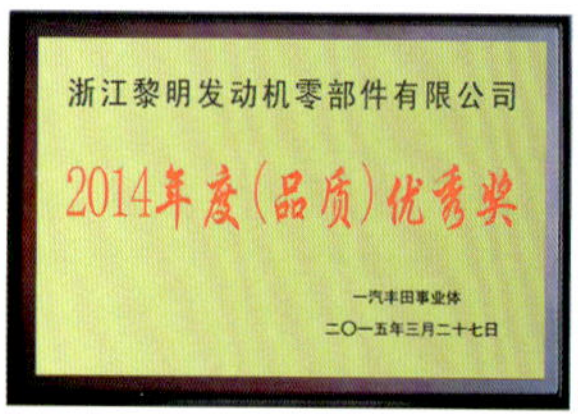

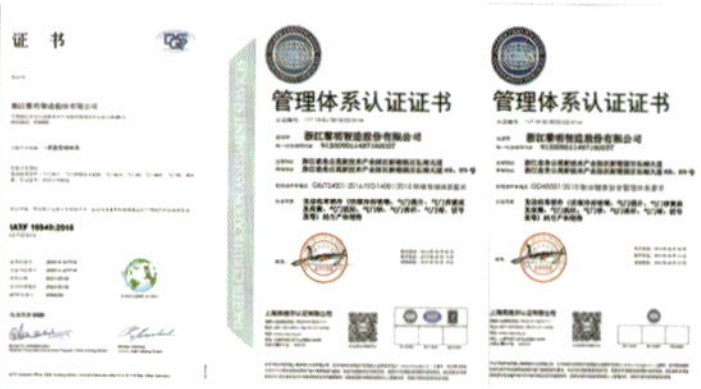

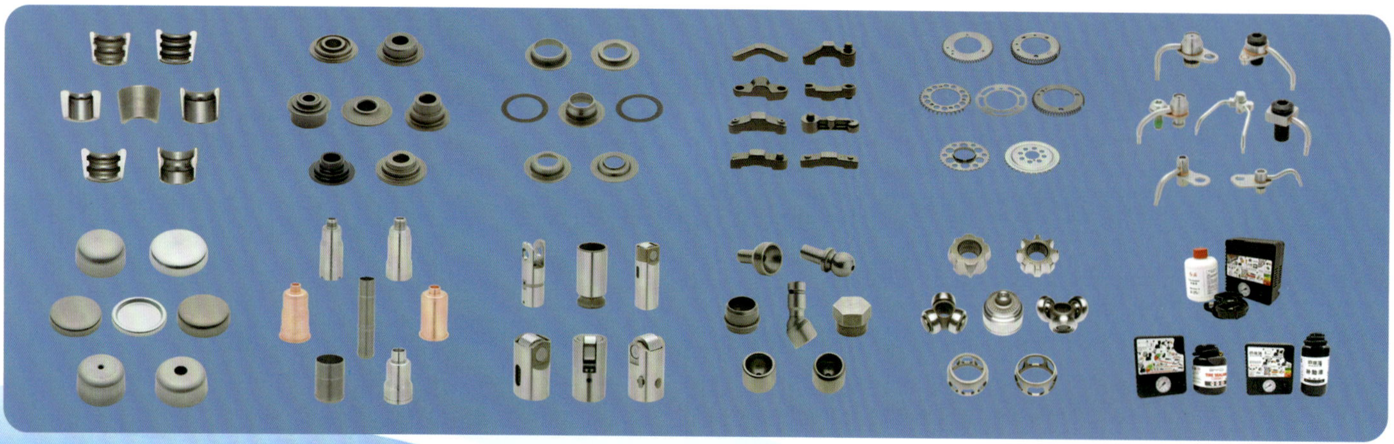

北油电控燃油喷射系统(天津)有限公司

BYC Electronic Control Fuel Injection System (Tianjin) Co.,LTD.

北油電控
A Fuel System Expert

北油电控燃油喷射系统（天津）有限公司，简称“北油电控”，是中国大型燃油喷射系统制造厂商之一，前身为北京亚新科天纬油泵油嘴股份有限公司，现为深圳通产集团控股企业。

2018年北油电控迁址天津市清汽车产业园，新工厂一期占地面积122亩，现具备年产共轨泵30万台、共轨管30万根、共轨器120万支的生产能力。公司现有产品配套道路及非道路用柴油机，主要客户包括潍柴、DCEC、全柴、玉柴、云内、一汽解放、新柴等国内主流发动机厂商。在全国建立32家经销商及500余家售后服务站，服务体系完善。

北油电控具有50多年燃油喷射系统研发和制造经验，60年市场积淀。是国家工信部工业强基工程发动机电喷系统"一条龙”的“材料”和“工艺”应用示范企业。“2000bar共轨系统”是“一条龙”示范项目。获得国家高新技术企业、国家专精特新“小巨人”企业、天津市科技领军企业、天津市制造业单项冠军企业、天津市企业技术中心等认定。是国内具有轻、中、重型全系列高压共轨产品的研发和制造商。

道路用国V及以上排放、非道路用T3及以上排放柴油机 电控燃油系统解决方案

研发

自主开发，获得50余项国家专利授权；

制造

50+年的燃油系统制造经验，先进生产设备及工艺；

成本

优越的成本优势，高性价比，满足不同层次要求；

售后

完善的售后服务体系，覆盖全国的备件供应及三包服务。

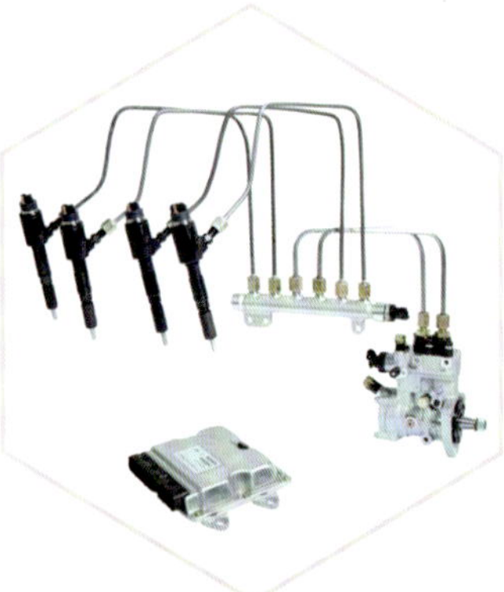

轻型共轨系统

最大轨压：160~200MPa

功率范围：≤ 140kW

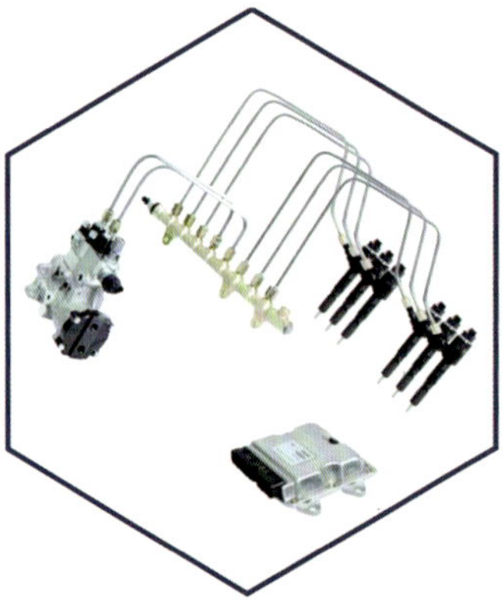

中重型共轨系统

最大轨压：160~200MPa

功率范围：140~300kW

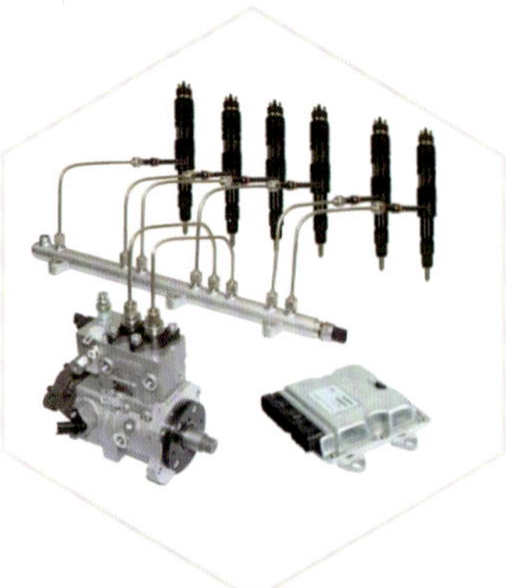

重型共轨系统

最大轨压：160~220MPa

功率范围：≥ 300kW

地址：天津市武清区汽车产业园毓龙路2号 电话：022-22987388 022-22987366 13683227511

网址：www.byctj.com 邮箱：bycsales@byctj.com liuyanyan@byctj.com（出口）

FOTON
福田康明斯

智慧动力解决

X

重型动力

X8.5/X10/X11/X12/X13/X15
X12N天然气/X15N天然气

A

重型动力

A8.5/A10/A11/A12/A13/A15
A12N天然气/A15N天然气

北京福田康明斯发动机有限公司

地址:北京市昌平区沙河镇沙阳路15-1号

Beijing Foton Cummins Engine Company Limited

Address:15-1 Shayang Road, Shahe Town, Changping District, Beijing

www.bfcec.com.cn